Schwäbisches Handwörterbuch

schwäbisch – deutsch

deutsch – schwäbisch

auf der Grundlage des
„Schwäbischen Wörterbuchs"
von Hermann Fischer †
und Wilhelm Pfleiderer †
bearbeitet von

Hermann Fischer

und

Hermann Taigel

3. Auflage,
erweitert von

Hermann Fischer

H. Laupp'sche Buchhandlung

Mohr Siebeck

Die Deutsche Bibliothek – CIP-Einheitsaufnahme

Fischer, Hermann:
Schwäbisches Handwörterbuch : schwäbisch-deutsch, deutsch-
schwäbisch / auf der Grundlage des „Schwäbischen Wörterbuchs" von
Hermann Fischer und Wilhelm Pfleiderer bearb. von Hermann Fischer
und Hermann Taigel. – 3. Aufl. / erw. von Hermann Fischer. –
Tübingen : Laupp ; Tübingen : Mohr Siebeck, 1999
   ISBN 3-16-147063-X

1. Auflage 1986
2. Auflage 1991 (verbessert)
3. Auflage 1999 (erweitert)

© H. Laupp'sche Buchhandlung / J.C.B. Mohr (Paul Siebeck) Tübingen 1999.

Gestaltung des Einbandüberzugs von Uli Gleis in Tübingen. Das Buch wurde von Gulde-Druck in
Tübingen aus der Times Antiqua gesetzt. Der Druck erfolgte auf säurefreien Papier der Papierfa-
brik Niefern. Die Bindearbeiten wurden von der Großbuchbinderei Heinr. Koch in Tübingen
durchgeführt.

Vorwort zur 1. Auflage

Das „**Schwäbische Wörterbuch**" hat Hermann Fischer, gestützt auf den Plan und die Vorarbeiten seines Lehrers Adalbert von Keller, von 1883 an bis zu seinem Tod im Alter von 69 Jahren am 20. Oktober 1920 mit Hilfe weniger Mitarbeiter, aber als alleiniger Redaktor bis zum Abschluß des 5. Bandes bearbeitet und veröffentlicht. Über der Bearbeitung des Buchstabens U ist er gestorben. Sein Lebenswerk hat sein langjähriger Mitarbeiter Wilhelm Pfleiderer weitergeführt und 1936 mit dem Band „Nachträge" zu Ende gebracht.

Das abgeschlossene Werk erschließt in 7 großen Bänden in Lexikonformat den Gesamtwortschatz des Schwäbischen einschließlich des Fränkischen innerhalb Württembergs, soweit er durch planvolles Sammeln der lebendigen Mundart und durch systematisches Durcharbeiten historischer Sprachquellen den Bearbeitern erfaßbar war.

Das Werk ist, wegen seines ungeheuren Reichtums an Stichwörtern und der Fülle der geographischen und historischen Quellenangaben, ein unentbehrliches Werkzeug der Forschung, nicht nur der Mundartforschung geworden.

Aber gerade das, was es der Forschung so wichtig macht, verschließt es den Menschen, die nicht wissenschaftlich an die Mundart herangehen. Den Sprechern des Schwäbischen, die sich ihres Dialekts vergewissern wollen, ihn in seiner Vielfalt und Ausdruckskraft besser zu verstehen suchen, den vielen Fremden, die, nach Schwaben verschlagen, die eigenartige Sprache ihrer neuen Mitbürger kennenlernen wollen, ist das „Schwäbische Wörterbuch" zu sehr mit wissenschaftlichem Beiwerk beladen, zu umfangreich und auch, wenn sie es zu ständigem Gebrauch anzuschaffen beabsichtigen, zu teuer.

Das „**Schwäbische Handwörterbuch**" verfolgt die Absicht, den Reichtum der schwäbischen Mundart vom Wortschatz her, soweit er heute noch irgendwie lebendig ist, allen, die in dieser Weise am Schwäbischen interessiert sind, zu erschließen.

Gesichtspunkte, die uns dabei leiten, sind:

Aufgenommen werden Wörter, die als Wort und als Bedeutung **nur in der Mundart**, nicht in der hochdeutschen Schriftsprache vorkommen, und Wörter, die sowohl in der Mundart als auch in der Hochsprache vorkommen, aber **in der Mundart eine andere Bedeutung** und Verwendung haben als in der Schriftsprache.

Wörter, die **historisch** geworden sind, also nicht mehr von lebenden Menschen benützt werden, sind **nicht aufgenommen**. Allerdings sind hier die Grenzen fließend: ältere, vor allem bäuerliche Sprecher verwenden noch Wörter, die jüngere nicht mehr verstehen, geschweige gebrauchen. Derartige Wörter sind aufgenommen.

Quellenangaben geographischer und historischer Art, Redensarten und Sprichwörter, Informationen über Sitten und Gebräuche sind mit wenigen Ausnahmen weggelassen.

Der **geographische Umfang** der Wortauswahl, die **alphabetische Anordnung** der Stichwörter, die gleichzeitig deren Etymologie verdeutlicht, und der **Aufbau der einzelnen Artikel** entsprechen im großen und ganzen dem wohl begründeten und bewährten Verfahren des „Schwäbischen Wörterbuchs".

Die meisten Artikel, nach den oben genannten Gesichtspunkten ausgewählt oder gekürzt, sind wörtlich daraus übernommen. In den Bedeutungserklärungen lassen wir bewußt „alte" Wörter (wie etwa „Weib", „Weibsbild") stehen, um ein wenig die Eigenart zu vermitteln, die Hermann Fischer dem Werk gegeben hat. Unsere eigenen Artikel sind nicht besonders gekennzeichnet.

Es mag sein, daß uns vorgeworfen wird, wir stellten, wenn wir so vorgehen, zu hohe Anforderungen an die Benützer des Wörterbuchs, die wir im Auge haben. Abgesehen davon, daß wir deren Lesefähigkeit zu unterschätzen nicht geneigt sind, meinen wir, daß auch ein Mundartwörterbuch nicht unter den Standard fallen darf, den heute jedes Wörterbuch selbstverständlich aufweist.

So übergeben wir das „Schwäbische Handwörterbuch" dem allgemeinen Gebrauch und hoffen, daß es Nutzen bringt und Freude macht. Den Dank, den wir den Bearbeitern des „Schwäbischen Wörterbuchs" schuldig sind, möchten wir dadurch ausdrükken, daß wir die Worte, die Wilhelm Pfleiderer 1936 an das Ende seines Vorworts zum Abschlußband setzte, mit kleinen Abwandlungen zu unseren eigenen machen und mit ihnen schließen:

Wie viele Lücken ein solches Werk hat, weiß niemand besser als die Bearbeiter. Wir möchten daher an alle Benutzer dieses Buchs, berufsmäßige wie gelegentliche, gelehrte wie ungelehrte, die Bitte richten, Berichtigungen und Ergänzungen zum Veröffentlichten uns zukommen zu lassen.

Pfullingen, im Frühjahr 1986   Hermann Fischer / Hermann Taigel

4

Vorwort zur 2. Auflage

Bearbeiter und Verlag können nach fünf Jahren eine zweite, verbesserte Auflage des „Schwäbischen Handwörterbuchs" vorlegen.

Die Verbesserung besteht zum überwiegenden Teil in der Vermehrung der Verweise. Der Benutzer kann so leichter als bisher von der ihm vertrauten Lautform des Dialektwortes her den Artikel finden, in dem dieses erklärt wird.

Natürlich haben wir auch Wörter neu aufgenommen, die, worauf uns interessierte Leser hinwiesen, durchaus unseren Auswahlkriterien entsprechen, aber von uns nicht berücksichtigt wurden.

All denen, die uns bei dieser Verbesserung geholfen haben, gilt unser Dank. Besonders danken wir Professor Dr. Theo Müller, Fachhochschule Nürtingen, der die lateinischen Bezeichnungen der Pflanzen der heute üblichen wissenschaftlichen Terminologie angepaßt und uns auf weitere in der Mundart noch gebrauchte Pflanzennamen aufmerksam gemacht hat.

Dieser zweiten Auflage des „Schwäbischen Handwörterbuchs" wünschen wir, daß sie ebenso wohlwollend und interessiert aufgenommen werde wie die erste.

Pfullingen, im Frühjahr 1991   Hermann Fischer/Hermann Taigel

Vorwort zur 3. Auflage

Die dritte, wesentlich erweiterte Auflage des „Schwäbischen Handwörterbuchs" besteht aus zwei Teilen. Im ersten Teil wird der dargestellte Bestand des Schwäbischen durch standardsprachliche Entsprechungen des Deutschen erläutert.

Im zweiten, neu hinzugefügten Teil des Wörterbuchs soll umgekehrt der Zugang zum Schwäbischen vom Norm- oder Standarddeutschen her eröffnet werden. Benutzern, die mit dem schwäbischen Dialekt nicht oder kaum vertraut sind, wird mit diesem zweiten Teil eine nützliche Hilfe angeboten, die entsprechenden Dialektwörter kennenzulernen. Dem mit diesem Dialekt vertrauten Sprecher wird deutlich, daß im Schwäbischen – aufgrund seiner Binnengliederung in regionale Dialekträume bis in kleinere, lokale Dialektgebiete – viele sinnverwandte Wörter existieren, die u. a. den Nuancenreichtum des Dialekts ausmachen.

Deutlich wird auch, daß viele Wörter und Wendungen aus dem aktiven Sprachgebrauch verschwinden, weil die Gegenstände und die Tätigkeiten, die sie bezeichnen, nicht mehr gebraucht, nicht mehr ausgeübt werden. Wenn solche Wörter dennoch aufgeführt werden, so soll damit ein Stück der bisherigen, vorwiegend bäuerlichen Welt und Kultur dokumentiert und vor vorschnellem Vergessen bewahrt werden.

Der zweite Teil dieses Wörterbuches ist angelegt als ausführliches Register zur Erschließung des ersten Teils. Deshalb kann in dem zweiten Teil auf lautschriftliche und geographische Hinweise zu den schwäbischen Wörtern verzichtet werden. Solche Angaben sind im ersten Teil bei dem jeweiligen Stichwort zu finden. Außerdem werden die schwäbischen Wörter nicht nach ihrer vorwiegenden Aussprache, sondern mehr nach etymologischen Prinzipien geschrieben; dadurch sind sie im ersten Teil, der das etymologische Lautbild notiert, leichter aufzufinden.

Da der Dialekt hauptsächlich als gesprochene Sprache existiert, werden in der dem „Schwäbischen Handwörterbuch" mit der dritten Auflage hinzugefügten standardsprachlichen Erschließungsmöglichkeit auch Redensarten des mündlichen Sprachgebrauchs – in kursiver Schrift – berücksichtigt.

Mein ganz besonderer Dank gilt meiner Frau, Ursula Fischer-Kalchreuter, die mir bei der arbeitsaufwendigen Neubearbeitung hilfreich zur Seite stand; ihr widme ich diesen zweiten Teil des Wörterbuchs.

Pfullingen, im Sommer 1999   Hermann Fischer

Hinweise zur Benutzung

1. Aufbau eines Wort-Artikels

Der Artikel beginnt mit dem **halbfett gedruckten Stichwort**. Bei dem Stichwort sind die Buchstaben, die im ganzen Sprachgebiet nicht ausgesprochen werden, über die Zeile gesetzt, wenn das etymologische Lautbild klar ist: **a**ⁿ, **mache**ⁿ, **b**ᵉ**steche**ⁿ.

Hinter dem Stichwort folgt, wenn für erforderlich erachtet, in phonetischer Schrift die Lautform, oft mit Angabe des Gebiets, in dem sie gebraucht wird: *drāē, drāī* FRK., *dr̞ē̞* SW.

Wenn für nötig erachtet, folgt dann die *Akzentuation:*
ˊ Hauptakzent,
ˋ Nebenakzent,
◡ tonlose kurze,
‒ lange Silbe.

Am Schluß des Stichworts wird die grammatische Kategorie angegeben: m., f., Adv. usw.

Kursive Schrift ist gebraucht für Dialekt-Wörter und -sätze, Redewendungen, die die Verwendung des Wortes verdeutlichen sollen: *Brüle*ⁱⁿ.

Ziffern und Groß- oder Kleinbuchstaben bezeichnen Unterabteilungen des Artikels.

In Antiqua werden die Worterklärungen gegeben. Auch ihnen folgen oft Hinweise zur geographischen Verbreitung.

S p e r r u n g innerhalb eines Artikels hebt Wörter hervor, die von dem Stichwort abgeleitet sind oder Nebenformen zu ihm sind: **Brot-hang**ᵉ, B r o t - h ä n g e l.

Gesperrt gedruckt sind auch die Stichwörter bei bloßen Verweisungen: b r ö s l e n s. *bröselen.*

Die geographischen Hinweise sind meistenteils in Kapitälchen gedruckt: ALB.

2. Phonetisches Alphabet

a, e, i, o, u reine Mundvokale.

ā, ē, ī, ō, ū nasalierte Vokale, d. h. durch die Nase gesprochene Selbstlaute.

ā, ē usw. lange Vokale; *ă, ĕ* usw., auch bloß *a, e* usw. kurze; *ā̆, ē̆* usw. lang oder kurz.

ę offenes, *ẹ* geschlossenes *e (glẹslę* „Gläsle(in)", *lẹ̄gə* „legen").

ǫ offenes, *ọ* geschlossenes *o (jọ̄* „ja"; *sọ̄* „so").

ə der sog. Indifferenzlaut in Nebensilben (*sāgə* „sagen") oder Diphthongen, d. h. Doppellauten *(bləi* „Blei", *ọ̄ə* „Ei").

Diphthonge: *ae (sae* „See"), *ai* (FRK. *blai* „Blei"), *ao (laob* „Laub"), *au* (FRK. *haus* „Haus").

ęə, ęa, auch *ja (lęəbə lęabə* „Leben", *jasə* „essen").

ęi (sęi „See" BAAR).

ę̄i (FRK. *sę̄i* „See").

iə (liəb „lieb").

ǫə, ǫa, auch *wa (hǫəs hǫas* „heiß", *walf* „elf").

ǫe, d. h. *ǫę* oder *ǫe (ǫę* „Ei").

ọ̄u (FRK. *sọ̄u* „so").

uə (guət „gut"); *ui (sui* „sie").

əi (bləi „Blei"), *əu (həus* „Haus").

Dazu die nasalierten Färbungen.

b, d, g Lenes, d. h. stimmlose, aber schwach gesprochene Laute.

p, t, k Fortes, d. h. stark gesprochene stimmlose Laute. B e m e r k u n g : Die Fortes treten nur im Süden gesetzmäßig auf, im Norden herrschen die Lenes. Die Orthographie konnte sich hier gewöhnlich an die herkömmliche Schreibung der einzelnen Wörter anschließen.

ph, th, kh Fortes aspiratae, d. h. mit Hauchlaut verstärkt, wie in *phaol* „Paul", *thĕk* „Teck", *khǫ̆m* „komm".

pf, ts (selten *kχ = kch)* Fortes affricatae, d. h. Verschlußlaute mit nachfolgendem Reibelaut: „Pfund", „Zunge".

f stimmlose Spirans, d. h. Reibelaut.

h reiner Kehlkopfhauchlaut, im Anlaut und in Aspiraten (mit Hauchlaut verstärkte Verschlußlaute).

ϰ, χ stimmlose Gutturalspirans, d. h. Kehlkopfreibelaut, „*ch*", und zwar *ϰ* der sog. *ach*-Laut nach *a, o, u* (im S. auch nach *e, i*), *χ* der sog. *ich*-Laut nach *e, i* (im S. nicht).

j Halbvokal, auch leicht spirantisch.

l, m, n wie schriftdeutsch; *l* bei uns vorn gesprochen.

ŋ Gutturalnasal (*lāŋ* „lang", *bĕŋk* oder *bĕŋg* „Bänke").

r mit der Zungenspitze gerollt; nur in einzelnen Städten und bei einzelnen Individuen tritt *ϰ* dafür ein.

s stimmlose Spirans.

š = nhd. *sch*, stimmlos (*diš* „Tisch").

w Halbvokal, auch leicht spirantisch.

Mit *r̥, m̥, n̥, l̥* usw. sind, wo es nötig war, Konsonanten bezeichnet, welche sonantisch gebraucht sind, d. h. ohne vorausgehenden oder nachfolgenden Vokal eine eigene Silbe bilden.

3. Verwendete Begriffe und Abkürzungen

absol.	absolut (für sich stehend)	dial.	dialektisch (mundartlich)
abstr.	abstrakt (begrifflich)	dies.	dieselbe(n)
Adj.	Adjektiv (Eigenschaftswort)	dissim.	dissimiliert
Adv.	Adverb (Umstandswort)		(lautlich ungleich gemacht)
ahd.	althochdeutsch		
Akk.	Akkusativ (Wen-Fall)	eb.	ebendaselbst, ebenderselbe,
akt.	aktiv		ebenso
allg., allgem.	allgemein verbreitet	eig.	eigentlich
Anm.	Anmerkung	einf.	einfach
Appell.	Appellativ (Gattungsname)	emphat.	emphatisch
Appos.	Apposition (Beisatz)		(nachdrücklich, stark)
assim., assimil.	assimiliert	enkl(it).	enklitisch (sich an ein vorher-
	(lautlich angeglichen)		gehendes, stärker betontes
Attr.	Attribut (Beifügung)		Wort anlehnend)
attr.	attributiv	entspr.	entsprechend
	(als Beifügung verwendet)	Erkl., erkl.	Erklärung, erklärt
Ausdr.	Ausdruck	Et., et.	Etymologie (Wortherkunft),
Ausspr.	Aussprache		etymologisch
		Euphem.,	Euphemismus
Bed., Bedd.	Bedeutung, Bedeutungen	euphem.	(Beschönigung, Verhüllung),
bed.	bedeutet		euphemistisch
Begr.	Begriff		
bes.	besonders	F., f., Fem.	Femininum (weiblich)
Bez., Bezz.	Bezeichnung, Bezeichnun-	Fakt., fakt.	Faktitiv (bewirkendes
	gen; Beziehung, Beziehungen		Zeitwort), faktitiv
bez.	bezeichnet	flekt.	flektiert (gebeugt)
bildl.	bildlich	Fl. N. (N).	Flurname(n)
		fn.	Femininum und Neutrum
dass.	dasselbe	folg.	folgend
Dem.	Demonstrativ	franz., frz.	französisch
	(hinweisendes Fürwort)		
Demin.	Deminutiv	Gen.	Genitiv (Wessen-Fall);
	(Verkleinerungsform)		Genus (Geschlecht)
ders.	derselbe(n)	genet.	genetivisch
dess.	desselben	gespr.	gesprochen
d. h.	das heißt	gew.	gewöhnlich
d. i.	das ist	gewm., gwm.	gewissermaßen

Gramm.,	Grammatik,	mn.	Maskulinum und Neutrum
gramm.	grammatisch	mod.	(in) modern(er Mundart)

HalbMA.	Halbmundart	N., n.	Neutrum (sächlich)
h(ei)l.	heilig	nam.	namentlich
hzt.	heutzutage	neg.	negativ (verneinend)
		nhd.	neuhochdeutsch (schrift-
ident.	identisch (übereinstimmend)		sprachliche Bedeutung)
Imper.	Imperativ (Befehlsform)	Nom.	Nominativ (Wer-Fall)
impers.	impersonell (unpersönlich)		
indiv.	individuell (eigentümlich,	o. a.	oder andere
	persönlich)	o. ä.	oder ähnlich(e)
Inf.	Infinitiv (Grundform)	Obj.	Objekt (Gegenstand,
inkl.	inklusive (einschließlich)		Ergänzung)
insbes.	insbesondere	odgl.	oder dergleichen
Interj.	Interjektion (Ausruf)	ON(N).	Ortsname(n)
interr.	interrogativ (fragend)	onomatop.	onomatopoetisch
intr., intrans.	intransitiv (ohne Ergänzung		(lautmalend)
	im Wenfall)	opp(os).	im Gegensatz zu
it(al).	italienisch		
		parenth.,	parenthetisch (eingeschoben)
kath., kathol.	katholisch	parenthet.	
Kinderspr.	Kindersprache	Part.	Partizip (Mittelwort)
Koll., koll.	Kollektiv (Sammel-	pass.	passiv
	bezeichnung), kollektiv	pejor.	pejorativ (bedeutungsver-
kom.	komisch		schlechternd, abschätzig)
Komp.,	Kompositum, Komposita	Perf.	Perfekt (2. Vergangenheit)
Komposs.	(zusammengesetzte(s) Wort,	Pers., pers.	Person, persönlich
	Wörter)	phys.	physisch (körperlich)
Kompar.	Komparativ	Pl., Plur.	Plural (Mehrzahl)
	(Vergleichsstufe)	Plusq.	Plusquamperfekt
Konj.	Konjunktion (Bindewort);		(vollendete Vergangenheit)
	Konjunktiv (Möglichkeits-	PN(N).	Personenname(n)
	form)	poet.	poetisch
Kons., kons.	Konsonant (Mitlaut),	pop.	populär
	konsonantisch	pos.	positiv (bejahend)
Kontam.,	Kontamination (Misch-	poss.	possessiv (besitzanzeigend)
kontam.	bildung),	Präd.	Prädikat (Satzaussage),
	kontaminiert	präd.	prädikativ
kontr.	kontraktiert (zusammen-	Präfix	Vorsilbe
	gezogen)	prägn.	prägnant (genau)
		Präp.	Präposition (Verhältniswort)
lat.	lateinisch	Präs., Prs.	Präsens (Gegenwart)
luth.	lutherisch	Prät., Prt.	Präteritum (1. Vergangen-
			heit)
M., m., Mask.	Maskulinum (männlich)	prokl(it).	proklitisch (sich an ein folgen-
MA.	Mundart		des, stärker betontes Wort
mal(ich).	mundartlich		anlehnend)
mehrs.	mehrsilbig	Pron., Pronom.,	Pronomen (Fürwort),
mf.	Maskulinum und Femininum	pron.	pronominal
mfn.	Maskulinum, Femininum und	prot.	protestantisch
	Neutrum		
mhd.	mittelhochdeutsch	RA(A).	Redensart(en)
mlat.	mittellateinisch	refl.	reflexiv (rückbezüglich)

9

Rel., Relat.	Relativ (Einleitungselement)	temp.	temporal (zeitlich)
relat.	relativ (bezüglich)	trans., trs.	transitiv (eine Ergänzung im
RW.	Redewendung		Wenfall verlangend)

		udgl.	und dergleichen
S., s.	siehe	überh.	überhaupt
s. a.	siehe auch	übl.	üblich
satir.	satirisch	übr.	übrigens
sc(il).	scilicet (nämlich)	übtr.	übertragen, bildlich
scherzh.	scherzhaft	unpers.	unpersönlich
schw. (V.)	schwach(es Verb)	untersch.	unterschieden
s. d.	siehe dies	urspr.	ursprünglich
Simpl.	Simplex (einfaches Wort)	usf., usw.	und so fort, weiter
s. o.	siehe oben		
sozus.	sozusagen	v. a.	vor allem
spez.	speziell (besonders)	Verb., Verbb.	Verbindung, Verbindungen
spezif.	spezifisch (eigentümlich)	verb.	verbunden
Spr.	Sprache	verbr.	verbreitet
ssp.	subspecies (Unterart)	versch.	verschieden
st. (V.)	stark(es Verb)	vgl.	vergleiche
Subj.	Subjekt (Satzgegenstand)	volkst.	volkstümlich
subj.	subjektiv (persönlich)	vorherg.	vorhergehend
Subst., subst.	Substantiv (Hauptwort),		
	substantivisch	weibl.	weiblich
Suffix	Nachsilbe		
Superl., superl.	Superlativ (Hochstufe),	Zss.	Zusammensetzung
	superlativisch	z. T.	zum Teil
symb., symbol.	symbolisch (sinnbildlich)	zus.	zusammen
Syn., Synon.	Synonym (sinngleiches Wort)	Zush(g).	Zusammenhang
Synt., synt.	Syntax (Satzbau), syntaktisch	zw.	zwischen

4. Verzeichnis der geographischen Bezeichnungen
mit Hinweisen auf die Karte am Schluß des Buches

ALB	Ortschaften auf der Schwäbischen Alb		als „Schwäbisch" gekennzeichnet ist
ALLG.	Allgäu – Leutkircher, Memminger und Kemptner Raum	HOHENL.	Hohenloher Raum in Franken
BAAR	Ortschaften des Hochlands zwischen dem südlichen Schwarzwald und dem Großen Heuberg	Mittelland	Etwa Schwäbisch-Gmünder Raum, Göppinger Gebiet, Esslinger und Böblinger Raum
BAIRSCHW.	Bairisch-Schwaben – Brenz-Iller – Lech-Raum, Augsburg und Umgebung	N., n.	Nord, nördlich – nördlicher Teil des Hauptgebiets
		NO., nö.	Nordost, nordöstlich – Aalener und Nördlinger-Raum
BOD.	Bodensee und umliegende Orte		
DON.	Donau und im Donautal liegende Orte	NW., nw.	Nordwest, nordwestlich – etwa Schwäbisch-Fränkischer Übergangsbereich
FRK., frk.	Franken, fränkisch	O., ö.	Ost, östlich – Ulmer Gebiet,
Hauptgeb.	Hauptgebiet – etwa das Gebiet, das auf der Karte		Brenz-Iller-Lech-Raum
		OSCHW.	Oberschwaben – Alb-Donau-

10

	Raum, Ehinger-Laupheimer	Sww.	Schwarzwald
	Raum, Pfullendorf-Waldseer	Tir.	Tirol – nördlichster
	Raum, Biberacher Raum		schwäbischer Teil
Ries	Ries – westlicher und nord-	Unterl.	Unterland – etwa von
	westlicher Teil des Nördlinger		Stuttgart – Esslingen bis zu
	Raums		Enz und Murr
S., s.	Süd, südlich – südlicher Teil	W., w.	West, westlich – Oberer
	des Hauptgebiets		Neckarraum, Freudenstädter
SO., sö.	Südost, südöstlich – süd-		Raum, Baiersbronner
	östlicher Teil des Haupt-		Gebiet, Oberes Enzgebiet
	gebiets	Wt., wt.	Württemberg, württem-
s. v.	südlich von		bergisch
SW., sw.	Südwest, südwestlich –		
	Rottweiler Raum, Tuttlinger		
	Gebiet		

Teil 1
schwäbisch – deutsch

A

Der Anlaut *a*- umfaßt reines *a* und nach *ọ* hin getrübtes *ọ*. *ä*- ist alphabetisch = *a*- behandelt; s. aber auch *e*-, *ö*-. *ai*- s. auch *ei*, wo die meisten Wörter dieses Anlauts. Die schwäbischen Doppellaute *ae*- s. *ai*-, *e*-, *ei*-, *ö*-, *äu*-; *ao*- s. *a*-, *o*-, *au*-. Nasaliertes *ā*- s. *an*-. Fränkisches *ā*- s. *ei*-, *au*-, *äu*-.

a: Interj. **1.** *ā, å,* auch *ọ̄, ọ̆* (vgl. *au*): staunendes Ergötzen, Behaglichkeit. *å* auch mürrische Verneinung bei eigensinnigen Kindern. – **2.** *ă, å̆,* stark gestoßen: Verwunderung, Überraschung über eine erhaltene Mitteilung; für sich allein oder mit Zusätzen: *ā sell* [selbes = das]*! ā sell wär'! ā mäē! ā jọ̄le* Bewunderung. *a wa*ˢ◡ˊ *! a gang (m'r)!* Geradezu als Zurückweisung, wie auch die 2 letzten vorkommen: *a b'hüt (uns Gott!)! a bewahr! a wol (ā wol)*◡ˊ nein. – Diese direkt neg. Bed. hat insbes. die Verdoppelung des nasal. * å̆: å̆ å̆,* häufiger *hå̆å̆,* mit Stimmeinsatz zwischen beiden Vokalen. Verneinung gilt für unmanierlich. – **3.** proklitisch in Anrufen: *ahū; a ho hiht, a hes't, a hear, a huf ha, a huf* u. ä. Rufe an Ochsen. – **4.** *å* Ekel, bes. *ắắ,* gewöhnlicher *ä,* s. d. – **5.** *å 'ā, āå, ắå* (mit stark sinkendem Ton): Liebkosung; auch subst.: *ein A-a, A-ale, Ale* Kuß oder Liebkosung Wange gegen Wange; *āle hebe*ⁿ ein Kind an die Wange heben und liebkosen.

-ā *ā:* an beliebige Wörter enklitisch angehängt, zum Zweck des Rufens: *kommā* komm! *Lehrā* Lehrer! Oschw. Häufiger *-o*.

a *ā* s. *ab*.

a *ā* s. *an*.

A s. *Ach*.

A s. *Au* und s. *Ei*.

ä: Interj. **1.** des Spottes: *ẹ̄,* gern mit Geste begleitet. *Ä gäks* = ätsch. – **2.** des Ekels: *ẹ̆,* stark heraus- und abgestoßen. Besonders den Kindern gegenüber: *Das* [was sie nicht anrühren sollen] *ist ä; ä mache*ⁿ, *ein Äle m.;* die Kinder werden angehalten, *ä* zu sagen, wenn sie dieses Bedürfnis fühlen. Gern wiederholt *ä ä,* mit Stimmabsatz zwischen beiden Vokalen. *Ä pfrr* Anrede an ein Kind, das sich beschmutzt hat. Vgl. *a*.

ab SW. und S., sonst *ā,* Frk. *ọ̄*: Adv. und Präp. ab. – I. A d v. **1.** fort, weg. Namentlich *ab (abe) sein* = abgetan, aufgehoben, nichtig sein. – **2.** entzwei, abgeschlagen. *Das Kreuz ist einem ab,*

er hat das Kr. *ab.* – **3.** abwärts. *Auf und ab* a. physisch, wie nhd.; b. übtr. ᵃ*uf oder a*ᵇ mehr oder weniger; *des is*ᵗ *(der redt) net uf un*ᵈ *net a*ᵇ weder gehauen noch gestochen, nicht Fisch und nicht Fleisch. Vgl. *abe, aber, 'nab, 'rab.* – II. P r ä p. Besonders häufig in älteren Denkmälern, aber auch noch in der heutigen Mundart. **1.** lokal. *ab der Gabel, ab dem Feld, ab der Straße, ab dem Baum; ab e*ⁱ*nand* = auseinander; *A*ᵇ *der Welt* weltentlegen. *Ab Bahn* aus der B.; *ab Stätt* s. *abstätt; ab Weg* s. *abweg.* – **2.** kausal. *ab etwas verschrecke*ⁿ wegen etwas erschrecken. Ab f. siehe *Habe.*

a b a d(t)e s. *aparte.*

ab-asteⁿ *ānắštə, ạ̈štə* schw.: die Äste abhauen.

ab-baueⁿ: aufhören zu bauen, Gebautes abreißen. **1.** herunterkommen, sich dem Tod nähern. – **2.** ablassen, aufhören o. ä. *Mit einem a.,* den Umgang mit ihm aufgeben, brechen. – **3.** einen Acker *a.* durch Raubbau entkräften.

ab-bauseⁿ schw.: schlagen, verprügeln. S. *bosen.*

ab-beineⁿ schw.: abbeinen. **1.** *Fleisch a.,* die Knochen aus dem (gesottenen oder gebratenen) Fleisch herausschneiden. – **2.** *ọ̄bắnə,* einen im Spiel übervorteilen Frk. – Vgl. *ausbeinen.*

ab-belleⁿ st. schw.: **1.** einen heftig abweisen, abschnauzen. – **2.** eine Rede, ein Gebet odgl. in bellendem Ton vortragen.

ab-bᵉ**raffle**ⁿ *ābraflə* schw.: einen schimpfen, tadeln Oschw. – Vgl. *b*ᵉ*raffle*ⁿ.

ab-bereⁿ *ābaerə* W., *ābẹrə* S. schw.: die Beeren von etwas ablesen, z. B. eine Traube *a.*

ab-bieteⁿ st.: einem *a.,* ihn fortgehen heißen. Insbesondere vom Verkündigen der Polizeistunde in den Wirtschaften: *ma*ⁿ *hat abbote*ⁿ, *'s ist abbote*ⁿ *(worde*ⁿ*).* – Vgl. *ausbieten.*

Ä b b i r s. *Erdbir.*

ab-blaseⁿ st.: **1.** zu blasen: *Milch abblasen,* den Rahm durch Blasen von der Milch entfernen, so daß die Milch ausgegossen werden kann und der Rahm im Gefäß bleibt. – **2.** (zu bl. = trompeten): a. (*ab* = herunter). – b. (*ab* = fort).

ab-blätsche[n] schw.: den Kohl *a.*, die Blätschen, Blätter daran wegnehmen; Weibergeschäft. – Vgl. *abblatten, abblätteren.*

ab-blatte[n] schw.: Blätter von Kohl, Rüben u. dgl. wegnehmen. Übertr.: *Er ist abblattet* hat seinen Erben den größten Teil seines Vermögens übergeben, ist verarmt. – Vgl. *abblätschen, abblätteren.*

ab-blättere[n] *ōblẹ̄tərə* schw.: = *abblatten.*

abbossen s. *büßen.*

ab-bläue[n] schw.: durchprügeln. S. *bleuen.*

ab-brägle[n] *ābrẹ̄əglə* schw.: abbraten, rösten; wie *brägle*[n]. – S. *bräglen.*

ab-bräune[n] schw.: durch Kochen in Schmalz braun machen, von Fleisch, Wurst.

ab-brocke[n], ab-brockle[n]: abpflücken, Obst, Beeren, besonders harte Früchte wie Erbsen, Bohnen, Mais.

ab-bröckle[n] schw.: stückchenweise abfallen, z. B. Putz von der Wand.

ab-brumme[n] schw.: eine Strafe *a.* absitzen.

abbüßen s. *büßen.*

ABC-Schütz m.: spöttisch = Schulanfänger. *ABC-Schütz, Got (gost) in d' Schul und ka*[n] *(ka*[n]*st, lernst) nix.*

ab-dache[n] schw.: ein *Rai*[n]*le*[in] *a.* durch Abtragen von Erde abflachen.

ab-dachsle[n] *ādākslə* schw.: umbringen.

ab-dachtle[n] schw.: *einen a.*, beohrfeigen, ihm eine Dachtel (s. d.) geben. Ein Tier *a.* totschlagen.

ab-dackle[n] *ādäklə* schw.: **1.** tüchtig zurechtweisen, derb abfertigen, in seiner Blöße hinstellen. – **2.** in Nachteil setzen. – **3.** Refl.: *sich a.* sich abmühen. – **4.** töten, besonders heimlich.

ab-decke[n] schw.: **1.** wie nhd. – **2.** einen betrügen, übernehmen. – **3.** einen schinden, die Haut abziehen. – **4.** töten, insbesondere heimlich. – **5.** *Hat ma*[n] *di*[ch] *a*[b]*deckt* hat man dich ertappt. – **6.** einen schlagen, prügeln. – S. a. *abdecklen.*

Ab-decker m.: Schinder.

ab-deckle[n] schw.: den Deckel wegtun, aber nur übertragen und ironisch gebraucht: schlagen, der Habe berauben, töten.

ab-dinge[n] st. schw.: abhandeln, durch Verhandeln abspenstig machen.

ab-dorre[n] schw.: vertrocknen. Trans. abdörren.

ab-dratle[n] *ādrọ̄tlə* schw.: durch Herumdrehen abbrechen, z. B. einen biegsamen Zweig.

ab-drille[n] schw.: etwas durch mehrmaliges Drillen, Herumdrehen abreißen, z. B. eine Schnur.

ab-dusle[n] schw.: *einen a.*, ihm eine (tüchtige, abfertigende) Ohrfeige, Dusel, geben.

Abee s. *Abtritt.*

abe *ă-, ẹ̄-, -w-* im N. und NW. *-i, āẹ, āxi* TIR., *ābẹ:* hinab, abwärts. Von *(hi)na(b)* dadurch verschieden, daß bei diesem mehr das Ziel, bei *abe* mehr die Bewegung ins Auge gefaßt wird. Nur als Adv., nie als Präp. gebraucht. *De*[n] *Berg abe,*

den Berg hinab udgl.; *vom Tisch abe* u. ä. Namentlich mit Verben: *a. dutschen* (hinunterfallen); *a. fallen; a. flözen* (z. B. *i*[ch] *mueß des Brod e*[in] *bisle abe flaize*[n] mit Most, Bier odgl.); *a. führen; einen a.* auf den Kirchhof bringen, s. a. *a. tun; a. g*[e]*heien* (hinabwerfen oder fallen, s. *geheien*); *a. gehen* (physisch und übertr.: *bei dem got's abe*); *a. hauen* (= abhauen, ein Stück Brot, Fleisch, *a. h.*); *a. kommen; a. lassen* (*laß abe* = laß ab vom Preise; sprichwörtliche RA. einem Prahler gegenüber); *a. laufen; a. machen* (*einen a.*, tadeln, = *abermachen* 1; aber auch = unterdrücken: *laß di*[ch] *nit abe m.*); *a. stracken* (*aweg*[e]*stracket* heruntergefallen); *a. tun* (*einen a.*, wie *a. füren*, auf den Kirchhof bringen); *a. worgen* (eine Speise hinabwürgen). – Vgl. *ab, hinab, aber, aufe.*

abele[n] *ọ̄bələ; aobələ* O. schw.: Abend werden; nur: *'s abelet* es geht dem A. zu.

Abe[n]**d** *aobəd, aubəd, ọ̄bəd; ọ̄wəd* N. und NW., m.: Abend. **1.** Zeit des Sonnenuntergangs. *a.* mit Beziehung auf das Ende des Lichttags, wie nhd. *Z' Abe*[n]*d, am Abe*[n]*ds* abends. Der A. beginnt früher als im Nhd. Dieses Wort muß das in der eigentlichen Mundart nicht übliche „Nachmittag" mit vertreten. Gewöhnlich aber die Zeit vor und um Sonnenuntergang, die Zeit des Bet- oder Abendläutens. Die Zeit nach Sonnenuntergang heißt Nacht, nicht A. Daher: *z*[u] *A. komme*[n]*, zum A. k.* während der Dämmerung zu jemand kommen. – b. mit der Beziehung auf den folgenden Tag wird A. in der Bedeutung des Tags vor einem bestimmten, angegebenen Tag gebraucht: *der alt*[e] *A.* 31. Dez.; *Altjahrs-A.* und *der heilig*[e] *A.* = 24. Dez. – **2.** Ort des Sonnenuntergangs, West. In moderner Mundart selten, weil meist durch genauere lokale Bestimmung ersetzt.

Abe[n]**d-brot** n.: Mahlzeit, die man abends einnimmt. Nicht die letzte, nachts eingenommene Mahlzeit (Nachtessen), sondern schon um 4–5 Uhr.

Abe[n]**d-esse**[n] n.: = *-brot.*

Abe[n]**d-feuchte** f.: Nachttau.

Abe[n]**d-läute**[n] n.: das tägliche Geläute zum Feierabend, auch *Betläuten, Avemergen.*

Abe[n]**d-mal** n.: **1.** Nachtessen bei einer Hochzeit, *ọ̄bədmọ̄l* RIES. *das heil. A.*; in der echten Mundart kaum gebraucht, sondern *Nachtmal.*

Abe[n]**d-sege**[n] m.: Abendgebet. *Den A. beten* oder *lesen.*

aber I *ābr, āər, āwər ọ̄wər* FRK., *āb(ə)r:* aber. – **1.** Partikel, adversativ oder einschränkend, wie nhd., zu erwähnen nur die häufige Verbindung *und aber*, namentlich wenn ein Einwand sofort zurückgewiesen werden soll udgl. Das Wort ist öfters emphatisch zur Hervorhebung, zum Ausdruck der Verwunderung, Bewunderung usf.

gebraucht; stark betont: *Was ist áber au^{ch} des!
I^{ch} ka^n s áber net glaube^n! Warum kommst du
áber so lang net!* Oder unbetont proklit.: *Aber
dú bist g^e wachse^n!* oder enklit.: *Dú bist aber g.!*
Hieher die oberschw. Verwendung als entschie-
dene Bejahung in der Antwort wie nhd. „doch",
„übrigens" nach negativem und positivem Satz:
Du hast g^e wiß nichts g^e lernt. Antw.: *Aber! Ist des
der recht^e Weg?* Antw.: *Aber.* Ähnlich das allge-
mein verbreitete interjektionelle *aber!, aber
nein!* als Ausdruck der tadelnden oder entsetz-
ten Verwunderung. *I^{ch} hab^e mei^n Sacktuch ver-
lore^n.* Antw.: *Aber! Aber nein!* – **2.** in fränk.
Gegenden ist häufig die Verwechslung von
„aber" und „oder", so daß beide Partikel am
selben Ort gemischt gebraucht sein können. – **3.**
substantivisch, in mehreren Wendungen. *Es ist
(allemal, überall* odgl.) *e^i n A. darbei,* irgend ein
hinderlicher, unangenehmer Umstand. Im Sin-
ne von Mißtrauen, Widerwillen, Ekel: *Ein
(oder einen) Aber an (gegen, vor) etwas (je-
mand, in der und der Sache) haben, ein A. in
etwas setzen; ein(en) A. essen* an einer Speise.

aber II *āb(ə)r* (N. und NW. -w-); *ārə, āre, ăxə* TIR.:
abher, herab. – **1.** Adv. Namentlich mit Verben:
*a. fallen, a. gehen; a. g^e heie^n; a. hangen; a. he-
ben; a. kommen (wenn's nu^r gut aber kommt!*
Wunsch beim Ausbruch eines Gewitters); *a.
laufen, a. reiten; are sauələ* (von feinem, nebe-
lartigem Regen); *a. stoßen; a. tun* (z. B. Obst);
a. werfen. Festere Verbindungen: *abergären,
aberkappen, aberkaufen, aberlesen, aberma-
chen, abernemen, abertäuen, aberwandeln, ab-
erziehen.* – **2.** Präposition *abersche* von etwas
herab. Modern wohl nur noch in *awersche* und
untersche abwärts FRK. – Vgl. *ab, herab, abe,
aufer.*

äber, a b e r – *ǭbər, ēbər, ēbərę, ęəbər* – Adj.: leer.
Aber nur in bestimmten Beziehungen. Insbe-
sondere: **1.** frei von Schnee. Namentlich vom
Kulturland, aber auch von Wegen: schneefrei,
daher gut gangbar. Synon. *bloß, offen.* – **2.** vom
Bauland: ohne Frucht stehend. – **3.** leer über-
haupt, z. B. vom Beutel; insbesondere leer von
Menschen, z. B. von der Wirtshausstube, Kir-
che, dem Versammlungsplatze. – Daher: **4.** still,
friedlich, sicher. *Es ist ä.,* wo keine Menschen
sind. – **5.** glatzköpfig; da und dort gebraucht. –
6. vom Wetter: windstill, lau, freundlich, beson-
ders nach schlechtem Wetter; da und dort ge-
braucht. – **7.** dämmerig, halbdunkel am Abend.

Äbere f.: Eigenschaft des *äber*-seins. **1.** Schneelose
Stelle; z. B. *auf der Ä. fahren* im Gegensatz zum
Schlittenfahren auf dem Schnee. – **2.** Zeit der
Schneeschmelze. – **3.** *Ebere,* eine Stelle in der
Donau, wo keine Strömung ist, Stelle am Ufer,
wo das Wasser stille steht (oder leichte Wirbel
macht).

Aber-emd *ābərę̆md* n.: zweites Emd, dritter jährli-
cher Schnitt des Wiesengrases im Herbst. – Syn-
on. *Abergras, Afteremd, -futter, -gras.*

äbere^n *ēb(ə)rə* schw.: äber sein. **1.** vom Weggehen
des Schnees: *^e s ist g^e äberet* das Erdreich sieht
wieder heraus. – **2.** zeigen, offenbaren: *^e s will
si^{ch} neks ä.* es will sich nichts zeigen; besonders
bei Neuvermählten, wenn die Schwangerschaft
längere Zeit nicht eintritt.

aber-falge^n schw.: das Land das zweitemal *falgen,*
umbrechen, s. *falgen.*

aber-fänzig Adj.: naseweis.

Aber-gabel f.: falscher Trieb am Weinstock. Auch
Aberzain, -zan, -zange, -zweig.

Aber-gras n.: im Oberland das Gras, das nach dem
Emd noch wächst; auch *Aberemd, Afteremd,
-futter, -gras.*

Aber-gu *ābrgū* m.: **1.** widerlicher Geruch; s. a. *Ab-
gu.* – **2.** Widerwillen, Ekel, vor Speisen, übertr.
auch vor der Arbeit.

Aber-lank *ābrlăŋk,* Pl. *ābrlę̆ŋk* m.: Absonderlich-
keit, Exzentrizität; auch pers.: Sonderling
OSCHW.

aber-länkig Adj.: launisch, eigensinnig, sonder-
bar, von Menschen; widerwärtig, wider-
spruchsvoll, unverträglich; geschmacklos; be-
harrlich, zäh aushaltend OSCHW.

aber-länkisch Adj.: wunderlich, exzentrisch, von
Menschen; unentschlossen, wetterwendisch
OSCHW.

aber-mache^n schw.: herabmachen, in folg. 2
Bedd.: **1.** einem *a.,* Vorwürfe machen, sein Be-
nehmen beanstanden. – **2.** *es macht aber,* es
regnet, besonders von gelindem, aber nachhal-
tigem Regen.
abersche s. *aber II 2.*

aber-täue^n *ābərdaębə, ābərdaęlə, ābərdāēlə, ab-
erdäubere* – schw.: herabtauen; von sanftem Re-
gen.

aber-wendig Adj.: abspenstig; *einen a. machen,*
ihm abraten OSCHW.

Aber-wetter n.: übles Wetter.

Aber-wille^n m.: Widerwillen, Ekel.

Aber-witz f.: Wahnsinn. *In die A. gehen,* verrückt
sein.

aber-witzig Adj.: **1.** verrückt, närrisch; besonders
von kindischem Zustand und Benehmen infolge
hohen Alters. – **2.** schwächer: wunderlich, mür-
risch, launisch.

Aber-zain m.: dasselbe wie *Aberzan, Aberzange.*
S. a. *Abergabel, Aberzweig* und das folg. Wort.

aber-zaine^n *ābrtsōēnə* schw.: an den Weinstöcken
die jungen Wassertriebe wegbrechen.

Aber-zan m.: aus einem Blattwinkel entspringen-
der Nebentrieb bei Weinstock, Hopfen, Mais,
Tabak udgl.

Aber-zange f.: Nebentrieb bei Hopfen, Reben,
Weiden, wird ausgebrochen.

aber-ziehe[n] st.: herabziehen.

Aber-zweig m.: Nebenzweig

ab-fare[n] st.: **1.** intrans. fortgehen, aber nur in gewissen Wendungen halb ironischer Art: a. durchgehen, als Diebsausdruck. – b. übel ankommen mit irgend einer Absicht; so insbes.: *einen a. lassen*, wie nhd. – c. im Handelsverkehr: mit dem verkauften oder unverkauften Vieh abends vom Markt *a.* – d. sterben. – **2.** trans. durch Fahren lostrennen. *Es ist ihm ein Arm abgefahren worden* u. ä.

ab-fasse[n] *āfasə:* **1.** verhaften. – **2.** Schriftaufsatz machen. – **3.** *einen a. (ǭfǭšə)* übers Ohr hauen; ihm die Meinung gründlich sagen FRK.

ab-fatze[n] schw.: abspringen (z. B. von Saiten), brechen.

ab-faume[n] *āfǟōmə, āfǟmə* schw.: abschäumen, abschöpfen, z. B. das Fett von der Fleischbrühe. – Insbes. Part. a b g e f a u m t *(āgfǟēmt, āgfǟōmt):* abgeschlagen, listig, wie nhd. abgefeimt.

ab-feilsche[n] *āfǫelšə* schw.: zum eigenen Vorteil handeln.

a b f e i m e n s. *abfaumen.*

ab-ferke[n], a b f e r g e [n] *āfęrkə; āfirkə* schw.: abfertigen, weiter befördern. Aber auch schimpfen. *A*[b]*- und ausferke*[n]. – Aus *abfertigen, s. ferken.*

ab-fetze[n] schw.: die Kleider hängen und schlampen lassen, zerfetzt herumtragen.

ab-fingere[n], a b - f i n g e r l e [n] schw.: an den Fingern abzählen. Zumal in der RA.: *Des ka*[n]*st du dir (mir) am Arsch (am Füdle, Hintere*[n]*, hinte*[n]*) a. (na*[ch]* brauchst kei*[n]* Klavier)* = das kannst du dir selbst sagen. S. a. *abklavieren, abschlecken.*

a b f i r b e n s. *abfürben.*

ab-fitsche[n] schw.: abreiben, abrutschen, von Kleidern. Bes. im Part. a b g [e] f i t s c h t *āgfitšt* fadenscheinig.

a b f l e t e r e n s. *abpfladeren.*

ab-flohe[n] *āflaoə* W., *āflǭə* O. schw.: *einen a.,* ihm die Flöhe ablesen. Übtr.: durchprügeln; einen schnell von sich abschütteln; einem Geld abgewinnen; huren.

ab-flöße[n] *āflaesə* schw.: abspülen.

ab-fuggere[n] schw.: einem etwas abhandeln, abschwatzen.

ab-fummle[n] schw.: abreiben, abwischen.

ab-fürbe[n] (-furbe[n]) schw.: abkehren.

ab-füre[n] *āfiərə; ǭfiərə* FRK. schw.: abführen, wegführen. Insbes.: **1.** unerlaubt oder unvermerkt wegnehmen, entwenden. Syn.: *ausfüren.* – **2.** mediz.: purgieren. – **3.** abzahlen. – **4.** Part. a b g e f ü r t *āgfiərt* etc.: abgeschlagen, listig.

ab-futschle[n] schw.: abreiben, z. B. Hosenboden.

ab-futtere[n] schw.: mit dem Füttern (des Viehs) fertig werden.

ab-gängig Adj.: wie nhd. Insbes. von einem alt werdenden Frauenzimmer.

Ab-gass[e] f.: Seitengasse, in einer Ortschaft.

ab-gebe[n] *āgēə* Hauptgeb., *āgębə* N. st.: abgeben, wie nhd. Insbes. **1.** ohne Objekt: a. vom alternden Hausvater, die Wirtschaft an einen Erben übergeben. – b. beim Kartenspiel, das letzte Mal geben. *Du gibst ab:* das Spiel, in dem du zu geben hast, ist das letzte. – **2.** impers.: eine Wirkung, Folge haben. – **3.** *etwas a.,* es werden, vorstellen. *Du gibst einen tüchtigen Soldaten ab.* – **4.** refl.: *sich mit etwas a.,* wie nhd.

a b g e f e i m t s. *abfaumen.*

a b g e f ü r t s. *abfüren.*

ab-ge[hen] st.: abgehen. **1.** weggehen. Hauptsächlich von Farbe oder anderm Überzug, der durch Abreiben o. a. abgeht; sonst mehr *weggehen, fortgehen.* – **2.** von unzeitiger Geburt. – **3.** zu Grund gehen; auch: sterben, mit und ohne den Zusatz von Todes wegen, mit Tod udgl. – Niederbrennen, vom Feuer. – **4.** von etwas, was abzuziehen ist, namentlich an einem Guthaben odgl. – **5.** mangeln, nicht zu Teil werden. Sich oder einem andern *etwas (nichts) a. lassen.* *'s sel*[be]* gieng*[e]* mir a*[b] das fehlte mir noch, iron. *'s ist mir a*[b]*gange*[n] ich habe es vermißt. – **6.** vom Verlauf, Erfolg einer Sache, ablaufen. *Es ist no*[ch]* gut a*[b]*gange*[n] udgl. Dafür auch *ablaufen.* – **7.** trans. etwas abschreiten, mit Schritten abmessen.

ab-geiße[n] *āgǫaslə* schw.: prügeln, mit der Geißel schlagen.

ab-[ge]**kitzlet** Adj.: gegen Kitzeln unempfindlich.

a b g e l a s s e n s. *ablassen.*

ab-[ge]**schirre**[n] *āgširə* schw.: eig. einem Zugtier das Geschirr abnehmen, wofür aber *ausgeschirren* gesagt wird. Übtr.: *einen a.,* des Amtes entheben; einen Bittenden abweisen.

ab-[ge]**schlacket** *āgšlakət* Adj.: welk, müde. *Der kommt recht a. daher.* – S. *Schlackel, schlacken.*

a b g e s c h l a g e n s. *abschlagen.*

ab-[ge]**schmackt** *āgšmakt* Adj.: fad, ohne Geschmack, häßlich, Widerwillen erregend.

Ab-[ge]**schnipf** n.: Abfall beim Schnitzeln, z. B. des Obstes. – S. *schnipflen.*

ab-[ge]**schweige**[n] *āgšwǫgə* schw.: zum Schweigen bringen, abfertigen. *Der la*[b]*t si*[ch]* mit dem* [n]*i*[ch]*t a*[b]*g*[e]*schwoage*[n] zufriedenstellen.

ab-[ge]**vöglet** Adj.: verhurt.

ab-[ge]**wöne**[n] -[ę]n-, -[ę]n OSCHW., -[ę]n; *āwęnə* schw.: abgewöhnen. Insbes. entwöhnen, ein Kind oder ein saugendes Haustier.

ab-glitsche[n] schw.: abgleiten.

Ab-gu *ăbgū* m.: widerlicher Geschmack. – S. a. *Abergu.*

ab-habe[n] schw.: *einem etwas a.,* abbetteln.

ab-häbere[n] *āhębərə* schw.: **1.** kasteien. – **2.** eine Weibsperson fleischlich gebrauchen. – **3.** züchtigen. – Anm.: Vom Dreschen des Habers?

ab-häldig – ā-, ăb-, ǭ- s. zu *ab; -ig* im S. (SO.), -*iχ* im N. (NW.). – Adj.: abschüssig, eine schiefe Ebene bildend. So namentlich von Güterstükken, Wegen. Aber auch z. B. von einem nicht waagrechten Stubenboden, Tisch odgl. Zu *Halde*. S. a. *abhängig, abläg.*

ab-hand Adv.: abseits, abgelegen. *'s leit a.*

ab-hängig *ăhê̞ŋê̞ŋ* Adj.: abschüssig. – S. a. *abhäldig, abläg.*

ab-häreⁿ schw.: *sich a.* die Winterhaare verlieren, vom Vieh.

ab-haseⁿ Adj.: dem Tode entgegengehen. Auch: ökonomisch ruiniert sein; insbes. *er ist am a.* Vgl. *aufamslen.*

ab-haueⁿ st.: abhauen. **1.** wie nhd., mit einem schneidenden oder stumpfen Instrument. – **2.** abschneiden, z. B. das Haar. – **3.** übertr.: etwas, einen Streit usw. *a.*, durch dazwischen tretende Autorität beendigen. – **4.** intr. verschwinden.

ab-häutleⁿ schw.: refl. *sich a.* RA.: *Der werd* [wird] *recht, wenn er siᶜʰ aᵇgᵉhäutlet hat* von einem Ungehobelten.

ab-hebeⁿ, Part. *abgehebt* schw.: abheben. **1.** physisch: oben wegnehmen. Z. B. Terrain, um es zu ebnen. *Eine abgehebte Milch*, von der der Rahm abgenommen ist (s. a. *abnemen*). Beim Kartenspiel. – **2.** übertr.: *auf etwas a.*, darauf abzwekken, sicher darauf rechnen.

ab-heileⁿ schw.: im Heilprozeß zu Ende kommen. Ein Ausschlag will nicht a.

ab-helfeⁿ st.: abhelfen. Nur mit einfachem Dativ, entw. der Sache: *einer Sache a.*, einen Übelstand, ein Hindernis beseitigen; – oder der Person: *einem a.*, ihm behilflich sein, – eine Traglast abzustellen (opp. *aufhelfen*).

a b h e r s. *aber* II.

ab-herbsteⁿ schw.: fertig *herbsten*.

a b h i n s. *abe.*

ab-hockeⁿ schw.: sich setzen.

ab-holzeⁿ schw.: ausholzen.

ab-hudleⁿ schw.: **1.** abwischen, abkehren, säubern. – **2.** Refl. sich abhetzen. – S. *hudlen.*

ab-hundeⁿ schw.: refl. *sich a.*, sich kümmerlich abarbeiten. – Anm.: Eine der vielen bildlichen Verwendungen des Hundes für etwas Verächtliches.

äbich *ê̞wi; ê̞wiχ;* Adj.: umgekehrt. Besonders von Kleidungsstücken: *ä-e Seite* des Strumpfes, Hemdes; ein Kleidungsstück *ä. anziehen.* Übertr. von Menschen: verkehrt, dumm, blöd. – Anm.: Das Wort ist nur fränk. bestimmt bezeugt.

ab-jäucheⁿ schw.: = *abjagen* – S. d. Simplex *jäuchen.*

ab-kambleⁿ schw.: *einen a.*, auszanken, ihm heftige, beschämende Vorwürfe machen. – Anm.: Das Bild des Abkämmens oder Abreibens ist öfters für Schelten gebraucht, vgl. *strälen, bürsten, putzen, waschen, lausen, Filz* udgl.

ab-kapitleⁿ schw.: *einen a.*, mit Worten strafen, einen derben Verweis geben. –

ab-kappeⁿ schw.: mit Dat. der Pers. **1.** einen kurz abfertigen, ausschelten, ihm die Meinung sagen. – **2.** tätlich: durchprügeln. – **3.** *a.*, z. B. Kartoffeln: von größern K. kleinere Stücke oder Augen abschneiden und diese als Steckkartoffeln benützen.

ab-karbatscheⁿ schw.: abprügeln, mit der Karbatsche durchhauen Oscʜw.

ab-karreⁿ schw.: durch Fahren mit einem Karren, Wagen zerstören. *Maⁿ hat mir deⁿ Fueß abkarret.*

ab-karteⁿ, abkartleⁿ schw.: etwas heimlich abmachen, hinter dem Rücken und zum Schaden eines andern; setzt immer mehr als einen Täter voraus und ist meist als Vorwurf zu fassen. *Eine abgekartete Sache, Geschichte, ein a-er Handel.* – Anm.: Von Kartenspiel hergenommen. Die Form mit *-l-* ist die seltenere.

ab-kett(l)eⁿ schw.: ein Strickzeug, einen Strumpf *a.* beim Abschluß die hintere Masche über die vordere herziehen.

ab-kifeⁿ schw.: abnagen; auch durch zänkisches Wesen sich das Leben verkürzen. – S. *kifen.*

ab-klageⁿ schw.: bei der Leichenbegleitung der Verwandten Beileid bezeugen. – S. a. *klagen.*

ab-klappereⁿ, -kläppereⁿ schw.: suchend, fragend von einem zum anderen gehen.

ab-klaubeⁿ schw.: **1.** weglesen, mit den Fingern oder Händen wegnehmen; *a.* Beeren vom Strauch, Steine von einem Acker. – **2.** übertr. *einen a.* a. ihm das Geld abgewinnen; b. ihn tüchtig auszanken.

ab-klaviereⁿ schw.: in der RA. *Des kaⁿst du dir am Arsch* (gewählter *an deⁿ Fingerⁿ*) *a.*, das kannst du dir selbst sagen. S. a. *abfingeren, abschlekken.*

ab-klemmeⁿ schw.: abzwicken, abkneipen.

ab-knälleⁿ *ăkŋê̞lə* schw.: etwas mit Knall, Krach abbrechen.

ab-konterfeieⁿ *ăkhǫ̈ntərfəiə; -faeə; -fǫeə; -fê̞tə; -pfê̞tə; ăkhǫ̈nsǫlfê̞tə* schw.: **1.** abbilden, besonders eine Person: porträtieren, jetzt insbesondere durch Photographie. – **2.** durchhecheln, bespötteln, nachäffen. – Anm.: Bed. 2 geht auf die Ur-Bed. *contrafactum* Nachbild, auch Fälschung zurück.

ab-köpfeⁿ schw.: Blumen *a.* beim Mähen, Pflükken abreißen.

ab-kratzeⁿ schw.: intrans., mit sein im Perf. **1.** weggehen, besonders unverrichteter Dinge; *einen a. lassen* = abfahren lassen. – **2.** sterben. – In beiden Bedd. nur spöttisch gebraucht.

ab-krimmeⁿ schw.: abzwicken. S. *grimmen.*

ab-kuleⁿ schw.: intr. kühl werden. – S. a. *abkülen.*

ab-küleⁿ schw.: kühl werden lassen. Insbes. refl. *sich a.* Namentlich ist das Wort mit und ohne „sich" vom Wetterleuchten gebraucht: *es küelt (siᶜʰ) aᵇ, der Himmel küelt siᶜʰ aᵇ.* Vgl. *verkülen.*

ab-kümmere[n] schw.: *sich a.,* sich abhärmen.

ab-künde[n] *ākhẹ̄ndǝ,* nördlicher *ākhẹ̄nǝ* schw.: aufkündigen, die Lösung eines Dienst- oder Vertragsverhältnisses anzeigen.

ab-kustere[n] schw.: schelten, zanken.

ab-lade[n] schw.: **1.** abladen, eine Last vom Wagen herabnehmen. – **2.** beichten.

ab-läg *ālẹ̄g, ālẹ̄gs* Adj.: ansteigend, eine schiefe Ebene bildend; Syn. *abhäldig, abhängig.*

ab-laiche[n] schw.: mit List einem abnehmen, abjagen, abbetrügen. *Lieber will i*[ch] *d em Teufel* [ein]*e Sail* [Seele] *a*[b]*laiche*[n] *a*[l]*s dem* [ein]*en Kreuzer.* S. *laichen.*

a b l a n s. *ablassen.*

Ab-laß m.: **1.** Vorrichtung zum Ablassen des Wassers aus einem Fluß, Teich odgl.: Stellfalle, Schleuse, namentlich oberhalb einer Mühle. – **2.** Die Handlung des Ablassens; a. Ablassen des Wassers durch einen Ablaß. (1). – b. Ablassen des Weins aus dem Faß; aber häufiger *das Ablassen.* – **3.** das obere, dünnere Ende eines Holzstammes oder -klotzes Sww.; ein solcher hat *am A.* noch die und die Stärke. – **4.** kirchlich, Indulgenz. – **5.** Zinsablaß.

Ablaß-brenke f.: Brenke, Geschirr, in das der Wein abgelassen wird.

ab-lasse[n] st.: loslassen, in verschiedenen spezifischen Anwendungen. **1.** eine Flüssigkeit abfließen lassen, Wein aus dem Fasse oder Wasser aus einem See, Kanal, Behälter usw.; regnen. – **2.** Aus der Bedeutung ein Tier a. = loslassen, erwächst das Part. Prät. *abgelassen (āglāō)* = nhd. losgelassen, wild, unbändig.

ab-läubere[n] schw.: einen Baum, Strauch von seinen Früchten ableeren.

a b l a u n s. *ablassen.*

ab-laure[n] schw.: abpassen, sich einem auf den Weg stellen.

ab-leide[n] st.: ermüden, plagen.

ab-leire[n] *ālǝirǝ* schw.: **1.** durch wiederholtes Drehen allmählich abbrechen, z. B. Zweige, Früchte. – **2.** abnützen. – Anm.: Für das nhd. ableiern = heruntersingen ist bei uns vielmehr *herab l.* üblich. Die Komposs. *ab-* und *ausleiren* gehen auf die drehende Bewegung der Leier, d. h. Drehorgel, zurück.

ab-lese[n] st.: Früchte ablesen. Gewöhnlicher *lesen.* Auch etwas aus einem Buche *a.;* doch populärer *herablesen.*

Ab-letze *ālẹtsẹ* f.: Abschiedsessen; Abschiedsfeier für einen fortziehenden Freund im Wirtshaus, *A. halte*[n]. Syn. *Abletzete.* – S. a. *Letze.*

ab-letze[n] *ālẹtsǝ* schw.: den Abschiedstrunk halten. Subst. *Abletze, Abletzete.*

Ab-letzete f.: = *Abletze.*

a b l i c h e n s. *ablüchen.*

ab-lickere[n] schw.: ablocken. *Einem einen andern a.,* abspenstig machen.

ab-lidere[n] *ālīdǝrǝ, ăblīdǝrǝ* schw.: durchprügeln Oschw. Vgl. *abschwanzen, abschwarten.* S. a. *lideren.*

ab-lige[n] st.: **1.** intr. zu kurzem Schlaf sich hinlegen, (mehr Grenzgebiete; Mittelland *'na*[n] *l.*). Part. *abg*[e]*lege*[n] entfernt, wie nhd. – **2.** trans. eine Krankheit durch Liegen vertreiben Oschw.

ab-lösche[n] schw.: **1.** vom Feuer. – **2.** von chemischen Prozeduren, die im Übergießen mit kaltem Wasser bestehen: *einen Braten a.,* namentlich aber *Kalk a.*

ab-lose[n] schw.: aufmerksam zuhören SW. – S. *losen.*

ab-löse[n] schw.: **1.** etwas wegnehmen, loslösen. Insbesondere vom Abtrennen der Holzklötze, *ǝn štam ālaesǝ* Oschw. – **2.** wie nhd.: eine Schildwache odgl. *a.,* in Ausübung des Amtes durch einen andern ersetzen. – **3.** eine Verpflichtung zu periodischen (Zins-)Zahlungen durch einmalige (Kapital-)Zahlung aufheben, wie nhd.

ab-lösig Adj.: was abgelöst werden kann; s. *ablösen.*

ab-lotsche[n] schw.: durch *lotschen,* nachlässiges Gehen, abnützen, von Schuhen, Hufen.

ab-lüche[n] *-i-* schw.: schon gereinigte Gegenstände, namentlich Wäsche, noch zur letzten Reinigung durch reines Wasser ziehen. S. *ausl., lüchen.*

ab-luchse[n] *-ks-* schw.: einem andern etwas mit List entwenden und sich zuwenden. Einem etwas heimlich absehen, abspicken (wie in der Schule).

a b l ü c k e r e n s. *ablickeren.*

ab-lupfe[n] schw.: einem eine Last abnehmen helfen.

ab-lutsche[n] schw.: durch *lutschen* abnützen.

ab-mache[n] schw.: in sehr verschiedenen, nhd. meist fehlenden Bedd., wobei *ab* bald (1–3) = herunter, weg, bald (4 ff.) im Sinne der Vollendung. – **1.** physisch: etwas wegmachen, eine Schnur vom Paket, ein Schloß von der Tür udgl. Häufiger Synon.: *herab m., h. tun, weg m.* u. a. – **2.** zanken, herunterputzen. Verbreiteter: *herab m.* – **3.** abmalen, abzeichnen, nam. Personen, porträtieren. – **4.** töten. *Ma*[n] *hat ihn a*[b]*g*[e]*macht* er ist mit Gewalt getötet worden. – **5.** aufzehren. *E*[ine] *Wu*[r]*st a*[b]*mache*[n] verzehren. – **6.** übtr. durch Verabredung eine Sache a. a. heimlich übereinkommen; verabreden: *Abgemacht!* – b. einen Streit beilegen. Nach Schlägereien gibt man dem Beschädigten eine Abfindungssumme: *ma*[n] *hat's a*[b]*g*[e]*macht.*

ab-matte[n] schw.: müde machen Oschw.

ab-maule[n] schw.: *einen a.,* mit Worten grob anfahren, abkanzeln.

ab-mause[n] schw.: humoristisch-ironischer Ausdruck für: **1.** aufzehren; ohne Rest aufsammeln, ablesen; z. B. Beeren, Ähren. – **2.** *einen a.,* im Spiel ihm alles abnehmen. – **3.** ausschelten;

auch schlagen. – **4.** *eine a.*, mit einer Frau schlafen.

ab-mopsle[n] schw.: *einen a.*, hinmorden, ihm den Garaus machen UNTERL. – Anm.: Jedenfalls nur komisch; *mopsle* scherzhaft = töten. Vgl. andere Ausdrücke, die den Tod eines Menschen ironisch mit dem eines (kleinen, verachteten) Tiers bezeichnen, wie *abhasen, aufamseln.*

ab-murks(l)e[n] schw.: töten, scherzh.

ab-musle[n] *āmŭslə* schw.: das Gesicht waschen. – S. *muslen.*

abneds, Ausspr. s. *Abend,* Adv.: abends.

ab-neme[n] st.: abnehmen. I. **trans. 1.** physisch. a. *einem etwas a.*, rauben. Überhaupt: einem eine Last odgl. *a.* – b. *etwas a.*, in mehreren technischen Bezeichnungen, wobei bald das Ganze, bald das, was weggenommen wird, Obj. sein kann. – α) einen langen Gegenstand durch Abschneiden verkürzen: *Der Stiel ist zu lang, er muß abgenommen werden; einem einen Arm, Fuß abnehmen* amputieren. – β) *Milch a.* den Rahm abschöpfen; Syn. *abpfeifen, abramen. E*[ine] *abgenommene Milch* M., der die Milch abgen. ist. Der von der Milch abgenommene Rahm heißt auch *Abnemete,* s. d. *Abgenommenes, āgŋŏmes,* heißt der Rahm. – γ) eine Masche (selten mehrere) *a.,* meist *a.* ohne Obj., vom Stricken: zwei (bezw. mehr) Maschen in eine zusammenziehen. – c. etwas ganz wegnehmen, abbrechen. – d. schlachten. Früher von beliebigem Schlachtvieh. Jetzt nur noch von kleinen Tieren, bes. Geflügel. Syn. *abtun.* – **2.** übertragen. a. entnehmen, einen Schluß aus etwas ziehen. – b. *ei*[ne]*m kein*[en] *Gruß a.*, ihm den Gruß nicht erwidern. – II. **intransitiv.** a. vom Mond; daher *der abnemend*[er] Zeit der Mondabnahme; *im abnemende*[n] [Mond]; *im abnemend.* – b. von der Abnahme der Körperkräfte.

Ab-nemete *ānəəməd(e)* f.: Rahm, sofern er von der Milch abgenommen wird.

ab-nöte[n] *ānaętə* schw.: *einem etwas a.* abnötigen.

ab-passe[n] schw.: *einem a.*, auf ihn lauern. Häufiger *aufpassen.*

ab-pfetze[n] schw.: abzwicken, -schneiden.

ab-pfladere[n], abpflädere[n] *āpfladrə; āpflĕdərə* schw.: abflößen; ein Kleidungsstück etwa, das gereinigt werden soll, in (besonders fließendem) Wasser hin- und herziehen. – S. *pfladeren.*

ab-pfludere[n] schw.: komischer Ausdruck für sterben. – Zu *pfluderen.*

ab-plage[n] schw.: refl., sich abmühen.

ab-plündere[n] schw.: den Christbaum *a.* seines Plunders, Schmuckes berauben.

ab-popple[n] schw.: vom Poppel (Knäuel) Faden abwickeln.

ab-putze[n] schw.: reinigen, säubern. **1.** physisch. a. Gesicht und Hände waschen. – b. dem Ur-

sprung von *putzen* näher: von Gesträuch, Unkraut reinigen. – c. noch mehr der ältesten Bed. entspr.: die Reben nach der Blüte kürzen. – Bildlich: *die Schuhe an einem a.,* ihn verächtlich behandeln; besonders aber in neg. Sinn: *der meint (soll nicht meinen), er könne d. Sch. a. e. a. Der putzt 's Messer am Käs ab* von verkehrtem, fruchtlosem Bemühen. – **2.** übertragen: auszanken, gehörig schelten. Vgl. *fegen.* – S. *putzen.*

ab-rackere[n] schw.: refl., *sich a.,* sich abmühen, abschinden. – S. *rackern; Racker.*

ab-rame[n] schw.: *Milch a.,* den Rahm von ihr abschöpfen. – Gewöhnlicher *abnemen.*

ab-rauhen: Part. *abgerauhet* abgehärtet.

ab-raume[n] – *ārŏmə,* dafür im S. -ŏ̆-, im O. -āŏ- – schw.: abräumen, aufräumen. Speziell: *das Feld a.,* bei der Ernte, beim Spätherbstfutterschneiden; *das Feld ist schon abgeraumt* udgl. Gehauene Bäume oder Stangen *a.,* ausästen. *Den Bukkel a.,* prügeln.

Ab-raumete *ārŏ̆mədə* f.: was abgeraumt wird, Abraum: Schmutz, Mist, Erde, Schutt, Geäst, Feldfrucht, sofern sie abger. werden.

Ab-rech n.: ausgelaugter Dung, Mist auf Wiesen. – Abrechete f.: **1.** dass. – **2.** Heu, das man vom geladenen Heuwagen abzieht.

ab-rede[n] I schw.: eine Abrede treffen, verabreden, ausmachen.

ab-rede[n] II *āręə-* schw.: absieben.

Ab-redete *āręədətə* f.: was beim Sieben der Frucht im Sieb bleibt. – Zu *reden* sieben.

ab-regne[n] schw.: durch Regen abspülen, vernichten. Eine Farbe ist *a*[b]*g*[e]*regnet.*

Abreib-lump[en] *ārəiblŏmp* m.: Lumpen zum Abreiben.

ab-reiße[n] st.: **1.** wie nhd., sowohl = wegreißen, z. B. einen Zweig vom Baum, als noch mehr = zerreißen, von einem Strick odgl. – **2.** zeichnen, porträtieren. Insbesondere Part. *abgerissen (āgrisə)* = so ähnlich wie ein Porträt: *Er ist sei*[n] *a*[b]*g*[e]*rissener Vater* sein ähnlicher V., sieht seinem Vater ganz gleich; auch: *Des ist e*[ine] *a*[b]*g*[e]*rissene Komödianti*[n] hat die Gewohnheit einer Schauspielerin. – **3.** intr.: wieder aufkommen, genesen, von Kranken, namentlich alten Leuten, von denen man geglaubt hatte, sie würden sterben.

ab-rible[n] schw.: *einen a.,* schimpfen, derb zurechtweisen. – Eigentlich = *abreiben;* s. a. *abrifflen.*

ab-richte[n] schw.: **1.** wie nhd., *einen a.,* instruieren, bes. im übeln Sinne der bloßen Dressur. – **2.** etwas ins Reine, in Richtigkeit bringen. Insbesondere: eine Schuld bezahlen, entrichten. So: *seine Schuldigkeit a.* Mit persönl. Obj.: einen zufrieden stellen, entlohnen.

ab-riffle[n] schw.: abschimpfen, derb zurechtweisen. – S. *abriblen, rifflen.*

ab-ropfeⁿ, abrupfeⁿ schw.: abrupfen, abpflük-
ken.

abrupfen s. *abropfen.*

ab-rutscheⁿ schw.: intr. rutschend abgleiten; trans.
nach unten abreiben.

ab-säckleⁿ -*ĕ*- schw.: ausschelten.

ab-saufeⁿ st.: trans., *sich den Kragen a.* sich zu
Tode trinken.

Ab-schabe, Abschabete f.: was abgeschabt
wird.

ab-schabeⁿ st. schw.: abschaben, abkratzen, radie-
ren. – In der jetzigen MA. wohl nur noch das
Part.: *abgeschaben (āgšābə),* von abgenutzten
Kleidern, bes. Röcken; daneben *abgeschabet
(āgšābət).*

ab-schaffeⁿ schw.: **1.** etwas oder jemand *a.,* weg-
schaffen, entfernen. Mit sachl. Obj., wie nhd. –
2. refl. *sich a.,* sich abarbeiten; nicht refl.: etwas
a. durch Arbeiten abnützen; *abgᵉschaffte Mün-
ze*ⁿ abgegriffene.

ab-schätzeⁿ schw.: für minderwertig erklären.

ab-schätzig Adj., Adv.: geringschätzig, abwer-
tend.

ab-schäubleⁿ schw.: *einen a.,* auf schlaue Art fort-
schicken, sich vom Halse schaffen. – Zu *Schaub.*

ab-schäumeⁿ – Wurzelsilbe mit *ẹ̄,* mit *ǭ,* mit *ǭ* –
schw.: den Schaum von etwas, insbes. von einer
kochenden Flüssigkeit entfernen. – S. a. *ab-
schweimen.*

ab-scheppereⁿ schw.: **1.** abscheren. – **2.** tüchtig
auszanken. – Zu *Schepper.*

ab-schereⁿ schw.: wie nhd.; übtr. refl., sich abmü-
hen, plagen.

ab-scherreⁿ schw.: abkratzen. – S. *scherren.*

ab-schifereⁿ *āšīfərə* schw.: schieferartig sich ablö-
sen.

abschlacken s. *abgeschlacket.*

ab-schlageⁿ st.: wie nhd. **1.** Physisch. a. durch
Schlagen etwas entfernen, z.B. Obst vom
Baum; oder einem ein Glied, den Kopf *a.;* wo-
für jetzt mehr *herabschlagen.* – Ein trans-
portables Gerät, auseinandernehmbares Mö-
bel, Bett odgl. auseinandernehmen zum Zweck
des Fortschaffens. – *das Wasser a.;* dezenterer
Ausdruck für *brunzen, seichen, pissen.* – b.
durch Schlagen etwas zerstören. *Einen Stecken
(an einem) a.; einem das Kreuz a.* odgl. – Hier-
her der adj. Gebrauch des Part. Prät. *abgeschla-
gen (a(b)gšlā(gə)):* von einer Müdigkeit, die so
groß und schmerzhaft ist, als ob einem die Glie-
der zerschlagen wären, bes. in der Form der
Vergleichung: *ich biⁿ wie aᵇgᵉschlaᵍᵉⁿ.* – listig,
verschmitzt; wie nhd. schlagen, insbes. die
zwei Verbb.: *ein a. Luder* (von Männern und
Weibern gesagt) und: *so a. wie ein Bettelstecken.*
– **2.** übtr. a. wie nhd., eine Bitte *a.,* verwei-
gern. – b. mit sachl. Subj. und ohne Obj.: eine
Ware *schlägt ab,* sinkt im Preise.

ab-schlarfeⁿ, ab-schlargeⁿ schw.: die Schuhe *a.,*
abtreten, durch *schlarfen, schlargen* abnützen.

ab-schläufeⁿ *āšlaefə* schw.: ausziehen, die Kleider.
Häufiger *aus-.*

ab-schleckeⁿ schw.: ablecken; Auch = liebkosen,
verächtlich. Part. *abgeschleckt.* **1.** geleckt, all-
zufein, von Personen. – **2.** von Weibern, deflo-
riert oder doch abpoussiert. *Ich nemᵉ keiⁿᵉ aᵇgᵉ-
schleckte.*

ab-schlotzeⁿ schw.: absaugen, ablutschen, wie die
Kinder den Schlotzer (Saugbeutel). – S. *schlot-
zen.*

ab-schmälzeⁿ schw.: = *schmälzen,* mit dem Ne-
benbegriff, daß durch das Schm. das Gericht
(Suppe odgl.) seine letzte Vollendung erhält;
wie in *abbräglen.*

ab-schmireⁿ -*r*- und -*rb*- schw.: einen prügeln,
auch: bestechen.

ab-schmuleⁿ *āšmuələ* schw.: gehässiger Ausdruck
für unerlaubtes Küssen einer Weibsperson. –
Zu *schmulen,* tändeln, liebkosen, aus dem Jid-
dischen.

ab-schmutzeⁿ schw.: abschmatzen, abküssen. –
Anm. „Schmutz", Kuß, ist auch in alem.
Mundart üblich.

ab-schnappeⁿ schw.: im phys. Sinn: herunter-
schnappen. Übtr.: in seiner Hoffnung getäuscht
werden. Gemeiner Ausdruck für sterben; vgl.
abfaren, abkratzen u. ä.

ab-schnauzeⁿ schw.: einen *a.,* barsch abfertigen,
abkanzeln. – S. a. das häufigere *anschnauzen.*

ab-schnerreⁿ *āšnẹrə* schw.: durch einen plötzlichen
Ruck abreißen, trans. und intr. – S. *schnärren.*

ab-schnulleⁿ schw.: wie -*lutschen.*

ab-schöpfeⁿ schw.: **1.** Schaum, Fett odgl. oben
Schwimmendes von einer Flüssigkeit *a.,* oder
auch: die Flüssigkeit (Suppe odgl.) selbst *a.* – **2.**
bei einem Geschäft einen Vorteil erzielen
OSCHW.

ab-schreckeⁿ *āšrẹgə* schw.: kalte Flüssigkeit leicht
erwärmen; oder etwas Heißes in kalter Flüss.
abkühlen; insbes. im Part. – Synon. *verschrek-
ken.*

ab-schwanzeⁿ schw.: einen (mit dem Farren-
schwanz, dann auch mit einem andern Werk-
zeug) durchprügeln OSCHW. – Vgl. *abliederen.*

ab-schwarteⁿ schw.: **1.** durchprügeln SW. – Vgl.
abliederen. – **2.** abnehmen, z. B. Rinde von Bäu-
men, auch abmagern.

ab-schwätzeⁿ schw.: *einem etwas a.,* durch Reden
abspenstig machen. Gegenteil *anschwätzen.*

ab-schweimeⁿ *āšwõẹmə* schw.: den Schweim, d. h.
Schaum von einer kochenden Flüssigkeit entfer-
nen. – Zu *Schweim.* S. a. *abschäumen.*

ab-schweißeⁿ schw.: *einem etwas a.,* abdringen,
abpressen.

ab-schwitzeⁿ schw.: Mehl, Fleisch, Gemüse in ko-
chender Butter rösten.

ab-segle[n] *āsẹ̄glǝ* schw.: kom. Ausdr. für fortgehen, namentlich für sterben.

ab-setze[n] schw.: **1.** physisch: a. wie nhd., beim Trinken, Schießen; Wein oder andere Flüssigkeit *setzt ab* (mit oder ohne das Obj. Hefe, Satz odgl.). – b. ausspannen, abjochen. – **2.** übertr.: a. eine Ware *absetzen*, wie nhd. – b. *etwas a.*, in der RA. *es setzt Schläge, Händel* odgl. *ab*, wie nhd. ·

ab-sonderlich ◡◡◡: **1.** Adj.: außergewöhnlich. Auch = wunderlich, mürrisch, launisch. – **2.** Adv.: besonders, vorzugsweise.

ab-spanne[n] schw.: *einem etwas a.*, es ihm durch Reden abdringen. Entweder, indem es ihm selbst abgeschwatzt wird, oder, mit persönlichem Objekt: abspenstig machen. Auch: etwas einem andern nicht zukommen lassen.

ab-specke[n] schw.: **1.** einem den Speck abnehmen; übtr.: ihn ausbeuten. – **2.** an Körpergewicht abnehmen.

ab-spicke[n] schw.: *einem etwas a.*, insgeheim absehen, um es selbst anzuwenden, nachzumachen; ganz besonders von dem unerlaubten Ablesen aus den Büchern oder Heften anderer in der Schule.

ab-spinne[n] st.: **1.** eigentlich: *eine Kunkel voll Werg a.*, zu Ende sp. – **2.** übtr., intr. abnehmen, dem Ende sich nähern. Meist aber von lebenden Wesen, zumal Menschen: abnehmen, nachlassen, körperl. oder geistig. – Häufig bes. das Perf.: *abgesponnen haben*; gealtert haben; oder auch nur: müde, erschöpft sein. Milder = nüchtern geworden sein; oder = hungrig geworden.

ab-stätt *abštĕt* ◡⌣, in Bed. 1 auch seltener *abstatt* Adv.: **1.** von der Stelle weg. *Er gat (kommt) ni*[ch]*t abstatt* (häufiger *abstätt*). – **2.** auf der Stelle, sofort. – **3.** in einem fort, unaufhörlich; z.B. *es regnet abstätt; er sitzt a. im Wirtshaus* Oschw.

ab-stäube[n] und **abstaube**[n] schw.: **1.** *etwas a.*, den Staub davon entfernen. – **2.** durch List einem andern etwas wegnehmen.

ab-steche[n] st.: trans. a. phys.: einem (oder sich) etwas *a.*, durch Stechen abtrennen, töten. Auch: ein Schwein, Schaf, o.a. kleinere Tiere *a.*, roh auch von Menschen. – b. übtr. abspenstig machen, wie *abspannen* u.a.

ab-ste[hen] st.: intr., mit sein. **1.** *(von etwas) a.*, aufhören. – **2.** *einem a.*, von einem abfallen, ihn im Stich lassen. – **3.** verderben durch Alter odgl. Von Wein, Essig udgl., seine Frische, Kraft verlieren; weitere Entwicklung des Weins durch Essigbildung heißt dann *umstehen*. Vom Absterben lebender Organismen (aber von erwachsenen Menschen höchstens höhnisch gebraucht) von Kindern, Tieren, Pflanzen. Milder: die Gesichtsfarbe, z.B. durch einen Schrecken, verlieren; *Er sieht ganz a*[b]*g*[e]*standen* [fahl] *aus.*

ab-stele[n] st.: nur in Wendungen mit Dat. d. Pers. und Akk. d. Sache: *Das Stück Brot von dem Maul a.*, *Unserem Herrgott (dem lieben Gott) den Tag a.*

ab-stelle[n] schw.: **1.** phys., eine Last *a.*; eine Maschine *a.*, zum Stillstand bringen; wie nhd. – **2.** übtr., etwas aufhören machen, aufheben, abbestellen.

ab-sterbe[n] st.: **1.** wie nhd. von organischem Leben, das dem Tode entgegen geht. – **2.** sterben, von solchen, die ohne Erben sterben.

ab-stiebe[n] st.: fortgehen. – Aus dem Rotwelsch.

ab-stoße[n] st.: **1.** von einem Ganzen einen Teil *a.*, wegstoßen. – a. mit dem Hobel ein Brett odgl. *a.*: Unebenheiten abhobeln, Kanten abecken oder abrunden. – b. einem ein Körperteil *a.*, *Einen Arm, ein Bein a.*, amputieren. *Die Hörner a.*, durch reiferes Alter und Erfahrungen zur Klugheit und Mäßigung kommen. – **2.** *von der Milch a.*, entwöhnen. – **3.** eine Person *a.*, entfernen. – **4.** *einem etwas a.*, abgewinnen. – **5.** eine Ware *a.*, aus dem Magazin, überhaupt aus dem eigenen Besitz fortgeben, verkaufen, losschlagen. *E*[in] *Stückle*[in] *Vieh a.* Auch von einer Tochter, die verheiratet wird: *Zu was hat ma*[n] *die Mädla, als daß ma*[n] *sie abstoßt.* – **6.** ein Ziel stecken, abstecken Oschw.

absträle[n] st.: = abkämmen Bair. Schw.

Ab-streich *-ai-* m.: bei Versteigerung das Gegenteil von Aufstreich: Unterbieten.

ab-streiche[n] *-ǝi-* st.: etwas durch Streichen entfernen. – Insbesondere: ein übervolles Gefäß mit dem Abstreichholz *a.*, so daß es nur noch eben voll ist. *Ab*[g]*striche*[n] *voll* ganz voll.

ab-strigle[n] schw.: = gleich dem Simpl. *striglen* in der eig. Bed.: mit dem Striegel putzen, und übtr.: zanken, schlagen.

ab-stutze[n] *āštutsǝ* schw.: abschneiden, abkürzen.

ab-sudle[n] schw.: flüchtig abschreiben.

ab-supfe[n] schw.: eine Flüssigkeit aus dem vollen Gefäß weg schlürfen.

ab-tädige[n] *ādǝdigǝ* schw.: *einen a.*, mit Worten abspeisen, auf gute Weise loswerden. – S. *tädigen*.

ab-töffle[n] schw.: *einen a.*, schlagen.

ab-träufle[n] schw.: abtropfen.

ab-treibe[n] st.: **1.** wegtreiben, verjagen. – **2.** durch Treiben abmatten. – **3.** ein Kind *a.*, wie nhd.

ab-trete[n]: **1.** intr., mit sein: wegtreten von etwas. – **2.** trans., mit haben: etwas durch Treten entfernen, zerstören. *Die Stiefel a.;* doch mehr *ablaufen* u.a.

abtricknen s. abtrucknen.

Ab-tritt m.: der Ort, wohin man abtritt, das heimliche Gemach. Bei unteren Schichten nur in etwas gewählterer Sprache; noch gewählter sind etwa *Gelegenheit* oder auch das da und dort durchgesickerte *Locus*, der gewöhnliche Ausdruck *Häusle^{in}*, absichtlich derb *Scheißhaus*. *RA.: Der putzt de^n Hintere^n, eh er auf de^n A. geht* ist allzu vorsichtig.

ab-truckne^n schw.: abtrocknen; intr. mit sein. – a b t r ü c k n e ^{n}, a b t r ü c k l e ^{n} dass., transitiv mit haben.

ab-trumpfe^n schw.: *einen a.,* durch eine schlagende Rede zum Schweigen bringen.

ab-tu^n *ā(ab)-dǭǝ* st.: abtun. **1.** töten, insbesondere von kleineren Schlachttieren, deshalb von Menschen nur mit verächtlichem Ton. – **2.** übtr., abschaffen, aufheben. – *Einem etwas a.* = es ihm abgewöhnen, namentlich in ärgerlicher Rede: *I^{ch} will's ihm scho^n a^{b}tue^n.* – **3.** Vor dem Zubettgehen sich ausziehen.

ab-verdiene^n schw.: durch Arbeit bezahlen.

Ab-wand *āwand* f.: Ackerrain T I R. – S. Anwand.

ab-weg *āwǫǝg,* a b w e g s *abwǫǝgs* Adv.: abseits vom Wege. *Abweg!* aus dem Wege! Platz gemacht!

ab-weiche^n st.: subst. Inf. *das A.* = Durchfall, Diarrhöe. Synon. (derber): *Dünnschiß, Scheißete, schnelle Katharine.*

ab-were^n schw.: abwehren, aber speziell in der Bed.: bei Händeln, Aufruhr udgl. *a.,* Ruhe gebieten, vermitteln, und nur mit dem Dat. der Personen, denen abgewehrt wird, nicht wie nhd. auch mit Akk. der Sache; auch in dem Sinn: sich wehren gegen eine zu große Aufwartung, die einer machen will.

ab-werfe^n st.: *einen Baum a.,* seine Äste abhauen, um sie neu zu pfropfen.

ab-wichse^n *-ks-* schw.: **1.** durchprügeln H O H E N L. – **2.** refl., *sich a., (sich einen a.):* Onanie treiben.

a b w i c h s e l n : abwechseln.

ab-wische^n schw.: etwas durch Wischen säubern. Insbes. *das Maul a.,* auch in der RA. *d. M. a. und gehen,* als Zeichen der Undankbarkeit.

a b w ö n e n s. *abgewönen.*

ab-zapple^n *ātsǎblǝ* schw.: *sich a.,* sich abmühen, sputen. *I^{ch} hau^n mi^{ch} a. müsse^n, daß i^{ch} fertig wor^{d}e^n bi^n.* – S. zapplen.

ab-zere^n schw.: schwindsüchtig sein.

ab-zerre^n schw.: wegreißen.

ab-zopfe^n, a b z u p f e ^{n} schw.: abpflücken.

ab-zwacke^n schw.: *einem etwas a.,* listig, heimlich, unrechter Weise abnehmen, stehlen; an einer Summe ihm etwas unbemerkt wegnehmen.

ab-zwerge^n schw.: durch Hin- und Herbiegen abdrehen, auch übtr.: durch unablässiges Zureden einem etwas abnötigen.

ab-zwible^n schw.: durchprügeln F R K. S. zwiblen.

ab-zwicke^n schw.: **1.** wie nhd., abkneipen. – **2.** *einem etwas a.,* = abzwacken O S C H W.

ab-zwitschere^n schw.: vergnügt weggehen.

Ach, A a c h, A a f.: Fluß, Bach O S C H W.

A c h e l e s. *Agen.*

A c h e n : Nebenform für Nachen.

achle^n *ǎχlǝ* schw.: essen; insbes.: mit großem Appetit, mit besonderem Wohlbehagen essen.

Achsel *āsl* SW. bis Rems und Fils; n. und ö. sö. davon *ǎksl* f.: Achsel des Menschen, aber zugleich im Sinne des nhd. Schulter, das uns ganz fehlt.

Acht *āt* B A A R, sonst *ǎχt;* f.: **1.** Aufmerksamkeit. Nur in bestimmten Verbindungen. – *A. geben,* aufmerken. *A. g. wie ein Hechlenmacher,* sehr genau aufmerken. Namentlich im Imper.: *gib Acht!* gekürzt *bacht!* auch bloß *Acht!* – *Acht haben,* in älterer Sprache herrschend, aber noch jetzt üblich. – *In Acht nehmen,* mit Akk., = Acht geben auf. – *In der Acht* unversehens. – *Der A. na^{ch} dem Erachten nach; in ei^{ne}r A.* in 1 Beziehung A L L G. – **2.** Hochschätzung, Respekt. – **3.** Wert, Qualität, Zustand, Art.

acht I – *ę̌χt; ǎχt* –: die Kardinalzahl acht; bei Stellung ohne Subst. flektiert *-ǝ;* z. B. *achtǝ, ächtǝ* 8 Uhr.

acht II, a c h t e t *-ę; -tǝšt;* sonst. nur *-t* wie *acht* I: Ord. Zahl, der achte. *Selb acht* mit 7 andern.

Achtel n.: der achte Teil irgend eines Quantums, wie nhd. Gerne im Deminutiv gebraucht: Von einem Flächenmaß, insbesondere aber als Hohlmaß, besonders Trockenmaß; auch Flüssigkeitsmaß.

achte^n *ātǝ* B A A R, sonst *āχtǝ* schw.: **1.** auf etwas Acht haben, es beachten, der Mühe wert halten. – **2.** erachten, meinen.

achze^n *ę̌χtsgǝ; ę̌tsgǝ; ǎtsgǝ; ǎχsǝ; ǭtsgǝ; āō̌χtsgǝ; āō̌tsǝ;* weit verbreiteter *āō̌tsgǝ* (bes. Mitte und SW.), *āō̌sgǝ* (bes. SO.), *āō̌ksǝ* (NO.); *jaunzen; anzgǝ, einsgǝ, ā̌sgǝ* – schw.: ächzen, stöhnen, wimmern, stöhnendes Atmen des Kranken; klägliches Bitten; übtr. vom ächzenden Pendelschlag einer Uhr. Synon. *gilfen;* nur daß dieses von hohen, *a.* von tiefern Tönen gilt.

Achzer – Lautformen s. *achzen* – m.: **1.** Seufzer, Gestöhn. – **2.** einer, der stöhnt. – S. zu *achzen. āō̌tsǝr* männl. Katze s. *Maunzer.*

Acker *ǎgǝr, ǎgr* m.: ein einzelnes Stück Pflugland, während die Gesamtheit desselben *Feld,* das mit der Hacke und dem Spaten bestellte aber *Land* heißt. *Z' Acker gehe^n, fahre^n* den A. bestellen, ackern, pflügen. Übtr.: *mit einem z' A. gehe^n, fahre^n* ihn grob, hart behandeln, mißhandeln. – *Gottes A.* Kirchhof, *Gottesacker.* – Demin.: Äckerle.

Ä c k e r s. *Äckerich.*

Acker-bone f.: Faba vulgaris, häufiger *Saubohne.*

Acker-butz m.: unscheinbare, schmutzig aussehende Weibsperson. – Eig. ist *A.* = Vogelscheuche, s. *Butz.*

A c k e r d o c k e l e s. *Ackerschnalle.*

A c k e r m o n d e s. *Agermonde.*

ackere^n, ä c k e r e ^{n} *ę̌gǝrǝ; tsägǝrǝ* Mitte, W., N. schw.: ackern, d. h. pflügen; es wird aber nur das (dritte) Bestellen des Ackers unmittelbar vor der Saat so genannt, Syn. *ären; das* erste und zweite heißt *brachen, falgen.*

Äckerich *ę̄gəriχ,* fränk. *-i;* auch *G'äckerich,* älter *Äcker, Ecker, Eckern, Ge-* n.: die Ernte an Bucheln und Eicheln, namentlich an den ersteren, älter offenbar an Waldbäumen überhaupt. Früher bestand die Nutznießung des Ä. darin, daß die Schweine zur Mast in den Wald getrieben wurden.

Acker-länge *-ę̄,* Pl. *-ənə* f.: Länge eines Ackers; ein ungefähres Maß, wie etwa ein Büchsenschuß, ein Roßlauf.

Acker-nägelein n.: blaue Kornblume, Centaurea cyanus L.

Acker-röslein n.: Adonis aestivalis L.

Acker-salat m.: Feldsalat-Arten, Valerianella L., bes. Echter Feldsalat, Valerianella locusta (L.) Laterr. Auch *Sonnenwirbele, Schafmäulessalat, Rapunzel.*

Acker-schnalle, Plur. *-e*n f.: Klatschrose, wilder Mohn, Papaver rhoeas L. Offenbar davon benannt, daß man mit den Blumenblättern schnällen, einen leichten Knall erzeugen kann. Synon.: *Schnalle* allein, *Ackerdockele, Fackel, Fräulein, Gockeler, Gulle, Kornblume, Schnallenstock, Tätschele.*

Acker-veigelein n.: das wildwachsende Stiefmütterchen, Viola arvensis L. Syn. *Stiefmütterle, Tagundnacht-blümle, -veigele.*

Acker-weizen m.: Acker-Wachtelweizen, Melampyrum arvense L.

Acker-wurz f.: die Wasserschwertlilie, Iris pseudacorus L.

Adams-äpfel m.: **1.** Apfelsorte. – **2.** = *-butzen.*

Adams-butzen m.: der von außen sichtbare Teil des Kehlkopfs.

ade *adę̄, adę̄s, adję̄, adję̄s,* alle ‿’; in der Kindersprache *adā* ’‿: der Abschiedsgruß, franz. *adieu.* Jetzt allgem. der verbreitetere, etwa neben *b'hüet Gott;* zu allen Tageszeiten, bei kurzer oder dauernder Verabschiedung gleich üblich. Verbb.: *a. mit einander* einer Gesellschaft gegenüber; *a. derweil* udgl. *Ada gehn* fortgehen, Kindersprache.

Adams-rute f.: Penis OSCHW.

Adda s. *Atte.*

adei *ādəi, ǎdəi,* bes. Demin. *-lę,* auch bloß *dəilę:* Wort bei Liebkosungen von Kindern, spez. Wange auf Wange. *Hab den Vater a.! Synon. a, ai.* – Dazu Verbum a d e i e n liebkosen.

Adel-felchen m., auch *Adelfisch,* jung *Adelsperle:* einer der Namen des Bodenseefisches Coregonus fera, auch *Weißfelchen, Sandf., Heuerling, Gangfisch, Sandgangf., Miesadler.*

A d e l f i s c h s. *Adelfelchen.*

Adels-beer f.: die Eberesche, Sorbus aucuparia L. Verbreiteter der Name *Vogelbeere.*

A d e l s p e r l e s. *Adelfelchen.*

Adenwusele *ǭdəwūsələ* n.: das letztgekommene und deshalb meist geringste Küchlein oder Gänslein einer Brut, auch das letztgeborene Kind einer Familie. – Anm.: *Wusele* ist Gänslein; *ǭdə* kann den Lauten nach zu *Adam* oder zu *Atem* gehören.

Ader – *audr* BAAR, *aodr* O., sonst *ǭd(ə)r;* Pl. *-e*n – f.: **1.** wie nhd. Blutader, besonders Arterie. – **2.** Sehne. – **3.** wie nhd. auch von einer Wasserader im Boden. – **4.** Ader in einem Stein, Holz odgl., wie nhd.

Aderenkraut *ǭ-, aodərəkrəut* n.: Pflanzenname. **1.** Astragalus glycyphyllos L. Auch *Schärtel.* – **2.** Dryopteris filix-mas (L.) Schott. Auch *Rehkraut, Wändleskraut.*

Äderich m., Ä d e r i c h k r a u t n.: die Pflanzenarten Stellaria holostea L., graminea L., nemorum L. und rotundifolia L.

Adler *ādlər; ǎdlər* BAAR m.: **1.** der Raubvogel A. – **2.** Haus-, jetzt nur noch Wirtshausschild. Besonders auch *schwarzer* A. und *goldener* A. Namentlich beliebt als Schild früherer Posthalterreien, also aus dem alten Reichsadler.

Adler-bone f.: eine Varietät der Gartenbohne, Phaseolus vulgaris L., auch *Jungfern-, Schnakenb.;* von der Zeichnung der Kerne, in der ein Adler gefunden werden kann; vgl. *Adlerfarn.*

Adler-bere f.: echte Elsbeere, Sorbus torminalis (L.) Crantz.

Adler-farn m.: der größte unserer Farne, Pteridium aquilinum (L.) Kuhn, von der Gruppierung der dunkleren Gefäßbündel in den Stielen; auch *Weinfarn.*

Adler-kirsch f.: *(schwarze)* A. Kirschsorte.

a e b s. *ob* II.

A e d s. *Erde.*

a e r e s. *einer.*

A f e m e r g e s. *Avemaria.*

Affalter, A f f o l t e r f.: **1.** urspr. Apfelbaum. – **2.** Mistel, Viscum album L.

Affäre *afer* ‿’ f.: nach dem franz. *affaire:* Sache, Angelegenheit; besonders eine unangenehme, schwierige, hinderliche. – Besonders häufig bei ungefähren Zahl- und Maßangaben: *e*in*e* A. von *10 Pfund, Mark, Meter* usw., von 1 Tag udgl.

äffen schw.: verspotten, zum besten haben, betrügen.

Affen-arsch m.: in der RA. *glatt wie e*in A.

Affen-ge*sicht n.: **1.** Gesichtsmaske. – **2.** Schimpfname.

Affen-theater n.: übertriebenes Aufsehen.

after-bergen, -le*n *aftərbę(ə)rg(l)ə; aftərbę̄rə; apflbęrə; ǎftę-; ǎftəgəbȩ̄rgə, -bȩ̄rəglə; ǎftərbįrglə; ǎštəbȩ̄rgə* schw.: erlaubte Nachlese nach der Ernte halten an fremden Obstbäumen, Weinbergen, auch auf Kartoffeläckern. Synon.: *afteren, speglen,* auch *gallen.* – Nomen agentis A fterberger m.; Abstraktum Afterberget(e) f. – Anm.: Die Formen -beeren und apfel- sind nur Volksetymologien. Das Wort bed.: hintendrein noch bergen, eintun. Von „after": nach, hinter etwas her.

After-emd n.: das nach dem Emd noch wachsende Gras Frk. – Syn.: *After-futter, -gras; Aber-emd, -gras; dritter Schnitt.*

aftere[n] schw.: Trauben oder Obst suchen, welche bei der Ernte übersehen wurden. Nochmaliges Nachrechen der gemähten Wiese durch Arme. – S. a. *afterbergen, afterrechen.*

After-futter n.: das nach dem Emd noch wachsende Gras.

After-gras n.: das nach dem Emd noch wachsende Gras Hohenl.

After-leder n.: das innere Leder an der Ferse des Stiefels.

After-miete f.: Miete aus zweiter Hand; ebenso Aftermieter m., wer bei einem Mieter in der Miete ist.

After-montag *aftərmē̆tig* m.: der Tag nach dem Montag, Dienstag; Syn. *Dienstag, Zinstag.* – Anm.: Der A. ist der einzige Name dieses Wochentags im ö. Schwaben.

after-reche[n] -rechle[n] schw.: erlaubtes Zusammenrechen des bei der Heu- oder Emd-Ernte liegengebliebenen Grases durch arme Leute; vgl. *afteren.* – Afterrechete f.: das dabei Ersammelte.

After-rede f.: üble, falsche Rede, Nachrede.

after-rede[n] schw.: **1.** Verbum zu *Afterrede.* – **2.** euphem. = furzen.

Agathe *āgət; ē̆gət;* Demin. *ē̆gle:* der weibl. Taufname. – Die heil. A. wird, zufolge ihres Martyriums auf glühenden Kohlen, für das Feuer angerufen. Ihr Tag ist der 5. Februar.

Agelei *agəlae* m.: Aquilegia vulgaris L. Syn. *Glokkenstock.*

Agen (f.?, fast nur im Pl. in sehr verschiedenen Formen): *āg,* Pl. *āgə,* Ries; Pl. *ē̆gnə, ē̆gŋə* Mittelland; *āglə* NO.; *āgələ; āgətlə; ē̆glə; ăxl ŏ̆xl,* Pl. *-lə* Frk.: Grannen, Ährenspitzen von Getreidearten, namentlich der Gerste.

Äge[n]**bitz** *ē̆gəbuts;* meist *-bits* m.: Kernhaus des Obstes.

Agermonde, Hagemonde m.: Odermennig, Agrimonia eupatoria L.

Ägerst, Pl. -e[n] *ē̆gəršt* m. und f.: Elster; auch Nußhäher SW.

Ägersten-aug[e] n.: Elsternauge, Hühnerauge SW.

Ägert f. Ödung s. *Egart.*

Ägide ᴗ́ᴗ, Gide, früher auch Gilg: der männliche Vorname Ägidius. – Der Tag des hl. Ä., 1. Sept., ist ein besonders wichtiger Lostag, dessen Witterung für spätere Tage bedeutsam ist. Wie an Ä. das Wetter ist, so bleibt es 4 Wochen lang.

Agnusdei, stets Demin. *āŋəsdē̆lə* n.: geweihte Medaille, die am Hals getragen wird. Häufiger gekürzt *Dele,* s. d. – Anm.: Urspr. mit dem Bilde des Lammes, später auch mit andern heil. Bildern.

Agöne f.: so heißt am Bodensee der Fisch Ukelei, Alburnus lucidus, auch *Langbleck, Silberbleck, -ling, -fisch, Schneider, Lauing, Laugele;* jünger heißt er *Gräßling,* im 1. Jahr *Seele.*

agrat s. *akkurat.*

ägsch *ē̆gš:* Interjektion der Schadenfreude, auch gern mit der Gebärde des Rübchenschabens begleitet. Öfters verstärkt: *ägschägscht; ägschgäbele; ägschgädsch; ägschägschbirli* Frk.; – S. a. *ätsch; gägs.*

ägsteren s. *augstelen.*

aha ᴗ́: Interj., beide Silben stets nasaliert. **1.** *ăhẵ,* auch *ẵhẵ,* wie nhd. *aha,* Befriedigung über eine Entdeckung. *Ahă, jetzt versteh' i*[ch]*'s.* – **2.** *ăhẵ* = ja; Bejahung einer pos. Frage; gilt aber nicht für höflich; wie „ja" in verschiedenen Bed.-Abstufungen. – Anm.: Eine Nebenform bei Interjj. entsteht, wenn sie mit Mundverschluß nur durch die Nase gesprochen werden: 1. *mhm,* 2. *m̃hm̃;* auch können die beiden *ā* einem *ē̆* genähert werden.

ähere[n] *ē̆rə, çərə; ē̆xərə* schw.: Ähren lesen.

Ahne s. *Äne.*

Ähne s. *Äne.*

ahu *āhū:* Interj. *a⌣, e*[i]*n a., e*[i]*n alte-n-a.,* = es ist erlogen!

ai *ae:* Interj. **1.** = *ei,* s. d., und *oi,* s. d. Die Form *ai* ist in den s. Gegenden die herrschende. Ausdruck der Verwunderung, des Schmerzes. – **2.** = Liebkosung, wobei die Wange an die des andern gelegt wird, fast immer verdoppelt *aiai;* Kindersprache. *Aiai machen, einen aiai haben* liebkosen. – Auch substantiviert: *Aiai* n. Liebkosung. Demin. *Aile, Aiaile,* auch *Audaile.* – Verbum *aile*[n] liebkosen.

Ai, Aid- s. *Erd-* und s. *öd.*

aib s. *ob* II.

Aiber *aebər* m.: Storch.

Aibir s. *Erdbir.*

Aidäpfel s. *Erdäpfel.*

Aier s. *Ör.*

Aile, ailen s. *ai.*

aischt, airscht s. *erst.*

Aisen s. *Eiße.*

akkurat *agrāt* ᴗ́, *agərāt* ᴗᴗ́, gebildet *akhurāt* ᴗᴗ́: Adj. und Adv. wie nhd. deutschen Wörtern wie „pünktlich" vorgezogen. Als Adj.: pünktlich, gewissenhaft, ordnungsliebend; als Adv.: *a. so wie* usw., genau ebenso. *Des weiß i*[ch] *nimme' s a.*

Alafanz *āləfānts, -fāts* m.: **1.** abstrakt: Betrug, List. – **2.** eine Person bezeichnend: schlauer Mensch, Duckmäuser, Schelm, auch Spötter.

Alafanzereiⁿ *ālfắntsərəiə* f., nur Pl.: kindische Späße von seiten Erwachsener.

alafänzig *ăləf*ẹ̆*ntsig(χ); ă-* BAAR und BODENS.; sonst wohl durchaus *ā-; -f*ẹ̆*ts-, -fāēts-* BAAR, *-f*ẽ*āts-; -fănts-:* Adj. zu *Alafanz.* Wie das Subst. stets tadelnd, aber in weitem Umkreis der Bedeutung: listig, falsch, spöttisch; tückisch, boshaft, neidisch, geizig, habsüchtig, wunderlich, abgeschmackt, anmaßend, nasenweis.

Aland *ālánd,* auch *hāláand:* eine vermummte Person an der Fastnacht, namentlich ein maskiertes Kind. *A. gehe*ⁿ vermummt gehen ROTTENBURG.

Alant I *ālət,* südliche *ăl*ə*t* m.: im Donaugebiet, OSCHW. und am BOD. Name des Fisches Squalius cephalus, der am Neckar *Schuepfisch* heißt.

Alant II m.: Korbblütlergattung Inula L.

a l b a c h e n s. *altbacken.*

albeleⁿ schw.: an die Alb gemahnen in Rede, Tracht o. a. Gebildet wie *menschelen, bubelen.*

Alber m.: Bewohner der Alb. Auch A l b e r b a u - e r. Ebenso A l b e r k u h; A l b e r r o ß; A l b e r - s c h l a g. – Anm.: Unterländer Halbmundart sagt dafür *Älbler.*

Albert: der männliche Vorname. Demin. A l - b e r t l e ⁱⁿ n. keksähnliches (Weihnachts-)Gebäck.

Alb-trauf *albdraof* m.: das Land unmittelbar am NW.-Fuß der Alb.

A l e s. *a* 5.

Ä l e s. *Äne.*

Alᵉ *ọ̈l,* Pl. -e ⁿ f.: Ahle, Pfriem des Schusters.

alert *al*ẹ̆*rt al*ẹ̆*t* ◡◡ Adj.: munter, anstellig, flink. Gern mit *flink: fl. und a.* – Anm.: Aus frz. *alerte.*

A l e t s. *Alant.*

Alexius: der männliche Vorname. Kurzformen: *Alexe* ◡◡◡, *Lexe.* Der Name ist ausschließlich kathol. und auch da selten. Wenn es am A.Tag, 17. Juli, regnet, so wird das Getreide teuer und schlecht.

all *ăl,* im Mittelland *ẹ̆l:* all, ganz. Gebrauch. I. S i n g u l a r, = ganz. In mod. MA. nur ausnahmsweise: *alle Welt.* S. die Komposs. *Allerwelts-.* Regelmäßig nur noch a. Neutr. *alles.* α) Meist von Sachen. *Der ist alles in allem. Alles hat sei*ⁿᵉ *Zeit. Alles will sei*ⁿᵉ *Sach hau*ⁿ, *'s ist alles nu*ʳ *ei*ⁿ *Weile schö*ⁿ *(nett). Der ist scho*ⁿ *a. gwe*ⁿ, *nu*ʳ *net wütig. Er hat mi*ᶜʰ *a. g'heiße*ⁿ *(nu*ʳ *kein*ᵉⁿ *Herre*ⁿ*)* mir alle Schimpfnamen gegeben. *I*ᶜʰ *will a. sei*ⁿ [verdammt sein odgl.], *wenn's* [was ich sage] *net wahr ist,* starke Beteuerung. *Daß er ihn net tot g-schla' hat, is a. gwe*ⁿ. *Warum der net und sonst a.?* – β) von Personen, wie nhd.: *Alles ist dagewesen, was Füße hat* udgl. – b. in stehenden Wendungen wie *alleweil* u. ä. – II. P l u r a l, = alle. Verstärkt: *Gar alle. All beid*ᵉ. Adjektivisch. a. attributiv vor dem Subst. Mit nachfolgendem Artikel nur dann, wenn dieser demon-

strative Kraft hat: *alle die, wo* udgl. Meist ohne Artikel. *Alle gute Ding' sind drei. Ma*ⁿ *ka*ⁿⁿ*'s net alle*ⁿ *Leut*ᵉⁿ *recht mache*ⁿ. – Hieher mehrere adverbial gebrauchte Formeln aus Subst. und attrib. *alle.* α) Im Genetiv. *allerding,* woraus *allerdings; allerseits; allerhand* u. a. Siehe jede dieser Verbindungen als eigenes Wort. β) Im Akkusativ: eine Anzahl mehr oder weniger allgemeiner Formeln mit einem Subst., das Zeit, Zeitpunkt bed.; bez. die regelmäßige Wiederkehr in gewissen Perioden. *All Stund, all Tag', all Jahr'* usw. Sehr beliebt sind derartige Ausdrücke, welche nur die ganz allgem. Bed. „alle Augenblicke" haben. Hieher namentlich: *allbot* (s. d.); ferner *all Fahrt, all Furz lang, all Häck', all Henne*ⁿ*pfitz, all Hui* [alle Hiebe], *all Imbiß, all Niet, all Pfitz, all Puff, all Rand, all Ritt (Rück, Rung), all Schaiß, all Streich, all Tritt.* γ) im Dativ: *allenthalben,* s. d. – III. A d v e r b i u m. 1. all. Als Adv. gebraucht, = ganz, vollständig. a. für sich allein: immer beständig; OSCHW. *Er schimpft äll.* – b. zu einer nachfolgenden adv. Bestimmung gehörend, deren Inhalt durch *all* in seiner Totalität bezeichnet wird, z. B. *all eins: 's ist mir äll oi*ⁿ*s* einerlei. – *all fort:* immerfort, unaufhörlich. – *allgemach,* s. d. – *all noch* ẹ*l n*ọ̈: immer noch OSCHW. – *all stäts:* immer langsam: *a. st. ane laufe*ⁿ langsam, aber gleichmäßig weitergehen. – 2. all*s als, *ẹ̆*ls.* – a. für sich allein stehend: immer; wobei, wenn das Wort betont steht, die Bed. mehr „immerwährend" oder „bei jedem einzelnen Fall" ist, wenn tonlos, mehr „häufig", „öfters". *Er kommt ä. zu mir* öfters, gewohnheitsmäßig. *I*ᶜʰ *glaub a.,* ich glaube immer, von einer Vermutung, die Gewißheit zu werden beginnt. – b. zu einer nachfolgenden adv. Bestimmung gehörig, z. B. *allsfort* immerfort, wie *all fort;* s. a. *alsofort.* – *allsherum* ringsum. – *alls hinab.* – *allsmittelst* u. *allermittelst.* – *alls nicht* immer nicht. – *alls noch* noch immer. – *alls g*ᵉ*stät, alls stäts* langsam, s. o. *all stäts.* – Dieses *alls* ist beliebt bei Aufforderungen: nur, immerzu! *Alls zu! alls weiter!*

ä l l s. *all.*

allander Adj.: jeder Zweite; besonders: *ällander Tag* jeden zweiten Tag.

all-bot *albọt* ẹ̆*lbọt; alab*ọ*t* FRK., auch OSCHW. Adv.: oftmals. Und zwar tritt bald mehr der Begr. der vereinzelten Handlungen hervor: „manchmal, hie und da" (wofür häufiger *iebot*), betont ◡◡; bald mehr der des oft, rasch, meistens zu rasch Wiederholten: „alle Augenblicke", betont ◠◡. – Anm.: Aus *alle Bot,* d. h. alle Aufgebote, so oft das *Bot* (s. d.) auf dem Rathaus stattfindet.

a l l ē s. *allo.*

allein ◡◡ *əlōā* W., *əlōē* O. (gegen den BOD. *əluə, əlui*), *əlāē(āī)* NW., *əlā* N. NO.; vielfach *lōā, lōē*

usw.: allein, ohne Begleitung usw. *Von allein*
automatisch. Verstärkung: *mutterseelenallein,*
auch bloß *mutteralleine^{in}, e^{in} ganz allein.* – S. a.
alleinig.
alleinig: dasselbe wie *allein,* und zwar: **1.** adjektivisch statt des dafür nicht gebrauchten *allein.* –
2. prädikativ und adverbiell in verschiedenen
Formen: *əlū̃inig; əlõānegs; lõēnegs; əlūā̃ŋ; əlõ̃ŋ;*
əlõ̃āg; əlõāgərt; əlõāgəršt; am verbreitetsten:
əlõēgəts.
alle-mal *⁓* *aləmǫ̃l, ęləmǫ̃l;* kontr. *ęmǫ̃l, āml*
RIES; *ęləmǫ̃s.* – Adv.: allemale. **1.** immer, jedesmal. *Ma^n sait a.* oder *mei^n Ähne hat a. gsait* leitet
sprichw. Wendungen ein. – **2.** früher. *Des ist a.*
anderst gwe^n. – **3.** allerdings. *Gehst du morge^n*
^{a}uf de^n Markt? A.: *Ällemal* (jedenfalls) O.
alle^{n}thalbe^n *aləthalbə, ę-* Adv.: überall. *Schmiere^n*
und Salbe^n hilft a.
aller, äller: Steigerung prokl. bei Adjektiven u.
Substantiven. Z. B. *Allerärgste.*
Aller- Ällerärgst^e m.: **1.** Antichrist. – **2.** m. f. n.
der, die, das Schlimmste.
aller-hand *alər-, ęlər-; -hānd, -hān:* allerlei. In unserer MA. der häufigere von beiden Ausdrükken. *Unser Herrgott hat a. (allerlei) Kostgänger.*
Aller-heilige^n *a(ę)lərhǫlgə:* das Fest A., 1. Nov.
An A. und an Allerseelen (2. Nov.) soll man um
die Bäume hacken. *Bringt A. einen Winter, so*
bringt Martini (11. Nov.) *einen Sommer.* – Der
Tag vor A. heißt in älterer Sprache Allerheiligenabend.
aller-lei *alər-, ęlər-; -lǫe, -lǫa:* allerlei, wie nhd.
Doch im ganzen weniger populär als das Syn.
allerhand.
aller-mittelst *(ę)* Adv.: inzwischen, einstweilen. –
Andere Formen: *älle^{n}mittelst; ällsde(r)mittelst;*
ällsde^{n}mittle^n.
Aller-sele^n *ęlrsaelə, alrseələ* BAIRSCHW.: der Tag
A., 2. Nov. Z' A. – Anm.: Zu diesem Tag wurde
urspr. und wird z. T. noch das Backwerk gebakken, das *Seelen* heißt.
Aller-welts-: steigernder Vorsatz vor Substantiven, meist mit tadelndem Charakter. – *A.-kerle*
m. – *A.-kirbe* f. (oder *Saukirbe*) heißt die für alle
Ortschaften Württemb. gemeinsame Kirchweih
im Unterschied von den früheren Kirchweihen
der einzelnen Orte. – *A.-stoffel* m.: Schimpfname.
alles, alls s. *all.*
allet *alət,* im ALLG. und TIR. *alat* Adv.: immer,
dem sonst üblichen *alls* (s. *all*) im Gebrauch
entsprechend, aber beschränkt auf das N.-Teil
von Oberschwaben. *Fahr a. rechts.* – S. a. *alleweile.* – Verbunden: *alletfurt = all(s)fort* immerfort.
alle-weil^e *⁓⌣ al(ə)rhwəil ęl(ə)wəil;* kontr. *äwl* RIES,
al(ə)wail FRK.; *ęləwī̃l* BAAR, *aləwī̃l* BOD. Adv.:
1. allezeit, immer. Diese Bed. ist im jetzigen

Schwäb. die einzige und existiert auch, wenngleich seltener, im Fränk. Verb. *a. furt, a. furt*
ane immerfort. – S. a. *allet.* – **2.** gegenwärtig, zu
eben dieser Zeit. Nur n. der Enz und fränk.,
hier aber Hauptbed., und zwar sowohl mit Präs.
a. kommt er, als mit Prät. *a. ist er 'komme^n,* im
letzteren Falle = soeben.
alle-weilig *aləwaili(χ)* Adj.: jetzig FRK. – Zu *alleweile* 2.
allgemach s. *allsgemach.*
allig, ällig *alęg* S. und O., *ęlęg* ALB und s. Vorland, *elíχ* NW. der ALB, *ęlḗŋ* RIES: **1.** Adj.; nur
OSCHW., bes. Donaugegend. a. Sing.: ganz.
Dient als Ersatz für den in der Hauptsache abgekommenen adj. Sing. von *all.* Substantiviert:
alligs alles. – b. Plur.: alle. – **2.** A d v e r b. a. wie
alls = immer, jedesmal. *I^{ch} sag' ällig. Gib a. her*
gib nur her! *Komm a. au^{ch} zu mir.* A. *furt* immerfort. *Des ka^{nn} ma^n a. no^{ch} thue^n* immer noch.
– b. ehemals. *s' ist nimme^r wie ällig* oder bloß: *s'*
ist n. Ä. ist's anderst g^{e}we^{sen}.
all-mächtig als Adj. und Adv. zur Bezeichnung
von etwas sehr Großem, Starkem *⌃⌣*
oder *⌣⌃⌣. E^{i}n a-er (allmächtig großer) Kerle. 'e*
a-e Ohrfeig'. Mir ha^{be}nt a. g'soffe^n. Verstärkt
gotts-a.
Allmachts-: wie *Allerwelts-, Mords-* steigernder
Vorsatz vor tadelnden Subst.: A.-d a c k e l,
-g a n s, -k u h, -(r i n d) v i e h sehr dummer
Mensch, -s a u wüster Mensch; -b a l l e^n,
-r a u s c h, -z o r n usw.
Allmend^e, meist f.: Gemeindeland, aus Weidland,
Wald, Wasser bestehend; zumeist Weid-, auch
wohl Wiesland, dessen Nutzung durch die einzelnen Gemeindeangehörigen auf verschiedene
Weise erfolgen kann. Die eig. mundartl. Form
ist *alməd,* auch wohl *ęlməd,* Fem.; in der BAAR
auch *ālmə* Mask.
allo *ălǫ '⌣-* Interj.: rasch gemacht, vorwärts! Gerne
verbunden *allomarsch* `⌣`, auch *allotutswit* `⌣⌣.* – Anm.: Aus franz. *allons!* Seltener ist
statt der Aufforderung *allons* die andere, frz.
allez, gesprochen *ălę '⌣-.*
ällritt s. *all* II. ß.
älls s. *all* III. 2.
allsand Adv.: alle zusammen.
ällsfort s. *all* III. 1.
alls-gemach, älter allgemach, als-, *ęlsgmäx;*
alsgmā Adv.: langsam, gemächlich. *Gehet (spazieret) a.* sagt man zu abschiednehmenden Gästen oder bei der Begegnung auf dem Wege.
Schaffet a., wenn man Arbeitenden begegnet.
A.! Zuruf an solche, welche bei etwas überhasten.
allsgestät, allsstät, äll- s. *all* III. 2.
allsnoch s. *all* III. 2.
alls-umme, allsummer *ę-* Adv.: ringsumher;
überall.

all-weg Adv.: a. immer. – b. *ęlwęǝg* unter allen Umständen, jedenfalls. – c. mit dem Verb „gehen": auf verschiedene Weise; OSCHW. *s' gat ällweg, der ei^{ne} werd reich, der ander arm.*

als, in der Mundart *äs*, proklitisch *ǝs:* Adv. und Konj.: so; wie. – relativ: wie. – a. positive Vergleichung. *asǝ ganz, asǝ nui* als Ganzes, als Neues. Hieher *as* bei Zahlen = etwa: *ei^ns as 20* = etwa 20. – Aus dem vergleichenden „als" entspringt das motivierende: „wie denn", das in kausale Bed. „weil" übergehen kann. *As Gott versprich.* – Wenn die Angabe einer nach Zeit, Ort, Person fremden Rede auf Zeit, Ort, Person des Redenden bezogen werden soll, so geschieht das durch den Vorsatz „als". Z. B. „Er hat [etwa am 1. Januar] gesagt, er wolle als heute hieher kommen"; wenn dieser Satz etwa am 6. Januar gesprochen ist, so dient das „als" eben, um das Mißverständnis zu beseitigen, daß mit „heute" der 1. gemeint sein könne. „Wir haben ausgemacht, uns als hier zu treffen" an dem Ort, wo ich das sage, nicht wo die Abmachung stattfand. „Als" dient hier zur Identifizierung, Verdeutlichung. – b. negative Vergleichung, beim Komparativ oder bei neg. Ausdrücken, neben dem häufigeren und deutlicheren *weder* üblich. Bei *nichts* öfters Umgestaltung: *Du dockelest nex als* du tust nichts als d., spielen. Auch nach „all": *Alle Leut' hand e^{in} Schätzlǝ, As* [außer] *i^{ch} hau^n no^{ch} kei^ns.*

also Adv.: 1. hinweisend = so, ebenso. *asǭ* ◡ʹ. *Der tut nex asǝ* nicht derart. *Jetz iss it's halt asǝ. Die ist asǝ. I^{ch} sag it so oder asǝ.* – 2. vor Adj. (oder Adv.) steht *also*, um den jeweiligen Zustand als einen unveränderten stark hervorzuheben; es wird dadurch ausgedrückt, daß der Inhalt des mit *also* eingeleiteten Adj. und die berichtete Handlung in einem gewissen Gegensatze zu einander stehen. Aussprache in dieser Bed.: *äsǝ, ăsǝ, ăsdǝ, ăsdǝ. Eine Suppe a. heiß essen; a. nackig, blutig, neu, kalt, jung; a. dumm* dumm wie er ist; *er will a. buckelig heiraten; der Storch frißt die Frösche a. lebig.* Besonders häufig: *a. ganz* vollständig, ganz und gar; *a. warm,* auch bildhaft = friedweg, *sein Geld a. warm brauchen* kaum verdient; *a. baar* soeben. Das Wort steht aber auch völlig = ganz: *Das Roß ist a. hi^n* völlig verdorben; *'s ist asǝ* es ist abgemacht; auch = beinahe: *Er ist a. fertig* nahezu f.; endlich beim Kompar.: *Kommet äsdǝ bälder wieder* umso bälder. – 3. bloße Partikel, anreihend oder folgernd. Ersteres, ebenso, ferner. Dieses *a.* ist beliebt, besonders als Füllwort, bei Aufforderungen, Verabschiedungen udgl.: *Also, was bin ich schuldig,* aber stets in der vollen Form *älsǭ.*

also-fort Adv.: immerfort. *Wer klopft denn alsǝfort?* FRK.

alt – *ält;* ob. DONAU bis BOD. *ält*, ALLGÄU *ǫlt;* NO. *ält* (fränk.) *ǭlt),* aber bei mehrsilb. Form *ältę, ältǝr* usw.; Kompar. und Superl. *ĕ* –: Adj. alt, wie nhd. – Besondere Verwendungen: Benennung und Anrede: *Alter* und *Alte,* gegenüber von Leuten höhern Alters, aber auch freundschaftlich scherzend jüngeren gegenüber: *Alter Kerle! Alte! Alterle! Wart Alterle! Gelt, Alterle,* sogar gegenüber von Knaben. *Mei^n Alter, mein^n Alte* sagen Eheleute voneinander, aber auch in etwas despektierlicher Rede Kinder von den Eltern. *Die Alte* = Mutter. Als Scheltwort stets adj. mit Subst.: *Alter Dinger; a. Grattler; a. Schwed'; a. Siech; alte Ga^ns* (Dummheit); *a. Hutzel; a. Kachel; alte Krustel; a. Kuh* (Dummheit, Plumpheit); starke Schelte; *alts Ripp* böses *a. Weib; a. Schachtel.* – Ein allgm. üblicher, halb mythol. klingender Ausdruck ist *den Alten fangen,* stets ironisch: *Du wirst, der wird d. A. f.,* von einem Unternehmen, das von vornherein keine Aussicht auf Gelingen hat. – *Ja, ᵉn alte^n Hund* verächtlich = ja, auch noch vollends. – *'En alte^n Scheißdreck!* daraus wird nichts! – *Des ist e^{ine} alte Muck* keine Neuigkeit. – *Mir* [wir] *bleibe^nt die Alte^n.* – „Die Alten" = die Leute älterer Generation. *Die Alte^n sind au^{ch} gscheid (keine Narre^n, Esel) gwe^n, hänt au^{ch} ghaust. Des ist no^{ch} einer von de^n ganz Alte^n, nach 'm a. Schlag, aus der a. Welt.* – Die alte oder große Fastnacht war der Sonntag Invocavit, nach dem F.-Dienstag; daher *hinte^n drei^n komme^n die a. F. – Der alt^e Abe^nd* Sylvestertag, 31. Dez.; dafür auch *Altjahrsabe^nd. – Der Ältest^e* der Erstgeborene. – *Er ist alt gnug* soll sich selbst zu raten wissen.

Altanᵉ *aldǎn(ǝ)* ◡ʹ(◡) f.: Balkon.

alt-bache^n *alpaxǝ* Adj.: altgebacken, vom Brot. Übtr. von langweiligen Menschen und Reden: *e^in a-er Gsell, e^in a-es Gschwätz, schwätz net so a.!*

Älte *ęldę* f.: das Alter, und zwar rel. und abs.: *Er ist in mei^nrǝ Ä., es geht nach der Ä.* und *Er ka^n vor Ä. nimme^r laufe^n.* Auch von Gegenständen.

alt-ei^nᵉsesse^n Adj.: seit Generationen an einem Ort ansässig.

ältele^n *ęldǝlǝ* und ohne Umlaut *altele^n* schw.: allmählich alt werden, das Aussehen des Alters bekommen. Auch: alt schmecken. Die Form mit Umlaut ist wohl die verbreitetere.

alte^n schw.: alt werden, altern, ein ältliches Aussehen bekommen. Part. *g'altet.*

altere^n schw.: alt werden, altern, ein altes Aussehen bekommen.

Altjahrsabend s. alt.

altlecht Adj.: ältlich.

alt-ledig Adj.: ledig, aber dem Heiratsalter schon entwachsen.

Alt-wachs – *altwās altǝwās* W. SW., sonst *-wäks* –

n. (m.): die gelblich-weißen, ungenießbaren Sehnen am (Rind-)Fleisch.

Altweiber-mühle f.: die legendarische Mühle (zu Tripstrill), in der die alten Weiber wieder jung gemacht werden; auch *Pelzmühle.*

Altweiber-schmeckete ᴜ′ᴜˇᴜᴜ ALB, Altweiberschmecket ᴜ′ᴜˇᴜ; -schmecke ᴜ′ᴜˇᴜ f.: **1.** Name wilder Minze-Arten, bes. Mentha arvensis L.; Syn. *Altweiberstrauß, Krautschmeckete, Krausnekarze, wilde Pfefferminze.* – **2.** auf der Alb auch das nah verwandte Origanum vulgare L.; Syn. *Krautschmeckete, Kienle, Schmeckete.*

Altweiber-sommer, Alterw-, Hochton auf -*weib*- m.: schöne, milde Herbstwitterung und die bei solcher sich zeigenden Sommerfäden (Mariengarn), die auch *Sateleⁿ* heißen.

amärgelich s. *annamärgelich.*

ame (an dem) s. *an* II.

Ameisᵉ, Pl. -eⁿ, f.: Ameise. **1.** heutige Formen. a. ohne Umlaut. Das ganze schwäb. und s. Gebiet entbehrt den Umlaut. Es kommen vor *āmǫes, -ǫǝs, -aus; āōmǫes, -ǫǝs, -uǝs; ōmǫes, -ǫǝs.* Und zwar scheint *ā*- bes. im S. (SW.) vorzukommen. -*ǫe*- im O., -*ǫǝ*- im W. und SW. – b. mit Umlaut im fränk. N.: *ēmez; ẽmǝs* – c. volksetym. Umgestaltungen: *ãbuis, ōbǫǝsǝ, ālǝmǫes, würǝmǫes* RIES.

ameiseleⁿ schw.: **1.** nach Ameisen riechen. – **2.** krabbeln wie A.

Ameisᵉⁿ-**bürzel** *ẽmǝsbẹrtsl* m.: Ameisenhaufe FRK.

Ameiseⁿ-**haufe**ⁿ m.: der von den Ameisen aufgeworfene Erdhaufen.

Amel-berᵉ *ãmlbẹr* f.: Amarelle, Sauerkirsche.

Ameleⁱⁿ *ẽmǝlẹ, ãōmǝlẹ,* mit Uml. *ẽmǝlẹ* n.: die kleine rote Sauerkirsche, Amarelle, Prunus cerasus L. DON. und südl.; nördl. gebr. Form *Amelbere.*

amend = am Ende; schließlich.

Ammeⁿ-**kindle**ⁱⁿ n.: verzärteltes Kind, das nicht von der Mutter fort will, Muttersöhnchen. ALB und n. davon. – Ammeⁿsöhⁿleⁱⁿ n.: dasselbe. – Ammeⁿsuckel f., -leⁿ n., -lerⁿ m.: dass., zu *Suckel* Milchschwein. – Ammeⁿtöchterleⁱⁿ n.: dass. – S.a. *Mamme*ⁿ-.

Ämmeling, Ämmeritze s. *E*-.

ämol s. *allemal.*

Ampel im W. *ãpl* (Demin. *ẽpǝlẹ*) sonst *ãmpl* (*ẽmpǝlẹ*) f.: **1.** Ampel, die früher allgem. übliche Blechlampe ohne Zylinder; Lampe mit dem ewigen Öl in der Kirche; bei Illuminationen. – **2.** dummes, bes. altes und schmutziges Weib. *Versoffene A.* trunksüchtiges Weib.

Amsel *ãmsl* f.: **1.** die Schwarzdrossel, Turdus Merula. – **2.** auf Menschen übtr. *Iᶜʰ hauⁿ auᶜʰ so eⁱⁿ kranke A. zum Weib.* – **3.** obszön = äußeres weibl. Geschlechtsteil.

amslen s. *aufamslen.*

amteⁿ *ãmtǝ* schw.: amtieren. Von der Tätigkeit im Amte. Auch iron.: übel wirtschaften, Unordnung anrichten; streiten, prozessieren; einen abkanzeln.

amtiereⁿ schw.: im Amte tätig sein; wie *amten,* doch ohne dessen Nebenbedd.

An m.: Großvater. Formen: *ẽnẹ* Hauptgebiet; *ãle;* weit verbreiteter *ẽle* O. NO.; *nẽnẹ, nẽlẹ* OSCHW. – Anm.: Sowohl in der jetzigen MA. als in älteren Denkmälern ist nur die Bed. „Großvater", nie die nhd. „Vorfahre" nachzuweisen; diese letztere ist uns fremd, dafür ,Altvordern', ,Vorfahre'.

an Adv. und Präp.: an. I. Adverb. *ã,* fränk. *ǫ, ǭu. An sein* = angezogen sein: *Iᶜʰ biⁿ schoⁿ aⁿ;* s. a. *anhaben. Mir aⁿ, dir aⁿ, ihm aⁿ* usw. so viel an mir, dir, ihm usw. liegt SW. BOD. – II. Präpos. *ã,* auch ohne Nasalierung *ã;* mit Artikel *ãm* an dem (wie nhd.), *ãmǝ* an einem (unbest. Artikel). **1.** mit Dativ. a. lokal. Ursprünglich = auf; noch jetzt *Matthäi am letzteⁿ* [sc. Kapitel]. – b. temporal. Noch jetzt ausnahmslos vor den Namen von Tagen: *am Sonntag, an Pfingsten, an Peter und Paul.* – c. verschiedene Verwendungen, in denen z. T. noch die älteste lokale Bed. durchblickt, z. T. auch „auf" gesetzt werden könnte, z. B. *an einem sein* ihm anliegen mit Bitten udgl. *'s gat an mir 'raᵇ* ich habe darunter zu leiden. *An mir gehts aus* ich ziehe den Kürzeren. *An eⁱⁿᵉm, an eⁱnander 'nauffahreⁿ* Händel bekommen. – *Des ist's dümmst' Tier am Esel* zunächst dem E. *Es ist an dem* nahe, unmittelbar dran. – *An einander,* bes. bei Zeitangaben: *zwei Tag aneinander.* – **2.** mit Akkusativ. Die lokale Bed. klingt hier noch deutlicher durch als mit Dativ. Beispiele: *ǝwẽg* ᴜ′ hinweg, was aus *an Weg* erklärt werden kann. – *Nachher ists an eⁱⁿ Fresseⁿ und Saufeⁿ gangeⁿ. – Iᶜʰ will's aⁿ diᶜʰ lauⁿ* Formel des Zutrinkens. – *Der därf net 'naⁿ* den kann sich nicht mit ihm vergleichen. – *An's weiterᵉ, bis ans w.* bis auf weiteres.

anander s. *einander.*

aⁿ-**bache**ⁿ st.: anbacken. Urspr. vom Hängenbleiben des Teiges an der Form; noch häufiger, insbes. im Part., vom Festkleben anderer Gegenstände; z. B. *Iᶜʰ schwitz' so, daß mir 's Hemed an deⁿ Leib aⁿbacht.*

aⁿ-**bäffe**ⁿ, aⁿ-baffeⁿ schw.: *einen a.,* an ihn hinschimpfen, spitzige Reden führen. Vgl. *ausbäffen.*

aⁿ-**bändle**ⁿ, aⁿ-bandleⁿ schw.: Beziehungen, eine Unterhaltung mit einem anknüpfen; bes. von Liebesverhältnis.

Aⁿ-**bau,** Pl. Aⁿbäuᵉ m.: Anbau, Gebäude, das an ein größeres angebaut ist. Übtr., in scherzh. Rede, Aⁿbäuleⁱⁿ. n. = Kropf oder = Höcker.

aⁿ-**baue**ⁿ schw.: intr., einen Anbau machen.

aⁿ-**b**ᵉ**halte**ⁿ st.: ein Kleidungsstück *a.,* es nicht ausziehen.

a^n-b^{e}lange^n schw.: angehen, betreffen.

a^n-b^{e}sehe^n st.: einen anblicken. – A^n-b^{e}sehete f.: Brautschau. *Auf die A. gehen.*

a^n-binde^n st.: anbinden. – Einem Neugierigen, der fragt, was los sei, sagt man: *was net a^{n}bunde^n ist.* – *E^{in} Kalb a.* es nach der Entwöhnung im Stall a., um es großzuziehen, statt es an den Metzger zu verkaufen. – *Er hat sie a^{n}bunde^n*, wenn einer ein Mädchen, das er heiraten möchte, schwängert und dadurch vollendete Tatsachen schafft. – *Ein^{en} a.* ihn sich verbinden, abhängig machen. – *Mit ei^{ne}m a.* Wort- oder Tathändel anfangen.

a^n-blase^n st.: **1.** etwas mit dem Munde anblasen. *Feuer a.*, um es besser brennen zu machen; übtr. Streitigkeiten anderer durch Verhetzen schüren. *Ei^{ne}m 's Neujahr a.* in der Neujahrsnacht ihm eine Musik machen.

a^n-blecke^n schw.: einen unverschämt anschreien. – S. *bläken*.

a^n-blinzle^n schw.: *einen a.*, ihm zublinzeln.

A^n-blum *ăblọəm* m.: **1.** Getreidesaat, die soeben aufgegangen ist. – **2.** Graswuchs.

a^n-blüme^n *ăblẹəmə* schw.: **1.** *einen Acker a.*, ihn besäen. S. *Anblum.* – **2.** übtr. schwängern.

a^n-bolle^n schw.: schnell anfahren, anschreien.

a^n-brägle^n *ăbrẹəglə* schw.: *einen a.*, dummes Zeug an ihn hinschwätzen.

a^n-brenne^n I *ăbrẹnə*, Part. *ăbrọnə* st., aber auch schw. *ăbrẹnt:* **1.** Feuer fangen. Das Holz, Haus etc. ist *a^{n}bronne^n*, *a^{n}brennt;* häufiger *a^{n}gange^n.* – **2.** von Braten, Kartoffeln, Milch odgl., welche durch zu starkes Feuer odgl. anhängen; *die Grumbire^n sind a^{n}brennt* u. ä.

a^n-brenne^n II *ăbrẹnə* Part. *ăbrẹnt* schw.: faktitiv, anzünden. *Er hat a^{n}brennt* ist angetrunken. – Part.: **1.** angetrunken. – **2.** nicht richtig im Kopf. – **3.** verliebt. – **4.** *Er lauft wie a^{n}brennt* so schnell, als ob er in Flammen stünde. – Für „anzünden“ bes. im SW.

a^n-brühe^n *ăbriə*, S.- und SW.-Grenze *ăbrəiə* schw.: anbrühen, mit siedendem Wasser zusetzen oder übergießen. So wird insbes. Viehfutter angebrüht; daher subst. Part.: *A^n-brüets* in dieser Weise bereitetes Viehfutter ALLGÄU.

a^n-brunze^n schw.: anpissen. – Syn. *anseichen*.

a^n-brumme^n, a^{n}brummle^n schw.: *einen a.*, brummend, barsch anlassen; z.B. auch, um ihn an eine Schuldforderung zu mahnen.

a^n-bumse^n schw.: **1.** trans., betrügen OSCHW. *Eine a.* schwängern. – **2.** intr., mit Hilfsverb sein: mit dem Kopf an etwas stoßen; übtr.: in Verlegenheit, Widerwärtigkeit, Strafe kommen. – Zur Interj. *bums.*

anchzen s. *achzen.*

And *ā(n)d* N.O., sonst *ănd; āmd* f.: Unannehmlichkeit, Leid, Kränkung. Heutzutage nur noch: *es tut einem and nach etwas* oder *nach jemand*, und zwar in der eingeschränkten Bed. des

Heimwehs, der Sehnsucht nach einem früheren Ort, Umgang usw. mit Adv. verstärkt: *es tut mir ganz, arg, fürchtig* udgl. *and.*

andei(le) s. *adei.*

ander *ăndər* Adj.: **1.** Ordnungszahl: der zweite. Noch jetzt vielfach statt der nhd. *zweit* üblich, bes. wo nur von zweien die Rede ist, aber auch ohne das. Das deutlichere *zweit* nimmt immer mehr überhand; *ander* aber hält sich dauernd nam. in bestimmten Wendungen, z.B.: *De^n andere^n Tag* Tags drauf; *'s ander* [sc. *Zeiche^n*] das zweite Läuten zum Gottesdienst; *'s a. läute^n* oder *'s a. ge^{b}e^n.* – Hieher das auch nhd. übliche *ander* im Sinne der Gleichheit, Ähnlichkeit: *er ist sei^n anderer Vater.* – S.a. *anderigs, ander(t)halb, selbander.* – **2.** im nhd. Sinn. a. bloß Unterscheidung der Individuen. – Besonders beliebt ist die Verbindung *andere Leute*, mitunter einfach = die Leute. – b. Unterscheidung der Qualitäten: andersartig. *'s wird ander Wetter*, d.h. Regenwetter. Überhaupt nimmt *a.*, wenn das Gewöhnliche, Alltägliche damit verglichen wird, gerne den Begriff des Ungewöhnlichen, Bedeutenden im guten oder übeln Sinn an: *das ist ein anderer Kerl* udgl.; ganz bes. so das Adv. *anders.*

ander-halb, anderthalb, -en: Zahlwort: ein und ein halb.

anderigs Adv.: *andregs; anderichs* des andern, folgenden Tages; *am anderichs* dass. S.SW.

ander-lei Adv.: etwas anderes, verschieden, zweierlei. *Des ist ganz ei^{l}n a.*

anders Adv.: A. Form. In mod. MA. überwiegt bei weitem *ăndəršt*, das im ganzen Gebiet vorkommt, im NW. *ănẹršt*; auch *ăndərš* RIES; *ăndərẹšt*, *-rišt; ăndərštər* Sww. – B. Gebrauch. **1.** in vielen Fällen ist das Wort noch deutlich als Gen. des Adj. *ander* zu erkennen. *Neamerz anderschter.* – **2.** reines Adverb: auf andere Weise. *Mach's a.!* gegenüber Vorwürfen oder Klagen. – Öfters, wie *ander 2 b*, steigernd: anders als gewöhnlich, sehr. – *Anders sein* in verschiedenen Anwendungen. *'s sel^b ist a.* es ist nicht so, wie du sagst. *So und net a. Ietz ist mir's doch a.*, wann's mir au^{ch} net besser ist von Veränderung einer Krankheit. *Sie ist scho^n wieder a.* = in andern Umständen. – *Anders werden:* Meist von Verschlechterung. *'s Wetter wird a. Es wird einem a.* er bekommt Übelkeit. *Jetz wird mir's a.*, wenn die Rede eines andern als gänzlich abgeschmackt, einem sozus. übel machend bez. werden soll. – b. unter andern Umständen, in anderm Fall.

Andive *ăndīfə*, südl. *-i*, ᴜᴠᴏ m.: Endivie, Cichorium endivia L., als Salat gebraucht. – Andivi-Salat m.

Andreas: der männliche Taufname. Dial. Formen: *Andrẹs; Ander, Anderle; Endrẹs*, in der Donau-

und Illergegend auch *Ender* und *Enderle; Dręs* OSCHW., *Dręsel* BAAR. Der Feiertag des Apostels Andreas, 30. Nov., ist ein wichtiger Lostag. Mit ihm beginnt der Winter, nach dem allgem. verbr. Reim *Andreas (Endres,* auch *Andris, Endris) bringt de^n Winter gwiß,* gern mit Zusätzen: *Ist's nit wahr (ists bei dem nit wahr, bringt er'n nit fürwahr, ist er no^{ch} nit da), So (na^{ch}) bringt 'n (doch) der Santiklas,* S. Nikolaus, 6. Dez.; seltener: *Will er net komme^n, So bringt ihn der Thoma,* Ap. Thomas 21. Dez. Man wünscht den Tag trocken. Besonders wünscht man ihn schneefrei: *Andreas Schnee tut de^n Same^n weh.* Die Andreasnacht, 29./30. Nov., ist neben der Nikolausnacht, 5./6. Dez., besonders gefährlich. Sie ist die erste Klöpflesnacht. In ihr pflegten Orakel von ledigen Mädchen, auch Burschen, angestellt zu werden, ob und was für einen Mann (Frau) sie bekommen werden. Die Gebräuche dabei waren verschieden.

Ane f.: Großmutter. **1.** Formen. Neben *ą̃* (um den mittl. NECK.) verbreiteter die Form *ẵnə* im N. und W. Andere Formen: *ā̆lę* O. RIES TIR.; *nẵnə* OSCHW. – **2.** Gebrauch. Stets = Großmutter, nicht im allgemeineren Sinn, s. *An.*

Äne, Ä l e m.: Großvater.

ane *ă̆-* unt. NECK., mittl. KOCHER; *ŏ̆-* FRK.; im Hauptgebiet *ẵnę* Adv.: vor sich hin; aus altem ,anhin'. Von *nẵ* „hinan" in der Bed. deutlich geschieden; dieses bedeutet die Erreichung des Zieles, *ane* nur die Vorwärtsbewegung und zwar keine rasche, sondern oft geradezu eine langsame, aber kontinuierliche. *Für si^{ch} a.* vor sich hin. *Wo a.* 1) wohin: *Wo wi^{ll}t a.? Wo a.?* – 2) wo: *Wo bist a.? Besser ane* weiter vorwärts. *Ane!* weiter! *Auf den Abe^{n}d a.* gegen Abend. *So a.* ordentlich, mittelmäßig, nicht gut und nicht schlecht; *so a. gehen* u. ä., aber auch prädik.: *Er ist so a.* man kann ihn zur Not brauchen; *Wie gehts?* Antw.: *So a.* so so. – Namentlich mit Verben: *a. binde^n* das Kalb von der Mutter entwöhnen; *a. fahre^n; a. falle^n* hinfallen; *a. geh^{en}* weiter gehen, langsam marschieren; *im Ane-gange^n* während man so vor sich hin geht; *gang a.!* 1) geh zu! 2) geh deiner Wege, auch Ausdruck des Unglaubens; *a. hange^n lasse^n* verzögern, nicht zum Abschluß bringen; *a. hebe^n* zurückhalten, langsam tun und dadurch die andern aufhalten; *a. hokke^n; a. jammere^n* vor sich hin j.; *a. köchle^n; a. komme^n* (bes. *ein^{en} a. lasse^n* ankommen lassen, berücksichtigen); *a. lange^n* (geläufiger *'na^n-lange^n*) Mädchen unzüchtig berühren; *a. laufe^n* = *a. geh^{en}; a. lege^n; a. leine^n; a. leire^n* und *a. lottle^n* langsam vorwärts machen; *a. mache^n* dass. (dagegen *nǫre m.* rasch m.); *ane m.* auch = 1) Frucht schneiden, 2) *im Wingert a. m.* die Weinstöcke an den Pfählen befestigen, 3) *es*

macht alleweil a. regnet, niebelt in einem fort; *a. purzle^n* hinfallen; *a. sage^n* herunterleiern; *a. schiebe^n* langsam, gedankenlos gehen; *a. schmergle^n; a. schneide^n; a. schreibe^n; a. socke^n* krank dahergehen; *a. sürfle^n* behaglich langsam schlürfen; *a. thun (thu's Fleisch da.); a. zottle^n* langsam dahinschlendern.

anegle^n – *ẵnęglə; ā̆ōnęglə; āōnīglə; ǫ̆nęglə; ǫ̆ę̃nęglə; ōēnīglə; ōēīglə; gōēnīglə* O.; daneben *hurnīglə* und verw. Formen, s. *hurniglen;* Akzent stets ⌒◡ – schw.: vom prickelnden Schmerz der Finger, auch wohl Zehen, bei starker Kälte, namentlich beim raschen Übergang zur Zimmerwärme. *Die Finger anegeln einem* oder: *es a. einen in den Fingern (in die Finger).*

a n e m a c h e n s. *ane.*

a^n-fädle^n *ă̆fędlə;* NW. *-ę̆-* schw.: einfädeln, aber in übtr. Bed.: *Händel* udgl. *a.,* anstiften, anzetteln.

a n f a h e n, a n f a c h e n s. *anfangen.*

a^n-fange^n st. schw.: **1.** eine Handlung beginnen oder mit ihr den Anfang machen, wie nhd. – **2.** Spezielle Verwendungen: a. von einer mündlichen oder schriftlichen Rede. *Von Adam und Eva a.* weit ausholen. – b. von einer Frau: in den ersten Wochen der Schwangerschaft sein. – **3.** adverbialer Gebrauch des Infinitivs: *'s hat a^{n}fange^n regne^n.* Weit häufiger ist der rein adv. Gebrauch des Inf. als Adverb: *Kommst a.?* kommst du endlich? *Der Tag wird a. länger* allmählich. *Er wird a. alt.* Häufig der Nebenbegriff des lange Erwarteten, spät Kommenden, wie im ersten Beispiel.

a^n-fare^n st.: **1.** intr. a. physisch: fahrend irgendwo ankommen. Wie nhd. – b. übtr.: übel ankommen. *Da bin i^{ch} a^{n}g^{e}fahre^n* o. ä. – **2.** trans.: barsch anreden. *Der ka^{nn} ein^{en} a.!*

a^n-fasse^n schw.: auf eine Schnur reihen, z. B. Perlen, Blumen, Tabaksblätter, Roßkastanien etc.

a^n-fechte^n, Part. a^{n}g^{e}fochte^n st.: **1.** mit pers. Subj., wie nhd., die rechtliche Zulässigkeit von etwas bestreiten. – **2.** unpersönlich: in innere Aufregung versetzen. Und zwar a. von Sorge, Pflichtenkonflikt udgl. *Es ficht mi^{ch} a^n, daß* etc. – b. Lust machen. *Des Sauerkraut ficht mi^{ch} a^n* ich habe Lust dazu; *es tut mi^{ch} nix a.* ich mag nichts essen. Zu a oder b die häufige Frage: *Was ficht di^{ch} (den* udgl.*) a^n?* wenn jemand etwas ganz Auffallendes oder wenigstens an ihm Auffallendes tut.

a^n-ferke^n *-ę̆-* schw.: bestellen, anordnen OSCHW.

a^n-feuere^n *ăfīrə* schw.: ein Feuer anmachen, insbes. den Backofen anzünden.

a n f i r m e n s. *anfrümmen.*

a n f r e m m e n s. *anfrümmen.*

a^n-frümme^n – *ă̆frę̃mə; ă̆frǫ̃mə* RIES; *ă̆firmə, ǫ̆firmə* – schw.: **1.** bestellen, sowohl von Speise und Trank im Wirtshaus, als noch häufiger von einer

Arbeit beim Handwerker: einen Tisch, ein Paar Stiefel usw. *a.* – **2.** einem behilflich sein, mit Dat. der Pers., z.B. *ei^{ne}m im Dresche^n a.* – a^{n}firme^n **1.** = *anfrümmen* 1. – **2.** in Gang bringen, anzetteln.

a^n-füre^n schw.: **1.** wohin führen. – **2.** betrügen, hintergehen; auch verführen, ein Mädchen.

angangen s. *angehen.*

a^n-gatte^n – so in älterer Sprache; jetzt *ăgătnə, -mə; -ẹ̆ə e; -ẹ̆gə; -ərə* – schw.: bestellen, anrichten, zuwege bringen; z.B. eine Wäsche. Einen Streit *a.,* anstiften.

an-gattigen s. *angatten.*

a^n-gebe^n *ăgẹ̄ə* im Hauptgeb.; *ăgẹ̄bə* N., *-ẹ̆w-* FRK. st.: **1.** mit dem Geben anfangen, beim Kartenspiel. – **2.** mit Worten *angeben,* mitteilen. a. Obj. dasjenige, was ist. Hieher insbes. die Bed. denunzieren, verraten. – b. Obj. dasjenige, was geschehen soll. *Einem a.,* was er tun oder reden soll. Auch ohne Obj.: den Ton *a. Er gibt an* nach seinen Anordnungen hat man sich zu richten. – **3.** mit der Tat oder mit Worten dem Vorgang eines andern folgen, entsprechen. a. im Kartenspiel: *Die Farbe a.* oder schlechtweg *a.,* die von dem Ausspielenden ausgeworfene Farbe auswerfen. – b. einem, der unziemliche Reden führt, darauf antworten, zustimmend oder abweisend. -c. allg.: auf einen Anruf antworten.

a^n-ge^{hen} st.: **1.** intr. a. anfangen, beginnen. Ein Fest, der Krieg usw. geht an. – Spezieller: vom Feuer: sich entzünden, oder von der brennbaren Materie: Feuer fangen. – Beginnen faul zu werden, bes. im Part. Das Heu, wenn es sich entzündet, das Brot, wenn es zäh wird usw., ist *a^{n}gange^n;* Syn. *a^{nge}zündt.* *-s* ist *a^{n}gange^n* ein geschlechtlicher Umgang hat Folgen gehabt. – b. passieren, erträglich sein, bald mehr lobend, bald mehr tadelnd. Besonders impers. *es geht an,* aber auch mit bestimmtem Subj.: *der Wei^n geht a^n* ist trinkbar; *mei^n Knecht geht a^n* ist nicht schlecht, aber auch nicht hervorragend. – c. übel ankommen, Schaden, Verlust haben; auch mit Adv.: *wüst a., bös a.,* ironisch *schön a.* u.ä. *Sie is^t a^{n}gange^n* hat unerlaubten Geschlechtsverkehr getrieben. – **2.** trans. Einen oder etwas *a.,* angreifen. – a. etwas *a.,* angreifen. Syn.: *anfangen, angreifen.* – b. mit unrichtigem Subjekt: einen befallen, treffen; von Unangenehmem und Angenehmem. *Der Schick geht einem an* oder *das Glück g.e. an,* er hat Glück. *Dem (dir usw.) geht der Bock an* er hat (großes) Glück. – c. betreffen. *Des gaht mi^{ch} nex a^n, was d' Leut' sage^{n}t.*

a^n-g^{e}heir(at)et Adj.: durch Heirat erworben, von Gütern und Personen. *E^{in} a-er Vetter.* Nur im Part. üblich.

A^n-g^{e}höriger m.f.: zur Familie Gehörende(r).

Angel *ăŋl,* Pl. *ẹ̆ŋlə; ẹ̆ngl* ALLG. m.: **1.** Stachel der Biene u.a. Insekten. – **2.** Angel zum Fischen. – **3.** Türangel. – **4.** bei einem im Griff feststehenden Messer die hintere Fortsetzung der Klinge bis an das hintere Ende des Griffes. – Anm.: Das Wort ist in allen 4 Bedd. dasselbe, = Spitze, lat. *uncus.*

angelegen s. *anligen.*

a^n-g^{e}luste^n schw.: Lust zu einer Speise erregen. Eine gute Speise kann *einen a.*

änge^n *ẹ̆ŋə* schw.: stechen, von Bienen u.a. Insekten OSCHW.

Angers^e *āŋəriš, -rẹ̆š,* meist Plur.: *āŋəršə, rāŋəršə; āŋəsər* f.: die Futterrübe, Runkelrübe, Beta vulgaris L. ssp. rapacea (Kch) Doell.

a^n-g^{e}schirre^n schw.: **1.** Pferden das Geschirr anlegen. – **2.** (sich) ankleiden.

angestochen s. *anstechen.*

Angewend s. *Anwand.*

a^n-g^{e}wone^n *ăgwǫnə* schw.: *etwas a.,* sich daran gewöhnen. Dagegen a^n-g^{e}wöne^n *ăgwẹ̆nə* schw.: einen an etwas gewöhnen.

a^n-gieße^n *ăgiəsə* st.: *etwas a.,* es zum ersten Mal begießen oder vollgießen. Eine neu eingesetzte Pflanze wird *angegossen,* später bloß noch *gegossen* oder schriftdeutscher *begossen.* Part. Perf. *angegossen:* besonderer Gebrauch: *'sitzt wiə ăgossə* es paßt genau.

angle^n schw.: **1.** stechen von Bienen, Wespen usw. OSCHW. TIR. S.a. *ängen.* – **2.** Fische mit der Angel fangen.

a^n-glotze^n *ăglǫtsə* schw.: mit stieren Augen dumm anblicken.

a^n-glufe^n schw.: mit einer *Glufe,* Stecknadel, befestigen.

a^n-gosche^n schw.: jemand anmeckern, dumm anreden.

angossen s. *angießen.*

a^n-greife^n st.: angreifen, in phys. und mannigfach verzweigter übtr. Bed. **1.** anfassen. – **2.** von einem Angreifen, bei dem ein Teil des Angegriffenen weggenommen, dessen Substanz also geschädigt wird. a. von Geld und Gut: ein Gut, Kapital odgl. *a.,* anbrauchen. – b. von einer Feile odgl. sagt man, sie greife an, wenn sie faßt. – **3.** etwas *a.,* zur Hand, in Arbeit, Angriff nehmen, wie ihn.

angsen s. *achzen.*

Ängste f.: Angst. *Ängste und Bängene hau.*

ängste^n *ẹ̆ŋštə* schw.: *einen ä.,* ängstigen.

Angst-has^e m.: ängstlicher Mensch.

a^n-gucke^n schw.: anschauen. *Ein^{en} a. wie e^{in} g'stochner Bock.*

a^n-habe^n schw.: **1.** anhaben. Ein Kleidungsstück *a.,* am Leib haben. *Die Hosen a.* von der Frau, die Herr im Haus ist. – **2.** *einem etwas a.* einem etwas tadelnd nachsagen.

a^n-halte^n st.: **1.** trans. a. festhalten, an weiterer Bewegung verhindern. *Halt de^n Gaul a^n.* – b.

einen zu etwas *a.*, ihn dazu anweisen und dauernd darin festhalten. – **2.** intr., mit haben. a. andauern. *Der Rege^n hält immer no^{ch} a^n* udgl. – b. bitten; der Gegenstand mit *um*, die Person, welche gebeten wird, früher mit Dat., jetzt mit *bei*. *Um e^{in} Stück Brot a.* Ein Schüler *hält a^n:* bittet, während des Unterrichts auf den Abtritt gehen oder die Schule versäumen zu dürfen.

A^n-hang m.: was an etwas anderem hängt. – Von Personen. a. individuell: Geliebte und Geliebter. *Er hat ^{ein}en A.* – b. kollektiv: Verwandtschaft, bald im vorteilhaften Sinne, bald als unangenehmes Anhängsel, oder es wird einem abgeraten, ein Mädchen zu heiraten, weil sie großen *A.*, lästige Zugabe einer großen Familie, habe.

anhängen s. *anhenken*.

a^n-häse^n schw.: (sich) ankleiden.

a^n-haue^n st.: **1.** phys.: wie nhd., einen Baum usf. – **2.** übtr.: anfragen, anhalten. *Einen um Geld anhauen.*

a^n-hebe^n st. schw.: **1.** anhalten, trans., mit oder ohne Obj. *Einen Wagen a.* entweder: ihn zum Stehen bringen, etwa auf abschüssigem Boden, oder: ihn aufrecht halten und sein Umfallen verhindern, wie bei einem hoch geladenen Heu- oder Erntewagen. Auch ohne Obj. = anhalten: *Er hebt vor 'm Adler a^n.* – **2.** trans., das abzuwikkelnde Garn einem anderen halten. – **3.** intr., vorhalten, für einige Zeit ausreichen. Eine Speise *hebt a^n* sättigt für längere Zeit. Auch persönlich: *Er hebt a^n* macht fort im Reden, Arbeiten, Trinken o. a. – **4.** anfangen; und zwar a. transitiv. Die Arbeit, ein Geschäft, eine Rede *a.* – b. ohne Obj., mit persönl. Subj. In spezif. Bed.: α) anfangen beim Stricken (untersch. von *abheben*): *I^{ch} ka^{nn} net a.* verstehe nicht, wie der Anfang zu machen ist. β) in der ersten Zeit der Schwangerschaft stehen. – c. adverbialer Gebrauch des Infinitivs, wie *anfangen* B 3. Die Bed. beider Inff. ist ganz dieselbe: endlich, allmählich, häufig vor lange Erwartetem, spät Eintretendem. Der Akzent liegt zum Unterschied vom Verbum (ᴖᴗ) wie bei *anf.* auf der 2. Silbe *əhɛbə* ᴗˊᴖ. Im O. auch bloß *hebe^n*. *A^{n}hebe^n* ist bei uns populärer, *anf.* der in der Gebildetensprache fast allein gebrauchte Ausdruck.

a^n-hebig Adj.: was länger vorhält, s. *anheben* 3. *Ein a. Essen* Sww.

a^n-hefle^n *ãhɛflə* schw.: **1.** mit *Hefel*, Sauerteig anmachen, den Teig zum Brotbacken anrichten SW. Osᴄʜᴡ. – **2.** übtr. schwängern.

a^n-heimele^n schw.: *einen a.*, ihn an die Heimat gemahnen, ihm einen freundlichen Eindruck machen.

a^n-heische^n st. u. schw.: *einen a.*, anfordern, zur Zahlung mahnen.

a^n-henke^n, seltener a^{n}hänge^n schw.: anhängen,

transitiv. Nur in übertr. Bedd., für die phys. *'nanhenken*. **1.** *ein Maul a.*, einem ein Maul machen, auch Grobheiten sagen. – **2.** *einem etwas a.* Mit beliebigem Obj.: ihn damit beladen. Namentlich auch von boshafter Verleumdung. *Sich ei^{n}s a. lasse^n* außerehelich schwanger werden.

A^n-henker m.: **1.** was angehängt wird oder sich anhängt. a. Anbau an ein vorhandenes Gebäude. – b. (besonders im Demin. A^{n}henkerle^{in} n.): ein Geldstück, Medaillon, Kreuz odgl., das von Frauen an einer Kette oder Schnur um den Hals getragen wird. – **2.** an was etwas aufgehängt wird; nur in der Bed.: Bändel, Riemen odgl., an einem Kleidungsstück oder Gerät befestigt, um dieses daran aufzuhängen; auch im Deminutiv.

an-hin s. *ane*.

aniglen s. *aneglen*.

a^n-kane^n *ãkhãōnə* schw.: schimmlig werden, von nassem Heu, nassen Garben udgl. – Zu *Kan* Schimmel.

ankauchen s. *kauchen*.

Anke I *ãŋgə*, südl. *ãŋkə; ãŋgl* f.: der Nacken, insbes. des Menschen.

Anke II *ãŋkə* m.: **1.** Butter. – **2.** Überrest, der beim Auslassen der Butter in der Pfanne bleibt. Dafür verbreiterter *Ankenscharrete*, auch *Ankenbutter*. S.

Ankel s. *Anke* I.

ankenden s. *ankünden*.

a^n-klopfe^n schw.: **1.** wie nhd., an die Türe klopfen, um eingelassen zu werden. Syn. *anpumpen*. Übtr.: etwas zu erfahren, zu erlangen trachten. – **2.** Benennung einer Volkssitte. – Anm.: An den 3 Donnerstagen vor dem Christfest, insbes. am letzten derselben, zogen ärmere Leute, meistens Kinder, im Ort herum, klopften an die Häuser, öfters mit einem Hammer, sagten Verse her und wurden mit Nüssen, Äpfeln, gedörrtem Obst, Marzipan, andere Eßwaren, auch wohl mit Griffeln oder Geld beschenkt.

a^n-komme^n st.: **1.** intrans., mit Hilfsverb sein. a. mit persönl. Subj. In moderner MA. in dem gewöhnlichen nhd. Sinne „anlangen" kaum üblich; dagegen allgem. in der übtr. „so oder so aufgenommen werden". *Einen a. lasse*, s. a. *ane*. Bes. aber auch von üblem Erfolg. *Du wirst schö^n a.* iron. – b. unpersönlich: *es kommt auf etwas an. Es kommt viel, wenig, nichts drauf an. 's kommt m'r net drauf a^n* ich mache mir nichts daraus, insbes. im positiven Sinne: ich tue es gerne; z. B. *Trinkst no^{ch} ei^{n}en Schoppe^n?* Antw.: *'s k. m'r n. d. a^n* ich habe keine Lust mehr, oder aber weit häufiger: es ist mir nicht zuwider, noch einen zu trinken. – **2.** trans. mit sein. Besonders von Krankheiten, die an einen kommen. – *Etwas kommt einen an,* fällt ihm ein, von raschen oder unerklärlichen Anwandlungen, daher bes. gern in Fragesätzen. *Was kommt di^{ch} a^n?* S. a. *anfechten.* Mit adv. Zusatz: *Es kommt mich leicht, schwer, hart an,* wie nhd.

a^n-**kotze**^{n} schw.: **1.** *einen a.,* sich an ihn hin erbrechen. – Deutlicher und stärker als *anspeien.* – **2.** zuwider sein. *Des kotzt mi^{ch} a^n.*

a^n-**künde**^{n} ă̆khę̆ndə; nördl. der Alb ă̆khę̆nə schw.: *einem etwas a.,* ihm einen Auftrag geben und zwar angelegentlich; auch: eröffnen, einen vorladen. – a^{n}k ü n d i g e^n dass., doch seltener.

a^n-**lange**^{n} schw.: **1.** angreifen, anfassen. – **2.** eintreffen, ankommen.

a^n-**lasse**^{n} st.: **1.** trans. a. beginnen, anheben. – Insbesondere in techn. Bedd. α) einen See odgl. *a.,* mit Wasser vollaufen lassen. β) die Stimme *a.,* stark singen; die Orgel *a.,* mit allen oder starken Registern spielen. γ) den Teig *a.,* den Sauerteig ins Mehl tun, Vorteig machen. Syn. *heflen.* – b. mit präd. Bed. von „an": die Kleider, Schuhe odgl. *a.* (sich oder einem andern), am Leib lassen, nicht ausziehen. – **2.** refl.: *sich so oder so a.,* diese oder jene Meinung von sich erwecken, wie nhd. Eine neue Magd *läßt sich gut* oder *schlecht an.* – A n l a ß - t e i g m.: Vorteig.

a^n-**laufe**^{n}, Part. a^{n}g^{e}loffe^n st.: i n t r. **1.** *einem a.,* in den Weg kommen. – **2.** irgendwo anstoßen, z. B. im Dunkeln den Kopf anstoßen. Übtr.: übel ankommen. Syn. *angehen,* auch *ankommen.* Namentlich auch: *einen a. lassen,* belügen, prellen, in Not oder Gefahr bringen. – **3.** sich mit einer dünnen Schicht Feuchtigkeit, Farbe odgl. überziehen, bes. häufig im Perf. *Die Brille läuft an* beschlägt sich mit Wasserdampf. *Die Fenster sind* (wenn es außen kalt, innen warm ist) *angelaufen. Etwas Eingemachtes ist a.* hat sich mit Schimmel bedeckt, ist oberflächlich faul geworden. Eisen, das in die Hitze gebracht wird, *läuft blau, gelb* usw. *an.* Übtr. *einen blau a. lassen* belügen, betrügen. – **4.** vom ersten Rindern einer Kalbel. – **5.** von einer sich summierenden Schuld, Aussage odgl. – **6.** refl. sich belaufen (= 5.).

a^n-**läute**^{n}, Part. a^{n}g^{e}litte^n st.: *einem a.,* seine Hausklingel betätigen, um ihn abzuholen; telephonieren, anrufen.

a^n-**lege**^{n} schw.: **1.** physisch: etwas an etwas legen. Insbes. a. vom Anlegen der Kleider. – b. in andern Verwendungen. – Einem Hunde das Halsband *a.* – *Hand a.,* wie nhd. – *Bei dem legt's a^n* [scil. Fett], er wird dick, legt zu; Syn. *anschlagen.* – Einen Garten oder dgl. *a.,* wie nhd. – **2.** übtr. a. planen, anordnen, verabreden. Nam. in der Wendung: *Er legts drauf a^n* zielt darauf ab; *Auf das ists angelegt gwe^{sen}* das war die Absicht, der Zweck. – b. von planmäßiger Festsetzung einer Steuer, z. B. *I^{ch} bi^n hoch (z'hoch) a^{n}glegt* mit Steuern, Arbeit o. a. – c. Geld und Gut

anlegen, so und so nutzbringend verwenden, z. B., wie nhd., auf Zinsen.

a^n-**leime**^{n} schw.: mit Leim ankleben.

a^n-**leine**^{n} – -õẽ-, -õā-, -ă̆- – schw.: etwas anlehnen. – Refl. *si^{ch} a.,* sich a.

a^n-**lerne**^{n} schw.: *einem* oder *einen etwas a.,* es ihn lehren, namentlich vom Anstiften zu bösen Streichen. – Anm.: *Lernen* für *lehren.*

A^n-**lige**^{n} n.: Anliegen, Wunsch, Bitte.

a^n-**lige**^{n} st.: **1.** an einen andern mit einer Liegenschaft angrenzen, sein *Anliger* sein. – **2.** *mit einem an, bei etwas a.,* mit ihm Teil haben; ein solcher Teilhaber heißt *Anliger.* Geläufiger ist *anstehen.* – **3.** *einem a.,* einen bedrängen. a. ihn angehen, interessieren, auf ihm liegen (vgl. *aufligen*). Hieher bes. auch der verbreitete adj. Gebrauch des Part. *angelegen sein. Sich etwas a. sein lassen.* – b. ihn angelegentlich bitten. *Er leit mir alleweil a^n, i^{ch} soll^e* usw.

A n l i g e r s. *anligen* 1. u. 2.

a n l o i n e n s. *anleinen.*

a^n-**luge**^{n} ăluəgə schw.: anschauen, betrachten OSCHW.

a^n-**mache**^{n} schw.: **1.** mit sachl. Obj. a. befestigen, festmachen. – b. Feuer, Licht *a.,* anzünden. – c. etwas bereiten, was durch Mischung verschiedener Substanzen hergestellt werden muß. *Futter a.,* Heu und Stroh zum Viehfutter mischen. *Salat a.; Brotteig a.; Wein a.,* pantschen; u. ä. – **2.** mit pers. Obj. a. belügen, hinters Licht führen, meist in der harmloseren Bed. „anführen", einem etwas weis machen; nicht selten auch mit dem Zweck des Fürchtenmachens. – b. zu etwas reizen, locken. Oft mit dem Nebenbegriff der Verführung zu etwas Unerlaubtem oder Törichtem. *Mach mi^{ch} net a^n* suche mich nicht zu überreden. *Er will mi^{ch} a.,* i^{ch} soll mittu^n. Aber auch ohne diesen Begriff. *Du machst mi^{ch} a^n mit dei^{ne}m Rettich* erweckst in mir die Lust, auch einen zu essen. *Die Bire^n mache^{n}t ihn a^n* locken ihn, sie zu essen.

a^n-**male**^{n} -ǭ-, -au- schw.: bemalen, z. B. einen Bilderbogen kolorieren; aber auch, wie *malen,* vom bloßen Zeichnen: *Mal des Blatt Papier a^n* zeichne drauf.

a n m ä r g e l i c h s. *annamärgelich.*

a^n-**maule**^{n} ăməulə schw.: *einen a.,* grobe, patzige Reden an ihn halten OSCHW.

a^n-**mau^{n}ze**^{n} schw.: anjammern.

a^n-**merke**^{n} – ę̨, bis ins *i* – schw.: nur in der Verb. *einem etwas a.,* an ihm bemerken.

Anna: **1.** der weibliche Taufname, als Name der Mutter der Jgfr. Maria sehr beliebt und in zahlreichen Verbb. mit anderen Taufnamen, meist an erster Stelle. Formen: in gebildeter Rede ānā, mal. ān, ānə, ānę; Demin. ānəlę n. allg., ę̄nəlę n. BAIRSCHW., ānl f., āndl f.; năne BAIRSCHW., nă̆ne, nę̆nę – Häufiger Name von

Glocken, allein oder mit *Susanna.* Schreckensschrei: *Jesus, Mareia und S. Anna!* Oschw. – St. Anna wird angerufen gegen das Auflaufen des Viehs, sowie gegen Gewitter; überhaupt ist ihr Tag, 26. Juli, zur Landwirtschaft in Beziehung gesetzt. *Wann's an S. A. schön Wetter ist, na^{ch} därfe^nt d' Müller und d' Becke^n zum Wei^n,* weil dann die Ernte gut wird. Wenn die Ameisen am A.-Tag höhere Häufen aufwerfen, gibts einen strengen Winter.

annamärgelich *ănəmęrgəliχ, ămęrg.,* beides in ganz Altwürtt., daneben annamareilich *ănəmrəiliχ* Adj.: zierlich, demütig, zimpferlich, sanft-zutraulich; meist tadelnd von heuchlerischer Kopfhängerei, Süßlichkeit, fader Unterwürfigkeit, affektiert langsamem Reden. In diesen Bedd. allgem. nördl. der Alb. Meist von Frauen. – S. *Anna Maria* 2.

Anna Maria: **1.** weiblicher Doppel-Taufname; die häufigste Verbindung des Namens *Anna,* weil sie an erster Stelle die Mutter der Jgfr. Maria, an zweiter sie selbst nennt. – **2.** in der als Name nicht gebr. Form *Annəmärgl* Gattungsname: altkluge Weibsperson; *annamärgelich.*

a^n-neme^n st.: annehmen. **1.** transitiv. a. wie nhd., entgegennehmen, im Gegensatz zum Zurückweisen, Verwerfen. *Geduldig a. was kommt.* – b. von Stoffen wird gesagt, daß sie einander *a.,* z. B. ein Zeug die Farbe, das Papier die Tinte. Von Tieren beiderlei Geschlechts heißt's, sie *nehmen einander an,* lassen einander zur Paarung zu; ebenso von Bursch und Mädchen; aber auch allgemeiner: sich aneinander gewöhnen, von Kindern oder Erwachsenen. – c. *einen a.,* adoptieren, wie nhd. – **2.** reflexiv, *sich* eines Dings oder einer Person *a.;* statt des Gen. auch *um,* wie nhd., sich kümmern um, Sorge tragen für.

anno *ānǫ ˊ‑, ānə:* das lat. *anno,* im Jahr, vor Jahreszahlen. In der heutigen Mundart ist *anno* (ohne *domini* und ohne *Jahr*) die einzige und nie fehlende Einführung der Jahreszahl: *anno zwölfe.* Für eine unbestimmte Zeit in der Vergangenheit *anno daz'mal,* in der Zukunft *anno Tubak* (⌣).

a^n-pappe^n schw.: ankleben; und zwar seltener faktitiv, dafür *'nanpappen,* gew. intrans.: hängen bleiben durch Ankleben. *Es pappt mir a^n* z. B. das feuchte Hemd. – Vgl. *anbachen.*

a^n-pfurre^n schw.: *einen a.,* anfahren.

a^n-piche^n schw.: ankleben, auch von angebrannten Speisen. S. *pichen.*

a^n-plättle^n schw.: markieren der zu fällenden Waldbäume.

a^n-popple^n schw.: anlügen, meist scherzhaft.

a^n-pumpe^n schw.: **1.** mit dumpfem Geräusch anstoßen; anklopfen. – **2.** mit pers. Obj.: *einen a.,* von ihm borgen.

a^n-raine^n *ărǫ̈ęnə* schw.: angrenzen.

a^n-ranze^n *ărān(t)sə* schw.: *einen a.,* ihn unpassend zur Rede stellen; insbes. in unbescheidener Weise etwas von ihm fordern.

a^n-rege^n *-ē-* schw.: anrühren, berühren. *Er mag nix a.* ist zu allem zu träge. *Was der a^nregt, hat e^n^e Art.* Den möcht' *i^ch net mit eme Steckele^in a.* Ausdruck höchsten Abscheus. *Er ist schlecht, wo 'n d' Haut a^nregt,* d. h. durch und durch.

a^n-reiße^n *-əi-* st.: einen Riß am Rand eines Bretts, Blechs anbringen als Zeichen zum Sägen, Einschneiden.

a^n-renne^n schw.: **1.** intr., mit Hilfsverb sein = angehen *1 c,* anlaufen *2,* (übel) *ankommen 1 a:* schlechten Erfolg haben, nam. durch Unvorsichtigkeit. *Da bist a^ngrennt* schlimm weggekommen. – **2.** trans. in ders. Bed., z. B. die Nase *a. Er wird d. N. a.* es wird übel für ihn ablaufen.

a^n-richte^n schw.: zurecht machen. mit sachl. Obj. a. insbes. Speisen *a.,* zum Auftragen fertig machen. Übtr. *Ma^n ißt net so heiß, a^ls (wie) ma^n a^nricht't* Tröstung bei gefährlich scheinenden Dingen. – b. mit andern Objekten. Eine Bettstatt ist *angerichtet,* wenn sie zum Gebrauch bereit ist. Ironisch: *Da hast was (Schöns) a^n-g'richt't* angestellt.

a^n-rötle^n *ărȧętlə* schw.: anröteln, zeichnen, etwa ein Stück Holz odgl. – Anm.: Der Rötel, Bolus, war früher gewöhnl. Zeichenmaterial und in den Händen von Zimmerleuten allgemein.

a^n-rucke^n schw.: wie nhd. anrücken. *Nach Simon und Judä (28. Okt.) ruckt der Winter schnell a^n.*

a^n-rufe^n st.: telefonieren.

a^n-sage^n schw.: *einem etwas a.,* ankündigen. Speziell in der Verb. *Trauer a., 's Leid a.,* eine Leiche *a. Ei^nem a.* ihm im Fasching die Sünden und Dummheiten des letzten Jahres auf eine lächerliche Art vorhalten Rottweil.

A^n-satz m.: **1.** Flüssigkeit, welche zum Gären aufgestellt wird, z. B. Liköre odgl. *Ei^nen A. mache^n.* Zu *ansetzen 2.* – **2.** Anlauf zum Springen; übtr. Vorsatz und Anlauf zum Guten. *Ei^nen A. nehme^n.* – **3.** das Angesetzthaben von Früchten. Nach der Obst-, auch Weinblüte: *Der A. wär' schö^n, wenn nu' alles dobe^n bleibt.* Zu *ansetzen 5.*

a^n-saufe^n st.: refl. mit Dat.: sich einen Rausch, Brand, kurz einen *a.*

a^n-schaffe^n schw.: **1.** anschaffen, wie nhd. – **2.** weit mehr idiomatisch = anordnen, bestellen. Speisen und Getränke im Wirtshaus *a.,* bestellen; Illergegend und Bairschw. *Eine Arbeit a.* bestellen.

a^n-scheiße^n *-əi-* st.: **1.** hinscheißen. – **2.** übtr. derben Verweis erteilen.

a^n-schiebe^n st.: **1.** ohne Obj. a. beim Kegelspiel den Anfang machen. Dazu *Anschub.* – b. die

Wiesen *schieben wieder an* werden wieder grün.
– **2.** mit sachl. Obj. etwas in Gang setzen.
a^n-schieße^n st.: **1.** *einen a.*, durch Schuß verwunden; wie nhd. – **2.** das Neujahr, eine Hochzeit, Taufe o. a. Fest *a.*
a^n-schiffe^n schw.: einen oder etwas *a.*, anpissen, gew. *anbrunzen, anseichen.*
a^n-schifte^n schw.: befestigen, anfügen, insbes. zum Zweck der Verlängerung.
a^n-schirre^n schw.: ein Zugtier *a.*, ihm das Geschirr, die Zäumung anlegen. Übtr. sich ankleiden.
a^n-schläufe^n, a^{n}schlaufe^n *-ae- (-ẹ̄-), -ao- (-ọ̄-)* schw.: anziehen, ein Kleid; oder *sich a.* Oschw.
a^n-schliefe^n *ắšliǝfǝ*, Part. *ăgšlọfǝ* st.: anziehen, ein Kleid, oder *sich a.* Wie *anschläufen,* scheint aber mehr nördl. gebraucht. Gleichbed. *einschliefen;* Gegenteil *ausschliefen.*
a^n-schmire^n – *-r-* und *-rb-* – schw.: **1.** bestreichen, beschmieren, besudeln. – **2.** einen *a.*, in üble Lage bringen; insbes. betrügen, übervorteilen, anlügen. Auch: ein Mädchen *a.*, schwängern.
a^n-schnaufe^n schw.: *einen a.*, an ihn hin atmen.
a^n-schnauze^n *-ao-, -ā́ō-,* sonst *-ǝu-* schw.: grob, barsch anfahren.
a^n-schraufe^n schw.: mit einer *Schrauf,* d. i. Schraube, befestigen.
a^n-schreie^n st.: **1.** mit Akk.: *einen a.*, schreiend anreden. *Brauchst mi^{ch} net so a^{n}schreie^n, i^{ch} hör' gut.* – **2.** mit Dativ: *einen a.*, ihm anrufen, um ihn abzuholen.
A^n-schub m.: beim Kegeln das *Anschieben,* der Schub auf das volle Ries; im Gegensatz zum *Stechen,* dem Treffen der einzeln stehenden Kegel. S. *anschieben.*
a^n-schucke^n schw.: anstoßen, durch einen Ruck in Bewegung setzen; so z. B. einen Schlitten, jd. beim Schl. fahren *a.* Übtr.: einem unschlüssigen Menschen zu einem Entschluß verhelfen.
A^n-schuß m.: der Teil des Brotlaibs, der beim Einschießen an einen andern gestoßen wurde und daher keine Rinde bekommen hat. S. a. *Krüstle.*
a^n-schüre^n schw.: Feuer machen, schüren.
anschwanzen s. *abschwanzen.*
a^n-schwätze^n schw.: **1.** *einem etwas a.*, durch vieles Reden und Anpreisen ihm aufschwätzen. Gegenteil *abschwätzen.* – **2.** einen *a.* einen anreden. Meist in Verb. *Schwätz mi net a^n* red mich nicht so dumm an.
a^n-sehe^n st.: **1.** anblicken; Syn. *angucken, anlugen, anschauen.* – **2.** einem etwas *a.*, anmerken. *Dem sieht ma^n's a^n, daß er nimme^r lang lebt* u. ä. – **3.** einen oder etwas *so und so a.*, beurteilen. *Etwas für gut a.* Insbes.: einen *um etwas a.*, genaue *drum a.*, wegen etwas übel betrachten, es ihm verdenken. – **4.** betrachten, beachten. – **5.** aus der vorigen Bed. fließt die des Abschätzens, z. B. einen mit einer Strafe, bes. Polizeistrafe, *a.* *Er ist mit 3 Mark a^{n}g^{e}sehe^n worde^n.*

a^n-seiche^n – *-ǫe-, -ǫǝ-, -ā-* – schw.: **1.** anpissen. Synon. *anbrunzen.* Nicht einmal wert sein, angeseicht zu werden, ist ein ganz bes. verächtlicher Vorwurf. Insbes. *Den seicht kei^n Hund (meh') a^n.* – **2.** vom Biß der Ameisen. *D' A-e^n hont mi^{ch} a^{n}gseicht.*
Anser *ā̃ōsǝr, ǫ̃sǝr* m.: ein Sack zum Umhängen, meist aus Stoff gefertigt; diente zum Mitnehmen des Brots u. a. Eßwaren auf das Feld, aber auch zum Ährenlesen, als Bettelsack, als Hirtentasche, zum Aufbewahren einer Arbeit, als Jagdtasche, als Reisetasche und als Schulsack. Demin. *ā̃ēsǝrlǝ.*
a^n-setze^n schw.: **1.** anspannen, anjochen, auch vorspannen; Gegenteil *aussetzen.* – **2.** eine Flüssigkeit *a.:* zum Gären hinstellen. So: *Essig a.*, die zur Entwicklung der Essiggärung nötigen Substanzen im Essigfaß oder -Kolben vereinigen; Nußlikör odgl. *a.*, gären lassen. Solche Liköre heißen *Ansatz,* s. d. – **3.** einen Termin *a.*, wie nhd. – **4.** Fett, Blüten, Früchte o. ä. *a.* Hieher, mit Weglassung des Obj.: *Der Apfelbaum, Weinstock etc. hat angesetzt,* Früchte nämlich. Subst. *Ansatz.* – **5.** den Hund *a.* = hetzen.
a^n-singe^n st.: **1.** mit Akk., *einen a.*, ihm ein Ständchen mit Gesang bringen. – **2.** mit Dat. d. Pers. und Akk. der Sache: einem ein Fest *a.*, ihm zu diesem Feste (und zwar bei Nacht, wo der Kalendertag beginnt) etwas singen. So kann einem sein Geburts-, kathol. Namenstag angesungen werden; insbes. aber ganz allgem. das Neujahr.
a^n-spanne^n schw.: Pferde *a.*, an den Wagen spannen, auch ohne Obj. Häufigeres Syn. *einspannen;* vom Rindvieh *ansetzen.* Übertr.: angespannt sein, von strenger Berufstätigkeit.
anspännig s. *einspännig.*
A^n-sprach – *ắšprǫχ, -aoχ –* f.: das Ansprechen. **1.** Unterhaltung, in der Verbindung *eine (keine) A. haben,* jemand (niemand) zur Unterhaltung, noch mehr zum gemütlichen und vertraulichen Umgang haben. – **2.** öffentliche, feierliche *A.*, wie nhd.
A^n-stalt, A^{n}g^{e}stalt f.: **1.** Veranstaltung, Einleitung zu etwas. *A. mache^n* zu etwas. Gerne tadelnd, von etwas Unnötigem, Umständlichem. *Mach doch keine so A^{n}stalte^n!* – **2.** euphem. für Geschlechtsteile. *Ma^n hat ihm (ihr) die ganz A. weg (raus) g^{e}schnitte^n.* Vgl. *Gemächt.*
A^n-stand m.: **1.** Schwierigkeit, Hindernis. *Es hat, gibt, leid^{e}t kein^{en} A.* – **2.** wie nhd. Anstand.
a^n-ständig Adj.: was einem ansteht; aber nie in der nhd. Bed., sondern nur = angenehm, was einem genehm geschickt ist. Der Wirt fragt den Gast: *Was ist a.?* = was ist gefällig?
a^n-steche^n *-ǫ-, -ǫǝ-* st.: **1.** ein Faß *a.*, den Wein *a.;* s. a. *Anstich.* – **2.** übtr., *einen a.:* a. wie *anzäpfen,* einen durch Reden reizen, etwas aus ihm herauszulocken suchen. – b. einen (dritten) mit

37

einem anspielenden, stichelnden Ausdruck meinen. – c. unpers. *es sticht mi^{ch} a^n gelüstet mich*. – **3.** besonderer Gebrauch des Part. a^{n}g^e-stoche^n: a. a. *komme^n* in Eile daher kommen. – b. *a.* = angetrunken.

a^n-stecke^n -*ę*- schw.: **1.** einen Strauß udgl., wie nhd. – **2.** anstecken von einer Krankheit, Fäulnis etc., wie nhd. – **3.** ärgern, erzürnen, insbes. von Reden, die einen heimlich wurmen. *I^{ch} muß sage^n, 's hat mi^{ch} a^{n}gsteckt.*

a^n-stehe^n st.: **1.** im Versteck auf jemand lauern. – **2.** *um etwas a.* bitten, sich bewerben. – **3.** *das steht lang an* das dauert noch lange.

a^n-steipere^n *ăštəipərə* schw.: durch Stemmen festmachen, z. B. eine Türe, daß sie nicht aufgeht, ein Haus, daß es nicht einfällt. Insbes. *sich a.* sich dagegen stemmen, *den Fuß, den Arm a.* ebenso. – S. *steipere*.

a^n-stelle^n -*ę*- schw.: **1.** einen *a.:* ihm ein Amt, eine Stellung, *Anstellung* geben. – **2.** *ein Kalb a.* = *einstellen,* es zum Füttern in den Stall eines andern tun. – **3.** etwas *a.,* tun. Eine Festlichkeit *a.* Meist aber im tadelnden Sinn, = *anrichten b. Der hat wieder was schö^{n}s a^{n}g^{e}stellt! Was hast heut a^{n}g^{e}stellt! Etwas a.* etwas Übles *a.,* insbes. von einem Kriminalvergehen. – **4.** refl.: *sich a.,* sich gebärden. *Sich geschickt, ungeschickt zu etwas a.;* vgl. *anstellig.* Auch im Sinne der Unwirklichkeit: *Er stellt sich so dumm a^n.*

a^n-stellig Adj.: wer sich gut *anstellt,* geschickt, brauchbar.

A^n-stich m.: eigentl. das Anstechen eines Fasses, dann aber gew. übertragen auf den ersten Trunk aus dem vollgeschenkten Bierglas. *Prosit A.!*

a^n-stiere^n *ăštiərə* schw.: mit starren Augen anblicken, wie das gebräuchlichere *anglotzen.*

A^n-stoß m.: etwas, was anstößt, der Ort, wo etwas anstößt. a. Anbau an ein Haus. – b. Anschnitt vom Brot, Stelle, wo ein Laib an den andern angebacken war.

a^n-tape^n *ădǫbə* schw.: mit der *Tape,* Hand, plump anfassen.

a^n-tappe^n *ădabə* schw.: **1.** trans., anfassen, bes. in ungeschickter, plumper Weise. *Mußt du älles a^{n}tappt hau^n?* – **2.** intr., angeführt, betrogen werden: *Der ist a^{n}tappt.* Gewöhnlicher ^{hi}*nantappen.*

antaun s. *antun.*

Anteler s. *Enteler.*

Anton, A n t o n e: der männliche Taufname, fast ausschließlich kathol.; Kurzform T o n e. – Der hl. Antonius von Padua hilft dazu, verlorne Sachen wiederzufinden. An seinem Tag, 13. Juni, soll man Lein (auch Sommerreps) aussäen. – Dagegen ist der hl. Antonius der Einsiedler (17. Jan.) Patron der Schweine.

a^n-torkle^n schw.: unsicher, schwankend einherkommen Oscнw.

a^n-trage^n st., doch auch schw.: **1.** physisch. Das geschnittene Getreide zum Garbenbinden herbeitragen; geschieht durch die A n t r a g e r i n - n e n *ătrāgərnə.* Dürfte im Abgang sein. – **2.** übtr., etwas an einen heranbringen. Einem ein Mädchen zur Ehe *a.,* empfehlen; namentlich auch *sich a.* sich selbst für etwas empfehlen.

Antrech – *ătręχ (ătręəχ), ătrę(ə)χt, ătrę(ə)χtər* im Hauptgebiet; sonst auch: *ătręt; ătręgl; ătraxə; ę̆trix; āētrax; ęntręəx; ęntręəxt* – m.: Enterich, männliche Ente. Synon. *Enteler.*

a^n-treibe^n st.: **1.** durch einen Schlag fest um etwas her treiben, die Reife um das Faß oder den Hut um den Kopf. – **2.** in Bewegung setzen. – **3.** intr., eine Pflanze *treibt an* im Frühjahr.

a^n-tu^n st.: antun. **1.** ankleiden, und zwar bald mit Akk. der Pers., insbes. refl. *si^{ch} a.* und Part. *a^{n}tau^n* angezogen, insbes. schön, kostbar *a.;* bald mit Akk. der Sache: *I^{ch} muß mei^n Sonntighäs a.* odgl. – **2.** das Angezogensein übertr. auf anderes, was zur vollständigen Ausrüstung gehört. *Wenn i^{ch} kei^{n}e Hap' im Sack hau^n, na^{ch} bin i^{ch} net a^{n}tau^n;* eb. auch von Essen und Trinken: *Wenn i^{ch} am morgens kei^{n}en Schnaps hau^n, bin i^{ch} net a.* Ironisch und zugleich übtr.: Part. *a^{n}tau^n* = übel angeführt; *Mit dir bin i^{ch} a.* – **3.** einem andern etwas *a. a. Ehr', Schand' a.,* wie nhd. – b. einen verhexen. – c. refl.: *sich (Dat.) etwas a.,* euphem. für Selbstmord.

a^n-wachse^n st.: **1.** wachsen, zunehmen. – **2.** festwachsen. – *Einem a^{n}g^{e}wa^{ch}se^n sein* unzertrennlich von ihm sein.

a^n-wackle^n schw.: langsam daher gewackelt kommen.

A^n-wand *ăwānd,* Pl. *-ə; ăwānə* NW. f.: **1.** das Ende, die Schmalseite des Ackers, die zum Wenden des Pflugs benutzt wird. – Syn. *Anwander.* – **2.** in schwäb. Tirol bed. *āwànto* auch den nächsten Platz um das Haus herum: *Wieviel hast A.* wieviel Boden hast du um das Haus? – **3.** übtr.: das Ende eines Dings. *Auf der A. sitze^n* auf dem äußersten Platz noch knapp unterkommen. Insbes. aber: *an (auf) der A. sei^n, an (auf) d' A. komme^n* am Rande des finanziellen Ruins stehen. – Anm.: Das Wort kann mit Grimm vom Wenden des Pflugs oder, wenn man das Adv. *an* berücksichtigt, vom Wenden, d. h. Grenzen an den Nachbarn hergeleitet werden.

A^n-wander, A^{n}wänder m.: **1.** = *Anwand 1.* – **2.** übtr., wie *Anwand 3: Er ist auf'm A^{n}wander,* nahe dem Bankrott. – **3.** Gutsnachbar. – **4.** Demin. A^{n}wänderle^{in}: = *Anschuß* am Brot; auch *Krüstle^{in}* oder, weil zuerst angeschnitten, Anschnitt.

A^n-wandlung f.: Sinnesänderung, Laune; plötzlicher Einfall.

anweg s. *weg.*

a^n-weise^n -*əi*-, Part. *a^{n}g^{e}wise^n* st.: einem zu etwas den Befehl, die Anleitung geben, insbes. von der Verleitung zu etwas Üblem.

anwende^n, Part. a^{n}g^{e}wendt schw.: einen oder etwas *a.*, eig. sich darnach hinwenden. **1.** eine Krankheit *wendet* einen *an,* d.h. befällt einen mit den und den Erscheinungen. – **2.** etwas zu gebrauchen anfangen. *Eine neue Flasche a.* anstechen.

A^n-wese^n ãwę̣əsə, -ę̄- n.: der Gesamtbesitz an Gütern, Haus und Hof. Bes. steigernd: *Der hat e^{in} groß A.* u. ä.

a^n-wete^n schw.: **1.** anjochen, das Rindvieh. Gegenteil *abweten.* – **2.** übtr.: den Brotlaib anschneiden.

a^n-wuselig ãwūsələg Adj.: sehr beweglich und lebhaft tätig, *a. werde^n* in eine gereizte Stimmung kommen. – Zu *wuselig* lebhaft, aufgeregt. Vgl. *au^{n}selig.*

a^n-zäle^n schw.: das Abzählen der Mitspielenden bei Kinderspielen. Geschieht unter rhythmischem Vortrag mehr oder weniger sinnloser Taktreihen: *Eins zwei drei, nicke nacke nei, nikke nacke nuß, du bist druß.*

a^n-zäpfe^n -ę̣- schw.: ein Faß anstechen, nhd. anzapfen. Übtr. **1.** wie nhd. schröpfen, „zur Ader lassen" = schädigen. – **2.** wie nhd. „anzapfen": zur Rede stellen, mit Worten reizen, um etwas aus ihm herauszubekommen.

a^n-zettle^n ãtsędlə schw.: **1.** den Zettel auf der Zettelrahme des Webstuhls anheften. – **2.** anspinnen, einfädeln, vom Anstiften von unerlaubten oder schädlichen Handlungen.

anzgen s. *achzen.*

a^n-ziehe^n st.: **1.** phys. a. ein Kleidungsstück *a., sich a.,* wie nhd. – b. an etwas ziehen und es dadurch bewegen oder spannen. *Den Wagen a.,* ihn aus der Ruhestellung in Bewegung bringen – während die weitere Bewegung mit *ziehen* bez. wird. – *Das Kreuz a.* (einziehen) übtr. = bescheiden, unterwürfig werden. – c. die Faßreife antreiben. – **2.** übtr. a. einen zur Verantwortung ziehen, beklagen. – b. zitieren, erwähnen, wie nhd. herbeiziehen. – c. intr., mit haben: α) vom Steigen des Preises. *'s Vieh hat auf'm Markt a^{n}zoge^n.* – β) vom Eintreten kalter Temperatur; insbes. vom Wiedereintritt eines leichten Frostes nach positiven Temperaturen. *Heut Nacht hat's wieder e^n bisle a^{n}zoge^n* ein wenig Frost, Eis gegeben.

A^n-zieher m.: der Schuhlöffel.

anzig – ãntsiχ, -eχ; ãnts; ãntsiger; hãntsiχ; hãnts – Adv.: unterdessen, einstweilen, von der Zukunft. *Wart a., bis i^{ch} komm'. Wart bis a.* bis auf weiteres.

a^n-zwere^n ãtswę̣ərə, an-zwerle^n st. u. schw.: anrühren. Den Teig zu einem Brei bereiten; die Hefe an das Mehl tun; geröstetes Mehl an die Speisen rühren.

ao s. *auch.*

ao- s. *a-, o-, un-.*

aos s. *uns.*

aoscheniert s. *ungescheniert.*

Aosel s. *Unsel.*

aoselig s. *unselig.*

aoser s. *unser.*

Aoser s. *Anser.*

aosgen s. *achzen.*

aparte ᴗᴗᴗ abãrdę̣ N., abãde, abãde S. SW., aphãde, Nebenformen abãdle, bãdle Adv.: besonders. *I^{ch} hau^n's ihm no^{ch} a. g'sait* erst noch, extra noch. *Der möcht' etwas a. hau^n.* Am häufigsten in der Bed.: insbesondere, namentlich. Häufig mit nachf. „wenn": *'S ist e^{ine} härte Zeit, a. wenn ma^n Schulde^n hat.*

apartig abã(r)tig ᴗᴗᴗ Adj.: eigentümlich, besonders; namentlich von Menschen: sonderbar, wunderlich; aber auch etwas *a. legen* für sich, abgesondert.

Äpfel – ępfl, Sg. und Pl. gleich – m.: Apfel.

Äpfel-butze^n m.: das Kernhaus des Apfels.

Äpfel-haute^n ępflhəudę̣ f.: Apfelschale.

Äpfel-hurd^e ępflhŭ(r)d f.: aus Lattenwerk gefertigter Kasten zum Aufbewahren von Äpfeln.

Äpfel-krapfe^n m.: Gebäck mit Äpfeln.

Äpfel-kuche^n m., -küchle^{in} n.: Backwerk mit Äpfeln.

Äpfel-kunz -khãōts, -khuəntsə m.: Apfelgebackenes.

Äpfel-most m.: gegorenes Getränk aus Äpfeln.

Äpfel-mus ępflmuəs n.: Apfelmus, -brei.

Äpfel-schelfez -šę̣lfəts f.: Apfelschale.

Äpfel-zeltes Pl.: Äpfel- und Birnenzeltes, besseres Brot mit dünngesäten Ä. oder Birnenschnitzen.

apotekerle^n schw.: nach Apotheke riechen.

Appel f.: schmutziges Weib. – Von Apollonia.

Appell abę̣l ᴗ´ m.: nur in den allgem. üblichen Verbb.: *A. habe^n* (vor einem, vor etwas) Furcht, respektvolle Scheu haben; *A. gebe^n* auf eine Anregung von außen reagieren; erstere Wendung nur in pos., letztere meist in neg. Satz: *keinen A. g.*

apperlausig ãbərləuseg; ãmərləusəg; ãmbrləusę̄ŋ Adj.: eigensinnig, wunderlich; einfältig, schüchtern; interessiert, profitlich; abergläubisch.

Aprille^n(-blum^e) abrẹlə- f.: weiße A. Busch-Windröschen, Anemone nemorosa L. Gelbe A. Gelbes Windröschen, Anemone ranunculoides L.

Aprille^n-butz, Pl. -e^n m.: Leichte Gewitter mit Schneegestöber, Graupeln usw. im April, bes. im Pl.

Aprille^n-glöckle^{in} n.: Maiglöckchen, Convallaria majalis L.

Aprille^n-narr m.: so wird derjenige genannt, der sich in den April hat schicken lassen.

Aprille^n-stern m.: Schneeglöckchen, Galanthus nivalis L. und Leucojum vernum L., 111. – Syn.: *Stern; Märzen-blume, -glöcklein; Schnee-gl., -tröpflein.*

Aprille^n-wetter n.: als wechselvoll verrufen. *Sein wie A.*, launisch, charakterlos sein.

apropo ´◡‿ *abrəbō, abərbǫ, abribǫ:* das franz. *à propos.* **1.** Adv. = notabene, wohl verstanden!; vor einem Zusatz, der die Sache noch gewichtiger erscheinen läßt: *Ich bin trotz der Kälte verreist; a., es hat 20 Grad gehabt* odgl. – **2.** häufiger Subst. m.: besonderer Umstand, Hindernis, Schwierigkeit. *Das ist ein anderer A.! Die Sache hat einen A.*, einen Haken.

Arbe^it – *ārbət ; ę̄rwət* NW. FRK.; sonst *ărbət* – Pl. e^n, f.: Arbeit. **1.** Anstrengung, Mühe, Not. *Des ist e^in^e A.* eine Mühe, Not, ein Elend: *D. ist e. A. mit dem kranke^n Ma^nn. Des kost't A.* Auch von unnötiger Geschäftigkeit: *e^in^e A. hau^n* unnütz Aufhebens machen. – **2.** Tätigkeit, wie nhd. – **3.** medizinisch bez. *A.* Krankheiten, die mit heftigen Bewegungen verbunden sind. a. Geburtsarbeit. – b. Schüttelkrämpfe; besonders aber von den *Gichtern* der Säuglinge. Hiefür auch nam. das Demin. *Ärbetle^in* Plur.

arbeite^n schw.: Im nhd. Sinn ist das Wort bei uns zwar als Schriftwort bekannt, aber idiomatisch kaum üblich; dafür *schaffen.*

Arbeiter m.: wie das Verb *arbeiten* ist auch dieses Wort bei uns bekannt, aber nicht populär; es wird, soweit es Stand und Verwendung des *A.* bez. solltet, etwa durch *Leute Arbeitsleute* (oder *Leute schlechtweg*) u.ä. ersetzt, für die Leistung durch *Schäffer: Er ist ein guter, tüchtiger Sch.*

äre^n, are^n *ę̄rə* schw.: ackern, pflügen. Und zwar bez. das Wort das dritte Pflügen (Syn. *ackeren*) unmittelbar vor der Saat, während das erste und zweite A. *brachen, falgen* heißt. BOD.

Arfel *ărfl* N., *ārfl* S., auch *arpfl* m.; Demin. *ę̆rfəlę̆* n.: **1.** ein Arm voll, was in den gekrümmten Arm (dafür bes. das Demin.) oder in beide ausgebreitete Arme hinein geht. Allgem. von den verschiedensten Lasten: Holz, Heu, Getreide usw. – Auch von großen, dicken Menschen, bes. Frauen, auch gedeihlichen Kindern. – **2.** Arm; nur FRK.

arg – *ārg* S., *ārəg* RIES, *ǭriχ* FRK., *ărχ ăriχ* NW., sonst *ărg ărəg;* Kompar. Superl. *ī-, iə-* OSCHW., sonst *ę̆ –:* I. Adjektiv. **1.** von Menschen, menschlichen Handlungen oder menschlich gedachten Wesen: arg auch im Üblen tut, boshaft, neidisch u.ä. – *Ein arger Kerl, Gesell* o.ä. von einem, der es gar zu toll treibt, die Leute nicht in Ruhe läßt, z.B. *Des ist e^in ganz arger.* – **2.** von Sachen. Wie 1. von Dingen, die üble Wirkung haben, Schmerz, Schaden verursachen udgl. *Ein arges Gewitter, eine arge Kälte, ein arger Streich; arge Angst haben* u.ä., bis zu bloßer Bed. der Steigerung, doch nur bei Dingen, die

etwas Übles bezeichnen. Ohne Subst.: *einen argen haben*, nämlich Rausch. *Das ist arg* allg. Ausdruck des Bedauerns. *Das ist doch zu arg, gar z' arg* des Tadels; ebenso *'s ist arg mit dir, ihm* usw. von einem Unverbesserlichen, *'s ist mir, ihm* odgl. *arg*, verstärkt *grausig* a., *fürchtig a. o.ä.*, allg. Ausdruck des Bedauerns oder der Reue. – II. Adverb. Zunächst in konkreter Bed. = I. 2.: *Arg tu^n; Tu nu^n net so arg* stelle dich nicht so ungebärdig, so übel an. Dann aber bei Verben und noch mehr bei Adjj. oder Advv. als bloßer steigernder Zusatz. Die üble Grundbed. kann noch gefunden werden in Fällen wie: *Sich arg plagen; die Speise ist arg heiß; es regnet arg.* Aber auch ganz indifferent: *arg viel* o.ä. Und ganz geläufig auch in günstigem Zusammenhang: *arg schön, arg gut, arg reich, arg brav, einen arg gern haben* – Das zur Steigerung vor ein Adj. gesetzte *arg* wird oft mitflektiert: *Des ist e^in arger guter Ma^n, e^in args guts Brod.*

Ärget s. *Egert.*

Arm-krätte^n m.: Armkorb. Syn. *Armkrätze, Armkrebe.* Vgl. das Simpl. *Krätten.* – Demin. *Armkrättle^in.*

Arm-krätz^e f.: Armkorb. Syn. *Armkrätten, Armkrebe.*

Arm-krebe m.: Armkorb. Syn. *Armkrätten, Armkrätze.* – Vgl. das Simpl. *Krebe.*

ärmlich Adj. Adv.: in jetziger MA. nur mit dem Begr. des Widrigen. Von unangenehmem, fadem Geschmack einer Speise. Besonders aber von Menschen: kleinlich, fad, übelnehmend. *Sei ^net ärmlich* benimm dich nicht so kleinlich udgl. *Ein ärmliches Geschwätz.* Immer liegt die Bed. des armen, kleinen, daher witzlosen, ungelenken, unfreien, empfindlichen Menschen zu Grund. Verstärkt *kreuzärmlich.*

Arm-schmalz n.: Kraft der Arme. *Da g'hört A. her ('na^n, darzu).*

arms-dick Adj.: so dick wie ein Arm. Übtr.: *Da kommt s.a. mit Lugene^n.*

Armutei *ărmədəi* ◡◡´ f.: in älterer Sprache einfach = Armut. Modern mehr armes Leben, ärmliches Wesen, auch Knickerei. *Bei dem ist d' A. daheim. Da ist alleweil so e^in^e A.* u.ä.

armutselig *armətsę̄lig* Adj.: armselig, elend, gebrechlich.

aromen s. *abraumen.*

Aromete s. *Abraumete.*

Aron *ārāǭ* ´◡- m.: die Pflanze Arum maculatum L. Synon.: Aron(s)blume ALB, Aron(s)kindle^in, Aronswurz, -stab; *Judenkindlein, Pfaffenkindlein, Magenwurzel, Russerle.*

Arpfel s. *Arfel.*

Arsch *ārš*, um ob. Neckar, mittl. Donau, Iller und Wertach *āš, ǭrš* FRK.; Pl. *ę̄(r)š* m.: **1.** der Hintere Syn. *Füdle*, feiner *Hintere, Popo.* Einem *de^in^e A. voll schla^gen, haue^n.* – Zahlreiche RAA. Durch

viele Sprachen geht die schon uralte Aufforde-
rung, einen *im A. zu lecken.* Auf die Einladung
L. m. i. A. folgt wohl die Antw.: *'s ka^{nn} net sei^n,
ich hau^{n}s scho^n 're andere^n Sau versproche^n.* Der
hat no^{ch} den Ring am A. ist noch nicht hinter den
Ohren trocken; gewiß von dem Ring, den das
oft sehr lange während Sitzen auf dem Nacht-
topf bei kleinen Kindern eindrückt. *Wefzge^n im
A. habe^n* unruhig, aufgeregt sein. *I^{ch} schla^{ge} dir
's Hirn zum A. 'naus* Drohung. Einem *in A.
'nei^{n}schlupfe^n* vor lauter Devotion. Von einem
Toten: *Dem ist der A. zug'schnappet;* oder *Jetzt
hat der A. Feierabe^{n}d.* – **2.** das stumpfe Ende
gewisser Gegenstände; opp. *Spitz* (was auch =
Penis). a. das stumpfere Ende eines Eies. Die
Kinder spielen *Spitz* und *A.,* indem sie ihre Eier
zuerst mit dem spitzeren, dann mit dem stum-
pferen Ende gegeneinander stoßen, bis eins da-
von bricht. – b. Nadelöhr. – c. Durchmesser des
untersten Teils eines Stammes. – d. der den
Ähren entgegengesetzte Teil der Garbe. – **3.**
starkes Schimpfwort. Vgl. *-loch 2.*

Arsch-backe^n m.: Hinterbacke, meist im Plur. –
Arschbacke^n-g^{e}sicht n.: spöttisch für ein
breites, fettes Antlitz.

arsch-klar Adj.: völlig klar OSCHW.

Arsch-krot^e *ăršk$r\ot$* f.: wie das einfache *Krot^e*
„Kröte" und die Zss. *Hanfkrot^e, Lauskrot^e* bald
härtere Schelte bald humoristische Bez. eines
kleinen, aber beweglichen, oft auch vorlauten
Knirpses, Kindes, Mädchens.

Arsch-lecker m.: wer bereit ist, einem andern so-
gar den Arsch zu lecken, gemeiner Schmeichler;
Arschleckerei f.

ärschlinge^n, ärschling(s); *ăšlēŋə* Adv.: **1.** mit
dem Arsch voran, rückwärts. Spez. von einem
Stamm, der mit dem dicken statt mit dem dün-
nen Ende nach vorne sieht Sww.; *ein Stamm
liegt ä.* liegt verkehrt.

Arsch-loch n.: **1.** After. – **2.** Schelte für einen
dummen Menschen.

ärtele^n schw.: in die Art schlagen, einem Vorfah-
ren nachschlagen, vererben.

artlich – *āt-* und nördl. OSCHW., *\ort-* FRK.
RIES, sonst *ärt-; năt-; -lę* ALB. OSCHW., *-lĭ* FRK.,
-lěŋ RIES, sonst *-liχ, -lěχ,* auch *-lěk* – Adj. und
Adv.: was eine (besondere) Art hat. Von Din-
gen: eigentümlich, ungewöhnlich, auffallend,
z.B. Kleidung, Geruch oder Geschmack einer
Speise; besonders im tadelnden Sinn; geradezu
= unangenehm, widerwärtig. Von Personen:
wunderlich, launisch, eigensinnig, mißtrauisch,
empfindlich, bis zur Halbverrücktheit. *E^{i}n a.
Kerl, Bursch, Gast* usw. *A. tu^n* sich sonderbar
benehmen; vgl. *absonderlich.* Von Empfindung
eines außergewöhnlichen, bangen Zustands,
Vorgefühl einer Krankheit.

As – *\os* (FRK. *\os, \os,* wohl auch *oas*), *oas* O., *aus*

BAAR; Plur. mit und ohne Umlaut – n. **1.** Kada-
ver, insbesondere sofern er stinkt. *Stinke^n wie
e^{i}n A.* – **2.** übtr. von einem schlechten Men-
schen, wie *Kaib, Luder,* Schelm; vgl. *Schindas.*
Besonders beliebt ist der Ausdruck für weibli-
che Personen, was noch mehr für *Luder* gilt.
as s. *als* und *daß.*

Äsch^e I – *ĕš,* meist aber die Form *ĕšə* auch im Nom.
– f.: Asche.

Äsche II s. *Erbse.*

äsche^n-grau Adj.: aschgrau.

äschere^n schw.: mit Asche bestreuen.

ase s. *als* u. *also.*

asele^n *\osələ* schw.: nach Aas, *As 1,* schmecken
oder riechen.

äse^n *ĕsə; ērsə* schw.: = *ätzen,* vor allem von jungen
Vögeln, auch vom Mastvieh.

Aser s. *Anser.*

Asp^e *ašp,* Pl. -e^n f.: Espe, Populus tremula L. Syn.
Zitteraspe, Papierholz.

aspe^n *ašpę,* espe^n *ęšpę* Adj.: zur Espe gehörig.
Insbes. vom Holz.

ässig *ęsig* und essig *ęəsig* Adj.: **1.** passiv, was
gegessen wird, zum Essen tauglich ist. – S. *essig.*
– **2.** aktiv, wer ißt.

Ast, häufiger Nast, *(n)ašt,* Plur. *(n)ęšt,* aber De-
min. *nęštlę; ā-* NO. O., sonst *ă-* m.: Ast. Die
Formen mit *n-* sind schon alt. *Für (auf) einen
groben A. gehört eine grobe (scharfe) Axt. Er hat
e^{i}n^{en} A.* ist etwas verrückt (wie auch *Sparren,
Hieb, Streich* gebraucht sind) OSCHW. – Anm.:
Das *n-* stammt aus falscher Wortabteilung: *ein,
den* usw. *Ast.*

aste^n schw.: gefällte Bäume entasten ALLG.

Aster I, Naster m.: langes, vorne gebogenes
Hackmesser zum Abhauen von Ästen und Rei-
sig OSCHW.

Aster II, Plur. ebenso, f.: **1.** Garten- oder Som-
meraster Callistephus chinensis (L.) Nees. – **2.**
Winteraster Chrysanthemum indicum L. – **3.**
Wilde Aster, die einheimische Pflanze, Aster
amellus L.

astig, nastig *a-; ę-* Adj.: ästig. Übtr. rauh, klobig.

ästimiere^n *ęštəmiərə* schw.: achten, beach-
ten. Hoch achten, in Ansehen halten. Etwas *ä.,*
hohen Preis dafür fordern. – Anm.: Das Fremd-
wort ist, seis aus dem Lat. oder Franz., bei uns
ganz allgem. geworden. Auch ästimabel und
Ästimation kommen vor.

Ät n.: Unkraut OSCHW. Eigentlich die Handlung
des *Ätens,* Ausjätens: *i^{ch} gang in's Ät.*

Atem – *\otəm \otə, n\otə(m); autəm* SW. BAAR;
aotə(m) O.; *\ot., n\ot* – m.: Atem.

äte^n *ęatə; ęartə; jätə* schw.: jäten, Unkraut aus den
Äckern entfernen. – S. a. *Ät, Geät.*

Ater *autr* BAAR; *aotr* O. sonst *\otr;* daneben seltener
naotr n\otr; Pl. -e^n f.: Schlange, Otter und Nat-
ter. Für alle bei uns lebenden Schlangen. –

Anm.: *Ater* ist aber nur anlautsloses älteres *Nater;* nhd. *Otter* und *Natter* ein und dasselbe Wort. Dagegen ist *Otter* = Fischotter ganz verschieden.

aterig ǭtǝręg Adj.: hastig, schnell, eilig. – Anm.: Von den raschen Bewegungen der Schlangen hergenommen.

ätsch ętš: Interjektion der Schadenfreude, auch gern mit der Gebärde des Rübchenschabens begleitet. Nebenformen: *ätschi, ätschele.* Besonders beliebt die Verb. *ätsch Gäbele!; G.* bez. die ausgestreckten Finger der einen Hand, über welche mit dem Zeigfinger der andern gestrichen wird. – S. a. *ägsch.*

Attak, A t t a k t m.: Streitigkeit. *Was hast denn mit dem für* ⁱⁿ*en A.* g'he^b*t? – Frz. attaque.*

Ätte – ętę, ęti; nętę; ęt; ata; atę; datę, dati; dętę Oschw., *dādę* Frk.; *daetǝ* – m.: **1.** Vater. Es stehen sich parallel *A.* und *Amm^e* (Mutter), wie *Vater* und *Mutter.* Der Ausdruck gehört urspr. der Kindersprache an. – **2.** *Datte.* Hieher etwa die Komposs.: *Hunds-, Katzen-, Immen-Datte,* für Liebhaber solcher Tiere, ebenso *Armen-Datte* Armenvater.

Attich m.: auch Stinkattich, Zwergholunder, Sambucus ebulus L.

atz ǎts mit ganz kurzem, auch wohl stimmlosem *a* und energischem *s; ǎtsę, ǎtsǐ, hǎtsǐ:* Nachahmung des Niesens, üblich gegenüber von Kindern, wenn sie niesen oder niesen sollen *(mach a.)* oder wenn sie einem Blumen zum Dranriechen zeigen.

Atz ǭts, ęts m.: Futter, Fütterung. Jetzt speziell der Vögel, insbes. der jungen.

ätzeⁿ aitsǝ SW. Baar, sonst ętsǝ schw.: ätzen, insbes. vom Füttern der jungen Vögel, wie nhd.

Au –ao; ǝu ǫu s. Oschw., *aob* oberer Neckar Don. Sww., *ǫub* Baar, *āb* Frk.; Plur. -eⁿ – f.: ein Land am oder im Wasser, Insel, Halbinsel, Uferland, niedrig gelegene, fette Wiese. Seit 16. Jahrhundert nur noch O r t s n a m e. Als solcher außerordentlich häufig, auch schon früh für menschliche Wohnsitze, meist mit Zusätzen (wie *Reichenau, Weissenau*), die im Verkehr der Gegend meist weggelassen werden.

au: Interj. **1.** ohne Nasalierung ǝu: Ausruf des Schmerzes, namentlich eines heftigen, aber momentanen; aber auch der Verwunderung und Bewunderung. *Au was!* oder *au* allein mit gedehntem *u: ǝū!:* Verwunderung: *Au weh (waih)!* Schmerz, bes. dessen, der Schläge bekommt. – **2.** nasaliert āǫ: Bedauern, Ungeduld, Verwunderung.

au s. *auch.*

au- s. *a-, o-, un-.*

Auä(r)der s. *Auwerder.*

Auben (Nacken) s. *Nauen.*

Auber aobǝr m.: Storch, s. *Aiber.*

Aubes, A u w e s : kleine Pflaumen.

Aubill s. *Unbill.*

au^ch ao; au *(ǝu, ǫu)* Baar. südl. Oschw. Allg., ǭ nö. Schwab., ā Frk. und unt. Neck. n. der Enz: auch. – Ein paar Besonderheiten des Gebrauchs sind zu bemerken. **1.** die Partikel hat den Hauptakzent des Satzes. *So, du bist a. da?* Daher in volkst. Höflichkeitswendungen, welche entweder die Erwiderung einer Höflichkeit ausdrücken: *I^ch wünsch' au^ch so viel* d. h. erwidere deinen Wunsch; oder eine Gemeinschaft des Redenden und Angeredeten ausdrücken: *Gehts a. 'naus? Gehts a. daher? Kommet ihr a. da 'rauf? Sind ihr a. da hobe*ⁿ*, hunte*ⁿ o. ä.? Auch bei Hinzufügung eines ganzen Satzes: *Dei*ⁿ *Haus ist a u^ch ei*ⁿ*g'falle*ⁿ, auch wo es sich nicht um das Einfallen anderer Häuser handelt. Oft kann eine solche Mitteilung mit *a.* geradezu eine Rede eröffnen: *Wisse*ⁿ*t sie scho*ⁿ*? Der N. N. ist a u^ch g'storbe*ⁿ, in wichtigem Tone gesagt. – Gleich nhd. „sogar" ist *a.* in den Wendungen: *Au^ch voll!* = „auch das noch!" Überraschung, bes. Entrüstung, Abweisung einer Zumutung. *Daß di^ch au^ch no^ch mai* [mehr] Drohung, Verwünschung. – **2.** tonlos. Die MA. vermeidet das vorausgesetzte *a.:* „Auch ich bin da", sondern *I^ch bin a. da* mit akzent. *auch,* wie oben; *Des au^ch no^ch* ᴗᴗ◡! ist idiomatischer als *A. d. n.* ᴗ◡◡, usw. – Ganz allgemein ist tonloses *a.* in Fragen und Befehlen. Fragen werden dadurch verwundert: *Was ist au^ch des?* ᴗᴗᴗ◡ oder inquisitorisch: *Ists a. wahr?* ᴗᴗ◡ Beim Imper. ist *a.* höflich, indem gewissermaßen gebeten wird, man möge früheren Gefälligkeiten noch eine hinzufügen: *O gib m'r a. e*ⁱⁿ *Brod!* Von da aus kann *a.* aber auch ungeduldig mahnend gebraucht werden: *Wie! mach a.!,* indem das sonst höfliche Formel das Kategorische der Aufforderung sozus. ironisch verstärkt. Etwas anders und näher der urspr. Bed. ist *a.* beim Imper., wo verwundert auf etwas aufmerksam gemacht wird: *Guck a.! Lug a.! Los a. da 'na*ⁿ höre nur, was der sagt.

Auchert s. *Auchtert.*

Aucht ǝuχt; ūχt ob. Neckar, Baar, s. Oschw.; Pl. -eⁿ f.: Nachtweide.

Auchtert m.: Weideplatz, = *Aucht.*

auchzen s. *achzen.*

Audaile s. *ai.*

Aueder s. *Auwerder.*

Auerder s. *Auwerder.*

Auetter s. *Auwerder.*

auf: Adv. und Präp. auf. – I. L a u t f o r m . Der alte einfache Vokal *u* ist sowohl in betonter Stellung (Adv. und sog. unechte Verbal-Kompos.) als in unbetonter (Präp.) allgem. w. der Linie Creglingen – Crailsh. – Gaildorf – Schorndorf – Filsmündung – Tübingen – Sigmaringen – Ravensburg – Immenstadt; dabei ist *u* im N. öfters lang, ebenso in den s. Gegenden, welche die Diphthongierung von *û* überhaupt nicht haben, im Hauptgebiet dagegen *ŭf*. Im O. jener Linie betont *əuf*; unbetont *ŭf*, Ries *ŏf*; je mehr nach O., umsomehr auch in unbetonter Stellung *əuf* üblich. – II. Gebrauch. A. Adverb. **1.** prädikativ: *auf sein, werden, bleiben.* a. *auf sein* außerhalb des Bettes, aufgestanden sein. Gewöhnlicher Morgengruß: *(Bist, Sind ihr) au^{ch} scho^n a.?* worauf als Antw. erfolgt: *Ja, du au^{ch}?* Abends ist man *no^{ch} a.;* man *bleibt a.* bis zu der und der Zeit. Im N. dafür auch *ŏf* und sogar *ŏfə*, in Anlehnung an *offen*, s. u. Hieher: *Wohl auf sein* gesund sein; auch übtr.: bei guter Laune, heiter. – b. *auf sein, machen* usw. = offen sein usw. Die Tür, das Fenster *ist a.,* doch häufiger *offen.* In der Form *ŏf* können beide Wörter zusammentreffen und verwechselt werden, s. o. Auch im Sinne der Bewegung: Die Tür *ist auf,* d. h. aufgegangen. – c. *a. werde^n* aufgebracht werden. – **2.** als adverb. Zusatz oder als prädikatives Attribut in zahlreichen trennbaren Verbalkompositionen; s. diese im einzelnen. – **3.** Interjektion. *Auf!* wie nhd. – B. Präposition. **1.** mit Dativ. Die Verwendung geht vom rein Lokalen unmerklich in andere Bedd. über, so daß doch die lokale Vorstellung immer noch erkennbar ist. *Auf dem Boden, Tisch, Stuhl* udgl. Bei Fl.N. *auf'm Auchtert, a. der G'mei^nd, auf Weil* u. ä. *A. der Höhe (ŭf dər hęə)* aufgestanden vom Krankenbett. *Auf dem Berg, Land, Dorf,* aber „in" der Stadt. *Auf der Straße, dem Markt, Rathaus, Oberamt, Gericht, Steueramt,* überh. bei Ämtern; aber „im" Haus, „in" der Kirche. *Auf der Welt.* – Von Belastung eines lebenden Wesens, Körperteils: *Auf dem Arm, Kopf, Knie, der Achsel.* Von großer Nähe, die als Druck empfunden wird: *Er steht ganz auf einem droben* u. ä. *Auf einem Ohr nichts hören, auf beiden Augen blind sein. Er hat's auf der Brust* leidet an Brustbeschwerden; aber *am, im Magen* usw. – *Einen auf der Muck^e haben* es auf ihn abgesehen haben. *Auf dem Sprung* irgendwo hin sein. *Auf der Messe, der Reise, dem Weg. Auf* einem Instrument spielen. Das und das *hat viel, wenig auf ihm* [sich]. Ich lasse etwas nicht *auf mir sitzen.* – **2.** mit Akkusativ. a. von oben her auf etwas hin. *Einen auf den Kopf,* und die *Finger hauen.* Von drückender Nähe: *Stand net so viel mi^{ch} nauf!* – b. auf etwas als Grundlage. *Auf etwas bauen, sich verlassen. Viel* oder *wenig auf einen, etwas geben* großes Gewicht drauf legen (dagegen *um* von großem oder geringem Werte). – c. feindselige Bewegung gegen eine Person hin. *Auf ihn, er ist von Ulm!* als Aufforderung zum Zuschlagen; *auf einen bös sein* u. ä. *Des ist auf mi^{ch} g^espitzt* gemünzt. *Auf einen, auf einander ste-*

chen wetteifern. – d. Ziel einer Bewegung. *Auf die Straße, das Rathaus, Oberamt, den Markt, Kirchhof. Aufs Land, aufs Dorf.* Bei Namen von Wohnorten stets *a.* oder *ge^n*, nie „nach": *uf Stuəgərt fahre^n; i^{ch} gang uf Ditze^nbach.* Aber stets „in" die Stadt, Kirche, das Haus, wie oben II B 1. *Auf die Welt kommen* von Neugeborenen. *Auf die Jagd, Hochzeit, Kirchweih kommen, gehen, laden.* – Zweck oder auch bloß Enderfolg einer Tätigkeit. *Auf dein Wohl! Auf die Gesundheit jemands trinken, anstoßen. Auf Beit* (Borg) s. *Beit. Auf gut Glück* etwas unternehmen. *Auf den Tod krank sein, liegen.* Eine Summe geht, läuft *auf* einen bestimmten Posten. *Auf meine Rechnung* u. ä. – e. Termin, Endpunkt einer Zeit-, Zahlenreihe. *Auf den Sommer, Winter* usw., vom zukünftigen S. usw.: *Auf de^n S. zieh' i^{ch} aus. Aufs Jahr* übers Jahr. *Auf d' Nacht* in der nächsten Nacht. Einem etwas *auf 8 Tage, auf 2 Jahre* leihen. *Auf eine Stunde zu einem kommen* für den Zeitraum einer Stunde. Hieher die Verb. *bis auf: Alle Häuser sind verbrennt b. a. ei^ns* das nicht verbrannt ist. Bei Zahlenangaben: gegen, bis zu, auch bloß = ungefähr. – Schlechthin von einem Zeitpunkt. *Auf einmal ᴗ⸝ᴗ* oder *auf e^{in}mal ᴗᴗ⸝.* 1) plötzlich. 2) auf ein einziges Mal. *A. e. m. ka^{nn}st du net so viel trage^n* in einer einzigen Last. *Auf ei^n^en Hieb* u. ä. *Auf e^{in} neu^es* von neuem, wiederholt. – f. Art und Weise. Ein Lied geht, wird gesungen *auf* die und die Weise. – g. zeitliche Nachfolge. *Schlag auf Schlag.* Auch in dem noch allgem. übl. distributiven Sinn: *auf 1 Schoppen Wein nimmt man (kommen) 2 ℔ Zukker* udgl. – *Auf einander* unmittelbar nach einander. *Auf des, auf des 'na^n* auf das hin.

auf-amsle^n schw.: roher, auch scherzhafter Ausdruck für sterben, von Menschen und Tieren.

auf-bächle^n *(ə)ufbęχlə,* auch *-ərlə* schw.: trans., ein zartes Kind, auch junges Tier, mühsam aufziehen. – Anm.: zu *bachen*, von der für schwächliche Kinder nötigen Wärme, vgl. das Simpl. *bächlen.*

auf-bähe^n schw.: nochmals aufbacken.

auf-barne^n schw.: das Heu oder die Garben auf den *Barn*, Scheunenboden, verbringen.

auf-bause^n *-ɔu-* schw.: Geld verschwenden; über seine Verhältnisse gut essen und trinken. – S. *bausen.*

auf-beckle^n *əufbęklə* schw.: Eis *a.,* aufhacken.

auf-bägere^n schw.: sterben, dahinsiechen.

auf-b^ehalte^n st.: **1.** aufbewahren. – **2.** *den Hut a.* auf dem Kopfe behalten, nicht abnehmen.

auf-beige^n *-əi-* schw.: Holz *a.,* zu einer *Beige*, einem Stoß aufeinander schichten.

auf Beit s. *auf* II. B. 2. d. und *Beit.*

auf-b^ereite^n *əufbrǫętə, ufbrātə* Frk. schw.: bereit machen, vom Decken des Tisches.

auf-binde[n] st.: **1.** in die Höhe binden. Pflanzen *a.* Ein Pferd *a.*, ihm den Kopf hoch binden. Syn. *aufheften.* – **2.** *einem etwas a.* als Last auflegen. Wie nhd. von Lügen, die man einem aufbindet. Insbes. *einen Bären a.* – **3.** etwas Gebundenes aufmachen, losbinden. Einen Sack *a.* u. ä. Übtr.: *Er hat aufbunde*[n] losgezogen; gewissermaßen seinen Sack aufgemacht und ausgeleert. – **4.** Part. *kurz aufgebunden* = k. angebunden.

aufbleiben s. *auf* II. A. 1.

auf-bögle[n] schw.: einen unansehlich gewordenen Wollstoff durch feuchtes Bügeln wieder erneuern. (HalbMA. auch *-bügle*[n]).

auf-breche[n] st.: **1.** trans., durch Brechen öffnen, Eine Tür, einen Brief udgl. *a.* Ein Wild *a.* ausweiden. – **2.** intr. vom gewaltsamen Aufgehen, Sich-lösen von etwas Verschlossenem, mit sein; Syn. *aufgehen,* nur daß dieses die Bed. der heftigen Bewegung nicht hat. Ein Geschwür udgl. *bricht auf.*

auf-bringe[n] schw.: **1.** eine Tür, ein Schloß, einen Knoten, eine Nuß o. ä. *a.*, zu öffnen vermögen. Bes. auch neg.: *Ich habe das Schloß* usw. *nicht aufgebracht.* – **2.** *einem a.* a. zu etwas veranlassen. – b. zum Zorn reizen, wie nhd. – **3.** *etwas a.* a. praktisch: es zu Wege bringen. Etwas Neues, eine Mode o. ä. *a.* Das Geld für etwas *a.*, wie *auftreiben.* – b. nur mit Worten: etwas erfinden und zum Gerücht machen. *Wider einen* oder kürzer *einem etwas a.* übles Gerede über ihn in Umlauf setzen.

auf-brumme[n] schw.: *einem a.*, ihm eine brummende Musik machen. Jetzt nur noch übtr.: einem etwas Unangenehmes sagen; etwas (bes. Strafen) auferlegen.

aufdießen s. *aufgedossen.*

auf-dockle[n] schw.: einen wie eine Docke, Puppe behandeln. Also: verweichlichen, verzärteln; aber auch: zierlich kleiden, herausputzen.

auf-dosne[n] schw.: aufhorchen, auf jemand hören.

aufdossen s. *aufgedossen.*

auf-dratle[n] *-ǭ-* schw.: aufdrehen. Eine Schnur *drätlet (-ē-) si*[ch] *[a]uf* = -trümmlen (s. d.).

auf-drehe[n] schw.: durch Drehen lösen, öffnen, z. B. einen Strick, eine Schraube, das Schloß einer Tür *a.*; opp. *zudr.*

auf-drille[n] schw.: aufdrehen.

auf-drucke[n] – stets *u*, nie *ü* – schw.: durch Drücken öffnen, z. B. eine Tür, ein Geschwür o. ä.

aufe *əufę* Mittelland, *üfę (üfę)* W. NW. SW., *əubę (-i)*, *auxi* TIR. Adv.: aufwärts, hinauf; aus altem „aufhin". – Wegen der Verwendung kann auf das Gegenteil *abe* verwiesen werden. Auch hier gilt *aufe* von der Bewegung, *'nauf* vom Ziel; das zeigt sich vor allem in dem häufigen imper. Gebrauch *aufe!* „aufwärts", zum Steigen, Heben einer Last o. ä. ermunternd. Mit Verben der Bewegung und verwandten verbunden: insbes.

a. ge[hen], *a. häre*[n] (rufen), *a. klimme*[n] (klettern); *a. gable*[n] mit der (Heu-)Gabel hinaufreichen.

Aufemerge s. *Avemaria.*

aufe[n], im SO. *üfə, üfnə* schw.: wieder aufkommen (vom Krankenlager).

aufer *əufər* Mittelland, *üfər* W. S., *əufərə* Schurwald, *üfərə, əurə, uər, üfə* BAAR, *auxə* TIR. SW. Adv.: herauf. Aus „aufher". – Wegen des Gebrauchs vgl. *aber* II und *aufe.* Imper. *aufer* komm herauf! Verbindungen mit Verben s. die einzelnen Verba. Bes. gew. *a. komme.*

auf-esse[n] st.: vollständig essen, aufzehren. Stärker *auffressen.*

auf-falle[n] st.: trans.: einen Körperteil durch Fallen aufschürfen. *Ich habe mir die Hand, das Knie aufgefallen.*

auf-fare[n] st.: A. intrans., mit sein. **1.** aufwärts fahren. – **2.** mit dem Wagen auf einen andern Wagen, einen Stein udgl. *a.* Übrigens nur, wenn man sich auf diese Weise festfährt; sonst auf einen Wagen, Stein usw. *'nauffahre*[n]. – **3.** vor Schrecken oder Zorn emporspringen; hitzig werden. – **4.** rasch, unerwartet und unbeabsichtigt sich öffnen. Ein Fenster, eine Tür *fährt auf* von heftigem Wind, Stoß odgl. – B. trans.: Einen Weg *a.* durch Fahren uneben machen, verderben. Bes. im Part.: *ein aufgefahrener Weg,* der durch schweres Fuhrwerk tiefe Geleise bekommen hat; *die Straß' ist ganz a.*

auf-farig Adj.: zum *auffaren* (A 3) geneigt, hitzig.

Auf-fart, Uf-fart f.: die Himmelfahrt Christi.

Auffart(s)-blüm[e]le[in] m.: = *Himmelfarts-blümle*[in].

Auffart(s)-feiertag m.: Himmelfahrtsfest. *üfərtsfəiərtix* FRK.

Auffart(s)-tag m.: Himmelfahrtstag; s. a. *Auffart, -feiertag.*

auf-fasse[n] schw.: von den versch. Bedd. dieses Verbums ist nur die eine uns idiomatisch: Flüssigkeit *a.*, in einem Gefäß auffangen.

auf-ficke[n] schw.: die Haut, sich *a.*, wund reiben. – S. *ficken.*

auf-fresse[n] st.: **1.** stärker für *aufessen.* – **2.** eine Säure *frißt die Haut auf* udgl.

auf-fretze[n] schw.: *auffressen* machen. **1.** Futter durch Tiere auffressen lassen. – **2.** die Haut durch ein Ätzmittel auffressen lassen.

auf-füre[n] schw.: bei uns kaum je anders als im Sinne von „darstellen". *Eine Geschichte* (gebildeter *Szene*) *a.*, schon mehr Halbmundart. Allgem. aber: sich gut oder schlecht benehmen, wie nhd. Besonders gerne ohne Adv.: *Der führt si*[ch] *ei*[n]*mal auf,* nämlich ungezogen. Insbes. *s. a.* großtun, prahlen.

auf-gable[n] *-āb-; -äb-* S., *-äw-* FRK. schw.: **1.** mit der Gabel aufladen. – **2.** allgem. übl. scherzhafter, gerne auch etwas verächtlicher Ausdruck für „auftreiben": etwas bekommen, was man oder was andere nicht erwartet hatten; sei es durch mühsames Suchen, sei es durch Zufall. Auch Personen werden aufgegabelt: *Die hat auch einen auf'gabelt* mit Mühe noch glücklich einen Mann bekommen; *Wo hast denn den* [etwa einen unangenehmen, jedenfalls aber unerwarteten, auffälligen Gast] *auf'gablet?*; besonders aber ein uneheliches Kind: *Wo hat sie des wieder auf'gablet?* udgl.

auf-ᵍᵉdosseⁿ *(ə)ufdǫ̈sə* Adj.: aufgedunsen; von schwammiger, ungesunder Fettigkeit FRK.

aufgedunsen s. *aufgedossen.*

auf-gᵉfriereⁿ st.: auftauen.

auf-gᵉhalteⁿ st.: aufbewahren SO. BAIRSCHW. TIR.

auf-geʰᵉⁿ st.: intrans., mit sein. **1.** aufwärts gehen. a. vom Aufgehen eines Gestirns. – b. gesäter Samen *geht auf,* keimt empor. – **2.** sich öffnen, hervorgehen, auseinandergehen. a. sich öffnen. Die Tür, das Fenster *geht auf,* sowohl = öffnet sich als = kann geöffnet werden. Eine Blume, aber auch eine Wunde, ein Geschwür *geht auf. Der Knopf geht auf* a) die Knospe öffnet sich, b) der Knoten öffnet sich, wird locker. – b. auseinandergehen, anschwellen. Erbsen *gehen* im Wasser *auf.* Teig *geht auf,* schwillt durch die Gärung; vom bloßen Gären ohne Rücksicht auf besondere Volumvermehrung nur *gehen.* Von Menschen, die fett werden: *Du gehst aber auf* (noch mehr *auseinander*)! *Er geht auf wie eⁱⁿᵉ Dampfnudel.* – **3.** darauf gehen, aufgebraucht werden. a. vom dem Rest Null beim Subtrahieren und Dividieren. *Zwei von zwei geht auf.* Dann übtr. von Geschäften, die glatt gehen, besonders aber vom völligen Verbrauch der für etwas bestimmten Mittel: *Was ist denn übrig?* Antw.: *O, 's ist grad aufᵍᵉgangeⁿ.* – b. ohne diese arithmetische Bedeutung einfach = aufgewandt, ausgegeben, wohl auch verschwendet werden. Besonders auch *a. lassen* kostbar leben. *Etwas a. l.* im Wirtshaus etwas verzehren FRK. Doch ist in solcher Bed. *draufgehen, dr. lassen* weit üblicher.

auf-geisteⁿ schw.: den Geist aufgeben, sterben.

aufgepfisen s. *aufpfeisen.*

auf-gᵉschirreⁿ schw.: das Pferd *a.,* ihm das Geschirr auflegen.

auf-gᵉschlaffeⁿ *ufšlafə* schw.: intr. auftauen FRK.

auf-gᵉschwelleⁿ *-ę̈-; -i-,* Part. *aufgᵉschwolleⁿ* st.: intr., aufschwellen.

auf-gᵉwärmeⁿ *-ę̈-* schw.: aufwärmen. Übtr.: eine Sache, die längst vergessen sein sollte, wieder aufbringen.

auf-gᵉwolleⁿ *(ə)ufgwǫlə* Part. und Adj.: aufgelaufen, aufgedunsen. Ein Backen odgl. *ist a.*

auf-gluckseⁿ schw.: aufstoßen, rülpsen. Vgl. *glucksen.*

aufgrablen, aufgraublen, aufgreblen s. *aufkrabbeln.*

auf-grattleⁿ schw.: mühsam aufkommen.

auf-guckeⁿ schw.: aufsehen, von einer Arbeit udgl. Übtr., wie aufschauen und subst. Aufsehen, = sich verwundern, große Augen machen.

auf-habeⁿ schw.: **1.** einen Hut, eine Mütze *a.,* auf dem Kopfe. – **2.** vom Schüler: eine Aufgabe *a., aufgekriegt haben.* – **3.** *Er hat auf* ist betrunken OSCHW.; häufiger *hoch haben.* – **4.** mit einem fertig sein, nichts mehr mit ihm zu tun haben wollen OSCHW.

auf-haueⁿ st.: Den Boden, das Eis *a.* udgl.

auf-haufeⁿ schw.: vom Füllen eines Trockenmaßes in „gehäuftem" Maß, im Gegensatz zum „ebenen" oder „gestrichenen", *aufgᵉhäuft voll* (*Mehl* o. ä.).

auf-häufleⁿ schw.: = *aufhaufen.*

auf-hauseⁿ schw.: intr., sein Vermögen durch üppiges Leben durchbringen. Syn. *aushausen,* das aber mehr das Resultat angibt, *aufh.* die Tätigkeit.

auf-hausig Adj.: verschwenderisch – aufhauslich dass.

auf-hebeⁿ Part. *aufgᵉhebt* schw.: aufheben. **1.** physisch: emporheben, insbes. für das *A.* vom Boden; für Emporheben des Arms udgl. mehr *'naufheben.* – **2.** Geerntete Feldfrüchte *a.* – **3.** aufbewahren. *Gut aufgehoben sein.* In dem und dem Gasthaus ist man *g. a. Der ist g. a.* iron. von einem, der gefangen oder sonst unschädlich gemacht ist. – **4.** abtun, nichtig erklären, wie nhd. *Aufgᵉschobeⁿ ist net aufgᵉhobeⁿ.* – **5.** *einem etwas a.,* zum Vorwurf machen, vorhalten; auch von übler Deutung einer Rede.

auf-helfeⁿ st.: einem *a.* 1) ihm helfen, aufzustehen. 2) insbes.: ihm behilflich sein beim Aufnehmen einer Traglast, namentlich einer auf dem Kopf zu tragenden; opp. *abhelfen.*

auf-helleⁿ schw.: refl. *sich a.,* vom Wetter. Scherzh.: *Das Wetter hellt sich auf zu einem Wolkenbruch* es wird noch lange fortregnen.

auf-henkeⁿ schw.: trans., aufhängen, wie nhd.

aufher s. *aufer.*

aufhin s. *aufe.*

auf-hockeⁿ schw.: intr., mit sein: aufsitzen, insbes. auf den Wagen eines andern; einen *a.* lassen. Übtr., wie aufsitzen: *Den hab' iᶜʰ a. lasseⁿ* auf den Leim geführt, mit seiner Rede gefangen.

auf-hutscheⁿ schw.: verhetzen.

auf-jäucheⁿ *-ae-* schw.: aufjagen.

auf-juckeⁿ schw.: emporspringen.

auf-kippeⁿ schw.: scherzhaftes, verächtliches Wort für sterben. *Der kippt auᶜʰ bald auf.*

auf-klaubeⁿ *-ọu-; -ǖ-* S., *-au-* FRK. schw.: vom Boden auflesen. Übtr.: 1) Worte anderer peinlich genau nehmen, alles übelnehmen. 2) auf Worte anderer aufpassen und sie sich notieren OSCHW.

auf-klemmeⁿ schw.: durch Klemmen aufmachen.

auf-klopfeⁿ schw.: etwas durch Klopfen zerbrechen, öffnen; z. B. eine Nuß mit dem Hammer.

auf-komme[n] st.: intr., mit sein. **1.** mit pers. Subjekt. a. von einem zu Boden Liegenden, wieder in die Höhe kommen. – b. von einer Krankheit genesen. – c. emporkommen, reich werden. – **2.** mit sachl. Subjekt. a. in Mode kommen, wie nhd. – b. bekannt werden, herauskommen.

auf-koppe[n] schw.: impers., *es koppt einem auf* genossene Speisen stoßen ihm auf.

auf-krabble[n] -abl-, -ǝabl-, -ǝbl-, -obl- schw.: intr., mit sein. **1.** vom Boden aufstehen, sich mühsam aufraffen. – **2.** von einer Krankheit genesen.

auf-kriege[n] schw.: als Schulaufgabe odgl. aufbekommen. S. a. *aufhaben.*

auf-lade[n] st.: **1.** wie nhd., auf einen Wagen odgl., auch auf den eigenen Rücken a. – **2.** *einem a.* ihn prügeln. – **3.** *aufgeladen haben* betrunken sein.

auf-lasse[n] st.: **1.** in die Höhe lassen; dafür steht aber modern meist *'naufl.* – **2.** refl. *sich a.* sich übermütig benehmen. *Die Burscht ha*[be]*nt sich heut recht aufg*[e]*lau*[n] udgl. Prahlen, großtun. *Du därfst di*[ch] *au*[ch] *no*[ch] *a.!*

Auf-lauf m.: **1.** mit Milch in einer Form gebackene Mehlspeise, die beim Kochen bedeutend in die Höhe geht, je nach den Zutaten *Äpfel-, Reis-, Schinken-* usw. *A.* Wenn aus Weckenschnitten gemacht, auch *Ofenschlupfer, Kuchenmichel.* – **2.** das *Auflaufen* des Viehs; gewöhnlicher das Verbum. – **3.** Zusammenlaufen des Volks, wie nhd. *A.*

auf-laufe[n], Part. aufg[e]loffe[n] st.: **1.** intr., mit sein: anschwellen. a. von Schwellungen des Körpers, bes. von der Aufblähung des Viehs durch Grünfutter. – b. von Anwachsen der Kosten, *anlaufen.* – **2.** trans.: *sich die Füße a.* wundlaufen.

auf-lege[n] schw.: **1.** phys. a. Holz, Kohlen *a.* auf das schon brennende Feuer; Syn. *nachlegen, nachschüren.* – b. *a.* ohne Objekt: beim Schießen den Lauf des Gewehrs auf eine Stütze a. – c. die Karten *a.,* in gewissen Spielen: seine Karten offen hinlegen und so spielen. – **2.** übtr., nhd. auferlegen, aufbürden udgl. – Ein Faß Bier (oder Wein) *a.* zu gemeinsamem Gebrauch auf seine Kosten anstechen lassen. – **3.** Part. aufgelegt (ǝ)ufglaet, -gl*ęg*t, -gl*ę*t in adj. Gebrauch: zu etwas *a.,* willig.

auf-lese[n] st.: **1.** auflesen, aufheben wie nhd. – **2.** *ein Kind a.* unehelich bekommen, von der Mutter gesagt. *Aufg*[e]*lesene Kinder* un- oder außereheliche.

auflichen s. *auflüchen.*

auf-lige[n] st.: **1.** intr., mit sein: *einem a.* übtr. einem am Herzen liegen, ihn bedrücken. – **2.** refl. *sich a.* sich wund liegen; ebenso das adj. Part. *er ist aufgelegen.*

auf-loschore[n] schw.: aufmerken, aufpassen.

auf-lose[n] -*ǫ*-; -*ǫ̆*-; -*ǫ*sn- schw.: aufhorchen, aufpassen.

auf-lüche[n] -i- schw.: die Küche aufwaschen Oschw.

auf-luge[n] -uǝ- schw.: aufschauen, aufmerken Oschw.

auf-lupfe[n] schw.: heben, aufheben. Einen (Betrunkenen) *a.* vom Boden aufheben. Ohne Obj.: *a.* = eine Last auf den Kopf heben. Aber mit Angabe des Ziels: auf den Tisch odgl. *'nauf l.*

auf-mache[n] -*ă*- schw.: **1.** „öffnen“. Dafür ist *a.* neben *auftun* unser häufigstes Wort, weil „öffnen“ im Dial. fehlt. Das Resultat von schwierigem, mühseligem *a.* ist *aufbringen:* Man hat lang umsonst probiert, die Tür *aufzumachen,* zuletzt hat man sie doch *aufgebracht.* – **2.** in die Höhe bringen, aufrichten, oben festmachen. Z. B. ein Seil *a.,* an dem Wäsche aufgehängt werden soll; einen Vorhang, ein Bild, einen Spiegel *a.,* an der Wand befestigen. – **3.** von *a* = zubereiten, fertig machen, in ff. Bedd. a. *Feuer a.* anzünden; gew. *anmachen.* – b. gedroschenes Getreide putzen. – c. *Holz a.* gefälltes Holz im Walde aufbeigen. – **4.** aufspielen, bes. zum Tanz.

auf-mucke[n] schw.: aufbegehren, sich widersetzen.

auf-nase[n] *ǝufnăsǝ* schw.: naseweis zuhören oder zusehen.

auf-neme[n] st.: **1.** trans., in die Höhe nehmen. Eine Last *a.* Beim Stricken ist *a.* das Gegenteil von *abnemen.* – **2.** intrans., mit haben. Vom Vieh, empfangen, trächtig werden. *D' Kuh, Sau hat aufg*[e]*nomme*[n].

aufne[n], ufne[n] schw.: intr.: wieder gesund werden Allg.; dick werden, von einer Schwangeren.

auf-nestle[n] -*ę*- schw.: ein Kleidungsstück *a.,* sich *a.,* die Nestel aufknüpfen, einen Knoten an einer Schnur lösen.

auf-notiere[n] ⌣⌣̮⌣ schw.: für „notieren“ bei uns allgem.

auf-nule[n] -uǝ- schw.: aufwühlen. – S. *nulen.*

auf-orgle[n] schw.: *einem a.* ihm die Drehorgel aufspielen, = ihm die Wahrheit sagen, auftrumpfen.

auf-packe[n] *(ǝ)ufphăkǝ* schw.: **1.** aufladen. – **2.** eilig davon gehen.

auf-pappe[n] -*băb*- schw.: mit *Papp* (Kleister) oder Gummi etwas aufleimen.

auf-päpple[n] -*bę̆b*- schw.: eig. mit *Papp,* Brei, auffüttern; ein kleines Kind mühsam aufziehen, wie *aufbächlen.*

auf-passe[n] *(ǝ)ufbasǝ* schw.: **1.** aufmerken. Dafür der allgem. Ausdruck in der MA. Ebenso allg. die Verb. *a. wie e*[in] *Hechle*[n]*macher.* – **2.** *einem a.* auflauern. – Aufpasser m.: Aufseher, Horcher, bes. geheimer.

auf-pfause[n] -*ạu*- schw.: sich aufblähen, großtun.

auf-pfeise[n] -*ại*- st.: aufblasen. Nur noch im Part. auf[ge]pfeise[n] *(ǝ)ufpfīsǝ* aufgedunsen im Gesicht, von nur scheinbarer Gesundheitsfülle. Syn. *verpfisen.* – Zu *pfeisen* blasen.

auf-pfitze[n] schw.: rasch emporfahren, aufspringen.

auf-pfludere[n] schw.: mit Geräusch auffliegen, wie z. B. die Rebhühner. *Sich a.* von Vögeln = -pflusteren. – S. *pflusteren.*

auf-pflustere[n] schw.: die Federn stellen, bei den Vögeln, wenn sie krank oder erregt sind.

auf-pfuse[n] *ufpfūšə* schw.: aufbrausen.

auf-picke[n] *(ə)ufbĭkə* schw.: trans. a. durch Picken etwas öffnen, wie nhd. – b. durch Picken mit dem Schnabel etwas vom Boden aufheben. Die Henne *pickt ein Korn auf.* – c. etwas erfahren, gelegentlich gewahr werden.

auf-pickle[n] schw.: mit dem Pickel aufhacken. *Eis a.*

auf-putze[n] schw.: **1.** säubern. Den Boden, Tisch usw. oder auch den darauf gekommenen Schmutz *a.;* Part. auf[ge]putzet reinlich, nett, aufgeräumt. – **2.** schmücken.

auf-rapple[n] schw.: sich *a.* sich aufraffen.

auf-raume[n] *-āō-, -ō̆-, -ŏ̆-, -ā̆-* schw.: **1.** aufräumen. Die Stube *a.;* aber auch den Grust, die herumliegenden Sachen *a.* – **2.** eine Ware vollständig verkaufen. *Der hat aufg[e]raum[e]t.* – **3.** Part. aufg[e]raum[e]t. a. schön angezogen, sauber gekleidet. – b. vergnügt, heiter.

auf-reibe[n] st.: **1.** wund reiben. Sich die Haut, einen Körperteil *a.,* gew. aber *auffícken.* – **2.** den Zimmerboden (mit einem Tuch feucht) abreiben.

auf-reiße[n] st.: **1.** trans. a. gewaltsam öffnen. Die Tür, einen Brief udgl. *a.;* die Straße *a.,* um eine Leitung zu legen. *Das Maul a.* – b. abzeichnen. – c. ohne Obj.: tändeln, schäkern. Bekanntschaft machen zum Zwecke des Beischlafens. – **2.** intr.: passivisch zu 1 a: das Kleid ist *aufgerissen,* die Naht *reißt auf;* doch mehr *verreißen.*

aufromen s. *aufraumen.*

auf-rudle[n] *-uə-* schw.: durch *rudlen,* Herumrühren, den Bodensatz wieder in die Höhe wirbeln; übtr.: etwas Vergessenes wieder in Erinnerung bringen.

auf-sage[n] schw.: **1.** etwas hersagen. a. in der Schule oder Kirche etwas auswendig Gelerntes hersagen. Syn. *hersagen, beten, herbeten.* – b. einen Fehler eingestehen. – c. umgekehrt: den Leuten ihre Fehler herzählen. Ein Fastnachtsgebrauch um den obern Neckar. – **2.** aufkündigen, absagen.

auf-schaffe[n] schw.: aufarbeiten, durch Arbeit beiseite schaffen. Ein Rückstand von Arbeit udgl. wird *aufgeschafft.*

auf-schärre[n] schw.: den Boden *a.,* aufscharren, eine Wunde *a.* durch Kratzen öffnen.

auf-schäuche[n] *-ae-,* FRK. *-ā̆-* schw.: **1.** aufscheuchen, aufjagen. – **2.** aufmuntern FRK.

auf-schieße[n] st.: rasch emporwachsen, wie nhd. Bes. Part. *aufg[e]schosse*[n] rasch in die Höhe, nicht in die Breite gewachsen, von jungen Leuten.

auf-schlage[n] st.: **1.** physisch. a. aufstülpen, *d' Ärmel a.;* gew. *'naufschlagen.* – b. *ein Gerüst, Pferch, Zelt* udgl. *a.* – **2.** übtr. auf den Preis schlagen, ihn steigern.

auf-schlecke[n] *-e̦-, -e̦ə-* schw.: auflecken; und zwar den auf dem Teller gebliebenen Honig, die verschüttete Milch udgl. *a.,* dagegen die Schüssel *aus-,* den (das) Teller *ab-schlecken.*

auf-schnappe[n] schw.: **1.** trans.: ein Hund *schnappt* ein Stück Fleisch *auf.* Bes. aber: einzelne Worte oder Notizen auffangen, ohne sie genügend zu verstehen. – **2.** intr.: derb für sterben, zu Grunde gehen, wie andere Verba mit *auf-.*

Auf-schnitt m.: **1.** Aufgeschnittenes, bes. von Wurst, Fleisch. Man kauft beim Metzger *A.,* bestellt in der Wirtschaft *kalten A.* – **2.** Lüge, Prahlerei.

auf-schoche[n] schw.: aufhäufen. Zu *Schochen.*

auf-schraufe[n] schw.: durch Lösung einer Schraube losmachen.

auf-schreibe[n] st.: *etwas a.,* niederschreiben, um es im Gedächtnis zu behalten oder als Beweismittel verwenden zu können. Insbes. a. eine Schuld notieren. – b. einen *a.* zu polizeilicher Strafe seinen Namen notieren.

Auf-schrib m.: Notiz, Eintrag.

auf-sitze[n] st.: **1.** phys.: sich auf etwas setzen, wie nhd. – **2.** übtr. a. *einem a.* ihn drücken. – b. auf den Leim gehen, sich vom Gegner in die Hand liefern. *Einen a. l.* ihn anlaufen lassen, betrügen.

auf-spare[n] schw.: wie nhd., doch üblicher *versparen.*

auf-springe[n] st.: durch Springen sich öffnen, Risse bekommen. Die Haut, Rinde *springt auf, ist aufg[e]sprunge*[n].

auf-stecke[n] *-e̦-* schw.: **1.** phys., in die Höhe stecken. a. Weiberkleider bei schmutzigem Wetter in die Höhe nehmen. – b. dem Vieh Futter *a.,* auf die Raufe bringen. – **2.** übtr. ein Unternehmen *a.,* aufgeben; nur mit Obj.

auf-ste[hen] st.: **1.** von lebenden Wesen. a. morgens aus dem Bette *a.* – b. sich vom Boden, Stuhl, Krankenlager odgl. erheben. – **2.** mit sachl. Subj. übtr., entstehen, sich erheben. Neue Maschinen udgl. *stehen auf,* kommen auf. – Bes. aber: *es steht einem auf* nützt ihm, kommt ihm drauf an.

auf-steipere[n] schw.: wie *ansteiperen,* doch minder üblich.

auf-stiere[n] schw.: durch *stieren,* Wühlen ans Tageslicht bringen.

auf-stoße[n] *-ō̦-, -o̦-, -ao-, -o̦ə-* st.: **1.** durch Stoßen öffnen, eine Tür odgl. – **2.** *einem a.,* wie nhd. – **3.** unpers.: *es stößt einem auf, er hat das Aufstoßen* = rülpsen; Syn. *(auf)koppe*[n].

auf-strampf(l)e[n] (auch *-strable*[n], SO. *-stre-*

ble[n]) schw.: durch Strampeln mit den Füßen aufdecken. Ein Kind *str-et* das Bett, sich *auf.*

Auf-streich *-ǫe-, -ǫə-, -ā-* m.: bei Versteigerung das Gegenteil von *Abstrich:* Überbieten. *Im A. verkaufen* udgl.

auf-stupfe[n] schw.: **1.** *stupfend* aufstechen. – **2.** aufreizen, in Bewegung setzen; neben dem gewöhnlicheren *stupfen.*

auf-supfe[n] schw.: durch Supfen, Schlürfen beseitigen. Einer hat Milch auf den Tisch verschüttet und *supft* sie *auf.*

auf-tische[n] schw.: als Speise auf den Tisch bringen; zur Sprache, aufs Tapet bringen.

auf-trage[n] st.: Speisen *a.,* = *auftischen.*

auf-treibe[n] st.: **1.** eine Uhr und andere Maschinen *a.,* aufziehen. – **2.** aufblähen. Bes. im Part. auf-[ge]triebe[n]. – **3.** erjagen, ausfindig machen, wie nhd.

auf-trenne[n] schw.: vom *A.* der Naht eines Kleidungsstücks, wie *(ver-)trennen.*

auf-trückne[n] schw.: trans. und intr. für auftrocknen.

auf-trümmle[n] *-drẹmlə* schw.: aufdrehen. Eine gedrehte Schnur kann sich wieder *a.;* dafür *-trü*[mm]*sle*[n] *-drẹslə* OSCHW. Ein Gewebe *ᵃufdrẹslə* OSCHW. S. *-dratlen.*

auf-tu[n] st.: **1.** trans. a. physisch: aufmachen, öffnen. Syn. *aufmachen.* Eine Tür *a. D' Auge*[n] *a.* – b. übtr.: aufbringen, eröffnen, z. B. einen Verein. – **2.** refl., *sich a.* a. physisch, sich öffnen. *Der Himmel tut si*[ch] *wieder ᵃuf* es hellt sich auf. – b. übtr., prunken, sich groß machen. – **3.** aufsetzen, z. B. den Hut.

auftupfe[n] schw.: Flüssigkeit, etwa verschüttete Milch, mit Brot *a.*

aufwamslen s. *aufamslen.*

aufwärmen s. *aufgewärmen.*

auf-warte[n], im Hauptgebiet und s. *-ā-* schw.: **1.** *einem a.* als sein Diener ihm zur Seite und seines Befehls gewärtig sein. – **2.** *einem etwas* oder *mit etwas a.* ihm eine Speise, ein Getränk reichen. *Der Wirt fragt: (Mit) was kann man a.?*

Auf-wartung *-ẹŋ* f.: das einem Gast vorgesetzte Essen und Trinken; zu *aufwarten 2.*

auf-wäsche[n] st.: aufwaschen, den Boden. – Anm.: die Bed. *sich die Finger a.,* durch Waschen wund reiben, ist möglich.

auf-welle[n] *-ǫ-* schw.: Teig mittelst des Wellholzes in eine dünne, breite Form bringen; Nudeln, Kuchen *a.* Verbreiteter *wellen, auswellen.*

Aufwerfer (Aufwerfel) s. *Auwerder.*

auf-wichse[n] *-ks-* schw.: **1.** *einem a.* a. ihm etwas zum Trinken, auch Essen, geben. – b. ihn prügeln. – **2.** Part. aufg[e]wichst aufgeputzt.

auf-wickle[n] schw.: Garn, Wolle, Faden *a.,* zu einem Knäuel wickeln; opp. *abwicklen.*

auf-wische[n] schw.: trans.: den Boden, Tisch odgl. *a.*

auf-witsche[n] schw.: intr., rasch emporfahren.

auf-wule[n] *-uǝ-* schw.: aufwühlen. Syn. *aufnulen.*

auf-ziehe[n] st.: A. trans. **1.** physisch: in die Höhe ziehen, in gewissen spezif. Verwendungen, sonst *'naufziehen.* a. vom Emporziehen einer Vorrichtung. Eine Brücke *a.* Ebenso vom *A.* einer Stauvorrichtung: die Stellfalle odgl. *a.* Eine Uhr *a.,* wie nhd. Das Segel *a.,* hissen. – b. das Schmalz *zieht* die Küchlein *auf,* macht sie aufquellen. – c. ohne Obj.: α) schwer, hörbar atmen. – β) ausholen mit Hacke, Axt odgl. – γ) zwischen die einzelnen Steine beim Mauern viel Mörtel streichen. – δ) *es zieht auf* der Boden taut auf. – **2.** übtr. a. großziehen, von Menschen, Tieren, auch Pflanzen. – b. zum besten haben, hänseln. Auch ernsthafter: herausfordern; *einen über etwas a.* es ihm vorhalten. – B. intr., mit sein: aufmarschieren, sich an seinen Bestimmungsort begeben. Die Wache, der neue Pfarrer usw. *zieht auf, ist aufgezogen.*

Auf-zug m.: **1.** Instrument zum Aufziehen, z. B. in einer Mühle. Zu *aufziehen A 1 a.* – **2.** Schauspiel, äußere Erscheinung, besonders von auffallender oder unpassender Kleidertracht. *In dem A. will i*[ch] *di*[ch] *nimme*[r] *sehe*[n].

Auge[n]**-deckel** *-ǫ-* m.: Augenlid; fast einzige uns bekannte Bezeichnung.

Auge[n]**-fell** *aogəfẹəl* n.: Augenkrankheit, auch bloß *Fell,* weil sich ein Häutchen über das Auge her zieht.

Auge[n]**-härle**[in] n.: Augenwimperhaar.

Auge[n]**-licht** *-iə-* n.: Sehkraft.

Auge[n]**-matze**[n], *-er* m.: vertrocknete Augenbutter. Dass. ist *Matz(en).*

Auge[n]**-trost** m., Auge[n]**-tröstle**[in] n.: die Pflanze Anagallis arvensis. Der echte Augentrost ist die Pflanzengattung Euphrasia L., bes. Wiesen-*A.,* Euphrasia rostkoviana Hayne. Syn. *Katzenäuglein, Kopfwehkraut.*

Auge[n]**-we** n.: Augenkrankheit.

Auge[n]**-werrle**[in] *-ǫ-* n.: Gerstenkorn am Auge; Syn. das einf. *Werr*[e] f., *Werrle*[in] n.

äugle[n] schw.: **1.** Obstbäume okulieren. – **2.** (mit den Augen) flirten.

Augst *ao-, ɔu-, ǭgšt;* flektiert *-e*[n] m.: **1.** der Monat August. – **2.** die Zeit und Handlung der Getreideernte; Syn. *Augsten.* Üblich in ganz OSCHW., n. der Donau nur bis auf die Alb bezeugt; ALLG. – **3.** die Eintagsfliege, so genannt, weil sie im August zu erscheinen pflegt.

augstele[n], **äugstele**[n], **äugstere**[n] *ao-, ae-, ẹgštərə* schw.: **1.** blitzen; bes. ohne Donner, wetterleuchten, wie es im Spätsommer häufiger als zuvor beobachtet zu werden. – **2.** *'s äugstelet* fängt an herbstlich zu werden. – Anm.: In beiden Bedd. zu *Augst 1.* S. a. *augsten.*

augste[n] – Formen wie *Augst* – schw.: **1.** das Getreide ernten; auch *einaugsten.* Der Ausdruck reicht soweit, als *Augst 2.* – **2.** blitzen, wetterleuchten. S. *augstelen* und s. *Augster.*

Augster m.: Blitz, Wetterleuchten. *Es ist nuʼ eⁱn A. gᵉweˢᵉⁿ* nur ein Augenblick.

Äugster, Äugsterer m.: = *Augster.*

Augstet m.: = *Augst 2*, Getreide-Ernte.

Augst-nuß f.: frühreifende Haselnuß.

August ◡ʼ *aogušt,* auch flüchtiger *a-;* ə*u-,* ǫ- wie *Augst* m.: der Monatsname, vom PN. durch den Akzent streng unterschieden. An Stelle des ältern *Augst* jetzt die gewöhnliche Bezeichnung.

Augzaⁿ m.: oberer Eckzahn des Menschen.

Auktioⁿ * əu(k)tsiǫ̆, -iāǒ* ◡◡ʼ f.: der uns geläufigste, wo nicht allein übliche Ausdruck für Versteigerung; *auktionieren, verauktionieren.*

aule s. *au.*

aun- s. *an-, on-, un-.*

Aunsel, -ig, aunslen s. *Unsel, -ig, unslen.*

Aunser s. *Anser.*

aunksen, aunsgen, aunz(g)en s. *achzen.*

Aur- s. *Or-.*

Aurikelleⁱⁿ *əurigəlę* ʌ◡◡ n.: Aurikel, Primula auricula L., übertragen auf verschiedene Garten- und Topfpflanzen aus der Gattung Primula L. Volkst. ist nur das Demin., meist Plur.

Aurschlechten s. *Urschlächten.*

aus: Adv. und Präp.: aus. A. A d v e r b : In heutiger MA. nur im S., wo *û* überhaupt nicht diphthongiert wurde, *ūs;* sonst durchaus *əus,* FRK. *aus,* RIES *aos.* **1.** prädikativ: *aus* sein, zu Ende sein. *ʼS ist aus* starke Negation. Verstärkt: *ʼs ist aus und vorbei.* – **2.** bestimmender adv., objektivischer oder präd. Zusatz, mit Verben enger oder loser verbunden. Von loseren Verbindungen: *sich in dem und dem auswissen* auskennen, orientiert sein. *Etwas aus haben* 1) auszusetzen, zu tadeln haben. 2) *bei einem aus h.* seine Gunst verloren haben. – Engere Verbalverbindungen siehe als Komposita. *Aus* bez. hier teils die Bewegung aus dem Innern einer Sache heraus: *auslaufen,* in diesen Fällen hat die MA. häufiger *ʼnaus, ʼraus;* teils das Entfernen von Dingen aus andern: *ausklopfen;* teils die Auswahl: *auslesen;* teils die Beendigung: *austrinken.* – B. P r ä p o s i t i o n mit Dativ. Urspr. Bed. das Hervorkommen, Herausnehmen aus dem Innern eines Dinges. *Aus einem Glas trinken* udgl. Von der Abstammung: *Er ist aus Stuttgart, aus der Schweiz,* im ersten Fall mehr *von.* – Trennung des Zusammengehörigen: *aus einander. Ausʼm Häusleⁱⁿ seiⁿ,* ganz a. H. s. seiner selbst nicht mehr mächtig vor freudiger oder schmerzlicher Erregung. – Bloße Entfernung, Beseitigung. *Aus dem Weg gehen. Ausʼm Weg!* Zuruf von Lastträgern, rasch Fahrenden udgl. Statt dessen auch *ausweg.* – Von dem Stoff, aus dem etwas gemacht wird. *Aus anderer Leutᵉ Häutᵉⁿ ist gut Riemeⁿ schneideⁿ.*

aus-abereⁿ *əusǭbərə* schw.: intr., vom Schnee befreit werden, und trans., vom Schnee befreien. *Dʼ Wieseⁿ abereⁿt aus.*

aus-asteⁿ *əusaštə, əuseštə, ausnaštə* schw.: einen Baum *a.,* ihm Äste aussägen.

aus-äteⁿ schw.: ausjäten.

aus-bacheⁿ st.: fertig backen. Fast nur im Part. *ausᵍᵉbacheⁿ* ausgebacken, insbes. mit Neg.

aus-badeⁿ schw.: **1.** intr., fertig baden. – **2.** trans., *etwas a. (müssen)* büßen, die mißlichen Folgen davon tragen.

aus-bäffeⁿ schw.: einen *a.,* durch Nachäffung seiner Worte, Sprechweise, Gebärden verhöhnen.

aus-baladereⁿ ʌ◡◡., **aus-balätsche**ⁿ ʌ◡◡ schw.: ausschwatzen. – S. *baladeren.*

aus-bälgeⁿ *-ĕ-* schw.: **1.** ein Tier *a.,* seinen Balg ausstopfen. – **2.** etwas ausräumen.

ausbatschen s. *auspatschen.*

ausbäuken s. *auspauken.*

aus-beineⁿ schw.: ein Stück Fleisch *a.,* die Knochen daraus entfernen.

aus-bᵉsondereⁿ *əusbsǫ̆ndərə, -ūnd-* schw.: auswählen; insbes. einen bevorzugt behandeln.

aus-beutleⁿ *əusbəitlə* schw.: einen *a.,* ihn um sein Geld bringen.

aus-bieteⁿ *-iə-* st.: **1.** *etwas a.,* durch Ausruf dem Verkauf aussetzen; wie ausrufen, ausschellen. – **2.** *einem a.,* ihm gebieten fortzugehen, von einem Ort (Haus, Stadt) wegweisen. In milderer Anwendung = *abbieten. Dʼ Stieg ʼnaᵇgᵉschmisseⁿ ist* wie *ausᵍᵉboteⁿ.*

aus-bögleⁿ *-ĕg-,* FRK. *-ĕ̄χ-, -ĕiχ-* schw.: ausbügeln.

aus-borgeⁿ schw.: borgen.

aus-bruteⁿ *-uə-* schw.: ausbrüten. Auch übtr. *Der brutet gᵉwiss noᶜʰ eⁱnᵉ Krankheit aus;* und geistig: *Was brutest du so wüber sinnst du noch?*

aus-difteleⁿ schw.: *etwas a.* bis ins einzelste ausklügeln. Kann Lob oder Tadel sein. Part.: *Des ist eⁱn Ausᵍᵉdiftelter* in allen Dingen Beschlagener. – S. *diftelen.*

Aus-ding m. (n.): was der Bauer sich ausbedingt, wenn er das eigenen Häuschen, *Ausdinghäusleⁱⁿ,* häufiger nur in einem *Ausdingstübleⁱⁿ,* ferner den Lebensunterhalt nach Vereinbarung. Syn. *Leib(ge)ding,* bair. Austrag. – *In (den) A. geheⁿ.*

aus-dingeⁿ schw.: *etwas a.,* es aus der Gesamtmasse durch Vertrag herausnehmen; daher ausbedingen, reservieren, vorbehalten.

Ausding-häusleⁱⁿ n.: zum *Ausding* gehöriges besonderes Häuschen. – Häufiger A u s d i n g s t ü b l eⁱⁿ n.

aus-dochteⁿ schw: dahinsiechen; bes. Part. *ausᵍᵉdochtet* abgezehrt, abgelebt, ausgetrocknet.

aus-doktereⁿ schw.: ausklügeln, ausdifteln.

aus-druckeⁿ schw.: *etwas a.* auspressen, den Saft daraus entfernen; z. B. einen nassen Schwamm, eine eiternde Wunde.

aus-dudleⁿ *-ū-* schw.: austrinken.

a u s e s. *auße.*

auseinander-klamüsereⁿ schw.: entwirren, ordnen.

A u s e l s. *Unsel.*

a u s e l i g s. *unselig.*

A u s e r s. *Anser.*

a u s e r s. *außer* u. *unser.*

aus-esseⁿ st.: zu Ende essen. Obj. entweder die Speise: *die Suppe a.* Besonders übtr.: *Der soll die S. nur selber a. Was man eingebrockt hat, muß man a.* Oder das Gefäß: *die Schüssel a.* Man fordert auf, auszuessen, damit gut Wetter bleibt oder wird.

aus-fädleⁿ (-fädemeⁿ) schw.: eine Nadel *a.* den Faden aus dem Nadelöhr herausziehen.

aus-falleⁿ st.: **1.** intr., mit sein. a. aus dem Gedächtnis entschwinden, entfallen. – b. so oder so *a.*, geraten. *Desmal sind Ihre Weckeⁿ kleiⁿ ausᵉfalleⁿ* u. ä. – **2.** trans. durch Fallen verlieren. Etwa *Ich habe mir einen Zahn ausgefallen.*

aus-fareⁿ st.: A. intr., mit sein: hinausfahren, ausgehen. – B. trans.: eine Straße, einen Weg *a.* Fast nur im Part.: *Die Straße ist ausgefahren* hat ganz tiefe Geleise bekommen, ist überhaupt durch Fahren uneben und unbrauchbar geworden. Auch etwa *ein Eck, einen Rank a.* vollständig durchfahren, nicht diagonal abschneiden.

aus-fatzeⁿ schw.: **1.** intr., mit sein. Von Stoffen oder Kleidungsstücken: am Rande ausfasern. Bes. im Part.: *Der Zeug odgl. ist ausᵍfatzt.* – **2.** trans., ein Gewebe zerzupfen.

aus-fegeⁿ *-ē-, -ᵉ∂-* schw.: **1.** wie nhd. Die Stube *a.* auskehren. *Der Himmel ist wie ausᵍfegt* wolkenlos. Ohne Obj.: machen, daß die Stube leer wird. Syn. *ausfürben, auswischen.*

aus-ferkeⁿ schw.: **1.** fertig machen. – **2.** unfreundlich abweisen. S. *ferken.*

aus-fiseleⁿ *-ī-* schw.: genau durchsuchen, die Tasche, den Kasten, eine Arbeit. Um den mittl. Neckar allgem. – S. *fis(e)len.*

a u s f l a e s e n s. *ausflößen.*

aus-flößeⁿ schw.: auswaschen. S. *flößen.*

aus-folgeⁿ schw.: Besuch heimbegleiten.

aus-foppeⁿ schw.: auslachen, zum Narren haben – auch a u s f ö p p l eⁿ *-ᵉ-.* S. *foppen, föpplen.*

aus-förschleⁿ schw.: *einen a.* ausforschen, ausfragen.

aus-fotzeⁿ schw.: **1.** ausfransen, zerschleißen ALLG.; dafür auch Simpl. *fotzen.* – **2.** ausspotten; a u s f ö t z l eⁿ dass.

aus-frägleⁿ schw.: listig und kleinlich ausfragen.

aus-fürbeⁿ *-i-, -u-* schw.: ausfegen, auskehren; besonders vom A. der Stube. Aber auch = abführen. – S. *fürben.*

aus-füreⁿ *-üe-* schw.: phys., hinausführen; vom A. des Mistes auf das Feld.

aus-gackseⁿ schw.: ausgackern.

aus-gäkseⁿ *-ēks-; -ēsg-; -ētš-, -ētšg-, -ētsg-* schw.: ausspotten, insbes. mit der Gebärde des Rübchenschabens.

Aus-gang m.: das Ausgehen. – Bes. in der Verwendung: *Ausgangs Märzeⁿ* usw.

a u s g ä s g e n s. *ausgäksen.*

a u s g ä t s c h (g) e n s. *ausgäksen.*

a u s g ä z g e n s. *ausgäksen.*

aus-gebeⁿ st.: **1.** fortgeben, im phys. Sinn. a. einen Sohn oder eine Tochter *a.* verheiraten; Syn. *hergeben.* – b. Geld *a.*, wie nhd. – **2.** intr., mit sachl. Obj.: reichlichen Ertrag geben. *Das Korn, die Kartoffeln geben aus.* Wer bei irgend einer (Obst-, Getreide- o. a.) Ernte vorbeigeht, fragt: *Gibts aus?* oder *G. wohl, brav, gut a?*, worauf die Antw. *Ja, gottlob* oder *Es passiert, könntᵉ besser seiⁿ* udgl.

a u s g e b i e t e n s. *ausbieten.*

A u s g e d i n g s. zu *Ausding.*

aus-gefriereⁿ st.: vollständig, durch und durch gefrieren. Zumeist im Part. *ausᵉfroreⁿ: Ich biⁿ ganz a.* udgl.

aus-geizeⁿ *-∂-* schw.: an den Hopfen-, Tomaten-, Bohnenranken die *Geizen*, Nebentriebe, ausbrechen. Dafür auch *geizen.*

aus-gᵉlitteⁿ Part.: **1.** von ausläuten (s. *läuten*). – **2.** von ausgleiten. – **3.** von ausleiden.

a u s g e m e r g e l t s. *ausmerglen.*

aus-gᵉruʰeⁿ *∂usgru∂b∂, ∂usgru∂g∂* schw.: ausruhen.

aus-gᵉschämt Adj.: wer sich nicht mehr schämen kann, schamlos. *Eiⁿ a-s Mensch* u. ä.

aus-gᵉschirreⁿ, fränk. *-ēr-; -ür-* schw.: *einen a.* ihm das Geschirr abnehmen. Eig. vom Zugtier; dann übtr., von der Arbeit ablösen. Auch Kleider ausziehen.

a u s g e s p r e i t e n s. *ausspreiten.*

a u s g e s u p f t s. *aussupfen.*

aus-gᵉvöglet Adj.: impotent.

aus-glitscheⁿ *-ī-* schw.: ausgleiten.

aus-gluteⁿ *-u∂-* schw.: verglühen.

a u s g r u b e n s. *ausgeruhen.*

a u s g r u g e n s. *ausgeruhen.*

aus-guckeⁿ schw.: nach etwas *a.* ausschauen. Auch trans.: *Ich habᵉ älles darnach ausᵉguckt* durchsucht. S. a. *-gutzgen.* Bes. *Ich habᵉ mir schier dⁱᵉ Augeⁿ (darnach) ausᵉguckt* aus dem Kopf. – Auch = aufhören zu schauen.

aus-gutzgeⁿ schw.: durchsuchen, Taschen, Schubladen o. ä. unbefugter Weise durchstöbern.

a u s h ä n g e n s. *aushenken.*

aus-hauseⁿ schw.: intr., übel wirtschaften, sein Vermögen durchbringen; verschwenden. Part. a u s gᵉh a u s t wer sein Vermögen durchgebracht hat. Syn. *aufhausen*, wo auch der feinere Unterschied zwischen beiden vermerkt ist.

aus-hausig Adj.: verschwenderisch, unwirtschaftlich.

aus-häusig Adv.: oft und gern außer Haus.

aus-henke[n] schw.: etwas heraushängen lassen. Einen Laden, eine Türe *a.* aus den Angeln heben. *I*[ch] *henk*[e] *dir 's Kreuz aus!* Drohung. – Anm.: In andern Fällen *'raushenken,* z. B. den Kopf zum Fenster, eine Fahne zum Dachladen.

a u s h e r s. *außer II.*

a u s h i n s. *auße.*

aus-hutzle[n] schw.: intr., dürr werden. Spez. im Part. *ausg*[e]*hutzelt* dürr, vom Alter eingeschrumpft, von Menschen. S. a. *verhutzeln.* – Anm.: Zu Grund liegt *Hutzel* „gedörrte Birne".

aus-kife[n] -*ī*- schw.: die Körner von Ähren odgl. mittelst der Zähne herausschälen und dann essen. Dafür auch bloß *kifen.*

aus-klaube[n] -*au*- schw.: auslesen, eig. mit den Fingern; aber auch übtr.

aus-kotze[n] schw.: erbrechen. Bes. refl. *sich a.* sich gründlich erbrechen. Ebenso: mit dem Erbrechen zu Ende sein, kommen. *Hast (di*[ch]*) jetzt a-t?* Übtr., sich alles von der Seele reden.

aus-krame[n] -*ǭ-, -āō- (-ǎ-, -ūā-)* schw.: seinen Kram auslegen, vom reisenden Händler. Übtr.: alles sagen, was man weiß.

aus-kugle[n] schw.: ausrenken.

aus-kustere[n] schw.: genau durchsuchen, aussuchen; ALB und mittl. NECK.

aus-lälle[n] schw.: *einen a.,* durch Herausstrecken der Zunge *(Läll)* verhöhnen.

aus-lasse[n] st.: **1.** hinaus gehen lassen. Ohne Obj.: das Vieh auf die Weide lassen. – **2.** loslassen. *Laß mi*[ch] *aus!* – **3.** seinen Übermut, Zorn odgl. *an einem a.,* wie nhd. – **4.** ohne Obj.: eine Blähung streichen lassen. – **5.** Butter *a.* zu Schmalz sieden. Auch von andern Fetten. – **6.** einen Weiher *a.* ablassen. – **7.** ein Kleid *a.* weiter machen, häufiger *'rauslassen.* – **8.** Part. a u s g[e]l a s s e[n] *ausg*[e]*lau*[n] als Adj.: wild, lebhaft, bes. von Kindern, wie nhd.

aus-latsche[n] schw.: Schuhe austreten. S. *latschen.*

aus-laube[n] schw.: vom Laub befreien.

aus-laufe[n] st.: **1.** mit pers. Subj.: a. intr., mit sein: aus dem Haus fortlaufen. Im Sinn von „durchgehen". – b. trans., mit haben: eine größere Gegend *a.,* nhd. durchlaufen. *Alle Häuser a.* – **2.** mit sachl. Subj. a. ein Gefäß mit Flüssigkeit *lauft aus.* Von der Flüssigkeit in einem Gefäß heißt es jetzt: *sie lauft aus,* wenn das zu Endegehen ins Auge gefaßt ist, *'raus* aber, wenn das Herauslaufen aus dem Gefäß betont wird. – b. *Laß es recht a.* sei recht fleißig. – c. *ausgelaufen sein,* von einer Maschine, = *ausgeleiert* sein. Von einer Uhr auch = *abgelaufen* sein.

aus-läufig Adj.: von einem Mädchen, das sich der Männer wegen gerne auf der Straße herumtreibt. – Anm.: Anklang an *läufig* ist wahrscheinlich.

aus-läufle[n] -*aefl-;* a u s l ä u f e r e[n] -*aefər-;* a u s l ä u f-z e r e[n] -*ae-,* -z e l e[n]; a u s l a w e[n] -*ā*- schw.: Früchte aus der Hülse, *Läufel,* herausnehmen, z. B. Bohnen, Erbsen, Haselnüsse, Wallnüsse.

aus-laustere[n] -*əušt-* schw.: einen *a.* aushorchen, ausspionieren; *einem etwas a.* ihm ein Geheimnis entlocken.

a u s l a w e n s. *ausläuflen.*

aus-leire[n] -*əi*- schw.: einen Mechanismus durch oftmaliges Hin- und Herbewegen so abnützen, daß die Teile nicht mehr fest in einander greifen. Bes. im Part. *Die Tür, das Schloß ist ausgeleiret.*

aus-lickere[n] schw.: ausspähen, herausfinden, aus einem herauslocken. N. der Donau.

aus-loschore[n] -*lǫ̌šǭrə* schw.: ausforschen, aushorchen.

aus-lottere[n] schw.: ausleiern.

aus-luge[n] -*uə*- schw.: kann da, wo *lugen* überh. üblich, gebraucht sein, z. B. *sich die Augen a.*

aus-mache[n] schw.: **1.** *aus* = heraus. Bohnen, Nüsse u. ä. *a.,* enthülsen. – **2.** *aus* im Sinn der Vollendung, Beendigung. *a.* vollenden, fertig machen. Im (Karten-) Spiel *macht* ein Stich *aus* beendigt die Partie. – b. verabreden, anordnen; wie nhd., aber auch in bes. Bedd. α) *Des hau-n-i*[ch] *lang ausg*[e]*macht, daß 's no*[ch] *so komme*[n] *werd*[e] schon längst bei mir erwogen. – β) *Einem etwas a.,* vermachen als Legat. – γ) Part. a u s g e m a c h t bestimmt, sicher, auch wo von keiner vertraglichen Festsetzung die Rede ist. – c. beendigen, entscheiden. *Du machst aus* gibst das letzte Spiel (Karten). – d. Das Feuer, das Licht *a.,* löschen. – **3.** *einen a.,* schelten, abrüffeln; aber auch verspotten, insbes. durch Nachäffung seiner Gebärden.

aus-melke[n] st.: zu Ende melken. Übtr.: einen aussaugen.

aus-mergle[n] -*ę-;* -*χ*- FRK. schw.: den Boden *a.,* ihm durch beständigen Anbau ohne Düngung die Kraft entziehen. Noch häufiger: einen Menschen oder ein Tier durch Überanstrengung entkräften. Am häufigsten Part. a u s g[e]m e r g l e t abgemagert, kraftlos, entnervt. – Anm.: Eig. frei von Mergel, der als Dünger benützt wurde.

a u s m i r g l e n s. *ausmerglen.*

aus-nähe[n] schw.: **1.** mit Nähen fertig machen, trans. oder intr. – **2.** ein Kleidungsstück *a.* füttern, wattieren. – **3.** intr., Näharbeit außerhalb der Wohnung. – **4.** übtr., die eheliche Treue verletzen, von Mann oder Frau.

aus-nase[n]; a u s - n ä s e[n]; a u s - n ä s l e[n] schw.: mit der Nase durchstöbern, ausspionieren. Ein naseweises Weib oder Kind, ein Landjäger o. ä. *will au*[ch] *alles a.*

a u s n a s t e n s. *ausasten.*

a u s n ä u f l e n s. *ausläuflen.*

aus-papp(e)le[n], -p ä p p e r e[n] schw.: ausschwatzen.

aus-päßle[n] schw.: auflauern.

aus-patsche[n] *b-* schw.: **1.** *-ă-:* den Dreck, eine Pfütze *a.*, hineintreten, daß es hinausspritzt. Auch übtr., wie *austappen,* vom ausführlichen Besprechen langweiliger oder widriger Dinge. – **2.** *-ā-:* ausschwatzen, ein Geheimnis.

aus-pauke[n], aus-päuke[n] schw.: *etwas a.,* wie ausposaunen o. ä. iron. Ausdruck für Verbreitung von Dingen, die besser verschwiegen blieben.

aus-pfitze[n] schw.: ausgleiten. – Anm.: Versch. von *'naus pf.* sich rasch aus etwas hinaus bewegen.

ausraiden s. *ausreden II.*

aus-raitle[n] *-ai-* schw.: die *Raitel,* Prügel aus dem Wellenholz herausziehen.

aus-rätsche[n] *-ȩ̄-* schw.: ausschwatzen. – Zu *Rätsche* Schnarre, für Mund.

aus-raume[n] schw.: wie nhd. ausräumen, ein Haus, Zimmer, Geräte. – Insbes. auch = reinigen.

aus-rechne[n] *-ę-, -eə-, -ja-, -ə-* schw.: wie nhd. berechnen, welches uns fehlt.

aus-rede[n] I *-ę-* schw.: **1.** intr., seine Rede beendigen. – **2.** einem etwas *a.* abraten. – **3.** refl., *sich a.* eine Ausrede brauchen, sich hinausreden.

aus-rede[n] II *-ęə-,* Part. ausg[e]rede[n] st.: Getreide mittelst des Siebs reinigen. – Ausredete f.: das was beim *a.* nicht durch das Sieb geht.

aus-reiisch *-ǫįę̌, -aję̌, -ǫę̌* Adj.: wer nicht gern still zu Haus ist, sondern bei allen Gelegenheiten herumzieht; ausgelassen. Nam. von jungen Mädchen, die den Burschen nachlaufen. – Anm.: Zu dem Verb und Subst. *reien,* das aus der Bed. Tanz in die des wilden Unfugs übergegangen ist.

ausreisch s. *ausreiisch.*

aus-reiße[n] *-ǫi-* st.: intr. **1.** von einer Naht odgl.: sie *reißt aus, ist ausgerissen.* – **2.** davon gehen, Reißaus nehmen.

aus-richte[n] *-įχt-, -īχt-, -īt-, -iət-* schw.: **1.** richtig machen, ins Reine bringen, in bestimmten Verwendungen: *etwas a.,* z.B. einen Gruß, eine Botschaft: nhd. bestellen. Dafür bei uns das einzige und allgem. Wort. *Hast's au[ch] alles ausg[e]richt[et]?* udgl. – *etwas a.* zu Stande bringen. *Mit Geld und gute[n] Wort[en] richt[et] ma[n] viel aus.* – **2.** *einen a.* Übles über ihn sagen, ihn verleumden. Syn. *ausmachen.*

ausromen s. *ausraumen.*

ausruhen s. *ausgeruhen.*

aus-rutsche[n] *-ŭ-* schw.: ausgleiten.

aus-sacke[n] schw.: einem die Taschen durchsuchen.

aus-sage[n] schw.: etwas zu Ende sagen.

aus-saufe[n] *-əu-* st.: vom Tiere und derb vom Menschen für austrinken.

aus-schaffe[n] schw.: **1.** trans.: hinausschaffen. – **2.** intr.: außerhalb der eigenen Wohnung, im Haus des Kunden, arbeiten OSCHW.

ausschämen s. *ausgeschämt.*

aus-schärre[n] *-ę-, -ęə-* schw.: ausscharren; insbes. eine Schüssel, Pfanne *a.* die an ihr haften gebliebenen Reste der gekochten, gebackenen Speise abkratzen, um sie zu essen. – Ausschärrete f.: an der Pfanne haften gebliebene Speisereste.

aus-scheiße[n] *-əi-* st.: nur in der RA. *Scheiß di[ch] aus, na[ch] wurst schlank;* derbe Ablehnung der Rede eines andern. – Beseitigung einer Speise odgl. muß *'naussch.* heißen; *I[ch] hau[n] mei[n] Mittagesse[n] scho[n] wieder 'nausg[e]schisse[n].* Dagegen kann es heißen: *Hast jetzt bald ausg[e]schisse[n]?* das Sch. vollendet. Übtr.: *Er hat ausg[e]schisse[n]* er ist gestorben.

aus-schelte[n] st.: *einen a.,* tüchtig schelten.

aus-schife[n] *-ī-* schw.: Bohnen, Erbsen *a.,* aus den *Schefen,* Hülsen heraustun.

aus-schimpfe[n] st. u. schw.: *einen a.* gehörig schelten, wie *ausschelten.* Auch: zu Ende sch.; *Hast jetzt bald ausg[e]schimpft?*

aus-schinde[n] st.: nur übtr., *einen a.* mehr als gebührlich ausnützen.

aus-schläufe[n] *-ae-,* O. *-ę̄-* schw.: **1.** auskleiden, trans. und refl. *sich a.;* Gegenteil *einschläufen.* Auf der Alb und s.

aus-schleife[n] *-əi-* st.: **1.** trans.; im Part. ausg[e]schliffe[n] von einem Messer, bes. Rasiermesser, dessen Klinge durch häufiges Schleifen schmal geworden ist. – **2.** intr., ausgleiten. – Anm.: 2 zu *schleifen* auf dem Eis.

aus-schleime[n] schw.: *sich a.* in übtr. Bed.: alles heraussagen, was man auf dem Herzen hat, insbes. durch Schimpfen erleichtern. *I[ch] muß mi[ch] voll ganz a.*

aus-schleiße[n], Part. ausg[e]schlisse[n] st.: ausschlitzen, aber nur intr. – Syn. *ausschlenzen.*

aus-schlenze[n] schw.: ausschlitzen, z.B. von einem Knopfloch. Vgl. *ausschleißen.* – Zu *Schlanz, schlenzen.*

aus-schliefe[n] *-ie-,* Part. ausg[e]schloffe[n] st.: **1.** auskleiden, trans. und refl. *sich a.,* Gegenteil *einschliefen.* – **2.** intr., ausschlüpfen. a. vom jungen Vogel, aus dem Ei *a.* – b. von Pflanzen: aus der Erde oder aus der Knospe herauskommen.

aus-schlupfe[n] schw.: **1.** aus dem Ei ausschlüpfen von Vögeln, aus der Puppe von Schmetterlingen. Syn. *ausschliefen 2 a.* – **2.** ausgleiten mit den Füßen.

aus-schmire[n] schw.: *einen a.* ihm im Spiel abgewinnen, hintergehen, übervorteilen.

aus-schnaufe[n] schw.: ausruhen, um Atem zu schöpfen, von Menschen und Tieren; Part. *ausg[e]schnauft* euphemistisch für gestorben.

aus-schüttle[n] *-i-* schw.: durch Schütteln von seinem Inhalt befreien, z.B. das Tischtuch nach dem Essen. – Anm.: Aber: die Brosamen aus dem T. *'raus-,* das T. zum Fenster *'nausschüttlen.*

aus-schwätze[n] schw.: **1.** zu Ende reden. – **2.** ausplaudern. Ausschwätzerei f.: desgl. – Zu 2:

Der schwätzt alles aus; dagegen *Schwätz net so dumm 'raus* (oder *außer*) = herausreden.

auße *ǝusę̆; ŭ-* S.; *-i* S. und SW. Adv.: hinaus. Gegensatz einerseits *außer* heraus, andererseits *eine* hinein. – Insbes. adv. Zusatz zu Verben *a. bäffen, folgen, führen* s. *aus-bäffen, -füren.*

auße-ge[hen] st.: hinausgehen. *Ganget ihr au[ch] da auße?* Gruß bei Begegnung auf dem Felde.

aus-segne[n] *-ęǝŋǝ, -ę̄ŋǝ, -ę̄ŋlǝ* schw.: etwas oder jemand beim Ausgehen oder am Ende segnen. Insonderheit aber vom Segensprechen über einen Toten.

auße[n] *ŭsǝ,* nur im N. etwa von der Enzgegend bis ins FRK. und RIES *au-* Adv.: außen.

außer I (ä u ß e r) *ǝuser, usǝr* Adj.: der Äußere. *'s Äußer[e]* die Außenseite.

außer II *ǝusǝr, usǝr; ǝussǝ* TIR.; *ǝusǝrǝ.* Adv.: heraus. Gegensatz einerseits *auße* hinaus, andererseits *einer* herein.

aus-serfle[n] *ǝussęǝrflǝ,* a u s - s e r g e[n] schw.: auszehren, abmagern. Bes. im adj. gebr. Part. Prät. a u s s e r g e n s. *ausserflen.*

außer-schwätze[n] schw.: herausschwätzen, von dummen, unbesonnenen, unanständigen Reden.

auße-tu[n] st.: hinaustun; bes. auf den Friedhof bringen.

aus-sorge[n] schw.: zu sorgen aufhören. *Für den h[ab]ent s[i]e ausg[e]sorget, ist a.,* weil er tot ist.

aus-speie[n] *-ǝi-, -ǝib-, -ǝig-, -ui-, -ŭb-* st.: ausspukken. – *Der Ofen speit aus* strahlt starke Hitze aus.

aus-spreite[n] *-ai-, -oi-* schw.: für „ausbreiten" in alter und neuer Zeit.

aus-staffiere[n] ⌢∪∪ schw.: *einen a.,* mit Kleidung und dazu Gehörigem, auch Aussteuer, ausrüsten.

Aus-stecherle[in] n.: mit Stechmodel aus Teig gestochenes süßes Gebäck.

aus-stecke[n] *-ę-* schw.: **1.** hinausstecken. Heute mehr *'naus, 'raus* st. – **2.** einen Bauplatz odgl. *a.* mit Stangen o. ä. markieren, abstecken.

aus-stinke[n] st.: in Sätzen wie *Der Käs stinkt die ganz[e] Stub[e] aus* durch d. g. St. hindurch.

aus-streite[n] *-ǝi-* st.: *Habt ihr jetzt bald ausgestritten?* seid ihr bald fertig mit eurem Wortstreit? *Jetzt ist ausgestritten* o. ä.

aus-strüle[n] *-iǝ-* schw.: durchsuchen. *Er strült 's ganz[e] Haus aus* u. ä.

aus-stüre[n] *-ī-* schw.: ausstöbern. Obj. ist der Raum, in welchem gesucht wird: *Er stürt ei[ne]m 's ganz[e] Haus, alle Schublade[n]* usw. *aus.*

aus-suche[n] *-uǝ-,* schw.: durchsuchen. *Die Polizei hat das ganze Haus ausgesucht. Die Äpfel in dem Korb sind* oder *Der Korb Ä. ist schon ausgesucht* die schönsten sind schon ausgelesen.

aus-supfe[n] schw.: **1.** ausschlürfen, z. B. ein Ei. – **2.** der Säfte berauben, entkräften. Bes. aber von

Menschen, bes. im Part. a u s g[e] s u p f t : abgemergelt, dürr, kraftlos.

aus-täfere[n] *ǝusdę̄fǝrǝ* schw.: **1.** ein Zimmer, einen Saal odgl. *a.,* ganz mit Vertäferung versehen. – **2.** *einen a.* tüchtig durchprügeln.

aus-tanze[n] schw.: in Wendungen wie *Habt ihr ausgetanzt? Jetzt ist ausgetanzt.*

aus-tappe[n] *-dǎ-* schw.: eine Pfütze, einen Dreckhaufen *a.* mit dem ganzen Fuß darein treten. Stets mit spöttischer Färbung. *I[ch] hau[n] ein[en] ausg[e]tappet* ich bin in einen Haufen Menschen-(Hunde-, Katzen- o. ä.) Kot getreten. Gerne übtr. *De[n] Dreck a. müsse[n]* die mißlichen Folgen von etwas tragen müssen. Wenn einer z. B. einen Witz, sei er schmutzig oder nicht, langweilig breit tritt, so heißt das gleichfalls *a. Mußt du alles a.?*

aus-trage[n] st.: **1.** phys., hinaustragen, von Briefen, Paketen odgl. – **2.** unpers.: *das trägt sich aus,* auch mit anderm Akk.: *die Mühe, Kosten,* ganz unbestimmt *es:* es lohnt, rentiert sich usw., bes. neg. *Des trait si[ch] für u[n]s net aus, 'n Knecht z[u] halte[n]t* u. ä.

aus-trete[n] st.: A. intr., mit sein. **1.** von Menschen. Aus dem Glied treten, vom Soldaten. Da das A. meist zum Zweck der Befriedigung der Notdurft geschieht, so ist *a.* auch allgem. übl. Euphemismus, und zwar *leicht a.* pissen, *schwer a.* scheißen. – **2.** vom Wasser: der Fluß, See *tritt aus, ist aus[ge]trete[n],* wie nhd. – B. trans. etwas durch Treten zerstören. Ein Feuer *a.* Eine Pfütze *a.* (s. a. *anstappen*).

aus-trückne[n] schw.: austrocknen.

aus-tu[n] st.: **1.** ausziehen, das Kleid oder refl., *sich a.* – **2.** austilgen, beseitigen. a. phys.: α) *einen a.* seinen Namen ausstreichen. – β) Part. *aus[ge]tau[n]* erschöpft, ermattet. – b. übtr.: *einen a.* α) ihm die Gunst entziehen. – β) ihn durch seine eigene Vorzüge in Schatten stellen, ausstechen. – **3.** ausspielen, zum Gewinn im Spiel setzen. – **4.** refl., *sich a.* sich für etwas ausgeben, prahlerisch oder betrügerisch.

aus-virgele[n] *-f-* schw.: etwas *a.,* jede Kleinigkeit einzeln erwägen und in Ordnung bringen. – S. *Virgel* usw.

aus-wargle[n] schw.: Teig auskneten, auswellen. Nudeln *auswärgle*[n].

aus-wate[n] *-ǎ-* schw.: eig. und übtr. *Des därf i[ch] wieder a.* = *austappen.*

aus-wedle[n] *-ę̆-* schw.: etwas *ein Feuer a.* mit einem *Wedel* löschen; *auswedlen lassen* lüften von Kleidern und Kopf.

aus-weg Adv.: aus dem Weg. *A. gehe[n]';* bes. aber interjektionell *ausweg!* ausgewichen!

aus-wendig; [a]uswen[d]inge[n]; (a)uswendlinge[n] Adj. Adv.: Gegensatz zu inwendig. **1.** phys.: draußen, außerhalb. a. Adj., auswärtig. – b. Adv., auswärts, draußen. – **2.** übtr. a. Adj. und

Adv.: äußerlich, körperlich, opp. innerlich. – b. Adv., wie nhd.: *etwas a. wissen, können, hersagen,* ohne schriftlichen oder gedruckten Text.

aus-wickle[n] schw.: Gegensatz zu *einwickeln.* Ein eingepackter Gegenstand, ein eingebundenes Kind wird *ausgewickelt,* aber aus der Verpackung, aus der Windel *'rausgewickelt.*

aus-winde[n] st.: durch Winden, Drehen auspressen. Ein Kleid wird vom Regen oder auch Schweiß so naß, daß man es *a.* kann.

aus-wische[n] schw.: **1.** durch Wischen säubern. Ein Gefäß *a.* sein Inneres abwischen. – **2.** *einem a.* a. Schläge, bes. Ohrfeigen geben. – b. einen Verweis geben.

aus-witsche[n] schw.: intr., mit sein, ausgleiten.

A u s w ü r f e l s. *Auwerder.*

aus-zänne[n] schw.: *einen a.* verspotten durch Grimassen, Grimassen schneiden.

aus-zäpfe[n] *-ę-,* a u s - z a p f e[n] schw.: Getränk durch den *Zapfen* aus dem Faß auslassen, anstechen, ausschenken.

aus-zäseme[n] *-sm-, -šm-, -səml-* schw.: ausfasern, von einem Gewebe. – S. *Zasem.*

a u s z e p f e n s. *auszäpfen.*

aus-zere[n] *-ẹ̄-* schw.: die Schwindsucht haben. Häufiger das Subst. A u s z e r u n g f., auch übtr. von der *A.* des Geldbeutels.

aus-ziehe[n] st.: trans. **1.** Kleider *a., sich a.* wie nhd.; Gegens. *anziehen.* – **2.** aus etwas anderem herausziehen, wofür in der MA. vielfach *'rausz.:* Zähne, Haare, einen Dorn aus der Haut udgl.

aus-zupfe[n], a u s - z o p f e[n] schw.: etwa den Rand eines Kleides odgl. *a.* Dagegen wird etwas aus etwas anderem *herausgezupft.*

autsch *autš:* Interj. des Schmerzens.

Autschele[in] *āōtšələ* n.: (junges) Schwein.

A u w (e n) s. *Nau(en).*

Auwerder m.: Maulwurf. Ein über ganz Schwaben verbreitetes Wort mit mannigfach verschiedener Lautform. 1. Anlaut: *əu-* überall, *āō-; məu-.* – 2. der Halbvokal *w,* nach *u* wenig unterscheidbar, fehlt oft; *əuhẹdr.* 3. der Vokal der zweiten Silbe ist bald *ę* bald *ęə,* das einfache *ę* bald kurz bald lang. 4. das *r* der 2. Silbe fehlt oft. 5. statt des *r* der 3. Silbe *l: əuwẹ(ə)dl, āōwẹədl.* 6. Akzent wohl meist ◠◡. 7. andere Formen: *auwerfer, aufwerfer, aufwerfel, auswerfel, auswürfel.*

Auwerder-haufe[n] m.: Maulwurfshaufen.

a u z (g) e n s. *achzen.*

A u z i f e r s. *Unzifer.*

Avemaria n.: der „englische Gruß" Ave Maria gratia plena usf.; das Morgen- und noch mehr Abendläuten, zu dem derselbe gesprochen werden soll; die Zeit dieses Läutens. Das Wort erscheint bei uns in zwei Hauptformen, deren Namen Maria betrifft: die eine, den engl. Gruß selbst sowie das Läuten bezeichnende, deshalb nur an kathol. Orten übliche schließt sich enger an die lat. Urform an; die zweite, die nur das Läuten bezeichnet, ist auch prot. üblich und sucht dies Wort formell zu verdeutschen. – **1.** Avemaria. *'s ǭfəmarə.* – **2.** Avemerge, A. läuten, Subst. A v e m e r g e t f.; in ff. Formen: *ǎfemẹ̄rgə, ǭf-, aof-, əuf-, uf-.* Diese Form bez., s. o., nur das Läuten und dessen Tageszeit, meist das (letzte) Abend-, seltener das Morgenläuten. Syn. *Betläuten.*

awa Interj.: ach was! Häufig als Satzeinleitung verwendet.

Awanko *awāŋkhǭ* ◡ˊ- m.: Giebelaufsatz, Querhaus im Dachstock.

awante ◡ˊ◡ Adv.: *a. gau*[n] durchbrennen; *er ist a.* ist durchgebrannt. – It. *avanti.*

a w e g s. *abweg.*

ä w e i , ä w e i l s. *alleweile.*

B und P

Beide Anlaute sind als durchaus gleich behandelt; es kommt z. B. *Backen* später als *Pack.* Nur wo außer dem anlautenden Konsonanten zwei Wörter vollkommen gleich lauten, geht *b* dem *p* voran.

ba *bā* Interj.: **1.** des Abscheus, Ekels; Kindersprache und Kindern gegenüber. Das und das *ist ba!* Aufforderung, es nicht anzurühren oder es wegzulegen. *Ba machen* scheißen. Demin. *Bale machen.* – **2.** der Verwerfung, wie nhd. pah.

ba s. *man.*

Bä-aug[e] *bę̄aog,* älter *bę̄*- n.: schielendes Auge.

päb s. *behäbe.*

bäbä *bębę̄* ⏜-: Interj. des Ekels. Bäbäle[n] schw.: scheißen. – S. a. *ba.*

babb-, bäbb- s. *papp-.*

Babel *bābl,* Bäbel *bębl* f.: = *Barbara.* – Übtr.: *Babel* = dummes Weib.

Babele[in] *bābəlę,* Bäbele *bę̄*- n.: = *Barbara.* – Übtr.: *Babele* = Puppe.

bäbele[n] schw.: **1.** mit Puppen spielen. – **2.** schmusen.

Babett[e] *bābęt* f.: = *Barbara,* s. d.

Bäch *bęχ* f. n.: so viel auf einmal gebacken wird; das einmalige Backen; = *Bachet* O.

Bach-blätsch[e] f.: Gewöhnliche Pestwurz, Petasites hybrides (L.) G., M., Sch.

Bach-blech n.: Blech, auf das die zu backenden Sachen gelegt und auf dem sie in den Ofen getan werden.

Bach-bumpel f.: Trollblume, Trollius europaeus L.. Syn. *Bachroll, Kappel, Käppele, Guckenblume, Rolle, Schloßrolle, Butterballe.*

Bach-burgel f.: Pflanzenname für **1.** Bachbunge, Veronica beccabunga L. – **2.** Sumpfquendel, Peplis portula L.

Bachel, Bachele s. *Bachus.*

bächele[n] *bęχələ,* bächle[n] *bęχlə* schw.: sich mit Backen beschäftigen, aber mehr in spielender Weise.

bache[n] *-ăχ- (-ăk-),* 3. Sg. *bęχt (băχt);* Part. *[ge]bache*[n] st. u. schw.: backen. A. trans. **1.** von Brot u. a. Speisen. – **2.** das Part. *gebachen* substantiviert: *Gebackenes băχəs* N., *băχis* S. = Backwerk, Gebäck. – **3.** übtr.: a. *nicht recht [ge]bachen sein* nicht recht gescheit. – b. *einem b., einem eins b.* ihm einen Schlag, bes. eine Ohrfeige, geben, namentl. zur Züchtigung für vorlautes Wesen.

S. a. *Bachet 4.* – Iron.: *Du hast əm* [ihm] *[ge]bache*[n] du hasts getroffen, d. h. nicht getroffen. – B. intrans.: kleben, festhangen. Deutlicher *anbachen, zusammenbachen* u. ä. Bes. gern im Part.

Bach[en]**stei**[n]**-käs** m., auch Bache[n]steiner m.: der volksübliche weiche Käs, in Halbmundart Backsteinkäs, vornehmer auch Rahm- oder Limburger K. genannt.

Bacherei ⏝⏝' f.: das Brotbacken.

Bacher-lo[n] m. (n.): Lohn für das Backen eines Gebäcks, welches vom Kunden selbst gemacht, vom Bäcker nur gebacken wird.

Baches s. *bachen* und s. *Bachus.*

Bachet, Bachete *băχət* (frk. *băgət), băχədę, bęχət;* Pl. -e[n] f.: **1.** Zeit des Backens. – **2.** so viel Brot, als zugleich im Ofen gebacken wird; so viel Mehl, als zu diesem Quantum nötig ist. Demin. Bachetli n. TIR. – **3.** übtr., Leute, die aus einer Familie sind oder sonst eng zusammenhalten. – **4.** eine Tracht Schläge; zu *bachen* 3b. – **5.** fest hängender Dreck, Geschmier.

Bach-gabel f.: Küchengabel, die zum Backen dient.

Bach-haus n.: das kleine Haus, welches den Backofen enthält, sei es als Zugehör eines Wohnhauses, sei es besonders als Gemeinde-Eigentum. Öfters Demin. Bachhäusle[in]. Doch sind *Bachkuche* und *Bachofen* häufiger.

Bach-kätter -ę̄-, Pl. -kättre[n] f.: die Sumpfdotterblume, Caltha palustris L. Syn. *Bachmadel, Dotterblume, Rolle, Käppele, Schmalzblume, -kachel.* – Anm.: Zu *Kätter* Katharina.

Bach-kuche, Plur. -ene[n] f.: der (öffentliche) Backofen; = *Bachhaus.*

Bach-madel -ā-, Pl. -madle[n] f.: die Sumpfdotterblume, Caltha palustris L. – S. a. *Bachkätter.*

Bach-model, Plur. -mödel m.: Model für Backwerk.

Bach-muld[e] -ŏ-, -uə- f.: Mulde zum Backen, Backtrog.

Bach-nägele[in] -ę̄- n.: Lichtnelkenart Melandrium rubrum (Weigel) Garcke. Syn. *Blut-, Buben-, Kopfweh-N.*

Bach-of(e^n), Plur. -öfe^n m.: Backofen. Und zwar a. der öffentliche, jetzt mehr *Bachkuche*. – b. der private. Auch er bildete nicht selten ein eigenes kleines Gebäude *(Bachhaus)*.

Bach-roll^e, Pl. -e^n f.: Trollblume, Trollius europaeus L. Syn. *Dicke Schmalzblume, Kappel, Käppele, Guckenblume, Rolle, Schloßrolle, Bachbumpel, Butterballe*.

Bach-schaufel f.: Holzschaufel, auf der die Laibe in den Backofen und herausgebracht werden.

Bach-schneider m.: die Wasserjungfer, Libelle.

Bach-schüssel -i- f.: Schüssel zum Formen des Laibs.

Bachsteinkäs s. *Bachensteinkäs*.

Bachstelzen-arsch m.: als Vergleich für ruhelose Beweglichkeit. – Bachstelze^n-füdle n.: ebenso. *Ein Kerl wie ein B.* (Dem und dem) *sein Maul geht wie ein B.* – Bachstelze^n-schwanz m.: *unruhig, unmüßig wie e^in B-en Schwanz.*

Bach-stub^e, Plur. -e^n f.: der Raum des Hauses, in dem der Backofen ist.

Pacht, pachten usw. s. *Pfacht* usw.

Bachus: der Name des Bacchus hat sich bei uns in ff. populären Formen und Bedd. erhalten. 1. Bachus *bāχəs* m.: *B. ^auf'm Faß, des ist nu^r e^in G^espaß* wenn man eine Scherzrede nicht so böse meint, wie ein anderer sie auffaßt. – 2. Bachele^in *baχələ* m. n.: a. dickes Kind; dicker Mensch. – b. Dummkopf, unbeholfener Mensch. – c. Flegel; lächerlicher, leichtsinniger Mensch. – 3. Bachel *baxl* m.: unbeholfener, blöder Mensch; Dummkopf; Simpel; Erwachsener, der noch etwas kindisch ist. – 4. Bachel *baxl* f.: Schimpfwort für ein Weib.

Pack *phăk, pfăk:* 1. m., Plur. Päck^e *phĕk:* a. Pack, Bündel. Insbesondere, sofern er getragen wird. – Bes. Demin. Päckle^in. *Ein P. Tabak* o. ä. – b. Geschwulst. S. a. *Bäckel(er)*. – 2. n., ohne Plur.: Lumpenpack, Gesindel. Syn. *Lumpenpack, Packware, Bagasche*.

Bäckel *begl*, Bäckeler -*ələr*, Bäcker -*ər* m.: Geschwulst, insbes. solche am Backen und den Halsdrüsen, bei Vieh und Menschen. Übtr.: *Bäcker* kropfartige Erhöhung, Knorren am Brotlaibe.

bäckele^n *begələ* schw.: scheißen, von und zu Kindern.

Packel-war^e f.: kollektiv, Lumpengesindel, Vaganten. – Dafür auch Packwar^e.

Backe^n *bagə*, Sg. und Plur. m.: 1. die Wange und Kinnbacke des Menschen. Das einzige und allgem. dial. Wort dafür. – 2. übtr. auf andere gewölbt vorspringende Dinge. a. *Bäckle^in* heißt das als Delikatesse geltende Fleischstückchen an dem Kinndeckel der Forelle. – b. Hinterbakke des Menschen und der Tiere. Beim Menschen fast immer *Arschbacken*. Mehr vom Tier: Lendenstück. – c. an Hausteinen die vorstehen-

de, roh behauene Mitte. – d. *B., Bäcklein* eines Apfels o. ä. Früchte, nach Rundung und roter Farbe. – e. Seitenteil an verschiedenartigen Instrumenten, Möbeln udgl., wo solche Seitenteile symmetrisch gedoppelt vorkommen.

backen s. *bachen*.

packe^n *phă-, pfă-; phĕksə* schw.: packen. 1. verpacken, zu einem Pack machen. Insbes. a. ohne Obj.: seine Habseligkeiten zusammenpacken, um abzureisen. – b. *sich p.* sich davon machen. Nam. imper.: *Pack di^ch!* – 2. fassen, ergreifen. Dafür der allgem. verbr. Hauptausdruck, zumal „fassen" in diesem Sinne nicht populär ist. Krankheit, Schrecken o. ä. *packt* einen. *Desmal hat mi^ch's ^gepackt* diesmal bin ich ernstlich krank.

bäcken s. *becken*.

Backe^n-dusel f.: Dusel, Schlag auf die Backe, Ohrfeige.

Backe^n-schell^e f.: Ohrfeige.

Bäck(er) s. *Beck*.

Bäcker s. *Bäckel*.

Bäcklein s. *Backen*.

bäcklen s. *becklen*.

Bachsteinkäs s. *Bachensteinkäs*.

Badenge s. *Batenke*.

bäderle^n schw.: demin. Bildung zu baden.

Bad-schäffle^in n.: kleine Kinderbadewanne.

bad-warm Adj.: so warm, daß man drin baden könnte; tadelnd für laues Getränke, das kalt sein sollte. Syn. *seichwarm, brühwarm*.

Pafel *bōfl* Ries. Allg. Tir.; sonst *bāfl* m.: 1. nutzlose Ware, wertloses Zeug, Schund. – 2. übtr. von dummem, nutzlosem Gerede. *P. schwätze^n, de^n helle^n P. schw. Des ist der hell^e P.* udgl.

paff *băf* Interj.: 1. s. *puff*. – 2. prädik. *ganz b. sein* erstaunt.

bäffe^n *bĕfə*, bäffere^n *bĕ-*, bäffzge^n *bĕftsgə, bĕə-* (seltener ohne -*g*-), bätzge^n *bĕtsgə, bĕə-* schw.: 1. kläffen, belfern, von kleinen Hunden. – 2. von Menschen, wie nhd. belfern, widerbellen: keifen, maulen, bes. von solchen, die gescholten oder widerlegt worden sind, aber immer bissig hinterdrein kläffen; auch wohl nachmaulen, verspotten durch karikiertes Nachahmen seiner Worte.

Bäffer, Bäffzger m.: 1. wer *bäfft*. a. kleiner, kläffender Hund, bes. im Dem. -le^in n. – b. kläffiger Mensch, bes. -i^n f.; s. a. *Bäffzge*. – 2. das Kläffen des Hundes.

bäffig Adj.: kläffig, keifend.

Bäffzg^e f.: kläffendes Weibsbild. – S. *bäffen* 2.

bäffzgen s. *bäffen*.

bafle^n schw.: gern und viel schwätzen.

Bäg n.: unartiges Kind, Quälgeist. S. *bägeren*.

Bagasche *bagāšĕ* ◡◡ (ohne Plur.) f.: 1. Gepäck. – 2. Lumpenpack. – 3. Sippe. – Bagasche-war^e f.: dass. – Zu frz. *bagage* m.

Bagatell f. n.: Kleinigkeit, meist verächtlich gebraucht.

bägeⁿ -ę̄- schw.: stöhnen, schimpfen.

Bagenge s. *Batenke.*

bägereⁿ -ę̄- schw.: **1.** quälen, aber bes. durch fortwährendes Drängen und Bitten, durch Zudringlichkeit, auch mit Liebkosungen. *Er bägeret mi^{ch} älleweil* udgl. – **2.** hadern, zanken, sich unzufrieden äußern ALLG. – S. a. *bägerig.* – Anm.: Kann nur zu mhd. *bâgen* streiten, zanken gehören.

bägerig Adj.: wer einen *bägeret,* quält.

Bähauge s. *Bäauge.*

bäheⁿ *bajǝ; bę̄we, bę̄bǝ* FRK.; sonst *bę̄ǝ (bējǝ)* schw.: bähen, erwärmen. **1.** eine Speise; insbes. Brotschnitten leicht braun rösten. – **2.** ein Stück Holz *b.* am Feuer gelind warm machen, um ihm mehr Zähigkeit, Dauerhaftigkeit zu geben, insbes. einen Stock, Weiden odgl. – **3.** einen Körperteil *b.* durch Anwendung von trockener Wärme behandeln. Bes. refl. *sich b.* sich durch Erwärmung wohl tun, sich am Ofen wärmen odgl.

Bäh-mull(e) m. f.: langweiliger, schnell beleidigter Mensch.

Bahre s. *Bare.*

Bai *bǫe (bǫed, bae),* Plur. -eⁿ f.: **1.** der nach dem Zimmer zu gehende Fenstersims. Gebräuchlich s. der DON., OSCHW. ALLG. – **2.** Fensteröffnung, Fenster.

Baier *bǫjǝr, bǫer, bajǝr;* flektiert ebenso oder Baireⁿ *bǫerǝ* m.: **1.** Baier. – **2.** Schwein; auch wohl spez. Eber. – **3.** Schimpfwort für einen unreinlichen, auch wohl rohen, groben Menschen. *Du bist e^{in} rechter B. Du drecketer B.!*

Bai-loch *baelǫx* n.: Schallloch am Kirchturm SW. S. a. *Bauloch.*

Baind s. *Beund.*

bainsten s. *beisten.*

bais s. *bös.*

Bais *Baiz^e* f. Wirtshaus; ebenso Baizer(iⁿ) -s- Wirt(in); Baizerei Gasthaus; aus dem Rotwelsch.

Baiser m.: Wirt. – Zu *Bais.*

Baiz, Baizer s. *Bais, Baiser.*

Bajaß *bäjäs, bǫjäs, bäjätsl* RIES, *bojätsl* ALLG. m.: Hanswurst; auch Schelte für einen possenhaften Mann. Syn. *Hanswurst.*

Bäkel *bękgl* schw.: verhärteter Schleim *(Butzen)* in der Nase, aber auch Schimpfname für einen ungeschlachten Menschen FRK. – Vgl. auch *Mäckeler.*

bäkeleⁿ *bękǝlǝ* schw.: ein wenig verdorben riechen, vom Fleisch.

Pakt s. *Pfacht.*

bal s. *bald.*

Balach^e *balax* ᴜ⸍, Plur. -eⁿ m.: verschnittenes Pferd, Wallach.

balacheⁿ ᴜ⸍ᴜ schw.: **1.** kastrieren, nur von Pferden. Syn. *verbalachen.* – **2.** übtr.: übervorteilen, betrügen.

baladereⁿ *balādǝrǝ* ᴜ⸍ᴜᴜ; bala(n)tsche^n *balāntš^ǝ* ᴜ⸍ᴜ, *balātš^ǝ* ᴜ⸍ᴜ schw.: schwatzen. Mit dem Nebenbegriff des viel, lebhaft, laut, aber dumm, unnötig Redens.

Palaver, Palaber n.: Geschwätz, Gezeter.

bald *bäl* NW. N. NO., *bāld* SW. BAAR, *bǫ̈ld* ALLG., sonst *bäld:* **1.** Adverb. Mundartlich in allen 3 Komparationsgraden *bald, bälder -ę̄-, am bäldsten.* a. von der Schnelligkeit einer Bewegung. Hieher die adj. Komposs. mit *bald-;* viell. auch das verbr. *Die Uhr geht z^u bald* geht vor. – b. Wie nhd. „bald" von dem kurzen Zwischenraum zwischen zwei Handlungen oder Zuständen. – c. aus dort Bed. „bald" fließt die weitere „beinahe". *Das sehr häufige bald voll* ᴧ z. B., das in präsent. Indikativsatz „demnächst vollends" bedeutet: *I^{ch} bi^n bald voll a^{nge}zoge^n,* kann schon in diesem Fall „beinahe" bed. – **2.** Konjunktion: so bald als, falls. *Bald du ^nit gohst, werst g^ehaue^n.* – Ebenso Superl.: *Bäldst i^{ch} der W^{eil}e ho^n* sobald ich Zeit habe. – **3.** Adjektiv in der Bed. des Adv. 1 b: was früh erscheint. *Ein balder Winter* der früh eintritt.

Bale *baolę, sonst bǭlę -i* S. m.: **1.** Kater. Syn. *Katzenbale.* Dafür auch Baler *bǭler.* Demin. *Bäle^{in} bailę* n.: Kätzchen. – **2.** Schelte für Menschen; Unfreundlicher Mensch; Grobian. Dafür auch Baler *baolǝr.* – **3.** Demin. *baelę̆* Samenkätzchen der Haselnuß und Salweide SW. Hieher auch *Bälein 2.*

Bäle^in n.: **1.** Schäflein, Kindersprache. – **2.** Samenkätzchen der Haselstaude.

Balg m.: **1.** Fell eines kleineren Tieres. (Bei größeren, wie Pferde oder Rindvieh: *Haut.*) – **2.** Haut, Überzug verschiedener Gegenstände. a. Blasebalg der Orgel. In der Verb. *den B. treten.* – b. Haut, Hülse einer Frucht; doch nur da, wo der Inhalt flüssig oder lufthaltig ist, z. B. bei Trauben, häufiger von Getreide oder Hülsenfrüchten. – **3.** von Menschen. Verächtl. oder bloß scherzh. für Kinder beiderlei Geschlechts; Syn. *Gof, Gramp.* – **4.** Demin. *Bälgle^{in}* n. Gesicht. *Ein schöns B.* – Anm.: Das unflekt. Wort lautet im SW. und NO. *-ā-,* sonst *-ä-;* fränk. *balix;* Plur. *Bälg^e bęlg.*

balgeⁿ *-ā-* SW. *-ä-* schw.: **1.** zanken, schelten. Dies die Hauptbed. – **2.** wie nhd. von Tätlichkeiten, doch meist geringfügiger Art.

Balkeⁿ-**schlegel** m.: Wiesen-Flockenblume, Centaurea jacea L.

Ball, Balleⁿ m. f.: **1.** Ball *bāl,* Plur. Bäll^e *bęl;* Ball^e *bāl,* Plur. Balle^n *bǟlǝ,* beide m.; Ball^e, Plur. -eⁿ f.: der Ball zum Spiel. – **2.** (Ball m.) Balleⁿ, Plur. ebenso m. f.: andere runde, geballte Masse. a. Ballen der Hände oder Füße.

Bāl m. – b. *Balle^n* Schneeflocke. – c. *Balle^n* m.: Klumpen, Butterballen. – d. *Ballen* Warenballen, alt und neu m. oder f. – **3.** Demin. Bälle^{in} *bę̄llę* n.: a. zu 1. – b. zu den versch. Bedd. von 2. – c. scherzhaft für ein dickes Kind.

Bäll, flekt. Bälle^n *-ę̆-* f.: **1.** Kurzform für *Barbara* ALB. – **2.** Schelte oder kom. Bez. einer Weibsperson. Faule, unreinliche, liederliche Person. Insbes. aber in Komposs.: *Butze^n-, Dreck-, Jammer-, Lumpe^n-, Sau-, Schmier-, Schmotz-Bäll.*

Ballatt s. *Ballett.*

Balle *bǟlę̆*, Balla *bǟlā* ⌢ m.: *Balle* dummer, ungeschickter Mensch. *Balla:* Dummkopf, bes. als Anrede *Du B.!*

Bällein s. *Ball.*

Ballen s. *Ball.*

Balle^n m.: Rausch. *Ein^en B. hau^n.*

balle^n schw.: **1.** *bǟlə* N., *bǟlā* S.: mit dem Ball spielen. Syn. *Balle^ns thu^n, B. spiele^n.* – **2.** *bǟlə; bę̆-:* zum Ball formen. *Der Schnee läßt sich ballen;* s. a. *ballig.*

Ballett, Ballatt, Balliet; Plur. -e^n m. f.: kleine Steinkugel zum Spielen. Das Spiel heißt *Ballettle^ns.* Syn. *Steiniss, Marbel.*

Balliet s. *Ballett.*

ballig *-ā-*, bällig. Adj.: was sich leicht *ballen* läßt, spez. vom weichen Schnee.

Palm-bretz^e, Pl. -e^n f.: auf den Palmsonntag gebackene Bretzel.

Palm(e^n), flekt. -e^n: **1.** Palme. – **2.** *bǟlm, bǟlmə; barmə* m.: der am Palmsonntag, nach der Erzählung Matth. 21., Luk. 11, übliche Palmzweig, bzw. der Ersatz für denselben, in der Kirche geweiht und als segensreich aufbewahrt. Syn. *Weihsang.* Der P. wird aus verschiedenen Zweigen gemacht: aus Buchs, Wachholder, Weißtanne, Hollunder, Äpfeln, vergoldeten Eiformen und Nüssen.

Palm-esel *b-*, gebildeter *ph-* m.: **1.** der Esel, auf dem Jesus in Jerusalem einritt. Es war früher wohl allg. üblich, diesen Einritt am Palmsonntag szenisch darzustellen, bald auf einem lebenden Esel durch einen den Heiland darstellenden Mann oder auch eine bloße Holzfigur, bald auf dem hölzernen Esel. – **2.** Spottwort für den Menschen. a. der zu spät kommende heißt *P.,* und zwar: α) wer im Hause zuletzt aufsteht (vgl. *Pfingstlümmel*). – β) wer am Palmsonntag zuletzt zur Palmweihe in die Kirche kommt ALLG. Häufiger: wer nach derselben zuletzt aus der Kirche herauskommt OSCHW. ALLG. Opp. *Reifenschmecker.* – γ) wer beim Rennen mit dem Palmen zuletzt ankommt OSCHW.; wer beim Palmenschießen das Ziel am weitesten fehlt. – δ) wer erst am Palmsonntag zur Beichte und Kommunion geht. – b. *Machst e^in G^esicht wie der P.* dumm-hochmütig.

Palmisch-bir *balmiš-, balmš-, balmərš-bīr*, Pl. -e^n f.: eine Birnsorte.

Palm-katz^e f., meist Demin. Palmkätzle^{in} *b-*, gebildeter *ph-* n.: Salweide, Salix caprea L. Insbes.: Zweig der Salweide, auch wohl anderer Weidenarten, mit den Blütenkätzchen.

Palm-minkele^{in}, Pl. -lich n.: Blütenkätzchen *(Minkele)* der Weide, bes. Salweide, = *Palmkätzlein* FRK.

Palm-tag, Palme^n-tag m.: noch jetzt übliche, früher allg. Form für Palmsonntag.

Balthasar *Baltəsər* ⌐⌣⌣, *Baltəs:* **1.** legendarischer Name eines der 3 Könige aus dem Morgenland. – **2.** Pers.N.

Balure ⌐⌣ m.: Schimpfwort; wer absichtlich quere Reden führt. – balure^n schw.: ausrufen, ausschellen.

Balz, balzen s. *Falz* II, *falzen.*

bamb- s. *bamp-.*

Bammert m.: Bannwart, Feldschütz.

Bamp m.: **1.** = *Bampes.* – **2.** *einen B. setzen* = *bampen.*

Bampe m.: dummer Mensch. – S. *Bampel.*

Bampel: 1. m.: dummer Mensch. – **2.** f.: *Bampel, Bompel* dicke, unbehilfliche Weibsperson.

bampele^n schw.: hängend sich bewegen, bammeln.

bampe^n schw.: scheißen; dem gew. *scheißen* gegenüber der dezentere Ausdruck, fast bloß von und zu Kindern gebraucht.

Bamper *-ā-*, *ę̆-* m.; öfters Demin. Bamperle^{in}, Bämperle^{in} n.: *Bamper* kurzer, dicker Mensch. *Du klei^nes Bamperle^{in}* liebkosend zu einem Kind. – *Bämper* kleines Kind; dickes Kind. *Bämperle^{in}* kleines, kurzes Kind.

Bampes Pl.: nur in den Verbb. *B. geben, kriegen, es gibt B.* = Schläge.

bampfe^n schw.: **1.** mit vollem Mund essen. Sonst *mampfen.* – **2.** Part. *^gebampfet voll* gestopft voll.

Bampfe(r)le^{in} n., wohl nur Plur.: *bǟmpfərliχ, bāmpfəlę:* Füße, spez. des Kindes FRK.

Bamp-hafe^n m.: Hafen, Topf zum *bampen,* Kinderspr.

Bändel *bę̄ndl*, S. *bę̄ndl*, Plur. ebenso m., Demin. Bändele^{in} *-dəlę*, sw. *-ilę* n.: gewobenes Band zu verschiedenen Zwecken. a. Band an der Kleidung, das zum Befestigen dient, genauer *Hosen-, Strumpf-B.* udgl. – b. Band oder Schnur zum Zuschnüren als Sackes; genauer *Sackbändel.* Fluch: *Sack am B.! Kotz (Kreuz) S. a. B.!* aus Sakrament entstellt. – β) der Wurst. – c. Band odgl. zum Festhalten, etwa vom Anbinden eines Tieres hergenommen. *Einen am B. haben* Gewalt über ihn haben.

Bander m.: dem Messer ähnliches Werkzeug zum Hauen, bes. zum Kleinhacken des Reisigs S.

bander s. *selbander.*

bane^n *bǟnə* schw.: einen Weg durch den Schnee machen. S. a. *Banschlitten.*

bang Adv.: bei uns noch meist als Prädikat mit sein, werden: *Es ist, wird mir bang*, bes. im phys. Sinn der Beklemmung, Atemnot o. ä., auch etwa: *ein enges Kleid macht einem bang.* Im übtr. Sinn wird mehr *angst* gebraucht oder die Verb. *Es ist, wird mir a. und bang.*

Bänge *bę̄ŋę*, Pl. -ene ^{n} -ənə f.: Bangigkeit, Beklemmung, nur phys. *Er hat so Bängene^n auf der Brust* udgl.

Bangert s. *Baumgarten.*

Bank *băk* Mitte und NO., *băŋk* S. und NW., *bǫ̈ŋk* ALLG. m.; *bę̄ŋk* f.; Plur. *bę̈k, bę̈ŋk; băīk;* Demin. *bę̈ŋklę; băīklę* n.: Bank. **1.** im oder am Haus, zum Sitzen oder Liegen dienend; für die vor dem Haus gerne im Demin. – **2.** Schulbank, Kirchenbank. – **3.** Gerichts- oder Ratsbank. – **4.** Bank, Schranne zum Auslegen der Waren, bes. der Bäcker- und Metzgerwaren. Am häufigsten von der Fleischbank.

Bänkert s. *Binkert.*

Pankrazius: gekürzt *Pankraz phäŋkrāts* ´-, -ę̣ ´‿◡; *Kraze krātsę.* An den Tag dieses Heiligen, 12. Mai, wie an die darauf reimenden Namen *Servazius* 13. und *Bonifazius* 14. Mai, auch wohl noch an *Sophie*, 15. Mai, knüpft sich die Volksmeinung, daß an ihnen schädliche Nachtfröste bes. häufig seien.

Bann, Plur. Bänne m.: dasjenige Gebiet, über welches sich die Jurisdiktion, überhaupt die Macht eines Herrn, einer Gemeinde usw. erstreckte. Heute noch *Bȧ̃* Ortsmarkung von bestimmten Teilen der Markung.

banne^n schw.: mit einem *Bann* belegen. – Hzt. v. a. überwältigen, bezwingen. *Ihr bannet mi^{ch} nit. Wiev^{ie}l bannest in ei^{ne}m Tag* bringst fertig. Essen oder Trinken *nimme^r b. könne^n.*

Ba^{nn}-raitel *bǡrǫetl* O., -ǫə- W., -rǫegl schlanker junger Baum, den man beim Abholzen stehen läßt. Noch jetzt im Mittelland üblich.

Ba^{nn}-stei^n m.: Grenzstein.

Ba^{nn}-wald m.: gebannter, der freien Benutzung aller nicht zugänglicher Wald.

Ba^n-schlitte^n m.: der dreieckige Schlitten, mit welchem der Weg durch den Schnee gebahnt wird.

Bantle m.: **1.** der Name *Pantaleon,* seltener mehr als Vorname, häufig als Fam.N. – **2.** dicker Mensch, bes. männlich, auch mit dem Nebenbegr. des Unbeholfenen DON. OSCHW.

Pantoffel *bȧ̃dǫfl* ◡´, gekürzt Toffel; Plur. -fel oder -fle^n m.; Demin. -töffele^{in} (mehr kindlich -toffele^{in}) n.: **1.** leichter Hausschuh. – **2.** *unter dem P. stehen, unter den P. kommen,* auch etwa *den P. küssen,* wie nhd. vom Weiberregiment. – **3.** Demin. *Pantöffele^{in}, Töffele^{in}* für Pflanzen mit Blüten, welche an einen P. erinnern. a. Gewöhnlicher Hornklee, Lotus corniculatus L. – b. Wiesen-Platterbse, Lathyrus pratensis L.

pantsche^n *bȧntš̌ə* schw.: **1.** schlagen; speziell einem einen Schlag mit der flachen Hand auf einen weichen Körperteil, bes. Gesäß, versetzen, sei es zur Züchtigung oder im Scherz. Obj. ist die Person: *Wart, i^{ch} pantsch^e di^{ch}!* oder der Körperteil: *Du kriegst den Arsch ^{ge}pantscht.* – **2.** kräftig, aber unordentlich auf oder in etwas hinein schlagen, drücken. Im Kot herumwaten, daß es herumspritzt. Untereinander mengen: den Teig p. Flüssigkeiten, wie Bier, Wein, Milch p. untereinanderrühren, daher auch fälschen. Unordentlich arbeiten, hudeln. – **3.** sich den Bauch füllen, gierig essen. Viel trinken, bes. Bier OSCHW.

banzer-sauer Adj.: sehr sauer.

papelarisch Adj.: erregt, verwirrt. OSCHW.

bäpfe^n -ę̣- schw.: aneinander stoßen, z.B. mit den Köpfen von Schafen oder Kindern, oder von 2 Eiern, die zusammengestoßen werden FRK.

Papp, Päpp, Pappe^n m.: **1.** Mehlbrei, bes. für kleine Kinder. Bes. gerne Demin.: *Päpple^{in}, Päppele^{in},* gewöhnl. in der kindlichen Form *Pappele^{in} bȧbəlę* n. Vgl. das Syn. für *P. Kindle^{in}sbrei.* – **2.** Kleister. Unser einziges und allgem. Wort dafür; Kl. fehlt uns. – **3.** übtr. dummes Gerede *schwätz kein Papp raus.*

papp *bȧb* Interj.: Leuten, bes. Kindern, die den Mund voll haben, ruft man zu *Sag p.!* Bes. aber *nicht mehr p.* sagen können von einem Betrunkenen (auch etwa Schlaftrunkenen).

Päpp s. *Papp.*

pappai *babae* ◡´ (Demin. *pappaile*), pappala *babəlȧ* ´◡◡, pappaus *babəus* (-*ūs* BOD.) Interj.: so sagt man den Kindern oder diese selbst, wenn nichts mehr in der Schüssel, Tasse, dem Teller usf. ist. *Jetzt ists p. Pappala, Nex meh^r da (nimme^r da).* Von da bildet auch allgemeiner als scherzh. Ausdr. für das Nichtmehrdasein, Vorübersein. S. a. *papperlapapp.*

pappala s. *pappai.*

Pappel I f.: Schwätzerin. *Du bist e^{i}n^e alte P.* S. *Pappler.*

Pappel II *băbl*, Plur. Papple^n f. bes. Demin. Pappele^{in} n.: Malve, und zwar versch. Arten.

Pappel III *băbl*, Plur. Papple^n f.: Pappel, Populus, der Baum.

Pappelei f.: unnützes Geschwätz. S. *papplen.*

Pappel-gosch^e f.: Schelte für Weiber.

Pappel-maul n., Demin. -mäulle^{in} n.: Plappermaul.

pappe^n *bȧbə*, päppe^n *bę̣*- schw.: kleben, und zwar intr. und trans. Das Blatt Papier, Hemd odgl. *pappt,* häufiger *pappt an.* Der Buchbinder muß das Bild odgl. wieder *pappen.* Der Kleister (*Papp*), Gummi odgl. *pappt gut.*

Pappe^n-deckel m.: Buch- oder Aktendeckel aus Pappe; dieser Stoff selbst (einfaches *Pappe* fehlt uns). Volkst. auch Führerschein, Ausweis.

Päppere f.: Trompete.

pappere[n] *băb-* schw.: = *papplen* und = *päpperen (1.) 2.*

päppere[n] *bĕ-* schw.: schnattern, klappern. **1.** vom Storch oder der Gans. – **2.** plappern, von Menschen. Ähnlich wie *papplen;* doch steht bei diesem Verb stets der Gedanke an den (monotonen, klappernden, schnatternden) Ton im Vordergrund; auch ist der Inhalt gemeint, da das Geschwätz als inhaltslos, gedankenlos bez. werden soll. – **3.** die Notdurft verrichten.

Päpperer m.: = *Pappler*, Schwätzer.

papperlapapp *babərlabab* ⌣⌣⌣⌣′ Interj.: abweisend: Unsinn odgl., wie nhd.

Päpperle[in] n.: Klebeetikett.

pappet *băbət* Adj.: breiweich; weichlich, gebrechlich, krank; feig.

pappig, *päppig* Adj.: klebrig.

papple[n], pappelen *băb(ə)lə* schw.: schwatzen, plappern. Hauptbegriff ist das Unnütze, Zeitraubende, Leere des Schwatzens; auch häufig das Ausschwatzen von solchem, was hätte verschwiegen bleiben sollen. Von *päpperen* versch. dadurch, daß dieses vom akustischen Eindruck, *papplen* vom Inhalt ausgeht. Dazu *aus-p.* ausschwatzen.

Pappler, Pappeler m.: Schwätzer, Ausplauderer. Syn. *Päpperer.*

Papp-säckel *-ę̄-*, Plur. gleich, m.: Schelte für einen energielosen, dummen Mann.

päpp-süß *bĕb-* Adj.: sehr süß. – Zu *Papp 1.*

Paradis-äpfel, Paradiser m.: Tomate.

Bärameis s. *Bärenameise.*

parat *barät*, gebildeter *ph-*, ⌣′ Adj.: bereit, gerüstet. Syn. *gerichtet.*

Barbara: Name der Heiligen und häufiger Vorname, allein oder in der Verb. *Anna B.* **1.** Formen. (*Barbel, Barblə, Bärbe*) *Bärbel, Bärmel, Babe (Babə), Babel, Bäbe, Bäbel (Bäblə), Bäll(ə), Băbett* ⌢ f.; *Bärbele (-ǫlę), Bärmele, Babele, Bäbele, Babettle.* n. – **2.** Gebrauch. a. die Heilige. An ihrem Tag, 4. Dez., stellte man Kirschenzweige ins Wasser, die dann auf Weihnachten Blüten treiben und dadurch zeigen sollen, ob es Obst geben wird. – b. übtr. α) *Bäbel* Schwätzerin. – β) *Babele*[in] n.: Kinderpuppe. – δ) *Bärmel* f.: bedauernswerte Frau.

barbarisch ⌣′⌣, ′⌣⌣: volkst. nur als Adv. zur Steigerung, bes. bei Widrigem, Häßlichem. *Heut ists b. heiß. Er flucht b., sauft b.* u. ä.

Barche[n] *bărχət* N., *-rχ-* S. m.: starkes Zeug aus Baumwolle und Leinwand, mit einer rauhen und einer glatten Seite; meist zu Bettziechen, *Bett-, Deckbarchent.*

Bar[e] *bǫr; Illergegend u. ö. baor;* Plur. -e[n] f.; Demin. überall Bärle[in] *bę̄rlę* n.: Totenbahre, d. h. Gerüst, auf welchem der Sarg steht; aber auch der Sarg selbst.

Bäre *bę̄r* N., *bęərə* s. v. Fils und ob. Neckar, *bęərə* und *bĕrə*, Plur. -e[n] f.: **1.** Tragbahre verschiedener Formen und für versch. Zwecke. Spezieller *Mist-, Stein-B.* Streng geschieden von *Bar*[e] Totenbahre. – **2.** neben Bed. 1 auch = Schubkarren. Vgl. *Bärenkarren, Radbäre.*

Bäre[n]**-ameis**[e] f.: die größten Ameisen in den Wäldern; also = *Klemmer.*

Bäre[n]**-dreck** m.: allg. süddeutsch, auch bei uns allg. für Süßholzsaft, Lakritze. Syn. *g*[e]*brennt*[e]*s Süßholz, Bärenkraut, Bärentatze.*

Bäre[n]**-karre**[n] *bęərəkhărə* m.: einrädriger Schubkarren ohne Bretterkasten SO. = *Bäre 2.*

Bäre[n]**-kerl** m.: starker Mensch.

Bären-klau: Heracleum sphondylium L.

bär(e[n]**)-kläuig** *bęərəglębig, bęərglaebig* Adj.: = *bärhämmig*, von den geschwollenen und steifen Hinterbeinen des Schweins; übtr. von krampfhaftem, mühsamem Gang des Menschen. – S. zu *bärhämmig.*

bäre[n]**-mäßig** Adj. Adv.: so groß, stark wie ein Bär.

Bäre[n]**-mensch** n.: sehr starkes Weib.

Bäre[n]**-pratz**[e] f.: *B-en* große, starke Hände.

Bäre[n]**-socke**[n] Plur. f.: wollene Schuhe von Tuchenden, Selbendschuhe.

bäre[n]**-stark** Adj.: stark wie ein Bär.

Bäre[n]**-tap**[e] f.: = *Bärenklau.*

Bäre[n]**-tatz**[e] f.: außer der wörtl. Bed. 1) = *Bärendreck.* 2) ein Gebäck (in Form einer B.). 3) auch *Bäre*[n]*-tope* = Wiesen-Bärenklau, Heracleum sphondylium L.

parforsch *-št; praforsch, preforsch, proforsch* Adv.: energisch, bestimmt; frech. – Frz. *par force.*

Barg *bărg; -ā-* SW; *bĕrg, bĕrïχ* m.: verschnittenes männliches Schwein; das verschn. weibl. heißt *Nonne.*

bär-hämmig *-ę̄ə-ę̄-*, bärhämmisch, bärhämm, bärhäng *-ŋ* Adj.: **1.** ein Schwein ist *b.*, wenn es an den Fußgelenken der Hinterbeine angeschwollen steif ist, so daß es auf denselben nicht gehen, sondern nur auf dem Gesäse rutschen kann SW. u. OSCHW. – **2.** übtr., von Menschen: steif, kraftlos, von langer Arbeit oder unbequemer Lage; auch wund zwischen den Schenkeln OSCHW.

pariere[n] *phariərə* ⌣′⌣ schw.: gehorchen.

bärig *bĕ-* Adv. (Adj.): **1.** Adv.: genau entsprechend dem nhd. „kaum". a. modal: mit Mühe, nur eben, *Es langt b.* – b. temporal: soeben, gerade noch. – c. lokal. *Wo wohnt N. N.?* Antw.: *B. da drüben.* – **2.** Adj.: a. relativ: zur Not zureichend. *E*[in] *b-s Bißle*[in] – b. absolut: klein, winzig. *Der Zau*[n]*könig ist e*[in] *b-s Vögele*[in].

Pariser ⌣′⌣ m.: **1.** Weißbrot in Form eines Pariser Brotes: meist Demin. *Pariserle*[in]. – **2.** Kondom.

Pariserle[in] n.: kleines längliches Weißbrot.

Bär-knopf *bęərgŋǫpf*, Bären-knopf *bęərəgŋ-*

m.: Blüten-, Tragknospe der Obstbäume. –
Anm.: Zu *bären* tragen, *Knopf* Knospe.

parle[n] *barlə* schw.: undeutlich sprechen. **1.** von
Kindern, die das Sprechen lernen SW. S. – **2.** für
andere unverständlich reden. – Anm.: Mit *par-
lieren* zu frz. *parler* oder it. *parlare.*

parliere[n] *barliərə* ◡◠◡ schw.: vom Sprechen einer
fremden, zunächst der franz. Sprache; dann
überh. rasch, unverständlich sprechen. – Anm.:
Zu frz. *parler* oder it. *parlare.*

B a r m s. *Barn.*

Parmän[e], Pl. -e[n] f.: eine beliebte Apfelsorte, häu-
figer *Goldparmäne.*

Bärmel s. *Barbara.*

barm-herzig ◡◠◡ Adj.: **1.** aktiv, wer Erbarmen
hat, wie nhd. – **2.** passiv, wer oder was Erbar-
men erweckt, elend, bedauernswert. *Einen b.
ansehen.*

barmissiere[n] schw.: um Gnade, um Barmherzig-
keit bitten.

Barmissio[n] ◡◡◡◠ f.: *um B.* bitten um Barmherzig-
keit, Gnade.

Barn *bā(r)n* W., *bārə* O., *bār, bǫrə* TIR.; B a r m ,
bärm (Demin. *Bärmle*[in] n.; Plur. mit Umlaut –
m.: der Ort, wo das Futter für Pferde oder Rind-
vieh ist, und zwar: **1.** Krippe, Freßtrog. – **2.** Ort,
wo das Futter aufbewahrt wird, Heu- oder
Fruchtstock; genauer *Heubarn, Emdbarn,
Fruchtbarn.*

barne[n] *-ärn-; -ǎn-* schw.: die Garben in der Scheuer
fest aufschichten. Syn. *aufbarnen.*

Barnet *bārnət* m.: Ort, wo das Heu aufgeschichtet
wird, = *Barn 2.*

Baro[n] ◡◠, Plur. -one[n] m.; B a r o n i[n] ◡◠◡ f.: Frei-
herr, Freifrau. Dafür ist *B.* die einzige bei uns
übliche Bez., die auch bei bloß Adliche übertra-
gen wird. Anrede *Herr B., Frau B.*

barre[n] *bǎrə* schw.: spielen wie junge Hunde oder
Katzen; auch übtr. von Liebes- o. a. Tändeleien
junger Leute. – Syn. *feigen,* auch wohl *rammlen.*
S. a. *burren, marren.*

bärre[n] *-ę̄-* schw.: intr. mit sein, springen; spez. vom
Vieh, das durch Bremsen odgl. aufgeregt davon
rennt. – Syn. *därren, bisen.*

Part *bārt,* frk. *bǫrt* m. f.: **1.** m. Teil, Anteil; *Halb
Part!* ◡◠ Ruf, durch den einer an etwas Gefun-
denem die Hälfte beansprucht; ebenso *H. P.
machen.* – **2.** f. = *Partei, Partie.*

Bart[e] *bārt,* flekt. -e[n] f.: breites Beil des Metzgers
zum Fleischhauen OSCHW.

Partei *ba(r)dəi* ◡◠, P a r t i e *ba(r)dī* ◡◠ f.: **1.** mit -ei
oder -ie: Abteilung von Menschen. a. Gesell-
schaft. Nur -ie: *Eine Partie ledige Bursche* geht
spazieren odgl. – b. politische, kriegerische,
rechtliche Partei, auch *P.* im Spiel. – **2.** sonst nur
mit -ie: a. eine Gegend, sofern sie als Teil einer
größeren gefaßt ist: *die untere P.* der Stadt, des
Rückens u. ä. – b. *eine P.* Wolle, Nägel o. a.

Waren, sofern sie als Teil einer größeren Masse
vorhanden, zu kaufen usw. ist. – c. Ausflug, bes.
in Gesellschaft; *Schlittenp.* u. ä. – d. *eine gute P.
machen, treffen* oder auch das Gegenteil, von
Verheiratung. – e. Mieter, bzw. Mietersfamilie
mit Beziehung auf den gemieteten Teil des Hau-
ses. – f. ein Gang im Spiel; *Karten-, Kegelp.*
udgl. – Anm.: Beide Formen beruhen auf frz.
partie.

B a r t e l s. *Bartholomäus 2.* u. *Bastian 2.b.*

parterr *bardę̄r,* gebildeter *ph-* ◡◠ Adv. = im Erd-
geschoß, und Ntr. = das E. *Er wohnt p.* oder *Er
wohnt im P.*

Bartholomäus: Name des Apostels, katholisch
auch Vorname (prot. *Nathanael).* 1. Lautform.
a. volle Form *Bartləmē* ◡◡◠, und zwar: *bärt-,
bǎt-, bāt-;* die letzte Silbe lautet *-mē, -mę̄, -męə,
-mae.* – 2. Kurzformen: *Ba(r)tle, -ele, -el, Bärtle
-ę̄-.* – 3. Gebrauch. Der Apostel und sein Tag,
24. August. Dieser Tag ist ein wichtiger Lostag.
*Wie der B. sich hält, so ist der ganze Herbst
bestellt.*

P a r t i e s. *Partei.*

B a r t l e s. *Bartholomäus.*

partu *bardū* ◡◠ Adv.: durchaus, mit Gewalt, trotz
allem Widerstreben. *Er will's p. hau*[n]. *'s goht p.
net.* – Anm.: Frz. *partout,* doch mit verschobe-
ner Bed.

b a r z e n s. *borzen.*

B ä s , B ä s e n e n s. *Base.*

Pasch *bǎš* S., *bāš* N., Plur. P ä s c h[e] m.: **1.** Spiel mit
drei Würfeln. – **2.** Wurf (mit 2 oder 3 Würfeln),
bei dem 2 Würfel die nämliche Zahl zeigen. – **3.**
Würfel überh. – S. a. *paschen.* – Anm.: Aus frz.
passe-dix.

B a s c h e s. *Bastian 2.*

pasche[n] schw.: würfeln. – S. *Pasch.*

baschge[n] *bǎšgə; bǎšdə* schw.: **1.** trans.: einen im
Kampf bezwingen, meistern. Syn. *zwingen.* a.
ein Tier *b.* Ein kleines Stück Vieh an einem
Strick haltend weiden OSCHW. – b. eine Arbeit,
eine große Portion Essens *b.,* bewältigen. – **2.**
intr.: ringen.

b ä s c h l e n , B ä s c h l e r s. *bästl-.*

Bas[e] *bās* (frk. *bǫs, -š*) NW., *bęs* SO.; Plur. *bāsə
bęsə, bāsə, bāsənə, bęsənə* f.; Demin. B ä s l e[in]
-ę̄- n.: **1.** weibliche Seitenverwandte: Cousine,
Tante; wie *Vetter* den Vetter oder Oheim be-
zeichnet. Die älteste und engste Bed. ist Vater-
schwester, im Gegensatz zu *Mume* Mutter-
schwester. – **2.** *Bas*[e] und *Bäsle*[in] höfliche Anrede
auch ohne Verwandtschaft. – **3.** *Frau Bas*[e]
Schwätzerin, auch von Männern. – **4.** *Bäsle*[in]
euphem. a. Hexe. – b. Konkubine. – **5.** Heb-
amme.

b a s e l e n s. *basen.*

base[n] schw.: plaudern, wie Basen miteinander tun;
vgl. *Base 3.* – b a s e l e[n] schw.: dass.

Paß f.: in der Verb. *auf der P. sein* auf der Lauer.

passabel *băsābl* ⌣⌣ Adj. Adv.: erträglich, leidlich. *Wie geht dirs?* Antw.: *So p.*

Bassai[n] *basāē; basae* ⌐–; Pl. gleich, n.: mit Wasser gefülltes oder zu füllendes Becken eines Teichs mit Springbrunnen, einer Badeanstalt udgl.

pässelen s. *päßlen.*

Passeltan s. *Paßletan.*

passe[n] *băsə;* 3. Sg. *bĕst,* zumeist aber *băsət* schw.: intr. **1.** warten, meist mit dem Nebenbegriff der gespannten Aufmerksamkeit auf das, was abgewartet wird. – Insbes. a. *auf einen p.* = ihm *aufp.,* auflauern. – b. beim Kartenspiel bed. *p.* ein Spiel vorüberlassen. – **2.** zusammenstimmen, wie nhd. Insbes. in neg. Zusammenhang. *Es paßt wie eine Faust auf ein ('s) Auge.*

passiere[n] *basiərə* ⌣⌣ schw.: **1.** a. phys., durch einen Ort durch, daran vorübergehen. – b. trans.: eine Brühe, Tunke durch einen Seiher oder ein Sieb treiben. – **2.** übtr. a. von Zulässigkeit einer Sache. *Passiert!* = ist erlaubt. – b. etwas *passiert* ist gerade noch zu dulden; vgl. *passabel, passierlich.* – c. *einem p.* wie nhd. begegnen = widerfahren. *So was kann p.* vorkommen.

passierlich Adj.: zulässig, erträglich; zu *passieren 2* a. b.

päßle[n] *bĕslə* schw.: aufpassen, auflauern; pässele[n] aufpassen, versteckt beobachten, beim Spiel nicht herausgehen.

Paßleta[n] *– baslĕdă* ⌣⌣⌐, auch *basld-, baslǝd-; badslǝdă* neben *basl-; -dŏ, -dōū, -dāū, -dūā* FRK. – m.: Zeitvertreib. Meist *für P.:* zum bloßen Z., in der Langeweile, ohne besondere Absicht; umsonst. – Anm.: Frz. *passe le temps.*

Paßpol *băsbǫl* ⌣⌐, Plur. -e[n] n: Passepoil, eine Art Litze.

basta *băstă* Interj.: fertig! genug davon! Auch *Damit b.! Und jetzt b.! –* Anm.: It. *basta* es genügt.

bastant *băstănt* ⌣⌐ Adj. (Subst., s. u.): **1.** stark genug zu etwas, von Menschen, bes. *e*[in] *b-s Mensch, Weibsbild,* und von Dingen: *e*[in] *b-er Stock, b-s Tuch, b-s Essen;* nur von phys. Kraft. – **2.** b. *bleibe*[n] sein Wort halten. – **3.** substantiviert: *B. halte*[n] Stand halten, Widerstand leisten: *'s Wetter hält B.* bleibt schön. – Anm.: It. *bastante* genügend.

basten, bastgen s. *baschgen.*

Bastian: Sebastian. A. Formen: *Bastianes, Bastia*[n]; meist *Baste* oder *Basche;* Demin. *Bastle, Bästle, Bastele, Ba(ä)schele; Bastel.* – B. Bedeutung. **1.** Name. a. der Heilige und sein Tag, 20. Jan.; s. a. *Sebastian.* –. b. Taufname, und zwar kein bes. vornehmer. – **2.** Appellativ: a. *Basche* Spottname für einen dummen Menschen. – b. *Bastle* m.: großer Krug FRK. Sonst *Bartel.*

bästle[n] *bĕstlə,* daneben ergänz. nicht zu scheiden *bĕslə, bĕstələ* (Demin.); *băstlə* neben *bĕ-* ALLG. *bǫstle, bǫstlə* und *bĕ-* RIES schw.: **1.** klei-

nere, kunstreiche, geschickte Arbeiten, bes. in Holz, verfertigen, als Dilettant. – *Zusammen-,* an etwas *'rum-b.* u. ä. – **2.** *eins b.* ein uneheliches Kind zeugen. Auch *hinan-b.*

Bästler *bĕš(t)lər* m.: einer, der *bästlen* kann, Tausendkünstler. – S. zu *bästlen.*

Pastore[n]**-bir** f.: die bekannte längliche Sorte von Winterbirnen.

Bäte *bĕtə* (f.): Menge; *băte*mal vielmal. Hieher Bate[n] *bă-* m. Anteil, gehörige Portion. *Nu*[r] *z*[u]*friede*[n]*, 's kriegt e*[in] *jedes sein*[en] *B.! –* Anm.: Kann trotz der Länge doch nur zu *batten* gehören.

Batenk[e], Plur. -e[n] ⌣⌐(⌣): Pflanzenname. **1.** Lautform (Plur.). a. *badĕŋgə,* wie es scheint, ziemlich allgem. schwäb. Grundform; *-ĕŋe; badĕŋgətə; badĕŋlət.* b. *bagĕŋgə; bagĕntə* c. *madĕŋgə; madĕŋə; madĕnə; madĕŋgətə; madĕgətə* d. *magĕŋgə; magĕnə.* – **2.** Genus. Abgesehen von dem bei allen Formen häufigen und durch die Kleinheit der Pflanze erklärten Demin. stets f. – **3.** Bedeutung. a. Schlüsselblume. Und zwar sowohl die für die Apotheke gesammelte Arznei-Schlüsselblume, Primula veris L., genauer *Mädles-* oder *Kreuz-B.,* als die blasser gelbe und etwas frühere Pr. elatior L., *Buben-B.* Syn. *Fräuleinschlößlein, Händschele.* – b. Mehlprimel, Primula farinosa L. mit roter Blüte. – c. rote oder blaue B., Echtes Lungenkraut, Pulmonaria officinalis L., MITTL. ALB; Syn. *Blutnägelein, Gockenhähnlein, Guler.* – Anm.: Der unverstandene und dadurch leicht der Entstellung ausgesetzte Name beruht auf mhd. *batônje* (o. ä.) von lat. *betonica.*

patent *phadĕnt* ⌣⌐ Adj.: flott, geschniegelt und zugleich selbstbewußt auftretend; auch etwa von Dingen und Ereignissen: *Des ist e*[in]*mal p.* o. ä., etwa = famos.

Pater *bădər* FRK.; *bǫdər* mittl. NECK. bis RIES DONAU ALLG., *bǭdər* Neckargebiet OSCHW.; *pfǭdər* FILS REMS OB. KOCHER OB. JAGST; *baodər* ö. v. ULM und ö. der ILLER; m. f. n.: **1.** Rosenkranz der Katholiken. Syn. *Nuster.* – **2.** wie *Nuster* auch = Halskette. Es wird wohl unterschieden *Bet-P.* = 1, *Hals-P.* = 2. – **3.** die einzelne Perle des Kranzes (zu 1 oder 2). Hiefür bes. auch das Demin. Päterle[in]. – Anm.: Das Wort ist deutlich = *Paternoster,* dessen beide Bestandteile selbständig für 1 und 2 gebraucht sind, während für 3 nur *P.,* nicht *N.* vorkommt.

Päterle s. *Pater 3.*

Paternoster ⌣⌣⌣⌐ *bă-, phä-* (m.) n.: **1.** das Vaterunser; kathol. – **2.** der zum Zählen der V. gebrauchte Rosenkranz, kath. und prot.

Patriot *batriǫt,* gebildet *ph-* ⌣⌣ m.: nur spöttisch: *e*[in] *schöner, schlimmer P.* sauberer Bursche.

patsch *băts:* **1.** Interj., einen klatschenden Ton beim Fallen, Schlagen o. ä. nachahmend. *'s ist p.*

aus! völlig zu Ende. S. a. *pitsche-patsche.* – **2.**
Patsch, Plur. Pätsch^e *-ę̆-* m.: klatschender
Schlag. a. Handschlag, bes. auch von Kindern.
Einem einen P. geben. Gib mir au^{ch} e^i n^{en} P. S. a.
Pätschlein, Patschhand. – b. Schlag auf einen
andern Körperteil. Nur ausnahmsweise ge-
braucht. Ein Schlag mit der Handfläche auf den
Hintern heißt *Hosenpatsch.*
Patsch *bā-* m.: müßiges, verlogenes Gerede,
Klatsch.
Patsch^e *bātš̌*, Plur. *-e*^n f.: Schwätzerin. – Zu *pat-*
schen B. Syn. *Patschel, Patscherin.*
Patsche, Pätsche bätšę, bĕtšę.: Not, Verlegen-
heit, mißliche Lage.
Patschel *bātš̌l* f.: Schwätzerin. – Syn. *Patsch*^e, *Pat-*
scherin.
Patschele^{in} *bă-* n.: **1.** Handschlag eines Kindes, nur
Kindern gegenüber; s. *Pätschlein.* – **2.** Kinder-
händchen Frk.
patsche^n (pätsche^n) schw.: deckt sich in allem
Wesentlichen mit nhd. klatschen, welches uns
fehlt. Es bedeutet: einen *Patsch,* klatschenden
Ton hervorbringen, was auf verschiedene Weise
geschehen kann; Syn. in mehreren Bedd. *kläp-*
fen. – A. bă-, bę̆-. **1.** mit der Hand. a. die eige-
nen Hände zusammenschlagen, bes. als App-
laus. – b. einem andern die Hand geben. Einem
Kind wird gesagt: *Patsch*^e *dem Döte!* Dafür häu-
figer *einen Patsch geben.* Bes. auch von dem
schallenden Handschlag beim Abschluß eines
Handels. – c. mit der flachen Hand auf den
Tisch schlagen. – **2.** vom Schlagen, Treten auf,
in das Wasser, das dann einen klatschenden Ton
gibt. *Ins Wasser p., im W. 'rum p., im Dreck*
('rum) p. – **3.** bę̆- den Deckel des Bierkruges
hörbar zuschlagen, zum Zeichen, daß einge-
schenkt werden soll. Die Tür zuschlagen. – **4.**
mit der Peitsche knallen. – **5.** mit Geräusch auf
etwas schlagen. *Mucke*^n *p.* Fliegen mit der Flie-
genklappe, dem *Muckenpatscher,* tot schlagen.
– **6.** mit beliebigem sachl. Subj.: einen klat-
schenden Ton geben; besonders der Regen. *Es*
patscht de^n *ganze*^n *Tag.* – *Daß 's patscht* adv.
Zusatz, zunächst phys.: *Der kriegt e^i n^e Ohrfeig^e,*
d. p. Dann aber überhaupt energisch, barsch
das Ende einer Handlung ausdrückend, die Re-
de schneidend. *I^{ch} gib dir dein^{en} Loh^n, d. p.* und
keinen Pfennig mehr. – B. bă-, auch bă- wie
nhd. klatschen, von breitem, lautem, unnöti-
gem Gespräch einzelner oder ganzer Gruppen.
Bald von harmlosen Plauderern, bald tadelnd
von unnützem Geschwätz oder übler Rede.
Patscher m.: **1.** bă- Instrument zum Patschen. Ins-
bes. aus Meerrohr geflochten. So auch *Mucken-*
patscher Fliegenklappe. – **2.** bă- Akt des Pat-
schens. *Es tut e^i n^{en} P.,* wenn man ins Wasser
fällt, udgl. – **3.** bę̆- wer schnell und mit kleinen
Schritten geht, so daß er doch nicht recht vor-

wärts kommt. – **4.** bā- Schwätzer. – Patsche-
ri^n, Plur. -erne^n f.: **1.** bă- Schwätzerin. S. a.
Patsch^e, *Patschel.* – **2.** bă- verschwenderisches
Weib. – Patscherei -◡⌣ f.: Schwätzerei. S. a.
(Ge)patsch.
Patschete bă- ◡◡ f.: unnötiges Geschwätz.
Patsch-gosch^e f.: Plappermaul.
Patsch-hand bă- f., bes. im Demin. -händle^{in},
-handele^{in}: zum Gruß gebotene Hand, =
patsch 2. a. Bes. Kindern gegenüber.
patschig bă- Adj.: schwatzhaft.
Patsch-kapp^e f.: Lederkappe.
Patsch-kopf bă- m.: dummer, grober Mensch.
Pätschle^{in} bę̆- n.: = *patsch 2. a.,* aber nur Kindern
und Hunden gegenüber. Zum Hund wird stets
gesagt *Gib e^{in} ('s) Pätschle^{in}!* Kindern gegenüber
ist *Patschele,* s. d., die noch kindlichere Form.
patsch-naß bă-, pätsch-naß bę̆- Adj.: völlig
durchnäßt. – So naß, daß es *patscht;* Syn.
pflatschnaß.
Patsch-rege^n bă- m.: Platzregen.
Batt^e *băt,* Plur. -e^n f.: Klappe, die über den Schlitz
einer nach außen gerichteten Kleidertasche
heruntterhängt.
batte^n bătə, auch bărtə schw.: förderlich sein, zur
Erreichung eines Zwecks genügen, ausgeben.
Syn. *beschießen, klecken.* Der Unterschied von
reichen, langen ist der, daß bei diesen das Genü-
gend-sein, also nur negativ das Nicht-zurück-
bleiben hinter dem Notwendigen in's Auge ge-
faßt ist, bei b. dagegen die positive Förderung,
der gestiftete Nutzen. Häufig fällt allerdings
beides zusammen. Z.B. der nach langer Trok-
kenheit gefallene Regen *battet nicht, b. nichts,*
b. noch lang nicht; ebenso der einem ganzen Zahl
von Hungrigen gereichte Brotlaib odgl. *Es bat-*
tet alles nicht mehr keine Arznei schlägt mehr
an. – Trost bei einer vielleicht vergebl. Bemü-
hung: *Batt'ts* ^n*et, so schad'ts* ^n*et.* – Im pos. Satz
noch stärker. *Der Rege*^n *hat* ^{ge}*battet. Des hat*
^{ge}*battet,* wenn einen die verdienten Prügel tüch-
tig bekommen hat. – Konstruktion: Subjekt
immer sachlich, meist *es, das.* Die Person des-
sen, der den Nutzen hat, fehlt fast immer, so daß
intr. Gebrauch des Verbs entsteht.
Batter Plur.: Schläge, bei Kindern. – Aus *batteren.*
S. a. *Batterer.*
Patter, Pätterlein s. *Pater.*
battere^n bădərə schw.: **1.** mit der flachen Hand auf
einen prallen Körperteil, bes. das Gesäß schla-
gen; nordschwäb. u. fränk. Nur von leichteren
Schlägen dieser Art und bes. Kindern gegen-
über; aber auch von liebkosendem Tätscheln;
gern mit kom. Färbung. Trans. *einen b.* oder
noch mehr in Kompos.: *eins 'nauf b.,* einen
verb. – Anm.: Die Entlehnung aus franz. *battre*
ist unzweifelhaft.
Batterer m.: sanfter Schlag. – S. *batteren, Batter.*

battig Adj.: was *battet,* fruchtet.

Bätz I *bęts,* Plur. -e^n m.: **1.** kastriertes (jüngeres) männliches Schwein. Syn. *Barg.* – **2.** männliches Schaf FRK. – S. a. *Batzel.*

Bätz II s. *Batzen* I.

Batzel f.: Schwein. Häufiger das Kompos. *Saubatzel.* Meist in der Kindersprache. – Dazu Demin. *Bätzele* FILDER. Andere Formen sind *Botzel, Butzel (Bautschel).*

Bätzele^{in} n.: **1.** Schaf. – **2.** *Bätzele:* die Pflanze Hirtentäschel, Capsella bursa-pastoris (L.) Med., mittl. ALB.

Batze^n I *bă-,* Nom. *Batz* oder *Batze*^{n} m.: frühere Münzsorte. – a. Geld überhaupt. *Der, Die hat Batze*^{n} ist reich. In der Kindersprache ist B ä t z m. = Geld OSCHW., das Demin. B a t z e l e^{in} *(Bätzele)* = Geldstück.

Batze^n II *bă-* m.: Klumpen weicher Masse.

Batze^n-**strick** m.: Strick, der einen Batzen kostet. Mod. in der RA. *Nerven haben wie Batze^{n}strick^e* nervenstark sein.

Bätzer *bę̆-* (m.), meist Demin. B ä t z e (r) l e^{in} n.: Schaf, bes. (demin.) Lamm FRK.

bätzgen s. *bäffen.*

batzig *bă-* Adj.: **1.** weich, klebrig. Von unausgebackenem, klumpigem Brot. Vom Wetter: kotig. – **2.** von Menschen: barsch, kurz angebunden, grob. Batziges Wesen ist weniger Folge von Zorn als übler Stimmung; noch häufiger aber habituelle Eigenschaft hochfahrender, aber dabei öfters gutartiger Menschen.

bäuchlinge^n *-ǝi-* Adv.: bäuchlings, auf dem (den) Bauch.

Bauch-nabel m.; bes. Demin -n ä b e l e^{in} *-ę̄-* n.: Nabel. – B a u c h s c h n ä b e l e^{in} dass.

Bauch-pflätsch(er) f. m.: Bauchlandung im Wasser.

Bauch-stecher m.: Nudeln, mit der Hand gemacht. – Syn. *Bauchstopper, -stupferlein, Schupf-nudel, -wörgel.*

Bauch-stopper m.: eine Mehlspeise. Syn. *Bauchstecher, -stupferlein.*

bauch-stößig *bǝuštaesig* ⌃⌣ Adj.: **1.** vom keuchenden Atmen des Viehs oder der Pferde, wobei die Seiten des Bauchs sich stoßend bewegen OSCHW. O. – **2.** geil, von Männern OSCHW.

Bauch-we *bǝu(x); -wę̄, -wae, -węǝ* n.: Leibschmerzen; Syn. *Grimmen. B. haben* 1) eigentlich; 2) übtr.: Angst haben.

Baude *bǝudę̆* m.: Schreckensgestalt für Kinder, wie *Butzemann* OSCHW.

Bauder *bǝudǝr* m.: **1.** Schlag, Stoß, Puff. – **2.** flache Erhöhung auf Feldern, Wegen. – Anm.: Zu mhd. *bûden* schlagen. S. a. *bauderen.*

baudere^n *bǝudǝrǝ* schw.: einem einen *Bauder* geben. Mit der Faust in die Seite stoßen. Leicht auf den Rücken schlagen.

Bauer – *būr (p-)* SW. S., *bǝuǝr* um Murg, Enz, Nagold, mittl. Neckar, untere Fils und Rems, *bauǝr* NW. FRK., *baor* RIES, Wörnitz, Lechmündung; zwischen diesen Gebieten *bǝur (p-),* flekt. B a u r e^n *b . . . rǝ-* m.; Demin. B ä u e r l e^{in} *bīrlę(-i), -ǝiǝr-, -aiǝr-, -aer-, -ǝir-* n. (Fem. *Bäurin*): Bauer. – **1.** Landmann, wie nhd. – **2.** Fuhrmann; im UNTERL. – **3.** Übtr. a. Schimpfname für einen ungebildeten, groben Menschen. Als Schelte gern verstärkt *Saubauer.* – b. Figur, die einen B. darstellt, z. B. im Kartenspiel. – c. *ein Bäuerlein machen* aufstoßen (bei Kindern). – d. *kalte Baure*^{n} Plur. Pollution, Onanie, bes. Spuren derselben.

Bauerei f.: Handlung, bes. aber Mühe des Hausbaus.

Bauern- s. *Bauren-;* b a u e r n s. *bauren.*

Bauers-ma^{nn}, Plur. B a u e r s - l e u t^e m.: = *Bauer.* – Für den Plur. auch B a u r e^n-l e u t^e *bǝurǝlǝit* opp. *Herre^{n}leut^e.*

Baufalter ⌃⌣ *bǝu-, bāō, baum-; -ǎl-, -ę̆l-* m.; bes. gerne Demin. B a u f ä l t e r l e^{in} n.: Schmetterling.

b a u g e n s. *bauken.*

bauke^n schw.: essen mit großer Lust. – B a u k e r m.: Esser OSCHW.

Paul, P a u l u s : Name des Apostels und Vorname. – Gebrauch. a. der Vorname ist kath. und prot. verbreitet, aber im ganzen mehr modern und städtisch. – b. der Apostel. Als Lostage wichtig sind die beiden Festtage des Ap. α) Pauls Bekehrung 25. Januar, mod. *P-i Bekehrung* oder *P-stag, St. Paul* (wo nur der Name steht, immer dieser Tag). Er bildet die Mitte des Winters: *P-i Bekehr halbe^n Teil hi^n halbe^n Teil her.* – *Halb Winter hi^n h. W. her.* – β) Peter und Paul, 29. Juni, auch *Kirschenpeter,* daher s. *Peter.*

Bäule^{in} n.: Demin. von Bau, Nebengebäude.

Bau-loch *baolǫ̆x* n.: = *Bailoch,* Schallloch am Kirchturm SW.

Baum – *bǫm (bǫ̆m)* im W. und O., *bǫ̌m* (südlicher *bǫ̆m)* im S. SW., *bāōm (boum* ALLG.) zwischen dem w. und dem ö. *bǫ̆m-*Gebiet, *băm* FRK.; Plur. (je nach dem Sing.) *bę̆m (bęm), bę̆m (bę̆m), bāēm (beim),* frk. *băm,* vom Kocher bis Tauber und ob. Wörnitz *bămǝ* – m., Demin. B ä u m l e^{in} (Vokal wie Plur.) n.: Baum.

Baum-ausreißer m.: einer, der sich anstellt, als könne und wolle er in der Arbeit recht viel leisten.

Baum-gart^{en}, B a n g e r t m.: mit Bäumen bepflanztes Land. Syn. *Baumwise.*

bäumig Adv.: außerordentlich, sehr, z. B. *b. gut.*

baum-meisle^n *bǫ̆moeslǝ* ⌃⌣ schw.: beischlafen NO. – Vgl. *Amsel 3* und *vögeln.*

Baum-nuß *bāōnŭs* ⌃, *bāōnǝs* ⌃⌣, *bǫ̆nŭs* ⌃ f.: die auf dem Baum wachsende Nuß, Walnuß, Juglans regia L.

Baum-picker *-bĭkǝr* m.: Specht.

Baum-stotzᵉ, flekt. -eⁿ m.: Pfahl zum Anbinden des Baumes.

Baum-wisᵉ, Pl. -eⁿ f.: mit Bäumen besetzte Wiese; häufigeres Syn. *Baumgarten*.

bäunig *bəiniχ* Adj.: von einem Land, das sich leicht bauen läßt.

Bauⁿschel *bāōšl* f.: unordentlich gekleidete Weibsperson.

Bauⁿs-kugel *bāōskhūgl* f.: der Bovist, Lycoperdon Bovista.

bauⁿstgeⁿ *bāūštgə bāūšgə* schw.: den Mund beim Essen ganz voll nehmen (so daß das Atmen erschwert ist). Schwer atmen.

Bauⁿzeⁿ *bāōtsə* Plur.: dicke Nudeln, in Schmalz gebacken; dicke, längliche Mehlnudeln.

bäureleⁿ *bəirələ* schw.: nach einem Bauern riechen; übtr.: bäurische Sitten haben OSCHW.

baureⁿ schw.: Bauerngeschäft betreiben.

Bauren-: in Kompositionen, welche nicht technisch das zum Bauern Gehörige bezeichnen, zur Bezeichnung des Groben, Massigen, daher teils als Verstärkung: *B-glück, -rausch* o. ä., teils abwertend für das Minderwertige: *B-karpfe, -käs, -spitz* o. ä.

Baureⁿ-bosseⁿ Plur.: Bossen, d. h. kurze Stiefel, Bundstiefel, wie sie die Bauern tragen OSCHW.

Baureⁿ-buᵇᵉ *bəurə-buə*, Pl. -bubeⁿ *-buəbə* m.; Demin. -bübleⁱⁿ *-biəblę* n.: **1.** eigentlich, Sohn eines Bauern, vom Kindesalter bis zur Verheiratung; das Demin. kann das Kindesalter bez. oder spöttisch für Erwachsene gebraucht sein. – **2.** Demin. (Plur.): Kleine Traubenhyazinthe, Muscari botryoides (L.) Mill. Syn. *Kälblein, Kaminfeger, Kohlröslein (-stötzlein), Krüglein, Mausöhrlein, Röslein, Pfaffenröslein*.

Baureⁿ-feiertag *-ig* m.: **1.** geschaffter Feiertag. – **2.** bäurischer, geschmackloser, altmodischer Putz in Kleidung und Hausgeräte. – **3.** Regentag, scherzhaft.

Baureⁿ-grind m.: spöttisch = Bauernkopf.

Baureⁿ-häs n.: Bauerngewand.

Baureⁿ-hitzᵉ f.; große Hitze. *Heut*ᵉ *ist* *e*ⁱⁿᵉ B. Sonst gew. *Beckenhitze*.

Baureⁿ-kirbe, schriftd. Baureⁿ-kirchweih f.: **1.** bäuerliches Kirchweihfest. – **2.** geschmacklos bäurisches Zeug, bes. mit schreienden Farben. Syn. *Baurenfeiertag*. – **3.** überh. bäurisches Wesen.

Baureⁿ-klobᵉ, flekt. -eⁿ m.: **1.** grober Bauer, Schimpfwort. – **2.** plumpes Bauernpferd.

Baureⁿ-lackel m.: bäurischer Tölpel.

Baureⁿ-lalle m.: einfältiger Bauer. – Baureⁿ-latsche m.: etwa dass.

Baureⁿ-mensch n.: bäurisches Weibsbild.

Baureⁿ-regel f.: traditionell formulierte bäuerliche Erbweisheit, bes. Wetterregel.

Baureⁿ-roß n.: für das Pferd des Bauern da, wo das Pf. *Roß* heißt (Sww. OSCHW.).

Baureⁿ-schultheiß *-šūldəs*, Pl. *-šūld(ə)s(ə)*; gebildeter *-šūlthaes* m.: Schultheiß, d. h. Ortsvorsteher eines Dorfes, aus dem Bauernstand; im Gegensatz zu dem aus dem Schreiberstand genommenen *Herren-(Schreiber-)Sch.* des Dorfes oder der Stadt.

Baureⁿ-sonntag *-dig*, m.: der zweite Sonntag nach Trinitatis [zwischen 31. Mai und 4. Juli einschl.], RIES, auch auf dem Hertfeld.

Baureⁿ-spitz m.: Schupfnudeln.

Baureⁿ-tralle m.: Bauernlümmel.

Baureⁿ-trampel f.: Schimpfwort für ein plumpes bäurisches Weibsbild.

Bausch *bəuš, baoš, bəutš, bəušt* (frk. *baušt*), Plur. Bäusch(t)ᵉ m.: **1.** wie nhd., gepolstertes kleines Kissen. a. insbes. der gepolsterte ringförmige B., der auf den Kopf gelegt wird, um Lasten darauf zu tragen. Hiefür bes. das Demin. Bäusch(t)leⁱⁿ n. – b. Kopfbedeckung der Kinder. – c. Bestandteil der weibl. Tracht der Baar: der auf der Hüfte aufliegende Wulst. – d. Nähkissen, genauer *Nähbauscht*. – **2.** *in (mit, bei) B. und Bogen* ganz im allgemeinen, ungefähr, wie nhd.

bauscheⁿ *bəušə* schw.: **1.** schlagen, prügeln. – **2.** schwellen, weit hinaus stehen.

bauseⁿ I *bəusə* schw.: intr. mit haben. **1.** sich hervorwölben, von den Wangen bei gefülltem Mund FRK. S. a. *pfaus-*. – **2.** verschwenderisch, üppig leben, bes. von gutem Essen und Trinken. – Bauser m.: Verschwender. – Bauserei ∪◡◞ f.: Verschwendung. – bausig Adj.: verschwenderisch.

bauseⁿ II *bəusə* schw.: fürchten. – Anm.: Aus dem Rotwelsch.

bausen III s. *bosen*.

bausgen s. *bosen, bosgen*.

Bausget s. *Bosheit*.

Baust s. *Bausch*.

Bautschel *baotšl* f.: Schwein. Demin. *Bautscheleⁱⁿ*.

bautscheⁿ *baotšə* schw.: mit vollen Backen, gierig essen.

bauzeⁿ schw.: bellen; von Menschen: zanken.

be-augapfeⁿ *bəaogapflə* ∪◞∿∪ schw.: *etwas b.* näher ansehen.

Be-auge s. *Bä-auge*.

peb s. *behäbe*.

pecheleⁿ schw.: nach Pech riechen.

Pecheler m.: Spottname für den Schuhmacher.

Pech-nägeleⁱⁿ n.: Gewöhnliche Pechnelke, Viscaria vulgaris Bernh.

Beck *bĕk*, flekt. -eⁿ m.: Bäcker.

beckeⁿ *bĕgə* schw.: **1.** trans.: Streu, Reisich *b.*, abhacken oder klein hacken. – **2.** intr. trocken hüsteln.

Beckeⁿ-brot n.: beim Becken, nicht im Haus gebackenes Brot.

Beckeⁿ-hitzᵉ f.: große Hitze. Syn. *Baurenhitze*.

Beckeⁿ-mädleⁱⁿ n.: Pflanzengattung Erdrauch, Fumaria L.

Beckeⁿ-ringeleⁱⁿ n.: Färberkamille, Anthemis tinctoria L.

Beckeⁿ-rusel -*ū*- f.: dicke Buschbohne; übtr. dickes Kind. – Zu *Rusel* kleiner runder Körper.

Becker *bę̆gər* m.: **1.** trockener Husten. – **2.** einmaliger Schlag, Stoß. – S. *becken*.

Beckiⁿ *bę̆gę̆*, Pl. *-ənə* ⏑⏑ f.: Bäckersfrau.

beckleⁿ *bę̆glə* schw.: = *becken*. Mit einem spitzen Werkzeug wiederholt hauen, mit dem Absatzrand auf den Boden hauen, das Eis aufhauen. S. a. *aufbecklen*.

Becksler m.: Hackmesser.

Pedäderleⁱⁿ n.: Gerät, das vielleicht funktioniert (Feuerzeug). – Anm.: Frz. peut-être, vielleicht.

be-dusleⁿ -*ū*- schw.: **1.** *einen b.* ihm Ohrfeigen geben. – **2.** Part. *beduselt* angetrunken.

beeren s. *beren*.

beffen, -eren, -z(g)en s. *bäffen*.

beflämmen s. *flämmen*.

Begein^e, Plur. -eⁿ f.: Begine, in einem Schwesternhaus ohne klösterliches Gelübde, aber in bestimmter Tracht lebend, bes. der Krankenpflege ergeben, Sammlungsschwester, -frau, Hausnonne.

begeren ⏑⏑ s. *bägeren*.

be-girig Adj.: *bęgīrig* nur in der Bed. neugierig und zwar in der Verb. *b. sein: Ich bin nur b., ob es heut noch regnet* o. ä.

beglen s. *böglen*.

Begleisen s. *Bögeleisen*.

begosch, begott s. *bigott*.

b^e-häb^e *phę̆b, phaib, pfę̆b* Adj. Adv.: was *behebt*; fest schließend, dicht, knapp, genau. Syn. *gehäbe*; Gegenteil *unbehäbe, luck* o. a. S. a. *behebig I.* – **1.** physisch. Von Gefäßen und andern Gerätschaften: wasser- und luftdicht. – Ebenso von Türen, Fenstern, Schlössern, Deckeln: sie sind *b.,* schließen fest. *Mach den Stall b. zu.* Auch ein *Knopf* (Knoten) kann *b. zu,* fest verknotet, der Mund (Maul) *b. zu,* fest geschlossen sein. In allen solchen Fällen auch wohl die Verstärkung *steinb^ehäb.* – Ein Mensch ist *nicht b., unb.,* wenn er Wind und Kot nicht fest halten kann. – Kleider, Schuhe sind *b., liegen b. an,* wenn sie fest oder zu fest anliegen. Ein Ring *geht b. an den Finger.* – *Heb b^ehäb!* halt fest. *B. 'nanstehen* fest hinstehen. – Haare, eine Hecke odgl. sind *b. geschnitten* kurz geschnitten, insbes. wenn sie allzu kurz geschnitten sind; ein Ast ist *b.* abgesägt, desgl.; in solchem Fall auch: *Man hats zu b.* genommen. – Von geringer Entfernung: *Sich b. zu einem setzen. Er ist b. am Wasser gestanden; der Stein ist b. an meinem Kopf vorbeigeflogen. B. aneinander, beieinander.* In allen diesen Fällen = nhd. dicht. – **2.** übtr. a. von Menschen: genau, pünktlich, nam. aber, wie nhd. genau, =

sparsam, geizig. Im letzten Sinn stets als Tadel, wenn auch als ganz leichter und euphemistisch empfundener, gemeint; bes. gerne subst.: *Des ist eⁱⁿ B^ehäber!* Von einem solchen heißt es auch: *Er hat e^{ine} b-e Tischlad^e* – b. Herr über sich selbst, α) in Genüssen. – β) im Reden: schweigsam. *Sei feiⁿ b.! –* c. *es b.* nehmen genau nehmen, streng sein; insbes. von Beamten. – d. *eⁱⁿ b^ehäb^es G^esicht* ein finsteres. – e. kaum, knapp: *Es hat ganz b. gereicht.* – f. *Des ist z^u b. g^eschwätzt,* wenn ein ungünstiges Urteil zu allgemein ausgesprochen wird.

behaben s. *beheben*.

b^e-halteⁿ – *ph*- allgem., *pf*- RIES Donauraum ALLG.; -*ā*- BAAR und s. davon: -*ǫ̈*- ALLG., sonst -*ǟ*- st.: **1.** an seinem Orte festhalten; Syn. (östl.) *gehalten.* – Hieher könnte auch gehören *da b.* im Arrest behalten, bes. in der Schule; verstärkt *da b. übers Essen,* wohl auch von einer Polizeihaft. – **2.** Bei diesem Aufbewahren kann noch stärker der Begriff der schützenden Verwahrung, des unverletzt Bewahrens, Erhaltens, hervortreten: *Wol ^uuf b^ehalteⁿ* in gutem Zustand erhalten. – **3.** in einzelnen Fällen tritt dagegen der Begriff des Festhaltens für sich selbst, im Gegensatz zum Wiederhergeben oder Verlieren, als Hauptsache hervor. a. phys., wie nhd. Öfters, bes. bei pers. Obj., *da b., bei einem b.* – b. vom geistigen Festhalten, und zwar: α) *etwas b.* es nicht vergessen. – β) *etwas für sich b.* nicht weiter sagen. – c. vom Festhalten eines Rechtsanspruchs: *etwas gut b.* von einem Zahlungsanspruch.

Behäng s. *Behenk*.

b^e-hangeⁿ *phăŋə;* Part. *b^ehanget* schw.: hangen bleiben. – Übtr.: = innehalten im Reden, stecken bleiben.

b^e-hebeⁿ, behabeⁿ – Präs. *phębə,* S. -*ę̆*-, BAIRSCHW. *pf*-; Prät. *phębt, pf*- schw.: A. transitiv behalten, festhalten. *Maⁿ muß deⁿ Kopf allet obeⁿ pfebeⁿ* ALLG. – B. reflexiv, *si^{ch} b^ehebeⁿ* sich übel anstellen, beklagen, durch Worte oder Gebärden. Syn. *gehaben.* Insbes. über Unwohlsein oder Schmerzen, aber auch über Arbeit, Armut o. ä. Übel. *Er b^ehebt si^{ch}, b. s. übel, stark, g^ewaltig. Er b. s. schoⁿ deⁿ ganzeⁿ Winter her. Der b. s. aber!* von einem Wehleidigen. Mit Nennung des Körperteils: *Er b^ehebt si^{ch} am Fuß, im Bauch, in der Seit^e, auf der Brust.* S. a. *behebig.*

b^e-hebig Adj.: **1.** was *behebt,* festhält, = *behäbe.* – **2.** wer *sich behebt,* wehleidig.

B^e-henk *phę̆ŋk,* südl. *phę̆ŋk;* Plur. wohl wie Sing. n.: was an etwas hängt – Behäng. **1.** phys. a. senkrecht herunterhangender Schmuck, an der Uhr oder Uhrenkette, an den Ohren. – b. eisernes Beschläg, durch das Türen und Fenster eingehängt werden. – c. Wehrgehäng am Säbel oder Seitengewehr. – d. die Ohren d^{er} Hunde,

welche hängende O. haben, z. B. der Hühner-
hunde. – e. Metzgerausdruck. α) *ein B. Brat-*
würst^e zwei, wie üblich, aneinanderhangende
Br. – β) Lunge, Leber und Herz von einem
Schwein oder einem andern geschlachteten
Tier. – f. Hoden von Tieren, bes. Farren. – g.
weibl. Brüste. – 2. *altes Behenk* durch Anbauten
vergrößertes altes Haus; diese Anbauten selbst.

B^e-hulf *phülf* m.: Hilfe.

b^e-hüte^n *phiədə; pf-* schw.: behüten. – Modern nur
noch in der Wunschformel „Gott behüte den
und den". Und zwar: a. Abschiedsgruß, opp.
grüß Gott. Zu einem oder zu mehreren gesagt:
B^{e}hüt^e Gott phiəgǫt ⌣ʹ, *phiəgət* ⌣. Zu einem
mit „du" angeredeten: *B^{e}hüt^e di^{ch} G. phiədĕ-*
gǫt ⌣⌣ʹ, auch wohl bloß *B^{e}hüt^e di^{ch} phiədĕ.* Zu
mehreren oder mit „ihr" angeredeten: *B^{e}hüt^e e^{uch}*
phiəti. B^{e}hüt^e ene G. phiədənəgǫt ⌣⌣⌣ʹ. *B. e. G.*
bei e^{i}nand^{er}! Wünsch'ene e^{in} Gott b^{e}hüt^e di^{ch}. Zu
einer oder mehreren mit „Sie" angeredeten:
B^{e}hüt^e S^{ie} G. phiətsgǫt ⌣ʹ; zu mehreren auch *B.*
ene G. wie oben. Höfliche Volkssitte verlangt,
ihn zu erwidern: *B. G.;* Antw.: *Und euch auch.*
Beim Abschied sagt man zu dem Besuche: *B.*
G., komm(et) e^{i}n anders Mal wieder (komm au^{ch}
meh'); A.: (Ja,) 's ka^{nn} scho^n sei^n. Der Hausherr
sagt: *B. G.;* Gast: *Schön (Groß) Dank;* H.:
Komm gut heim; G.: *Ja, i^{ch} will sehe^n;* H.:
Komm bal^d wieder; G.: *Ja, es ka^{nn} g^{e}schehe^n;* H.:
Richt daheim e^{i}ne^n Gruß aus; G.: *I^{ch} dank^e, i^{ch}*
will's ausrichte^n. Beim Fortgehen vom dritten
Orte sagt man den Daheimbleibenden: *B. G.,*
kommet au^{ch} mit; Antw.: *Nei^n, wir wölle^n* da
bleibe^n. Der Wirt sagt: *B. G., e^{i}n anders Mal.* –
Das Abschiednehmen mit dieser Formel heißt
B. G. nehmen oder *B. sagen.* – b. Zauber ab-
wehrend. *B. uns Gott vor teurer Zeit, Vor Mau-*
rer und vor Zimmerleut^{en}. – Entschiedene Ab-
wehr eines Gedankens. *B^{e}hüt^e mi^{ch}* ⌣⌣ oder *B.*
m. Gott ⌣. Gern mit vortretender Interj.: *O*
b. u^{n}s! Ei so b. u. G.! Dieser Ausruf dient aber
häufig auch bloß als Zeichen der Verwunde-
rung, des Entsetzens: *Ei so b. u., wie bist du da*
'rauf^{ge}komme^n! Im Unwillen: *Ei daß dich G. b.!*

bei Adv. Präp.: A. A d v e r b : *bəi,* fränk. *bai,* RIES
bae. Nur in Kompositionen, mit *bei* als erstem
Bestandteil oder als zweitem: *dabei.* – B. P r ä -
p o s i t i o n : größtenteils ebenfalls mit Diph-
thong; mit den Formen des Artikels kontra-
hiert: *bəim* „bei dem", *bəir* „bei der", Plur. *bəi*
dĕ; mit *-n-: bəinəs* „bei uns", *bəinəm* „bei ihm",
bəinər „bei ihr". Die Präp. regiert bei uns stets
den D a t i v und steht, lokal gebraucht, nur auf
die Frage „wo". – 1. l o k a l : in der Nähe von
einem Ort oder einer Person. a. mit Dat. der
Sache. *Bei der Hand. Er wohnt bei der Kirche.*
Beim Fenster 'raussehen, beim Haus 'naustrei-
ben, bei der Tür 'nausgehen, häufiger „zu" wie

nhd. – b. mit Dat. der Person. Zunächst noch
rein lokal: *Ich wohne, übernachte, esse bei dem*
und dem. Bei uns in unserem Land, unserer
Stadt. Auch noch lokal: *etwas bei sich [mir, dir,*
ihm, ihr, ihnen] haben. Etwas bei sich behalten
teils phys., teils und häufiger = nicht davon
reden. *Bei sich sein* bei Bewußtsein, seines Gei-
stes mächtig sein. *Er ist net recht bei e^{i}nander*
nicht recht bei Trost; dafür: *Er hat's net recht b.*
e. Du bist heut no^{ch} ^{n}it recht b. e. zerstreut. *Beim*
Verstand sein und bes. *nicht b. V. s.* – Andere
Wendungen entfernen sich weit von der lokalen
Grundlage. *Er ist bei jedermann gern gesehen.*
Bei mir ist weiß weiß und schwarz schwarz. – 2.
t e m p o r a l . Wendungen wie *bei'r Nacht, bei*
Zeit, bei de n Zeiten, bei Nacht und Nebel. – 3.
k a u s a l und m o d a l . a. für Urheberschaft oder
Vermittlung von Personen. – Von Mittelsperso-
nen: *etwas bei einem senden,* durch ihn als Bo-
ten: *etwas beim Boten schicken, beim Boten mit-*
geben, bei der Magd sagen lassen o. ä. – *Bei*
jemand hören. – Mehr im Zusammenhang mit
der lokalen Bed. steht: *bei einem Meister schaf-*
fen oder *schaffen lassen,* vom Kunden gesagt. –
b. bei Zahl- und Maßbestimmungen. α) distri-
butiv, das Maß der Verteilung bezeichnend,
nhd. „nach". – β) bei Kardinalzahlen: ungefähr.
Bei 100. Bei einem bis auf einen. – S. a. *beilich.* –
c. bei Strafen. *Bei Strafe* u. ä., mehr schriftld.
Allgemein aber *bei Leib* eig. bei Todesstrafe
(*Leib* = Leben), dann bei großer Strafe, um
jeden Preis odgl. Heute nur mit Negation: *bei-*
leib nicht, gespr. *bəiləib* ⌣ʹ, meist *bĕləib* ⌣ʹ.
Tu's b. ^{n}et. Du wirst doch das nicht tun? Antw.:
O, b. ^{n}et! udgl.

bei- s. a. **beu-.**

beid^e: das Zahlwort „beide". 1. F o r m . In mod.
MA. wird, wie anderswo in Ober- und Mittel-
deutschland, so auch bei uns das Geschlecht
unterschieden: Mask. *bĕd,* Fem. *buəd,* Ntr. *bǫ-*
ed (W. SW.), gerade wie „zween, zwu, zwei". –
2. G e b r a u c h . Das Wort ist wie nhd., dann
auch sehr gewöhnlich *äll b.,* wofür mitunter *äll*
zwei vorgezogen wird. Ein paar formelh.
Verbb.: *Beid(er) Teil* beides, alle beide: *bǫedr-*
dǫel. Selb beid = selbander OSCHW. *Auf beiden*
Seiten, Backen beißen. – Anm.: Die geschlech-
tigen Formen sind wohl nur noch in ländlichen
Kreisen fest und auch hier im Rückgang.

Bei-fang, Bi-fang ʹ⌣ m.: ein abgezäuntes
Grundstück, das durch Rodung gewonnen ist;
ähnlich *Beund,* nur daß der *Beif.* mehr alter
Waldboden, weiter von den Wohnorten ent-
fernt ist. – Anm.: Das Wort lautet eig. *Bi-*
fang ʹ⌣, zu *befâhen* umfassen, einzäunen, ab-
sondern.

Beig^e *bəig,* Plur. -e^n f.: Beige, Masse aufeinander
geschichteter Gegenstände. Insbes. von Holz,

vgl. *Holzbeige, Scheiterbeige;* aber auch von Wäsche, Kleidern, Büchern u. a. – S. a. *Beigete.*

beige[n] *-əi-,* s. *-ī-* schw.: **1.** aufschichten, von Holz oder anderem. Noch häufiger *aufbeigen, auf einander b. Z*[u]*sämme*[n] *b. wie d*[ie] *Häring.* – **2.** übtr. a. *einem auf die Hosen b.* Schläge geben. – b. viel zu sich nehmen an Essen und Trinken, bes. *Der kann (kann's) b.!* u. ä., ohne betrunken zu werden.

Beigete *bəigədĕ* f.: = *Beige.*

Beig-stotz[e], flekt. *-e*[n] m.: zum Festhalten der Holzbeige eingerammter Pfahl.

beileib s. *bei* B.3.c.

beilich *bəiliχ; beiling, weilich* Adj.: annähernd. Nur in der adv. Verb *beim beiliche*[n] = ungefähr, im großen und ganzen. *Etwas b. b. wissen* odgl.

Bei[n] n.: Bein. A. Form: *bāē (bāē); bę̆; bą̃; bǭę̄; bōā.* – Plur. B e i n e r , B e i[n] r , Demin. B e i[n] l e[in] ; und zwar meist ohne Umlaut: *bāēnər, bę̆nər, bą̃nər, bǭę̄nər, bōānər (bōār).* Aber in den Grenzgebieten öfters mit Umlaut: *bę̄ānər* BAAR. – B. Bedeutung. **1.** Knochen des menschlichen oder tierischen Körpers. a. im lebenden Körper. Ein Magerer oder Abgezehrter ist *nu*[r] *(nu*[r] *no*[ch]*) Haut und B.* – b. Knochen des toten Körpers. α) Totengebein. – β) Knochen am Fleisch, das gegessen wird. *An de*[n] *Beiner*[n] *ist's best*[e] *Fleisch.* – γ) anderes. *Einem bissigen Hund ein B. 'nanwerfen* einem Streitsüchtigen ein Zugeständnis machen. *Jemand ein B. ins Maul schieben (geben; stecken, daß er eine Weile dran zullen kann)* ihn durch leere Versprechungen zum Schweigen bringen FRK. *Etwas an's B. schmieren* verloren geben FRK. – *Stein und B. gefriert* von starker Kälte; vgl. *steinbeingefroren.* – **2.** untere Extremität von Menschen, obere oder untere von Tieren. Diese nhd. Bed. ist bei uns nicht populär, und wo sie vorzuliegen scheint, wird wohl immer die alte des Knochens durchscheinen. – **3.** *Bein* ist das alte Holz, der Hauptstamm der Rebe.

bei-nahe(n) Adv.: wie nhd. Gebrauch: *bəinǭ '-* und ◡', aber mehr idiomatisch ist *schier, fast, schier gar, fast gar.*

beine[n] I *-ę̆,* s. *-i;* Adj.: beinern.

beine[n] II schw.: verholzen, ausreifen, vom Tragholz der Reben; zu *Bein 3.*

Beiner-g[e]**stell** n.: magerer Mensch.

Beiner-karle m.: Skelett, Tod in der Bed. von Sensenmann.

bei[n]**-härt** *bōāhę̆rt* Adj.: sehr hart; von Menschen: robust, ausdauernd.

Bei[n]**-haus**, B e i n e r - h a u s , meist Demin. - h ä u s l e[in] n.: **1.** das zur Aufbewahrung ausgegrabener Gebeine dienende Haus auf dem Kirchhof, ossuarium, carnarium *(Kerner).* – **2.** *Bei*[n]*häusle*[in] skelettartig dürrer Mensch.

Bei[n]**-holz** n.: Bezeichnung für **1.** Rote Heckenkirsche, Lonicera xylosteum L. – **2.** Rotes B. für Blut-Hartriegel, Cornus sanguinea L.

beinig Adj.: knochig.

bei[n]**-los** Adj.: ohne Bein, Knochen.

bei[n]**-reif** *bǭę̄rəif* Adj.: von der knochenartigen Konsistenz der völlig gereiften Halmfrüchte.

b e i n s t e n s. *beisten.*

b e i s e i t s. *beseits.*

Beiß I m.: Jucken, auch der solches veranlassende Ausschlag.

Beiß II s. *Beize.*

Beiß[e] *bais,* flekt. B e i ß e[n] ; *Beißel* m.: Zuchteber; Syn. *Säubeiß* FRK.

beiße[n] I *bəisə; bīsə* s., *baisə* FRK., *baesə* RIES; Part. [ge]*bisse*[n] *-ī-* st.: beißen. **1.** eig., mit den Zähnen b., trans. und intrans. a. zum Zweck des Essens. *Auf beiden Backen b.* – Übtr.: *In einen (den) sauren Apfel b.* – b. zum Zweck der Verletzung, von Tieren und Menschen. *Es beißt!* bald ernste bald neckische Warnung, bes. gegen Kinder, wenn sie sich einer Sache nicht nähern sollen. *Es beißt nicht!* neckischer oder höhnischer Zuspruch. – Ausrufe: *Daß di*[ch] *'s Mäusle*[in] *beiß(t)!,* auch *Daß di*[ch] *der Has*[e] *b.!* komische Verwünschung; ähnlich: *Ei so beiß!* (auch mit Zus. *und schnapp net lang)!* – Kratzen und b. als Wehrmittel, bes. der Weiber. – **2.** jucken; vom Auge (Rauch, Säuren), der Nase, dem Mund (Rettich odgl.), meist aber von der Haut des Körpers (Ausschlag, Brennnessel o. ä.). Die Person steht stets im Akk.; Subj. ist die verursachende Substanz: *der Rauch beißt einen in die Augen,* oder der betr. Körperteil: *mein Buckel* [Rücken] *beißt mich,* am häufigsten allgemeines *es beißt mich (da und da).*

b e i ß e n II s. *beizen.*

Beißerle[in] Plur.: Zähne.

beißig *-əi-* Adj.: wer oder was beißt.

Beißzang[e] *-əi-,* Plur. *-e*[n] f.: die große Zange z. B. zum Nägelausziehen. Von einem Dummen, Tölpischen heißt es: *Er zieht d*[ie] *Hose*[n] *mit der B. a*[n]*;* auch von einem Knickerigen.

Bei-stall, B e i s t a l l m. n.: **1.** Anbau an ein Haus. – **2.** *Beistall* m. Altane vor dem Hause mit einer Stiege in dasselbe, um bedeckt hineinzugehen.

B e i s t e l s. *Beistall.*

beiste[n] *bāīštə, bāīšgə, bīštə, bīšgə* schw.: beschwerlich, laut atmen, keuchen SW.

beistig *bəištiχ* Adj.: fest, vom Boden.

Bei-stoß m.: was an etwas angestoßen wird.

Beit *bəit* f.: Warten, Verzögerung, Frist. – Meist aber spez., Fristung einer Schuld. Namentlich *auf Beit* auf Borg. Vom Gläubiger: *auf Beit geben.* Vom Schuldner: a. *B. nehmen (auch* [a]*uf d' Beig n.).* – b. *B. schwätzen* mit einer Person, von der man nicht weiß, ob man sie „du", „Sie" usw. anreden soll, mit Vermeidung der Anrede-Pronomens reden; Syn. *geistweis.*

beite[n] *bəidə*, ob. ALLG. *baitə* schw.: **1.** warten. – Während die Bed. sonst veraltet, ist die imperat. Wendung erhalten geblieben. *Wart e*[in] *bisse-le*[in]*, beit e*[in] *bissele*[in]*, sitz e*[in] *bissele*[in] *nieder.* – **2.** mit der Bezahlung warten. a. Subj. ist der Gläubiger. Er muß warten. – b. Subj. ist der Schuldner. Minder häufig.

Beiter m.: Gläubiger oder Schuldner; zu *beiten 2. E*[in] *lange*[r] *B., e*[in] *g*[e]*wisse*[r] *Zahler* ALLG.

Peitsch[e] *bəitš*, Pl. -e[n] f.: **1.** wie nhd. – **2.** Scheltwort: Schlechtes, liederliches Weibsbild.

Peitsche[n]**-stecke**[n] m.: **1.** Stecken, Stock der Peitsche. Syn. *Geißelst.* Auch Peitsche[n]stil m. und Peitsche[n]stock m. – **2.** hartgeräucherte, lederartig zähe, lange Wurst. Synon. *Landjäger.*

Beiz s. *Bais.*

Beize, Beiß f.: (Lautform s. *beizen*), Plur. -ene[n]: a. zu *beizen 1:* Lockspeise. Einen *in d*[ie] *Beize tu*[n] übervorteilen. – b. wie nhd. Beize, Lauge o. ä. scharfe Flüssigkeit.

Beizel s. *Beuzel.*

beize[n] *bǫətsə* O., *bǫətsə* W., *bātsə* FRK. schw.: **1.** ködern, reizen. Einen Fuchs odgl. *b.,* durch Lockspeise in die Falle locken. Eine Person *b.,* zu etwas verlocken. Mit sachl. Subj., z. B. *Es hat mi*[ch] *älleweil* [ge]*beizt,* bis ich endlich gestohlen habe. *Der Acker beizt mi*[ch] ich hätte ihn gerne. – **2.** mit einer scharfen Flüssigkeit imprägnieren, meist zum Zweck der Konservierung. Holz, Fleisch udgl. wird *gebeizt;* für Fleisch noch mehr *einbeizen.*

Be-kanntschaft f.: in gebildetem Munde wie nhd., abstr. = das Kennen von etwas oder jemand, koll. = Bekanntenkreis. Im Volksmund allgem. = Liebschaft und Gegenstand derselben. *Er, sie hat e*[ine] *B.*

B[e]**-lag**[e] *blāg, blā, blăjĕ;* Plur. -e[n] *blāgə* f.; Demin. Blägle[in] *-ĕ-* n.: **1.** flach geschichtete Lage von (Getreide) Heu udgl. Aus der *B.* wird das Heu auf (kegelförmige) *Schochen* zusammen-, aus diesen wieder in eine *B.* auseinander gerecht. – **2.** Holzschlag.

b[e]**lagere**[n] *-ā-* schw.: voll machen, blockieren. *Der Was*[en] *ist b*[e]*lageret mit Holz* odgl.

B[e]**-lang**[e] m.: Sehnsucht. *E*[i]*n*[en] *B*[e]*lange*[n] *hau*[n] *nach etwas.*

b[e]**-lange**[n] *blăŋə,* SW. *blăgə* schw.: trans., mit haben. *Es belangt mich.* **1.** die Zeit kommt mir lang vor S. *'s wird di*[ch] *b., bis du 'na*[n] *kommst, des ist weit. Bis dort wird's noch manchen b.* – **2.** es verlangt mich, ich habe Sehnsucht nach etwas; das Obj. mit einer adv. (präpos.) Angabe der Richtung oder mit abh. Satz: *Es hat mich so arg nach dir belangt. Es b-t mich aufs Mittagessen. Es hat mich recht b-t, bis er heim gekommen ist.*

b[e]**-langere**[n] *blăŋərə* schw.: = *belangen.*

b[e]**-letze**[n] *blĕtsə* schw.: [ge]*bletzt* verletzt.

belfere[n] *-ĕ-; bilfere*[n]*, bilfe*[n]*; bulfere*[n] schw.: kläffen, wie *bäffen* teils von Hunden, teils von Menschen, bes. Weibern: schelten, maulen. – Belfer m.: kläffiger Hund oder Mensch.

belle[n] I st. schw.: bellen, wie nhd. Form: belle[n] *-ĕ-;* bille[n]; bolle[n]; bulle[n].

belle[n] II, böllen *-ĕ-* schw.: laut weinen, heulen, von Kindern und Erwachsenen SO.

Beller I m.: zu *bellen* I: einer, der bellt. Von Personen: Großhans, Lautsprecher, Schreier, Krakehler. – S. a. *Boller.*

Beller II *-ĕ-* m.: Heuler. Syn. *Bellhafen.* Überall, wo *bellen* II üblich ist.

Bell-hafe[n] *-ĕ-* m.: Kind, das viel und laut weint ALLG. – Anm.: Zu *bellen* II; vgl. *Maunzkachel.*

b[e]**-luchse**[n] *bl-, bĕlüksə* schw.: übervorteilen, betrügen. – S. zu *abluchsen* u. *blutzgen* I.

Pelz *bĕlts,* nö. auch *-ĕ-;* Plur. Pelze[n] *-ĕ-* m.: **1.** wie nhd. Pelz. – **2.** auf menschliche Körperteile übertragen. a. von dichtem, wolligem Haupthaar. – b. weibliches Geschlechtsteil.

pelze[n] I *bĕ-, bĕ-* schw.: **1.** pfropfen, von Bäumen oder Sträuchern. – **2.** übtr. durchprügeln, schlagen.

pelze[n] II *bĕltsĕ,* flekt. -ene *-ənə* usw. Adj.: **1.** aus Pelz gemacht. – **2.** was sich wie Pelz anfühlt; Syn. *wullen.* a. von Rettigen, auch Rüben, Äpfeln, wenn sie durch Alter welk, holzig, schwammig, saftlos geworden sind. – b. von dem stumpfen Gefühl in eingeschlafenen, erfrorenen odgl. Gliedern. *Meine Hand, mein Fuß ist ganz p. Pelzene Zähne* von einer Säure, z. B. einem Apfel, stumpf gewordenen; sonst *verschlagen.* – Anm.: Die mehr schriftspr., in der Halb-Ma. allgem., aber auch in der MA., bes. im N., erscheinende Form ist *pelzig.*

pelzig Adj.: holzig, gefühllos. Vgl. *pelzen* II. *2. a. b.*

Pelz-märte *-mĕrdĕ* m.: **1.** die als alter Mann in Pelz odgl. vermummte Gestalt, die von Martini (11. Nov.) an bis Weihnachten zu den Kindern kommt, um sie zu schrecken, aber auch mit Nüssen, Äpfeln o. a. zu beschenken, als Bote und Vorläufer des Christkindleins. Die Benennung ist üblich n. der Donau, bes. aber im Neckargebiet; Syn. *Pelzmichel, Sante Klaus, Graule, Butzengraule.* – **2.** unbeholfener Mensch. – **3.** wer an warmen Tagen viele und warme Kleider anzieht. – Anm.: *Märte* = Martin.

Pelz-michel m.: = *Pelzmärte 1.*

bemb- s. *bemp-.*

Bempemperles-tag *bĕmbĕmbərlĕsdāg* ᵕᵕᵕ (*bĕmbĕmərlĕs-, bĕmərlĕs*); Nimm(imm)er-les-tag *nĕmĕmərl-, nĕmərl-;* Memmerles-tag, Memmemmerles-tag, Jämmerles-tag, Hämmerles-tag m.: *am B.* an einem (meist künftigen) Tag, den es nicht gibt. Syn.

Guckelestag. Auf diesen Tag werden Kinder vertröstet, lästige Frager verwiesen udgl. Gerne mit dem Zusatz: *Am B.*, wenn [wann] *d^{ie} Eule^n bocke^{n}t;* wird dann gefragt: *Wenn bocke^{n}t d^{ie} E.?*, so ist die Antwort: *Am B.*

B e m p e r s. *Bamper.*

bempere^n I, b e m p e r l e ^{n} schw.: = *bampen.*

bempere^n II *-ę̆mb-* schw.: **1.** *bempere^n* trommeln. – **2.** *bemperle^n:* hämmern, klopfen wie mit einem kleinen Hammer; übtr.: zwecklos beschäftigt sein, leiern. – **3.** *bemple^n* mit der Glocke unregelmäßig anschlagen; *bempele^n* dass. – Anm.: Offenbar immer dieselbe onomatop. Bildung, Nachahmung des Klopfens.

Bempes, Plur. gleich, m.: kleiner Knabe (scherzh.)

Pemsel *bę̆msl, -ę̆-, -ęə-;* P e n s e l *bę̆nsl, -ă-, bāēsl,* Plur. gleich m.: Pinsel. **1.** Malerpinsel, allgem. – **2.** Haarbüschel, Penis OSCHW. – **3.** grober Mensch. – **4.** kleiner Rausch.

b e n - s. *bin-, bün-.*

be-namse^n schw.: mit Namen nennen, mit einem Namen belegen; benennen.

B e n e s. *Büne.*

Benedikt: Name des Heiligen und männl. Vorname, daneben *Benedikta* als Mädchenname. Als Vorname wohl nur kathol. – An den Tag des h. B., 21. März, zugleich Frühlingsanfang, knüpfen sich mehrere Bauernregeln, die, weil der Kalendertag prot. und kath. ist, in beiden Konfessionen vorkommen. Die Bienenstöcke kommen ins Freie: *B. Stellt d^{ie} Imme^n ^{a}ufs Britt.* Man arbeitet nicht mehr bei Licht: *B., Der 's Licht a^{b}zwickt. Michel* [29. Sept.] *zünd^{e}t und Bene löscht.*

Bengel *bę̆ŋl,* s. *-ę̆-* m.: **1.** Prügel, dicker Holzstab. Syn. *Tremel.* – **2.** flegelhafter, roher Mensch.

bengle^n, b e n g e l e ^{n} *bę̆ŋ(ə)lə* schw.: **1.** einen Hund *b.*, ihm einen *Bengel* anhängen, um sein freies Laufen zu verhindern. – **2.** *bengele^n* gängeln.

B e n k e r t s. *Binkert.*

B e n n a g e l s. *Bindnagel.*

Benn^e *bę̆n, bę̆nə,* flekt. *-e ^{n}* f.: Korb oder Truhe auf einem Wagen oder Karren, bezw. ein solcher Wagen selbst, Truchenwagen.

Pensele^{in} *pặsę̆lę* n.: Garten-Stiefmütterchen, Viola wittrockiana Gams. – Syn. *Tag-und-Nacht-Veigele^{in}.*

P e n s e l s. *Pemsel.*

b e n s t e n s. *beisten.*

b e n z e n s. *beisten.*

b e p p - s. a. *bäpp-* und *böpp-.*

Ber I, flekt. B e r e n, B e r s m.: Eber. – Anm.: Das Wort ist heutzutage nur ö. von Wörnitz und Lech üblich.

Ber II *bę̆r* n.: Schneide der Axt OSCHW. – Zu *beren* schlagen, treffen.

per *phę̆r:* die lat. Präp. ist aus der Gelehrtensprache in einigen Wendungen populär geworden.

Per er, per du, per Sie mit einem reden. *Er ist per* durchgegangen, doch stets nur scherzhaft.

b^e-raffle^n, b ^{e} r ä f f l e ^{n} *-ă-, -ę̆-, -ęə-, -i-; pfrę̆flə* schw.: einen oder etwas *b.* anreden, besprechen, mit dem Nebensinn des Unberufenen oder Unwillkommenen. **1.** *einen b.* tadeln, zur Rede stellen, warnen, zurechtweisen. Anreden, wo es nicht erwartet oder auch nicht gewünscht wurde. – **2.** *etwas* oder *einen b.*, von unbefugtem, vorlautem, unnötigem Reden über Dinge oder Personen. *Der muß auch alles b^{e}rafflet haben!* S. a. *beschnallen.* – Anm.: Das Wort kann nur zu *Raffel* Klatschmaul gehören.

B^e-ram *brǫ̆m* BOD. BAIRSCHW., *pfrāǫ̆m* OSCHW. m.: Ruß.

b^e-rame^n schw.: rußig machen.

B^{e}ram-freitag *brǫ̆mfrəitig* m.: = beramiger Fr.

b^e-ramig *brǫ̆mig, brāǫ̆-, pfrǫ̆-, pfrāǫ̆-, pfrāē-* Adj.: **1.** rußig, mit Ruß geschwärzt. – **2.** *e^{in} pfromig^{e}s Maul* von Fett triefend. – **3.** angetrunken. – **4.** *der b-e Freitag* (s. a. *Beramfreitag*), auch der *rußige Fr.*, ist der Fr. vor Fastnacht, weil an ihm mit Berußen des Gesichts Schabernack getrieben wird. Ihm geht der *gumpige Donnerstag* voraus und folgt der *schmalzige Samstag* und der *Küchle^{in}sonntag.*

b^e-rätig Adj.: schlüssig, fertig. *Mach, daß d^u b^{e}rätig wirst.*

b^e-räufe^n *braefə* schw.: **1.** berupfen, von Geflügel, bes. Gänsen oder Enten. – **2.** übtr., *einen b.* rupfen, übervorteilen.

b^e-rauhwerke^n *brąuwęərgə* ⌒◡ schw.: aus dem Rohen arbeiten, nicht ganz fertig machen, eig. und übtr.

Berch, B e r c h t f. m.: Name gespenstiger Wesen, welche zur Weihnachtszeit in Bez. stehen. **1.** F e m. a. Am letzten Anklopfdonnerstag [Donn. vor dem Christfest] kommt die *Berch* mit Krone, einem Wisch Werg und einem Kochlöffel. – b. *Bercht -ę̆-* Schimpfname für ein häßliches altes Weib. – **2.** M a s k. In Ellwangen gingen am Nikolaus-Vorabend (5. Dez.) der als Bischof schön gekleidete *Niklas (Klas)* und der ruppige *Bercht* mit der Rute in den Häusern herum. – Anm.: *Berch(t), Becht:* ein altes Weib mit schreckhaften Gewohnheiten, Abstraktion aus dem alten *Berchtentag, Berchtennacht* (ahd. *giberahta naht*) = Epiphania, 6. Januar; wie ital. daraus eine Fee *Befana*, deutsch aus der Lucientag eine *Luz* usw. geworden ist.

berche^n *-ę̆-* schw.: sich verkleiden, um den Kindern Angst zu machen.

Bere I, flekt. B e r e ^{n} *bę̆rə, bęərə* m., *bę̆r* n. **1.** Netz zum Fischfang und zwar das sack- oder trichterförmige, an einer Stange hangende. – **2.** bes. im Demin. B e r l e i n *b.*: Klingelbeutel, zum Einsammeln in der Kirche.

B e r e II (Tragbahre) s. *Bäre.*

b^e-rechte^n *br̥ęəxtə* schw.: maulen, beredt und dabei rechthaberisch sein.

be-reits *bĕraets* ‿’ Adv.: beinahe; auch wohl verstärkt *allbereits. Es ist bereits 4 Uhr* nicht = schon 4 U., sondern = beinahe 4 U.

bere^n *baerə* schw.: Beeren, z. B. Erdbeeren, sammeln. – S. a. *berlen, Berget.*

berg-abe *-ābĕ* Adv.: bergab, eig. und übtr.

berg-a^n ‿’ Adv.: = *bergauf.*

berg-auf ‿’ *-auf, -üf* Adv.: den Berg hinauf, aufwärts.

berg-eine ‿‿ Adv.: = *bergauf.*

berge^n *-ę-, -ęə-* st.: **1.** verbergen. – *I^{ch} berg^e dir's net* ich sage dirs unverhohlen. – **2.** aufbewahren. Vgl. *afterbergen.*

Berget *bĕrgət* m. f.: Zeit der Beerenernte ALLG.

berget, -echt, -echtig Adj.: bergig.

Berg-nägele^{in}, Blaues Nägele^{in} n.: Ausdauernde Sandrapunzel, Jasione laevis Lam.

b^e-richte^n *brīχtə;* Part. *b^{e}richt^{e}t* schw.: **1.** anzeigen, mitteilen. a. mit oder ohne sachl. Obj.: einen Bericht an die Behörde udgl. erstatten. – b. *einen b.* informieren, in Kenntnis setzen, benachrichtigen. *I^{ch} muß ihn b.; i^{ch} hau^n 'n b-t* u. ä. – Part. Pass. *bericht^{e}t* adjektivisch: kundig, erfahren. – *I^{ch} bi^n so b^{e}richt^{e}t* (das sei so und so). *Du bist übel b^{e}richt^{e}t* schlecht informiert. *I^{ch} bi^n jetzt g^{e}nug b.* weiß genug von der Sache OSCHW. *Der ist scho^n b.* hat Einsicht, ist schnell gefaßt OSCHW. *Er ist e^{in} b^{e}richt^{e}ter Ma^{nn}* hat natürlichen Verstand. – **2.** ausgleichen, beilegen, besänftigen, beschwichtigen, zur Besinnung bringen. Z. B. *Er ist gar net z^u b.* Bes. in der Verb. *sich b. lassen* für Belehrung, Beruhigung zugänglich sein. – **3.** = *ausrichten 2,* verleumden.

berle^n *bĕrlə* schw.: pflücken, z. B. Obst. – S. a. *beren, Berget.*

Perle^n-nuster n.: Nuster, Halsband aus Perlen.

Berlock^e f., wohl nur im Pl. -e^n: Gehänge am Ohr oder an der Uhr.

Perment = Pergament.

Berner-wägele^{in} n.: leichtes, ländliches Fuhrwerk mit vier Rädern, der Kasten ist offen, mit Geländer und leichter offener Bank, char-à-bancs.

Bernhard *bĕ(ə)(r)nhâ(r)t;* gekürzt *bĕrnət, bĕ(ə)n-, bĕrnt, bĕrnę̄;* Demin. *Bernhardle^{in}:* **1.** Name mehrerer Heiligen, insbes. des B. von Clairvaux. Man soll an seinem Tag (20. Aug.), Augustin (28. Aug.) und Johannis Enthauptung (29. Aug.) im Weinberg an den Stöcken schütteln, so bekommt der Wein einen eigentümlichen, brändlichen Geschmack. – **2.** männlicher Taufname, im Volk wohl nur katholisch.

beromen usw. s. *beramen.*

beropfen s. *berupfen.*

Bersching NECKAR, *Bärschich* ULM, *Bersich bĕrsiχ* DON., *Bärster -ę̄-* m.: der Fisch Barsch, Perca fluviatilis.

perschwadiere^n *phęŕśwădiərə* ‿‿’‿ schw.: überreden, verleiten zu etwas. – Lat. *persuadere.*

ber-schwarz *-ę̄-* Adj.: tief schwarz (wie gewisse Beeren).

perse *phęrsę̄* ‿‿ Adv.: *Das versteht sich p.* von selbst. – Lat. *per se.*

Bersich s. *Bersching.*

Bert^e *bę̄(r)t, bĕrət,* flekt. - e^n f.: flacher Kuchen aus Brotteig, etwa aus dem letzten Rest des Teigs beim Brotbacken, belegt mit Zwiebeln, Kraut, süßem oder saurem Rahm, Salz, Kümmel, Äpfeln, Zucker o. a.; Komposs. *Pflamm-, Kirbe-, Zwiebel-berte.*

berte^n-breit Adj.: breit und flach wie Kuchen.

Bertram m.: Sumpf-Schafgarbe, Achillea ptarmica L.

Beruch *(-uə-)* usw. s. *Bruch.*

b^e-rüme^n *brę̄əmə* schw.: **1.** trans., rühmen. – **2.** refl., *sich b.* sich rühmen.

b^e-rupfe^n, b^e-ropfe^n schw.: **1.** phys.: a. Gänse o. ä. Hausvögel b. ihnen die Federn ausrupfen. – b. von anderem. Eine Wunde b. aufkratzen. – **2.** übtr. *einen b.* a. tadeln, zausen, bloßstellen. *Er läßt niemand u^{n}b^{e}rupft.* – b. wie nhd. rupfen: um sein Eigentum bringen. *Unberupft davon kommen.*

bes s. *bös.*

b^e-sacke^n schw.: **1.** in den Sack schieben. – **2.** *sich b.* sich bereichern.

b^e-schäle^n *-eə-, -ę̄-* schw.: vom Hengst, die Stute bespringen; Syn. *belegen.* – B^{e}schäler m.: Zuchthengst.

b^e-scheiße^n *-əi-,* s. *-ī-,* frk. *-ai-,* RIES *-ae-* st.: **1.** physisch. a. wörtlich, mit Kot beschmutzen. – b. überh. beschmutzen. – c. von Krankheiten, die sich als Belag der Oberfläche darstellen. *Sich oder sein Gesicht beschissen haben* kleine Blasen um den Mund haben von Obst, an dem giftige Insekten sitzen. – **2.** übtr. a. *sich mit etwas* oder *mit (an) einem nicht b. mögen* sich nicht damit abgeben, wegen geringer Sache in einen Streit einlassen wollen. – b. betrügen, s. a. *Beschiß 2.* Milder und dezenter *beschummeln.* – **3.** Part. b^{e}schisse^n als Adj. a. schmutzig. – b. betrügerisch. – Mit abgeschwächter Bed.: verschmitzt, schelmisch. – B^{e}scheißer m.: Betrüger; Syn. *Leutbescheißer.* – B^{e}scheißerei ‿‿’ f.: Betrügerei, gewöhnlicher *Beschiß.* – Demin. B^{e}scheißerle^{in} n.: Krageneinsatz, der Bluse vortäuscht.

b^e-schieße^n *-iə-* st.: intr., mit haben und unpers. Subj.: förderlich sein, genügen; Syn. *ausgeben, batten, klecken, langen. Des b-t; Des b-t net, nix.* Kartoffeln, Mehl udgl. *b.* sind gehaltreich und geben aus. *Es b-t ihm* er gedeiht mit wenigem. *Bei dem will nix b., was ma^n ihm geit.* S. a. *beschießlich.*

b^e-schießlich *-iə-* Adj.: ausgiebig; bes. vom Regen.

B^e-schiß -*ĭ*- m.: **1.** Mehltau. Zu *bescheißen 1 c.* – **2.** zu *b.* 2 *b:* Betrug. – Eine billige Ware ist *auf de^n B. g^{e}macht (g^{e}richt^{e}t). Der B. kommt auf de^n Tisch (liegt auf'm T.)* kommt zu Tage, vom Spiel hergenommen.

B^e-schlächt, B^e-schlacht n. f.: mit was beschlagen wird. **1.** *Beschlächt* n. Beschläge. – **2.** *Beschlacht* f. Weidendamm.

b^e-schlafe^n -*ǭ*-, -*ao*- st.: eine Sache, Frage *b.* ihre Lösung auf den nächsten Tag verschieben, zuvor einmal drüber schlafen: *Das muß man erst b.* o. ä.

b^e-schließe^n -*iǝ*-; *pš̩l-, kš̩pl-* st.: **1.** verschließen, zuschließen, eine Tür o. ä. – **2.** zum Schluß bringen. a. beendigen, spez. eine Rede. – b. nhd. einen Beschluß fassen.

b^e-schnalle^n schw.: *einen b.* heftig anfahren, tadeln. Einen, der sich unbemerkt glaubt, anreden. Beschreien, über einen sprechen; vgl. *berafflen.*

b^e-schnarchle^n -*arχl*-, s. -*arχl*-, -*arl*- schw.: **1.** etwas oder *einen b.* genau, prüfend ansehen, die Nase hineinstecken. – **2.** tadelnd anfahren.

b^e-schnipfle^n schw.: schw.: durch Wegschneiden kleiner, aber vieler Stücke beschneiden; insbes. von kleinlichem, schikanösem Verringern des Lohns o. ä.

b^e-schnotte^n -*ǭ*- allgem., b^e-schnutte^n -*ŭ*-, -*ū*- Adj. Adv.: knapp, kaum hinreichend; Syn. *bärig* (nur daß *beschn.* auch, und zwar häufiger, Adj. ist), *behäb.* Von zu engen oder eben noch an den Leib gehenden Kleidern, von schlechtem Maß oder Gewicht, kärglichem Essen u. a. Das Geld, der Stoff usw. *langt b.* kaum, zur Not. *Er ist b. no^{ch} recht ^{ge}komme^n* eben noch. *Die Frucht geht b. in den Sack* u. ä. Ein Mensch ist *b.:* 1) knapp, geizig; 2) wortkarg aus Verstimmung; 3) kopfhängerisch TIR. [wohl = 2].

b^e-schosse^n *pš̩osǝ* Adj.: schlagfertig, geistesgegenwärtig.

beschraien s. *beschreien.*

b^e-schreie^n -*ǝi*-, Part. b^{e}schrie^n, b^{e}schraue^{n}st.: an-, aufrufen. **1.** einen in einen gewissen Ruf bringen; meist in übeln. – *beschrieen* bekannt, berühmt. – **2.** *einen* oder *etwas b.* laut anrufen, aber nur unter besonderen Umständen. a. Lärm machen. – b. wie *berafflen, beschnallen* vom Sprechen bei einer Handlung, die das Sprechen nicht vertragen kann, insbes. bei magischen Verrichtungen. Namentlich soll ein Glück nicht *beschrieen*, d. h. gerühmt werden, sonst geht es verloren; daher der häufige Ausdruck *unbeschrieen!*, wenn jemand einen glücklich preist odgl. *Geht's dir gut?* Antw.: *Ja, u.!* u. ä. – c. verzaubern oder durch Zauber beseitigen. Es kann einer *beschrieen* werden, indem man ihm ein Übel anhext; aber das Übel kann auch durch einen Segen *b.*, weggehext werden.

B^e-schrib -*ī*-, Plur. ebenso, doch kaum vorkommend, m.: Aufzeichnung.

b^e-schummle^n S. und FR. -*ŭ*-, sonst -*ǭ*- schw.: betrügen. Dezenterer und etwas schwächerer Ausdruck für *bescheißen.*

B^e-schütte *pš̩itę*, Plur. -e n e^n f.: mit was (oder was) *beschüttet* wird. **1.** Jauche ALLG. – **2.** Aufschüttung, Wall.

b^e-schütte^n -*i*- schw.: beschütten, begießen. **1.** das Feld, den Garten *b.*, mit Jauche oder Wasser beschütten. S. *Beschütte 1.* – **2.** den Weinberg *b.* mit frischem Mergel o. a. Boden. – **3.** den Weg *b.*, etwa beschottern.

b^e-sehe^n *bsēǝ* st.: ansehen, nachsehen, besichtigen. – Subst. Inf. *B^{e}sehe^n* genauere Prüfung. – Besondere Verwendungen. **1.** *einen b.* ihn des Anblicks würdigen. Bes. negativ: *einen nicht b.* nicht achten. – **2.** *einem das Wasser*, den Urin, *b.* Bildl.: *Der b^{e}sieht ei^{ne}m 's W.* versteht seine Rechnung zu machen FRK. – **3.** ohne Obj.: Hab und Gut des künftigen Ehegatten (von beiden Seiten) besichtigen OSCHW. Vgl. *Besehete.* – **4.** eine Wöchnerin *b.*, besuchen und ihr dabei ein Geschenk mitbringen OSCHW.

B^e-sehet(e) *bsęǝt(ę)* f.: Brautschau. *Auf der B. sei^n* u. ä.

b^e-seits -*ǝi*- Adv.: nur von schiefer, seitlicher Richtung. *B. ^{hi}na^n sitze^n* schief. Ein Garbenwagen *ist b. g^{e}lade^n* hängt auf die Seite. Ein Mensch *ist b.* schief gewachsen.

beseme^n *bęǝsǝmǝ* ‸∪∪ schw.: mit dem Besen kehren.

bese^n schw.: schnell gehen, beeilen: *er hat's bese^n lasse^n.*

b^e-senge^n -*ē*- schw.: vom Stechen der Insekten OSCHW. *E^{ine} Wefzg^e hat mi^{ch} b^{e}sengt* u. ä.

b^e-sengt *pš̩ęŋt*, südlicher -*ę*- Adj. Adv.: **1.** etwa = wütend. *Tu^n wie b.* von einem Eigensinnigen, dem es nicht nach Willen geht OSCHW. – **2.** listig, durchtrieben; *e^{in} b-s Luder* OSCHW. Mutwillig, verwegen, verschmitzt ALLG. – **3.** *Des ist b.* das ist traurig, ärgerlich OSCHW. – **4.** Adv. wie „arg" als höchste Steigerung. *Ich habe b. viel Unglück.* – b^e-sengticht -*ęŋt*-, -*ęnt*-: dass.

Bese^n-kraut n.: zu Besen dienende Pflanze; vgl. *Besenreis. Besenheide* = Heidekraut, Calluna vulgaris (L.) Hall., Besenginster, Sarothamnus scoparius (L.) Wimm.

Bese^n-reis, B e s e m - r e i s n.: Reisich zu Besen.

besentisch s. *besengticht.*

Bese^n-wirt m., Bese^n-wirtschaft f.: die Weingärtner in WT., die keine Gastwirtschaft haben, haben das Recht, im Spätherbst oder Frühjahr ein gewisses polizeilich zu bestimmendes Quantum ihres eigenen neuen Weines steuerfrei auszuschenken. Zum Zeichen davon wird am Haus ein Besen ausgesteckt.

b^e-sesse^n -*ĕ*-, -*ęǝ*-, -*ǝ*- Adj. Adv.: Vom Begriff des dämonischen Besessen-seins aus a. = verrückt, wütend, zornig: *ganz b. tu^n* sich wie ein Toller gebärden; durchtrieben, mutig: *Des ist e^{in} b-er Bu^{b}e;* lebhaft, mutwillig ALLG. – b. allgemeiner Ausdruck der Verwunderung oder des Ärgers. *Des sind b-e Sieche^n. Des ist e^{in} b-s G^{e}schäft* ein verdammtes G. *B. und verflucht!* ALLG. *Des ist ganz b.* seltsam, dumm, widerwärtig. *I^{ch} bi^n heut ganz b. a^{nge}komme^n* übel a. Öfters, nam. als Adv., bloße Verstärkung, wie *arg*, sehr. Zum Teil noch in deutl. Zushg. mit der Bed. a: *Er lauft wie b.; Er ist dr^{a}uf wie b.; b. saufe^n; b. weh tu^n.* B^{e}sesse^n-mäßig: sehr arg; *b. schö^n.* B^{e}sessenalisch ◡◡◡◡: *Einen b-en Zorn, Rausch haben; b. wüst sein* u. ä.; nach dem gleichbed. *kriminalisch.*

b^e-sonder Adj. Adv.: **1.** Adj.: eigenartig, abgesondert, noch mehr aber = wunderlich, sonderbar. *In einem b-en Häfele^{in} kochen* etwas anders machen als andere. *E^{in} b-er Heiliger.* – **2.** Adv.: a. abgesondert. *Er muß b. essen* örtlich getrennt oder andere Kost. – b. insbesondere, vorzugsweise. Kaum mehr üblich. – c. in hohem Grade, bes. mit Negation: *net b. viel* u. ä. – *B^{e}sonders* ist aus der Schriftspr. eingedrungen.

B^e-ständer -$\underset{.}{e}$n-, B^{e}ständner m.: Pächter, Mieter.

B^{e}stand-geld n.: Pachtgeld, Mietzins.

B^{e}stand-gut n.: Pachtgut.

b^{e}stand-weis^e Adv.: mietweise, pachtweise.

Beste I b$\underset{.}{e}$št$\underset{.}{e}$ f.: hoher Grad des Wohlgefühls; z. B. *I^{ch} ka^{nn} mi^{ch} net a^{n}rege^n vor B.*

Beste II b$\underset{.}{e}$št$\underset{.}{e}$ f. (m.), Best b$\underset{.}{e}$št n.: Bestie. Schimpfwort für Tiere und noch mehr für Menschen. **1.** *Beste* f.: a. für Tiere oder Weibspersonen. Allgem. für alte, böse, schmutzige Weiber. Öfters mehr scherzhaft für gewandte, witzige Weibspersonen. – b. in denselben Bedd. auch für männl. Wesen, bes. Knaben. – **2.** *Beste* m.: = *1 b.* – **3.** *Best.* n.: *wüstes B.* Schimpfwort.

Bestech s. zu *Bestich.*

Besteche^n s. *bestechen 1.*

b^e-steche^n -$\underset{.}{e}$-, -$\underset{.}{e}$ə-, -*ja*-, -ə- st.: **1.** vom Schuhmacher: das Afterleder an das Stiefelrohr annähen; das Rohr zusammennähen. Subst. B^e-steche f. – **2.** eine Mauer *b.* mit Tünche bewerfen. Subst. *Bestich.*

b^e-ste^{hen} pštāō gemeinschw., *pšt$\underset{.}{o}$ pštō pšto*ŋ S., *pštāndə* no.schwäb., *pšt$\underset{.}{e}$ pšt$\underset{.}{e}$i* FRK., *pštā*õ, *pštã*; Part. b^{e}stande^n, NW. -*nn*- st.: A. intrans., mit sein: stehen bleiben, stehen. **1.** die Bewegung verlieren. a. ein Fuhrwerk oder Fuhrmann *besteht*, kommt nicht weiter ALB OSCHW. – b. von der Uhr TIR. – c. in der Rede, im Singen *b.* stecken bleiben ALB OSCHW. – d. vom menschl.-tierischen Körper. – e. von Flüssigkeit: gerinnen. Milch, Öl, Fett, Wachs *besteht* OSCHW. *B^{e}standene Milch* saure M. – **2.** fest stehen. Gut,

übel, mit Ehren usw. *b.*, von der Existenz, der äußeren Erscheinung, dem Erfolg der Tätigkeit. Ohne adv. Zusatz = *gut b.* Teils vom äußerlichen Durchkommen: *Mit einem solchen Essen kann man b.; Mit so wenig Einkommen kann man nicht b.* u. ä.; teils mehr innerlich: *Vor de^n böse^n M^{a}üler^n ka^{nn} ma^n ^{n}it b^{e}stong* ALLG. – **3.** Part. *bestanden* (vgl. A 1 e): von Menschen = dem häufigeren *gestanden:* in reiferem Alter, daher zu Verstand gekommen. *E^{in} b-es Mensch* über 25 Jahre. – B. trans. – **1.** einen oder etwas *b.* ihm Stand halten. – **2.** vom Besitz einer Sache, mieten, pachten. – **3.** gestehen, bekennen. Öfters durch *ge-* verdrängt. *I^{ch} b^{e}stand^e mei^n Sach. I^{ch} b. 's und sag's.* Syn. *gestehen, einbestehen.*

B^e-stich pští̥χ, ALLG. *pštī*, m.: Verputz, Tünche. Zu *bestichen 2.*

bestlen s. *bästlen.*

b^e-stocke^n schw.: das Feld *b^{e}stockt si^{ch}* zeigt dichten, kräftigen Pflanzenwuchs.

Petäterle s. *Pedäderlein.*

Bete (Kuchen) s. *Berte.*

Peter b-, neuerdings immer mehr *ph*-; -*ae*- W., -ę̄ə- O., -ę̄- S. N., jetzt immer allgemeiner der Schriftspr. angemessenes *ph$\underset{.}{e}$dər:* **1.** der Apostel Petrus. In feierlicherer Sprache und prot. allgem. Petrus. Drei Peterstage: a. *Petri Stuhlfeier,* cathedra Petri (Antiochiae), 22. Febr. An diesem Tage kommt der Storch. – b. *Petri Kettenfeier,* vincula Petri, 1. Aug. Zeit des Wegzugs der Störche. – c. am wichtigsten der Tag der beiden Apostel *Peter und Paul,* 29. Juni, wegen der Kirschenreife auch *Kirschenpeter.* – **2.** männl. Taufname, kath. und prot. häufig, bes. ländlich. – **3.** häufiger Name kleiner Hunde, bes. Spitzer. – **4.** *schwarzer P.* Name des Kreuzbuben (auch Schippenbuben) in dem gleichnamigen Kartenspiel.

Peterling -lę̄ŋ allgem.; nur im S. -*lę*, -*li;* m.: Petersilie, Petroselinum crispum (Mill.) A. Hill.

Bet-glock^e f.: die morgens, bes. aber abends geläutete Glocke. S. a. *Betläuten.*

betig Adj.: wer viel betet OSCHW. ALLG. TIR. Insbes. ungünstig: frömmelnd, heuchlerisch.

Bet-läute^n; Bet-läut n.: subst. Inf. zu *'s Bet läute^n*, die *Betglocke* morgens oder abends läuten. Syn. *Avemaria.*

Betmockel s. *Betnoppel.*

Bet-noppel -n$\underset{.}{o}$bl, Betnockel -n$\underset{.}{o}$gl, Bet-mokkel -m$\underset{.}{o}$gl–f.: Betschwester, nur verächtlich. S.

Bet-nuster n.: Rosenkranz; Syn. *Betpater.*

Bet-pater b$\underset{.}{e}$tpf$\underset{.}{o}$tr m.: Rosenkranz. Syn. *Betnuster.*

Bet-stund^e f.: Erbauungsstunde: *B. halten; in die B. gehen.*

Bett b$\underset{.}{e}$t (b$\underset{.}{e}$t; BAIRSCHW. -ö̀-); Plur. Better b$\underset{.}{e}$dər (b$\underset{.}{e}$dər) n.: **1.** Bett zum Schlafen oder für Kranke. – **2.** Beet im (Garten oder) Acker, bes. im Demin. *Bettle^in*. Auch Terrasse im Weinberg.

Bett-barche^nt m.: starker Barchent zu Bettziechen.

Bett-brunzer m.: **1.** = *Bettseicher 1.* – **2.** *Bettbrunzeri^n* f.: Löwenzahn oder Kuhblume, Teraxacum officinale Web. = *Bettseicher 2.*

Bettel *-ě-, -ěə-, -ja-, -ə-* m.: **1.** das Betteln; aber nur von dem B. als Erwerbszweig; die Handlung und die ihr zu Grund liegende Gesinnung usw. heißt *Bettelei.* – **2.** Kleinigkeit, Bagatelle, verächtl. *B^ehalt dein^en B.! Was kost^et der B.? D' Bettel na^nwerfe^n* eine unerfreuliche Sache, Tätigkeit aufgeben. – **3.** bei manchen Kartenspielen wird ein *B. gemacht, angesagt,* indem der Spielende erklärt, keinen Stich machen zu wollen, und verliert, sobald er einen macht.

Bettel-bu^be *-uə,* flekt. *-buəbe^n* m.: **1.** Bettelknabe. – **2.** Plur.: (große) Schneeflocken.

Bettelei ◡◡´ f.: das Betteln. Im Unterschied von *Bettel* bez. *B.,* stets mißbilligend, die Handlung und die ihr zu Grund liegende Gesinnungsweise. *Ist des e^ine ewige B.! Hört denn die B. nie auf?* u. ä. Vgl. *Bettlerei, Bettlete.*

bettel-häftig *-ěft-* Adj. Adv.: zudringlich bettelnd.

Bettel-haus n., oft Demin. *-häusle^in* n.: Armenhaus.

Bettel-leut^e, Plur. zu *Bettelmann:* Bettler.

Bettel-ma^nn, Plur. B e t t e l - l e u t^e m.: **1.** Bettler im Mannes- oder Greisenalter; Syn. *Bettler.* – **2.** *Es schneit Bettelmänner* große Schneeflocken. – **3.** eine Art Brei oder Suppe aus Weißbrot und Milch, auch wohl mit Eiern, Zimt und Zucker. – Stehende Verbindungen von *B.,* zum Teil feste Kompositionen, zum Teil nicht. – B-s E i n k e r f.: Armut. – B-s G^eschwätz n.: *Des ist e^in B.* unnützes Geschwätz. – B-s Hochzeit f.: Hungerleiderei: *Da gehts zu wie auf's B-s H.* – B-s R o c k m.: *Es ist halt hi^n wie 's B-s R.* nicht mehr zu helfen. – B-s-U m k e r (u n g) f.: *Da ist (^des)s B-s U.* große Armut, unordentliche Haushaltung.

Bettel-rätsch^e *-ě-,* Pl. *-e^n* f.: *Die hat e^ine Gosch^e wie e^ine B.,* auch für ein solches Weib selbst.

Bettel-sack, Plur. *-säck^e -ę-* (aber Demin. *-ę-)* m.: **1.** Sack des Bettlers. – **2.** Schelte für einen Bettler. Bes. zu Kindern gesagt, die immerfort bitten; *Du B.! Des ist e^in rechter B.* Dann auch gern Demin.

Bettel-war^e f. n.: Bettelvolk.

bette^n *-ě-* schw.: das Bett machen.

Bett-fläsch^e *-ě-,* Pl. *-e^n* f.: Bettwärmflasche.

Bett-g^ewärmer m.: Bettgenosse.

Bett-has^e m.: Bettgenosse. Demin. *B.-häsle^in.*

Bett-häß *-ě-,* BAAR *-ai-* n.: **1.** die Bettücher insgesamt. – **2.** Nachthemd, Schlafanzug.

Bett-hopferle^in n.: = *-mümpfelein.*

Bett-kittel m.: farbiges Nachthemd.

Bett-lad^e, Pl. *-e^n* f.: = *Bettstatt,* Bettstelle. Mehr nördl. als südl. gebraucht.

bettle^n schw.: betteln. **1.** eig., um Almosen bitten. Syn. *fechten.* – **2.** als stärkerer Ausdr. für „bitten". *Bittle^n und bettle^n.*

Bettlerei ◡◡´ f.: = *Bettelei,* wohl weniger üblich.

Bettlete *bęətlətę* ◡◡◡ f.: Bettelei.

bett-ligerig Adj.: an's Bett gefesselt, bettlägerig.

Bett-mümpfe(z)le^in n.: Naschwerk, den Kindern vor dem Einschlafen gereicht.

petto *phętǫ* ´- nur in der Verb. *etwas in P. haben* im Sinn. – Ital. *in petto.*

Bett-pfost^e, flekt. *-e^n* m.: oberer Teil des Bettfußes.

Bett-rost *-ǒš,* Plur. *-ö-* m.: Rost, auf dem die Matratze liegt.

Bett-scheißer *-ai-* m.: **1.** *Angst haben, sich fürchten wie ein B.* Vgl. *Bettseicher, Hosenscheißer.* – **2.** Blüte von Tarax. off., s. *Bettseicher.*

Bett-schlauch m.: der Sack, in den die Federn odgl. für Bettstücke, spez. für die Oberdecke, gefüllt werden; s. a. *Bettzieche.*

Bett-seicher *-ǫe-, -ǫa-* m.: **1.** Bettpisser. Syn. *Bettbrunzer.* – **2.** Pflanzenname. Z.B. Löwenzahn oder Kuhblume, Taraxacum officinale Web., spez. dessen Blüte. Zaun-Winde, Convolvulus sepium L. – Syn. *Wegseicherin, Seicherin.* – **3.** *Bettseicheri^n* f.: Gerstenkorn, Geschwürchen am Auge; neben *Wegseicher.*

Bett-statt *bętšət,* Plur. *-e^n bętšədə* f.: = *Bettlade,* Bettgestell.

Bett-teppich m.: Wolldecke.

Bett-tuch *-uə-* n.: Leintuch. – Vgl. *Betthäß.*

Bett-ziech^e *-iə-,* Plur. *-e^n* f.: Überzug der Bettdecken und Kissen.

Bett-zipfel m.: Zipfel der Bettdecke oder des Kissens.

Betz- s. a. *Bätz-.*

betzgen s. *bäffen.*

Betzig s. *Bezig.*

Beu^nde, Pl. *-e^n* f.: Bez. für ländliche Grundstücke. **1.** F o r m. In der jetzigen MA. erscheint das Wort als *bāīd* FRK., *bōēd* S., *bīād (bēād)* OSCHW., *būād* SO. TIR. In der offiz. Orthogr. der Fl.N.N. ist bei uns *Baind(t)* vorherrschend. – **2.** G e b r a u c h. Das Wort kommt im ganzen Gebiet vor. Es bedeutet einen früher stets eingezäunten Raum, der landwirtschaftlich ausgenutzt wird, dem Flurzwang des zelglichen Anbaus entzogen ist; im Gegensatz zu Allmende ist B. Privateigentum, im Gegensatz zu Garten hat sie verschiedenartigen Anbau: Wiese mit oder ohne Bäume, Gemüsegarten, Land für Handelsgewächse, Hanf, Flachs, Weinberg; meist in der Nähe der Wohnungen, daher in Folge des Wachstums der Orte mitunter als Namen von Ortsteilen verwendet. Zumeist, jedenfalls im N., nur noch Ortsname.

beutle[n] schw.: **1.** schütteln, prügeln. – **2.** fallen, stürzen. – **3.** übtr. *das hat mich gebeutelt* das hat mich seelisch fertig gemacht.

Beuzel *bəitsl,* s. *bitsl,* Pl. gleich m.: Geschwulst, Beule, durch Schlag, häufiger von innen heraus entstanden; auch Überbeine. Syn. *Knupfel, Kauzel, Beule* S. BAIRSCHW.

Bezig ⌢ *bẹ̄-, bä-, bẹ̈i-, bö̈-; -ix (-ex), -i (-e)* n.: Abfall, Kehricht aller Art, = sonstigem *Kutter* NO. – Bezig-karre[n] m.: Abfuhrwagen. – Bezig-schaufel n.: Kehrichtschaufel.

pf- s. a. *bef-, beh-, f-.*

Pfacht: lat. *pactus, pactum* tritt bei uns in verschiedenen Formen und Bedd. auf. **1.** Pfacht. a. *pfǎxt* m.: Pacht. – b. *pfǫ̈xt* f.: die aufgegebene Arbeit, beim Spinnen udgl. – c. *Pfecht* n.: Hohlmaß für Flüssigkeiten. – **2.** *bǎxt,* jetzt immer mehr *phǎxt* m.: Pacht. Aber stets nur vom Mieten von fruchttragenden Grundstücken gebraucht.

pfachte[n] (pachte[n]), pfächte[n] schw.: älter *pfǎxtə,* mod. *phǎxtə:* ein Grundstück pachten.

Pfaff[e] *pfaf,* flekt. -e[n] m.: **1.** Priester. Gern im Demin., gemütlich oder auch verächtlich. – **2.** erste Milch einer Kuh nach dem Kalben. Syn. *Pfaffenmilch, (Küh-)Priester.* – **3.** der bloße Laut ist gemeint, wenn man zu den Leuten, bes. Kindern, die den Mund voll Speise haben, sagt: *Sag Pfaff.* Diese *können nimmer Pfaff sagen.*

Pfaffe[n]**-käpple**[in] n.: Gewöhnliches Pfaffenhütchen, Euonymus europaeus L.

Pfaffe[n]**-kindle**[in] n.: Aronstab, Arum maculatum L.

Pfaffe[n]**-rörle**[in] n.: Löwenzahn oder Kuhblume, Taraxacum officinale Web.

Pfaffe[n]**-latt**[e], Plur. -e[n] f.: der Ackermohn, Klatschmohn, Papaver rhoeas L.

Pfaffe[n]**-rösle**[in] ,-raisle[in] n.: Kleine Traubenhyazinthe, Muscari botryoides (L.) Mill.

Pfaffe[n]**-schuh** m.: = *Frauenschuh,* Cypripedium calceolus L.

Pfal-hap[e], Plur. -e[n] f.: *Hape,* d. h. krummes Messer, mit dem die Weinbergpfähle gespitzt werden.

Pfändle s. *Pfanne.*

Pfann[e] *pfān, pfānə,* Pl. -e[n] f., Demin. *pfẹ̈ndlẹ* n.: **1.** flaches, meist metallenes Gefäß mit Stiel zum Backen, Braten oder Sieden, wie nhd. – **2.** e[in] *Pfändle*[in] *mache*[n] den Mund zum Weinen verziehen, bes. von Kindern. – **3.** wie nhd. von dem konkaven Teil eines Gelenkes, opp. *Kopf.* – **4.** Gesäß. – **5.** weibliches Geschlechtsteil. *De*[n] *Weibsbilder*[n] *tut's in der ganze*[n] *Pf. wohl, de*[n] *Mannsbilder*[n] *nu' am Stiel.* – **6.** Pflanzenname. *Pfändle*[in] = *Schmalzblume,* Ranunculus acer L. *Großes Pfändle*[in] = Caltha palustris L.

pfanne[n]**-blau** Adj.: blau im Gesicht vor Kälte oder bei Erstickungsanfällen.

Pfannen-bletzer m.: = *Pfannenflicker.*

Pfanne[n]**-flicker** m.: umherziehender Mensch, der Pfannen u. a. Metallwaren flickt; Syn. *Pfannenbletzer, Kessler.* Auch Schimpfwort = Lump, Vagabund.

Pfanne[n]**-knecht** m.: Gestell, auf das die Pfanne gestellt wird. Von dem (meist) hölzernen Gestell, auf dem die vom Herd kommende Breipfanne auf den Eßtisch gestellt wird.

Pfanne[n]**-kuche**[n] -uə- m.: aus Eiern, Mehl und Schmalz in der Pfanne gebackener Kuchen. Syn. *Dotsch, Eierdotsch.* Mit weniger Ei gemacht: *Flädle*[in], mit mehr Ei: gebildeter *Omelette.*

Pfännle[in]**s-schärret(e)** f.: Milchkruste, die aus der Pfanne gescharrt wird.

Pfann-zelt[e] *pfätsẹəlt,* flekt. -e[n] m.: in Schmalz gebackener Kuchen, = *Pfannkuchen* OSCHW.

Pfarr-dorf n.: amtl. Bez. des Dorfes, in dem sich ein Pfarramt befindet. Vgl. *Pfarrweiler.*

Pfarr(e), Plur. gleich f.: Pfarre. **1.** Sprengel, Gemeinde eines Pfarrers, Parochie. Sonst *Pfarrei.* – **2.** Pfarrkirche.

Pfarrei *pfarəi* ⌣ Pfarrerei f.: = *Pfarre.*

Pfarreri[n], auch Pfarri[n]; Plur. -rne[n] f.: Frau eines prot. Pfarrers. Sie wird höflich auch *Herr Pfarreri*[n] genannt.

Pfarr(ers)-hauseri[n], Plur. -erne[n] f.: Haushälterin des kath. Pfarrers.

Pfarrers-leut[e] Plur.: Leute von der Art, bes. Familie, des Pfarrers; auch *Pfarrleute.*

Pfarr-herr m.: Pfarrer.

pfärrig, pfarrig Adj.: sehr teuer OSCHW. ALLG.

Pfarr-kirche f.: Kirche, die einem Pfarrer, nicht einem Bischof, Stift, Kloster gehört.

Pfarr-kranz m.: gesellige Vereinigung der (prot.) Pfarrer.

Pfarr-weiler m.: Bez. für einen bloßen Weiler (im Unterschied von *Pfarrdorf),* der aber Sitz eines Pfarrers ist.

Pfat[e] -ao-, flekt. -e[n] f.: Tatze, Pfote. Ausschließl. oder bes. von der menschlichen Hand, die als ungefüg, plump bez. werden soll. Verbreiteter *Pflate,* noch mehr *Tape.*

pfatsche[n] schw.: im Wasser oder Kot gehen, insbes. von dem dadurch erzeugten Ton. Dazu pfatschnaß Adj.: durch und durch naß. – pfatschig -ọ̄- Adj.: dick, fest. – pfätschig so weich, daß man mit Vorsicht berührt werden muß.

Pfätsche[n], Pfätschet -ẹ̈- f.; Pfätschel n.: Wickelband für den Säugling. – (p)fätsche[n] schw.: das Kind ins Wickelkissen einbinden. – (P)fätsche[n]-kind n.: Wickelkind, Säugling; auch Spottwort für einen weichlichen Menschen. – Pfätsche[n]-kisse[n], Plur. -ener -n. Wickel-, Tragkissen. – Fätsche[n]-tisch m.: Wickeltisch. – Anm.: Sicher ist die Entlehnung aus lat. *fascia* Binde.

Pfätte s. *Pfette.*

75

Pfätterich s. *Pfetterich.*

Pfatze^n-kugel f.: kurzes, dickes, plumpes Ding, bes. unförmiges, schwerfälliges Tier.

Pfaude *pfəudə,* so auch Plur., f.: Kröte.

Pfaudel *pfəudl* f.: dickes, unordentlich gekleidetes Weib.

pfauderig *-əu-* Adj.: von den Vögeln, denen, bes. in der Mauser, die Federn nicht straff anliegen, dann übtr. von Weibern, deren Kleider nicht knapp anliegen (Syn. *pfaudig*). Trübe aussehend, von kranken Schweinen; gew. *mauderig, mürrisch,* wortkarg.

pfaudig Adj. Adv.: *pf. angezogen* nicht anliegend gekleidet; Syn. *pfauderig.*

Pfaus-backe^n *pfəus-, pfəuts-,* Plur.: dicke Wangen, von Natur vorhanden oder durch Aufblasen erzeugt: *Pf. mache^n, 'na^nmache^n.* – pfaus-bak-ket, -backig Adj.: pausbackig.

pfause^n *pfəusə (-ū-* BAAR) schw.: **1.** durch Anpressen der Luft einen Ton hervorbringen. – **2.** beschwerlich atmen. – **3.** trutzen, beleidigt tun. *Er pfauset mit mir* u.ä. Übtr.: *'s Wetter pfauset ummer* ist trüb, unfreundlich.

Pfauser m.: **1.** *pfǫətsər* einer, der die Backen aufbläst OSCHW. – **2.** wer sich beleidigt gebärdet. – **3.** Pfauserle^in n.: kleines, in Schmalz gebackenes, stark in die Höhe gehendes Backwerk. S. a. *Pfeiserlein.*

pfausig Adj.: **1.** aufgeblasen; aufgedunsen. – **2.** zornig, übellaunig. Dafür auch pfauserig.

Pfaus-krot^e *-grǫt,* Plur. -e^n f.: große, wie aufgeblasen dasitzende Kröte. – Übtr.: kleines, dickes Mädchen.

Pfaus-winkel *pfəuswāēkl* m.: Schmollwinkel.

Pfaut s. *Pfate.*

pfeb in *behäbe.*

pfeffere^n schw.: **1.** eig., (mit Pfeffer) würzen. – **2.** übtr., eine Sache schwerer genießbar machen, wie salzen, versalzen. *Des ist ^gepfeffert* teuer im Preis. Unannehmlichkeiten machen: *Dem haun i^ch's ^gepfefferet.* – **3.** scheißen; s. *verpfeffern.* – **4.** *Wir h^abent toll 'num^gepfefferet* tüchtig hinüber geschossen. – **5.** schlagen, z. B. auf den Hintern; aber bes. in Kompos.: *her-, 'na^n-, ver-pf.* – **6.** am *Pfeffertag,* Tag der unschuldigen Kindlein, 28. Dez., übliche Sitte. Kinder, auch wohl Erwachsene, gingen herum und bettelten Äpfel, Nüsse o. a. Gaben, insbes. von den Mädchen zusammen. Dabei wurden Verse hergesagt: *Pfeffer, Nusse^n, Küchle^in 'raus! Oder i^ch lass^e de^n Marder in's Hühnerhaus.* – **7.** eilig wohin laufen.

Pfeffer-tag m.: der Tag der unschuldigen Kindlein, 28. Dez. An ihm war das *Pfefferen (6)* üblich.

pfei = pfui.

Pfeife^n-deckel m.: Deckel einer Tabakspfeife, wie nhd. *(Ja) Pf.!* Abweisung.

Pfeife^n-raumer *-ǫ̆-, -ǭ̆-, -āō-* m.: Instrument zum Auspützen des Tabakspfeifenrohrs. Vgl. *Pfei-*

fenstürer. – Pfeife^n-raumete f.: Rest, der aus der Pfeife entfernt wird.

Pfeife^n-stürer *-ī-* m.: = *Pfeifenraumer.* Pfeife^n-stutterer m.: dass.

Pfeifete *pfəifədę,* Pl. -e^n f.: Pfeife in der Bedeutung Musikinstrument.

pfeifle^n schw.: leise vor sich hin pfeifen UNTERL.

pfeise^n *-əi-* schw.: einen pfeifenden, zischenden Ton von sich geben; von Schlangen, Gänsen, Katzen, verdampfendem Wasser udgl. – Pfeiserle^in Pl. n.: **1.** = *Pfausbacken.* – **2.** = *Pfauserle^in* Schmalzbackwerk.

Pfenderle s. *Pfünder.*

Pfendle s. *Pfanne.*

Pfenning-fuchser *-ks-* m.: Geizhals. Syn. *Brosampicker, Erbsenzähler, Kümmichspalter, Lausbalgschinder.* S. a. *Fuchser, Pfenningspalter.*

Pfenning-spalter m.: Geizhals.

Pferch *-ę-,* OSCHW. auch *-i-, -rχ (-rəx)* S., *-rχ (-rix)* N. m.: **1.** Einfriedigung für Schafe. *De^n Pf. na-^chre (nǫ̆rę) schla^gen* mit der Herde weiter ziehen; scherzh. vom Verändern des Aufenthalts, z. B. wenn man von einem Wirtshaus ins andere geht, aber auch sonst. – **2.** Nutzung des *Pf.,* insbes. Dünger.

pferche^n – Laut s. *Pferch* – schw.: **1.** ein Land düngen dadurch, daß man den Pferch dort aufschlägt. – **2.** scheißen, als derber Ausdruck sehr verbr.

Pferch-karre^n, Pl. -ä- m.: zweirädriger Karren mit einer Art von Kasten, worin der Schäfer, wenn die Schafe im Pferch sind, schläft oder vor Unwetter sich schützt.

pferdele^n schw.: den Pferdegeruch an sich haben.

Pferrich s. *Pferch.*

Pfette *-ę-,* Pfettem, Plur. -e^n, -en^en, -eme^n f.: waagrechter Balken, bes. die Längsbalken, auf welchen das Dach ruht.

pfetteren s. *pfitteren.*

Pfetterich, Pl. ebenso, m.: männlicher Taufpate.

pfetze^n schw.: **1.** zwicken, kneifen. Das Wort ist nur von der Donau n. bezeugt, ganz bes. fränk.; schwäb. sind die Synon. *klemmen, zwicken* häufiger. – **2.** stoßen, leicht schlagen. Mit der Peitsche hauen; häufiger *pfitzen.* – **3.** schneiden, hauen. Mit einem Messer schnell einen Riß oder Schnitt machen Sww.

pfie^nze^n *pfēätsə,* frk. *-īā-* schw.: weinerlich reden, jammern, etwa von Kränklichen, Nervösen. – pfie^nzelich Adj.: empfindlich, wehleidig. – Pfie^nzer m.: Wehleidiger, Jammerer; gew. *Mau^nzer.* – pfie^nzig Adj.: weinerlich, empfindlich.

Pfingst-butz, flekt. -e^n m.: phantastisch gekleideter Bursch, der an Pfingsten (Pfingstmontag) als komische Figur herumgeführt wird; Syn. *Pfingst-lümmel, -hagen, -dreck, -friderlein.*

Pfingst-dreck *-ę-* m.: **1.** = *Pfingstbutz, -lümmel.*

pfingstele[n] schw.: nur impers. *es pfingstelet mir* es wird mir ängstlich, unwohl bei der Sache, ich fürchte einen übeln Ausgang, Strafe odgl. *Mir hat's glei*[ch] [ge]*pfingstelet* ich habe gleich nichts Gutes geahnt u. ä. Das Wort ist n. der ALB allgem., stets in leicht ironischem Ton. – pfingstelig Adj.: *es ist mir pf. = pfingstelet mir.* – Anm.: Es liegt die Erzählung vom ersten Pfingstfest zu Grunde.

pfingsten s. *pfingstelen.*

Pfingst-friderle[in] m.: = *Pfingstbutz.*

Pfingst-hammel m.: wer am Pfingstfest zuletzt im Haus aufsteht. Häufiger *Pfingstlümmel (2).*

Pfingst-lümmel -ę̄m- m.: **1.** = *Pfingstbutz,* vermummte Person am Pfingstmontag. – **2.** diejenige Person, die am Pfingstfest als letzte im Haus aufsteht. – **3.** Schelt- oder doch Scherzwort, für einen geschmacklos Gekleideten.

Pfingst-nägele[in] -ę̄- n.: die Nelkenart Dianthus gratianopolitanus Vill., wild und kultiviert. Syn. *Buben-, Felsen-N.*

Pfingst-ros[e], Plur. -e[n] f.: Paeonia officinalis L. em. Gouan, in Gärten sehr beliebt. Syn. *Gichtrose.*

pfinnig Adj.: durch Finnen verdorben, vom Fleisch des Rindviehs oder bes. des Schweins.

Pfipfis *pfipfis* m.: **1.** Pips, die sog. Diphtherie der Hühner: Ausbildung einer Pseudomembran an Zunge und Gaumen und katarrhalische Verstopfung der Nase. Der Pf. wird *genommen,* indem man das Häutchen an der Zungenspitze wegschneidet und eine Feder durch die Nasenlöcher zieht. – **2.** übtr. a. *einem den Pf. nehmen* ihn demütigen, seinen Hochmut, Eigensinn brechen. – b. scherzh. für Aufstoßen aus dem Magen; sonst *Kopper.* – Anm.: mlat. *pipita* von lat. *pituita* Schnupfen.

pfise[n] -ī- schw.: einen pfeifenden Ton hervorbringen.

pfisig Adj.: aufgedunsen.

pfitsche-pfatsche-naß Adj.: ganz durchnäßt.

pfittere[n] *pfidərə, pfidrə, pfizere*[n], *pfędərə* schw.: **1.** kichern, von verhaltenem, gelegentl. losplatzendem (*'nauspf.*) Lachen, bes. von Frauen. Stets ein Tadel: *Hau*[n]*t ihr älleweil e*[n] *Pfittere*[n]*!* o. ä. Syn. *kitteren, kutteren.* – **2.** Ton, den siedendes Wasser, Fleisch, Obst o. ä. beim Braten hervorbringt. – Andere Form *pfuttere*[n].

Pfitterer m.: zu *pfitteren 1* kichern: 1) pers., einer der immerfort kichert; 2) sachl., plötzlich hervorbrechendes verhaltenes Lachen: *Er hat e*[i]*n*[en] *Pf.* [ge]*ta*[n].

Pfitz -ī-, NO. -ī- m.: das *Pfitzen.* Augenblick. *Du ka*[nn]*st kein*[en] *Pf. ruhig sei*[n]. *Äll*[e] *Pf.* alle Augenblicke. Auch *äll Henne*[n]*pf.* S. a. *Pfutz.*

Pfitz-auf ⌐ω, -ǫuf, üf, üf je nach der Lokalform von *auf,* Plur. gleich, m.: was *aufpfitzt.* **1.** aufflammendes Pulver, Sprühteufel. Syn. *Feuerteufel.* – **2.** stark in die Höhe gehendes Backwerk von

Milch, Eiern und Mehl. – **3.** reizbar, hitzig, aufbrausend, unruhig, unstet. Syn. *Pfitzer.*

pfitze[n] -ī- schw.: **1.** intr. mit sein: eine rasche Bewegung machen, emporschnellen, schnell entweichen udgl., je nach dem Zushg. Fast immer aber mit lokalen Bestimmungen: Ein Vogel, Fisch *ist mir aus der Hand* [ge]*pfitzt*; die Maus *pfitzt aus dem Loch, in's Loch*; noch häufiger mit Lokaladvv.: *auf-, aus-, fort-, heraus-, hinaus-, hinein-, hinüber-, hinum-, ver-, vorbei-pf.* – **2.** intr. mit haben: kläglich weinen. – **3.** trans.: mit der Gerte, Peitsche leicht schlagen; s. *fitzen.*

Pfitzer m.: einer, der es immer eilig hat OSCHW. *Kein Pf. sein* (iron. wohl auch ohne Neg.) gerne sitzen bleiben.

pfitzeren s. *pfitteren.*

pfitzig Adj.: ungeduldig, ungestüm, naseweis.

Pfitzigäg *pfitsigę̄g* ⌐ω m.: Kohlmeise, Parus major. – Anm.: Onomatop., wie *Zitzigäg.*

Pfitz-visit[e] *pfitsfisit* ⌐ω f.: rascher Besuch, bei dem man gleich wieder fort *pfitzt.* Syn. *Pfefferbesuch.*

pflacken s. *flacken.*

Pflader -ā- m.: Kot, bes. nach Tauwetter; sprichwörtl. ist der *Pfl. vor Weihnächte*[n] OSCHW.

pfladere[n] -ā- (s. -ǟ-) schw.: **1.** intr., mit haben. Im Wasser herumplätschern. Bes. von den Gänsen und Enten, die mit den Flügeln und Köpfen ins Wasser schlagen; s. a. *pfluderen.* Aber auch von Menschen, z. B. Kindern. Von Hühnern, Tauben u. ä. im Sand. – Pfladerer m.: wer gerne im Wasser plätschert. – **2.** waschen, trans. und intr. Spez. die Wäsche, ohne sie zu reiben, nur im Wasser hin und her ziehen. – **3.** von Kindern: die Zunge aus dem Mund strecken und hin und her bewegen. – **4.** *pflädere*[n] mit eitlen Dingen Aufsehen machen: *Die Mädle*[in] *pflädere*[n]*t.*

Pflag[e] -ǭ-, BAAR -au-, O. -ao- f.: wie nhd. Pflege, Verpflegung, Wartung, Krankenpflege udgl.

pflamm-, pflämm- s. *flamm-, flämm-.*

pflannen s. *pflennen.*

Pflantsche -ə m.: zudringliche, lästige Person. – S. zu *Pfluntsch.*

Pflanz[e] -ǟn-, Pl. -e[n] f.: im eig. Sinn in unserer MA. spez. nur von Pflanzen, die als Setzlinge oder Stecklinge im Gartenland kultiviert werden, Kraut, Rüben udgl.

Pflanz-schul[e] -uə-, Pl. -e[n] f.: Saatschule im Wald; Syn. *Saatschule, Kultur.* Die von Obstbäumen heißt *Baumschule.*

Pflaog s. *Pflage.*

Pflärren s. *Flärren*; pflärren s. *plärren.*

pfläschgen s. *bl-.*

pflästere[n] -ę̄- schw.: einen im Straßenpflaster legen.

Pflästerer -ę̄- m.: Straßenpflasterer.

Pflät *pflęt* n.: Kuchenfülle. S. *Pflatter 2.*

Pflate -ao-; -ǭ-; -ǫ-; Demin. *pflaetlę* f.: menschliche Hand. *E*[ine] *Pflate*[n] *voll* eine Handvoll. *E*[in]

Pflätle[in] *voll* was man mit 3 Fingern fassen kann; *Es ist kei*[n] *Pflätle*[in] *im Haus* nicht das Mindeste von Speisen. Meist aber scherzh. oder spottweise von großen, plumpen, auch schmutzigen Händen; häufigeres Synon. *Tape. Mußt du alles in deine Pfl. nehmen, deine Pfl. in allem drin haben?* u. ä. – Pflate[n]-basche *pflao-* m.: Pflatenbastian, derber, plumper Mensch.

Pflatsch, Pflätsch: **1.** *pflǎtš, pflẹtš* m.: klatschender Fall, Schlag ins Wasser, Regenguß odgl., s. *pflatschen.* Syn. *Pflatscher, Pflotsch.* – **2.** *pflätš* m.: nasser Kotfleck am Weiberrock, durch Streifen am Boden oder den Schuhen entstanden. – **3.** *Pflatsch* f.: Geschwulst. Vgl. *Pflatschnase.*

Pflätsch *-ẹ̆-* f. n.; Pflätsche *pflẹtšẹ* f.; Pflatsche f.: **1.** verschüttete Flüssigkeit, Lache. Syn. *-ete, Pflatschlache.* E[ine] *Pfl. mache*[n]. *'s ist e*[ine] *ganze Pfl. Blut auf'm Bode*[n] *g*[e]*we*[s]*e*[n] u. ä. – **2.** Gerede. – **3.** *-ẹ̄-* f. großer breiter Mund; Schnabel. Vgl. *Blätsche 3.*

Pflatsch[e] I *-ọ̄-* Plur. -e[n] f.: große, plumpe Hand. – Anm.: S. *Pflate.* Wohl aus *Pflate* mit Anlehnung an das folg. Wort.

Pflatsche II *pflọ̄tšẹ, pflotsche, pflotsch, pflọ̄tšle* m.: großer, unbeholfener Mensch. Auch die Form auf *-le* ist Mask., ebenso von weibl. Wesen gebraucht.

Pflätsche (großes Blatt, Maul) s. *Blätsche.*

pflatsche[n] I *-ǎ-*, pflätsche[n] *-ẹ̆-* schw.: den Laut *pflatsch* hervorbringen. Mit klatschendem Laut auf den Boden fallen; ungeschickt auf etwas zutappen udgl. Ganz bes. aber vom Wasser: Der Regen *pflatscht,* s. *Pflatschregen.* Beim Hineintreten oder -schlagen ins Wasser *pflatscht es. Ich pflatsche in den Schuhen,* so viel Wasser ist drin. – Übtr.: *Der ist nett 'na*[nge]*pflatschet* übel weggekommen. *Daß's pflatscht* kräftig, gehörig; aus Verbb. wie *Es regnet, d. 's pfl.* auf andere Fälle übtr.

pflatsche[n] II *-ọ̄-* schw.: anhaltend weinen, mürrisch sein. Bes. von dem erzwungenen Weinen übelgelaunter Kinder. *Pflätsche*[n] heulen.

Pflatscher, Pflätscher m.: = *Pflatsch 1.*

Pflatschet f.: **1.** das *Pflatschen* des Regens, beim Waschen odgl. – **2.** *Pflätschete = Pflätsch 1.*

pflatschge[n] *-ọ̄-* schw.: schwer atmen nach zu vielem Essen.

pflatschig *pflọ̄tšig* Adj.: unförmlich fett, von Menschen; plump, träge. – S. a. *Pflatsche II, flotschig.*

Pflatsch-nas[e] f.: breite, dicke Nase. Vgl. *Pflatsch.*

pflatsch-naß, pflätsch-naß *-ẹ̆-* Adj.: völlig durchnäßt, = *patschnaß.*

Pflatsch-reg[en] *-ǎ-* m.: Platzregen.

Pflatter, Pflätter *-ẹ̆-*, Pflätterer m.: **1.** dünne, zerfließende Masse, die auf etwas verschüttet ist: Tintenklex oder anderer Schmutzfleck; bes. aber Exkremente der Kuh, Kuhfladen. Genauer *Tintenpfl., Kühpfl.* Demin. *Pflätterle*[in] *-ẹ̆-* n. – **2.** Pflätter, G[e]flätter n.: Kuchenfülle. S. *Pflät.*

pflättere[n] schw.: einen *Pflatter* machen. – Pflätterer s. *Pflatter.*

Pflättersch (Schmetterling) s. *Flättersch.*

pfläugeren s. *fläugeren.*

Pflaum *pfl-; -āọm, -āọ, -ọ̆m, -ọ̆, -ọ̆m* m.: Flaum.

Pflaumer m.: Mop.

pflaumig *pflọ̆mig* Adj.: flaumig.

Pflauntsche f.: dicke, starke Person. – S. zu *Pfluntsch;* vgl. *Pflantsche.*

pflaunzen s. *pflenzlen.*

pfläustere[n] *-ǝišt-* schw.: hart atmen. – pflausterig *-ǝu-,* frk. *-au-* Adj.: aufgeblasen, wulstig, von Kleidung o. ä. – Vgl. *aufpflustern.*

Pflaute s. *Pflate.*

pflechsen o. ä. s. *bl-.*

Pflechte s. *Flechte.*

Pfledermaus = Fledermaus.

Pflederwisch s. *Flederwisch.*

Pflegel s. *Flegel.*

pflegle[n] *pflẹǝglǝ* schw.: mit kleinen Aufmerksamkeiten wie ein kleines Kind behandeln. I[ch] *ka*[nn] *des Pfl. net leide*[n]. – Demin. zu pflegen.

pfleistren s. *pfläusteren.*

pflenderen s. *fländeren.*

pflenne[n] I *-ẹ̆-* SW. W., pflanne[n] O.; flenne[n] *-ẹ̆-* NW., flanne[n] NO. schw.: flennen. Im Unterschied von *heulen, schreien* eher vom stillen Weinen, doch meist tadelnd. *Pfl. wie ein kleines Kind. Pflenn*[n] *net so!* – Pflenner m., Pflenneri[n] f.: weinerliche Person.

pfle[n]**sle**[n] schw.: durch die Nase reden.

pfle[n]**zle**[n] *-ēā-* schw.: **1.** schmeicheln, mit oder ohne Dat. der Pers. Subst. *Flāēslǝr* m.: Leisetreter. – **2.** verweichlichen, verzärteln.

pfle[n]**zlich** *-ēāts-* Adj.: wehleidig, von zarter Gesundheit. – Zu *pflenzlen 2.*

Pflitsch usw. s. *Flitsch.*

pflittere[n] schw.: **1.** unterdrückt lachen. Andere Formen s. *pfitteren, pfnutteren, pfutteren.* – **2.** leicht weinen.

pflitz(g)en s. *pflütz(g)en.*

pflochzgen s. *flotzgen.*

Pflock usw. s. *Block.*

Pfloder *-ọ̄-* s. *-ọ̆-* m.: Schmutz, versumpftes Wasser, weicher Kot s. *Pflatter. Pflotter = Pflutter.* – pflodrig Adj.: schmutzig. – S. a. *Pflutter.*

pfloderen s. *floderen.*

pflomig s. *beramig.*

Pflote s. *Pflate.*

Pflotsch *-ọ̄-* m.: = *Pflatsch 1.*

pflotschen s. a. *pflatsch-.*

pflotzgen s. *flotzgen.*

pflotzig s. *pflatschig.*

pfludere^n -ū- schw.: **1.** flattern, mit den Flügeln schlagen; auch mit *pfladeren* verbunden, s. d. Bes. von gehemmter, unvollkommener Bewegung, z. B. junger Vogel, die das Fliegen versuchen (vgl. *Nestpfluder*), von gefangenen Vögeln, von Tauben, die an den Beinen gehalten werden. Vom Schmetterling. Fortfliegen. Daher *pfludere*^{n} *lasse*^{n} im eig. und übtr. Sinn: fahren lassen, seinen Weg laufen lassen, wenn man's nicht ändern kann. – **2.** von einer stoßweisen Bewegung im Wasser. a. *pfladeren*, plätschern. – b. das Wasser, z. B. bei der Toilette, geräuschvoll aus dem Mund ausstoßen. Durch eine Röhre (*Pfluderle*^{in}) ins Wasser blasen und dadurch gurgelnde Töne erzeugen ALLG. – c. brodeln, sieden; sonst s. *pflutteren 1*. – **3.** beim Sprechen Speichel ausspritzt. Schnell, undeutlich sprechen OSCHW. – **4.** flackern, von der Flamme. – **5.** unpünktlich arbeiten. – S. a. *pflutteren*, was wenig verschieden.

Pfluderer m.: wer beim Sprechen Speichel verspritzt OSCHW. Zu *pfluderen 3*.

pfluderig -ū- Adj.: leicht, locker, leichtsinnig, flatterhaft; in der Arbeit überhastig und ungenau.

pfluder-leicht Adj.: federleicht.

Pfluderle^{in} n.: Kinderspielzeug zum Blasen ins Wasser, um gurgelnde Töne zu erzeugen ALLG. Zu *pfluderen 2 b*.

Pflug-rädle^{in} n.: Karthäuser-Nelke, Dianthus carthusianorum L.

pflumpf *pflōmpf*, frk. -ū-; pl-, s. u.: **1.** schallnachahmende Interj., einen schweren Fall und den entsprechenden dumpfen Ton bez. *Pfl., da liegt er* ö. ä. – **2.** Subst. m.: ein solcher Fall und Ton. *Einen Pfl. tun, lassen.* – Anm.: Von diesem onomatop. Wort sind die folgenden abgeleitet. Nhd. hat die ganze Sippe *plump-*. Dazwischen stehen Formen mit *plumpf-* oder *pflump-*. Im Folg. sind diese alle unter *pfl-* aufgeführt.

Pflumpfe, flekt. -e^n f.: dickes Weibsbild Sww. – Pflumpfel f.: dass.

Pflümpfel m.: grober Kerl, unbeholfener Mensch.

pflumpfe^n, plumpe^n, plumpse^n -ǫ-, frk. -ū- schw.: **1.** intr. mit sein: mit dumpfem Ton zu Boden, ins Wasser usw. fallen. Stets mit kom. Färbung, nie von einem harten, gefährlichen Fall. Bes. häufig mit Adv.: *herab-, hinab-, hinan-pfl. In's Bett pfl.* – **2.** trans., stoßen. – *plumpe*^{n}: *plompe*^{n} zum Schwanken bringen BAAR.

Pflumpfer m.: = *Pflumpf 2*, dumpfer Fall.

pflumpfig Adj.: dick, unbeholfen.

Pflu^n**tsch(e)** *pflōātš, -tšə* f.: **1.** dicke, schwerfällige, auch faule Weibsperson. – **2.** breiter, herabhängender Mund. S. *Blätsche 3*. – Pflu^{n}tsche -ę, -i m.: dicker Mensch. – pflu^{n}tsche^n -ōā- schw.: sich faul, unanständig hinlegen oder setzen. Bes. mit Adv.: *'na*^{n}*-, 'nei*^{n}*-, eine-pfl.* – pflu^{n}tschig -ōā- Adj.: unförmlich, fett.

Pflutter m.: = *Pflütter.* Breiige Masse (weicher Mist, Kot o. a.), halbgeschmolzener Schnee. – S. a. *Pfloder.*

Pflütter -ĭ- m.: Nässe, Morast, naßkaltes Wetter, halb Regen halb Schnee; *der Pfl. um Weihnachten;* s. a. *Pflader.* Tauwetter. Syn. *Pflutter, Pflüttere.*

Pflüttere *pflĭdərę* f.: Tauwetter, Regen und Schnee untereinander, bes. vor und um Weihnachten. Vgl. *Pflütter.*

pflutteren schw.: **1.** = *pfluderen 2 c:* brodeln, von siedendem Wasser, Brei, Obst o. a. – **2.** = *pfluderen 1.* – **3.** zusammengekauert sitzen oder liegen. – **4.** kränklich sein. – **5.** durcheinander regnen und schneien; s. *Pflütter.*

pflutterig -ū- Adj.: = *pflütterig.*

pflütterig -ĭ- Adj.: **1.** breiig-flüssig, z. B. vom Dreck, von zu dünnem Papp, unreifem Kalbfleisch. – **2.** vom Wetter: naßkalt. – **3.** von Menschen: verzärtelt, empfindlich.

pflütze^n schw.: weinen. *Rotz und Wasser pfl.*

pflützge^n -ĭ-, pflütze^n ALLG. schw.: niesen.

pfnause^n -əu- schw.: schnauben, schwer atmen. S. a. *pfausen.*

pfnise^n -ĭ- schw.: durch die Nase schnauben, näseln, mit Nasengeräusch atmen LECHTAL.

pfnitzge^n -ī-, *pfnītsə, pfnīsgə* schw.: niesen S.

Pfnüsel -ĭ- m.: Schnupfen SW.

pfnuse^n, pfnüsle^n schw.: durch die Nase schnauben, näseln OSCHW.

pfnuttere^n schw.: verstohlen lachen BAIRSCHW. Sonst *pfutteren 2 b.*

pfopferen s. *pfupferen.*

pforgen s. *pfurpfen.*

pforzen s. *furzen.*

pfostig Adj.: untersetzt und starkgliedrig.

Pfote s. *Pfate.*

Pfotz^e -ǫ-, flekt. -e^n f.: Pustel, Eiterbläschen.

pfraumig s. *beramig.*

Pfreme s. *Breme.*

Pfriem^e I *pfrēām*, flekt. -e^n; meist Pfriend *pfrēā(n)d* m.: Schusterwerkzeug zum Lochen des Leders; Syn. *Ale, Aufstecher.*

Pfrieme II *pfrēām* m.: der Pfriemenginster, Besenginster, Sarothamnus scoparius (L.) Wimm.

pfromig s. *beramig.*

Pfropf usw. s. *Propf* usw.

Pfründ^e, **Pfrund**^{e} *pfrēād, pfrūād, pfrōād, pfrǫd, pfründ*, Plur. gleich oder -e^n f.: Pfründe. Mod. noch: was sich der Bauer ausbedingt, wenn er sein Gut dem Sohn übergibt. S. und SO. statt *Ausding* üblich.

Pfründer *pfrēādər, pfrīādər, pfrēānər* m.: wie nhd. Pfründner, Rentner, v. a. im Ausding lebender Bauer.

Pfuche, Pfuchse, Pfuchze, flekt. -e^n f. (wohl stets Plur.): *Pfuche* Geschwür; kleine Wunde oder Narbe; *Pfuchze*^{n} Geschwür; Gesichtsaus-

schlag. Syn. *Bläterlein* N.– Anm.: Im S. *Pfotze,*
s. d. Hochd. Formen für *?ocke.*
pfuchze[n] *pfuxtsə* Sww. U-NTERL., *pfŭksə* RIES,
pfŭxtsgə OB. NECK. OSCH-W. BAIR.SCHW. schw.:
1. den Laut *pfu, pfuts* he vorbringen; vgl. *pfur-*
ren, pfusen. Vom aufbr-nnenden Pulver, der
entweichenden Kohlens-ure, dem kochenden
Schmalz, dem Zischen de- Katze. (Weitere Bei-
spiele s. *pfuzgen.*) Niese-. Von unterdrücktem
Gelächter, wie *pfutteren.* Vor Schmerz seufzen,
schluchzen; vom klopfer-den Schmerz z. B. ei-
nes Abszesses. – **2.** von r-scher, geräuschvoller
Bewegung, wie *pfurren* ?. S. *herum-, hinaus-*
pfuchzen. – **3.** zornig auf-rausen. – **P f u c h z e r**
m.: d e r Laut von *pf. 1.* – S. a. *pfuzgen,*
pfusen.
p f u c k s e n s. *pfuchzen.*
p f u d - s. a. *pfut-.*
Pfudel, Pl. -e[n] f.: Kanal, D-le, Pfütze.
Pfulb[e], flekt. -e[n] m.: Pfühl- A. F o r m (flektiert).
Mit Umlaut nur frk.: *pfi'wə, pfilfə.* Sonst *-u-;*
pfulwə, pfulfə; pfulgə; ofulmə ALLG.; sonst
pfulbə; Demin. überall -=. – B. B e d e u t u n g.
Kissen. Im Bett das große durch die ganze Brei-
te des (einf. oder Doppel-) Betts reichende Kis-
sen, das unter dem klein-ren Kopfkissen liegt;
Syn. *Häupfel.* Das klein-re Kissen heißt dann
Kopfkissen oder *Pfülble[in]*
Pfulbe[n]**-ziech**[e] *-iə-,* Plur. -e-] f.: *Zieche,* Überzug
eines Kissens.
Pfund *pfǭnd pfǭd,* frk. *pfŭ-d pfŭnd* n.: wie nhd.
1. als Gewicht. Seit 183- überall 1 ℔ = 500
Gramm. – **2.** als Wertmes-er für Geld.
Pfünder *-ę-* m., P f e n d e r l e[n] n.: Brot im Gewicht
von 1 Pfund.
pfupfere[n] *-ŭ-; -ǫ̆-;* p f u p f e[n] - e r l e[n] schw.: intr.,
mit haben und stets sach- Subj. **1.** phys.: auf-
sprühen, aufwallen, von Feuer, Dampf udgl.
Siedendes Wasser, in kle-nen Partien aufsprü-
hendes Pulver *(Frosch),* F-tt in der Pfanne odgl.
pfupfert. – **2.** übtr. vom Menschen: *es pfupfert*
einem, bei, in einem er is- unruhig, erregt, ge-
spannt, z. B. von verhalte-em Lachen; von der
Lust, etwas zu sagen, die gerne herausplatzen
möchte; von verhalte-er Angst, zurückge-
drängtem Zorn, zurück-ehaltenem Gelüste
u. ä. – p f u p f e r i g Adj.: zu 2: leicht reizbar,
aufbrausend.
pfurbe[n] schw.: blasen. Hieh-r wohl auch *pfurpfe*[n]
zanken.
pfurpfe[n] *pfurpfle*[n]*, pfurpe*[n]*, p-urge*[n]*, pforge*[n] schw.:
schlecht nähen, spez. so, -aß Falten entstehen.
Stümperhaft arbeiten. – P f u r p f e r i[n], Plur.
- e r n e[n] f.: schlechte Nähe-in. – p f u r p f i g Adj.:
faltig, statt glatt, z. B. Von -leidern.
pfurre[n] *pfŭrə* schw.: **1.** eine- starken, tiefen Ton,
ähnlich *pfŭr,* hervorbring-n. – **2.** mit einem sol-
chen Ton sich rasch bew-gen. Mit Geräusch

durch die Luft fliegen, dahin fahren, laufen. Ein
Brummkreisel, ein Feuerrad odgl. *pfurrt.* Auch
vom plötzlichen Entweichen durch den After.
Die rasche Bewegung kann auch ohne bes.
Rücksicht auf das Geräusch gemeint sein. *Die*
Ross[e] *pfurre*[n]*t de*[n] *Berg 'na*[b]*.* Wie *pfitzen* bes. mit
Advv.: *davon-, hinab-, hinaus-, heraus-, fort-pf.*
u. ä. – **3.** zornig aufbrausen. S. a. *pfurrig.*
Pfurrer m.: das Geräusch des *Pfurrens.*
pfurrig Adj.: auffahrend, gereizt, zu *pfurren 3.*
P f u r z s. *Furz.*
P f u s , P f u s e , P f u s e l e r , P f u s w a r e s. *F-.*
pfuse[n] *-ŭ-;* p f u s g e[n] *-ŭ-* schw.: etwa zwischen *pfau-*
sen und *pfu(ch)zgen* in der Mitte stehend. Für
die versch. Töne des Zischens, welche unter
pfuzgen am vollständigsten verzeichnet sind.
Von unterdrücktem Lachen, geräuschvoll at-
men, weinen, schluchzen, bes. von erzwunge-
nem, übertriebenem Weinen, schmollen, mau-
len. – S. zu *pfausen* und zu *pfuzgen.*
P f u s e r , P f u s g e r m.: *Pfusger* der Ton des *Pfu-*
sens, z. B. von verbrennendem Pulver. S. *Pfuz-*
ger.
pfutsche[n] schw.: entwischen. – p f u t s c h i g Adj.:
schlüpfrig, glatt, z. B. vom Aal, der Forelle.
pfuttere[n] schw.: **1.** brodeln, vom siedenden Was-
ser, Brei odgl. – **2.** von unterdrückten Mundtö-
nen des Menschen. a. undeutlich reden, im ge-
heimen murren, nachmaulen. – b. von verhalte-
nem Lachen. Andere Formen *pfitteren, pfnutte-*
ren.
pfutterig Adj.: weich, bröckelich. – p f u t t e r -
l i n d , p f u t t e r - w e i c h Adj.: breiig weich. *Die*
Bir[ne] *ist pf.*
Pfutz m.: Augenblick; *'s ist nu*[r] *um e*[i]*n*[en] *Pf.* S.
Pfitz.
pfuzge[n] *-ŭ-* schw.: = *pfuchzen,* aber häufiger als
dieses. **1.** den Laut *pfu, pfuts* hervorbringen. Es
pfuzgen z. B.: Pulver, siedendes Wasser oder
Fett, grünes Holz beim Verbrennen; Schnek-
ken, Äpfel, Kastanien, wenn sie ins Feuer ge-
worfen werden; ein brennender Docht, der naß
geworden ist; entweichende Kohlensäure. Von
Menschen: zischend aus- und einatmen, beim
Reden Speichel ausspritzen, niesen. Von unter-
drücktem, plötzlich losbrechendem Gelächter.
– Ausdruck des Schmerzes. – **2.** Aufbrausen,
schelten. – Anm.: Deutlich scheiden sich ein
Nordgebiet mit *pfunchzen* im W., *pfuksen* im O.,
und ein südl. mit *pfŭ(ch)zgen.*
Pfuzger *-ŭ-* m.: **1.** plötzlicher Zischlaut, kleine Ex-
plosion. – **2.** Pickel, entzündete Hautpore.
Pfuz-täpperle[in] n.: Motorfahrrad (Mofa), scherzh.
S. *täppelen.*
b h ä b s. *behäbe.*
ph - s. *f-,* bezw. *beh-.*
B i - , b i - s. *Bü-, bü-,* auch *Bei-, bei-.*
bibbere[n] schw.: zittern, frieren.

Biber I *-ī-, -ĭ-* m.: Truthahn. Auch übtr.: auffahrender, jähzorniger Mensch. – Syn. *Bibgöckel.*
Biber II m., meist Demin. -le^{in} n.: Penis, bes. des Kindes.
Biberle^{in} I, Bibele^{in} *bĭ-*, auch *Bibile^{in}, Wiwele^{in}* n.: **1.** junges Hühnchen, urspr. Kindersprache. Nach dem Lockruf *bibi.* – **2.** junges Gänschen. – **3.** junges Entchen. – **4.** weichlicher Mensch.
Biberle^{in} II, Bibele^{in} *-ĭ-* n.: Körnchen, Bröselchen, kleines Hautbläschen.
Biberlein III s. *Biber* II.
Biberle^{in}**s-käse**, Bibele^{in}s-k. m.: Quark.
biberle^n, bibele^n schw.: *biberle^n* schläfrig mit etwas umgehen; *bibele^n* tändeln, mit den Fingern spielen; spielen, ohne Ernst arbeiten.
Bibernell^e f.: Kleiner Wiesenkropf, Sanguisorba minor Scop.
Bib-göckel m.: = *Biber* I. Welscher Hahn; bes. übertr.: aufbrausender Mensch UNTERL.
Bib-henn^e, Plur. -e^n f.: Truthenne BAIRSCHW.
bibi *bĭbī*: onomatop. Interj. oder dergl., verschieden verwendet. **1.** *bibi,* auch gedehnter *bibibi, biwiwi* udgl., *bĭb, bĭb bĭb* usw.: Lockruf für die Hühner. Syn. *gluck, luck; bi* usw. mehr für die Küchlein. Daher *Biber(le^{in}), Bibele^{in}.* – **3.** Urin, Kinderspr. *Bĭbī* machen.
Bibile^{in} ⌃◡ *bĭbīlę, bibílę,* daneben *bŭbŭlę* n.: **1.** kleine Wunde oder schmerzh. Stelle, Kindersprache; für sonstiges *Wiwile^{in}.* – **2.** wehleidiger Mensch.
Piche *bĭχę,* Plur. -ene^n -ənə f.: **1.** Fleck von Pech oder anderem klebrigem Stoff, Schmutzkruste, bes. an Kleidern. *Was hast denn du für e^{ine} P. an dei^{ne}m Ärmel?* u. ä. Syn. *Pichete.* – **2.** unreinlicher Mensch. – **3.** Geldschuld.
piche^n *bi-* schw.: **1.** mit Pech verstreichen, insb. das Innere der Bierfässer. Syn *ausp-.* – **2.** intr., mit sein: kleben. – **3.** saufen. – **4.** denunzieren.
Pichete *bĭχədę,* Pichetze, Plur. -e^n f.: = *Piche 1,* klebrige Stelle, bes. im Haar.
pichig *bĭ-* Adj.: harzig, klebrig.
Bichs s. *Büchse.*
Pick *b-* m.: Verwundung, etwa durch Schnabelhieb eines Huhns.
Bickel s. *Buckel.*
Pickel *bĭgl* m.: schwere Hacke, die in keine breite Schneide, sondern in eine spitze Pyramide ausläuft, zum Aufhauen harten Bodens, Straßenschotters, Eises odgl. Auch *Reutpickel.*
pickel-fest Adj.: sehr fest BAIRSCHW. – Wie *pickelhärt,* s. d.
pickel-härt *-ę-* Adj.: sehr hart, steinhart, für versch. Dinge, doch wohl immer eine unangenehme Eigenschaft bezeichnend. S. a. *pickelfest.* Verstärkt *steinpickelhärt.*
picke^n *bĭgə,* s. *-k-* schw.: **1.** etwas mit einem spitzigen Instrument anhauen; vgl. *becken.* – **2.** vom Vogel, wie nhd. – **3.** *Eier p.* Kinderspiel: 2 hart-

gesottene Eier werden mit der Spitze gegeneinander gestoßen; wer das Ei des anderen einstößt, hat gewonnen. S. a. *picklen.*
pickle^n schw.: **1.** mit einem spitzigen Werkzeug hauen; *Eis aufpickle^n* – **2.** vom Stechen eingeschlafener Glieder, prickeln. – **3.** = *picken* 3.
Bidem s. *Butten.*
Biegel *biəgl* m.; Demin. Biegele^{in} *-ələ* n.: Winkel, enger, eingeschlossener Raum, der als Aufbewahrungsort, Versteck, Ablagerungsstätte odgl. dient. Genauer *Holz-, Kammer-, Kuche-, Ofen-, Stuben-, Dreck-, Grust-, Kutter-, Schlupf-, Trutz-B.*
biegelig, -lich Adj.: was viele *Biegel* hat, eng, von verwinckelter Bauart. Von Gebäuden oder Gebäudeteilen ebenso verbreitet wie das Subst.
Biest *biəšt, biəštər, buəštə* m.: erste Milch einer Kuh nach dem Kalben. Meist aber eine daraus bereitete brei- und kuchenartige Speise; dafür *Biestopfer* n. Die erste Milch selbst heißt dann Biest-milch (f.) ALLG. – Anm.: Die echte Form *Biest* ist außer ALLG. nur noch restweise erhalten neben der daraus umgedeuteten *Briester,* die das Volk zu *Priester* zieht.
biete^n, Part.^{ge}bote^n st.: **1.** reichen, darbieten. *Einem die Zeit bieten* ihn grüßen. – **2.** anbieten. – **3.** entbieten, gebieten. *Einem b.* ihn vor Gericht oder ein Amt laden. – ausrufen, verkünden. *Was hat der Büttel ^{ge}bote^n?*
biezen s. *büßen.*
Bifang s. *Beifang.*
bigott ◡′ Interj. und Adj.: **1.** Interj.: bei Gott, wahrhaftig, fürwahr. In sehr versch. Formen, wie andere den Namen Gottes enthaltende Rufe: *bigott, bigotts, bigottisch, bigotle, bigottleg, bigotterle; bigoscht, bigosch, bigoschleg; bigop, bigopps, bigoppel, bigoppleg, bigopinge^n, bigolle (-i), begollinger, bigrotz; bigott, igott; binott, binolle;* seltener *bei-: bei Gott, beigoscht.* Die Interj. steht nie allein, sondern nach einem andern Wort. *Ja b. Heut ists b. kalt* u. ä. – In freier Kompos. mit Substantiven, wie etwa *Herrgotts-, Erz-: Du Bigrotzbettler.* – **2.** Adj. a. *bigottleg, -let* arg, bös, fürchterlich. – b. *bigottisch* scheinheilig, frömmelnd. *Bigot* streng katholisch, mit dem Nebenbegr. des Abergläubischen, prot. in gebildetem Mund allgem.
Pik *bĭk,* flekt. ebenso oder Pike^n *bĭgə* m.: Haß, Groll. *Einen B. auf einen haben.* – Franz. *pique.*
bilaid, bilair s. *billör.*
Bild *bĭld,* OSCHW. ALLG. *bĭlg,* Pl. -er n.: **1.** Abbildung. – **2.** Person. Nur als Schelte: *Du B.; Das ist ein schönes B.* Sonst *Manns-, Weibsbild.*
Bild-stock, OSCHW. Bilg-stock, Pl. *-ö-* m.; häufig Demin. Bild-stöckle^{in} n.: Stock, d. h. Stamm, Säule mit einer bildlichen Darstellung darauf, Heiligenbild, übh. Devotionsbild, Gedenktafel für ein Unglück.

bilfe(re)n s. *belferen.*

Bilg s. *Bild.*

Bilg-ei n.: das dem brütenden Huhn im Nest gelassene Ei, statt dessen wohl auch ein Ei aus Porzellan hineingelegt wird; Syn. *Nestei.*

Bilger s. *Bill.*

Bil-harz *-ī-, -ā-* n.: Harz von Kirschen-, Zwetschgen-, Tannenbäumen.

Bill *bīl, bīl, bīr;* Pl. Biller *bīlər, bīlər, bilger.;* Demin. Billerle[in] n.: Zahnfleisch, bes. bei zahnenden Kindern. Syn. *Zahnbill.* S. BAIRSCHW.

billen s. *bellen* I.

Biller s. *Bill.*

Billet(le[in]**),** Bollet n.: Fahrkarte.

bill-ör *bīlaer,* bill-örig *bīlaerig* Adj.: wirr, taub vor großem Lärm und Geschwätz. *Da wird man ganz b.; du machst mich ganz b.* Hieher wird auch gehören das gleichbed. bill-öd *bīlaed.*

Bind-fade[n] m.: wie nhd. Häufigeres Syn. *Schnur,* wovon B. die dünnen, aber starken Sorten bezeichnet; dafür im O. *Spagen, Spagat. – Es regnet wie B.*

Bind-nagel *bāedn-; bẹdn-; bẹn-, bẹn-;* sonst *bẹndn-* m.: Pflock, mit dem das Garbenband zu einer Schleife geschlossen wird.

Binker(t) *bīŋkər, bẹŋgə(r)t,* Binter BAAR; Pl. -eter, -ete[n] *-ədə* n.: Bienenkorb, öfters tautologisch *Imme*[n]*b.;* Syn. *Korb.*

bi-nötig ◠◡ *bẹnaedig, bẹnaeg, bẹnaegig, bẹnẹədig* Adj. Adv.: **1.** Adj. Von Menschen: sonderbar, abgeschmackt; wunderlich; unnötig dienststeifrig; widerwärtig; dumm-täppisch. Von Dingen: widerwärtig; langweilig, unfruchtbar von Gegenden. – **2.** Adv.: kaum, mit Mühe.

Pinsel s. *Pemsel.*

pipe[n] schw.: mit einem Instrument pfeifen.

pippapperen usw. s. *puppapperlen.*

pippere[n] schw.: vorlaut reden FRK.; vgl. *popperen.*

pipse[n] *-ī-* schw.: zirpen, auch von Menschen. Dazu Pipser m.

Bir *bīr, biər;* Pl. Bire[n] *bīrə,* s. *bīrə;* Demin. *bīrlẹ,* s. *bīrlẹ* s.: Birne. **1.** das Obst. – Die gedörrten *Biren,* ein allgem. beliebtes Gericht, heißen *Hutzlen.* – **2.** Ding in der Form einer Birne: Glühbirne.

Bire[n]**-baum** m.: Birnbaum; allgem. und einziger Name, da es für den B. keine alteinheimische Benennung wie *Affalter* für den Apfelbaum gibt.

Bire[n]**-blust** *-uə-, -iə-,* s. *Blust* m. f. n.: Birnblüte.

Bire[n]**-brot** n.: aus gewöhnlichem Teig und zerkleinerten Birnenschnitzen meist auf Weihnachten gebacken. Syn. *Biren-weck, -zelte, Singete, Hutzelbrot, Schnitzbrot.*

Bire[n]**-brüe** *bīrəbriə* f.: Brühe, in der gedörrte Birnen gesotten wurden.

Bire[n]**-g**[e]**sälz** *-ẹ-* n.: *Gesälz,* d. h. dick eingekochte

Masse, Marmelade von Birnen, wie *Zwetschgen-, Träuble*[in]*s-* u. a. *G.*

Birengeschnitz s. *Birenschnitz.*

Bire[n]**-g**[e]**sicht** n.: birnförmiges, länglich-hageres Gesicht.

Bire[n]**-hak(e**[n]**)** *-ǭ-* m.: Haken an langer Stange, mit dem die höheren Äste der Obstbäume geschüttelt werden. – Übtr. von einer langen Hakennase. – Anm.: Einen Äpfelhaken gibt es nicht; die höheren und schwerer besteigbaren Birnbäume bedürfen eines solchen mehr als die Apfelbäume; es wird mit dem B. alles und jedes Obst geschüttelt.

Bire[n]**-most** m.: Most aus Birnen, im Gegensatz zum *Most* schlechtweg, der aus Äpfeln und Birnen, und zum *Äpfelmost,* der nur aus Äpfeln gepreßt wird.

Bire[n]**-schnitz** m.: in Schnitzen gedörrte Birne.

Bire[n]**-zelt**[e] m.: = *Birenbrot,* Weihnachtsgebäck mit gedörrten Birnen.

Birgele[in] *birgǝlẹ* n.: kleine Bodenerhebung, Hügel, sonst *Bergele*[in].

Birling *-īrl-, -īrl-, -iərl-,* Pl. -ling[e] m.: mittelgroßer Haufen Heu oder Emd. – Syn. *Wetter-schochen, -haufen.*

Birne s. *Bir;* Birn- s. *Biren-.*

Birzel s. *Bü-.*

bische[n] schw.: *bst* rufen, lispeln. S. a. *bisemen, bismelen, bisperen, bisen* IV, *bisten.*

bisele[n] *bīsǝlǝ* schw.: pissen, bes. von Kindern. S. a. *bisen* II. Dazu *bisen, brunzen, seichen.*

biselich *bīsǝliχ* Adj.: nach Urin riechend. Vgl. *biselen, bisen.*

biseme[n] *bīsǝmǝ* schw.: flüstern. S. a. *bismelen, bisen* IV, *bischen, bisperen, bisten; düsemen.*

bise[n] I *-ī-; bīsǝrǝ* schw.: wild umherrennen, vom Vieh, wens es von Insekten geplagt wird; Syn. *därren, stalpen, zärren. D*[ie] *Schnecke*[n] *ᵃuf d*[ie] *Schwänz*[e] *schla*[gen]*, daß s*[ie] [n]*et bise*[nt] ausweichende Antwort auf eine peinliche Frage. Von Menschen: rennen. *Fort b. wie e*[ine] *Brem*[e].

bise[n] II *-ī-* schw.: pissen. S. a. *biselen;* Syn. *brunzen, seichen.*

bise[n] III schw.: beben.

bise[n] IV *(-ī-)* schw.: flüstern. S. a. *bisemen, bismelen, bischen, bisperen, bisten.*

bismele[n] *bīsmǝlǝ* schw.: flüstern. – Demin. zu *bisemen,* s. d.

bispere[n] *bīšbǝrǝ* schw.: flüstern. S. a. *bisten, bischen, bisen* IV, *bisemen, bismelen.*

Biß-gurr[e] f.: alte bissige Stute; Übtr.: zänkische alte Frau. S. *Gurre.*

Bißle[in] n.: Demin. zu Biß. – A. als volles Subst. *Bißle*[in] *bīslẹ, Bitzeli:* kleines abgebissenes Stück. – B. substant. oder adv. Maßangabe, nhd. *bißchen;* nur im Sing. und bes. im Artikel. Syn *wenig, Brösele*[in]. – *E*[in] B.; *e*[in] *klei*[n](s) *B.; e*[in] *herzig*[e]*s, munzig*[e]*s (winzig*[e]*s), bärig*[e]*s B.*

Auch iron. = viel, sehr: *Er ist halt e^{in} b. dumm, e^{in} b. arg viel.*
bisten schw.: *bst* rufen, flüstern. Vgl. *bisperen, bischen, bisen* IV, *bisemen, bismelen.*
Bitsche s. *Bütsche.*
pitsche-patsche: *-ä-* Kinderspiel. *P.-p. mache^n* die eigenen flachen Hände gegen die des Kindes im Takt schlagen. – S. *patsch, patschen.*
Pitschier *bitšiər* ∪ʹ n.: Petschaft, Siegelstock und Siegelabdruck.
pitschieren *bitšiərə* ∪ʹ∪ schw.: **1.** siegeln. – **2.** übtr., *einen p.* in üble Lage bringen. Meist bloß Pass.: *pitschiert sein* angeführt sein, keinen Ausweg wissen.
Bittel s. *Büttel.*
bitter-bös Adj.: sehr bös. Bes. moralisch: *Du bist e^{in} b-er Bu^b e,* mit dem gar nichts anzufangen ist.
Bittere f.: Bitterkeit, bitterer Geschmack.
bitterlecht *-ęχt* Adj.: etwas bitter.
bittlen s. *bettlen.*
bittlos *bitloas* w., *bitloəs* ö. Adj. Adv.: **1.** Adj.: ungeduldig, nicht zu beruhigen, übellaunig, zanksüchtig, eigensinnig, schlecht, ungenügend. – **2.** Adv.: furchtbar, sehr. *Heut ists b. kalt.*
Bitz s. *Bützig.*
Bitzel m.: **1.** das *Bitzlen.* Reiz auf der Zunge; lüsterne Begierde. – **2.** etwas, das *bitzlet.*
bitzlen s. *bitzlen* I.
bitz(e)let, bitzelig Adj.: *bitzelnd,* prickelnd.
bitzelt-voll, bitzig-voll Adj.: über und über voll.
Bitzget s. *Bützget.*
Bitzig s. *Bützig.*
bitzigvoll s. *bitzeltvoll.*
bitzlein s. *Bißlein.*
bitzle^n I *bitslə,* 3. Sg. Ind. und Part. *bitslət;* seltener *bitzele^n bitsələ* schw.: prickeln. **1.** phys. a. Wein oder Most *b-et,* wenn er anfängt zu gären und neben der Süßigkeit einen prickelnden Geschmack bekommt. – b. vom Prickeln in Körperteilen. *Die Zunge bitzlet mir* von dem stechenden Gefühl beim Genuß scharfer Speisen. Die Hände, Finger, Zehen *b.,* wenn sie sehr kalt (oder eingeschnürt) sind; s. *aneglen.* – **2.** übtr. a. *es b-t mich nach etwas,* auch das und das *b-t mich; es b-t mir vor etwas:* ich habe Gelüsten darnach. Auch von Neugierde: *Es b-t ihm* er ist neugierig. – b. ärgern, verdrießen. – Anm.: Altes demin. Verbum zu *Bitz* (Zorn), *beißen.*
bitzle^n II schw.: alles antasten und verkosten. Schnitzeln, allerlei kleine Schnitzarbeit machen RIES.
bl-, pl- s. zu *pfl-.*
bla-, blä- s.a. *blau-, bläu-.*
blab-, bläb- s.a. *blau-, bläu-.*
Bläche s. *Blätsche.*
blächsen, blächzen s. *blechsen.*
Bläcke s. *Blätsche.*

Bläe *blē(j)ə* f.: Putzmühle für Getreide OSCHW.
bläe^n *blajə* W. und wohl auch O., *blęwə* FRK., sonst *blęə* schw.: blähen. **1.** aufblasen. Syn. *aufbläen.* a. phys.: auftreiben, mit Luft anfüllen. Intr.: *Das Obst bläht.* Meist aber ist die auftreibende Ursache Subj.: *Der neue Wein, der Rettich bläht mich.* Noch häufiger refl., *sich bl.* Bes. vom Vieh, das durch Genuß zu fetten, nassen Futters lebensgefährliche Auftreibung bekommt. – b. übtr. α) refl. *sich bl.,* wie *aufbl.* von aufgeblasenem, eingebildetem Wesen. – β) intr., mit haben: trutzen, schmollen. – c. Partizip.: ᵍᵉ*blät blęt; blęət, blęit, pflęit, blait:* α) überfressen, krankhaft aufgebläht, z. B. vom Vieh. – β) fett, dick, von Menschen OSCHW. – γ) noch nicht ganz dürres Futter ist *bl.* – δ) vom Ackerboden: schwer, speckig. – ε) faul, träge, von Menschen. – ζ) eigensinnig, widerwärtig, launisch. – η) hoffärtig. – ϑ) düster, vom Wetter. – **2.** das Getreide *bl.,* mit der *Bläe* oder *Blämüle* putzen OSCHW.
Plafo m.: Zimmerdecke. – Anm.: Frz. plafond.
Blag s. *Belage.*
Plag^e *blaog* O., *blaug* BAAR, *blǫχ (blǫaχ) blǫχ* FRK., sonst *blǫg;* Pl. -e^n f.: **1.** von Gott geschickte Heimsuchung, Strafe. – **2.** mod. im mildern nhd. Sinn: Unannehmlichkeit, Belästigung.
blägele^n *-ę-* schw.: muffen, schmeckig werden, vom Fleisch.
plage^n schw.: quälen. *Leute, Tiere pl.* Verstärkt: *pl. bis aufs Blut.* Syn. *schinden, scheren. Der Huste^n plaget mi^{ch} bereits 14 Täg^e.*
blägen s. *bläken.*
Plag-geist m.: Quälgeist, zudringlicher Mensch.
Blahe *blā, blǎ, -ə, blaję, blǎχę* -e^n, *blajənə* f.: großes Tuch aus grober Leinwand odgl. Stoff. **1.** (Last-)Wagenplane. – **2.** Pferdedecke. – **3.** überh. zum Zudecken oder Verhängen.
Blahe^n-wage^n m.: mit einer *Blahe (1)* überspannter Wagen.
Blaie s. *Blahe* u. *Bläue.*
blaid s. *blöd.*
blaizlen s. *blinzlen.*
bläke^n *blęgə, blęəgə, -ēä-* schw.: schreien, einen Schmerzenston von sich geben. Von Kälbern; vom Schaf „blöken“. Von Kindern: schreien, heulen; von dem Ruf, den man beim Kitzeln ausstößt; furzen; laut weinen.
Blämisi s. *Blemes.*
Plämpel *blęmbl* m.: schlechtes Getränk, wie Bier, Wein, Kaffee, halbgeronnene Milch, bes. von schaler, wässeriger Qualität.
blangen s. *belangen.*
Planie *blānī* ∪ʹ f.: ebene Baum-, Parkanlage.
blank Adj.: hellglänzend, in gewissen RAA. *Blank (be)zahlen* in blanker, barer Münze. *Der bl. Arsch,* auch bloß *der bl.*

blansteren s. *blästeren*.

Blärche s. *Blätsche*.

Blärr n.: **1.** Augenkrankheit. – **2.** Hautabschürfung Oschw.

Blärre, Blarre f.: **1.** *Bläre, Blarre, Blärre* vom Gaffen verzerrtes Gesicht. – **2.** *Plarre^n* große Fläche Ackerfelds. – **3.** das in die Augen Fallen. *Des Kleid ist recht in der Blärre* hat helle Farben. *Er steht in der Bl.* sichtbar vorne dran.

Plärre *blęrə* f.: hölzernes Markttrompetchen, Art Schalmei, Hupe aus Weiden, im Frühling gemacht. – Zu *plärren*.

blarre^n, blärre^n schw.: *blarre^n* stier ansehen; *blāre^n* neugierig schauen, alles sehen wollen; *blāre^n, blärre^n* gaffen, anstarren Allg.

plärre^n *-ę̆-, -ę̄-, -ĕ̄-, -ae-, -ea-, -ă-; pflęrə, flęrə, flę̆rə* schw.: plärren, etwa wie nhd. Laut weinen, schreien, von Menschen; auch vom Vieh (Rind, Kalb, Schaf). Schlecht singen. Von Menschen stets nur tadelnd.

Plärrer m.: **1.** pers.: Schreier, in versch. Bedd. wie nhd. Syn.: *Plärr-hafen, -hagen, -ochs.* – Plärreri^n f.: Schreierin. – **2.** sachl.: Schrei. *Einen Pl. tun.*

Plärr-hafe^n *-ę̄-* m.: spöttisch für ein Kind, das viel heult.

Plärr-hage^n *-ę̄-* m.: Kind, das viel heult.

plärrig Adj.: zum Weinen geneigt. Ein solches Kind heißt Plärratze^e.

Plärr-ochs m.: Heuler, Schreier.

Blas *-ǫ-* usw., s. *blasen* m.: das Blasen. Syn. *Blast. Er hat einen guten Bl.* kann stark, weit blasen.

bläschge^n *-ę̆-, -ę̄, -ai-, -ę̆-; blę̆sgə, blęəsgə; pflę̆sgə* schw.: schwer, mühsam atmen. – Bläschger m.: **1.** pers. *Des ist e^n alter Bl.* – **2.** sachl.: Seufzer. – Bläschgere f.: Asthma. – Anm.: *blechsen (-chz-), bletzgen* in N., *bl.* im S.

Blase *blǫsə, blaosə* (usw., s. *blasen*), *-ę̆* f.: **1.** Blasinstrument, bes. eines für Kinder oder von ihnen verfertigt. Andere Form *Blasete.* – Demin. Bläsle^in n.: Mundharmonika. Bläserle^in Kindertrompete. – **2.** Silberdistel, Carlina acaulis L., auf welche die Kinder Fließpapier legen und dadurch blasen. – **3.** Harnblase.

Bläse, Bläselen s. *Blasius*.

blase^n *-ao-* O., *-au-* Baar, *-ǫ- (-ǫa-) -ǫ-* Frk., sonst *-ǫ-; -š-, -s-;* Part. ^gebläse^n st.: blasen. **1.** pers. Subj. a. *etwas bl.* hinein bl. Insbes. von heißen Speisen: *Die Suppe ist heiß, man muß sie bl.;* oder von schmerzhaften, bes. verbrannten Hautstellen. – b. ein Instrument bl. *Trübsal bl. (und Elend geigen)* betrübt sein. – c. weinen. – d. groß tun. – e. stark trinken. – f. furzen. – **2.** mit anderm Subj. *Der Wind blast. Das Feuer bl.,* wenn es einen blasenden Ton erzeugt.

Blaser *-ǫ-, -ao-* usw., s. *blasen* m.: **1.** persönlich. a. Instrumentalbläser, bes. Turmbläser. – b. Kropfiger, der einen blasenden Atem hat. – c.

Glasbläser. – d. Säufer. – **2.** sachlich. a. Rausch. – b. Furz. – c. Wind.

Blasete *blǫsədę; blǫsət* f.: = *Blase,* Blasinstrument.

Pläsir f. n.: Vergnügen, Unterhaltung. Häufig im Demin. Pläsirle^in.

pläsirlich Adj.: vergnüglich.

Blasius m.: **1.** Heiligenname, auch gelegentlich Taufname. Kurzformen: *Bläse, -i, Blase.* Der *Bläse-tag* ist der 3. Febr.; an ihm findet die Halsweihe, das sog. *Bläselen* statt. – **2.** *Bläse* Dummkopf.

Blass^e, flekt. *-e^n* f.: **1.** Stirne. – **2.** weißer Fleck auf der Stirn. – **3.** Kahlkopf, Glatze. – Anm.: Im engsten etym. und Bed.-Zushg. mit *Blässe.*

Bläss^e *blęs* (selten *bläs*), flekt. *-e^n* m.; Demin. Bläßle^in *-ę̆-* n.: **1.** *Bläß, Bläßle^in* weißer Fleck auf der Stirn des Pferdes oder Rindviehs. – **2.** *Bläß, Blaß, Bläßle^in* Rindvieh oder Pferd mit einem solchen Fleck. – **3.** *Bläß, -le^in* scherzh. von kahlen oder hautentblößten Stellen des menschl. Körpers. – **4.** *Bläßle^in* Wasserhuhn Fulica atra. – **5.** *Bläß* Rausch.

Blast *blǫšt, -ao-* usw., s. *blasen;* Pl. Bläst^e, m.; Demin. Blästle^in n.: das Blasen oder Blähen; gespannte und aus der Spannung entweichende Luft. **1.** im allgem. Wind in einem geschlossenen Raum. *Den Bl. lassen* in Folge der Pressung platzen, undicht werden. Übtr.: eine an Schönheit abnehmende, alternde Person *l. d. Bl.* Eine Sache *l. d. Bl.* hat bald ausgedient. – **2.** Blähung des Leibes. Aufgedunsenheit. Gewöhnlicher das Entweichen der Blähung, = *Furz.* – **3.** Seufzer. – **4.** sich zusammenziehendes Gewölk, Gewitter drohend; *Blästle^in* feines Gewölk, das ein Gewitter gibt. Wind, Sturm, Gewitter. – **5.** Auftreibung, Geschwulst. Luftblase in Teig, Brot, Hutzeln.

blaste^n *-ǫ-,* O. *-ao-,* wie *Blast* schw.: *Es blostet es* zieht ein Gewitter auf. *Blǫstə* sich mit feinem Gewölk bedecken, vom Himmel.

blästere^n schw.: *blästern* sich faul gebärden. Der Faule *blästert* bei der Arbeit. Syn. *dre^n̄se^n.* Hieher der Bed. nach: *blēă̄štərə* in Folge vielen Essens oder großer Beleibtheit schwer atmen; *blǎnštərn* einen kurzen, stöhnenden Laut von sich geben, wie der, welcher sich vollgegessen hat.

blastig *blǫštig* Adj.: engbrüstig, schwerfällig, übel gelaunt. – blästig Adj.: aufgedunsen.

Blast-kopf m.: Hutzel mit *Blast (5).* Übtr. dummer Mensch.

blät, blätig s. *bläen 1 c.*

Blatengel s. *Batenke.*

Blater *blǫdər,* s. *-tr; -ao-* O., *-au-* Baar, *-ǫ- -ǫ-* Frk., Pl. *-ere^n -ərə* f.; Demin. Bläterle^in *-ę̆-, -ae-, -ai-* n.: Blase. **1.** Harnblase des Menschen und der Tiere; seltener oder von der Gallenblase. *I^ch* *hau^n g^{e}mei^{n}t, d^{ie} Bl. wöll^e mir verspringe^n* sagt einer, der den Urin lange verhalten mußte. – **2.** Blase, die unter der menschlichen Haut entsteht. a. von jederlei Art solcher Bl. Man bekommt *Blatere^n* an die Füße oder Hände vom Gehen, Arbeiten, Rudern; Brandblasen udgl. Bes. oft Demin. *Bläterle^{in}. Er hat Bläterle^{in} am ganze^n Leib* o. ä. S. a. *Pfotze, Pfuche; Hitzblater.* – b. im Plur. Menschenpocken. *Schwarze Bl.* bes. gefürchtete Form; *Kinds-, Schaf-, Windbl.* – **3.** Luftblase in einer Flüssigkeit. – **4.** irgendein Luftraum in einem biegsamen Körper; s. a. *Blast 5.* – **5.** Schimpf- oder Scherzwort: *Du Bl.! Du Rindsbl.! Des ist e^{ine} rechte Bl.* o. ä. Insbes. a. faule Weibsperson; auch *faule Bl.* Scherzh. Name für Mädchen. – b. dummer Mensch.

Bläterle s. *Blater.*

blatere^n -ǭ- schw.: **1.** (Luft-)Blasen bilden. – **2.** nicht gut anliegen. – **3.** dicker werden.

Blätsch^e, Plur. -e^n f.: **1.** *blę̆tš, blę̆tš, blętšǝt; bleache, blearche* ALLG.: großes, ganzrandiges Blatt, bes. der Kohl- und Rübenarten; vgl. *Krautblätsche* u. ä.; auch *Ampfer.* – **2.** *Blę̆tsch* Weiberhaube; abgetragene, schlappige Kappe oder Haube, breite Mütze – **3.** *blę̆tš, pflę̆tš* breiter, herabhängender Mund, große Lippe; stets spöttisch oder tadelnd gebraucht. Teils als stehende körperliche Eigenschaft: *Er hat sei^{ne} Bl. in allem drin,* teils aber insbes. von dem verdrießlich, weinerlich verzogenen Mund: *e^{ine} Bl. ('na^n) mache^n; e^{ine} Bl. 'na^{b}henke^n,* meist aber *'ra^{b}henke^n.* – **4.** Weib, Schimpfwort; z. B. *alte Bl.*

blätsche^n schw.: **1.** die *Blätschen* von Kraut oder Rüben wegnehmen. S. a. *abblätsche.* – **2.** Bohnenkerne aus den Hülsen heraustun. – **3.** weinerlichen Mund machen. – **4.** ausschwatzen. – Plätscherin f.: schwatzhafte Person.

Blätsche^n-maul n.: = *Blätsche 3.*

Blätsch-haub^e f.: breite Haube, s. a. *Blätsche 2.*

Blätsch-kapp^e f.: kleine Ledermütze, geformt wie ein Krautblatt. S. a. *Blätsche 2, Blätschhaube.*

Blatt *blăt; blăt* NO.; *blǫt blǫt* FRK.; Plur. *blę̆dǝr* n.; Demin. Blättle^{in} -ę̆- n.: Blatt. Insbes. = Zeitung. Gerne Demin.: *'s Blättle^{in} das Lokaltagblatt.*

Platt^e *blăt(ǝ)*, flekt. Platt(e^n), Plur. -e^n f.: Platte. **1.** von Vegetation entblößte, den Boden oder Felsen zeigende Stelle. – **2.** Fleck, verunreinigte Stelle. – **3.** haarlose Stelle auf dem Kopf. – **4.** Platte von Stein oder Backstein. a. Steinplatte. – b. Tonplatte. Bes. das Demin.: Tonfliesen. Insbes. aber ist *Pl.* (nie als Demin.) der gewöhnl. Ausdruck für Dachziegel; genauer *Dachpl.* – **5.** Metall- oder Tonplatte als Gerätschaft. Insbes. für Speisen, wie nhd. – **6.** Tischplatte.

platte^n-weis^e Adj.: stellenweise, da und dort, dann und wann.

plattig Adj.: was *Platten (1. 2),* kahle Stellen oder Flecken, hat, fleckig.

Blättle s. *Blatt.*

Blättle^{in}s-kraut n.: Rainkohl, Lapsana communis L.

plättle^n schw.: **1.** mit *Plättle^{in}* (4b) auslegen. – **2.** laufen, rennen.

Platz I *blăts; -ā-;* Pl. Plätz^e -ę̆- m.; Demin. Plätzle^{in} -ę̆- n.: wie nhd.

Platz II *blăts,* FR. *blǫts blǫts,* Plätz^e -ę̆- m.: flacher Kuchen aus Brotteig, mit Äpfeln, Zwetschgen, Zwiebeln, Käse, Speck, Kraut o. a. belegt; darnach spezieller *Äpfel-, Zwetschgen-Pl.* usw. S. a. *Platzete, Plätz.*

Blätz, blätzen s. *Bletz, bletzen.*

Plätz s. = *Platz* II, Kuchen.

Platzete f.: = *Platz* II.

blätzgen s. *blechsen.*

Bläue *blę̄ę, blę̄bę* usw., s. *bläuen* f.: blaue Farbe.

bläue^n *blę̄(j)ǝ, blajǝ, blę̄bǝ, blaebǝ (blę̆ibǝ); blę̄blǝ* schw.: die Wäsche *bl.,* mit *Bläue* bläulich färben.

blaug *blǝug* Adj.: **1.** phys.: zart, empfindlich S. – **2.** geistig: schüchtern, furchtsam, verschämt, mehr Tadel als Lob S.

Plaug s. *Plage.*

Blau-kraut n.: Rotkohl.

blaulecht, bläulecht *blǫlę̆χt, blę̄lęχt, blę̄blǝt* und *blǫblę̆χt* Adj.: bläulich.

Bläule^{in}, Blau-hemdle^{in} n.: Kleine Traubenhyazinthe, Muscari botryoides (L.) Mill.

Blau-mal, Plur. *Blaumäler* n.: blaues Mal, blutunterlaufener Fleck.

blaus s. *bloß.*

blä-wasig Adj.: voll von Wurzeln OSCHW.

Blech -ę̆-, -ę̆ǝ-, -ę̆a-, -ja-, -ǝ-; Plur. gleich, n.; Demin. -le^{in} -ę̆- n.: **1.** dünne Metallplatte. – **2.** flaches Gerät aus Bl., spez. fürs Backen von feinem Backwerk. Genauer *Bachblech, Kuchenblech.* – **3.** Makel, Tadel; in versch. RAA. *Blechle^{in} kriege^n* seinen Spott bekommen. – **4.** wertloses Zeug; bes. dumme, leere Rede. *Schwätz kei^n Bl.!* – **5.** euphem. für *Blitz* in Flüchen. *Schla^{ge} mi^{ch} 's Blechle^{in}* Beteuerung: fürwahr (der Blitz soll mich treffen, wenn's nicht so ist), *heilig^{e}s Blechle^{in}. Mei^n Heiligsblechle^{in}* scherzh. für Auto.

bleche^n I -ǝ, sonst s. *Blech* schw.: bezahlen; meist in der Verbindung: *bl. müssen;* stets scherzh. iron. gebr.; bes. beim Bezahlen der Zeche odgl. für andere.

bleche^n II -ę, sonst s. *Blech; bliche^n, blichig.* Adj.: von Blech; mehr attrib. als präd.: *e^{in} bleche^n^{e}s B^{e}schläg.*

Blech-kuche^n m.: Kuchen, der auf einem Blech gebacken wird.

blechsen

blechse[n], blechze[n] *blĕksǝ, pflĕksǝ; blĕχtsǝ, -χtsgǝ; blĕtsgǝ, -ǝ; blĕtsǝ* schw.: ächzen, stöhnen, stark atmen, jammern, klagen. – Ble[ch]zger m.: wer mühsam atmet. – S. a. *bläschgen.*

Blech-weck, flekt. -e[n] m.: der auf einem *Blech* gebackene, feinere Weck.

blecke[n] I, -ǝ schw.: **1.** intr., mit haben: hervorblikken, sichtbar werden, von Sachen. – **2.** trans.: sehen lassen, spez. was von Natur oder nach der Sitte bedeckt ist oder sein sollte. Vom Entblößen der Schamteile oder des Hintern, bes. bei kauernden Frauenzimmern. Dazu *Füdleblekker. Die Zunge bl.* zur Verspottung herausstrekken. Bes. aber, wie nhd., *die Zähne bl.,* beim Lachen, aus Eitelkeit, Zorn oder sonst.

blecken II s. *bläken.*

Blei I *blǝi* (FRK. *blai,* RIES *blae); blǝi* n.: **1.** Stoffname wie nhd. – **2.** aus Blei gefertigter Gegenstand. a. Senkblei. – b. Bleikugel als Geschoß. – c. früher aus Bl., jetzt aus Graphit gefertigter Schreibstift, Bleistift, häufig Demin.; auch *rotes, blaues Bl.*

Bleich[e], Pl. -e[n]; Bleiche -*ǝ,* Pl. -ene[n] *-ǝnǝ;* auch Bleichete *-ǝdę* f.: der Ort, wo die Leinwand gebleicht wurde. Solche Bleichen waren früher zahlreich, wie die vielen Ortsnamen bezeugen.

bleie[n] -*ǝ* Adj.: von Blei.

Blemes m.: **1.** *blēǝmǝs* (leichter) Rausch. – **2.** *blēǝmǝs* Windbeutelei; *Blämisi* leichtfertiger Mensch. – **3.** *blĕmǝsblāmǝs* unbedeutendes, verworrenes Gerede.

plemp- s. *plämp-.*

blenzlen s. *blinzlen.*

Blerche s. *Blätsche.*

bleschgen s. *bläschgen.*

blessiere[n] -*ĕ-* ∪∕∪ schw.: verwunden. – Blessur ∪∕ f.: Verwundung.

Bletz -*ĕ-* N. (-*ę-* NO.), -*ĕǝ-* (-*ja-, -ǎ-, -ǝ-*) S.; flekt. unverändert oder -e[n] m.: Stück, Fleck. **1.** Stück von irgend einem Zeug. – **2.** kleines Stück Landes; bes. gern im Demin. – **3.** Stelle, an der die Haut weggegangen ist, kleine Wunde.

bletze[n] I – Laut s. *Bletz* – schw.: **1.** flicken durch Hineinsetzen eines *Bletzes (1),* Kleider und Schuhe, aber auch anderes. – **2.** etwa wie *schmeißen.* Doch mehr mit Advv. *'na*[n], *'nauf, drauf bl.* u. ä.

bletzen II (-*ę*) s. *beletzen.*

bletzgen s. *blechsen.*

Bletz-leder n.: Flickleder.

Bletzler m.: Fastnachtsnarr, dessen Kleid aus *Bletzen (1)* bunt zusammengesetzt ist (Weingarten).

Bletz-socke[n] Plur. m.: wollene Schuhe von Tuchenden.

bletz-weis Adv.: stellenweise, z. B. *Der Schnee ist bl.* [ge]*bliebe*[n]*;* auch temporal: zuweilen.

Bletz-werk n.: Flickwerk.

bleue[n] *blujǝ,* n. *blǝiǝ (blaiǝ* FRK., *-ae-* RIES), bluibǝ, blǝuǝ* schw.: schlagen, klopfen. Insbes. in bestimmten Verwendungen. **1.** Hanf oder Flachs *bl.* – **2.** einen Menschen *bl.,* durchprügeln. Auch *durchbl., herbl., 'rumbl., verbl.*

blindlings s. *blinzlingen.*

blinzle[n] *blĕntslǝ;* daneben *blĕntsǝ, blaëtslǝ* schw.: wie nhd. blinzeln: mit den Augenlidern zwinkern; einem mit den Augen winken, liebäugeln. *Die 2 haben miteinander* [ge]*blinzelt.*

blinzling(e[n]) *blĕntslēŋǝ,* blinzerlings *blĕtsǝrlĕns* Adv.: = blindlings, mit geschlossenen Augen. *Den Weg wollt*[e] *i*[ch] *bl. finde*[n]*.*

blisle[n] -*ĭ-,* -*ĭ-;* brisle[n] -*ĭ-* schw.: flüstern, leis ins Ohr reden N.O.

Blitz -*ĭ-* NO., sonst -*ĭ-,* Plur. Blitz[e] m.: **1.** Blitz des Gewitters. Syn. *Blitz(g)er, Stral;* das bloße Wetterleuchten heißt *wetter-, blitzlaichen, augstelen.* – **2.** Fluch oder Schimpf. a. Fluch. Wie einem angewünscht werden kann, der Bl. solle ihn in Grundsboden hinein schlagen u. ä., so dient *Bl.,* meist ohne Satz, als Fluch oder Beteuerung, wird aber nicht als blasphemisch empfunden. *Kotz (Hotz) Bl.* ∪∕ oder ∖∕, als Ausdruck des gelinden Schreckens, der angenehmen oder unangenehmen Überraschung, des gelinden Zorns. – b. Schimpfwort. *Ein eigensinniger, scheriger, störriger Bl.* u. ä.

blitz-dumm Adj.: sehr dumm.

Blitz-laiche[n] -*ǝę-* n.: Wetterleuchten ALLG.

blitz-wüst -*iǝšt* Adj.: sehr häßlich.

Block *blŏk,* NO. -*ǭ-,* Pl. Block[e] -*ĕ-,* Pflock m., älter n.: Block, Klotz. **1.** ungespaltener, auch wohl ganz unbehauener Baumstamm zu verschiedenen Zwecken. – **2.** übtr.: unbeholfener, dummer Mensch.

blocke[n] -*ǭ* schw.: bohnern.

blöcken s. *blecken.*

Blocker m.: Gerät zum Bohnern.

blöd *blaed* W., *blęid* BAAR, *blęd* n., *blęǝd* ö., *blęd* FRK. Adj.: blöde. **1.** phys.: schwach, zart, gebrechlich. a. von Stoffen: blöd geworden, fadenscheinig. *Viel rutsche*[n] *macht (gibt) blöde Hose*[n]*.* – b. vom Menschen. Meist von mehr innerlichen Mängeln. *Er hat einen bl. Magen, er ist (es ist ihm) bl. im M.* schwach, unwohl, ohne wirklich krank zu sein. Oft von den Augen: schwach, empfindlich. *Bl. Kopf* benommener, schwacher, momentan oder habituell. – **2.** geistig, wie nhd. – Blödele[in] n.: schwacher, charakterloser, furchtsamer Mensch.

Blöde -*ę,* Plur. ene[n] *-ǝnǝ,* sonst s. *blöd* f.: **1.** zu *bl. 1 a:* fadenscheinige Stelle. – **2.** zu *bl. 1 b:* große Schwäche.

blodere[n] -*ǭ-* schw.: **1.** bauschen, flattern. – **2.** plaudern, schwatzen. – Bloderer m.: Schwätzer, Lügner. – bloderig Adj.: weit, faltig, von Kleidern.

Plog s. *Plage.*

plogen s. *plagen.*
Plonder s. *Plunder.*
Blonz s. *Blunze.*
bloß Adj. Adv.: A. A d j . *blaos* W., *-au-* BAAR, *-ǫ̈-*
n., *-ǫ̈ə-* ö., *-ǫ̈-* FRK.: entblößt; Syn. das öfters
damit verbundene *blutt.* – B. A d v . in derselben
Lautform wie das Adj., doch öfters *blǫ̈s* statt
blaos: **1.** wie nhd. „nur", aber nachdrücklicher
als dieses. – **2.** = kaum. a. soeben. *Er ist bloß*
weggegangen. – b. mit knapper Not.
blosten s. *blasten.*
Bloter s. *Blater.*
Blotter *-ǫ̈-* m.: dicke, trübe Flüssigkeit. **1.** Rahm
der Milch. Übtr.: das Beste an etwas. – **2.** Ab-
gang beim Butteraussieden. – **3.** Schaum auf
dem Bier. – **4.** Morast, flüssiger Kot. – **4.** Jau-
che. Häufigeres Syn. *Gülle.* S. *blotteren.*
blottere[n] *blǫ̈d-, blǫ̈t-* schw.: Jauche aufs Feld füh-
ren. Das geschieht im B l o t t e r - f a ß n. Das zu
Düngende stets im Akk.: *I[ch] muß mei[n] Kraut bl.*
blotterig Adj.: rahmig.
Blotter-milch f.: gestandene saure Milch.
Plotz m.: Rahm.
plotze[n] *-ǫ̈-* schw.: stoßen, schlagen. **1.** trans. (oder
absolut). Speziell: Butter (Milch) *pl.,* durch Sto-
ßen im *Plotzfaß* Butter bereiten. – **2.** intr., mit
sein: fallen, plumpen. Bes. *[hi]na[n]-, [he]ra[b]-pl.*
Plotzet(e) *-əd(ę)* f.: **1.** *-ete* das Butterstoßen. – **2.**
-et Rahm; trübe Brühe.
Plotz-faß n.: Butterfaß.
blotzge[n] s. *flotzgen.*
Plotz-kosel f. (m.): fetter Mensch, versoffener
Mensch.
Plotz-milch f.: Buttermilch. Spöttisch von trübem
Wein oder Most.
Blu *bluə* m. f., **Blü** *bliə* m. f.: Blüte = *Blust,* an
dessen Gebiet nach O. hin sich anschließend.
Blüet *bliət* m.: Blütezeit.
bluien usw. s. *bleuen* usw.
blüig Adj.: blühend.
blumet *-ət* Adj.: geblümt, mit blumenartigen Flek-
ken oder Zeichnungen versehen. Genauer
großbl., kleinbl.
Plümo m.: Federbett. – Anm.: Frz. plumeau.
Plunder *blǫ̈ndər, -ŭ-* FRK. u. S., Pl. (soweit gebr.)
Plünder -ę̈-, -ĭ- m.: **1.** Pack, Bündel, Traglast. –
2. Masse verschiedener Gegenstände, als Ein-
heit gedacht, bes. zum Fortführen mit Bed. des
Wertlosen, wie nhd.
Blunz[e] *blǫ̈nts* (frk. und s. *-ŭ-*), B l u n z e[n]; Pl.
B l u n z e[n] m. f.: **1.** Blutwurst, die nur mit Blut
gefüllt ist. Die mit Blut und Speckwürfeln, *Grie-*
ben, gefüllte heißt *Blutwurst,* genauer *Grieben-*
wurst. Die *Bl.* wird in den Dickdarm, größere
auch in den Magen des Schweins gefüllt; die
letztere Art heißt auch *Säusack.* – **2.** übtr. a.
dicker, kurzer Mensch. – b. unförmlich dicke
Nase.

Blust *bluəš, bluəšt,* ohne Pl., m. f. n.: **1.** Blüte,
kollektiv; abstr.: Blütezeit. Allgem. von W. bis
ALLG. HOHENL.; ö. *Blu.* Insbes. Blüte der Bäu-
me; spezieller *Äpfel-, Biren-, Schlehen-, Hol-*
der-Bl. – **2.** euphem. für *Blut* in Flüchen. *Beim*
Bl.! Kotz Bl.!
Blut-freitag, B l u t s - f r e i t a g m.: Freitag nach
Himmelfahrt, an dem in Weingarten der *Blutritt*
stattfindet, s. d.
blut-jung Adj.: sehr jung.
Blut-nägele[in] n.: Tag-Lichtnelke, Melandrium ru-
brum (Weigel) Garcke.
Blut-ritt m.: berittene Prozession mit dem Bluts-
tropfen Jesu zu Weingarten am *Blutfreitag,* dem
Tag nach Himmelfahrt.
Blut-sauerei f.: große Schweinerei; auch Fluch.
blutt *blŭt* Adj. Adv.: im wesentlichen = *bloß,* mit
diesem oft verbunden, stets in der Reihenfolge
bl. und bloß. A. A d j .: nackt, kahl, mit dem
bes. Begriff der Schutzlosigkeit. **1.** von der un-
bedeckten Haut bei Tieren und Menschen. – **2.**
leicht, dünn, armselig gekleidet; ebenso adv.:
bl. a[nge]zoge[n] u. ä. – **3.** arm, elend, wehrlos; bes.
in der Verb. *bl. und bloß.* – **4.** von der Land-
schaft und Vegetation. – **5.** einzig, wo mehr als
eins zu wünschen wäre. Bes., wenn man im
Kartenspiel von einer Farbe nur eine Karte hat;
z. B. *den Zehner bl. haben,* gebildeter *blank.* –
B. A d v .: wie *bloß* = kaum, doch seltener.
Blut-wurst f.: **1.** Wurst mit Schweins- oder Rinds-
blut gefüllt. – **2.** scherzh. übtr., von Menschen.
Verwandtschaft, eng verbundene Masse.
Blut-wurz(el) f.: blutstillende Pflanze. Mehrere
spez. Bedd.: **1.** *Blutwurz,* Potentilla erecta (L.)
Räusch. – **2.** *Vielblütige Weißwurz,* Polygona-
tum multiflorum (L.) All. und Quirlblättrige
Weißwurz, Polygonatum verticillatum (L.) All.
blutzge[n] I schw.: übervorteilen, ausbeuten.
blutzge[n] II schw.: plärren, blöken auch *blutzgere[n].*
bob- s. a. *bop-, pop-.*
poche[n] *bǫχə* schw.: **1.** intr., mit haben: stolz sein,
trotzen. *Auf etwas p.* wie nhd. – **2.** mit pers.
Kasus. a. mit Dat.: einem Trotz bieten. – b. mit
Akk.: necken, plagen.
bock-beinig, *-isch* Adj.: steifbeinig.
bockele[n] *bǫ̈gələ;* b ö c k (e) l e[n] *bęgələ, bęglə* schw.:
nach einem Bock riechen.
bockel-härt Adj. Adv.: so hart, daß es *bockelt (1*
a).
bockelig, *-lich* Adj.: holperig, uneben. Zu *bock-*
len 1.
bocke[n] *bǫ̈gə,* s. *-k-* schw.: **1.** von Ziegen, brünstig
sein. *Er ist so arm, er ka[nn] kei[ne] Geiß b. lau[n].* – **2.**
sich benehmen wie ein Bock. a. stoßen, mit dem
Kopf. – b. poltern. Besonders mit den Füßen bei
schwerfälligem Gang. Auch der Tisch, der une-
ben steht, *bocket.* – c. fallen, herunterfallen. –
d. Bocksprünge machen. – **3.** trotzen, störrisch

tun. – **4.** einen Bock schießen, Fehler machen. – **5.** eine Kiste odgl. *b.* über die Kante stürzen.

Bocke^n-raule *bŏgərəulę* m.: Popanz, Schreckgestalt für Kinder.

bockig, böckig; bockisch, böckisch Adj.: störrisch, eigensinnig.

bock-köpfig Adj.: etwa = *bockbeinig.* Zornig, eigensinnig. S. a. *Bockskopf.*

bockle^n *-ŏ-* schw.: intr., mit haben. **1.** von unruhiger Bewegung und dem durch das Anstoßen dabei erzeugten Ton. Dabei scheint im N. der Gehöreindruck, im S. die Bewegung maßgebend zu sein. a. klopfen, poltern, n. der Donau. – b. besonders mit den Füßen poltern, laut und schwerfällig (Treppen auf und ab) gehen, dabei mit den Füßen an Gegenstände stoßen, einhertappen N. u. S. verbr. – c. stolpern. – d. sich wälzen, unruhig sein beim Liegen im Bett. – **2.** = einen Bock schießen. – **3.** schmollen oder trutzen, verdrießlich sein.

Bockler m.: **1.** pers.: wer bockelt. – **2.** sachlich. a. zu *bocklen 1 c.* Leichter Fall. Stolperer. – b. zu *bocklen 2:* Fehler; in der Verb. *e^ie^n B. mache^n* OSCHW.

Bock-säckel (Bocks-s-) *-ę̆-* m.: **1.** Schimpfname. – **2.** wie nhd. Bocksbeutel, dicke Branntweinflasche. – **3.** Demin. längliche Küchlein oder Nudeln, in Schmalz gebacken.

Bocks-gicht, nur Plur. *-er*: *B-er kriege^n* in ohnmächtige Wut geraten. *Da könnte (möchte) man B. kriegen.*

Bocks-kopf m.: Trotzkopf.

bock-stärr *-ę̆-, -ę̆ə-,* -stärrig Adj.: ganz starr, unbeweglich, phys. und übtr. Syn. *bocksteif.*

bock-steif *-əi-* Adj.: ganz steif, unbeweglich, phys.: *I^ch bi^n b. vor Kälte; D^ie Wäsch^e ist b. g^efrore^n;* aber auch übtr. von Menschen = *bockstärr.*

Bode^n *bŏdə,* öfters im Nom. nur *bŏd; -ŏ-* s., *-ou- (-əu-)* FRK.; Plur. *-ę̆-,* bzw. *-ę̆-, -ei- (-əi-)* m.; Demin. Böde^nle^in *bę̆dəlę (-ę̆-* usw. wie Pl.) n.: Boden. **1.** Erdboden. Syn. *Grund, Grund und B., Grundsboden, Erdsboden.* a. als Fläche, auf der man steht, geht, fährt, auf die man fällt usw. – b. als Teil der Landschaft. – c. als Stoff, Humus. *Boden tragen, führen* Erde zur Verbesserung eines Grundstücks. *Guter, schlechter, schwerer, starker, leichter, dürrer, speckiger, sandiger B.* usw. – d. als Ruheplatz der Toten. *Der ist schon lang unterm B.* – e. Grund eines Gewässers; häufiger *Grund.* – **2.** im Haus. a. Fußboden; Syn. *Stubenboden.* – b. Obergeschoß, Dachraum, Speicher. – **3.** Grundfläche odgl. irgendeines hohlen Körpers.

bode^n-: in einer Anzahl von Adjj. verstärkender Vorsatz, am verbreitetsten bei solchen unangenehmen Inhalts. Ebenso ist *erden-* gebraucht und das auch nhd. erscheinende *grund-.*

Bode^n-ber^e, Pl. *-e^n* f.: Erdbeere.

Bode^n-bir, Pl. *-e^n* f.: Kartoffel. OSCHW. BAIRSCHW. Syn. *Grundbir, Erdäpfel.*

bode^n-bös Adj.: grundböse; von inneren und äußeren Eigenschaften.

Bode^n-deck(e), -decket(e) f.; meist Demin. -decketle^in n.: geringe Menge, die gerade hinreicht, den Boden eines Behältnisses zuzudecken.

Bode^n-g^efärt *-ę̆-* n., meist Demin. -le^in n.: spezif. Geschmack gewisser Weine, wirklich oder vermeintlich von der Bodenart herrührend; als Zeichen der Echtheit geschätzt, wenn auch den Geldwert beeinträchtigend.

bode^n-g^enug Zahlw. oder Adv.: ganz genug, übergenug; Syn. *haufengenug.*

Bode^n-gras n.: das feine, kurze Gras, auf der der Bestand der Wiese beruht, im Unterschiede von dem hochaufschießenden. Nur Sing.

bode^n-gut Adj. Adv.: sehr gut.

Bode^n-hocker m.: **1.** Buschbohne. – **2.** kleine Person.

bode^n-letz Adj.: ganz übel, mißlich. Wohl nur präd.: *Jetz ist's b.* o. ä., und gerne mit einem humorist. Nebenklang.

Podex *bŏdĕks* ⌃ m.: Hinterer, als dezenter Ausdruck.

Bögel-britt n.: Brett, auf dem gebügelt wird.

Bögel-eise^n ⌐∪, auch *Bögleise^n* ⌐∪, Lautform s. *böglen* s.: Bügeleisen.

bögle^n *bęglə; -ęi-* S., *-ęi* FR.;χ- FRK.; *-ln* FRK. schw.: **1.** Wäsche bügeln. Auch mit Zuss.: *glatt b., 'na^nb., ausb.* – **2.** übtr. a. *einen b.* durchprügeln. – b. übel behandeln, durchhecheln, schimpfen. – c. eben, glatt machen.

Bögleri Pl. *-erne^n* f.: Büglerin (die das Bügeln berufsmäßig betreibt).

Boi s. *Bai.*

Boind, Point s. *Beund.*

boizen s. *beizen.*

bojägle^n *bŏjĕglə* schw.: **1.** schlagen, prügeln. – **2.** foppen, zum besten haben. – **3.** bujägle^n *bujĕglə* ⌐∪ Geschlechtsverkehr machen.

Bole s. *Bale.*

Polizei *bŏlətsəi* m. f.: **1.** f. abstr. und koll. Polizeiorgane. – **2.** m. pers. Polizeibeamter. Dafür auch kürzere Formen, mehr verächtlich: Polis *bŏlīs* ∪⌐; Polle *bŏlę.*

Boll-aug^e n.: stark hervortretendes Glotzauge und die Person, die ein solches hat. – boll-auget Adj.: glotzäugig.

Bolle I, flekt. *-e^n, bŏlə* m., *bŏl(ə)* f.; Böllele^in *bęlĕlę,* auch *bę̆lę* n.: runder Körper, Klumpen, Kugel. Ganz im allgem. von der Form. Bes. aber in einigen spez. Bedd. **1.** Kotklumpen. a. rundliche Exkremente, bes. von Schafen oder Pferden. Genauer *Roß-, Schaf-b.* – b. Schmutzklumpen, der am Haar des Tiers, am Kleid u. ä. hängenbleibt. Genauer *Dreck-b.* – **2.** Pille; wohl nur im Pl. – **3.** rundliche Frucht odgl. von Pflanzen. – **4.** Beule. – **5.** für Personen. a. plumpes, schmutziges Weib. – b. dickes Kind. – **6.** Rausch.

Bolle II $b\breve{o}l\breve{e}$ m.: **1.** Schimpfwort. Dreckiger Mensch. S. a. *Dreck-, Mist-, Stall-, Rollen-bolle.* – **2.** Schimpfwort für Polizist. *Räuber und Bolle* ein Spiel oder auch *R. und Landjäger.*

Bolle^n- verstärkende Vorsilbe. Adjj. und Subst.

b o l l e n I s. *bellen* I.

bolle^n II schw.: **1.** zusammenrollen. Ungeordnet zusammenballen. – **2.** zu *Bolle* I *1 b:* recht schmutzig werden.

Bolle^n-hitz^e f.: unerträgliche Hitze.

Bolle^n-karre^n m.: Schubkarren ALLG.

Bolle^n-wut f.: große Wut.

Boller m.: einmaliges Bellen. *Der Hund hat kein^{en} B. ^{ge}tau^n, wie-n-i^{ch} ^{ge}komme^n bi^n.* S. *bellen, Beller.*

Böller $b\breve{e}l\partial r$ m.: **1.** kleine Kanone, früher im Ernst gebraucht, jetzt nur noch zu Signalschüssen und Festen. – **2.** Zylinderhut oder steifer Filzhut; stets mit kom. Ton. – **3.** Rausch.

bollig Adj.: zu versch. Bedd. von *Bolle* I. Plump, knotig, dick, von Menschen und Dingen; mit Schmutzklumpen behängt, bes. von Kleidern. Von Menschen: schmutzig; unbeholfen, läppisch; grob, roh.

bolz-ebe^n Adj.: ganz eben, wie *bolzgerade.*

bolze^n schw.: auf der Wiese oder Straße Fußball spielen.

bolz-g^{e}rad^e Adj.: ganz gerade, kerzengerade, bes. von steif aufrechter Haltung. S. a. *bolzeben.*

B o m s. *Baum.*

pomadig $b\bar{o}m\bar{a}dig$ $\cup'\cup$ Adj. Adv.: bequem, behaglich; lobend und tadelnd.

Bombel s. *Bumpel.*

b o m p e n s. *bumpen* u. *pumpen.*

Bombo^n $b\bar{o}mb\bar{o}$ $'-$ n., Demin. -le^{in} n.: Bonbon.

Pommer $b\bar{o}m\partial r$ m., Demin. -le^{in} n.: **1.** Spitzerhund, bes. gern im Demin. Überhaupt von kleinen Hunden, bes. in der Kindersspr. – **2.** kleiner, dicker Mensch, insbes. dickes Kind. – **3.** kleines, rundliches Gefäß. – **4.** *Pommerle^{in}* Penis. – **5.** mäßiger Rausch. – **6.** Plur.: Schulden, spez. Trink- und Spiel-Schulden.

B o n b o n s. *Bombon.*

Bone^n-bletz m.: Stück Land, mit Bohnen bepflanzt. S. a. *Bonenland.*

Bone^n-land m.: Gartenbeet, mit (Garten-) Bohnen bepflanzt. Syn. *Bonenbletz.*

bone^n-ledig Adj.: ein 15jähriger ist *b.;* ein 14j. *furzledig,* ein 16j. *hundsledig.*

Bone^n-lied -i∂- n., auch Demin. -le^{in} n.: nur in der RA.: *Das geht (ist, wäre* usw.*) über's B.:* über das Maß des Erlaubten, über alle Begriffe.

Bone^n-sack m.: **1.** Hodensack. – **2.** *Bohnsack* Schmerbauch.

Bone^n-steck(e^n) m.: Bohnenstange. Beliebt zu RAA. *Er kommt daher, wie wenn er B-e^n im Leib (Füdle) hätt^e. B.* langer, dürrer Mensch.

Bone^n-stro n.: dürres Kraut der Ackerbohne. Vergleichungen: *grob wie B. (gröber als B.). So dumm wie (dümmer als) B.*

Bone^n-viertel n.: der alte, von Weingärtnern und Gartenbauern urspr. bewohnte Teil von Stuttgart zwischen Hirsch-, Eberhards-, Dorotheenstraße und Marktplatz.

bo^n-fitzig $b\bar{o}$- Adj.: voreilig, naseweis.

Bonifazius: 1. der heil. B., gespr. $b\bar{o}nif\bar{a}ts$-$s(e)$ $\curlyvee$ $(\cup)$, auch $b\bar{o}\bar{a}$-, $-n\!ef$-, $-n\!\partial f$-. Sein Name klingt an *Bone* an; daher soll man auch nach allgem. Glauben an seinem Tag, 14. Mai, die Bohnen stecken. Über den Wetterglauben bezüglich der Nachtfröste an Pankraz, Servaz, B. s. *Pankrazius.* – **2.** kathol. Vorname. Häufiger gekürzt: *Bone, Faze, Fäzi, Fazel.*

B o n u s s. *Baumnuß.*

bopfe^n schw.: stoßen, spez. in der Schule an die Bank: *Herr Lehrer, die bopfe^{n}t ällweil, daß i^{ch} gar ^{n}et schreibe^n ka^{nn}.*

Popo $b\bar{o}b\bar{o}$ $\cup'$, auch P o p e s m., häufiger Demin. -le^{in} $\cup'\cup$ n.: Hinterer, in gehobener und kindlicher Sprache.

Poppel I $b\bar{o}bl$, Pl. $b\breve{e}bl$ m., Demin. Pöppele^{in} $b\breve{e}b\partial l\breve{e}$, kindlich $b\bar{o}$- n.: kugelförmiger, nicht allzu großer Körper; doch nur in bestimmten Bedd. **1.** Knäuel Faden, Garn, Wolle, Schnur. – Auch von kugelförmigen, meist wollenen Anhängseln der Kleidung, bes. im Demin. – **2.** Knötchen auf der Haut, bes. im Gesicht, meist Demin. – **3.** in der Kindersprache für kugelförmige Früchte, Obst, bes. Beeren. – **4.** von andern kleinen kugelförmigen Körpern. – **5.** *Popperle^{in}* kleiner Mensch, kleines Tier, kleines Kind.

Poppel II $b\bar{o}bl$, Plur. kaum möglich m.: dummer Mensch. – Demin. Poppele^{in} n. *'s P. mit einem spielen* ihn zum besten haben.

Pöppele^{in}s-kohl m.: Rosenkohl.

poppere^n $b\bar{o}b\partial r\partial$ schw.: rasch hintereinander klopfen. Speziell: **1.** das Herz *popperet* einem: schlägt ängstlich. – **2.** unnötig, aufgeregt hin und her laufen.

poppe(r)le^n $b\bar{o}b\partial(r)l\partial$ schw.: *popperle^n* herabfallen, auf den Boden rollen, vom Obst, das geschüttelt oder ausgeleert wird. *Poppele^n* dass. – S. zu *popperen.*

popple^n $b\bar{o}bl\partial$ schw.: **1.** = *popperen* 1. – **2.** zittern. – **3.** ähnlich *popperlen.* – S. zu *popperen.*

B o r s. *Bare.*

Bor-kirch f.: Empore in der Kirche.

Borst m.: die Borste.

Bort^e -$\bar{o}$-, -$\breve{o}$-, -∂- f.: **1.** Borte, wie nhd. – **2.** übtr. a. schmutziger Rand am Kleid. – b. Schaum auf dem Bierglas.

Börtle[in] n.: der obere, anders gestrickte Rand des Strumpfes.

Borz-, Börz- in *Borzel, Börzel* u. ä. s. *Burzel, Bürzel*.

Borze[n] *bǫə(r)tsə* Pl. ALLG.; meist Demin. Pl. Börzle[in]*bęərtslə*, Börzele[in]*bęə(r)tsələ;* Börzel *bęrtsl* m. TIR., Bürzel *-i-* ALLG. m.: Reisich und daraus gemachtes Bündel. Ein für die Gegend von der DON. s. charakteristisches Wort.

borze[n] *-ǭ-* etwa n. der DON., *-ǫə-* s. ders. schw.: **1.** unruhig sich hin und her bewegen, bes. auch in die Höhe, nam. von Kindern, die nicht ruhig sitzen oder im Bett liegen. *Borz*[e] *net älleweil! B. net so 'rum!* Ein solches Kind heißt Borzer: *Du bist doch e*[i]*n Erzborzer.* – **2.** emporragen, hervorstehen. Ein Euter, eine volle Tasche *borzt.* Etwas hervorstehen lassen, z. B. die Unterlippe im Verdruß, auch vom Bauschigsein des Kleides. – **3.** übtr.: *sich barzen, berzen, pörzen* sich sträuben, unbiegsam, stolz sein.

bös *-ẹ̆-* S. und N., *-ẹ̆-, -ae-* W., *-ęə* O. NO.; *-š* Adv.: böse. I. objektiv. A. mehr negativ: nicht gut, nicht so, wie etwas sein sollte: schlecht. – Bes. auch von kranker Beschaffenheit des Körpers oder gewisser Körperteile. Zumeist aber von lokalen Übeln, bzw. Entzündungen. Ein solches Geschwür, Wunde odgl. heißt auch *etwas Böses* oder, bes. bei Kindern, *e*[i]*n Bösele*[in] n. – B. positiv: nachteilig, gefährlich, schwierig: schlimm. **1.** bedenklich, gefährlich, was nicht zu scherzen ist. *Des ist e*[ine] *böse Sach*[e]. *Wenn ma*[n] *an nix bös*[e]*s denkt, kommst du darher.* – B. kann auch als verstärkendes Adj. oder Adv. zu andern Wörtern treten, die selbst den Begriff des Übeln, Gefährlichen haben. *Des ist e*[ine] *b. Krank*[h]*e*[i]*t. Er ist b. verhaue*[n] *worden.* – **2.** schwierig. Bei schlechtem Boden *ist's b. laufen.* – II. subjektiv, wie nhd. böse, aufgebracht.

Bosch, Boschen s. *Busch.*

Bosch[e] *bǫš*, flekt. *-e*[n] m., oft Demin. Böschle[in] *bę̆-* n.: ein Stück Jungvieh S.

bosche[n] schw.: rasch laufen; *um*[h]*er b.* umherspringen.

boschig Adj.: unstet, flatterhaft, eilfertig.

Böselein s. *bös I A.*

bose[n] *-ǭ-* S. NW., *-ou-* BAAR, *-ao-* W., *-ǫə-* O.; *baosgə* schw.: **1.** phys.: stoßen. – **2.** übtr. a. *bǫsə* prahlen, aufgeblasen sein. – b. *bǫsə* viel und lang trinken.

bosge[n] *-ou-, bǫətsgə, bǫsgə;* bosgere[n] OSCHW. schw.: eine *Bosget,* Bosheit, einen Streich machen. Meist in harmlosem Sinn, z. B. Kindern gegenüber: *Was hast* [ge]*bosget, daß du so rot wirst?* u. ä. Doch auch von ernsteren Vergehen, doch stets mit dem Nebenbegriff des Schadens, der Strafe, die man sich damit zuzieht. Objekt stets allgemein: *etwas, was, etwas besonders, allerlei* u. ä., nie bestimmt.

Bosget s. *Bosheit.*

Bosheit f.: zwei Formen. **1.** Bosheit, wie nhd. – **2.** Boskeit *bǫsgət, baosgət:* wie nhd. Bosheit. Aber auch milder: mutwilliger Streich udgl., wie *bosgen.*

bosig *bǫəsęg* Adj. Adv.: boshaft, unartig. S. *bosgen.*

Boskeit s. *Bosheit 2.*

bös-maulig Adj.: verleumderisch.

Poss[e], **Boss**[e] *bǫs*, flekt. *-e*[n] m.: Streich, scherzhafter oder böswilliger. – *einem etwas zum Possen tun* um ihn zu ärgern. *Das tut er bloß mir z. P.*

Bossel-arbeit f.: leichte, verschiedenartige Nebenarbeit, zu *bosslen.*

Bossel-bu[be] *-buə* m.: Junge, der den Handlanger, Ausläufer udgl. macht.

Bosse[n] *bǫsə* m.: Schnürstiefel.

bosse[n] s. *bosen* u. *büßen.*

boßle[n] *bǫslə; bǫštlə* und *bęštlə* schw.: kleine Arbeiten tun, ohne sie berufsmäßig gelernt zu haben oder berufsmäßig zu treiben; in mannigfach verschiedener Anwendung: Handlanger bei einem Bauern oder Gewerbsmann, spez. Maurer, sein; den Ausläufer machen; aber auch im Sinn von *bästlen.* S. a. *Bosselarbeit, -bube, Boßler;* vgl. *herumboßlen.*

Boßler *-ǭ-* m.: einer, der Nebenarbeiten verschiedener Art verrichtet (s. *bosslen*).

Postament *bǫštəmęnt* ‿‿´ n.: wie nhd.; bes. Demin. Denkmalsockel.

Poste[n], Pfoste[n] m.: **1.** militärisch. – **2.** Anstellung, aber auch keine höhere; daher gern Demin. *Er hat e*[in] *gut*[e]*s Pöstle*[in].

postiere[n] schw.: auf einen Posten stellen.

postiert Part. von *postieren:* stämmig, von kräftiger *Postur.* Syn. *pfostig.*

Postur *bǫštūr* ‿´ f.: Wuchs, Figur. – Die volle Form ist *Positur.*

Bot (Plur. gleich) n.: **1.** Gebot, Befehl. Hierher gehört noch heute *B. bǫt* in gewissen Verbindungen mit der Bed. „mal": *allbot* alle Augenblicke, *iebot* manchmal, s. *allbot, iebot. Einb., zweib., dreib.* ein, zwei, drei Mal. – **2.** *bǫt:* Angebot, Preis, der für eine Ware geboten wird. Ein ungenügendes *B.* heißt *Unbot, Schandbot. Ein B. auf etwas tun. Erstes, zweites* usw. *B.* bei Versteigerungen. – **3.** *bǫt* und *bǫt:* Partie, Tour im Spiel (Karten, Kegel usw.) – Zu *bieten.*

Bot[e] m.: Bote; Amtsbote, Dienstbote.

Poter s. *Pater.*

Potschamber *bǫtšāmbər* ⌃‿ m.: Nachttopf. Gewählter als *Hafen, Nachtgeschirr,* daher in gebildetem Mund mehr scherzhaft. – Frz. pot de chambre.

Botschel f.: Schwein. Übtr.: Kind, das sich beschmutzt. – Demin. Botschele[in] *baotšəlę* n.: junges Schwein. – S. *Botzel, Butzel.*

Botsche[n] *bǫtšə* Pl.: niedergetretene Pantoffeln, Hausschuhe OSCHW.

Botsch-kapp[e] f.: Lederkappe FRK.

Botte *bǫtĕ* f.: Freistatt bei Fang-, Versteck- u. ä. Spielen, wo man frei ist. S. a. *botten.*

botte[n] schw.: refl. *sich b.,* sich einen freien, ungestörten Platz, eine *Botte* (s. d.) sichern.

Bottich m.: Kufe, Faß.

potz, b o t z Interj.: A. F o r m. Der Genetiv „Gottes", den wir in freiem syntaktischem Gebrauch nicht mehr besitzen, kommt bei uns in formelhafter interjektioneller u. ä. Verwendung unter verschiedenen Lautformen vor: *potz,* gespr. *bǫts; kotz khǫts; hotz hǫts.* – P o t z ist die älteste, aber im Aussterben begriffene oder ganz ausgestorbene Form. – k o t z ist heutzutage die Normalform. – h o t z sozusagen als feinere, weil den Anklang an *kotzen* vermeidende Nebenform zu *k-* ist sehr verbr. – B. G e b r a u c h. Naturgemäß ist die älteste, noch immer vorkommende Verwendung die, daß neben dem Genet. „Gottes" ein dazu passendes Subst. steht, das den Genetiv regiert, teils in unveränderter, teils wie der Genet. selbst in euphemistisch umgewandelter Form. Z. B. *kotz Sakrament,* auch in Umformungen: *Herrgott-, Himmel-, hundert, Grappe*[n]*-, Stern-, Heide*[n]*-, Hölle*[n]*-S.* u. ä.; *kotz Herrgott; H. au*[ch] *no*[ch] *meh*[r]*; kotz Kukuk.* – Weitere Kombinationen sind individuell und gelegentlich möglich. Häufig die mit *ja* und *nein,* wobei *kotz* (hier bes. *hotz)* das plötzliche Sicherinnern bezeichnet: *Wo ist denn mei*[n] *Hut? H. ja, im Kaste*[n] u. ä.

Botzel f., Demin. B o t z e l e[in] n.: Schwein, auch Schimpfwort für eine unreinliche Person. Häufiger *Butzel,* s. d.; vgl. *Botschel.*

botzle[n] schw.: gemeine Arbeit tun.

Prä *brē* n.: in den RAA.: *ein Pr., das Pr. haben, einem ein (das) Pr. geben* u. ä.: den Vorzug haben, geben. – Lat. *prae.*

Brach[e] *brǫχ, -ao-, -au-; brǭə; brǭ (-ao, -au)* OSCHW. f.: **1.** Handlung des *Brachens:* ursprüngl. erstes Pflügen, jetzt überhaupt Arbeit im Brachfeld. – **2.** Zustand eines Feldes, das nicht mit Getreide angepflanzt ist, besonders in der Dreifelderwirtschaft, und, nicht scharf davon zu trennen, die in diesem Zustand befindliche Flur.

brache[n] *brǫχə, -ao-, -au-,* s. *Brache,* schw.: **1.** bei der Dreifelderwirtschaft nach der *Brache* die zur Winterfrucht bestimmten Felder pflügen. Dies geschieht im Juni, s. *Brachet.* Insbesondere bezeichnet da, wo dreimal gepflügt wird, *br.* im Unterschied von *felge*[n] und *(Samen) äre*[n] das erstmalige, flachere Pflügen. – **2.** zweites Behacken der Reben. – **3.** in die Brache bauen.

Brach-esch *-ĕš* m.: der im 3. Jahr brachliegende Teil der Feldmark.

Brachet *-ət* m.: **1.** Arbeit des *Brachens.* – **2.** Zeit dieser Arbeit. In der Bedeutung zusammenfallend und im Gebrauch abwechselnd mit B r a c h m o n a t, Monat Juni. – **3.** = *Brache, Brachfeld.*

Brach-feld n.: = *Brach-acker,* Acker, der in der *Brache* liegt, *-esch.*

Brach-flur f.: = *Brache.* Die Fluren sind: *Winterflur, Sommerflur, Brachflur.*

Brach-quatt, Plur. e[n] *brǭchkwăt,* -quattle[in], -wattle m.: Engerling.

prachte[n] schw.: groß tun, prahlen. – P r a c h t e r m.: Großtuer. Syn. *Prachtierer, Prachthans.*

Pracht-hans m.: prunkhaft tuender Mensch; Syn. *Prachter, Prachtierer.*

prachtiere[n] *-ă-* ◡◝◡ schw.: groß tun.

prächtle[n] *-ę̄-* schw.: groß tun.

Brach-zelg[e] f.: = *Brachfeld, -esch.*

Brack[e] *brăk,* flekt. -e[n] m.: Rüde, Spürhund; Demin. B r ä c k l e[in] *-ĕ̆-* n.

bracke[n] I *brăgə,* Part. *-ət* schw.: nach der Qualität auslesen, das Gute vom Schlechten sondern.

bracke[n] II *brăgə* schw.: verhärten, eine Kruste bekommen, z. B. vom Brot OSCHW. – **bracket** Adj.: **1.** ausgetrocknet, spröde, vom Brot. – **2.** leicht gefroren, vom Boden.

Brack-schaf n.: *gebracktes,* als gering ausgeschossenes und zum Schlachten bestimmtes Schaf.

Brack-war[e], B r a c k e[n] - w a r[e] f.: Ausschuß, Gesindel.

b r a f f l e n, b r ä f f l e n s. *berafflen.*

brägle[n] *-ę̄-, -eə-, -ę̄-* FRK. schw.: **1.** im Schmalz backen, schwach rösten; z. B. Würste, schon gekochtes Fleisch, bes. aber Spatzen, Knöpflein, Kartoffeln, Nudeln u. ä. – Dazu Part. [Ge]*brägelt* n.: Gebratenes. – **2.** umständlich reden, bes. unaufhörlich tadeln oder betteln. – B r ä g l e r m.: umständlich redender, langweiliger Mensch.

b r a i g e n s. *bräugen.*

b r a i n s e l e n s. *bränselen;* b r a i n s e n s. unter *Braunsel.*

Brall, Plur. B r ä l l[e] *-ă-, -ę̆-; -ā-, -ę̆-* m.: lauter, durchdringender Schrei, z. B. eines Sterbenden. *'n Br. tu*[n]*, 'naustu*[n]*, lau*[n]*.* – S. *brallen.*

bralle[n] *-ă-;* b r ä l l e[n] - *ę̆-* schw.: einen *Brall* tun, laut schreien, bes. von Kindern.

b r a m e n usw. s. *beramen.*

Brand *brănd, brăd;* Pl. B r ä n d[e] *-ę̆n-,* s. *-ę̆n-* m.; Demin. B r ä n d l e[in] n.: **1.** brennendes Stück Holz. – **2.** das Anzünden, Verbrennen einer Sache. – **3.** das Brennen von Gegenständen, die durch Feuer hergestellt werden. *Br.* von einem auf einmal gebrannten Quantum, z. B. beim Ziegler oder Hafner. – **4.** Krankheitsname. – a. am Menschen und Vieh bez. *Br.* mehrere Krankheiten mit hoher Fieberhitze, Entzündung u. ä. – b. durch Pilze entstehende Krankheit am Getreide. – **5.** höherer Grad von Betrunkenheit, auch gerne im Demin. – **6.** etwas Schweres, Schlimmes; in der RA. *Das ist ein Br.:* höchst anstrengende Arbeit; drückende Last.

Brand-blater f.: Blase, die durch *Brand* entstanden ist.

Bränd(e)le[in], B r ä n d e l (e r) m.: **1.** Pflanzengattung Hohlzahn, Galeopsis L. – **2.** Wiesen-Salbei, Salvia pratensis L.

brändele[n] *brẹ̆ndǝlǝ, brẹ̆d-; brēādǝlǝ, brẹ̆ndle, brẹ̆dlǝ;* b r a n d l e[n] schw.: **1.** nach Brand, Rauch riechen oder schmecken. Häufig impers.: *Da brändelet's,* z. B. wenn es riecht, als ob ein Brand entstehen wollte. Die Suppe, der Ofen, ein versengtes Kleid udgl. *brändelet.* – **2.** übtr.: *Da brändelets ists nicht in der Ordnung,* verdächtig. – b r ä n d e l i g, -l e c h t Adj.: nach Brand riechend, schmeckend.

brandig Adj.: was den *Brand (4 a. b.)* hat, von Menschen, Tieren, Getreide.

Brand-lappe[n] m.: zum Auflegen bei Brandwunden die Blätter von **1.** Huflattich, Tussilago farfara L. – **2.** Gewöhnliche Pestwurz, Petasites hybridus (L.) G., M., Sch.

b r ä n d l e n, -l i g usw. s. *brändelen.*

brand-mager Adj.: sehr mager.

Brand-mas[e] *-mǭs,* flekt. -e[n] f.: Brandfleck. – b r a n d - m a s i g Adj.: brandfleckig.

Brand-salb[e] f., -s ä l b l e[in] n.: Salbe gegen den Brand.

brä[n]**sele**[n] *brẹ̆sǝlǝ, brẹ̆sǝlǝ, brāēsǝlǝ, brāēslǝ* schw.: = *brändelen* **1.** verbrannt oder angebrannt riechen oder schmecken. Auch = *bockelen,* von eigentümlich brenzlichem, schwefligem Geschmack des Weins. – b r ä[n]s e l i c h t -aē- Adj.: von solchem Wein. – **2.** nicht in der Ordnung sein.

bränzele[n] *brẹ̆tsǝlǝ, brẹ̆ntsǝlǝ, brẹ̆ntslǝ* schw.: = *bränselen,* verbrannt, angebrannt riechen oder schmecken; auch vom Wein = *bockelen.* – b r ä n z e l i g (-l i c h) Adj.: so schmeckend.

b r a s c h g e n, b r a s c h (g) l e n s. *brasten.*

b r ä s c h g e n s. *bresten.*

p r a s s l e n s. *brasten, bratzlen.*

Brast *brāšt,* NO. *-ā-* m.: unordentliche, verwirrende Menge von Menschen, Geschäften, Sachen. Spezieller: **1.** Hochmut, stolzes, geräuschvolles Auftreten. – **2.** was drückt. a. große, widerwärtige Mühe. *Sich einen Br. aufladen.* – b. Beklemmung, Sorge, Verlegenheit. *'s ist e*[in] *Br. 's ist mir e*[in] *Br. vom Hals. I*[ch] *bi*[n] *im Br.* – c. Aufregung, bes. Zorn, namentl. mühsam verhaltener.

braste[n] *-āšt-,* b r a s t l e[n] *-āštl-,* b r a s c h l e[n] *-ašl-,* b r ä s c h l e[n], b r ä s t e l e[n] *-ẹ̆štǝ-; brāštǝrǝ, brāšgǝ, brāšglǝ* schw.: prasseln, krachen, knistern, vom Feuer, brechendem Holz, starkem Regen u. ä.

prästiere[n] *brẹ̆štiǝrǝ* ◡◠◡ schw.: einer Sache gewachsen sein, sie aushalten können. Mitunter noch positiv: *Der kann viel (etwas) pr.* im Essen und Trinken, überh. in phys. Leistungen. Häufiger aber negativ: man kann etwas *nicht pr., es ist nicht, fast nimmer zum pr. Des kann i*[ch] *als armer Ma*[nn] *nimme*[r] *pr.* bezahlen.

Brästling m.: Gartenerdbeere, Fragaria x ananassa Duch. Übtr. unförmige, große rote Nase.

Brät *brẹ̆t* n.: gehacktes, zerschlagenes Fleisch, aus dem man Würste macht, Wurstfleisch, Wurstfülle.

brätele[n] *brẹ̆dǝlǝ* schw.: **1.** trans. gelinde braten; Syn. *bräglen.* Kartoffeln *br.* in Wasser mit Fett rösten. – **2.** intr. nach Braten riechen.

brate[n] *brǭdǝ; -au-* BAAR, *-ao-* O.: **1.** trans.: a. braten, wie nhd. – b. rösten, z. B. Nudeln, Spatzen. – **2.** intr., wie nhd. Bei großer Hitze *bratet* man.

Brate[n]**s** *brǭdǝs,* südlicher *brǫdis, -ẹs* n. und m.: Gebratenes.

Brat(e[n]**s)-kachel** f.: Bratkachel.

Brat(e[n]**s)-kar**, B r ä t l e[in]s-k a r *brǭdkhār, brǫdiskhār, brẹ̆dliskhār* n.: Schüssel zum Braten.

brätig Adj.: fleischig (opp. speckig).

bratle[n] *-ǭ-,* b r ä t l e[n] *-ẹ̆-* schw.: **1.** von dem Geräusch, welches entsteht, wenn eine Speise am Feuer siedet, besonders vom Schmalz, in dem ein Braten ist. – **2.** wenig, aber Schmackhaftes anbraten.

Bratz[e], Pl. -e[n] f.: Tatze, Pfote; spöttisch von großen, ungefügen Händen. Syn. *Pfate, Pflate, Tape.*

B r a t z e l, B r ä t z e l s. *Bretze.*

bratzle[n] *-ātsl-, -ā-,* b r ä t z e l e[n] *-ẹ̆-* schw.: prasseln vom Feuer, siedendem Schmalz udgl.; bes. aber von Regen oder Hagel, noch mehr vom dichten, geräuschvollen Niederfallen des Obstes. *Unter dem Baum liegts* b r a t z l e t - v o l l *mit Äpfeln* u. ä. – P r a t z l e r m.: kurzer, starker Regen. – S. a. *brasten, brotzlen.*

bräuge[n] *-ae-* schw.: schreien, heulen, brüllen, bes. beim Weinen. Auch vom Rindvieh. – B r ä u g e r m.: Heuler, Lärmer.

b r a u m e n usw. s. *beramen.*

Bräune *-ẹ̆* f.: **1.** das Braunsein. *Er hat eine gesunde Br. im Gesicht* o. ä. – **2.** Name verschiedener Halskrankheiten, bes. Angina und Diphtherie.

brau[n]**-lecht** *brāȯlẹ̆χt* Adj.: bräunlich.

Brau[n]**sel** *brāȯsl* f.: Bach und Quelle. – b r ä u[n]s e[n] *brāȯsǝ* schw.: zischen, wie wenn Wasser auf glühendes Eisen fällt oder Teig in das heiße Schmalz geworfen wird. Syn. *pfuchzen, pfuzgen.*

B r a u s c h t s. *Brunst.*

Braut-fuder *-uǝ-* n.: Aussteuer der Braut, die auf dem Brautwagen einige Tage vor der Hochzeit in das Haus des Bräutigams gebracht wurde.

Braut-fürer m.: Männer, die bei der Hochzeit Begleiter des Brautpaars sind.

bräutle[n] schw.: eine Fastnachtsbelustigung, bei der die Männer, die im verflossenen Jahr geheiratet haben, auf Stangen reitend durch den Ort getragen werden (Sigmaringen).

Braut-leut[e] Pl.: = Brautpaar.

Braut-stat m.: Festkleidung und Putz der Braut.

brav $br\bar{a}f$ (FRK. $-\bar{\varrho}$-), Kompar. brä ver $br\bar{e}f\partial r$, Superl. $br\underset{.}{e}f\check{s}t$, daneben $br\underset{.}{e}b\check{s}t$, $br\underset{.}{e}\check{s}t$ Adj. Adv.: **1.** A d j. a. von Personen. Urspr. tüchtig, brauchbar. – b. von Sachen: gut, angenehm, passend, was gute Dienste tut. – **2.** A d v. a. eig. Adv.: tüchtig, brav, stets betont. Hast dei[n] Sach br. g^emacht u. ä. – b. nur steigernd: viel, tüchtig, stets unbetont. Gibts br. aus? z. B. beim Ernten. – c. als Partikel die Wirklichkeit einer Tatsache hervorhebend, wenn dieselbe unwahrscheinlich war oder bestritten wurde; bald betont, bald unbetont. Ich hab's ihm br. g^esagt (tonlos): er hat es nicht getan, und ich hatte es ihm doch gesagt. Ich hab's br. nicht g^etan (eb.) tonlos: notabene, daß du's weißt, ich usw.; betont: ich hab's nicht getan, obgleich es mir befohlen war.

Bräve $br\underset{.}{e}fe$; $br\underset{.}{e}fn\underset{.}{e}$ f.: Bravheit, in den versch. Bedd. von brav.

breadelen, bred(e)len s. brändelen.

Predig $-\underset{.}{e}$-, S. u. FRK. $-\underset{.}{e}$-; -ik (-ek) S. O.; $-i\chi$ (-e) N. W., $-\underset{.}{e}\eta$ RIES; Pl. - e[n] f.: Predigt; im eig. Sinn wie in dem übtr. einer langen, unnützen Rede. – predige[n] schw.: wie nhd., eig. und uneig.

Bredull $br\underset{.}{e}d\ddot{u}l$ ⌣⸌ f., nur Sing.: Verlegenheit, Patsche. In d[ie] Br. komme[n], in der Br. sei[n]. – Anm.: frz. bredouille.

brege[n] $br\underset{.}{e}g\partial$ schw.: laut schreien, brüllen. – Brö ger m.: Heuler, Schreier.

breglen s. bräglen.

Brei-gosch[e] f.: **1.** Mensch, der undeutlich redet. – **2.** Mensch, der gern Brei ißt. Vgl. Breimaul.

Brei-maul n.: **1.** Mensch, der undeutlich redet; Syn. Brei-gosch[e] 1. – brei-maulen schw.: undeutlich reden. – **2.** Mensch, der nur leichte, leckere Sachen zu essen gewohnt ist.

Breis $-\partial i$-, s. $-\bar{i}$-, RIES $-ae$-, Pl. gleich (m.) n.; Breisle[in] Demin. n.: der Schlußsaum am Kleidern, wo sie geschlossen werden. So oben am Hemd (Hemedbreis) sowohl am Hals als am Handgelenk; an der Hose (Hosenbreis) = Bund, der obere Rand; am Schurz oben (Schurzbreis). Bes. häufig Demin.

breit Adj.: breit, wie nhd. Verstärkt krotenbreit. Den breiten Weg der Breite nach; opp. den langen Weg der Länge nach.

breitlecht Adj.: ein wenig breit.

breit-maulet Adj.: breitmäulig.

brelle[n] $-\underset{.}{e}$-; $-\underset{.}{e}$- schw.: brüllen. Vom Brüllen des Rindviehs (auch etwa vom Heulen des Hunds); daher br. wie ein Ochs, Hagen. Von Menschen: unanständig laut weinen, im Schmerz oder Zorn, bes. bei Kindern. – Breller m.: **1.** a.

Mensch, der gern brellet; Fem. Brelleri[n]. – b. unterirdisches Wasser, das zu Zeiten brellet. – **2.** einmaliges Brellen.

Brell-ochs m.: Mensch, der wie ein Ochs brüllt.

Brem[e] $br\bar{e}\bar{a}m$ (ALLG. auch $-\bar{i}\bar{a}$-), $br\bar{e}m$ m. ALLG., sonst f.: Bremse, Schmeißfliege, bes. Pferdebremse. – Anm.: Mhd. breme m. Zu brimmen brummen, summen. Die Gebildetenspr. hat Brems[e].

Brenke s. Brente.

Brenn-ber[e] f.: Brombeere.

brennig, brinnig Ad.: brennend. Übtr. hitzig, jähzornig.

brennt Part. v. brennen: brennte Supp[e] Einbrennsuppe.

brenntselen s. bränzelen.

Brent[e] $br\underset{.}{e}nd$, $br\bar{e}\bar{a}(n)d$, Brenk[e] $br\underset{.}{e}\eta g$, $br\bar{e}\bar{a}(\eta)g$, flekt. - e[n] f.; häufig Demin. -le[in] n.: hölzernes (ausnahmsw. metallenes) mehr flaches als tiefes, oben offenes Geschirr zu versch. Zwecken. Öfters wird ovale Form hervorgehoben.

brenzelen s. bränzelen.

breschgen s. bresten.

Preschling s. Brästling.

breselen s. bränselen.

pressant $br\underset{.}{e}s\bar{a}nt$ ⌣⸌ Adj.: dringend, eilig, von Sachen. Des ist net so pr. S. pressieren.

Presser $-\underset{.}{e}$- m.: Eintreiber von Steuerrückständen. Daher 'na[n]stau[n] wie e[in] (wie der) Pr. von einem, der nicht wegzutreiben ist.

pressiere[n] $br\underset{.}{e}si\partial r\partial$ ⌣⸌⌣ schw.: intr., mit haben: eilen, drängen. **1.** mit pers. Subj. Er hat fürchtig g^epressiert. Pressier[e] doch net so! – **2.** mit sachl. Subj. Die Arbeit pressiert. Besonders unpers.: Es pr-t. Mit näherer Angabe: Es pr-t ihm auf de[n] Zug. Da pressierts hinten und vorne überall. Es pr-t mir auf de[n] Abtritt, häufig bloß Es pr-t mir. Pressiert's so? wenn ein anderer eilt. Es pr-t langsam scherzh., es hat keine Eile; bald positiv gemeint, bald iron.: Da pr-t's l., wo es rasch gehen sollte. – Pressiererei f.: eiliges Drängen. – S. a. pressant.

Preß-kopf m.: billige Speise aus Fleischabfällen in Gallert. Vgl. Preßmagen, -wurst.

Preß-mage[n] m.: Preßwurst in Schweinsmagen. Abends ißt man e[in] Brot und Pr., oder Preß-sack.

Preßsack s. unter Preßmagen.

Preß-wurst f.: eine Art Wurst. Rote Pr., jetzt mehr Schinkenwurst genannt. Weiße Pr., auch bloß Pr., mit gallertigem Füllsel weißlich-grauer Farbe in Schweinsdarm. In Schweinsmagen gefüllt heißt sie Preßmagen, ohne Haut Preßkopf.

breste[n], breschge[n] $-\underset{.}{e}$-, $-e\partial$- schw.: **1.** Leiden, Schmerzen haben. – **2.** einen br. unaufhörlich in ihn dringen. – Brest(e[n]) m.: **1.** Mangel. – **2.** Gebrechen, körperlicher Mangel. – Breschger m.: **1.** pers.: Dränger, Quälgeist. – **2.** sachl.,

= *Bresten,* (verborgenes) Gebrechen. – b r e s t -
h a f t Adj.: gebrechlich, wie nhd.
b r e s t h a f t s. *bresten.*
P r e s t l i n g s. *Brästling.*
bretts-dürr Adj.: dürr wie ein Brett.
Bretzᵉ, Pl. -eⁿ *brệts* Frk., *brệtsg (-ẹə-, -ə-),*
brẹ(ə)tsgət, brệks, brẹ(ə)-gəts, brệ(ə)tsət f.:
Bretzel, das bekannte gewundene Backwerk. –
Anm.: Schon ahd. mehrere Formen, *brezita,*
brezitella, mhd. *bretze(l).*
bretzeⁿ**-dürr** Adj.: so dürr wie eine Bretzel, sehr
dürr.
Bretzeⁿ**-markt** m.: **1.** früher: Markt am Palmsonn-
tag. – **2.** fruchtloses Hin- und Herreden, unnöti-
ges Geschrei.
b r i c h t e n s. *berichten.*
B r i c k e l s. *Bröckel.*
Brief-kuwert *-khuwẹrt* ᵕ⸍ n.: Briefumschlag, noch
jetzt neben einf. K. das gew. Wort.
briegeⁿ *briəgə,* s. *-k-; -ēā-* schw.: **1.** weinen; und
zwar ein lautes Weinen von mäßiger Stärke. – **2.**
-iə-, -ēā-: faul arbeiten. – B r i e g e r m.: **1.** Heu-
ler. – **2.** *-iə-* Mensch, der viele Umstände macht;
-ēā- Faullenzer. – B r i e g f.: weinerliches Weib
Sww. – b r i e g e l i c h *-lẹk* Adj.: weinerlich, zum
Weinen.
b r i e l e n s. *brülen.*
B r i e s l e i n s. *Brüslein.*
Briester *briəštər* m.: = *Biest,* erste Milch einer Kuh
nach dem Kalben; oder eine daraus durch Ko-
chen mit oder ohne Zusatz bereitete käs-, brei-
oder kuchenartige Speise, woneben dann die
erste Milch selbst deutlicher B r i e s t e r m i l c h f.
heißt. – Anm.: Aus *Biest* entstellt, sicher Anleh-
nung an *Priester,* weil die Speise als Delikatesse
gilt.
B r i e z s. *Brüts.*
b r i n n i g s. *brennig.*
brimmeⁿ *-ệ-* schw.: von den Schweinen, brünstig
sein.
b r i n s e l e n s. *bränselen.*
B r i s s. *Breis.*
Pris *brīs* m.: Prise. Bei uns nur von der Pr.
Schnupftabak: was auf einmal mit den Fingern
gefaßt und zur Nase geführt wird.
brischleⁿ schw.: leise reden Frk.
priseⁿ *brīsə* schw.: **1.** einen *Pris* nehmen. – **2.** in der
Verb. *Pris miᶜʰ; Der kaⁿⁿ miᶜʰ pr.* im Arsch
lecken.
B r i s l e i n s. *Brüslein.*
b r i s l e n s. *blislen, brischlen.*
Pritschᵉ *brĭtš,* auch *-ī-,* flekt. -eⁿ f.: etwas Brettarti-
ges. **1.** hartes, nur aus Brettern oder wenig mehr
bestehendes Lager. – **2.** Ladefläche auf Last-
kraftwagen, wie nhd. **3.** hölzernes Werkzeug
zum Schlagen, vgl. *pritschen.* Brett mit Handha-
be zum Festschlagen des Mistes, Sandes, des
Scheunen-, Kegelbahn-Bodens udgl. – **4.** Ge-

schlechtsteil weiblicher Haustiere. Auf Men-
schen übtr.: Schlechtes Weibsbild. Vgl. *Fotz.*
pritscheⁿ schw.: schlagen. **1.** mit der *Pritsche 3.* den
Mist, Sand, den Lehmboden der Tenne, Kegel-
bahn odgl. festschlagen. – **2.** Nußbäume oder
Nüsse *pr.,* die Nüsse von den Bäumen herunter-
schlagen. – **3.** einen Menschen schlagen.
Pritscheⁿ**-wage**ⁿ m.: Lastwagen mit breitem Bret-
terboden, auf der Seite senkrechten Brettern
statt der Leitern, wie ihn Güterbeförderer udgl.
gebrauchten.
Britt n.: Brett.
probiereⁿ *brŏbiərə,* Frk. *-w-* ᵕ⸍ᵕ, *-wiərn* ᵕ⸍
schw.: versuchen; dafür allgem. und das einzige
gew. Wort, da *versuchen* in der MA nur vom
Kosten von Speisen und Getränken gebraucht
ist.
pröbleⁿ schw.: kleine Versuche mit etwas machen.
B r o c h s. *Brache.*
Bröckel *-ẹ̆-* N., B r o c k e l *-ŏ̆-,* B r i c k e l *-ĭ̆-;* Pl.
gleich, m.; Demin. B r ö c k e l e ⁱⁿ, B r i- n.: =
Brocken. Doch stets nur in der Bed. des großen
oder (Demin.) kleinen Stücks, nicht in der be-
sonderer Speisen wie *Brocken.* – Demin. – Br.
(Pl.) *lacheⁿ* sich erbrechen. – *Eⁱⁿ Br.* ein biß-
chen. – b r ö c k e l eⁱⁿs-w e i sᵉ Adv.: bröckel-
chenweise, Stück für Stück.
Brockeleⁱⁿ Pl.: = *Brockelerbsen.*
Brockel-erbsᵉ, Pl. -eⁿ f.: Erbse, die grün *gebrok-*
kelt wird; Syn. *Brockelein.*
Brockeⁿ *brŏgə,* s. *-k-,* Pl. gleich, m.: abgebroche-
nes kompaktes Stück; Syn. *Bröckel, Mockel.*
Speziell: **1.** Brocken Brot odgl. zum Essen. – *Br.*
(Plur.) bez. auch besondere Gerichte, z.B. *Bai-*
rische Br. Brotwürfel mit Ei in Schmalz geröstet
Allg. – **2.** übtr. *Des ist eⁱⁿ harter Br.* eine harte Nuß.
Verschlucken oder Verdauen) eine harte Nuß.
brockeⁿ *brŏgə,* s. *-k-* schw.: **1.** abbrechen, pflük-
ken, von allerlei Früchten, Obst, Beeren, auch
Blumen. – **2.** Brot odgl. *br.* in Brocken brechen,
um es in eine Brühe zu tun. – **3.** Überh. etwas
Festes in eine Flüssigkeit tun, um es in dieser zu
genießen.
Bröckleⁱⁿ, B r o c k l e ⁱⁿ n.: Demin. zu *Brocken.*
brockleⁿ *brŏglə* schw.: **1.** = *brocken 1,* Obst,
Früchte aller Art pflücken. – **2.** = *brocken 2.* – **3.**
intr.: herabfallen, vom Obst. Deutlicher *herab*
br.
brocklich Adj.: leicht zu zerbröckeln.
Brödeler m.: Heil-Ziest, Stachys officinalis (L.)
Trev.
b r o d l e n s. *brudlen.*
brogleⁿ *-ŏ̆-,* SW. *-ŏ̆-; -ệ-* schw.: intr. mit haben und
refl. *sich br.,* prahlen, großtun.
Prolet *brŏlệt* ᵕ⸍, flekt. -eⁿ m.: Rüpel. – Anm.:
Kürzung aus *Proletarier.*
proleteⁿ ᵕ⸍ᵕ schw.: sich rüpelhaft benehmen,
lautstark schreien.

bröllen s. *brellen.*

bromen usw. s. *beramen.*

bromm-, Bromm- s. *brumm-, Brumm-.*

bronzen s. *brunzen.*

proper *brǫbər,* s. *-pr* Adj. (Adv.); Steigerung mit Umlaut *-ĕ-:* sauber reinlich. Meist aber = schön, prächtig, köstlich; nur von Dingen, deren Beschaffenheit menschlicher Tätigkeit entstammt: Kleidung *(Du bist e^{in}mal pr. a^{nge}zoge^n),* Haus, auch Essen. Gerne mit dem Nebenbegriff des Reichen, Luxuriösen. Auch gerne spöttisch: *Des ist was Pr-s* Sauberes.

Propf *-ǫ-;* Pl. Pröpf^e *-ĕ-,* Pröpfer m.: Pfropf, (Kork-)Stöpsel einer Flasche. – propfe^n schw.: **1.** eine Flasche zustöpseln. – **2.** Bäume durch Propfung veredeln. – Propfer, Pl. gleich, m.: **1.** = *Propf.* – **2.** = *Propfzweig.* – Propf-zweig m.: Pfropfreis. – Propf(e^n)-zieher m.: Korkzieher.

Brosam^e *brǫsəm, -ǫə-, -ao-* Mitte und W., *-ǫ-, -ǭ-* NW., Pl. *-ame^n;* Brosel *-ao-, -oa-* f.: **1.** Brotkrume, wie nhd. – **2.** anderes fein Zerbröckeltes, z. B. Abfall von Holz, Torf udgl. – Demin. Brösamle^{in} *-ĕ-, -ęə-, -ao-, -ĕ-,* häufiger Brösele^{in} *-ǫlę;* Brosele^{in} n.: **1.** wie *Br.* selbst; von Brot, deutlicher *Brotbr.,* oder anderem: *e^{in} Br. Mehl, Bode^n, Tabak* o. ä. – **2.** meist = *Bißlein B,* ganz wenig von etwas, ein bißchen. Von physischen Gegenständen: *e^{in} Br. Mehl, Fleisch, Wasser. Du mußt au^{ch} e^{in} Br. esse^n.* Aber auch von Nicht-greifbarem: *Es hat nu^r e^{in} Br. g^{e}fehlt.* Auch adv.: *Wart^e e^{in} (klei^{ne}s) Br. Mach e^{in} Br. 's Fenster auf.* Bes. neg.: *net e^{in} Br.,* noch mehr *kei^n Br. I^{ch} hau^n kei^n Br. Brot (Schmalz) im Haus;* übh. *I^{ch} hau^n k. Br.* habe nichts. Verstärkt: *e^{in} gotzig^{e}s, munzig^{e}s Br.*

brosame^n *braosəmə,* auch brose^n *braosə* schw.: = *bröselen,* zerbröckeln.

brosamig Adj.: leicht zerbröckelnd.

Brose *brǫsę, -i* m.: **1.** der männliche Vorname *Ambrosius.* Am Br.-Tag, 4. Apr., müssen die Schäfer fort. – **2.** appell.: dicker Mensch, mit dem Nebenbegriff der Wohlbehäbigkeit, aber auch der Unbeholfenheit.

Brosel s. *Brosame* und s. *Brose.*

brösele^n, brösle^n, brosle^n schw.: Brosamen machen, zerbröckeln. – broselig, bröselig Adj.: bröckelig.

brosen s. *brosamen.*

prosit *brǫsit,* in energischerem Ton prost *brǫst,* auch *brǫšt* Interj.: Zuruf = wohl bekomm's.

broslen, bröslen s. *bröselen.*

Brostel, Bröstel s. *Brästling.*

broten s. *braten.*

Brot-hang^e, Brot-hängel f.: an der Kellerdecke aufgehängtes Brett z. Aufbewahren des Brotes.

Brötle^{in} *brēdlę* n.: süßes Kleingebäck für Weihnachten. Syn. *Gutsle^{in}, Ausstecherle^{in}.*

brotzle^n *-ǫ-; -ǭ-;* brutzle^n *-ŭ-* schw.: intr., mit haben. **1.** von dem Ton des Siedens, bes. siedenden Fetts: *Der Braten brotzlet* u. ä. – **2.** allerlei kleine, gute Gerichte zubereiten (wozu für die Bäurin bes. Schmalzspeisen gehören). – **3.** murren, zanken. – **4.** *brotzelt voll* = *bratzlet voll.*

brrr Interj.: halt!, beim Kutschieren mit Pferden.

Bruch *-uə* f.: sumpfige Niederung; zieml. = dem häufigeren *Brül.*

Bruck^e *-ŭ-,* Pl. *-e^n* f.; Demin. Brückle^{in} *-ĭ-* n.: Brücke über einen Fluß, Graben u. ä., soweit sie befahrbar ist; sonst heißt sie *Steg.*

Brudel-haf^{en} *-ŭ-* m.: = *Brudler,* mürrischer Brummer. S. a. *Brudelhans, -mus, -suppe.*

Brudel-hans m.: = mürrischer, schimpfender Mensch.

brud(e)lig (-lich) Adj.: zu mürrischem Reden, *brudlen 2 d.* geneigt.

Brudel-mus *-muəs* n.: = *Brudler,* wer mürrisch in den Bart spricht. S. a. *Brudel-hafen, -hans, -suppe.*

Brudel-supp^e f.: dummes Geschwätz. Mürrischer Mensch. – Vgl. *Brudelmus, -hafen, -hans.*

brudle^n *-ŭ-,* auch brodle^n *-ǫ-* schw.: **1.** intr., mit haben: aufwallen, von siedendem oder sonst emporbewegtem Wasser; brodeln, sprudeln. – **2.** vom Menschen. a. *-u-* brauen. – b. *-u-* öfters kleine Wäsche halten, dann auch unpünktlich waschen. – c. *-ŭ-, -u-* undeutlich reden. – d. widerwärtig brummen, murren, sprudeln, seine Unzufriedenheit halblaut zu verstehen geben; und zwar wohl immer *-ŭ-,* Nebenform *-ǫ-.*

Brudler m.: **1.** zu *brudlen 2 a.:* Sieder. – **2.** zu *brudlen 2 c.:* Stotterer. – **3.** zu *brudlen 2 d.:* Brummer, Schimpfer.

brudlig s. *brudelig.*

Brüe *briə, briə; brī* äußerster NW., *briəi, brəi, briəiə;* Pl. Brüe^n *briə, briəjə, briəiə* f.; Demin. Brüle^{in} n.: Brühe. **1.** an Speisen: Soße, Flüssigkeit, mit der ein Gericht angemacht ist, opp. *Brocken.* Demin. *Brüle^{in}* n.: gute Fleischbrühe; auch Seifenlauge. – **2.** Kaffee, bezw. was der gemeine Mann so nennt, auch wohl mit dem Begr. des schlechten K. – **3.** Urin Sww. Jauche. Überh. Kot, Patsche.

brüe^n *briə; briəwə, brəiə* schw.: brühen, mit heißem Wasser übergießen. Die Wäsche, der Häkkerling *(Brüts)* wird *gebrüht,* Syn. *anbr.;* das Faß, Syn. *ausbr.* Geschlachtete Schweine werden *gebrüht, abgebrüht,* damit die Haare losgehen.

Prügel-holz n.: Holz in Prügelform.

Brühe s. *Brüe.*

brühen s. *brüen.*

Brül m.: gute, fette bis sumpfige Wiesen, Wässerwiesen u. ä., öfters von nicht unbedeutender Ausdehnung. Einer der allerhäufigsten und verbreitetsten Ortsnamen.

brüle[n] Ausspr. s. *Brüe* schw.: Jauche auf Wiesen und Felder verteilen.

Brummel f.: **1.** Hummel. S. *Brummler, Brummhummeler.* – **2.** tief dröhnende Pfeife aus Baumrinde.

brumme[n] *-ǫm-*, FRK u. S. *-ŭ-* schw.: **1.** phys., wie nhd. von dumpf rollenden Tönen bei Tieren, Menschen oder Dingen. – **2.** übtr. a. *einem br.* eine Schuld von ihm fordern. – b. *br., br. müssen* im Arrest sein.

Brumm-hummeler, B r u m m - h u m m e l , B r u m m e l - h u m m e l , B r u m s - h u m m e l m.: = *Brummler.* **1.** Hummel. S. a. *Brummel.* – **2.** brummiger Mensch.

brummig, b r u m m l i g Adj.: mürrisch.

brummle[n] *-ǫm-*, FRK. u. S. *-ŭm-* schw.: = *brummen,* doch nur phys. = *br. 1,* dafür aber häufiger als jenes. Vom dumpfen Brüllen des Stiers, Knurren des Hunds, Rollen des entfernten Donners. Bes. aber vom Menschen: dumpf, unverständlich murren, namentl. in der Unzufriedenheit; Syn. *brudeln 2 c. d. Br. wie ein Bär.*

Brummler, auch B r u m m e l e r m.: **1.** Hummel. S. a. *Brummel, Brummhummeler.* – **2.** brummiger Mensch, bes. *alter Br.* – **3.** einmaliges Brummen.

Brunne[n]**-peterle**[in]: Aufrechter Merk, Sium erectum Huds.

Bru[n]**st** *brǭst, brŭ̄št (brūšt), bruŋšt, brāŋšt, brāǭšt;* Pl. Br u[n]st[e] f.: Brunst, der Zustand des Brennens. **1.** phys.: Feuersbrunst. – **2.** übtr. a. geschlechtliche Erregung bei Tier und Mensch. – b. Erregung des Zorns o. a. Leidenschaften.

brü[n]**stele**[n] *brāĕštǝlǝ,* selten br u[n]stelen *brāǭ-* schw.: **1.** nach Brand riechen, wie *brändelen, bränselen, bränzelen.* – **2.** *es br-et* stinkt, steht schlecht; wie *brändelen 2.* – br ü[n]stig Adj. Adv.: brünstig.

Brunz *brǭts,* sonst wie *brunzen* m.: Urin.

brunze[n] *brǭntsǝ; -ŭn-* FRK. u. S., *brāǭtsǝ, -ǎn-* schw.: urinieren. Allgem. das gew. Wort; derber *seichen,* feiner *bisen II, biselen, wässeren, das Wasser abschlagen,* mehr bei Gebildeten *schiffen.*

Brunzer m.: **1.** einer, der brunzt. – **2.** bes. Demin. *-le*[in] n.: Penis; bes. Kindersprache.

Brunzet f.: Tätigkeit des Brunzens. Syn. *Seiche.*

Brunz-hafe[n] m., bes. Demin. - h ä f e l e[in] n.: Nachttopf. – B r u n z - k a c h e l f.: dass.

b r u p f e n s. *berupfen.*

Brüsle[in], B r ü s e l e[in] *-ī-* n.: **1.** Teig aus Mehl und Ei, der auf dem Reibeisen zerrieben ist, auch *Ribele*[in]. Dazu B r ü s e l - s u p p[e] *-ī-.* – **2.** Thymus, Halsdrüse des Kalbs; auch Bratklößchen daraus.

Brust-tuch *-duǝχ, -duǝ;* auch Demin. - t ü c h l e[in] *-iǝ-* n.: Weste des Bauern. – Übtr.: *ein gutes, sauberes, schlechtes Br. haben; sauber, nicht sauber (gut) unterm Br. sein* ein gutes, schlechtes Gewissen haben.

Brutel *bruǝdl* f.: Bruthenne RIES.

brute[n] *-uǝ-,* b r ü t e[n] *-iǝ-* schw.: brüten. **1.** eig., von Vögeln. – **2.** übtr. a. *etwas br.* eine Krankheit in sich tragen. – b. *über etwas br.* nachsinnen.

Bruteri[n], B r ü t e r i[n], Pl. - e r n e[n] f.: brütende Henne, Gans usw., opp. *Legerin.* Syn. *Brutel.*

Brüts *briǝts; briǝt, briǝtsk, briǝks* n.: Kurzfutter und zwar teils die Abfall beim Dreschen oder beim Putzen des Getreides, teils der im *Brütsstul geschnittene* aus Heu (Emd) und Stroh gemischte Häckerling. – B r ü t s - k ü b e l m.: in dem das *Br.* gebrüht wird. Übtr. verwahrloster Grobian. – Anm.: Eig. Part. von *brüen* Gebrühtes, weil das *Br.* gerne, bes. früher, mit heißem Wasser angebrüht gereicht wurde.

Brutsch[e], flekt. - e[n] f., Demin. *Brütschle*[in] n.: unförmiger großer, aufgeworfener Mund, insbes. als Ausdruck des Trotzes, der Verdrossenheit. – b r u t s c h e[n] schw.: eine *Brutsche* machen, halblaut murren.

b r u t t l e n s. *brudeln.*

b r u t z l e n s. *brotzlen.*

brü-warm Adj. (Adv.): **1.** ganz warm. – **2.** etwas *br.* sagen, weiter erzählen: alsbald, – noch ganz neu.

bs, b s t , b s c h t : Interj., mit der das Stillschweigen oder auch Aufmerksamkeit gefordert wird.

pu *phū:* Interj. des Verwerfens, Ekels, bes. bei unangenehmem Geruch.

b u b - s. a. *bup-;* b u b b - s. *bupp-.*

Bubaner m.: Pfuscher, unzuverlässiger Mensch.

Bu[be] *buǝ,* äußerster NW. *bū, -ō-;* flekt. B u b e[n] *-b-,* FRK. *-w-* m.; Demin. B ü b l e[in] *biǝblę (-ī-, -ē-* wie oben), schmeichelnd B u b e l e[in], B u l e[in] s.: Bube. **1.** Sohn. *Mei*[n] *B., meine B-e*[n] auch von längst erwachsenen, verheirateten Söhnen. – **2.** Junge, im Unterschied vom Erwachsenen. – **3.** Junge, jugendlicher Diener, Lehrling udgl. – **4.** lediger Bursch, aber nicht bloß ein junger, sondern von jedem Alter. – **5.** im Verhältnis zum Mädchen, teils von Kindern teils von Erwachsenen. *Bube*[n] *la*[u]*fe*[n] *de*[n] *Madle*[in] nach FRK. – **6.** Scheltwort. Mann, der noch knabenhafte Flatterhaftigkeit, würdeloses Benehmen zeigt. – Vgl. *Lausb., Rotzb., Spitzb.* u. a. – **7.** B. im Kartenspiel.

bubele[n] *-uǝ-,* b ü b e l e[n] *-iǝ-* schw.: von knabenhaftem Benehmen. Persönl.: *Er bubelet.* Häufiger unpers.: *Bei dem bubelet's noch* u. ä.: er hat den Knaben noch nicht ausgezogen. Vgl. *bublen.*

Bube[n]**-fanger** m.: über die Stirn des Mädchens herabfallende kleine Locke. Syn. *Buben-, Herrenwinker.*

Bube[n]**-fiseler** *-ī-,* -fitzeler m.: Mädchen, das gern in Bubengesellschaft ist. Ebenso *Mädle*[in]*sf.* für Knaben OSCHW. Vgl. *buben-närrisch, -schmecker, -süchtig.*

Bube^n-**fugeler** = *Bubenfiseler*.

Bube^n-**hägele**^in n.: Pflanzengattung Weißdorn, Crataegus L., insbes. deren Früchte.

Bube^n-**jar** n.: Jahr, in dem mehr Knaben als Mädchen geboren werden.

Bube^n-**laus** f.: Frucht des Getreideunkrauts Akker-Hahnenfuß, Ranunculus arvensis L. – Syn. *Kleib^e, Sacklaus, Sackkleibe, Gleis, Strigele^in*.

Bube^n-**nägele**^in -*ę̄*- n.: **1.** Pfingstnelke, Dianthus gratianopolitanus Vill., Syn. *Felsen- n.* – **2.** Tag-Lichtnelke, Melandrium rubrum (Weigel) Garcke.

bube^n-**närr^isch** Adj.: mannstoll, von Mädchen. S. a. *Bubenfiseler, -schmecker, -süchtig*.

Bube^n-**schenkel** m.: mürbes Gebäck in Form zweier Schenkel, bes. bei Festgelegenheiten aufgetischt.

Bube^n-**schmecker** m.: = *Bubenfiseler* FRK.

Bube^n-**schul** f.: Knabenschule.

Bube^n-**spitz** m.: Knabenpenis. Übtr. mit der Hand bereitete, an den Enden zugespitzte Nudel. Syn. *Schupfnudel*.

bube^n-**süchtig** Adj.: mannstoll, von Mädchen.

Bube^n-**winker** m., Demin. -le^in n.: Strohhut junger Frauenzimmer. Vgl. *Bubenfanger*.

Büberei, B u b e r e i f.: bübische Handlung.

bubig Adj.: knabenhaft, nicht so schlimm wie „bübisch".

buble^n -*uə*- schw.: zur Kurzweil spielen, Unfug treiben. Vgl. *bubelen*.

Buch^e -*uo*-f.: Rotbuche, Fagus sylvatica L., ihre Früchte sind die *Büchele^in*.

Buchel f., Pl. *Buchele^n*, gern Demin. B ü c h e l e^in, B u - n., meist im Plur.: Frucht der Rotbuche, Buchecker. Buchln und Eicheln zusammen heißen *Äckerich, Kes, Mast*. Aus den B. wird ein geschätztes Speiseöl, das B u c h e l e^n(s)-öl gewonnen. Ein Jahr mit guter B.-Ernte heißt B u c h e l e^in s-j a h r.

buche^n (b ü c h e n) -*ę*, flekt. -e n e r -*ənər* Adj.: aus Buchenholz. B-(^es) Holz; b-e Scheiter udgl.

Büchs^e *biks*; flekt. - e^n f.; Demin. B ü c h s l e^in *(biks-lę, bĭslę)* n.: Büchse. **1.** Gefäß aus versch. Stoff und für versch. Inhalt; genauer *Schnupftabaks-, Zucker-, Salz-, Nadel-B. Aus dem (einem) Büchsle^in* = zierlich, sauber. Syn. *aus'm Schächtele^in*. – **2.** Geldbüchse, auch Opferbüchse. – **3.** Höhlung, in der eine Achse sich dreht. Innerer Beschlag der Wagen-Nabe. – **4.** Schießgewehr. – **5.** Hintern, scherzh. Mit Anklang an 4. – **6.** weibl. Geschlechtsteil. – **7.** spöttisch = Weibsperson. Freche, liederliche Frau; vgl. *Schnätterbüchse*.

Buchte -*ę* m.: Spottname für den Schuster.

Buck -*ŭ*-, -*ū*-, Pl. B ü c k^e *bĭk* m.; Demin. B ü c k l e^in *bĭklę* n.: Biegung; und zwar: **1.** nach unten, einwärts. a. von Menschen: Beugung des Rückens. – b. von Sachen: Knickung, kantige Ver-

tiefung. *Einen B. ins Papier machen. Der Stock hat einen B.* Insbes. aber von metallenen Geschirren. Syn. *Dalle, Dule*, doch bez. diese mehr rundliche Einbiegungen. – **2.** nach oben: Erhöhung. Wohl nur von solchen im Gelände, Hügel. Als Benennung meist *Buckel*, als Ortsnamen ist *Buck* oft erhalten.

Buckel *bŭgl*, s. -*kl*, Pl. B ü c k e l -*ĭ*- m.; Demin. B ü c k e l e^in -*ələ* n.: Ausbiegung nach oben, außen. **1.** Höcker bei Menschen (auch Tieren, z. B. Kamel). Vgl. *buckelig*. – **2.** Rücken von Menschen oder Tieren, wenn er normal gebaut, aber augenblicklich meist gekrümmt ist. *E^in^en B. mache^n, 'na^n mache^n*. Bes. von der Katze, vgl. *Katzenbuckel*. – **3.** überhaupt = Rücken, bes. des Menschen. – **4.** Erhöhung, Unebenheit irgendeiner Art. *Die Straße hat lauter Bückel* u. ä.

Buckel^e n., B u c k e l e^in s-**stock** m.: Krauser Ampfer, Rumex crispus L.

buckelig -*əl*- (b u c k l i g), b u c k l e t -*ət* Adj.: hökkerig. **1.** von Menschen; s. a. *Buckel 1*. – **2.** von Dingen, spez. von der Oberfläche des Bodens; s. a. *Buckel 4. Ein b-er Weg; ein b-es Land* udgl.

Buckel-krätz^e f.: Rückenkorb, opp. *Armkrätze*. – b u c k e l - k r ä t z e -*ę̄*- schw.: auf dem Rücken tragen = *buckelranzen*.

buckel-ranze^n ◟◠◜◟: ein Kind b. *trage^n*, auch nur b.: es auf dem Rücken tragen, die Beine unter den Armen des Trägers durchgesteckt, die Arme um seinen Hals; Syn. *buckelkrätzen, bucklen, buckenfäckelen, „Huckepack"*.

bucke^n *bŭgə* schw.: **1.** nhd. bücken, beugen. – Refl., *sich b.*, zur Arbeit oder zur Ehrenbezeugung. – **2.** = nhd. biegen.

bucke^n-**fäckele**^n schw.: auf dem Rücken tragen.

Buckerle^in n.: Verbeugung. Syn. *Diener*.

buckle^n schw.: schön tun, schmeicheln.

b u c k l e t s. *buckelig*.

Bude, Pl. B u d e n^e f.: ärmlicher Wohnraum; Marktstand.

Budel *bŭdl*; FRK. (wohl auch SW.) bŭ- m.; Pl. gleich; Demin. B u d e l e^in n.: **1.** kleines Gläsflaschchen von Ausschachen von Branntwein, ¼ oder ⅛ Schoppen = 0,1 oder 0,05 Liter. – **2.** Saugflasche der Kinder. – Anm.: Frz. *bouteille* Flasche.

Pudel-kapp^e f.: warme, über den Kopf zu ziehende Mütze des Bauern aus Wolle, Wollplüsch, auch mit Pelz eingefaßt.

pudel-wol, p u d e l e s - w o l Adj.: sehr wohl, behaglich. Nur als Präd.: *Mir (Dem) ists p.*, opp. *hundsschlecht*.

Buder *bŭdər* m., Demin. *bŭdərlę* n.: Kalb, auch Kälbchen SW. S.

budere^n, *bŭ*- schw.: **1.** klopfen, schlagen. – **2.** poltern, ein Getöse machen; z. B. mit Brettern. Vom entfernten Donner. – **3.** Unzucht treiben. – **4.** lügen, bes. im Scherz.

Buderer m.: entfernter Donner.

buder-winzig Adj.: winzig klein.

pudle[n] I schw.: **1.** intr. a. schwimmen in der Art eines Hundes, Syn. *hundlen.* – b. alle mögliche, auch schmutzige Arbeit tun. – **2.** trans. plagen, quälen, herumjagen. Häufiger: herumpudlen.

pudle[n] II schw.: mit Jauche begießen.

Puff *bŭf,* Pl. Püff[e] *bĭf* m.: **1.** Stoß. – Bes. von heimlichen Stößen, um einen zu erschrecken, zum Stillschweigen zu mahnen odgl. *Er kann schon einen P. aushalten* ist nicht so leicht umzuwerfen. – **2.** Sitzkissen. – **3.** Bett. – **4.** Geschlechtsverkehr. – **5.** Bordell.

puff *bŭf,* s. *pŭf* Interj.: Nachahmung des Knalls eines Gewehres odgl. Bes. *piff paff puff.*

Puff-ärmel m.: bauschiger Frauenärmel.

puffe[n] *bŭfə* schw.: **1.** *puff* machen, knallen. – **2.** stoßen, schlagen. – *Einen p.* ihm einen *Puff,* Stoß geben, bes. einen unfreundlichen oder warnenden. – **3.** durch Sticheln zum Zorn reizen.

Puffer m.: **1.** was *pufft.* – **2.** das *Puffen.* Stoß, Schlag, = *Puff 1.*

Bug *buəg,* Pl. Büg[e] *-iə-* m., Demin. Bügle[in] *-iə-* n.: **1.** vorderer Oberschenkel bei Tieren, bes. Rind und Pferd. – **2.** Strebe zur Verbindung des Gebälks.

büglen s. *böglen.*

bugsiere[n] *buksiərə* ◡◠◡ schw.: **1.** mit Schwierigkeit oder List etwas glücklich an seinen Ort bringen. Nur mit Lokalbez.: *'rei*[n], *'naus, 'rum b.* u. ä. – **2.** quälen, schikanieren, mit pers. oder sachl. Subj.

Bühl, Bühel *bĭl* von N. bis BAAR; Pl. Bühl[e] m.: Hügel. – Als Ortsname im ganzen Gebiet verbreitet. – Anm.: Ahd. *buhil,* zu *biegen,* also mit *Buck(el)* verwandt. Aus mhd. *bühel* fließen *bĭl* und *biχl.*

Buitscher m., Demin. -le[in] n. Buitschle; Butscherle[in]; Butschele[in]; Butsch; Buscher; Bonscher: Füllen, bes. oder auch nur in der Kinderspr. Bis zu 1 Jahr, dann *Jährling.* S.

bujäglen s. *bojäglen.*

bulferen s. *belferen.*

Bull f., Demin. Bulle[in] n.: **1.** Katze, schmeichelnd und Kinderspr., wie das häufigere *Mull(e*[in]*).* – **2.** Demin.: Stück von einem Pelz, feines Pelzchen. – **3.** weibl. Geschlechtsteil Sww. – **4.** *Des ist e*[ine] *rechte Bull* unreinliche Frau; Säuferin.

Bulldogg[e] m. f.: **1.** m. Traktor. – **2.** f. Hunderasse.

bullen s. *bellen* I.

Bulle[n]**-beißer** m.: starker, bissiger Hund, spez. Bulldogge; auch bissiger Mensch.

Pult m.: das Pult.

Pulver *bŭlfər,* Demin. Pülverle[in] *bĭ-; burfl, bĭrfələ* n.: Pulver. Ähnlich wie nhd. nur in bestimmten Bedd. und Verbb. **1.** *zu P. verbrennen* u. ä. – **2.** Arzneipulver, bes. auch Demin. – **3.** Schießpulver.

bummere[n] *bọ̄-,* s. *bū-* schw.: dumpf dröhnenden Ton geben, von Glocken, Geschützen u. ä.

Pump *bọ̄-,* FRK. u. S. *bū-* m.: etwas *auf Pump* (auch *Pumps*) *nehmen* oder *geben,* auf Borg.

Bumpel *bọmbl,* s. *bū-* f.; gern Demin. Bumpele[in], Bü- n.: dicker Gegenstand, vgl. *bumpelig.* **1.** dickes Weib, im Demin. auch dickes Kind (zumal Mädchen). – **2.** weibl. Geschlechtsteil.

bumpelig Adj.: dickleibig und unbeholfen. *B. a*[nge]*ta*[n] dick angezogen.

bumpe[n] *bọ̄-,* FRK. u. S. *bū-* schw.: mit Gedröhn klopfen, pochen, z. B. an die Tür.

pumpe[n] *bọ̄-,* FRK. u. S. *bū-* schw.: **1.** borgen, vom Entlehner wie vom Ausleiher. Vgl. *anpumpen.* – **2.** aufpumpen, wie nhd.

Bumper, Bumperer *bọ̄-* m.: dumpf dröhnender Schlag oder Fall. *Einen B. tun.* – bumpere[n] schw.: einen dumpf dröhnenden Ton geben, vom Donner, vom Pochen an eine Tür udgl.; daneben *bummere*[n].

Bumpes *bọ̄-,* s. und frk. *bū-; -əs* N., *-is* S. m.: meist im Plur., Schläge. *B. geben, kriegen,* bes. Kindern gegenüber.

Bumpfel (Mundvoll) s. *Mumpfel.*

Pump-hos[e] *bọ̄-* f., meist Pl. -e[n]: Kniehose.

bumse[n] *bọ̄-* schw.: **1.** hadern. – **2.** ein Mädchen beschlafen. Rindern, von der Kuh. – Bumseri[n] f.: Kuh, die oft zum Farren geführt werden muß. – bumsig Adj.: *ganz b.* ganz wahnsinnig.

Bund *bọnd, bọ̆d;* s. *bŭnd;* FRK. *bŭnd,* ö. *bŭnd* m. n.; Plur. die Mask. Bund[e] *bẹnd, bĭnd;* Demin. Bündle[in] *-lẹ* n.: Bund. **1.** n.: der eingenähte und stark befestigte Streifen oben an der Hose, am Frauenrock oder der Schürze, der zum Festhalten um den Leib dient. – **2.** n.: senkrecht abgegrenzte Abteilung eines Gebäudes (wie *Stock* die waagrechte) durch alle Stockwerke hinauf, bes. bei der Scheuer. – **3.** m. *B.* Heu, Stroh udgl. – **4.** m.: Tuch, das um den Kopf gebunden wird. – *Türkischer Bund* Turban.

Bündele[in]**s-tag** m.: Tag, auf den die Dienstboten ihr Bündel schnürten, aus dem Dienst traten. Von den öfters genannten „Zielen" Lichtmeß, Georgii, Jakobi, Martini meist Lichtmeß (2. Febr.) und Martini (11. Nov.); bezw. der Tag davor.

bündig Adj.: genau zus. passend; winkelrecht.

bündle[n], bündele[n] schw.: das Bündel schnüren, den Dienst wechseln.

Büne *bẹ̄ṇẹ* (*bĭ-* FRK. u. S.), Pl. -ene[n] *bẹ̄nənə,* f.; Demin. *bẹ̄nəmlẹ, bẹ̄nələ* n.: Bühne. Irgendein Gerüst von Holz, mit waagrechter Fläche, um darauf zu sitzen, etwas zu lagern odgl. – Im Haus die waagrechte Balken- und Bretterlage, welche den Boden eines obern, die Decke eines untern Stockwerks bildet. – In 2 spez. Bedd. a. Decke eines Gemachs. – b. Dachraum über der Wohnung oder oberer Raum in Scheuer und Stall, als Speicher gebraucht.

Büne-kammer f.: Kammer auf der *Büne (b)*, Dachkammer.

Büne-lade[n] *bĕnęlādə* (s. *-ă-*) m.: Laden, Auslug auf der *Büne (b)*, dem obern Boden; = *Dachladen.*

Büne-stieg[e] *-štiəg, -štęəg* f.: Stiege, die auf den Dachboden führt.

bunt *bǫnt:* übtr., nur als Präd. oder Adv., nie flektiert: übermäßig, allzu arg. *Er machts b. Da gehts b. zu.* Bes. mit *zu: Das ist (mir) zu b. Er macht's gar zu b.* Im Sinn der Unordnung: *B. durcheinander.* Bes. aber b u n t ü b e r e c k s Adv.: verkehrt, durcheinander.

Bunz[e] *bǫnts,* flekt. -e[n] f.: weibl. Geschlechtsteil.

Pup[e] *bū-, phū-* f.: Blashorn aus Weidenrinde odgl., Kindertrompete SW. – p u p e[n] schw.: **1.** auf dem Horn blasen SW. – **2.** *būbə* furzen. – p u p e r e[n] schw.: **1.** = *pupen.* – **2.** geräuschvoll die Notdurft verrichten.

bupfe[n] schw.: hüpfen.

buppapperig ᴗᐟᴗᐟ Adj.: zerbrechlich, wenig dauerhaft.

b u p p a p p e r l e n s. *verb-.*

Puppapperle[in], P u p p ä p p e r l e[in] n., noch mehr -l e[in]s-a r b e i t f., -l e[in]s-z e u g n.: vergängliche, zerbrechliche Ware. – B-l e[in]s k ä s unnützes Gerede. – Anm.: von *buppappen.* Früher ein öfters verbotenes Spiel, bei dem kleine Waren durch Würfeln ausgespielt wurden.

puppere[n] *bŭb-* schw.: das Herz *p-t* klopft.

pur Adj. Adv.: rein **1.** Adj. a. unvermischt, rein. – b. wie *lauter* = nichts als. *Des ist die pur Bosheit.* – **2.** Adv. unvermischt, rein. *Den Wein pur trinken.*

burlande[n] schw.: *b., verb-* vergeuden.

burle[n] schw.: **1.** Possen treiben OSCHW. – **2.** Spielen der Hunde und Katzen oder mit ihnen.

purpaßleta[n] Adv.: *für p.* zum Zeitvertreib; auch *für Paßleta*[n], s. d.

Burrassel f.: entschlossenes Weibsbild von rauher, polternder Art.

Burr[e] *bŭr; -ŏ-;* flekt. -e[n] m.; Demin. B ü r r l e[in] n.: Erhöhung und zwar eine kleine, aber meist unerwünschte, hinderliche; Syn. *Buckel, Bühl.* **1.** am menschlichen oder tierischen Körper. a. Beule, Geschwulst; nur sofern sie eine Erhöhung bildet. *Was hast für 'n B. an dei*[ne]*m Bakke*[n]*?* Vgl. Beule, *Beuzel.* – b. Höcker. – **2.** Unebenheit, Knoten, Auswuchs am Baum, Holz. – **3.** auf dem Boden. a. Erhöhung, felsige Stelle udgl. auf Wiesen, Äckern. – b. Hügel, auch kleines, nicht sehr fruchtbares Grundstück.

burre[n] schw.: **1.** brummen, zanken, z. B. von Hunden. – **2.** spielen, schäkern. Spez. = *barren,* spielen, von Katzen, Hunden, Kindern.

burret, b u r r i g Adj.: was einen *Burren* hat, knorrig, uneben.

Bursch *bŭršt* NW., *bŭršt (bŭšt)* gemeinschwäb., *bǫršt, bǫrš;* Pl. gleich; Demin. *bi(r)štlę,* FRK.

bĕ-: **1.** im allgem. Sinn wie nhd. Bursche, Geselle, Kerl. Lobend: *Ein rechter, ganzer B. Des ist e*[in] *B., er ka*[nn] *sei*[ne] *Sach*[e]*.* Tadelnd: *Du bist mir e*[in] *sauberer B.* – **2.** junger Mensch. Häufig bez. *B.* geradezu die noch nicht Konfirmierten, ohne Rücksicht auf das Geschlecht, Kinder; bes. fränk. – **3.** in Komposs. *Handwerksb.*

bürste[n], b u - schw.: **1.** eig., mit der Bürste putzen, das Kleid oder das Haar. – **2.** übtr. [ge]*bürstet (*[ge]*putzt) und g*[e]*strählt sei*[n] iron.: übel dran, verloren sein. – **3.** tüchtig trinken.

Burz *bŭrts,* meist *bŭts* m.: **1.** Steiß des Geflügels. – **2.** Henne ohne Schwanz. – **3.** rundliche Erhöhung. – **4.** aufgesteckter Zopf, Haarnest. – Zu *borzen.*

Bürzel, B u r z e l m.; Demin. -e l e[in] n.: Bürzel, Erhöhung. **1.** Erhöhung im Terrain. Bes. fränk. – **2.** Steiß des Geflügels. – **3.** Huhn ohne Schwanz. – **4.** kleiner Mensch, bes. kleines, dickes Kind.

Bürzel-baum m.: wie nhd., sich überschlagen über den Kopf.

B u r z e l e r s. *Burzer.*

Burze[n]**-gägel** *-ę̄-* m.: = *Burzelbaum* OSCHW. ALLG. Demin. -e l e[in] n. – b u r z e[n]-g ä g (e) l e[n] *-ę̄-; -ae-* schw.: einen *B.* machen.

Burzer *bŭrtsər,* meist *bŭtsər; bŭtsgər; bǫrtsər* m.; Demin. B u r z e r l e[in] *-ū(r)-, bĕrtsərlę* n.: **1.** Bürzel, Stumpfschwanz. – **2.** die um den Kamm gewundenen Zöpfe. – **3.** Vogel, fast immer Huhn, ohne Schwanz. Vgl. *Burzgockeler, -henne.* – **4.** kleiner Mensch versch. Alters und Geschlechts, scherzh. oder höhnisch.

Burz-gockeler *-ū-* (-gickeler, -guler) m.: Hahn ohne Schwanz.

Burz-henn[e] *-ū-*, -h ü[ne] r *-hēär* f.; Demin. -h ü[n]l e[in] n.: Henne ohne Schwanz.

burzle[n] *bū(r)tslə* Hauptgebiet, -ŭ- NW. S., *-ǫ̈-* FRK. schw.: purzeln. **1.** mit sein: kopfüber nach vorn fallen. Teils absichtlich (einen *Burzelbaum* schlagen), häufiger unabsichtlich, auch überh. von ungeordnetem Durch-, Übereinanderfallen, mit kom. Nebenton, von Menschen und Sachen. Genauer mit Zuss.: *ane-, herab-, hinab-, um-, übereinander, über und über b.* – Part. [ge]*burz(e)let* in b u r z (e) l e t - v o l l Adj.: übersät, dicht gedrängt, z. B. von den mit Obst beladenen Bäumen. – **2.** mit haben: Abrechnung halten, so daß keiner etwas herausbekommt; die gegenseitigen Forderungen als ausgeglichen behandeln. – B u r z l e r m.: pers.: wer *burzlet,* und sachlich: einmaliges *Burzeln.* – B u r z l e t (e) f.: das *Burzlen.*

Busch *bŭš,* NO. *bŭš,* Pl. B ü s c h[e] *bĭš;* B o s c h *bǫš,* flekt. ebenso (Pl. *Bösch*[e]), häufiger -e[n] m.: **1.** Busch. – **2.** übtr., Busch-, Strauß-, Bündelartiges; Syn. *Buschel.* Z. B. *ein Bosch* Salat, Gras, Kraut.

Busch-bon[e] f.: Zwergbohne.

Buschel *bŭšl*, Pl. B u s c h l e^n f.; Demin. B ü s c h e - l e^{in} *bĭ-* n.: Büschel von Gras, Stroh u. ä., bes. aber von Reisich.

büsch(e)le^n schw.: Kleinholz machen, (in *Büschelein* aufbereiten). Übtr. einen schweren Unfall haben.

Buse, B u s e l: **1.** Katze; Schmeichelwort. – **2.** weibliche Scham. Besonders *Busele^{in}* n.

busele^n *bŭsələ* schw.: mit haben: pissen.

buselig Adj.: zarthaarig, wie ein Katzenfell.

buse^n schw.: pissen. S. *buselen, bisen* II.

busper *bŭšpr* Adj.: munter, frisch, wohlauf. SW. Mehr s. *musper*.

Pussasch *busāš*, Pl. -e^n f.: Liebesverhältnis und Geliebte, s. *pussieren*.

busse^n, b u ß l e^n schw.: küssen OSCHW.

büße^n, auch a b b ü ß e n, in Bed. 1 b ü z e^n *biətsə;* sonst *biəsə*, Part. *bŏsə*, ^{ge}*büßt* st. u. schw.: etwas verbessern, gut machen. **1.** phys. a. *(büze^n)* flik- ken BAAR SW. – b. *(büßen)* heilen. Übtr., ein phys. oder geistiges Bedürfnis befriedigen. *de^n G^{e}luste^n b.* – **2.** *(büßen)* eine *Buße*, Strafe auferlegen oder erleiden, wie nhd.

pussiere^n *busiərə* ◡◡◡ schw.: eine Person, bes. ein Mädchen *p.*, ihr den Hof machen; jemanden umwerben, um etwas zu erreichen.

Butell^e *bŭdĕl* ◡◞; Pl. -e^n f.; Demin. B u t e l l e^{in} -ĕlĕ ◡◞◡ n.: Glasflasche. Meist die offene weiße Schenkflasche für Wein. In diesem Fall als Maß verstanden, = 1 Liter. – Frz. *bouteille*.

Butik^e *bŭdĭk* ◡◞, Plur. -e^n f.; frz. *boutique*. **1.** Bude des Händlers oder Arbeiters. – **2.** kleines Haus in schlechtem Zustand. *E^{ine} elende B.* odgl.

Buto^n *bŭdō* ◠ m.: Ohrring. – Franz. *bouton*.

butsch-aus: *Es ist b.* ganz, plötzlich aus.

Bütsch *bĭtš*, flekt. -e^n f.: großes, aufrechtstehendes, oben offenes, aber auch mit Deckel versehenes Gefäß mit Handhabe, zum Tragen von Flüssigkeiten, auch zum Trinken. Milchkanne. Spezieller *Bier-, Wasser-B.* Syn. *Stütze*.

butschele^n schw.: *b.*, einb. mit Betten gut bedek- ken, von Kindern ALLG.

Butt^e Pl. -e^n m.: Knirps, verbutteter Mensch (auch Tier). – b u t t e^n schw.: = *verbutten*, verkümmern.

B ü t t e s. *Butten*.

Büttel *bĭdl*, s. *-tl*, Pl. gleich m.: Gerichts-, Amtsdiener der Gemeinde.

Butte^n m., B u t t e, B ü t t e f.: Bütte. **1.** B u t t e^n, auch *Butt*, flekt. *Butte^n* m.: auf dem Rücken getragenes Gefäß. Insbes.: langes, nach unten verjüngtes Holzgeschirr zum Tragen von Flüssigkeiten odgl. Bes. beim Weinbau zum Tragen der geschnittenen Trauben, nachher der Maische oder des Mosts, Weins. – **2.** *Bütte; Büttem bĭdəm,* Pl. *-əmə* f.: große Weinberg- oder Kelterkufe, in welcher man die zerkleinerten Bee- ren oder das gemahlene Mostobst zum Gären stehen läßt.

Butter *bŭdər*, s. *bŭtr;* flekt. gleich m.: wie nhd., dort aber f.

Butter-balle^n m.: Trollblume, Trollius europaeus L.

Butter-blätter Pl.: Blätter von Huflattich, Tussilago farfara L. – Anm.: früher zum Einwickeln von Butter gebraucht.

Butter-brötle^{in} n.: Pflanzengattung Erdrauch, Fumaria L.

Butter-blum^e f.: Ranunculus acris L. Doch häufiger *Schmalzblume*.

butterle^n schw.: nach Butter riechen.

butter-lind Adj.: so weich wie Butter.

buttle^n schw.: **1.** hin und her werfen, rütteln. – **2.** Erdarbeiten im Garten machen. – Von *Butten*.

B ü t z s. *Bützig*.

Putz-dock^e, Pl. -e^n f.: geputztes Mädchen.

Butz^e, flekt. -e^n (oder unverändert), Nom. auch B u t z e^n; Pl. -e^n m.: **1.** Wertloses, Fleck, Auswuchs u. ä. a. am Obst. α) am Kernobst, bei Hagbutten u. ä. die verdorrten Blütenreste. – β) das Kerngehäuse beim Kernobst. S. a. *Bützig*. – γ) verkrüppelte Frucht. – b. verbrannter Docht an der Kerze oder Lampe. – c. vertrockneter Nasenschleim; feuchter heißt *Rotz*. – d. Eiterpfropf eines Geschwürs. Dann allgemeiner: verborgene Krankheitsursache. – Übtr.: was hinter einer Sache steckt, verborgene Absicht u. ä. *Da steckt (sitzt, liegt) der B.* Den B. merken, schmecken die Lunte riechen. – e. gebundenes Ende am Sack. – **2.** kleiner Baum, bes. Tanne. – **3.** Vermummter, Popanz o. ä. a. Dämon, Teufel, Schreckgespenst. – b. vermummter Mensch, Maske. Speziell: Fastnachtsnarr (s. *Fastnachtbutze*). Vermummten am Niklausabend, 6. Dez.; vgl. *Pelzmärte, Klas.* – c. Puppe, Possenbild o. ä., Vogelscheuche oder Wisch, um vom Betreten eines Wegs odgl. abzuhalten. – d. kleiner, unscheinbarer Mensch.

Butzel *bŭtsl; -tš-;* B o t z e l, B o t s c h e l f.; -ele^{in} n.: **1.** Schwein. Bes. Kinderspr. – **2.** unreinliche Person, bes. weibliche. – **3.** Demin. *-ele^{in}* schmeichelnd zu Kindern. – **Butzel-war^e** f.: kleine Menschen, Tiere, Sachen. – S. *Batzel*.

putze^n *bŭ-* schw.: im ganzen wie nhd. **1.** reinigen. – **2.** schmücken. Bes. von Personen; Syn. *herausp-.* – **3.** übtr. a. *einen p.,* abp., *'rabp.* abkanzeln, abriffeln. – b. *die Platte p.* sich fortmachen. – c. *^{ge}putzet und g^{e}strählt sei^n* nichts mehr zu verlieren haben. – **4.** refl. *sich p.* die Bäume *p. sich* werfen den überschüssigen Fruchtansatz ab. Von der Katze, von putzsüchtigen Weibern u. ä.

Butze^n-mäckeler *-ĕ-; -mäke; -makel; -maukeler; -mäukeler, -mäukler; -maokl; -mäuke* m.: **1.** = *Butze 1 c:* verhärteter Nasenschleim. – **2.** = *B. 3* *a–c:* Teufel, Kobold, Vermummter, Pelzmärte, Vogelscheuche. – **3.** = *B. 3 d:* kleiner Mensch. – B u t z e^n-m a^{nn} m.: **1.** = *Butze 1 a:* Abfall vom Obst. – **2.** = *B. 1 c.* – **3.** = *B. 3 a–c,* wie *Butzenmäckeler 2.* – B u t z e^n-w a c k e r (-el) m., häufig auch -w a c k e r l e^{in} (-ele^{in}): kleiner Knirps, schmeichelnd oder höhnisch, bes. für Kinder. B ü t z g e t s. *Bützig.*

butzig Adj.: zu *Butze 3.* Kurz, klein, von Menschen und Tieren. Meist spöttisch oder verächtlich.

putzig Adj.: von einem Weib, das den Stubenboden oft putzt. S. a. *Putznärrin.*

Bützig *bītsĭχ;* B ü t z g e t (e), *Bückset* f.; B ü t z f. und n.: **1.** = *Butze 1 a α β,* Kernhaus von Äpfeln und Birnen. Genauer *Äpfel- Biren-b.* Überh. Abfälle vom Obstessen. – **2.** Abfälle von Kraut, Rüben, Kartoffeln. Auch allgem. Abfälle, Kehricht.

butzle^n schw.: intr., mit haben: = *sauen;* bes. *'rum b.*

butz-nacket Adj.: ganz nackt.

Putz-närri^n, Pl. -inne^n f.: Weib, das sich oder (noch mehr) das Haus gerne putzt. S. a. *putzig.*

b u x i e r e n s. *bugsieren.*

b u z- *(-ū-)* s. *burz-.*

B ü z, b ü z e n s. *büßen 1.*

101

C

Siehe K und Z
Ch siehe K und Sch

D und T

Dache, Dacher s. *Dahe*.

dache[n] *däxə* schw.: an den Kopf schlagen.

Dachhürle[in] n.: Dachreiter; Ausguck auf dem Dachfirst; Aussichtstürmchen. S. *Guckenhürle*[in].

Dach-latt[e] f.: horizontale Latte zum Befestigen der Ziegel.

dachle[n], dächle[n] schw.: **1.** Auffallen des Regens aufs Dach *(dachle*[n]*)*. – **2.** schlagen, züchtigen *(dächle*[n]*)* s. *dachtlen*. – **3.** springen, laufend durchgehen *(dächle*[n]*)*. – **4.** *es dächelt mir* erzeugt das Gefühl physischen Behagens. *Gelt, des tät*[e] *dir d.* das gefiele dir.

Dach-pfette f.: *Pfette*, Längsbalken, auf dem das Dach ruht.

Dach-reiter m.: gabelförmiger kleiner Glockenstuhl auf dem Dach von Kapellen.

Dach-schade[n] m.: *der hat einen D. ist nicht richtig im Kopf*.

Dacht *dǫxt; dǫt;* Pl. Dächt[e] *dęχt, dęt* m.: **1.** Docht der Kerze oder Lampe. – **2.** Dächtle[in] n.: fehlerhaft dicker Streifen im Gewebe. – **3.** schmächtiger Mensch, schwächliches Kind; Demin. *Dächtle*[in], *Dächtele*[in]. Schmächtige Weibsperson.

Dachtel *dăxtl*, Pl. Dachtle[n] f.: Ohrfeige, Schlag. Syn. *Dusel, Humm(s)e, Husche*.

Dächtel-mächtel m.: **1.** tappiger, schläfriger, schwächlicher Mensch. – **2.** *einen D. miteinander haben* Heimlichkeit, Geflüster; Liebelei.

dacht(e[n]**)-los** *dǫxtəl-, -ərl-, dǫtəl-; -lǫs, -laos, -lǫəs*, Adj.: von dem öden Gefühl des leeren Magens, Syn. *tonlos, öd, magenschwach*.

dachtle[n] *-ă-* schw.: an den Kopf schlagen, verprügeln. Durch einen Schlag auf den Kopf töten, etwa einen Hund, Fisch. S. *Dachtel, abdachtlen*.

Dackel I *dägl* m.: Dachshund.

Dackel II *dägl*, s. *-kl;* Pl. gleich m.: **1.** Blödsinniger. Demin. Dackele[in] n., nur von schwachsinnigen Kindern, in mitleidigem Ton. – **2.** Schimpfwort für einen dummen, bes. unbeholfenen Menschen. *Schaffen wie ein D.* – dackelig (-lich) Adj. Adv.: in der Art eines D., kretinenhaft, plump, unbeholfen. – dackelhaft, -häftig Adj. Adv.: dass. Aber auch bloß starke Steigerung: *Heut ist's d. heiß, e*[ine] *d-e Hitz*[e]*; d. schaffen.* – dackel-mäßig Adj. Adv.: dass.

dackle[n] schw.: unentwegt arbeiten.

da-danne[n], da-danne[n]-da *dǫ̈dānə ◡⁄◡, dǫ̈ədānədǫ̈, dǫ̈ drān(d)ə dǫ̈* Adv.: da, auf jener Stelle. Syn. *dort dannen;* auf Näheres hinweisend *da hannen*.

Tadel *dădl*, gew. *dädl*, gebilderter *thādl* m.: **1.** Fehler, Makel, Schaden am Körper. – **2.** wie nhd. tädigen, -ung s. d. folg.

Täding *dędęŋ*, Plur. *dędęŋə* f.: etwa Anstiftung, Umtrieb. *Des ist dei*[n] *D.* dein Werk. – tädingen, tädigen (u. ä.) schw.: verhandeln, abmachen, bes. einen Streitfall durch Vergleich. – S. a. *abtädigen*.

daeine s. *dahinein;* daeiner s. *daherein*.

daesen s. *dinsen*.

Tafel *dāfl; dǫ̈fl* Frk.; *daufl* SW.; Pl. Tafle[n] f.; Demin. Täfele[in] n.: **1.** Schiefertafel oder Holztafel in der Schule. – **2.** Tisch zum Speisen, aber nur in Wirtschaften, bei Festen. – **3.** Bild, Inschrift und eingerahmtes Bild irgendwelcher Art.

Täfer *dęfər, ţęifər; dęfərt; dęfət* n.: Getäfer, Bretterverschalung einer Wand. Die allgem. übl. Verschalung des untern Teils der Wände heißt auch *La*[m]*bri*. – Mhd. *tefel, getefele*, zu lat. *tabula*.

täfere[n] *dēfərə; dẹi-* schw.: **1.** eine Wand, ein Zimmer odgl. *t.,* mit Brettern verschalen. – **2.** übtr. a. *Er ist nicht gut getäfert* nicht gut bestellt. – b. in die Hosen scheißen. – c. schlagen, prügeln. S. a. *vert-, vertaflen.* – d. übertreiben, aufschneiden.

Tafern[e] *dafẹrn* ‿ˏ, Pl. -e[n]; alt auch Taberne, Tafer, Täfer, Täfer(e)i f.: Schildwirtschaft, in welcher Getränke und warme Speisen gereicht, auch Gäste beherbergt werden durften.

tafle[n] *dāflə* schw.: **1.** tüchtig speisen. – **2.** an der Tafel länger sitzen bleiben.

tag Adj. Adv.: hell. Kompar. **täger**, Superl. **täg(e)st**.

Tag-blatt, **-blättle**[in] n.: Zeitung. Doch nicht im allgem., dafür *Blatt, Blättlein, Zeitung;* sondern spez. von Zeitungen mit dem Titel *T.* Übtr.: *Der ist das lebendige T.:* „Stadtchronik".

Tag-dieb *-iə-* m.: Müßiggänger, der „unserm Herrgott den Tag abstiehlt".

tage[n] *dāgə,* s. *-ä-* schw.: tagen. **1.** unpers. *es taget* (auch *tagnet*) es wird Tag. – a. eigentlich. – b. übtr. *Es taget* wird hell im Kopfe.

Tag-und-Nacht: Pflanzenname (mit Zusatz): a. **Tag-und-Nacht-Blum**[e] f., meist Demin. **-Blümle**[in] n.; – Syn. *Stiefmütterlein.* Verwendet für **1.** A c k e r - S t i e f m ü t t e r l e[in], Viola arvensis Murr. – Syn. *Tag-und-Nacht-Veigele*[in], *Acker-Veigele*[in], *Dreifaltigkeitsblum*[e]. – **2.** G a r t e n - S t i e f m ü t t e r l e[in], Viola wittrockiana Gams, Syn. *Pensele.*

da-habe[n] schw.: bei sich, zur Hand haben.

da-hange[n] schw.: **1.** an einem bestimmten Ort hangen, herabhangen. – **2.** in träger, unschicklicher Haltung umhersitzen oder liegen.

da-hanne[n] *dọ̄hānə; dọ̄hån, dəhānə, dọ̄hān(d)ə* Adv.: hier. Auf Entfernteres hinweisend *da dannen, dort dannen.*

Dah[e] *dā,* Pl. -e[n] *dāə* f.; **Dach**[e] *däx,* Pl. *däxə* f.; **Dacher** m.; Demin. **Dahle**[in], **Dähle**[in] n.: **1.** der Vogel Dohle, Coloeus Monedula. S. a. *Dale, Dulle.* – **2.** Schimpfname eines Schreiers.

da-heim, d a - h e i m ‿ˏ *də-,* *dər-;* *-häem* NW., *-hām* FRK., *-hōẹ̄m, -họ̄̄am, -öə-* zwischen *-ọ̄ẹ̄-* und *-ọ̄ā-, -ọ̆-, dəhōẹ̄, -ōā, -md, -məd, -d* (ohne *-m-), -mə, -mdə, -də* (ohne *-m-)* Adv.: wie nhd. – Besondere Verbindungen: d. l a s s e[n]: zu Hause lassen; unterlassen. *Des ka[nn]st d[u] d. lau[n]. Der hat's Maul d. g[e]lau[n]* findet kein Wort. – d. s e i[n]: **1.** zu Hause sein, *(Sind ihr) (au[ch]) d.?* verbr. Grußformel. *Tue nu', wie wenn d[u] d. wärest* (kürzer: *wie d.*). Zuspruch an den Gast bei der Bewirtung. Wohl auch: *Für di[ch] bin i[ch] älleweil d.* zu sprechen, zur Hilfe bereit. – **2.** wohnhaft, gebürtig sein, seine Heimat haben, mit näherer Ortsangabe durch Adv. oder ON. – **3.** *in etwas d. sein* erfahren sein. *D. wie in der Hosen-(Westen-)tasche.*

da-hene[n], d a - h e r n e[n] *dọhēənə* ‿ˏ‿ Adv.: hier hüben, diesseits; opp. *dort de(r)nen.*

da-her, d a r - h e r *dọ̄hẹ̄r dərhẹ̄r* NW., *dọ̄hẹ̄r d(ə)rhẹ̄r* Hauptgebiet Adv.: **1.** daher *dọ-* ˏ und ‿ˏ. a. ˏ Bewegung von einer bestimmten Seite her: *Der Schuß ist d.* [ge]*komme*[n] u. ä.; auch getrennt *Da ist d. Sch. her k.* – b. Bewegung nach dem Redenden hin, herbei. *Sitz*[e] *d.* ‿ˏ oder ˏ. – c. ˏ kausal. *D. ist er so arm* [ge]*worde*[n] u. ä.; mehr gebr. *davon.* Hieher viell. *d.* zur Verstärkung der bejahenden Erwiderung. A. *Der ist* [da]*s Spare*[n] [n]*et g*[e]*wohnt.* B. *Ja, daher* ˏ das ist's eben, das ist der Grund. Syn. *eben.* Das nhd. „daher" = deshalb fehlt uns, dafür *deswegen, d(a)rum* u. a. – d. zeitlich: bisher; gern in der Verbindung *bis d. D. (Bis d.) ist*[es]*g[e]gange*[n] ˏ. – **2.** d a r h e r *d(ə)r-* ‿ˏ: einher. Nur in bestimmten Verbindungen, bes. mit Verben der Bewegung, z. B. d. f a r e[n]: einherfahren; hastig, einherlaufen. – d. p o l t e r e[n]: polternd daherkommen. – d. q u a t t l e[n] *gwädlə:* unbeholfen einhergehen. – d. s c h u ß l e[n]: hastig einhergehen, -laufen. – d. s c h w ä t z e[n]: *D. wie e*[in] *Ma*[nn] *ohne Kopf; lauter Mist (Dreck).* – d. s p r i n g e[n]: einherlaufen. – d. s t e i g e[n]: stolz einhergehen. – d. t o r k l e[n]: schwankend daherkommen. – d. w a t s c h l e[n]: schwerfällig einhergehen. – d. z o t t l e[n]: daherhumpeln, trotten wie ein Bär.

da-[he]**rab**, da-[he]ra[n], da-[he]raus, da-[he]rei[n], da-[he]rüber, da-[he]rum, da-[he]runter Adv.: trennbare Verbindungen mit *da,* welches in ihnen teils den Zielpunkt teils den Weg bez.: *Da komm 'rauf* = komm herauf zu mir oder = komm auf diesem Weg herauf, usw. – da-[he]rab ist der rein mundartl., da-[he]runter der halbmundartl. Ausdruck. da-[he]rum: **1.** Bewegung: hier herüber. – in der doppelten oben angeg. Weise. – **2.** Ruhe. *Da 'rum ist ma*[n] *reich* in dieser Gegend.

da-hiesig Adj. Adv.: hier, in unserer Ortschaft; verbreiteter *hiesig.*

da-[hi]**nab**, da-[hi]na[n], da-[hi]nauf, da-[hi]naus, da-[hi]nei[n], da-[hi]nüber, da-[hi]num, da-[hi]nunter Adv.: trennbare Verbindungen mit *da-,* welches in ihnen teils den Zielpunkt teils (außer *da-*[hi]*nan*) den Weg bez.: *Da gang 'naus* = zu diesem Zimmer hinaus oder = zu dieser Tür, usw. – da-[hi]nab ist der rein mundartl., da-[hi]nunter der halbmundartl. Ausdruck. – da-[hi]nan: **1.** *Da gang 'na*[n] ⌣ oder *Gang da 'na*[n] ‿ˏ‿ geh dahin. – da-[hi]num: noch deutlicher da-[hi]num-zu.

da-hocke[n] schw.: dasitzen, gern mit der Nebenbed. des Trägen, Trübseligen u. ä. *Der hockt da, wie wenn er net* [a]*uf 3 zähle*[n] *könnt*[e] stupid, duckmäuserisch.

d a i - s. **däu-, dei-**.

D a i b e s. **Däue**.

daiben s. *däuen.*

Daischtig s. *Dinstag.*

daladere[n] *dalādərə* ᴜ⸍ᴜᴜ schw.: nutzlos viel schwätzen. – Auch *baladeren.*

Dal[e] *dāl; däl* Frk., Däl[e] *dęl;* Pl. -e[n] f.: der Vogel Dohle, Coloeus Monedula; auch *Dahe, Dulle.*

Dalk m.: **1.** halb ausgebackenes Backwerk, unfertige, teigige Mehlspeise. – **2.** ungeschickter, täppischer Mensch. – Dalke m.: = *Dalk 2.* – Dalke[n] m.: **1.** = *Dalk 1.* – **2.** Tintenkleks. – **3.** Ungeschicklichkeit. Dummer Streich. – dalke[n] schw.: einen *Dalk(en)* machen. **1.** wüst, unordentlich in etwas herumkneten, rühren, z. B. in einer Speise, die dadurch verdorben wird. – **2.** einen Kleks machen. – Dalker m., -eri[n] f.: **1.** persönlich: Hudler, Unreinlicher. – **2.** m. sachl.: ungeschickte Handlung. – Dalkerei f.: klebriger Zustand des Ackers nach dem Pflügen.

dalket, dalkig Adj.: **1.** *-ig, dälkig, dalket:* unausgebacken, teigig, schmierig, von Brot u. a. Mehlspeisen; auch von Birnen und vom Boden. – **2.** *-ig, -ət:* ungeschickt, täppisch, schwunglos, von Menschen. – Dalkete f.: = *Dalk 1.*

Dalle I *dälə,* Plur. -e[n] -ə f.: Vertiefung durch Eindruck. Dälle dass., auch im Gelände, Mulde.

Dalle II Dälle: *Dalle* m.: läppischer Mensch. *Dälle:* Schimpfname für ein ungeschicktes Mädchen. Einfältiger Mann.

dalle[n], dale[n] schw.: **1.** *dälə:* lallen, schwatzen. – **2.** mit mangelhaften Zähnen langsam kauen. – **3.** Eßbares in den Händen herumkneten. – Vgl. *dallmären, dalmen.*

Dallewatsch *-lə-, -li-; -watsch, -watsche, -batsche, -wascht* m.: Tölpel. – S. a. *Dralle-watsch.*

dall-märe[n] schw.: närrisch tun.

dalme[n] *dä-* schw.: Possen, Witze machen.

Talpe *dälbę* m.: ungeschickter, plumper Mensch, Tölpel. – talpe[n] schw.: stampfen, tappen. – talpet Adj.: dumm, blödsinnig. – talpisch Adj.: dass.

Dämer s. *Demer.*

dames-lames *dāməslāməs,* als Subst. Ntr.: populäre Entstellung des kirchl. *Te deum laudamus,* in kath. Gegenden.

Damian(us): Heiligenname (Cosmas u. D. 27. Sept.) und kath. Taufname. – Schutzpatron der Apotheker.

damisch *dāmiš;* dämisch *dę-* Adj. Adv.: **1.** Adj.: schwindlig, ohnmächtig, verwirrt, aufgebracht, närrisch. Vom Wetter: trüb. – **2.** Adv.: zur bloßen Steigerung, z. B. *d. lang* sehr lang Allg.

Dämmel m.: Schimmel. – dämmeln, dammeln, *dęmələ* schw.: moderig riechen. – dämmelig Adj. Adv.: moderiger Geruch, von Sachen, die durch Feuchtigkeit verdorben sind.

Dampeltei-bub[e] m.: Weihnachtsgebäck NW.

Dampes *-əs,* sw. *-ęs, -is* m.: mäßiger Rausch.

Dampf *dämpf* s. der Don. und NW., *dǎpf* n. der Don. u. NO., *dǫmpf* Allg. m.: **1.** sichtbarer Wasserdampf. – **2.** von körperlichen Zuständen. a. Krankheit, die sich durch Beklommenheit äußert. Vgl. *dämpfig.* – b. Rausch. S. *Dampes.*

dämpfig Adj.: **1.** von der Luft, schwül, drückend. – **2.** asthmatisch, s. *Dampf 2 a,* besonders vom Pferd.

Dampf-nudel, Pl. -nudle[n] f.: **1.** mit Hefeteig in der Pfanne *gedämpfte (aufgezogene)* Mehlspeise in Faustgröße. – **2.** fettes Kind. Dicke, aufgeblasene Person.

da[n] *dǎ* Adv.: daran; in den Verbindungen *obe*[n]*-da*[n]*; un*[t]*e*[n]*-da*[n]*; vorne*[n]*-da*[n]*, hinte-da*[n].

danach s. *darnach.*

tändele *dęnd-, dęd-;* tändle[n]; tänderle[n] schw.: tändeln, mit etwas spielen, herumfingern. *Um e*[i]*nand*[er] *t.* faulenzen.

Dangel m.: **1.** die durch *dänglen,* s. d., hervorgebrachte Schärfe der Sense oder Sichel. – **2.** der kleine Ambos, auf dem gedängelt wird. – Dangel-g[e]schirr n.: was zum Dänglen nötig ist.

dängle[n] *dęŋlə, dę-* S.; dangle[n] schw.: dengeln, die Sense, Sichel, auch Pflugschar durch Klopfen (ohne Feuer) schärfen.

Daniel: 1. der vierte der großen Propheten. An seinem Tag (prot., 10. April, dem 100sten Tag des Jahres; der kath. Jahrestag, 21. Juli, ist nicht ausgezeichnet) soll man Kartoffeln stecken. – **2.** kath. u. noch mehr prot. Taufname. – **3.** der Name haftet spez. an der alten Reichsstadt Nördlingen; der 90 Meter hohe Turm der Georgskirche heißt *Daniel.*

danlos s. *tonlos.*

danne[n] I, dann (dennen) Adv.: örtlich, von dannen.

danne[n] II *dǎnə, dānə, dǎn, drǎnə* Adv.: **1.** dort, daran. Da d., dort-d., da *hanne*[n] *d.* Häufig vor einem Subst. mit vorangehender Präpos. *Am Haus d.* u. ä. – **2.** auf der andern Seite, jenseits; korrelativ *hanne*[n]. *H . . . . d.* = hüben . . . drüben.

tänne[n] *dęnę (-ə),* flekt. -ener Adj.: tannen, aus Tannenholz.

Tänne[n]*e*s, Tännernes n.: Tannenholz, -reis.

Tanne[n]*-wadel,* Pl. -wädel; -wedel m.: **1.** Tannenzweig. – **2.** nach der Ähnlichkeit mit solchen: a. Tannenwedel, Hippuris vulgaris L. – b. Schachtelhalm, Equisetum L.

Ta[nn]*-mockel,* Plur. -mockle[n] (Demin. -ele[in]) f.: Tannenzapfen.

Ta[n]*tsch dātš* m.: das Geknetete, Gebackene. – tantsche[n] *dǎntšə* schw.: kneten. – tantschig Adj.: dumpf, schwül, von der Luft.

Tänzer *dęntsər, dętsər;* Tanzer m.: **1.** wie nhd.; -eri[n], Pl. -erne[n] f. – **2.** Kreisel. – tänzere[n] schw.: mit dem *T. 2* spielen. – tänzerig, tanzerig; tänzelig Adj.: zum Tanzen aufgelegt.

dao s. *tun.*
Daod s. *Dat* u. *Tod.*
daot = tot.
Tap^e, flekt. -e^n f.; Demin. Täple^{in} n.; *dǫb, dębḷe; daob, daebḷe; dǫǝb, dęǝbḷe:* Pfote. **1.** des Tieres, bes. des Hundes, noch mehr der Katze. – **2.** spöttisch, auch wohl (Demin.) humoristisch-schmeichelnd von der Hand oder den Fingern des Menschen. – Speziell: *Täple*^{in} die geschlossenen Fingerspitzen. *E*^{in} *T. voll Salz* odgl. – Tape m.: unbeholfener Mensch. – tape^n (Laut s. o.) schw.: tappen. **1.** mit Pfote oder Hand an sich ziehen, wie die Katze. – **2.** unsicher, suchend tasten. – **3.** liebkosend tasten. – taperig *dǭ-* Adj.: unbeholfen. – S. a. *tapig, täplen.*
Tapet *dabę̄t* ◡' n.: in den RAA. *aufs T. bringen, aufs T. kommen* zur Sprache, zum Vorschlag. – Anm.: Eig. der Teppich des Beratungstisches.
tapfer *dǎpf(ǝ)r,* Kompar. Sup. täpferer, -erst -ę̆- Adv.: brav, tüchtig, kräftig, rasch. Fast ausschießlich = schnell. *Es regnet t.* heftig. Meist, doch nicht notwendig, ist die Schnelligkeit gefaßt als absichtliche Bewegung eines persönlichen Wesens: *t. laufen, springen.* Daher bes. imper.: *Mach t.! Lauf t.!* Wiederholt, meist ohne Verbum: *Tapfertapfer!* ◠◡◡, sehr rasch gesprochen. Auch demin. *tapferle*^{in}*!* Subst. Tapferle^{in} n.: flinker Mensch.
tapig Adj.: ungeschickt. S. *tappig.*
täple^n *-ę̆-, -ae-* schw.: **1.** wie *tapen:* mit der Tatze, Hand spielende Bewegungen machen, wie die Katze. – **2.** mit kurzen, sanften Schritten gehen; wohl eher *täpplen.*
Tapp *d-,* Pl. Täpp^e *-ę̆-* m.: **1.** Fußstapfe, Fährte. – **2.** tappiger Mensch. – **3.** ein Kartenspiel, Syn. *deutscher Tarok.*
täppele^n *dę̆-;* täpple^n; täpperle^n schw.: mit kurzen, raschen Schritten gehen, trippeln. – Täppeler m.: wer, etwa aus Altersschwäche, kleine Schrittchen macht.
tappe^n *d-* schw.: **1.** komisch-verächtlicher Ausdruck für plumpes, ungeschicktes Zugreifen oder Auftreten. Vgl. *an-, aus-t.* – Bes. mit adv. oder präp. Wendungen. *Drei*^{n} *t., drei*^{n} *'nei*^{n} *t.* ungeschickt zufahren. – **2.** ein Kartenspiel, auch *deutscher Tarok,* spielen.
Tapper *d-* m.: **1.** unsicher einhergehende Person, ungeschickter Mensch. Wer gerne an Weibern herum *tappt.* – **2.** weiter, warmer Hausschuh; auch *Täpper -ę̆-.* Demin. *Täpperle*^{in}. – **3.** vom *Antappen* herrührender Schmutzfleck, z. B. an einem Kleid. – S. zu *tappen;* vgl. *täppelen.*
tappet s. *tappig.*
tappig, tappet Adj.: ungeschickt, täppisch.
d^{a}r-ab *drǎb, drǎ, drǎb* Adv.: **1.** örtlich: unten. *I*^{ch} *bi*^{n} *drǎ* nicht droben. – **2.** übtr.: deshalb, darüber. *I*^{ch} *bi*^{n} *froh drab* SW.
d^{a}r-a^n *drǎ; drǒū* FRK. Adv.: im allgemeinen wie

nhd. **1.** mit bestimmter Beziehung, demonstr. a. örtlich: daran, dabei, darunter. – *dra*^{n}*bletze*^{n} daranflicken; *dra*^{n}*setze*^{n} (ein Stück an eine Hose u. ä.) u. ä. – Häufige Verbb. *D. danne*^{n}*;* auch übtr.: *'s ist d. d. g*^{e}*we*^{sen}*, so wär*^{e} *mei*^{n} *Haus verbrunne*^{n} o. ä., um ein Haar. *D.* ^{he}*rab;* auch übtr.: *'s ist dra*^{n} *'ra*^{b} ^{ge}*gange*^{n} in ders. Bed. – b. zeitlich. – c. modal und kausal: daran, damit, dadurch, davon. – *Schaden, Verlust, Gewinn, Profit d. haben; d. verschrecken, einschlafen, aufwachen* u. ä. – **2.** mit mehr oder minder unbestimmter Beziehung und Übergang von der Ortsbestimmung in die Angabe des Objekts, besonders bei folgenden Verben: a. d. bleibe^n: an der (einmal begonnenen) Arbeit bleiben, beharrlich sein; Syn. *darbei bl.* – b. d. denke^n: wie nhd. *Da ist kein Dra*^{n}*denke*^{n} davon kann keine Rede sein. – c. d. ge^{hen}: nämlich an die Arbeit. – d. d. glaube^n: *d. gl. müssen* eine Aufgabe, Bezahlung, Anstrengung u. ä. auf sich nehmen müssen; bes. oft insbesondere vom Tod. – e. d. habe^n: Anteil haben. – e. d. hebe^n: bei der Arbeit helfen, unterstützen (im besondern einen schwankenden Heuwagen mit der Gabel halten, daß er nicht umfällt). *Sich d. h.* sich an etwas halten. – f. d. kere^n: *sich d. k.* sich darum kümmern, darnach fragen. – g. d. komme^n: an die Reihe kommen; einen Plan, eine Arbeit in Angriff nehmen. – h. d. kriege^n: *einen d. kr.* überverteilen, hereinlegen. – i. d. lange^n: ein Mädchen anfassen. *D. l. kost*^{et} *nichts.* – k. d. lasse^n: an eine Arbeit u. ä. gehen lassen. – l. d. lige^n: unpers., wie nhd. – m. d. mache^n: *sich d. m.* α) eine Arbeit in Angriff nehmen. – β) *sich bei einem wohl d. machen* = einschmeicheln. – n. d. mane^n: wie nhd. – o. d. müsse^n: α) an die Arbeit gehen müssen, arbeiten müssen. *Er muß fest dra*^{n} muß hart arbeiten. – β) insbes. sterben müssen. *Ei*^{n}*mal muß jeder dra*^{n}. – p. d. rucke^n: etwas, viel, wenig, nichts, eine bestimmte Summe *d. r.* dafür aufwenden. – q. d. sei^n: α) an der Reihe sein. – β) an der Arbeit, im Begriff sein u. ä. Unpers. ^{E}*s ist (nah*^{e}*) dra*^{n} *(danne*^{n}*)* nicht mehr weit davon; verstärkt ^{e}*s ist dr*^{a}*uf (drum) und dra*^{n}. – γ) darauf bedacht sein, dafür sorgen u. ä. – δ) der Meinung sein. *I*^{ch} *bi*^{n} *(so) dra*^{n} der Meinung; *Da bist d*^{u} *recht (falsch, letz, hintersi*^{ch}*für) dra*^{n}. – ε) sich befinden: *gut, schlecht (übel) d. s.* u. ä. *I*^{ch} *weiß nimme*^{r}*, wo i*^{ch} *dra*^{n} *bi*^{n} wo mir der Kopf steht. *I*^{ch} *weiß nit, wie i*^{ch} *mit ihm dra*^{n} *bin* was ich von ihm zu halten habe, wie ich mit ihm stehe. – ζ) *bei einem wohl dran sein* lieb Kind sein. – η) ^{E}*s ist etwas (nichts) dra*^{n} etwas (nichts) davon ist richtig.
d^{a}r-auf *drǔf* im weitaus größten w. Teil des Gebiets, *drǝuf (drauf* FRK.) im O. Adv.: wie nhd. – **1.** mit bestimmter Beziehung auf ein Genann-

tes; demonstr. a. räumlich. *Es verdirbt kein Un-kraut, es regnet darauf.* – b. zeitlich: darauf, worauf, nachher, dann. *Druf sait er.. –c.* übtr. zur Angabe des Objekts, der Richtung eines Strebens u. ä. *sich d. freuen, d. aus sein, d. span-nen* u. ä. – **2.** bei Verben: a. d. d r u c k e^n: phys., z.B. auf die Feder; übtr. darauf hinarbeiten, drängen. – b. d. g e b e^n: vom Aufgeld bei einem Kauf. Übertr.: *etwas, nichts d. geben* darauf Wert legen, hören. – c. d. g e^h e n: α) sich darauf verlassen. – β) zu Grunde gehen, von Geld, Tieren, Pflanzen und (vulgär) Menschen. – d. d. p f e i f e^n (gröber: d. s c h e i ß e^n): nichts drum ge-ben, nicht darnach fragen. – g. d. s c h l a g e^n: *(einem) d. schl.* ihn bei einer Versteigerung überbieten; absolut: steigern, sich an der Ver-steigerung beteiligen. – h. d. s e h e^n: Gewicht darauf legen, dafür sorgen. – i. d. s e i^n: α) er-picht sein. Meist verstärkt *dr^auf aus, d. 'nei^n sei^n.* – β) nahe bevorstehen. *^Es ist d. (und dra^n).* – **3.** vor Advv. des Orts steht d. vielfach verstär-kend und verdeutlichend: d. d a n n e^n örtlich und zeitlich; ebenso d. d^r o b e^n; d. ^hi n a u f und d. ^hi n e i^n örtlich und übtr.: *I^ch pfeif^e* (gröber: *scheiß^e) dir d. 'n^auf (d. 'nei^n), d. 'nei^n hause^n* verschwenderisch leben. – D(a)rauf-geld n.: Aufgeld bei einem Kaufvertrag, besonders beim Viehhandel.

d^a r-aus *dr^ous* im größten Teile des Gebiets, *draus* FRK., *drūs* Adv.: wie nhd., von Ort, Ursache und Stoff. Hauptsächlich vom Stoff: *draus ma-chen* u. ä.; in lokaler Bed. meist verstärkt *d. 'raus, d. 'naus.* Sodann in Verbindung mit Ver-ben: d. b r i n g e^n: 1) einen aus dem Konzept bringen, beim Sprechen oder bei irgendeiner Arbeit. – 2) erlösen, bei einem Verkauf. – d. g e^h e n: 1) aus einer größeren Anzahl heraus zu Grunde gehen: ein Weinstock, ein Baum, ein Stück Vieh u. ä. *geht draus.* 2) *Man weiß nicht, geht man drein oder draus* fällt die Sache glück-lich aus oder nicht; ähnlich: *Man weiß nicht, geht man mit ihm draus oder drein* wie man mit ihm daran ist. 3) *Er la^βt si^ch nichts d. gau^n* macht sich nichts daraus. – d. k o m m e^n: 1) ein Knabe (Mädchen) *kommt draus* wird aus der Schule entlassen, konfirmiert. 2) den Faden der Rede, die Arbeit verlieren, als intr. zu *d. bringen.* 3) aus einer Sache, Rede usw. klug werden. – d. l a s s e^n: in der RA. *Ma^n ka^nn drauß und drein lau^n* nach Belieben wegnehmen oder zugeben. – d. m a c h e^n: in der RA. *sich etwas (viel, wenig, nichts) d. machen.*

da(r)-bei *d^a(r)b^ai* ∪' Adv.: teils rein örtlich, teils von Verhältnissen und Zuständen = daran, da-mit, dazu, außerdem u. ä.; demonstr. *^Es bleibt d.* Bekräftigung. *I^ch bleib^e d.* beharre auf meiner Ansicht. *Der ist scho^n meh^r d. g^ewe^sen* hat in solchen Dingen Erfahrung.

dar-bis *d(ə)rbĭs* Adv.: bis dahin, einstweilen; nur zeitlich.

d^a r-ei^n *drāē; drāī* FRK., *dr̨ē* SW., *drī (driŋ)* S. Adv.: wie nhd., lokal. und übtr. – Besondere Verbin-dungen: d. f a r e^n: unüberlegt handeln, etwas hastig anfassen. – d. g e b e^n: 1) dazu, gratis ge-ben. 2) refl., *sich d.* sich in etwas schicken. – d. g e^h e^n: 1) örtlich, teilweise prägnant in RAA. wie *I^ch geh^e unserem Pfarrer net gern drei^n in die Kirche. Der Bub^e geht scho^n lang drei^n in die Schule. Drei^n und darnebe^nt geht viel* RA., wenn ein Gefäß überläuft, aber auch obszön. 2) gratis gegeben werden, als intr. zu *d. geben.* – d. k o m m e^n: 1) in die Schule kommen, auch in den Konfirmandenunterricht. 2) dazwischen, in die Quere kommen: *^es ist mir etwas drei^ng^ekomme^n.* – d. k r i e g e^n: gratis dazu bekommen. – d. l a s-s e^n: *Ma^n ka^nn drei^n und drauß lau^n* nach Belie-ben ab- oder zugeben. – D. m i s c h e^n: sich in alles dr. m. – d. p f e i f e^n: *I^ch pfeif^e (dir) drei^n ('nei^n)* schere mich nichts darum; gröber *-scheißen.* – d. t a p p e^n: plump, gedankenlos einhergehen, zu-greifen. – Häufig erscheint *drein* noch verstärkt durch *hinein: drei^n 'nei^n* ∪'; nam. bei Verben, z.B. nD. n. *pfeife^n (scheiß^e^n).*

Däres *dērəs* m.: Geschwätz, Geplauder.

dar-für *d(ə)rfīr* ∪', seltener *dəfīr* Adv.: **1.** lokal. a. Bewegung: vor etwas hin. *D. gehen* u. a. Fränk. und in der HalbMA. *darvor.* – b. Ruhe: vor etwas befindlich. – **2.** übtr., wie nhd.: Stellver-tretung, Zweck udgl. Auch hiefür fränk. *dar-vor,* HalbMA. aber *darfür. Ma^n kennt ihn d.* als solchen. – **3.** Besondere Verbindungen, z.B. d. k ö n n e^n: daran schuld sein; meist neg.: *nicht d. k.,* häufiger *nichts d. k. I^ch ka^nn nichts d. –* d. t u^n: *einem d.* t. das Handwerk legen.

darheim s. *daheim.*

darher s. *daher.*

d(ar)in(ne^n) *drēn; dr̨ǝnǝ, dr̨nǝ; dēn* Adv.: darin; demonstr. – Die MA. gebr. das Adv. ausgiebig, rein örtlich oder übtr. *Er muß überall sei^n Nas^e d^a rin habe^n.* Bes. präd. mit *sein:* **1.** eigentlich. *Wo^n net viel drin ist, ka^nn au^ch ^net viel 'raus. –* **2.** in Sorge, Angst, Verlegenheit, Schulden u. ä. sein. *Der ist (steckt) arg (tief) drinne^n* ist in großer Not, insbesondere tief verschuldet. *Der ist mit sei^nem Bube^n recht (arg, fürchtig) d.* hat eine große Freude an ihm, ist sehr für ihn eingenom-men.

dar-mit Adv.: damit.

dar-mittelst *d(ə)r-* Adv.: einstweilen, inzwischen. *I^ch lauf^e d. ane* ich gehe einstw. weiter. Syn. *darbis, derweil.*

dar-nach *dərnōx, d(ə)rnǭ, d(ə)rnao;* längere For-men: *dərnǫxər* OSCHW., *də(r)nǫxər, dərnaoxət, dənǫxərt, dərnǭxədə, dǫnǫxərdə, dərnaoxərdə* Adv.: **1.** räumlich, das Ziel bez.; daher auch übtr. von dem Ziel eines Strebens. *Da g^elust^et ^es* *mi*^{ch} *net d. Es ist mir net d.* ich möchte das nicht haben oder tun; häufiger *drum.* – **2.** zeitlich: hernach, nachher, dann; Zeit und Reihenfolge ausdrückend, mit oder ohne nähere Zeitbestimmung. – **3.** modal: derart; je nachdem; Adv., Prädikat, Konjunktion. Insbes. *d. sein,* dementsprechend, meist geringschätzig: *Der Sommer ist naßkalt gewesen; der Wein ist auch d. Das ist einer d.* ein schlechter Mensch.

d(a)rob *drọb, drọ̄* Adv.: **1.** örtlich: darüber, oberhalb. – **2.** kausal: darüber, deshalb. *I*^{ch} *hau*ⁿ *mi*^{ch} *arg d*^a*ro*^b *verzürnet* darüber geärgert.

daroben s. doben.

d^a**r-ober** *drọ̄bər* Adv.: **1.** lokal: darüber, oberhalb. *Mei*ⁿ *Acker ist g*^e*rad*^e *d. dane*ⁿ. – **2.** kausal: darüber. *I*^{ch} *hau*ⁿ *mi*^{ch} *arg d. g*^e*ärgeret* u. ä.

d^a**r-o**^{ne} *drọ̄* Adv.: ohne das. *I*^{ch} *ka*ⁿⁿ *(nit) d. sei*ⁿ kann's (nicht) entbehren.

Darre *dărę̆* f.: Vorrichtung zum Dörren.

Därre *-ə* f.: die Klapper, die in der kathol. Kirche in der Karwoche statt der Glocke gebraucht wird.

därreⁿ I *dę̆rə, dę̆ərə* schw.: intr., mit haben. **1.** vom Vieh: wild umher oder heim rennen, bes. wenn es von Insekten geplagt ist. – **2.** auf Menschen übtr.: rennen, schnell laufen. *Büble*ⁱⁿ, *därr*^e!

därreⁿ II schw.: mit der *Därre* zur Kirche rufen.

d(a)r-über *drībər, drīwər* N.; *drībərt;* daneben *drī* (bes. in gewissen Verbindungen, *drī 'nạus, drī 'nāē̃*) Adv.: darüber. **1.** örtlich: *Er ist (Ma*ⁿ *muß* o. ä.) *no*^{ch}*mal dr.* eine Arbeit nochmals vornehmen. – **2.** zeitlich. *Ond drü goht er fort* unterdessen. – **3.** übtr., von Beziehung und Ursache: darüber, deshalb. *Ich habe mich d. gefreut, geärgert, verzürnt* u. ä. – **4.** = darüber hinaus. Eig., von Zahl, Maß und Gewicht, besonders von der Zeit: *ist*^e *scho*ⁿ 6 *Uhr? E̯s ist scho*ⁿ *(10 Minute*ⁿ*) dr.* – **5.** häufige adv. Verbindungen: a. d. d i n n eⁿ *drībər dĕnə: d. d. sei*ⁿ schwanger sein. – b. d. d u r^{ch} e: hinüber, darüberhinaus. – c. d. d^au s s eⁿ *drībərdusə:* α) örtlich: über einem (etwas) draußen. – β) übtr.: geisteskrank. – d. d. ^{hi}n a u s: α) örtlich. – β) übtr.: ^e*s ist d. n.* zu arg, nicht mehr zum Aushalten. – e. d. ^{hi}n e iⁿ: α) ‿ örtlich. – β) ‿ übtr.: unerträglich. *Des ist (doch) d. n.* gar zu schlimm. – f. d. ^{hi}n über *drī(bər nī(bər):* α) örtlich, ‿‿‿. – β) übtr.: sehr, unerträglich, = *dr. 'nei*ⁿ β. ^E*s ist (doch) dr. n.* ‿‿ allzu schlimm.

dar-um Adv.: **1.** d a r u m ‿‿ *dọ̄rọ̆m,* gebildet *dā-.* – a. örtlich, s. *daherum.* – b. kausal: aus dem Grunde. Nur als Ergänzung zu *warum.* Besonders in kurz abfertigender Antwort auf die Frage *warum?* Antwort: *Darum* ‿‿. – **2.** d a r u m ‿‿, d r u m *drọ̆m; drŭm* Adv.: a. örtlich. *Was drum und dra*ⁿ *ist.* In rein örtlicher Bedeutung gern verstärkt durch ^{he}*rum. Der tappt drum 'rum wie d*^{ie} *Katz*^e *um de*ⁿ *heiße*ⁿ *Brei.* – b. übtr.,

als adv. Satzbestandteil. α) vom Objekt und Ziel einer Tätigkeit, eines Tausches usw.: darum, darüber, davon. – Besonders bei folgenden Verben: d. g e b e n: *Was gibst d*^u *mir drum?* dafür. *Er gibt nichts drum, was ich ihm sag*^e kehrt sich nicht daran. Auch ohne Obj.: *drum geben* gehorchen. – d. k o m m e n: verlieren. – d. s e iⁿ: *'s ist mir drum, arg dr., net dr., dr z*^u *tu*ⁿ kommt mir darauf an. – β) von Grund und Ursache: deshalb, dafür. *ein*^{en} *drum ansehe*ⁿ, *lobe*ⁿ u. ä. – c. Satzeröffnende Partikel: deshalb. *Drum ebe*ⁿ*!* Auch als Äußerung der Befriedigung u. ä. in Fällen wie: *Morge*ⁿ *kriegst d*^u *dei*ⁿ *Geld.* Antw.: *Drum! i*^{ch} *möcht*^e ^e*s hau*ⁿ. A.: *Wo hast d*^u *de*ⁿ *Wecke*ⁿ*?* B.: *I*^{ch} *haun i*^{hn ge}*gesse*ⁿ. A.: *Drum! I*^{ch} *hau*ⁿ *doch älles ausg*^e*sucht.* – Hieher Subst. D r u m in der Verbindung *zum Drum* zum Trotz, zum Possen.

d^a**r-unter** *drọ̆ndər, drọ̆ndərt* Adv.: darunter, demonstr. **1.** unterhalb. – **2.** dazwischen. – **3.** geringer an Maß, Zahl. – **4.** häufige adv. Verbindungen: a. d. d u r c h: örtlich. – b. d. ^{hi}n a b: desgl. – c. d. ^{hi}n aⁿ: desgl. – d. d. ^{hi}n e iⁿ: örtlich und zeitlich. – e. d. u n d a r ü b e r: ^E*s geht d. und d.* durcheinander.

da(r)-vor *də(r)fọ̆r* FRK. NW., sonst *də(r)fọ̄r* Adv.: davor; fränk. auch für *darfür.* **1.** örtlich. Gern mit Verben: *sitzen, stehen* udgl. *D. derne*ⁿ jenseits, seltener *d. herne*ⁿ diesseits. – **2.** zeitlich: zuvor, vorher, früher, absolut oder mit einer näheren Zeitbestimmung. – **3.** übtr.: *Ma*ⁿ *muß darvor sei*ⁿ es zu verhüten suchen; *Dem will i*^{ch} *darvor sei*ⁿ; *ei*^{ne}*m darvor tu*ⁿ.

da(r)-zu *də(r)zuə* Adv.: **1.** lokal: dahin, hinzu, opp. „darvon". – **2.** übtr., vom Objekt und Ziel einer Handlung, von Zugehörigkeit u. ä. – **3.** Begleitung, Erwiderung, Zustimmung u. ä.: dabei, hinzu. – **4.** Vermehrung und Hinzufügung: hinzu, überdies. – **5.** besondere Verbb.: a. d. k o m m eⁿ: α) rein örtlich. – β) in den Besitz einer Sache kommen. *D. k. wie der Blind*^e *zur Ohrfeig*^e unverschuldet, ohne Verdienst, unvermutet. Etwas anders: *I*^{ch} *bi*ⁿ *vor lauter G*^e*schäft nit darzu* ^{ge}*komme*ⁿ habe nicht die Zeit dazu gefunden. – b. d. k ö n n eⁿ: *Da ka*ⁿⁿ *i*^{ch} *nichts d.* daran bin ich nicht schuld (mehr gebr. *dafür*), dafür kann ich nichts tun. – c. d. s t e c k eⁿ: *Du kannst einen Stecken d. st.* o. ä., wenn einer mit etwas nicht zufrieden ist. – d. t uⁿ: *Ma*ⁿ *muß darzu tu*ⁿ sich beeilen, anstrengen.

da(r)-zwischeⁿ *də(r)tswĭšə* ‿‿‿, *-ət* Adv.: örtlich, von Ruhe und Bewegung, seltener zeitlich. – D a (r) z w i s c h eⁿ k o m m eⁿ: störend, unvermutet dazwischentreten: *'s ist mir etwas d.* ^{ge}*kom-me*ⁿ. – Verb. d. d u r c h *(fahren, gehen, laufen* u. ä.); d. ^{hi}n e iⁿ, örtlich *(fahren, laufen, springen* u. ä.) und zeitlich *(schwätzen, trinken, rauchen* u. ä.).

Täsch^e *dęš*, Tasch^e *däš* FRK. f.; Demin. Täschle^{in} *dę̆-* n.: **1.** Tasche, von der umgehängten oder an der Hand getragenen T. – **2.** Geschlechtsteil der Kuh. – **3.** Scheltwort: schlechte, schwatzhafte Weibsperson. – **4.** nicht zu große Vertiefung des Bodens; s. NECK., als Flurname allgem. – **5.** Schlag mit der flachen Hand, bes. an den Kopf *(Kopftäsch^e)* oder ins Gesicht *(Maultäsche);* stets mit *-ę̆-. Einem eine T. geben, stecken, 'nanschlagen;* Syn. *einen (ver)täschen.*

Täsch(el)-kraut n.: Hirtentäschel, Capsella bursapastoris (L.) Med.

däsig, dasig *däsig -ę̆-; dasig -ā-* BAIR.SCHW.; *dase* RIES Adj. (Adv.): still, kleinlaut, zahm, unterwürfig. *De^n wird ma^n scho^n d. mache^n* u. ä.

das-mal ⌢ *(des-; -mọl, -maol)* Adv.: dieses Mal. *Desmal bist gut weg^{ge}komme^n* u. ä.

daß *däs* allgem.; *däs; äs.* Konj.: wie nhd. zur Verbindung des abhäng. Satzes vor Subjekts- und Objektssätzen. Besondere Fälle: **1.** pleonastische Setzung von *d.*, nach Konj. u. Präp., z. B. *bis d., eh^e d., seit^{h}er d., statt d., weil d.; in (an) dem d., außer dem d.* – **2.** *d.* = von der Art d. – **3.** *d.* = weil. *Des ist ^{n}it, daß i^{ch} müd wär^e.* – **4.** *d.* = damit *Knopf an's Taschentuch, daß man's nicht vergißt.* – **5.** Wo *d-* schwindet, lautet *daß* gleich mit *als: as;* daher tritt Vermischung dieser 2 Wörter ein: *I^{ch} bi^n kei^n so Leirer daß wie du.* – **6.** *Daß d^u nu' net 'na^{n}fällst* o. ä., besorgte Warnung oder Spott. *Daß du des ^{n}et weißt* starke Verwunderung. – **7.** mit Konjunktiv in Flüchen u. ä. Häufig mit Ellipse des Verbs: *Ei daß di^{ch}! Daß di^{ch} der* [sc. Teufel hole].

Dat *dọt; daut* BAAR, *daot* OSCHW.; Pl. -e^n f.; Demin. Dätle^{in} *dę̆- (dae-)* n.: Schublade, Fach an einem Möbel O. S. Speziell: *Mehl-, Schmalz-, Schnitz-Dat; Geld-Dätle^{in};* auch *Hose^{n}dätle^{in}* Hosentasche.

Tatsch I *dä-,* Tätsch *dę̆-;* Pl. *-ä-* m.: **1.** *Tatsch.* Klatschender Schlag, Schlag in eine weiche Masse OSCHW. – **2.** *Ta-* Vertiefung im Boden oder einem weichen Körper W. – **3.** Fleck. – **4.** Glatze. – Anm.: Mit *Tatsch* II, *Totsch* sicher gleich oder doch wurzelidentisch.

Tatsch II Tatsche m.: **1.** *dätš* etwas Breitgefallenes, -gedrücktes; z. B. ein gefallenes Ei bildet einen *T.* – **2.** *dọts:* sitzen gebliebenes Backwerk. *Datsch, dä-, Dätsch; dätšə;* Demin. Dätschle^{in} n.: kleines rundes Backwerk; genauer *Äpfel-, Eier-, Kirschen-, Zwetschgen-d.* – S. *Totsch.*

tatsche^n I *dä-,* tätsche^n schw.: = dem uns fehlenden „klatschen" und unserem *patschen.* **1.** *dä-, dę̆-* schlagen, und zwar mit klatschendem Ton mittelst der Hand oder eines breiten Instruments. – **2.** einen klatschenden Ton erzeugen. – **3.** *dä-* unnütz plaudern, schwatzen. – **4.** *dę̆-* fallen mit Geräusch; insbes. in sich zusammensinken, besonders Part. ^{ge}*täscht.* So von einem Gebäck.

tatsche^n II *dätšə* schw.: *Tatsch* II 2 backen.

Tätsche^n-blum^e f.: Klatsch-Mohn, Papaver rhoeas L.

tatschig, tätschig Adj.: **1.** weich, z. B. von unausgebackenem Teig; Syn. *kätschig.* – **2.** breit, plump.

Tatsch-kapp^e f.: „zusammengetäschte", weiche Mütze.

tätschle^n *dętšlə,* seltener -ele^n *-ələ* schw.: mit Akk. der Pers., des Körperteils: einem leichte, schmeichelnde *Tätsche* auf einen Körperteil geben. Auch übtr.: schmeicheln, liebkosen, zart behandeln: *Er will immer ^{ge}tätschlet sei^n.*

Tätsch-nas^e f.: breite, *getäschte* Nase. Übtr. vorlautes Kind.

`Datte, Dätte s. Ätte..

Dättel *dędl* (Dattel) m.: schwächliche Person, verächtl.; nördl. der Donau; Mask. auch von Weibspersonen. – Bes. gerne Demin. Dättele^{in} *dę̆-* n.: dass., insbes. von Kindern oder Mädchen, auch mit dem Begr. der Schüchternheit, Zimpferlichkeit.

dättele^n schw.: unbeherzt, ängstlich, nachlässig arbeiten. Langsam, kindisch, ungeschickt handeln, geziert tun. – S. *Dättel.*

dättelig Adj.: schwächlich, ängstlich. Zu *Dättel.*

dattere^n *dādərə* schw.: **1.** zittern, vor Frost oder Angst. – **2.** von der Sprache. a. stammeln, vor Schreck. – b. plappern. – Datterer m.: persönl. oder unpers. = *Datterich.* Den D. haben.

Datterich m.: zu *dattere^n* (1): das Zittern, bes. in Händen. *Den D. haben.*

datterig Adj.: zitternd, angstvoll.

`Dätz s. *Dez.*

Tatz^e *däts,* Pl. -e^n f.; Demin. Tätzle^{in} *dę̆-* n.: **1.** Tatze des Tieres, spöttisch des Menschen; wie nhd. – **2.** Schlag mit dem Stock auf die flache Hand. – **3.** Fußspur von Menschen oder Tieren. Übtr.: a. Ort und Stelle. *Auf der T., auf'm* [!] *T. auf der Stelle. Bes. nicht von der T. gehen* nam. von lästigem, langwierigem Besuch; einem wie sein Schatten folgen. – b. Vertiefung, durch Druck erzeugt. Grübchen im Gesicht.

Tatze^n-stecke^n m.: Stecken, mit dem der Lehrer *Tatzen* (2) gibt.

Tatzet(e) *dätsət, -ədə;* flekt. -ete^n f.; Demin. Tätzetle^{in} *dę̆-* n.: = *Tatze* 3.

dau *dəu* Pron.: um den OB. NECK. = du.

`Daub s. *Tape.*

taub *daob,* S. *dəub; dāb* FRK.; flektiert -*b*-, NW. -*w*- Adj.: **1.** des Gehörs beraubt, wie nhd. – **2.** schwachen Geistes. Insbes. *im taube^n Dicht,* auch bloß *im D.* in Gedanken, halb bewußtlos; *im t. D. herumlaufen, etwas im t. D. tun* usw., s. *Dicht.* – **3.** ähnlich wie „blind" von inhalts-, wertlosen Dingen. *Taube Nuß* ohne Kern, *t-e Fruçt, Ähre* mit unvollkommenen Körnern.

`Daube s. *Dauge.*

dä u b e n s. *däuen.*

Tauben-äne m.: leidenschaftlicher Taubenliebhaber. – T a u b e^n-d a t t e m.: dass. Zu *Datte* = *Ätte.*

Taube^n-kropf m.: Bezeichnung für Pflanzen: **1.** Taubenkropf, Silene vulgaris (Moench) Garkke. – **2.** Ährige Teufelskralle, Phyteuma spicatum, als *Blauer T.* = kugelige Teufelskralle, Phyteuma orbiculare L.

Taube^n-schlag m.: **1.** Raum für die Haustauben, bald im obersten Dachstock, bald auf einer hohen Stange. – **2.** Hosenladen.

Taube^n-stößer, -s t ö ß e l m.: Habicht.

d ä u c h e n s. *dunken.*

Dauches *dəuxəs,* D a u k e s , D u k e s m.: **1.** Arrest, Gefängnis. – **2.** *Dukəs* übler Streich. *Daukes tu^n* Unfug treiben. – **3.** *in D.* etwa = ins Nichts.

D a u d s. *Tod.*

D a u d e - s. *Toten-.*

Daudel *dəudl* f.: Schimpfname für ein langes, ungelenkes Mädchen oder Weib; auch *lange D.* Tappige, unentschiedene Person.

Däue *daebẹ, daibẹ* f.: Verdauung. Spez. das Wiederkäuen.

däue^n *daeə; daebə; dẹ̄ə; dāwə* schw.: **1.** verdauen. – **2.** wiederkäuen, bes. vom Rindvieh. – **3.** kauen. – **4.** *an etwas d.* damit zu schaffen, es zu verwinden haben. Bes. *zu d. haben. An dene^n Schulde^n hat der no^{ch} lang z^u d.* u. ä.

Däuer *daebər* m.: Wiederkäuer.

Tauf *daof,* S. *dəuf; dọ̄f* O.; *dāf* FRK. m.: **1.** Taufhandlung. – **2.** Taufwasser.

Täufe *daefẹ;* S. *dəifi, dẹifi; dẹ̄fẹ,* meist *dẹ̄;* T a u f^e *daof, dāf* FRK.; Pl. -e^n, (zu Sg. -e:) -e n e^n f.: Taufhandlung; Deutlicher *Kinds-t.*

Täufete *Täufet, Taufete;* Pl. - e t e^n, - e t n e^n f.: Taufe.

Daug^e -*əu-,* S. *-ū-; -g-,* Pl. - e^n f.: Faßdaube.

Daul^e, wohl nur flekt. D a u l e^n *dəulə* m.: **1.** Mitleid. *Einen D-en mit jemand haben.* – **2.** Zweifel. – **3.** Unwillen, Zorn, Schmerz, Verstimmung. – **4.** Ekel, Widerwillen. *Einen D-en an etwas haben, fassen, kriegen.*

Daule^{in} *daolẹ* n.: *du D. du* langsames, linkisches Mädchen.

daule^n *dəulə,* d a u r e^n HalbMA. und SW. schw.: unpers. *Es (Er, Sie) daul(e)t (dauret) mi^{ch}* tut mit leid, wird von mir bedauert.

daulig *dəu-* Adj.: bedauernswert; *e^{in} d-er Tropf.*

d a u l o s s. *tonlos.*

Täumele^{in} *dẹ̄mələ* n.: kleines Räuschchen.

taumelig Adj.: schwach, schwindlig.

d a u n - , t a u n - s. *don-, ton- (dun-, tun-).*

d a u n l o s s. *tonlos.*

T a u p e s. *Tape.*

Daus *dəus* m.: **1.** die Zahl 2 auf dem Würfel. – **2.** Schick, guter Handel; *einen D. machen* Profit. –

3. euphem., wie *tausend,* für *Teufel;* in dem Ausruf *Ei der D.!*

Dausch f. n.: Mutterschwein.

dauße^n (d r a u ß e^n) *dũsə* allgem. außer N. und NO., daneben sehr verbr. *dũs; dəusə, dəus, dəustə, dəust (əusədəust* außerhalb); *drũsə; drəusə* Adv.: draußen; opp. *hinnen. I^{ch} bi^n duß* sagt der Kartenspieler, wenn er das Spiel aussagt. Aufs geistige Gebiet übtr.: *Er ist ganz dusse^n* außer sich, geistesgestört. *Er ist obe^n dusse^n* aufgebracht; als Eigenschaft. *Er ist glei^{ch} obe^n dusse^n* jähzornig. *Er ist hoch dusse^n* stolz. *Er ist weit dusse^n* sehr heruntergekommen, in verzweifelten Vermögens- oder Gesundheitsumständen.

dauze^n *dəutsə; dautsə* FRK.; d u z e^n S. schw.: *einen d.* **1.** mit du anreden. – **2.** ausschelten.

d a v o r s. *darvor.*

da-vorne^n *dəfọ̈̄rnə* NW. FRK., sonst *-oə(r)nə* Adv.: da vorne, nur lokal. – Verbb.: - d r a u ß: voraus, z. B. gehen, schicken, -^{hi}n - a u s.

Tax *dåks,* gebildeter *thåks* m., neuer f.: Anschlag, Schätzung. – t a x i e r e^n schw.: schätzen, wie nhd.

d a z u s. *darzu.*

da-z^{u}mal *dọtsmọl* ⌐, *daotsmaol* udgl. Bes. *anno daz^{u}mal* einst, vor alter Zeit.

d a z w i s c h e n s. *darzwischen.*

d e b e r e n , d e b i s c h s. *tö-.*

Deck-barche^{n}t m.: = *Bettb.,* Barchent zu Bettdekken.

Deckel *dẹgl (de^{i}gl* FRK.) m.; Demin. D e c k e l e^{in} -*ələ* n.: **1.** wie nhd., D. auf verschiedene Geschirre. – **2.** verächtl.: Kopfbedeckung, Hut. – **3.** pejor. Kopf.

deckle^n schw.: **1.** intr., mit haben. Den Hut, die Mütze abziehen. – **2.** trans., *einen d.* a. zum Schweigen bringen. – b. töten. – **3.** refl. *sich d.* sich verpuppen, so daß man von der Außenwelt nichts braucht.

Deck-reis(ach) n.: Weißtannenzweige zum Schutz von Pflanzen gegen den Frost.

defakto Adv.: wirklich.

d e f f l e n s. *töfflen.*

Tegel *dẹ̄gl* m.; Demin. T e g e l e^{in} -*ələ* n.: **1.** Ton, Lehm, zum Ausschlagen von Zisternen und Kellern gegen die Feuchtigkeit gebraucht. – **2.** Tongefäß, Tiegel. Speziell: a. Lämpchen für Öl (oder Talg) in Form eines Schüsselchens. – b. Bratkachel, Kochgeschirr, halb Schüssel halb Hafen.

dege^n-mäßig Adj. (Adv.): zahm, bescheiden, unterwürfig; stets mit spöttischem Ton gebraucht über einen, der vorher großsprecherisch, widerspenstig war, aber durch Gewalt oder sonst zahm geworden ist.

teget *dẹ̄āgət* Adj.: schlammig, speckig, vom Boden. – Zu *Tegel 1.*

Degu degũ m.: widerwärtiger Geschmack, Ekel vor einer Speise. – Anm.: Frz. dégoût. Weit verbreiteter ist Gu Geschmack.

Dei dɔi f.: Kuchen, v. a. Salzkuchen; z. B. Grundbireⁿ-dei. Deieⁿ Pl.: längliches weißes Brot mit eingedrückten Quervertiefungen.

Teich dɔiχ, S. -ī-, FRK. -ai-, RIES -ae-; Pl. -er n.; Teiche, S. -ī- f.: 1. Vertiefung im Gelände, gelinde Einsenkung. – 2. andere Einsenkungen. Das Dach hat ein T. – Anm.: Unsere MA. kennt nur das Ntr. und nur diese Bed. Für nhd. „Teich" See, Wette, Weiher.

Deichel s. Teuchel.

teicheⁿ dɔiχə, S. dī-; Part. ᵍᵉticheⁿ dīχə tïχə st.: still, heimlich wohin schleichen.

deichlen s. teuchlen.

Deichsel m. f.: die Deichsel.

deichsleⁿ schw.: lenken, leiten. Wohl immer mit Adv.: etwas gut, schön 'nan, 'naus d.; auch wohl refl. sich 'naus d. aus der Sache ziehen.

teig dǫęg O., dǫag W. SW. S., dǟeg NW., daeg SO., dǟχ FRK., dę̄χ äußerster NW. u. N., daneben teigig und OSCHW. BAIRSCHW. ALLG. teiget Adj.: von einer (unerwünschten) teigartigen Beschaffenheit. 1. insbes. von Birnen, süßfaul. – 2. von andern Substanzen. – 3. übtr., von Menschen: weich, kraftlos.

Teig-affᵉ, flekt. -eⁿ m.: Schimpfwort. Abgeschmackter Mensch, hoffärtiges junges Mädchen.

teigeleⁿ dǫę- schw.: mit Lehm, Dreck spielen, von Kindern.

teigeⁿ schw.: 1. intr.: teig werden, von Birnen. – 2. trans. (ohne Obj.): Teig machen.

teigig s. teig.

teiget s. teig.

deiheⁿ dɔiə st.: gedeihen. Subst. Inf.: 's ist keiⁿ Deiheⁿ drin kein Fortgang. – Deih-kind n.: Speikinder Deihkinder Trost, wenn ein Säugling viel Nahrung auswirft. – deihlich Adj.: gedeihlich.

Deiⁿle**ⁿ dǟēlę (S. FRK. dāī-) n.: schwächliche, einfältige, ängstliche Weibsperson.

dei(n)se**ⁿ s. dinsen.

Deiz (Deizet) dɔi-: 1. Deiz m.: Querbalken an einer Stellfalle OSCHW. – 2. Deizleⁱⁿ, Deizeleⁱⁿ, auch Deizetleⁱⁿ n.: Wandbrett, Gesims über der Tür odgl., für kleinere Gegenstände, Bücher, Milch, Krüglein u. ä.

Deleⁱⁿ dę̄lę n.: Medaille udgl., um den Hals getragen; im kath. Schwaben allgem. – Anm.: Aus „Agnus Dei".

Delle s. Dalle.

Teller n.: der Teller.

Demele s. Täumelein.

Demer deǟmər Hauptgeb. m.: Dämmerung, morgens und abends. Prädikativ: Es ist, wird d.; auch mit adv. Zus.: ganz d., so d. – demereⁿ schw.: es demeret die Dämmerung bricht an. – demerig Adj.: dämmerig.

den, dennen s. darinnen.

deneⁿ (dener, deneⁿt usw.); derⁿ(eⁿ); deⁿz(u), derz(u) Adv.: jenseits, drüben; opp. heneⁿ usw. diesseits, hüben. In Verb. mit andern Lokal-Adv.: da d., dort d., selᵇt d. H. wie d. hüben wie drüben.

dener, dene, denes dę̄n(ə)r, -ę, -əs; Dat. dę̄n(ə)m, -(ə)r (dänr), -(ə)m; Akk. dę̄nə, -ę, -əs; Plur. N. Akk. dę̄nę, Dat. -ə Demonstr.-Pron.: dieser, der. Dener (sc. Frau) hauⁿ iᶜʰ gᵉsait u. ä.

denescht, denischt, denis s. dennoch.

Deng s. Ding.

denglen, Dengel- s. dä-.

denkeⁿ dę̄ŋgə, S. dę̄ŋkə; dę̄gə (-kə); dāīkə BAAR schw.: denken. 1. mit oder ohne Obj., wie nhd.: etwas d. einen Gedanken, eine Meinung haben. – 2. refl. sich etwas d. sich es vorstellen. – 3. Gedenken, Erinnerung. a. an etwas d. wie nhd. 's ist ⁿet zum draⁿ d. gar zu arg. Dem will iᶜʰ draⁿ d. es ihm gedenken, mich dafür zu rächen. Wann maⁿ an nix bösᵉˢ denkt, kommst du daher u. ä. – b. die Erinnerung an etwas haben. α) mit pers. Subj. So lang ich d. kann soweit meine Er. reicht. Iᶜʰ kaⁿⁿ mir lang d. m. E. reicht weit zurück. – β) weit häufiger mit sachl. Subj.: das und das denkt mir ich erinnere mich seiner. Mein Großvater denkt mir noch ganz gut. So lang mir's denkt so weit mein Gedächtnis zurückreicht.

Tennᵉ dęn, S. dęn, flekt. -eⁿ m. (f. n.): 1. Tenne, Fußboden der Scheune. In OSCHW. und BAIRSCHW. auch von der ganzen Scheuer. – 2. untere Hausflur (die obere heißt Bühne, Laube) NO. O.

Dennet s. Dünnet.

dennoch, dannoch; dę̄nəšt, dę̄nəšt; dę̄ništ, dę̄niš, dę̄əništ, dę̄ŋəst, dę̄ŋəršt, dę̄nət, dęt Adv.: konzessiv: doch noch, trotzdem, wie nhd. – Im Gebrauch nur Formen mit -e- und auch diese nur im s. und ö. Teil des Gebiets; sonst dafür doch, eineⁿweg u. ä. ᴱs ist deᶜʰt wahr u. ä. ALLG.

Teppich m.: 1. Decke; Woll-, Zudecke. – 2. wie nhd. Wand-, Bodenteppich.

der, die, das, Artikel, Pron. demonstr. u. rel.: A. Formen. I. Des Artikels. Sing. Mask.: Nom. d(ə)r. Gen. s, əs. Dat. əm, m; ęm, im. Akk. də, vor Vokalen auch dən. Fem.: Nom. Akk. d; etwas betonter, z. B. vor Adj., aber nie vor Subst. dę; auch əd, 'd. Gen. Dat. d(ə)r. Neutr.: Nom. Akk. s; ds. Plur. m. f. n.: Nom. Akk. d; betonter dę. Dat. dę; də. – 2. des Pronomens. Sing. Mask.: Nom. dęər, N. dęr; dęr (dęər nur vor Vokalen). Dat. dę̄əm; dęəm; dəm; dęəmę. Akk. dę̄ə; dęə; dęn. Fem.: Nom. dui im Hauptgebiet, n. u. ö. Außengebiete diə. Gen. Dat. dęərə; Dat. dę̄n(ə)r, dänr; Akk. wie

Nom. Neutr.: *dęs; dęs; das ist* wird allgem. kontrahiert zu *dęšt.* Dat. wie mask. Plur. m. f. n. Nom. Akk. *diə;* Dat. *dęnę, dęənę, dęənę; dęənə; dənę.* – B. Gebrauch. I. Artikel: **1.** ganz allgemein ist der Gebrauch des Artikels vor Verwandtschaftsbezeichnungen: *der Vater, d[ie] Mutter;* vor *Herr, Frau, Fräulein* und Titeln: *der Herr Müller, die Fräulein M., der General M.* usw. Dann besonders vor Personen- und Familiennamen: *der Hansjörg, die Christine, das Bä'bele[in]; der Schiller, der Bismarck, d[ie] Schmiedi[n]* usw. Bei Demin. wird eigentüml. unterschieden: bezeichnen sie weibl. Wesen, sind sie stets Ntr.: *'s Mariele[in], 's Mayerle[in];* bez. sie männliche, so sind sie Ntr. als Namen von Kindern: *'s Ottole[in], 's Müllerle[in],* aber gern Mask., wenn sie Knaben oder Männer bez.: *der Fischerle[in], der Taigele[in],* dies bes., um den Sohn vom Vater zu unterscheiden. Ebenso bei Gattungsnamen: *der G[e]scheidle[in].* – **2.** der Eigenname im Genitiv mit vorgesetztem Artikel bedeutet: der Sohn, die Tochter des . . .; *[de]s Schäfers* des Schäfers Tochter; noch häufiger = die Familie, das Haus. – **3.** vor Zahlwörtern zur Bezeichnung der Tageszeit: *um die (dę) achte, um die neune.* – **4.** vor den Pronn. *jeder, jedweder, selb[e], wel[che],* wobei diese ganz als Adj. betrachtet und behandelt werden: *der-ied,* ALLG. *Des ka[n] [n]it der i.* – *Dersel[be] (drsęl), die s., [da]s s.* derselbe, jener. – *Der wel[che] (drwęl), d[i]ew., [da]sw.* welcher? ohne folg. Subst. – **5.** ohne Nomen. a. *Des ist der wert, net der wert* = der Mühe wert. – b. unbetontes *d(ə)r* statt *er: Der kommt* u. ä. – II. Pron. dem. **1.** betontes der = nhd. der, dieser. *D e n Weg* auf solche Weise, so: *D e[n] Weg macht ma[n] des.* – **2.** Ntr., emphat. gebraucht. *[E]s ist mer des,* es ist mir gleichgültig; *[e]s ist ihm des,* er bekümmert sich weder um gute noch böse Worte. – **3.** mit Präp.: *an dem* beinahe, bald; *[e]s ist an dem, daß i[ch] fertig bin.*

der-artig Adv.: derart. Häufig zur Hervorhebung verwendet: *Dui ist derartig schön.*

Derkel s. *Dö-.*

derren s. *därren.*

dert s. *dort.*

der-wege[n] ◡◜◜ *-ęə-, -ę̄-* Adv.: deswegen.

der-weil *dərwəil* ◡◜, S. *-wīl;* derweilst; *drwīlə, -wīlət(s)* ALLG. Adv.: **1.** mittlerweilen. – **2.** d. Weile haben (nicht d. W. h.), sich d. W. lassen Zeit haben usw., s. Weile.

desperat *dęšpərāt* ◡◡◜ Adj.: *ganz d. werden* außer sich kommen.

testamentle[n] schw.: ein Testament machen, wenn man es doch nicht sollte, tadelnd.

det s. *dort.*

Detz- s. *Dez-.*

Teuchel *dəiχl* (FRK. *-ai-,* RIES *-ae-,* S. *-ī-*) m.: ausgehöhlter Tannenstamm als Wasserleitungsrohr im Boden.

deuchen s. *dunken.*

teuchle[n] schw.: durch Teuchel leiten; bes. *herein t.,* das Wasser.

teuer *dəi(ə)r; dajər* FRK.; *duir* im Hauptgeb.; *dīr* SW. ALLG. Adj. Adv.: **1.** kostspielig. – **2.** schwer zu haben, rar, selten; in gewissen Wendungen. *Da ist guter Rat t.* wie nhd. – **3.** wie „wert" = lieb. Der MA. fehlt diese Bed. ganz. – **4.** *z[u] teuerst* zu allem hin noch, sogar.

teufelhäftig Adj.: teufelhaft, vom Teufel besessen; verteufelt; boshaft.

Teufels-aug[e] n.: Sommer-Blutströpfchen, Adonis aestivalis L.

Teufels-ber[e] f.: Für verschiedene giftige Beeren: **1.** Einbeere, Parrs quadrifolia L. – **2.** Blut-Hartriegel, Cornus sanguinea L. – **3.** Rainweide, Ligustrum vulgare L. – **4.** Rote Heckenkirsche, Lonicera xylosteum L.

Teufels-kraut n.: Stinkende Nieswurz, Helleborus foetidus L.

Teufels-milch f.: die milchsaftführende Pflanzengattung Wolfsmilch, Euphorbia L.

Teure *-ę,* s. *-i,* sonst s. *teuer* f.: hoher Preis, Teuerung.

deute[n] *dəidə,* FRK. *-ai-,* RIES *-ae-,* S. *-ī-;* Part. *[ge]ditte[n] dīdə,* S. *tītə* st.: deuten. Auf etwas hinzeigen; allgemeiner: ein Zeichen mit der Hand geben. *Er red[e]t net und deut[e]t net* gibt kein Zeichen von sich.

Dez *dęts* m.: Kopf. – Anm.: Aus dem Rotwelsch.

Dibbel s. *Düppel.*

dibere[n] *dī-* schw.: sprechen. Unnütz viel sprechen, heimlich mit einem reden. Vgl. *Gediber.* – Anm.: Aus dem Rotwelsch.

Dicht *dīχt* n. (m.): das Denken, Nachdenken. Bes.: *im D.* (in tiefem Nachdenken, daher:) achtlos, gedankenlos. *Im D. ane laufe[n], im D. etwas tun, im D. sein* usw. Bes. aber *im taube[n] D.* Beide Bestandteile öfters entstellt: *dābədīχt, daogə-; -diχ, -dī.*

dicklecht *-ęχt* Adj.: etwas dick.

dick-orig, -oret, -örig, -öret Adj.: übelhörig, bes. aber unachtsam.

dife[n] *dīfə* schw.: murren, trotzen, widerspenstig sein.

difig *dīfig (-ęg)* Adj.: **1.** modrig feucht, von Ställen u. a. Räumen BAAR ALLG. – **2.** psychologisch. a. widerspenstig, eigensinnig, verstockt, von Menschen und Vieh. Zornig, hitzig, händelsüchtig. – b. begierig auf etwas; *d. aufs Geld.*

dift(e)le[n] schw.: etwas allzu genau nehmen, ausklügeln. Wohl stets ohne Obj. oder mit adv. Wendung: *an etwas ('rum) d.* Trans. dagegen *ausd.* – Dift(e)ler m.: übertrieben pünktlicher Mensch, Pedant; aber auch, wer durch Difteln etwas herausklügelt. – diftelig (-ich) Adj. Adv.: pedantisch genau, subj.: *ein d-er Mensch,* aber auch obj. *eine d-e Arbeit.*

Tigelein n.: Haftdolde, Caucalis platycarpos L.

Dile *dĭl dĭlə;* Plur. *dĭlə* m.: dickes Brett, Balken.

Dille-dapp *dilęd-* ‿ m.: einfältiger, täppischer Mensch.

Ding *dę̄ŋ; dę̄ŋ; dĭŋ* FRK. u. S.; Pl. *Ding*e und *Dinger* n. (m.): **1.** Rechtssache, -interesse; dann aus der rechtlichen Sphäre heraustretend = Sache einer Person, Gegenstand einer Handlung oder Rede. *Wie der Ma*nn*, so sei*n *D.* Tun, Handeln. *Ein jedes D. hat seine Zeit. Gut D. will Weil*e *hau*n *(braucht lange W. o. ä.). 's ist e*in *klei*ne*s D., des Kinder freut* zu Kindern oder kindisch tuenden Erwachsenen. *Dumm D.* So auch gerne *des* [dieses] *D. Tu des D. net! Laß des D. bleibe*n *(sei*n*, gehe*n*)! Des D. leid*e*t 's Schnaufe*n net man darf nicht darüber reden. *Des D. hat (kriegt) e*in *(e*i*n ander*e*s) G*e*sicht* sieht nach etwas Rechtem aus, scheint recht zu werden. *Des D. lauft wie g*e*schmiert.* – Häufig ist *D.* mit Adjj. zu stehenden Formeln verbunden. Etwas *geht net mit rechte*n *Ding*en *zu* es ist Betrug, Hexerei odgl. im Spiel. – *Ein D.* ein und dasselbe; einerlei, gleichgültig. *Das ist mir e. D., wie 's ist* Das ist mir gleichgültig. – **2.** von irgendeinem konkreten Gegenstand. – In spezif. Verwendung statt eines konkreteren Ausdrucks; wie „tun" statt eines bestimmten andern Zeitworts. Dabei lautet der Plur. *Dinger.* a. euphem. für die männlichen und weiblichen Geschlechtsteile. – b. für den Mund. *Halt dei*n *D.* – c. abstr. *Häb kei*n *D.* sei ohne Sorge. Mehr Pl. *Dinger. Mach*e *(m*i*r) (nu*r*) keine Dinger* Sachen, Geschichten. – d. für Personen (oder auch Tiere) unhöfliche, scheltende, aber auch vertrauliche Bezeichnung. α) *Ding* n., Pl. *Dinger:* bald herabsetzend, bald schmeichelnd, bald bemitleidend. *Du bist e*in *D. wie unsers Herrgotts Roß, und des ist e*i*n Esel g*e*we*sen. Sonst stets vom weibl. Geschlecht. *E*i*n alt*e*s D.* Weib, insbes. von Mädchen. *Ein liederliches, lumpiges, dummes D.;* aber auch *nettes, liebes, braves, sauberes D.* usw. – β) *Ding* m. meist *Dinger:* nur von männlichen Wesen, meist vergröbernd. *Dummer, grober, wüster, unartiger D.* – e. *Ding,* auch seltene *Dings:* für Sachen und Personen, die man augenblicklich nicht benennen kann oder nicht benennen will. Dabei werden Sachen meist als Neutra behandelt: *des Ding* etwa = jener Stock, jene Laterne o. ä. Bei Personen das natürl. Geschlecht: *der D.* etwa = Karl, *die D.* Karoline, *des D.* Hänschen. Eine sachliche Abgrenzung für diesen allgem. verbr. Gebrauch läßt sich nicht geben: *Gib mir des D. her. Wer hats* ge*tau*n*? O, der D. I*ch *bi*n *z*u *D. g*e*we*sen etwa in Pfullingen. *Am D.* am xten Mai usw. Sogar Verwendung für ein Verbum ist möglich: *Er ist nach Pfullingen. „Was tut er dort?" O, er läßt sich Dings,* z. B. photographieren, wenn einem das Wort nicht einfällt. Die Form *Dings* gerne verstärkt: *Dingsda.*

Dingeler *dę̄ŋəl(ə)r* m.: rohe, meist zugleich verachtliche Bez. für eine Mannsperson: großer, ungeschlachter, grober, einfältiger, komischer, spaßhafter Mensch u. ä. Verwendung allein *(Das ist e*in *D.!)* oder mit entsprechenden Beiwörtern: *groß, lang, fürchtig, dumm, wüst, grob.* – Dazu als Fem. D i n g e l ä r in *dę̄ŋəlę̄rę̆,* Pl. -inne n ‿‿ ‿, in ders. Bed. wie *Dingeler.*

dingen schw. st.: verabreden, vertragsmäßig festsetzen; in Dienst nehmen, z. B. Magd.

Dinger *dę̄ŋər* m.: **1.** euphem. männliches Glied. – **2.** grobe, verächtliche, aber nicht geradezu beschimpfende Bez. für eine große, ungeschlachte, grobe, einfältige, widerliche Mannsperson; = *Dingeler* und mit denselben Beiwörtern, aber eher noch gröber.

Dingerich m.: einfältiger, sonderbarer Mensch. HOHENL. O.

Dingin *dę̄ŋę̆(n),* Pl. -inne n f.: grobe, verächtliche Bez. für eine Weibsperson, allein oder mit Beiwort: *wüste, grobe, alte, dumme, lieder*l*iche D.* u. ä.

Dinglein, D i n g e l e in n.: kleines Ding. Bes. Kosewort für kleine Mädchen: *e*in *klei*ne*s, lieb*e*s, nett*e*s, sauber*e*s, brav*e*s D.* u. ä.

din(nen) s. *darinnen.*

Dinnet s. *Dünnet.*

di n se n *dāēsə* schw.: intr.: **1.** schleppen, schwer tragen; *I*ch *hau*n *z*u *dei*n*se*n*d g*e*häb*t *dra*n. – **2.** davonschleichen; hinterher schlendern. Dafür auch *dei*n*se*n*, dei*n*sele*n.

Dinstag *dāēstix, duišdęg, dẹ̄stig, dę̄nštix, dĭnstix,* m.: Dienstag.

Tinten**-ber** f.: schwarze Früchte des Blut-Hartriegels, Cornus sanguinea L., und der Rainweide, Ligustrum vulgare L.

Tinten**-faß**, bes. Demin. -fäßle in n.: Tintengefäß. – T i n t e n**-hafe**n m., Demin. -häfele in *-hę̄fəlę* n.: dass. – T i n t e n**-sau** f.: Tintenkleks. – T i n t e n**-suckel** f.: Tintenkleks.

tintig Adj.: von Tinte beschmutzt. *T-e Finger haben, kriegen.*

dipf- s. *tüpf-.*

dipp- s. *düpp-.*

dipplen schw.: gehen, wandern. – Anm.: Aus dem Rotwelsch.

Dirledapp s. *Dilledapp.*

Dirlitze, auch H e r l i t z e f.: Kornelkirsche, Cornus mas L.

dirmelig usw. s. *du-, dü-.*

Tisch-lade, Plur. -e n f.: Schublade im Tisch. – T i s c h**-schublad**e f.: umständlicher für *Tischlade.*

Tisch-teppich m.: Tischdecke.

dise me n, dise mle n s. *düsemen.*

diskurrieren *dišg(ə)riərə* ‿‿‿: intr., mit haben: sich unterhalten; gern gebr. Fremdwort.

disle n, dis(e)men s. *dü-.*

ditten s. *deuten.*

Dittle s. *Dutt.*

ditto *didǭ* ⌢ Adv.: das geschäftsmännische ital. *d.* desgleichen.

Doadel s. *Dundel.*

Dob s. *Tape.*

Tobak, Wilder m.: Krauser Ampfer, Rumex crispus L.

Tobel *dǭbl,* s. -*ǭ*- m. (n.); Demin. Töbele^{in} *dę̄*- n.: Bergschlucht, meist waldig, von einem Bach durchflossen.

dobe^n *dǭbe; dǭbə, dǭwə* FRK., *dǭb; dōmmə, dōmm* Adv.: droben; oppos. *hunten.* Verbunden *obe*^n*d.* – d. sein: aufgebracht, jähzornig sein; stolz sein, vornehm tun. *'s ist dr*^a*uf d.* nahe daran, höchste Zeit.

töbere^n *dę̄bərə,* tobere^n *dǭ*- schw.: nhd. toben; intr., mit haben: lärmen, poltern, in großem Zorn, bes. in der Trunkenheit.

töbig, töbet -*dę̄big*- Adj.: wahnsinnig; schwindlig, verwirrt, halb bewußtlos; irrsinnig, bes. im Fieber. S. *düppelig.*

Docht s. *Dacht.*

Tochter-kind n.: Kind der Tochter.

Tochter-ma^nn, Pl. -mann m.: Gatte der Tochter.

Dock^e *dǭk,* Pl. -e^n f.; Demin. Döckle^{in} *dę̆*- und Dockele^{in} n.: Puppe. a. Spielpuppe des Kindes, Marionette des Puppentheaters. – b. geputztes Frauenzimmer, Zierpuppe.

dockele^n, seltener dockle^n, döckle^n schw.: **1.** *dockele*^n mit der Puppe spielen; spez. von solchen, die darüber hinaus sein sollten. – **2.** *dockele*^n, *dockle*^n, *döckle*^n: tändeln, an etwas herum machen ohne rechten Ernst. – Dockeler m.: zu *d.* 2: Tändler.

dockelig Adv.: zierlich, niedlich.

dockel-nett Adj.: niedlich schön.

Docke^n-**stub**^e f.: Puppenstube.

Tod *daod* W., *dǭd* O., *dǭd* NW. u. S., *dqud* BAAR (Pl. Töd^e) m.: das Sterben, Tod.

Tod-beständerhaus n.: Ausgedinghaus Sww. – S. *Beständer.*

Dofes *dǭfəs,* s. -*is,* auch *dǭbęs* m.: = *Dauches* 1, Gefängnis, Arrest. – Anm.: Aus dem Rotwelsch.

Toffel, Töffelein = Pantoffel.

töffle^n *dę̄flə* schw.: einen *d.* durchprügeln.

Doktor *dǫgd(ə)r;* Pl. ebenso, auch Dökter *dę̆*- m.: Arzt. Dafür ist *D.* die allgem. Bez. – doktere^n schw.: **1.** den *D.* machen: langsam und sehr pedantisch sein. Bes. *an etwas herumd.* – **2.** den Arzt brauchen.

Dolder; Dold, flekt. -e^n *dǭldə* m.: Sproßende einer Pflanze, Wipfel des Baums, Blütenstand.

Dol^e *dǭl,* s. *dǭl;* Dol, auch Dole^n m., f. *Dol*^e (im ganzen Sing. gleich, Pl. -e^n): **1.** bedeckter Abzugsgraben, -rohr, Senkloch. – **2.** Mistjauche.

dole^n schw.: *Dolen,* Kanäle machen.

dolkele^n *dǭlgələ* schw.: spielen.

Dolk(e^n) -*ǫ*-, -*ǫ*-; -*ę*- m.: **1.** Klecks. – **2.** übtr.: *e^in*e^n *D. mache*^n etwas Ungeschicktes sagen oder tun. – dolke^n schw.: kneten im Teig.

Toll-or, Toll-ore -*ę* m.: spottend oder scheltend von einem schwerhörigen, auch tauben Menschen. – toll-oret, -ig Adj.: schwerhörig, taub; wer nicht hören, verstehen will, zerstreut. Syn. *dick-, tos-orig.*

Tomas *Dǭməs, Thǭməs, Dǭməs, Dǭmę, Dǭmę, Dǭmə, Dǭmęlę:* Heiligen- und Taufname. Der Thomas-tag *(Thomase*^n*-tag),* 21. Dez., ist der kürzeste. Daher: *Th. kehrt de*^n *Tag umme.* In der Thomasnacht, 20./21. Dez., stellen die Mädchen (wie in der Andreasnacht, s. *Andreas*) versch. Orakel an, um den Zukünftigen zu sehen. Z. B. Gießen von Blei, auch Wachs, dessen Form ihm oder sein Handwerkszeug anzeigt.

Doml s. *Tummel.*

domm s. *dumm.*

dommen s. *dummen.*

Dommen = Daumen.

don-, ton- s. a. *daun-, taun-* und *dun-, tun-.*

donden, donnen s. *dunten.*

Donder, donderen = Donner, donnern.

dondermäßig = donderschlächtig s. *donnerschlächtig.*

dongen s. *dungen.*

donken s. *dunken* u. *tunken.*

to^n-**los** *daōlaos (-lǫs, -lǫas), dǭ-; dā-,* neben *daō-* Adj.: was keinen Ton, keine rechte Art hat, stets tadelnd. Fad, geschmacklos, von Speisen. Von Menschen: öde im Magen; schwach, träge, energielos. *T. Geschwätz* fades, sinnloses. – to^n-losig *daōlaosiχ* Adj.: dass. – To^n-löse *dǭlaesę* f.: Schwäche, Erschöpfung.

donner-schlächtig *dǭndəršlęχtig* Adj. Adv.: verflucht, verdammt; gewöhnlich bloß stark steigernd. *Du d-er Lump, Siech, Kerle* u. ä. *Des ist e^inmal e^ine d-e Kälte, Hitz^e* u. ä. *Des ist (doch) (scho*^n*) d. Der hat e^in^e^n D-e^n* sc. Rausch. *Des ist e^in D-er* ein ganz schlimmer (aber auch gewandter) Kerl. – Adv.: *d. haue*^n, *knalle*^n, *lüge*^n, *si^ch freue*^n u. ä.; *d. heiß, kalt, groß, dick, teuer* u. ä.

Donner-wetter *dǭnər*- (FRK. S. *du*-), *dǭndər*- (desgl.), *dǭr(ə)-, dāōr(ə)-, dūrə-; -wę̄dər, -wę̆dər, -wjadər, -wədər* usw.; Pl. gleich n.: **1.** Gewitter; Syn. *Wetter.* – **2.** übtr. Als Vergleichung: *Lärmen wie ein (siediges) D.* so heftig. *Wie e^in (s.) D.* so rasch, blitzartig. *Ein D. mache*^n scheiten. Als Fluch beliebt. *D.! Heilig^es D.! (H.) Siedig^es D.! D. no^ch 'mal! D. (aber) au^ch! Zum D.! Wenn di^ch nu' 's D. (e^in heilig^es, siedig^es D.) u^ng^espitzt (kreuzweis, lotweis o. ä.) in (Erds-, Grunds-, Grundserds-) Bode^n 'nei^n schlüg^e. Dir soll e^in siedig^es D. ^uf de^n Kopf fahre*^n.

Topf *dǫpf,* NO. *dǭpf,* Pl. Töpf^e *dę̆*- m.: **1.** Kreisel;

durch das gebildetere *Tänzer 2* („Kreisel" fehlt uns) zurückgedrängt. – **2.** größerer Quelltrichter. – **3.** wie nhd. Gefäß.

topf-ebeⁿ -ē̦- ⌃◡, auch ◟◜◡ Adj.: völlig eben, waagrecht, bes. vom Gelände.

topfeⁿ schw.: mit dem Kreisel spielen.

dopplet dǫblət Adj. Adv.: doppelt.

d o r - s. *dur-.*

Dorf-beseⁿ m.: schwatzhaftes Weib.

Dorf-etter m.: Bann des Dorfes. Häufiger bloß *Etter.* Eig. der das Dorf umgebende Zaun.

Dorf-fasel m.: Nachwuchs des Dorfs an Vieh, aber auch an Menschen Oscʜw.

Dorf-gang m.: Besuch in einem Hause, zur Unterhaltung an Sonntagen oder an den Winterabenden.

Dorf-hag(eⁿ**)** m.: Gemeindezuchtstier.

Dorf-hummel m.: Gemeindefarren Oscʜw. Häufiger *Fleckenhummel.*

Torkel dǫ̈rgl, tǫrkl, tǫargl; Pl. T o r k l e ⁿ m. f.: Kelter. Allgem. am Boᴅ. – Anm.: Lat. *torculum, -ar.* Syn. *Kelter, Trotte.*

Törkel dẹrgl, n. dẹ-; dẹ̈- m.: kleine, dicke, schwächliche Person, bes. Kind, das noch nicht recht gehen kann (und darum torkelt). – Demin. T ö r k e l e ⁱⁿ n.

torkleⁿ I, t u r k l e ⁿ dǫrglə (dǫa-, dwa-), N. dǫ-, durəglə, dorꭓlə; t o r k e l e ⁿ, du- schw.: taumeln, unsicher, schwankend gehen, bes. im Rausch oder Schwächezustand. *Der torklet wie e*ⁱⁿ *B*ᵉ*soffener* u. ä. Dazu zahlreiche Kompos.: *daher-t., dahin-t., 'nei*ⁿ*-t., 'rei*ⁿ*-t., 'rum-t., 'rum- und 'num-t., um-t.* = umfallen, *um-und-um-t.* = sehr stark taumeln, *ume*ⁱ*nand*ᵉʳ*-t., um*ʰ*er-t.* = *'rum-t.* Syn. *durmlen.*

torkleⁿ II, t u r k l e ⁿ dǫ(ə)rglə, t- schw.: keltern; überall, wo *Torkel.*

Torkler m.: zu *torklen* I: **1.** Person, die *torklet.* – **2.** einmaliges *Torklen. Er macht (tut) e*ⁱ*n*ᵉ*ⁿ T. und fällt.*

D o r m e l, d o r m e l i g, d o r m e n s. *du-.*

Tormeⁿ**till** m.: Blutwurz, Potentilla erecta (L.) Räusch. – Anm.: auch *Dilledom, Dilledapp,* Verballhornung von lat. Tormentilla erecta L.

Dorn, *dorn* NW., dǫ̈ə(r)n, dõə(r)n W., dǫ̈ə(r)n, dǫ̈rə N.O., dǫarə O.; Pl. D o r n e, D ö r n e, auch D ö r n e r m.: **1.** Dorn einer Pflanze. – **2.** Name bestimmter Sträucher. – **3.** manche Sträucher, die Stacheln haben, z. B. Brombeeren, Schlehen. – **4.** D. ist ferner überhaupt alles Spitzige; z. B. der Stachel der Biene, spitzige Steine.

d o r o m s. *darum.*

Dörre, D o r r e f.: **1.** zu trs. *dörren:* = *Darre,* Hanf-, Obst-, Malzdarre usw. – **2.** zu intr. *dorren:* a. *Dorrə* trockenes Ekzem, Flechte der Haut. – b. *Dör(r)e* Krankheit der Vögel, aus kleinen Eiterbläschen am Steiß bestehend.

dorreⁿ dǫ̈rə N., dǫ̈rə dǫarə Hauptgebiet, dǫárə, dörə Bᴀᴀʀ schw.: dürr werden, wie nhd.

dörreⁿ dẹ̈-; dẹ-, dĭ- schw.: trans.: dörren, dürr machen, trocknen lassen.

Dorsᵉ, D o r s c h ᵉ, flekt. -e ⁿ; Dorsig (-ich), Dorschig, Dorstig, Dorsing, Dorsching, Pl. gleich; Dorsel, Dorschel, Dorstel, Pl. -sleⁿ (-schleⁿ, -stleⁿ); Dorschet; Durs ᵉ, Du(r)sch, Dursig, Du(r)sing, Du(r)sching, Durstig, Du(r)ste ⁿ, Du(r)schlich m. f.: **1.** Stengel, Strunk von Kohl oder Salat, samt dem markigen Innern und den Blattrippen. Syn. *Kag(en), Storzel.* – **2.** dürrer Mensch. – **3.** böses, störrisches Kind.

dort dǫ̈(r)t; häufiger d e r t dẹt, dẹ̈t, dẹrt, dẹ̈rt Adv.: wie nhd. dort. Syn. *sel*ᵇ*t,* was im Uɴᴛᴇʀʟ. überwiegt.

Tort thǫrd N., thǫ̈(r)t Hauptgebiet, flekt. T o r t e ⁿ m.: nur in gewissen Wendungen, etwa Schabernack. *Einem einen T-en antun (tun, spielen)* absichtlich etwas Unangenehmes zufügen, doch nicht von übler Schädigung, sondern mehr um ihn zu ärgern. *Zum Torte*ⁿ *zum Trotz.* Auch gern mit *Posse* verbunden; *Der tut ei*ⁿᵉ*m älles zum T. und zum P.*

Dos m.: Taumel. Nur in der Verbindung: *etwas im D. tun = im Dicht,* s. d.

Doschᵉ dǫ̈š, D u s c h ᵉ, flekt. -e ⁿ m.; Demin. D ö s c h l e ⁱⁿ dẹ̈- n.: Busch.

doschet, d o s c h i g dẹ̈- Adj.: buschig.

doseⁿ dǫ̈sə; dousə Fʀᴋ. -š- schw.: **1.** schlummern, etwa von dem leichten Schlaf der Kranken; im Halbschlummer vor sich hinträumen, in sich hinein brüten, über etwas nachdenken; schläfrig sein. – **2.** aufhorchen, (heimlicherweise) gespannt auf etwas lauschen.

Doser m.: **1.** persönl. schläfriger, träumerischer Mensch. – **2.** sachl. a. Demin. *Dauserle*ⁱⁿ (dao-) Schläfchen. – b. *Dauser dao-:* dummer oder böser Streich.

dosig dǫ̈-, dösig dẹ̈- Adj.: **1.** schläfrig, träumend, nachdenklich. – **2.** taub, übelhörig.

dosleⁿ dǫ̈-, d o s m e ⁿ dǫ̈-, dosne ⁿ dǫ̈- schw.: = *dosen.*

Dos-or m.: Mensch, der nicht hören will. – d o s o r i g, -o r e t Adj.: schwerhörig, taub.

D o t s. *Dat.*

Dotᵉ dǫ̈t, D ö t e dẹ̈dẹ̈ m.; D o t e dǫ̈dẹ̈, -ə f.; D o t l e ⁱⁿ dǫ̈tlẹ, D ö t l e ⁱⁿ dẹ̈-, D o t l e ⁱⁿ dǫ̈- n.: Taufpate und Patenkind. Und zwar 1) für den männlichen Taufpaten: *Dot; Döte dẹ̈-, Döte dẹ̈-.* 2) für die Taufpatin: *Dote -ẹ, -ə, dǫ̈-* und *dǫ̈-; Dot dǫ̈t.* 3) für beide: Pl. *Dote*ⁿ. 4) für das Patenkind: *Dötle*ⁱⁿ, *Dotle*ⁱⁿ. – **2.** *Dote dǫ̈dẹ̈* f.: Hebamme. – Vgl. *Gotte.*

Töte daedẹ̈ f.: Zustand des Todes. *I*ᶜʰ *hau*ⁿ *so e*ⁱⁿᵉ *T. im Arm* so eine Empfindung der Erstorbenseins.

tötele[n] *dē-, dę̄-, dae-, dęi-, dęə-;* totele[n] *dǭ-, dǭ-, dao-, dau-, dǫə-* schw.: **1.** Totengeruch verbreiten, nach Verwesung riechen. – **2.** von Glocken: einen klagenden Ton von sich geben, wie zu einer Leiche läuten.

Tote[n]**-acker** m.: Friedhof; häufiger *Totengarten, Kirchhof.*

Dote[n]**-bas**[e] (-bäs[e]) *dǭdə-;* Döte[n]- *dę̄dę̆-;* Dötes- *dę̆dę̆s-;* Dötle[in]s-bas[e] f.; -bäsle[in] n.: Frau des männlichen Paten, vom Patenkind oder dessen Familie zutraulich so genannt. Vgl. *Dotenvetter.*

Dote[n]**-brief** m.: Brief, in dem das Patenkind seine(n) Paten zur Konfirmation einlädt.

Tote[n]**-garte**[n] m.: Friedhof. – Syn. *Totenacker. Kirchhof.*

Tote[n]**-glock**[e] f., mehr Demin. -glöckle[in] n.: Glocke, die zu Beerdigungen läutet.

Dote[n]**-häß** *-hę̄s* n.: der dem Patenkind nach 1½ bis 2 Jahren geschenkte vollständige Anzug, während der nach ¼ bis ½ Jahr geschenkte unvollständige *Hebhäß* hieß.

Tote[n]**-häusle**[in] *-həislę* n.: Häuschen, in dem Selbstmörder und Heimatlose bis zur Beerdigung liegen blieben. – Tote[n]-hürchel m.: letzter Atemzug eines Sterbenden. – Tote[n]-karre[n] m.: Leichenwagen; Syn. *-wagen.* – Tote[n]-mal *-mǫl* n.: Leichenschmaus.

Tote[n]**-köpfle**[in] n.: Hummel-Ragwurz, Ophrys holosericea (Burm.) Grent.

Dote[n]**-ma**[nn] m.: Mann der Patin.

Tote[n]**-ma**[nn] m.: **1.** menschliches Gerippe, personifizierter oder dargestellter Tod. – **2.** Totengräber.

Toten-rüchel m.: Röcheln des Sterbenden OSCHW. Syn. *-hürchel.*

Dote[n]**-vetter** *-fę̆d(ə)r* m.: Mann der Taufpatin, vom Täufling oder dessen Familie so genannt. Vgl. *Dotenbase.*

Tote[n]**-vogel** m.: Käuzchen.

Tote[n]**-wage**[n] m.: Leichenwagen.

Dötlein s. *Dote; Dötleins-* s. *Doten-.*

Totsch *dǭtš,* Pl. Tötsch[e] *dę̄tš;* Totsch[e] *dǭtš,* flekt. Totsche[n] m.; Demin. Tötschle[in] n.: **1.** etwas Breitgedrücktes. – **2.** spez. etwas flach und breit Gebackenes. a. Sitzen gebliebenes, nicht aufgegangenes Backwerk. – b. Eierkuchen, Pfannkuchen.

totschig Adj.: einen *Totsch* bildend. **1.** teigig, speckig. – **2.** träg, leblos.

dottere[n] *dǭdərə,* dötterle[n] *dę̄-* schw.: unpers., mit haben: *Es d-et mir* schwant mir, ich bekomme einen Zweifel, Ahnung, bes. eine üble, aber auch eine freudige, bin unruhig vor Angst, schlechtem Gewissen, Erwartung, Verlangen.

dötterlen s. *dotteren.*

dozmol s. *dazumal.*

dra, drab s. *darab.*

träblen s. *träpplen.*

Trächter *drę̄χt(ə)r* Hauptgebiet u. SW., drę̄tr; Trachter *-ā-* O. SO.; Trichter *-ĭ-* HalbMA., *-ĭ-* m.: Trichter.

Trag-butte[n] m.: auf dem Rücken zu tragender *Butten.*

Trage, Pl. -e[n] f.: Gerätschaft zum Tragen.

Traget, Tragete, Plur. -e[n] f.: Traglast, so viel als jemand auf einmal trägt oder tragen kann.

tragig, trägig *-ę̄-* Adj.: **1.** akt.: *tragig, trägig* = trächtig. – **2.** pass.: *ein tragiges Kind* ein Kind, das noch getragen werden muß.

trägle[n] *drę̄glə* schw.: lange, langsam essen und trinken; auch von behaglichem Kneipen.

Trag-reff *-ę-, -ęə-* n.: Reff, Gestell zum Tragen.

drae, drai s. *darein.*

drai(b)en s. *dräuen.*

Traktätle[in] *dragdę̆dlę* ◡◠◡ n.: erbauliche Broschüre, prot. auch wohl verächtl. für Schriften frömmelnden Charakters. Komposs. wie *Traktätle[in]shändler* u. ä.

dralen s. *trielen.*

Drallare *drălărę* ◡◠◡, s. -i m.: Dummkopf, Schwachkopf; besonders umständlicher, langsamer Mensch.

Dralle *drălę* m.: Kretin, Simpel. Meist aber milder: ungeschickter, dummer, plumper Mensch, mit dem Nebenbegriff des gutmütigen, ungefährlichen.

dralle[n] schw.: zwirnen, fest drehen, zum Faden spinnen.

Drallewatsch *drălę̆wătš* ◠◡ (auch *-i-*); -watsche *-ę, -watschel;* -patsch m.: ungeschickter, plumper, roher Mensch.

drallig Adj.: simpelhaft, blödsinnig.

Trämel *drę̆ml,* FRK. drę̆iml, Pl. gleich m.: **1.** Balken. – **2.** kurzes Stück Holz, *Prügel, Bengel.* – Trämel-blaser m.: Lehrer, spöttisch; langsamer, begriffsstutziger Mensch.

Trampel *drămbl,* Pl. Trample[n] f.: dicke, plumpe, auch wohl unreinliche Weibsperson. Verstärkt *Baurentrampel.*

Trampel-tier n.: **1.** Kamel. – **2.** plumper Mensch. Bes. aber plumpes Weibsbild.

trampe[n] *drămbə; -ǫ-* schw.: **1.** intr., mit haben: schwer, plump auftreten. Syn. *tramplen,* vgl. *herum-tr.* u. ä. – **2.** trans.: treten. Das Kraut *tr.,* in die Kufe eintreten. – Tramper m.: schwerfälliger Mensch.

trample[n] *drămblə* schw.: = *trampen,* schwer, plump auftreten. Erweiterungsform zu *trampen.* S. a. *Trampler.*

Trampler m.: wer schwer auftritt, *tramplet.* S. a. *Tramper.* – Trampleri[n] f.: dass.

dran s. *daran;* drannen s. *dannen.*

tranele[n] schw.: nach Fisch, Tran riechen.

Tran-funzel f.: trübes Licht; übtr. langweiliger Mensch.

Drängete *drę̄ŋədę̄* f.: Gedränge.

dränsen s. *trensen*.

trantsche[n] *drān(t)šə* schw.: schwerfällig einherge-
hen. Auch *d^arher-tr.*, *^herum-tr.* – Trantsche -ə
f.: unbeholfene Weibsperson. – Trantschel
f.: dass. – Trantscher m.: wer schwerfällig
geht.

Trapp[e] flekt. -e[n] m.: **1.** Fußstapfe. – **2.** Stufe einer
Treppe oder Leiter; vgl. *Träppel, Trippel.* – **3.**
übtr.: Spur, Weg; in bestimmten Verbindun-
gen. *Auf 'm (rechte[n], u[n]rechte[n]) Trappe[n] sei[n]* auf
der Spur, einem *auf de[n] Tr. helfe[n].*

Träppel m.: Stufe einer Treppe.

trappe[n] *drăbə*, s. *-p-* schw.: **1.** im Trab gehen. – **2.**
stampfen, schwer auftreten. a. intr., mit haben.
Trapp net so u. ä. – b. trs.: einen, etwas treten.
Z. B. *Heu tr.* fest treten; *einen tr.* auf den Fuß.

träpple[n] *dręblə, drę̄-* schw.: mit vielen kleinen
Schritten auftreten. **1.** intr., mit haben: etwa
zwischen nhd. „trappeln" und „trippeln". Ins-
bes. ist das *Tr.* auf der Stelle Zeichen von Zorn,
Ungeduld, Frost, Harndrang. – **2.** trans., treten.
Trauben *tr.*, Kraut *tr.*, Pedale *tr.* – Träppler
m.: geschäftiger Müßiggänger.

Drat *drǭt; -ao-* O., *-au-* BAAR, Pl. Dråt[e] *-ę̄-, -ae-,
-ęi-* m.; Demin. Drätle[in] n.: **1.** der starke, ge-
pichte Schuhmacherzwirn. Genauer *Schuhdrat.*
– **2.** Metalldraht.

Dratel, auch Drätel (1 b) m.: **1.** etwas Gedrehtes.
a. zusammengedrehtes Fadenende. – b. *Drędl*
zopfartig gedrehtes Band von Stroh, um Reisig
zusammenzubinden. – **2.** Drehung, rasche Um-
drehung. – **3.** was langsam, träge betrieben *(ge-
dreht)* wird. Langsamer, ziehender Gang. Lang-
weiligkeit, Umschweif. *^Es ist immer der alte
(ewige) Dr.* das alte Lied. Dummes, fades Ge-
schwätz. *An ei[ne]m Dr. fort schwätzen; e[i]n[en] rech-
te[n] Dr. schw.* Persönl.: langweiliges Ding, lang-
same Weibsperson. – **4.** von verwirrtem Ge-
mütszustand. Rausch. – S. *dratlen.*

Dratelei, Dratlerei ᵕᵔ f.: langsam fortschrei-
tende Arbeit, Langweilerei. S. *dratlen.*

drat(e)lig *-ǭ-* Adj. Adv.: langsam, träge, energie-
los.

dratle[n] – Laute s. *Drat* – schw.: **1.** den Faden beim
Spinnen drehen; zwirnen, drillen. – **2.** ohne
Ernst, langsam, zerstreut arbeiten; zögern;
langsam gehen.

Dratler m.: langsamer, zögernder, unschlüssiger
Mensch, Langweiler.

Tratsch m.: Klatsch, Gerede über andere.

trätsche[n] *-ę̄-*, dratsche[n] schw.: **1.** schwatzen, aus-
plaudern. – **2.** *-ę̄-:* aushülsen, von Erbsen.

Tratsch-kachel f.: Schwatzbase.

Drat-stift m.: Nagel, aus Draht gemacht.

dratz(e)le[n] *-ă-* schw.: in Menge herunterfallen,
vom Obst. *Des dratzelet* u. ä.; bes. *Des leit drat-
z(e)let-voll;* Syn. *bratzlet-v., grutzlet-v.* u. a.

trätze[n] *-ę̄-*, tratze[n] *-ā-* schw.: reizen, necken, er-
zürnen. Syn. *foppen, rätzen.*

trätzle[n] schw.: = *trätzen.*

Traub[e] m.: die Traube.

Träuble[in] *-əi-, -ī-, -ai-, -ae-* n.: **1.** kleine Weintrau-
be. – **2.** *Träuble[in]* (fast nur Pl.): Johannisbeere.
Und zwar heißt Rote Johannisbeere, Ribes
rubrum L., *Tr.* schlechtweg, auch *rote Tr.;*
Schwarze Johannisbeere, Ribes nigrum L.

Träuble[in]**s-heck**[e] f.: Johannisbeer-Strauch; Wilde
Träuble[in]s-heck[e] Strauch der Berg-Johannis-
beere, Ribes alpinum L. – Träuble[in]s-likör
m.: bei den Hausfrauen beliebt, aus roten oder
bes. schwarzen Johannisbeeren. – Träuble[in]s-
stock m.: Johannisbeerstrauch. – Träu-
ble[in]s-wei[n] m.: Wein aus roten und weißen
Johannisbeeren, beliebt als Ersatz für Wein
oder als ein Zwischending zwischen Wein und
Likör.

dräue[n] *drajə, draebə*, SW., *drębə* südl. davon,
schw.: wie nhd., drohen.

drauf s. *darauf.*

Trauf *draof; drāf* FRK., *drǭf* O., *trəuf* S. m. n.;
Traufe[e], Pl. -e[n] f.: **1.** das vom Dach fallende
Regenwasser, die Dachrinne, der Raum um das
Haus, soweit das Wasser fällt. – **2.** Rand. Wald-
rand, u. a.; genauer *Waldtrauf.*

träufe[n] *draefə; drā-* FRK., *dręi-* S., *dröü-, drę̄-* O., s.
Trauf schw.: intr., mit haben: herabtriefen.

träume[n] *drăēmə;* traume[n] *drǭmə, trǭmə trǭmə;
drămə* FRK. schw.: träumen, wie nhd. Mundartl.
nur unpers. *es träumt mir, hat mir ^geträumt.*

traure[n] *drəurə; drau-* FRK., auch *drauərn; drao-*
RIES; *trūrə* SW. schw.: **1.** trauern; pop. nur vom
Tragen der Trauerkleider. – **2.** von Pflanzen:
Blätter und Blumen hängen lassen.

Trauret m.: Trauerzeit.

draus s. *daraus;* draußen s. *daußen.*

Trawalle *-ę* ᵕᵔᵕ m.: Tölpel. Ungebildeter, gutarti-
ger Mensch; *e[in] rechter, e[in] guter Tr.* – trawal-
le[n] ᵕᵔᵕ schw.: **1.** arbeiten. Übermäßig arbeiten
mit den Händen, meist Feldgeschäft. – **2.**
schwerfällig gehen FRK.

drbei s. *darbei.*

dre s. *darein.*

Dre-bank m.: Drechselbank.

Trebel *drębl;* Treber *drębər* m.: **1.** Malz-
überreste vom Biersieden, Malzkeime. – **2.**
Überreste beim Pressen des Weins (oder auch
Obstmosts). – Trebel-stande f.: *Stande,* Ku-
fe zum Transport der Tr.

Trech *trę̄χ, tręəχ, trax, tręχt, tręəχələr;* Rech *rę̄χ,
rę̄əχ, rę̄f* und *rę̄əf* m.: Enterich.

Trech(e) *-ę-:* **1.** *Trech* n.: das mit Asche bedeckte
Feuer. *Treche* f.: Platz auf dem Herd für die
warme Asche. *Trech* Feuerstätte auf dem Herd.
– **2.** *Trech* n.: oberste Bühne im Giebel.

treche[n] *drę̄χə;* südlich *trę̄əχə, trięəχə; drę̄-;* Part.

ᵍᵉtrocheⁿ st.: **1.** die Reben, Weinberge *tr.* für den Winter zur Erde niederziehen und bedecken. – **2.** *das Feuer tr.* die Glut auf dem Herde mit Asche bedecken und so nach außen verwahren und zugleich warm erhalten. – Anm.: Das Wort ist mit der Sache selbst jedenf. seltener geworden. S. a. *Trech(e).*

Dreck *-ę̆-; -ę̆-, -ę̆-* FRK.; Pl. D r e c kᵉ *-ę̆-* m.; Demin. D r e c k l eⁱⁿ *-ę̆-* n.: Dreck, Syn. *Kot.* **1.** am menschlichen oder tierischen Körper. a. Exkremente, genauer *Scheißdreck,* bei Tieren *Mist.* – b. anderer Schmutz am Leib. *Der schwitzt, daß der Dr. an ihm (über ihn) ʰⁱnaᵇ lauft;* kürzer *schwitzt Dr. Rotz und Dr. heuleⁿ, flanneⁿ* (o. ä.). *Eiⁿᵉm Dr. an Backeⁿ schmiereⁿ* lobhudeln. – c. Eiter. – d. *Dreckleⁱⁿ* Dotter eines hartgesottenen Eies. Syn. *Eidr., Kindleⁱⁿsdr.* – **2.** alles Unreine, Schmutz; spez. naße Erde, Straßenkot, dann auch trockene Erde u. ä., soweit sie beschmutzt oder verunreinigt. Weit verbreiteter als *Kot.* Wenn etwas auf den Boden fällt, so ist es *in deⁿ Dr. gᵉfalleⁿ.* *Eˢ ißt keiⁿ Bauer nix uⁿgᵉsalzeⁿ (uⁿgᵉschmalzeⁿ), er schmeißt's (gᵉheit's* u. ä.) *vor in Dr.* sagt man, wenn jemand beim Essen etwas auf den Boden Gefallenes wieder aufhebt. *Dr. am Stecken haben* kein ganz reines Gewissen. Einen *im Dr. sitzeⁿ lassen* in der Klemme. *Der steckt im Dr. bis über dⁱᵉ Ohreⁿ* u. ä., hat Schulden, ist in Verlegenheit. – **3.** verächtl. Ausdruck für etwas Unbedeutendes, Wertloses, gar nichts. *Des ⁱst eⁱⁿ rechter Dr., eⁱⁿ rechtᵉs Dreckleⁱⁿ. Des geht dⁱᶜʰ eⁱⁿᵉⁿ Dr. aⁿ. Der versteht e. Dr. (dᵃrvoⁿ). Iᶜʰ fragᵉ e. Dr. nach dem. Da hauⁿ iᶜʰ e. Dr. dᵃrvoⁿ.* – Ebenso in Ausrufen *Ja Dr., Ja eⁱⁿᵉⁿ Dr.,* bes. *Ja Dreckleⁱⁿ* du kommst mir gerade recht, sonst noch was.

Dreck-ampel f.: unreinliche Weibsperson. – D r e c k - a n nᵉ f.: dass. – D r e c k - a p p e l f.: dass. – D r e c k - b a t z eⁿ m.: = *Batzen,* Klumpen. – D r e c k - b o l l e I *-bǫ̆l(ə)* (s. *Bolle* I) m. f.: Schmutzklumpen, der am Haar des Tiers, an Kleidern u. ä. hangen bleibt. – D r e c k - b o l l e II *-ę̆* m.: dreckiger Mensch; Mensch, der nicht auf Reinlichkeit, besonders an den Kleidern sieht. Vgl. *Bolle* II. – D r e c k - b o t z e l , - b u t z e l f., Demin. - eⁱⁿ n.: Dreckfink.

drecket *drę̆kət,* d r e c k i g Adj.: beschmutzt.

dreckig s. *drecket.*

Dreck-lach, Pl. *-eⁿ* f.: Pfütze.

dreckleⁿ, d r e c k e l eⁿ *-ę̆-* schw.: **1.** mit *Dreck 2* spielen oder arbeiten, bes. von Kindern. Langsam arbeiten, zögern, lang an etwas herummachen. – **2.** Mistjauche, *Dreck 1* aufs Feld führen. – *Dreckler, Dreckeler* m.: wer mit Dreck arbeitet, spielt; Langweiler. Verstärkt *Erz-, Hühner-, Katzen-dr.*

Dreck-michel m.: Schmutzfink.

Dreck-nest n.: unsauberer Platz, Dorf u. ä.

Dreck-sack m.: Schimpfname für gemeinen Menschen.

Dreck-sau f.: Schimpfname für unreinliche Leute. – D r e c k - s u c k e l f.: dass. – D r e c k - s p r i t z e r *-ῐ-* m.: an die Kleider u. a. gespritzter Straßenkot.

Dreer m.: Drechsler.

Treff m. n.: Stoß, Schlag. Meist übtr.: *einem den Tr. geben* den Rest geben, auch mit Worten.

Trefz(g)ᵉ m. f. n.: **1.** f. Trespe, Gräser des Genus *Promus,* häufiges Unkraut. – **2.** m. *elender Tr.* elender Mensch HOHENL. – **3.** n. *einen ins Tr. schlagen* aufs Maul schlagen.

T r e g l e s. *Trog.*

D r e h e r s. *Dreer.*

t r e g l e n s. *trä-.*

Dreiangel m.: **1.** Dreieck. – **2.** übtr. ausgerissenes Stoffstück in Form eines Dreiecks, *einen Dreiangel im Hosenboden.*

Drei-König(e): das Fest der *(heiligen) dr. K.,* auch *Erscheinungsfest, zwölfter, oberster Tag,* 6. Jan., ist durch Sitte und Glauben ausgezeichnet. Am D r e i k ö n i g s - t a g (seltener *-fest*), auch schon um Weihnachten und Neujahr, ziehen Kinder als Caspar, Melchior und Balthasar verkleidet herum und singen um eine Gabe. Mit der Kreide schreibt man C. M. B. an die Türen.

drei-mädig *-ę̆* Adj.: *dr-e Wiese* die 3mal gemäht wird.

d r e i n s. *darein.*

d r e i n s (t) e n s. *trensen.*

d r e i s t e n s. *trensen.*

D r e i s t e r s. *trensen, Trenser.*

drei-stöcket, *-ig;* - s t o c k e t , *-ig* Adj.: *dr. Haus* mit 3 Stockwerken.

d r e m e c h e n s. *trensen.*

T r e m e l s. *Trämel.*

T r e m m e l (Schwindel) s. *Trümmel.*

T r e m m l e s. *Trumm.*

trempleⁿ *drēäblə* schw.: **1.** wackelnd, stolpernd, schwerfällig einhergehen. – **2.** ein Geschäft langsam, ohne Eifer betreiben. – **Trempler** m.: langsamer, träger Mensch und Arbeiter.

d r e n , d r e n n e n s. *darinnen.*

t r e n e n s. *trensen.*

Trenne *drēnə, drän* f.: Gewöhnliche Waldrebe, Clematis vitalba. L. Syn. *Liene, Renne, Bergrebe, Hotteseil, Wolfsseil.*

T r e n s s. *Trenser.*

Trensᵉ *drę̆ns,* Pl. T r e n s eⁿ f.: der schwächere, in den Mundwinkeln wirkende Pferdezaum.

trenseⁿ I schw.: die *Trense* anlegen; anhalten. – S. zu *Trense.*

tre ⁿ seⁿ II *drę̆sə; drę̆sgə, drēəsə, drāēsə, trę̆ŋsə, drę̆tsgə, drę̆štə, drāēštərə;* treiⁿsteⁿ *drǭ̈äštə, drōēštə, drǫeštə, drǭsə, drǡsə, drǭ̈äšgə, drōēšgə, drǭ̈ätšə, drǭ̈ätšgə, drǭ̈tšə, drǭ̈äštərə, drǭ̈äšgələ, drāštərə, drāȯtsge* schw.: **1.** hart, mühsam und hörbar atmen, wie bei unruhigem Schlaf, beim Aufwachen, bei überfülltem Bauch (von Vieh und Mensch), bei starker Anstrengung (Holzspalten, Lastheben, Bergsteigen). – **2.** übtr. a. jammern, klagen, überhäufig und ohne Not; alles tadeln. – b. langsam, träge, unlustig arbeiten oder gehen, zögernd vorwärts machen. Auch *tre^{n}sele^n*. – T r e ^{n} s e r (Formen wie oben) m.: **1.** für einen, der hart atmet, stöhnt, langsam arbeitet, wie das Verbum. Fem. (entw. T r e ^{n} s e r i ^{n} oder) T r e ^{n} s (*drẽ(a)s(g), dräēs, drẹ̄s*, s. das Verb) f., auch wenn nur einen Mann bezogen: kränkliche, ewig jammernde, murrende Person. – **2.** schwerer Atemzug, Seufzer. – T r e ^{n} s e r e i f.: widerwärtiges, beständiges *tre^{n}se^n*; auch *Getre^{n}s*. – t r e ^{n} s i g Adj.: wer viel *tre^{n}st*.

Dreschet m.: Jahreszeit des Dreschens.

t r e s e n s. *trensen*.

Trester *drẽšd(ə)r* Plur.: **1.** Rückstände der ausgepreßten Weintrauben und des Obstes. – **2.** der aus *Tr. 1* gebrannte Schnaps.

treulich *druile̜ (-i, -ə)* Adv.: redlich, ehrlich, treuherzig, lieb.

Treusch^e *drəiš*, Bod. *trĩš*, Pl. -e^n f.: gern Demin. -le^{in} n.: der beliebte Fisch Lota vulgaris, auswärts *Aalraupe;* bei uns bes. im Bod., aber auch anderswo. Jung heißt sie *Moserle^{in}*, dann *Schnecktr-*, zuletzt *Tr.*

d r f i r s. *darfür*.

d r f o r s. *darvor*.

d r i s. *darüber* u. *darein*.

Trib *drĩb*, S. *trĩb;* Pl. T r i b^e m.: Trieb. **1.** das Treiben des Viehs auf die Weide. – **2.** Herde Vieh, die getrieben wird. – **3.** in der Jägerspr. das einmalige Treiben bei der Treibjagd. – **4.** Treibkraft. a. mechanisch. – b. organisch. Lebendige, treibende Kraft. Äußerlicher: Dung. Hefe. Übtr.: Tr. zum Arbeiten udgl. – **5.** Schößling einer Pflanze. Eine Rebe, Rose udgl. hat im Frühjahr *viele junge, neue, frische Tr.* udgl.

Tribel *drĩbl; trĩbl* SW. m.: Werkzeug zum Treiben, nämlich: **1.** Handgriff zum Umtreiben eines Rades, Schleifsteins udgl. Syn. *Kurbel.* – **2.** hölzerner oder eiserner keilförmiger Klotz, auf den mit dem Schlegel geschlagen wird, die Faßreifen anzutreiben.

d r i b e r s.*darüber*.

tribel^n schw.: mit einem *Tribel* in Schwung bringen.

t r i b l i e r e n s. *tribulieren*.

tribuliere^n *dribəliərə (tr-* S., *-w-* NW. N.) ◡◡◞◡, auch *dribl-* ◡◞◡ schw.: quälen, plagen, nur mit pers. Obj.; mehr oder ausschl. in dem milderen Sinn: durch beständige Fragen oder Bitten quälen, drängen, in Atem halten: *Er tr-t mich um's Geld bis aufs Blut.*

trichle^n *-ĩ-* schw.: langsam machen.

t r i e c h e n s. *trechen*.

Trief-aug^e n., meist Pl.: beständig tränendes Auge. Person, die daran leidet; dafür auch Demin. T r i e f - ä u g l e ^{in} n.: Mädchen mit Triefaugen. – t r i e f - a u g e t Adj.: an Tr. leidend.

triefle^n *driəflə* schw.: tröpfeln.

trieftle^n *drēäftlə;* schw.: nicht vorwärts kommen, langsam arbeiten. – T r i e f t l e r , T r i e f l e r *-ēä-* m.: Langweiler.

Triel *driəl* m.: **1.** herabhängende Unterlippe; dann = Mund überhaupt, aber nur als roher, verächtlicher Ausdruck. – **2.** Speichel, Geifer, der aus dem Munde tritt. Dafür mehr gebr. *Trieler,* s. d.

Triel-aug^e n.: = *Triefauge.*

Triel-bletz – s. *Bletz* – m.: Brustlappen, Vortuch, kleinen Kindern umgebunden, damit sie sich nicht *vertrielen.* Syn. *Trieler, Triel-fleck, -laden, -lappen, -latz, -schurz, -tuch.*

triele^n *driələ; drẽələ, drẽle, draelə* schw.: **1.** eigentlich: Speichel, Geifer, flüssige Speisen oder Getränke aus dem Munde *(Triel)* fließen lassen, bes. von Kindern und zahnlosen Alten; solche auf dem Weg zum Munde verschütten; sonst etwas tropfenweise, in kleinen Mengen verschütten; sabbern, kleckern. – **2.** übtr. a. (heftig) weinen. – b. umständlich über etwas reden, bes. in der Verb. *an etwas ^{h}erumtr.* Auch von umständlichem, langweiligem Wesen überhaupt.

Trieler m.: **1.** Mund; vgl. *Triel 1.* – **2.** an der Lippe herabhängender Speichel udgl. – **3.** = *Trielbletz;* öfters Demin. *Trielerle^{in}* n. – **4.** persönl.: wer Speichel udgl. aus dem Munde fließen läßt, das Essen verschüttet u.ä., s. *trielen 1.* Schlaffer, unentschlossener Mensch. Unartiger, kleiner Knabe, naseweiser junger Kerl. Unpraktischer Mensch. *Alter Tr.! Du junger Tr.! Das ist e^{in} rechter Tr.* Dazu f. T r i e l e r i ^{n}.

Trielete *driələdẹ* f.: verschüttetes Essen bei Kindern.

Triel-fleck m.: = *Trielbletz.*

trielig Adj.: wer gerne *trielt* (s. *trielen 1*).

Triel-lade^n m.: = *Trielbletz.* Scheint sich zu *-latz* zu verhalten wie *Hose^{n}lade^n* zu *-latz.* – T r i e l - l a p p e ^{n} m., flekt. -e ^{n} m.: dass. – T r i e l - l a t z *-läts* m.: dass. – T r i e l - s c h u r z *-šüts* m.: dass. – T r i e l - t u c h n., häufiger Demin. -t ü c h l e ^{in} n.: dass.

trifle^n *-ĩ-* schw.: **1.** den Faden zusammendrehen. – **2.** langsam arbeiten. – T r i f l e r m.: langsamer Mensch.

Trift f.: Weideplatz. Nur im äuß. SO.

Drilch *drĩl(i)χ; drĩl* m.: mit dreifachem Faden gewobene Leinwand. Grobe Leinwand Sww. – Üblich der Kompass. D r i l c h - a n z u g , - g a r n i - t u r , - h o s ^{e} , - s p e n z e r ; D r i l c h - k i t t e l m.

Drille *drĩl(ə)* f.: etwas Drehbares. **1.** Drehkreuz an den Dorfeingängen der Fußwege. – **2.** Windrädchen auf einer Stange. – **3.** Kreisel. – **4.** Kurbel,

Drehgriff, z. B. an einer Kaffeemühle. – **5.** Karrusell.

drille[n] *-ĭ-* schw.: **1.** mit sachl. Obj.: drehen, umdrehen, hin und her bewegen, z. B. den Faden, die Deichsel u. a. – **2.** mit persönl. Obj.: a. *einen dr.* antreiben, treiben, herumtreiben. – b. einexerzieren, einüben, sei's beim Militär oder in der Schule.

Driller *drĭl(ə)r* m.: **1.** drehende Bewegung; *e[i]n[en] Dr. mache[n].* Wasserwirbel. – **2.** Drehkreuz an Dorfeingängen. – **3.** Winde, Göpel auf dem Dachboden. – **4.** beinerner, durchlöcherter Knopf. – **5.** Karrusell.

drin(nen) s. *darinnen.*

Trippel *drĭbl,* Pl. gleich, m.; Demin. *Trippele[in]* n.: erhöhter ebener Raum im oder am Haus. **1.** Treppenabsatz, Podest. – **2.** Freitreppe oder bloße einfache Stufe, die in das Haus führt. – **3.** oberer Boden. a. oberer Hausgang. – b. Raum auf der Bühne oberhalb der Treppe, vor der Bühnekammer. – **4.** Podium. Boden des Altars, wo der Priester steht.

Trips-trill *drĭpsdrĭl* ⌣′: fingierter Ortsname. Auf die unnötige Frage wohin (wo, woher) antw. man: *auf (nach,* bezw. *z[u], vo[n]) Tr.*

trischake[n] *-ā-, -ǫ-* schw.: trans.: durchprügeln. Auch *vertr-.* plagen.

Drischlag m.: plumper, ungehobelter, auch dummer Mensch.

Dritt(e[n]**)-kind** n.: Kinder von Geschwisterkindern, Enkel von Geschwistern, sind *Dritte[n]kind.*

dritt-letzt Adj.: der Dritte von hinten, wenn man den Letzten mitzählt.

Trittling m.: **1.** Fuß. – **2.** Schuh, Stiefel. – Anm.: aus dem Rotwelsch.

dro s. *darob* u. *darone.*

droaschten s. *trensen.*

drob s. *darob.*

droben s. *doben.*

drober s. *darober.*

trocken s. *trucken.*

drocksen s. *drucksen.*

trödle[n] schw.: langsam arbeiten, langsam sein, die Zeit verschwenden.

Trog *-ǭ-,* FRK. *-ẍ;* Plur. Trög[e] *-ę̄-* m.; Demin. Trögle[in] n.: **1.** = *Truche,* verschließbarer Kasten, Schrank, zum Aufbewahren wertvoller Gegenstände. a. Kleiderschrank. – b. Geldschrank, Kasse. – c. Sarg, vgl. *Truche 2, Totentruche.* – **2.** offener Trog, wie nhd.; Mulde, Backtrog, Futtertrog, Brunnentrog.

drolen usw. s. *trollen* usw.

Troll m.: = *Dralle.*

trolle[n] schw.: **1.** rollen, wälzen, trans. und intr. Ein Faß, einen Baumstamm udgl. *tr.* Intr.: der Stamm *drolet* u. ä. Gern mit Adv.: *'nab, fort, 'rum, weg* usw. – **2.** Papier *tr.* zusammenknittern. – **3.** refl. *sich tr.* fortgehen, wie nhd.

drom s. *darum.*

Trom s. *Trumm.*

dromen s. *träumen.*

Tromm[e] *drǫ̆m,* S. u. FRK. *-ŭ-, trumb,* flekt. Tromme[n] f.: Trommel. – Vor allem in RAA.: *I[ch] hau[n] e[i]n[en] Bauch wie e[in] Tr.*

trommle[n] schw.: **1.** eigentlich: die Trommel rühren. Auch auf dem Tisch *tr.* u.ä. – **2.** übtr. a. *Gott sei [e]s [ge]trommelt und [ge]pfiffe[n]* Äußerung der Freude. – b. *[ge]trommlet voll* übervoll, bes. vom Magen (bei Vieh und Mensch).

Trompf s. *Trumpf.*

Tro[n] *drǭ,* O. *-ōā, S. -ū, -ǭ* m.: Thron. Aber auch oft scherzh. = Abtritt.

dronder s. *darunter.*

tronsten, trontschen (o.ä.) s. *trensen.*

Tropf[e] *drǫpf,* flekt. *-e*[n] m.; Demin. Tröpfle[in] *-ę̆-* n.: **1.** eig., Tropfen Flüssigkeit. – Spez. von Arzneien, die in Tr. zu nehmen sind. – **2.** auf Menschen übertragen, in verschiedenen Schattierungen. Krüppel, Schwächling. Bes. Demin. *Tröpfle[in]* krüppelhaftes oder sonst bemitleidenswertes Kind; aber auch von Erwachsenen bemitleidend, bes. ironisch. In solcher Verwendung gern mit bemitleidenden Adjj.: *armer Tr., gut[e]s Tröpfle[in]. 's ist e[i]n armer Tr.*

Tröpfle[in]**s-tag** m.: Mariä Heimsuchung, 2. Juli, ist der *Tr.;* wenn's da nur einen Tropfen regnet, regnet's 4 Wochen lang.

tropf-lüchet *-ĭ-* Adj.: durch und durch naß. Zu *lüchen* waschen.

Drossel s. *Drostel.*

Drostel *drǫ̆štl* NW. S., *-ao-* W., *-ǫə-* O.; Droste *drȫšdę,* Droschel *-ao-* f.: **1.** die Singdrossel, Turdus musicus. – **2.** scherzh. für ein geschwätziges Weib.

drotlen s. *dratlen.*

Trott[e] *-ǭ-,* Pl. *-e*[n] f.: Kelter.

trottle[n] *-ǫ̆-* schw.: langsam, schwerfällig, in kurzen Schritten, aber breitspurig dahergehen, wie kleine Kinder. Gerne mit Adv.: *ane-, darher-tr.* – Trottler m.: Mensch, der so geht. Langsamer Arbeiter.

Trottwar n.: Gehweg. – Anm.: Frz. trottoir.

drubergle[n] schw.: = *afterberglen,* nach der Obst- oder Traubenernte Nachlese halten.

Truch[e] *drŭx; -ū-, druə; -ŭk:* flekt. (oft auch Nom.) *-e*[n] f.; Demin. Trüchle[in] n.: **1.** Truhe, wie nhd. Auch die Tr. auf einem Wagen. – **2.** = *Truchenwagen,* Wagen, auf dessen Gestell einzelne Behälter angebracht sind, um Steine, Kies, Kehricht u. a. darein zu laden.

Truche[n]**-karre**[n] m.: Karren, dessen Obergestell aus einer *Truche* besteht, für Steine, Sand, Kies udgl. Syn. *Truche 2.*

Truche[n]**-wage**[n] m.: Wagen, der keine Leitern, sondern eine *Truche* auf dem Gestell hat. Vgl. *Truche 2, Truchenkarren.*

Truchtel *-uǝxt-, drǭādl* f.: dicke, widerliche, nichtsnutzige Weibsperson.

Druck *-ŭ-,* NO. *-ŭ-* m.: **1.** der durch Pressen gewonnene Wein, opp. *Vorlaß.* UNTERL. – **2.** Buchdruck. – **3.** das Gedrücktsein. Teils phys.: *Dr. auf der Brust* u. ä.; teils moralisch: *Der ist wüst im Dr.* wird sehr schlecht behandelt, ist in arger Not.

drucke[n] *drŭgǝ,* S. *-k-; drīgǝ* schw.: **1.** phys. a. nhd. drücken, in allen möglichen Verbindungen. *[E]s druckt mi[ch] fast in [den] Bode[n] 'nei[n]* von einer großen Schuld. *An etwas 'rumdr.,* z. B. an einer Wunde. – b. nhd. drucken. – **2.** übtr. in mannigf. Anwendung. Bedrücken, bedrängen u. ä. *ein[en] dr.* ungerecht behandeln, bedrücken, beängstigen u. ä. Bes.: *Der weiß (Jeder weiß, Jeder weiß selber am beste[n]* u. ä.), *wo ihn der Schuh druckt* wo es ihm fehlt; auch gern neg. gewendet: *Keiner weiß, wo der andere[n] d. Sch. dr.* u. ä. Einem etwas *in [da]s Wachs dr.* gedenken, bei Gelegenheit darauf zurück kommen. An etwas *'rumdr.* langsam arbeiten, bezw. sprechen. – **3.** refl. *si[ch] dr.* davongehen, sich einer Arbeit entziehen.

trucke[n] *drŭgǝ; trŭkǝ* S., *drǫgǝ* FRK. u. HalbMA.; *drŭgig* Adj. Adv.: **1.** eigentlich: trocken, oppos. feucht, naß; verstärkt *brot-tr.; furz-tr., nuß-tr.* – Von Gegenständen aller Art: das Feld, die Straße, die Wäsche, das nach dem Schnitt ausgebreitete Getreide u. ä. sind *tr.* An einem von Regen oder Schweiß völlig Durchnäßten ist *kei[n] tr-er Fade[n] (kei[n] tr-[e]s Fädele[in]).* – Bes. von regenlosen oder regenarmen Tagen, Monaten, Jahreszeiten. – **2.** übertr., teils mit deutlicher Anlehnung an die urspr. Bed., teils in freierer Weise. – *Tr-es Brot* ohne Zuspeise, bes. ohne Getränk. Wer spärliche Einnahmen hat, der *sitzt tr. E[in] tr.* Siech, *Lump* wortkarger Mensch mit trockenem Humor; auch subst.: *e[in] Trucke-ne[n]. Ein fürwitziger junger Bursche ist no[ch] nit (e[in]mal) tr. hinter de[n] Ohre[n].* – Dazu subst. Adj. *[da]s Tr-e.* Wer seine Feldfrüchte glücklich eingeheimst hat, *hat sei[n] Sach im Tr-en.* Anders: *Er sitzt [a]uf dem Tr-e[n]* hat sein Vermögen verloren.

Trück(e)ne *drĭg(ǝ)nę,* S. *trĭk-,* FRK. *drĕgnę* und *drīgniŋ* f.: Trockenheit. – Bes. von der Tr. des Wetters und Bodens. *Die Tr.! Ist das e[ine] Tr.!*

Drucker m.: **1.** Druck. a. physisch. *Gib der Tür[e] e[i]n[en] Dr.* u. ä. – b. übertr. *emma Herra en Drukker gea* ihm eins anhängen. – **2.** Vorrichtung zum Drücken. – **3.** persönlich. a. Buchdrucker. – b. einsilbiger, unbeholfener Mensch. S. a. *Druckser.* – Das Demin. *Druckerle[in]* s. bes.

Druckerei ◡◡⸍ f.: **1.** Buchdruckerei. – **2.** Gedränge. *Das ist e[in] wüste Dr.* u. ä. Syn. *Drucket(e), Gedruck.*

Druckerle[in] n.: Demin. von *Drucker.* Speziell: Stuhlgang kleiner Kinder. *E[in] Dr. mache[n].*

Drucket(e) *-ǝt, -ǝdę; drŭgǝts* f.: **1.** Gedränge. *Des*

ist e[ine] fürchtige Dr. u. ä. – **2.** diejenige Quantität gemahlenen Obstes, die die Presse füllt.

trücklen s. *trücknen.*

trückne[n] *drĭgnǝ,* S. *trĭknǝ; driglǝ* im UNTERL., *drīgln;* truckne[n] *drŭ-, drŭgǝ, drŭgln;* trockne[n] HalbMA. schw.: trocknen. **1.** intr., mit sein: trocken werden. Der Weg, die Wäsche u. ä. *trücknet.* – **2.** trans., trocken machen.

druckse[n] *drŭksǝ; drǫksǝ* schw.: langsam arbeiten oder sprechen, an etwas herumdrücken; Syn. *dratle[n], trägle[n]* u. a. – Druckser *dru-; drü-, Dro-* m.: = *Drucker 3.*

trüe[n] *trīǝ (trījǝ); triǝjǝ, trǝiǝ* BAAR., *trujǝ* schw.: intr., mit haben: gedeihen. Meist vom fröhlichen Wachstum bei Kindern oder Vieh. Von Unternehmungen: gelingen. S. a. *trühaft.*

druf s. *darauf.*

trühaft *triǝhaft* Adj.: was *trüet,* gedeihlich wächst, von Kindern, Vieh, Pflanzen.

Truhe s. *Truche.*

drui s. drei.

truile s. *treulich.*

drum s. *darum* u. s. *dummen.*

Trumm *drǫm; drǫm* SW. S., *trum* FRK. u. S., *trumb drǫmb;* Pl. Trümmer *drĕmǝr, -ĕ-, -ī-, trimbǝr* n.; Demin. Trümmle[in] n.: Endstück eines Gegenstandes, der nur der Länge nach geteilt wird. Meist mit nhd. „Ende" wiederzugeben. Speziell: **1.** Ende eines Fadens, einer Schnur, gleichgültig, ob abgeschnitten oder noch am Stück; gern auch im Demin. *E[in] ganz[es] Tr.* eine ganze Reihe. *An ei[ne]m Tr.* in einem fort. *Das Tr. finden* eig.: beim Auflösen eines Knäuels den Anfang des Garns; übtr.: den Anfang oder auch das Ende einer Sache finden, sie in Gang setzen; bes. neg.: *'s Tr. (Trümmle[in]) net f. könne[n]. Das Tr. verlieren. Das Tr. geht einem aus* im Reden oder Handeln. *Etwas beim rechten (falschen, letzen) Tr. verwischen (anpacken o. ä.) am richtigen usw. Ende. I[ch] zieh[e] a[n] dem Tr. fasse die Sache so auf, bin von dieser Partei.* – **2.** kurzer, unbehauener und nicht gespaltener Holzklotz. – **3.** *Trumm,* bes. *langes Tr.,* auch *Mordstr.,* großgewachsene Person.

Trumme (Trommel) usw. s. *Tromme.*

Trümmel *drĕm(ǝ)l,* S. *-ī-;* Trummel *-ǫ-* m.; Demin. Trümmele[in] n.: **1.** Schwindel, Taumel, Betäubung. – **2.** Rausch.

trümm(e)lig *drĕm(ǝ)l-,* S. *-ī-;* trumm(e)lig *-ǫ-* Adj.: schwindelig; pers. und unpers.: *I[ch] bin tr.* und *Mir ist's tr.* – Vgl. *trumselig, durmelig.*

trümmle[n] *-ĕ-,* S. *-ī-;* trummle[n] *-ǫ-* schw.: **1.** taumeln, Schwindel haben, wie im Schwindel, ohne Absicht herumlaufen. Auch gern im Komposs. *([he]r)umtr., d[a]rhertr.* u. a. – **2.** langsam arbeiten; faulenzen; eine Arbeit ohne Lust verrichten; vgl. *dratlen 2.* – **3.** eine kreisförmige Bewegung machen. – S. a. *trumslen, Trümmel.*

Trümmler -$\check{e}$-; S. -$\check{\imath}$-, Trummler -$\check{\varrho}$- m.: Schimpfwort für einen Menschen, der alles wie im *Trümmel* tut.

Trumpf *dr$\check{\varrho}$mpf*, S. u. FRK. -$\check{u}$-; *dr$\check{\varrho}$pf*, *dr$\tilde{a}$öpf*; Pl. Trümpf^e m.: **1.** eig. Trumpffarbe im Kartenspiel. – **2.** übtr. a. *Tr. sein* das meiste gelten, regieren. – b. derbe, schlagende Rede; in Wendungen wie *e^{i}n^{en} Tr. 'na^{n}werfe^n* die Wahrheit sagen, *drauf setze^n* etwas energisch bekräftigen, *ausspiele^n* etwas sagen, was den andern schlägt.

trumpfe^n schw.: intr., mit haben, die Trumpffarbe ausspielen.

Trumsel, Trümsel: **1.** m., wie *Trümmel*. a. Schwindel, Betäubung. – b. Demin. Trümsele^{in} n.: Kreisel. – **2.** f. großes, starkes Weib.

trüms(e)lig -$\check{e}$- trumselig -$\check{\varrho}$- Adj.: = *trümmelig*, schwindelig.

trumsle^n -$\check{\varrho}$-; trümsle^n -$\check{\imath}$- schw.: **1.** taumeln, Schwindel haben. – **2.** leicht schlafen, schlummern. – Vgl. *trümmlen*.

Trumsler, Trümsler m.: -u- unzuverlässiger, wankelmütiger Mensch. -$\ddot{u}$- Zauderer, Zögerer.

trunsten, truntschen (o. ä.) s. *trensen*.

drunten s. *dunten;* drunter s. *darunter*.

Trupp m.: die Truppe. *E^{in} Trupp Leut^e* ein Haufen von Menschen.

drus s. *daraus*.

Trutsche *dr$\bar{u}$ət$\check{s}$ə*, -$\check{u}$-, -$\bar{o}$ə-; Trütsche *dr$\bar{\imath}$ət$\check{s}$ə* f.: unschön (zum Weinen) verzogener großer Mund. *Er hängt e^{ine} Tr. ^{he}ra^b* im Ärger OSCHW. Syn. *Blätsche, Brutsche, Gosche, Waffel* u. a.

Trutschel *dr$\bar{u}$t$\check{s}$l;* -$\check{u}$-, Trotschel -$\check{\varrho}$- f.: dickes, plumpes, gutmütiges Weib. – trotschelig Adj.: rund- und rotbackig.

trutze^n -$\check{u}$- schw.: trotzen; Syn. *pochen*.

Tschappel -$\check{a}$- f.: kronenartige Kopfbedeckung der jungfräulichen Braut, aus Pappe, Stoff, Gold und buntem Flitter BAAR. – Anm.: Aus *d'Schappel*, frz. *chapeau*.

dübe^n *d$\bar{\imath}$bə; d$\bar{\imath}$bə, d$\bar{\imath}$wə* FRK., *d$\bar{\imath}$b* Adv. Adj.: drüben, jenseits, oppos. *hüben*.

düble^n -$\bar{\imath}$- schw.: ein Faß d. die Bodenstücke mit Dübeln zusammenfügen, einen Dübel einsetzen.

Duchele^{in} n.: schüchternes, verzagtes Mädchen.

duch(e)le^n *d$\ddot{u}$xələ, d$\ddot{u}$xlə* schw.: leise, gebückt gehen, schleichen.

tuche^n *duəxę,* tüche^n *diəxę* Adj.: aus Tuch.

tüchtig *d$\bar{\imath}\chi$tig* Adj. Adv.: **1.** selten in der mhd. Bed.: tauglich, brauchbar. – **2.** allgem. = stark, aber nur als Zusatz, der eine im Zusammenhang liegende Eigenschaft hervorhebt, als Adv. „sehr". *Ein t-er Regen, Schnupfen* u. ä.

Tuck *d$\ddot{u}$k*, NO. *d$\bar{u}$k*; Plur. Tück^e -$\check{\imath}$- m.; Demin. -le^{in} n.: **1.** eigentl.: Schlag, Stoß. – **2.** übtr.: böser, mutwilliger Streich. *Einem einen T. tun. Der hat seine Tück^e hinter de^n Ohre^n;* entstellt *hat's dick h. d. O.*

Duckel-mauser -$\check{u}$-, Dockelm- -$\check{\varrho}$- m.: wie nhd. Duckmäuser, verschlagener, hinterlistiger Mensch; schlimm tadelnd u. scherzh.

duckel-mausig Adj.: verschlagen, heimtückisch.

ducke^n -$\check{u}$- schw.: bücken, bes. reflexiv *sich d.* sich bücken, bes. um sich in Sicherheit zu bringen. Auch übtr.: *sich d.* nachgeben, sich demütigen.

duckle^n -$\check{u}$- schw.: etwas heimlich tun, verheimlichen OSCHW.

ducks *d$\ddot{u}$ks* Adv.: gebückt, buckelig. *D. laufen, daherkommen* u. ä.

duckselen s. *duckslen.*

duckselig -$\check{u}$- ⌃⌣ Adj. Adv.: heimtückisch, verschlagen. – Vgl. *duckslen.*

Duckser -$\check{u}$- m.: Schleicher, Kriecher, tückischer Mensch.

Ducksle^{in} n.: der sich zu *ducken,* in die Umstände zu schicken weiß.

ducksle^n -$\check{u}$-; dücksle^n -$\bar{\imath}$- schw.: gebückt gehen, umherschleichen, gern mit dem Nebenbegriff des Heimtückischen, Verdächtigen. – Ducksler m.: = *Duckelmauser.* – Vgl. *ducken, ducklen.*

Dudelei ⌣⌣ f.: das *Dudlen (1. 2).*

duden s. *tuten.*

dudere^n *d$\bar{u}$dərə; d$\ddot{u}$derle^n* schw.: schnell, sich überstürzend und deshalb undeutlich reden. S. a. *dudlen 2; Geduder.*

Duderer *d$\bar{u}$-* m.: **1.** pers., wer schnell, undeutlich usw. spricht. Fem. Dud^{e}rer$i$n. – **2.** sachl.: *de^n D. ha^{ben}* die krampfhafte Gewohnheit des *Duderens.*

dudle^n *d$\bar{u}$dlə; -$\ddot{u}$-* schw.: **1.** schlecht musizieren, zumal singend oder auf einem Blasinstrument, leiern; gerne auch vom zwecklosen Vorsichhinsummen odgl. von Melodien. Vgl. *Dudelei, Gedudel.* S. a. *tuten, duderen.* – **2.** lallen, unnütz, unverständlich sprechen. Vgl. *duderen.* – **3.** trinken. Und zwar: viel und lang trinken, bes. gewohnheitsmäßig. Part. ^{ge}dudlet-voll voll von Essen oder Trinken.

Dudler m.: Trinker, Stotterer, der überrasch oder verworren spricht.

Duft *d$\check{u}$ft* m.: **1.** Dampf, Nebel. – **2.** Reif. Bes. Rauhreif an den Bäumen.

dufte^n schw.: bereift sein; zu *Duft 2.*

düftig, duftig Adj.: **1.** dunstig. – **2.** bereift.

tuge^{n}dsam Adj.: sanft, lenksam. Z. B. von einem Tier, Kind.

duir s. *teuer.*

Dukes s. *Dauches.*

Dul^e *duəl*, Duls^e -uə-; flekt. – e^n f.; Demin. Düle^{in} *diəlę* n.: eingedrückte kleine Vertiefung in harten und weichen Stoffen.

Dull^e *d$\ddot{u}$l (d$\bar{u}$l)*, Pl. -e^n f.; Dullack m., *Dullaks;* Dol^e *d$\check{\varrho}$l:* **1.** der Vogel Dohle, Coloeus Monedula. Syn. s. *Dahe, Dale.* – **2.** Schimpfwort für Weiber.

Dülle *dǖlę̆ (-i)*; Dulle *-ŭ-* m.: **1.** Saugwarze. a. der Stute. – b. Mutterbrust. – **2.** Saugbeutel der kleinen Kinder. Syn. *Schnülle, Nülle, Schlotzer* u. a.

dülle[n] *dī́lə*, dulle[n] *-ŭ-* schw.: an der Mutterbrust saugen. S. *Dülle 1.*

Dullo[n] m.: Rausch.

Dulse s. *Dule.*

dumm *dǫ̆m*, FRK. u. S. *-ŭ-;* Kompar. (dummer) dümmer, Superl. (dummst) dü- *-ę̆- (-ǐ-)* Adj.: dumm, wie nhd. von Menschen, Tieren, Gegenständen, Handlungen usw. – Beliebt als ständiges Beiwort zu einer Menge von Bezeichnungen für einen Dummkopf, wie *d-er Dackel, Esel, Siech; d-es Schaf, Kamel, Rindvieh, Dättelein, Ding; d-e Gans, Kuh* usw., auch gern nachgestellt: *du Dackel, du d-er; die Gans, die d-e.*

Dumm s. *Dung;* dummen s. *dungen.*

Tummel *dǫ̆ml*, s. *-ŭ-* m.: **1.** Taumel, Rausch, Schwindel. – **2.** Lärm.

dumme[n] *dǫ̆mə* (S. *-u-*), HalbMa. *dr.-* Adv.: dort, drüben, jenseits, oppos. *hummen.* Gebr. Gegenüberstellung: *da humme*[n] *– dort dumme*[n]. – Kompos. *dumme-dumm* überall.

dumm-lecht *-lę̆χt* Adj. Adv.: etwas dumm, beschränkt.

tummle[n] *dǫ̆mlə*, s. *-ŭ-* schw.: **1.** taumeln. – **2.** lärmen. – **3.** wie nhd.: in rasche Bewegung setzen. Nur refl. *sich t.* sich beeilen, bes. in der Aufforderung.

tu[n] st.: tun. A. F o r m. **1.** Inf. *dǭə* im ganzen Hauptgebiet; gegen SW. allmählicher Übergang in *tǭə;* gegen S. allmählicher Übergang in *dŭə.* Flekt. Inf. (Gerundium): Dat. *(z*[u]*) tund dǭ̆ənt; dę̆nt.* – **2.** Präs. Ind. **1.** Sg.: *dŭ̄ə* im N. und O., *dŭ̄ər* im ganzen S. und im W. In der Form gleich behandelt ist der Sg. des Imper. – **3.** Präs. Ind. 2. 3. Sg.: *dŭ̄əšt dŭ̄ət,* im SW. *tŭ̄əšt, tŭ̄ət.* – **4.** Präs. Ind. 2. 3. Pl. (1. Pl. Ind. meist = 2. 3. Pl. Ind.): *dę̆ənt* im N. und NO. und gegen SW.; *dę̆ən* im NW.; im Mittelland *dę̆nt,* das als halbmundartl. Form nach allen Richtungen vorzudringen scheint. – **5.** Präs. Konj.: *dīə dīə(nə)št dīə, dīə(nə)t dīə(nə)nt dīə(nət)* im Hauptgebiet. – **6.** Konj. Prät.: *dę̆d dę̆d(e)št* im Hauptgebiet. – **7.** Part. Prät. *dāō* im Hauptgebiet. – B. G e b r a u c h. **1.** mit innerem Objekt, bewirken. a. mit bestimmtem abstr. Subst., das eine Tätigkeit bezeichnet, bald mit bald ohne Dat. der Person. – *Gefallen; einem einen G. tun.* – *Rede;* bes. *einem die R. t.* die Leichenrede halten. – Hieher einige Verbindungen mit urspr. subst., jetzt nicht mehr so gefühltem Obj.: *Gut tun:* 1) von Personen: sich in den Schranken des Maßes, der Sitte halten, ruhig, zufrieden sein. Bes. neg.: *Das Kind will nicht g. t.* Subst. in T u n i c h t - g u t *duə(n)ǫ̆tguət* m.: wer nirgends bleiben kann, überall etwas anstellt. 2) von Sa-

chen nur neg.: nicht ersprießlich, von Segen, von Bestand sein. *Unrecht Gut tut niemals g.* – *Recht t.* Gerne mit dem Zusatz *ihm* [Ntr.: der Sache] mit seinem Tun Recht haben, das Richtige treffen: *Der hat ihm R.* [ge]*ta*[n], *daß er sei*[ne] *Frau verhaue*[n] *hat* u. ä. – b. ein Spezialfall von a ist, wenn das Obj. der Tätigkeit durch ein Verbum ausgedrückt wird: Umschreibung der Handlung durch *t.* und den Inf. des Verbum. α) Inf. in der gew., akkus. Form: „ich tue schreiben" = ich schreibe. Doch ist diese Umschr. mehr naiv Redenden, Kindern udgl. eigen, in gewöhnl. Fällen nur das umschriebene Verbum. Gründe für den Gebrauch von *t.* können verschiedene sein. Insbes. die Wortstellung, wenn das Verbum aus irgendeinem Grund an den Schluß kommen soll. Das ist etwa der Fall bei bes. Hervorhebung: *Ich tue schreiben, nicht lesen* oder bei Betonung der Tatsächlichkeit: *Ich tue schr.;* bei Reihen von Verben: *Wir tun heut noch säen, pflügen, füttern* o. ä. Bes. oft in der Frage; bes. bei stehenden Fragen, wo sonst nur das Verbum stünde: *Tust pflügen? Tut man ackeren? Tut ihr dreschen?* Oder da, wo Formen des einf. Verbs gemieden werden oder gar nicht existieren. Das gilt namentl. vom Konj. Prät., insbes. als Konditional, aber meist nur im Hauptsatz, nicht im Nebensatz: *I*[ch] *tät*[e] *schaffe*[n], *wenn i*[ch] *könnt*[e]*; –* β) Im Genet. steht der Inf. bei Namen von Kinderspielen: *Fange*[n]*s t., Schoppe*[n]*s (Verstecke*[n]*s) t.* neben Demin. *Fangerle*[in]*s, Versteckerle*[in]*s t.* neben Nomina: *Räuberle*[in]*s, Soldätle*[in]*s t.* – c. mit allgemeinem Obj. α) wie nhd. mit allen möglichen Objj., die eine Handlung bezeichnen; z. B. *einem etwas zu lieb, zu leid t.* – β) *es tun* in spezif. Sinn (Fälle, wo das *es* eine bekannte oder vorher genannte Bestimmung wieder aufnimmt). Z. B. *es tun* geschlechtlich verkehren. Mit Subj. es: es geht, genügt; *'s tut's* es geht an. *'s hat's au*[ch] *(au*[ch] *so)* [ge]*tau*[n] ist auch so recht gewesen. *Des tät's grad a*[l]*so* wäre ebenso gut. *'s tät's a*[n] *der Hälfte* die H. wäre genug. *'s tut's net* es geht nicht, reicht nicht zu. *Es wird scho*[n] *wieder t.* zu einem Kranken. – d. das Obj. bez. das Fazit einer Rechnung, die Kosten, die einem verursacht werden, den Preis einer Ware. *Wie viel tut der Wei*[n] *des Jahr* u. ä. – Hieher kann gezogen werden die Bed. „ausmachen", in neg. oder Fragesätzen. Mitunter = helfen, nützen. *Es tut nichts* hilft nichts. Meist aber = schaden, etwas Übles zufügen. *Hat dir's was* [ge]*tau*[n] (wie du gefallen bist odgl.). *Tue mir nix, i*[ch] *tue dir au*[ch] *nix.* Auch ohne Dat.: *Des tut nex. Was tut's? Einem nichts t.* auch = nichts Übles über ihn sagen. – e. statt des Obj. wird die Wirkung des Tuns durch eine adv. oder präpos. Bestimmung oder einen Nebensatz ausgedrückt. α) modales Adv. *Er tuts nicht anders* will's durchaus so haben; bes. vom Aufdrängen von Wohltaten oder Komplimenten, bei Handlungen des Ehrgeizes u. ä. *Dick t.* protzig sein. *Fremd t. G^emach t.* sich Zeit lassen; gern als Gruß an Arbeitende oder Gehende: *Tu au^ch g.!* *G^estät* s. u. *stät. Gut t.: So e^in Schluck Wei^n tut (ei^nem) gut. Leicht t.* es leicht, angenehm haben, opp. *schwer, herb. Schön t.:* 1) laut tönen. 2) *einem schön t.* schmeicheln. *Schwer t.* es nicht leicht haben; ein Unbemittelter mit vielen Kindern *tut schw. So t.:* sich so stellen. *Er tut nu^r so; Des ist (halt) so ^getau^n. Stät (g^estät) t.* sich Zeit lassen, s. o. *gemach. Weh t.* mit pers. oder noch mehr sachl. Subj. *Wol t.:* 1) mit pers. Subj.: gut handeln. 2) mit sachl. Obj.: *Das tut einem wol,* im Unterschied von *gut t.* mehr innerlich-gemütlich. *Zärtlich t.* U. ä. m. – β) adv. oder präpos. Bestimmung. *Darum t.: Er tut net so drum* es ist ihm nicht viel dran gelegen. *Darzu t.* sich beeilen, anstrengen. – *Einem für etwas t.:* einem von einer Krankheit helfen. – γ) statt des Obj. steht ein Vergleichungssatz. *T. als ob* (auch ohne *ob*), *als wenn:* so handeln, sich so stellen, wie wenn usw. *Tu, wie wenn du daheim wärest.* – f. ohne jeden Obj.- oder adv. Zusatz, der den Begriff der Handlung bez. Dann erhält *t.* prägnante Bed. α) *einem t.:* 1) ihn (als Kranken oder Greis) pflegen. – 2) ihn ausschelten. – β) ohne Dat. 1) seinen Zweck erfüllen, bes. negativ. Eine Feuerspritze *tut nimmer* funktioniert nicht mehr. – 2) einen Ton von sich geben. Die Orgel *tut.* – 3) aufgeregt sein, wüten, schelten. Zus.: *arg, fürchtig t. Über einen t.* schelten, klagen. Mit Vergleichung: *Tun wie narret.* – 4) Spielen; wobei das betr. Spiel als bekannt vorausgesetzt wird. – **2.** mit äußerem Obj.: einen oder eine Sache in den und den Zustand bringen. Fast immer mit prädik. Bestimmung. Diese ist ein adv. oder präpos. Ausdruck: *Aber (ārə) t.* (mit ausgelassenem Obj.) Obst oder Getreide ernten. *Antun, ane t., auft., aust., darein t., darfür t., darvon t., darzu t., hint., hinant., hintere t., umt., zutun* s. die Advv., bezw. Komposs. – **3.** refl., *sich* [Akk.] *tun. – es tut sich = es tut's* geht an, genügt udgl. – **4.** Infin. (soweit nicht oben). a. Subst. Inf. *'s ist ei^n T.* einerlei, geht in einem hin. – b. Gerund. *zu tun. Es ist mir drum zu t., viel (wenig) dr. z. t. Zu t. haben; alle Hände voll zu t. h. Zu t. geben, zu t. machen.*

Dundel *dŏādl* f.: Schimpf- oder Schmeichelwort für Weibspersonen: dicke, dumme Weibsperson; Geliebte.

Dunder, dunderen = Donner, donnern.

Tunell ◡̆ n.: der Tunnel, Unterführung.

Dung *dŏŋ, dŭŋ* FRK.; Dumm *dŏm (-u-)* in S., ohne Pl., m.: Dünger, bes. der feste (der flüssige heißt *Gülle, Lache, Mistlache*), einerlei ob Natur- oder Kunstdünger; häufiger *Mist.*

dunge^n *dŏŋə,* FRK. *-ŭ-;* dumme^n *dŏmə* schw.: düngen, teils intr., mit haben = den Dünger auf den Acker führen, teils tr.: *den Acker d.*

Dunget m.: Zeit des Düngens.

Dung-lege *-lẹgẹ* f.: Düngerstätte, -haufen.

Tunkel *dŏŋgl* m.; Demin. Tunk(e)le^in, Tünk(e)le^in *dẹ̆ŋgəlẹ,* südl. *-ĭ-; dĭglə, tāiklẹ* n.: Brotschnitte zum Eintunken in den Kaffee, Milch etc.

dunke^n *dŏŋgə,* FRK. u. S. *-u-,* Part. *^gedunkt;* daneben Inf. däuchen, 3. Sing. Präs. *däucht dəi̯χt,* Part. *^gedäucht* schw.: wie nhd. dünken, mit Akk.

tunke^n *dŏŋgə,* S. *-u-* schw.: **1.** tauchen, eintunken. Den Kopf ins Wasser, Brot in den Kaffee etc. *t.* Im Bade *t.* sich die Knaben gegenseitig. – **2.** *einen t.,* auch *^hinei^n t.* einem durch Reden schaden, ihn in Ungunst bringen, betrügen, demütigen. – **3.** einnicken, halb schlafen halb wachen.

Tunke^ns *dŏŋgəs, -ẹs* n.: Wecken, Brot zum Eintunken.

Tunk-esel *dŏnkẹsl* ◠◡, Plur. ebenso m.: Kellerassel, Porcellio scaber.

Tunket(e); Tünkete *-ẹ̆ŋg-* f.: Brot udgl. zum Eintunken.

tunlos s. *tonlos.*

Dünnet *dẹ̆nət,* flekt. *-ete^n* f.; Dünnets, Dünnte; Dünnes *dẹ̆nəs* n.; Dünne *-ə* f.: dünner, flacher Kuchen, mit Obst, Käs, Zwiebeln, Speck u. ä. belegt, daher spez. *Äpfel-, Päppes- d.* usw.

Dünn-schiß m.: Diarrhöe.

dunte^n *dŏndə* (S. u. FRK. *-ŭ-*) O., *dŏnə* (S. u. NW. *-ŭ-*), *dŏn* Adv.: drunten, oppos. *hoben. Auf der Gass^e, im Stall, im Keller d.* u. ä. Verstärkt *unten dunten* ◜◡◡ oder ◟◟◝◞, oppos. *oben doben.*

Tupf^e, flekt. *- e^n* m.: Punkt. Spez. der für das Auge hervortretende Fleck, sei es Schmutz, sei es Färbung. Sommersprosse. Syn. *Roßmucke, Kuhpflätter.*

Tüpfelein, tüpfelig s. *Tüpflein, tüpflig.*

tupfe^n tüpfe^n schw.: **1.** punktieren. Nur im Part. *^getupft* punktiert, gefleckt; *e^in ^getupft^s Kleid* o. ä., = *tupfet.* – **2.** mit der Spitze, des Fingers, etwas berühren. Intr., mit haben. *Ins Wasser t. ^Hina^ntupfe^n.* Trans.: berühren, antasten. Auch *a^nt.*

tupfe^n-gleich Adj.: genau gleich.

tupfet, tupfig Adj.: gefleckt, gesprenkelt, punktiert.

tupfig s. *tupfet.*

Tüpfle^in *-ĭ-,* Tüpfele^in n.: kleiner Punkt. Spez. Punkt beim Schreiben. Nam. auf dem i; Syn. *I-tüpflein. Auf's T. ('na^n)* ganz genau.

tüpfle^n schw.: **1.** punktieren. S. a. *tüpflet.* – **2.** herum *t.* herumtasten, übtr. nörgeln. S. a. *Tüpfler.*

Tüpfler m.: Pedant. S. *tüpflen 2.*

tüpflet Adj.: getupft, punktiert, von Stoffen.

tüpflig, tüpfelig Adj.: pedantisch pünktlich, auch spitzfindig, streitsüchtig.

Düppel *dĭbl* (S. *-p-*); seltener Duppel Pl. gleich, m.: **1.** Drehkrankheit der Schafe (und Ziegen). Auch auf Menschen übtr., doch nur im Hohn. – Hieher: *einem den D. bohren,* ihn zu Verstand bringen (eig. ihm den Schädel anbohren): *Dir so^{ll}t^e ma^n d. D. b.* u. ä. – **2.** dummer Mensch, wie *Dackel* bald stärker, bald schwächer. – **3.** Rausch.

duppele^n *dūbələ,* dupple^n schw.: schwankend gehen, herumtappen. *'rum düpple^n* planlos herumlaufen.

Duppeler m.: dummer, aufgeregter, schläfriger, lahmer Mensch.

düppelig, düpplig, duppelig Adj.: schwindelig, benommen; oder habituell dumm, tölpelhaft. Die Hitze macht einen *ganz d.*

duppe^n *dūbə* (S. *-p-*) schw.: unsicher, schwankend, ängstlich gehen, wie Kinder und alte Leute. Bes. *'rum d.;* auch von einem, in dem eine Krankheit steckt.

duppig, düppig *-ĭ-* Adj.: **1.** von Menschen: *du*traurig, niedergeschlagen, ungelenk, tappig. *Dü-* dumm; verstärkt *hirndüppig.* – **2.** vom Wetter: *dü-* drückend schwül.

dupplen, dupplig (dü-) s. *duppelen, düppelig.*

dupp-orig *dūbaoriχ:* *d-er Esel* Dummkopf.

dur- s. *durch-.*

Tur f.: Ausflug, *eine Tur mache^n.* – Insbes. RW. *in einer Tur fort* immerfort, ohne Aufhören. Anm.: Frz. *tour.*

Durasen s. *Urasen.*

Turbe^n *durbə* m.: Torf, Torfstück.

dur^ch-ab Adv.: von oben bis unten. *Dur^ch a^b gau^n* das Dorf hinab gehen. – dur^ch-abe (s. *abe*) Adv.: ganz hinab.

dur^ch-ane (s. *ane*) Adv.: überall.

dur^ch-auf *-əuf, -üf* Adv.: ganz hinauf. – dur^ch-aufe (s. *aufe*) Adv.: dass.

dur^ch-bägere^n schw.: durchhauen, -prügeln. S. *bägeren.*

durch-bettle^n schw.: refl., *sich d.* durch Betteln sein Brot verdienen.

durch-bleue^n schw.: durchprügeln.

dur^ch-brenne^n schw.: **1.** eigentl., durch etwas hindurchbrennen. – **2.** durchgehen, sich aus dem Staube machen.

dur^ch-^de^n-weg *dūrəwẹ̆g* Adv.: durchweg.

durch-dresche^n st. schw.: eigentl. und uneigentl.: eine Sache immer wieder durchgehen; eine Person durchprügeln.

durch-drucke^n schw.: **1.** mit Gewalt etwas hindurch treiben. – **2.** etwas durchsetzen.

dur^che *dŭrẹ̆:* **1.** hindurch. – **2.** hinüber, herüber. *Etwas d. tragen* hinüber. *Ich geh^e zum Nachbar d.*

dur^ch-ei^n $\curvearrowright$, $\smallsmile$ Adv.: durch und durch. – dur^ch-eine -ẹ: dass. *Es regnet d.* beständig.

dur^ch-e^inand(er) *dūrənǻndər;* *dūrənǻnd* **1.** Adv.: wie nhd., ohne Ordnung. – **2.** Subst. m. a. m. (n.) Wirrwarr, Unordnung, Mischmasch; Verwechslung. *Das ist e^in D.* (wie *Kraut und Rüben*), *e^in arger, rechter D.* – b. = *Eierhaber,* in kleine Stücke geschnittener Eierkuchen. Syn. *(Pfannen-)Kratzete, Rührrum, Stürrum, Umgerührtes, Gemockeltes.*

dur^ch-er *dūrər* Adv.: herüber. *Dur^ch^e* [s. d.] *und d.* hinüber und herüber OSCHW.

durch-haue^n st.: **1.** entzwei hauen (schneiden), wie nhd. – **2.** durchprügeln.

durch-hechle^n schw.: kritisieren bis ins kleinste.

dur^ch-^he^ra^b *-rā* Adv.: = durchabe. – dur^ch-^he^rauf Adv.: ganz herauf. – dur^ch-^he^raus Adv.: die Dorfgasse heraus, den ganzen Weg heraus. – dur^ch-^he^rei^n Adv.: die Dorfgasse herein, vom Feld her. *D. gau^n.*

durchhin s. *durche.*

dur^ch-^hi^nab Adv.: ganz hinab. – dur^ch-^hi^nauf *-nəuf* Adv.: ganz hinauf. – dur^ch-^hi^naus *-nəus* Adv.: ganz hindurch, zeitlich und örtlich. – dur^ch-^hi^nei^n Adv.: = durchin.

durch-hüle^n *-ī-* schw.: durchhöhlen; *Mäuse d.* den Boden.

durch-klopfe^n *-ŏ-* schw.: = durchhauen.

durch-krebsle^n schw.: hindurch kriechen.

durch-kustere^n *-khŭštərə* schw.: durchsuchen, mustern.

durch-lige^n st.: durch langes Liegen verderben. *Eine Matratze ist scho^n ganz d.-g^elege^n.*

durch-mache^n schw.: zu Ende machen. Meist wie nhd., Unglück, Schlimmes u. a. *d.* ausstehen, durchleben.

Durch-marsch m.: **1.** eig., militärisch. – **2.** Diarrhoe.

Dur^ch-nacht f.: Nacht in ihrer ganzen Dauer. *Eine D. machen* auf bleiben.

dur^ch-nächtle^n *-ẹ-* schw.: die ganze Nacht im Wirtshaus sitzen.

dur^ch-rede^n *-ẹ̱ə-,* Part. *-g^erede^n* st.: durch ein Sieb treiben.

Durch-schlechten s. *Urschlechten.*

durch-schlupfe^n schw.: hindurchkriechen.

durch-seihe^n *-ai-* st.: eine Flüssigkeit durch einen Seiher sickern lassen.

durch-stiere^n *-iə-* schw.: durchstöbern.

durch-stöbere^n *-ẹ̄-* schw.: durchsuchen, = *durchstieren.*

durch-striele^n *-iə-* schw.: durchsuchen, z. B. *den Wald, das Feld d.* planlos durchziehen.

dur^ch-umme *-ẹ̆-, -ĭ* Adv.: überall.

dur^ch-ummer Adv.: ganz herum, überall.

durch-wamse^n schw.: durchprügeln.

durch-wichse^n schw.: durchprügeln.

dure s. *durche*.

Dürftele[in], Dürftsele[in] n.: schwächliches, kümmerliches Wesen, bes. Kind, Mädchen.

turklen s. *torklen* I.

Türle[in]**s-hose**[n] Plur. f.: Hosen, die mit einem Hosentürlein versehen sind.

Durmel *dürml,* FRK. *-ǫ̈-* m.: Schwindel, Taumel, auch leichterer Grad von Betrunkenheit; leichter Schlaf, Schlummer, Schlaftrunkenheit.

durm(e)lig *-ŭ-; -ǫ̈-* FRK.; dürm(e)lig *-ī-;* durmelet Adj. Adv.: schwindelig, taumelig, betäubt; berauscht. Sowohl pers.: *I*[ch] *bi*[n] *ganz d.,* als unpers. *Mir ist* [e]*s d.; Der Kopf ist ihm d.*

durmle[n] *-ŭ-;* FRK. *-ǫ̈-;* dürmle[n] *-ī-* schw.: taumeln, wanken, mit Schwindel behaftet sein. Oft auch in Komposs. *ane-, 'rum-d.*

durmselig, durmslig Adj.: = *durmelig* schwindlig.

Turn *dū(r)n; dūnd; dŭ(r)n; dūrǝ, dūr; dŭr(ǝ)m; dǫ̈rm;* Pl. Türn[e] m.: Demin. Türnle[in] n.: Turm. **1.** T. einer Stadtmauer, einer Kirche u. ä. – **2.** Gefängnisturm; Gefängnis.

durneglen s. *hurniglen*.

Dürnitz, Türnitz, Pl. -en f.: in Schlössern udgl. großer, heizbarer Raum, als Eßzimmer, Gast-, Gesindestube u. ä. gebraucht. – Anm.: Das Wort ist slaw. *dvorĭnica* „Zimmer" und gewm. an die Stelle des mhd.-lat. *kemenâte* getreten, nur daß es stets einen größeren Raum bez.

Dürre *dīrę, diǝrǝ, tiǝri* f.: Trockenheit.

dürre[n] *-ī-,* FRK. *-ě̈-* schw.: dürr werden.

Dürr-fleisch n.: Rauchfleisch. – Dürr-futter - *uǝ-* n.: dürres Heu, Öhmd, Klee u. ä. als Futter, opp. *Grünfutter.*

Dürro[n] *-ǭ, -ǫ̈* m., Demin. D-le[in] n.: kleiner magerer Mensch, besonders von Kindern gebraucht.

dürr-oret *-aorǝt* ⁀⌣ Adj.: mager, besonders im Gesicht.

Durschlächten s. *Urschlächten*.

Tür-schnall[e] f.: Türklinke.

Durse, Dursch, Dursig s. *Dorse*.

dus *dūs* Adj. Adv.: **1.** still, sanft. – **2.** trüb. Von der Farbe eines Stoffs, Getränks o. ä. Vom Wetter: dunkel, unfreundlich. – Franz. *doux;* vgl. *dusem, dusman.*

tuschur *dŭšūr* ⁀ Adv.: fortwährend. – Franz. *toujours.*

Dusel *dūsl* m. f., Demin. -ele[in] n.: **1.** m. eig. Betäubung. a. Angetrunkenheit, leichter Rausch. – b. Zustand des Halbschlafs, schläfriges Wesen, Schwindel, kurzer Schlaf. – c. Dämmerung, (Halb)-dunkel; Subst. und präd. – **2.** f., Plur. Dusle[n]: Ohrfeige. – **3.** Glück. *E*[in] *rechte*[n] *Dusel hao.*

duselig Adj.: **1.** schwindelig, betäubt. – **2.** vom Wetter: dunkel, trüb, nebelig.

dusem *dūsm, dūsǝm* Adj. Adv.: = *dus.* **1.** still,

traurig, wortkarg. – **2.** düster, dunkel, unfreundlich, vom Wetter.

duseme[n] *-ū-* schw.: **1.** leise sprechen. – **2.** sich ruhig verhalten, tun als ob man schlafe. Vgl. *duslen.*

düseme[n] *dīsǝmǝ,* düsemle[n] schw.: flüstern, munkeln, tuscheln. – Zu *dus.*

dusig *-ū-* Adj.: trüb, vom Wetter. Still. – Zu *dus.*

Dusing s. *Dorse.*

dusle[n] *-ū-,* düsle[n] *-ī-* schw.: **1.** intr., mit haben: leicht schlafen, schlummern, etwa nach dem Mittagessen. – **2.** *düslen dīslǝ* sich einen kleinen Rausch (*Dusel 1 a*) antrinken. – **3.** trans.: einen *duslen* einschläfern, schlagen. Zu *Dusel 2.*

düsle[n] *dīslǝ; -ī-* schw.: **1.** flüstern, murmeln. – **2.** = *duslen 2. 3,* s. d. – Vgl. *düsemen.*

dusma[n] *dūsmǎ* Adj.: = *dus.* **1.** still, beschämt, eingeschüchtert. – **2.** vom Wetter, = trüb, dunkel. – Franz. *doucement.*

düspelet *dišpǝlǝt* Adj.: dämmernd, halbdunkel. – düspelen schw.: dämmern.

dusma[n] ...

duster *-ŭ-* Adj.: düster, finster. – Duster n.: Dunkelheit, Dämmerung. *Zwischen D. und Demer.*

tutegal *düdę̆gāl* ⌢⌣, ⌣⌣': *Das ist mir t.* ganz gleichgültig. – Frz. *tout égal.*

tutmem, tutmemschos *dŭdmę̄m(šǭs)* ⌣ ⌣ (⌣⌣'): *Des ist mir t.* ganz gleichgültig, wie *tutegal.* – Franz. *tout de même, toute la même chose.*

Dutsch m.: **1.** Stoß (mit der Stirne). – **2.** Knall, Geräusch, das durch einen fallenden Körper veranlaßt wird. – **3.** üble Laune, in der RA. *Der hat de*[n] *T.* ist übel gelaunt.

Dutsch-bock m.: streitbarer Geißbock. Vgl. *Dutzbock.*

dutsche[n] *-ŭ-;* dütsche[n] *-ī-* schw.: **1.** schlagen, stoßen, besonders vom Stoßen der Böcke, Ochsen u. a. – **2.** nicken, beim Einschlafen. – **3.** knallen, laut schallen, vom Donnerschlag, einem Schuß, oder fallenden Gegenständen. – **4.** *dü-* tauchen, eintunken.

dütschle[n] schw.: schmeicheln. – S. *düttlen.*

tutswit *dŭtswīt* ⌢, *dŭtswīk* Adv.: sofort, rasch. Aber nur als Befehl: vorwärts, auch verbunden *allē t.* – Franz. *tout de suite.*

Dutt[e] *-ŭ-,* flekt. -e[n]; -ene[n]*-ǝnǝ* f., Demin. Düttle[in] *-ī-* n.: **1.** Brustwarze; weibliche Brust, Mutterbrust. – **2.** Zitze, Strich am Euter des Viehs, auch das Euter selbst, wenigstens beim Kleinvieh. Beim Rindvieh Euter, Strich. – **3.** Mieder, Brustlatz; speziell *Sonntags- und Werktags-Düttle*[in]. – **4.** Frauenhaartracht: Haarknoten auf dem Kopf.

düttle[n] schw.: schmeicheln.

Dutz-bock m.: **1.** = *Dutschbock.* – **2.** *D. machen* die Köpfe gegeneinander stoßen, von Kindern. Dafür auch dutz-bocke[n] (dutze[n]-bocke[n]) schw. – S. *dutzen.*

Dütze *dĩtsę, dĩts, diətsę;* Dützel *-i-,* Dutzel; Dützer *-ĩ-* m.: Schnuller, Saugbeutel für kleine Kinder. Syn. *Dülle, Duller, Noller, Nutzel, Schlotzer, Schnuller, Zapfen, Zuller, Zulpen.*

Dutzel, Dützel s. *Dütze.*

dutze[n] *-ŭ-;* dütze[n] *-ĩ-* schw.: **1.** stoßen, die Köpfe aneinander stoßen. S. a. *Dutzbock.* – **2.** mit dem Kopf nicken beim Schlafen.

dutzenbocken s. *Dutzbock.*

duzen s. *dauzen.*

E

Neben dem Anlaut *ę-*, der geschlossene und offene Aussprache umfaßt, ist auch *ä-* und *ö-* nachzusehen.

E *ẹ̄; ae, ẹi; ẹ̄ə;* Pl. E eⁿ *-ə* f.: wie nhd. Ehe. *In die E. gebeⁿ* verheiraten: oder von Sachen, als Aussteuer geben. *Er (Sie) ist mir, Wir sind einander nicht auf die E. gegeben* haben keine engeren Verbindlichkeiten gegeneinander. *In die E. treten,* kürzer *een,* s. d.; Syn. *Weib und Mann werden.* – Vgl. *een, Ebett, Ebrecher, -dackel, -krüppel, -par, -stand.*

e *(ẹ̄, ẹ̄b, aeb),* e n d *(ẹ̄ənd)* Adv. Konj.: ehe, eher. **A.** Im P o s i t i v, aber mit komparativischer Bed. **1.** ohne Beifügung von etwas Verglichenem. a. temporal: früher. *Alleweil weh stirbt ⁿit aⁱs der eh:* braucht deshalb nicht früher zu sterben. – b. modal: eher, lieber, besser, z. B. in *ae nọ̈ ehe nur* = wenigstens. *Wenn er e. n. was g^esait hätt^e.* – **2.** mit etwas Verglichenem, z. B.: modal: lieber als. *Eh (ae) aⁱs net eher als nicht.* – **B.** K o m p a r a t i v: *eher, ehn(d)er,* z. B.: *Wenn i^{ch}s nu' ehnder g^ewißt hätt^e. 'S ist eher (ajər)* es ist besser. *Ich bin ehnder fertig als du* u. ä.; doch häufiger *bälder.* – Hauptbed. modal: mehr, besser als. *Eher als net: I^{ch} komm^e e. a. net* eher, als daß ich nicht k.

e a d , e d s. *öde.*

e b s. *e* u. *ob* II.

ebb-: dieser Anlaut beruht stets auf Assimilation. *Ebber, ebbes, ebbe* s. *etwer, etwas, etwa.*

ebeⁿ Adj., Adv., Partikel: A. *ẹ̄bə; ẹ̄-* SW.; *-w-* NW. FRK.; *ẹ̄iwə* FRK. (s. auch *ebig*) A d j. (A d v.): **1.** lokal. a. horizontal, ohne Erhebung. Insbes. geogr. vom Gelände: eine Straße *ist, geht, lauft ganz e.* Der Boden, die Markung *ist e.* Verstärkt *topfeben; so eben wie in einer Stube. Eben machen,* s. a. *ebnen.* – Von anderem Waagrechtem. Ein Glas, Maßgeschirr odgl. *ist e. voll* der Inhalt bildet mit dem Rand eine Ebene. – b. gerade. – **2.** übtr., wie glatt, gerade. a. von einer Rechnung, die aufgeht. *E. sein* quitt sein, keiner dem andern mehr etwas schuldig. Meist *wett und e. s. E. machen* bereinigen, auch übtr., wie planieren. – B. *ẹ̄bə, ẹ̄wə, ẹ̄əbə, jabə, əbə* A d v. und bloße Partikel. **1.** zeitlich; betont mit langem *ẹ̄-, ẹ̄ə-:* soeben, gerade vorhin. *Ebeⁿ ist er ^{ge}kommeⁿ.* Verstärkt *grad e.* – **2.** wie „gerade" zur Betonung der Gleichheit. Die Verbindung „ebenso" kennt unsere MA. nur noch in der festen Formel e b eⁿ s o m ä r^e *eabasamär, äabesmär, ẹ̄əsəmẹ̄r* ⌐⌐⌐, *ahsemär:* ebenso lieb, ebensowohl; bes. in der spez. Bed. ebensowohl vollends, lieber gar noch, bald ernsthaft bald iron.: *I^{ch} mach's e. ganz fertig; Könntest e. König werden.* Beinahe, soeben: *Das Glas ist e. voll.* Ganz: *Es ist e. wahr.* – **3.** Interj. des Aufmerkens, der Teilnahme. Bestätigt die Rede eines andern, insbes. einen von diesem aufgeführten Grund: *Man sollte das unterlassen, zumal bei dem schlechten Wetter.* Antw.: *E.;* dient aber auch, etwas von dem andern Gesagtes zu bejahen, um dafür den Gesamtinhalt seines Redens oder Tuns zurückzuweisen: *Ich habe nicht kommen können; es war schlechtes Wetter.* Antw.: *E.;* gewiß, aber gerade deshalb hättest du kommen sollen. Dieses *e.* steht allein, bei lebhafter Zustimmung auch wiederholt: *E., e.!,* oder verbunden: *Ja e.; Drum e.* – **4.** unbetont, Lautform *ẹ̄(ə)bə, jabə, əbə;* z. T. a. nur, nicht mehr als. *Ich habe eben die Hälfte gekriegt,* nicht das Ganze. – b. als Zusatz zum Inhalt des ganzen Satzes. α) die Ursache einer Negation angebend. *Ich käme gern; aber ich kann eben nicht fort.* – β) der Satz, in dem *e.* steht, wird als unleugbare, bekannte, öfters leidige Tatsache bez., aus der etwas anderes notwendig folgt. *Er sieht ganz elend aus; er ist eben schon 6 Wochen krank.*

Ebeⁿ**-bild** *ẹ̄ə-* n.: genaue Nachbildung, auch Vorbild.

e b e n s o (ebensomär) s. *eben B 2.*

e b e r s. *über.*

E-bett n.: Ehebett.

Eb-heu *ebhaẹ̈, ẹ̄pp-, eá-, ẹ̄ə-; -hẹ̄, -hä; neabhei* n.: Efeu, Hedera helix L. Syn. *Kreiser, Schappeleinskraut, Immergrün.*

ebig *ẹ̄bẹ̄g, ẹ̄iwi, ẹ̄bi* Adj.: = *eben. Ebiger Boden* u. ä.

ebneⁿ schw.: trans.: *eben* machen.

e b s c h m e r s. *etwar.*

echt *ẹ̄χt, äχtər, äχtərt* Adv.: etwa, doch, wohl. Nur

in Fragen: *Was fehlt dir e.? Wie viel Uhr ists e.?* u. ä.

Eck *ẹk* n.; Demin. Eckle^in (Eckele^in) n.: **1.** wie nhd. Ecke, ein- oder ausspringender Winkel; aber auch = Kante. – Demin. *Eckle^in* bes. von den Winkeln eines Wohnraums. – **2.** Demin. *Eckle^in:* beim großen Schlachtvieh das Stück am Hinterteil zu beiden Seiten des Schwanzansatzes.

Ecker s. *Äckerich.*

ecket, -ig Adj.: wie nhd. eckig.

eckig s. *ecket.*

Eck-turn m.: an der Stadtmauer eine Ecke bildender Turm.

E-dackel m., Demin. -ele^in n.: *dackelhafter*, einfältiger, elender Ehemann.

ee^n schw.: heiraten.

e er (eher) s. *e B.*

egal *ẹgāl* ‿ʼ Adj.: **1.** gleichmäßig, spez. von Regelmäßigkeit der Kleiderarbeit: *Die Stiche sind nicht e. genug* u. ä. – **2.** präd.: *Das ist mir (ganz) e.* gleichgültig. Syn. *eins, gleich.* – Aus frz. *égal.*

Egart s. *Egert.*

Eges s. *Eidechse.*

Egert^e *ẹgərt* N.; *ẹəgə(r)t* Hauptgebiet; Pl. -e^n f.: unbebautes Land; bes. solches, das früher Akkerfeld war und wegen steinigen Bodens oder anderer Ursachen jetzt als Ödland mit Gras oder Gesträuch bewachsen liegt, abgemäht oder abgeweidet, wohl auch nach längeren Pausen wieder gepflügt wird. In zahlreichen Flur- und Ortsnamen.

Egert(e^n)-distel f.: **1.** Silberdistel, Carlina acaulis L. – **2.** Gänsedistel, Sonchus L.

Egerte^n-nägele^in n.: Heidenröschen, Daphne cneorum L.

egge^n *ẹgə; ẹⁱgə, ẹχə, ējə; ẹgdə* schw.: mit der Egge bearbeiten.

eha s. *oha, öha.*

Ehalt^e, flekt. -e^n, meist Pl. *ẹhaldə* S. u. NW., *aehǎldə* W., *ẹəhǎldə* O., m.: Diener; mod. von den gew. Dienstboten des Hauses.

ehe, ehender, ehest s. *e.*

eher s. *e.*

ehern s. *eren.*

ei *ǝi:* Interj. des Erstaunens, auch Unwillens. Kaum je allein, sondern mehrfach gesetzt oder mit Zusätzen. *Ei ei! Ei ei ei!* Tadel, Warnung, je nach dem Ton in verschiedener Stärke. *Ei wie schön! Ei der Schinder! Ei sag' au^ch* ‿‿ Verwunderung. *Ei so beiß; ei so verreck; ei so schlag (der Kukuk, ei^n lahmer Esel, der Donder drei^n); ei so schlag, was Schlägel hat:* alles Ausdr. der (angenehmen oder unangenehmen) Überraschung. *Ei dāses (von ei daß uns). Ei mei^n!* – Auch ablehnend auf eine Aufforderung oder ein Angebot, allein oder mit folg. *ja;* auch *Ei gang mir!*

eiche^n I *ǝi-;* eichte^n *ǝi-;* eichne^n; eichtne^n *ae-;* Part. g^eeicht, häufiger g^eiche^n *-ī-* st. u. schw.: **1.** eichen, amtlich messen, visieren. – *Der ist net g^eiche^n (g^eeicht), hoch g.* kann viel trinken; auch übtr.: wer viel vertragen kann, z. B. in der Unterhaltung. – **2.** überh. prüfen.

eiche^n II (ae-) -ẹ Adj.: von Eiche.

Eicher s. *Eichhorn.*

Eich-horn, meist Demin. Eich-hörnle^in: Eichhorn. Form. Anlautender Vokal *ǫe-, ǫə- (ōā-), ae-, ā- (ẹ̄-).* Mannigfache Wortformen: Eicher m. (Demin. Eicherle^in n.) Eich-halm m., Pl. -hälm^e (Demin. -hälmle^in n.). Eichhürn *(-hīr, -hǐ(r)n, -hīrə),* meist -le^in. Eich-g^ehörn; -g^ehürnle^in, mit *-m-: ǫəkhīrmlẹ.*

Eich-kirmle^in s. *Eichhorn.*

eichten s. *eichen* usw.

Eidechs^e f.: A. Form. aedẹgs – ǫedẹgs – ǫādẹgs – (h)ẹ̄ǝdẹgs – ẹ̆gẹs, ẹgǝs – (h)ẹ̆gẹ̆(ǝ)s die verbreitetste Form im Hauptgebiet. – hẹ̆gẹgs – hẹ̆gẹ̄ds – aegẹs(le) – ẹ̆gaes(le) – ẹ̆gǫẹs(le) – ẹ̆gǫǝs(le) – (h)ẹ̆gǫẹs – hẹ̆gǭəs, Demin. hẹ̆gǭəslẹ und hẹ̆gẹ̄əsle, die verbreitetste Form im W., SW. u. äußersten S. – B. Gebrauch. **1.** wie nhd. – **2.** *schwarzgelbe E.* Salamandra maculosa. – **3.** Schimpfwort für Weiber. Altes geiziges Weib.

Eier-bögle^n n.: alter Osterbrauch: ein Ei nach dem andern wird einen Abhang hinuntergerollt; der Spieler gewinnt jedes Ei, das von ihm berührt wird. – Eier-bole^n n.: dass. ALLG.

Eier-haber -ǎ- m.: in der Pfanne ausgebackene Eierkuchen; oft dafür synon. *Durcheinander, Eier-im-Schmalz, (Eier-)Gemockeltes, Gemorgel, Geschmorgel, (Eier-, Pfannen-)Kratzete, Rührrum, Stürrum, Umgerührtes* u. a.

Ei(er)-häutle^n n.: das Häutchen zwischen Schale und Eiweiß.

Eier-picke^n n.: alter Osterbrauch: 2 hartgesottene Eier werden mit der Spitze gegeneinander gestoßen; wer das Ei des andern einstößt, hat gewonnen. – Dafür auch *Eierhötzlen, Eierhücken, Eierklöcklen, Eierspicken.*

Eier-rugle^n n.: = *Eierbögle^n.*

Eier-schürgle^n n.: = *Eierbögle^n.*

Eier-werfe^n n.: alter Osterbrauch: man wirft Eier auf weichen Grasboden. – Dafür auch *Eierschucken, Eier-schupfen* ALLG.

eifere^n schw.: eifersüchtig sein.

eige^n *ǫegǝ* O., *ǫǝgǝ* W. S., *aegǝ* NW. SO., *āxǝ* FRK. Adj.: eigen. **1.** von Gütern, Gegenständen: als freies Eigentum angehörig. *Mein, sein e. Der hat ein e-es Haus; eigne Kinder* usw. *Das gehört mir e. Des Haus ist dene^n Leute^n eige^n. Auf e-e^n Füße^n gehe^n, stehe^n. Da geht's zu, daß ma^n sei^n e-es Wort nit hört.* – **2.** leiblich nahe verwandt. *Er ist überhaupt ganz e. g^ewese^n* so zutraulich wie die nächsten Anverwandten. – **3.** eigentümlich, seltsam. *Ein e-er Mensch* seltsamer Mensch.

eige^n-**brötle**^{n}, -brösele^n -ē̜- schw.: sein eigen Brot essen, für sich allein einen eigenen Haushalt führen, bes. von Ledigen beiderlei Geschlechts; dann allgemeiner: ein Sonderling sein; wie das Subst.

Eige^n-**brötler** ‿‿◡ m., -leri^n, Plur. -ler(in)ne^n f.: wer *eigenbrötlet,* unverheiratete Person, die ein eigenes Hauswesen führt. – Dann nach verschiedenen Seiten differenziert: Hagestolz, alte Jungfer, Sonderling, eigentümlicher Mensch.

Eige^n-**brötlete** -ədę̜ f.: das *Eigenbrötlen,* die Lebensart der *Eigenbrötler.*

eime, eimez, (e)neime(z); (w)ei(s)me(z) usw. Adv.: irgendwo. *I^{ch} hau^n mei^n Geld e. liege^n lau^n. E. her* irgendwoher. *Eimets anderst* irgendwo anders. Bes. häufig *e. ^{hi}na^n* irgendwohin; auch *e. hi^n.* S. *etwa.*

Eimer ǭē̜- O., ǭā- W., āē̜- NW., ᾱ- Frk. m.: Eimer. **1.** rundes tragbares Gefäß; Schöpfeimer, Wassereimer. – **2.** Maß für Flüssigkeiten; zu verschiedenen Zeiten und in versch. Städten von versch. Größe. – In Wt. wird noch immer, bei Most und Wein, nach E. = 300 Litern gerechnet.

eimerig Adj.: einen Eimer enthaltend. *Ein e-es Faß.*

eimez s. *eime.*

ei^n I. Wortform: Mask. Nom. ohne Endung *ei^n;* mit Endung *einer,* Gen. *ei^{ne}s.* Dat. *ei^{ne}m.* – Fem. Nom. Akk. ohne Endung *ei^n,* mit Endung *eine* (-ē̜, -ə): ǭāne. Gen. Dat. *einer* (-ər), häufig auch *ei^{n}re^n.* – Neutr. Nom. Akk. ohne Endung *ei^n,* mit Endung *ei^{ne}s:* ōēs, uis, ǭəs. – II. Gebrauch. A. Zahlwort. **1.** die Zahl 1 als Zahl. – **2.** die Zahl 1 als die Einheit des Individuums. – Bes. *Eins sein:* 1) gleichviel, ob so oder anders, einerlei. *Des ist e., ka^{nn} mir e. sein* u. ä. 2) gleichzeitig. *Blitz und Streich sind eins gewesen.* – B. Pronomen und unbestimmter Artikel; im ganzen wie nhd.

e^{i}n-**and(er)** ənándər ◡╵◡, südl. auch ənánd ◡╵, auch ənándərə ◡╵◡◡; nach *mit* auch bloß nă̜-: wie nhd., im Dat. Akk. und nach Präposs. **1.** Dat. *Sie haben's e. versprochen* u. ä. – Häufig *e. na^{ch} = nach, hinter e. Das Geschäft geht e. n.* stetig fort; auch (◡╵) von rascher Aufeinanderfolge. – **2.** Akk. *E. schlagen, e. nicht leiden können.* – **3.** mit Präp. a. *ab e.* entzwei. *Schneid's a. e.* – b. *an e.* wie nhd. *A. e. hange^n* auch *an e. sein* Streit mit e. haben. Ebenso *an e. fort* in einem fort; *an e. na^{ch}* geschwind nacheinander (meist ohne *an*). *An e. kommen, geraten* Händel bekommen. Bes. *an e. ^{hi}na^n; a. e. no. schimpfen* u. ä. – c. *auf e.* Verbunden es. *drobe^n* u. ä. *a. e. ^{hi}na^n, 'nauf, 'nein* u. ä. – d. *aus e.* Bes. mit Verben *a. e. kommen, drucken. A. e. gehen* auch = dick werden. *Er ist (ganz) a. e.* nicht bei sich vor Jubel, Schrecken, Furcht,

Kummer u. ä. – e. *bei e. Helf^e Gott bei e.!* Anrede an einen, den man geistweis anredet. *Nah b. e. sei^n* nahe beisammen. *Nicht recht b. e. sein =* auseinander, doch schwächer: etwas von Sinnen, auch bloß zerstreut. *Er hat's net r. b. e.* dass. – f. *durch e.* – g. *für e.* wie nhd. – h. *hinter e.* wie nhd., lokal. und übtr.: *h. e. kommen* an e. geraten. – i. *mit e.* wie nhd. – k. *nach e.* wie nhd. – l. *über e. Die 2 Stuben liegen ü. e., ü. e. purzlen.* – m. *um e.* umher, herum; auch wo es sich nicht um mehrere Gegenstände oder Personen handelt. Bes. mit Verben. *U. e. brute^n* krank herumsitzen. *U. schla^{gen}* hin und her zerren und schlagen. *U. tänderle^n* faulenzen. *Ist niemand u. e.?* um den Weg, mir zu helfen. – n. *unter e.* wie nhd., sowohl *= durch e.: alles u. e.,* als = unterhalb, wie *über e.* – o. *zu e.* wie nhd.

einäug, einauget, einäuget, Adj.: einäugig.

ei^n-**augste**^{n} schw.: einernten. *Ma^n hat ei^{n}g^{e}augstet* S.

ei^n-**bächele**^{n} schw.: **1.** einkochen, einsieden. – **2.** zehren, kränkeln.

ei^n-**bampfe**^{n} schw.: beim Essen den Mund vollschieben Oschw.

ei^n-**barne**^{n} schw.: in den *Barn* tun.

ei^n-b^e**schließe**^{n} st.: einschließen.

ei^n-**bilde**^{n} schw.: in der Verwendung: sich selber (Dat.) etwas e. – etwas Wirkliches: *Ka^{nn}st d^{i}r's e.!* gewiß, natürlich, ernsth. u. bes. iron. gesagt. *I^{ch} bild^e m^{i}r's e^{in}* kann mir's denken; *Das habe ich mir eingebildet* gleich gedacht. – etwas Falsches *Du wirst dir doch net e., du kriegest des Mädle^{in}?* odgl. – bes. eine lächerlich große Meinung von sich haben. *Du bild^{e}st dir arg viel ei^n! Der bildet ihm e^{in}mal was ei^n!* u. ä. – Ei^n-**bildung** -ēŋ f.: falsche Vorstellung, bes. Größenwahn.

ei^n-**blase**^{n} st.: einsagen, bes. in der Schule.

ei^n-**blisle**^{n} -ī- schw.: einflüstern, einsagen. S. *blislen;* vgl. *einblasen.*

ei^n-**breise**^{n}, ei^n-breisle^n st.: einschnüren, das Mieder schnüren, die Schuhbändel einziehen.

ei^n-**brenne**^{n} schw.: **1.** ein Weinfaß e. ausschwefeln. – **2.** Mehl zur Suppe in Schmalz rösten, s. *Einbrennet.* – **3.** einheizen. Syn. *einfeuren, einheizen.* Neben ohne Obj.: *Ma^n muß e. Gestern hat ma^n au^{ch} ei^{n}g^{e}brennt.* Einem e. einem Zimmer heizen. – **4.** übtr., *einem e.,* heiß machen. a. von geistigem Getränk. *Dir muß ma^n au^{ch} ei^{n}g^{e}brennt.* – b. durchprügeln. *Dir muß ma^n e.* – c. tüchtig ausschelten. – Ei^n-**brennet** f.: gebranntes Mehl zur Suppe.

ei^n-**bringe**^{n} schw.: **1.** Früchte, Ernte e., einheimsen. – **2.** verlorne Zeit, nicht getane Arbeit e., hereinholen.

ei^n-**brocke**^{n}, ei^n-brockle^n schw.: **1.** eig.: Brocken Brotes in Suppe, Milch, Kaffee udgl. tun. Konstr. verschieden: das Brot wird *eingebrockt,* aber auch die Flüssigkeit: *Ei^{n}g^{e}brockte Milch* süße M. mit eingebrocktem Brot BAAR. – **2.** übtr. a. im Bild bleibend. *Einem* (sich selber) *etwas übles e.,* anrichten, absichtlich oder unabsichtlich. – b. *Geld, sein Vermögen e.,* hinzuschlagen. *Er hat sei^n ganz^{es} Heiratgut ei^{nge}brockt* eingebracht und verbraucht.

ei^n-bucke^n m.: *etwas e.* einwärts knicken. Z. B. *Papier, Kleiderstoff am Rand e.* Als Subst. *Buck,* kaum *Einbuck.*

ei^n-büße^n *-iə-* schw.: verlieren. – materiell. *I^{ch} hau^n mei^n Messer ei^{nge}büßt. Sei^n Geld e.* u. ä. – moralisch: an Ansehen, Kredit verlieren, anstoßen. *Bei jemand e.* seine Gunst verlieren.

ei^n-dämpfe^n schw.: **1.** durch D. einkochen o. ä. – **2.** Part. *ei^{nge}dämpft:* verschlossen, heimtückisch, boshaft; *e^{in} rechter E-er* Duckmäuser.

ei^n-dose^n schw.: intr. mit sein, einschlummern. S. a. *einduslen.*

ei^n-durme^n, durmle^n schw.: einschlafen.

ei^n-dusle^n, schw.: intr. mit sein, einschlummern. S. a. *eindosen.*

eine *ǟnę* Hauptgeb. *ịnę (-i), ịnę (-i), ịχə, ịę* Adv.: hinein. Syn. *hinein.* Zu adv. Ausdruck hinzukommend: *Dardur^{ch} ^{e}ine* durch und durch. *Für e.* für die Zukunft, im Vorrat: *f. e. schaffe^n; f. e. Holz haben* mehr als man braucht u. ä. – In Flüchen, Beteurungen. *Kotz Welt eine ^{hi}nein.* – Bes. mit Verben trennbar verbunden. Meistens mit irgendeinem Verbum der Bewegung, so daß beide Bestandteile in ihrer Bed. selbständig erhalten sind. *E. bringe^n: Kathareine* [25. Nov.] *bringt de^n Winter eine; ist er net da, bringt i^{hn} der Santiklas* [6. Dez.]. – *E. ge^{hen}. Gang eine.* – *E. gießen.* – *E. komme^n* hinein gelangen. – *E. pflu^{n}tsche^n -ǭā-* i: ins Bett eine pfl. der Faulheit pflegen. – *E. tu^n.* – *E. tunke^n: Wenn ih an Brodloib in Moscht aini dunk.* – *E. gebe^n* st.: *dem Vieh e. g.* das Futter (in die Raufe odgl.) tun.

eineglen s. *aneglen, hurniglen.*

eine^n-weg Adv.: in einem Wort ⌢: trotzdem, nichtsdestoweniger. Syn. *dennoch, wel^{ch}e^{n}weg. Was schad^{e}ts, i^{ch} tu's e.*

einer *ǟnər* Hauptgeb., *āịər, ǟərā, ịnər, ịnə, ịə, ịŋə* Adv.: **1.** herein. – Bes. mit Verbum trennbar verbunden. Irgendwelche Verba der Bewegungen können so vorkommen. *E. ge^{hen}.* – *E. hole^n.* – **2.** einher. *E. ge^{hen}.* Bes. aber: einer mache^n schw.: etwas Unbedeutendes recht wichtig machen, bes. im unangenehmen Sinn: jammern, auch hadern. – Sonst für nhd. „einher" (kommen u. ä.) lieber *daher.*

einermachen s. *einer 2.*

ei^n-fäd(e)le^n, ei^n-fäd(e)me^n schw.: **1.** eig.: *eine Nadel e.* den Faden durchs Öhr ziehen. – **2.** übtr. a. wie nhd.: *eine Sache e.* einleiten; bes. zum eigenen Vorteil oder Schaden anderer und mit Schlauheit. – b. *einen e.* ausbeuten, hintergehen.

ei^n-falle^n st.: intr., mit sein. **1.** in sich zusammenbrechen, einstürzen, von Häusern udgl. – **2.** *Es fällt mir etwas ein* wie nhd. *Das und das zu tun, fällt mir net im Schlaf ei^n; net im Traum,* entstellt *net im Strumpf.*

ei^n-fare^n *-ā-,* FRK. *-ǭ-, -ǫ-* st.: intr., mit sein, hereinfahren. Vom Hirten, der abends die Herde ins Dorf treibt. Von einem Eisenbahnzug o. ä.

Ei^n-fart f.: Weg, auf den man einfährt. Spez. der Torweg eines Hauses.

einfäsch(l)en s. *einfätschen.*

ei^n-fasse^n schw.: **1.** wie nhd., von Bildern, Stoffen usw. – **2.** Getreide, Mehl odgl. in einen Sack e.

ei^n-fätsche^n, ei^n-pfätsche^n *-ě-* schw.: ein Kind e. ins Wickelkissen, *Fätsche,* einwickeln.

ei^n-feure^n *(-ui-, -ū-, -ī-, -iə-, -uə-, -əi-, -ai-, -ae-)* schw.: Feuer machen, einheizen.

ei^n-fliege^n st.: einstürzen, zusammenstürzen (Mauer).

ei^n-fülle^n *-ī-* schw.: mit Obj. des Gegenstandes, der in den andern eingefüllt wird: Wein, Mehl udgl. *e.* – mit Obj. des Gefäßes, bes. *d^{ie} Pfeife^e e.*

ei^n-füre^n *-iə-* schw.: **1.** die Ernte einbringen, meist ohne Obj. – **2.** einen Gebrauch udgl. *e.,* wie nhd.

ei^n-futsche^n schw.: Rettiche (odgl.) *e.* einhobeln. – Anm.: *Futschen* rutschen, hobeln udgl.

Ei^n-gab^e f.: amtliche Bittschrift, Bericht.

ei^n-gebe^n st.: **1.** *einem e.* Arznei e. Auch beim Vieh und hier von *eingeben, e. eine,* bestimmt unterschieden. – **2.** einreichen, *eine Eingabe* machen. – **3.** nach bibl. Sprachgebrauch = inspirieren. *Der Geist wirds ihm schon noch e. Das sollte dir der Verstand e.,* ohne daß man es zu sagen brauchte.

eingefleischt Adj.: nur in der Wendung *eine Eingefleischte* eine Alteingesessene.

ei^n-g^{e}friere^n st.: einfrieren. Die Wasserleitung *g^{e}friert ei^n,* das Wasser *ist ei^{n}g^{e}frore^n.*

ei^n-g^{e}heie^n *-khəiə* schw.: **1.** trans., mit haben: *eine Scheiterbeige* odgl. *e.* umwerfen. Den Brunnen *e.* auffüllen; die Straße *e.* beschottern. – **2.** intr., mit sein: einstürzen.

ei^n-ge-hen st.: mit sein, intr. **1.** Geld, Gewinn *geht ein.* Bei einer Lotterie udgl. *ist viel, wenig eingegangen.* – **2.** *auf etwas e.,* auch trans. *es e.,* sich drauf einlassen, wie nhd. – **3.** *ein Ding geht mir ein* geht im meinen Kopf, behagt mir, wird mir verständlich. *Es geht ihm härt ei^n* er lernt schwer, lebt sich schwer ein. – **4.** ein Zeug, Kleid, Stiefel *geht ein* wird kleiner, durch Nässe odgl. – **5.** aufhören, zu existieren. Eine Wirtschaft, eine Fabrik udgl. ist *eingegangen.* Ein angeschossenes Wild *geht ein* verendet allmählich.

Eingemachtes s. *einmachen.*

ei^n-g^{e}schirre^n schw.: das Pferd e. ihm das Geschirr anlegen.

Ei^n-**geschlächt** -ę̆-, In- n.: Eingeweide der Schlachttiere, soweit eßbar S.

Ei^n-**g^{e}schläuf**, Eingeschlief n.: = *Einschlauf.*

ei^n-**hagle^n** schw.: derb für *einfallen 1,* zusammenstürzen.

ei^n-**häkle^n** -ę̄- schw.: refl., *sich e.* sich festhaken.

ei^n-**handle^n** schw.: im Handel bekommen. Bes. iron.: Schläge u. ä. *e.*

ei^n-**haue^n** st.: tüchtig essen.

ei^n-**heime^n** (-ō͡ē-, -ō͡ā- usw.) schw.: **1.** Heu, Korn einsammeln ALLG. – **2.** *sich e.* heimisch machen.

ei^n-**heimse^n** (-ō͡ē-, -ō͡ā- usw.) schw.: die Ernte einbringen.

ei^n-**heize^n** -ǫe-, -ǫə-, -ā- usw. HalbMA., ei^n-heisse^n reine Mundart schw.: einheizen, die Stube oder den Ofen. *Wenn's kalt ist, heizt man ein.*

ein-hellig Adj. Adv.: übereinstimmend, einmütig.

ei^n-**henke^n**, mehr halbmundartl. ei^n-hänge^n schw.: **1.** eig.: in etwas hineinhängen. *Die Tür, das Fenster e.* in ihre Angeln. *Einander e., ei^{n}g^e-henkt gehe^n* Arm in Arm. – **2.** übtr. a. *einem e.* ihn tüchtig durchprügeln. – b. bestrafen oder sonst schädigen, bes. an Geld und Gut.

einher s. *einer.*

einhin s. *eine.*

ei^n-**hoble^n** schw.: Kraut, Rüben mit dem Krauthobel einschneiden.

ei^n-**hutz(e)le^n** schw.: einschrumpfen, vor Trockenheit oder Alter runzlich werden, von Menschen und Dingen.

ei^n-**kastle^n** schw.: ins Gefängnis einsperren.

einkeien s. *eingeheien.*

ei^n-**kellere^n** schw.: in den Keller legen.

Ei^n-**ker** -ę̄-, -ę̆-, -ae-, -ęə- f.: Einkehr, Besuch. Und zwar längerer zum Wohnen bes. im Wirtshaus oder überhaupt in einem ständigen Quartier. – *Bettelmanns E.* Armut. – ei^n-kere^n schw.: intr., mit haben. Wie oben. – Spez. einen Wirtshausbesuch machen. Zum Besuch oder zur Wiederholung eines B. wird aufgefordert: *Kehret au^{ch} ein, wenn er vorbei kommet!* K. *e^{i}n anders mal ei^n* u. ä.

ei^n-**kippe^n** schw.: einstürzen.

ei^n-**knicke^n** schw.: sitzend ein wenig einschlafen. Syn. *verknicken.*

ei^n-**komme^n** st.: mit pers. Subj. Vor Amt oder Gericht *e.* – *Bei einer Behörde um etwas e.* ein Bittgesuch einreichen.

Ei^n-**korn** ō͡ē-, ō͡ā-, ā- usw.; -khǭ(ə)(r)n W., -khǫərə O.; Ei^n-kirn *(-khi(r)n* W., *-khīr(ə)* O.) im Mittelland n.: die Getreideart Triticum monococcum L.

Ei^n**lauf-supp^e** f.: Suppe, bei der man ein Gemeng von Ei und Milch (durch ein Sieb) in siedende Fleischbrühe laufen läßt. Auch *ei^{n}g^{e}loffene S.*

ei^n-**lege^n** schw.: nicht, wie nhd., überh. vom Legen in etwas hinein, dafür *hinein-(herein-)l.;* sondern nur in bestimmten Verwendungen phys.

und übertr. Bed. **1.** das Töpfergeschirr in den Brennofen bringen. – **2.** Futter in die Schneidmaschine tun. – **3.** Nahrungsmittel, Vorräte *e.* Z. B. *Wein e.* in den Keller. *Bier e.* desgl. – **4.** *(Wäsch^e) e.* die W. vorbereiten. – **5.** amtlichgeschäftlich, wie deponieren. In eine Sparkasse odgl. *e.* – **6.** *Ehre mit etwas e.* E. davon haben, gewm. einernten. *Halt dich gut, daß ich (eine) E. mit dir e. kann* u. ä.

ei^n-**lerne^n** schw.: *einen e.* einschulen.

ei^n-**loche^n** schw.: ins *Loch* sperren.

ei^n-**mache^n** schw.: **1.** mit einer schützenden Umhüllung umgeben. *Einen Garten e.* umzäunen. Sich oder einen andern *e.* warm einhüllen. – **2.** Fleisch, Gemüse, Süßigkeiten in eine konservierende süße oder saure Brühe legen. *Eingemachtes Kalbfleisch* K. in saurer Brühe. Bes. aber von Würzen und Süßigkeiten: Gurken, Kirschen, Birnen, Gesälz udgl. *e.* Subst. *Ei^{n}g^e-macht^{e}s* n.

ei^n-**mädig** -ę̆- Adj.: *e.* ist eine Wiese *(Mad),* die nur einmal im Jahr gemäht wird.

ei^n-**mal**, betont *ei^n-mal* ⌃, unbetont *e^{in}-mal* ⌣́ Adv.: **1.** „ein" als Zahl, zumeist betont ⌃, aber auch ⌣́. a. ein Mal, nicht mehrmals. α) für sich alleinstehend. *E. ist kei^{n}mal,* bes. in sexuellen Dingen. *Ma^n lebt nu^r e.* ⌣́ *(auf dere^n Welt).* – β) mit vorausgehender oder nachfolgender Bestimmung. *No^{ch} e.* ⌃⌣, ⌣⌣́, ⌣̀⌣́: ein weiteres Mal. 1) im Sinne der Wiederholung: *Probier's no^{ch} e.* ⌃⌣, ⌣⌣́ oder, wenn = im letztesmal, ⌣⌃. 2) = doppelt. *Gestern sind 100 gekommen, heute n. e.* ⌃⌣, ⌣̀⌣́ *so viel* = 200. – *Auf e.* ⌣́⌣, ⌣⌣́: 1) in einer Handlung, nicht in mehreren: *Ich mache meine Arbeit lieber a. e.;* 2) plötzlich: *A. e. schlägts 12 Uhr.* Für beides auch *z^{u}mal.* – Distributiv: *Alle Jahre e.* ⌣́, *'s Jahrs e.; e. im Jahr* usw. = ein erstes Mal. α) mit noch bewahrter Zahlbed. Ein erstes Mal von mehreren nachfolgenden: *Wer e.* ⌃ *stiehlt, heißt allemal ein Dieb.* – Ein erstes, kein weiteres Mal: *Man führt den Esel nur e. aufs Eis.* – Irgend einmal, in der Zukunft. *E.* ⌣⌣́ *muß man fort. Wenn nu^r au^{ch} e.* ⌣́! Ausruf des Ärgers. – β) mit Wegfallen der Zahl- und Zeitbed.: ein für allemale, unter allen Umständen, die Wirklichkeit sehr stark hervorhebend. Betonung ⌣́, noch stärker ⌃. *'s ist e. so* und nicht anders. – **2.** „ein" als unbest. Artikel, nur unbetont ⌣́: zu einer gewissen Zeit. So in Erzählungen: *'s ist e. ei^n Ma^n g^{e}wese^n* u. ä. Auch = ehmals: *'s ist nimme^r wie e.* – Von der Zukunft: *Du wirst e. an mich denken* u. ä.

ei^n-**mumm(e)le^n** schw.: warm einhüllen, von Menschen, bes. Part. *ei^n-g^{e}mumm(e)let.*

ei^n-**näe^n** schw.: **1.** in etwas hineinnähen. – **2.** spez. den Toten mit seinem Leichenhemd bekleiden. – **3.** ein Kleid *e.* enger machen.

Ei^n-**neme** f.: Arznei. – Von „einnehmen".

ei^n-netze^n -ĕ- schw.: = *netzen.*

einnicken s. *einnocken.*

ei^n-nocke^n, ei^n-nücke^n schw.: einnicken, einschlummern.

ei^n-ochse^n -ks- schw.: einpauken, mit Mühe lernen.

ei^n-packe^n -ph- schw.: **1.** eig., mit und ohne Obj. *Die Kleider e. Hast ei^{nge}packt?* – **2.** übtr., sich zum Abgang anschicken. *Pack ei^n!* höre auf (mit Reden), gib nach, geh fort.

ei^n-patsche^n, ei^n-pätsche^n -ă-, -ĕ- schw.: *einem e.* ihm die (rechte) Hand geben. Insbes. zum Zeichen eines rechtskräftig abgeschlossenen Handels.

ei^n-purzle^n b-, s. *purzlen* schw.: in sich zusammenfallen.

ei^n-raume^n -aō-, -ǭ-, -ǫ̆-, -ă-, s. *aufraumen* schw.: einräumen. – Einen Kasten, eine Schublade *e.,* in Ordnung mit den dafür bestimmten Sachen füllen. Ebenso können die Gegenstände selbst Obj. sein: *Hast du deine Sachen schon eingeräumt?* Öfters ohne Obj. – Von *aufr. 1* so untersch., daß dieses bedeutet: die ungeordnet offen umherliegenden Sachen an ihren (offenen oder verschlossenen) Platz tun, *e.* nur von einem geschlossenen Raum gebraucht ist.

ei^n-regne^n schw.: *es regnet sich ei^n* wird allmählich ein gründlicher Regen.

ei^n-reiße^n -əi- st.: **1.** trans.: zusammenreißen, ein Haus o. ä. – **2.** intr., mit sein: ein Unfug udgl. *reißt ein,* wie nhd.

ei^n-renne^n, Part. ei^n-g^{e}rennt schw.: durch Rennen einwerfen.

ei^n-rigle^n schw.: *einen* oder *sich e.,* durch Vorschieben des Riegels einschließen.

ei^n-rutsche^n -ū- schw.: rutschen und einstürzen. eins s. *ein.*

ei^n-sacke^n -ă- schw.: einstecken, die Taschen füllen.

ei^n-sage^n schw.: heimlich zuflüstern.

Ei^n-satz, Pl. -sätz^e-ĕ- m.: **1.** an Kleidern andersartiger eingesetzter Stoff. Demin. *E-le^{in}* desgl. – **2.** System von Hohlkörpern, deren kleinere in immer größere hineingesetzt sind. a. bei Maß und Gewicht. Schüsselartig ineinander hineingepaßte Gewichte. – b. Gestell, in welchem 3 bis 4 Schüsselchen übereinander eingesetzt werden, zum Austragen von Speisen. Die einzelnen Teile heißen Einsatzhäfele^{in}, E-schüßle^n.

ei^n-saume^n, -säume^n schw.: mit einem Saum versehen.

ei^n-schale^n schw.: verschalen.

ei^n-schicht -šĩχt Adj.: einzeln, vereinzelt; einzeln stehend S.

Ei^n-schichte -ĕ f.: Einöde, Verlassenheit. *Das Haus steht ganz auf der E.* Einödhaus. – Vgl. *Einzechte.*

ei^n-schläfe^n schw.: einschläfern.

ei^n-schläferig Adj.: *e. Bett* in dem nur eine Person schlafen kann, opp. *zweischl-.*

Ei^n-schlag m.: **1.** *E. am Kleid, eingeschlagener Stoff.* – **2.** vertiefte Stelle im Gelände.

ei^n-schlage^n, Part. -g^{e}schlage^n st.: A. trans. **1.** in etwas hineinschlagen. Nägel, odgl. *e.,* wie nhd.; doch lieber *hinein-.* – **2.** durch Schlagen zerstören. – **3.** *Eier e.* in Fett backen. *Eingeschlagene Eier* Spiegeleier, Eierkuchen. – **4.** *Wäsche e.* vor dem Bügeln leicht anfeuchten und dann zusammenwickeln. – **5.** Kirschen, Zwetschgen u. ä. *e.* in ein Gefäß zur Gärung zusammenbringen, als Vorbereitung zum Brennen. – **6.** einen Gegenstand zur Schonung umhüllen, verpacken. *Eine Ware e. in Papier* odgl.; mehr *einwickeln.* – Pflanzen, Bäume *e.* ihre Wurzeln umwickeln, um sie vor Austrocknen zu bewahren. – **7.** am Kleid Stoff *e.* umschlagen, fälteln. – B. intr., mit haben. **1.** vom Blitz, wie nhd. – **2.** in die Hand des andern *e.,* zur Bekräftigung eines Versprechens, zum Abschluß eines Handels u. ä., wie nhd. – **3.** geraten: reichlich Früchte liefern. Auch ein junger Mann *schlägt ein* macht sich gut. – C. Part. *ei^{n}g^{e}schla^{gen}.* **1.** vom Gelände: wellig, vertieft. S. *Einschlag.* – **2.** ein Pferd, Rindvieh *ist e.* hat ein hohles Kreuz. – **3.** die Ölfarbe ist *e.,* glanzlos, trüb.

ei^n-schlägig -ĕ- Adj.: **1.** ein *e-es* Grundstück, das in der Mitte eine mäßige Vertiefung hat. – **2.** wie nhd.

Ei^n-schlauf -ao- (ö. -ǭ-) ^ m.: Kleidung, vollständiger Anzug. Auch Ei^n-g^{e}schläuf n.

ei^n-schläufe^n -ae-, östl. -ĕ schw.: **1.** anziehen, ankleiden. – **2.** übtr.: hintergehen, anführen; wie *einschliefen 2.*

ei^n-schleife^n schw.: einschleppen. Die Kinder *schleifen* aus einem fremden Haus Krankheiten, Ungeziefer etc. *ein,* besser *herein.*

ei^n-schliefe^n -iə-, Part. -g^{e}schloffe^n st.: **1.** ankleiden. – **2.** übtr. *eingeschloffen sein* angeführt sein.

ei^n-schmattere^n -äd- schw.: einschrumpfen. Vgl. *einschmuttern.*

ei^n-schmeiße^n -əi-, Part., -g^{e}schmisse^n st.: einwerfen. Syn. *eingeheien.*

ei^n-schmorgele^n schw.: einschrumpfen, eintrocknen.

ei^n-schmorre^n -ǫ̆-; -ǫə-; -ǭ-; -u-; ei^n-g^{e}schmorre^n, Part. schw. und st.: einschrumpfen, eintrocknen.

ei^n-schmotze^n -ǫ̆- schw.: einfetten, mit *Schmotz* einreiben.

einschmurren s. *einschmorren.*

ei^n-schmuttere^n -ū- schw.: einrunzeln, einschrumpfen. Vgl. *einschmattern.*

ei^n-schnappe^n schw.: **1.** wie nhd. Ein Türschloß u. a. *schnappt ein.* – **2.** *eingeschnappt sein* beleidigt sein.

ei^n-schneide^n, Part. g^{e}schnitte^n st.: **1.** die Frucht *e.* schneiden und einheimsen. – **2.** *Brot e.* in die Suppe, *Kraut e.* zum Einmachen hobeln.

ei^n-schnottere^n -ǫ̆- schw.: einschrumpfen.

ei^n-schnurre^n -ŭ-, -ǫ̆- schw.: einschrumpfen.

ei^n-schöpfe^n -ĕ̜- schw.: mit dem Schöpflöffel einschenken.

ei^n-schoppe^n -ǭ- schw.: einschieben, -stopfen; z. B. Obst; auch vom Essen.

ei^n-seckne^n -ĕ̜-; ei^n-sechne^n schw.: einsickern.

ei^n-seife^n, ei^n-seipfe^n schw.: **1.** eigentl., wie nhd. Die Wäsche, das Gesicht *e.* – **2.** übtr. *einen e.* a. betrügen. – b. *(vorher) e.* günstig für etwas gestimmt machen, mit vielen Reden gewinnen. – **3.** mit Schnee einreiben.

ei^n-setze^n -ĕ̜- schw.: **1.** eigentl., Pflanzen, Bäume, Zähne u. ä. *e.*, wie nhd. – **2.** Zugtiere *e.* einspannen, an Wagen oder Pflug.

ei^n-spanne^n -ă̜- schw.: wie nhd. Die Pferde *e.; e. lassen.* Vgl. *anspannen, an-, ein-setzen.*

Ei^n-spänner -ĕ̜- m.: **1.** Fuhrwerk mit nur einem Pferd. – **2.** wer sich von andern absondert. – ei^n-spännig -ĕ̜- Adj.: von einem Wagen, der nur mit 1 Pferd bespannt ist. *E. fahren.*

ei^n-spinne^n st.: *sich e.* sich zurückziehen, isoliert leben.

Ei^n-stand m.: Eintritt in einen neuen Lebensabschnitt, einen Dienst, Amt usw. Man beschenkt einen gern *zum E.* Daher heißt eine solche Gabe, Abgabe auch selbst *E.* Der Lehrling bezahlt den *E.*, wenn er in die Lehre eintritt.

ei^n-stelle^n -ĕ̜- schw.: **1.** Tiere in den Stall bringen, und zwar: a. vorübergehend: die Pferde, das Fuhrwerk irgendwo, in einer Wirtschaft *e.* Auch absolut *e.*, ohne Obj. – b. für die Dauer. α) das Vieh im Spätherbst nicht mehr auf die Weide treiben, sondern mit der Stallfütterung beginnen. – β) ein Stück Vieh in einem Stall *e.*, um es dort füttern zu lassen und später wieder sich zu nehmen. – **2.** Leute *e.* anstellen, in den Dienst nehmen; wie nhd. – **3.** refl. *sich e.* sich einfinden.

ei^n-stockig Adj.: was nur 1 Stockwerk hat (Haus).

ei^n-stoße^n st.: stoßen, so daß etwas einfällt. *Eine Holzbeige (o. ä.) e.*

ei^n-täfere^n -dĕ̜- schw.: einrahmen, ein Bild u. ä. Eine Wand *e.* mit Täferung versehen.

ei^n-tätsche^n -ĕ̜- schw.: ein-, zusammendrücken.

ei^n-tränke^n schw.: wiedervergelten. *I^{ch} will dir's e.*

ei^n-träpple^n -ĕ̜- schw.: eintreten. *Kraut e.*

ei^n-trückne^n (-n-, -l-, s. *trücknen*) schw.: intr., mit sein: eintrocknen, wie nhd.

ei^n-trümsle^n -ĕ̜- schw.: einnicken, einschlafen.

ei^n-tu^n – Formen s. *tun* –: **1.** etwas *e.* verschaffen, anschaffen, ins Haus bringen, von allerlei Gegenständen. – **2.** einheimsen, von Früchten. – **3.** das Vieh heimtreiben. – **4.** von da übtr., heimkommen.

ei^n-tunke^n schw.: eintauchen. – Ei^n-tunke^{n}s n.: Brot u. ä. zum *eintunken.*

ei^n-wachse^n st.: eindringen. *Eingewachsener Nagel* an Fingern oder Zehen.

ei^n-werfe^n st.: **1.** einen Weg *e.* beschottern. – **2.** etwas Stehendes, z. B. eine Mauer, Wand *e.* um-, zusammenwerfen; Syn. *eingeheien, -schmeißen.*

ei^n-wickle^n schw.: **1.** eig., wie nhd. – **2.** verzehren.

ei^n-wulen schw.: **1.** durch Wühlen einreißen. – **2.** refl., *sich e.* sich einwühlen.

ei^n-zäume^n schw.: zäumen. *Er zäumt de^n Gaul am Arsch ei^n* greift es verkehrt an.

ei^n-zäune^n schw.: mit einem Zaun umgeben.

ei^n-zecht -ĕ̜χt; -ĕ̜t; -ö̆χt Adj. (Adv.): einzeln, isoliert. *Ein e-er Strumpf; ein e-es Haus, Hof* etc. *E. wohnen.*

Ei^n-zechte -ĕ̜ ◡ f.: Einsamkeit, Einöde. Ein Haus, ein Hof *steht auf der E.* steht vereinzelt. *Auf der E. wohnen.* – Ei^n-zechtne -ĕ̜ f.: einzelstehendes Haus. – Vgl. *Einschichte.*

ei^n-zechtig Adj.: = *einzecht.*

ei^n-zeis(l)e^n -āĕ-, -ōā-, -ǫ̇ə-, -ǫe- schw.: durch List, mit unlautern Motiven einen an sich locken, sich geneigt machen. *Ein Mädchen zeiselt einen Burschen ein.*

ei^n-zettle^n -ĕ̜- schw.: einlocken, für eine Sache zu gewinnen suchen.

ei^n-ziehe^n st.: A. trans.: **1.** eigentl., hereinziehen. Der Hund, der Katz *zieht* den Schwanz ein. *Der hat 's G^{e}nick ei^{nge}zoge^n* von einem, dem man das Maul gestopft hat. – **2.** einheimsen. Geld, Güter *e.* – **3.** übtr.: beschränken, einschränken. *Der lebt ganz ei^{nge}zoge^n* für sich, abgesondert. – B. intr., mit sein: wie nhd., vom Einzug ins neue Wohnung.

ei^n-zuckere^n schw.: in Zucker legen. Die Früchte werden *eingezuckert.* Allgemeiner *einmachen.*

ei^n-zünde^n, Part. -^{ge}zündet, -^{ge}zunde^n st. u. schw.: **1.** einschlagen, vom Blitz. – **2.** durchprügeln.

eische^n, heische^n ae- NW. SO., ǫe- O., ǫə-, ā- FRK. Part. g^{e}eische^n, g^{e}eischet st. u. schw.: fordern, verlangen, mahnen, zurückfordern. Syn. *an(h)eischen.*

Eischer, Heischer m.: wer etwas fordert.

Eischete, H- hoa̅sə̇t f.: Bettel. *Er ist gestern auf der H. gewesen.*

eise^n I Adj.: wie nhd.; eisern.

eise^n II (əi-) schw.: **1.** Eis aufhauen und für den Eiskeller gewinnen. – **2.** ein Backwerk *e.* mit einem Guß aus Zucker und Eiweiß (o. ä.) überstreichen; Syn. *bestreichen.*

Eise^n-beiß -ǫi- m.: Prahler, Großtuer, *Eisenfresser.* – e-beißig Adj.: prahlerisch.

Eise^n-fresser m.: Prahler, Angeber. Syn. *Eisenbeiß(er).*

Eis-heilige m.: die *3 E. = Eismänner.*

Eis-ma^{nn} m.: Pankratius, Servatius und Bonifatius

(12.–14. Mai) sind die 3 *E.* Sie *hä^{be}n Händschuh a^{n}g^{e}habt.* Syn. *Eisheilige, Wetterheilige; gestrenge Herren.* S. *Pankrazius.*

Eiß^e *ǫəs* W., *ǫes* O. (*ǫəs, uəs* im S. SW.) HalbMA. Aisen, *aisə,* flekt. Eiße^n m.: Geschwür unter der Haut, Furunkel oder auch Karbunkel.

Eis-see m.: = *Eisweiher.*

Eis-weier -*wəi(ə)r* m.: zur Eisgewinnung angelegter Weiher. Vgl. *Eissee.*

eitel *əidl* (S. *-tl*); *ī-* S., *ai-* FRK., *ae-* RIES Adj. und Adv.: **1.** leer. Der einzige Rest dieser urspr. Bed. ist die RA. *^{E}s ist mir eitel* = übel im Magen, magenschwach. – **2.** bloß, lauter, nur, nichts als; meist als Adv. – **3.** leer, unnütz, vergeblich. – **4.** eingebildet, gefallssüchtig; doch nicht bes. populär. Syn. *eingebildet, fürnehm, hoch droben, hochmütig, stolz, wäh.*

Eiter-burre^n *ǫe-* m.: Eiterbeule. – Eiter-butz^e, flekt. -e^n m.: Eiterpfropf, Kern des Furunkels.

Eiter-säckle^{in} n.: Eitergeschwür am Zahnfleisch.

E-krüppel -*ī-* m.: alter, schwacher Ehemann.

elb *ǫəlb* Adj.: blaßgelb, die welke Farbe der unter Luft- und Lichtmangel leidenden Zimmerpflanzen.

elbig *ǫə-* Adj.: = *elb.*

Ele s. *Äne.*

elend Adj. Adv.: **1.** fremd, heimatlos, verbannt. Aber stets mit der Nebenbedeutung des Armen, Bedauernswerten. – **2.** arm, schwach; schlecht, miserabel; phys. u. moral. – Als Adv. intensiv: *e. groß, e. schön.*

Elende -*ę* f.: Mattigkeit, Elendigkeit.

ell, ells s. *all, alles.*

ellemol s. *allemal.*

elle^n-lang Adj.: sehr lang.

ellig *ę̆-* Adj.: kränklich, elend, krank aussehend.

ellweil s. *alleweil.*

em Interj.: Ausruf des Unwillens.

e m = im.

Emd *ę̆md* im W.; Omed im N. (*ǫ̆məd,* FRK. auch *ǫ̆^{u}-*) und SO. n.: Öhmd: zweiter Schnitt des Grases.

Emd-barn -*m* m.: Platz fürs *Emd* in der Scheuer.

Emd-bletz m.: *Bletz 2,* kleines Stück Land, wo *geemdet* wird. – Emd-bode^n *ǫ̆mədbȫdə* m.: Platz in der Scheuer zur Aufbewahrung des *Emds.*

emde^n, om(a)de^n schw.: öhmden.

emden s. *impfen.*

Emdet, Om(a)det m. f.: Öhmdernte, Zeit derselben.

Emd-fresser m.: Augentrost-Arten, Euphrasia L.

Emd-wage^n -*ā-* m.: Wagen, auf dem das *Emd* heimgefahren wird. – Emd-wise f.: Öhmdwiese.

Emer *ę̆mr* m.: die Getreideart Triticum dicoccum (Schrank); dinkelähnlich, Sommerdinkel.

Emer-korn, -kern n.: = *Emer.*

Emes s. *Ameise.*

Emmeritz *ę̆mərits (-itsg, -tisət, ę̆mbrits); ę̆mərę̆ntslę; lę̆mərits* OSCHW., flekt. -e^n m. f.: die Goldammer, Emberiza citrinella. Anderer Name Emmerling m.

Emmerlings-tag m.: = *Bempemperlestag.*

emol s. *allemal.*

empten (pfropfen) s. *impfen.*

end s. *e.*

Endivie s. *Andivi.*

ene *ę̆ne, jǫ̆ęnə* Adv.: dort drüben; dort hinüber. – ene^n-dur^{ch}e *ę̆nədū̆rę* von dort drüben her BAAR. *Er kommt e.* kommt von jenseitigen Tal her über die Höhe herüber ins diesseitige.

ener, -e, -es Dem.-Pron.: wie nhd. jener, substantivisch und adjektivisch SW.

Enge -*ę̆,* S. -*ī* (Pl. s. u.) f.: das Engsein. **1.** örtl., enger Raum. – **2.** Engbrüstigkeit, Atemnot. *Eine E. haben.* Pl. *Engene^n* Bangigkeiten.

Enger *ę̆ŋər* (s. *ę̆-*), Pl. -ere^n -*əre;* Engerich; Engerling m.: Raupe oder Puppe des Maikäfers.

Enteler m.: Enterich OSCHW., auch *Anteler.* Sonst *Antrech.*

Ente^n-klemmer m.: Schimpfwort für einen Geizhals.

Ente^{n}wackele^{in}, -wackerle^{in} n.: junge Ente.

ent-lehne^n schw., ent-leihen st.: beide Verba werden so unterschieden, daß das st. „leihweise geben", das schw. „l. nehmen" bed.

entleihen s. *entlehnen.*

enze(r)le *E. zenze(r)le zitzerle zä, Aiche(r)le baiche(r)le knęll* Anzählvers.

E-par n.: Ehepaar.

eppes (etwas) usw. s. *etwas* usw.

er, sie, es geschlechtliches Pron. 3. Pers.: wie nhd. A. Formen. 1. Sing. a. Mask. Nom. betont *ę̆r,* im Hauptgebiet *ę̆ər;* unbetont *ər,* südlicher *ṛ.* – Gen. (nur betont) *sāē(nə)r* Hauptgebiet u. N., *sīnər* SW. – Dat. betont *ę̆m* Hauptgebiet, *īm* FRK. u. S.; unbetont *(ə)m.* – Akk. betont *n̩* Hauptgeb., *īn* FRK. u. S., *ę̆ə;* unbetont *n̩* UNTERL., *ə, nə* OBERL. – b. Fem. Nom. betont *sui* Mittelgebiet, *siə* N. O. S.; unbetont *sę̆, s. sī.* – Genet. (nur betont) *īrə, iərə, īrər, iərər.* – Dat. betont *īr, īrə, ę̆rə, ę̆nər;* unbetont *(ə)r, ərə.* – Akk. = Nom. – c. Ntr. Nom. betont *ę̆əs,* meist unbetont *əs, s.* – **2.** Plur. aller Genera. Nom. Akk. betont *siə;* unbetont *sę̆,* südl. *sī.* – Genet. = Gen. Sg. Fem. – Dat. betont *ę̆nę̆;* unbetont *ən, ę̆n n̩, ənə.* – B. Gebrauch. Im ganzen wie nhd. Im Folgenden nur gewisse Besonderheiten. I. wirkliches Pers.-Pron. Für eine dritte Person. *Er* und *sie* (in allen Kasus) in betonter Form allgem. für die Hausherrn, die Hausfrau. *Ist er daheim? Nein, aber sie.* So sagt auch der Mann von seiner Frau *sie* und umgekehrt *er.* Gebildete fassen das als Grobheit, es ist aber nicht so gemeint. – *Er, sie* vom Geschlecht von Tieren, auch subst.: *'s ist e^{ine} Sui* ein Weibchen. – Pl. *sie* (unbetont) oft = *man. Sie sage^n t* die Leute sagen. – II. unpersönliches *es.* Nom. a. Subjekt. *Es ist an mir* udgl. *Den hat's* er ist bezwungen von Schlaf, Rausch, Krankheit. Ohne Subj.: *Hat ihn fertig!* – b. Prädikat. *Er meint, er sei's* sei was Besonderes, sei Herr der Situation. *Weil du's bist* wenn aus Gefälligkeit nachgegeben wird; ebenso etwa *Weil Sie's sind.* Einige Fälle, wo *es* ganz allgem. steht. *Der kann's! Du hast's gut! Es mit etwas haben* mit etwas sich beschäftigen, damit zu schaffen haben. Gern spöttisch: *Er hat's mit der Angst, mit der Gottesfurcht* usw. *Es mit jemand haben* von näherem, besonders auch geschlechtl. Umgang; auch „es mit ihm halten". Aber auch ihn verspotten. *Es hat's* ist fertig, Tatsache *(Jetzt hätt's es); Es tut's* genügt. *Es treiben; Er treibt's nicht mehr lang. Es tun* scheißen; häufiger beischlafen (auch *es machen*). – c. refl. Dat. *ihm. Du tust ihm recht.*

er-bar Adj. Adv.: ziemlich (gut), genügend SO. So z.B. *e. viel* ziemlich viel; *e. gut, besser; e. groß;* ebenso *e. krank, kalt.*

erbarlich *ẹrbərlīχ* Adj. Adv.: ordentlich, anständig.

er-barme^n schw.: trans., zum Mitleid bewegen. Die MA. setzt dafür *verbarmen.* Aber in der RA. *Daß (Aß) 's Gott erbarm^e* stets *e.*

er-bärmlich (-iglich), verbärm(st)lich Adj. Adv.: elend, jämmerlich, bes. auch als Adv. Verstärkt *gottserbärmlich.* Als Adv. auch zur bloßen Steigerung: *erbärmli^{ch} schö^n.*

Erbel, Erber s. *Erdbeere.*

erbe^n schw.: erben. a. eig., von Vererbung durch Tod. – b. übtr. α) ein Kind *erbt* von seinen Eltern und die Eigenschaften. – β) eine Krankheit *e.* nicht im Sinn der Vererbung auf die Nachkommenschaft, sondern in dem der Ansteckung: *Er hat die roten Flecken von seinem Schulkameraden geerbt* u.ä.

erblich, älter auch erbig Adj.: was sich vererbt. – Mod. nur von ansteckenden Krankheiten.

er-bose^n *ẹrbọsə* schw.: schlecht, böse werden RIES.

Erbs^e f.: A. Form. *ẹrbs* HalbMA.; die halbmundartl. Form herrscht jetzt ausschließlich in geschlossenen Gebieten im NW. sowie im SW.; im äußersten SW. dafür *ẹrps,* im äußersten SO. gelegentlich auch *ẹərbs.* Rein mundartl. Formen: **1.** im O. unflekt. *ẹrbis, ẹrbəs, ẹrwəs.* – **2.** im W. flektiert: *ẹ(r)š; ẹ(r)s; ẹr(ə)s;* Pl. -e^n. – B. Gebrauch. wie nhd., Erbse, Pisum sativum L., in der ssp. arvense (L.) A. et Gr. als Futter-Erbse, in der ssp. sativum als Garten-Erbse in vielen Sorten als Hülsen- und Gemüsefrucht angebaut.

Erd-äpfel – Laute s. *Erde;* Herd- *-ẹ̄ə-, -ẹ̄-* – m.:

Kartoffel. Hauptsächlich S. Syn. *Grundbir, Erdbir, Bodenbir, -apfel, Kartoffel, Schnaufkugel; eingewickelte Knöpflein, Furzbomben* u.a.

Erdäpfel-knopf m.; Demin. -knöpfle^{in} n.: Kartoffelkloß, Fastenspeise. – Erdäpfel-kratzete f.: in Schmalz gebackene Fastenspeise. – Erdäpfel-kraut n.: Kraut der Kartoffel. – Erdäpfel-nudle^n Plur. f.: Nudeln aus Mehl und gesottenen Kartoffeln. – Erdäpfel-schälfez *(-šẹ̄lfəts)* f.: Kartoffelhaut. – Erdäpfel-schnitz f.: Kartoffelschnitz. – Erdäpfel-stengel m.: verdorrtes Erdäpfelkraut, das dann auf dem Felde verbrannt wird. – Erdäpfel-supp^e f.: Kartoffelsuppe.

Erd-ber^e m. f.: Erdbeere. A. Form: *erbẹ̄r,* Plur. *erbẹ̄r(ə); daneben* auch *erbər,* Plur. *erbər(ə); erbḷ,* Plur. ebenso oder *erbələ.* Im Gebiet von aed „Erde" und noch etwas darüber hinaus *aebẹ̄r,* Plur. *-bẹ̄r(ə).* – B. Gebrauch: wie nhd., Fragaria vesca.

Erd-bidem, -bedem, -bisem n.: Erdbeben.

Erd-bir *ẹrbīr; ẹərdb-; ẹərb-;* meist aber mit Ausfall des *-r-: ẹ̄b-, ẹəb-, jäb-; aeb-;* Plur. -e^n f.: Kartoffel. Syn. s. unter *Erdapfel.*

Erd^e, flekt. -e^n *ẹ̄ə-, ja-, ẹ̄-, ẹ̄-; aed* f.: Erde. – Anm.: *E.* ist bei uns im eig. Dialekt kaum mehr gebraucht; dafür *Grund, Boden.*

erdele^n schw.: nach Erde riechen.

erde^n, nerde^n; irde^n Adj.: irden, tönern.

Erde^n-: verstärkender Vorsatz bei Adjj. und bes. Subst., aber nur bei solchen unangenehmen Inhalts; solche Bildungen können täglich neu entstehen, es werden daher im folg. nur die gebräuchlichsten und auffallendsten erwähnt. Ähnlich *Boden-,* während *Grund-* mehr bei Wörtern angenehmen Inhalts (*grundgescheit, -gut, -brav* usw.) gebraucht wird.

Erde^n-blitz m.: Schimpfwort.

Erde^n-düppel m.: dummer Mensch.

Erde^n-fetz *-ẹ̄-* m.: = *Erdenlump.*

erde^n-lieder(l)i^{ch} Adj.: äußerst liederlich, schlecht; Syn. *erdenlätz, erdenmind.*

Erde^n-lump m.: Schimpfwort.

erde^n-mäßig (Adj.) Adv.: sehr stark, groß; derb scherzh. S.a. *erdenschlächtig.*

Erde^n-sau f.: starkes Schimpfwort.

Erde^n-schand^e f.: große Schande.

erde^n-schlächtig *-ẹ̄-* Adj. Adv.: = *erdenmäßig.*

erde^n-schlecht Adj.: grundschlecht, von Dingen wie von Personen. Syn. *bodenschlecht.*

Erde^n-schlingel m.: Hauptschlingel.

Erd-fall m.: trichterförmige Einsenkung im Boden.

erdig Adj.: mit Erde behaftet, z.B. von den Fingern; nach E. schmeckend udgl.

Erd-nuß, auch Erd-bir f. Ackerunkraut Knollen-Platterbse, Lathyrus tuberosus L.

Erd-reich *ẹrdərẹ̄; aedrẹ̄,* s.u.; n.: **1.** die Erde im

Gegensatz zum Himmel, die Erde als Wohnsitz des Menschen, nach bibl. Sprache. – **2.** Grund, Boden. – Anm.: Die Ausspr. mit verkürzter 2. Silbe ist wohl auf Bed. 2 beschränkt. Am verbreitetsten sicher die volle Form -*rəiχ*.

ere[n] I *ẹrə* Adj.: ehern, aus Kupfer oder Bronze.

e r e n II (ackern) s. *ären*.

ere[n]**-grätig** -*ẹ̄*- Adj.: kleinlich ehrsüchtig.

ere[n]**-käsig** -*khẹ̄*- Adj.: in Ehrensachen, Rang, Titel, Etikette kleinlich empfindlich. – Anm.: Vielleicht an *Käs* = unbedeutende Sache zu denken.

Ere[n]**-tisch** m.: Tisch, an dem beim Hochzeitsessen nur die allernächsten Verwandten der Brautleute sitzen.

E r g e t s. *Egert*.

erle[n] *ẹrlẹ̆* Adj.: zur Erle gehörig.

er-lige[n] st.: niederliegen, liegen bleiben. *Morgenregen ist bald erlegen;* sonst s. *verligen*.

Ern, E r n d , E r m m. f.: Hausflur, und zwar im ländl. Haus die untere, hinter der Haustür, in der städt. Mietswohnung auch die in oberen Stockwerken. Syn. *Hausern, -gang, -tenne*.

Ern-fenster n.: Fenster am Ern.

Ern-kammer f.: Kammer am Ern. – E r n - l ä m p - l e[in] n.: Lampe im *E*.

Ernt[e] *ẹrnt, ẹ̄(r)nət, ẹrə, ẹmt, ārət;* Pl. -e[n] kaum vorkommend f.: Ernte. Und zwar nur die Getreideernte; Syn. *Schneiden, Schnitt, Augst* und spez. Ausdrücke wie *Haberernte* usw. Sowohl die Zeit als die Arbeit der E. und deren Ertrag.

E r s t s. *Nest*.

erst *ẹ̄ršt, ẹršt (ẹ̄št), ẹ̄ə(r)št, ae(r)št, āršt* Adj. Adv.: Ordinalzahl, wie nhd. A. a d j e k t i v i s c h e r Gebrauch. Wie nhd. *'s Erst*[e] *läute*[n] erstes Läuten zum Gottesdienst. – B . a d v e r b i a l e r Gebrauch: erst. a. zeitlich: nicht früher, erst jetzt. Im Gebrauch teils wie nhd.: *Er ist erst mit dem letzten Zug gekommen;* teils = soeben, vor kürzestem: *I*[ch] *hau*[n] *dir's erst g*[e]*sait*, E. *haun i*[ch] *dir's g.,* mit betontem *e*., aber schon mit Übergang zu der adversativen Bed. und doch folgst du schon wieder nicht. Ohne solche Färbung: *Er ist e. gekommen* kaum da, konnte noch nichts anderes tun. – b. modal. Aus Fällen wie die vorhin angeführten entwickelt sich eine steigernde, zugleich adversative Funktion. *Jetzt kriegst Schläg*[e] *und erst (erst no*[ch]*) fest* u. ä. Besonders hervorzuheben: α) *e. recht* wie nhd. – β) *Erst no*[ch]*!* ⌐ als kräftig bestätigende Antwort. *Gestern wars aber schön;* Antw.. *E. n.*

Erste -*ẹ̆*, s. -*ĭ* f.: nur in der Verbindung *in der* E. anfangs, im Unterschied von Späterem. *In der E. hat der Bub arg Heimweh gehabt, aber es hat sich gegeben* u. ä.

Erz- *ẹrts-:* **1.** urspr. nach lat.-gr. *archi-* in Titeln wie *Erzbischof, Erzherzog.* – **2.** verstärkendes Präfix vor allen möglichen, häufiger tadelnden,

aber auch lobenden Substantiven und Adjektiven. Da diese Bildung ganz beliebiger weiterer Anwendung fähig ist, ist hier bloß eine Anzahl solcher zusammengestellt. a. Substantive. E r z - d i f t l e r m. – E r z - f a u l e n z e r m. – E r z - h a - l u n k[e] m. – E r z - l u g e[n]b e u t e l m.: Hauptlügner. – E r z - l ü m m e l m. – E r z - l u m p m. – E r z - s a u f. – **2.** Adjj.: e r z d u m m , - g r o b usw., doch seltener.

Esch *ẹ̆š* m.: der Fruchtfolge unterstehendes Saat-, Fruchtfeld, gemäß der Dreifelderwirtschaft in *Winter-, Sommer-, Brach-esch (Korn-, Haber-, Brach-esch)* zerfallend; es bezeichnet sowohl die ganze Gemeindeflur als ihre Teile, die einzelnen Felder. Syn. *Zelge.* – *Um de*[n] *E. gau*[n] einen Bittumgang im *E.* halten.

esche[n] *ẹ̆šẹ̆* Adj.: zur Esche gehörig. *Esche*[n] *Holz.*

Esch-gang m.: Bittgang durch die Felder an Christi Himmelfahrt oder an einem der 3 vorausgehenden Bittage.

Esch-weid[e] f.: Weide auf dem Esch.

Esels-fleiß m.: großer Fleiß.

Espan m. (n.): Platz, der zur Viehweide dient. Meist Ortsname.

Esper *ẹ̆špər* m.: das Futterkraut Onobrychis viciifolia Scop. – Anm.: Gekürzt aus E s p a r s e t t e (Fem.), was in gewählterer Sprache daneben üblich.

Esse[n], Plur. -n e r ; Demin. E s s e[n]l e[in] n.: das Essen. **1.** die Tätigkeit des Essens, reiner subst. Inf. – **2.** Mahlzeit, und zwar bes. das Mittag- oder Abendessen.

Essete -*ədẹ̆* f.: was auf einmal gegessen werden kann.

Essich *ẹ̆sĭχ (-ẹ̆χ); -ẹ̆g; -ẹ̆ (-ĭ); -it; -ẹ̄ŋ; nẹ̆sẹ̆* m.: Essig.

essig Adj.: eßbar.

E s t s. *Nest*.

E-stand m.: Ehestand, wie nhd. *I*[ch] *wünsch*[e] *Glück zum E.* Hochzeitswunsch.

Estrich *ẹ̆-* m.: steinerner oder gestampfter Fußboden. – Anm.: Mhd. *esterich*, nach spätlat. *astricus* Pflaster.

e t s. *nicht*.

etlich *ẹ̆-; -lĭχ (-lẹ̆χ), -lẹ̆ (-lĭ), -lĭg (-lẹ̆g), -lẹ̄ŋ;* e t z - l i c h Pron.: irgendein, mancher. – Nur im Plur. *Etlich Bäum*[e]*, Küh*[e]*;* aber *etliche (-ẹ̆) Kinder; etlichə zwanzig, dreißig* etwas über 20, 30. Auch umgestellt: *Stucker e.* einige Stücke; *e*[in] *Stuck e.*

Etter *ẹ̆-, ẹ̆ə-, ja-, ə-* m.: **1.** Zaun, Umzäunung im allgem. – **2.** der früher das Dorf umgebende Zaun; Grenze zwischen Wohnort (Dorf, Stadt) und Feldflur. *Innerhalb; außerhalb Etters.* – **3.** der Raum zwischen den gespreizten Oberschenkeln OSCHW.; Syn. *Grattel, Gritte*[n]*, Häusle*[in]*, Höfle*[in]*.

Etter-zau[n] m.: Grenzzaun der Ortschaft ALLG.

etwa, e t - w a n n (e t - w e n n) , e t - w i e Adv.: *etwa* irgendwo, *etwann* irgendwann, *etwie* irgendwie

sind in MA. lautlich zusammengefallen. – A.
Form. 1. Anlaut *ĕ-, ĕ̌ə-, jə-, ə-* im weitaus größ-
ten Teil des schwäb. Gebiets; *ĕ̌-* im O. – 2.
Mittelkonsonant fast durchweg *-b-,* SW. *-p-;*
vereinzelt *-bm-.* – 3. Auslaut meist *-ə;* da und
dort auch *-ət.* – B. Gebrauch. 1. lokal: ir-
gendwo (irgendwohin s. *etwar*). – Im O. und
Zentrum allgem.; überall mit Formen von *eime*
und solchen von *irgendwo* durchsetzt. *E. sei^n.*
Besonders mit folgendem Adv. *E. her* irgend-
woher. *E. ^hina^n, e. ane, e. hin* irgendwohin. *E.
hin* bes. in der spez. Bed. eines Besuchs: *e. h.
gehen, kommen* udgl. In dieser spez. Bed. hat
sich ein Subst. Etwa-hi^n ‿ entwickelt: Be-
such. Euphem.: *I^ch muß ^auf E-h* auf den Abtritt.
– 2. temporal: irgendwann, einmal. – Mit
nachf. Adv. kann *e.* auch = 3. „etwa" gebraucht
werden. *Es wird si^ch e. au^ch wieder finde^n.* Et-
wan-e^inmal *ĕ̌əpənəmọl* dann und wann. Et-
wan-ie *ĕ̌bənie* ‿ zuweilen. – 3. modal: etwa,
vielleicht, wohl. *Hat d^ir e. etwer etwas ^getau^n?*

et-war, et(e)s-war Adv.: irgendwo hin; *etwarane*
irgendwohin. Bes. aber *ebschmer (ę̆bšmər, ĕ̌ə-,
jă-, jĕ̌-) gehen, kommen; Z^u e. g., k., sein =
etwahin,* einen Besuch machen.

et-was, ebbes *ĕ̌-, ĕ̌ə-, jă-, ə-, ĕ̌-* wie *etwa;* Kons.
-b-, -p- usw. desgl., neutr. Pron., Adv.: wie nhd.
1. pron.: *ebbes Schönes.* Besonders: *Se hot eb-
bes Sach* sie hat ziemlich viel Besitz. – 2. adver-
bial: wie nhd., ein wenig.

etwenn s. *etwa.*

et-wer *ĕ̌-, ĕ̌ə-* usw.; *-b-, -p-* usw.; *-ər, -r̥.* Pron.:
jemand; für männl. und weibl. Personen gleich,
wie nhd. – 1. meist ohne Zusatz. *Es kommt e.;
I^ch weiß e.* u. ä. *Hat dir etwan etwer etwas ^getau^n?*
– 2. mit attrib. Zusatz. *E. recht^es* (o. ä.); *e. rech-
ter* angesehener, anständiger Mensch.

etwie s. *etwa.*

etwo s. *etwa.*

eweil s. *alleweil.*

F und V

Beide Anlaute sind durchaus gleich behandelt und nur nach der heutigen Orthographie unterschieden. Das gilt auch von romanischen Wörtern mit *V-*, deren Aussprache durchgängig *F-* ist. Der Anlaut *Ph-* in Wörtern griechischen Ursprungs wie *Philipp* ist *F-* geschrieben.

F: *Aus ^{de}m ff (ĕf̥ĕf̥ ⌣)* sehr stark, gehörig. *Er verstehts aus'm ff. Einen aus'm ff verhauen* u. ä. *Einer aus'm ff* ein schlimmer, durchtriebener Geselle.

Fabian *-ā-:* Name des Heiligen. *F. und Sebastian* [20. Jan.] *soll der Saft in die Bäume gahn.*

fabriziere^n schw.: verfertigen.

fabuliere^n ⌣⌣⌣⌣ schw.: einfältiges Zeug reden. *Was fabulierst da wieder?*

-fach: in adj. Kompositionen lautet vielfach -facht, z. B. *einfacht, zweifacht.*

fachen (fangen) s. *fahen.*

Fächser *f̥ĕksər* m.: Wurzelausschlag, Wurzeltrieb einer Pflanze. Speziell von Reben und Hopfen. – Anm.: Zu mhd. *fahs* Haar.

Fackel I *-ā-*, Plur. -le^n f.: **1.** wie nhd. – **2.** übtr. a. Klatschrose, wilder Mohn. – b. Samenzapfen der Fichte. Syn. *Mockel, Tannenfackelein, -mockel, -motschel.* – c. Herbstzeitlose im Frühjahr (Samenbeutel).

Fackel II f.: Schwein. – Demin.: Fackele^{in} Hohenl., Fäckele^{in}, Fäckle^{in} n.: Ferkel.

fäck(e)le^n *-ĕ̌-* schw.: fehlen; und zwar in versch. Bedeutungsabstufungen: fehlen, einen Fehler, Mißgriff machen, ohne moralische Schuld, aus Versehen u. ä. *Es fäckelet* hapert, hat einen Anstand. *Der hat recht g^{e}fäcklet* entspricht den Erwartungen nicht, läßt nach in der Gutartigkeit.

Fack(e)ler m.: unruhiger Mensch, der immer *herumfackelt.*

fackelig Adj. Adv.: unstet, wankelmütig, flatterhaft. S. a. *fapp-.*

Fäckle^{in} n.: Fehler. Zu *fäckelen.*

fackle^n *-ā-* schw.: **1.** auflodern, flammen, flackern. Das Feuer *facklet* auf dem Herd u. ä. – **2.** mit der *Fackel*, dem Licht unvorsichtig herumzünden, das Licht hin und her schwenken. – **3.** hin und her fahren. Häufiger ist *herum, umeinanderf.* S. a. *fapp-.* – **4.** zaudern. S. a. *fäckelen.*

Fad(e^n) *-ā-; -ä-* SW., *-ǫ-, -ǭ-* FRK.; flekt. Fade^n; Plur. Fäde^n; Demin. Fäde^{n}le^{in} *-ĕ̌-*, neben -emle^{in} n.: **1.** wie nhd., eig. und übtr. – **2.** F.,

bes. Pl. *Fäde^n:* die an den Schmalseiten der Bohnenschoten herunterlaufende fadenförmige Leiste, die vor dem Kochen abgeschnitten wird. Eine frühzeitig gebrochene B. *hat keine F.*

fade^n-g^{e}rad^e Adj. Adv.: **1.** sehr gerade. Syn. *kerzen-, schnurgerade.* – **2.** übtr.: gewißlich wahr, selbstverständlich. Vgl. *fadenklar.* – Von Personen: gesetzmäßig, ordnungsliebend. Vgl. *fadenredlich.* – fade^n-klar Adj.: ganz klar, selbstverständlich. Vgl. *fadengerade 2.* – fade^n-redli^{ch} Adj. Adv.: ganz redlich, ehrlich. Vgl. *fadengerade 2.*

Fädling m.: Stück Faden, soviel man auf einmal zum Nähen nimmt. Syn. *Nätling.*

Faeschter s. *Fenster.*

faeschter s. *finster.*

vagiere^n f- ⌣⌣⌣ schw.: ohne Beschäftigung herumziehen, herumstreichen. Bes. ^{he}rum v.

fahe^n, fache^n (st.) schw.; fange^n st. (schw.): fangen. A. Formen 1. fahe^n, die ältere Form. – 2. fange^n, die neuere, immer mehr um sich greifende Form. – B. Gebrauch. 1. Obj. ein Mensch oder Tier. a. gefangen nehmen. – b. im tägl. Leben: ergreifen udgl. *Einen fangen* einholen. – Kinderspiel: Haschen; in versch. syntakt. Form: *Fange^{n}s (-ĕs, südl. -ĭs) tu^n (spiele^n); Fangerles (-ĕs, -ĭs) t. (sp.); Fangetles.* – c. wie nhd., überlisten, zum Bekenntnis zwingen u. ä. *Du fangst mi^{ch} net.* – d. *einen mit etwas fangen* beschenken. *Fangen, Fangete* Geburtstagsgeschenk O. – e. Tiere fangen. – **2.** Obj. eine Sache: etwas Unangenehmes bekommen, und zwar: a. eine Krankheit, bes. eine ansteckende. *I^{ch} hau^n 'n Schnuppe^n g^{e}fange^n* u. ä. Der phys. Bed. näher *hat ei^n^{en} Spreiße^n* (Splitter) *fange^n.* – b. eine ledige Person *hat ei^{n}s g^{e}fange^n* ist schwanger geworden. – c. Schläge. *Wart, du fangst! Eine f., ei^{n}s f.* Er hat eine g^{e}facht.

Fähl s. *Fell.*

Fahne s. *Fane.*

faif = fünf.

faiferlen s. *fünferlen.*

138

Vakanz *făkhănts* ‿ˊ, populärer *-g-;* Plur. *-e*ⁿ selten; f.: Schulferien. Spezieller: *Frühjahrs-, Oster-, Sommer-, Herbst-, Heu-, Ernt-V.; Hitzvakanz, Eisv. V. haben, geben.*

Falchᵉ *fălχ,* S. *-lχ, -lĭχ, -lĕχ* bes. N., *-lk,* flekt. *-e*ⁿ m.; Demin. Fälchleⁱⁿ *-ĕ̄-* n.: **1.** Pferd von gelber Haarfarbe. **– 2.** Rindvieh derselben Farbe, und zwar als Mask. für Ochsen oder Kühe.

fälcheⁿ schw.: *das Holz (auf)f.* beigen, zu Haufen legen SO.

Valentin *fălədāēnə* ˊ‿‿ ‿, *fălədĕ̄* ˊ‿‿, *fĕlədāē, fĕltĕ̄, fĕltlĕ̄, fĕlĕ̄:* Der Heilige. Sein Name ist zu *fallen* in Bez. gebracht. An V. (14. Febr.) soll man in die Kirche gehen, damit man im kommenden Jahr nicht herunterfällt. *– Valentinstag:* Tag, an dem geliebten Menschen Blumen geschenkt werden.

Falgᵉ, Felge f.: **1.** Handlung und Zeit des *Falgens.* a. im Weinbergg. – b. im Acker. **– 2.** Werkzeug zum *Falgen.* **– S.** zu *falgen.*

falgeⁿ *fălgə* (S. *-ă̄-*); falgneⁿ; felgeⁿ *fĕlgə, fĕl(ĭ)χə* FRK., schw.: felgen. Die Oberfläche des Bodens auflockern, um der Luft Zutritt zu gewähren und das Unkraut zu zerstören. Und zwar: a. mit der Hacke. – b. für das Pflügen des Ackers. Aber nur für eine bestimmte Pflügung; und zwar wird das (schwarze) Brachfeld zuerst im Frühjahr *gebrachet,* im Sommer *gefalget,* im Herbst zur Aussaat *geackert* oder *gearen.* fälgen s. *fälchen* und s. *falgen.*

Falget, Felget m. f.: = *Falge.*

Falg-hauᵉ, Felg-hauᵉ f.: Hacke zum *Falgen.*

falliereⁿ ‿ˊ‿ schw.: pop. nicht im kommerziellen Sinn, was aus der Geschäftsspr. allgem. bekannt ist; sondern = versagen, das Erwartete nicht leisten.

fallig Adj.: fallend; nur in den festen Verbindungen *-f. Sucht* Epilepsie, häufiger ᵈᵃ*s f. Weh* OSCHW.

Fall-kraut n.: Berg-Wohlverleih, Arnica montana L.

Fall-masᵉ *-mōs(ə)* f.: Verletzung (Fleck) des Obstes durch (vom) Fallen.

Fall-obst n.: im Unterschied von gebrochenem; populärer *gᵉfalleⁿᵉs Obst.*

Fall-tor fältər m.: Falltor im Ort*setter;* heute noch in Flurnamen.

falsch Adj. Adv.: **1.** wie nhd. **– 2.** böse, zornig, ärgerlich; *Iᶜʰ werᵉ ganz falsch!* Verstärkt: *krottenfalsch; kriminalischfalsch.*

Falter *fältər* m.; Demin. Fälterleⁱⁿ *-ĕ̄-* n.: Schmetterling.

fältleⁿ *-ĕ̄-* schw.: kleine Falten machen, in Fältchen legen. *Ein Hemd f.*

Falz I, Pl. Fälzᵉ *-ĕ̄-* m. (Falze f.): **1.** Fuge an Steinen, Brettern. **– 2.** Umschlag, Einschlag. a. an den Seiten eines Heftes. – b. Falze f.: Falte an einem Kleid.

Falz II, Balz, Pfalz f.: Paarungszeit des Auer-

hahns, Birkhahns und der Schnepfe; die in jene Zeit fallende Jagd jener Vögel.

falzeⁿ I; fälzeⁿ schw.: mit einem *Falz* I versehen. **1.** einen Bauteil. **– 2.** Papier *falzen* zusammenlegen. Einen Bogen *f.* in der Art, wie die Seiten aufeinander folgen sollen, zusammenlegen. Ein Heft *f.,* einen Rand daran einbiegen.

falzeⁿ II, balzeⁿ schw.: werben um das Weibchen, vom Auerhahn, Birkhahn, Schnepfe.

fand s. *fernd.*

Faⁿᵉ *fā,* FRK. *-āū, -ūā;* flekt. (auch Nom.) Faneⁿ *-ə;* Plur. Faneⁿ, Fäneⁿ *-ĕ̄-* **m.**; Demin. Fäⁿleⁱⁿ *-ĕ̄-,* Fäneleⁱⁿ *-ĕ̄-* n.: **1.** wie nhd., Fahne. **– 2.** spöttisch von leichtem, womöglich schlechtem, durchsichtigem Kleid der Frauen. **– 3.** Pflanzennamen: a. Tüpfelfarn, Wurmfarn, Aspidium Filix mas. – b. Fänleⁱⁿ Allermannsharnisch, Allium victoriale. **– 4.** Rausch, meist in der Form *Fane*ⁿ. *Einen F. haben.*

Faneⁿ**-fläuger** *-ae-* m.: Fahnenträger. – Zu *fläugen* fliegen lassen.

faneⁿ**-mäßig** Adv.: verstärkende Bedeutung, wie nhd. sehr.

Fang *făŋ,* NO. *-ă̄-,* Pl. Fängᵉ *-ĕ̄-* m.: **1.** das Fangen. a. Fang von Tieren. *Einen guten F. tun.* – b. Ergreifung eines Straftäters. – c. übtr. von einem Gewinn, einer vorteilhaften Heirat odgl.; *einen F. tun;* – d. Pl. *Fänge* Hiebe, Schläge; *F. kriegen, geben.* **– 2.** Pl.: die Füße der Raubvögel, Jägerspr.

fangen s. *fahen.*

Fangeris, Fangetles s. *fahen.*

Fangete *-ədĕ̄* f.: Geburtstags-, Konfirmationsgeschenk.

Fante *făndĕ̄; făōdĕ̄* m.: närrischer, überspannter, phantastischer Mensch.

Fantel m.: Halbnarr. S. a. *Fante, Fanz 2, Sparrenfantel.*

fänterleⁿ schw.: spielen, tändeln. Dafür auch *gefänterlen.*

Fanz *fănts (făts);* Plur. Fänzᵉ *-ĕ̄-; fĕts;* Fanzeⁿ m.: **1.** sachl., wohl nur im Plur.: Neckerei, Späße, Schelmereien, sonderbare Einfälle, Grillen, Possen u. ä. *Fänzᵉ macheⁿ* Possen etc. machen, prahlen, Wind machen. **– 2.** persönl.: Kerl, Bursche. Nichtsnutziger Krüppel. – S. a. *Alafanz.*

fänz(e)leⁿ *-ĕ̄-* schw.: necken, foppen, auslachen.

fanzig, faunzig Adj.: mürrisch, verdrießlich.

fänzig *-ĕ̄-* Adj. Adv.: **1.** geziert, affektiert, gekünstelt. **– 2.** geschäftig, flink.

Faoz, Faozel s. *Funz, Funzel.*

Fappel *-ă̄-* m.: = *Fappler.* Demin. Fappeleⁱⁿ mn.

Fappelei ‿‿ˊ f.: übereiliges, unachtsames Handeln.

fappelig Adj. Adv.: zerstreut, flatterhaft, unachtsam, unvorsichtig.

fappleⁿ *-ă̄-,* fappeleⁿ schw.: unruhig, unachtsam, flatterhaft sein, nicht bei der Sache bleiben.

Fappler, Fappeler m.: Schwätzer, der alles durcheinander ohne Ordnung schwätzt. Wankelmütiger Mensch, unruhiger, zappeliger, unsteter Mensch. S. a. *Fappel.*

Farbe^n-schachtel f.: Schachtel, in welcher die Malfarben aufbewahrt werden. Daher auch etwa von einer bunt gekleideten Person odgl.

Farch, Demin. Fär^{ch}le^{in} *f̣ẹrlẹ̆* n.: das zahme Schwein. Junges Schwein, Ferkel; besonders jung *Spanfär^{ch}lein.* – Ausschließlich gebraucht ist das Demin. *Fär^{ch}lein.* – Allgem. südl. der DON.; nördl. *Suckelein, Säulein.* – Vgl. *färch-(l)en.*

fär^{ch}le^n *f̣ẹrlə* schw.: Junge werfen, von der Muttersau. – So verbr. wie *Fär^{ch}le^{in}.*

Färge s. *Ferge.*

farig *-ā-* Adj.: hitzig, rasch, unbesonnen; als mäßiger Tadel, der die Gutmütigkeit nicht aus-, sondern eher einschließt.

Far-knecht m.: Fuhrknecht; spez. in der Mühle im Gegensatz zum *Mahlknecht.*

Far-ku f.: zum Zug gebrauchte Kuh.

Färlein s. *Farch.*

Far-leis, Far-g^ele i s (*-ọe-, -ọə-, -ā-);* Pl. gleich oder - e r n.: Geleise, vom Fahren auf dem Weg entstanden.

Far-nuß *fārnŭs,* gebildeter *-nĭs* f.: fahrende Habe, Mobilien.

Farr^e, flekt. - e ^n m.: Zuchtstier.

Farre^n-halter m.: der mit der Haltung des Gemeindestiers beauftragte Bauer. – Farre^n-schwan z m.: als Züchtigungsmittel gebrauchte Rute des Farren.

Farre^n-wärter m.: wie *Farrenhalter.*

färrisch Adj.: einem *Farren* ähnlich. *Eine f-e Kuh, ein f-er Ochs* mit kurzem, dickem Kopf und starkem Behang am Hals; unempfindlich, phlegmatisch.

Fart im Hauptgebiet *fā(r)t;* Plur. Farte ^n f.; Demin. Färtle^{in} *-ẹ-* n.: die Handlung des Fahrens. a. Reise. – b. Fahren mit dem Wagen (Schlitten, Schiff). *Auf der F.,* populärer *im Fahren.* – c. soviel man auf einmal transportieren kann. *Färtle^{in}* Wagenladung. – d. wie Gang u. ä. für ein einmaliges Geschehen, Mal. Bes. aber mit *all: ällfart -ā-:* immerfort, immer wieder, wohl stets tadelnd.

farze^n *fā(r)tsə* schw.: = *furzen.*

Fasandel ◡◡ f.: leichtsinnige, buhlerische Weibsperson.

Fas^e, flekt. - e ^n f.; Demin. Fäsele^{in} *-ẹ-* n.: fadenförmiges Gebilde, Faser.

Fasel-hans m.: überspannter, närrischer Mensch.

fasel-nacket *fā-,* fase^n-n.; fas-n.; fasne^n-n.; faser-n. (-nacket, -näckig usw. s. *nacket)* Adj. Adv.: ganz nackt. Verstärkt: fase^n-haut-nacket.

fase^n schw.: **1.** gedeihen, = *faslen.* – **2.** zerfasern. –

3. suchen. – **4.** ernten. – Anm.: 3 (und davon 4) zu ahd. *fasôn* suchen.

fäsig *-ẹ-* Adj.: selten, gesucht, wertvoll OSCHW. ALLG. BAIRSCHW. TIR.

fasle^n I *-ā-;* fäsle^e schw.: **1.** brünstig sein, begatten, gebären. – **2.** gedeihen.

fasle^n II *-ā-,* neben fasele^n schw.: dummes Zeug schwatzen.

Fasler m.: einer der *faselt* II. Vgl. *Faselhans.*

Fasnet s. *Fastnacht.*

Fasol^e, Fisol^e; Fasel^e, Fisel^e; Fasan ◡⁄, Plur. - e ^n f.: Gartenbohne, Phaseolus vulgaris L.

Faß-binder m.: Küfer. – Faß-daug^e f.: Faßdaube.

fasse^n *-ă-* schw.: fassen. **1.** in ein Gefäß, einen Sack u. ä. hineintun. *Wein, Most f.* in Fässer tun. *Die Frucht f.* in Säcke füllen. – **2.** mit einer Umfassung, Einfassung versehen. – **3.** wie nhd., ergreifen, packen.

Fäßle^{in} n.: kluger, hochintelligenter Mensch.

Fasso^n *fāsọ̆* ◡⁄ f.: Form. *Das Kleid hat gar kei^{ne} F.*

Faste, flekt. (auch Nom.) - e ^n f.: die 6wöchige Fastenzeit vor Ostern, beginnend mit Aschermittwoch.

Fastenbutz s. *Fastnachtbutz.*

Fast-nacht *făsnət* ◠; fāsnăxt ◠ ALLG.; *fǭšə̆nȯxt; fāsənt; fāsət* FRK.; *fasmət* f.: Fastnacht. **1.** eig. der Tag vor Aschermittwoch, Fastnachtsdienstag; im weiteren Sinn die letzten Tage vor der *Faste;* vielfach bis auf die Zeit vom 6. Jan. an, also 4–9 Wochen, ausgedehnt. – In der eigentlichen Fastnachtswoche, Donnerstag bis Dienstag vor Aschermittwoch, hat jeder Tag seinen besonderen Namen: Donnerstag: der *gumpige, lumpige, unsinnige, unselige, schmotzige, leidige;* Freitag: der *pfraumige* (s. *beramig), schmalzige;* Samstag: der *schmotzige, schmalzige, pfraumige.* Der Sonntag vor F. (Estomihi) heißt *die Herrenfastnacht.* Auch die folgenden Tage bekommen, als zur F. gehörig, ihre Namen: der *rußelige* Donnerstag, *kitzelige* Freitag, *dreckige* Samstag; Sonntag (Invocavit): *Funkensonntag, Jungferenfastnacht.* – Den Abschluß der eigentl. F. bildet das *F. vergraben* am Aschermittwoch: eine Strohpuppe (vgl. *Fastnachtmutter)* o. ä. wird mit oder ohne Leichenrede in einem Misthaufen begraben.

Fastnacht-aftermontag m.: Fastnachtdienstag O. – Fastnacht-ausrüfe^n n.: Neckerei, = *Fastnachtpredigt.* – Fastnacht-bär *-ẹ-* m.: in Werg oder Heu eingewickelter junger Mann, der an F. durch die Stadt getrieben wird. – Fastnacht-butz^e *-ŭ-* m.: vermummte Person, = *-narr.* – Fastnacht-krapf^e, flekt. - e ^n m.; Demin. -kräpfle^{in} n.: = *Fastnachtküchlein.* – Fastnacht(s)-küchle^{in} *-iə-* n.: Schmalzbackwerk, zur Fastnachtszeit gebacken. – Fastnacht-lümme l m.: = *Fastnachtnarr.* Vgl. *Pfingstlüm-*

mel. – Fastnacht-mutter *-uǝ-* f.: Strohpuppe, die am Aschermittwoch beim *Fastnachtvergraben* begraben wird. – Fastnacht-narr m.: wie nhd. Syn. *F.-butze, -lümmel* u.a. – Fastnacht-predigt f.: Neckereien an Fastnacht. Syn. *aufsagen, einen nehmen; Streichpredigt, Fastnachtausrüfen.* – Fastnacht-zi(n)stag m.: Fastnachtdienstag.

Vater-gut *făd(ǝ)r-* n.: väterliches Eigentum.

vater-halb Adv.: väterlicherseits.

vater-ländisch Adv.: verstärkende Bedeutung, wie nhd. sehr.

väterlich Adj.: wie nhd. *Dᵃs Väterlichᵉ* das väterl. Erbe.

Vaterunser-längᵉ f.: Dauer eines Vaterunsers. *Des dauert eⁱⁿᵉ V.*

Fätsche usw. s. *Pfätsche* usw.

Fatz m.: in der Verbindung: *des geht dich keinen Fatz an* gar nichts.

fatz- s.a. *faz-*.

Fatzᵉ *-ă-,* gew. Plur. *-eⁿ* f.: **1.** Faser. Vgl. *fatzen 3, fatzig, Fotze.* – **2.** Fleck, Läufer auf dem Boden. *Stand ᵃuf die Fatzeⁿ.* – **3.** Schläge auf die Hand, = *Tatze.*

fatzeⁿ, fätzeⁿ schw.: **1.** (ver)spotten. – **2.** *-a-* schnell springen, vom Hasen. – **3.** *-a-* ausfransen, zerschleißen. – **4.** brechen, mit lautem Schall. Eine Saite, ein Seil *fatzt.*

fatzeⁿ**-grün** *-grę̄ǝ* Adj. Adv.: unreif (von Obst). – fatzeⁿ-ler *-ē̜-* Adj.: vollständig leer. – fatzeⁿ-nacket Adj. Adv.: vollständig nackt. – fatzeⁿ-nüchterⁿ *-iǝ-* Adj.: völlig nüchtern.

fatzig *-ă-* Adj.: faserig.

fatzleⁿ *-ă-* schw.: spotten, sticheln. *Fäzleⁿ -ę̆-* versporten, necken. S. *fotzlen.*

Faud *fǝut* f.: faule Weibsperson; auch wenig anstrengende Häkel- oder Strickarbeit.

Faudᵉ *fǝut,* Pl. *-eⁿ* f.: Fackel, spez. Strohfackel. Bes. *Faudeⁿ laicheⁿ* vom Herumtragen und Schwingen brennender, mit Stroh umwickelter Stangen am Sonntag nach Fastnacht *(Funkensonntag)* Oschw.

Faudel *fǝudl* f.: faule Person. – Vgl. *Faud.*

Faul-annᵉ f.: Schimpfname für faule Weiber. – Faulaⁿz *fǝulắts* f.: desgl.

Fäule *-ē̜-,* s. *-ī* f.: Fäulnis, dafür das einzige Wort; Faulheit.

fauleⁿ schw.: faul riechen.

Faulenzer m.; *-iⁿ* f.: **1.** wie nhd., Nichtstuer. – **2.** übtr. a. Buch mit Hilfstabellen, das die Ausführung von Rechnungen erspart. In der Schule auch ein unerlaubtes Hilfsmittel, Kommentar, Übersetzung. Syn. *Schlauch.* – b. Sitzbrett, das sich der Holzfuhrmann an den Wagen bindet SW. – c. Brett mit Öse, mit dem man, ohne abzusitzen, die Bremse drehen kann.

faulig Adj.: angefault, von Früchten: *f-er Äpfel* udgl.

faul-müd *-iǝ-* Adj.: angeblich müde, in Wirklichkeit faul.

Faum, Pl. Fäumᵉ; Feim m.: Schaum. – faumeⁿ, fäumeⁿ, feimeⁿ schw.: intr.: schäumen. – faumig Adj.: schaumig. – Faum-löffel m.: Schaumlöffel.

faunzig s. *fanzig.*

fausteⁿ schw.: die Faust brauchen. **1.** mit der F. schlagen. – **2.** mit der F. drohen.

Fäustling m.: Fausthandschuh, der für die Finger außer dem Daumen nur ein Loch hat.

Fäutschᵉ *faetš; -ę̆i-* f.: **1.** Hündin. – **2.** geiles Weib SW. S.

Fautschel *faotšl* f.; Demin. Fautscheleⁱⁿ n.: Schwein.

Faxᵉ *-ă-;* Plur. Faxeⁿ, Fäxeⁿ *-ē̜-,* Fäxᵉ *-ę̆-* f.; Fäxleⁱⁿ *-ę̆-* n.: **1.** Grimasse. *Eine F. schneiden, machen.* – **2.** meist Plur., wie nhd.: Possen, Scherze, Narrheiten, dumme Späße, in Worten und Gebärden. – faxeⁿ; faxeneⁿ schw.: Possen reißen, Grimassen machen, Umstände machen. – Faxeⁿ-macher m.: Spaßmacher, Hanswurst.

faz- s.a. *fatz-*.

Fazenet, *-i-* ˅ᵕ, gewöhnl. Demin. *-leⁱⁿ,* Farz-, Fazenerleⁱⁿ, Faisen-, Fazetleⁱⁿ, Farzeleⁱⁿ, Fazeleⁱⁿ, Fazerleⁱⁿ, Fezleⁱⁿ n.: **1.** Taschentuch, Einstecktuch. Syn. Nas-, Sack-, Schnupftuch, derber *Schnutterlumpen, Rotzlappen.* – **2.** größere Leinwand- (u.ä.) Stücke. – Anm.: Ital. *fazzoletto.*

Fea(r)tel s. *Vorteil.*

Fecht-bruder m.: bettelnder Landstreicher, Handwerksbursch.

fechteⁿ *-ē̜-, -ęǝ-;* 3. Sg. *ficht;* Part. *gᵉfochteⁿ -ǭ-;* ohne *-ch-* im S. und SW. st.: fechten. **1.** kämpfen. – **2.** übtr. a. kämpfen mit Worten, widersprechen. – b. heftige Bewegungen machen. – c. *zu f. kommen* zurecht kommen. – **3.** betteln, aber nur von herumziehenden Bettlern. – **4.** Part. *gᵉfochteⁿ* angefochten, bekümmert, besorgt, bemüht um etwas.

Feder(eⁿ**)-fuchser** *-ks-* m.: verächtlicher Name für den Mann von der Feder, den Beamten.

Federeⁿ**-han(ne)s** m.: **1.** Mensch mit Federschmuck. *-hannes* typische Fastnachtmaske mit Federn an Mütze und Kleid Rottweil. – **2.** *-hans* kleiner, hölzerner Gaul. Auch Lebkuchen mit aufgeklebter Figur und Federn.

Feder(eⁿ**)-wisch** m.: Gansflügel als Kehrwisch. Auch *Flederwisch.*

Federich m.: Wegwarte.

federig Adj.: voll von Federn.

Feg-bletz m.: müßige, unruhige Weibsperson.

Fege *fę̄gę̄* n.: Nachgeburt der Kuh und der Stute. S.a. *Fegete 2.* Syn. *Richte.*

fegeⁿ *fę̄gǝ, fę̄gǝ, fĕgǝ, fę̆χǝ, fĕχǝ, fę̄ǝgǝ* Hauptgebiet Bod. Allg., *fjǝgǝ* schw.: **1.** trans. a. eig.: scheuern, durch Reiben reinigen. Seltener von der oberflächlichen Reinigung mit dem Besen odgl., wofür auch *außefegen,* aber noch gewöhnlicher *keren.* Gewöhnlicher von der stärkeren Reinigung mit Bürste, Sand udgl. Die Stube, das Haus, das Kamin, Küchengeschirr *f. Das Gesicht* oder *sich f., abfegen* gründlich waschen. Ein schneidendes Instrument *f.* blank putzen und schleifen. – b. übtr. α) wie andere Verba des Reinigens, Reibens, Waschens: einen mit Worten oder Schlägen übel behandeln. – β) *einem hinte^n füre(r) f.* eig. den Schmutz aus dem hintersten Winkel hervorkehren: die Wahrheit tüchtig sagen, auch ihn mit Schlägen zur Vernunft bringen. – 2. intr., sich rasch umherbewegen. a. tanzen, von starkem, ungestümem Tanzen, gern tadelnd. – b. schnell laufen. – c. unstet umherlaufen, herumstrolchen. Bes. *herum f.* Vgl. *Feger, Fegbletz.*

Feger m.: **1.** Kaminfeger; gew. deutlicher *Kaminfeger.* – **2.** übtr. a. tüchtiger Arbeiter. – b. mehr tadelnd für herumfegende Leute; in versch. Anwendungen. Unzuverlässig, leichtfertig, wer jeder Lustbarkeit nachläuft, wer den Reiseteufel hat, Landstreicher, Lump. *Alter F.!* – **3.** Rausch. *Der hat kein^{en} üble^n F.* – F e g e r i ^{n}, Pl. F e g e r n e ^{n} f.: Weib, das überall herumläuft. S. a. *Stadtfegerin.* Liederliches Weib, Hure.

Feget(e) f.: **1.** *Feget* Kehricht; was durch *fegen* abfällt. – **2.** *Fegete* Nachgeburt des Pferdes. S. *Fege.*

Fegi^n *fẹ̆gĕ* f.: männersüchtige, tanzsüchtige Frau.

Feg-nest n., -e r m.: wer nicht ruhig bleiben kann. *Du klei^{ne}s F.* Dazu f e g n e s t e ^{n} schw.: immer unruhig unterwegs sein.

F e i d i c h s. *Feiertag.*

V e i e l s. *Veigel.*

Feier-abe^n**d** m.: **1.** Vorabend, Vigilie eines Feier- (Sonn-, Fest-) tags. – **2.** wie nhd., Abendruhe nach dem Tagwerk. a. eigentlich. *F. machen* mit der Tagesarbeit aufhören; *F. haben; F. läuten.* Allgem. verbreitete, im einzelnen variierende Grüße am Abend zu solchen, die noch arbeiten: *Mach(et) (Habet) (auch) (bald) F.! F. gemacht!* – b. überh. Arbeitsruhe, Aufhören der Arbeit. *'s wird bald F. s^{e}i^n mit ihm* er wird bald sterben.

fei(e)re^n *fəi(ə)rə^n,* 3. Ps. u. Part. *(g)fəiərt, fai-* FRK.; *fəirə, (g)fəirət; fīrə, (g)fīrət* schw.: **1.** einen Feiertag begehen. a. Obj. ist der Tag selbst. – b. Obj. ist die gefeierte Person. *Dich feir' ich einmal, so gern hab' ich dich.* – **2.** nichts tun, die Arbeit liegen lassen. S. a. *feierig.* – F e i r e r m.: Nichtstuer, langsamer Mensch.

fei(e)rig – Laut s. *feieren.* – Adj.: zu *feieren* 2. Arbeitslos. Wer sein Tagwerk vollbracht, Feierabend hat, *ist f.* – Eine Stelle *ist f.* vakant. *Ein Bett ist f.* unbenutzt, der Gäste harrend. *Das Geld liegt f. da* unbenutzt. *F-es Geld* das in Papieren angelegt, nicht in Objekten.

Feier-tag *fəi(ə)rd-, fajərd-, fəid-, fīrd-* s. *feieren; -dĭg (-dĕg), -dĭχ (-dĕχ), -dĕŋ, -dĭ, -dĕ, -dăg, -də* m.: **1.** jeder kirchliche gefeierte Tag, den Sonntag eingeschlossen, aber auch im Gegensatz zum Sonntag. – **2.** spez. von den Reihen mehrerer Fest- und Feiertage an Weihnachten, Ostern und Pfingsten. Bes. so im Pl. *Ich gehe über die F. zu meiner Mutter* u. ä. Allgem. verbr. Wünsche für diese Festzeiten: *Haltet (auch) gute F.; Ich wünsche g. F.* Spez. für Weihnachten: *vergnügte, glückselige F.* – **3.** arbeitsfreier Tag.

f e i f = fünf.

Veigel *-əi-* m.; meist Demin. V e i g e l e ^{in}, V e i (e) - l e ^{in}, V e i ö l e ^{in}, V i (n) ö l e ^{in} n.; meist Pl.: **1.** Pflanzengattung Veilchen, Viola L.; und zwar die versch. Arten, bes. aber das *Märzen-Veilchen,* Viola odorata L. – **2.** auf andere Blumen übtr., die durch Farbe, Gestalt oder Geruch der Blüte an das Veilchen erinnern; z. B. *gelbe V.* für Goldlack, Cheiranthus cheiri L.

veigel(e^{in}**s)-blau** Adj.: violett. – v e i (g) e l - b r a u n Adj.: violett.

V e i g e l e ^{in} s t a n z s. *Veitstanz.*

feige^n *-ae-, -ọę-;* f e i g l e ^{n} *-ọę-;* f e i g e l e ^{n} *-ọę-* schw.: spielen, im Scherz miteinander balgen; bes. von jungen Katzen und Hunden; aber auch auf Menschen übtr.: tändeln, necken; auch schmeicheln; auch von Spielereien Verliebter SO. S. f e i g l e n s. *feigen.*

v e i l = viel.

feil *fọəl* W. S., *fọęl* O., *fäel* NW. SO., *fael* S. O., *fāl* FRK., *fẹl* äuß. N. Adj.: wie nhd., (ver)käuflich.

F e i m s. *Faum;* f e i m e n s. *faumen.*

Feime *fāēm(ə),* Pl. -e ^{n} f.: im Freien aufgeschichteter Haufe Streu, Heu, Stroh. Pyramidales Holzgestell zum Auftürmen des Heus (bes. Kleeheus) im Freien. Auch Scheune außerhalb der Hofanlage. S. a. *Heinze.*

fei^n *fāē; fōī, fāī* NW. u. FRK., *fī, fīŋ;* Kompar. f e i n e r Adj. Adv.: A. Adj. u. Adv. mit konkreter, inhaltlicher Bed. **1.** wie nhd. – **2.** in allgemeinerem Sinn = schön, angenehm. *Ein f-er Wein. E^{in} f-s Mädle^{in}* meist nicht = zierlich, elegant, vornehm, sondern = hübsch, entgegenkommend, unterhaltend usw. Bei einem Trinkgelage, Ausflug u. ä. *ists fein gewesen.* – B. bloße Partikel, den Inhalt des Satzes hervorhebend wie nhd. „wohl". Meist ohne konkreten Inhalt, nur nachdrücklich auf die Tatsache hinweisend, notabene. So bei Befehl, Wunsch: *Komm f. (f. gewiß)! Daß du f. kommst! Das läßt du f. bleiben!* Aber auch zu energischer Hervorhebung einer widerstreitenden Tatsache. *Das ist f. nicht wahr. Gelt, das sind f. nicht gekommen* (ich hatte es ja vermutet, du aber nicht geglaubt). *Er hat's vergessen (nicht getan* odgl.)*, und ich hab's ihm f. noch gesagt. Er hat's f. versprochen und f. am Sonntag* gar noch.

Fei^n-äugle^{in} (m. n.): verschmitzter Mensch. – f^{e}in-äugle^n *fi-* schw.: mit den Augen verstohlene Zeichen geben, blinzeln; verliebt, begehrlich anschauen.

feindlich *fāēd-; -lĕ, -lĭ* Adj. Adv.: **1.** Adj.: feindselig. – **2.** Adv.: stark, bedeutend. In den verschiedensten Zusammenhängen. Häufig negiert: *net f.* nicht besonders; aber auch ganz positiv. *I^{ch} mag's net so f. 's ist net so f. Er ka^{nn}'s f. F. regnen, schneien. Er ka^{nn} f. lache^n. F. kalt; net f. warm, schö^n* usw. *Net f. gut. F. krank, weh* usw. *Gar f.; z^u f.* zu sehr.

Feinse^n n.: feinmaschiges Fischnetz.

Fei^{n}sele^{in} n.: zu dünner Faden, feiner Faserstoff FRK.

Feiselein s. *Feins-.*

feiselen s. *feislen.*

feiselig *-əi-* Adj.: moderig, faul riechend oder schmeckend.

feisle^n *-əi-,* FRK. *-ai-;* feisele^n schw.: moderig, schimmelig, faul riechen oder schmecken.

feiß *fǭs;* meistens feist *fǭst* O., *fǭst* W. SO., *fäst* FRK. Adj.: fett. Wie nhd. bald eig. von fetten, gemästeten Tieren und Menschen, bald übtr.: reich, fruchtbar.

feiße^n *fǭsələ* schw.: übel, fettig riechen.

feist s. *feiß.*

Feiste *-ĕ* f.: Fettigkeit, Fett; abstr. und konkret.

Veit *fəit; fīt* S., *fait* FRK., *faet* RIES: **1.** der heil. Veit, einer der 14 Nothelfer, sein Tag, 15. Juni, sind sehr populär. Er wird meist in einem Kessel (mit siedendem Öl) abgebildet. Daher *Sankt V. mit'm Häfele^{in}.* Wenn es am Veitstag regnet, so heißt es: *Der V. hat's Häfele^{in} verschüttet (umgeschüttet, um-, ausgeleert, umgeheit, verheit).* Das gilt als Zeichen für längeres Regenwetter. In der Veitsnacht gießen die Mädchen Blei: *Heiliger S. V., därf i^{ch} di^{ch} bitte^n, zeig^e mir de^n erste^n, de^n zweite^n und de^n dritte^n';* vgl. *Andreas.* Kinder rufen ihn wohl auch mit Bez. auf sein *Häfele^{in},* s. o., gegen das Bettnässen an: *Heiliger S. V., weck^e mi^{ch} bei Zeit, nit z^u früh und nit z^u spat, daß nix in's Bett gaht.* Nach ihm ist der *Veitstanz,* s. d., benannt.

Feitig s. *Feiertag.*

Veits-tanz m.: chorea Sancti Viti, Paralysis agitans, die früher epidemisch auftretende, in tanzartigen Muskelzuckungen bestehende Erkrankung, für welche St. Veit angerufen wurde.

Fel I *fĕl* m.: **1.** volles Subst.: Fehler, Mangel. Bald neg.: das Fehlen von etwas zu Erwartendem, bald pos.: tadelnswerte Eigenschaft oder Handlung. – **2.** prädikativ wie nhd.: *f. gehen; laufen.*

Fel II *fĕl,* Fechel; Pl. Fele^n f.: Mädchen, Tochter. *Mei^{ne} F.* meine Tochter. *Des ist e^{ine} rechte F.* ein stattliches Mädchen ALLG.

Fel III (Hautwunde o. ä.) s. *Fell.*

Felb^e *-ĕ, -ĕə, -ə-, -jä-; -lb-,* NW. N. *-lw-;* flekt.

(auch Nom.) *-e^n -ə;* m. f.; im O. Felber m.: Weidenbaum; teils Salix L. überh., teils die Silberweide, Salix alba L.

felbe^n Adj.: *f.* Holz udgl., vom Weidenbaum.

Felbe^n-baum Felber-baum m.: = *Felbe,* Weide.

Felch(e^n) *-ĕ-* m.: der Bodenseefisch Coregonus Wartmanni. Seine Eier heißen Felche^{n}blätterl^{e}i^n.

Feld *-ĕ-* NW., *-ē-, -ĕ-* FRK., *-ĕə- (-ja-, -ə-)* in der südl. Gebietshälfte; Pl. Felder *-ĕ-* N., *-ĕə-* S., *fǝld* N.: **1.** das freie Feld im Gegensatz zu den Wohnorten und zum Wald. – **2.** spez. die Feldflur, als Ganzes und im Einzelnen. *Auf's F. gehe^n, auf'm F. sein, schaffe^n.* – **3.** militärisch, wie nhd.

feldele^n schw.: Feldgewächse entfernen, stehlen. Demin. *felde.*

felde^n schw.: **1.** das Feld bestellen. – **2.** Getreide auf dem Feld liegen und dürr werden lassen. – **3.** im Feld herumlaufen. a. von Katzen. – b. von Menschen, über Feld gehen. – **4.** schimpfen. – **5.** mit sachl. Subj.: gelingen.

Feld-schütz, flekt. *-e^n* m.: Feldhüter, Flurschütz. Syn. *Huter.* – Feld-steußler *-əi-,* älter -stützler m.: Aufseher über die Flur.

Feld-untergänger m.: oder *Untergänger,* Beamter für den *(Feld)-Untergang,* die Beaufsichtigung der Marksteine auf dem Feld.

Felg^e I *-ĕ-, -ĕə-, -ja-, -ə-,* Pl. -e^n f.: **1.** = dem deutlicheren *Radfelge:* eines der krummen Hölzer, die den Umkreis des Wagenrads bilden. Syn. *Stache.* – **2.** *Felch* dünnes Hölzchen, oben mit runder Öffnung, womit das gehackte Wurstfleisch in die Därme gefüllt wird.

Felge II s. *Falge,* felgen s. *falgen.*

Fell *fĕl* N., *fęəl* Hauptgeb.; Pl. Fell^e, Feller n.: **1.** wie nhd. – **2.** Schimpfname für eine Weibsperson. *Altes F.* – **3.** Abschürfung der Haut, bes. an den Füßen, durch enge Stiefel, Wundlaufen, aber auch an andern Körperteilen, durch Reiben einer Blase, Quetschung udgl.

Felse^n-bir(ne) f.: der auf Albfelsen wachsende Strauch Amelanchier ovalis Med.

Felse^n-fan f.: Zierliches Federgras, Stipa pennata L. ssp. austriaca (Beck) Mart. et Skal., das – wie in den Alpen das Edelweiß – früher von den Burschen von den Albfelsen geholt und der Liebsten verehrt wurde.

Felse^n-nägele^{in} *-nĕ-* n.: Pfingstnelke, Dianthus gratianopolitanus Vill.

Felse^n-rösle^{in} *-raeslĕ* n.: Bibernell-Rose, Rosa pimpinellifolia L.

Femmel usw. s. *Fi-.*

fend s. *fernd.*

Fenster *fĕ^{n}št(ə)r, fĕ-, fĕə(n)-, fĕ-, fāē-;* Pl. ebenso n.: wie nhd.

Fenster-bai *bǭe* f.: Fenstergesimse. – Fensterbrett n.: Brett außerhalb des Fensters für Blumenstöcke udgl. – Fenster-kreuz n.: wie *Kreuzstock* eig. das kreuzförmige Gerüst, an das die Fensterflügel sich anlehnen. Da das zumeist abgekommen, auch von der horizontalen Leiste, die untere und obere Flügel trennt: *Er hat sich am F. aufgehenkt* u. ä. – Fenster-lade^n, Pl. -läde^n m.: Laden vor dem Fenster. – Fenster-leder n.: Leder zur Fensterreinigung. – Fenster-leibung -əi- f.: Wandverschalung neben dem Fenster.

Fenster-pfeiler m.: Wand zwischen den Fenstern. – Fenster-schwitzete f.: Dunstbeschlag am Fenster. – Fenster-sims(e^n) m.: (inneres) Fenstergesims. – Fenster-tritt m.: Tritt, Erhöhung am Fenster; auch Fenster-trippel.

Ventaus^e, flekt. -e^n f.: **1.** Schröpfkopf. – **2.** ein ähnliches kleines Gefäß. a. *fǝndǝus:* metallenes Hohlmaß zum Messen von Samen u. ä. Demin. *fẹndǝislẹ* n.: dass. – b. *fẹndǝus ᴗʼ, fǎndǝus:* Futter- und Wassernapf im Vogelkäfig, auch übtr. „Kleinigkeit".

ver- *fǝr-, fṛ-:* untrennbare unbetonte Partikel vor Verben und Verbalableitungen.

ver-amsle^n -ǎ- schw.: = *aufamsen*.

ver-anderweise^n -əi-; -andersw- schw.: ver-, ab-, umändern.

ver-angste^n schw.: fast vor Angst vergehen.

veraus(e)len s. *verunsen*.

ver-bache^n -ǎ- st.: **1.** zum Backen verbrauchen, verbacken. – **2.** falsch backen. *Das Brot ist ganz v.* – **3.** übtr. a. intr.: zusammenkleben, bes. von den Augenlidern, die sich schwer öffnen lassen, etwa morgens. – b. in jemand *v. sein* eingenommen sein von jemand. *Der ist ganz v. in des Mädle^{in}* verliebt.

ver-bächle^n -ẹ- schw.: verzärteln, verhätscheln.

ver-balache^n ᴗᴗᴗ schw.: kastrieren, bes. von Pferden. S. *Balach.*

ver-balge^n schw.: schimpfen, schelten. *Sich, einander v.* im Streit schlagen.

ver-bälle^n -ẹ̌- schw.: Hand oder Fuß am Ballen verletzen oder verstauchen.

ver-bandle^n schw.: mehr scherzh. Ausdruck für verloben, verlieben. Mit Umlaut: *sich verbändle^n.*

ver-banketiere^n -əd- schw.: verprassen.

ver-barme^n schw.: trans. **1.** erbarmen. *Der verbarmt mi^{ch}* dauert mich. *Des verbarmet ein^{en} ganz. Des muß e^{i}n^{en} Stei^n v.* Ebenso refl. *sich v.* sich erbarmen. *Er hat si^{ch} verbarmet über.* – **2.** betrüben, mit dem Nebenbegriff des Beleidigens. *Des verbarmt mi^{ch} arg* sagt man, wenn etwa ein Kind etwas Böses getan hat.

ver-bärmlich -ẹ̌-, -ẹ̄- Adj. Adv.: erbärmlich, jämmerlich. Verstärkt *gottsverbärmlich. I^{ch} hau^n i^{hn} g. verschlage^n.*

Ver-bärmst -ẹ̄- f.: Erbarmen OSCHW.

ver-baschge^n -ǎ-; -bǎštǝ schw.: bezwingen, be-, überwältigen. *Er hat's net verbastet* nicht zu Stande bringen können. *Er ka^{nn}'s net v.* nicht dulden, leiden. – Vgl. *baschgen.*

ver-baschgere^n -ǎšg-, neben -bastere^n schw.: **1.** aus der Art schlagen, zum Bastard werden, durch Kreuzung verderben. – **2.** zerzausen. Vgl. *verbaschgen.*

ver-battere^n -ǎ- schw.: durchhauen, doch mehr scherzh., bes. bei Kindern: einem *den Kopf, Arsch, das Füdle v.*

ver-baue^n st. schw.: **1.** zum Bau ver-, aufwenden. Steine, Holz u. ä. *v.* All sein Geld *v.* für Bauen ausgeben. Refl. *sich v.* im Bauen zu viel tun, sein Geld durch Bauten verlieren u. ä. – **2.** durch Bauen absperren. a. zum Schutz. – b. durch Bauen einem den Genuß von etwas nehmen. Einem *das Licht, die Aussicht, den Blick* u. ä. *v.*

ver-baume^n, -bäume^n, ver-baumere^n schw.: vom Holz: brüchig werden, ersticken, an feuchtem Lagerplatz vermodern.

ver-bausche^n -ǝu- schw.: durchschlagen, verprügeln. Auch ver-bauste^n -št-.

ver-bause^n -ǝu- schw.: verschwenden, durch üppiges Leben (bes. in Essen und Trinken) durchbringen. S. *(auf)bausen.*

ver-b^{c}elende^n ᴗᴧᴗ schw.: mit starkem Mitleid oder Gram erfüllen, stärker als *verbarmen.*

ver-beige^n -əi- schw.: ein Loch in einer Wand, Mauer mit Holz oder Stein verbauen.

ver-beinsten s. *verbeisten.*

ver-beiße^n -əi- st.: **1.** ohne Obj.: durch falsches Aufbeißen den Kinnbackenkrampf bekommen. – **2.** trans. a. zerbeißen. – b. durch Zusammenbeißen der Zähne unterdrücken: *einen Schmerz, den Ärger* u. ä. *v.*, wie nhd. – c. *das Maul v.* verziehen. – **3.** refl. *sich v.* in, einseitig auf etwas beharren, sich verbohren.

ver-beiste^n schw.: = *verschnaufen. Der ka^{nn}s fast net v.* verliert fast den Atem dabei. Viel oder schwere Speise kann man nicht *verbeischge^n.*

ver-beize^n schw.: verwachsen, verhärten, von Wunden; auf schmerzhafte Weise verheilen.

ver-bere^n -ẹ̄ǝ- (st.) schw.: **1.** entbehren, unterlassen. Häufiger *vermangeln.* – **2.** auseinanderfallen, von einem Bund Heu, Holz etc. TIR.

ver-b^{c}richte^n -ī- schw.: trösten. Syn. *vertrösten.*

ver-blät Part.: überfressen, Zustand der Trommelsucht beim Rindvieh nach Fressen jungen Klees = *gebät.*

ver-blättere^n -ẹ̌- schw.: **1.** vom Verlieren der Blätter. Ein Baum *ist verblättert* entblättert. – **2.** die Blätter in verkehrte Ordnung bringen. Ein Buch, eine Stelle im Buch *v.*, so daß man sie nicht mehr findet. – **3.** *etwas v.* sich verschnappen, unbedacht sagen.

ver-blätterle^n schw.: eine Sache ungeschickt fertigen, fehlerhaft machen, so daß sie nichts taugt.

Unüberlegt sprechen, so daß Schaden entstehen kann. *Geld v.* auf einfältige Weise ausgeben. S. a. *verblättern.*

ver-blecke[n] *-ĕ-* schw.: sehen lassen. *Die Zähne v.* fletschen. Unanständig Körperteile sehen lassen. Vgl. *blecken 2.*

ver-blende[n] *-ĕ̆-* schw.: **1.** eig., blind machen. – **2.** durch etwas verdecken, maskieren. Ein Haus, eine Wand *v.* mit Mörtel bewerfen, tünchen.

ver-bletze[n] schw.: = *bletzen 1,* flicken.

ver-bleue[n] schw.: durchprügeln.

ver-blödele[n] *-ae-* schw.: ein Kind *v.* so verhätscheln, daß sein Verstand sich nicht gehörig entwickeln kann.

ver-blute[n] *-ūə-;* im S. v e r b l ü t e[n] *-īə* schw.: eig. u. übtr.: *sich v.* sein Geld verlieren, verarmen.

v e r b o b b e r e n s. *verpoppern.*

ver-bocke[n] *-ŏ̆-* schw.: einen dummen Streich, *Bock,* machen. Eine Sache ungeschickt angreifen. Refl. *sich v.* dass.

ver-borste[n] *-bǫ̈ə(r)štə* schw.: den Atem verlieren, nicht aushalten, v. a. vor Hitze oder Schwüle. – Vgl. *verbeisten.*

ver-bose[n] *-baosə* schw.: durchprügeln.

ver-bostle[n] *-ǫ̈štl-* schw.: zerzausen, z. B. Haare, Kleider Oschw.

ver-bozge[n] *-ǫ̈-* schw.: **1.** etwas falsch machen. – **2.** beschädigen, vom Obst. Obst wird im Sack *verbozget.* – Zu *bosgen.*

ver-brate[n] st.: durch Braten verderben, meist im Part. *Die Kartoffeln sind v.* u. ä. In einem zu warmen Raum, bei brennender Sonne *verbratet man fast.*

ver-breche[n] st.: A. trans. **1.** zerbrechen, brechen. – **2.** wegbrechen: die überflüssigen Schosse des Weinstocks wegnehmen. – B. intr., mit sein: zerbrechen, in Stücke gehen.

ver-brenne[n] I st. u. schw.: intr. mit sein. **1.** durch Feuer zu Grund gehen. – **2.** durch Brennen, Brand beschädigt werden.

ver-brenne[n] II schw.: faktitiv zu *v.* I. **1.** eig.: durch Feuer vernichten. – **2.** übtr.: durch Brennen, Anbrennen beschädigen. a. sich *die Hände, das Gesicht v.* von der Sonne gebräunt werden. – b. in der Kochkunst *etwas v.* = anbrennen. *Die Suppe, den Braten v. Heut ist's Essen verbrennt.* – c. versengen, von der Sonne. *Verbrenntes Gras,* eine *v-te* Wiese.

ver-brock(e)le[n], *-ö-* schw.: zerbröckeln, trans. und intr., zerstückeln und in Stücke gehen.

ver-bros(e)le[n], v e r - b r ö s (e) l e[n] schw.: **1.** trans., zerbröckeln, in kleine Stücke zerreiben. – **2.** intr., in ganz kleine Teile zerfallen.

ver-brotzle[n] *-ǫ̈-* schw.: zu stark einkochen, einschmoren. Suppe, Schmalz, Butter u. ä. *verbrotzelt.* S. *brotzeln.*

ver-brunze[n] schw.: durch *Brunzen,* Harnen beschmutzen, *voll br.* Die Hosen, das Bett *v.*

ver-bucke[n] *-ŭ-* schw.: **1.** durch einen *Buck* entstellen, verbeulen. Ein Blech *v.* verbiegen. – **2.** refl., *sich v.* sich verbeugen.

ver-budle[n] *-ŭ-* schw.: vertrinken.

ver-buppapper(l)e[n] ∪∪´∪∪; - b u p p e r l e[n] *frbŭbaerlə* ∪´∩∪ schw.: auf unbesonnene Weise, für nutzlose Kleinigkeiten das Geld verschleudern.

ver-burste[n], v e r - b ü r s t e[n] schw.: **1.** einen durchprügeln. – **2.** vertrinken, versaufen, vergeuden.

ver-butte[n] *-ŭ-* schw.: intr. mit sein: verkümmern, verkrüppeln, im Wachstum zurückbleiben, höckerig sein; vom pflanzlichen und tierischen Körper; vom Menschen physisch und psychisch.

ver-butze[n] schw.: maskieren, vermummen. – Anders s. *verputzen.*

ver-butzle[n] *-ŭ-* schw.: versauen, trans. zu *butzlen.* Entsprechend *verbotzle*[n].

f e r c h t i g s. *fürchtig.*

f e r d s. *fernd.*

ver-dachtle[n] *-ă-* schw.: trans., einem eine *Dachtel,* Ohrfeige geben.

ver-dalke[n] *-ă-* schw.: **1.** unnötig viel (Butter, Eier u. ä.) zur Zubereitung von Backwerk verwenden. – **2.** den Teig verderben durch falsche Behandlung. – **3.** in den Händen verkneten, ungeschickt behandeln.

ver-dallemalle[n] *-dälə m-* schw.: in leidenschaftlicher Liebe umarmen. Vgl. *verdallmausen.*

ver-dallmause[n] schw.: verdrücken, verrunzeln.

v e r d a n d e r l e n s. *vertänderlen.*

ver-dättele[n] *-ĕ-* schw.: **1.** durch kindisches, unsicheres Benehmen etwas verlieren, was schon gewonnen zu sein schien. – **2.** verweichlichen, verwöhnen. Vgl. *vertätschlen.*

ver-dattere[n] schw.: **1.** intr., zaghaft, bestürzt sein. In der Kälte stehen und frieren, vor Frost beben. Bes. im Part. *verdattert* ängstlich, verzagt; eingeschüchtert, verblüfft, verlegen, verwirrt. – **2.** trans., etwas wegen Ängstlichkeit nicht zustande bringen.

ver-denke[n] schw.: **1.** sich erinnern, sich denken können. – **2.** erdenken, aussinnen. – **3.** *einem etwas v.* übel nehmen, wie nhd., bes. negat.

ver-dile[n] schw.: mit einem Bretterzaun, *Dile,* umgeben.

ver-dilledappe[n] schw.: durch Ungeschicklichkeit verderben, verdummen. S. *Dilledapp.*

Ver-ding m.: Vertrag.

ver-dinge[n] schw.: durch einen Vertrag verpflichten, binden. *Sich v.* einen Dienstvertrag abschließen.

ver-doktere[n] schw.: für den *Doktor,* Arzt, ausgeben. *Sein halbes Vermögen v.*

ver-donnere[n] schw.: schelten, verschimpfen.

ver-dose[n] *-ǫ̈-, -ao-;* v e r - d o s n e[n] *-ǫ̈-* schw.: einschlummern.

ver-drate[n] -ǭ- schw.: mit Draht zumachen, vergittern.

ver-dratle[n] -ǭ- schw.: im Part. *verdratlet* verdreht, verwirrt. *Der Faden ist v-et.*

ver-dreckle[n] (-ele[n]) -ę̄- schw.: 1. beschmutzen. Die Kleider v. – 2. lange an etwas herummachen, durch Zögern etwas versäumen. – 3. verderben OSCHW. – 4. unnötig verbrauchen.

ver-dree[n] schw.: 1. falsch herumdrehen. *(Sich) den Hals v.* Ein Strick udgl. ist *verdreht* usw. – 2. übtr. a. Part. schiefgewickelt. *Des ist ein ganz verdrehter Kerl, Geselle; Er hat verdrehte Ansichten* u. ä. – b. die Worte eines andern entstellen, falsch auslegen. *Der verdreht einem alles. Einem das Wort (die Rede) im Maul v.*

ver-dresche[n] st.: Einem das Maul, den Kopf v. tüchtig verschlagen.

ver-drille[n] -ī- schw.: zu weit herumdrehen. Verwirren, ineinander schlingen, z.B. Garn, ein Seil, einen Faden, so daß man ihn nicht mehr entwirren kann.

ver-drucke[n] -ŭ- schw.: 1. zerdrücken, phys. Einen Gegenstand v. zusammendrücken. – 2. übtr. eine Regung unterdrücken, verheimlichen, unterschlagen. Einen Schmerzen, den Husten, Worte usw. v. Etwas v. verheimlichen, vertuschen. Von Personen: *ein verdruckter Mensch,* Mensch *von verdrucktem Wesen* verschlossen, unheimlich.

ver-dudle[n] -ŭ- schw.: vertrinken. Sein Vermögen u. ä. v.

ver-dufte[n] -ŭ- schw.: eig. und übtr.: unbemerkt verschwinden.

ver-dumme[n] schw.: 1. dumm machen. *Einen v.* als dumm darstellen oder behandeln. – 2. dumm behandeln. Sein Geld, seine Sache v. auf dumme Weise vergeuden.

ver-dupple[n] schw.: für dumm verkaufen.

ver-durste[n] schw.: vor Durst vergehen.

ver-dusle[n] -ŭ- schw.: 1. trans., einem eine *Dusel,* Ohrfeige geben. – 2. intr. mit sein: einschlafen.

ver-dustere[n], -ü- schw.: refl. *sich v.* sich verfinstern. *Der Himmel hat sich v-t.*

ver-dutze[n] schw.: 1. trans. vor den Kopf stoßen, bes. Part. *verdutzt* verblüfft. – b. durch Übervorteilen überrumpeln SCHÖNBUCH. – 2. intr. mit sein: einschlummern.

ver-eb(e)ne[n] -ę̄- schw.: 1. einebnen, auffüllen, z.B. einen steinigen Weg, verlassenen Steinbruch. – 2. vom Vieh: die Nachgeburt bringen.

ver-eifere[n] schw.: *sich v.* sich ereifern.

ver-eise[n] schw.: mit Eis überziehen.

ver-elende[n] ◡◠◡ schw.: abhärmen. Mit Mitleid, Erbarmen erfüllen ALLG.

ver-esle[n] schw.: refl. *si[ch] v.* sich (wie ein Esel) abmühen, plagen.

ver-esse[n] st.: aufessen. *Ma[n] ka[nn]s schier [n][ich]t v.* man kann's fast nicht aufessen.

ver-exkusiere[n] ◡◡◠◡ -ękskhŭs- schw.: entschuldigen.

ver-falle[n] st.: A. intr. 1. zerfallen, auseinander fallen, einstürzen, zu Grunde gehen, eigentl. und übtr. – 2. durch Fallen beschädigt werden. Das Obst *verfällt, ist verfallen* bekommt sog. *Fallmasen.* – Von Menschen und Tieren: durch einen Fehltritt, Ausgleiten u. ä. zu Fall kommen. – 3. mit Präpos.: a. *in etwas v.,* wie nhd. – b. *auf etw. v.,* wie nhd. – c. *mit einem v. sein* zerfallen. *Die sind mit einander v.* stehen sich feindlich gegenüber. – 4. einem v. (v. sein) wie nhd., anheimfallen, zufallen. – B. trans. *ein Knie, die Hand, das Gesicht* u. ä. *v.,* gelegentlich auch *sich ein Knie* u. dergl. *v.* durch Fallen beschädigen.

ver-fänte(r)(le)[n] schw.: durch *fänterlen,* spielend, verschleudern.

ver-fare[n] st.: A. intr., mit sein: zerfahren; auseinander fahren, fallen, zerschellen. Etwas Zerbrechliches, zu Boden geworfen, *verfährt.* Übtr. auf das Gemütsleben: ein *verfahrener Mensch* der seine Gedanken nicht zusammenhalten kann. *Verfahrene Gedanken* u. ä. – B. trans. durch Fahren vernichten. Ein *verfahrener Weg* durch vieles Fahren verdorbener W., u. ä. – Geld, v. für Fahren ausgeben.

ver-fetze[n], ver-fetzge**[n] -ęɔ- schw.: zerfetzen. Wohl nur Part. *Ein verfetztes Kleid; ein v-tes Gesicht* etwa nach Händeln. *Verfetzt herum laufen* in Lumpen.

ver-feure[n] schw.: zum Heizen benützen.

ver-fitschle[n] schw.: abscheuern, bes. von Kleidern: *Die Hos[e] ist am Arsch verfitschlet.* Vgl. *durchf-.*

ver-fitze[n] schw.: durchhauen.

ver-flicke[n] schw.: durch vieles *Flicken* verunstalten. Nur im Part.: *eine verflickte Hose* u. ä. über und über geflickt.

ver-fotzle[n] -ǒ- schw.: trans. zerzausen, intr. faserig werden, aufgehen. *Das Seil v-t ganz.*

ver-fresse[n] st.: 1. zerfressen. Vom Wurm *v-es Holz* u. ä. – 2. durch Fressen verbrauchen.

ver-friere[n] st.: erfrieren. Part. *verfroren* wen es immer friert. *Ein v-er Mensch.*

ver-fröre[n] -ę̄-, -ae-, -ę̄ɔ- schw.: erfrieren machen.

ver-fuggere[n] -ŭ- schw.: verhandeln, mit dem Nebenbegriff des Unzweckmäßigen, Heimlichen.

ver-füre[n] schw.: 1. wegführen, an einen andern Ort führen. – 2. in die Irre führen, falsch führen. – 3. überfahren; z.B. *Kinder, Hühner v.* Vgl. *verfurwerken.* – 4. vollführen, mit abstr. Obj., stets tadelnd. *E[in] G[e]schrei, e[i][n]e[n] Lärm, e[in] G[e]schwätz* u. ä. v. *Die verführt's rei[n]st[e] Luderlebe[n].*

ver-furwerke[n] fɔrfuɔrwę̆rgɔ ◡◠◡ schw.: durch Fuhrwerken verderben, z.B. Kinder, Hühner, vor allem aber Straßen, Wege etc.

ver-futtere[n] -ūɔ- schw.: 1. als (für) Futter verbrauchen. *Der ist net zum v.* ist ein Fresser. – 2. einen Stoff als Futter in Kleidern benützen.

ver-gabe[n] -ǭ- schw.: *sich v.* sich beim Schenken überanstrengen. Wenig geben, offenbar neg. oder ironisch.

ver-gäckele[n], ver-gackele[n], ver-gäckerle[n] schw.: verschiedene Bedd. und Wortformen, nicht klar zu trennen: zerbrechen, verderben. Bes. aber durch Dummheit, Ungeschick um etwas kommen. *Vergägerle[n]* (wohl -ĕ̆-) versäumen, außer acht lassen; zuletzt noch falsch machen. – *Vergackele[n]* etwas gar zu schön zu machen suchen, so daß es *gackelig,* geschmacklos wird.

vergäckeren s. *vergageren.*

vergäckerlen s. *vergäckelen.*

ver-gäckse[n] schw.: sich verplaudern, sich ein Geheimnis entwischen lassen.

ver-gaffe[n] schw.: refl., *sich v.* starr und gedankenlos wohin sehen und dabei nichts anderes bemerken. Spez. *sich in jemand, in etwas v.* verlieben.

ver-gagere[n] -ā- schw.: (fast) vergehen. Dafür auch vergägere[n] -ĕ̆-.

ver-galoppiere[n] ∪∪⌣∪ schw.: refl. *sich v.* aus Voreiligkeit einen Irrtum begehen.

ver-gälstere[n] -ĕ̆-; -galstere[n] schw.: einen erschrecken, außer Fassung bringen, verwirren, aufregen, scheu machen, einschüchtern, verhexen, verzaubern. – Bes. Part. *vergälstert* scheu, verwirrt, aufgeregt.

ver-gante[n] -ănd-; -ăm(b)d-; ver-gantne[n] schw.: 1. versteigern. – 2. in Konkurs geraten.

Ferg[e] -ĕ̆-, flekt. -e[n] m.: Schiffsmann, Fährmann.

fergen s. *ferken.*

ver-gebe[n] fərgēə Hauptgeb., -gēbə N., -gĕ̆wə FRK. st.: 1. verzeihen, wie nhd. – 2. weggeben. a. austeilen, von sich geben. *Die Karten v.* – b. *Der Vater hat verge[b]e[n]* dem Sohne das Hauswesen übergeben. – c. eine Arbeit odgl. *v.* einem zuteilen, wie nhd. – d. refl., *sich v.* zu viel ausgeben. *Der hat sich v.* – 3. falsch, unrecht geben. a. *einem v.* ihn vergiften; ohne Obj. – b. beim Kartenspiel: die Karten falsch austeilen; meist ohne Obj.

ver-gege[n] Adv.: entgegen.

ver-gegne[n] schw.: begegnen.

ver-g[e]heie[n] -khəi- schw.: 1. verpfuschen, verderben. – 2. auseinanderwerfen. S. *geheihen.*

ver-geile[n] schw.: 1. intr., mit sein: zu üppig werden. Phys. von Gewächsen, die ins Kraut schießen, aber keine Blüten und Früchte tragen. – 2. refl., *sich v.:* dass.

ver-g[e]lättere[n] -ĕ̆-; ver-g[e]lätterle[n] schw.: 1. tropfenweise verschütten, von Wasser, Mehl u. a.; in kleinen Portionen zerstreuen. – S. a. *verlätteren, verläppern.*

ver-g[e]laustere[n] -au-; -g[e]laustere[n] -əi- schw.: 1. auslesen, aussuchen, durchsuchen. – S. a. *verlausteren.* – 2. verschimpfen, verleumden.

ver-gelte[n] st.: wie nhd. Besonders in frommen Wünschen: *Vergelt'[e]s Gott!* danke.

ver-g[e]nicke[n] schw.: sitzend ein wenig einschlafen. Ebenso ver-g[e]nickse[n].

ver-g[e]nore[n] -ao- schw.: einschlummern, leicht einschlafen.

ver-g[e]norkle[n] schw.: zerknittern.

ver-g[e]rate[n] -ǭ-, -au-, -ao- st.: 1. mißraten, mißlingen. *Des ist mir v.* Auch von Personen: *e[in] vergratenes Kind.* – 2. entraten, entbehren, vermissen.

ver-gerbe[n] schw.: durchprügeln.

ver-g[e]ruste[n] -ū- schw.: verräumen, in Unordnung bringen. Vgl. *Gerust.*

ver-g[e]waltiere[n] ∪∪⌣∪ schw.: gewalttätig durchsetzen. *Das la[ß]t si[ch] net v.* erzwingen.

ver-g[e]welle[n] -ĕ̆- st.: aufquellen. Mit Feuchtigkeit vollgesaugtes Holz *tut v., ist verg[e]wolle[n].*

ver-g[e]winne[n] st.: im Spiel oder Handel verlieren.

ver-g[e]wone[n] schw.: *etwas v.* sich es abgewöhnen, seiner ungewohnt werden.

ver-gickele[n] schw.: durch Unachtsamkeit um einen Vorteil im Spiel, im Handel kommen, etwas aus Übereilung übersehen.

ver-gigäckerle[n] schw.: durch Ungeschick um Geld und Vermögen kommen. – Vgl. *vergäckelen, vergickelen.*

ver-glar(r)e[n] -ǭ- schw.: refl., *sich v.* erschrecken, vor Schrecken, Staunen erstarren. *I[ch] hau[n] mi[ch] ganz v-t* bin erblaßt.

verglättern s. *vergelättern.*

verglausteren s. *vergelausteren.*

Vergleich s. *Verglich.*

Ver-glich -ī̆-: Vergleich. 1. Ausgleichung, Beilegung eines Streits. – 2. Vergleichung, Ziehung einer Ähnlichkeit.

ver-gloste[n] -ǭ̆št- schw.: verglimmen. – S. *glosten.*

ver-glotze[n] schw.: 1. den *Glotzer* haben, vergukken. – 2. Faden, Haare u. ä. durcheinanderbringen, verwickeln. – Vgl. *verklotzen.*

ver-glufe[n] -ū- schw.: mit *Glufen,* Stecknadeln, zustecken.

ver-gogele[n] (-a-) schw.: durch Dummheit, Ungeschick etwas falsch machen. Vgl. *vergackelen.*

ver-gonne[n] -ǭ̆n- Hauptgebiet, -ün- FRK. u. S., -wun- TIR.; -gonde[n] Hauptgeb., -und- S. schw.: vergönnen. 1. gönnen, erlauben, gewähren. – 2. mißgönnen.

vergr- s. a. *verger-, verkr-.*

ver-grabe[n] st.: 1. in etwas hinein v., wie nhd. a. begraben, beerdigen. – b. überh. in die Erde odgl. v. – 2. mit einem Graben umgeben, zum Schutz, zur Verteidigung.

ver-gräme[n] schw.: mißmutig, scheu machen. Part. *vergrämt* mißtrauisch gemacht durch Erfahrung; abgeschreckt, gewarnt; gewitzigt.

ver-graple[n] -ǭ-, -ao- schw.: verrenken, verstauchen, verdrehen. *Die Hand v.* – S. a. *vergrattlen.*

ver-gratsche[n] schw.: **1.** die Beine durch *Grätschen* verrenken. – **2.** ausfindig machen = *vergrätschen* 2. – S. a. *ergrätschen; vergrattlen.*

ver-grätsche[n] -ę̄- schw.: **1.** ausplaudern, ausschwatzen. – **2.** in Erfahrung bringen, was bisher geheim gehalten wurde.

ver-grattle[n] schw.: **1.** trans., verrenken. *Die Hand v.* – **2.** refl., *sich v.* die Beine so weit spreizen, daß man dabei die Hüften verrenkt. – *Sich v.* sich abmühen, wobei der Körper alle möglichen gekrümmten Stellungen annehmen muß; etwa um etwas in der Höhe Aufgestelltes herabzuholen. *I*[ch] *ha*[n] *mi*[ch] *ganz v. müsse*[n]. – S. a. *vergraplen.*

ver-graue[n] schw.: ergrauen, grau werden.

ver-grotzge[n] -ǭ- schw.: refl. *sich v.* sich abquälen.

ver-gucke[n] -ŭ- schw.: refl. *sich v.* sich versehen. **1.** *sich an etwas v.* von Schwangeren: durch einen aufregenden Anblick der Frucht schaden. – **2.** starr auf etwas hinsehen. – **3.** *sich in jemand v.* verlieben.

vergunnen s. *vergonnen.*

ver-gurgle[n] schw.: vertrinken, durch Trinken vergeuden. *Sein Vermögen v.*

Ver-hack m. n.: Barrikade aus zerhacktem Gesträpp und Geäst.

ver-hacke[n] schw.: zerhacken; vgl. *verhäckeln.*

ver-häckle[n] schw.: Demin. zu *verhacken,* in kleine Stücke zerhacken.

ver-hälinge[n] *fərhę̈lę̈ŋə* ʊˣʊʊ schw.: verheimlichen. – Zu *Häling.*

ver-halle[n] -ā- schw.: widerhallen.

ver-halte[n] st.: **1.** zurück(be)halten. Ein Gefühl, *Schmerz, Zorn v. Das Lachen nicht v. können.* Ebenso *das Brunzen, Scheißen nicht mehr v. können* u. ä. Das eig. pop. Wort ist aber *verheben.* – Verschließen, versperren; zuhalten. *Einem den Mund, die Augen v.; den Atem v.,* populärer *verheben.* – **2.** verschweigen, vorenthalten. Ein Geheimnis *nicht v. können.* – **3.** erhalten, unterhalten, am Leben erhalten. *Seine Familie v. Die Gemeinde muß ihn v.*

Ver-hältnis n.: **1.** wie nhd. *In guten V-en leben* u. ä. – **2.** *ein V. haben,* zwei *haben ein V. miteinander* eine Liebschaft. Auch pers. für die Geliebte.

ver-hamballe[n] schw.: *einen v.* den *Hamballe* aus einem machen, alles mit ihm erlauben.

verhangen s. *verhängen* 1. c.

ver-hänge[n] schw.: **1.** phys. a. *etwas v.* durch Davorhängen eines Vorhangs odgl. es abschließen oder es unsichtbar machen. *Ein Fenster, eine Tür v.* odgl. – b. anders oder falsch aufhängen. *Ein Bild v.* – c. intr. mit sein: hangen, stecken bleiben TIR. – **2.** übtr. *mit jemand verhängt sein* in einem Verhältnis zu ihm stehen, das die freie Bewegung irgendwie hemmt.

ver-hänsle[n] -ę̈- schw.: verzärteln.

ver-hare[n] -ǭ-, -au-, -ao- schw.: trans., an den Haaren reißen, zerzausen; *sich (einander) v.* sich raufen, an den Haaren herumziehen.

ver-häre[n] -ę̄- schw.: refl., *sich v.* die Haare verlieren, von Tieren.

ver-harte[n], v e r h ä r t e n schw.: hart werden.

ver-hasple[n] schw.: **1.** verwirren, durcheinander bringen. *Garn v.* – **2.** übereilen, in der Eile unpünktlich machen. *Ein Geschäft v.* – **3.** refl. *sich v.* sich in der Rede verwirren; etwas übereilt sagen.

Ver-hau m.: = *Verhack.*

ver-häuble[n] -əi- schw.: zerzausen, durchprügeln.

ver-haue[n] st.: **1.** zerhauen, zerschneiden. *Holz v.* in Stücke hauen. *Zu Kutter und Fetzen v.* ganz zusammen hauen. – **2.** durchprügeln. – **3.** durch einen *Verhau* versperren. – **4.** refl. *sich v.* a. einen falschen Hieb tun, fehlgreifen, auch in Worten. – b. sich überessen, so daß einem vor der Speise ekelt.

ver-hause[n] schw.: **1.** durch gutes *Hausen* ersparen, erwerben. – **2.** durch schlechtes *Hausen* durchbringen. *Sein Vermögen v.* S. a. *auf-, aushausen.* – **3.** verunreinigen. *Das Bett v.* – *verhauset sein* verheiratet sein. *Er ist 3 Jahr verhauset.*

ver-hebe[n] -ę̄- schw. st., s. *heben:* **1.** durch *heben* zurückhalten, festhalten. Einem den Mund, die Augen usw. *v.,* zuhalten, verschließen. – Dann bes. mit dem Nebenbegriff des Anstrengenden; mit knapper Not gerade noch festhalten. *Einen v.* wenn er sich etwa dagegen wehrt. Ein Pferd *v.* körperliche Funktionen *v. Er hat's nimmer v. können,* und so ging es in die Hosen. *Der ka*[nn] *kein*[en] *Fu'z v.* schwätzt jedes Geheimnis aus. *Das Lachen, seine Freude, ein Wort v. bei sich behalten, unterdrücken. Daher auch* = verschweigen. – **2.** aufheben, wegheben. *Eine Last nicht v. können.* – **3.** refl. *sich v.* sich beim Heben einer Last zu sehr anstrengen und ungeschickt anstellen und dadurch sich verletzen, bes. sich einen Bruch zuziehen. Vgl. *verlupfen.*

ver-hechle[n] -ę̈- schw.: = *durchhechlen,* kritisieren.

ver-heie[n] -əi- schw.: verderben. **1.** physisch, einen zerbrechlichen Gegenstand *v.* zerbrechen, zerschlagen, durch Hinwerfen. – **2.** übtr., ruinieren, von Geschäften, Plänen, Glück. Bes. den Magen, die Gesundheit *v.* Nach großen Anstrengungen, großer Arbeit oder Märschen, ebenso wenn man sich durch Essen, Trinken überlebt hat, ist man *(ganz) verheit* auf dem Hund, hat sich verdorben. – **3.** übtr. auf Witterung und Stimmung; auch v e r t h e i e n. *Das Wetter ist ganz verheit* unbeständig, ungünstig.

ver-heigle[n] -əi- schw.: durcheinander schütteln, mischen. Zerzausen, an den Haaren reißen bei Raufereien. *Verheiglet* mit verwirrtem Haar.

ver-heile[n] -ǭ-, -ǫa-, -ā- schw.: **1.** intr., heil werden. – **2.** trans. a. das Vieh *v.* kastrieren, von Rindvieh, Schweinen, Schafen u. a. – b. durchprügeln; einem etwas abgewinnen, ihn hereinlegen.

ver-heillos('g)e^n ∪ʌ∪ schw.: **1.** trans. vernachlässigen, verwahrlosen, z. B. ein Kind v. – **2.** intr., verlumpen, herunterkommen. – v e r h e i l l ö s^i-g^{e}ne^n -h̥o̱laisgnə schw.: liederlich, schlecht schelten.

ver-heine^n -ā̄ē̄- schw.: verweinen.

ver-heiße^n -o̱ẹ-, -o̱ə-, -ā̄- st.: einen v. schelten, schimpfen. Der hat mi^{ch} v. Der hat mich alles v. mich mit allen möglichen Schimpfwörtern benannt.

ver-herre^n schw.: wie herren. Meistern, bezwingen.

ver-heube^n -haebə (s. -həi-, SW. -he̱i-, SO. -hoi-) schw.: das abgemähte Gras auseinanderbreiten zum Dörren SW. S. – S. worben und heuen.

ver-hille^n schw.: widerhallen, ein Echo geben.

ver-hitze^n; v e r h i t z^i g e^n schw.: erhitzen, bes. refl. sich v.

ver-hocke^n -o̱-; - h u c k e^n schw.: versitzen. Bes. Part. verhockt (durch langes Hocken) verkrüppelt. E^{ine} V-e sitzengebliebenes Mädchen.

ver-hoderlocke^n -ho̱dər- ∪ʌ∪∪ schw.: zerzausen, zerraufen, verwirren. Verhoderlockt ungeordnet, unordentlich in Beziehung auf Kleidung, Haare usw.

ver-hole^n -o̱- schw.: refl. sich v. sich erholen.

ver-holze^n schw.: zu festem Holz werden, von Pflanzenstengeln u. ä.

ver-honegle^n ∪ʌ∪ -ho̱ne̱glə RIES schw.: beschimpfen, verhöhnen.

ver-hopfe^n, v e r - h u p f e^n schw.: **1.** intr., mit sein: zerspringen, vor Freude. – **2.** trans. a. überhüpfen. – b. durch Hüpfen zerstören. Z. B. eine mit Luft gefüllte, zugebundene Schweinsblase, Blater, v. durch Draufspringen zum Platzen bringen.

ver-hoppasse^n ∪ʌ∪ schw.: sich v. 'n Hoppas machen, sich einen lustigen Tag machen. – v e r h o p p a ß l e^n -ho̱bəslə; -haubo̱slə schw.: trans. verschwenden. Sein Geld v. verjubeln. Die Zeit v. vertrödeln.

ver-höre^n -e̱-, -e̱-, -ae-, -e̱ə- schw.: **1.** anhören. Prüfend anhören, verhören. – **2.** erhören. a. eine Bitte v. – b. in neg. Sätzen, wie nhd. unerhört. – c. zu hören bekommen. – **3.** überhören.

ver-hotsche^n -o̱- schw.: verrammeln, zersitzen, zertreten.

ver-hotze^n -o̱- schw.: rütteln, erschüttern, verschütteln. Vgl. verhotschen.

ver-hudere^n -ū̄- schw.: verwirren, untereinander werfen. Der Wind hat's Korn (Heu, Emd) ganz verhuderet. – S. a. verhudlen.

ver-hudle^n schw.: **1.** übereilen, schlecht machen. Eine Arbeit v. – **2.** verwirren, durcheinander mischen. – S. a. verhuderen.

ver-huie^n -ui- (-oi- s. u.) schw.: **1.** verspielen, in der

Eile übersehen = verheien. – **2.** verhuiet verzogen, verzärtelt. – **3.** verhoie^n. a. Da läßt sich nichts v. übereilen. – b. verschweigen.

ver-hunze^n schw.: verderben, verpfuschen.

verhupfe^n s. verhopfen.

ver-hurnigle^n -ī- ∪ʌ∪ schw.: prügeln, plagen; einem aufsätzig sein, mit ihm raufen. – In Unordnung bringen, verwirren. – S. hurniglen. Vgl. verhoneglen.

ver-hutzle^n schw.: intr. mit sein: einschmoren, runzlig werden wie eine Hutzel. Ein verhutzeltes Weiblein.

ver-ipse^n schw.: übergipsen.

ver-jäste^n -e̱št- schw.: übereilen. – S. Jäst.

ver-juble^n, v e r - j u b i l i e r e^n schw.: mit Wohlleben vergeuden. Sein Geld v.

ver-jucke^n schw.: trans. **1.** den Fuß v. durch einen Sprung verrenken. – **2.** verschwenden.

ver-kalte^n schw.: erkalten, kalt werden.

ver-kälte^n -e̱- schw.: erkälten. Sich v.; (sich) den Magen v. u. ä.

ver-kame^n -āū̄-; -o̱- schw.: **1.** verschimmeln, verfaulen, morsch werden, vom Holz. – **2.** verhungern, dürsten. – Anm.: 1 zu Kam Schimmel.

ver-kappe^n, v e r - k ä p p e^n schw.: vermummen, eig. in einen Mantel einhüllen.

ver-karre^n schw.: trans., überfahren. Bes. verkarrt werden unter einen Wagen kommen, überfahren werden SW. – Übtr. Die Sach ist verkarr(e)t verfahren.

ver-karte^n, v e r - k a r t l e^n schw.: verhandeln, beschließen, ausmachen, über etwas, jemand diskutieren.

verkaumen s. verkamen.

ver-keckle^n -e̱- schw.: heimlich forttragen, verschleppen; zerstreuen, verlieren; nach und nach wegnehmen, aufräumen mit etwas.

ferkelig s. virgelig.

ferke^n -e̱-, -ī- zerstreut bes. zw. DONAU und BOD., -iə- OSCHW.; -g- N., -k- S. schw.: **1.** fertig machen. Des ist in ei^{ne}m Tag^e z^u f. Meist mit dem Nebenbegriff des raschen Verfertigens, daher vielfach mit „(be)fördern" wiedergegeben. Bei dem gaht's, er ferket viel. – **2.** gerichtlich ausfertigen, in aller Form übertragen. – **3.** herbei und wegschaffen. – **4.** einen abfertigen; s. a. abferken. Aber noch häufiger: einen befriedigen, schnell bedienen.

ver-kenne^n schw.: erkennen. Bes. Ums V. kaum wahrnehmbar.

Ferker – Laut s. ferken – m.: **1.** wer ausfertigt. – **2.** Ferker Ausgußstein in der Küche, durch den das Wasser abgelassen wird. – **3.** abstrakt: einer Sache den Ferker geben sie vollends abmachen; de^n F. drei^n lau^n rasche, aber unpünktliche Arbeit tun, hudeln; aber auch tüchtig arbeiten, sich tüchtig ins Zeug legen.

ver-kere^n -e̱-, -e̱-, -ae-, -e̱ə- schw.: **1.** trans. umkehren, umdrehen. Etwas steht, liegt *verkert* da, wenn es auf dem Kopf, auf der Rückseite steht, liegt. Ein Kleidungsstück *verkert* anhaben. – **2.** verändern, verwandeln, z. B. *d^{ie} Stimm^e v.* unkenntlich machen. *Mit verkerter Stimme schwätzen.* – **3.** verargen, übel auslegen, übel aufnehmen. Einem die Rede, eine Handlung *v.*

v e r k e r n e n , v e r k e r r e n s. *verkirnen.*

ferkig Adj.: gewandt, flink. – Zu *ferken.*

ver-kippere^n schw.: (etwas) in Geld umsetzen.

ver-kirne^n *-ī- (-ī-),* FRK. *-ě̜-* schw.: nur refl., *sich v.* sich verschlucken, so daß Hustenreiz entsteht, etwas in den falschen Hals bekommen.

ver-kitsche^n *-ī-* schw.: **1.** verprassen, verschwenden. – **2.** im Kleinen verhandeln, auf listige Art verkaufen.

ver-kitte^n schw.: mit Kitt befestigen, zukleben.

ver-klabastere^n ◡◡◝◡◡ *-b-; -w-,* v e r k l a b u s t e r e^n schw.: **1.** tüchtig durchprügeln, durchwalken. – **2.** verleumden, verschwätzen. – **3.** verputzen, verschlemmen, schnell verbrauchen. *Sein Geld v.* – **4.** einem im Spiel viel abgewinnen. – **5.** verunreinigen. – **6.** beschönigen.

ver-kläpfe^n *-ě̜-* schw.: **1.** verschwätzen, verleumden. – **2.** verprügeln.

ver-kläppere^n *-ě̜-* schw.: **1.** verrühren, von Eiern, Milch. – **2.** Geld *v.* leichtsinnig durchbringen, verlieren, verspielen. – **3.** ausschwatzen, verleumden, verschwätzen.

v e r k l ä t t e r e n s. *vergelätteren.*

ver-klaube^n *-ɘu-* schw.: auseinanderklauben, auslesen.

ver-kleckse^n *-ě̜-* schw.: (durch Kleckse) verunreinigen.

ver-kleibe^n *-ǫe-, ǫɘ-* schw.: **1.** verkleben; teils eig., verkleben, verstreichen; beschmutzen, teils übtr.: *einem die Augen v.* ihn betrügen.

ver-klemme^n schw.: **1.** zerdrücken, einklemmen. *D^{ie} Finger v.* – **2.** *Der ka^{nn}s v.* kann viel trinken.

ver-kliebe^n *-iɘ-,* Part. v e r - k l o b e^n st.: spalten, zersprengen, Stein oder Holz.

ver-klopfe^n *-ǫ̜-* schw.: **1.** eigentl., wie nhd., durchklopfen. Bes. auch = durchprügeln. – **2.** vergeuden, durchbringen, verputzen. *Sein Geld v.*

ver-klotze^n schw.: **1.** zerspalten, zu Klötzen machen. – **2.** zerzausen, Garn oder Faden, Haar *v.* – v e r - k l o t z g e^n *-ǫ-* schw.: Faden oder Garn verwickeln. – S. *verglotzen.*

ver-kluppe^n *-ŭ-* schw.: **1.** kastrieren von Haustieren und Geflügel. – **2.** übtr. in die Gewalt bekommen.

ver-kluppere^n schw.: Eier in den Teig, die Suppe rühren. Vgl. *klupperen.*

ver-knalle^n; meist v e r - k n e l l e^n *-ě̜-* schw.: zerknallen. **1.** intr. mit sein: zersprengen. *Vor Lachen, vor Zorn* odgl. *v. Er v-t fast,* so viel hat er gegessen, so dick ist er. – **2.** trans. *(-e-).* Zerquetschen, prügeln.

ver-knappe^n schw.: mühsam bewegen.

ver-knarfle^n schw.: harte Gegenstände hörbar, mit *knarflen,* zerbeißen.

ver-knaste^n schw.: gierig essen, v. a. Obst.

v e r k n a o t s c h e n s. *verknozen.*

v e r k n a u z e n s. *verknozen.*

v e r k n e l l e n s. *verknallen.*

ver-knete^n schw.: durchkneten.

ver-knoze^n *-ō-* O. SO.; *-ao-* W.; - k n o t s c h e^n; *-āōtš-* schw.: zusammendrücken, zerquetschen. Eine weiche Masse, wie Teig, in den Händen zerdrücken. Durch ungeschicktes Kneten verderben. (Dafür v e r k n u t s c h e^n *-ŭ-;* ein Mädchen *v.* abküssen.) Die Kleider zerdrücken und verunreinigen.

v e r k n u t s c h e n s. *verknozen.*

ver-kofere^n *-ǫ̜-* schw.: mit Mühe erringen, ergattern.

ver-kole^n *-ō-* schw.: **1.** zu Kohle ohne Flamme verbrennen. – **2.** trans.: anlügen, betrügen. – Anm.: Aus dem Rotwelsch.

ver-komme^n st.: **1.** intr. *einem v.* begegnen, in den Weg laufen. – **2.** herunterkommen, liederlich werden. – **3.** entkommen, aus den Augen kommen. – **4.** fertig werden, zu Ende kommen mit etwas.

ver-könne^n: wohl nur in Wendungen wie: laufen, tun u. ä. *was ma^n verka^{nn}* nach bestem Vermögen.

ver-kopfe^n schw.: refl. *sich v.* sich den Kopf zerbrechen, nachsinnen, grübeln, sich besinnen.

v e r k ö r n e n s. *verkirnen.*

ver-kosle^n *-ǫ̜-* schw.: verunreinigen, beschmutzen. – Zu *Kosel* Mutterschwein.

ver-köste^n, v e r - k ö s t i g e^n schw.: **1.** verköstigen, die Nahrung reichen. – **2.** refl. *sich verkösten* sich Unkosten machen, meist mit dem Nebenbegriff: zu Gunsten eines andern.

ver-kotze^n schw.: durch Erbrechen besudeln.

ver-krafte^n schw.: *etwas v.* die Kraft haben, es zu tun oder bes. auszuhalten. Meist mit *können. Er ka^{nn}s net v.* hält es nicht aus; *er kann viel v.* u. ä.

ver-krame^n *-ǫ̜-, -āō-* schw.: das Geld *v.* ausgeben für Waren.

ver-krangle^n *-grã̜ŋl-* schw.: in Unordnung, Verwirrung bringen. *Verkranglet* verworren. ineinander verschlungen SW.

ver-kranke^n schw.: krank werden, erkranken.

ver-kratze^n, v e r k r ä t z e^n schw.: zerkratzen, zerkritzeln.

ver-krebsle^n schw.: refl. *sich v.* zu weit *krebseln,* klettern.

ver-krumme^n schw.: **1.** intr. mit sein: krumm, hinkend werden. – **2.** trans., übtr.: ärgern, quälen.

ver-krümple^n schw.: zerknittern, verrunzeln.

ver-kule^n *-uɘ-* schw.: kühl werden, sich abkühlen.

ver-küle^n *-iɘ-* schw.: **1.** trans., kühl machen, abkühlen. – **2.** refl. a. sich erkälten. – b. speziell vom Wetter. *Es verkühlt sich. Heut Nacht hat sich's immer verkühlt.*

ver-kümmle[n] schw.: scherzh. Ausdruck für verkaufen, verscherbeln.

ver-kusse[n] schw.: tüchtig küssen, abküssen.

ver-kustere[n] *-ŭ-* schw.: auskundschaften, aussuchen, auslesen, verlesen; durchhecheln. Vgl. *aus-, durchkusteren.*

ver-kuttle[n] schw.: (etwas) bereden, verhandeln.

ver-kutzle[n] schw.: einen fortdauernd kitzeln.

ver-lache[n] *-ǭ-* schw.: *etwas v.* Grenzzeichen anbringen. S. *Lache* II.

ver-laiche[n] *-ae-* schw.: verjagen. *Der Wind verlaicht d[ie] Wolke[n].* – S. *laichen.*

ver-lame[n] *-ā-* schw.: **1.** intr., mit sein: erlahmen, lahm, müde werden. – Übtr.: *Der Winter verlamet* wenn der streng zu werden drohende Winter nicht so streng wird. – **2.** refl.: *Des verlamet si[ch]* verliert sich, es wird nichts daraus.

ver-lange[n] schw.: **1.** wie nhd., verlangen. – **2.** erlangen, erreichen. Im phys. Sinn: erreichen, langen können.

ver-läppere[n] *-ĕ-* schw.: **1.** eine Flüssigkeit ausschütten, verschütten. S. a. *ver(ge)lätteren.* – **2.** durch *läpperen* verdünnen, eine Suppe *v.* – **3.** übtr.: Geld oder Zeit *v.* vergeuden. Das Geld *v.* nach und nach unnötig ausgeben.

Ver-laß m.: Zuverläßlichkeit, in der Verb. *Auf den* (o. ä.) *ist kei[n] V.* kann man sich nicht verlassen.

ver-lasse[n] *-lāsǝ, -lǭsǝ, -lāō, -lǭ, -lōŋ* st.: **1.** wie nhd., im Stich lassen. – **2.** zerlassen, Butter, Schmalz. v e r l a t s c h e n s. *verlotschen.*

ver-lättere[n] *-ĕ-* schw.: **1.** tropfenweise verschütten. – **2.** übtr.: in kleinen Portionen hergeben. Das Geld *v.* für unnötige Dinge ausgeben. – Vgl. *vergelättern, verläpperen.*

ver-laufe[n] *-ao-* Hauptgeb., *-ou-* S., *-ā-* FRK.; Part. *verloffe[n] -ǫ̆-* st.: A. intr., mit sein: auseinanderlaufen; fortlaufen. *Wenn der Markt verloffen* nach dem Fest. Weiche Stoffe, wie Butter, *v.* an der Sonne, zerlaufen. Dagegen *vertlaufen* = entlaufen. – B. refl., *sich v.* **1.** weggehen. – **2.** sich im Freien bewegen, spazieren gehen. *Wollt ihr euch ein wenig v.* fragt man einen Spaziergänger. – **3.** ablaufen. Das Wasser *hat sich verloffen* nach einem Regen, aus den Pfützen. – C. trans.: **1.** Schuhe u. ä. *v.* durch vieles Gehen abnützen. *Des Paar Schuh[e] ist bald verloffe[n].* – **2.** den Weg versperren. – **3.** *etwas v. können* imstand sein, soweit zu gehen. *Des ka[nn] i[ch] scho[n] v.*

ver-lause[n] *-ɔu-* schw.: trans. **1.** hauptsächl. Part. *verlaust,* mit Läusen behaftet. – **2.** durchschlagen, durchprügeln.

ver-laustere[n] *-ɔu-* schw.: durchmustern, aussuchen. – Vgl. *vergelausteren 1.*

ver-lebe[n] schw.: erleben. *Ma[n] meint, ma[n] verleb[e] [e]s nimme[r]* etwas, das lang auf sich warten ließ. *So ebbes han i[ch] no[ch] net verlebt.*

ver-leche[n] *-ĕ̆-, -ĕ̆ǝ-, -ja-, -ǝ-,* v e r l e c h n e[n], v e r l e c h e r e[n], v e r l e c h l e[n], v e r l e c h z (g) e[n] schw.: mit sein: vertrocknen, infolge von großer Wärme, Sonnenhitze leck werden; bes. von hölzernen Gefäßen (Kübeln, Fässern): so stark austrocknen, daß die Fugen (Faßdauben u. ä.) die Flüssigkeit durchlassen. Dann auch vom Boden: Risse vor Trockenheit bekommen. Vielfach auch von Menschen: verdursten. *I[ch] bi[n] ganz, fast v-et.*

ver-leide[n] I *-ǝi-,* S. *-ī-,* FRK. *-ai-,* RIES *-ae-* st.: **1.** trans. erleiden, aushalten. *Es v. können* aushalten können. – **2.** refl. *sich v.* sich abmühen, abrackern. Part. *verlitte[n]* abgemüht. v e r l e i d e n II s. *vertleiden.*

ver-leime[n] *-āē-* schw.: **1.** eigentl., mit Leim zukleben. – **2.** übtr. *Er ist verleimt worden* hat beim Spiel verloren.

ver-leire[n] *-ǝi-* schw.: vertrödeln. Gelegenheit *v.*

ver-lere[n] *-ē-* schw.: ausleeren, verschütten. Syn. *ausleeren, verläppern, -schütten* u. a.

ver-lerne[n] *-ĕ̆-, -ĕ̆ǝ-, -ja-, -ǝ-,* v e r l e r e[n] *-ē-* schw.: Gelerntes vergessen.

ver-lese[n] *-ĕ̆-, -ĕ̆ǝ-* st.: **1.** auslesen, das Beste herausnehmen. Kartoffeln, Äpfel, Waren *v.* – **2.** vor-, ablesen, wie nhd. – **3.** refl. *sich v.* falsch lesen, sich im Lesen irren.

ver-letze[n] *-ĕ̆-* schw.: trans.: unrichtig, *letz,* machen, verfehlen. An das Unrechte kommen. Verwechseln, *D[ie] Stiefel v.* etwa indem man den linken Stiefel an den rechten Fuß anziehen will.

ver-lickere[n] *-ī-* schw.: schlau herausfinden, ausfindig machen, entdecken; einer Sache auf die Spur kommen; verkosten, verschmecken.

ver-liedere[n] *-iǝ-* schw.: durch Unachtsamkeit verderben. Prägnant: durch U. ein Unglück herbeiführen. – v e r l i e d e r l e[n] schw.: dass. – v e r l i e d e r l i c h e[n], v e r l i e d r i g e[n] schw.: **1.** dass. – **2.** verleumden, herabsetzen.

ver-lige[n] *-ī-,* SW. *-ĭ-, -g-,* FRK. u. NW. *-χ-;* (2.) 3. Sg. Ind. Präs. *-lǝit* Hauptgeb., S. *-lĭt,* N. und HalbMA. *-līgt (-χt);* Part. *lege[n] (-ĕ̆-, -ĕ̆ǝ-)* st.: **1.** intr., mit sein. a. mit sachl. Subj.: liegen bleiben. – b. mit pers. Subj.: durch Liegen, Untätigkeit faul, unfähig werden. – Erliegen, müde werden. An einer Arbeit *v.* – **2.** trans. a. durch Liegen verderben. Ein Kleid *v.,* ein *Kissen,* das Bett *v.* – b. in Untätigkeit zubringen.

Ver-litt m.: Mühe, Anstrengung. Ungeschicklichkeit bei der Arbeit. S. *verleiden* I.

ver-lobe[n] schw.: **1.** geloben, angeloben. Meist nur vom Eheversprechen. – **2.** *etwas nicht v. können* sich in seinem Lob nicht genug tun können.

ver-loche[n] *-ǫ̆-* schw.: **1.** vergraben. – **2.** ein Weib *v.* beschlafen.

ver-lochere[n] *-ǫ̆-* schw.: vergraben, verscharren.

ver-löchere[n] *-ĕ̆-* schw.: mit Löchern versehen, bes. im Part. = durchlöchert: *ein verlöchertes Holz.*

ver-loge^n -ǫ̆-, S. -ǫ̆-; -g-, NW. u. FRK. ӿ- Adj.: a. von Personen: lügnerisch. – b. von Aussagen: erlogen. *Des ist verstunke^n und v.* durch und durch erlogen.

ver-lone^n -ǫ̆-; -āǫ̆- W., -ǫ̆ā- O. schw.: **1.** trans., Lohn geben. – **2.** refl.: *Es verlont sich,* bes. neg., wie nhd.

ver-lösche^n -ĕ̆- st.: intr. mit sein: erlöschen, eig. und übtr.

ver-lotsche^n -ŏ̆- schw.: die Absätze krumm treten.

ver-lottere^n -ŏ̆- schw.: vertrödeln, verkommen. – Bes. Part. *verlotteret* unordentlich, heruntergekommen: *v-e Geschichte, v-es Geschäft.*

ver-ludere^n -uə- schw.: auf liederliche Weise verschwenden, vergeuden. Vgl. *verliederen.*

ver-lumpe^n -ŏ̆-, S. N. -ŭ̆- schw.: **1.** intr. mit sein. Von Kleidern u. ä.: lumpig werden, in Fetzen gehen; von Menschen: herunterkommen, arm werden. *Verlumpt* zerlumpt. – **2.** trans. vergeuden, verschwenden. *Sein Vermögen, sein Sach v.*

ver-luntsche^n -ōā- schw.: trans., durch *luntschen* (s. d.), faules Liegen und Sich-dehnen, breit drücken, zerdrücken; ein Bett, Sofa udgl. *v.*

ver-lupfe^n -ŭ̆- schw.: **1.** etwas *v. (können),* meist oder nur neg.: in die Höhe heben. *Das kann ich nicht v., kaum v.* – **2.** refl. *sich v.* durch zu starkes Heben einer schweren Last Schaden nehmen, einen Bruch davontragen. – Vgl. *verheben.*

ver-lustiere^n ◡◡́◡ schw.: refl. *sich v. (an* etwas) sich gütlich tun, etwas nach Herzenslust genießen, bes. auch vom Essen.

ferm *fĕrm* Adj. Adv.: tüchtig, geübt, vollendet.

ver-mache^n schw.: **1.** zumachen, verschließen, absperren. Den Garten u. ä. *v. Jetzt sind mir alle Weg^e vermacht* alle Aussichten versperrt. – **2.** durch Exkremente beschmutzen. *Das Bett v.* – **3.** *etwas nicht v. können* nicht vollbringen können. *I^{ch} ka^{nn}'s schier ^{n}it v. I^{ch} ka^{nn}'s nimme^r v.* aushalten. – **4.** *Holz v.* Holz spalten. – **5.** testamentarisch vermachen, wie nhd.

ver-mäe^n -ĕ̆-, -aj-, -ĕ̆b- schw.: beim Mähen niederwerfen, umbringen. Bes. in der RA. *Da liegen* (o. ä.) *wie eine vermähte Krot^e.*

ver-maie^n -ojə schw.: **1.** refl. *sich v.* sich ergötzen, verlustieren, es sich wohl sein lassen, sich gütlich tun, sich tummeln. – **2.** trans., mit Blumen (Maien) verzieren.

ver-maledeie^n ◡◡́◡ *mălĕ̆dəiə, -ləd-* schw.: verwünschen, meist im Part. – v e r - m a l e d e i t i s c h (Adj.) Adv.: = *vermaledeit,* verwünscht, verflucht.

ver-male^n -ǫ̆- schw.: übermalen, bemalen.

ver-malle^n -ä̆- schw.: durch ungeschicktes Berühren, Drücken in Unordnung bringen. Kosen und drücken.

ver-mampfe^n schw.: zerkauen. S. *mampfen.*

ver-mangle^n schw.: *etwas v.* entbehren, einer Sache ermangeln.

ver-mantsche^n schw.: vermischen, vermengen, durcheinander bringen.

ver-marke^n schw.: (mit Marksteinen) umgrenzen.

ver-mase^n -ǫ̆- schw.: verunreinigen, beflecken. *Des Kleid ist ganz vermast* u. ä. – Anm.: Zu *Mase* Fleck.

ver-mas(i)ge^n -ǫ̆- schw.: beflecken. *Vermasget* vom Obst, anbrüchig, fleckig, verstoßen.

ver-maukle^n -au- schw.: verheimlichen; verstecken. – S. a. *vermocklen, vermucklen, vermunklen.* v e r m a u n l o s e n s. *vermunlosen.*

ver-maunzge^n -āǫ̆- schw.: mausern, von den Vögeln.

ver-maure^n -əu-, S. -ū- schw.: **1.** einmauern. – **2.** zumauern, durch Mauern abschließen.

ver-mausch(e)le^n schw.: verschachern.

ver-meistere^n schw.: bezwingen.

ver-messe^n schw.: **1.** trans., eine Staße, Gegend udgl. *v.,* wie nhd. – **2.** refl. *sich v.* a. sich anheischig machen. – b. falsch messen.

ver-metzge^n -ĕ̆- schw.: Fleisch *v.* zerhauen, um es zu verkaufen, vom Metzger. Dafür oft auch v e r - m e t z l e^n.

ver-mistgable^n ◡ʌ◡ schw.: **1.** *v.* = *sich vergaloppieren.* – **2.** auseinandermachen, teilen.

ver-möble^n -ĕ̆- schw.: verprügeln.

ver-mockle^n schw.: verheimlichen, verstecken; heimlich zu Werke gehen; betrügen. – S. a. *vermucklen, vermauklen.*

ver-möge^n -ĕ̆-, S. -ĕ̆-, Part. *vermöcht* -ĕ̆- schw.: **1.** können. *I^{ch} v^{e}rmag's neme* ich bin gebrechlich. – **2.** trans. aufbringen können, im Vermögen haben. *Er vermag viel* ist reich. v e r m o n e n s. *vermunen.* v e r m u n l o s e n s. *vermunlosen.*

ver-moste^n schw.: zu Most machen. *Alles Obst v.*

ver-muckle^n schw.: verheimlichen. – S. a. *vermocklen, vermauklen.*

ver-muck(s)iere^n ◡◡́◡ schw.: refl., *sich v.* sich eine geringe Bewegung erlauben.

ver-mulme^n schw.: anfangen zu vermorschen, vom Holz.

ver-mune^n -ǫ̆-, S. -ū- schw.: **1.** trans., vergessen, übersehen, verloren haben. – **2.** bes. refl. *sich v.* sich vergessen, in Gedanken etwas Verkehrtes tun; sich irren, übersehen. – Vgl. *vermunlosen.*

ver-munkle^n -ǫ̆ŋgl-, v e r m ü n k l e^n -ĕ̆ägl- schw.: **1.** verheimlichen, verhehlen, verstecken. – **2.** zerknittern, z. B. Papier, Kleid. – Dazu vgl. *vermauklen, -mocklen, -mucklen.*

ver-mu^{n}lose^n -māǫ̆laosə ◡ʌ◡ schw.: übersehen, gleichgültig übergehen, durch Unbedachtsamkeit versäumen; sich aus Versehen verspäten.

ver-murgle^n -ŭ̆- schw.: zerknittern, verrunzeln.

ver-murkse^n schw.: verderben, verpfuschen. f e r n s. *fernd.*

ver-näe[n] *-ę̄-, -aj-, -ęw-* schw.: **1.** wie nhd., vernähen, zunähen. – **2.** durch Nähen aufbrauchen. *Den Faden v.*

ver-nafe[n], v e r n ä f e n schw.: **1.** refl. *sich vernafe*[n] *-ă-* sich vergaffen; *-ă-* seine Aufmerksamkeit so auf etwas wenden, daß man darob alles andere vergißt und dadurch gewöhnlich etwas versäumt ALLG. – **2.** impers., trans.: *Es vernäft mich* fällt mir auf, weil es mir unerwartet ist.

ver-nage[n] *-ă-* schw.: zernagen.

ver-nagle[n] *-ă-*, neben v e r n ä g l e[n] *-ę-* schw.: **1.** eigentl., mit Nägeln versehen, wie nhd. *Da ist d*[ie] *Welt mit Bretter*[n] *vernaglet* lokal und übtr. *Der ist (wie) vernaglet* begreift gar nichts. – **2.** falsch nageln. – **3.** ein Weib *v.* beischlafen.

ver-name[n] (-ä-), v e r n a m s e[n] schw.: **1.** *vername*[n] mit einem Schimpfnamen belegen. S. a. *verunnamen.* – **2.** reflex. *sich vernamse*[n]; *sich vernäme*[n]: sich versprechen, einen falschen Ausdruck brauchen. S. a. *vernennen.*

ver-naue[n] *-əu-* schw.: einen am *Nauen,* Genick packen und schütteln. An den Haaren raufen, zerzausen.

fernd Adv.: im vorigen Jahr. F o r m e n *ferd; fern; fend; fand; feəd; fęrəd; fęərə –* Das Adj. s. *ferndig.*

ferndig *-ig, -iχ, -i, -ę̆ŋ,* f e r n d e r i g *feəndərig* Adj.: vorjährig.

fernele[n]; f e r n d e l e[n] schw.: nur aus der Ferne schön erscheinen, von ferne schöner sein als in der Nähe. Ein Mädchen *fernelet.*

ferne[n] schw.: = *fernelen.*

ver-nenne[n], Part. *vernennt* schw.: falsch benennen. Wohl nur refl.: *sich v.* sich versprechen, etwas Irriges sagen, falsch aussprechen.

ver-neste[n] schw.: etwas durcheinanderbringen.

v e r n e u(n)t s(g) e n s. *vernichten.*

ver-nichte[n], v e r - n i c h t s(e l) e[n] schw.: für nichts erklären, herabsetzen, herabwürdigen, tadeln, für untauglich erklären, verkleinern. Formen: *-niksə; -niətsə; -nuitsə, -nǫę̄tsə; -nǫntsə; -nǫę̄tsgə; -nŭntsgə; verniksələ.*

v e r n o e z(g) e n s. *vernichten.*

ver-noppe[n] schw.: **1.** zunähen. – **2.** plagen, reizen.

ver-nottle[n] *-ǫ-* schw.: verschütteln, von Bäumen, Personen u. a.

ver-nudle[n] *-ū-* schw.: drücken wie eine Nudel. **1.** liebkosend drücken. – **2.** beim Raufen am Halse würgen und an den Haaren zausen, verschütteln. – **3.** zusammendrücken und dadurch zerknittern, verrunzeln.

v e r n u i t s e n s. *vernichten.*

ver-nule[n] *-uə-* schw.: verwühlen, durchwühlen.

ver-nulle[n] schw.: durch Beißen, Schlotzen verderben.

v e r n u n t s(g) e n s. *vernichten.*

ver-nusse[n] *-ū-* schw.: einen durchprügeln.

v e r p a c h t e n s. *verpfachten.*

ver-pämperle[n] *-bę̆mb-* schw.: = *verplämperen,* verschütteln, verzetteln, bes. Geld.

ver-papp(e)le[n] *-bă-* schw.: verschwätzen, ausschwätzen; die Zeit mit unnützen Reden zubringen. Syn. *verpäpperen, verpatschen. Sich v.* etwas sagen, was man geheim halten wollte.

ver-pappe[n], -*päppe*[n] *-bă-, -bę̆-* schw.: verkleistern. Dazu Demin. v e r p ä p p e l e[n] *-bę̆-* verzärteln.

ver-päppere[n] *-bę̆-* schw.: **1.** verschwätzen. Syn. *verpappelen.* – **2.** durch Ungeschicklichkeit etwas Erwünschtes verhindern, zunichte machen.

ver-passe[n] *-bă-* schw.: **1.** abwarten, erwarten. *Ma*[n] *ka*[nn]*s schier *[n]*i*[ch]*t v.* – **2.** wartend etwas versäumen, den rechten Zeitpunkt versäumen.

ver-patsche[n] (-ä-) schw.: **1.** a. *-bă-. einen v.* durchhauen (schwächer als *verprügeln*). Wohl auch eine Fliege *v.* totschlagen. – b. *-bę̆-:* verprassen. – **2.** *-bă-.* a. eine Zeit *v.* verplaudern. – b. jemand *v.* verschwätzen.

ver-pfachte[n] schw.: verpachten.

ver-pfäle[n] *-ę̄-* schw.: mit Pfählen einfassen, befestigen.

ver-pfeffere[n] schw.: **1.** zu stark mit Pfeffer würzen. Die Suppe *v.* – **2.** überteuern, verteuern. – **3.** scheißen. – **4.** durchschlagen. Einem den *Arsch, Hintern, das Füdle v.*

ver-pfeife[n] *-əi-* schw.: verraten.

ver-pfeise[n] st., nur im Part. v e r - p f i s e[n]: aufgedunsen, aufgeschwollen, = *aufgepfisen,* hauptsächlich vom Gesicht.

ver-pferche[n] schw.: scherzh., spött. = *verscheißen.*

ver-pfitze[n] schw.: **1.** durchhauen. – **2.** entweichen.

ver-pflätsche[n] *-ę̄-* schw.: **1.** intr. mit sein: zerplatzen ALLG. – **2.** trans. *den Boden v.* durch verschüttetes Wasser nässen.

ver-pfle[n]**zle**[n] *-ēä-* schw.: verweichlichen, verzärteln.

ver-pflitsche[n] schw.: zerfahren, wie eine Seifenblase. Unversehens aus der Hand fallen.

ver-pfludere[n] *-ū-* schw.: auseinanderfallen, von Speisen, die zu sehr gesotten sind SW.

ver-pfupfere[n] schw.: vergehen vor Ungeduld, ungeduldig sein.

ver-piche[n] *-bī-* schw.: **1.** wie nhd., mit Pech verkleben. – **2.** Part. v e r p i c h t. a. schmutzig, klebrig. – b. auf etwas *v. sein* erpicht.

ver-pitschiere[n] schw.: versiegeln; gew. *pitschieren.*

ver-plämpere[n] *-ę̆-* schw.: **1.** verschütten, unachtsam austropfen lassen. – **2.** sein Geld für Kleinigkeiten allmählich durchbringen. Dafür auch v e r p l ä m p e r l e[n]; s. a. *verpämperlen.* – **3.** *sich v.* sich ohne Überlegung verlieben UNTERL.

ver-plappere[n] *-ä-*, v e r - p l ä p p e r e[n] *-ęə-* schw.: ausschwätzen.

ver-plärre[n] *-ę̄-* schw.: verweinen. *Verplärrte Augen.*

ver-poppere[n] *fərbǫ̈bərə* schw.: vergehen vor Ungeduld.

ver-pritscheⁿ *-ī-* schw.: durchprügeln.

ver-pudleⁿ *-bu-* schw.: trans., Kleider, Papier u. ä. unordentlich zusammenlegen, -drücken, runzlig machen und so verderben Oschw.

ver-putzeⁿ *-bü-* schw.: **1.** verschwenden, verprassen, verklopfen. – **2.** schön machen, reinigen. a. vom Wetter: *Das Wetter verputzt sich* hellt sich wieder auf. – b. ein Haus *v.* = *verblenden 2,* mit Mörtel bewerfen. – **3.** negat.: *jemand, etwas nicht v.* können nicht ausstehen, leiden können.

ver-rammleⁿ schw.: **1.** durch *rammlen,* Herumspringen, Herumwälzen zertreten, verderben. *Das Bett v.,* aber auch Gras, Heu udgl. *v.* Syn. *verwalen.* – **2.** einen Weg odgl. *v.* versperren, wie nhd.

ver-rampfeⁿ schw.: zerfetzen, zerfransen.

ver-rateⁿ *-ọ̄-,* Baar *-au-,* O. *-ao-* st.: **1.** wie nhd. verraten. – **2.** erraten. Ein Rätsel, ein Geheimnis *v.* – Treffen, genau hinbringen. *Heutᵉ hat ers auᶜʰ net v.* vom Bäcker, wenn sein Brot nicht ganz geraten ist.

ver-rätscheⁿ *-ē̦-* schw.: ausplaudern, ausschwatzen.

ver-raucheⁿ *-ao-; -ou-* S., *-ọ̄-* O.; *-ā-* Frk. schw.: **1.** intr. vergehen, verduften. – **2.** trans. mit Rauch, Tabakrauch füllen; meist Part.: das Zimmer, die Vorhänge *sind ganz verraucht.*

ver-raumeⁿ *-ǭ-,* O. *-ao-,* Frk. *-ā̦-,* s. *raumen* schw.: etwas (wegräumen und dadurch) verlegen.

ver-recheⁿ, -rechneⁿ, -rechleⁿ schw.: mit dem Rechen auseinanderziehen, das Laub, den Sand im Garten udgl.

ver-rechteⁿ schw.: heftig streiten.

ver-reckeⁿ *-ē̦-;* ver-rickeⁿ *-ī-* schw.: intr. mit sein: wie nhd. verrecken, verenden. **1.** von Tieren, der allgem. Ausdruck neben dem fremden „krepieren". *Jetzt verreckᵉ, Bock!* Ausdruck des Staunens, des Ärgers. Als Schimpfwörter sind vielfach üblich z. B. *Du verreckte Gans! Du verreckter Sauhund! Du v-ᵉs Luder! Du v-ᵉs Ziefer!* u. ä. – **2.** übtr. auf Menschen, nur in absichtlich roher Sprache, aber dann auch allgem. *Das tue ich ums V. nicht; Ums V. nicht!* durchaus nicht. *Der schafft ums V. nix. Der gibt ums V. net weich. Des ist zum V.* ärgerlich, daß man sich zu Tode ärgern könnte (oder so lustig, daß man vor Lachen bersten könnte). *Wenn du nuʳ v. tätest!* oft als ärgerlicher Wunsch, oft auch nur als Ausdruck des Staunens, z. B. *Wenn du n. v. tätest, treff iᶜʰ diᶜʰ da!* wo wiˡˡt denn du hiⁿ? Ebenso *Ei so verreckᵉ* bei Ärger, Freude, Überraschung, Gruß. – **3.** von beliebigen andern Dingen: *Des ist eⁱⁿ verrecktᵉs Ding* eine verfluchte, widerwärtige Sache. *Jetzt verreckᵉ älles!*

ver-redeⁿ *-ē̦-* schw.: **1.** trans. a. etwas geloben. – b. besprechen, behexen. – **2.** refl. *sich v.* a. ein Gelübde tun, beteuern. – b. sich verhaspeln, etwas wider Willen aussagen. Auch = sich versprechen, etwas unrichtig sagen.

ver-regeⁿ *-ē̦-,* SW. *-ĕ̦-* schw.: regen, bewegen. Ein Kranker kann etwa seinen Arm wieder *v. Heute kann ich kein Glied v.* vor Müdigkeit. Doch häufiger refl. *sich v.* sich rühren; bes. negativ.

ver-regneⁿ schw.: durch Regen durchnässen, beschädigen.

ver-reibeⁿ *-əi-,* S. *-ī-,* Ries *-ae-,* Frk. *-ai-; -b-,* N. *-w-* st.: **1.** reiben, zerreiben. – **2.** übtr.: *einem etwas v., es einem v.* ihm durch Zauberei Übles, eine Krankheit u. ä. zufügen. – **3.** Part. *verribeⁿ* gerieben, durchtrieben, listig, abgefeimt, verschlagen.

ver-reißeⁿ *-əi-,* S. *-ī-,* Ries *-ae-,* Frk. *-ai-* st.: **1.** zerreißen. – **2.** Part. neg.: *net verrisseⁿ* von Personen: nicht dumm.

ver-reiteⁿ st.: **1.** intr. mit sein: wegreiten. – **2.** trans. durch Reiten verderben.

ver-renneⁿ *-ē̦-,* S. *-ĕ̦-;* Part. v e r r e n n t schw.: **1.** durch Rennen versperren. Einem den Weg *v.* – **2.** durch Rennen erreichen. *Er hat's net v. könneⁿ* konnte nicht schnell genug sein. – **3.** refl. *sich in etwas v., verrennt haben; verrennt sein* versessen auf etwas, wie nhd.

Ver-richt f.: Nachgeburt der Kuh.

ver-richteⁿ *-iχt-, -īt-, -īət-* schw.: **1.** anders richten. Eine Uhr *v.* anders richten, als sie bisher ging; auch falsch richten, stellen. Etwas aus der Ordnung bringen, verwirren, z. B. Garn, Seile. Geistig verwirren, aus der Fassung bringen. *Verrichtᵉt, vertrichtᵉt* verdutzt; geistig gestört; aufgeregt. – **2.** ausführen, fertig machen, zu Ende bringen. – **3.** die Nachgeburt ausstoßen, die *Richte (Drichte), Verricht* von sich geben, vom Rindvieh.

ver-ripseⁿ *-ī-* schw.: abschaben, abreiben und dadurch abnützen. *Kleider, einen Sofa v.*

v e r r o m e n s. *verraumen.*

ver-ropfeⁿ *-ọ̈-, -u- -ŭ-* schw.: zerrupfen. Blumen, Papier *v.*

ver-rottleⁿ *-ọ̈-* schw.: (ver)rütteln.

ver-rotzleⁿ schw.: mit *Rotz* bedecken. *Ein v-tes Taschentuch.*

ver-ruckeⁿ schw.: verrücken.

ver-rudleⁿ *-rūədlə* schw.: verrühren, herumrühren.

ver-rumpleⁿ *-ọ̈-* schw.: abnützen, durch Abnützung um seinen Wert bringen.

ver-runzleⁿ schw.: zerknittern.

ver-rüreⁿ *-iə-* schw.: **1.** eigentl., herumrühren, z. B. *Eier v.* das Eiweiß mit dem Dotter ganz vermischen, dann etwa auch das Ei in der Suppe *v.* – **2.** refl. *sich v.* sich rühren, regen; doch kaum anders als in neg. Sinn: *Er v-t sich net.* S. a. *verregen.*

ver-rutscheⁿ *-ŭ-;* verrutschleⁿ schw.: **1.** durch Rutschen verderben. Die Kleider, Hosen *v.* – **2.** durch Rutschen verschieben. Der Rock ist *verrutscht.*

ver-säbleⁿ -ẹ̄- schw.: grob zerschneiden, in große Stücke schneiden, z. B. das Brot.

ver-säckleⁿ -ẹ̆- schw.: **1.** den Vorrat erschöpfen, den Beutel, *Säckel* leeren. – **2.** schelten, einen einen *Säckel* heißen.

ver-säeⁿ -ẹ̄-, -aj- schw.: **1.** zu Ende säen. – **2.** zerstreuen, auseinander streuen, die kleinen Heuhaufen.

ver-sageⁿ schw.: **1.** zu Ende sagen, aussprechen. *Iᶜʰ kaⁿⁿ dir's net v.* kann nicht Worte genug dafür finden. – **2.** abschlagen, verweigern; wie nhd.

ver-sägeⁿ -ẹ̄-, -ẹ̄ə-, FRK. -ẹ̄-; -g-, FRK. -χ schw.: zersägen.

ver-salbadereⁿ ◡◡◜◡◡ schw.: **1.** verwüsten. – **2.** ausplaudern, viel sprechen. – **3.** refl. *sich v.* sich vergeben.

ver-salbeⁿ schw.: **1.** mit Salbe beschmieren; überhaupt verschmieren, verunreinigen, beschmutzen. – **2.** durch (zum) Salben aufbrauchen.

ver-saubeutleⁿ schw.: zornig schimpfen, verschimpfen.

ver-saueⁿ schw.: stark verunreinigen, beschmutzen; verderben.

ver-saufeⁿ -ou-, S. -ū-, RIES -ao-, FRK. -au- st.: **1.** intr. mit sein: ertrinken, ersaufen. Dafür das gewöhnliche Wort. – Durch Wasser zu Grund gehen. *Die Wiesen sind versoffen.* – **2.** trans. a. durch Saufen, Trinken aufbrauchen, vergeuden. Sein Geld *v.* – b. *einen v.* zu seinen Ehren trinken. – c. zu Ende saufen. – **3.** Part. *versoffe*ⁿ trunksüchtig.

ver-säufeⁿ -ɔi-, S. -ī-, RIES -ae-, FRK. -ai- schw.: ertränken.

ver-sᵃuhareⁿ ◡◜◡ -sūhǫrə schw.: trans., an den Haaren nehmen, raufen S.

ver-sauigleⁿ schw.: manchmal für *versauen.*

ver-saumeⁿ -ŏ̄-, S. -ŭ̄-, O. -āō- schw.: versäumen.

ver-säumeⁿ -āē-; -ẹ̆- schw.: ein Kleid *v.* mit einem Saum versehen.

ver-saureⁿ -ou-; S. -ū-, RIES -ao-, FRK. -au- schw.: **1.** intr. mit sein: sauer werden. *Der Boden (ist) v-t.* Meist übtr. *Du versauerst ja voll daheim. V. und verbauen* geistig verkommen. – **2.** trans., sauer machen.

ver-schaffeⁿ schw.: **1.** wie nhd., einem (sich) etwas *v.* besorgen. – **2.** erschaffen. – **3.** verarbeiten. Den Teig *v.* durcheinander wirken. Der Schreiner *verschafft das Holz.* – **4.** *sich v.* sich abarbeiten, überarbeiten; *verschafft sein* überarbeitet sein. *Er hat ganz verschaffte Hände* denen man die viele Arbeit ansieht. *Ich kanns nicht v.* nicht bewältigen.

verschaichen s. *verscheuchen.*

ver-schaleⁿ -ā- schw.: mit Schalbrettern versehen.

ver-schändeⁿ schw.: schänden, in Schande bringen.

ver-schandiereⁿ schw.: beschimpfen, verleumden.

ver-schandleⁿ schw.: verunzieren.

ver-schäppereⁿ schw.: (etwas) in Geld umsetzen. Syn. *verscherblen.*

ver-schätzeⁿ schw.: falsch schätzen.

ver-scheibeⁿ -ɔi- st.: täuschen. Bes. Part. verschibe**ⁿ** -ī-: *Du bist v.* falsch orientiert.

ver-scheißeⁿ -ɔi- st.: durch *scheißen* verunreinigen. Die Hosen, das Hemd *v.* Übtr.: *Es mit einem v.* völlig verderben.

ver-schelteⁿ st.: schelten, = *verschimpfen.*

ver-scherbleⁿ schw.: (etwas) in Geld umsetzen.

ver-scherreⁿ -ẹ̆ə- schw.: verscharren.

ver-scheucheⁿ -ae- schw.: **1.** scheu machen. *Der lauft ʰᵉrum wie ᵉⁱn verscheuchtᵉs Hühⁿleⁱⁿ.* Insb. Part. verscheucht: schüchtern; verstört, wirr; närrisch. – **2.** trans.: verjagen, vertreiben.

ver-schiegeⁿ -iə-, -ēə- schw.: die Schuhe *v.* krumm treten.

ver-schießeⁿ -iə- st.: A. trans. **1.** erschießen, zu Tod schießen. – **2.** durch Schießen aufbrauchen, wie nhd. – B. intr. **1.** von Pflanzen: ins Kraut schießen. Rettich, Salat *v.* – **2.** von Kleidern: ein Stoff *verschießt, ist verschossen* büßt seine urspr. Farbe und Festigkeit ein. – C. refl. *sich v.* **1.** eigentlich, zu A 1. – **2.** zu viel verschießen A 2. – **3.** *sich in jemand v., verschossen sein* sich verlieben, verliebt sein. – **4.** *sich v.* sich aus Hast verirren.

ver-schiffeⁿ schw.: durch *schiffen,* Pissen verunreinigen; mehr gebildet, pop. *verbrunzen, -seichen.*

ver-schimpfeⁿ schw.: **1.** beschimpfen. – **2.** ausschelten.

ver-schimpfiereⁿ ◡◡◜◡ schw.: beschimpfen, = *verschimpfen 1.*

ver-schindeⁿ st.: zerschinden. Ein vom Rasieren *verschundenes* Gesicht u. ä. Aber auch = abarbeiten. *Ganz verschundene Hände* in der einen oder andern Bed. Refl. *sich v.* sich abmühen; *verschunden sein* überangestrengt. Syn. *abschinden.*

ver-schläfeⁿ -ẹ̄- schw.: einschläfern, z. B. ein Kind durch Singen, Wiegen. Dafür auch vertschläfeⁿ. Einem einen Schlaftrunk, Schlafmittel geben; narkotisieren.

ver-schlageⁿ st.: **1.** zerschlagen. – **2.** erschlagen im nhd. Sinn. – **3.** durchschlagen, durchprügeln. – Auch mehr = schlagen, klopfen. *Mist v.* klopfen. – **4.** wegschaffen, verbergen. – Auf diese Verwendung geht zurück das Part. *verschlagen* heimtückisch, listig, wie nhd. – Ebenso das haupts. unpers. *es verschlägt mich* es (das Geschick) bringt mich irgendwohin. – **5.** zurück-, abschlagen, abweisen. *Des verschlaᵍᵉ iᶜʰ net* weise sich nicht zurück. Bes.: *Die Kuh verschlägt die Milch* gibt keine Milch mehr, nach dem Kalben. Negat.: *Das verschlägt mir nichts* schadet mir nichts. – **6.** *die Zähne v.* durch Säure von

Speisen (Äpfeln, bes. unreifen, Salat), durch kaltes Wasser u. a. sich die unangenehme Empfindung zuziehen, als wären die Zähne stumpf und unempfindlich. *Ich habe mir an dem Apfel die Zähne v.* – **7.** *einem die Hand v.* einen Handel mit ihm eingehen, abschließen. – **8.** zu kalte Getränke *v.*, ein wenig anwärmen. Gew. *überschlagen.*

ver-schlampe[n] schw.: durch Unordnung zu Grunde richten, verlieren, verschwenden. – ver-schlampampe[n] ∪∪′∪ schw.: dass.

ver-schlättere[n] *-ĕ̆-* schw.: **1.** tropfenweise verschütten, von Flüssigkeiten; so zerstreuen, z. B. Getreide aus einem löcherigen Sack *v.* verlieren. – **2.** etwa = *verbällen;* ein hart auftreffender Schlag mit dem Stock *verschlätteret* die Hand des Schlagenden.

ver-schlaudere[n] *-ɔu-*, S. *-ū-* schw.: durch Nachlässigkeit verlieren, z. B. das Vermögen. Etwas unordentlich herumwerfen.

ver-schlecke[n] *-ĕ̆-, -ĕ̆ɔ-* schw.: mit Leckerei durchbringen. Part. *verschleckt* leckerhaft.

ver-schleife[n] I *-ɔi-* st.: trans., durch häufiges Schleifen abnützen. *Ein verschliffenes Messer.*

ver-schleife[n] II, ver-schleipfe[n] *-ọ̈-, -ọ̈ɔ-* schw.: fortschleifen, fortschleppen. Durch Forttragen verlieren, verlegen. *Du hast mir mein Messer verschleift.* Bes. auf unrechtmäßige Art fortschleppen.

ver-schleifere[n] *-ɔi-* st.: ausrutschen; Part. ver-schliffere[n] *-ī-.*

verschleipfen s. *verschleifen* II.

ver-schleiße[n] I *-ɔi-* st.: abnutzen, zerreiben udgl. *Ein verschlissenes Kleid.*

ver-schleiße[n] II *-ọ̈-, -ọ̈ɔ-* schw.: verschleimen, undurchlässig werden.

ver-schlenkere[n] *-ĕ̆ŋg-; -ĕ̆k-* schw.: verschleudern, aus Unachtsamkeit verlieren. Dafür auch ver-schlenke[n] *-ĕ̆ŋg-; -ĕ̆ŋɔ.*

ver-schlenze[n] *-ĕ̆nts-; -ĕ̆ts-* schw.: zerreißen, zerteilen. *I*[ch] *verschlenz*[e] *di*[ch], *wenn du mit dei*[ne]*m G*[e]*schrei net aufhörst.*

ver-schliefe[n] *-iɔ-* st.: verschlüpfen, sich verbergen. Intr. mit sein. *I*[ch] *bin dir verschloffe*[n].

ver-schliere[n] schw.: mit *Schlier,* Lehm verkleiden.

ver-schlipfe[n] schw.: ausgleiten, ausglitschen.

ver-schlitze[n] schw.: aufschlitzen, zerreißen, trans. u. intr. Vgl. *verschlenzen.*

ver-schlotze[n] *-ọ̈-* schw.: durch *schlotzen,* Lutschen, verbrauchen.

ver-schlucke[n] schw.: **1.** trans., wie nhd. – **2.** refl. *sich v.* falsch schlucken.

verschluderen s. *verschlauderen.*

ver-schlupfe[n] *-ŭ-* schw.: verstecken. Intr. mit sein und refl.: *Er ist verschlupft, hat sich verschlupft.* – *Verschlupferle*[in]*s tu*[n] *(mache*[n]*)* sich verstecken.

ver-schmäckele[n] *-ĕ̆gɔlɔ;* *-erle*[n] schw.: **1.** als mangelhaft bezeichnen, tadeln, gering schätzen,

verleumden. – **2.** *etwas v.* einer Sache auf die Spur kommen, merken.

ver-schmatze[n], häufiger ver-schmatzge[n]; ver-schmatzle[n] schw.: schmatzend aufessen. – Übtr. laut jemanden abküssen.

ver-schmecke[n] schw.: **1.** an etwas Freude, Geschmack finden, wie nhd. – **2.** einen Gestank, auch eine Person *nicht v. können* nicht ertragen.

ver-schmeiße[n] *-ɔi-* st.: durch *schmeißen,* Werfen zertrümmern.

ver-schmir(b)e[n] schw.: **1.** wie nhd., beschmieren, beschmutzen. – **2.** durch (zum) *schmir(b)en* aufbrauchen. – Auch übtr.: für *schm.,* bestechen, ausgeben.

ver-schmotz(l)e[n] *-ọ̈-* schw.: verunreinigen, beschmutzen.

ver-schnäpfe[n] *-ĕ̆-* schw.: refl., *sich v.:* unvorsichtig und schnell ausschwatzen, sich dadurch verraten, = *sich verschnappen (verschnäppen).*

ver-schnappe[n] schw.: **1.** *sich v.* durch unbedachte Reden sich verraten, wie nhd. – **2.** erschnappen, gerade noch erhaschen, sei's mit den Händen, den Ohren oder den Augen. Eine Arbeit *v.* schnell, aber unpünktlich verrichten.

ver-schnäppe[n] *-ĕ̆-* schw.: = *verschnäpfen.*

ver-schnappe[n] schw.: *sich v.* zu hastig reden. Auch trans.: Worte *v.;*

ver-schnapst Adj.: versoffen, vom Schnapstrinker.

ver-schnattere[n] *-ā-* schw.: vor Kälte fast erfrieren. *I*[ch] *bin fast v-et.*

ver-schnaufe[n] *-ɔu-*, S. *-ū-*, Ries *-ao-*, Frk. *-au-* schw.: den Atem zu etwas haben. *Es v. können. I*[ch] *ka*[n]*ns fast net v.* – Absol. *v.*, und refl. *sich v.* Atem holen, sich ausruhen, um zu Atem zu kommen.

ver-schneide[n] *-ɔi-*. S. *-ī-*, Ries *-ae-*, Frk. *-ai-* st.: **1.** zerschneiden. – **2.** speziell: kastrieren, wie nhd. – **3.** falsch (zu)schneiden.

ver-schnelle[n] *-ĕ̆-* schw.: intr. mit sein: bersten, platzen.

ver-schnipfle[n] schw.: zu *Schnipfeln,* kleinen Schnitzeln zerschneiden.

ver-schnitzle[n] schw.: zu Schnitzeln zerschneiden. Vgl. *verschnipflen.*

ver-schnörkle[n] *-ĕ̆-, -ĕ̆(ɔ)-* schw.: mit Schnörkeln versehen.

ver-schoppe[n] *-ọ̆-* schw.: **1.** verbergen, verstecken. – **2.** verstopfen, zustopfen. Ein Loch *v.* mit etwas verschließen.

ver-schottle[n] *-ọ̆-* schw.: gründlich schütteln und rütteln. Man wird z. B. beim Fahren über ein Pflaster *ganz verschottlet.* – Vgl. *verschütteln.*

ver-schränke[n], verschranke[n] schw.: **1.** durch Schranken (ab)sperren. – **2.** verschlingen, kreuzweise übereinanderlegen. Die Arme, Füße *verschränken.*

ver-schrecke[n] I *-ọ̈-*, Präs. Ind. 2. 3. Sg. und Imper. *-ī-*, Konj. Prät. *-ĕ̆-*, Part. -schrocke[n] *-ọ̆-* st.:

erschrecken, intr. mit sein. – Part. v e r s c h r o k - k e n schreckhaft, wer leicht erschrickt.

ver-schrecke[n] II *-ĕ̆-* schw.: **1.** erschrecken. – **2.** kalte Flüssigkeit, Speisen, ein kaltes Zimmer leicht anwärmen.

ver-schürpfe[n]; v e r - s c h u r f e [n] schw.: oberflächlich verletzen, schürfen.

ver-schußle[n] schw.: übereilen.

ver-schütte[n] *-ī̆-* schw.: **1.** ausschütten, ausleeren. – **2.** zuschütten, durch etwas darauf Geschüttetes verdecken und verderben.

ver-schüttle[n] *-ī̆-* schw.: gründlich, durcheinander schütteln.

ver-schwäre[n] *-ĕ̆-, -ĕ̆ə-* st.: vereitern.

ver-schwattle[n] schw.: Wasser durch unstetes Tragen verschütten.

ver-schwätze[n] *-ĕ̆-* schw.: **1.** mit vielem Schwätzen zubringen. *Die verschwätzt de[n] halbe[n] Tag.* Dadurch versäumen. *Du hast die beste Gelegenheit verschwätzt.* Refl. *Ich habe mich ganz verschwätzt* vor lauter Schwatzen alles andere vergessen. – **2.** verleumden. *Er hat ihn bei ihr verschwätzt.* – **3.** ein angefangenes Gesprächsthema *v.*; *'s ist wieder verschwätzt worden* man ist durch andere Gespräche davon abgekommen. – Vgl. *verreden, verpappelen* u. a.

ver-schwedere[n] *-ē̆-* schw.: durch Unachtsamkeit versäumen, vergessen.

ver-schwelle[n] I *-ĕ̆-, -ĕ̆ə-* st.: intr. mit sein: stark anschwellen, zuschwellen. *Mir ist der ganze Arm verschwollen.* Auch vom Holz, z. B. Aufquellen der Türen. Ins Wasser gelegtes Holz *verschwillt.*

ver-schwelle[n] II *-ĕ̆-* schw.: anschwellen machen. Hölzerne, *verlechnete* Gefäße *v.* sie mit Wasser anfüllen oder ins Wasser stellen, damit sie *verschwellen* I und nicht mehr rinnen.

ver-schwitze[n] schw.: **1.** trans. a. durchschwitzen. *Ein verschwitztes Hemd* u. ä. – b. übtr., vergessen. – **2.** ohne Obj., zu Ende schwitzen.

Fers[e], flekt. *-e*[n]; F e r s e m; F e r s e l, Fersche(l) F e r s i n g (Fersich) m.; Ferse f.: die Ferse am menschlichen Fuß oder auch am Strumpf. S. auch *Ball 2.*

ver-sechne[n] *-ĕ̆-;* v e r s e c k n e [n] schw.: versiegen, vertrocknen.

ver-se[h]**e**[n] st.: A. trans. **1.** bemerken, wahrnehmen. – **2.** Sorge tragen für. a. ein Amt *v.*, verwalten, ausüben, wie nhd. – b. mit etwas ausrüsten. *Jetzt bist gut v.* – Speziell: mit den Sterbesakramenten versehen. – **3.** falsch sehen, übersehen. – B. refl. **1.** vorhersehend erwarten, hoffen oder fürchten. *Sich nicht v. haben; eh' er sich v. hat.* – **2.** sich versorgen, vorsehen. *Sich mit Proviant v.* u. ä. – **3.** starr hinsehen auf etwas. Vgl. *vergaffen, vergucken.* – **4.** *sich an etwas v.* von Schwangeren: durch einen aufregenden Anblick der Leibesfrucht schaden.

Verseh-gang m.: Gang des Priesters zur Erteilung der Sterbesakramente; s. *versehen A 2 b.*

ver-seiche[n] *-ŏ̆ę-, -ọ̆ə-, -ae-, -ā̆-* schw.: durch Pissen verunreinigen. Syn. *verbrunzen.*

ver-seihe[n] *-əi-*, Part. -s i g e [n] st.: austrocknen, versiegen, versickern, vom Wasser.

ferse[n] *-ĕ̆ə-* schw.: schnell, stark laufen.

ver-setze[n] *-ĕ̆-* schw.: **1.** weg setzen, an einen andern Ort setzen. – **2.** als Pfand weggeben. – **3.** einem einen Hieb odgl. *v.* Auch ohne bestimmtes Obj.: *einem eins, eine v.*

ver-siede[n] st.: **1.** = *sieden*, trans. – **2.** zu stark sieden. *Versottenes Fleisch.*

ver-sirmle[n] schw.: die Zeit *v.* durch *sirmlen*, träumerische Gedankenlosigkeit verbringen.

ver-sitze[n] st.: trans. durch Sitzen zerdrücken. Einen Stuhl *v.*, *ein versessener Stuhl* durch vieles Sitzen verderbt. *Das Gras v.* u. ä. Ein Kleid *v.* durch ungeschicktes Sitzen runzelig machen. Ein *versessener Furz.* – Part. v e r s e s s e [n] **1.** wer zu lang sitzt. *Ein v-er Mensch* ein Stubenhocker. – **2.** *auf etwas versessen sein* erpicht auf etwas, beharrlich bei etwas.

ver-sole[n] *-ọ̆-* (S. *-ọ̆-*) schw.: **1.** durchprügeln, bes. den Hintern. – **2.** eine Speise *v.* mit großem Appetit aufessen, verzehren.

versomen s. *versaumen.*

ver-spalte[n] schw.: (zer)spalten. Das Holz (vollends) *v.* – v e r - s p ä l t e r e [n] schw.: dass.

ver-späne[n] *-ĕ̆-* schw.: die durch Schwinden zwischen den Brettern eines Fußbodens, einer Holzverkleidung, Türe u. ä. entstandenen Lükken mit Holzspänen ausfüllen.

ver-spare[n] *-ā̆-;* v e r - s p ä r e [n] *-ĕ̆-* schw.: ersparen. *Ein Vermögen v.* Auch = *aufsparen. Mei[n] Verspart[e]s Zusammengespartes.*

verspauren s. *versporen.*

ver-speidle[n] *-əi-;* v e r - s p e i g l e [n] schw.: mit einem *Speidel*, Keil verschließen.

ver-spekuliere[n] ◡ ◡ ′◡ schw.: Geld udgl. *v.* durch Spekulationen verlieren. Auch refl. *sich v.* durch zu kühnes Spekulieren verlieren.

ver-spore[n] *-ọ̆-* S. N. HalbMA., *-ao-* W., *-ọ̆ə-* O., *-ọ̆-* N. schw.: mit Schimmelsporen überziehen, verschimmeln. Von Kleidern, Leinwand, Wäsche.

ver-spreche[n] *-ĕ̆-, -ĕ̆ə-, -ja-, -ə-* st.: **1.** versprechen. – **2.** reflex. a. *sich v.* sich verloben. *Versprochen sein* verlobt sein. S. *Verspruch.* – b. *Sich v.* wie nhd. sich falsch ausdrücken aus Unachtsamkeit. Vgl. *vernamen 2.* – **3.** G o t t v e r s p r i c h (Formen: *Gott und versprich; gǫpfəršprix̆*; *Gupfersprich; Gottmersprich* etc.): Formel der Beteuerung, der Erklärung; das heißt, damit will ich sagen.

ver-spreiße[n] schw.: durch *Spreißen*, Holzstücke, befestigen.

ver-spreite[n] *-ŏ̆ę-* usw. schw.: ausbreiten. Refl. *sich v.* sich breit machen, prahlen.

ver-sprenzeⁿ schw.: voll *sprenzen*, mit Wasser voll sprengen.

ver-springeⁿ st.: **1.** zerspringen, auseinander springen, von etwas Zerbrechlichem. *Ein versprungenes Glas* das einen Sprung, Riß hat. *Versprungene Haut, Hände* schrundige. – **2.** entspringen, davon laufen. – **3.** etwas *nicht v. können* das rasche Laufen darnach nicht aushalten. – **4.** refl. *sich v.* sich weidlich tummeln.

ver-spritzeⁿ schw.: **1.** wie nhd., ausspritzen. – **2.** bespritzen, vollspritzen. *Ein Kleid v.* naß machen, durch *Dreckspritzer* verunreinigen.

Ver-spruch m.: speziell: Verlobung.

ver-spuckeⁿ *-ŭ-* schw.: durch vieles Spucken besudeln.

ver-spunteⁿ schw.: mit dem *Spunten* verschließen.

ver-stampfeⁿ schw.: zerstampfen.

ver-stätleⁿ *-ē-* schw.: *Die verstätlet älles* verbraucht alles für ihren *Staat*, Kleidung.

ver-staubeⁿ *-ao-* schw.: staubig werden. Ein *verstaubter* Kasten u. ä.

ver-stecheⁿ *-ē-, -ēə-* usw. schw.: **1.** erstechen. *Maⁿ meiⁿt, er wöllᵉ einᵉⁿ mit deⁿ Augeⁿ v.* so scharf blickt er. – **2.** zerstechen. Beim Nähen kann man *sich den Finger v.*

ver-steckeⁿ schw.: **1.** ersticken machen. ᴱ*s will miᶜʰ v.* zum Ersticken bringen. – **2.** verbergen. *Etwas v., sich v.* – Inf.: *Verstecke*ⁿ*s tun, machen, Versteckerle*ⁱⁿ*s tun, machen* Versteckspiel der Kinder.

ver-steipereⁿ *-əi-* schw.: (unter)stützen. Einen Baum *v.*

ver-steleⁿ *-ē-, -ēə-* st.: in aller Eile erledigen.

ver-stelleⁿ *-ē-* schw.: **1.** wegstellen, auf die Seite stellen und dadurch aus dem Gesicht verlieren oder aus der Ordnung bringen. – **2.** durch Hinstellen versperren. *Einen Weg v.* – **3.** entstellen. a. unabsichtlich. *Die Narbe hat ihn ganz verstellt; Er sieht ganz verstellt aus.* – b. absichtlich, zur Täuschung. *Er kann seiⁿᵉ Handschrift gut v. Das Gesicht v.* Bes. refl. *sich v.* – **4.** einstellen bei einem andern, vom Vieh. – **5.** Part. *Der Schlachtbraten ist schon verstellt,* also nicht mehr zu haben.

ver-stickeⁿ schw.: ersticken. **1.** intr., mit sein. *Im Dreck v.* Vom Holz und ähnlichen verweslichen Stoffen: *verstickt sein* morsch, verfault sein. – **2.** trans. in HalbMA. wie rein mundartlich *verstecken 1.*

ver-stinkeⁿ st.: **1.** trans., mit Gestank erfüllen. Ein schlechter Geruch *verstinkt das ganze Zimmer* u. ä. – **2.** intr., stinkend faulen. Part. *verstunkeⁿᵉs Fleisch* u. ä. *Verstunken und verlogen* gänzlich erlogen.

ver-stöbereⁿ *-ē-* schw.: (ver)stören. Einen Flug Tauben *v.* aufjagen, ein verliebtes Pärchen *v.* stören. *Du hast mir älles verstöbert* durcheinander gebracht.

ver-storeⁿ *-ao-* schw.: erstarren. *Verstauert* von Ackergewächsen, die während des Winters im Freien waren und erfroren.

ver-stoßeⁿ *-ọ̄-, -ao-, -ǫə-, -ọ̄-* st.: **1.** wie nhd., fortstoßen, wegjagen, vertreiben. – **2.** zerstoßen. *(Sich) den Kopf v. – Der hat (sich) die Nase v., den Arm v.* u. ä. – Auseinander stoßen: *das Gras, das Heu v.* auseinander streuen.

ver-strableⁿ schw.: durch *strablen*, Strampeln mit den Füßen in Unordnung bringen. *Das Bett v.*

ver-strampf(l)eⁿ schw.: durch *strampf(l)en* in Unordnung bringen. *Das Bett v.*

ver-streckeⁿ *-ē-* schw.: **1.** verrenken. *Eine Nervᵉ v.* eine Sehne verzerren. – **2.** Wäsche *v.* die durch das Waschen eingegangene W. in die Länge ziehen. Geschäft zweier Personen: *Komm, hilf mir v.* – **3.** refl. *sich v.* sich zu weit strecken. Um zu einem hohen Gegenstand zu reichen, muß man *sich ganz v.*

ver-streiteⁿ *-əi-* st.: nur refl. *sich v.* sich hartnäckig streiten. *Sie haben sich noch lange verstritten.*

ver-strickeⁿ schw.: **1.** zusammenschnüren. Einen Sack o. ä. *v.* zuschnüren. – **2.** Garn u. ä. *v.* zum Stricken verbrauchen.

ver-strobleⁿ *-ọ̄-* (FRK. *-ǭ̆-*), **ver-struble**ⁿ *-ŭ-* schw.: zerzausen. *Das Haar v.* Bes. im Part. *verstrobelt, -u-* struppig.

verstrublen s.. *verstroblen.*

ver-studiereⁿ ᵕᵕʔᵕ schw.: für Studieren aufbrauchen.

ver-stupfeⁿ *-ŭ-* schw.: durch *stupfen*, Stechen beschädigen. *Sich den Finger v.* beim Nähen. – Pflanzen *v.* pikieren, Gärtnerspr.

ver-stürzeⁿ schw.: wenden, umdrehen.

ver-sucheⁿ *-uə-* schw.: prüfen, erproben. – Im Dialekt nur in der Bedeutung „von einer Speise, einem Getränke kosten"; mit und ohne Obj. *Die Suppe v. Ich habe bloß v. wollen.* Für nhd. „v., etwas zu tun" vielmehr *probieren.*

Ver-sucher m.: Demin. Versucherleⁱⁿ n.: Kostprobe. *Da häᵇᵉⁿt ihr auᶜʰ eⁿ V.* z. B. von neuem Zuckergebäck. *Versucherleⁱⁿs tun* versuchen, kosten.

ver-suckleⁿ *-ŭ-* schw.: verunreinigen, = *versauen, verklecksen.* – *Suckel* Schwein.

ver-sudleⁿ *-ŭ-* schw.: durch *sudlen* über und über beschmutzen, z. B. ein Heft.

ver-sumpfeⁿ schw.: zu Sumpf werden. *Eine versumpfte Wiese* u. ä. Auch von Menschen: *Der versumpft ganz an dem Platz,* in seiner (schlechten) Umgebung: kommt herunter.

ver-surreⁿ *-ŭ-* schw.: eig. verklingen, versausen; aber nur vom Vergehen nicht hörbarer Dinge. *Der Schmerz ist versurret. Es ist versurret. Dᵢᵉ Schlägᵉ sind schoⁿ wieder versurret. Des ist schoⁿ versurret* schon fast vergessen. Etwas, eine Beleidigung u. ä. *v. lassen* einige Zeit darüber hingehen lassen.

ver-suttere[n] schw.: vertrocknen, einsickern; einkochen, köcheln.

ver-täfere[n] *-ē̜-* schw.: **1.** mit einem *Täfer,* Bretterverkleidung versehen. – **2.** verunreinigen, beschmutzen; in die Hosen scheißen. – **3.** durchprügeln, bes. den Hintern *v.* – **4.** verleumden, verschwätzen.

ver-tafle[n] *-dǭ-* schw.: durchhauen.

ver-tänderle[n] *-dě̜-,* ver-tanderle[n] schw.: vergeuden, von Geld und Zeit. Vgl. *vertändlen.*

ver-tändle[n] *-ę̜n-* schw.: für Unnötiges verbrauchen. Geld *v.* Zeit *v.* Vgl. *vertänderlen.*

ver-tappe[n] *-dä-* schw.: **1.** ertappen, erwischen. – **2.** = *austappen,* physisch. Durch Betasten *(antappen)* schmutzig machen, Fingerabdrücke zurücklassen; z. B. *Des Fenster ist ganz vertappet.* – **3.** zertreten.

ver-täsche[n] *-ē̜-* schw.: trans., einem eine *Täsche,* Ohrfeige geben.

ver-tätsche[n] *-dě̜-* schw.: **1.** durchprügeln. – **2.** zusammendrücken. Bes. vom Backwerk; *Es ist vertätscht zusammengesessen,* nicht aufgegangen.

ver-tätschle[n] *-dě̜-* schw.: stark tätscheln.

ver-teile[n] schw.: **1.** wie nhd.: zerteilen, austeilen. – **2.** refl., *sich v.* a. sich (ein)teilen, z. B. bei Spielen auf die Parteien. – b. so viel austeilen, daß man selbst dabei zu kurz kommt UNTERLAND. *Verteil[e] di[ch] net so; Du hättest di[ch] net so v. solle[n]* Höflichkeitsformel bei Annahme eines Geschenkes.

Vertel s. *Vorteil.*

vert-halbe[n] Adv.: vorhanden, gegenwärtig.

vert-hebe[n] *-ē̜-* schw.: **1.** = *verheben 1,* zurückhalten; abhalten, verhindern; unterdrücken, verschweigen. *Den Schmerzen v.* – **2.** rücksichtsvoll behandeln. Dann mit tadelndem Nebensinn: verwöhnen, verzärteln.

vert-hed(e)le[n] *-thē̜ə-* schw.: widerhallen, ein Echo geben, verhallen. *Wie man in den Wald ruft, so v-t's.*

vertheien s. *verheien 3.*

vert-hopfe[n] vert-hoppe[n], vert-hupfe[n] schw.: intr. mit sein: enthüpfen, entgehen.

vert-laufe[n] st.: entlaufen, durchgehen.

vert-lehne[n] *-ę̜ən-; -ę̜n-; -ę̜n-; -ę̜n-; -aen-; -āēn-* im W.; *-aern-* schw.: entlehnen.

vert-leide[n] NW. SO. *-ae-,* W. *-ǫə-,* O. *-ǫę-,* FRK. *-ā-* schw.: leid sein, satt haben. **1.** intr., mit sein. Dafür auch vertleidne[n] und vertleidele[n]. *Dem ist alles vertleidet.* – **2.** trans., einem etwas verleiden. *I[ch] will dir's scho[n] v.* – **3.** Part. *vertleid(n)et* mutlos, verzagt.

vert-leihe[n]; Part. vertlie[n], vertlaue[n] *-ǫu-* st.: entlehnen.

ver-töffle[n] *-ē̜-* schw.: **1.** durchprügeln, verhauen. – **2.** schelten, verschimpfen.

ver-totsche[n] *-dǭ-* schw.: **1.** intr. zu einem *Totsch* werden. Vgl. *vertätschen 2.* – **2.** trans. und absol. a. den Teig *v.* verderben, verbacken, schlecht zubereiten. – b. viel Mehl u. ä. aufbrauchen. Verschwenderisch Haus halten. Sein Vermögen *v.* durchbringen. Vgl. *vertötschlen.*

ver-tötschle[n] *-dě̜-* schw.: trans. und absol., die Lebensmittel für den Haushalt leichtsinnig verschwenden, nicht haushälterisch sein. – Demin. zu *vertotschen.*

ver-trage[n] st.: **1.** wegtragen. – **2.** zu Ende tragen, bes. Kleider; einen Hut, Schuhe udgl. *v.* so lang tragen, bis sie nicht mehr brauchbar sind. – **3.** ertragen. *Des kann i[ch] nimme[r] v. Hitze, Kälte v. Den Lärme[n] vertrag[e] i[ch] net. Des kann der Mage[n] net v.* – **4.** vom Vieh: falsch austragen, abortieren. – **5.** vereinbaren; durch Vertrag ausmachen, ausgleichen. – refl., *sich v.* sich durch Vertrag einigen, vergleichen. – Übtr.: *Die v. sich net gut (miteinander).*

ver-trampe[n] *-ǎ-* schw.: etwas *trampend* zertreten. Gewöhnlicher *vertramplen;* s. a. *vertrappen.*

ver-trample[n] *-ǎ-* schw.: etwas durch *tramplen* zertreten, = *vertrampen.*

ver-tränke[n] schw.: ertränken. *Einen im ersten Bad v.* Verwünschung. – Vgl. *versäufen.*

ver-trantsche[n] schw.: breit *trantschen,* treten. *De[n] Dreck v.*

ver-trappe[n] schw.: zertreten. Vgl. *vertrampen.*

ver-träpple[n] *-ē̜-* schw.: durch *träpplen* vernichten.

ver-trätsche[n] *-ē̜-* schw.: ausschwatzen. Vgl. *trätschen 1, ver(g)rätschen.*

vert-raume[n] – Laut wie *verraumen* – schw.: erste Arbeit im Weinberg: Entfernen der Erde von dem unteren Stockende der Rebe, Abschneiden aller unnötigen Triebe außer dem Haupttriebe.

ver-tremple[n] *-ę̜mblə, -ę̜mbl-, -ēə̜bl-* schw.: **1.** versäumen, verscherzen, eine günstige Gelegenheit, den richtigen Zeitpunkt. – **2.** durch Kleinigkeiten, unnötige Dinge vergeuden, ausgeben, Zeit oder Geld.

ver-trenne[n] *-ě̜-* schw.: ein zusammengenähtes Tuch an der Naht *v.;* Syn. *trennen, auftrennen.*

ver-tre[n]se[n] (-trei[n]ste[n], -trei[n]sge[n] usw., Laute u. Formen wie bei *trensen,* s. d.) schw.: **1.** verschnaufen. *Er hat's kaum v. könne[n]* u. ä. – **2.** *vertre[n]se[n]* die Arbeit vor lauter Jammer versäumen. Die Zeit *v.* vertrödeln, unnütz zubringen. Dafür auch vertre[n]sle[n]. – **3.** verdreingen heimlich verkaufen. – **4.** *vertre[n]ze[n] -ēə-* das Essen über die Brustkleidung schütten.

ver-trete[n] st.: **1.** zertreten. Einen kleinen Gegenstand, einen Weg *v.* – **2.** einen *v.* für einen eintreten, wie nhd.

ver-triele[n] *-iə-* schw.: durch *trielen* (s. d.) beschmutzen, vergeifern. *Den Tisch v., sich v.*

ver-trinke[n] *-ę̜ŋg-, -ĭŋg-, -āēk-* st.: **1.** intr. ertrinken; nicht populär, dafür *versaufen.* – **2.** trans. a. mit sachl. Obj.: durch Trinken vertun, dafür auch *versaufen.* – b. mit persönl. Obj.: *Einen v.* zu Ehren von ihm trinken.

vert-rinne[n]; Konj. Prät. *vertrunn*[e] ALLG.; Part. *vertrunne*[n] st.: entrinnen.

ver-trischake[n] schw.: durchprügeln = *trischaken.*

ver-tröpfle[n] schw.: tropfenweise vergießen.

vertrucken s. *verdrucken.*

ver-trückne[n] (-u-) schw.: trocken werden.

ver-tu[n] st.: **1.** fertig bringen, bewältigen. *I*[ch] *ka*[nn]'*s allei*[n] [n]*it v.* nicht damit fertig werden. – **2.** aufbrauchen, verschwenden. Sein Geld *v.* – **3.** wegtun, beseitigen, verderben. Das Mehl *ist verta*[n] verdorben. Part. *vertan:* verwirrt. Von Menschen: *ganz vertan sein* aus der Ordnung gebracht, verwettert; fassungslos (vor Schmerz), auf dem Hund. – **4.** die Mahden auseinander schütteln. – **5.** refl., *sich v.* sich irren, fehlgreifen.

vert-unere[n] *-āŏn-, -ŏ̄-, -ŏ̄ā-;* vert-unerle[n] schw.: verunehren, nicht in Ehren halten, herabsetzen, zu verkleinern suchen. Speisen *v.* verderben, mißraten lassen. Verschwenderisch umgehen mit etwas, vergeuden.

ver-tupfe[n] *-ŭ-* schw.: schnell verbrauchen, durch die verschiedenartigsten Ausgaben vergeuden. *Sein Geld v.*

vertwachen s. *verwachen.*

vertwarben s. *verwarben.*

vertwarmen, **vertwärmen** s. *verw-.*

vertwellen s. *verwellen.*

vertwenden s. *verwenden 2. 3.*

vertwerfen s. *verwerfen 3.*

vert-wirrne[n] schw.: irre gehen, verirren OSCHW.

vertwischen s. *verwischen.*

vert-witsche[n] schw.: entschlüpfen, entgehen.

vert-wöne[n] *-ę̄-* schw.: **1.** entwöhnen, von kleinen Kindern und Tieren. – **2.** verwöhnen, verzärteln.

ver-übrige[n] *-ī-* schw.: erübrigen.

ver-u[n]**köst(ig)e**[n] schw.: refl. *sich v.* sich in Unkosten stürzen.

ver-u[n]**kraute**[n] schw.: *Der Acker ist ganz v-et* voll Unkraut.

ver-u[n]**name**[n] schw.: trans. *einen v.* mit einem *Unnamen,* Scheltwort, Schimpfnamen belegen. *Wörter v.* beim Lesen, Schreiben falsch aussprechen, entstellen.

ver-u[n]**s(e)le**[n] *-āŏs(ə)lə* schw.: *unselig* (s. d.) werden, vergehen, verzweifeln, vor Ungeduld, Kummer. Syn. *verpopperen, verwatzlen* u. a.

ver-urase[n] ∪∧∪ *-ŭr-; -ŏ̄sə; -āŏsə;* ver-aure[n] *-əurə;* ver-ase[n] *-ao-* schw.: vergeuden, unnötig verbrauchen, verderben. Die Speisen *v.* verderben.

ver-vespere[n] *-ę-* schw.: sein Geld *v.* für *Vesper* (s. d.) ausgeben.

ver-vögle[n] *-ę̄-* schw.: durch *vögeln* (s. d.) verderben. *Der hat sei*[n] *Geld, sein*[en] *Verstand vervöglet. E*[in] *v-eter Mensch, e*[in] *v-et*[e]*s Luder.*

ver-wache[n] *-ă-* schw.: **1.** intrans. mit sein: erwachen. – Dafür auch vertwachen.

ver-wachse[n] *-ăks,* SW. *-ās-* st.: **1.** überwachsen. – **2.** schlecht wachsen; bes. Part. *v.* verkrüppelt, mißbildet, von Menschen, Tieren, Pflanzen. – **3.** refl. *sich v.* Eine Mißbildung des Körpers, Verkürzung eines Gliedes udgl. *v-t sich* wird mit dem Heranwachsen ausgeglichen.

ver-wale[n] *-ă-* schw.: durch *walen,* unruhig sich Hin- und Herwälzen, in Unordnung bringen. *Das Bett, Gras* u. a. *v.* Vgl. *verrammlen 1.*

ver-walke[n] schw.: durchhauen.

ver-wande[n], -le[n] schw.: mit einer (Bretter-) Wand versehen.

ver-warbe[n] *-ă-;* ver-worbe[n] *-ŏ̆-, -ǫə-* schw.: die Grasmahden flach auseinander streuen. Auch vertwarben.

ver-warlose[n] *ferwārlaosə* (bzw. *-lǭ-, -lǫə-, -lǭ-)* ∪∧∪ schw.: vernachlässigen, unachtsam behandeln.

ver-warme[n] *-ă-* schw.: warm werden. Auch vertwarme[n].

ver-wärme[n] *-ę̆-* schw.: trans. erwärmen. Auch vertwärme[n]. Üblicher ist *gewärmen.*

ver-warte[n] *-ă(r)t-* schw.: **1.** bis zu Ende abwarten. *I*[ch] *ka*[nn]'*s schier net v.* – **2.** erwarten.

ver-wäsche[n] *-ę̆-* st. schw.: tüchtig waschen. Durch Waschen abnützen.

ver-wate[n] (-tt-) st.: **1.** trans. zertreten. – **2.** refl. *sich v.* fehl gehen o. ä.

ver-weibe[n] schw.: durch Heirat erwerben.

verweichen *(-əi-)* s. *verwichen.*

ver-weichne[n] schw.: intr. mit sein: weich werden. Leder *verweichnet* durch Nässe.

ver-weißne[n] *-əi-* schw.: weißnen, (weiß) tünchen.

ver-welle[n] *-ę̆-* schw.: zum Kochen bringen. Bes. von der Milch; *verwellte, unverwellte M.* Dafür auch vertwellen.

ver-wende[n] schw.: **1.** eigentl.: wegwenden, umwenden. *Kein Auge von einem v.* – **2.** speziell, aber nur in der Form vertwende[n]: das gemähte Gras umwenden, zerstreuen. – **3.** übtr.: abändern, verkehren, verwandeln. – Refl. *sich vertwende*[n]: dürres Heu *v-et sich* wird wieder feucht; neugebackenes Brot *v. s.* seine Rinde wird weich. – **4.** anwenden, gebrauchen, wie nhd.

ver-werfe[n] st.: **1.** zu Grunde werfen, zusammenwerfen und dadurch zerbrechen. – **2.** umwerfen, die Schollen des Erdbodens *v.* mit dem Pflug. *Mist v.* auf dem Feld auseinanderbreiten. – **3.** falsch werfen, abortieren, vom Vieh, haupts. von der Kuh, aber auch von der Stute; meist vertwerfe[n]. – **4.** durch Werfen zudecken. a. zuwerfen, verschütten. – b. mit Mörtel bewerfen. – **5.** verschmähen, zurückweisen, wie nhd.

ver-wettere[n] schw.: **1.** *verwetteret* vom Getreide, Heu u. ä.: durch das *Wetter,* Regen, Hagel, verderbt. – **2.** mit lautem Getöse zerschmettern, z.B. ein Glas, Töpfergeschirr. – **3.** übtr., aus den Fugen reißen, aus der Ordnung bringen, verderben. Einen Käufer *v.* abschrecken. – Übtr.: verwirren. *Das hat ihn ganz verwetteret. Der ist verwetteret* verwirrt, eingeschüchtert. *Der Bube sieht so verwetteret aus* kleinmütig, heruntergekommen, verarmt.

ver-wiche[n] *-ī-* Adj. Adv.: neulich, kurz vergangen. *V-e*[n] *Sommer, Herbst, Sonntag.* Bes. adv. *v.* neulich.

ver-wichse[n] *-īks-* schw.: = *durchwichsen.*

ver-wifle[n] *-ī-* schw.: Löcher oder brüchige Stellen in gewobenen oder gestrickten Stoffen ausbessern nicht durch Aufsetzen eines ganzen Stücks, sondern indem mit Flickgarn die Textur nachgeahmt wird. Auch bloß *wiflen.*

ver-wirtschafte[n] schw.: für die Wirtschaft, den Haushalt verbrauchen.

ver-wische[n], v e r t - w i s c h e n schw.: **1.** erwischen, ertappen. Auch milder: bei Personen: einfangen, einholen, bei Sachen: bekommen, kriegen; erhaschen. Die üblichere Form scheint v e r t w i s c h e n . – **2.** auswischen, wegwischen, nie *vert-!* – **3.** betrügen; einem andern unerwartet einen Schaden zufügen; *vertw-* hinter's Licht führen. – **4.** *si*[ch] *a*[n] *etwas verw.* festhalten beim Fallen. – **5.** *vertwische*[n] intr.: entwischen. S. a. *vertwitschen.*

ver-wone[n] schw.: **1.** bewohnen. – **2.** für die Wohnung brauchen: *Der verwohnt viel Geld.* – **3.** eine Wohnung herunterkommen lassen.

v e r w o r b e n s. *verwarben.*

ver-worge[n] *-ŏr-, -ǫ̆r-, -ǫər-, -war-* ALLG.; *-g-,* frk. *-χ* schw.: **1.** ersticken. – **2.** erwürgen. – **3.** refl. *si*[ch] *v.* ersticken.

ver-worgle[n] schw.: ersticken, = *verworgen.*

ver-wule[n] *-uə-; -ü- (-iə-)* schw.: durcheinander wühlen.

ver-wünsche[n] *-āē-, -ę̆-, -ī-,* N. *-ĭn-* schw.: **1.** wie nhd., verwünschen. – **2.** erwünschen. *Des kommt mir g*[e]*rad verwünscht.* – **3.** mit *können* = wünschen. *I*[ch] *wünsch*[e] *euch älles, was i*[ch] *nu*[r] *v. ka*[nn] Neujahrswunsch.

ver-würge[n] schw.: erwürgen. – Vgl. *verworgen.*

ver-wurmet Adj.: wurmstichig.

ver-wurst(l)e[n] schw.: zu Wurst verarbeiten, ein Quantum Fleisch, ein Stück Vieh. Übtr.: wirr untereinander bringen.

v e r z a b l e n s. *verzapplen.*

Ver-zal *-ă-* m.: Erzählung. Meist tadelnd: unklare, nichtssagende Erzählung, Geschwätz.

ver-zale[n] *-ă-* schw.: bezahlen, nur negat., etwas *nicht v. können.*

ver-zäle[n] *-ē̆-,* S. *-ę̆-* schw.: **1.** erzählen. – **2.** falsch zählen, bes. refl. *sich v.*

ver-zanke[n] schw.: ausschelten UNTERL.

ver-zapfe[n] *-ă-* schw.: **1.** ein Bauwerk *v.* durch Zapfen mit sich verbinden, befestigen. – **2.** Wein *v.* ausschenken. Übtr.: einen Witz odgl. *v.* von sich geben, daherschwätzen. – **3.** durch Zapfen verschließen.

ver-zapple[n] *-ă-* schw.: **1.** intr. mit sein: vor Zappeln, Ungeduld vergehen. *Er ist schier verzapplet.* Bes. *einen v. lassen.* – **2.** trans. *es v.* etwas sehr eilig arbeiten, um noch fertig zu werden. *Ich habe es nur so v. müssen.* Refl. *sich v.* sich sputen, schnell arbeiten.

ver-zau[n]**rau**[n]**k(l)e**[n] *fərtsāōrāōglə* schw.: zerzausen, verwirren. *Einem die Haare v.; v-te Haare.* Dafür auch v e r z a u[n]r a u[n]s e[n] *-tsāōrāōsə; verzau-*[n]*rau*[n]*st* ungekämmt; *v-te Haare.*

ver-zause[n] *-ǝu-,* S. *-ū-,* RIES *-ao-,* FRK. *-au-* schw.: zerzausen. Kleider, Haare *v.*

ver-zeisle[n] *-āē-* schw.: **1.** verziehen, verwöhnen. *Ein v-etes Kind.* V e r z e[n]z l e[n] *-tsēəts-* verhätscheln, verzärteln. – **2.** *verzei*[n]*selt* vereinzelt. Leute *stehen v. herum.*

v e r z e n z l e n s. *verzeislen.*

ver-zeppere[n] schw.: erschrecken; beleidigen.

ver-zette[n] *-ę̆-* schw.: zerstreuen. S. a. *verzettlen, verzetterlen.*

ver-zetterle[n] *-ę̆-* schw.: *verzetterlet* vereinzelt; *v. daherkommen* u. ä.

ver-zettle[n] *-ę̆-* schw.: zerstreuen. Auseinander streuen, auseinander breiten, z.B. Heu, Stroh. Syn. *verstreuen, (ver)warben.* Bes. Part. *verzettlet* vereinzelt, einzeln.

ver-ziehe[n] *-īə, -iəgə* st.: **1.** hinziehen, in die Länge ziehen, hinhalten, aufschieben, trans. und refl. – **2.** wegführen. – Bes. refl. *sich v.* verschwinden, von Wolken, Nebel, Gewittern udgl., wie nhd. Von Pflanzen: auseinander rupfen, z.B. *Gelbe Rüben v.* was zu viel ist herausziehen. – **3.** *etwas nicht v. können* nicht zu ziehen vermögen. – **4.** falsch erziehen, verwöhnen.

ver-zoble[n] *-ǭ-* schw.: zerzausen. *Die Haare v.*

ver-zopfe[n] *-ǭ-* schw.: auseinander *zopfen,* verrupfen. *Blumen v.* Vgl. *verzupfen.*

ver-zottere[n] *-ǭ-* schw.: tropfenweise verlieren. Der Sack hat ein Loch, so daß alle Frucht *verzotteret wird.*

ver-zottle[n] *-ǭ-* schw.: **1.** zerstreuen. Bes. im Part.: die Kinder kommen *ganz verzottlet* heim: einzeln. – **2.** zerzausen, verwirren, z.B. Garn.

ver-zotzge[n] *-ǭ-* schw.: zerfasern, z.B. einen Faden, ein Gespinst.

ver-zulle[n] schw.: aussaugen, auslutschen.

ver-zupfe[n] *-ŭ-* schw.: = *verzopfen. Federn, Bettfedern* u. a. *v.*

ver-zürne[n] *-ī(r)n-; -ürn-* schw.: trans., erzürnen. *Einen v.; verzürnt sein. Verzürnt mit einem* böse auf ihn; *der ist mit mir v.* beleidigt.

v e r z w a f z l e n s. *verzwatzlen.*

ver-zwatzle[n] *-ă-;* v e r z w a r z l e[n], verzwatzele[n], verzwatzerle[n], verzwatzgle[n], verzwafzgle[n], verzwatschgle[n], verzwapsle[n] schw.: fast verzweifeln, vergehen, aus der Haut fahren, vor Ärger, Ungeduld, Furcht, Neid, aber auch vor Freude. *I^{ch} bi^n fast verzwatzelt. Des ist doch zum V. Da möcht^e ma^n doch v.* – S. *zwatzlen.*

ver-zwerge^n schw.: **1.** verdrehen. Ein Türenschloß, einen Schlüssel *v.* Verzwergle^n *(-rχ-)* verwirren. *Der Wind hat das Tuch ganz verzwerglet.* – **2.** = *verzwingen.*

ver-zwib(e)le^n *-ī-* schw.: tüchtig durchwalken, durchprügeln.

ver-zwinge^n st.: erzwingen. *Des läßt sich net v. Mußt net alles v. wölle^n.*

ver-zwirble^n *-ĭrbl-;* FRK. *-ĕrwl-* schw.: durch *zwirblen,* Drillen, verwirren. *Den Faden, das Haar v.*

ver-zwusle^n schw.: Haare, Kleider zerzausen.

Feschter s. *Fenster.*

feschter s. *finster.*

Fes(e^n) *fẹ̄əs(ə),* flekt. -e^n m. (f.): **1.** Ähre. – **2.** m. Dinkel, Triticum Spelta; nur noch OSCHW. u. südl. Mit *F.* wird aber der D. nur bezeichnet, so lang er noch nicht gegerbt, d. h. durch den Gerbgang der Mühle von den Spelzen befreit ist; gegerbt heißt er *Kernen.*

Vesper *fĕšpər* f. n.: **1.** f.: Nachmittagsgottesdienst der kath. Kirche, die vorletzte der 7 kanonischen Tageszeiten. Die V. wird mit der *Vesperglocke* eingeläutet, s. *Vesperläuten.* – **2.** n.: kleine Zwischenmahlzeit am Nachmittag, auch auf das zweite Frühstück übtr. Deutlicher *Vesperbrot,* s. d.

Vesper-brot n.: Zwischenmahlzeit abends, = *Vesper 2;* s. d.

vespere^n schw.: **1.** *Vesper (1)* singen, nur kath. – **2.** überh. von psalmodierendem o. ä. Vortrag kirchlicher Texte. – **3.** einem einen scharfen, langen Verweis geben. – **4.** einen zum Haus hinausjagen. *D^{ie} Kinder in's Bett v.* – **5.** lebhaft gestikulieren. *Herum v.* – **6.** die Zwischenmahlzeit, *Vesper 2,* einnehmen.

Vesper-glock^e f.: Feierabendglocke, um 5 oder 6 Uhr geläutet.

Vesper-korb m., -k r a t t e^n m.: Korb für das *V. 2;* -k r u g m.: Krug desgl. – V e s p e r - l ä u t e^n n.: das Läuten mit der *Vesperglocke.* – V e s p e r z e i t f.: Zeit der *Vesper 1.*

fest *fĕšt,* Kompar. -e r, Superl. -e s t Adj. Adv.: fest, aber auch = nhd. stark. A . A d j . **1.** von leblosen Dingen: kompakt; nicht leicht durchlässig, wie nhd. – **2.** befestigt, von Ortschaften. – **3.** von Menschen. a. phys.: stark, kräftig; gedrungen, ohne fett zu sein. *E^{in} fester Kerle, e^{in} fest's Mensch* u. ä. Ebenso von Tieren: *e^{ine} feste Sau,* oder Körperteilen: *feste Ärm^e, Wade^n* u. ä. – b. moralisch; in versch. Schattierungen. Standhaft, sicher, ehrenhaft, solid. – **4.** von Zuständen, Handlungen, Institutionen udgl. a.

fest, dauernd, beständig. – b. stark, tüchtig. *Es hat 'n feste^n Zuber, 'n feste^n Wage^n voll ^{ge}ge^{ben}. Ein fester Schuß, Hieb, Wind, Regen* usw. *Der hat 'n feste^n* nämlich Rausch. – B . A d v . Hieher die Verbindungen mit Verben wie *fest ansehen, halten (heben), drucken, sitzen, stecken* usw.; *steif (stark) und f. glauben* udgl. Sehr häufig aber hat das Adv. nur die allgemein steigernde Bed. „sehr", „stark", „tüchtig". *Fest laufen, springen, fahren, reiten* stark, schnell. *F. hauen* u. ä. *Es regnet, schneit, windet f.* usw. *Fest schaffen, essen, trinken* usw. Gern mit *können: Der kann f. schaffen, springen, saufen.*

feste^n *-ĕ̌-* schw.: ein Fest halten.

Fest-meter *fĕ-* m.: Kubikmeter.

Fest-ochs m.: zu Festzeiten geschlachteter Ochs. Festlich geschmückter O., etwa bei einem landwirtschaftl. Fest. – Spöttisch übtr.: Festordner; auch für die gefeierte Persönlichkeit selbst.

Fette *fĕ̌dę̆* (Pl. - e n e^n) f.: Fettigkeit. Weit allgemeiner pop. als das N. Fett. Besonders das Fett am geschlachteten Fleisch sowie das obenauf schwimmende F. beim Kochen.

Vettel *fĕdl,* Pl. V e t t l e^n f.: wie nhd., übles Schimpfwort für Weiber.

fette^n *-ĕ̌-* schw.: mit Fett einschmieren.

Vetter *fĕdər,* Pl. gleich m.: **1.** Oheim, und zwar für Vater- und Mutterbruder. – **2.** männlicher Seitenverwandter überhaupt: Cousin, Neffe usw. – **3.** in andern Fällen ist an Verwandtschaft gar nicht mehr gedacht, z. B. *das Vetterle^{in} mit einem spielen* ihn zum besten haben. – Mit Adjj. spöttisch. *Truckener V., netter, schöner, sauberer, rarer V. Nasser V.* Trinker.

Vetterle^{in}**-s-g**^e**richt** n.: Gericht, wo der Nepotismus regiert. – V e t t e r l e^{in} s - g^e s c h i c h t^e f.: wo es nach Verwandtschaftsrücksichten zugeht. – V e t t e r l e^{in} -schaft, Vetterle^{in}s-wirtschaft f., auch V e t t e r l e^{in} s - w e s e^n n.: Nepotismus.

Fetz^e *fĕts;* flekt. (auch Nom.) F e t z e^n m.; Demin. F e t z l e^{in} n.: **1.** ein Stück Zeug. a. Demin. Taschentuch. – b. ein lumpiges, abgerissenes oder herabgerissenes Stück. Irgend ein Lumpen oder Lappen, zum Fegen oder sonst. Herabhängendes Stück von einem Kleid; *die F-en hangen herab* o. ä. Zerrissenes Kleid, auch herabsetzend für ein Kleidungsstück überh. – **2.** irgend ein ungeformtes Stück von etwas; *e^{in} F. Papier, Leder, Fleisch, Brot* udgl. *Keinen guten F. an einem lassen* ihn ganz schlecht machen. – Von großen Schneeflocken. *Es schneit, es schneit, daß 's Fetze^n geit.* – **3.** von Menschen gesagt: Lump, insbes. Verschwender, Säufer; gesteigert *Gra^{nd}fetz.*

fetze^n schw.: mit Peitsche oder Reitgerte hauen. Vgl. *fitzen.* – In Vorarlberg = große Schneeflocken schneien.

Fetzeⁿ-: die Komposita drücken das Massige, auch Wüste, Lumpige aus. – Hier ein paar Beispiele: **Fetzeⁿ-berger** m.: Schimpfwort für kleine Gauner und Betrüger. – **Fetzeⁿ-bu^{be}** m.: großer, kräftiger Knabe. – **Fetzeⁿ-kerle(s)** *-ę̆(s)* m.: großer, starker, auch lümmelhafter Mensch. – **Fetzeⁿ-mädleⁱⁿ** n.: nicht eben feiner Ausdruck für ein starkes, tüchtiges Mädchen. – **Fetzeⁿ-maⁿⁿ** m.: sehr starker Mann. – **fetzeⁿ-mäßig** Adj. Adv.: *Er ist f. groß.* – **Fetzeⁿ-mensch** n.: weiblich dass. was *-kerle*. – **Fetzeⁿ-rausch** m.: gewaltiger Rausch.

fetzeⁿleⁿ schw.: leicht schneien ALLG.

Feuchte *-ę̆* f.: Feuchtigkeit, und zwar sowohl der Zustand derselben als eine feuchte Stelle. Bes. von der im Boden vorhandenen F. *'s hätt^e jetz^t F. g^enug* u. ä.

feuchtlecht Adj.: ein wenig feucht.

Feuer-aⁿmachete f.: Holz, Papier udgl. zum Feueranzünden.

Feuer-bo^{ne} f.: Phaseolus multiflorus, Gartenbohnenart, mehr als Zierpflanze wegen der hochroten Blüten als zum Essen angebaut.

Feuer-hakeⁿ *-ǫ̆-, -ao-* m.: langer Haken zum Einreißen bei Feuersbrunst.

Feuer-klamm^e, Pl. -eⁿ f.: Feuerzange.

Feuer-steler *-ę̆-, -ę̆ə-* m.: **1.** der Goldlaufkäfer, Carabus (auratus). Syn. *Feuervogel, Goldschmid.* Feurig glänzend und rasch laufend. Daher: *laufen wie ein F.* – **2.** andere Anwendungen auf Menschen *einen Kopf w. e. F.*

Feuer-teufel m.: *einen F. machen,* z. B. ein kleines Quantum ungenetztes Pulver offen oder nur in Papier eingeschlagen abbrennen.

Feuer-vogel m.: = *Feuersteler 1.*

feureⁿ, Part. *g^efeuret,* schw.: **1.** Feuer im Ofen oder Herd machen. Meist ohne Obj. – **2.** *ei^{ne}m eine 'naⁿfeureⁿ* eins hinhauen. – **3.** brennen, von heißer Empfindung oder Röte der Haut. Die Person im Dativ. *Das Gesicht, die Hand f-t mir.*

Feurete *fuirədę̆* f.: Holz zum einmaligen Kochen oder Heizen.

feurig *-īg (-ę̆g), -īχ (-ę̆χ), -ī (-ę̆), -ę̆ŋ* Adj. (Adv.): feurig. **1.** eig., zu Feuer: flammend. *Einem einen f-en Reiter aufs Haus setzen. F. laufen* als f. Gespenst umgehen müssen. – **2.** übtr. a. hochrot, feuergelb. – b. vom Blick der Augen. – c. *f-er Acker* fruchtbarer, gut gedüngter. – d. jähzornig, wütend.

feurio *˘⁔ -īǫ̆,* im w. Teil des Hauptgebiets. Interj.: **1.** eig., der allgem. übl. Feuerruf. *F., der Neckar brennt, holet Stroh und löschet g^eschwind.* – **2.** überh. Hilferuf. Bes. das Weib schreit *F.,* wenn der Mann sie schlägt, um Hilfe zu bekommen OSCHW. – **Feurio-weib** f.: Hebamme, scherzh.

vexiereⁿ *fę̆ksiərə ⌣⌃⌣* schw.: foppen, quälen.

Vich s. *Vih.*

Ficht^e *fīχt, fīχt, fiəχt;* Plur. **Fichteⁿ** f.; Demin. **Fichtleⁱⁿ** n.: **1.** wie nhd., Rottanne, Picea abies (L.) H. Karsten. Der Name fehlt in OSCHW.; auch sonst ist *Tanne* mehr üblich, genauer *Rottanne.* – **2.** Forche, Pinus sylvestris L. – **fichteⁿ** Adj.: von Fichtenholz. – **Fichtku** *-uə,* Pl. *-küe -iə* f.: Fichtenzapfen.

Ficke *fīgę̆,* S. *fīkī;* Pl. **Fickeneⁿ** f.; Demin. **Fickeleⁱⁿ** n.: **1.** = *Fickmüle 1.* – **2.** günstige Gelegenheit, Chance, Erwerbsquelle, stets bereite Hilfe udgl. *Eine (gute) F. haben. Er hat noch etwas in der F.* hat noch heimlich Geld. – **3.** Ausrede.

fickeⁿ *fīgə,* S. *fīkə* schw.: **1.** durch wiederholte Hinundherbewegung reiben, jucken, kratzen; mit und ohne Akk. Bes. von der Reizung (oder Hautabschürfung) an Körperteilen. *Es fickt mich* am Kopf, Rücken usw. Enge, unpassende Stiefel *ficken (den Fuß, mich).* – Mit pers. Subj.: sich (oder einen andern) kratzen. *Die Kuh f-t an der Wand.* – **2.** eine Weibsperson *f.,* auch ohne Obj.: beschlafen. – **3.** übtr. *Es fickt mich* juckt mich, läßt mir keine Ruhe, von etwas, was ich bedaure oder nach was ich Lust habe. Von Synonymen wie *geheien, reuen* dadurch unterschieden, daß *f.* seinem Ursprung gemäß den fortdauernden unruhigen, quälenden Reiz hervorhebt. Der von einem andern weggefischte Kauf *fickt einen.* Ebenso etwas, was einen hemmt, geniert. Aber auch etwas, was man gerne hätte, *fickt einen;* ebenso etwas, was man wissen möchte. – **fickerig** Adj. Adv.: nervös. – **Fickete** f.: **1.** Kratzerei. Syn. *Gefick.* – **2.** = *Fickmüle.*

fickleⁿ schw.: **1.** = *ficken 1.* – **2.** *f., durchf.* durchreißen, *('rum-)f.* herumziehen. Mit stumpfem Messer kann man fickeln, nur *f.*

Fick-müle *-mīlę̆,* SW. *-mīlī,* Pl. -eⁿeⁿ f.: **1.** beim „Mühleziehen" die für den Spieler vorteilhafte Situation, mit dem nämlichen Zug eine „Mühle" öffnen und eine andere schließen zu können. – **2.** wie *Ficke 2* = fester Rückhalt, Zuflucht, sichere Hilfe usw. Aber doch mehr in den bestimmteren Sinn, daß man 2 Eisen im Feuer hat, für den Fall des Mißglückens eine andere, ebenso günstige Chance.

fidel *fīdęl ⌣⌃* Adj.: lustig, laut vergnügt. Verstärkt *kreuz-, sau-f.*

Fidibus *fīdībŭs* m.: längliches Papier zum Anzünden der Tabakspfeife.

Fidle s. *Füdle.*

fidleⁿ schw.: **1.** geigen. – **2.** wie *ficklen 2:* mühsam mit einem stumpfen Messer schneiden.

Fiduz *fīdŭts ⌣⌃* f.: *F.* (besonders *keine F.) auf jemand, etwas haben* Zutrauen, Augenmerk.

Fieber-kraut n.: Echtes Johanniskraut, Hypericum perforatum L.

vier *fiər;* ohne Subst. auch **viere** *-ę̆, -ə* Zahlwort:

vier; wie nhd. – Formelhafte Verbindungen mit bestimmten Substantiven. *Mit 4 Augen zum Bett heraussehen* niederkommen. *Das Bett an äll^{en} 4 Zipfel packen* o. ä. alle Vorteile wahrńehmen.

vier-ecket, moderner -ig; v i e r - g^e e c k e t Adj.: wie nhd., spez. = quadratisch. – Quer, hinderlich. Ein Kind liegt *viereckig* im Mutterleib. – Ungeschlacht, plump. *E^{in} v-er Kerle, Dingeler* u. ä.

Vier-feiertag n.: eines der vier großen Kirchenfeste: Weihnachten, Ostern, Pfingsten, Mariä Himmelfahrt (Allerheiligen); nur kath. Syn.: V i e r - f e s t n.: dass.

Vierling *-lĕ̦ŋ* m.: ¼ eines Maßes, wie *Viertel*, aber in der Anwendung von diesem verschieden; v. a. ¼ Pfund.

Viertel, V i e r n t e l *fiə(r)nd̦ļ, fĕnd̦ļ* SW. n.; Demin. - t e l e ^{in} *-ə-, -ĕ̦-, -ĭ-* n.; auch V i e r e^n t e i l m., Demin. - t e i l l e ^{in} n.: der vierte Teil. **1.** ganz im allgemeinen. – **2.** ganz substantivisch als Maß. a. Trockenmaß. – b. Flüssigkeitsmaß. Seit 1871 1 *Viertel,* meist *Viertele^{in}* = ¼ Liter. – c. Längenmaß, = ¼ Elle = 0,154 Meter, in WT. amtl. bis 1871. – d. Flächenmaß, = ¼ Morgen oder ¼ Jauchart. Mod.: kleines Grundstück. – **3.** von einer Abteilung eines Ganzen, z. B. Quartier einer Stadt. – **4.** von der Zeit. a. Mondviertel. – b. auf der Uhr, wie nhd.

Viertele^{in}s-schlotzer m.: ein Weintrinker, der genießerisch ein *Viertele* Wein schlotzt, d. h. bedächtig über die Zunge laufen läßt.

Vierteljars-(feier)tag m.: die alten Quartaltage Lichtmeß 2. Febr., Georgii 23. Apr. oder Walpurgis 1. Mai, Jakobi 25. Juli, Martini 11. Nov. Wer an einem Vierteljahrstag strickt oder flickt, dem schlägt der Blitz ins Haus; an den Vierteljahrsfeiertagen soll nicht gemäht werden.

vier-zeh^n *fiə(r)tsẹə, -ẹ̆(ə);* FRK. auch *fĕr-;* ohne Subst. auch v i e r z e h n e *-ẹ̆* (s. *-ĭ*), *-ə; -tsẹ̆nẹ̆* SW.: die Kardinalzahl 14. Spezielle Verbindungen: *14 Nothelfer* (8. Juli): Georg, Blasius, Erasmus, Pantaleon, Veit, Christoph, Dionysius, Cyriacus, Achatius, Eustachius, Ägidius, Margareta, Katharina, Barbara.

vigilant *figəlănt,* FRK. *-χ-* ◡◡ʼ Adj.: lebhaft, gewandt; elegant, wohlgewachsen; schick. OSCHW.

Vigil(ie) f.: Totenamt, eig. am Abend vor der Beerdigung, dann auch am Abend vor dem Jahrtag, gehalten. Übtr. *V. haben* Lärm, Unruhe machen. – Anm.: Lat. *vigilia* Nachtwache; daraus mlat. = Vorabend, Vortag eines Festes (frz. *veille*).

vigiliere^n *f-* ◡◡ʼ◡ schw.: aufpassen, lauern auf etwas.

figle^n schw.: **1.** = *ficken 1,* kratzen. – **2.** *es figlet* Schneegestöber.

Vih, V i c h , V e h *fiə* im ö. FRK.; *fẹə (fẹ̆ə)* S.; dazw.

im Mittelland *fĩ, fĩχ;* Pl. V i c h e r *fĩχər* n.; Demin. V i c h l e^{in} *fĩχlẹ̆* n.: **1.** das Hausvieh, und zwar ohne bes. Zusatz oder Zusammenhang stets das Rindvieh. – **2.** Schimpfwort für einen dummen Menschen. Stärker *Rindvieh, Hornvih, Sauvih* u. ä. Bes. stark *V. Gottes, Herrgottsvih. Vih-, Vihs-* = dumm, in Komposs.

Viherei *fĩχərəi* ◡◡ʼ, Pl. -e^n f.: Dummheit; aber nicht als habituelle Eigenschaft, sondern als einzelne Handlung. *Vichereien machen.*

Vihs-kopf *fĩχs-* m.: Schimpfwort.

Vih-war^e *fẹəwār* f.: das Rindvieh BAAR.

Filder *fildər* Pl.: *d^{ie} F.* (nie ohne Artikel) heißt die fruchtbare Lias-Hochfläche s. der Linie Stuttgart-Esslingen, begrenzt sw. vom Aich-, s. sö. ö. nö. vom Neckartal. – F i l d e r - b a u e r m. – F i l d e r - k r a u t n.: die spitzige Form des Weißkrauts, zu Sauerkraut am meisten verwendet, auf den F. in größter Menge gebaut.

Vile *-ẹ̆-* f.: Vielheit, Menge. *Der V. nach verkaufen* im Gegensatz zur Güte oder auch zum Gewicht.

Filz-laus *-əu-,* Pl. -läus^e f.: die in den Körper-, bes. Schamhaaren des Menschen lebende Laus-Art, im Unterschied von *Kopf-* und *Häßlaus.*

Fimmel *fĕ̦ml* m.: **1.** der männliche Hanf. – **2.** kleine Verschrobenheit, Schrulle. *Der hat einen Fimmel.*

fi n ä u g l e n s. *feinäuglen.*

Finde f.: Fundgrube; ein Handwerker, der an seinem Geschäft viel verdient, *hat e^{ine} gute Finde dra^n.*

Finess^e *-ẹ̆s* ◡ʼ f., wohl immer Pl. -e^n ◡ʼ◡: *F-e^n mache^n* Umstände m.

Finger-gipfele^{in} n.: Fingerspitze, äußerstes Fingerglied.

Finger-hütle^{in} n.: Pflanzennamen: a. Fingerhut, Digitalis L. – b. für Glockenblumen, Campanula L.

fingerle^n schw.: kleine, rasche Bewegungen mit dem (den) Finger(n) machen. Insbesondere von unanständiger Berührung: *Der tut gern f.;* auch trans.: *Sie läßt sich f.* an den Geschlechtsteilen berühren lassen. Aber auch sonst. Z. B. vom Spielen von Musikinstrumenten. Etwas Selbstverständliches *ka^{nn}st d^{i}r am Arsch (Hintere^n, Füdle) 'ra^{b}f.*

finster *fĩnštər, fĩštər* sw., *fẹ̆štər* O., *fäẽštər* Mittelland, Adj.: wie nhd. dunkel, trüb, düster.

Finstere *-ẹ̆,* s. *-ĭ* f.: Finsternis, Dunkelheit. Vgl. auch *Schwärze.*

finsterlings Adv.: im Finstern.

fi r b e n s. *fürben.*

Virgel *f-* f.: übertrieben pünktliche Weibsperson. – V i r g e l e^{in}: **1.** n. Tüpfelchen, geringste Kleinigkeit. *Der will au^{ch} 's V. wisse^n.* Bes. aber *(bis) auf's V. ('na^n, 'naus, 'nauf)* bis aufs kleinste. – **2.** m. überpünktlicher Mensch, Pedant. *Du bist e^{in} rechter V.* Syn. *Virgeler.* – V i r g e l e r m.: =

Virgele[in] 2. – virgelig Adj.: pedantisch pünktlich, kleinlich tadelnd. – virgle[n] schw.: austifteln.

firgen usw. s. *ferken* usw.

firken usw. s. *ferken* usw.

Firlefanz ◠◡ m.: albernes Zeug, dummer Spaß. – Firlefanzerei, bes. Pl. -e[n] f.: dass.

firme[n] I, auch firmle[n] schw.: mit dem Sakrament der Firmung versehen.

firmen II s. *fürben.*

Firm-gotte f., -götte m., -göttle[in] n.; -dote f., -döte m., -dötle[in] n.: Firmpate, -patin, -patenkind, kathol.

firre s. *füre.*

firsche, firse s. *fürsich.*

Visasch[e] *fīsāš*, gebildeter *w-*, ◡◠; Pl. -e[n] f.: Gesicht. Aber nur spöttisch: *Dir hau*[e] *i*[ch] *no*[ch] *ei*[n]*s in dei*[ne] *V.! Dene*[n] *ihre V-e*[n] *g*[e]*falle*[n]*t mir gar net,* u. ä. – Frz. *visage.*

fischele[n] schw.: nach Fisch riechen.

Fischer-steche[n] n.: Spiel, wobei 2 auf verschiedenen Nachen stehende Fischer einander mit einer langen Stange ins Wasser zu stoßen suchen. Am bekanntesten das *F.* auf der Donau bei Ulm am Montag nach Lorenz (10. Aug.).

Fisch-kraut n.: Flutender Hahnenfuß, Ranunculus fluitans Lam.

Fisch-wasser n.: Fische enthaltendes Gewässer und das Recht, darin zu fischen.

Fisel *-ĭ-* f. m.: **1.** f.: Faser. – **2.** f.: Fiszer. – **3.** f.: altes Weib. – **4.** m. männliches Glied. Speziell die getrocknete Rute des Zuchtstiers, *Hagenschwanz,* zum Züchtigen gebraucht. Genauer *Ochsenfisel.*

Fisele s. *Fasole.*

Fisele[in] *fīsǝlę̆* m.: allzu pünktlicher Mensch.

fis(e)le[n] schw.: **1.** *fīsle*[n] fasern. – **2.** *fīsele*[n] fein und unleserlich, *fiselig,* schreiben. Bes. Part. *g*[e]*fisǝlǝt* gekritzelt. – **3.** *fīs(e)le*[n], ausf. genau durchsehen. – **4.** *fīs(e)le*[n] fein regnen. – **5.** *fīsle*[n] sich begatten, Liebkosungen machen. – **6.** *fīsle*[n] rasche Bewegungen machen.

Fis(e)ler m.: **1.** zu *fiselen* 2: Fiseler wer fein und unleserlich schreibt. – **2.** zu *f.* 3: Fiseler wer gerne im Haus (nach Leckereien) sucht. – **3.** zu *f.* 5: Fiseler wer den Weibern nachläuft, genauer *Mädle*[in]*sfiseler.*

fiselig *fī-* Adj.: **1.** faserig. – **2.** von der Handschrift: zu fein und unleserlich. – **3.** zu 2 w. schwach.

Fiser *-ĭ-,* FRK. *-ī-;* Pl. Fiser(e)n f.: Faser. Gern Demin. Fiserle[in] n. – fiserig Adj.: faserig, flaumig, haarig.

Fisimatente[n] ◡◡◡◡; -tenke[n]; -genke[n]; Fizematenterle[in]; Fislematantes, Pl.: Umstände, Ausflüchte, Ziererelen. *Mach*[e] *mir keine F.*

visitle[n] schw.: unnütze, häufige Besuche machen.

fispere[n] *-šp-* schw.: rasche, leichte Bewegungen mit Händen oder Füßen machen.

Fitsche I *fĭtš, fĭtšǝ* f.: Rettich-, Gemüsehobel. S. a. *Futsche.*

Fitsche II s. *Futsche* II.

fitsche[n] *fī-* schw.: reiben; Kleider abreiben, abrutschen. Rettiche, Kraut odgl. hobeln, s. *Fitsche* I. S. a. *fitschlen, futschen.*

fitschle[n] schw.: verbreitetere Form für *fitschen.* Zwei Dinge aneinander reiben; z. B. mit den Kleidern aneinander, an der Wand, mit dem Bogen auf der Geige. Trans. *ab-, durch-, ver-.*

Fitz(e): **1.** m.: leichter Schlag mit Peitsche, Gerte, = *Fitzer* 2 b. – **2.** *Fitze* f. a. Geißelschnur. – b. eine bestimmte Anzahl Fäden beim Abhaspeln des Garns, mehrere F-en machen einen *Schneller.* – **3.** *Auf d*[ie] *F. gehe*[n] nächtlicherweile zur Geliebten *(Bekanntschaft)* gehen.

Fitzeler s. *Mädleins-, Orenfitzeler.*

fitzelig Adj. Adv.: auf die Nerven gehend.

fitze[n] *fĭtsǝ* schw.: mit der Spitze einer Peitsche, Gerte odgl. einen leichten, aber scharfen Schlag geben; mit und ohne Obj. *Ei*[ne]*m 's Füdle* f.

Fitzer m.: **1.** pers., fem. Fitzeri[n]: hoffärtiger Mensch, Geck. – **2.** sachlich. a. kleine, dünne Gerte. – b. Akt des *Fitzens:* leichter Hieb mit Peitsche, Gerte udgl. Gern Demin. Fitzerle[in] n. *Einem einen F., ein F-le*[in] *geben; e. F. kriegen* u. ä.

fitzig Adj. Adv.: eitel.

Fitzger m.: eitler junger Mann.

fitzle[n] schw.: = *fitzen.*

vivat *fīfǎt* Interj.: „er lebe!" „hoch!" Auch auf mehrere Personen ausgebracht. – Vivatsfetz[e] m.: Hauptlump. – Vivats-lump m.: dass. – Anm.: verstärkendes Präfix vor Substantiven.

fix *fīks* Adj. Adv.: rasch, gewandt. Alleinstehend selten: *Fix und fertig* vollkommen fertig; *auße*[n] *f. inne*[n] *nix* von leerem, prahlendem Schein.

Vizinal-straß[e] f., -weg m.: Nachbarschaftsweg zwischen 2 Ortschaften; von diesen, nicht vom Staat zu unterhalten, daher witzig entstellt *Vizional-* (lat. *vitium*), *Pfützional-.*

flacke[n] *-ā-* schw.: liegen, daliege; allgem. südöstl. von FRK. Meist mit tadelndem Beigeschmack: faul, untätig daliegen, herumliegen. *Der flackt den ganzen Tag auf seiner faulen Haut.*

Flade[n] *-ā-,* SW. *-ǎ-;* daneben Pfl- m., Demin. Flädle[in] *-ę̆- (-ę̆-)* n.: **1.** Kuchen verschiedener Art. a. ganz dünner Kuchen aus schmalgebackenem Teig, in der Größe der Pfannkuchen, bes. im Demin. *Flädle*[in]*.* – b. Pfannkuchen. – c. Fleischkräplein. – d. Kuchen aus Mehlteig, dikker als die gewöhnl. Kuchen. – e. spez. der auf Ostern gebackene Osterfladen. – **2.** übtr., weiche Massen von der Form eines *Fl.;* bes. Exkremente der Kühe, genauer *Kuhfladen.*

Flädle[in]**s-pfann**[e] f.: niedere Pfanne zum Backen der *Flädlein.*

Flädleⁱⁿ**s-supp**ᵉ f.: Suppe aus *Flädlein (Fladen 1 a).*
Flädleⁱⁿ**s-teig** m.: Teig für die *Flädlein.*
f l a i g e (r e) n s. *fläu-.*
f l a i s e n s. *flößen.*
Flammᵉ m. f.: Flamme, wie nhd. Übtr. (nur im f.) Geliebte(r), Schatz. *Der hat scho*ⁿ *lang e*ⁱⁿᵉ *Fl.*
flämmeleⁿ schw.: nach Feuer, Rauch riechen.
flämmeⁿ schw.: trans.: durch leichte, rasche Hitze backen, rösten, von Brot; vom Obst: halb braten, dörren. Man *pflämmt* Obst, Schlehen u. ä., indem man sie kurze Zeit auf eine heiße Platte legt. – Form meist *pflämme*ⁿ.
Flander, F l ä n d e r m.; meist Demin. F l ä n d e r - l e ⁱⁿ n.: **1.** dünner Streifen, Lamelle. – **2.** *Flän-der(lein)* glänzender, jedoch wertloser Putz. – **3.** *Fländerle*ⁱⁿ Pflanzenname: a. Zittergras. – b. Wald-Hainsimse, Luzula sylvatica (Huds.) Gaud. – **4.** von Menschen. *Fländerlein* flatterhaftes Mädchen.
flandereⁿ schw.: flattern.
fländereⁿ -ę̆- schw.: **1.** intr. a. sich hin und her bewegen. Vgl. *flanderen.* – b. schimmern, flimmern. – **2.** trans. a. schleudern. *Etwas weg fl.* – *b. ein Kind fl.* so tragen, daß 2 Personen, die eine rechts, die andere links, es unter den Armen fassen und in die Höhe heben. S. a. *fläugen.*
Flankᵉ, flekt. - e ⁿ f.: Seite, auch überbautes Gebiet.
flankiereⁿ ∪ˊ∪ schw.: herumgehen, überall herumziehen, nach allen Richtungen hin sich bewegen. – Groß tun, prahlen. – F l a n k i e r e r m.: wer *flankiert. Des ist e*ⁿ *rechter Fl.* Landstreicher.
f l a n n e n s. *pflennen;* f l ä n n e n s. *flämmen.*
Flarrᵉ, F l ä r r ᵉ; flekt. (auch Nom.) - e ⁿ m.: **1.** losgelöstes breites Stück eines beliebigen Ganzen, = *Fetzen.* Ein *Fl.* Brot, Kuchen, Tuch, Stoff u. a. – **2.** spez. bei Verwundung. Herabhängender kleiner Hautteil. *Ich habe mir einen ganzen Fl. vom Finger gerissen.* Breite, unförmliche, klaffende Wunde. *Er hat e*ⁱ*n*ᵉⁿ *Fl. an der Stirne* hat sich die Stirne zerrieben. Kartoffeln, die aufspringen, *hänke*ⁿ *d*ⁱᵉ *Flärre*ⁿ *hi*ⁿ*na*ⁿ.
Flärre f.: **1.** = *Flarre 2* (s. d.). – **2.** breites Maul. *Halt dei*ⁿᵉ *Flärre*ⁿ*!* Der henkt *e*ⁱⁿᵉ *Flärre*ⁿ *'ra*ᵇ.
flärreⁿ -ę̆- schw.: weinen, heulen.
Flärrer I -ę̆- m.: = *Flarre 1.*
Flärrer II m.: Heuler.
F l a s = Flachs.
Flaschner m.: was anderwärts Klempner, Spengler, Blechschmied. Daneben auch *Spengler.*
Flatsche, F l ä t s c h e f.: **1.** flaches Stück, große Hautwunde. *E*ⁱⁿᵉ *Flatsche Feld* Stück Feld. – **2.** *Fletsche* Gosche, Maul.
flatterig Adj.: auseinander flatternd.
Flättersch -ę̆- , Plur. - e ⁿ m.: Schmetterling OSCHW. ALLG.
flattiereⁿ *flădiərə* ∪ˊ∪ schw.: schmeicheln. *Einem fl.*

Flattuseⁿ *flădūsə* ∪ˊ∪, Plur. (f.): Schmeicheleien. *(Einem) Fl. machen.*
Flätzᵉ -ę̆-, flekt. - e ⁿ f.: Wunde.
flaudereⁿ -ou- schw.: flattern.
fläudereⁿ -ae- schw.: **1.** Leinwand im Wasser hin und her ziehen. – **2.** werfen.
fläugeleⁿ -ae- schw.: flattern, fliegen.
fläugeⁿ -ae- schw.: fliegen machen, fl. lassen, schwingen, flatternd bewegen, z. B. Fahnen, Tücher. *Kinder fl.* zu zweien unter den Armen fassen und schwebend tragen, etwa über einen Bach, Pfütze u. ä. – *Steine fl.* flach übers Wasser werfen. – Part. *fläuge*ⁿ*d* unangekleidet; eig. das Hemd fliegen lassend, s. *(Hemd-) Fläuger.*
Fläuger -ae- m., Demin. -le ⁱⁿ n.: **1.** Rock von leichtem Stoff, dessen Schöße vom Wind bewegt werden. – **2.** bis aufs Hemd ausgezogener Mensch (meist Kind). Leichte Person. Vgl. *Hemdfläuger.* – **3.** *Fläugerle*ⁱⁿ Windrädchen.
fläugereⁿ -ae-, pfl- schw.: **1.** trans., fliegen machen, schwingen, flatternd bewegen. Bes. *ein Kind fl.* unter den Armen fassen und hin und her schlenkern, schaukeln. *Steine fl.* flach übers Wasser werfen, so daß sie immer wieder von der Wasserfläche aufhüpfen. – **2.** intr., flattern, von Federn; flackern, vom Licht.
fläugerleⁿ -ae- schw.: **1.** trans., pfl- schwebend tragen. – **2.** intr., schweben.
F l a u m , F l a u m e r s. *Pflaum, Pflaumer.*
Flausᵉ -au-, meist Plur. - e ⁿ f.: Umstände, Zeremonien, Ausflüchte; scherzhaft prahlerische Reden, Spiegelfechtereien, Übertreibungen u. ä. *Fl-e*ⁿ *machen* dummes Zeug heraus schwatzen, machen, Umstände machen, dumme Scherze machen u. ä.
flauseⁿ -au- schw.: **1.** groß sprechen. – **2.** schmeicheln, sich anschmieren, gefällig sein, sich angenehm machen.
Flechte; P f l e c h t e *pflę̆χt* RIES; Plur. - e ⁿ, *pflę̆χə* f.: **1.** Flechtwerk RIES. – **2.** Hautkrankheit.
Flecht-gras n.: Quecke, Triticum repens L.
Fleck I (F l e c k e ⁿ , s. 2 d.); Demin. F l e c k l e ⁱⁿ n.: Lappen, Fetzen, Stück, wie nhd. **1.** Stück Tuch. – **2.** Platz, Ort. a. ganz im allgem., Stelle. – b. weidmännisch: der *Fl.* des Hirsches, sein Herz. – c. Mittelpunkt der Zielscheibe. – d. Ortschaft. Meist von größern Dörfern oder ganz allgem. für die Gesamtheit der Ortschaft. *Des weiß der ganz*ᵉ *Flecken. Der Höchste im Fl.,* auch übtr.: der Tonangebende. – e. unsaubere Stelle; Tinte u. a.: *macht, gibt Fl-e*ⁿ; dafür meist *Masen, Mäler.* – **4.** Plur. *die roten Flecken* Masern. – **5.** Name von Kühen; s. a. *Bläß.*
Fleck II, flekt. F l e c k e ⁿ -ę̆- m.: dickes, starkes Brett; Balken.
fleckeⁿ schw.: **1.** flicken. Von *flicken* wohl überall so unterschieden, daß *flicken* jede Reparatur bez., bei der ein Stoffverlust ersetzt werden

muß, *flecken* dagegen nur das Aufsetzen eines Stücks, *Fleck 1.* Daher spez. vom Ausbessern der Schuhe (bes. Absätze) *einen Schuh fl.;* vgl. *riesteren.* – **2.** intr., mit sein: vom Fleck, vorwärts gehen. *Das fleckt = battet.*

Flecke^n-bas^e, *bäs* f.: Frau, die sich im Dorf herumtreibt. – Flecke^n-bes(e^n) m.: (Weibs-)Person, die dir Neuigkeiten im *Flecken* herum trägt und klatscht.

Flecke^n-hummel m.: Gemeindefarren. Vgl. *Dorfhummel, -hagen, -ochs, -stier.* Übtr.: Mädchenjäger.

Flecke^n-raffel f.: = *Fleckenbesen.* – Flecke^n-rätsch^e *-rętš* f.: dass. – Flecke^n-schell^e f.: = *Fleckenbesen.*

flecket, fleckig Adj.: fleckig.

fledere^n *-ẹǝ-*, (pfl-) schw.: **1.** intr., mit haben. Eig.: mit Flügeln schlagen, lustig tanzen. – **2.** trans.: wegwerfen, streuen. *Herum pfl.* herumstreuen.

Fleder-wisch *-ẹ-, -ẹǝ-* m.: **1.** Gansflügel zum Abwischen, bes. des Herdes. Dafür auch *Pfl-* OSCHW. Vgl. *Federenwisch.* – **2.** Bund langen Mooses (wohl Bärlapp) an einer Stange, zum Auskehren des Backofens. – **3.** Blüte der Syringe. – **4.** kleine hagere Person.

Flegel, Pflegel m.: **1.** Dreschflegel. – **2.** Schimpfwort, wie nhd.

Flegel-henke(t) (Pfl-) *(-hẹ̄ŋgě), -ǝt* f.: Festschmaus zur Feier der Beendigung des Dreschens, eig. des Aufhängens des Dreschflegels.

Fleisch-brocke^n, -bröckel m.: großes Stück Fleisch.

Fleisch-käs^e m.: gebackene Masse aus Fleisch. – Fleisch-klumpe^n m.: großes Fleischstück. – Fleisch-knöpfle^{in} n.: Fleischknödel. Fastenspeise um den Bussen. – Fleisch-küchle^{in} *-iǝ-* m.: kleine Küchlein aus gehacktem Fleisch und Wecken. – Fleisch-salat m.: aus Fleisch angemachter Salat. – Fleisch-vogel m., Demin. -vögele^{in} n.: eine Speise: ein gerolltes Krautblatt, mit gehacktem Fleisch, Wecken und Ei gefüllt, in Fett gebacken.

Fleiß *-ǝi-;* s. *-ī-,* FRK. *-ai-,* RIES *-ae-* m.: wie nhd., Fleiß, Eifer. – Bes. Gebrauch: *mit Fl.* (auch gesprochen *mīpflǝis*) mit Absicht, Vorbedacht, bes. mit schlechter Absicht, mutwilligerweise. *Ich habe es (nicht) mit Fl. getan. I^{ch} ka^{nn} nix dafür, 's ist net mit Fl. g^{e}sche^{h}e^n.*

flennen s. *pflennen.*

flenslen, flenzlen s. *pflenzlen.*

Flerre s. *Flärre.*

Flicket f.: **1.** Flickarbeit. – **2.** Leder zum Flicken der Stiefel.

Flick-garn n.: Garn zum Flicken. – Flick-korb m.: Korb für Flickwaren. – Fl.-wäsch^e f.: zum Flicken beiseite gelegte reine Wäsche.

Fliege^e *-ui-; -ū-; -ǝi-; -ī-; -uǝ-; -iǝ-;* f.; Demin.

Fliegle^{in} n.: **1.** Fliege, wie nhd.; und zwar Stuben- und Schmeiß-, nicht Stallfliege (diese *Mukke*). Dafür der herrschende Ausdruck in SW. SO., dagegen *Mucke* im NW., NO. und Mitte. – **2.** Rosinen, Zibeben im Gebäck.

Flieger m.: Flugzeug.

fliegig Adj.: fliegend.

Flitsch^e I f.: liederliche, unordentliche Frauensperson.

Flitsch^e II f.: große Fläche, große Hautwunde.

flitsche^n schw.: schnell gehen und verschwinden.

Floder *-ọ̄-* m.: breiter Besen aus Tannenreis, mit dem der Backofen gereinigt wird. – flod(e)re^n *-ọ̄-* schw.: **1.** den Backofen mit dem *Floder(wisch)* auskehren und reinigen. – **2.** *fl., -a-, -u-* flattern. – **3.** *-a-, -o-, -u-* im Wasser pflätschen. Vgl. *pfladeren.* – **4.** mit Federn rauschen. – Floderwisch m.: = *Floder, Flederwisch.*

Floh *flao* W., *-ọǝ* O., *ọ̄* NW. S. Pl. Flöh^e *-ae-, -ẹǝ, -ẹ̄;* Floch *flaoχ* (Pl. *flaeχ*) f.: der Floh.

Florian *flọ̄riǎ ⌣⌣;* gekürzt *Flor; Flori, Flore:* Heiliger, Schutzpatron gegen Feuersgefahr. „Heiliger (St.) Fl., verschon' (behüt') dies (mein) Haus, zünd' andre an".

Floß, Floz (s. u.) *-ao-* W., *-ọǝ-* O., *-ọ̄-* NW. S., Plur. Flöss^e, Flöz^e *-ae-, -ẹǝ-, -ẹ̄-* m. (n.): **1.** fließendes Wasser. – Verschüttete Flüssigkeit. Lache, die etwa ein Kind (Hund) auf den Zimmerboden gemacht hat. *Des Kind hat e^{i}n^{en} lange^n Floz g^{e}macht.* – Kleiner offener Wasserabzugsgraben in Wiesen. – **2.** *Floß* m.: Fluß am Körper, von versch. Krankheiten. – **3.** wie nhd. Floß, Fahrzeug aus Holzstämmen. – **4.** m. übtr. Redeschwall, übertriebener Wortschwall. *Einen (langen, rechten u. ä.) Fl. machen. Einen Fl. um etwas machen* viel Unnötiges über etwas reden.

flöße^n, flöze^n (s. *Floß*); floze^n schw.: fließen machen. **1.** etwas *fl.* mit Wasser übergießen und dadurch reinigen, Wäsche spülen. – **2.** ein Floß befördern.

Flotsche (m.): kleiner Teich, Roßschwemme ALLG.

flotschig *-ọ̄-* Adj.: **1.** schlampig, nicht sorgfältig angezogen. – **2.** sumpfig OSCHW.

flotzge^n *-ǭ-* schw.: schmerzend zucken, von dem pochenden, zerrenden Schmerz pulsierender eiternder Wunden. Formen: *flotzge^n; flockse^n; flöckse^n; flutzge^n -ū-; pflotzge^n; plotzge^n* – S. a. *zotzgen, glotzgen.*

Floz, flözen usw. s. *Floß* usw.

flück *flīk,* fluck Adj. Adv.: wie nhd. flügge, zum Fliegen fähig. Übtr.: *Flück* gesund, genesen, fähig zum Heiraten. *Sich flück oder mausig machen* sich viel herausnehmen FRK.

Flügel *flīgl,* SW. *-ī-;* FRK. *-χ-* m.: Flügel. **1.** wie nhd., Fl. des Vogels, und übtr. – **2.** herabhängendes Stück des Kleides. Verächtlich von einem Kleid. – **3.** Teile von Schränken, Türen u. ä. – **4.** dürrer magerer Mensch.

flügleⁿ *-ī-* schw.: **1.** den Gänsen die Kielfedern ausreißen. – **2.** sich begatten, von Vögeln. – **3.** durchprügeln.

Flur *-uə-* m. (f., s. u.): **1.** m. Gemeindemarkung. – **2.** f.: Hausgang ALLG. Häufiger *Ern, Laube*. – **3.** m. Flurwächter, Feldhüter. Syn. *Flurer, Flurhai, -schütz.*

Flurer m.: Flurwächter, s. *Flur 3.* Vgl. *Huter.*

Flur-hai m.: Flurwächter. Vgl. *Flur 3; Flurer, Flurschütz.*

Flur-schütz m.: = *Flur 3.* Gew. *Feldschütz.*

Fluß *-ŭ-*, NO. *-ū-;* Pl. Flüss ᵉ *-ī-* m.: **1.** wie nhd. – **2.** das Fließen, Flut. – **3.** Krankheiten. a. rheumatische, katarrhalische u. ä. Krankheiten, die wie eine Flüssigkeit im Körper herumziehen und von der alten Medizin so erklärt wurden, v. a. Rheumatismus.

flutzgen s. *flotzgen.*

Focheⁿ**z**ᵉ *fóχəts*, Plur. *-e*ⁿ f., Demin. Föcheⁿzleⁱⁿ *féχətsle*, Focheⁿzleⁱⁿ *fógəslę, fóχəlę̌* n.: Kuchen, Weißbrot. Demin.: kleines Brot, das die Bäcker den Kindern als Dreingabe schenkten.

Fockeⁿ *-ŏ̆-* (m.), Demin. Föckeleⁱⁿ n.: Getreidehäuflein, die dann zu Garben zusammengetragen werden S.

Vogel *fŏgl*, SW. *-ŏ̆-*, FRK. *fŏuxl;* Plur. Vögel *-ę̆-*, *-ę̌-, -ę̆i-* m., Demin. Vögeleⁱⁿ, Kinderspr. Vogeleⁱⁿ n.: **1.** wie nhd. Der pop. Gebrauch schränkt das Wort zumeist auf wilde Sing-, Raub- u. dgl. V. ein, einschl. der etwa im Käfig gehaltenen Exemplare; Hühner, Gänse usw. sind *Geflügel, Zifer.* – **2.** ungenaue Bezeichnung für Insekten, Ungeziefer, wie Läuse, Flöhe. *Des Kind hat Vögele*ⁱⁿ.

Vogel-nest n.: **1.** wie nhd. – **2.** Wilde Möhre, Daucus carota L.

vogleⁿ, vögleⁿ schw.: **1.** Vögel fangen, jagen. – **2.** *vöglen* beischlafen, trans. und ohne Obj.

Vogler, Vögler m.: **1.** Vogelfänger. – **2.** *-ö-* wer oft geschlechtlich verkehrt. Noch mehr *Haupt-, Erz-v.* udgl.

Föhiⁿ *fę̌ę̌* f.: Füchsin.

foigen s. *feigen.*

Föl (Mädchen) s. *Fel II.*

Foleⁿ *-ŏ̆-* n.: junges Pferd, Füllen. – Das mehr gebildete, amtl. Wort. Pop. ist aber nur *Füllen*, s. d.

folgeⁿ *fŏlgə*, FRK. *fŏl(ĭ)χə* schw.: intr., mit haben: gehorchen. *Brave Kinder f. dem Vater.* – Euphemistisch: *Er hat net g*ᵉ*folgt* die seine Gesundheit hinein gehaust, ist etwa vorzeitig gestorben.

voll *fŏl*, gesteigert *voller, vollst* neben *völler -ę̆-, völlst -ę̌-*, Adj. Adv.: A. Adj., wie nhd. **1.** volles Adj. Vielfache Steigerungen: *aᵇgᵉstriche*ⁿ *v., bratzelt-, ebe*ⁿ*-, ei*ⁿᵍᵉ*druckt-, ᵍᵉkrabblet-, ᵍᵉpfropft-, ᵍᵉpu'zlet-, gᵉriselt-, gᵉrotzlet-, gᵉschis-*

seⁿ*-, g*ᵉ*schlappet-, g*ᵉ*schwirblet-, g*ᵉ*striche*ⁿ*-, g*ᵉ*wuslet-, ᵍᵉtratzlet-, über-voll;* von Menschen, die satt oder betrunken sind, auch ᵍᵉ*dudlet-, g*ᵉ*haglet-, himmelhagel-, sternhagel-, kanone*ⁿ*-, g*ᵉ*lade*ⁿ*-, g*ᵉ*schochet-v.;* aufgeblähtes Rindvieh ist ᵍᵉ*trommlet v.* – **2.** den Übergang zum Adv. bilden die folgenden: *Einen Korb, eine Kiste v.* u. ä. *Einen Wagen v. schwätzen, duderen* u. ä. *Wäge*ⁿ*-voll-weis*ᵉ ganze Wagen voll. – b. *sich den Bauch, Buckel v. lachen; einem den Kopf, Buckel, Ranzen, Arsch* u. ä. *v. schlagen, hauen* u. ä. *Das Maul v. nehmen.* Etwas *v. machen* teils im allgem. Sinn, teils = *voll scheißen; einem den Kopf v. schwatzen, heulen* u. ä. – c. *v.* von etwas, mit urspr. Genet., statt dessen unflekt. (akk.) Form. *Ein Haus v. Leute* (auch = eine starke Familie), *ein Beutel v. Geld, eine Hand v. Leute* u. ä. – Auch *volle*ⁿ *-ə. Er ist volle*ⁿ *Zorn.* – B. Adv. **1.** wie nhd., gänzlich, vollständig. *All*ᵉ*s voll* in Menge. – **2.** vollends. a. meist in der Form *voll. Mach*ᵉ *des v. fertig! Bald v., glei*ᶜʰ *v.* beinahe. *Des ist b. v., gl. v. leer.* – b. längere Formen: *vollends; vollets; vollet; volld; vollts; volltscht; vollest -əšt; vollster -lštər; volltsig; vollig.*

Völle f.: **1.** Fülle, Überfülle. – **2.** Krankheit. a. bei Menschen, Zustand und Gefühl des Übervollseins. – b. vom Vieh: Trommelsucht, Aufgedunsenheit nach übermäßigem Genuß von Klee udgl.

fommlen s. *fummlen.*

voⁿ**der-händig** Adj.: eig. von der Hand ab liegend, opp. *zuderhändig.* **1.** vom Gespann. a. vom rechts gehenden Zugtier. – b. links gehend, vom *Sattelgaul.* – **2.** übtr. von Tieren und Menschen: abgeneigt, ungünstig, widerspenstig, störrisch, widerwärtig, unfügsam.

föppleⁿ *-ę̆-;* foppleⁿ schw.: (be)spötteln. – Föpplerⁿ m.: wer gerne *föpplet.*

vor Adv. Präp. Konj.: A. Adverb, naturgemäß betont. **1.** ohne engere Verbindung mit einem andern Wort. Stets temporal: vorher, zuvor, früher, im Vergleich zu etwas anderem in Vergangenheit, Gegenwart oder Zukunft. *Er ist schon v. da gewesen* früher als ich; u. ä. Bes. von der Zukunft: zuvor, ehe etwas anderes geschieht. *I*ᶜʰ *will v. (nach)sehe*ⁿ u. ä. *Nu' v. esse*ⁿ*! I*ᶜʰ *v., na*ᶜʰ *du z*ᵘ *erst(e*ⁿ*)* Beanspruchung des Vorrangs gegenüber einem, der ihn beansprucht. – **2.** in fester Verbindung mit einem bestimmten andern Wort. a. *v.* geht voran. Hieher adv. Komposs. wie *voran, voraus, vorbei, vorher, vorhin;* bes. aber die subst. und verbalen, wie *Vorbau, vorgehen.* Hier bez. *v.* bald das zeitliche Vorher, bald das räumliche Sein vor etwas; wo Bewegung vor etwas hin gemeint ist, steht urspr. *für,* aber nicht selten auch *v.* – Solche festen Verbindungen sind später bes. aufgeführt. – b. *v.* folgt nach in der Verb. *da(r)vor*, s. d. – **3.** *v.* präd. mit *sein*. *Es ist mir v.* ich habe eine Ahnung, Vorempfindung davon. – B. Präposition, in der Regel unbetont, wie nhd. – C. Konjunktion: bevor, eher. *Überleg's au^ch, v. du schwätz^est. Ma^n trinkt no^ch ein^en, v. ma^n gaht* u. ä.

Voraus ⌐ m.: Vorauserbe, das jemand bei einer Teilung vorweg bekommt und nicht angerechnet wird.

vor-bleie^n, -bleile^n, für-bleie^n -əi- schw.: einem etwas genau vormachen, so daß er es gedankenlos nachmachen kann. *Muß man dir denn alles v.?*

vor-bore^n schw.: ein Loch in hartes Holz bohren, ehe man den Nagel einschlägt.

For^che *fǫr, fǭr, fǫər;* For^chl^e *fǫrl, fǭrdl;* För^che *fę̄ər;* Pl. bei allen Formen -e^n f.; Demin. För^chle^in -ē̆-, -ę̄̆-, -ęə- n.: die gemeine Rotkiefer, Pinus sylvestris L.

for^che^n, för^che^n, for^chelig Adj.: zur Forche gehörig, aus Forchenholz.

For^che^n-**gackel**, Pl. -gackle^n f.; Demin. -gackele^in n.: Forchenzapfen SW.

vorder *fǫədər* Hauptgeb.; Superl. vorderst; -išt; mit Umlaut vörderest Adj. Adv.: vorder. **1.** wie nhd. lokal, voranstehend. *Z^uvorder(e)st* Adv.; *z. sein* vorne dran. – In fester Verbindung mit Subst., von Haus aus adj., dann öfters zum Kompos. geworden, so daß *v.* unflektiert bleibt. – vorder-fötzisch s. *Fotze.* – Vorderhand f.: koll., Vorderbeine des Pferdes, opp. *Hinterhand.* – vorder-händig Adj.: 1. = *vonderhändig 1 a*, rechts. – 2. übtr., wer etwas gibt, opp. *hinter-.* – **2.** temporal: vorhergehend, früher; s. a. *vorderig.* – **3.** abstrakt: dem Rang nach vorangehend, vorzüglich.

Vorderhand, vorderhändig s. *vorder 1;* vorderhand s. *Hand.*

vord(e)rig, vö- Adj. = *vorder 2, vorig,* vorhergehend.

vor-fare^n, für- st.: intr. mit sein. **1.** einem *v.* mit dem Wagen einem andern, der in gleicher Richtung sich bewegt, voranfahren. – **2.** ein Gegenstand *fährt vor,* bewegt sich rasch nach vorn. Z. B. *Da^s Mäusle^in ist mir vorg^efahre^n* beim Anstoßen des Ellenbogens. Eine Feder *fährt vor* udgl.

Vor-fenster, Für-fenster n.: das äußere Doppelfenster.

vor-fernd (s. *fernd*) Adv.: in dem Jahr vor *f.,* vor 2 Jahren.

vor-gatze^n schw.: *einem v.* vorackern ALLG.

vor-g^esse^n; für- Adj.: vorgegessen. Nur in der Verb. *vorg^esse^n* (gröber *vorg^efresse^n*) *Brot* für etwas, was schon genossen ist, ehe es abverdient ist. Z. B. Schulden, vorausbezahlte Arbeit sind *v. Br.*

vor-g^efresse^n Adj.: *v. Brot* = *vorgeessen Brot.*

Vor-hand f.: Vortritt, das Recht, zuerst zu wählen udgl. Bes. beim Kartenspiel: *die V. haben, in der V. sein* das erste Anrecht auf Solospielen, Aufnehmen udgl. haben. Aber auch in allgem. Sinn, als übtr. empfunden.

vor-hi^n *fǫrhę̄* ⌐ Adv.: wie nhd. soeben, vor wenigen Augenblicken.

vorig Adj. Adv.: **1.** Adj. vorig; im N. vörig *fę̄-:* wie nhd., vorhergehend. – **2.** Adv.: = *vorhin,* vor einem Augenblick.

vörig Adj.: = *vorig 1,* s. d.

Vor-laß -lǭs m.: **1.** der Wein oder Obstmost, der auf der Kelter von selber, ohne Pressung, abläuft. Syn. *Vorlauf 1.* – **2.** der stärkste Branntwein, der zuerst herausläuft. Gew. *Vorlauf 2.*

Vor-lauf m.: **1.** = *Vorlaß 1,* der ohne Pressung abfließende beste Wein. – **2.** = *Vorlaß 2,* der stärkste Branntwein, der zuerst läuft.

vorne^n *fǭrnə* N., *fǭə(r)nə* Hauptgebiet, *färnə, fänə, fǭərə* Adv.: vorne. – Im Gegensatz zu *hinten.* Übtr. *s'ist hinte^n wie v.* wird nicht besser. *Hinte^n und v. sein* stets nach allem sehen. – Mit Advv., z. B. *da vorne^n.* – Das Adv. folgt: V. danne: v. dran; opp. *hinte^n dumme^n.* – V. d^ara^n: wie nhd. – V. dur^che: vorn hindurch. – V. ^hina^n: vorne hin. – V. weg: 1. lokal. – 2. fürs erste, vor allem, Bez. einer ersten Vorbedingung. *Des g^ehört vorn^e weg mei^n.* – V. zu: temporal: 1. zuerst. – 2. kurz vorhin, soeben. – 3. unterdessen, nebenher, gleichzeitig. *Des ka^nn ma^n v. z. treibe^n* als Nebengeschäft SW. S.

vor-reibe^n -əi- st.: *einem etwas v.* vorhalten, bes. wie *vorrupfen.* Syn. *hin(an)reiben.*

vor-reite^n -əi- st.: **1.** intr., mit sein. a. voraus, voran reiten, wie nhd. – b. *v. müsse^n* auf dem Rathaus oder einer anderen Behörde erscheinen müssen. – **2.** trans. ein Pferd einem *v.,* damit es kennen lernt.

vor-rupfe^n, -ropfe^n; für- schw.: *einem etwas v.* (angelegentlich, auch wohl kleinlich, einzeln) vorhalten, vorwerfen; z. B. erwiesene Wohltaten.

Fors, Forsch, Forscht f. m.: Geschick, Gewandtheit. *Dem geit's e^in Stuck, er hat so e^in^en F.* (*fǫəršt*). – Anm.: Franz. *force.*

vor-schiebe^n st.: nach vorn schieben. *Schieb den Riegel vor!* o. ä.

forschiere^n ᴗᴖᴗ schw.: trans., bewältigen. *Der klei^ne Bu^be ka^nn de^n schwere^n Hammer net f.* in der Bed. „erzwingen", „übertreiben" halbmundartl. forsiere^n: *Man darf nichts f.*

förschle^n -ĕr-, -ę̆(ə)(r)š- schw.: in feiner Weise nachforschen, nachfragen.

Vor-sitz (Für-), Vor-setz (-ę̆-) m. f.: Im W. und N. allgem. Bezeichnung abendlicher Zusammenkünfte in einem Privathaus. *In den (die) V. gehen, kommen, im (in der) V. sein.* – Vom Karz verschieden: Besuch, meist an Winterabenden mit dem Spinnrad, jedoch nicht das, was auf dem Land der Lichtkarz war. Spinnstube: der *V.* dauerte bis 8 Uhr, von da an hieß es *Karz. V.* Zusammenkunft der Mädchen, *Spinnstube* der Mägde und Knechte.

Vor-spa[nn], Für- -*špā* m. f.: das aushilfsweise Vorspannen von mehr Zugtieren, als der Eigentümer angespannt hat. Zu solchem *V.*, der bes. auf ansteigenden Wegen notwendig wurde, waren die Ortsbewohner verpflichtet, oft in sehr ausgedehntem Maß.

vor-spanne[n], für- schw.: **1.** Zugtiere vorspannen. – **2.** übtr., aushelfen. – **3.** *fürspanne*[n] mit einem rotseidenen Bande den Brautleuten, wenn sie aus der Kirche kommen, den Weg absperren, um ein Trinkgeld zu erhalten.

fort *fọ̈(r)t*, fu r t *fü(r)t* Adv.: fort, wie nhd. In unserem Sprachgebr. immer mit der Bed. von hier weg; Syn. *(a*[n]*)-weg*, nur daß bei *w.* bloß die Bed. der Trennung, bei *f.* mehr zugleich die des Übergangs an einen andern Ort gefühlt wird: *die Vögel fliegen weg* von dem Baum, *fort* im Herbst in andere Gegenden.

fort-dause[n] schw.: fortschleichen Oschw. – f o r t - d i v i d i e r e[n] schw.: fortschaffen. – f o r t - d r a t - l e[n] -*ọ̄*- schw.: fortschlendern.

Vor-teig m.: vor dem Backen wird aus einem Teil des Materials ein *V.* von Mehl, Hefe, Butter gemacht, der erst ins Gären kommen muß.

Vor-teil; V o r t e l *fọ̈rdl* N., *fǫ̈(r)dl* S.; Pl. Vörtel[e] -*ẹ̄*- N., -*ǫ̈*- S. m.; Demin. Vörtele[in] desgl. n.: **1.** Teil, den jemand vor andern voraus bekommt. – **2.** wie nhd.: Gewinn, gerne von einem gewinnsüchtig, listig oder widerrechtlich gemachten; aber auch von der bloßen Überlegenheit. – **3.** Situation oder Handlung, die einen *V. 2* bringt: Kunstgriff, günstige Situation. Dies ist die Hauptbed.

fort-fare[n] st.: weg-, abfahren.

fort-g[e]**heie**[n] st. schw.: wegwerfen. Syn. *(a*[n]*)weg-.*

fort-ge[hen] st.: **1.** weg gehen, Syn. *(a*[n]*)weg-*. Gang *f.!* – **2.** eine Bewegung fortsetzen. Die Arbeit *geht fort* u. ä. – **3.** ausgehen.

fort-jage[n] -j ä u c h e[n] -*ae*-, -l a i c h e[n] -*ae*- schw.: fortjagen. – f o r t - k o m m e[n] st.: **1.** wegkommen. – **2.** weiter, vorwärts kommen. – f o r t - k r a t t l e[n] schw.: unbehilflich fort, vorwärts kommen. – f o r t l a i c h e n s. o. – f o r t - l a u f e[n] st.: weglaufen. – f o r t - m a c h e[n] schw.: **1.** refl., *sich f.* machen, daß man wegkommt. – **2.** im Machen fortfahren. Auch adv. verstärkt: *immer, alleweil, an einander, an einem Trumm f.* u. ä. – f o r t - s c h a f f e[n] schw.: **1.** wegbringen. – **2.** weiter arbeiten. – f o r t - s c h e r e[n] schw.: refl. *sich f.* sich packen. Bes. als Befehl. *Scher di*[ch] *fort!*

vor-tu[n], für- st.: **1.** vor etwas hin tun. *Es ist kalt, tu*[e] *e*[in] *Tüchle*[in] *vor (für).* – **2.** *E*[s] *ei*[ne]*m v.* zuvortun.

fort-wische[n] (-tsch-) schw.: rasch entwischen.

vor-vorgestern Adv.: am Tag vor vorgestern.

vor-vorig Adj.: was dem Vorigen unmittelbar vorangeht.

V o r w i t z s. *Fürwitz.*

Fotz[e] *fọts*, Pl. -e[n] f.; Demin. Fötzle[in] -*ĕ*- n.: **1.** weibliches Geschlechtsteil. Vgl. *Fud.* – **2.** Schimpfwort für schlechte Dirnen, liederliche Mädchen oder Weiber.

fotz(e)le[n], -ö- schw.: foppen, necken, auslachen.

Fotze[n]**-greifer** -g r ü b l e r m.: starke Schimpfwörter.

Fotze[n]**-hur**[e] -*hūǝr* f.: gemeine Hure.

Fotze[n]**-kraut** n.: Stinkender Gänsefuß, Chenopodium vulvaria L.

Fotzen-lecker, -s c h l e c k e r m.: starkes Schimpfwort.

Fotze[n]**-schwanz** m.: Weibernarr, der immer hinter den Mädchen her ist.

Fotze[n]**-war**[e] -*ā*- f.: Weibervolk.

Fotze[n]**-wetzer** m.: grobes Schimpfwort.

Frack, Pl. F r ä c k[e] -*ĕ*- m.: Rock, Kittel; ohne speziellere Bed. Demin. *Fräckle*[in] n.: Kinderkittel.

frägle[n] -*ẹ̄*- schw.: trans. einen ausspionieren. Dafür auch *ausfrägle*[n].

Fraktur ◡′ f.: die gebrochene „deutsche" Druckschrift. Nur übtr. *mit jemand Fr. reden (schwätzen)* ernst reden, ihm die Meinung offen sagen.

fransch(e)ma[n] *frāšmā* Adv.: frei heraus, rundweg, frisch, offen. *Etwas fr. sagen.*

Franzose[n]**-kraut** n.: Knopfkraut, Galinsoga R. et Pav.

Franzose[n]**-nägele**[in] -*nẹ̄*- n.: Frühlings-Enzian, Gentiana verna L. Syn. *blaue Kutte, Hausanbrenner, Himmelsschlüssel, Hosenjuckerle, Schusternägele.*

fratt *frāt* Adj. Adv.: wund. *Fr. sein; sich fr. laufen, reiten* u. ä.

Fratz[e] m. f.; Plur. -e[n], Demin. Frätzle[in] n.: **1.** f. zur Grimasse verzogenes Gesicht, wie nhd. *Fratzen machen, schneiden.* – **2.** m. eingebildeter, eitler Mensch. *Das ist ein eitler Fr.; ein eingebildeter Fr.* Bes. auch Schimpfwort gegen unartige, streitsüchtige, naseweise Kinder. *Du kleiner Fr.! Du lausiger Fr.!* Dafür oft *Frätzle*[in]; oft auch als bloße Koseform.

f r ä t z e n s. *fretzen.*

Fratzer m., Demin. -le[in] n. (m.): hitziger, zorniger Mensch. Vgl. *Fratze, fratzig.*

f r a t z e t s. *fratzig.*

fratzig (neben f r ä t z i g) Adj. Adv.: eitel, zornig, aufgebracht.

Fraue[n]**-distel** f.: Silberdistel, Carlina acaulis L., die am Frauentag = Mariä Himmelfahrt (15. August) geweiht wird.

Fraue[n]**-dorn** m., auch F r a u e[n]**-laub** n.: duftende Wein-Rose, Rosa rubiginosa L.

Fraue[n]**-dreißigest** (m. f. n.): die 30 Tage nach Mariä Himmelfahrt, 15. Aug. – 10. Sept. Erster und letzter Tag heißen Frauendreißigst-anfang, -ende.

Fraue^n-garn n.: Sommerfäden, Mariengarn, = *Altweibersommer.*

Fraue^n-käferle^in n.: Marien-, Herrgottskäfer.

Fraue^n-kerz^e f.: Großblütige Königskerze, Verbascum densiflorum Bert. und kleinblütige Königskerze, Verbascum thapsus L. Sie wird am Frauentag geweiht.

Fraue^n-küle^in -kiəle n.: Marienkäfer.

Fraue^n-schuh -šūə m., Demin. -schühle^in -īə- n.: **1.** eigentl. Ein hoffärtiges Mädchen *trägt Fr. mit Absätzle^in.* – **2.** Pflanzennamen: a. Gewöhnlicher Hornklee, Lotus corniculatus L. Syn. *Herrgottsschühlein, Pantöffelein.* – b. Steinklee, Melilotus L. – c. Frauenschuh, Cypripedium calceolus L. – d. Frühlings-Platterbse, Lathyrus vernus (L.) Berh. – e. Wiesen-Schaumkraut, Cardamine pratensis L. – **3.** Marienkäfer (vgl. *Frauenkäferlein).*

Fraue^n-tag, Pl. -täg^e m.: Marienfeiertag. (Mariä Himmelfahrt, 15. Aug.).

frech -ę̆-, -ę̄ə- Adj. Adv.: **1.** ohne tadelnden Nebensinn: verwegen, keck, frisch. *Ein fr-es Mensch* schöne junge Weibsperson. *Des Kleid wär^e mir z^u fr.* Ein Kleid *sitzt, steht fr.* herausfordernd. – **2.** tadelnd: unverschämt, frech, wie nhd.

Frei-bank m.: jedem offenstehende, unbesteuerte Fleischbank für minderwertiges Fleisch, Landmetzger udgl.

Frei-bier n.: unentgeltlich verabreichtes Bier.

Frei-hochzeit f.: Hochzeit, bei der die Gäste frei gehalten werden, opp. *Zechhochzeit.*

freili^ch frǫile̦, -lī (-līχ, -līg), FRK. -ai-, RIES -ae-; S. -ī- Adv.: wie nhd.: allerdings, gewiß, als Beteuerung. Meist auch als einfache Bejahung = „ja" auf eine positive Frage: *Gehst du mit?* – *Fr.! Ja fr.! Fr., fr.! Fr., was denn!* Auch pos. Antwort auf neg. Frage. Als Ausruf der Verwunderung über die Aussage eines andern: *Ja fr.!*

Frei-metzger m.: Metzger, der das Fleisch von krankheitsverdächtigem Vieh aushaut. Syn. *Freibankmetzger.*

Frei-nacht, Plur. -nächt^e f.: **1.** Nacht, in der die ledigen Burschen ihren Mutwillen treiben dürfen; so an Thomas, Scheibentag, Maitag, Johannis, Michaelis OSCHW. – **2.** Nacht ohne Polizeistunde im Wirtshaus OSCHW.

Frei-platz m., Demin. -plätzle^in n.: Platz, Stelle, wo früher ein Asyl war, jetzt nur noch Flurname.

fremdele^n schw.: Demin. = *fremden.*

fremde^n schw.: intr., mit haben: sich fremd fühlen in neuer Umgebung, gegenüber Fremden sich scheu, furchtsam benehmen, bes. von Kindern.

Freß-lad^e -ä- f.: Mund; in roher Sprechweise. –

Freß-laden m.: Eßwarenhandlung.

Freß-sack, Plur. -säck^e m.: Vielfraß.

Freß-wampe^n f.: = *Freßwanst.* – Freß-wanst m.: Vielfraß FRK.

Freß-zettel -ę̄ə- m.: kleines, unansehnliches Schriftstück, Fetzen Papier.

frette^n -ę̆- schw.: necken, foppen. Refl. *sich fr., durchfretten,* sich kümmerlich durchbringen.

Fretter m.: **1.** Quäler. – **2.** mühsam arbeitender Mensch. – Oft als Schimpfwort OSCHW.

Fretterei f.: Plagerei, Quälerei.

fretze^n frę̆tsə schw.: **1.** abweiden lassen, verfüttern. – **2.** ätzen, fressen, von Säuren; beizen.

Freund, Pl. Freund^e m.: **1.** wie nhd. – **2.** Verwandter, und zwar von Blutsverwandten und Verschwägerten. *Die nächsten Fr-e* nächsten Verwandten.

Freundschaft f.: **1.** wie nhd. – **2.** Verwandtschaft (früher allgem., allmählich aussterbend). *Der hat eine große Fr.* Sippschaft.

frisch -ĭ- (NO. -ī-) Adj. Adv.: **1.** wie nhd., noch neu, ungebraucht. *Ein frisches Blatt anfangen* eine neue Seite. – **2.** gesund, munter. *Du bist recht fr., du stirbst heut^e no^ch net.* – **3.** keck, frech. *I^ch bi^n net so fr.* nicht so keck. – **4.** kühl, mäßig kalt. *Frische Luft; ein fr-er Wind, Morgen; fr-es Wasser.* – **5.** wund = *fratt. Mein Fuß ist vom Laufen ganz fr.*

Frisel -ī- m.: Ausschlag. Krankheit, die mit Fieber beginnt und mit rotem oder weißem Ausschlag endet. Scharlach, Schauer, Gänsehaut.

fromm frǫm, FRK. S. -ŭ- Adj.: **1.** tüchtig, rechtschaffen, brav. – **2.** wie nhd., fromm, im religiösen Sinn. Syn. *heilig.* Gerne verächtl. gebraucht: Frömmler, und zwar in christl. Konfessionen. *Die Fromme^n* Pietisten u. ä. *Je frömmer, je schlimmer* von Scheinheiligen. – Übtr.: sanft, zahm. Bes. von Pferden.

Fron-faste (-n) f.: Quatemberfasten.

Fron-leichnam ◡◡ frǭ-; -ǭ̆-; frǫm- m.: **1.** Leib des Herrn. – **2.** wie nhd., der zweite Donnerstag nach Pfingsten; auch Fr-(s)tag, -fest; *Herrgottstag.* – Wetterregel: Wenn es an Fr. regnet, regnet es 4 Wochen lang.

Frörer -ae-, O. -ę̄ə- m.: kaltes Fieber.

frosche^n schw.: **1.** Frösche fangen OSCHW. – **2.** übtr., einen packen und durchwalken. – **3.** ungeschickt abschreiben. – **4.** beschlafen.

Frosch-gik(s)er -ī- m.: schlechtes, kleines Messer.

Frosch-metzger m.: geringes, schlechtes Messer. S. a. *-giker.* Vgl. *Krotenschinder.*

frü frīə; Komp. früer, früner friənər, Superl. früest, frünest Adj. Adv.: **1.** früh am Tag. RW.: *wie fr. ist's?* wie viel Uhr? – **2.** früh im Jahr und in der Lebenszeit. – **3.** Komp. früher einst. *I^ch weiß no^ch vo^n früher her.*

Frucht f.: A. Form: Sing. *früxt;* im Hauptgebiet *früxt, früət, früę̆χt.* – Plur. Frücht^e oder

Früchteⁿ ∂; Demin. Früchtleⁱⁿ n.; beide mit -ĭχ-, -ĭ-, -ĭə-, -ĭę̆-. – B. Gebrauch. **1.** Frucht von Bäumen oder beliebigen Pflanzen; auch übtr. – **2.** Feldfrucht, Getreide. – Fast stets kollektiv im Sing. *Um Weihnachten viel Duft, um Jakobi* (25. Juli) *viel Fr.* – **3.** bildlich: Ertrag. – **4.** von Personen: nur Demin. *Früchtleⁱⁿ: Fr., nettes, sauberes, schönes Fr.* ungeratenes, leichtfertiges Kind (junger Mensch). *Stuttgarter Früchtleⁱⁿ* als Schimpfwort.

Frucht-acker m.: Getreideacker.

Frucht-barn m.: Ort, wo die Frucht aufbewahrt wird. Vgl. *Emd-, Heubarn.*

Frucht-ernt^e f.: Getreideernte.

Fuchs *fŭks* Plur. Füchs^e m., Demin. Füchsleⁱⁿ n.: **1.** das Raubtier. – **2.** rotes Pferd. – **3.** von Menschen: a. rothaariger Mensch; meist *roter F.* – b. listiger Mensch. *Des ist ein (schlauer, listiger) F.;* bes. *ein alter F.* – c. in der Studentensprache Bezeichnung für die 2 ersten Semester; genauer *Scheißf., Brandf.; Goldf.* für das 9. Semester. – **4.** Fuchspelz. – **5.** nicht umgestürzte Stelle, welche beim Ackern entsteht, wenn der Pflug einen Sprung macht UNTERL. *Aber der Bauer hat viel^e Füchs^e g^emacht* hat schlecht geackert. – **6.** *Füchse machen* etwas heimlich verkaufen. – **7.** *den F. haben* zornig sein, *etwas im F. tun.*

fuchseⁿ I *fŭksə* schw.: quälen, plagen, ärgern. *Das fuchst mich* ärgert mich.

fuchseⁿ II, -ü- Adj.: vom Fuchs stammend.

Fuchser m.: Quälgeist, Knicker, Geizhals. Vgl. *Pfennigfuchser, Federfuchser.*

Fuchs-schwanz m.: **1.** eigentl. und als Bild. – **2.** Handsäge mit straffem Blatt, ohne Spannung. – **3.** Pflanzennamen: a. Wiesen-F., Alopecurus pratensis L. – b. Krauser Ampfer, Rumex crispus L. fuchs-schwänzeⁿ schw.: schmeicheln. – Fuchs-schwänzer m.: Schmeichler.

fuchs-teufels-wild Adj. Adv.: sehr wütend.

Fuchtel *-ŭ-* f.: **1.** Degen mit stumpfer breiter Klinge. – **2.** biegsame Gerte, Rute odgl. *Einen unter der F. haben, unter die F. nehmen* u. ä. – **3.** fahriges Frauenzimmer.

Fuchtel-hans m.: lebhafter, leichtsinniger Mensch.

fuchtelig Adj. Adv.: unbesonnen, rasch, flatterhaft.

fuchtleⁿ schw.: mit einem Säbel odgl. hin- und herfahren. Mit einem Stecken, Geißel, Flegel u. ä. hin- und herfahren. Mit den Händen hastig, zwecklos herumfahren; spez. auch beim Sprechen. – Fuchtler m.: **1.** wer *fuchtlet.* Flatterhafter Mensch. – **2.** einmalige fuchtelnde Bewegung.

Fud *fŭd,* Pl. -eⁿ f.: **1.** weibliches Geschlechtsteil. – **2.** Hure.

Fuder *uə-* n.: Wagenlast. *Ein F. Heu, Stroh, Dung* u. ä.

Füdle *fĭdlę̆, -ə; fĭ-* SW. n.: **1.** eig. = *Fud 1,* weibliches Schamglied. – **2.** = *Arsch,* etwas weniger derb als dieses. Und zwar: a. urspr. = *Arschloch.* – b. = *Arschbacken,* bei Mensch und Tier. – **3.** Hinterteil von etwas. a. hinterer Teil der Garbe. – b. Nadelöhr.

Füdle(s)-backeⁿ m.: Arschbacken. – Füdleshenker m.: wer beim Knien sich zu sehr in die Knie herabläßt; wer die Hose nicht straff genug angezogen hat, energieloser Mensch. – Füdle(s)-kratzer m.: kurzer Kinderschlitten ohne Lehne. – Füdle(s)-schlitteⁿ m.: dass.

fud-nacket Adj.: ganz nackt. – Fud-neid m.: Eifersucht. – fud-neidig Adj. Adv.: eifersüchtig, mißgünstig.

fud-schellig Adj.: geil; *ein f-es Weibsbild.*

fud-wütig *-iə-* Adj.: mannstoll.

Fugel *-ŭ-* m.; Denim. Fugeleⁱⁿ m.: Mensch, der sich um Kleinigkeiten Mühe gibt. Denim. *Fugeleⁱⁿ* naseweiser Mensch.

fugeleⁿ *-ŭ-* schw.: aussuchen, ausvisitieren. – Fugeler m.: wer jede Rede hinterfragt.

fügeⁿ *-iə-; -ĭ-* im äußersten NW. sowie RIES schw. (neben st. Part. g^efogeⁿ *-ō̜-):* **1.** trans. zusammenfügen. Spez. Steinplatten, Bretter udgl. – **2.** refl. *sich f.* a. unpers.: sich zusammenschicken. *Es fügt sich* trifft sich, wie nhd. – b. persönl.: gehorchen, sich der Notwendigkeit anpassen. *Da muß man sich halt f., drein f.* – **3.** intr. mit haben: passen, recht sein; mit st. Part. g^efogeⁿ. *Ein Kleid fügt* paßt, steht gut.

Fugger m.: der Name des Augsburger Handelshauses lebt fort: **1.** in RAA.: *'s Fuggers Gut* großer Reichtum. – **2.** als Appell.: Kaufmann, Betrüger.

fuggereⁿ *-ŭ-* schw.: Handel treiben; genauer: Tauschhandel treiben. Verächtlich: schachern; betrügerischen Handel treiben, heimlich verkaufen.

Fuggerer m.: Wucherer.

Fuggeriⁿ f.: Frau, die hinter dem Rücken ihres Mannes Haushaltsgegenstände verkauft.

fuiren s. *feuren.*

fuirig s. *feurig.*

Fülle *-ę̆* f.: **1.** wie nhd. *Hülle und F.* – **2.** Füllung von Braten, Würsten u. ä.

Fülleⁿ *fĭlę̆;* Pl. -ə N., -ę̆ *(-ĭ)* S. n.: **1.** Fohlen. – **2.** unerfahrener, ungestümer Junge.

fummleⁿ *-ō̜-,* N. S. *-ŭ-* schw.: **1.** blank reiben. – **2.** langsam kauen. – **3.** unordentlich durcheinander wühlen. – **4.** sexuelles Reizspiel machen; onanieren.

fünferleⁿ *-āē-* schw.: *Du kaⁿⁿst mi^{ch} f., kaⁿⁿst mir geⁿ f. kommeⁿ* mich im Arsch lecken.

Funkeⁿ**-feuer** n.: Bergfeuer am Abend des *Funken(sonn)tags* OSCHW. ALLG. Syn. *Himmels-, Kanz-, Männlein-, Scheiben-, Zündelfeuer.* – Funkeⁿ-(sonn)-tag m.: der erste Sonntag nach Fastnacht, Invocavit Oschw. Syn. *weißer Sonntag, Facklen-, Scheiben-, Küchleinssonntag.*

Fuⁿz *fāŏts* f.: Licht, Lampe, die nicht hell brennt. – Funzel *fāŏtsəl, -ǫ̆n-* f.: stinkende Lampe. – Übtr. blöde, langweilige Person.

funzleⁿ *-ǫ̆n-* schw.: flackern; von einer schwelenden Lampe.

fürbeⁿ *fĭrbə;* furbeⁿ *fŭrbə;* fürmeⁿ *-ĭ-* schw.: fegen, kehren, reinigen, mit dem Besen (oder Wischlappen) fegen. Obj. meist der zu reinigende Gegenstand: *die Stube, Gasse, den Hof f.*

Fürbete f.: Kehricht.

Furch^e *fŭrχ; fŭrχt;* Plur. *Fur(ch)eⁿ; Für(ch)^e; Fürcht^e; Für(ch)(t)eⁿ;* Furi^{che} *fŭrę̆ (-ĭ),* Pl. *Fur^{ch}eneⁿ* f.; Demin. Fürchleⁱⁿ n.: **1.** Ackerfurche. – **2.** im Weinberg der vertiefte Staffelweg zwischen den Rebenpflanzungen; s. *Furchenkrebsler, -rutscher.*

Furcheⁿ-krebsler m.: Furchenkletterer, Spottname des Weingärtners = Furcheⁿ-rutscher. Furcht s. *Furche.*

fürchtig Adj. Adv.: **1.** subj.: furchtsam, feig. *Einen f. machen* ihm Furcht einjagen. – **2.** obj.: furchtbar, fürchterlich. – Wie „schrecklich" allgemeiner: arg, schlimm. *Eⁱⁿ F-er* Bezeichnung von den Weibern für ihre Männer, vermutl. spez. in sexueller Hinsicht. – Bloß verstärkend. Nicht nur vor Ausdrücken des Tadels, der Furcht: *F-er Ruch, f. kalt; f. stark,* vielmehr auch vor lobenden Ausdrücken: *f. schön; f. gut.*

Furdigel, H- m.: Getreideunkraut Acker-Hahnenfuß, Ranunculus arvansis L., vor allem seine Früchte. Die Früchte werden auch als *Bubenlaus, Gleis, Sackkleibe* oder *Sacklaus* bezeichnet, weil die mit Widerhaken versehenen Früchte sich anhängen. Syn. *Furdluge (H-), Bubenlaus, Hanenfuß, Gleis, (Sack-)Kleibe.*

Furd-luge, Hund-, Pl., *-luəgə* f.: = *Furdigel.*

Fur^e I *fuər,* Pl. *-eⁿ* f.: **1.** a. Fahrgelegenheit, Fuhrwerk. – b. die zu befördernde Last, wie mhd., spez. das auf einem Wagen auf einmal beförderte Quantum: *eine F. Heu, Wein* udgl. – **2.** Lärm, Spaß, großes Wesen. *Mit einem eine F. haben* Spaß mit ihm treiben, ihn zum besten haben. Syn. *Gescher, Lebtag, Verzal.* Vgl. *Gugel-, Unfur.*

Fure II s. *Furche.*

füre *fĭrę̆ (-ə,* südl. *-ĭ); fīrę̆, fŭrę̆, fę̆rĭ* Frk., *fīrərę̆;* fürer *fĭrər* Adv.: vorwärts, nach vorn, bes. aus etwas hervor. Gegensatz *hintere.* Bes. mit Verben: s. Füre bringen: **1.** wörtl., voran bringen. – **2.** *Sie bringt etwas f.* ist schwanger. – Füre drucken hervordrängen. – Füre(r) fegen: *einem hinten f.,* auch bloß *f.* ihm die Meinung sagen. – Füre lassen voran lassen. – Füre machen voran machen, sich beeilen. – Füre wollen hervor wollen.

für-eilig Adj. Adv.: voreilig.

füre-wärts *fŭrę̆wēəts* Adv.: nach vorn.

Für-fleck m.: Schurz. Zumeist Weiberschürze, besonders als Staat S.

Für-fuß *fĭrfuəs;* Vor-fuß m.: Vorderfuß des Menschen; auch der ganze Fuß, weil *Fuß* auch = Bein.

für-^{hi}naus, vor- Adv.: vorn hinaus.

für-^{hi}neiⁿ, vor- Adv.: im voraus.

Für-hüpfel *fĭrh*̆*pfl; fĭrĭpfl* m.; bes. Demin. -eleⁱⁿ n.: im voraus geleistete Arbeit. *Einen F., ein F-leⁱⁿ tun, schaffen* im voraus ein Stück Arbeit tun.

Furk^e *fŭrg,* s. *-k;* flekt. (auch Nom.) Furkeⁿ f.: große Gabel.

furkeⁿ schw.: mit der *Furke* arbeiten Baar.

für-kommeⁿ, vor- st.: **1.** *einem f. (v.)* geistig, wie nhd., scheinen. *Es kommt mir so vor (für).* – **2.** von einzelnem Geschehen, Existieren, wie nhd. *Das und das kommt oft, immer wieder, usw. vor (für).* – **3.** *für-* unehelich schwanger werden.

für-nem, vor- Adj. (Adv.): aus der Masse hervortretend, ausgezeichnet, in manchen Fällen = vornehm. In reiner MA. stets *für-* = ausgezeichnet, vorzüglich. *Ein f-es Roß, Vieh* u. ä. *Eⁱⁿ f-s Haus* schönes, gut gebautes. *Der hat eⁱⁿ f-s Sach* ist reich.

fürsche s. *fürsich.*

für-si^{ch} *fĭrsę̆ (-ĭ); fĭrsę̆; fĭršę̆, fĭ(r)šę̆* Hauptgeb.; *fę̆ršę̆* Frk. Adv.: lokal: vor sich hin, vorwärts. Als feste Verbindung auch bei 1. und 2. Person: *I^{ch} will f. gauⁿ; gang f.* Auch bloß interj. *f.* vorwärts! *F. gehen* übtr. wie „vorwärts g." von Geschäft, Heirat, Hauswesen u. ä. *F. machen* v. machen. *Mach f.!* rasch! – Im Gegensatz zu *hintersi^{ch}* (rückwärts). *Es geht nicht h. und nicht f.* (immer in dieser Stellung) nicht vom Fleck. *Nimme^r h. und nimme^r f. könneⁿ. H. und f. denken* reiflich erwägen, bes. negativ. Eine Aufgabe *h. und f. können.*

für-ste^{hen} st.: intr. mit sein. *Einer Sache f.* sie leiten, ihr gewachsen sein. *Einem Hauswesen f.*

fürstlich Adj. Adv.: fürstenmäßig. *Da speist ma' ganz fürschtle.*

furt (fort) s. *fort.*

Für-tuch *-duə(χ)* n.; Demin. Für-tüchleⁱⁿ n.: Schurz Baar.

Fur-werk n.: nicht bloß der einzelne Wagen, sondern auch das Fuhrmannswesen. – furwerkeⁿ schw.: intr., mit haben: mit dem Fuhrwerk fahren, ein Fuhrmann sein. – Übtr. mit einem gut zurecht kommen. Syn. *geschirren.*

Fur-weseⁿ n.: Fuhrmannsbetrieb.

Für-witz, Vor- m.: wie nhd., Neugier, Vorlautheit. *Der F. muß g^estraft seiⁿ.* – Persönl.: *Du bist eⁱⁿ F-leⁱⁿ* Naseweis. – für-witzig Adj. Adv.: wie nhd. Syn., mehr tadelnd, *nasenweis.*

Furz *fŭrts* Hauptgebiet (im südl. Teil *fŭts), fŭ(r)ts*

S., *fǫrts* FRK.; *pfūts;* Pl. Fürz^e *fīrts,* FRK. *fęrts* m.; Demin. Fürzle^in n.: wie nhd., Bauchwind, bes. lauter.

furze^n schw.: einen *Furz* lassen, = *farzen.* – Furzer m.: wer viel furzt; Schimpfwort.

Furz-kaste^n m.: **1.** = *Furzer.* – **2.** Lederhose. – Furz-klemmer m.: Geizhals. – furz-ledig Adj.: ein 14jähriger ist *f.,* ein 15j. *bohnenl.,* ein 16j. *hundsl.* Vgl. *gansledig.*

Fürzler *firtslər* m.: Diftler.

furz-trucke^n Adj.: ganz trocken.

Fus^e I, Pfus^e *-u-* f.: weibl. Geschlechtsteil.

Fus^e II *fūsę* m.: Mädchennarr, Hurenkerl.

Fusel I *fūsl* m.: schlechter Branntwein, Kartoffelschnaps.

Fusel II f.: altes Weib.

fus(e)le^n I *fū-* schw.: **1.** klein, zierlich, aber auch unleserlich schreiben. – **2.** tändeln.

fus(e)le^n II schw.: nach *Fusel* I stinken.

Fuseler *-ū-* m.: Weibernarr, Schmeichler. Bes. *Mädles-, Felen-, Weiber-fuseler.*

fuselig *fū-* Adj. Adv.: **1.** klein, zart, unleserlich, von der Schrift. – **2.** pünktlich. – **3.** kindisch, läppisch sich benehmend.

fusel-nacket *fū-* Adj.: ganz nackt. Verstärkt fusel-fasel-nackig. Vgl. *fasel-, fatzen-, fadennacket.*

Fuß *fuəs,* im äußersten NW. *fūs;* Plur. Füß^e m.; Demin. Füßle^in, Kindersprache Fußele^in *fu(ə)sǝlę* n.: **1.** wie nhd. Fuß. – **2.** untere Extremität von Mensch und Tier, statt nhd. Bein.

fußelen s. *fußlen.*

Fußet s. *Fußnet.*

fußle^n *-uə-;* füßle^n *-iə-;* fußele^n schw.: **1.** mit kurzen schnellen Schritten gehen. *Der fußlet net schlecht.* – **2.** mit den Füßen unter dem Tisch aneinander zu berühren suchen, bes. von Liebenden. *Die f-e^nt miteinander.*

Fußnet *fuəsnət;* Fußet *-ət* FRK. f.: Fußende des Bettes.

Fus-war^e *fūswār,* Pf- f.: kleine Kinder, bes. spöttisch.

fut s. *fort.*

futsch *fūtš:* prädikativ: hin, kaputt.

Futsche I f.: Rettichhobel. S. a. *Fitsche.* – Zu *futschen,* s. d.

Futsche II, Fütsche, Fitsche m.: *Futschi* feiger Mensch. *Fütsche, Fitsche:* träger, dummer Mensch.

Futschel *-ŭ-* f.; Demin. -ele^in ⌣⌣ n.: **1.** Schwein, Milchsau. *F-le^in* Kinderspr. – **2.** übtr. *E^ine ganze F.* Du *F-le^in* zärtlich. Dickes Weib.

futsche^n *fū-* schw.: = *fitschen,* reiben. Trans. *verf.,* z.B. die Hosen. Rettig, Kraut odgl. hobeln, s. *Futsche* I.

Futterasch(^e) *fūderāš(ę)* ⌣⌣ (⌣) f.: Nahrung, für Mensch und Vieh. – Anm.: Kontamination von *Futter* und *Furasche.*

futtere^n *-uə-* (füttere^n *-iə-*) schw.: **1.** füttern, haupts. vom Vieh, bewußt übtr. auch von Menschen. – **2.** ein Kleid *f.,* mit Futter versehen.

Futter-faß, Demin. -fäßle^in n.: = *Kumpf,* Wetzsteinbehälter.

G

gäb Adj. Adv.: verkehrt, linkisch. Vgl. *gäbisch*.

gäb^e *gē̆b* Adj.: annehmbar, brauchbar, gut. Haupts. von der Münze. – Mod. wohl nur *gäng (gang) und gäb^e* üblich, gebräuchlich, wie nhd.

Gabel *-ā-*, S. *-ă̄-*, FRK. *gō̆bl* und *gǎwl*. Plur. G a - b l e^n f.; Demin. G ä b e l e^{in} *gē̆bəlē̆* n.: Gabel. 1. das Gerät. a. Tisch-, Küchengabel. – b. Heugabel, Mistgabel. – 2. übtr. von gabelförmigen Dingen. a. Gabeldeichsel. – b. Hörner des Rindviehs. – c. sich gabelnde Wurzeln. – d. Spreizen der Finger. *E^{in} Gäbele^{in} gegen einen machen* zum Spott 2 Finger gabelförmig gegen ihn ausstrecken, Gebärde des Rübchenschabens. – e. gespreizte Beine: *eine G. machen.* – 3. übtr. auf Personen: *G.* Schimpfwort für eine Weibsperson mit schlechtem Gang, krummen Beinen.

Gabel-abe^{n}d m.: Abend eines Donnerstags vor Fastnacht. OSCHW.

Gabele^{in}s-bu^{be} *-būə* m.: Ohrenwurm, Forficula auricularia.

gäb(e)le^n schw.: 1. das Heu, oberflächlich wenden, die Feldarbeit lässig betreiben. Vgl. *gablen 1.* – 2. leicht mit den Hörnern stoßen. – 3. reizen. – 4. intr. *es gäbelet* es bestehen Differenzen. *Beim Pfarrer und Schultheiß gäbelet es.*

Gabeler m.: 1. junger Hirsch, Spießer. – 2. Hühnerhabicht.

gäbelig *-ē̆-* Adj.: *g. sein* Umstände machen, übelnehmerisch sein.

Gabel-schwälble^{in} n.: Rauchschwalbe, Hirundo rustica.

gabe^n I schw.: schenken. Bes. speziell: Neujahrsgeschenke austragen; hauptsächlich: zur Hochzeit schenken. Syn. *schenken.*

gaben II s. *gopen.*

Gabe^n-tisch m.: Tisch, auf dem die (Geburtstags-, Hochzeits-) Geschenke liegen. Auch *Gabtisch.*

Gabet *-ō̆-* m. f.: das Schenken der Hochzeitsgeschenke, der Weihnachtsgeschenke.

Gab-haus n.: Haus, wo den Bettlern reiche Almosen verabreicht werden.

Gab-holz n.: an die Bürger verabreichtes Holz aus den Gemeindewaldungen.

gäbig *-ē̆-* Adj.: zum Geben bereit, freigebig.

gäbisch *gē̆biš* ALLG., sonst g ä b s c h *gē̆bš; gē̆bs* RIES Adj. Adv.: verkehrt, unrichtig, von Sachen und Personen; von Personen auch: ungeschickt, linkisch, dumm. Syn. *letz, schäps, äbig. Auf der g- en Seite. Alles ist g. Er hat die Kappe g. auf. Mach' de^n Strumpf g.* kehre ihn um. *Die Straße lauft g.* krumm.

gable^n I *-ă̄-* schw.: 1. mit der Heugabel hantieren. a. aufladen. – b. die Mahden zerstreuen. – 2. (mit der Tischgabel) wacker essen, aufladen.

g a b l e n II s. *goplen.*

Gabler m.: = *Gabeler:* 1. G. junger Hirsch. – 2. Milvus regalis, Gabelweihe.

gäbsch s. *gäbisch.*

g a c h s. *gäh.*

g a c h z e n s. *gacksen.*

Gächzer s. *Gäcksger.*

Gack s. *Gackel* I.

gack: in der Verbindung *net gick und net g. wisse^n* nicht wissen, wo man dran ist FRK.

gacka, Gackgag s. *gag-.*

gackale^n *găgālə* ⌄ ᴗ schw.: 1. scheißen. – 2. in Unreinlichkeiten wühlen. – Vgl. *gäckälen, gakkelen* I.

gäckäle^n *gĕgĕlə* ⌃ ᴗ schw.: scheißen, Kindersprache.

Gackel I m.: närrischer, übertrieben lustiger, gesucht witziger Mensch, dummer Possenreißer. – *G. f.* altes aberwitziges Weib. – Vgl. *Gäckel.* S. a. *Dackel* II.

Gackel II, Plur. G a c k l e^n f.: 1. Tannzapfen. S. a. *Forchengackel; Gockeler.* Syn. *Mockel.* – 2. Schale des Eis, der Schnecke ALLG.

Gäckel m.: dummer Kerl, ungeschickter Mensch, Schwächling, Memme.

Gackelare *găgəlărĕ* ⌄ᴗ⌄ m.: einfältiger Mensch.

Gackele^{in} *găgəlĕ, -ĕlĕ* n.: 1. Ei; v. a. in der Kindersprache. – 2. Henne, in der Kinderspr. – 3. übtr. kleines Kind, liebkosend und scheltend.

Gäckele^{in} n.: geschmacklose kleinliche Verzierung an Bauwerken, Hausrat.

Gackele^{in}-gras n.: Wiesen-Kerbel, Anthriscus sylvestris (L.) Hoffm.

gackelei(n)isch Adj.: 1. *-n-* buntfarbig. – 2. *gackeleisch.*

Gackele^{in}s-bosch m.: Löwenzahn oder Kuhblume, Taraxacum officinale Web.

gackele^n I schw.: scheißen. Vgl. *gäckälen, gacken* I.

gack(e)le[n] II schw.: **1.** gackern, von der Henne. – **2.** stottern, mit der Sprache nicht herausrücken, Umschweife machen, schwätzen. – S. *gacken, gackeren.*

gäckele[n] -*ę̆*- schw.: **1.** spielen, tändeln. – **2.** laut plaudern.

Gackeler m.: Stotterer.

Gäckeler m.: **1.** geschwätziger, einfältiger Junge. – **2.** Spaßmacher. – **3.** wer in seiner Arbeit vor zu großer Pünktlichkeit nicht vorwärts kommt.

gackelig *(-ä)* Adj. Adv.: **1.** bunt, grell, von Farben; stets tadelnd. – **2.** närrisch; kindisch, einfältig, läppisch. – **3.** unverhältnismäßig lang, mit schlenderndem Gang. – **4.** einer, der alles tadelt.

Gacke[n] m.: **1.** Kerngehäuse beim Obst. Syn. *Butze.* – **2.** Schale des Obstes.

gacke[n] I schw.: scheißen, bes. in der Kindersprache. Vgl. *gaga, gäckälen, kack(er)en, gäcken.*

gacke[n] II *-ä-; -ā-* schw.: **1.** gackern, schreien, von Gänsen, Hennen. – **2.** stottern. – **3.** viel und unnötig sprechen. – **4.** vor Zorn atemlos werden beim Schreien, von Kindern. – Vgl. *gackeren, gacksen* u. a.

gäcke[n] -*ę̆*- schw.: unreinlich sein beim Essen, essen wie die Kinder, welche die Speisen verschleudern; bes. beim Obstessen. *Du gäckest wieder, du wilde Sau.*

Gacke[n]**-nestle**[in] n.: Nesthockerchen, Jüngstes, von Vögeln und Kindern.

gackere[n] *gāgərə;* **gäckere**[n] -*ę̆*- schw.: **1.** wie nhd., von der Henne, Gans. – **2.** *gę̆*- viel schwatzen; viel reden ohne Gehalt. – **3.** *gā*- von einem vom Zorn erstickten, gebrochenen Sprechen, Schreien, bes. von Kindern.

Gäckerer -*ę̆*- m.: wer viel schwatzt, ausplaudert, harmlos geschwätziger Junge.

Gackeri[n] -*ā*- f.: schwatzhaftes Weib.

gäckes *gę̆-:* in der Verbindung *gickes g. D*[ie] *Welt gaht g. g.* bald so bald anders.

gack-gack: Lautnachahmung des Hühnergeschreis; auch Lockruf für die Hühner. G. (auch *gack-gack-gack) der Has*[e] *hat g*[e]*legt.*

gackle[n] schw.: seinen Körper ohne Haltung, ohne Festigkeit tragen. In betrunkenem Zustand nicht recht gehen können. Wackelnd gehen.

gacks: *weder gicks noch g., net g. und net g.* weder dies noch jenes. – Vgl. *gack, gäckes.*

gackse[n] *-ä-,* **gachze**[n] schw.: **1.** gackern, von der Henne. – **2.** stottern; sowohl von chronischem als momentanem. *Weder gicksen noch g.:* nichts sagen.

Gackser m.: Stotterer. – **Gackseri**[n] f.: gackernde Henne, die aber nicht legt. Übtr.: Frau, die nicht (mehr) gebärt.

Gäcks(g)er m.: Aufstoßen, Schlucken. Syn. *Häkker, Gluckser.* Mittel dagegen: 3 mal in einem Atemzuge schlucken.

Gäcks-nas[e], -näs[e] f.: naseweiser, vorwitziger Mensch, bes. von Mädchen gebraucht.

Gade[n] *gādə,* SW. -*ä*-, daneben G a d e m, Plur. G ä d e m e r n. m. Demin. Gäde[n]le[in] -*ę̆*- n.: Kammer, Gemach. – Speziell: a. Nebenkammer. – b. Dachstube. – c. Vorratskammer. – d. Speisekammer. – e. Schlafgemach.

Gade[n]**-tür** f.: Kammertür.

G ä d e r s. *Geäder.*

g a e s. *gegen.*

G a e r s. *Ger.*

g a e z e n s. *günzen.*

G a f f e s. *Gaufe.*

gaffe[n] *-ä-* schw.: **1.** wie nhd., mit offenem Mund (bes. aus Vorwitz) irgendwo hinsehen, stieren. – **2.** klaffen. Ein Kleid *gafft* steht offen, liegt nicht gut an. Eine Wunde *gafft.*

gäffig *gę̆-* Adj.: *g. mache*[n] lüstern machen.

g a g - s. *gack-.*

gaga *gāgā* ⌢ Interj.: *g. mache*[n] scheißen, Kinderspr.

Gagag *gāgāg* ⌢ n.: **1.** Gans, in der Kinderspr. – **2.** Henne. – **3.** Schwätzer.

gägäks *gę̆gę̆gs* ⌢ Interj.: = *gägs.* Dazu Verbum g ä g ä k s e[n] schw.: ausspotten.

Gag[e] *gǭg,* flekt. -e[n] **1.** Bezeichnung der Tübinger Weingärtner in gebildetem, bes. student. Munde. – **2.** dummgrober, unhöflicher Mensch.

Gäge I *gę̄gę̆* m.: furchtsamer, schreckhafter Mann.

Gäge II f.: Neige. Demin. schwankende, zum Fallen sich neigende Bewegung.

Gagel m.: -*ǭ*- langer, magerer Mensch mit ungeschickten Bewegungen. -*ā*- hagerer, tölpelhafter Mensch. Vgl. *Gageler.*

gagele[n] -*ǭ*-, BAAR -ao- schw.: sich wiegen, etwa auf einem Stuhle, gaukeln, dem Umfallen nahe sein (ein Glas u. ä.), unsicher gehen, hin und her wanken, von Berauschten; Schwindel empfinden. – Demin. zu *gagen* I.

Gageler -*ǭ*- m.: himmellanger Mensch.

Gagel-hitze f.: Fieberhitze. Vgl. *Gähhitze.*

gagelig -*ǭ*- Adj.: groß, ungelenk; ein auf hohen Füßen stehendes Gerät ist *g.*

gage[n] I -*ǭ*- schw.: hin und her schwanken, schaukeln. Ein unfester Tisch, Stuhl *gaget.* Ein Berauschter *gaget.* – S. a. *gauklen, gagelen, gägen.*

gage[n] II -*ǭ*- schw.: quaken, von Fröschen.

g a g e n III s. *gacken.*

gäge[n] -*ǭ*- schw.: **1.** trans.: in eine schiefe Lage bringen, neigen; insbes. ein Gefäß, um daraus auszuschütten, zu trinken. *Ein Faß g.,* wenn es nicht mehr gut läuft; Syn. *hälden.* – **2.** intr. mit haben: = *gagen* I. Schwanken, das Gleichgewicht verlieren, in eine schiefe Lage kommen, sich auf die Seite neigen. S. a. *umgägen.*

G a g e n h e t z e s. *Kägersch.*

Gäger m.: Trinker. *Des ist e*[in] *alter G.* der das Glas oft *gägt.*

Gagerei -ǭ- f.: die „untere Stadt", der Wohnsitz der *Gagen* in Tübingen.

gageren s. *gackeren*.

Gägersch, -isch s. *Kägersch*.

gagig -ǭ- Adj.: ungeschlacht, ästig, struppig. *Des Reis leit so g. da.*

gagisch -ǭ- Adj. Adv.: unbeholfen.

gägs gę̄gs Interj.: Ausruf der Schadenfreude, = *ätsch.* S. a. *gätsch, gägäks.*

gägseⁿ -ę̄- schw.: (aus)spotten, auslachen, foppen.

gäh gę̄; gę̄χ ALLG. Adj. Adv.: jäh. **1.** schnell, plötzlich, unvermutet; aber meist nur noch in best. Verbindungen: *ein g-er Tod. Gäher Hunger = Gähhunger* (s. d.) – **2.** steil, abschüssig. *Ein g-er Berg, eine g-e Steige.* – Adv. *gähling* s. bes.

Gähe, Gähde f.: **1.** Eile, ungestümer Eifer. – **2.** Steilheit, steile Stelle, Anhöhe.

gäheⁿ, gächen schw.: eilen, hasten, jagen, beschleunigen.

gähendig ⌢◡ Adj.: *der g. Tod* jäher Tod, Schlagfluß.

Gäh-hitzᵉ gę̄hĭds f.: durch Überhitzung des Ofens entstandene rasche Hitze im Zimmer. S. a. *Gagelhitze, gahhitzlen.*

gah-hitzleⁿ -ǭ- schw.: unpers. *es gahhitzlet* im Zimmer, wenn der Ofen infolge Überheizung Feuer speit.

Gäh-hunger m.: plötzlicher Heißhunger.

gähling Adv. Adj.: = *gäh 1*, plötzlich, schnell.

gäh-schützig Adj. Adv.: **1.** jähzornig, hitzig. – **2.** steil, abschüssig.

Gäh-tauf m., Gäh-täufe f.: Nottaufe.

Gah-wätel gǫwę̆tl; -watel -ă- m.: Schneesturm, Schneegestöber FRK.

Gäh-windᵉ, Pl. -eⁿ, Gäh-winde, Pl. -eneⁿ gę̄-; gae- f.: Schneewehe, durch starken Wind. – gäh-windeⁿ schw.: unpers. *es g-et, tut g.* herrscht ein Schneetreiben, Schneegestöber.

Gäh-zorn m.: Jähzorn. – gäh-zornig Adj.: jähzornig.

gai- s. *gäu-, gei-, goi-*.

gak- s. *gack-* und *gag-*.

Gala gālā ⌢ f.: Festkleidung. *In G. sein, gehen.*

galabreⁿ ◡⌣◡ schw.: laufen, springen, jagen.

galabrisch s. *kal-*.

Gal-affᵉ m.: Geck. *Gollaffeⁿ feil habeⁿ* müßig im Dorf herum laufen.

Gala-tag, Plur. -täge m.: Festtag, wo man Gala trägt.

galättereⁿ -ę̆- schw.: schnell springen.

Galeottᵉ gālĭǫt ◡◡⌣, gäljǫt, auch gālǫt ◡⌣ m.: eig. Galeerensklave. Geringschätzig für einen auffallend bunt gekleideten Menschen. Schelm.

Galgeⁿ-frider -ī- m.: Schimpfwort. – Galgeⁿ-hurᵉ -uə- f.: verdorbene Hure. – Galgeⁿ-luder -uə- n.: Schimpfwort. – Galgeⁿ-strick m.: **1.** eigentlich. *Falsch wie ein G.* – **2.** übtr. abgefeimter Spitzbube. – Galgeⁿ-vogel m.: = *-strick.*

Gali-mathias (-matthäus, -matthe -thę̄) m. (n.): **1.** dummer Mensch. – **2.** dummes Geschwätz, Unsinn.

Gall s. *Gallus.*

Gallᵉ, Galleⁿ gäl(ə) f.: **1.** Galle, wie nhd. Die G. *kommt, steigt,* wie nhd., gern übtr. vom Zorn. – **2.** Geschwulst. a. Geschwulst am Pferde. – b. harter Knollen am Gestein. – c. auf Wiesen hervorsickernde stagnierende Quelle. FRK. – d. Wettergalle, helle Stelle im Gewölke.

Galle s. *Gallus.*

galleⁿ -ă- schw.: nach der Obsternte (am *Gallustag*, 16. Okt.) das Obst von den Bäumen herunter tun, mit und ohne Obj. OSCHW. Syn. *afterberg-(l)en, kluberglen, meiselen, nachobsen, nachstupflen, rauben, speglen, kilbigen.*

Galleⁿ-markt m.: Markt am Gallustag, 16. Okt.

Galleⁿ-weiⁿ m.: Wein, der erst um Gallus, 16. Okt., gelesen werden kann.

gällig -ę̆- Adj. Adv.: gallig, zornig, gereizt.

gäll¹sch gę̆l(t)š Adj. Adv.: zornig, wild, böse. *G-e Augen machen* wild drein sehen. *Er ist ganz g. Mach mich nicht g.!*

Galloⁿᵉ galāō ◡⌣, Pl. -eⁿ f.: Borte an Kleidern. – Anm.: it. *gallone* Tresse, Besatz.

Galluri m.: dummer, alter Kerl.

Gallus -ă-, meist Galle -ę̆-, S. -ī-, flekt. -eⁿ -ə; Gall m.: **1.** Name des Heiligen. Sein Tag, (St.) Galleⁿ, (St.) Galleⁿtag ist der 16. Okt. – *G.* ist ein wichtiger Zeitpunkt im Bauernkalender. An G. muß Wiese und Feld geräumt werden. Von G. an ist daher die Nachlese von Obst erlaubt, s. *gallen.* – **2.** *Galle -ę̆* Dummkopf, Simpel.

galoppeⁿ schw.: = *galoppieren.*

Galopper m.: **1.** einer, der es eilig hat. – **2.** verkommener Bauer FRK. – **3.** Pferdehändler, Wasenmeister, Abdecker.

galoppiereⁿ schw.: wie nhd., vom Pferd wie vom Reiter. S. a. *galabren, galoppen.*

Galopp-schiß m.: Diarrhoe.

Galoschᵉ gālǫš ◡⌣, Plur. -eⁿ f.: Überschuh, Gummischuh.

Galster I gälštər n.: Gespenst, Ungetüm. Bösartiges, schlechtes, leichtfertiges Weib. OSCHW.

Galster II f.: Elster ILLER.

gälstereⁿ -ę̆- schw.: **1.** hart behandeln, quälen. – **2.** immer fort husten, heulen, schreien.

gälstrig -ę̆- Adj. Adv.: aufgebracht, verwirrt.

galt -ă-, O. (NO.) gält -ę̆- Adj.: **1.** unfruchtbar, nicht trächtig, von Haustieren. – **2.** übtr. unfruchtbar, leer, erschöpft.

Galt-alpᵉ, Plur. -eⁿ f.: Alpe, Bergweide für Jungvieh ALLG. TIR. Wie die *Sennalpen* für die Milchwirtschaft bestimmt sind, so dienen die *G-en* der Aufzucht von Jungvieh. Sie sind gewöhnlich höher gelegen als jene. – Galt-berg m.: Der ganze Alpenbezirk wird im ALLG. in 3 Klas-

sen geteilt: Sennalpen *Sennberge*, Jungviehal-
pen *Galtberge*, und Bergheuet *Berghoibat*.
Galt-geiß f.: alte Rehgeiß, die nicht mehr trächtig
wird, Jägerspr. – Gält-hab^e -$\breve{e}$- f.: Schmalvieh.
– Galt-haus n.: Haus auf der Jungviehweide.
– Galt-hirt m.: Jungviehhirt.
Galtner m.: Senner auf einer *Galtalpe*.
gältrich Adj. Adv.: nicht trächtig. – Vgl. *galt.*
Gält-schaf -$\breve{e}$- n.: nicht trächtiges, unfruchtbares
Schaf.
gamb- s. *gamp-.*
Gamel usw. s. *Gammel* I usw.
gamen s. *gaumen.*
gamfen s. *ganfen.*
Gamfer m.: Kampfer.
Gammel I *găml*, Gämmel *gĕml* m. (ohne Pl.):
Ausgelassenheit. *Gammel* Jubel, Freude, Lust-
barkeit. Gew. aber tadelnd, meist in der Form
Gämmel. Auch pers.: einer, der vor Ausgelas-
senheit nicht weiß, was er anstellen soll.
Gammel II f.: *faule G.* junge, faule Weibsperson,
die arbeiten könnte.
gämmelich (-lig) *gĕməl-;* gamm-; daneben
gämmelisch Adj.: alt = lustig, spaßhaft. Mod.
verschieden nüanciert. Übermütig ausgelassen,
bes. soweit sich das durch beständige Unruhe
ausdrückt. Oft von Pferden gesagt. Kindern, die
im Übermut immer unruhig sind, kichern udgl.,
sagt man: *Sei net so g.* Geil, sexuell aufgeregt,
von Mann und Weib; *g-s Luder.*
Gammel-tag m.: Tag ohne Arbeit und ohne kirch-
liche Feier.
Gampel s. *Gammel* II.
gampe^n *gămbə*, gample^n, gampere^n; gampfe^n
gǫmpfə ALLG. schw.: schwanken, schaukeln. –
Spez. vom Hinundherbewegen der Beine. Z. B.
von dem auf der Stelle Treten beim Verhalten
des Urins. Bes. aber beim Sitzen: die Beine oder
auch den Sitz beständig hin und her bewegen,
dabei auch mit den Füßen anstoßen.
gamperen s. *gampen.*
gampfen s. *gampen.*
gämpisch, gampisch Adj.: *gampisch* = *gämme-*
lig, ausgelassen. *Gämpisch* geil, überlustig; bes.
wild springend von Pferden.
gamplen s. *gampen.*
Gamt s. *Gant.*
Gän-aff^e m.: *G. feil haben*, Maulaffen f. h.: müßig,
dumm herumlungern.
ganfe^n *gănfə;* gam(p)fe^n schw.: stehlen. Spez.:
eßbare Gegenstände stehlen.
Gang *găŋ*, Pl. Gäng^e *gĕŋ*, s. -$\breve{e}$- m.; Demin.
Gängle^{in} n.: **1.** das Gehen überhaupt, der ein-
geschlagene Weg, die Art zu gehen. – **2.** das
einmalige Gehen. a. die Bewegung selbst. *Ei-*
nen G. machen, tun. Spez. *Metzgers-, Bitt-,*
Flur-, Untergang u. ä. – b. so viel man auf einmal
tragen kann. *Ein G. (Gängle^{in}) Gras, Klee,*

Heu, Holz udgl. – **3.** in der Mühle die Gesamt-
heit der von einem und demselben Rad getrie-
benen Teile; vgl. *Mal-, Kopp-, Gerbgang.* – **4.**
Weg zum Gehen. a. im Haus, langgestreckter
Vor- oder Zwischenraum zwischen den Gelas-
sen. Vgl. *Hausgang, Laube.* – b. im Freien. In
Städten schmale, nur zum Gehen bestimmte
Gasse. Im Garten: wie Rebgang, Laubengang.
Gang-ader, Pl. -ere^n f.: Kniekehle. Syn. *Geäder,*
Kniebiege.
gäng^e *gĕŋe*, s. *gĕŋ* (auch *gang*) Adj.: akt.: gehend. a.
eig.: gut zu Fuß, rüstig. Von Menschen und
Tieren. – b. von andern Dingen: rasch gehend. –
c. geläufig, gangbar, üblich. Bes. *g. und gäb*, in
dieser Verb. auch *gang. G. u. g.* wie es Mode,
Gebrauch ist.
gangele^n schw.: gemächlich tun.
gängelen s. *ginkelen.*
gangen s. *gehen.*
Gang-fisch m.: der Bodenseefisch Coregonus fera.
Syn. *Adelsperle, Adelfelchen, Adelfisch, Sand-,*
Weiß-, Miesaderfelchen, Weißgangfisch, Sand-
gangfisch.
gängig, gangig Adj.: **1.** *gangig* gehend. – **2.** *gängig*
= *gänge.*
Gang-sau f.: Schwein, das noch mit auf die Weide
geht, opp. *Mastsau.*
gang und gäbe s. *gäbe, gänge.*
gankele^n *găŋgələ* schw.: intr. mit haben: langsam
schwingen, von einem aufgehängten Gegen-
stand; speziell: schlecht, nicht im Takt läuten. –
Gankeler m.: alles, was herabhängt und sich
leicht bewegt; so auch der Glockenschwengel;
langer Mensch.
gä^n-maule^n schw.: = *Gänaffen feil haben.*
Gans, Pl. Gäns^e f.; Demin. Gänsle^{in}n.: Gans.
1. das Tier. – **2.** Pl. *d^{ie} Gä^{n}s^e* (Demin. *Gä^{n}sle^{in}*)
die durch Kälte, Schauder, Schrecken entste-
hende Gänsehaut. – **3.** für Menschen. Schimpf-
wort für ein dummes Weib, weniger plump als
Ku. Dumme G. – **4.** Demin. *Gä^{n}sle^{in}* Penis.
Ga^{n}s-blum^e, Gä^{n}s- f.; Demin. -blümle^{in} n.: Na-
me verschiedener Pflanzen. **1.** *Gä^{n}sblümle^{in}*,
Bellis perennis L. Syn. *Gansringelein, Göcke-*
lein, Buntblume, Monatblümlein, Monaterlein,
Munzelein, die gefüllte Gartenform *Maßlieb-*
chen, Bellis hortensis L. – **2.** *Ga^{n}s-, Gä^{n}s-blume,*
große G., die gewöhnliche Wucherblume oder
Margerite, Chrysanthemum leucanthemum L.,
auch *Maßliebchen.* – **3.** *Ga^{n}sblum^e* Löwenzahn
oder Kuhblume, Taraxacum officinale Web.
Ga^{n}s-dreck m.: Gansmist. *De^n G. ziehe^n* vergeb-
liche Arbeit tun. *E^{in} rechter G-zieher* der alles
in die Länge zieht.
Ganseler *găntsələr, găsələr, gāosələr* m.: Gänse-
rich.
Ganser (o. ä.) m.: Gänserich. Form. Ganser(t)
găntsər, găsər, gănsərt, gāosər, gāosərt, gǫŋsər,

gǫsər; Gans(n)er, Gansger(t), Ganz-
ger(t): *gắntsgər, gắnsgərt, gắsgər, gắsgərt;*
Gä^{n}ser *gäïsər, gĕ͂ntsər;* Gänsger(t), Gänz-
ger(t): *gĕ͂ndsgər, gĕ͂ntsgət, gĕ͂ntsgər, gĕ͂tsgər.*
Ga^{n}s-esper *gäösęǝśpər* m.: **1.** Bachbunge, Veroni-
ca beccabunga L. – **2.** Pflanzengattung Gänse-
fuß, Chenopodium L., bes. der Gute Heinrich,
Chenopodium bonus-henricus L.
Ga^{n}s-füdle n.: Hinterteil der Gans.
Ga^{n}s-fuß m.: **1.** eig. – **2.** = *Gansesper* 2., nach der
Form der Blätter. Syn. *Docke, Heiner, Molde,
Mulde(nkraut), Schmälzeleskraut, Schmotzen-
heiner, Wilder Spinat, Storchenschnabel.* – **3.**
Demin. *Gäns^e-füßle^{in}* Pl.: Anführungszeichen.
Gansger, Gansgert, Gänsger(t) s. *Ganser.*
Ga^{n}s-g^{e}reusch, Gä^{n}s- n.: Gänseklein.
Ga^{n}s-kar *khär* n.: Ganskachel, mit einem Schnäuz-
chen, das Fett abzuschütten. – Ga^{n}s-kätter
f.: Scheltwort für ein dummes Weibsbild.
Ga^{n}s-kraut, Gä^{n}s - n., Gä^{n}serich m.: Gänse-
Fingerkraut, Potentilla anserina L.
ga^{n}s-ledig Adj.: *g.* ist man zw. 14 und 17 Jahren.
Vgl. *bonen-, furz-, hunds-l.*
Ga^{n}s-nest *gǫsnęǝ̆št* n.: ein Gericht, im wesent-
lichen Mischung von *Sauerkraut* und *Knöpfle^{in}*
(d. h. *Spätzle^{in}*).
Gä^{n}s-stock m.: Acker-Hundskamille, Anthemis
arvensis L.
Ga^{n}s-veigele^{in} n.: Gänseblume, Bellis perennis L.
Gant *gänt; gǎmt* f.: Zwangsversteigerung, Kon-
kurs. Vgl. *verganten.*
gante^n schw.: öffentliche Versteigerung abhalten.
Gant(n)er m.: Lager, Ständer, Verschlag.
Gänzing *gĕ͂tsę̆ŋ;* Gänzling *gäïtslïŋ* m.: **1.** Gänse-
rich. – **2.** dummer Mensch.
gao s. *gehen.*
gap(l)en s. *gopen, goplen.*
gappen s. *knappen.*
gar *gär;* FRK. *gǫr, gōr;* als Adv. *gär gę̄r* und *gär*
Adj. Adv.: A. Adj. Nur prädik., nie attrib. **1.**
in positivem Sinn: vollständig. Gew. *ganz* oder
in der allgem. verbr. Verb. *ganz und g.* – **2.** in
neg. Sinn: *gar sein* aus, alle sein. Das Brot,
Mehl, Essen, Faß, der Wein im Faß, irgendein
Vorrat *ist g.* – B. Adverb. **1.** wie das Adj.:
vollständig. Limitiert: *fast gar* ⌢ beinahe. In
ders. Bed. *schier gar* ⌢, auch zu *šiəgər* gekürzt.
– **2.** in andern Fällen hat *g.* (wie *ganz*) mehr eine
steigernde, aber hervorhebende Funktion. Ins-
bes. *g. alt* ⌢ älter als etwas, das als *alt* bez. wird.
gar-a^b: adv. Verb.: *Der Fuß ist g. a.* ganz ab.
gar-aus ⌢: **1.** adv. Verb.: ganz aus. *Jetzt ist's g. a.* –
2. Subst., m.: wie nhd. *Einem den G. m.*
Garbe^n-binder m.: das fertig gekaufte Seil zum
Garbenbinden (lebhaft gefärbt), das die seit al-
ters übliche, selbst angefertigte *Wide* verdräng-
te. – Garben-heber m.: Knecht, der die Gar-
ben *hebt,* bietet.

Garbe^n-kraut n.: Wiesen-Schafgarbe, Achillea
millefolium L.
Gärble^{in} *-ę̆-* n.: **1.** kleine, aus verschiedenen Ge-
treidearten zusammengestellte Garbe, die als
eine Art Strauß in der Stube (auch beim Ernte-
dankfest auf dem Altar in der Kirche) aufge-
stellt wird. – **2.** Ähre, bes. des Wegerichs.
Gargel *gärgl* (Pl. Gargle^n) f.: der Falz am äußern
Ende der Faßdauben, in den der Faßboden ein-
gelassen wird; ebenso bei anderem Kübelge-
schirr.
Gar-nichts m.: außer der freien Verb. *gar nichts*
auch Subst.: *der G. sein* nichts wert, nutz sein.
Gar-niema^{n}d(s) m.: außer der freien Verbindung
g. n. auch subst.: *der G. sein* nichts wert, nicht
geachtet sein. *Da ist ma^n der G.*
garre^n *gärə* schw.: knarren, von einer schlecht ge-
schmierten Tür oder Wagenachse, von der
Schuhsohle, vom hartgefrorenen Schnee.
gärtle^n *-ę̆-* schw.: ohne Obj. mit haben: (kleine)
Gartenarbeiten tun, bes. zu Anfang des Früh-
jahrs; den (Gemüse-) Garten bestellen.
garze^n schw.: = *garren,* knarren.
Gäß s. *Geässe.*
Gass^e *gäs,* Pl. Gasse^n *gässə,* auch Gassene^n f.;
Demin. Gäble^{in} *gę̆-* n.: **1.** die Straße in Dorf
oder Stadt. Dafür ist *G.* die alte Benennung. –
Bes. im Gegensatz zum Innern des Hauses. Die
Kinder wollen immer *auf de G. sein, auf die G.
gehen;* vgl. *Gassenbube, Gassenvogel. Zu Haus
ein Teufel, auf der G. ein Engel;* s. *Gassenengel.*
– **2.** übtr. in- und außerhalb der Ortschaft heißt
ein von Hecken oder Zäunen eingefaßter Weg
G., Gäble^{in}; auch kann ein eingeschnittener
Hohlweg *G.* (vgl. hohle G.) heißen.
Gasse^n-bese m.: grober Besen zum Gassenkeh-
ren. – Gasse^n-bu^{be} m.: Bube, der immer auf
der Gasse ist; grober, böser, unfolgsamer Bube.
– Gassen-engel m.: ein andern gegenüber
liebenswürdiger, zu Haus grober und roher
Mensch heißt *G., Hausteufel.* – Gasse^n-hur^e
-huər f.: öffentliche Hure. S. a. *-mensch.* – Gas-
se^n-jodel *-jǫdl* m.: ungezogener Gassenjunge.
– Gasse^n-mensch n.: = *-hure,* doch milder. –
Gasse^n-vogel m.; Demin. -vögele^{in} n.:
Kind, das gerne auf der Gasse herumläuft.
gastiere^n *gäštiərə* ◡′◡ schw.: bewirten.
gätsche^n schw.: hinken. Vgl. *gautschen.*
gatte^n schw.: ordnen, anordnen, anstiften; häufi-
ger *angatten.*
Gatter m. (n.), Demin. Gätterle^{in} n.: **1.** Gitter-
türe, Tor aus Latten, Brettern u. ä. am Feld-
zaun, Etterhag, auch vielfach eisernes Gitter-
tor; jetzt mehr vom Gartentor u. ä. – **2.** kleines
Gitter. – Schranke vorn und hinten am Leiter-
wagen, um dem Heu (Garben) Halt zu geben. –
3. vergittertes Käfig, wie es besonders zum
Transport von Schweinen verwandt wurde. – **4.**

Kies- und Sandsieb. Vgl. *gatteren.* – **5.** in der Sägemühle der Rahmen aus Balken, in dem das Sägblatt auf- u. niedergeht.

Gätter *-ĕ-* n. m., Demin. -le^{in} n.: **1.** n. Gitter. Spez. der vergitterte Hühnerstall, Vogelkäfig. – **2.** m. a. Gitter. – b. = *Gatter 1,* Gittertüre an Zäunen udgl. ALLG. – **3.** Gesäß der Frau. *Sie hat e^{in} dinn^{e}s G^{e}äd^{e}r* (Handgelenk) *und e^{in} fest^{e}s Gätter.*

gattere^n *-ä-* schw.: Sand, Kies, Erde durch ein großes Sieb, *Gatter* werfen. Vgl: *reden.*

gätterig Adj. Adv.: **1.** nicht dicht. *Ein g-es Kraut* nicht fest geschlossener Krautkopf; *eine g-e Suppe* dünne. – **2.** ausgelassen lustig.

gattig *(-ä-* FRK.*)* Adj. Adv.: was sich *gattet,* fügt, eine *Gattung,* Art hat. Von Sachen: geschickt, passend, angenehm. *E^{in} g-s Plätzle^{in}. Ein g-es Haus.* Von Personen: artig, brav, gut geartet. S. a. *ungattig, gattlich.*

gattige^n schw.: trans., sortieren, die Dinge nach ihrer *Gattung* auseinander suchen und zusammen legen. FRK.

gattlich, g a t t e l i c h ; NO. g ä t t l i c h Adj. Adv.: = *gattig,* von Sachen und Personen.

Gattung *gắdĕŋ* ⁀, S. N. *-iŋ* f.: Art. Positiv: gute Art. Bes. negiert: *Des hat kei^{ne} G.* taugt nicht. *Des hat kei^{ne} Art und k. G.*

gatzge^n; daneben g a t z e ^{n} FRK.; gätzge ^{n} *-ĕ-,* gätze ^{n} FRK. schw.: **1.** gackern, von der Henne. – **2.** stottern, stammeln. – **3.** *gatzen* bellen, vom Hund FRK. – **4.** den *Gäcksger,* das krampfhafte Aufstoßen haben.

Gatz(g)er m.: Stotterer.

G ä t z (g) e r s. *Gäcksger.*

g a u s. *gehen.*

Gäu *gae; gai, gei* S.; *gā* FRK. n.: freies offenes, fruchtbares Land, Gegend; Land (opp. Stadt), Ebene (opp. Gebirge); fruchtbare Gegend. – Spez. für gewisse fruchtbare, waldarme Gegenden. Z. B. *Oberes Gäu, Strohgäu, Zabergäu, Hecken-, Schlehengäu.*

Gauch *gao(χ)* m.: **1.** Kuckuck. Jetzt meist veraltet und durch *Kukuk* verdrängt. – **2.** Narr, Tor, Laffe.

gäuche^n *gaeχə;* g ä u k e ^{n} *gaekə* schw.: **1.** refl., *sich g.* sich als *Gauch* benehmen. a. sich närrisch stellen. – b. sich verstellen, simulieren. – c. sich hoffärtig, geckenhaft, affektiert benehmen in Worten und Haltung (Gang), großtun, sich brüsten, sich spreizen, sich viel einbilden. – d. sich zieren; spröde sein, von Frauenzimmern. – e. kindisch mit Kindern spielen; sich freundlich mit jemand abgeben. – f. lärmen, sich erhitzen, in Eifer kommen; in Zorn geraten. Übermäßig angestrengt arbeiten; hastig tun, rennen, jagen. – **2.** betrügen, übervorteilen. – Zu *Gauch.*

G a u c h e r t s. *Gaufe.*

Gaude *gəudĕ* m. f.: **1.** f. laute Freude, Lustbarkeit,

Spaß, Possen. – **2.** m. lächerlicher Mensch. Vgl. *Gaudel.*

Gaudel *gəudl,* Plur. G a u d l e ^{n} f.: großes, läppisches Frauenzimmer.

gaudiere^n *gəu-* schw.: ergötzen, belustigen.

gaudig *-ou-* Adj.: spaßhaft, lustig, *Gaude* gewährend.

Gaufe f.: hohle Hand (voll). A. Formen. G a u f^e *-ao-* – G a u f l e t (e) *-əd(ĕ);* G a u f n e t, G a u f e - t (e) ; G ä u f e t (e) *gae-* – G a u f e r t *-ao-;* G a u - c h e r t – G ä u p f e *-ai-.* – B. G e b r a u c h. **1.** hohle Hand. – **2.** eine (hohle) Hand voll, was in eine oder zwei zusammengehaltene hohle Hände gefaßt, von ihnen umschlossen werden kann. (Dagegen *Hampfel* Inhalt der geschlossenen Hand.) *Eine G. Mehl, Salz, Geld u. ä. Eine G. Futter, Heu* große Gabel voll.

gäufet Adv.: beide Hände voll. – Zu *Gaufe.*

g a u g -, g ä u g - s. *gauk-, gäuk-.*

Gaukel I *-ou,* gew. Plur. G a u k l e ^{n} f.: Gaukeleien, Possen ALLG. Häufiger das Demin. *Gäukelein,* s. d.

Gaukel II f.: übergroßes Frauenzimmer, großes Mädchen. Vgl. *Gaudel. G. -āō-* plumpe, ungeschickte Person.

Gäukel *-ae-* m.: ein Kartenspiel, G ä u k e l s p i e l, mit deutschen Karten, den G ä u k e l - k a r t e n. Man *macht, tut, spielt einen G.,* man *gäuklet* (s. d.).

Gäukele^{in} *-ae-* n.: kleiner Unschick; Schaden, Fehler, kleiner Unfall.

G a u k e l f u r s. *Gugelfur.*

Gaukel-hans m.: Gaukler, Schwindler.

gaukelig Adj.: was *gaukelt,* schwankt, nicht fest steht. Z. B. *Ein g-er Tisch.*

Gäukel-kart^e f.: Karte zum *Gäuklen.*

Gäukel-spil n.: = *Gäukel.*

gauke^n I schw.: **1.** sich hin und her bewegen, schwerfällig schwanken. Syn. *gautschen, gampen, gägen.* – **2.** knarren, von alten Türen, Gebäuden, Ästen.

gauke^n II *-ǫu-* S. *-ǫu-* schw.: auf dem Rücken tragen, Huckepack tragen.

gaukle^n I *-ao-* schw.: **1.** Narrenpossen treiben. – **2.** schwanken, wackeln. Ein Tisch, ein Betrunkener *gauklet.* – **3.** sich auf den Kopf stellen und überwerfen. Ein Rad schlagen. – **4.** trans., hin her bewegen.

gaukle^n II *-ŏ-* schw.: auf dem Rücken (oder den Schultern) tragen.

gäukle^n *-ae-* schw.: ohne Obj.: *Gäukel* (s. d.) spielen.

Gaukler *-ao-* m.: **1.** wie nhd. Mensch, der mit allerlei Kunststücken seinen Erwerb sucht. – **2.** unsicher gehender Mensch.

Gaul *gəul,* FRK. *-au-,* RIES *-ao-,* Plur. G ä u l^e *-əi-* m., Demin. G ä u l l e^{in} n.: **1.** Gaul, Pferd. – Bildlich übtr.: *Dem geht der G. durch; Der G. geht* *mit ihm durch* die Leidenschaft. *Halt^e de^n G. a^n* tu langsam. *Mach^e mir (nu') de^n G. net scheu!* reize mich nicht, lüge mich nicht so an. – **2.** Pflanzennamen. a. *halber G.* = Roter Gänsefuß, Chenopodium rubrum L. – b. *Gäul^e* Bohnenkerne, genauer: Kerne der Feuerbohne, Phaseolus coccineus L. *Saure Gäul^e* Bohnenkerne als Fastenspeise.

Gaul-kümmich m.: Wiesen-Bärenklau, Heracleum sphondylium L. Syn. *Roßkümmich, Kreuzerlein, Stengel, Schärtel, Bärentape, -tatze.*

Gäulle^{in} n.: Demin. zu *Gaul,* s. d. Bes. von Kinderspielen: *Gäulle^{in}s (-ĕs, -ĭs) tun:* die einen werden als Pferde eingeschirrt. *Hotto hotto Gäulle^{in}, der Müller schlägt sei^n Säule^{in}* u. ä., Kinderreim.

Gäuls-kur -khūr f.: sehr starke Kur, Roßkur. Frk.

Gauls-strick m.: Krauser Ampfer, Rumex crispus L., auch für Stumpfblättrigen Ampfer, Rumex obrusifolius L., gebraucht.

Gaul-weg m.: Fahrweg.

gaume^n gŏmə, -ŏ-, -ŭ-; -ǫ̆- Allg.; -āō- schw.: das Vieh hüten. Meist aber: das Haus hüten, Kinder hüten, zu Hause bleiben in Abwesenheit der übrigen Hausbewohner, besonders während des Gottesdienstes, eines Festes, der Feldarbeit Oschw. Allg.

gaun s. *gehen.*

Gauner s. *Jauner.*

gau(n)s(g)e^n schw.: knarren, von Türen, Wetterfahnen *(gāēsə),* Schuhen; seufzen, klagen *(guitsgə).* – Gäuzger *guitsgər* m.: Mensch, der viel seufzt.

gaure^n gəurə, S. gūrə; gäure^n gəirə, S. gīrə schw. (Part. -ət): **1.** = *garren* knarren, von Tür, Wagen, Schuhsohle, Schnee S. – **2.** girren, von der Taube.

Gautsch^e I -əu-, S. -ū-, flekt. -e^n f.; Demin. Gäutschle^{in} -əi-, -ī- n.: **1.** Faulbett, Lotterbett, hölzernes Kanapee oder Pritsche, Ofenbank, meist mit Spreuer, Stroh oder Gras gepolstert, gewöhnlich in der Nähe oder hinter dem Ofen der Bauernstube; darauf ruht der Bauer nach dem Abendessen aus, während die Nachbarn um ihn herumsitzen. – **2.** übtr. faule Weibsperson.

Gautsche -ĕ II -əu-, -äu-, Pl. -e^n f., Demin. Gäutschle^{in} n.: Schaukel; im SW. dafür *Gäutschete,* s. d., Kinderschaukel.

gautsche^n -əu-, -äu- schw.: schaukeln, schaukelnd (sich) hin und her bewegen, wiegen, schwanken, trans. und intr.

Gäutscheri^n gae- f.: weibliche Person mit wackeligem Gang.

Gautschet^e, -äu- (s. zu *gautschen*), auch -ez, f.: Vorrichtung zum Schaukeln, Schaukel. – Demin. Gäutschetle^{in} gaetšətlĕ n.: spez. die zu beiden Seiten des Garbenwagens zwischen Vorder- und Hinterrad, da, wo in der Mitte der Leitern die *Schwingen* fehlen, angebrachte Vorrichtung, aus mehreren durch ein Holz laufenden Seilen bestehend, zur seitlichen Festhaltung der Ladung.

gauze^n -au- schw.: **1.** bellen, vom Hund. – **2.** schreiend, laut reden. – **3.** heftig husten, bes. wenn man einen rauhen Hals hat. **1.** – **3.** Frk.

Gäuzger s. unter *gaunsgen.*

gäuzlen s. *götzlen.*

G^e-äcker(ich) n.: = *Äckerich,* Ernte an Bucheln und Eicheln, Waldmast; Syn. *Kes, Mast.*

G^e-äder gĕdər n.: **1.** Gesamtheit der *Adern,* d. h. Adern, Sehnen, auch Nerven und Därme, im menschlichen und tierischen Körper. – **2.** spez. von den *Adern* der Extremitäten. Sehnen an Händen und Füßen. Insbes. die Beugeseite der Gelenke und zwar: a. zumeist das Handgelenk, spez. dessen innere Seite, wo der Puls gefühlt wird. – b. Kniekehle. – c. vom Fußgelenk selten.

G^{e}äder-händsch^{üh}le^{in} n.: = *-stützle^{in}.*

g^e-aderig gŏdərïχ Adj.: voll Adern.

G^{e}äder-stutze^n; meist Demin. -le^{in} n.: Pulswärmer, *Stößer,* warme Umhüllung des *Geäders* 2 a.

G^{e}äder-werk n.: Aderwerk, Menge von Adern.

g^e-afterberge^n schw.: = *after-.*

g^e-arschet gā(r)šət Adj.: mit breitem Arsch versehen, bes. von Baumstämmen.

G^e-äss^e g(ĕ)ĕs n.: Essen, bes. schlechtes; von der Nahrung oder von dem Akt des Essens. *Für's Häß und für's G. diene^n* ohne Entlöhnung.

G^e-ät gĕt n.: = *Ät,* Unkraut.

g^e-auget Adj.: Augen habend; doch nur mit bestimmendem Vorsatz: *blau-, brau^n-, schwarz-, katze^n-, klei^n-, groß-, sau-g.*

ge(n) s. *gegen.*

gebachen (gebacken) s. *bachen.*

Gebäch(t) s. *Bäch(t).*

Ge-bäff^e n.: bissige Entgegnung, Widerbellen. – Gebäffel n.: Geschwätz, Gezänke. – Gebäffer n.: dass. – S. *bäffen.*

Ge-balader -bălă- ∪∪′∪ n.: Geschwätz.

Ge-bänd^e, Geband n.: **1.** Kopfbinde, Kopfputz der Frauen. – **2.** ^{Ge}bänd^e bĕnt Viehhalsstrick. Syn. *Hälsling.*

Ge-bästel -bĕ- n.: das *bästlen;* auch etwa die so verfertigte Arbeit.

Gebbel s. *Göpel.*

Ge-belfer -ĕ- n.: Gekläffe, Gemaule.

gebe^n st. schw. A. trans. **1.** weggeben, hergeben. – **2.** schenken. a. von Gott. *Des muß ei^{ne}m ^{ge}gebe^n sei^n. Gott gebe.* 1) Form: gŏgĕə ∪′∪; gǫkhĕ; gügĕə; gükhĕə; khǫkhĕə; khükhĕə – 2) Bedeutung: zunächst einfacher Wunsch: „Er wird schon wieder gesund werden!" Antw.: *gǫgĕə!* Geb's Gott! Dann Ausdruck des Zweifels, der Verwunderung als bloße Interj.: *G. g.!* „ich will doch sehen, wie es ihm noch geht". Wenn einer irgendein Kunststück odgl. unternimmt, z. B. nach einem Ziel schießt, sagt man vorher: *Jetz^t g$\breve{o}$g$\bar{e}$ə,* d. h. ich will sehen, ob's gelingt. „Guck her!" (Volksetymologie!). Mit folg. Fragewort: *G. g. wo(her)!* ich möchte nur wissen wo(her), keineswegs! *G. g. wie?* wie denn? *G. g. was?* was dann? Sonst nur mit folg. indir. Fragesatz: *G. g., was au^{ch} aus dem Bube^n wird (werd^e)! G. g., ob er au^{ch} wieder komm(t)! G. g., ob's morge^n regne(t)! G. g., was der für eine krieg(t)!* – b. von allen Arten von schenken. *Wer me^{hr} gibt als er hat, ist e^{in} Lump.* – **3.** in abstrakter Verwendung. – *Ei^{ne}m d^{ie} Zeit g.* einen grüßen. – *Du geist's ihm, hast's ihm ^{ge}ge^{b}e^n!* hast das Richtige getroffen, hast's ihm gesagt! – **4.** hervorbringen, ergeben. *Der Acker geit nix. Jetzt gibts e^{in} Stück* geht die Sache voran. *Aus Kinder^n geit's Leut^e.* – B. refl., *sich g.* sich ergeben. *Es wird sich g.; Er gibt sich* willigt ein, fügt sich. *Si^{ch} ge^{ben}* nachgeben, sich beugen (mit persönlichem Subj.), *si^{ch} unter ein^{en} ge^{ben}* sich einem unterordnen. – Dann auch mit sachlichem Subjekt: *Der Luft geit si^{ch}* der Wind läßt nach; *^{da}s Britt hat si^{ch} ^{ge}ge^{ben}* hat nachgegeben, ist geschnappt.

Gebet-glock^e f.: Glocke, die zum Abendgebet mahnt; gew. *Betglocke*. – Gebet-hölzle^{in} n.: eine Art Rosenkranz, etwa 25 cm langes Stück Tannenholz mit 3 oder 4 Reihen Kerben.

Ge-bettel n.: Bettelei, fortwährendes Betteln. *Des G. hört jetzt auf!* Häufig: *Gebittel und G.*

Ge-biegel -$\bar{\imath}$ə- n.: Gewinkel, winkliges Bauwesen. S. *Biegel.*

Ge-bimmel n.: Geläute.

Gebittel s. *Gebettel.*

Ge-bläk^e n.: Geheul.

Ge-bläschg^e -$\ddot{e}$- n.: schwerer Atem. S. *bläschgen.*

Ge-bläster -$\ddot{e}$ə- n.: Gekeuche, Gestöhn.

Ge-blisel -$\bar{\imath}$- n.: Geflüster. S. *blislen.*

Ge-blüt -$\bar{\imath}$ət, -blut -$\bar{u}$ə- n.: **1.** wie nhd., Blut. – **2.** Menstruation. – Geblüts-veränderung f.: das Aufhören der Menstruation.

Ge-bockel -$\breve{o}$- n.: Gepolter. S. *bocklen.*

Ge-borz^e n.: unruhiges Verhalten, von Kindern. S. *borzen.*

Ge-bossel n.: das *boßlen,* s. d.

Ge-brägel -$\ddot{e}$-, -$\ddot{e}$ə- s. *bräglen* n.: umständliches, langweiliges Geschwätz.

Ge-brall n.: lautes Geschrei, Geheul.

Ge-bratzel -$\ddot{a}$- n.: Geprassel, in allen Bedd. von *bratzlen* (s. d.).

gebratzlet(-voll) s. *bratzlen.*

Ge-bräug -ae- n.: heftiges Geschrei, von Kindern. S. *bräugen.*

Ge-brell^e -$\ddot{e}$- n.: Geheul, unanständiges Rumoren, Lärm.

Ge-brockel n.: das *brocklen;* auch das Zerbröckelte, herumliegende Brosamen, etwa v. Kindern, die beim Essen das Brot zerbröckelt haben.

Ge-brotzel -$\breve{o}$- n.: das *brotzlen* (s. d.). *Der Koch hat ein G. mit seinem Braten* u. ä.

gebrotzlet-voll s. *brotzlen 4.*

Ge-brudel -$\bar{u}$- n.: das *brudlen 2 d,* unzufriedenes, widerwärtiges Murren.

Ge-bumpel n.: bauschige, dicke Kleidung. S. *Bumpel 1, bumpelig.*

Ge-bumper -b$\breve{o}$m- n.: dumpfes Dröhnen, dröhnendes Gerumpel. S. *bumperen.*

Ge-burzel n.: das *burzlen,* Gepurzel. – geburzletvoll s. *burzlen.*

Ge-butzel (Ge-botzel) n.: das *butzlen,* Unreinlichkeit, Geschmier.

Geckele s. *Gockel.*

Ge-dalk n.: fortwährendes, unnützes Kneten.

Ge-datter n.: Geschnatter, Geschwätz. *Ha^{be}nt die e^{in} Geduder und Gedader mit e^{i}nand^{er}.* – Zu *dattern.*

Ge-diber -$\bar{\imath}$-, seltener -$\bar{\imath}$- n.: Geschwätz, bes. leises. – Anm.: aus dem Rotwelsch. – S. *diberen.*

Ge-dratel gədr$\breve{o}$dl n.: langsames Vorwärtsmachen, tadelnd. Daneben *Dratelei, Dratlerei;* s. *dratlen.*

Ge-dreckel n.: langsames, difteliges Arbeiten udgl. S. *drecklen 1.*

Ge-dresch^e n.: das Dreschen.

Ge-drucks^e n.: das *drucksen,* zögernd, stockend vorwärts machen; das Herumdrücken.

Ge-dud^{e}l gədüdl n.: **1.** *dudlen 1,* leierhafte Musik. – **2.** *dudlen 3:* anhaltendes aber nicht gerade starkes Trinken (kein Saufen).

Ge-duder gədüdər n.: *duderen,* Gestotter. Heimliches Getuschel.

ge-dulde^n schw.: ertragen, aushalten.

Ge-dusel -$\bar{u}$- n.: *duslen 1,* schläfriges Wesen, Hinträumen, träumerisches Umhergehen. Vgl. auch *Herumgedusel.*

Ge-düsel n.: das *düslen,* Flüstern.

Ge-düsem gədīsəm n.: das *düsemen,* Flüstern.

g^e-eische^n -ǫę-; -ǫə- st. schw.: mahnen, zur Zahlung auffordern.

G^{e}eß-nägele^{in} gə(ə)sn$\bar{e}$gəl$\ddot{e}$, -$\ddot{e}$l$\ddot{e}$ n.: **1.** Gewürznelke, Eugenia caryophyllata L. Oschw. – **2.** Syringa vulgaris L., spanischer Flieder Oschw.

G^{e}euter gəidər n.: Euter der Kuh SO.

G^e-fäll^e gf$\ddot{e}$l; Pl. g^{e}fäller, meist wohl = Sg., n.: **1.** physisch. a. vom Gefälle, Ablauf des Wassers und die Vorrichtung dazu. Scherzh.: *Er hat e^{in} gut^{e}s G.* kann gut trinken. – b. eine durch (von Natur oder künstlich) umgestürzte Bäume unwegsam gemachte Stelle. – **2.** übtr. a. Zufall, Glück. Opp. Ungefälle. – b. wie nhd., Einkunft, Abgabe.

ge-falle^n st.: **1.** wie nhd., a. etwas, jemand *gefällt mir.* Das und das *g^{e}fällt mir, g. m. wohl (gut). Jedem Lappe^n (Narre^n) gefällt sein^e Kappe^n.* – *Du g^{e}fällst m^{i}r!* ⌢⌣ iron. Ausdruck des Erstaunens und der Mißbilligung. Einer, für dessen Gesundheit ich sorge, *gefällt mir net (gar net).* –

b. *ich lasse mir etwas g.* α) im vollen Sinn: es gefällt mir wohl; mit starker Betonung dessen, was gefällt. *So lass^e i^{ch} mir's g.! Des lass^e i^{ch} mir g.!* – β) abgeschwächt: ich dulde es, mache nichts dagegen. *Ich ließe mir's g., wenn* usw. *Man braucht sich nicht alles g. zu lassen. Jetzt lass^e i^{ch} mir's g.* so stellt es sich annehmbar dar.

g^e-**fänterle**^{n} schw.: = *fänterlen,* spielen, tändeln ALLG. – G^{e}fänterle^{in}s-zeug *-tsuig* n.: Spielzeug.

G^e-**fänz**^{e} *gfę̈nts* n.: unnötiges Geschwätz, spez. überflüssige Ehrenbezeugung. S. *Fanz 1.*

g^e-**fär** *gfę̈r* Adj. Adv.: Adj. gefährlich, einem oder einer Sache nachstellend, sei's als Feind sei's als Liebhaber. *Die Katze ist den Mäusen, das Kind dem Zucker,* ein Wollüstling *den Weibern g^e-fär.* Auch in erster Person: *Dem bin i^{ch} g.; Dem b. i. net g.* es (er, sie) ist sicher vor mir.

g^e-**farb(e)t** *-ä-* Adj.: farbig.

G(e)-**far**^{e} n.: heftiges, häufiges Fahren; Herumrennen, Fahren mit dem Wagen udgl.

G^e-**färt** *gfę̈rt,* Pl. gleich n.: **1.** wie nhd., Fuhrwerk, doch vornehmer. – **2.** am BOD. die Last eines Schiffes, *Segner* genannt. – **3.** Weg, Bahn. – **4.** Spur. a. Wagenspur, Radspur. – b. Fährte eines Tieres. – **5.** Beigeschmack, gern im Demin. *Das Bier hat ein G-(le^{in}).* Bes. vom Wein, neben dem genaueren *Bodengefärt.* – **6.** Verfahren, Aufführung, Benehmen; bes. ungewöhnliches, Lärm, Unruhe udgl.

Ge-**fasel** n.: das *faslen,* Geschwätz.

g^e-**fatzet** Adj.: ausgefasert, vom Saum des Kleides.

G^e-**feg**^{e} n.: das *fegen* s.d.; bes. übtr. das Herumstrolchen.

Ge-**fest** n.: (häufiges, fortgesetztes) Feiern von Festen.

G(e)-**fick**^{e} n.: heftiges, wiederholtes Kratzen, Reiben.

G^e-**fider** n.: **1.** wie nhd., die Federn. – **2.** die Gesamtheit des Federviehs.

g^e-**fider** *-ī-* Adj.: flügge, vom Vogel.

g^e-**fideret** *-ī-* Adj.: **1.** mit Federn versehen, wie nhd. – **2.** übtr.: geschäftig, besorgt um Dinge, die einen nichts angehen.

G^e-**fisel** *-ī-* n.: feiner Wirrwarr. Spez. unleserliche kleine Schrift. S. *fiselen 2;* vgl. auch *Gefusel.*

G^e-**fitz**^{e} *-ī-* n.: das Fitzen.

Ge-**flann** n.: Geheul, Weinen RIES. Ebenso Ge-flenn, Gepfl-. Vgl. *pflennen.*

G^e-**flätsch**^{e} *-ę̈-* n.: verschüttete Flüssigkeit, dadurch entstehende Nässe, Lache. – S.a. *Gepflatsche.*

Geflätter s. *Pflatter 2.*

G^e-**flecht,** Plur. -er n.: **1.** wie nhd. Flechtwerk. – **2.** Hautkrankheit.

g^e-**fleck(l)et** Adj.: gefleckt. *Eine g-e Kuh* u. a. Verbreitet jedenfalls *geschecket,* s.d.

G^e-**flick**^{e} n.: Flickarbeit; Syn. *Flicket.*

G^e-**flöss**^{e}, -flöz^e, -floss^e, -floz^e n.: **1.** G^e*flöß* das Flößen. – **2.** G^e*flöß* Terrain, wo es [der Regen] gerne *flößt;* Spuren der Einwirkung des Regens auf dem Boden; vgl. *flößen.* – **3.** *Gefloz* Redeschwall. – **4.** G^e*floß* Fingerwurm, Entzündung am Fingernagel.

G(e)-**fluch**^{e} *-ūə-* n.: das Fluchen.

g(e)fochten s. *fechten.*

G(e)-**frag**^{e} *-ǭ-* n.: vieles Fragen.

G^e-**fräß** *-ę̄-,* G^e-freß *(-ęə-* usw.); Pl. (selten) -er n.: **1.** Akt des Fressens, Fresserei. – **2.** was man frißt. – **3.** Mund, überh. Gesicht. – **4.** *-ę̄-* Abfall, minderwertige Reste von allerlei Gegenständen; allerlei Abfall; Dinge, die nicht viel Wert haben. – **5.** Krankheiten. a. *Gefräß* Hautausschlag im Gesicht, am Kopfe. – b. die Schweine haben das *G.* = können wegen schlechter Zähne nicht mehr fressen.

g^e-**fräß** *-ę̄-* Adj. Adv.: = *gefräßig,* viel und gern essend, nicht heikel im Essen.

g^e-**fräßig** *-ę̄-* Adj. Adv.: **1.** wie nhd. – **2.** gern essend, nicht heikel, = *gefräß* (s.d.). Die Haustiere sind *g.* fressen alles Futter gerne.

G^e-**frett** *-ę̈-* n.: das *fretten.* Mühseliges, erfolgloses Arbeiten.

G^e-**fretterei** *-ę̈-* f.: übertriebene Bemühung.

G^e-**fretz**^{e} *-ę̈-* n.: **1.** das *fretzen 1.,* s.d. – **2.** Lärm.

g^e-**freund(et)** Adj.: verwandt.

G^e-**friere** *gfrīərę* f.: **1.** Kälte, Frost. – **2.** Schüttelfrost. – Vgl. *Gefrierne, Gefröst, Gefrüst.* – **3.** Tiefkühltruhe, -schrank.

G^e-**frierne** f.: Frost. Vgl. *Gefriere.*

G^e-**friß** *-ī-,* Plur. -er n.: **1.** = *Gefräß 2:* Essen, Speise. – **2.** = *Gefräß 3.* Entstelltes, unfreundliches, verdrießliches Gesicht.

Gefrör s. *Gefröre.*

G^e-**fröre** *gfraerę* f.: Frost, Hagel, Mißgewächs.

G^e-**frörer** m.: kaltes Fieber, Wechselfieber.

G^e-**frörne** f.: Eisbildung auf dem Bodensee.

G^e-**frörnis** *-ae-* f.: Frost.

G^e-**fröst** *-ę̈-* n.: **1.** Frost. – **2.** Fieberfrost, Erkältung. – **3.** Stelle, wo etwas erfroren ist. – Vgl. *Gefrier(n)e, Gefröre, Gefrüst, Gefrörer.*

G^e-**früst** f. n.: Frost. – Vgl. *Gefröst, Gefröre(r), Gefriere.*

G(e)-**fuchtel** *-ū-* n.: das *fuchtlen,* s.d.

G^e-**fugger** *-ū-* n.: Geschacher, bes. um Kleinigkeiten, bei Kindern. S. *fuggeren.*

G(e)-**fummel** n.: starkes, übertriebenes Reiben und Putzen.

G^e-**fusel** *-ū-* n.: schwer lesbare Schrift.

G(e)-**fußel** *-ūə-* n.: das eilige Gehen, Getrippel. S. *fußlen.*

Ge-**gacks**^{e} n.: widerwärtiges, langweiliges *gacksen.*

Ge-**gamp**^{e}(**l**) n.: fortwährendes *gampen,* s.d.

Ge-**gauz**^{e} n.: heftiges *gauzen 3,* Husten FRK.

Ge-**geißel** *gęgǫęsl* n.: Knallen mit der Geißel.

gegeⁿ *gěgə.* im S. auch *geg,* FRK. *gēïχə, gěχə;* kontrahiert **gei**ⁿ *gāē,* **ge**ⁿ *gě,* südl. *gĭ.* Präp.: in den verschiedenen ff. Bedd. mit Dat. und Akk. **1.** lokal. a. Lage gegenüber von etwas, in der Richtung auf etwas. *Gege*ⁿ *N. N.s Haus ist e*ⁱⁿᵉ *Röte* u.ä. – b. Bewegung auf etwas zu. In der Bed. des Ziels: zu, nach. In dieser Bed. meist die gekürzte Form *gāē, gēə,* noch mehr *gě,* südl. *gĭ,* selten volleres *gege*ⁿ *gěgə. Ge*ⁿ *Stuttgart, Tübinge*ⁿ*, Ertinge*ⁿ usw. – *ge*ⁿ *(gě, gĭ)* mit Inf. bei einem Verbum des Gehens für den Zweck. *Er gaht ge*ⁿ *mähe*ⁿ*, ge*ⁿ *dresche*ⁿ*, ge*ⁿ *bete*ⁿ*, ge*ⁿ *Holz mache*ⁿ*, ge*ⁿ *Brot esse*ⁿ zum Mähen usw. – **2.** bei temporalen Bestimmungen bez. *g.* die zeitliche Annäherung an einen Termin, wie nhd.

geᵍᵉⁿ**-der-händig** Adj.: was gegen der Hand hin ist: das links angespannte Pferd heißt *g.* SW. Syn. *zuderhändig.*

Geg(e)n(e) = Gegend.

geᵍᵉⁿ**-für** Adv.: im voraus.

Gegeⁿ**-schwäher** *-šwẹ̄ər* m., **-schwiger** f.: *G.* bezeichnet das Verschwägerungsverhältnis zwischen solchen, deren Kinder miteinander verheiratet sind; z.B. ist mein Vater *Gegenschwäher,* meine Mutter *Gegenschwiger* meines Schwiegervaters und meiner Schwiegermutter.

Ge-gilfᵉ n.: das *gilfen,* Winseln.

Ge-glüfel *-ī-* n.: kleine, zimpferliche Arbeit. S. *glüflen.*

Gegnet = Gegend.

Ge-grauzᵉ *-āō̃-* n.: das *grauzen,* Knarren.

Ge-grillᵉ n.: heftiges oder anhaltendes *grillen,* Hervorbringen eines grellen, hohen Tons.

Ge-grubel *-ū-* n.: das *grublen,* Bohren.

Ge-grüßᵉ *-īə-* n.: vieles, lästiges Grüßen.

Ge-guckᵉ n.: das *gucken.*

Ge-gurrᵉ *-ŭ-* n.: das *gurren,* Girren, von Mädchen.

gᵉ**-häb**ᵉ *khẹ̄b; -ai-* Adj. Adv.: = *behäbe,* fest, knapp. **1.** dicht, fest anliegend, fest verstopft, fest schließend. *Eine Tür ist g. zu, ein Stöpsel geht g.* usw. – **2.** übtr. a. genau, karg, geizig. – b. Adv. kaum, knapp.

Gᵉ**-häck**ᵉ *khẹk* n.: **1.** gehacktes Fleisch o.a. als Speise. – **2.** Häckerling. Syn. *Kurzfutter, Brüts. G. schneiden, machen.* – **3.** *G*ᵉ*hackt*ᵉ*s* zerstoßene (gemahlene) Rüben odgl. als Viehfutter, Syn. *G*ᵉ*mahle*ⁿᵉ*s, G*ᵉ*stoße*ⁿᵉ*s.* – **4.** Pl. *G*ᵉ*häckstele*ⁱⁿ Überbleibsel vom Essen.

Ge-häder n.: das *haderen,* Gezänke.

gehaglet s. *haglen.*

Gehai usw. s. *Gehei.*

Ge-hakel *-ō̃-* n.: unschöne Schrift. S. *haklen.*

G(e)-häkel *khẹ̄gl* n.: das *häklen.* **1.** Häkelarbeit; *sie hat e*ⁿ *ewig*ᵉ*s Gehäkel.* – **2.** übtr., lärmender Streit, Wortwechsel.

gᵉ**-halte**ⁿ *khäldə; -ā-* BAAR., *-ǫ-* ALLG. st.: aufbewahren.

Gᵉ**-happel** n.: unbesonnenes, verwirrtes, übereil-

tes Wesen im Reden und Handeln. – **g**ᵉ**-happelig,** **g**ᵉ**-happlet** Adj.: unbedachtsam, läppisch, ausgelassen. – S. a. *happelen* usw.

gᵉ**-hare**ⁿ *khǭrə* schw.: an den Haaren ziehen, raufen. – **g**ᵉ**-harig** Adj.: haarig, behaart.

Gehaspel n.: etwa für ein tadelnswertes *hasplen* gebraucht; *e*ⁱⁿ *ewig*ᵉ*s G.* haben schnelles, unverständliches Reden.

Gᵉ**-häß** *khẹ̣s* n.: = *Häß,* Anzug.

gᵉ**-hätschig** *-ẹ̄-* Adj.: ein Kind, das leicht *gehätscht,* zur Ruhe gebracht wird.

Gᵉ**-hau** *-ao-,* Pl. G ᵉ **-häu**ᵉ m. n.: = *Hau,* ausgehauene Waldstrecke, die wieder überwachsen soll.

Gᵉ**-häus** *-əi-; -ī-* S., *-ai-* FRK., *-ae-* RIES; Pl. **-er** n.: **1.** Bauwesen oder Teil eines solchen. – **2.** wie nhd., Umfassung, Gestell. Z.B. bei einer Uhr; deutlicher *Urengehäus.*

ge**hausen,** ge**hauset** s. *hausen.*

gᵉ**-hebele**ⁿ *khẹ̄bələ; -rl-;* g ᵉ **-hefele** ⁿ, **-ere**ⁿ schw.: unpers. *es g-et mir an etwas* ich habe Ekel davor OSCHW. – g ᵉ **-hebelig** Adj.: Ekel erregend und zum Ekel geneigt.

gᵉ**-hebe**ⁿ st. schw.: sich übel gebärden, jammern, sich beklagen.

Ge-hechel *-ẹ̆-* n.: fortwährendes *hecheln,* Aburteilen über Abwesende.

Gᵉ**-hei** I *khǭ, khǭə* usw. n.: der *geheite,* gebannte Ort. Wiesen, Fischwasser udgl. können *G.* heißen; insbes. aber Gehölze, die der allgem. und immerwährenden Nutznießung entzogen und unter gewisse Verbote gestellt sind.

Gᶜ**hei** II *khǭ,* w. *khǭə, khae,* m. n.; g ᵉ **hei** Adj.: heiß, dürr, schwül; Wetter solcher Art. **1.** von Wassermangel. *Jetzt ist's aber a*ⁿ*fange*ⁿ *g., jetzt dürft's scho*ⁿ *wieder regne*ⁿ. – **2.** warmes, aber dunstiges Wetter. *E*ⁱⁿ *g*ᵉ*heier Luft* austrocknender Wind.

Gᵉ**-heie,** G ᵉ **-heine** f.: Hitze, Trockenheit usw., s. *Gehei* II.

gᵉ**-heie**ⁿ *khəiə; khīə* ALLG., *khaiə* FRK.; Part. g ᵉ **heit** *khəit,* auch g ᵉ **hie**ⁿ *khīə* schw. st.: A. intr., st. mit sein: fallen. Bes. mit Advv.: *abe-, ane-, herab-, hinab-, hin(an)-g.* – B. trans. **1.** stoßen, schlagen. – **2.** werfen. *Einen auf den Boden g.;* überh. ist, im Unterschied von *werfen,* die Ankunft auf dem Boden Hauptsache. S. a. *abe-, aber-, ein-, fort-, herab-, herum-, hin-, hinab-, hinan-, hinaus-, hinein-, hinum-, hinunter-, hinweg-, um-, weg-g.* – **3.** ärgern, verdrießen. Subjekt ist der Gegenstand des Ärgers. *Des g*ᵉ*heit mi*ᶜʰ *arg, sträflich* u.ä. *G*ᵉ*heit's di*ᶜʰ*?*

Gᵉ**-heierei** *khəiərəi* ◡◡ f.: Verdrießlichkeit, Zank.

Gᵉ**-heiet(e)** *-əi-; -ī-* f.: Kränkung, Streit, Verdruß ALLG.

gᵉ**-heiig** I *khǭəjě̆g* W., *khǭjě̆g, khǭg* O. Adj.: dunstig-warm, vom Wetter. Dumpfig von aufsteigenden Dünsten. Trüb, neblig.

gᵉ-**heiig** II *khəijĭg;* -isch Adj.: was *einen geheit:* ärgerlich, mißlich, schade.

gᵉ-**heim** *khǭ̃m (khuim)* O., *khǭ̃əm (khuəm)* W.S., *khãēm (khãĩm)* NW. SO., bes im W., *khãm* FRK. Adj.: **1.** heimisch. a. zahm. – b. vertraut. – **2.** geheim, heimlich. *Die g-eⁿ Leideⁿ drückeⁿ am ärgsteⁿ.*

gᵉ-**helle**ⁿ *khə̆ələ* schw.: laut schreien. Bes. krakeelen.

Gᵉ-**heller** *khə̆ələr* m.: Schreier.

gᵉ-**hellig** *khə̆əlĭg* Adj.: lärmend, polternd, gellend.

geheⁿ st.: im ganzen wie nhd. Große Verschiedenheit der Formen. A. Form. **1.** Inf. a. als voller verbaler Inf.: *gē̆, gēə; giənə; gēī; gēīnə; gāē; gã; gãŋə; gǭŋ, gãŋ; gǭ;* im ganzen Mittelgebiet *gāō; Gauⁿ, stauⁿ, bleibeⁿ lauⁿ, wer die 3 Spracheⁿ nit kaⁿⁿ, därf (soll) nit ins Schwabeⁿland gauⁿ.* – b. in adv. Gebrauch teils (so im Hauptgebiet) ebenso, teils (OSCHW. ALLG.) kürzer *gŏ.* – **2.** Part. Prät. ausnahmslos *gãŋə* (S. *kãŋ).* B. Gebrauch. I. volles Verbum. – Es sei bemerkt, daß *g.* die Bewegung im Gegensatz zur Ruhe bezeichnet oder aber das Fortgehen, den Ortswechsel. Wo die Bewegung als Vorgang gemeint ist, ist das Syn. *laufen* ebenso üblich: *die Uhr geht oder lauft;* wo das Gehen zu Fuß ausdrücklich bezeichnet werden soll, nur *laufen: „Ich gehe morgen nach Pfullingen". Fährst du mit dem Wagen oder mit der Eisenbahn? „Nein, ich laufe".* – II. Infinitiv **1.** *gehen lassen.* a. trans., jemand, etwas *g. l. Den Teig g. l. Er will's (ⁿit) gauⁿ lauⁿ* etwas, z.B. einen Kauf, (nicht) passieren lassen. – b. refl., *sich g. l.* wie nhd.: *Er läßt sich so arg g.* u.ä. – **2.** adv. gebrauchter Inf. Urspr. *Ich will gehen schaffen.* Dann aber wird, wie *anfangen, anheben, g.* schwäb. allgemein zum reinen Adv. auch in anderer Satzstellung und Konstruktion. Dieses ist zunächst gebraucht im Sinn des Bevorstehens, Sich-anschickens: jetzt, allmählich, demnächst, nachgerade. *Er wird g. sterbeⁿ. Iᶜʰ will g. eⁱⁿ bisleⁱⁿ graseⁿ.* Schon mit Verschränkung der Satzteile: *Iᶜʰ will ihm g. eiⁿs bacheⁿ.* Sehr häufig aber ist nur adv. Konstr. möglich. *Neben Iᶜʰ will g. in Wald gauⁿ* auch *Iᶜʰ will g. in Wald,* neben *Es will g. regneⁿ* auch *Es kommt g. zum Regneⁿ,* neben *Iᶜʰ will g. gauⁿ* auch *Er gaht g. Kommst g.?* kommst du nachgerade. *Jetzt haᵇᵉⁿ mʲrs g.* recht demnächst. Solches temporales *g.* wird gern durch synonyme Advv. verstärkt und verdeutlicht. *Ich gehe jetzt g., jetzt g. naᶜʰ. Jetzt ist g. bald elfe. Kommst g. bald? Er kommt g. gleiᶜʰ.* – Aus der temp. Bed. entwickelt sich sehr oft die modale der Erwartung, Vermutung. *Wo ist g. meiⁿ Löffel?* nun auch wohl. *Iᶜʰ werdᵉ g. selber kommeⁿ müsseⁿ.* Auch iron.: *Du meiⁿst g. (g. gar) am Ende gar.*

Gᵉ-**henk**, Gᵉ-**häng(t)** n.: was hängt, s. *Behenk.* **1.** Hängwerk in der Architektur. – **2.** = *Behenk 1 c,* Wehrgehänge. – **3.** *Gᵉhäng* Lunge, Leber, Herz und Netz der Tiere. – **4.** Wirrwarr.

Geherda *gə̆hə̆rdã* ◡ˊ– m.: einer, der zu allen möglichen Arbeiten herangezogen wird.

gᵉ-**heuer** *ghui(ə)r, ghəi(ə)r,* S. *ghĩr* Adj.: **1.** sanft, anmutig o.ä. – **2.** neg. „es ist nicht g." (oder auch fragend „ist es g.?") wie nhd.: sicher vor irgendeiner Gefahr, ganz bes. vor Geistern. *Es ist nicht (ganz) gh., es ist etwas n. g.* nicht in Ordnung, es liegt etwas in der Luft.

geheuig s. zu *geheiig* I.

G(e)-heul n.: wie nhd., doch wie *heulen* auch für bloßes Weinen, aber stets tadelnd.

Ge-heunᵉ *-ãē-* n.: das *heunen* (s.d.), Heulen.

Ge-hockᵉ n.: das *hocken,* Sitzen.

gᵉ-**höckle**ⁿ *-ę̆-* schw.: schleppen, mühsam tragen.

Ge-hopfᵉ, Ge-**hupf**ᵉ n.: das Hüpfen.

Gᵉ-**hör** *-ę̆-* N. u. S., *-ę̄-* FRK., *-ae-* W., *-ę̆ə-* O. n.: **1.** Gehörsinn. – **2.** Aufmerksamkeit. *Eiⁿᵉm (kein) G. geben.*

Gᵉ-**horch** n.: *G. geben* Gehör geben.

gᵉ-**höre**ⁿ, Part. gᵉhört schw.: hören, gehören, mit haben. **1.** phys.: hören. Meist von habitueller Eigenschaft: *Iᶜʰ gᵉhörᵉ ⁿet gut. Er g-t nex (net).* – **2.** nhd. gehören. a. im strengen Sinn des Eigentums. – Hieher auch b. jemandes Kind sein. *Bübleⁱⁿ, wem g-st?* – b. in weiterem Sinn: irgend wohin, wozu *g.,* in eine Gegend, für etwas bestimmt sein. *Der Apfel g-t dein* du darfst ihn essen. *Dem Lausbuben g. Schläge. Du gᵉhörst gᵉhaueⁿ, eiⁿgᵉsperrt.* – **3.** refl., *sich g.* wie nhd.: sich schicken. *So g-t sich's. Iᶜʰ hauⁿ schoⁿ 8 Tagᵉ nimmeʳ gᵉschlafeⁿ (gᵉesseⁿ* o.ä.), *wie sich's g-t.*

gᵉ-**hörig** Adj. Adv.: **1.** phys.: was und wo man leicht hört, *eine g-e Stimme, e. g. Kirche.* – **2.** übtr., was sich gehört. Ein Mensch, ein Kleid odgl. ist *g.* tüchtig, passend, gut. *Das Licht brennt ⁿit g.* – Den Umständen angemessen, bes. quantitativ. *Der treibt seiⁿ Sach g. um* so wie's recht ist. Aber auch bloß quantitativ, ohne Rücksicht auf die Angemessenheit. *Der hat g. Prügel ᵍᵉkriegt* tüchtig, ob sie ihm nun gehört haben mögen oder nicht. *Der hat eⁱⁿeⁿ g-eⁿ (Rausch). Beim N. N. hat's ganz g. ᵍᵉbrennt.*

gᵉ-**hornet** Adj.: gehörnt.

Gᵉ-**hör-stock** m.: das innere Ohr. *Maⁿ hat ihm deⁿ G. 'rausgᵉnommeⁿ* die (herausgeeiterten) Gehörknöchel entfernt.

Ge-hudel n.: das *hudeln,* schlampige Arbeiten.

Ge-humsᵉ n.: das *humsen,* Summen.

Ge-huppᵉ n.: das Blasen mit einer *Hupe* odgl.

G(e)-hürch(s)el *-ĭ-,* N. *-ę̆-* n.: lästiges *hürchlen,* Röcheln, geräuschvolles Atmen.

gᵉ-**hurgle**ⁿ schw.: = *hurglen,* rollen. S. *hurglen.*

Gᵉ-**hürn** *khĩrn,* Ge-**hörn** n.: Gehörn des Viehs, der Hirsche, Rehe, Böcke odgl.

Ge-hustᵉ *-ūə-* n.: lästiges, häufiges Husten.

gᵉ**-hutzlet** Adv.: *g. und butzlet voll* ganz voll von Obst, Menschen udgl.

gei *gəi* Interj.: *g. g.* Lockruf für Enten. Verbreiteter *geit,* s. d.

gei(n) s. *gegen.*

Geibitz s. *Geifitz.*

Geifer *-ǫe-* O., *-ōə-* W. S., *-ae-* NW. SO. m.: Speichel, bes. ausfließender, bei Mensch und Tier (aber aus dem W. weniger bezeugt; im SW. unbekannt, dort vielmehr *Schaum*). Weitere Syn. *Gespei(sel), Triel(er).*

Geifer-bletz m.: = *Geiferlappen, Trielbletz.*

geifereⁿ schw.: **1.** *Geifer,* Speichel aus dem Mund fließen lassen. Beim Sprechen Speichel ausspritzen. – **2.** im Zorn nicht mehr verständlich reden können; schimpfen, schelten, keifen.

geiferig Adj. Adv.: **1.** voll Speichel. – **2.** gierig.

Geifer-lappeⁿ m., Demin. *-läpple*ⁱⁿ n.: Vortuch, das kleinen *geifernden (1)* Kindern umgebunden wird. Syn. s. unter *Trielbletz.* S. a. *Geiferbletz.*

Geifitz, Plur. -eⁿ m. f., Demin. *-le*ⁱⁿ n.: Formen: Geifitz *gəifits* ⌐∪, östlich Formen mit *-w-* und *-b-,* und zwar: Geiwitz *gəiwits, -ae-, -i-,* Gawitz, Gawatz; Kiwitz *-ĭ-,* Kibitz *-ĭ-.* **1.** Vogelname. a. Kibitz, Vanellus cristatus. – b. *Kiwiz* Wiedehopf, Upupa Epops. – c. Möwe, wohl Sterna Hirundo. – **2.** übtr. a. unruhige Person, bes. Kind. – b. meist aber nur vom weibl. Geschlecht. Unruhige Weibsperson. Naseweises, putz- und gefallsüchtiges Mädchen. Vgl. *geifitzig.* – **3.** wackliges Gestell, wackliges Möbel (Tisch, Stuhl usf.).

geifitzeⁿ *gəif-* schw.: **1.** sich unruhig umher bewegen, wie ein Kibitz. – **2.** wackeln, wacklig sein (von Möbeln udgl.). – **3.** *(gaewitsə)* ein rundes nestgroßes Loch in die Erde schneiden, Rasen ausstechen RIES.

Geifitzete *-ədę̆* f.: = *Geifitz 3,* wackliges Gestell oder Möbel.

geifitzig Adj. Adv.: ungeduldig (vor Erwartung); neugierig; vorwitzig, naseweis, unruhig; spöttisch, schnippisch, kokett.

geigeⁿ schw.: **1.** wie nhd., Violine spielen. Syn. *fidlen.* – **2.** von andern hin und her gehenden Bewegungen. a. die Mücken, Schnacken *g.,* wenn sie bei hellem Sonnenschein, bes. abends, in der Luft auf- und abfliegen, tanzen, wobei ein eigentümlicher Ton, das *g.,* entsteht. – b. leichtfertig und stolz einhergehen. – c. zwei angespannte Pferde *geigen,* wenn sie nicht beide gleichmäßig ziehen, sondern bald das eine bald das andere zurückbleibt, so daß die *Wage* (s. d.) um den *Wagnagel* spielt. – d. auf dem Reibeisen zu Mehl zerreiben.

geil *-ǫe-, -ōə-* Adj. Adv.: **1.** fröhlich, mutwillig, übermütig. – **2.** vom organ. Wachstum: üppig,

übermäßig hervorsprießend. – **3.** sexuell lüstern, wie nhd.

geileⁿ *-əi-* schw.: bettelnd, gierig verlangen.

geil-fitzig *-ǫə-* Adj.: naseweis. Syn. *stigel-, wunderfitzig.*

geireⁿ *-ae-, -ǫe-* schw.: **1.** auf und ab schweben, von geisterhaften Lichtern. – **2.** sich besinnen, schweben.

Geiß *ǫe-* O., *-ōə-* W., SW., S., *-ae-* W. SO. und HalbMA., Plur. ebenso u. -eⁿ f., Demin. Geißle ⁱⁿ n.: **1.** Ziege; allgem. das übliche Wort dafür (das Junge heißt *Gitzlein,* s. *Kitze*). – **2.** weibliches Reh, meist *Rehgeiß.* – **3.** übtr. auf Personen: a. junges, mageres Mädchen. – b. hageres, dünnbeiniges Weib. – **4.** für Gestelle und Werkzeuge, die die Form einer Ziegenklaue haben. Vgl. *Geißfuß.*

Geiß-blumᵉ f.: Busch-Windröschen, Anemone nemorosa L.

Geiß-bolleⁿ m.: Exkremente der Ziege.

Geiß-boⁿᵉ, Plur. -eⁿ f.: dass. – S. a. *kitzenbonelen.*

geißeⁿ schw.: **1.** riechen wie eine Ziege. Daneben geißleⁿ, geißeleⁿ. Vgl. *bockelen.* – **2.** klettern, steigen wie eine Ziege.

Geiß-fuß m.: **1.** eig., Ziegenfuß. Auch vom Fuß des Teufels, der deshalb auch Geiß-füßler heißt. – **2.** Instrument, bestehend aus (einer Stange und) einer Doppelklaue am einen Ende. Bei den Holzfuhrleuten ein c. 2 m langer Hebebaum mit 2 gekrümmten Eisenzähnen unten, zum Auf- und Abladen der Stämme. – **3.** Pflanzennamen. a. Giersch, Aegopodium podagraria L. – b. Steinsame, Lithospermum L.

Geiß-hättel *-ę̆-* m., Demin. *-le*ⁱⁿ n.: = *Hättel,* Geißbock.

Geiß-heimer m.: Teufel, in der Verwünschung *Gang zum G.!* geh zum Teufel.

Geiß(e)-hirt m.: **1.** Ziegenhirt. – **2.** Demin. Geißhirtleⁱⁿ n.: eine frühe, sehr süße und saftige Birnensorte, meist *Stuttgarter G.*

Geiß-kegeleⁱⁿ n.: Exkrement der Ziege. Syn. *-bolle, -bone.*

geißleⁿ I (-eleⁿ) schw.: **1.** trans. mit der Geißel schlagen. – **2.** absolut: mit der Geißel fuchteln, knallen.

geißlen II s. *geißen.*

Geißlerei f.: fortgesetztes Peitschenknallen. Gewöhnlicher *Knallerei.*

Geißeⁿ**-zifer** *-ĭ-* n.: die Gesamtheit der Ziegen, verächtl.

Geist *gǫešt* O., *-ōə-* W., *-ae-* W., *-āe-* NW. NO., *-ā-* FRK.; Demin. *-le*ⁱⁿ n.: Geist. **1.** abstr. a. im gew. psychologischen Sinn. Dafür mehr *Gemüt, Seele* u. a. – b. Hochmut, Stolz. *Einen (hohen) G. haben* eingebildet sein. Syn. *Grattel, Hoffart* u. a. – **2.** konkret. a. der *heilige G.* (meist *gaešt* gespr.), wie nhd. – b. Dämon, unreiner Geist. – c. Geist eines Verstorbenen, Gespenst. – d. auf die Frage: *wie heißt d^u?* antwortet man häufig scherzh.: *Hans G.;* dazu die Fortsetzung: *Wie weiter? Hans Schneider. Wie no^ch meh'? Hans Späh^n.* – e. Alkoholgehalt. In Komposs. *Wein-, Kirschen-, Zwetschgen-g.* usw. auch von bestimmten gebrannten Wassern.

geistele^n *gǫẹ̆st-* schw.: wetterleuchten.

geiste^n schw.: als *Geist (2 c), geistweise* umgehen. Syn. *geistweise gehen, schweben.* Übtr.: Nachts lang im Haus herumgehen. Dafür meist *herum g., ummer g.;* s. a. *geisteren.*

geistere^n schw.: **1.** intr., wie ein *Geist* unruhig herumwandeln, von Lebenden. – **2.** trans., fortjagen, vertreiben, quälen, plagen. *'s Grimme^n hat mi^ch ^gegeisteret.*

geistig Adj. Adv.: **1.** wie nhd. – **2.** unruhig. *Sei net so g.!* Vgl. *geisten.* – **3.** alkoholhaltig.

Geist-kapp^e f.: Bovist (Pilz).

geistlos Adj.: **1.** wie nhd. – **2.** unaufmerksam.

geist-weis^e Adv.: nach der Art eines *Geistes.* a. *g. reden (schwätzen).* Ein Geist redet an und wird angeredet nicht direkt, sondern mit „man". Wenn man daher aus Befangenheit eine direkte Anrede mit *du, Ihr, Sie* vermeiden will, *redet (schwätzt, spricht)* man *g.,* z. B. *Ist ma^n (Sind wir) au^ch wieder hiesig? Au^ch wieder da?* – b. *g. gehen (umgehen)* als Geist wandeln, spuken.

g e i t = gibt, s. *geben.*

Geit *gǫit,* Pl. *-e^n* f.; Demin. Geitle^in n.: Name und Lockruf für die Ente. **1.** Bezeichnung des Tiers (und Lockruf) in einem geschlossenen Bezirk um Rottenburg. – **2.** als Lockruf für die Ente ist *gǫit,* im äußersten SW. *gǐt,* auch südlich des obigen Gebiets allgem. üblich, neben dem Namen *Ente.*

g e i t s c h e n s. *gautschen.*

Geize I *-ǫe-* O., *-ōǝ-* W. f.: Pflugsterz, das gegabelte Holzstück, an dem der Bauer den Pflug hält.

Geiz^e II *-ǝi-,* FRK. *-ai-,* Plur. *-e^n* f.: Ausläufer an Pflanzen, Ranke, Nebentrieb, wilder Trieb. Vgl. *ausgeizen.*

Geiz^e III *gǝits(ǝ),* Plur. *-e^n* f., Demin. *-le^in* n.: Wasserassel, Asellus aquaticus.

Geizel *-ai-* f.: Wurzelschoß eines Obstbaumes.

geize^n I schw.: habgierig sein.

g e i z e n II s. *ausgeizen.*

G e j ä g (Häher) s. *Jäg.*

G^e-jäg^e *gjẹ̆g* n.: **1.** Jagd. – **2.** *G^ejäg^e* das Jagen, übertriebene Eilfertigkeit, unnötiges, hastiges Treiben. Schreien, Lärmen der Kinder.

Ge-jäst^e *-ě̆-* n.: hastiges *jästen,* Treiben.

G e j ä t s. *Geät.*

Ge-jol^e n.: das *jolen,* wüste Schreien.

G e j o m e r = Gejammer.

Ge-juck^e n.: das *jucken,* d. h. Springen.

Ge-kick^e n.: schlechtes, regelloses Fußballspielen.

Ge-kitter *gě̆-* n.: unangenehmes, törichtes *kittern,* Lachen.

Ge-kläpf^e n.: das *kläpfen,* Knallen.

Ge-klecks^e n.: das *klecksen.* Vgl. *Gesau.*

g^e-klotzelet-voll Adj.: reichlich voll. Ein Baum *hängt g.*

Ge-klopf^e n.: vieles Klopfen.

Ge-klunker n.: was baumelnd herumhängt (etwa an einem Kleid).

Ge-knall^e (-ell) n.: vieles Knallen.

Ge-koch^e n.: das Kochen, verächtlich. – Geköchel n.: vieles Kochen, bes. von Leckerbissen.

Ge-kotz^e n.: das *kotzen,* Spucken.

Ge-krach^e n.: unangenehmes Krachen.

Ge-krä^e *gě̆grẹ̆* n.: das Krähen.

Ge-kratz^e n.: das Kratzen. Auch wohl = Gekritzel.

Ge-krebsel n.: das *krebslen,* Klettern.

G e k r ö s s. *Krös.*

Ge-kurr^e n.: das *kurren,* Knarren, bzw. Knurren.

Ge-kuss^e n.: das allzu häufige Küssen.

Ge-kuster n.: unangenehmes Untersuchen, *kusteren.*

g e l s. *gelb.*

G(e)-lach^e *g(ě̆)läx* n.: (dummes) Gelächter.

G(e)-läll^e n.: **1.** das *lällen* = vor Durst die Zunge heraushängen lassen. – **2.** Kinderei TIR.

g^e-lange^n schw.: **1.** wie nhd. S. a. *langen.* – **2.** reichen, *langen,* hinreichen, genügen ALLG. – **3.** unpers., *gelüsten.* Fränk. subst. *ein G..* haben ein Verlangen.

g^e-längisch *glệ̆ŋiš* Adj.: nach etwas verlangend, lüstern FRK. Syn. *gelüstenig.*

Ge-läpper^e n.: das *läppern,* Wasser Verschütten, bzw. die dadurch verursachte Nässe.

G^e-lär^e n.: Geschlinge, Geräusche, bes. Lunge und Leber des geschlachteten Viehs ALLG.

G(e)-lärm^e n.: das Lärmen.

g^e-lätsch *-ě̆-* Adj.: nur in der Verb. *g. werden* den kürzeren ziehen, unterliegen (bei Raufereien udgl.).

G^e-latsch^e *-ā-* n.: schleppender Gang; lahmes, nichts sagendes Geschwätz. – Vgl. *gelätschen.*

G^e-lätsch^e n.: verschüttetes Wasser. Nässe auf dem Boden, nasser weicher Schnee auf den Wegen; geschmolzener Schnee TIR.

g^e-lätsche^n schw.: **1.** Wasser verschütten. – **2.** ein einfältiges Gesicht machen. – **3.** mit schiefgestellten Beinen gehen.

G(e)-lätter *-ě̆-* n.: das *lättern,* (tropfenweise) Flüssigkeit Eingießen oder Verschütten.

g^e-läu *glệ̆b* Adj.: lau SW.

G(e)-läuf^e *g(ě̆)laef;* neben G(e)lauf^e n.: **1.** vieles Laufen, Gehen, meist tadelnd: unnötiges Hin- und Hergehen. *Was habt ihr für e^in G.!* Ein *G.* auf der Straße, Auflauf. – **2.** einfach = *laufen, gehen.* In dieser Bed. ist im SW. stets der einfache Inf. *Laufen* gebraucht. *Der hat e^in schö^ne^s G.* Auch: Füße und Beine.

G^e-laun^e n.: Laune. *Er ist heut nicht in seinem G.* ist übel gelaunt.

187

g^e-launisch Adj.: launisch.

g^e-laustereⁿ -əu- schw.: heimlich etwas wegnehmen.

gel(b) gēl (-ẹ̄-, -ēə-); **gelb** Adj.: gelb. Bes. *g-e Rüben* (auch *Gel^brübeⁿ*), Mohrrübe.

Gel^b-emmeritz m. f.: die Goldammer, Emberiza citrinella W. Syn. *Gelbitz, Gelbfink, Gelbfritz, Gelbvogel.*

gel^beⁿ -ēə- schw.: (allmählich) gelb werden. ^{Da}s *Korn gel^bet* reift. S. a. *gilben.*

Gelberübe s. *gelb.*

Gel^b-fink m.: die Goldammer, Emberiza citrinella.

Gel^b-füßler -iə- m.: **1.** eine Schnepfenart, Scolopax fusca. – **2.** Schimpfname. a. der Schwaben überhaupt. Daher *G.,* Gelbfüaßlerschwoab einer der 7 Schwaben. – b. der Bauern des Unterlandes, wegen ihrer gelben Lederhosen.

Gel^bitz gēəlĭts; Pl. -eⁿ m.; Demin. -leⁱⁿ n.: die Goldammer, Emberiza citrinella.

gel^blecht -ẹ̆χt, -ẹ̄χt, -ẹ̄t, -ət O., Adj. Adv.: gelblich.

Gel^b-scheck m.: gelber Schecke, Stier.

Gel^b-scheißerleⁱⁿ n.: dummer Junge. *Der ist eⁱⁿ recht's G.* von einem, der den Herren spielen will.

Gel^b-sucht -sŭxt f.: **1.** Krankheitsname, icterus, wie nhd. – **2.** typische Fastnachtmaske, im Gefolge des *Gole* (s. d.) auftretend (Riedlingen). – **3.** Pferdekrankheit.

Gel^b-veigel^{ein} n.: Goldlack.

Gel^b-vogel m.: Goldammer, Emberiza citrinella.

Gel^b-wurz f.: **1.** Wurzel des Türkenbunds, Lilium martagon L.; vgl. *Gold(ader)wurz.* – **2.** Schöllkraut, Chelidonium majus L. – **3.** Junkerlilie, Asphodeline lutea (L.) Rchb.

Geld-scheißer m.; öfters Demin. -leⁱⁿ n.: fingierter Kobold o. ä., der Geld machen kann.

G^e-leb^e n.: *so eⁱⁿ G.* so ein Leben.

g^e-ledert -ẹ̄ə- Adj.: lederbesetzt.

G^e-leg^e glẹ̆k n.: eine Lage, Schichte von Heu, Öhmd, Garben, die auf den Wagen über den Leitern gelegt wird; ein geladener Wagen hat bis zu 8, meist aber 4–6 G.

G^e-legeⁿheit glẹ̄(ə)gəhǫet, w. -haet f.: **1.** geogr.: Lage, Gegend. – **2.** Situation, Lage, Beschaffenheit, Stand der Dinge. – **3.** wie nhd., günstige Gelegenheit.

g^e-leibeⁿ -ǫ̆e-, -ōə- schw.: übrig lassen, bes. Speisen. *Ihr dürfet nix g., d^{ie} Schüssel muß leer werdeⁿ.* Übrig gelassene Speisen aufwärmen, zum zweitenmal kochen.

G^e-leibete -ǭə- f.: Überbleibsel vom Essen.

G^e-leich glǫ̆eχ O., -ōə- W. S., -ăe- NW., -ae SO., -ā- FRK. n.: **1.** Gelenk am tierischen und menschlichen Körper; Glied. – **2.** einzelnes Glied, Ring einer Kette. – **3.** Scharnier odgl. an Geräten.

g^e-leichig – Laute s. *Geleich* –, g^eleichenig Adj.

Adv.: gelenkig, geschmeidig, behende, beweglich.

G^e-leier -əi-, S. -ī- n.: fortwährendes, unangenehmes *leiren*, s. d., in den versch. Bedd. des Verbums: monotone Musik oder Rede, langsames Gehen oder Arbeiten. – S. a. *Geleire, geleiren.*

G^e-leire gləirẹ̆, neben glīrẹ̆ m.: saumselige Person. Vgl. *geleiren.*

g^e-leireⁿ -əi- schw.: **1.** schläfrig, lahm arbeiten. – **2.** Part. geleiret s. *leiren.*

G^e-leis^e -ōə-, -ǫ̆e-, -ăe-; Plur. ebenso n.: **1.** Wagenspur. Übtr.: *Etwas (wieder) ins G. bringen* einlenken. *D^{ie} Sach^e ist aus ^dem G. ^{ge}kommeⁿ.* – **2.** das Schienengeleise. – **3.** Abstand der beiden Räder an einer Wagenachse.

g^e-lenk Adj.: gelenkig FRK. *Der ist so g. wie eⁱⁿ Maieⁿkäfer* (iron.) FRK. Schwäb. vielmehr *geleichig,* s. d.

g^e-lenkig Adj.: = *geleichig.*

G^e-leⁿz^e n.: das *lenzen,* Faullenzen.

G(e)-lern^e n.: das (übermäßige) Lernen.

g^e-lernt -ẹ̄- Adj.: professionell ausgebildet. *Er ist eⁱⁿ g-er Schuhmacher* u. ä. *'S ist no^{ch} nie keiⁿ G. vom Himmel g^efalleⁿ.*

g^e-lersam glẹ̄rsam FRK. Adj.: gelehrig, gerne lernend.

G(e)-les^e -ẹ̄-, -ẹ̄(ə)- n.: **1.** das Lesen. *Was hast au^{ch} du für eⁱⁿ G.!* zu einem, der schlecht liest. – **2.** Lektüre. *In dem Buch ist eⁱⁿ schöⁿes G.*

g^e-letz -ẹ̆-, -ẹ̄ə- Adj. Adv.: = *letz,* verkehrt, umgekehrt OSCHW.; opp. *(ge)recht.* Ein Strumpf ist *g.* umgewendet.

gelfeⁿ; gelfereⁿ schw.: lärmen, schreien.

G^e-liber glībər; -ī- BAAR n.: **1.** Leber der Tiere (bes. Schlachttiere). Vgl. *Gehenk, Geläre, Gelünge, Kröse.* – **2.** etwas Geronnenes und Sulziges, wie Leber aussehend.

G^e-lichter n.: was zu derselben Art gehört, Artgenossen.

G^e-liger -ī- n.: Lagerstätte, Nachtquartier, Unterkunft.

g^e-lind glẹ̆nd, S. FRK. -ī-; glẹ̆d Adj.: wie nhd., gelinde, weich.

g^e-link Adj.: link OSCHW. Adv.: *G^elinks* links. *Gelinks sein* links sein, mit der linken Hand gewandter als mit der rechten.

gell s. *gelten* 5.

gelleⁿ -ẹ̆- schw.: **1.** wie nhd., laut, grell schallen, widerhallen. *Die Ohren g. einem.* – **2.** laut schreien, heulen. *Wenn maⁿ deⁿ Hund schlägt, gellet er.*

Geller -ẹ- m.: **1.** persönlich: *G.,* fem. *G-iⁿ* Person, die gern zankt, schreit, poltert. – **2.** sachl.: Schrei. *Einen G. tun.*

gellig Adj.: schreiend.

g^e-locket -ǫ̆- Adj.: lockig, gelockt.

G^e-los -ǭ- n.: Gehör. *Einem 's G., kein G. geben* (kein) Gehör schenken.

geloschen s. *glosten.*

G(e)-löte n.: Gewicht (zu einer Waage).

Gᶜ-lotschᶜ *-ǫ̈-* n.: das Einherschlürfen. – Vgl. *lotschen, gelotschelen, Gelatsche.*

gᶜ-lotscheleⁿ schw.: wackeln vor Fettigkeit. Fette Tiere (und Menschen) *g.* – Vgl. *Gelatsche.*

G(e)-lotter *-ǫ̈-* n.: lotteriges Wesen.

gelotzgen s. *glucksen.*

gelt s. *gelten 5.*

Geltᶜ *-ě̜-; -ě̜-* RIES, Plur. *-e*ⁿ; *-ene*ⁿ f.: **1.** mit Handgriffen versehenes mittelgroßes Wassergefäß von Holz oder Metall zum Aufstellen. Vgl. *Kupfergelte.* – **2.** übtr., großer Bauch.

gelteⁿ *-ě̜-, -ě̜ə-, -ə-;* 3. Sg. Ind. *gǐlt* st.: **1.** mit pers. Subj.: bezahlen. – Spezieller: Zinsen, Abgaben zahlen. – Mod. nur noch erhalten in *Gelt*ᶜ *ᵉs Gott* vergelt's *G.* – **2.** mit sachl. Subj., so und so viel wert sein, kosten. – **3.** unpers., *es gilt* handelt sich um. *Jetzt gilt's!* jetzt geht es um die Wurst. *Jetzt gilts de*ⁿ *Batze*ⁿ*!* jetzt wirds Ernst! *Da h*ᵘ*usse*ⁿ *gilt's* its etwas los. *Desmal hat's* ᵍᵉ*golte*ⁿ*!* diesmal haben wir uns gewaltig angestrengt. – **4.** gültig sein, Geltung haben. *Des kann man g. lassen. Ich will's g. l.,* wie nhd. Dann aber auch: *es g. lassen* aufhören, es unterlassen, gut sein lassen. *Des la*ᵝ*t ma*ⁿ *g. Jetzt läß'st's g.* laß mich in Ruhe. – **5.** unpers. Konj. Präs., jetzt nur noch Interjektion: gelt „nicht wahr". Form: *gelt -ě̜-, -ě̜ə-* usw., wie beim Inf.; daneben ziemlich verbr.: *gě̜l;* auch *ge*ᶦ*t (gě̜ət). Gelt, Er;* Gelt, Er". Verstärkt: *gel*ᶦ *aber (gě̜lābər ⌢∪).* – Dann mit beigefügter Anrede: *Gelt, du! Gelt, er! (gě̜lě̜r ⌢),* dass. in der Endung erstarrt: *gelǝ* „gelt, Er". Schließlich wird *gelt* noch flektiert: 2. Plur. *geltet, geltet ihr (gě̜l(t)ət,* auch *ge*ᶦ*tet, geətət).* 3. Plur. *gelte*ⁿ*(t) S*ᶦ*e.*

geltereⁿ *-ě̜-* schw.: schlagen, züchtigen.

gᶜ-lümmlet Adj.: lümmelhaft.

G(e)-lumpᶜ *glǫ̈mp;* S. u. FRK. *-ŭ-,* SW. *glāǫ̈p* n.: **1.** *gl-:* lumpige, liederliche Sache, lumpiges Zeug, schlechte Anstalt u. ä. *Des ist e*ⁱⁿ *recht*ᵉ*s G.* – **2.** *gl-,* noch mehr *gě̜l-:* das *Lumpen,* Liederlichkeit. *Dem sein G. habe ich jetzt genug.*

gᶜ-lumpet, gᶜ-lumpig Adj. Adv.: lumpig, verlumpt, liederlich, schlecht; von Sachen und Personen.

Gᶜ-lüngᶜ *glě̜ŋ (-ī-)* n.: die edleren Eingeweide, Lunge und Leber. – Vgl. *Geliber.*

G(e)-lurkᶜ n.: das *lurken,* undeutliche Sprechen.

Gᶜ-lust, Gᶜ-lusteⁿ *glŭšt(ə)* m.; Demin. Gᶜlüstleⁱⁿ *-ī-* n.: Gelüste, Verlangen, Appetit zu etwas. Man hat *einen G.* zu einer Arbeit, Speise usw. *Den G.* büßen (bis zum Übermaß) sättigen. *Er hat de*ⁿ *G.* ᵍᵉ*büßt (*ᵍᵉ*bosse*ⁿ*). Ein Kranker hat e*ⁱ*n*ᵉⁿ *G.* nach Essen, nach bestimmten Speisen; so bes. von schwangeren Weibern.

gᶜ-lusteⁿ *-ŭ-,* veraltend neben gᶜ-lüsteⁿ *-ī-* schw.: unpers., *es g-et mich* mich gelüstet.

gᶜ-lüstenig Adj.: = *gelüstig.*

gᶜ-lustig, gᶜ-lüstig Adj. Adv.: nach etwas begierig. Bes. nach Speisen Gelüsten tragend.

gᶜ-mach *gmăx; gmăx* BAAR, *gmā* ALLG.; Komp. gᵉmächer *-ę-* Adj. Adv.: gemächlich, langsam und ruhig; mit und ohne Tadel. **1.** Adj. *Der Knecht ist g.* – **2.** Adv. *Tu (Tuet) g.!* als Aufforderung; gern auch als Gruß an Arbeitende oder über Feld Gehende. Syn. *(ge)stät.* Ohne Verbum. *G.! Nu' g.!* als Aufforderung, aber auch abwehrend. – Verstärkt: *All*ᵉ*sg*ᵉ*mach.*

Gemächede s. *Gemäch.*

gᶜ-mächlich Adv.: = *gemach.*

Gᶜ-mäch(t) n. (f.): **1.** das Machen oder das Gemachte. a. die Mach-Art. *G*ᵉ*mäch(t)* Arbeit, Modeform eines Kleids; *Das G. an deinem Kleid gefällt mir gut.* – b. das Gemachte, Machwerk. – c. etwas Angemachtes, Mischung. – **2.** Gelaß. *G*ᵉ*mächt gmě̜χt* BAAR. *D*ⁱᵉ *Mutter hat g*ᵉ*sponne*ⁿ *im hintere*ⁿ *G.* – **3.** Geschlechtsteile und benachbarte Körpergegend. Schoß.

Gemächt-bruch m.: Hoden- oder Leistenbruch.

G(e)-malᶜ I *-ā-* n.: das Mahlen; mit starkem Kauen verbundenes, gieriges Essen, bes. vom Obstessen. Syn. *Gemampfe, Gemansche.*

G(e)-malᶜ II *-ǫ̈-* n.: das Malen, Zeichnen = *Gesudel.*

Gᶜ-mälᶜ (Ge-mäl-de) n.; Demin. *-le*ⁱⁿ n.: Gemälde, Bild. Pl. *-er* gemaltes Bild. – Gᶜmälleⁱⁿ-buch n.: Bilderbuch.

Ge-mampfᶜ *-ăm-* n.: das *mampfen,* s. d. – Vgl. auch *Gemale, Gemansche.*

G(e)-manschᶜ *(-tsch*ᶜ*)* n.: **1.** einfältiges, unverständliches Geschwätz oder Geschrei. – **2.** *Was hat denn dear für a Gema*ⁿ*sch,* zu frz. *manger* essen. Syn. *Gemale, Gemampfe.*

Gᶜmarᶜ, flekt. *-e* ⁿ m.: einer, der selbst nur im Zugtier (Pferd) hat, spannt mit einem anderen zusammen; jeder ist dann des anderen *G.*

gᶜmareⁿ *gmărə,* FRK. *gmărn, gmǫ̈rn;* Part. gᵉmarbeⁿ, gᶜ-märeⁿ st.: in oben genannter Weise zusammenarbeiten. In allgemeinerer Bed.: zusammenarbeiten, gemeinsam Geschäfte machen.

Gᶜ-märktᶜ *-ě̜-* n.: langes, lästiges *märkten,* Schachern, drum herum Reden. *Hat der e*ⁱⁿ *G.!* (Im SW. dafür: *Hat der e*ⁱⁿ *Märkte*ⁿ*.)*

Ge-marrᶜ n.: das *marren,* Zanken in brummendem, schnurrendem Ton wie Hunde oder Katzen.

Gemasch = *Gemisch.*

gᶜ-maseret *-ā-* Adj.: voll Narben. S. a. *gemaset.*

gᶜ-maset *-ǫ̈-, -ao-* Adj.: mit *Masen,* Flecken oder Narben (beim Obst Wurmstichen) versehen; südl. OSCHW. u. ALLG.

G(e)-maulᶜ *-ǝu-* n.: das *maulen,* s. d., Murren, Schimpfen.

G(e)-mauⁿ**z** n.: Gejammer, Geheul. S. *maunzen.*

G(e)-mecker (-el) -ĕ̃- n.: das (widerwärtige, oft wiederholte) *mäckeren* der Ziege oder des Menschen.

gᵉ-meiⁿ *gmōē̃* O., *gmui* ALLG., *gmǭā̃* (S. *gmũə*) W. SW., *gmǟ̃ĕ* NW., *gmǟ* FRK., *gmẽ* N. Adj.: gemein(sam), allgemein. **1.** zweien (oder auch wenigen) gemeinsam, sie g. angehend. – **2.** einer Gemeinschaft angehörig, sie betreffend. – **3.** allgemein, ohne Beschränkung für alle (alles) geltend. a. ohne moral. Nebenbegriff. *Alle Ding ist ihnen g.* – b. von einem Weib, das sich allen hingibt. – c. populär, freundlich, herablassend, leutselig. *Er hat siᶜʰ recht g. gᵉmacht* herabgelassen. – Ähnlich von Tieren: zutraulich, nicht scheu. *Eⁱⁿ g-s Täubleⁱⁿ.* – Gemeinverständlich. *Eine g-e Handschrift* für jeden leserlich. – Tadelnd: *sich zu g. machen. Mach dⁱᶜʰ ⁿit zᵘ g. oder iᶜʰ laichᵉ* [jage] *dⁱᶜʰ heiᵐ.* – **4.** gewöhnlich. a. ohne Werturteil: was der allgemeinen Regel entspricht. – b. das Gewöhnliche ist als solches von niedrigem Rang, geringerem Wert, ordinär. *G-er (Mann),* Pl. *g-e (Leute), g-es Volk* urspr. auch die zur Gemeinde Gehörigen. – c. niedrig, verwerflich ein moral. Sinn, wie nhd. *Der ist gᵉmeiner aˡs Spitalrotz.*

Gᵉmeiⁿdᵉ-bletz m.: Stück Landes, das der Gemeinde gehört. – **Gᵉmeiⁿds-düppel** m.: Schimpfwort für die Gemeinde-(Stadt-)Räte.

gᵉ-meiⁿ(ⁱg)lich *gmōēglĕ̃* OSCHW. Adv.: gemeinhin, gewöhnlich.

Gᵉ-meisch *gmaeš* n.: das nach dem Garbenbinden auf dem Feld zusammengerechte Getreide. Abfall von Holz oder Getreide, als Kompost oder Geflügelfutter verwendet.

Gᵉ-melkᵉ -ĕ̃-, -ĕ̃ə-; **Gᵉ-milkᵉ** n.: **1.** Euter. – **2.** das Melken, tadelnd.

Gᵉ-merkᵉ *gmĕrk* n.: das Merken, die Hilfe oder Fähigkeit dazu. **1.** Zeichen, Kennzeichen, Merkmal. – **2.** Merks, Begabung. *Ein gutes, schlechtes G.* – **3.** das sich etwas merken Können, Erinnerungsvermögen, Gedächtnis.

ge-merkig Adj.: wer auf etwas merkt, s. *Gemerke.*

Gemider s. *Gemüder.*

Gᵉ-mies *gmiəs;* **Gᵉ-nies** n., ohne Pl.: Moos, als Pflanze und Material. – **gᵉ-miesig** Adj.: moosig.

gᵉ-mocket Adj.: rundlich, gedrungen, bes. vom Vieh und den Hopfendolden. Dick, beleibt. – **ge-mog(e)let** Adj.: fleischig, z. B. vom Arm.

gᵉ-mocklet *gmǭglət,* N. -elt -lt Adj.: **1.** *gᵉmocklet* grobschollig. – **2.** Subst. -eltᵉs N. n.: = *Eierhaber,* in kleine Stücke geschnittener Eierkuchen.

gemo(l)gelet s. unter *gemocket.*

gᵉ-mollet Adj.: plump, ungeschlacht, schwerfällig. – Zu *Molle* Ochs, Stier.

Gᵉ-motzᵉ *gmǭts* n.: Geschmier. *Drecklen* der Kinder.

Gᵉ-müder *gmīdər* ALLG., n.: kleiner Abfall, und zwar: Kehricht, klein zerbröckelter Torf beim Abladen, Abfall vom Reisiglager, auch von Holzspänen.

Gᵉ-müllᵉ n.: Kehricht. – **gᵉ-müllig** -ī- Adj.: kehrichtartig.

Ge-mummel (-ü-) n.: leises Reden, Murmeln, undeutliches Reden, mühsames Kauen.

Ge-mürmel, -rb- (-u-) n.: Murmeln, Murren.

gᵉ-mütlich Adj.: **1.** geneigt, gefällig. – **2.** wie nhd.

gᵉ-mutsam *gmuətsəm* Adj.: angenehm, bequem; *gᵉ-mutsame Schuhᵉ.*

Gemutter s. *Gemüder.*

gen (und Verbindungen) s. *gegen.*

gen- s. a. *gn-, kn-.*

gᵉ-na(c)h *gnǭx* Adj. Adv.: **1.** nahe. – **2.** genau, gründlich. – **3.** sparsam, kärglich. – **4.** wohlfeil.

Gᵉ-näᶜʰe *gnẽ* RIES; *gnẽbĕ̃* f.: Nähe.

Gᵉ-nack n.: Genick. Syn. *Nacken, Genackel, Genick, Naue, Anke.*

Gᵉ-nackel m.: Nacken, Genick.

G(e)-näᵉ -ĕ̃, -ä̆i, -ĕ̃b, n.: **1.** das Nähen. – **2.** was man genäht hat.

Ge-näfᵉ -ĕ̃- n.: Neckerei, Hader. – **gᵉ-näfeⁿ** -ĕ̃- schw.: **1.** bissig schimpfen. Vgl. *-eren.* – **2.** intr. *es gᵉ-net mich* ich sehne mich, es gelüstet mich. – **gᵉ-näfereⁿ** -ĕ̃- schw.: unnötig, vorlaut, naseweis dreinreden FRK. – **gᵉ-näfig** Adj.: **1.** bissig. – **2.** geizig.

gᵉ-nafzen schw.: schlummern.

gᵉ-naglet -ā- Adj.: **1.** wie nhd., *g. Stiefel, Schuhe.* – **2.** grau, mit schwarzen Tupfen; *eine g-e Taube.* Eig. wie mit Nägeln beschlagen.

Gᵉ-namsᵉ *gnǎms* n.: etwas Bestimmtes, Regel, Norm, Maß und Ziel. *Er hat sein G.* seine bestimmte Handlungsweise.

gᵉ-namseⁿ schw.: benennen.

gᵉ-närig -ẽ- Adj. Adv.: **1.** eifrig um Nahrung bemüht. *Eⁱⁿ g-s Henneleⁱⁿ* das den ganzen Tag Futter sucht. Ebenso von Menschen: sparsam, geizig. *Bei dem geht's g. her.* – **2.** nahrhaft.

gᵉ-nau *gnao* im Hauptgebiet; *gnǭ* RIES, *gnāb* N.; **gᵉnäu** *gnai, gnẽ; gⱥẽb;* Kompar. **gᵉnauer,** **gᵉnäuer,** Superl. -st Adj. Adv.: genau. **1.** wie nhd., gründlich, pünktlich. *Der nimmt's net so g.* etwa auch: er stiehlt. – **2.** eng, knapp. *Da gehts aber g. her.* Übermäßig sparsam, kärglich, knauserig, geizig. *Die Leutᵉ sind g.!* – **3.** nahe (nur in der Form *gⱥẽb*). *Er ist ganz g. an mir vorbei. Der g-stᵉ am Ofeⁿ gᵉwärmt siᶜʰ am besteⁿ.*

Gᵉ-nauᵉ, flekt. -eⁿ m.: Nacken.

gᵉ-naugeⁿ *gnⱥugə* schw.: sich verneigen, ein Kompliment machen.

Gᵉnaule m.: ein gründlicher, pünktlicher Mensch.

gᵉ-naupeⁿ -ⱥu- (FRK. -au-) schw.: **1.** mit dem Kopfe nicken, winken. Vor Schläfrigkeit einnicken, einschlummern. – **2.** stoßen, schlagen. – **Gᵉnauperei** -ⱥu- f.: Rauferei.

gᵉ-nauteⁿ (-ⱥu-) -äu- schw.: = *genaupen,* s. d. **1.**

g^{e}naute^n im Schlaf mit dem Kopf nicken. – **2.** -au- hinken. – G^e-nauter m.; Demin. -le^{in} n.: kurzes Einnicken, Schläfchen im Sitzen.

g^e-neblet -ę̄ə-, neben g^e-niblet Adj.: nebelig.

g^e-neige^n -o̧ę- usw. schw.: sich (ver)neigen. – geneigt Adj.: **1.** vorwärts geneigt. – **2.** geistig, wie nhd. Er ist ihm gar ^{n}it g. Syn. hold.

g^e-neise^n gnəisə, FRK. -ai- schw.: **1.** ahnen, wittern, erraten. Allgemeiner: in Erfahrung bringen, merken, hinter eine Sache kommen. – **2.** übelnehmen.

g^e-nickle^n schw.: mit dem Kopfe nicken, z. B. im Schlaf.

genieren s. schenieren.

Genies s. Gemies.

g^e-niese^n -īə- st.: niesen.

G^e-nieß -īə- m.: Nutznießung, Genuß im rechtl. Sinn.

g^e-nieße^n -īə-, 2. 3. Sing. Ind. Präs. und Imper. -uist.: Vorteil von etwas haben. Vor Gericht: sich rechtfertigen, durch beigebrachte Beweise. – Wie nhd. genießen. Der ist nicht zu g. es ist nicht mit ihm auszukommen, einen g. sich über einen Anwesenden lustig machen, ohne daß er es merkt. Gebräuchlich vorwiegend ohne Objekt: sich's schmecken lassen, schwelgen. Gelt, da ka^{nn}st ^{du} g^{e}nieße^n ruft man etwa einem beim Schmause Sitzenden zu; s. a. Genießer. Dagegen etwas g. essen.

G^e-nießer m.: wer beim Essen und Trinken seinen Mann stellt, Schwelger.

g^e-nießli^{ch} Adj.: genußreich, nützlich.

G^e-nist gnĭšt (-nisch, -nis, -nister) n.: **1.** Nest. – **2.** kleines Holzwerk, Ästchen zum Verbrennen; kleine Holzabfälle; Unrat, Abgang von Stroh, Reisholz S. Im W. dafür Kutter.

G^e-nist-fäßle^{in} n.: Kehrichtfäßlein. Syn. Kutterfaß.

g^e-nistig Adj.: nicht ausgewachsen, zurückgeblieben, verbuttet von Menschen, Tieren, Pflanzen.

G^e-nist-winkel m.: Kehrichtwinkel.

G^e-nopperle^{in} -ŏ- n.: kurzes Schläfchen.

g^e-nopple^n schw. **1.** langsam etwas Hartes zerbeißen, zerkauen. – **2.** mit den Füßen träppeln, daß es ein Geräusch gibt.

g^e-nore^n -ao-; -ō-, -ō̧ə- schw.: halb schlafen, schlummern; gnauren vor Schlummer einnikken.

G^e-nork^e m.: in der Entwicklung zurückgebliebenes, schwaches Tier; auch von Menschen.

g^e-norke^n schw.: **1.** schlechte Arbeit machen. Mit Mühe und Beschwerde etwas tun. Lebst au^{ch} no^{ch}? Ja, i^{ch} tu au^{ch} no^{ch} e^{in} bissle um^{h}er g. Vgl. genorklen 1. – **2.** geizig sein.

G^e-norker m.: Pfuscher, der alles (durcheinander) zusammenflickt. Ein alter G. der nur mühsam noch arbeiten kann, Geizhals.

g^e-norkig Adj.: **1.** in der Entwicklung zurückgeblieben, verbuttet. – **2.** geizig.

g^e-norkle^n -ŏ-, g^e-nörkle^n -ę̆- schw.: **1.** zerknittern, in Unordnung bringen; knittern, langsam stricken, kleine Arbeit langsam verrichten; schwerfällig zusammenbinden, -nesteln, so daß Knäuel entstehen. Bes. zusammen g. S. a. genürklen, ver(ge)norklen. – **2.** -o- pfuschen. – **3.** -ö- geizig, filzig sein HOHENL. – **4.** -ö- drein sprechen; viel über eine Kleinigkeit sprechen.

genorksen s. genorken 2.

g^e-not W. -ao-, S. -ō̧-, O. -ō̧ə- Adv.: **1.** eifrig, schnell, eilig ALLG. – **2.** oft, vielfach.

G^e-nöt^e W. -ae-, O. -ę̄ə- n.: ängstliches Besorgtsein; Drängen, Treiben; Not, Zwang ALLG.

g^e-nöt(et) -ę̄ə- O. Adj.: erzwungen.

g^e-nötig, -o- Adj. Adv.: **1.** Adj.: emsig, mit Arbeit überbürdet TIR. – **2.** Adv.: viel, beständig. Er sitzt g. im Wirtshaus.

G(e)-nottel -ŏ- n.: das nottlen, Rütteln.

g^e-nucke^n schw.: leise schlummern, nicken.

G(e)-nudel g(ę̆)nūdl n.: Gewimmel, Gewühl, Gedränge von Menschen. An Markttagen ist ein G. auf der Straße. Syn. Gerudel.

genudlet s. nudlen.

g^{e}nug gnuəg; Kompar. g^{e}nüger, Adv. Adj.: genug, wie nhd.; alt öfters einfach = viel.

g^e-nügele^n -iə- schw.: sättigen. Des Esse^n ist recht, des g-et au^{ch}. Das Gefühl der Übersätte verursachen. Des g-et (ei^{ne}m) davon hat man bald genug. Z. B. eine zu süße Speise g-et widersteht.

ge-nüge^n -iə- schw.: 1. ungen., genug sein. – 2. subst. Inf. G^e-nüge^n n.: Zufriedenheit.

G(e)-nul^e g(ę̆)nuəl n.: Durcheinander, Verwirrung in Handgemenge und Reden.

g^e-nürkle^n gnĭrglə (-rəg-) schw.: = genorklen. **1.** etwas ineinander flechten, ineinander hinein wirren, so daß ein Knoten, Knäuel entsteht; verwirren. – **2.** an einem Knoten, einer Türschnalle herumzerren, rütteln.

genzen s. günzen.

Georg: Heiligen- und Taufname. Name des hl. Märtyrers Georg, des Patrons der Ritter, daher noch jetzt der Reiter und Rosse. In der 14 Nothelfer, dargestellt mit dem Drachen. – Am bekanntesten ist G. durch seinen Kalendertag, 23. April, genannt bald lat. Georgii gĕŏrgĕ ∪′∪, gebildeter -ī; bald deutsch Jörge^{n}tag.

Ge-orgel n.: schlechtes, lästiges Orgeln.

Ge-papp^e -ă- (-ę̆-, s. pappen) n.: Handlung des Klebens; klebriges Zeug.

Ge-pappel gĕbăbl ∪′∪ n.: das papplen, Geplapper. Undeutliches Schwätzen.

Ge-päpper gĕbĕbər n.: unaufhörliches (einfältiges) päpperen (s. d.). Du hast e^{in} G. wie e^{in} Hühnerarsch. Etwas stärker tadelnd Gepapper n.

Ge-pass^e -ă- n.: lästiges passen 1, Warten. Auf de^n Zug muß man ein ewiges G. haben.

Ge-pässel n.: lästiges, lang andauerndes pässlen, Aufpassen.

Ge-patschᵉ *gĕbātš* n.: das *patschen*, Geschwätz, Geklatsche.

Ge-pfitter n.: das *pfitteren 1*, verhaltenes Gelächter. – Vgl. *Gepflitter*.

Ge-pflader *-ā-* n.: das *pfladeren*, Geplätscher.

Gepflärr s. *Geplärr*.

Ge-pflatschᵉ *-ă-, -ä- -ẹ̆-, -ẹ̆-* n.: das *pflatschen*. 1. Geplätscher. – 2. durch verschüttetes Wasser verursachte Nässe. – 3. übles Gerede.

Ge-pflitter n.: das *pflitteren*, verhaltenes Lachen.

Ge-pfluder: das *pfluderen* (s. d.), Flattern, Plätschern.

(ge)-p(f)ropft Part.: *pfropft voll* wie nhd.

Ge-pfurrᵉ n.: das *pfurren*, Sausen, Brummen.

Ge-pfutter *-ŭ-* n.: Murren.

Ge-pfuzgᵉ n.: das *pfuzgen* (s. d.).

Ge-plämpel *-ẹ̆-* n.: schlechtes, fades Getränke.

Ge-plärrᵉ *-ẹ̆-* usf., s. *plärren* n.: 1. Geheul, Geschrei. – 2. leere Prahlerei.

Ger *-ae-* w. Mittelland, *-ẹ̄-* W. N., *-ẹ̆-* N. NO., *-ẹ̄ə-* O. m.: 1. Fischerspieß, meist 3 oder 4zackiger, mit Widerhaken versehener Spieß, mit dem man die Fische anspießt. – 2. übtr. a. keilförmiges Stück Land; Ackerstück, das nicht die ganze Breite des übrigen Ackers einnehmend oben oder unten über ihn hinausragt, daher weniger wertvoll ist. – b. Zwickel, keilförmiges Zeugstück am Kleid. – c. die beiden äußeren Bretter des Faßbodens. – d. eine Volks-, Orts-, Familien- oder persönliche Eigenheit in Kleidung, Gebräuchen, Sitten, welche andern sonderbar, lächerlich oder unschicklich vorkommt: *der Geren von einem haben*, die Art und Weise eines andern an sich haben; *Du hast einen artigen Gairen* du hast eine seltsame Manier. Für andere widerlicher Geschmack eines Menschen, solche Angewöhnung in Sprache oder Benehmen; auch übtr. vom Geschmack des Gekochten oder Gebackenen.

ger(en) s. *gern*.

Gerabe (Rabe) s. *Krappe*.

gerablen usw. s. *gr-, kr-*.

Gerach s. *Gerech*.

gᵉ-rackereⁿ schw.: sich abmühen, quälen.

gᵉ-rad *grād*, SW. *-ä-; FRK. grōd;* Kompar. *gᵉräder -ẹ-*, Superl. *-est* Adj. Adv.: A. Adj. 1. von Menschen: schnell; tüchtig, gewandt. – Schlank, hochgewachsen. – 2. wie nhd., geradlinig; opp. *krumm*. Verstärkt *bolz(en)-, faden-, kerzen-, schnur-, sterzen-gerade*. – 3. übtr. aufs Geistige: aufrichtig, bieder. – 4. bei Zahlen: durch 2 teilbar, wie nhd.; opp. *ungerade*. – B. Adv., wie nhd. 1. schnell, alsbald. – *g. kommst* komm geschwind. Am häufigsten von Gegenwart und Vergangenheit: soeben; *Iᶜʰ kommᵉ g.* sogleich, im Augenblick. – 2. genau, eben. *Du kommst mir g. recht*. – 3. steigernd. *G. gᵉnug* mehr als genug. – 4. ohne Umschweife, gerade-

zu. *Iᶜʰ will dir's nuʳ g. sageⁿ*. – 5. trotzdem. *Jetzt mach i's grad*. – 6. in Komposs.: *gᵉrad-aus: g. gehen*. – *gᵉradᵉ-ʰᵉraus*: etwas *g. sagen*. – *gᵉrad-ʰⁱnüber*, *-ʰⁱnum*: gegenüber.

Gᵉ-räde *grẹ̄dẹ̆*, alt auch **Gerade** f.: Geradheit, gerade Linie, Richtung.

gᵉ-radᵉs (-ä-) Adv.: gerade, direkt.

G(e)-raffel (-ä-) n.: das *rafflen*, vorlautes, grobes Reden.

Gᵉ-rall n.: großes Gelächter.

Gᵉ-räms *grẹ̆ms* n.: 1. Gittereinfassung. – 2. Geländer, Stiegeneinfassung. – 3. vergitterter Raum.

Geranium *gĕrănĭŏm* ◡◡◡; Pl. gleich, nur gebildet *-ie*ⁿ n.: die als Zierpflanzen allgem. üblichen Geranium- (richtig Pelargonium-) Arten.

gᵉ-ränkleⁿ schw.: 1. refl. *sich g.* sich winden um etwas, es umwickeln. Das Bohnenkraut *g-et sich* um die Stange. – 2. Umschweife machen.

gᵉraßlet-voll Adj.: sehr voll.

G(e)-ratᵉ *-ọ-* usw. n.: 1. zu *geraten 2: grọt* das Gedeihen. *Da ist keiⁿ G. drin* es gerät nicht. – 2. zu *raten*: langes, planloses, gedankenloses Herumraten an etwas. *Habᵉ keiⁿ so ewigᵉs G(e)ratᵉ*.

Gᵉ-rätᵉ *-ẹ̆-* n.: 1. Gerätschaft, wie nhd. – 2. Wäsche, Leibweißzeug. *Das G. waschen, aufhenken. Schwarzes, weißes G.* schmutzige, gewaschene Leibwäsche.

gᵉ-rateⁿ *grọdə* (s. *-tə*); *-au-* BAAR, *-ao-* O. st.: 1. durch das Geschick irgendwohin gelangen, wie nhd. *Wo sind wir hiⁿ g.? Wo wird der noᶜʰ 'naⁿ g.?* – 2. glücklich ausfallen, glücken, gedeihen. *Dⁱᵉ Grund- (Erd-) Birⁿᵉ g.* wachsen gut, werden schön reif. *Ein Kind g-t* gedeiht, entwickelt sich sehr gesund, bes. körperlich. – Auch: genesen, von Kranken. – 3. entraten, missen, entbehren. Nur noch im O., bes. NO. *Deⁿ Weiⁿ kann iᶜʰ schoⁿ g., wenn iᶜʰ nuʳ Bier gᵉnug habᵉ*.

gᵉ-ratig *-ọ-* Adj.: was wohl *gerät* (s. *geraten 2*), sich gesund entwickelt (hat). Opp. *ungeratig*.

G(e)-rätschᵉ *-ẹ̆-* n.: das *rätschen*, Schnarren, Ausschwatzen.

gᵉ-rätscheⁿ *-ẹ̆-* schw.: ausschwatzen, ausplaudern.

Gᵉrät-seil n.: Waschseil, Seil an dem das *Geräte 2* zum Trocknen aufgehängt wird. Syn. *Häß-, Waschseil*.

gᵉ-rätzleⁿ schw.: rüffeln, rügen.

gerau(b)en s. *grauben*.

gᵉ-raucht *-ao-*; *gᵉ-räucht -ae-* Adj.: geräuchert. *G-es Fleisch*.

ge-raum, mod. *gᵉ-räum* Adj.: 1. örtlich: geräumig. Übtr.: *Der Weg ist gᵉräum* bequem, tauglich. – 2. zeitlich: geraum, ausgedehnt. – 3. übtr.: bequem, passend. *Heut ist's gᵉräum Wetter zum Erdbirⁿᵉⁿ 'raustuⁿ*.

gᵉ-raupet *-əu-* Adj.: gekörnt, mit vielen Unebenheiten besetzt; *ein gr-es Glas*. Knorrig.

gerbeⁿ *-ẹ̆-; -w-* W. N. schw.: gar machen. 1. wie nhd.: Häute, Leder *g*. – 2. in der Mühle den

Dinkel enthülsen. – **3.** übtr.: einem *die Haut, das Leder, das Fett g.* ihn durchprügeln. – **4.** sich erbrechen; doch nur von Betrunkenen; derber *kotzen, milder speien.*

G^e-rech -$\breve{e}$-, -$\breve{e}$ə-, -ja-, -ə- n. m.: oberster Teil der Scheuer (bezw. des Hauses), direkt unter dem Giebel des Daches im Balkenwerk. Übtr.: Ein starker Schnupftabak *gaht i^{n}s G. Im G.* ganz oben.

g^e-re^{ch} grēə Adj.: fertig, von Personen und Sachen, aber nur prädik. gebraucht: *g. sein, werden; g. machen.* Die Speisen *g. machen* gar machen. Auch: *g. sein* mit seinen Kräften am Ende, fertig sein, abgemattet, abgespannt, erschöpft.

g^e-re^{ch}e^n grēə schw.: *gerech,* fertig machen; eine Arbeit verrichten, arbeiten.

g^e-rechte^n schw.: **1.** prozessieren, streiten. – **2.** die Haushaltungsgeschäfte (in Haus, Küche, Stall usw.) besorgen, fertig machen, = *gerech(t) machen.*

G^e-rechter m.: der immer *gerechtet 1,* alles besser wissen will.

g^e-rechtle^n schw.: zurecht machen, reinigen, bessern.

G^{e}recht-macher, G^{e}rechts-macher m., -i^n f.: Person, die sich in alles mischt, alles besser wissen und machen will, Prozeßkrämer, Pedant u. ä.

G^{e}recht-scheißer m.: = *Gerechtmacher.*

g^e-rede^n -$\bar{e}$ə- Adj.: gesiebt, Part. zu *reden,* s. d.

g^e-reit grǫet O., -oə- W., -ae- SO. Adj. Adv.: **1.** Adj.: fertig, bereit. – **2.** Adv. a. alsbald, bereits, soeben, sogleich. – b. vollkommen, genau, deutlich, von Sinneseindrücken, bes. vom Sehen S. Etwas g. *sehen, hören, spüren. De^n Tag spürt ma^n scho^n g.* – Auffallend stark, bedeutend, sehr, heftig: Einen starken Regen *spürt man g.* sehr stark.

gere^n -$\bar{e}$(ə)- schw.: begehren, verlangen S. Wie es scheint, meist nur negat.: *I^{ch} ger^e 's ^{n}it; I^{ch} ger^e kein^{en} Äpfel.*

G(e)-renn^n n.: das Rennen.

g^e-rere^n graerə schw.: abbröckeln, verwittern, vom Stein. Syn. *geriselen.*

g^e-rerig -$\bar{e}$-, -ae- Adj.: locker, leicht auseinander fallend, zerbröckelnd, von Brot, Sand, Erde, Boden.

g^e-reue^n grüjə; gruibə, grūbə, grībə, grəibə; grəiə st.: reuen. *Laß di^{ch} 's net g.* sagt man nach Abschluß eines Kaufes.

G^e-reule^{in} gruilę; G^{e}raule^{in} m. n.: wankelmütiger, unsteter Mensch, den alles wieder reut.

G^e-reusch^e grəis n.: **1.** die inneren Teile bei Mensch und bes. Vieh, Eingeweide, Gekröse.

g^e-reusche^n schw.: schwer atmen.

G^{e}reusch-knöpfle^{in} n.: Knödel mit zerhacktem *Gereusch* (Lunge und Leber) vermischt. Vgl. *Kuttelfleck.*

g^e-reuse^n gruisə schw.: klagen, jammern; sich reuen lassen.

G^e-reut^e n.: **1.** Platz, wo Wald gerodet worden ist. Vorwiegend nur noch in Flurnamen. – **2.** Weinberggut, wo die alten Stöcke und Wurzeln ausgerodet worden sind.

G^{e}reut-lerch^e f.: Baumpiper, Anthus arboreus.

G^e-richt grĭχt; Plur. G^{e}richt^e; -er n.: Gericht. A. zu *richten* = zurecht machen: **1.** Schlinge, Netz zum Fang der Vögel. Auch Demin. *G-le^{in}* Fanghölzchen bei Vogelschlagen. – **2.** wie nhd. Gericht beim Essen. – **3.** unangenehmes *(her)richten.* – B. zu *richten* Recht sprechen, regieren. **1.** sachlich. Rechtsprechung, Urteilsspruch. – **2.** persönlich, von den das *G. 1* Ausübenden. Die das Gericht ausübende Behörde. – **3.** Gerichtsgebäude. *Aufs G. gehen* u. ä.

g^e-richte^n schw.: die Haare kämmen, mit dem *Gerichter,* s. d. Vgl. *strälen.*

G^e-richter grĭχtər m.: Haarkamm mit groben, weit auseinander stehenden Zähnen S. Dagegen *Sträl* enger Haarkamm.

g^e-rigelt, -glet -$\bar{i}$- Adj.: mit Riegeln, Fachwerk versehen.

g^e-ring grēη; S. u. Frk. grĭη Adj. Adv.: **1.** leicht. a. an Gewicht. – b. mühelos. – S. a. *ring.* – **2.** klein. – **3.** geringfügig, minderwertig. *G-er Wert; g-er Wein.* – **4.** körperlich schwach, gebrechlich. – **5.** moralisch gemein. *A^{n}zeige^n* (o. ä.), *des wär mir z^u g.* – S. a. *ring.*

Gering, Geringel s. *Kring, Kringel.*

geringlen s. *kringlen.*

gerings s. *krings.*

g^e-rinne^n grēnə; S. u. Fr. -$\bar{i}$- st.: **1.** wie nhd. *Die Milch g-t. G^{e}ronne^n Blut* u. ä. – **2.** übtr. *Laß es g.* bring die Sache nicht immer wieder ins Gespräch.

geripsen s. *gripsen.*

g^e-ririg -$\bar{i}$- Adj.: bröckelig, von harter, trockener Butter, Erde; von schlecht gebackenem Brot.

G(e)-risel n.: das Herabrieseln. Meist Demin. G^{e}risele^{in} grĭs- n., meist Pl.: **1.** Körnchen, Graupeln. – **2.** kleine Butterkügelchen, die beim Rühren der Butter zuerst entstehen. – **3.** Sommersprossen. Syn. *Riselein, Riseme, Roßmukke.*

g^e-risele^n grĭ- schw.: herabrieseln; nur unpers. *es g-et,* von feinkörnigem Schnee.

g^e-riselet Adj. (Adv.): = *geriselig.* Gesprenkelt. Spez.: mit *G^{e}risele^{in} 3,* Sommersprossen, bedeckt.

g^e-riselig Adj.: **1.** sandig, feinkörnig. Ein wenig geronnen, von der Milch. – **2.** mit Sommersprossen versehen, = *geriselet.* – **3.** kraus, runzlig, gerollt.

G^e-riß grĭs n.: in der RA. *das G. haben* stark umworben, begehrt werden SO. Wer viel Geld hat, ein schönes Mädchen o. ä. *hat's G.*

gern -ę̆- NW., -ę̆ə-; g e r e ⁿ (-ę̆-, -ę̆ə- usw.) O.; Kompar. *gerner*, Superl. *gernest*, Adv.: **1.** wie nhd. – **2.** absichtlich; *net g.* unabsichtlich, unvorsätzlich. – **3.** gewohnheitsmäßig oft; leicht. *Die Uhr geht g. nach; Das Roß schlägt g. aus. Der lügt g.* aus Gewohnheit. – **4.** bei Zahlen: mindestens. *Es ist von hier g. noch 6 Stunden weit, es sind g. schon 7 Jahre vorbei.*

gᵉ-rodleⁿ *-ǭ-* schw.: herumstochern, bes. in Wasser oder Schmutz, *läpperen.* – S. a. *grottlen, rudlen.*

gᵉroglet-voll Adj.: übervoll.

G(e)-roll n.: Lärm, Mutwille, lautes Gelächter. S. a. *Gerall.*

gᵉ-rollet Adj.: kraus, gelockt, vom Haar. Syn. *Rollenhar.* – g ᵉ r o l l - h a r i g Adj.: mit gelockten Haaren.

Gᵉronneⁿ**-blut-blater** f.: mit geronnenem Blut unterlaufene Stelle.

gᵉ-roppet Adj.: **1.** rauh, uneben, holperig. – **2.** *gᵉroppet voll = geroglet.*

Gᵉroß-muckᵉ f.: Sommersprosse. S. *Roßmucke.*

Gᵉ-rötel *-ae-* m. : = *Rötel* rote Kreide.

G(e)-rotzel n.: das *rotzlen*, Schleimrasseln beim Atmen.

Ger-seitᵉ f.: Giebelseite des Hauses. – Anm.: Von der Keilform, s. *Ger.*

Gerstᵉ (- e ⁿ) -ę̆ə-, -ę̆-, meist mit Ausfall des *-r-* f.: **1.** wie nhd. Gerste = Hordeum L. Auch koll. das Gerstenfeld. – *Gerstle*ⁱⁿ kleiner Landbesitz. – **2.** eine Suppe oder ein Brei. – **3.** Ausschlag am Auge, Gerstenkorn. Syn. *Wegseicher.*

Gersteⁿ**-spelze**ⁿ f. Plur.: Spreu, *Spelzen 2* von Gerste.

g e r s t (e r n), gerstig s. *gest-.*

Gerstle s. *Gerste.*

Gerst-nägeleⁱⁿ n.: Gewöhnliche Wegwarte. Cichorium intybus L.

Gertler usw. m.: längliches Messer, Beil zum Abhauen der Baumäste, oben mit einem Haken zum Zusammenraffen des Reisigs versehen S. Formen: G e r t l e r ; G e r t n e r ; G i r t l e r , G i r t n e r – Auch *Gertel, Gerter.*

Gᵉru-bank m., Demin. -bänkle ⁱⁿ n.: Ruhebank. Aus Holz errichtetes Gerüst an Feldwegen mit 2 waagrechten Brettern, dem untern zum Sitzen, dem obern zum Abstellen von Kopflasten.

G(e)-rudel *-uə-* n.: das *rudlen*, Herumrühren, -wühlen. Gewimmel von vielen Leuten. Syn. *Genudel.*

gᵉ-rudleⁿ *-uə-* schw.: herumrühren.

gᵉ-rueⁿ *gruəbə* (W. N. *-w-*); *gruəxə;* g ᵉ - r u n e ⁿ *groənə* schw.: ruhen, ausruhen. *Eⁱⁿ Müder kaⁿⁿ ᵘuf jeder Miste g.* – Part. g e r u e t : ausgeruht, erholt. *G-ete Leute.*

Gᵉ-rugeleⁱⁿ *-ū-* n.: kleines, aus einem Stück gemachtes Rädchen; Kugel, Spielkugel.

gᵉ-rugeleⁿ *-ū-* schw.: rollen, mit einem rollenden Gegenstand spielen.

gᵉ-rüig *griəbig* Adj. Adv.: **1.** ruhig, still. *Ein g-s Leben, eine g-e Stunde; g. sitzen, g. halten. Sei g.!* sei still! – Ein Vater, der sein Geschäft dem Sohn übergeben hat, *hats g., hat e*ⁱⁿ *g-s Lebe*ⁿ. – **2.** ausgeruht, = *geruet.*

G(e)-rümpel, -u- n.: **1.** das *rumplen*, Poltern, Gepolter. – **2.** altes abgenütztes Hausgerät.

Gᵉ-rumpfel, Pl. -e l e ⁿ f.: Runzel. – g ᵉ - r u m p f e l i g Adj.: runzelig. – g ᵉ - r u m p f l e t Adj.: runzelig.

gᵉ-rumpleⁿ schw.: = *rumplen*, ein polterndes Getöse verursachen.

Gerung *gē-* f.: Zusammenfügung im halben rechten Winkel; als Schreiner- und Zimmermannsausdruck.

Gᵉ-runzel *grǫ̆n(t)səl* f.: Runzel, Furche, Einschnitt. – g ᵉ - r u n z e l i g Adj.: runzelig. – g ᵉ - r u n z l e t Adj.: gerunzelt, runzelig. *Eine g-e Stirn.*

Gᵉru-platz m.; Demin. -p l ä t z l e ⁱⁿ n.: Platz zum Ausruhen.

gᵉ-ruppig Adj.: **1.** uneben, rauh. *Ein Weg ist g.* – **2.** struppig, vom Haar.

gᵉ-rupplet Adv.: in der Verb. *g. voll* dicht voll. Unter einem geschüttelten Baum liegt es *g. v. Äpfel.*

Gᵉ-rür *grīər* n.: **1.** das Rühren. – **2.** = *Eierhaber,* zerhackter Eierkuchen.

gᵉ-rürig *-iə-* Adj.: rührig, emsig, geschäftig.

Gᵉ-rürtᵉs, G r i e z f.: **1.** *Eierhaber.* – **2.** Häcksel von Heu und Stroh.

Gᵉ-rusel *-ū-* f.; zumeist Demin. -le ⁱⁿ n.: Kreisel, kleinerer rotierender Gegenstand.

gᵉ-ruseleⁿ *-ū-* schw.: rollen, (sich) wälzen, fortbewegen, rinnen.

Gᵉ-rust *grũšt* m.: **1.** Ausrüstung, Materialien, die zum Krieg u. ä. nötig sind, Rüstung. – **2.** wertloser Kram, geringfügige Ware(n); unordentlich, ungeordnet herumliegende Gegenstände jeder Art. *Der G. liegt, fährt herum; den G. aufraumen.* – **3.** *einen G. mit einem haben* viel Wesens, Aufhebens um einen machen, ihm übermäßig viel Aufmerksamkeit erweisen. *Du hast eⁱnᵉⁿ G. mit dem!*

Gᵉrust-biegel m.: Kehrichtwinkel. Syn. *Dreckb-.*

Gᵉ-rustel *grũštl* (neben *grũšl*) f., Demin. -ele ⁱⁿ n.: Person, die alles verlegt, in Unordnung bringt. Bes. alte G., altes, vielgeschäftiges Weib.

gᵉ-rusteⁿ *grũštə*, auch *-ū-* schw.: herumstöbern, im *Gerust 2* herumsuchen; sich übermäßig zu schaffen machen. *Die muß älleweil etwas zᵘ g. hau*ⁿ. – Etwas differenziert: dies und jenes im Haus ordnen, aufräumen, alte Sachen ordnen. Aber ebenso gut: in Unordnung bringen.

gᵉ-rustereⁿ *-ū-* schw.: herumstöbern. Vgl. *gerusten, -len.*

Gᵉ-rustete *grũštədę̆* f.: Gerümpel, *Gerust 2.*

gᵉ-rustig *-ū-* Adj.: **1.** voller *Gᵉrust 2*, unordentlich.

In dem Zimmer ist's g. – **2.** von Personen: für sehr viel besorgt, bekümmert.

G^{e}rust-kammer f., Demin. -kämmerle^{in} n.: Kammer, in der alle möglichen Gegenstände aufbewahrt werden.

G^{e}rüst-kammer f.: Sakristei.

g^e-rustle^n *grŭštlə* schw.: **1.** = *gerusten*, herumstöbern. – **2.** sich rüsten.

G^e-rustler *-ū-* m., *-i^n* f.: wer immer *g^{e}rustlet*.

G^{e}rust-sauerei f.: unordentliches, ekelhaftes Durcheinander. – **G^{e}rust-schublad^e** f.: Schublade, Fach, wo aller möglicher *G^{e}rust 2* aufbewahrt wird. – **G^{e}rust-susel** *grŭštsŭsl* ⌒◡ f.: neugieriger Mensch Oschw., besorgte, bekümmerte Alte, Sorgenmutter. – Vgl. *Gerustel; Susel* = Susanna.

g^e-rutsche(l)t Adv.: *g^{e}rutschet voll, g^{e}rutschelt v.:* ganz voll, bes. von Obstbäumen. S. a. *gerutzlet.*

g^e-rutzle^n schw.: *es g-et* geschütteltes reifes Obst fällt in Menge. *G^{e}rutzlet voll* ganz voll.

G(e)-säbel *-ē̆-* n.: ungeschicktes Hantieren mit dem Messer.

G^e-saft *ksăft, ksăft;* G^e-saf *ksăf* ALLG. m. n.: Saft. Die Bäume usw. *sind im G. Des hat kein^{en} G. und kei^{ne} Kraft.* – g^e-saftig Adj.: saftig.

G^e-säg^e I *ksēg,* SW. *-ĕ̆-;* G^e-sag^e n.: das Sagen. *Des ist scho^n lang mei^n G.;* gew. *mein Sagen.* Gerede, Gerücht, bes. unverbürgtes, falsches.

G^e-säg^e II *-ē̆(ə)-* n.: lästiges, schlechtes Sägen. Vgl. *Gesäbel.*

Gesaires s. *Geseires.*

G(e)-salbader *-ădər* (◡)◡◞◡ n.: dummes Geschwätz, *salbaderen.*

G(e)-salb^e n.: das *salben,* Geschmier. Dummes Geschwätz, *Gesalbader.*

G^e-sälz *ksĕlts* n.: süße Marmelade aus eingekochtem Obst oder Beeren, bes. zum Aufstreichen aufs Brot. Nach den verwendeten Früchten unterschieden *Zwetschgen-, Äpfel-, Biren-, Quitten-, Träubleins-, Himbeer-, Brombeer-, Heidelbeer-, Preisselbeer-, Holder-, Wachholder-G.* Für bes. fein gilt *dreierlei G.* aus Kirschen, Johannisbeeren, Himbeeren. – Anm.: Ganz deutlich zu „Salz". Der Bed.-Übergang ist offenbar: Gesalzenes, durch Salz konservierte Gallerte odgl., Mus, endlich süßes Mus.

G^{e}sälz-brot n.: mit *Gesälz* belegtes Stück Brot.

g^e-salze^n *-ă-* Adj.: **1.** eig. Part. zu salzen. – **2.** adjektivisch. a. eig., salzig. Eine Speise ist *g.* oder *ungesalzen.* – b. übtr., scharf. Eine Ohrfeige udgl. ist *g.;* ebenso eine Predigt, eine Schulaufgabe, bes. der Preis einer Ware, eine Rechnung.

G^{e}sälz-haf(e^n) m.: Topf zur Aufbewahrung von Gesälz.

G^e-säm^e *ksĕm; ksăĕm;* G^e-sämd^e; G^e-sämich n.: Unkrautsamen und kleiner Abfall beim Putzen und Sieben des Getreides, als Futter bes. für die Tauben dienend.

G^{e}sang-buch *-ŋb-,* assim. *-mb-* n.: Kirchengesangbuch. Bes. prot. *der hat ein anders G.* sagen die Protestanten von den Katholiken.

g^e-sarft *-ă-* (*-ä-*) Adj.: **1.** *-a-* überspannt, ekelhaft. – **2.** betrunken. – **3.** *-a-* scharf, z. B. von einer Ermahnung.

G^{e}säß-bletz – s. *Bletz* – m.: Zeug- (oder Leder-) Stück, das das Gesäß einer Hose bildet. Syn. *Arschbletz.*

G^e-säß *ksēs* n.: Sitzen, Sitz. **1.** Sitzvorrichtung. – **2.** Gesäß, Hinterteil des Menschen. Feinerer Ausdruck für *Arsch, Füdle.*

g^e-sattlet S., -elt N. Adj.: **1.** wörtl. gesattelt. – **2.** gerüstet, vorbereitet. – **3.** schwanger.

G^e-satz *ksătz;* G^e-sätz; Pl. G^e-sätz^e *ksĕts,* G^{e}sätzer *ksĕtsər;* G^e-setz *ksĕts,* Pl. gleich oder G^e-setzer n.; Demin. G^{e}sätzle^{in} *-ĕ̆-,* G^{e}setzle^{in} *-ĕ̆* n.: **1.** wie nhd., behördliche Anordnung, auch auf göttliche Gesetze udgl. übtr. – **2.** bestimmte Norm. *'s hat alles sei^n G^{e}satz.* Spezieller: a. *G^{e}satz* bestimmtes Maß, Aufgabe, Pensum. Bes. das einem Mann gewohnte Maß im Trinken. – b. *G^{e}satz, G^{e}setz;* meist Demin. *G^{e}setzle^{in}, G^{e}sätzle^{in},* im ganzen *-a-, -ä-* mehr kath. prot.: Abschnitt, (Ab)satz eines Textes. In kath. Gegenden ist *G^{e}sätzle^{in}* die Zahl von 10 Vaterunsern und Avemaria des Rosenkranzes. *E^{in} G-le^{in} für ei^n bete^n.*

G(e)-sau n.: das *sauen,* Schweinisch tun, Hudeln.

G(e)-sauf (*-äu-*) n.: übermäßiges, tadelnswertes Saufen.

G^e-säug^e *ksaeg* n.: Euter des Schweins; aber auch dessen einzelne Zitze.

G(e)-schab^e n.: zu vieles Schaben.

G(e)-schabsel n.: das Abgeschabte.

G(e)-schacher n.: das Schachern, Feilschen.

G(e)-schaff n.: das (lästige, tadelnswerte) *schaffen,* Arbeiten.

geschaffen s. *schaffen.*

g^e-schäff(e)nig *gšĕ̆f(ə)nig* Adj. Adv.: arbeitsam, rührig, fleißig, geschäftig.

g^e-schäfferle^n; -ele^n schw.: spielen, von Kindern (von Erwachsenen: mit Kindern spielen). Übtr.: tändeln, gedankenlos arbeiten.

G^e-schäft *gšĕft;* Plur. -schäft^e, -e^n, -er, Demin. -le^{in} n.: wie nhd., das zu Schaffende wie das Geschaffte, Beschäftigung, Arbeit. *Ans G. gehen. Des ist ein schönes G.!* schwere Arbeit. Daher auch prägnant *G.* = schwere Arbeit. Der Kaufmann, Händler usw. *hat G-e^n.* Vom Erfolg dieser Arbeit: *Er macht gute, schlechte G-e^n.* – Von hier aus übtr. (Waren- u. ä.) Handlung, kaufmännischer Betrieb, Laden. *Er hat in der Stadt e^{in} G. auf^{ge}ta^n* einen Betrieb eröffnet. *Ins G. gehen; das G. schließen.* – Euphemist. *ein G-le^{in} verrichten* scheißen (auch pissen; gelegentlich wird bei Kindern auch genauer unterschieden zwischen *großem* und *kleinem G.*). – Angelegenheit. *Ihr müßt wichtige G-e^n hau^n* u. ä. – Die ausgeführte oder in der Ausführung begriffene Arbeit selbst, das Geschaffte. *Sei^n G. mitnehme^n* eine (Häkel-, Näh- odgl.) Arbeit mitnehmen. – Der Plur. hat verschiedene Formen: *G^eschäff^e, -er* = Arbeiten oder = Unternehmen. Ein Bauer geht in die Stadt, weil er dort *G^eschäfte^n* hat; bis er aber heimkommt, hat sein Weib schon wieder allerhand *G^eschäfter* für ihn.

G^e-schäl *kšẹl* n.: Einfassung eines Brunnens, einer Grube, meist aus Holz.

G^e-schank *kšāŋk* n.: Geschenk. Speziell das Schenken bei einer Hochzeit ALLG. Syn. *Schenke.*

G(e)-scharr^e, **G(e)-schärr^e** n.: das Scharren, Kratzen.

G^e-schärrt^es n.: = *Eierhaber*, zerschnittener Eierkuchen. – Vgl. *Scharrete, Kratzete.*

G(e)-schätter *-ẹ̆-* n.: das *schättern* Rasseln; laut, schallend lachen.

g^e-schaue^n schw.: besichtigen. – Ohne Obj.: schauen, zuschauen.

G(e)-schaufel n.: das Schaufeln.

ge-schäufelt: Part. zu *schäuflen*, geschaufelt.

g^e-schecket *-ẹ̆(ə); -ig; -elt* Adj. Adv.: scheckig. *Sei net so g.!* so närrisch. *G. (heraus)schwätzen* sonderbar.

g^e-schehe^n st.: geschehen. *Des g^eschieht!* Befehl. *Zu de^n g-e^n Sache^n (Ding^en) muß (soll) ma^n 's best^e rede^n. Des ist glei^ch g. (Des ist) Gern g.* Erwiderung des Dankes. *Jetzt, was g^eschieht?* häufiger Zwischensatz in Erzählungen. Bes. mit Dat. der Person: *Es g^eschieht dir nix* (sc. *Böses*).

g^e-sche^henig Adj.: geschehen, vollendet.

g^e-scheid *-əi-;* S. *-ī-*, FRK. *-ai-*, RIES *-ae-* Adj. Adv.: wie nhd., gescheit. Bei uns das einzige Wort für begabt, klug. Mit 40 Jahren wird man (der Schwabe) erst *g.* – *G. sein* Vernunft annehmen. *Sei (doch) g.!* Auch als Ausdruck der Verwunderung: *sei g.! G.* auch = bei Sinnen; bes. negativ: *nicht g.*, wie verrückt, übertrieben. *Du bist nicht g.!* abwehrende, tadelnde Wendung. *Gelt, du bist net g.* du verlangst, behauptest etwas Unmögliches. Vor Lärm odgl. *wird ma^n ganz net g. I^ch hab^e g^eschafft wie net g.; Der ist g^esprunge^n wie net g.* – *Der G. gibt nach.* – *Etwas G-es schwätzen, sagen.* Davon dann übtr. *etwas G-es essen, trinken* etwas Rechtes, Ordentliches. Sogar auf solche Speisen angewandt: *ein g-es Essen, eine g-e Wurst, g-es Bier.*

G^e-scheide *-ẹ̆* (Plur. *-ene^n*) f.: = *Gescheidheit.*

G^e-scheidheit f.: wie nhd., wie es scheint nur ironisch. *Der hat d^ie G. mit Löffel^n g^efresse^n.*

G^e-scheidigkeit f.: = *Gescheide* FRK.

G^e-scheidle^in m. (n.): wer es besonders klug anzugreifen meint, alles an besten wissen will. Gesteigert: *Allerwelts-, Erz-, Hauptg.*

G^e-schell *-ẹ̆-* n.: Läutwerk, Schellen.

G^e-schelle^n-narr *-ẹ̆-* m.: = *Schellennarr*, Fastnachtsmaske (mit Schellen) Rottweil.

g^e-scheniere^n *kšẹ̆n-* ∪ʼ∪ schw.: = *schenieren*, genieren.

g^e-scheps *kšẹps* Adv.: = *schepps*, verkehrt.

G^e-scher^e *-ẹ̆(ə)-* n.: Schererei, Plage O. *Ein G. mit etwas haben.*

G^e-scher^rei f.: Schererei, Mühe, Plackerei. *Des ist e^ine G.*

G(e)-scheuch^e n.: 1. *kšaeχ* Mittelland, das Scheuchen, hastig treiben, drängen. *Ein G. machen, haben* wegen einer kleinen Sache viel Wesens machen; Umständlichkeiten machen, sich weigern. – 2. Vogel- u. ä. Scheuche. – 3. von Menschen. a. *kšui* nachlässig angezogener Mensch. – b. *kšaeχ:* α) scheuer Mensch. – β) wer sich durch Anzug oder Benehmen lächerlich macht. – γ) närrisches Weibsbild.

g^e-scheuche^n *kšaeχə* schw.: scheuchen.

g^escheuchig *-ae-* Adj.: scheu.

g^e-scheur(e^n)-bu^rzle^n *kširbütslə* schw.: = *scheurenburzlen*, Purzelbäume schlagen, sich überschlagen.

G^e-schicht^e *kšïχt, kšït* SW., *kšiət* BAAR; Pl. *-e^n* f.; Demin. *-le^in* n.: 1. *Eine G. passiert* udgl. Meist aber nur noch verblaßt: Affaire. *Die G. hat viel Geld ^gekostet dieser Prozeß, Handel. Des ist e^ine (schöne) G.!* eine schlimme Sache. *Mach keine (dumme) G-e^n* keine Torheiten, keinen Spektakel. *Macht (Hat) der immer G-e^n!* Umstände. – 2. Erzählung. *Eine G. verzählen, lesen* usw. – 3. verächtlich oder euphemistisch: Sache, Ding. a. im allgem. *Was hast denn da für e^ine G.? Wirf doch die ganz^e G. weg* den ganzen Plunder. – b. sexuell. α) Genitalien. *Man hat ihm (ihr) die ganz^e G. weg ('raus) schneide^n müsse^n* udgl. – β) Menstruation, auch im Demin. *Sie hat ihr^e G., ihr G-le^in.*

G^e-schick n.: Geschicklichkeit, in der Verb. *(kei^n) G. hau^n.*

g^e-schickt Adj. Adv.: 1. passend, tauglich. a. objektiv geeignet. *Des ist g.! 's ist mir jetzt net g.* unbequem. *Des ist mir g^erad g.* paßt mir eben. *Du kommst mir g^rad g.! 's ist mir g-er, wenn du 's jetzt glei^ch tust.* Ein Gegenstand, ein Stuhl, Sofa udgl. kann *g.* sein. – Hieher *g^eschi^ckt (gšīt)* geschickt, schön, munter, lustig; hübsch, nett. – b. durch persönliche Fähigkeit, subjektiv geeignet: gewandt, fertig. *E^in g-er Stolperer fällt net glei^ch.*

G(e)-schieß^e *-iə-* n.: 1. das (unaufhörliche) Schießen. – 2. das allzu rasche Gehen.

g^e-schimmlet *-ẹ̆-,* S. *-ī-* Adj.: 1. schimmelig. – 2. schimmelfarbig.

G(e)-schimpf^e n.: das *schimpfen*, Schelten.

g^e-schimpfle^n schw.: = *schimpflen*, spielen, von Kindern.

G^e-schind^e *gšẹ̆nd* n.: Schinderei, mühselige Arbeit.

G^e-schirr *gšïr; -īər; -ĕr* FRK.; Plur. ebenso, auch -e r n.; Demin. -le^{in} *(gšïrlĕ)* n.: **1.** Gerät. Jedes Werkzeug, das man zu irgendeiner Arbeit braucht, Arbeitszeug, Werkzeug. *E^{in} gut^{e}s G. Wie der Herr, so 's G.* (reimt in FRK.). – **2.** Gefäß, bes. aus Ton, aber auch Metall. Auch Demin. *-le^{in},* Kinderspielzeug. – **3.** allgemeiner: Hausgerät, bes. Eß-, Küchengeschirr. *Das G. aufraumen, spülen, abtrocknen* usw. – **4.** Riemen- und Sattelzeug, Zaumzeug am Pferd und Rindvieh. Vgl. *Kuh-, Roßgeschirr. Der gaht (lauft) in älle^n G.* ist zu allem brauchbar, findet sich überall zurecht. – Das ganze Gespann, Pferd und Wagen. – **5.** Genitalien. – **6.** übtr. große unförmige Person.

g^e-schirre^n schw.: **1.** trans.: mit dem *Geschirr 4* versehen. – **2.** absol.: *mit einem g.* mit ihm friedlich auskommen. *Mit dir ka^{nn} i^{ch} net g.* komme ich nicht zurecht. *Mit dem ist gut g.*

G^{e}schirr-kammer f.: Kammer, in der außer dem Pferdegeschirr auch Äxte, Beile, Sägen und allerhand *Gruscht* aufbewahrt wird.

G^{e}schiß *-ĭ-* n.: **1.** Verachtung, in der RA. *Früher's G^{e}riß, jetzt 's G.* – **2.** *ein G. haben* übergroße Geschäftigkeit; Umständlichkeit; langsame Ausführung der Arbeit; unnötige Umstände; meist aber: viel Lärm, Wesens von etwas (jemand) machen. *Hat der älleweil e^{in} G.! Du hast e^{in} G. mit (von) dem Kerle!*

g^e-schlacht *kšlãχt;* Komp. *-ā-* und *-ĕ-,* Superl. *-ĕ-* Adj.: fein, gelinde, glatt; opp. *ungeschlacht.* Und zwar: **1.** phys., nur lobend. a. von Menschen und Tieren: von glatter Oberfläche, wohlgerundet; opp. *rauh, färrisch, ungeschl.* – b. von Speisen und Getränken: weich, zart, nicht scharf. *Ein g-er Bissen;* Salat, Erbsen, Kraut udgl. sind *g.,* nicht hart oder spröde. – c. von Pflanzen: biegsam, fein, glatt, von Weiden udgl. *G. Holz* nicht rauh, astfrei, auch von der Rinde OSCHW. Bes. von Bäumen: zahm, kultiviert, opp. *wild.* – d. vom Boden: leicht zu bebauen, nicht hart und steinig. – e. vom Wetter: gelinde. – **2.** übtr. a. positiv: umgänglich, freundlich, zugänglich, leicht zu behandeln. – b. iron., wie sauber, artig. – Anm.: Zu mhd. *slahte* „Art"; also artig, von guter Art.

G^e-schlachtet f.: Mahlzeit bei Gelegenheit eines für das Hauswesen geschlachteten Rinds, Schweins udgl.; das davon an Bekannte geschickte Geschenk von Fleisch und Würsten. Syn. *Metzelsuppe, Wurstkirchweih.*

g^e-schlackelet Adj.: nachlässig. – Anm.: Offenbar dass. wie das verbr. *schlackelig* faul, lümmelhaft sich gehen lassend, unfest in den Bewegungen.

G(e)-schlag^e n.: das fortwährende, lästige Schlagen.

G^e-schlamp n.: **1.** der Teil hinter der Rindszunge, wo die Drüsen sind, wird sauer gekocht. – **2.**

Geschlechtsteile beider Geschlechter. – **3.** nachlässige Kleidung ALLG. – G^e-schlämp n.: **1.** eingemachte Därme, Mägen. – **2.** Lumpenpack TIR.

g^e-schlampet Adj.: unordentlich in der Kleidung.

G(e)-schlapp^e n.: das *schlappen* (s. d.).

g^e-schlappet Adj.: **1.** mit Schlappohren. – **2.** *g. voll* ganz voll. – S. a. *schlappet.*

g^e-schlattelt, -e r e t (Adj.) Adv.: *g-elt voll,* dicht voll; stark beladene Obstbäume hangen *g. v.*

G^e-schlecht *gšlĕχt;* Plur. -e r n.: **1.** Familie, Abstammung. *Ein^{en} ^{de}m G. na^{ch} kenne^n* durch die Familienähnlichkeit erkennen. – **2.** Generation, Grad, Glied.

g^e-schlechte^n *-ĕ-* schw.: nachschlagen, -arten. *Der g-et ^{a}uf d^{ie} Kuhseite^n* schlägt der Mutter nach.

G^e-schlechts-nam^e m.: Familienname.

G(e)-schleck^e *-ĕə-* n.: **1.** *G(e)schleck^e* das unnütze, allzuviele *(sch)lecken.* Z.B. von dem beständigen Küssen Verliebter. *Ma^n braucht des G. net älleweil.* – **2.** Leckerei, Leckerbissen.

g^e-schlecket, UNTERL. -c k t Adj. Adv.: **1.** schleckig, naschhaft. – **2.** geleckt, fein, geputzt. – **3.** Adv. *etwas g.* nehmen gern, gierig.

G^e-schleck-haf(e^n) m.: = *Schleckhafen,* Hafen mit Leckereien. Übtr.: ein von Mädchen viel umworbener junger Mann.

g^e-schleckig Adj.: = *-et 1,* schleckig.

G(e)-schleif(e) I n.: *G(e)schleif -ọ̆ę-, -ōə-:* **1.** das *schleifen,* Schleppen. *Ma^n hat so e^{in} mühselig^{e}s G.* – **2.** persönl.: Anhang, Gefolge RIES.

G(e)-schleif^e II *-əi-* n.: fortgesetztes oder widerwärtiges *schleifen,* in den versch. Bedd. des Verbs.

g^e-schliche^n Adj. Adv.: **1.** Adj.: schlau, abgedreht TIR. – **2.** Adv.: in der Verbindung *g. kommen.* – *Einem g. k.* gerade recht. *Du kommst mir g.* meist drohend, auch iron.: *das fehlte noch.* Nördl. der DON.

g^e-schliffe^n Adj. Adv.: **1.** etwas *geht, lauft wie g.* rasch, leicht. – **2.** *einem g. kommen* gelegen, grad recht, auch iron.

G(e)-schluck^e n.: unnötiges, lästiges Schlucken.

G^e-schluder, -ü-; G^e-schlüder, -ütter n.: *G^{e}schluder* unreinliche Brühe. *G^{e}schlüder* Tauwetter. *G^{e}schlütter* Schnee- und Regenwetter im Winter. *G^{e}schlitter, G^{e}schlüder* Schlamm, Kot, Tauwetter ALLG. Syn. *Pflutter.*

g e s c h l u d e r e t s. *schluderen.*

G^e-schlüng^e n.: Gedärm der Tiere.

G(e)-schlupf^e n.: eig. das *schlupfen.* In einem voll von Möbeln stehenden Zimmer udgl. *ist ein arges G., muß man ein G. haben.* – Vom heimlichen Zusammenlaufen zweier Verliebten.

G(e)-schlurf^e *-ü-* (-r g) n.: das *schlurfen,* schlürfend trinken, essen oder *(-rf, -rg)* schl. gehen.

G^e-schmack *kšmäk;* NO. *-ã-,* FRK. *-ō-;* Pl. G^e-schmäck(er) *-ĕ̆-* m.; Demin. G^e-schmäckle^{in} -*ĕ*- n.: obj.: der Geschmack, Geruch. – Bes. aber von einem fremdartigen, verdächtigen, nicht hergehörigen Geschmack oder Geruch. So namentl. Demin. G^{e}schmäckle^{in} Beigeschmack von Speisen und Getränken; verdorbener Geruch. – Übtr., wie es scheint nur Demin. G^{e}schmäckle^{in}. 1. *^{e}s hat e^{in} G-le^{in}* es stinkt, ist nicht sauber. – 2. *G^{e}schmäckle^{in}* Sonderbarkeit, spezifische, andern auffallende und widerwärtige oder lächerliche Art des Individuums oder Standes. *Jeder hat sei^n G-le^{in}.*

g^e-schmack *kšmăk;* Kompar. *g^{e}schmäcker -ĕ-;* g^e-schmackt Adj. (Adv.): **1.** wohlschmeckend, wohlriechend. – **2.** in weiterer Bed.: angenehm, schön. Opp. *ungeschmack,* s. a. *abgeschmackt.* Von Dingen und Menschen. Vom Wetter: schön, freundlich. Von der Wohnung, Straße, von einem Werkzeug udgl.: angenehm, bequem. Von Kleidern: schön, passend. Das und das *ist mir nicht g.* gefällt mir nicht. Von Menschen: hübsch, schön, *e^{in} g-s Mädle^{in}, Mensch, Weibsbild. Der ka^{nn} so g. tu^n, schwätze^n* u. ä. Dabei ist *g.* stärker als *schön,* drückt jedenfalls stets das subj. Wohlgefallen des Sprechers aus. – *G^{e}schmack* ist charakteristisch für die Gegend zw. Urach, Göppingen, Heidenheim, Ulm, Blaubeuren.

G^e-schmackeler m.: Schmeichelwort für einen *geschmacken,* lieben Jungen. – Dagegen G^e-schmäckeler -*ĕ*- m.: einer, der einen seltsamen Geschmack hat, dem man nichts recht machen kann.

G^e-schmalg^e -*ä*- n.: **1.** leeres, dummes, unnützes Geschwätz. – **2.** Durcheinander von Speisen.

g^e-schmalze^n -*ä*- Adj.: **1.** eig.: mit Schmalz gekocht. – **2.** übtr. a. eine fade, charakterlose Sache ist *nicht gesalzen und nicht g.* – b. teuer.

G^e-schmarr n.: wertloses Geschwätz ALLG.

G(e)-schmatzg^e -*ä*- n.: das *schmatzgen.*

g^e-schmatzge^n -*ä*- schw.: = *schmatzgen,* schmatzen, unanständig hörbar essen.

g^e-schmaugelet *kšmauɡələt,* -glet, -gelig Adj.: sich anschmiegend, zutraulich, von Katzen oder Mädchen.

G(e)-schmeck^e -*ĕ*- n.: das (zu viele, widerliche) *schmecken. Häb^e net älleweil so e^{in} G. dra^n 'rum* u. ä. – g^e-schmecke^n schw.: gut schmecken, munden. *G^{e}schmeckt's?* Zuruf an Essende.

G^e-schmeiß -*öə-,* -*ŏĕ-,* -*ae-,* n.: **1.** Eier und Maden von Insekten im Fleisch. – **2.** Ungeziefer, das das Vieh plagt. – **3.** Geflügel. – **4.** Gesindel, schlechte Gesellschaft. – **5.** wertlose Dinge, Gemengsel.

G(e)-schmeiß^e -*ǝi-* n.: das *schmeißen,* tadelnd.

G^e-schmeiß-muck^e, Pl. -e^n f.: = *Schmeißmucke.*

G(e)-schmir(b)^e n.: wie nhd. Geschmier, eig. u. übtr.: Bestechung. – g^e-schmire^n schw.: schmieren.

geschmirt s. *schmir(b)en.*

g^e-schmitzt -*ĭ*- Adj.: körperlich und geistig gewandt, hurtig, flink ALLG. In FRK. auch = geistig gesund, begabt.

G(e)-schmoll^e n.: das *schmollen,* Lächeln.

G^e-schmorkel n.: zerschnittener Eierkuchen, *Eierhaber* (dort Synon.) FRK.

G^e-schmotz n.: = Geschmotzel.

G(e)-schmotzel -*ŏ*- n.: das *schmotzelen,* Hantieren mit Fett; fettiges Aussehen, fettiger Geruch.

g^e-schmuckelet Adj.: zierlich, nett, artig.

g^e-schmucke^n schw.: = *schmucken,* sich einschränken, mit wenig Raum im Bett begnügen.

G(e)-schmus^e -*ū*- n.: **1.** unnötiges Gerede, heimliche Unterredung. – **2.** Liebkosung. – g^e-schmuse^n schw.: = *schmusen,* den Unterhändler machen, makeln. – G^e-schmuser n.: = *Schmuser,* Unterhändler.

geschmutteret (geschrumpft) s. *schmutteren.*

Geschnader usw. s. *Geschnatter* usw.

g^e-schnäker -*ĕ-;* g^e-schnäkeret; g^e-schnäkerlet; g^e-schnäkelt; g^e-schnakeret; g^e-schnaket; g^e-schnaikelet -ae- Adj.: = *geschnätteret,* mager, kraftlos, unterernährt.

g^e-schnäpper Adj.: gesprächig, maulfertig.

Ge-schnatter -*ă-;* G^e-schnätter n.: **1.** *G(e)schn.* das *schnatteren.* a. Geschrei der Gans (Ente); übtr. vom Schnattern versammelter Menschen, bes. Weiber. – b. Zittern vor Kälte. – **2.** *G^{e}schn.* Gänseklein, Kopf, Füße udgl.

g^e-schnätteret -*ē-* -erig, -erlet Adj.: mager, stets mit dem Begriff der wirklichen oder nur anscheinenden Kraftlosigkeit. *Des iso so e^{in} g-er Bu^{be} g^{e}we^{sen} und jetzt ist er e^{in} fester Kerle.*

G(e)-schnauf^e -*əu-;* -*ū-* S., -au- FRK., -ao- RIES n.: **1.** das heftige, lästige *schnaufen.* – **2.** heimliche üble Nachrede, Klage.

G^e-schnäuf^e -*ǝi-* n.: **1.** phys.: der Schnupfen. – **2.** = *Geschnaufe 2:* Zank, Vorwurf, spez. eines Eifersüchtigen.

g^e-schnaze(l)t Adj.: *geschnazelt aussehen* mager und blaß aussehen.

G(e)-schneckel n.: das *schneck(e)len* (bes. langsam gehen, daherschleichen).

g^e-schnecklet S., -elt N. Adj.: **1.** schneckenförmig. – **2.** geschniegelt, geputzt, zierlich, sauber.

G(e)-schnei^e n.: starkes, anhaltendes Schneien.

G^e-schnif -*ī*- n.: Abfälle von Kartoffeln, Kartoffelschalen.

G^e-schnipf -*ĭ-,* G^e-schnipfich n.: **1.** = *Schnipfel* (Pl.), Abfälle von Obst, Gemüse udgl. – **2.** kleine Münze. – **3.** Ungeziefer in Kleidern, an Bäumen. – **4.** etwas Dummes, das gesprochen, gelesen, gedichtet usw. wird.

G^e-schnirkel n.: Schnörkelwerk.

G^e-schnuder -*ū-;* G^e-schnüder -*ĭ-,* S. -*ĭ-;* G^e-schnoder n.; G^e-schnudert f. n.: der Schnupfen.

G^e-schnüff^e -i- n.: = Geschnäufe 1, Schnupfen.

G(e)-schnupf^e n.: wiederholtes, lästiges Schnupfen.

g^e-schochet -ǫ̆- Adj.: **1.** gehäuft voll, übervoll, von Massen, einer hoch aufgeschichteten Holzbeige, einem beladenen Wagen. E^in g-^es Simri. Häufiger g. voll übervoll.

G(e)-schockel n.: Schwanken, Schauckeln durch Stöße verursacht. – S. Geschuckel.

G^e-schoß gšǫ̆s, Demin. G^eschößle^in n.: **1.** wie nhd. – **2.** Krankheitsname. a. rheumatischer Schmerz. – b. böses Euter der Kälberkühe. – **3.** Schoß, Schößling, Trieb, Sprosse bei Pflanzen. – **4.** Stockwerk. – **5.** persönl.: fahriger, schusseliger Mensch, der sehr eilig, überhastet arbeitet.

G^e-schossel gšǫ̆sl f.: immer rasch gehendes, schusseliges Weib.

g^e-schosse^n -ǫ̆- Adj.: **1.** übereilt, unbesonnen, närrisch. – **2.** von Pflanzen: vergeilt. Der Salat udgl. ist g., wenn er schon Blütenstengel hat. – **3.** vom Brot, von dem die Rinde weggeht.

Geschoß-kraut n.: **1.** Geranium dissectum L. – **2.** Tausendgüldenkraut, Erythraea centaureum L.

G^e-schöttach, -ich gšě̆dï̆χ n.: Abfall; Abfall vom Getreide; Abfall beim Holzmachen, bes. vom Reisich. Kurzfutter.

G(e)-schottel -ǫ̆- n.: das schottlen, Rütteln.

g^eschotterig Adj.: locker Sww.

g^e-schrauft -əu- Adj.: schraubenartig gewunden.

G^e-schrei gšrȫə W. S., -ǫ̆ O., -āe NW., -ae NW. SO., -ā FRK., -ę̄ äuß. NW. u.: **1.** wie nhd., Geschrei. – **2.** Gerede, Gerücht. – **3.** (laute) Gichter, Krämpfe kranker Kinder.

Ge-schreibsel n.: vieles Schreiben.

g^e-schreiig gšrǫ̆e(ï̆)χ Adj.: schreiig, leicht zum Schreien, Weinen geneigt, von Kindern.

G^e-schrib -ï̆- n.: Schrift. Spez. Handschrift: ^da s G. kenne^n die Handschrift kennen.

G^e-schribsel n.: = Geschreibsel, vieles Schreiben.

g^e-schrumpfelet Adj.: zusammengeschrumpft, runzelig. – g^e-schrumpft Adj.: dass.

gescht s. gestern.

G(e)-schuck^e -ŭ- n.: Hast, Eile. – S. schucken.

G(e)-schuckel -ŭ- n.: das viele schucklen, planlose Herumlaufen. Schwanken, Schauckeln durch Stöße verursacht. – S. G(e)schockel.

g^e-schuckt -ŭ- Adj.: geistig etwas anomal, wer einen Sparren zuviel hat.

g^e-schulet -ū- Adj.: sehr gescheit, gewandt.

geschunden s. schinden.

g^e-schupet -uə- Adj.: schuppig, schuppenartig gezeichnet.

g^e-schupft -ŭ- Adj.: **1.** überspannt, närrisch, halbverrückt. E^in g-er Kerl. – **2.** -es Brot beim Bakken mißratenes Brot, von dem die Rinde weggeht, nicht anliegt.

G^e-schur kšūr f. n.: = Schur, Schererei, Schinderei; überhäufte, mühsame Arbeit.

G^e-schurrle^in m.: Hitzkopf, jähzorniger Mensch.

G(e)-schütt n.: das Schütten, z. B. von starkem Regen.

G^e-schutter, -ü- -ï̆- n.: **1.** -u- schlechte Gartengewächse; verkrüppeltes Kraut SO. G^eschütter -ï̆- Blätter von Kraut und Rüben, die zu Viehfutter verwendet werden. – **2.** -u- Haufen ungeordnetes Reisig.

G^e-schwäher kšwȩ̄ər m.: = Schwäher, Schwiegervater.

G^e-schwälble^in kšwḝlmlę̆ (S. -lï̆) n.: Schwalbe, Rauchschwalbe.

G(e)schwank^e kšwǎk n.: das Schwanken.

G(e)-schwappel n.: das schwapplen (s. d.), Hin- und Herschwanken, bes. von Flüssigkeiten. – g^e-schwapplet Adj.: fast übervoll. Ein Hafen, die hohle Hand ist g. Meist g.-voll bis zum Überlaufen voll.

G^e-schwär kšwȩ̄ər, N. -ę̄- n.: Geschwür.

g^e-schwäre^n schw.: eiterig, geschwürig werden.

G^e-schwei kšwəi, S. -ï̆, RIES -ae, FRK. -ai; Plur. -e^n f.: **1.** Schwägerin. – **2.** Schwiegermutter. – **3.** Schwiegertochter.

g(e)-schweige^n I -əi- st.: verschweigen, nur wie nhd., in der Form g^eschweige vielmehr, viel weniger, vollends. Der hat kein^en Pfennig, g. e^in Mark.

g^e-schweige^n II -ǫ̆ę-, -ōə- schw.: schweigen machen, zur Ruhe bringen, stillen. Einen g. zum Schweigen bringen, ihm den Mund stopfen. Mit Geld ka^nn ma^n äll^es g. Bes. kleine Kinder g. beruhigen, daß sie zu schreien aufhören, sei's durch Nahrung (stillen), sei's anderswie.

g^e-schwipplet Adj.: bis an den Rand gefüllt mit Flüssigkeit. G. voll.

G^e-schwister(ig)-kind ˋ ◡ (◡)ʹ (die Form ohne -ig (-ïχ) mehr unterländisch); Plur. -kind(er) n.: Kind, Kinder von Geschwistern, rechter Vetter oder Base. – G^eschwistrig-kinds-kinder n.: Kinder der Geschwisterigkinder, = Drittenkind, Zueinanderkind. – G^eschwistrigkinds-kopf m.: scherzh. für Geschwistrigkind.

G(e)-schwitz^e n.: vieles, lästiges Schwitzen.

g^e-segne^n schw.: segnen. In dem konjunktivischen Wunsche, daß Gott etwas oder jemand g. möge. G^esegne^s Gott (wobei ĕs, ĭs, əs = es und uns sein kann), G^esegn^e ənə (euch) ^es G. G^esegn^e d^ir's Gott (gseəndrs G.), bes. bei Essen und Trinken. Meist aber in der kürzesten Formel G^esegn^e Gott ksę̆ŋgǫ̆t, -ēə-.

g^e-sehe^n ksę̄ə, ksȩ̄ə) Ind. Sg. ksï̆(χ, -g) usw. st.: sehen, aber nur in bestimmten Fällen, sonst einfaches sehen. Nur in modif. Funktion: das Sehvermögen haben, sehen können. Ein Blinder g^esieht nex; ebenso aber: in der Dunkelheit g^esieht ma^n nix; Ohne (mit dere^n) Brill^e g^esieh^e i^ch nex. Er g^esieht net gut und (g^e)hört net gut und *ka^{nn} net weidli^{ch} laufe^n* scherzh. oder spöttisch. *So weit i^{ch} g^esieh^e. Gang, so weit du g^esiehst.*

G(e)-seich^e *-o̞e̞-, -o̞ə-* n.: das *seichen*, Pissen; tadelnd: *Hat der e^{in} lang^es (ewig^es) G.* udgl., auch von langem, gehaltlosem Reden.

g e s e i n s. *sein* (Verbum).

Ge-seires *(-sae-)* Pl.: unnützes Geschwätz. – Anm.: aus dem Rotwelsch.

g^e-selcht *-ẹ̆(ə)-* Adj.: g. *Fleisch* (Subst. *G-^es*), g. *Wurst* geräuchert.

G^eselle^n-stuck n.: Arbeit, durch deren Fertigung der Lehrling zum Gesellen wird, wie der Geselle durch das *Meisterstuck* zum Meister.

G^e-senk^e n.: im Schmiedehandwerk die Vertiefung, in die das glühende Eisen hinein gehämmert wird, um eine bestimmte Form zu bekommen. Sodann der Teil des Nagels unterhalb des Kopfs, der durch das *G.* geformt wird.

g^e-setze^n *-ẹ̆-* schw.: zurechtweisen, bestrafen.

g^esih-nichts-meh^r *ksīnīksm-:* eig. „(ich) sehe nichts mehr", nur in der Wendung *zwischen Licht (Tag) und g.* in der Abenddämmerung.

G(e)-sing^e n.: lästiges, schlechtes Singen.

G^e-sod *kso̞t; kso̞t;* G^e süd, Plur. fehlt n.: Kurzfutter; spez. Häckerling, auch Stroh, Getreideabfälle udgl., mit warmem Wasser angemacht und dem Vieh vorgesetzt SO.

G^e-söff n.: schlechtes, billiges Getränk.

G(e)-sorg^e n.: unnützes Sorgen.

G e s o t t s. *Gesod.*

g^e-sotte^n Adj.: gesotten, s. *sieden.*

G^e-spa^n *kspǎ,* flekt. *-e^n* m.: versch. Nüancen: Geselle, Kamerad, Arbeitsgenosse, Begleiter.

G^e-späni^n *kspĕne̦* f.: Kamerädin, Begleiterin usw. (entsprechend *Gespan*).

G(e)-spar^e n.: das (lästige, andauernde) Sparen.

G^e-sparn *kspä(r)n,* G^e spärn *kspēn;* Plur. G^e spä(r)n *-ẹ̆-* m.; G^e spa^r nt *kspä(r)nt, kspēnt* n.: Sperling.

G^e-spaß *kspǎs* m., Demin. G^e späßle^{in} *-ẹ̆-* n.: Spaß, Scherz. *Der ka^{nn} kein^{en} G. vertrage^n, verstehe^n.*

g^e-späßig *-ẹ̆-* Adj. Adv.: **1.** spaßhaft, zu Späßen geneigt, scherzhaft. – **2.** eigenartig, sonderbar, komisch, wunderlich, von Personen und Sachen. *Des ist g.! Des wär^e doch g., wenn i^{ch} des net könnt^e. Des ist g. zu^{ge}gange^n. Ein g-er Mensch (Kerl, Dinger, Kauz usw.).* Bes. auch von plötzlichen Launen. *Der kann so g. sein. Warum bist denn heut so g.?*

G^e-spei *kspǝi, kspui;* G^e-spei zel *kspo̦ĕtsl* n.: Gespieenes, Speichel, Auswurf. Syn. *Spei, Geifer.*

G^e-speierle^{in} *-əi-;* G^e-spreierle^{in} *kspri̓rle̦* n.: **1.** Hausschwalbe. – **2.** Rotschwänzchen.

G^e-spenst *kspäĕšt; kspe̦št; kspe̦ŋšt;* Plur. *-e^r* n.: **1.** Trugbild, Blendwerk des Teufels. *G-er sehen* Falsches wähnen, bes. fürchten. – **2.** wie nhd.

G^e-sperr n.: **1.** phys. a. Versperrung. *Ein G. ma-*

chen den Weg versperren. – **b.** Sparren-, Balkenwerk, das absperrt. – **c.** Sperrvorrichtung an einem Türschloß. – **2.** übtr.: Verwirrung, unnötige Umstände.

G^e-sperranze, Plur. *-e ne^n* f.: *G. machen* Umstände machen.

G^e-spil *kspĭl,* Plur. *-e^n* m. f. n.: A. m. **1.** Brautführer. Syn. *(Bräutel-)Geselle, Brautführer, Erengeselle, -knecht; Züchtmeister.* – **2.** Kamerad. *Man muß Männer nicht zum G. machen* eine Frau darf ihnen nicht alles anvertrauen. Auch: Liebhaber. – B. f. (n.). **1.** Freundin, Kamerädin. – **2.** Brautjungfer. – **3.** Liebhaberin, Geliebte.

G e s p i n n s t s. *Gespunst;* vgl. *Gespenst.*

G^e-spons *kspāōs* m. f.: Gemahl(in); Bräutigam, Braut; Freund(in).

G^e-spor *kspo̞ǝr;* G^e-spör *-ẹ̆ə-* n.: Spur, Fährte, von Mensch und Tier. *Dem G. nachgehen, singen* usw.

G^e-spräch *-ẹ̆-* n.: wie nhd., doch mehr = Unterredung.

g^e-spräch, auch g^e-sprächig *-ẹ̆-* Adj.: redegewandt, beredt, gesprächig, redselig. Einer, der sich gerne freundlich unterhält ist *e^{in} g-er, g-iger Ma^{nn}.*

G^e-sprang *gšprǎŋ,* S. *-ǎ̌-* n.: **1.** unnötiges, vieles Herumlaufen. – **2.** Hast, verlegene Eile: *i^ns G. komme^n* in Verlegenheit kommen.

g^e-spreckelt, S. g^e sprecklet *-ẹ̆(ə)-* Adj.: gesprenkelt, buntfarbig, gefleckt, scheckig.

G^e-spreite^n *kspro̞ǝtə* schw.: = *spreiten,* auseinander legen, spez. Gras.

G^e-sprenz^e n.: das *sprenzen,* Bespritzen, Befeuchten.

g^e-sprenze^n schw.: = *sprenzen,* mit Wasser besprengen. – G^e-sprenzer m.: leichter Regen.

G^e-spreuer *kspro̞ǝir, -uir, -ür, -ŭbǝr, -īr;* G^e-spreuet *ksprīt;* G^e-spreuel *ksprui(ə)l:* = *Spreuer,* s. d. Das Genus ist nie angegeben!

G^e-sprit *-ĭ-* n.: in Reihen hingestreutes Gras, Heu, Öhmd. Schmaler, langer Haufen Heu, Öhmd. – Syn. *Rieder.*

G^e-spu^nst *kspāŏšt, kspŏšt;* G^e-spü^nst *kspāĕšt, gšpĭšt* n.: Gesponnenes, von Flachs, Hanf. Übtr.: Machwerk, Arbeit.

G^e-spunte^n *kspo̞ndə* m.: Spunt, Zapfen, Pfropf.

G^e-spur *kspŭr* n.: Spur, Fährte.

G^e-spuse *-ĭ-* f.: Geliebte, Schatz. – G^e spusel f.: dass. – Vgl. *Gespons.*

g^e-stacklet Adj.: stangenlang.

g^e-stäffelet *-ẹ̆-* Adj.: staffelweis, stufenweis. *Die Haare g. schneiden* ungleich.

G^e-stageler *-o̞-* m.: = *Stakeler,* himmellanger Mensch. – g^e-stagelet Adj.: schlank, hoch, lang gewachsen, langbeinig.

G^e-stampf n.: dicke, wie festgestampft erscheinende Speise.

G^e-standare *kštǎndārę̌* ◡⌣◡ n.: hemmendes, unordentliches Herumstehen vieler Gegenstände. Umherstehen, Auflauf vieler Personen. *Was ist denn da für e^{in} G.?*

g^{e}stande^n Adj.: **1.** erwachsen, bewährt. *E^{in} g^{e}standener Ma^{nn}.* – **2.** dick, fest geworden. Bes. *g-e Milch* fest geronnene UNTERL. ALB. – S. *Milch.*

g^e-stärr *kště̌r* Adj. Adv.: steif, starr, ungelenkig, unbiegsam. *G-e Finger.*

g^e-stärrig Adj.: starr, steif. – Vgl. *gestärr, stärrig.*

g^e-stät *kště̌t;* g^{e}stat ALLG. Adv.: = *stät,* langsam, gemächlich, sachte. *G. tun, laufen, fahren* usw. *Bergab muß ma^n g. fahre^n. Nu^r g.!* sachte!

G(e)-statzg^e n.: das *statzgen,* Stottern.

g^e-steckt *-ě̌-* Adj.: *g.* voll gedrängt voll.

G^e-stei^m *kštāē* n.: Unruhe, Tumult, Lärm.

G^e-stellasch(e) *kště̌lāš(ě̌)* ◡ʹ(◡) n.: Gestell; dann bes. hindernd herumstehendes, in Unordnung aufgestelltes Möbel.

Geste^n *-ě̌-* Plur.: Grimassen, Faxen, Gestikulationen. *G. machen.* Formen: Geste^n, Gestes, Gesteze^n.

gester(n), ge(r)ste(r)t, ge(r)st, ge(r)st(r)ig Adv.: gestern.

G(e)-stichel n.: das *stichlen,* Spötteln.

g^e-stock(e)t Adj.: dick, fest geworden. Bes. *g-e Milch* saure, gestandene FRK.

G^e-stopfer m.: ein dicker Brei; auch wohl G^e-stopf^e n. Vgl. *Gestampf.* – g^{e}stopft-voll Adj.: gedrückt voll.

G^e-stör *-ě̌-; -ae-* n.: die Anzahl zusammengebundener Stämme, die ein Gelenk, Glied des Floßes ausmachen. – Übtr.: eine Gruppe Menschen. *Da staht e^{in} ganz^{e}s G. Mädle^{in}.*

G^e-storr^e *-ŏ̌-* m.: alter, knorriger Baum. – Vgl. *Storren.*

g^e-stotzet *-ŏ̌-,* -let Adj.: kurz, gedrungen, dick, von Personen. Vgl. *gestumpet.*

G(e)-strabel *-ā-* n.: das *strablen,* Zappeln mit den Füßen.

g^e-straumet *-ǫ̌-* W., *-āō-* O., g^e-sträumet *-ě̌-;* gestraumlet, ge-sträumlet Adj.: gestreift, getigert. *G-es Obst, g-e Haut.*

g^e-striche^n Adj.: glatt gestrichen, eben voll, von Maßen. *E^{in} g-s Maß; g. voll.*

G(e)-strick n.: Strickarbeit; das Stricken selbst *(G(e)-strick)* und das Stück, an dem man arbeitet; für letzteres mehr *Stricket.*

g^e-stroblet *-ŏ̌-* Adj. Adv.: struppig, mit zerzaustem, ungeordnetem Haar. Syn. *verstrobelt.*

g^e-strupft Adj.: zusammengeschrumpft, runzelig, faltig.

gestubet Adv.: gemütlich, wohlig.

g^e-stumpet *-ŏ̌-,* S. (u. FRK.) *-ǔ-* Adj.: gestutzt, kurz. – Bes. aber von Personen: klein, untersetzt.

G(e)-such^e *-uǝ-* n.: langes, ängstliches, tadelnswertes Suchen.

G(e)süd s. *Gesod.*

G(e)-sudel n.: das *sudlen,* s. d.

G^e-süff n.: **1.** das *saufen.* – **2.** Gesöff, schlechtes Getränk.

G(e)-süffel n.: das *süfflen,* Bechern, Trinken.

G^e-sundheit; -keit *kšǔŋgǝt,* -heit *-haet* f.: wie nhd. – Am häufigsten als Gruß, Wunsch. *G.! Zur G.!* beim Niesen. Neuvermählten wünscht man *G. (ins Haus).* Bes. aber *G.!* beim Zutrinken, früher mehr Höherstehenden gegenüber, auch jetzt keineswegs allgem. üblich; verbreiteter, wie es scheint, *prosit,* oder gewählter: *zum Wohl. G. allerseits!*

G(e)-supf^e n.: das *supfen,* Schlürfen.

G(e)-surr^e n.: das *surren,* (s. d.), Sausen, Summen.

G(e)-sutter^e n.: das *sutteren* (s. d.), Brummen.

Ge-tä^e *gě̌dę̌* n.: = *Getue,* unruhiges Wesen, Reden.

Ge-tanz^e n.: beständiges, lästiges, unanständiges Tanzen.

Ge-tatsch^e, -ä- n.: das *tatschen, tätschen;* bes. Geschwätz.

Ge-tätschel n.: das *tätschlen;* ein ewiges *G.* haben u. ä.

Ge-torkel n.: das *torklen,* schwankende, taumelnde Gehen.

Ge-tramp(el) n.: das *tramp(l)en,* plumpe Auftreten.

Ge-trantsch^e n.: **1.** das *trantschen,* s. d., schwerfällige Gehen. – **2.** albernes Geschwätz.

Ge-träppel n.: schnelles *träpplen.*

Ge-trätsch^e *-ę̌-* n.: das *trätschen,* dummes Geschwätz.

Ge-tre^{n}s^e n.: das *trensen* II; Formen, Bedd. s. dort.

ge-treu Adj. Adv.: treu. Nur als Adv. in der iron. RA. *Da sieht's g. aus!* schön.

Ge-tribulier n.: das *tribulieren,* Drängen.

Ge-triel^e n.: das *trielen,* im eig. u. übtr. Sinn.

Ge-trödel n.: das *trödlen,* langsames Arbeiten.

Ge-tu^e *gě̌düǝ;* Ge-tu^n^{e} n.: aufgeregtes, auch wichtigtuerisches Treiben. *Hat der immer e^{in} G.!* – Aber auch: jammerndes, lautes klägliches Gebaren, Gejammer.

G(e)-vatter, -vätter m.: Taufpate.

G(e)-vatteri^n, -vätteri^n f.: Taufpatin.

gew- s. a. *-qu-* (unter K).

G^e-wächs *gwę̌ks;* SW. *g^{e}wę̌s;* Pl. gleich, n.: **1.** das Wachsen. a. Wachstum. – b. Wuchs, Gestalt. – **2.** was wächst, gewachsen ist, wie nhd. a. *G.* des Feldes und Gartens. – b. Wucherung am oder im menschlichen und tierischen Körper; doch nur von Tumoren udgl., die wie im selbständiger Körper aussehen. *E^{in} G. am Kopf, im Bauch haben* udgl.

g^e-wachse^n *-ās-* SW., sonst *-ǎks-* Adj.: **1.** was seine vollständige Größe erlangt hat, erwachsen. – **2.** was von sich selbst so geworden ist. Mit *selb.* Hieher *g-er Boden* von den geologischen Schichten, opp. Humus. – **3.** *einem g. sein* wie nhd.: gleich an Kraft oder Fähigkeit.

G(e)-wälsch[e] *g(ę̊)wę̊lš* n.: das *wälschen*, in einer unverständlichen Sprache Reden.

G[e]**-walt** *gwält; gwält* S. u. NO., *gwǫlt* ALLG.; Pl. alt Gewält(e), mod. nicht mehr vorhanden; **m.**, aber immer mehr f.; Demin. G[e]wältle[in] -ę̊- n.: Gewalt, Macht. – *G. brauchen* mit ganzer Kraft sich anstrengen.

g[e]**-waltiere**[n] ◡◞◡ schw.: Gewalt brauchen.

G[e]**walt-igel** m.: gewalttätiger Mensch.

G[e]**walts-**: als erster Bestandteil einer Nominalkompos. = gewaltig, mächtig, ungeheuer. Vgl. *Mords-*.

G[e]**walts-kerle(s)** -ę̊(s) m.: gewaltiger Kerl. – G[e]walts-mensch, Pl. -er n.: gewaltige Weibsperson.

G[e]**walt-tat** f.: **1.** wie nhd. – **2.** persönlich: *gewalttätiger* Mensch. Demin.: *Du G'waltthätle du.* – g[e]walt-tätig -ę̊- Adj. Adv.: **1.** wie nhd. – **2.** Adv.: *g. groß* gewaltig groß, sehr groß.

g[e]**-wampet** Adj.: mit *Wampe*, dickem Bauch versehen.

G[e]**-wand** I *gwånd*, ohne Pl. n.: Kleidung, Kleid. – *G.* charakteristisch für's Bairische; im O. des Schwäbischen gebraucht.

G[e]**-wand** II *gwånd (-n* NW.) n. f.: eig. die Strecke, nach deren Zurücklegung man wendet. a. Akkergrenze, wo umgewendet wird. – b. die Feldflur der Dorfanlage zerfällt in x unter sich verschiedenwertige, in sich gleichwertige Stücke, an denen jedes Gemeindemitglied seinen Anteil hat. Ein solches Stück, das dann in sich wieder in die langgestreckten Teile der Einzelnen zerfällt, heißt bei uns allgem. *G.* – c. Land, ein Stück zum Anpflanzen von Kohl o. a. Gartengewächsen, von den Nachbargrundstücken nicht durch einen Zaun, sondern nur durch schmalen Durchgang getrennt, z. B. *Krautsgewand.*

G[e]**wän**[de]**-acker** *gwę̊nå̊gər* ◠◡ m.: quer gelegener Acker, auf dem man mit dem Pflug usw. umkehren darf. Syn. *Anwand.*

G[e]**-wargel** n.: das *warglen*, Rollen.

g[e]**-wärmele**[n] schw.: aufgewärmt schmecken.

g[e]**-wärme**[n] -ę̊-; -i- oder Laut zw. *i, ö, ü* OSCHW., schw.: (er)wärmen; häufiger als das Simplex *wärmen*. Milch, Kaffee udgl. *g.* – Bes. refl. *sich g. Komm an* [den] *Ofe*[n] *und g*[e]*wärm*[e] *di*[ch]*. Sich bei einem, bei etwas g.* seinen Nutzen davon haben; nur tadelnd von unrechtem Gewinn u. ä.

G(e)-wat[e] -å̊- n.: **1.** lästiges *waten*. Den Weg durch die feuchten Wiesen macht man nicht gern, weil man da *so ein G(e)wat*[e] *haben muß.* – **2.** Spuren des Watens in dem Gras, in der Wiese *ist e*[n] *G*[e]*wat*[e]*.*

g[e]**-weflet** *gwēəflət* Adj.: porös, gut gebacken S. – Zu *Wefel* Bienenwabe.

G[e]**-weisch** *gwəiš (-ae-* RIES.) -št n.: **1.** die Stoppeln, das Stoppelfeld. – **2.** Unkraut, das im Stoppelfeld wächst: hohes Gras u. a. Unkraut.

G[e]**weisch-wurz(el)** f.: Dornige Hauhechel, Ononis spinosa L.

g[e]**-wese**[n], nördl. u. nö. ge-west: die im größeren nö. Teil des Gebiets übliche Form des Part. von *sein*. Während die sw. Form *gesein* nur verbal gebraucht ist, kommt *g.* auch adj. vor: *der gewesene Pfarrer.*

G(e)-wetter n.: das *wetteren*, Poltern.

g[e]**-wichst** *gwĭkst* Adj.: fein gekleidet, aufgeputzt.

G[e]**-wicht** I *gwĭχt* Hauptgeb., *gwĭχt* NW., *gwīt*; Pl. gleich, mod. mehr -e r n.: wie nhd. a. Schwere eines Gegenstands. – b. konkret: das *G.* an der Waage, an der Meßschnur, am Uhrwerk.

G[e]**wicht** II n.: Geweih; nur vom Rehbock, bes. Demin. *-le*[in]*.*

g[e]**-wichte**[n] schw.: mit einem Hebel hantieren.

G[e]**wicht(s)-stei**[n] m.: = *Gewicht I b.*

G(e)-winkel n.: winkeliger, beengter Raum.

G[e]**-winnst** *gwę̊nšt* NW., *gwĭnšt* FRK., *gwę̊št* NO., *gwĭšt (-ī-)* S., *gwāēšt* Mittelland; Pl. gleich m.: Gewinn.

Ge-wispel n.: das *wisplen*, Zischeln, Geflüster.

g[e]**-wone**[n] *gwǫnə*, FRK. *gwǫunə* schw.: sich gewöhnen, gewohnt sein. – Part. g[e]wohn(e)t *gwǫnt* N., *gwǫnət, gwŭnət*: etwas *g. sein, dran g. s.* udgl.

g[e]**-wöne**[n] *gwę̊nə; gwĕnə* ALLG., *gwę̊ndə* schw.: gewöhnen; und zwar vorwiegend vom Gewöhnen durch Erziehung.

G(e)-worgs -ǫ̊- N. NW., -ǫ̊- Hauptgeb. n.: das *worgsen*, Schlucken, Würgen. *Was hast denn für e*[in] *Geworgs*[e]*, ist's net gut?*

G(e)-wul *-uəl* n.: das *Wühlen*, s. *wulen*.

G[e]**-wülk**[e] *-ī-* n.: Gewölke. – ge-wülkig Adj.: wolkig.

G[e]**-wumsel**; G[e]-wummeln.: Gewimmel.

G(e)-wusel *-ū-* n.: das *wuslen*, geschäftiges Hin- und Herrennen vieler. Z. B. in einem Ameisenhaufen, in einer Schar junger Hühner, Kinder *ist ein G.* – g[e]-wuselt, S. -let Adv.: in *g. voll* voll von wuselnden Tieren.

Gezabel s. *Gezappel.*

Ge-zappel *gętsåbl* n.: das *zapplen*, Zappeln.

Ge-zefer n.: = *Gezerfe*, Gezänk.

Ge-zerf[e] *gętsę̊rf* n.: das *zerfen*, keifend Streiten.

Ge-zettel n.: das *zettlen*, langsam Machen.

Ge-zifer *gętsīfr* n.: Ungeziefer, übtr. Gesindel.

Ge-zwatzel n.: das *zwatzlen*, zuckende Bewegungen.

Ge-zwitzer n.: das *zwitzeren*, Funkeln, z. B. der Sterne.

gf-, Gf- s. *gef-. Gef-.*

gh- s. *geh-.*

Ghair s. *Gehör.*

ghairen s. *gehören.*

gheien s. *geheien.*

ghuier s. *geheuer.*

gi s. *gegen.*

gi-, Gi- s. *gü-, Gü-.*

Gibel-laden m.: Bühneladen in einem Giebel, durch dessen Öffnung Heu udgl. auf den Bühnenboden geschafft wird.

gibsen *-ĭ-* schw.: Atem holen, nach Luft schnappen. Bes. negat. *I*ch *ka*nn *(fast) nimme*r *g.* vor Müdigkeit.

g i c h e n s. *eichen* I.

Gicht *gĭχt;* Plur. -e r n.: **1.** Gicht, wie nhd., Podagra. – **2.** Plur. *Gichter* Kinderkrankheit, Krämpfe der Kinder. *Da möcht*e *(könnt*e*) ma*n *G-er kriege*n*!,* auch von Erwachsenen.

gichteren schw.: mit den Augen *g.* sie im Krampf verdrehen, von Kindern.

gichterisch Adj.: krampfhaft.

gichtig Adj.: gliederlahm, an Gicht leidend. Ein *g-es* Glied.

Gicht-rose (Gichter-) f.: Pfingstrose, Paeonia officinalis L., beliebte Gartenblume. – Syn. *Totschrose, Gichtwurz.*

g i c k s. *gack.*

Gickel, -e r usw. s. *Gü-.*

g i c k e r e n s. *gackeren.*

gickes-gackes: in der Verb. *g. machen* viele Worte machen und nichts Vernünftiges damit sagen. – S. a. *gigagen.*

Gießel m.: Wasserfall, Strudel. Auch Bez. bestimmter Wasserfälle.

Gieß-gumpen m.: *Gumpen,* tiefe Stelle unter einem Wasserstrudel, -fall.

Gift *-ĭ-* m. f. n.: **1.** (f.) Gabe (Mitgift). – **2.** (n.) wie nhd. – Speziell (stets m.) Virus, Krankheitserreger im Körper. *Der G muß 'raus!* Übtr.: m. Zorn, heftiger Unwille, Groll, Haß, Neid. – Mutwillen, Übermut, Stolz, in der R. A. *Einen den G. nehmen* ihn demütigen.

giften schw.: intr. wüten, erzürnt sein.

Gift-nudel *-ū-* f.: böse Frau.

Gigag *gīgăk* ⌢ m.: Gans, scherzh. – gigagen schw.: schreien, von einer Gans.

gigamp(f)en ⌢◡ schw.: = *gampen. Gigampe*n sich immer, z. B. auf dem Stuhl, hin und her bewegen.

Gigel *gĭgl, gīgl* m., Demin. -e l e in n.: Gipfel, First eines Hauses.

gigen *-ī-* schw.: stechen, mit einem Messer, bes. ein Tier (Schwein) so abstechen.

gigitzen schw.: zwitschern, von Vögeln.

g i g o t t s. *bigott.*

gigs *gī-:* Schallwort für einen schrillen stechenden Ton, meist von der Gebärde des Stechens begleitet. *G. machen* diese Gebärde ausführen.

gigsen *-ī-* schw.: **1.** stechen. – **2.** einen stechenden, schrillen Ton von sich geben, knarren.

gilben schw.: gelb machen, färben.

gilfen *-ī-* schw.: in hohem Ton wimmern, quieksen. In sehr versch. Anwendung, vom Wimmern des Kranken, vom schrillen Schrei des getretenen

Hundes, von den leisen Tönen junger Vögel; charakteristisch ist immer der spitzige, hohe Ton. Auch mehr inhaltlich: fortwährend jammern, betteln, keifen, eigensinnig weinen.

Gilfer m.: **1.** persönl.: unzufriedener Mensch. Fem. *-i*n. – **2.** sachl.: einmaliges *gilfen. Einen G. tun.*

gilferen schw.: schluchzen. *Er g-et de*n *ganze*n *Tag;* d. h. schimpfen, keifen. Vgl. *gilfen, gelferen.*

gilfzen schw.: = *gilfen,* ächzen, g i l f z g e n vor Schmerzen seufzen, ächzen, winseln.

gillen schw.: kitzeln.

Gillhase s. *Küllhase.*

Gimpel m.: **1.** wie nhd., Dompfaff, Pyrrhula rubicilla. Häufiger *Golle, Golm.* – **2.** übtr., einfältiger Mensch.

ginkelen *gĕŋgələ* schw.: selbzweit ein Kind unter den Armen fassen und schwingen.

g i n z e n s. *günzen.*

gipflen schw.: den Gipfel an Bäumen, Pflanzen usw. entfernen.

Girbel *gĭrbl;* FRK. *gĕrwl* m.: Kopfwirbel, Scheitel. – Gipfel, höchste Spitze (eines Berges, Hauses, Baumes).

gire-gire *gĭrĕ-gĭrĕ-:* Lockruf für die Gänse.

giren I schw.: heftig begehren, gierig sein.

g i r e n II (gären) s. *jären.*

g i r e n III s. unter *gauren.*

Gispel *gĭšpl* m.: **1.** Wipfel, Gipfel eines Baums. – **2.** überspannter, närrisch eingebildeter Mensch.

Gispel s. a. *Kirchspil.*

Gispelei f.: Handlungsweise eines *Gispels* 2. – Gispel-han(ne) m.: = *Gispel* 2. – g i s p (e) l i g Adj. Adv.: von der Art eines *Gispels* 2.

Gitz(e) und Kompp. s. *Kitze.*

gitze-gä *gĭtsəgĕ* ⌒◠ Adv.: Ausruf der Schadenfreude, wie *gägs, (g)ätsch* u. ä.

Gitzen**-gäbele**in *gĭtsəgĕ:* ein *G. machen* 2 Finger wie eine Gabel ausstrecken, Ausdruck der Schadenfreude.

gitzen**-gäbele**n schw.: streiten. *Die g. mit e*inander.

gl-, Gl- s. *gel-, Gel-* und *kl-, Kl-.*

Glack, g l a c k e n s. *Kl-.*

Gladente s. *Batenke.*

Glae s. *Kle.*

g l a e s l e n s. *glinslen.*

Glaffe, g l a f f e n s. *kl-.*

Glaich s. *Geleich.*

g l a i s e n s. *glösen.*

Glan**st** *glāŏšt* m.: = *Glast,* Glanz.

Glaos s. *Glunse.*

Glaoscht s. *Glanst.*

Glas-bere f.: Steinbeere, Rubus saxatilis L.

glasen schw.: **1.** Glas machen. – **2.** das Glaserhandwerk treiben.

gläsen *glĕsĕ,* S. *-ĭ,* RIES *-ĕŋ,* flekt. -e n e r *-ənər,* -e n e s *-ĕs (-ĭs)* Adj.: gläsern. **1.** eig.: aus Glas gemacht. – **2.** übtr., glasartig. a. Kartoffeln sind *gl.*, wenn sie, statt mürb zu werden, beim Durchschneiden glasig glänzen. – b. *Gläsenen* (Pl.) steinige Stellen im Acker mit schlechtem Untergrund.

glässe[n] *glĕsə* schw.: mit aufgerissenen Augen glotzen. – Glässer m.: einer der *glässet.*

Glast *glǎšt* m.: heller Glanz, Schimmer, Schein. – S. a. *Glanst.*

glaste[n] schw.: glänzen, strahlen.

glatt *glǎt*, Frk. *glōt;* Kompar. Superl. glätt- *glĕd*-Adj. Adv.: glatt. A. Adj. 1. phys., von glatter Oberfläche. Vom Menschen: zart von Haut, wohlgenährt. – 2. im Handel. a. *glatte Frucht* ist eig. solche ohne, *rauhe* mit Spelzen. – b. *gl.* ist, was normal ist, keine Schwierigkeit der Berechnung macht. Eine Rechnung ist *gl.* im reinen, geht auf. – 3. übtr. a. wie nhd., höflich, heuchlerisch liebenswürdig. – b. *[E]s ist gl. g[e]we[sen]* gut ausgefallen, opp. *rauh.* Verstärkt *gl. und eben.* – c. merkwürdig, eigenartig, lustig. – B. Adv. 1. noch mit bestimmter Bed. Eine Sache *ist gl. gegangen.* – 2. *gl. (a[n])weg* glatt (hin)weg: ohne Umstände, ohne weiteres, schlechterdings, geradezu. *Das ist gl. a[n]weg verloge[n].* – 3. *gl. sauber* ganz schön, radikal. – 4. vor Negation: ganz, gar. *Mei[n] Sach ist gl. nunz* gar nichts. – 5. in versch. andern Verbb. = geradezu, ganz und gar. *Es ist gl. aus; gl. wie* gerade wie. *I[ch] muß gl. Wei[n] kaufe[n], weil der Most so teuer ist.* – 6. adv. ist auch die adj. Wendung *glatterdings* schlechterdings.

glätte[n] *glĕdə;* glättne[n] schw.: glatt machen. Glättne[n] plätten.

Glätter s. *Klatter.*

glatzet *glǎtsət* Adj.: kahlköpfig.

glaune[n] *glāōnə* schw.: schielen NW.

Glaunst s. *Glanst.*

gleb s. *geläu.*

Gleis s. *Geleise.*

Gleiß[e] f.: Frucht des Getreideunkrauts Acker-Hahnenfuß, Ranunculus arvensis L.

Gleiße[n] f.: Hundspetersilie, Aethusa cynapium L., wegen der glänzenden (gleißenden) Blätter.

glid-ganz Adj.: an den Gliedern unversehrt, in ihrem vollen Gebrauch; auch von Sachen: das Kleid ist noch *gl.*

glimpfig *glĕmpf-; glĕpf-, glīpf-, glāēpf-* Adj. Adv.: mild, weich; etwa = *geschlacht.* 1. geistig. a. von Menschen: freundlich, entgegenkommend. b. von Worten und Handlungen ebenso. – 2. physisch. a. von Dingen: weich, biegsam. – b. vom Wetter: weich, = *(ge)lind.* – c. Wenn ein Schmerz nachläßt, ist's *gl-er.*

gli[n]**sle**[n] *glǟslə* schw.: mit einem Auge wie die Gänse oder mit halbgeschlossenen Augen blicken.

glitsche[n] *-ī-* schw.: gleiten, rutschen.

glitschig Adj.: schlüpfrig.

Glitz-äugle[in] n.: glitzerndes, funkelndes Auge.

glitze[n], glitzge[n], glitzle[n], glitzere[n] schw.: 1. glitzern, glänzen, funkeln. – 2. *Er glitzt* ist im Anfangsstadium der Betrunkenheit.

Glitzerle[in] n.: Feigwurz oder Scharbockskraut, Ficaria verna Huds.

glitzig Adj.: 1. glänzend. – 2. von Ton: hoch, grell.

Glock[e] f.: 1. wie nhd., Glocke. – 2. Pflanzengattung Glockenblumen, Campanula L.

Glocke[n]**-häuble**[in] n.: Kleine Traubenhyazinthe, Muscari botryoides (L.) Mill.

glockig Adj.: von der (nach unten weiter werdenden) Form der Glocke. Einen Rock *gl.* schneiden, machen; ein Rock *fällt gl.,* hat *gl-e* Falten.

glocksen s. *glucksen.*

gloi- s. *gelei-.*

Gloich s. *Geleich.*

Glomp s. *G(e)-lumpe.*

Glore m.: dummer Kerl.

glosen s. *glosten.*

glöse[n] *glaesə* schw.: spalten, schlitzen; z. B. *Bohnen gl.* sie, nachdem die Fasern weg sind, mitten durchschneiden, *Rüben gl.*

gloste[n] schw.: glimmen, ohne Flamme glühen, von Kohlen, Ruß an der Pfanne. – Bildlich, von einer Leidenschaft, Feindschaft odgl., die noch gleichsam unter der Asche fortglüht. *Alte Liebe rostet nicht; brennt sie nicht, so glostet sie.*

Glotter m.: das Seil (*Glotterseil*) und die Rolle (*Glotterrädlein*), womit die Garben hinaufgezogen werden. – glottere[n] schw.: Garben vom Wagen auf die oberen Stockwerke der Scheuer hinaufziehen.

Glotze, Glotze[n] f.: Fernsehapparat.

Glotz-pöppel Pl.: scherzhaft für Augen.

glotze[n] *-ŏ-* schw.: glotzen, starr blicken. Auch roherer Ausdruck für „sehen", d. h. blicken.

Glotzer m.: 1. Auge, aber doch wohl nur scherzh. spöttisch. *Seine Gl. aufreißen.* – 2. starrer Blick. *Den Gl. haben* träumerisch gedankenlos ins Weite starren.

glotzgen s. *glucksen.*

glu, gluck *glŭ(k)* Interj.: 1. mit wiederholtem *glu glu* usw., *gluck gluck* usw. lockt man die Hühnern. Syn. (mehr für die Jungen) *bibi.* – 2. der Ton der Flasche, aus der man trinkt oder einschenkt.

Gluck[e], Pl. -e[n] f.: Gluckhenne.

glucke[n] schw.: *glu(ck)* rufen. Die Gluckhenne *gluckt.*

Glucker s. *Kl-.*

gluckse[n], glucksgen, glockse[n], glutz(g)e[n] schw.: 1. = *glucken,* den Ruf *glu(ck)* ausstoßen, von der Henne. – 2. das Aufstoßen aus dem Magen; s. *Gluckser.* – 3. = *flotzgen, zotzgen,* von dem pulsierenden heftigen Schmerz einer Wunde, Geschwulst odgl. *Mein Finger gl-t* oder *Es gl-t in meinem Finger.*

Gluckser m.: das *glucksen* 2, Aufstoßen aus dem

Magen. *Den Gl. haben.* Syn. *Häcker, Gäcks-(g)er;* kommt Speise mit: *Kopper.*

glüe[n] *glīə* Hauptgeb., *gləiə, gliəwə* schw.: **1.** trans., glühend machen. *Das Eisen, den Stahl gl.* – **2.** intr., mit haben, wie nhd.

glüenig s. *glüig.*

Gluf[e] *glūf;* Pl. -e[n] *glūfə,* SW. *glüfə* f.; Demin. Glüfle[in] *-i-* n.: **1.** Stecknadel. – **2.** *Glufe*[n] *gieße*[n] den Speichel herauslaufen lassen oder den Speichelfluß haben.

glufe[n] schw.: mit der *Glufe* befestigen.

Glufe[n]**-bett** n.: Platz in der Hölle.

Glufe[n]**-kisse**[n] n., Demin. -kissele[in] n.: Kissen, in das die Glufen gesteckt werden. – Syn.: *-bäuschtle*[in].

Glufe[n]**-knopf** m.: Stecknadelk(n)opf. Gerne als Maß für etwas Kleines, auch etwa für dünne Leute.

Glufe[n]**-kopf** m.: = *-knopf.*

Glufe[n]**-michel** m.: täppischer, beschränkter, kleinlicher Mensch.

Glufe[n]**-stock** m.: Klette, Arctium L.

glüfle[n] schw.: sich mit zierlichen Handarbeiten beschäftigen. S. a. *glüflig.*

glüflig *-ī-* Adj.: geschickt in mechanischen Arbeiten, erfinderisch. Diftelig, heikel: *So gl. muß ma*[n] *au*[ch] [n]*it sei*[n]. Vgl. *Glufenmichel.*

glüig *glījïg (glīĕg, glīəg)* Adj.: glühend. *Gl. heiß.*

gluisam s. *glusam.*

Glump s. *G(e)-lumpe.*

glünig s. *glüig.*

Glunk s. *Glunte.*

Gluns[e] *glāōs,* Pl. -e[n] f.: Funke. – Demin. Glünsle[in] *glāēslĕ,* -ele[in] n.: in der Asche glimmender Funken. – glünsle[n] schw.: glimmen. Gew. *glosten.*

Glunte *glǫ̈nd(ə),* Glunti[n] *-ĕ̆* f.; Demin. Glündle[in] *-ĕ̆-* n.: liederliches Frauenzimmer, Hure.

glusam, gluisam Adj.: **1.** mild, lau (vom Wetter). Von einem Zimmer: mild, erwärmt. FRK. Vom Wasser, überh. Getränke ULM. Syn. *verschlagen 8,* überschlagen. – **2.** stillen Charakters.

Glusten s. *Gelust.*

glutzgen s. *glucksen.*

gm-, Gm- s. *gem-, Gem-.*

gmoe, gmoi s. *gemein.*

gmui s. *gemein.*

gn- s. *gen-* u. *kn-.*

gnab s. *genau.*

gnade[n] schw.: begnadigen. *Na*[ch] *gnad*[e] *dir Gott!* häufige Drohung (aber stets *gṇād,* nicht *-ǭ-!). I*[ch] schlag*[e] *di*[ch], *daß Gott gnad*[e]*!*

gnädig *-ĕ̆-;* -ing RIES Adj. Adv. (-lich): **1.** wie nhd. Gott oder ein Schutzpatron ist *gn.* – **2.** *gn. sein* in Gnade bei jemand sein OSCHW. *Bei dem ist er ällweil gn., wenn er ihn a*[n]*lügt.*

Gnaete s. *Genöte.*

gnai s. *genau.*

gnao s. *genau.*

gnaizlen s. *knözlen.*

gnaoren s. *genoren.*

gnaot s. *genot.*

Gnaoz, gnaozen s. *Knoz, knozen.*

gnappe[n] schw.: **1.** wanken, wackeln, nicht fest stehen, locker sein, sich hin und her bewegen lassen. – **2.** hinken N. Syn. *gnoppen, hoppen.* – **3.** hüpfen. – **4.** rütteln, etwas zu bewegen suchen, hin und her bewegen OSCHW. und ALLG. Syn. *nottlen, rücklen.*

Gnapper m.: **1.** persönlich: wer *gnappet.* a. zu *gnappen 1:* wer wankt, wackelt. – b. wer hinkt, zu *gnappen 2.* – **2.** sachlich: nickende Bewegung.

gnapperen s. *gnappen 1.*

Gnappete f.: wackelnder Gegenstand.

gnappig Adj. Adv.: **1.** wackelig, unfest; wankelmütig. – **2.** hinkend.

gnapple[n] schw.: = *gnappen 4,* rütteln. *Er gn-et am Tisch.*

gnätschig s. *knatschig.*

gnauren s. *genoren.*

gnauzen s. *knozen.*

gneb s. *genau.*

gnerglen s. *genorklen.*

Gnies s. *Gemies.*

Gnippete-gnapp m.: Hinkender.

gnitz s. *keinnütz.*

gnoppe[n] *-ǭ-* schw.: hinken.

Gnub, Gnui s. *Knie.*

gnublen, gnuiblen, gnuilen s. *knien.*

gnupfe[n] *-ŭ-* schw.: (ein wenig) hinken. – Gnupfer m.: wer hinkt.

gnupfig Adj.: hinkend.

gob(l)en s. *gopen, goplen.*

gockee s. *geben A 2 a.*

Gockel(er), -ö- (Demin. Göckele[in] n.); Gökker; Guckeler, -ü-; Gückel; Gücker; Gockelhahn[e] m.: **1.** Hahn, Haushahn. – **2.** übtr. *Gockeler* stolz einhergehender Mensch; Hitzkopf, Streitkopf. Vgl. *Graf Göckele*[in] in der RA. *einen Stolz haben wie der Gr. G.* einen unberechtigten. – **3.** Pflanzennamen entweder bezogen auf die Farbe (rot/blau) oder auf das frühe Blühen (Wecken) des Frühlings. a. Kukkucks-Lichtnelke, Lychnis floscuculi L. – b. Buch-Windröschen, Anemone nemorosa L. – c. Feigwurz oder Scharbockskraut, Ficaria verua Huds. – d. Hohler Lerchensporn, Corydalis cava (L.) Schw. et Koerte, die weiße Form wird als Henne bezeichnet. – e. Klatsch-Mohn, Papaver rhoeas L. – f. Frühlings-Platterbse; Lathyrus vernus (L.) Berh. – g. Echtes Lungenkraut, Pulmonaria officinalis L. – h. Wiesen-Salbei, Salvia pratensis L. – i. Göckele[in], Gänseblümchen, Bellis perennis L. – **4.** Namen von Früchten. a. Fichtenzapfen. – b. *Göckele*[in] Frucht des Gewöhnlichen Pfaffenkäppchens, Evonymus europaeus L.

Gocke[n] *gŏ-* m.: Krug aus Steingut, mit engem Hals, *Sutterkrug.*

gockle[n] schw.: sich kindisch betragen.

Gocks *-ŏ-* m.: steifer Hut, Zylinderhut. – Anm.: aus dem Rotwelsch.

Gof[e] *gŏf,* flekt. Gofe[n] m.: nur geringschätzig oder tadelnd, als Ausdruck des Unmutes: unartiges, naseweises, widerwärtiges, krittliges Kind. – Von Erwachsenen: unverständiger Mensch, Dummkopf OSCHW.

Goffine *gŏfīnĕ* `´◡ m.: kathol. Erbauungsbuch, mit Erklärung der Evangelien und Episteln. – Anm.: G. der Name des Verfassers.

Gog s. *Gage.*

gogee s. *geben A 2 a.*

Gogelfur s. *Gugel-.*

Gogel-hopf(e[n]**)** *gŏgl-;* Goglopf; Goglopfe[n]s *-əs;* Gochlopfe[n]; Gugel(h)opf; Gugelhupf, -gupf; Kuglupf *khŭglŭpf;* Kogelhopf; Golhopf, -hopp; flekt. -e[n] m.: Backwerk. Ziemlich hoher, in „Türkenbundform" gebackener Kuchen; bes. für festliche Gelegenheiten.

Gogelhopf-blech n.: Blechform, in der der *G.* gebacken wird. – Gogelhopfmodel m.: dass. (meist aus Kupferblech).

gokelig s. *gaukelig.*

goklen s. *gauklen* II.

Gold-kraut n.: Gewöhnliches Greiskraut, Senecio vulgaris L.

Gold-rösle[in] n.: Gewöhnliches Sonnenröschen, Helianthemum nummularium (L.) Mill.

Gole *gŏlĕ* m.: 1. Hauptmaske an Fastnacht, mit einem dicken (Goliaths-) Kopf RIEDLINGEN. – 2. übtr. Dickkopf.

goleistere[n] *gŏlǫeštərə* schw.: lärmen, lärmend sprechen.

golge[n]*-ǫ-* (golbe[n])schw.: 1. Wasser pumpen (mit und ohne Obj.) OSCHW. u. ALLG. – 2. eine Flüssigkeit in einem Gefäß beim Tragen in schaukelnde Bewegung bringen, verschütten, Getränke dadurch schlecht machen ALLG.

golgere[n] *-ǫ-* schw.: gurgeln, gurgelnde Töne geben, kollern, von sich entleerenden Flaschen, vom Magen u. ä. ALLG.

Goll[e] I, Golle[n] m. f.; Golm[e], flekt. -e[n] m.: 1. = *Gimpel* (s. d.) Pyrrhula rubicilla. – 2. übtr., wie *Gimpel 2.*

Goller (Golter, Göller, Koller) n., Demin. Göllerle[in] n.: 1. Halskette, Halsband. – 2. an der weibl. Kleidung: Brusttuch über Schulter, Hals und Brust reichend, an der bäuerlichen Kleidung meist weißes, aber auch buntes (gesticktes) Spitzentuch ohne Kragen. – 3. der Hals- und Schulterteil des Hemds oder anderer (weibl.) Kleidungsstücke. – Brustlatz. – m. Art

Weste ohne Ärmel, aus starkem Leder, die beim Erdetragen angelegt wird.

Gol-licht *gŏliəxt,* FRK. *gǫu-* n.: Unschlittkerze, Talglicht, Kerzenlicht.

gol-reie[n] *gŏlrŏjə* schw.: närrisch tun.

Gölt s. *Gelte.*

Golter m.: gesteppte, gefütterte (Bett-)Decke ALLG.

Gomb s. *Gumpe.*

gomben s. *gumpen.*

gomen s. *gaumen.*

Gommel s. *Gammel* II.

gonden s. *gonnen.*

gonne[n] *gǫnə,* S. *gü-,* gonde[n], feiner gönne[n] schw.: gönnen, gewähren, wie nhd. *Einem etwas g. Der gonnt kei*[ne]*m Mensche*[n] *de*[n] *helle*[n] *Tag.*

Göpel *gĕbl* m.: 1. ursprünglich von einem Pferde bewegtes Triebwerk. – 2. übtr. alte Nähmaschine, altes Fahrrad, altes Auto.

gope[n], gaupe[n] schw.: = *barren, feigen:* spielen, im Scherz sich balgen; von jungen Katzen und Hunden.

gople[n], gopele[n] schw.: = *gopen,* spielen, von jungen Katzen.

Gorgel s. *Gurgel.*

Görgel s. *Georg.*

gorgle[n] schw.: 1. aus dem Halse unartikulierte Laute von sich geben. – 2. gurgeln.

gorgse[n] *gǫ(ə)r-* schw.: 1. gurgelnde Töne hervorbringen wie in Folge von Würgen im Hals, Brechreiz, Erstickungsgefahr, Verschlucken. – 2. stotternd sprechen. – 3. gurgeln, den Mund mit Wasser ausspülen. – 4. sich mit etwas abmühen; *an etwas herum g.*

Gorgser m.: 1. persönl.: wer *gorgst.* – 2. sachl.: der einzelne Laut, das Geräusch des *Gorgsens.* – 3. Husten.

gorgsle[n] *gǫ(ə)r-* schw.: gurgelnde Geräusche hervorbringen, z. B. beim Entleeren einer Flasche; beim Gurgeln; beim Trinken; bes. aber infolge von Brechreiz oder Erstickungsgefahr.

gorgze[n] *gǫ(ə)(r)tsgə* schw.: Laute von sich geben wie ein sich Erbrechender.

Gosch *gŏš,* Plur. -en f., Demin. Göschle[in] *gĕšlĕ* n.: 1. Maul. Aber wohl nirgends der eigentl. sachliche Ausdruck dafür, vielmehr stets derb, grob. Dagegen wird das Demin. *Göschle*[in] nicht roh, sondern als Kosewort Kindern oder jungen Mädchen gegenüber gebraucht. *Einem auf die G. schlagen, eins auf die G. geben.* Eine weinerliche Person *macht e*[ine] *rechte G., hängt e*[ine] *(rechte) G. 'ra*[b] u. ä. Bes. als Werkzeug der Schwatzhaftigkeit. *Halt dei*[ne] *G.! schweig! Der ka*[nn] *sei*[ne] *G. nie halte*[n]*.* Eine böse, lose, arge, rechte, freche usw. *G.* von einem Vorlauten, einer Lästerzunge u. ä. Auch oft prägnant: *Die hat e*[ine] *G.* ein vorlautes, böses Maul. *G. haben* schmutzige Reden führen. – **2.** andere Gesichtsteile: Kinn und Mund. – Als Schimpfwort: Gesicht; Kopf. – **3.** übtr.: schwatzhaftes Weibsbild.

goscheⁿ schw.: **1.** viel, vorlaut sprechen. Vgl. *maulen.* – **2.** schimpfen, schelten.

Goscheⁿ**-flicker** m.: Zahnarzt.

Goscheⁿ**-frider** m.: Mensch, der in alles dreinredet, überall seine Meinung durchsetzen will.

Goscheⁿ**-hobel** m.: Mundharmonika.

Goscheⁿ**-marte** m.: wie *Goschen-frider.*

göschleⁿ schw.: schwatzen, klatschen.

goseⁿ schw.: schäkern.

Gottᵉ *gǫt,* Götte *gẹ̆dẹ̆ (-ī)* m.; Gotte *gǫ̆də* f.; Göttle^{in} *gẹ̆dlẹ̆* n.: **1.** Taufpate und Patenkind. – **2.** *du dumme Gotten* dumme Person. – Anm.: Kurzform zu *Gottvater, -mutter, -kind (-sohn)* pater (usw.) spiritualis. Syn. *Pfetterich, Dot*ᵉ; s. das letztere bes. auch wegen der geogr. Abgrenzung, für das Ntr. ist *G.* nur gelegentlich bezeugt (NW. W., S. wie *Gotte, Götte), Dötle^{in}* auch im N. und S. häufiger.

Gotteⁿ**-brief** m.: = *Dotenbrief,* Brief, in dem das Patenkind seine(n) Paten zur Konfirmation einlädt.

Gott(e)s-acker m.: Friedhof; bes. im N und O.

Gott(e)s-acker-krügle^{in} n.: Kleine Traubenhyazinthe, Muscari botryoides (L.) Mill.

gottᵉ**s-allmächtig** Adj. Adv.: Steigerung von *allmächtig,* sehr groß, stark. *E*^{in} *g-er Rausch.*

gottᵉ**s-ei**ⁿ**zig** Adj.: einzig und allein. *E*^{in} *g. mal.*

Gottᵉ**s-erbarme**ⁿ n.: etwas Trauriges, Widriges *ist zum G.* – **gott**ᵉ**s-erbärmlich (-mstlich)** Adj. Adv.: ganz erbärmlich. *G. schreien; einen g. durchprügeln.*

Gottᵉ**s-fetz**ᵉ m.: arger Taugenichts, = *-lump.*

Gottes-früe f.: *in aller G.* sehr früh am Tag.

Gottes-garteⁿ m.: da und dort = *-acker,* Friedhof.

gottᵉ**s-jämmerlich** Adj. Adv.: = *-erbärmlich. G. schreien, einen g. durchhauen.*

Gottes-lebtag m.: großer Lärm, Unruhe.

Gottᵉ**s-lump,** verstärkt G.-jesuslump *(-jẹ̆səs-)* m.: = *-fetze,* s. d.

gottᵉ**s-millionisch** ⸍◡◡◡ (Adj.) Adv.: sehr stark. *G. fluchen* u. ä.

gottᵉ**s-vergesse**ⁿ Adj.: gottvergessen, gottlos.

Gottes-vih n.: sehr dummer Mensch.

gott-fro Adj. Adv.: äußerst froh, befriedigt; nur, wenn etwas Übles gut abgelaufen ist. *I*^{ch} *bin g. g*ᵉ*wese*ⁿ*, daß 's net schlimmer* ^{ge}*gange*ⁿ *ist.*

gottig, gotzig Adj.: einzig. *Ein g-es Mal, kein g-es Mal. Ein (kein) g-es Kind. I*^{ch} *han nu*ʳ *e*ⁱ*n*ⁿ *g-e*ⁿ *Pfennig in der Tasch*ᵉ. – Anm.: Deutlich zu *Gott;* wegen *-tz-* vgl. die verstärkenden *gottes-,* bes. *gotteseinzig.*

gott-versprich Interjekt.: in der Tat, tatsächlich. – S. *versprechen* 3.

gotzig s. *gottig.*

götzleⁿ *gẹ̆tslə, gae-;* gotzle ⁿ schw.: mit Wasser

spielen, läppern, im Wasser spielend plätschern, dabei Wasser verschütten.

gr- s. a. *ger-* u. *kr-.*

Grä, Gräle s. *Kräe* I, Kräle.

Grabb s. *Krappe.*

Grabeⁿ *grābə* (NW. N. *-w-),* Frk. *-ǫw-,* SW. *-ä-;* Plur. Gräbeⁿ *-ẹ̆-,* Frk. *-ẹ̆-* m., Demin. Gräb(e ⁿ)le^{in} n.: **1.** wie nhd., Graben. – Ein *Gräbele^{in}* kann jede noch so kleine Rinne sein. Z. B. die Rinne zwischen den Ehebetten: Kinder schlafen *im Gräb(e)le^{in}.* – **2.** Terrasse im Weinberg. – **3.** Kegelbahn. – **4.** Arschkerbe.

gräben s. *gräuen.*

gräbig Adj.: von Bäumen, zum Ausgraben und Versetzen tauglich.

Grab-loch, Grabeⁿ-loch n.: Grab, in der Kindersprache.

grackleⁿ schw.: schlecht, mühsam, unsicher gehen; wackeln, mit gespreizten Beinen gehen. Auch *'rum gr., darher gr.* – Vgl. *grattln.*

gracklig Adj. Adv.: unsicher gehend, wackelig. *Der hat e*ⁱ*n*ᵉⁿ *gr-e*ⁿ *Gang.* Vgl. *grattelig.*

gräen s. *gräuen.*

graeren s. *gereren.*

graerig s. *gererig.*

grammelich, grä- Adj.: von Kindern, denen nichts recht ist, die bald dies bald das begehren.

graⁿ**-** *grä-:* verstärkendes und stets betontes Präfix, wie „Erz-"; meist vor Substantiven, in derber Rede und sie immer vor Wörtern, die einen Tadel enthalten: Graⁿ-fetzᵉ m.: großer *Fetze,* Lump; Graⁿ-hurᵉ; Graⁿ-kerle m.: Hauptkerl; Graⁿ-lumpᵉ; graⁿ-mäßig Adj. Adv.; Graⁿ-rindvi(c)h n.; Graⁿ-sau f.: Schelte. – Anm.: frz. *grand* = groß.

granateⁿ**-** *gränädə-:* wie *bomben-* gelegentlich derber steigernder Vorsatz. Granateⁿ-vich n.: Erzdummkopf; granateⁿ-voll Adj.: völlig bezecht; granateⁿ-mäßig Adj. Adv.: ungeheuer, sehr stark.

grandig *gränd-* Adj. Adv.: **1.** *Das ist auch zu gr.* zu arg. – **2.** hochmütig. – **3.** mürrisch, übel aufgelegt; *sich gr. machen* sich sperren.

Grangel s. *Krangel.*

Granitzer ⌃◡ m.: Hausierer mit kleinen Waren.

Granneⁿ *gränə, gränd* Pl.: die Spitzen an den Hülsen der (Gersten-)Ähre.

grantig s. *grandig.*

grao- s. *graun-.*

grapeⁿ *-ǫ-* schw.: **1.** greifen, tasten, tappen. – **2.** herumkriechen.

grapleⁿ *-ǫ-, -ao-,* grapple ⁿ *-ä-* schw.: **1.** greifen, mit den Fingern herumtasten (bes. im Finstern), tastend, unbeholfen umhergreifen, tastend berühren. – **2.** *-ä-* kitzeln, leise berühren. – **3.** auf dem Boden umherkriechen. – **4.** *-ǫ-* einer Sache nachdenken, nachspüren, nachgrübeln. – **5.** klettern. – **6.** *grablen* sich erholen.

Grapler -ǫ̈- m.: Schimpfwort für einen Alten, der an Mädchen herumtastet.

Grappe (Rabe) s. *Krappe.*

grap(p)elig; FRK. -w- Adj. Adv.: **1.** unschön gekrümmt, vom Finger. – **2.** -ä̆- lebhaft, munter. – **3.** -ȫ- unbeholfen.

grapse[n] -ä̆- schw.: rasch wegnehmen; stehlen (aber nur halb spaßhaft, nicht ernsthaft gebraucht).

grapsle[n] schw.: **1.** -ǫ̈- an etwas herumgreifen. – **2.** auf dem Boden herumkriechen, herumrutschen. – **3.** klettern; vgl. *krebslen.*

Gras *grās* (-ä̆- s.), FRK *grǭs, grǫ̈s, -š;* Gräs *grę̄s;* Plur. Gräser, Demin. Gräsle[in] n.: **1.** Gras, wie nhd. – **2.** alles, was auf der Wiese wächst (nicht nur die Familie der Gräser). – **3.** Weide. – **4.** Unkraut.

Gras-dackel m.: Verstärkung von *Dackel* II.

grasele[n], S. O. -ä̆- schw.: nach Gras riechen.

grase[n]; gräse[n]; grasne[n] schw.: Gras schneiden, sammeln, holen. – Gras, Unkraut ausjäten. – Weiden des Viehs.

Gras-fleck, flekt. - e[n] m.: durch Gras verursachter *Fleck* am Kleid. Vgl. *-mase.*

Gras-mas[e] *-mǭs* f.: = *-fleck.*

Gräßling (Fisch) s. *Kreßling.*

Gras-teufel m.: junger, läppischer Bursche.

Gras-tuch *-duəχ* n.: 4eckiges Stück Tuch (Sackleinwand o. ä.) mit Schnüren an den Ecken, zum Einbinden und Heimtragen des Grases (auch des Laubs).

Grat -ǭ-; O. *-ao-*, BAAR *-au-*, FRK. *-ǭ-, -ǫ̈;* Plur. Grät[e] *-ę̄-* m.: **1.** Spitze. Zugespitztes Instrument. – Bes. Bergspitze, Bergkamm, nhd. Grat. Auch: Dachfirst. Erhöhter Streifen, der beim Pflügen in der Mitte zwischen den Furchen entsteht. – Rain, Anhöhe; dürre, unfruchtbare Stelle in einem Acker. – **2.** am animalischen Körper: a. Rückgrat, bei Mensch und Tier. – b. Knochen, Gräte des Fisches. – c. Mähne des Pferdes. – **3.** Granne der Ähre. – **4.** Baumstumpen, zu hoch abgehauener Strunk; (meist im Plur.) alte faulende Baumstämme. – **5.** erhöhte Leiste, die sich in eine Nute einfügen kann. – **6.** wenn beim Fällen eines Baums der Sägeschnitt nicht genau auf den Axthieb der entgegengesetzten Seite trifft, entsteht dort ein *Gr.* – **7.** übtr. *einen Gr. auf einen haben* einen stillen Groll. Vgl. *grätig 2.*

Grät[e] m. f. n.: = Gerstengranne TIR.

grätig *grę̄-* Adj. Adv.: **1.** phys. Viele Gräten habend, vom Fisch. Übtr.: dürr. – **2.** übtr. vom Menschen (bes. von Kindern, Kranken): unwirsch, widerwärtig, schlecht gelaunt, leicht reizbar, mürrisch. *Ein gr-er Mensch. Der ist heut gr.*

Grät-igel *-ī-* m.: mürrischer Mensch.

gratsche[n] -ä̆- (-ä-) schw.: weitbeinig, mit weit gespreizten Beinen gehen FRK.

Grattel f. m.: **1.** f. Gabelung. a. die Stellung mit gespreizten Füßen. *E[ine] Gr. machen* die Beine spreizen. – b. die Gabelung der Beine als Teil des Körpers. Ein kleines Kind *geht mir aufrecht unter der Gr. durch. D[ie] Hos[e] ist in der Gr. verrisse[n].* – c. Gabelung von 2 Bäumästen, Winkel zwischen ihnen. 2 Äste *machen eine Gr.* – d. *grǫ̈dl* f. Kralle TIR. – **2.** m. Anschwellung, Zellgewebeentzündung zw. Daumen und Zeigfinger, wodurch diese weit auseinander gedrängt werden; auch Fingerkrampf. – **3.** m. (meist unberechtigter) Stolz, Hochmut, Gespreiztheit. *Einen Gr. haben. Der hat e[i]n[en] mächtige[n], e. fürchtige[n], e. andre[n]* (u. ä.) *Gr.*

gratt(e)lig Adj. Adv.: **1.** mit gespreizten Beinen gehend, krummbeinig; mühsam, wackelig gehend. *Du gr-er Siech!* – **2.** zu *Grattel 3:* hochmütig, eingebildet.

Grätten (Korb) s. *Kr-.*

grattle[n] schw.: **1.** intr., mit gespreizten Beinen gehen, beim Gehen die Beine auseinander halten, einen schlechten, unschönen Gang haben; auch: mit kleinen Schritten, mühsam, schwerfällig gehen. *Der grattlet darher wie e[ine] Pflugschleif[e].* – Dann bes. noch: mühsam, langsam steigen, klettern. Vielleicht mehr in Kompos.: *den Berg hinauf gr.; an einem Berg 'rum gr.* – **2.** trans.: auseinander sperren, spreizen (bes. Füße, Hände, Finger).

Grattler m.: **1.** Mensch, der mit gespreizten, krummen, auswärts gebogenen Beinen geht; der nicht mehr gut gehen kann; bes. *alter Gr.* – **2.** Blutgeschwür zwischen den Fingern. – **3.** Stekken-, Lattengestell, auf dem der Weingärtner seinen *Butten* abstellt, um auszuruhen.

grattlinge[n] Adv.: mit gespreizten Beinen.

Grätze (Korb) s. *Kr-.*

graube[n] *-əub-* schw.: klagen, jammern. Genauer: aus Unzufriedenheit sich ärmer hinstellen als man ist. Über Unwohlsein klagen. Unnötig um Dinge sorgen, die sich von selbst geben, z. B. um das Wetter.

Grauber m.: wer immer *graubet,* s. d.

grauble[n] *-əu-* schw.: ängstlich, unnötig sorgen

graue[n] I schw.: grau werden. *Der Esel graut scho[n] im Mutterleib[e]* sagt man bei frühzeitig ergrauenden Haaren.

graue[n] II *-əu-* schw.: wie nhd.; schaudern. Nur in der RA. *Bauen macht gr.*

gräue[n] *-ręba* SW., *grę̈ə* O., schw.: ärgern, erzürnen, aber nur in der 3. Sing.: *Des grä[u]t mi[ch]; den grä[u]t heut[e] alles; des hat ihn [ge]grä[u]t. Grä[u]t's di[ch], so freut's mi[ch]. Heut grä[u]t mi[ch] d[ie] Muck[e] an der Wand.* – Etwas milder: zuwider sein, anwidern. *Was grä[u]t's di[ch]?* was kümmert's dich. – Reuen, gereuen, unpers. *Des grä[u]t mi[ch] no[ch] lang.* – Refl. *sich gr.* sich bekümmern um etwas, sich grämen. *Er grä[u]t si[ch] schier z[u] Tod.*

Grä^u-gaⁿser *gr̥ēgāōsər* m.: mürrischer, jähzorniger Mensch.

grä^uig *gr̥ē(bi)g* Adj.: widerwärtig, unwillig, verdrießlich, mürrisch, verdrossen, wunderlich.

graulecht Adj. Adv.: gräulich.

gräuleⁿ *-əi-, -ī-* schw.: ekeln, anekeln OSCHW. *Des Weib ist so drecket, es gr-t ei^{ne}m.*

gräulet *-əi-* Adj. Adv.: greulich, wüst, anekelnd.

gräulich I *-əi-*, S. *gr̥īlē* Adj. Adv.: wie nhd., greulich, furchtbar, grausig. *Eine gr-e Geschichte.* Abscheulich, häßlich. *Ein gr-er Mensch.* Ekelhaft. *Eine gr-e Wunde.*

grä^u-lich II Adj. Adv.: übelgelaunt.

grauⁿleⁿ *grāōlə* schw.: auf allen Vieren kriechen, von Kindern.

grauⁿzeⁿ, meist *grāō-*, N. *-ā-*, gräuⁿzeⁿ *(-āē-)*, gräuntscheⁿ, grauⁿzgeⁿ, grauⁿs(g)eⁿ, schw.: **1.** grunzen, vom Schweine. – **2.** *grāōtsə* mürrisch, unzufrieden, verdrießlich sein, grämlich klagen, jammern. – **3.** knarren, ächzen, vom Holz, bes. Türen, auch von frischem Leder (etwa an Schuhen). Knirschen, von hart gefrorenem Schnee *(kraunzgeⁿ)*. Syn. *garren.*

Grauⁿzer m., *-iⁿ* f.: **1.** pers.: wer, was *graunzt.* – **2.** sachl.: einzelner Akt des *graunzens.*

Grauⁿzete *-āō-* f.: das *graunzen*, = *Graunzer 2.*

grauⁿzig *grāōtsīg* Adj. Adv.: wer die Eigenschaft des *graunzens* hat; bes. vom Menschen: widerwärtig, mürrisch, jammernd, verstimmt, griesgrämig. Dann von Türen usw.: knarrend, knirschend.

Grauⁿz-kachel *grāōts-* f.: Jammerbase.

Graus, *-eⁿ -əu-*, S. *-ū-* m.: Schauder, das Grauen. *'s ist eⁱⁿ Graus mit euch* entsetzlich. Bes. Abscheu, Ekel.

grausam *grəusām* Adj. Adv.: wie nhd. Aber mehr = Grauen, Schrecken erregend. Dann, wie *arg, grausig* u. a., steigernd, sehr (groß). *Gr. viel; ein gr. weiter Weg; gr. kalt, schwer;* aber auch *gr. schön.*

Gräusel *-əi-*, FRK. *-ai-*, S. *-ī-* m.: **1.** Grauen, Schauder, auch Ekel. – **2.** Zorn, Ärger.

grauseleⁿ *-əu-, -au-*, FRK. gräuseleⁿ *-ae-* schw.: **1.** Schauder, Grausen empfinden; unpers. *es gr-et mir.* – **2.** *gräuseln* gruseln in der Kindersprache.

gräuselig *-əi-* usw. Adj. Adv.: grauenhaft, Schauder erregend, schrecklich.

grauseⁿ *-əu-*, S. *-ū-* schw.: wie nhd., nur unpers. mit Dat. der Person. Bes. von Ekel. *Mir graust's ab ihm, ab (vor) dem.* Aber auch: *^Es graust mir* ich fürchte mich.

grausenig Adj. Adv.: sehr (stark, schön u. a.). *I^{ch} bin gr. verschrockeⁿ!* Vgl. *grausentig.*

grausentig ˘́˘ Adv.: *gr. schön* sehr schön.

grausig *-əu-*, S. *-ū-*, gräusig *-əi-, -ī-* BAAR Adj. Adv.: gräßlich, schrecklich. Dann weniger stark: arg. *Du bist doch eⁱⁿ gr-er Kerle (Mann usw.).* – Bes. adverbiell: *gr. wüst, kalt, heiß,* dumm usw.: sehr; aber ebenso: *gr. schön, gut, nett, viel, reich, müde* usw.

grea s. *grün.*

grea-, Grea- s. *grem-, Grem-.*

Grea s. *Grien.*

greineⁿ *-āē-*, S. *-ī-*, Part. ^{ge}grineⁿ *-ī-, -ē-*, ^{ge}greint *-āēnt* st. schw.: **1.** (sanft) weinen. *Um eⁱn^{en} haarigeⁿ Fuß soll maⁿ net gr.* den Tod eines Viehs soll man nicht mehr beweinen als den eines Menschen. – Etwas schwächer: leise klagen; jammern. – **2.** zanken ALLG.

Grempel I n. s. *Gerümpel 2.*

Grempel II m.: Handel mit Kleinigkeiten.

grempeⁿ *gr̥ēəpə* schw.: Handel treiben.

Gremper m.: = *Grempler*, Trödler.

grempleⁿ *gr̥ēəblə* schw.: mit Lebensmitteln und Geflügel handeln.

Grempler *gr̥ēəblər* m., *-iⁿ* f.: Trödler, der mit Kleinwaren, Lebensmitteln handelt.

Gren (Meerrettig) usw. s. *Kren.*

Grend s. *Grind.*

Grendel s. *Grindel.*

greng s. *gering.*

grenneⁿ s. *gerinnen.*

Gretze (Korb) s. *Krätze.*

Greut(-) s. *Gereute, reuten.*

Gribes-grabes *-əs*, s. *-ēs, -īs* n. (m.): Firlefanz, Hokuspokus.

Gricks^e, Pl. *-eⁿ* f.: **1.** Grille. – **2.** kleines, naseweises, schnippisches Frauenzimmer. – Gricksel f.: = *Grickse.* – grickseⁿ schw.: grillen.

Grieb^e, meist Plur. *-eⁿ -iə-* (FRK. *-w-*); *-ui-, -uə-, -əi-* f., Demin. *-eleⁱⁿ* n.: **1.** kleine beim Aussieden des Schweineschmalzes übrig bleibende Speckbröckelchen, meist würfelförmig geschnitten. Sie werden bes. in die *Blut-*, genauer *Griebenwurst* verarbeitet, aber auch auf Brot (mit Salz) oder auf Kuchen *(Griebenberte, -kuchen)* genossen. – **2.** *-ui-* übtr.: Ausschlag, *Rufen* am Mund. – **3.** bei Steinen: *Griebe* die dolomitischen Steinmergel auf der Grenze zw. den bunten Mergeln und dem Stubensandstein.

grieben s. *gereuen.*

Griebeⁿ-bert^e *-bẹrt* f.: *Berte*, mit *Grieben 1* bestreuter flacher Brotkuchen. – Griebeⁿ-kucheⁿ m.: mit *Grieben 1* bestreuter Kuchen. – Griebeⁿ-wurst f.: Blutwurst mit Speckbrocken.

griebig s. *gerüig.*

Grieⁿ *gr̥ēə* wohl nur älterem *gr̥ēə*; Pl. fehlt; m.: Kies mit Sand udgl. vermischt.

griesleⁿ s. *grauselen.*

Grieß *griəs*, äußerster NW. *grīs*; Pl. (als ON.) Grieß^e, Grießer TIR. m.: **1.** = *Grien*, Kies und Sand. – **2.** sandartig geschrotetes, nicht zu Mehl gemahlenes Getreide, zu Speisen und zur Branntweinbrennerei gebraucht, Grütze, Graupen. Spezieller *Haber-, Welschkorngr.* usw. Syn. *Grießmel* OSCHW.

Grieß-brei m.: Brei aus *Grieß 2.* Syn. *-mus.*

grieße[n] *griəsə* schw.: *Grieß 1*, Sand, Kies an- oder wegschwemmen.

grießig Adj.: sandig, körnig.

Grieß-mel n.: = *Grieß 2*, wie nhd. – Grieß-mus *-muəs* n.: = *-brei.*

Griez s. *Gerürtes.*

Griffel *grĭfl* m.: **1.** wie nhd. – **2.** Finger.

griffe[n] *-ĭ-* schw.: ein Hufeisen *gr.*, es mit einem Griff versehen (oder sonst scharfgezähnt machen) für Eis und Schnee.

griffig *-ĭ-* Adj.: **1.** phys. a. vom Hufeisen, = *gegrifft.* – b. vom Vieh, wohlbeleibt. Auch wohl weiter: was im Griff sich fest anfühlt. – **2.** übtr. a. *gr.*, genaugr. wer keinen, auch nur scheinbaren Vorteil hinausläßt, knickerig. – b. anzüglich, bissig, bösartig.

griffle[n] schw.: schreiben. – Anm.: Rotwelsch.

Griffling m.: Finger. – Anm.: Rotwelsch.

grigele[n] *-i-* schw.: nichts Wichtiges arbeiten.

Grill[e] *grĭl*, Pl. *-e*[n] m. f.: **1.** das Insekt, Zikade; die große Maulwurfsgrille heißt *Werre.* – **2.** kleine Person. Mageres, naseweises Weibsbild. – **3.** Pl., wie nhd.: Launen, bes. üble, hypochondr. Einbildungen u. ä. Vgl. *Mucke, Schnake.*

grille[n] *-ĭ-* schw.: kreischen, einen hohen, grellen Ton hervorbringen, bes. vom weibl. Geschlecht, im Schreck, auch in jähem Schmerz oder im Orgasmus. Eine in der Fistel oder sonst grell singende Sängerin *grill(e)t.* Eine nicht geschmierte Maschine *grill(e)t.*

Grille[n]**-fanger** (-fänger) m.: Misanthrop, Hypochonder.

Griller m.: **1.** pers.: wer *grillt*, kreischt, bes. f. Grilleri[n]. – **2.** sachl.: einmaliges *grillen. Einen Gr. tun, lassen.*

grillig Adj.: wer oder was *grillt*, kreischt. *Gr-e Stimme* udgl.

grimme[n] st. schw.: *gr-, kr-* klemmen, zwicken. **1.** mit den Finger(nägel)n kneifen. – **2.** scharfe Lauge *gr-t.* – **3.** vom Grimmen im Bauch, Kolik. – **4.** übtr. a. etwas *grimmt einen* wurmt ihn. – b. *das Gr. haben* Leibschmerzen haben, in Not sein. *Er hat 's Gr.* ist in Verlegenheit. *Der Geldbeutel hat 's Gr.* wird bald leer.

Grind *grĕnd;* N. S. *grĭnd*, öfters auch *grĕd;* Grind[e] m.: **1.** wie nhd.: Ausschlag mit Borkenbildung, bes. auf dem Kopf bei Kindern. – **2.** Kopf, meist des Menschen, doch auch von Tieren. Zumeist aber nur derber, ja roher Ausdruck. *Einem den Gr. verschlagen, eins an den Gr. schlagen (hauen), auf den Gr. geben, einen über den Gr. hinein schlagen.* – Spez.: für einen dicken, harten usw. Kopf. *Gr. allein* kann einen großen, dickbackigen usw. Kopf bezeichnen. – Psychologisch. *Ein gescheider, störriger, härter, eigensinniger, bockbeiniger Gr.* – **3.** Bergkopf, z.B. Hornisgrinde, Obergrind, Langegrinde etc.

Grindel, Grendel, Pl. gleich m.: der waagrechte Längsbalken des Pflugs, entsprechend der *Langwid* am Wagen.

Grind-wurz (-wurzel) f.: Ampfer, Rumex L.

Grips m.: **1.** nur in der RA. *einem am (beim, an der, bei der) Gr. nehmen, fassen, packen,* an irgendeiner greifbaren Stelle (am Kragen, an der Gurgel usw.). – **2.** *Grips (im Leib) haben* etwas gut begreifen.

gripse[n] *-ĭ-* schw.: **1.** Kleinigkeiten entwenden, stehlen, mitlaufen lassen. – **2.** einen schlagen, *daß er nimme*[r] *gr. kann* sich nicht mehr rühren.

Grisch (Kleie) s. *Grüsch.*

gris-gram(m)e[n] *grĭsgrǎmə* ⌃⌣; **gritzgramme**[n] *grĭ-* schw.: *Es gr-et* ist streng kalt; spez. vom Herumfliegen kleiner Schneeflocken bei strenger Kälte. – **gris-grämig** Adj. Adv.: **1.** wie nhd. – **2.** grimmig kalt. Formen: *grĭsgrĕmig; gritzgrämig; gritzgramig -ắ-.*

gritlich s. *krittelig.*

Gritt(e) *grĭd(ə)* f.: **1.** der Raum zwischen den Oberschenkeln, die gespreizten Beine SW. bis ALLG. Syn. *Grattel, Häuslein, Höflein, Etter.* – **2.** Sägbock, bestehend aus je 2 gekreuzten, durch eine Stange in der Mitte verbundenen Holzpflöcken. – **3.** schwerfällig gehende Weibsperson.

gritte[n] schw.: **1.** mit gespreizten Beinen, auswärts gebogenen Knien einhergehen. S. a. *grattlen.* – **2.** klettern.

grittig Adj. Adv.: *gr. gehen* schlecht, plump gehen.

grittling(e[n]**)**, grittlings Adv.: rittlings, im Reitsitz, mit gespreizten Beinen.

gritze-grau Adj.: dunkelgrau.

gritzgramen usw. s. *gris-.*

grob *-ŏ-*, FRK. *-ọu- (-w-);* flektiert *-ọ- (-ọu-)*, Kompar. Superl. *-ö- (-ẹ̆-)* Adj. Adv.: **1.** positiv. a. stark, kräftig. Groß und stark an Knochen, von Mensch und Vieh. Derb, stark, fett, vom Vieh. Dann, aber schon mit dem Nebensinn von 2: *grobe Knochen; grobe Züge* im Gesicht usw. – b. *die gröbsten Freunde, die gröbste Freundschaft* die intimsten, vertrautesten, die nächsten Verwandten – c. Adv. sehr stark, in hohem Maß. – **2.** mehr negativ: nicht fein. a. von Sachen, wie nhd.: rauh. *Auf e*[in]*e*[n] *gr-e*[n] *Klotz g*[e]*hört e*[in] *gr-er Keil. Grobes Sieb, Mehl, Korn.* Bes. auch von Textilarbeiten. *Gr-es Tuch.* – Bes. auch *das Gröbste* das Schlimmste, das zunächst Liegende. *I*[ch] *hab e*[in]*mal 's Gr. weg g*[e]*schafft. Jetzt hat er 's Gr. hinter sich* (ist aus *'m Gr-e*[n] *hauße*[n] FRK.) u. ä. – b. von der Stimme: rauh; urspr. laut, stark. – c. vom Menschen α) wie nhd.: unzivilisiert. – β) geizig.

grob-beinig Adj.: von starkem Knochenbau.

Gröbe *grẹ̆bẹ̆;* Gröbne f.: **1.** phys. a. Rauheit, rauhe Kraft. – b. tiefe Stimmlage. – **2.** moral., Grobheit.

gröbereⁿ schw.: fett werden, von Vieh und Menschen BOD.

groblecht Adj. Adv.: gröblich.

grob-ringig Adj.: Holz ist *gr.*, wenn es bei schnellem Wachstum (auf gutem Boden) sehr weite Jahresringe hat; Syn. *weit-*, opp. *fein-*.

groden s. *geraten.*

Grolleⁿ Plur.: Engerlinge OSCHW.

Grolleⁿ**-wurm** m.: Engerling. – Vgl. *Grollen.*

grölzeⁿ schw.: rülpsen.

Grombir s. *Grundbir.*

Grond s. *Grund.*

Groppᵉ (**Grupp**ᵉ), flekt. -e ⁿ m.: Kaulkopf, Cottus Gobio, kleiner Fisch mit dickem Kopf OSCHW. BOD. ALLG.

Großeleⁱⁿ *grǫuseǝlę̆*, **Großle**ⁱⁿ *-ǫ̆-* n.: Großmutter SW.

Groß-kopfete Pl.: reiche Leute; Prominente.

groß-mächtig ˅˅�'�’˖ *-mę̆χ-; -mę̆tig; graosǝm-* Adj. Adv.: sehr groß, von Menschen und Dingen.

Grot s. *G(e)rate.*

groten s. *geraten.*

grotig s. *geratig.*

grottleⁿ *-ǫ̆-* schw.: wackeln; ein dicker Bauch *grottlet ganz.*

Grotzeⁿ m., Demin. **Grötz(e)le**ⁱⁿ n.: **1.** *Grotze*ⁿ Tannenreisig OSCHW. – **2.** *Krätzle*ⁱⁿ magere Kuh, magere Weibsperson. – **3.** *Grotze*ⁿ Eisscholle auf dem Weg, Unebenheit LECH.

grotzgeⁿ *-ǫ̆-* schw.: sich abmühen, plagen, abarbeiten.

Grubᵉ *-uǝ-* (äußerster NW. *-ū-;* FRK. *-w-*), flekt. -e ⁿ f., Demin. **Grüble**ⁱⁿ *-iǝ- (-ī-)* n.: **1.** *Grube:* wie nhd., (ausgegrabene) Vertiefung im Boden. – **2.** Demin. **Grüble**ⁱⁿ. a. Loch im Boden. – b. am menschlichen Körper. α) wie nhd., Grübchen in der Wange. – β) im Nacken.

grübelig *-ī-* Adj.: nachdenklich, sinnierend.

grubeⁿ I *-uǝ-* schw.: eine Grube ausgraben.

gruben II s. *geruen.*

gruben III, **gruben** s. *geruen.*

grübig s. *gerl̆üig.*

Grüblein s. *Grube.*

grublen s. *grübeln.*

grübleⁿ *-ī- (-iǝ-);* **gruble**ⁿ *-ū-,* FRK. *-w-* schw.: **1.** mit den Fingern graben, bohren, stieren. *In der Erde, Nase gr. Laß dei*ⁿ *Nase*ⁿ*gr.!* sagt man zu kleinen Kindern. Auch trans.: Kartoffeln *gr.* mit den Fingern in die Erde bohren, um zu erfahren, wie weit sie sind, oder sie herausgraben. Ein Loch in einen Brotlaib *gr.* – **2.** *-u-:* krabbelnd greifen, leicht kratzen, kitzelnde Griffe machen. – **3.** *-ü-:* krabbeln, herumkrabbeln. – **4.** *-ü-:* grübeln, wie nhd., einer Sache lang (meist nutzlos; auch schwermütig) nachsinnen, nachforschen.

Grübsich *grĭpsĭ(χ);* **Gröbsich** *-ę̆-* n.: Obst, meist Kernobst NO und FRK.

gruchzeⁿ, **grucksen** *-ŭ-* schw.: **1.** *gruchzen* jammern, kläglich tun. – **2.** *grucksen* grunzen.

Gruib s. *Griebe.*

gruiben, grujen s. *gereuen.*

Gruile s. *Gereule.*

gruisen s. *gereusen.*

Grummet *-ǫ̆-,* N. *-u-* n.: zweiter Schnitt des Grases, Emd.

grün *grę̆ǝ grę̆ǝ,* S. *grī,* FRK. *grĭ̄ǝ,* äußerster NW. *grĭ̄;* flekt. *grę̆ǝnǝr* usw. Adj.: grün. **1.** von der Farbe. – Subst.Neutr. *Dᵃs Grü*ⁿᵉ, grüne Weide, grünes Futter. Ohne Artikel *Grü*ⁿᵉ*s = Grünfutter;* häufiger = Suppengrün: Petersilie und Schnittlauch. – **2.** frisch, opp. „dürr“ udgl. a. von pflanzlichen Stoffen: *gr. Holz,* opp. *dürr; gr-e Bohnen, Erbsen* frische, nicht gedörrte bzw. eingemachte. *Gr-es Gras,* opp. *Heu, Emd; gr. futteren.* – b. vom Fleisch: ungeräuchert. – c. von Menschen u. a.: geistig und körperlich frisch, kräftig. – **3.** die *grüne Seite* die rechte. *Komm an meine grüne (keusche) Seite.* Einem *gr. sein* gewogen, aber nur negat. *Er ist ihm net gr.* – **4.** der *grüne Donnerstag,* Gründonnerstag. – **5.** unreif, vom Obst. *Des Obst ist no*ᶜʰ *ganz gr.* Von Menschen: unreif; noch zu jung und unwissend, fürwitzig, naseweis. – **6.** Gesichts- und Hautfarbe. a. bleich, von ungesunder Gesichtsfarbe. – b. *Gr. geschecket, Gr. und blau schlagen, ärgern.*

Grün-äugleⁱⁿ n. Plur.: Kupfervitriol; Gift. *Einem Gr. geben* einen vergiften.

Grun-bir *grǫǝ-, grǫ̆-;* Pl. -e ⁿ f.: kleine, längliche, noch in reifem Zustand grüne Birnenart.

Grund *grǫnd, grǫ̆d,* S. N. *grŭnd,* Plur. **Gründ**ᵉ *-ę̆-, -ĭ̄-* m.: **1.** Untergrund. a. Oberfläche der Erde, Boden eines Gewässers. – b. als Eigentum oder Besitz. – c. Erdreich, Humus. – d. Fundament. Auch übtr. *Einen (guten) Gr. legen* eine gute Grundlage. – Ursache; wie nhd. *I*ᶜʰ *hab*ᵉ *meine Gründ*ᵉ. – **2.** geographisch: Talgrund. – **3.** Grundriß.

Grunᵈ**-bir** *grǫ̆mbĭr,* S. *-ŭ̆-,* flekt. -e ⁿ f.: Kartoffel. – Anm.: Geogr. Verbreitung: im allgem. nördl. von *Erdäpfel,* nur im O. weiter südl. reichend.

Grunᵈ**bire**ⁿ**-acker** m.: Kartoffelacker.

Grund-bodeⁿ m.: = *Grund 1,* Erdboden. *Sich in Gr. ’nein schämen.* Verstärkt *in Grundserds-bode*ⁿ *’nei*ⁿ. *Einen ungespitzt in Gr. ’nein schlagen* FRK.

grund-gᵉ**scheid** Adj.: sehr gescheit.

grundhaft, *-häftig* Adj.: ganz gewiß, sicher, bes. in *die gr-e Wahrheit.*

grund-liederliᶜʰ, **grunds-** Adj.: durch und durch liederlich. Auch *erden-*.

grund-verlogeⁿ Adj.: gänzlich verlogen, pass. und aktiv.

grün-ecket *grę̆ǝnę̆gǝt,* *-ig* Adj. Adv.: blaß, bleich, kränklich, fahl, schlecht aussehend OSCHW.

Vgl. *-sichtig, grün. Des ist e^{in} gr-^e s Männle^{in}, e^{in} übelsichtig^e s.*

grunele^n *-ǫ̆ə-* schw.: nach frischem Grün riechen, schmecken. Bohnen, Kohl usw. können *gr.* Übel riechen, stinken; unreif riechen.

grune^n *-ǫ̆ə-; -ǫ̆-* schw.: grün werden. Auch grüne^n. – Wachsen. Ein Baum *grunt.* Übtr.: gedeihen, blühen. Ebenso vom Menschen: körperlich (und geistig) wachsen und gedeihen, erstarken, bes. von Kindern, Rekonvaleszenten. Das Kind *grunet;* der Kranke *grunet wieder.*

grü^n**-gel**^b Adj.: bleich.

grü^n**lecht** Adj.: grünlich.

Grü^n**le**^{in}, Gru^n le^{in} n.: **1.** *grē̆əlę̆* blaß, schlecht aussehende Person. – **2.** junges, eben ausgeschlüpftes Gänschen.

Grü^n**ling** m.: **1.** Grünfink, Chlorospiza Chloris. – **2.** schlecht aussehender, schwächlicher, unreifer junger Mensch.

Grü^n**-schnabel** m.: unreifer, naseweiser Mensch.

grü^n**-sichtig** Adj. Adv.: schlecht, blaß aussehend.

grunzen usw. s. *graunzen.*

Gruppe s. *Groppe.*

gruppe^n *-ŭ-* schw.: **1.** an etwas herumtasten, um heimlich etwas davon wegzubrechen; mit Fingern, Nägeln, einem Instrument kleine Teile (von Brot, einem Ausschlag u. ä.) wegkratzen; vgl. *grapen 1.* – **2.** kleine Arbeiten (umständlich) verrichten; träge arbeiten, nichts zustande bringen; pfuschen. – **3.** verbissen fortwährend hart arbeiten.

Grupper *-ŭ-* m.: **1.** Pfuscher; wer in seinem Handwerk Stümper ist. – **2.** wer *gruppt 3.*

gruppig Adj. Adv.: unansehnlich, verkümmert.

Grüsch *griš̆* S., (Grust, N.) f.: Kleie, Abfall vom Mehl, Futtermehl.

grusele^n *-ū-* schw.: **1.** unpers.: *es gr-et mir = gräuselen. Mir gr-et dran, darvor.* – **2.** mit bestimmtem Subj. *(-ü-):* schaudern.

grusplen (rascheln u. ä.) s. *kr-.*

grüße^n *griǝsə,* äußerster NW. *-ī-;* grüze^n *-iǝ-* OSCHW. schw.: im allgem. wie nhd. – Grußformeln: *Grüß^e di^{ch}! Grüß^e ^e uch* (gespr. *griǝtsę̆*). *Grüß^e Gott!* allgem. Gruß; gern mit formelhaften Zusätzen: *Lebst au^{ch} no^{ch}? (Sind ihr, Bist) au^{ch} da? Wie gaht's, wie staht's? Sind ihr fleißig?* Auch: *Grüß^e Gott au^{ch}!* Oder: *Grüß^e di^{ch} Gott!* etwas herzlicher als obiges. *G. gr. ənə.* – Die Antwort auf *Grüß^e G.!* heißt meist wieder *Gr. G.!;* aber auch: *Groß Dank!; Gott dank^e (dir, ihne^n)! Dank^e (dir, ihne^n) Gott!* Als Abschiedsgruß ist *Gr. G.* bei uns nicht üblich; dafür *B^e hüt^e G.*

Grust I s. *Gerust.*

Grust II s. *Grüsch.*

Grustel s. *Gerustel.*

grusten s. *gerusten.*

grustig s. *gerustig.*

grustlen s. *gerustlen.*

grutzelt-voll s. *ger-.* (Auch g^e rutzeligvoll).

grutze^n, S. grutzge^n *(-ū-)* schw.: knirschen, knarren, von Holz, Türe, Wagen, Schnee OSCHW. ALLG. TIR.

gruzle^n *-ū-* schw.: kriechen, von Tieren; sich mühsam fortbewegen, von Menschen.

gs- s. a. *ges-.*

gs Interj.: *gs,* meist wiederholt *gsgs(gs)* Laut zum Anreizen von Hunden, wohl noch mehr beim Kitzeln kleiner Kinder.

gsch Interj.: *gsch, gschgsch,* auch *gscht* Laut zum Scheuchen von Federvieh u. a. Vögeln.

gsch-, Gsch- s. *gesch-, Gesch-.*

Gschaich s. *Gescheuche.*

Gschieß s. *Geschiß.*

Gschtair s. *Gestör.*

gschtät s. *gestät.*

gschwoigen s. *geschweigen* II.

gschu *kš̆ü* Interj.: *= gsch,* Scheuchruf für Hühner.

Gsüd s. *Gesod.*

Gu *gü;* Pl., soweit vork., Gügī m.; Demin. Güle^{in} *gīlę̆* n.: Geschmack. **1.** obj.: Geschmack, Geruch; beides nicht zu trennen. Und zwar: a. jeder, gute oder schlechte *G.* Eine Speise, ein Getränk hat einen besonderen *Gu,* einen guten *Gu. Dem G. nach kommt man in kein Scheißhaus.* – b. weit gewöhnlich von einem seltsamen, schlechten, verdorbenen Geschmack oder Geruch: *Des Fleisch hat e^i n^{en} Gu.* – **2.** subj.: Geschmack, indiv. Neigung. *Wo hat der Bube aber den vornehmen Gu her.* Dafür aber mehr *Gusto.* – Frz. *goût.*

Guck-an m., *-ane* f.: **1.** Formen des 2. Teils a. m.: *-äne -ę̆nę̆;* -näne *-nę̆nę̆;* -ä^n le^{in} *-ę̆lę̆.* – b. f.: -ane *-ānə.* – **2.** Bedeutung. *G.* bezeichnet stets Vorfahren über den Großvater hinaus, und zwar: Urgroßeltern. Da dafür aber *Ur-* allgem. geläufig ist, so wird die ältere Bed. sein: Ururgroßeltern.

guck-äugle^n schw.: liebäugeln.

Gucke I *-ę̆* f.: **1.** Miene, Gesichtsausdruck. *Er hat, macht e^{ine} finstere G.* – **2.** Auge, Augenpaar. Demin. Pl. *Guckelich* Augen des Kindes. – **3.** Lücke zum Hinausschauen. Demin. *Gugele^{in}* Loch, wodurch man sehen kann.

Guck^c II *gük,* Pl. (auch Sg.) -e^n f.; Demin. Gückle^{in} n.: **1.** Papiertüte. Mit Ausnahme des O. (SO.) allgem. – **2.** Geldrolle ALLG.

guckee s. *geben A 2 a.*

Guckele^{in}**s-tag** m.: Tag, der nie kommt. Syn. *Bempemperles-, Emmerlings-tag.*

gückele^n *gīgələ* (s. *-k-*); gückerle^n; gückle^n; guckle^n: verstohlen blicken. *Er g-et immer nach ihr.* Spez. auch durch eine kleine Öffnung (Schlüssel-, Astloch udgl.) blicken.

Guckeler, -ü- s. *Gockel(er).*

Guckelgauch s. *Guckigauch.*

Guckel-hans, Pl. -e[n] m.: Rainfarn, Chrysanthemum vulgare (L.) Bernh.

gucke[n] *gügə,* S. *gükə;* Part. N. *-t,* S. *-et* schw.: **1.** gucken, wohin blicken. Syn. *lugen, schauen. –* G. steht a. ohne jeden Zusatz. *Der hat [ge]gucket! I[ch] hau[n] nu[r] g. müsse[n]. Da wirst g.* u. ä. Bes. im Imper.: *Guck! Guck nu', au[ch], nu' au[ch]! Ei guck (nu', au[ch]* usw.)! Ebenso Pl. *gucket; gucke[n]t S[i]e!* – Dieses *Guck!* oder *guck, sieh!* ist gern auch ermahnend gebraucht. *G., s., des ist net recht* u. ä. – b. mit adv. Zusatz. *Räuberisch g.* verwirrt aussehen. – c. mit präpos. Verbindungen: a n: *an [den] Himmel, an d[ie] Decke* usw. (*[hi]nauf) g. –* auf: *Einem auf die Finger g. –* für: *Guck für di[ch] und laß die andre[n] komme[n]. –* i n: *in den Spiegel g. Zu tief in's Gläslein g. –* nach: nach etwas, jemand *g.* darnach sehen. – d. mit Inf. *Spaziere[n] g.* müßig zum Fenster hinaussehen. – e. mit vergleichendem *wie. G. wie d[ie] Hühner vor Tag. –* f. mit abh. Satz: *Guck, daß du noch recht kommst. –* **2.** wie *sehen* ist *g.* auch von Gegenständen gebraucht, die wohin gerichtet sind; z. B. die Deichsel *guckt dort 'naus,* der Stiel von der Haue *guckt in die Höhe;* bes. im Sinne des Hervorragens, wofür deutlicher *füre, 'raus, 'naus g.*

Gucke[n]-blum[e] f.: Trollume, Trollius europaeus L. Syn. *Bachroll, Bachpumpel, Butterballe, Kappel, Käppele, Rolle, Schloßrolle.*

Gucke[n]-hürle[in] ⌒⌒⌣ *gügəhīrlẹ̈;* ebenso oder -hörle[in] n.: eine Art Dachreiter auf dem First alter Privathäuser, in schornsteinartiger Form, zur weiten Ausschau dienend, daher innen mit Sitzen versehen (Ulm). – Oberteil eines Gebäudes, wo man weite Aussicht hat, Dachfenster oder Dachtürmchen ALLG.

gucke[n]luge[n] *-luəgə* schw.: genau nachsehen.

Gucker I m.; Demin. Guckerle[in] n.: **1.** persönlich, wer *guckt. –* **2.** sachlich; auch Demin.: etwas, wodurch man *guckt.* a. Auge. – b. kleines Fenster, meist Demin. – c. Fernglas. – **3.** Nom. akt.: *den G. haben* starr, unverwandt wohin blicken.

Gucker II m.: = *Gucke* II, Tüte.

Gucker III *gügər,* S. *gükər* m.: Kuckuck; s. a. *Guckigauch, Guckuk.* **1.** der Vogel OSCHW. – **2.** Teufel. – **3.** das männliche Glied. – **4.** Wasserkröte.

Guckere ⌒⌣ *-ẹ̄r-; -ẹ̈-* f.; Demin. Guckerle[in] ⌒⌣ n.: Dachfenster, Dachladen, Taglicht im Dach.

gückerlen s. *gückelen.*

Guckgauch s. *Guckigauch.*

Guckigai s. *Guckigauch 2.*

Gucki-gauch m.: **1.** a. der Vogel Kuckuck. – b. der dem Kuckuck ähnliche Habicht. – c. dürres, verwahrlostes, krüppelhaftes Füllen. – d. euph.:

Teufel. *Gang zum G.! –* e. männliches Glied. – **2.** Pflanzenname. Wiesenbocksbart, Tragopogon pratensis L.; seine saftigen Stengel werden von den Kindern gegessen. Syn. *Gauchbrot, Haberguck, Guckuksblume, Habermark, -mauchen, Morgenstern, Süßblume, Josefsblume.* Form: *gügīgaox,* Pl. *-gaeχ; gügīgao,* Pl. *-gae; Guckgauch* u. a.

Guckuk ⌒ *gügūk,* S. *gükūk;* Gucku *gügū* ⌒; Pl. gleich m.: **1.** S. a. *Gucker* III, *Guckigauch* 1. a. der Vogel Kuckuck, Cuculus canorus. – b. Teufel, euphem. und schwächer als *T. Der G. soll etwas, einen holen, nehmen. –* **2.** *guckük* ⌒: Ruf der sich versteckenden oder ihr Gesicht verdeckenden Person einem kleinen Kinde gegenüber; tritt dieselbe aus dem Versteck oder deckt das Gesicht auf, so ruft sie *Dǎ, dä* ⌒.

Guckuks-blum[e] m. f., auch Guckukle[in] n.: **1.** Busch-Windröschen, Anemone nemorosa L. Syn. *Geißblume, Märzenblümle, Schneekätter.* – **2.** Kleine Traubenhyazinthe, Muscari botryoides (L.) Mill.

Guckummer *gügǫmər* (FRK. S. *-üm-)* ⌣⌣, Plur. gleich oder -e[n] f.; Demin. Gukümmerle[in] n.: Gurke, Cucumis sativus L. Fränk. Nebenform Kümmerlich, Kümmerling. – In scherzh. Verwendung: *Hast Hunger, so schlupf[e] in e[ine] G., hast Durst, so schlupf[e] in e[ine] Wurst. –* Anm.: Lat. *cucumis;* frz. *concombre* Gurke.

guckus *gügŭs* ⌒ Interj.: Ruf dessen, der sich vor einem Kind versteckt.

Gufel m.: Lust, Begierde, in der RA. *der G. sticht ihn* er hat große Lust.

Guff m.: der breitere Teil des Eies. Vgl. *Gupfe.*

guffe[n] *-ŭ-* schw.: Eier *spitz- u[nd] (-ə-)-guffe[n]* spicken = *gupfen,* s. *Guff.*

gugā s. *geben A 2 a.*

gügele[n] *gī-* schw.: unpers. *das Herz g-et mir* hüpft, lacht vor Freude, Sehnsucht. – Persönl.: hastig, heftig etwas verlangen, von kleinen Kindern, die durch eigentüml. Zittern und Bewegen der Arme dies ausdrücken.

Gugel-fur *gügĺfuər* ⌒⌒; Gogel- *gọ̄-;* auch Kugel- *khū-* f.: lärmende Possen, geräuschvolle Späße, Scherze, ausgelassenes mutwilliges Treiben, lärmender Durcheinander. *Eine G. treiben, haben, verführen. Die hä[be]nt e[ine] G. g[e]hä[b]t. Des ist e[ine] G.!*

Gugelgauch, Gugigai s. *Guckigauch.*

Gugelhopf s. *Gogelhopf.*

guizgen, Guizger s. unter *gausngen.*

Gul[e] *gŭl,* flekt. (auch Nom.) -e[n]; Guler, Plur. Güler m.; Demin. entspr. Güle(r)le[in] n.: **1.** Haushahn, und zwar *Gul(e[n]); Guler* SW. (Nördl. davon *Haner,* nordöstl. *Gockeler,* südöstl. *Guckeler, Gückeler,* s. *Gockeler.)* – **2.** übtr. auf Personen. a. *'s Sch[e]ü[e]rmaiers Guler* histor. Fastnachtsmaske, als Hahn verkleidet ROTT-

WEIL. – b. zorniger Mensch. – **3.** Pflanzenname. a. wilder Mohn, Papaver rhoeas L. – b. Lungenkraut, Pulmonaria officinalis L.

Gülle *gīlə* f.: **1.** Mistjauche. Syn. *(Mist-)Lache, Seich.* – **2.** Pfütze. – **3.** Kehricht.

Gülle^n-faß n.: Faß, in dem die *Gülle 1* ausgeführt wird. – Gülle^n-loch n.: Loch, in dem die Jauche sich ansammelt. – Gülle^n-schapf^e f.: Schapfe zum Schöpfen der Jauche. – Gülle^n-wage^n m.: Wagen, auf dem das *-faß* ausgeführt wird.

Gült, Gülte, Pl. -en f.: Abgabe, meist jährlich: Getreide-, Geldabgabe (Zinsen).

Gummel *gǒml* f.: körperlich üppig entwickeltes, rasch aufgeschossenes Mädchen; dicke, große Weibsperson. Bes. eine *alte G.*

Gump-brunne^n m.: Pumpbrunnen.

Gump^e *gǒmb;* flekt., auch schon Nom. -e^n m.; Demin. Gümp(e)le^{in} n.: **1.** tiefe Stelle in stehendem oder fließendem Wasser. – Auch künstlich gestautes Bachwasser. *Einen G. machen.* – **2.** vertieftes, tellerähnliches Gefäß (bes. Demin.). Große runde, tiefe Schüssel, bes. Salatschüssel. – **3.** Pumpe.

gumpe^n *gǒmbə; gãôbə, gǒbə* schw.: **1.** springen, hüpfen, lustige, tolle, aber unschöne Sprünge machen, mutwillig hinausschlagen, von Vieh und Mensch OB. NECKAR OSCHW. ALLG. Genauer: a. von Haustieren. Bes. von jungen Pferden, Kindern, Eseln OSCHW. ALLG. – b. von Menschen: hüpfen. *Vor Freude g.* – Tüchtig essen und trinken, zechen am *gumpigen* Donnerstag. – Geil sein. – **2.** von Dingen: wanken. Ein Baum *gumpet* vom Winde. Ein nicht feststehender Tisch (u. ä.) *gumpet.* – **3.** wirbeln, vom Wasser. – **4.** *g., Wasser g.* Wasser am *Gumpbrunnen* pumpen. Auch bildlich: aus einem Schweigsamen muß man *alles 'raus g.* – **5.** stockend hersagen.

Gumper m.: **1.** wer *gumpt,* hüpft. Demin. *Gumperle^{in}* munteres Kind. – **2.** Kolben eines Pumpwerks; Wasserpumpe. – **3.** = *Gumpe 1,* tiefe Stelle im Wasser.

gumpig Adj.: **1.** springend, hüpfend, auch spottweise von verliebten Mädchen. – **2.** bes. *der gumpig^e, gumpet^e; gumpelig^e; gümpelig^e Donnerstag* (auch: *Gumpe^{n}donnerstag)* Donnerstag vor Fastnacht; der eigentliche Beginn der Fastnacht.

gunk(e)le^n *gǒŋg(ə)lə* schw.: hin und her schwanken. Ein Seil *g-et.* – Gunkeler m.: Mensch mit schleppendem Gang; Faulenzer.

gunnen, günnen s. *gonnen.*

günze^n *gḛntsə; gĭntsə, gãḛtsə* schw.: intr., mit sein: sich hin und her bewegen. Ein Brett, Tisch, Stuhl odgl. *günzt* ist nicht fest unterlegt, wakkelt, droht umzukippen oder in die Höhe zu schnellen. Ein Mensch *günzt,* wenn er unruhig

steht oder sitzt, *träppelt* udgl. Ein Pferd (oder Rind) *günzt,* wenn es übermütig Sprünge macht und ausschlägt.

Gupf(e^n**)** m., Gupfe f.: **1.** Giebel, Gipfel. – **2.** Tüte aus Papier. Häufiger *Gucke.*

gupfe^n schw.: Osterspiel der Kinder, wobei ein Kind mit dem stumpfen Teil eines Eis gegen das spitzige eines andern Kindes stößt; das Ei, das zerbricht, ist verloren FRK. S. *Gupf.* Syn. *Eier picken, hötzlen, hücken, kippen, klöcklen, spikken, spitzen.*

guren s. *gauren.*

Gurgel *-ŭ-; -ǒ-* FRK.; Plur. Gurgle^n f.; Demin. Gürgele^{in} *-ĭ- (-ĕ-)* n.: wie nhd.; das uns fremde „Kehle" ersetzend. *Einem die G. abstechen* den Hals. *Einem an die G. fahren,* ihn *an der G. packen* u. ä. Häufiger von der Speiseröhre: Ein Säufer *sauft sich noch d^{ie} G. ab.*

gurg(e)le^n (FRK. *-ǒ-*) schw.: **1.** wie nhd.; *mit Wasser g.* Auch refl. *sich g.* – **2.** durch die Gurgel reden. – **3.** *einen g.* an der Gurgel packen. Syn. *würgen.*

Gurgel-zäpfle^{in} n.: Adamsapfel.

gurmse^n schw.: **1.** undeutlich sprechen. – **2.** sich bettelhaft betragen, schmarotzen.

gürmse^n *gĭ-* schw.: seufzen, ächzen; leise weinen, von Kindern.

Gurr^e I *-ŭ-,* flekt. -e^n f.: **1.** Mähre S. Verstärkt *Schindgurre.* – **2.** übtr.: wegwerfend von Weibern.

Gurre II m.: *gürẹ̆* Truthahn, *gürə* m. Truthenne.

gurre^n *-ŭ-* schw.: **1.** girren, von Tauben. – **2.** knarren, von Türe, Schnee, Schuh usw. – **3.** fortwährend zanken, tadeln, brutteln. – **4.** verliebt schäkern, tändeln, spielen, bes. von Mädchen.

Gus I *gŭs* f.: männliches Glied.

gus Interj.: *g. g.!* Lockruf für Gänse.

Gus II, Gusel f.: Gans, Kinderspr.

Gusche *gŭšẹ̆* n.: Bett. *Ins G. gau^n* zu Bett gehen. – Zu frz. *coucher.*

gusche^n *-ŭ-;* kusche^n schw.: *sich g.* sich niederlegen, vom Hund. Vom Menschen: sich ducken, nachgeben, still sein, den Mund halten. *Gusch^e di^{ch}!* du hast zu schweigen.

Guse *gŭsẹ̆,* S. *-ĭ* m. f.: **1.** m. wollüstiger Mensch; der den Mädchen nachgeht, Hurer. – **2.** f. mannstolles Mädchen OSCHW.

Guser *-ŭ-* m.: **1.** Gänserich. – **2.** Hurenkerl.

Guß *gŭs,* NO. *gūs* m.: **1.** wie nhd. Speziell Platzregen. – **2.** Überschwemmung. – **3.** in der Koch- (bzw. Back-) Kunst die breiartige Mischung, Glasur, die einem Kuchen udgl. aufgestrichen wird. – **4.** Wasserablauf in der Küche, in einem Durchbruch der Mauer.

Güss^e *gĭs* f. n.: Hochwasser, Überschwemmung, Platzregen.

Guß-loch n.: Loch, Öffnung für den Wasserablauf.

Guß-stei^n m.: Steintrog zum Wasserablauf in der Küche HOHENL. Syn. *Wasser-, Schüttstein.*

Gusto *gŭštǭ* ⌢; *gŭštə* ⌢◡ ALLG. m.: Geschmack. Individuelle Neigung. *Des ist (wär^e) net nach mei^{ne}m G., net mei^n G. Jeder nach sei^{ne}m G.* – Ital. *gusto.*

Gusto-sach^e, Plur. -e^n f.: Geschmacksache.

Gut-edel, Pl. gleich m.: **1.** die Rebsorte Vitis vinifera aminea. – **2.** iron. Früchtlein, Taugenichts.

Gut e l e i n s. *Gutlein.*

Gut-g^enug *guətgnuə(g)* m.: *der G. sein* Lückenbüßer sein. *I^{ch} will net immer der G. sei^n. Meinst du, i^{ch} wöll^e dei^n G. sei^n?*

gutig, g u t (d) i n g , g u t l i g , g u t l i n g *-uə-, -ǭ-* Adv.: tüchtig, meist aber: schnell, hurtig.

gutlecht *guədlę̆χt* Adv.: so ziemlich gut.

Gutle^{in}, G u t e l e^{in} *-əl-*, G u t s l e^{in}, G u t s e l e^{in} *-əl-* n.: Konfekt, Süßigkeiten; bes. bei Kindern, doch auch Erwachsenen. Insbes. Zuckerbackwerk, wie es namentl. auf Weihnachten gebacken wird. Dagegen heißen die vom Konditor gemachten Zuckersachen mehr *Zuckerlein, Bombo^n.* Hieher G u t l e^{in} s - t e l l e r u. a. Komposs.

Gütle^{in} n. Demin. zu „Gut“: kleineres Grundstück; insbesondere Gärten, Weinberge, Wiesstücke udgl., die kleiner als das Ackerfeld zu sein pflegen.

Gutsch^e *gŭtš*, Plur. -e^n, auch Sg. -e^n, Pl. -ene^n f.; Demin. G ü t s c h l e^{in} *-ĭ-* n.: **1.** Kutsche, wie nhd. – **2.** *G-e^n fahre^n* Beischlaf ausführen. – **3.** Zote. –

4. schlechtes Weibsbild. – **5.** *G., Gütschle^{in}* Eisenhut, Aconitum L.

Gutslein (Gutselein) s. *Gutlein.*

Gutter *gŭdər*, S. *gŭtr;* Plur. -e^n, Gütter m. f.; Demin. G ü t t e r l e^{in} n.: meist dickbauchige, enghalsige, kleine Flasche; Krug, Kolben, aus Stein oder Glas S. – Spez. Arzneiglas, -flasche.

gutt(e)re^n *-ŭ-; -ū-* schw.: **1.** ein Geräusch machen wie eine Flüssigkeit, die aus einem enghalsigen Gefäß ausgegossen wird, glucksen OSCHW. ALLG. – **2.** aus dem Sutterkrug, *Gutter,* trinken. – **3.** werfen, treiben. – **4.** Butter machen.

Gutter-krug *-gruəg;* K u t t e r - m.: steinerner Krug, Sauerwasserkrug.

gütterle^n *-ĭ-* schw.: **1.** tröpfeln. – **2.** = *gutteren 1:* glucksen; vom Magen: kollern. – **3.** einschmoren machen; unreife Äpfel werden ^{ge}*gütterlet.*

g u t z e n b ö n e l e n s. *kitz-.*

gutze^n-gabel f.: zweizinkige Gabel; zweispaltige hölzerne Zinkengabel. Bes. *e^{in} Gutze^ngäbelle^{in} mache^n* zum Spott 2 Finger gabelförmig gegen einen ausstrecken, Gebärde des Rübchenschabens OSCHW.

gutze^n-gäckele^n schw.: sich überpurzeln, im Gehen ausgleiten OSCHW.

G u t z g a u c h s. *Guckigauch.*

g w - s. *gew-* und s. *qu-* (unter **K**).

G w a i s c h t s. *Gewinnst.*

G w a n n s. *Gewand* II.

H

ha I *hă,* hä *hę̆,* he *hę̆* Interj.: Fragepartikel; teils auf die Rede eines andern, die man nicht verstanden hat: „was hast du gesagt?", mit oder ohne Zusatz: *Ha (, was saist; was hast g^esait)?;* teils ohne vorausgehende Rede: *Wir wollen gehen; ha?* „was meinst du?". Gilt nicht für bes. höflich; *Sait ma^n au^ch zu e^ine^me^n Pfarrer ha?; hă* ist höflicher als *hę̆.* Energischer, noch weniger verbindlich *ha du?, he du?* ⁀.

ha II *hă, hə, hǭ* Interj.: stets unbetonte proklitische Partikel, als Ausruf des Staunens, Schreckens, der Entrüstung udgl. einen Satz oder eine interjektionelle Wendung einleitend. *Ha sel^b* ‿꜀, voller *Ha, sel^b wär^e!* Ausruf der Verwunderung; auch gerne mit leiserem oder stärkerem Zweifel, z. B. bei etwas Unangenehmem; *Ha wa^s* ‿꜀ Staunen. *Ha wol da* ‿꜀⁀ „das fehlte!" *Ha ja* ‿꜀: 1) Bejahung, mit Betonung der Selbstverständlichkeit: „versteht sich". Bejahende Antwort auf neg. Frage *(hǭjǭ);* mit anderer Betonung *haejə.* Verstärkt *ha ja do^ch (haejǭdə)* „ganz sicher". 2) Verwunderung, mit fragendem Ton. *Ha nei^n* ‿꜀ verneinend und bezweifelnd. *Ha nu^n (nǭ̈)* ‿꜀ „je nun", aber schärfer als dieses: „nun, was soll das heißen" o. ä.; öfters die Rede eines andern als selbstverständlich, aber nicht beweisend ablehnend: A. *Wenn's aber regnet?* B. *Ha nu^n, na^ch bleibt ma^n z^u Haus. Ha nu^n so hənŭsə* ‿꜀‿꜀ es kann mir gleich sein. *Ha Narr* ‿꜀: wie kannst du nur fragen o. ä. *Ha, freilich! Ha natürlich!* – Außer solchen festern Verbindungen kann *ha* irgendeinen Satz, ohne Inversion, einleiten. *Wie gehts?* Antw.: *Ha, soso:* „nun, passabel".

ha-a *hă-ă* ⁀, *hä-ä* Interj.: nein. Gegenteil *(h)aha* ‿꜀ ja.

Hab *hāb* n., **Hab^e** I f.: Halt, Anhaltspunkt. 1. allgem. Befestigungsvorrichtung. *Eine Sache hat kein H.–* 2. Ort, wo Fische oder Krebse sich geschützt aufhalten können. – 3. Handhabe.

Hab^e II *hāb;* Pl. selten f.: 1. wie nhd., Besitz, Gut, spezieller aber das fahrende Gut. In *H. und G.* ist *H.* urspr. Fahrnis. – 2. große Menge; doch, wie es scheint, nur von lebenden Wesen. *E^ine ganze H. Schaf^e* ALLG. – 3. von da aus = Vieh. Und zwar bez. *H.* den gesamten, großen oder kleinen Viehstand eines Bauern. *Er hat viel H.*

Habe III (Krummesser) s. *Hape.*
Habe IV (Rindenpfeife) s. *Happe.*
Habech s. *Habicht.*

habe^n schw. (st.): haben. Gebrauch: im ganzen wie nhd., mit folgender Besonderheit: Unpersönl.: *Den hat's* er ist vom Schlaf, Krankheit oder sonstigem Geschick, auch vom Rausch überwältigt. Hieher auch: *Hat i^hn hǭdə* ⁀: fertig! getroffen! *Es hat's (sich).* – Eine Frau *hat ^das Kind g^hä^bt* ist entbunden worden; auch bloß *Sie hat's g^hä^bt.* Von Haustieren: *D^ie Kuh hat g^hä^bt; D^ie Geiß hat no^ch net g^hä^bt:* geworfen. – *Da hast's (hǭš)!* nun hast du die Folgen, nun siehst du's! Hieher auch: *Es hat's* es ist fertig. *Hat's bald? Es hat's glei^ch.* Auch = dann ist's aus. – *Es haben* reich sein; mit Nachdruck gesagt. *Der hat's ja. ^Es ist net, daß wir's net häbe^n* bei unnötigen Ausgaben. – Mit Obj. *es. Er hat's gut, schlecht, besser, schlechter. I^ch schla^ge di^ch, daß du's gern besser hättest* beliebte Drohung. – *Dreck am Stecken h.* kein gutes Gewissen. – *Etwas mit einem h.* eine Streitigkeit, Verstimmung; *Was hast denn du mit dem X? Nichts mit einem h.* ohne Feindschaft mit ihm sein. Allgemeiner: *etwas m. e. h.* mit einem zu tun haben. *Es mit einem h.* mit ihm in engen Beziehungen stehen; vor allem sexuell. *Der Johann hat's mit der Marie* oder umgekehrt; *Der J. und die M. haben's miteinander. Er hat's mit seiner Magd.* Auch: *Sie ha^be^nt's mit ihm* treiben Spott mit ihm.

Haber, Pl. Häber m.: 1. Hafer. – 2. Dem. Haberle^in n.: Blütenkätzchen des Haselstrauchs, Corylus avellana L.

Haber-distel m. f.: die im Getreide wachsende Distel Cirsium arvense L. Scop.

häbere^n, habere^n schw.: 1. das Haberfeld zur Aussaat bestellen. – 2. Haber ernten. – 3. mit Haber füttern. – 4. prügeln.

Häberet *hę̆bərət;* Haberet m. f.: Habersaat, überh. Frühlingssaat, und deren Zeit.

Haber-geiß, Pl. -e^n f.: 1. Wachtelkönig, Crex pratensis. – 2. die langfüßige Spinne Phalangium Opilio, Weberknecht. – 3. = *Haberdistel.* – 4. Brummkreisel. – 5. Schelte. a. dürres Weibsbild. – b. *H.* heißt der, der bei der Haberernte mit dem letzten Häufchen die letzte Garbe ausfüllt.

Haber-g^{e}schirr n.: die zum Mähen von Haber und anderem Getreide dienende Sense mit einer Art Rechen, Korb.

Haber-gitze f.: = *Habergeiß 4*, Kreisel.

Haber-mark: 1. n.: markige, kräftige Haberspeise. – **2.** Habermark f.; *Habermarks* f.; *Hafermark;* Plur. *Hafermarkete^n, -ketse^n; Hafəmarket*, Pl. *-ete^n;* Habermauch *-ao- f.; Habermauche -ẹ̆* f.; Pl. *Habermauche^n; Habermauchel* f., Pl. *-ele^n (-ələ); Habermauchet* f., Pl. *-ete^n;* Pl. *Habermauke^n:* Wiesenbocksbart, Tragopogon pratensis L. Syn. *Guckigauch 2 a* (im W. sich deckend, nach N. NO. weit über *H.* hinaus).

Habermauch, -mauke s. *Habermark 2.*

Haber-nessel f.: kleine Brennnessel, Urtica urens L.

Haber-weisch *-wəiš* (wohl auch *-g^{e}weisch*) n.: Haberstoppeln, koll. Syn. *-stupflen.*

Habich(t) *hä̆bị̆χ;* Häbich^t *hẹ̆bị̆χ;* Habs *hä̆bs,* Pl. Häbs^e *hẹ̆bs;* Hack *hä̆k,* Pl. gleich m.: Habicht. **1.** der Raubvogel. Und zwar kann wie nhd. Astur palumbarius darunter verstanden sein; dieser heißt aber deutlicher *Tauben-h.* Die Raubvögel werden oft vermengt; *H.* soll überh. die Tagraubvögel bed. Es werden dann unterschieden *Tauben-h., Hühnerh.* oder *Hennenh.* (Sperber), *Spatzenh., Maush.* (Bussard). *Großer und kleiner H.* Weihe und Habicht. – *Daß di^{ch} der Habs hol^e* geringe Verwünschung. – *Sehen wie ein H.* so scharf. – **2.** auf Menschen übtr. a. *dürrer Häbich* Spott für einen Mageren. – b. flinkes Kind. – c. Dieb, den man nie erwischt. Vgl. *habsen.*

häbig *-ẹ̆-* Adj.: **1.** wer etwas hat, wohlhabend, reich. – **2.** habsüchtig HOHENL. – **3.** zufrieden, ruhig. – **4.** schwanger. – **5.** fest, dauerhaft, z. B. vom Tuch. Sättigend, vom Essen. – **6.** wer „zum haben ist", angenehm, liebenswürdig.

Habs s. *Habicht.*

Habschaft f.: = *Habe I.* Bewegliches Vermögen des Bauern, Rindviehstand ALLG.

habse^n *-ä-* schw.: stehlen.

Hach *-ä̆-,* Plur. - e^n m.: Schimpfwort für eine kleine nasewise, ungezogene Person, Scheltwort für Kinder S.

Hachel I *-ä̆-* m.; Demin. Hächelle^{in} *-ẹ̆-* n.: hagere, dürre Person.

Hachel II s. *Hahel.*

Hächs^e *hẹ̆ks;* Hachs^e *hä̆ks;* Hachsle^n; Plur. - e^n f.: **1.** Gelenk am Hinterfuß von Pferd und Kuh. – **2.** Bei Menschen: krumme, gebogene Beine; auch verächtlich für Beine überhaupt; lange dünne Beine. *Krumme H-e^n. Tu deine H-e^n weg!*

Hack I *-ä̆-,* Plur. Häck^e *-ẹ̆-* m.: energischer Schlag. Sonst nur in *äll^e Häck^e* alle Augenblicke. *Du wi^{ll}t ä. H. etwas anders.*

Hack II s. *Habicht.*

Häck s. *Häher* u. *Jäk.*

Hack-block m.: Holzblock, -brett, auf dem beim Metzger, in der Küche Fleisch zerhackt wird; vgl. *-klotz, -stock, -stotzen.*

Hacke f.: Haue, Instrument zum Aufhacken des Bodens.

Häckel *-ẹ̆-* m.: **1.** Zuchtschwein, Eber O. u. SO. – **2.** roher Mensch.

hacke^n schw.: wie nhd. – Bes. vom Bearbeiten des Bodens mit der Haue. *Erdäpfel h., Kraut h.* = mit diesen Gewächsen bestandenes Feld hakken. In Weinbaugegenden bez. *h.* ohne Obj. eine zu bestimmter Jahreszeit vorgenommene Bearbeitung des Weinbergs.

Häcker *hẹ̆gər (-a-)* m.: **1.** *Häcker* Weingärtner. Zum *hacken* (des Weinbergs) gedungener Arbeiter. – **2.** Demin. *Hackerle^{in}:* Zahn, bes. Pl., fränk. *Hackerlich:* Zähne HOHENL.

Häcker s.a. *Hecker I.*

Hacket m. f.: **1.** Zeit und Tätigkeit des *hackens,* Umbrechens (im Weinberg, Acker); wohl meist m. – **2.** f. das Umgehackte. – **3.** f. Werkzeug zum Hacken.

Hack-hak(e^n) *-hǭk(ə)* m.: Karst – Hackhaue f.: Haue zum Hacken.

Hack-klotz m.: = *-block.*

häckle^n *-ẹ̆-* schw.: **1.** leicht aufhacken. Den Erdboden, Garten *h.* lockern, mit einer (kleineren) Hacke leicht aufhacken. *Fleisch h.* mit dem Hackmesser in kleine Stücke zerhauen. – **2.** mit Neckereien treiben bis zu Händeln.

Häck-mäck m.: *H. machen* Umstände, Wirbel machen.

Hackse s. *Hächse.*

Häcksel n.: Häckerling.

Hack-stock m.: = *block.* – Hack-stotze^n m.: dass. OSCHW. Er steht meist im Hausgang unter der Stiege.

Hack-teil n.: kulturfähiges Allmendstück, das bei der Verheiratung jedem Bürger von der Gemeinde zur Bebauung gegeben wurde.

Hädel *-ẹ̆-* f.: in der RA. *(D^{ie}, Der) Hudel find^{e}t (d^{ie}) H.* gleich und gleich gesellt sich gern, Lumpengesindel findet sich zusammen.

Hader I *-ä̆-* m.: wie nhd.: Streit, Zank.

Hader II *-ä̆-* m.: Lumpen, Tuchfetzen. Nur in der RA. *Jeder Huder find^{e}t sein^{en} H.* gleich und gleich gesellt sich gern.

hadere^n *-ä̆-* schw.: **1.** zanken, schelten. – **2.** prasseln, vom Feuer.

Hader-katz^e, Plur. - e^n f.: wer Streit anfängt, was Streit erregt.

Hader-lump(e^n) m.: Lump(en). **1.** phys.: geringer Lumpen, Fetzen. – **2.** Schimpfwort.

Hader-metz *-ẹ̆-* f.: **1.** = *-katze,* doch nur von Weibern.

Häfele^{in}s-glotzer m.: = *-gucker.* – Häfele^{in}s-gucker m.: wer in alle Töpfe schaut.

Haf(e^n) I *häf(ə); häf, häfə* S., *häfə* NW., *-ō-* FRK.;

Plur. Häfe^n hę̆- m.; Demin. Häfele^{in} hę̆- n.: Topf, jede Art von Geschirr aus Ton, Stein, Metall in Topfform. – Speziellere Verwendungen: Salbentopf. – Kochtopf. – Bes. auch vom Milchtopf. – Ganz bes. vom Nachttopf; derber *Scheiß-, Brunz-, Seichhafen.* In der Kinderspr. gern Demin. *Häfele^{in}.*

Hafe^n II hāfə m.: Schiffshafen.

Hafe^n-brett (-britt) n.: Brett vor dem Küchenfenster, auf das im Sommer Milchhäfen gestellt werden. Auch = *Schüsselbrett*, Brett in der Küche, auf dem die Töpfe stehen. – Hafe^n-markt m.: Geschirrmarkt.

Hafner, Häfner -ę- m.: Töpfer.

Häfner-g^{e}schirr n.: Töpferwaren; Arbeitszeug des Töpfers.

Haft^e häft, Pl. -e^n f., Demin. Häftle^{in} -ę̆- n.: Vorrichtung zum Zusammenheften; kleine metallene Öse, in die der Haken eingehängt wird, zum Schließen von Kleidungsstücken.

Hafte^n-macher m.: = *Häftleinmacher.*

Häftle^{in}-macher, Häftle^{in}s-, Häftel- m.: Verfertiger von *Haften.* Bes. in der Redewendung *aufpasse^n wie e^n H.* sehr genau aufmerken.

Hag hāg, Plur. Häg^e, -er m., n.: Umfriedigung, Hecke. Dann jede Art von Zaun.

hagel-dick Adj. Adv.: sehr dick, dicht. – hageldumm Adj. Adv.: sehr dumm.

Hägele^{in}s-kopf, Plur. -köpf^e m.: breiter, dicker Kopf, „Stierkopf“.

Hagel-feiertag m.: 1. Tag, an dem ein Eschumgang (eine *Wettermesse*) gehalten wurde zur Abwendung des Hagels. Z. B. Mittwoch vor Ostern und Pfingsten. – 2. drittrangiger Feiertag.

Hagels-: wie *Blitz-* (auch *Blitzhagels-), Donners-* u. ä. in Kompos. zur Verstärkung.

Hagemeis = Ameise.

Hagemonde s. *Agermonde.*

Hag(e^n), Hägel m.; Demin. Hägele^{in} -ę- n.: Zuchtstier. Syn. *Heime, Heigel, Hummel, Farre, Ochs, Stier, Fasel- (Wucher-)ochs, -rind, -vih.*

hage^n -ā- schw.: einen Hag, Zaun machen ALLG.

Häge^n hę̄gə Plur.: Frucht der Heckenrose, = *Hagenbutz.*

Hage^n-buch^e -būəx f.: Hainbuche, Carpinus betulus L.

hage^n-buche^n -uə-, -büche^n -iə-; -büchig Adj. Adv.: 1. vom Holz der Hainbuche. *Der ist härter als h. Holz. Zu dir so^{ll}t^e ma^n e^{l}n^{en} h-e^n* [Stecken] *ne^{hm}e^n* zu einem besonders Frechen. – 2. übtr. hahnebüchen, von Menschen: zäh, der viel aushält, abgehärtet, unempfindlich. Häufiger: hartherzig, hartköpfig, starrsinnig, unnachgiebig, unbeholfen, ungehobelt, derb.

Hage^n-butz^e hāgəbüts ʼↄↄ, mitunter ↄↄ´; Hage^n-butt^e, Hägel- (hę̄gl-), Hägelbutzet (hę̄-); Plur. -e^n f.: Frucht der Heckenrose, Rosa canina L.

Hage^{n}butze^n-heck^e, Plur. -e^n f.: Heckenrose, Rosa canina L. Ihre Blüten heißen *wilde Rosen, Röslein,* die Früchte *Hagenbutzen.*

Hag(e^n)-dorn m.: Name mehrerer zu Hecken gebrauchter Dornsträuche: **1.** Weißdorn, Crataegus L. – **2.** Wildrose, Rosa L. – **3.** Schlehe, Prunus spinosa L.

Häge^n-mark (hę̄-; hę̆-) n.: Mark der *Hagenbutze,* sowie die daraus bereitete Marmelade.

Hage^n-rüble^{in} n.: Rotfrüchtige Zaunrübe, Bryonia dioica Jacq.

Hage^n-schwanz m.: die als Züchtigungsmittel (für Kinder, Tiere) beliebte Zuchtrute des Stiers.

Hage^n-seicher m.: Hund.

hagle^n -ā- schw.: **1.** hageln, wie nhd. – Part. g^{e}haglet in e^{in} g-er Rausch gewaltiger Rausch; vgl. *hagels-.* Bes. auch g^{e}haglet voll 1) stark betrunken; 2) überhaupt: übervoll, von Gefäßen udgl. – Übtr. *es haglet mit Schläg^{en}, Hieb^{en}* udgl.: die Schläge fallen hagelsdick. – **2.** mit starkem, heftigem Schlag (auf-)fallen. *Er ist (^{h}na^n)g^{e}haglet* schwer hingefallen. Ein Holzstoß udgl. *ist z^{u}sämme^n g^{e}haglet.* Ein Kandidat *ist durchs Exame^n g^{e}haglet,* auch einfach *ist g^{e}haglet* (auch *durchg^{e}haglet).* Am meisten mit Präposs.: *ein-, herab-, herunter-, hin-, hinan-, hinein-, hinunter-, um-* usw. *-haglen.* – **3.** zanken.

Hag-saul -sↄul, Pl. -e^n f.: Pfosten, an dem die Zaunlatten befestigt sind OSCHW.

Hag-scher^e f.: **1.** große Schere zum Beschneiden der Hecke. – **2.** übtr.: krummbeiniger Mensch.

haha ↄ´ hằhằ, hằhằ, hä hä Interj.: **1.** = *aha 1,* Ausruf der Befriedigung über eine Entdeckung. – **2.** = *aha 2,* ja. – **3.** Nachahmung des Lachens.

Hahel, Hähel; Haher ALLG.; Hah^e m.: die beiden spitz zusammenlaufenden Arme, zwischen denen die Deichsel am Wagen befestigt ist.

Häher hę[…] hẹ̄ər, hę̄r(ə) HOHENL., Plur. ebenso, auch -e^n m.: **1.** Häher, sowohl der Nußhäher, Nucifraga caryocatactes, als der Eichelhäher, Garrulus glandarius. Syn. *(Nuß)Jäck. – 2.* übtr. *einen H. machen* aus Versehen über einen Anwesen-den Ungünstiges aussagen.

hai hae Interj.: ermunternder Zuruf: vorwärts! hurtig! SW. BAAR. *Hai an's G^{e}schäft.*

hai – s. meistens *hei –.*

Haible s. *Häuptlein.*

Hai(ch)e = Höhe.

Hai(e)rle s. *Herr* u. *Herrlein.*

Haimber s. *Himber.*

Haipfel s. *Häupfel.*

Haitel s. *Halbteil.*

Häkelei -ę- ↄↄ´ f.: **1.** Häkelarbeit, = *Häklete. – 2.* kleine Streiterei.

Hake^n-ma^{nn} m.: Wassergeist, der die am Wasser spielenden Kinder zu sich hinabziehen soll, ein Kinderpopanz. *Gang ^{n}it so na^h ans Wasser 'na^n, sonst holet di^{ch} der H.!*

häkle^n (meist -$\bar{e}$-) schw.: **1.** die bekannte Frauenarbeit, wie nhd. – **2.** sich an den (ineinander eingehakten) Fingern ziehen, eine Kraftmessung.

Häklet(e) -$\bar{e}$- f.: Häkelarbeit.

hal *hål* Adj.: ausgetrocknet, von Boden, Fleisch u. a.

häl *h$\bar{e}$l* Adj.: glatt, aber nur im Sinn von schlüpfrig. **1.** phys., bes. vom Boden, auf dem man leicht ausgleitet, und ganz bes. von Eis. *Es ist h.* hat Glatteis. – **2.** übtr. glatt, schmeichlerisch, heuchlerisch OSCHW. ALLG. *Trau^e ihm net, des ist e^{in} Häler.*

Halb-dackel m.: Schimpfwort, schlimmer als Dakkel.

halb-^{ge}**bache**^{n} Adj.: **1.** wörtlich. – **2.** dumm bis zum Blödsinn. Syn. *net recht* ^{ge}*bache*^{n}. Beides auch *halbe*^{n} ^{ge}*bache*^{n}.

halb-järig Adj.: ½ Jahr alt.

Halb-järling m.: halbjähriges Tier.

halb-lebelich, -lebig Adj.: halb lebendig, träg.

halb-stämmig Adj.: *Halbstammpflanzung* Baumpflanzung mit 1 m hohen Bäumen.

Halb-teil m. n.; mod. Hal^{b}te^{i}l *häldl; häldl, haedl* n.: Hälfte; neben getrenntem *halbes (-er) Teil.*

haldele^n schw.: schief stehen oder liegen. *Der Wagen, das Geschäft h-et.*

halde^n schw.: **1.** eine Halde bilden, schief stehen oder liegen. – **2.** übtr. *Er haldet auf die eine Seite* neigt einer Richtung, Meinung zu.

hälde^n *h$\bar{e}$ld∂; -$\bar{e}$-* OSCHW. schw.: **1.** trans.: neigen; und zwar meist ein Geschirr soweit neigen, daß der Inhalt ausfließen kann, z. B. ein Faß, einen Krug, ein Glas S. Syn. (im ganzen mehr nördl.) *gägen.* Übtr.: stark trinken. – **2.** intr.: abschüssig sein, z. B. von einer Straße.

haldig (-ä-) Adj.: eine Halde, schiefe Ebene bildend, geneigt.

Häle f.: Glätte (durch Eis und Schnee).

Häle s. *Hun.*

häle^n schw.: auf dem Eis schleifen.

halftere^n schw.: am Halfter halten, führen.

häl-geige^n schw.: heuchlerisch schmeicheln. – Häl-geiger m.: Wohldiener OSCHW.

hälig -$\bar{e}$- Adv.: heimlich, im stillen. Weit häufiger *hälingen,* s. *Häling.*

Häling *h$\bar{e}$l$\bar{e}$ŋ,* S. N. -*iŋ* m.: Geheimnis, Geheimtuerei. *Einen H. (miteinander) haben. Was habt ihr für einen H.?* – häling Adj. Adv.: geheim, heimlich. *Hälinger Weis^e* heimlicher Weise. – hälingele^n Adv.: insgeheim, in der Stille. – hälinge^n I -$\bar{e}$-, im westl. FRK. -$\bar{e}$ Adv.: insgeheim, still. *Einem etwas h. sagen* leise. *Etwas h. haben* geheim halten. *H. reich wie d^{ie} Reutlinger.* – hälinge^n II schw.: geheimnisvoll mit einem reden. – hälings Adv.: = *hälingen* I.

Häl-katz^e f.: = *häl* (2) Katze, Schmeichelkatze.

Hall *hål* m.: lauter Klang, Schall. Bes. aber vom Ruf oder Widerhall. *Wie der H. in den Wald hinein geht, so geht er wieder heraus.*

häll Interj.: *Huder, häl häl* Lockruf für Schafe.

halle^n *hål∂* schw.: (wider)hallen.

Hallewatsch m.: einfältiger Mensch.

hällig (müde) s. *hellig.*

Halm I *hålm; hālm, hāl∂m, hāl∂;* Hälm *h$\bar{e}$lm;* Plur. Hälm^e *h$\bar{e}$l(∂)m, h$\bar{e}$lm* BAAR; Halme^n -*ă*-, Hälme^n -$\bar{e}$-, Hälmer m.; Demin. Hälmle^{in} -$\bar{e}$- n.: Halm, wie nhd., bei Gras und Getreide.

Halm II, Hälm (Griff) s. *Helm* II.

Halm-frucht f.: Getreide. *Dies Jahr staht d^{ie} H. schö*^{n}. Opp. *Hack-, Hülsen-.*

hälse^n schw.; halsen schw., älter st.: trans.: umarmen, umhalsen.

Hals-lappe^n m.: der herunterhängende Lappen an der Kehle des Rindviehs.

Hals-we -*w$\bar{e}$* NW. u. S., -*w$\bar{e}$* FRK., -*wae* W., -*w∂* O. n.: Schmerz im Hals.

Hals-weih^e f.: kirchliche Weihung des Halses am 3. Febr. (s. *Blasius*), die das ganze Jahr hindurch vor Halsweh schützen soll.

halt -*ă*- Adv.: nun eben, freilich; Syn. *eben. Es ist h. arg; Man muß ihn h. gehen lassen; Ich habe es h. nicht anders machen können; Du bist h. ein Lump; Ich meine h.* usw.

Hamballe *hămbăl$\bar{e}$* ⌢∪ m.: dumm-gutmütiger, ungeschickter, tölpelhafter, linkischer Mensch.

Hame^n I: **1.** Hinterbein am Schlachtvieh, bes. am Schwein. – **2.** der Eisenteil, Bügel hinten an der Sensenklinge, mit dem diese an dem Stiel, *Warb,* befestigt ist.

Hame^n II *hăm∂ (h$\bar{o}$m∂* NW.) m.: sackförmiges, an einem Reif (u. ä.) aufgespanntes Fischernetz.

hame^n -*ă*- schw.: fesseln, anbinden.

Hamer-stotze^n *hăm∂ršt$\dot{o}$ts∂* m.: Schinken, Hinterbacken des geschlachteten Schweins SW.

Hammel -*ă*- W., -*ă*- O., Plur. Hämmel -$\bar{e}$- m., Demin. Hämmele^{in}, kindl. Ha- n.: **1.** wie nhd., kastriertes männliches Schaf. Syn. *Herme.* – **2.** *Hammele^{in}* halb- bis 1½jähriges Stück Rindvieh. – **3.** übtr. von Menschen. a. *Hammel* Schimpfwort unter gemeinen Weibspersonen. Gutmütige, einfältige Weibsperson. – b. seltener von Männern. – c. *Hammele^{in}* Liebkosungswort, Schmeichelwort gegenüber Kindern, auch Weibern.

hämmerle^n schw.: leicht mit dem Hammer schlagen.

hammle^n schw.: niederkauern, auf den Waden sitzen.

Hämoride^n-**schaukel** f.: altes Fahrrad.

Hampel m. (f.): Tölpel. Guter Kerl. Unachtsame, ungeschickte Weibsperson.

Hampfel (usw.) s. *Handvoll.*

Hand (Händ), Plur. Händ^e f.; Demin. Händle^{in} (*Handele^{in}*) n.: Hand. A. Form. Sing. im Hauptgebiet *håd; hånd,* hă nordwestl.; im SO. *h$\dot{o}$(n)d;* Händ^e *h$\bar{e}$nd* nordöstl. und im Mittelland. FRK. neben *h$\bar{e}$nd* auch *h$\bar{o}$ünd.* – Plur.

hęnd, NW. *hęn.* – B. G e b r a u c h: wie nhd. Im folgenden einige besondere Verwendungen. *Alle Hände voll zu tun (voll Arbeit) haben. Dem geht d^{ie} Arbeit ('s G^{e}schäft, sei^{ne} Sach^e, etwas u. ä.) aus (von) der H. (aus de^n Händ^{en}). – Die H. umkehren, umdrehen* wenden. *Wege^n dem (Da, Zwische^n dene^n zwei u. ä.) kehr^e (dreh^e) i^{ch} d^{ie} H. net (z^{u}lieb) um* das ist mir gleichgültig. *Im Hand-umkehre^n, -umdrehe^n* im Nu. – Die *rechte* und *linke H.* Die rechte heißt auch *schön. Gib die schöne H.* (gern Demin.) zu Kindern, die die linke bieten wollen. – Unterschieden: *von der H. rechts, zu der H.* links; dazu die Adjj. *vonderhändig, zuderhändig, gegenderhändig,* s. d. – Bes. mit Präposs. a n. Mit Dat. *Jemand an der H. haben* zur Verfügung, zur Hilfe. *Einem an die H. gehen* ihm helfen. – b e i. *Bei der H. sein, haben* zur Verfügung. – i n. *Einander i. d. H. schaffen* so zusammenarbeiten, daß keiner die Arbeit des andern aufhält. – n a c h. Nur zeitlich: *nach der H.* hernach. – u n t e r. *Unter der H.* insgeheim, in aller Stille. – v o n. *Vo^n der H.* = rechts, aus der Fuhrmannssprache. *Vo^n H. g^{e}machet* nicht mit der Maschine udgl. – v o r. *Vor der H.* vorerst, für jetzt; auch = vorher, vgl. *nach der H.*

Händel Pl.: Streit; Rauferei.
Händelei f.: andauernde Streiterei
händel-häftig Adj.: streitsüchtig.
Händel-sucht f.: Streitsucht. – h ä n d e l - s ü c h t i g Adj.: streit-, zanksüchtig.
hand-fest Adj.: **1.** stark, kräftig. *Ein h-er Kerl* u. ä. – **2.** *einen h. machen* gefangen setzen.
Hand-gaul m.: das rechts am Wagen gehende Pferd. Das linke heißt *Sattel-,* auch *Bett-.* Anderwärts *zuder-, vonderhändig.*
Hand-hebe *-hębę̆ (-ə)* O., sonst - h e b e t (e) *-hębət(ę̆)* f.: Handhabe, Griff. Henkel eines Kruges.
handig *hãndĭg (-ĭχ);* NW. *hãnĭχ* Adj. Adv.: **1.** wer (was) bei der Hand ist, eifrig, schnell, fleißig. *Da geht's h. her* gibt es viel Arbeit. – Beschwerlich, anstrengend, hart. *Ich habe eine h-e Jugend gehabt.* Arg, heftig, stark. – **2.** genau im Handel, knickerig. – **3.** unnachgiebig, beharrlich. *Einem h. kommen* derb, plump. – **4.** scharf, bitter. *Heut^e ist d^{ie} Supp^e h.*
Hand-karre^n m.: von der Hand (nicht vom Zugvieh) gezogener oder geschobener Karren.
Hand-knöpfle^{in} *hăt-* n.: aus *Spatzenteig* mit dem Löffel geformte und ins kochende Wasser eingelegte *Knöpflein.*
hand-lange^n schw.: niedere Dienste verrichten. – H a n d - l a n g e r m.: wie nhd. In der mundartl. Form (*hăd-* usw.) nur vom noch nicht berufsmäßig ausgebildeten Gehilfen des Maurers, der Mörtel, Holz u. a. zutragen muß.
händle^n *-ę̆-* schw.: **1.** Händel haben, streiten. – **2.** kleinere Tausch- und Kaufgeschäfte treiben.

handlich Adj. Adv.: **1.** leicht zu handhaben, bequem. – **2.** eifrig, hurtig. Ordentlich, fleißig A L L G.
Handlump(e^n) m.: Handtuch.
Handlung f.: **1.** wie nhd., das Tun. – **2.** kaufmännischer Kleinbetrieb, Warenladen u. ä. Auf ländlichen Ladenschildern häufig; pop. mehr *Geschäft, Kaufladen.* Deutlicher *Waren-, Buch-* usw. *-handlung.*
Hand-schaff n., - s c h a p f^e f.: Schöpfgefäß für den Handgebrauch.
Händ-schuh *hędš̆- (-tš̆-, hęrdš̆-), hęndš̆- (-tš̆-), hāĭtš̆-; -š̆ət, -š̆ĭχ (-š̆ę̆χ), -š̆ĭg (-š̆ę̆g), -š̆ę̆, -š̆ə (-š̆)* m.: **1.** Handschuh, wie nhd. – **2.** übtr., persönl. Kleine, schwächliche, aber zähe Person. *Des ist nu^r so e^{in} H.* kleine, gedrungene Gestalt.
Hand-voll; H a m p f e l (Plur. -le^n, auch Hämpfel) f.; Demin. H ä m p f e l e^{in} n.: eine Handvoll, als Maß. – Übtr. von einer kleinen Qualität. Schmächtige Person.
Hand-wage^n m., Demin. -wägele^{in} n.: kleiner von Hand gezogener (geschobener) Wagen, vgl. *-karren.*
Hand-zwehl^e *hăd-,* S. N. *hănd-;* Händ- *hęd-; -tswęl;* Pl. - e^n f.: Handtuch.
Hane^n-fuß, Plur. - f ü ß^e m.: Ranunculus-Arten. – Syn. *Schmalz-, Butterblume* u. a.
Hane^n-kamm m.: Pflanzenname. **1.** Gattung Klappertopf, Rhinanthus L. – **2.** Garten-Fuchsschwanz, Amaranthus caudatus L.
Hane^n-schritt m.: so viel als der Hahn mit einem Schritt zurücklegt, d. h. sehr wenig.
Hange f.: im Keller an Stricken, Ketten odgl. hängendes Brett, auf das Brot, Käse u. a. gelegt wird. Vgl. *Hängel.* Genauer *Brothange.*
Hängel *hęŋl* m.: = *Hange,* im Keller hangendes Brett.
Hängele^{in} *hęŋəlę̆* (H a n g -) n.: Himbeere.
hängele^n *hęŋələ* schw.: jemand unter den Armen fassen und so tragen.
hange^n *hãŋə* (2. 3. Sing. Präs. Ind. *-a-,* im SW. *hãŋ̆̆š̆t, -ət); hãŋkə* F R K. st. schw.: intr., mit sein. **1.** hängen. *Das Fleisch hanget im Rauch.* – **2.** sich neigen, abwärts geneigt sein. *Die Wand hangt* steht schief.
Hannak^e ⌃ *hăn-; -ǫ̆k; -äk* S. O., Plur. - e^n; H a n n a k e l ⌃⌣ *hănăgl, -ǫ̆gl* B A A R m.: grober, tölpischer, ungeschliffener Mensch.
hanne^n *hănə* Adv.: diesseits, korrelat. zu *dannen* II. *Mei^n Acker liegt h. an der Straß^e. Bleib h. überm Bach. H. und danne^n* hüben und drüben. Bes. *dahann(en).* Gehäuft: *dahanne^n danne^n* hier; *hanne^n dranne^n.*
Hanne^n-bampele^{in} m.: dummer Mensch.
Hanne^n-wackel ⌃⌣⌣ m.: **1.** närrischer Kerl. Mensch, der schon durch seinen schlechten Gang verrät, daß er nicht recht brauchbar ist. – **2.** Rausch.

hano s. *ha* II.

Hansel *hǎnsl* m.: Koseform von Hans. **1.** Hans und Spitzname (auch *Hansele*ⁱⁿ). – **2.** Tiername. a. Name des Esels. – b. Kosename zahmer Eichhörnchen. – c. bei Vögeln: Name des Raben. – **3.** Rausch. – **4.** großer Rechen, mit dem man die liegengebliebenen Halme auf dem Acker zusammenrecht.

Hansel-maⁿⁿ (verkleinernd Hanseleⁱⁿ-,), Plur. -männer m.: **1.** spöttelnde Weiterbildung von *Hansel 1.* – **2.** ein Backwerk, am Nikolaustag (6. Dez.) gebacken, in Form eines Männchens mit gespreizten Beinen und in die Lenden gestemmten Armen (auch mit Weinbeeren ausgestattet).

Hans(eⁿ**)-träuble**ⁱⁿ n.: Johannisbeere. – S. *Träublein.*

hantiereⁿ *hǎndiərə* ᴗ▵ᴗ schw.: **1.** ein Gewerbe treiben. – **2.** arbeiten, geschäftig sein. – **3.** lärmend zu Werke gehen, einen Lärm machen.

hao = *haben.*

Hao-, hao- s. *Hoch-, hoch-.*

Haozich s. *Hochzeit.*

Hapᵉ *hǫp*, flekt. (auch Nom.) -eⁿ f., Demin. Häpleⁱⁿ -ę̄- n.: **1.** vorne abwärts gekrümmtes starkes Messer, zum Abhauen kleinerer Baumäste, Reisigs, in Weingegenden zum Beschneiden der Reben, Rebmesser. – **2.** übtr.: gekrümmte Nase, Adlernase. – **3.** persönl. Grober, derber Mensch.

Häpe flekt. -eⁿ f.: = *Hape*, gekrümmtes Messer.

Happe, Häppe, -er m. f.: *Happe* Maipfeife aus Elsbeerruten. Kinderpfeife aus Baumrinde. Dass. heißt *Häppi*, Plur. *Häppeneⁿ, Häppich, Häppig.*

happeleⁿ, hä- schw.: **1.** persönl.: *happelen* übereilt, kindisch handeln. – **2.** unpers.: *Es happelet (da, bei ihm), es häppelet:* da geht es, steht es schlimm, = *happeret.*

Happ(e)ler m.: übereilter, unbedachtsamer Mensch.

happelig Adj. Adv.: unbedachtsam, läppisch, ausgelassen.

happereⁿ -ǎ- schw.: unpers. *es happeret* hapert, hat Schwierigkeiten, Hindernisse, will nicht vonstatten gehen, steht bedenklich, droht schlimm auszufallen u. ä. *Da (Bei dem) h-et's.*

Haps s. *Habicht.*

har *hǎr* (hare, häre) Adv.: her, hieher. *dar und h.* hin und herwärts. Bes. in der Fuhrmannssprache: links! *Hist und har* links und rechts.

Här s. *Häher* u. *Hun.*

Har-assel f.: weibliche Person mit zerzaustem Haar.

Härbock s. *Hünerbock.*

Härdreck s. *Hünerdreck.*

hareⁿ I schw.: haaren. **1.** trans. a. *eine h.* das Haar zöpfen. – b. einen an den Haaren zupfen, rei-

ßen. – **2.** intr. a. sich in den Haaren liegen, raufen; bes. Oschw. Bairschw. Allg. Tir. – b. übtr. *Da wirds h.* das wird Mühe, Arbeit, Kampf kosten. – c. *ma*ⁿ *haret* wenn man beim Schneiden der Frucht die Halme verwirrt. – **3.** refl. *sich h.* a. das Haar verlieren. Häufiger *hären.* – b. = 2 a.

hären I (-a-) Adj.: hären, aus Haar gemacht.

häreⁿ II -ę̄-: **1.** refl. *sich h.* die Haare verlieren, wie nhd. Das Vieh, eine Katze usw. *härt sich.*

häreⁿ III, hareⁿ II schw.: *har* rufen, zurufen, herbeirufen. *Der Vater häret, i*ᶜʰ *muß hei*ᵐ.

Harer *hǫrər* m.: Raufbold Allg.

Har-eulᵉ f.: Frau mit ungekämmtem, zerzaustem Haupthaar.

har-gᵉ**nau** Adj.: haargenau, peinlich genau.

Har-hexᵉ f.: weibl. Person mit ganz verwirrten, ungeordneten Haaren. Vgl. *Harigel.*

harig, alt auch härig Adj. Adv.: **1.** behaart. – **2.** übtr. a. haarartig aussehend; in der RA.: *Da is* ᶠ *'s au*ᶜʰ *h., h.,* wenn auf der Wiese nicht sauber gemäht ist. – b. knapp, dürftig. Von Sachen: *Bei dem geht's h. her.* – c. garstig, roh.

Har-igel m. Mensch mit sich sträubenden, ungeordneten Haaren.

har-kleiⁿ (Adj.) Adv.: bis ins kleinste. Einem etwas *h. verzählen.*

Harrᵉ f.: das Ausharren. Nur noch *i*ⁿ *d*ⁱᵉ *H.* auf die Dauer.

Härre *hę̆rę̆;* Härret f.: Asyl im Kinderspiel. Syn. *Botte, Hüle.*

Harsch, Harscht m.: gefrorener Schnee, bes. die oberste, gefrorene Schneekruste Allg.

harsch Adj. Adv.: stark.

Hart *hǎrt*, Frk. *hǫrt* m. f. n.: Wald, Weide. – Anm.: Nur noch Orts- und Flurname.

hart, härt Adj. Adv.: A. Adjektiv. Im wesentlichen wie nhd. **1.** von leblosen Gegenständen; phys., bezw. bildlich. Opp. *weich, lind.* – **2.** von lebenden Wesen, bes. Menschen. a. phys. Ein Körperteil ist *h.* fühlt sich *h.* an, in Folge von Entzündung odgl. – b. bildlich, zu c überleitend. *Mei*ⁿ *Weib ist so härt wie Kaze*ⁿ*stei*ⁿ*.* *Eine h-e Natur* haben u. ä. – c. geistig und moralisch: unempfindlich, nicht weichlich. α) gegen sich selbst. – β) gegen andere: hartherzig, streng. – **3.** von Handlungen, Worten, Zuständen. a. phys. *Harter Schlag.* – b. schwer, mühsam, schmerzlich. *Harte Arbeit, h-s Geschäft.* – B. Adverb. **1.** volles attributives Adverb: auf harte Weise, meist *härt.* – **2.** unechtes Adv., das die gesamte Aussage modifiziert: kaum. a. kaum, schwerlich. *Es wird h. so sein; Es wird heut h. regnen.* – b. hoffentlich. α) im neg. Sinn: hoffentlich nicht. *Er wird's h. tun.* – β) positiv. Hoffentlich, doch wohl, gewiß. – c. in der Frage. *Kann's h. auch sein?* ists möglich? *Hast h. nicht genug* hast du wohl n. g.?

Härte -ę̆ f.: **1.** Eigenschaft der Härte. – **2.** harte Stelle; Pl. -eneⁿ. *Er hat eine H. an der Hand.*

Härteⁿ hę̆(r)də Pl.: *auf deⁿ H.* heißt die Lias-Platte zwischen Neckar, Echaz, Steinlach.

härt-g^esotteⁿ Adj.: **1.** eig., von Eiern. – **2.** unerbittlich. Unverbesserlich; z. B. *h-er Sünder.*

hartlecht -lę̆χt Adj.: ein wenig hart.

hart-leibig -ai- Adj.: **1.** habituell verstopft, von Menschen. – **2.** übtr. Zäh im Handel. Trotzig, eigensinnig.

hart-maulig (-äu-) Adj.: von einem Pferd, das den Zaum nicht fühlt, nur auf harte Zügelführung reagiert.

hart-schlägig (härt-) Adj.: gegen Schläge unempfindlich geworden, von Haustieren; auch von Menschen, eig. u. übtr.

Har-wachs n.: die gelblich-weißen, ungenießbaren Sehnen am (Rind-) Fleisch.

harzeⁿ -ā- schw.: **1.** persönl.: a. Harz sammeln, durch Schlitzen der Fichten. – b. klettern. – **2.** unpers.: *es harzet* klebt, geht schwer vonstatten.

härzeⁿ hę̆(r)tsə schw.: **1.** mit Harz bestreichen, z. B. die Fässer. – **2.** klettern, z. B. einen Baum hinauf OSCHW. ALLG.

Häs (Gewand) u. Kompp. s. *Häß.*

Haschē hašę̆ ⁀ n.: gehacktes Fleisch in brauner Soße.

Hasel I *hāsl,* Hasel-bosch^e, Hasel-staud^e m.: Haselstrauch, Corylus avellana L.

Hasel II f.: ein Fluß- und Seefisch aus der Familie der Cypriniden.

haseliereⁿ hăsəliərə ∪∪⁄∪ schw.: **1.** trans.: reizen, quälen. – **2.** intr., mit haben. a. toben, schelten, wüten. – b. lärmen, ausgelassen sein.

Hasel-kätzleⁱⁿ n.: Blütenstand des H.-strauchs.

Hasel-nuß; Haseⁿ-nuß, Hagelnuß; Plur. -nuß(eⁿ) f.: wie nhd., Corylus avellana, die Frucht oder der Strauch (s. -bosche). Die Frucht auch bloß *Nuß* (opp. *welsche N.* Juglans regia), frühreif *Augstnuß.* – Haselnuß-bosch^e m.: = *Haselbosche.*

Haselnuß-ring m.: = *Nußkranz* (s. d.).

Haseⁿ-äugleⁱⁿ n.: die Pflanze Geum urbanum L. Syn. *Bachröslein, Benediktenwurz, Nägeleinswurz, Sanamundiskraut, Heil aller Welt.*

Haseⁿ-blatt n., Hasen-pfeffer m.: Haselwurz, Asarum europaeum L.

Haseⁿ-blum^e f.: Küchenschelle, Pulsatilla vulgaris Mill.

Haseⁿ-garte m., Demin. -gärtleⁱⁿ n.: **1.** verbreiteter Name von Gebüschen mitten im Feld, die den Hasen während der Ernte Zuflucht gewähren. – **2.** Nest für den Osterhasen.

Haseⁿ-kle -ę̄, -ę̆, -ae, -ę̄ə m.: Wald-Sauerklee, Oxalis acetosella L.

Haseⁿ-kraut n.: Wiesen-Kerbel, Authriscus sylvestris (L.) Hoffm.

Haseⁿ-maul n., meist Demin. -mäulleⁱⁿ n.: **1.**

eig., Schnauze des Hasen. – **2.** am Menschen. a. Hasenscharte. – b. Demin.: *eⁱⁿ H-leⁱⁿ macheⁿ* durch Einziehen der Mundwinkel zwischen die Zähne den Mund schmal und vorspringend machen. Beliebt bei Kindern; auch bei Erwachsenen, um das Küssen nachzumachen, um andere zum Lachen zu bringen. – **3.** Esper, Futter-Esparsette, Onobrychis viciifolia Scop.

Haseⁿ-or n., Dem. Haseⁿ-örleⁱⁿ n.: **1.** eig., Ohr des Hasen. – **2.** Dem. *Haseⁿ-örleⁱⁿ* dünne, spitzige Kuchen. – **3.** Pflanzennamen: a. Blätter des Mittleren Wegerichs, Plantago media L. – b. Sichelblättriges Hasenohr, Bupleuvum falcatum L. – c. Taubenkropf, Silene vulgaris (Moench) Garcke.

Haseⁿ-tag m.: Osterfest.

Haseⁿ-tatz^e f.: Huflattich, Tussilago farfara L.

Haspel *hăšbl,* Pl. Häspel-ę̆- m.; Demin. Häspeleⁱⁿ -ę̆- n.: **1.** sachlich. a. konkret, wie nhd.: um eine Achse sich drehendes Instrument zum Auf- und Abwinden. α) Garnhaspel. – β) Rad, mit dem das Heu nach oben gezogen wird. Syn. *Scheurenh., Gerechh.* – b. abstrakt: Verwirrung. – **2.** persönlich. *Haspel* m., *Häspeleⁱⁿ* m. n.: halbnärrischer, überspannter, aufgeregter, in Reden und Handeln vorschneller, zappeliger Mensch, auch Prahlhans, Windbeutel. Syn. s. *Gispel.*

haspelig, hasplig Adj. Adv.: verworren, hastig, in der Art wie ein *Haspel.*

haspeⁿ hăšbə schw.: = *hasplen.*

häspeⁿ hę̆šbə schw.: = *hasplen.*

haspleⁿ; hä- -ę̆- schw.: **1.** eig.: auf den *Haspel* aufwickeln. S. *auf-, abh.* – **2.** übtr., intr. mit haben. Sich rasch, ungeordnet, verworren herumbewegen.

Häß hę̄s; hais; Pl. entw. gleich oder Häßer n.: die gesamte Kleidung einer Person, gleichviel ob Mann, Weib oder Kind. – Spezieller: *Fest-, Feiertag-, Sonntag-, Werktag-H.* – *Für's H. und für's G^efräß dieneⁿ* ohne Lohn, gegen Kost und Kleidung.

Häß-kast(eⁿ) m.: Kleiderschrank.

Häß-laus -əu-, S. -ū-, FRK. -au-, Pl. -läus^e -ai- f.: **1.** Kleiderlaus, Pediculus vestimenti; im Unterschied von *Filz-, Kopflaus.* – **2.** häßlich vermummte Maskenfigur.

Häß-nagel m.: Kleidernagel. – Häß-truch^e f.: Kleidertruhe.

hat ihn *(hǫ̆də)* s. *haben.*

hätscheⁿ -ę̆- schw.: **1.** intr.: schleppend gehen. – **2.** trans.: ein Kind h. beruhigen durch einschmeichelnde Worte. S. *hätschlen.*

hätschleⁿ -ę̆- schw.: streichelnd, sanft klopfend liebkosen, wie nhd. Bes. *h. und tätschleⁿ.*

hatsi *hătsî̆* Interj.: Nachahmung des Ausrufs beim Niesen. Da und dort auch *hatschi! H. macheⁿ* niesen, Kinderspr.

Hättel *hědl,* Hattel *-ă-;* Plur. -le[n] f.; Demin. -ele[in] n.: **1.** Ziege. – **2.** magere Kuh. – **3.** junges Reh. – **4.** von Menschen. a. magere Weibsperson. – b. *H.,* H-le[in] kleines zierliches Kind, Mädchen. – c. dummes, albernes Mädchen. – d. (m.) magerer Mensch. – **5.** an Pflanzen. a. *Hattle[n]* Rispe des Habers. – b. *Hattel* das Träubchen der Johannisbeere. – c. *Hattel* Samengehäuse der Forchen.

hättele[n], hattele[n] schw.: **1.** -ä- meckern, von Ziegen. – **2.** -ä- stinken wie die Ziege Sww. – **3.** -a- trotteln nach Art der Ziege. – **4.** -ä- tändeln, zärtlich, falsch schmeicheln. Kichern, hysterisch lachen. – **5.** -ä- sich läppisch betragen. Unanständig lachen. – **6.** -a- vom Haber: in die Rispen schießen.

hättelig Adj.: **1.** dürr, von Personen. – **2.** kindisch.

Hatz *-ă-* m. f.: **1.** Hetze, Hetzjagd. – **2.** übtr., das Treiben, Jagen, Hetzerei, Gehetze, nervöse Eile. *Eine H. haben* pressieren. *Ist des e[ine] H.!* ein Eilen. – **3.** Hader, Lärm.

H ä t z e s. *Hetze.*

Hatzel *-ă-* f.: **1.** Perücke FRK. – **2.** Mütze.

hätze[n] schw.: klettern OSCHW.

Hau hao (S. *hǝu);* haob OB. NECK.; Plur. Häu[e] hae(b) (S. *-ei-)* m.; Demin. Häule[in] n.: **1.** Hieb, Streich. – **2.** Waldabteilung, aus der aus der Reihe nach das ältere Holz herausgeschlagen oder deren erwachsenes Holz vollständig niedergeschlagen wird. Vgl. *Gehau, Schlag.*

hau *hǝu (hao)* Interj.: **1.** Ausruf des Erstaunens, = *au,* da und dort. – **2.** der Hirt treibt das heimkehrende Vieh an mit dem Ruf *h., h., h.!* ALLG. – **3.** *hao ge[b]e[n]* Laut geben, bes. auf der Jagd; schimpfen.

h a u = *haben.*

Hau- u. hau- s. *Hoch-* u. *hoch-.*

H ä u b s. *Häubel;* h ä u b s. *heib.*

Häubel I *hǝibǝl* Plur.: leichte Streitigkeit, Händel.

Häubel II *-ǝi-* m., Demin. Häuble[in] n.: (überwachsener) Maulwurfshaufe.

Häubelei *hǝibǝlǝi* ᵛᵁ⸍ f.: leichte Zwistigkeit, Zänkerei.

häuble[n] I *-ǝi-,* N. *-ai-* schw.: trans.: an den Haaren ziehen, rütteln, körperlich züchtigen.

häuble[n] II *-ǝi-* schw.: die Maulwurfshaufen, *Häubel* II, wegschaffen, abtragen. Syn. *auwerderen.*

haudere[n] *hǝu-* schw.: fahren, kutschieren.

hauderig Adj.: verdrießlich, niedergeschlagen.

Haue hao(b), hao(b)ǝ; Plur. -e[n] (-ene[n] -ǝnǝ) f.; Demin. Häule[in] hae(b)lě, hělě n.: Hacke. Syn. *Hacke, Hackhaue.*

haue[n] I *-ao-; -ǝu-* S., *-ọ̆-* O. SO. ALLG., *-ā-* N.; *-w-* FRK.; Part. Prät. ge[c]haue[n] (ge[c]haut)st.schw.: **1.** mit einem schneidenden Instrument einen Hieb führen. a. Holz *h.,* mit und ohne Obj. – b. vom Metzger: Fleisch *h.,* = aushauen. – c. Steine *h.,* wie nhd. Ebenso vom Behauen der Balken durch den Zimmermann. Hieher *über die Schnur h.* hinaus schlagen, urspr. von der Richtschnur der Zimmerleute. Speziell: *einen über die Schnur h.* übervorteilen = *übers Ohr h.* FRK. – d. mit einer schneidenden Waffe draufschlagen, verwunden, wie nhd. – e. mit der Haue im Weinberg, Acker arbeiten. – f. von Tieren: die (Hau-) Zähne einhauen. *Der haut 'num wie e[in] Eber.* – **2.** schneiden, abschneiden. Die Haare, Nägel *h.;* Brot *h.; sich h.* in den Finger. Häufig in Kompass. *ab-, abe-, herab-, herunter-, weg-* usw. *-hauen.* – Häufiger mit sachl. Subj.: ein Messer, eine Schere, Sense udgl. *haut (haut gut, schlecht). Des Messer haut* ist scharf. – **3.** (ohne schneidende Waffe) zuschlagen, drein schlagen; züchtigend, strafend schlagen; *durch-, verhauen.*

haue[n] II -äu- schw.: laut rufen, einander durch Rufen Zeichen geben. Sausen, toben, vom Winde OSCHW.

Haue[n]-haus n.: das Loch im Eisenstück der Haue, durch das der Stiel der Haue geht. – Haue[n]-helm m.: Stiel einer Haue.

Hauer *(-ao-);* -äu- m.: wer *haut,* in den Bedd. des Verbs. Zu 1: Holzhauer. – Zu 2: Schnitter. – Zu 3: *Hauer* Hieb. *Des ist e[in] arger H.* Prügelmeister.

H a u e r d e r s. *Auwerder.*

hauf *-ǝu-* Interj.: rückwärts! zurück! Zuruf an das Zugvieh, das gleichzeitig zurückgetrieben wird; auch doppelt: *hauf, hauf!*

haufe[n] I (-äu-) schw.: **1.** trans., vermehren, häufen. Bes. Part. g[e]hauf(e)t vom Maß: ganz voll. *E[in] g[e]hauft[e]s Maß; g[e]hauft voll.* – **2.** refl., sich häufen. S. a. *häuflen.*

haufe[n] II *-ǝu-* (seltener häufe[n] -ǝi-; N. O. hufe[n] *-ū-,* FRK. hüfe[n] *-ī-)* schw.: **1.** mit dem Zugvieh und dem Fuhrwerk rückwärts gehen, es rückwärts treiben. Auch trans.: *Tu deine Gäul[e] e[in] bisle[in] h.* – **2.** übtr.: mit einer Behauptung u. ä. sich zurückziehen, einziehen, seine Aussage zurücknehmen, ändern; auch: im Vermögen zurückkommen, im Streit nachgeben, von seinem Versprechen abgehen.

haufe[n]-g[e]nug Adv.: vollauf genug. *I[ch] hab[e] h. g[e]esse[n].* Auch getrennt: *[E]s ist Haufe[n] Zeit g[e]nug.*

häufle[n] *-ǝi-* schw.: aufhäufen. – Bes. *Kartoffeln,* auch *Kraut* (weniger: *Bohnen) h.* Erde um die Wurzeln, das Kräuterwerk aufhäufeln.

Häupfel haepfl n.: das große, durch die ganze Breite des Bettes reichende Kopfkissen. – Anm.: von Haupt-*pfulbe.* – Häupfel-ziech[e] (Häupfels-) f.: Überzug über den *H.*

Haupt-gaude *-gǝu-* f.: Hauptvergnügen.

Haupt-g[e]scheidle -gau-[in] m.: wer besonders schlau sein will. Vgl. *-schlaulein.*

Häuptle[in] n.: Krautkopf, ein Stück Kopfsalat.

Häuptle[in](s)-salat m.: Kopfsalat. Syn. *Kopf-,* fränkisch meist *gestöckelter Salat.*

häuptle[n] schw.: refl. *sich h.* = *Häuptlein* bilden, von Kraut und Salat.

Häuptling m.: Pflanze von Kraut oder Salat, die zur Samengewinnung bestimmt ist. Syn. *Samenstock*.

häuptlinge[n], -lings Adv.: kopfüber. Syn. *köpflingen;* opp. *fußlingen.*

Hauptnet(e) f.: Kopfende des Bettes. Vgl. *Kopfnet;* opp. *Fußnet.*

Haupt-schlaule[in] -*šlǝulę̌* m.: wer es ganz besonders schlau angreifen will. – Hauptschnall[e] f.: Erzhure.

Haus hǝus; S. -*ū*-, FRK. -*au*-, RIES -*ao*-; Plur. Häuser -*ǝi*-, -*ī*-, -*ai*-, -*ae*-, n.; Demin. Häusle[in] n.: Haus. **1.** wie nhd. Gebäude. – **2.** bildlich, und übtr. a. das *H.* der Schnecke, wie nhd.; gern im Demin. *Häusle*[in]. – b. in der Haue, Axt, Beil, Karst das Loch im Eisenteil, durch welches der Stiel geht. Genauer *Axt-, Beil-, Hauen-, Karsthaus.* – **3.** Demin. *Häuslein.* a. jede Art Hütte. – b. Abtritt, so benannt, weil ursprünglich und vielfach noch heute als besonderes Häuschen, Vorsprung am Bauernhaus gebaut. Syn. *Abtritt. Aufs H. gau*[n]. – c. bildlich *aus dem H. sein, kommen* außer sich. *Er ist ganz aus'm H.* halb närrisch. – d. Behausung von Tieren, bes. in Komposs., *Hunds-, Vogelhäuslein.* – e. Raum zw. den (geöffneten) Oberschenkeln. Syn. *Etter, Grattel, Gritten, Höflein.*

Haus-ampel f.: *Ampel,* kleine Blechlampe für Hausarbeiten.

Haus-a[n]**brenner** m., Demin. -le[in] n.: **1.** eigentl.; als Schimpfwort jederzeit möglich. *Du bist e*[in] *Kerle wie e*[in] *H.* – **2.** Name der Bärenraupe. Raupe des Nesselspinners. – **3.** Pflanzenname. a. Frühlings-Enzian, Gentiana verna. Syn. *Französennägelein.* – b. Deutscher Enzian, Gentiana germanica Willd. – c. Gefranster Enzian, Gentiana ciliata L.

hause[n] schw.: intr. mit haben, wie nhd. Die Bedd. sind, wie bei dem sinnverwandten *wirtschaften,* vielfach ineinander fließend, oft miteinander spielend. S. a. *hausieren* 2. a. einen Haushalt führen, im Haushalt leben. *Mit dem ka*[nn] *ma*[n] *net h.* auskommen. – b. speziell in der Ehe zusammen leben. – c. gut wirtschaften, d. h. sparen. – d. übel, schlimm wirtschaften, wie nhd. Vgl. *auf-, aushausen; verhausen.* – Ebenso vom Wetter *'s Wetter hat übel g'haust* hat großen Schaden getan. – e. (im Haus) umtreiben, arbeiten. *Was hausest?* was arbeitest du? als Gruß. – f. lärmen und toben. *Wer wird au*[ch] *so h.!* so hantieren, lärmen.

Hauser m.; -i[n] f.; -le[in] n.: **1.** Haushälter; bes. Fem. -*i*[n] Haushälterin. Spez. auch Haushälterin eines kath. Geistlichen. – **2.** wer spart.

Haus-ēre f.: **1.** Häuslichkeit, Wirtschaftlichkeit. – **2.** persönl.: Hausfrau.

Haus-ern m.: unterer Hausflur. Auch -*gang, -flur, -laube, -tenne.*

Haus-frau f.: **1.** die Herrin im Hause. – **2.** Frau, die im Hauszins wohnt, vom Standpunkt des Vermieters. – Hausfraue[n]g[e]schwätz n.: Klatscherei.

haus-häblich -*hę̄blę̌* Adj. Adv.: ansässig; -*häbig* einheimisch, wohnhaft OSCHW.

Haus-herr m.: wie -*frau* sowohl der Herr des Hauses, als auch der Mieter, der im Hauszins wohnt.

Haus-huber -*ū*- m., Demin. -le[in] n.: **1.** schwächliches Schaf, das man nicht mit der Herde laufen lassen kann und daher im Haus aufzieht. – **2.** im elterlichen Haus bleibender Mann, der nicht zum Heiraten kommt.

hausiere[n] schw.: intr., mit haben. **1.** von Haus zu Haus ziehen. – **2.** = *hausen.* a. wohnen. – b. allein zu Hause bleiben und die häuslichen Geschäfte verrichten. – c. sparen. – Hausierer m.: wer *hausiert.*

hausig Adj. Adv.: sparsam, wirtschaftlich.

Häuslein s. *Haus.*

häusle[n] -*ǝi*-, RIES -*ae*- (häusele[n]) schw.: **1.** spielen, hauptsächlich von Kindern. – **2.** seine Notdurft verrichten. – **3.** ängstlich hausen und sparen.

Haus-leut[e] Plur.: **1.** Hauswirte, Plur. zu -*mann* und -*frau* zusammen. – **2.** Mietleute, Mitbewohner. – **3.** verheiratete Leute. – **4.** scherzh.: sparsame, gut wirtschaftende Leute.

häuslich -*ǝi*-, -*ī*-, -*ai*-, -*ae*-; häuselich haesǝlę̌ŋ (neben hauselich -*ǝu*-); hauslich -*ǝu*-, S. -*ū*- Adj. Adv.: **1.** häuslich, wie nhd. – **2.** haushälterisch, sparsam; vgl. *hausig.* – **3.** fleißig.

Haus-ma[nn] m.: **1.** Hausherr; im Sinn des Hauswirts oder dem bloßen Hausbewohners. – **2.** sparsamer Mann.

Hausmanns-kost f.: einfache bürgerliche Kost.

hauß s. *haußen.*

hauße[n] hūsǝ, neben hǝusǝ; h[a]uß hūs ALLG. Adv.: außen, hier außen, beim Sprechenden. Opp. einerseits *d(r)außen,* andrerseits *d(a)rinnen.*

Haus-stieg[e] f.: Haustreppe.

Haus-tritt m.: Stufe vor der Haustür.

Haus-weib n.: **1.** tüchtige Hausfrau. – **2.** Weib, das im Hauszins wohnt.

Haus-zins m.: für eine Wohnung zu bezahlende Miete.

Haut -*ǝu*-; S. -*ū*-, FRK. -*au*-, RIES -*ao*-, Plur. Häut[e] -*ǝi*-; Haute -*ę̌*, Plur. -ene[n] f.; Demin. Häutle[in] n.: wie nhd. **1.** Haut am tierischen und menschlichen Körper. – **2.** an andern Körpern. a. an Pflanzen: die weiche, hautartige Schale von Obst aller Art, H. der Kartoffel, Wurst. Eigentümlich geschieden: *Haut,* Plur. *Häut*[e] = 1, *Haute* (hǝudę̌), Plur. -ene[n] = 2; ebenso im N. auch in den Komposs. genau geschieden: *Kuh-, Ochsen-, Roß-haut,* gegen *Äpfel-, Erdbiren-*

Gans-, Milch-, Wurst-haute. – b. auf Flüssigkeiten, bes. Milch. – **3.** übtr. von Personen: *eine faule, ehrliche H.*

Häuter m.: schlechtes, altes Pferd. ALLG.

hautig Adj.: häutig, mit einer Haut versehen. *Fleisch ist h.* mit Häutchen durchwachsen. *H-e Milch* u. ä.

häutle[n] schw.: **1.** die Haut abziehen. Ein Braten, Leber usw. wird *g[e]häutlet.* – **2.** refl. *sich h.* sich mit einer Haut überziehen. *Häutl[e] (haitl) di[ch], Brei, zipfl[e] di[ch], Wurst* sagt einer, der vom Brei die Haut u. von der Wurst die Haut weggegessen hat.

haut-lottel-leer, -lotter- Adj. Adv.: gänzlich leer, Verstärkung von *lotter-leer.*

haut-nacket, -näcket, -näckig Adj. Adv.: vollständig nackt. – haut-naß Adj.: bis auf die Haut naß. – haut-rei[n] -r$\bar{\varphi}\bar{\varrho}$ Adj.: von reiner, gesunder Haut OSCHW.

hautsch hɔutš Interj.: Ausruf des Erstaunens, Bedauerns, = *autsch.*

hautschele[n] schw.: *hau-, hu-* vor Frost zittern. – hautschelig Adj.: kalt.

haut-voll Adj.: ganz voll.

he- s.a. hä- u. hi-.

he s. *hin.*

Heale s. *Hun.*

Hear- s. *Hüner-.*

Heb-eise[n] n.: Stemm-, Brecheisen.

hebe[n] st. schw.: heben. A. trans. **1.** halten. Dafür ist *h.* in vielen Fällen das populärere Wort. Doch ist *h.* nicht schlechthin = nhd. *halten;* vielmehr ist *h.* immer etwas Spezifisches: meist = fest halten. – Feste Verbindungen: [E]*s ist ällemal wieder (no[ch]) etwas, des de[n] Himmel hebt. Einem den Kopf h.* nicht nur phys., z. B. beim Zahnausziehen, sondern auch übtr.: seine Fehler bemänteln, ihn verteidigen, bes. als Gewohnheit: *Der eine hebt's und der andere läßt nicht fahren (gehen),* wenn etwas nicht vom Flecke gehen will. *Er hebt sei[n] Sach[e]* gibt nichts her. – Obj. ist oft ein lebendes Wesen. Ein Pferd *h.,* damit es nicht fort- oder weiterläuft. – Einen Menschen *h. Heb[e] mi[ch],* damit ich nicht umfalle. *Ich hebe dich nicht* du kannst gehen. Bes. von Flüchtigen. *Heb[e] i[hn] h$\bar{\varrho}$bə, Heb[e] s[i]e h$\bar{\varrho}$bs$\bar{\varrho}$, Hebet i[hn], s[i]e* Zuruf an das Publikum, einen flüchtigen Dieb odgl. festzuhalten. – **2.** emporheben, ist uns *h.* im allgem. fremd; dafür *lupfen.* Doch sind, außer Komposs. wie *ab-, auf-, hinauf-, hinum-h.* usw. einige Arten solchen Gebrauchs zu verzeichnen. – B. refl. *sich h.* sich festhalten; *Heb[e] di[ch], sonst fällst* u. ä. – C. intr., mit haben: wie nhd. halten in versch. Nuancen. **1.** dauerhaft sein. Ein Tuch, Kleid, Stiefel usw. *hebt lang, hebt nicht, hebt gut* usw. Von Speisen: vorhalten. Wenn man tüchtig gegessen hat, sagt man: *Des hebt; D. h. bisz[u]*

Mittag, bis z[u] Abe[n]d; Des ka[nn] h. Bes. ironisch. *Hebst-acht-Tag[e]?* Spottname für die Maurer und Gipser. – **2.** still halten; phys. u. übtr. Ein Pferd *hebt vor jedem Wirtshaus.* – **3.** *es hebt* will nicht vorwärts. *Wo hebt's?*

Hebete, Hebets f.: Handgriff, Henkel.

Heb-trämel m.: *Tr.,* dicke Stange, als Hebel; vgl. *-eisen.*

Hechel h$\check{e}\chi$l, Pl. Hech(e)le[n] f.: **1.** wie nhd., der eiserne Kamm, durch den Flachs oder Hanf gezogen wird, ihn von den *Bollen* oder *Klotzen* zu säubern. – **2.** übtr. a. Bild von etwas Unangenehmem, einer Strafe. *Wart, man setzt dich auf die H.* oder *Du kommst auf die H.* heißt es, wenn ein Bube unartig ist oder zur Beichte geht. – b. Bild des Tadels, wie *Riffel. Einen durch die H.* ziehen ihn verlästern, scharf kritisieren, *(durch)hecheln.*

Hechele[n]**-macher;** Hechle[n]- m.: Verfertiger von Hecheln. Geringes Gewerbe. *Aufpassen wie ein H.*

hechle[n] -$\check{e}$- schw.: **1.** eig.: Flachs oder Hanf *h.* – **2.** übtr. a. riffeln, kritisieren, ins Gesicht oder heimlich.

Heck[e], Pl. -e[n] f.: **1.** wie nhd., Hecke, Umzäunung aus Büschen und Sträuchern. RW. *Bei der H. sein* aufmerksam, bereit sein. – **2.** einzelner Busch, Strauch. Vgl. *Träuble[in]sheck.*

hecke[n] h$\check{e}$- schw.: (auf)schluchzen, aufstoßen, rülpsen.

Hecke[n]**-ber[e]** f.: Wilde Stachelbeere, Ribes uvacrispa. L.

Hecke[n]**-berle[in]s-g[e]schicht[e]** f.: kleinliche, lächerliche Sache.

Hecke[n]**-berle[in]s-wirtschaft** f.: schlecht versehene Wirtschaft, kleinlicher Wirtschaftsbetrieb.

Hecke[n]**-geiß** f.: dürre Ziege. Ein anderes s. *Eidechse.*

Hecke[n]**-kind** n.: unehliches, sozusagen hinter den Hecken gezeugtes Kind, als Schimpfwort. Vgl. *-kitze.*

Hecke[n]**-kitz[e]** f.: uneheliches Kind, auch leichtfertige Frau; vgl. *-kind.*

Hecke[n]**-rösle[in]** n.: Hunds-Rose, Rosa canina L., auch andere Wildrosen.

Hecker I h$\check{e}$gər, -ϱə- m.: das Aufstoßen aus dem Magen, Rülpsen, starkes, unangenehmes Aufschluchzen. *Den H. haben.* Syn. *Hicker, Gäcks(g)er, Gluckser.*

Hecker II m.: Neid, Zorn. *Einen H. über einen haben.*

Hedechse s. *Eidechse.*

Hederi(ch) h$\check{e}$d-, -$\check{e}$- m.: Bez. verschiedener Unkrautarten. **1.** Hederich oder Acker-Rettich, Raphanus raphanistrum L. – **2.** Acker-Senf, Sinapis arvensis L. – **3.** (Auen-) Hederich = Akker-Schöeterich, Erysimum cheiranthoides L. – **4.** Gundelrebe, Giechoma hederacea L.

Hefᵉ, meist Hefeⁿ; auch Hepf Sw. f.: Hefe. Rw.: *auf dᵉr Hef sein* am Ende sein; zur Neige gehen.
Hefel *hẹ̆fl (hŏfl, hẹ̆ĭfl); hẹ̆fl* SW., ohne Pl., m.: **1.** Sauerteig; d.h. der Rest Brotteig, der aufbewahrt wird und, sauer geworden, dem Schwarzbrotteig als Ferment beigemischt wird. – **2.** übtr. a. das Geringste, Schlechteste. – b. auch nicht pejor.: Überbleibsel, Rest.
Hefeⁿ**-kranz** m.: großes kranzförmiges Hefenbackwerk zum Kaffee, mit Zucker und Mandeln bestreut.
Hefeⁿ**-kuche**ⁿ *-uə-* m.: mürbes Weißbrot. Demin. Hefeⁿ-küchleⁱⁿ*-iə-*; Hefk-n.: kleine Kuchen aus Hefenteig ALLG.
Hefeⁿ**-ring** m.: = *-kranz.* Scheint im N. üblich.
Hefeⁿ**-teig** m.: mit Hefe bereiteter Teig, im Unterschied von dem mit Butter und dem mit Sauerteig *(Hefel)* bereiteten.
Hefküchlein s. *Hefenküchlein.*
hefleⁿ *hẹ̆flə (-ŏ̆-, -ẹ̆-)* schw.: den Brotteig mit *Hefel* säuren.
Heft *hẹ̆ft,* Plur. ebenso, bei 2 -er n.: **1.** Handgriff am Messer, einer Waffe u.ä.; genauer *Messer-* usw. *-heft.* *'s H. in dⁱᵉ Hand nehmen* eine Sache leiten. Bes. *das H. in der Hand haben, (nicht) aus der Hand (den Händen) geben, lassen* die Leitung einer Sache haben, (nicht) behalten. – **2.** das Geheftete, Schul-, Schreib- usw. Heft.
Heft s. *Höft.*
Hegäs (o.ä.) s. *Eidechse.*
Hegᵉ *hẹg* f.: Hag, Umzäunung.
Hegen-butz s. *Hagenbutz.*
heialeⁿ *-əi-* schw.: schlafen. – Anm.: Weiterbildung von Heia f. = Bett, Kinderbett, Wiege. Erweiterung der Interjektion *ei,* die in Wiegenliedern *„eia popeia"* häufig vorkommt und die gleichmäßige Bewegung der Wiege nachahmt.
heib *hǝib* Adj.: schwierig, ungeschickt, gefährlich; *eine h-e Stiege* gefährlich zu passieren. – Vgl. *heibelen.*
heibeleⁿ *-əi-* schw.: kränklich sein. Unpers.: *es heibelet bei dem* geht nicht gut, hapert.
Heide I flekt. -eⁿ; Fem. zu 1 Heidiⁿ, Pl. -inneⁿ: **1.** wie nhd. Im allgem. Sinn des Nichtchristen. – **2.** Interj.: *(kotz) Heide*ⁿ, verstärkt *(k.) H. 'nei*ⁿ, *k. H. eine ('nei*ⁿ*).*
Heide II *-ae-, -ǫ-, -ǫe-,* Pl. -eⁿ f.: wie nhd., offenes Land, weder Wald noch Feldflur, trocken, nicht sumpfig.
Heidel *hǫədl;* ö. *hǫedl, haedl* f.; Pl. Heidleⁿ oder, was wohl Demin., Heideleⁿ: **1.** Heid(el)beere, Vaccinium myrtillus L. – **2.** Wiesen-Augentrost, Euphrasia rostkoviana Hayne.
Heiden- so beginnende Subst. und Adjj., meist zu *Heide* I. Zu den weiterhin einzeln aufgeführten können noch weitere gebildet werden, in denen *H-* verstärkende, emphatische Bed. hat, wie *Heidenrespekt* o.ä.

Heideⁿ**-arbe**ᵗt f.: gewaltige Arbeit. S.a. *-geschäft.*
Heideⁿ**-blitz** m.: leichter Fluch. *Du H.!* wenig tadelnde, auch wohl bewundernde Anrede, verfluchter Kerl. *(Kotz, potz) H.!* verwunderter, auch wohl scheltender Ausruf.
Heideⁿ**-g**ᵉ**schäft** n.: = *-arbeit.*
Heideⁿ**-gucku(k)** m.: wie *-blitz. Du H., der H.; (Potz) H.*
Heideⁿ**-kerle(s)** m.: großer, starker Kerl; mit Verwunderung, auch Unwillen gesagt.
heideⁿ**-mäßig** Adj. Adv.: stark, in hohem Grad.
Heideⁿ**-rösle**ⁱⁿ n.: Heideröschen, Daphne cneorum L. Syn. *Egertennägelein, Himmelfartsblümlein, Reckhölderlein.*
Heideⁿ**-sabel** m.: Ausruf *Kotz H.!* – Heideⁿ-sakrament *hae-* Interj.: verbr. Fluch, auch persönl.: *du (der) H.* Gekürzt -sack.
Heideⁿ**-spaß** m.: sehr spaßige Sache.
Heideⁿ**-spektakel** m.: großer Lärm.
Heideⁿ**-stral** *-štrǫl* m.: Narr, dummer Kerl.
Heideⁿ**-welt** f.: als Ausruf: *H.! seid doch ruhig!;* auch persönl.: *Du H., du trauriger!* Teufelskerl.
Heideⁿ**-wetter** Interj.: *kotz H.!* Fluch.
Heie *hŏjǝ* f.: **1.** Blei- oder Eisenkatze zum Einrammen großer Pfähle. – **2.** der Hintere.
heieⁿ I *hŏjǝ* schw.: mit der *Heie,* s.d., einrammen.
heieⁿ II schw.: hegen, pflegen. a. durch amtliche Maßnahmen gegen allgemeine Ausnützung schützen, meist von Grundstücken. Syn. *bannen.* – b. *Einen h.* schonend behandeln, verzärteln.
Heierlein (kath. Geistlicher) s. *Herr.*
Heierles, -losᵉ -ǫe-, -ā- m.: Besuch, Unterhaltung O. NO. *(Einen) H. halten (haben)* sich miteinander unterhalten. Das kann ganz gelegentlich unter der Arbeitszeit hinein geschehen; daher *H. halten* auch tadelnd = faulenzen. Gewöhnl. aber absichtlich veranstaltete Zusammenkunft am Feierabend. *In (den) H. (Zum H.) oder bloß H.) gehen, kommen; im H. sein, sitzen.*
heierleseⁿ schw.: einen *Heierles* halten.
Heigel *hǫigl, haegl* m.: Zuchtstier O. – **2.** großes Stück; z.B. *eⁱⁿ H. Brot.*
Heigel-brockeⁿ m.: großer Brocken.
heigleⁿ *-əi-* schw.: intr., mit haben: *mit einem, miteinander h.* raufen, reißen, im Ernst oder Scherz. Syn. *barren, feigen, gopen.*
heikel *hŏǝgl; hǫ̆ẽgl; hǣgl* NW.; heiklig *hǫǝ-, hǫ̆ẽ-, hǣe-* Adj.: im wesentlichen wie nhd. **1.** von Personen: wählerisch im Essen und Trinken; Syn. *kaläss, kobäss, schleckig, schnaikig.* – **2.** von Sachen und Unternehmungen: delikat, kitzlig, schwierig, was leicht verdirbt, behutsam angegriffen werden muß. *Ein h-s Uhrenwerk, Geschäft.*
Heiland *haelǎnd,* N. *hai-* ⌒ m.: **1.** wie nhd. Eigenname für Jesus, doch wie nhd. stets mit Artikel: *der H., unser H., der liebe H.,* letzteres bes. zu

Kindern. – Kruzifix. – Ausruf: *(O, O du) Lieber H.! O du blutiger H.!* *(Potz) Heiland!* Ausruf des Erschreckens, der Ungeduld. Ähnlich *Heiland Mailand. (Potz) Heilandsakrament* starker Fluch, auch gekürzt *-sack.* Persönlich: *Du (Der) Heilandsakrament* verfluchter Kerl. – **2.** auf Menschen übtr., ironisch. a. wie „Messias". – b. Spottname. *Linker H.* Linkshändiger. H e i l a n d s a k r a m e n t s. *Heiland 1.*

Heilands-brot n.: Bach-Nelkenwurz, Geum rivale L.

Heilands-welt f.: *auf der H.* auf der ganzen Welt; gew. *Herrgottswelt.*

hei-l^eicheⁿ schw.: heiraten O.

heilig Adj. Subst. Adv.: A . A d j e k t i v . Wie nhd. heilig. – Hieher die nicht seltenen Flüche mit *h.,* bei denen, wie bei *potz,* öfters ein entstellter heil. Name vorliegt. *H-s Blechle*ⁱⁿ*!* Ausruf bei Verärgerung, Verwunderung, Bedauern. *H-s Korntal! H-er Strohsack!* Ausruf der Verwunderung. *H-s Donnerwetter!* Stärker: *h-s siedig^es Kreuz-Millioneⁿ-D.* – B . S u b s t a n t i v . Das Subst. *H.* geht stets von den H-en der kath. Kirche aus. **1.** von solchen H-en selbst, eig. u. übtr. *Alle H-en,* s. a. *Allerheiligen. Alle H-en herunterfluchen* fürchterlich fluchen. – **2.** da ein Heiliger oder mehrere zusammen Patron einer bestimmten Kirche sein kann, so erhält *H.* die Bed. des Kirchenvermögens. – **3.** Heiligenbild. a. Kultbild in der Kirche (plastisch oder gemalt), an der Straße usw. – b. ohne sakrale Verwendung. H o l g^e , H e l g^e , flekt. (auch Nom.) - eⁿ m.; häufig Demin. H o l g l eⁱⁿ , H e l g -l eⁱⁿ n.: α) auf Papier gedrucktes, auch etwa gezeichnetes, gemaltes oder illuminiertes Bild, nicht nur eines Heiligen, sondern irgend eines Gegenstandes; insbes. großer oder kleiner Bilderbogen, bis herunter zu bloßem buntem Papier; nicht selten mit abschätzigem Ton: Jahrmarktsware von Bildern für Volk und Kinder. *Ich habe mir einen schönen Holgen gekauft; Schenk' mir ein Helglein* u. ä. *Der sieht au^{ch} eⁱⁿ Helgleⁱⁿ für eⁱn eⁿ Kupferstich aⁿ. Eⁱⁿ G^esichtleⁱⁿ wie eⁱⁿ Helgleⁱⁿ* so fein, blühend wie ein Bild. – Schmutzfleck im Hemd. Hieher ein paar Komposs.: H o l g eⁿ - , H e l g l eⁿ - b u c h n.: Bilderbuch. – H o l g eⁿ - , H e l g l eⁱⁿ (s) - m aⁿⁿ m.: Bilderhändler. – H e l g l eⁱⁿ s - b o g eⁿ m.: Bilderbogen, blattgroßes Bild. – β) übtr. *Holg* empfindlicher Mensch. *Helgleⁱⁿ* zimperliches Weib. *Härgel* m.: sehr magere Person. – C . A d v e r b . **1.** in voller Wortbed. wie nhd. *Hoch und h. versprechen, h. und teuer v.* u. ä. – **2.** gewiß, bestimmt. *H. und g^ewiß.* Ohne Zusatz: *Des ist h. so; Du verlierst's h.; Ich will's ihm h.* aber u. ä. Negativ: *Des glaub^e i^{ch} h. net.* Als beteuernder Zusatz zu Adjj.: *h. verlogeⁿ.* Bes. *h. froh* heilfroh, sehr froh, daß etwas noch gut gegangen ist, daß man

etwas rechtzeitig noch getan oder unterlassen hat: *Ich bin h. froh, daß ich das Papier nicht gekauft habe.*

Heilig-kreuz-tag m.: **1.** Kreuzfindung, 3. Mai. – **2.** Kreuzerhöhung, 14. Sept.

heil-los *hǭəl-, hǫel-* O., *hāl-* FRK. *hǎel-* NW., *hael-* S. O.; *-lǭs* NW. S., *-laos* Mittelland, *-lǭəs* O., *-lǭs* FRK. Adj. Adv.: **1.** von Menschen. a. ohne moral. Vorwurf. α) phys.: schwach, elend, hilflos, bes. von Kranken. – β) gering, verachtet. – b. moralisch. α) etwa wie „schlecht": herabgekommen, verachtet. – β) mehr aktiv: böse, verflucht. – **2.** von Sachen, Zuständen, Handlungen: schlecht, böse. a. mehr passiv: schlecht, gering. – b. mehr aktiv: böse. *H. Wetter* u. ä. – c. wie *arg, fürchtig,* „sehr", bloß steigernder Zusatz. *Es ist h. kalt, warm; eine h-e Kälte, Hitze.* Aber auch *eⁱⁿ h. starker Kerle,* etwa „verflucht stark".

Heim^e *hǭēm,* flekt. -eⁿ m., Demin. H e i m l eⁱⁿ n.: Zuchtstier.

heim(e)leⁿ schw.: **1.** persönl. a. Heimweh haben. – b. heimgehen, sterben. – **2.** unpers.: *Es heimelt mir* heimelt mich an, erweckt mir das Gefühl des Daheimseins.

heimelig Adj.: behaglich. – S. *heimlich 1.* ß.

Hei^m-garteⁿ m.: **1.** wie *Heierles:* jede Zusammenkunft zum Zweck der Unterhaltung SW. S. *In (den) H. gehen, kommen; aus dem H. kommen* OSCHW. – Im SW. erscheint die dort übliche Wendung *z^u H. gehen, kommen, sein* verkürzt *z^u hǫgārtə,* was dann mit Ausfall des *h.* als z o g a r t eⁿ *tsǫgātə* ‿◡ erscheint. – **2.** Name für Lokalitäten. a. Kirchhof. – b. als Flurname.

hei^m-gebeⁿ st.: zurückgeben, vergelten.

heim-geheⁿ st.: **1.** nach Hause gehen. *Gang heim!* Abweisung. – **2.** sterben.

hei^m-geigeⁿ schw.: *einem h.* ihn derb abfertigen, mit Hohn abweisen, auch wohl mit Schlägen *heimschicken* (s. d.). Bes. auch *Laß dir h.!* deine Sache ist nichts.

hei^m-jageⁿ (-jäucheⁿ, -laicheⁿ) schw.: trans., wie nhd. h e i m l a i c h e n s. *-jagen.*

heim-leuchteⁿ schw.: *einem h.* ihn übel abfertigen, mit Wort oder Tat.

heimlich Adj. (Adv.): aus der Grundbed. von *heim* „Haus" fließen zwei im Sprachgebrauch streng trennbare Bedd. **1.** in Bez. auf das Haus und seine Angehörigen selbst. Die dem Ursprung nächstliegende Bed. „hausangehörig", von Menschen, scheint nicht gebräuchlich. Wohl aber in etwas abgeleiteter Bed. a. von Tieren und Menschen: zahm, zutraulich. Lautform stets ohne *-m-:* elab *hǎẽ-* NW., *hǭə-* W. S. (südl. *hũə-, hūə-), hǭē-* O. (südl. *hui-), hǎ-* FRK.; Endung *-lĭχ, -lěχ, -lěg, -lě, -lĭ,* nördl. RIES *-lěŋ.* α) von Tieren. Teils dem Ursprung näher: gezähmt, domestiziert; teils mehr indiv.: zahm, zutraulich. – β) von Menschen als Charaktereigenschaft: zutraulich, sich anschmiegend, gemütlich. – b. von Situationen: behaglich, gemütlich, anheimelnd, so daß einem warm dabei wird. Wohl häufigste Bed. In der warmen Stube im Winter, in angenehmer, vertrauter Gesellschaft, in einer gemütlichen Ecke *ist's h.; h-s Wetter* mildes, zum Genuß einladendes. Vgl. *heimelig.* – **2.** aus der Betrachtung des Heims als nach außen abgeschlossen fließt die nhd. Bed. = geheim. In mod. MA. als Adj. oder Adv. regelmäßig durch andere Ausdrücke, bes. *häling(en),* auch *geheim* ersetzt. Wo überh. gebraucht, gewiß aus der Schriftspr., was schon die Form, stets mit *-m-,* zeigt; so *hălĭ* = 1, *hămlĭ* = 2. – Subst. n.: Abtritt. Form: *Heimlich -lĭχ, -lĕχ.*

heim-schicke[n] schw.: **1.** eig., nach Hause schicken. – **2.** mit Wort oder Tat derb abfertigen. – h e i m - s c h l e i f e[n] *-ǫe-* schw.: mit nach Hause schleppen.

heim-streiche[n] st.: refl., *sich h.* sich nach Haus machen.

heim-teiche[n] *-ǝi-* st.: sich heimschleichen; s. a. *-streichen.*

heim-zu *-tsūǝ,* auch *-tsūǝs* Adv.: in der Richtung nach Haus. *Wohin ist er gegangen?* Antw.: *H.*

heim-zünde[n], meist st., Part. [g]ezunde[n]: *einem h.* heimleuchten. **1.** eig. – **2.** übtr. a. noch phys.: einen mit Schlägen odgl. heimjagen. – b. ihn derb abfertigen. *Laß dir h.* Vgl. *-geigen.* h e i n e n s. *heunen.*

hein(e)t, im S. auch h[e]ines(t), Adv.: heute nacht. Von der vergangenen Nacht. – In 2 getrennten Gebieten erhalten. Fränk. *heint* gestern abend, vorige Nacht, verflossene Nacht; heute abend, kommende Nacht. Im S.: *h[e]inacht (hī-)* heute nacht ALLG.; *h[e]ina[ch]t (hēnǝt,* S. *hī-)* heute nacht, wohl meist von der folgenden. Im SW. auch: *h[e]inest (hēnǝšt, -išt)* verflossene Nacht. Im übrigen Gebiet dafür *gestern (heut[e]) z[u] Nacht (z[u] Abe[n]d); nächt.*

hein(e)tig Adj.: was sich auf *heinet* bezieht. h e i n o c h s. *heinet.*

Heinz[e], flekt. *-e*[n], *hōę̆-* OSCHW., *hui- (hūĭ-)* s. OSCHW., *hūǝ-* ALLG. TIR., *hāē-* n. davon, m. f., meist Plur.: Trockengestell für Heu, Klee (auch Flachs, Esparsette, Erbsen u. a.), bestehend aus einer (bis zu 1½ m) hohen Stange mit meist 3 Querhölzern, auf welche das Futter zum Dörren geschichtet wird, genauer *Heu-, Kleeheinze* OSCHW. ALLG. TIR. SW.

heinze[n] schw.: Heu usw. zum Trocknen auf die *Heinzen* legen.

Heirat *hǝirǝt,* S. *-ī-,* FRK. *-ai-,* RIES *haerĭχ* m. (f.): **1.** Heiratsabmachung, Ehevertrag; daher kann auch von einem *H.* zwischen Männern, nämlich

den beiderseitigen Vätern (Familien) geredet werden. *Einen H. machen* sich öffentlich verloben. Bes. auch in der Form *hǝirĭks,* S. *hī-* Heiratsvertrag. – **2.** persönlich: Bräutigam; freier: Liebhaber, Geliebter, Schatz.

heirate[a] *hǝirǫ̆dǝ* ⌒∪; *hǝirǝdǝ* ⌐∪∪; *hǝirĭgǝ; haerĭχǝ; hāēlĭχǝ;* meist h e i r e[n] *hǝirǝ, -ī-* S., *-ai-* FRK. TIR.; *hǝiǝrn* schw.: heiraten, wie nhd. h e i r e n , h e i r i g e n s. *heiraten.*

heisa *hǝisā,* auch *-sasa -sāsā* Interj.: Ausruf des Jubels. h e i s c h e n s. *eischen.*

Heisere f.: Heiserkeit.

Heiße f.: große Hitze. *Ist des heut[e] e[ine] H.!*

Heiß-gräte *-grę̆dę̆* f.: unfruchtbarer Boden. – h e i ß - g r ä t i g *-ē̆-* Adj. Adv.: **1.** steinig, kiesig, mager, unfruchtbar, vom Boden mit starker Sonnenbestrahlung. – **2.** von Menschen: leidenschaftlich, zum Zorn geneigt.

Heite *haedǝ,* südlicher *-tǝ* f.; Demin. H e i t e l e[in] n.: Kinderwiege OSCHW. u. s. bis BOD. ALLG.

heite[n] schw.: ein Kind *h.* in der Wiege schaukeln. H e i t e r s. *Häuter.*

Heitere f.: gutes Wetter OSCHW.

Heiter-loch n.: Gegend, aus der das gute (schlechte) Wetter kommt OSCHW. Vgl. *Wetter-.*

Helb[e] *-ě̆-, -ę̆ǝ-;* meist Plur. *-e*[n] *-wǝ* W. f.: Rispe, Hülse des Haberkorns. Spreu von allerlei Fruchtarten. – Sie wurde zum Füllen der Betten, Strohsäcke verwendet bei ärmeren Leuten. – Bes. Abfälle beim Reinigen der Frucht. h e l d e n s. *hälden.*

heldere[n] schw.: hallen, schallen. – S. *hellen; hilderen.*

helfe[n] *-ě̆-, -ę̆ǝ-, -jǎ-, -ǎ-, -ǫ̆-, -ǝ-,* Part. g[e]holfe[n] st.: helfen, intr. mit haben, im allgem. wie nhd. **1.** mit (und ohne) Dat. der Person. *Da ist net (nimme[r]) z[u] h. Helf[e], was h. mag* bes. bei Anwendung der letzten Hilfsmittel. *I[ch] weiß mir net (nimme[r]) z[u] h.* bin ratlos. *Dem will i[ch] h.!; Gib Acht, i[ch] hilf dir gau[n]!* u. ä. Drohung: Dir will ich! – **2.** mit sachl. Subj. und Akk. der Person mehr = nützen. *Schmiere[n] und salbe[n] hilft alle[n]t-halbe[n]* usw. – **3.** der Inf. wird, wie *anfangen, anheben, gehen* adverbial gebraucht; *er packt helfe[n] ei[n]* hilft einpacken. *Trag[e] mir h.!* hilf mir tragen. *Zieh[e] mir h. d[ie] Stiefel a[n]! Er hat mir h. g[e]schobe[n].* Auch in Fällen, wo es sich nicht um eigentliches Helfen handelt, sondern nur um ein Mittun. *Komm h. mit!* Sogar *Hilf mir au[ch] h. spüle[n]* u. ä. H e l g e , H e l g l e i n s. *heilig B 3 b.* h e l i g s. *hälig.* H e l i n g usw. s. *Häling.*

hell *-ě̆-, -ę̆ǝ-, -ja-, -ǝ-* Adj. Adv.: hell, wie nhd. **1.** akustisch: Ein Ton, eine Stimme ist *h.,* wie nhd. – **2.** von visuellen Eindrücken: *H-e Weihnachten, trübe Ostern.* Übtr. *Am h-en Werktag,*

Sonntag, wie es nicht üblich ist am W. oder S.,
als Vorwurf. *Er schläft am h. W., er schafft am
h. S.* – **3.** übtr. auf Geistiges. a. von Sachen:
was klar, deutlich ist. *Ist dir des jetzt h.?* – b.
von Körperteilen. *H-e Augen* die frisch, mun-
ter, klug drein sehen. *Der guckt h. in die Welt.
Der hat e^{ine} h-e Gucke. Einen h-en Kopf haben*
klug, aufgeweckt sein. – c. vom Menschen:
klug, gescheit. *Des ist au^{ch} no^{ch} lang net der H-
st^e. H. in der Kapell^e* im Kopfe klug. – **4.** übtr.:
rein, pur, lauter, ungefälscht. Zunächst noch
deutlich im Anschluß an 2: *die h-en Tränen, das
helle Wasser* läuft einem die Backen herunter.
*Des soll e^{ine} Fleischbrü^{he} sei^n? Des ist 's h-e
Spülwasser. Des ist der h-^e Niema^nds er* gilt
nichts; *der h.* Garnix.

hell-auf Interj. (Subst.): Aufruf zur Freude. *H., es
taget! –* Als Satzteil. Adv.: *H.* leben flott. Präd.:
H. sein munter, aufgeräumt, lustig.

Helle (H e l l n e *hęlnę̆*) f.: wie nhd. Helligkeit. *Ist
des heut^e e^{ine} H.! Einem in der H. stehen* im
Licht; *aus der H. gehen* aus dem Licht.

helle^n schw.: **1.** trans., hell machen. Häufiger refl.
sich h. hell werden, vom Wetter, = *sich aufhel-
len.* – **2.** intr., hell werden.

h e l l i c h s. *hälig.*

hellig *-ę̆-* Adj. Adv.: matt, von Hunger und Durst
erschöpft.

hell-licht *-lī̆ǝxt* Adj. Adv.: **1.** hell, klar. *Am h-e^n
Tag.* Auch *bei der h-e^n Nacht* bei finstrer Nacht.
Vom Wald: licht, durchsichtig. *Der Wald ist
recht h.* hat nicht viel Holz. – **2.** augenscheinlich,
klar, deutlich.

H e l l n e s. *Helle.*

Helm I *-ę̆-, -ę̆ɔ-* m.; Demin. -le^{in} n.: Helm. **1.** die
Kopfbedeckung. – **2.** Aufsatz, Bedachung,
Turmdach.

Helm II *-ę̆-* (H a l m) SW. Oschw. Allg. m.: Stiel
einer Axt, auch eines Beils, einer Haue u. ä.

Helm III *-ę̆-,* H e l m e s *hęlmǝs,* H e m e *hę̆mę̆,* De-
min. -le^{in}: Kurz-, Koseform für Wilhelm.

h e l s e n s. *hälsen.*

H e m b e r s. *Himber.*

Hemdbreis(le^{in}) n.: Besatz am Hemd.

hemdelig Adj.: = *hemdig.* Hemblig nur mit dem
Hemd angetan; auch: in Hemdsärmeln.

Hemd-fanz m.: Kind, das nur mit einem Hemd
bekleidet ist; s. *Fanz.* Syn. *-fläuger, -gore,
-hans, -hätteler, -klunker, -läuter, -lenz, -lore,
-lotter, -pflätterer, -pflenzer, -schütz, -schwan-
ker, -sigel, -spicker, -spinke, -zinkig, -zuttel.* –
H e m d - f l ä u g e r *-ae-* m., Demin. -le^{in} n.: dass.
– H e m d - g o r e *-gǫ̆rę̆* m.: **1.** = *-fanz.* – **2.** einer,
dem das Hemd hinten heraushängt. – H e m d -
h a n s m.: = *-fanz.* – H e m d - h ä t t (e) l e r
-hę̆t(ǝ)lǝr m.: **1.** Kind, das (noch) im Hemd
herumläuft. – **2.** Knabe, dem der Hemdzipfel
aus der Hose heraushängt.

hemdig Adj. (Adv.): im bloßen Hemd.

Hemd-kälble^{in} n.: Hemdzipfel, der einem zur Ho-
se heraushängt. – H e m d - k l u n k e r *-glǫ̆ŋgǝr*
(-ǫ̆g-) m.: = *-fanz,* auch Fastnachtsgestalten
Oschw. – H e m d - l ä u t e r *-lǝidǝr* m.: = *-fanz.* –
H e m d - l e n z *-lę̆nts* m. (auch Demin. -le^{in} n.):
= *-fanz.* – H e m d - l o r e m.: dass. – H e m d -
l o t t e r m.: dass. – H e m d - p f l ä t t e r e r m.: =
-fanz. – H e m d - p f l e n z e r m.: **1.** dass. – **2.** dem
das Hemd hinten heraushängt.

H e m m e l s. *Himmel.*

Hemmerling m.: Emmerling, Goldammer, Embe-
riza citrinella.

h e n s. *hinne.*

h e n d e , h e n e s. *hinten.*

h e n d e r s. *hinter.*

hene^n I , h e n e t , h e r n (e^n) , h e n z (e^n , -e t) Adv.:
diesseits, hüben; opp. *denen* jenseits, drüben. *'s
ist h. wie dene^n* ist gleichgültig, so oder so.

h e n e n II (tönen) s. *hiechen.*

h e n e t s. *heinet.*

h e n i g s. *hinig.*

henkele^n *-ŋg-* schw.: Arm in Arm mit jemand ge-
hen. Vgl. *einhenken, hängelen.*

henke^n *hę̆ŋgǝ,* S. *hę̆ŋkǝ; hę̆gǝ* schw.: hängen
(trans.), aufhängen. Vgl. *Sichelhenke. Einem
den Brotkorb höher h.* ihn strenger, kürzer hal-
ten. *Eine Arbeit, Geschäft usw. an den Nagel h.*
vernachlässigen, aufgeben. *Das Maul, die Nase
in alles h.* überall drein reden. – Speziell „hen-
ken" als Todesart und -strafe.

Henker m.: **1.** persönl., wie nhd. *Gang zum H.!*
Verwünschung. *Der H. au^{ch}!* das hätte ich nicht
geglaubt. *Fahre^n wi^e e^{in} H.* rasch. – **2.** H., De-
min. -le^{in} n. sachlich: die Schleife udgl. am Klei-
dungsstück, woran es aufgehängt wird. – **3.**
Rausch, Betrunkenheit.

Henkete *hę̆gǝdę̆* f.: Strick zum Aufhängen. Vgl.
Flegel-, Sichel-.

Henn^e *hę̆n,* flekt. (auch Nom.) -e^n f., Demin.
-e l e^{in} n.: **1.** Henne, wie nhd. – **2.** überh. Weib-
chen eines Vogels. – **3.** übtr. von Menschen:
Kränkliches Weib. – **4.** Pflanzennamen. a. wei-
ße Form des *Hohlen Lerchensporns,* Corydalis
cava (L.) Schw. et Koerte; die rotblühende
Form wird als *Gockel(er)* bezeichnet. – b. *Som-
mer-Blutströpfchen,* Adonis aestivalis L. – c.
Große Fetthenne, Sedum maximum (L.),
Hoffm., *Purpur-Fetthenne,* Sedum telephium
L.

Henne^n-dätte m.: Hennenvater, einfältiger
Mensch. – H e n n e^n - d r e c k m.: Exkremente
der Hennen. Vgl. *Hüner-; Hennenscheiß. H.* bei
Vergleichungen = nichts. Wer alle Kleinigkei-
ten benützen will und übermäßig genau ist, ist
ein H e n n e^n d r e c k - r e d e r *-rę̆ǝdǝr.* – H e n n e^n -
f u ß *-fuǝs* m.: **1.** wie nhd. Das Gelbe daran in
Wermut-Essenz wurde gegen Gelbsucht ver-

wendet. – **2.** echtes Geißblatt, Lonicera caprifolium L. – Henneⁿ-gätter -*ĕ*-; -gättere; -gatter n.: vergitterter Hennenstall in Zimmer oder Küche. – Henneⁿ-greifer m.: wer den Hennen greift, sie untersucht, ob sie legen werden. – Henneⁿ-hack m.: Hühnerfalke; Hühnerweihe ALLG. S. *Hüner-; Hennensperber, -vogel.* – Henneⁿ-haus n.: Hühnerhaus. *Weible^{in}, Weible^{in}, d^{ie} Eier 'raus, oder i^{ch} lass^e de^n Marder in's H.* Fastnachtsruf. – Henneⁿ-haut f.: Schauder, Gänsehaut. – Henneⁿ-pfitz m.: *äll^e H.* alle Augenblicke. – Henneⁿ-scheiß, -schiß m.: eigentl., = *-dreck.* Bes. *äll^e H.* alle Augenblicke. – Henneⁿ-sperber m.: = *-hack.* – Henneⁿ-täpperle^{in} Pl.: kleine Schritte. – Henneⁿ-treter m.: der die Hennen tritt, vom Hahn. – Henneⁿ-tritt m.: *äll^e H.* alle Augenblicke. Vgl. *-pfitz.* – Henneⁿ-vogel m.: für versch. Habichtarten. – Henneⁿ-vögler m.: = *-treter,* vom Hahn; auch von Menschen als Schimpfwort. – Henneⁿ-weier -*ǝi*- m. (-wei^e f.): Gabelweihe, Milvus Ictinus.

hentersche s. *hinter-sich.*

henz(en, -et) s. *henen I.*

heppelen s. *hä-.*

her *hĕr,* im Hauptgebiet *hĕǝr* Adv.: wie nhd., her, in Richtung auf den Redenden. **1.** örtlich. a. Satzadverb. In fester Verbindung mit Verben s. die Komposs. *herkommen, -laufen* usw.; ebenso die festen Verbb. mit folgendem Lokaladverb: *herab, heran, herdishalb, herheim* usw. – Mit dem verbum subst. *Er ist h.* d. h. hiehergekommen, o. ä. Gew. aber mit näherer Lokalbestimmung. *Hinter einem, hinter etwas h. sein* wie nhd., ihm nachjagen. – *Hin und h.* nicht wie nhd., dafür *'rum und 'num.* Wohl aber in anderer Bed. *(An) Pauli Bekehr (ist der) Winter halb hin und halb her. Hin und h.* zu viel und zu wenig. – b. interjektionell. *H. mit dem Geld.* – **2.** zeitlich: von einer bestimmten vergangenen Zeit bis auf die Gegenwart, wie in „bisher". *Das ist schon lang h., noch nicht l. h.* wie nhd.

herab, '*rab* : *rā* Hauptgeb. u. ALLG., *rō, răb* Adv.: wie ndh., abwärts in der Richtung auf den Redenden. Zwischen *herab* und *hinab* wird genau unterschieden. *Er ist 'rab* heruntergekommen. *Der Nebel ist 'rab* hat sich gesenkt. – Am meisten verbunden mit Verben spezif. Bed., bes. der Bewegung, z. B.: -burzleⁿ schw.: herabfallen, mehr kom. – -fingerleⁿ schw.: etwas Selbstverständliches kann man sich *am Arsch (Füdle, Hintere^n)* ^{he}*rabf.* – -flucheⁿ schw.: *alle Heiligen h. fl.* fürchterlich fluchen. – -g^{e}heieⁿ st. schw.: **1.** intr., mit sein: herabfallen. – **2.** trans.: herabwerfen. – -geheⁿ st.: herabgehen. **1.** phys. a. abwärts. – b. weg. *Da könnt^e ^{da}s Rad 'ra^{b}gau^n.* – **2.** übtr. a. *Es gaht obe^n 'ra^b* man muß das Kapital angreifen. – b. *Es geht an etwas*

herab kommt beinahe dazu. *Mir ist's am Heule^n 'ra^{b}gange^n.* – c. *Es geht an mir herab* ich habe darunter zu leiden. – -hagleⁿ schw.: intr. mit sein, herabfallen; in derber Sprache. – -henkeⁿ schw.: herunterhängen lassen. *Ein Maul h. h.* übelnehmend schmollen. Ebenso *e^{ine} Pfann^e, e^{in} Pfännle^{in}, e^{i}n^{en} Lätsch h. h., e^{ine} Blätsch^e h. h.* – -lebeⁿ schw.: *obe^n 'ra^b l.* das Kapital anbrauchen. – -lupfeⁿ schw.: herabheben. – -macheⁿ schw.: *einen h. m.* ausschelten. Auch *Es macht aber,* regnet, kommt doch wohl auch mit *'rab* vor. – -pflumpfeⁿ schw.: herabfallen, mehr kom. und mit der Vorstellung des Ungefährlichen. – -plotzeⁿ schw.: dass. S. a. *-burzlen.* – -putzeⁿ schw.: **1.** *ein Haus h. p.* frisch tünchen. – **2.** *einen h. p.* ausschelten. – -reißeⁿ st.: **1.** phys., wie nhd. Metaphorisch: *einem den Kopf h. r.* – **2.** *ein^{en} 'ra^{b}r.* einen tiefen Schlaf tun. – **3.** abbilden; in der RA. *Er ist sei^n (der) 'ra^{b}grisse-(ner) Vater (Bruder o. ä.)* ihm aus dem Gesicht geschnitten. – -tuⁿ st.: Obst ernten. – -walleⁿ -*ā*- schw.: herunterwälzen. – -wargleⁿ schw.: dass.

her-ackereⁿ schw.: einen Acker *(schö^n, gut) h.* fertig umackern. Vgl. *-eggen.*

^{he}**r-aⁿ** *rā* Adv.: heran. *Gahst da 'ra^n* Befehl an den Hund.

her-auf, rauf *rǝuf;* w. *rŭf,* Adv.: herauf, wie nhd., zum Redenden hin; von „hinauf" streng geschieden.

^{he}**rauf-wärts** ⌃ Adv.: in der Richtung aufwärts gegen den Redenden.

^{he}**rauf-zu** *-tsuǝ, -tsuǝs* ⌃ Adv.: in der Richtung aufwärts gegen den Redenden.

her-aus, raus *rǝus,* FRK. *raus,* RIES *raos; rŭs* S. Adv.: wie nhd., heraus zum Redenden, von *hinaus* streng unterschieden. – Am häufigsten mit Verben konkreter Bed. Z. B.: -dockleⁿ schw.: (wie eine Puppe) herausputzen. – -fitzeⁿ schw.: *Unser Herrgott läßt der Geiß den Schwanz nicht zu lang wachsen, sonst tät' sie sich die Augen 'r. f.* (auch *r. hauen).* – -förschleⁿ schw.: etwas durch *f.* herausbringen. – -geworgsen s. *-worgsen.* – -hangeⁿ (st. schw.): 1. phys. *Die Wäsche hängt zum Fenster h. u. ä.* – 2. *Da hängt's 'r.* da will es hinaus. – -henkeⁿ (-hängeⁿ) schw.: faktitiv zu *-hangen. Die henkt e^{in} Herz 'r.* hat einen vollen Busen. Übtr. *den Herren (Edelmann, Professor* usw.) *h. h.* als solcher sich gebärden. – -klaubeⁿ -*ǝu*- schw.: eig. mit den Fingerspitzen herausnehmen, z. B. die Rosinen aus dem Kuchen. Übertr.: auswählen. *Sie häbe^n e^{i}n^{en} schöne^n Tag 'raus^{ge}klaubt.* – -köchleⁿ schw.: durch gute Speisen h. füttern. – -kriegeⁿ schw.: h. bekommen. – -lickereⁿ schw.: = *ausl.,* herauslocken. – -pascheⁿ schw.: mit Würfeln herausspielen. – -pfitzeⁿ schw.: unpers.: *Es pfitzt mir h.* ein unbedachtes

Wort fährt mir heraus. – -pfupfere^n schw.: h. sprühen; bes. *Es pf-t h.* sprudelt heraus, von Stimmungen oder Worten. – -richte^n schw.: h. nehmen und bereit legen. *I^{ch} richt^e dir dei^n Sonntagshemd 'r.* – -rug(e)le^n schw.: h. rollen, trans. u. intr. – -schinde^n st.: mit Mühe erlangen, z. B. Geld, eine Erlaubnis. – -schwattle^n schw.: h. schwanken, von einer Flüssigkeit. – -streiche^n st.: eig., durch Farben odgl. herausputzen. – -worgse^n schw.: h. würgen, eine Speise, einen Ton.

herb *h$\check{e}$rb (h$\check{e}$r∂b); -$\bar{e}$-* ALLG.; flekt. im NW. u. N. *-w-* Adj. Adv.: etwa wie nhd. **1.** vom Geschmack: bitter, scharf gesalzen (sonstige Schärfe heißt *räß*). – **2.** übtr., unangenehm. a. widerwärtig, unangenehm. Arm zu werden, seine Frau zu verlieren udgl. *ist h.;* ein solcher *hat's h.* – b. mühsam. Syn. *hart.* Eine Tür geht *h. H. tun,* opp. *leicht, ring, sanft.* Auch = *kaum. I^{ch} glaub^e h.,* daß *d^{ie} Madel bächt, sie hat ja kei^n Mehl.* – c. bös, von einem Fuß, Hals odgl. *Ein h-er Arm* ein verkrüppelter oder sonst abnormer. – d. moralisch, von Menschen: ungut, widerwärtig, launisch. *Heut ist er wieder h.* Wunderlich, ungefällig.

her-bleue^n *-ui-* schw.: tüchtig prügeln. *De^n Kerle muß ma^n recht h.*

Herbst *h$\check{e}$rbšt; -i-, -i∂-* da und dort in OSCHW.; *-$\check{e}$-* N.; Pl., soweit vorkommend, gleich, m.: **1.** Weinlese. In den Weingegenden allgem. – **2.** die Jahreszeit, wie nhd. Dafür ist idiomatischer *Spätling, Spätjahr.*

herbstele^n schw.: *es h-et* die Witterung wird (z. B. im Aug.) herbstlich rauh.

herbste^n schw.: **1.** *Herbst 1,* Weinlese halten. – **2.** Herbst werden.

Herbst-fade^n m.: = *Sommerfaden,* von den langen Spinnwebfäden, die sich im Herbst durchs Land ziehen. Vgl. *Altweibersommer, Frauengarn, Säfaden, Satel* u. ä. – Herbst-gras n.: das nach dem Emden wachsende dritte Gras.

herbstlen s. *herbstelen.*

Herdäpfel s. *Erdäpfel.*

Herdechse s. *Eidechse.*

her-dockle^n schw.: herausputzen, wie eine Puppe.

her-dresche^n st.: durchprügeln.

Herd-stang^e f.: Messingstange vorne am Herd, zum Aufhängen von Tüchern, zum Schutz usw.

her-egge^n schw.: durch *eggen* bearbeiten. *Den Akker hä^{be}nt ihr schö^n herg^{e}eggt!*

her-ein, rei^n *räe* S. *-$\check{e}$, -$\bar{i}$, -iη* Adv.: **1.** lokal: nach innen in der Richtung auf den Redenden; von *hinein,* vom Redenden weg, streng getrennt. Syn. *einer;* s. a. *hereinwärts.* Vgl. *daherein.* Mit andern Ortsbestimmungen. *In's Haus h.,* wenn der Redende im Haus ist. – *H.!* Aufforderung an einen Anklopfenden, einzutreten. Verstärkt: *Äll^{e}s 'r.!* bei zaghaftem Anklopfen.

^{he}**rei^n-wärts** Adv.: einwärts, nach innen. *Die Tür geht 'r. auf* u. ä.

^{he}**rei^n-zu** *-tsu∂(s)* Adv.: = *-wärts,* einwärts, nach innen.

her-entgege^n *h$\check{e}$r$\check{e}$ηgeg∂* ◡◡◡ bloße Satzpartikel: hingegen, hinwiederum. *I^{ch} mag net viel esse^n, h. meh^r trinke^n.*

her-finde^n st.: den Weg zum Redenden her finden. Trans. und absol.: *Er hat (de^n Weg) herg^{e}funde^n.*

her-flicke^n schw.: durch Flicken wieder herrichten. *Des ka^{nn} ma^n no^{ch}mal h.*

her-futtere^n schw.: durch gutes Füttern schön herausfüttern. *Des Roß hat er wieder herg^{e}futteret.*

Hergel s. *heilig* B. 3. b. β.

her-haue^n st. schw.: durchprügeln.

her-hebe^n st. schw.: herhalten. *Heb^e dei^{ne} Hand her* u. ä.

her-korasse^n schw.: *einen h.* vornehmen und tüchtig schelten, durchprügeln.

her-kriege^n schw.: drankriegen. *Den han i^{ch} her-^{ge}kriegt* er hat herhalten müssen, ich habe ihn (wider seinen Willen) beschäftigt.

Herkules: der alte Halbgott ist (vgl. *Bacchus)* bei uns zieml. pop. geworden. Als Ausruf: *H. (no^{ch}mal)! Kotz (Potz) H. (h$\check{e}$rgül$\check{e}$s, -g$\check{o}$l-* ◡◡ *)* Euphem. für *K. Herrgott;* auch weiter entstellt *K. Herkulanum!*

her-lange^n schw.: herreichen. **1.** trans. *Lang her die Farb.* – **2.** intr.: ausreichen. *Das langt nicht her.*

her-latsche^n schw.: träge, lahm daher gehen.

her-laufe^n st.: **1.** eig. *Der Hund, das Wasser lauft her zu mir.* U. ä. – **2.** *einen h. lassen* tüchtig ausschelten. – **3.** Part. Prät. *e^{in} herg^{e}loffener Kerle* irgendein unwichtiger Mensch.

Herlitz^e, auch Dirlitz^e f.: Kornelkirsche, Cornus mas L.

Herm^e, flekt. -e^n m.: **1.** Ziegenbock. S. a. *Hermel.* – **2.** *h$\check{e}\partial$rm* großer, starker, dicker Mann.

Hermel m.: Ziegen-, Schafbock.

her-neme^n st.: **1.** eig., zur Hand nehmen. – **2.** strapazieren, angreifen. – **3.** *eine h.* beschlafen. *Du haariger Igel, du zottiger Bär, liegst alle Nacht bei mir und nimmst mi^{ch} ^{n}et her* PFULLINGEN.

her-nusse^n schw.: = *vernussen,* durchprügeln.

her-prügle^n schw.: tüchtig durchprügeln.

Herr, flekt. -e^n m., Demin. -le^{in} n. (m.): Herr, der höher Stehende. **1.** Gott, Christus. S. *Herrgott.* Bes. in Ausrufen und Flüchen. *Herr Je!, H. Jesses, H. Jerem, H. Jemine, H. Jeddich, H. Jeges (und Marie)* usw., s. *Jesus.* – **2.** von Fürsten u. a. hohen Personen. – **3.** jede Art von Lehens- und Schutzherr; genauer *Vogt-, Gericht-, Grund-, Gült-, Gut-, Lehen-* usw. *-herr.* – **4.** Mitglied der Gemeindeobrigkeit; gew. Plur. *die H-en der Gemeinderat.* – **5.** Dienstherr, Vorgesetzter, Machthaber. – **6.** *Herr,* meist Demin., m. und n., Herrle^{in}, Heierle *haerlĕ, hę∂*- O. katholischer Geistlicher. – **7.** der vornehme, sozial und kulturell höher stehende „Herr", im Gegensatz zu den „kleinen Leuten" oder zur ländlichen Bevölkerung.

her-räpple^n schw.: *einen h.* abkanzeln, ihm den Leviten verlesen.

her-rede^n schw.: unüberlegt drauflosreden.

herrele^n *hĕ*- schw.: sich nach Art der Herren betragen.

herre^n *hĕr∂* schw.: meistern, überwältigen, bezwingen. Von Personen: einen im Ringkampf, im Wortstreit bezwingen, mit ihm fertig werden. Von Sachen: eine Speise, eine Schüssel voll Speise usw. *h.* zwingen. Eine Arbeit *h.* mit ihr fertig werden.

Herre^n**-acker** m.: herrschaftlicher Acker.

Herre^n**-bauer** m.: Großbauer.

Herre^n**-blum**^{e} *hĕ*- f.: Pflanzengattung Knabenkraut, Orchis L.

Herre^n**-esse**^{n} n.: sehr gutes, leckeres Essen.

Herre^n**-lebe**^{n} n.: angenehmes, sorgenfreies Leben. *Ein H. führen.*

Herre^n**-leut**^{e} Plur.: vornehme Leute, Standespersonen.

herre^n**-mäßig** Adj. Adv.: vornehm, nobel, stolz.

Herre^n**-schlaufe**, flekt. -e^n *haer∂šlaof∂* f.: Küchenschelle, Pulsatilla vulgaris Mill. Syn. *Haber-, Oster-blume; Heuschlaufe, Schafblume* u. a.

Herre^n**-stub**^{e} *-štŭb* f., Demin. -stüble^{in} n.: bes. Demin. *-stüble*^{in} Nebenzimmer im Wirtshaus, für Honoratioren.

Herre^n**-vögele**^{in} n.: Marienkäfer, Coccinella septem punctata. Syn. *Herrgottskäfer.*

Herre^n**-wei**^{n} m.: **1.** herrschaftlicher Wein. – **2.** ausgezeichneter Wein.

Herre^n**-wese**^{n} n.: herrisches Wesen.

Herre^n**-wetter** n.: **1.** sehr schönes Wetter. – **2.** übtr., ein gefundenes Fressen. *Gelt, des wär*^{e} *für di*^{ch} *e*^{in} *H.* (wenn du das und das tun dürftest).

Herre^n**-winker** m.: kleine, vorgekämmte Löckchen bei Mädchen. Syn. *Bubenfanger.*

Herr-gott *hĕrg∂t; hĕ∂r*- (dagegen als Fluch *hĕrgŏt);* m., Demin. göttle^{in} n.: wie nhd. Bes. in Ausrufen bzw. Flüchen. *Herrgott (hĕrgŏt*⌃*)! H. no*^{ch} *(e*^{in}*)mal! Potz (Kotz, Hotz) H.; Kotz H. au*^{ch} *no*^{ch} *me*^{hr}*.* Bes. auch Demin. *Herrgöttle*^{in}*. Potz (usw.) H.! O (Ei) du lieb*^{e}*s H.! –* Sonst ist *Herrgott* meist nur mit adj. Zusätzen üblich. *Der liebe H. I*^{ch} *lass' de*^{n} *l. H. walte*^{n}*.* – Meist aber: *unser H. U. H. hat no*^{ch} *kein*^{en} *verlau*^{n} *u. ä. Der la*^{ß}*t u. H. sorge*^{n}*.* – **2.** Christus. *Der ist dummer als u-s H-s Gaul (Roß), und des ist e*^{in} *Esel g*^{e}*we-se*^{n}*.* – **3.** *lieb*^{e}*s Herrgottle*^{in} Marienkäferchen; s. *Herrgottskäfer.*

herr-gottisch Adv.: als Intensiv, *h. kalt, heiß* usw. sehr, verflucht kalt usw. OSCHW. Vgl. *gottesmillionisch* u. ä.

Herrgotts-batenk^e, *hĕrg∂tsmärdĕŋk* ⌃ᴜᴜ⌃ f.: Primula officinalis L., Schlüsselblume.

Herrgotts-biegel *hĕ∂rg∂tsbi∂g∂l* m., Demin. -le^{in} n.: Zimmerecke, in der das Kruzifix hängt.

Herrgott(s)-blitz m.: Schimpfwort, etwa: verfluchter Kerl.

Herrgotts-blum^e *hĕ∂rg∂tsblŏ∂m* f.: Kleines Knabenkraut, Orchis morio L..

Herrgotts-donner m., -donnerwetter n.: starker Fluch.

Herrgotts-eck, Demin. -le^{in} n.: = *biegel.*

Herrgotts-früe f.: *in aller H.* sehr früh am Tag.

Herrgotts-g^e**lump** n.: ganz liederliche Ware.

Herrgotts-käfer m., Demin. -le^{in} n.: Marienkäfer, Coccinella septem punctata.

Herrgotts-lump m.: großer Lump, Schimpfwort.

Herrgotts-nägele^{in} *hę∂rg∂ts*- n.: **1.** Kuckucks-Lichtnelke, Lychnis flos-cuculi L. – **2.** Golddistel, Carlina vulgaris L.

Herrgotts-rindvi(c)h n.: sehr dummer Mensch.

Herrgotts-sakrament, gekürzt -sack (n.): starker Fluch. S. a. *Heilands-, Himmels-.*

Herrgotts-schühle^{in} *-šį∂lĕ* n.: Syn. *Frauenschuh, Pantöffelein.* **1.** Gewöhnlicher Hornklee, Lotus Corniculatus L. – **2.** Frauenschuh, Cypripedium calceolus L. – **3.** Frühlings-Platterbse, Lathyrus vernus (L.) Bernh.

Herrgotts-tag *-g∂ts*- m.: Fronleichnamstag. – Herrgotts-tagdieb m.: großer Faulenzer.

Herrgotts-vogel m.: **1.** heiliger Vogel. Die Turteltaube ist ein *H.;* in ein Haus, wo man sie hält, schlägt der Blitz nicht ein. – **2.** Biene. – **3.** meist Demin. *-vögele*^{in}. a. Marienkäfer, = *-käfer.* – b. Johanniswürmchen.

Herrgotts-welt f.: *auf der H.* auf der ganzen Welt.

Herrgotts-wetter n.: schlechtes Wetter.

her-richte^n schw.: in Ordnung bringen. Iron. *einen übel, schön h.* zurichten; auch: abkanzeln, tüchtig ausschelten.

herrisch Adj. Adv.: nach Art der vornehmen Herren sich benehmend. Opp. *bäurisch.*

Herrle^{in} m. n.: Demin. zu *Herr.* Speziell: **1.** kathol. Geistlicher, auch *Heierle,* neben *Herr.* – **2.** *hĕrlĕ (-lī)* Großvater FRK. – **3.** *H-s tun* nach Art der Herren, Städter leben. – **4.** Klatsch-Mohn, Papaver rhoeas L.

her-saue^n schw.: heraneilen.

her-schelte^n st.: ausschelten.

her-schenke^n schw.: wegschenken.

her-schieße^n st.: schnell hereilen. *Da ist er hergeschossen, wie er das gehört hat.*

her-schimpfe^n st.: ausschelten. Vgl. *-schelten.*

her-schlage^n st.: durchprügeln.

her-schleife^n I, -schleppe^n schw.: herschleppen. Etwas *h. wie di*^{e} *Katz*^{e} *di*^{e} *Junge.*

herschleife^n II *-∂i-* st.: durch Schleifen herrichten. *Ein schlecht geschliffenes Messer ist bös her-g*^{e}*schliffe*^{n}*.*

her-singe[n] st.: singend vortragen. Ein Lied *h.* Gern spöttisch: *Du wirst's herg[e]sunge*[n] *hau*[n]*!*

her-sitze[n] st.: sich zum Redenden her setzen. *Da sitz her! Sitz zu mir her!*

her-stackse[n], -statzge[n] schw.: herstammeln, -stottern.

her-stelle[n] schw.: phys.: *Stell[e] den Stuhl her*, gew. *daher.*

her-tu[n] schw.: her(be)schaffen. *Dr hat Wei*[n] *her-*[ge]*ta*[n] u. ä. Imper.: *Tu 's h.!*

[he]**r-über**, rüber *rībər*, FRK. *rĭwər*; gekürzt *rīb*, wohl auch im NW.; *rī* Adv.: wie nhd., über etwas h., von der andern Seite auf meine. Syn. *herum*, s. d. S. a. *daherüber.*

[he]**r-um**, rum *rǫ̆m*, N. S. *rŭm*; [he]rüm *rĭm* Adv.: A. das Wort an und für sich. **1.** örtlich. *Hie 'r.* in hiesiger Gegend. *Gang da 'r., net sel[b]t 'num! (Da) drum 'r. Drum 'r. gehen, laufen, schleichen, schwätzen, tappen* usw. *wie die Katze um den heißen Brei.* – Bes. opp. *hinum: 'r. und 'num* herüber und hinüber, her und hin, auf beiden Seiten. *Etwas 'r. und 'n. schwätzen, denken* u. ä. von allen Seiten besprechen. – Bes. *'r. wie 'num* her wie hin, gehopft wie gesprungen, gleichgültig. – **2.** zeitlich. a. zirka, um. *Um 12e 'r., um's Neujahr 'r.* – b. vorüber, vorbei. *Jetzt ists 10 Uhr 'r. Wenn nu[r] der Tag scho*[n] *'r. wär[e]! Jetzt ists 'r.* es ist nichts mehr zu machen; bes. *Mit dem ists 'r.* es ist aussichtslos bei ihm; von Kranken: er stirbt. – B. mit bestimmten Verben. – -acke-re[n], -zackere[n] schw.: umpflügen. – -apost-le[n] schw.: *im Haus 'r. a.* geschäftig herumgehen. – -ätze[n] -ę̄tsə schw.: einen Ortsarmen *h. ä.* der Reihe nach bei den Gemeindemitgliedern herum füttern. – -bäffzge[n] schw.: maulen, nachschwätzen. – -balle[n] schw.: trans., mit etwas (auch einem Kind) wie mit einem Ball spielen. – -batzen s. *-patschen*. – -beiße[n] st.: bes. refl. *sich h.* mit einem, = *-schlagen*. – -beseme[n] -bę̄ə- schw.: plaudernd, bes. klatschend in den Gassen umherlaufen. – -biwäkle[n] ⌃◡ *(-biwęklə)* schw.: wie ein Tagdieb herumlungern. – -bleue[n] schw.: durchprügeln. – -boßle[n] schw.: 1. intr. durch *boßlen*, unbedeutende Arbeit die Zeit vertreiben. – 2. trans. *einen 'r. b.* einen zum *b.* mißbrauchen, verwenden, quälen, plagen. – -bringe[n] schw.: 1. physisch. – 2. übtr.: *einen h.* für die eigene Ansicht, Sache, Partei usw. gewinnen. – -bugsiere[n] schw.: herumstoßen; von Personen: durch Herumschicken schikanieren. – -bummle[n] schw.: sich müßig umhertreiben. – -dachtle[n] schw.: hart auftreten. – -dalke[n] schw.: unordentlich in etwas herumrühren, kneten. Auch trans.: *Mußt du älles 'r.* [ge]*dalket hau*[n]*?* – -dausle[n] -əu- schw.: verdächtig herumschleichen. – -dift(e)le[n] schw.: *an etwas 'r. d.* etwas auszuklügeln suchen. – -doktere[n] schw.: *an einem (etwas) 'r. d.* ihn länger erfolglos ver-

arzten. – -dratle[n] schw.: bei irgendeiner Verrichtung langsam, faul zu Werke gehen. – -dreck(e)le[n] schw.: ohne Ernst, langsam, zögernd an etwas arbeiten. – -drille[n] schw.: herum drehen. – -drucke[n] schw.: lange, zögernd an etwas herum machen. Vom Reden, Handeln auch -druckse[n]. – -ducksle[n] schw.: herumschleichen, heimlich ausspähen. – -duppe[n] schw.: gedankenlos umherlaufen. Demin.: -duppele[n] schw.: schwankend, *duppelig* umhergehen. – -durmle[n] schw.: taumelnd gehen. – -dusle[n] -*ū*- schw.: schläfrig, gedankenlos umhergehen. – -egge[n] schw.: umeggen. – -fackle[n] schw.: unruhig umherfahren. – -fapple[n] schw.: unbeständig herumfahren, unzuverlässig sein. – -fare[n] st.: 1. Subj. persönl., wie nhd. *Mit der Stange im Nebel 'r. f.* von zwecklosem Treiben. – 2. Subj. sachl.: unordentlich herumliegen. *Da fahrt alles nu[r] so 'r. Wenn so viel Grust rumfährt.* – -fege[n] schw.: unruhig umherlaufen, -strolchen. – -fitschle[n] schw.: herumtreiben, -rühren. – -flacke[n] schw.: faul, untätig herumliegen. – -flandere[n] schw.: zwecklos umherziehen. – -flankiere[n] schw.: umherschweifen; vgl. *-hunzen*. – -fuchtle[n] schw.: mit einem Stecken, Licht o. ä. hastig hin und her fahren. *In der Luft 'r. f.* – -gäutsche[n] -əi- schw.: = *drat-len*. – -gebe[n] st.: wie nhd., etwa um einen Tisch herum. Aber auch: herüber-, hergeben. – -g[e]heie[n] -*khəiə* schw.: herumwerfen. – -geiße[n] schw.: herumklettern. – -geiste[n] schw.: geheimnisvoll, wie ein Gespenst, umhergehen, bes. im Dunkeln. – -geistere[n] schw.: unruhig umherwandeln. – -g[e]lättere[n] schw.: einen Ort an verschiedenen Stellen beschmutzen. – -g[e]rust(l)e[n] -*ū*- schw.: herumstöbern. – -graple[n] -*ǫ*- schw.: 1. herumtasten, -greifen an etwas. – 2. *der Handel gr-t ihm immer im Kopf 'r.* er kann ihn sich nicht aus den Gedanken schlagen. – -gruble[n] -*ū*- schw.: an etwas mit den Fingern herum bohren, stieren. – -grüble[n] schw.: herum krabbeln. – -gucke[n] schw.: herum schauen. – -gumpe[n] schw.: herumhüpfen in tollen Sprüngen. – -gunk(e)le[n] -*ǫ̆ŋg*- schw.: faul, untätig umhergehen. – -hämmerle[n] schw.: an etwas mit dem Hammer herumhantieren. – -hange[n] schw.: wie nhd., bes. von unordentlichem Umherhängen. Müßig herumlungern. – -hasple[n] schw.: zwecklos hin und her treiben. – -haudere[n] -əu- schw.: herumschlendern, bes. mit Mädchen. – -henke[n] schw.: trans., umhängen. Etwas *um den Hals 'r. h.* – -humple[n], herumhinken. – -hunze[n] schw.: schikanieren durch vieles hin und her Schicken. Vgl. *-fuchsen*. – -hurgle[n] schw.: trans. u. intr.: (sich) herumrollen. (sich) *h.* wälzen. Vgl. *-ruglen*. – -hutzle[n] schw.: schikanieren, plagen. –

233

-k a s p e r e^n schw.: herumblödeln. – -k l i m m e^n st.: h. klettern. – -k l u n k e^n -$\delta\eta g\vartheta$ schw.: müßig umhergehen. Schlecht gekleidet einhergehen. – -k n a u t s c h e^n -$\bar{a}\bar{o}t\check{s}\vartheta$ W., -$\bar{\varrho}$- O. schw.: im Teig, in der Speise herumdalken, unordentlich h. rühren. – -k n i e l e^n -$knuil\vartheta$ schw.: häufig knien. – -k o m m e^n st.: 1. wie nhd., im Kreise herum. – 2. herüberkommen. *Komm 'r.* zu mir her(über). – 3. der Ackerboden *kommt 'r.* wird umgeackert. – 4. temp. *D^{ie} Woch^e kommt 'r.* geht h. – -k r e b s l e^n schw.: = -*klimmen.* – -l a n d e r e^n schw.: auf der Straße herumlungern, -streichen. – -l a n g e^n schw.: herum, herüber reichen; trans., einen Gegenstand *h.,* und intr., mit der Hand, dem Arm herüber reichen. – -l e i r e^n -ϑi- schw.: müßig umhergehen, herumschlendern. Dazu Subst. ^{He}*rumgeleier* n. – -l e n e^n schw.: h. lehnen. *Die l. 'r. wie d^{ie} Jünger am Ölberg.* – -l o t s c h e^n schw.: faul herum liegen, h. gehen. Ein solcher ist ein ^{He}r u m l o t s c h e r. In alten Pantoffeln herumlaufen, vgl. -*schlorken.* – -l o t t e r e^n schw.: müßig gehen. – -l o t t l e^n -$\bar{\varrho}$-; schw.: dass. – -l u d e r e^n -$l\bar{u}\vartheta$- schw.: intr. mit sein, da und dort ein liederliches Leben führen. – -l u g e^n -$\bar{u}\vartheta$- schw.: herumschauen. S. a. *ummer-.* – -l ü m m l e^n schw.: müßig gehen. – -m a c h e^n schw.: wie nhd. Speziell: *an etwas 'r. m.* sich lang damit beschäftigen. *Du mußt net immerfort da dra^n 'r. m.* an einer Wunde herum kratzen; übtr. demselben Gedanken nachhängen. *An einem 'r. m.* ihn zu bearbeiten suchen. *Er hat so lang an mir 'r. gemacht, bis ich nachgegeben habe.* – -m a i e^n -ϱe- schw.: h. spazieren. – -m a u s e^n -ϑu- schw.: auf allen Vieren kriechen, von Kindern. – -n i s t e r e^n schw.: herum stöbern. – -p a t s c h e^n schw.: im Wasser, Dreck *'r. p.* darauf schlagen, treten, so daß es klatscht. – -p f e r c h e^n schw.: im Zimmer *'r. pf.* es an verschiedenen Orten verunreinigen, etwa von kleinen Kindern. – -p f l a d e r e^n schw.: 1. im Wasser herumplätschern. – 2. unordentlich herumliegen. – -p f l u d e r e^n -$\bar{u}$- schw.: herum flattern. – -p f l u t t e r e^n schw.: kränkeln. Ein Kranker *pfl et nu' so 'r.* – -p f u c h z e^n schw.: im Zimmer *'r. pf.* zornig herum rennen. – -p f u r r e^n schw.: von geräuschvoller rascher Bewegung. – -p u d l e^n -$\bar{u}$- schw.: einen wie einen Pudel (vgl. -*hunzen*) herumschicken, um ihn zu schikanieren; unnötig viel beschäftigen, plagen. – -p u f f e^n schw.: herumstoßen. – -p u r g i e r e^n schw.: schikanieren, = *bugsieren.* – -q u a t t l e^n -$gw\bar{a}dl\vartheta$ schw.: herumwackeln, unbeholfen herumgehen. Vgl. *daher-.* – -r ä c h s e^n -$r\breve{e}ks\vartheta$ schw.: lange kränkeln. – -r e i t e^n st.: wie nhd. Bes. übtr. *auf einem 'r.* ihn schikanieren, tyrannisieren. – -r u c k e^n schw.: herumrücken. – -r u d l e^n -$\bar{u}\vartheta$- schw.: herumrühren, herumwühlen. Übtr.: *in etwas 'r.* sich in der Erinnerung damit beschäftigen, doch nur tadelnd. – -r u g (e) l e^n -$\bar{u}$- schw.: (sich) herumrollen, -wälzen, trans. und intr. – -s a g e^n schw.: ein Gerücht verbreiten. – -s c h a f f e^n schw.: den Boden, die Erde *'r.* umackern. Auch an etwas (jemand) *'r.* bearbeiten. – -s c h a r w e n z (l) e^n schw.: = -*schwanzen.* – -s c h ä t t e r e^n schw.: viel herum gehen. – -s c h e r e^n st.: schikanieren, herumjagen. Auch refl. *sich 'r.,* etwa = *sich 'r.* schlagen. – -s c h e u c h e^n schw.: h. jagen. – -s c h i e g e^n (-$\bar{e}\vartheta$-, -$e\vartheta$-) schw.: mit schiefen Füßen umhergehen. – -s c h i e ß e^n st.: 1. trans.: *Er hat zu mir 'r. g^{e}schosse^n* herüber g. – 2. intr., mit sein: schnell herumfahren, -springen. *Der schießt 'r. wie net g^{e}scheid.* – -s c h l a g e^n st.: wie nhd. Auch = umschlagen, umdrehen: das gemähte Getreide mit dem Rechenstiel wenden, damit es auch auf der Unterseite trocknet. – -s c h l a m p e^n schw.: träge, müßig umherziehen Oschw. – -s c h l a n k (e) l e^n schw.: dass. – -s c h l a w a k e^n schw.: faul herumliegen. – -s c h l e n k e r e^n schw.: unordentlich herumwerfen. – -s c h l i n g l e^n (meist -$\check{s}l\breve{e}\eta gl\vartheta$) schw.: herumstrolchen, bes. unerlaubterweise, bei Kindern. – -s c h l o r k e^n -$\breve{\varrho}$- schw.: in alten Pantoffeln herumlaufen. – -s c h m u s e^n -$\bar{u}$- schw.: mit Frauenzimmern liebeln. – -s c h n e c h l e^n schw.: müßig gehen. *Um einen (etwas) 'r.* sich schmeichelnd, schmiegend herumschleichen, um irgend einen Zweck zu erreichen. – -s c h n u f f l e^n schw.: herumspüren. – -s c h o r e^n schw.: das Land umschoren. – -s c h u c k l e^n schw.: faul umherlaufen. – -s c h w a n z e^n (-ä- seltener) schw.: faulenzen, müßig herumstrolchen. – -s c h w ä t z e^n schw.: 1. = -*sagen.* – 2. um etwas *'r. schw. (wie die Katze um den heißen Brei)* nicht mit der Sache herausrücken. – -s e r b e^n schw.: kränkeln. – -s i r m l e^n schw.: geistesabwesend, gedankenlos umherlaufen. – -s t a l l i e r e^n schw.: einen unnötig herumspringen lassen, um ihn zu schikanieren; herumscheuchen. – -s t i f l e^n -$\bar{i}$- schw.: (plump, schwerfällig) umhergehen. – -s t o f f l e^n schw.: herumstrolchen, stärker als -*stiflen.* – -s t r a c k e^n schw.: faul herumliegen. Vgl. -*flacken.* – -s t r ü l e^n -$i\vartheta$- schw.: herumstrolchen (vielfach auch: mit böser Absicht). – -s t ü r e^n -$\bar{i}\vartheta$- schw.: herumwühlen. – -s u m s e r e^n schw.: herumtrödeln Oschw. *Der tut 'r., bis er z^u spät kommt.* – -t a p e^n -$\breve{\varrho}$- usw. schw.: mit den Fingern überall herumgreifen. – -t a p p e^n schw.: wie nhd. blind umhergehen. *Der tappt in der Stub^e 'r.; tappt recht im Nebel 'r.* An etwas herumgreifen. *Mußt net immer an allem 'r. t.* mit den Fingern. – -t ä p p l e^n (-ele^n), -t a p p l e^n schw.: mit kurzen raschen Tritten einhergehen. – -t ö b e r e^n -$\breve{e}$- schw.: umhertoben, lärmend sich mit etwas beschäftigen. – -t o r k (e) l e^n, -t u r k l e^n schw.: umherschwanken, mit unsichern Tritten gehen. – -t r ä g l e^n -$\breve{\varrho}$- schw.: lang an etwas herummachen. – -trampe[n] schw.: schwerfällig umhergehen. Auch -trample[n]. *Trample du auf deine[n] Füß[en] 'r.*, statt auf meinen. – -trantsche[n] -ăn- schw.: schwerfällig umhergehen. – -trappe[n] schw.: dass. Demin. -träpple[n] schw.: herumtrippeln. – -tremple[n] -drēəblə schw.: unwohl sein, mit einem *Trempel*, leichter epidemischer Krankheit, behaftet sein. – -tre[n]se[n] (Formen und Laute s. *tr.*) schw.: langsam, unlustig arbeiten, nicht vorwärts kommen mit der Arbeit. – -tribuliere[n] schw.: = -scheuchen. – -triele[n] schw.: bummeln, herumhängen. – -tromm(l)e[n] schw.: ausposaunen, überall herum erzählen. – -trümmle[n] -ĕ̆- schw.: wie im Taumel herumlaufen; auch: beschäftigungslos, faul umherschlendern. – -tu[n] st.: in verschiedenen Bedd. des Verbs und des Adv. Z. B. den Acker '*r. t.* umakkern, reuten; ein Tuch '*r. t.* umlegen, um den Hals, Leib; etwas '*r. t.* herüber legen, stellen, legen usw. – -vespere[n] schw.: wie *v.* 1. bei Bekannten herum leichte Mahlzeiten einnehmen; auch bloß: Besuche machen. – 2. herum gestikulieren, mit dem Arm. – Dazu [He]rumgevesper n. – -wargle[n] schw.: trans. und intr. (mit sein): herumrollen, -kugeln. – -wurstle[n] schw.: etwa = -gerust(l)en, s. d. – -zottle[n] -ŏ̆- schw.: müßig herumlaufen, trödelnd arbeiten. – -zündle[n] schw.: mit dem Licht, Feuer achtlos umgehen. – -zwible[n] -ī- schw.: stark durchprügeln. Vgl. *ver-*. – -zwirble[n] schw.: trans. und intr. mit sein: im Kreise herumfahren. Wenn die Katze einige Streiche hat, *zwirblet* sie auf dem Boden *h.*

Herumgeleier s. unter *herum-leiern;* -gevespe r s. *h.-vesperen.*

[he]**rum-wärts** Adv. : = *herum,* in der Richtung zum Redenden herüber.

[he]**r-unter** *rŏndər*, N. u. S. *rŭndər* (N. *rŭnər*). Nur im NW. sonst nur [he]*rab.* Adv.: wie nhd. herunter.

her-vögle[n] schw.: eine Frau hernehmen. *Die tät[e] i[ch] h., wenn i[ch] dürft[e]!*

her-walke[n] schw.: durchprügeln.

her-wi(t)sche[n] schw.: unvermerkt heraneilen.

Herz *hĕrts*, -*ə̣ə-* n.; Plur. -e[n], seltener -e[r]; Demin. -le[in], Koseform -ele[in] n.: **1.** Herz, wie nhd. – **2.** andere Körperorgane a. Busen; bes. weibliche Brust. H e r z e r : Brüste. *Die henkt Herzer 'raus* eine Vollbusige – b. selten vom Magen. *Mei[n] H. tut mir weh* ich habe Magenweh. – **3.** übtr. von Personen. In zärtlicher Anrede. Bes. im Demin. *Herz(e)le[in]* Liebkosungswort der Mütter zu Kindern. In der Liebessprache *Herz, Herz(e)le[in].* – **4.** das Innerste einer Sache, Z. B. bei Pflanzen. Bäume haben ein *H.*. *Der Kopfsalat hat ein H.* – **5.** im Kartenspiel, wie nhd. – **6.** Herzle[in] Zittergras, Briza media L.

herzams(er)(l)en s. *herzeislen.*

her-zeisle[n], meist *-tsāēslə;* -zeisemle[n], -zamse[n] -ā̆-, *-tsŏāmslə, -tsēāmslə,* -zamserle[n], -zeichle[n] schw.: **1.** mit List, schmeichelnd zu sich heranlocken. – **2.** *-zamse[n]* strafen ALLG.

Herz-g[e]spann n.: **1.** Herz-, Brustkampf. – **2.** Die Pflanze Echter Löwenschwanz, Leonurus cardiaca L., die als Heilmittel gegen 1 galt. – H e r z - g r u b [e] *-uə-* f., Demin. - g r ü b l e[in] *-iə-* n.: Magengrube. – h e r z - g u t *-gūət* Adj.: grundgut. Vielfach auch *herzensg.*

Herz-käfer m., bes. Demin. -le[in] n.: Liebling, als Liebkosungswort. – H e r z - k a s t e [n] m.: Brustkasten, Thorax. – H e r z - k i r s c h [e], -kries[e] f.: große, harte Kirsche. – H e r z - k l o c k e r m.: = -klopfen OSCHW.

herz-ler *(-ĕ̆-,* FRK. *-ē̆-)* Adj.: **1.** blutleer, vom Herzen. – **2.** engbrüstig. Bes. scherzh. vom weibl. Geschlecht: mit schwachem Busen. – H e r z - l e r e : Blutleere im Herzen.

herz-tausig Adj.: herzlieb; bes. im Volkslied: *Du such[e] i[ch] mein[en] h-e[n] Schatz.*

her-zu *-tsūə, -tsūəs* ⌢ Adv.: in der Richtung auf den Redenden, Handelnden. Syn. *-wärts. Du mußt de[n] Schlüssel net so 'num drehe[n], sondern h.*

Hesch *hĕš,* flekt. -e[n] m.: das Aufstoßen, Rülps OSCHW. ALLG. *Den H-e[n] haben. Einem vom H-en helfen.*

hesche[n] schw.: den *Hesch* haben.

Hescher *-ĕ̆-* m.: = *Hesch.*

h e s p e n usw. s. *häspen.*

Hetz[e] *hĕts,* Pl. -e[n] f.: **1.** Elster. – **2.** Häher, Nußhäher.

Hetzen-aug[e] *-ĕ̆-* n.: Hühnerauge. Syn. *Agelstern-, Ägersten-, Kägerschen-auge.*

Hetzete *-ĕ̆-* f.: Hetzerei.

h e t z g e n s. *heschen.*

Heu-ba[ne] *-bọ̆ə, -bọ̆, -bāō* OSCHW. f.: Heuboden, der Raum der Scheuer, wo das Heu aufbewahrt wird. Im SO. verbr. S. a. *-barn, -boden, -büne.*

Heu-barn *-bā(r)n* W., *-bārə* O., *-bọ̆rə* NO. m.: = *Heubane,* bis auf den Boden gehend. S.a. *Emd-.* Syn. *-sch[e]ünte, -speicher, -stall, -stock.* Es wird unterschieden *H.* 1. Stock, *Oberling* 2. Stock. – H e u b a u m m.: *Wisbaum,* Balken über dem aufgeladenen Heuwagen, über den die *Heuseiler* gezogen werden. – H e u - b l u m [e], meist Plur. -e[n] f.: **1.** Grassamen, die auf dem Heuboden liegen bleiben und vor Beginn des Frühjahrs ausgeräit werden. – **2.** Maßliebchen, Leucanthemum vulgare L. – H e u - b o c k m.: Gerüst zum Trocknen des Heus auf der Wiese. – H e u - b o d e [n] m., Demin. -bödele[in] n.: wie nhd. – H e u - b ü n e f.: Scheunenraum.

Heu-dackel m.: dummer Mensch, Schimpfwort.

heue[n] *häjə,* N. *-ā(j)-,* O. *hẹ̆ə,* haebə (südl. *hə̣i-,* SW. *hei-,* SO. *hoi-, höi-)* schw.: heuen, Heu machen. Lokal ist dafür *Heu machen* üblicher.

235

heuer *hui(ə)r*, *həi(ə)r*, S. *hī(ə)r*, Ries *haer*, Frk. *haiər* Adv.: in diesem Jahre. *H. ist der Wein nicht geraten.*

Heuerling *hui(ə)r-*, S. *hī(ə)r-*, s. *heuer* m.: in diesem Jahr geborenes Individuum. Füllen, Lamm, Fisch von diesem Jahr. **1.** in diesem Jahr erst ausgeschlüpfter Fisch. – **2.** junges Rind. – **3.** junger Rebschoß.

Heuet *hajət* m.f.n.: **1.** m.f. Heuernte, Zeit der Heuernte. – **2.** m. Ertrag einer Heuernte. – **3.** n. (Plur. *-eⁿ*) Graslehne, Grashalde, von der das Heu (teilweise mit Steigeisen) herabgeholt wird Allg. – **4.** n., Plur. *-er:* ins Gevierte ausgespreitete Heulage, welche sodann zu Schochen zusammen gerecht und gehäuft wird Oschw.

Heuet-katzᵉ *haebət-* f.: = *Heukatze*, Festessen nach der Heuernte, aus Küchlein udgl. bestehend. Kuchen udgl., die die Bauern nach Schluß des *Heuet* dem Pfarrer bringen.

Heu-gatter, Plur. -gätter n.: Art Schild, Stangengestell, das vorne und hinten in den Heuwagen eingestellt wird. Die beiden *H.* werden durch den *Wisbaum* verbunden. – Heu-gras n.: Gras, das geheut werden soll.

Heu-heinzᵉ f. (m.): *Heinze*, Trockengestell für Heu Allg. – Heu-höpfer *-hḙpfer*, -hopfer *-ǫ̈-*, -hupfer m.: Heuschrecke.

Heu-jucker m.: Heuschrecke.

Heu-katzᵉ f.: **1.** der letzte Heuwagen, der hereingeführt wird. Auf ihm saß ein Mann, der allerlei Possen machte und wie eine Katze miaute. – **2.** Festmahl nach der Heuernte, meist im Wirtshaus; dazu wurden alle Angehörige des Bauernhofes (Gesinde) und Taglöhner geladen. – **3.** Eisen, mit dem das Heu in der Scheuer aufgezogen wird.

heuleⁿ *həilə*, S. *-ī-*, Frk. *-ai-*, Ries *-ae-* schw.: wie nhd. Auch von bloßem Heulen, viell. mehr von lautem (wofür auch *schreien*), doch auch von stillem; Syn. *greinen, weinen, pflennen, briegen, heunen. Rotz und Dreck h.;* etwas weniger derb *R. und Wasser h. Dem ist's H. näher als 's Lache*ⁿ. – Vom lauten Geheul der Klagfrauen am Grabe. – Von Hunden. *H. wie ein Schloßhund. Mit de*ⁿ *Wölf*ᵉⁿ *muß ma*ⁿ *h.; Wenn ma*ⁿ *(Wer) bei de*ⁿ *Wölf*ᵉⁿ *ist, muß (ma*ⁿ*) mit ihn*ᵉⁿ *h.*

Heuler m.: wer viel heult, weint.

Heulerei f.: fortgesetztes, unangenehmes Heulen, Jammern, Klagen.

heulerig Adj.: weinerlich.

Heuleriⁿ, Plur. -ⁱnneⁿ f.: weiblicher *Heuler*. Speziell: Klageweiber bei der Beerdigung.

heulerisch Adj.: = *heulerig*.

Heulete f.: Geheul.

Heu-liecher *-liəχər*, -liechel Allg. m.: **1.** eiserner Haken, mit Widerhaken an der Spitze, zum Herausziehen, *liechen*, des Heus aus dem Heustock. – **2.** wer das Heu zu *liechen* hat (was auch der Dümmste kann). Dummer Mensch, dummer Bauer. Junger Bursche in den Flegeljahren.

heulig Adj.: zum Heulen geneigt.

Heul-kätter *-ḙ-* f.: Frau, die viel heult oder jammert.

Heul-tuch *-uə-*, Plur. -tücher *-iə-* n.: weißes Tuch, etwa gleich einer Serviette, das die bei der *Klage* gehenden Weiber, *Heulerinnen*, in den Händen tragen.

Heu-mad f.: das Mähen des Heus.

heuneⁿ *hāēnə*, S. *-ī-*, *-īā-* Allg. Tir. schw. (Part. gᵉhüneⁿ): weinen; winseln, jämmerlich weinen, bes. von Hunden und kleinen Kindern; dann auch Ausdruck für nicht zu lautes Weinen überhaupt SO. Im Ries dafür *haunen*.

heunig Adj.: weinerlich, zum Weinen geneigt.

Heu-ochs m.: Dummkopf.

Heu-raufᵉ *-ao-* f.: Futterraufe im Stall, in der dem Vieh Heu aufgesteckt wird.

heurig (Laute s. *heuer*) Adj.: von diesem Jahr stammend. *Das h-e Korn, der h-e Wein;* für den letzeren mehr *neuer (W.).* Opp. *ferndig*, s. d. *Der (Die) ist au*ᶜʰ *kei*ⁿ *h-er Has*ᵉ *(h-ᵉs Häsle*ⁱⁿ*) me*ʰʳ.

Heuschel, -er s. *Heutscher.*

Heu-schlaufᵉ, flekt. -eⁿ *-šlaof(ə)*; Frk. *-šlǫfə* f.: Küchenschelle, Pulsatilla vulgaris Mill. Syn. *Haberblume, Herrenschlaufe, Osterblume, -glocke, Schafblume, Trolle.*

Heuschlickel s. *-schrecke.*

Heuschnickel s. *-schrecke.*

Heu-schochᵉ *-ǫ̈-*, flekt. u. Nom. -eⁿ m.; Demin. -schöcheⁱⁿ *-ḙ-* n.: Haufen Heu, das auf der Wiese trocknen soll.

Heu-schreckᵉ m.: **1.** wie nhd., locusta. Formen: *-šrḙk*, flekt. -eⁿ; -schrickel; -schlickel; -schretel; -schnickel *-ī-;* -schnickeler; -schnirkler.

Heu-schucker m.: Heuschrecke. S. a. *-jucker.*

Heu-schuppeⁿ m.: Schuppen, Schopf für das Heu.

Heu-seicher *-ǫe-* m.: der Monat Juni. – Heu-seicheriⁿ f.: Spitzname der hl. Sophie, weil es um die Zeit ihres Namenstags (15. Mai) gerne ins Heu [?] regnet.

Heu-seil, Plur. -er n.: Spannseil am Heuwagen, über dem Wisbaum (s. a. *Heubaum*) geworfen und an den Leitern befestigt (das vordere heißt *Kopf-*, das hintere *Bindseil*).

Heu-siech *-siəχ* m.: *Du H.!* starkes Schimpfwort.

Heu-speicher m.: = *-barn.*

Heu-stadel m.: Heuscheuer, im Gebiet von *Stadel* (OSO.) – Heu-stall m.: = *-barn*, der untere Teil der Scheuer, in der das Heu aufbewahrt wird. – Heu-stock m.: **1.** oberes Stockwerk der Heuscheuer, wo das Heu aufbewahrt wird SO. – **2.** das im H. vorhandene Heu.

Heu-stöffel (SW. -o-) m.: **1.** Heuschrecke. – **2.** *-ǫ̈-* dummer Mensch.

heut-mittägig *(hāēm-)* Adj.: zum heutigen Mittag gehörig. *Im h-e^n Blättle^{in}* in der heutigen Nachmittagszeitung.

Heu(t)sch(er), -el, Heuz(er) m.; Demin. -le^{in} n.: **1.** junges Pferd, Füllen, Fohlen. – **2.** *hāētš̌ərl*̌ Kalb. – **3.** junger Mensch, Mädchen *(-le^{in})*, dem es recht wohl ist.

Heuz s. *Heutscher.*

Heuz(el) hui-, Plur. -e^n f., meist Demin. -le^{in} n.: **1.** junges Schwein, Ferkel. – **2.** *huitslə* Plur.: Tannzapfen.

Heuzer s. *Heutscher.*

Hex^e, Pl. Hexe^n f.: **1.** Hexe, Zauberin. – **2.** Schimpfwort für häßliche und böse alte Weiber. Auch lobend für aufgeweckte Mädchen. – **3.** (kleiner) Rausch.

Hexe^n-bese^n m.: von dem Rostpilz Acidium elatinum bewirkte Wucherung verworrener Zweige mit gelbgrünen, im Herbst abfallenden Nadeln, bes. auf Weißtannen.

Hexe^n-finger m.: Belemnit. Syn. *Teufelsf.*

Hexe^n-furz m.: **1.** Staubpilz, Lycoperdon Bovista, blutstillend. – **2.** Demin. -fürzle^{in} n.: welke Fruchtkapsel der Herbstzeitlose, Colchicum autumnale L.

Hexe^n-garn n.: verwirrter Garn-, Fadenknäuel.

Hexe^n-gürtel m.: Bärlappgewächse, Lycopodiaceae. Syn. – *kraut*, *Teufelsklaue*, besonders *Tannenbärlapp*, Huperzia selago (L.) Bernh.

Hexe^n-kraut n.: Pflanzenname. **1.** Christophskraut, Actaea spicata L. – **2.** die Gattung Hexenkraut, Circaea L. – **3.** die Gattung Wolfsmilch, Euphorbia L. – **4.** Stinkende Nieswurz, Helleborus foetidus L. Syn. *Laus-, Stink-, Teufels-, Zigeunerkraut.* – **5.** Echtes Johanniskraut, Hypericum perforatum L. Syn. *Fieberkraut.* – **6.** Gewöhnliches Leinkraut, Linaria vulgaris Mill. – **7.** Bärlappgewächse, Lycopodiaceae. – **8.** Knotige Braunwurz, Scrophularia nodosa L.

Hexe^n-mel n.: Bärlappmehl.

Hexe^n-milch f.: Gattung Wolfsmilch, Euphorbia L., bes. Zypressen-Wolfsmilch, Euphorbia cyparissias L.

Hexe^n-ring m.: ringförmige Stelle üppigeren Graswuchses; in diesen Ringen tanzen die Hexen.

Hexe^n-scheiß *-o̧e-* m.: **1.** die Pflanze Hohler Lerchensporn, Corydalis cava (L.) Schw. et. Koerte. – **2.** kein^{en} H. (wert sei^n) gar nichts.

Hexe^n-schirm m.: Schwamm, der auf Mistbeeten wächst und Regenwetter anzeigt.

Hexe^n-schnället *-šn̦ę-* (f.?): das Peitschenknallen der Hexen in der Fastnacht RIEDLINGEN.

Hexe^n-war^e f.: ernsth. oder mehr scherzh. Scheltwort für Weiber.

Hexe^n-werk n.: von rascher, leichter Arbeit. *Das geht wie 's H. Das wird doch kein H. sein* das wird man auch noch fertig bringen.

hi- s. a. *hü-.*

Hib hīb; huib, hūb; Plur. gleich *(hīb* auch im Gebiet von *hūb)* m.: **1.** Hieb, wie nhd., doch ist z. T. *Hui*, s. d., üblicher. Bes. Hieb der Axt, des Beils. *Auf ein^{em} (de^n erste^n) H. fällt kei^n Baum. Du kriegst H.* – **2.** übtr. a. *einen H.* (nur *hīb) haben* angetrunken sein. – b. Verstandesverwirrung. Ein Überspannter *hat e^in^{en} rechte^n Hib* Sparren.

hichzen s. *hicken 3.*

hicke^n schw.: **1.** hüpfen, springen. – **2.** das Zusammenstoßen der Ostereier, ein Kinderspiel, bei dem mit einem Ei die Spitze des andern eingeschlagen werden soll ALLG. – **3.** hicke^n, hichze^n *-ĭ-* schw.: hicken aufstoßen aus dem Magen FRK. *Hichze^n* schwer atmen in erhitztem Zustand; schluchzen.

Hicker, Hichzer m.: das Aufstoßen aus dem Magen, Rülps FRK.

hie hīə; hī äußerster NW. Adv.: **1.** örtlich: hier; aber, wie auch in der lebendigen Sprache anderer Gegenden, nur = in dieser Ortschaft, Stadt. Dagegen heißt „an dieser Stelle" *da (hannen),* selt o. ä. *Bist au^{ch} e^{in}mal wieder h.?* Gruß; vgl. *hiesig. Er ist vo^n hie* stammt aus dieser Ortschaft; übtr.: *Der ist nimme^r ganz vo^n h.* nicht mehr ganz bei Sinnen. – **2.** zeitlich: jetzt, nur in *hie und da* dann und wann.

hiech(n)e^n, ieche^n st. schw.: tönen, schallen. **1.** *Es h-t* tönt, schallt, klingt, lautet, sowohl von Geräuschen als von Tönen. – **2.** übtr. *^Es will ^nit h.* nicht recht zusammenstimmen, harmonieren; nicht glücken, geraten.

hie-^{he}rum *hiərǫ̃m* Adv.: in der Umgegend von *hie 1.* Subst.: Hie-^{he}rum n.: hiesige Umgegend.

hie-ländisch Adj.: inländisch, aus dem eigenen Land stammend.

hiemal s. *iemal.*

hienen s. *hiechen.*

hier s. *hie.*

Hiesel I *hīəsl* m.: **1.** Kurzform des Namen Matthias. Bes. *der bairisch^e H.* BAIRSCHW. OSCHW. – **2.** dummer Mensch. S. a. *hieslen.*

Hiesel II m.; meist Demin. -le^{in} *hīəsəl*̌, Pl. *-lị̌χ* n.: kleines eiteriges Hautbläschen, Geschwür, Ausschlag FRK.

hiesig *hīəsiχ*, S. *-īg* Adj.: hier, in dieser Ortschaft, wohnend, daher stammend. *Ein h-er Handwerksmann.* Auch präd. in dem Gruß: *Sind ihr au^{ch} (wieder) h.?,* auch einfach: *Au^{ch} h.?* – Subst. Hiesiger m.: Einheimischer.

hiesle^n *-iə-* schw.: hänseln BAIRSCHW. OSCHW. – Zu *Hiesel* I.

hie-unten s. *hunten.*

Hilarius, gekürzt *hĭlārĕ ⌃◡, glĕrḝ, lārgəs:* **1.** Name des Heiligen und kath. Taufname. Der Tag des h. H., 13. Jan. – **2.** *Hilare* dummer, lächerlicher Mensch. Gekürzt Lare *lārĕ* Einfaltspinsel; Fem. Lare *lārə* dummes Weib.

Hile s. *Hun.*

hille[n] *hī-* (bes. 3. Sing. *hīlt*) schw.: hallen. Ein Faß *hillt* klingt hohl. Widerhallen, ein Echo geben.

Him-ber[e] *hĕmbēr* ‿, hĭmbēr, hĭpēr, hĕmbər, hēbər, hāēbər;* Im-ber[e] *ĕmbēr, ĭmbər, ĕmbər, ĕbər;* Humber, *hŭmbər* f., Pl. *-ber(e*[n]*), -bər;* Himbele[n] *hĕmbələ;* Humbele[n], Humme-le[n]: Himbeere, Rubus idaeus L.

Himmel *hĕml,* FRK. *-ī-; -ĕ̄-* m.: **1.** wie nhd. a. Firmament. Der H. ist *heiter, trüb, duster* usw. *Der H. überlauft* wird wolkig; er *putzt sich* wird wolkenlos. – b. übtr. als Sitz der Gottheit, der Heiligen und Seligen. *Vor unser Herrgott im H. ist* (vor Himmelfahrt), *wird 's Wetter* [n]*it gut.* – c. in Ausrufen. *Ums H-s wille*[n]*! Himmelsakrament, -saite, -stern* s. bes. – **2.** übtr. a. Decke des Kirchenschiffs. – b. Decke einer Bettlade, des Himmelbetts. – c. Baldachin; Syn. *Traghimmel.* – d. der leere Raum, die kleine Luftschicht im Ei. Syn. *Muttergottesgrüblein.*

Himmel(s)-blüme[in] n.: Frühlingsblumen. S. a. *-schlüssel 3 b.*

Himmel-brand m.: Großblütige Königskerze, Verbascum densiflorum Bert. und kleinblütige Königskerze, Verbascum thapsus L. Syn. *-kerze, Hirschstengel, Wollblume, Wetterkerze.*

Himmelen s. *Himbere.*

himm(e)le[n] schw.: mit haben. **1.** (bald) sterben, dem Tod entgegen gehen, bes. von Kindern. – **2.** die Augen (affektiert) zum Himmel aufschlagen. – **3.** Part. *gehimmelt* mit einem *Himmel 2 b* versehen.

Himmelfart f.: **1.** Himmelfahrt Christi und deren Tag. – **2.** Mariä Himmelfahrt, 15. Aug. Syn. *Mariä Kräuterweihe.* – **3.** bildlich, vom Tod.

Himmelfarts-blüme[in] n.: **1.** Gewöhnliches Katzenpfötchen, Antennaria dioica (L.) Gaertn. Syn. *Hunds-, Katzentäplein, Katzenäuglein, Mausöhrlein, Donnerstagsblümlein.* Es wird gern am Himmelfahrtsfest (morgens vor Sonnenaufgang) gepflückt, zu Kränzchen zusammengebunden und das ganze Jahr über in Haus und Stall aufgehängt, zum Schutz gegen Blitz. – **2.** Bitterliche Kreuzblume, Polygala amarella Crantz. – **3.** Heideröschen, Daphne cneorum L.

Himmelskerz[e] f.: Großblütige Königskerze, Verbascum densiflorum Bert., und kleinblütige Königskerze, Verbascum thapsus L.

himmel-lang Adj.: sehr lang, groß. *E*[in] *h-er Kerle.*

Himmel-sakrament *(-sackerment)* ‿‿‿, gekürzt -sack; auch *-sackerdi -ī:* starker Fluch. Dafür euphemistisch Himmel-saite *-saetə* OSCHW.

Himmels-brot u.: **1.** Bach-Nelkenwurz, Geum rivale L. – **2.** Blüten des Mittleren Wegerichs, Plantago media L.

Himmel(s)-schlüssel m., Demin. -le[in] n.: **1.** eigentl., der Schlüssel zum Himmel. – **2.** Name eines alten (kath.) weit verbr. Gebetbuchs. – **3.**

Pflanzenname. a. Schlüsselblumen, Primula L. – b. Frühlings-Enzian, Gentiana verna L. – c. Wiesen-Schaumkraut, Cardamine pratensis L. – d. Tag-Lichtnelke, Melandrium rubrum (Weigel) Garcke. – e. Küchenschelle, Pulsatilla vulgaris Mill. – f. Steinklee, Melilotus Mill. – g. Wiesenorchideen.

Himmel-stern m.: bes. in Flüchen: *H.! Gotts H.! H.-sakrament!,* gekürzt *H-sack!*

hi[n] *hē; hī* N., *hĭ, hī* S. Adv.: A. fort, weg. **1.** *hin* opp. *her* lokal, wie nhd. *H. und h. gehen* udgl. – **2.** zeitlich: vergangen, vernichtet, zerstört. Tot, von Menschen und Tieren. Von ersteren nur in derber oder sehr energischer Rede. *Der ist wohl h.* ◌◌◌ um seinen Tod ists nicht schade. *I*[ch] *bi*[n] *schier h. g*[e]*we*[sen] halbtot vor Erschöpfung, Schrecken odgl. *Des ist zum Hi*[n]*sei*[n] zum Totlachen, Totärgern, auch: sehr erstaunlich. Pflanzen *sind, werden h.* gehen ein, von Frost, Dürre o. a. Ein Kleid *ist, wird h.* durch Zerreißen oder Beschmutzung. Ein Glas, Hafen udgl. *ist h.* zerbrochen; ebenso eine Uhr o. a. Maschine. *H. ist h.* allgem. Trostspruch. – In diesem Sinn kann *h.* auch adjektivisch gebraucht und flektiert werden. *E*[in] *hi*[ne]*s Hüh*[n]*sei*[n] totes Huhn. *E*[in] *h-s Messer, Glas, Roß; e*[ine] *h-e Kuh.* Von Personen: ökonomisch zerrüttet, todmüde: *I*[ch] *bi*[n] *ganz h.* – Von Sachen: Das Geld, Vermögen udgl. *ist h.* – B. wie nhd. hin, nach einem Orte zu. *Er ist h.* dorthin gegangen. *Hin und zurück (retour)* auf der Eisenbahn.

hin-ab, 'nab *năb, nāb* S., *nā* Hauptgeb., *nō* FRK. Adv.: wie nhd., vom Redenden (Handelnden) weg abwärts; opp. *herab.* Im NW. *'nunter.* Syn. *abe. H. sein* hinuntergegangen, -gefallen udgl. sein. Eine Sache *ist de*[n] *Bach 'n.* schon vorbei, verloren. *H. wollen;* bes. negativ: *Das will mir (gar) nicht h.,* ich kann es nicht überwinden. Subst. *im 'n.* beim Hinunterweg. – Am meisten mit Verben spezif. Bedeutung, bes. der Bewegung; vgl. jeweils *herab-.* Z. B. – bade[n] schw.: das *Nabaden,* d. h. das Hinunterschwimmen auf der Donau in Ulm von der Wilhelmshöhe unter der Brücke hindurch. – - bocke[n] schw.: hinabstürzen, -rollen. – - bogele[n] schw.: hinabrollen. – - bringe[n] schw.: 1. phys. – 2. eine Arznei odgl. *h. br.,* bes. *nicht h. br. (können),* wie nhd. Übtr.: *Ich bringe etwas nicht h. = es will mir nicht h.* (s. o.), ich kann es nicht verwinden. – - g[e]heie[n] schw. st.: 1. intr. sein: hinabfallen. – 2. trans.: hinabwerfen; vgl. *-schmeißen.* – - hagle[n] schw.: intr. mit sein, derb für *-fallen, -geheien 1, -schlagen.* – - henke[n], -hänge[n] schw.: hinunterhängen. *E*[ine] *Blätsch*[e] *'n. h.* den Mund weinerlich hängen lassen. – - jucke[n] schw.: h. springen. – - lange[n] schw.: 1. mit pers. Subj.: hinuntergreifen; spez. einer Weibsperson unter die Röcke. – 2. mit sachl. Subj.: ausreichen bis hinunter. – -lasse^n st.: 1. phys., z. B. *ein^{en} am Seil 'n.* – 2. ein^{en} 'n. l. nicht bezahlen, hangen lassen. – -pflattere^n schw.: lose hinabhangen. Die Flügel eines Vogels, die Blätter einer Pflanze *pflattere^{n}t 'n.* – -pflumpfe^n schw.: derb, plump hinabfallen. – -schlatte-re^n schw.: schlaff h. hängen, z. B. von Strümpfen. – -schlinde^n st.: hinabschlucken. – -schmeiße^n st.: = *-geheien 2, -werfen.* – -seile^n -ϱe-, -$\bar\varrho\partial$- schw.: am Seil h. lassen. Übtr. *'na^b-g^{e}seilet sei^n* benachteiligt, übervorteilt. – -singe^n st.: am Grab singen. – -sprenge^n schw.: hinabspringen machen. Der Meister *sprengt den Jungen des Tags 20mal die Stiege hinab.* – -worge^n, -worgse^n, gebildeter -würge^n schw.: hinunterwürgen, mit Anstrengung schlucken. – -zamserle^n (o. ä., s. *herzeislen*) schw.: hinab locken. – -zünde^n schw. st., s. *z.:* *einem h. z.* heimleuchten, gehörig die Meinung sagen, mit Wort oder Tat.

hinan, 'na^n *nā*, FRK. *nŏ(u)* Adv.: an etwas, an jemand hin. Mit Lokalbestimmungen. *Da h.; wo h.; sel^{b}t h. Wo gehst, wi^{lt} 'n.? Etwa 'n. ẽbanā, eimetsn.* irgendwohin. *Niene^n 'n.* nirgendhin. – Mit Hilfsverben. -dürfe^n: hin(gehen) dürfen. *Der därf net 'n. an de^n* darf sich nicht mit ihm vergleichen. – -könne^n: haupts. neg.: *nicht h. k.* teils phys., teils übtr. *Da kann i^{ch} net 'n.* das vermag ich nicht, spez. auch von einer Leistung, mit der man nicht konkurrieren kann. *An dan ka^{nn}st net 'n.* wie *-dürfen. Ma^n kann ihm net 'n.* nicht beikommen, er gibt sich keine Blöße. – -müsse^n: *I^{ch} muß 'n.* muß hingehen. *Da hilft kei^n geistlich^{e}s Mittel, da muß Mist 'na^n.* – -wolle^n: hingehen wollen. *Wo wi^{ll}t 'n.?* – In Verbindung mit zahlreichen Verben konkreter Bed., bes. der Bewegung, z. B.: -bästle^n schw.: durch *b.* hinbringen, wohl nur komisch. *Er hat ihr e^{in} Kind 'n. ^{ge}bästlet.* – -beutle^n schw.: stürzen, hinfallen. – -bocke^n schw.: hinfallen. – -bringe^n schw.: 1. phys. *Dem Schuhmacher den Stiefel 'n. br.,* gew. ohne *'n.* – 2. etwas *'n. br.* geschickt fertig bringen. *Des hast schö^n 'n. ^{ge}bracht. Ein^{en} 'n. br.* überreden, bes. zu etwas Unvorteilhaftem. – -brösele^n: den Hennen etwas *'n. br. (braesala)* als Futter hinstreuen. – -burzle^n schw.: hinpurzeln, s. *-fallen.* – -deichsle^n schw.: geschickt hinbringen. S. a. *hin-.* – -denke^n schw.: in der Frage *Wo denkst 'na^n?* – -dockle^n schw.: wie eine Puppe herausputzen. – -dree^n schw.: *etwas 'n. dr.* geschickt zu seinem Vorteil wenden: *Der hat's (wieder) 'n. ^{ge}dreht!* Auch von geschickter Entstellung der Wahrheit. – -drucke^n schw.: hindrücken. *Einem etwas 'n. dr.* = *-reiben;* etwas Schlimmes nachsagen. – -falle^n st.: hinfallen. Vgl. *-bokken, -burzlen, -geheien 1, -haglen, -schlagen.* – -flacke^n schw.: faul, breit unanständig hinsit-

zen, -liegen. S. a. *hin-.* Vgl. *-ligen, -luntschen, -strack$\hat{e}$n.* – -fliege^n st.: hinfliegen; eig. und = *-fallen.* – -g^{e}heie^n (st.) schw., s. *g.:* 1. intr. mit sein: hinfallen; Syn. s. *-fallen. G^{e}hei^e nu' net 'n.!* S. a. *hin-.* – 2. trans.: a. *einem eins (eine) 'n. g.* eins hinschlagen. – b. hinwerfen. – -gehe^n st.: intr. mit sein. 1. phys., hingehen. *Wo gahst 'n.?;* abweisende Antwort: *Der Näs^e na^{ch}. Er geht 'n.* und tut das und das. – 2. unpersönl. a. phys. *Wo gaht's 'n.?* wohin geht's? – b. übtr. *Es geht ihm härt 'n.* fällt ihm schwer. *Es geht 'n. hat Platz,* z. B. eine Schrift auf einer Seite. – -hagle^n schw.: intr. mit sein: hinfallen. – -hange^n schw.: hinhangen, sich hinhängen. *Hang^e net älleweil a^n mi^{ch} 'na^n* sagt etwa die Mutter zum Kind. – -haue^n st.: *einem eins (eine) 'n. h.* einen Schlag geben. – -hebe^n st. schw., s. *heben:* hinhalten. Spez. *^{da}s Kind(-le^{in}) 'n. h.* als Pate über den Taufstein halten. – -henke^n, -hänge^n schw.: hinhängen. *Henk^e dein^{en} Rock a^n's Fenster 'n. E^{ine} Blätsch^e 'n. h.* eine große Unterlippe haben; das Maul weinerlich hängen lassen. – -hocke^n (S. -hucke^n) schw.: hinsitzen, gern mit dem Nebenbegriff des Faulen oder Lästigen. – -hottere^n schw.: hinkauern. – -hudle^n schw.: hinhudeln, flüchtig fertig machen. – -hurgle^n schw.: hinfallen, -purzeln. – -knie^n, -kniele^n schw.: hinknien. – -komme^n st.: hinkommen. Phys. *I^{ch} komm^e net zu dir 'n., du schlägst mi^{ch}.* Übtr. *Dem kommt der . . . net nā* kann sich nicht mit ihm messen. – -kriege^n schw.: fertig kriegen. Bes. *Den Rank an etwas, jemand 'n. kr.* den Entschluß fassen, die Gelegenheit bekommen. – -lange^n schw.: hingreifen. *Einer 'n. l.* einer Frau die Geschlechtsteile berühren. – -lasse^n st.: hinlassen. *Da laß i^{ch} di^{ch} net 'n. Gang weg, laß mi^{ch} 'n. Einen 'n. l.* 1) einem Geschlechtsverkehr erlauben. 2) ihm Gelegenheit geben, etwas zu leisten. – -laufe^n st.: hingehen. *I^{ch} muß e^{in}mal g^{e}schwind 'n. l.* – -lege^n schw.: hinlegen. *Da leg di^{ch} 'n.! ^{E}s hat heut^e Nacht 'n Schnee 'n. g^{e}legt.* – -leine^n -$\bar\varrho\bar{e}$-, -$\bar\varrho\partial$- schw.: hinlehnen, trans. u. intr. *In der Ernt^e leine^{n}t d^{ie} Baure^n nu' an' r Faß 'n.* schlafen kaum. – -lige^n st.: hinliegen, sich hinlegen. Bes. mit dem Begriff des Faulen, Lästigen. *Du leist 'n. wie e^{in} Bleiklotz.* S. a. *-flacken, -stracken.* – -lu^{n}tsche^n -$\bar\varrho\partial$- schw.: faul hinsitzen, -liegen. Vgl. *-flacken,* bes. *-pfluntschen.* – -mache^n schw.: hinmachen. *Mach^e mir au^{ch} den Knopf a^n mein^{en} Rock 'n.* Bes. *e^{in} G^{e}sicht, e^{ine} Blätsch^e, e^{i}n^{en} Bock 'n. m.* ein Gesicht machen; vgl. *-pflanzen.* Euphem. für *-scheißen.* – -nagle^n schw.: festnageln. – -pappe^n schw.: hinkleben, trans. u. intr. – -pflanze^n schw.: hinpflanzen. Wie *pfl.* auch = machen. – -pflätsche^n schw.: 1. stark hinfallen. – 2. faul hinsitzen, -liegen. – -pflu^{n}tsche^n -$\bar\varrho\partial$- schw.: = *-luntschen.* –

-plotze^n schw.: derb hinfallen. *Er ist 'n.* ^{ge}*plotzt.* – -pritsche^n schw.: festklopfen. – -reibe^n st.: *einem etwas 'n. r.* seinen Fehler tüchtig zu verstehen geben. – -richte^n schw.: bereit halten. *Dei^n Esse^n ist dir scho^n 'n.* g^e*richt^{e}t.* – -rucke^n schw.: hinrücken; trans. und intr., intr. mit sein. *De^n Tisch a^n d^{ie} Wand 'n. r. Ruck^e au^{ch} da 'n.* – -sage^n schw.: *ei^{ne}m 'n. s.* deutlich sagen. – -saue^n schw.: *etwas 'n. s.* schnell und schlecht hinschreiben. Syn. *-schmiren, -sudlen.* – -scheiße^n st.: wohin scheißen; feiner *-machen.* – -schlage^n st.: 1. trans., wohin schlagen, hauen. *Einem eins, eine 'n. schl. Den Kopf* (o. ä.) *'n. schl.* aufschlagen, anstoßen. – 2. intr., mit sein: (stark) hinfallen. – -schlupfe^n schw.: ein Kind *schlupft allweil an die Mutter 'n.* Vgl. *-schneckelen.* Dazu Adj. 'na^n-schlupferig anschmiegend, schmeichlerisch liebenswürdig. *Die muß mei^n A^n-mi^{ch}-'na^n-schlupferle^{in} werde^n* mein Schatz. – -schmekke^n, -schmacke^n schw.: hinriechen. – -schmeiße^n st.: hinschmeißen. 1. phys. zu Boden werfen. ^{E}*s hat e^{i}n^{en} rechte^n Schnee 'n.* g^e*schmisse^n.* – 2. übtr., zuwerfen, hinwerfen mit Worten. *Er hat ihm ei^{n}s 'n.* g^e*schmisse^n.* – -schmire^n schw.: hinschmieren. Salbe odgl. *auf etwas 'n. schm.* Flüchtig hinschreiben, vgl. *-sauen, -sudlen.* – -schneck(e)le^n schw.: intr. mit sein oder refl. *sich 'n. schn.:* sich eng an jemand machen, einschmeicheln. – -schwätze^n schw.: *an einen 'n. schw.* hinreden; *einem nah 'n. schw.* Anzüglichkeiten sagen. – -sehe^n st.: hinsehen. *Ma^n siecht ^{n}it i^n d^{ie} Leut^e nei^n, ma^n siecht nu' dra^n 'n.* – -stracke^n schw.: faul, flegelhaft daliegen, sitzen. – -strecke^n schw.: hinstrecken. *Einem die Hand 'n. str.* – -streiche^n st.: 1. phys. *Etwas glatt 'n. str.* hinstreichen. – 2. übtr. *einem etwas 'n. str.* = *-reiben.* – -tu^n st.: = hintun. 1. phys. *Da tut ma^n di^{ch} no^{ch} 'n.* etwa ins Gefängnis. Spez. von einer Würze: *Du mußt no^{ch} meh' Salz* (Zucker o. ä.) *'n. t.* – 2. *I^{ch} weiß net, wo i^{ch} di^{ch} (ihn) 'n. t. soll* du (er) kommst mir bekannt vor, aber ich kann mich auf die Person nicht besinnen. – -ziehe^n st.: Spez. *e^{i}n^{en} Knopf 'n. z.* aus Ungeschick einen Knoten machen.

hinacht s. *heinet.*

hinauf, 'nauf *nǖf* S., *nǖf* w., *nǝuf* (*nauf* FRK., *naof* RIES.) Adv. Präp.: Adverb, wie nhd. Syn. *aufe,* 'doch faßt *a.* mehr die Bewegung, *h.* mehr das Ziel in's Auge. – Als Prädikat: h. sein: h. gegangen, gestiegen udgl. sein. *Er ist d^{ie} Stieg^e 'n. D^{ie} Katz^e ist de^n Baum 'n.* der Vorteil ist schon verpaßt. – Bes. in fester Verbindung mit konkreten Verben, nam. der Bewegung, z. B.: -bletze^n schw.: *einem (eins) 'n. bl.* einen Schlag versetzen. *Einer ein Kind 'n. bl.* unehlich mit ihr zeugen. – -bremse^n schw.: *einem (eins) 'n. br.* ihn durchprügeln. – -fitze^n schw.: mit einer

Gerte odgl. h. hauen. – -gehe^n st.: 1. mit pers. Subj., wie nhd. – 2. mit sachl. Subj. a. eine Ware *geht h.* schlägt auf, wird teurer. – b. unpers.: *es geht h.* α) vom Weg. *Geht's da 'n.?* Antw.: *Nei^n, dort geht's n.* – β) Raum haben. *Das Heu geht nicht alles auf den Boden h.* – -lange^n schw.: 1. mit pers. Subj.: h. greifen. *Er hat an sein^{en} Kopf 'n.* g^e*langt.* – 2. mit sachl. Subj.: h. reichen. – -lottere^n schw.: Heu, Stroh udgl. mit dem *Lotter, Glotter* h. ziehen. – -lupfe^n schw.: emporheben. – -pfeffere^n schw.: *einem 'n. pf.* ihn tüchtig verhauen. – -putze^n schw.: *e^{ine} Tann^e 'n. p.* ihre untern Äste entfernen. – -schalte^n schw.: h. schieben. – -schraufe^n schw.: h. schrauben, z. B. den Docht einer Lampe. – -siede^n st.: *einem eins 'n. s.* tüchtig drauf schlagen. – -strupfe^n schw.: intr. mit sein, h. rutschen, bes. vom Hemd bei erhitzender Bewegung: *Das Hemd ist mir 'n. gestrupft.* – -zottle^n schw.: langsam h. gehen, h. bummeln.

hinaufwärts, 'naufw.' Adv.: in der Richtung nach oben. – (hi)nauf-zu *-tsūǝ, -tsūǝs* Adv.: dass.

hinaus, 'naus *nǝus; naus* FRK., *naos* RIES.; *nǖs* Adv.: hinaus. Wie nhd.: vom Redenden, Handelnden hinweg nach außen, wie nhd. Syn. *ausse. H.* geht es aus einem Zimmer, Haus, einer Ortschaft, spez. auch Stadt. Ohne Verbum, bes. imper.: *'naus! 'n. aus dem Haus* u. ä. *Bis dort 'n.* im höchsten Grad. *Einen zum H. 'n. fressen* arm essen. – Als Prädikat: h. sein: h. gegangen sein, draußen sein. – Mit Hilfsverben. -könne^n: wie nhd. – -müsse^n: h. gehen m. Bes. aus dem Zimmer auf den Abtritt. – -wolle^n: wie nhd. – Bes. in fester Verbindung mit konkreten Verben, nam. der Bewegung, z. B.: -beige^n schw.: hinausbefördern, hinausweisen. – -bringe^n schw.: 1. phys. *Bring^e dem Bettler des Brot 'n.* u. a. – 2. *sich 'n. br.* sich durchbringen, seinen Lebensunterhalt finden. – -dirigiere^n schw.: h. schaffen, eine lästige Person, etwa auch eine hinderliche Sache. – -dividiere^n schw.: dass., mit noch mehr spött. Ton gesagt. – -fege^n schw.: = *fürben.* *De^n Dreck 'n. f.* Intr.: *Die ist 'n.* g^e*fegt wie so e^{in} Flecke^{n}bese^n* so hinaus geeilt. – -feure^n schw.: hinausschlagen, vom Pferd; *etwas 'n. f.* sehr rasch hinaus werfen. – -fürbe^n schw.: h. kehren, -fegen. – -gebe^n st.: 1. eigentlich. a. Geld und Geldeswert *h. g.* = herausg. vom Zuviel einer Zahlung. – b. eine Tochter *h. g.* verheiraten, aussteuern. – 2. übtr. *einem (fest, tüchtig) h. g.,* meist ohne Obj.: seine gegnerischen Reden erwidern, nichts schuldig bleiben. – -g^{e}heie^n schw. st.: 1. intr., mit sein: h. fallen. – 2. trans.: h. werfen. – -grille^n schw.: laut kreischen. – -hopfe^n, -hupfe^n schw.: h. springen. Syn. *-jucken.* – -jage^n, -jäuche^n (*-laeχǝ*) schw.: h. jagen. – -jucke^n schw.: h. springen. – -komme^n st.: 1. eigentl. – Bes. vom

Hinauskommen aus der Ortschaft, der Heimat. *Er ist viel 'n.* $^{ge}komme^n$ ein gereister, erfahrener Mann. – *Einem h. k.* entwischen. – 2. übtr. etwas *kommt drauf (auf's gleiche, auf eins) h.* zielt dahin, hat die Bedeutung. – -l a i c h e n s. o. *-jäuchen.* – -l ä u t e ^{n} st.: *einem h. l.* zum Begräbnis läuten. – -p f i t z e ^{n} schw.: unversehens entwischen. *Es ist mir 'n.* $^{ge}pfitzt$ von verhaltenem Lachen, unbedachter Rede, Blähung u. ä. *Es wär^e ihm zum Hintere^n 'n.* $^{ge}pfitzt$, wenn er es nicht gesagt hätte. – -p f u c h z e ^{n} schw.: rasch (mit Getöse) entwischen. – -p f u r r e ^{n} schw.: dass. – -q u a t t l e ^{n} schw.: h. trotteln, etwa von einem dicken kleinen Kind. – -s c h m e i ß e ^{n} st.: h. werfen; s. a. *-geheien.* – -s c h w a p p l e ^{n} schw.: von einer Flüssigkeit. – -s c h w i n d l e ^{n} schw.: durch Schwindeln aus der Verlegenheit befreien; wohl immer refl.: *Er hat sich h. geschwindelt.* – -s c h w i t z e ^{n} schw.: durch Schwitzen los werden. *Eine Krankheit h. schw.* Übtr.: verlernen. – -s p i t z e ^{n} schw.: hinauswerfen, = *-beigen.* – -s p u c k e ^{n} schw.: ausspucken. *Zum Fenster 'n. sp.;* sonst nur mit Obj.: *spuck's 'n.!* – -s t e h e ^{n} st.: 1. pers. Subj., sich h. stellen. *Steh vor die Tür h.!* – 2. sachl. Subj., widerspenstig h. ragen. *Das Haar steht h.* – -t r a g e ^{n} st.: wie nhd. *Wo ma^n nex 'n. trait, da trait ma^n au^{ch} nex 'nei^n.* Spez.: begraben. *Mi^{ch} wird ma^n au^{ch} bald 'n. tr.* – -t r a u e ^{n} schw.: h. getrauen, mit refl. Dat. *Es ist so kalt, i^{ch} trau^e m^{i}r net 'n.* – -z ü n d e ^{n} schw. st.: *einem h. z.* h. leuchten.

^{hi}**naus-wärts** Adv.: in der Richtung nach außen. – ^{hi}n a u s - z u *-tsūə, -tsūəs* Adv.: nach auswärts.

hi^n-bache^n st.: **1.** festkleben. *Das Hemd ist ihm ganz an den Leib h.* $^{ge}bache^n$ gewesen. – **2.** *einem eine h.* eine Ohrfeige geben.

hi^n-brunze^n schw.: wohin pissen. Zu einem verdorbenen Menschen: *Wo du nur h-st, wächst seiner Lebtage kein Gras mehr.*

Hinde, H i n d i n f.: Hirschkuh.

hi^n-deichsle^n schw.: geschickt hinbringen.

Hindel f., Pl. H i n d e l e ^{n} *hĕndl, hĕndələ;* H i n k e l e ^{n} *hĕŋg-;* H i n g e l e ^{n} *hĕŋ-:* Himbeere, Rubus idaeus L.

hindere^n *hĕ̦-,* N. S. *hī-;* 1. Sing. Ind. *i^{ch} hindere* schw.: trans., wie nhd.; doch etwas weiter: im Weg sein, stören. *Tu^e i^{ch} h.?* störe ich vielleicht?

hinderlich Adj. Adv.: weniger wie nhd., sondern = übel, mißlich. Bes. *Es geht h.* schlecht, widerwärtig, verkehrt.

h i n d o c k l e n s. *hinan-.*

hi^n-dree^n schw.: geschickt hinbringen.

hinein, 'n e i ^{n} *nāē* Hauptgebiet, *nāī* FRK. Adv. Präp.: A. A d v e r b. Wie nhd.; Syn. *eine,* Opp. *herein, hinaus. Brust raus! Bauch n.!* Beliebt als Zusatz zu Flüchen. *Kreuz 'n.! Wetter 'n.!* Erwähnenswert ist, daß h. gern bei fremden Länder- und Ortsnamen steht: *in die Schweiz h.,* gen

Reutlingen h. – *Über alles 'n.* im höchsten Grad. – Als Prädikat. *Er ist 'n.* hineingegangen. *Er hat's mit 'n.* hineingenommen. *Auf etwas h. sein* drauf versessen sein. – Bes. mit konkreten Verben, z. B.: – -b ä f f e ^{n} schw.: *auf einen h. b.* auf ihn los kläffen. *Du bäffzgest in ei^n Loch 'n.* – -g e b e ^{n} st.: hinein geben, reichen. *Gi^b's ihm 'n.!* ins Zimmer, ins Fenster. – -g^e-f r i e r e ^{n} st.: fest einfrieren. *'s ist 'n.* g^e*frore^n* das Wasser in den Krug, die Schüssel; der Nachen in das Flußeis. – -g^{e}h ö r e ^{n} schw.: hinein gebührenden Platz haben. *Laß du d^{ie} Mode Mode sei^n, 's Füdle (der Hinter^e) g^{e}hört in d^{ie} Hose^n 'n.* – -g^{e}s t e h e ^{n} st.: fest, dick werden, von der Milch. *Tu die Milch aus dem Hafe^n 'raus, sonst g^{e}steht sie 'n.* – -g u k-k e ^{n} schw.: h. blicken. *In ein Kind h. g.* ihm zu nachsichtig sein. – -h a g l e ^{n} schw.: h. fallen, derb. – -h a n g e ^{n} st.: hinein hängen. *Der Ärmel hangt dir 'n.!* in den Suppenteller. Übtr. *Der ist ihm 'n.* g^e*hangt* hat ihm schwere Kosten verursacht. – -h a u e ^{n} st.: *in etwas h. h.* wie nhd. *Auf einen h. h.* losprügeln, *fest 'n. h.* zugreifen, beim Essen. – -h a u s e ^{n} schw.: *auf etwas, jemand h.:* unbedenklich, unüberlegt wirtschaften. *Der hauset auf seine Gesundheit, auf seines Vaters Geld* u. ä. *h.* – -l a n g e ^{n} schw.: h. greifen, z. B. in einen Sack. *'n. l. bis an^{den} Elle-^{n}boge^n* nicht sparen. ^{Es} *hat mir 'n.* g^e*langt* die Zeit (o. ä.) hat mir gereicht, h. zu kommen. – -l i g e ^{n} st.: sich h. legen. *In's Bett h. l.* u. ä. *Auf den Tisch h. l.* 1. unanständig essen. – 2. sich am Tisch breit machen, protzen. – -m a u k l e ^{n} *-əu-* schw.: schnell, ordnungslos einsacken. – -p r i t-s c h e ^{n} schw.: hinein schlagen. *Auf ein^{en} 'n. pr.* – -s c h l a p p e ^{n} schw.: eine (halb)flüssige Speise gierig, wüst hineinschlingen. – -s c h l i e f e ^{n} *-īə-* st.: h. schlüpfen. – -s c h l u p f e ^{n} schw.: = *-schliefen;* bes. auch mit *hinten: der schlupft em noch hinten h. Ich habe gemeint, ich müsse in den Boden h. schl.* vor Scham. – -s c h m i r e ^{n} schw.: *einem etwas in's Maul h. schm.* – -s c h w ä t z e ^{n} schw.: *in einem h. schw.* hineinschlingen in ihn h. reden. – -t u n k e ^{n} schw.: hineintauchen. Übtr. *einen 'n. t.* verschwätzen, verleumden. – B. P r ä-p o s i t i o n: in etwas hinein; nur fränkisch. *'nei^n's Haus. Sie hopfe^n 'nei^{n}s de^n See.*

^{Hi}**nei^n-weg** m.: der Weg hinein. *Auf'm, im H.;* auch nur *im H.*

^{hi}**nei^n-zu** *-tsūə, -tsūəs* Adv.: hineinwärts.

hine^n I Adj.: was *hin* ist, = *hinig,* tot, verloren usw.

hine^n II schw.: *Der Baum hinet (hāēnət)* will absterben.

hi^n-falle^n st.: **1.** phys., zu Boden fallen. a. im allgem. Syn. *-geheien, -haglen, -schlagen* u. a. Populäre *hinan-,* s. d. – b. fällt, von der „fallenden" Krankheit, Epilepsie. – **2.** bildlich. *Wo d^{ie} Lieb^e hi^{n}fällt, bl^{e}ibt sie liege^n, und wenn sie ^auf'n Misth^{u}ufe^n fiel^e.*

hi^n-flacke^n schw.: faul hinsitzen, -liegen OSCHW. BOD.

hi^n-g^{e}heie^n schw. (st.): **1.** intr., mit sein: hinfallen. – **2.** trans.: hinwerfen. – Für beides auch *hinan-;* doch ist die Bed. *hin* = weg deutlich in der RA.: *Ma^n muß ein^{en} net glei^{ch} h.* wegwerfen.

hi^n-gehe^n st.: i n t r., mit sein. **1.** Zu *hin A:* a. eig., weggehen. – b. vergehen. Von der Zeit. – Auch kaputtgehen. – c. wie *passieren* für etwas, was eben noch hingeht, sozusagen mit durchschlüpft. – **2.** zu *hin B. Wo gehst hin?* u. ä. Unzweideutiger und populärer *hinan-*, s. d. Hingelen s. *Hindel.*

hi^n-hagle schw.: intr. mit sein: tüchtig hinfallen.

hinig Adj.: *hin*, tot, zerbrochen, verdorben, kaputt. Meist als flektierte Form zu unflekt. präd. *hin*, wofür geleg. *hinen*, s. d. *Eine h-e Katze, ein h-s Glas.* Doch auch unflektiert: *Der Bu^{be} hat de^n Gockeler h. g^{e}funde^n.*

Hinkelen s. *Hindel.*

hi^n-lege^n schw.: **1.** zu *hin A.:* weglegen, ablegen. *Leg^e des Messer hi^n,* damit du mich nicht stichst; opp. *L. d. M. h.* (*'na^n*) zu B: damit es dort seine Stelle findet. – **2.** zu *hin B:* irgendwohin legen. *Es hat einen (rechten) Schnee hingelegt.*

hi^{n}le^n hāēlə schw.: kränkeln. Vgl. *hinen* II.

hi^n-lige^n st.: sich hinlegen. – h i^n-l o t t(e)l e^n schw.: schlaff hängen. *Etwas h. lassen.* – h i^n-l u^{n}t-sche^n schw.: faul hinsitzen, -liegen.

hi^n-mache^n schw.: **1.** zu *hin A:* zerstören, umbringen; roh auch für Tötung eines Menschen. – **2.** wie nhd. *Ein Gesicht h.* – h i^n-möge^n: wohin Lust haben. *Wo der Teufel nit hi^n mag, schickt er e^{ine} alte Frau.*

hi^n-nagle^e schw.: festnageln.

hinn^e hễn, N. S. hīn; h i n n e^n Adv.: hier innen. Verstärkt *da h.* Opp. *dinnen; haussen, daussen. Die Frucht ist h.* eingeheimst. *'s Heu hau-n-e henna* eingebracht, in der Scheune.

hi^n-reibe^n st.: = dem populäreren *hinan-*, s. d.

hi^n-richte^n schw.: **1.** zu *hin A.* zu Grund richten. *Die Kinder richten alles hin*, etwa durch Spielen. Bes.: tödlich verwunden. Durch Erschießen hinrichten. – **2.** zu *hin B*, = populärerem *hinan-*, s. d.

hi^n-scheiße^n st.: = populärerem *hinan-. Wo der hin scheißt, wächst kein Gras mehr.* – h i^n-schenke^n schw.: *weg-, herschenken.* – h i^n-schlenkere^n schw.: nur so weg-, hinwerfen. – h i^n-schneck(e)le^n schw.: in der Stille, langsam hingehen. Refl.: *sich an jemand h.* kosend umhalsen, anlehnen. Vgl. *hinan-.* – h i^n-schreibe^n st.: *etwas h.* an einen bestimmten Ort hinschreiben. *Etwas auf die Tafel, an die Tür h.* Auch *hinan-.*

hinsein s. *hin A* 2 st.: tot sein, gestorben. – h i^n-setze^n zu *hin A:* wegsetzen. – h i^n-stracke^n schw.: = *hinan-*, faul, flegelhaft hinliegen, -sit-

zen. – h i^n-strecke^n schw.: = *hinan-*, hinreichen.

Hintel(en) s. *Hindel.*

hinte^n hễndə (FRK. S. *-ī-*), W. hễnə (*-ī-*) Adv.: hinten, wie nhd. *Du kannst mir h. 'naufsteige^n.* Eine Frau kann *mehr mit dem Schurz h. zum Haus 'naustrage^n, als der Ma^{nn} vorne^n mit dem Wage^n 'rei^{n}führe^n.* In festen Verbindungen mit Advv. odgl. Das Adv. geht voran: *da, dort, selt h.* usw.; vgl. *dahinten.* Es folgt: h. a b e: h. hinab. – h. a u f e: h. hinauf. – h. d^{a}ra^n, d^{a}ranne^n: hinterdran. *Er ist immer h. d.* kommt immer zu kurz, zu spät. – h. d^{a}rei^n: wie nhd., nachträglich, hinterher, zu spät. *H. dr. komme^n wie die alt^e Fas^{l}na^{ch}t.* – h. d^{a}uss(e^n): h. draußen. – h. dene^n: h. drüben. – h. dübe^n: dass. – h. dumme^n: hinten dran; opp. *vornen dannen.* – h. dur^{ch}e: h. hindurch. – h. fest: *H. f., daß d^{ie} Naht ^{n}it bricht!* – h. für: *h. f. sein* 1) verkehrt sein *'s ist älles h. f.* 2) geisteskrank sein. S. a. *hinter(sich)für.* – h. hin, hinan: h. hin. – h. hinab: h. hinunter. – h. hott: *'s geht (bei dem) h. h.* verkehrt, schlecht, rückwärts. – h. nach(-nach^{h}i^n *-nǫxə):* hintennach; temporal: hinterdrein.

hint(e)nan s. *hinten.*

Hinte^{nh}i^{n}nei^n-schlupfer m.: Kriecher.

hinter hễndər (N. S. *-ī-*), s. zu *hinten* Präp. Adj. Adv.: hinter. **A.** P r ä p o s., mit Dat. und Akk. **1.** räumlich. *H. dem Haus. Hinter 's Hase^n Hanese^n Haus* usw. – steht zeitlich, etwa *Den lobt ma^n no^{ch} h. 'm Tod.* – **B.** A d j.: wie nhd. Superlat. *hinterst*, verstärkt *z^u allerh-st* ganz hinten, zuletzt. *In's h. Stüble^{in} gehe^n* sein Anwesen übergeben, in den *Ausding* (s. d.) gehen. – **C.** A d v. **1.** nur in der Form *darhinter.* – **2.** allein stehend: hinten. *H. ^{a}uf d^{ie} Woche^n* in der 2. Hälfte der Woche.

hinter-d^{a}ra^n Adv.: hinterdran. *Wer si^{ch} ^{a}uf s^{e}ine gute Freund verla^{ß}t, ist h.*

hinter-denke^n schw.: **1.** überdenken. – **2.** refl., *sich h. durch Nachdenken, Grübeln schwermütig werden.*

Hinter^e, flekt. *-e^n* m.: wie nhd., Hintern. Syn. häufiger und derber *Arsch, Füdle. Ma^n meint, der H. sol^{l}t^e ei^n^{e}m schwätze^n* da sollte man reden. *Einem in den H-n schlupfen* kriechen.

hintere hễnd(ə)rẹ, N. S. hī- Adv.: nach hinten zu, rückwärts. Opp. *füre*, s. d. *Sitz^e hinter de^n Ofe^n h.!* Die Richtung nach einem entlegenen Ort heißt h.: *nach Pleidelsheim h.* – Mit Verben. – h. gehe^n. *Er ist h. g^{e}gange^n* nach einer entlegenen Ortschaft. – h. reden (*ẹə*): eig. nach hinten sieben. *Den hat ma^n h. r.* zurückgesetzt; in den *Ausding. Der ka^{nn} h. r.* tüchtig essen. – h. schlecke^n: Part. *h. g^{e}schleckt* glattfrisiert. – h. sein: nach hinten gegangen sein. *Er ist grad h., wo i^{ch} füre bi^n.* – h. stehen: sich hintenhin

stellen. – h. t u n. *Etwas h. t.* Geld zurücklegen.
Aber auch: *Der kann etwas h. t.* viel essen.
h i n t e r e (t) f ü r s. *hinterfür.*
hinter-fötzisch Adj.: hinterlistig, verschlagen.
hinter-für *-fīr* ˇ‿, *hę̌nd(ə)rə-* neben *hę̌ndər-;*
hę̌ndərəmpfīr; hę̌ndərət-; -f ü r e Adv. Adj.
Subst.: **1.** verkehrt, umgekehrt. *Heut^e ist älles h.*
Du machst d^{ie} Arbe^it ganz h. – Adjektivisch: *Des*
ist die hinterfür^e Welt verkehrte. Des ist e^{in} ganz
h-er Mensch verschrobener. – **2.** verwirrt, när-
risch. *Des Ding hot me fast hinderfür g'macht*
fast närrisch. Vieles Geschäft macht einen *h.*
hinter-habe^n: den kürzeren ziehen, zurückstehen
müssen, im Nachteil sein. – h i n t e r - h a l t i g
Adj.: zurückhaltend. – h i n t e r - h ä n d i g Adj.:
geizig.
hinter-laufe^n ˇ‿‿ st.: durch heimliche Umtriebe
etwas unmöglich machen Oschw. – h i n t e r -
l e g e^n ˇ‿‿ schw.: **1.** aufbewahren. – **2.** überle-
gen. – **3.** Part. *hinterleit* heimtückisch. – h i n -
t e r - l e t t i g , - l i t t i g , - l e t z i g , - l i t z i g Adj.: **1.**
nicht gedeihend, von Getreide, Vieh u. a. – **2.**
-lettig heimtückisch.
hinter-liste^n schw.: überlisten.
h i n t e r s c h e s. *hintersich.*
hinter-schlage^n st.: unterschlagen, veruntreuen.
hinter-si^{ch} *-sę̌* S. wie bei *fürsich,* Hauptgebiet
hę̌ndəršę̌, N. S. *-ī* Adv.: **1.** rückwärts, zurück.
Oft im Gegensatz zu *fürsich. H. in Karre^n 'nei^n*
müsse^n etwas gegen seinen Willen tun müssen. –
h. b r i n g e^n zurücklegen. – h. d e n k e^n zurück
denken. – h. f a l l e^n rückwärts fallen (ebenso *h.*
hinf., 'nanf.). – h. g e h e^n. *Gang h.! 's gaht net*
fürsi^{ch} und net h. Von den Vermögensverhält-
nissen u. ä.: *Bei (Mit) dem gaht's h., Der gaht h.*
(wie e^{in} Krebs). – h. h a n g e^n; übtr.: trinken. – h.
h a u s e^n im Vermögen u. ä. zurückkommen. – h.
l a u f e^n rückwärts gehen. – h. s c h l a g e^n zurück-
schlagen. – h. w a c h s e^n. Bes. in der RA. *h.*
wachsen wie ein Kuhschwanz (auch *untersich*).
hintersi^{ch}**-für** *hę̌ndəršę̌fīr* ˇ‿‿; (neben *hinter-*
fürschge); h i n t e r s t f ü r Adv. (Adj. Subst.): **1.**
verkehrt = *hinterfür 1. Der zieht de^n Rock h. a^n.*
De^n Gaul h. aufzäume^n. – **2.** verwirrt = *hinter-*
für 2. Der ka^{nn} h. an d^{ie} Leut^e 'na^nschwätze^n.
Prädikativisch. *Der macht ein^{en} no^{ch} ganz h.*
hintersi^{ch}**-fürsi**^{ch} Adv.: umgekehrt, ganz verkehrt,
das Hinterste zu vorderst gekehrt. *E^s gaht älles*
h.
hintersi^{ch}**-gäb**^j**sch** *-gę̌bš* Adv.: ganz verkehrt.
Auch: verrückt.
hinter-sinne^n schw.: refl., *sich h.* durch Nachsin-
nen schwermütig werden, vom Verstand kom-
men. – h i n t e r - s i n n i g Adj.: melancholisch.
hinter-wärts Adv.: im Rücken; von, nach hinten.
H. schimpfen u. ä. hinter dem Rücken.
hi^n**-tu**^n st.: zu *hin B:* wohin tun. *Salz, Mist an etwas*
h. u. ä. Wie *hinan-.*

hin-über, 'n ü b e r *nībər* (*-ī-* N. S., *-w-* (N.) W.;
nübert; nīb; nī W. Adv.: **1.** wie nhd., vom Re-
denden aus über eine Höhe oder ein Hindernis.
Syn. *übere; hinum; hinüberwärts, -zu.* Opp. *her-*
über. H. sein h. gegangen, gelangt sein. *Er ist 'n.*
geht seinem Ruin entgegen; ist gestorben. –
-s c h n a p p e^n schw.: überschnappen, verrückt
werden.
hin-um, 'n u m *nǫ̈m,* N. S. *nûm* Adv.: um eine
Ecke odgl. oder über ein Hindernis, vom Re-
denden, Handelnden aus. Syn. für das letztere
hinüber. Syn. *umme.* Opp. *herum.* – Prädikativ.
Er ist h. um die Ecke, über die Brücke udgl.
gegangen; auch übtr. wie *hinüber.* – Mit konkre-
ten Verben. -b i n d e^n st.: **1.** eig., auf die andere
Seite binden. – **2.** ein Saugkalb *h. b.* entwöhnen,
eig. von der Mutter wegbinden. Hiezu auch: *das*
Maul h. b. sich etwas versagen. – **3.** *einen h. b.*
zum besten haben. – -g^e h e i e^n schw. st.: hin-
überwerfen; etwa auch intr. mit sein: h. fallen. –
-g u c k e^n schw.: um die Ecke blicken, hinüber
bl. Syn. *umme-.* RAA.: *Um's 'n. g.* in einem
Augenblick, ehe man sich's versieht, bes. *^Es ist*
um's 'n. g. – -l u p f e^n schw.: hinüberheben. –
-s c h n a p p e^n schw.: überschnappen, verrückt
werden. – -s t e l l e^n schw.: *Stell's da 'n.* dort auf
die Seite. – -z i e h e^n st.: trans. u. intr. *De^n Rüs-*
sel 'n. z. sterben.
hin-unter, 'n u n t e r Adv.: wie nhd. Nur im (N.)
NW. gebräuchlich.
hi^n**-wachse**^n st.: etwas *wächst* an ein Kind *hin* (auch
hinan): das Kind wird größer, stärker usw.
hi^n**-wee**^n schw.: hinwehen. **1.** zu *hin A:* fortwehen.
– **2.** zu *hin B:* wohin wehen. *Wo weht der Wind*
hin?
hi^n**-weise**^n st.: **1.** zu *hin A:* wegweisen. – **2.** zu *hin B:*
wohin zeigen. – h i^n - w e r f e^n st.: **1.** zu *hin A:*
wegwerfen. – **2.** zu *hin B:* wohin werfen; auch,
populärer, *hinan-.* Syn. *-geheien, -schmeißen*
usw. *Der hat mi^{ch} bös hi^ng^eworfe^n.* Verächtlich:
einem Hund einen Brocken *h.* – h i^n - w e t t e r e^n
schw.: mit Getöse hinfallen; intr. mit sein; auch
etwa trans., hinschleudern. Ebenso mit *hinan-.*
hi^n**-wolle**^n (-wölle^n, -welle^n) schw.: wohin gehen,
gelangen wollen. *Wo wi^{llt} hi^n?*
hi^n**-zeisle**^n *-āē-* schw.: hinlocken.
Hipp^e f.: Gartenmesser Oschw. S. *Hape, Häpe.*
h i r c h l e n s. *hürchlen.*
Hirn *hī(r)n; hę̌rn; hīə(r)n* Oschw.; *hûrn; hīrə;*
hîrn; Demin. *-le*^{in} N.: **1.** Gehirn, bes. als Sitz des
Verstandes. – **2.** Stirne, z. T. als einziges Wort
dafür, z. T. ist auch *Stirne* daneben bekannt. *I^{ch}*
schlag^e dir 's H. 'nei^n, auf's H. 'nauf. – **3.**
Schnittfläche des Holzes, wo die Holzfasern
quer durchschnitten sind; vgl. *Hirnholz.*
Hirn-ba^nd *hīrəbåd* n.: Kopfbund, Kopftuch.
Hirn-düppel m.: dummer Mensch.
hirne^n schw.: nachdenken. Häufiger *nach-.*

Hirn-holz n.: = *Hirn 3;* auch Holzplättchen (u. ä.), die der Quere, nicht der Länge nach vom Stamm gesägt sind.

Hirn-kaste[n] m.: Schädel.

hirn-leer Adj.: unfähig zu einem Gedanken.

hirnlos Adj.: unvernünftig.

Hirn-schal[e] f.: Schädel.

hirn-verruckt Adj.: ganz verrückt, von Personen und Sachen. – Hirn-vih n.: Schimpfwort. Häufiger *Horn-.*

hirn-wirbelig Adj.: im Kopf verwirrt. – hirn-wütig *-wī̌-* Adj.: toll, rasend. Von Sachen: unerhört, höchst unsinnig, empörend.

Hirsch *hīrš* (s. *hīš), hīə(r)š, hẹrš* FRK., *hǐ(r)š* N.; Hirs *hīrs;* Plur. ebenso m.; Demin. -le[in] n.: **1.** Hirsch, wie nhd. – **2.** jähzorniger, unbesonnen redender und handelnder Mensch. *Das ist e*[in] *rechter H.* wer Dummheiten macht; wer den Kopf hoch trägt, oben hinaus will. *Des ist e*[in] *ganzer H.* fahriger, hastiger Mensch.

Hirsch-bolle[n] Plur.: Brombeeren, Rubus fruticosus L.

Hirsch-füdle *-fīdlə* n.: Hinterteil des Hirsches. Bes. in der RA. *mau*[n]*kele*[n]*(s)brau*[n] *wie e*[in] *H.* von häßlich brauner Farbe.

hirschig *-ī-* Adj.: jähzornig, unbesonnen.

Hirsch-stapfe(te) *-štǎpfə(de)* f., Hirsch-tritt m.: Geißfuß oder Giersch, Aegopodium podagraria L. Syn. *Gänsgras, -kraut, -schärtelein, Geißtritt, Schärtel, Witscherlewetsch.*

Hirsch-stengel m.: Großblütige Königskerze, Verbascum densiflorum Bert., und kleinblütige Königskerze, Verbascum thapsus L.

Hirsch-wurz (-wurzel) f.: Pflanzenname. a. Hirsch-Haarstrang, Peucedanum cervaria (L.) Lap. – b. Breitblättriges Laserkraut, Laserpitium latifolium L.

Hirsch-zung[e] f.: Name für Farne. **1.** Hirschzunge, Phyllitis scolopendrium (L.) Newm. – **2.** Milzfarn, Ceterach officinarum DC.

Hirs[e] *hīrš, hǐrš; hīərš; hīršə,* flekt. -e[n] m.: **1.** Hirse, Panicum miliaceum L. – **2.** Sommersprossen im Gesicht, an Armen und Händen.

Hirte[n]-säckel m.: Hirtentäschel, Capsella bursapastoris (L.) Med.

Hispel m.: überspannter, närrischer Mensch. – Hispel-narr m.: überspannter Mensch.

hist (Fuhrmannsruf) s. *hüst.*

Hitz-bläterle *-ẹ̌-* n.: Hitzebläschen, kleine Pustel, Ausschlag.

Hitz[e] *hǐts;* Plur. -e[n]; -ene[n] f.: **1.** Hitze, wie nhd. – **2.** übtr. Aufwallung, leidenschaftliche Erhitzung des Gemüts. Etwas *in der H. tun; in der H. sein. Wo wi*[ll]*t denn 'na*[n] *in der H.?* so eilig.

Hitzelein (Forchenzapfen) s. *Hutzel.*

hitze[n] schw.: **1.** trans., heiß machen. – **2.** intr., heiß sein. *E̊s hitzet* ist sehr warm.

Hitze[n]-blitz m.: hitziger, jähzorniger Mensch.

hitzerle[n] schw.: Steine flach über Wasser werfen, so daß sie immer wieder von der Wasserfläche aufhüpfen. Synn. s. *fläugeren.*

hitzig Adj. Adv.: erhitzt. **1.** eig., heiß. – **2.** übtr. leidenschaftlich erregt. *Nu*[r] *net so h.! H. ist (macht) net witzig.*

hitz[i]**ge**[n] schw.: trans., erhitzen.

Hitz-kopf m.: jähzorniger Mensch.

hitz-leichne[n] *-lǫeχnə* schw.: wetterleuchten.

Hitz-vakanz f.: freier Schulnachmittag an bes. heißen Sommertagen.

ho *hǭ* Interj.: **1.** Ruf an die Viehherde zur Heimkehr. – **2.** „halt", beim Fuhrwerk; sonst *ö, oha.* – **3.** *ho geben* Gehör geben.

ho-s.a. *hu-.*

Hobe s. *Hube.*

Hobel *hǭbl,* S. *-ǭ̌-,* FRK. Hofel, Plur. -ö- m.: **1.** wie nhd., Hobel zum Glätten des Holzes. – **2.** Sarg O.

hobe[n] *hǭbə* (S. *-ǭ̌-,* FRK. *-ǭu-),* W. N. *-w-;* hob*hǭb* Adv.: hier oben; opp. *hunten.* Mit Advv. *da, selt h. Hast kein*[en] *Wei*[n] *me*[hr] *h.? Jetzt ist mir's aber a*[n]*fange*[n] *weit h.* ich bin der Sache bald überdrüssig.

hoble[n] schw.: wie nhd. **1.** mit sachl. Obj. Meist vom Holz. *Wo ma*[n] *hobelt, gibt's Spä*[ne]. – Auch Kraut udgl. wird *gehobelt.* – **2.** mit persönl. Obj. *Sei selber glatt, eh*[e] *du andre hobelst.* Bes. übtr.: malträtieren, durchwalken.

Ho[ch]**-fart** *haofā(r)t* W., *hǭə-* O., *hǭfärt* S.; Halb-MA. *hǭfärt;* Pl. Ho[ch]farte[n] f.: **1.** Hoffart. Und zwar meist tadelnd wie nhd. *H. und Stolz wachsen an einem Holz.* – Pracht, nam. mit Kleidern; oft nur leicht tadelnd. *(Die) H. muß leiden (gelitten haben, sich etwas leiden, viel l., Not l.),* wenn jemand z. B. sich zu eng schnürt. – **2.** Pflanzenname. a. Garten-Ringelblume, Calendula officinalis L. – b. die lebhaft gefärbte, stark riechende Gartenpflanze Studentenblume, Tagetes L. Syn. *H. – Scheißer.*

ho[ch]**-färtig** Adj. Adv.: hoffärtig, mit und ohne Tadel. Hochfahrend, hochmütig, vornehm, prächtig, prangend. Bes. von prächtiger Kleidung. *H. a*[nge]*ta*[n] schön gekleidet. – Schön, stattlich, von Menschen und Tieren.

ho[ch]**-füßig** Adj.: langbeinig.

ho[ch]**-g**[e]**schisse**[n] Adj.: hochmütig, übertrieben. – hoch-geschoren Adj.: vornehm, doch wie es scheint nur spöttisch.

Ho[ch]**-glast** *haoglǎšt* m.: **1.** von oben herabfallendes Licht. – **2.** Dämmerung. Besser: undeutliche Beleuchtung, flüchtiger Anblick, in der Verb. *im H. sehe*[n] nur flüchtig, undeutlich, im Umriß. – **3.** = *Glotzer,* starrer Blick.

Ho[ch]**-licht** *-līəχt, -līət;* Pl. -er n.: **1.** hoch angebrachtes Fenster im Stall, in oder über einer Tür. – **2.** Dämmerung. *Etwas im H. sehen* nur ungenau. – **3.** Mensch, der einem im Licht steht.

– S. a. *-glast*. – ho^{ch}-lichteⁿ *hǫlīxtə* schw.: Luftschlösser bauen.

Ho^{ch}-reiheⁿ *haorəiə* m.: Reihen, Rücken des Fußes.

Ho^{ch}-ruckeⁿ m.: Hochrücken. **1.** Rückenstück, bes. vom Schwein. – **2.** Höcker.

ho(ch)-trageⁿ, -trageⁿd, -tragig Adj.: hochmütig, eitel, vornehm. – ho^{ch}-trappeⁿd Adj.: dass.

Hoch-zeit f.: A. Form. **1.** Silbe: *hǫ̆-, hǫ̆-* NW.; *hao-* Mittelland bis N.; *hǭ-; hǭə-* O.; *hā-.* – Inlautende Konsonanz: *-xts-* NW.; *-rts-; -ks-* NO. – Endsilbe: *-īt, -əit; -ət;* im NO. statt *-ksət* öfters *-kst; -īg, -ĕg,* nördlicher *-īχ, -ĕχ.* – Halb-MA. *hǫ̆xtsəit,* auch *hǫ̆xtsīχ.* – B. Gebrauch: wie nhd., Vermählungsfest.

Hoch-zeiter ⌃◡ *hǫ̆xtsītər* S., *-tsəidər* Hauptgebiet (*-ai-* FRK., *-ae-* RIES) und zwar *hao(x)ts-* SW., *hǭəxts-* NO., sonst *hǫ̆xts-* m.; Hoch-zeiteriⁿ, Pl. -erⁱⁿneⁿ f.: Bräutigam und Braut; von dem ersten Besuch an der Werbung bis zur Hochzeit einschließlich.

Hochzeit-häß n.: Hochzeitgewand. – Hochzeit-knecht m.: Brautführer; Syn. *-bube, -geselle* O. SO. – Hochzeit-leut^e: Plur. zu *Hochzeiter(in):* Bräutigam und Braut bis zur Hochzeit. – Hochzeit-magd *-māgd, -mād* f.: Brautjungfer; vermutlich so weit verbr. wie *-knecht.* – Hochzeit-maieⁿ m.: = *Hochzeitsstrauß,* Rosmarin. – Hochzeit-mutter f.: Brautmutter. – Hochzeit-schenke, -schenket f.: das Geschenk, das der Hochzeitsgast bei der Hochzeit der Braut gibt. – Hochzeit-stat m.: -putz. – Hochzeit-strauß m.: **1.** Strauß, mit dem jeder Hochzeitsgast geschmückt ist, bestehend aus künstl. Blumen oder vergoldeten Rosmarinstengeln. – **2.** Geschenke von Kaffeegeschirr, Pfannen, Schaum- und Schöpflöffeln, Porzellanschüsseln, Schürzen, Tüchlein, Kinderkleidern. Sonst ist *H.* in WT. sehr allgem. für die kleinen Geschenke, welche die Hochzeitsgäste während des Essens von ungenannter Seite zugeschickt erhalten; dafür auch *Brautstrauß.* – Hochzeit-tag (-s-) m.: **1.** Tag der Vermählung. – **2.** *H.* Verlobung haben, *H. hauⁿ lauⁿ* sein Kind verloben.

Hock^e, -eⁿ f., Hockeⁿ m.; Demin. Höckleⁱⁿ-*ĕ*- n.: **1.** *Hock(eⁿ)* vier Stück, z.B. Nüsse, Äpfel, Eier, Geldstücke, auch Kinder. – **2.** *Hock(eⁿ),* häufiger *Höckleⁱⁿ* kleine Menge Getreide, die mit dem Rechen zusammengezogen wird, um dann zu Garben gebunden zu werden.

hockeⁿ, huckeⁿ schw.: **1.** hocken, sitzen, intr. mit sein. Öfters hat es die Nebenbed. des Faulen oder des allzudauerhaften Sitzens oder ist überh. derberer Ausdruck. Vgl. *verhockt.* Jetzt *hock^e ich schoⁿ e^{ine} Stund^e da* u. ä. *Des ist g^ehocket, net g^ehacket* zu einem ausruhenden Feldar-

beiter. *Herum h.* müßig h. sitzen. *Sie hockeⁿt auf eⁱnander, wie Kroteⁿ und Frösch^e; – wie d^{ie} Filzläus^e, – wie d^{ie} Häßläus^e.* Einfach = sitzen. *H. bleiben* sitzen bleiben. *Bleib h. auf dein^em Riester.* Nicht weiter kommen. Spez. von Mädchen, „sitzen bleiben". *H. lassen* sitzen lassen. Ein Mädchen *h. l.* Eine Sache *h. l.* nicht weiter verfolgen. – **2.** sich setzen. Kaum ein einfaches *h.,* wohl aber a. refl. *sich h. Hock^e di^{ch}!* – b. Verbindungen mit Lokaladverbien. a b: *Hock^e eⁱⁿ bissle a^b* setze dich ein wenig. hintere: *Die Maidleⁱⁿ sind . . . dört h. g^ehuckt.* nieder n. *h.* sich setzen. *Hock n.!* – **3.** krank liegen FRK.

Hockeⁿ-bleiber m.: wer gerne lang (im Wirtshaus) sitzen bleibt.

Hockeⁿ-fangerles (n.): *H. tun,* spielen eine Art Fangspiel, wobei die zu Fangenden niederkauern und, wenn die Fangenden nahen, auf und davon springen.

Hocker m.: **1.** persönlich. a. wer lange sitzen bleibt, bes. im Wirtshaus (südl. *Hucker*). – b. kränkelnder Mensch. – **2.** sachlich. a. *H.,* bes. Demin -leⁱⁿ n.: niedriger Stuhl, bes. gepolsterter, ohne Lehne. – b. meist Demin. *-leⁱⁿ* n.: Zwergbohne, die auf dem Boden bleibt, nicht rankt. – c. *Hocker,* auch Demin.: kleiner runder Kuchen aus Hefenteig, im Schmalz gebacken.

Hocket, -ete f.: das Beisammensitzen, bes. über die Zeit hinaus. Gesellschaft, die beisammen sitzt. – Auch Hocketse: geselliges Beisammensitzen mit Trinken und Essen.

hockleⁿ schw.: auf dem Rücken oder den Schultern tragen, z.B. ein Kind FRK.

höckleⁿ *-ĕ-* schw.: das Getreide auf dem Feld vor dem Binden in *Höckleⁱⁿ* bringen. Das geschah mit der Sichel oder dem *Höckelrechen.*

hoe- s. a. *hei-.*

Hoem s. *Heime.*

Hof-beund(e) f.: *Beunde,* s. d., bei einem Hof.

Hofel s. *Hobel.*

hof(e)lich, höf(e)lich Adj. Adv.: **1.** a. höfisch, hofgemäß. – b. fein, vornehm. – α) von Worten und Handlungen. – β) von Künsten und Fertigkeiten. – γ) Adv.: vorsichtig, sachte. – c. tadelnd, ironisch, wie „hübsch". – **2.** a. *hǫ̆fəlĕ, hǫ̆fləg, hǫ̆flīg, hĕfəlĕx, hĕflĕ, hĕflĕ, hĕiflĕ, hĕflīx:* = nhd. höflich. – b. Adv.: *hǫ̆felīg, hǫ̆flĕ, hǫ̆flī, hĕflĕ, hĕfəlĕ, hǫ̆fəlĕ* (südlicher *-ĕlĕ, -īlī*): sachte, behutsam, hübsch langsam mit etwas Zerbrechlichem, einem hochgeladenen Wagen, einem zarten, schlafenden Kind udgl. *h. tun, fahren, umgehen. H. h.!* ruft einem zu, der stolpert.

Höfer m.: Besitzer eines Bauernhofes.

Hoffart usw. s. *Hochfart.*

Hof-gatter m. (n.): Hoftor.

hofiereⁿ *hǫ̆fiərə* ◡◜◡ schw.: intr., mit haben. *Einem h. den Hof machen.*

h o f l e n s. *hoblen.*

Hof-reite *-rǫedě̜* f.; H o f - r e i t u n g *-rǭədě̜ŋ* f.: Hof, der freie, zum Bauernhaus (auch der bloßen *Selde*) gehörige Platz; in der Stadt der Hof zwischen 2 Häusern.

Höft *hě̜ft,* Pl. ebenso n.: Ortschaft, Dorf, aber nur für kleinere Orte, sonst nur verächtlich.

H o g a r t e n s. *Heimgarten.*

Hogu *hǭgū* ⌢ m.: Geruch und Geschmack des nicht mehr ganz frischen Fleisches, bes. Wildbrets. – Frz. *haut-goût.*

hoi *hǭe (hǭe)* Interj.: **1.** oho, hoppla: Ausruf, der Einhalten, Aufpassen gebietet, wenn jemand stolpert, einen Fehler macht udgl.; auch wenn man selbst der Ungeschickte war, „pardon!". Auch spez. Ruf an Zugtiere, wenn eines rutscht oder stolpert. – **2.** antreibend. *Hoi, Büble^{in}* vorwärts, ihr Ochsen. – **3.** Antwort auf das Anrufen. *Einem hoi geben.*

Hol *hǭl;* Plur. H ö l e r n.: **1.** Höhle, s. a. *Hüle 1.* – **2.** stumpfes Ende der Eier.

Hol-ber *hǭl-,* Pl. gleich oder -e^n f.: Himbeere O.

Hol-beutel m.: Hohlmeißel. Vgl. *Stechbeutel.*

Holde I *hǭldě̜* m.: Kurzform für Reinhold, Gotthold; auch *Holder.*

Holde II *-ě̜* f.: *auf die H. gehen* abends die Geliebte besuchen.

Holder *-ǭ-;* N. und SO. *hǭlər* m.: Holunder. **1.** Schwarzer Holunder, Sambucus nigra L. Syn. *Flieder.* – **2.** Roter H. = Trauben-Holunder, Sambucus racemosa L. Syn. *Wilder H., Hirsch-H.* – **3.** H.-kraut = Zwerg-Holunder, Sambucus ebulus L. Syn. *Schind.-H., Stink-H.* – **4.** Spanischer H. = Gew. Flieder, Syringa vulgaris L. Syn. *Siringe* oder *Ziringe, Blauer H.*

Holder-baum m.: = *Holder 4.* Blauer H. oder Syringa. – H o l d e r - b e r^e f.: Beere des Holunders. – H o l d e r - b l u s t (m. f. n.): Holunderblüte. – H o l d e r - b u s c h , - b o s c h m.: Holunderstrauch.

holder(di)-polter(di) Adv.: *holderdibolderdi* in wirrem polterndem Durcheinander.

Holder-geist m.: Branntwein aus Holunderbeeren. – H o l d e r - g^e s ä l z^e n.: eingekochter Saft der Holunderbeeren. – H o l d e r - h a t t e l , Plur. - h a t t l e^n f.: **1.** Blütenstaude des Holunders. – **2.** Plur. *-hattelen, -ä-* Schlingbaum, Viburnum lantana L. – H o l d e r - k ü c h l e^{in} *-khĩə̄xlě̜* n.: mit dünnem Teig überzogene, in Schmalz gebackene Blütendolde des Holunders. Synn. *-dosten, -hattel, -platz, -sträublein, -tötschlein.* – H o l d e r - m u s *-mũ̄əs* n.: Holunderbeeren mit Milch gekocht. Fastenspeise. – H o l d e r - n e s t n.: Beerendolde des H. – H o l d e r - p l a t z m.: = *-küchlein.* – H o l d e r - s ä l z ; - s a l z e f.: = *-gesälze.* – H o l d e r - s c h m a r r e^n m.: = *-mus.* – H o l d e r - s t a u d^e , Plur. - e^n f.: Holunderstrauch. – H o l d e r - s t o c k m.; Demin. s t ö c k l e^{in} n.: **1.**

Holunderbusch. Vgl. *-busch, -staude.* – **2.** übtr., Geliebte(r). – H o l d e r - s t r a u b e t *-əub-* f.; - s t r ä u b l e^{in} *-štrəiblə* n.: = *-küchlein.* – H o l d e r - t ö t s c h l e^{in} n.: = *-küchlein.*

Holdschaft f.: liebende Zuneigung, Gewogenheit. Bes. SW. *In die H. gehen* zur Geliebten.

H o l g e , H o l g l e i n u. Komposs. s. *heilig B 3 b.*

Holländer m.: **1.** wie nhd., Bewohner von Holland. – **2.** kleiner (Sport-) Wagen für Knaben, den sie sitzend selbst treiben. – **3.** eine aus Holland eingeführte Maschine zur Papierfabrikation.

Höll^e *hě̜l; hēl; hě̜ld* f.: **1.** Hölle, der Ort des Teufels, der Verdammten. – **2.** übtr. a. im Spiel. *Himmel und H.* – b. die hintersten Bänke in der Schule heißen *H.* Ebenso häufig entlegene Winkel, Stadtteile oder Häuser. – c. der Teil zwischen dem von außen geheizten Ofen und der Wand. Dort war vielfach ein (eiserner, kupferner) Hafen eingemauert, zum Wärmen von Wasser, der *Höllhafen.*

Hölle^n-fetz^e m.: Schurke. – H ö l l e^n - f e u e r n.: **1.** eigentl., wie nhd. – **2.** übtr., starkes Feuer.

hölle^n-heiß Adj. Adv.: sehr heiß.

Hölle^n-ma^{nn} m.: **1.** Teufel. – **2.** Teufelskerl, verfluchter Kerl. – h ö l l e^n - m ä ß i g Adj. Adv.: höllisch, stark, bedeutend. *H. heiß.*

H ö l l e n s a k r a m e n t s. *Höll-.*

Hölle^n-sasa *-säsā* ⌐∪∪⌐ m.: Teufelskerl. – H ö l l e^n - s c h i n d e r m.: Teufel, nur in dem Ausruf, Fluch: *(Potz, Kotz) H.!* – H ö l l e^n - s p e k t a k e l m.: = *-lärm.* – H ö l l e^n - s t e i^n m.: wie nhd., Argentum nitricum, beliebtes Arzneimittel. – H ö l l e^n - s t e r n m.: *Kotz H.!* Fluch.

Höll-hafe^n; H ö l l e^n - m.: der (eiserne, kupferne) Hafen, in die *Hölle 2 c* eingelassen, in dem stets Wasser gewärmt wurde.

Höll-sakrament ⌐∪∪⌐ *(-säkrăm-, -säkərm-;* Hölle^n-);* - s a k e r m o s t ; - s a k e r d i , gekürzt - s a c k ; - s a p p e r m e n t ; - s c h l a f f e r m o s t UNTERL. Interj.: verbr. Fluch. *Hotz (Potz, Kotz) H.!* Auch persönl.: *Du H.!*

holops *hǭlǫps* (wohl ∪⌐) Adv.: unverzüglich, geschwinde, schnell, ohne Bedenken.

holpere^n schw.: stolpern. – h o l p e r i g Adj. Adv.: uneben, rauh, vom Boden. Übtr. von rohem, ungeschliffenem Benehmen.

Hol-wind^e f.: Winden-Knöterich, Polygonum convulvulus L.

Holz *hǭl(t)s; -ǭ-* (FRK. *-ǭu-)* O. SO.; Plur. H ö l z e r ; Demin. *-le^{in}* n.: Holz. **1.** Gehölz, Wald. – **2.** lebender Holzbestand. *Was am H. ist, wäscht der Rege^n net weg.* Übtr.: *Der Stolz wachst ^auf ^dem härte^n H.* – **3.** Holz als Material, gefälltes Holz. *Das im Frühjahr heruntergeschnittene H. der Obstbäume heißt Baumholz, das des Waldes H. – H. hauen, machen. In's H. gehen* in den Wald, um H. zu sammeln. Scherzh.: *H. sägen* schnarchen. – Das gespaltene H. wird um das Haus aufgeschichtet. Daher *Der hat H. vor'm Haus* ist gut versehen. *Die hat (Da ist) H. v. H.* (auch: *an der Wand) hat volle Brüste.* – Brennholz. *Er ist so arm (notig), daß ihm 's (dürr^e) H. nimme^r (net) brennt* OSCHW. – **4.** verarbeitetes oder zu verarbeitendes H. *Alles H. ist gut, wenn's zum rechte^n Zimmermann kommt. H. her!* rufen die Zimmerleute bei gemeinsamer Arbeit an Holzarbeiten. Beim Kegelspiel trifft man 4, 6 usw. *Holz, Kegel.* – **5.** übtr. *H.* Schläge *'s hat H. g^{e}ge^{b}e^n Hiebe gesetzt.*

Holz-äpfel m.: (im Wald wachsender) wilder, unveredelter Apfel, Pirus Malus silvestris (L.) Mill. – Holzäpfel-gäu n.: schlechte, abgelegene Gegend.

Holz-beig^e (-beiget) f.: *Beige,* geschichteter Haufe von Holz. S. a. *Scheiter-.*

Holz-beil m. n.: Beil zum Holzhauen.

Holz-biegel -īₔ- m.: Winkel, eingeschlossener Raum für Holz in der Küche.

Holz-bir (auch Hulz-) -bīr, Plur. -e^n f.: Holzbirne, Pirus pyraster Burgsd.

Holz-block m.: Holzklotz.

Holz-bock m.: **1.** Holzgestell zum Sägen, = *Sägbock.* – **2.** mittelgroßer, mit der Hand gezogener oder geschobener Schlitten zur Beförderung von Holz, Brot u. ä. – **3.** ein Käfer mit langen Fühlhörnern; wohl Cerambyx. – **4.** Zecke, die zu den Spinntieren (Arachnida) gehörende Milbe Ixodus ricinus. S. *Zecke.* – **5.** übtr. Mensch, den man nicht zum Sprechen bringen kann, ungeschlachter, störrischer Mensch, Tölpel.

holzele^n schw.: nach Holz riechen.

holze^n I schw.: **1.** im Wald Holz hauen, fällen, Holzarbeiten verrichten, Holz holen. – **2.** prügeln. – **3.** regelwidrig Fußball spielen.

holze^n II s. *hülzen.*

Holz-hape -hōb(ₔ), -häpe -hēb(ₔ) f., Demin. -häple^{in} n.: starkes messerartiges Instrument mit an der Spitze gekrümmter Schneide, zum Abhauen der Äste.

Holz-kläpfer (-ö-) Pl.: Schuhe mit Holzsohlen.

Holz-leis -lǫes m.: Fahrgeleise im Wald, von Holzwägen OSCHW. – Holz-leite -ǝi- f.; abschüssiger Berg, mit Holz bewachsen.

hölzle^n schw.: die zersägten Bretter, Dielen mit kurzen Zwischenräumen aufeinanderlegen.

Holz-macher (-mächer -ę̆-) m.: Holzhauer, -spälter. – Holz-mad, Plur. -mäder -ę̆-) m.: Mahd, Wiese, auf der auch Holz gebaut wird; Wiese, die früher Wald war, daher einmähdig; mit einzeln oder in Gruppen angepflanzten Waldbäumen; vgl. *-wise.*

Holz-schlag m.: Teilstück des Gemeindewaldes, dessen herumliegendes Holz gesammelt oder dessen markierte Bäume geschlagen und als Brennholz erworben werden können. Synn.

Holzteil, B^{e}lag^e. – Holz-schopf m.: Holzschuppen. – Holz-spache^n m., Demin. -spächele^{in} n.: klein gespaltenes Holzstück. – Holz-speidel m.: Keil zum Holzspalten. – Holz-stall m.: Aufbewahrungsraum für zerkleinertes Holz im Haus. – Holz-stump(e^n) m.: Baumstrunk.

Holz-tag, Plur. -täg^e m.: Tag, an dem jedermann erlaubt war, im Wald dürres Holz zu sammeln (im Winter 1–2mal wöchentlich). – Holz-teil n.: Teil am Wald(ertrag), s. *Holzschlag.*

Holz-weg m.: **1.** Waldweg, auf dem Holz transportiert wird. – **2.** übtr.: falscher Weg, Irrtum. *Des ist e^{in} H.* Bes. *auf dem H. sein.* – Holzwell^e-ę̆-, Plur. -e^n f.: Faschine, Reisigbündel. – Holz-winkel m.: = -biegel. – Holz-wis^e f.: = -mad. – Holz-wurm, Plur. -würm^e m.: **1.** Wurm im Holz, wie nhd. – **2.** übtr.: wer aus dem Holz Nutzen zieht. Holzhändler.

hom- s. *hum-.*

Hommel s. *Hummel.*

Homp *(hǫ̆ǝp)* s. *Humpe.*

hon s. *haben.*

hon- s. a. *hun-.*

Hond- usw. s. *Hund-* usw.

honett hǫ̆nę̆t ◡◜ Adj.: wohlanständig, nobel.

Honig-blum^e f.: Löwenzahn oder Kuhblume, Taraxacum officinale Web. Syn. *Licht(lein), Milchling, Milchstock, Hummelsbusch, Huppetenstengel, Bettseicher, (Weg-)Seicherin* u. a.

honige^n schw.: intr. Honigertrag liefern. *Heuer h-et's gern.*

Hop s. *Hape.*

Hopf (Hupf, s. *hopfen),* Plur. mit Umlaut m.: Sprung in die Höhe. *Einen H. machen.*

höpfelig hę̆- Adj.: aufgeregt. *Da könnt^e ma^n h. werde^n!* zornig werden.

hopfe^n I -ǭ- N. u. Hauptgebiet; hupfe^n -ŭ- S. schw.: hüpfen. **1.** aufspringen, hüpfen. Synn. *hoppen 1, hopsen, jucken* u.a. – **2.** hinken, knappen. *Der hupft am linke^n Fuß.* Vgl. *hoppen 2.*

hopfe^n II schw.: *Bier h.* mit Hopfen versehen. Bes. Part. *g^{e}hopftes Bier.*

hopfe^n-**arm** Adj.: arm an Hopfen. Ein schlechtes Bier ist *malzarm und h.* – Hopfe^n-bock m.: hölzernes Gestell aus 4 Füßen und 1 Querbalken drüber, auf den die Hopfenstangen beim Herabtun des Hopfens umgelegt werden. – Hopfe^n-bode^n m.: Dachboden, Dachraum zum Trocknen des Hopfens. – Hopfe^n-brokker m.: = -zopfler. – Hopfe^n-büschele^{in} n.: in Büschel zusammen gebundene Hopfenranken. – Hopfe^n-dörre f.: Platz zum Trocknen des Hopfens. – Hopfe^n-eise^n n.: eisernes Instrument, um im Frühjahr Löcher für die Hopfenstangen in die Erde zu bohren. Syn. -locher. – Hopfe^n-fächser -fę̆ksₔr m.: Wurzeltrieb des Hopfens. – Hopfe^n-garte^n m.: Grundstück, auf dem Hopfen gebaut wird. Syn. -*weingart*. – Hopfe^n-gäu ņ.: Gegend, wo viel Hopfen gebaut wird. – Hopfe^n-g^{e}stäud^e n.: Reben- und Blätterwerk des Hopfens, was nach der Ernte im -*garten* zurückbleibt. – Hopfe^n-jodel-ǫ̆- m.: **1.** größte Dolde an einem Hopfenstock. Syn. -*könig*, -*mann*. – **2.** scherzh. Bez. dessen, der die meisten Hopfen hat, am meisten dafür löst. – Hopfe^n-laus, Plur. -läus^e f.: rote Milbe (Tetranyctus), die am Hopfen den „Roten Brand" erzeugt. – hopfe^n-leicht Adj. Adv.: **1.** sehr leicht. – **2.** leicht an Hopfen, vom Bier. – hopfe^n-reich Adj.: reich an Hopfen. – Hopfe^n-stang^e, Plur. -e^n f.: wie nhd. Die *H.* als Sinnbild der Länge. Ein großer, schlanker Mensch *ist e^{in} Kerle, ist lang wie e^{ine} H.* Daher heißt ein solcher selbst *eine H.* – Hopfe^n-zopfer -ǫ̆-, -zöpfer -ĕ̆-, -zopfler, -zöpfler -ĕ̆- m.: wer sich am *Hopfen-zopfen* beteiligt. – Hopfe^n-zopfet m., -zupfete f.: das *zopf(l)en*, Pflücken des Hopfens; Hopfenernte.

Hopfer m.: **1.** *Hopf*, Sprung in die Höhe, über ein Hindernis. *Einen H. machen, tun.* – **2.** unerfahrener, unreifer junger Mensch.

hopfig, S. hupfig (s. *hopfen* I) Adj. Adv.: **1.** zornig, sehr aufgeregt. – **2.** kinderleicht.

hopfle^n schw.: plump hüpfen.

hopp *hǫp* Interj.: Ausruf beim Springen, Hüpfen, Jucken u. ä.

Hoppaß *hǫpǎs* ⌢ m.: **1.** kleiner Sprung. – **2.** *H-le^{in}* 2 rädriges Fuhrwerk mit 1 Pferd. – **3.** persönl.: **a.** hinkender Mensch; auch Hoppasser. – **b.** Springinsfeld. – hoppasse^n schw.: hinken, auf 1 Fuß hüpfen (im Spiel).

Hopp^e, flekt. -e^n m. f.: **1.** m. kleiner Hügel, mit Rasen überwachsener Erdhaufen ALLG. – **2.** f. Finne, kleines Eitergeschwür, Anschlag, bes. im Gesicht. *Der hat H-e^n im G^{e}sicht.*

Hoppel -ǫ̆-, Plur. Hopple^n m.; Demin. Höppele^{in} -ĕ̆- n.: **1.** kleine Erhöhung auf einer Fläche; bes. kleines Hautgeschwür, = *Hoppe* 2. – **2.** Zapfen der Forche und Fichte.

hoppela s. *hoppla*.

hoppelig Adj. Adv.: holperig, uneben, rauh, von Wegen u. ä. Von einem Gesicht, das durch *Hoppen* entstellt ist (s. a. *huppig*).

hoppe^n -ǫ̆- schw.: **1.** hüpfen, springen, = *hopfen* I *1*. Auf einem Fuß springen. *Um e^{i}nander h.* mit einem Fuß umherhüpfen. – **2.** hinken, = *hopfen* I *2*.

Hopper -ǫ̆- m., Demin. -le^{in} n.: **1.** Stolperer, krummer Mensch. – **2.** Sprung. *Einen H., ein H-le^{in} machen.* – **3.** rascher ländlicher Tanz (im ⅔-Takt). Syn. *Hopser* 2. – **4.** kleine Erhöhung auf glatter Fläche. Vgl. *Hoppe* 1.

hoppere^n schw.: stolpern; das Messer *hoppert* über den Schleifstein.

hopperig Adj.: holperig. Vgl. *hoppelig*.

Hoppezer, Plur. -e^n m.: Hüpfer; und zwar: **1.** Frosch; Kröte. – **2.** Pl. *hębǝtsǎrǝ* Heuschrecken.

hoppig Adj.: hüpfend, hinkend.

hoppla, auch hoppela, bes. Kinderspr., *hǫb(ǝ)lā* ꞈ(◡)ꞈ Interj.: Ausruf der Überraschung, der Entschuldigung ob eines Versehens, Hopfgriffs, Fehltritts, wenn jemand gestolpert, gefallen ist udgl. S. a. *hopsa*.

hopple^n schw.: einen ungleichen, aufspringenden Gang haben. Bes. in Komposs.: *daher h.* in schlotterigem Gang, Ritt daher kommen. *Da kommt er auf seinem Gaul herg^{e}hoppelt* schlecht, unstet reitend.

Hopp-satz, -saß m.: Sprung über einen Graben u. ä. *Er hat e^{i}n^{en} H. über de^n Grabe^n g^{e}nomme^n.* – Vgl. *Hoppaß*.

Hops m.: **1.** Hupf, Sprung in die Höhe. – **2.** Betrunkenheit.

hops *hǫps* Adv. Adj.: **1.** Interjektion der Überraschung. Vgl. *hopsa*. – **2.** wer beim Kartenspiel *hopsen* 2 über 21 Punkte hat, hat verloren, ist *h*. Davon übtr.: *Der ist h.* ist verloren. – **3.** lustig. – **4.** schwanger, bes. von außerehelicher Schwangerschaft, jedenfalls immer unfeiner Ausdruck. *Des Mädle ist h. (worde^n).* Auch attrib.: *Der ist g^{e}lüstig wie e^{in} h-^{e}s Weibsbild.*

hopsa *hǫpsā* ⌢ (*hǫbǝsā*´◡◡), hopsasa *hǫpsǎsā* ⌢⌣ Interj. Subst.: **1.** Interj.: *hopsa* Ausruf der Entschuldigung, ziemlich unhöflich. So, wenn man einen anstößt, jemand auf den Fuß tritt; s. a. *hoppla*. Bes. aber aufmunternder Ruf. – **2.** Subst. m.: **a.** leichter Sprung, Kleinigkeit. – **b.** leichtsinniger Mensch.

hopse^n -ǫ̆- schw.: **1.** hüpfen, springen, = *hopfen 1*, *hoppen 1*. *Des ist g^{e}hopst wie g^{e}sprunge^n.* – **2.** ein Kartenspiel, vingt-et-un: Man kauft Karten bis zur Höhe von 21 Punkten, wer darüber hinaus kauft, hat verloren (ist *hops* 2, s. d.). – **3.** trans.: treten, vom Hahn. *Sechs schöne Hühner und ein'n Hahn, daß er d' Henna h. kann.*

Hopser -ǫ̆- m.: **1.** = *Hopper 2*, hüpfender Sprung. – **2.** = *Hopper 3*, schneller Tanz.

hor-, hör- s. a. hur-, hür-.

Horglein s. *heilig B 3 b.*

Horn-absäger -ē-, -ē̆ǝ- m.: Geizhals.

Hor^n-**aff**^{e} *hǫ̆ür*, südlicher *hǫ̆(ǝ)r*- m.: kleiner Hornschlitten zum Holzführen.

Horner *hǫ̆(ǝ)(r)nǝr* m.: = *Hornschlitten*, mit hornartig aufwärts gebogenen Kufen.

hor^n**et** *hǫ̆rǝt* Adj.: (groß) gehörnt.

horn-hart *hǫ̆ürǝhǎrt* Adj.: sehr hart FRK.

Hornigel usw. s. *Hurnigel.*

Hornisse s. *Hurnausse.*

Horn-ma^{nn} m.: **1.** Teufel OSCHW. – **2.** Pl. *Hornmanne^n*, auch *Hörnle^{in}sm.* Schelte für die Protestanten. – **3.** Demin. *Hornma^{nn} le^{in}*: männlicher *Hornschröter*, opp. *-weible^{in}*. – Hornma^{nn}spla^n, Pl. plä^{ne} m.: unausführbarer Plan, Luftschloß.

Horn-ochs m.: Schimpfwort, vgl. -*vih 2*.

Hornschlaider, -s c h l a u d e r = -*schröter*.

Horn-schlitte^n m.: Schlitten mit langen, aufstehenden Kufen zum Holzführen. S. a. *Horner*.

Horn-schröter, H ü r n - s c h r ö t e r m.: **1.** Hirschkäfer, Lucanus Cervus. – **2.** Kühbauer, spött.

Horn-vih n.: Rindvieh. **1.** eig., kollektiv. – **2.** indiv., Schimpfwort: *Du H.!*

Horre *h*̞*ḝr*̞*ḝ* f.: Asyl beim Fangspiel. *H., H., aus der Stangen! Wer nicht 'raus geht, wird gefangen.* Syn. *Botte, Härre, Hüle, Lere, Zal.*

horrend ◡ˊ Adj. Adv.: furchtbar, gew. bloß steigernd, doch wohl nie von etwas Angenehmem. *H-e Kälte, Luge, Zeche, h-s Geld; h. kalt, dumm, schwer, viel; Das ist h.; Es hat h. aufgeschlagen* u. ä. – Lat. *horrendus*.

h o s c h - s. a. *hoss-, hotsch-, hotz-.*

Hosche -*ḝ*- f.: **1.** Schaukel. – **2.** beim Leiterwagen die Vorrichtung mit Stricken, wodurch man links und rechts Garben anhängt. – h o s c h e^n schw.: schaukeln, wiegen. Ein Kind auf den Knien schaukeln. – H o s c h e^n- g a u l m.: Wiegenpferd.

Hose^n-ärmel m.: Hosenbein. – H o s e^n- a r s c h m.: Gesäß der Hose.

Hose^n-ballare ◡ˊ◡◡◡ m.: kleiner Knabe, der die ersten Hosen anhat. – H o s e^n- b a m p e s: **1.** m.: Knabe, der die ersten Hosen anhat. – **2.** Plur.: Schläge auf den Hintern. – H o s e^n- b o d e^n m.: Hinterteil der Hose. – H o s e^n- b r e i s n., Dem. -b r e i s l e^{in}: oberer Rand der Hose, Hosenbund. – H o s e^n- b u m p e s, -b u n k e s m.: kleiner, dicker Knabe oder Bursch.

Hose^n-dätle^{in} n.: Hosentasche. S. a. -*sack*. – H o s e^n- d o t^e m.: männlicher Pate, opp. *Rock-, Juppen*- SO. ALLG.

Hose^n-fall^e f.: Hosenlatz, urspr. der von oben nach unten sich öffnende der alten Hosen. Syn. -*laden, -latz, -schlag, -schlitz, -türlein.*

Hose^n-glock^e f.: Küchenschelle, Pulsatilla vulgaris Mill. Syn. s. *Herrenschlaufe.*

Hose^n-juckerle^{in} n.: Frühlings-Enzian, Gentiana verna L. Syn. *Franzosennägelein, Schustersnägelein.*

Hose^n-lade m.; Demin. -l ä d (e) l e^{in} n.: = -*falle*. – H o s e^n- l a t z m.: dass. – H o s e^n- l o t t e r e r m.: einer, dem die Hosen schlottern, Schimpfwort. – H o s e^n- l u p f m.: Ringen, bei dem sich die Gegner an den Hosen fassen. ALLG. TIR.

Hose^n-ma^{nn} m., bes. Demin.: schmeichelndscherzh. Bezeichnung eines Knaben, der seine ersten Hosen anhat.

Hose^n-quattle^{in} m. n.: kleiner Knabe, der in seinen Hosen einher *quattelt*, watschelt.

Hose^n-sack m.: Hosentasche. – H o s e^n- s c h e i ß e r m.: Feigling. – H o s e^n- s c h e n k e l m.: Hosen-

bein. – H o s e^n- s c h l a g m.: = *Hosenlatz*. – H o s e^n- s c h l i t z m.: desgl. – H o s e^n- s e i c h e r m.: starkes Schimpfwort für Knaben (u. auch Erwachsene). – H o s e^n- s p a n n e r m., -s p a n n e t (e) f., meist -s p a n n e^{n}s (-ets) n.: Züchtigung durch Schläge auf den Hintern.

Hose^n-türle^{in} n.: = -*falle, -latz* usw.

hoset Adj.: mit langen Hosen versehen.

Hospes m.: **1.** Gastwirt. – Anm.: aus dem Rotwelsch. – **2.** *h*̞*ȯ*̞*špȩs*, SW. -*īs*; *h*̞*ȯ*̞*špḝ*; *Huspes, Huspler*: überspannter, närrisch aufgeregter Mensch, Geck. – **3.** *h*̞*ȯ*̞*špȩs* Rausch.

h o ß - s. a. *hosch-, hotsch-, hotz-.*

hoß *h*̞*ȯ*̞*s* Interj.: horch! merk auf!

hosse^n schw.: **1.** horchen, aufpassen. – **2.** wiegen, schaukeln; trans. und intr. mit haben, vom Kind in der Wiege wie von irgendeiner Art Schaukel. N. – H o s s e^n- g a u l m.: Wiegenpferd. N.

h o t s c h - s. a. *hosch-, hoss-, hotz-.*

hotsche^n -*ǭ*-, frk. -*ǭu*- schw.: **1.** intr.: auf dem Boden rutschen, bes. von kleinen Kindern. – **2.** trans.: etwas auf dem Boden rollen, rutschen lassen. – H o t s c h e r m.: Rutscher.

hott *h*̞*ȯt* Interj. Adv.: **1.** Zuruf an das Zugtier, nach rechts zu gehen; opp. *har, hüst (w-)*. Verstärkt: *hottü (h*̞*ȯdī* ◡ˏ, 2. Silbe sehr lang◡ˋ*)*. – **2.** Adv. *H. fahren, gehen* usw. Übtr. *Er weiß nicht, will er wist oder h.; Er w. n., was w. und was h. ist* weiß nicht aus noch ein. *Eine Sache, ein Mensch ist nicht w. und nicht h., ist weder w. noch h.* unzuverlässig. *Es geht hinten h.* schlecht, verkehrt.

H o t t e s. *Hutte.*

H o t t e l (e i n) s. *Hotto.*

hotte^n schw.: **1.** wörtlich zu *hott 1*: rechts gehen, fahren. Doch nur übtr. ^{E}*s ist ^{n}it g^{e}hüstet und ^{n}it g^{e}hottet*. – **2.** vorwärts gehen. Doch nur iron.: *ane h.* langsam fahren. Bes. von einer Unternehmung, nur neg.: *Es will nicht h.; Dem hottet's nie* u. ä. – **3.** *mit (einem) h., zusammen h.* gemeinsame Sache machen, mittun. – **4.** wanken.

H o t t e n - s. *hott* und s. *Hotto-.*

Hotter m.: Haufe von Erde, Schnee, Kies udgl. Bes. Demin.: Hotterle^{in}, Hö- n.: **1.** kleines Häufchen; spez. von Heu. – **2.** = *Hockerlein 2b, Hotterbone*. – Zu *hotteren*.

Hotter-bo^{ne} f.: Zwergbohne, die *hotteren* bleibt.

hottere^n I; h u t t e r e^n; h u t t e r l e^n schw.: kauern, hockend sitzen oder sich so setzen.

hottere^n II schw.: zittern.

Hotterer (-u-) m.: wer gekrümmt geht.

hotterig Adj. Adv.: geknickt, gebrochen. *Er lauft ganz h. daher.*

hotterlinge^n Adv.: in halbsitzender Lage, mit eingeknickten Knien.

hottle^n schw.: wankend reiten, gehen; *h. und zottlen.*

Hotto *h*̞*ȯdǭ*; Hottü *h*̞*ȯdī* da und dort; H o t t e l m.; bes. aber Demin. -le^{in} n.: Pferd, Kinderspr. – Hotto-gaul m., Demin. -gäulle^{in} n.: Pferd, auch Stecken- oder Wiegenpferd, Kinderspr. – Hotto-rössle^{in} -ǫ̈- n.: dass.

hottü s. *hott 1* und s. *Hotto.*

Hot-wole *hǫtwǫ̈lę̈, hǫt-* ⌢ f.: die vornehme Gesellschaft, „Haute volée".

hotz- s. a. *hosch-, hoss-, hotsch-.*

hotz s. *potz.*

hotze^n schw.: **1.** schwanken, zittern; *Der Bank hotzet.* – **2.** auf dem Rücken tragen, schleppen.

Hotzer m.: Unebenheit. Spez. eine aus Schnee gemachte Erhöhung, die den Schlitten emporwirft.

hotzle^n schw.: in Bewegung setzen, schütteln. Spezieller: im Trab reiten oder laufen. *Daher h.* schlendern. Wie kleine Kinder essen, = *trielen,* in Folge einer Erschütterung etwas aus dem Mund laufen lassen.

hötzle^n *hę̈tslə;* hötzele^n schw.: rollen, wälzen.

Howalle *-ę̈* m.: schwerfälliger, linkischer Mensch. – Vgl. *Trawalle.*

hu *hū* Interj.: **1.** des Schauders. *Hu, jetzt ist mir nimme^r z^u helfe^n.* – **2.** Scheuchruf.

hü *hї̈,* hü a *hїǝ,* hüo *hїǭ;* alle Formen statt mit *-i-* auch mit *-y-;* Interj.: Ruf, mit dem der Fuhrmann die Tiere antreibt. *Hü, Bläss! Hü, Fuchs!* usw.

Hub^e I *hūǝb* f.: Hufe Landes, kleineres Bauerngut, spez. die ertragsfähige Landfläche mit oder ohne Gebäude.

Hube II *hūǝbę̈* f.; Demin. Hubele^{in} *hūǝ-* n.: = *Hufelein,* Huflattich. Syn. *Roßhube.*

hübe^n *hїbǝ; -w-* NW. N. Adv.: diesseits; opp. *düben. H. und düben* auf beiden Seiten.

Huber *-ū-* m., Demin. -le^{in} n.: **1.** Schaf, bes. im Haus aufgezogenes Schaf, Lamm. – **2.** Tölpel. – **3.** Blüte der Haselnußstaude. – **4.** Tannenzapfen.

Huber-pelz m.: Schafpelz. – **Huber-stall** m.: Schafstall.

huble^n *-ū- (-b-* neben *-w-)* schw.: hudeln, unsinnig eilen.

Hübsche f.: das Schöne.

Huck^e f.: **1.** kleine Krämerei, Kramladen, Spezerei-, Viktualienhandlung. – **2.** Durcheinander von Waren oder Menschen.

hucke^n schw.: handeln.

hucken s. *hocken.*

hude *hūdę̈* Interj.: Treibruf für die Gänse.

Hudel *-ū-,* S. *-ŭ-* (Hüdel) m. f.; Demin. Hüdele^{in} n.: **1.** m. Lumpen, Tuchlappen, zum Abwischen, Waschen, Putzen. Lumpen, mit dem der Bäcker den Backofen reinigt, *aushudelt;* vgl. *Hudel-lump, -wisch.* – **2.** m. Sense mit einem Tuch oder Gitter, Gaze, zum Mähen von Gras oder Haber, Getreide, Habersense (f.). – **3.** m. Bauch. – **4.** m. Lump, Taugenichts; f.: leichtfer-

tige Weibsperson. – **5.** *-ŭ-* Hündin. – **6.** Plur. *-e^n* Fichtenzapfen.

Hudelei f.: Übereilung, Überstürzung, Unpünktlichkeit; unpünktliche Arbeit.

Hudele^{in} n.: Schäfchen, Kinderspr.

Hudele^{in}**s-pack** n.: Lumpenpack. – Hudel(e^{in})s-war^e f.: **1.** schlechte, leichte Ware. – **2.** Haufen unartiger, ungezogener Kinder, Lumpenpack.

Hudel-ernt^e *-ę̈rǝt* f.: Ernte bei schlechtem Wetter, die deshalb rasch abgemacht werden muß.

Hudel-geschlecht n.: unordentliche, verlotterte Familie.

hudelig Adj. Adv.: übereilt, unpünktlich arbeitend oder gearbeitet. *Sei net so h.*

Hudel-lump(e^n**)** m.: wertloser Fetzen, Wischlappen.

Hudel-ma^{nn} m.: Lumpensammler. – Hudel-ma^{nn}s-g^{e}sind^e f.: Lumpenpack, schlechtes Gesindel.

Hudel-war^e f.: umtriebige Kinder.

Hudel-wisch m.: **1.** Abwischtuch. Speziell vorn an einer Stange angebrachter Tuchlappen, mit dem der Backofen gereinigt wird. – **2.** Kind, das nirgends Ruhe hat. – hudel-wische^n schw.: mit einem in Unrat getauchten Lappen einem ins Gesicht fahren.

Huder I *-ū-* m.: Lumpen, Lappen, zum Abwischen ALLG. TIR.

Huder II m.: **1.** Schaf ALLG. TIR. – **2.** übtr.: guter, dummer, mürrischer Mensch.

hudle^n *-ū-,* S. *-ŭ-* schw.: **1.** eilig und oberflächlich, unpünktlich arbeiten. *^{Da}s H. tut kei^n gut.* – **2.** plagen, schlecht, verächtlich behandeln. *Einen hunzen und h.*

Hudler m.: **1.** wer eine Sache übereilt, zu flüchtig betreibt, *verhudelt.* – **2.** eine häßliche Maske HORB. – **3.** eine schlechte Traubensorte NECKAR. – **4.** Mop, Staubwischer.

huf, hüf s. *hauf.*

Hufele^{in} *hūǝfǝlę̈* n.: Huflattich, Tussilago farfara L.

hufen, hüfen s. *haufen* II.

Huff (Hüfte) s. *Huft.*

Hufschlag m.: **1.** das Aufschlagen der Pferdehufe auf dem Boden, die Bahn, in der das geschieht. – **2.** das Beschlagen der Pferde.

Huf(t) *hüft; hüf,* flekt. *hŭfǝ* f.: **1.** Hüfte. – **2.** *Hüftle^{in}* Schweifstück des Ochsens. – **3.** *Huff* Schulterblatt.

Huf(t)e-schucker m.: der beim Gehen mit den Hüften *schuckt,* schwankt.

Huf(t)-we n.: Ischias.

Hugo *hūgǭ* ⌢ m.: männl. Vorname. – Hugoles *mit einem tun:* einen veräppeln.

hui- s. a. *heu-.*

hui *hŭi* Interj.; Hui Subst. m.: **1.** Interj.: ei! auf! aufmunternder Ruf. Bes. neben *pfui.* Ein Hitzkopf ist *(immer, glei^{ch}) h. und pf. Da gaht's h.*

und pf. sehr schnell, flüchtig. Eine oberflächliche Arbeit, ein leichtfertiges Mädchen, glänzendes Elend *ist auße^n h. und inne^n pf.* – **2.** prädikatives Adj.: *h. sein* schnell sein; voreilig sein. – **3.** Subst. m.: a. meist in präpos. oder adverb. Verbindungen. *Im Hui, in ei^{ne}m H.* im (in einem) Augenblick, Nu. *All^e (Äll^e) H.* alle Augenblicke, häufig; auch bald: *^{E}s ka^{nn} a. H. losgau^n.* – b. Hieb. *Auf ein^{en} (de^n erste^n) H.*

huie^n schw.: **1.** eilen; wohl bes. in Komposs., s. *ver-, über-huien.* – **2.** plagen, schlagen, zur Eile drängen.

h u i e r s. *heuer.*

H u i e r l i n g s. *Heuerling.*

Hui-^{he}rum *hŭirŏm* m.: Eierhaber.

hui-um *-ŏm* Adv.: *h. tun* quitt sein, die gegenseitigen Forderungen ausgeglichen sein lassen.

H u i z (e l) s. *Heuzel.*

Hülbe *hĭlb(ə),* Hüle I *-ī-,* flekt. *-e^n* f.: flacher Dorfteich, Wasserbehälter, zum Tränken des Viehs in wasserarmen Orten. Syn. *Wette.*

Hülbe^n-hüter m.: Wasserlibelle. Syn. *Wettehüter.*

H ü l e I s. *Hülbe.*

Hüle II *hĭlẹ̆* f.: **1.** Höhle. – **2.** Hohlweg. – **3.** *hīlẹ̆* Asyl beim Fangspiel. Syn. *Botte, Härre, Lere, Zal.*

hüle^n *hī-* schw.: höhlen, aushöhlen.

hülse^n schw.: schälen; Linsen udgl. aus den Schelfen herausmachen.

hulze^n schw.: Stämme durch Hebel fortbringen. – S. *holzen.*

hülze^n *hĭl(t)sẹ̆;* holze^n *-ŏ-* Adj. Adv.: **1.** hölzern, von Holz. Im NO. dafür *hülzig,* s. d. *E^{in} hülze^{ne}s Röckle^{in} kriege^n* bald sterben ALLG. – Holzartig. Rüben, Kohlraben, Rettige u. ä. sind *h.* – **2.** übtr. von Menschen. Steif wie Holz, unbeholfen. *Des ist e^{in} Hülzener.*

hülzig *hĭltsi(χ);* holzig, holzet *-ət* NO. Adj. Adv.: **1.** waldig. – **2.** von Holz, hölzern.

H u m b e r , H u m b e l e n s. *Himbere.*

Humm^e, flekt. *-e^n* f.: Schlag an den Kopf, Ohrfeige.

Hummel I *hŏ-,* N. *-ŭ-;* Plur. ebenso m.: Zuchtstier N.; im S. *Hagen, Heime, Ochs, Heigel.* S. a. *Hummeler 2, Hummelochse.*

Hummel II *-ŏ̆-,* S. N. *-ŭ-;* Plur. *-e^n* f.: **1.** wie nhd., Hummel. S. a. *Brummler, (Brumm)Hummeler, Humseler.* – **2.** übtr. wilde, ungesittete Person. – **3.** Pflanzenname. a. Hummel-Ragwurz, Ophrys holosericea (Burm.) Grent. – b. Kriechender Günzel, Ajuga reptans L. – c. Gewöhnliches Leinkraut, Linaria vulgaris Mill. – **4.** Ohrfeige; s. *Humme.*

H u m m e l e n s. *Himbere.*

hummele^n schw.: brummen.

Hummeler m.: **1.** Hummel. Nebenformen: M u m m e l e r , U m m e l e r – **2.** Zuchtstier. – **3.** grober Mensch, Dickkopf.

Hummeler-blum^e *-blŏ̆əm* f.: **1.** Wiesen-Witwenblume, Knautia arvensis (L.) Coult. – **2.** Purpur-Knabenkraut, Orchis purpurea Huds.

Hummeler(s)-grind, -k o p f m.: Dickkopf.

Hummeler-kle m.: Kriechender Klee oder Weiß-Klee, Trifolium repens L.

Hummel-ochs^e m.: Zuchtstier.

Hummels-busch, Plur. -büsch^e m.: Löwenzahn oder Kuhblume, Taraxacum officinale Web. Synn. s. *Bettseicher, Honigblume.*

Hummel-wise f.: dem Farrenhalter von der Gemeinde überlassene Wiese. Auch Flurnamen.

humme^n *hŏmə,* S. *hŭ-* Adv.: hier hüben; opp. *dummen. Da h.* opp. *dort dummen. H. und d(r)umme^n* hüben und drüben. *Des ist h. wie d.* ist gleich, so oder so.

Hump^e *hŏəp,* Plur. -e^n m.: geiziger, karger Mensch, Flegel.

Hümpel *hĕəbl* m.: närrischer, läppischer Mensch.

hümpele^n *hĕmbələ,* N. S. *-ī-* schw.: **1.** persönl.: a. kränkeln, dahin siechen. – b. ein wenig hinken. – c. kleine Zänkereien haben. – d. ein Anliegen halb weinend vorbringen. – **2.** unpers.: *es h-et* es hapert, geht nicht mehr, wie es sollte, verschlimmert sich, ist verdächtig, von Gesundheit, Vermögensverhältnissen, Geschäftsgang u. ä.

Hümp(e)ler *hĕmbələr* m.: **1.** Stümper, Pfuscher. – **2.** kränklicher Mensch.

hümpelig *hĕmb-* Adj.: kränklich, unwohl.

Hump(e^n), flekt. *-e^n* m.: **1.** großes, weites Trinkgefäß, großer Krug. – **2.** abgeschnittenes dickes Stück Käs, Brot, Fleisch.

humpe^n schw.: bechern, zechen.

hümperle^n *hĕmb-* schw.: sich verschlimmern, = *hümpelen 2.*

humple^n *hŏm-,* N. S. *-ŭ-* schw.: schleppend, hinkend einhergehen.

Humseler m.: Hummel

humse^n *hŏmsə* schw.: summen, von Tieren und Menschen. Bes. von Menschen: vor sich hinsummen, mit geschlossenen Lippen. – Von reißendem Schmerz: der Arm *h-et mir* surrt.

Hu^n n. (f., s. u.): Huhn. A. F o r m und G e n u s: Sing. *hŏə,* S. *hŭə,* z. T. auch ohne Nasal; *hŭ* N. W.; Plur. *hẹ̆ər (hẹ̆-, hẹ̆-),* S. N. *hī̆ər,* entnasaliert *hẹ̆ər, hīər;* teilweise daneben *hẹ̆ənər, hī̆ənər, hīnər.* In einem größeren Gebiet des SW. ist *hẹ̆ər* außerdem Plur. zu *Henne* (dessen Plur. fehlt). Im N. ein Gebiet, in dem *Hun (hŏ̆ə,* Plur. *hẹ̆ər* usw.) **f.** und zugleich Ersatz für das fehlende *Henne* ist. – Demin. Hü^{n}le^{in} n. *hẹ̆ələ̆,* vielfach entnas. *hẹ̆ələ̆; hīlẹ̆;* vielfach vertritt *H.* die Stelle des dann fehlenden Demin. zu *Henne.* – B. G e b r a u c h. **1.** wie nhd.; für das Demin. auch Synn. *Luckelein, Pullein, Bibe(r)lein, Wiwelein* u. a. Lockruf: *Komm, luck, luck, luck.* – **2.** Hü^{n}le^{in} übtr. schüchterner, weichlicher, energieloser Mensch. *Du krank^{e}s H-le^{in}!*

hundle[n] schw.: schwimmen wie ein Hund, indem man die Arme abwärts schlägt.

Hunds-: Kompp. mit *Hunds-* haben, falls nicht eig. gemeint, bei Substantiven abwertende Bed.: etwas, was für den Hund gut genug ist u. ä., bei Adjj., die etwas Unangenehmes aussagen, verstärkende Funktion. Den Komposs. mit bloßem *Hund-* wohnt solche Bed. weniger bei.

Hunds-ber[e] f.: Frucht der Roten Heckenkirsche, Lonicera xylosteum L.

Hunds-datte m.: Hundeliebhaber, spött. – Hunds-dreck m.: Hundskot. – hunds-dumm Adj.: sehr dumm, von Personen und Geschehnissen. Syn. *sau-, strohdumm.* – hunds-dürr Adj.: sehr mager.

hunds-elend Adj.: ganz elend. Gew. *-miserabel,* auch *-liederig (-lich).* – hunds-erde[n]-schlecht Adj.: verstärktes *erd.,* s. d.: ganz schlecht.

Hunds-fur[e] *-fūər* f.: = *-komödie;* Lärm, Durcheinander.

hunds-g[e]**mei**[n] Adj.: niederträchtig.

Hunds-hunger m.: = *Gäh-,* Heißhunger.

hunds-kalt Adj.: abscheulich kalt. – Hunds-kälte f.: Hundekälte. – Hunds-knoch(e[n]) m.: **1.** sachl. wie nhd. – **2.** pers.: wer einen viel erzürnt, Schimpfwort. – Hunds-komöd[i]e *-khǫ̈mę̈dę̌ ⌐∪ᴗ* f.: eig. wohl Schaustellung mit dressierten Hunden. Allgem. aber = Spektakel, Lärm, Durcheinander (wobei auch an das Treiben einer größeren, bellenden und durcheinander rennenden Zahl Hunde gedacht sein kann).

hunds-ledig Adj.: mit 14 Jahren ist einer *furz-,* mit 15 *bohne*[n]-, mit 16 *hunds-l.* Vgl. *hüner-, sauledig.*

hunds-liederig, -liederlich Adj.: ganz erbärmlich. *Mir ist's h. Eine h-e Arbeit* sehr schlechte A.

Hunds-mage[n] m.: neben der stets mögl. eig. Bed. wohl auch = *Roß-, Sau-.* – hunds-mager Adj.: = *-dürr,* sehr mager. – hunds-mäßig Adj. Adv.: verstärkender Zusatz wie *hunds-. Es ist h. kalt; h-e Kälte.* Vgl. *saumäßig.* – hunds-miserabel Adj. Adv.: ganz miserabel. Vgl. *-elend, -schlecht* usw. – hunds-müd[e] Adj.: sehr müde. Verstärkt *hundsracker(s)müde.*

hunds-naß Adj.: ganz naß, pudelnaß. – hunds-notig Adj.: ganz *n.,* arm. – hunds-nüchter[n] *-īə-* Adj.: ganz nüchtern. Häufiger *katzen-.*

hunds-racker(s)-müd[e] Adj.: verstärktes *hundsmüde.* – Hunds-ritt m.: in der Wendung *äll*[e] *H.* alle Augenblicke; stets verächtlich.

Hunds-rose[e] f.: Heckenrose, Rosa canina L.

hunds-schlecht Adj. Adv.: hundeschlecht. – Hunds-steig[e] *-əi-* f.: Hundehütte. – Hunds-stern m.: Sirius; s. a. *-tag.*

Hunds-tag, Pl. -täg[e] m.: die Zeit der heißesten Tage, nach dem Hundsstern benannt, von Magdalena (22. Aug.) an 4 Wochen oder von Jakobi (25. Juli) bis Bartholomäi (24. Aug.).

Hunds-tap[e] f., Demin. -täple[in] n.: **1.** eig., Hundepfote. – **2.** Demin. Gewöhnliches Katzenpfötchen, Autennaria dioica (L.) Gaertn. Synn. s. *Himmelfartsblümlein.*

Hunds-trapp m.; Demin. -träpple[in] n.: Hundetrab, gemächliche Eile.

Hunds-tritt m.: verächtl. Tritt, wie man ihn dem Hund gibt.

hunds-übel Adj. Adv.: sehr übel; wie es scheint, nur präd. u. adv. *Dem ist's h.*

Hunds-veigele[in] n.: Hunds-Veilchen, Viola canina L., u. a. nicht duftende Veilchen-Arten.

Hüner-bock *hēər-* m.: Hahn.

Hüner-darm m.: Vogelmiere, Stellaria media (L.) Vill.

Hüner-dreck *hēər-* m.: Hühnerkot. – Hü[ne]r-dreck-reder *-rę̄ədər* m.: Kleinigkeitskrämer. Vgl. *Hennen-.* – Hü[ne]r-greifer m.: weibischer, charakterloser Mann. Syn. *Hennen-.*

Hü[ne]**r-habicht** *-hę̄bix̌, -hăps,* -hack m.: = *Hennenhack.* Vgl. *Hun/leins-, Hennenwei(er).*

Hüner-korb m.: Korb zum Lagern, Brüten der Hühner. – Hü[ne]r-kratt(e[n]) m.: = *-korb.*

hü[ne]**r-ledig** Adj.: *h.* ist man im 1. Jahr nach dem Verlassen der Schule. Syn. *sauledig.* S. a. *gans-, hunds-, furz-, bonen-.* – Hüner-leiter f., Demin. -le[in] n.: = *Hennenleiter.* Vgl. *-stege.* Übtr. von sehr steilen Stiegen.

Hü[ne]**r-verreckete** f.: Wiesenschaumkraut, Cardamine pratensis L. – Hü[ne]r-vogel m.: Habicht, = *Hennen-;* außer Astur palumbarius auch Accipiter Nisus, Sperber. Vgl. *-habicht, -wei.*

Hü[ne]**r-wei** m.: Habicht, Sperber. S. *-habicht; Hennen-, Hünlein-.*

Hunger-bach m.: Bach, der nur nach Regenzeiten Wasser führt Oschw. Allg. – Hunger-blum[e] f., Demin. -blümle[in] n.: Hungerblümchen, Draba verna L. – Hunger-brunne[n] m.: häufige Bez. von Brunnen, Quellen, die nur infolge anhaltenden Regens fließen und dann meist als Vorboten von Mißwachs und Teuerung angesehen werden. Syn. *Teuerbrunnen.*

Hunger-grub[e] *-ūə-* f.: Vertiefung zu beiden Seiten der Lenden bei Vieh und Pferd.

Hunger-leider m.: Mensch, bei dem es hungrig zugeht. – Hunger-leiderei f.: übertriebene Sparsamkeit.

Hunger-mal, Plur. -mäler n.: Gesichtsflecken, Ausschlag. – Hunger-muck[e], Plur. -e[n] f.: knickeriger Mensch, der sich gern auf Kosten anderer gütlich tut.

Hü[n]**le**[in]**s-habicht** *-häps* m.: Habicht. S. *Hüner-.* – Hü[n]le[in]s-käs[e] m.: Knollenmilch mit Rahm angemacht. *H.* wird jungen Hühnern gefüttert. S. *Luckeleinskäse.*

Hü[n]**le**[in]**-wei(er)** m.: Habicht, Gabelweihe, Milvus Ictinus.

hunte[n] *hǭndə* (S. u. FRK. -*ŭ*-) O., *hǭnə* (S. u. NW. -*ū*-) W., *hünd* ALLG. Adv.: hier unten; opp. *dunten*. Übtr. *h. sein, ganz h. sein* erschöpft sein.

hunze[n] *hǭndsə*, N. -*ŭ*- schw.: plagen, schikanieren, schlecht (wie einen Hund) behandeln. *Der ka*[nn] *nix als d*[ie] *Leut*[e] *h.* u. ä.

hunzig Adj.: elend.

hüo s. **hü**.

hup *hüp* Interj.: lauter Ruf, etwa im Wald, um sich nicht gegenseitig zu verlieren.

Hup[e], flekt. (auch Nom.) -e[n] *hūbə; -ŭ-* f.; Demin. **Hüple**[in] n.: **1.** Horn oder Rohr, um damit zu rufen. Genauer: a. Horn, Blashorn der Hirten und Nachtwächter. – b. kleine Maipfeife, Weidenpfeife aus gelöster Weidenrinde, in die oben und unten ein Stückchen des Weidenholzes hineingesteckt wird. – **2.** Signalhorn von Auto, Motorrad u. a. – **3.** Entstellung des Mundes.

hupe[n] *hūbə; -ŭ-*; hü - BAAR schw.: **1.** einen lauten Ruf von sich geben, etwa im Wald, um sich vom andern nicht zu weit zu entfernen, oder im Feld, vom Turm herab. – **2.** mit der Autohupe usw. Signal geben.

Huper -*ŭ*- m.: Kinderpfeife aus Weidenrinde, = *Hupe 1 b*.

hupere[n] -*ŭ*- schw.: **1.** durch einen *Huper* blasen. – **2.** einen durchhauen.

Hupete f.: **1.** Kinderpfeife aus Weidenrinde, = *Hupe 1 b.* – **2.** Schreien.

Hupf, hupfen s. *Hopf, hopfen* I.

Hupf-auf (m.): **1.** lebhaftes Kind; leicht erregbarer Mensch. – **2.** ein Tanz.

Hüpfel m.: Sprung.

hupfen, hüpfenig, hupfig s. *ho-*.

Huppel -*ŭ*-, **Hüppel** -*ī*- UNTERL. m., Demin. **Hüppele**[in] n.: **1.** kleines Hautgeschwür, Beule u. ä., = *Hoppe(l)*. – **2.** Stockknopf. – **3.** = *Hoppel 1*, kleine Erhöhung, Unebenheit auf einer Fläche.

huppen s. *hoppen 2*.

huppig Adj.: holperig, rauh. Mit *Huppen*, kleinen Hautgeschwüren, behaftet. *Ein h-es Gesicht.* Syn. *hoppelig*.

hüppelig *hĭb*- Adj.: = *hoppelig*, uneben, rauh, von jeder Fläche (auch dem von *Hoppen* entstellten Gesicht).

Hürchel *hĭ*- m.: das Röcheln.

hürchle[n] (hürchs(l)e[n] u. ä.) *hĭ*-, FRK. *hę̆*- schw.: röcheln; röchelnd schnarchend schwer atmen, stöhnen; laut atmen, mit Räuspern verbunden. Etwas anders: *hĭrksə* hüsteln, (krankhaft) husten; *hĭrkslə* trocken husten, röcheln, *khĭərpslə* räuspern; *hĭrbsə* räuspern; *hĭrksə* rülpsen, aufstoßen. *Da ists'rum, der hürchlet nu' no*[ch] liegt in den letzten Zügen.

Hürch(s)ler m.: **1.** sachlich: *hĭrχlər* hörbarer, röchelnder Atemzug, das Röcheln. *Hĭrkslər* trockener Husten, Röcheln. – **2.** persönlich: wer viel *hürchelt*. – Dazu das Subst. *Gehürch(s)el;* auch ein Adj. g[e]hürchlig *khĭrχlĭχ* engbrüstig, zum Husten geneigt. S. a. *Totenhürchel.*

Hurd[e] *hŭrd, hūd(ə);* FRK. -*ŏ̆*-; flekt. *Hurde*[n] f.; Demin. Hürdle[in] -*ĭ*-, FRK. -*ę̆*- n.: Hürde. Geflecht aus Ruten u. ä. – **1.** hängendes Weidengeflecht oder Bretter zur Aufbewahrung des Obstes im Keller. In Zwischenräumen übereinander geschichtete Rahmen aus Lattenwerk; das ganze Gestell heißt *d*[ie] *Hurde*[n], *Hürdle*[in]. Genauer: *Äpfel-, Obst-, Zwetschgenhurde.* – **2.** Platz, wo die Tauben im Schlag ihr Nest hinmachen. – **3.** Pferch aus Latten, für die Schafe. – **4.** übtr. *e*[ine] *H. Kinder* u. ä. ein Haufe, eine Menge.

Hurdigel, Hurdluge s. *Furd-*.

Hur[e] *hūər*, Pl. -e[n] f.: **1.** wie nhd. – Hieher die Komposs., in denen *Huren-* eine Verwünschung bedeutet (bes. OSCHW. ALLG.), wie *Huren-arbeit* verdammt unangenehme Arbeit, *-arsch* sehr starkes Schimpfwort, *-bohrer* schlechter Bohrer, *-gabel, -g*[e]*lump* schlechte Sache, unbrauchbarer Gegenstand, *-holz* das sich nicht gern spalten läßt, *-kälte* verdammte Kälte, *-kuh* dumme Weibsperson, *-messer* das nicht schneidet, *-musik* schlechte, *-rechen* schlechter, *-siech* starkes Schimpfwort, *-stier* fauler, nicht gehen wollender Stier (die Beispiele könnten wie bei *Erz-, Mords-, Sau-* u. ä. unendlich vermehrt werden). Ebenso bei Inf.: *Des ist e*[in] *Hure*[n]*-laufe*[n] verdammtes Geläufe, *e*[in] *Hure*[n]*-mähe*[n]. – **2.** Pflanzenname: *nacket*[e] *H.* Herbstzeitlose, Colchicum autumnale L.

Hure[n]-: ärgerlich tadelnder Vorsatz: *Hurenarbeit* u. ä. s. *Hure 1*.

Hure[n]**-bu**[be] -*būə* m.: Hurer. Auch starkes Schimpfwort. – Hure[n]-büchs[e] f.: Hure.

Hure[n]**-haus** n.: Bordell.

Hure[n]**-kerl** m.: Hurer.

Hure[n]**-mann** m.: Mann einer Hure. – hure[n]-mäßig Adj. Adv.: **1.** eig., in der Art einer Hure. – **2.** in weiterem Sinn: ärgerlich. *Des ist doch h.* – **3.** Adv. steigernd: *h. dumm, schön, schwer* u. a. außerordentlich, sehr. Auch: *I*[ch] *mag di*[ch] *h.!* liebe dich sehr. – Hure[n]-mensch n.: Hure; auch als starkes Schimpfwort.

Hure[n]**-pack** n.: liederliche Gesellschaft.

Hure[n]**-sakrament** (u. ä.) n.: starker Fluch.

Hürge f.: Beule, geschwollene Drüse, Geschwür im Hals.

Hurgel -*ŭ*-, FRK. -*ǫ̆rχ*- f.; Demin. -ele[in] (Hür*hę̆rχ*-) n.: **1.** was sich wälzen läßt. Speziell: a. kleine Kugel etwa von Stein, Glas. – b. abgesägte Holzscheibe, bes. als Kinderspielzeug, Walze von geringer Dicke, Prügel, dünner Stamm. – c. Wollknäuel. – d. Plur. -e[n] Bodenbohnen mit ganz runden eßbaren Körnern. – **2.** *H.* dicke Frau, *-le^{in}* dickes Kind Frk. – **hurgelig** Adj.: **1.** rund, kugelrund. – **2.** *ho-* schwach auf den Füßen, unsicher, taumelnd.

hurgle^n *-ŭ-*, Frk. *-ǫ̆rχ-;* horgle^n schw.: **1.** trans. und intr. rollen, rollend (sich) wälzen. Eine Kugel, einen Reif, überhaupt einen runden Gegenstand *h.;* ein solcher *hurgelt* (auch *fort h.;* s. a. *gehurglen*). – **2.** *-o-* sprudeln. Das Wasser *horgelt.* – S. a. *rugelen, warglen.*

Hurgler m., *-i^n* f.: tappiger, tölpischer Mensch, Schlamper.

Hurnauß^e, Pl. *-e^n* m. f.: **1.** Hornisse, die große Wespenart. *H-e^n bringe^nt e^{in} Roß um. Die H-en auslassen* Unfug treiben. – **2.** zerzaustes, struppiges Weib. Hastiges, aufgeregtes Weib *(hŭräsl).* – Anm.: Lautformen: hŭrnəus, hurləus, hūrəus, hŭrəusl. Südlich *hurnūs,* hūrūs, hŭrnĕs. Ferner: hŭrnəisl, hŭräisl, hŭrnīsl. Im N. andere Vokale der 1. Silbe: hŏnəus, hŏrnəisl, hŏrnĭsl, hōraisl; hiərnaisl, hiəraisl, hiəresl.

hurnauße^n schw.: brummen wie eine Hornisse.

Hurnauße^n-nest n.: **1.** eig. – **2.** Gruppe von Furunkeln am Hals.

hürne^n I Adj.: hörnen.

hürne^n II *hirnə* schw.: humsen, trällern.

Hurnigel hŭrnĭgl (SW. *-ĭgl*) ‿; Horn- Hauptgebiet; Hurnagel Tir.; Durnigel Allg.; Raunigel Allg. m.: **1.** rasch aufziehendes und rasch vorübergehendes Unwetter mit Wind, Schnee, Regen, Graupen, wie im Frühjahr häufig ist. *^Es kommt e^{in} H. ^Es ist nu' so e^{in} H.* Dafür auch Hurnigler Allg.; Hurnigletef. – **2.** *Hurnagel* Prickeln in den Fingern vor Kälte Tir. – **3.** kurzer Ärger, Streit. – **4.** widerwärtiger Mensch. – **5.** struppiges, verkrüppeltes Tier. – **6.** Hornisse.

hurnigle^n schw.: **1.** *hu-; ho-* da und dort; intr. mit haben: *Es hurniglet* gibt einen *H. 1;* – **2.** *hu-* verbr.; *ho-* da und dort; hurnegle^n; durnigle^n, durnegle^n; urnigle^n intr. mit haben: *Die Finger h. mir* prickeln mir vor Kälte. Auch: *Es hurniglet mich.*

hurra hŭrä ⁀ Interj. Subst.: **1.** Interj. wie nhd. – **2.** Subst. m. a. sächlich. *Des ist jetzt e^{in} H. g^e we^{sen}* ein Getümmel, Gedränge. *Etwas im H. tun* in stürmischer Eile. – b. persönl. *Des ist so e^{in} H.* ein Mensch, der sich nichts sagen läßt, aufbraust.

Hurrasa hŭräsä ⁀‿, Hurrassel m. f.: schlappiger, unpünktlicher, leichtsinniger Mensch (Mann u. Weib), der mit der Arbeit und dem Wort schnell fertig ist.

Hurre f.: **1.** Eile. *In der H.* eilig Ries. – **2.** *auf der H. sein* mit jemand im Gespräch, auf der *Schwätzete.* – S. *hurren.*

hurre^n schw.: **1.** sich beeilen Ries. Wenn die Pfer-

de galoppieren sollen, ruft der Fuhrmann: *hurr! hurrassa!* – **2.** ausgleiten, schnell und unsicher hin und her fahren. Bei Glatteis *hurrt* der Wagen auf die Straße.

hurrle-burrle Adv. Subst.: **1.** Adv.: rasch, gewandt. – **2.** Subst. m.: *H.* Schwindelkopf, Wirbelkopf, rascher unbesonnener Mensch.

Hurst, Hürst, Plur. *-ü-* m.: Horst. **1.** Gesträuch, Dickicht. – **2.** ein Ackerstreifen, so breit als der Sämann werfen kann, meist zw. 2 Wasserfurchen Oschw. – **3.** *hŭst* Reihe abgemähten Grases.

Hurtigel, Hurtluge s. *Furd-.*

Hurzel s. *Hutzel.*

husch Interj. (Subst.): **1.** Ausruf bei Kältegefühl. – **2.** Ausdruck der Geschwindigkeit.

Husch^e *-ŭ-*, flekt. *-e^n* f.: Ohrfeige. *Einem (ein Paar) H-en geben.* Eine gesalzene *H.* u. ä.

huschelig Adj.: übereilig, ungeschickt.

husche^n schw.: **1.** trans. ohrfeigen. – **2.** hetzen. Einen Hund an einen Menschen *h.*

Husel hŭsl, Plur. Husle^n m., Demin. *-le^{in}* n.: **1.** junges (bis einjähriges) Kalb, Saugkalb. *D^{ie} H. hangt no^ch an der Dutt^e* er trinkt noch an der Mutter. – **2.** übtr. drolliges kleines Kind. Kindischer, närrischer, dummer Mensch. – **3.** Rausch. – Husele^{in}-war^e hŭ- f.: kleine, ausgelesene Ware. Huselwar^e Schar von ABC-Schützen.

husele^n *-ŭ-* schw.: rollen, kugeln, hinkollern. – Intr.: ein Kind *h-et* kriecht, läuft auf allen vieren. *Si^ch 'na^n h.* hinschlüpfen, von Ferkeln, die unter die Mutter schlüpfen; *si^ch 'nunter h.* von jungen Hühnchen, Gänschen, die unter die Alte schlüpfen.

Hus pes s. *Hospes.*

Hussele^{in} n.: **1.** junge Gans. – **2.** Füllen. – **3.** Schwein.

hussen s. *haußen.*

husse^n schw.: *einen h.* übel mit einem umgehen.

hüst hĭst, hĭšt, hyšt Adv.: links!, Fuhrmannsruf an das Zugvieh. Hauptgebiet, südl. davon *wĭšt,* im O. *dĭšt;* opp. *hott* rechts. Verlängert: *hüsto -ǫ; hüstö -ǫ̈.* – hüst-um^her *-ǫ̆mər* Adv.: links herum).

hüste^n *-ĭ-* schw.: links gehen. *Es will net h. und net hotte^n* geht nicht vorwärts.

Huster m.: **1.** wer viel hustet. *Des ist e^{in} wüster H.* – **2.** häufiger sachl.: einzelner Hustenstoß. *Einen H. tun.*

Huter I *-ūə-* m.: Hutmacher.

Hüter *-ĭə-*, Huter II m.: wer hütet, die Aufsicht führt; Wächter. *Huter -ūə-* Feldschütz im Herbst.

Hut-gupfe *-gŭpfə* Oschw., -kupfe f.: Wölbung des Hutes.

Hutigel, Hutluge s. *Furd-.*

Hut-lade^n m.: Hutmacherladen.

Hutsch *hŭtš* m., Demin. -ele^{in} n.: junges Pferd, Fohlen.

hutsch Interj. Subst.: **1.** Interj.: Lockruf für Schweine. – **2.** Subst. f.: a. *Hutsch,* Hutschel; Demin. *Hutschele^{in}:* Schwein. – b. *Hutsch* unsauberes Weib. *Hutschel* unförmlich starke Weibsperson; unreinliches Kind (bes. Demin. *-le^{in}* n.).

Hutschel s. *hutsch.*

hutschele^n schw.: frieren, vor Frost zittern.

hutsche^n I schw.: das Vieh antreiben. Einen Hund hetzen.

hutsche^n II schw.: **1.** wiegen. Schwingend, schaukelnd bewegen ALLG. – **2.** glitschen, rutschen. – Vgl. *hotschen.*

Hut-simpel m.: einfältiger Geselle.

Hutt^e f. m.: **1.** aus Weiden geflochtener Rückenkorb (bes. der Weingärtner) zum Tragen von Lasten. – **2.** *hŭdə* unschöne Falten am Gewand. – **3.** leichtsinniger, verschwenderischer Mensch. Heruntergekommene, liederliche Frau.

Huttel s. *Hudel.*

Hutte^n**s** *hŭdĭs:* Fangspiel, bei dem die zu Fangenden rasch zusammenkauern. Auch Hutterles. Vgl. *Fangerles.*

hutter(l)en s. *hotteren* I.

hutz *hŭts* Interj. Subst.: **1.** Interj., Lockruf für Schweine. – **2.** Subst. f.: *Hutz* Schwein, bes. in der Kinderspr.

Hutzel *-ŭ-; Hurzel -ŭr-, -ǫr-;* Plur. Hutzle^n f.; Demin. -ele^{in} n.: **1.** ungeschnittenes gedörrtes Obst, bes. gedörrte Birne (die zerschnittene heißt *Schnitz, Birenschnitz). Wenn d^{ie} Bir alt ist, wird sie bald e^{ine} H.* übtr. auf alte Weiber. – **2.** *H., alte H., alt^{e}s H-e^{in}* altes, runzliches, zusammengefallenes Weib. – **3.** weibliches Geschlechtsteil. – **4.** Schwein. – **5.** unreinliches Mädchen. – **6.** *H.* Tannenzapfen. Demin. *Hützele^{in}* Forchenzapfen. – Hutzel-brot (Hutzle^n-) n.: *Schnitzbrot,* Brot mit eingebackenen *Hutzln,* bes. als Weihnachtsgebäck. Synn. s. *Birenbrot;* s. a. *-gesälze, -laib, -zelt.* – Hutzelbrüe f.: Wasser der gesottenen *Hutzln.* S.a. *-wasser; Schnitzbrüe.* – Hutzel-gäu n.: Gegend, deren Bevölkerung gerne *Hutzln* ißt. – Hutzel-g^{e}sälz^e n.: = -brot, ein Kirchweihgebäck. – Hutzel-laib (Hutzle^n-) m., Demin. -le^{in} n.: = -brot. S.a. *Schnitz-.* – Hutzelmann m., Demin. -männle^{in} n.: kleiner, zusammengeschrumpfter Mann. – Hutzel-trog m.: = -truche. – Hutzel-truch^e f.: Truhe, in der die *Hutzln* aufbewahrt werden. – Hutzelwasser n.: = -brüe. – Hutzel-zelt^e, Plur. -e^n m.: = -brot.

hutzle^n (-r-) schw.: **1.** zusammenschrumpfen. *Die hurzlet voll z^{u}samme^n, wenn sie kein^{en} Heirat kriegt.* – S. *ver-, ein-.* – **2.** ausspotten, foppen, verhöhnen, spötteln. – **3.** auf dem Rücken tragen.

Hutzlen- s. *Hutzel-.*

I

Im Laut *i* ist bei uns auch der etymologisch verschiedene Laut *ü* aufgegangen. Es ist daher manches, was unter *i* gesucht werden könnte, erst unter *ü* zu finden.

Da im größeren Teil des Gebietes *im, in* zu *em, en* geworden ist, so kann die Einreihung unter *e* oder *i* mitunter zweifelhaft sein.

In allen diesen Fällen ist das Wort nach dem etymologischen, nicht nach dem jetzigen phonetischen Wert seines Anlauts eingereiht.

i = ich.

iche s. *übere.*

Ibidum ´ ‿ (n.): Kinder wurden am 1. April in Kaufläden geschickt, für 1 Pfennig *I.* zu holen.

ie-bot *īəbǫ̆t; hīəbǫ̆t* Adv.: je und je, zuweilen. Mit Akzent ‿ mehr = öfters, mit ‿´ = dann und wann, vgl. *allbot;* doch ist ‿ häufiger.

iechen s. *hiech(n)en.*

iedlich, iedweder s. *iet-.*

ie-glich *īə-* Pron.: jeglicher, jeder. *Eⁱn ieg-liche^r,* Ntr. *eⁱn ieglich^es* ALLG.

Ie-länger-ie-lieber, J e - j e - (n., meist Pl.): Pflanzenname. a. Wildes Stiefmütterchen, Viola tricolor L. – b. Jelängerjelieber, Lonicera caprifolium L.

ie-mal *īəmǭl; hīəmǭl, ĕmməl, īər(ə)mǭl, ĭnəmǭl (-mǭəl).* Adv.: = *iebot,* dann und wann, manchmal. Auch hier wie bei *ie-, allbot* in der Betonung ´‿ = öfters, ‿´ = nur dann und wann.

iet-lich, i e d - l i c h Pron.: jeder. *Der ietli^{che}, e^{ine}m ietli^{che}neⁿ* ALLG.

iet-wed(er) *īə-,* auch j e - *jĕ̆-* Pron.: jeder von mehreren, jedweder. Teils ohne Artikel, teils mit: *eⁱn i., eⁱⁿ j.; der i.* jeder Beliebige.

ietz *īə-* noch in allen Teilen des Gebiets, dafür vielfach *jĕ-,* auch *ĕ̆-* Adv.: jetzt. **1.** temporales Adv. *I.* gilt's! Öfters Interj. *i.,* gern verlängert *-tsə, -tsət,* auch demin. *jetze(t)leⁱⁿ;* teils Aufforderung, teils Konstatierung des Zustands. – **2.** interjektionell kann *i.* aufgefaßt werden, wenn es eine Aufforderung einleitet. *I. sei nu^r g^escheid!.* Auch in andern Sätzen, als Interjektion der Überleitung, einer Pause folgend: *I. ist's recht!* ‿ ernsth. oder ironisch gesagt. *I. lass^e i^{ch} mir's g^efalleⁿ! I., was ist au^{ch} des?* oder *Was ist i. au^{ch} des?*

ieweder s. *ietweder.*

Igel, N i g e l m.: **1.** Tier. – **2.** Pflanzenname, Klette, Arctium L., bes. Große Klette, Arctium lappa L.

igott s. *bigott.*

ihrzen s. *iren.*

Ilg^e *ĭlg,* F R K. *il(ĭ)χ* (Gilge, Lilie), Plur. -eⁿ f.: Name für versch. blühende Gewächse. Fast nur in der Form Ilg^e (neben *Lilie lilĭχə*). a. verschiedene Schwertlilienarten, Iris L. – b. Weiße Lilie oder Madonnen-Lilie, Lilium candidum L.

Imbere s. *Himbere.*

Imi *ĕmĕ* (S. -*i*); *ī-* N. S. (*ī-* SW.); Pl. gleich n.: Hohlmaß. – Im 19. Jahrhundert = 1 *Vierling* = ¼ *Simri* = ¼ *Viertel* = 11,08 Liter.

Imm^e *ĕm,* südlicher *ĕm ĭm,* N. *ĭm; ĭmb* m., flekt. (auch Nom.) -eⁿ; f., Pl. -eⁿ: **1.** m. Bienenschwarm, -stock. *Der I. la^ßt, hat g^elauⁿ* schwärmt, hat geschwärmt. *Der I. sitzt* läßt sich irgendwo nieder. – **2.** f. die einzelne Biene. Öfters auch Demin. *Immleⁱⁿ.*

Imm^eⁿ-binker(t) n.: = *Binkert,* Bienenkorb.

Imm^eⁿ-datte m.: = -vater, doch etwas verächtlich, Bienennarr.

Imm^eⁿ-häusleⁱⁿ n.: Blut-Storchschnabel, Geranium sanguineum L.

impfeⁿ, im(p)teⁿ schw.: **1.** *ĕmdə,* N. S. -*ĭ-* einen Baum veredeln; Syn. *pelzen* I. Für verschiedene Arten des Veredelns, zumeist Pfropfen, doch auch Okulieren u. a. – **2.** impfeⁿ *ĕmpfə,* N. S. *ī-:* einen i. ihm die Schutzpocken einimpfen.

imte, imten s. *impfen.*

-iö *ĭǫ,* im W. *īao* ‿´: interjektionelles Anhängsel an gewisse einzelne Subst.: *Mordio!* und besonders allgemein *Feurio!,* wenn sie als Ruf gebraucht sind.

Ips (halbmundartl. G i p s) m.: Gips, Tünche.

ipseⁿ (*g-,* s. *Ips*) schw.: gipsen. **1.** tünchen. – **2.** mit Gipsmehl, Kalkstaub bestreuen, zur Düngung der Äcker und Wiesen.

Ipser (Gipser) m.: Gipser, Tüncher.
Ipser-ror n.: Schilfrohr, Phragmites australis (Cav.) Trin. – Anm.: früher zu Matten (Ipsermatten) verarbeitet, die Träger des Putzes waren.
Irᵉ *īr* f.: Gärung. *Der Most, das Heu ist in der I.*
ireⁿ *īrə, īərə, īərtsə; īrə* BAAR schw.: *einen i.* mit *Ihr* anreden, opp. *d(a)uzen.*
irig *ī-* Adj.: gärend; *i-er Most.*

irreⁿ *īərə, īrə, ĕrə* FRK. schw.: **1.** trans., einen oder etwas (ver)hindern, draus bringen, stören, genieren. *Du irrst mich nicht.* – **2.** intr. a. wie nhd. – **3.** refl., *sich i.* wie nhd.
Ise f.: Wirrwarr, Durcheinander, Unordnung.
it s. *nicht.*
I-tüpf(e)leⁱⁿ n.: Punkt auf dem *i.* – -scheißer m.: einer, der es zu genau nimmt.

J

Die Anlaute *ie-* und *je-* sind etymologisch getrennt: *ie (je)* und Komposs. unter *i*.

ja Bejahungspartikel: **1.** die gewöhnliche Bejahung einer positiven Frage: ist A = B? ja, A ist = B. Auch erweitert: *jăhā* ʹ–; *ja ja; haja* ◡ʹ selbstverständlich!; schmeichelnd *jale^{in}!* Dieses emphat. *ja* kommt auch im Satze vor: a. als integrierender Satzteil, Präd. oder Obj.: *ja sagen. Sag ja!* gewöhnl. Rede dessen, der zum Eingehen eines Handelns ermuntern will. – b. als an sich überflüssige, aber den Inhalt des Satzes stark betonende Partikel in adverb. Stellung. *Ja nicht, ja kein* und sonst vor Neg., in Sätzen des Befehls odgl. *Das ist ja so* ◡◡ʹ◡ freilich, zweifellos, gegenüber einer vorliegenden Leugnung. – Diese Bejahungspartikel kann nach stärkerer oder schwächerer Betonung, nach Kürze oder Länge verschieden sein, trägt aber immer den Hauptakzent des Satzes. Im O. reines *jā*, im W. *jō̧*. Auch in dem Gebiet mit *jō̧* können aber feinere Unterschiede gemacht werden, z. B.: *jā* kurze Antwort, *jō̧* Äußerung des Bedenkens, halber Zweifel. – **2.** dieses affirmative *ja* wird oft durch Zusätze verstärkt. Vor *ja* steht so *ha: ha ja* ◡ʹ, aber auch ʹ◡, *haja doch*. Häufiger folgt dem *ja* ein solcher Zusatz. Solche Verstärkungen sind: *Ja, du! Ja, Bu^{be}!* (auch weibl. Personen gegenüber). Zu energischer Betonung, etwa nach einer öfters wiederholten, überhaupt unnützen Frage, dient ungeduldiges *Ja doch!* Diese mit Betonung des *ja;* mit Betonung des Folgenden: *Ja wärle* (wahrlich); *ja wäger(le);* auch *ja wä (jō̧ wȩ̄). Ja wohl* zur nachträglichen Aufrechterhaltung einer etwa angezweifelten Tatsache: *Du bist e^{in} bös Kind, j. w.! Ja, sust* [sonst]*!* energisches Ja gewiß, sonst wäre es nicht gut. *Ja freili^{ch}! Ja ebe^n! Ja g^erad! Ja so!* das hätte ich fast vergessen! – **3.** affirmatives *ja* auf negative Frage: ist A nicht = B? doch, A ist B. Für dieses nhd. „doch" sind im Gebrauch: a) die Form *jao* s. Stuttgart; davon nö. und ö. *jō̧;* und zwar ist in diesem Gebiet für Bed. 1 fast überall reines *jă* gebraucht und beide strengstens geschieden: *Ist dei^n Vater ^net da?* A.: *Jao*. Fr.: *Ist er im Stall?* A.: *Ja*. – b) die Verstärkung *eija* im NW.; Synonyma: *freilich, wohl wohl*. – **4.** das

affirm. *ja 1* kann doch oft in einer Weise ausgesprochen werden, die Zweifel, Zögern in sich schließt und der Negation nahe kommt. Nebenformen wie *chja, sja, zja* dienen dem Ausdruck einer solchen zögernden Zustimmung. *Ja?* im Frageton gesprochen = ist das möglich? Noch deutlicher, wenn das *ja* tonlos einen die Zustimmung beschränkenden oder aufhebenden Satz einleitet: *Ja ganz recht, aber –; Ja wenn nur –; Ja ist denn das so?* Oft geradezu: *Ja nein!* eine schüchterne, entschuldigende Verneinung. *Ja was denn? Ja nei^n, ja wa^s denn? Ja wo* wieso denn? *Ja, i^{ch} hab's net g^ewisst.* – **5.** von diesem einschränkenden, schüchternen *ja* ist ganz verschieden das ironische gebrauchte, das direkt und mit Hohn, Wegwerfung negiert. Teils allein: *jao* als Ablehnung einer Zumutung „auch das noch!", teils verstärkt a. durch vortretendes *ei, ai, a: eijau* im Gebiet von *jao;* anderswo *eijō̧, eija, aijao, oja*. – b. durch Zusätze. *Ja da!* = fällt mir gar nicht ein, das sollte mir fehlen, warum nicht gar! Ebenso: *ja wol da; jawoledō̧. Ja Dreck (-le^{in})! Ja Katze^ndreck* Frk.

jägdle^n *jḝg-, jḝg-;* jächtle^n *-ḝ-* schw.: aus Liebhaberei jagen. – Jägdler (Jächtler) m.: Jagdliebhaber.

jäh s. zu *gäh*.

jaichen s. *jäuchen*.

Jäk *jḝk*, Plur. -e^n m.: **1.** Nußhäher, Nucifraga caryocatactes. – **2.** Buchfink Oschw. Allg.

Jakob m.: Heiligen- und Taufname. A. Heiligenname. **1.** Jakobus der Ältere. Gewallfahrtet wurde bes. zum hl. J. von Compostella. RA. *Des ist der wahre Jakob* der richtige Sachverhalt. – Sein Tag *Jakobi, Jakobstag*, ist der 25. Juli. – **2.** Jakobus der Jüngere. Sein Tag, zusammen mit dem des hl. Philippus, ist der 1. Mai. – B. der Taufname, Jakob. **1.** Formen: Jakob *jăkhŏb* ʹ◡. Kurzformen: Jack *jauk, jāk, jō̧k;* Jäck *jḝk;* Jockes; Jackel *jä-;* Jockel (-ō̧-, s. d.); Jäckel; Gäckel; Kob *khŏb*, Köbes *khȩ̄bəs;* Kobel *khŏ-*, Köber *-ȩ̄-*. – **2.** Gebrauch. a. als Rufname. – b. häufiger Vogelname, z. B. von gefangenen Raben, Papageien.

Jakobi-äpfel m.: um Jakobi, 25. Juli, reifender Apfel.

Jalousie s. *Schalusie.*

Jammer *jǫmər; jāō-; jūā- (jōā-); jǎ-* m.: **1.** wie nhd. – **2.** speziell: Sehnsucht nach etwas Verlorenem, bes. Heimweh, von Mensch und Vieh. *Er hat (de^n) J.; Der J.* plagt ihn. – **3.** Katzenjammer. – **4.** Anlaß zur Verwunderung, zum Staunen. Urspr. bei Bejammernswertem, auch bei Erfreulichem. *^Es ist e^in J., so lernt der Bu^be* staunenswert, man kann sich drob freuen.

jammere^n – Laute s. *Jammer* –; j ä m m e r e^n *jē-, jāē-* schw.: **1.** wie nhd., wehklagen. – **2.** sich sehnen, Heimweh haben. Von Menschen nur unpers.: *Es j-t ihn* er hat Heimweh. – **3.** sich staunend verwundern, sein Erstaunen ausdrücken, bes. bei unerwarteter Freude. *I^ch ka^nn net g^enug (drüber) j.* es nicht genügend rühmen. *Ma^n muß nu^r j., wie schö^n d^ie Felder stehe^nt.*

jammerig *(jǒ-,* neben *jē-)* Adj.: **1.** elend, jämmerlich. – **2.** sehnsuchtsvoll.

jammer-mäßig Adj. Adv.: jämmerlich. *Der sieht j. aus.* Als Intensiv: *j.* kalt, müd.

Jammers-luge *-lūgē* f.: starke Lüge. *Des ist e^ine J.*

jane^n (W. *-ǭ-,* O. *-āō-)* schw.: einen Acker reihenweise schneiden (auch: hacken).

Janker *jǎŋgər* m.: Wams, Jacke, Kittel.

Janko *jǎŋgǭ* ⌢ m.: Rausch, bes. leichter. – Anm.: ungarischer Herkunft.

järe^n I st. schw.: gären, von Wein, Bier, anderen Flüssigkeiten, Teig, Malz, feuchtem Heu u. ä.

järe^n II *-ē-* schw.: refl. *sich j.* unpers. *Es järt sich* es ist ein Jahr seither verflossen. *Heut^e jährt sich's, daß ich den Arm gebrochen habe* u. ä.

järig Adj.: **1.** ein Jahr alt. – **2.** vor einem Jahr, ein Jahr her.

Järling m.: ein Jahr altes Tier.

j a s s e n = essen, s. v. DON.

Jäst *jēst;* J a s t *-ǎ-* m.: **1.** Gärung. – **2.** Fieberhitze. Häufiger übtr.: Hitze, Aufregung, starker Affekt, aufbrausender Zorn. Etwas *im J. (in ei^nem J.) tun;* in den *J.* kommen; einen in den *J.* bringen; *im J.* sein. – Auch schwächer: Eile, Übereiltheit, übereifrige Hast. *Er ist so im J. gewesen* im Eifer. *Er ist wieder ganz im J. drin* im Arbeitseifer.

Jäst-äpfel m.: ganz fauler Apfel. – Zu *Jäst 1.*

jäste^n (j a s t e^n) schw.: **1.** gären. Der Most *jästet.* In Fäulnis übergehen, von Wein, Most, Äpfeln, Kartoffeln, Getreide, Heu. Heu *j-et ineinander* wird faulig. – **2.** übtr. übereifrig, hastig sein, aufgeregt arbeiten.

Jästerei f.: hitziges, aufbrausendes Wesen.

jästig (j a s t i g) Adj. Adv.: **1.** gärend. – **2.** aufgeregt, hitzig, leidenschaftlich, heftig.

Jauch, alt J u c h n.: Flächenmaß, eigentl. so viel ein Paar Rinder an 1 Tag umackern kann. Nur noch in Flurnamen. S. a. *Jauchert.*

jäuche^n *jae-; jǝi-, jęi-, ię̄-* ALLG. TIR.; meist läu-c h e^n *lae-* schw.: (fort)jagen, verscheuchen, treiben, stark antreiben, aufjagen. Die Hennen aus dem Garten *j.;* gern Komposs. *fort-, 'naus-, 'rum-, ver-, aus-* usw.; *umeinander j.*

Jauchert *jǝuxərt,* S. *jū-;* J ä u c h e r t *jęi-* f.: ein Flächenmaß für Äcker, Wiesen, seltener für Wald. Scheint im N. des Landes nicht gebraucht. Größe verschieden, z. B.: 1 J. = 1½ Morgen = 1 Tagwerk.

Jauner *jāō-* m.: Gauner, Spitzbube.

j e s. *ie;* eb. Kompp. wie *jeglich, jetzt.*

j e s. *Jesus.*

j e g e r , - e s s. *Jesus.*

j e m e r (l e) s. *Jesus.*

j e r u m s. *Jesus.*

Jesus *jēsüs, -əs* m.: Jesus. – Vielfach euphemistisch entstellt in Ausrufen. *J.!,* meist gespr. *jēsəs,* auch *jē-.* – Abgekürzt: *je (jē)! O je! Ui je! O Jele! – J e g e s jēgəs,* auch *jē-. O Jegesle^in! O jegele! – O Jemer! – O Jemine!* (aus *J. domine). – O Jerem (jērəm)!* Auch gern wiederholt: *O J., o J., o J.! O J-le^in! Ui Jeremle!* – Ähnlich wie *Herrgotts-, Gottes-* wird *Jesus-* auch als Intensiv verwendet: *J-lump* großer Lump, *j-mäßig* sehr, stark, *J-rausch* starker, wüster Rausch.

j i s t s. *hüst.*

Jockel *jǫgl,* m., Demin. -e l e^in ⌒ m. n.: Kurzform von *Jakob,* Rufname. Dann, wie anderer Vornamen, verächtliche Bez. für irgendeine (männliche) Person. – *J.* ist noch mehr als *Jakob* der Typus des plumpen, dummen Menschen.

jockle^n schw.: albern tun.

Johannes m.: A. der männl. Vorname. Form: *J. jō(h)ǎnəs ⌒*⌒, Demin. *-le^in;* daneben *Johann ⌢,* und zwar sind die beiden so stark auseinander gehalten, daß oft von 2 Brüdern der eine *Johann,* der andere *J-es* heißt. Meist ist *J.,* bes. *-es,* die vornehmere Form gegenüber den Kurzformen *Hans, Hann, Hannes, Hansel.* – *Johann* oft Name von Knechten; daher *einem den Johann machen* den Bedienten. – B. Kalendername. ⌣⌒⌣. **1.** Joh. der Täufer. Form meist *Johanni, -ē;* sein Geburtstag ist der 24. Juni. Der Tag ist für die Witterung wichtig. – **2.** der Evangelist Joh., 27. Dez., genauer *Winterjohanni.*

Johann(i)s-blum^e f.: Gattung -kraut, Hypericum L., bes. Echtes J.-kraut, Hypericum perforatum L. Syn. *Blut-, Frauen-, Fieber-, Hexenkraut, J.-Gürtel.* – **2.** Weidenblättriges Ochsenauge, Buphthalmum salicifolium L. Syn. *Mägdleinblume, Maßliebchen, -süßelein, Marienkraut, Goldblume, Ringelein.*

Johannis-feuer n.: am 24. Juni abends auf den Höhen angezündetes Freudenfeuer, mit allerhand Bräuchen verbunden.

Johannis-nacht f.: Nacht vom 23.–24. Juni. Galt als Geisternacht.

Johannis-vögeleⁱⁿ n.: Johanniswürmchen, Glühwürmchen.

joleⁿ *jō-* schw.: wild, jauchzend schreien und singen.

Joler m.: **1.** pers., wer *jolt.* – **2.** sachl., lauter Schrei, Weise, Lied, das gejohlt wird.

Jomer s. *Jammer.*

Joppe, Joppel s. *Juppe.*

Jörg s. *Georg.*

Josef m.: A. Formen. Josef *jōsěf* ⌢, *-ěf; ju-; īsěf;* Demin. *-le*ⁱⁿ. Kurz- und Koseformen: Sepp *sěp (sěp);* Sepper *sěbər;* Seppel *-l;* Sef *sěf;* Joser *jōsər,* Joseleⁱⁿ; Bef *běf;* Beppe *běbě,* Bepper; Joff; Jodel. – B. Gebrauch. **1.** Name des Heiligen. *Jesus, Maria und J.!* Ausruf. Sein Tag, der *Josefstag,* ist der 19. März. *J. löscht 's Licht aus, Michel* (29. Sept.) *zünd^et 's wieder aⁿ.* – **2.** früher häufiger männl. Taufname.

Josefs-blum^e f.: **1.** Wiesenbocksbart, Tragopogon pratensis L. Syn. *Guckigauch.* – **2.** Blaustern, Scilla bifolia L., da sie oft schon zum Josefstag (19. März) blüht.

Josefs-ilg^e f.: Weiße Lilie, Lilium candidum L., Symbol des hl. Joseph.

Josefs-stöckleⁱⁿ n.: einjähriges Sommer-Bohnenkraut, Satureja hortensis L., und ausdauerndes Winter-Bohnenkraut, Satureja montana L.

Jost s. *Jäst.*

Jota *jŏdā* ⌢ n.: negat. *kein J.* kein bißchen. *I^{ch} nehm^e keiⁿ J. davoⁿ weg; I^{ch} gang^e keiⁿ J. me^{hr} weg* es bleibt dabei. – Anm.: Nach Mt. 5, 18: jota unum, weil hebr. *Jod* wie griech. *Jota* der kleinste Buchstabe im Alphabet ist.

ju *jŭ* Interj.: Ausruf starker Freude, der tollen Lust, des Übermuts. *Ju schreien.*

Juchart s. *Jauchert.*

juch(he) s. *ju(he).*

juchz(g)eⁿ schw.: *ju* schreien, jodeln, vor Wonne oder Übermut laut hinausschreien.

Juchz(g)er m.: **1.** Ju-Schrei, das *juchzen. Einen J. tun, lassen.* – **2.** seltener wohl: wer *juchzt.*

Juck, Plur. Jück^e m.: Sprung in die Höhe. *Einen J. machen. Nimm eⁱn^{en} J.* einen Anlauf. Ein wildes Pferd, Vieh macht *Jücke. Im J.* sofort.

juckeⁿ *-ŭ-* schw.: A. intr. **1.** hüpfen, springen, einen *Juck* machen. Vielfach häufigeres Syn. ne-

ben *hopfen. Über einen Graben j.;* von einem Baum o. ä. *herab j.;* in die Höhe *j.* Ein Floh, Pferd, Vieh, Kind *juckt.* – Wie *springen* auch = nhd. laufen. *Wir sind g^ejuckt* schnell gelaufen. – Hieher wohl auch: *Und damit juck!* genug! kein Wort weiter! – **2.** durch Hin- und Herbewegen des Körpers sich an den Kleidern reiben, um das *j. B.* zu vertreiben. – **3.** geschlechtlich verkehren. – B. trans., unpers., wie nhd., jucken, von Hautkitzel udgl., selten. Dafür das eig. schwäb. Wort *beißen* 2. – Übtr.: *Es juckt mich etwas zu tun* reizt, gelüstet mich stark darnach. Mit Dat.: *^Es hat mir schoⁿ in älleⁿ Gliederⁿ g^ejuckt* (los zu schlagen).

Jucker m.: **1.** persönl. a. hüpfend gehender Mensch. – b. einer, der sich im *jucken A 3* auszeichnet. – **2.** ganz kleine Heuschreckenart. – **3.** die stark springende Waldmaus. – **4.** sachl., Sprung in die Höhe. *Des hat no^{ch} eⁱn^{en} J. ^{ge}taⁿ, na^{ch} is^t's hiⁿ g^ewest.*

Jucks m.: Jux, Spaß, lustiger Scherz.

Jugend *jūgət,* FRK. *-x-; jūgnət* f.: **1.** abstr. Jugend, wie nhd. – **2.** konkret: die Kinder, Nachkommenschaft. *Was macht euer^e J.? Hat maⁿ au^{ch} J.?*

ju-he *jŭhę̄* Interj. Subst.: **1.** Interj., meist ⌣, Ausruf der Freude, = *ju. J. schreien, rufen. Maⁿ darf no^{ch} net j. schreieⁿ* es ist noch nicht ganz fertig. – **2.** Subst. *(jŭhę̄* ⌢*)* m. (n.): a. oberster Teil eines Hauses. *Der wohnt in 'meⁿ rechteⁿ J. (jŭ-) drobeⁿ* im Oberstock. – b. Dachreiter. – c. f.: Jugendherberge.

ju-hu *jŭhū* ⌢ Interj.: Ausruf der Freude, = *juhe.*

jungeⁿ schw.: intr. mit haben. **1.** jung werden, wieder aufleben. *Sie junget wieder* nach einer Krankheit u. ä. – **2.** gebären, Junge werfen, von Tieren.

Jungf(e)reⁿ**-kraut** n.: Römische Kamille, Chrysanthemum parthenium (L.) Bernh.

Jupp^e *jŭp,* flekt. (auch Nom.) *-e*ⁿ f. (Joppe m.); Juppel, Joppel m.: Wams, Jacke, männliches Kleidungsstück, aber, wie es scheint häufiger, auch Weiberrock.

justament *jŭstəmęnt* ⌵⌵ Adv.: just, gerade. *Des ist j. so; Des mein^e i^{ch} j.* – Seltener zeitlich: gerade, soeben. *J. ist er fort!*

Jux s. *Jucks.*

K Q

K und G sind, weil etymologisch verschieden, getrennt. Altes einheimisches *k* ist bei uns im Anlaut vor Vokal *kh-, kx-,* vor *l, n, r* und im In- und Auslaut = *g,* nur etwa durch stärkeren Druck davon unterschieden. Da die Vorsilbe *ge-* vor Dauerlauten synkopiert ist, so ist der Anlaut *kh-* bald unter *k-* bald unter *geh-* zu suchen, die Anlaute *gl-, gn-, gr-* bald unter *gl-, gu-, gr-* bald unter *gel-, gen-, ger-,* bald unter *kl-, kn-, kr-* (seltener unter *gegl-, gekl-* usw.). Mit *k* nächstverwandt ist *q.* Im In- und Auslaut kommt dieses nicht mehr vor. Im Anlaut ist es bald *k-* bald *kw-.* Je nachdem sind mit *q-* anlautende Wörter unter *k-* oder am Schluß des Buchstabens *(kw-)* als *q-* zu suchen. Im zweifelhaften Fällen sind Verweisungen gemacht.

Kabes *khābəs,* s. *-īs; -ä-; khǎwĭs* m.: **1.** Kraut-, Kohlsetzling, junge noch nicht ausgesetzte Pflanze von Kraut und Kohl. – **2.** Haupt, Kopf. **Kabes-blatt** n.: Kohlblatt. – K a b e s - g a r t e ⁿ m., Demin. - g ä r t l e i ⁿ *(khābərsgĕtlę̆)* n.: Kraut-, Küchengarten. – K a b e s - h a u p t n.: Krautkopf. – K a b e s - k o p f, Plur. - k ö p f ᵉ m.: Krautkopf. – K a b e s - k r a u t n.: = *Kabes,* Kohl, Kraut.
Kachel *khǎxl,* flekt. - e ⁿ f., Demin. K ä c h e l e i ⁿ *khę̆χəlę̆* n.: im ganzen wie nhd. **1.** irdener Kochtopf. – **2.** Nachttopf. Genauer *Brunz-, Seichkachel.* – **3.** Demin. *e i ⁿ Kächele i ⁿ Bier* Seidel Bier. – **4.** die tönernen gebrannten und glasierten Vierecke, Scheiben, aus denen die *Kachelöfen* gebaut werden. – **5.** weibl. Scham. – **6.** persönl. a. *alte K.* altes Weib, als Schimpfwort. Dickes plumpes Weib. – b. Demin. *Kächele i ⁿ* (n. m.) wunderlicher Mensch.
K ä c k s. *Gehäcke.*
kackeⁿ schw.: wie nhd., scheißen. – Dazu gebildet K a k t u s m.: Scheiße, lat. cacatum, an den Pflanzennamen witzelnd angelehnt, aus der Stud.-Spr. *Einen Kaktus setzen,* auch *pflanzen.*
Kaf *khăf; khǎf* n.: **1.** *khăf* Ort, Dorf. – Anm.: aus dem Rotwelsch. – **2.** *khǎf:* Verschlag, Abstellraum.
käfereⁿ *-ę̆-* schw.: **1.** hadern. – **2.** nervös sein.
Käfer-füdle (K ä f e r e ⁿ -) n.: Hinterteil des Käfers; bes. in der RA. *so trucke*ⁿ *wie e*ⁿ *K.*
käferig Adj.: lebhaft, munter.
Kaffe-ampel f.: = *-bäbel,* leidenschaftliche Kaffeetrinkerin.
Kaffe-bäbel f.: Spottname für eine, die gern Kaffee trinkt. – K a f f e - b a s ᵉ f.: Klatschbase, die gern in Kaffeevisiten klatscht. – K a f f e - b u m - p e l f., Demin. - b ü m p e l e i ⁿ n.: = *-bäbel.*

Kaffe-hafeⁿ m., Demin. - h ä f e l e i ⁿ n.: Kaffeetopf.
Kaffe-michel m.: Mensch, der gern Kaffee trinkt.
Kaffer m.: Schimpfwort für einen groben, ungehobelten, ungebildeten, dummdreisten Menschen. – Anm.: Zu hebr. *kāfār* Dorf; bei heutigem Gebrauch denkt man aber an die südafrik. „Kaffern".
Kaffe-rätschᵉ *-ę̆-* f.: Kaffeemühle Frk.
Kaffe-rübᵉ *-īə-* f.: Runkelrübe; Zutat zum Kaffee.
Käfig *khę̆fix̌, -ę̆-; -ę̆k; khę̆fət* (S. *-ę̆-);* Plur. ebenso, auch - e r n.: **1.** der Käfig, wie nhd. – **2.** Arrest, Strafgefängnis. – **3.** jede Art von engem Gelass, enge Stube, Wohnung u. ä. *I*ᶜʰ *bin froh, daß i*ᶜʰ *aus dem K. hausse*ⁿ *bin* aus dieser engen Wohnung.
Kag(eⁿ**)** *khāg(ə),* Plur. K ä g e ⁿ *-ę̆-* m.: Krautstrunk, das Feste, Markige im Innern des Krauts (und Salats), meist samt Stengel.
Kageⁿ**-hacker** m.: Geizhals, kнauseriger Mensch. – K a g e ⁿ - s i e d e r m.: Hungerleider.
Kägersch *khę̆gərš, -ę̆š, -īš,* selten *-əršt, -ę̆št;* daneben *khę̆gərę̆tš, -ręš, ręšt;* alle Formen, aber seltener, auch mit Anlaut *gę̆-;* Pl. - e ⁿ f., auch m.: **1.** Elster. – **2.** Nußhäher.
Kägerschen-augᵉ, Kägerest-aug ᵉ n.: Hühnerauge Oschw.
K a i usw. s. *Gehei* usw.
Kaib *-ǫe-, -ǫə-,* flekt. - e ⁿ m.: **1.** Aas. – **2.** Schimpfwort der Verachtung. a. für Tiere. Altes häßliches Pferd. Ungestaltetes, auch sonst Ärger erregendes Tier, bes. Rindvieh. – b. für Menschen: Schuft, Schlingel. Verstärkt: *Donners-, Erz-, Sau-* u. ä. *-kaib.* Verschlagener, durchtriebener, boshafter, widerspenstiger, hartnäckiger Mensch.
kaibleⁿ *-ǫe-* schw.: schlecht gehen, schwächlich, unsicher herum laufen, stolpernd gehen.

Kaibler m.: **1.** das (einmalige) *kaiblen*, Stolpern. *Einen K. tun.* – **2.** Stolperer.

kaiperlen s. *kaiblen.*

käl *khẹ̄l; -ẹ̄ə-* Adj. Adv.: **1.** wüst, abscheulich, häßlich, garstig, ekelhaft, widrig, von Sachen und Menschen SO. a. von der äußeren Erscheinung. Meist der stärkste Grad von Häßlichkeit; 3 Stufen: *öde, wüst, k. Ein k-er Mensch, Siech, Ding(el)er, Kog* u. a. *K-e Fel* wüstes Mädchen ALLG. – b. in's Moral. übtr.: unflätig, widerwärtig ALLG. *Die Dingi^n weißt ^nit, wie k. sie tu^n muß* wie frech, ausgelassen, bösartig. *K-es Zeug tun* unsittlich, schamlos sein. – **2.** eklig, Ekel empfindend an etwas, heikel, von Personen SO.

kalabrisch *khălā-; gā- ∪ʼ∪* Adj. Adv.: unbändig, wild. *Der Gaul ist ganz k.* will sich nicht zähmen lassen. *Du machst mi^ch ganz k.* ganz aufgeregt. Unmenschlich, arg. *Einen k. durchprügeln.*

kal-äss^c *khălẹs ⌒* Adj. Adv.: = *käl* 2. Heikel im Essen, von Tier und Mensch, wählerisch in den Speisen, schleckig OSCHW. – Bes. vom Vieh auch: unpäßlich, unwohl, ohne Appetit ALLG.

Kalb *khălb; -ā-* BAAR u. NO.; Plur. K ä l b e r *khẹ̆-;* Demin. K ä l b l e^in *-ẹ̆-;* inlaut. *-l(ə)w-* im N., n.: **1.** wie nhd., Kalb, Junges der Kuh. – **2.** übtr. ^*dᵃ*s *Kälble^in 'raus ('naus) henke^n* einen Hemdzipfel zu den Hosen heraushängen lassen. – **3.** persönl.: dummer Mensch. *Du K.! Du bist und bleibst e^in K.! Du Kälble^in du dumm^es!*

Kalbel *khălbl* f.; Demin. K a l b e l e^in n.: Färse, Kuh, die zum 1. Mal trächtig ist, Kuhkalb im 2. Jahr. Nach der Geburt des Kalbs heißt das Rind dann *Kuh.*

kalbe^n *khăl(ə)wə* schw.: wie nhd., = *kälberen.*

kälbere^n I *-ẹ̆* Adj.: vom Kalb stammend. *E^in k-ner Brate^ns. K-ne Bratwürste. K-ne Vögele^in* kleine, aus dem besten Teils des Kalbsschlegels geschnittene Stückchen Fleisch, eigens zubereitet.

kälbere^n II *-ẹ̆-* schw.: **1.** ein Kalb werfen. Im NO. *kalben.* – **2.** kindisch spielen, barren, lärmen. – **3.** durch ein Loch der Hose einen Hemdzipfel heraushängen lassen. – **4.** eine (Weinberg-) Mauer *k-et* sie biegt sich nach außen und stürzt schließlich ein. – **5.** beim Holzspalten den Keil am unrechten Ort in's Holz eintreiben.

Kalbin *khălbẹ̆n* SW., *khălbẹ̆ŋ* W., *-wə* N. f.: = *Kalbel.*

käle^n *khẹ̄lə* schw.: unpers.: *Es kälet mir (an etwas)* es ekelt mir, ich empfinde Widerwille (Ekel daran. – S. *käl.*

Kaliber *khălībər* n.: **1.** Instrument zur Messung der Dicke. – **2.** Art, Schlag. *Des K.* diese Art, derartiges. – Anm.: frz. *calibre;* von der Artillerie hergenommen.

Kalmäuser *khălməisər ⌒∪; khălmīsər; khọ̄l-;* -m ä u s l e r *khălməislər* m.: Kopfhänger, Sonderling, Duckmäuser. – k a l m ä u s e r i s c h *khăl-* Adj.: mürrisch, traurig; kleinlich. – k a l m ä u-

sig Adj.: knickerig Sww. (neben *-mausig*). – k a l m ä u s l e^n *khăl-* schw.: schmeicheln.

kältele^n schw.: kalt werden OSCHW.

k a l t e n s. *gehalten* (aufbewahren).

kältere^n schw.: *es kältert* wird kalt Sww.

kaltlecht *-lẹ̆χt* Adj. (Adv.): etwas kalt, kühl.

Kam *khọ̆m khāōm* OSCHW.; K a^n *khā, khāō, khọ̆, khọ̆ə* m.; Pl. K a n e^n *khọ̆nə, khọ̆ənə:* Schimmel auf Flüssigkeiten, nam. auf Wein, Obstmost, Essig.

K a m b e l usw. s. *Kamp-.*

kamele^n, k ä m e l e^n *⌒∪∪* schw.: nach *Kam,* Schimmel, schmecken oder riechen.

kame^n (Laut s. *Kam*) schw.: *kamig,* schimmlig, werden oder sein.

Kamerad^c *khăm(ə)rād ∪(∪)ʼ,* FRK. *-ọ̄d,* flekt. *-e^n* m.: **1.** eig., Genosse. **2.** wie Geselle: Kerl, Bursch; nur tadelnd oder doch scherzh. *Böser, arger K.* – K a m e r ä-di^n *-ẹ̆dẹ̆* (s. *-i*), Pl. *-i n n e^n -ənə, -ẹ̆nə* f.: Freundin, Genossin. Auch übtr.: ihresgleichen. – K a m e r ä d l e^in *-ẹ̆-* n.: Demin. zu *K.* 1. *Wo ist dei^n ·K.?* dein Spielgenosse. *Mit einem K-s tu^n* leutselig (mit einem Niedrigeren), vertraut (mit einem Höheren) umgehen, tadeln. – K a m e r a d-s c h a f t f.: freundschaftlicher Umgang, bes. pers.: Person, mit der man solchen hat.

kamig Adj.: was *Kam* hat, schimmlig. Vom Getränke, bes. Wein und Most. *Es läuft k.,* wenn es aus dem nahezu leeren Faß trübe läuft. Übtr.: *Es läuft k.* geht auf die Neige; so etwa von einem im Vermögen Herabgekommen odgl.; bes. aber von einer Rede, Unterhaltung udgl., die gegen ihr Ende nichtig oder auch schmutzig wird. – Auch von andern Gegenständen. Schlecht eingebrachtes Dürrfutter *wird k.;* desgl. Getreide, Federn im Bett, Kleider im Kasten.

Kamill^c f.: Echte Kamille, Matricaria chamomilla L.

Kami^n *khămẹ̆ (-ĭ) ∪ʼ* NW. u. HalbMA., *khẹ̆mẹ̆ (-ĭ) ʼ∪,* khẹ̆mĭχ *ʼ∪,* khẹ̆mĭg *ʼ∪,* khẹ̆mət *ʼ∪;* Pl. *Kami^ne,* Kämiger, Kämeter n. (m. NO.): **1.** Schornstein. Dafür die einzige bei uns pop. Bezeichnung (fränk. *Schlot*). – *Das K. raucht (riecht), trieft. Das K. fegen,* im SO. *kehren.* Eine Sache *muß man in's K. schreiben* in zweierlei Sinn: von einer auffallenden, seltenen Tatsache und von etwas, was vergessen, verloren gegeben werden soll, z. B. einer Forderung. – **2.** übtr. Nase, scherzh.

Kamin-feger m.: **1.** wie nhd., Schornsteinfeger. – **2.** übtr. a. (vertrockneter) Nasenschleim. *Dir hängt ein K. 'raus.* – b. kleine Traubenhyazinthe, Muscari botryoides (L.) Mill. Syn. *Baurenbüblein, Kälblein, Kolröslein, Krüglein, Mausörlein, Pfaffenröslein.*

Kamin-käs m.: Rauchfleisch, scherzh.

Kamin-schlupferin f.: Hexe, spöttisch.

Kamisol *khămĭsǫl* ⌣⌣ˊ, Pl. -öler n.: Wams Sww. – Wohl nur noch scherzhaft. *Einem das K. anstreichen, versohlen, verpfeffern, verhauen:* ihn durchprügeln.

Kammer *khămǝr, khămǝr;* Pl. Kammereⁿ -ǎ-, Kämmereⁿ-ĕ̆- f.; Demin. Kämmerleⁱⁿ-ĕ̆- n.: etwa wie nhd. Besonders: geschlossener Nebenraum im Wohnhaus, bes. zum Schlafen, opp. *Stube* Wohnzimmer. Nähere Bestimmung: *Knecht-, Magd-, Leder-, Werg-, Eisen-, Holz-, Kamin-, Rauch-, Stuben-, Büne-K.* usw.

Kammer-bai *khămǝrbǫę̆* f.: Gesims in der *Kammer.* – Kammer-biegel -*ĭǝ-* m.: Winkel in der *Kammer.*

Kampel *khămbl,* s. -pl; *khăpl;* Pl. Kämpel -ĕ̆-, s. -ĕ̆- m.: Haarkamm. Bezeugt im S., dann s. der untern DON., ö. des Lechs. Und zwar: **1.** zum Kämmen. – **2.** zum Festhalten der Haare der Weiber.

kampleⁿ *khămblǝ,* s. *-plǝ* schw.: kämmen. Bezeugt DON. u. s.

Kamuff(el) *khămŭf(ǝl)* ⌣ˊ(⌣) n.: dummer Mensch, als Schelte. *Du K.! Des ist eⁱⁿ rechtᵉs K.!* – Anm.: Ital. *camuffo;* aber volksetymol. ganz zu *Kamel* gezogen, dessen übtr. Bedeutung „Dummkopf" es vollständig angenommen hat.

Kan I m.: wie nhd., kleines Schiff.

Kan II (Schimmel) s. *Kam.*

Kanape *khănăbę̆* ˊ⌣⌣ n. (m.): Sofa.

Kande (Kanne) s. *Kante.*

Kandel *khăndl,* Pl. gleich m.; f., Pl. Kandleⁿ: Gosse, Rinne an der Straße.

kanen (schimmeln) s. *kamen.*

Käner *khę̆nǝr, khęnǝr* s. OSCHW., *khę̆ǝnǝr* SW.; Nebenformen Kerner (auch Kirner), Kiefer *-ĭǝ-* m.: Rinne. – Speziell: Dachrinne.

känereⁿ, känerleⁿ schw.: **1.** durch einen *K.* leiten. – **2.** aus allen Poren schwitzen.

kanig (schimmlig) s. *kamig.*

Kanne usw. s. *Kante.*

Kanoⁿe *khănǫ̆* ⌣ˊ, FRK. -*ŭ;* *khărnǫ̆* SO.; Pl. -eⁿ f.: **1.** das Geschütz. – **2.** = -*stifel,* hoher Rohrstiefel.

Kanoneⁿ-brand m.: starker Rausch. – Kanoneⁿ-fieber n.: *das K. haben, kriegen* vor etwas Bevorstehendem, einem Unternehmen Angst haben oder doch aufgeregt sein. – Kanoneⁿ-mäßig Adj. Adv.: sehr stark. *K-er Rausch* = *Kanonenrausch.* – Kanoneⁿ-rausch m.: starker Rausch. – Kanoneⁿ-stifel m.: = *Kanone* 2. – kanoneⁿ-voll Adj.: stark berauscht.

Känsterleⁱⁿ n.: kleiner Wandschrank DON.

Kantᵉ *khănt; khǫnt* ALLG., *khăt;* flekt. (auch Nom.) -eⁿ f.; Demin. Käntleⁱⁿ *khę̆ntlę̆* (SO. *khę̆-), khę̆tlę̆* n.: Kanne, Metallgefäß mit Ausguß; seltener von Holz. – Spezieller: *Gieß-, Zinn-, Wein-K.* u. ä.

Kanteⁿ**-kraut,** Kanneⁿ- n.: Acker-Schachtelhalm, Equisetum arvense L., früher verwendet zum Putzen des Zinngeschirrs.

Kanz *khănts,* NO. *khăts,* ALLG. *khǫ̆nts;* Pl. *khę̆nts,* s. -ę̆- m.; Demin. Känzleⁱⁿ n.: **1.** Mähne des Pferds SO. – **2.** Nacken des Pferds.

Kaom (Schimmel) s. *Kam.*

kapabel *khăbăbl* ⌣ˊ⌣ Adj.: fähig, im Stand, bes. keck genug, etwas zu tun. *Der ist so k. und tut des.*

Kapelle s. *Kappele.*

Kapf m., Demin. Käpfleⁱⁿ -ĕ̆- n.: Bergkuppe, -gipfel. – Anm.: Zu mhd. *kapfen* schauen.

kapiereⁿ *khăbĭǝrǝ* ⌣ˊ⌣ schw.: begreifen. *Des kapierᵉ i̭ᶜʰ net; Der k-t älles gleiᶜʰ* u. ä.

Kapital-: als verstärkendes Präfix bei Subst. wie *Haupt-* u. a.: Kapital-gaul m.: eig. oder = ungeschlachter Mensch, -ku f.: eig. oder = Dummkopf; -luge f.: große Lüge; -lümmel m.; -mensch n.: festes Weibsbild; -rindvieh n.: großer Dummkopf; -sau f.: eig., schönes, starkes Schwein, und übtr., wüster Mensch; -vih n.: eig. und = großer Dummkopf. Weitere sind jederzeit möglich.

kapitleⁿ schw.: trans., schelten, zurechtweisen; einem die Meinung sagen.

Kapo m.: Anführer, Vorarbeiter. *(Deⁿ) K. macheⁿ* den Aufseher machen. – Anm.: Ital. *capo.* Aus dem Rotwelsch.

kapores *khăbǫ̆rǝs* (auch -ęs) ⌣ˊ⌣ Adj. (nur prädik.): unbrauchbar, verdorben, ruiniert. – Anm.: aus dem Rotwelsch.

Kappᵉ *khăp,* flekt. (auch Nom.) -eⁿ f.; Demin. Käppleⁱⁿ -ę̆- n.: **1.** Mütze, als Kopfbedeckung. – Bildlich: *etwas auf seine K. nehmen* auf seine Verantwortung. – **2.** von anderem Zudeckenden. a. Nebelkappe eines Bergs. – b. Decke(l) auf verschiedenen Dingen. – c. Leder, das am Schuh vorne aufgetragen ist. – d. *Käppleⁱⁿ* Kruste über einer Geschwulst, *Eiße* u. ä. – e. *Käppleⁱⁿ* Fingerspitze UNTERL.

Kappeleⁱⁿ, Käppeleⁱⁿ n.: Trollblume, Trollius europaeus L. Syn. *Bachbumpel, Butterballe, Bachrolle, Guckenblume, Rolle, Schloßrolle.*

Kappellᵉ *khăbĕl* ⌣ˊ; Kappel *khăbl* ⌣ˊ f.; Demin. Kappelleleⁱⁿ -*lǝlĕ̆* ⌣ˊ⌣⌣; meist Käppeleⁱⁿ *khę̆bǝlĕ̆* ˊ⌣⌣; Kappeleⁱⁿ ˊ⌣⌣ n.: Kapelle, wie nhd.

kappeⁿ schw.: **1.** zum Kapaun machen, verschneiden. – **2.** schneiden, stutzen. – **3.** den Kopf verschlagen, durchprügeln.

Kappeⁿ**-dach** n.: Deckel der Mütze. *Eiⁿeⁿm 's K. verschlageⁿ* ihn durchprügeln.

Kappeⁿ**-stock** m.: Gelber Eisenhut, Aconitum vulparia Rchb.

Kapsel *khăpsl* f., Demin. Käpseleⁱⁿ -ę̆- n.: **1.** wie nhd. – **2.** *Käpseleⁱⁿ* Zündhütchen, der nhd. Ausdruck Z. fehlt uns. – **3.** *Käpseleⁱⁿ* (in Kapselform gebackenes) längliches Weißbrot. – **4.** *Käpsele^{in}* Pflanzenname. a. Pfaffenhütchen, Evonymus europaeus L. – b. Taubenkopf, Silene inflata L. – **5.** *Käpsele^{in}* kluger Bursche. – **6.** *Käpsele^{in}* (kapselförmiger) Haarschnitt.

Kapsel-brot n.: in einer Blechkapsel gebackenes Brot (in der Form der Kapsel). Ebenso *Kapsel-laib(le^{in})*.

kaput *khăbŭt* ‿ʼ Adj. Adv.: verloren, niederge-schlagen, abgemattet. *I^{ch} bin (Des macht ein^{en}* u. ä.) *ganz k.* vom vielen Gehen, einem furcht-baren Erlebnis u. ä. Ein Gegenstand ist *k.* schadhaft, verdorben, nicht mehr ganz, in Trümmern. Ein Spielzeug *k. machen. Des Rad ist k.* Einer, der in Vermögensverhältnissen rui-niert ist, *ist ganz k.* – Derb für: tot; einen Men-schen, ein Tier *k. machen;* dafür häufiger *hin.* – Selten attrib., flektiert. Statt dessen öfters k a -p u t i g (auch - e^{n}). Ein *k-ig^{e}s (k-e^{ne}s) Spielzeug.*

Kar I *khăr* n.: **1.** Schüssel. – **2.** im Gelände: Boden-vertiefung, Mulde Tɪʀ. Von hohen Wänden um-schlossene Mulde, Wanne, kleiner Grasplatz Aʟʟɢ. – **3.** Hausteil. Nur von der horizontalen Einteilung eines Hauses. Ein Stockwerk, bes. das Parterre, wird in 4, 5, 6 *K.* eingeteilt Oscʜw. – Anm.: mhd. *kar* Geschirr, Mulde, Stockwerk.

Kar II f.: Wendung eines Wagens; der Kreis, den der Wagen beim Umwenden auf der Straße be-schreibt. – Anm.: zu *keren.*

K ä r s. *Keller.*

Karakter *khărăktər* ‿ʼ‿ m.: Stolz, Hochmut, Selbstgefühl. *Der hat e^{i}n^{en} (große^{n}) K. Der hat e^{i}n^{en} hohe^{n} K.* trägt den Kopf hoch.

karass(l)e^{n} *khărăslə* ‿ʼ‿, -ḡslə, -ḡsə schw.: galo-pieren, stark springen. Auch *herum k.* herum springen. *Der hat's k. lau^{n}* laufen lassen.

Karbatsch^{e} *khăr(ə)bătš* ‿(‿)ʼ, -w- N., Pl. - e^{n} f.: **1.** wie nhd., starke Peitsche, Rute. – **2.** ein schlech-ter Wagen, eine alte Chaise udgl. *is^{t} e^{ine} schlechte K.* Fʀᴋ. – karbatsche^{n} *(-w-* N.) schw.: durch-prügeln. Auch in Komposs. *ab-, durch-, her-k.*

Karbonad^{e} f., bes. Demin. K a r b o n ä d l e^{in} *khăr-mənēdle (-rb-)* n.: Rückenstück am Schlacht-vieh.

Karch *khăr(ĭ)χ*, Plur. K ä r c h^{e} m.: Karren, zwei-rädriger Wagen, im N. verbr.; sonst *Karren.*

kärchle^{n} schw.: mit einem leichten Fuhrwerk da-und dorthin um Lohn fahren.

Karch-salb^{e} f.: = *Karren-,* Wagenschmiere.

Kardätsch^{e} *-dētš(ə)* f.: **1.** Wollkamm. – **2.** rauhe Bürste zum Striegeln der Pferde. – **3.** *Kar-(d)ätsch^{e}* ein Mensch (bes. Kind), der viel redet und die Worte durcheinander bringt, ist *e^{ine} rechte K.* Fʀᴋ.

kardätsche^{n} schw.: **1.** mit der *Kardätsche 1* Wolle zerzausen. – **2.** Pferde, Vieh striegeln.

Karess^{e} *khărḡs* ‿ʼ, Plur. - e^{n} f.: **1.** Liebschaft, Lie-besverhältnis. *Auf K. gehen.* – **2.** Plur. *-e^{n}* Pos-

sen, schlechte Witze. *Der macht immer K-e^{n}* um andere zum Lachen zu bringen.

karessiere^{n} *khărḡs-* ‿ʼ‿ schw.: jemand oder *mit jemand k.:* eine (geheime, nicht sehr feine) Liebschaft unterhalten, liebeln. – K a r e s s i e -r e r m.: wer viel Liebschaften unterhält.

Karfiol *khărfiọ̈l* ‿ʼ m.: Blumenkohl. – Anm.: Aus ital. *cavol(o)fiore.*

Karfreitags-krist m.: wer nur an den höchsten Fest-tagen zur Kirche geht. – K a r f r e i t a g(s)-r ä t s c h^{e} f.: in der Karwoche verwendete Rät-sche (kathol.).

kärig Adj.: ein Haus, Stock ist *3, 4 kärig,* wenn es so viele *Kar* hat.

Karmele^{in} *kharmələ,* K ä r m e l e^{in} Plur.: Possen, Faxen. *K. mache^{n}* immer Dinge treiben, die man nicht tun sollte, bes. von Kindern, aber auch von Betrunkenen. – Anm.: v. lat. *carmen* Lied, Gesang.

Karoline f.: **1.** weibl. Taufname. Formen: K a r l i -(n e) *-lḡ(nə);* L i n a. – **2.** als Schimpfwort: *Du K. (khărlḡnə)! Des ist e^{ine} (rechte) K.!* dumme Weibsperson; auch verstärkt *Arschk-.*

K a r r - (im Kompos.) s. *Karren-.*

Karrē *khărḡ* ‿ʼ m.: **1.** Viereck. – **2.** Diarrhöe. – **3.** Galopp; bes. *im helle^{n} K.*

kärrele^{n} schw.: mit Karren fahren.

karre^{n} schw.: **1.** mit dem Karren fahren. – **2.** trans.: auf dem Karren führen.

Karre^{n}-bauer m.: **1.** ein Bauer, der nur 1 oder 2 Rosse hat. Bei einem solchen sagt man nicht *Güter* oder *Felder,* sondern *Güatle, Feldle* Bᴀᴀʀ. – **2.** Kehrichtfuhrmann. – K a r r e^{n}-b l a -h e f.: *Blahe,* Tuch zum Zudecken des Karrens.

Karre^{n}-gaul m.: **1.** Mähre, die nur für den Karren tauglich ist. Schnarchen, schnaufen u. ä. *wie ein alter K.* – **2.** übtr., plumper großer Mensch.

Karre^{n}-salb^{e} f.: Wagenschmiere. – k a r r e^{n}-s a l-b e t Adj.: mit K. beschmiert.

Karr(en)-weg m.: nur für kleines Fuhrwerk fahr-barer Weg. – k a r r e^{n}-w e r k e^{n} schw.: fuhrwer-ken.

Karret(e) ʼ‿(‿)ʼ f.: eine Karrenladung.

Karro *khărọ̈* ʼ‿ʼ, auch *-ā-* n.: **1.** quadratische Zeich-nung, spez. von Kleiderstoffen; auch Demin. *Karrole^{in}.* – **2.** die Farbe der Spielkarte; populä-rer *Schellen* der deutschen Karte.

Karst *khăršt; khā(r)š, khātš, khọ̈(ə)ršt, khọ̈ršt, khọ̈ršt;* Pl. *-ä- (-ḗ̆-)* m.: zweizinkige Hacke.

Karst-haus n.: das Loch im Eisen der *-zinken,* durch das der Stiel des Karsts hindurchgeht. – K a r s t - h e l m *-ḗ̆-* m.: Stiel des Karsts.

Karst-zinke^{n} m.: die beiden eisernen Zinken des Karsts.

karte^{n} schw.: **1.** Karten spielen. – **2.** übtr. a. etwas mit einem k. verabreden, abkarten. – b. *mit einem k.* ihm die Meinung tüchtig sagen. – Vgl. *kartlen 2.*

kartleⁿ *-ă-* (-ä-) schw.: **1.** Karten spielen; in OSCHW. *karten.* – **2.** Verweise geben, zanken, streiten.

Kar-wochᵉ *khār-; -ă-;* neben *khārəw-* f.: die Woche vor Ostern.

Karz *khā(r)ts* m.: früher abendliche Zusammenkunft in der Spinnstube. *In* ᵈᵉⁿ *K. gehen; einen K. halten.*

Käs *khę̄s* Hauptgeb.; *khais; khę̄s; khę̄əs* ö., Plur. gleich m.; Demin. K ä s l e ⁱⁿ n.: **1.** wie nhd., Käse. – Der K. als Bezeichnung geringer Höhe: *der ist nu*ʳ *3* (usw.) *K. hoch* ist sehr klein. Überhaupt für etwas Geringwertiges. *Ja, e*ⁱ*n*ᵉⁿ *alte*ⁿ *K.! Des ist der ganz*ᵉ *K.* die ganze wertlose Sache, Plunder. *Da hast (ha*ᵇᵉⁿ *wir) de*ⁿ *K.! Du schwätzst e*ⁱ*n*ᵉⁿ *K. ('raus)!* u. ä. *Der schwätzt de*ⁿ *helle*ⁿ *K.! Des ist e*ⁱ*n alter K.* abgeschmacktes Geschwätz. – **2.** übtr. a. der Erdklumpen, der die Wurzel einer Pflanze umgibt. Eine Pflanze, Baum *mit 'm ganze*ⁿ *K. 'raustu*ⁿ *(versetze*ⁿ*).* – b. *einen K. (miteinander) haben* Gemeinschaft. *Die sind immer ei*ⁿ *K. mit'nander.* So spricht man auch von *Familienkäs.* – c. Unreinigkeiten in den Ecken des Mundes, der Augen, zwischen den Zehen.

Käs-balleⁿ m.: Käslaibchen OSCHW. – K ä s - b l a t t, bes. Demin. - b l ä t t l e ⁱⁿ n.: verächtliche Bezeichnung der Lokalblätter, -zeitungen. – k ä s - b l e i c h Adj.: wie nhd.; vgl. *-weiß.*

Käs-dreck m.: wertlose Sache, dummes Geschwätz. – K ä s - d r u c k e ⁿ, - d r u c k e r l e ⁱⁿ s n., - d r u c k e t e (- d r u c k e z e) f.: ein *K-n,* auch genet. *K-e*ⁿ*s* wird gemacht, indem die in einer Bank Sitzenden alle nach einer Richtung gegen den zu äußerst Sitzenden oder aber von beiden Seiten gegen die Mitte drücken.

käseⁿ schw.: **1.** Käs machen. – **2.** dummes Zeug schwätzen.

Käsete f.: wo es sehr eng zugeht. Syn. *Käsdrucken.*

Käs-glockᵉ f.: **1.** Glas in Glockenform, das über den Käse gestülpt wird. – **2.** übtr., Haus, in welchem mehrere Glieder einer Verwandtschaft wohnen, doch wohl nur scherzh. oder spöttisch.

käsig Adj.: käseähnlich. **1.** *eine k-e Milch* die schon im Übergangsstadium sich befindet (ALLG.). Backwaren, die nicht ganz durchgebacken sind, sind *k.;* desgl. Obst ähnlicher Konsistenz. – **2.** blaß, bleich wie Käse, von Kränklichen.

Käs-kuch(eⁿ**)** *-khūəx(ə)* m.: Kuchen mit Quarkkäse.

Käs-ladeⁿ m., Demin. - l ä d l e ⁱⁿ n.: Laden, wo Käse verkauft wird; auch: kleiner Kramladen.

käsleⁿ schw.: nach Käse riechen.

Käs-pappel f.: Gänse-Malve, Malva neglecta Wallr. – Ihre Früchte heißen *Käslaiblein.*

kaspereⁿ (-ä-) schw.: a. *käsperen* zanken, streiten FRK. – b. *kă-* trans.: aufziehen, necken, foppen; intr.: blödeln.

Käsperleⁱⁿ**s-sekt** m., - w ä s s e r l e ⁱⁿ n.: Mineralwasser.

käsperleⁿ schw.: einen zum besten haben, foppen.

Kasserolᵉ *khăštrǫl* (HalbMA. *khăsər-*) ᵕ⁄, Plur. -eⁿ f.: **1.** Bratpfanne. – **2.** übtr. n.: Hinterteil. *Einem das K. verhaue*ⁿ*, versilbere*ⁿ*, verzinne*ⁿ*.*

Käs-spatz, Plur. - e ⁿ m., Demin. - s p ä t z l e ⁱⁿ n.: aus feinem Weißmehl gemachter, gesottener und mit Käseschnitten und Schmalz durchmischter Kloß OSCHW. ALLG.

Kastanie f.: wie nhd., Baum und Frucht. Formen: K a s t a n e *khăštănə, -āōnə, khę̆štănə, khă-štănətsər* ᵕ⁄ᵕᵕ, *khăštənätse* ᵕᵕ⁄ᵕ; -iel *khăštă-niël* (m.); K i s t e *khĭštə;* K ä s t e l *khę̆štl;* K ä s t (l) e z (flekt. -eⁿ): *khę̆štəts(e); khę̆štləts, khę̆šlsə.*

K ä s t e, K ä s t e l, K ä s t (l) e z s. *Kastanie.*

kasteieⁿ *khăštəiə* ᵕ⁄ᵕ schw.: sich *k., den Leib k.* o. ä.: fasten, wenig essen.

Kast(eⁿ**)** *khăšt(ə),* flekt. - e ⁿ; Plur. K ä s t e ⁿ *-ę̆-* m., Demin. K ä s t l e ⁱⁿ *-ę̆-* n.: Schrank jeder Art. Genauer *Kleider-, Kuche-* usw. *-kasten.* K ä s t l e ⁱⁿ kleines vergittertes Holzkästchen, in dem allerlei amtliche Bekanntmachungen am Rathaus veröffentlicht werden; bes. *in's K. kommen, gehenkt werden, im K. sein* vom Standesamt den Aufgebotene bekannt gegeben werden durch diesen Anschlag am Rathaus. – Aufbewahrungsort für Schätze, Lebensmittel. Schublade: *das Brot leit im K.* Schrank für Getreide u. ä. Vgl. *Futterkasten.* – Übtr. verächtlich: ein enges Haus, Wohnung heißt *K.;* von altes, schlechtes Haus ist *ein (alter, wüster) K.* Persönlich: *eine dicke, starke* (bes. Weibs-) Person.

Kasteⁿ**-wage**ⁿ m.: Wagen, der keine Leitern, sondern einen *Kasten* bildende Bretter hat. Syn. *Truchen-, Bretter-, Kanz-wagen.*

Kasus *khāsŭs (-əs)* ⁄ᵕ m.: besonderer Fall, Sachverhalt. *So, das ist der K.* die Schwierigkeit, darum handelt es sich. ᴱ*s ist e*ⁿ *b*ᵉ*sonderer K.*

käs-weiß Adj.: = *-bleich,* sehr weiß, blaß.

Käs-zeh(eⁿ**)** m.: grob für Füße, übelriechende Zehen.

Katᵃ**rine**, K ä t t e r f.: Katharine. **1.** weiblicher Taufname. Formen: K a t r i n e *khădrēnə* ⁄ᵕᵕ, feiner *khădrȋnę̆; khădrę̆, khădrāē* ⁄ ᵅ, häufig *khę̆-drāē;* Demin. -leⁱⁿ; Kurzformen: K ä t t e r *khę̆dər,* seltener *-rə;* K ä t e *khę̆dĭ, khę̆də,* K a t e l *-ă-, khę̆dl;* T r e i ⁿᵉ; Demin. K ä t t e r l e ⁱⁿ, T r e i ⁿᵉ l e ⁱⁿ. – **2.** Name der Heiligen. Form meist K a t ᵃ r e i ⁿ *khădrāē.* Ihr Tag, der 25. Nov., ist Winteranfang. – *Ist 's* ⁿ*it g*ᵉ*wiß, bringt i*ʰⁿ *der Andre*ᵉ*s* (30. Nov.); *ist er* ⁿ*it da, bringt i*ʰⁿ *der Sant Niklas* (6. Dez.), *will er nit komme*ⁿ*, bringt ihn der Thoma*ˢ (21. Dez.). – **3.** übtr. a. *Kätterle*ⁱⁿ weibliche Brüste FRK. – b. *Kathareinlein* Plur. verhärterter Augenschleim. – c. *die schnell*ᵉ *K.* (meist *Kätter;* auch *Kat*ᵃ*rei*ⁿᵉ) Durchfall, Diarrhöe.

kätsch Adj.: unreif, weich. S. *kätschig.*
Kätschete f.: zerquetschte Speisen, Futter.
kätschig Adj. Adv.: von unangenehm weicher, nicht fester, auch klebriger, breiiger, schwammiger Konsistenz. Bes. vom Fleisch; Fl. von allzu jungem Kalb ist *k. K-e* Backen schwammige.
Kätter s. *Katarine.*
katz-balge[n] schw.: streiten.
Kätz(e)le[in] n.: die weichen, pelzartigen Früchte und Blüten der Salweide (oder anderer Weidenarten). Syn. *Kutzelein, Mullein, Palmkatze, -minkelein, -mullein.* Auch die Blüten der Pappel (seltener).
Katze[n]**-aug**[e], Demin. -äugle[in] n.: **1.** Auge der Katze. – **2.** Auge von der Farbe und Eigenschaft der Katzenaugen. – **3.** ein Halbedelstein. – **4.** Pflanzenname, meist *-äugle*[in]. a. Ehrenpreis-Arten, Veronica L. – b. Vergißmeinnicht-Arten, Myosotis L. – c. Acker-Gauchheil, Anagallis arvensis L. Syn. *Augentrost, Kopfwehkraut.* – **5.** Rückstrahler.
Katze[n]**-bale** *-bǫlę; -baolę* m.: **1.** Kater ALLG. OSCHW. – **2.** Mensch mit breitem, feistem Gesicht. – S. *Bale.*
Katze[n]**-bank** m., bes. Demin. -bänkle[in] n.: abseits gelegene Bank, etwa am Ofen, wohin unartige Kinder gesetzt wurden. In der Schule: Bank für Nichtskönner.
Katze[n]**-buckel** m.: gewölbter Buckel der Katze; übtr. von Menschen. *Mach kein*[en] *so K.;* auch adj. adv.: *Sitz net so k a t z e*[n]*b u c k e l i g hi*[n]. Von Unterwürfigkeit. Von störrischem, widerspenstigem Betragen: *Einen K. ('na*[n]*) machen* widerspenstig sein.
Katze[n]**-dreck** m.: **1.** Exkremente der Katze. *Ja, K.!* wegwerfende Antwort. Eine wertlose Kleinigkeit *ist e*[in] *rechter K.* – **2.** die schwarzen Früchte der Schlinge, Viburnum lantana L. – K a t z e[n]-d r e c k e l e r m.: **1.** der nach jeder Kleinigkeit sieht, Pedant, Nörgler. – **2.** schwarze Johannisbeere. – k a t z e[n]-d r e c k e l i g Adj. Adv.: pedantisch, übertrieben pünktlich.
Katze[n]**-kopf** m.: **1.** eigentl. *Brocken* (o. ä.) *so groß wie d*[ie] *Katze*[n]*köpf*[e]. – **2.** übtr., nach der Größe oder Form. a. stark ausgebauchte, aus Eisenblech geschmiedete Kuhglocke. – b. harter Kalkstein. – c. Art Zuckerbirne, runde Birne. – **3.** Mensch, der sich nicht konzentrieren kann, unüberlegt handelt.
Katze[n]**-kraut** n.: Baldrian, Valeriana officinalis L. – Anm.: Baldrian soll auf Katzen berauschend wirken.
katze[n]**-lack** Adj.: sehr fade, ohne alle Frische; todmüde. – k a t z e[n]-lau *(-lǫ), -*läuig *-lę̄əwĭ* Adj.: ein wenig lau. – K a t z e[n]-lauf m.: **1.** oberster Raum der Scheuer (des Hauses). – **2.** viereckiges Loch an der Tür, als Durchlaß für Katzen.

Katze[n]**-mage**[n] m.: **1.** Magen der Katze. – **2.** Klatschrose. Syn. s. *Ackerschnalle.*
Katze[n]**-mulle**[in], auch -mülle[in] n.: **1.** Kosewort für die Katze, Kinderspr. – **2.** Blüte der Weide.
katze[n]**-nüchter**[n] *-nīəxtər* Adj. Adv.: vollständig nüchtern.
Katze[n]**-pfot**[e] f., Demin. -pfötle[in] n.: **1.** wie nhd. – **2.** Pflanzenname. a. Gewöhnliches Katzenpfötchen, Antennaria dioica (L.) Gaertn. – b. Gewöhnlicher Wundklee, Anthyllis vulneraria L. – c. Kleines Habichtskraut, Hieracium pilosella L.
katze[n]**-rei**[n] Adj.: sehr sauber. Moralisch: unschuldig. S. a. *kutzen-.*
Katze[n]**-schwanz**, Plur. -schwänz[e] m.: **1.** eigentlich. *So lang wie e*[in] *K.; Des ist wie e*[in] *K.* so glatt, dünn und lang. – **2.** Pflanzenname. a. Schachtelhalm-Arten. Equisetum L. Syn. *Katzenwedel.* – b. Gewöhnliches Katzenpfötchen, Antennaria dioica (L.) Gaertn. – **3.** Schimpfwort. *Du K.!*
Katze[n]**-seicherle**[in] n.: Trauben der Amerikaner-Rebe, Vitis labrusca L.
Katze[n]**-sprung** m.: kurzer Weg. *Des ist bloß e*[in] *K.*
Katze[n]**-steg** m.; -steig[e] f.; -stieg[e] f.: kleiner, schmaler Steg, Pfad, Treppe. – K a t z e n s t i e g e s. unter *-steg.*
Katze[n]**-tap**[e] f., Demin. -täple[in] n.: **1.** eigentlich, Tatze der Katze. – **2.** Pflanzenname. a. *-täple*[in] = *Katzenpfote.* – b. *täple*[in] gelber Korallenpilz.
Katze[n]**-teller** n., Demin. -le[in] n.: Teller, auf dem die Katze ihr Fressen erhält. – K a t z e[n]-tisch m., -le[in] n.: kleiner Tisch, der abseits steht, bes. für Kinder. Kinder müssen zur Strafe *am K. essen.*
Katze[n]**-wäsch**[e] f.: *K. halten* flüchtig reinigen.
Katze[n]**-wedel (-wadel)** m.: **1.** Schwanz der Katze. – **2.** Pflanzenname. a. Schachtelhalmarten, Equisetum L., bes. Riesenschachtelhalm, Equisetum telmateia Erh. Syn. *Katzenschwanz.* – b. Heilziest, Stachys officinalis (L.) Trer.
Katze[n]**-wurzel** f.: = *Katzenkraut.*
Kätzi[n] *khę̌tsę̌(n)* f.: weibliche Katze.
kätzle schw.: junge Katzen werfen; auch: brünstig sein.
Kau s. *Gehau.*
kauche[n] *-əu-,* SW. W. *-ū-;* keiche[n] *-əi-,* FRK. *-ai-* schw.: **1.** *kau-, kei-:* hauchen, bes. stark h., etwa in die Hände bei Kälte. – **2.** *kəi-, kau-:* schwer, herb atmen, keuchen. – K a u c h e r, K e i c h e r m.: **1.** persönl.: Mensch, der schwer atmet, Schnaufer. Schwindsüchtiger. – **2.** sachl.: Hauch. – k e i c h i g Adj.: schwer atmend, asthmatisch.
Kauder *-əu-,* S. *-ŭ-* n.: **1.** Abwerg, Abfälle beim Schwingen und Hecheln von Flachs und Hanf. – **2.** Gebund Werg, so viel auf einmal an den Rocken gelegt wird. – **3.** Durcheinander. Verwachsene Masse von Pflanzenwurzeln. – **4.** m.

Gefühl körperlicher Unpäßlichkeit, herannahender Erkrankung ALLG.

kaudere[n] I (-äu-) Adj.: aus *Kauder 1*, grobem Werg gemacht.

kaudere[n] II -əu- schw.: kränklich mürrisch sein.

kauderig Adj.: **1.** durcheinander, verwirrt herabhängend, zerzaust, mit verwirrten ungekämmten Haaren. Mit struppigem Gefieder, von Vögeln. – **2.** unwohl, verstört, kränklich, zunächst von Vögeln, dem das Gefieder dabei absteht. Dann von Menschen: niedergeschlagen, traurig, verdrießlich, nicht recht wohl, kränklich.

kauder-wälsch *khəu-;* k u d e r - Adj. Adv.: unklar, unverständlich, wie nhd., von der Sprache. – Anm.: vermutlich zu *Kauder*, von der Sprache der fremden, von S. *(Wälschland)* kommenden Händler.

käue[n] *khŭjə; khāwə* FRK., *khẹəwə;* Part. [ge]käut *khuit* (neben [ge]küwe[n] *khību̇ə* ALLG.); HalbMA. k a u e[n] *khaoə,* Pl. [ge]k a u t schw.: kauen, klein zerbeißen.

Kauf, Plur. K ä u f[e] m.: wie nhd. Kauf, Kaufgeschäft, Kaufhandel. – *Was sind Käuf[e] und Schläg[e]?* wie hoch stehen die Preise? *I*[ch] *will nu*[r] *sehe*[n]*, was K. und Schl. sind* wie es um die Sachen steht.

K a u m , k a u m e n , k a u m i g s. *Kam* usw.

k a u n , k a u n e n , k a u n i g s. *Kam* usw.

k a u n i t z i g s. zu *kamig* u. s. *keinnützig.*

Kaut *khəut* m.: männliche Taube.

Kauter (K ä u t e r) m.: **1.** männliche Taube, und zwar *khəudər* (S. *-ŭ-); khəi-.* – **2.** *khəu-* welscher Hahn, Truthahn.

kautere[n] schw.: unverständlich sprechen. S. a. *kuteren* u. s. *kauderwälsch.*

Käuti[n] *khəidẹ* f.: weibliche Taube.

Kauz *khəuts* (S. *-ŭ-,* FRK. *-au-,* RIES *-ao-)* m., Demin. Käuzle[in] *-əi-* usw. n.: **1.** wie nhd., der Vogel. – **2.** übtr. Mensch mit seltsamen Gewohnheiten. Meist mit Adjj.: *dummer, komischer,* bes. *reicher, geiziger K.*

kauzig I *-əu-* Adj.: **1.** kränklich, verdrießlich, auch von Vögeln, s. *kauderig.* – **2.** geizig.

kauzig II *khọ̄-* Adj.: oft bellend: *ein k-er Hund.*

käuzle[n] *khaetslə* schw.: langsam und schmatzend an etwas essen; beim Essen wenig Appetit zeigen. – Anm.: zu *käuen.*

K e s. *Kinn.*

k e a l s. *käl.*

k e b e l e n , -i g s. *gehebelen.*

Kebs(er)i[n] *khẹbsərẹ, khẹbsī* f.: Frauenzimmer, das einer neben seiner Frau hat. FRK. u. RIES.

keck *khẹk* NECKARLAND u. NW., *khẹək, khẹk* (flekt. *-ẹ̆-)* NO., *khẹk* ö. FRK., *khẹk* ALLG.: **1.** von Dingen. a. fest, derb. Bezeugt s. der DON., ö. bis ALLG. Vom Fleisch: *Des Kind hat e*[in] *k-s Fleisch.* Vom Obst, wenn es nicht durch Liegen weich geworden, von Kartoffeln, die nicht meh-

lig, sondern speckig sind. Unbeweglich, dicht, von Zapfen, Nägeln, Pfröpfen ALLG. – b. groß. *Der Beck macht die Wecken k-er als der andere.* – c. bunt: *ein kecker Kittel,* hell von Farben. – **2.** von Menschen (oder Tieren). Wie nhd.: zuversichtlich, furchtlos, rasch zugreifend. *Ich bin so k., will so k. sein (und das und das tun),* wofür feiner *so frei;* bes. auch neg.: *Ich bin nicht so k.*

Keck[e] *khẹk,* südlicher *khẹək;* Pl. *-* e[n] f.: **1.** Quecke, das Unkraut Triticum repens L. Syn. *Brachwurzel, Schnur, Schnürgras, -kraut. Spitzgras.* – **2.** *schwarze K.* Schafgarbe.

k e c k l e n (tragen) s. *gehöckeln.*

Kefach *khẹfīχ, khẹfīχ, khẹfī, khẹfīg, khẹfəlīχ, khẹfərīχ* n.: Spreu, Abfall vom Dreschen FRK.

Kefet *khẹəfət* f.: grüne Hülsen von Bohnen, Erbsen ALLG.

Kegel *khẹgl; -ẹ̆-* S. (SW.), *-ẹ̄ī-* FRK., *-χl-* FRK.; Plur. gleich m.; Demin. K e g e l e[in] ⌒ n.: Kegel. **1.** im Kegelspiel. – **2.** feste Exkremente. Spezieller *Hunds-, Katzen-* usw. – **3.** Schelt- oder Scherzwort für Menschen. a. kleiner Mensch. – b. jüngste Kind. *Nestkegel* und die Verbindung *Kind und K.*

Kegel-rinn[e] f.: eig. die Rinne für die Kegelkugeln. – K e g e l - r i s *-rīs* n.: die Gesamtheit der auf dem Kegelbrett stehenden Kegel.

k e i - s. *kai-.*

k e i c h e n , K e i c h e r ·s. *kauchen, Kaucher.*

k e i c h i g s. unter *kauchen* nach *Kaucher.*

Keid *khəid; khīd* S., *khaid* FRK.; Pl. gleich, m. f. n.: Kraut-, Kohlsetzling, auch kollektiv.

Keidel *khəidl, -ai-* FRK., *-ae-* RIES, Pl. gleich, m.: **1.** Keil. – **2.** großes Stück Brot. Deutlicher *e*[in] *K. Brot.* Syn. *Ranken.*

keide[n] *-əi-, -ī-* schw.: keimen, Keime treiben.

Keid-land, Pl. *-* l ä n d e r n.: Land für Setzlinge, spez. von Kraut, Kohl.

k e i e n usw. s. *geheien* usw.

keif *khəif* Adj.: fest, hart S. Bes. vom Fleisch, opp. *kätschig, schlenzerig. Ein k-er Bube. K. zuschlage*[n]*, z*[u]*sämme*[n]*binde*[n]*.*

keife[n] *-əi-* schw.: **1.** = *kifen 1,* mit den Kiefern Bewegungen machen OSCHW. – **2.** = *kifen 2,* wie nhd.: (beständig) zanken, sich erbittert grämen.

k e i i g s. *geheiig.*

K e i l s. *Keidel.*

kei[n] Pron.: irgendein, kein. Bes. Gebrauch in doppelter Verneinung: *Der hat nie kein Geld; Keiner hat k. G.* u. ä., doch wohl häufiger *D. h. nie (ein) G.; Keiner hat (ein) G.*

K[ein]**nütze** *-ẹ̆* f.: Leberegelkrankheit der Schafe.

kein-nütz(ig) Adj.: nichtsnutzig, schlecht, bös u. ä.; verstärkt *bode*[n]*-.* A. F o r m. Keinnütz *khọ̄ẹnīts,* FRK. *khā-;* k e i[nnü]t z *khọ̄ẹts khuits,* südlicher *khọ̄ts khūəts;* k[ein]nütz *gnīts gŋīts;* k e i n n ü t z i g zerstreut überall: *khọ̄ẹnītsīg* (südl. *khui-)* O., *khọ̄ə-* (südl. *khŭ-)* W., *khā-* FRK., *khāō-;* kei^{nnü}tzig *khǫētsīg* O., khǭ*ts*- W., *khuənts*- S., *khǫnts- khǭnts- khŭnts*- SW.; k^{ein}nützig,*-iə-;* kein^{nü}tzelig*khuə-.*–B. Gebrauch. **1.** physisch. a. allgem.: untauglich, schlecht. Bes. von Gegenständen, die durch Alter, Krankheit o. a. untauglich geworden sind: verdorben, faul u. ä. Ein Baum, Balken, Brett, Strick, Kleiderstoff udgl. ist *k.* Übtr.: *K-er Strick* abgeschlagener Mensch. Ebenso sind Äpfel, Birnen udgl. *k.* faul, fleckig; Nüsse, Bucheln udgl. sind *k.* taub. Insbes. heißen die Kartoffeln *k.* (*knütz*, NW.), infolge Regens oder der Kartoffelkrankheit verdorben. Fleisch ist *k.:* wässerig, krank, verdorben. Auch eine schlecht bereitete Speise kann *k.* heißen. Ebenso schlechtes, verdorbenes Getränke. – b. Geld ist *k.* gefälscht oder abgeschätzt. – c. von mangelhafter Gesundheit. α. obj. und habituell. Ein Mensch (auch ein Stück Vieh) ist *k., inwendig k., ganz k.:* nicht an einer akuten Krankheit leidend, aber an einem schleichenden, unheilbaren Übel, z. B. Tuberkulose *(k. auf der Brust)*, Nierenleiden o. ä. In dieser Bedeutung nur *knütz(ig),* auch im S. Spez. ist *knütz* (so überall) gebraucht von den Schafen, die die Leberegelkrankheit haben. – β. mehr subjektiv. *Es ist mir* kei^{n}*z(ig)* S., *keinzelig, knütz:* es ist mir unwohl, insbes. von Übelkeit, Brechreiz. Arzneien, Speisen, Getränke sind *k.* (verschiedene Formen) schmecken schlecht, sind einem zuwider. – **2.** moralisch, von Menschen und menschlichen Handlungen. a. streng tadelnd: nichtsnutzig, schlecht, verdorben. *K-er Strick; so k. (k-er) als Galgenholz* o. ä. – Öfters sind speziellere Übersetzungen möglich. Boshaft, bösartig *(knütz* N., kei^{n}*zig* S.; *keinnützig* verbr.). Heimtückisch, hinterlistig (diess. Formen). Träge, verdrießlich. Unartig, unfolgsam, leichtfertig. Speziell: verdorben, leichtfertig in geschlechtlicher Beziehung. *Ein k-s Mensch, Geschwätz.* In allen solchen Fällen genügt aber der Begriff „nichtsnutz", „nichtswürdig". – b. wie boshaft, schalkhaft u. a. ist auch *k.* in milderem, kaum oder gar nicht tadelndem Sinn gebraucht: neckisch, mutwillig, spaßhaft. Besonders von Blick. *Die macht knütze* (kei^{n}*zige) Auge^{n} (Äugle^{in}); hat e^{in} knütz^{es} Paar Auge^{n} im Kopf* u. ä.

kei^{n}**zle**^{n} schw.: *Wann er so am Essa romkainz'let:* herummacht; ohne Appetit essen.

keinz(ig) s. *keinnützig.*

Keister *khəištər* m.: Schleim auf der Brust. – keistere^{n} schw.: schwer, mit Schleimrasseln atmen. – keisterig Adj.: hustend, verschleimt, asthmatisch. *Ich bin k.* oder *Es ist mir k.*

Kel s. *Köl.*

Kel^{e} *khǝəl, khę̄l,* Pl. -e^{n} f.: Kehle, doch nur in bestimmten Verwendungen: Haut unter dem Kinn, Doppelkinn, Fetthals (nicht Kropf)

Oschw. Spez. die herabhangende Halshaut beim Rindvieh.

Kelger *khę̄lgər* m.: = *Kele;* auch *Kerger.*

Kell^{e}, flekt. -e^{n} m.: **1.** Löffel; doch nicht zum Essen, sondern zum Schöpfen oder Rühren. – **2.** wie nhd., Kelle des Maurers, zum Hinwerfen und Verstreichen des Kalks.

Keller *khę̄lər, -ę̄ə-, -ə-;* dafür auch Ker *khę̄(ə)r;* Kern *khę̄rn, khę̄ə(r)n, khə(r)n;* Pl. gleich, m.: wie nhd.

Keller-esel m.: Kellerassel.

Keller-licht n.: Kellerfenster.

Kemig, Kemet s. *Kamin.*

Kemmich s. *Kümmich.*

Kend- s. *Kind-.*

Kener s. *Käner.*

Kengel *khę̄ŋl; khę̄ŋl* s. Oschw., *khę̄gl* m.; Demin. Kengele^{in} n.: **1.** Kiel einer Feder. – **2.** Arm an der *Geize,* Pfluggabel, wohl im ganzen Neckarland. – **3.** Kegel, Zapfen. – **4.** Sprossen der Leiter am Leiterwagen Frk. – **5.** Schwengel, Klöppel der Glocke. – **6.** (herabhängender) Nasenschleim. – **7.** Haarsträhne, wie man sie beim Flechten macht.

kengele^{n} schw.: *k.* und *gengele*^{n} baumeln, baumeln lassen, am Gängelband führen.

Ke^{n}**le**^{in} *khę̄əlę̆ (khę̄əlę̆, khę̄lę̆)* n.; meist Pl. *-lə* (s. *-lę̆), -lətsə, -lədə;* Quendel m., Demin. Quendele^{in} *gwę̄ndələ* **1.** Thymian, Thymus L. Syn. *unserer Frau Bettstroh, (Alteweiber-, Kraut-) Schmeckete.* – **2.** *Großes K.* Gewöhnlicher Dost, Origanum vulgare L. – **3.** Bitterliche Kreuzblume, Polygala amarella Crantz.

kenne^{n} *khę̄nə,* S. *khę̄nə,* Part. ^{ge}kennt schw.: **1.** trans. nhd. kennen, bekannt sein mit jemand, mit etwas. – „Kennen" nach seinem Wert oder häufiger Unwert. *Dich kennt man (schon)!* – **2.** mehr wie „erkennen", zu identifizieren und zu unterscheiden wissen. – Mit Präp. *Man kennt den Vogel an den Federn.* Zwei Dinge oder Personen *auseinander k.* zu unterscheiden vermögen. – **3.** refl. *sich nimmer k.* vor Freude, Hochmut odgl. – **4.** Inf. *um's Kenne*^{n} kaum bemerkbar, mit ganz geringem Unterschied. *Der linke Fuß ist länger als der rechte, aber (bloß) u. K.* Ü. ä. Syn. *um's Denken, Merken.*

Ker I m. f. n.; Ker e f.: eig. das *keren* I *l.* **1.** lokal. *khaer* Hauptgeb., S. *khę̄r* m.: doppelte Furche, wie sie gepflügt wird, indem man einmal hin, einmal her fährt. – **2.** m. f.: Reihenfolge, Turnus. – **3.** f.: Arbeit; zunächst regelmäßig wiederkehrende; dann überh. Arbeit, Verrichtung.

Ker II s. *Keller.*

Kerbe usw. s. *Kerfe* usw.

kere^{n} I *-ae-* W., *-ẹ̄ə-* O. NO., *-ę̄-* S., *-ę̄-* NW.: **1.** trans. phys., wenden. Meist mit lokalem adv. Zusatz: *umkeren; alles unter sich über sich k.* – **2.** übtr. *sich an etwas k.* darum kümmern.

kere[n] II schw.: auskehren, fegen. *Die Stube k.* Syn. *fegen*, im S. *fürben*.

Kerete (f.): Stubenkehricht.

Kerfe, K e r b e, flekt. - e n f.: **1.** Kerbe, Einschnitt. – **2.** Hinterteil, Arsch. *Ei[ne]m d[ie] Kerfe[n] verschlage[n]*. – **3.** = *-holz*.

Kerf-holz, K e r b - n.: Holz, in das Kerben als Beleg für Schuld oder Guthaben eingeschnitten wurden. – *Bei einem auf dem Kerbholz stehen, etwas a. d. K. haben* wie nhd.

K e r g e r s. *Kelger*.

k e r i g s. *gehörig*.

Kerl *khẹrl* FRK. u. ALLG., Pl. gleich; K e r l e *khẹrlẹ* (s. *-ĭ*) allgem. schwäb.; Pl. K e r l e n *-ẹn;* K e r l e s *-ẹs*, s. *-ĭs*, Pl. gleich m.: **1.** in allgem. Bed. von einer männlichen Person, aber nicht als gew. Bez., sondern in folgenden Verwendungen: Von Unbekannten; *Was ist denn des für e[in] K.?* u. ä. – Meist verächtlich und ironisch. *Schlechter, liederlicher, trauriger, dummer* usw. *K. (Des ist, Du bist) e[in] K.* wie *e[in] Haufe[n] (Stuck, Handvoll) Dreck. – Er ist e[in] K., ma[n] könnt[e] Riegelwänd[e] mit ihm 'nei[n] ('naus) stoße[n]:* so dumm ist er. *K.* allein ist gern mitleidig, verwundernd oder gönnerhaft gebraucht. *Du bist, Des ist e[in] K.* ein sonderbar[er] Mensch; gilt auch als verletzend. So bes. auch in der Anrede; verächtlich, warnend, oben herab. *Geh mir weg, K.! K., halt's Maul! K., wenn d[u] 'ra[b]fällst!* u. ä. Aber auch von groben, ungeschlachten Menschen. – Dann auch lobend. *Netter, geschickter, braver K. Der K. ist, kann etwas. E[in] rechter, ganzer K.* – **2.** in andern Fällen tritt der Begriff des jungen Manns in den Vordergrund. *Mei[n] K.* mein erwachsener Sohn. Bes. erotisch. Eine Mannstolle *lauft de[n] Kerle[n] nach.* Bes. aber bez. *K.* überall den lediglichen Mädchens (welches dann sein *Mensch* n. ist). *Sie hat scho[n] e[i]n[en] K.* – **3.** irgend etwas anderes, was sich nicht eben durch Feinheit o. ä. auszeichnet, kann gelegentl. ärgerlich, verächtlich oder auch zutraulich *K.* heißen. *Der K. will net 'raus*, etwa ein Nagel oder Zahn.

K e r m s. *Kern I*.

Kern I *khẹrn* NW., *khẹə(r)n khjän khən* SW. S., flekt. K e r n e[n], auch Nom., *khẹrə* (fränk. *khẹrə*) NO., *khẹərə* O., *khẹ(ə)r* vereinzelt; K e r n e[n] *khẹrnə* W. S.; K e r m *khẹrm khẹərəm;* Plur. bei der Form *-n* gleich Sg. oder K e r n e[n], bei *-ə* gleich Sing., m.; Demin. K e r n l e[in], K e r n e l e[in] n.: Kern. **1.** Kern einer Frucht. a. im allgem.: der weiche *K.*, im Unterschied vom Fleisch, der Schale oder dem Stein der Frucht. – Speziell heißen die Samenkörner der Heckenrose, Rosa canina K e r n (e) l e[in]; s. a. *Kernleinste.* – Ebenso beim Getreide der Kern, opp. *Hülse.* – b. spez. heißt *K.* der Dinkel, Triticum spelta; aber nur, wenn er in der Mühle *gegerbt*,

d. h. enthülst und dadurch marktfähig ist; sonst heißt er *Dinkel*, um DON. u. südl. *Fesen*, auf der Alb und im W. *Korn.* – **2.** das Innere organischer Körper. – **3.** wie nhd.: Mark, Kraft.

K e r n II s. *Keller*.

kerne[n] I, alt k i r n e n Adj.: aus *Kern 1 b*, Dinkel, gemacht.

k e r n e n II s. *kirnen II*.

Kerne[n]-brot n.: Brot aus Dinkelmehl.

kern-fest Adj.: im Kern stark, von Menschen und Sachen. – k e r n - f r i s c h Adj.: wie nhd.

k e r n h a f t s. *kirnhaft*.

Kern-haus n.: Kerngehäuse beim Obst. – K e r n - h o l z n.: starkes, gutes Holz.

k e r n i g s. *kirnig*.

Kernle[in]s-te, K e r n e l e[in]s-te m.: aromatischer Aufguß der *Kern(e)lein*, Kerne von Rosa canina, als Tee mit Milch und Zucker beliebt.

k e r n e n usw. s. *kirren*.

K e r s c h e s. *Kirsche*.

Ker-wisch, K e r e[n]-wisch *khẹr-, khẹrə-, khaer-, khaerə-; -wĭš (-wĭš* NO.), *-bĭš* m.: Handbesen zum Säubern des Tisches udgl. Bes. gern verbunden: *Kutterschaufel und K.*

kerze[n]-g[e]rad Adj. Adv.: ganz gerade. Bes. von senkrecht gerader Haltung: *Er ist k. gewachsen, steht k.* Aber auch von waagrechter Richtung: *Der Weg geht k.*

K e s p e r s. *Kirsche*.

Kessel, Pl. ebenso m.: **1.** wie nhd., Siedkessel. – **2.** Vertiefung eines Geländes; Bodenvertiefung. – **3.** Demin. *-le[in]* Kleine Traubenhyazinthe, Muscari botryoides (L.) Mill.

Kessel-brüe f.: Brühe, in der man Fleisch und Würste kocht.

Kessel-fleisch n.: gesottenes (Schweine-) Fleisch, frisch aus dem Kessel.

keßle[n] *khẹ-* schw.: **1.** das Handwerk des Kesselflikkers betreiben, Pfannen flicken. – **2.** müßig herumlaufen. Eilfertig sein, laufen. Bes. *umeinander k.* herumstrolchen, müßig umhergehen.

Keßlers-bursch(t) f.: = *-pack*. – Keßler-leut[e] Plur.: = *-pack*. – K e ß l e r s-pack *-phäk* n.: fahrendes Gesindel. Familie, die wie die Keßler lebt. – K e ß l e r (s) - w a r[e] f.: = *-pack*, Vagabunden, charakterlose Leute.

ketsche[n] *-ẹ-* schw.: **1.** schleppen, schwerfällig tragen, ziehen. – **2.** intr., auf dem Eise glitschen.

Kette *khẹdẹ (-ĭ* FRK.), Pl. - (e n) e[n] HalbMA. u. FRK.; K e t t e m *khẹdəm*, Pl. - e m e[n]; Demin. *khẹdl*, Pl. K e t t e[n]; Ketting; Demin. K e t t e l e[in] *-ələ, -əmlẹ* n.: wie nhd. **1.** die große K. – **2.** kleine Zierkette.

Kette[n]-blum[e] f.: Löwenzahn oder Kuhblume, Taraxacum officinale Web.

k e u c h e n s. *kau-*.

kh- s. *geh-*.

k i b e r e n s. *kipperen*.

kibig *-ī-* Aj.: **1.** = *keif*, von gesundem, derbem Fleisch. – **2.** lustig.

Kibitz s. *Geifitz*.

Kicher *khĭχər*, meist Pl. -e r e ⁿ f.; Demin. K i c h e - l e ⁱⁿ n.: Gartenbohne, Phaseolus, bes. vulgaris DON. u. südl.

Kichereⁿ**-stecke**ⁿ m.: Bohnenstange OSCHW.

Kieⁿ *khē̆ə (khī̆ə* FRK.) m.: **1.** wie nhd., harzreiches Fichten- oder Forchenholz, bes. vom Wurzelstock. Syn. -*holz.* – **2.** Demin. K i e ⁿ l e ⁱ ⁿ n.: Fichtenzapfen Sww.

Kiener s. *Käner*.

Kieⁿ**-holz** n.: harziges Fichten- (Forchen-) und Wacholderholz zum Anfeuern. S. *Kien*.

Kienlein (Thymian o. ä.) s. *Kenlein*.

Kienze s. *Köze, Künze*.

kiesig *khīsĭχ* Adj.: wählerisch.

Kifᵉ *khīf*, Pl. (auch Sg.) -e ⁿ f.; Demin. K i f l e ⁱ ⁿ n.: Getreideähre, spez. Dinkelähre.

kifeⁿ *khīfə; -ī-* schw.: **1.** nagen, kauen, knuppern; trans. u. intr. mit haben. *An einem Bein, an den Fingern k., herum k.* Spezieller: müßig an etwas herumkauen, -nagen. *Ich muß immer etwas zu k. haben.* Einem Kind eine Speise, z. B. Brot, *k.* vorkauen. Bes. Getreide-, namentl. Dinkelkörner mit den Schneidezähnen enthülsen und essen, spielende Beschäftigung im Gehen. – **2.** keifen, zanken; auch milder: sich abgrämen, sorgen; beharrlich betteln. – Bes. mit Lokal-Adv. oder Präp. *An etwas k., an etwas herab (aber) k., dran herum k.*

kifereⁿ schw.: = *kifen 1*, nagen udgl.

Kifete, Pl. -e ⁿ f.: zerkaute Speise.

kifleⁿ schw.: **1.** = *kifen 1*, nagen, kauen. – **2.** = *k. 2*.

Kilbe (und Komposs.) s. *Kirchweihe*.

Kilch- und Komposs. s. *Kirch-*.

kileⁿ *khī-* schw.: **1.** trans., *Gänse k.,* ihnen die Schwungfedern herausrupfen. – **2.** intr., die Kartoffeln *k.,* bekommen im Frühjahr im Keller Triebe. Entfernen dieser Triebe: *abkilen*.

Kiliaⁿ *khīliă͘ ⌐ᴗ*, Kurzform K i l i *khĭlĕ̆*, K i l *khĭl* m.: männlicher, bes. kathol., aber auch prot. Taufname. – Name des (fränk.) Heiligen. Sein Tag der 8. Juli. Er ist der Patron der Rettiche; man soll sie an K. stecken.

Kil-krappᵉ *khĭlkräp, khĭəkräp,* -r a p p ᵉ *khīlräp, khīəräp* m.: Rabe, wohl urspr. der jetzt seltene Kolkrabe, Corvus Corax.

Kilspel s. *Kirchspiel*.

Kind-bett *khĕmbĕt* (N. S. *khī-); khāēb-; khĕb-;* auch Kindel- f.: Kindbett, Wochenbett. *Sie liegt in der K., kommt in die K.*

Kind-betteriⁿ, Plur. -ne ⁿ *-ərnə* f.: Wöchnerin.

Kindbett-schenke f.: Geschenk (oder das Schenken) ins Wochenbett; meist in Eßwaren bestehend. – Kindbett-visit ᵉ *-f-* f.: Kindbettbesuch.

Kindelbett s. *Kindbett*.

kind(e)leⁿ schw.: sich nach Art der Kinder benehmen, sich zwecklos beschäftigen wie die Kinder, tändeln, Kindereien treiben. *Der tut nix als k.*

kinder-leicht Adj. Adv.: äußerst leicht.

Kinder-sarg m., Demin. -särgle ⁱⁿ n.: wie nhd. *Schuh*ᵉ (udgl.) *so groß wie e*ⁱⁿ *K.*

Kinder-schuleᵉ *-šūəl* f., gern im Demin. -schülle ⁱⁿ *-šĭəlĕ̆* n.: wie nhd. Die Schüler davon heißen K i n d e r s c h ü l e r *-īə-* m. *Kinderschüler, Suppe*ⁿ*-trüler* verbr. Spottvers.

Kindleⁱⁿ**s-brei** m.: Brei aus Milch und Mehl. – Kindle ⁱⁿ s - b r u n n e ⁿ m.: Brunnen, aus dem die Kinder kommen sollen. – Kindle ⁱⁿ s - t a g m.: der „Tag der unschuldigen Kindlein", 28. Dez.; Syn. *Pfeffertag*.

Kinds-kind n.: Enkel.

Kink s. *Kümmich*.

Kiⁿⁿ *khĕ̆*, N. *khī̆*, S. *khī̆; khĕ̆ŋ, khĕ̆ŋk;* Plur. K i n n e r *khĕ̆nər* n.: Kinn.

Kipf *khīpf (-ī-);* Kipfe ⁿ; Gipf RIES. m.; Demin. -le ⁱⁿ n.: **1.** längliches, an beiden Enden zugespitztes Brot aus Schwarz- oder Weißmehl *(weißer, schwarzer K.).* – **2.** leichte Schelte: *Du K.!* etwa Esel, Simpel.

Kipf-block m.: der vorn und hinten am Leiterwagen über Mist-, da und dort bloß am Mist-Wagen von links nach rechts verlaufende Block, in den die *Kipfen (1)* eingelassen sind. Syn. *(Kipf-) Schemel, Bock* usw.

Kipfblock-nagel n.: der vordere Nagel, der durch *Kipfblock,* Achsenstock und Langwid geht.

Kipfᵉ, flekt. (auch Nom.) -e ⁿ f.: **1.** Runge, schief aufrecht stehende Stange am Leiterwagen, die durch einen Ring die Leiter trägt; am Mist- oder Truhenwagen Stütze der seitl. Bretter; auf dem *Kipfblock* stehend, durch die *Kipfenhörnlein* unten am Ausweichen nach der Seite verhindert. – **2.** oberer Teil des Huts.

Kipfeⁿ**-hörnle**ⁱⁿ n.: hornähnliche Vorsprünge rechts und links am *Kipfblock* des Leiterwagens, verhindern das seitliche Ausweichen des untern Endes der Leitern.

Kippe *khīb, khībə* m.: in der Verb. *K. haben, K. halten, K. machen, K. führen:* bei einem Handel oder Spiel gemeinsame Sache machen und den Gewinn teilen. Dafür auch K i p p e s, K i p p i c h.

kippeⁿ *khībə* schw.: **1.** picken. *Der Vogel kippt an den Kirschen.* Von Menschen: an etwas nur so herumnagen, herumschlecken, wenig essen. Dazu *Kipper.* Ostereier aneinander stoßen. – **2.** husten. – **3.** schwanken. – **4.** abhauen, abschneiden. – **5.** = *Kippe,* Halbpart machen.

Kipper m.: **1.** zu *kippen 1:* wer nur wenig ißt. – **2.** zu *k. 5:* Unterhändler.

kippereⁿ *khībərə; -ərn* schw.: **1.** nagen, picken N. – **2.** auf Profit einkaufen, wuchern (von Leuten, die nicht Berufshändler sind). Speziell: mit Lebensmitteln Wucherhandel treiben.

Kipperer m.: = *Kipper 2.* Mann, nicht Kaufmann oder Krämer, der mit allem möglichen handelt: Frucht, Butter, Eier, Holz, Hühner, Besen usw. Wucherischer Händler. Spezialisiert: *Frucht-, Hof-, Korn-, Roß-K.* Insbes. Fruchthändler; Unterhändler beim Getreide-handel.

Kippes s. *Kippe.*

Kippich s. *Kippe.*

kipple[n] *khĭblə* schw.: = *kifen.* **1.** = *k. 1.* Leicht nagen, schnell, aber oberflächlich beißen: der Bock *kippelt sein Futter;* wer keinen Appetit hat, *kippelt am Essen.* Abbröckeln, z. B. am Brot. – **2.** = *kifen 2.* Unnötig, beständig tadeln, zanken, Händel haben oder suchen, zum Ärger reizen. – **Kippler** m.: ein Händelsüchtiger. – **kipplig** Adj.: streitsüchtig, aufbrausend, widerwärtig.

Kirbe (und Komposs.) s. *Kirchweihe.*

Kirch[e] (Kilch[e]), Plur. -e[n] f., Demin. -le[in] n.: Kirche. **1.** wie nhd., das christliche Gotteshaus. – **2.** Gottesdienst. *Vor, nach, in, während* usw. *der K. K. halten. Heut*[e] *ist kei*[ne] *K.* der Gottesdienst fällt aus. *D*[ie] *K. ist aus* der G. ist zu Ende. *So lang ma*[n] *orglet (singt), ist d*[ie] *K. net aus.* – **3.** die Kirchengemeinde, wie nhd.

kirche[n] schw.: **1.** Gottesdienst halten, die gottesdienstlichen Funktionen verrichten SO. S. – **2.** zur Kirche, zum Gottesdienst gehen.

Kirche[n]**-diener** m.: Diener der Kirche, Mesner.

Kirche[n]**-konvent** m. (n.): Sitzung des Kirchengemeinderats. – Kirch(e[n])-kor m.: Chor (auch Singchor) der Kirche.

Kirche[n]**-leut**[e] Plur.: Kirchgänger. – Kirch(e[n])-licht n.: **1.** Licht in der Kirche, das beim Abendmahl brennt. – **2.** übtr. ausgezeichneter Kirchenmann. Jetzt nur spöttisch, pos. oder neg. *Der ist kei*[n] *Kirch(en)licht.*

Kirche[n]**-maus** f.: Maus, die in der Kirche wohnt; in der RA. *Arm, hungrig sein (Hunger haben* u. ä.) *wie eine K.*

Kirche[n]**-patro**[n] m.: **1.** Schutzherr der Kirche, Kirchenheiliger. – **2.** Patronatsherr einer kirchlichen Pfründe OSCHW. – Kirche[n]-pfleger m.: Verwalter des Kirchenvermögens; sein Amt heißt Kirchenpflege. Syn. *Heiligen-.* – Kirche[n]-platz m.: der freie Platz vor der (um die) Kirche.

Kirche[n]**-staffel** f.: Freitreppe, die zur Kirche führt.

Kirch-gang m.: wie nhd., Gang in die Kirche. – Bes. Gang zur kirchlichen Trauung. Der *K.* ist ein Teil des Hochzeitsfestes; man lädt die Gäste *zum K.,* andere nur *zur Hochzeit* ein; es ist der Stolz der Brautleute, einen möglichst großen *K.* zu bekommen.

Kirch-hof, Plur. -höf[e] m.: freier Platz um die Kirche herum; meist zugleich Begräbnisplatz, mod. nur das letztere; daneben Synn. *Toten-acker, -garten, Freithof, Gottes-acker, -garten.*

Kirch-spil n.: Kirchspiel, wie nhd. Noch heute heißt die Umgegend von Gächingen bei Urach *Kispel, Gispel (-špl); Du kommst im ganze*[n] *K. 'rum* vom Hundertsten ins Tausendste. Desgl. eine Anzahl Orte im Sww.

Kirch-weih *khĭrbĕ* Hauptgebiet, FRK. *khĕrwĕ; khĭrwĕ* W. NW.; daneben vollere Form: *khĭrwəi, khĭrwəi, khĭrəwəi; khĭlbĕ (-ĭ);* Plur. -e[n], gew. -e[n]e[n] f.: **1.** Kirchweih. Urspr. rein kirchlich; dann aber wird es zu einem allgemeinen ländlichen Festtag aus kirchlichem Anlaß, wo viel gegessen, getrunken und getanzt wird. Es wird unterschieden die *Allerweltsk.,* auch *Sauk., Freßk.* die allen württembergischen Orten gemeinsame *K.* im Okt., opp. *Bauren-, Käppeleins-, Kappell-k.,* Sonderkirchweihen. Am Samstag vor der *K.* die *Vor-,* am folgenden Montag die *Nach-k.* Nach 3, 4 Tagen wird die *K. vergraben,* Gaben (auch ein Hahn) wurden in die Erde gegraben. – Einige Orte haben keine *K.;* von ihnen sagt man, sie dürfen keine *K.* mehr feiern, weil sie einmal einen Bettler haben verhungern lassen. – Da es auf der *K.* oft Streit gibt, wird gedroht: *Komm mir doch du auf d*[ie] *K. (Du kannst mir – komme*[n]*)!* steig mir den Buckel hinauf. l. m. i. A.! – **2.** jede Art von lustigem, tollem Treiben. *Des ist e*[in]*mal e*[ine] *K.! Ihr habt e*[ine] *K. miteinander! Der hat (fangt – a*[n]*) e*[ine] *K. wege*[n] *jedem Dreckle*[in] Streiterei, viel Aufsehens o. ä. *Hast du e*[ine] *K.!* sagt man zu einem Großtuer. *Des ist e*[ine] *schöne, saubere K.* eine böse Sache. *E*[s] *ist e*[ine] *wahre K.* ein Durcheinander, Unordnung. *Jetzt geht die K. wieder a*[n] *die Affaire. Des ist älleweil die gleich*[e] *K.* – **3.** von da aus wieder spezialisiert. a. Liebhaberei. *Des ist sei*[ne] *K.* – b. weibliche Scham. – c. ein Weib *hat d*[ie] *K.* Monatsblutungen. – d. Diarrhöe.

Kir[ch]**we**[ih]**-abe**[n]**d** m.: Abend vor (oder an) der Kirchweih. – Kir[ch]we[ih]-bert[e] f.: dünner, flacher *-kuchen.* – Kir[ch]we[ih]-brot n.: für die K. gebackenes Brot. Meist Art Hutzelbrot, auch Weißbrot mit Apfelschnitzen OSCHW. – Kir[ch]we[ih]-dudler m.: Kirchweihmusikant, auch *-musikstück.* Übtr. schlechte(r) Musik(ant). – Kir[ch]we[ih]-esse[n] n.: Festessen an der K., bei dem furchtbar gegessen wird. – Kir[ch]-we[ih]-fane[n] m.: **1.** bunte Fahne, die über die Zeit der Kirchweihe auf dem Kirchturm hängt. – **2.** übtr. Hemdzipfel, der durch ein Loch in der Hose herausschaut. – Kir[ch]-we[ih]-geld n.: Geld für die K. – Kir[ch]-we[ih]-grosche[n] m.: Geldstück, das die Kinder an K. vom Paten bekommen. – Kir[ch]-we[ih]-hammel m.: beim *Hammeltanz* am *K-montag* herausgetanzter Hammel; an K. verloster Hammel. – Kir[ch]we[ih]-häß n.: Festkleid. – Kir[ch]-we[ih]-kreuzer m.: den Kindern an K. geschenktes Geldstück. – Kir[ch]we[ih]-kuche[n] m., Demin. -küchle[in] n.: großer, für die

K. gebackener Kuchen. S. a. *-berte, -platz, -brot, -zelte* u. a. – Kir^{ch}we^{ih}-platz m.: flacher *-kuchen.* – Kir^{ch}we^{ih}-samstag m.: Samstag vor K. – Kir^{ch}we^{ih}-woch^e f.: Woche, in der K. gefeiert wird. – Kir^{ch}we^{ih}-zelt^e, Plur. -e^n m.: = *-brot.* – Kir^{ch}we^{ih}-zopf, Plur. -zöpf^e m.: Backwerk an K.

Kirie *khīriě* n.: der kirchliche Gesang: Kyrie, mit und ohne *eleison. Die ist (sind) vor 'm K. (e.) z^u Opfer^{ge}gange^n (hat vor'm K. e. g^{e}opfert)* war vor der Hochzeit schwanger.

kirnen I (Adj.) s. *kernen* I.

kirnen II (-e-, -ö-, -ü-) schw.: körnig machen.

kirnhaft Adj.: = *kirnig,* fest, von Menschen, Fleisch, Obst; opp. *kätschig, schlätterig* S.

kirnig *khĭ(r)nĭg* Adj.: **1.** kernig, fest, derb, vom Fleisch, der Gesundheit S. SW. Gerne von Speisen: kräftig, fest. – **2.** = *kernen* I, aus Dinkelmehl.

kirr *-ĭ-* Adj. (Adv.): **1.** ekelhaft, Ekel erregend. Eine Kröte o. ä. ist e^{in} k-^{e}s Ding. – **2.** frostig kalt, naßkalt. *Heut ist's k-^{e}s Wetter, ist's k. draußen.* – **3.** lüstern. *Einen k. machen.*

kirre^n *(khě-)* st.: **1.** intr. schreiende, unreine Töne ausstoßen, laut hinausschreien FRK. Grillen, schrill schreien *(khĭrə)* NO. – Bes. von Tieren. Vom Schwein: grunzen. – **2.** trans. *khĭrə* anreizen OSCHW.

Kirrer, frk. *-ě-* m.: **1.** pers., wer viel *kirrt.* – **2.** sachl., *einen K. (khěrər) tun* stöhnen.

Kirsch^e, Kries^e; Kirsch-ber, Kries-ber f.: Kirsche.

kirsche^n (kriese^n *grīese^n*) schw.: Kirschen pflükken.

Kirsche^n**-gäu** n.: Gegend, wo es viele Kirschen gibt.

Kirsche^n**-krätte**^{n} m., Demin. -krättle^{in} n.: Kirschenkorb.

Kirsche^n**-maul** n.: durch den Genuß von Kirschen gefärbter Mund.

Kirsche^n**-peter** m.: der Tag Petri und Pauli, 29. Juni. Auch der Jahrmarkt an diesem Tag.

Kirsch(e^n**)-tatsche** m.: Kirschkuchen *(Kriese^n-).* – Kirsche^n-totsch m.: *griəsədǫtš* dass.

Kirsche^n**-wasser** n.: Kirschengeist.

Kirsche^n**-zein**^{e} f.: Kirschenkorb, Demin. -zeinle^{in} n.: kleines Körbchen, in das Kirschen hineingepflückt werden.

Kirschet m.: Zeit der Kirschenernte.

Kirschner s. *Kürschner.*

Kirwe(i) s. *Kirchweihe.*

Kis *khīs* n.: **1.** Kies, wie nhd. – Speziell: Keupermergel. Genauer *Leberkis.* – **2.** Hagel. – **3.** die kleinen Brocken, die bei einer Suppe, einem Gericht von Leberknödeln u. ä. unten in der Brühe in der Schüssel übrig bleiben. – **4.** a. Geld. – Anm.: aus dem Rotwelsch. – b. Stein.

kisblau s. *kitzenblau.*

Kis-bode^n m.: sandiger Boden.

Kisel *-ĭ-* m.: **1.** Kiesel, wie nhd. Genauer *-batzen, -stein.* Es ist einem, als ob einem ein K. *im Magen* liege; eine schwere Speise liegt einem *wie ein K. im Magen.* Gew. *-batzen.* – **2.** Hagelschloße, Graupelkorn.

Kisel-batze^n m.: Kieselstein. *Und wenn's K. regnet* unter allen Umständen.

kise(l)bon(el)en s. *kitzen-.*

kiselen s. *kützelen.*

Kisel-schlag m.: Hagelschlag. – Kisel-stei^n m.: **1.** Kieselstein, wie nhd. – **2.** Hagelkorn.

kise^n schw.: **1.** einen Weg mit Kies, Sand beschotten. – **2.** intr. mit haben: hageln.

kisenbockelen s. *kitzenbonelen.*

Kis-gatter n.: Gittersieb, durch das der Kies geworfen wird. – Kis-grub^e f.: Grube, wo Kies gegraben wird.

kisig Adj.: kiesig, sandig.

kisle^n *-ĭ-* schw.: intr. mit haben, hageln, graupeln.

Kispel s. *Kirchspil.*

Kisse^n**-ziech**^{e} f., Demin. -le^{in} n.: Kissenüberzug.

Kist^e *khĭšt,* Plur. -e^n, auch -e^n e^n f.; Demin. -le^{in} n.: **1.** wie nhd., Kiste. *Zu mit der K.!* sagt man beim Schließen einer K. – **2.** übtr. Rausch. *Der hat e^{ine} K.* hat schwer geladen. – **3.** altes Weib, dicke Person. – **4.** großer Busen.

Kiste s. *Kastanie.*

Kis-truch^e f.: große stark gebaute Kiste, die auf das Untergestell des abgerüsteten Wagens aufgesetzt wird zum Führen von Kies.

Kis-weg m.: mit *Kis* belegter Weg.

kitsche^n schw.: im kleinen (ver)handeln ALLG.

Kitt I m.: wie nhd., bes. für den Glaser-K.

Kitt II f., Demin. -le^{in} n.: **1.** Haus. – **2.** spezieller: Arrest. – Anm.: aus dem Rotwelsch. Mit den Formen: *Kittle^{in}, Kittchen.*

kitt s. *quitt.*

Kittel m., Demin. -le^{in} n.: **1.** Rock, Jacke. Meist ohne Angabe, ob männl. oder weibl. Kleidungsstück. – Häufiger: Männerrock. – **2.** Rahm oder Schimmel, der sich auf Speisen ansetzt. Eine Suppe *hat e^{i}n^{en} K.*

Kitter I. m.: halb ausbrechendes Gelächter. – **2.** f. Weibsperson, die leicht zum Lachen zu reizen ist, die das Lachen nicht unterdrücken kann ALLG. – S. *kitteren.*

Kitter-ann^e f.: viel kicherndes Weibsbild. – Kitter-bäll f. = *-anne.*

kittere^n *khĭ-* schw.: heimlich, halblaut, unterdrückt lachen, kichern.

Kitterer m.: **1.** persönl.: wer viel *kittert,* kichert. Von Mädchen Fem. *K-i^n.* – **2.** sachl.: das Kichern. *Den K. haben* krampfhaft kichern müssen.

kitterig Adj.: zum *kitteren,* Kichern geneigt.

Kitter-michel m.: Mensch, der über Kleinigkeiten kichert.

Kitz^e *-ĭ-* f.; bes. Demin. Kitzle^{in} n. (Gitz^e, -le^{in}): **1.** Junges der Ziege, Zicklein, bes. das weibliche. – **2.** Junges vom Reh. – **3.** Pflanzenname: a. *Gitzle^{in}* blauer Eisenhut, Aconitum napellus L., u. Gescheckter Eisenhut, Aconitum varigatum L. – b. *Fräule^{in} in de^n Gitzle^{in}* Waldwicke, Vicia sylvatica L. – **4.** *Kitzle^{in}* kleines Laibchen selbstbereiteten Käses, aus Milchknollen und Kümmel durcheinander geknetet. *Kizle^{in}, -ĭ-, -ĭ-* mit Salz, Kümmel und sonstigem Gewürz vermengte und getrocknete Laibchen von Zieger oder Käsquark ALLG. Kitzel usw. s. *Kü-*.
kitzelen I s. *kütz(e)len.*
kitzele^n II schw.: **1.** = *kitzen* II, jungen. – **2.** *-ĭ-* graupeln, = *kitzenbon(el)en.*
kitze^n I Adj.: von einem Zicklein stammend(es Fleisch).
kitze^n II schw.: junge Zicklein werfen.
kitz(e^n**)-blau** Adj. Adv.: ganz blau, bes. von der menschlichen Haut, als Folge von Frieren, Blutandrang, Quetschung u. ä.
Kitz(e^n**)-bone** f.: **1.** Exkremente der Ziege. – **2.** Graupeln, die kleinen leichten Hagelkörner, bes. im Frühjahr. *^{E}s geit K-e^n.* Dafür fast noch häufiger das Verbum kitz(e^n)bone(le)^n schw.: *es k-et* graupelt. In vielen Formen gebräuchlich, z. B.: kitze^{n}bone^n *khŭtsəbǫnə;* kitzbone^n *khŭts-;* häufiger Demin. kitze^{n}bonele^n *-bǫnələ,* -bö^{ne}le^n *-bāēlə;* gitze^{n}bone^n *-bǫnə,* -bonele^n *-bǫ-;* kutze^{n}bone^n *khŭtsəbǫnə;* -bonele^n *-bǫ-;* gutze^{n}bönele^n *gŭtsəbāēn-;* kitzelbone^n. Mit Anlehnung an *Kis(el):* kise(l)bon(el)e^n *khŭslbǫnələ.* – Mit Änderung des 2. Bestandteils: kitze^{n}bolle^n *khŭtsəbǫlə;* -böllele^n *khŭtsəbēlələ;* kitze^n-bopple^n *-bǫblə;* kisbopple^n *khisbǫblə;* kise^{n}bockele^n *khĭsəbǒkələ.*
Kitzle^{in}s-brate^n m.: als Leckerbissen beliebt: ebenso Kitzle^{in}s-fleisch n.
kitzlen s. *kitzelen* und s. *kützelen.*
Kiwif ◡‿ n.: in der RA. *Auf dem K. (khĭwĭf) sein* im Leben auf der Hut (Lauer) sein, scharf die Dinge beobachten. – Frz. *qui vive!*
klabastere^n ◡‿◡◡; *-w-;* klabustere^n schw.: **1.** verleumden, verdächtigen. Ein belästigendes, ekelhaftes Geschwätz verführen. – **2.** Ein Haus verputzen, ihm einen Anstrich geben. Verkleben, vertuschen, verdecken, notdürftig ins reine bringen. – **3.** Durchprügeln; dafür auch klawatsche^n. – **4.** Rasch und viel essen.
klabusteren s. *klabastere.*
Klack *-ă-,* NO. *-ă-,* FRK. *-ǭ-* (Klacks; Kläck); Plur. Kläck^e *-ĕ-* m.; Demin. Kläckle^{in} *-ĕ-* n.: Spalt, Ritze in Brettern, Türen, Böden. – *E^{in} Kläckle^{in}* ein bißchen; die Türe, das Fenster *nu^r e^{in} Kläckle^{in} aufmache^n, offe^n lasse^n.*
kläckle^n *-ĕ-* schw.: durch Spalten, Ritzen schauen.

Klae s. *Kle.*
Klaff^e, flekt. *-e^n* f., Demin. Kläffle^{in} n.: **1.** Name von versch. Unkraut des Ackers. a. Zottiger Klappertopf, Rhinanthus alectorolophus (Scop.) Poll. – b. Acker-Wachtelweizen, Melampyrum arvense L. – c. Kornrade, Agrostemma githago L. Syn. *Kǫrnnägelein.* – d. Acker-Senf, Sinapis arvensis L. – **2.** Wagenteile. a. Radzahn TIR. – b. *Kl., Kläffle^{in}* die 2 Querhölzer an der *Wage,* an welchen die Stränge zum Ziehen des Wagens befestigt werden. – c. Wagenetter, auf welchen der Kuhbauer beim Fahren sich setzt OSCHW. – d. eisernes Band, das um das Wagscheit herumgeschweißt ist zum Festhalten des Kettchens, an dem der Strang befestigt wird. Auch 2 eiserne Ringe am Wagscheit, mit einem Nagel befestigt; sie werden je nach der Stärke des Zugviehs weiter oder enger angebracht.
klaffe^n (-ä-) schw.: **1.** streitsüchtig schwatzen, plappern. – Bellen, knurren, vom Hund. Dafür auch *kläffen.* – **2.** sich öffnen, von einer Wunde. Schuhe *kl.* sind zu groß, passen nicht. *Des klafft* ist lotterig; auch wie nhd.
Kläffer, -a- m.: **1.** Schwätzer, Verleumder. – **2.** *Kläffer* viel bellender Hund.
kläffig (-a-) Adj. Adv.: viel bellend. *Ein kl-er Hund.*
Kläffler m.: Kleinbauer (mit 1–15 Morgen Feld und Kuhgespann) OSCHW.
Klafter *klǫftər, -ao-* O., *-au-* BAAR; Plur. ebenso n.: Klafter, wie nhd., Längen- und Raummaß.
klaftere^n schw.: in Klaftern abmessen.
Klafter-holz n.: klafterweise abgemessenes Holz.
Klafter-stecke^n m.: Holzprügel, der die in Klaftern abgemessene Holzbeige hält. – Klafter-stotze^n m.: dass.
Klag^e *glāg,* NW. *-x,* FRK. *glǫx;* Pl. *-e^n* f.: **1.** Trauer um einen Toten. *In der Kl. sein* in Trauer sein ALLG. Bes. *in der Kl. gehen, laufen* beim Leichenbegängnis unter den nächsten Leidtragenden direkt beim und hinter dem Sarg gehen. *Einem die Kl. ansagen* ihm den Todesfall mitteilen mit der Aufforderung, sich den Leidtragenden anzuschließen; opp. *einem das Leid ansagen* sich dem weiteren Zug anzuschließen. Die Leidtragenden heißen *die Kl. Kl., Klagzeit* die Zeit der offiziellen Trauer (mindestens 1 Jahr) ALLG. – **2.** Beschwerde. *Wenn du e^{ine} Kl. hast, na^{ch} schwätz^e! Kl. und Mangel hau^n* Grund zur Beschwerde. – Speziell rechtlich, wie nhd.
klage^n *-ă-,* S. *-ä-,* NW. *-āx-,* FRK. *-ǭx-* schw.: **1.** intr. mit haben: wie nhd. klagen. a. jammern, sich beschweren. – b. gerichtlich klagen. – **2.** trans. klagen, beklagen, auch ohne Obj. *^{Da}s Leid kl.* im Sterbehaus einen Kondolenzbesuch machen. Bei Leichenbegängnissen *klagt man* vor (in) dem Trauerhaus, drückt sein Beileid

aus BAAR. Sonst von den Leidtragenden selber: in Trauer sein, trauern, in Trauerkleidern gehen. – **3.** refl., *sich kl.* sich beklagen; klagen.

Kläger (K l a g e r) m.: **1.** Trauernder; wer Trauerkleider trägt. – **2.** wer sich beklagt, beschwert.

Klag-leutᵉ Plur.: die Leidtragenden bei Leichenbegängnissen ALLG. OSCHW.

klagneⁿ schw.: klagen, trauern, Trauerkleider tragen.

Klag-zeit f.: Trauerzeit ALLG. Sonst *Trauer.*

Klammᵉ, flekt. -eⁿ f., Demin. K l ä m m l e ⁱⁿ n.: **1.** Schlucht, Felsenge. – **2.** Klammer, Zange, Klammer zum Verbinden der Balken, Spannhaken, Zwinge. Demin. *Klämmle*ⁱⁿ: Haarspange. Einem läufigen Hund *henkt ma*ⁿ *e*ⁱⁿᵉ *Kl.* *a*ⁿ: man klemmt seinen Schwanz in ein halb gespaltenes Holzscheit, so daß er davoneilt. – **3.** große Waldameise OSCHW. TIR. K l a m m e i s e = Ameise.

Klammer, Plur. -eⁿ f., Demin. K l ä m m e r l e ⁱⁿ n.: **1.** wie nhd. Demin. speziell die kleinen Holzklammern zum Festhalten der aufgehängten Wäsche; genauer *Wäsch-.* – **2.** auch K l ä m m e r, große Waldameise.

Klämmerleⁱⁿ**s-sack** m.: Sack, in dem die *(Wäsch-) Klämmerlein* aufbewahrt werden. Beim Aufhängen der Wäsche werden sie im K l ä m m e r - l e ⁱⁿ s - s c h u r z oder in der K l - t a s c h e getragen.

Klamm-hak(eⁿ**)** *-hǫ̑-* m., Demin. -häkle ⁱⁿ n.: **1.** eiserner Haken, Klammer, mit der Balken, Langholz u. ä. zusammengehalten wird. – **2.** persönl.: Geizhals, der all sein Geld zusammenhalten will.

klamm-haket *-hǫ̑gət* Adj.: knauserig, geizig.

klamseⁿ schw.: sich gewohnheitsmäßig über alles beklagen, pedantische Unzufriedenheit äußern, winseln ALLG.

Klamser m.: Tadler, Winsler ALLG.

klamsig Adj. Adv.: klagesüchtig, engherzig ALLG.

klänkeⁿ I *glẹ̄ŋgə, glẹ̄gə* schw.: **1.** Weiden *kl.* drehen, um sie dadurch biegsam, geschmeidig zu machen. Syn. *bottichen, knütten.* – **2.** übtr.: winden, drehen.

klänkeⁿ II *glẹ̄ŋgə* schw.: **1.** mit einer kleinen Glokke läuten, etwa zur Schule, Taufe, Gemeindeversammlung (nicht zur Kirche). – **2.** Coniferensamen aus den Zapfen heraus schlagen und sammeln; dafür häufiger *aus-.*

Klapf *-ā̆-*, NO. *-ā̆-;* Plur. K l ä p f ᵉ *-ẹ̆-* (K l a p f e ⁿ) m.; Demin. K l ä p f l e ⁱⁿ *-ẹ̆-* n.: **1.** lauter, plötzlicher Schall, Knall, Krach. *ᴱs hat e*ⁱ*n*ᵉⁿ *Kl.* ᵍᵉ*ta*ⁿ, *ma*ⁿ *hat g*ᵉ*meint, 's Haus fall*ᵉ *ei*ⁿ. Wenn ein Körper zerspringt, platzt, *tut's e*ⁱ*n*ᵉⁿ *Kl.* Desgl. wenn irgend ein Gegenstand zu Boden fällt. Schlag, den man (bes. Kindern, etwa auf den Hintern) versetzt. – Bildlich: *ᴱs tut e*ⁱ*n*ᵉⁿ *Kl. bei ihm* er kommt zu Fall, macht Bankerott. – **2.** Borte, Saum von Schmutz (Straßenschmutz,

Kot o. ä.) unten am weibl. Rock, auch bloß vereinzelter Dreckspritzer am Kleid, an den Hosen der Männer S. – **3.** Aufschlag, Borte unten am Weiberrock. – **4.** bösartige Bemerkung über einen Abwesenden, Gerücht, Gerede, Beschuldigung, böse Nachrede; *einem einen Kl. anhängen.* – **5.** Kleinigkeit, kleine Gabe, wenig. *Das ist (nu*ʳ*, wohl) e*ⁱⁿ *Kl.!*

klapfeⁿ schw.: einen knallenden Ton, *Klapf* von sich geben. Gew. *kläpfen,* s. d.

kläpfeⁿ *glẹ̆pfə* schw.: **1.** knallen, einen *Klapf 1* hervorbringen, krachen. *Einem kl.* Schläge geben. – **2.** *einem kl.* ihn mit kräftigem Handschlag begrüßen.

Kläpfer *-ẹ̆-* m.: **1.** Donnerschlag. – **2.** Klopfer an der Haustüre. – **3.** Taubenkropf, Silene vulgaris (Moench) Garcke.

Kläpfete *-ẹ̆-* f.: **1.** Knallbüchse von gehöhltem Holunderholz. – **2.** Pflanzenname. a. Taubenkropf, Silene vulgaris (Moench) Garcke. – b. weiße Lichtnelke, Melandrium album (Mill.) Garcke.

klappeⁿ schw.: zusammen stimmen, passen. *Des klappt. Da klappt's net recht. 's will net kl.* u. ä.

Kläpper *-ẹ̆-* (-a-) f., Demin. K l ä p p e r l e ⁱⁿ *-ẹ̆-* n.: **1.** Klapper, Instrument zum Klappern. – *Klapper* Mensch, der viel plappert. Ein solches Weib ist *e*ⁱⁿᵉ *Kläpper.* – **2.** Kleiner Klappertopf, Rhinanthus minor L. – **3.** Demin. *Kläpperle*ⁱⁿ n.: a. Kinderspielzeug, zum Klappern. – b. Klatsch-Mohn, Papaver rhoeas L. – c. Taubenkropf, Silene vulgaris (Moench) Garcke. – d. Zittergras, Briza media L.

Kläpper-büchsᵉ f.: etwas Altes, Unnötiges. Übtr.: Plappermaul.

kläpper-dürr *-ẹ̆-* Adj.: klapperdürr.

kläppereⁿ *-ẹ̆-* (-ẹ̆-), -a- schw.: **1.** klappern, klirren, wie nhd., trans. und intr. – Übtr.: viel schwatzen, plappern. – **2.** quirlen. S. *verkläpperen.*

Klapper-goschᵉ f.: Plappermaul.

kläpperig *-ẹ̆-* Adj.: klappernd.

Kläpperleⁱⁿ**s-g**ᵉ**schäft** n.: wenig einträgliche Arbeit; ertragloses Geschäft. – Vgl. *Geschäft.*

Kläpperleⁱⁿ**s-te** *-ẹ̆-* m.: Tee aus Mohnsamen, wirkt betäubend, verwendet, um kleine Kinder zum Schweigen zu bringen.

Klas *glǭs* SW. S., O. *glaos;* flekt. -eⁿ m.: Kurzform des männl. Vornamens Nikolaus. **1.** als Rufname. – **2.** Name des Heiligen. a. sein Tag der 6. Dez. Da der am Vorabend oder erst am letzten Donnerstag vor Weihnachten oder am Christtag) erscheint verkleidet (meist als Schreckfigur: in Pelz oder grober Kleidung, mit Schellenriemen und Rute; seltener in bischöflicher Kleidung; in Stroh gebunden oder ein weißes Hemd gekleidet mit einem Kochhafen auf dem Kopf und auf einem Schimmel reitend) der *Kl.,* Knecht Ruprecht. Bezz.: *Kl., Santi-*

kla^u s, entstellt *Schande^n kla^u s, der schandlich^e Kl.*, Santeler-; Nacht-, Rumpelklas; Niklaus, Pelznickel; Pelzmärtin; Schweizer; auch unterschieden *der böse Kl., der gute Kl.,* je nach dem Eindruck, den er hinterläßt; mit dem *bösen Kl.* schreckt man die Kinder in der Zeit vor dem Nikolaustag. Der *Kl.* läßt, wie die *Pelzmärtin,* die Kinder, nach deren Betragen er sich bei den Eltern erkundigt, Sprüche udgl. hersagen, und beschenkt sie dann mit Äpfeln, Birnen, Nüssen oder besonderen Gebäcken, oder er bestraft sie mit der Rute; heutzutage finden die Kinder am Morgen des 6. Dez. die vom *Kl.* in der Nacht gebrachten Geschenke vor. – b. die Geschenke des *Kl.* heißen *Kl-e^n.* – c. *Kl-e^n* besonderes Gebäck.

klase^n schw.: *kl. gehen* sich als *Klas 2 a* verkleiden. Am 6. Dez. den (Paten-)Kindern Geschenke verabreichen OSCHW. ALLG.

Klas(e^n)-abe^n d m.: Vorabend des *-tags.* – Klase^n-brot n.: für den Niklaustag gebackenes Brot aus Weißmehl. – Klase^n-ma^n n, Plur. -manne^n m.; Demin. -männ(d)le^in n.: 1. als Niklaus verkleideter Mann. – 2. am (für den) Niklaustag eigens gebackenes Brot in Gestalt eines Männleins (zum Teil auch an Weihnachten). – S.a. -weiblein. – Klase^n-markt m.: Markt zu St. Nikolaus (6. Dez.). – Klase^n-tag m.: der 6. Dez., vgl. -abend. – Klase^n-weib, Demin. -le^in n.: 1. vermummte weibl. Schreckgestalt am -abend. – 2. Gebäck (in Form eines Weibleins). – Klase^n-zelt^e, Plur. -e^n m., Demin. -le^in n.: *Zelten,* Backwerk, die der *Klas 2 a* bringt.

Klaß s. *Kloß.*

Klatsch m.: 1. Schlag mit der flachen Hand. – 2. loses Geschwätz FRK.

Klatter m., meist Plur. -e^n: kleiner Kotklumpen, bes. am Hinterteil des Viehs. Auch: Straßenkot, der sich am Saum des Kleides bei schlechtem Wetter anhängt OSCHW. – Klätter -ĕ- m.: nasser Kot, verschüttete Flüssigkeit. Übtr.: *einem einen Kl. anhenken* ihm Übles nachreden. – Kleine Menge; bes. Demin. *e^in Kl-le^in* kleiner Haufen Exkremente. Kleiner Haufen, kleine Quantität (von Dreck, Heu, Holz u. a.)

klattere^n schw.: trockenen Kot am Kleidsaum, unten am Kleid haben OSCHW. – klättere^n -ĕ- schw.: dünnen, wässerigen Kot von sich geben (bei Diarrhöe). Beim Essen unreinlich sein, *trielen.* Mit Flüssigkeiten spielen und sie ausschütten, verläppern. Ein gewisses Quantum in kleinen Mengen verlieren. *Eier kl. in die Pfanne einschlagen.* S.a. *klittern, (verge)lättern.*

Klätt(e)rete f.: Durchfall.

klätterig Adj. Adv.: breiartig, schwerflüssig.

klätterle^n schw.: eine wässerichte breiartige Materie zerstreut fallen lassen.

Klätter-poste^n (bes. Plur.) m.: Schulden. – Klätter-schulde^n Plur. f.: kleine zerstreute Schuldposten. Auch Klätterle^in s-schulde^n.

klaube^n *-ɔu-,* N. *-au-,* RIES *-ao-;* NW. N. *-w-* schw.: 1. mit den Fingern einzeln auf-, zusammenlesen. Kartoffeln *kl.* bei der Ernte OSCHW. *Steine kl. z.B. aus dem Acker.* – 2. mit pers. Obj.: klemmen, zwicken, kneifen.

kläube^n *klaebɔ* schw.: trans., *Holz kl.* spalten.

kläuble^n *-ɔi-* schw.: 1. sorgfältig aussuchen, bes. Speisen. Langsam, bedächtig herauswählend essen; aus Mangel an Appetit wenig und mit Auswahl essen. – 2. einen etwas derb in den Arm zwicken. – Demin. zu *klauben.*

Klaus s. *Klas.*

Klavier *gläfī(ɔ)r* ᴗ´ n.: 1. wie nhd. *Kl. spielen;* auch *Kl. schlagen.* – 2. weibliche Scham. – 3. Gebiß. – klaviere^n schw.: wackeln, nicht fest sitzen, von losen Türen, Schuhen.

klawastere^n, klawatschen s. *klabasteren.*

Kle *glae(ɔ)* w. Mittelland, *-ei* SW., *-ĕɔ* O., *-ę̄* S. NW., *-ę̄* FRK.; flekt. -e^n m.: allgemein für Klee, Trifolium L., bes. für Wiesen- oder Rot-Klee, Trifolium pratense L. Ewiger K. = Luzerne, Medicago sativa L. Hummel-K. oder Weißer-K. = Weiß-Klee, Trifolium repens L. Wilder Stein-K. = Sichelklee, Medicago sativa L. Zedder-K. = Hopfenklee, Medicago lupulina L. Schote-K. oder Hörnles-K. = Gewöhnlicher Hornklee, Lotus corniculatus L.

Kleb m.: Kleister.

Kleber m.: 1. Mensch, der zu lang an einem Ort bleibt, träg dasitzt. – 2. Klebstoff. Getreide, das bei viel Sonnenschein gereift ist, besitzt viel *Kl.* und Stärkemehl. – 3. Stoff, in dem etwas hängen bleibt. – 4. Pflanzenname. a. Kletten-Labkraut, Galium aparine L. – b. Kletten-Arten, Arctium L.

kleber Adj. Adv.: 1. Adj.: zart; schwächlich, kränklich ALLG. – 2. Adv.: knapp, kaum ALLG.

klebere^n *-ĕ-* schw.: 1. (hinauf)klettern, an Bäumen u. ä. FRK.

kleb(e)rig Adj.: 1. klebend, wie nhd. – 2. schwächlich. Vgl. *kleber.*

Klebet (u. ä.) f.: = *Kleber* 4.

klebse^n schw.: klettern FRK.

klecke^n *-ĕ-; -ĕ-* RIES schw.: 1. trans. spalten, reißen. – 2. intr. a. sich spalten. – b. zu-, ausreichen, genügen, nur mit sachl. Subj. Bes. negat.: *^Es kleckt net langt* nicht. – c. gelingen, erreichen RIES.

Kleib *-ɔe-* m.: 1. Lehm, Leim OSCHW. – 2. *fauler glǫɔb* fauler, dicker Mensch.

Kleib^e *-ɔi-,* S. *-ī-,* flekt. -e^n f.: verschiedene Getreideunkräuter, deren Samen Widerhaken besitzen u. sich damit an Tieren, menschlicher Kleidung u. ä. festhaken. a. Kletten-Labkraut, Galium aparine L. – b. Acker-Hahnenfuß, Ranunculus arvensis L. – Syn. *Gleis, Bubenlaus, Sack-*

laus. – c. Haftdolde, Caucalis platycarpos L. Syn. *Digelein.*

kleibe[n] I *-ǝi-*, S. *-ī-*, Part. [ge]klibe[n] *-ī-* st.: zwicken, klemmen, mit den Fingern oder mit der Zange.

kleibe[n] II O. *-ǫe-*, W. *-ǭǝ-*, NW. *-āe-* schw.: kleben, verkleben, trans. (und intr.). *Dreck kl.* von Kindern: mit Straßenkot spielen, allerhand Figuren daraus bilden.

Kleiber *-ǫe-*, *-ǭǝ-* m.: **1.** wer *kleibt,* mit Lehm zu tun hat. – **2.** die Spechtmeise, Sitta europaea. – **3.** Klette, Lappa OSCHW.

Kleibet(e) f.: Maurerlehm. – **2.** klebrige Masse, bes. solche Speisen. Schmutziger, kotiger Weg, Dreck, Straßenkot.

kleibig Adj. Adv.: klebend, klebrig. Bes. von dem zähen Acker- und Straßenschmutz nach Regen, schmutzig.

Kleider-hake[n] *-ǫǫ-* O., *-ǭǝ-* W. SW., *-āę̆-* NW., *-ae-* SO. u. HalbMA: *-ā-* FRK.; *-hǭgǝ* m.: Haken, an den man die Kleider hängt. – Kleider-häß n.: ganzer Anzug.

Kleie[n]**-beißer** m.: Spottname der Müller. – Kleie[n]-beutel m.: mit Kleie gefüllter Wärmebeutel. Übtr.: = *Säckel.* – Kleie[n]-brot n.: schlechtes Brot, aus oder mit Kleie gebacken.

klei[n] *glāē* (entnasaliert *glai, glǝi); glōē, glui* ALLG., *glā̆ę̆* NW., *glā* FRK.; *glę̆; glōǝ; glī* Adj. Adv.: klein. **1.** wie nhd. Bes. im Gegensatz zu groß. Bes. Verwendungen: *Ein Kl-es* ein weniges. [Es] *ist e*[in] *Kl-*[e]*s, was d*[ie] *Kinder freut. Um e*[in] *kl.* beinahe. – *Mein Kl-er* mein jüngster Sohn, jüngerer Bruder; *'s kl-st*[e] *das jüngste Kind.* – *Sie hat, kriegt ein Kl-s* ein Kind. *Die Kl-en* die kleinen Kinder, in der Schule die Schüler der niederen Klassen. *Kl. sein* noch sehr jung sein; *von kl. auf* von Jugend auf. – *Kl. sein, werden* bescheiden.* – Adv.: wenig. *Der hat sei*[n] *Bündele*[in] *kl. bei e*[i]*nan*[der] nahe b. e. – **2.** zart, fein, zierlich. – *Kl. machen* fein spinnen.

klei[n]**-(ge)glidlet,** neben -glidet Adj.: mit kleinen, zarten Gliedern ausgestattet. Opp. *groß-.*

kleinmunzig s. *-winzig.*

klei[n]**-münz(l)e**[n] schw.: mit Schüchternheit, ohne Appetit, nur kleine Stückchen essen. Formen: *-münzeln; -munzeln; -mę̆ntslǝ; -maetslǝ* lange an etwas herum essen, Speiseteile im Munde hin und herschieben. – Dazu Subst. Klei[n]-münzler m.: wer aus den Speisen nur das Beste auswählt; *-maetslǝr,* Fem. *-maetslǝrę̆* Mensch, der lang an etwas herum ißt.

Klei[n]**sele**[in] n.: **1.** Kosewort für ein kleines, bes. das kleinste Kind. – **2.** ein bißchen, ein wenig.

klei[n]**-winzig** *-wę̆ntsīg; -*wunzig *-wǫ̆nts-; -*munzig *-mǫ̆nts-* Adj. Adv.: ganz klein, winzig klein. Verstärkt kleinwunderwinzig; *klei*[n]*wunder- munzig (-wūdǝrmǫ̆ntsę̆g).*

Kleispe m.: **1.** Holzsplitter, Spreißel, den man sich aus Versehen in die Hand, den Fuß gestoßen

hat, nur O. – **2.** Plur. *glǝišpǝ* Hülsen des Flachses oder Hanfs ALLG.; *glaišpǝ* Kleie TIR. – **3.** *Kleisp, -en, -er* grober, unbeholfener, unbiegsamer Mensch. *Klespes, Kleispes* einfältiger Mensch ALLG.

Klembem-berles s. *Klimbim-.*

Klemens m.: **1.** (kathol.) männl. Taufname. Formen: *Klement (glę̆ǝ-),* Menz. – **2.** Name des Heiligen. Sein Tag, der 23. Nov., ist der alte Winteranfang. *St. Kl. uns den Winter bringt, St. Petri Stuhl* [22. Febr.] *dem Frühling winkt, den Sommer bringt uns St. Urban* [25. Mai], *der Herbst fängt um Bartholomäi* [24. Aug.] *an.*

klemm Adj. Adv.: eng, knapp; bes. teuer. *Da ist 's Geld, 's Futter, 's Brot* u. ä. *kl.*

Klemme *-ę̆* f.: Enge, Gedränge. *In die Kl. kommen,* einen *in die Kl. bringen, treiben.*

klemme[n] schw.: zwicken, kneifen. Der Krebs *klemmt* einen. *Der klemmt mi*[ch] *(in Arm).* Das Zwicken, Grimmen im Leib heißt *'s Kl. I*[ch] *hau*[n] *'s Kl.* – S. auch *grimmen.*

Klemmer m.: wer *klemmt.* **1.** große Waldameise. Synn. *Bärenameise, Klammer, Klamme, Klemmeler, Klemmerling, Klammhaken.* – **2.** Hirschkäfer, Lucanus Cervus. Synn. *Klemmerling, Klammvogel, Hornschröter.* – **3.** von Menschen: Geizhals. Vgl. *Klammhaken.* Neidiger, Mißgünstiger.

Klemmer-haufe[n] m.: großer Ameisenhaufen.

Klemmerle s. *Klammer.*

Klemmerling m.: **1.** = *Klemmer 1,* große Waldameise. – **2.** = *Kl. 2,* Hirschkäfer.

Kleng s. *Klinge.*

Klengel *glę̆ŋl* m.: **1.** Klöpfel einer Glocke, Glockenschwengel. – **2.** aus der Nase herabhängender Nasenschleim. Vgl. *Rotzklengel.*

klenken, klepfen s. *klä-.*

Klepper *-ę̆-* m.: dürres, altes Pferd. – klepper- dürr Adj.: äußerst mager.

Klespes s. *Kleispe 3.*

Klewerle[in] n.: kluger, durchtriebener Mensch. – Anm.: von engl. *clever* klug.

kliebe[n] *klīǝbǝ;* 3. Sing. *kluibt* Hauptgeb., *klīǝbt* Außengebiet; Part. [ge]klobe[n] *-ǭ-* st.: **1.** sich leicht spalten lassen, klaffen, Risse bekommen. Den Holzspälter grüßt man mit der Frage: *Kliebt's?* – **2.** übtr. *batten,* s. d., helfen S.

Klima *klę̆mā* ⁀ n.: **1.** Gesamtheit der meterol. Erscheinungen in einem best. Gebiet; wie nhd. – **2.** Gegend, Himmelsrichtung. Ein Acker *liegt in dem (in einem guten, im besten) Kl. Des ist e*[in] *schö*[n]*es Kl.* schöne, fruchtbare Gegend. Auch irgendeine „Gegend" am menschlichen und tierischen Körper heißt so. Ein Geschwür *in dem Kl. zwische*[n] *Daume*[n] *und Zeig*[e]*finger.*

Klimbimberles n.: Kleinkrämerei. – Klimbim- berles-G[e]schäft n.: **1.** kleiner G[e]rust-laden. – **2.** unnütze Arbeit.

klimme[n] -*ẹ̆*-, S. -*ī*-; -*mb*-; Part. [ge]**klomme**[n] st.: hinaufsteigen, -klettern, klimmen, wie nhd.

Klimmer m.: Kletterer.

Klims[e] -*ẹ̆*-, S. -*ī*-, flekt. -e[n] f.: Spalte, Ritze in der Wand, im Fußboden, in der Mauer, Tür o. ä. OSCHW. ALLG.

Kling[e] f.: **1.** Schlucht, enge Tal-, Waldschlucht. – **2.** Messerklinge; Syn. *Lummel.*

klingel-putze[n] schw.: betteln. – Anm.: aus dem Rotwelsch.

Klitter m., Demin. -le[in] n.: kleines Häuflein Schmutz jeder Art. S. *Klätter.*

klittere[n] schw.: einen *Klitter* machen, = *klätteren.*

Klob(e[n]**)** *glọ̄b(ə)*, S. -*ọ̆*-, FRK. -*ọ̄uw*-; flekt. -e[n] m., Demin. Klöble[in] -*ẹ̆*- (-*ẹ̆*-, -*ẹ̄i*-) n.: Kloben. **1.** Haken o. ä. Instrument zum Klemmen, Festhalten. Eiserner Haken zum Anlegen des Ladens, Türkloben, Haken an der Tür. – Vielfach auch dicker, großer Nagel, Eisenstift, oft mit hakenförmiger Spitze. – **2.** übtr. von Gegenständen und lebenden Wesen plumper Form. a. (alte, unschöne) Tabakspfeife, meist mit weitem Kopf; jedenfalls immer spöttisch gebraucht. – b. mageres, altes, schlechtes Pferd (auch derb liebkosend). – c. ungefälliger, grober, unhöflicher, roher Mensch. Verstärkt *Sauklob*[e]. – Anm.: Zu *klieben*; vgl. *Kluppe.*

klobet Adj.: dumm, seltsam O.

klobig Adj. Adv.: grob, plump.

Klöckel *glẹ̆gl* (Klückel) m.: **1.** Glockenschwengel, Klingel, Klöppel. – **2.** Quaste, Troddel an Mützen, Fahnen udgl. – **3.** Klöppel, Werkzeug beim Wirken von Schnüren, Spitzen, Bändeln udgl.

klocke[n] *glọ̆gə*, s. -*kə* schw.: klopfen, bes. mit dem Finger. *Mist kl.* den Dung auf Äckern und Wiesen zerkleinern.

Klocker m.: Klopfer, Eisenring an der Haustür zum Anklopfen OSCHW.

klocksen s. *glucksen.*

Klomp s. *Gelumpe.*

Klompen s. *Klumpen.*

Klonker s. *Klunker.*

Klopfe -*ẹ̆* f.: die Zeit der *Klöpflensnächte* (s. d.). Klöpfelnacht s. *Klöpflensnacht.*

klopfe[n] -*ọ̆*- schw.: im allgem. wie nhd. Einige besondere Bedeutungen. *Mist kl.* zerstreuen. – *Kl.* ein Faß anstechen. – Bei der Treibjagd wird *geklopft:* mit Stecken auf die Büsche geklopft, um das Wild aufzuscheuchen. – Hieher urspr. *auf (hinter) den Busch kl.* etwas herauszulocken suchen, ausforschen. – *Fleisch kl.* durch Kl. mürbe machen. – Speziell war *kl.* die Sitte, in den *Klöpflensnächten* (s. d.) an die Häuser zu klopfen (auch mit Hämmern) und unter Hersagen von allerlei Versen Geschenke zu erbetteln. – *Einen kl.* durchprügeln, mit Stock oder Hand. Einem *auf die Finger kl.* ihn leicht strafen. –

Sprüch[e] *kl.* gewagte, witzige Behauptungen aufstellen.

klöpfen usw. s. *klä-.*

Klopfer m.: wer klopft. **1.** Instrument zum Klopfen. Spez. a. *Kl.* aus Meerrohr, zum Ausklopfen der Kleider, Teppiche u. ä. Syn. *Patscher.* – b. Klöpfel an der Haustüre. – **2.** Holzwurm.

Klopfer(lens)nacht, -tag s. *Klöpflensnacht.*

Klopfet f.: **1.** Schläge, Hiebe. – **2.** Geschenke, die man in den *Klöpflensnächten* erhielt.

klöpfle[n] -*ẹ̆*- schw.: knallen, krachen. Spez.: in den *Klöpflensnächten* (s. d.) mit Erbsen, Linsen, Steinchen an die Fenster werfen und die Geschenke erbetteln.

Klöpfle[n]**s-nacht** *glẹ̆*- f.: *Kl-nächt*[e] sind die (Abende der) 3 Donnerstage vor dem Christfest, in denen ärmere Leute, bes. Kinder, im Ort herumzogen, an die Häuser klopften und unter Hersagen von allerlei Versen Geschenke erbettelten.

Klopp- s. *Klupp-.*

Klos s. *Klas.*

Kloß, Plur. Klöss[e] m.: **1.** Pl. *glaes* Klötze, große Stücke von gespaltenem Holz. – **2.** die bekannte Speise. Fränk. Im Schwäb. dafür *Knopf (Knöpflein),* bair. *Knödel.*

Klotte, Klotter, klotteren usw. s. *gl-.*

Klotz -*ọ̆*-. NO. -*ọ̄*-, nö. FRK. -*ọ̄u*-; Plur. Klötz[e] -*ẹ̆*- (Klotze[n]) m.; Demin. Klötzle[in] n.: **1.** wie nhd., feste unförmliche Masse. Bes. von Holz, Block, *Holz-, Säg-, Stöck-, Hack-* u. a. -*klotz.* – **2.** plumper, unbeholfener Mensch. – **3.** Plur. *Klotze*[n]. Abfall des Wergs. Verworrener Garn, Fadenknäuel. – Übtr.: unordentlich verworrene Haare.

Klotz-bock m.: Mensch mit verwirrtem Haar.

Klotzete f.: **1.** Fadenknäuel. – **2.** übtr. unordentlich verworrene Haare.

klotzgen s. *glucksen.*

klotzig Adj. Adv.: **1.** einen *Klotz,* Klumpen bildend. – **2.** verwirrt, zerzaust, vom Haar (und seinem Träger). *Kl-e Haare; ein kl-es Kind.* – **3.** *Es ist kl.* bedeutend, viel. Bes. negat. [E]*s ist net so kl.* nicht besonders viel, bes. vom Wohlstand. – *Der tut kl.* vornehm, reich. – **4.** von geistigen Eigenschaften: a. grob. – b. einfältig, dumm.

Klotz-kopf (Klotze[n]-) m.: Kopf mit wirren Haaren, durch welche der Kamm schwer geht. Übtr. als Schimpfname: Mensch mit großem Kopf, Dickkopf, Hartschädel. – klotz-kopfet Adj.: dickköpfig.

klötzle[n] schw.: mit Holzstückchen spielen.

Klub *klūb* m.: Spalt, Ritze in Brettern, Fenstern o. ä. – Anm.: zu *klieben.*

klub-berge[n] *klū̄bẹ̆rgə*, -bergle[n] ‿ schw.: auf den Bäumen, Weinstöcken nach der Ernte noch Nachlese halten NO. Syn. *dru-, after-berg(l)en;* weitere s. *gallen.*

kluck, Klucke s. *gl-.*

277

Klückel s. *Klöckel.*

Klucker *-ŭ-,* Plur. ebenso (Klücker *-ĭ-*) m., Demin. -le[in] n.: **1.** kleines Kügelchen aus Lehm, Stein oder Glas, mit dem die Kinder spielen. Syn. *Balletlein, Däxkügelein, Märbel, Schneller, Schusser, Steinis.* – **2.** kleinerer, meist schmalerer Backstein, bes. zum Bau von Kaminen, Schornsteinen.

kluckere[n], kluckerle[n] schw.: mit *Kluckern* 1 spielen.

klucksen s. *glucksen.*

Klufe s. *Gl-.*

Kluft *-ŭ-* f., Demin. Klüftle[in] n.: Kleidung, Rock, Anzug. – Anm.: aus dem Rotwelsch.

Klufze *-ə-,* Klufzg[e] f.: Schlucht, Kluft S.

Klug-scheißer m.: Besserwisser.

Klump s. *Gelumpe.*

Klump[e] *-ǫ̈-,* N. S. *-ŭ-;* flekt. -e[n] m.: wie nhd., geballter Knäuel, Brocken.

Klums[e] *-ǫ̈-,* s. *-ŭ-;* Plur. -e[n], auch -e n e[n] f.: Spalte, Ritze, bes. in Holzflächen Oschw. Allg.

Klunde, Klunte s. *Glunte.*

klunkele[n] *glǫ̈ŋgələ;* klunkle[n] *glǫ̈ŋglə; glǫ̈glə, glǫ̈ǫ̈lə; glāōgələ* schw.: **1.** baumelnd herabhängen. – **2.** träg arbeiten, herumlungern.

klunke[n] *-ǫ̈-,* S. *-ŭ-; glāōgə* schw.: **1.** träg, baumelnd, schwankend herabhängen. – **2.** müßig herumschlendern, faulenzen.

Klunker *glǫ̈ŋgər,* S. *-u-; glǫ̈gər, glāōgər* m.: alles, was herabhängt und baumelt. **1.** wie nhd., Klunker, Troddel, Quaste. Bes. als Zierat am Hals, an den Ohren getragenes Gehänge, Medaille, Amulett o. ä. Genauer *Hals-, Ohren-.* – **2.** Glokkenschwengel. – **3.** die Zierpflanze Fuchsie. – **4.** männliche Geschlechtsteile. – **5.** fauler, träger, nachlässiger Mensch.

klunkere[n] *glǫ̈ŋgərə,* S. N. *-ŭ-; glǫ̈g-* schw.: **1.** baumelnd, schwankend herabhängen. – **2.** übtr. vom Menschen: die Arme, Glieder schlaff herabhängen lassen.

klunkerig Adj.: was *klunkert,* s. d., schlotterig.

Klüpfel m.: hölzerner Schlegel, womit der Schreiner, Zimmermann auf ein Stemmeisen schlägt.

Klupp[e], flekt. -e[n] f.: gespaltenes Holz, zum Klemmen. Vgl. *Kloben.* – Zwangholz, zusammenklemmbare Hölzchen zum Kastrieren der Geißböcke und Schafe. – Spreizhölzchen zum Befestigen der aufgehängten Wäsche Allg.; häufiger *Klämmerlein.* – Übtr. *In der Kl. sein, stecken* in Verlegenheit, mißlicher Lage Frk.

Klüppel s. *Klüpfel.*

kluppe[n] schw.: **1.** klemmen, zwicken. – **2.** kastrieren durch Einklemmen der Hoden.

Klupper m.: **1.** Mann, der berufsmäßig Tiere kastriert. – **2.** kastrierter Ochse. – **3.** knauseriger Mann, Geizhals.

kluppere[n] schw.: **1.** Eier mit einem Löffel rühren, schlagen. – **2.** = *kluppen 2,* kastrieren.

Klupper-hos[e] f.: weite Hose.

Kluppert *glŭbərt* (neben Kluppere *-ərə* f.), *-rət, -ət, -əts;* Klüppe[r]t *glĭbət;* Kloppe[r]t *glǫbət* f.: was in dicht gedrängten Haufen aneinander, beieinander hängt. So von Früchten: *eine Kl. Kirschen, Zwetschgen, Nüsse, Äpfel, Trauben* u. a. Überhaupt: großer Haufe, Klumpen.

klutzgen s. *glucksen.*

kn- s. a. *gn-, gen-.*

knackle[n] schw.: wackeln.

knaizlen s. *knözlen.*

knälle[n] *gnę̈lə* schw.: knallen. **1.** mit sachl. Subj., intr. mit haben. *Laß (es) kn.* schieß! – **2.** mit pers. Subj. a. intr. mit haben. α. mit der Peitsche knallen. – β. mit den Fingern schnalzen Allg. – γ. fluchen. – δ. Zoten reißen. – b. trans. α. einen Floh, eine Laus udgl. *kn.* mit dem Fingernagel zerdrücken. – β. durchprügeln.

Knäller *-ę̈-* m.: **1.** was *knällt.* – **2.** das *knällen,* Knacken; *einen Kn. tun* u. ä. Mit 40 Jahren tut's bei den Schwaben einen *Kn.*

knängere[n] *gnę̈ŋərə* schw.: **1.** näseln, durch die Nase reden Frk. – **2.** schelten.

Knaoz s. *Knoz.*

knaozen s. *knozen.*

knaozlen s. *knözlen.*

knappen (hinken) usw. s. *gn-.*

knäpperet Adj.: geizig

Knarfel *gnärfl, gn- (Knärfel)* m.; Demin. Knärfele[in] *-ę̈-* und *-a-* n.: **1.** Knorpel. – **2.** Rippe und Mark am Krautkopf. – **3.** Demin. *Knarfele[in]* Anschnitt des Brotlaibs; häufiger *Knäuslein.* – **4.** Demin. *-ä-* Brotrindenrest, kleines Stück Brot Frk. Anderswo *Ribelein.* – **5.** Demin. *-ä-* schwache Person, altes kleines, lästiges Weib.

knarfelig Adj.: knorpelig.

knarfe[n] schw.: mit den Zähnen knirschen.

knärfe[n] schw.: = *knarf(l)en,* knirschen, von den Zähnen.

Knarfete f.; -ez f.: = *Knarfel 1,* Knorpel.

knarfle[n] (*knärfle*[n]) schw.: von dem Laut, der entsteht, wenn etwas Hartes zerbissen oder zerbrochen wird.

knarze[n] *-är-* schw.: **1.** knarren, z. B. von neuen Stiften, ungeölten Türen udgl. – **2.** jammern, wehleidig tun, bes. von Kindern Hohenl. Widerwärtig sein Frk.

knastere[n] schw.: = *knastlen.* Dürres Gras, reifes Getreide auf dem Acker *knastert.*

knastle[n] schw.: krachen, knistern. Spez. von dem Krachen, das durch starkes Beißen in hartes Obst entsteht.

knatsche[n] (-ä-) schw.: kneten, zerdrücken Frk.

knatschig, -ä- Adj.: klebrig, vom Brot Frk.

Knattle m.: schwerfälliger Mensch. S. *Quattle.*

Knauel, -eu- *gnəul, gnŭəl, gnəil, gnəibl, gnuil, gnuibl, gnŭbl, gnĭbl* m.; Demin. -le[in] n.: **1.** Knäuel, Faden, Garn, Wolle u. ä., wie nhd. Ob.

NECKAR DON. und südlich; nördl. mehr *Poppel.*
– **2.** Pflanzenname.

knaunze[n] *-ãõ-* schw.: **1.** knarren, von der Tür. – **2.** *gnɒ̃untsə* knurren, brummen, immer etwas zu klagen haben.

Knaup[e] *gnɒub,* flekt. (auch Nom.) -e[n] m.: Knoten. **1.** phys. vorstehende, hinderliche Erhöhung. Spez.: a. am Holz. Knorren, stehengebliebenes Aststück am Baum. – b. Hautgeschwulst, Ausschlag. – c. Demin. *Knäuple*[in] n.: Fingerknöchel.

k n a u p e n s. *genaupen.*

knaupet Adj.: knorrig, knotig.

knaupig Adj.: mit *Knaupen* versehen, knorrig, knotig.

Knaus *-ɒu-* m.; Demin. K n ä u s l e[in] *-əi-* n.: kleiner Auswuchs, knorrige Erhebung an einem Körper. – Speziell: *Kn.,* bes. Demin. *Knäusle*[in] Anschnittstelle des Brotlaibs, auch die Stelle, wo ein Laib mit dem andern zusammengebacken ist, Hauptgebiet.

Knaus-bir *-ɒu-* f.: beliebte Art Mostbirne, Pyrus communis vinifera.

knause[n] *-ɒu-* schw.: knausern, knickerig, sparsam sein. – K n a u s e r m.: knickeriger Mensch. – k n a u s e r i g Adj. Adv.: knickerig, geizig, übertrieben sparsam. Auch k n u s e r i g.

knäuste[n] *gnäëštə; -ai-* schw.: stöhnen, schwer atmen, seufzen ALLG.

Knauter *-ɒu-,* Plur. K n ä u t e r *-əi-* m.: **1.** Höcker. – **2.** Halsdrüse. – **3.** verkrüppelter, verkümmerter Körper; verkrüppelter Baum; verwachsenes Tier oder verwachsener Mensch.

knäutsche[n] *-ai-* schw.: stöhnen TIR.

Knauz *-ɒu-,* flekt. (auch Nom.) -e[n] m.; Demin. K n ä u z l e[in] *-əi-* n.: besonders *rösch* gebackene Anschnittstelle des Brotlaibs, die Stelle, wo er oder ein Weck mit einem andern zusammengebacken ist, z. T. neben *Knaus,* s. d.

Knäuzel *-əi-* m.: **1.** Geschwulst, kleine Eiterbeule. – **2.** Stück Brot. Vgl. *Knauz.*

knauze[n] *-ɒu-* schw.: würgen, zusammendrücken.

Knecht *gnḙçt, gnḙ̃çt, gnḙ̃çt, gnḙ̃əxt;* Pl. K n e c h t[e] m.: **1.** wie nhd., Diener. – **2.** wie nhd. schmeichelnd, ermunternd wird zu einem starken, tüchtigen, geschickten und willigen Knaben gesagt: *Du bist e*[in] *(rechter, ganzer) Kn.*

K n e i e l s. *Knauel.*

Kneip, K n e i p e[n] *-əi-* m. f.: krummes Messer, wie es bes. der Schuster hat, das Leder zu schneiden.

kneipe[n] *-əi-* schw.: **1.** zwicken, klemmen. – **2.** schlagen FRK. – **3.** trinken. – **4.** zechen.

k n e l l e n usw. s. *knällen.*

k n e t s c h e n s. *knatschen.*

K n i b s. *Knie.*

k n i b l e n s. *knien.*

knicke[n] schw.: **1.** trans., mit haben, wie nhd. Eine

Blume *kn.* – **2.** geizig, karg sein FRK. – K n i c k e r m.: **1.** Waidmesser. – **2.** Geizhals, Wucherer. – k n i c k e r i g, häufiger k n i c k i g, k n i c k e t, k n i c k i s c h Adj. Adv.: geizig, knauserig.

Knie *gnui* Hauptgebiet; *gnũb; gnĩə* FRK. RIES; *gnĩ* äußerster NW.; *gnəi; gn(ə)ib; gnũə;* Plur. gleich n.: wie nhd. Knie.

Knie-bieg[e] *gnuibĩəg,* K n i e s- *gnĩəsbĩəg̃;* Knie(s)-beuge[e] *gnui(s)buig̃ḙ* f.: Kniekehle OSCHW.

knie[n], k n i e l e[n] schw.: knien. Formen: *gnĩ-ə* NW.; *gnuilə* Hauptgebiet; westlich davon *gnəibə; gnũbə; gnũblə; gnĩblə, gnuibə;* östlich: *gnĩəglə; gnĩəbə, gnĩəwə.*

k n i e l e n s. *knien.*

knielinge[n] *gnuilḙ̃ŋə, gnũbl-, gnuilḙ̃ŋlə* Adv.: kniend, auf den Knien.

Knie-schnackler m.: = *K.-schnapper.* – K n i e-s c h n a p p e r m.: **1.** persönl.: Mensch, der beim Gehen in die Knie sinkt. – **2.** sachlich: Schwäche, krankhaftes Einschnappen der Knie, Folge von Schrecken, Ermüdung oder Krankheit. – K n i e-s c h ü s s e l e[in] n.: Kniescheibe.

Knie-wetzer m.: Mensch, der beim Gehen die Knie *wetzt,* aneinander reibt.

knifere[n] *-ĩ-* schw.: an etwas spielend rupfen, kauen, reiben. An etwas *herum kn.* herum machen, langsam arbeiten, nicht viel zu Stande bringen.

kniffig, kniffet Adj. Adv.: geizig, eigensinnig, händelsüchtig, bösartig.

kni(r)sch-blau Adj. Adv.: ganz blau.

k n i s c h e n s. *knitschen.*

k n i s t e r e n s. *knüsteren.*

knitsche[n] schw.: quetschen.

k n i t t- s. *knütt-.*

k n i t z usw. s. *keinnützig.*

K n o b e l und Kompaß. s. *Knoblauch.*

Knoblauch *gnõblaox (gŋ-);* K n o b e l *gnõbl,* Plur. -e[n]; K n o f e l *gnõfl,* Pl. *-flə* m.: wie nhd. Knoblich, Allium sativum L. – *Wald-Kn.* Bären-Lauch, Allium ursinum L.

Knoche[n]-ma[nn] m.: „Sensenmann“, Tod.

Knöchle[in] n., Demin. von „Knochen“: der in kleine Portionen geteilte Schweinerücken, nebst Füßen und Ohren; gekocht. Als kalte Speise im Wirtshaus beliebt.

knöchle[n] schw.: **1.** Würfel spielen. – **2.** mit gegeneinander gedrückten geballten Fäusten um die Oberhand ringen.

K n o f e l s. *Knoblauch.*

k n ö l l- s. *knäll-.*

Knoll(e[n]**)** m.; Demin. K n ö l l e l e[in] n.: **1.** rundlicher harter Körper, fest zusammenhängender Klumpen. – **2.** speziell: geronnene Milch, Quark. – **3.** von lebenden Wesen: a. Ochsenname. – b. unförmlich dicker Mensch mit derbem Fleisch, kurzer, dicker Mann.

Knolle[n]**-käs** m.: aus *Knollen 2* gewonnener, mit

Kümmel, Salz und Rahm gemischter Käse. Syn. *Toppen(käs)*, *Luckeleinskäs.* – Knolleⁿ-milch f.: gestandene, geronnene Milch.

knollet Adj. Adv.: **1.** Adj. voller *Knollen 1*, Klumpen. – **2.** Adv. haufenweise.

Knopf *-ǫ̆-*, NO. *-ǭ-* (FRK. *-ǫ̆u-);* Plur. Knöpf^e *-ę̆-* m.; Demin. Knöpfleⁱⁿ n.: **1.** Blütenknospe. – **2.** runder Gegenstand. a. kugelige Krönung eines Gebäudes. – b. wie nhd. Knopf. – c. bildlich: *Es steht (ist) auf Spitz und Kn.; Der läßt's auf Spitz und Kn. ankommen, treibt's auf Sp. u. Kn.* aufs Äußerste. – **3.** am menschlichen und tierischen Körper: Geschwulst, Hautausschlag. Synn. *Beuzel, Burren, Knüpfel, Knaupen* u. a. – **4.** Name von Speisen. a. *Kn.,* meist Demin. *Knöpfleⁱⁿ* Knödel, Klößchen, runde Mehlspeise (bis zur Größe der Faust). Zum Teil auch = *Spätzlein.* – b. Plur. *Knöpf^e,* auch *Hefeⁿknöpf^e* ganze Kachel voll Teig mit Hefe, an einem Stück. – c. *Knöpflein* Kügelchen, eine Art Suppe. – d. *Knopf* eine Art *Gogelhopf,* ein Leckerbissen BAIRSCHW. – **5.** Knoten, bes. schwer entwirrbarer; phys. u. übtr. – Einen *Kn. an etwas machen.* Um etwas nicht zu vergessen, macht man einen *Kn.* in's Taschentuch. – **6.** von Menschen. a. kleiner, dicker Kerl, Knirps. – b. Schimpfwort: Grobian.

knopfeⁿ schw.: einen Knoten bilden.

knöpfeⁿ *-ę̆-* schw.: trans., knüpfen.

knopfet, knopfig Adj.: **1.** mit Knospen versehen. – **2.** knotig, mit Knoten versehen.

Knopfete f.: Menge, Wirrwarr von Knoten an einem Seil, Faden o. ä.

knopfig s. *knopfet.*

Knöpfleⁱⁿs-schwab^e m.: Name eines der 7 Schwaben.

knöpfleⁿ *-ę̆-* schw.: die Sitte, in den *Klöpflensnächten* (s. d.) Erbsen, Linsen, Wicken, auch Steinchen an die Fenster zu werfen und Geschenke zu erbetteln.

Knöpflensnacht, -tag s. *Klöpflensnacht.*

Knoppel s. *Knuppel.*

knoppereⁿ schw.: an etwas herum nagen, beißen.

knoppleⁿ schw.: etwas Hartes beißen.

Knorfel *-ǫ̆r*, S. u. FRK. *-ǫ̆r-* m.: = *Knarfel 1,* Knorpel.

knorfleⁿ *-ǫ̆-* schw.: = *knarflen* FRK.

knorkig Adj.: knorrig. S. *knorret.*

Knorr^e *-ǫ̆-,* flekt. (auch Nom.) *-e*ⁿ m.: knotiger Auswuchs. **1.** Knöchel. a. am Fuß FRK. – b. am Handgelenk FRK. – **2.** harter rundlicher Auswuchs, Knoten, Buckel am Holz, Baum o. ä. – **3.** *-ǭ-* große Erdscholle, Erdklumpen.

knorrend s. *knorret.*

knorret *-ət* (knorri^g) Adj. Adv.: knorrig, wie nhd. Bes. vom Holz.

Knorz m.: **1.** Auswuchs. – **2.** kleingewachsener Mensch.

knorzeⁿ *-ǫ̆r-* schw.: **1.** = *knarzen 1,* knarren. – **2.** = *knarzen 2.* – **3.** langsam arbeiten.

Knot^e *-ǭ-, -ǫ̆-;* flekt. (auch Nom.) *-e*ⁿ m.; Demin. Knötleⁱⁿ *-ę̆-* n.: **1.** Knoten am Körper. a. *Kn.,* am obern Neckar meist *Knötleⁱⁿ,* Knöchel am Fuß. – b. *Knötleⁱⁿ* Fingergelenk. – **2.** Knoten, wie nhd.

Knoz *gnaots; -ǭ-* SO. m.: **1.** zertretene, feuchte Masse, die in Bewegung gesetzt einen Ton (s. *knozen*) von sich gibt. Zerdrückte Masse von Beeren u. ä. Unförmlich zusammengeknetete Speise, Teig, Brei. – **2.** Vielfraß, Nimmersatt *Knozleⁱⁿ* *(-ǭ-)* wohlbeleibter Mensch.

knozeⁿ *-ao- (-āō-),* SO. *-ǭ-,* O. *-ǭə-* schw.: quietschen, schnalzen; der Laut, den eine flüssige, breiige Masse von sich gibt, wenn sie gedrückt, geknetet wird (z. B. die Wäsche, der Teig, zerdrücktes Kraut) oder wenn man in sie hinein tritt (z. B. in eine Dreckpfütze, einen Sumpf). Wenn man Wasser im Stiefel hat, *knozet es.*

Knozete *-ao-, -ǭ-* f.: Kotmasse. Das *knozen* einer lehmigen, teigigen Masse.

knozgeⁿ *-ao-, -ǭ-* schw.: einen quieksenden, schmatzenden Laut von sich geben ALLG. (vom Wasser im Stiefel).

knözleⁿ *-ae-,* knozleⁿ *-ao-* schw.: eine unschmackhafte Speise lang im Mund herumbeißen.

Knub s. *Knie.*

knub(l)en s. *knien.*

knubeⁿ schw.: mit den Fingernägeln etwas wegnehmen, wegkratzen FRK. Vgl. *grublen.*

knubleⁿ schw.: **1.** *-w-* kitzeln FRK. – **2.** schlagen.

knufereⁿ *-ū-* schw.: zusammenwirren. – Knufrete f.: Wirrwarr.

Knui s. *Knie.*

knuiblen s. *knien.*

knuilen s. *knien.*

knülleⁿ (-u-) schw.: *knullen* schlagen. *Knüllen* mit den Köpfen stoßen, schieben, von Ziegen, Schafen ALLG.

Knüpfel *-ī-* m.: **1.** Knoten. – **2.** Knäuel Garn auf einer Spindel. – **3.** zusammengepreßter Haufe verschiedenartiger Dinge, Knäuel. – **4.** rundliche, beulenartige Erhöhung eines Körpers. Etwas unter's Kleid Verstecktes bildet einen *Kn.* Geschwulst, Beule, bes. als Folge eines Stoßes, Schlags. – **5.** Prügel, Schlegel.

Knuppel (Knoppel) m.: **1.** Menge, zusammengedrängter Haufe von versch. Dingen, Bündel. – **2.** kleiner, dicker, unbeholfener Mensch.

Knupplet^e f.: Knäuel, dicht gedrängter Haufen OSCHW.

knupplet-voll Adj.: in Menge dicht zusammengedrängt, haufenweise OSCHW. *Der Baum ist, hangt kn. (Äpfel).*

knurfeⁿ schw.: = *kna-* usw., mit den Zähnen knirschen beim Kauen harter Speisen.

knurze[n] *-ūr-* schw.: = *knarzen 1,* knarren. S.a. *knorzen.* – k n ü r z e[n] *-īr-* schw.: dass.
k n u s (e r) i g s. *knaus(er)ig.*
knusper *gnŭšbər* Adj.: gesund. S.a. *musper.*
knuspere[n] schw.: hörbar an etwas Hartem herumnagen.
knüstere[n] (k n u s t e r e[n]) schw.: rauschen, vom Papier. Rascheln, etwa von kleinen Tieren im Laub; von Mäusen, Holzwürmern; auch vom Feuer.
knutsche[n] *-ū-* schw.: **1.** zerdrücken, wie man eine weiche breiige Masse zerdrückt. – **2.** heftig und lange küssen.
Knüttel *-ī-* m.: Garnknäuel.
knütte[n] *-ī-* schw.: einen Zweig, bes. von Weiden durch Drehen biegsam machen SW.
k n ü t z usw. s. *keinnützig.*
knuze[n] *-ū-* schw.: knarren, von ungeschmierten Türen, Rädern.
k o - s. a. *ku-*
kob-äss[e] *khǫ̆bēs ⌢ (-w-), -aes,* k o b l ä ß Adj. Adv.: **1.** aktiv: heikel, wählerisch im Essen, schleckig SW. Anspruchsvoll, bes. von Mädchen. – **2.** passiv: nicht schmackhaft, schlecht, verdorben, von Speisen.
k ö b e l e n s. *gehebelen.*
Kochet(e) *-əd(ĕ̆),* Pl. *-e t e*[n] *-ədə* f.; Demin. K o c h e t l e[in] n.: so viel, als man auf einmal kocht, eine Portion.
köchle[n] *-ĕ̆-* schw.: **1.** besonders fein kochen, gute Extraspeisen kochen, langsam, sorgfältig kochen. – **2.** eine Speise **köchlet** (auch *k-et ane*) kocht schwach.
k o c k e e s. *geben A 2 a.*
k ö c k l e n s. *gehöcklen.*
Koder *khǫ̆-,* S. *-ǭ̆-; -ǭ-, -əu-* m.: Schleim, eiteriger Auswurf beim Husten, bes. von Lungenkranken.
kodere[n]; k u d e r e[n] schw.: beim Husten Schleim auswerfen.
koderig Adj.: schleimig auf der Brust.
Kog *khǭg,* flekt. *-e*[n] m.: **1.** krepiertes Tier, Aas. – Schwächer: schlecht aussehendes Tier, altes Pferd. – **2.** kranker Mensch, der seine Krankheit selbst verschuldet hat. – **3.** Schimpfwort. a. von Tieren. – b. von Menschen. Genauer: böser, schalkhafter, eigensinniger, grober Mensch. Verstärkt *Malefizkog.* – Vielfach auch mehr im Spaß, scherzh. OSCHW. Sogar lobend: Mensch, der Unerwartetes leistet.
Kogete f.: verdrießliche, widerwärtige Sache S.
k o i z i g s. *keinnütz(ig).*
Kol I *-ǭ-,* FRK. *-ǭu-* m. n.; K o l[e] *-ǭ-,* flekt. *-e*[n] *-ǫ-,* S. *-ǭ̆-* f.: Kohle.
Kol II *khǫl* n.: Lüge. *Einen K. schwätzen* dummes unrichtiges Zeug. – Anm.: aus dem Rotwelsch.
Köl *khĕ̆l* m.; ohne Pl.; auch K ö l - K r a u t n.: Kohl, Brassica L. Syn. *Wirsing, Kabes(kraut), Kraut.*

Kolbe[n] m., K ö l b l e[in] n.: **1.** Keule. Mod. auch von Maschinenteilen. – **2.** Gegenstände in Kolbenform. a. dickbauchige Flasche; bes. Medizinkolben und solcher zum Ansetzen von Essig, Likör usw. – b. Fruchtstand an Pflanzen. – c. übtr. große, dicke Nase. – **3.** Verschiedene Pflanzennamen.
Kol-dampf m.: Hunger. – Anm.: aus dem Rotwelsch.
Kolder (K o l l e r) m.: **1.** hitzige Kopfkrankheit des Pferdes. – **2.** ausgeworfener Speichel, Schleim. – Anm.: aus gr.-lat. *cholera* „Galle".
koldere[n] *khǫ̆l-;* k o l l e r e[n] schw.: **1.** krankhaft aufgeregt sein, von Pferden. Pferde, die während des Fressens oder Ziehens einschlafen, *k.* – **2.** zu ungewöhnlicher Zeit, etwa am Wirtstisch, einschlafen. – **3.** beim Husten, Räuspern Schleim auswerfen. – **4.** lallen, stammeln, bes. von den Sprechversuchen kleiner Kinder. – **5.** polternd, lärmend schelten, rumoren, aufbrausen.
Kolderer m.: **1.** persönl. a. Pferd, das den Koller hat. – b. Mensch, der vom Husten geplagt ist. *Ein alter K.* dass., und dem Nebenbegriff des Wunderlichen. – c. närrisch aufbrausender Mensch, Polterer, der schnell in Aufregung gerät. – **2.** sachlich. a. Koller der Pferde. – b. Husten, Katarrh.
kolderig Adj. Adv.: **1.** mit dem *Kolder 1* behaftet. – **2.** halbwütend, halbverrückt, zornig aufgebracht ALLG.
kole[n] I schw.: **1.** Kohlen brennen, machen. – **2.** Wurzeln, Gras auf wildem Ackerland, auf Rasen verbrennen.
kole[n] II schw.: lügen. – Anm.: aus dem Rotwelsch.
Koler *-ǭ-* (K ö l e r) m.: Köhler, Kohlenbrenner.
Koliander *khǫ̆lĕ̆andər, khǫ̆lăndər, khǫ̆lǫ̆ndər* m.: a. Koriander, Coriandrum sativum L., die alte Gewürz- und Heilpflanze. – b. Gewürz.
kol-krappe[n]**-schwarz** Adj. Adv.: ganz, tief schwarz.
kollatze[n] *◡⌣◡ khǫ̆lātsə* schw.: eine Abendmahlzeit mit Getränken und kalten Speisen einnehmen. Kalte Speisen zu Nacht essen (bes. Käse, Brot und Bier) ALLG. – K o l l a z i o[n] f.: Zwischenessen vormittags oder abends. – Anm.: lat. *collatio,* aus dem Klosterleben übtr.
K o l l e r s. *Kolder.*
k o l l e r e n s. *kolderen.*
Kol-platt[e] f.: Meilerstelle in einer Waldblöße. – K o l - p l a t z m.: dass.
Kol-rab[e] I m.: *-rapp*[e] der große Rabe. – k o l r a b e[n]- s c h w a r z Adj.: tief schwarz.
Kol-rab[e] *◡⌣* II f., meist Pl. *-e*[n] *khǫ̆lr-,* FRK. *khăl-rǭ̆w(ə)*): Kohlrübe, Brassica rapa L. – Demin. *-räble*[in] n.: Kohlrabi, Brassica oleracea L. var. acephala.
Kol-ros[e] f., Demin. *-rösle*[in] n.: **1.** *-rose* Pfingstro-

se, Paeonia officinalis L. em. Gouan. – **2.** *-rösle*[in] kleine Traubenhyazinthe, Muscari botryoides (L.) Mill. Synn. *Baurenbüblein, Kaminfeger.* – **3.** Rosenkohlröschen.

kol-schwarz Adj. Adv.: ganz, tief schwarz. K o m (Schimmel) s. *Kam.*

komme[n] st.: kommen, im ganzen wie nhd. Bes. Gebrauch: *Kommst au*[ch]*? Kommet ihr au*[ch]*?* Grußformel an Begegnende oder Besuche. – Imper. *Komm!* Allein oder mit Zusatz Lockruf für Tiere. *K. dă dă* für den Hund; *k. luck luck* für Hühner; *k. sę̆* für's Rindvieh; *k. wŭs wŭs* für Gänse; *k. schlick schlick* für Enten. – *Komm (Kommet) au*[ch] *meh*[r] *(wieder)* Abschiedsgruß an einen Besuch.
k o m m e (n) l i c h s. *kommlich.*

Kommerz, -rs *khǫ̆mę̆rs (-rš)* m.: lebhafter Verkehr, Umtrieb.

K o m m e t s. *Kummet.*

kommlich Adj. Adv.: bequem, passend. *E*[in] *kummlich*[e]*s Stüble*[in]*, Plätzle*[in]*.*

Komm-nacht f.: Nacht, gew. vom Samstag auf den Sonntag, in der der Liebhaber zu seiner Geliebten kommt.

Kommod *khǫ̆mǫ̆d* ᴗᴗ, S. *khŭ-;* Frk. *khŭ-* m.; Demin. K o m m ö d l e[in] ᴗᴗᴗ *-mę̆dlę̆* n.: Kommode, Schubladenschrank.

kommod *khǫ̆mǫ̆d* ᴗᴗ, Frk. u. S. *khŭ-* Adj.: bequem. **1.** obj. *Ein k-er Rock, Schuh* u. ä. Opp. *unkommod. Machet's euch k.* Aufforderung zum Sitzen. – **2.** subj. *Ein k-er Herr* u. ä.

Komöd[i]**e** ᴗᴗᴗ *khǫ̆mę̆dę̆*, s. *-ĭ*, Frk. *khŭmę̆(ĭ)dĭ*, Pl. -e n e[n] f.: **1.** im Volksmund jede Art theatralischer Aufführung; auch Oper. – **2.** übtr. wie nhd.: unnötige Umstände, Aufsehen. *Des ist e*[ine] *(rechte, schöne) K. Der K. muß ma*[n] *e*[i]*n End*[e] *mache*[n]*. K. mit ei*[ne]*m spiele*[n]*.*

K o m p f s. *Kumpf.*
k o n - s. *kun-.*
K o n (Schimmel) s. *Kam.*
k o n e n (schimmeln) s. *kamen.*
k o n i g (schimmelig) s. *kamig.*

Konrad: 1. der Taufname. Formen: *khǫ̆ərəd*, ohne Nasal *khǫ̆rəd, khǫ̆d, khǫ̆əd, khǫ̆(r)d* im Mittelland und S.; *Konrädel; Kornard; Konder; Konde; Konne; Kadel; Kus;* Demin. *Ko*[n]*-(r)(ə)dle*[in] (m. n.), *khǫ̆ərlę̆, Kurrle*[in]*;* R a d e l (D r a d e l), R ä d l e[in]; Rätsch. – **2.** Tagname des 26. Nov. – **3.** ‚der arme K.‘ (‚d. a. Kunz‘) Name der Remstäler Bauernaufstands 1514.

K o p f e t s. *Kopfnet.*

Kopf-haus n.: Küchenkasten, Küchenschrank, zur Aufbewahrung von Speisen, Milch, auch von Porzellan u. ä.

Kopf-krätte[n] m.: auf dem Kopf getragener Korb.

köpflinge[n] Adv.: kopfüber.

Kopfnet *-nət;* K o p f e t f.: **1.** Kopfende des Bettes. Syn. *Hauptnet,* opp. *Fußnet.* – **2.** Kopfkissen.

Kopf-streich m.: Ohrfeige.

Kopf-täsch[e] f.: Ohrfeige. Vgl. *-streich, Maultäsche.*

kopf-über-sich Adv.: wie nhd., mit dem Kopf voran; opp. k o p f u n t e r s i c h. Einen *kopfübersi*[ch] *zum Haus 'naus werfen* u. ä.

Kopfwe-nägeli[n] n.: Tag-Lichtnelke, Melandrium rubrum (Weigel) Garcke.

Kopfwe-stinker m.: Storchschnabelarten, Geranium L., bes. Ruprechtskraut, Geranium rotertianum L. – Syn. *Kopfweblume.*

Kopp[e], flekt. -e[n] m.: Kapaun, verschnittener Hahn.

Koppel f.: Pflanzenname. a. Stinkende Nieswurz, Helleborus poetidus L. – b. Trollblume, Trollius europaeus L. Synn. *Bachrolle, Bachbumpel, Butterballe, Kappel, Käppel, Guckenblume, Rolle, Schloßrolle.*

koppe[n] I schw.: rülpsen, aufstoßen, vom Menschen. – Speziell vom Pferd: sich mit Luft füllen. – Beim Menschen auch: leicht, trocken husten.

koppe[n] II schw.: **1.** kastrieren, den Hahn verschneiden, zum *Koppen* machen. – **2.** schneiden, abschneiden.

Koppe[n]**-blum**[e] f.: Trollblume, Trollius europaeus L. Vgl. *Koppel.*

Kopper m.: **1.** persönl.: wer rülpst. – Pferd, das sich viel mit Luft füllt. – **2.** sachl.: das Aufstoßen, Rülps. *Einen K. tun, lassen.* Trockener, krampfhafter Husten.

kopple[n] schw.: = *kupplen,* verbinden.

kopuliere[n] ᴗᴗᴗ *khǫ̆b(ə)l-; khübəl-, khübl-* schw.: trauen. Mod. geschlechtlich verkehren.

Kor I *khǫ̆r* S.; *khaor* W., *khǫ̆(e)r* O. NO. m.; Demin. K ö r l e[in] *khę̆rlę̆ (-ae-)* n.: Chor.

Kor II *khǫ̆r* m.: **1.** militärische Abteilung. – **2.** verächtl.: Pack, Bande, Gesindel. *Ein sauberes, schönes, nettes* usw. *K.* Stärker *Lumpen-, Ratten-, Sau-K.* u. ä.

koram *khǫ̆răm* ᴖ, k o r a m s Adv.: in der RA. *einen k. nehmen* ins Verhör nehmen, zur Rede stellen.

K o r a s c h e s. *Kurasche.*
K o r i a n d e r s. *Koliander.*

Korn n.: Korn. **1.** einzelnes Korn, von Samen, Sand u. a., wie nhd. – **2.** koll. a. Getreide. Von Haus aus für alle Getreidearten zusammen, wie nhd. Im prakt. Leben bez. aber *K.* nie Getreide überh., dafür *Frucht, Treid, Getreide;* sondern die Hauptgetreideart eines Gebiets, und zwar zumeist den D i n k e l im S.; hingegen den R o g g e n im N. – **3.** am Gewehr, wie nhd.

Korn-acker m.: wie nhd.; speziell: Dinkelacker, im (N)O. Roggenacker.

Korn-beißer m.: Getreideunkräuter. **1.** Kornblume, Centaurea cyanus L. – **2.** Kornrade, Agrostemma githago L. – **3.** Acker-Steinsame, Lithospermum arvense L.

Korn-esch m.: Winterfeld.

Korn-göckelein n.: Acker-Hundskamille, Anthemis arvensis L.

Korn-nägelein n.: Getreideunkräuter. **1.** Kornrade, Agrostemma githago L. – **2.** Kornblume, Centaurea cyanus L.

Korn-schütze m.: Flurhüter. *Der schreit wie ein K.* sehr laut. – Korn-stupfel f.: Kornstoppel. – Korn-weisch n.: = *-stupfel.*

koscher *khǭšǝr*, FRK. *-ǭu-*; kauscher *-ǝu-*; kausch *-ǝu-* Adj. Adv.: koscher, rein; in Jiddisch von erlaubter Speise, opp. *trefer.* Nur scherzh. und bes. negativ gebraucht. *Des ist ⁿet k.* nicht sauber, nicht geheuer. *Der ist net ganz (recht) k.* nicht ganz gesund. *Bei der isᵗ 's nimmeʳ k.* sie wird schwanger.

Kosel *khǭsl*, Plur. Koslen f.: **1.** Mutterschwein, Hauptgebiet. Synn. nördlich *Dausch, Sucke(l),* (süd)östlich *Los,* süd(westl.) *Mor.* – **2.** unsaubere, schmutzige (Weibs-)Person.

Kosmas m.: Name des Heiligen. *K. und Damian* 27. Sept. Schutzpatrone der Apotheker.

kostieren schw.: verköstigen, speisen.

kost-nich**tser** Adv. (Adj.): unentgeltlich, gratis.

kotz s. *potz* und s. *Gott.*

Kotze m. f.; Demin. Kötzlein n.: **1.** grobe Wolldecke. – **2.** übtr. auf Pflanzen. a. Kätzchen bei Bäumen, Büschel am obern Ende des Stengels, in dem die Samenkapseln beisammen stehen, Blüte des Klees. – b. Stachelbeere. – **3.** kleine Eiterbläschen, Pusteln auf der Haut, bes. im Gesicht; Pickel, Furunkel.

Kötze s. *Köze* u. s. *Kotze.*

kotzelen schw.: Brechreiz verspüren.

kotzen *-ǭ-* schw.: **1.** (sich) erbrechen. – **2.** beim Branntweinbrennen fehlerhaftes Auswerfen der Früchte durch die Destillationsröhre.

Kotzete f.: Auswurf beim Erbrechen.

Köze *khęts, khęǝts, khęǝ(n)ts*; Pl. -eⁿ f.: Rückenkorb oder -kasten FRK. NO.

kr- s. a. *gr-, ger-.*

krabblen s. *graplen.*

krabschen s. *krappschen.*

krabslen, kräbslen s. *krebslen.*

Krach m.: **1.** Knall. – **2.** Streit, Händel.

Kracher m.: **1.** einzelner, kurzer krachender Laut. *ᵉs tut, laᵝt eⁱnᵉⁿ Kr.* – **2.** schwächlicher, alter, gebrechlicher Mann; bes. *alter Kr.* – **3.** Demin. *Kracherleⁱⁿ* hart geröstete Brotbröckchen, gern auf Suppen verwendet.

krachig Adj.: krachend; z. B. *kr-e Schuhe.*

krachslen *-ksl-* schw.: klettern, steigen.

krächzen *grĕksǝ,* SO. *grĕtsǝ* schw.: ächzen, stöhnen vor Schmerz, jammern, seufzen, schreien.

krack-fidel *-ę̄l* Adj. Adv.: sehr lustig.

Kräe I *grę̄(ǝ),* Plur. *grę̄ǝ* f.; Demin. -leⁱⁿ *grĕlę̆* n.: Reisigbündel, bes. die kleinen, die zum Anzünden ganz in den Ofen geschoben werden.

Kräe II *grę̄(ǝ); grā, krę̄ĭ, krǟjǝ;* flekt. -eⁿ f.: Krähe. Bez. aller schwarzen Krähenarten.

Kragen *-ā-,* S. *-ă-,* FRK. *-ǭ-, -ǭ-;* auch Krage; *-x-* N.; Plur. Krägen *-ę̆-* m.; Demin. Krägleⁱⁿ *-ę̆-* n.: **1.** Hals. a. des Menschen, aber immer mit derbem oder mindestens scherzh. Nebenton. Bes. langer Hals. *Den Kr. strecken* beim Schreien; auch: sich erbrechen. *Einen am (beim) Kr. nehmen, packen* an der Gurgel. *Iᶜʰ drehᵉ dir deⁿ Kr. 'rum* Drohung. – b. des Geflügels. Einer Gans, Ente, Huhn usw. *den Kr. abdrehen.* – **2.** wie nhd.: Rock-, Hemd-, Mantel-kragen.

kragen schw.: aus vollem Halse schreien. Speziell das krampfartige Schreien kleiner Kinder, die dabei den Atem anhalten.

kräglen *-ę̆-* schw.: **1.** schreien. – **2.** geräuschvoll räuspern ALLG. – **3.** von kleinen Kindern: unartikulierte Kehltöne hervorbringen, als erste Sprechversuche.

Krail, Kraibel s. *Kräuel.*

Krakel *grāgęl* ᵕ m.: Lärm, wüstes Geschrei, lärmende Streiterei.

krakelen ᵕˣᵕ schw.: lärmen und schreien, ein wüstes Geschrei verführen.

Krakeler m.: wer *krakelt. Eⁱⁿ wüster Kr.*

Kral s. *Kräuel.*

Kram *grăm; grŭǝm (grǭǝm); krāǭm; grǭm* (S. *krǭm; krǭǝm*) m.; Demin. Krämleⁱⁿ n.: **1.** Kramladen, Kaufladen. – **2.** Kaufmannsware, Kramware. *Des paßt (taugt) nit meinᵉⁿ Kr.* zu meiner Absicht. Verächtlich, wie *Ware, Plunder: Da häᵇᵉnt ihr deⁿ (ganzeⁿ) Kr.* die ganze Sache, Bescherung. *Des isᵗ eⁱⁿ alter Kr.* eine alte Geschichte. – Speziell: was man auf dem Markt oder im Fremde als Angebinde für Angehörige gekauft und mitgebracht hat S. SO.

kramen – Laute s. *Kram* – schw.: (ein)kaufen, beim Krämer, auf dem Markt.

krameren *-ä-* schw.: **1.** *-ǭ-* kramen. – **2.** *-ä-* *(-ę̆-)* Kaufmann spielen.

Kramet (Kramets, Kramete) m. n. f.: **1.** Kramware. – **2.** auf dem Markt (o. ä.) erkauftes Geschenk für Kinder. Genauer *Markt-.*

Kram-lad(eⁿ) m., Demin. -läd(e)leⁱⁿ n.: Krämerladen.

Krammet m.: Wachholder. – Anm.: mhd. *kranewite* „Kranichholz“.

Krammet-bere f.: Wachholderbeere.

Krammet(s)-vogel m.: **1.** Wachholderdrossel, Turdus pilaris. – **2.** menschlicher Kothaufe OSCHW.

Krampe I, Plur. -eⁿ m., Demin. Krämpleⁱⁿ n.: kleiner, im Wachstum zurückgebliebener Mensch, kleiner Kerl; bes. kleines Kind, meist mit dem Nebenton des Unartigen, Eigensinnigen, Verschmitzten. – Dazu die Koseform Krampes *-ǝs* m.

Krampe II; Krämpe *-ę̆-;* flekt. -eⁿ f.: Krampen, wie nhd.

Krämpel, Krämpler usw. s. *Gremp-*.
krämpe[n] *grễəbə* schw.: viel klagen, jammern, unzufrieden, mißmutig tun.
Krämper m., Demin. -le[in] n.; -i[n] f.: wer immer klagt; -i[n] ein solches Weib, -le[in] mürrisches, heuleriges Kind.
Krampf *grǎmpf* NW. SO., *grǎpf* Mittelland NO., *grōǔmpf;* Plur. -ä- m.: **1.** wie nhd. – **2.** dummes Geschwätz. *Der schwätzt 'n böse*[n] *Kr. 'raus!*
krämpfig *-ễmpf-, -ễpf-; -āễpf-* Adj. Adv.: steif vor Anstrengung, gezwungener Haltung u. ä. *I*[ch] *bi*[n] *ganz kr. vor lauter Sitze*[n] u. ä.
krämpig *grễəb-* Adj.: weinerlich, mürrisch.
krämple[n] *grễəblə* schw.: jammern, immer über etwas zu klagen haben.
Krampol *grǎmbǫ̈l* ◡ʹ m.: Lärm. – **krambole**[n] schw.: großen Lärm machen, poltern, schreien, wettern. – Anm.: frz. *caramboler* mit den Billardkugeln anstoßen.
Krän (Meerrettig) s. *Kren*.
Krangel (-ä-) m.: weitschweifiger Wortschwall, unnötige Umstände. *Was machst denn da für e*[i]*n*[en] *Kr. drum 'rum!* – Bes. Wirrwarr, Verwirrung, die man in eine Sache bringt und sie dadurch in ihrem Fortgang hindert. *Einen Kr. in etwas ('nein) machen* es verwirren und verhindern.
Kränk[e] f.: Inbegriff einer schweren, verderblichen Krankheit; in der Verwünschung: *Der soll (Du sollst) d*[ie] *Kr. kriege*[n].
kranke[n] (krankne[n]) schw.: krank sein. Hinsiechen, von Menschen, auch von Bäumen.
kränke[n] *grễ ŋgə, grễ gə* schw.: **1.** mit sachl. Subj.: verdrießen, Sorge machen S. – a. mit Beziehung auf die Vergangenheit: reuen, nachträglich bekümmern. *E*[s] *kränkt mi*[ch], *daß i*[ch] *net zu dir* *ge*[e]*komme*[n] *bi*[n]. – b. mit Bez. auf die Zukunft: bange machen. *E*[s] *kränkt mi*[ch] *da 'na*[n] *z*[u] *gehe*[n], *des z*[u] *tu*[n] ich tu's nicht gerne. – **2.** wie nhd., mit pers. Subj.: beleidigen.
kränkle[n] schw.: wie nhd., kränkeln; von Mensch, Tier, Pflanzen.
Kranz; Plur. Kränz[e] *(grễnts, grễts)* m.; Demin. Kränzle[in] (wie Pl.) n.: **1.** wie nhd., Kranz aus Blumen, Blättern. – **2.** übtr. a. Gekröse. – b. Mähne des Pferdes. – c. an Bauwerken o. ä. Altane um einen Turm. – d. Backwerk in Form eines gewundenen Kranzes, z. B. *Hefen-, Kopf-*. Häufig als Hochzeitsschenke. – **2.** beim Kegelspiel die Gesamtheit der Kegel um den König herum. *'n Kr. mache*[n], *schiebe*[n] diese (ohne den König) treffen. – **3.** An bestimmte Tage gebundene gesellschaftliche Zusammenkunft. So der *Pfarrkranz*. Bes. von weibl. Zusammenkünften, aber nur in höheren Gesellschaftskreisen; so der *Kaffeekranz*. Bei Mädchen bes. Demin. *Kränzle*[in].
Kranz-brot n.: Brot vom *Kranz 2 d*.

kranze[n] (-ä-) schw.: **1.** Kränze machen, bes. für Feste Oschw. Einen Toten *kr.* ihn mit Blumen zieren. *Kr.* sich bekränzen. Am Vorabend des Hochzeitstags wird das *Kr.* gehalten; die dabei in geselligem Verein gewundenen Kränze schmücken dann das Portal der Kirche, des Rathauses usw. – **2.** im Wirtshaus gesellig zusammenkommen Allg.
Krapfe[n] (Krapf) m., Demin. Kräpfle[in] n.: **1.** Haken Frk. – **2.** Name von Speisen. Speise mit Mehl u. a. – Mehlspeise aus Nudelflecken, die mit gehacktem Fleisch, Eiern, Kraut, Schnittlauch oder Zwiebeln gefüllt sind. – Backwerk, Wecken, Laiblein mit Äpfeln, Hutzeln, Zwetschgenmus, Rosinen o. ä. gefüllt.
Krapp[e] *grǎb*, flekt. -e[n] m. f.: **1.** Rabe, vielfach neben *Rabe*. Und zwar selten der vereinzelt vorkommende Kolkrabe, Corvus corax, gew. die Rabenkrähe, Corone corone. – **2.** Schimpfwort: a. für Personen von dunkler Hautfarbe. *Des ist e*[in] *wüster Kr.* – b. für die Knaben.
Krappe[n]**-gikser** *-ī-* m.: schlechtes Messer Frk.
krappe[n]**-schwarz** Adj.: rabenschwarz.
krapplen s. *graplen*.
krappsche[n] schw.: stehlen, heimlich wegnehmen.
krasple[n] *-ǎ-* schw.: rascheln, rauschen.
krätig s. *grätig*.
Krattel usw. s. *Grattel*.
Kratte[n] (seltener Kratt[e]), O. Krätte[n] *-ễ-* m.; Demin. Krättle[in] n.: **1.** Armkorb, meist aus Weiden geflochten. – **2.** kleines Kind, kleine Person. *E*[in] *alter Kr.* alter Mann; altes wunderliches Weib.
Kratte[n]**-macher** (Krätte[n]-) m.: **1.** Korbmacher, -flechter. – Spottname für Leute ohne Charakter und festen Willen. – **2.** Mittlerer Wegerich, Plantago media L.
krattlen s. *grattlen*.
Kratz m.: **1.** Kratzwunde. S. a. *Krätz*. – **2.** Hautausschlag, Krätze Frk.
Krätz *-ễ-* m.: Ritzwunde, Schramme in der Haut; Kratzer auf Holz, einer Tafel. *Einen Kr. machen*.
Kratz-borst[e] f.: grobe Borste. Dazu **kratzborstig** Adj.: widerwärtig, von rauher Außenseite.
Krätz[e] I *grễts;* flekt. -e[n]; Krätzge Tir. f.: Rückenkorb, an Achselbändern getragen; Tragreff; bes. der große Korb, den die Krämer, Hausierer auf den Rücken trugen S.
Krätze II f.: Krätzkrankheit.
krätze[n] I *grễtsə* schw.: **1.** ritzen, die Haut verwundend kratzen oder reißen. – **2.** *kr. lassen* schnell fahren, reiten. *Laß kr.!* gib dem Pferd die Sporen. – **3.** bei leichter Entzündung *krätzt es (einen)* im Hals.
krätze[n] II *-ễ-* schw.: auf dem Rücken tragen, bes. von Waren (in der *Krätze*) und kleinen Kindern S.

krätzeⁿ-buckeleⁿ *grē*- schw.: ein Kind *kr.* auf dem Rücken tragen.

Kratzer m.: **1.** Eierhaber, = *Kratzete.* – **2.** = *Krätzer.*

Krätzer *-ĕ̆-* m.: **1.** Instrument, das scharf *krätzen,* ritzen kann. a. Hemmschuh, Radschuh mit scharfen Zähnen, bes. für Glatteis. – b. Griffel, zum Schreiben auf Schiefertafeln. – **2.** Ritz-(wunde) in der Haut (von Nägeln, Dornen, Krallen), auf Holz, o. ä. *Der tut keiⁿ Kr-leⁱⁿ me^{hr}* rührt sich nicht mehr. – Übtr.: leichte Entzündung im Hals, die *krätzt* I *3.* – **3.** saurer Wein, der *krätzt.*

Kratzete f. (-et n.): Eierhaber, zerkleinerter Pfannkuchen oder Schmarren, aber meist neben andern Synn. wie *Durcheinander, Eierhaber, Eier-im-Schmalz, (Eier-)Gemockeltes, Geschmorgel, Verheites, Geheidichrum, Herumundhinum, Rührrum, Stürrum, Umgerührtes, Kroseier, Huirum, Holz(hacker)mus, Stopfer, Schollenbrei.*

kratzig Adj. Adv.: **1.** bissig, brutal HOHENL. – **2.** geizig, genau FRK.

krätzig *-ĕ̆-* Adj.: **1.** was *krätzt;* von Werkzeugen, Speisen, Getränken udgl. – **2.** mit der Krätze behaftet.

Krätz-katz^e *grĕ̆* f.: händelsüchtige Person (bes. Kind), die einem gern mit den Nägeln ins Gesicht fährt.

Kräuel *grael, graebl; grāl* m.: mehrzackiger Haken. – Bes. Haken, mit dem der Mist aus dem Stall herausgezogen wird. Werkzeug mit gekrümmten Eisenzacken zum Kratzen bei Gartenarbeiten, Mistabziehen vom Wagen ALLG. *(Krāl, Kral).*

Kraus^e *grəus,* flekt. -eⁿ f.; Demin. Kräusleⁱⁿ *-əi*-n.: großer irdener (Wasser-, Bier-)Krug meist mit weiter Öffnung. Dafür auch Krausel *-əu*-, Krusel *-ū*-.

kräuslet (krauselt, kruselet) Adj.: gekräuselt, kraus.

Kraut-bauer m.: Bauer, der viel Kraut (bes. *Filderkraut*) pflanzt und verkauft. – Kraut-be^rt^e *-bĕt,* Plur. -eⁿ f.: *Berte,* Kuchen, mit Kraut belegt. – Kraut-blätsch^e *-blĕ̆tš(ə):* **1.** großes Kraut-, Kohlblatt. – **2.** Sportmütze. – Krautbosch(en) m.: Kräuterbüschel. – Krautdors^e, -dorsch^e m. f.: Krautstrunk. S. a. *-kagen.*

krauteleⁿ schw.: nach Kraut riechen.

krauteⁿ schw.: auf dem Feld Unkraut ausjäten. Syn. *grasen, kräutern.*

Krauter m.: unruhiger, eigensinniger, widersetzlicher Mensch. Scheltwort.

kräutereⁿ (krautereⁿ) schw.: **1.** Unkraut, Gras aus Äckern jäten; bes. auch aus Wald und Feld, an Rainen Gras und Kraut als Viehfutter herbeischaffen. – **2.** *krauteren* im Hauswesen

schwer tun. – **3.** sehr viel und immer wieder schimpfen. – Kräuterer (-au-) m.: **1.** Kräutersammler. – **2.** *Krauterer* Mensch, der in der Arbeit schwer tut.

Kräuter-käs m.: mit Schafgarbe bereiteter Schabkäse, Zieger. – Kräuter-metz^e *-mĕts,* Plur. -eⁿ f.: Mädchen, Weib, das im Wald, auf Äkkern, an Rainen nach Futterkräutern sucht.

Kräuter-weihe (-weihung) f.: kirchliche Weihung von Kräutern an Mariä Himmelfahrt, 15. Aug.; dieser Tag selber (auch *Mariä Kr.*).

Kraut-haupt, bes. Demin. -häuptleⁱⁿ n.: Krautkopf. – Kraut-herbst m.: eigentl. Herbst, in dem es viel Kraut gibt. – Bes. als Altersbezeichnung. *Er hat eⁱⁿ paar Kr. meh^r als du* ist etwas älter.

Kräutich *grəidĭχ* n.: Blattwerk an Kartoffeln, Rüben o. ä.

krautig Adj. Adv.: **1.** mit Kraut bewachsen. – **2.** übtr. *sich kr. machen* sich breit machen, ein Ansehen geben, großtuend, prahlerisch, vorlaut. – Händelsüchtig, zornig, eigensinnig.

Kraut-kageⁿ, Plur. -kägeⁿm.: Krautstrunk, s. *Kagen.* – Kraut-keid (Krauts-) m.: Krautsetzling. – Kraut-kucheⁿ *-khūəχə* m.: Kuchen aus gewiegtem (gedämpftem) Kraut.

Kraut-land, Plur. -länder, Demin. -ländleⁱⁿ n.: Krautbeet.

Kraut-nudel, meist Plur. -nudleⁿ f.: Nudeln mit Kraut; beliebte Speise OSCHW.

Kraut-salat *-sālǭt* m.: Salat aus gehacktem, gehobeltem Kraut. – Kraut-scheißer m.: **1.** Kohlweißling. – **2.** Schimpfwort. *Des ist eⁱⁿ rechter Kr.* – Kraut-schmeckete f.: **1.** Feldminze, Mentha arvensis. – **2.** Majoran, Origanum vulgare. – Kraut-stämpfel m.: *Stämpfel,* hölzerner Schlegel zum Einstampfen des Krauts. – Kraut-stand^e f., Demin. -ständleⁱⁿ n.: Kufe, in die das Kraut zum Sauerwerden eingemacht wird. – Kraut-stößel *-štaesl* m.: = *-stämpfel.*

Kraut-vogel m.: **1.** Schmetterling, bes. Kohlweißling ALLG. – **2.** *-vögeleⁱⁿ* Braunkehlchen, Saxicola (Pratincola) Rubetra.

Kraut-wickel m.: abgekochte Krautblätter, einzeln mit Fleischfülle gefüllt, aufgewickelt und in Fett gebacken.

Krawall *grăwăl* ⌣ m.: Lärm, Aufruhr. – krawalleⁿ ⌣⌣⌣ schw.: einen Auflauf, Lärm erregen. – Krawaller ⌣⌣⌣ m.: Unruhestifter.

Kreb^e *-ĕ̆-, -ĕ̆-, -ĕ̆ə-;* flekt. -eⁿm.; Demin. Krebleⁱⁿ n.: **1.** Weidenkorb zum Tragen, bes. auf dem Rücken. – **2.** anderes Geflecht. a. Wagenkorb. – b. eingemachter Raum für Schweine udgl., Holzverschlag für Kleinvieh.

krebseⁿ schw.: intr. mit haben. **1.** Krebse fangen. – **2.** schlechten oder keinen Nutzen finden. Bes. opp. *fischen. Der wird meineⁿ, er wöll^e f., aber er* *wird nu' kr.* o. ä., z. B. von einem Erbe. – **3.** Hebammendienste leisten. – **4.** dem Hurenleben nachgehen. – K r e b s e r m.: **1.** Krebsfänger. – **2.** *ihr Kr.* Schimpfwort, s. *kr.* **4.** – K r e b - s e r i[n] f.: Hebamme, scherzh.

krebsle[n] schw.: intr. mit sein. **1.** auf allen vieren kriechen. – **2.** klettern; auch mühsam. – K r e b s l e r m.: Kletterer. *Des ist e[in] Haupt-, Erz-Kr.* u. ä.

Kredenz f.: **1.** Silber-, Tafelgeschirr; auch einzelnes Prunkstück davon, Tafelaufsatz. – **2.** Anrichte.

Kredo *grẹ̄dọ̄* n.: (kath.) Glaubensbekenntnis. *In etwas hineinkommen wie Pilatus (Pontius) in's Cr.; an einen denken wie an P. im Cr.* unfreiwillig, ungerne.

K r e i s , K r e i s e r usw. s. *Krös.*

kreise[n] *-ɔi-*, RIES *-ae-*, S. *-ī-*, Part. [ge]k r i s e[n] *-ī-*, S. *-ī-* st.: **1.** kriechen, von Würmern, Insekten udgl., auch von kleinen Kindern oder sich mühsam fortbewegenden Erwachsenen. Einem Ärgerlichen *ist etwas (e[ine] Laus) über's Leberle[in] (Näbele[in]; über de[n] Weg)* [ge]*krise[n]. All[e] meine Äcker und all[e] meine Wiese[n] sind mir durch's Gürgele[in] abe* [ge]*krise[n].* – **2.** klettern.

kreiste[n] schw.: stöhnen; von Gebärenden.

Krempel m.: Kram, wertloses Zeug; s. *Gerümpel.*

k r e n - s. a. *krin-.*

Kre[n] *grẹ̄ə(n)* m.: Meerrettich. – Anm.: schon mhd. *krên(e).*

kre[n]**-sauer** Adj.: sehr sauer.

K r e s (s) s. *Krös.*

Kress(e), K r e s s i g *grẹ̈s, grẹ̈sə, grẹ̈sẹ̈, grẹ̈sĩχ* m.: Kresse, Garten-Kresse, Lepidium sativum L., eine alte Heil- und Salatpflanze.

Kressling m.: Fischname. **1.** Gobio fluviatilis NECK. – **2.** Alburnus lucidus in jugendl. Alter. – **3.** *Asche,* Thymallus vulgaris, im ersten Jahr BOD.

Kreti *grẹ̄dĭ ⌢*: in der verbr. Verb. *Krethi und Plethi* gemischte Gesellschaft. – Anm.: Nach 2. Sam. 8, 18 usf.

k r e t z - s. *krätz-.*

K r e u t u. Komposs. in Ortsnamen, s. *Gereute.*

Kreuz-: in Flüchen; als bedeutungslose Verstärkung bei Adjj., auch Subst. übler, aber auch guter Bed., z. B. *kreuz-ärmlich, -betrübt, -blitz, -brav, -buger, -ding, -dumm, -fidel, -geizig, -gut, -kerl, -(erden-, kroten-, lenden-)lahm, -liederig, -mäßig, -wol.*

Kreuz-brav Adj.: sehr br., aber nur von Biederkeit, Tugend.

Kreuzer; Pl. gleich m.: kleine Münze, urspr. mit einem Kreuz geprägt. Wie *Batzen, Pfennig, Heller* war Kr. in RAA. beliebt, die z. T. gewiß noch fortleben, vielleicht so, daß *Kr.* immer mehr durch *Pf.* ersetzt werden mag. Wie die genannten Wörter kann *Kr.* als Repräsentant

des Gelds oder der Münze überh. dienen. Zumeist meint *Kr.* einen kleinen Betrag. Kinder nannten noch lange jedes Geldstück *Kreuzerlein.* Einem Todkranken *gibt man keinen Kr. (mehr) für (um) sein Leben. Er dreht den Kr. 3mal um, eh er ihn ausgibt.*

kreuz-erbärmlich Adj.: = *-liederig.*

k r e u z e r d e n l a m s. *kreuzlam.*

kreuz-fidel ⌢ Adj.: sehr fidel, lustig.

kreuzig Adj.: **1.** boshaft. – **2.** *kei[n] kr-s Dingle[in]* nicht das mindeste.

Kreuz-kopf m.: Katholik, spöttisch von Protestanten gebraucht.

kreuz-lam Adj.: sehr lahm, ermattet, abgeschlagen, faul. Verstärkt: k r e u z l e n d e n l a m , k r e u z e r d e n l a m , k r e u z k r o t e n l a m .

kreuz-liederig, -lich Adj.: ganz liederlich, wie nhd. und = elend, subj. und obj.

Kreuz-nagel m.: *einem den Kr. abschlagen* das Kreuz (unterer Teil des Rückens) entzweischlagen. Drohung: bes. an solche, die sich nicht bücken mögen.

Kreuz-stock m.: Fensterkreuz; eig. das ältere feststehende, dann die Art, wo der senkrechte Stab erst durch die Flügelrahmen gebildet wird; auch oft = Fenster.

Kreuz-wē *(-wae)* n.: Kreuzweh, Schmerzen (Nerven- oder rheumatische) im Kreuz. *Wenn nu' der 's Kr. kriege[n] tät[e]!* Verwünschung.

kreuz-weis[e], auch k r e u z e[n]**-weis**[e] Adv.: wie nhd., *über's Kreuz.* – Bes. *Kr. und überzwerch. Kr. und den langen Weg* nach allen Richtungen. – k r e u z - w o l Adv.: in bestem Befinden.

k r i c k s l e n s. *kritzlen.*

Kriech[e] *griɔk,* S. *kr-;* Pl. *-e[n]* f.; Demin. K r i e c h e - l e[in] f.: eine kleine Art blauer, runder Pflaume S. Syn. *Hengst, Haber-, Kornschlehe.*

kriege[n] *-ĩɔ-; -ī-* äuß. NW.; *-x- (-χ-)* N.; Part. [ge]k r i e g t schw.: **1.** zu Krieg. a. streiten. – b. Krieg führen, alt auch von bloßer Fehde. – **2.** wie nhd., bekommen. a. im allgem., in mehr passivem Sinn: *Geld, Brot, Brief, Lohn, Strafe, Schläge usw. Kinder, Junge kr.* Eine Krankheit *kr. Genug kr. Der Mensch kriegt nie g[e]nu[g] (nie Ruh[e]), bis ma[n] e[ine] Sch[a]ufel Erde [a]uf ihn wirft.* – b. aktiver ist *kr.* = erhaschen, fangen, einholen, in die Gewalt bekommen. *Der Windhund kriegt* den Hasen, der Dachshund nicht. *Heut wird ma[n] [da]s Emd noch kr.* heimbringen. – Nicht physisch: *einen kr.* ertappen, überlisten, mit und ohne *d[a]ran. I[ch] kriege[n] di[ch] scho[n]!* Drohung.

K r i e s b e r , K r i e s e und Komposs. s. *Kirsche.*

k r i e s e n s. *kirschen.*

k r i m - s. a. *grim-.*

kriminalisch ⌣⌣´⌣ Adj. Adv.: Steigerungswort: furchtbar, außerordentlich, gewaltig. *Ein kr. Tier, eine kr. Kälte; du kr-er Bu[be]!* Es *ist kr. kalt, stinkt kr.; er kann kr. fressen.* U. ä.

krimmen s. *grimmen.*

Krimskrams s. *Gribesgrabes.*

Kring *grę̄ŋ* m.: Ring, Hafte.

Kringel m.: Kreis, Ring, bes. in der Verb. *im Kr.* ^*he*^*rum* im Kreis herum. *Einen im Kr. h. führen.* – Speziell: Ring, Bretzel.

Kringel-stück n.: Brotstück, das über den ganzen Laib geschnitten ist.

kringle[n] *grę̄ŋlə* schw.: ringeln.

krings *grę̄ŋs*, S. u. Frk. *-īŋs* Adv.: rings, bes. *krings 'rum, kr. drum 'rum.*

kripslen s. *kritzlen.*

Krisam *grīsəm* (kein Pl.) m.: das mit Balsam gemischte, am Gründonnerstag vom Bischof geweihte Salböl für Taufe und Firmung. – An einem Unverbesserlichen *ist Kr. und Tauf verloren,* Hopfen und Malz.

Krist-baum m.: Weihnachtsbaum.

kriste[n]**-möglich** Adj.: menschenmöglich; *Des is^t nit kr.* Frk.

Kristier *griŝtī(ə)r* ◡ʹ n.: Klistier. – kristiere[n] schw.: klistieren.

Kristier-spritz[e] f.: Klistierspritze.

Krist-kindle[in] (stets Demin.) n.: **1.** das Christuskind, sofern es an Weihnachten kommt. Früher, wohl noch jetzt oft, ging eine jugendliche, bes. weibliche Person als *Chr.* verkleidet herum und bescherte. Das *Chr. kommt, bringt, legt ein.* Auch seine Geschenke heißen *Chr.; Hast e*^*in*^ *schö*^*ne*^*s Chr.* ^*ge*^*kriegt? Du kriegst heuer nichts zum Chr.* Die Bescherung früher am Morgen des 25., jetzt zumeist oder allgem. am Abend des 24. Dez. – **2.** von Menschen. a. ein am Christtag geborener kann *Chr.* heißen. – b. das *Chr.* wird schön, zart vorgestellt. *Des Kind ist so nett wie e*^*in*^ *Chr.* Daher von einem zarten, verweichlichten Menschen. *Des ist e*^*in*^ *recht^es Chr. O du Chr.!*

Krist-nacht f.: Nacht vom 24./25. Dez.; Syn. *Heilige N.* In ihr wurden 12 Zwiebelschalen mit Salz auf den Tisch gestellt und daraus das Wetter des folgenden Jahres erschlossen; ebenso konnte man in dieser Nacht Zukünftiges erfahren.

Kristof(fel): Christoph, der männl. Heiligen- und Taufname (24. Juni). Er ist, das Christkind tragend, riesengroß an den Außenwänden der Kirchen dargestellt. Als Schutzpatron der Reisenden kann er so unterwegs für eine glückliche Fahrt angerufen werden, damit man auf der Reise keines *jähen* Todes stirbt. Heute wird er als Amulett und Autoplakette beim Autofahren verwendet, er gilt als Schutzpatron der Autofahrer.

Krist-tag *-dåg* m.: Weihnachtsfest, 25. Dez. Syn. *Heiliger T., Weihnacht. I^ch freu^e mi^ch drauf wie auf de*^*n*^ *Kr.* Vom *Kristtag* bis 6. Jan. sind die *zwölf Nächte, Lostage,* aus denen man das Wetter im kommenden Jahr bestimmt.

krittelig (-lich) *-ī-* Hauptgeb.; krittlig *-ī-* NW., Adj.: mürrisch, unzufrieden, nörgelnd. Nördl. der Alb. – krittisch *-ī-* Adj.: reizbar, übel aufgelegt, streitsüchtig. – krittle[n] schw.: nörgeln, mürrisch, empfindlich sein.

Kritz *-ī-,* NO. *-ī-* m.: = *Krätz,* Ritzung; eingekratzter Strich, leichte Kratzwunde udgl.

kritzle[n]; daneben kripsle[n] Oschw., kricksle[n] schw.: **1.** ritzen. – **2.** wie nhd., undeutlich, mit kratzendem Werkzeug odgl. schreiben. Auch von den so erzeugten Ton.

Krom- s. *Kram-.*

Krombir s. *Grundbir.*

kromm- s. *krumm-.*

Kropf *-ǫ-,* NO. *-ǭ-,* Frk. *-ǭu-;* Pl. Kröpf[e] *-ę̌-* m.; Demin. Kröpfle[in] *-ę̌-* n.: **1.** struma, Schilddrüsenschwellung am Hals. – **2.** bei Vögeln der Vormagen, Erweiterung des Halses, in die das Futter zunächst geschluckt und wo es oft länger aufbewahrt wird. – Auf den Menschen übtr. a. physisch. – b. übtr. α. mit Anklang an 1: *Dem g^eschwillt der Kr.* er wird übermütig. – β. *Des hab^e i^ch in mei^ne^m Kr. b^ehalte*[n] nicht gesagt. *Den Kr. (aus)leeren* seine Sache sagen und sich so erleichtern. – **3.** von Pflanzen. Auswuchs. Knollen an Kraut, Rüben udgl., das Wachstum hindernd; Warze, Knorren am Baum; Wurzelausläufer am Baum. – **4.** am Brot die knorrige Stelle, wo 2 Laibe zusammenstoßen.

kropfet *-ət;* kröpfet; kropfig Adj.: **1.** von Menschen: kropfbehaftet. – **2.** von Gewächsen. *Kröpfete E^rd bire*[n] knollige Kartoffeln.

kropfig s. *kropfet.*

Krös (Ge-krös) *grę̄s* S., *grę̄əs* O. n.: **1.** Gekröse, Eingeweide. – **2.** Halskrause; am Hemd oder Kleid. *Krösle*[in] Art Hemd, kleine Halskrause der Weiber.

Kröspel *grę̄ŝpl, -ae-* f.; Demin. *-le*[in] n.; Kruspel *-ū-,* Plur. *-le*[n] f., Demin. *-le*[in] n.: Knorpel, am menschlichen und tierischen Körper SW. Oschw. Allg.

kröspele[n] *grae-* schw.: knarfeln, das beim Zerbeißen von Knorpeln entstehende Geräusch verursachen. – krusple[n] schw.: raspeln, ein scharrendes Geräusch machen Allg.

Krot[e] *grǫt* NW. W. SW. S. SO., *grǫt* (Frk. *grǫut*) NO. O.; Kröt[e] *grę̄it* Frk.; Pl. Krote[n], Kröte[n] f. (m.); Demin. Krötle[in] n.: Kröte, das Tier. – **2.** übtr., von Menschen: giftige, neidige *Kr.* u. ä. Bes. aber für kleine oder junge Leute. Öfters ärgerlich tadelnd; so in Verbb. *elende, lausige* udgl. *Kr.* Meist aber milder als nhd. für gewandte, aufgeweckte, auch wohl nasewerse, freche Leute, Kinder oder Weibsleute, auch gern mit einer halb unfreiwilligen Anerkennung. *Gescheide Kr.* u. ä. Bes. von Mädchen.

Krote[n]**-blum** f.: Löwenzahn oder Kuhblume, Taraxacum officinale Web. Oschw. Allg.

kroteⁿ-breit Adj. Adv.: ganz breit, doch nur abschätzig. *Kr. ʰⁱnaⁿliegeⁿ; Iᶜʰ schlagᵉ diᶜʰ kr.*

kroteⁿ-falsch Adj. Adv.: ganz falsch.

Kroteⁿ-fuß m.: Trudenfuß, Stern von 5 oder 8 Spitzen, gegen Hexen udgl. Beim Zeichnen des 8spitzigen Sterns sprechen die Kinder: *Kri, Kra, Kroteⁿfuß, dⁱᵉ Gäⁿsᵉ láufeⁿt bárfúß.* – Übtr., schlechte Handschrift.

kroteⁿ-lam Adj.: ganz gelähmt vor Müdigkeit.

Kroteⁿ-metzger m.: schlechtes Messer.

kroteⁿ-müdᵉ -*mīəd* Adj.: = -*lam.*

Kroteⁿ-schinder m.: geringes, stumpfes Messer Oschw. – Kroteⁿ-stecher m.: kleines, vorn gebogenes Messer. Vgl. *Froschgikser.*

kroteⁿ-weich Adj.: sehr weich, zusammen-, zerdrückt.

Kruckᵉ (-ü-), flekt. -eⁿ (Pl. auch -*eneⁿ*) f.; Demin. Krückleⁱⁿ n.: Krücke. **1.** Stütze des Lahmen, Gehbehinderten. – **2.** langes Holz mit vorn quer angebrachtem Holz- oder Eisenteil, zum Ziehen und Schieben dienend. So zum Schüren oder zum Herausziehen der Glut im Ofen. Zum Zusammenscharren des Straßenkots. – **3.** an der Sense das von der rechten Hand geführte Querholz in der Mitte des Stiels. – **4.** altes, schlechtes Pferd; auch wie *Gurre, Märe* Schelte für Weiber.

kruckeⁿ schw.: mit der *Krucke 2* Glut aus dem Backofen ziehen; Dreck oder Schnee zusammenschieben.

Krügleⁱⁿ n.: Kleine Traubenhyazinthe, Muscari botryoides (L.) Mill.

Krull(eⁿ) *grül(ə)* f.: dichtes gelocktes Haar. Spez. Schamhaar des Weibes Oschw.

krumm *grǫ̈m*, N. S. -*ü*-; *grǫ̈m; krümb;* Kompar. Superl. krümm-*grę̈m*- usw. Adj. Adv.: **1.** physisch: gekrümmt; im ganzen wie nhd., opp. *gerad.* In einigen Redewendungen bes. Bedeutung. *Nach dem guckᵉ iᶜʰ net kr. 'num* darum kümmere ich mich gar nicht. *Da därf maⁿ net kr. 'n. guckeⁿ* sich nicht das geringste zu Schulden kommen lassen. – *Kr-e Eier* Hühnerkot, scherzh. – **2.** übtr. *Das Kr. wieder gerad machen wollen* Frk. *Einen (keinen) kr-en Tritt tun, machen* fehlen, unrecht tun. *Überall ist eⁿ Kr-s ein ungeratenes Kind.*

krummlecht -*lę̈χt* Adj.: etwas krumm.

krumm-reif Adj.: überreif, vom Getreide, dessen Ähren sich biegen.

Krumm-schieger -*šę̌əgr* m.: krummbeiniger Mensch.

krümp(e)leⁿ schw.: zusammenknittern, etwa Papier.

krumpelig, -ü- Adj.: zusammengerunzelt, zerknittert Frk.

Krusel s. *Krause.*

kruseleⁿ schw.: kitzeln.

Kruspel usw. s. *Krö-.*

Krust s. *Gerust.*

Krustᵉ -*ŭ*-; flekt. -eⁿ f.: wie nhd. Häufiger Demin. Krustleⁱⁿ *grŭšlę̃* n.: kleine Kruste. Meist -ü-; spez. vom Anschnitt, Knorren am Brot Unterl.

Krustel s. *Gerustel.*

krusten s. *gerusten.*

krustlen s. *gerustlen.*

ks-, ksch- s. gs-, gsch-, sowie *ges(ch)*-.

Ku *khūə* (äuß. NW. *khū; khǭ*); Plur. Küᵉ *khīə* (-*ī*-, *ę̄*); *khəiə* f.; Demin. Küleⁱⁿ n.: **1.** Kuh. – **2.** von Personen. Schimpfwort, wie andere Tiernamen für dumme, ungeschickte (bes. weibl.) Leute. – **3.** Pflanzen(teile). a. *K.,* meist Demin. *Küleⁱⁿ.* Frucht der Herbstzeitlose, Colchicum autumnale. Syn. *Ku-dutte, -euter, -mockel, -schelle, -schlotzer, Küleinsroden; Butterweck, Nachtkunkel, Giftblume.* Die Pflanze selbst. Syn. *-schlutte, Mockel, Kunkel, Spinnblume, Spindel(wurz, -blume), Spinnerin, Zeitlose.* – b. Tannzapfen, Fruchtzapfen der Fichte und Tanne.

Kü-bauer *khīə*- (neben Ku-), Plur. -baureⁿ m.: kleiner Bauer, der mit Kühen fährt; opp. *Ochsen-, Roß-bauer.*

kübleⁿ schw.: **1.** stark regnen. – **2.** kübelweise trinken.

Ku-blumᵉ f.: **1.** Sumpfdotterblume, Caltha palustris L. – **2.** Löwenzahn, Taraxacum officinale L.

Kü-briester -*brīəštər* m.: erste Milch der Kuh nach dem Kalben.

Kuche *khŭχę̌*, S. -*ī*; Küchᵉ *khĭχ* Frk.; Plur. -eneⁿ f.: Küche, wie nhd.

Kuchel f.: Küche O.

Kucheⁿ -*üə*-, Nom. auch Kuchᵉⁿ m.; Demin. Küchleⁱⁿ -*īə*- (-*ī*-, -*ę̄*-) n.: **1.** Kuchen, wie nhd. – Bes. *Eiⁿ K.* (stets in der Form *Kuchᵉⁿ) und eiⁿ Mus seiⁿ* in der dicksten Freundschaft miteinander sein. – **2.** Demin. *Küchleⁱⁿ* schmalzgebackene kleinere Küchlein. Vielerlei spez. Bezz.: *Äpfel-, Grieß-, Kraft-, Holder-, Fastnacht-, Öl-, Salve-, Schmalz-k.* usw.

kucheⁿ I -*üə*- schw.: Kuchen backen.

kuchen II s. *kauchen.*

Kuche(n)-beck -*üə*- m.: Bäcker, der in der Küche des Kunden für diesen bäckt.

Kuche(n)-kasteⁿ m., Demin. -kästleⁱⁿ n.: Küchenschrank.

Kucheⁿ-michel m.: Mensch, der sich gern in der Küche aufhält, in die Angelegenheiten der Küche mischt.

Kuchen-schelle -ü- f.: Pulsatilla vulgaris Mill.

kuchleⁿ -*ü*- schw.: in der Küche beschäftigt sein.

küchleⁿ -*ü*- schw.: *Küchlein* backen. – *Es einem k.* es ihm leicht, angenehm machen, nach Geschmack zurichten. Bes. iron. *Dir (Dem* o. ä.) *wird maⁿ 's (etwas bᵉsonderᵉs) k.!*

Kück s. *Kütte.*

kuckee s. *geben A 2 a.*

Kuckerlein s. *Gucker.*

Kuckuck s. *Guck-.*

kuderen s. *koderen.*

kuderwälsch s. *kauderwälsch.*

Ku-dreck (neben Kü-) m.: Exkremente des Rindviehs.

ku-dumm Adj. Adv.: sehr dumm. – ku-dunkel Adj.: sehr dunkel, stockfinster. S. a. *-finster, -nacht.*

Ku-euter (auch Kü-) n.: **1.** Euter der Kuh. – **2.** Pflanzenname. a. Fruchtkaspel der Herbstzeitlose, Colchicum autumnale L. – Syn. *Kühle^{in}.* – b. Wiesenbocksbart, Tragopogon pratensis L.

Kuf^e *khūəf(ə)* f.: hölzerne *Stande.*

Küfer *khīəfər;* Küfner m.: Küfer, wie nhd., im Hauptgebiet die übliche Bez. dessen, der Fässer u. ä. aus Eichenholz macht; daneben im O. *Binder,* im SW. *Kübler,* fränk. *Büttner,* bair. *Schäffler.*

küfere^n *khīə-* schw.: das Handwerk des Küfers ausüben.

Küfer-knosp^e f.: Breitblättriger Rohrkolben. Typha latifolia L., u. Schmalblättriger Rohrkolben, Typha angustifolia L.

ku-finster Adj.: stockfinster, finster *wie in einer Kuh.*

Ku-flad(e^n) m.: Kot des Rindviehs auf dem Boden. Synn. *-batzen, -deisch, -dorsche, -dreck, -pappel, -pflatter, -kat, -klatter, -lappen, lappsen, -schlappe(te), -tatsch.*

Ku-flieget, -fliegete, -fliegetez f.: Aufsehen erregendes, sensationelles Ereignis. *Ma^n meint g^{r}rad, 's sei e^{ine} K.* Auf die Frage, was los sei, abweisende Antwort: *e^{ine} K.*

kugelet, -ü- Adj.: rund.

Kugelfur s. *Gugelfur.*

kugle^n schw.: **1.** mit haben, ohne Obj.: eine Kugel oder etwas wie eine Kugel herumwälzen, rollen. *Eier k.* mit einem Ei nach dem entfernten andern schießen, rollen. – **2.** intr. mit sein: sich wälzen, rollen.

Kuh- s. *Ku-.*

kuien s. *käuen.*

Kujo^n *khūjǫ* ∪ˊ, Pl. -e^n m.: durchtriebener Schlingel, Bösewicht. – kujonniere^n *khūjən-* schw.: schikanieren, plagen, quälen.

Ku-klatter m.: = *-fladen.*

Kukuk s. *Guck-.*

Kukumer s. *Guckummer.*

kül *khīəl,* kul *khūəl* Adj. Adv.: **1.** phys., kühl, wie nhd. – **2.** vom Temperament: ruhig, gleichgültig. Hier meist kul: *Nu^r kul* nur langsam. *Des la^{ß}t mi^{ch} kul* regt mich nicht auf.

Kü-lappe^n, Ku-lappsen m.: = *-fladen.* – küläpperig (ku-) *-lěpərï͏̈χ* Adj.: **1.** *khīə-* ganz dünn, fast flüssig, von schlecht zubereiteten Speisen. Subst. *d^{ie} Küläpperige (khīə-)* Durch-

fall, Diarrhoe, bei der Kuh. – **2.** übtr. *khuə-* lau, nicht mehr warm. – Dann: *Mir ist's heut ganz k.* schlecht, übel. Vgl. *-mind, -schlecht.* – kü-lau Adj.: kuhwarm.

kule^n *khūələ* schw.: nach Kühen riechen OSCHW.

Küll-has^e *khīl-; -ī-; khīlĕ-,* Gill- m.: **1.** Kaninchen SO. – **2.** übtr. Laffe, unbedeutender Mensch.

Kultur *khŭldūr* (u. ä.) ∪ˊ; Pl. -e^n f.: junge Anpflanzung im Wald.

Kümmel (und Komposs.) s. *Kümmich.*

Kummer-speck m.: *Des ist bloß K.* Antwort, wenn man einen beschreit, daß er doch recht wohl beleibt sei.

Kummet *khǫ̆mət* (S. N. *-ŭ-*) n. auch m.: wie nhd., Halsgeschirr.

Kümmich *khĕmï͏̈χ* (S. N. *khī-*) Hauptgebiet; *khīŋk* ALLG. TIR., Kümmel m.: **1.** Pflanzenname. Kümmel, Carum carvi L., die Pflanze und ihr als Gewürz verwendeter Same. – **2.** übtr. *Der hat K.* ^{ge}kriegt Schläge; verstärkt: *schwarze^n K.* tüchtig Schläge. (Dazu ein Verb *auskümmlen* durchprügeln) FRK.

Kümmich-brot n.: Brot mit Kümmel.

Kümmicher m.: semmelartiges Weißbrot, das viel Kümmel enthält.

Kümmich-platz m.: Kuchen mit Kümmel.

Kümmich-zelte m.: = *-brot, -platz.*

Ku-mockel (Kü-) f., Demin. -le^{in} n.: **1.** Demin.: Kuh (Kalb). – **2.** Tannzapfen. – **3.** Fruchtkaspel der Herbstzeitlose, Cochicum autumnale L.

Kumpf *khǫ̆mpf,* S.N. *-u-; khǫ̆pf, kŭpf* m.: **1.** kleiner hölzerner, köcherartiger Behälter für den Wetzstein, vom Mähder am Gürtel getragen, stets mit Wasser gefüllt; allgem. außer im SW., wo dafür *Futterfaß.* – **2.** dicke, große Nase.

kumpf Adj. Adv.: stumpf.

kumpfet Adj.: = *kumpf,* stumpf.

kumpfig s. *kumpfet.*

Kumpf-nas^e (-näs^e) f.: Stumpfnase, große, kurze dicke Nase.

Ku-nacht (f.): stockfinster(e Nacht). Doch wohl immer präd. als eine Art Adj.: *Stockfinster und kuahnacht ischt's gwea.* Dazu ferner als Abstr.: Ku-nächte f.: *Bei so -re^n K.!*

Kund^e *khǫ̆nd,* SN. *-ŭ-;* flekt. -e^n m.: **1.** wie nhd. *K- e^n saufe^n* um sich Kundschaft zu erwerben bei einem Wirte einkehren. – **2.** mit Adj. allgemeiner: Kamerad, Geselle. *E^{in} schöner, sauberer K.* iron. *Du bist mir e^{in} sauberer K.!*

künde^n schw.: den Dienst, einen Vertrag aufkündigen.

Kunde^n-arbeit f.: für Kunden gemachte Arbeit. – Kunde^n-beck m.: Bäcker, der für seine Kunden backt. – Kunde^n-brot n.: für die Kunden gebackenes Brot. – Kunde^n-müle f.: Mühle, die das Getreide der Kunden um Lohn mahlt.

kunen (schimmeln) s. *kamen.*

kunig (schimmeln) s. *kamig.*

Kunigundᵉ f.: **1.** weibl. Taufname. – **2.** Name der Heiligen. Ihr Tag der 3. März. Von da an erwärmt sich die Erde. *K. macht warm voⁿ unteⁿ.* – **3.** Pflanzenname. Kunigundenkraut oder Wasserdost, Eupatorium cannabinum L.

Kunkel *khǫ̆ŋgl; khāōgl; khǎ̆ŋgl;* Gunkel *gǫ̆ŋgl* f.; Demin. Künkele ⁱⁿ n.: **1.** Spinnrocken. – **2.** von andern Gegenständen. a. am Rebstock: Rute unten am Boden, die sich nicht biegen läßt und daher in die Höhe gezogen wird. – b. Schlegel in der Glocke. – **3.** Pflanzenname. a. *Kunkleⁿ* Herbstzeitlose, Cochicum autumnale L. – b. *Kunkleⁿ, Künkeleⁱⁿ, Kunkelsnägeleⁱⁿ* Echtes Labkŕaut, Galium verum L. – c. *Weiße Kunkleⁿ, Wiesenkünkeleⁱⁿ* Weißes Labkraut, Galium album Mill. – **4.** persönlich: langes Weib. Langer, großer Mensch. Person (auch männl.), die schwer zu behandeln ist.

Kunkel-stubᵉ f.: Spinnstube, Ort der abendlichen Zusammenkünfte der Spinnerinnen (und junger Burschen), auch diese Zusammenkunft selbst OSCHW. ALLG.

Kunst-müle f.: Mühle, die auf eigene Rechnung mahlt und das Mehl verkauft, opp. *Kunden-.* Ebenso -müller m. – Anm.: Kunst-, weil technisch vollkommener als die *Kundenmüle.*

Kunzᵉ, flekt. -eⁿ m.: **1.** alte Kurzform für *Konrad.* – **2.** sachlich. a. Kuⁿzᵉ *khǫ̆ats,* Küⁿz *khĕ̱ats;* Kauⁿzᵉ; *Koiⁿzᵉ* m.: fettes, Doppelkinn; überh. Kinn. *Der henkt 'n rechteⁿ K-eⁿ 'raᵇ.* – b. *Kuǝⁿzᵉ* sehr dicker Bauch. – c. *Kunzen* die Halsanhängsel der Ziegen. – d. *Kuǝⁿzᵉ, Kauzᵉ, Kauⁿzᵉ:* Äpfelkrapfen, auch mit Hutzeln, genauer *Äpfel-.* – e. *Kauzeⁿ* Knorren am Brotlaib.

kunz(el)ig s. *keinnützig.*

küⁿzleⁿ *khĕ̱atslǝ* schw.: einem schmeicheln, zärtlich tun. – Küⁿzler m.: Schmeichler, Schöntuer OSCHW.

Ku-pflätter; -pflatter; Kü-pflatter, Kupflätterling m.: **1.** = *-fladen.* – **2.** Sommersprossen OSCHW. Syn. *-platte, Roßmucke, Tupfe.*

Kü-plattᵉ, Plur. -eⁿ f.: Sommersprosse(n).

kuppelig Adj. Adv.: was ordentlich, nett zusammengemacht ist, paßt. Nett, niedlich, zierlich, hübsch. *Eⁱⁿ k-s Mädleⁱⁿ.*

Kuppel-pelz m.: Belohnung für das *kuppln,* das Zustandebringen einer Heirat, auf dem Land meist in einem (oft am Hochzeitstag verabreichten) Paar Stiefel bestehend.

kuppleⁿ schw.: zusammenfügen. Speziell: eine Heirat zu Stande bringen, wie nhd.

küppleⁿ *-ī-* schw.: rülpsen, = *koppen* ALLG.

Kur *-ū-,* Plur. -eⁿ f.: **1.** Wahl, Wahlstimme. Veraltet. – **2.** *K-eⁿ macheⁿ, treibeⁿ* Späße machen, mutwillige Scherze treiben. *K-eⁿ habeⁿ* im Spaß, zum Zeitvertreib sich mit jemand abgeben. *Du hast rechte K-eⁿ treibst unnötige Dinge.* – **3.** in der negativen Redewendung *keiⁿᵉ K. (meʰʳ) geᵇeⁿ* keine Antwort, keinen Laut; verstärkt: *Der gibt keiⁿᵉ K. und keiⁿ Gᵉhör.*

kuranzeⁿ *khŭ-* ∪ʼ∪ schw.: plagen, schikanieren S.

Kurasche(e) *kŭrăš(ĕ̱)* ∪ʼ(∪); Gu-, Go-, Krasche f.: Mut, Entschlossenheit, Beherztheit. *Der hat keiⁿᵉ K. im Leib.* – kuraschiert Adj. Adv.: mutig, furchtlos.

kur-ässᵉ *khūrȩ̄s* ⌢ Adj. Adv.: wählerisch, heikel im Essen.

kuraßleⁿ *khŭräslǝ* ∪ʼ∪, -ȩ̄slǝ schw.: stark springen.

Kürbe s. *Kirchweihe.*

kuriereⁿ ∪ʼ∪ schw.: wie nhd. heilen, eig. u. übtr. das übliche Wort.

Kurre f.: Respekt, Angst, Furcht. *Kurre haben, kriegen.*

kurreⁿ schw.: unschöne, undeutliche Töne von sich geben. **1.** knarren, von Türen, Wägen o. ä., die nicht geschmiert sind. – **2.** knurren, von Hund, Katze, auch vom Magen. – **3.** girren, von der Taube. – **4.** räuspern, leicht und öfters husten, hüsteln. – **5.** unverständlich reden. Durch unklare Töne sein Mißfallen ausdrücken, murren, unzufrieden schimpfen, maulen. S. a. *kurrlen, gurren, kirren.*

kurreⁿ**-burzle**ⁿ schw.: einen Purzelbaum schlagen.

kurrig Adj. Adv.: mürrisch, mißgelaunt, grämlich.

kurrleⁿ schw.: = *kurren 2,* kollern, in den Gedärmen OSCHW.

Kürschner *-ĭ̄-,* FRK. *-ḝ-* m.: wie nhd., Pelzmacher.

Kurz-futter n.: Häckerling.

kus *-ŭ-* Interj.: *k.! k.! k.!* Lockruf für Kälber.

Ku-schellᵉ f.: **1.** eigentl., Glocke der Kuh. – **2.** Samenkapsel der Herbstzeitlose. – **3.** Küchenschelle, Pulsatilla vulgaris L.

Kü-schlappᵉ, auch -schlappeteᵉ f.: = *-fladen.*

Ku-schlotzer m.: Samen der Herbstzeitlose. – Kuschlucke, Plur. -eⁿ f.: Herbstzeitlose. – Küschlutt ᵉ, Plur. -eⁿ f.: Herbstzeitlose im Frühjahr, wenn sie Früchte trägt (nicht die blühende). – Ku-schump ᵉ m.: weibliches Jungvieh OSCHW. – Ku-seit ᵉ m.: mütterliche Seite, Art. *Der schlägt auf dⁱᵉ K.* schlägt der Mutter nach OSCHW.

kuspereⁿ schw.: durchsuchen, durchstöbern. S. *kusteren.*

kusseⁿ (küsseⁿ) schw.: küssen, wie nhd. *Dᵃs K. und ᵈᵃs Liebeⁿ laᵝt sⁱᶜʰ nit verschiebeⁿ.* – Derbe Abweisung: *Küssᵉ mir deⁿ Buckel.*

kussig, -ü- Adj.: **1.** akt.: wer gern küßt, tadelnd. – **2.** pass.: zum Küssen einladend.

Kuß-monat; Küß- m.: Flitterwochen.

kustereⁿ *-ŭ-* schw.: mustern, durchsuchen, untersuchen. – Anm.: lat. *custos* Wächter, Hüter.

Kusterer m.: wer alle Kleinigkeiten durchstöbert, untersucht; unruhig wißbegieriger Mensch.

Ku-tatsch m.: = *-fladen* OSCHW.

Kuter *khū- (-ŭ-)* m.: **1.** wilde Katze, bes. männliche. – **2.** welscher Hahn, Truthahn. *Der hat e^i n^en Kopf ^ge kriegt wie e^in K.* roten, vor Zorn. – **3.** übtr. *Wilder K.* ausgelassener Junge. Mensch mit verwirrten langen Haaren. Mensch mit undeutlicher Sprache, Stotterer.

kutere^n schw.: schnell und unverständlich sprechen; Mutwillen treiben. – Zu *Kuter;* vgl. *kauteren.*

kuter-rot *khū-* Adj.: über und über rot.

Kütt^e; **Kück** *-ĭ-* f. n.: Schar, Flug, Brut Hühner, bes. Rebhühner, Tauchenten. – Übtr. *^E s ist alles ei^ne K.* sie halten zusammen.

Kuttel I *khŭdl,* Plur. **Kuttle^n** f.: Gedärme, Eingeweide; bes. die eßbaren, mit Einschluß der Bauch- und Magenwand, Kaldaunen. Sie werden bes. gern *sauer* oder *gebräglet* gegessen. – Übtr.: *Der hat e^ine gute K., gute K-le^n* ist von gesunder, zäher Natur, hält viel aus. *Der muß e^ine g. K. (g. K-le^n) habe^n; Da g^e höre^n g. K. darzu.*

Kuttel II f.: schlampige Weibsperson.

Kuttelfleck (**Kuttle^n-**), meist Plur. m.: Kaldaunen, = *Kuttlen* als Speise.

Kuttel-kraut n.: Majoran. – **Kuttel-muttel** n.: Kuddelmuddel, Durcheinander. – **Kuttelsack** (neben **Kuttle^n-**) m.: der gesamte Darm. – **Kuttel-werk** (**Kuttle^n-**) n.: Gedärme, = *-sack* Oschw.

Kütte(m) *khĭdəm;* Plur. *-mə; khĭdə;* **Quitt^e** *kwĭd,* Pl. *-e^n* f.: **1.** Quitte, die Frucht. – **2.** geringe Art von Mostbirnen.

kütte^n-gel^b Adj.: quittengelb, bes. vom Gesicht.

Kütte^n-g^e sälz f.: Quittenmarmelade.

Kütte^n-speck m.: Quittenpaste, Geleefrucht aus Quittenmus.

Kutter *khŭ-* m. n.: **1.** Kehricht, Unrat jeder Art. Spezieller: Staub, fein zerbröckelte Erde, Akkerkrume, Gartenerde. Alles Zerbröckelte, Zerriebene. *Der hat K. in de^n Auge^n* sieht nicht frei, klar, hell, verschlafen, opp. *kein(^en) K. in de^n A. Etwas zusammenschlagen, zerreißen, verhauen* (o. ä.) *zu K. und Fetzen. Des ist mir wie K.* eine Kleinigkeit, leichte, schnell erledigte Arbeit. – **2.** kleines Geld, Münze.

Kutter-biegel *-bĭə-* m.: Winkel, wo Kehricht aufbewahrt wird.

Kutter-eck n.: = *-biegel,* Winkel für Kehricht.

Kutter-eimer m.: Abfalleimer.

kuttere^n I schw.: **1.** bröckelig als *Kutter 1* herabfallen, z.B. von einer zerrissenen Wand. – **2.** mit Sand spielen. – **3.** bezahlen. *Der hat k. müsse^n.*

kuttere^n II *-ŭ-* schw.: kichern, halblaut lachen Frk. NO. – S. *kitteren.*

Kutter-faß n.: Kehrichtfaß. – **Kutter-geld** n.: kleine Münzen. – **Kutter-hafe^n** m.: löcheriger alter Hafen. – **Kutter-haufe^n** m.: Kehrichthaufen.

kutterig Adj. Adv.: leicht zerbröckelt, was dem *Kutter 1* gleicht.

Kutter-kist^e f., bes. Demin. *-kistle^in* n.: Kehrichtkiste.

kutterle^n schw.: mit *Kutter 1* und Sand spielen, von Kindern und Hühnern.

Kutter-schaufel f., Demin. *-schäufele^in* n.: Schaufel zum Zusammenkehren von *Kutter 1.* Gern verbunden *K. und Kehrwisch.*

kuttet Adj.: weit, schlotternd, von einem Kleidungsstück.

kuttig Adj.: weit, schlotternd, von einem Gewand.

Kutz^e I *-ŭ-* f.: **1.** weibliche Katze, bes. verwendet als Scheuchruf: *K., gehst 'naus* u. ä. – **2.** *kutz!* ruft man Kindern zu, die beim Husten Erstickungsanfälle haben. – **3.** junges Tier überhaupt.

Kutze II m.: **1.** weicher Torf. – **2.** übtr. Zottelmensch, als Schimpfwort Oschw.

Kützel m.: Kitzel; Gelüsten.

Kutzele^in n.: Kätzchen, Blüte der Weide Oschw.

kütz(e)le^n *khĭ-;* **kutz(e)le^n** *khŭtslə, khŭrtslə; khŭtsələ;* **kisele^n** *khŭtslə.* **1.** kitzeln. – **2.** reizen, necken, beunruhigen. *Er hat ihn älleweil ^ge kützelt* aufgereizt. *Des k-t ihn* plagt ihn. – **3.** *Mist kitz(e)le^n* im Frühjahr den Mist auf den Feldern, Wiesen verreiben, verschlagen, ehe das Stroh abgerecht wird. Synn. *M. klopfen, kratzen, klocken, verschlagen* u. a.

kützelig, k u- Adj. Adv.: kitzelig. **1.** von Personen: wer gegen physischen Kitzel empfindlich ist. Übtr.: heikel, empfindlich, leicht reizbar. *Des ist e^in K-er* er braust leicht auf, erträgt keine Einrede. – **2.** von Sachen: heikel. *Des ist e^ine k-e Arbeit, Sache* heikle, schwierige.

kutzenbon(el)en s. *kitzen-.*

Kutz(e^n)-mulle^in n.: **1.** *Kutz(e^n)-* Katze, liebkosender Ausdruck, bes. der Kinderspr. S. a. *Katzenmullein.* – **2.** *Kutze^n-* Blüte der Weide. – **kutze^n-rei^n** Adj. Adv.: ganz rein, reinlich wie eine Katze; heikel, bes. im Essen, leicht zum Ekel geneigt, ekelig. S. a. *katzenrein.*

kutzig s. *keinnützig.*

kützlen, k u t z l e n s. *kützelen.*

kü-wütig *khĭəwĭədĭg,* k u- *khŭə-* Adj.: sehr zornig, wütend.

k w- s. *qu-* und s. *gew-.*

Q

Qu- ist ein den oberdeutschen Mundarten fremder Laut. Soweit er nhd. vorkommt, ist er entweder germanisch *qu* oder mittel- und niederd. Form für mhd. *tw.* Dem ersteren entspricht obd. *k,* dem letzteren obd. *zw;* es ist also, was unten nicht zu finden, unter *k-* oder *zw-* zu suchen. Meistens aber ist schwäb. Anlaut *gw- (kw-)* aus *gew-* entstanden; solche Fälle s. unter *gew-* bezw. *w- (Gwind* s. *Gewinde, gwunde^n* s. *winden).*

quack- s. *quank.*

quacken, quacklen (wanken u. ä.) s. *wacken, wacklen.*

Quadrat *gwădrāt* ◡◠; Demin. Quadrätle^{in} -*ę̄*- n.: wie nhd. Populärer *Viereck.* – Quadrat- in Komposs.: **1.** in -meter usw. wie nhd. – **2.** verstärkend: -latsche m.: ganz ungeschickter, täppischer Mensch.

qualme^n schw.: Tabak, Zigarren rauchen.

qua^{n}ke^n *gwăgǝ,* quanke^n; qua^{n}kle^n schw.: *q., daher q.* einherwatscheln wie eine Ente. – Qua^{n}keri^n f.: die einen solchen Gang hat. – qua^{n}kig Adj.: watschelnd.

Quantum *gwăndǭm, -ǝm* n.: eine bestimmte Menge. *Ein Q. Mehl, Äpfel* o. ä. *I^{ch} kauf^e ^{da}s ganz^e Q.* die ganze zum Verkauf angebotene Menge.

quappelig Adj.: vollfleischig. Lebendig, unruhig. Lotterig, schlotternd, etwa von bewegten Fettmassen.

quapple^n schw.: sich unruhig bewegen. S. a. *quappelig* und s. *wablen;* vgl. *quatt-.*

Quark *gwăr(ǝ)g* m.: wertloses Zeug, Kleinigkeit. Haufen, Durcheinander: *e^{in} ganzer Q.* – Anm.: Bei uns schriftspr. Entlehnung, pop. *Plunder, Gerust.*

Quartal *gwărdāl,* Pl. gleich n.: Vierteljahr, spez. V-stermin. – Quartal-geld m.: vierteljährlich bezahltes Geld. Andere Komposs. möglich, vgl. Quartalsäufer, wofür Quartal-lump.

Quatsch m.: **1.** nasser Kot. – **2.** dummes Zeug.

quatschen schw.: dummes Zeug daherreden.

Quatsch-falt^e, Pl. -e^n f.: nach beiden Seiten umgelegte Falte.

Quatschel, quatschelig, quatschlen s. *w-.*

quätschig s. *kätschig.*

Quatt^e Pl. -e^n m.: Larve des Maikäfers.

quatte^n schw.: = *-len,* watscheln.

Quattle -*ę̄* m.: dicker Mensch mit watschelndem Gang.

quattle^n *gwădlǝ* schw.: langsam und schwerfällig gehen, watscheln. – S. a. *Quattle.*

queck, Quecke s. *keck* usw.

Quendel s. unter *Kenlein.*

Quetsche o. ä. s. *Zwetschge.*

quicklen s. *wacklen.*

Quint(e) f.: kleines Gewicht, unter dem „Lot"; nur Demin. Quintle^{in} *gwę̆ndlę̆* Quentlein gebraucht. Meist nur noch bildlich, wie schon früher. *Kein Quintlein Verstand (Hirn) haben* o. ä. *K. Q. wert sein.* – quintelig Adj.: kleinlich genau. – Anm.: zu lat. *quintus* „fünft".

quitt, *gwĭt* und (populärer) kitt *khĭt* Adj. Adv.: wie nhd. von Ausgleichung eines Anspruchs; auch moral., wenn keiner dem andern (mehr) etwas vorzuwerfen hat. Es wird wie das Syn. *wett* nie als flekt. Adj., sondern nur präd. gebraucht: *q. sein,* auch *q. werden. Wir sind q.; Ich bin q. mit dir.*

Quitte s. *Küttem.*

Quitten- s. *Kütten-.*

L

Lach-baum m.: Baum, der mit einem Einschnitt versehen ist zur Bezeichnung der Grenze. S. a. *-tanne*.

Lach^e I *läx*, flekt. -e^n f.: **1.** Pfütze, dafür das gebräuchliche Wort. – **2.** Mistjauche S. *L. führen auf die Felder.* Syn. *Pudel, Gülle, Seich* u. a.

Lach^e II f.: Grenzzeichen, Einschnitt in Holz oder Stein. – Grenze, Marke, Grenzscheide in Wald, Feld *(lǭx(ə), lǭgə; lǭx* Baum mit einem Grenzzeichen; Baum auf der Grenze. *Der L. (lǭgə) nach gehen.* Zeichen zum Aushauen, Abschälen der Rinde. – Anm.: Zu mhd. *lache* Markierung.

Lache III f.: Gelächter.

Läch^e *lěχ* m.: **1.** wer über jede Kleinigkeit lacht. – **2.** heftiges Lachen Frk.

lache^n I *-ă-* schw.: wie nhd.

lache^n II (lachne^n) schw.: mit Grenzzeichen, s. *Lache* II, versehen. Einen Wald bemarken; ihn zum Aushauen bezeichnen, ihn hauen. Marksteine setzen, Grenzsteine setzen Frk. *(lǭəxə).* Wiesen abgrenzen durch einen schmalen Graben *(lǭgə).*

Lache^n**-faß** n.: Güllenfaß Filder und s. davon Oschw. Allg. Syn. *Güllen-, Mistlachen-, Seich-.*

Lache^n**-loch** n.: Grube für die Jauche. Auch *Güllen-.* – Lache^n-patscher m.: Mensch, der in alle Mistlachen tritt.

Lache^n**-schapf**^{e} *-ă-* f.: Schapfe zum Ausfüllen der Jauche.

Lach(e^n**)-stei**^{n} *lǭəx-* Frk. m.: Grenzstein.

Lache^n**-trapper** *-ă-* m.: tölpelhafter, unbeholfener Mensch.

Lacher *-ă-* m.: Demin. Lächerle^{in} *-ě-* n.: **1.** wer (viel) lacht. – **2.** einmaliges kurzes Lachen.

lächere^n schw.: zum Lachen reizen. *Der (Des) lächert mich.*

lächerig *-ě-* Adj. Adv.: **1.** obj., zum Lachen reizend. Sonderbar. – **2.** subj., zum L. geneigt. *Einen l. machen* zum Lachen bringen. ^{E}*s ist mir nimme^r l. E^{in} l-s G^{e}sicht 'na^n mache^n.*

Lächetle^{in} n.: einmaliges leises Lachen.

lachig *-ă-* Adj.: wer gern und viel lacht.

lachne^n s. *lachen* II.

Lach-tann^e *lǭx-* f.: zur Bezeichnung einer Waldgrenze abgestutzte Tanne. Vgl. *-baum.*

lack Adj.: nicht frisch, matt. **1.** von Getränken: lau, abgestanden, fad, kraftlos; nicht im NO. – **2.** von Personen: träg-müde, ermattet, erschlafft, bes. als Folge der Hitze. *Heut bin i^{ch} ganz l.* Müde und hungrig, faul, träge. S. a. *lacks.*

Lackel m.: Mensch, der alles an sich schlottern läßt; bes. psychisch: Tölpel, Lümmel, dummer Kerl.

lackele^n schw.: matt herunter hängen. ^{E}*s lackelt alles an ihm.* Sich flegelhaft benehmen.

lackelhaft Adj. Adv.: = *lackelig.*

lackelig Adj.: träg, matt, energielos, sich gehen lassend.

lacks Adj. Adv.: = *lack* lau, beim Reden und Handeln.

Lad^e *läd,* Pl. Lade^n f., Demin. Lädle^{in} *-ě-* n.: **1.** Lade, Behälter, wie nhd. – **2.** übtr. a. Mund, spöttisch. *D^{ie} L. aufreiße^n.* – b. Hosenladen. – c. weiblicher Geschlechtsteil.

Lad(e^n**)** *-ă-,* SW. (wenn 2silbig) *-ǎ-,* Frk. *-ǭ, -ǫ̣-;* flekt. -e^n; Plur. *-ě̦-* m.; Demin. Lädle^{in} (Lädele^{in}; Lädemle^{in}) *-ě̦-* n.: **1.** Laden an der Fensteröffnung. – **2.** dickes Brett, Bohle Allg. – **3.** Verkaufsladen. *Sich an den L. legen* sich, seine Autorität zur Geltung bringen wollen; sich in Dinge mischen, die einen nichts angehen; sich etwas angelegen sein lassen, fleißig sein.

Laden-fenster n.: Fenster am, mit *Laden.*

Lade^n**-g**^{e}**leich** n.: *Geleich,* Scharnier, Türband (o. ä.) an einem Laden.

Laden-gestell n.: Fensterrahmen für die Läden. – Lade^n-glock^e f.: Glocke am *Laden* 3.

ladere^n *lǭ-* schw.: lauern, heimlich aufmerken, horchen, lauschen. Nachdenken, in Gedanken still stehen *(-oa-).*

Lad-gabel f.: Gabel zum Aufladen von Heu, Garben Oschw.

Lafett^e f.: **1.** Gestell der Kanone. – **2.** übtr. großer, wüster Mund, Maul.

läffere^n schw.: **1.** Speichel herablaufen lassen. – **2.** schwatzen.

laffle^n schw.: tändeln, mit Mädchen kosen Oschw.

läg *lěg* Adj. Adv.: sanft ansteigend, opp. *gäh. Ein läges Dach; Es geht l. hinab* u. ä. Das Adv. lautet lägs schief.

Lägel *lěgl, laegl,* Pl. Lägle^n; Sg. u. Pl. Lägele^n *-ələ* f.; Demin. Lägele^{in} n.: **1.** sachl.: Gefäß;

und zwar halbgroßes, meist tragbares Gefäß für Flüssigkeiten. Inhalt, Form und Stoff sehr verschieden. – **2.** übtr. auf Menschen. *Der sauft wie e^{ine} L.* Auch direkte Bez.: *L. (Bier-, Wein-, Schnaps-L.)* Trinker, auch Trinkerin OSCHW. – Anm.: zu lat. *lagena* Flasche.

Lager-buch, Läger- n.: Verzeichnis der Rechte und Einkünfte (Abgaben, Gefälle, Zinsen usw.) vom Grund u. Boden einer Herrschaft, Gemeinde. In moderner Amtssprache verwendet für Güterbeschreibungen.

lagere^n schw.: **1.** trans.: wie nhd., lagern; einen, etwas *l.* Seinen Wein o. ä. irgendwo *l.* – **2.** refl., *sich l.,* wie nhd. sich lagern.

lägle^n *lę̄glə* schw.: stark trinken.

läglings Adv.: liegend; opp. *ständ-, rittlings.*

läg s. *läg.*

lahm s. *lam.*

lai-: außer den ff., nach dem Nhd. hieher gestellten Wörtern s. *lei-, läu-, le-, lö-.*

Laib *-oe-, -ǭə-,* frk. *-ā-;* Plur. ebenso m.; Demin. -le^{in} n.: Laib Brot.

Laiber s. *Läuber.*

Laib-körble^{in} n.: runder geflochtener Korb für den Brotteig.

Laib-krättle^{in} n.: Backkörbchen, strohgeflochtenes schüsselförmiges Körbchen.

laiche^n I *-oe-, -ǭə-, -ā-* schw.: **1.** zusammen gehen, von ledigen Burschen und Mädchen BAAR. Auch *laichnen. Die l. zusammen* halten zus., sondern sich von andern ab OSCHW. *Zu einem l.* sich an ihn anschließen; Kameradschaft pflegen ALLG. *Mit einem l.* ein geheimes, gewöhnlich unlauteres betrügerisches Geschäft in Gemeinschaft treiben; übereinstimmen, bes. in schlechten Gesinnungen und Handlungen ALLG. – **2.** Laich, Eier absetzen, wie nhd. – **3.** schäumen, vor Wut, Zorn. – **4.** wetterleuchten. – Anm.: mhd. *leichen* hüpfen.

laichen II s. *jäuchen.*

laichne^n *(-oe-, -ǭə-)* schw.: **1.** = *laichen I 1,* die Geliebte regelmäßig (öffentlich oder geheim) besuchen. – **2.** = *laichen I 4,* wetterleuchten.

Lais s. *Linse.*

laisen s. *lösen.*

Lakai *lägae,* flekt. -e^n m.: wie nhd. Übtr.: *dummer L.* tölpelhafter Mensch.

Lale s. *Laulein.*

Lalle I *lälę̄* (S. FRK. *-i),* Pl. gleich m.: Schelte für einen einfältigen, ungeschickten, plumpen, läppischen Mann oder Knaben. Verstärkt *Sau-, Suppenlalle.*

Lall^e II *läl* f.: **1.** hohler Stengel der Zwiebeln mit Blütenknopf. – **2.** Tabakspfeife. – **3.** häßlich hervorstehende, herunterhängende Lippe, bei Mensch und Tier FRK.

Lälle *lę̄lə (lę̄l)* f.: **1.** Zunge SW. S. Nicht gew. Bez., sondern spez. von einer großen, insbes. herausgehängten Zunge. Daher bes. vom Hund. Beim Menschen spöttisch; von einer sehr großen Zunge. *Henk^e dei^{ne} L. net so 'raus.* – **2.** Mund; ebenso nur verächtl. – **3.** Zahn, Kinderspr.

lalle^n *lälə* schw.: intr. mit haben. **1.** wie nhd. Undeutlich sprechen. – **2.** spielen wie die Kinder, mutwillig sich gebärden; von Erwachsenen: läppisch tun.

lälle^n *lę̄lə* schw.: **1.** die *Lälle,* Zunge herausstrekken; sei es vor Hitze, Durst oder Erregung, bes. beim Hund, auch Rindvieh, Gans, sei es zum Spott. – **2.** übtr. böswillig schwätzen, schimpfen ALLG.

Lälle^n-könig m.: Schimpfwort. *Des ist e^{in} (rechter) L.* – Lälle^n-ma^{nn} m.: dass. – Lälle^n-päpp m.: dummes Geschwätz. – Lälle^n-päppel m.: alter fauler Kerl; fauler dummer Geselle *(lę̄ləbę̆pəl).* Demin. *-bę̆bəlę̆* (m.) kindischer Mensch. – Lälle^n-peter m.: *Du bist e^{in} rechter L.* Schwätzer.

lallig Adj. Adv.: kindisch ausgelassen. Ungebildet, lümmelhaft, ungezogen lustig.

lam *lãm, -ōū-* FRK., *lãm;* Kompar. Superl. umgelautet *-ę̄-* Adj.: **1.** von Personen. a. wie nhd. lahm. Häufiger nur = müde, abgeschlagen. *Ich bin ganz l. geworden* u. ä. Auch *kreuz-, bug-, lenden-l.* – b. allgemeiner ist die Bed.: langsam, träge, energielos; auch hier verstärkt *lenden-. L-e Dingi^n.* – **2.** von Gegenständen. a. schlaff, welk, von Pflanzen. – b. ein Messer, eine Uhrenfeder oder sonstige Maschinerie *ist, wird l.* funktioniert nicht mehr, weil locker, weich geworden. – c. abgestanden, schal, von Getränken. – d. abstrakt, langweilig. *Eine l-e Geschichte.*

Lama *lãmã* m.: lamer, träger Mensch.

Lam-arsch, Pl. ärsch^e m.: langsamer, träger Mensch. – lam-arschig Adj.: langsam, träge.

Lame *lãmę̆* f.: *Etwas geht auf eine L. aus* bleibt resultatlos, schläft allmählich ein. – Anm.: um Neckar und Enz gebraucht.

Läme *lę̄mę̆,* Pl. -ene^n *-ənə* f.: **1.** Lähmung, Lahmheit. – **2.** übtr. a. Pl. *Lämene^n* leere Reden und Ausflüchte. Geistlose Handlungen oder Gespräche. – b. eine Sache *geht auf e^{ine} Läme aus* bleibt resultatlos, schläft ein.

Lamech *lãmęχ* m.: langsamer Mensch; Schelte.

Lamel *lǫml; lǫml; lǫmər; lãoml; lãml* f.; Demin. Lämele^{in} *-ę̆-* n.: **1.** Messerklinge. Deutlicher *Messerl.* Insbes. lahme, stumpfe Messerklinge. – **2.** übtr. schmächtiges Geschöpf, z. B. noch nicht volle Erbsenschote, dürrer Ochse, altes, schwaches Pferd. Träger Mensch. – Anm.: zu lat. *lamina, lamella* Platte, Blech, Blättchen.

lam(e)lig *-ǎ-, -ǭ-, -ǭ-,* Adj.: langsam; schlaff, welk.

Lametei *lãmədəi* f.: **1.** *Das ist eine L.* geht langsam voran. *Es geht auf eine L. aus* bleibt resultatlos. – **2.** langsame Weibsperson. – **3.** Klage, Jammer.

Lamm *lăm; lõūm* FRK.; Pl. Lämmer *-ĕ̆-;* Demin. Lämmle[in]*-ĕ̆-* n.: **1.** eig., wie nhd., junges Schaf. – **2.** *L.* als Wirtshausschild. – **3.** Pl. weiße Wolken oder Wellen; westl. *Schäflein.* – **4.** einem Kind hängt *da̅s* Lämmle[in] *'raus* ein Stück Hemd zur Hose. – **5.** *Lämmle[in]* männliche Geschlechtsteile, Kinderspr.

Lamme s. *Lanne.*

Lammel, lammelig s. *Lamel, lamelig.*

lamme[n] schw.: lämmern, Junge werfen, vom Schaf.

lämmere[n] schw.: **1.** das Hemd vorn und hinten zu den Hosen hinaushängen ALLG. – **2.** intr. *es lämmert* spukt, geht übel.

Lämmer-zung[e] f.: Blätter von **1.** Wiesen-Knöterich, Polygonum bistorta L. – **2.** Großer Wegerich, Plantago major L.

Lamp[e] I, flekt. - e[n] m.: Lump, liederlicher, leichtfertiger, auch spez. versoffener Mensch.

Lamp[e] II; Pl. - e[n] (- e n e[n]) f.; Demin. Lämple[in] n.: wie nhd., Hänge- oder Stehlampe, opp. *Ampel.* Zwischenform La[m]pel *lăbl, Lample[n].*

Lämp[e] *lĕmp, lẽəmp, lẽəp,* flekt. - e[n] m.: Fetzen. **1.** phys. Fetzen vom Kleid. Herabhangende Fetthaut. Bauchlappen des Schweins. – **2.** moralisch: Lump.

Lampel I *lămbl* m.; Demin. Lampele[in] m. n.: *Lampel* träger, langsamer Mensch. *Lampele[in]* Mensch, der alles mit sich anfangen läßt; liederliche, dumme Person.

Lampel II (Lampe) s. *Lampe* II.

lampele[n] *lămbələ;* lample[n] schw.: **1.** schlaff herabhängen; von welken Pflanzen, gelähmten Gliedern u.a. – **2.** langsam, träge gehen. Ebenso *'rum l.* Im Leichtsinn herumlaufen und Geld verbrauchen. Vgl. *Lampel* I.

lä[m]**pele**[n] *lĕbələ* schw.: träg arbeiten, so daß man nie mit andern fertig wird.

lampelig Adj.: **1.** schlaff. – **2.** saumselig.

lampe[n] schw.: **1.** schlaff herabhängen, von Gliedern o.ä. OSCHW. – **2.** langsam, träge ziehen, z.B. vom Pferd. Bummeln, schlendern, auch lumpen OSCHW. ALLG.

Lämperer m.: Nichtstuer FRK.

Lamperi *lămbərī* ᴜ◡´ f.: Verschalung der Wand, bes. unter den Fenstern. – Anm.: Frz. *lambris* m.

Lampert: der Pers.N. *Lambert(us).* Kurzform *Be̅r-tus bĕdəs.* Der hl. *L.* am 17. Sept. *Gregorii* (12. März) *und des L-s Reich macht Tag und Nacht einander gleich.*

Lande s. *Lanne* u. s. *Lander.*

lande[n] schw.: **1.** wie nhd. – **2.** übtr. zum Ziel kommen, in versch. Nüancen. *Der Pfarrer ka[nn] net l.* findet bei der Predigt kein Ende. *Wenn ma[n] [e]s so hat, ka[nn] ma[n] scho[n] l.* auskommen. *Wir könne[n]t*

[n]it mit e[i]nand[er] l. auskommen, uns vertragen. *Der A. ist so stark, da ka[nn] der B. lang [n]et l.* beikommen.

Lander *lăndər,* ALLG. *lǫndər;* Pl. - e r e[n]; Demin. Länderle[in] n.: **1.** Schindel, und zwar die große, zum Dachdecken verwendete, opp. *Schindel* OSCHW. ALLG. TIR. – **2.** Latte, Stangenzaun.

land(e)re[n] schw.: streunen, müßig umherziehen.

Land-jäger m.: **1.** im alten Württemberg Titel für die Polizisten auf dem Land. – **2.** *(dürrer) L.,* auch *Peitschenstecken:* hart geräucherte Wurstart.

Land-pomeranz[e] f.: Mädchen von ländlichen Manieren.

lang *lăŋ,* NO. *lăŋ,* NOFRK. *lõuŋ;* Kompar. *-ĕ̆ŋ-* Adj. Adv.: wie nhd. **1.** räumlich. Verstärkt *himmel-, ellen-. Den l-en Weg* der Länge nach. *Er ist de[n] l-e[n] W. 'na[n]g[e]falle[n]. Kreuzweis und de[n] l-e[n] W.* durch und durch. Große Menschen nennt man *l-e Latte, Stange, l-er Stagel, l-es Trumm, Scheißhaus* u.a. *Der ist so l. wie (länger als) d[ie] Haberernt[e], e[ine] Hopfe[n]stang[e], e[ine] Fahne[n]stang[e]* OSCHW. ALLG. *Desmal geit's L-[e]s Prügel.* – **2.** zeitlich. *Den lieben l-en Tag. Der schwätzt viel, wenn der Tag l. ist. Gut Ding braucht l-e Weil[e]. L-e W. haben* Sehnsucht, Heimweh. *D[ie] Zeit ist ihm l. worde[n]. Laß dir d[ie] Z. net l. werde[n]! L-e Z.* Langeweile. *Wer l. hustet, lebt l. (wird alt). Scho[n] l.* längst. *Des ist l. stark* genügt vollständig FRK.; *Des ist l. schön* schön schön.

lange[n] schw.: **1.** intr. a. lang, länger werden. – b. (aus)reichen, genügen. *[E]s lang(e)t gut. Des (Geld) langt bis morge[n].* – c. sich irgendwohin erstrecken, sich ausstreckend nach etwas greifen. *An den Hut, die Kappe l. Der langt bis an d[ie] Decke ('nauf).* – **2.** trans. a. etwas *l.* zu etwas hinreichen, genügen. – b. sich ausstreckend ergreifen. *Lang[e] mir da̅s Wasser, da̅s Brot.*

länge[n] schw.: länger machen. *Si[ch] l. lau[n]* sich sputen.

lang-g[e]**stakelet** *-kštǫgələt, -kštaxlət* Adj.: hochgewachsen und mager.

lang-halset Adj.: mit langem Hals. – lang-haret Adj.: mit langem Haar. – Lang-hare re[n] m.: junger Mensch mit langen Haaren.

langlecht; länglecht; langlächtig Adj.: länglich.

langmächtig Adj. Adv.: sehr lange. *Du brauchst aber l.!*

lang-oret Adj.: langohrig.

Längs, Lenz m.: Frühling. (Nur im SO.: *lăŋs, lĕ̆ntsīk* ALLG.).

lang-schnäderig Adj.: groß und sehr mager; *Des ist e[ine] l-e Dingi[n].* – Lang-stak-*štǫək* m.: hagerer langer Mensch. Dazu lang-stakelig Adj.: mit langen Beinen versehen, von Mensch und Tier.

Lang-wid *lăŋwīd, lăŋkw-, lăkw-, lĕ̆ŋwīd, lĕ̆ŋkwīd* f.: **1.** die lange, das vordere mit dem hinteren

Wagengestell verbindende Stange. – **2.** langsamer Mensch.

lang-wirig Adj. Adv.: lange während. *Ein l-es Leiden* chronisches Übel.

Lank *lăŋk*, Pl. Länk^e m.; Demin. Länkle^{in} n.: **1.** Art und Weise OSCHW. SO. a. lobend. Ein Mensch *hat den Lank, auch das Länkle^{in}* ist gewandt, hat Lebensart, versteht das Geschäft. Auch von Dingen. Eine Speise, ein Getränk *hat einen guten Lank.* Bes. auch neg. *Er, es hat nicht den rechten, hat (gar) keinen L.* ist nicht, wie es sein sollte. – b. tadelnd. Ein Getränk odgl. *hat einen L.* Nebengeschmack. Ein Mensch *hat einen besonderen L.* (unangenehme) Eigenheit. – **2.** persönl. *Er ist ein L.* hat viele Untugenden.

lankele^n schw.: die Glieder kraftlos hängen lassen, träge sein.

lanke^n schw.: sich auf dem Stuhl schaukeln: *Er lanket in einem fort.* Syn. *gampen.* S. a. *lankelen.*

länke^n schw.: biegsam machen, z. B. *Wide^n l.* Weiden b. m. Sonst *klänken* I 1.

Lann(e^n**)** *lăn(ə); L*and^e; Lander; Lamm^e; Pl. -e^n f.: Gabeldeichsel, zwischen deren 2 Armen das (einzige) Pferd eingespannt wird.

lao s. *lassen.*

Lapei^n *lăbāē, -ae* ⌢ m.: **1.** Kaninchen. – **2.** dummer, tölpelhafter Mensch. – Anm.: frz. *lapin.*

Lapp^e f.: Mund, derb. *Halt^e dei^n L.!*

Lappel f.: Maul, = *Lappe. Halt^e dei^{ne} L.!* Dafür auch Läppel *lĕ̆-.* S. a. *Luppel.*

Lappe^n m.; Demin. Läpple^{in} *-ĕ̆-* n.: **1.** Lappen, loses, herunterhängendes Stück von Tuch o. a., bes. Demin. Etwas *mit L. flicke^n.* – Übtr.: *De^n L. 'ra^{b}henke^n* den Mund herunterhängen aus Groll, schmollen. – **2.** läppischer, tölpelhafter, kindischer Mensch, Laffe.

lappe^n schw.: schlürfend auflecken, mit der Zunge saufen wie Katze und Hund OSCHW. ALLG.

läppere^n *lĕ̆-;* lappere^n schw.: eine Flüssigkeit, bes. Wasser verschütten. Eine Flüssigkeit wiederholt von einem Gefäß in's andere schütten. Mit (im) Wasser spielen, plätschern. – Unordentlich trinken. *Der läpperet alles nu^r so 'nei^n wie der Hund* sehr schnell. *Der läppert de^n ganze^n Tag* trinkt viel in kleinen Portionen.

läpperig *lĕ̆-;* lapperig Adj. Adv.: dünnflüssig, zu dünn, bes. von Speisen, an denen zu viele und kraftlose Brühe ist. *Eine l-e Suppe, Gemüse.* Übtr. *ein l-es Geschwätz* inhaltsloses, fades Gerede. *^{E}s ist mir l.* schwach im Magen.

Läpper-schulde^n Plur.: kleine zerstreute (bes. durch Trinken angewachsene) Geldschulden. Syn. *Trempel, Klätter-, Klitter-.*

Läpperte *lĕ̆-* f.: Ausgeschüttetes, Schmutz. Jede *verläpperte* Flüssigkeit.

läpple^n *lĕ̆-* schw.: **1.** = *läpperen,* mit Wasser (o. ä.) spielen, darin herumrühren, es verschütten SW. – **2.** sich kindisch, läppisch benehmen.

Läpprete s. *Läpperte.*

Lapse^n m.: = *Lappen 1,* etwas Dickflüssiges; loses Stück von Stoff oder Fleisch.

Lare s. *Hilarius 2.*

lare^n *-ǭ-* schw.: mit Spannung, Verwunderung auf etwas hören. Nachdenken, wachend träumen, über etwas Trauriges nachsinnen ALLG.

larpe^n, lärp(s)e^n schw.: kauen, beißen OSCHW.

Larv^e *lärf,* Pl. -e^n f.: **1.** Gesichtsmaske. Dafür das gew. Wort, soweit Maskierung üblich. *A Larv wia bei Faßnachts-Bräuch.* – **2.** übtr., spöttisch. a. Gesicht. *Die hat e^{ine} schöne L.* Bes. Demin. *e^{in} Lärvle^{in}* ein nettes Gesicht. – b. Mund. Bes. bei mürrischer Stimmung.

Läsch f.: **1.** *lĕ̆š* Maul; *Er hat ihn auf d^{ie} L. g^{e}schlage^n.* – **2.** = *Lätsch* II, *Läutsch,* s. d.

lasse^n st.: lassen. A. Form. Inf. a. in Bed. 2 c: *lǫ̆sə; lāǫ; lǫ̆ŋ.* – b. in andern Bedd. (bezw. ohne Unterschied der Bed.): *lāsə* N.; *lǫ̆sə* RIES; *laosə; lǫ̆ŋ* OSCHW.; *lǭ (lō); lāǭ* (sw. *lāü*) Hauptgebiet. – B. Gebrauch. **1.** trans., mit Objekt, im wesentlichen wie nhd. – **2.** ohne Obj., mit haben. a. nach-, loslassen o. ä., mit versch. Subjekten. Eine Farbe *läßt* ist nicht haltbar, färbt ab. Ein Gefäß *läßt* hält nicht. Das Getreide *la^{β}t* löst sich beim Dreschen leicht vom Stengel OSCHW. *D^{ie} Kuh will lau^n* kälbern. *Das Wetter läßt* wird mild OSCHW. *^{E}s wird bald lau^n* bei ihm ein Ende nehmen. *Ma^n la^{β}t a^{n}hebe^n; wird alt und la^{β}t:* man wird alt und gebrechlich (auch: wird impotent). – b. eine Weibsperson *la^{β}t* hurt. – c. ein Bienenschwarm *läßt* schwärmt. – d. ein Ding *läßt* steht wohl an, bes. mit Adv. *^{E}s la^{β}t ihm gut.* – e. *von einem, von etwas l.* ablassen, wie nhd. – **3.** reflexiv, *sich l.* a. ohne Inf. Das Roß *hat si^{ch} i^n d^{ie} Höh^e g^{e}lau^n* ist gestiegen. – b. mit Inf.: sich das und das antun lassen, wie nhd.

Laßmichauchmit n.: *Vor lauter Laßmi^{ch}au^{ch}mit,* vor lauter Hasten.

Last *lǎšt,* NO. *lăšt,* frk. *lǎšt lǫ̆št* m. f.; Pl. Läst^e, f. auch Laste^n: Last. **1.** drückende Last, phys. Wie nhd. – **2.** *e^{in}(e) L.* große Menge. *E^{in}(e) L. Äpfel, Stroh. E^{in}(e) L. Leut^e, Kinder.* – **3.** übtr. wie nhd., Bedrückung, Belastung; Schuldenlast, Verpflichtung zum Zahlen. *^{E}s ist e^{in} Kreuz und e^{in}(e) L. (mit dir)! Es ist e^{in}(e) L.!*

Laster *lǎštər,* Pl. gleich n.: **1.** wie nhd. – **2.** Schimpfwort für beide Geschlechter: böses, lasterhaftes, schmähsüchtiges usw. Weib oder Mädchen; auch bloß mehr scherzh.; bes. *alt^{e}s L. Lang^{e}s L.* hochgewachsener Mann. Auch *wüst^{e}s L.,* von beiden Geschlechtern.

Laster-gosch^e, Lä- m.: Schandmaul; vgl. *-maul.* *Er (Sie) hat e^{ine} (rechte) Lastergosch^e;* persönl.: *ist e. r. Lästergosch^e.*

lästerlich *lĕ̆-* Adj. Adv.: **1.** volle Bed.: tadelnd oder tadelnswert, schändlich, lasterhaft. – **2.** *einem l. tun* ihn ausschelten. Auch allgemeiner: arg, heftig, bei Verben, die etwas Tadelnswertes oder doch Rohes, Derbes enthalten: *l. schelten, l. schlagen, l. saufen* o. ä. *Des g^eheit mi^ch l.*

Laster-maul n.: bösmauliger Mensch.

lästig Adj. Adv.: **1.** groß, bedeutend; zu *Last 2. Ha^be^nt ihr viel Grundbire^n ^gekriegt?* Antw.: *^Es ist ^nit l.* Bes. Adv., sehr. – **2.** zu *Last 3* wie nhd.

Latei^n *lădāē* ⌣ʹ n.: wie nhd., eig u. übtr. – Lateiner m.: der Latein versteht. – lateinisch Adj.: wie nhd. Bes. *Der l-e^n Zehrung nachgehe^n* dahin gehen, wo es nichts gibt. *Auf der l-e^n Z. 'rum laufe^n* betteln.

Latern^e ⌣ʹ, flekt. (auch Nom.) -e^n *lădę̄(ə)(r)n(ə)* W., *lădę̄(ə)n(ə)* N. O. f.; Demin. -le^in n.: **1.** Laterne, wie nhd. Scherzh. *Latusel, Latuter lădüdər* ⌣ʹ⌣. – **2.** übtr. a. Wassertröpfchen an der Nase, herabhängender Nasenschleim. *Der hat e^ine L. hange^n.* – b. herabhängender, lotternder Strumpf. – c. Samenstand des Löwenzahns. – **3.** Demin. *L-le^in* Arznei-Schlüsselblume, Primola veris L. – **4.** Demin. *L-le^in*: die vom Kelch lampionartig umschlossene Frucht der Laternen-Judenkirsche, Physalis franchetii Mast.

Latsch -ă̆- f.: unbehilfliches Weib Tir. Nachlässig gekleidete, unordentliche, auch dumme und unmoralische Frau Allg.

Lätsch I -ę̆- m., **Lätsch^e** -ę̆- f.: **1.** m. Masche, Schleife an einem Band, Strick, am Garbenseil Oschw. Allg. Tir. – **2.** m. großes Endglied einer Kette, das in einen Haken eingehängt wird. – **3.** f. große herabhängende Unterlippe, durch eine solche (bes. im Zorn, Trotz, beim Weinen) entstellter und verzogener Mund S. *Eine(n) L. machen, herab henken. Der henkt de^n L. bis auf de^n Bode^n 'ra^b.* – Anm.: zu it. *laccio* Schlinge.

Lätsch II f.: weiblicher Hund; schlechtes Frauenzimmer. *Lätsche dummes Mannsbild* Allg.

lätsch, et, -ig Adj. Adv.: weich, faul, kraftlos. Weich, nicht recht ausgebacken, vom Brot.

Latschare *lătšărę̆ (-ĭ)* ⌣ʹ⌣ m.: einfältiger, tölpelhafter, läppischer Mensch, Herumlungernder, Müßiggänger. – **Latschares-platz** m.: Platz, an dem sich die jungen Leute treffen.

Latsche *lătšę̆* (neben *-ǭ-), -ĭ* m.: einfältiger, plumper, ungeschickter Mensch; hochaufgeschossener junger Mann. *Du L.!* Bes. von der Gangart. Träg daherkommender Mensch, der die Füße nicht heben mag, Mensch mit wüstem Gang. – S. a. *Lotsche.*

latsche^n -ă̆- schw.: **1.** träg, plump, unbeholfen, stolpernd, schwerfällig gehen, daher kommen. Beim Gehen die Füße nicht aufheben. – **2.** lallen. – **3.** trans. eine Ohrfeige verpassen.

lätsche^n schw.: **1.** -ę̆- Flüssigkeiten verschütten Oschw. Allg. Im Wasser plätschern, ins Wasser schlagen Allg. Tir. Mit heftigem Schall (beim Aufschlagen) regnen, klatschen, plät-

schern. *^Es lätschet wie mit Kübel^n 'ra^b.* – **2.** -ę̆- eine Schleife machen. – **3.** nachmaulen. *Der muß ebe^n g^elätschet hau^n.* Syn. *brudlen.*

Latscher -ă̆- m.: wer plump daher tappt, ungeschickter, unbeholfener Geselle.

latschig -ă̆- Adj. Adv.: plump, grob, läppisch. *Ein l-es Geschwätz; ein l-er Kerl.*

lätschig, lätschet s. *lätsch.*

Lätsch-maul n.: großes Maul mit herabhängender Unterlippe.

Latt^e, Plur. -e^n f.; Demin. Lättle^in -ę̆- n.: **1.** wie nhd., Holzlatte. *Dur^ch (d^ie) L-e^n gau^n* durchgehen, das Weite suchen, sich aus dem Staub machen. *Der ist dur^ch d^ie L-e^n* auf und davon. *Einen (Etwas) auf der L. haben* ein wachsames Auge drauf haben, einen nicht leiden mögen. – **2.** übtr. langer, dürrer Mensch. *Du lange L.!* – **3.** *eine L. haben* einen Rausch, stark angetrunken sein.

latte^n schw.: mit Latten versehen.

Latte^n-stuck n.: große Latte. Bes. übtr. *Des ist e^in (recht^es) L.* ein großer, magerer Mensch; unbeholfener, dummer, grober Mensch.

lättere^n *lę̆-* schw.: **1.** Flüssigkeit in kleinen Mengen verschütten, etwa = *läpperen.* – **2.** (eine kleine Summe) bezahlen.

Latusel, Latuter s. *Laterne.*

Latz *lăts;* NO. *-ă̆-,* Frk. *-ă̆-, -ǭ-;* Plur. Lätz^e -ę̆- m.; Demin. Lätzle^in -ę̆- n.: **1.** Schlinge, Schleife an einem Seil, einem Band o. ä. – **2.** Endglied, letztes *Geleich* einer Kette. – **3.** Tuchfleck. An der älteren Männerkleidung = Hosenlatz. Schutztuch, bes. kleinen Kindern umgebunden, damit sie sich nicht *vertrielen.*

lau s. *lassen.*

Laubach *lāwĭ(χ)* Frk., *lǭbət* Tir. n.: Laub, Laubstreu Frk. Hohenl. Tir. *Er hat L. g^eholt* im Wald.

Laube f.; Demin. Läub(e)le^in n.: (Vor-)Platz im oder am Haus. **1.** Vorplatz, Halle zum Verkauf. – **2.** im Bauernhaus. a. Hausflur, Platz zwischen der Haustüre und den Wohnräumen bezw. der Treppe, = *Ern, Tenne* S. Oschw. Allg. – b. dass. am obern Stock, oberer *Ern.* – c. Altane, Balkon am obern Stock. – d. Dachboden, Bühne. – e. *L.*, bes. Demin. *Läuble^in* Abtritt (meist am Ende eines Gangs). – **3.** Gartenlaube, -haus.

Läubeler m.: Hundszecke. S. *Läuber.*

laube^n schw.: **1.** Laub im Wald suchen, holen, bes. zur Streu. – **2.** refl. *d^ie Bäum^e l. si^ch* verlieren die Blätter.

Läuber *lae-* m.: Zecke. S. a. *Läubeler, Läuberling, Läuberz(w)ecke.* – Anm.: Sie hält sich im Laub auf.

Lauberich *lāwərĭ(χ)* n.: Laub(streu) Frk.

Läuberling *lae-* m.: = *Läuber.*

Läuber-zeck^e f. m.: Zecke, = *Läuber.*

läuche^n I s. *jäuchen.*

läucheⁿ -ae- II schw.: stinken. – Anm.: zu Lauch.

Lauer I *ləu(ə)r*, S. *lūr*, flekt. L a u r e ⁿ m.: hinterlistiger Mensch, Schelm. Bes. neben *Bauer*. *Dⁱᵉ Baureⁿ sind Laureⁿ.*

Lauer II *(-əu-)* f.: wie nhd. *Auf der L. stehen, sein.*

Läufel I -ae-, O. -ḝ- m.: **1.** Person, die gern ausgeht und überall mitmacht, bes. von jungen Mädchen SO. ALLG. – **2.** verschnittenes Schwein unter 1 Jahr.

Läufel II -ae-; neben -elt; L a ü f e *lāfə;* N ä u f e l *nae-* f.: **1.** die grüne Schale der Walnuß. – **2.** Hülse der Haselnuß.

laufeⁿ st.: laufen. **1.** von Menschen und Tieren. a. wie nhd., mit der Bed. der Eile, aber nie von der Gangart (s. 2). Meist ist *l.* im Sinn des Eilens verdeutlicht durch Vergleiche u. ä. *Iᶜʰ biⁿ gᵉloffeⁿ, laufst net, so gilt's net* so schnell wie irgend möglich. *Der lauft, wie wenn er gᵉstohleⁿ hättᵉ; w. aⁿᵍᵉbrennt.* Mit Adv.: *gutlich, weidlich l.* – b. gehen, der allgem. Ausdruck für die Gangart des Gehens (Schritt); die des (nhd.) „Laufens" (Trab) heißt bei uns *springen. Spaziern l. Um einander l.* Wer zuviel getrunken hat, *kaⁿⁿ nimmeʳ grad l.* – c. als Geist umgehen. – **2.** von Dingen, wie nhd. *L. lassen* pissen. Ein Brunnen *lauft.* Ein Faß *lauft* ist angestochen (aber *rinnt* ist leck). Ein Wagen, Schlitten, Rad usw. *lauft (gut, schlecht).* Die Zeit *lauft. Es lauft,* es geht. *Ɛs lauft wie geschmiert, wie am Schnürlein.*

Läufer, L a u f e r m.; Demin. -leⁱⁿ n.: **1.** wer gut, schnell läuft. – **2.** *lọ̄-* Herumläufer, Landstreicher RIES. – **3.** *-äu-* halbgewachsenes, entwöhntes Schwein. – **4.** Bez. von Steinen. a. in der Mühle der bewegliche obere Mahlstein. – b. *-äu-* Schleifstein. – c. kleinerer Grenzstein zwischen den *Hauptsteinen;* meist oben mit einer Rinne in der Richtung der Grenzlinie versehen. – **5.** *-äu-* schmaler langer Bodenteppich. (Ähnlich *Tischläufer* schmale längliche bestickte Decke auf dem Tisch.)

läufereⁿ schw.: **1.** Nüsse aus den Schalen, Bohnenkerne aus den Hülsen tun *(läufen, läufeln, läufern, läufzeln).* – **2.** *Häᵇᵉnt ihr älles gᵉläuferet?* habt ihr eure Zuckersachen, Nüsse, Obst alles aufgegessen?

Lauf-frau f.: Frau, die im Haushalt für einige Stunden (bes. vormittags) die Arbeiten der Magd, sowie die Ausgänge übernimmt.

läufig, l a u f i g Adj. Adv.: **1.** was (gern, schnell) läuft. *L-s Maul* geschwätziges. – **2.** fließend. Ein *läufiger Brunnen.* Ein Ohr ist *läufig* fließend. Sonst mehr: *läufig* dickflüssig, von einem an sich festen Stoff, der zerfließt, wie Butter, Käse. – **3.** *läufig* brünstig, bes. von der Hündin. Übtr. von Weibern. – **4.** geläufig. *Dᵃs Kocheⁿ ist ihr läufig* sie versteht sich drauf.

läuflen s. *läuferen.*

Lauf-mädleⁱⁿ n.: Mädchen für Ausgänge.

läufzelen s. *läuferen.*

Laugeⁿ-bretzᵉ (-el) f.: mit Lauge gebackene *Bretze.*

laulecht, -lich *lọ̄lḝχt;* läu- Adj. Adv.: lau, lauwarm. *Ein l-er Mensch, Dinger* fader Geselle.

Laᵘ**le**ⁱⁿ *lọ̄lḝ* m.: träger, langsamer, energieloser, unentschiedener, gleichgültiger Mensch, der in allem wenig Leben zeigt. – Dazu: laᵘleⁿ *lọ̄lə* schw.: langsam arbeiten. – laulig *lọ̄-* Adj.: langsam, lahm. S. a. *laulecht.* – Demin. zu lau.

L a u m e l s. *Lamel.*

Läure *ləirḝ,* FRK. TIR. -ai-, S. -ī- f.: **1.** Nachwein, Tresterwein, gewonnen, indem man auf die Trester von Trauben oder Obst Wasser schüttet und dies noch einmal auspreßt. – Trüber frischer Obstmost, jede dicke Brühe. Schlechtes fades Getränke. – **2.** Trester, als Schweinefutter.

laureⁿ *-əu-,* S. -ū- schw.: wie nhd., (auf)lauern.

Laus-berᵉ *ləus-;* Läus- *lais-* f.: Stachelbeere, Ribes uva-crispa L. – Anm.: so genannt, weil sie um die Ladislaustag (27. Juni) zur Reife kommt.

Laus-buᵇᵉ m.: unartiger Junge (von Erwachsenen nur im Schimpf).

lauseⁿ schw.: **1.** wie nhd., Läuse fangen. – **2.** übtr. *einem l.* ihm einen starken Verweis geben, schelten, die Meinung sagen; auf den Kopf schlagen.

Lauser m. (seltener -iⁿ f.): Lausbube, Schimpfwort für einen naseweisen, unartigen Jungen, kleiner (frecher) Kerl.

lausig Adj. Adv.: **1.** mit Läusen behaftet. – **2.** Schelte: lumpig o. ä., geringfügig, wertlos. – **3.** Adv.: sehr, *es ist lausig kalt* sehr kalt.

Laus-kamm m.: enger Kamm. – L a u s - k e r l (e) m.: nichtswürdiger Mensch, Schimpfwort. – L a u s - k n ü t t e l m.: kleinlicher, ärgerlicher, widriger Mensch. – L a u s - k r o t ᵉ (L ä u s -) f.: unverschämter, frecher kleiner Kerl, von Knaben und Mädchen, meist scherzh.

Laus-mädleⁱⁿ n.: unartiges Mädchen. S. -bube.

laus-naupeⁿ schw.: einen mit den Knöcheln der geballten Faust an den Kopf schlagen.

Laus-recheⁿ m.: Kamm, scherzh.

Laus-salbᵉ f.: **1.** Salbe gegen Läuse. – **2.** mit Butter angemachter Kräuterkäse.

laustereⁿ *ləuštərə* schw.: lauern, horchen, die Ohren spitzen, lauschen. – L a u s t e r e r m.: Horcher. – l ä u s t e r l e ⁿ schw.: nachspüren.

Laus-sträl m.: = *Lauskamm.*

Laus-warᵉ f.: koll., kleine ungezogene Kinder.

laut *-əu-,* S. -ū-, FRK. -au-, RIES -ao-; Kompar. l a u t e r (läu t e r -əi-) Adj. Adv.: **1.** wie nhd., von starkem Schall. – **2.** von andern Sinneseindrücken. Etwas *riecht, schmeckt l.* stark.

läuteⁿ *-əi-,* S. -ī́-, FRK. -ai-, RIES *-ae-;* Part. gᵉlitteⁿ *-ī-* (gᵉläutet) st. (schw.): läuten, wie nhd., aber nur von dem öffentlichen Läuten mit großen Glocken; die Hausglocke, die Glocke des Büttels o. a. kleinere Glocken *schellen.* – Bes. vom L. zum Gottesdienst. *In die, Aus der Kirche l.* Es wird meist 3mal zur Kirche geläutet: *'s Erst^e, 's Ander, 's Dritt^e l.; z^usämme^n l.* *Einem (zur Leich^e) l.,* *Einer Leich^e l.* zu einer Beerdigung.

lauter *-əu-,* S. *-ū-,* FRK. *-au-,* RIES *-ao-* Adj. Adv.: wie nhd. **1.** rein, durchsichtig. *L-e Wahrheit* o. ä. – **2.** unvermischt. – In freierer Verwendung: bloß, nichts als. *Des sind l. brave Leut^e. Des sind l. Dummköpf^e.* – **3.** negat.: ein Ei ist *l.* unbefruchtet; unbrauchbar; verdorben, faul. Von Menschen: eine Frau ist *l.* unfruchtbar; ein Mann ist *l.* impotent.

Läutsch^e *laetš,* **Läsch^e** *lě̆š* f.: **1.** Hündin OSCHW. – **2.** schlechtes, liederliches, leichtfertiges Weibsbild. – **3.** wüster, häßlicher Mund, häßliche Mundstellung.

Lavor *lȧfǫr* ◡◞ n.: Waschbecken. Gerne verdeutlicht *Waschl-.* – Anm.: frz. *lavoir.*

Leber-käs m.: geringe Wurstart in großen Laiben. – **Leber-kis** m.: schieferiger Tonmergel, spez. im mittleren Keuper, vom Weingärtner durchschnittlich alle 3 Jahre zur Mergelung verwendet. – **leber-kisig** Adj.: aus *Leberkis* bestehend. – **Leber-knopf** m., meist Demin. -knöpfle^in n.: Leberknödel.

Leber-spatz, flekt. -e^n m.; meist Demin. -spätzle^in *-ę̆-* n.: = *-knopf.*

Leber-wurst f.: allgem. übliche Wurst in gröberen und feineren Sorten.

lebig Adj.: **1.** von Menschen o. a. lebenden Wesen. a. am Leben befindlich. *Die Totene^n könnet nie-ma^nd nix tu^n, aber die L-e^n.* – Dinge, in welche Insekten kommen, werden *l.* Ein von Parasiten wimmelnder fauler Stoff, wie Mehl, Käse, Fleisch *ist l.* – b. lebhaft. *E^in l-s Ding* lebhaftes Mädchen. – **2.** *l-s Wasser* fließendes Wasser.

Leb-kuch(e^n) *lě̆bkh-* m.; Demin. -küchle^in n.: Honigkuchen.

Leb-tag (Lebe^n-tag) m.: **1.** ganze Lebenszeit; in adv. Wendungen. Entweder *mei^n, dei^n, sei^n, un-ser, euer, ihr L.* oder *meiner . . . ihrer L.;* beides von Vergangenheit oder Zukunft, bes. in neg. Sätzen; *mein* (usw.) *L. net, no^ch net, nimme^r, keiner;* *mein au^ch Hast au^ch dei^n L. e^in^mal so etwas g^esehe^n?* – **2.** interjektionell. *Meiner L.!* Verwunderung. *Potz L.!* leichter Unwille. – **3.** Subst. (m.): Lärm, Aufhebens; selten bloß physisch. *Einen L. haben, (aus etwas) machen, ver-führen, anschlagen, anstellen* viel Lärm um nichts. Aber auch *Des is^t e^in L.* eine Freude. *Ha^be^nt ihr au^ch scho^n euer L.* (1) *so 'n L.* (3) *g^esehe^n?* – Syn. in allen Verwendungen *Leben-lang.*

Leb-zelt^e *lě̆əbtsę̆əlt;* flekt. -e^n m.; *L-e^n*s koll. n.; Demin. -le^in n.: = *Lebkuchen* OSCHW. SO.

lech *lę̆χ, lę̆əχ;* leck *lę̆(ə)k* Adj.: leck, infolge Austrocknens rissig, von Holzgeschirren udgl.; im Gebiet um die Donau u. s.; weiter n. *verlech.* Übtr.: ausgedörrt vor Durst; *Ich bin ganz l.*

leche^n, leche^n, lechne^n, lechere^n, lechze^n schw.: **1.** lech, leck, ausgetrocknet, rissig sein. Häufiger *verlechen.* – **2.** lechzen. Genauer: die Zunge vor Hitze, Durst, Erregung heraushangen lassen wie Hunde oder Rindvieh.

lecheren s. *lechen.*

lechlen s. *lechen.*

lechnen s. *lechen.*

-lecht *-lę̆(ə)χt, -lę̆t, -lət,* geleg. *-lechtig:* an Adjj. die Annäherung an den vollen Begriff, das Vorhandensein der Eigenschaft in einem geringen Grade ausdrückend: *blau-, grün-, dick-, lang-l.* usw.

lechzen s. *lechen.*

leck s. *lech.*

lecke^n *-ę̆(ə)-, -jă-, -ə-* schw.: lecken, wie nhd. *Das sind die rechten Katzen, die vornen l. und hinten kratzen.* Dafür aber meist *schlecken* gebraucht. – Dagegen stets *im (am) Arsch lecken.* Auch ohne beleidigende Absicht: *Jetzt leck^e mi^ch nu^r du* usw., *wo kommst denn du her?*

Lecker m.: Scheltwort. Spez. für junge, unreife, naseweise udgl. Burschen.

Leckerle^in n.: süßes Backwerk, Lebkuchen u. ä. S. *Lecker.*

Leckers-bube m.: **1.** schleckhafter Bube. – **2.** = *Lecker.*

Lecks-füdle m.: dummer, zaghafter, feiger Mensch. Name eines steinernen Kopfs an der Stiftskirche Ellwangen; bes. aber einer Figur an der Comburg bei Schwäbisch Hall.

ledere^n I *-ę̆-,* lederig; lidere^n, *-ig* Adj.: aus Leder. – Übtr.: langweilig odgl., nur *le-.*

ledere^n II, lidere^n schw.: **1.** *lidərə* beledern, mit Leder versehen. – **2.** zu Leder machen, gerben. – **3.** durchprügeln. – **4.** *lę̆ədərə* in den Wirtshäusern herum trinken, der Kundschaft wegen. – **5.** *lę̆ədərə* schnell laufen OSCHW.

lederig s. *lederen* I.

ledig *lę̆-* Hauptgel. u. S., *lę̆-* SW N.; *-īg* S., *-īχ* Mittelland NW., *-ī* NO., *-ę̆ŋ* RIES Adj.: ledig, frei. **1.** physisch, von lebenden Wesen. Ein Stück Vieh *ist l.* nicht angebunden. – **2.** frei von Verpflichtungen. Von Menschen. *L. vo^n etwas* frei. Spez.: unverheiratet. wie nhd. *L.* heißen auch solche, welche unverheiratet Kinder zeugen. *Die hat ei^nes l. g^ehabt. L-s Kind* uneheliches, von ledigen Eltern.

Lefz^e *-ę̆-, -ęə-* FRK. und SW., sonst Lefzg^e; flekt. (auch Nom.) -e^n f.: Lippe, bes. für Tierlippe die allgem. Bez.; lokal daneben *Gosche, Luppel.*

lefzgen s. *lechen* 2.

Leg^e *-ę̆-* (FRK. *lęῖχ),* Pl. -e^n f.: **1.** Platz, wo etwas hingelegt wird. – **2.** Schichte TIR.

Legeri^n f.: Leghenne, Henne, die fleißig Eier legt. Auch weibliche Gans.

299

Leget f.: Lage, Schichte. *Eine L. Heu, Emd* u. ä.

legig Adj.: eierlegend, von Hennen. *Der lauft 'rum wie e^{ine} l-e Henn^e* ängstlich, verschüchtert.

leh(e)ne^n *lẽənə* schw.: **1.** leihweise hergeben. – **2.** leihweise übernehmen, entlehnen. Meist *vert-,* feiner *ent-.*

Lehre s. *Lere I.*

lehren s. *leren I.*

lei *ləi; lāē* Ries Adv.: (so)gleich, beinahe, nur, bloß, eben, gerade, ungefähr, etwa: *Das ist lei so.* Etwas viel, ziemlich: *Es ist lei kalt.*

Leib *-əi-,* S. *-ī-,* Frk. *-ai-,* Ries *-ae-;* Plur. *-er* m.; Demin. *-le^{in}* n.: **1.** Leib, Körper. *Gesunder L.* – Prägnant: dicker, starker Leib. *Vom L. abfallen* abmagern. – Speziell: Unterleib, bes. der weibliche. *Der vorder^e L.* weibl. Scham. *Der hinter^e L.* Mastdarm. Von der Kuh: Uterus. Die Kuh *schafft de^n L. 'naus* bringt beim Kalben Gedärm u. a. mit. – **2.** Person, so lang sie das Leben hat. *Einem auf den L. rücken. Einem vom L. bleiben* sich fern halten, eig. und übtr. *3 Schritt vom L.* – Hieher viele Komposs., bes. die Menge der jederzeit möglichen, vielfach nach Bedarf gebildeten *Leib-* = Lieblings-. – **3.** übtr. a. Körper, Festigkeit, Dicke. – b. Rumpfteil der Kleidung, v. a. Demin. *L-le^{in}* n.: Unterhemd. – c. Polster unter dem Kummet der Pferde, zur Schonung. – Anm.: alte Bed. von *Leib* ist „Leben"; z. B. *leibeigen* mit dem Leben zugehörig.

leib-arm, leibs- Adj. Adv.: schwächlich, mager, schmächtig.

Leib-ding, Leib-geding(et) n.: wie nhd., auf Lebenszeit ausbedungene Leibrente = *Ausding;* bes. die Wohnung (nebst Zubehör), die der Bauer sich bei der Abgabe des Guts vom Sohn ausbedingt.

leibe^n I *-ǫe-, -ǭə-* schw.: **1.** trans.: übrig lassen. Nur von Speisen: *etwas l.* vom Essen übrig lassen SW. Oschw. Allg. Tir. – **2.** intr. mit sein: übrig sein, bleiben, von Mahlzeiten. – **3.** übtr., unpersönl. *^Es leibt* genügt nicht, fehlt etwas.

leibe^n II *-əi-,* S. *-ī-* schw.: mit Dat., einem (an) etwas nachlassen. Einem Pferde *l.* Schonung angedeihen lassen, durch die Wagstellung schonende Erleichterung verschaffen Allg. – Anm.: mhd. *līben* schonen.

leibe^n III *-əi-,* S. *-ī-* schw.: beleibt werden, an Umfang und Gewicht zunehmen Allg.

Leib-esse^n n.: Lieblingsgericht.

Leibete s. *leiben I* f.: Überbleibsel vom (Mittag-) Essen SW. Oschw. Bairschw. Allg.

leibig *-əi-* Adj. Adv.: wohl genährt, beleibt.

Leib-schad(e^n) m.: Bruch.

Leib-speis f.: Lieblingsessen.

Leib-we n.: Diarrhöe.

Leich- (Leicht-) s. *Leichen-.*

Leich-dorn m.: große Warze; Hühnerauge.

Leich^e, Leicht *-əi-,* S. *-ĭ-,* Frk. *-ai-,* Ries *-ae-,* Plur. Leiche^n f.; Demin. *-le^{in}* n.: **1.** wie nhd., Leichnam. – **2.** Leichenbegängnis, -feier. *Eine schöne L.; große, kleine L. Er hat eine große L. gehabt* es sind viele bei seiner Beerdigung gewesen. *Mit der (Zur) L. gehen* der Beerdigung beiwohnen. – Anm.: mhd. *līch* Körper, Leib, Toter.

Leiche^n-bitter (-beter) m.: der zur Leichenfeier einlädt.

Leich(e^n)-hemd n.: Totenhemd.

Leich(e^n)-träger m.: Männer, die den Sarg auf den Friedhof tragen. – Leich(e^n)-trunk (Leicht-) m.: Leichenschmaus: nach der Beerdigung im Wirtshaus abgehalten, wobei meist viel gezecht wird.

leide^n, S. *-əi-,* S. *-ĭ-,* Frk. *-ai-,* Ries *-ae-,* Part. g^elitte^n *-ĭ-* st.: **1.** intrans., wie nhd. Leid erdulden, Schmerzliches erleben. – **2.** trans. a. mit persönl. oder sachl. Subj.: erleiden, tragen, *Des müssen wir l.* dafür müssen wir finanziell aufkommen. Dann ohne den Begriff des Schmerzhaften, einfach: ertragen, aushalten, dulden, zulassen. Eine heikle Sache, die geheim bleiben soll *leid^et ^{da}s Schnaufe^n net.* Leid's net! dulde es nicht, laß es dir nicht gefallen! Ein Mädchen *l. können* lieben. – b. mit unpers. Subj. *^Es leidet ihn nicht länger* er hält es nicht mehr aus *^Es ma^g ^es (^it) l.* die Verhältnisse, Umstände gestatten es (nicht). – **3.** refl. sich gedulden, geduldig sein. *Mußt di^{ch} halt l., 's wird scho^n wieder besser werde^n.*

Leide^n n.: **1.** Leiden, wie nhd. – **2.** negat. *es hat kein L.* keine Schwierigkeit, keinen Anstand. *Des hat, Da hat's k. L.*

leidenlich *(-əi-)* Adj. Adv.: leidlich, erträglich. *Heunt is^t l-^es (laidəlĭs) Wetter* erträglich, nicht heiß und nicht kalt.

leidig *-ǫe-, -ǭə-* Adj. Adv.: traurig, voll Leids. *Des ist e^{ine} l-e G^eschicht^e. Heunt ist's l.* heiß sehr heiß.

leid-werke^n schw.: *einem l.* einem andern zum Leid handeln, zuwider handeln. Einem das tun, was ihn beleidigt.

Leimat s. *Leinwat.*

Leim-arsch *lǭm-* m.: träger, langsamer Geselle.

Leim-batze^n m.: Lehmklumpen. – Leim-bode^n m.: Lehmboden. – Leim-bolle^n m.: = *-batzen,* Lehmklumpen.

Leim^e, Lei^me^e, flekt. (meist auch Nom.) Leime^n *-ōē-* O., *-ǭə-* W. SW., *-ā̃ē-* NW., *-āē-* SO., *-ā̌-* Frk. m.: Lehm; lehmiger, toniger Boden; wertvoller als *Letten,* s. d.

leime^n Adj.: aus Lehm.

leimig Adj. Adv.: lehmig.

Leim-sieder m.: wie nhd. Bes. übtr.: langweiliger Mensch, der kein rechtes Leben zeigt.

-lein Demin.-suffix: **1.** Laut. Im Sing. *-lə* im NO. und im SO. am Lech; sonst *-lẹ̌,* S. *-lĭ;* im Plur. schwäb. *-lə,* im SW. *-lẹ̌,* südlicher *-lĭ.* Ein *e* der vorhergehenden unbetonten Silbe, vor Doppelkons. (auch *-ll-*) erhalten, lautet meist *-ə- (fẹ̆gəlẹ̆* aus *vögellîn),* im SW. auch *-ẹ̆lẹ̆, -ĭlĭ.* Das Demin. hat Synkope und Umlaut: *hẹ̆ndlẹ̆* zu *Hand, mẹ̆ndlẹ̆* zu *Mann, khẹ̆pflẹ̆* zu *Kopf* usw.; Ausnahme die nicht synkopierten Koseformen der Kinderspr. *Kopfele^{in} (-əl-), Handele^{in}* usw., bes. auch von Pers.Namen: *Gottlobele^{in}, Lobele^{in}, Jakoble^{in}, Jackele^{in}, Annele^{in}, Trudele^{in}* usw. – 2. Gebrauch und Genus. Im allgem. wie nhd. „-chen", an jedes Subst. angefügt (nicht an Fem. *-in).* Bes. Gebrauch: bei Adjj.: *der (des) G^escheidle^{in}, der G^eschwindle^{in}, der Laule^{in}, der (des) Naseweisle^{in}, des (der) Dumme(r)le^{in}.* Auch zu subst. neutr. Adjj. werden Demin. gebildet: *Guts(e)lein, Kleinselein, Großelein* u. a.; anderseits zu Adv.: *jale^{in}, sole^{in} sodele^{in},* zu Pron.: *wasele^{in}.* Die Namen von manchen Kinderspielen lauten *-le^{in}s (-lẹ̆s, -lĭs): Fangerle^{in}s (Fangetle^{in}s); Versteckerle^{in}s; Räuberle^{in}s, Mutterle^{in}s* u. a.

Leine *-ọ̆e-, -ọ̆-* f.: Lehne.
leine^n I *-ọ̆e-, -ọ̆ə-, lōər-;* l e n e^n *lẹ̆ənə* FRK. schw.: lehnen. 1. trans. Gern verdeutlicht *an-, hin-(an)-.* – 2. intr. sich anlehnen. Auch: faulenzen. *Um einander, ummer l.* müßig herumstehen.
leine^n II *lāēnẹ̆,* S. *-ĭ-* Adj.: 1. eig., wie nhd., leinen; von fertig gekaufter Leinwand. – 2. übtr. *Halb wolle^n halb l.* Eierhaber. *Halb l. halb schweine^n* ein sonderbares Gemisch; *er ist h. l. h. schw.* in seinem Wesen unzuverlässig.
leine^n III schw.: Lein säen SO.
Leiner *-ọ̆e-* m.: fauler Mensch, fauler Arbeiter.
Lei^n-lach(e^n) *lāēlă̆x(ə),* vielfach entnasaliert *ləi-,* S. *-ĭ-; -lĭχ* N.; SO. *ləilə;* Plur. *-e^n* n.: Leintuch, Betttuch.
Lei^n-wat *lāēwọ̆t; lāēmət* f.; Demin. *-le^{in}* n.: 1. Leinwand. – 2. *Leimatle^{in}* Einfassung am Hemdärmel.
leire^n schw.: 1. auf der Leier spielen. – 2. übtr. a. schlecht singen. – b. immer dasselbe reden. – c. seine Arbeit gleichgültig, langsam erledigen; bei der Arbeit träg, ohne Ernst sein; saumselig sein; die Arbeit hinziehen, verzögern; daher geradezu: faulenzen, die Zeit vertändeln, untätig hin und her gehen. Auch in Komposs. *ane-, daher-, herum-, ver-, ummer-* u. a.
Leire^n-bändel m.: 1. der Vogel Wendehals. – 2. langsamer Arbeiter; fauler, träger Mensch. – 3. langweiliges Einerlei, Geschwätz.
Leirer m., *-i^n* f.: 1. der die Leier spielt. Nur verächtlich. Schlechter Sänger. – 2. langsamer, saumseliger Mensch, Arbeiter, dem es bei der Arbeit nicht Ernst ist.
leirig Adj. Adv.: langsam, träg, phlegmatisch, nachlässig.
Leis *-ọ̆e-, -ọ̆ə-,* Plur. ebenso n.; L e i s^e, flekt. *-e^n* f.: Geleis des Wagens. *Im L. fahren; ein tiefes L.*

fahren. Der macht e^{ine} rechte L-e^n geht mit gespreizten Füßen. – S. a. *Geleise.*
leis *lāēs,* S. *lĭs* Adj. Adv.: 1. leise, wie nhd., vom Schall. *Des ist mir ^net l. ei^ng^efalle^n* keineswegs. – 2. sanft, vorsichtig. a. von Sachen. – Bes. von Speisen. Brot ist *z^u l. ^g^ebache^n* zu leicht. Meist: ungesalzen, zu wenig gesalzen, fade, öd. *Die Suppe ist l.* – b. von Personen: sanft.
leis(e)le^n schw.: leise sprechen, horchen, verstohlen hervorschauen, jemand heimlich nachsehen.
Leiter(e^n)-baum m.: 1. *Leitere^n-,* die beiden Längsstangen der Leiter, bes. am *-wagen.* – 2. *Leiter-* senkrechte Scheunenleiter, auf Oberten und *G^erech* hinaufführend bis zum *Glotterrädlein.*
Leiter(e^n)-wage^n m.: Wagen mit Leitern an der Seite.
Leit-faß n.: Transportfaß.
Leit-gaul *lāt-* m.: links gehendes Wagenpferd FRK.
Leit-seil n.: Zügel.
Lemmel s. *Lümmel.*
Len-, len- s. *Lin-, lin-.*
Lend(e^n)-brate^n m.: Nierenstück.
lende^n-lam *lẹ̆ndə-, lẹ̆də-* Adj.: saft- und kraftlos, abgeschlafft.
l e n e n s. *leinen* I.
L e n z s. *Längs.*
lenze^n schw.: 1. *lẹ̆ətsə* liegen. – 2. *lẹ̆ntsə* horchen; schauen, nach etwas hinschielen. – Anm.: aus dem Rotwelsch.
Leonhard m.: 1. männl. Taufname, ev. u. kath. – 2. der heil. L. (ev. u. kath. 6. Nov.) ist einer der gefeiertsten Heiligen. Patron der Gefangenen. Daher dargestellt mit einer Kette.
L e p s e s. *Lefze.*
ler *lẹr* Adj.: leer. Im allgem. wie nhd.; verstärkt *fatzen-, lotter-, lottel-, lutt-, blutt-.* Einige besondere Verwendungen: *l-er Gruß. Einen l. Gr. mitschicken* kein Geschenk. – *E^rdbire^n* (u. ä.) *l. esse^n* ohne Zutaten; ein Essen, das bloß aus Suppe oder aus Gemüse besteht, ist *e^{in} l-^es Esse^n. L. Sprudel* Mineralwasser ohne Zutat von Wein oder Obstsaft. *L-s G^eschwätz* einfältiges. *^Es ist net l. E^s ist net l.*
Ler^e I *l aer* Mittelland; *lẹr* s. u. w. davon; *lẹ̆ər* O.; *lẹr* NW.; *lẹr* prot., *lẹr* kath.: Pl. *-e^n* f.: 1. Erziehung, Unterricht, wie nhd. – 2. Inhalt einer Unterweisung, wie nhd. – 3. Muster, Vorbild, Modell, Model, Schablone.
Lere II f.: Asyl bei Fang- udgl. Spielen. Syn. *Hüle, Botte, Härre, Horre, Zal.*
lere^n I schw.: 1. lehren. – 2. lernen. *Laufe^n, schreibe^n l.* usw. *Seine Aufgabe l.* usw.
lere^n II *-ẹ̆-* schw.: leer machen, wie nhd. *Das Maul, den Kopf l.* seine Meinung sagen.
lerk *-ẹ̆-, -ẹ̆ə-; lerkig;* l e r k e t *-ət;* lork *-ọ̆ə-* Adj.: zu weich, teigig, schmierig, von Speisen, bes.

von schlecht ausgebackenem Brot. Vom Boden: zäh, fest; oben ausgedörrt, im Grund sumpfig. Fad schmeckend.

Lerne s. *Liene.*

lerne[n] *lę(ə)rnə,* südlicher *lę(ə)nə* schw.: **1.** lernen. – **2.** lehren. *Der Markt lernt krame*[n].

Lerner m., -e r i n f.: Lehrjunge (-mädchen).

lescher *lešẹr* ◡◠ Adj. Adv.: leicht, ungezwungen, locker. *Ganz l. daher kommen; l. angezogen.*

Leset m.: Lese, Weinlese.

Les-ratz[e] f.: leidenschaftliche(r) Leser(in), wer aufs Lesen erpicht ist.

Lette[n] *-ęə- (lęədəm);* L i e t e [n] *-ī̄ə-* FRK. m.: Letten, Tonboden, vom *Leimen* durch geringeren Wert, schwerere Bearbeitung usw. unterschieden.

lette[n] Adj.: lehmig, tonig, = *lettig.*

Lette[n]**-g**[e]**schwätz** n.: dummes, fades Geschwätz.

Lett-feig[e] *lę(ə)tfəig* f.: furchtsamer, feiger Mensch.

lettig: l i e t i g *-ī̄ə-* FRK. Adj.: tonig, lehmig.

letz *-ĕ-, -ĕ̆ə-* Adj. Adv.: verkehrt, verdreht, unrichtig. Opp. *recht.* **1.** von der Rückseite, verkehrten Seite einer Sache, die 2 Seiten hat. *Er hat de*[n] *Rock l. a*[n]. *Er hat sei*[ne] *Kapp*[e] *l.* [a]*uf. Nimm 's am l-e*[n] *Teil* kehre die Sache um. – **2.** unrichtig, falsch, nicht passend. *Des ist der l-e Weg* der falsche. *Du bist am L-e*[n] *am Unrechten. Er hat's (sei*[ne] *Sach*[e]*) l. g*[e]*macht, a*[nge]*griffe*[n] *o. ä. Da bist l. dra*[n] irrst dich. – **3.** schlimm, verfehlt. a. von Sachen. *Es ist, steht, geht l.* steht schlimm, ungut, gefährlich. *Jetzt ist's nimme*[r] *l.* ist geholfen. – Unlieb, unwillkommen. [E]*s ist alles l. bei ihm* man kann ihm nichts recht machen, er ist über alles empfindlich. *Ist's l., daß i*[ch] *g*[e]*komme*[n] *bi*[n]? ists nicht recht, unwillkommen? – b. von Personen: *l-er Peter* verkehrter Mensch. – Meist aber moralisch: *Des ist e*[in]*(*[e]*) (ganz) l-e(r)* schlimmer, verdächtiger, unzuverlässiger Kamerad, dem (der) nicht zu trauen ist, mit dem nicht zu spaßen ist (auch etwa: ein strenger Meister o. ä.), auch in sexueller Hinsicht.

Letze *lĕtsĕ̆,* Pl. -e n e [n] *-ĕ̆-* (L e t z , L e t z t e) f.: Ende Beschluß. **1.** eigentl. [A]*uf d*[ie] *Letzt*[e] in der letzten Zeit. *Der ei*[ne] *sagt dies, der ei*[ne] *sagt das, und auf d*[ie] *Letzt*[e] *weißt keiner was. Zu guter Letz(t)* wie nhd. – **2.** was man einem zum Abschied, zum Andenken gibt; Abschiedsgeschenk. *Letze* letztes Geschenk, das der Pate dem Patenkind schenkte. Gern übtr. ins Schlimme gewendet: übler Ausgang. Geradezu innerer Schaden, bleibender Nachteil. [E]*s hat ihm e*[ine] *L. g*[e]*lau*[n]; *Er hat e*[ine] *L. b*[e]*halte*[n], [ge]*kriegt* Verletzung. – **3.** Abschiedsschmaus. Man *trinkt die L.* – **4.** *einem die L. geben* den Abschied geben.

letze[n] *-ęə-* schw.: etwas verkehrt tun, verkehrte Arbeit machen, fehlen, sich irren, täuschen.

Letz-saul ◠ *lĕtsaul* f.: Endpfosten im Gartenzaun, an dem die Zaunlatten befestigt werden SW.

letzt-hi[n] *lĕtšthĕ̆* ◠ Adv.: neulich.

Leuchse, L e u c h s e l f.; Demin. -le [in] *-əlĕ̆* n.: Stützholz für die Leitern am Leiterwagen; in der Radachse ruhend, das obere gegabelte Stangenende stützt die Leiter, verbindet Achse und Jöchlein. Wichtigste F o r m e n : S i n g . *luiks; ləisə; ləiksə; laiksə; ləiksl; ləisl, luiksl.* – P l u r . -e [n] *(Leu(ch)se*[n]*, Leu(ch)sle*[n]*, Leu(ch)seme*[n]*).*

Leut *ləit,* S. *-ī̆-,* FRK. *-ai-,* RIES *-ae-;* Demin. -le [in] n.; meist Pl. L e u t [e]: **1.** Plur. Leute, wie nhd. – Bes. *Meine (Deine* usw.*) L.* meine Angestellten, Angehörigen, nächsten Verwandten, insbes. Eltern. – **2.** Sing. Vom einzelnen Individuum. *Du bist a*[uch] *e*[in] *L., aber nit wie ander*[e] *L. Du bist e*[in] *g*[e]*spässig*[e]*s L.* [E]*s ist nu*[r] *so e*[in] *(faul*[e]*s) bißle*[in] *L.* eine kleine, faule Person FRK. Bes. Demin. *e*[in] *L-le*[in]*. E*[in] *nett*[e]*s, klei*[ne]*s L. E*[in] *ring*[e]*s L-le*[in] kleine Person.

Leute[n]**-g**[e]**schwätz** n.: Geschwätz der Leute.

Leut-plager m., -i [n] f.: Leuteschinder.

leut-scherig Adj.: aufsässig.

leut-scheu Adj. Adv.: leutescheu.

Leut-schinder m.: **1.** = *-plager.* – **2.** übtr. 2rädriger kleiner Handkarren, der von Menschen gezogen wird.

l i c h e n (spülen) s. *lüchen.*

Lichs(e) *lĭks(ĕ̆)* f.: Lehmboden; L i c h s b o d e [n] magerer, lockerer Lehmboden. – l i c h s i g Adj.: lehmig, schmierig, kotig.

Licht *lĭəxt; lĭət;* Plur. -e r; Demin. -le [in] n.: **1.** wie nhd., Licht. – **2.** Lichtweite, wie nhd. „im Lichten". – **3.** Verstand. *Er hat ebe*[n] *net meh*[r] *L.* – **4.** herabhängender Nasenschleim. *Der henkt 2 L-er 'ra*[b]. – **5.** persönlich. *Er ist e*[in] *(kei*[n]*) L., groß*[e]*s, b*[e]*sonder*[e]*s L.* bedeutender Mensch.

lichte[n] *-ī̄ə-* schw.: **1.** leuchten, Licht machen. – **2.** einen Wald *l.* wie nhd.

lichtere[n] *-ī̄ə-* schw.: einen Wald *l.* aushauen, licht machen.

Licht-gang *-ī̄ə-* m.: abendlicher Besuch im Winter, in der *-stube,* meist mit der Kunkel. *In* [den] *L. gehen.*

Licht-karz *-ī̄ə-* m.: abendliche Zusammenkunft in der Spinnstube.

lichtle[n] *-ī̄ə-* schw.: *zum L. gehen* Abendbesuche machen.

Licht-meß *-ī̄ə-* f.: der 2. Febr., an dem die Lichter, Kerzen geweiht werden. An L. hörte die *Lichtstube* auf, da der Tag wieder *(um einen Gulerschritt)* länger wird. Daher *L., bei Tag eß,* mit Zusatz: *-* [das] *Spinne*[n] *vergeß.* – Ein wichtiger Wettertag. Ist nach der Glaube, daß die Sonnenschein an L. langen Nachwinter verkündet. *Wenn's an L. stürmt und schneit, ist der Frühling nimme*[r] *weit.*

Licht-stub[e] f.: **1.** früher Spinnstube, Ort der abendlichen Zusammenkünfte der Spinnerinnen (und junger Burschen); auch die Zusammenkünfte selbst. *In d^{ie} L. gehe^n.* – **2.** mit der Kunkel auf Besuch kommende Spinnerin.

lickere^n schw.: ein geheim gehaltenes Vorhaben entdecken, ausfindig machen.

Lid n.: **1.** wie nhd., Augenlid. – **2.** Deckel, einer Flasche u.ä.

lid e r e n , lid e r i g s. *le-*.

Lid-kratte^n (*līkr-*) m.: Armkorb mit Deckel.

Liebele^{in} n.: Kosewort: Liebchen, liebes Kind.

liebele^n schw.: **1.** pers., lieb tun. – **2.** unpers. *Es liebelt mir* gefällt mir.

lieche^n *līəxə*, Part. g^e l o c h e ^n *-ǫ̈-* st.: **1.** herausziehen, rupfen, bes. Hanf, Flachs (auch Rüben) ganz, mit den Wurzeln aus dem Boden herausziehen. – *Heu l.* mit dem *(Heu-)Liecher* aus dem Heuhaufen herausziehen. – **2.** übtr. *einem l.* ihm die Meinung sagen; ihn durchprügeln.

Liecher m.: **1.** Mann, der das *liechen 1* besorgt. Dazu Fem. L i e c h e r i ^n , Plur. -er n e ^n . – **2.** hakenförmiges Instrument zum *liechen* von Heu.

liederig Adj. Adv.: **1.** geringwertig, schlecht, liederlich, von Personen und Sachen. – **2.** schwach, übel, elend, von Kranken. *Er ist arg, ganz l.* man wartet auf sein Ende.

liederlich *līə-* Adj. Adv.: **1.** geringfügig, unbedeutend, ohne Ansehen. – **2.** von Personen und Sachen: haltlos, unzuverlässig, achtlos. Der nhd. Bed. gegenüber etwas mehr passiv, doch auch wie nhd. *Ein l-es Zeug, G^e lump* u. a. Von Personen in allen Schattierungen wie nhd. – **3.** übel, elend, schwach. *Mir ist's ganz l.* (z^u *Mut).* Bes. von Kranken, auch Schwer-(Tod-)kranken. *Der treibt's nimme^r lang, er ist recht l.* – L i e d e r l i c h k e i t f.: wie das Adj., doch bes. = 2. – S. a. *liederig*.

Lien^e *-ẹ̈ə-*; L i e n e z e ; L e r n^e *lẹ̈rn,* meist flekt. *-e*^n f.: Waldrebe, Clematis vitalba L., bes. deren Zweige, die von Knaben geraucht werden. Syn. *Bergrebe, Renne, Trenne, Hotte-, Huren-, Wolfsseil.*

L i e s t e r s. *Riester 2.*

L i e t e n s. *Letten.*

l i e t i g s. *lettig.*

lifere^n *-ī-* (*-i̧-* SW. NW.) schw.: wie nhd., liefern, überliefern. Bes. unpers.: *Des hat mi^{ch} (voll) g^e lieferet* mir den Treff gegeben, und passiv: *Der ist g^e lieferet* ist verloren. Mit sachl. Obj.: ruinieren. *Die Magd hat wieder etwas g^e liefert* zerbrochen. *E^{in} Stückle^{in} l.* Streich, Fehler begehen.

lige^n st.: intr. mit sein, liegen. Im allgem. wie nhd., aber auch = sich legen: *im (auf dem) Bett* (usw.) *l.* und *in's (auf's) Bett l. Da leist!* ruft der, der etwas hat fallen lassen; im gleichen Fall sagt man auch: *Lig au^{ch} no^{ch} darzu 'na^n!*

Lige^n schaft f.: Liegenschaft, Immobilien, bes. im Pl., aus amtl. Sprache bekannt.

ligig Adj.: liegend, vom Korn, das durch den Regen auf den Boden gelegt worden ist.

liglinge^n ⌃◡ Adv.: liegend.

L i l i e s. *Ilge.*

lind *lẹ̈nd; -ī-* S. N. Adj. Adv.: linde, weich; und zwar vom Bett, Fleisch und bes. Brot, Butter, Bohnen, Obst, der Suppe, Ei, Haut, Luft, Wetter, Boden u. a.

Lind^e I *lẹ̈nd; -ī-* S. N.; Plur. *-e*^n f.; Demin. *-(e)le*^{in} n.: der Baum Linde, Tilia in seinen beiden Arten: Winter-*L.*, Tilia cordata Mill., und Sommer-*L.*, Tilia platyphyllos Scop.

Linde II *-ẹ̈,* s. *-ī* f.: Weichheit, Milde.

Linde^n -**baum** m.: = *Linde* I. – L i n d e ^n - b l u *-blūə,* O. -b l u s t *-blūəšt* f.: Lindenblüte.

linge^n st.: gelingen, glücken, vonstatten gehen. ^E *s lingt ihm (net)* er bringt viel (wenig) fertig.

Lins^e *līns* NW., *lẹ̈ns* HalbMA., *lẹ̈s, līs* S.; *lāēs* Hauptgebiet; flekt. (auch Nom.) *-e*^n; f.: Linse, Lens culinaris Med., wie nhd.

lisch *lī̌š* Adj. Adv.: still, von Wetter und Wind. ^E *s ist l.* ruhig, still auf dem See Bod.; es taut auf, die Temperatur wird milder Allg.

Lise(l) f.: **1.** Kurzform von Elisabeth. – **2.** übtr. *Lisel* großer einmäßiger Bauernschoppenkrug; *Lis* großes Glas Bier, beim Kartenspiel herausgemacht.

lisplen schw.: mit der Zunge anstoßen.

L i x s. *Lichse.*

lizitiere^n *lītsədīərə* ⌃◡⌃◡ schw.: versteigern, im Aufstreich verkaufen. Speziell vom Holzverkauf. – Dazu Lizitatio^n *lītsəd-* f.: Versteigerung Oschw. – Anm.: lat. *licitatio* das Bieten (bei Versteigerungen).

l o s. *lassen.*

lo- s. *la-* u. *lu-*.

Lo *lō, lōə, lao;* L o r *lōr* m.: Gerberlohe.

lobet *lōəbət* Adj.: unbeholfen, läppisch NO.

Loch *lōx; lọx, lọux* Frk., *lọ̄;* Pl. L ö c h e r *lẹ̈xər,* bei Zahlen auch Loch n.: Loch, im ganzen wie nhd. Einige besondere Verwendungen: *Zu dem L. will's 'naus* da also will's hinaus. – *Ein L. in den Boden hinein stehen* lange stehen müssen. – *Walt^e Gott, in's alt^e L.!* sagt man, wenn man sich's ungemachte Bett legt. – Für Körperteile. Zunächst vom After, *Arschloch.* Einem *in's L. hinein schlupfen.* Dann für den ganzen Körperteil. *Ma^n mei^n grad, er häb^e Pech am L.* von einem, der lang sitzen bleibt. – Vulva; in roher Sprache. *L. ist L. – Den Finger im rechten L. haben* seinen Vorteil verstehen. – *Schwätz^e mir kei^n L. in* ^{den} *Sack!* mache mir nichts weis, schwatze mich nicht zu Tode. *Saufen wie ein L.* – Bes. ist *L.* eine Fall- oder Schlagwunde. *Er hat ein L. im Knie* usw. Namentlich *L. im Kopf* opp. bloße Beule, kann ganz ungefährlich sein. *So unnötig wie ein L. im (in) K. Einem ein L. in den Kopf schwätzen* wie in den Sack, s. o. – *Ein L.*

zumachen eine Schuld bezahlen; *ein L. auf und das andere zu machen* alte Schulden mit neuen zahlen. – Eine Sache, z.B. Freundschaft, Respekt, Ehre, *hat, kriegt ein L.* wird (tödlich) verletzt. – *Ein L. in den Tag hinein brennen* das Licht morgens zu lang brennen lassen.

Loch(e) s. *Lache II.*

Loch-kätter f.: Durchfall.

Lock m.; Demin. Löckle[in] n.: **1.** Haarlocke, Haarbüschel. – **2.** Büschel (Handvoll, Armvoll) überh. Bes. vom Heu.

l o c k s. *luck.*

lodle[n], l u d l e[n] schw.: von der zitternden Bewegung der heißen Luft. *Da lodelt's* u. ä.

L o e -, l o e - s. *Lei-, lei-.*

L o e b s. *Laib.*

L o i -, l o i - s. *Lai-, Lei-, lai-, lei-.*

Lo-käs m.: **1.** Stück gepreßter Gerberlohe. *3 L. hoch* spöttisch von einem kleinen Kerl; subst. Lokäs-hoch m. kleines Kind. – **2.** dummes Geschwätz, wertlose Kleinigkeit. *(Einen) L. schwätzen* u. ä.

Lokus *lōkŭs* m.: Abort, als Euphemismus verwendet.

Lole s. *Laulein.*

lolecht s. *laulecht.*

l o m s. *lum.*

Lomel, Lommel (Klinge usw.) s. *Lamel.*

lom(e)lig, lomm(e)lig s. *lam(e)lig.*

Lomp s. *Lump.*

Lon(e), Lond(e), Loner m. f.: Lünse, Achsennagel, der das Rad am Abgleiten verhindert; am Leiterwagen zugleich gegen das Herausweichen der *Leuchse*, s.d. Form und Genus sehr verschieden. Einige Beispiele: *lǭ* m.; *lǭn* m. f.; *lǭnd* m., f.; *lǭnə* m.; Loner m.: *lǭnər*; Lom: *lǭm* m. – Anm.: ahd. *luna;* mhd. *lun, lon, lan, luner, luns(e).*

lontschen s. *luntschen.*

Lonz(e) m. f.: **1.** m. *Lonze* = Leontius. – **2.** m. *Lonz = Lorenz.* – **3.** m. *Lonze* fauler Mensch *(lǭtsę̆).* Säufer, Verschwender. – **4.** m. *Lonz,* Pl. *Lonze*[n] Menschenkot. Dafür auch Lonze[n]-dreck m. – **5.** f. *Lonz* faules Weib. – lonze[n] schw.: auf dem Faulbett liegen, leicht schlummern. – lonzig, -et Adj.: schläfrig, schlapp, träg.

lopper Adj.: locker, schlaff.

loppere[n] schw.: **1.** = *lottern,* locker, lose sein. Auch übtr.: *Etwas l. lassen* hängen l., gleichgültig behandeln. Aber auch: *(es) l. l.* schnell fahren oder laufen. – **2.** *Der Brunn*[en] *loppert kaum no*[ch] rinnt k. n. – lopperig Adj.: = *lotterig:* schlaff, locker.

Lor s. *Lo.*

Lorei[e] *lǭrəi* ◡◢; *-ai* ◡◢; Pl. *-e*[n] f.: **1.** die lange Reihe, in die das Heu oder Emd zusammengerecht wird, ehe man es auf Haufen zusammenbringt

SO. – **2.** der Länge nach aufgehäufte Erde beim Lockern eines Beets Kartoffeln, Kohlrabi udgl. – l o r e i e[n] schw.: *Loreien (1)* machen.

l o r e n (lauern) s. *laren.*

Lorenz ◠ *lǭrę̆nts;* Laurenz; auch voll Laurentius m.: **1.** männl. Taufname. Kurzform Laure; Lore, Lenz, Lonz(e). – **2.** Name des Heiligen. Er schützt Schultern und Rücken, hilft gegen Feuer und Wetter. Er wurde auf glühenden Kohlen geröstet. – Sein Tag ist der 10. Aug. Von L. ab lassen die Gewitter nach, jedenfalls schaden sie nicht mehr viel. *Sind L. und Bartholomäus schön, ist ein guter Herbst vorauszuseh'n* Oschw.

l o r k s. *lerk.*

l o r k e n s. *lurken.*

Lortsch m. f.: **1.** Pl. *lǭərtšə, lartšə, lǭətšə, lǭtšə:* Pantoffeln, herabgetretene, lumpige Schuhe Oschw. Allg. – **2.** m.: *Lortsch* fauler Mensch; *lǭətšę̆* ungeschickter Mensch. – **3.** f. *Lo(r)tsch* schmutziges, verkommenes, leichtfertiges Weib. – l o r t s c h e[n] *lǭrtšə, lǭətšə, lǭtšə* schw.: **1.** plump daherwatscheln, daherschlürfen. – **2.** übtr.: *Da wird's l.* hapern. – lortschig Adj.: wer *lortscht.*

los *-ǭ-* S., NW., *-ǭ-* Frk., *-ǭə-* O., *-ao-* w. Mittelland, *-ou-* SW. Adj. Adv.: A. Adj., attr. oder präd. **1.** eig.: nicht festgebunden; aber nur im Sinne der Freiheit; eine Krawatte, Schnur z.B. ist nicht lose geknüpft, sondern *locker, luck(s), lopper, lotter;* dagegen ist ein Stück Vieh, ein Hund *los* weg vom Strick, der Kette. – Bei einem Halbverrückten *ist e*[ine] *Schraufe l.* – *Es ist etwas l.* geht etwas Besonderes vor. *Was ist denn l.?* bei einem Menschenauflauf odgl. *Wo ist (heut) etwas l.?* gibt es ein Vergnügen odgl. *Da ist nichts l. – Etwas l. werden.* Mit Dat.: *Dem bin ich l. (worde*[n]*).* – **2.** moralisch: böse, sittenlos. Bes. von Reden: *Loses Maul, lose Gosch*[e]. – B. Adv. **1.** ohne Zusatz: *los!* als Kommando. – **2.** mit näherer Bestimmung. *Drauf l.* wie nhd. – **3.** Zusatz zu bestimmten Verben, z.B. *los-binden, -brechen.*

Losament *lǭsəmę̆nt* ◡◢ n.: Wohnung, Herberge. – Anm.: von frz. *logement.* – S. a. *Losche-.*

losch Adj. Adv.: locker, weich, von Brot oder Erde. – S. *lösch.*

lösch *lę̆š* Adj. Adv.: gelinde, vom Wetter Oschw. *Da*[s] *Wetter ist (wird) l.,* *E*[s] *ist e*[in] *l-*[e]*s Wetter* es taut auf, die Kälte hat nachgelassen.

Loschement n.: = *Losament,* s. d.

Loschi *lǭšī* ◡◢ n.; f. Frk.: (Miets-)Wohnung. – Anm.: Frz. *logis.*

loschiere[n] ◡◢◡ schw.: einquartieren, Wohnung nehmen (lassen); trans. und intr. mit haben.

loschore[n] *lǭšōrə* ◡◢◡ schw.: aushorchen, ausspionieren, herumhorchen; heimlich, unter der Hand etwas auskundschaften, auf den Busch

klopfen. *Etwas l.; auch einen l.* ausfragen. De-
min. *loschorle*[n]. – L o s c h o r e r m.: Lauscher,
Aufpasser, Spion.
Los[e] I *lǫs, -ao-* W., *-ǭǝ-* O.; Pl. *-e* [n] f.; Demin.
(selten) L ö s l e [in] n.: **1.** Mutterschwein. – **2.** wie
Sau o. ä.: Schimpfwort für unordentliche, un-
saubere Menschen, bes. Weiber. – Aber auch
lobend: *Du bist (e*[in]*mal) e*[ine] *L.!* ein geschickter,
gewandter Mensch; Mensch, der rechte Strei-
che und Späße macht.
L o s e II s. *Luse.*
Lösels-nacht f.: Nacht zum *löslen;* solche sind bes.
die vor Andreas (30. Nov.), Thomas (21. Dez.),
Christfest, Neujahr. Vgl. *Losnacht.*
lose[n] I *-ǭ,* S. *-ǭ̈-,* FRK. *-ǫu-* schw.: **1.** horchen,
lauschen, zuhören S. SO. Nordwestl. *losnen,*
s. d. – **2.** gedankenlos dasitzen, einhergehen. –
3. vom Wetter: unentschieden sein: *Heut lost* [da]*s
Wetter, was es tu*[n] *will, regne*[n] *oder schö*[n] *wer*[d]*e*[n]
besinnt sich FRK.
lose[n] II schw.: losen, das Los ziehen, werfen.
Spez.: in den 12 Nächten von Christfest bis 6.
Jan. das Wetter erforschen; sei es, daß man 12
Zwiebeln mit Salz o. ä. für die 12 Monate des
kommenden Jahrs hinlegt, von denen durch
Trockenbleiben oder Feuchtwerden jede den
betr. Monat anzeigt, sei es, daß das Wetter des
Christfests den 1. Januar usw. bedeutet. Jene
Tage heißen *Lostäge,* s. d.
löse[n] *-ę̄-* S., NW., *-ę̄-* FRK., *-ę̄ǝ-* O., *-ae-* w. Mittel-
land schw.: **1.** phys.: losmachen. – **2.** befreien,
von Gefangenschaft, Strafe udgl. – **3.** Geld o. ä.
l. erlösen, aus einem Verkauf erzielen. *Was hast
aus dei*[ne]*m Korn g*[e]*löst?* u. ä. – Auch iron.: etwas
Übles abbekommen. Bes. *etwas l.* von Anstek-
kung bei Geschlechtskrankheiten.
Loser m.: Hörer. **1.** persönlich: Horcher. – **2.** sach-
lich. Ohr des Wilds. Vom Menschen derb-
scherzh. *(Tu deine) L. auf!*
los-gehe[n] st.: **1.** ein Gewehr *geht los.* – **2.** Unzucht
treiben, von beiden Geschlechtern. – **3.** *Es geht
los* beginnt; *Geht's bald los* u. ä.
lösle[n] (-ß-) = *losen* II ALLG. TIR.
Los-nacht (-ß-) n.: die 12 Nächte vom Christfest bis
6. Jan. Vgl. *-tag.*
losne[n] I *-ǫ-* schw.: horchen, lauschen, heimlich
zuhören NW. – S. a. *lüsnen.*
losne[n] (-ß-) II schw.: = *losen* II, Los ziehen. Befra-
gen wegen des oder der Zukünftigen, an An-
dreas (30. Nov.) oder Thomas (21. Dez.) SW.
Losner m.: = *Loser 1,* Horcher.
los-saue[n] schw.: fortspringen, davon eilen.
los-schiebe[n] st.: drauf los marschieren; auch =
-sauen, aber mehr spöttisch.
Los-tag (-ß-), Pl. *-täg*[e], m.: die 12 Tage vom
Christfest bis 6. Jan., welche das Wetter der 12
Monate des neuen Jahrs bestimmen. Vgl.
-nacht, losen II.

los-ziehe[n] st.: *über einen* (o. ä.) *l.* seine Meinung
heraussagen.
los-zittere[n] schw.: drauf los marschieren, zumar-
schieren. – Anm.: aus dem Rotwelsch.
Löt-feil[e] f.: träger, energieloser Mensch.
Löt-säckel m.: Schelte für Männer; verstärktes
Säckel.
Lotsch(e), flekt. *-e* [n] m. f.: **1.** m. Lumpen, Fetzen
S. – **2.** m., f.: Pantoffel, alter Hausschuh SW
OSCHW. – **3.** f. verkommenes, faules Weib. S. a.
Lortsch u. *Luntsche.*
lotsche[n] schw.: schwerfällig, schlürfend, schlapp
einhergehen OSCHW. SW. Schwappen, von
Flüssigkeiten; vom Wasser im vollgelaufenen
Schuh. S. a. *lortschen* u. *luntschen.* – l o t s c h l e [n]
von einer sich bewegenden Flüssigkeit in einem
Gefäß. – L o t s c h e r m.: **1.** persönl.: langsamer
Gänger. – **2.** sachl.: alter Pantoffel. – l o t s c h i g
Adj.: **1.** zerlumpt, verwahrlost. – **2.** von breit-
spurigem Gang.
Lotte m.: nachlässiger Mensch. Syn. *Lott(e)lein,
Lotter(er).*
Lottel m.: *lǫdl* m.: träger Mensch FRK.
Lottele[in] m. n.: nachlässiger, langsamer, gleichgül-
tiger Mensch.
L o t t e l f a l l e s. *Lotterfalle.*
L o t t e l h o s e s. *Lotthose.*
lottelig Adj.: locker, unfest, lahm, phlegmatisch.
Vgl. *lotter(ig), lottlen.*
l o t t e l - l e r s. *lotter-ler.*
lotter Adj.: locker, vgl. *lopper.* Bes. im N. – L o t -
t e r m.: **1.** persönlich: Schurke, Lotterbube S.
Milder: *L., Lötter* großer, unordentlicher Bur-
sche, verächtl. ALLG. Verbreiteter Demin. *Lot-
terle*[in] m. (vgl. *Lottelein*): langsamer, fauler
Mensch. Klein, schwächlich, seinem Beruf nicht
gewachsen. – **2.** abstr.: *Er ist* [u]*f* [d]*em L.* alters-
schwach, auf dem Hund ALLG. – **3.** sachlich: a.
Flaschenzug (Rolle und Seil) in der Scheuer
zum Aufziehen und Ablassen der Garben (oder
Heubündel). – b. = *-bank.* Brett vom Hinter-
ofen an der Wand.
Lotter-bank m.: = *Lotter 3 b,* Bank hinterm Ofen.
– L o t t e r - b e t t n.: Ruhebett in der Stube; Syn.
Pritsche, Gautsche.
lottere[n] I *lǫdǝrǝ, s. -t-* schw.: **1.** intr. a. locker sein,
wackeln, z. B. von einem Nagel, Zahn, Seil o. ä.
L. lassen hängen l., vernachlässigen. – b. ein-
her, herum schlendern, müßig gehen, nachläs-
sig arbeiten. Gern mit Adv.: *ane-, daher-, (her-)
um-l.* S. a. *lotterlen.* – **2.** absolut. a. rütteln, z. B.
an einem Nagel, bis er *lottert 1.* Verbreiteter
nottlen. – b. den *Lotter 3 a* bewegen. – Zu 1 vgl.
lopperen, lottlen.
lottere[n] II schw.: in die Lotterie setzen.
Lotterer I m.: **1.** persönl.: schlotteriger, unpünktli-
cher, langsamer, fauler Mensch, Schlenderer. –
2. sachl.: = *Lotter 3 a,* Flaschenzug.

Lotterer II m.: wer viel in die Lotterie setzt.

Lotter-fallᵉ (Lottel-), Pl. (auch Sg.) -eⁿ f.: altes, aus den Fugen gehendes Haus oder Gerät; auch ein Mensch, bes. Weib, kann *alte L.* heißen. – Lotter-gᵉrech n.: *G.*, oberster Scheuernteil, für den *Lotter 3 a.*

lotterig *-īg, -ĩ×, -ĩ* Adj.: schlotterig, nicht fest, wakkelig. Ein Pfahl, Zaun, Zahn usw. ist *l.* Ein Mensch ist *l.:* kränklich, abgemagert, altersschwach. Aber auch: gleichgültig, nachlässig.

lotterleⁿ schw.: gebrechlich einhergehen.

lotter-ler *-lẹr* Adj.: ganz leer. Auch lottel-ler.

Lotter-rädleⁱⁿ n.: Rad am *Lotter 3 a.*

Lotter-seil n.: Garbenseil, am *Lotter 3 a.*

Lott-hosᵉ f.: **1.** Tuchhose, die bis auf die Knöchel reicht, opp. *Kniehose.* – Lottel-hosᵉ weite Hose. – **2.** übtr., Scheltwort: Mensch, dem alles gleichgültig ist.

lottleⁿ schw.: schwanken; *Der Baum lottelt schoⁿ.* Langsam oder schwankend gehen. Ohne bestimmte Tätigkeit leben. Träge sein, langsam und schlecht arbeiten. Verbindungen: *ane-, herum-l.* S. a. *lotteren, nottlen; lottelig.*

Löweⁿ**-maul**, Demin. -mäulleⁱⁿ n.: **1.** Gewöhnliches Leinkraut, Linaria vulgaris Mill. – **2.** Großes oder Garten-Löwenmaul, Antirrhinum majus L. – Syn. für beide *Hexenkraut, Maulaufsperrer, Schlößlein.*

Löweⁿ**-za**ⁿ m.: **1.** Löwenzahnarten, Leontodon L. – **2.** Löwenzahn oder Kuhblume, Taraxacum officinale Web. – Synn. *Bettseicher, (Weg-)Seicherin, Pfaffenrörlein, Hummelsbusch, Huppetenstengel, Kettenblum, -rörlein, Körlkraut, Kublume, Milchdistel, -stock, Milchling, Saublume.*

lücheⁿ *līχə;* Part. gᵉlüch(e)t (gᵉlücheⁿ) st. schw.: mit Wasser spülend reinigen Oschw. Allg. So Garn, Wäsche *l.* im Wasser hin und herziehen und so waschen. Eine Schüssel, einen Topf, ein Glas *l.* mit Wasser ausschwenken. Den Boden, Keller, Küche, Fenster *l.* mit Wasser abwaschen. Den Salat *l.* reinigen. Den Mund *l.* ausspülen; auch *die Gurgel l.* trinken.

luck I *lŭk* Adj. Adv.: locker. **1.** von Sachen. Dafür auch lock *(lŏk).* Das Brot, die *Knöpflein,* der Boden, nicht festes Tuch usw. ist *l.* locker, porös. Etwas *l. binden. L. geben, l. lassen* nachgeben, nachlassen. *Er gibt net l.* beim Streit. *Lassᵉnt ⁿit l.!* – **2.** von Personen. a. physisch: schwach von Gesundheit und Kraft. Ebenso vom Pferd: *ein l-es Roß* das leicht müde wird und schwitzt. – b. moralisch: zu nachsichtig, schwach in der Erziehung. *Der ist viel zᵘ l. bei seiⁿᵉm Kind.* – Schwach, unzuverlässig. *Der ist zᵘ l. zu dem Amt.*

luck II Interj.: *(Komm,) l. l. (l.)!* Lockruf für Hühner; auch *(Komm,) Luckeleⁱⁿ, luck l. l.*

luckausen s. *r-.*

Lucke *lŭk(ẹ);* Luck(e)t(e) *lŭktə, lŭgət; lurkə*

Allg.; flekt. (auch Nom.) -eⁿ f.: Lücke jeder Art. Lücke im Zaun, einer Hecke. – Einsattelung zwischen 2 Bergspitzen Tir. – Zahnlücke.

Luckel f.: **1.** Henne. Häufiger das Demin. Luckeleⁱⁿ n.: a. kleines Huhn, bes. in der Kinderspr. S. a. *Bibe(r)lein.* – b. junge Ente. – **2.** übtr. dummer Mensch, der sich nicht zu helfen weiß.

Luckeleⁱⁿ**s-käs** m.: Quark, Milchkäse (auch mit Zusatz von Kümmel und Salz). Synn. *Toppen-(käs), Knollen(käs), Schottenkäs, Klumpen, Storchenfutter.* – Anm.: Zu *Luckelein,* weil den jungen Hühnern gefüttert.

luckeleⁿ schw.: gern trinken.

Luckeⁿ**-we** n.: Schmerzen nach dem Zahnziehen.

lucks Adv. Adj.: locker, = *luck.* **1.** Adv. *Unteⁿ l., obeⁿ druckᵉ ᵉs* Grundsatz beim Pfeifenstopfen. – **2.** Adj.: locker, wie *luck.* Dafür auch locks *(lŏks).* Bes. prädik.: das Brot (o. ä.) ist *l.* Dann auch attrib.: *ein l-er Boden, l-es Brot.* – Übtr. *Ein l-es Leben führen* leichtsinniges.

Lude I *lūdẹ, -ĩ* m.: **1.** Kurzform von Ludwig. – **2.** garstiger, schmutziger, unordentlicher, unanständiger, unsittlicher Mensch. Verstärkt *Bier-, Sau-, Sauf-, Schnaps-.*

Lude II *lūdẹ* f.: *dⁱᵉ L.* hauⁿ Spielraum, freie Hände haben. – Syn. *Luse(m).*

Luder *-ūə-,* N. *-ū-;* Plur. gleich oder *-erer,* n.: **1.** Aas, faules Fleisch. Hieher urspr.: *Des ist unter'm L.* ist zu arg, über die Maßen schlecht. *Der tut wie ᵈᵃs L.* tobt. – **2.** schlechte, insbes. durchtriebene schlaue Person (bes. auch weibl. Geschlechts). *Ein gemeines, wüstes, abgeschlagenes, freches* o. ä. *L.* Auch schwächer: *ein schäbiges, schleckiges, scheriges* usw. *L.* Kerl, Person. Auch bloß scherzh., sogar zärtlich: *Wart, du L.!* Demin. *Luderleⁱⁿ* ohne Umlaut. Ebenso von Tieren oder Dingen, die einen ärgern.

luderalisch *-ūə- ˅o˅o* Adj. Adv.: sehr stark. *Einen l. verhauen, anlügen.*

ludereⁿ *-ūə-* schw.: **1.** schlechtes Fleisch *l-t* stinkt nach Aas. *Da l-t's* stinkt es furchtbar. – **2.** ein *Luderleben* führen. – **3.** unschickliche Reden führen.

luderig *-ūə-* Adj. Adv.: = *luder(al)isch. Eⁱⁿᵉ l-e Hitzᵉ.*

luderisch *-ūə-* Adj. Adv.: verteufelt. *ᴱs ist l. warm; l. schlau, keck* usw.

Luder-lebeⁿ n.: liederliches Leben, Lasterleben. – luder-mäßig Adj. Adv.: furchtbar, arg, abscheulich. *Des ist eⁱⁿmal l.!* Bes. zur Verstärkung: *l. groß, dick* u. ä.

Luders-: in Verwünschungen als Verstärkung in vielen Fällen möglich, z.B. Luders-ding n.: verwickelte Angelegenheit. – L-kerl(e) m.: verfluchter, schlauer, durchtriebener o. ä. Kerl. – L-mensch m. und bes. n.: verfluchter Kerl, spez. (n.) solches Weib. – L-warᵉ f.: schlechte Ware; auch als Liebkosung für Kinder.

ludle[n] schw.: **1.** stark trinken. Häufig geringe alkoholische Getränke zu sich nehmen. – **2.** leiern, gleichmäßige Töne hervorbringen. Syn. *dudlen.* ludlen s. a. *lodlen.*

Luffel f.: breites Maul mit dicken herabhängenden Lippen. – Häufiger *Luppel,* s. d.

Luft *lŭft,* Plur. Lüft[e] m.; Demin. Lüftle[in] n.: **1.** bewegte Luft, Wind. *Es geht ein kalter, warmer, scharfer, rauher* usw. *L.* Bes. auch Demin. [E]*s gaht kei*[n] *Lüftle*[in]. – **2.** ruhige Luft, wie nhd. Bes. frische L., zum Atmen. *An den (die) L. gehen* usw. – Dann überhaupt der Luftraum, Atmosphäre. – Übtr. sich, dem Herzen (o. ä.) *L. machen* freie Bewegung, Erleichterung, wie nhd. – **3.** persönl.: leichtsinniger Mensch. Vgl. *Luftibus.*

luften schw.: **1.** unpers. *Es luftet* geht ein starker Wind. – **2.** pers. a. lüften, wie nhd. (auch *lüfte*[n]). Ein Zimmer *l.* – b. *Der tut l.* der Atem geht ihm schwer.

Luftibus *-ibŭs;* -ikus m.: leichtsinniger Mensch, Windbeutel.

luftig, lüftig Adj. Adv.: **1.** wie nhd., windig, voll frischer Luft. *Ein luftiges Zimmer.* – **2.** leicht gekleidet. *Sich l. anziehen.* – **3.** -u- leichtsinnig.

Luft-loch n.: Loch, durch das Luft eindringt. Kleines Kellerfenster. Scherzh. auch: Loch im Strumpf o. ä.

Lug *lŭəg* m.: **1.** Warte, Aussichtsplatz. – **2.** Pflege, Aufwartung FRK. – Anm.: Zu *lugen.*

Luge *lŭgĕ,* S. *lŭgĭ,* Plur. -ene[n]; Lüge FRK. f.: Lüge. *Eine helle L.* offenbare.

luge[n] *lŭəgə,* FRK. -xe schw.: lugen, schauen, (nach)sehen, Acht geben; ziemlich syn. mit *gucken,* aber häufiger im Sinn des absichtlichen, intensiven Nachsehens. – Bes. *Der hat g*[e]*lugt!* gestaunt. *Der wird l.!* Bes. Imper.: *Lug!* (gespr. *lŭə* OSCHW.) sieh!; auch: gib Acht!; vor einem Befehl: hör einmal! *Laß l. mit der Hand!* laß dich betasten.

Luge[n]-**basche** m.: Lügner. *B.* = Sebastian. – Luge[n]-beutel *lŭgə-* m.: verlogener Mensch, Gewohnheitslügner.

Luge[n]-**gosche** f.: = *-maul.*

Lug(e[n]**)-maul** n.: Lügen führender Mund. Bes. persönl.

Lüger *lĭəgər* m.: Lügner. – Lügerei *-iə-* ˅ʊˊ f.: fortgesetztes Lügen.

Luget *lŭəgət* f.: hohe Warte, hohe Aussicht.

Lugete f.: Lüge.

Luik[e], flekt. -e[n] m.; Luike[n]-äpfel m.: der früher sehr verbr. und beliebte Apfel Malus striata. Luiks, Luikel s. *Leuchse.*

Lukas ˅ʊ *lŭkhăs* m.: **1.** männl. Rufname. – **2.** der Evangelist. An seinem Tag, 18. Okt., begann das Studienjahr.

Lulle m. n.: **1.** n. Saugbeutel für kleine Kinder, = *Luller* 2. *Lulle,* -ü- Zitze, Saugwarze; *Lülle*

Brustwarze, Mutterbrust. Die Mutter gibt dem Kind *ihr L.* – **2.** (wohl m.) schläfriger Mensch mit wenig Witz.

lulle[n] schw.: **1.** saugen, schlotzen, bes. von kleinen Kindern. – **2.** an Stricken, Holz o. ä. kauen, vom Vieh. – **3.** Zigarren rauchen, scherzh. – Luller m.: **1.** an Stricken, Holz o. ä. kauendes Vieh. – **2.** Schlotzer SW.

lum *lŭəm,* lumm Adj.: weich, kraftlos, matt.

Lummel I m. f.: Lendenstück, -braten. Bes. Demin. Lummele[in] n.: Schweinefilet. Lummel II (Klinge usw.) s. *Lamel.*

Lümmel *lĕml,* S. *lĭ-* m.: wie nhd., ungeschlachter flegelhafter Mensch.

lummelig *lŏm-,* N. S. *-ŭ-* Adj. Adv.: schlaff, ohne Festigkeit, kraftlos, weich. *L.* sind bes. halbwelke Pflanzen, ein Werkzeug mit schlechten Federn. Von Menschen: kraftlos, lahm, schläfrig, träge. S. a. *lamelig,* u. s. zu *Lamel.*

lummer *lŏmər,* S. *-ŭ-* Adj. Adv.: (zu) weich, schlaff. Bes.: locker, nicht fest, von Ackerboden; weich, luftig, porös, von Backwerk, Dampfnudeln, Knödeln odgl.

lummerig *-ŏ̆-,* S. N. *-ŭ-* Adj.: = *lummelig.*

lummle[n] (lummele[n]) schw.: schlaff, kraftlos werden. Blumen *l.* werden welk. Von Personen: gleichgültig, phlegmatisch, nachlässig sein und handeln, langsam, träge herumgehen.

lümmle[n] schw.: sich flegelhaft benehmen. Faul herumlaufen.

Lump, flekt. (auch Nom.) -e[n] m., Demin. Lümple[in] n.: **1.** Lumpen, Tuchfetzen, zum Abwischen, Putzen, Flicken o. ä., Form: meist *lŏmp,* S. N. *-ŭ-;* Demin. *lăĕblĕ; lĕblĕ. Der tanzt wie der L. am Stecke*[n] unaufhörlich. – **2.** persönl. Lump, wie nhd.; ausgespr. *lŏmp,* S. N. *-ŭ-;* auch Demin. *Lümple*[in]. Verstärkt *Haupt-, Erz-, Mords-, Sau-, Gran-, Fetzen-* usw. [D]*em Lümple*[in] *g*[e]*hört* [da]*s Stümple*[in] der Rest der Flasche.

Lumpaze *-bătsĕ* (S. *-ĭ-*) ˅ˊʊ m.: = *Lump* 2, mehr scherzh.

lumpe(ch)t *-ət* Adj.: zerrissen, verlumpt. – Übtr. von Personen: verlumpt.

lump(e)le[n] schw.: **1.** anfangen, ein lumpiges Leben zu führen. *Der fangt* [da]*s Lump(e)le*[n] *a*[n]*, hat gestern g*[e]*lumpelet.* – **2.** *lŭmbələ* schlaff sein.

lumpelig Adj. Adv.: kraftlos, schlaff, faul bei der Arbeit.

lumpe[n] schw.: **1.** intr. mit haben. a. große Flocken schneien ALLG. – b. ein liederliches Leben führen, bes. im Wirtshaus. – **2.** trans. *einen l.* ihn Lump schelten. – **3.** *sich lumpen lassen* als Lump gelten lassen; meist neg. *Laßt de net lumpe*[n] zeig was du kannst!

Lumpe[n]-**dock**[e] f., Demin. -döckle[in] n.: liederliches Weib. Gern (bes. im Demin.) scherzh. zu Mädchen.

Lumpe[n]-**g**[e]**rust** *-grŭšt* m.: = *-zeug.* – Lumpe[n]-

g^e^schwatz (-ä-) n.: lumpiges Gerede. – Lumpe^n^-g^e^sind^e^(1) n.: Lumpenpack.
Lumpe^n^-kätter f.: liederliches Weib. – Lumpe^n^-kerl(e) m.: verlumpter Kerl. – Lumpe^n^-kor n.: Lumpenpack.
Lumpe^n^-lied(le^in^) n.: Schelmenlied.
Lumpe^n^-ma^nn^ m.: **1.** Lumpensammler. – **2.** Schimpfwort. – lumpen-mäßig Adj.: lumpig. – Lumpe^n^-mensch n.: liederliches Weib, Mädchen. – Lumpe^n^-nest n.: verlumptes Nest; solcher Platz, Dorf o. ä.
Lumpe^n^-sack m.: **1.** Sack des -sammlers. Auch der Sack, in dem die Hausfrau die Lumpen sammelt. – **2.** Scheltwort. – Lumpe^n^-säckel m.: starkes Schimpfwort gegen einen Mann. – Lumpe^n^-sammler m.: **1.** wie nhd. – **2.** übtr.: letzter Eisenbahnzug. – Lumpe^n^-stuck, Demin. -stückle^in^ n.: **1.** Stück eines Lumpen. – **2.** dummer, schlechter Streich, Gemeinheit. – **3.** Schimpfwort, zu Mensch und Tier.
Lumpe^n^-tier n.: Schimpfwort gegen Tiere, auch gegen Frauen.
Lumpe^n^-war^e^ f.: Lumpenpack. Scherzh. auch zu Kindern. – Lumpe^n^-werk n.: **1.** Lumpen udgl. Schlechte Arbeit, lotterige Sache. – **2.** Hexerei Oschw.
Lumpe^n^-zeug(s) n.: schlechte Ware, wertlose Sache. – Lumpe^n^-zifer n.: Lumpenpack.
Lumperei f.: liederliche, lumpige Sache. Leben und Treiben eines Lumpen. *Dem guckt d^ie^ L. zu de^n^ Auge^n^ 'raus* o. ä. *Der hat immer de^n^ Kopf voll L-e^n^, treibt L-e^n^* usw.
lumpf *lŏmpf; lŏpf* Adj. Adv.: **1.** feucht, bes. vom Heu, Stroh o. ä. – **2.** schwammig, weich.
lumpig Adj. Adv.: = *lumpecht*.
Lunge^n^-kraut n.: Pflanzenname. **1.** Lungenkrautarten, Pulmonaria L. – **2.** Gewöhnlicher Odermennig, Agrimonia eupatoria L.
Lu^n^tsch^e^ *-ǫ̈ǝ-*, flekt. (auch Nom.) -e^n^ f.: faules, dickes Weib.
lu^n^tsche^n^ *-ǫ̈ǝ-* schw.: faul, unanständig herumliegen, sich aufstützen udgl. Gerne verbunden: *herum-, hinan-, hinein-l.*
Lupf m.: **1.** einzelner Akt des *lupfens. No^ch^ e^i^n^en^ L.!* – **2.** freier Augenblick, Augenblick der Erholung, da man frei Luft schöpft.
lupfe^n^ *-ŭ-* (lüpfe^n^ *-ĭ-*) schw.: **1.** lüpfen, (mühsam, ein wenig) in die Höhe heben. a. eigentl. *Die Füße l. ^Da^s Füdle l.* aufstehen. *Den Hut l.* zum Gruß. *Einem die Zunge l.* ihn zum Reden bringen. Einen *dr^a^uf'n^a^uf l.* ihm etwas sehr anschaulich machen, deutliche Winke geben. – b. unpers. *Es lupft mich.* α. es ekelt mir, reizt mich zum Erbrechen. *^E^s hat mi^ch^ ganz g^e^lupft* ihm eine Ohrfeige zu geben. – β. *Den hat's g^e^lupft* von

seinem Amtsposten weggenommen, tot gemacht. *^E^s lupft ihn* er macht Bankrott. – c. ohne Obj. stark trinken. *Der ka^nn^ l., lupft gern* o. ä. Seltener mit Obj.: *Der ka^nn^ Schoppe^n^ l.* – **2.** übtr. *einen l.* a. schmeichelhaft loben, ins Gesicht loben. – b. zum Narren haben, ausfoppen, verspotten. – **3.** sich *einen Bruch, Leibschaden l.* durch starkes Heben einen Bruch zuziehen.
Lupp^e^, flekt. -e^n^; Lup^e^ *lüǝp* f.: großer Mund, große Lippen.
Luppel *lübl* f.: große, unschöne, herabhängende Lippe; Lüppel. *Der henkt e^ine^ L. 'ra^b^! Halt dei^ne^ L.!* deinen Mund. Mürrisches Gesicht. *Eine L. machen.*
Lupus m.: Spiel der Schulkinder, bei dem es gilt, vom *L.* nicht vorzeitig entdeckt zu werden; wer den *L.* erspäht, warnt die andern durch den Zuruf *L.!* – Anm.: von lat. *lupus* Wolf.
lure^n^ schw.: **1.** lauern. – **2.** Spaß machen. – Vgl. *la(u)ren.*
lurke^n^ *lürgǝ; -ŏr-* schw.: **1.** undeutlich, lallend sprechen, wie etwa Kranke oder Trunkene. – **2.** beim Gehen die Beine zu wenig aufheben. Gew. *schl-.* – Lurker m.: Stammler. – lurkig Adj.: stammelnd.
lurpe^n^, lurpse^n^ schw.: **1.** = *lurken*, bes. auch von der gutturalen Bildung des R. – **2.** schief gehen, hapern. – Lurper m.: Stammler.
Luse *lüsę̆*, Lusem *-ǝm;* Lude, Lose f.: freie Zeit, Muße, bes. unbeaufsichtigte Freiheit, etwas zu tun. *Heut hat er (d^ie^) L. Er hat viel (freie) L.* freie Zeit. – Dann mehr: übermütige Freude, Vergnügen, Lust. *Eine L. haben (wegen, aus, mit etwas)* unnötig viel Wesens, Aufsehens damit machen, eine Kleinigkeit stark übertreiben.
Luser m.: = *Loser*, Horcher, Aufpasser.
lusmen (luslen) s. *lüsnen.*
lüsne^n^ *lĭsnǝ* schw.: horchen, losen Tir.
lusplen s. *lisplen.*
Lutsch f.: faules, unreinliches Weib. – lutsche^n^ I schw.: die Füße beim Gehen nicht recht aufheben. – S. a. *lo(r)tsch-.*
lutsche^n^ II *-ŭ-* schw.: saugen, schlotzen, bes. von kleinen Kindern (etwa am Daumen).
Lutz m.: **1.** Kurzform **1.** von Ludwig. *Lutze^n^* (25. Aug.) *macht de^n^ Tag stutze^n^* – **2.** von *Lukas.*
lützel *litsl* Adj. Adj.: wenig S. *L. Geld, Brot; L. Leut^e^, Kinder* usw. – Seltener: klein. *E^in^ l-^e^s Stückle^in^.*
Luzie f.: **1.** weibl. Rufname. Form: Luzei (*-ǝi;* Demin. *-le^in^* n.). – Name der Heiligen vom 13. Dez. *Auf Barbara* (4. Dez.) *die Sonne weicht, auf Luzie sie zu uns schleicht.* – **2.** *Luzeile^in^* Seidelbast, Daphne mezereum L. S. a. *Zeiletlein.*

M

Anlautendes *m-* ist gelegentlich nicht ursprünglich, vgl. *mo < wo, mir < wir*, hier ist immer verwiesen.

mä *mę̄* Interj.: Geschrei des Schafes. *M. machen. Da därf ma*ⁿ *net mu und net mä mache*ⁿ hat nichts dabei zu sagen. *Des ist net mu und net mä* nicht Fleisch und nicht Fisch, ganz unentschieden; *halb mu, und halb mä. Der ist h. m. h. m.* neigt nach 2 Seiten.
Mache *mǟχę̄* f.: *in der (die) M.* in Arbeit. Etwas Zerrissenes *in die M. geben,* es ist *in der M. –* Übtr.: *einen in der M. haben* über ihn streng zu Gericht sitzen, ihm tüchtig zusetzen, züchtigen.
Mäche *mę̄χę̄* m.: einer, der alles kann, Tausendkünstler.
macheⁿ *-ä̆-* schw.: machen. Einige typische Verwendungen: *Was machst denn (au*ᶜʰ*) für Sache*ⁿ *(G*ᵉ*schichte*ⁿ*, Zeugs* o. ä.*)! Ä m., ein Äle*ⁱⁿ m. scheißen, Kinderspr.; dafür auch *aa m., bäle*ⁱⁿ *m., hoppe m., etwas m., ga ga m. In die Hosen, in's Hemd m. Der Rege*ⁿ *macht kalt. Die Sonne macht warm. Heut macht's warm. I*ᶜʰ *mach*ᵉ *mein*ᵉⁿ *Dank* bedanke mich. *Hochzeit m.* u. ä. Einen *Weg, Spaziergang m. Ein Examen m.* er-, bestehen. *Des macht (z*ᵘ*samme*ⁿ*) x Pfennig. Es einem wüst m.* ihn schlecht behandeln. Ein unehelich Gezeugter ist *hinter der Heck*ᵉ *g*ᵉ*macht. Einen schlecht m.* verleumden. *Laß mi*ᶜʰ *nu' m.!* ich komme schon zu Streich. *Mach*ᵉ *doch (e*ⁱⁿ *bisle*ⁱⁿ*)! Jetzt mach*ᵉ *i*ᶜʰ*!* beeile mich. *Sich groß m.* prahlen. *Der macht sich* kommt (im Vermögen) vorwärts, wird wieder gesund, es wird etwas aus ihm. *Des macht sich* wird wieder (noch) recht.
Machetᵉ f.: etwas *in der M. haben, in die M. nehmen, geben* in Arbeit. – Übtr. *einen in dem M. haben* ihm streng zusetzen. Vorwürfe machen odgl. S. a. *Mache.*
mächleⁿ *mę̆-* schw.: allerlei kleinere kunstreiche Holzarbeit als Dilettant verrichten, = *bästlen* OSCHW. ALLG.
mächtig *mę̄χt-* Adj. Adv.: **1.** Adj. a. mit näherer Bestimmung: Macht (über oder zu etwas) habend. *I*ᶜʰ *bi*ⁿ ⁿ*it m., daß* . . . nicht im Stande. – b. absol.: gewaltig. *Ein m-*ᵉ*s Tier, Feuer, m-er Regen, Sturm, Hunger* o. ä. – **2.** Adv., sehr, stark. *Er wehrt sich m.; mi*ᶜʰ *friert's m.;* bes. vor Adjj.: *m. groß, heiß, viel* usw.

mäck *mę̆k* Interj.: Schrei der Ziege, des Bocks.
Mackᵉ, flekt. *-e*ⁿ m.; Mackᵉ, Pl. *-e*ⁿ f.; Demin. Mäck(e)leⁱⁿ *-ę̆-* n.: schadhafte Stelle, Makel, innerer oder äußerer Fehler an einem festen Körper. Bes. bei Obst; aber auch am menschlichen Körper: Schaden, Verletzung, Krankheitskeim. *Der hat scho' lang 'n M-e*ⁿ *g*ᵉ*hä*ᵇ*t. *ᴱ*s hat kei*ⁿ *Mäckele*ⁱⁿ es ist nichts dran auszusetzen.
Mäcke *mę̆gę̆* m.: Ziege(nbock). Nur uneigentl. in RAA. *Der lauft, springt wie der (e*ⁱⁿ*) M. (d*ⁱᵉ *M-en)* sehr schnell. Einer, der es eilig hat, *ist drin wie d*ⁱᵉ *M-e*ⁿ*, hat's wichtig wie der M.*
mäckeleⁿ *-ę̆-* schw.: **1.** meckern, von Ziegen. – **2.** mit meckernder Stimme sprechen. – **3.** übel riechen, stinken. – **4.** tadeln, tadelnd kritisieren; bes. *herum m.* tadelnd an etwas herum machen. *Der hat immer ('rum) z*ᵘ *m. –* **5.** ohne Appetit essen.
Mäckeler m.: **1.** Ziegenbock. – **2.** Teufel. – **3.** Kritikaster, der überall herum zu tadeln hat.
mäckereⁿ schw.: meckern, wie nhd. Syn. *mäckelen.*
Mackes *mágəs* m. Plur.: **1.** Plur. Schläge, Prügel, Hiebe. *M. bekommen, kriegen.* Makel, Fehler, äußerer Schaden. – Anm.: aus dem Jiddisch.
mackig Adj.: mit schadhafter Stelle *(Macke)* versehen. Gefallene, geschüttelte Äpfel sind *m.*
Mad *mād;* Plur. Madeⁿ, Mäder *-ę̄-* f.: Mahd. **1.** (Plur. meist *Mäder*) Wiese. Genauer: einmähdige Wiese, die einmal im Jahr gemäht und dann beweidet wird. – **2.** (Plur. *Made*ⁿ*)* das Gemähte. – **3.** das Mähen.
Madenke s. *Batenke.*
Madenschloß, Maderschloß s. *Mal-.*
Mäder *-ę̄-,* S. *-ę̆-;* Mader *-ā̆-* m.: **1.** Mäher, der Gras u. a. mäht. Dazu Fem. *-i*ⁿ*,* Plur. *-*ⁱⁿ*ne*ⁿ*. –* **2.** der „Sensenmann", Tod.
Mäder-lon, Mader- n. m.: Lohn für Mäher.
Mädleⁱⁿ *mę̄dlę̆* Hauptgebiet; *mae-* NW.; *mā-* N. n.: Mädchen.
Mädleⁱⁿ**s-fiseler**; -fitzeler; -pfitzeler; -pfiser; -fus(e)ler *-fūs(ə)l-;* -fugeler *-fū-* m.: wer immer den Mädchen nachläuft, am liebsten in ihrer Gesellschaft ist. Synn. *-bube, -freund, -gucker, -läufer, -schmecker, -suckel(er).*

Magd -ă-; -ā-; Plur. Mä(g)dᵉ f.; Demin. Mägdleⁱⁿ n.: Magd. **1.** Jungfrau, Mädchen. Braves, tüchtiges Mädchen. Aufmunternd zu kleinen Mädchen gesagt: *Du bist schoⁿ eⁱⁿᵉ rechte M.! Du bist (aber, halt) eⁱⁿᵉ M.!* ein wackeres, braves Mädchen. – **2.** dienende Magd.

Magdalena f.: **1.** die heilige Maria Magdalena. Ihr Tag, Magdaleneⁿtag, ist der 22. Juli. – **2.** weibl. Vorname. Gern als komische Figur, wie *Bärbeleⁱⁿ, Kätterleⁱⁿ* u.a. Als Schimpfwort *Madel.*

Magᵉ *māg* m.: Mohn, Papaver somniferum L.

Mageⁿ-brot n.: süßes braunes Brot, bei Kinderfesten, Messen u.a. auf Ständen käuflich.

Magenke s. *Batenke.*

Mageⁿ-pflaster, Demin. -pflästerleⁱⁿ n.: eine kräftige Speise ist *eⁱⁿ (gutᵉs) M.*

mageⁿ-schwach Adj.: öd im Magen, hungrig. *ᵉs ist mir m.*

Mägere *mę-* f.: Magerkeit.

mägereⁿ *mę-* schw.: mager machen. Zuckerrüben *m. den Boden* entziehen ihm die Kraft.

magerlecht Adj. Adv.: etwas mager.

mägerliᶜʰ *-lę̌* Adj. Adv.: ziemlich mager.

Maggi-kraut n.: Liebstöckel.

Magnus *măŋnəs, măŋəs,* meist Mang *măŋ* OSCHW. BOD. BAIRSCHW. ALLG. m.: **1.** männl. Rufname Magnus; nicht sehr häufig. – **2.** Name des Heiligen. Er ist sehr volkstümlich, da er gegen Mäuse und Ungeziefer schützt. Sein Tag ist der 6. Sept.

Mag-sameⁿ *māk-* m.: Schlaf-Mohn, Papaver somniferum L., sowohl der Same wie die Pflanze. – Syn. *Ölmagen.*

Mä-huber m., Demin. -leⁱⁿ n.: **1.** Schaf. – **2.** Wegerich-Arten, Plantago L.

mai s. *mer.*

Mai *māe, māi* NW. N., *măe, mǫe* W., *mǫe* Mitte u. O.; flekt. Maieⁿ *mājǝ* NW. N., *mäjǝ, mǫjǝ* W., *mǫjǝ* Mitte u. O. m.: Mai. **1.** der Monat. – **2.** Demin.: Namen von Blumen, die im M. blühen, z.B. Maileⁱⁿ *mǫelę̌* Convallaria maialis L. – **3.** *Maieⁿ* (auch Nom.) Blume, Blumenstrauß. – **4.** *Maieⁿ* (so auch Nom.) Bäumchen oder auch Zweig als Festdekoration. Ein solches Bäumchen wird in der Nacht zum 1. Mai Personen, die geehrt werden sollen, vor's Haus gepflanzt, öfters mit Bändern geziert; das heißt *einem einen Maien stecken.* So bes. einem Mädchen von seinem Verehrer. Daher *einem einen (keinen) M. stecken* etwas (nichts) zu lieb tun.

Maieⁿ-blümleⁱⁿ n.: **1.** Maiglöckchen, Convallaria maialis L. – **2.** *Falsches oder Wildes M.* a. Salomonssiegel, Polygonatum odoratum (Mill.) Druce. – b. Vielblütige Weißwurz, Polygonatum multiflorum (L.) All. – c. Schattenblume, Maianthemum bifolium (L.) F. W. Schmidt. – Synn. *Maienglöckchen, Maienröslein.*

Maieⁿ-glöckleⁱⁿ n.: = *Maienblümlein.*

Maieⁿ-kätzleⁱⁿ n.: **1.** im Mai geworfene Katze. – **2.** Kätzchenblüte gewisser Stauden.

Maieⁿ-klunker m.: Kleine Traubenhyazinthe, Muscari botryoides (L.) Mill.

Maieⁿ-nacht f.: Nacht vor 1. Mai *(Maitag).* In ihr werden die *Maien (Mai 4)* gesteckt.

Maieⁿ-regeⁿ m.; gern Demin. -regeⁿleⁱⁿ n.: Regen im Mai. Gilt für fruchtbar.

Maieⁿ-rösleⁱⁿ n.: = *Maienblümlein.*

Maieⁿ-tag (Mai-tag) m.: Tag im Mai. Meist aber spez. der 1. Mai.

maisch (teig, mürb), **Maische** usw. s. *mäusch.*

maizlen s. *mözlen.*

Mal *mǫl,* O. *-ao-,* BAAR *-au-,* FRK. *-ǭ-, -ǭ̨-;* Plur. Mäler m. **1.** Merkmal, Erkennungszeichen. a. Muttermal. – b. Spur, Zeichen. Beule, als Folge eines starken Stoßes, Schlages. Bes. *blau(es) M.* Prellung. *Mit einem bl. M. davon kommen* mit kleinem Schaden. – **2.** bestimmter Zeitpunkt. Bes. mit Zahlen *1, 2, 3* usw. *mal.* – **3.** Mahl, Mahlzeit. – *Mal* spez. = Hochzeitsmahl.

maladᵉ *mǎlād* ᴗ′, malader, maladeriᵍ *-ę̌* Adj.: kränklich, unpäßlich.

malauchen s. *malochen.*

Malb(en) s. *Malm(en).*

Malefiz n. (m.): Ausruf, Fluch: *M.!* OSCHW. Persönl.: *Der M., der bᵉsesseⁿᵉ!* der verfluchte Kerl!

malefiz-blond Adj.: sehr blond. Häufiger: rothaarig.

Malefiz-gᵉlumpᵉ n.: verdammt lumpige Sache.

Malefiz-kerl(e) m.: durchtriebener Kerl, tadelnd oder lobend.

maleⁿ I *-ā-,* S. *-ä-,* FRK. *-ǭ-, -ǭ-;* Part. gᵉmaleⁿ st.: mahlen, wie nhd.

maleⁿ II *-ǭ-,* O. *-ao-,* BAAR *-au-,* FRK. *-ǭ-, -ǭǝ-* schw. (Part. gᵉmalet S., gᵉmalt N.): malen, bemalen, wie nhd.

Malet(e) *-ā-* f.: so viel Frucht, als man auf einmal (für den Haushalt) in die Mühle zum Mahlen bringt.

Malle m. f.: **1.** m. Kater. – **2.** persönl.: dicke, fette, kleine Person. Genauer: m. dicker, starker Mensch (verstärkt *Dick-, Gᵉwalts-, Mords-);* f. dicke grobgebaute Weibsperson. *ᵉs ist eⁱⁿᵉ rechte M.* große, unbeholfene Weibsperson. – **3.** dicke Backen, Mumps. – **4.** schadhafte Stelle an weichen Körpern, = *Macke,* als Folge von Druck, Fall u.ä. S.a. *Molle.*

Malm(eⁿ**),** Malbeⁿ m.: *Malmeⁿ* Dolomitboden, *Malbeⁿ* diluvialer Lehm. – Bes. in Komposs.: Malm-bodeⁿ (Malmeⁿ-, Mal-) m.: fruchtbarer, lehmiger Boden von Muschelkalkdolomiten. – malmig Adj.: lehmig.

malocheⁿ ᴗ′ᴗ schw.: **1.** machen. – **2.** plündern. – **3.** werfen. – **4.** gehen. – **5.** *malaucheⁿ* schlauchen, schikanieren. – Anm.: aus dem Jiddischen. Jüd. *melōchō* (hebr. *melāchā*) Arbeit.

Malör ◡‛ (meist *mălḗr; -ḗǝr*) n.: (kleines) Unglück, Unfall. *Der hat M.* Widerwärtigkeiten. – Anm.: Frz. *malheur.*

Mal-schloß, Demin. -schlößle[in] n.: Vorhänge-schloß. Verschiedene Formen: Mal-, Mar-, Mark-, Markt-, Mart-, Marder-, Mader-, Made[n]-, Mat-. – Anm.: Mhd. *malchsloz* Schloß am Mantelsack; die andern Formen volksetym. Umdeutungen.

Malter *-ă- (-ā-* BAAR) n.: Hohlmaß, bes. für Getreide. Inhalt verschieden.

malträtiere[n] *măldrĕdīǝrǝ* schw.: mißhandeln. – Anm.: Franz. *maltraiter.*

Mal-zeit *mǫl-* f.: Mahlzeit. Speziell Gruß während der Mittagspause. – mal-zeite[n] *mǫl-* schw.: Mahlzeit halten.

Mamme[n]-**fülle**[n] *-ĕ* n.: Muttersöhnchen, das immer der Mutter am Rockschoß hängt FRK. – Mamme[n]-kind (-le[in]) n.: dass. – Mamme[n]-suk-kel f.: dass.

mampfe[n] *mămpfǝ* (neben *măōpfǝ*) schw.: mit vollem Mund gierig essen und kauen.

Man s. *Mann* u. s. *Mond.*

ma[n] *mǝ* S., *mǝr, mr* N.; *bǝ* ALLG. Pron.: man. Gebrauch wie nhd. Bes. Verwendungen: *Ma[n] so[ll]t[e] 's net glaube[n]! Ma[n] sait halt so. Ma[n] hat's net leicht.* – Bes. als Ersatz für das bestimmte Pron. Ein Bescheidener sagt: *Ma[n] hat's net nötig* ich hab's nicht n. Häufiger im Plur.: *Was tut ma[n] jetzt?* Anrede an die 2. Pers.: *Was tut ma[n]?* was treibt ihr? Bes. wenn man nicht weiß, ob man *du* oder *Sie (Ihr)* sagen soll. *Ist ma[n] au dahier (hiesig o. ä.)?* Auch zu kleinen Kindern in zärtlich-scherzh. Ton. *Was hat ma[n] denn da g[e]macht? Ka[nn] ma[n] denn gar net ruhig, still sei[n]?*

Mandes *-ǝs* m., Demin. Mandesle n.: Koseform zu Mann, kleiner Kerl, Bursche.

Mane s. *Mond.*

Mang[e] f.: Walze zum Glätten der Tücher, wie nhd. Mangel.

mange[n] schw.: Wäsche glätten.

mangle[n] schw.: **1.** intr., mit haben: fehlen, wie nhd. – **2.** trans. vermissen, entbehren. *I[ch] hau[n] di[ch] recht g[e]manglet* habe Sehnsucht nach dir gehabt.

mank Adj.: fehlerhaft, mangelhaft.

manke[n] schw.: unzufrieden sein, jammern, murren OSCHW. – S. a. *mienken.*

mankiere[n] *mặng-* ◡‛◡ schw.: mangeln, fehlen.

mankig Adj. Adv.: jammernd, murrend OSCHW. – S. a. *mienkig.*

Manko *mặŋk(h)ǭ* m.: Fehler, Mangel, Schaden. *Des ist e[in] (schwerer) M.*

ma[n]-**lätschig** Adj. Adv.: gleichgültig, faul. – Vgl. *manlaunsig.*

ma[n]-**lau**[n]**sig** *mặlăōsig* Adj. Adv.: zögernd, unentschlossen, ohne Energie, langsam im Reden und Handeln.

Ma[nn] *mă̱,* S. *mă̱,* FRK. *mŏ̱ŭ,* Plur. *mḗnǝr* NW. HalbMA., *mặnǝ, mă̱, mặnd* m. (Demin. s. unten): Mann. **1.** erwachsene männliche Person. – Demin. Formen: *mĕndlĕ̱* und *mắlĕ̱;* als Anrede kann *mĕndlĕ̱* schmeichelnd oder zurechtweisend sein, *mắlĕ̱* nur ersteres; nur Koseformen: *mặndǝlĕ̱, mặndǝslĕ̱* nebst Mask. *mặndǝs;* ferner: *mặndlĕ̱; mĕndǝlĕ̱.* – Gebrauch. Kleiner Kerl, Bursche, sowohl von Erwachsenen wie von Knaben und Kindern, teils scherzh. anerkennend, teils verächtlich bedauernd. – **2.** Ehemann. *M.* heißt jeder Verheiratete, so jung er sein mag. – **3.** Demin. *Männle*[in], übtr. nach dem Geschlecht. a. männliches Tier. – b. männliche Pflanze. – **4.** ein Tier macht *e[in] Ma[nn]le[in] (Mändle*[in]) stellt sich auf die Hinterfüße, in der Haltung eines Mannes; *Mändle*[in] Plur. die aufgerichtete Stellung des Tiers, um anzugreifen oder sich zu wehren. Daher übtr. vom Menschen: sich wehren wollen, sich auflehnen wollen. – **5.** *Er hat schwarze Ma[nn]le[in] g[e]sehe[n]* es wurde ihm schwarz vor den Augen, ohnmächtig.

manne[n] schw.: **1.** ohne Obj., mit haben, einen Mann heiraten; opp. *weiben.* – **2.** männlich handeln.

Mannete f.: das *mannen 1. Auf die M.* ausgehen.

Manns-beibringe[n] n.: was der Mann in die Ehe mitbringt.

Ma[nn]**s-bild**, Pl. -bilder n.: Mann, männliche Person; opp. *Frauen-, Weibs-.* Vielfach leicht ärgerlich. *Des ist e[in] u[n]g[e]schlacht[e]s, (maul)faul[e]s, u[n]gut[e]s M.*

Manns-leut[e] Plur.: die Männer.

Manns-nam[e], flekt. -e[n] m.: **1.** eigentl. – **2.** männliche Person.

Ma[nn]**s-volk** n.: Gesamtheit der Männer.

manteniere[n] *mặndǝnīǝrǝ* ◡‛◡‛◡ schw.: **1.** handhaben. Einen Rechen, Sense m. Eine Arbeit bewältigen, bezwingen. *Des ka[nn] der net m.* – **2.** etwas vorbringen, zur Sprache bringen. Einen Schuldner m. an die Zahlung erinnern. – **3.** bei Verträgen ausdrücklich ausbedingen. – **4.** bevorzugen, hochschätzen. – **5.** beobachten. – Anm.: It. *mantenere.*

man(t)sche[n] *mặntše* schw.: **1.** mit vollem Munde kauend essen, gierig, hastig, häßlich essen. – Mit anderm Vokal: *mă̱šǝ* behaglich essen, es sich schmecken lassen; *mă̱ōšǝ* mit vollen Backen essen; *mă̱ōtšǝ* gierig und schmatzend essen. – **2.** Speisen untereinander mengen, schlecht kochen. – **3.** unverständlich schwätzen, plaudern, albern, einfältig heraus schwätzen.

Mantscherei f.: Fresserei, Schweinerei.

mantschle[n] schw.: **1.** ohne Zähne kauen. – **2.** in der Rede alles untereinander mischen. – S. *mantschen.*

Manz *mă̱ns* m.: Stolz. *Der hat 'n recht[e]n M.* – S. a. *manzen, -ig.*

mänz (unfruchtbar) s. *mens.*
manzeⁿ schw.: stolzieren. – S. *Manz, manzig.*
manzig *mǎnsig* Adj. Adv.: stolz, hochmütig, hoffärtig, eitel, herzhaft, keck, mannhaft, wie ein Mann, sich brüstend. *M. daher kommen, da stehen. Sich m. machen (wollen).*
mao- s. a. *maun-,* u. *mun-.*
maoglen s. *munklen.*
Maos s. *Mase.*
mar *mār* Adj.: mürbe S. Namentlich vom Obst, insbes. den Äpfeln; für die Birnen mehr *teig.* Vom Boden, bes. Acker: *m.,* daher leicht zu bearbeiten.
Marbel m.: **1.** Marmor; auch Alabaster. – **2.** Steinkügelchen. Synn. *Klucker.* Öfters mit anl. *W-,* z. T. an *werfen* angelehnt: *wǎrbl, wǎrfl.* – **3.** Demin. *Marbele*ⁱⁿ: Weiße Hainsimse, Luzula luzuloides (Lam.) Dandy et Wilmott.
marbleⁿ *-ǎ-* schw.: mit *Marbeln 2,* Kluckern, spielen.
Mard(er)schloß s. *Mal-.*
mareⁿ I *-ā-* schw.: *mar,* mürbe sein; mürbe werden lassen OSCHW. S. – Vgl. *Marennest.*
mareⁿ II *-ā-* ALB; *-ǭ-* HOHENL. schw.: = *gemaren,* zusammenarbeiten.
Mareⁿ**-nest,** Pl. -er n.: kleiner Obstvorrat. Heimlicher Vorrat, bes. von Kindern, wobei die Beschränkung auf Obst wegfallen kann S. Syn. *Mauke.*
Marfel s. *Marbel.*
Margareta f.: Margaretha. **1.** die heil. M. Der M-n-tag fällt bei uns für beide Konfessionen auf 13. Juli. – **2.** sehr verbr. weibl. Taufname. – **3.** *mǎrgət* geschwätzige Person; *mǎrgətlę̆* altes Weiblein. – **4.** *Margaretel* früher für Gänseblümchen, Bellis perennis L., auch *Margritle*ⁱⁿ. – Jetzt wird *Margrit(le*ⁱⁿ*)* fast ausschließlich für die Gewöhnliche Wucherblume, Chrysanthemum leucantheum L., gebraucht.
Märge s. *Maria.*
Maria: der weibl. Name. **1.** Heiligenname. Mutter Jesu; Synn., öfters geläufiger: *(unsere liebe) Frau, Mutter-Gottes; Himmelsfrau,* -kaiserin, -königin. Lautform zumeist *mǎriǎ* ◡◠, im Satzzushg. (engl. Gruß) auch *mǎriǎ* ◠◡ und in Komposs. und Ortsnamen noch heute Märge *mę̆rg(ə).* Der Jungfrau M. geweihte Tage, Marien(feier)-tage. Im Einzelnen: Mariä (-a) Lichtmeß, 2. Febr. – M. Verkündigung, 25. März. – M. Heimsuchung, 2. Juli. – M. Himmelfahrt, 15. Aug. – M. Geburt, 8. Sept. – M. Name, Sonntag nach M. Geburt. – M. Empfängnis, 8. Dez. – M. Opfer(ung), 21. Nov. – **2.** weiblicher Taufname, kath. u. prot. – **3.** Scheltwort. *Märg*^e *mę̆rg* immer klagende Person. *Meigel məigl,* Demin. *-ele*ⁱⁿ Schimpfwort für Weiber; Schwätzerin; kleines Weib; altes Weibchen.

Marieⁿ**-käfer** m.: wie nhd., Coccinella septempunctata. Synn. *Herrgottskäfer; Marienvögelein, Weidenvögelein, Maienkülein.*
marixleⁿ ◡◠◡ (neben **maraxle**ⁿ); **morixle**ⁿ; **mordexle**ⁿ; **maurixle**ⁿ; **mauritzle**ⁿ schw.: **1.** sterben, scherzh. – **2.** töten, von Sachen: zerstören, ebenf. scherzh. oder spöttisch.
Mark n., **Mark(e)** f.: **1.** n. Zeichen, Grenzzeichen, Grenze. – **2.** f. Markstein, Grenze. – **3.** n. wie nhd.
markeⁿ schw.: abgrenzen, Grenzsteine setzen, Part. wie nhd.
Mark-gräbleⁱⁿ *mǎrgrę̆blę̆* ◠◡ n.: Grenzfurche zwischen zwei Gütern.
markiereⁿ *mǎrgīərə* ◡◡◡ schw.: **1.** wie nhd., bezeichnen, hervorheben. – **2.** so tun als ob. *Einen m.* darstellen, nachmachen, foppen.
Markt *mǎrkt* O.; Pl. *Märkt*^e *-ę̆-;* Märkt *mę̆rkt,* Pl. gleich m.: wie nhd. **1.** Abhaltung des Markts. – *Auf den M. gehen;* dafür z^u *M. g.* – *Z*^u *M. sei*ⁿ. – *Der M. ist aus, vorbei;* bes. aber *verloffe*ⁿ auseinandergegangen. *Kommen, wenn der M. v. ist.* – *Einen M. haben* lärmen, schreien, zanken; Umstände, Unruhe machen. – **2.** örtlich. a. Marktplatz. – b. Marktansiedlung, Ortschaft mit Marktgerechtigkeit. In Ortsnamen erhalten, aber nur im O.
Markt-brunneⁿ m.: Rohrbrunnen auf dem Marktplatz.
markteⁿ, -ä- schw.: intr. mit haben. **1.** auf dem Markt zu tun haben. – **2.** um den Preis schachern. In weiterer Bed.: um etwas herumstreiten. *Mit sich m. lau*ⁿ nicht eigensinnig sein; spez. eine Übertreibung zugeben. – Vgl. *märktlen.*
Markt-kram m.; meist -kramet(e)f.; -kramets n., -kramstet: Geschenk, das man vom Jahrmarkt mitbringt. – **Markt-kratte**ⁿ, -krätteⁿ m.: Marktkorb.
märktleⁿ *-ę-* schw.: tauschen, handeln. – Demin. zu *markten.*
Markt-stand m.: Verkaufsplatz eines Händlers auf dem Markt.
Markt-tag m.: Tag, an dem Markt ist.
Markt-woch^e f.: Woche, in der Markt ist.
Märleⁱⁿ *mę̆rlę̆* n.: Märchen, unwahre Geschichte.
Marmel, Märmel s. *Marbel.*
Marmor s. *Marbel.*
marode ◡◠◡ *mǎrǭdę̆* Adj.: unpäßlich, nicht recht wohl, unhäßlich. Gern halb scherzh. halb ärgerlich: *Ich bi*ⁿ *scho*ⁿ *de*ⁿ *ganze*ⁿ *Winter m.* u. ä.
marreⁿ schw.: knurren; bes. vom Hund. Von der Katze: schnurren. Vom Menschen: unzufrieden grunzen.
Märrenstengel s. *Morchenstengel.*
marrig Adj.: mürrisch. – **märrle**ⁿ schw.: murren, z. B. von Kindern: durch abgebrochene Töne Unbehagen kundgeben.
Marsche s. *Masche.*

Märschel s. *Mörsel.*

marter-dällig *măd-, măd-* Adj.: elend, kraftlos, schwächlich.

Marterer *mā(r)dərər* OSCHW. m.: Märtyrer.

märterlich Adj. Adv.: in der Art eines Märtyrers. Elend, gemartert OSCHW.

Martin m.: männl. Vorname und Heiligenname. – Wichtig bes. als Name des hl. Martinus von Tours, dessen Tag, 11. Nov., M-stag, häufiger Martini *(mā(r)dĕnĕ)* einer der wichtigsten Tage im Jahr ist. Im 2teiligen Jahr Winteranfang. *M. kommt auf dem Schimmel geritten,* wenn es an M. schneit. *Ist Sankt M. trüb, wird der Winter lieb; ist S. M. hell, wird er kalt für äll[e].* – Früherer Termin für Dienstboten und Zinse.

Martini s. *Martin; Martini-* s. *Martins-.*

Martins-: im Folg. auch Komposs. mit *Martini-.*

Marti[n]s-brate[n] *Märtes-* m., -brate[n]s n.: Braten, spez. Gansbraten am 11. Nov.

Marti[n]s-ga[n]s f.: am 11. Nov. verzehrte Gans; auch Martinigans; Marti[n]stagga[n]s OSCHW. – Marti[n]s-markt *Märtesmärkt* m.: Markt an (um) Martini. – Marti[n]s-schiffle[in] *Märtes-* n.: viereckiges mürbes Gebäck an Martini für Kinder FRK. – Martins-tag m.: = *Martini,* 11. Nov. – Marti[n]s-weck *Märtes-* m.: an Martini gebackener großer Ring, vom Bauernburschen seiner Geliebten geschenkt.

Märze[n]-becher m.: Märzenbecher, Leucojum vernum L. – Syn. *Märzenglöcklein, Märzenblume.*

Märze[n]-blümle[in] n.: verschiedene im März blühende Pflanzen. **1.** Blaustern, Scilla bifolia L. – **2.** Huflattich, Tussilago farfara L. – **3.** Busch-Windröschen, Anemone nemorosa L. – Syn. *Märzenkachel.*

Märze[n]-blu(s)t m. f. n.: Blüte im März.

Märze[n]-bosch, -busch m.: Löwenzahn oder Kuhblume, Taraxacum officinale Web.

Märze[n]-ga[n]s f.; Demin. -gä[n]sle[in] n.: **1.** Demin. früh ausgebrütetes Gänschen. – **2.** wer sich in den April schicken läßt, zu dem sagt man: *M. hast Dreck [a]uf der Nas[e].*

Märze[n]-glöckle[in] n.: Märzenbecher, Leucojum vernum L.

Märze[n]-hammele[in] n.: = *Märzenkätzlein.*

Märze[n]-kachel f.: Busch-Windröschen, Anemone nemorosa L.

Märze[n]-kätzle[in] n.: (männl.) Blütenkätzchen des Haselstrauches, Corylus avellana L. – Syn. *Märzenhammelein..*

marzialisch ‿ ‿ ⁄ ‿ Adj. Adv.: martialisch, grimmig. *Ein m-es Gesicht machen.* Meist bloß steigernd: arg, heillos. *Ein m-er Rausch, Hunger; m. kalt; m. schreien, schlagen.* – Anm.: Lat. *martialis* kriegerisch.

Masch[e] *măš, mărš;* Plur. -e[n] f.; Demin. Mäschle[in] -ĕ- n.: **1.** Masche, wie nhd., bes. beim Stricken. – **2.** Schleife von breitem Band.

Maschi[ne] *măšĕ* ‿ ⁄ ; Plur. -e[n] f.: **1.** eigentlich, wie nhd. – **2.** übtr. dicke, große, starke Person.

maschucke(r) s. *meschucke.*

Mas[e] *mǭs,* O. -ao-, BAAR -au-, FRK. -ǭ-, -ǭ-, -ǭǝ-; Plur. -e[n] f.; Demin. Mäsle[in] n.: **1.** Schmutzfleck, bes. an Kleidern. Obst o. ä. *gibt, macht M-e[n].* – Dann mehr: Mackel, Mangel. *Der hat böse M-e[n]* schlimme Vergehen auf dem Gewissen. Obst hat *M-e[n]* schadhafte Stellen infolge Fallens, Hagels o. ä. – **2.** Mal, Muttermal, Beule, Wunde, Schaden. Bes. Narbe. *Was hast denn du für M-e[n] im G[e]sicht?*

Maser -ā- m.: knorriger Wurzelstrunk. Schön geädertes Holz OSCHW.

mäser -ĕ- Adj.: hartholzig, zäh. Pelzig, vom Rettig OSCHW.

maset *mǭǝsǝt* Adj.: fleckig, verbeult, vom Obst. S. a. *masig.*

masig -ǭ- Adj.: fleckig, beschmutzt. Ein Kleid ist *m.* Faulende Kartoffeln sind *m.* – S. a. *maset.*

Masker *măšgǝr;* Plur. -e[n] f.: maskierte Person.

maskere[n] *măšgǝrǝ* schw.: sich maskieren, als Maske verkleiden.

Maß-holder m.: Feldahorn, Acer campestre L.

massig -ā- Adj. Adv.: **1.** massenhaft, sehr viel. – **2.** unzuverlässig; bes. von Pferden: bösartig, störrisch, unfromm.

Massio[n] *măsiǭ* ‿ ‿ f.: Menge, Unmenge. – Anm.: Masse + (Mill)ion.

massiv *măsīf* ‿ ⁄ Adj. Adv.: dauerhaft, ganz. *E[in] m-er Bursch[e]* starker, schöner, unverschämter, grober Bursche. *Der kommt ei[ne]m m. grob* flegelhaft.

Maß-leid *mas-* n., M-e f.: Ekel, Widerwillen (gegen Essen) aus Übergenuß. *An etwas die M. essen* sich daran bis zum Ekel überessen. – maß-leidig (neben -leid[e] ALLG.) Adj. Adv.: übellaunt, daß man nicht mehr essen und trinken mag. *I[ch] bi[n] so m.* es gefällt mir gar nicht, alles ist mir entleidet. *Sei net immer so m.!* zu Kindern, die immer anders wollen als man wünscht. *E[in] m-[e]s Wese[n] hau[n]* sich wie ein Verzweifelter betragen.

Mast f.: Mästung.

mast *măšt;* NO. -ā- (FRK. -ǭ-), Kompar. -ĕ- Adj. Adv.: **1.** fett, üppig, von Tieren, Pflanzen und Menschen. Ein Ochse ist *m.; m-es Gras, Korn, Holz; m-e Erdäpfel; ein m-es Feld.* – **2.** übtr.: reich.

materdällig s. *marterdällig.*

Mater[i]e *mădĕrĕ* (S. -i) ‿ ⁄ ‿ f.: **1.** Stoff, Materie. – **2.** Eiter in der Wunde.

mater[i]e[n] *mădĕrǝ* ‿ ⁄ ‿ schw.: eitern, Eiter treiben; von Wunden.

materig ‿ ⁄ ‿ Adj. Adv.: eiterig.

Matsch m.: **1.** M. sein im Spiel alle Stiche verlieren; *M. machen* alle Stiche machen. – **2.** breiartige Masse. – matsch -ā- Adj.: erschöpft, müde, schlaff. – Matschare *mătšărę̆* ᴜʳᴜ m.: unverstandener Mensch. – Matsche -ə f.: dicke plumpe Frau. – matsche[n] schw.: **1.** die letzten Stiche im Spiel machen. – **2.** zerdrücken. – matschig Adj.: breiig.

Mattäus m.: Matthäus, männl. Rufname. Formen: Mattes *mädę̆s, -dəis.* Kurzformen Deis; Tes *dę̆s;* Heus, Hes *hę̆s.* – Name des Evangelisten. Sein Tag ist der 21. Sept.

matterdällig s. *marterdällig.*

Mattias m.: Matthias, männl. Rufname. Formen: *mädīs, -dəis, -dę̆s.* – Name des Heiligen, meist in der Form *-əis.* Sein Tag ist der 24. Febr.

Matze[n] m.: **1.** vertrockneter Augenschleim. Ein von Eiterkrusten umgebenes Auge heißt Matze[n]-auge[e]; dazu Adj. -äugig. – **2.** trockene Krume Oschw.

matzig Adj. Adv.: nicht ausgebacken, nicht ausgekocht, von Mehlspeisen, Kuchen o.ä.

Mau s. *Mond.*

mau *məu* Adj. Adv.: schlecht, schlimm. *Mit de[n] Rebe[n] staht's m.*

Mauärder s. *Auwerder* und *Maulwurf.*

Mauch[e] (Mauk[e]) *-əu-*, S. *-ū-*, Frk. *-au-*, flekt. *-e*[n] f.: **1.** Geschwulst am Fuß des Tiers. – **2.** *Mauche* Kellerassel Oschw. Allg. Tir.

Mäuchel *məi-* m.: **1.** verdrießlicher, mürrischer Mensch von stummer Art. – **2.** Schimmel, Modergeruch.

mäuch(e)le[n] schw.: einen Schimmel-, Modergeruch verbreiten, nach Fäulnis riechen. Eine Speise, Kleider, ein feuchtes Zimmer, Krug, Faß, Blumen o.ä. können *m.* Formen: *məiχ(ə)lə; məiχtələ, mīχtələ.* Synn. *mürschelen, mufflen, feislen, kamen* u.a.

mäuchelig Adj. Adv.: nach Fäulnis, Moder riechend. *M.* werden, schmecken.

mäuche[n] *mae-* schw.: kauen, langsam die Speisen zerbeißen. – Vgl. *mauen* II, *mäuzlen.*

Mauche(r)t s. *Mauke.*

Mauchlet s. *Mauke.*

mäuchtelen, -ig s. *mäuchelen, -ig.*

Maude *məudę̆* m.: mürrischer, ungeselliger, verschüchterter Mensch. – Anm.: Zu *mauderen.*

maude[n] I *məudə* schw.: mürbe werden lassen, z.B. das Obst.

maude[n] II schw.: sich gekränkt fühlen, trotzen SW. – S. *Maude, mauderen.*

maudere[n] *-əu-*, S. *-ū-*, Frk. *-au-* schw.: unpäßlich, kränklich sein, sich nicht ganz wohl fühlen; niedergeschlagen, unlustig sein.

mauderig *məu-*, S. *-ū-*, Frk. *-au-* Adj. Adv.: nicht ganz wohl sich fühlend, leicht kränklich, daher: niedergeschlagen, etwas verstimmt, verstört, unlustig, schlechten Humors, kleinlaut, traurig, betrübt. Ein Kind, auch ein Erwachsener, dem eine Krankheit in Anzug ist, ist *m.* – Von Vögeln in der Mauser. – Vom Wetter: trüb,

düster, unfreundlich, zweifelhaft, nicht gut und nicht schlecht.

maudig *-əu-*, S. *-ū-* Adj. Adv.: kränklich, nicht heiter, niedergeschlagen, trüb. – S. *mauderig.*

maue[n] *maobə* schw.: kauen, mit vollen Backen essen.

Mauerder s. *Auerder* und s. *Maulwurf.*

Mauke f.: (bes. von Kindern) heimlich angesammelter Vorrat von Obst, Nüssen udgl.; Ort, wo dies aufbewahrt wird, etwa in Heu, Stroh; vgl. *-nest.* Formen: Mauke *məugę̆;* Mauke(r-)t(e) *məugət(ę̆);* -eze *-ətsę̆;* Mauklet(e) *məugləd(ę̆);* māōklət; Mauche(r)t(e) *məuχət(ę̆),* Mauchlet *məuχlət.*

mäuk(e)le[n] *məig(ə)lə* schw.: **1.** schlecht riechen, bes. nach Fäulnis, Moder riechen. S. *mäuch-.* – **2.** still sprechen. – **3.** halb schielen. Vgl. *mauklen 2, munklen.*

mauke[n] *məugə* schw.: verstecken, verschieben.

Mauke[n]-**nest** n.: Versteck für Obst udgl., auch heimlich angesammelter Obstvorrat. Formen: *məugə-; məugl-; məugədə-.*

Maukle f.: Hügel-Meister, Asperula cynanchica L.

maukle[n] *məuglə* schw.: **1.** etwas heimlich tun. – **2.** bei schlechtem Sehvermögen etwas suchen, sehen wollen Allg. – S. a. *munklen, maunken, mauken.*

Maukler *-əu-* m.: **1.** der gern im Geheimen redet und handelt. – **2.** der gern seine Sachen versteckt.

Maul *məul*, S. *-ū-*, Frk. *-au-*, Ries *-ao-;* Plur. Mäuler *-əi-, -ī-, -ai-, -ae-;* Demin. Mäulle[in] n.: Maul. **1.** von Tieren. – **2.** Mund, vom Menschen. In der MA. das einzige Wort für das fehlende „Mund". Heute mehr mit dem Bewußtsein des groben und derben Ausdrucks gebraucht, dagegen keineswegs im Demin. *Mäulle*[n] bei Kindern oder schmeichelnd. Derber Gosche. a. im allgem. *E[in] M. mache*[n], *'ra*[b] *('runter) henke*[n] (o.ä.) verdrießliche Laune zeigen. – b. als Organ der Nahrungsaufnahme. *Die [ge]brate-ne*[n] *Taube*[n] *fliege*[n] *ei*[ne]*m net in's M. ([Da]s) M. auf und Auge*[n] *zu!* sagt man zu Kindern, denen man etwas in den Mund gesteckt haben will. – c. als Organ der Rede. *Mit [d]em M. ka*[n] *der älles. Mit [d]em M. ist des e*[in] *Kerle. E*[in] *M. hau*[n] aufgebehren. *[Da]s M. auftun* reden. *Grad tu[e] i[ch] [da]s M. zu* eben habe ich davon gesprochen. *Das M. halten* schweigen. *Halt [da]s M.! Einem über's M. fahren* ihn derb widerlegen. *Einem das M. stopfen* zum Schweigen bringen. *Der hat e*[in] *u[r][ge]wäsche[ne]s M. (Halt dei*[n] *u[n][ge]w. M. o.ä.)* vorlautes, verleumderisches, spricht gern von häßlichen Dingen. *Ein böses M. haben* eine Lästerzunge. *Du hast mir [da]s (Wort) aus'm M. 'raus (vom M. weg) [ge]nom-me*[n] ich wollte soeben dasselbe sagen. *Der dreht ei[ne]m [da]s Wort (d[ie] Wort[e], d[ie] Red[e]) im M. 'rum* deutet alles falsch.

Maul-aff^e, flekt. -e^n m.: Gaffer, Glotzer; einfältiger, naseweiser, geschwätziger Mensch.

Maul-aufreißer m.: wer überall das große Wort führen will, Prahlhans.

maule^n I schw.: **1.** viel sprechen, schwätzen OSCHW. – **2.** den Mund schmollend verziehen. Durch herabhängende Lippen ohne weitere Erörterung seinen Verdruß zu erkennen geben. Häufiger: seiner Unzufriedenheit durch Widerrede, Murren, Nachreden, Aufbegehren Ausdruck geben, schelten, schimpfen, zanken. *Wart, i*^{ch} *will dir (au*^{ch} *no*^{ch}*) m.!*

maule^n II schw.: **1.** miauen. – **2.** murren, nicht schweigen. – S. *maun(l)en.*

Mauler m.: wer immer *mault.*

Maulete f.: Gezänke, eifriges Gerede.

maul-faul Adj.: zu faul zum Reden.

maulig Adj.: geschwätzig OSCHW. Zum *(nach-) maulen* geneigt.

Maul-schell^e f.: **1.** Schlag auf den Mund. – **2.** gefüllte Nudeln. – S. a. *-täsche.*

Maul-täsch^e, flekt. -e^n f.: **1.** Schlag auf den Mund. – **2.** Mehlspeise, (meist mit Spinat) gefüllte Nudeln.

Maul-wurf m.: Talpa europaea. Unter der nhd. Benennung mögen die wichtigsten dial. Formen zusammengestellt sein. a. *mǭldwęrf, mǭdwęrf, mǭdwęrf, mǫuwęrfǝr* und *mǭdwǫrfǝr, mǭwęrfǝr.* – b. *bǭdwęrf, bǭdǝwęrfl.* – c. *wǭldwęrf, wǭlwęrf, wǭlwęrfǝr.* – d. *mǝuwęrfǝr.* – e. *(M)auwerder* s. *Auwerder; ǝuwęrfǝr; haoędr, houwęrtl.* – Anm.: ahd. *mūwerf* Haufenwerfer; dann 1. Umdeutung: ahd. *molta* (Erde), und 2. Umdeutung: mhd. *mul* (Maul, Mund).

Maunkele^{in} n.: Tannen-, Fichtenzapfen. – S. *Mokkel.*

mau^n**ke**^{n} *māōkǝ; mǭgǝ* schw.: **1.** leise und undeutlich sprechen. *Ma*^{n} *verstaht ihn net, er m-t nu'.* Langsam, verdrießlich sprechen. – **2.** kauen, beißen, von zahnlosen alten Leuten.

m a u n k s e n s. *maunz(g)en.*

mau^n**le**^{n} *māōlǝ* schw.: **1.** auf allen vieren herumkriechen, von kleinen Kindern. – **2.** weinerliche Töne von sich geben, von Katzen, Kindern.

m a u n s c h e l e n s. *mausch-.*

Mau^n**z**^{e} *māōts*, Plur. -e^n f.: **1.** Katze. – **2.** Weibsperson, die wegen jeder Kleinigkeit klagt, jammert. – **3.** Pflanzenarten. a. Plur. *-e*^{n} Wurzelblätter von Distelarten. – b. Demin. *-le*^{in} Gänseblümchen, Bellis perennis L.

mau^n**zelich** Adj. Adv.: winselig, verdrießlich, klagend. Vgl. *maunz(er)ig.*

mau^n**ze**^{n} *māōtsǝ*, m a u^{n}z g e^n *māōtsgǝ* schw.: **1.** miauen, von der Katze. – **2.** immer jammern, lamentieren, sich weinerlich, unzufrieden, verdrießlich ausdrücken. Von Kindern auch: zurückgehalten, unterdrückt weinen.

Mau^n**zer** m., -i^n f.: **1.** Demin. *-le*^{n} Katze. – **2.** wer

immer zu *maunzen 2* hat. – **3.** *Mau*^{n}*zger (māōtsgǝr)* klagender Schmerz; kläglicher, widerlicher Ton. *E*^{i}*n*^{en} *M. lau*^{n}. – **4.** *-le*^{in} Gänseblümchen, Bellis perennis L.

mau^n**zerig** Adj. Adv.: = *maunzig.*

mau^n**zig** Adj. Adv.: immer jammernd, zum *maunzen 2* geneigt.

Mau^n**z-kachel** f.: Person, die immer klagt und jammert.

M a u r e n s t e n g e l s. *Morenstengel.*

m a u r i x l e n s. *marixlen.*

M a u r i z e l s. *Oren-mitzel.*

Maus I *mǝus*, S. *-ū-*, FRK. *-au-*, RIES *-ao-;* Plur. Mäus^e *-ǝi-, -ī-, -ai-, -ae-* f., Demin. Mäusle^{in} n.: **1.** Maus, wie nhd. – **2.** Maulwurf. – **3.** übtr. vom Menschen. a. im Spiel: *Katz*^{e} *und M.* ein Versteck- und Fangspiel. – b. *M., Mäusle*^{in} Liebkosungswort für Kinder, Mädchen, auch für die Frau. – **4.** Muskel u. ä., bes. vom Ellenbogenkopf: *Das Mäusle*^{in} *fährt ei*^{ne}*m vor* wenn man den Ellenbogen angestoßen hat. – **5.** übtr. von konkreten Gegenständen. a. *Maus* TIR., sonst *Mäusle*^{in}: längliche, gelbliche Kartoffel. – b. aus dem Taschentuch gedrehter Knoten in der Form einer Maus, den man von der Hand aus über den Arm hinauf wirft. – c. *Mäusle*^{in} kleiner Kuchen, die in den Salbeiblätter eingebakken sind OSCHW. – d. Geldvorrat, den der Mann oder die Frau sich heimlich hält zum persönlichen Gebrauch. – **6.** mehr abstr. a. *eine M. haben* einen Rausch, *ein Mäusle*^{in} *h.* einen kleinen R. haben DON. OSCHW. – b. *Der hat Mäus*^{e} *im Kopf* er ist nicht ganz bei Trost. *Die hä*^{be}*nt älleweil Mäus*^{e} *(mit* ^{ei}*nander)* Streit, Händel. Bes. *Mäus*^{e} (seltener *Seine M.) über etwas haben* darüber im geheimen gehalten sein.

Maus II f.: Mauser, Federwechsel der Vögel.

maus-aus ⌢ präd. Adj.: ganz unwiederbringlich zu Ende. *Jetzt ist's m.! Bei dem ists m.* er ist maustot.

Maus-bolle^n m.; Demin. -böllele^{in} n.: Exkremente der Maus.

mäusch *maeš*, -au- Adj. Adv.: morsch, mürbe, vom Holz. Halbfaul, vom Obst, das teig wird.

Mäusch *maeš* m.: Maisch, angebrühtes Malz beim Bier- und Branntweinbrennen.

mausch(e)le^n *-ǝu-* schw.: schachern, bes. im Geheimen verhandeln, verschachern. Im Geheimen miteinander verabreden, heimlich plaudern, in die Ohren zischeln. – Anm.: aus dem Jiddischen.

Maus-dätte m.: dummer Mensch. – M a u s d i s t e l f.: Gänsedistel, Sonchus oleraceus. – M a u s d r e c k (Mäus-) m.; Demin. *-le*^{in} n.: Exkremente der Maus.

mause^n I schw.: **1.** Mäuse fangen. – **2.** heimlich wegnehmen, stehlen. – **3.** Geschlechtsverkehr ausüben.

mause[n] II *(-əu-)* intr. mit haben oder refl.: **1.** die Federn wechseln, sich mausern, vom Federvieh. Formen: m a u s e[n]; m a u s g e[n]; m a u z g e[n]; m a u s e r e[n]. – **2.** von Menschen: *mausge*[n] ein ganz anderes Aussehen annehmen. *Sich wieder heraus mausen* wieder zu Kräften (der Gesundheit oder des Vermögens) kommen.
m a u s e r e n s. *mausen* II.
mauserig Adj. Adv.: nicht recht wohl, unwohl, mürrisch.
m a u s g e n s. *mausen* II.
Maus-holz n.: Bittersüßer Nachtschatten, Solanum dulcamara L.
mausig Adj. Adv.: **1.** vorwitzig, keck, nach Art der Mäuse. Bes. in der RA. *sich (zu) m. machen* sich zu viel heraus nehmen, zu keck sein. – **2.** etwas kränklich, nicht ganz wohl, niedergeschlagen sein, nach Krankheit oder Unglück.
mausle[n] schw.: sich auf allen vieren fortbewegen, auf dem Boden herumkriechen, bes. von kleinen Kindern, die noch nicht gehen können.
Maus-or, Demin. - ö r l e[in] n.: **1.** Ohr der Maus. – **2.** Pflanzennamen (stets Demin.). a. Kleines Habichtskraut, Hieracium pilosella L., und Geöhrtes Habichtskraut, Hieracium lactucella Wallr. – b. Gewöhnliches Katzenpfötchen, Antennaria dioica (L.) Gaetn. – c. Kleine Traubenhyazinthe, Muscari botryoides (L.) Mill. – d. Acker-Glockenblume, Campanula rapunculoides L. – e. Sumpf-Vergißmeinnicht, Myosotis palustris L.
Maut *-əu-* f.: Zoll BAIRSCHW.
M a u w e r d e r s. *Auwerder* und *Maulwurf*.
mauze[n] schw.: **1.** schmutzige Arbeit verrichten SW. – **2.** ächzen, jammern FRK. – S. *maunzen 2*.
Mauzete *məutsədę̆*, bes. Plur. - e[n] f.: von Kindern angesammelte geheime Vorräte an Obst, Beeren udgl. – S. *Mauke*.
m a u z g e n s. *mausen* II.
m a z e n s. *motzen*.
m a z g e n s. *maunzen*.
m e c k - s. *mäck-*.
M e c k e s. *Micke*.
M e c k e l s. *Möckel*.
M e c k s (g) e r s. *Metzger*.
Medardus *mędărd(ŭs)* m.: **1.** Name des Heiligen. Sein Tag, M - t a g, *Medardi (-ę̆)*, 8. Juni, ist ein Wettertag. – **2.** kath. Taufname.
M e d e l e s. *Mödelein*.
m e e l e n s. *merelen*.
m e i c h e l e n s. *mäuchelen*.
mei[n] Pron. poss. mein, wie nhd. – Bes. in Ausrufen: *M-er Treu! Mei*[ne] *Seel*[e]*!* wahrhaftig! Daraus entstellt: *mei*[n] *sechs (māēsę̆ks)! (Ei) Du meine Güte!* Gekürzt: *ei m.!* nicht doch! *M.!, wie heißt er doch?* ärgerliche unwillige Frage. *M., laß mi*[ch] *gehe*[n]*! M., was sägst net!* was du nicht sagst!

meine[n] *-ǭē-* O., *-ǭə-* W., *-ắĕ-* NW., *-ắ-* FRK.; *-ui-* OSCHW. ALLG. schw.: **1.** den Sinn, die Absicht, Gesinnung auf etwas richten. a. mit sachl. Obj.: beabsichtigen, wollen. *Was meint denn der?* was will, beansprucht er? *Des ist net so schlimm g*[e]*meint g*[e]*wese*[n]. – b. mit persönl. Obj.: einen im Auge haben, auf ihn abgesehen haben. *I*[ch] *hab*[e] *di*[ch] *(damit) g*[e]*meint*, wie nhd. – **2.** wie nhd.: glauben, wähnen. *Hast g*[e]*mei*[n]*t!* gern mit dem Ton auf *h.:* ⁀) da hast du dich vergeblich gefreut, da täuschest du dich! Frage: *Bist naß worde*[n]*?* Antw.: *Des mein*[e] *i*[ch] *au*[ch] *(will i*[ch] *m.), seichnaß!* – *Er meint* behauptet als seine Ansicht. – **3.** Imper. *mei*[n]*!* als Interj., beteuernd, hervorhebend. *Mei*[ne], *was i*[ch] *g*[e]*sehe*[n] *hau*[n]*!* denk dir nur! *Mei*[ne], *i*[ch] *hau*[n]*'s ihm g*[e]*sait!*
mein(e)t-halb(e[n]**)** *māēth-* Adv.: wegen mir, von mir aus, ich habe nichts dagegen.
mei[n]**t-wege**[n] *māēt-* Adv.: meintwegen, wie nhd.
m e i n s (unfruchtbar) s. *mens*.
m e i s c h, Meische s. *mäusch*.
Meis[e] *-ǭē-* O., *-ǭə-* W. SW., *-āe-* NW., *-ae-* SO. und HalbMA., *-ā-* FRK.; Plur. - e[n] f.; öfters Demin. -l e[in] n.: **1.** die Vogelgattung Parus; genauer *Blau-, Kol-m.* – **2.** weibliche Scham. – **3.** persönl. *M-lein* kleines Kind.
meisle[n] *-ǫe-* schw.: **1.** zirpen, von jungen Singvögeln. – **2.** nach der Obsternte die noch übrigen Äpfel, Birnen von den Bäumen holen SO. Synn. s. *gallen*.
meistere[n] schw.: bemeistern, bewältigen.
Meister-wurz f., auch M e i s t e r l e[in] n.: Große Sterndolde, Astrantia major L.
Melak *mę̆lăk* ⁀ m.: grober, roher Geselle, ungeschliffener, läppischer Mensch, Halunke; starkes Schimpfwort. – Anm.: Nach dem franz. General Mélac, der 1689 die Pfalz verwüstete.
melbele[n] schw.: nach Mehl riechen oder schmekken, bes. von halbgekochten Speisen.
Mel-bir[ne] f.: Mehlbeere, Sortus aria (L.) Crantz.
Melchior m.: der männl. Rufname. Formen: M e l c h e r *(-ər)*; M e l c h e s *-əs;* M e l k e r; M e l k e; M e l c h; M e l *(-ę̆-)*. Name eines der 3 Könige aus dem Morgenlande; s. *Balthasar*.
Mel-dat *-dǫt* f.: Schublade für Mehl.
meliere[n] *mę̆līārə* ⌣⌣ schw.: mischen. Ein Tuch ist *g*[e]*meliert* (auch *meliert*) hat gemischte Farben.
melk Adj.: Milch gebend. Eine Kuh *ist m.*
Melkete f.: **1.** Zeit (und Handlung) des Melkens. – **2.** soviel Milch, als man auf einmal milkt.
M e l l e s. *Molle*.
Mel-papp m.: Mehlbrei. Übtr. dummes Geschwätz.
Mel-sidel f.: Mehltruhe.
Mel-trog m.: Mehltruhe. – M e l - t r u c h[e] f.: dass.
m e n d s. *mind*.
Mene *mę̆nę̆*, S. *mę̆nę̆; mę̆ĭ*, Plur. - e[n] f.: Gespann von Zugtieren, Ochsen oder Pferden.

meⁿkeleⁿ *mę̄əgələ* schw.: schlecht riechen, stinken (bes. vom Bock).

Menkeⁿ-stengel m.: Krauser Ampfer, Rumex crispus L.

meⁿs *māēs; mę̄s; mę̄ŋs* Adj.: unfruchtbar, von einer Kuh, die besprungen worden ist, aber (etwa 1 Jahr lang) nicht aufgenommen hat. S.

Mensch *mę̄n(t)š*, s. *mę̄-*, flekt. -eⁿ m., Plur. -er; Demin. -leⁱⁿ n.: **1.** wie nhd., Mensch; m. – **2.** n., Pl. -er: Frauensperson. a. ganz allgem. *Des ist eⁱⁿ M.!* starkes Weib. Bes. mit Adjj. Eine tüchtige, stattliche Magd (o. ä.) *ist eⁱⁿ recht^es M. Eⁱⁿ toll^es M.* großes kräftiges Weib. – b. schlechtes, liederliches Frauenzimmer. Verstärkt *Bettel-, Lumpen-, Sau-* u. ä. *Zum M. gehen, beim M. sein.* – c. Geliebte. Vielfach ohne unlauteren Nebensinn, geradezu = zukünftige Braut; aber meist verächtlich. *Ein M. haben.*

mensch(e)leⁿ schw.: menschliche Schwäche zeigen. *^Es m-et überall* überall herrscht Parteilichkeit. Auch: *Da m-et's* riecht es nach Menschen, stinkt es.

menschereⁿ schw.: den Weibsleuten nachlaufen. Eine Geliebte haben.

Menschete f.: *auf die M. gehen* den Weibsleuten nachlaufen. Auf Liebschaften ausgehen.

menteⁿ schw.: fluchen OSCHW. – **mentisch** Adj. Adv.: verflucht, bes. als starkes Intensiv „überaus". *M. gut, kalt* u. ä. – Anm.: aus *Sakrament.*

me(r) Adj. Subst. Konj.: mehr, wieder. Form: *mę̄,* häufig *mę̄* S. NW. HalbMA., *mae* westl. Mittelland, *mę̄ə* O., *mī͡ə, mī͡ə* FRK.; bei ausgesprochen komparativem Gebrauch daneben -r: *mę̄r mę̄r, mae(ə)r, mę̄ər,* n. auf der Alb noch mehr -ner: *mę̄nər, maenər, mę̄ənər;* auch -nder: *mę̄ndr, mę̄ədər, mī͡əndr* TIR.

Merchenstengel s. *Morenstengel.*

me^releⁿ *maeələ* schw.: nach mehr schmecken. Ein gutes Gericht, guter Wein *m-et.*

Mergelstengel s. *Morenstengel.*

merg(s)len s. *merzlen.*

Merink^e *mę̄rę̄ŋk* ◡′, auch *mī-* f., gew. Pl. -eⁿ: Zuckerbackwerk mit Rahm. – Anm.: Frz. *meringue.*

merkeⁿ -*ę̄-; -ę̄-* N., -*ī-* OSCHW. schw.: **1.** von aktiv geistiger Tätigkeit: auf etwas achten. a. mit Akk. der Sache. Im Gedächtnis behalten. *I^{ch} kaⁿⁿ nix meh^r m. ^{Da}s Aufschreibeⁿ gilt für's M.* Bes. allgem. refl.: *Ich will mir's m.* einprägen. – b. mit *auf,* wie nhd. – **2.** rezeptiv, wie nhd.: wahrnehmen, bes. den (tiefern) Sinn einer Sache. *Der merkt, wo der Hund ^{da}s Maul hiⁿhenkt* wo's hinaus will. *Ei^{ne}m etwas z^u merkeⁿd ge^beⁿ zu* verstehen. *Etwas, nichts m. lassen. Sich etwas, nichts m. lassen.* – Inf. *um's M.* kaum merkbar: *Um's M. bin ich größer als du* o. ä. Syn. *um's (Ver)kennen, Denken.* – **3.** imper. Wendung: *Merk's.* Alleinstehend als Subst. Merks m. Ei-

nen *M. haben; einen guten, feinen, schnellen, schlechten, keinen M. haben; den richtigen M. haben; M. genug h.:* leicht, schwer usf. etwas merken.

Merks s. *merken 3.*

Merleⁱⁿ n.: Amsel OSCHW.

Mer-ror W. -*ao-,* O. -*ǭə-,* NW. S. -*ǭ-,* FRK. -*ǭ(ə)-* n.; gern Demin. -rörleⁱⁿ -*ae-, -ę̄(ə)-, -ę̄-* n.: spanisches Rohr. Bes. als Züchtigungsmittel.

merzleⁿ *mę̄(r)tslə,* südlicher *mę̄ətslə* schw.: **1.** die Beschäftigung eines *Merzlers* treiben. – **2.** allerlei Kleinigkeiten besorgen, leichte Arbeiten für die Langeweile tun; auch *'rum m., 'runter m.* (auch *merg(s)leⁿ*) vom wiederholten Wegschneiden kleiner, unregelmäßiger Stückchen, z. B. vom Brotlaib.

Merzler m.: Viktualienhändler (für Erbsen, Bohnen, Schmalz, Seife, Lichter udgl.).

meschant *mę̄šånt* ◡′ Adj.: häßlich, böse, abscheulich, unartig; stets im Ton der Entrüstung. – Anm.: Frz. *méchant.*

meschucke *mę̄šügę̄, -ə* ◡′◡; meschuckes -*əs;* mischucke *mīšukə;* maschucke *mä-,* maschucker Adj.: verrückt, irrsinnig; nur prädik. oder adv., nicht flektiert. Auch milder: halb närrisch, dumm. – Anm.: aus dem Rotwelsch.

Meß -*ę̄-* NW., -*ę̄ə-* S., -*ę̄ə-* (N)O., -*ę̄-* FRK. n.: **1.** Maß; Maßzahl, Meßinstrument. *^{Da}s M. nehmen.* Der Schneider, Schuster *nimmt das M.* – **2.** Ziel beim Schießen.

Mess^e -*ę̄-, -ę̄ə-, -jä-;* Pl. -eⁿ f.: wie nhd. **1.** die kirchliche Handlung. – **2.** Jahrmarkt.

Messerei f.: das (langwierige) Messen.

Meß-kram m.: auf der *Messe 2* gekaufter *Kram.* Dafür auch Meß-kramet *(-krǭmət).*

Metz^e; Plur. -eⁿ f.; Demin. -leⁱⁿ n.: Mädchen. a. ohne Nebensinn: Mädchen, Jungfrau. – b. Magd, Bauernmagd. – c. Geliebte. – d. Schelte, wie nhd. Unzüchtiges Weib, schlechtes Weib.

Metzel f.: = *Metzge,* Metzgergeschäft, -laden.

Metzel-supp^e f.: Festessen von Schweinefleisch, Würsten udgl., meist mit Sauerkraut und *Spätzlein,* an Schlachttagen gegessen. – Anm.: Zu *Metzel,* Metzgergeschäft.

Metzg^e *mę̄tsg(ę̄); mę̄tsīg; mę̄ks* f.: Ort, wo Fleisch öffentlich verkauft wird; oft zugleich Schlachthaus, oder auch der Verkaufsladen des einzelnen Metzgers.

metzgeⁿ -*ę̄-, mę̄ksə* schw.: **1.** metzgen, schlachten. – **2.** niedermetzeln. Ein Kind *m-et* zerstört, zertrümmert seine Spielsachen, ein Buch o. ä.

Metzger *mę̄tsgər; mę̄ksər, mę̄kstər* m.: Metzger, Fleischer.

Metzgerei f.: **1.** Geschäft, Laden des Metzgers. – **2.** Metzelei, Gemetzel.

Metzger-gang (-s-) m.: vergeblicher Gang, Fehlgang. *Er hat eⁱn^{en} M. g^emacht.*

Metzger-supp^e f.: = *Metzelsuppe.* – Vgl. *Schlachtete.*

Metzgete f.: **1.** Teil des Geschlachteten. – **2.** Metzelei, Gemetzel.

metzle[n] -ĕ- schw.: schlachten, metzgen FRK.

meuch(e)le[n] usw. s. *mäuch-*.

Meu(t)sch(el) (u. ä.) m., Demin. -le[in] n.: Fohlen, junges Pferd OSCHW.

mi- s. a. *mü-*.

Michel, Michael *mĭχl*, *mĭchĕl* ͡, m.; Demin. Michele[in] *mĭχəlĕ* m. n.: der männl. Name Michael. **1.** Name des Erzengels. Er hat den Teufel aus dem Himmel geworfen. Sein Tag, 29. Sept., M.-stag, Michaelis, gew. Mich[a]ele *mĭχēlĕ*, ist sehr wichtig. Im alten Kalender ist M-tag der Beginn des Winterhalbjahrs. Von M. an wird abends bei Licht gearbeitet: *Joseph* (19. März; *Georg* 23. Apr.) *löscht* [da]*s Licht aus, M. zünd*[e]*t's wieder a*[n]. – **2.** Taufname. – **3.** als Gattungsname; einer der häufigsten so gebrauchten Namen. *Du bist e*[in] *M., von e*[ine]*me*[n] *M. ka*[nn] *ma*[n] *nünt* (nichts) *besser verwarte*[n]. Vor allem in Komposs. *Glufen-, Kuche-, Sau-M.* usw. – Demin. *Michele*[in] m. n. Gutmütiger, beschränkter Mensch. *Den M-le*[in] *machen* geringe Arbeiten tun. *Das kleine M-le*[in] *sein (machen)* im Haus nichts gelten. *Einen für's (kleine) M-le*[in] *halten, das (kl.) M. mit einem spielen (treiben)* o. ä.: ihn zum besten haben.

mich(e)le[n] schw.: foppen.

Michte = Mittwoch.

Micke *mĭgĕ;* Pl. (kaum gebraucht) -e[n] -ə f.: Bremse, Hemmklotz hinten am Wagen. Andere Formen: Mickel *mĭgl;* Mickete; Mecke; Mikkeni[e] ͡; Mekeni[e]; Mickeneiing; Muck[e].

Micke-backe[n] m.: der Holzteil der *Micke,* der an das Rad angedrückt wird. – Micke-kette f.: Kette zwischen *Micke* und *M-prügel.*

Mickel s. *Micke.*

Mickel (Stück) s. *Mückel.*

micke[n] *mĭgə* schw.: mit der *Micke* den Wagen hemmen, meist ohne Obj.; Part. *g*[e]*micket;* dafür auch mucke[n] *mŭgə.* Verdeutlicht *zumicken;* opp. *auf-.*

Micke-prügel m.: Bengel, der den linken und rechten Teil der *Micke* verbindet.

Mickete s. *Micke.*

Mickte = Mittwoch.

Mie[n]**k**[e] f.: viel weinendes Kind. Weib, das mit nichts zufrieden ist, immer zu klagen hat, dem nichts recht ist.

mie[n]**ke**[n] *mēəgə, mēəŋgə, mēgə* schw.: **1.** leise weinen; von kleinen Kindern, die klagen, seufzen. Halblaut, undeutlich, in sich hinein reden. Grämlich, mit nichts zufrieden, mürrisch, verdrießlich sein, immer etwas auszusetzen haben OSCHW. ALLG. – **2.** miauen, von Katzen ALLG.

Mie[n]**ker** (s. *mienken*) m.: wer immer nur zu tadeln hat, stets unzufrieden ist.

mie[n]**kig** Adj.: weinend; unentschlossen.

Mies *mĭəs,* Plur. -er n.: Moos. **1.** botanisch, nicht nur von der Klasse der Laubmoose, sondern auch von Lebermoosen und Flechten S. *In's M. gehen* Moosstreu holen. – Bildlich: *Dem wachst M. auf'm Dach* er hat Geld im Haus. – **2.** das unterseeische Armleuchtergewächs Chara ceratophylla BOD.

miesig Adj.: moosig.

Miet[e] I *mĭət* f.(n.): **1.** Entgelt für Nutznießung, wie nhd. – **2.** die Nutznießung selbst. – **3.** f. n.: Zugabe zum Futter, in einer Hand voll Dinkel bestehend (n.). Meist aber das Viehfutter selbst. Häckerling (s. *Brüts, Gesod*).

Miet[e] II, Pl. -e[n] f.: Grube im Feld zur Aufbewahrung von Rüben *(Angersen-M.),* Kartoffeln udgl.

Mieze, Miezle s. *Mutz II.*

Milch *mĭlχ, mĭlĭχ* f.: **1.** tierische oder menschliche Milch. Festgeronnene Milch heißt: *g*[e]*standene Milch.* UNTERL. ALB; *g*[e]*stock(e)te M.* FRK. RIEŚ *dicke M.* S. – **2.** Pflanzensaft (z.B. Wolfsmilch). – **3.** weicher Same des männl. Fisches.

Milch-bosche[n] m.: Löwenzahn oder Kuhblume, Taraxacum officinale Web.

Milch-brot n.: mit Milch gebackene Semmel, opp. *Wasserweck.*

Milchbusch[e] s. *-boschen.*

Milch-bütsch[e] f.: große Milchkanne. Spez. solche aus Weißblech. SW. S.

Milch-dieb m.: Augentrost-Arten, Euphrasia L.

Milch-distel m. f.: Gänsedistel-Arten, Sonchus L.

Milcher m.: **1.** verschnittener Ochs ALLG. – **2.** Brustdrüse, bes. vom Kalb. – **3.** männl. Fisch, spez. Hering. – **4.** Pflanzenname. a. Wiesen-Bocksbart, Tragopogon pratensis L. b. Löwenzahn oder Kuhblume, Taraxacum officinale Web.

Milcherling m.: Löwenzahn.

milchet Adj.: milchig.

Milch-haf(e[n]**)** m.: Milchtopf. – Milch-haut f.: Haut auf der Milch.

Milch-kalb n.: unentwöhntes Kalb, gerne Demin.; opp. *Heu-.* – Milch-kant[e] f.; Demin. -känt-le[in] n.: Milchkanne. – Milch-kar n.; Demin. -kärle[in] n.: Milchschüssel.

Milch-kraut n.: verschiedene, milchende Korbblütenarten: **1.** Löwenzahn-Arten, Leontodon L. – **2.** Pippau-Arten, Crepis L. – **3.** Löwenzahn oder Kuhblume, Taraxacum officinale Web.

Milchling m.: **1.** Löwenzahn oder Kuhblume, Taraxacum officinale Web. – **2.** großer Pilz mit Milchsaft.

Milchner m.: **1.** Wiesenbocksbart, Tragopogon pratensis L. Synn. s. *Guckigauch.* – **2.** bräunlicher Schmetterling auf Wolfsmilch. – **3.** = *Milcher 3,* männl. Fisch, spez. Hering; auch der weiche Same des männlichen Fischs.

Milch-scherb(e^n) m.: Milchschüssel.
Milch-schüssele^{in} n.: Große Sternmiere, Stellaria holostea L.
Milch-stock m.: Löwenzahn oder Kuhblume, Taraxacum officinale Web.SW. S.
Mille (Katze) s. *Mull.*
millionisch Adj. Adv.: im verstärkenden, beteuernden Sinn: *e^{in} m-^{e}s Feuer, m. kalt, teuer, m. lüge^n* u. ä.
mind, Kompar. minder, Superl. mind(e)st *me̢nd*, S. N. *-ĭ-*, NW. *-n-* Adj. Adv.: nhd. minder, mindest. **1.** wie nhd., wenig. a. Kompar. Selten adj., nicht attrib. *Das Geld wird all^e Tag^e minder.* – b. Superl. *^{Da}s Geld* (o. a.) *ist bei mir^{da}s mindst^e* das wenigste, am wenigsten vorhanden. – **2.** qualitativ: gering, geringwertig. a. Positiv. *Ein mindes Zeugnis, Examen; das ist m., affe^{n}m.* u. ä. – b. Kompar. *Bei dem* (Kranken) *wird's immer m.* – c. Superl., insbes. subst. *Du bist (Der ist)* (scho^n) *der M-st^e. Allerm-st^e;* mit Zusatz: – *den's gibt.*
Ministrant me̢nštrănt ◡ˊ, flekt. -e^n m.: Altardiener; in der kath. Kirche allgem. Syn. M-e^n-bu^{be} m. – M-e^n-häß n.: sein Gewand. – ministrere^n schw.: dem Priester Ministrantendienste tun; allgem. kath.
Mink- (Katze) s. *Mü-.*
mir = mir, wir.
mir-a^n mĭ(ə)ră Interj.: meinetwegen!, gleichgültig oder verächtlich.
mis mĭs Adj.: schlecht, unangenehm, entleidet. – Anm.: aus dem Rotwelsch.
mischle^n -ĭ-; mĭštlə schw.: mischen, bes. von Spielkarten.
Mischling m.: Gemischtes, bes. gemischtes Getreide, z. B. Roggen und Dinkel.
Misch-masch ⌃ m.: unordentliches Durcheinander.
mischucke s. *meschucke.*
miserabel mĭsərăbḷ ◡◡ˊ◡, auch -ablig Adj.: wie nhd., erbärmlich; bald tadelnd: *Du m-er Lump;* bald nicht: *Mir ist's m.* Verstärkt *erden-, grund-, hunds-m.*
Mist mĭšt; NO. mĭšt; Pl. kaum, m.: wie nhd. **1.** Dünger, in der Hauptsache Stalldünger; beliebter als *Dung. M. führe^n* auf's Feld. *M. klocke^n* Oschw., *klopfe^n, verschlage^n:* den M. auf der Wiese zerkleinern. – **2.** von anderem Kot. *Der ist so häuslich, er macht M. in de^n Hose^n.* – **3.** wertloses Zeug. *Der schwätzt (nix als, de^n reine^n, pure^n, helle^n) M.* (*'raus*).
Mist-bär(e^n) -be̢(ə)rə f.: **1.** Tragbahre für Mist. – **2.** Schimpfwort: *Du M.* Komposs.: M-e^n-hengst m.: schmutziger, geiler Mensch.
Mist-brü(e) f.: Jauche. Übtr. schmutzige Flüssigkeit.
Miste mĭšte̢, s. *-ĭ;* Pl. -ene^n -ənə f.: **1.** Dunglege. Syn. *Miststatt, -lege, -haufen.* – **2.** übtr. a.

Unordnung, Durcheinander. – b. *(faule, drekkete) M.* faules, unreinliches Weibsbild.
miste^n schw.: **1.** Mist machen, den Boden *m.,* düngen. – **2.** den Mist beseitigen. a. eig. *Den Stall,* auch *die Stube m.* Oft ohne Obj. – b. bildlich: säubern. *Da därf ma^n wohl m.*
mist-faul Adj.: so *faul* (phys. u. übtr.) wie Mist.
Mist-fur^e f.: das Führen von Mist und das jeweils geführte Quantum.
Mist-hak(e^n) m.: 1- oder 2zinkiger Haken zum Mistabladen.
Mist-lach^e f.: Jauche, Abfluß vom Stall. – Mistlache^n-faß n.: Jauchenfaß. – -gumper m.: Jauchenpumpe. – -schapf^e f.: Gerät zum Jaucheschöpfen.
Mist-pritsch f.: Brett zum Festschlagen des Mists.
Mist-vih n.: Schelte. *Des ist scho^n e^{in} ganz^{es} M.*
mit-halte^n st.: an der Mahlzeit anderer teilnehmen. Wenn jemand kommt, während man ißt, fordert man ihn auf: *Ka^{nn}st (au^{ch}) m.; Halt au^{ch} m.; Willst net m.?,* was dankend abgelehnt wird: *I^{ch} krieg^e au^{ch} bald; I^{ch} hau^n scho^n g^{e}hä^{b}t.*
mit-laufe^n st.: etwa wie nhd. *Mitg^{e}loffen, mitg^{e}henkt. Etwas m. lassen* bei guter Gelegenheit unterschlagen, stehlen.
mit-neme^n st.: **1.** eig., mit sich fortnehmen. *Nimm mi^{ch} au^{ch} mit* sagt der Zurückbleibende zum Vorauseilenden. Häufig Euphemismus für stehlen. – **2.** mit pers. Obj. a. fortraffen. – b. stark angreifen, erschöpfen. Eine Krankheit, Arbeit, ein Unglück *nimmt einen mit; Er sieht mitgenommen aus.*
mit-samme^n ◡◡ Adv.: zusammen, miteinander. – mit-sammt ◡ˊ Adv. Präp.: **1.** Präp. zusammen mit. – **2.** öfters interj. gebraucht: *M. dei^{ne}m G^{e}schwätz! M. dem Krätte^n da! M. dem (dei^{ne}m) X!* den du immer rühmst. Im Satz: *Geh mir m. . . ., Du kannst mir gestohlen werden m. . . .* u. ä. Kürzer *mitsammtem (-əm)!,* auch bloß *mitsammt!* ärgerlicher Ausruf: warum nicht gar! auch vollends! ja natürlich!
Mittel mĭdl, Pl. gleich, n.: **1.** Mitte. – **2.** mittlere Linie, Durchschnitt. *Das M. nehme^n* den Durchschnitt.
mittel mĭdl; flekt. mittler Adj.: mittler, in der Mitte liegend. Einige Ausdrücke: *De^n mitt(e)le^n Weg* Mittelweg. *Mittler Zeit* unterdessen. *E^{in} m-er Ma^{nn}* mittelbegütert. *Wie gaht's?* Antw.: *So m.* – Kompar. mittler. *Den m-ren Weg gehen* auch: weder loben noch tadeln, bei Leichenreden, Zeugenaussagen udgl.
Mitte^n = Mittwoch.
Mittich (o. ä.) = Mittwoch.
mittle^n mĭdlə Adv.: mitten. *M. d^{a}inn* mitten drin. *M. zu ⌣◡ˊ* unterdessen, dazwischen hinein.
mittler s. *mittel.*
mo s. *wo.*
mo- s. a. *mu-.*

Mock I, Mocke^n m.; Demin. Möckle^{in} n.: **1.** *Mock(e^n)*, flekt. -e^n: a. großes, dickes Stück N. – b. Pl. Name von Speisen. Z.B. Eierhaber, Schmalzbackwerk mit Ei, Zucker, Zitronenschalen. – c. Pl. kleine Pflaumen. – d. kleiner, dicker Mensch. – **2.** *Mock:* schweigsamer, widerwärtiger, finsterer Mensch; n. der Alb, aber auch Tir. u. Allg.

Mock II f.: **1.** Mutterschwein, trächtige Sau. – **2.** weibl. Geschlechtsteil.

Mockas *mǫkăs* ⌢ m.: Kopf, Schülerspr.

Mockel *mǫgl* m. f.; Demin. Mockele^{in}, Mö- -əlĕ, s. -ĕlĕ, -ilĕ n.: **1.** *M.,* Pl. *Möckel mĕgl* m.; Demin. *Mö-:* = *Mock I 1*, Brocken, (großes, plumpes) Stück, sei's Holz, Fleisch, Brot o.a. SW. *I^{ch} hau^n kei^n Möckele^{in} Brot im Haus* u.ä.; Demin. auch allgemeiner: ein bißchen. *Möckel verklopfe^n, verschla^{gen}* die großen Erdschollen zerklopfen. – **2.** *Mockel* f., weit häufiger *Mockele^{in}* n.: Stück Rindvieh, bes. Kuh oder Kalb. In der Kinderspr. und als Liebkosung. – **3.** *Mockel* f., Pl. *Mockel^n;* Demin. *Mockele^{in}* n.: Tannenzapfen. Nur von der Fichte; die von der Weißtanne *Tann(en)zapfen.* – **4.** *M. f.,* Pl. *Mockel^n;* seltener *Mockele^{in}* n.: Herbstzeitlose, Colchicum autumnale, spez. ihre Frucht. – **5.** von Menschen. a. m.: untersetzter, stämmiger Mensch. Aber auch = *Mock I 2,* schweigsamer, widerwärtiger Kerl. – b. f.: plumpes Weibsbild. – c. n.: *Mockele^{in}* rundliches Kind, Mädchen; Kosewort für Kinder.

Möckel *mĕgəl* m.: dicker, harter Kopf. Vgl. *Mokkas; Mock-, Möckleins-kopf.*

mockele^{in}s-brau^n Adj.: mißfarben braun. – Anm.: An *Mockele^{in}* Kuh angelehnt.

mocke^n schw.: trutzen, verdrießlich tun, ein saures Gesicht machen, ohne zu reden. Bes. Unterl. Frk.

Möckes *mĕgəs* m.: Kopf, bes. dicker, harter Kopf.

mocket -ət Adj.: unfreundlich, trutzig-stumm. Häufiger *-ig,* s.d., u. s. *mockset.*

mockig Adj.: trutzig-stumm, verdrießlich.

mockisch Adj.: trutzig.

Mock-kopf m.: Trotzkopf; -köpfig Adj.: trotzköpfig.

Möckle^{in}s-kopf m.: Dickkopf.

mockle^n schw.: etwas heimlich tun; heimlich naschen. Hintergehen, betrügen, stehlen. – Mocklet f.: geheimer Obstvorrat der Kinder Oschw.

mockse^n schw.: = *mocken,* trutzen. – mockset, -ig Adj.: trutzig, finster.

Mode *mǫdĕ,* Pl. Modene^n -ənə f.: **1.** wie nhd. – **2.** Zichorie, Kaffeezusatz S.

Model *mǫdl,* Frk. -ǫu-, S. -ǫ-; Pl. Mödel -ĕ-, -ĕi-, -ĕ̆- m.: wie nhd.: Lehrform, Muster, Hohlform für Gebäck, *Springerleins-.*

Mödele^{in} *mĕdələ* Pl.: seltsame Manieren, Ge-

wohnheiten. *M. (an sich) haben. Was sind das für M.?* Manieren. *M. mache^n* Umstände m., auch Zoten reißen.

Modesher o.ä. s. *Mut-.*

modle^n schw.: modeln. Häufiger Part. g^{e}modlet.

Modwerf s. *Maulwurf.*

moe- s.a. *mai-, mei-.*

Mögetse f.: Liebesverhältnis; Liebkosung.

mögig, mügig Adj.: pass.: was man lieben muß, angenehm. Bes. von Personen: liebenswürdig. Speise und Trank, Wetter, Aufenthalt können m. sein. S. der Don.

mogle^n *mǫ-* schw.: betrügen, bes. im Spiel. Dazu Mogelei, Mogler. – Anm.: aus dem Rotwelsch.

mol *mǫl,* Frk. *mǫul* Adj. Adv.: weich, locker, fein, vom Erdboden NO.

Molde s. *Mulde.*

Molest^e ᵕ⸍ *mǫlĕ̆št;* Plur. -e^n f.: Umstände, Ungelegenheit, Beschwerlichkeit. Bes. *M.(e^n) mache^n* Umstände machen. – molestiere^n ᵕᵕ⸍ᵕ schw.: belästigen. – Anm.: Lat. *molestus.*

Molk^e, Plur. -e^n f.: **1.** wie nhd. – **2.** -gĕ̆ (f.) Molkerei.

Molle *mǫlĕ̆,* Pl. -e^n -ə m.: **1.** Ochs, junger Stier (auch Zuchtstier). Demin. *Molle^{in}* n.: junges Rind, Kalb. – **2.** Engerling, Larve des Maikäfers. Syn. *Enger(ling), Mollenwurm.* – **3.** Regenmolch, Salamandra maculata. – **4.** dicker, aufgedunsener, phlegmatischer, unbeholfener, plumper Mensch. Schimpfwort. *Du bist e^n rechter M.!* Dickkopf. Nebenform *Mölle mĕ̆-. Du bist e^n M., hast 'n M.* – **5.** kleiner Klumpen Kot Sww.

Molle^n-kopf (auch Molle-); Molles- m.: **1.** Kaulquappe. – **2.** dicker Kopf, Dickkopf.

Molles-grind m.: eigensinniger Dickkopf.

mollig -ǫ̆- Adj. Adv.: **1.** weich, behaglich, angenehm warm. – **2.** dick, plump.

Moltwerf s. *Maulwurf.*

molz -ǫ̆- Adj. Adv.: feucht-weich, bes. von zergehendem Schnee. Weichfaulend, von feuchtem Holz. – Häufiger *molzig, mulzig.*

Monat *mǫnət, mãõnət;* Frk. *mŭ(ə)nət, mǫunət;* Plur. gleich, m. n.: **1.** wie nhd. – **2.** Demin. Monatle^{in} n.: Gänseblümlein, Bellis perennis L.

Monat-blume f.; v.a. Demin. -blümle^{in} n.: Gänseblümlein, Bellis perennis L. – Anm.: Durch alle Monate blühend.

Monat-rettich -rĕdiχ m.: Radieschen, Raphanus sativus radicula L. Schon 1 Monat nach der Saat marktfähig.

Mönch, Plur. Mönch^e m.: **1.** wie nhd. – **2.** *mĕ̆ŋk,* S. *mĭŋk:* kastriertes männliches Tier. Nam. kastr. Hengst, Wallach.

mönche^n schw.: kastrieren.

Mond *mǫnd* HalbMA.; *mŭnd, mŭənd, mǫund* N.;

davon s. Mo^n *māō* (SW. *māü), mǭŋ, mäŋ, mǫu, mǭ* (Bod. *mǭ)* im übrigen Gebiet, m.: Mond.

monen s. *munen.*

Monete^n *mǭnēdə* Pl.: Geld, nur halb komisch.

monlos s. *munlos.*

Montur *mǭndūr* ⌣′, Pl. -e^n f.: Kleidung. – Übtr. Kartoffeln *in der M.* in der Haut.

monzig s. *munzig.*

Mopper m.: dicker Mensch Oschw.

mopse^n schw.: **1.** geschlechtlich verkehren. – **2.** betteln; an sich nehmen, stehlen. – **3.** refl. *sich m.* sich ärgern; sich langweilen. Auch: *des mopst mi^{ch}* ärgert mich.

Mor I *mǭr,* O. auch *mǭər;* flekt. -e^n m.: Mohr. **1.** eig., schwarzer oder brauner Mensch. – **2.** schwarzes Tier. a. weiße Taube mit schwarzem Kopf und Schwanz. – b. Ochsenname. Demin. *Morle^{in}* m. n.: Name für schwarze Hunde, bes. Spitzer.

Mor II f.: weibliches, Mutter-Schwein SW. Syn. *Dausche, Kosel, Lose, Suckel.*

Morch^e m. f.: **1.** *Mor(ch)^e* f., meist Pl. -e^n Wilde Möhre, Daucus carota L. – **2.** m. f., Pl. -e^n Morchel, auch von anderen eßbaren Pilzen.

Morche^n**-stengel,** Märre^n-, Mörche^n- m.: Doldengewächse. *More^n- (maorə-)* Bärenklau; Wiesenkörbel, aus dessen hohlem Stengel Kinder Pfeifen machen.

mordalisch s. *mordialisch.*

mordere^n *mǫedrə; mǭrdrə* schw.: morden. Meist aber: schinden, quälen; z.B. ungeschickt an etwas herumschneiden, -säbeln: *dra^n 'rum m.*

mordialisch ⌣⌣′⌣ Adj. Adv.: mörderisch, heftig, arg. Z.B. *m-er Durst; m. schreien, stinken.*

mordio ′⌣⌣ -iō, im w. Teil des Hauptgeb. *-īao.* Interj.: eig., Ruf der lauten Mordklage; dann Hilfe-, Wehruf überh. – Anm.: Gebildet wie *feurio,* das noch populärer ist.

Mords- in Komposs., bes. mit Subst., beliebt im Sinn des Großen, Ganzen, Respekt Einflößenden. Im Folg. einige Beispiele: -kerle m.: großer, starker, aber auch gewandter, pfiffiger Kerl; -loch n.: großes Loch; -mäßig Adj. Adv.: gewaltig; -mensch n.: starkes Weib; -(rind)vih n.: ganz dummer Kerl; -schlaule^{in} m.: abgefeimter Mensch.

More f.: *More^n haben,* auch *M. führen* Angst haben. Dafür auch *Mores (mǫrəs) h., f., kriegen.* – Anm.: aus dem Jiddischen.

More^n**-kopf** m.; Demin. -köpfle^{in} n.: **1.** von Menschen. a. Demin.: Kind mit ungewöhnlicher Kopfform. – b. Wirtshausname. – **2.** Taubenart mit schwarzem Kopf. – **3.** rundes Backwerk mit Schokoladeguß.

Moren-stengel s. *Morchen-stengel.*

Mores *mǭrəs,* gebildet *-ę̄s* Pl.: **1.** Sitte, Anstand; stets ohne Artikel oder Attribut. *Einem* oder *einen M. ler(n)e^n* ihm zeigen, was sich gehört,

mit Worten oder Strafe. – **2.** *Mores(t)* Angst, s. *More.*

Morge^n m., morge^n Adv.: **1.** die frühe Tageszeit, bis zum Mittagessen (von da an *Abend).* Lautform: *mǭrgə* NW., *mǭrgə* Hauptgebiet, *mǭərgə* SO.; *mǭr(ï)χə* Frk. – **2.** im Unterschied vom Abend oder auch ganzen Tag kann *M.* den M., Vormittag, des folgenden Tags bezeichnen. – **3.** wie *Abend, Nacht* den ganzen vorherigen Tag, kann *M.* den ganzen folgenden bezeichnen. Bes. Gebrauch: Ist der Begriff „morgen am M.", morgen früh, auszudrücken, so hat der W. *mor^{ge}nəmorge^n, mor^{ge}nmorge^n, morləmorlə;* der O. *mor^{ge}e^{n}morge^n;* in manchen Fällen scheint auch eine Mischung der Formen eingetreten: *mor^{ge}nəmor^{ge}n, mor^{ge}nmor^{ge}n, mor^{ge}e^{n}mor^{ge}n mänemǭrn.* – **4.** Flächenmaß für Liegenschaften. Größe: Wt. bis 1871 = 31,52 Ar.

Morge^n**-esse**^{n} n.: Frühstück.

Morge^n**-rege**^{n} m.: Regen am Morgen. Währt nur kurz: *M. ist bald (glei^{ch}) verlege^n;* Zusatz: – *oder er dauert den ganzen Tag.*

Moritz, Mauritius m.: **1.** der hl. Mauritius von der thebaischen Legion. Am Moritztag, 22. Sept., soll jeder Bauer 3 Morgen Acker gesät haben. – **2.** männl. Vorname: *mǭrïts,* ö. *mǭə-;* auch *Mau-.* Kurzformen: *Ritz, Titze.* – **3.** Demin. *Moritzle^{in}* n.: Schnapsgläschen Oschw.

morixlen s. *marixlen.*

morken s. *murken.*

morren s. *murren.*

morum s. *warum.*

Morrle *mǭrlę̄* m.: Mischgetränk aus Wein und Wasser.

morsch s. *mursch.*

Mörsel, Mörser m.: **1.** Mörser. a. Gefäß, in dem man etwas zerstößt. Formen: *mę(ə)ršl,* N. *mę̄ršl;* Oschw. *mę(ə)rsl.* – b. Geschütz für Bomben. – **2.** *mę̄ršl, -ę̄ə-, mę̄rštl, mę̄rdl:* schwerer Holzschlägel, Schlagaxt.

Mos I *mǭs,* Frk. *mǭ^{u}s; müəs;* Pl. Möser -ę̄- n.; Demin. *Mösle^{in}* n.: **1.** wie nhd. Moos; auch Lebermoos, Flechte usw. – **2.** Moor, die absterbenden, sich bewaldenden Hochmoore im Allgäu.

Mos II *mǭs* n.: Geld. – Anm.: aus dem Rotwelsch.

Mos-ber^e f.:Beerstraucharten. **1.** Preiselbeere, Vaccinium vitis-idaea L. – **2.** Moorbeere, Vaccinium uliginosum L. Syn. *Rauschbeere.* – **3.** Moosbeerenarten, Oxycoccus Adans.

mösele schw.: nach Moos, Moder riechen oder schmecken, bes. von Fischen aus stehendem Wasser.

mosere^n schw.: schwatzen; erzählen. – Anm.: aus dem Rotwelsch.

Mösig *mę̄sïχ; -ę̄i-* Frk. n.: Moos NO.

moslen (waschen) s. *muslen.*

Mos-spatz, flekt. -e^n m.: Rohrammer, Emberiza schoeniclus. Syn. *Ringel-, Ror-.*

Most *mǭšt* O.; *mǭušt* FRK., sonst *mǭšt;* Pl. Möst^e -ḙ̄-, -ḙi-, -ḙ̄- m.: **1.** Getränk. a. Wein im ersten Jahr, bzw. bis zum Ablassen. – b. Obstmost, und zwar ohne Rücksicht auf sein Alter. Der neue *M.* ist *süß* vor der Gärung, *räß* während derselben. Unterschieden in *Apfel-, Biren-,* spezieller *Luiken-, Bratbiren-M.* usw., während im N. *Äpfelmost* = Obstmost überh. – **2.** übtr.: dummes Geschwätz.

Most-äpfel m.: zum Mosten bes. geeignete Äpfelsorte(n).

Most-balle^n m.: *Ballen,* Rausch infolge übermäßigen Genusses von Most.

Most-bir, Pl. -e^n f.: zum Most bes. geeignete Birnsorte, Pirus communis vinifera.

Most-dullo^n m.: leichter *-ballen.*

Moste -ḙ̄, Pl. -e n e^n f.: Obstpresse.

moste^n schw.: **1.** Obstmost bereiten. Dafür auch mostle^n. – **2.** sich Essen und Trinken recht schmecken lassen. – M o s t e r m.: einer, der *mostet.* – M o s t e t *mǭštət* f.: = *Moste.*

Most-gelt^e f.: Gelte, in der man den gepreßten Obstsaft auffängt. – Most-glas n.: Viertelgläschen, kleines Glas, wie man es gern zum Most-trinken benützt.

Most-jar n.: Jahr, in dem es guten (u. viel) *Most* gibt.

Most-kopf m.: persönl., Schelte; etwa Dickkopf. Oft mehr Dummkopf, Simpel.

Most-ribel m., Demin. Most-ribele^in n.: = *Mostkopf.*

Most-trott^e, Pl. -e^n f.: Mostpresse.

Motschel s. *Mutschel.*

Mott, M u t t m.: die durch *motten* gewonnene mit Asche gemengte Erde OSCHW. ALLG.

motte^n schw.: **1.** trans., ohne Obj. a. Erde, bes. Moorerde, Wurzeln, Gestrüpp udgl. verbrennen, um Asche zur Düngung zu gewinnen; südl. der Donau. – b. (Tabak) rauchen, scherzh. – **2.** intr., mit haben: ohne Flamme glimmen.

motze^n schw.: **1.** *motz(l)e^n, motz(g)e^n:* in Flüssigkeit, Brei, Schlamm udgl. herumrühren; Wasser verschütten; Farben verschmieren. – **2.** *motzge^n* kindisch sein TIR. – **3.** foppen. – **4.** (hintenherum) schimpfen.

Motzete, M o t z e t f.: Schmiererei, Schmutz, Sauerei.

motzig Adj.: **1.** wässerig, mit Wasser besudelt. – **2.** widerspenstig, verdrießlich.

m o t z i g s. *munzig.*

mözle^n *maetslə* schw.: lange an etwas herumessen, Speiseteile lang im Mund hin und her schieben.

mu *mū* Interj.: Brüllen des Rindviehs. *Mu schreie^n.* *^Es ist ^n itt mu und ^n it mä* nicht gehauen noch gestochen. *^Net mu mache^n* keine Widerrede tun. – Substantiviert: *Mu* f., Demin. *Mule^in* n.: Kuh, Kinderspr.

Muck; M u c k e m.; Demin. Muck(e)le^in m.

(n.): Kurzform für *Nepomuck. Der M. tut au^ch no^ch e^in^en Tuck* am 16. Mai ist man vor Frost noch nicht sicher.

muck Interj.; M u c k m.: das *mucken. Nicht m. machen (dürfen). Kein^en M. tu^n.*

Muck^e I *mük,* Pl. -e^n *mügə* (s. -kə) f.; Demin. Mückle^in -ī- n.: Mücke. **1.** das Insekt. a. eigentl. In NW. NO. u. Mitte für alle Arten Fliegen, nur die stechenden heißen überall *Schnaken;* im SW. SO. *M.* nur = kleine, Stallfliege, für Stuben- und Schmeißfliege *Fliege. Die M-n geigen* fliegen in Schwärmen auf und ab; dazu: das Geigen bedeutet schön Wetter. – b. Bilder, Vergleiche udgl. *Man kann (muß, soll) nicht nach allen M-n schlagen* sich um alle Kleinigkeiten kümmern. Ein Kraftloser *fällt um* (o. ä.) *wie e^ine M.* Einen Mißlaunigen *hindert (ärgert) die M. an der Wand. Frech, keck wie eine M.,* s. a. *muckenfrech. Des ist e^ine alte M.* längst bekannt. – **2.** Mückenähnliches. a. Korn am Schießgewehr. Einen, etwas *auf der M. habe^n, auf d^ie M. nehme^n* es drauf abgesehen haben. – b. Korinthe, Rosine. – c. Barthaare unter der Oberlippe. – d. *M., Mückle^in* Fliegen-Ragwurz, Ophrys insectifera L. – **3.** übertr. *M-n im Kopf (Hirn) haben; seine M-n haben* absonderliche Gedanken, Launen verschiedener Art. *Des hat seine M-e^n* Umstände.

Mucke II s. *Micke.*

Muckel, Mückel; Pl. Mückel -i- m.; Demin. Mückele^in -i- n.: Stück, Brocken von Lebensmitteln. Bes. Demin.: *e^in Mückele^in, kei^n M.* Brot, Speck, Käse u. ä.

mucke^n I schw.: **1.** refl., *sich m.:* sich rühren, einen Laut geben, eine Bewegung machen, nur neg.: *Er darf sich nicht m.* u. ä. – **2.** intr. mit haben. a. = 1, aber auch positiv. – b. launisch, einsilbig sein, klagen. – c. rammeln, vom Hasen (SO.).

mucke n II s. *micken.*

Mucke^n-dreck m., Demin. -dreckle^in n.: = *-schiß.* Auch Bez. für andere Nichtigkeiten.

Mucke^n-fenster n.: mit Gaze bezogener Einsatz in die Fensteröffnung, Luft einzulassen und Fliegen abzuhalten; vgl. *-gätter.*

Mucke^n-frech Adj.: frech wie Fliegen.

Mucke^n-gätter n.: Muckengitter.

Mucke^n-pa(n)tscher m.: Fliegenklappe.

Mucke^n-säckele^in n.: eig. Zeugungsglied der Fliege. Bildlich für etwas verschwindend Kleines. *Bloß, grad nu^r e^in M.; E^in M. hat no^ch g^efehlt,* bes. von winzigem räumlichem Abstand.

Mucke^n-schiß m.: Fliegenkot. Übtr. Nichtigkeit.

Mucker m.: **1.** persönl., wer *muckt I.* Heimtückischer Mensch. – **2.** sachl., das *mucken I.* Einen, bes. *keinen M. tun (machen)* sich nicht rühren.

mucker Adj.: munter, lebhaft, bes. nach Krankheit.

muckiere^n *mügīərə* ᵕʼᵕ schw.: (Part. *g^emuckiert):*

= *mucken* I. Fast immer refl.: *Muckier^e di^{ch} net!*
Wenn du di^{ch} muckierst! u. ä. Spez.: widersprechen, sich widersetzen.

muckig Adj. Adv.: eigensinnig.

Mückle s. *Mucke* I. 2. d.

muckle^n schw.: etwas Heimliches, bes. Verbotenes tun. Undeutlich, leise reden, munkeln. S. – S. zu *mucksen.*

muck-mackle^n schw.: schwindeln, betrügen, unredliche Praktiken treiben; z. B. den Wein fälschen.

mucks Interj.; M u c k s m.: = *muck; nicht m. machen, keinen M. machen* sich nicht bewegen.

muckse^n; m u z e^n, *muzge^n* schw.: **1.** refl., *sich m.* a. = *sich mucken I 1.* – b. fortgehen; *Mucks^e di^{ch}.* – **2.** intr., mit haben = *mucken I 2 a.*

Muckser m.: = *Mucker.*

mucks-mäusle^{in}s-still Adj. Adv.: ganz still.

Müde -*ẹ̄*, s. -*ī* f.: Müdigkeit. Auch *Müdne.*

mue^n *mǖə* schw.: *mu* schreien.

Muffe f.: Angst. – M u f f e - s a u s e^n m.: Bauchweh (aus Angst).

Muffel, Pl. M u f f l e^n f.: **1.** Maul. *Halt dei^{ne} M.!* Verzogener Mund, Grimasse. – **2.** zänkisches Weib, Person, mit der man nichts anfangen kann, die an nichts Interesse hat.

muff(e)le^n I *mǖflə; mǖfələ; mǖlfə* schw.: mummeln, kauen, langsam essen mit zahnlosem Mund. Dann übtr.: die Rede langsam herausbringen, mummeln.

muff(e)le^n II *mǖfələ; mǖftələ; mǖflə* schw.: = *muffen* II, moderig, faulig riechen.

muff(e)lig Adj.: unfreundlich, ungut.

muffe^n I schw.: murren, widerbellen; von Hunden: leise bellen, knurren. Andere Form m u p f e^n, mehr = *mucksen.*

muffe^n II schw.: übel riechen; spez. nach beginnender Fäulnis, Moder udgl., von Fleisch, Leichnam, ungelüftetem Zimmer udgl.

Muffer m.: Maulhänger, Widerbeller. Demin. *Mufferle^{in}* (n.) Kläffer.

muffig Adj.: dumpf, moderig, faulig riechend.

m u f t e l e n s. *muffelen.*

m ü g i g s. *mögig.*

Muitschelein s. *Mutschel* II.

mulbrig *mü-* Adj.: morsch; dem Verfall geweiht. Auch übtr.: *Jetzt wird's m.; 's ist m.* es steht schlecht.

Mulde I, Pl. (auch Sg.) -e^n *mǖəld(ə), mǖəlkt, mǖɔ̄ləd(ə), mọ̄ld(ə), mọ̄lkt, mǖld(ə)* f.: wie nhd. **1.** Backtrog, oder ähnl. Geschirr. – **2.** flache Vertiefung, Einsenkung. Syn. *Wanne.*

Mulde II, M o l d e f.: Meldenarten, Atriplex L.

Muld-schärr^e f.: Muldenscharre, Instrument zum Reinigen der Backmulde.

Mühleziehets(e) -*tsī̄gəts(ə)* f.: das Brettspiel Mühle.

m u l f e n s. *muffelen* I.

mülich Adj. Adv.: **1.** obj.: mühsam, beschwerlich, kümmerlich, kaum. *E^{in} m-s G^{e}schäft; Des ist ihm z^u m.* u. ä. – **2.** subj.: verdrießlich, widerwärtig, mürrisch.

Mull; Demin. M u l l e^{in}, M ü l l e^{in} n.: **1.** Katze. Andere Formen *Bull, Bale, Malle, Mutz(e), Mütze, Münne, Munzelein, Muselein, Müse.* Zunächst Kinderspr., Lockruf, gern doppelt: *Mulle^{in}mulle^{in}, Mülle^{in}mülle^{in}! Komm, M-m-! Aussehe^n wie ^{da}s M. am Bauch* übel. *(Ja) M., blas^e Gerste^n!* damit ist's nichts; oft bloß *Ja M.! Ei^{ne}m ^{da}s M. streiche^n* schmeicheln; seltener *streichle^n.* – **2.** Demin. *Mulle^{in},* nach der Ähnlichkeit mit dem zarten Katzenpelz: a. Pelz. – b. wollige, federartige Blüten oder Früchte. α. Kätzchen der Weidenarten und ähnl. Gewächse. Syn. *Kätzlein.* – β. Wollgras, Eriophorum. – γ. (weibl.) Schamhaare, dazu ^{da}s M. *streiche^n.* – c. Pl. *Mulle^n* Flaum, Bartflaum. – d. Flaumfeder. – e. weibl. Geschlechtsteil. – **3.** von Menschen. *Mull* f.: unfreundliches, verdrießliches, eigensinniges Weib. *Mulle^{in}* n.: empfindliche, weichliche Person.

mulle^n schw.: *Wer wird ihm m.?* seine Absicht wird nicht erreicht. *Da wirste m.* Da täuscht du dich.

Müller *mīlər* m.: **1.** wie nhd., Mühlenbesitzer. – **2.** Kohlweißling oder Heckenweißling. Schmetterling überh. – **3.** von Reben. a. Oidium, Traubenkrankheit. – b. Rebsorte, Vitis vinifera pulverulenta; auch *Wullenwälscher* oder, weil geringen, aber schön roten Saft gebend, verschleiernd *schwarzer Riesling.* – **4.** Demin. *Müllerle^{in}* n.: Zaungrasmücke, Sylvia Curruca.

mulmig Adj.: **1.** schwammig, z. B. von Kartoffeln. – **2.** übtr. gefährlich, unbehaglich, wie nhd.

mulstrig Adj.: schimmelig.

M u l t e r s. *Mulde* I.

multum *mületóm, -əm* Zahlw.: viel. *M. Obst, Wein.*

Mulzete f.: feuchter Schmutz auf der Straße, bes. etwa bei Schneeschmelze. S. *mulzig.*

mulzig; m o l z i g Adj.: weich und feucht. Weich wie schmelzender Schnee. Durchweicht, von feuchtem zerbröckeltem Stein. Feucht; von Brot, das nicht ausgebacken ist, faulenden Holz, Heu, Emd o. dgl.

Mummel m.: **1.** Zuchtstier, Rind. Demin. *Mummele^{in}* n. Rind, Kinderspr. u. Lockruf. – **2.** Gespenst. – **3.** Saugflasche des Säuglings. – **4.** Teichrosen, Nuphar Sm., bes. Gelbe Teichrose, Nuphar lutea (L.) Sm.

Mummeler m.: = *Hummeler.*

mumme^n schw.: *mumm* machen. Unverständlich reden; gew. *mummlen,* s. d.

mummle^n *mọ̄-,* N. S. *mü-* schw.: **1.** mühsam kauen, essen ohne Zähne oder auch mit übervollem Mund. – **2.** murmeln, brummen: undeutlich oder heimlich sprechen. – **3.** fest einhüllen, -wickeln.

mumpf Adj.: **1.** schwammig, ohne Festigkeit z. B. vom Brot. – **2.** *m.* mögen viel fressen mögen. **Mumpfel** m. f.: **1.** *mǫ̆mpfl* f. das Weiche im Brot. – **2.** *mǫ̆mpfl* f.; Demin. *mę̆mpfǝlě̆* n.: Maul. *E^{ine} M., e^{in} Mümpfele^{in} mache^n ein Maul* m., trutzen. – **3.** *Mumpfel* m.: *mǫ̆mpfl; mǫ̆pfl, mę̆mpfl; bǫ̆mpfl:* ein Mundvoll. – Demin. *Mümpfele^{in}* n.: Mundvoll, Bissen. – mumpfelen u. ä. s. *mumpfen.*
mumpfe^n schw.: mit vollen Backen oder mit zahnlosem Mund essen, kauen. Formen: *mumpfe-(le)n; māōpfǝ; mumpfle^n; mümpfle^n.* – Mumpfer m.: weiches Brot. – mumpfig Adj.: unausgebacken, vom Brot.
Mund-harf^e f.: Mundharmonika.
Mune *mǫ̆nę̆,* s. *-ī̆* m.: **1.** Nachsinner, Studierer, Dickkopf, eigensinniger Mensch. – **2.** Zuchtstier.
mune^n schw.: **1.** *mǫ̆nǝ* nachsinnen, brüten. – **2.** refl. sich brüsten, groß dünken SW. – S. zu *vermunen.*
Münke, Minkel f.; Demin. Münkele^{in} (-erle^{in}) n.: **1.** Katze, Kinderspr. u. schmeichelnd FRK. – **2.** Kätzchen, Blütenstand von Bäumen.
munkele^{in}(s)-braun *mǫ̆ŋǝlǝ-, mǔŋǝlę̆-, mǫ̆ŋgǝlę̆s-, māōgǝlę̆-, māōgǝlę̆s-* Adj. Adv.: von unbestimmter, häßlicher, (dunkel-)brauner Farbe; auch als Antwort auf vorwitzige Frage. Bes. *m. wie e^{in} Hirschfüdle.*
Munkennest s. *Mauken-.*
munkle^n *mǫ̆ŋglǝ,* S. *-ǔ-; māōglǝ, mǔglǝ, mǫ̆glǝ* schw.: **1.** im Geheimen (be)reden, heimlich reden, eine Vermutung geheimnisvoll aussprechen, ein Geheimnis flüsternd mitteilen. *Ma^n m-t es geht das Gerede. Ma^n hat ällerlei g^emunkelt. Im Dunkle^n ist gut m.* – **2.** murren, im Stillen grollen. – **3.** schielen. – **4.** mischen, etwa von Karten.
mu^n-los *mǫ̆-* Adj.: gedankenlos, gleichgültig, unaufmerksam. – S. *munen.*
Münne *mę̆nę̆,* s. *mī̆-* f.; Demin. Münnele^{in} n.: Katze; schmeichelnd OSCHW.
mu^ntsche^n *māōtšǝ* schw.: undeutlich reden, den Mund nicht recht auftun.
Munz; Münz; Munzel; Münzel f.; Demin. Munzele^{in}, Münzele^{in}; Munzerle^{in}; Münzerle^{in} n.: **1.** Katze, Kinderspr. u. schmeichelnd. – **2.** *Munz* weibliches Geschlechtsteil.
Münz^e *mę̆nts,* S.N. *-ī̆-* f.: **1.** Münzstätte. – **2.** gemünztes Geld. Bes. Kleingeld. *Hast m^i r e^{in} M.*
Munzelein s. *Munz.*
munzig *mǫ̆ts-; mǫ̆nts-,* S. N. *mūnts-;* neben *mę̆nts-;* munzelig *-ī̆χ* Adj.: winzig, bes. W.
mur s. *mürb.*
mürb *mīr(ǝ)b; mę̆r(ǝ)b;* mürm; murb *mŭr(ǝ)b; mǫ̆rb;* mur *mūr* Adj.: mürbe, wie nhd. **1.** phys., von reifem Obst, zerbröckelndem Holz, Leder udgl., auch Menschen. – Spez. von Backwerk:

mit Butter gebacken; *m-er Kuche^n.* Subst. *Mürb^es* mürbes Brot, Kuchen. – **2.** *Ein m-er Kerl* arbeitscheu. *M. machen, werden* wie nhd.: nachgiebig, durch Ermüdung des eigenen Willens beraubt.
Mürbe *-ę̆,* s. *-ī̆* f.: das *mürb*-sein.
Murkel, Murksel f.; Demin. *-ele^{in}* n.: **1.** altes, zusammengeschrumpftes Weib. – **2.** Demin.: unförmliches Zeug.
murke^n schw.: verheimlichen; heimlich tun; undeutlich sprechen.
murkle^n schw.: **1.** Papier, Tuch o. ä. unordentlich zusammen rollen, legen. – **2.** undeutlich sprechen, weil man mit der Wahrheit nicht heraus rücken mag. – **3.** beim Spiel betrügen. Heimlich Spielsachen umtauschen und einhandeln, von Kindern. Gegenstände verschieben, um sie heimlich zu veräußern, von Frauen und Männern.
murkse^n schw.: **1.** töten, scherzh. Gew. *ab-.* – **2.** pfuschen. – Murkser m.: Pfuscher im Handwerk.
mürm s. *mürb.*
Murmele^{in} n.: **1.** Murmeltier ALLG. TIR. – **2.** kleine Weibsperson.
Murre *mŭrǝ;* Pl. *-e^n* f.: eine Art Weißbrot ALLG.
murre^n *-ŭ-* (FRK. *-ǫ̆-; -ŏ-*) schw.: brummen, knurren. Auch wie nhd., doch dafür populärer *brudlen.*
murrig Adj.: brummig, verdrießlich.
mursch *mŭ(r)š; mŭšt, mŭšt(ĭχ)* Adj.: morsch, bes. von Holz oder Obst, nam. Äpfeln.
mürschele^n *-iǝ-;* mu-schw.: dumpf, faulig riechen. – mürschelig *-ī̆-* Adj.: angelaufen, schimmlig.
murz *mū(r)ts* Adv.: ganz. Nur in Verbindungen. z. B.: M. ab ganz ab; ein Arm, Baum usw. *ist m. ab.* – m. aus: *Es ist gleich m. a. mit ihm gewesen.* – m. hi^n: *Es ist, Alles ist m. h.* ganz kaputt.
Musch *mŭš* f.: **1.** liederliches, auch schmutziges Weib. – **2.** Puppe.
musch *mŭš; mŭšt* Interj.: wer zuerst *m.* ruft, bekommt das und das odgl.
musch(e)le^n *mŭšǝlǝ, mŭšlǝ;* mutschele^n; mutsche^n schw.: heimlich reden; undeutlich sprechen. Heimlich handeln, warenbetrügerisch mischen.
Muschger(t)nuß s. *Muskatnuß.*
Mus-distel f.: Gänsedistel-Arten, Sonchus L., bes. Gewöhnliche Gänsedistel, Sonchus oleraceus L.
Musel f.; Demin. Musele^{in} n. (-erle^{in}): **1.** Katze; Schmeichelwort. – **2.** Demin. a. Pelz. – b. Weidenblüte, Kätzchen. – **3.** Mädchen, Kosewort. – **4.** *Musel* das Weiche im Brot.
Müsel *-ī̆-* m.; Demin. Müsele^{in} n.: **1.** starkes Holzscheit. – **2.** ansehnlicher Kopf.
musig *-ūǝ-* Adj.: breiig, von Kartoffeln, Mehlspeisen u. ä.

Muskat-nuß ⌣ʼ⌣ HalbMA.; *müšgətnŭs; müšgərt-; müšgər-;* Pl. gleich, f.: wie nhd.

musleⁿ *-ŭ-; -ǫ̈-, -ĩə-* schw.: waschen, die Hände oder bes. das Gesicht. In geschlossenem Gebiet zwischen Riedlingen und Saulgau. Bes. auch refl. *sich m.*

musper *müšpər;* bu- Adj.: munter, frisch, wohlauf. Zumeist körperlich, nam. in Bez. auf das (etwa zu erwartende) Gegenteil. Ein frischer Alter ist *noch recht m.*, ein Genesener *wieder ganz m.;* ein gutes Essen, Wein odgl. macht einen *wieder m.* Spät abends *noch m.*, früh morgens *schon m.* So auch gern neg.: *Ich bin, mir ist's gar net m.* Aber auch mehr geistig: heiter, aufgeweckt. – Muspere *-ę̆* f.: Munterkeit.

Muß *mŭəs* n.: das Müssen, Notwendigkeit. *ᴱs ist kei*ⁿ *M.*, sondern freiwillig. *Ist des e*ⁿ *M.?*

mussiereⁿ ⌣ʼ⌣ schw.: schäumen, von kohlensauren Getränken. – Anm.: Frz. *mousser.*

Muster *müštər,* Pl. gleich, n.; Demin. Müsterle iⁿ *-ĭ-* n.: **1.** wie nhd. a. regelmäßige Zeichnung z. B. eines Stoffes. Ein Kleid hat *ein schönes, schottisches* usw. *M.* – b. als Probe dienendes Stück. Von einem Stoff schneidet man ein *M.,* Müsterle iⁿ ab udgl. – **2.** Schelte für Weiber: *dummes, faules, liederliches, ein rechtes, e. sauberes M.* usw. Kindern gegenüber auch nur scherzend.

mustereⁿ schw.: **1.** von der militärärztl. Musterung, wie nhd. – **2.** *etwas m.* probieren; visitieren. – **3.** *einen m.* herrichten, dressieren, zur Ordnung weisen, ausschelten.

Mutes-her, seltener Wu-; auch bloß Mutes-, Wn.: das wilde Heer, Totenheer. In FRK. *wildes, wütiges Heer;* andere Synn. *ᵈᵉs Gondes H.,* wilde *Gᵉjäg, fahrende Schüler.* – Anm.: Das *M.* zieht um bei Nacht, bes. zw. Christfest und Erscheinungsfest, auch an Fastnacht- und Karfreitagsnacht; über dem Boden, aber nahe demselben; auf bestimmten Straßen, an Kreuzwegen, aber auch durch die Häuser durch, bes. wenn Türen gegen einander offen stehen; hat eigene Tanzplätze. Es kann sichtbar oder nur hörbar sein; besteht im ersten Fall aus allerlei Menschen aus verschiedenen Tieren, geleg. den Kopf unter'm Arm; im *M.* sind ungeborne, ungetaufte, auch vernachlässigte Kinder, vom Himmel verstoßene Geister, Verbrecher, Leutschinder, im Rausch Gestorbene; mit oder ohne Führer. Es macht schöne, *englische* Musik, aber auch alle Arten von Lärm, Heulen, Jammern, Stöhnen.

Mutsch(e)(l) I, Mo- m.; Demin. -ele iⁿ n.: Füllen. Formen: *Motsch; Motsche; Motschel; Motschele*iⁿ; *Mutschele*iⁿ.

Mutsch(e)(l) II, Mo- f.; Demin. -ele iⁿ n.: **1.** *Motsche* Stute. – **2.** Rindvieh: *Motsche, Mutschel* Kuh. *Mutschele*iⁿ, Mo-: Kühlein, Kälblein, bes. Kinderspr. – **3.** *Mutschel* Schwein. – **4.** Schaf, Ziege, Kinderspr. – **5.** *Motschel* kräftiges, na-

turwüchsiges Weibsbild; *Motschele*iⁿ gesundes, festes kleines Mädchen. *Mutschel* liederliches Mädchen. – **6.** *Motschel, Mortschel, Mortschele, Muitschele*ⁿ: Tannenzapfen.

Mutschel III *mŭtšl,* Pl. Mutschle ⁿ f.; Demin. Mutschele iⁿ n. mehr südl., Mü- mehr nördl.; andere Formen: Mutsche, Mutschell ᵉ ⌣ʼ, Pl. -e ⁿ, Mutschalle, Montschalle: **1.** Weißbrot, in verschiedenen Arten, aber stets kleinen Stücken gebacken. Mürbe Semmel, Milchbrot. In Reutlingen mürber Kuchen, sternförmig, auf den (dortigen) *Mutscheltag,* Donn. nach 6. Jan. gebacken, an diesem Tag früher herausgeschossen oder -gekegelt, heute gewürfelt. – **2.** Frucht des Gewöhnlichen Pfaffenkäppchens. Demin. *Mütschele*iⁿ. Davon abgeleitet *Mütschele*iⁿ*sholz* für das Gewöhnliche Pfaffenkäppchen, Euonymus europaeus L. Auch *Gockeler(skern), Pfaffenhütlein* usw. – **3.** Fruchtkapsel der Herbstzeitlose Colchicum autumnale L. BAIRSCHW. – **4.** Demin. *Mutschele*iⁿ: Blüte des Wiesen-Klees, Trifolium pratense L.

Mutschel-beck, Mutschle ⁿ- m.: Bäcker, der *Mutschlen* III *1* macht.

Mutschel-mel n.: Mehl aus zerkleinerten *Mutschlen* III *1.*

Mutschel-tag m.: in Reutlingen am Donnerstag nach 6. Jan.

mutschen s. *musch(e)len.*

Mutt s. *Mott.*

Muttel f.: **1.** Kuh oder Geiß ohne Horn ALLG. TIR. OSCHW. – **2.** Schelte für Weibsperson.

mutter-alleiⁿ, mutters- Adv.: ganz allein. – Vgl. *-seelenallein.*

muttereⁿ *-ŭ-* schw.: mit sich selber reden, brummen, unzufrieden knurren, zanken DON. OSCHW. ALLG.

Mutterer m.: Brummer, mürrischer Mensch.

Mutter-gut n.: Erbteil von der Mutter.

mütterlich Adj.: wie nhd. Meist subst.: *ᵈᵃs M-ᵉ = Muttergut,* s. d. *Sie hat ihr M-s,* sonst nichts.

muttersallein s. *mutterallein.*

mutter-seel(en)-alleiⁿ Adv. Präd.: ganz allein.

Mutter-veigeleiⁿ n.: Gewöhnliche Nachtviole, Hesperis matronalis L.

muttleⁿ *-ŭ-* schw.: brummen, schelten. Syn. *brudlen.* Noch häufiger = leise, undeutlich, insgeheim reden SW. – Muttler m.: wer *muttelt.* – muttlig Adj.: brummig.

Mutz I m.; Demin. Mutzele iⁿ n.: Kuß, Kinderspr.

Mutz II; Mutze *-ę̆;* Mütze *mĭtsę̆* f.; Mutzel f.; Demin. Mutzele iⁿ, Mü- n.: Katze; Schmeichelwort und Kindersprache.

Mutzᵉ *mŭts,* flekt. (gew. auch Nom.) -e ⁿ *-ə* m.; Mutz ᵉ f.; Pl. -e ⁿ; Demin. Mützle iⁿ *-ĭ-* n.: Wams der männl., Jacke der weibl. Tracht.

muz(g)en s. mucksen.

N

n a s. *hinab*, *hinan* u. *nach* II.

nab s. *hinab*.

Na-badeⁿ n. s. *hinab-baden*.

Nä-bausch *nę̄bɔušt* m.: Nähkissen.

Nabel-drillete f.: **1.** Bauchgrimmen, Kolik. *Dⁱᵉ N. kriegeⁿ* vor Ärger, Widerwillen; vor Lachen. – **2.** endloses Gerue OSCHW.

Nabeⁿ-**ring** m.: Eisenreif um die Nabe.

Näber *nę̄bɔr, nę̄wɔr, nę̄bɔr, nę̄ɔbɔr* m.; Demin. Näberleⁱⁿ n.: **1.** Bohrer; im NW. (mittl. u. unt. Neckarland) nicht gebraucht. – **2.** *nę̄bɔr*, bes. *-leⁱⁿ:* männliches Glied, bes. bei Knaben OSCHW.

näbereⁿ; nabereⁿ *-ǭ-* schw.: bohren. Bes. aber: herumsuchen, wühlen. Lange an etwas herummachen, bes. mit *'rum*.

nach, nah Adj. Adv. Präp.: nah, nach.

I. nhd. nah. **A. Positiv: 1.** nhd. nah, räumlich und zeitlich. Formen: *nǭx* NW.; *nǭɔ; nǭɔt; nǭ; nę̄xɔt. Es istⁿ.* nicht weit entfernt. *N. haben* nicht weit entfernt sein, bes. wohnen. *N. draʳ, n. (draʳ) 'naʳ.* – Knapp. Ein Vorrat udgl. ist *n. bei eⁱnander.* – **2.** beinahe, nahezu. *Er ist nahzu (nǭtsūɔ) wieder gᵉsund.* – **B. Komparativ.** Formen: *nę̄ɔr nę̄xɔr; nę̄xnɔr, nę̄ɔdɔr. Eⁱⁿ bißleⁱⁿ* (o. ä.) *näher ('naʳ). Etwas näher geben* billiger verkaufen. – **C. Superlativ.** Formen: *nę̄št; nę̄xšt, nę̄xɔšt, nę̄kšt. Das n. Haus, der n. Weg* usw.; *am n-eⁿ, zᵘnächst. Die n-en Verwandten, Freunde* u. dgl.

II. nhd. nach. **A. Adverb. 1.** örtlich; nur in Verbindungen. Häufiger *hinten n., hinten drein* u. ä. – **2.** zeitlich. **a.** volle Bed., nachher. *Gutᵉ Nacht nach!* Antwort auf ein *G. N.!* Sonst *darnach, nachher* u. a. – **b.** alsdann, zur bloßen Bez. zeitlicher oder log. Folge, so bes. die gewöhnliche Einleitung des Hauptsatzes nach adv. Nebensatz, „so": *Wenn A ist, n. ist B.* Formen: *nǎ; nae; nǭ; nǭɔ; nǭx; nǭxt; nǭxɔt; naoxɔt; nǭt; nɔxĭ nɔxɔrt; nǭxtɔ; nǭ(x)tɔ; nɔxɔdɔr; nǭxɔdǎne.* Beispiele des bes. Gebrauchs: *N. istⁿ aus, rum. N. hat's. Maⁿ weiß n. schoⁿ.* – **3.** *nach und nach*, wie nhd. *nǭx und nǭx. N. u. n. baut maⁿ dⁱᵉ Häuser.* – **B. Präpositionen** (vor-, auch nachgestellt). Formen: *nǎx* FRK.; *nǭx, nǭ* im S. Hauptform; *naox* O. **1.** örtlich: hinter, nur von der Reihenfolge, zu-

gleich zeitlich. *Er kommt n. mir. Einer n. dem andern.* – **2.** vom Ziel einer Bewegung, übtr. eines Strebens. *Nach etwas, einem sehen, suchen* u. ä. *Der Nase n. gerade aus.* – **3.** gemäß, zufolge von. *N. der Reihe* u. ä. – Nachgestellt ebenso: *der Reihe, Älte, Größe n.* u. ä. – **4.** zeitlich, wie nhd.

nach-äh(e)reⁿ schw.: Nachlese halten, eig. auf dem Feld.

nach-arteⁿ schw.: in der Art einem nachschlagen.

nach-bäffeⁿ; -bäffzgeⁿ schw.: nachbellen, nachmaulen; die Rede eines andern höhnisch nachsprechen oder ihm Hohnworte (heimlich) nachreden.

nach-brudleⁿ *-ŭ-* schw.: widerwärtig murrend nachmaulen.

nachderhand s. *Hand*.

nache *nǫ̈xę̆ (-ĭ), nǭɔxĭ, nǫ̈xɔ, nǭę̆* Adv.: **1.** örtlich: nach, hinten drein, in Verb. mit Verben, wie *nacher* und damit wechselnd. *N. bäffeⁿ* nachmaulen. – *N. fliegeⁿ* hinten drein fliegen. *N. geheⁿ* nachgehen. *N. helfeⁿ* nach-, weiter h. *N. kommeⁿ* nachkommen. *N. laufeⁿ* nachlaufen. *Der Karrᵉ lauft n.* bergab. *N. recheⁿ:* Nache-rechete-*ę̆ɔ*- f. was mit dem Rechen hinterdrein gesammelt wird. *N. renneⁿ* nachlaufen. *N. sageⁿ* Gehörtes, Vorgesagtes nachsagen. – **2.** zeitlich: nachher, alsdann. *Wenn iᶜʰ des gᵉtaⁿ hättᵉ, was n.?*

Näche *nę̄xę̆*, Nähe *nę̄(ę̆)* f.: Nähe.

nacher Adv.: **1.** nach. *Kommet auᶜʰ n.!* – **2.** vorwärts; fast immer in der erweiterten Form *nǭrę̆*, auch *nǭ(ɔ)rɔ*, bes. im O. Bes. *n. geheⁿ* vorwärts gehen, rasch gehen. *Gang n.! Kaⁿⁿst net n. gauⁿ?* Unpers.: *Es gaht net n., will net n. gauⁿ.* Dann bes. *n. machen* sich beeilen. *Mach n.! Diᶜʰ bringt maⁿ net n.* Ein Kranker odgl. *kaⁿⁿ net n., kommt net n. N. lauⁿ* nachlassen. *Den Pferch n. schlagen* den Wohnort wechseln. *N. stelleⁿ* anderswo st. *N. tun* verrücken. *Er (Es) will net n.* nicht vom Fleck.

nach-erdeⁿleⁿ schw.: übtr. im Charakter und Verhalten den Eltern nachschlagen (meist negativ).

nach-ernteⁿ schw.: nachträglich ernten, eine *Nachernte* halten. Synn. *nachlesen, -obsen, -süchlen, -stupflen, -äh(e)ren; afteren, afterberg(l)en, -gallen; gall(att)en; dru-, kluppberg(l)en; stupfen, stupflochen; meislen; speglen* u. a.

Nach-hochzeit f.: Nachfeier der Hochzeit.

Nachmeiselein s. *Nachwaiselein.*

nach-obs'e^n schw.: Nachlese an Obst halten SW.

nach-quattle^n schw.: hintendrein *q., watscheln.*

nach-raffle^n schw.: hinter einem her schimpfen.

nach-reche^n schw.: **1.** hinter den aufgeladenen Garben, Heu u. ä. noch einmal zusammenrechen. Nach-rechete f.: das Nachgerechte. – **2.** bildl.: ergänzend nacharbeiten.

nach-sacke^n schw.: der Boden *sackt nach,* sinkt tiefer ein, bildet Vertiefungen.

nach-saue^n schw.: nacheilen, hinterdrein springen.

nach-schlage^n st.: **1.** trans. nachsuchen, wie nhd., im Buch *n.* – **2.** intr.: einem Vorfahren *n.* ähnlich werden, leiblich oder geistig.

nach-schleife^n schw.: nachschleppen.

nach-schmeiße^n st.: *einem etwas n.* nachwerfen. Außer der phys. Bed. bes. übtr.: um jeden Preis anbieten: *I^{ch} schmeiß^e dir mei^n Mädle^{in} net n.*

nach-spalte^n st.: gespaltenes Holz nochmals spalten.

nächst s. *nach I C.*

nach-stupfle^n schw.: Nachlese halten am Obst; im Weinberg; in den Kartoffeln.

nach-stüre^n schw.: nachforschen, gründlich nachsuchen.

Nacht *näxt; nôxt; näxt; nāt; nåt;* Pl. *nę̄xt* im Gebiet v. *näxt* und v. *nôxt,* sonst *nę̄xt, nę̄t, nę̆(χ)t* dem Sing. entspr. f.; Demin. Nächtle^{in} n.: Nacht, opp. Tag. Sie beginnt auf dem Land mit dem Abendläuten; daher wird *zu Nacht* gegessen. *Gut^e N.!* Abschiedsgruß am Abend; vertraul.-zärtl. oder scherzh. *Gut^{e}s Nächtle^{in}!* – Prädikativ. *Es wird N., ist N.* Dann = finster. Bei einem schweren Gewitter odgl. *wird's N., ganz N.* Hiezu ein Kompar. nächter *-ę̆-: Es wird immer n.;* auch Superl. am nächste^n *-ę̆-.* – Adverbiale Zeitbestimmung. *Heut^e N.* von der vorherg. oder folg. – Mit Präpp. Bei: *bei N.* In: *in der N.* = *bei N. In die N. hinein;* bes. *bis i. d. sinkende (blinde) N. h.* Über: *über N.* die N. hindurch. Bald mit der Bed. der Dauer bis zum folgenden Tag. Wenn einer aus des andern Glas einen langen Trunk tut, sagt man ihm, er solle *nicht im Glas ü. N. bleiben.* Bald mit der Bed. des raschen, unvermuteten Geschehens: *Es kann ü. N. anders werden* u. ä. – *Z^u N.* = *bei N.* Bes. vom Abend: *z^u N., heut^e z^u N., hina^{ch}t z^u N.* heute Abend. Bes. *z^u N. esse^n.* – Nur auf die vorhergehende Nacht oder deren Abend bez. sich die alten umgelauteten Kasus. Nächt^e, *nę̆xt* Hauptgeb. SW., *nę̆t.* Bed. 1) in der letztverflossenen Nacht. 2) in der ersten Hälfte derselben, gestern Abend. *N. haunt die Ledige^n wieder wüst^{ge}tau^n. N. z^u Abe^{n}d. N. z^u Nacht.* 3) gestern, auch am Tag OSCHW. BAIRSCHW. ALLG. TIR.; scheint ö. der Iller die einzige Bed. – Nächte^n in denss. Bedd.

Nächte *-ę̆-* f.: dunkles Wetter. *Des ist e^{ine} N.*

nachtele^n schw.: beginnen zu *nachten; Es nachtelet schon.*

nachte^n schw.: *Es nachtet* wird Nacht.

Nacht-esse^n n.: Abendessen.

Nacht-geschirr n.: Nachttopf.

Nacht-hafe^n m.: = *-geschirr,* derber.

nächtig *nę̆xtĭg (-ĭch)* Adj. Adv.: in der verflossenen Nacht, gestern Nacht, gestern.

Nachtkrappe s. *-rabe.*

Nacht-mal n.: das hl. Abendmal. Fast nur prot., hier aber die pop. Bez.

Nacht-mensch n.: **1.** öffentliche Hure. – **2.** wer lange in der Nacht schafft und morgens lange nicht aufsteht.

Nacht-pferch m.: über Nacht aufgeschlagener Schafpferch und die dabei gewonnene Düngung.

Nacht-rab^e, -krapp^e m.: **1.** gespenstiger Vogel, mit dem man die Kinder abends schreckte. – **2.** Nachtschwärmer.

nach-trage^n st.: *einem etwas n.* **1.** phys. Einem Reisenden seinen Koffer *n.* u. ä. – **2.** etwas Übles lange nicht vergessen. – nach-träglich Adj. Adv.: **1.** wie nhd. – **2.** zu *nachtragen 2. Er ist arg n.* vergißt eine Übeltat lange nicht.

Nacht-rigel m.: der kleine Riegel, den die Zimmertür außer dem Schloß noch hatte.

nächt-weis^e Adv.: Nächte lang; ebenso *halbe n.*

Na(ch)-weisele^{in} *-wǫe-* O., *-wǭǝ-* W., *-wae-* NW.; meisele^{in}*-mǫe-, -mǭǝ-;* -wasele^{in}*-ā-;* wusele^{in} *-ū-;* -wisele^{in} *-ī-* n.: jüngstes Kind einer Familie, zumal wenn schwächlich oder sehr hintendrein gekommen. Ebenso von Tieren, bes. Vögeln. Syn. *Nestkegel, Nachkömmling.* Übtr.: letzter und kleinster Laib einer *Bachet.*

nach-zottle^n schw.: intr., mit sein: lässig hinten drein gehen.

nacket, seltener nackig O.; näcket, -ig, -etig W. Adj.: nackt. Verstärkt *faden-, fasel-, fatzen-, fusel-, haut- n. N. sein; einen (sich) n. ausziehen* usw. – *N-e Brat-, Leberwürste* ohne Haut.

Nacket-arsch m.: Schelte. – Näcke^t-bälle^{in} n.: nacktes Kind. – Nacke^t-bausele^{in} *-ao-* n.; -bausig Adj.: dass. – Näcke^t-butz m., Nakke^t-butze m., -butzel, -butze(r)le^{in} n.: dass. – Nacke^t-frosch m.; Demin. -fröschle^{in} n.: nackter Mensch, bes. Kind, scherzh. – nacke^{t}-gus(et) Adj.; Nacke^t-gusele^{in} n.: nacktes Kind. – Nacket-has^e m.; Demin. -häsle^{in} n.: = *-frosch.*

nae s. *hinein.*

näemer s. *niemand.*

näene, näenet(s) s. *nienen.*

Näerei ◡◡ f.: das Nähen; mitunter verächtl.: *Ist des e^{ine} N.!*

Näeri^n *nę̄(ǝ)rę̆, nę̆jǝrę̆, nae(ǝ)rę̆, nę̄(ǝ)wǝrę̆ (-ī);* Pl. Näer^{in}ne^n *-ǝrnǝ* f.: Näherin.

Näet(e) f.: was man gerade näht, Nähstunde: *in die N. gehen, in der N. sein.*

n a e t e n s. *nöten.*

n a e t i g s. *nötig.*

Näf, näfen usw. s. *ne-.*

naffze[n] schw.: **1.** schlafen, schlummern, schnarchen. – **2.** stöhnen, ächzen.

Nagel-blust -*ūə*- n.: die weißen Flecken an Fingernägeln.

Nägele[in] -*ĕ*- n.: abgesehen von der deminutiven Bed. „kleiner Nagel" in ff. Bedd. **1.** Gewürznelke, auch *(Ge)würzn., Nägeleingewürz.* – **2.** Nelkenarten, Dianthus L., bes. Gartennelke, Dianthus caryophyllus L. – Anm.: In Zusammensetzungen, z.B. *Kornnägelein, Schustersnägelein,* auch für andere Pflanzen gebraucht.

Nägele[in]**(s)-stock** m.: Gartennelke, die Pflanze.

Nägele[in]**s-wurz(el)** f.: Echte Nelkenwurz, Geum urbanum L.

Nagel-hetz[e], Pl. -e[n] *någlhĕts; nådlhĕts, ådlhĕts;* sonst -hex[e] *någlhĕks;* Pl. -e[n] f.: Elster.

Naget(e) f.: etwas zum Nagen.

nagle[n] schw.: **1.** nageln. *Einen Furz auf ein Brett n.* Bild der Unmöglichkeit. – **2.** *eine n.* beschlafen.

n ä g l e n s. *naglen* u. s. *neglen.*

n a h - *(nahe* usw.*)* s. *nach-.*

n a i - s. *nei-, neu-, nö-* u. s. *hinein.*

Naile[in] *naelĕ* n.: Kuß, noch mehr Berührung der Wangen: *e*[in] *N. gebe*[n]*,* Kinderspr. Don. Oschw.

Näk m. f.: unzufriedener, mürrischer Mensch Allg. Desgl. Weib Oschw. – n ä k e[n] schw.: klagen, unzufrieden sein. – N ä k e r m.: Unzufriedener, Kleinigkeitskrämer. – n ä k i g Adj.: mürrisch, wunderlich Oschw.

Nä-krättle[in] n.: Nähkorb.

Name[n]**s-bruder** m.: wer den gleichen Namen, bes. Vornamen, hat.

Namens-vetter m.: = *-bruder.*

nämlich Adj. Adv.: **1.** *n.* leitet als Adv. eine nähere Erklärung ein, wie nhd.: *Ich bin nicht gegangen, es hat n. geregnet* oder *n., es h. g.* – **2.** *der nämliche* als deutlicherer Ausdruck der Identität statt „derselbe"; stärker *aller-n., aller-n-st.* Syn. *gleich.* Bes. von großer Ähnlichkeit: *Des Kind ist der nämlich*[e] *Vater, sei*[n] *n-er V.*

Namm[e] *năm,* flekt. (auch Nom.) -e[n] f.: Mutter, bes. Kinderspr. Oschw. *D*[ie] *N. hat's g*[e]*sait. Gang zur N.* U. ä.

n a m m e , -e r , -e s s. *neisw-.*

namse[n] schw.: mit Namen nennen, benennen SW.

n a n s. *hinan.*

n a n d e r n a c h s. *einander 3.b.*

N a n e s. *Ane.*

Näne: 1. Großvater, s. *An.* – **2.** Großmutter, s. *Ane.*

nängere[n] *nĕŋərə* schw.: durch die Nase reden.

n a o s. *nach* II.

N a o t s. Nat u. *Not.*

328

nappe[n] schw.: wackeln, locker sein, nicken S.

Näpper s. *Näber.*

napple[n] schw.: schmierig metzgen; **Nappler** m.: Schinder, schlechter Metzger Frk.

n a r e s. *nacher.*

Narr *năr;* flekt. Narre[n] -*ă*- m.; Närri[n] -*ĕ*- f.: Demin. Närrle[in]-*ĕ*- n.: **1.** von Menschen. Etwa wie nhd., doch weit häufiger. a. urspr. der Geisteskranke, Geistesschwache. *Er ist e*[in] *N. worde*[n]*.* – b. Schalks-, Hof-, Fastnachtsnarr. *Da komme*[n]*t 3 Narre*[n]*!* – c. weitaus am häufigsten abgeschwächt = dummer Mensch, Esel, Rindvieh, aber eher milder als diese andern Schelten. – *N.* kann vollkommen harmlos, ohne beleidigende Absicht gebraucht sein. *Armer N. Arm*[e]*s, gut*[e]*s Närrle*[in] schmeichelnd. Bes. aber die interjekt. Anrede *Narr!,* auch *Närrle*[in]*!, Ha N.!, Du, N.!* (aber mit Pause zw. *du* und *N.,* sonst wäre es verletzend), als Satzeinleitung, erklärend, belehrend, verstärkend u. ä. Immerhin ist es nicht höflich, z. B. Älteren gegenüber; mindestens nur vertraulich unter Gleichstehenden. – **2.** nicht normal gewachsene Pflanzen oder Früchte. a. Pflanzen. Aufgeschossenes Kraut, das sich nicht schließt. Desgl. Rettiche, Rüben, Salat, Zwiebeln. – b. Früchte. Bes. heißen *N-e*[n] Zwetschgen, die (zufolge eines Insektenstichs) bald groß werden, aber grün bleiben. Aber auch mißgestaltete Früchte von Pflaumen, Kirschen u. a. Obst. – **3.** Schmerz, Geschwulst am Arm durch Überanstrengung.

narre[n] schw.: **1.** intr.: mit haben: ein Narr sein. Spez. den Fastnachtsnarren machen, sich maskieren (kath.). – **2.** trans.: *einen n.* wie nhd., zum Narren haben.

Narre[n]**-bartle**[in] m.: närrischer Kerl, aufgeregter Mensch. S. *Bartholomäus.*

Narre[n]**-g**[e]**richt** n.: um Fastnacht gehaltenes komisches Gericht, wie es scheint nur an kath. Orten.

Narre[n]**-glück** n.: großes, unverdientes Glück.

Narre[n]**-häß** n.: Narrenkleidung.

Narre[n]**-kaspar** -*khåšpər* m.: närrischer, dummer Kerl; aufgeregter Mensch.

Narre[n]**-sprung** m.: Fastnachtumzug aller Narren am Montag Rottweil.

narret *nărət;* n ä r r e t *nĕrət, nĕrt* Adj.: närrisch, verrückt, zornig. Das Wort ist stärker als das Subst. und stärker als *närrisch* und neben *verruckt* das gew. Adj. für geisteskrank. *N. werden.* – Häufiger in weiterem Sinn. Bes. von Aufregungszuständen, Zorn, Ungeduld usw. *Da könnt*[e] *ma*[n] *n. werde*[n] u. ä. *Ma*[ch] *mi*[ch] *net n.! Ma*[n] *ka*[nn] *nix mit ihm hau*[n]*, er ist glei*[ch] *n.* Ganz eingenommen, vernarrt. *Er ist ganz n. mit dem Mädle*[in]*.*

Narretei *nărədəei ◡◡´,* Pl. -e[n] f.: Narrheit, im Sinn von Possen, dummen oder auch harmlosen Scherzen; auch Zorn.

narrig, närrig *nẹ̆rẹ̆ŋ* Adj.: närrisch; zornig.
närrisch *nẹ̆rĭš; nẹ̆rš, nẹ̆(r)š;* n a r r i s c h Adj. Adv.:
verdreht, dumm. – Aufgeregt, außer sich, un-
sinnig vor Zorn, Freude, Staunen o. ä. – Lustig,
spaßhaft, sonderbar. *Sei doch nit so n.* übelneh-
merisch. – Verstärkender Vorsatz: tüchtig,
sehr. *N. kalt.* – N ä r r i s c h e *nẹ̆ršẹ̆, -ĭ* f.: Narrheit.
Wut.
Nä-schachtel f.: Schachtel, in der das Nähzeug sich
befindet. Ebenso N ä - s c h a t u l l e f.
Nase^n-butz^e, flekt. - e^n m.: verdickter Nasen-
schleim.
Nase^n-gibele^in, - g i p f e l e^in n.: Nasenspitze. S. a.
-zipfel.
nase^n-gruble^n schw.: in der Nase bohren. – N a s e^n -
g r u b l e r m.: **1.** wer in der Nase bohrt. – **2.**
Pedant.
Nase^n-klemmer m.: **1.** kleines, enges Trinkglas,
bes. auch Demin. -*le*^in. – **2.** Zwicker, Brille ohne
Bügel.
Nase^n-wasser n.: geringer Wertbetrag. *Für seine
Arbeit hat er ein N. gekriegt.*
nase^n-weis Adj.: wie nhd., fürwitzig, aber immer
tadelnd; vorlaut. Auch subst. Persönl.: *Du bist
e^in N. m.*, häufiger -*le*^in n. Sachl.: *Der N. sticht
ihn.*
Nase^n-zipfel m.; Demin. - z i p f e l e^in n.: Nasenspit-
ze.
Nassauer m.: scherzhaft. **1.** (kurzer) Regen. ^Es
kommt e^in N. u. ä. – **2.** Trinker.
nass(e)le^n, n ä ß l e^n schw.: **1.** *nassele^n, näßle^n:* nach
Nässe riechen. – **2.** *Es naßlet* fällt ein Staubre-
gen. – **3.** *näßle^n* gern trinken.
nasse^n schw.: naß werden: das Salz *naßt* bei feuch-
tem Wetter.
Nassete f.: nasse Stelle im Feld.
Naß-gall^e, Pl. - e^n f.: stets nasse Stelle auf dem
Boden.
N a s t und Bildungen damit s. *Ast.*
n ä s t e n s. *nesten.*
Nas-tuch, Pl. - t ü c h e r n.: Schnupftuch.
Nat *nǫt; naut* BAAR, *naot* O., *nǫ̆(ǝ)t* FRK.; Pl. N ä t^e
nẹ̆(ǝ)t, näit f.; Demin. N ä t l e^in n.: Naht. **1.** eig.
Aus den Näten gehen. – **2.** übtr. An Alternder
udgl. *geht* (läßt) *a^nfange^n aus de^n Näht^en. D^ie N.
ist* (ihm) ^gebroche^n, *auf^gegange^n, hat ause^inand^er
g^elau^n* es ist ihm ein Wind entfahren. – **3.** persön-
lich. *Alte N.* Verächtl. Bez. einer Weibsperson.
nate^n *nǭdǝ* schw.: nahten, eine Naht nähen.
Nätling -*ẹ̆*- m.: so viel Faden, als auf einmal einge-
fädelt ist: *e^in N. Fade^n, Seide* usw.
Natter-blum^e f.: Stolzer Heinrich, Echium vulgare
L.
nättle^n -*ĕ*- schw.: an einem herum betteln, ihn be-
ständig zu überreden suchen. Recht, das letzte
Wort haben wollen. – Vgl. *näken, nefen.*
Natur *nǎdŭr* ᴗ^/ f.: **1.** wie nhd. – **2.** spez. geschlecht-
lich. a. noch zu 1: Vergehen *gegen, wider die N.*

wie nhd. – b. Geschlechtsteile, männl. und
weibl. – c. Samenergießung; auch der entspr.
Vorgang beim Weib. *D^ie N. ist ihm ^gekomme^n.*
Nau(e^n) *nǝu(ǝ);* N a u w (e^n) *nǝub(ǝ);* A u w (e^n)
ǝub(ǝ); flekt. - e^n m.: **1.** Hinterkopf, Nacken
SW.; daneben öfters *G^enick.* – **2.** Haarwuchs,
spez. starker. Zerzaustes, ungekämmtes Haar,
bes. bei Weibern. Schamhaar OSCHW.
naue^n *nǝuǝ;* n a u b e^n schw.: **1.** *naue^n* an den Haa-
ren schütteln. Hieher wohl auch: *naube^n* strei-
ten, zanken: *Sie naube^nt älleweil mit e^inand^er.* –
2. *naue^n, nǝubǝ* sich begatten.
n a u f s. *hinauf.*
Näufe o. ä. f.; n ä u f e^n schw.: *Naife* Nußschale;
naefǝtsǝ Pl. grüne Schalen der Nüsse; *naefǝ* die
Nußschalen ablösen, Nüsse, Ähren o. ä. aus-
höhlen.
N ä u f e l s. *Läufel* II.
naupe^n *nǝubǝ* schw.: **1.** schlagen, stoßen. Mit der
Faust Rippenstöße geben. – **2.** einnicken, sit-
zend einschlummern; intr. mit haben.
n a u r e n (schlummern) s. *noren.*
n a u s s. *hinaus.*
n ä u s e n , n a u s e n s. *neusen.*
n a u t - s. *not-.*
N a u t s. *Nat* u. *Not.*
naute^n schw.: aus Schläfrigkeit nicken.
Naze *nǎtsẹ̆ (-ĭ);* N ä z e *nẹ̆-* m.: **1.** Kurzform des
ausschl. kath. Taufnamens *Ignatius.* – **2.** Spott-
name, nur als *Naze*, nicht bloß kath. a. dummer,
täppischer Kerl. ^Es *ist recht, N.* höhnische Ant-
wort auf einen Befehl. – b. Bez. des Katholiken
in prot. Mund.
Nebel -*ẹ̆-;* Pl. gleich, m.: wie nhd. **1.** eig. *Es ist ein
N.; Es macht N. Der N. reißt näßt.* – **2.** bildlich.
Im N. 'rum laufen ('r. *tappe^n*) ganz im Ungewis-
sen sein. – **3.** Rausch.
Nebel-kapp^e f.: **1.** eig. a. verhüllende Mütze, Ka-
putze, Wollkappe. – b. Geister besitzen *N-n.* –
2. übtr. verhüllender Nebel auf Bergen.
Nebel-reis(s)e^n -*ǝi*- n., -*reis(s)e(te)* f.: reißen-
der, netzender Nebel. – N e b e l - r i s (e) l e^n n.:
dass.
nebe^n *nẹbe^nt*, n e b e r Adv. Präp.: im wesentli-
chen wie nhd. **1.** Adv. mit folg. Adv. N. a u ß e
s. u. *n. hinaus.* N. d (r) a u ß e n, d (r) u m m e n.
N. h e r a b. N. h e r u m: *N. 'rum geht auch ein
Weg.* N. hin. N. h i n a n. N. h i n a u s: *N. 'naus
gehen* 1) von der Gesellschaft fortgehen; 2) die
Ehe brechen. Dafür auch *n. auße g.* N. h i n u m:
N. 'num gucke^n vorbei sehen, etwas (einen)
nicht beachten. – **2.** Präpos. a. mit Dat. örtlich:
Der Brunnen steht n. dem Haus u. ä. – Gleich-
wertigkeit. *N. einander feil haben* gleich viel
wert; noch mehr unwert, sein. – b. mit Akk.:
Der Brunnen kommt n. das Haus (hin).
Nebe^n-lieger m.: Grundnachbar mit Haus oder
Feld, Syn. *Anstößer.*

Nebe^n-stub^e f.: Stube neben einer andern, zumal größeren. Meist Demin., bes. in Gasthäusern *N.-stüble^{in}*.

neble^n, n i b l e^n *nībl∂*, FRK. *nĭwl∂* schw.: *Es nebelt, nibelt,* auch *n. aber:* fällt ein feiner, nebelartiger Regen. Syn. *der Nebel reißt, es macht N.*

Nef *n$\tilde{e}\partial$f* f.: *nefende (2)* Person, bettelhaft, nörgelig udgl. Schwächliches, grämliches Mädchen.

nefe^n schw.: **1.** reiben, wetzen. – **2.** betteln, zudringlich an einem herummachen, bes auch kritteln, nörgeln. – **3.** *Es neft mich -ĕ-* gelüstet mich; macht mich neugierig. – N e f e r m., -e r i^n f.: Person, die immer *neft (2).*

Neff *n$\tilde{e}$f* m.: *Sankt N.* angebl. Heiliger, sprichw. für einen dummen, ungeschickten, faulen Menschen: *e^{in} Kerle wie (der) S. N.*

nefig Adj.: **1.** *-$\tilde{e}\partial$-, -$\tilde{e}$-,* s. *nefen:* nörgelig, weinerlich. – **2.** *-$\tilde{e}$-* heiter, lebhaft, lustig.

negle^n *n$\tilde{e}$-* schw.: *mi^{ch} neglet's* ich empfinde schmerzhaftes Frieren in den Fingerspitzen. – Gekürzt aus *hurniglen.*

n e i s. *hinein.*

Neid-hammel, Pl. -h ä m m e l m.: **1.** neidischer Mensch. – **2.** Demin. -h a m m e l e^{in} n., meist Pl.: kleine Vorhänge über das Glas des Fensters, den Durchblick verhindernd.

neidig Adj.: **1.** neidisch. *Du n-er Siech^e* u. ä. – **2.** verwandte Bed. a. geizig; wohl häufigste Bed. – b. händelsüchtig, zänkisch. Bes. von Tieren. *N-e Kuh,* auch von Weibern. *N-er Hund. N-e Sau.* Aufgebracht, übel gelaunt.

Neid-krag(e^n) m.: = *-hammel.*

Neige *-ăe-* NW. SO., *-$\bar{o}\partial$-* W. S., *-ϱe-* O., *-ā-* FRK. f.: wie nhd., häufiger Demin. *Neig(e)le^{in}* Restchen. Sowohl vom Rest im Faß, Glas, als von einem Rest im Vorrat. *Was kostet des N. Bire^n?*

nei^n I – *nāĕ; năe* NW.; *nă* FRK. ö. v. Neck.; *nĕ* äuß. N.; *n$\tilde{\partial}\partial$.* – Interj.: im ganzen wie nhd. Synn. *haa,* *numm∂.* Verstärkungen: *O nei^n!* ⌢. Aber n.! ⌣⌣, ⌣⌣' Verwunderung und Tadel. *Ha n.!* ⌣' zweifelnde Verneinung. Zusätze nach *n.* verstärken bloß die Verneinung. *N. wohl ^{n}it(∂)* OSCHW. *N. wäger(le^{in}). N. währli^{ch}.* – *N. sagen. I^{ch} sag^e ^{n}it n.* vorsichtige Stellungnahme. – Opp. *ja.*

n e i n II s. *hinein.*

n e i n z, neinz- s. *nichts, nichts-.*

n e i s e n s. *neusen.*

neisw-: „irgend w-". Alt ‚neiswa' irgendwo, ‚neiswan' i. wann, ‚neiswie' i. wie (ebenso), (‚neiswer' i. wer), ‚neiswas' i. was. – Mod. nur oder fast nur in den s. Grenzgegenden, mit *-m-* aus *-sw-*: **1.** n a m m e *(no-, nu-, nie-) -∂*: irgendwo. *N. ^{hi}na^n* irgendwohin. – **2.** n a m m e r *(no-* usw.) *-∂r*: jemand. – **3.** n a m m e s *(no-* usw.) *-∂s* etwas. – Alle 3 zusammen in der in jenen Gegenden beliebten Frage: *Hat dir namme nammer nammes ^{ge}ta^n?*, wie anderswo *eppe epper eppes.*

n e k s s. *nichts.*

Nelle *n$\tilde{e}$l∂*, Pl. *-e^n* f.: Zwiebelröhrchen.

n e m m e s. *nimmer.*

n e n z s. *nichts.*

n e r g e, n e r g e t s s. *nienen.*

Nerv^e *n$\tilde{e}$rf*, Pl. *-e^n* f.: **1.** Sehne, beim Menschen und beim Schlachttier; auch Muskel. – **2.** im heutigen Sinn: Nerv. *Etwas, Jemand sitzt mir auf die N-en irritiert mich. N-n haben* nervös sein. – Anm.: Zu 1 das zieml. verbr. *nervus rerum* Geld(punkt); *Der n. r. fehlt halt* u. ä.

N e r v u s r e r u m s. zu *Nerve.*

Nes f.: **1.** weibl. Vorname, Kurzform von *Agnes.* – **2.** *naes,* gern auch *nesl$\tilde{e}$* n.: albernes, vorlautes, flatterhaftes, verzogenes Mädchen. Empfindliche, gern jammernde Weibsperson.

Nesessär *n$\tilde{e}$s$\tilde{e}$s$\tilde{e}$r* ⌢⌣ n.: (Reise-)Besteck, mit Kamm, Schwamm u. a. Toilettebedarf. – Anm.: Franz. *nécessaire.*

Nest *n$\tilde{e}$št* zum nö. u. angrenz. FRK., *n$\tilde{e}$št* ö. FRK., *n$\tilde{e}\partial$št* Mittelland; Nerst, bes. S.; Est OSCHW. ALLG. TIR.; Erst; Pl. -e r n.; Demin. N e s t l e^{in} n.: im wesentlichen wie nhd. **1.** N. von Vögeln. – **2.** N. bei andern Tieren. *Da sitzt der Has im N.* So wird auch dem Osterhasen sein *Nest(le^n)* gemacht. – **3.** übtr. auf menschlichen Aufenthalt. a. Bett. – b. Haus. – c. Ortschaft. – **4.** sexuell. *Mei^n Schatz hat e^{in} Nestle^{in} . . . Und i^{ch} haun e^{in} Vögele^{in}.* – **5.** rund um den Hinterkopf gelegte Zöpfe. – **6.** *Webernest* fehlerhaft gewobene Stelle. Stelle im Strumpf odgl., wo eine Masche fallen gelassen ist.

neste^n schw.: **1.** nisten. – **2.** zu *Nest 3 a.* In's Bett liegen. Sich auf dem Lager umherwälzen und dabei das Bett verwühlen. – **3.** herumsuchen und dabei Unordnung hinterlassen.

Nest-hocker m.: letzt ausgebrütetes Vögelchen; letztes Kind einer Ehe. – N e s t-k e g e l m.; gew. Demin. -k e g e l e^{in} n.: dass. Synn. ferner *-bärtlein, -krüppel, -pfluder, -quack, -scheißer.*

Nest-pflutt; -p f l u t t e r ; -p f l u t t e r e r m.: = *-kegel.* – N e s t-q u a c k m., Demin. -q u ä c k l e^{in} n.; -q u a t t m., Demin. -q u ä t t l e^{in} n.: dass. N e s t-s c h e i ß e r m.: dass.

n e t s. *nicht.*

nett *n$\tilde{e}$t* Adj. Adv.: **1.** hübsch, angenehm, zierlich. *Ein n-s Kind, Häuslein, Kleid* usw., wie nhd. – Charakter: liebenswürdig, umgänglich. *Ein n-er Mann. Des ist e^{in}mal n.!* u. ä. *^{E}s ist äll^{e}s nu^r e^{ine} Weille^{in} n.* bei übermäßiger Freude, großem Umtrieb. – **2.** ironisch: sauber. *Du bist e^{in} Netter; e^{in} n-er Vetter.* – **3.** Adv.: genau. Etwas *n. nehmen,* bezw. *nicht n. n.*

netze^n *n$\tilde{e}$ts∂* schw.: naß machen, nur für bestimmte techn. Verrichtungen; im freien Gebrauch vielmehr *naß machen.*

neu *nui* Hauptgebiet u. O., *n∂i* NW. u. SW., *nai* FRK. Adj. (Subst. Adv.): neu. **1.** adjektivisch, wie nhd. Verstärkt: *feuer-, (funkel-, span-) na-gel-neu.* – **2.** substantivisch. a. beliebige Substantivierungen mit verschiedenem Genus. Bes. *neuer* scil. *Wein: Einen Schoppen Neuen!* Noch häufiger Ntr. *Etwas neues.* – b. *ᵈᵃs Neuᵉ* (sc. *Licht):* Neumond. – **3.** adverb. Wendungen. *N. gemacht* vor kurzem gemacht oder auch repariert. *Neu verheiratet* kurz v. *Von neuem:* 1) wie nhd., ein weiteres Mal; meist aber 2) ein erstes Mal. *Wie viel hat der Rock ᵍᵉkostᵉᵗ voⁿ neuem (fǫ̈ nübm)? Dⁱᵉ Messer haueⁿt ⁿit v. n.* schneiden nicht gleich anfangs.

neu-bacheⁿ Adj.: neugebacken, opp. *alt-.* **1.** eig., vom Brot. – **2.** verächtlich: noch unreif, von gestern her. *N-er Pfarrer.*

neu-bärisch Adj.: Kuh, die frisch gekalbt hat, auch deren Milch Oschw. Allg. BairSchw. Dass. ist *neumelk.*

Neu-bruch, Pl. -brüchᵉ m.: urbar gemachtes Land.

neueleⁿ schw.: noch neu riechen, schmecken.

neu-fitzig Adj.: neugierig.

Neu-gᵉreutᵉ n.: neugereutetes Land, = *-bruch.*

Neu-jar ◡ᐟ, älter auch ◠ n.: **1.** Neujahr. – **2.** *großᵉs N.* Erscheinungsfest, 6. Jan. Frk. – Neujar-singeⁿ n.: die Sitte des *Ansingens* des Neujahrs, in der Silvesternacht Allg.

neu-melk; -ig *-ĭ;* -et *-ət;* -milk Adj.: eine Kuh, die eben gekalbt hat und daher wieder gemolken wird, ist *n.* Unterl. Alb. Südlicher *neubärisch.*

Neune-brot n.: Zwischenmahlzeit vorm. 9 Uhr.

Neune-mal n.: das Mühlespiel mit 9 Steinen. – neunemaleⁿ schw.: *N.* spielen; auch neuⁿteⁿ-maleⁿ.

Neune-schläfer m.: Langschläfer.

neuntemalen s. *neunemalen.*

Neuⁿ-töter m.: **1.** der Würger, Lanius excubitor oder Enneoctonus (Lan.) Collurio. – **2.** schlauer Mensch.

neuseⁿ: 1. naschen, bes. schleckig, verwöhnt im Essen sein SW. Oschw. – **2.** merken, wittern, riechen. – neusig Adj.: **1.** schleckig, heikel. – **2.** neugierig SW. Oschw.

nibelig, niblen s. *ne-.*

niber s. *hinüber.*

nicht nę̆t W. NW. N. NO. (frk. auch *nĭt); nę̆t* und *ę̆t* zwischen Rottweil und Ulm; *nĭt* und *ĭt* s. davon; ohne folg. Wort gern verlängert: *ę̆də* N., *ĭdə (ĭtə)* S. Neg.-Partikel: nicht, im ganzen wie nhd. – Besonderheiten des Gebrauchs. Frage *N.?* teils verwundert: A. *Das habe ich nicht getan.* B. *N.?;* teils zur Bestätigung auffordernd wie nhd. „n. wahr", was uns fehlt: *Das ist schön, n.?* Syn. *gelt.* In solchen Fällen steht gerne das verlängerte *-ə.* – *Noᶜʰ n.* wie nhd., zumeist einfache Aneinanderreihung der beiden Wörter, wobei je nach dem Fall das 1. oder das 2. betont sein

kann: *Ist er n. n. da?* ◡◡◡◠, nach Verfluß weiterer Zeit ◡◡◠◡. Zufolge des regelm. Abfall des *-ch* kommen aber in 2 Gebieten festere Verbindungen zu Stand. 1) im N., zu allermeist Frk.: nǫ̈nę̆, weiter n. u. ö. *nāŭnę̆, nōŭnę̆ (-ĭ),* stets ◠◡ betont. 2) im westl. Gebiet von *it* verbinden sich noᶜʰ ⁿit zu nəit.

nichts Pron.: nichts. Formen: nę̆nts, s. *nĭnt; nĭt; nǫnts; nāĕts,* sw. nę̆its; *nāĭt; nǫets,* s. *nuits; nĭəts; nūəts; nĭks, nę̆ks.*

nichtsig Adj.: nichtsnutzig, wertlos, unbrauchbar, von Menschen. – Nichtsigkeit f.: Nichtsnutzigkeit.

Nickel m.; Demin. Nickeleⁱⁿ ◠◡ n. **1.** Kurzform für *Nikolaus,* s. d. – **2.** tadelnd oder scherzh. für Personen. Bald mehr von einem bösartigen, heimtückischen, zornigen Menschen, bald, bes. von Weibern und Kindern (dann gern Demin.), harmloser: munteres Ding, bis zum Kosewort. Dazu Komposs.: *Gift-, Streit-, Zorn-, Schrann-N.* – **3.** Zehnpfennigstück.

Nicker m.; Demin. -leⁱⁿ n.: kurzer Schlaf, meist Demin. *Eⁱnᵉⁿ N., eⁱⁿ N-leⁱⁿ tuⁿ (macheⁿ),* bes. Oschw.

nickleⁿ schw.: **1.** Kopf und Nacken hin und her bewegen, wackeln, vom Vieh. – **2.** auf dem Kopf kratzen. – **3.** tüchtig verprügeln. – **4.** neidisch sein.

Niele s. *Liene.*

niemand nĕə-, nĭə- N. S.; nĭ- äuß. NW.; -mə, -mər, -mərn, -mərt, -mət, -mərts, -məts, -məs Pron.: wie nhd., zumeist unflektiert. Mit adj. Zusatz stets *n. -s: n. rechtᵉs, bravᵉs, gutᵉs,* auch *von, bei n. -s.* – Subst. *N.* m. *Der (Herr) N. hat's getan,* wenn etwas angestellt wird. *Der N. sein* verachtet, mit mitgezählt. Verstärkt: *der hellᵉ N.; der Gar-N.;* der reiⁿᵉ G.-N.

nieme, -er, -es s. *neisw-.*

nieneⁿ, niergeⁿds Adv.: nirgends. Formen: nĕənə; nĕənəts; nĕənet; nę̆rgəts; nę̆rgə.

nieteⁿ I nĭədə schw.: **1.** wie nhd., Metalle odgl. an einander festmachen durch Nageln und Breitschlagen der Nagelspitzen. – **2.** einen Menschen *n.* schlagen.

nieteⁿ II nĭədə schw.: refl. *sich n.* sich mühen, plagen.

Nigel s. *Igel.*

nigel-nagel-neu Adj.: ganz neu.

Nikolaus m.: Heiligen- und männlicher Vorname. Kurzformen: *Niklas (-ǭs), -aus (-aos)* ◠. *Nickel; Nicke -ę̆.* – Der *(Ni)klaseⁿ-tag,* Fest des h. N. von Myra, 6. Dez., ist der Beginn des Winters, s. *Andreas, Katarina, Martin.* Am N.-Tag oder -Abend Umzüge Vermummter als *(Ni)klaseⁿ;* Geschenke für die braven Kinder udgl. S. *Klas.*

Nille (Beule) s. *Nülle.*

nimme(r) nę̆mę̆ Hauptgeb., nĭmĭ Frk., nę̆mə; nummeʳ nǫ̆mə, nŭmə S. Adv.: **1.** nicht mehr, zeitlich. *So jung komme^n wir n. z^usamme^n. Des ist n. schö* zu arg. *N. recht sein* verrückt. – Verstärkt i_ gleicher Bed.: n. me^r; kürzer *ně̆mae.* – **2.** n_mals. *Nimm(imm)erle^in stag.*

ninne^n *ně̆nə,* ⸗. *nĭnə;* Demin. ninnele^n schw.: trinken, v_n kleinen Kindern; aber auch scherzh. v⸗ Erwachsenen: *Der ma^ß brav n.!* Oschw.

nint s. *nichts*

Nise -i m. f. ⸗.: Hindernis, Umstand, besondere Bewandtnis *^Es ist e^in N. dabei. Des hat sei^n (eigene) N.* – Anm.: Lat. *nisi* wenn nicht.

Niß *nĭs* m. f. n_ *nūs* (selten); fast nur Pl. Niss^e *nĭs:* Ei und Larv= der (Kopf-)Laus.

nissig -*ĭ*- Adj. lausig, nur in bestimmten Bedd. Geizig, neid⸗sch; bes. aber kleinlich, unverträglich, bissig ⸗ ä. *N-er Tropf, n-s Luder* usw. *Sei net so n.!* bo_haft kleinlich.

nisten s. *nest_n.*

nit s. *nicht* u. _*ichts.*

no s. *nach, no_h, nur.*

nobel *nŏbl* Ad_ : vornehm. Wie *fürnem* rein obj.: *e^in Paar n-e ^Ross^e, e^ine n-e Kuche* u. ä. *Du bist aber n. schö⸗ gekleidet. Auch gerne tadelnd für Großtuerei.* ⸗., *und wenn d^ie Katz^e verreckt!*

noberen s. n⸗*operen.*

noch s. *nach.*

noche s. *nach* ⸗.

nocher s. *nac_er.*

Nock, Pl. - e^n m⸗ : **1.** kleiner Hügel SW. Bergkuppe Tir. – **2.** fein⸗rer Kloß.

nock(e)le^n schw⸗ : rütteln. Heimlich kauen, Kaubewegungen m_chen, beim stillen Gebet die Lippen bewege⸗ Kindisch, läppisch tun, heimlich aus der Tasch⸗ naschen. Spielen, von Kindern.

Nockerle^in n.: _urzer Schlummer Allg. *E^in N. mache^n.* S. N⸗k-, *Nuck-.*

noez, noiz s. _*ichts.*

noezig, noizi⸗ s. *nichtsig.*

Nolle^in; Nulle⸗; Nülle^in -*ĭ*- n.: Mutterbrust, Saugbeutel. *⸗as N. geben, kriegen.*

nolle^n, nulle^n s_hw.: an etwas saugen, herumkauen, ohne zu ⸗eißen. – Noller, Nuller m.: **1.** pers., wer _ollt. – **2.** Saugbeutel der kleinen Kinder.

Nolp *nŏlb* m.: T⸗lpel. – nolpet -*ət* Adj.: plump, dick, unbehol⸗n, von Menschen Frk.

nom s. *hinum.*

Nomel (Klinge⸗ s. *Lamel.*

nomme, -er, -⸗s s. *neisw-.*

Non^e f.: die neun⸗e Stunde des kirchl. Tags, etwa 3 Uhr Nachm., ⸗nd der Gottesdienst.

none s. u. *nicht_*

none^n schw.: **1** schlummern, einschlafen -*ŏ̆*- Nallg., -*ŭ*- ⸗Allg. – **2.** *nune^n* nachdenken, sinnen. – **3.** s⸗nsen, mit geschlossenem Mund singen Sww. L⸗is murmeln. – Noner m.: kurzer Schlummer⸗

Nonn^e *nŏ̆n,* S. SW. *nŭn* f.: **1.** Klosterfrau. – **2.** unfruchtbares weibliches Tier, meist Schwein, aber auch Kuh.

nonne^n-fitzig Adj.: wunderlich, *ein n-er Bursch.*

Nonne^n-furz m., gew. Demin. -fürzle^in n.: **1.** hohles, süß gefülltes Backwerk. – **2.** Stachelbeere, Ribes uva-crispa L.

nonter s. *hinunter.*

nonz s. *nichts.*

noppe^n schw.: kurze wiederholte Bewegungen machen, kurz stoßen, stupfen.

noppere^n schw.: wiefeln, d. h. blöde Stellen in Textilarbeiten durch Durchziehen von Fäden ausbessern. -*ŏ̆*- stümperhaft nähen.

nore s. *nacher.*

nore^n schw.: leicht schlummern.

nörgle^n *ně̆*- schw.: **1.** an etwas herum machen. – **2.** wie nhd. Dazu Adj. nörgelig, wer nörgelt.

norke^n *nŏ̆rgə* schw.: langsam, mühselig, ohne Erfolg arbeiten; auch so denken, reden. Bes. *an etwas 'rum n.* – Norker m.: langsamer, ungeschickter Arbeiter.

Noster s. *Nuster.*

Not *naot* (SW. *naut);* *nŏ̆ət; nŏ̆t;* (NW. SW. S.) *nŏ̆t;* Pl. Nöte^n *naedə, ně̆ədə, ně̆də* u.: Not. **1.** Notwendigkeit. a. als Präd. oder Obj. *Es tut (mir) N.* ist (mir) notwendig, unentbehrlich. *Es tut N.* eilt. *Es tut mir N. (zum Brunze^n, Scheiße^n)* pressiert *mir.* – Öfters hypothet., iron. gebraucht: *^Es wär^e N., ma^n nähm^e immer e^in e^n Schirm mit* u. ä. *^Es wär^e (mir) N.,* gew. bloß *Wär^e N.!* interjektionell in versch. Weise. *^Es w. mir scho^n N.* fällt mir nicht ein. W. N., *er tät^e mi^ch schlage^n. Wäre N. wahrhaftig!* Beinahe: *Er hat ihn w. N. z^u Tod g^e schla^gen.* – b. in adv. Wendungen. Adv. Akk. *(e^ine) N.* s. u. 4. *Der Nöte^n* deswegen. *Mit genauer, knapper N.* wie nhd. *Ohne N.* – **2.** Zwangslage, Bedrängnis. – *Es hat keine N.* keine Gefahr. *Mit etwas, m. einem die (seine) liebe N. haben. Die N. geht an den Mann* wie nhd., bes. *wenn d. N. a. d. M. g.* – **3.** spez. finanzielle N., Armut. *In (großer, arger* usw.*) N. sein* wie nhd. – **4.** adverbial im tempor. Sinn. *Not (naot)* jetzt. *E^ine N.* eben jetzt. – **5.** große Menge. *Der Baum hat e^ine N. Äpfel.*

Notel *naodl* m. f.: unruhige, drängende Person. Pl. *naodlə* Leute, denen es immer pressiert. Demin. Notele^in *naodəlě̆:* m. Treiber, Dränger; n. kleines jähzorniges Kind.

notele^n schw.: **1.** -*ao*- eilig haben, wichtig tun. – **2.** harten Stuhlgang haben, *nŏ̆tələ* starken Harndrang verspüren u. daher unruhige Bewegungen mit den Beinen machen. – nötele^n schw.: durch Bitten zwingen. – Noteler m.: ängstlicher Mensch. – Nöteler -*ae*- m.: Düftler, Wichtigtuer.

notelig -*ao*- Adj.: eilig, umtriebig, drängelnd. – s. a. *Notel, Notlerei.*

nöte[n] *-ae-* W., *-ę̄ə-* O., *-ę̄-* N., *-ę̄-* NW. S. schw.: **1.** nötigen durch Gewalt oder Bitte, treiben, drängen. – **2.** erzwingen. *Das läßt sich nicht n.*

notig Adj.: **1.** notwendig. – **2.** eilig, dringlich. *Er ist n.* läuft rasch; *hat's n.* eilt. – **3.** (sehr) arm, dürftig. *N-er Mann; n-es Hauswesen. N. sein; n. tun.*

nötig – Laut s. *nöten* – Adj.: **1.** wie nhd., notwendig. Gern iron.: *Du hast's n.!* (aufzubegehren odgl.). – **2.** eifrig, eilig. *Der ist, tut, hat's n.* – **3.** arm, dürftig W.

Notlerei *naodlərəi* ⌣⌣′ f.: Drängen, Hetzen.

Not-scheiß *-ṣ̌ə s* W., *-ṣ̌ọes* O. (m.) f.: Schelte für eine Person, die immer drängt, nichts abwarten kann. Auch Not-scheiß e r m.; Not-scheißle[in] m.; not-scheißig Adj.

nottle[n] schw.: **1.** rütteln. a. ohne Obj. Meist *an etwas n.* es rasch, aber nicht heftig, hin und her bewegen; stärker *schütteln. Nottle net am Tisch. Wenn man am Baum nottlet, falle*[n]*t d*[ie] *Bire*[n]. *I*[ch] *hau*[n] *an dem Nagel (Zah*[n]*) g*[e]*nottlet, bis er 'raus-*[ge]*gangen ist.* U. ä. – Geschlechtlich verkehren. *Vom viele*[n] *N. schieße*[n]*t d*[ie] *Platte*[n] *fallen die Haare aus.* – b. trans.: *einen n.* schütteln, bes. an den Haaren. – **2.** intr.; vgl. *lottlen.* a. mit haben. Wackeln, unfest stehen. Der Tisch, Pfahl, Zaun, Zahn usw. *nottelt.* – b. mit sein: langsam, unsicher gehen.

nottlig Adj.: schwankend, altersschwach.

nu s. *nun.*

nüber s. *hinüber.*

Nudel *nŭdl*, SW. S. *nŭdl*; Pl. N u d e l, südl. N u d - l e[n] f.; Demin. Nüdele[in] *-ĭ-* ⌣⌣ n.: **1.** längliche Speise aus Mehl; bei uns in sehr verschiedener Größe und Zubereitung. Was man anderswo *N.* heißt, die fein geschnittene Suppennudel, heißt *geschnittene N.,* auch wohl *Suppen-.* Andere Arten sind weit größer und kommen unzerschnitten auf den Tisch; meist gekocht und dann schmalzgebacken. – **2.** von Menschen. a. dicke Person. – b. lustige, unterhaltsame Frau.

nudelig Adj.: fett, rund, spez. von Kindern.

Nudel-kuche[n] m.: noch nicht auseinander geschnittener ausgewellter Nudelteig (etwa in der Größe eines Kuchenblechs).

Nudel-supp[e] f.: Suppe mit *Suppennudeln.* S. *Nudel.*

nudle[n] *-ŭ-* schw.: **1.** eig., Nudeln machen. – **2.** übtr., von walzenartigen Bewegungen. a. wenn die zu nasse Erde beim Pflügen sich klumpenförmig aufwickelt. *Die Erde nudelt sich.* – b. eine Person *n.* α. liebkosend herumdrücken. – β. durchwalken. – γ. ausschelten.

Nudle[n]**-bletz** m.: dünn ausgewellter Nudelteig. – Nudle[n]-brett, -britt, seltener N u d e l - n.: Brett, auf dem die Nudeln gemacht werden.

nuf s. *hinauf.*

nui s. *neu.*

nuiz s. *nichts.*

Nule *nŭəlĕ* m.: Wühler. Übereifriger Arbeiter.

nule[n] *-ŭə-* schw.: wühlen. Die Sau, der Maulwurf *nulet.* – **2.** übtr. a. keine Freßlust haben. S. a. *nuslen.* – b. übermäßig arbeiten. Mit Nebenbegriff: unordentlich. – N u l e r m.: Wühler. Übereifriger Arbeiter.

null- s. a. *noll-.*

Nülle I *nĭlĕ, -ĭ* m.: großer, starker Mensch, Grobian, Dummkopf, ungeschickter Mensch.

Nülle II *nĭl(ə), ĭl(ə);* flekt. *-e*[n] f.: Beule, bes. am Kopf OSCHW. BAIRSCHW.

num s. *hinum.*

numme, -er, -es s. *neisw-.*

nummen s. *nur.*

numme(r) s. *nimme(r).*

nun I, nu Adv. usw.: ohne folgendes weiteres Zeit-Adverb. **1.** zeitlich. Jetzt; aber nicht auf die Gegenwart beschränkt. Wie nhd. – **2.** Überleitungspartikel, nun. – **3.** Interj., tadelnd, antreibend oder einschreitend, nhd. nun, na, nanu: *nǫ̆. N., laß mich gehen! N., wird's bald? Ha n.! N., n.! Nu*[n] *so! nǫ̆sə, nŭsə, nŭsä:* nun wohl! o. ä. Einwilligung, Aufforderung, Ermunterung.

nun II s. *nur.*

nunen s. *nonen.*

nunter s. *hinunter.*

nunz s. *nichts.*

Nüpp m.: **1.** Stoß. – **2.** Bosheit, Pik. *Er hat einen N. auf mich.* – nüppe[n] schw.: **1.** necken, plagen, sticheln. – **2.** unmerklich zuwinken. – nüppig Adj.: necksüchtig; händelsüchtig, neidisch.

nur, nu[n], numme[n] Adv.: nur. Formen: Hauptgebiet *nu*[n], *nau*[n], und zwar: *nŭ; näö;* außerdem *nǫ̆,* tonlos auch *nǫ̆.; nŭmə,* südl. *nǫ̆mə* N.; *nǫ̆r,* auch *nĕr* w. von *näö nǫ̆,* dann nw. von *nŭmə.* – Gebrauch: Im ganzen wie nhd.

nürglen s. *nörglen.*

nus s. *hinaus.*

nuschle[n] schw.: undeutlich reden.

Nuse f.: Unordnung, Durcheinander.

nusle[n] schw.: an etwas herum essen ohne Appetit.

Nuß, Pl. Nüsse[e] No., Nusse[n] Sw. f.: Nuß; Haseloder Walnuß. RW.: *Du taube Nuß* nichtsnutziger Mensch.

nusse[n] schw.: **1.** ohne Obj.: Nüsse ernten. – **2.** trans.: durchprügeln.

Nuß-jäk *-jĕk,* Pl. *-e*[n] m.: **1.** = *Jäk,* Häher; Eichelhäher. – **2.** Schelte für ein mageres Weib.

Nuß-kranz m.: Gebäck mit Haselnüssen im Teig; Syn. *Haselnußring.*

Nüßle[in]**-salat** m.: Feld- oder Ackersalat, Valerianella Mill., bes. Echter Feldsalat, Valerianella locusta (L.) Laterr. – Synn. *Rapunzel, Sonnenwirbelein.*

Nuß-märte m.: im NO. gleich dem sonstigen *Pelzmärte, Santeklas* usw.: Popanz, der den Kindern vor Weihnachten Nüsse usw. bringt.

Nuß-schälf[e] *-ě̆-* f.: Nußschale.

nuß-trucke[n] Adj.: ganz trocken.

Nuster *-ŭ-;* Nüster *-ĭ-;* Plur. gleich n., ALLG. BAIRSCHW. TIR. m.; Demin. Nüsterle[in] n.: Schnur von Perlen, Glaskugeln odgl. Spez. *Perlen-, Korallen-, Granaten-, Ringlein-, silbernes N.* a. Rosenkranz der Katholiken. Genauer *Betnuster.* – b. Halskette aus Perlen udgl.

nustere[n], nü- usw. schw.: intr., mit haben. **1.** *nŭ-, nĭ-* in etwas herumsuchen, stöbern. – **2.** *nŭ-; nŏ-* leises Geräusch machen, knistern, rascheln.

Nuster-schloß n.: Schloß am *Nuster.*

Nut *nūət,* Pl. Nute[n] f.: Rinne, Falz im Holz.

Nutz *nŭts;* Nutz e[e], flekt. -e[n] m.; Demin. Nützle[in] *-ĭ-* n.: Ertrag, Reingewinn. *D*[ie] *Kuh mit sammt* [d]*em N-e*[n] *verkaufe*[n] mit dem Kalb. Auf Menschen spöttisch übtr.: *Die kommt mit* [de]*m volle*[n] *N-e*[n] heiratet schwanger. *Der kriegt's mit sammt d. N.* heiratet eine Schwangere.

nutz (nütz) Adj.: nützlich, brauchbar. Meist direkt negiert. *Er, Das ist nichts n.*

nutze[n], nütze[n] schw.: Nutzen bringen, helfen.

Nutz-holz n.: technisch verwendbares Holz, opp. bloßem *Brenn-.*

O

o ọ, proklit. auch ọ̆: Interj. wie nhd.: Weniger für sich allein als verbunden mit nachfolgenden interj., imper. oder andern Wendungen. *O daß* ⌢ oder ◡ʹ, Verwunderung, Entsetzen. *O bewahrᵉ* ◡◡ʹ, kräftige Leugnung, Ablehnung. Vor Vokativ: *O Maⁿⁿ* ◡ʹ, halbmitleidiger, verwunderter Ausruf einem Befreundeten gegenüber. *O Jesus, O Je, O Jerum.* Besonders häufig zur Einleitung von Antworten, wenn sie ausweichend sein sollen: *Was hast du da? A. O nichts;* oder wenn die Wichtigkeit ihres Inhalts höflich verringert werden soll: *Da habt ihr ein schönes Korn. A. O, es passiert so; Was macht der Patient? O, ᵉs ist alleweil gleich. Was schaffst? A. O, iᶜʰ thuᵉ ackereⁿ.* Anruf am Zugtier zum Stillhalten: ọ oder ọ̆. – Demin. *oleⁱⁿ* o weh!, bes. bei Kindern; auch wiederholt *oleⁱⁿ, oleⁱⁿ o!*

o- s. a. *un-*.

oa- s. a. *ei-*.

ob I ọ, ọ̆b Präp.: über, auf, bei; meist mit Dat. **1.** lokal. a. über, oberhalb. *Ob der Tür.* – b. jenseits. – **2.** einem andern überlegen. *Der (Die) ist oᵇ miᶜʰ ʼnaufᵍᵉkommeⁿ* in der Schule. *Ob 30 Jahr* bei, um, gegen, über. – **3.** zeitlich: während, bei. *Ob ᵈem Vesper.* – **4.** wie „über" kausal, öfters noch zugleich temporal. *Oᵇ ᵈem Mäheⁿ wird maⁿ müdᵉ. Oᵇ dir möcht' maⁿ verzweifleⁿ.*

ob II, öb Konj.: ob, wenn. Form: ẹ̆b, südlicher ẹ̆b; aeb; erweiterte Form vor plur. Verb.: *aebẹ̆ mir gằɲẹ̆ ob wir gehen.* **1.** vergleichend: als ob, wie wenn. a. alleinstehend. *Er sieht aus, ob er Läusᵉ im Mageⁿ häᵇe.* – b. als ob, wie nhd.; Syn. *wie wenn.* – **2.** ob, vor indir. Fragsatz. *Ob du hergehst?*

Ob-acht f.: Aufmerksamkeit. *O. geben (auf etwas); bes. imper.: Gib O.! O. gebeⁿ!*

obeⁿ ọbə; SW. ọ̆-; FRK. ọ̆-, ọ(u); W. N. -w-; ob(e-)nan ALLG. ọ̆mmə, ọ̆mmə Adv.: oben wie nhd. **1.** alleinstehend. Lokal, opp. *unten. O. hui, unten pfui.* – **2.** mit Zusatz. a. Zusatz voraus. α. als näher bestimmendes Adv., *doben, hoben.* – β. als regierende Präp. *Von o.* wie nhd. *Es kommt von o. herab, aber nicht vom Himmel.* – b. Zusatz folgt. *O am Tisch. O. dahiⁿ* ◡◡⌢ oberflächlich. *O. daⁿ, danneⁿ o.* dran. *O. dᵃuss(eⁿ)* leicht erregbar, aus der Fassung; bes. *gleiᶜʰ o. d. seiⁿ. O. d. und nieneⁿ ʼnaⁿ* dass. *O.*

dobeⁿ. *O. dᵃrauf. O. dᵃrein. O. durch* närrisch, verrückt. *O. durᶜʰe gᵉheieⁿ* den Verstand verlieren. *O. her. O. herab,* wofür NW. *o. ʼherunter. O. herab brauchen, leben* das Kapital angreifen. *O. heraus:* die Milch *lauft o. h.* u. ä. Etwas *kommt mir o. h.* wird mir zum Überdruß. *Er kann's o. h.* sehr gut. *Einer o. h.* ein Vortrefflicher; *ein Bauer, Wirt,* aber auch *Strick o. h. O. hinaus:* außer der örtl. Bed. = heftig, zornig, hochmütig, wer über seine Kräfte will. *O. hinein. Es eiⁿᵉm o. ʼn. stopfeⁿ* u. ä.

ober ọ̆bər, SW. ọ̆bər, N. ọ̆wər ọ̆uwər; umgelautet öber ẹ̆-, ẹ̆-, ẹ̆i Adj. Adv. Präp.: A. **Adjektiv:** ober. **1.** rein adj., in komparativer Sinn, opp. *unter, nider. Der o. Stock* im Haus. Bildlich: *Bei dem fehlt's (ist's net richtig, net sauber); Er hat's net recht in o-eⁿ Stock (Stübleⁱⁿ)* er ist dumm, verrückt, auch betrunken. – **2.** substantiviert. a. m.: Vorgesetzter. *Die Obereⁿ* Obrigkeit OSCHW.; vgl. *Oberster, Oberober.* – Hieher der Titel Frau O b e r i n -ẹ̆, Pl. -erⁱⁿneⁿ -ərnə f.: in Klöstern und Schwesternhäusern. – b. m.: *der Oberᵉ* Gott OSCHW. *Der O. weiß am besteⁿ, warum er ᵉs so macht.* – c. m.: in der deutschen Spielkarte sind statt Dame und Bube zwei Buben der der Dame entspr., mit der Farbe oben, heißt *der Ober,* der dem Buben entspr., m. d. F. unten, *der Unter.* – **3.** Superlativ: ọ̆bərgẹ̆št, -gĭšt ULM bis ALLG.; westlicher vielfach umgelautet *öberst.* a. örtlich. *Das oberste zu unterst kehren* (oder umgekehrt) wie nhd. – b. höchst. *Der ist der öberstᵉ* Anführer. – c. von der Zeit. Nur in der spez. Verwendung *der oberste Tag* oder *der Oberste* = 6. Jan.; *o. Abend* = 5. Jan. Synn. s. *Drei-Könige.* – B. **Adverb. 1.** Positiv. Hieher kann man die prädikativen Verbb. *obersein, -stehen, -werden* rechnen. – **2.** Superlativ. *Zᵘ oberst, zᵘ ö., zᵘ obergest* wie nhd. – **a.** ganz oben; *Z. o. dobeⁿ, z. o. ʼnauf* usw. – C. **Präposition:** = *über,* in dessen versch. Bedd.

Ober-amt ʹ◡◡ʹ n.: Verwaltungsbezirk, heute Kreis. – Oberamtei ◡◡◡ʹ f.: Gebäude des Oberamts.

obereⁿ schw.: trans. etwas *obereⁿ* tadeln, -ọ̆brə, Part. *gọ̆brət* in subj. oder obj. wichtigen Dingen sich äußern, einen Wunsch, eine Erwartung kundtun ALLG.

Ober-gᵉscheitleⁱⁿ m.: Besserwisser.

Ober-land m.: höher gelegene Gegend, opp. *Un-ter-*. Zumeist aber das Schwaben südl. der DON.

Ober-leiⁿlach^{en} *-ləilĭχ* n.: Oberleintuch.

Oberling *ǭbərlę̆ŋ* ⌃ ; *ǫ̆w-, ę̄b-, ę̆w-* m.: oberer Teil der Scheuer. – Syn. *Oberten, Orbeten, Obertrom, Oberdrein, Oberboden, Oberbüne, Oberbür, Balken, Gebälke, Barn, Plane, Spreite, Gawert.*

Ober-luft m.: Westwind; gebraucht im südl. Gebietsteil. Südwind, Föhn (Rottweil, Schwenningen). Opp. *Unter-*.

ober-schlächtig Adj.: *o-e Mühle, o-s Rad,* wo das Wasser von oben auf die Schaufeln fällt. Schneller als *unter-;* daher: *Sein Maul geht wie ein o-s Mühlwerk.*

ober-schlagen s. *über-*.

Ober-schwaben n.: seit 1274 Teilung des Herz. Schwaben in die Landvogteien O. und Niederschwaben. *O.* nach N. bis DON., nach S. bis BOD. u. Südgrenze des ALLG., nach O. bis Lech, nach W. bis Konstanz – Sigmaringen.

Ober-stock m.: oberes Stockwerk. Neben *oberer St.* Bildl.: *Der ist im O. nit richtig* im Kopf.

Ober-stube f.: der Salon der Bauern, wo die Glasschränke stehen ALLG. Bildl.: *Dem fehlt's im Oberstübleⁱⁿ.*

Obert(eⁿ) m. f.: oberes Stockwerk der Scheuer. Bes. im SW.

Obertrom m. n.: zwischen Neckar u. Enz. Bez. des Oberstocks der Scheuer.

Obs(t) *ǫ̆bs(t) ǫ̆bšt; ǫ̆bəs* n.; Demin. Ŏ b s (t) l e ⁱⁿ n.: Obst. – Unterschieden wird *Kern-, Stein-obst.* In manchen Gegenden hat das Simplex *O.* engere Bed.: Kernobst; dagegen umgekehrt im NO.: *Obes* Steinobst.

obs(t)eⁿ schw.: **1.** *es obs(t)et* gibt Obst. *Hie^r obstet's gern.* – **2.** Obst ernten.

Obstler m.: Obstschnaps.

Obst-mas^e f.: Obstfleck auf einem Tuch odgl.

Obst-simri n.: *Simri,* Hohlmaß, für Obst. *Der hat eⁱn^{en} Kopf wie ^{da}s Württe^mberger O.*

och *ǫ̆χ, ǭχ* Interj.: Ausdruck des Schmerzes oder Unwillens. – Demin. o c h l e ⁱⁿ: **1.** Interj. Schmerzensruf: o weh! OSCHW. ALLG. – **2.** Subst. n.: schmerzende, meist aber leichte Wunde, schmerzende Stelle; bes. bei Kindern OSCHW. BAIRSCHW.

Ochsen-aug^e f.: **1.** wörtl.; Vergleich mit den wild aufgerissenen Augen eines Zornigen. – **2.** Setz-Eier, in Schmalz gegossen, Spiegeleier. – **3.** Pflanzenname. a. Weidenblättriges Ochsenauge. Buphtalmum salicifolium L. – b. Gewöhnliche Wucherblume oder Margerite, Chrysanthemum leucanthemum L. – c. Berg-Wohlverleih, Arnica montana L. Syn. *Fallkraut.* – **4.** Schmetterling Epinephele.

Ochseⁿ-bauer m.: Bauer, der mit Ochsen fährt.; opp. einerseits *Roß-,* andererseits *Kü-*.

Ochseⁿ-blum^e f.: Löwenzahn oder Kuhblume, Taraxacum officinale Web. FRK.

Ochseⁿ-fisel m.: Zuchtrute des Stiers.

Ochseⁿ-zung^e f.: **1.** eigentl. – **2.** Küchlein in Form einer O. – **3.** Pflanzenname. a. Arten der Gattung Anchusa L. – b. *Gelbe O.* Wurmlattich, Picris echioides L.

ochsneⁿ *ǭsnə; gǭsnə, ūsnə* schw.: intr., mit haben. **1.** nach dem Stier verlangen, von der Kuh. Syn. *rinderen, spilen.* – **2.** von Menschen. *Er o^{ch}snet (wieder)* ist außer sich. – o ^{ch} s n i g Adj.: zu o. 1. *Die Kuh ist o.* rinderig.

ockerst Adv.: alsbald, beinahe, gleich auf der Stelle.

öd^e *ę̄d* NW. S. SW., *ę̄əd, aed* etwa Hauptgeb. Adj.: **1.** wie nhd., öde, verlassen. Übtr.: leer, nichtig. – **2.** widerwärtig. Stärker ist *wüst,* noch mehr *recht käl.* Gesteigert *drecköd*^e. a. physisch. α. obj.: fad, ungesalzen, von Speisen. *Suppe, Brot* udgl. ist *ö.* – β. subj., von der Leere, dem halben Übelsein im Magen: *Es ist, wird mir ganz ö. (im Mageⁿ).* – b. geistig; bes. O., fränk. unbezeugt. Fade, abgeschmackt, ärmlich. *Öder Mensch, Siech*^e. *Ödes Geschwätz.* Mürrisch, verdrossen, ungesellig; bes. O.

Öde, Pl. -e n e ⁿ f.: **1.** ödes, unbebautes Stück Land. – **2.** Weiche am Bauch. *^Es thut mir weh in deⁿ Ödeneⁿ.* Syn. *Flämme.*

Odem s. *Atem.*

oder *ǫ̆dər,* FRK. *ǫ̆dər, ādər* HOHENL. Partikel: **1.** nhd. oder. – **2.** aber. *O.* und *a.* werden fränk. am selben Ort gebraucht: *Ich nicht, o. (a.) du; Entweder ich a. (o.) du.*

öd-lochet Adj.: = *öde 2. Des ist ö. (ę̄ə-)* langweilig, ungenießbar.

oemez s. *eime* u. *etwa.*

of s. *auf* u. *offen.*

Ofeⁿ-biegel m.: Winkel hinter dem Ofen.

Ofeⁿ-g^eräm^e n.: an der Decke hängendes Stangengerüst um den Ofen, zum Trocknen von Kleidern udgl.

Ofeⁿ-hocker m.: Weichling, wie *Stuben-*.

Ofeⁿ-ror *-rǭr* NW. S., *-rǭr* FRK., *-rǭ̆ər* O., *-raor* W. n.: **1.** Abzugsrohr des Ofens. – **2.** *O.,* bes. aber Dem. -rörleⁱⁿ (*-ę̆-, -ę̄-, -ę̄ə-, -ae-*) Hohlraum im Ofenaufsatz, zum Warmhalten von Speisen. *In dem sei^{ne}m O-leⁱⁿ find^et maⁿ die ganz^e Woch^e nix.*

Ofeⁿ-schälter *-ę̆-* m.; Demin. -leⁱⁿ: n.: Ofentür.

Ofeⁿ-schlupfer m.: **1.** = *-hocker* OSCHW. – **2.** Auflauf aus Milch, Wecken und Eiern.

Ofeⁿ-schrännleⁱⁿ *-ę̆ndlę̆* n.: Ofenbänkchen.

Ofeⁿ-stängleⁱⁿ n.: = *-geräme.*

Ofeⁿ-steiⁿ m.: **1.** Stein, auf dem der Ofen steht. – **2.** glatter rundlicher Stein, den man auf den Ofen legt und zum Wärmen in die Hand nimmt.

Ofeⁿ-tür f., gern Demin. -le ⁱⁿ n.: Tür am Ofen. Vgl. *-schälter.*

offeⁿ *ǫ̆fə,* unflekt. auch *ǫ̆f;* flekt. o f f e n e r , ebenso

Kompar. Adj.: **1.** offen. a. phys. Im ganzen wie nhd.; opp. *zu, zuᵍᵉtaⁿ*. Ein Messer ist *o.* geöffnet oder gar nicht schließbar. Rock, Weste, Hosenladen ist *o.* Ein Geschwür ist *o. O-e Haut, o-s Gesicht, o-er Schaden* wund. *O-er Leib* opp. Verstopfung. – b. jedermann offen stehend und bekannt, öffentlich, offenkundig, offenbar. *Offᵉⁿ habeⁿ,* z. B. den Laden. – **2.** in der Bed. 1 a kann gekürztes *ŏf* mit *ŏf = auf* zusammenfallen: *Die Tür ist ŏf.* So wird im N. öfters umgekehrt präd. 2silbiges *offeⁿ* auch für *auf = aufgestanden* gebraucht: *Ich bin offeⁿ.*

offeriereⁿ ◡◡ˊ◡ schw.: **1.** anbieten, z. B. etwas zum Essen. – **2.** offenbaren, anvertrauen: *Er hat mir ᵉs ganz hählingeⁿ gᵉofferiert.*

oft *ŏft;* Kompar. öf t e r *ĕfdər,* Superl. öf t e s t Adv. (Adj.): wie nhd. – Kompar. im strengen Sinn: *ö. als,* und bloß wie nhd. „öfters", aber mundartl. immer ohne *-s: Das kommt öfter vor* u. ä.

oha, *ŏhǎ* ◠, öha *ŏhǎ, ĕhǎ* ◠ Inter.: Ruf an die Zugtiere zum Anhalten. Entschuldigung z. B. für ungeschickte Berührung; Einwand, Hindernis. *Iᶜʰ gibᵉ dir ᵉs, aber o.!* nein, doch nicht. *O.!* da bist du ganz im Irrtum.

Öhmd s. *Emd.*

oi *ǫe:* Interj. des Schreckens, der Verwunderung, Mißbilligung.

öleleⁿ schw.: nach Öl riechen oder schmecken.

öleⁿ schw.: **1.** ohne Obj.: Öl schlagen oder schlagen lassen. – **2.** trans., einölen. Eine Uhr, Maschine *muß geölt werden. Einen ö.* ihm die letzte Ölung geben.

Öl-fatzᵉ f.: Samenkapsel des Mohns.

Öl-götzᵉ, flekt. -eⁿ m.: Scheltwort. Zunächst = Götzenbild, spöttisch von Heiligenbildern. Untätiger, fauler Mensch, Gaffer. *Dasitzen, dastehen wie ein Ö.* wie ein Klotz.

Olim *ŏlĕm, -ĭm: seit (vor) O-s Zeit(eⁿ)* seit (vor) langer Vergangenheit. – Anm.: Lat. *olim* vor Zeiten.

Öl-mag(eⁿ**)** m.: Schlafmohn, Papaver somniferum L. – Syn. *Magsamen.*

Öl-masᵉ *-ǭ,* Pl. - eⁿ f.: Ölfleck.

Öl-säckel *-ĕ̆-* m.: **1.** in Schmalz gebackenes Küchlein Oʂᴄʜᴡ. – **2.** Löwenzahn oder Kuhblume, Taraxacum officinale Web. Oʂᴄʜᴡ.

om s. *um.*

om- s. *um-.*

Ömd, Omed s. *Emd.* – Dazu noch: Omede f.: Zeit des Emdens.

omme s. *oben* u. *umme.*

ommer s. *ummer.*

ommesust s. *umsust.*

on(e) *ǭ(nĕ); ūnĭ, āǒ(nĕ), ǫŋ* Aʟʟɢ. Präp. Adv. Konj.: ohne. **1.** Präp., wie nhd., einen Mangel bez. – *O. das, o. des,* sowieso, auch ohne diesen Umstand. – **2.** außer; bei Zahlen u. a. Mengenangaben: ungerechnet, ohne. *O. mich sind wir*

4, mit mir **5** udgl.; *ohneiⁿsletzt* zweitletzt. – **3.** etwas *ist nicht o.* es ist etwas dran. *Der Wein ist n. o.* nicht schlecht.

oneglen s. *aneglen.*

o**ⁿᵉ-werde**ⁿ st.: etwas, bes. ein Übel loswerden.

onnen s. *unten.*

onselig s. *unselig.*

Onser s. *Anser.*

onser s. *unser.*

onten s. *unten.*

onter- s. *unter-.*

Or *ǭr* SW. NW., *ǫr* westl. Fʀᴋ., *ǫər* O., aor (aoǝr) W. u. Mittelland; Pl. Ore ⁿ, westl. Fʀᴋ. Orᵉn n.; Demin. Ör-leiⁿ *ē̜-, ē̜-, ē̜ǝ-, ae- (ei-)* n.: Ohr. **1.** menschl. und tierisches Ohr. *Iᶜʰ lasseᵉ dir dⁱᵉ Oreⁿ stauⁿ* scherzh. Drohung Kindern gegenüber; auch *Soll iᶜʰ dir dⁱᵉ Oreⁿ stauⁿ lauⁿ?* worauf in der Angst geantwortet werden kann *Neⁱⁿ!* – Bes. S. – **2.** Handhabe, Henkel. S. *Ör.*

Or- s. a. *Oren-.*

Ör, *aer* W., *ę̆r* NW. S.; *ę̆r* N., *ę̆ǝr* O.; Pl. gleich, n.; Demin. Örleiⁿ n.: **1.** wie nhd., Lochende der Nähnadel; vgl. Nadelör. – **2.** Henkel, Handhabe eines Gefäßes oder Korbs.

Orbet(eⁿ**)**, Urbet(eⁿ) m. f.: die oberschwäb. Bez. für den Oberstock der Scheuer.

orden(t)lich *ǫ̆r-, ǫ̆r-* NW. N., *ǫ̆r-* da und dort, *ǫ̆ǝr-* (südlicher ohne *-r-*) Hauptgeb.; *-dǝl-, -dĕ̜l- (-dĭl-)* da und dort im SW., *-dl-* zerstreut, *-n(d)l-* ebenso, bes. N.; *-lĭχ, -lĕ̜χ, -lĭ̆k, -lĕ̜k, -lĕ̜* Adj. Adv.: **1.** der Ordnung gemäß, regelmäßig. – **2.** mehr übtr. Und zwar: a. gehörig, stark: *Des ist eⁱⁿ o-s Wetter* ein gehöriges Donnerwetter; *Es macht o. aber* regnet stark; *Den muß maⁿ eⁱⁿmal o. verschlageⁿ* u. ä. – b. zufriedenstellend. Das Wetter, das Krankenbefinden udgl. ist *o., es geht ihm o. Ein o-er Mensch* u. ä.: brav, sittsam udgl. *Trag's feiⁿ o.!* vorsichtig, ruhig.

ordinari *ŏrdǝnǎrĕ̜* ◟◡◟◡, neuer *-är -ę̆r* ◟◡◡ˊ Adj. Adv.: **1.** was der gew. Ordnung gemäß ist. – **2.** gewöhnl. dem Wert nach, unedel. Hiefür allgem. *-ę̆r: o-ärer Zeug,* aber auch *o. Kerle, Lump* udgl.

Oren- (Ohren-) s. a. *Or-.*

Oreⁿ-bᵉ**henk** n.: Ohrengehänge.

Oreⁿ-bitzeler m.: Ohrwurm.

Oren-blaser, -ä- m.: wie nhd., Verleumder; -erei f.: Verleumdung; Geflüster.

Oreⁿ-fitzeler m.: Ohrwurm, Forficula auricularia. – Oreⁿ-fuseler m.: dass. – Oreⁿ-grubler m.: Ohrwurm. – Oreⁿ-höler m.; Oreⁿ-holderer m.; -hülser m.: Ohrwurm.

Oreⁿ-kitz(e)ler m.: Schmeichler.

Oreⁿ-klemmer m.: Ohrwurm.

Oreⁿ-klunker, -klenker, -klenkel(er) m.: Ohrgehänge.

Oreⁿ-mitzel; -mitzeler; -mirzeler; -minseler; -nitzler; entstellt Moreⁿ-mitzel;

Mauritzel *mao-* m.: Ohrwurm. – Ore^n-pfit-zeler m.: Ohrwurm. – Ore^n-ritzeler m.: Ohrwurm.

Orenwatschel s. *Or-*.

Ore^n-wedel; -wiseler; -witzeler; witzler; -wizeler; -wixel; -wixeler, -wixler; -wusler m.: Ohrwurm. – Ore^n-zwicker m.: dass.

orgle^n; Part. g^{e}org^{e}lt N., g^{e}orglet S. schw.: **1.** Orgel spielen. Syn. *Orgelschlagen. So lang ma^n orglet, ist d^{ie} Kirch^e ^{n}it aus. Der hat au^{ch} g^{e}orglet, vor d^{ie} Kirch^e a^{nge}gange^n ist* vorehelich gezeugt. – **2.** beständig reden. – **3.** sich erbrechen. – **4.** einen Acker *o.* tüchtig eggen. – **5.** einen *o.* abzanken; auch *'nauf, 'na^b o.* moralisch hinauf-, hinuntersetzen. In die Zucht nehmen, den Meister zeigen OSCHW. – **6.** geschlechtlichen Umgang pflegen. *Mit einer, mit einander o.*

Or-mutschel f.; mehr Demin. -mütschele^{in} n.: Ohrmuschel, v. a. Fleisch um das Ohr beim Schwein.

Ort *ǫrt* NW. HalbMA.; *ǫrt, ǫrt* O.; *ǫǝ(r)t* S.; Pl. Örter *ě̜-, ě̜(ǝ)-,* seltener wie Sg. n. m.; Demin. Örtle^{in} n.: **1.** Spitze, nur noch spez.: Schusterahle. – **2.** Ende, Rand, Äußerstes. Spezieller: Ecke eines Hauses, Feldes usw. Ende einer Stange, eines Stricks. Ufer eines Gewässers. Rand eines Tisches, Zeugs, bes. aber eines Landstücks. *'s O.* Grenzfurche gegen den Nachbaracker. – Übtr. *Am O. sein* fertig sein. – **3.** wie nhd. a. im allgem.: Stelle, Punkt. Gern auch Demin.: *Der hat e^{in} gut^{e}s Örtle^{in} g^{e}funde^n.* –

Spez.: Toilette. – b. Wohnort, Ortschaft; in richtiger MA. nur Ntr.

Orts-etter m.: Grenze zw. Wohnort und Feldflur. *Außer ^{d}em, im O.*

Or-watschel, Pl. -tschle^n f.: **1.** = *-mutschel. I^{ch} hau^e dir an deine O-e^n.* – **2.** Ore^n- Ohrfeige.

Ösch s. *Esch.*

Oser s. *Anser.*

oser s. *unser.*

Öspen s. *Espan.*

Oster-abend m.: Tag vor Ostern, Karsamstag.

Oster-blum^e f.: Küchenschelle, Pulsatilla vulgaris Mill. Blüht um Ostern und dient zum Eierfärben. S. a. *-glocke.* Syn. *Herrenschlaufe.*

Oster-feiertag m.: wohl nur Pl. = Ostersonntag und -montag.

Oster-gackele^{in} n.: Osterei.

Oster-glock^e f.: **1.** Küchenschelle, Pulsatilla vulgaris Mill. – **2.** Osterglocke oder Gelbe Narzisse, Narcissus pseudonarcissus L.

Oster-vakanz f.: Schulferien über Ostern.

Otter s. *Ater.*

Ottere^n-kraut n.: Stinkende Nieswurz, Helleborus foetidus. – Anm.: von *Otter* Schlange.

Ottilie f.: die hl. O. aus Alemannien (13. Dez.), blind geboren, durch die Taufe sehend geworden; daher hilft sie den Augen.

Otto m.: **1.** der heil. O., 18. Nov. Wenn's an Hugo (17.) und O. gefriert, so erfrieren die Weinberge. – **2.** männl. Taufname; Formen: *ǫ̈dǫ̈* ⌢; *Ott^{e}l;* Demin. *Ottole^{in}* ⌢◡, *Ottle^{in}.*

ower s. *ober.*

P

Siehe B

R

ra, rab s. *herab.*

rab- s. a. *rap-.*

Rabattᵉ ◡ˊ, Pl. *-eⁿ* f.; Demin. Rabättle ⁱⁿ *-ę̆-* n.: Gartenbeet.

rabauscheⁿ ◡ˊ◡ *rābəušə, -əusə, -əišə, -ušə, -īšə* schw.: raufen, ringen, boxen, aber mehr zum Vergnügen, aus Mutwillen als im Ernst.

Rabe s. *Rappe.*

rabiat Adj.: zornig, aufgeregt.

räblen s. *räpplen 2.*

rä(ch) *rę̄* Adj.: **1.** steif, bes. vom Pferd. *Maⁿ muß ihn reiteⁿ, daß er ⁿet r. wird.* Vom Menschen. *Iᶜʰ biⁿ ganz r.* vom Arbeiten. – **2.** wund. – **3.** *Iᶜʰ biⁿ ganz r.* heiser. – **4.** *rę̄χⁿ-* ALLG.: bitter, ranzig schmeckend. – **5.** wählerisch im Essen, bes. vom Vieh BAAR.

Räᶜʰ**e** *rę̄ę̆* f.: Steifigkeit.

räᶜʰ**ele**ⁿ *rę̄ələ* schw.: *räch* 4, ranzig schmecken, von Butter, Schmalz u. a. Ölen. – **rä**ᶜʰ**elig** Adj.: ranzig usw., wie *räch* 4.

Rach(eⁿ**)** *răχ(ə)*, flekt. *-e*ⁿ m.: Gaumen, Schlund, Hals, Luftröhre. *Iᶜʰ schlaᵍᵉ dir dⁱᵉ Zähⁿᵉ ⁱⁿ deⁿ R. 'naᵇ.*

Racheⁿ**-putzer** m.: saurer, schlechter Wein, Krätzer.

räck(e)leⁿ schw.: streiten.

Racker *răgər* m.: Schelte in versch. Abstufungen, z. B.: Geizhals, Wucherer, elender, schwacher, unbedeutender Mensch. Überschuldetes Anwesen.

rackereⁿ schw.: intr., mit haben. Eig. ein *Racker* sein; geizen, knausern. Noch gewöhnlicher: hart, mühselig arbeiten, sich schinden, aus Not oder aus Habgier.

Rad *rād*; FRK. *rọ̄d*, weiter n. *rọ̄d*; Pl. gleich oder Räder *rę̄dər*, FRK. *rę̄ĭdər*, SW. *rę̄dər rę̆dər* n.; Demin. Rädle ⁱⁿ *-ę̆-* n.: im wesentl. wie nhd. **1.** eigentlich a. Wagen (Pflug-, Karren- usw.) Rad. – b. als Triebwerk in Maschinen. – **2.** runde Scheibe. a. Demin. *Eⁱⁿ Rädle*ⁱⁿ *Wurst;* eine Wurst wird in *Rädle*ⁱⁿ geschnitten. *Rädle*ⁱⁿ geröstete Kartoffeln; ᵍᵉ*bratene R.* dass.; *saure R.* geschnittene Kartoffeln in saurer Brühe. S. a.

rädlen. – **3.** kreisförmige Bewegung u. dgl. *Ein R. schlagen* vom Pfau, Truthahn, Uhu; bei Kindern, Akrobaten odgl. die bekannte Vorwärtsbewegung abwechselnd auf Händen und Füßen. – Ein Trunkner, Schwindelbehafteter *hat* ᵈᵃ*s Rädle*ⁱⁿ: es geht mit ihm im Kreis.

Rad-bärᵉ f.: Schubkarren FRK.

Radel-rutsch f.: Kinderroller.

räden (sieben) usw. s. *reden* usw.

Radfelge s. *Felge* I. 1.

radikal *rădīkāl, -dę̆-* ◡◡ˊ, auch ˊ◡◡ Adv.: ganz und gar, bes. bei Ausdrücken, die ein Verderben bez.: *Des ist r. hi*ⁿ, *r. kaputt.* u. ä.; oft entstellt *ratte*ⁿ-, auch *ratze*ⁿ-*kal.*

radleⁿ, Part. *g*ᵉ*radelt* N., *-dlet* S. schw.: auf dem Fahrrad fahren.

rädleⁿ *-ę̄-* schw.: eine Wurst *r.* in *Rädlein* schneiden. Auch: mit einem *Rädlein* ausschneiden, vorzeichnen udgl., beim Backen, Nähen usw.

rae- s. a. *räu-, re-, rei-, rö-.*

Raete s. *Röte.*

Rafeⁿ *rāfə,* Pl. gleich m.: Dachsparre, vom First herablaufend. DON. u. südl.

Raffel *räfl,* Pl. Raffle ⁿ f.; Demin. Räffele ⁱⁿ *rę̆-fəlę̆* n.: **1.** Hechel, etwa zum Abstreifen von Heidelbeeren. Häufiger *Riffel, Reff.* Bildlich: *ein Maul haben wie eine R.* – **2.** böses, aber auch bloß rasches Maul. *Die hat e*ⁱⁿᵉ *(böse, rechte) R.* – b. zänkisches, auch bloß geschwätziges Weib.

Raffel-scheit *-šəit* n.: böses, keifendes Weib.

raffleⁿ *räfflə* schw.: **1.** zu *Raffel 1:* unordentlich durcheinander werfen. – **2.** zu R. 2: viel, laut, keifend schwatzen; auch *einem nachr.*

Ragall(ie) *răgăl(jə)* ◡ˊ(◡), Pl. *-(i)e*ⁿ f.: böses Weib. – ragall[ie]ⁿ *răgălə* ◡ˊ◡ schw.: schreien, schimpfen. – Anm.: Frz. *racaille* Gesindel.

räh s. *räch.*

Rahm s. *Ram.*

rai-: außer den ff. s. *räu-, re-, rei-, rö-.*

Raiⁿ *rę̄ę̆, rāĭ* NW. (*rāę* HalbMA.); *rā* FRK.; *rǭə,* s. *rūə* W. SW. SO.; *rǭę,* s. *rui* Mitte u. O.; Raine ⁿ *ruⁱnə rūənə* ALLG. TIR. m.; Demin. Raiⁿle ⁱⁿ n.:

1. wie nhd.: schmaler, zumeist grasiger Abhang längs einer Straße, etwas höherer Längsstreifen als Grenze eines Ackers. – **2.** Teil des Ackers, der ungepflügt dasteht. a. was in der Mitte (vorerst) noch ungepflügt ist (auch Demin.). – b. aus Ungeschick ungepflügt gelassene Stelle: *Es gibt einen R., einen R. machen.*

Rai^n-fane, -farn m.: Rainfarn, Chrysanthemum vulgare (L.) Bernh.

rai^{n}le^n *ruilə* schw.: das Gras am Rain verbrennen.

rairen s. *reren* I + II.

raisch s. *rösch.*

rakele^n -ĕ- ◡◠◡ schw.: lärmen, schreien. – Anm.: aus *krakelen.*

Rale *rǭlĕ; raolĕ* m.: Kater; übtr. brummiger Mensch.

rale^n *rǭlə; raolə* schw.: vom Geschrei der brünstigen Katzen. Übtr.: brummen, schnarren, einen anfahren. *Peter raulet; Peter und Paule tunt mit e^{i}nand^{er} r.,* wenn's donnert. – Raler m.: Kater.

Rall *răl;* Ralle -ĕ; Rälle *rĕlĕ, -ĭ* m.: **1.** Kater; vgl. *Rale, Raller, Rälling, Roll-.* – **2.** *Ralle* Aufzugsrolle in der Scheuer.

ralle^n -ă- schw.: **1.** von der Brunst der Katzen, spez. ihrem Geschrei. – **2.** übtr., vom Menschen. a. auf Liebespfaden gehen. – b. laut heulen, vor Schmerz oder Zorn. – c. laut lachen. Bes. vom geilen Lachen der Mädchen.

Raller; Räller m.: Kater.

Rallete *rălədĕ* f.: das *rallen 1* der Katzen. – rallig Adj.: brünstig, von Katzen und Weibern.

Rälling -ĕ-, Pl. gleich m.: **1.** Kater. – **2.** männlicher Hase. S. *Rammler.*

Ram I *răm; rǫm; rāōm, rǭ* m.: Milchrahm, süß oder sauer.

Ram II m.: Schmutz.

ramb- s. *ramp-.*

Ram(e^n)-schenkel m.: starke Latte, schwächerer Balken.

ramig -ǭ-, -āō- Adj.: **1.** schmutzig. – **2.** angetrunken.

rammle^n schw.: **1.** intrans., mit haben. a. brünstig sein. – b. tollen, sich balgen. Lärm machen. Sich herumwälzen, z. B. im Bett. – c. Birnen *r.* fallen halbreif ab. – d. wenn es um Weihnachten stark windet, so *r.* die Bäume. – **2.** trans. Flachs *r.* brechen.

Rammler, -ä- -ĕ̆- m.: **1.** Männchen, bei Katzen, Kaninchen. – **2.** -a- rauflustiger Junge. – S. *rammlen.*

Rammlet(e) f.: Brunstzeit.

rammlig Adj.: **1.** brünstig, von Katzen udgl., auch von Menschen. – **2.** unruhig, geräuschvoll.

Rampas I, Plur.: Schläge; *R. kriegen, einem R. geben.*

Rampas II m.: grober Mensch. – Anm.: aus dem Rotwelsch.

rampostle^n schw.: poltern.

Rams m.; rams Adj.: **1.** verbreitetes Kartenspiel. *Einen R. machen.* Wer verliert, *ist rams, wird r.* – **2.** *R,* gew. Demin. *Rämsele^{in}* n.: Horn-, Hosenknopf zum Spiel für Knaben.
Rämselein s. *Rams* 2.

rämsele^n -ĕ̆- schw.: nach Schweiß riechen.

ramselig -ă- Adj.: sauer, aber nicht fest gestanden, von der Milch; auch von leichtem Übelbefinden des Menschen.

ra^n I *ră* Adj.: dünn, schlank. Fast immer von Menschen. *Lang und r. taugt niene^n 'na^n,* opp. *kurz und dick.* Auch *r.* = fein, z. B. gestoßen, geschnitten, oder gar vom Wein; fränk.; s. *rein.*

ran II s. *heran.*

Rande *răndĕ* m.: *R., wilder R.* Wildfang, Person, bes. Kind, von mutwilligem Gebaren.

Randel *răndl* f.: **1.** läufige Katze FRK. – **2.** desgl. Weib. – S. *Rande.*

Randewu u. ä.: *frz.* rendezvous; Stelldichein.

Randich *(Rande* ALLG.) m.: Rübe O. Überall = rote Rübe, auch ohne *rot.*

randig Adj.: mutwillig, ausgelassen.

randle^n schw.: mutwillig sein, tollen. Bes. von Kindern. Auch '*rum r.* Syn. *wildelen. Du mußt wieder recht g^{e}randlet hau^n,* wenn ein Kind erhitzt heimkommt. – Randler m.: *Der ist e^{in} rechter R.*

Ranft *răft, rǭft, rāōft* (S. *rāūft)* m.; entsprechend Plur. Ränft^e, Demin. Ränftle^{in} n.: -ĕ̆-, -āē- (-āī-): **1.** Ranft, Rand. *R.* des Walds. – Insbes. aber abgeschnittenes erstes oder überbliebenes letztes Stück von einem Laib Brot, bes. Demin.: *e^{in} R., e^{in} Ränftle^{in} Brot.* – **2.** persönlich. Geizhals.

Rä^{n}fte *rĕftə,* Pl. -ene^n -ənə f.: Brotrinde.

ra^{n}ftig *rǭftĭg* Adj.: knickerig. S. *Ranft* 2.

ränftle^n *rĕftlə* schw.: den *Ranft* an den Kuchen machen.

rang(n)en s. *regnen.*

ranig Adj.: = *ran,* schlank, schmächtig.

Rank *răηk* NW. SO. u. HalbMA.; *răk* Mittelland; *rǫuηk* ö. FRK.; *rǫ̆ηk* ALLG.; Pl. Ränk^e *rĕηk, rĕk* m.; Demin. Ränkle^{in} dem Pl. entspr., n.: **1.** Biegung, bes. einer Straße. *Die Straße macht einen R.; den R. ablaufen, abschneiden; den R. zu kurz nehmen,* u. ä. – **2.** übtr. a. Biegung, Kurve des Wegs bildlich. *Einem den R. ablaufen* wie nhd.: ihm zuvorkommen, den Vorteil gewinnen. Ein schüchterner Liebhaber will sich erklären, aber *er kriegt de^n R. net;* ebenso ein Besuch, der nicht zum Fortgehen kommt, udgl. *Jetzt ist der R. an mir die Reihe.* – b. krummer Weg, Ausweg, List. *Der weiß alle Ränk^e und Schwänk^e.*

Ranke^n, *răηgə,* ALLG. -ǭ̆-; Pl. gleich, m.: **1.** = *Rank* 1, Krümmung. – **2.** = *Rank* 2 a. *Er hat den R. in mein Haus nicht gekriegt* den Weg nicht gefunden. – **3.** großes abgeschnittenes Stück Brot. Bes. das rund herum abgeschn. Stück.

ranke[n] schw.: **1.** intr., mit haben: einen *Rank* machen. a. phys., sich drehen, wenden. *Ein schlechter Fuhrmann, der nicht r. kann.* – b. übtr. Ränke machen. – **2.** trans.: (ver)drehen.

ränke[n] schw.: einen *Rank* machen; s. a. *ranken.* **1.** phys. Mit dem Fuhrwerk geschickt einen Bogen machen, ausweichen OSCHW. ALLG. Trans.: lenken, intr.: wenden, umkehren. – **2.** übtr. Im Reden einlenken.

ränkle[n] *rę̆ŋglə* (S. *-ę̆-*) OSCHW., *rę̆glə* MITTELLAND, *rə̆əglə* MITTELL. u. N., *rāīglə* SW. schw.: = *ränken.* **1.** phys. Im Bogen fahren. Beim Laufen (Springen) schnelle Wendungen machen. – **2.** übtr.: lange Umstände, Ausreden machen.

Ränk-scheit n.: Holz zum Festhalten und Drehen der Deichsel OSCHW.

Ra[n]**-schaub** n.: Rohr-Pfeifengras, Molinia arundinacea SCHRANK. – Anm.: früher zum Anbinden der Ruten verwendet.

Ran(t)sch f.: unzüchtiges, freches Weib, das nicht gern daheim ist ALLG.

Ran(t)sch[e]; meist Pl. *-ə:* Runkelrübe; im ganzen N.

ran(t)sche[n] schw.: müßig umherlaufen, sich herumtreiben ALLG.

Ranze[n] *răntsə*, ALLG. *-ŏ̆-*, Nom. auch R a n z[e]; Pl. gleich, R ä n z e[n] m.; Demin. R ä n z l e[in] n.: **1.** Tornister, Sack, Tasche, auch Geldgurt. Beim Schulknaben, nur auf dem Rücken, sonst *Mappe, Tasche;* genauer *Schulr.* Spezieller: *Jäger-, Boten-, Geld-R.* – **2.** derb für Bauch, Leib. *Den R. voll haben* vollgegessen sein, auch schwanger. *Einem den R. verschlagen, voll schlagen.*

ranze[n] schw.: **1.** auf dem Rücken tragen. – **2.** *răntsə* vorwärtsschieben, wälzen FRK. – **3.** feilschen, markten. – **4.** von der Begattung bei Fuchs, Dachs, Marder.

Ranzen-we n.: Bauchweh.

r a o - s. a. *ra-* u. *ro-.*

r a o f t - s. a. *ranft-.*

r a o t s. *rot.*

Rapp[e] *răp,* flekt. *-e*[n] m.; Demin. R ä p p l e[in] *-ę̆-* n.: **1.** Rabe. Syn. *Krappe* im n., *R.* im s. Gebietsteil. Wie *Kr.* für den selten gewordenen Kolkraben, Corvus Corax, gew. für die Rabenkrähe, Corone Corone; auch für die Saatkrähe, Trypanocorax frugilegus; *grauer R.* Nebelkrähe. – **2.** Schwarzes Pferd. a. eigentlich und bildlich. – b. *auf des Schuhmachers (Schusters) R-n reiten* wie nhd.: zu Fuß gehen. – **3.** kleine Münze. – Nur an der äußersten SW Grenze gebraucht.

Räppe, Räppel f. m.: Krätze, Räude; bes. auch am Bein des Pferds.

Rappel m.: anomaler Geisteszustand, Erregung, bes. Gelüste udgl. *Den R. haben, kriegen; der R. kommt einen an.*

Räppel s. *Räppe.*

Räppel-eise[n] n.: Eisen zum *räpplen,* Abkratzen der Rinde.

rappelig Adj.: unangenehm aufgeregt, (halb) verrückt. *Da könnte man r. werden.*

r ä p p e l i g s. *räppig.*

R a p p e n - (= Raben-) s. auch *Krappen-.*

rappen-schwarz (-b-) Adj.: tief schwarz. *Der Himmel sieht r. aus.*

rappete-kapp(ete) *răbədę̆khăb(ədę̆)* ᴗᴗ᷎(ᴗᴗ) Adv.: im Nu, Hui. *Es ist r.-k.* [ge]*gange*[n] u. ä. Auch tadelnd: übereilt. – Anm.: Aus Schuloder Klostersprache: *rapite, capite!* oder auch *rapide c.!* rasch zugegriffen!

räppig, räppelig Adj.: **1.** krätzig, räudig. – **2.** trotzig. – S. *Räppe.*

rapple[n] schw.: **1.** lärmen odgl. Geschwind und undeutlich sprechen. – **2.** *Es rapplet ihm, bei ihm, im Kopf, im Hirn, unter'm Hut* wie nhd.: er ist etwas verrückt, nam. aufgeregt, unruhig.

räpple[n] *rę̆blə* schw.: **1.** stark reiben, ein Stück Wäsche *r.* ausreiben. Die frierenden Hände *r.* – Einen Stamm *r.* die (rauhe) Rinde abstoßen. S. a. *Räppler, Räppeleisen.* – **2.** viel und schnell reden.

Rappler m.: *rappeliger* Mensch.

Räppler m.: Instrument zum Abstoßen der Baumrinde.

R a p s s. *Reps.*

raps *-ă̆-* Adv.: schnell. Subst.: *I*[ch] *bin im R. fertig.*

rapse[n] *-ă̆-* schw.: an sich raffen, stehlen; mit dem Nebenbegr. des Raschen, Flüchtigen, auch wohl Unbedeutenden, wie *grapsen,* wohl nie in strengem Ernst, sondern mehr scherzh. gebraucht. – Rapsete f.: *E*[s] *ist nu' e*[n] *R. g*[e]*we*[sen] war im Nu zusammen- und weggerapsen.

Rapunzel f.; Demin. R a p ü n z e l e[in] n., R a p u n z e l e r m.: **1.** Acker- oder Feldsalat, Valerianella Mill., bes. Echter Feldsalat, Valerianella locusta (L.) Laterr. Syn. *Sonnenwirbel.* – **2.** Arten der Gattung Teufelskralle, z. B. Ährige *R.,* Phyteuma spicatum L., Kugel-*R.,* Phyteuma orbiculare L. – **3.** *Gelbe R.* Gewöhnliche Nachtkerze, Oenothera biennis L. – **4.** Rapunzel-Glockenblume, Campanula rapunculus L. – **5.** übtr. *Rapunzel* Schimpfname für kleingewachsene Frau, *Rapunzeler* für ebensolchen Mann.

rar *rār;* Kompar. Superl. umgelautet *rę̆rər, rę̆rəšt* Adj.: **1.** selten. *Heuer ist das Obst r. Sich r. machen* selten kommen. – **2.** kostbar, schön, vortrefflich. *E*[in] *rarer Äpfel.* Auch von Menschen: *Der ist r., e*[in] *r-s Mädle*[in]. – Negiert. *Nicht r. sein* nicht zu loben; z. B. vom Befinden. *Du bist auch nicht so r., ich habe schon bessere gesehen.* Dann ironisch. *E*[in] *rarer Vetter* saubrer, seltsamer, nichtsnutziger Mensch.

r ä s (scharf) s. *räß.*

Rasch *răš* f.: Wut, Aufregung. – Anm.: frz. *rage.*

rasen *-ā-* schw.: **1.** wüten. – **2.** unsinnig schnell laufen. *Rasᵉ net so!* u. ä.

rasibus ◡◡ Adv.: ganz und gar. *Der Wald ist rasabus abgebrannt.* S. a. *ratzenbutzen.*

rasig *-ā-* Adj.: **1.** wütend. – **2.** sehr stark, viel.

Räsoⁿ *rę̄sǭ, -ā̄ō* ◡ʹ f.: **1.** vernünftiger Grund. – **2.** vernünftiges, anständiges Benehmen, Lebensart. *Iᶜʰ will diᶜʰ R. lerneⁿ!* – räsonniereⁿ rę̄sǝniǝrǝ ◡◡ʹ◡ schw.: intr. mit haben: schimpfen, nachdenken. – Räsonnierer m.: wer gern schimpft.

Raspe *rȁšp(ǝ)* f.: Holzfeile. S. *Raspel.*

Raspel *rȁšpl* f.: **1.** Holzfeile, wirkend nicht durch querlaufende scharfe Kanten, sondern durch herausgehauene Eisenstücke. – **2.** kleines Holzsieb des Weingärtners. – S. *Raspe, rasplen.*

raspleⁿ *rȁšplǝ* schw.: **1.** auf-, zusammenraffen. – **2.** schnell an-, umeinander rühren. – **3.** mit der *Raspel* zerkleinern. – **4.** überh. kratzen.

raß *rǭs* Adv.: schnell, hitzig OSCHW. ALLG. *Es muß r. gehen, wenn ich einmal anfange.* Auch moral.: scharf, heftig, z. B. vom Tadel.

räß *rę̄s* Adj. Adv.: scharf. **1.** physisch. Scharf auf der Zunge, scharf gesalzen, versalzen, z. B. von der Suppe. Verstärkt *heringräß;* opp. *leis.* Beliebtes Attr. für den *Käs.* – b. von andern Naturdingen. Scharf, von schneidendem Werkzeug, vom Wind. – **2.** ethisch, von Menschen und menschlichen Handlungen. a. scharf, schneidig, unfreundlich, rauh, kratzig, hitzig. – b. *Er ist r.* angetrunken.

Rassᵉ *räs,* Pl. -eⁿ f.: **1.** Rasse von Tieren und Menschen. *Die hat R.* ist lebhaft, feurig. *Unserᵉ R.* Leute unseres Schlags. – **2.** unbestimmte Menge. *Eⁱⁿᵉ R. Vögel.*

Räße f.: Schärfe.

räßeleⁿ schw.: *räßen,* scharfen Geschmack haben. *Der Backsteinkäs räslet iaz no 'rauf da Kraga.*

Rätschᵉ I, *rę̄tš,* Pl. -eⁿ f.: **1.** Schnarre; als Kinderspielzeug, zum Verscheuchen der Vögel aus dem Weinberg, bei Hasenjagden u. kath. Orten statt der Glocken Gründonnerstag bis Karsamstag. – **2.** lautes, eifriges Maul, krächzende Stimme, sowie deren Besitzerin, auch (aber fem.) Besitzer. – S. a. *Karfreitagsrätsche.*

Rätschᵉ II, *rę̄tš,* Pl. -eⁿ; auch Räzᵉ f.: Holzkanne mit Deckel. Auch *Wasserrätsche.* Syn. *Bütsche, Stütze.*

rätscheⁿ *-ę̆-;* Part. gᵉrätschet S., gᵉrätscht N. schw.: **1.** schnarren, mit der *Rätsche I 1.* – **2.** viel und laut reden; Sprechversuche des Kleinkindes. – **3.** Äpfel, Rüben o. ä. zu Brei schaben.

Rätsch-maul n.: Klatschmaul, Schwätzer(in). Ebenso Rätschweib.

Ratteⁿ**-kor** n.: Lumpenkorps, Pack; auch mildere Schelte, z. B. gegen Kinder.

Ratteⁿ**-schwanz**, Ratzeⁿ- m.: **1.** -tz- Schachtelhalm. – **2.** Pl. kleine abstehende Zöpfe.

Ratz *räts, rāts, rǫts;* Pl. Ratzeⁿ *-ä-* m.: **1.** Ratte. *Stehlen wie ein R. Schlafen w. e. R., schnarchen w. e. R.* – Von andern schädlichen, mit der Ratte verwechselten Vierfüßern: Iltis; Marder. – **2.** Raupe NO. – **3.** Schelte. Diebischer Mensch.

Ratzel f.: = *Ratz 1,* Ratte.

ratzeⁿ schw.: stark schnarchen. *Der ratzt einᵉⁿ runter.*

rätzeⁿ *rę̆tsǝ* schw.: zum Zorn reizen, z. B. einen Hund, einen Jähzornigen, ein Kind.

ratzeⁿ**-butze**ⁿ Adv.: *r. aus* vollständig aus.

ratzenkal s. *radikal.*

Ratz-maus, Ratt-f.: Ratte. *Stehlen wie eine R.*

raub- *rǝub-* s. *raup-.*

räubisch *raebïš* (rau-) Adj.: **1.** zornig, aufgeregt, in höchster Wut. – **2.** struppig, zottig, vom Haar udgl.

Rauch *raox* Mittelland; *rǫux; rǫu; rao; rǭx* O.; *räx* FRK., *rāux* NW.; Pl., soweit vorkommend, *-äu-* m.; Demin. Räuchleⁱⁿ n.: **1.** eigentlich, Rauch wie nhd. – **2.** bildlich: *Einen R. machen, Räuchᵉ m.* einen Schwank erzählen, aufschneiden, lügen.

rauch u. Komposs. s. *rauh.*

raucheleⁿ, räucheleⁿ schw.: nach Rauch, angebrannt riechen oder schmecken. – räuchelig Adj.: was *räuchelt.*

raucheⁿ, räucheⁿ schw.: rauchen, räuchern. **1.** rauchen. *Der Ofen, Kamin* usw. *raucht.* Dann = dampfen. *Der Wald raucht, es gibt Regen* u. ä. – **2.** Tabak rauchen. – **3.** = *räucheren,* populärer als dieses. Fleisch, Wurst u.s.w. *r. Gᵉrauchtᵉs (g̥-äu-) Fl., g-e Zungᵉ, g-e Bratwurst.* – Kirchlich: Weihrauch verbrennen, spez. bei Leichen und Seelenmessen.

räuchereⁿ schw.: wie nhd., Fleisch oder Weihrauch *r.*

Rauᶜʰ**-nacht** f.: *Rauchnächte* zw. Weihnachten und 6. Jan.

Raudᵉ, Raudeⁿ *-ǝu-;* S. *-ū-,* FRK. *-au-,* RIES *-ao-* f.: Räude; allgem. statt des nicht pop. *Krätze;* aber überhaupt an Menschen und Tieren jeder Ausschlag mit trockener und nasser Hautabschieferung.

Raudi m.: Raufbold, grober Mensch.

räudig *-ǝi-;* S. *-ī-,* FRK. *-ai-,* RIES *-ae-* Adj.: mit *Raude* behaftet; von Menschen und Tieren.

rauf s. *herauf.*

Raufᵉ *raof; rǝuf rǫuf* S., *rǭf* O., *räf;* flektiert (auch Nom.) Raufeⁿ f.; Demin. Räufleⁱⁿ n.: Futterraufe. *Das letzte in der R. haben* dem Ende nahe sein, phys. oder ökonomisch.

Rauft s. *Ranft.*

rauh *rǝu* Hauptgeb.; *rau* FRK., *rao* RIES; *rū;* rauch äuß. SO.; Komp. Superl. mit Umlaut: *-ǝi-, -ai-, -ae-, -ī-* Adj.: rauh. **1.** physisch. a. von unebener

Oberfläche; opp. meist *glatt*. Rauhhaarig. –
Vom menschl. Körper. *R-e Haut* udgl. von Arbeit, Nässe usw. *R-er Hals* Rachenkatarrh. – b.
grob, geringwertig. Zugleich vom Geschmack.
R. Brot wie nhd. – c. wild, unfreundlich, von der
Natur. Von Gegenden. Auf der Alb ist's *r.;
rauhe A.* – **2.** übtr., von Menschen und menschlichen Handlungen. Etwa wie nhd. *Das Rauhe
heraus kehren* einem grob werden mit Wort
oder Tat; eig. vom rauhen Pelz her.

Rauh-bausch *rɔubɔuš*, -b a u z *bɔuts*, -*ę̆* m.: grober
Mensch. – r a u h - b a u s c h i g -*ɔu*-; - b a u z i g -*ɔu*-
Adj.: grob, barsch.

Räuhe *rɔię̆*, S. *rī̆;* Pl. - e n e n -*ɔnɔ* f.: Rauheit. **1.** im
allgem., abstrakt. *Des ist e^{ine} Räuhe* ist recht
grob. – **2.** speziell. a. rauhe Witterung. Pl. *Räuhene^n* Regenschauer mit Schnee vermischt. – b.
unwegsame Gegend.

Rauh-egel m.: der Barsch, Perca fluviatilis.

Rauh-falg^e, N. - f e l g^e f.: erstes Hacken des Weinbergs. – r a u h - f a l g e n, N. - f e l g e n schw.: dass.

rauh-fräß; - f r ä ß i g , - g^e f r ä ß Adj.: mit jeder Speise zufrieden, nicht wählerisch im Essen. Von
Tieren und Menschen.

Rauh-igel m.: **1.** rauher Mensch. – **2.** = *-egel*, s. d. –
3. *Rauhnigel* Frühjahrssturm mit Regen und
Graupeln ALLG. S. *Hurnigel*.

rauhlecht Adj.: ein wenig rauh.

rauh-werke^n schw.: *etwas r.* roh arbeiten, erst im
groben fertig machen S.

raume^n -*āō*- O., -*ǫ̆*- Mittelland, -*ǫ̆*- SW. S.; r ä u -
m e n *rāīmɔ* schw.: Raum machen. Phys.: eine
Räumlichkeit entleeren. Vgl. *ab-, auf-* u. a. Obj.
der zu leerende Raum. Ein Haus, Zimmer, eine
Stadt udgl. *r.*, entweder wie nhd., indem man
selbst geht oder noch mehr, indem man andere
draus entfernt. *Die Stube r.* alle hinauswerfen,
bes. bei Händeln. Häufiger: einen Ort von
Schmutz, Überresten udgl säubern. Den Wald,
Hau usw. *r.* das gefällte Holz hinausschaffen.
Küche, Stall, u. ä. *r. Wiesen r.* das Düngerstroh
im Frühjahr wegrechen. Einen Bach, Kanal *r.*
von Schlamm säubern. Die Tabakspfeife *r.* putzen. *Einen Hafen r.* ausessen.

Raumet(e) -*ɔd(ę̆)*, Pl. ete^n -*ɔdɔ* f.: das Wegzuräumende. **1.** Schutt ALLG. Stroh, das vom Düngen
her im Frühjahr auf der Wiese liegt. Das *raumen*
der Wiesen; *^auf d^{ie} R^aumete gehen.* – **2.** was bei
Mehlspeisen am Kochgeschirr hängen bleibt
SO. OSCHW. ALLG.

Raum-stro n.: das Düngerstroh, von dem im Frühjahr die Wiesen *geraumt* werden.

raunze^n schw.: weinen. Vgl. *ranzen*.

Raup^e -*ɔu*-; -*au*- FRK., -*ao*- RIES; flekt. - e n m.;
Demin. R ä u p l e^{in} -*ɔi*-, -*ai*-, -*ae*- n.: **1.** junges
Rind, frk. dafür *Räupling*. Das Rind heißt *R.*
nach der Entwöhnung, vorher *Kalb*. – **2.** Schelte. Ungeschliffener Mensch. Spez. für die Wein-

gärtner. – **3.** f. wie nhd., aber populärer ist
(Gras-) Wurm, im NO. *Ratze*, OSCHW. *Rupe
(-ūɔ-)*.

Raupel s. zu *Raupe*.

raupelig *rɔu*-; FRK. -*ao*-, RIES -*ao*-, S. -*ū̆*-, -*ĭg*, -*ę̆ŋ*,
-*ĭχ*, -*ī̆* Adj.: **1.** rauh, uneben von Oberfläche.
Eine Baumrinde, ein Weg usw. ist *r*. Vom Gesicht: blatternarbig oder sonst uneben durch
Ausschläge o. ä. – **2.** übtr.: grob, unfreundlich.

raupe^n -*ɔu*- schw.: *Raupen (3)* ablesen.

r a u s - s. *runs-*.

r a u s s. *heraus*.

Rausch *rɔuš;* S. *rū̆š*, FRK. *rauš*, RIES *raoš;* Pl.
R ä u s c h^e (-*ī̆*-, -*ai*-, -*ae-)* m.; Demin. R ä u -
s c h l e^{in} (wie Pl.) n.: **1.** das Rauschen. – **2.** wie
nhd., Trunkenheit. Synn. zahllos: *Bläß, Brand,
Dampf, Dusel, Fieber, Hannes, Nebel, Sarras,
Spitzer, Zopf* usw.

Rausche-bausch -*ɔu-ɔu*-; meist - b a u s c h e -*ę̆*- m.;
r a u s c h e - b a u s c h i g Adj.: ungestüm, fahrig,
lärmend, patzig, oberflächlich. Stets ein wenn
auch gelinder Tadel.

rauschig Adj.: betrunken.

Rausch-kugel f.: Betrunkener.

R ä z e s. *Rätsche* II.

R e a m s. *Rieme*.

R e b b a c h , R e b b e s s. *Rewes*.

Reb-schnur f.: starke Schnur. – Anm.: von ndt.
Reep Tau, Seil. Dürfte bei uns mindestens
volksetym. zu *Rebe* gezogen worden sein.

R e c h s. *Trech*.

Rech(e^n) *rę̆χ(ɔ);* flekt. R e c h e^n m.: Rechen. **1.** das
landwirtsch. Werkzeug mit Holz- oder Eisenzähnen zum *rechen.* – **2.** im Wasser zum Auffangen von Treibholz udgl. – **3.** Zähne, bes. sichtbar hervorstehende. *^Es ist mir etwas unter de^n R.
^{ge}komme^n* in die Luftröhre. – **4.** Gestell des
Metzgers zum Aufhängen. – **5.** oberster Stock in
der Scheuer, nur Balken mit einzelnen zum Verkehr dienenden Brettern, ohne Bretterboden.
Westlicher *Gerech*.

reche^n; r e c h l e^n , r e c h n e^n , r e c h e r n schw.: mit
dem *Rechen 1* arbeiten.

Reche^n-stang^e f.: Längsstange am *Rechen 1*. – R e -
c h e^n - s t i l m.: dass.

Reche^n-za^n m.: Zinken am *Rechen 1*.

r e c h e r n s. *rechen* u. s. *rechnen*.

Rechete f.: das Zusammenrechen des bei der Ernte liegen gebliebenen Getreides und das dabei
Zusammengerechte. Nachher die *Nachrechete*.

r e c h l e n s. *rechen* u. s. *rechnen*.

rechne^n; r e c h l e^n *rę̆χlɔ*, - e l n ; r e c h e r n *rę̆χɔrn*
schw.: rechnen.

recht Adj. Adv. In der MA. bei mehreren Verwendungen auch Kompar. und Superl.: richtig. a.
im ganzen wie nhd., *Lieber wenig und r.*, *als viel
und schlecht*. Verstärkt *ganz, grad r. Jetz^t
schneit's de^n rechte^n Weg* regelrecht. *Der Stiefel,*

die Hose usw. *ist r.* paßt. – *Etwas r. machen* u. ä. – b. dass. spöttisch oder ironisch. *Du bist am r-en Ort* falsch daran. *Des ist der Recht^e!* der Wahre. *E^{in} r-er, Etwas (ę̄bəs) r-es* geringschätzig. *Jetzt ist's r.!* das fehlte noch. – c. steigernd. *Du bist ein r-er Esel, Latsche* u. ä. Beim Adj.: *r. groß, schön, dumm* usw.; teils überh. steigernd, teils die Totalität der Eigenschaft betonend, wie: *R. wüst ist auch schön. Du bist r. net g^{e}scheid* töricht; aber *net r. g.* ein wenig dumm. Eig. zu a.: *r. ledig* von einer Ledigen, die kein Kind hat. Vor flektiertem Adj. ist meist auch *r.* adj. flektiert: *Du bist e^{ine} rechte dumme (Dingi^n)* u. ä. Quantitativ: *^{E}s hat r. Obst* viel O. u. ä. – d. im normalen Zustand befindlich. Meine Uhr ist repariert worden, *jetzt ist sie wieder r.* Ebenso ein verletztes Glied udgl. *Er ist net r. (im Kopf), nimme^r r.* verrückt. *Es ist mir heut net r.* ich fühle mich unbehaglich, unwohl. *Wenn mir's r. ist* wenn ich mich nicht täusche. – e. angenehm, willkommen; von a. schwer zu scheiden. *Das ist mir r. Er tut (Du tust) ihm r.* handel(s)t richtig. – f. Ausdruck der Hochschätzung; mit a. sich eng berührend. *Ein r-er Mann, r-e Leute* wie sich's gehört. *Etwer (ę̄bər) R-s* oder *e. Rechter. Des ist, Die sind nix r-s. Niemand r-s.* Oft einfach = vermögend.

rechte^n schw.: intr., mit haben: prozessieren. Allgemeiner: streiten.

recht-schaffe^n Adj. Adv.: **1.** von richtiger Beschaffenheit, tüchtig, wie nhd.: bieder. Aber auch ohne moral. Bed. *Ein r-er Mann, Bauer* ein vermögender udgl. – **2.** wie tüchtig, bloß steigernd. *I^{ch} hau^n e^{i}ne^n r-ne^n Huste^n; e^{i}ne^n r-ne^n Schluck nehme^n* udgl. Bes. Adv. *Er hat r. g^{e}esse^n, r. Schläg^e ^{ge}kriegt. Heut^e ist's r. kalt, heiß.*

Reckholder m.: **1.** Wachholder, Juniperus communis L. SW. – **2.** Demin. Reckhölderle^{in} Heideröschen, Daphne cneorum L.

Reckholer-ber^e f.: Wachholderbeere.

rede^n I *rēdə; rę̆də* SW., auch NW., *rę̆idə* FRK. schw.: im ganzen wie nhd., nur auch nhd. „sprechen" mit umfassend, oft einfach = sagen. Syn. *schwätzen*, bes. HalbMA.

rede^n II *rēədə* Hauptgeb., -*ę̆-* SW., -*ę̄-* NO., -*ę̄-* FRK. st., Part. g^{e}rede^n: **1.** durchsieben. Außer SW. allgemein gebraucht. – **2.** übtr. a. *hintere r., 'num r.:* tüchtig essen. – b. *einen hintere r.* nichts mehr gelten lassen, zurücksetzen.

Reder, s. *reden* II m.: Sieb.

Redet(e) *rēədət, rę̆dədə* f.: **1.** was man auf einmal siebt. – **2.** was weggesiebt wird.

Reff *rę̆f* N. SW., *rēf* NO., *rę̆əf* Mittelland, *rę̆f, rę̄f* FRK.; lokal *Reft* n.: **1.** Latten-, Stabwerk versch. Art. a. aus Weiden udgl. geflochtener Tragkorb auf dem Rücken des Weingärtners, hausierenden Glasers, Uhrmachers, Hafners usw. – b. Lattenwerk an der Sense, wenn sie

zum Getreide-, nicht Gras-Mähen dient. Syn. *Fläuger* (mit Stoffüberzug), *Haber-geschirr, -rechen, -reff.* – c. Raufe. – d. kammartiges Gerät zum Abreißen der Samenkapseln des Hanfs oder Flachses, der Heidelbeeren. – e. Demin. *Reffle^{in}* Pl. *(in de^n R.)* oberstes Stockwerk der Scheuer. – **2.** Schelte. – a. langes, vorstehendes Zahnwerk. Genauer *Zanreff.* = *Raffel 2 a,* Maul; *Halt dei^n R.* – b. altes böses Weib.

rege^n *rēgə;* S. *rę̆gə,* FRK. *rę̆χə rę̆ïχə* schw.: **1.** trans., von der Stelle bewegen. *Er regt kein Glied, kann k. Gl. r.* rühren. – **2.** refl., *sich r.* sich rühren. *I^{ch} schla^{ge} di^{ch}, daß du di^{ch} nimme^r regst.* Sich Mühe geben. *Reg^e di^{ch} au^{ch}!* beeile dich. Anders: *Er kann sich r.* hat Vermögen.

Rege^n-blahe m.: gegen den Regen aufgespannte *Bl.,* Schutztuch.

Rege^n-blust *-ūəšt* (n.): Schäfchenwolken.

Rege^n-lach^e f.: Regenpfütze.

Rege^n-loch n.: Loch, aus dem der Regen kommt. *Jetzt hat's (aber) ^{da}s R. g^{e}funde^n,* wenn es, bes. nach längerer Trockenheit, anhaltend regnet. Auch eine Ortschaft, Gegend, die viel Regen bekommt, heißt *e^{in} R.*

Rege^n-molle *-ę̆, -mulle, -mǫ̆rlę̆, -model* m.: **1.** Molch, Salamandra maculata. – **2.** Eidechse. – **3.** Engerling. – **4.** dickköpfiger Mensch.

Rege^n-stieber m.: kurzer Regenschauer.

Regina f.: Heiligen- und Taufname, prot. u. kath.; Namenstag 7. Sept.

regne^n *rēgnə (-gı̆ə), rēəŋ(n)ə, rā̆ŋ(n)ə, rēŋ(n)ə;* -le^n *rē(ə)glə, rēəŋlə, rę̆ŋlə, rā̆ŋlə;* -r e^n *rę̆gərə (-ərn), rę̆χərə (-ərn), rę̆χərə (-ərn)* schw.: wie nhd.: intr., geleg. trans. Von Haus aus nur unpers.: *es regnet, hat g^{e}regnet.* – Stufenleiter: *niblen, tröpflen, rislen, sprenzen, r., pflatschen, schütten.*

Reh-füdle n.: After des Rehs, in der RA.: *munkele^{in}(s)brau^n wie e^{in} R.*

Reh-geiß f.: weibliches Reh.

Reh-kraut n.: Männlicher Wurmfarn, Oryopteris filix-mas L.

Reh-schlägel *-šlēgl* m.: Rehkeule.

r e i s. *herein.*

Reibeisen s. *Ribeisen.*

Rei^e *rǫe,* **Reie^n** m.: **1.** Tanz, Reigen. Demin. *e^{in} Reile^{in} (rǫelę̆) mache^n* tanzen. Hieher bes. der allgm. verbr. Kinderreim *Ringe^n Reie^n räjə.* – **2.** nhd. Reihe. m.: Reihe Menschen; Reihenfolge; Zeile, Linie im Buch oder Heft. *Im Reie^n laufe^n, stau^n.* Daneben kommt nhd. f. immer mehr auf. Demin. *Rei(e)le^{in}.*

r e i e l e n w e i s e s. *reienweise.*

reie^n *rǫ̆(ə)jə* schw.: **1.** tanzen. – **2.** in der Brunst sein.

reie^n-weis^e Adv.: reihenweise. Demin. *reiele^{in}-weis^e.*

Reif I *raef* HalbMA. u. SO., *rā̆ef* NW., *rāf* FRK.,

rǭǝf W.S., *rǫef* Mittelland u. O.; Pl. gleich; Flex. auch mitunter -e^n m.; Demin. -le^{in} n.: Reif, Ring. **1.** am Faß o.a. Geschirr; häufigste Bed. – **2.** Holz-, auch Metallreif zum Spiel. *R. spielen*, gew. *reiflen.* – **3.** *Reife^n* Rand, z.B. an Schüssel, Teller. Scharfe Kante, auch der Strich an zu viel geschliffenen Messern. – **4.** *den R. noch am Hintern haben*, z.B. von einer blutjungen Braut; vom Eindruck des Nachttopfs bei kleinen Kindern her. – **5.** Fingerring. Einfacher ohne Schild, gew. Demin. – **6.** Weide, Schnur odgl., daran Dinge einerlei Art, z.B. Zwiebel, gereiht werden.

Reif II *rǝif;* S. *rīf*, FRK. *raif*, RIES *raef*, flekt. (auch Nom.) R e i f e^n m.: wie nhd., gefrorner Tau.

reif *rǝif;* S. *rīf*, FRK. *raif*, RIES *raef* Adj.: wie nhd., doch ist *zeitig* populärer. – Ein Geschwür ist *r. Reiche Mädchen sind bald r. Einen r. werden lassen* abwarten, bis Gelegenheit ist, mit ihm abzurechnen.

reife^n I *-ǝi-* schw.: unpers.: *Es reifet* gibt einen Reif.

reife^n II *-ǝi-* schw.: reif werden; s. aber auch *zeitigen.*

reifle^n schw.: den *Reif* I 2 treiben. Übtr.: laufen; scherzh., bes. Knabenausdruck; mit sein.

Reigel *räigl* NW., *rǭǝgl* W., *rǫegl* Mitte u. O.; R e i^{e}l *rǫel, rǫl;* R e i g e r *rǫegr* BAIRSCHW.; R e i^{e}r NW. m.: **1.** Reiher; gew. = *Fisch-*, Ardea cinerea. *Einen Kragen haben wie ein R.* langen Hals. Der R. wird der Völlerei geziehen: *speien, kotzen wie ein R.; saufen wie ein R.* – **2.** von andern Vögeln. – **3.** übtr. von Menschen. Langer, dürrer Mensch, Lump, Säufer. S.a. *Reitel.* – Anm.: Nicht verwandt ist der allgem. bekannte Name *rǫegl* (koll. und indiv.) für die Tübinger Studentenverbindung, nach frz. *roi*, offiziell „Königsgesellschaft" von ihrer ältesten Kneipe zum König.

rei^{ge}le^n *rǫelǝ* schw.: Durchfall haben, kotzen.

R e i g e n s. *Reie.*

r e i g l e n s. *reitlen.*

Reihe *rǝiĕ* f.: die Vorrichtung, durch die der Vorderwagen mit der Deichsel sich drehen *(reihen)* läßt, während der Hinterwagen seine Stellung behält. *In d^{ie} R. fahre^n, in der R. 'rumfahre^n* auf der Stelle wenden.

R e i h e s. *Reie.*

Reihe^n *rǝiǝ; rīǝ* SW. S., *raiǝ* FRK., *raeǝ* RIES m.: Rücken des menschlichen Fußes, Spann, Rist. *Einen hohen, niederen R. haben. Über de^n R. ist der Stiefel z^u eng.* – Bildlich: *Über de^n R. rede^n, schwätze^n* Anspielungen machen. Euphem.: *einen harten R. am Hals haben* einen Kropf.

reihe^n *-ǝi-* st.: **1.** den Wagen auf der Stelle drehen. Syn. *in die Reihe fahren.* – **2.** zu Faden schlagen; *der Ärmel ist erst g^{e}rihe^n.*

R e i h e r s. *Reigel.*

Reih-scheit *rǝišǝit;* SW. *rī-;* umgedeutet R e i b -,

Rib- n.: Querleiste am hintern Ende der Deichsel, verbindet die beiden *Hahelärme* und reibt sich beim *reihen* an der *Langwid;* dafür *Ränkscheit* im S.

R e i k e l s. *Reitel;* r e i k l e n s. *reitlen.*

reile^n *-ǫe-* schw.: eine Reihe, Reihen bilden, intr. mit haben oder refl. *Reihen machen.*

rei^n I Adj.: rein. **1.** fein, zart. Nur frk.: *rǎnǝr* Hanf; *rǎ* fein gestoßen, gemahlen. – **2.** wie nhd., frei von Schmutz oder Verfälschung; phys. u. geistig, bes. moralisch. Zumeist *sauber.* – *Reiner Wein* unverfälschter. *In's reine schreiben;* in der Schule das *Rein(schreib)heft.* Hieher *in's r. kommen, bringen, im reinen haben.* – *Das ist r. und wahr* kurzweg. *R. unmöglich.* – Am gebräuchlichsten: *der rei^{n}st^e ..., ^{da}s rei^{n}st^e Rindvieh.*

r e i n II s. *herein.*

Reine *-ĕ* f.: Reinheit.

R e i n f t l e i n s. *Ranft.*

Rei^n-g^{e}schmecker m.: Zugereister, Ortsfremder. S. *rein* II.

r e i n l e n (wiehern) s. *rüchelen.*

r e i r e n s. *reren* I.

Reisach *rǝisǎχ, -ĕχ, -ǐχ* n.; ohne Pl.: Reis, Reisig.

Reis-büschel, -buschel m., meist Demin. -büschele^{in} n.: Reisigbüschel, kleiner Reisigbund.

reise^n *-ǝi-* st., mod. in der Form = *reißen:* herabsinken. Nur noch vereinzelt gebräuchl.: Vom Abfallen des reifen Obsts: *D^{ie} Bire^n raišǝ. Der Nebel reist (hat g^{e}risse^n)* netzt.

Reis-hap^e *rǝis-hǭp* f.: Haumesser für Reisig. – **Reis-hauf(e^n)** m.: Reisighaufen.

R e i s i c h s. *Reisach.*

reisig Adj.: **1.** auf der Reise befindlich. – **2.** brünstig: *ein r-er Mensch, eine r-e Taube.*

Reiß *rǭǝs* m.: Rinne im Boden, bes. Radgeleise und Grenzfurche von Wiesen. – Dass. wird sein: *rǭs* n.: Reihe, lange Reihe von Heu oder Emd, zum Einführen fertig. Demin. Reißle^{in} *rǭǝslĕ* n.: Reihe, Reihe von Kresse, Reps u.ä. S.a. *Reißel, reißlen.*

Reiß-blei n.: Bleistift. Spez. Zimmermannsbl.

Reis-schlag m.: Waldabteil, der einem Bürger zum Sammeln von Reisig zugeteilt ist.

Reißel *rǭǝsl*, Pl. Reißle^n f.: = *Reiß*, Reihe.

reiße^n *-ǝi-;* S. *-ī-*, FRK. *-ae-;* Konj. Prät. kondit. z. ALLG.; Part. g^{e}risse^n *-ǐ-* st.: reißen. **1.** trans. a. einen *Riß* in etwas machen, ritzen. *Gerissene Wecken* Semmeln mit einer Längsritzung. *Klee r.* einen abgängigen Kleeacker umpflügen. *Gerste, Haber r.* durch die Schrotmühle zerreißen, so daß alles, auch die Spelzen, dabei bleibt. – b. zeichnerisch entwerfen. *Reiß mir g^{e}schwind e^{in} Rößle^{in} a^n's Tenne^{n}tor.* – c. mit gewissen Objj.: etwas darstellen udgl. *Schnake^n, Posse^n r.* – d. reißen. α. ohne Zusatz. Von einer durch R. beigebrachten Verletzung: *Er hat mi^{ch}*

g^erisse^n u. ä. Ferner = herausreißen. *Einen Zahn r. Stumpe^n, Heide^n r.* Wurzelstöcke, Heidekraut ausgraben. – β. mit adv. Zusatz. *Der sieht aus wie hinterfür durch e^{in} Hag g^{e}risse^n.* Übtr. *Vom Zaun r.* wie nhd. – γ. mit Obj. *Ein Loch r. I^{ch} hau^n mir e^{in} L. in meine Hose^n g^{e}risse^n* u. ä. – **2.** ohne Obj., mit haben. a. an etwas *r.* zerren. *Der Hund hat an der Kette gerissen* u. ä. Speziell, ohne Zusatz: ringen, raufen. *Der hat mit mir g^{e}risse^n* u. ä. – b. von *reißenden* Schmerzen. *Seine Glieder r. ihm so, es muß Unwetter kommen. Das R. haben* im Kopf, Arm, Bauch usw. – c. die Sau *reißt* ist brünstig. – d. gärender Most *reißt* prickelt; vorher *bitzelt* er. – e. das *R.* im Gaumen, statt mit der Zungenspitze, sprechen. Bekannt dafür sind bes. Stuttgart, Tübingen, Reutlingen. – **3.** refl., *sich r.* a. sich durch *r. 1 d α* verletzen. *Er hat sich am Finger gerissen.* – b. ein Versehen begehen. – c. *Sich mit einem r.* herumbalgen. *Ich reiße mich nicht darum.* – **4.** intr., mit sein. a. zerreißen. *Der Strick ist gerissen. Das Holz reißt* splittert leicht. – b. von *reißender* Bewegung des Wassers. *Der Bach reißt. – Den Gumpen reißen lassen* ihm den Lauf lassen. – c. Part. Präs. *reißend,* adv. wie nhd.: sehr schnell.

r e i ß e n II s. *reizen.*

Reißer *-əi-* m.: **1.** persönlich. – **2.** sachlich. a. Werkzeug zum *Reißen,* Einreißen von Buchstaben, Zahlen, Zeichen. So zum Bezeichnen von Holzstämmen. – b. unabsichtlich ungeschickte Rede; wenn man z. B. über einen schilt vor seinem Verwandten UNTERL. *Einen R. machen; Das ist ein böser R. gewesen* u. ä.

reißig Adj.: **1.** zu *reißen 2 c:* brünstig. – **2.** Adv. reißend; s. *reißen 3 c. 's Holz, däs gat hi' r. weg.*

reißle^n *rǭəslə* schw.: Rinnen in das Erdreich ziehen. Part. g^{e}reißlet *grǭəslət* Adj.: gefurcht.

R e i ß m a t e i ß s. *Revmatismus.*

Reist^e *rəišt,* S. *-i-,* FRK. *-ai-,* RIES *-ae;* Plur. *-e^n* f.: Bündel Flachs oder Hanf. Mod.: grobes Leinen.

Reis-well^e *-əi-* f.: *Welle,* Büschel von Reisig.

R e i t - s. *Reut-.*

R e i t e s. *Reute.*

Reite, Pl. *-enen* f.: Anwesen, Hofreite, freier Raum beim Haus.

Reitel *-ae-* NW. und HalbMA., *-ǫe-* O., *-ǭ-* W., *-ă-* FRK.; R e i k e l *rǫegl;* Pl. gleich, m.: **1.** Bengel, Prügel. Knebel zum Spannen eines Stricks; daher: *rädl* f. Kette mit Knebel zum Zusammenhalten der Wagenleitern. Prügel-, Wellholz zum Brennen, opp. *Scheiterholz.* – **2.** junger Waldbaum, bes. Laubholz. – **3.** aufgeschossener junger Mann.

Reitel-holz n.: Prügelholz.

r e i t e n s. *reuten.*

Reiter(e) *-əi-;* S. *-ĭ-,* FRK. *-ai-,* RIES *-ae-* f., R e i t e r m. n.: Sieb. *R.* bezeichnet das weiteste Sieb.

Komposs. mit *-R* sind meist für die weitesten Gattungen gebraucht: größte Weite. 1. *Kös-, Hälmen-, Kohl-, As-, Stroh-R.;* 2. *Schäfen-, Korn-, Haber-R.;* 3. *Dinkel-, Korn-, Durchschlag-, Haber-R.;* 4. *Trefzen-R.;* öfters heißt aber schon Nr. 2 *-Sieb. Er springt 'rum (ist drinn), wie der Furz in der R.*

reitere^n – Laut s. *Reitere* – schw.: durchsieben. Im SW., wo *reden* II nicht gebraucht ist.

reitle^n wie *Reitel;* r e i k l e^n schw.: **1.** knebeln. Spez. durch Zuschnüren eines Stricks odgl. mit einem *Reitel 1.* O. – Einen *rǭəglə* drosseln. – **2.** *Raitel 1* auslesen, z. B. aus dem Reisig.

Reit-zang^e *-əi-* f.: große Zange, die der Küfer zwischen die Beine nimmt, um die Reifen anzulegen.

reize^n, r e i ß e^n II schw.: **1.** reizen, schimpfen, schelten. – **2.** *rǭətsə* schaukeln TIR. – R e i z e r i^n *rǭətsərə̆* f.: hübsches und kokettes Mädchen. – r e i z i g Adj.: begierig.

rekta *rĕgdā* ͡ Adv.: geradewegs, direkt, kurzweg. *Jetzt gang^e i^{ch} r. zum Schultes.* – Anm.: lat. *recta via.*

Remigius m.: (kath.) Taufname. Kurzformen: *Remigi; Remig; Remes; Mīge.* Der Tag des h. R. ist prot. u. kath. der 1. Okt.

Remis^e *rĕmīs* ∪ˊ, Pl. *-e^n* f.: Wagenschuppen.

R e m s e l e s. *Rams 2.*

r e n - s. a. *rin-.*

r e n d i g s. *randig.*

Reneklod^e ∪∪ˊ, Pl. *-e^n* f.: grüne runde Pflaumenart, Prunus insititia Claudiana.

Renett^e *rĕnĕt* ∪ˊ, Pl. *-e^n* f.: Reinette, Apfelsorte, Pirus Malus Prasomila.

R e n g , r e n g s. *Ring, ring.*

R e n g e l s. *Ringel.*

R e n k l e s. *Rinke.*

r e n k(l)e n s. *ränk(l)en.*

Renne I f.: Mittel zum Gerinnenmachen der Milch; Syn. *Lab.* Bestehend aus Kalbsmagen und Molke SO. ALLG. TIR.

R e n n e II s. *Rinne.*

Renne III f.: Waldrebe, Clematis vitalba L. S. *Trenne, Liene.*

renne^n *rĕnə,* S. *rĕnə;* Part. g^{e}rennt schw.: **1.** trans., *rinnen* machen, gerinnen machen ALLG. – **2.** intr., mit haben, neuer sein; im ganzen wie nhd. – a. vom Pferd oder Reiter. *R. lau^n* laufen lassen, scharf fahren. *Laß de^n Karre^n r.* laß es gehen, wie's will. – b. vom Menschen zu Fuß. Von rascher, bes. allzu rascher Bewegung. – **3.** Inf. subst. n.: Wettrennen.

r e n n e n s. *rinnen.*

rennig Adj.: geil, verbuhlt, von Mädchen. Vgl. *läufig.*

Renommē *rĕnǭmĕ̆* ˅∪ˊ n.: guter oder schlechter Ruf. – r e n o m m i e r e^n ˅∪ˊ∪ schw.: *mit etwas r.* groß tun.

Reps *rĕ(ə)ps* (Raps) m.: die Ölpflanze Brassica Napus oleifera; auch geleg. Sinapis alba.

reputierlich Adj.: ehrbar, anständig. Bes. aber standesgemäß. *In dem Haus sieht's recht r. aus, geht's r. zu.*

rere[n] I *raerə, raiərə, raiərn, rẹirə* schw.: **1.** trans.: fallen lassen. – **2.** herabfallen, -rieseln; gew. in 2erlei Verbindungen: Vom Fallen des Obstes: *D[ie] Bire[n] rere[n]t so arg* u. ä. Ebenso vom Abfallen der Traubenbeeren bei ungünstigem Wetter. Andererseits vom Herabrieseln von Erde an Rainen, Abbröckeln morscher Steine.

rere[n] II *-ae-* westl. Mittelland, *-ẹ-* w. FRK., *-ẹə-* O. schw.: brüllen, heulen. Das Vieh *rert*. Noch mehr von Menschen: laut weinen, heulen, aus Schmerz oder Zorn. *R. wie ein Schloßochs.*

rerig *-ẹ-, -ae-* Adj.: im Zerbröckeln begriffen, von Steinen. Trocken, pulverig, z. B. von Sand, Salz, Schnee.

resch usw. s. *rösch* usw.

Resedle[in] n.: Garten-Resede, Reseda odorata L.

resolut *-üt* ᴜᴜ‿ Adj.: keck, entschlossen. Bes. *r-s Frauenzimmer, Weib.*

retur *rĕdür* ‿, auch ⌃ Adv.: zurück, *R. gehen, kommen. R. geben, kriegen* herausgeben. – Retur-schäs[e] *-šẹs*, auch R.-kutsch[e] f.: **1.** zurückgehender, daher billigerer Post- odgl. -Wagen. – **2.** wohlfeile Zurückgabe eines Vorwurfs, Schimpfworts udgl.

reuchelen (röcheln) s. *rüchelen*.

reue[n] *rəiə* HalbMA. W., *raiə* FRK., *ruiə* Mitte u. O., *ruibə* ALLG., *rĩəbə* TIR.; Part. g[e]reue[e] *grĩə* HalbMA. NW., *gruiə* Mittelland, *grəuə* da und dort, *grəibe*, g[e]reut *grəit* (frk. *grait*) HalbMA., *gruit* bes. S. st., schw.: reuen. Doch nicht bloß von der Reue über eine eigene Verfehlung oder Torheit; sondern auch von dem Bedauern über irgend etwas: Es reut mich, daß der Mann so schrecklich hat leiden müssen u. ä. Immerhin bez. *r.* einen gewissen Seelenschmerz; für leichteren Affekt, bes. des Ärgers, lieber *geheien*. *Das reut mich, so viel ich Haar auf dem Kopf habe. Da tät[e] mi[ch] jeder Pfennig r. für so Lumpe[n]zeug. – Sich etwas r. lassen,* bes. neg. und imper. *Laß dich's nicht r.*

reuse[n] *ruisə* schw.: **1.** jammern, wehklagen. – **2.** mit dem Kopf wackeln, wie Alte oder Kranke. – **3.** sich verwundern. – **4.** schelten.

reuße[n] *räesə* schw.: **1.** schnarchen; hart, schwer atmen. – **2.** grunzen.

Reute *rəidĕ*, FRK. *-ai-*, RIES *-ae-*; S. *rītĩ*; Pl. *-ene*[n] f.: Rodung, Neubruch. – Heute nur noch ON.

reute[n] *-əi-*; S. *-ĩ-*, FRK. *-ai-*, RIES *-ae-* st.: reuten, roden, urbar machen; einen Acker, Weinberg, o. ä. tief umgraben, im Weinberg spez.: die Wurzelstöcke ausgraben.

Reut-hau[e] f.: *Haue,* Hacke zum Reuten. Schmale Hacke oder H. mit 2 breiten Zinken. – S. *Karst.*

Reut-pickel m.: *Pickel* zum Reuten, s. a. *-haue.*

Reut-schlag m.: gereuteter *Schlag,* Waldteil. – Reut-schore f.: *Schore,* Spaten, zum Reuten.

Revmatismus *rĕfmädismüs* ᴜᴜ‿ᴜ m.: Rheumatismus. Andere Formen: *Rĕfəmätĩs, rəmätĩs, raismädais.*

revolutze[n] *-f-* ᴜᴜ‿ᴜ schw.: revolutionäre Umtriebe machen; ebenso Adj. revolutzisch.

Rewes *rĕwəs rĕbəs,* auch Rebbach m.: Gewinn, bes. der unerwartete, auch wohl, aber nicht notwendig; *einen R. machen.* – Anm.: aus dem Jiddischen.

rezent ᴜ‿ Adj.: kräftig im Geschmack; säuerlich, vom Wein und von Speisen.

Rib-eise[n] *rīb-* (W. N. *rīw-*) n.: Reibeisen. *Eine Haut, Gesicht, Hals wie ein R.*

Ribel *rībl,* W. N. *-wl* m.; Demin. *Ribele*[in] *(-w-, -f-)* ᴜᴜ n.: **1.** *R., R-le*[in] letzter Rest eines Brotlaibs. *E*[in] *R. Brot.* – **2.** *Ribel,* meist Demin. *R-le*[in]: auf dem Reibeisen oder sonst in kleine Flocken zerteilter Teig zur *R-suppe. E*[in] *Ribele*[in] *im Hals* Hustenreiz. Im Pl. = *-suppe,* spezieller *Wasser-, Milch-, Fleischbrüh-R.* – **3.** Demin. *Ribele*[in] kleiner Besen zum Geschirrputzen ALLG. – **4.** Dickkopf. *Der mit sei*[ne]*m R. (-le*[in]*)! Ei*[ne]*m de*[n] *R. (auch de*[n] *Ribele*[in]*) verschlage*[n]. Vgl. *Mostribel; Ribeleinskopf, -grind.*

ribele[n] *rībələ* schw.: mit dem Handtuch abreiben; waschen, reinigen ALLG.

Ribele[in]**s-grind** m. Dickkopf. – Ribele[in]s-kopf m.: dass.

Ribele[in]**(s)-supp**[e] f.: Suppe aus *Ribele*[in] 2. Syn. *Brüsel-, Zettels.; geriebene Gerste.*

Ribitzel(e[in]**)** n.: *rotes* und *schwarzes R.* Rote und Schwarze Johannisbeere, Ribes rubrum L. u. R. nigrum L. BAIRSCHW.

riblen s. *ripplen.*

Richte *-ẹ̆,* S. *-ĩ,* sonst s. *richten* f.: **1.** gerade Linie. – **2.** Nachgeburt beim Rindvieh, auch Pferd. Übtr. Unordnung nach Arbeit, Tätigkeit.

richte[n] *riχtə* N. u. HalbMA., *rĩχtə* Hauptgebiet, *rītə, rĩətə;* Part. g[e]richt[e]t schw.: *recht* machen. **1.** zurüsten, herrichten. Mit allen mögl. Objj. Verstärkt *z*[u]*weg r. Den Tisch r. für das Essen, die Stube r.* in Ordnung bringen, *die Uhr r.* wie nhd. *Ein Kind r., sich r.* anziehen, z. B. in die Kirche. *Die Haare r., sich r.* kämmen, frisieren. *G*[e]*richt*[e]*te Braut* geschmückte. *Die Kirche r.* für ein Fest schmücken. Bes. im Part. *G*[e]*richt*[e]*t* fertig, gerüstet. – **2.** züchtigen, einem der Meinung sagen: *Den hanne g*[e]*richt;* abrichten. *Einen Hund r.* – **3.** die Nachgeburt, *Richte,* von sich geben. – **4.** ausrichten, zu Stand bringen. Wenigstens neg. allgem. – **5.** einen Streit beilegen. *Streit r.* schlichten. – **6.** entrichten. *Richt*[e] *3 Batze*[n] bezahle 3 B. – **7.** in eine Richtung bringen. a. trans. Ein Geschütz *r.* wie nhd. *Das Wasser auf*

seine Mühle r. seinen Vorteil suchen. – b. refl.
Sich nach einem, nach etwas r. wie nhd. – **8.**
gerichtlich. a. im allgem., Recht sprechen. – b.
spez.: einen verurteilen, das Todesurteil an ihm
vollziehen.

richtig Adj. Adv.: im wesentl. = *recht;* im allgem.
ist hier *recht* populärer, *r.* aber auch allgem.
üblich. *R. machen* in (rechtsgültige) Ordnung
bringen. *Er ist n. r. (im Kopf, im G^erech* u. ä.).
Es ist n. r. spukt.

Rick *rīk,* NO. *rīk,* Pl. gleich, m.; Demin. Rickle^in
-i̓- n.: **1.** Bündel von gesponnenem und gehas-
peltem Garn, Wolle, Seide. – **2.** Schleife an
einem Band udgl. Schnur, mit der man Klei-
dungsstücke enger zusammenzieht. – Hieher
wohl auch: *etwas im R. haben* am Bändel.
Ebenso *all^e R.* jeden Augenblick; s. *Ritt.*

riebig s. *ruig.*

riech *rīǝχ* Adj.: **1.** rauh, ausgetrocknet. Spez. vom
Brot, vom (Acker-)Boden, vom Gaumen, Hals.
– **2.** schlecht schmeckend.

rieche^n *rīǝχǝ,* äuß. NW. *-ī-;* Part. g^eroche^n *-ǫ̆-* st.:
1. rauchen; vor dem 17. Jahrhundert für „rau-
chen" nur *riechen. Wo's riecht, da brennt's.* – **2.**
wie nhd. a. obj.: einen Geruch von sich geben.
Er riecht nach Tannenholz wird wohl bald ster-
ben. – b. subj., Geruch wahrnehmen. *Es muß
nicht weit in's Dorf sein, man riecht schon Men-
schen.* – Für 2 a b noch heute populärer *schmek-
ken (schmacken).*

Riecher m.: *einen guten R. haben* gute Nase. –
Riech-kolb(e^n) m.: Nase.

Ried *rīǝd,* Pl. -er n.; Demin. -le^in n.: Moor.

Rieder *rīǝdǝr,* Pl. gleich, f.: lange Reihe Heu oder
Emd. Syn. *Belage, Loreie.*

riedig Adj.: moorig, von Wiesen.

riefen s. *rufen.*

Riele s. *Rue.*

rielen (wiehern, röcheln) s. *rüchelen.*

Riem^e *rēǝm,* südlicher *r̥ēǝm,* südl. OSCHW. *rīm,*
FRK. *rī(ǝ)m;* flekt. (auch Nom.) -e^n m.; Demin.
Riemle^in n.: Riemen. **1.** eig., Lederriemen, u.
bildl. *De^n R-e^n ziehe^n* bezahlen. *Es geht (einem)
an die R-n* er kommt in Not. – **2.** übtr., langer
schmaler Streifen; Streifen Lands. – **3.** männl.
Glied.

Riem^e^n-bode^n m.: aus schmalen und kurzen Holz-
stücken bestehender Boden, s. *Rieme 2.*

riesch s. *rösch.*

Riester *rīǝštǝr,* Pl. gleich, m. n.: **1.** Streichbrett am
Pflug, das den Boden umlegt. Syn. *Molt-, Wul-,
Wend-, Streich-, Riesterbrett.* – **2.** Liester
ALLG.: aufgesetzter Fleck am Schuh. – **3.** übtr.
a. eingesetzter Fleck, *Bletz,* Schmutzfleck.
Tüchtig beschmutztes Kleid. *Bleib au^ch hocken
auf dei^ne^m R.* – b. Schelte. Altes Weib.

riestere^n schw.: *einen Schuh r.* einen *Riester 2*
drauf setzen.

Rif, rif s. *Reif, reif.*

Rifel s. *Ribel.*

Riffel *rifl* m. f.: **1.** kammartiges Werkzeug. a. zum
Säubern des Flachses oder Hanfs von den Sa-
menkapseln. – b. zum Abstreifen der Heidel-
beeren. – **2.** m., Plur. gleich: Rüffel, Verweis.
Einen R. geben, kriegen.

riffle^n schw.: **1.** Flachs oder Hanf *r.* durch die *Riffel
1 a* ziehen. – **2.** *einen r.* rüffeln, ihm einen *R. 2*
geben. – **3.** reiben, *ficken.* Verbreiteter *ripsen 1;*
s. a. *ripplen 1.*

Rigel *rīgl; rīgl* S., auch NW.; *rīχl;* Pl. gleich, m.;
Demin. Rigele^in ⌢ n.: Riegel. **1.** eig., Quer-
holz oder -eisen zum Verschluß u. bildlich: Hin-
dernis. – **2.** Holzstück, das zur Verbindung
dient. a. am Faßboden das oder die Querstücke.
– b. kleiner Balken einer Hauswand, Fachwerk.
Mehr *Rigelwand,* s. d. – **3.** eiserne Querstange. –
4. Demin. Hafte oder an ihrer Stelle umflochte-
ner Faden zum Einhängen der Haken an Klei-
dern, Aufhänger.

rigel-dumm Adj.: sehr dumm.

Rigel-wand f.: Fachwerkwand. Mit einem ganz
dummen (s. *rigeldumm*) könnte man *Riegelwän-
de hinein (hinaus) schlagen* (stoßen o. ä.).

rigle^n schw.: **1.** den Riegel zumachen. Doch meist
ver-, zu-. – **2.** ein Haus *r.:* mit *Riegelwänden*
bauen. Part. g^eriglet so gebaut: *e^in g-s Haus; der
ober^e Stock g., der unter^e massiv.*

Rill^e, Pl. -e^n f.: Vertiefung. Kleine Wasserleitung
im Feld. Vertiefungen in Bausteinen, bes. an
Kirchen, durch Wetzen schneidender Werkzeu-
ge odgl. erzeugt.

Rind *-ê̆-,* N. S. *-ī-; -n- (-d-* fällt aus); flekt. (auch
Nom.) -e^n; Rindem^e *(-ǝm;* -nn-), Pl. -eme^n;
Rinde *rěnǝdǝ* f.: Rinde, vom Baum, Brot,
Käse.

rindere^n I *-ǝrę̆* Adj.: vom Rind stammend. Bes.
vom Fleisch.

rindere^n II schw.: intr., mit haben. **1.** brünstig sein,
von der Kuh. Auch vom Sprung selbst. – **2.** von
Menschen: saufen und spielen.

Rind-vih *(-mpf-)* n.: im eig. Sinn selten. Um so
allgemeiner als Schelte für einen Einzelnen.

Ring *rěŋ,* S. N. *rīŋ,* Plur. Ring^e m.; Demin.
Ringle^in n.: Ring. **1.** Fingerring. – **2.** Ring an
der Kette udgl., von Eisen o. ä. – **3.** Backwerk in
Ringform; Demin. *Ringle^in* auch Bretzel SW. S.
– **4.** von und an Bauwerken. – **5.** Kreis als Plan-
chen. – **6.** am menschlichen Körper in RAA.
*Der (Die) hat no^ch de^n (rote^n) R. am Arsch (Füd-
le, Hintere^n)* ist noch viel zu jung; nach dem
Eindruck des Nachttopfs bei kleinen Kindern. –
7. *R. um den Mond.* – **8.** ringförmige Menschen-
menge. a. die Umsitzenden bei einer Versamm-
lung. – b. ein beliebtes Kinderspiel bestand dar-
in, daß die Kinder, sich an den Händen fassend,
einen geschlossenen Ring bildeten und so im

Kreis herumgingen mit den Reimen *Ringə Ringə Reie^n*, seltener *Ringel* usw. oder *Ringle^{in}* usw. – **9.** adv. für die Kreisbewegung. *Im R. 'rum.*

ring *rẹ̆ŋ*, N. S. *rĭŋ* Adj. Adv.: **1.** leicht. a. von Gewicht. α. phys., leicht zu tragen. – Vom Getreide: leichte Frucht, die beim Putzen abgesondert wird. – Backwerk ist *r.*, wenn (zu) viel Wasser an den Teig kommt. – Überh. leichtbeweglich. – β. übtr., leicht zu ertragen. *Jetzt ist's wieder r.* leicht um's Herz. – γ. subj., wer etwas leicht nimmt. *R-er Sinn* leichter Sinn, Leichtsinn. – b. leicht zu tun. Hauptbed. *Es geht r. Er schafft, tut r. Eine r-e Arbeit. Des ist mir e^{in} R-s.* – Häufig Kompar. = besser, eher, lieber. *I^{ch} wär^e r-er g^efahre^n.* U. ä. – **2.** gering. a. von Dingen. Rein quantitativ: klein. Meist geringwertig. – b. von Menschen. α. phys.: klein. Meist spez.: schwach, auch vom Vieh. *E^{in} r-s Mädle^{in}* usw. – β. von niederem Stand. – γ. geistig unbedeutend. – δ. moralisch niedrig. *Mit dir streit^e i^{ch} ^nit, du bist m^ir z^u r.*

Ringel m.; Demin. Ringele^{in} n.: **1.** drehende Bewegung. *Im R. 'rum.* – **2.** Pflanzenname. a. Seiden- oder Teufelszwirn-Arten, Cuscuta L. – b. Demin.: Garten-Ringelblume, Calendula officinalis L. – c. Demin.: Gewöhnliche Wucherblume, Chrysanthemum leucanthemum L. – d. Demin.: Weidenblättriges Ochsenauge, Buphtalmum salicifolium L. – e. *gel^b e Ringele^{in}* Jakobs-Greiskraut, Senecio jacobaea L.

Ringel-spatz m.: **1.** Feldsperling, Passer montanus. Syn. *Feld-.* – **2.** Rohrammer, Emberiza Schoeniclus. – *Schelten wie ein R.*; vgl. *Rorspatz.* Syn. *Mos-, Ror-.*

Rink^e *rẹ̆ŋk*, s. *-ĭ-; rĭk, rāēk;* flekt. (auch Nom.) -e^n m., meist Demin. Rinkle^{in} n.: Schnalle, Spange, Strumpfband.

rink(l)en s. *ränk(l)en.*

Rinn^e *rẹ̆n*, N. S. *-ĭ-;* flekt. (auch Nom.) Rinne^n; Pl. auch Rinnene^n f.: wie nhd. Rinne.

rinne^n *rẹ̆nə*, N. S. *-ĭ-;* Part. g^eronne^n*-ọ̆-*, N. S. *-ŭ-*, st.: **1.** laufen. a. von Mensch oder Tier. Im Hauptwesen vom an die Stelle getretenen *rennen 2* im Präs. nicht unterscheidbar; dagegen kann gelegentl. das Part. *I^{ch} bi^n g^eronne^n* noch gehört werden. – b. von Flüssigkeiten. α. Subj. die Flüssigkeit selbst; gebraucht nur noch von schwachem Fließen wie nhd.; auch dafür *laufen.* Aber am Bod. allgem. r., Subst. *Rinnen, Runs,* für die unmerkliche horizontale Bewegung der Oberfläche des Seewassers Bod. – **2.** ein Gefäß *rinnt* läßt Flüssigkeit durchsickern, wie nhd. – **3.** Milch *rinnt* gerinnt. Im Part. *g^eronne^n* neben *g^erennt.* – **4.** Pflanzensamen *rinnt* geht auf.

rinnig Adj.: rinnend, undicht; *ein r-s Faß* u. ä.

Ripp *rĭb;* Pl. gleich, n. (Pl. -e^n f.): **1.** Rippe am menschlichen oder tierischen Körper. *E^{in} R. 'nei^nfalle^n, breche^n.* – Metzgerausdrücke. *Hohe Ripp^e* mittleres Rippstück beim Ochsen. Demin. *Ripple^{in}* n., deutlicher *Schweins-R.:* geräucherte Schweinsrippe, Rippespeer (gebraten *Kotlett*). – **2.** rippen-ähnlicher Gegenstand. Längsleisten der Egge, worin die Zähne sitzen. – **3.** für das Weib nach Gen. 2,21f. *Eva ist ^{da}s erst^e R. Ein böses Weib ist e^{in} R. vom Teufel.* Meist einfach *Ripp* n. *E^{in} recht^es R.*

ripple^n schw.: **1.** reiben, fegen. – **2.** refl., *sich r.* sich rühren.

ripse^n *rĭpsə;* ripsle^n schw.: **1.** hin und her reiben, scheuern. Ohne Obj.; trans. *ab-, verripsen;* oder aber refl. *sich r. Eine Sau, ein Ochs ripst sich* reibt sich am Trog, an der Wand. – **2.** stehlen.

Ris *rĭs:* **1.** Schleifbahn auf dem Eis BairSchw. – **2.** Holzrutsche Sww. – **3.** Kegelbahn.

Rise f.: = *Ris 2,* Rutsche für Holz o. a., natürlich oder aus Holz oder Stein gemacht.

Risel *rĭsl,* S. *-ĭ-* m.: **1.** das Rieseln. Demin. Pl. Risele^{in} Hagelgraupen. – **2.** feiner Kies, kleine Steine. – **3.** Fleck auf der Haut. a. = *Frisel,* die Krankheit. – b. Sommersprosse. Nur Demin. Risele^{in}, meist Pl. Dafür auch Riseme^n *rĭsəmə.*

ris(e)le^n *rĭs(ə)lə,* S. *-ĭ-,* schw.: rieseln. Vom feinen Regen; in der Mitte zw. *niblen, tröpflen* und *sprenzen.*

riselig Adj.: voll Sommersprossen, auch *-emig.*

Risel-wetter n.: Graupelwetter.

Risemen s. *Risel 3 b.*

Riese^n-latt^e f.: Riesenrausch; s. *Latte 4;* aber auch *L. 3* möglich: *Des ist e^{ine} R.* langer Mensch.

rislen s. *riselen.*

Riß *rĭs,* NO. *rĭs;* Pl. Riss^e *-ĭ-* m.: **1.** Riß, Schlitz in etwas. *Riss^e tu^n* etwas schnell wegarbeiten. – **2.** Zeichnung. – **3.** Pl. *Riss^e* Schläge. – **4.** Pl.: *Riss^e mache^n* Witze, Aufschneidereien.

Riß-macher m.: Spaßmacher, Aufschneider.

Rist *rĭšt* m.: beim Pferd die Erhöhung zw. Hals und Rückgrat.

Ritt *rĭt,* NO. *rīt* m.: wie nhd. *Einen R. tun* u. ä.; bes. in der RW.: *all^e (äll^e) Ritt^e* alle Augenblicke. Wohl immer etwas tadelnd oder doch unwirsch: *All^e R. kommst du und willst Geld.* Dafür auch *all^e Rick(s),* s. *Rick 2; all^e Rung.*

rittlinge^n, -lings Adv.: im Reitsitz.

ritz-rot Adj.: feuer-, scharlachrot.

ro- s. a. *ra-.*

Ro s. *Ram.*

Rochus m.: Name des Heiligen; sein Tag 16. Aug.; nicht häufiger (kath.) Taufname. R. wird gern dargestellt mit Pestbeulen am Knie.

Rock-dote f.: Patin.

Rocke^n I *rȯgə,* Pl. gleich, m.: Spinnrocken. Das Simplex allgem. frk. Im übrigen Gebiet: Schwab. u. NW., vielmehr *Kunkel.*

Rocken II (Getreide) s. *Roggen.*
rocken s. *rucken.*
rockes *rǫgəs,* s. *-ĭs:* in Verbindungen wie: *R. bok-kes, gᵉschwind! Wer (ᵉs) net sieht, ist blind.*
Rod s. *Rad.*
Rodel I *rǫdl,* S. *-ǫ̆-;* Pl. R ö d e l *-ę̄-,* S. *-ę̆-* m.: **1.** Liste, amtl. Verzeichnis. – **2.** zylindrisch aufgerollte Wachsschnur, in der kath. Kirche und sonst üblich. Das Wort *R.,* genauer *Wachsrodel,* ist aber wohl nur kath. – **3.** Pflanzenname. Großer roter *R.,* auch *Rodelkraut* Sumpf-Gänsekraut, Pedicularis palustris L.
Rodel II *rǫdl* n. m.: das bair.-tirol. *R.* Kinderschlitten.
r o e - s. a. *rei-.*
R o e s. *Rain.*
r o f - s. a. *ranf-.*
r o g(e)l e n s. *ruglen.*
Roggeⁿ *rǫgə* m.: wie nhd., die Getreideart Secale cereale L. Meist Winterfrucht: *Winterr.,* seltener *Sommerr.*
Rolle I *-ę̄* m.: **1.** Kater. – **2.** alter, magerer Gaul. – **3.** Mensch mit Lockenkopf. – **4.** lärmender Mensch. – **5.** Trollblume, Trollius europaeus L.
Rollᵉ II *rǫl,* Pl. *-* e ⁿ f.; Demin. R ö l l(e)l e iⁿ *rę̆-* n.: rundlicher Gegenstand. a. Walze, Spule. – b. Aufgerolltes. Pl. *Rolle*ⁿ Locken. – c. runde Schelle, wie am Pferdegeschirr.
Rolleⁱⁿ, *-ǫ-* n.: **1.** ein Kinderspielzeug. – **2.** *e*ⁱⁿ *Rolle*ⁱⁿ *(Rölle*ⁱⁿ*) mache*ⁿ pissen, von und zu Kindern, bes. in's *Häfele*ⁱⁿ. Syn. *Wässerlein.* Vgl. *rollen 2.*
rolleⁿ *-ǫ̆-* schw.: **1.** wie nhd. *All mei*ⁿ *Silber und all mei*ⁿ *Gold ist mir durch mei*ⁿᵉ *Gurgel g*ᵉ*rollt.* Im allgem. nicht pop., dafür *kuglen, wallen* u. a. – **2.** plätschern, von einer Flüssigkeit. Pissen, bes. von Kindern. Vgl. *Rollein 2.* – **3.** mit *Rollen* II 1 c, runden Schellen, klingeln. – **4.** *Gerste* r. schroten. – **5.** ausgelassen sein, mutwillig lärmen; unartig sein, von Kindern OSCHW. Geräuschvoll lachen.
Rolleⁿ**-har** n.: Kraushaar. Dazu r o l l - h a r i g Adj.
Rolleⁿ**-kopf** m.: Krauskopf, sachl. u. persönl.
Roll-hafeⁿ (R o l l e ⁿ -) m.: **1.** Hölle. Fegfeuer ALLG. – **2.** Demin. *Rollhäfele*ⁱⁿ Brunzhafen.
r o l l h a r i g s. *zu Rollenhar.*
rollig Adj.: **1.** lockig. – **2.** ausgelassen lustig, schamlos BAAR OSCHW.
rolzeⁿ schw.: laut schwatzen und lachen.
r o m s. *herum.*
r o m - s. a. *rum-.*
R o m s. *Ram.*
r o m e n s. *raumen.*
R o m e t e s. *Raumete.*
r o m i g s. *ramig.*
r o n - s. a. *run-.*
r o n t e r s. *herunter.*
r o p f e n usw. s. *rupfen* usw.
Rörleⁱⁿ: **1.** n. Demin. von Rohr. Fach im Kachelo-

fen, zum Warmhalten von Speisen. – **2.** m. n. pfiffiger, geschickter Mensch. *Du R.!,* nicht selten auch ironisch. *Des ist e*ⁱⁿ *ganzer R.* udgl. – Anm.: Nach dem Helden eines Volksschwanks, „Gottlieb Rohr" oder „Röhrle" von Häfner-Neuhausen. Dieser soll sich in der Armee Napoleons I hervorgetan und dem Kaiser auf die Aufforderung, sich eine Gnade auszubitten, geantwortet haben, er brauche keine Gnade, habe nur seine Schuldigkeit getan; worauf Nap.: „Röhrle, Er ist ein Herrgottsackermenter."
rörleⁿ *-ae-* W., *-ę̄-* S. schw.: rieseln, in dünnem Strahl fließen. *ᴰᵃs Blut ist 'raus g*ᵉ*rörlet* u. ä.
Ror-spatz, Pl. *-* e ⁿ m.: sperlingsartiger Vogel, Rohrammer, Emberiza Schoeniclus BAIRSCHW. S. a. *Mos-.* Bes. *schimpfen, schelten (schreien, aufbegehren) wie ein R.*
r o s s. *raß.*
Rosch s. *Rost* II; röschen, roschen s. *rösten.*
rösch *rę̆š* S. NW. HalbMA., *raeš* w. MITTELLAND, *rę̄əš* w. FRK., *rę̄əš* O. Adj.: **1.** hart, spröde. a. von Gebackenem oder Gebratenem: knusperig. *R-e Wecken, Bretzlen* u. ä. – b. von anderem; bes. von Heu, Emd, Getreide, Hanf udgl.: trocken, ausgedörrt; opp. *lumpf.* – **2.** frisch, rasch u. ä. – Gesund, stark. *Ich werde immer r-er.* Bes. auch von Weibspersonen. *E*ⁱⁿ *r-er Wittwer (Wittling), e*ⁱⁿᵉ *r-e Wittfrau* gleich wieder aufs Heiraten aus, noch wohl dazu geeignet. Rasch zur Tat, entschlossen. Barsch, grob, leicht aufbrausend. *Der Amtma*ⁿⁿ *ist heut r.* heftig. – **3.** steil, abfallend. *E*ⁱⁿ *r-*ᵉ*s Dach.*
Rösche *rę̆šę̆* f.: Abstr. zu *rösch.* Mut, Kraft, Ausdauer.
r ö s c h e n s. *rösten.*
rös(e)leᶜʰ**t** Adj.: rosenrot, rötlich.
Roseⁿ**-knopf** m.: Rosenknospe.
Rosenmucke s. *Ros-.*
Rosmuckᵉ, Pl. *-* e ⁿ f.: **1.** Sommersprosse, Leberfleck der Haut. Syn. *Riseme, Tupfe, Sonnenfleck, Sommervogel;* wenn groß, *Kupflätter.* – **2.** Pflanzen (Blumen), die *R-n 1* verursachen sollen, wenn man dran riecht, z. B. Gentiana verna oder Scilla bifolia oder Gagea lutea.
rosmucket, -ig Adj.: mit Sommersprossen behaftet.
Roß I, Pl. gleich, auch R ö s s e r, bes. SO., n.: Pferd.
R o ß II s. *Reiß.*
Roß-bollᵉ, Pl. *-* e ⁿ f.: Pferde-Exkrement.
rosseleⁿ *-ǫ̆-* schw.: nach dem Pferdestall riechen.
rosseⁿ *-ǫ̆-* schw.: brünstig sein, von der Stute.
roß-häreⁿ Adj.: aus Roßhaar.
Roß-hubᵉ *-hūəb,* Pl. *-* e ⁿ f.: Huflattich, Tussilago farfara L., mit Blättern ähnlich einem Pferdehuf.
Roß-ideᵉ ⌢⌣, Pl. *-* e ᵉ ⁿ ⌢⌣⌣ f.: ungeheuerliche Idee.

rossig -ǭ- Adj.: brünstig, von der Stute.
roßleⁿ -ǫ̈- schw.: **1.** = *rossen*, von der Stute. – **2.** mit Pferden gern umgehen, Handel treiben, reiten, darnach riechen.
Roßmal s. *Rosmucke*.
Roß-nagel m.: **1.** Hufnagel. – **2.** Kaulquappe. – **3.** *Roßnägele*ⁿ Pflanzenname. a. Karthäuser-Nelke, Dianthus carthusianorum L. – b. Heide-Nelke, Dianthus deltoides L. – c. Kornrade, Agrostemma githago L. – d. Frühlings-Enzian, Gentiana verna L.
Roß-natur f.: *eine R. haben* sehr robuste Gesundheit.
Roß-pappel f.: Wilde Malve, Malva sylvestris L.
Roß-schmeckete f.: **1.** Roß-Minze, Mentha longifolia (L.) Huds. – **2.** Wirbeldost, Calamintha clinopodium Spenn.
Roß-schwanz m.: **1.** eig., Pferdeschwanz. – **2.** Schachtelhalm-Arten, Equisetum L.
Roß-strick m.: Krauser Ampfer, Rumex crispus L., auch Stumpfblättriger Ampfer, Rumex obtusifolius L.
Roß-veigeleⁱⁿ n.: Gesamtname für die geruchlosen Veilchen-Arten, Viola L., bes. Hunds-Veilchen, Viola canina L., u. Rauchhaariges Veilchen, Viola hirta L.
Rost I *rǭšt;* NO. *rǫ̈št,* (ö.) FRK. *rǭušt;* Rust *rūǝšt* m.: wie nhd. **1.** Rost am Metall, bes. Eisen. *Eiⁿᵉm deⁿ R. 'rab* (NW. u. HalbMA.) *'runter tun* ihm gehörig die Meinung sagen. – **2.** Brandpilz am Getreide. Syn. *Brand, Flug, Tau, Ziegeltau.*
Rost II -ǭ- S. NW. HalbMA., -ao- W. MITTELLAND, -ǫ̈- w. FRK., -ǭǝ- O.; Rosch; Pl. -ę̈-, -ae-, -ę̈(ǝ) m.; Demin. Röstle ⁱⁿ *(-sch-)* n.: wie nhd. Rost. **1.** Feuerrost im Ofen oder Herd. – **2.** Holzrost, als Fundament. – **3.** Bettrost. Genauer *Bett-*.
rösteⁿ, rösche ⁿ schw.: rösten. **1.** am Feuer. Part. *gᵉröstᵉt. G-e Kuttleⁿ, Leber, Spätzleⁿ* u. ä. Subst. *(eⁱⁿ) Gᵉröstᵉtᵉs* irgend eine g-e Speise; spez. g. Leber, Kutteln. – **2.** dörren, mürb machen ohne Feuer.
Rost-fleck m.: wie nhd. Populärer ist wohl -*mase.*
Rost-masᵉ f.: Rostfleck. Vgl. a. -*fleck.*
rot *rǭt* S. NW. HalbMA., *rǫ̈t* FRK., *rāt, rǭǝt* O., *raot* Mittelland; Kompar. Superl. meist umgelautet: -ę̈-, -ę̈-, -ę̈ǝ-, -ae- Adj.: im ganzen wie nhd. Besonders: *R-e Flecke*ⁿ Masern.
rot-backet, -backig Adj.: rotwangig.
Rot-brüstleⁱⁿ n.; -brüstling m.: Rotkehlchen, Erythacus rubecula.
Röte -ę̈-, -ę̈(ǝ)-, -ae-(-ai-); Rötne; Röting *rę̈ǝdīŋ* f.: **1.** im allgem.: das Rotsein. *Der brennt vor R.* – **2.** Röte am Himmel. Genauer *Morgen-, Abend-*.
Rötel m.: **1.** Roteisenstein zum Zeichnen. – **2.** dicke rote Nase.
Röteleⁱⁿ n.: **1.** Rotschwänzchen. Genauer *Garten-*

Ruticilla phoenicurus, *Haus-* R. Tithys. – **2.** rothaariger Mensch, scherzh.
rotlecht, rötle ᶜʰt, Adj.: rötlich.
Rot-schwanz m., meist Demin. -schwänzle ⁱⁿ n.: die beiden Vogelarten Ruticilla phoenicurus *(Garten-)* u. R. tithys *(Haus-);* vgl. *Rotbrüstlein.*
rottleⁿ -ǫ̈- schw.: rütteln DON. OSCHW. ALLG.
Rot-wadel *-ā-* m., Demin. -wädelle ⁱⁿ -ę̈-n.; Rotwedel -ę̈- m., Demin. -wedelle ⁱⁿ -ę̈- n.: **1.** = *Rotschwanz.* – **2.** rothaarige Weibsperson.
rot-wälsch Adj.: Gauner- usw.-Sprache. Dazu rot-wälsche ⁿ schw.: *r.* reden. Von da aus, wie einf. *wälsch,* für irgend eine unverständl. Sprache; vgl. *kauder-.*
Rotz *rǭts,* NO. -ǭ-, FRK. -ǭu-; Pl. fehlt, m.; Demin. Rötzle ⁱⁿ *rę̈-* n.: **1.** Nasenschleim. *Eⁱⁿᵉⁿ R. 'raᵇ-henke*ⁿ eig. und: sich weinerlich anstellen. *R. und Wasser heule*ⁿ *(heune*ⁿ*, briege*ⁿ*, schreie*ⁿ*, zänne*ⁿ*, belle*ⁿ o. ä.) heftig weinen. *Eiⁿᵉm (de*ⁿ*) R. an Backe*ⁿ *schmiere*ⁿ ihm schmeicheln. – **2.** ansteckende Krankheit bei Haustieren.
Rotz-affᵉ m.: Schelte für Kinder und junge Leute.
Rotz-bäkel -ę̈- m.: Rotzklumpen.
Rotz-bremsᵉ f.: Oberlippenbart.
Rotz-buᵇᵉ m.: starke Schelte.
rotzeⁿ schw.: *Rotz 1* herauslaufen lassen, auch von Speichel. Flennen, heulen, verächtlich.
Rotzer -ǫ̈- m.: Schelte für junge, grüne, vorlaute usw. Burschen.
Rotz-faneⁿ m.: Nasen-, Taschentuch. Vgl. *-lappen, -tuch.*
Rotz-glockᵉ f.: der herunterhängende Nasenschleim, auch pers. wie *-nase.*
rotzig Adj.: zu *Rotz 1. R-e Nase* udgl., vgl. *Rotznase.* Von Menschen bald eig., bald allgemeines Scheltwort.
Rotz-kengel; -klengel m.: = *-glocke.*
Rotz-laffᵉ, flekt. - eⁿ m.: Schelte; = *Rotzer.*
Rotz-lappeⁿ m.: Taschentuch. S. *-fanen.*
rotzleⁿ schw.: ungefähr = *rotzen.* Unter Schluchzen und Weinen bitten.
Rotzler m.: **1.** = *Rotzer.* – **2.** Schnupfen.
Rotz-löffel m.: Schelte; = *-laffe.*
Rotz-nasᵉ f.; Demin. -näsle ⁱⁿ n.: rotzige Nase und wer eine solche hat; Schelte, als Demin. mehr kosend, für beide Geschlechter. *Putzᵉ deiⁿᵉ R.! R., halt's Maul! Die R. will schoⁿ eⁱⁿᵉⁿ Maⁿⁿ!* u. ä.
Rotz-spiegel m.: glänzende Stelle am Ärmel, vom Abwischen der Nase.
Rotz-tuch n.: Taschentuch.
rüber s. *herüber.*
rubes *rūbǝs,* s. *-īs* Adv.: *r. und stubes* radikal, mit Stumpf und Stiel, alles miteinander. *Alles auffressen, r. u. st.* udgl.
rübig -īǝ- Adj.: aus Rüben gemacht; *r-s Kraut.* – Anm.: Ein gleichlautendes, ganz verschiedenes *rübig* s. *ruig.*

Ruch *rūəx,* flekt. R u c h e ⁿ m.: **1.** von Menschen: Nimmersatt, der nie genug bekommt. a. Geizhals, Wucherer. – b. Vielfraß, von Mensch und Vieh. – **2.** Vogelname. a. eine Krähenart. – b. Haubensteißfuß, Podiceps cristatus BOD.

rü(c)h(e)leⁿ schw.: intr., mit haben. **1.** wiehern, vom Pferd oder Esel. Formen: *rḗlə; rḗələ, rāēlə; rēchələ.* – **2.** vom Menschen: röcheln; bes. wie nhd. von Sterbenden, aber auch von schwerem Atem überh., Schnarchen udgl. Formen: *rĭχlə, rĭklə* beide S. Nördlicher *hürchlen.*

ruchet *rūəxət* Adj.: habgierig RIES. Gew. *-ig,* s. d.

ruchig *-ūə-* Adj.: gierig, unersättlich, habgierig, gefräßig. Vgl. *ruchet.*

r ü c h l e n s. *rüchelen.*

r u c h z e n s. *ruckausen.*

Ruck m.: wie nhd., kurze, stoßweise rückende Bewegung. *Einen, keinen R. tun.* Besonders: *Allᵉ (ällᵉ) Rückᵉ (Ruck)* jeden Augenblick; *ällᵉ R. und ällᵉ Trittᵉ; ällrücks.*

ruckauseⁿ *rŭgəusə* ͧ◡, ◡◠◡; *-ūsə;* r u c k s e ⁿ *rŭksə,* r u k e ⁿ *-ū-* schw.: **1.** girren, Lockton und Tanz der männlichen Taube. Im NW. *gurren.* – **2.** übtr. von Menschen. a. verliebt tun. – b. vom ersten Lallen des Kinds. – c. unruhig hin und her rücken, nicht still halten können. – **3.** vom Quaken der Frösche. – R u c k a u s e r m.: Täuberich; Verliebter.

Ruckᵉ, R u c k e ⁿ m.: Rücken. **1.** der menschliche oder tierische. Als eig. Bezeichnung so zieml. außer Gebrauch, dafür *Buckel.* – **2.** übtr. auf die Rück- oder Oberseite anderer phys. Gegenstände, z. B. stumpfe Seite eines Messers, Bergrücken.

ruckeⁿ *-ŭ-* schw.: rücken, wie nhd. **1.** trans. *Den Hut r.* abnehmen. Geld *an einen, an etwas r.* drauf verwenden. – **2.** intr., mit sein: vom Platz r., einem andern Platz zu machen. *Ruckᵉ auᶜʰ (eⁱⁿ bißleⁱⁿ)!* u. ä. Mit adv. Zusatz: *'nauf, 'nab, 'num, hintere, füre, nache r.* usw.

Rucker m.: rasche, kleine Bewegung, wie *Ruck,* aber häufiger als jenes, auch Pl.; Demin. *Ruckerleⁱⁿ* n. *Einen R., ein R-leⁱⁿ tun,* auch übtr., von einem kleinen, aber deutlichen Fortschritt.

Ruckete f.: das *rucken.*

rückleⁿ *rĭ-* schw.: rütteln. *An einem 'rum r.,* ihn zu wecken. Bes. aber an einem Schloß, Riegel r., um zu öffnen; an der Türklinke r., um Einlaß zu begehren.

r u c k s e n s. *ruckausen.*

rudereⁿ *-ūə-* schw.: **1.** rudern. – **2.** tüchtig arbeiten BAAR. Auch = *rudlen.*

rudleⁿ *-ūə-* schw.: = *ruderen 2,* in etwas herumrühren. Gew. ohne Obj.; aber auch: *Mist r.* den M. auf der Wiese verrechen und zerkleinern.

R u e s. *Rain.*

Ruᵉ *rūə,* äuß. NW. *rū,* im SW. geleg. noch *rūəb,* f.: Ruhe; im ganzen wie nhd. **1.** phys.: das Ausru-

hen. *Eⁱⁿᵉ gute R. isᵗ aᵘᶜʰ eⁱⁿᵉ gute Suppᵉ.* So bes. Demin. R ü l e ⁱⁿ *rīəlĕ* n.: *Eⁱⁿ R. ist (gaht) über eⁱⁿ Brühleⁱⁿ.* – **2.** ruhiger, ungestörter Zustand, äußerlich und innerlich. *Seine R. haben; gute R. (vor etwas) haben; keine (k. leibliche) R. haben. Daß die armᵉ Seelᵉ eⁱⁿᵉ R. hat; Jetzt hat die a. S. e. R. o. ä.,* bei Gewährung eines heftigen Wunsches, insbes. wenn man einem (bes. Kind) vollends das letzte gibt.

Rufᵉ *rūf* (Ruft) Pl. *-* eⁿ *-ū-,* s. *-ŭ-;* Demin. R ü f l e ⁱⁿ *-i-* n.: **1.** Schorf auf einer heilenden Wunde, auch auf einem Ausschlag. – **2.** Schneekruste. – **3.** unangenehmer Rückstand. *Alte Rufeⁿ gᵉbᵉnt wüste Mäler. R-eⁿ wegputzeⁿ* Rückstände aufräumen, Übelstände beseitigen. Spez. auch von Schulden; bes. im Pl. und wenn es sich um kleinere, aber überall zerstreute handelt. *Der hat auᶜʰ noᶜʰ eⁱⁿᵉ R. beim Wirt.*

rufeⁿ *rūəfə,* äuß. NW. *-u-,* Part. gᵉrufeⁿ NO.; r ü f e ⁿ *rīəfə,* Part. gᵉrüft (seltener *gᵉrufeⁿ*) st., schw.: rufen. In der bloßen Bed. lauten Rufens ist *r.* die gebildetere Wendung, pop. *schreien.* In spez. Gebrauchsweisen ist *r.* mehr üblich. **1.** ausrufen, öffentl. verkündigen. – **2.** herberufen.

Rufeⁿ-gᵉsicht n.: Gesicht voll *Rufen.* – R u f e ⁿ-gosch f.: Mund mit Ausschlag; übtr. Schelte. – R u f e ⁿ-kopf m.: mit *Rufen* bedeckter Kopf. Übtr. Sonderling. – R u f e ⁿ-maul n.: Mund mit Ausschlag.

R ü f f e l, r ü f f l e n s. *Riffel, rifflen.*

rufig Adj.: voll *Rufen; r-s* Gesicht u. ä.

Rugel, Pl. R u g l e ⁿ f.: walzenförmiges Stück, bes. von einem Baumstamm. – R u g e l e ⁱⁿ *(-ü-)* n.: Demin. **1.** rollender Gegenstand zum Spielen. *Klucker.* – **2.** dickes, rundes Weibsbild.

rug(e)leⁿ; r o- schw.: rollen; trans. und, mit sein, intr.; im Norden *hurgeln. Eier r.* einen Abhang hinabrollen lassen.

ruggeⁿ *rŭgĕ;* r ü g g e ⁿ *rĭgĕ* Adj.: aus Roggen gemacht. *R. Brot,* auch bloß *ruggeⁿᵉs;* opp. *weiß.*

r u g l e n s. *rugelen.*

R u h e s. *Rue.*

r ü h e l e n s. *rüchelen.*

r u i -: außer den ff. s. *rain-* u. *reu-.*

ruig *rūĭg* HalbMA. u. NW.; r ü ig *rūg, rīəbīg* (N. *-u-*); *-ĭg, -ĕg, -ĭχ, -ī* Adj. Adv.: ruhig; im Mittelland auch *gᵉr.* **1.** aktiv, von Menschen: Ruhe haltend, still, unbewegt, auch lautlos, zurückhaltend, untätig, zufrieden, genügsam. – **2.** objektiv, was oder wer Ruhe hat. *Nichts haben ist eine r-e Sache (r-s Leben).*

r u i s e n s. *reusen.*

r u k e n s. *ruckausen.*

rülich *-üe-* (-uo-) Adv.: ruhig.

r u m s. *herum.*

rümeⁿ *-ḗ-ə,* S. *-ī(ə)-,* äuß. NW. *-ī-* schw.: rühmen. **1.** trans. *Iᶜʰ kann's (net) r.* Antwort z. B. auf die

Frage, wie es einem gehe. Sonst mehr *loben.* – **2.** refl., *sich r.* wie nhd.

Rumor -*ǭr* ‿ʹ m.: **1.** Unruhe, Aufruhr. *R. machen, keinen R. m.* – **2.** Humor. – r u m o r e ⁿ ‿ʹ‿ schw.: unruhig sein; ebenso *'rum r.* – r u m o r i s c h ‿ʹ‿ Adj.: unruhig, turbulent.

rump Adv.: in der Verbindung *r. und stump* radikal, ganz und gar: *r. u. stump aufessen, wegnehmen, leugnen.* Versch. Formen: *r. u. st.; rumps und stumps; rumpes und stumpes, mit r-es u. stes; rumpf und stumpf; rumpfes und stumpfes; rumpete stumpete.*

Rumpel m.: **1.** das *rumplen.* Donnerartiges Poltern. – **2.** Altes Gerümpel. – Vgl. *Rumpler, Rumplete.*

Rumpeleⁱⁿ n.: kleine Steckzwiebel. Syn. *Rumpelzwibel.* – R u m p e l e ⁱⁿ s - s u p p ᵉ f.: Suppe aus allerlei, Erbsen, Brot, Kartoffeln u. a.

Rumpel-mette f.: **1.** *Mette,* Nachtgottesdienst in der Karwoche, wo statt der Glocken die Rätschen gebraucht werden oder mit Stäben auf das Gestühl geschlagen wird. – **2.** Lärm, Unfug.

Rumpel-zwibel m.: kleine Zwiebelart.

Rumpes-pumpes -*is* Pl.: Schläge, *R. geben.*

Rumpfel *rǫmpfl,* s. -*ŭ-;* Pl. R u m p f l e ⁿ, - e l e ⁿ f.: Runzel, Falte; in der Haut oder im Tuch.

rumpfelig Adj.: runzlig.

rümpfeⁿ (-u-) schw.: **1.** in Falten, Runzeln zusammenziehen. – **2.** wie nhd. die Nase rümpfen.

rumpfleⁿ schw.: Runzeln machen ALLG.

rumpleⁿ *rǫmblə,* N. S. *rŭ-; rǭblə, rāǭblə* schw.: wie nhd., poltern. Spez. von dumpfen Tönen wie beim Donner, Rollen eines Fasses udgl. *R. im Bauch* kollern.

Rumpler m.: **1.** plötzliches *rumplen,* wie vom Donner, von einem Fall udgl. *Es tut eⁱnᵉⁿ R.* Übtr. *Es tut eⁱnᵉⁿ R. bei ihm* er falliert, kommt in's Gefängnis. – **2.** Kammsäge.

Rumplete -*ədę̄* f.: = *Rumpler* 1, eig. u. übtr.

R u m p u m p e l s. *Runkunkel.*

rumseⁿ schw.: brünstig sein, von der Sau.

Rundell, R o - ‿ʹ n.: runde Anlage. Spez. rundes Beet oder runder Platz im Garten.

rundlecht -*lę̆(ə)χt* Adj.: rundlich.

Rung m.: Augenblick. Nur in den Verbindungen: *eineⁿ R.* einmal. *Alle (ällᵉ) R., a. R. mal* alle Augenblicke SW.

Runkᵉ, flekt. - eⁿ m.: = *Ranken* 3, großes Stück Brot.

Runkel, Pl. R u n k l e ⁿ f.; gew. R u n k e l - r ü b ᵉ f.: die als Viehfutter dienende Rübe Beta vulgaris L. ssp. rapacea (Kch) Doell.

Runkunkel ‿ʹ‿; R u m p u m p e l f.: Schelte für ein altes Weib. Bes. *alte R. Du a. R., du zahⁿlukketᵉs Tier.*

Runs m., R u n s (e) f.: **1.** m. das *rinnen,* Fließen des Wassers. Nur noch am BOD.: *rūs* m.: leichtes Strömen des Seewassers, auch leichte Luftströ-

mung. – **2.** Wasserrinne, Bachbett, Graben, Kanal. – **3.** f. Rinne *(rāǭs).*

runseⁿ *rāǭsə* schw.: **1.** grunzen. Vom Schwein. – **2.** schnarchen. – **3.** die Glieder dehnen.

runsig *rāǭsig* Adj.: brünstig, vom Schwein.

runsleⁿ *rāǭslə* schw.: = *runsen.*

r u n t e r s. *herunter.*

Runzel *rǫntsl,* S. N. *rŭ-; rǭtsl; rǫsl; rāǭtsl;* Pl. R u n z l e ⁿ, daneben - e l e ⁿ f.: wie nhd., Falte, in der Haut, im Kleid, Papier u. a. Syn. *Rumpfel, Schmurre, Strupfel.*

runzleⁿ (- e l e ⁿ) schw.: Runzeln, Falten machen.

Rupfeⁿ -*ə,* seltener R u p f m.: geringe, grobe Leinwand, aus Abwerg gemacht, zu Säcken, Packtuch, Bodenlumpen udgl.

rupfeⁿ I -*ę̆* Adj.: aus *Rupfen* gemacht.

rupfeⁿ II -*ŭ-;* r o p f e ⁿ N. O. schw.: **1.** phys., wie nhd. a. etwas herausziehen, -reißen. Gras, Blumen *r.* abpflücken, ausreißen. – b. einem etwas herausziehen. *Eine Gans, Henne* u. dgl. *r.* die Federn herausziehen. – c. *einen r.* am Haar packen, zausen; auch zwicken, z. B. eine schlechte Schere beim Haarschneiden *rupft einen.* – **2.** übtr. a. an einem Kranken *rupft's alleweil, r.'s schon lang* zerrt an ihm. – b. tadeln, hänseln. Vgl. a. *ungerupft.* – c. ausplündern, übervorteilen. *Den hat maⁿ gᵉrupf(e)t* er hat Haar lassen müssen. – d. ungeschickt, mühselig und erfolglos an einer Arbeit herummachen.

Rupfeⁿ**-tuch** n.: = *Rupfen.*

Rüret(e) f.: das Quantum Rahm, das man auf einmal zu Butter rührt, und das so entstandene Quantum Butter ALB OSCHW.

rürig Adj.: beweglich, fleißig, strebsam. *Eⁱⁿ r-s Maⁿⁿleⁱⁿ.*

Rür-milch f.: Buttermilch, beim Buttern übrig bleibend.

rusam Adj.: **1.** ruhig. Nur in der Wendung: *Iᶜʰ wünschᵉ eⁱⁿᵉ (g)r-e Nacht.* – **2.** heiter, fröhlich.

r u s c h e n s. *rutschen.*

Rusel *rūsl,* Pl. R u s l e ⁿ f.; gern Demin. R u s e l e ⁱⁿ ʹ‿ˑⁿ.: Rolle.

rus(e)leⁿ I schw.: rollen, trans. u. intr.

rus(e)leⁿ II schw.: = *riseln.*

Ruß *rūəs,* äuß. NW. *rūs* m.: wie nhd. **1.** Kamin-, Herd-Ruß. – **2.** Pilzkrankheit am Getreide. – **3.** Rausch. *Einen Ruß im Gᵉsicht haben.*

rußeⁿ -uo- schw.: **1.** eig.; rußig machen; Ruß entfernen. Andere Formen: *rußleⁿ, rußneⁿ.* – **2.** schimpfen. – **3.** *rußleⁿ* schnarchen.

rußig -uo- Adj.: **1.** wie nhd., mit Ruß bedeckt. – **2.** schmutzig. *Rußige Wäschᵉ. Der hat dᵃs ganzᵉ Jahr eⁱⁿ r-s Mänteleⁱⁿ aⁿ* ist nicht sauber.

r u ß l e n s. *rußen* u. s. *runslen.*

r u ß n e n s. *rußen.*

R u s t s. *Rost* I.

rüsteⁿ *rĭštə* schw.: Verb. fin., wie nhd., trans. und refl. Bes. vom Ankleiden, z. B. *Er hat siᶜʰ* *proper g^e^rüstet.* – **2.** bes. häufig im Part. *gerüstet. G^e^rüst^e^t grišt* fix und fertig, zum Ausgehen. Syn. *g^e^richt^e^t.* Schön gekleidet, aufgeputzt. *Du bist g.* dieses Kleid steht dir gut.

Rute^n^-fest n.: Schulkinderfest. Noch jetzt in Ravensburg, vom Montag nach Mariä Himmelfahrt an 3 Tage lang, mit allen möglichen Volksbelustigungen.

Rutsch u.ä.: **1.** *rüətš* f. unreinliche Person; *ruətš(əl)* kleine, unscheinbare weibliche Person. – Rütsche *-ẹ̄* schlechte Weibsperson. Rutschel freche Weibsperson; anrüchiges Weib; altes Weib, scherzh. – **2.** *rüotš* f. schlechtes Bett.

Rutsch-ba^n^ f.: Gleitbahn, neben *Rutsche.*

Rutsch(e) f.: *Rutsch,* Strecke, auf der etwas rutscht oder gerutscht ist. Stelle, wo Erde und Vegetation abgerutscht ist; häufig am Nordrand der Alb. *-ẹ̄* Rutschbahn für Holz; Syn. *Rise.* S.a. *Rutschban.*

Rutschel s. *Rutsch.*

rutsche^n^ *-ŭ-;* rusche^n^ schw.: **1.** wie nhd. Das Kind, das noch nicht gehen kann, der Krüppel *rutscht* auf dem Hintern herum. *Wer oft rutschet, verreißt ^da^s Häß. Oft r. macht böse Hose^n^.* – **2.** gleiten; zum Ersatz für dieses uns fehlende Wort, s.a. *glitschen.* Komposs. *aus-, hinab-* usw.

Rutscher m.: **1.** einer, der *rutscht.* – **2.** Pantoffel. – **3.** Akt des Rutschens. Rasches, kurzes Gleiten. – **4.** kleiner Rodelschlitten. – **5.** = *Rutschhafen,* Topf, der mit der Schürgabel in den Feuerkasten des Ofens hineingeschoben wird. – **6.** Demin. *-le^in^* Vulva, Scheide.

Rutschet(e) f.: das *rutschen;* Gelegenheit dazu.

Rutsch-hafe^n^ m.: irdener Topf, wie *-kachel.*

rutschig Adj.: zu *rutschen 2:* schlüpfrig; Syn. *glitschig.* Auf Schnee, Eis, Kot ist's *r.*

Rutsch-kachel f.: flache irdene Kachel zum Krautkochen.

rutschle^n^ schw.: **1.** Mutwillen treiben, zu *Rutschel;* s. *Rutsch* 1. – **2.** *ruətšlə* rutschen, gehen, ohne die Füße zu heben.

rutz-und-butz *rŭtsəbŭts* ́◡̀ Adv.: ganz und gar, radikal.

S

S *ĕs* n.: **1.** Name des Buchstabens. – **2.** Kleingebäck aus Butterteig in S-Form, bes. an Weihnachten gebacken. Meist Demin. S-le^{in}.

s ä (Interj.) s. *se.*

Sabel *sābl,* S. *-ä-;* S ä b e l *sẹbl,* S. *-ẹ̆-;* Pl. *-ä-;* NW. N. *-wl* m.: Säbel. **1.** wie nhd., Krummschwert. *Heide^n S.!* als Ausruf. – **2.** Ein schlechtes Messer ist *e^{in} rechter, böser Sabel.* – **3.** Rausch Oschw. – **4.** Penis.

sable^n, s ä b l e ^{n} schw.: mit dem Säbel hauen. *An etwas 'rum s.* mühsam, ungeschickt schneiden.

Sach^e *säx* f., S a c h n.; Pl. S a c h e^n; Demin. S ä c h- l e^{in} n.: **1.** Prozeß. *Der S. den Lauf lassen.* – **2.** Gegenstand eines Rechtsstreits. *Die S. kommt vor's Schwurgericht.* – **3.** allgemeiner: Angelegenheit. *Sei^n S. ist (hinte^n und vorne^n) nix. Mei^n Sach ist nex* z. B. ich bin noch recht schwach. *Sein S. (Sächle^{in}) gut, (schlecht, richtig, verkehrt* usw.*) machen. Zu seinem Sach kommen* nicht zu kurz kommen. – Eine Weibsperson *hat ihr Sach* Monatsblutung; Syn. *Geschichte, Zeug, Zeit.* – *Der hat sei^n Sach (Sächle^{in})* sein Teil, ist geliefert, hat seine Strafe udgl. Spez.: ist angetrunken. *Die S. ist im Blei. Eine S. auf sich nehmen. Es tut nichts zur S. Eine abgekartete S.* U. ä., wie nhd. *Des ist kein^e S.!* mißbilligend: keine Kunst, oder auch: keine Art. – **4.** Tatsache, Umstand udgl. *Der hat e^{in} S. g^{e}hä^{b}t* ein Wesen, Aufheben gemacht. *Des ist so e^{in} Sach* nicht so einfach, leicht u. ä. *Des ist d^{ie} S.* der Kern der Sache, aber auch die Schwierigkeit usw. *Die S. ist so: . . .;* udgl. *Was sind des für S-e^n! Du sagst einem S-en, da könnte man . . . Mach mir keine S-e^n!* keine Umstände, Dummheiten. – **5.** greifbarer Gegenstand, Ding; doch nur von solchen, die menschlicher Besitz sein können. a. individuell, f. *Mit Guts^{e}in ku^{mm}t ma^n um e^{ine} S.* Bes. = Eigentum. *Der sieht anderer Leute Sachen für seine an. Mit de^n alte^n S-e^n ka^{nn} ma^n die neue^n spare^n,* bes. von Kleidung, wie auch sonst öfters. *Meine sieben S-en* meine (kleine) Habseligkeit. Auch emphatisch: großer Besitz, Reichtum. *Der hat S-e^n; Da sind S-e^n.* – b. kollektiv, nur Sg.; n. Vermögen, Habe. Der Handwerker z. B. *muß sein S.* erst *holen* seine Utensilien, u. ä. *Um sein S. kommen. Er hat nu' ein^n Fehler, er meint anderer Leute Sach sei sei^n.* Emphatisch von gro-

ßem Vermögen *Er hat S.; Da ist S.* usw. *Der weißt nimme^r, wo 'na^n mit ^{d}em S.,* so reich ist er.

Sack *säk,* NO. *säk,* Frk. *sọ̄k sọ̄k;* Pl. S ä c k^e *sẹ̆k* m.; Demin. S ä c k l e^{in} *sẹ̆-* n.: **1.** wie nhd., großer oder kleiner S. für allen mögl. Inhalt, früher noch häufiger als jetzt. Daher auch Maß: *ein S. Mehl, Kartoffel, Äpfel. E^{i}n^{en} ganze^n S. voll* sehr viel. – *So grob wie ein S. Schwätz^e mir kei^n Loch in S. An Sankt Gallustag (16. Okt.) muß jeder Apfel in sein^{en} S. Er ist wie ein umgekehrter Sack* hat sich ganz verändert. *Einen im S. haben* in der Gewalt. *Einen in den S. schieben* mit ihm fertig werden, ihn übervorteilen. *Gottes Armut in e^{ine}me^n Säckle^{in}* sehr arm sein. – **2.** nhd. Tasche; spez. die in der Kleidung; vgl. *Sackmesser, -ur* u. a. *Lieber e^n Stuck Brot im S., a^{l}s e^{ine} Feder ^{a}uf'm Hut.* – **3.** mit einem S. verglichene Dinge. Vom Menschen: Leib, Bauch, Eitersack, Geschwulst, Hodensack.

sack-dumm Adj.: sehr dumm.

Säckel *sẹ̆gl,* Pl. gleich, m.; Demin. S ä c k e l e^{in} *sẹ̆- '$\smile\,$$\backsim$* n.: **1.** Beutel. Heute dafür gew. *Beutel.* Komposs. *Geld-, Hosen-, Tabak-S.,* spez. Geldbeutel. – **2.** am und vom Menschen. a. Bauch Ries. – b. männliches Glied. *Dastehen wie der Hund ohne S.* machtlos. Spez.: Hodensack; gew. aber Penis: *Mein S. steht* u. ä. – c. Schelte für Männer oder Knaben. Ohne bestimmtere Bed. *Gemeiner, grober S. Vernähter S.* Verstärkt *Lumpen-, Sau-S. (Halb-S.* Pforzheim) Dummkopf; *der S. sein,* deutlicher *Schaf-.*

Säckel-dieb, - s c h e l m m.: Hirtentäschel, Capsella bursa-pastoris (L.) Med.

Säckelei *$\smile\cup$* f.: dumme, verwünschte Sache; dummer Streich, unsinniges Treiben.

Säckel-^{hi}na^{b}henker m.: energieloser Mensch, Schlappschwanz.

Säckel-wetzer m.: Schelte: Hurer o. ä.

sacke^n schw.: in den Sack tun.

sackere^n schw.: fluchen, polternd schelten. – S a k - k e r e^n-, S ä c k e r e^n- *sẹgərə:* in Komposs. s. *Sakraments-.*

sack(e)risch Adj. Adv.: verflucht; meist nur derbe Verstärkung. *Des ist e^{in} s-er Kerle,* lobend oder scheltend; *s. kalt, s. gut* usw. Auch *sackerdiisch* *$\smile\cup\cup$.*

sack-grob Adj.: sehr grob, flegelhaft.

Sack-hopfeⁿ -hopferleⁿs n.: Spiel, bei dem man im Sack springen muß.

Sack-kleibᵉ ǝi-, S. -ī-, Pl. -eⁿ f.: Frucht des Acker-Hahnenfußes, Ranunculus arvensis L. – Synn. Sacklaus, Bubenlaus, Furdigel, Furdluge, Kleibe, Geiße, Strigelein. – Anm.: Die mit Widerhaken ersehenen Früchte hängen sich an.

Sack-karreⁿ m.: kleiner 2rädriger Karren, mit dem schwere volle Mehlsäcke auf kürzere Strecken befördert werden.

Sack-langer r .: Taschendieb.

Sack-laufet -ȿfǝt n.: Wettlauf im Sack, früher bei Hochzeiten üblich. Auch Sacklaufeⁿ n.: ein Spiel wie -hopfen.

Säckleⁱⁿ**s-nach** f.: die 3 Donnerstag-Abende vor Weihnachten, wo Kinder vor die Häuser zogen und Säck, Säck! rufend Geschenke erbettelten. Dass. ist Säckleⁱⁿs-tag m. S. a. Klöpflensnacht.

säckleⁿ -ę- schw.: an den Säckleinsnächten, s. d., herumbetten.

sack-mäßig Adj. Adv.: außerordentlich; wohl Euphem. für sau-.

Sack-messer n = Taschenmesser.

Sack-tuch n., Demin. -tüchleⁱⁿ n.: 1. grobes Tuch, wie für Säcke. – 2. Taschentuch; heute allgemeiner als Fazenet, s. a. Nas-, Schnupf-.

Sack-ur f.: Taschenuhr.

sae s. sein.
Sae s. Se.
Saech s. Seich.
saet s. sagen.

Säet -ǝt m.: Handlung, bes. aber Zeit des Säens. Syn. Sat. Im, vor'm, nach'm S.

Sä-frucht f.: Saatgetreide.

Säg-bock m.: 1. hölzernes Gestell mit Längsbalken und gespreizten Beinen, auf dem Kleinholz gesägt wird. D m kalbt (kälbert) der S. auf der Bühne er ha viel Glück. – 2. steifes (Reit-) Pferd.

Sägeᵉ I sēǝg Hauptgeb.; -ę- BAAR; sēg sēχ NW.; sēχ sēiχ FRK.; sēę äuß. O.; Pl. (auch Sg.) -eⁿ f.: Säge, das Werkzeug.

Säge II -ę, Pl. -eneⁿ, sonst wie S. I f.: Sägmühle.

sageⁿ schw.: sagen. A. Form. 1. Inf. sāgǝ Mittelgebiet. – sāχǝ NO. O. – sōgǝ N. – sōχǝ ö. von sāχǝ, n. v. sōg, weiter nach O. n. v. sāgǝ, sāχǝ. – 2. 2. 3 Sg. Ind. Präs. sae(š)t Hauptgebiet, in den s. Teilen: -ęit sęit. – sęχ(š)t N. sowie Halb-MA. im UNTE L. – 3. Part. Prät. gsaet, s. gsęit etwa wie 2, ebenso gsęt, gsęt, gsägt; aber statt gsęχt vielmehr je nach der Gegend gsägt, gsōχt. – B. Gebrauch In der Hauptsache wie nhd.; Besonderheiten: Sag des Ding net! Warnung. Des sag' iᶜʰ! ᵕ wahrhaftig! wirklich. Sich von einem etwas (nichts) sagen lassen. Iᶜʰ sag's auᶜʰ; Des sag' iᶜʰ auᶜʰ Beistimmung. Iᶜʰ sag's älleweil. Iᶜʰ könnt's net Verneinung. Eₛ häb's eⁱⁿ Maⁿⁿ

gᵉsait gew. Antwort auf die Frage, woher man eine Tatsache oder Prophezeihung wisse. Es einem s. die Meinung s.; Zusatz – daß er's gern besser hätt' o. ä. Er hat ihm wüst gᵉsait derb gescholten. Einem s., was er nicht weiß Drohung; wo er ist. Jetzt sag' ich nichts mehr staunende Verwunderung. Sagᵉ, was du willst. Ablehnung. Wie sagt man? Frage an ein Kind, das versäumt, sich zu bedanken. Iᶜʰ hättᵉ schier gᵉsait Unterdrückung eines Fluchs. Wenn iᶜʰ sagᵉ! starke Beteuerung: dann ist's wahr. Ei, sagᵉ auᶜʰ! Verwunderung. Iᶜʰ sagᵉ nuʳ Verwunderung, bes. mißbilligende. – Beliebte Wiederholungen in lebhafter Erzählung: Haun iᶜʰ gᵉsait, sagᵉ iᶜʰ. Sagᵉ iᶜʰ, haun iᶜʰ gᵉsait, sagᵉ iᶜʰ. – Subst. Inf. Sageⁿ n.: was ein Einzelner sagt. Des ist schoⁿ lang meiⁿ S. Nach seiⁿᵉm S., seiⁿᵉm S. nach. ᴰᵃs S. hau zu bestimmen haben.

sägeⁿ sēǝgǝ schw.: 1. wie nhd. sägen. – 2. schnarchen. Einᵉⁿ 'raᵇ s. – 3. beischlafen.

Säges (Sense) s. Segense.

sai s. sein.
Sai s. Se.
Saich s. Seich.
sait s. sagen.

Saiteⁿ-wurst f.: nur fingerdicke leicht angeräucherte Brühwurst, paarweise verkauft. Eⁱⁿ Pärleⁱⁿ Saiteⁿwürstᵉ; sonst meist Demin. -würstleⁱⁿ.

sak- s. a. sack-.

Sakrament ᵕᵕ n.: 1. theologisch. – 2. alter und viel variierter Fluch. Form: sägrǝmęnt nur bei sehr nachdrücklicher Betonung; sonst sägǝrmę̌(ǝ)nt. Mannigfach sind die euphem. Veränderungen. Kürzung zu Sakra. Veränderung der letzten Silbe: -meit, -męntš, -meitsch, -męšt, -mech, -mǫšt, -lemp, -lamp, -lunt, -lott, -luft. – Veränderung der zwei ersten Silben: ackerment, -mešt, -ments, -läd; Sapperment, -mošt, -lott; schlapperment. – Gebrauch. S. steht als Ausruf für sich allein oder beim S.; mit Zusatz: S. 'neiⁿ, S. Donnerwetter. Häufig Komposs.: Herrgott-, Himmel-, Himmelherrgott-, Heiland-, Himmelheiland-, Himmelheiligeⁿ-, Kreuz-, Kreuzherrgott-, Heiligeⁿkruzifix-, Stern-, Himmelstern-, Höll-, tauseⁿd, hunderttauseⁿd S. Auch kann S. persönl. gebraucht sein: der S., du S., ihr S. (ohne Flex.) = S-er, S-skerle u. ä.; noch mehr so Komposs.: der Himmel-S. usw. – sakramentalisch Adj. Adv.: verflucht, vgl. sackerisch. – sakramenteⁿ schw.: fluchen. – Sakramenter m.: etwa Teufelskerl. Bes. Himmel-, Herrgott- u. ä. – sakramentiereⁿ schw.: fluchen.

Salär ᵕ n.: Gehalt, Diensteinkommen. – Anm.: Frz. salaire.

Salat sälǝt ᵎ ᵕ, Sg. u. Pl. gleich; sälaut ᵕʳ; salaot ᵕʳ; sälǫt ᵕʳ, FRK. -ǫt ᵕʳ, Zalat tsälǫt ᵕʳ; Pl. Salätᵉ -ęt ᵕʳ oder – Sg. m.; Demin. Salätleⁱⁿ n.: 1. mit Essig, Öl und Salz bereitete Zuspeise. Speziellere Benennungen: *Bonen-, Kraut-, Guk-kummer-, Kopf-* oder *Häuptle^{in}s-, Endivie-S.* usw. – **2.** die insbes. zu *S. 1* verwendeten Kräuter Lactuca sativa L. und Cichorium endivia L. Letzteres heißt aber zumeist genauer *Andive-(salat).* Lactuca sativa heißt *Lattich,* wenn ohne Kopfbildung, *Kopfsalat, Häuptleinssalat,* wenn kopfbildend. – **3.** *Wilder S.* Wilder Lattich oder Kompaß-Lattich, Lactuca serriola L.

Salat-becke^n n.: Seiher, durch den man das Wasser vom gewaschenen Salat ablaufen läßt.

Salat-gump^e m.: Salatschüssel.

Salbader, -erer m.: langweiliger, öder Schwätzer. – Salbaderei f.: solches Geschwätz. – salbadere^n schw.: langweilig, inhaltslos schwatzen. *Er salbadert in ei^n Loch eine.*

Salb^e, Pl. (auch Sg.) -e^n -*ā-* Baar, sonst -*ă-;* -*w-* (W.) NW. N. f.; Demin. Sälble^{in} -*ĕ-* n.: **1.** wie nhd. Spez. medizinisch. *Im klei^nste^n Häfele^{in} ist die best^e S.* – **2.** Schmiere odgl. Farbe. Bes. Wagenschmiere, s. *Karrensalbe.*

salbe^n schw.: **1.** wie nhd. – **2.** überh. schmieren, einfetten. – **3.** bestechen. Für sich allein weniger üblich als *schmiren.* Wohl aber mit *schm.* zusammen: *Schm. und s. hilft alle^nthalbe^n;* gern mit Zusatz: *Hilft's net bei de^n Herre^n (Kärre^n),* so *hilft's doch bei de^n Kärre^n (Herre^n).* – **4.** langsam arbeiten. – **5.** prügeln.

Salbete f.: Schmiere(rei).

Sal^e *sāl; säl;* Pl. -e^n f.: Salweide, Salix caprea L.

Salz-büchs^e f.; gew. Demin. -le^{in} n.: Salzfaß auf dem Tisch.

Sälz^e n.: = *Gesälze,* Marmelade S.

salzele^n schw.: nach Salz schmecken.

Salz-lad^e f.: Salzgefäß.

Salz-lägel^e f.: Gefäß zur Aufbewahrung des Salzes.

Salz-weck^e, flekt. -e^n m.: mit Salz bestreuter W., Semmel, im Unterschied von *Laugenwecke,* auch opp. *Butterwecke.*

Sam(e^n) -*ā-* HalbMA. u. äuß. NW.; -*āō-* S. SO.; -*ǭə-* ö. Frk.; sonst -*ǭ-*, s. -*ǭ-;* flekt. (auch Nom.) Same^n; Pl. meist gleich, m.: **1.** wie nhd., Korn oder Körner zur Aussaat. – **2.** das schon aufgegangene, aber noch nicht gereifte Saatfeld; häufig im Pl. *Die S. stehen schön.* – **3.** Nachkommenschaft. Spez. von den Fischen.

Sämich *sĕmĭx* n.: Unkrautsamen im Getreide, der durch das S.- oder Radensieb fällt.

sammen(t), sammt Adj. Präp.: **1.** Adv. a. insgesamt. In älterer Sprache opp. *einzeln.* Bes. vom Handel en gros. Hieher urspr. *sammt und sonders,* schon alt bloß noch = ohne Ausnahme. – b. vor Zahl: selb. *Sant dreie^n* oder *sant dritt* zu dritt. – **2.** Präp. *Sant ^dem* samt dem; *s. mir* usw. Oschw.

Sammet *sămət* m.: wie nhd. Samt. – Demin. *Sammetle^{in}* n.: Samtband um den Hals bei der alten weibl. Tracht; ebenso Gürtel aus Sammet.

Sammet-männle^{in} n.: Hummel-Ragwurz, Ophrys holosericea (Burm.) Grent.

Sammet-weible^{in} n.: Fliegen-Ragwurz, Ophrys insectifera L.

Sams-tag *săms-,* daneben -*š-;* -*tĭg* -*tĕg;* -*tĕŋ;* -*tĭχ;* -*tĭ;* -*tə* m.: der siebente Wochentag, Sonnabend. – Anm.: *S.* ist die einzige Benennung bei uns.

Sand *sănd; săd* NO., lokal *sǭd sǭd; sǭund* Frk.; *săn* NW. n. m.: wie nhd. **1.** das Material. – **2.** Sandboden, Gegend mit solchem.

sandelen s. *sandlen.*

sandle^n schw.: im, mit Sand spielen; auch *sandelen.*

Sa^nfel *săfl* m.: **1.** *im S.* achtlos, im Traum. – **2.** dummer Mensch. Vgl. *sanflen.*

sa^nfle^n *săflə* schw.: hinträumen, im *Sanfel 1* sein.

Sankt-: lat. *sanctus.* **1.** Sanctus n., scil. *S. dominus Sabaoth:* Teil der Messe. *I^ch will ihm zum S. läute^n* ihn durchprügeln. – **2.** vor Heiligennamen. Öfters neben *heilig,* dann immer zwischen *h.* und dem Namen: *heiliger S. Florian.* Mit einzelnen Heiligennamen etwas fester verwachsen. *S. Anna, S. Johannes.* – Lautlich gern entstellt; gew. *Sant,* auch *Zant-, Zad-, Zatter-* u. ä., bei *Klas* auch *Schande-; saedĕ-.*

Sant- s. *Sankt-.*

Santimeter *sāndĭ-* m.: Zentimeter.

Sapperlot, Sapperment s. *Sakrament.*

Sarge s. *Zarge.*

Sarras *sărăs* ⌃, populärer *sărəs* m.: **1.** schwerer Säbel. – **2.** Rausch. Meist ein stärkerer.

Sat *sǫt; saut* Baar, *saot;* Pl. Sate^n f.: **1.** Aussaat des Getreides und deren Zeit: *Man ist jetzt in der S.* – **2.** Saatfeld. *Andreas-Schnee* (30. Nov.) *tut den S-en weh. Über die S. laufen.* Aber eig. pop. ist daher *Samen 2.* – **3.** Pl. Sate^n im Herbst fliegenden Sommerfäden. S. a. *Satel 4.*

Satel *sǫdl* m. f. n.; Pl. Satle^n: **1.** kleines Ackermaß. Ackerstreifen von der Breite eines Saatwurfs: *I^ch muß no^ch 3 Satle^n säe^n.* – **2.** n. Strohwisch auf einem Ackerbeet zum Zeichen, daß es angesät werden soll. – **3.** m. Saatzeit; auch Tag, an dem nach Volksmeinung etwas zu säen ist; z. B. Pankraz, 12. Mai, ist *ein Rübensatel;* nur noch Alten bekannt. – **4.** Pl. Satle^n = Saten: die Sommerfäden im Sommerfeld.

satt Adj.: **1.** gesättigt vom Essen, wie nhd. *Wenn die Maus s. ist, ist's Mehl bitter.* – **2.** andere phys. Bedd. a. gut gegerbt. – b. fest gedrängt. *S. ^auf-e^inander. Das Eisen liegt s. an.*

Sattel-gaul m.: das links gehende Pferd, auf dem früher, heute nur noch bei gewissen Gespannen, der Lenker ritt. Der *S.* geht beim Pflügen im noch ungepflügten Feld. Syn. -*pferd, -roß;* opp. *Hand-.*

sattle^n schw.: **1.** ein Pferd *s.* wie nhd. *Wer gut sattelt, wird gut reiten.* – **2.** das Sattlerhandwerk treiben Allg. – **3.** übtr. a. eine Ware *s.* im Preis steigern, hoch verkaufen oder kaufen. – b. einen mit Worten so schlagen, daß er nichts erwidern kann. – c. Part. g^esattelt, s. g^esattlet. α. g., *gut g.* gut gerüstet, vorbereitet. – β. schwanger. – γ. *g-e Suppe* mit Wurst odgl. darauf.

Satz *săts; săts* NO., *sǫts sǫts* FRK.; Pl. Sätz^e *sěts* m.; Demin. Sätzle^{in} *-ě̆-* n.: im ganzen wie nhd. **1.** S. im sprachl. Sinn. Wie nhd. – **2.** Bodensatz, von Kaffee, Bier usw. – **3.** Sprung, bes. weiter.

satze^n, sätze^n, satzere^n schw.: große Sprünge machen, laufen.

Sau *sǝu; sǝub* W., *sū* S., *sau* N., *sao* RIES; Pl. Säu^e *sǝi* (N. *sai,* RIES *sae*) NO., Saue^n *sǝuǝ* SW., westlicher *sǝubǝ sǝuwǝ* f.; Demin. Säule^{in} in entspr. Form, n.: Sau. **1.** das Tier. – S. bez. die Gattung überh. „Schwein" sagt nur der Gebildete; der Eber heißt *Eber, (Säu)Beiß, Häckel,* das Mutterschwein *Kosel, Lose,* das Junge *Säulein,* genauer: zuerst *Milch-färchlein, -säulein, Saugf., -säulein, Läufel, Läufer, Läufling;* das verschnittene Schwein männlich *Barg, Bätz,* weiblich *Nonne.* – **2.** übtr. auf Menschen. Als Schelte für *säuische* Menschen; verstärkt *Dreck-, Baiersau. Der hängt d'Sau raus.* – **3.** S. bez. verächtlich ein letztes. Letzter Gewinn bei einem Schießen, beim Rennen. Letzte Garbe, die für die Armen auf dem Feld gelassen wird. Persönl.: der letzte Schnitter; der letzte beim Holztragen, Mähen u. a. Besonders aber hieß *S.,* wer beim letzten Dreschen den letzten Schlag tat; spez. *Gersten-, Korn-S.* usw. – **4.** Fehler, Tadel. *Eine S. machen* krumm pflügen. *Das ist unter aller Sau.* – **5.** das As in der deutschen Karte; genauer *Herzen-, Lauben-, Schellen-, Eichelen-S.* – **6.** Glück. *Der hat S.* – **7.** Tintenklecks. – **8.** Tannenzapfen. Genauer *Tannensau.* Auch Forchenzapfen. – **9.** *wilde Sau* (Pl. *-e^n*) Kellerassel. Synn. *Keller-, Maurer-, Steinesel; Mauche; Mersäulein.*

Sau-, Säu-: Komposs. mit S. werden positiv u. negativ verstärkt.

Sau-bauer m.: Schelte für den Bauern, öfters, bes. im Pl., ohne bes. üble Absicht.

sauber *sǝubǝr,* WNW. *-w-;* S. *-ū-,* RIES *-ao-,* FRK. *sauwǝr;* Kompar. Superl. mit Umlaut: *-ǝi-, -ī-, -ae-, -ai-* Adj. Adv.: **1.** rein. a. phys.; reinlich. Auch vom Himmel: frei von Wolken. *Machet's s.!* oder *Machet ihr's s.?* Gruß an solche, die waschen oder putzen; Antw. *Ja, so s. a^{l}s i^{ch} ka^{nn}.* – b. übtr. frei von Krankheit. *S. unter'm Brusttuch, -fleck* o. ä., wie nhd. *Da ist's nicht s.* nicht in Ordnung, moralisch oder anders. *Da ist's n. s.* es spukt. – c. Adv. rein, völlig. *S.!* gewiß, als Antwort. *Der wär^e s. 'ra^{b}g^{e}falle^n* unbedingt. Verstärkt *glatt s.* und *glatt und sauber.* – **2.** hübsch. *S-e Arbeit* pünktlich u. ä. *Des ist s. g^{e}macht.* Dann aber auch von der eigenen Schönheit des Menschen; immerhin weniger als *schön. E^{in} s-er Bu^{be}, s-s Mädle^{in}, Mensch, s-e*

Perso^n. – **3.** ironisch, wie nhd. *Du bist ein Sauberer, s-er Kerle, Geselle; s-er Vetter.*

Säubere *-ě̆,* s. *-ī* f.: **1.** Sauberkeit. – **2.** Nachgeburt, beim Vieh.

säub(e)re^n schw.: wie nhd. In spez. Bedd.: **1.** das Getreide in der Säubermühle reinigen. – **2.** refl., *sich s.* die Nachgeburt von sich geben, vom Vieh. *D^{ie} Kuh hat si^{ch} no^{ch} net g^{e}säubert.*

sauber-manzig, -mänzig Adj.: hübsch und fein OSCHW.

Saub-hengst m.: Eber. SW.

Sau-blater f.: **1.** Schweinsblase. – **2.** Schelte. *Dümmer als e^{ine} S.*

Sau-blum^e f.: **1.** Löwenzahn oder Kuhblume, Taraxacum officinale Web. – **2.** Demin. *-blümle^{in}* n.: Acker-Stiefmütterchen, Viola arvensis Murr. BAIRSCHW.

Sau-bolle(n) m. f.: **1.** *-e^n* Schweinsmist. – **2.** m.: Schelte: plumper, grober, dummer Kerl. – säubolle^n schw.: *es säubollet* gibt Graupeln. Vgl. *Kitzenbone.*

Sau-bo^{ne}, Säu- f.: Ackerbohne, Faba vulgaris. – Sau-bone^n-stro (Säu-) n.: Stroh von *S.,* sehr rauh. *Grob wie S.,* von Menschen. *So dumm wie S.*

Sau-borst, Säu- m. f.: **1.** Schweinsborste. – **2.** übtr. a. starres Haar. *Der hat de^n rei^{n}ste Säuborst.* – b. m.: widerborstiger Mensch.

Säu-brunz m.: Urin des Schweins. Mod. mehr *-seich.*

Sau-bu^{be} m.: **1.** Junge zum Schweinehüten. – **2.** Schelte für einen Buben.

Sau-butzel f.: rechte *Sau 2. Des ist e^{in}mal e^{ine} Saubotzel.*

Sau-dackel m.: ganz dummer Kerl.

Sau-dreck; Säu- m.: Schweinemist. *So dumm wie S.*

sau-dumm Adj.: sehr dumm, von Personen und Sachen.

Saudüppel m.: rechter *D.,* Dummkopf.

Sau-dutt^e f.: eig. Saugwarze der Sau. *S-e^n* große silberne Kugelknöpfe mit Erhöhungen, früher von den Bauern an *Leible^{in},* der roten Tuchweste, getragen BAIRSCHW.

sauele^n schw.: **1.** widrigen Schweinsgeschmack haben. – **2.** *a^{be}re s.* feines, nebelartiges Regnen.

saue^n schw.: **1.** zu *Sau 1.2:* häßlich tun. a. *Es sauet, kommt zum Saue^n* von unfreundlichem, naßkaltem, windigem Wetter. *Es säuet* gibt Graupeln. – b. angestrengt laufen, rennen. *A^n ei^{ne}m vorbei s.* – c. eine Arbeit unordentlich machen. – d. Geld verschwenden, bes. im Wirtshaus. – e. Zoten reißen. – **2.** zu *Sau 8:* Tannenzapfen lesen.

Saue^n**-wald** m.: Wald, in dem es Wildschweine gibt.

sauer *sǝuǝr* NW. u. HalbMA., *sǝur, sauǝr* NW. FRK., *saor* RIES, *sūr;* flekt. *saur-;* Komp. Superl.

mit Umlaut säurer, säuerst N., säurest S.
-əi-, -ai, -ae-, -ī- Adj.: **1.** physisch. a. wie nhd.
Verstärkt essich-, strut-s. S-e Brühe, beliebte
Speise. – b. salzig, herb. Die Suppe ist s. versal-
zen. Der Käs ist s. – **2.** übtr. a. schwer, mühselig;
wie nhd. in RAA. S-e Arbeit. Einem das Leben
s. machen. – b. unfreundlich. S. sehen. S. schau-
en hilft nicht. Ein s-s Gesicht. S-er Mensch, Ka-
merad, Geselle unfreundlicher, mürrischer.
Sauer-ampfer: Form und Genus: -ặpfər; -ặmpf
f.; -ặmpfl, Pl. -pflə m.; -ặmpfəlę̧ (Demin.) n.;
-ȩ̣mpfəlę̧ desgl.; -ặmpfəd(ę̧) (f.); -ặmpfəts, Pl. -ə
(f.); -ȩ̣mpfət(ę̧); -ặpsl; -ȩ̣pfts; -hặmpfl (-hặpfl),
Pl. -pflə f.; səurīəftsgə; -hefel s. bes. – B. Ge-
brauch. **1.** wie nhd., Wiesen-Sauerampfer, Ru-
mex acetosa L. – **2.** Kleiner Sauerampfer, Ru-
mex acetosella L. – **3.** Wald-Sauerklee, Oxalis
acetosella L. – **4.** übtr. Man meint, der habe S.
gegessen, so ein saures Gesicht macht er.
Sauer-bir(n)le[in] n.: Elsbeere, Sorbus torminalis
(L.) Crantz.
Sauerei ◡◞, Pl. -e[n] f.: säuisches, unsauberes We-
sen, Schweinerei. In mehreren Verwendungen:
Unreinlichkeit, Unordnung; verstärkt Des ist
e[ine] Gra[nd]-S. Da ist d[ie] S. Trumpf. Wüstes Trei-
ben, Orgie; Zote; Sauereien sagen, erzählen.
Sauerhampfel s. u. -hefel.
Sauer-hefel -hȩ̣fl, S. -hȩ̣fl m.: = -ampfer 1. – **2.**
-ampfer 3, sauertöpfischer Mensch.
Sauer-kraut n.: das in lange Fäden geschnittene,
mit Salz eingestampfte weiße Kraut, Brassica
oleracea capitata (pyramidalis); allgem. Volks-
speise. Oft noch getrennt sauer (sauer[s]) Kraut.
Säuerling m.: **1.** Wiesen-Sauerampfer, Rumex
acetosa L. – **2.** säuerlicher Wein. – **3.** Sauerwas-
ser.
Sauer-schälfez[e], Pl. -e[n] f.: Pl. = -ampfer 1.
Sauf-aus m.: Säufer.
saufe[n] səufə, S. sǖfə, N. saufə, RIES saofə; Part.
g[e]soffe[n] st.: saufen. **1.** von Tieren. a. an der
Mutter saugen. Das Kalb sauft noch an der Al-
ten. – b. trinken, vom erwachsenen Tier. Die
Kuh muß s., zum S. haben u. ä. Das Vieh s.
lassen tränken. – **2.** mit anderem Subj.: schlür-
fen, trinken. Der Bode[n] hätt[e] jetzt g[e]nug g[e]soffe[n].
– **3.** von Menschen. S. vom Menschen ist ein
mehr tierisches Trinken, daher auch leicht ver-
ächtlich gebraucht. So etwa von einem Absti-
nenten: Der Kerle sauft Wasser, scil. wie ein
Ochs. Meist aber vom reichlichen Genuß geisti-
ger Getränke. Er, schlimmer Sie sauft: ist ein(e)
Säufer(in). Er sauft (kann s.) wie ein Biber; w. e.
Blaser (Glasmacher); w. e. Bürstenbinder;
Brunnenputzer; w. eine Kuh (ein Ochs); w. e.
Loch; Reigel. Die ganz[e] Nacht g[e]soffe[n] ist au[ch]
g[e]wachet. – Part. g[e]soffe[n] = be-, betrunken.
Sauferei ◡◞ f.: wie nhd., Saufgelage.
sau-fidel ◞◡◞ Adj.: sehr lustig.

Sau-fraß m.: pers.: wüster Fresser; sachl.: schlech-
tes Essen.
Sau-fresse[n] n.: **1.** Schweinefutter. – **2.** schlechtes
Essen, vgl. -fraß.
Sau-g[e]schäft n.: harte Arbeit.
Saug-fär[ch]**le**[in] n.: Spanferkel OSCHW.
Sau-glück n.: S. haben großes Glück.
Saug-mämmele[in] n.: Saugflasche.
Sau-gosch[e] f.: böses, wüstes Maul. Der hat e[ine] S.;
Halt dei[ne] S.!
sau-grob Adj.: sehr grob: e[in] s-er G[e]sell[e] u. ä.
Saug-säule[in] n.: Spanferkel.
Sau-handel m.: **1.** eig., Verhandlung, Streit odgl.
über ein Schwein oder Schweine. – **2.** übtr.,
wüste Geschichte.
Sau-hitz[e] f.: unangenehm große Hitze.
Sau-hund m.: **1.** eig., Hund zur Saujagd. – **2.**
Schweinehund, starke Schelte. Ei[ne]m e[i]n[en] S.
a[n]henke[n] ihn schimpfen. De[n] S. raushe[n]ke[n] sich
brutal, wüst verhalten. – **3.** Blechgefäß für Zi-
garrenasche, Pfeifenasche, angebrannte Zünd-
hölzer ALLG.
Sau-igel; -nigel S. m.: **1.** Igel mit spitzer Schnau-
ze, opp. Hunds-. – **2.** ein Fisch. – **3.** dicker Brei
ALLG. – **4.** von Menschen. a. Schweinigel. – b.
der Verlierende beim Spiel sauiglen OSCHW.
sau-igle[n] schw.: **1.** Es sauiglet graupelt. – **2.** (Kin-
der)Spiel mit Karten: alle Karten werden durch-
einander gestreut, dann gezogen und Farben
gesucht OSCHW.
säuisch Adj.: wie nhd., unflätig.
Sau-kaib m.: Schelte.
Sau-kälte f.: abscheuliche Kälte, mehr gebraucht
als sau-kalt.
Sau-kerle m.: Schweinekerl.
Sau-kir[ch]**we**[n], -kirbe f.: **1.** abschätzig für die von
der württembergischen Regierung an Stelle der
Kirchweihen der einzelnen Orte gesetzte all-
gem. Kirchweih am 3. Oktobersonntag, auch
(Sau)Allerwelts-, Freß-K. – **2.** übtr. Metzelsup-
pe. Wüstes Treiben.
Sau-klob[e], flekt. -e[n] m.: Grobian; auch alter, bö-
ser Gaul.
Sau-kog, flekt. -e[n] m.: stärkeres Kog, Schelte oh-
ne spez. Bed.
Sau-kopf m.: **1.** Schweinskopf. – **2.** roher, gemei-
ner Kerl.
Sau-kübel (Säu-) m.: Kübel für das Schweinefut-
ter.
Saul səul; S. sǖl, N. saul; Pl. Saule[n] f.: Säule. **1.**
wie nhd., von Holz, Stein, Metall. – **2.** Pfosten.
Pfosten an Zäunen udgl., genauer Hag-, Gar-
ten-S. – **3.** der senkrecht oder schief verlaufende
Eisenteil, der die Pflugschar mit dem waagrech-
ten Grendel verbindet.
Sau-lackel m.: Tölpel.
Sau-lade[n] m.: **1.** Deckel des Sautrogs. – **2.** übtr.
unaufgeräumter Haushalt; Unordnung.

Sau-lalle m.: Lümmel.

Sau-lärm m.: wüster Lärm.

Sau-loch n.: abgesehen von dem Gebr. als Flurnamen: *S., S-wiesen*, stets Schelte. Für eine wüste Wohnung odgl.; für ein Weib.

Sau-luft m.: unangenehmer Wind. Gebildet auch = schlechte Atmosphäre.

Sau-mag(e^n), Säu-; Pl. -mäge^n m.: **1.** eig., Magen des Schweins. Mit gehacktem Fleisch *(Brät)*, auch Weißbrot, Mehl und Gewürz oder mit Blut und Speckwürfeln gefüllt, beliebtes Essen. – **2.** das Schwein bekommt alles mögliche untereinander; daher: *Der hat (scho^n) e^{i}n^{en} S.* kann alles verdauen. Gew. persönlich: *S.* Fresser, auch allgemeiner: säuischer Mensch.

sau-mäßig Adj. Adv.: verstärkend für alles mögliche: *Des ist s.!* ärgerlich odgl., *s. wüst, kalt, heiß, teuer, dumm, weh; I^{ch} hau^n mi^{ch} s. ^{ge}brennt;* aber auch ganz indifferent: *Der hat 'n s-e^n Bauch; s. gut, schön* u. a.

saume^n I *s$\bar{\varrho}$mə sāōmə s$\check{a}$mə*, säume^n *s$\bar{\varrho}$mə sāēmə s$\check{a}$mə* schw.: ein Kleid odgl. *s.,* wie nhd.: mit Saum versehen.

saume^n II (säume^n) schw.: (ver)säumen u. ä. – refl., *sich s.* zögern, zu spät kommen. *Saum^e di^{ch} net!*

Sau-mensch, Pl. -er n.: gemeines Weibsbild.

Sau-michel m.: Schweinekerl.

saumselig *s$\bar{\varrho}$m-, sāōm-* s. *saumen* I; *-s$\bar{\varrho}$līg* Adj.: wie nhd., träge, gleichgültig.

s^{a}umse^n *sū-* schw.: zögern, langsam arbeiten ALLG. – S^{a}umser m.: langsamer Mensch ALLG.

sä^{u}msre^n schw.: zaudern, zögern ALLG. – Sä^{u}msrer m.: Zögerer, säumiger Arbeiter.

Saunigel s. *Sauigel.*

Sau-or n.: Mittlerer Wegerich, Plantago media L.

Sau-pech n.: verwünschtes Unglück.

Sau-rausch m.: großer Rausch.

Säure I; Pl. -ene^n f.: **1.** wie nhd. *Der Wein hat e^{ine} (sei^{ne}) S.!* u. ä. – **2.** leichte Angetrunkenheit; *eine S. haben.*

Säure II s. *Seure.*

säur(e)le^n, saurele^n schw.: säuerlich sein, werden.

saure^n schw.: sauer sein, werden.

säure^n schw.: *sīrə* sauer machen. Gew. nur Part. *gesäuert*, vom Brot.

Sau-ribele^{in} n.: Schimpfwort ohne böse Absicht BAIRSCHW.

Sau-rüb^e *-īə-* f.: Runkelrübe, Beta vulgaris rapacea.

Sau-rüpel *-īə-* m.: gemeiner Rüpel.

Sau-rüssel *-īə-* m.: **1.** eig., Schweinsrüssel. – **2.** Schelte für einen menschl. Mund. – **3.** Pflanzenname. a. Sauerampfer. – b. großer und mittlerer Wegerich, Plantago major und media BAIRSCHW.

sau-schlecht Adj.: elend schlecht, bes. *Mir ist's s.*

Sau-seich m.: Schweine-Urin. Bildlich für eine Schlangen-, Zickzacklinie. *G^{e}rad^e wie S. 'Rum und 'num wie S.*

sause^n *-əu-;* S. *-ū-,* N. *-au-,* RIES *-ao-* schw.: wie nhd., auch = brausen u. ä. Gärender Wein *saust.* Der Wind, schnelles Fahren, ein Ohr, ein heftiger Schmerz *saust. Dem saust ein Hummeler um die Nase.*

Sauser – s. *sausen* – m.: **1.** aufbrausender Mensch. – **2.** Ohrensausen. – **3.** gärender neuer Wein (auch Obstmost), nicht mehr süß, ganz trübe, im Stadium lebhafter, auch hörbarer Gärung. – Anm.: 3 stammt aus der Schweiz und vom BOD., wo *-û-* nicht diphthongiert ist. Das Wort für 3 ist bei uns nur in der s. Form *sūsər* üblich.

Sau-stall, Säu- m.: Schweinestall. – Sau-steg: = -stall. – Sau-steig^e *-štəig*, Pl. -e^n f.: dass.

Sau-wadel m., Demin. -wädele^{in} *-ę̆* n.: Schwanz des Schweins. – Sau-wedel m., Demin. -wedelle^{in} *-ę̆* n.: = -wadel.

Sau-wetter n.: schlechtes Wetter.

Sau-wind m.: Regen-, Westwind OSCHW.

sau-wol Adv.: *Dem ist's s.* er hat volles Behagen.

Schab^e I *šåb*, flekt. -e^n m.: Geizhals.

Schab^e II *šāb*, FRK. *š$\bar{\varrho}$b š$\bar{\varrho}$b;* Pl. Schabe^n *šābə*, S. SW. *šābə;* W. N. *-wə;* FRK. *š$\bar{\varrho}$wə š$\bar{\varrho}$wə* f.: **1.** Motte, Milbe. – **2.** Wasserassel, Keller-, Mauerassel.

Schäbe *šę̄bę̆* f.: Krätze, Räude.

schabe^n *šābə*, S. *-ă-;* W. N. *-w-;* FRK. *š$\bar{\varrho}$wə š$\bar{\varrho}$wə;* Part. g^{e}schabt, aber als Adj. noch -e^n schw.: **1.** phys., abkratzen, abschaben. a. wie nhd. Einen Apfel, einen Stecken udgl. *sch.:* die Rinde abkratzen. – b. rasieren, spöttisch. – c. *mit dem Stumpen sch.:* mit der Sichel grasen. – **2.** übtr. knausern; vgl. *Schabe* I. *Schinden und sch.* zusammenkratzen. – Unpers.: *Des schabt mi^{ch}* ärgert mich.

Schabet n.; Schabet(e), -ez f.: das Abgeschabte.

schäbig *šę̆-, š$\bar{\varrho}$-* Adj.: **1.** mit *Schäbe*, Krätze, behaftet. Bes. von Hunden, Füchsen, Katzen. – **2.** abgeschabt, von Kleidern oder ihren Trägern; lumpig, elend. *S-s Luder, Vich.* – **3.** knickerig, geizig.

schäche^n *-ę̆-* schw.: schielen. Frech (an)schauen.

schachere^n; schächere^n *-ę̆-;* schackere^n schw.: Schacher, Handel mit allerlei Sachen treiben.

Schachtel, Pl. Schachtle^n f.; Demin. Schächtele^{in} *-ę-* n.: **1.** wie nhd. Vorzugsw. Zigarrenkiste, sonst *Lade.* – **2.** Ulmer Sch. Schiff aus Brettern für den Warentransport von Ulm nach Wien, dort dann als Bretterholz verkauft. – **3.** Pflanzenname: a. Acker-Schachtelhalm, Equisetum arvense L. – b. Wiesen-Bärenklau, Heracleum sphondylium L. – c. Wiesen-Kerbel, Anthriscus sylvestris (L.) Hoffm. – e. -kraut Kohldistel, Cirsium oleraceum (L.) Scop. – **4.** Spez.

Demin. *Schächtele*[in] Pl. Hasenfutter. – **5.** *(alte)*
Sch. altes, abgenütztes Ding. Insbes.: a. alte
Kuh. – b. altes Weib.
schächte[n] *-ĕ́-* schw.: **1.** nach jüd. Ritual schlachten.
– **2.** übtr. metzgen, ohne es recht zu können. – **3.**
überanstrengen, bes. das Vieh. – **4.** kurzes, dün-
nes Gras mähen, so daß Boden mitgeht.
schäckele[n] *-ĕ́-* schw.: schäkern. – **schäckelig**
Adj.: wer sich kindisch benimmt.
s c h a c k e r e n s. *schacheren.*
s c h a c k (r) i n i e r e n s. *schagrinieren.*
Schad[e] *šād,* FRK. *šǭd šǭd;* flekt. *šādə,* SW. S. *šădə,*
FRK. *šǭdə šǭdə;* Pl. S c h ä d e[n] *šę̄də,* SW. S. *sę̆də*
m.; Demin. S c h ä d l e[in] *sę̆dlę̆* n.: in subst. Ver-
wendung. Ganz allgem.: Schädigung, Nachteil.
– Spez. im rechtl. Sinn: nhd., Schaden, Schädi-
gung. – (Greifbares) Übel am Körper. *Das ist*
schon ein alter Sch.
s c h a e c h e n s. *scheuchen.*
Schaf-boll[e], meist Pl. -e[n] f.: Schafkot.
S c h ä f e (Schote usw.) s. *Schefe.*
Schaff *šáf,* auch *šä́f;* Pl. S c h ä f f e r *šę́fər,* auch =
Sg., n.; Demin. S c h ä f f l e[in] *-ĕ́-* n.: hölzernes
Gefäß mit senkrechten Wänden, oben offen;
Kufe, Stande, Gelte. Allgem. im O. – Anm.:
Mit *Schapfe* und *Scheffel* nur verwandt, nicht
identisch.
s c h ä f f e l e n s. *schäfflen.*
schaffe[n] *-ắ-,* Part. *g*[e]*schafft,* S. *g*[e]*schaffet* schw.: **1.**
hervor-, zu Stande bringen. a. erschaffen. α.
Part. *geschaffen, zu etwas g. sein.* – β. als Ver-
bum fin., z. B. vom künstlerischen *sch.* – b. ver-
schaffen. *Wer si*[ch] *ke*[in] *Holz schafft, den mag's im*
Winter friere[n]. – c. anordnen, stiften. – d. mit
adv. oder präd. Bestimmung: etwas oder je-
mand in die und die Lage bringen. *Auf die Seite*
sch. wie nhd. *Der Ma*[nn] *hat si*[ch] *weit füre g*[e]*schafft*
sich emporgebracht. – e. *mit einem sch.:* recht-
lich, geschäftlich mit ihm zu tun haben. Hieher
bes. *zu sch. haben. Mit dem* (Sache oder Pers.)
habe ich nichts zu sch. – **2.** arbeiten. Hauptbed.;
arbeiten ist nicht üblich, dagegen als Abstr. zu
sch. sowohl *Geschäft* als *Arbeit.* *Da*[s] *Sch. ist e*[n]*e*
A.; meh[r] *A. als z*[u] *sch.* Härt, *leicht sch.* schwer,
leicht tun. *Sch. wie ein Feind* tüchtig; *w. e. Brun-*
ne[n]*putzer; w. e. Vieh, Gaul, Ochs; w. e. Bär.*
Einmal muß man sch., entweder in der Jugend
oder im Alter. *Wie ma*[n] *ißt (frißt), so schafft ma*[n].
Auf einem Handwerk sch. es betreiben. *Bei ei-*
nem sch. lassen der Kunde eines bestimmten
Handwerkers sein. *Der schafft bei mir* ist mein
Arbeiter, Gehilfe. Ein Fauler, Bequemer
schafft sich keinen Bruch. – Besondere Ge-
brauchsarten: *Schafft's gut?* Frage an Arbeiten-
de. Ein Weib *schaffet* liegt in den Wehen. Der
Most, Wein *schafft* ist in lebhafter Gärung. –
Keinen Streich sch. nichts arbeiten. Grüße: *Was*
schaffet ihr? Schaff[e] *dei*[n] *Sach gut! – Gegessen*

wär's, wenn's nur geschafft wär'. Einem (etwas)
zum Sch. geben. (Etwas) zum Sch. haben.
Schaffer, S c h ä f f e r *-ĕ̆-;* S c h a f f n e r, S c h ä f f n e r
m.: **1.** zu *schaffen 1:* Beauftragter, Aufseher. –
2. zu *schaffen 2:* Arbeiter. Aber stets empha-
tisch: guter oder schlechter Arbeiter.
s c h ä f f e r l e n s. *schäfflen.*
Schaff-häß n.: Arbeitskleidung.
schaffig Adj.: arbeitsam, fleißig.
schäffle[n] schw.: eine leichte (aber anhaltende oder
wiederholte) Arbeit tun. Erweiterte Formen:
s c h ä f f e l e[n] spielen, von Kindern; s c h ä f f e r l e[n]
dass., überh. spielen, tändeln DON. OSCHW.
Schaff-tag m.: Arbeitstag. Syn. *Werk-.*
Schaff-weib n.: arbeitsames Weib. Syn. *Schäfferin.*
Schaff-zeit f.: Arbeitszeit.
S c h a f k o p f s. *Schafs-.*
Schaf-säckel m.: Dummkopf.
Schaf-scheiß m.: Nichtigkeit, Dreck.
Schaf(s)-blättle[in] n.: Wiesen-Knöterich, Polygon-
um bistorta L.
Schaf(s-)kopf m.: **1.** eig. Schafkopf. – **2.** für Perso-
nen. a. Dummkopf. – b. *Schafs-* erfahrener
Schafhalter. – **3.** *Schafkopf* Engerling FRK.
Schaf(s)-scheucherle[in] n.: Kleine Traubenhyazint-
he, Muscari botryoides (L.) Mill. – Vgl. *Bauren-*
büblein.
S c h a f s z u n g e s. *Schaf-.*
Schaf-zung[e] f.: Pflanzenname, nach der Form der
Blätter. **1.** Großer Wegerich, Plantago major L.
MITTL. ALB. – **2.** Schlangen-Knöterich, Poly-
gonum bistorta L. MITTL. ALB.
s c h ä g e n s. *schegen.*
schagriniere[n] *-ă̆-* ̮ ̮ ̮ schw.: plagen, unnütz aufre-
gen. – Anm.: Frz. *chagriner.*
s c h a i c h e n s. *scheuchen.*
Schäk(e[n]**)** *šę̄g(ə),* flekt. -e[n] m.: langer Zwilchkit-
tel, Alltagsrock der Bauern. Mod.: alter Kittel,
Frack. SW. OSCHW.
s c h a k e n i e r e n s. *schikanieren.*
Schälfe *-ĕ̆-; -ĭ̆;* S c h ä l f e t u. ä.; Pl. -e[n] f.: Schale,
Rinde von Pflanzen und Früchten, aber nicht
die harte, welche *Schale* heißt. Versch. Formen,
z. B.: Pl. S c h ä l f e[n] ; S c h ä l f e t e[n] *-ədə;* S c h ä l-
f e z e[n] ; S c h ä l f e z g e[n] ; S c h ä l f e z e t e[n] ; S c h ä l-
f e r e[n] ; S c h ä l f e r t e[n] ; S c h ä l f e l e[n] ; S c h ä l-
f i c h ; S c h ä l p f (i c h) ; S c h ä l f e m e[n] ; dazu mit
anderem Kons.: S c h ä l z e m e[n] ; S c h ä l z i c h. –
Genauere Bed.: die (abgeschälte oder abzu-
schälende) Haut der Kartoffel; der Zwiebel; Ei-
erschale; Abfall beim Bohnenschälen, ebenso
die grüne Schale der Walnuß.
schallare[n] schw.: übermäßig laut lachen; lärmen.
schalmäu[n]**kele**[n] schw.: schielen.
Schalte f.: **1.** Stange zum *schalten.* Vorwärtsstoßen
eines Nachens in seichtem Wasser. – **2.** Brett,
das zur Einfassung, Abgrenzung dient; *Schǫ̆lte,*
-ă̆- ALLG.; *Bettschalte* Seitenstück der Bettlade.

schalten

schalte[n] *-ā-* Rottweil bis BOD., *-ǫ̈-* ALLG., sonst *-ā-* st.: 2. 3 Sg. schält(st) *-ě̜-;* jetzt gew. schw.: *schalte(s)t, g^eschalte^n:* **1.** vorwärts schieben; insb. einen Wagen, Karren *(Schaltk.)* odgl. – Für Schieben im Sinn der Weiterbewegung wird im SW. nur *schalten,* sö. davon *stoßen* gebraucht; *schalten* ist aber (neben *schieben)* auch weiter ö. bezeugt. – **2.** handeln, über etwas verfügen. Bes. wie nhd., *sch. u. walten.*

Schalt-karch NW.; sonst *-*karre[n] m.: Schubkarren.

schalu *šālū* ◡ʼ Adj.: eifersüchtig; noch häufiger: aufgeregt, verwirrt, ratlos, rappelig; auch von Pferden: scheu. Nur präd.: *Heut ist er ganz sch.; Mach^e mi^{ch} net sch.* – Anm.: Frz. *jaloux.*

Schalusi[e], meist Pl. *-*ie[n] f.: Rolladen.

Schälzeme, Schälzich s. *Schälfe.*

schäme[n] *šě̜mə,* frk. *šě̜imə;* alt, auch geleg. noch mod. schame[n] schw.: refl. *sich sch.* **1.** wie nhd. wegen einer ungehörigen Handlung oder in einer das Schamgefühl verletzenden Lage. Die Ursache wird bez. mit *an, wegen, ob;* der, dem gegenüber man sich schämt, wie nhd. mit *vor.* Verstärkt: *Er schämt sich in's Herz 'nei^n, in de^n Hals 'nei^n. I^{ch} hau^n mi^{ch} g^eschämt, daß i^{ch} hätt^e möge^n in Bode^n 'nei^n schlupfe^n.* – **2.** sich vor etwas, was getan werden soll, scheuen. Öfters noch mit dem Motiv der Scham. *I^{ch} schäm^e mi^{ch}, daß i^{ch} ^es sag^e.* Aber auch einfach = sich fürchten. *Du schämst dich durch den Wald.*

schämig *-ě̜-,* FRK. *-ě̜i-,* Adj.: **1.** akt.-pers., verschämt. Sowohl zu *schämen 1:* schamhaft, als zu 2: scheu, schüchtern, verlegen. *Des Mädle ist so schämig.* – **2.** pass.-obj.: Sache, deren man sich zu *schämen hat. Des ist aber e^{ine} sch-e Sach^e.* S. a. *schämlich.*

schämlich Adj. Adv.: worüber man sich schämt.

Schamp m. f.: Lump, Taugenichts, liederliche Weibsperson.

Schampel f.: vorlaute, dumme Weibsperson ALLG.

schampere[n] schw.: fortjagen, auch mit *auße-, fort-, heim-.*

Schand *šānd; šǫ̈nd* ALLG. f.: **1.** meist wie nhd. *Wer losnet an der Wand, der hört sei^{ne} eigne Sch.* – Präp. Wendungen. *Schande^n halber* bloß, um nicht anzustoßen, anstandshalber; dafür auch *schanderhalber.* – **2.** Scham, Geschlechtsteil OSCHW. *Verdeck^e dei^{ne} Sch.*

Schandell[e] f.: Kerze. – Anm.: Frz. *chandelle.*

Schanden- s. *Schand-.*

schände[n] schw.: in Schande bringen. **1.** mit der Tat. – **2.** mit Worten: schelten, beschimpfen, verleumden. *Der hat mich geschändet* beschimpft.

Schandenklas s. *Klas.*

schanden-, schanderhalber s. *Schande.*

Schand-kerle m.: Schelte.

schandlich *šānd-;* schändlich Adj. Adv. Subst.:

schändlich, schmachvoll. **1.** Adj. *Der schandlich^e Klas* da und dort Entstellung von *Sankt (Ni)klas.* S. a. *Schandenklas* u. s. *Klas.* – **2.** Adv. Bes. *einem schandlich tun* ihn über die Maßen schelten. – **3.** Subst. m. a. im allgem. *Du Schandle* Schandkerl. – b. spez. eine bestimmte Fastnachtsmaske, Rottweil, grob bekleidet, mit häßlicher Maske, *tut* den Leuten *sch.*

schand-mäßig ⌐◡, auch ◡ʼ◡ Adv.: schändlich; auch bloß verstärkend, wofür gern *schanden-: Er hat ihn sch. verhauen* u. ä.

schand-maule[n] schw.: übel nachreden.

Schanz[e] I, Pl. *-*e[n] f.: **1.** milit., wie nhd. Übtr.: Schutz, Sicherheit. – **2.** Wandbrett zum Aufstellen von Sachen; bes. auch Demin. *Schänzle^{in}* n.

Schanz[e] II (Pl. *-*en) f.: Chance, Glücksfall, Gewinn und Verlust.

schanze[n] *šántsə, šǫ̈ntsə* ALLG. schw.: **1.** *Schanzen* I aufwerfen, überh. Erdarbeiten machen. – **2.** angestrengt arbeiten. *Schaffe^n und sch.*

Schanzer m.: **1.** Schanzarbeiter. – **2.** einer, der angestrengt arbeitet, z. B. für die Schule.

schao s. *schon.*

Schaoß s. *Schoß.*

Schapf n.; Schapfe[n] m.; gew. Schapf(e[n]), Pl. *-*e[n] f.; Demin. Schäpfle^{in} *šě̜pflę̈* n.: **1.** Schöpfgefäß mit Stiel. Je nach der Bestimmung genauer *Wasser-, Milch-, Bier-, Lache^n-, Gülle^n-, Mist-Sch.* – **2.** *ein Gesicht machen (ein Maul m., haben) wie eine vertretene Sch. E^{in} Schäpfle^{in} mache^n* die Unterlippe hängen lassen; häufiger *Pfännlein. Du alte Sch.* Schelte, öfters bloß Scherz.

Schapo *šābǫ̈* ◡ˋ, ◡ʼ m.: Hut, frz. *chapeau.* – Schapoklak m.: zusammenklappbarer Zylinder.

Schappel *šǻbl; šǻblə, tšǻbələ* BAAR; Pl. *-*pple[n] f.; älter n.; Demin. Schäppele^{in} *sę̈-* ◡ˋ◡ n.: **1.** Blumen-, auch Laubkranz. – **2.** weibl. Kopfbedeckung, bes. im W. SW. – Insbes. bei Hochzeiten von der Braut und den Brautjungfern getragen. – **3.** in Vergleichungen. *Der ist wie e^{ine} Sch. so leicht.* – **4.** altes Weib.

Schappele[in]**s-kraut** n.: Efeu, Hedera helix L. MITTL. ALB; an Fronleichnam zu Kränzen gebraucht.

schäpp(e)le[n] *šę̈b(ə)lə: -əln* w. FRK. schw.: **1.** viel an sich herum kratzen. – **2.** kurzes Gras mit der Sichel schneiden.

Schäpper, Schapper m.: **1.** *Schäpper šě̜bər:* die von einem Schaf gewonnene Wolle. – **2.** *Schäpper* langes oder buschiges Haupthaar. *Du hast e^{in}mal ein^n Sch.; mußt ihn schere^n lau^n* u. ä. – **3.** *Schäpper* Geiferlappen für Kinder. – **4.** Bekleidung des Rumpfs. a. männl. Kleidungsstück, Kittel. – b. Weiberjacke.

schäppere[n] (klappern) s. *schätteren.*

schäpps (schief) s. *schepps.*

362

Schar *šār šǭr šǭ(ə)r* f. n.: Pflugschar, der vorderste, liegende Teil des hinteren Pflugeisens mit nach vorn gerichteter Spitze, schneidet die Erde waagrecht durch N. (NW.). Synn. *Schar-boden, -blatt, (Pflug)eisen, Pflugblatt, Blättlein, Wagense.*

Scharabank ‿ *šărəbằŋk, -bāk* m. f.; gerne Demin. bänkle^in n.: leichter, offener (Berner)-Wagen. – Anm.: Frz. *char-à-bancs.*

schare^n *-ā-* schw.: mit der *Schar,* auch dem Spaten, den Boden aufreißen, locker machen.

scharf, scharf; Komp. Superl. *-ę̆-* Adj.: scharf; im ganzen wie nhd.; doch etwas ausgedehnter. Syn. öfters *räß.* **1.** von schneidenden Werkzeugen und Waffen. Ein Messer ist *sch., sch. geschliffen. Zu sch. macht schartig.* – **2.** scharfkantig überhaupt. *Sch.* ist eine Ecke, eine Buchschrift. – **3.** von einem raschen, schneidenden, deutlichen, bald angenehmen bald schmerzlichen Eindruck auf die Sinne. a. Gesicht. *Sch-s Auge, sch-e Brille* u. ä. *Sch. sehen.* – b. Gehör. *Sch. hören* u. ä. – c. Geschmack. Essig, Senf u. ä. *sind, schmecken sch.* – d. Geruch. Eine Flüssigkeit riecht *(schmeckt) sch.* – e. Gefühl. *Sch-er Luft, Wind* udgl. – **4.** stets im Sinn des Entscheidenden, Energischen, Durchschlagenden gebraucht. *Sch. laden, schießen. Sch. laufen, reiten, fahren.* – **5.** von Menschen und ihren Handlungen. a. scharfsinnig. *Sch-er Verstand.* – b. streng, schneidig, leidenschaftlich. Ein Beamter ist *sch.* genau, kurz angebunden. *Sch. auf etwas sein* erpicht darauf; spez. *Der ist sch., Des ist e^in Sch-er.*

Schärpfe *šę̆rpfę̆,* Oschw. auch *šĭ-; -ī* S.; Pl. -ene^n; Schärfne; *Schärf^e* f.: das *scharf*-sein; in den versch. Bedd. des Adj.

schärpfe^n *-ę̆-* schw.: schärfen. – Wenig üblich: dafür *scharpf machen.*

Schar-schaufel f.: Schaufel, um die Erde umzugraben, Spaten.

Scharre s. *Scherre.*

schärren s. *scherren.*

Scharrete, Schärrete s. *Scherrete.*

Scharrmaus s. *Schermaus.*

scharwenzle^n ‿ *šărw-,* auch schärw- *-šę̆-* schw.: intr. mit haben: *einem sch.* schmeicheln, kriechen.

scharwerke^n schw.: fleißig, aber auch schwer arbeiten. Früher: Frondienste leisten.

Schäs^e *šęs,* Pl. (auch flekt. Sg.) -e^n f.; Demin. Schäsle^in *šęslę̆* n.: **1.** Kutsche, bes. von der kleineren Sorte. *Was zum Karre^n gebore^n ist, kommt in kei^n Sch.* – **2.** Name für Blumen, die mit einer offenen *Sch.* verglichen werden. a. Blauer Eisenhut, Aconitum napellus L., und Gescheckter Eisenhut, Aconitum variegatum L. – b. Demin. *Schäsle^in* Weiße Taubnessel, Lamium album L., Gefleckte Taubnessel, La-

mium maculatum L., und Rote Taubnessel, Lamium purpureum L.

Schäslo m.: Liege mit Kopflehne. – Anm.: Frz. *chaise longue.*

schasse^n *-ă-* schw.: fortjagen. Stets mit verächtl. spöttischem Ton: *Den Schultheißen hat man geschaßt, weil er beschissen hat.* – Anm.: Frz. *chasser.*

Schätter, Schättere *-ę̆* f.: etwas, was *schättert;* meist spöttisch. S. a. *Schätterete.* Alte Geige, Orgel odgl. Altes Weib. Der rasselnde, hintere Teil am Wagen.

Schätteralle *šę̆dərălə* f.: *alte Sch.* viel lachendes Weib. – Vgl. *Schätteräre, Schätterbäll.*

Schätteräre m.: *schätteriger,* unruhig-lustiger Mensch.

Schätter-bäll m.: *schätteriges,* geräuschvolles, schnatterndes Weib.

schättere^n *šę̆dərə; -eə-* Allg.; schäppere^n *-ę̆-* schw.: einen unreinen, blechernen Ton hervorbringen. *Sch. wie e^in (alter) (Koch)Haf^en.* Ebenso ein altes Klavier, eine rissige Geige. Bes. aber eine klanglose, alte oder sonst verdorbene Stimme. – Die Elster *schättert* krächzt; das bedeutet Unglück. – Lautes, unanständiges Lachen, im N. allgem.

Schätterete *-ǫdę̆* f.: **1.** blecherner Gegenstand, der beim Fallen *schättert.* – **2.** der hintere Teil am Wagen.

Schätter-haf(e^n**)** m.: *schätternder* Topf. Übtr.: viel lachende Person.

Schätter-hetz^e, -hex^e f.: **1.** = *Hetze,* Elster. – **2.** *-hex^e: schätteriges,* viel redendes und lachendes Weib.

schätterig Adj.: was *schättert;* von einem zersprungenen Topf, krächzender Stimme udgl.

Schätter-karre^n (-karch) m.: Karren, Fuhrwerk (auch Motorrad u. ä.), das *schättert,* Lärm macht.

Schatull^e *šădül* ‿, Pl. -e^n f.: Schachtel, wenn auch etwas feiner, vornehmer. So auch *alte Sch.* alte Schachtel, altes Weib.

Schatz *šåts,* Pl. Schätz^e *šę̆ts* m.; Demin. s. u. 2: **1.** wie nhd. a. pop. vor allem der gesammelte und vergrabene Sch. – b. überh. Kostbarkeit. – **2.** Geliebte(r); für beide Geschlechter nur Mask. *Die Magd geht mit ihrem Sch. (der Bursch mit seinem Sch.) spazieren.* – Oft Demin. Schätzle^in *šę̆tslę̆* n., tändelnd oder zu Kindern Schatzele^in.

schätze^n *šę̆tsə* schw.: **1.** schätzen, wie nhd.; gew. *einschätzen. Des hätt^e ich dir (hättest du dir) ^net g^eschätzt* nicht zugetraut, erwartet. *Sch. kann fehlen.* – **2.** meinen, dafür halten. Insbes.: *I^ch schätz^e, i^ch sch. äll^es.* Bes. aber voran-, dazwischen gestellt, auch als Antwort: *Schätz^e wohl:* ich denke wohl; auch energisch bestätigend: selbstverständlich.

Schaub *šaob* Mittelland; *šǝub* S.; *šǭb* O.; *šāb;* Pl. Schäub^e *šaeb, šǝib, šẹ̄b, šāb* m.; Demin. Schäuble^in *-ae-* n.: Bund, Bündel. a. Strohbund, bes. von Roggenstroh. – b. Bund Heu, Erbsenstroh odgl.

Schaube s. *Schaupe.*

Schaubezen s. *Schaupe I. 2.*

Schaub-kratte^n (-krätte^n) m.; gern Demin. -krättle^in *-ẽ-* n.: runder, aus Strohseilen geflochtener Korb für den Brotteig.

Schauderer m.: einmaliger Schauder. – schauderig Adj.: *Es ist (mir) sch.* ich habe ein Frostgefühl. *Sch. Wetter* u. ä. Gern verbunden: *sch. und mauderig* niedergeschlagen, betrübt.

Schaufel *šǝufl;* S. *-ū-,* Frk. *-au-,* Ries *-ao-;* Pl. Schaufle^n f.; Demin. Schäufele^in *-ǝi- (-ī-, -ai-, -ae-)* n.: **1.** das Werkzeug; spez. die zum Werfen von Erde, Sand, Kohlen u. a., opp. *Spatzen, Schore.* Vgl. *Sand-, Stoß-sch.* usw. – **2.** Sch. am Mühlrad. – **3.** Schneidezahn; bes. Pl.: *Der hat e^in Paar Sch-en im Maul* u. ä.

schäufle^n, schaufle^n schw.: **1.** eig.: etwas mit der *Schaufel 1* beseitigen: *Schnee sch.* u. ä. – **2.** übtr. a. *Frucht sch.* solche den Eltern entwenden und verkaufen. – b. *einen schauflen* zum Narren haben.

Schaum *šāōm,* Pl. *šāēm; šǭm,* Pl. *šẹ̄m; šǭm,* Pl. *šẹ̄m* S. u. W.; Demin. Schäumle^in n.: wie nhd. **1.** natürlicher Sch., eig. und bildlich. – **2.** künstlich hergestellte schaumartige Masse. Bes. Demin. *Schäumlein,* nam. für Zuckerschaumbackwerk, genauer *Zucker-, Schokolade-, Quitten-Sch.* usw.

schaume^n *-āō-, (-ã-), -ǭ-, -ǭ-, -ū-* s. *Schaum;* schäume^n *-āē- (-ẹ̄-)* schw.: schäumen, intr. mit haben. *Sch. vor Zorn, sch. wie ein Eber. Der sch^aumet* hat Eile, arbeitet eifrig.

Schaupe I m. f.: **1.** männl. und weibliche Rumpfbekleidung. Heute nicht mehr gebraucht. – **2.** gebackene Küchlein aus Hefeteig, große Fastnachtsküchlein; dafür auch *Schaubeze^n.*

Schaup^e II *šǝub,* flekt. (auch Nom.) *-e^n* m.; Demin. Schäuple^in *-ǝi-* n.: Schopf, Haarschopf. *I^ch nehm^e di^ch beim Sch-e^n.*

Schaute, Schote *šǝudẹ, šǭdẹ,* Frk. *-ǫu;* Pl. gleich, m.: Halbnarr, fahriger, kopfloser Mensch. Stets verächtlich, aber kaum als moral. Vorwurf. Auch von Weibern, aber stets mask. Auch von verrückten Pferden. – Schautel *-ǝu-* m.: **1.** flatterhafter Mensch, bes. Knabe; weniger starker Tadel. – **2.** Pferd, das den Koller hat. – **3.** Übereilung. – Schautelei *ᴗ⁄* f.: Fahrlässigkeit, Nachlässigkeit, Unüberlegtheit. – Sch(a)uteler m.: = *Schautel 1.* – schautelich Adj.: flatterhaft, fahrlässig, zerstreut Unterl. – schautig Adj.: wunderlich, halbnärrisch.

Scheck^e *šẹk,* südlicher *šẹ̄ǝk,* flekt. *-e^n* m.; Demin.

Scheckle^in n.: Schecke, was mehrfach gefleckt ist. – **1.** von Rindvieh und Pferden. Auch Name solcher Tiere, zumal Ochsen oder Kühe, stets m. auch für letzter. *Hottumme, Sch.! Pfullinge^n zu!* – **2.** von andern Tieren, z. B. Katzenname. – **3.** Kirsche mit bunter Haut; man unterscheidet *gelbe, rote, braune Sch-en, Marien-, Porzellansch-.*

Schecke^n-laib m.: halbweißes Brot; gemacht aus *Scheckenlaibmehl.*

schecket, scheckig – Laut s. *Schecke* – Adj.: **1.** eig., fleckig, bunt; s. a. *geschecket. Net um e^in sch-s Kühle^in* nicht um alles in der Welt. – **2.** übtr., kunterbunt, seltsam. *Sich sch. lachen* Frk.; *Sch. 'rausschwätze^n* u. ä.

Schef^e *šẹ̄f* Mittelland, *šẹ̄f* N., *šẹ̄f* Frk.; Pl. *- e^n* f.: **1.** Schote der Hülsenfrüchte (Bohne, Erbse). – **2.** die Hülsenfrüchte selbst, soweit ihre Früchte unreif mit der Schote gegessen werden. a. Erbse; spez. Zuckererbse, auch *Zuckerschefe.* – b. Bohne. – **3.** weibl. Geschlechtsteil. Dann spöttisch für Weiber, für lüsterne Mädchen.

Schefen-acker m.: Erbsenacker.

Scheff s. *Schiff.*

Scheffel *šẹ̄fl,* Pl. gleich, m.: altes Hohlmaß. Trokkenmaß, spez. für Getreide. Von 1806 bis 1870 = 8 Simri = 32 Vierling = 256 Echlein = 1024 Viertelein = 3,5446 Hektoliter.

scheg Adj.: krumm, schief.

schege^n *šẹ̄χǝ šẹ̄iχǝ* Frk., *šẹ̄ǝgǝ* Hauptgeb. n. der Don., *šī ǝgǝ* S. schw.: **1.** intr., mit haben: schief gehen, spez. die Schuhe krumm treten *(versch-).* Auch verbr.: *daher sch.* – **2.** neben hinaus gehen, krumme Wege wandeln. Deutlicher: *Er ist neben 'naus g^eschegt.* – Scheger m.: **1.** wer *schegt (1).* – **2.** krummer Fuß, krummes Bein. – schegig Adj.: wer oder was *schegt (1). Sch-er Kerle, Gang* u. ä.

scheib (Adv.) s. *scheibs.*

Scheib^e *šaib;* S. *šīb,* Frk. *šaib,* Ries *šaeb, -be^n; -wǝ* (W.) NW. N. f.; Demin. Scheible^in n.: im ganzen wie nhd.; einige spez. Gebrauchsarten: **1.** flacher runder Körper oder niedriger Zylinder. a. Fensterscheibe. – b. Zielscheibe. Vgl. *Scheibenschießen, -stand.* – c. Unterlage einer Schraube. – d. unterer Eisenteil der *Leuchse* am Leiterwagen, dafür auch *Leuchsenstifel.* – e. Fährte des Hirschs. – **2.** ein solcher Körper mit rotierender Bewegung, vgl. *scheibs, scheiben, scheibenweise.* a. Rolle an einem Aufzug. – b. *Sch-n schlagen,* auch *Sch. treiben* Volksbelustigung, bezeugt Tuttlingen – Laupheim – Bairschw. u. südl. Übereinstimmend ist überall der *Funkensonntag,* der erste Sonntag nach Fastnacht (Invocavit), dafür bezeugt; er heißt auch *Scheiben(sonn)tag,* dagegen *Scheible^inssonntag* Sonntag nach Ostern: beide Sonntage heißen *weißer Sonntag,* daher die Verwechslung. Man hält kleine durchlöcherte Holzscheiben in's Feuer und schleudert sie, wenn sie glühen, möglichst hoch und weit fort. Das geschieht bestimmten Personen zu Ehren; erst den Respektspersonen: Gott, der Obrigkeit usw., dann aber besonders der Liebsten. Dabei werden Verse gesprochen; meist: *Scheib^e aus, Sch. ein! Wem soll diese Sch. sein? Die Sch. soll dem X. (meinem Schätzele^{in}) sein.*

scheibe^n *-əi-* usw., s. *Scheibe*, st.: **1.** *Kegel sch.*, auch bloß *sch.:* Kegel schieben. – **2.** drehen, wenden; a. *um-. Ma^n ka^{nn} ^{n}it sch.* sich nicht umdrehen.

Scheibe^n-sonntag m.: Sonntag Invocavit ALLG.

scheibe^n-weis^e Adv.: **1.** = *scheibs:* im Kreis, rings. – **2.** in Scheiben geschnitten.

scheibs Adv.: rings.

Scheid-biss^e *šǫ̈ə(d)b-*, flekt. (auch Nom.) *-e^n* m.: = *Scheide 1*, Keil zum Holzspalten. S. a. *-weck 1.*

Scheid^e, Pl. *-e^n* f.: **1.** Eisenkeil zum Holzspalten Sww. bis ALLG. – **2.** wie nhd.

Scheid-weck^e *-wę̆k;* flekt. (auch Nom.) *-e^n* m.: **1.** Keil zum Holzspalten. S. a. *Scheide 1, Scheidbisse.* – **2.** auch S c h i d w e c k^e, früher der letzte, mit Essen gefeierte Lichtkarz des Winters.

Schei^n *šǟ* Hauptgeb., *šī̆ šě̆* SW., *šī̆* S., *šāī šǝī* N. m.: volles Subst.; in weiterem Umfang als nhd. a. das *scheinen* der Sonne, des Monds. – b. Sch. eines Leuchtkörpers. Eine Laterne udgl. gibt *einen hellen, schwachen Sch.* u. ä. – c. Augenlicht. Ein Halbblinder *hat bloß no^{ch} e^{i}n^{en} Sch.,* ein Blinder *kein^{en} Sch. meh^r.* – d. Glanz. Bes. alt von glänzender Erscheinung, kostbarem Gewand. *Er gibt einen Sch. (von sich)* sieht sehr blaß, übel aus. – e. Augenschein. Nur noch, wie nhd., von der schriftl. Bescheinigung. – f. Anschein. *Der Sch. trügt.*

scheine^n *šǟēnə; šīnə* S., *šī̆ŋə* SO., *šāīnə šǝīnə* N.; Part. g^{e}schei(n)t neben g^{e}schine^n st. und schw.: scheinen. **1.** von der Sonne u. a. Himmelskörpern. *Stahst^{n}it auf, bis dir d^{ie} Sonn^e in Hintere^n scheint.* – **2.** blitzen OSCHW. ALLG. *Der sieht durne^n und hört sch.* – **3.** glänzen, leuchten. *Du scheinst bist schön gekleidet.* – **4.** den Anschein haben. Ohne Gegensatz zur Wirklichkeit. *Es scheint mir so.* Bes. parenth. *scheint's: Du bist, scheint's, auch dem sein Freund.*

sch^{e}i^n-leiche^n *šī̆lǫ̈xə* TIR schw.: blitzen. Vgl. *Wetterleichen.*

Scheiß I *šǫis* (S. *šī̆s,* FRK. *šais,* RIES *šaes*) m.: **1.** Furz oder Kot. – **2.** übtr. Kleinigkeit, Wertloses: *We-ge^n so 'me^n Sch. gang^e i^{ch} net aus'm Haus; Er fragt kein^{en} Sch. darnach.*

Scheiß II *šǫ̈es* O., *šǭə̈s* W.; Pl. *šǫes* O., *šǭ̈əs* W., m.: **1.** Furz; und zwar nicht der trockene, sondern der nasse. *Einen Sch. lassen.* – **2.** Magenwind.

Scheiß- *-əi-* usw.: als Schelte: „verflucht, dumm, verächtlich" vor irgend einem Subst. oder Eigennamen *(Scheiß-Mayer* odgl.) jederzeit möglich.

scheiß-billich Adj.: übermäßig billig.

Scheiß-blätsch^e f.: Alpen-Ampfer, Rumex alpinus L., auch Stumpfblättriger Ampfer, Rumex obtusifolius L. – Vgl. *Schmalzblätsche.*

Scheiß-dreck m.: Exkremente, in derber Sprache. *Geld wie Sch.* sehr viel. Bes. stark negierend. *Des tut (ihm) kein^{en} Sch.; Des gaht di^{ch} e^{i}n^{en} Sch. a^n. Sch.! Ja, Sch.! (Ja,) e^{i}n^{en} (alte^n; gel^{b}e^n) Sch.!* stärkste Ablehnung. – s c h e i ß - d r e c k e l e^n schw.: nach Scheiße riechen.

Scheiße *šǫisę̆* f.: Diarrhöe OSCHW. BAIRSCHW.

scheiß-egal Adj.: ganz gleichgültig.

scheißele^n s. *Scheiß II* schw.: nach Fürzen riechen.

scheiße^n *šǫisə;* S. *-ī-,* FRK. *-ai-,* RIES *-ae-;* Part. g^{e}schisse^n st.: wie nhd. Gebrauch aber weniger anstößig; während des Essens sagt der Bub ohne Tadel: *Vater, i^{ch} muß sch.;* nur in ganz wenigen kultivierten Häusern verbessert der Vater: *Ma^n sait ^{n}it so am Esse^n, da sait ma^n schämperle^n.* Syn. im Kindermund *bampen. Gut ^{ge}bisse^n ist halb g^{e}schisse^n.* Ein Toter *hat ^{da}s letzt^e Mal g^{e}schisse^n (hat ausg^{e}schisse^n).* In d^{ie} Hose^n sch. Vgl. *Hosenscheißer. Über d^{ie} Zäh^{ne} sch.* sich erbrechen; auch *über d^{ie} Zung^e sch. G^{e}schisse^n voll* übervoll. *Ja, scheiße^n!* grobe Ablehnung. – Eine verwünschte Sache *hat der Teufel g^{e}schisse^n. Di^{ch} hat der T. am Sch. verlore^n.* – *Lang an etwas 'rum sch.* unnötig lang dran machen; vgl. *drecklen.*

Scheißer *-əi-* m.: **1.** persönl., wer viel *scheißt,* Schelte. *Scheißerle^n* n.: kleine Person; mütterliches Kosewort für ein kleines Kind. – **2.** Demin. *-le^{in}* n.: kleine Pflaume. – S c h e i ß e r e i f.: **1.** schlechte, elende Sache. – **2.** Durchfall. S. *Scheißete.*

Scheißet(e) *-əd(ě̜)* f.: Diarrhöe; s. a. *Scheiße. Er hat d^{ie} Sch.*

scheiß-freundlich Adj.: kriecherisch freundlich.

Scheiß-gass^e f.: *in d^{ie} Sch. komme^n* übel anlaufen, in Verlegenheit, Not kommen.

Scheiß-haf^{en} m.; Demin. *-häfele^{in}* n.: **1.** Nachtgeschirr. – **2.** Pflanzenname. a. Jasmin, Philadelphus coronarius L. – b. Zaunwinde, Convolvulus sepium L. – S c h e i ß - h a f e^n - r i n g m.: = *Hafenring. Der (Die) hat ja de^n Sch. no^{ch} am Arsch* ist noch viel zu jung.

Scheiß-haus n.; Demin. *-häusle^{in}* n.: **1.** Abtritt; als gröbster Ausdruck dafür. *Wenn d^{ie} Scheißhäusle^{in} stinke^{n}t, geit's ander Wetter.* – **2.** von Menschen. *(Himmel)lang^{e}s Sch.* langer Mensch.

Scheiß-kegel *-əi-* m.: Exkremente.

Scheiß-kerle m.: Schelte. *Vorne^n e^{in} Spitzbu^{be} und hinte^n e^{in} Sch.*

Scheiß-krot^e *-ǫ̈-* f.: **1.** Schelte. – **2.** *in der Sch. sei^n, ei^{n}e^n in d^{ie} Sch. eine führe^n* in Not, Verlegenheit.

Scheiß-kübel m.: Kübel für Exkremente.

Scheit *šǫit;* S. *šī̆t,* FRK. *šait,* RIES *šaet;* Pl. *-e r,* n.; Demin. S c h e i t l e^{in} n.: wie nhd., gespaltenes Holz. Es sind zu unterscheiden die großen, 1

Meter oder mehr langen Scheiter für den Backofen, und die kleineren, aus dem in Zylinder zersägten Rundholz gewonnenen für Ofen und Herd. Für die letzteren gern Demin.; sie können dann zum Anzünden wieder in *Spächele^{in}* gespalten werden.

scheite^n schw.: spalten zu *Scheitern.*

Scheiter-beig^e Pl. -e^n f.: Haufe geschichteter Scheiter. *Schulde^n wie (d^{ie}) Sch-e^n* sehr viele Schulden.

scheitere^n -əi- schw.: = *scheiten,* spalten.

Scheiter-holz n.: Holz in Scheitern.

scheite^n I schw.: *šītlə* Brennholz klein spalten SW BAAR.

scheitle^n II schw.: *das Haar sch., 'na^n sch.* wie nhd., mit einem Scheitel kämmen; zu Scheitel.

schel Adj. Adv.: A. Formen: schel *šę̄l, šę̄əl;* schelb ALLG.; schelch; schelk. – B. Gebrauch. **1.** scheel. a. phys., vom schiefen Blick. *Einen schelbs ansehen;* s. a. *Schelauge.* – b. übtr. neidisch. – **2.** überh. schief. a. phys. schief, krumm, verzogen. *Die Kappe schelbs auf haben.* – b. übtr. α. verscheucht, verwirrt, halbnärrisch. – β. *Es geht schelks* schief.

Schel-aug^e n.: Schielauge FRK.

schelb s. *schel.*

Schelch *šęl(ī)χ; šę̄ləχ* RIES m.: Nachen N.

schelch s. *schel.*

schelche^n *šę̆-* schw.: auf einem Nachen fahren N.

Schelfe s. *Schälfe.*

schelk s. *schel.*

Schell^e *šęl,* südl. Mittelland *šę̄əl,* SO. *šę̆l;* Pl. -e^n f.: **1.** kleine Glocke. Spezieller: a. zum Läuten, als Tisch-, Hausglocke, zum Ausrufen *(ausschellen)* udgl.; Syn. *Glocke, Glöcklein.* – b. einem Tier angehängt. *Der Katze die Sch. anhenken* die undankbare Arbeit tun, das Kind beim Namen nennen. *Einem eine Sch. a.* ihn in's Gerede bringen. – c. an der Kleidung, in der bekannten kugeligen Form. Spez. als Narrentracht. *Je größer der Narr, je größer die Sch.* – d. an Fuhrwerken, früher z. B. solchen mit neuem Wein, bes. aber an Schlitten. – e. Kugelschelle als eine der 4 Farben in der deutschen Spielkarte. – **2.** Hode, und zwar meist Sg. von beiden H. – **3.** Kropf. – **4.** Pflanzenname. a. Glockenblume, d. h. wohl Campanula. – b. Rhinanthus alectorolophus L. – c. Leindotter, Camelina L. – **5.** Blase im Wasser. *Wenn der Regen Sch-n gibt, regnet's noch länger.* – **6.** Schelte. Alte Sch. altes Weib.

schelle^n, s. *Schelle;* Part. st. geschollen, noch ALLG.; schw. g^eschell(e)t: **1.** altes st. Verbum. schallen, tönen. Die Ohren *sch.* einem – **2.** Part. g^eschellt, südlicher -et. Die Schelle ziehen, klingeln. *Da (Bei dem* o. ä.*) hat's g^eschell(e)t* jetzt ist's kritisch, zu Ende damit.

Schelle^n-könig m.: In der Spielkarte. Übtr.: *Das geht über den Sch. (hinaus)* über das Maß. Ein eitler Mensch *ist ü. d. Sch. Über den Sch. (Aus 'm*

Sch. 'raus) loben ('rausstreichen o. ä.*)* übermäßig loben.

Schelle^n-märte -ę̆ m.: = *Pelz-,* die bekannte Schreckfigur vor Weihnachten.

Schelle^n-narr m.: mit Schellen behängter Narr; so an Fastnacht ROTTWEIL; auch *Ge-.*

Schelle^n-rieme^n m.: mit Schellen behangener Riemen.

schellig -ę̆- Adj.: wild, aufgeregt. **1.** von Tieren, bes. Pferden. – **2.** von Menschen: böse, zornig, wild erregt.

schelmele^n schw.: **1.** nach Aas o. ä. riechen. – **2.** kleine List treiben.

Schelme^n-lied n.; gern Demin. -le^in n.: jedes nicht geistliche Lied, bald schlimmer: Zotenlied u. ä., bald von jedem pop. Lied, öfters wie bair. Schnaderhüpfel.

Schelme^n-wase^n m.: **1.** Schindanger. – **2.** Lump, Schelte gegen Mensch und Tier.

schelte^n *šę̄ldə;* südl. Teil des Hauptgeb. -ę̄ə-, äuß. O. -ę̆-; Sg. Ind. Präs. schilt(s)(t); Part. g^escholte^n st.: **1.** wie nhd. – **2.** einen so und so *sch.:* den und den Namen geben. Oft noch zu 1: *einen einen Lausbuben sch.* udgl. Aber auch anders. *Man schilt ihn Professor* tituliert, redet an. Parenth.: *wie er gescholten wird. Wie muß man eu^{ch} sch.?* anreden.

schem- s. a. *schim-.*

schenant s. zu *schenieren.*

schend- s. *schänd-* u. s. *schind-.*

scheniere^n *šę̆nīərə* ‿⁀‿ schw.; Part. g^escheniert, HalbMA. *sch-* schw.: wie nhd. **1.** belästigen, phys. und übtr. Die enge Krawatte, ein dummes Geschwätz *scheniert mich.* – **2.** refl., *sich sch.* nicht so keck sein.

Schenke -ę̆-, s. -ī-; Pl. -ene^n f.: **1.** Schenkwirtschaft. Nur früher üblich als Bez. des Raums, wo ausgeschenkt wird, feiner Büffet, heute Theke. – **2.** Geschenk, bes. bei Hochzeiten und Taufen.

Schenkel *šę̆ŋgl, šę̄gl* (S)W.; *šāĩkl* SW.; Pl. gleich, m.: wie nhd., untere Extremität, meist für das ganze Bein. Gew. spez. Oberschenkel.

Schenkel-patsche^n n.: Kinderspiel.

schenke^n *šę̆ŋgə;* W. *šę̄gə,* äuß. SW. *šāĩkə* schw.: **1.** zu trinken geben. a. Obj. ist das Getränke, heute meist *aussch.* – b. Obj. ist der Trinkende: tränken. Eine Frau *schenkt ihr Kind* säugt. – **2.** unentgeltlich geben. Mit sachl. Objekt, wie nhd. *^Geborgt ist net g^eschenkt. E^{ine}me^n g^eschenkte^n Gaul sieht ma^n net in's Maul. I^ch will nix g^eschenkt. Des möcht^e i^{ch} net g^eschenkt.*

Schenket(e) f.: = *Schenke* 2. *Schenket* bei Hochzeiten; *-ete* nam. bei Hochzeiten, Taufen.

Schepper s. *Schäpper.*

scheppere^n s. *schättern.*

schepps *šę̆ps* Adv.: schief. Hut, Kappe, Haube *sch. aufsetzen, auf haben. Sch. gucken, sehen* usw. Krumm gezogen: ein Brett, eine Tür ist *sch.* u. ä.

Sich sch. lachen krumm, bucklig. Verkehrt: *Der hat sein^{en} Kittel sch. a^n. Es geht, steht sch.* schief, nicht gut.

Scher *šē̜(ə)r*, Pl. gleich, m.: Maulwurf S. Syn. *Schermaus. Der Sch. hat gestoßen.*

scherb *-ḝ-* Adj.: ausgetrocknet, hart, spröde. Vom Boden, vom Brot, von den Händen.

Scherb^e *šḝrb*, im s. Teil des Hauptgeb. *-ḝə-;* Scherf^e; flekt. (auch Nom.) -e^n m.; Demin. Scherble^{in}(-f-)n.: **1.** Bruchstück, wie nhd., von Ton oder auch Glas. – **2.** Tongeschirr. Hauptverwendungen: Blumentopf; genauer *Blumen-, Stock-.* Nachttopf; genauer *Nacht-, Seich-.* Milchtopf, bes. von breiter und niedriger Form; genauer *Milch-.* – **3.** von alt (und wertlos) gewordenen Dingen und Menschen; z. B. *Kaufst du den alte^n Sch-e^n Mähre.* Spez. von Menschen. Magerer Mensch; auch von Weibern.

schere^n *šȩ̄ərə*, nördlicher *šȩ̄rə*, FRK. *-ȩ̄-;* Präs. Ind. Sg. 1. Pers. und Imp. *šȩ̄(ə)r;* 2. 3. schir(s)t *šīr(š)* alt.; Part. g^eschore^n *-ō̜-* N., *-ō̜ə-* S., seltener g^eschert st. und schw.: scheren. **1.** einen Menschen *sch.* ihm das Haar abschneiden. *Man hat ihm den Grind geschoren* Einhalt getan. – **2.** das Schaf *sch. Sein Schäflein sch.* seinen Nutzen machen. – **3.** Tuch *sch.,* wie nhd.: die langen Haare abschneiden. – **4.** plagen, quälen. Syn. *schinden,* aber eher schwächer als dieses: einem keine Ruhe lassen durch Arbeit, mit Fragen udgl., wie es bes. Kinder machen. *Mit dir ist man nichts als geschoren. Was schiert mich das?* was geht mich das an? – Refl., *sich sch.* um etwas kümmern. Wohl immer neg. *Ich schere mich nicht(s) drum; Was schere ich mich um den?*

Schere^n-schleifer *-əi-* m.: **1.** wie nhd., wer im Herumziehen Scheren und Messer schleift. – **2.** Schelte. a. für Menschen. Landfahrer; Feigling, Schwächling u. ä. – b. Hund ohne Rasse.

Schererei ◡◜ f.: Schinderei, Mühe und Plage. *Hat ma^n nex, ist's Lumperei, hat ma^n was, ist's Sch.*

Scher-fanger m.: Maulwurfsfänger.

Scher-geist m.: Schir- m.: Quälgeist; Kind, das einen nicht in Ruhe läßt. – S. *scheren* 4.

scherig; daneben schirig Adj.: wer oder was einen *schiert (4),* plagt. *E^{in} sch-s Kind. E^{in} sch-er Blitz.* Von Sachen: unangenehm, ärgerlich.

Scher-maus *šē̜ər-* f.: Maulwurf; Wühlmaus.

Scherre *šȩ̄(ə)r(ȩ);* Scharre f.: **1.** Schäufelchen zum Auskratzen der Mulde. – **2.** Bremskette am Holzschlitten ALLG. – **3.** = *Scherrete,* Teigrest in der Mulde, Musrest in der Pfanne.

Scherr-eise^n n.: Eisen zum Auskratzen der Backmulde.

scherre^n *-ḝ-,* S. *-ḝə-;* Part. g^eschorre^n ALLG.; gew. g^escherr(e)t st. und schw.: scharren, kratzen. Spez. a. auf dem Boden *sch.,* auch trans. *den B. sch. Im Bode^n sch.* vom Maulwurf. Die Hennen *sch.* – b. eine Pfanne,

Mulde odgl. *sch.* das Hangengebliebene, s. *Scherrete,* abkratzen. – c. Mist *sch.* im Frühjahr den M. auf den Wiesen zerkleinern und zerstreuen. – d. sich die juckende Haut kratzen OSCHW. *Im Haar sch. Der hat g^escherret!* sich hinter den Ohren gekratzt. – e. Zeichen der Ungeduld odgl. geben. *Da möcht^e (könnt^e) ma^n sch.* verzweifeln. – **2.** refl., *sich sch.* sich scheren, trollen. Bes. Imper.: *Scherr di^{ch} (fort)!*

Scherret(e) *šȩ̄(ə)rəd(ḝ);* Scharret(e); Pl. -ete^n f.: **1.** der in der Mulde hängen gebliebene Teig; noch mehr das in der Pfanne Gebliebene und Herausgescharrte von Brei, Dampfnudeln udgl. – **2.** zerschnittener Eierkuchen. Syn. *Kratzete,* andere s. *Eierhaber.*

Scherr-laib m.; Demin. -le^{in} n.: der kleine, bes. für Kinder gebackene Laib aus dem in der Mulde zusammengescharrten *Scherrteig.*

Scherr-teig m.: der in der Mulde gebliebene Teig; Syn. *Scherrete.*

Schertel *-ȩ̜(ə)-* f.; Demin. Schertele^{in} n.; Schertling n.: vieldeutiger Pflanzenname. Schetter in w. s. *Schätter* usw.

scheu *šəi* NW. u. HalbMA.; *šui* Mittelland u. O.; scheuch *šui\chi* TIR., s. a. *schiech* Adj.: **1.** wie nhd. scheu, schüchtern. *Tu net so sch.!* – **2.** aufgeregt, verwirrt, außer Fassung. *Er ist ganz sch. damit* närrisch.

Scheuch *šaȩ\chi, šḝi\chi* S., *šȩ̄\chi,* O, Pl. – e^n f.: **1.** persönl.: Weibsperson, die einen *scheucht.* – **2.** sachl.: Vogelscheuche.

scheuche^n, Laut s. *Scheuche,* schw.: auf-, verscheuchen. Jagen, treiben.

Scheuer *šəiər* NW. u. HalbMA., *šəir* äuß. SW. u. TIR., *šaiər* FRK., *šuiər* etwa Mittelland, *šuir* davon s., *šūr* SW. W., *šīər* S.; Pl. Scheure^n, auch Sg. öfters Scheure^n Scheuern f.; Demin. Scheuerle^{in} n.: Scheuer, Scheune. Allgem. im (N)WTeil; ö. davon *Stadel,* im ALLG. auch *Tenne, Scheune.*

Scheure^n-arm *šuirənärm* m.: waagrechter Balken zum Verschluß des Scheunentors. Syn. *Scheuerbengel.*

Scheure^n-burzel m.: Purzelbaum. – scheure^n-burzle^n schw.: Purzelbäume o. ä. machen. – Scheure^n-burzler m.: **1.** verächtlich für alle Arten von Landfahrern, Gauklern, auch Schauspielern, Sängern usw., weil sie in Scheuern übernachteten oder weil sie in Scheuern ihre Kunststücke machten. – **2.** Tunichtgut, unzuverlässiger Mensch.

Scheure^n-leiter f.: die große Leiter in der Scheuer. schi- s. a. *schü-.*

Schick I m.: geschickte Art, gute Gelegenheit u. ä. Opp. *Unschick. Er hat Sch.* hat Geschick, alles gelingt ihm. *Mit Sch. einkaufen.*

Schick II *šĭk* m.: Kautabak (auch *Tschick*).

schicke^n I *-ĭ-* schw.: **1.** trans. senden, wie nhd. – **2.**

refl., *sich sch.* a. mit pers. Subj. sich beeilen, bes. imper.: *Schick^e di^{ch}!* Bes. O. – Wie nhd., sich den Umständen fügen. *Sich in etwas, in die Leute* u. ä. *sch.* – b. mit sachl. Subj. sich fügen, passen. *^{E}s schickt si^{ch}* Zeit und Umstände erlauben, bringen es. – *Es schickt sich* gehört sich. *Schickt si^{ch} des au^{ch}, d^{ie} Hose^n offe^n hau^n?*
schicke^n II schw.: Tabak, *Schick* II, kauen.
Schicker m.; schicker Adj.: **1.** Subst.: kleiner Rausch; *einen Sch. haben.* – **2.** Adj.: betrunken. – Anm.: Aus dem Rotwelsch.
Schickgabel s. *Schütt-*.
Schicks^e *šiks*, Pl. -e^n f.: Weibsperson, Hure, schlechtes Weibsbild. – Schicksel *šiksl*, Pl. -sle^n f.; Demin. Schicksele^{in} ʼᴗᴗ n.: = *Schickse:* Mädchen; Geliebte. – Anm.: Jüd. *schikzo* Christenmädchen, zu *schekez* Christenjunge, eig. Greuel, unrein.
Schid^e *šid;* Pl. (auch Sg.) *šidə,* sw. *šidə* f.; Demin. Schidle^{in} n.: Korb. Das Wort herrscht im äuß. W. Und zwar ist *Sch.* der gewöhnl. aus Weiden geflochtene runde Korb *(Simrikorb)* mit 2 Handhaben (nicht 1 Bogen) für Erde, Holz, Kohlen, Obst u. a., wie ihn jede Haushaltung hat; Synn. nö. u. s. ö. davon *Zeine,* ö. *Kratten,* östlicher *Krätten,* im O. *Krebe* und *Krätze.*
schid-läute^n schw.: = *Schidung.* Geläute nach einem Todesfall; Passionsläuten RIES.
schidlich Adv.: ohne Streit. Gew. in der Verbindung *fridlich und sch.*
Schidung f.: Läuten der Sterbeglocke bei einem Todesfall; kath. allgem. – Für das Geläute freitags um 11 Uhr (Tod Jesu); kath. verbr.
Schid-weck^e *-ě-,* flekt. -e^n m.: Abschiedsessen, wenn einer auf Wanderschaft, zum Militär geht. Abschiedstrunk. Am lumpigen Donnerstag hört in OSCHW. das beim Licht Spinnen auf. Diesen Schluß der Lichtkarze feierte man in der Buchauer Gegend großartig mit Käs, Weißbrot und Bier. Dieses Fest hieß man *Schierwecken.* – Bes. bekannt aus Reutlingen: Der *Schidwecken* wird am Mittwoch nach Reminiscere verzehrt. Ursprünglich ein Abschiedskarz bei Wecken und Wein. Später wurde der Wecken durch Pasteten ersetzt, Kuchen aus Butterteig, gefüllt mit großen Kalbfleischstücken.
Schiebelein s. *Schupe.*
schiebe^n *-īə-,* äuß. NW. *-ī-; -w-* WN.; Part. g^{e}schobe^n *-ǫ-,* S. *-ǫ̈-,* FRK. *-ǫu-* st.: ist in der Mundart eingeschränkter gebraucht als nhd.; für *sch.* = vorwärts schieben braucht der SW. *schalten,* sö. davon *stoßen;* für *sch.* = (hin)einschieben überall mehr *schoppen.* **1.** am meisten wie nhd. in gewissen Verbindungen, z. B.: *Den (Am) Karren sch. Auf's lang^e Bänkle^{in} ('naus)sch.* – **2.** von organischen Prozessen. a. *Zähne sch.* – b. *Hörner sch.* vom Rindvieh; übtr.: *Man möchte H. sch.* – c. von Pflanzen:

treiben. *Jetzt sch. aber die Bäume!* – **3.** wühlende Erdtiere, Maus, Maulwurf *sch.* werfen Erde auf OSCHW.; auch *stoßen.* – **4.** von Spielen. a. *sch., Kegel sch.* wie nhd.; eig. pop. ist *scheiben.* – **5.** eilen, schnell gehen. Refl. *sich sch.* rasch fortgehen; bes. Imper. *Schieb dich!* (Aber *ane sch.* langsam, gedankenlos gehen.) – **6.** (hin-) einschieben. a. wie nhd. *In die Tasche, den Sack sch.* u. ä. – b. einem kleinen Kind *sch.* zu essen geben.
Schieber m.: **1.** persönlich. *O du lieber Sch.* Ausruf der Enttäuschung udgl. – **2.** Werkzeug zum Schieben. a. Schiebdeckel, Schiebfenster o. ä.; Schublade. – b. Teil des Futterschneidstuhls. – c. Stiel der Sense.
Schieb-karre^n m.: einrädriger Karren zum Schieben. Daneben auch das verbreitetere *Schub-;* s. a. *Schalt-.*
schiech *šiəχ; šīə* ALLG. Adj.: **1.** = *scheu 1.* – **2.** häßlich ALLG. *Sch-er Kerle* Schelte. Unnütz, verlumpt: *Des ist e^{in} ganz sch-er.* – Anm.: Heute im wesentlichen bairisch.
schiegen s. *schegen.*
schienken s. *schegen.*
schier *šīər* Adv.: beinahe; Syn. *fast. I^{ch} hätt^e sch. g^{e}sait* Unterdrückung eines Fluchs, einer Grobheit. Gerne verstärkt. Bes. *sch. gar* ⌃, ` `; auch *šīəgār.*
schieße^n *šīəsə,* äuß. NW. *-ī-;* Part. g^{e}schosse^n *kšǫsə* st.: **1.** trans. a. mit Schießgewehr. Übtr.: *Der Letzt^e hat no^{ch} net g^{e}schosse^n* die Sache ist noch nicht aus. – b. von anderem, was geworfen wird. *Kegel sch.* kegeln. – c. *Geld sch.* für etwas beischaffen. *Schieß ihm* gib ihm Vorschuß. – d. den Brotteig in den Backofen *sch.* – **2.** intr., mit sein. a. sich rasch, unwillkürlich bewegen. Rennen u. ä., bes. mit Adv.: *herum, vorbei, daher* u. a.; vgl. *Schuß, schusselig. I^{ch} bi^n an e^{in} Eck g^{e}schosse^n. Der Vogel schießt im Käfig ume^j-nand^{er}. Das Wasser schießt den Berg herab* usw. – b. die Farbe verlieren. *Die Farbe schießt gern; Der Zeug ist geschossen.*
Schießer m.: **1.** pers.: erster Bäckerknecht, der das Einschießen des Brots besorgt. Geleg. kann auch einer, der schießt, so heißen: *Wer ist denn der Schießer?* Schütze. – **2.** sachlich: hölzerne *Einschießschaufel,* mit der man das Brot in den Backofen, Herd *schießt.*
Schießet(e) f.: Schießgewehr.
Schieß-prügel m.: Gewehr; verächtl., so bes. auch für veraltete Systeme.
schife^n schw.: *sch., aus-* die Kerne aus Hülsenfrüchten heraustun.
Schifer *šīfər,* S. (wohl auch NW.) *šifer,* Pl. gleich m.: **1.** Splitter. a. von Stein. – b. von Holz. – c. Knochensplitter. – **2.** Sparren, Narrheit OSCHW. – **3.** Geld. – **4.** wie nhd. Schiefer.
schifere^n schw.: **1.** splittern. – **2.** bezahlen.

schiferig Adj.: **1.** leicht schiefernd, von Steinen. – **2.** leicht scheuend, aufgeregt, hitzig, reizbar; bes. von Pferden, aber auch von Vieh und Mensch.

Schiff *šīf* Sg. u. Pl.; Sg. *šīf* ALLG.; Scheff *šę̄(ǝ)f* Sg. u. Pl. BOD. n.; Demin. Schiffle^{in} *-ī-*, *-ę̄(ǝ)-* n.: **1.** wie nhd. – **2.** Metallgefäß zum Wärmen des Wassers, im Herd oder Ofen, bes. Demin. – **3.** Demin.: längliches Gefäß für Weihrauchkörner; kathol. allgem. – **4.** Weberschiffchen. – **5.** *Sch. und G^{e}schirr* das ganze Instrumentar. – **6.** Demin.: kleines, längliches Weißbrot. Bes. N.

schiffe^n schw.: pissen.

Schiff-lände *-ę̄* f.: Landungsplatz.

schifte^n schw.: einen Schaft machen. Zu einem Schaft herrichten, mit einem Sch. versehen, zum Anstecken an einen andern Gegenstand zuspitzen. Einen Stock, Peitschenstecken odgl. *sch.* wieder zusammensetzen. *Dran sch.* zur Verlängerung anfügen.

schikaniere^n, auch schakeniere^n schw.: einen böswillig plagen; tadeln.

schilchen, Schilcher s. *schillen, Schiller.*

Schild-brot n.; Demin. -brötle^{in} n., auch nur Schild m.: Gebäck, Doppelwecken.

schille^n *šīlǝ* Hauptgeb. u. S.; schilche^n *šīlχǝ* N. NO. (FRK. gern *šīliχǝ),* ferner BAIRSCHW. TIR. schw.: **1.** schielen. *Sch. wie ein gestochener Bock. –* **2.** schillern.

Schille^n-**bock** m.: Schielender, Schelte. – schille^n-bocket Adj.: = *schillig.*

Schiller, Schilcher m.: **1.** Mensch, der schielt. – **2.** *Schiller -ī-* in der Mitte zw. rot und gelb stehender Wein. Entsteht durch Mischung der dunkeln und hellen Trauben.

schillig Adj.: schielend. Bes. Schelte: *Du sch-s Luder* u. ä.

Schilpe s. *Schülpe.*

schimmele^n schw.: intr. mit haben: nach Schimmel riechen, schmecken.

schimmle^n; schimble^n; schimbere^n schw.: schimmeln, Schimmel ansetzen.

schimpfele^n s. *schimpflen.*

schimpfe^n *šę̄mpfǝ*, N. S. *-ī-;* Part. alt geschimpft, daneben vielf. g^{e}schumpfe^n *-ǫ̈-*, N. S. *-ŭ-* st. und schw.: **1.** spielen, scherzen. *Sch., schimpfelen* Spielen der Kinder OSCHW. – **2.** wie nhd., Syn. *schelten. Sch. wie ein Rohrspatz; wie ein Brunnenputzer.* – Beiteln, bes. wenn die Berechtigung zweifelhaft ist: *Man schimpft ihn Herr Baron* u. ä.

schimpfiere^n ＼∪ schw.: verunglimpfen, lästern, reizen. Häufiger *ver-* (mit *-ī-, -u-*).

schimpfle^n *šę̄mpflǝ*, S. *-ī-;* auch -ele^n schw.: mit Spielzeug odgl. spielen, von Kindern. *Was jung ist, schimpfet gern.* Auch von der mehr spielenden, leichten Arbeit Erwachsener, z. B. Schnitzelarbeiten.

Schimpfle^n-**sach** n., Pl. -sache^n: Spielzeug.

schimpflich Adj. Adv.: **1.** scherzhaft. – **2.** *Des ist sch., nacket dur^{ch} ^{da}s Dorf laufe^n* eine Schande. Im nhd. Sinn „ehrverletzend, beleidigend" nicht üblich.

schinägle^n *šę̄nę̄glǝ, šī-* ⌒∪; *-ę̄gln* schw.: arbeiten, bes. angestrengt. – Anm.: Aus dem Rotwelsch.

Schind-as n.: Schelte für Männer und Weiber, auch für Sachen.

schinde^n *-ę̄-*, S. N. *-ī-; šę̄nǝ šīnǝ* n. nw.; Part. g^{e}schun(d)e^n *-ǫ̈-*, S. N. *-ŭ-* st.: **1.** einen, etwas *sch.* ihm die Haut abziehen. Eig. und noch mehr bildlich. – **2.** von anderem Abziehen. *G^{e}schunde^{ne}s Bett* ohne Überzug. – **3.** übtr. a. mit pers. Obj.: wie nhd., überanstrengen, quälen. Auch von beständigem, lästigem Bitten, Fragen, Mahnen. – b. refl., *sich sch.,* wie es scheint auch ohne *sich:* sich abmühen, bes. auch um das tägliche Brot. *Ma^n muß si^{ch} ^{da}s ganze Jahr sch. (und placke^n).* – c. mit sachl. Obj.: durch *sch.* erwerben, wobei man sich selbst oder andere *sch.* kann; zusammenkratzen. – **4.** im Kartenspiel: eine Karte, mit der man stechen oder seinem Partner nützen könnte, zurückhalten, um sie später besser zu verwenden.

Schinderei ∿∕, Pl. -e^n f.: das *schinden 3.* Für mühevolle Arbeit, von andern oder selbst auferlegte.

Schinder-hannes m.: eig. Gaunername des 1803 hingerichteten Joh. Bückler; dann Schelte für böse oder liederliche Menschen.

Schinderluder s. *Schindluder.*

Schinder-mär^e f.: = *Schindmäre 1/2.*

Schinder-was^e, flekt. -e^n m.: **1.** eig., Schindanger. – **2.** grobe Schelte. Meist für Menschen beiderlei Geschlechts, ohne spezif. Bed.: *Sch., verreckter* u. ä. Aber auch für Tiere u. Sachen.

schindle^n schw.: **1.** Schindeln annageln. – **2.** in Schindeln einbinden; ein verletztes Glied *sch.*

Schind-luder; seltener Schinder- n.: **1.** = *-as;* bes. von Weibern in der vollen Bedeutung der Bösartigkeit. *Des ist e^n Sch., wo ihr d^{ie} Haut aufleit* u. ä. Von Männern mehr milder: durchtrieben, listig. – **2.** *Sch. mit einem treiben,* seltener *spielen* ihn (auf üble Weise) zum besten haben. – Schind-luder-lebe^n n.: Luderleben, liederliches Leben.

Schind-mär^e *šĭmbmę̄ǝr, šę̄ŋgmę̄ǝr;* Pl. -e^n f.: **1.** altes, abgerackertes Pferd. – **2.** Schelte für Weiber. *Alte, rote Sch.* u. ä.

Schinken s. *Schunk(en).*

Schinke^n-**Wurst** f.: Wurst aus Schinkenteilen. – S. *Preßwurst.*

Schipp^e *-ī-*, Pl. (auch Sg.) -e^n f.: **1.** Schaufel. – **2.** Schäferstecken mit löffelartigem Eisen. – **3.** (gew. Pl.) die Farbe Pique in der franz. Spielkarte; im deutschen entspr. *Laub.* Hieher: Schipp(en)-As, -Bube usw.

369

Schiß *šĭs* m.: **1.** Exkremente. Bes. auch von Insekten, s. *Mucken-*. – **2.** Furz. – **3.** = *Scheiß* I 2, Kleinigkeit, Wertloses. – Anm.: Aus studentischen Kreisen hat sich *Sch.* „Angst" verbreitet.

schitter Adj.: dünn, lückenhaft, vom Haar, der Saat ALLG. LECH.

Schlacht *šlăxt;* Pl. -e^n f.: **1.** wie nhd. – **2.** Damm o. ä. a. im oder am Wasser. – b. der freie, gew. gepflasterte Raum vor dem Bauernhaus. Auch *Hausschlacht.*

Schlachtet(e) f.: Probe von einer Hausschlachtung, die man schickt. S. a. *Metzgete.*

schlack Adj.: träge. – S c h l a c k - *ē-*.: **1.** Nachlässiger, unreinlicher, träger Mensch. – **2.** Rindvieh, unschön von Hörnern, Farbe und Gang.

Schlackel *šlăgl* m.: lahmer, unbeholfener Tölpel. Demin. *Schlackele^{in}* ⌐∪∪ m. n. – s c h l a c k (e) l e^n schw.: nachlässig, lahm einhergehen; bes. *darher schl.* Auch von einem Glied, = *schlacken; die Hände schl. lassen* u. ä. – s c h l a c k e l i g Adj.: schlaff, müde, energielos. – S. a. *Lackel.*

schlacke^n schw.: schlaff herabhängen. Ein Müder oder Bewußtloser *läßt alles schl.* alle Glieder herabhängen.

s c h l a c k l e n s. *schlackelen.*

Schlae-, s c h l a e - s. *Schle-, schle-, Schlei-, schlei-.*

schläf(e)le^n schw.: = *schlafen*, in spielender Ausdrucksweise, bes. mit Kindern.

schlafe^n *šlǭfǝ;* Part. g^e s c h l a f e^n st.: wie nhd. Intr., mit haben, aber bei lokaler Bestimmung mit sein: *wo bist g^{e}schlafe^n?* Bes. Verwendungen: *Schlaf wohl! Schlafet w.!* Gutenachtgruß. Gern verstärkt: *Schlaf wohl und g^{e}sund.* Oft auch bloß *Schlaf g^{e}sund!* Morgengruß: *(Hast) gut g^{e}schlafe^n?* – *Man sollte alleweil vorher schl., ehe man etwas tut.* Im selben Sinn *drüber schl.*

schläfere^n schw.: *Es schläfert mich* ich habe Schlaf.

Schlaf-haub^e f.: **1.** eig., Nachthaube. – **2.** Schelte für einen Schläfrigen, Langsamen.

Schlaf-laus f.: *Den beißen die Schlafläuse, drucken die Schl., Er hat Schl.:* ist voll Schlafs.

Schlag *šlăg; -ǭ-, -ǭ-;* Pl. *-ę̆-, -ę̆-* m.; Demin. S c h l ä g l e^{in} fränk. *-ę̆(ĭ)* sonst überall *-ę̆-*, S. *-ę̆-* n.: Schlag. In den Hauptbedd. wie nhd. **1.** Hieb, der auf einen oder etwas geführt wird. a. physisch. Bes. im Plur. *Schläge geben, austeilen; Schl. kriegen.* – b. übtr. *Auf einen Schl.* wie nhd. *Schl. auf Schl.* desgl. *Mit etwas zu Schl. kommen* zurecht. – **2.** an behauenen Steinen der glattere Rand um die rauhere Fläche: *d^{ie} Schläg^e 'rum mache^n.* – **3.** plötzliche Lähmung oder Tod, genauer *Hirnschlag;* daneben *Herzschlag.* Einen *Schl. kriegen; Der Schl. trifft einen.* Gerne Demin. *Schlägle^{in}*, nicht nur für leichtere Fälle, sondern auch überh. euphemistisch. – **4.** Explosion. Der Donner, eine Granate odgl. *tut einen Schl.* Spez. beim Feuerwerk. – **5.** forstlich =

Hau, wie nhd. – **6.** Vorrichtung zum Schließen. a. Schlag am Wagen, wie nhd. – b. Käfig. α. Als Vogelfalle. *Zwei Vögel in einem Schl. fangen.* Bes. *Meisen-*. – β. Taubenschlag. – c. Hosen-, Hosenlatz. – **7.** Art, Gattung. Spez. vom Vieh: Rasse, wie nhd. Aber auch ganz allgemein. *Die sind von einem, vom gleichen Schl. Das ist ein Schl. Was er tut, hat e^{i}n^{en} Schl.* eine Art, Hand und Fuß. *Es hat den rechten Schl.* – **8.** Kaufpreis, spez. der jeweils übliche, mittlere. Bes. mit *Kauf. Käufe und Schläge.* – **9.** von Tönen, die scharf und kurz angeschlagen werden. a. Schlag der Glocke. *Auf den Schl. gehen wie die Maurer.* – b. Schlag der Vögel. So etwa von der Wachtel.

schlä^g-bauche^n *šlăbǝuxǝ*, S. *-būxǝ;* nördlicher *šle-ˉbǝuxǝ*, schlag- ⌐∪ schw.: intr., mit haben: schwer und mit sichtlichen Bewegungen des Rumpfes atmen, keuchen, wie bei oder nach schwerer Arbeit, auch Krankheit. Eig. vom Vieh oder Pferd, aber ebenso von Menschen; auch bei oder nach starkem Essen, übtr. von schwerer Arbeit. *Der schl-et darher.* – Anm.: Vom „Schlagen", der heftigen Bewegung, der Flanken, deshalb sicher urspr. von Tieren.

Schlägel *šlę̄gl;* S. *-ę̆-,* FRK. *šlę̆(ĭ)χl;* Pl. gleich, m.; Demin. S c h l ä g e l e^{in} ⌐∪ n.: **1.** starker Hammer. Übtr.: Einem, der Glück hat, *kälbert (rindert) der (Holz)Schl. auf der Bühne.* – **2.** Pflock, Balken, durch den der Abzug eines Teichs geschlossen wird. *Den Schl. ziehen,* daß das Wasser abfließt. – **3.** Trommel-, Pauken-schl. – **4.** Glockenschwengel. – **5.** Glasflasche oder Steinkrug für Bier, Wein, Schnaps; *ein Schl. Bier, Schnaps.* – **6.** hinterer Oberschenkel bei Vierfüßern, die gegessen werden, Hirsch, Reh, Hase, Kalb usw.; Oberschenkel bei Gans, Huhn, Ente. Syn. *Stotze.* – **7.** geschwollener, dicker, gelenker Fuß. – **8.** Höschen der Biene. – **9.** großes Stück Brot.

schla^{e}ig Adj.: gerne ausschlagend, vom Pferd; vom Menschen: wer tut, als ob er alles zusammenschlagen wollte.

schlägle^n schw.: **1.** mit einem *Schlägel (1)* bearbeiten. – **2.** intr., mit haben: mit Armen und Beinen um sich schlagen wie ein Schwein, das geschlachtet werden soll, ein Epileptischer, Wütender udgl.

Schlamassel *šlămăsl* ∪⌐∪ f.; Schlamass^e, Pl. -e^n: unangenehme Lage, Verlegenheit, Not. *In die (eine große, schöne, saubere; keine üble) Schl. kommen; in der Schl. sein. Einen aus der Schl. herausziehen.* – Anm.: Jüd. *schelō massal* „was kein Glück ist".

Schlamp, S c h l a m p e^n m.: **1.** *Schlamp* Schleppe, vornehmer Damenrock. – **2.** *Schlampe^n* herunterhängendes Stück, z. B. Tuch-, Stoff-Fetzen. Haut- oder Fleisch-Fetzen. – **3.** *Schlampe^n* Auswurf bei Husten; Syn. *Koder, Hürchsler.* – **4.**

Schlamp, Pl. *Schlämpᵉ*, Gelage, Schlemmerei. *Kathreiⁿ* (25. Nov.) *stellt Tänzᵉ und Schlämpᵉ eiⁿ*. Hieher von Haus aus auch: *Jedes Ämtleⁱⁿ hat seiⁿ Schlämpleⁱⁿ*. – **5.** Schlamp unsauberer, im Anzug nachlässiger Mensch. Spez. von Weibern.

schlampampeⁿ schw.: schmausen, zechen.

Schlampᵉ, Pl. -eⁿ (auch Sg.) f.: = *Schlamp 1.2.5.* **1.** Schleppe. – **2.** Lumpen. – **3.** unordentliche, verwahrloste Weibsperson.

Schlampel f.: = *Schlampe 3*, unordentliches Weib.

schlampeⁿ schw.: **1.** schlaff, nachlässig herabhängen ALLG. TIR. Die Kleider hängen und *schl.* lassen. – **2.** etwas hinter sich herschleppen. Nachlässig, faul, unsauber oder unordentlich daher kommen. – **3.** mit der Zunge hörbar essen, gierig und unsauber essen. – **4.** nichts tun, faulenzen, gut leben. Lang im Wirtshaus sitzen. – **5.** die Braut zum Altar begleiten OSCHW.

Schlamper m.: **1.** unordentlicher Mensch. – **2.** Hochzeitsvater oder sonst verheirateter Mann als Begleiter des Bräutigams in der Kirche OSCHW. – **3.** Schlappschuh. – Schlamperei ◡’ f.: unordentliches Wesen. – schlampereⁿ schw.: herumziehen, der Liederlichkeit nachgehen. – Schlamperer m.: **1.** = *Schlamper 1.* – **2.** = *Schl. 2.* – Schlamperiⁿ, Pl. -erⁱⁿneⁿ f.: **1.** unordentliches Weib. – **2.** Hochzeitmutter oder sonst verheiratete Frau als Begleiterin der Braut OSCHW.

schlampet Adj.: unordentlich, lotterig.

Schlangeⁿ**-fanger** m.: außer der mögl. buchstäbl. Bed.: langer, linkischer Mensch.

Schlangeⁿ**-rösle**ⁱⁿ n.: Kriechende Rose, Rosa arvensis Huds. – Syn. *Schlingrose.*

Schlankankeler m.: = *Schlankel.*

Schlankel *šlắŋgl*, Pl. gleich, m.: langer, unbeholfener Mensch mit faulem Gang.

schlank(e)leⁿ *šlẳŋg(ə)lə* schw.: faul schlendern. Bes. *daher-, 'rum-.* – Schlank(e)ler m.: = *Schlankel.* – schlankelig Adj. Adv.: faul, schlendernd. – S. *Schlankel.*

Schlanz *šlắnts; šlắts; Schlǫnz* ALLG.; Pl. *šlẹ̆nts, šlẹ̆ts* m.: **1.** Riß, Schlitz, in einem Stoff oder sonst S. Syn. *Lucke, Fart.* – **2.** eine Sache *hat eⁱnᵉⁿ Schlanz* geht rüstig, schwunghaft vorwärts, *hat keinᵉⁿ Schl.* stockt ALLG. – **3.** Schlenz Rotz.

schlänzeⁿ *šlẹ̆ntsə, šlẹ̆tsə, šlẳītsə* schw.: **1.** reißen, schlitzen, bes. der Länge nach S. *Des Kleid schlänzt, ist gᵉschlänzt.* – **2.** mißglücken. *Des ist ihm gᵉschlänzt.* – **3.** schleudern, schlenkern. – **4.** schlendern, faulenzen.

Schlänzer m.: **1.** Riß im Kleid. – **2.** einmalige Bewegung des *schlänzens 3.* – **3.** Rotz.

schlänzerig schw.: schmierig, zähflüssig, unfest. Immer tadelnd. *Schl-es Fleisch* zu weiches, wie von zu jung geschlachteten Kälbern udgl. Auch

Mehlspeisen ohne genügende Konsistenz sind *schl.* S. a. *schlänzig.*

schlänzig Adj.: zu weich, schleimig, zäh. Schwach, kraftlos, mager.

Schlaoßen s. *Schloß(e).*

Schlapp-dach n.: bis zur Erde reichendes Scheuerndach.

Schlappᵉ, Pl. (auch Sg.) -eⁿ f. (m.); Demin. Schläppleⁱⁿ *-ĕ̆-* n.: **1.** Lappen, Fetzen, Klumpen (m.). – **2.** nach unten aufgehender Laden, durch den dem Vieh Futter gereicht wird. – **3.** Hosenfalle. – **4.** herabhängendes Maul. – **5.** Mütze. – **6.** offener Schuh, Pantoffel. Bes. NW. – **7.** Ohrfeige, überh. leichterer Schlag. Dann wie nhd.: Schaden, Verlust, Einbuße. – **8.** von Menschen: unordentliches Weib.

schlappeⁿ schw.: **1.** etwas hastig oder unordentlich tun. a. der Hund *schlappt,* wenn er säuft. So auch vom Menschen: eine Flüssigkeit rasch, geräuschvoll essen o. ä. – b. faul, müde einhergehen. – c. überh. etwas verhudeln, hastig machen. – **2.** Klatschereien machen Sww.

Schlapper m.: **1.** von Menschen. a. unordentlicher, bes. im Essen; öfters leichterer Tadel für läppische junge Leute. *Jeder Tapper find't seinᵉⁿ Schl.* – b. Vielschwätzer. – **2.** von Dingen. a. Ochse mit vor- und abwärts gekrümmten Hörnern. – b. Exkremente. – c. einseitiges Dach. Vgl. *Schlappdach.* – d. breitrandiger Hut. – e. Pantoffel. Vgl. *Schlappschuh.* – f. Demin. *Schlawerleⁱⁿ* Geiferlappen beim Kind. – Schlapperei ◡’ f.: *schlappiges,* unordentliches Wesen.

schlappereⁿ schw.: intr. mit haben. **1.** = *schlappen 1 a.* – **2.** schlottern. Zu weite Schuhe *schl.* – **3.** schnell sprechen, vorlaut schwatzen, verschwätzen. – Schlapper-goschᵉ f.: Klatschmaul; *Halt deinᵉ Schl.!* Großes, weites Maul. – schlapperig (-ä-) Adj.: etwa = *schlappig.*

Schlapperment s. *Sakrament.*

schlappet Adj.: unordentlich, wüst.

schlappig Adj.: nachlässig, unordentlich, bes. vom Anzug.

Schlapp-or n.: hängendes Ohr; auch Schelte.

Schlapp-schuh m.: leichter Schuh, Pantoffel.

Schlapp-schwanz m.: energieloser Mensch.

Schlaraffel m. f.: wüstes großes Maul (f.). Alte Hexe (m.).

Schlarbᵉ, flekt. -eⁿ m. f.: **1.** alter, ausgetrockneter Schuh. – **2.** f.: wüstes Maul, herabhängende Unterlippe. – **3.** unordentlich einherschlendernder Mensch.

schlarbeⁿ schw.: schlürfen. **1.** unschön, laut trinken, wie ein Hund. – **2.** gehen, ohne die Füße zu heben.

Schlarfᵉ, Schlärfᵉ, Pl. eⁿ m.f.: **1.** *Schlarf* Splitter. *Schlärf* Fetzen Brot, Leder, Fleisch. – **2.** f.: Pantoffel, abgetretener Schuh.

schlarfe[n] *-ā-* schw.: schleppend gehen.

Schlärfer m.: Pantoffel.

schlarge[n] schw.: gehen, ohne den Fuß zu heben. – S. a. *schlarb-, schlarf-, -o-, -u-.*

Schlarr[e], *-ä-*, flekt. (auch Nom.) *-e*[n] f.: **1.** häßlicher Mund, überhaupt verächtlich für Mund. – **2.** Fetzen; *Dem hängt schon wieder ein Schlärrə hinunter.* – **3.** Schelte für ein wüstes, altes, unordentliches, schwatzhaftes Weib.

schlarrmaulen s. *schnarr-.*

Schlat m.: Schlot, Kamin FRK.

Schlatt *-ä-* m.: **1.** Schild der Mütze, Krämpe des Huts. – **2.** schmales, langes Sumpfgras.

Schlätter m.: **1.** kleine Ladung, auch kl. Traglast, von Heu, Klee odgl.; gern Demin. *-le*[in] n. – **2.** Makel, Tadel; *einem einen Schl. anhenken.*

Schlättere *-ę̄* f.: dünnflüssiger Dreck.

schlättere[n] *-ę̄-* (schlattere[n]) schw.: **1.** schleudern, spez. von wiederholten kurzen Bewegungen, schütteln S. Mit den Händen oder Füßen solche Bewegungen machen, um etwas wegzuschütteln. So auch *weg-.* Nasses Heu zum Trocknen *'rum schl.* Zittern vor Kälte. Insbes. aber: durch ungeschickte oder zitternde Bewegung etwas verschütten: Heu, Sand, Mehl aus einem löcherigen Sack, bes. aber Flüssigkeit, Suppe udgl. S. Wässerigen Mist fallen lassen, vom Vieh. – **2.** ausschlagen, vom Hornvieh.

schlätterig (-a-) Adj.: schlotternd.

Schlatt-or n.: = *Schlappor.*

Schlauch *šlǫuχ; -ū-* S., *-au-* FRK., *-ao-* RIES; Pl. Schläuch[e] *-əi-, -ī-, -ai-, -ae-* m.: **1.** wie nhd., beim Küfer zum Füllen oder Entleeren der Fässer, bei der Feuerwehr. – **2.** starke Anstrengung. *Des ist e*[in] *Schl.!* – **3.** Übersetzungshilfe in der Schule.

schlauche[n]; *-äu-* schw.: **1.** eig. durch den Schlauch Wein aus einem Faß in's andere lassen, bes. mit lokalem Zusatz: *in den Keller* o. ä. – **2.** übtr.: stark anstrengen, ermüden, plagen, zur Strafe oder anders. Auch mit unpers. Obj.: *Des hat mi*[ch] *g*[e]*schlaucht,* bes. seelisch: hart mitgenommen.

Schlauder m.: nachlässiger Mensch. Bes. Demin. Schlauderle[in] m.

schlaudere[n] *-əu-* schw.: nachlässig sein, übereilt und schlampig arbeiten.

Schlauderer m.: = *Schlauder.*

schlauderig *-əu-* Adj.: unachtsam, nachlässig.

Schlauf[e] *-ao-; -əu- (-ou-)* S., *-ǭ-* O. *(-ā-* FRK.); Pl. *-e*[n]; Schlauft[e], Pl. *-fte*[n] f.: **1.** Schleife, d. h. Schlinge. In den verschiedensten Anwendungen. Band-, Krawattenschleife. An einem Strick oder Seil. Masche beim Stricken. *Eine Schl. fallen lassen,* eig. u. übtr.: in seinen Forderungen nachlassen. – **2.** Öse zum Einhängen eines Hakens, am Kleid. Syn. *Hafte.* – **3.** Schelte. Leichtfertige Weibsperson. *Alte Schl.*

Schlaule[in] m.: neunmal gescheiter, durchtriebener Mensch.

Schlawack[e] ∪´, auch Schlo-, flekt. *-e*[n] m.: **1.** Slowake; überh. fremd Aussehender, Zigeuner. – **2.** unordentlicher, schlampiger Mensch. – schlawacke[n] ∪´∪ schw.: *schl., 'rum schl.* faul herumlungern.

Schlawener *šlăwĕnər* ∪´∪, auch Schlawiner, m.: unzuverlässiger, unkultivierter Mensch.

Schlawittich *šlawīdïχ* ∪´∪; Schlafittich *šläf-; Schlafittle*[in]: nur in der Verbindung *einen am Schl. packen, nehmen, haben* am Kragen, phys. u. übtr.

schle *šlae, šlaeb* Adj.: ungesalzen. Dafür auch schle-los *šlaeblaos.*

schlebauchen s. *schlägbauchen.*

schlecht *šlȩ̄χt* NO. NW., *šlȩ̄χt* FRK., *šlȩ̄əχt* Hauptgeb. Adj. Adv.: **1.** physisch. a. glatt, ohne Unebenheit; nicht mehr im Gebrauch. – b. gerade, ohne Krümme. – **2.** übtr. a. in guter Ordnung, ohne Schwierigkeit oder Tadel. α. von Dingen: abgemacht, fertig, geschlichtet. *Schl. und recht* als einziger Rest dieser Bed. – β. von Menschen: bieder, gerade, nicht mehr im Gebrauch. – b. negativ: nicht anders als, bloß, ausschließlich so. α. Adj.: einfach, der gewöhnl. Art entsprechend, daher auch geringwertig, ndh. schlicht. *Schl-er Stein* gewöhnlicher, opp. Edelstein. *Schl-er Ma*[nn] niedern Stands. Arm. *Ja, da wär*[e] *i*[ch] *z*[u] *schl.* darzu sagt ein Mädchen bei einem ehrenvollen Antrag. – β. adverbial. Schlechthin, schlechtweg, schlechterdings. – *Nicht schl.* nicht wenig. *Da wird er "it schl. töbere*[n]. *Den haun i*[ch] *net schl. verhaue*[n] u. ä. – c. wie nhd., wofür alt, z. T. noch jetzt, *bös, übel.* – α. noch am ehesten im Zushg. mit b: was seine Aufgabe, seinen Charakter nur unvollkommen erfüllt: *schlechter Christ, Beck, Schütz*[e] u. ä. – β. in üblem Zustand befindlich. Ein Messer *ist schl., schneidet schl.,* weil es lang nicht geschliffen ist. *Es ist mir schl.* ich fühle mich übel, von jeder Art Übelgefühl; für Brechreiz spezieller *übel. Es geht ihm schl. Dir geht's schl., wenn i*[ch] *di*[ch] *krieg*[e] *(vertwisch*[e]). – γ. schlecht von Eigenschaft. Ein Messer *ist schl.,* weil es schl. verfertigt ist.

Schleck m.; (Plur. gleich, kaum üblich); Demin. *-le*[in] n.: Leckerei, Leckerbissen. S. a. *Schlecker(ei).* – Übtr., Annehmlichkeit. Eine Arbeit odgl. *ist kei*[n] *Schl.;* vgl. *Schleckhafen.*

schlecke[n] *-ę̄-,* südlicher *-ę̄ə-;* Part. *g*[e]*schleckt,* S. *-et* schw.: lecken. **1.** mit der Zunge an etwas lecken, trans. und ohne Obj. *D*[ie] *Finger, Alle F. nach etwas schl.* sehr froh dran sein. – **2.** eine leckere Speise genießen, naschen. *Zuckerle*[in] *schl.* u. ä., oft ohne Obj.

Schlecker m.: **1.** pers.: Leckermaul, im Essen verwöhnter Mensch; ebenso *-e ri*[n] f. – **2.** sachlich. a. = *Schleck.* – b. Salzfaß.

Schleckerei ˅ˊ, Pl. - eie ⁿ f.: = *Schleck.*
schleckerig Adj.: verwöhnt im Essen.
schlecket Adj.: wählerisch.
Schleck-goschᶜ f.: Leckermaul.
Schleck-haf(eⁿ**)** m.: in der eig. Bed.: Topf mit etwas Leckerem, kaum üblich. Allgem. aber = *Schleck.* Eine Stellung, Aufgabe udgl. *ist kei*ⁿ *Schl.* oder iron. *ist au*ᶜʰ *e*ⁱⁿ *Schl.*, nie positiv.
schleckig Adj.: wählerisch im Essen.
Schleck-maul n.: Leckermaul.
Schleck-warᵉ f.: **1.** Leckereien, Naschwerk. – **2.** pers. *Mit dener Schl.* diesen schleckigen Kindern.
S c h l e g e l s. *Schlägel.*
s c h l e g l e n s. *schläglen.*
Schlehᵉ *šlę̄* S. HalbMA. NW., *šlae* w. Mittelland, *šlę̄ə* O. f.: Schlehe, Prunus spinosa L.
Schleheⁿ**-blust**: - b l ü t ᵉ f.: Schlehenblüte HOHENL.
schleicheⁿ *-əi-; -ī-* S.; *-ai-* FRK., *-ae-* RIES; Part. g ᵉ s c h l i c h e ⁿ st.: leise, unbemerkt gehen, kriechen. *Ein*ᵉⁿ *schl. lau*ⁿ furzen; s. a. *streichen.* Besonders aber: Part. *g*ᵉ*schliche*ⁿ = schlau und in der Verb. *einem g. kommen* gerade recht k., eig. und iron.
Schleif-baⁿ *-əi-* f.: Bahn zum *schleifen I 1.*
Schleifᶜ, S c h l e i p f ᶜ; Laut s. *schleifen* II, f.: **1.** Vorrichtung zum Schleppen. – **2.** übtr. liederliches Weib.
Schleife *-əi-,* s. *schleifen* I f.: **1.** Schleifmühle. – **2.** Eisbahn zum *schleifen I 1.* Häufiger *Schleifet.*
schleifeⁿ I *-əi-; -ī-* S., *-ai-* FRK., *-ae-* RIES; Part. g ᵉ s c h l i f f e ⁿ *-ī-* st.: **1.** intr., mit sein: gleiten, rutschen, vom Wintervergnügen des Gleitens auf dem Eis. *Man muß schl., wenn's häl* (glatt) *ist.* – **2.** trans.: schärfen, bes. auf dem Schleifstein. *Gut g*ᵉ*schliffe*ⁿ *ist halb g*ᵉ*wetzt.* Übtr.: *geschliffenes Maul* große Redefertigkeit. – **3.** stibitzen, scherzh.
schleifeⁿ II *šlaefə* HalbMA. u. SO., *-āe-* NW., *-ā-* FRK., *-ǫe-* Mittelland; s c h l e i p f e ⁿ *-ǫe-* schw.: wie nhd., nur schriftspr. mehr durch „schleppen" ersetzt: am Boden hin schleifen, schwer tragen u. ä. Auch mit Lokaladv. *'nab, 'nauf* usw. *Man muß an ihm schl.* Geduld mit ihm haben. *An einem Sack muß man schl., sich halb zu Tod schl.* u. ä.
schleifereⁿ *-əi-* schw.: auf dem Eis *schl. = schleifen* I *1* SW.; weiter ö. *schlifere*ⁿ. – S c h l e i f e r - (e)(t)(e) f.: = *Schleifet.*
schleifᶜ**rig** *-əi-* Adj.: schlüpfrig.
Schleifet I *-əi-,* - e t e *-ədę̄,* - e z *-əts;* Pl. - e t e ⁿ, - e z e ⁿ f.: = *Schleife 2,* Eisbahn zum *schleifen* I *1.* *E*ⁱⁿᵉ *Schl. ziehe*ⁿ sie durch wiederholtes Schleifen schön glatt machen.
Schleifet(e) II f.: *šlǫefədę̄* was auf einmal geschleppt werden kann, Trag- oder Ziehlast.
Schleif-müle *-əi-* f.: durch Wasser getriebene *Schleife 1.*

Schleißᶜ I *-əi-,* flekt. (auch Nom.) - e ⁿ m.: **1.** Splitter, insbes. den man sich unter die Haut oder Nagel stößt. Syn. *Kleispe, Spreiße.* – **2.** Pl.: feine Federchen oder Flocken, die sich leicht anhängen. Wenn man Samt auf ein Bett legt, wird er voll *Schl.* u. ä.
Schleißᵉ II f.: Abgeschlitztes o. ä. Holzspan zum Anzünden, kaum mehr üblich.
schleißeⁿ I *-əi-; -ī-* S., *-ai-* FRK., *-ae-* RIES st.: aufreißen, schlitzen. Vgl. *ver-.* a. *Federe*ⁿ *schl.* abreißen. – b. ein Stück Land *schl.* aufackern, in Ackerfeld verwandeln ALLG. – c. intr. Federn verlieren, z. B. von einem Bett.
schleißeⁿ II *-ǭ̄ə-, -ǫe-, -ā-;* s c h l e i z e ⁿ -ai-, schw.: schlitzen, zerreißen.
schleißig I *-əi-* Adj.: voll von *Schleißen* I 2.
schleißig II *-ǫe-, -z-* Adj.: faserig, unrein, von schlecht gereinigtem Flachs oder Hanf.
s c h l e i z - s. *schleiß-.*
s c h l e l o s s. *schle.*
s c h l e n d e n s. *schlinden.*
s c h l e n g e n s. *schlingen.*
Schlenkel m.: Schlingel.
Schlenkel-tag m.: Pl. *Schlenkeltäg*ᵉ die Tage vor dem Wechsel der Dienstboten, wo diese *schlenkleten.*
schlenkeⁿ schw.: **1.** = *schlenkeren,* schleudern, werfen. *Die Arme schl. Einen andern herum schl. Den Hut in die Höhe schl.* – **2.** die Hopfenranke *šlę̄kt sich* um die Stange. – **3.** *šlę̄əgə* schleppend, schlecht gehen.
Schlenker m.: **1.** Perpendikel. – **2.** Mensch, der schleppend geht. – **3.** Stoß, Wurf. *Ei*ⁿᵉ*m e*ⁱⁿᵉⁿ *Schl. ge*ᵇᵉⁿ.
schlenkereⁿ schw.: **1.** wie nhd., schleudern. Mit den Armen *schl.* u. ä. – **2.** schlendern, müßiggehen. Spez. von Dienstboten, die die Herrschaft wechseln: ein paar Tage vorher nichts tun.
Schlenker-tag m.: Wandertag der Dienstboten.
schlenkleⁿ schw.: umherschlendern, nichts tun. Spez. von der Zeit vor dem Diensteintritt an Lichtmeß oder Martini, wo der den Dienst wechselnde Dienstbote nichts arbeitete, sondern *schlenklete* OSCHW. ALLG.
S c h l e n z (Rotz) s. *Schlanz* 3.
s c h l e n z - s. *schlänz-.*
Schlepper m.: Traktor.
schleunig Adj. Adv.: **1.** wie nhd., rasch. – **2.** langsam, unmerklich. In gleichmäßigem, ruhigem Tempo, sachte, glatt, ungehindert ALLG.
Schlich I *šlī̆χ;* Pl. S c h l i c h ᵉ m.: Schleichweg, wie nhd. Wohl nur Pl. Übtr. List, Kniff. *Deine Schl. kennt ma*ⁿ. *Einem auf seine (die) Schl. kommen.*
Schlich II, S c h l i c h t m.: nhd. Schlick, Schlamm ALLG.
schlichteⁿ *šlī̆χtə* (Hauptgeb. *-ī̆-*) schw.: *schlecht,* d. h. glatt, eben machen, planieren. Bes. vom Beilegen von Streitsachen.

schlichtig Adj.: glatt, vom Teig.

Schlick *šlĭk,* Pl. Schlick^e m.: Flechte, Büschel SW.

schlick *šlĭk* Interj.: *schl.,* meist wiederholt *schl. schl.,* Lockruf für die Ente. Dazu: Schlickle^{in} n.: Ente; Schlicker m., -le^{in} n.: dass. O.

schliech *šlīəχ* Adj.: blaß, kränklich aussehend.

schliefe^n *-īə-;* Part. g^{e}schloffe^n *-ǫ̆-* st.: **1.** schlüpfen, mit örtlicher Bestimmung: *hinein, hinaus, herein, heraus* usw., *ver-* sich verstecken u. ä. Intr. mit sein. Der Vogel *schlieft in's Nest. I^{ch} möcht^e könne^n in sei^{ne} Haut schl.* – **2.** ohne Ortsbestimmung. a. leicht, ohne Zwang gehen: *Es mag nicht schl.* – b. aus dem Ei schlüpfen: *D^{ie} Entle^{in} sind scho^n g^{e}schloffe^n* ALLG. – Anm.: Dafür heute meist *schlupfen.*

Schliefer – s. *schliefen* – m.: **1.** Dachshund, der zum Eindringen in den Bau gebraucht wird. – **2.** wärmende Hülle. a. Muff. – b. bequemer Schuh.

Schlier *šlīər* m. n.: **1.** Lehm, Mergel. – **2.** Geschwür; Augenbutter, Eiter.

schliere^n schw.: **1.** eine Wand, Decke, Dach mit *Schlier 1* verkleiden oder ausfüllen. – **2.** gierig essen.

schlierig Adj.: eiterig o. ä.: *schl-ige, zu^{ge}bachene Auge^n.*

Schließ *šlīəs,* Pl. -e^n f.: Verschluß; und zwar: **1.** Haken odgl. an Kleidern und Geräten. – **2.** Keilholz, das zwischen das Faß und das Faßlager gesteckt wird, um jenes festzuhalten.

schlifere^n *-ī-,* S. *-ī-* schw.: = *schleifen I 1,* auf dem Eis SO.; westlicher *schleifere^n,* s. d.

Schlimp m.: *Schlimp (und) Schlamp find^{e}t e^{i}nander im ganze^n Land,* s. *Schlamp.* S. a. *Schlump-.*

schlinde^n *šlę̆ndə,* S. *-ī-;* Part. g^{e}schlunde^n *-ǫ̆-,* S. *-ŭ-* st.: schlucken, verschlucken. Bes., wo es sich um die (Un)fähigkeit zum Schlucken handelt: wegen geschwollenen Halses, vor Schmerz *kann man nicht schl.*

Schling f.: Wolliger Schneeball, Viburnum lantana L. – Syn. *Schwilke.*

schlinge^n *šlę̆ŋə,* N. S. *-ī-;* Part. g^{e}schlunge^n *-ǫ̆-,* N. S. *-ŭ-* st.: außer in der nhd. Bed. auch = schwingen, z. B. vom Seil, über das gesprungen wird.

Schlipf m.: Erdrutsch.

Schlipf-blümle^{in} n.: Huflattich, Tussilago farfara L.

schlipfe^n *-ī-* schw.: ausgleiten, rutschen.

schlipferen schw.: = *schlipfen.*

schlipferig (-u-) Adj.: schlüpferig. **1.** phys.: glatt. – **2.** übtr.: a. unsauber. – b. mißlich, bedenklich. *Eine schl. Geschichte.*

Schlitz *šlĭts;* *-ī-* NO.; Pl. Schlitz^e *-ī-* m.: **1.** wie nhd., länglicher Riß in einem Kleid, Spalte in einer Mauer. – **2.** der senkrechte Verschluß der Männerhose. – **3.** weibliches Geschlechtsorgan.

schlitz-öret *-ē̜(ə)rət* Adj.: schlitzohrig: schlau, hinterlistig.

Schlonz s. *Schlanz.*

schlonzig Adj.: schlüpfrig, schmierig, gallertartig, schleimig.

Schlorb^e *-ǫ̆-,* gew. Plur. -e^n m. f.: **1.** alter Schuh, Pantoffel. – **2.** f.: herabhangende Unterlippe ALLG. – **3.** Schelte. Tappiger Mensch, altes Weib.

schlorbe^n *-ǫ̆-* (-rf-) schw.: faul gehen, ohne den Fuß zu heben. – Schlorber *(-rf-)* m.: **1.** pers.: Mensch, der *schlorbt.* – **2.** sachl.: Pantoffel.

Schlorg^e (-k-) *-ǫ̆-,* Pl. -e^n m. f.: **1.** alter Schuh, Pantoffel. – **2.** Schelte. Nachlässig beschuhter, überh. gekleideter Mensch. – Vgl. *Schlurge.*

schlorge^n schw.: faul gehen, ohne den Fuß zu heben. – Vgl. *schlurgen.*

Schloß^e, immer mit *-ao-,* wohl meist Pl. -e^n f.: **1.** Hagel. *Es hat Schl-e^n ^{ge}ge^{ben}.* – **2.** Schlosse Akker-Hornkraut, Cerastium arvense L.

schloss(e)re^n schw.: das Schlosserhandwerk treiben.

Schloß-hund m.: Nur in den RA. *heule^n, bellen, Schrei^e tu^n wie e^{in} Schloßhund.*

Schloß-roll^e f.: Trollblume, Trollius europaeus L. – Synn. *Bachrolle, Bachbumpel, Butterballen, Kappel, Käppelein, Guckenblume, Rolle.*

Schlottel m.: dummer Kerl.

schlottele^n schw.: *daher schl.* nachlässig, schlaff einhergehen SO.

Schlotter *-ǫ̆-* m.: schwammige, schwankende Masse; abges. von Ortsnamen nur in ff. Bedd. **1.** Demin. n.: *Schlotterle^{in}* kleiner Haufen. *Schlötterle^{in} -ĕ-* nur halb beladener, nicht mit der Wiesbaum gespannter Wagen Heu oder Emd; kleine Fuhr Heu, Stroh, Holz odgl. – **2.** saure, dicke Milch SO. ALLG.

schlottere^n *-ǫ̆-* schw.: intr. mit haben. Wie nhd. Die Knie *schl.* einem; er *schlottert* vor Kälte, Angst; die Kleider *schl.,* wenn sie zu weit geworden sind. Wankend, unsicher gehen; *'rum schl.* müßig gehen. Gerinnen, von der Milch.

Schlotter-hos^e f.: weite Hose, Pumphose.

Schlotter-milch f.: saure Milch, *Schlotter 2;* von diesem, zw. BOD. u. DON. Schl. ist durch die natürl. Luftwärme geronnen, *Knollen-* durch die Ofenhitze.

Schlotz *-ǫ̆-,* Pl. Schlötz^e *-ĕ-* m.: = *Schlotzer 1. Des Kind nullet am Schl.*

schlotze^n schw.: lutschen, aus etwas in den Mund Gestecktem den Saft allmählich heraussaugen: Bonbons, Bärendreck u. ä. *schl.,* bes. aber von kleinen Kindern: am *Schlotzer 1* saugen.

Schlotzer m.: **1.** Saugbeutel der kleinen Kinder, enthält eine Mischung von *Schlotzerbrot* und Zucker. Heute Süßigkeit zum Schlotzen. – **2.** Lungenkraut, Pulmonaria officinalis L. – Schlotzer-brot n.: Weißbrot, das hart geworden, geröstet und in den *Schlotzer 1* getan wurde.

Schluchtᵉ *šlū(ə)(χ)t*, Pl. -eⁿ f.; Demin. Schlücht-leⁱⁿ *-ī(ə)-* n.: **1.** Ast, Zweig, Ranke. Von größeren oder kleineren Zweigen, bes. abgeschlagenen oder abgerissenen; Ranken z. B. des Hopfens; Stengeln des Kartoffelkrauts; Ablegern von Nelken u. a. Blumen. – **2.** Teil eines Geflechtes; z. B. ein Zopf ist *drei-, vier-schluchtig.* – **3.** *um eine Schl. länger, schmäler* u. ä.: um einen Streifen.

schluchzen s. *schlucksen.*

Schluck *-ŭ-*, NO. *-ū-;* Pl. Schlückᵉ *-ī-* m.; Demin. Schlückleⁱⁿ *-ī-* n.: wie nhd., spez. von Flüssigkeiten. Als Bez. des Akts und der Quantität allgem.: *einen guten Schl. haben, tun; ein Schl. Wasser, Bier, ein Schlücklein Schnaps* usw. *Jakobi* [25. Juli] *eⁱnᵉⁿ Schl., Lorenz* [10. Aug.] *eⁱnᵉⁿ Ruck Und Barthᵒlomäⁱ* [24. Aug.] *Gar nix mehʳ* vom Rückgang des Milchertrags Allg.

Schluckᵉ, Pl. -eⁿ f.: kleine schwarze Pflaume, Prunus insitita avenaria. S. der Don., w. der Iller. Demin. Schluckeleⁱⁿ n., *-erleⁱⁿ.*

schluckeⁿ *-ŭ-* schw.: **1.** phys.; wie nhd.: hinunterschlucken. *Leer schl.,* ohne etwas im Mund zu haben. – **2.** etwas bei sich behalten, was man sagen wollte; stillschweigend dulden. *Man muß viel schl.* u. ä.

Schlucker m.: **1.** persönlich. Wer gern schluckt. Meist wie nhd. verächtl. bemitleidend: wer sich kümmerlich nähren muß; gew. *armer Schl.* – **2.** sachlich. Das Aufstoßen, Rülpsen.

Schlücker m.: große Pflaume. Vgl. *Schlucke.*

schluckseⁿ schw.: wie nhd. schluchzen.

Schluckser m.: das Aufstoßen, Rülpsen.

schludereⁿ *-ū-* schw.: **1.** unpünktlich, nachlässig arbeiten. – **2.** schnell, hastig und undeutlich sprechen. – Schluderer m.: wer *schludert,* zu 1 u. 2.

schluderig *-ū-* Adj.: = *schlauderig,* unachtsam, nachlässig.

schluferen s. *schlurfen.*

Schlüffel *šlifl,* Pl. gleich, m.: Schelte für Mannspersonen. In der Bed. nicht überall gleich: ungehobelter, unkultivierter Mensch; unredlicher, auch leichtsinniger Mensch. – schlüffleⁿ schw.: *'rum schl.* unnütz, heimlich udgl. herumlungern.

schlump-: Ablautform zu *schlamp-,* großenteils im Gebrauch und damit identisch; s. a. *schlimp-, schlunk-.*

Schlumpᵉ, Pl. -eⁿ f.: faule, schmutzige, unordentliche Weibsperson.

schlumpeⁿ schw.: **1.** lumpen; müßiggehen. – **2.** Wolle hecheln.

schlunkeⁿ *šlǭgə* schw.: faul gehen.

Schlupᵉ *šlŭəp* (Pl. -eⁿ); Schn- f.: garstiges Maul, überh. Schelte für den Mund. Bes. herabhängende Mundwinkel SO.

schlupeⁿ schw.: schlürfen.

Schlupf; Pl. Schlupfeⁿ, meist wohl Schlüpfᵉ m.: **1.** Ort, durch den man *schlupft.* – **2.** Ort, in den man *schlupft,* Schlupfwinkel. Bes. *eigener Schl.* Wohnung; vgl. *Unter-.*

Schlupf-biegel m.: Schlupfwinkel.

schlupfeⁿ *šlŭpfə* schw.: schlüpfen. **1.** mit lokaler Bestimmung: durch eine Öffnung hindurch oder in etwas hinein schl. Vgl. *hinein, hinaus, durch(e)* u. ä. Durch eine Hecke *schl.,* vgl. *Schlupf. In den (Erds-, Grunds-)Boden 'nein schl.* vor Scham oder Leid. *In den Rock schl.* ihn anziehen. *Einem hinten hinein (in den Hintern) schl.* kriechend schmeicheln. – **2.** ohne lokalen Zusatz. a. *schl., Schlupfleⁱⁿs tuⁿ, Schlupferleⁱⁿs t.* Verstecken spielen. – b. durchkommen, z. B. in der Prüfung, vor Gericht udgl., auch *durch-(e)schl.* Bes. *einen schl. lassen.*

Schlupfer m.: **1.** Muff; auch Pelz-, Fuchshandschuh, Pulswärmer, Pelzärmel. Auch für Schlüpfer, Unterhose für Frauen. – **2.** Demin. *Schlupferleⁱⁿ* n.: Zaunkönig S.

schlurbeⁿ schw.: gehen, ohne den Fuß zu heben.

Schlurfᵉ, Pl. -eⁿ f.: Pantoffel.

schlurfeⁿ schw.: schlürfen. **1.** faul gehen, ohne den Fuß zu heben. **2.** umgelautet: *schlürpfeⁿ* leicht verwunden, den Boden leicht aufhacken. *šlĕrəfə* mit etwas am Boden hin streifen. – **3.** wie nhd.: Flüssigkeit in den Mund einziehen. Tadelnd, Getränk oder Suppe, Brühe mit Geräusch genießen: *schlurfeⁿ.*

Schlurgᵉ m., f., gew. Pl. -eⁿ: alter Schuh, Pantoffel.

schlurgeⁿ, Frk. *šlǫr(ĭ)χə* schw.: **1.** faul gehen, ohne die Füße zu heben. – **2.** undeutlich sprechen. – Schlurger m.: **1.** pers., wer *schlurgt.* – **2.** sachl. = *Schlurge.*

schlürpfen s. *schlurfen 2.*

Schlüssel-blumᵉ f.: Name für Frühlingsblumen. **1.** wie nhd., für Arznei-Schlüsselblume, Primula veris L., und Große Schl., Primula elatior (L.) Hill., pop. *Batenke.* – **2.** Wiesen-Schaumkraut, Cardamine pratensis L. – **3.** Tag-Lichtnelke, Melandrium rubrum (Weigel) Garcke. – **4.** Echtes Lungenkraut, Pulmonaria officinalis L. – **5.** Busch-Windröschen, Anemone nemorosa L. – Anm.: Der eig. pop. Name ist *Batenke,* s. d.

Schluttᵉ *-ŭ-*, Pl. -eⁿ f.: **1.** Röhre der Zwiebel. S. a. *Schluttenkuchen.* – **2.** weite Jacke, Juppe, für den Sommer. – **3.** unordentliches, unsauberes, auch liederliches Weib.

Schluttel f.: = *Schlutte 3.*

Schlutteⁿ-**kuche**ⁿ m.: Kuchen, mit Zwiebelröhren Frk.

schluttereⁿ schw.: unpünktlich arbeiten.

schluttig Adj.: **1.** ungeordnet, unreinlich, bes. in der Kleidung. – **2.** regnerisch.

schluttleⁿ schw.: *'rum schl.* herum schlampen, schlottern.

schmacken s. *schmecken.*
schmacksen s. *schmatzen.*
schmal-backet, -ig Adj.: schmalwangig, eingefallen.
Schmäle *šmḙlḙ̆,* S. *-ī* f.: Schmalheit.
schmäle[n] *-ḙ̆-* schw.: tadeln, zanken, zürnen BAAR und s. der DON.
schmalge[n] *-ä-* schw.: **1.** flüssige Sachen mit vollen Backen essen, sich damit besudeln. – **2.** unnütz, dumm reden. – Schmalger m., -eri[n] f.: wer *schmalgt.* Schwätzer, Schmeichler.
schmal-mause[n] schw.: kärglich leben.
schmalotzen s. *schmarotzen.*
Schmalz *šmǎlts; -ā-* BAAR *-ǫ̆-* ALLG; *-ǫ̆- -ǫ̆-* ö. FRK.; Pl. Schmälzer, gew. ohne Pl. n.: **1.** durch Sieden *(auslassen, aussieden)* für die Küche haltbar gemachtes Fett. In der Hauptsache entw. ausgelassene Butter, genauer *Rind-,* oder Schweinefett, genauer *schweinen Schm.,* auch etwa *Sau-.* Ohne weiteren Zusatz bez. *Schm.* am häufigsten Rindschmalz; Butter ALLG. *Schm. und Brot:* 1) Butterbrot ALLG. TIR.; 2) in Schmalz oder Butter geröstetes Brot. – **2.** beim lebenden Menschen ist *Schm.* gleichbed. mit Kraft; daher ohne *Salz und Sch.;* s. *Arm-, Knie-,* auch stärker übertr. *Kopf-Schm.*
Schmalz-blätsch[e] f.: Alpen-Ampfer, Rumex alpinus L., auch Stumpfblättriger Ampfer, Rumex obtusifolius L. – Vgl. *Scheißblätsche.*
Schmalz-blum[e] f.; Demin. -blümle[in] n.: Name verschiedener Frühlingsblumen, meist Hahnenfußgewächse und gelbblühend. **1.** gelbblühende Hahnenfußarten, Ranunculus L., bes. Scharfer Hahnenfuß, Ranunculus acris L. – **2.** Sumpfdotterblume, Caltha palustris L. – **3.** Trollblume, Trollius europaeus L. – **4.** Löwenzahn oder Kuhblume, Taraxacum officinale Web. ALLG. – **5.** *Weiße Schm.* Busch-Windröschen, Anemone nemorosa L. BAIRSCHW. – **6.** *kleines Schmalzblümle*[in] Frühlings-Fingerkraut, Potentilla tabernaemontani Aschers. – Syn. *Schmalzkachel.*
Schmälz(e)le[in]**s-kraut** n.: Guter Heinrich, Chenopodium bonus-henricus L. – Synn. *Schmotzenheiner, Wilder Spinat.*
schmalzele[n] schw.: nach Schmalz riechen.
schmalze[n]; Part. g[e]schmalze[n]; schmalzge[n] st.: mit Schmalz fett machen.
schmälze[n] *-ḙ̆-;* Part. g[e]schmälzt schw.: **1.** Schmalz machen. – **2.** = *schmalzen. Die Suppe, das Kraut schm.* u. ä. – **3.** fett machen, übtr.: aufbessern. Geringen Wein *schm.* durch guten aufbessern. Sein Einkommen *schm.* durch Nebeneinnahmen.
Schmalz-haf(e[n]**)** m.; Demin. -häfele[in] n.: **1.** Schmalztopf. – **2.** Demin.: Kleine Traubenhyazinthe, Muscari botryoides (L.) Mill.
Schmalz-kachel f.; Demin. -kächele[in] n.: **1.** eig., Kachel für Schmalz. – **2.** = *Schmalzblume* 6.

Schmalz-kätter f.: **1.** altes, schmutziges Weib. – **2.** alte, abgenutzte Uhr, auch Geige.
Schmalz-pfännle[in] *-pfḙ̆ndlḙ̆* n.: **1.** kleine Pfanne, in der Schmalz erhitzt wird. – **2.** Gelbblühende Hahnenfußarten, Ranunculus L., bes. Scharfer Hahnenfuß, Ranunculus acris L. BAIRSCHW.
Schmalz-raumete *-rǫ̆mədə,* seltener *-rǫ̆-; -grǫ̆mədə,* f.: Rückstand beim Schmalzaussieden.
schmarotze[n] ◡◡◡ *šmărǫ̆tsə;* schmarotzle[n] ◡◡◡; schmalotze[n] schw.: wie nhd., von eines andern Sachen leben, eine parasitische Existenz führen. Bes. auch von Kindern, die etwas zum Essen möchten.
Schmarr[e] *šmăr,* flekt. (auch Nom.) -e[n] m.: **1.** Kuchen, Mus, Auflauf aus Verschiedenem, bes. Obst. Genauer: *Äpfel-, Biren-, Kirschen-, Zwetschgen-, Holder-, Milch-Sch.* u. a. – **2.** wie *Brei, Mus* verächtlich. a. schlecht gebackene Speise. – b. langweiliges, wertloses, breites Gerede. *Einen Schm. schwätzen. Dem sein*[en] *Schm-*e[n] *ka*[nn] *ma*[n] *net a*[n]*höre*[n] u. ä. – c. widerwärtiger, fader Mensch. – **3.** Schramme, Narbe, Wunde. Genus: m. im W.; f. im O.
Schmärri[n] *šmḙ̆rḙ̆* f.: wunderliches älteres Weib, in unord. Aufzug, mit ödem Gerede.
Schmatz *-ă-,* Pl. Schmätz[e] *-ḙ̆-* m.; Demin. Schmätzle[in] *-ḙ̆-* n.: *schmatzender,* lauter Kuß.
schmatze[n], meist schmatzge[n]; schmatzle[n] v. a. im SW.; schmackse[n] schw.: schmatzen. **1.** von dem schnalzenden Ton beim Essen oder Küssen. – **2.** von andern ähnlichen Tönen. Von dem Wasser in den Schuhen oder beim Treten auf sumpfigen Boden. Beim Einstampfen des Sauerkrauts. – Schmatzer m.: **1.** pers., wer *schmatzt.* – **2.** sachl.: Kuß. Bes. Demin. – Schmatz(g)erei f.: das (andauernde, unangenehme) *Schmatzen.* Syn. *Geschmatze.*
schmauche[n] *-ao-* schw.: **1.** rauchen. – **2.** mit großem Appetit essen.
schmaule[n] schw.: durch Schmeicheln etwas erbetteln.
schmau[n]**kele**[n]**-brau**[n] Adj.: braun von unbestimmter Farbe, in der Verb. *schm. wie e*[in] *Hirschfüdle.*
Schmau[n]**keler** m.: Schmarotzer, Landstreicher; komischer Mensch OSCHW.
schmau([n]**)sele**[n] schw.: übel riechen. *[E]s schmau*[n]*selet,* gell mich recht zu. Persönlich: *([r]um) schm.* unappetitlich in Speisen herumstupfen.
Schmeck-brett (-britt)[e] Schmecke[n]-; Schmacke[n]-; Schmackete[n]-; Schmakkets- n.: Blumenbrett.
Schmecke *šmḙ̆gḙ̆* f.: **1.** etwas zum Riechen; häufiger *-et,* s. d. a. Strauß HOHENL. – b. von bestimmten stark riechenden Pflanzen wie Balsamkraut, Chrysanthemum balsamita L., Eberraute, Artemisia abrotanum L., Echte Pfeffer-

minze, Mentha x piperita L. – **2.** Nase, Witterung T IR.

schmecke[n] *-ĕ-;* NW. N. s c h m a c k e[n] schw.: schmecken, riechen. **1.** intr., mit haben: einen Geruch oder Geschmack von sich geben. **a.** Geruch *Es (Das) schmeckt gut, wohl, übel, schlecht* usw. *Nach etwas schm.* darnach riechen. *Aus'm Maul schm.* – **b.** Geschmack. Die Suppe, der Wein, Kuchen usw. *schmeckt gut, schlecht* usw., wie nhd. *Dem schmeckt's der hat guten Appetit. Schmeckt's?* auch *G[e]schmeckt's?* Gruß an Essende. *Laßt's euch schm.! Iß und trink und laß dir's sch.* – **2.** subj., vom Gebrauch der Sinne. **a.** Geruch. α. mit dem Geruch wahrnehmen; trans. *I[ch] schmeck[e] scho[n] lang e[i]n[en] Rauch* u. ä. Auch ohne weiteren Zusatz allgem. = merken, ahnen; bes. etwas Übles oder was man nicht merken sollte. *Des kann i[ch] net schm.,* etwas grob: das kann ich doch nicht riechen. *Schmeck's!* leg's dir selbst zurecht, ich sag's nicht. – *Einen, etwas nicht schm.* können nicht riechen, nicht ausstehen. – β. intr. (mit haben): dem Geruch von etwas nachgehen; allgem. meist mit Präp. *An einer Rose schm.* u. ä. *Schmeck[e] mir am Sack!* Abfertigung. – **b.** vom Geschmack selten. *Da haun i[ch] etwas im Gütterle[in] zum Schm., wenn's dir übel wird.* – Spiel mit 1 b und 2 a: *Schmeckt's?* Antw. *I[ch] schmeck[e] [n]it lang, i[ch] iss[e]* o. ä.

Schmeckerle[in] n.: Wein-Rose, Rosa rubiginosa L., bes. die Frucht der Hagebutten.

Schmecket(e) *-əd(ĕ),* Pl. *-e t e*[n] *-ədə* f.: = *Schmecke 1,* etwas zum Riechen. **1.** (kleiner) wohlriechender Strauß, bes. zum Anstecken oder in die Hand, beim Kirchgang. – **2.** von einzelnen stark riechenden Kräutern. Minzen-Arten, Mentha L. – **3.** Parfüm.

schmeckig *-ĕ-, -a-,* s. *schmecken* Adj.: stinkend, faulend. *Schm-s Fleisch, schm-er Butter* u. ä.

schmeiße[n] *-əi-; -ī-* S., *-ai-* FRK., *-ae-* RIES; Part. g[e]schmisse[n] *-ī-* st.: **1.** wie nhd., werfen, in der MA. weit mehr g[e]heie[n]. *Einen Stein schm.,* aber auch *einen mit einem St. schm.* – Bed. zw. 1 und 2: *Einen schm.* zu Boden werfen u. ä. *Einen schm.* zu Boden werfen; übtr.: *Des hat mi[ch] g[e]schmisse[n]* mir den Treff gegeben. – **2.** schlagen. – **3.** = *scheißen.*

Schmeiß-muck[e] f.: Schmeißfliege.

Schmel(ch)[e] *šmẹ(ə)l;* S c h m e l c h[e] *-ö-* T IR.; Pl. (auch Sg.) *-e*[n] f.: **1.** der lange Grashalm, opp. das kürzere *Bodengras.* – **2.** für bestimmte Pflanzen, stets Unkräuter. – **3.** aus dem Mund fließender Geifer SW.

Schmer *šmẹ(ə)r* m. n.: unausgelassenes tierisches Fett, bes. vom Schwein; opp. *(schweinen) Schmalz* ausgelassenes Schweinefett, *Unschlitt* Talg.

s c h m e r b - s. *schmer-.*

Schmer-bauch m.: **1.** Fettwanst, sachl. u. pers. – **2.**

Demin. *Schmerbäuchle*[in] Kleine Traubenhyazinthe, Muscari botryoides (L.) Mill.

s c h m e r b l e n s. *schmergelen.*

schmere[n] *-ēə-* schw.: um etwas schön tun. – S c h m e r e r m.: Schmeichler.

Schmere[n]**-schmotzle**[in] m.: Schmarotzer.

schmerg(e)le[n] *šmẹ(ə)rg(ə)lə* Hauptgeb. und S.; im ganzen frk. N. s c h m e r b l e[n] *šmẹrblə (-rwlə)* schw.: **1.** unangenehm nach Fettsäure riechen oder schmecken; z. B. von ranziger Butter oder damit bereiteter Speise; geleg. etwa auch nach Schweiß. – **2.** zu Gefallen reden. – **3.** zu unregelmäßiger Zeit essen, z. B. kurz vor der Mahlzeit. – s c h m e r g e l i g, N. *-rb-* Adj.: ranzig, nach Fett riechend.

schmerig *-ẹ(ə)-;* s c h m e r b i g Adj.: schmierig, mit *Schmer* beschmutzt.

Schmer-laib m.: **1.** der laibförmig zusammengerollte Schmer. – **2.** Dickwanst, sachl. und pers., s. a. *-bauch, -wampe.* – **3.** Demin. *-laible*[in] n.: (Frucht von) Gänse-Malve, Malva neglecta Wollr., und Kleiner Malve, Malva pusilla Sm. A LB.

Schmer-schneider m.: Schelte. **1.** Schwächling. – **2.** Schmarotzer.

Schmer-wamp[e] (m. f.): = *-bauch.*

Schmerz *šmẹ(ə)(r)ts,* flekt. (auch Nom.) *-e*[n] m.: wie nhd. – In mod. MA. besteht *Schm.* wohl überall, doch in beschränkterem Umfang als nhd.; insbes. kein Kompos. wie „Zahn-, Kopf-, Ohren-Schm.", dafür nur *-weh.* Dagegen *Schmerzen haben (wie ein Gaul, Vieh). Die Schm-en lassen nach;* halb oder ganz ironisch. Erweiterte Bedeutung: *Was hast für (einen) Schm-en?* für ein Anliegen, im Mund etwa eines Beamten, Kaufmanns odgl.; *Hast sonst keinen Schm-en?* keinen (unnötigen) Wunsch mehr; *Der hat alle Stund[e] einen anderen Schm-en;* u. ä. – Dagegen wird man nie hören: Das und das macht Schmerzen, sondern *tut weh.*

S c h m i d e s. *Schmitte.*

s c h m i r b e n s. *schmiren.*

Schmire I f.: wie nhd., Fett zum Einschmieren.

Schmir[e] *šmīr* II f.: Wache. – Anm.: Zu hebr. *schamar* bewachen. Aus dem Rotwelsch.

schmire[n] *šmīrə* W. und NW.; s c h m i r b e[n] *šmīrbə* O. und SO.; s c h m i r m e[n] *-ī-* RIES schw.: schmieren. **1.** eig., mit Fett odgl. bestreichen. Obj. kann auch ein zufettende[r] Gegenstand sein: *Schuhe, Wagen schm.,* oder die Schmiere: *Schmalz drauf schm. Es geht wie geschmiert* mühelos, rasch. – **2.** einen zu gewinnen suchen, a. durch Bestechung. *Schm. und salbe[n] hilft alle[n]t-halbe[n]. Wer gut schmiert, fährt gut. Er ist mit alle[n] Salbe[n] g[e]schmirt* in allem zu Haus. – **b.** gewinnen durch Schmeichelei. *Einem Dreck an Backen schm. Den Pelz schm.* – **3.** im Kartenspiel seinem Partner, der den Stich macht, eine gute Karte in den Stich geben. – **4.** sudeln udgl. – **5.** viel reden, bes. Unwahres. – **6.** fälschen, vom Wein.

Schmirerei ◡‿ f.: das *schmiren*, tadelnd in versch. Bedd. des Verbums möglich. Am meisten zu *schm.* 4.

Schmirete *(-rb-*, s. *schmiren)* f.: Schmiere.

Schmir-fink m.: Schmutzfink.

schmirmen s. *schmiren.*

Schmisᵉ *šmīs* f., gew. Demin. Schmisle^{in} n.: Hemdchen, Leibchen, Kragen; spez. weibliche Tracht. – Anm.: Frz. *chemise* Hemd.

Schmitte *šmīdẹ* (N. *šmīd)*, Pl. -ene^n f.: Schmiede, Werkstatt des Schmieds.

schmolle^n *-ọ̈-* schw.: **1.** lächeln. Ursache gleichgültig: Wohlbehagen, auch Spott, Schadenfreude, aber ebenso oft Wohlwollen, Freundlichkeit. *Der kann schm.!* hat Anlaß zur Zufriedenheit, u. ä. – **2.** die nhd. Bed. „trutzen" ist aus der Kenntnis der schriftspr. Bed., die sich immer mehr durchsetzt, geflossen.

Schmorre s. *Schmarre (Schmurre).*

schmorre^n *-ọ̈(ə)-* schw.: intr., mit sein: einschrumpfen.

schmotteren s. *schmutteren.*

Schmotz *-ọ̈-,* NO. *-ọ̈-;* Schmutz I m.: **1.** *Schmotz* Fett, Schmiere. - a. eig. α. am menschlichen oder tierischen Körper. *Die Kuh hat viel Schm.* – β. zur Speisenbereitung: Schmalz o. a. dazu taugliches Fett. – γ. Fett als Schmiere oder als Schmutz. – b. übtr., *Einen Schm. machen* Profit. – **2.** *Schmutz;* Rückstand beim Schmalzaussieden. Syn. *Schmalz-Aussiedete.*

Schmotz-ampel f.: **1.** eig., Ampel, in der Öl gebrannt wird. – **2.** übtr. unreinlicher Mensch, bes. Weib. – S c h m o t z - a p p e l f.: unreinliches Weib. – S c h m o t z - b ä l l f.: unreinliches Weib.

Schmotz-büchsᵉ f.: Fettbüchse.

schmotze^n I *-ọ̈-* schw.: **1.** intr. *Er schmotzt* ist reich (schwimmt im Fett). – **2.** *(ein)schm.* einfetten. Übh. derb = *schmiren.*

schmotze^n II *-ọ̈-* schw.: lächeln, schmunzeln SO. Ries. BairSchw. Bes. *schm. und lache^n, l. u. schm.*

Schmotz-fink m.: Schmierfink.

Schmotze^n-**heiner** m.: Guter Heinrich, Chenopodium bonus-henricus L. – Synn. *Schmälz(e)-leinskraut, Wilder Spinat.*

schmotzig *(schmutzig)* Adj.: **1.** fett. a. lobend: wohl mit Fett versehen, vom Fleisch; gut geschmälzt, fett zubereitet, von Speisen. – b. beschmiert, schmutzig, spez. durch Fett. – c. Besonderheit *schm-er Donnerstag* Donnerstag vor Fastnacht. – **2.** übtr. bestechlich.

Schmotz-lapp(e^n**)** m.: **1.** Lappen, der für *schmotzige* Dinge verwendet wird. – **2.** schmutziger Mensch, Schmierer.

schmotzle^n I, schmotzele^n; schmötzele^n I

schw.: **1.** intr., mit haben. a. fettig sein oder werden, z. B. von einem Kleid. Nach Fett riechen oder schmecken. – b. sehr fett essen. – **2.** trans. Fett machen. Schmutzig machen; einschmieren.

schmotzle^n II, schmötz(e)le^n II schw.: lächeln, schmunzeln; auch schön tun, sich einschmeicheln.

Schmu *šmū* m.: **1.** Betrug. *Was er sagt, ist lauter Schmu. (Eⁱnᵉⁿ) Schmu machen* betrügerisch gewinnen; überh., doch mit dem Nebenton der Pfiffigkeit: gewinnen. – **2.** Gerede. – Anm.: Aus dem Rotwelsch.

schmucke^n *-ŭ-* schw.: **1.** schmiegen, eng zusammenziehen, krümmen, des engen Raums wegen, aus Bescheidenheit, Angst odgl. – refl. *sich schm.,* eig. und bildlich. *Jetzt muß er si^ch schm., weil er kein^en Hof meh^r hat. Schmuck^e und duck^e di^ch, so kommst übersi^ch.* – **2.** wie nhd. schmücken.

schmuckle^n schw.: **1.** intr., schlüpfen, sich verstecken. – **2.** trans., schmuggeln.

schmudle^n schw.: beschmutzen.

schmule^n *-ūə-* schw.: **1.** schachern. – **2.** tändeln, liebkosen. – **3.** herumstreichen, vagieren Ries.

Schmunk m.: **1.** Schmalz, Butter, Fett, Schmiere. – **2.** Kartoffelbrei, verkochte Kartoffelschnitze. – Anm.: Aus dem Rotwelsch.

schmuse^n *-ū-* schw.: intr., mit haben. **1.** sagen, reden. – Anm.: Aus dem Rotwelsch. – **2.** auch außerhalb des Rotwelsch in spezieller Verwendung: a. den *Schmuser* machen, bei einem (bes. Vieh-)Handel als dritter dreinreden. – b. einem andern, bes. einem Frauenzimmer schön tun, mit Worten oder handgreiflich, streicheln. – S c h m u s e r m.: wer *schmust.* **1.** Schwätzer, Plauderer. – **2.** speziell. a. zu *Schm.* 2 a: Unterhändler, bes. beim Viehkauf. – b. Lobhudler.

Schmuserei ◡‿ f.: das *schmusen,* bes. tadelnd.

Schmutter *-ŭ-;* Pl. (auch Sg.) -ere^n f.: **1.** Narbe, Strieme, bes. von Peitschenhieb S.. Runzel. – **2.** Überrest vom Aussieden der Butter. – **3.** fettes Weib.

schmuttere^n *-ŭ-,* schmottere^n schw.: = *schmorren,* zusammenschrumpfen.

Schmutz I s. *Schmotz.*

Schmutz II *-ŭ-,* NO. *-ū-,* Pl. Schmütz^e *-ī-* m.: Demin. s. u. 2: **1.** Schlag, Streich Tir.– **2.** Kuß. bes. Demin. *Schmützle^in -ĭ-,* wofür auch *Schmutzle^in.* – **3.** der Winkel im Zimmer, wo der Eßtisch, an Weihnachten der Christbaum steht, in kath. Häusern das Kruzifix hängt.

schmutze^n schw.: **1.** lächeln. – **2.** küssen Frk. – Schmutzer m., Demin. Schmutzerle^in n.: **1.** das Lächeln. – **2.** Demin.: Kuß.

schmutzig s. *schmotzig.*

Schnabel *šnåbl; -ă-* S. *-ọ̈-, -ọ̈-* Frk.; *-w-* W. NW.;

Pl. *-ę̄-*, bezw. *-ę̆-* m.; Demin. Schnäbele^(in) *-ę̆-* n.: **1.** Schn. des Vogels, zugleich mit Bez. auf den Menschen. *Junge Vögel ha^(be)nt weiche Schnäbel.* – **2.** vom menschlichen Mund, scherzh. oder grob. *Einem den Schn.*, bes. das *Schnäbelein putzen*, nam. zu Kindern. Vom Reden: *Schwätzen, wie einem der Sch. gewachsen ist* natürlich, grad heraus; bes. als Aufforderung. *Halt dein^(en) Schn.!* – **3.** von Menschen: geschwätziger Mensch. – **4.** schnabelähnliche Gegenstände. Ausgußmündung an einem Gefäß, vgl. Schnabeltasse.

schnäble^n *šnę̄blə* usw., s. *Schnabel*, schw.: wie nhd., von Tauben oder verliebten Menschen.

schnabuliere^n *šnăb(ŭ)līərə*, *-bəl-* ∪∪⁄∪ schw.: verspeisen; stets in behaglich-profitlichem Ton: *Da gibts was gut^es zum Schn.* u. ä.

Schnackel m.: einfältiger, läppischer Mensch.

schnack(e)le^n schw.: **1.** wackeln, schlottern. – **2.** RW. *^es hat g^eschnackelt* ausgegeben, hingehauen.

Schnackeler m.: (alter) gebrechlicher Mann.

schnackelig Adj.: nie ruhig, mit dem Kopf wackelnd, Grimassen schneidend.

Schnackler m.: das Aufstoßen, Rülpsen. Nicken, Wackeln. – Pers.: langsam, schlecht gehender Mensch.

schnaderen s. *schnatteren;* schnadig s. zu *schnatterig.*

schnager *-ā-*, SW. *-ä-* Adj.: mager, hager. – schnäger Adj.: dass. – schnägerig Adj.: dass. – Schnägerle^(in) n.: mageres Kind.

schnai- s. *schnäu-, schne-, schnei-*.

Schnakeler *-ǭ-* m.: lang gewachsener Mensch.

Schnake^n**-huster** *-ǭ-* m.: widerlicher Mensch.

Schnäker *šnę̄kər* m.: Reisigmesser.

Schnall *šnǎl; -ā-* NO., *-ǭ-* ALLG. (Pl. Schnäll^e *-ę̆-* m.; Demin. Schnälle^(in) *-ę̆-* n.): **1.** Knall; stark oder schwach: Donner, Kanone, Peitsche, auch vom Schnalzen mit den Fingern. – **2.** übtr. zeitlich. *Im Schn.* im Nu. *All^e Schnall* jeden Augenblick.

Schnall^e *šnǎl*, flekt. (auch Nom.) *-e*^n f.; Demin. Schnäll(e)le^(in) *-ę̆-* n.: **1.** Metallteil zum Schließen und Öffnen. a. wie nhd., am Gewand. – b. Türklinke. – **2.** von Blumen und Früchten. a. Klatsch-Mohn, Papaver rhoeas L. – b. Stachelbeere, Ribes uva-crispa L. – c. unreife Kirsche. – **3.** für Körperteile a. böses Weibermaul. – b. weibliches Geschlechtsteil. – **4.** Schelte für Weiber. *Alte Schn. Dumme Schn.* Hure.

Schnalle^n**-stock** m.: = *Schnalle 2 a.*

Schnalle^n**-treiber** m.: Zuhälter. Zu *Schnalle 4.*

schnalze^n *-ä-;* schnalzge^n schw.: **1.** wie nhd., mit der Zunge, den Fingern knallen. – **2.** übervorteilen.

Schnapp m.: das *schnappen.* – RW.: *im Schnapp, auf ein Schnapp* unvermittelt, sehr rasch.

Schnäpp *-ę̆-* m.: schnabelförmiger Vorsprung.

Schnäppäpper ∪⁄∪ m.: Plappermaul. – schnäppäppere^n ∪⁄∪ schw.: ausplaudern.

schnappe^n schw.: **1.** mit haben: wie nhd. Von einem Tier: mit Maul oder Schnabel rasch *nach etwas schn.* Übtr.: hastig auf etwas aus sein. *Er schnappet, jetzt stirbt er.* – **2.** mit sein: eine plötzliche Bewegung tun. Ein Möbel *schnappt* kippt plötzlich um. Bes. mit adv. Bestimmung: *ein-, zu-, 'numschn.* u. ä. – **3.** (Imper.) *schnapp* als Interj., in der Verb. *schnipp schn. schnurr.*

Schnapper m.: **1.** einmaliges *schnappen. Einen Schn. tun* z. B. von einem Möbel, Glied odgl., das *schnappt. Bei dem hat's de^n Schn. ^(ge)tau^n* er ist 40 geworden. Bes. aber das Luftschnappen, nam. bei Sterbenden; gerne Demin. *Schnapperle^(in)* (*-ä-*).

Schnäpper *-ę̆-* m.: **1.** sachl. a. = *Schnäpp.* – b. Penis bei Kindern; bes Demin. *Schn-le^(in)* n. – c. Türklinke. – **2.** persönl., bes. Demin.: Schwätzer, doch ohne bes. Tadel.

Schnäpper-büchs^e f.: schnellredende, auch vorlaute (junge) Person.

schnäpperle^n schw.: **1.** viel reden. – **2.** mit dem Penis spielen.

Schnapp-karre^n m.: Karren, dessen Kasten nach hinten umzukippen ist; Syn. *Leutschinder.*

schnapple^n *-ä-* schw.: rasch, sich überstürzend reden.

Schnaps-budel ⌃∪ m., Demin. -budele^(in) ⌃∪∪ n.: Fläschchen, aus dem der Schnaps getrunken wird; dagegen -butell^e ⌃∿ f., Demin. butelle^(in) ⌃∿∪ n.: Schnapsflasche, aus der eingeschenkt wird.

schnapsele^n schw.: nach Schnaps riechen.

schnapse^n schw.: Schnaps herstellen.

Schnapser m.: Schnapstrinker.

schnäpsle^n *-ę̆-* schw.: heimlich, gerne einen Schnaps trinken.

schnarche^n *šnǎrχə;* meist aber schnarchle^n; schnarfle^n schw.: wie nhd. schnarchen.

schnarchlen s. *schnarchen.*

schnarflen s. *schnarchen.*

schnärre^n *-ę̆-* schw.: mit einem raschen Ruck an etwas ziehen. – Schnärrer m.: schneller Ruck: *Er (Es) tut einen Schn.*

schnarr-maule^n ⌃∿ *-ä-; -əu-*, S. *-ū-*, FRK. *-au-*, RIES *-ao-;* daneben schl- schw.: Hunger leiden, beim Essen anderer zusehen müssen.

schna(r)ze^n**-galge**^n *-galle^n, -garre^n;* schna(r)z-galge^n *-galle^n;* schnä(r)ze^n-galge^n *-galle^n;* schnä(r)z-galge^n *-gargle^n, -gärgle^n;* schnauz(i)-galge^n; schnitzgalgne^n schw.: in die Höhe schnellen und so töten oder doch mißhandeln; bes. bei lustigen Tieren, Fröschen, Vögeln u. ä. üblich. Das Instrument dazu, ein in der Mitte unterstütztes Brett (Balken o. ä.), auf dessen eine Seite geschlagen wird, heißt Schnetz(eⁿ)-galg(eⁿ) m. Auch einen Käfer, Fliege odgl. durch Wegschnellen des Kopfs töten. Einen mit einem niedergezogenen Baum in die Höhe schnellen lassen. Würgen, erhängen. Überh. quälen, auch als starke Strafe; nam. im Ausruf: *Den sollte man schn!* u. ä.

Schnatte f.: Einschnitt in Holz, in Fleisch, Wunde Sww.

Schnatter (-ä-), Pl. -ereⁿ f.: **1.** = *Schnatte.* Wunde, Narbe. – **2.** *Schnattere* Schnittzwiebel.

Schnätter-bäs^e f.: schwatzhaftes Mädchen.

Schnätter-büchs^e f.: Schwätzerin.

Schnätter(e) f.: **1.** *Schnättere* Mund, Maul. – **2.** *Schnätter* schwatzhafte Person. – **3.** *Schnättere* Diarrhöe. – **4.** *Schnättere* After der Gans, des Huhns. – **5.** *Schnättere* das hintere, über die Unterlage hinausragende, daher auf und ab zitternde und *schnätternde* Ende am Leiterwagen; früher das zum Unterbringen von Gepäck bestimmte Brett hinten an der Kutsche. Heute auch die hinterste Sitzbank im Omnibus.

schnattereⁿ *-ä-,* schnättereⁿ *-ẹ̈-* schw.: **1.** vom Ton, wie ihn Gänse hervorbringen. Die Gans, Ente *schnattert* (südl. *schnatteret*). – Von Menschen: viel, vorlaut, unzeitig, töricht reden, plappern, stets mehr oder minder tadelnd. – **2.** zittern (mit Zähneklappern) vor Frost, auch vor Angst. *Er schnattert an Leib und Seele.* Unpers. seltener: *Es schnattert mich.*

Schnatterer (-ä-, s. *schnatteren*) m.: **1.** zu *schn. 1. Schwätzer.* – **2.** zu *schn. 2.* a. persönl.: furchtsamer Mensch. – b. sachlich: *den Schn. haben* Schüttelfrost.

Schnätterete *šnẹ̈dərədẹ̈* ⌐◡◡⌐ f.: **1.** = *Schnättere 5.* – **2.** Hupe.

Schnätter-hex^e f.: schwatzhafte Person.

schnatterig Adj.: **1.** frostig, frierend. – **2.** schwatzhaft.

schnätterig *-ẹ̈-* Adj.: mager, schmächtig, nie lobend, stets mit dem Nebenton des Schwächlichen, Aufgeschossenen.

schnäueⁿ schw.: mit dem *Schnäuer* die Zweige der Tanne abhauen.

Schnäuer *šnäjər* m.: Reisigmesser.

Schnauf – s. *schnaufen* – m.: das Atmen. *Den Schn. verheben* u. ä.

schnaufeⁿ *-əu-;* S. *-ū-,* FRK. *-au-,* RIES *-ao-;* schnauseⁿ *-ao-* schw.: atmen. Ein Fauler *ist z^u faul zum Schn. Was tust?* ablehnende Antw.: *Schn., daß i^{ch} net verstick^e.* Ein zweideutiges, unentschiedenes Handeln oder Reden *ist net g^eschnauft und net g^ehaucht. Härt, herb schn.* schwer atmen; auch übtr.: schwer durchkommen; opp. *leicht.* – Aber *schn.* kann auch im Gegensatz zu dem lauteren Sprechen oder Handeln stehen. *Ich habe nicht geschnauft davon* kein Sterbenswörtchen gesagt; *Man darf nicht davon schn. Des Ding leid^et Schn. net, kaⁿⁿ*

(mag) ^{da}*s Schn. net leiden* ist sehr heikel, geheim zu halten, vorsichtig zu behandeln.

Schnaufer – s. *schnaufen* – m.: **1.** pers. Wer hart atmet. – **2.** sachl., Atemzug. *Einen Schn. tun;* bes. neg. *keinen Schn.; kein Schnauferleⁱⁿ tun. Der Schn. geht einem aus.* Übtr. *Keinen Schn.* (auch Demin.) *tun* kein Sterbenswörtchen sagen.

Schnaufet f.: = *Schnaufer 2.*

schnaufig Adj.: schweratmig.

Schnauf-kugel f.: **1.** Kartoffel, verächtl. – **2.** dickes Weib.

Schnäuk^e f.: naschhafte Weibsperson. Demin. -leⁱⁿ n.: kraftloses, blasses Mädchen.

schnäukeⁿ *-ae-;* S. *-ẹi-* schw.: wählerisch sein im Essen, ohne rechten Hunger nur so an den Speisen herum stupfen. Grenze SW. – S. An allem *herumschn.,* auch übtr. – Schnäuker m.: pers., fem. *-iⁿ:* Leckermaul. – schnäukerig Adj.: leckerhaft, schleckig. – schnäuket Adj.: dass. bes. vom Vieh. – schnäukig Adj.: dass. – schnäukleⁿ (-eleⁿ) schw.: = *schnäuken.* – Schnäukler m.: = *Schnäuker.* – schnäuklig Adj.: lecker, heikel.

Schnaup^e, flekt. -eⁿ f.: Schnauze. **1.** Ausgußteil an einem Gefäß. – **2.** Haumesser. – **3.** Mund, Gosche.

schnausen s. *schnaufen.*

Schnauz^e *-əu-, -āö-, -ao-,* Pl. (auch Sg.) -eⁿ f.: **1.** tierische Schn. wie nhd. Doch mehr verächtl. für den menschl. Mund. *Eine Schn. machen. Halt dei^{ne} Schn.!* – **2.** ausgeschweifter Rand an einer Kanne udgl., zum Ausgießen, gern Demin. Schnäuzleⁱⁿ n.

schnauzeⁿ schw.: grob, barsch reden, bes. *an-, ab-.* Vgl. *-ig.*

Schnauzer m.: **1.** Schnurrbart. – **2.** wie nhd. Hund.

schnauzig Adj.: barsch, unfreundlich im Reden.

schnauzigallen s. *schnarzengalgen.*

schnebauchen s. *schlägbauchen.*

Schneck^e, Pl. -eⁿ m. f., Demin. Schneckleⁱⁿ n.: **1.** f. wie nhd. Schnecke. – **2.** pers.: m. Schn., bes. Demin. -leⁱⁿ, kindlicher -eleⁱⁿ: Kosewort für Kinder, auch für Geliebte, Geliebten.

schneck(e)leⁿ *-ẹ̈(ə)-* schw.: **1.** intr. mit sein: langsam gehen, daherschleichen. Bes. mit Adv.: *daher-, ummer-schn.* u. ä. Meist tadelnd oder auch gemütlich, wie Kindern gegenüber. Im Bett zusammen schn. u. ä. Intr. mit haben: langsam arbeiten. – **2.** schneckenförmig drehen. – Schneck(e)ler m.: zu *schn. 1.* Wer langsam geht. Wer statt zu arbeiten herumsitzt, nichts leistet. Syn. *Schneckenbatterer.*

Schnecken-batterer s. *Schneckeler.*

Schneckeⁿ-blätter Plur.: **1.** Kletten-Arten, Arctium L. – **2.** Huflattich, Tussilago farfara L. – **3.** Haselwurz, Asarum europaeum L.

Schneckeⁿ-nudel f.: Gebäck in Form einer Spirale.

schnefz(g)en s. *schnepfen.*

Schne-ga^{n}s f.: **1.** eig., Anser segetum, auch A. cinereus. – **2.** Schelte: dumme Weibsperson.

Schne-gitz^e, Pl. -e^n f.: Goldammer, Emberiza citrinella.

Schneid^e -*əi*-, S. -*ī*-, Frk. -*ai*-, Ries -*ae*-; Pl. -e^n f. m.: **1.** Schärfe an einem Schneidinstrument. – **2.** Grat eines Bergs. – **3.** Energie, frischer Mut. Heute meist m. *Schn. haben, keinen Schn. haben.*

Schneider -*əi*-, -*ī*-, -*ai*- -*ae*-; -*āē*-, -*ẹ̄*-, -*ī̆*- m.: **1.** Kleidermacher. – **2.** kraftloser, lahmer Mensch; auch bloß sehr mager. – *Schn.* werden im Spiel besonders stark verlieren. Ebenso *einen (zu) Schn. machen.*

Schneider-bletz m.: eine Art breiter Nudeln ohne Füllung.

schneid(e)re^n schw.: ohne Obj., mit haben. **1.** Schneider sein, Schneiderarbeiten tun. – **2.** *A schneidert bei B* läßt seine Kleider bei dem Schneider B machen. – **3.** trans., *einen schn.* im Spiel zum *Schneider 2* machen.

Schneiete *šnəiədẹ̆* f.: kurzes Schneegestöber.

Schneit^e f.: Durchhieb durch den Wald, Waldweg, -grenze. In zahlreichen Ortsnamen.

schneite^n -*ọe*- schw.: aushauen, durchforsten.

Schneiter -*ọe*-, -*ae*-, -*ọ̄ə*- m.: Reisigmesser.

Schne-kätter -*khẹ̆dər*, Pl. -(e)re^n f.: Busch-Windröschen, Anemone nemorosa L. Alb.

schnekle^n *šnẹəklə* schw.: ein wenig schneien Frk.

schnell -*ẹ̆(ə)*-, lokal -*ja*-, -*ə*- Adj. Adv.: wie nhd. *Schnelle Kätter* Diarrhöe.

Schnell-bleich f.: **1.** Kunstbleiche, opp. Rasenbleiche. – **2.** spöttisch für schnell und oberflächlich zum Ziel führende Lehranstalten.

schnelle^n -*ẹ̆*- schw.: **1.** intr. mit haben: einen *Schnall 1* tun, knallen. Bes. häufig vom Knallen mit der Peitsche. *Er schnellt mit der Geißel;* vgl. *kläpfen.* – **2.** intr. mit sein: wie nhd., von einer raschen, heftigen Bewegung. – **3.** trans., *einen schn.* a. physisch wie nhd. *Eine Floh schn.* zerquetschen Oschw. – b. übtr. α. mit beißenden Worten tadeln. – β. übervorteilen.

Schneller -*ẹ̆*- m.: **1.** persönl. einer, der viel knallt. – **2.** sachlich. a. das *schnellen. Einen Schn. tun.* Ruck, Schnalzen mit den Fingern. – b. Brustbein der Gans. – c. Marbel, Steinkügelchen zum Spielen. – **3.** auch Schnellblume, Pflanzenname. a. Taubenkropf, Silene vulgaris (Moench) Garcke. – b. Klappertopf-Arten, Rhinanthus L. Bairschw. – c. Leindotter-Arten, Camelina Crantz.

schnell-galge^n schw.: = *schnarzen-.* Junge Vögel zu Tod martern.

Schnepf^e -*ẹ̆(ə)*, flekt. -e^n m. (Schnepf^e, Pl. -e^n f.): **1.** der Vogel, Scolopax usw. – **2.** übtr. von Menschen. *(Dürre) Schn.* schmächtige, kraftlose Person, spez. weibliche. *Gut^e Nacht, Schn.!*

du bist im Irrtum, es geht dir schlecht; auch mit Zusatz: *morge^n wirst g^{e}rupft.*

schnepfe^n *schnepfsge^n;* schnefze^n -*ẹ̆(ə)*-, schnefzge^n -*ẹ̆(ə)*- schw.: schluchzen, bes. wie Kinder nach dem Weinen (während dress.). – Schnepfer, Schnefzger m.: Seufzer, Schnaufer, bes. letzter: *Kein^{en} Schn. hat er meh^r ^{ge}tau^n.* – Demin. Schnefzgerle^{in} n.: altes, ächzendes, keuchendes Fahrzeug (Auto, Lokomotive).

schnerren s. *schnärren.*

schnerz- s. *schnörz-.*

Schne-tröpfle^{in} n.: **1.** Schneeglöcklein, Galanthus nivalis L. – **2.** Märzenbecher, Leucojum vernum L.

Schneuzete -*ədə* f.: Schnupfen.

Schneuz-tuch n.; Demin. -tüchle^{in} n.: Schnupftuch.

Schne-vogel m., Demin. -vögele^{in} n.: **1.** Goldammer, Emberiza citrinella. – **2.** Bergfink, Fringilla montifringilla.

schnezele^n -*ae*- schw.: ein wenig schneien.

schnieken s. *schnäuken.*

schniffe^n -*ī*- schw.: stehlen; bes. als Euphemismus. – Anm.: Aus dem Rotwelsch.

Schnipfel -*ī*- m.; Demin. Schnipfele^{in} ⌃⌄⌄ n.: kleines weggeschnittenes Stück: Brot, Papier, Zeug, Holz u. ä.

schnipfe^n schw.: stehlen.

schnipfle^n *šnĭpflə; šnĭpfln* schw.: **1.** an etwas herumschnitzeln; meist zwecklos, spielend: Der Schüler *schnipfelt* an der Schulbank *('rum)* u. ä. – **2.** etwas nach und nach verbrauchen Frk.

Schnirkel *šnĭrgl;* Pl. gleich, m.; Demin. -ele^{in} ⌃⌄⌄ n.: **1.** Schnörkel. Überh. Verzierung, bes. überflüssige, z. B. Triller beim Singen. – **2.** Rüssel des Elefanten.

schnirkle^n schw.: Windungen machen.

Schnitz -*ī*-, NO. -*ī̆*-; Pl. Schnitz^e -*ī̆*- m.; Demin. Schnitzle^{in} -*ī̆*- n.: **1.** eig.: in Stücke geschnittene Birnen oder Äpfel, auch Rettiche oder Rüben; genauer *Biren-, Äpfel-, Rettich-, Rüben-Schn.* Seltener frisch, *grün,* als *gedörrt* oder *dürr.* Dagegen heißt die unzerschnitten gedörrte Birne *Hutzel.* Beliebtes Essen, bes. mit gedörrten Zwetschgen gekocht: *Schn. und Zwetschge^n.* (Reihenfolge stets so). *E^{in} Kerle wie e^{in} Pfund Schn.; da sitze^n (da hocke^n u. ä.) w. e. Pf. Schn.* plump, faul. – **2.** übtr. a. Spaß, Posse, Witz, bes. schlechter; Anekdote, auch erfundene. *Einen Schn.* oder *Schn.* (Pl.) *machen, erzählen, füre bringen, 'na^n g^{e}heie^n.* – b. Fehler, Versehen; Syn. *Schnitzer.*

Schnitz-brot m.: Früchtebrot, bes. zu Weihnachten, in das *Schnitze 1* eingebacken sind.

Schnitz-brüe f.: eig. Brühe von gekochten *Schnitzen* 1. Da solche trüb-dunkelbraun ist, spöttisch von schlechtem Kaffee. *So klar wie Schn.,* scherzhaft u. ironisch.

Schnitz-buckel m.: Höcker, gewölbter Rücken am Menschen. Auch von bloßer schlechter Haltung: *Mach^e kein^{en} so Schn.!*

schnitzgalgnen s. *schna(r)zengalgen.*

Schnitz-haf(e^n) m.: Topf, worin *Schnitze* 1 gekocht werden. S. a. *-kärlein.* – Schnitz-kärlein n.: = *-hafen.*

Schnitz-laib m.: Laib *Schnitzbrot.*

schnitzle^n schw., Part. *g^eschnitz^elt* N., *g^eschnitzlet* S. schw.: schnitzen. *Er ist wie mit der Holzhap^e g^eschnitzelt* FRK., also abwertend. Sonst immer vom Zerschneiden von Äpfeln, Birnen, Kartoffeln udgl. in *Schnitze.*

schnod- s. *schnud-.*

Schnoll^e, flekt. -e^n m.: Scholle, Erdscholle.

Schnoller s. *Schnuller.*

schnolle^n I schw.: Erdscheiben auf dem Acker zerschlagen.

schnollen II s. *schnullen.*

Schnörkel s. *Schnirkel.*

Schnor(r)e *šnǭ(ə)r(ə), šnǭ(ə)r(ə)* f.: **1.** Schnauze, Maul, Rüssel. Von Hund, Kuh, Katze, Schwein u. a. Dann spöttisch vom menschlichen Mund. *Halt dei^ne Schnorr(e^n).* – **2.** verschiedene andere Bedd.: Untere Extremität, verächtl.: Abgemagerte Hand. Alter Baum mit wenig Ästen. Kleiner, dicker Mensch.

schnor(r)e^n schw.: **1.** einen schnurrenden Ton hervorbringen. Von der Katze. – **2.** murren. – **3.** schlummern. – **4.** unnütz daherplappern. – **5.** betteln. S. *schnurren* 4.

Schnorz^e f.: Schnauze. – schnorze^n *-ǫr-* schw.: anschnauzen, hart anfahren. – schnorzig; schnörzig *-ęr-* Adj.: verdrießlich, barsch.

schnuckle^n schw.: (sich) anschmiegen.

Schnud^e *šnŭd*, auch *šnūdə* f.: Rüssel, Schnauze; auch verächtl. für den menschl. Mund. *E^ine Schn. mache^n.*

Schnuder f.: Schnupfen. *Wer's nicht schmeckt, hat die Schn.*

schnudere^n, schnodere^n schw.: **1.** -ū- (SW. FRK. -ū-), -ǫ- (SW. -ǭ-): mit dem Schnabel oder Rüssel im Schlamm herumwühlen, von Enten, Schweinen usw.; auch von Menschen: *Du schnoderest den ganzen Tag im Wasser* o. ä. – **2.** -ū- vom Pferd: einen vibrierenden Ton mit den Lippen hervorbringen; -ū- durch den Rüssel blasen, vom Schwein. – **3.** schleimrasselnd atmen, bei Schnupfen. – **4.** -ū- herausplaudern.

Schnud(e)r(e)t(e) f.: Schnupfen.

Schnüfel *-ī-;* daneben Schnübel m.: verzogener Mund, verdrießliches Gesicht. *Ein(en) Schn. ('nan)machen.* – Demin. Schnüfele^in n.: dass.; auch kosend zu Kindern ALLG.

Schnuffel f.: Maul, von Menschen und Tieren.

schnuffle^n -ū- schw.: **1.** -u- (-ū-) die Luft stark einziehen, um schärfer zu riechen, bes. mit vorgestülpten Lippen; an etwas riechen; übtr.: prü-

fend, neugierig suchen, schnüffeln, gern mit Adv. *'rum, ummer schn.* u. ä. – **2.** -ū-: rotzeln beim Atmen OSCHW.

Schnulle^in *šnŭlę̄* n.; Schnülle *-ī-:* = *Schnuller.* Vgl. *Nollein.*

schnulle^n; schnolle^n schw.: an etwas saugen oder kauen. *Am Finger schn.; Tabak schn.* Ganz bes. von den kleinen Kindern: am Saugbeutel saugen; s. *Schnuller.*

Schnuller, Schnoller (s. *schnullen*) m.: **1.** wer *schnullt.* – **2.** Saugbeutel der kleinen Kinder, auch der an seine Stelle getretene Gummizapfen. Vgl. *Schnullein, Noller.*

Schnupe s. *Schlupe.*

schnupfe^n -ū-; daneben -pp- schw.: die Luft heftig, stoßweise durch die Nase einziehen; opp. *schnaufen* vom ruhigeren Aus- und Einatmen. – Speziell: beim Weinen das Wasser in die Nase zurückziehen. – Tabak *schn.*, meist ohne Obj. – Übtr. *Einen schn. lassen* ihm Bonbons anbieten. *Etwas schn. müssen*, einem etwas zum Schn. geben, *einen schn. lassen* etwas Unangenehmes hören, sagen. *Schnupf's! Da schnupf^e!* laß dir's gesagt sein.

Schnuppe^n m.; Schnupp^e f.: Schnupfen, Nasenkatarrh. Die verbreitetste Form. Andere Formen: *Schnuppet, Schnufert, Schnopf.*

Schnuppet *šnŭbət* f.: = *Schnuppen.*

Schnur *šnūər; šnūr* äuß. NW., *šnǫr;* Pl. Schnür^e *-īə-* f.; Demin. Schnürle^in n.: **1.** wie nhd. a. aus Gewand, aus verschiedenen Stoffen. Heute eher *Kordel.* – b. aus Hanf (Flachs) zum Befestigen. Steht in der Mitte zw. *Faden* und *Strick;* dünnere, aber stärkere Sorten heißen *Bindfaden, Spagen, Spagat,* können aber auch *Schn.* genannt werden. – *Am Schnürle^in* ununterbrochen rasch, in der Ordnung. *Es geht (lauft) am Schn., wie am Schn. Etwas (wie) am Schn. hersagen* u. ä. – **2.** mit einer *Schn.* 1 Vergleichbares. Spez. von den Ausläufern mancher Pflanzen, z. B. der Gartenerdbeeren. – **3.** *Schnur haben* große Lust, Kitzel, etwas zu tun, auch erotisch.

schnurfle^n *-u-, -ǫ-, -oar-* ALLG. schw.: schrumpfen, bes. *zusammen-schnurflen.*

Schnür-gras n.: v. a. Kriechende Quecke, Elymus repens (L.) Gould., aber auch Flecht-Straußgras, Agrostis stolonifera L.

Schnür-leib (Schnur-) m.: = *-müder.*

Schnür-müder (Schnur-) n.: Mieder zum Schnüren oder mit Schnüren.

Schnurre *šnūr(ə), -ǫ-* FRK., *-ū-* ALLG., Pl. -e^n f.: Schnauze, Rüssel; verächtl.: menschl. Mund.

schnurre^n *-ū-,* FRK. *-ǫ-* schw.: **1.** einen schwirrenden, schnurrenden Ton hervorbringen; von Katze, Spinnrad u. a. – **2.** sich rasch, flüchtig bewegen. *Fort, vorbei schn.* – Leichtfertig arbeiten. – **3.** *Das Fleisch schnurrt* geht beim Kochen ein FRK. Sonst *ein-, zusammen-.* – **4.** betteln.

schnurr-maule[n] schw.: = schnarr-, Hunger leiden FRK.

Schober šǭbər, FRK. šǭuwər; Pl. Schöber -ē- m.; Demin. Schöberle[in] n.: Haufe Heu; Stroh, Getreide, und zwar außerhalb des Hauses NO. SO.

Schoch[e] -ǫ́-, flekt. (auch Nom.) - e[n] m.; Demin. Schöchle[in] -ē̌- n.; Schock[e]: Haufen. **1.** meist der große, runde Haufen Heu oder Emd, wie man ihn für die Nacht oder bei Regenwetter oder zum Aufladen machte; Schöchle[in] der kleinere. – **2.** von andern Dingen; wohl überall möglich. *Einen Sch-n auf das Simri machen* es gehäuft füllen. *Einen Sch-n scheißen, pferchen.* Bes. aber *einen Sch-n (hinaus)lachen.*

schoche[n] -ǫ́-; schocke[n] schw.: Heu oder Emd *sch.:* in Haufen, Schochen vereinigen. – Überh. häufen. Bes. Part. g[e]schochet.

schöchle[n] -ē̌-; schöckle[n] schw.: Heu oder Emd *sch.:* in Schöchlein bringen.

schocke[n] -ǫ́- schw.: **1.** trans. a. (an)stoßen. Gew. *schucken,* s. d. – b. schaukeln, wiegen, z. B. ein Kind. – **2.** intr., sich stoßweise bewegen, zittern.

Schode (Narr) s. *Schaute.*

schofel šǫ́fl, FRK. -ǭu-; flekt. schofler Adj.: **1.** schlecht; in allen denkbaren Bed.-Nuancen: elend, arm(selig), kümmerlich, entzwei, traurig, arg, gemein, niederträchtig, garstig, falsch, eifersüchtig, böse, tückisch, treulos, gefühllos, gehässig, gewalttätig, hartherzig, grob, streng, heftig, erzürnt, grimmig, gottlos, ruchlos, unverschämt, unsittlich, lasterhaft, unanständig, schamlos, buhlerisch, frech. – Anm.: Aus dem Rotwelsch. – **2.** auch außerhalb des Rotwelschen allgem. Meist im Gegensatz zum Noblen, Flotten: von schlechtem Gewand udgl., noch mehr von unnobler Gesinnung, bes. in Geldangelegenheiten; aber auch: *Es steht sch., sieht sch. aus, ist sch. gegangen* schlimm. – Schofel m.: übler Zustand: Not, Gefahr, Schmach.

scholdere[n] schw.: **1.** urspr. ein Glückspiel machen. – **2.** müßig umherziehen, herumstreunen.

Scholl[e] šǫ́l; flekt. - e[n] m.: Scholle, Klumpen Erde. – Übtr. *Einen Sch-en ('raus, 'naus) lachen* laut, heftig lachen.

Scholle[n]-brei m.: in Stücke geschnittener Eierkuchen. – Scholle[n]-mockel m.: = -brei.

Schom s. *Schaum.*

schomen s. *schaumen.*

scho[n] šǭ (šŭ) N. SO. HalbMA., šǭə O., šāǫ w. Hauptgeb. und SW. Adv.: **1.** zeitlich, wie nhd. *Ist ma[n] sch. auf, ja?* Begrüßung morgens. – **2.** *sch.* steigert, hebt die Tatsächlichkeit hervor. a. ohne Gegensatz: zur Genüge o. ä. *Ma[n] weiß na[ch] sch.:* was dahinter steckt. Ebenso *Arch. wisse[n]! Du wirst sch. sehe[n], wie's dir gaht. Sch. gut! Sch. recht! Des ist sch. so!* ∪∪⌐ und nicht anders. *Du bist sch. der dümmst[e]* o. ä., betont. – b. mit

Gegensatz. *Des ist sch. wahr (gut; wär[e] sch. recht* o. ä.), *aber . . . .* Der Gegensatz kann unausgedrückt sein. *Gehst du heut?* Antw. *Ich schon.*

Schöne -ē̌, s. -ī f.: Schönheit.

Schö[n]-mel n.: feines weißes Mehl. – Schö[n]-melschwätzer m.: Schmeichler.

Schope[n] šǭpə (-bə); Tschope[n]; Pl. Schöpe[n] -ē̌-; Schoper m.; Demin. Schöple[in] n.: Jacke, Wams.

Schopf I -ǭ-, NO. -ǭ-, FRK. -ǭu-; Pl. Schöpf[e] -ē̌- m.; Demin. Schöpfle[in] -ē̌- n.: **1.** Haarbüschel, beim Menschen vorn über der Stirn. *Einen am (beim) Sch. packen, heben, nehmen.* – **2.** kleine Baumgruppe. – **3.** Büschel.

Schopf II -ǭ-; Pl. Schöpf[e] -ē̌- m.; Demin. Schöpfle[in] -ē̌- n.: offener Anbau an Haus oder Scheuer. Auch *Vorschopf.* S., ebenso BAIR SCHW.; anderswo *Schupfe, Schuppen.* Bestimmt zur Aufbewahrung von Wägen, Holz, Torf.

Schöpfer m.: **1.** Gott, wie nhd. – **2.** Schöpflöffel, Kelle, Schapfe.

Schöpf-häfele[in] n.: topfartiges Gefäß aus Metall, meist Weißblech, zum Schöpfen von Wasser, bes. siedendem Wasser.

Schopfnudel s. *Schupf-.*

Schoppe[n] -ǫ́-, flekt. ebenso, m.; Demin. Schöpple[in] -ē̌- n.: **1.** Flüssigkeitsmaß. *Sch.* ist noch heute = ½ Liter Wein oder Bier (nicht ¼). – **2.** als Hohlmaß für Beeren udgl. = 1. – **3.** Holzmaß, = ¼ *Klafter.* – **4.** Milchflasche für Säuglinge.

schoppe[n] -ǫ́- schw.: schieben, stopfen. **1.** in etwas hineinschieben. a. Obj. ist das, was hinein geschoben wird: ein Taschentuch, Brot, Äpfel o. a. *in den Sack sch.* u. ä. Bes. mit *ein(e-), hinein-. Er tät[e] ihm's hinte[n] 'nei[n] sch.* läßt ihm alles zukommen. – Besondere Gepflogenheit: Schnell, viel essen. Bes. *Schoppe[n]s (tu[n], spiele[n])* Verstecken spielen. *Ein[en] 'na[b]* begraben. – b. vollstopfen; Obj. ist das, in was hinein geschoben wird. *Gänse* (o. a.) *sch.* mästen. – **2.** mit Anstrengung vorwärts schieben, z. B. einen Karren OSCHW.

schöpple[n] -ē̌- schw.: gern, anhaltend oder wiederholt beim *Schöpplein* sitzen.

Schor I m.: Maulwurf, neben *Scher.*

Schor II šǫr f.: = *Schur,* der Schafe.

Schor[e] šǫr Unterl., sonst šǭ(ə)r; flekt. - e[n] f.: **1.** Spaten, Grabscheit; Syn. *Schorschaufel, -schippe* DON. u. n. – **2.** Schaufel zum Beseitigen der am Pflug haftenden Erde; genauer *Pflugschore.*

schore[n] -ǫ́-, -ǭ(ə)- s. *Schore;* Part. g[e]schore[n], gew. g[e]schor(e)t st. u. schw.: mit dem Spaten umgraben: *den Garten, ein Gartenland sch.,* auch ohne Obj. DON. u. n.

Schor-garte[n] m.: mit der *Schore* 1 zu bearbeitender Garten für Gemüse udgl.

Schorrle n.: Weiß- oder Rotwein mit Mineralwasser. – Schorrle-morrle n.: dass.

Schor-schaufel f.: = *Schore 1.* – Schor-schipp^e f.: dass. – Vgl. *Scharschaufel.*

Schoß I -ǫ̆- m.: Trieb einer Pflanze, bes. beim Rebstock. S.a. *Schößling.*

Schoß II *šǭs* S. NW. HalbMA., *šǭs* w. FRK., *šǭ̆əs* O., *šaos* w. Mittelland f. m.; Demin. Schößle^in (zu 2) -ę̆-, -ǫ̆-, -ǫ̆ə-, -ae- n.: **1.** wie nhd., der Winkel zwischen Rumpf und Beinen. – *Einem auf der Sch. sitzen, einen auf d' Sch. nehmen; die Hand in d' Sch. legen.* – **2.** Schurz des Weibs OSCHW. BAIRSCHW. *Ein Weib kann mehr in der Sch. forttragen, als der Mann in dem Wagen hereinführen* o. ä. – **3.** *mürbe Sch.* ein Stück vom Oberschenkel am Rind. – **4.** offener Rauchfang der Küche, Kaminsturz.

Schosse *šǫ̆sę̆* ⌣′; Pl. -ee^n -ę̆ə f.: Chaussee, Landstraße.

Schößling m.: junger Trieb.

schößlinge^n -ę̆-, -ę̆ə-, -ae- Adv.: so, daß die Beine mit dem Rumpf eine *Schoß* bilden, mit angezogenen Beinen. *Sch. sitzen* kauern. *Sch. reiten* im Damensitz.

Schote (Narr) s. *Schaute.*

schottle^n -ǫ̆- schw.: schütteln, rütteln. *Der Wage^n schottlet* (noch mehr *ver-*) *ein^en g^ehörig; schottle net so am Tisch* u. ä.

Schräcksle^in s. *Schratt.*

Schrage^n *šrăgə,* -ă- SW., -ǫ̆- -ǫ̆- FRK.; -ᵪ- FRK.; Plur. Schräge^n -ę̆- m.; Demin. Schrägle^in -ę̆- n.: Gestell mit schrägen, gekreuzten Beinen. **1.** Spannbett zum Zusammenklappen. Früher sehr üblich; dann abschätzig für Bett überhaupt. *Auf dem Schr. liegen* bettlägerig sein. – **2.** Gestell, auf das die Totenbahre kommt. – **3.** Gestell des Verkäufers oder Handwerkers.

Schramm^e, Pl. (auch Sg. beim Fem.) -e^n f.: wie nhd., Wunde und Narbe in der MA. nur: Narbe.

Schrande s. *Schranne.*

schränke^n *šrę̆ŋgə* schw.: **1.** quer stellen, verschränken, in mannigfacher Anwendung. Glieder, bes. Arme *schr.* Speziell: a. von den Beinen. – b. die jungen Gänse *schr.,* wenn ihre Schwungfedern so lang sind, daß sie mit den Enden über einander übergreifen. – c. *die Säge schr.* ihre Zähne abwechselnd in entgegengesetzter Richtung auswärts biegen. – **2.** intr., mit haben: den Stimmbruch bekommen. – **3.** Part. *g^eschränkt:* beschränkt, verschränkt, verdreht.

Schrann^e *šrăn,* Schrand^e *šrănd,* Pl. -e^n f.: **1.** transportable Holzbank; die feste oder steinerne heißt *Bank.* – **2.** Früher Getreidemarkt und das Lokal dafür. Dafür auch Kornhaus.

Schranz *šrănts; šrǫ̆nts* ALLG.; Plur. Schränz^e *šrę̆nts,* S. -ę̆- m.; Demin. Schränzle^in n.: **1.** Riß, Schlitz; s. a. *Schlanz* S. SO. Bes. in Kleiderstoffen. Felsspalte ALLG. – **2.** *Er hat e^in^en Schr. (z^u viel)* Sparren.

schränze^n -ę̆-, S. -ę̆- schw.: reißen, schlitzen; bes. von Kleiderstoffen.

Schratt -ă- m.; meist Demin. Schrätt(e)le^in -ę̆-, auch Rettele^in; Schreckele^in, Schrecks(e)le^in: **1.** Alp. *Druckt* die Leute im Schlaf. bes. Kinder. Die *Schr.* sind von Haus aus dämonische Wesen, gew. männlich und zwerghaft (Demin.!) vorgestellt. Aber auch Menschen, spez. Weiber, können *Schr.* sein; es ist ihnen *angetan* oder sie haben es von der Mutter geerbt. So *Vermischung mit Hexen.* – **2.** übertr.: *Schrättel* unordentlich aussehendes Weibsbild. *Schräteler* m. kleiner Knirps.

schraub- s. *schrauf-.*

Schrauf^e -ǫu-, S. -ū̆-, FRK. -au-, RIES -ao-; flekt. (auch Nom.) -e^n f.; Schraufe^n m.; Straub^e f.; Demin. Schräufle^in -ǫi-, -ī̆-, -ai- -ae- n.: Schraube.

schraufe^n schw.: schrauben, bes. auch mit örtl. Bestimmung *an-, auf-, ein-, hin(ein)-, zu-* u. ä.

Schraufe^n**-mutter** -uə-, Pl. -muttere^n f.: Gewinde, in dem eine Schraube geht. – Schraufe^n-schlüssel m.: Werkzeug, in dessen Höhlung der Kopf einer Schraube paßt, zum Anziehen oder Lockern derselben. – Schraufe^n-zieher m.: Schraubenzieher.

schrecke^n -ę̆- schw.: **1.** aufschrecken. – **2.** ein wenig warm oder kalt machen: kaltes Wasser lau oder heißes lau machen. Hierfür noch mehr *ab-, ver-.*

schrefe^n *šrę̆fə* schw.: leicht gefrieren, so daß der Boden etwas rauh wird.

schreie^n st.: **1.** wie nhd., die Stimme laut erheben; vom überlauten Sprechen *(Schrei net so, i^ch hör^e gut)* bis zum Brüllen oder Juchzen. a. sehr oft ohne daß ein bestimmter Affekt zu Grund liegen müßte, oder auch aus bloßer Freude und Lebenslust. – b. sehr verbr. ist der Gebrauch von *schr.* für *rufen,* welches Verbum mancher Orten gar nicht üblich ist. *Einem schr.* ihn anrufen. *(Einem) zum Essen schr.* – c. *schr.* wie nhd. aus Schmerz, Angst odgl. *Er schreit, wie wenn er am Messer stäke.* – d. weinen. Das geschieht häufig recht laut. Aber auch vom stillen Weinen, bes. im Sww. gebraucht. – **2.** von anderem als von Menschen oder Tieren ausgesagt, bez. *schr.* laute und zugleich grelle Töne. Hartgefrorener Schnee, krachendes Holz, eine ungeschmierte Tür, eine Pfeife *schreit. Der Wald schreit,* wenn er durch den Wind stark bewegt wird. Auch eine allzu lebhafte Farbe *schreit.*

Schreiete - əi- f.: Geschrei.

schreiig *šrəiîg, šrəig* Adj.: schreiend. *Schr. machen* zum Schreien bringen. *Schr-e Farbe* grelle.

Schrei-kind -əi- n.: Kind, das schreit: *Schr. Gedeihkind.*

Schreiner -āē-, S. -ī̆-, SW. -ę̆- -ī̆-, FRK. - āī̆- m.: Tischler, Möbelmacher. Bei uns einziger Ausdruck.

schrein(e)re[n] schw.: die Schreinerei treiben. Auch mit Obj.: *einen Tisch schr.*

schrepfe[n] *-ĕ-,* südlicher *-ę̆ə-* schw.: **1.** *einem* (weniger gut *einen) schr.* ihm Blut entziehen mit dem Schrepfeisen, -hörnlein, -kopf. – **2.** einem sein Gut abnehmen.

Schritt *šrĭt,* NO. *šrĭt;* Pl. *šrĭt* m.; Demin. Schrittle[in] *-ĭ-* n.: **1.** wie nhd. – **2.** Körperteil: Dammgegend, wo die Beine zusammenlaufen.

Schrof[e] *-ǫ̆-,* flekt. (auch Nom.) *-*e[n] m.: Fels, Klippe. – Fels, der nicht hervorsteht, z. B. in einem Acker, einer Straße. Schiefriges Felsenstück.

Schrond s. *Schrunde.*

schröpfen s. *schrepfen.*

schroppe[n] schw.: **1.** starke, grobe Arbeit tun. – **2.** kräftig abreiben, schrubben.

Schropper m.: rauhe Bürste; Rauhhobel, beim Wagner.

schrote[n] st.: hauen, schneiden, in versch. Verwendungen. Stärkeres Holz abhauen. *Heu schr.* zerschneiden. *Holz schr.* spalten, zerkleinern. Grob mahlen.

Schröter m.: Horn-, der männliche Hirschkäfer, Lucanus Cervus.

Schrot-müle f.: Mühle zum *schroten,* Grobmahlen.

schrumpfe[n] schw.: wie nhd., bes. *ein-, zusammen-.* Eig. MA. ist aber *strupfen,* s. d.

Schrund[e] *šrǫ̆nd,* N.S. *-ŭ-,* W. *-ǫ̆n -ŭn;* Pl. *-*e[n] f.: aufgesprungene Haut, bes. an der Hand oder Lippe, auch am Fuß.

Schrunde[n]-maul n.: aufgesprungene Lippen.

schrundig Adj.: mit *Schrunden* behaftet. *Schr-e Hände* u. ä.

scht- s. *st-.*

Schub *šŭb;* Pl. Schüb[e] *-ĭ-* m.; Demin. Schüble[in] *-ĭ-,* S. *-ĭ-* n.: a. Quantum, das man auf einmal in den Mund schiebt, bes. mit dem Löffel. *E[in] Sch. Supp[e], Kraut. E[i]n[en] Sch. nehme[n].* – b. gerichtl. oder polizeil. Transport. *Auf[de]m Sch. sei[n], komme[n], bringe[n]; –* c. = *Schublade 1;* Sch. unter der Bank.

Schübel *šĭbl,* WN. *-wl:* Pl. gleich, m.; Demin. Schüble[in] ⌒ n.: einmaliges Quantum. Gabel voll, Löffel voll. *Einen Sch. Salat in den Mund nehmen.* Schopf. Büschel Haare, Heu, Gras.

schube[n] schw.: **1.** *-ŭ-* eifrig essen, große *Schübe* nehmen. – **2.** *-ŭ-* an den Haaren reißen.

Schub-karre f., Pl. -kärre[n] *šŭb-;* *šŭəkhărə;* -karch, Pl. -kärch[e] m.: wie nhd., einrädriger Karren zum Schieben.

Schub-lad[e] *šŭb-;* Schube[n] *-ŭ-;* Pl. -lade[n] f.; Demin. Schub-lädle[in] *-ę̆-* n.: **1.** wie nhd., herausziehbares Fach. – **2.** übtr. Mund, Schelte.

Schübling *-ĭ-,* SW. *-ĭ-* m.: rote Knackwurst aus Rind-, Stier-, Kuh-Fleisch und Speck S.

Schuck *-ŭ-,* ohne Pl. m.: einmaliges *schucken 1,* kurzer Stoß. *Einen Sch. geben.*

Schuckel, Pl. -e[n] m. f.: **1.** m. f. (je nach der Bez. auf eine Person): ungeschickter, täppischer Mensch. – **2.** f. liederliches Weib.

schuck(e)le[n] schw.: **1.** von unsteten Bewegungen. Unsicher und ungleich, stoßweise gehen; vgl. *Schuckeler; daher-.* – **2.** einen Stoß versetzen. Etwas in's Schaukeln, Schwanken bringen, z. B. so daß verschüttet wird.

Schuck(e)ler m.: **1.** Vagabund. Im engeren Sinn von beruflich herumziehenden, Zigeunern, Pfannenflickern. Im weiteren Sinn als Schelte, üblere und mildere. Müßiggänger, Tagdieb. Aber auch scherzh.: närrischer Kerl. Wer unbeholfen geht. – **2.** Buckliger; spez. einer, der wegen hohen Alters gekrümmt geht, auch *Schuckele[in].*

schuckelig Adj.: ungeschickt, täppisch.

schucke[n] *-ŭ-* schw.: **1.** anstoßen, bes. durch einen kurzen Stoß. FRK. *-ǫ̆-* neben *-ŭ-. Der hat mi[ch] g[e]schuckt, immer am Bank g[e]schuckt* sagt der Schüler, schlechte Handschrift zu entschuldigen. Gew. mit Adv.: *'num, fort sch.* usw. Absichtlicher ist: *einem einen Schuck(er) geben. Ansch.* durch einen Stoß in Bewegung setzen, z. B. einen Bergschlitten, eine Schaukel, eine Penduhr. – **2.** Geld hergeben, doch nur in burschikos-vertraulichem Ton: *Der Vater muß halt wieder sch.*

Schucker m.: **1.** sachl. a. = *Schuck,* einmaliger Stoß. *Einen Sch. geben.* – b. Rausch. – c. kleiner Nachen, der gestoßen wird. – **2.** pers. wer mit der Achsel zuckt.

schucker-weis[e] Adv.: = *schuck-,* stoßweise.

Schuckete f.: (unangenehmes, beständiges) *Schucken 1.*

schuck-weis[e] Adv.: stoßweise, in Absätzen.

Schudel m.: Überstürzung; voreiliger Mensch.

Schudeler m.: unbedachtsamer, voreiliger Mensch.

schudle[n] schw.: übereilt arbeiten.

Schufte m.: übertriebener, unzuverlässiger Mensch. *Du Sch., du narriger!*

schufte[n] schw.: sich im Dienst anstrengen, bes. mit putzen, stark arbeiten.

Schuh-bändel n.: = *-nestel.*

Schuh-buchte *-ę̆* m.: Spottname für Schuster.

schuhe[n] *šŭə;* schuche[n] *šŭəkə* ALLG. schw.: **1.** Schuhe machen OSCHW. – **2.** auf den Schuhen sein, gehen. *Schuhest weiter?* gehst du weiter? *Im Sch. sei[n]* im Gehen S. ALLG.

Schuh-nestel m.: wie nhd. Schuhband.

schui s. *scheu.*

Schui- s. *Scheu-.*

schuib = Imper. Singular v. *schieben,* s. d.

Schul-ane f.: groß gewachsene ältere Schülerin.

schuldig; schüldi[g] *šĭ-* Adj.: **1.** verpflichtet. *Was bin i[ch] sch.?* Bitte um die Rechnung; fragt man so in einem Haus, wo man etwas genossen, so ist die Antwort *^{Da}s Wiederkomme^n.* – **2.** für eine Tat verantwortlich. Häufiger im milderen Sinne: Ursache von etwas, gew. Üblem. *Der ist sch. (dra^n)! Jetzt muß i^{ch} sch. sei^n.*

Schuler *-ūə-,* Pl. gleich, m.; S c h u l e r i^n f.: wer mit einem die Schulklasse besucht (hat), Schulkamerad.

Schuler-bu^{be}, Pl. -b u b e^n m.: Schüler.

Schuler-mädle^{in} n.: Schülerin.

Schülp^e *šílp* flekt. - e^n m.: **1.** Scholle. *Sch-e^n klopfe^n* zerkleinern. – **2.** Pl. große Schuppen auf dem Kopf.

schülpe^n schw.: Schollen zerkleinern. – s c h ü l p i g Adj.: schollig, vom Boden.

S c h u l t e s s. *Schultheiß.*

Schultheiß, MA. meist S c h u l t (e) s: *šúldəs,* im südl. Teil auch *-ę̄s* m.: früher hieß der Vorsteher des Dorfs *Sch.,* der der Stadt *Stadtsch.* Heute dafür Bürgermeister, Oberbürgermeister. Auch diese werden meist noch *Sch.* genannt.

Schump^e *-ǭ-,* S. *-ŭ-;* flekt. (auch Nom.) - e^n m.: Jungvieh ALLG. OSCHW. Alter: meist 1 Jahr.

Schumpel *-ǭ-* f.: fette Weibsperson. – S c h u m p e l ä r i^n f.: dass. OSCHW.

Schunk(e^n) *-ǭ-,* N. S. *-ŭ-;* flekt. *Schunke^n* m.: Schinken. **1.** eig., vom Schwein. – **2.** verächtlich für ein altes Buch, Schwarte; überh. altes, wertloses Stück.

Schup^e *šūəb,* Pl. - e^n f.; häufig (bes. 2) Demin. S c h ü p e l e^{in} *-īə-,* seltener S c h u p e l e^{in} *-ūə-* n.: Schuppe. **1.** bei Fischen. – **2.** Abschieferung der Kopfhaut, von den harmlosen *Sch-n,* die man sich täglich *a^{b}strält,* bis zu den schweren Formen des *Grind,* die aber als Zeichen der Gesundheit gelten. Bes. auch Demin.

schupe(ch)t Adj.: schuppig.

schupele^n *-ūə-* schw.: refl. *si^{ch} sch.* sich die Schuppen vom Kopf kratzen.

Schupet *-ūə-* f.: was von Mehlspeisen odgl. an der Pfanne anhängt, auch *-ete* S. SO.

Schupf m.: Stoß BAIRSCHW. ALLG. *Einem einen Sch. geben,* bes. heimlich, von hinten.

Schupfe *-ę̄; Pl.* - e n e^n f.: = *Schopf* II, Schuppen, Anbau, Bude. Nö. an das *Schopf*-gebiet grenzend.

schupfe^n *-ŭ-* schw.: **1.** stoßen, durch einen Stoß befördern, beseitigen. – **2.** wälzen, rollen. *Nudle^n sch.* mit der Hand rollen; *g^{e}schupfte N.*

Schupfer m.: sachl., = *Schupf. Einen Sch. geben* einen Stoß geben.

Schupf-nudel, Pl. - n u d l e^n f.: mit der Hand gerollte Nudel in Fingergröße; auch *geschupfte N.* Ähnlich auch *-toppennudel, -wärgel; Toppen-, Gruppen-, Wargelnudel; Bauch-, Ranzen-stecher; Bube^{n}spitzlein.*

Schups *-ŭ-* m.; s c h u p s e^n schw.: = *Schupf, schupfen. Einem einen Sch. geben* einen Stoß u. ä.

Schur *šūr* f., ohne Pl.: **1.** Schafschur. – **2.** Mühe,

Plackerei. – **3.** die kleinen Haufenwölkchen bei gutem Wetter.

Schura m.: Bussard, überh. Tagraubvogel.

schürfle^n *-ī-* schw.: **1.** schürfen, die Oberfläche des Bodens aufritzen. – **2.** gehen, ohne die Füße ordentlich zu heben.

schurigle^n *šū(ə)rīglə* ᷍ᴗ schw.: plagen, bes. durch harte Arbeit und Schikane.

s c h u r n i g l e n s. *schuriglen.*

Schurz-bändel m.: Bändel zum Festknüpfen des Schurzes. Ein Mutterkind *hangt immer der Mutter am Sch.*

Schurze^n-**zipfel** m.: Zipfel, Ende am Schurz. Auch S c h u r z - . *Der Mutter am Sch. hangen;* s. *Schurzbändel.*

S c h u r z z i p f e l s. *Schurzenzipfel.*

Schuß *šŭs; šŭs;* S c h u t z I *šŭts;* Pl. S c h ü s s^e (-tz-) *-ī̆-* m.: Schuß. **1.** aus einer Fernwaffe. – **2.** rasche, hastige Bewegung. *In* ^{den} *Sch. kommen* in raschen Lauf, so daß man nicht mehr halten kann. Kleine Menge Flüssigkeit: man *gibt 'n Schuß Wei^n* an (in) die Sauce, *'n Schuß Milch* in den Kaffee; Syn. *Schucker. In Sch. sein, in Sch. halten* in Ordnung, in Gang. – **3.** auf's Geistige übtr.: heftige Aufregung, Manie. *Im Sch. sein.* – **4.** dass. persönl.: *Schuß* fahriger, übereilter Mensch. – **5.** Vorschuß, Vorauszahlung.

Schussel *-ŭ-;* Pl. (f.) S c h u ß l e^n kaum üblich, m. f.: hastiger, unbesonnener Mensch. Häufiger f.: ein solches Weib.

Schusselei ᷍ᴗᐟ f.: hastiges, übereiltes Benehmen.

schuss(e)le^n schw.: hastig und ungeschickt gehen.

Schuss(e)ler m.: wer *schuss(e)let,* hastig, *schuss(e)lig* ist. Vgl. *Schussel.*

schuss(e)lig *-ŭ-* Adj.: hastig, fahrig.

Schusser *-ŭ-* m.; Demin. S c h u s s e r l e^{in} n.: **1.** heftiges, aufgeregtes Pferd FRK. – **2.** Spielkügelchen aus Stein oder Glas; Syn. *Marbel, Klucker, Steiniß* u. a.

Schüßle^n-**brett** (-b r i t t) n.: Brett, Rahmen zum Aufstellen der Schüsseln.

Schusters-nägele^{in} n.: Frühlings-Enzian, Gentiana verna L.

Schütt^e *šī̆d,* Pl. - e^n; S c h ü t t e *-ę̄,* Pl. - e n e^n f.: Aufschüttung. **1.** durch Anschwemmung oder menschliche Tätigkeit aufgehäufter Boden. – **2.** Kornspeicher im obersten Boden. – **3.** *Schütt* Arm voll Stroh als Streue. *Schütte^n* Pl.: Lage von kurzem Stroh, Haber, Gerste u. a.

schütte^n *-ī-* schw.: wie nhd. schütten, vor allem ausschütten von Flüssigkeiten. Ein kleines Kind *schüttet* gibt die Milch wieder von sich. Bes. *Es schüttet* (wie mit Kübeln) regnet stark. Der Fink (Regenvogel) schreit *schütt! schütt.*

Schütter m.: starker Regen; Demin. *-le^n.*

Schütt-gabel *-ī-;* assimil. *šī̆gābl* ᷍ᴗ, Pl. g a b l e^n f.: große Gabel zum Umwenden und Aufschütteln von Heu, Stroh, Mist.

schüttle[n] *šĭdlə; šĭd(ə)ln* w. FRK. schw.: **1.** wie nhd.; s. a. *schottlen; -ü-* durchaus von bewußter Tätigkeit, daher auch meist trans. *Äpfel, Bire[n] sch.* vom Baum. *Den Kopf sch.* aus Entrüstung, zur Verneinung. Refl. *sich sch.* vor Lachen, vor Frost, bei einem bittern Schluck usw. – **2.** stark regnen ALLG. Sonst *schütten.*

Schüttler m.: **1.** einmaliges *schüttlen.* – **2.** kurzer, starker Regen OSCHW. ALLG. Anderswo *Schütter.*

Schütt-stei[n] m.: Wasserausgußstein in der Küche; wohl häufiger *Wasserstein.*

Schutz I s. *Schuß.*

Schutz II (Pl. fehlt) m.: im allgem. wie nhd.

Schütz[e] *šĭts,* Pl. -e[n] m.: **1.** wer mit Schießgewehr schießt. – **2.** Organ der Ortspolizei; sowohl vom Büttel des Orts als von den für die Markung angestellten Hütern, die dann spez. *Feld-, Wingert-Sch.* usw. heißen.

Schütze[n]**-wurst** f.: (bessere) Knackwurst, seit dem Stuttgarter Schützenfest 1875.

schwäb(e)le[n] schw.: mit schwäb. Akzent reden.

Schwaben-alter n.: Alter von 40 und mehr Jahren; *im Schw. stehen, in's Schw. kommen.*

schwach *-ă-;* Kompar. Superl. *-ĕ̜-* Adj. (Adv.): **1.** gering. *Eine schw-e Stunde* kleine. Bes. zu klein geratenes Korn, das beim Sieben durchfällt. Gew. kurz *Schwach[e]s.* Syn. *dritte Frucht, Kleinkorn.* – **2.** wie nhd., kraftlos. *Schw-e Stimme.* Spezieller *schw. im Magen;* vgl. a. *magenschwach.*

Schwäche *šwĕχĕ̜,* S. *-ĭ,* Pl. *-ene[n]* f.: Ohnmacht.

Schwach-maier m.: Schelte: schwacher Mensch. Häufiger: Schwachmatikus *-mă-* ◡◜◡◝ m.: dass.

Schwad[e] *šwād* f.: Redefertigkeit. *Eine Schw., keine Schw.* haben.

Schwade[n] m.: Reihe gemähten Grases.

schwade[n] schw.: Wäsche im Wasser hin und her ziehen ALLG.

schwadere[n], schwattere[n] schw.: **1.** im Wasser plätschern, beim Baden, Waschen udgl. Trans.: im Wasser hin und her ziehen, bes. Wäsche, um die Lauge zu entfernen. – **2.** schwatzen. – **3.** *-ă-* schwanken.

schwadroniere[n] ◡◡◝◡ schw.: prahlen, aufschneiden.

Schwager *-ǭ-; -au-* BAAR, *-ao-* SO., im ö. FRK. wohl *-ǭə-;* Pl. Schwäger *-ĕ̜-* m.: **1.** wie nhd. – **2.** andere Verwandtschaftsarten heißen bei uns nicht *Schw.* Wohl aber ist es vertrauliche Anrede unter solchen, die gar nicht verwandt zu sein brauchen.

Schwäher *šwę̈ər,* Pl. ebenso, m.: Schwiegervater. Heute immer mehr nur noch „Schwiegervater".

schwaien s. *schweien.*

Schwall *-ā-* m.: Schwellung. **1.** tiefe Stelle eines fließenden Gewässers, mit langsamer Strö-

mung, von Natur oder künstlich gestaut. – **2.** erhitzter oder stinkender Luftstrom; aus einer Feuersbrunst, Küche, Stall, überhitzter oder lange nicht gelüfteter Stube kommt ein *Schw.–* **3.** große Menge. *Ein Schw. Leute. Ein Schw. Wasser* bei Wolkenbruch. *Ein Schw. von Worten* Wortschwall.

Schwa[n] *šwã,* flekt. *-e*[n] m.: **1.** wie nhd., der Vogel. – **2.** Hausname. Bes. häufiger Wirtshausschild. In dieser Bed. immer f.: *Schwane*[n].

schwane[n] schw.: vorausahnen; intr. mit haben. *Es schwant mir, hat mir geschwan(e)t.*

schwanger Adj.: wie nhd., nur von Menschen. In der tägl. Sprache wenig üblich; dafür *in der Hoffnung, in anderen Umständen;* gröber *dick, hops.*

Schwanz *šwănts,* SW. NO. *šwăts,* ALLG. *šwǫ̈nts,* FRK. *šwǭünts;* Plur. Schwänz[e] *šwę̈nts,* SW. auch *šwę̈ts* m.; Demin. Schwänzle[in] wie Pl. n.: **1.** tierischer Schwanz. a. am Pferd. – b. am Rindvieh. – c. am Hund. – d. am Fuchs. – e. an Vögeln. – f. an anderen Tieren. *Die Schnecken auf die Schwänze schlagen.* – g. am Teufel. – h. Verschiedenes. *Dem ka*[nn] *man de*[n] *Schw. net g*[e]*nug stutze*[n] die Flügel beschneiden. *Einen Tag odgl. auf den Schw. schl.* drangeben, verbummeln. *Einen a. d. Schw. schl.* zurecht weisen FRK. *Einem unter den Schw. zünden, Feuer u. d. Schw. machen* ihn energisch aufreizen, antreiben. – **2.** männl. Glied des Menschen; anständiger *Gemächt. Einen schlauchen, daß ihm der Schw. nach hinten steht,* aus der Soldatensprache. – **3.** Schelte für Mannsleute, wie *Fotze* für Weiber, doch oft recht harmlos. – **4.** Schleppe am Kleid. – **5.** Verschiedenes. *Schw.* kann das lange, dünne, das bewegliche Ende einer Sache oder einer Menge bezeichnen. *Schw.* am Rettich. *Schw.* eines Festzugs, einer Schulklasse. *Der Wein hat einen* (bes. aber *keinen) Schw.* einen (keinen) spezif. Nachgeschmack, der die Echtheit, die Herkunft, die Sorte verrät.

Schwanze *šwăntsĕ̜* f.: = *Schwanzete,* Umherschlendern. *Sie ist (gaht) *[a]*uf der (d*[ie]*) Schw.*

schwanze[n] schw.: **1.** intr. a. mit dem *Schwanz 1* wedeln. – b. mit sein: vom müßigen Herumziehen, Besuche machen, spazieren gehen, bes. mit *'rum.* – **2.** trans. mit dem Hagenschwanz züchtigen, übh. durchprügeln DON. OSCHW.

schwänze[n] schw.: **1.** entschwänzen, den Schwanz nehmen, verkürzen. – **2.** die Schule, Kirche udgl. *schw.* absichtlich versäumen.

Schwanzer m.: wer viel *schwanzt,* Bummler. Bes. *-eri*[n] f.

Schwanzet(e) f.: Umherschlendern. *Sie ist alleweil*[e] *auf der Schw.*

schwänzle[n] schw.: **1.** mit dem Schwanz wedeln; von Menschen: widerlich schmeicheln. – **2.** affektiert, mit den Hüften wackelnd gehen.

Schwappel *šwăbl* m.; gern Demin. Schwappe-le[in] m. n.: unruhiger, fahriger, unzuverlässiger Mensch.

schwapp(e)le[n] schw.: unruhig, schwankend sein; in versch. Anwendungen. a. umherschweifen, von Menschen, auch bes. von Hunden, bes. mit *herum.* – b. unklar, nicht bei der Sache sein. – c. schnell, undeutlich reden. – d. hin und her schwanken, von einem vollen Gefäß, einem Sack Hefe, einer reifen Geschwulst udgl. – e. *Es schw-t mir* schwindelt mir, wird mir schwach.

Schwapp(e)ler m.: **1.** unsteter, unzuverlässiger, herumvagierender Mensch, auch Hund. – **2.** Schwätzer. – schwapp(e)lig Adj.: **1.** flatterhaft, unbeständig, übereilt. – **2.** magenschwach, öde, schwindlig. *I[ch] bi[n], Mir ist's, wird's (ganz) schw.; schw-er Mage[n].* – **3.** Adv. *schw. voll* zum Überlaufen voll.

schwäre[n] st.: aufschwellen, eitern Oschw.

Schwarm *-ă-* Pl. Schwärm[e] *-ę̆-* m.; Demin. -le[in] *-ę̆-* n.: **1.** Bienenschwarm. – **2.** Gegenstand der Begeisterung, HalbMA.

Schwart[e] *šwā(r)d*, Pl. -e[n] f.: **1.** die mit Haaren bedeckte Haut. a. am Menschen; jetzt nur noch in RAA., z. B. *Hunger haben, essen, einen prügeln* u. a., *daß die Schw-n krachen* ganz gehörig. – b. Speckhaut des Schweins. – **2.** die zwei äußersten Bretter eines Sägbaums. Syn. *Schwärtling.* – **3.** Mund, Maul.

Schwarte[n]-mage[n] m.: Preßsack mit Blut und Schwartenstücken, eig. in einem Schweinsmagen.

Schwärtling *-ę-* m.: = *Schwarte* 2.

schwarz *šwărts* HalbMA. NW.; *šwărts,* südlicher *šwāts,* Hauptgebiet; *šwǫrts* ALLG.; Komp. Sup. *-ę̆-* (Oschw. auch *-i-, -iə-;* FRK. *-ę̆-*) Adj.: im ganzen wie nhd. Verstärkt *kohl(pechraben)schw., (kohl)-rappenschw., beerschw.; schw. wie ein Kohlsack, w. ein Mohr, wie die Nacht.* **1.** von Menschen, als Naturfarbe. Meist vom Haar. – **2.** von dämonischen Wesen. *Der Schwarz[e] Teufel. Schw-er Teufel* Dotter von zu hart gesottenen Eiern. Mit dem *schw-en Mann* schreckt man die Kinder. – **3.** von Tieren. *Bei Nacht sind alle Kühe schw.* – **4.** von Krankheiten. *Schw-er Star* Blindheit, bei der das Auge schw. bleibt. *Schw.* wird man vom Lügen, bes. Falschschwören. *Ei lüg, daß du schw. wer[de]st.* – **5.** von Lebensmitteln. *Schw-e Kirschen.* Ebenso *schw-e Träublein* Ribes nigrum; *schw-er Holder* Sambucus nigra. *Schw-er Kaffee* ohne Milch. *Schw. Brot. Schw-e Wurst* mit Blut und Speck. – **6.** von Kleidern. *Schw. gehen* Trauer tragen. Die kath. Geistlichen heißen kurz *Schw-e.* – **7.** schmutzig. *Schw-e Wäsch[e]. Ich habe ganz schw-e Hände* u. ä. *Nicht das Schwarze unter'm (am) Nagel* gar nichts. – **8.** Verschiedenes: *In's Schw-e treffen, schießen. Schw-er Peter* Karte(nspiel). *Schw. machen* anschwärzen, verleumden.

Schwarz-Anna-kraut n.: Christophskraut, Actaea spicata L.

Schwärze *-ę̆-,* s. *-ī;* FRK. Schwärz[e]; f.: schwarze Färbung. Bes. Finsternis: *Des ist e[ine] Schw.!* Gewitterhimmel. Auch schw. Farbstoff, z. B. *Ofen-.*

schwatteren s. *schwaderen.*

schwattle[n] *-ă-* schw.: schwanken, vom Wasser in einem Gefäß, bes. wenn es am Überlaufen ist.

Schwatz m.: das *Schwätzen.*

Schwätz-bäs[e], feiner -bas[e] f.: Schwätzer beiderlei Geschlechts; neben *Schwätzer* harmloser, mehr vertraulich.

schwätze[n] *-ę̆-* schw.: im ganzen wie nhd. **1.** eig., von Menschen: reden, sprechen. a. absolut, ohne Nennung des Inhalts. *Kann das Kind schon schw.? Schwätz[e] (au[ch] e[in]mal* o. ä.) so rede doch. *Schwätz[e] net!* was du nicht sagst. *Ach was, i[ch] ma[g] net,* sagt w. die Sache ist mir ganz zuwider. *Es ist scho[n] g[e]schwätzt* bleibt dabei. *Mit de[n] Händ[en] schw.* gestikulieren. *Sei[ne]m Schw.* nach seiner Aussage zufolge. – b. mit Inhalts- oder modaler Bestimmung durch Objekt, adv. Zusatz oder Nebensatz. Nie von direkter Mitteilung einer Sache, dafür *sagen: Er sagt ihm die Meinung; sagt, er sei . . . . Wir müssen einmal über die Sache miteinander schw.* u. ä. – Menge, Häufigkeit des *schw. Wer viel schwätzt, lügt viel. Man (Der) schwätzt viel, wenn der Tag lang ist* man braucht sich um das Gerede nicht zu kümmern. *Einen ganzen Wagen voll schw.* einen Haufen. – Adv. (präp.) Bestimmung modaler Art. *Deutsch, Fraktur mit einem schw;* deutlich werden. *Schwätz[e] mir net so g[e]schecket. 'raus schw.* mit und ohne Zusatz: unsinnig, unbedacht reden. *Aus dem (hohlen Leib) (Bauch) ('raus) schw. Im Ring 'rum schw. In den Tag hinein schw.* planlos. *Um etwas 'rum schw.* – Mit Obj., stets tadelnd. *Einen Dreck, Mist, Seich, Unsinn, Pafel, Durcheinander, ein Zeug schw.* u. ä. – Mit Nebensatz. *Laß d[ie] Leut[e] schw., was sie wölle[n]t* u. ä. Bes. mit *wie: ('raus) schw. wie e[in] Ma[nn] ohne Kopf. Schw., wie einem der Schnabel gewachsen ist.* – c. mit prägnanter Konstr. *Einem etwas an den Hals schw.* ihm unterstellen. Ein Vielschwätzer *schwätzt ein[en] no[ch] unter de[n] Tisch 'na[b]; schwätzt dem Teufel ein Ohr weg; schwätzt einem ein Loch in [den] Kopf (Sack; Bauch),* bes. imper. *Schwätz[e] m. kei[n] L.* usw., *du überredest mich doch nicht.* – **2.** mit andern als menschl. Subjj. a. *schw.* wie 1, reden. *Der Wein schwätzt aus ihm. Man meint, der Hintere (das Füdle, der Arsch) sollte einem schw.* o. ä.: da sollte man reden dürfen! – b. von rede-ähnlichen Tönen. *[Da]s Bächle[in] schwätzt* murmelt. *Mei[n] Bauch schwätzt doch e[in] bißle[in]* knurrt, regt sich wieder.

Schwätzer m.: **1.** persönl., wie nhd. – **2.** sachlich. *Schw.,* gern Demin. -le[in] n.: kleiner Rausch, so

lang er noch beredt macht OSCHW. BAIRSCHW. –
Schwätzerei ‿◡ʹ n.: = *Geschwätz*, aber bes.
tadelnd: Klatsch.

Schwätzete f.: *auf der Schw. sein, auf die Schw.
gehen* Plauderstündchen.

Schwätz-kätter f.: **1.** Schwätzerin, mundfertige
Person. – **2.** Diarrhöe.

Schwebel -ẹ̄- N., -ẹ̄ǝ- Hauptgeb., -ẹ̆- S. NW., -ẹ̄-
FRK. SO.; -w- W. N.; daneben Schwefel, m.:
Schwefel.

Schwebel-holz n.; Demin. -hölzle͡iⁿ n.: **1.** etwa 20
Zentim. langes, an beiden Enden in Schwefel
getauchtes Holzstück, an der Herdasche odgl.
anzuzünden. – **2.** mod.: Streichholz allg.

Schwebelle͡iⁿ ◝◡◡, s. *Schwebel*- n.: = *Schwefelholz*
in beiden Bedd.

schwebleⁿ -fl- schw.: **1.** intr., mit haben: nach
Schwefel riechen. – **2.** trans. Mit Schw. bestreu-
en. *Imme*ⁿ *schwefle*ⁿ. Bes. ein Faß, Wein, *schw.*,
mit Schw. ausbrennen. – **3.** schwindeln, prah-
len. *(-f-)*.

Schwedeⁿ-**knöpfle**͡iⁿ n.: lockere Klöse aus Semmel,
Grießmehl, Ei mit Milch im Schmalz gebacken.

Schwedeⁿ-**kreuz** n.: häufigste Bez. der verbr. stei-
nernen Sühnenkreuze.

Schwedeⁿ-**krieg** m.: der 30jährige Krieg, spez. sein
2. Teil. *Da gaht es zu wie im Schw.*

Schweder -ẹ̄- m.: Schwächling, ungeschickter, ver-
geßlicher Mensch. – schwedereⁿ -ẹ̄- schw.: ei-
nen Fehler, Verstoß machen, z.B. beim Spiel.

Schwefel usw. s. *Schwebel* usw.

schweieⁿ *šwaiǝ, šwäjǝ, šwaeǝ, šwǫeǝ* schw.:
schwingen, schwenken. Z.B. mit der Hand, mit
einer Fahne odgl.; *Kohlen schw.,* um die Glut
anzufachen; *d*͡ie *Ärm*͡e *schw.; mit der Latern*͡e
schw. SW.

schweigeⁿ I -ǝi-; -ī- S., -ai- FRK., -ae- RIES; Part.
g͡eschwige ͡ⁿ-ī-, S. -ī- st.: intr., wie nhd., schwei-
gen, mit haben.

schweigeⁿ II -ō̜ǝ- W., -o̜e- O. schw.: schweigen
machen; bes. *ein Kind schw.* zur Ruhe bringen;
durch Trinkenlassen o. ä.

Schweim *šwō̜ẹm šō̜ẹm* m.: Schaum. – schweimeⁿ
š(w)ō̜ẹmǝ schw.: schäumen.

Schweine *šwäẹnĕ*, s. -ī; *šwī̄*- S., *šwā̄ī* FRK. f.: **1.**
Abzehrung, Muskelschwund. – **2.** übtr., Ab-
gang an lange lagernder Frucht, auch am Wein.

schweineⁿ I -ẹ̄, s. -ī, auch schweinern Adj.: vom
Schwein stammend. Bes. *schweine*ⁿ *Fleisch*
Schweinefleisch. Dafür kürzer *Schweine*ⁿᵉ*s*.
Schw. Schmalz aus Schweinefett ausgekochtes,
opp. *Milchschmalz* aus Butter.

schweineⁿ II -āē-; S. -ī- schw.: schwinden; a.
Krankheit: Muskelschwund, Abzehrung bei
Mensch und Vieh. – b. von anderem. Vom (grü-
nen) Holz; von lagernder Frucht, auch Wein.

Schweines n.: Schweinefleisch.

schweißeleⁿ schw.: nach Schweiß riechen.

schweißeⁿ schw.: **1.** Flüssigkeit durchlassen, mit
haben, ohne Obj. a. bluten. – b. ein leckes Faß
odgl. *schweißt* rinnt. – **2.** trans., vom Schmied:
Metall zusammenfügen, anstählen. Bes. *zusam-
men-*.

schweißig Adj.: blutend, blutig.

schwelk -ẹ̆(ǝ); auch *šwēlĭk* Adj.: welk, schlaff O.

schwelkeⁿ schw.: welken O.

schwelleⁿ I -ẹ̆(ǝ); Part. g͡eschwolle ͡ⁿst.: intr. mit
sein: wie nhd., an-, aufschwellen. Dazu auch
geschwollene (Wurst) eine Art Bratwurst ohne
Darm.

schwelleⁿ II -ẹ̆- schw.: fakt. zu *schw.* I, anschwellen
machen. **1.** das Wasser *schw.* Der Müller
schwellt den Bach durch Stauen. – **2.** durch Flüs-
sigkeit aufschwellen machen. Ein leckes Holz-
geschirr *schw.* durch Wasser die Ritzen zusam-
menziehen.

Schwenkel m.: Schwengel, was herunterhängt und
schwingt, v. a. Klöppel der Glocke.

schwenkeⁿ -ẹ̆ŋg-, S. -ẹ̆ŋk-; -ẹ̆g- -ẹ̆k- w. Mittelland;
-āīk- schw.: **1.** trans. a. herumschwingen, wie
nhd. – b. spez. ein Gefäß mit Wasser odgl. reini-
gen, indem man es hin und her bewegt; deutli-
cher *aus-. Die Gurgel schw.* trinken, zechen. – **2.**
intr., mit haben. Ein Rad *schwenkt* läuft nicht
fest in der Achse, sondern geht herüber und
hinüber.

schweren s. a. *schwären* und s. *schwören.*

Schwert *šwẹ̄(ǝ)(r)t;* Pl. Schwerter n.: wie nhd. –
Im MA. nur noch bildlich. *Ein Maul haben wie
ein Schw.* so scharf. *Ein böses Maul muß man
fürchten wie ein Schw.*

Schwert-goschᵉ f.: = *-maul*, unverschämtes, vor-
lautes Maul, scharfe Zunge.

Schwert-maul n.: *Die hat scho*ⁿ *e*͡iⁿ *Schw.* scharfe
Zunge.

Schwester-kind n.: Kind der Schwester. – Schwe-
ster-mann m.: Gatte der Schwester.

Schwibel -ī- m.: **1.** Griff. a. der rechthändige Griff
in der Mitte der Sense. – b. am Ruder S. – **2.**
Rolle am Aufzug in der Scheuer.

Schwiger -ī-, SW. -ī-, FRK. -χ-; Pl. -ere ͡ⁿ f.: Schwie-
germutter. Heute immer mehr „Schwiegermut-
ter".

Schwilke f.: Wolliger Schneeball, Viburnum lanta-
na L. – Syn. *Schlinge.*

schwindeⁿ *šwẹ̆ndǝ*, N. S. -ī-; *šwẹ̆nǝ šwīnǝ* NW.;
Part. g͡eschwunde ͡ⁿ-ŏ̜-, N. S. -ŭ- st.: etwa wie
nhd.; intr. mit sein. **1.** dahinschwinden, verge-
hen. a. vom animalischen Körper. – b. vom
Holz: eingehen. Mit haben: *Der Bode*ⁿ *hat
g͡eschwunde*ⁿ; gew. aber mit sein. – c. Wein o. a.
Flüssigkeit im Faß *schwindet* wird durch Ver-
dunsten weniger. – *etwas schw. lassen* wie
nhd., preisgeben. – **2.** *Es schwindet mir* wird mir
schwach, ohnmächtig; s. der ALB.

Schwingᵉ Pl. -e ͡ⁿ f.: **1.** Instrument zum *schwingen* 2 von Flachs usw. – **2.** Sprosse der Leiter am Leiterwagen. – **3.** Demin. *Schwingle^{in}* n.: Waagscheit. – **4.** Querstäbe der *Heinzen* für das Heu ALLG.

schwinge^n *šwę̄ŋə*, N. S. *-ī-;* Part. g^e schwunge^n *-ǭ-*, N. S. *-ŭ-* st.: **1.** schlagen. *Ich schwing dir ein^e s.* – **2.** Flachs (Werg), Hanf *schw.* auf dem Schwingstock (-brett) mit dem -messer, der *Schwinge 1*, bearbeiten, um ihn zu säubern und weich zu machen. – **3.** wie nhd., von ausholender Bogenbewegung. Wendungen wie *Flügel, Schwert, Fahne, Sense* u. ä. *schw.*, kaum pop.; dafür eher *schwenken.*

Schwips *-ī-* m.: leichter Rausch; *Er hat 'n Schw.*

schwitisiere^n ◡◡◜◡ schw.: *schw., 'rum schw.* sich herumtreiben. – Anm.: Frz. *suite.*

Schwitz *-ī-*, NO. *-ī-* m.: Schweiß.

schwitzele^n schw.: = *schweißelen*, nach Schweiß riechen.

schwitze^n *-ī-*, Part. g^e schwitzt schw.: etwa wie nhd. **1.** von Menschen. a. eig., Schweiß von sich geben. Stark schw.: *schw. wie ein Bär, Brunnenputzer, Dachs.* – b. übtr., etwas von sich geben, mit spött. Ton. α. *schw., Geld schw.* bezahlen, bes. *schw. müssen.* – β. *Sie hat ei^{ne}s g^eschwitzt* ledig geboren. – **2.** von Dingen: sich mit Wasser beschlagen, naß werden. Die Fenster *schw.* im Innern, wenn es draußen kalt ist. Die Steine *schw.* bei feuchter Luft.

schwitzig Adj.: schwitzend.

Schwitz-kaste^n m.: urspr. jedenf. Kasten zum Schwitzbad. Dann übtr. *In den Schwitzkasten nehmen* beim Ringen der Kinder Kopf des Gegners mit dem Arm an den eigenen Körper pressen.

schwo een s. *schweien.*

schwo egen s. *schweigen* II.

Schwof *-ǭ-* m.: Tanzvergnügen, abwertend; auch Socke^n-schwof, -hopf.

schwofe^n schw.: tanzen, abwertend.

Schwo ger s. *Schwager.*

schwomm rig s. *schwummerig.*

schwöre^n *šwę̄rə; -ę̄-* NW.; Part. g^e schwore^n *-ǭ-* N., sonst *-ǭ(ə)*, auch g^e schwört st. u. schw.: **1.** einen Eid leisten. – **2.** beschwören, d. h. bannen. *Wie ^u uf de^n Bode^n 'na^n g^e schwore^n* wie festgebannt. – **3.** fluchen. *Schw. wie ein Heide.*

Schwör-tag m.: Tag, da die neue Obrigkeit der Bürgerschaft schwört und umgekehrt; z. B.: In Eßlingen an Jakobi, 25. Juli. – Gmünd an Laurentii, 10. Aug. – Schwäbisch Hall: Georgii, 23. Apr. – Ulm: Schw., auch Schwörmontag, Montag nach Laurentii, 10. Aug., im *Schwörhaus.*

schwudere^n *-ŭə-* schw.: schnell, unverständlich reden.

schwumm^e rig Adj. Adv.: schwindelig, nicht ganz geheuer, magenschwach.

Sē *sę̄* NW. S., *sę̄* FRK., *sę̄ə* O., *sae* w. MITTELLAND;

Pl. gleich, m.; Demin. Sēle^{in} n.: See. Und zwar bloß von einem Landsee, das Meer heißt nur *Meer;* andererseits aber von dem kleinsten stehenden Gewässer, da *Teich* nur Vertiefung bedeutet. Es heißt also ein Tümpel von 2 Meter Durchmesser *See(le^{in});* ebenso macht ein sich ausgiebig Waschender, ein starker Regen udgl. *einen ganzen S.* auf den Boden. – Ohne weiteren Zusatz oft vom BOD., bes. in OSCHW.

se *sę̆*, s. *sę̆* und *sę̆* Interj.: Ruf, mit dem man einem etwas hinhält, überh. seine Aufmerksamkeit auf etwas lenkt. Bes., wenn man anbietet: „da nimm!", ohne oder mit Zusatz: *Se, nimm's! Se, da hast Brot! Se, die Bir! Komm, sä!* „komm, nimm". *Da ist e^{in} schöner Apfel, se.* – Tieren gegenüber Lockruf. *Se, Mockele^{in}.* Häufiger nachgestellt: *Komm, se! Kitz, k. se.*

se = ü so. sie.

Sebastia^n ◡◜◡◡ m.: Sebastian. Kurzformen s. *Bastian. Fabian, S.* [20. Jan.] *soll der Saft in die Bäume gehn.* S. ist der Schützenpatron.

Sech *sę̆χ* N., *sę̆əχ* Mittelland, *sę̆ə* SW., Seg *sę̆g* O. n. f. m.: das fast senkrechte, schwach nach vorn gerichtete starke Messer am Pflug, das die Erde senkrecht durchschneidet und so die waagrechte Abhebung und Umwendung durch die sofort darauf folgende Pflugschar ermöglicht. Auch *Pflug-* und *Vor-sech.*

sechne^n *-ę̆ə-* schw.: versickern. Auch seckne^n.

sechs *sę̆ks*, -ö- SO.: die Kardinalzahl 6. *Wie viel Kinder hat er?* Antw.: *Sechs(e);* aber nur *sechs K. Mei^{ne} Sechs!* meiner Treu; *meiner S., m. Six:* gewiß Euphem. für *m. Seel'.*

Seckel s. *Säckel.*

secknen s. *sechnen.*

See s. *Se.*

Sefe m. f., Sefer m.: Buchsbaum, Juniperus sabina OSCHW.

Sē-gefröre, -frörne f.: Zufrieren des BOD.

Sege^n s^e *sę̆-* n. u. NW., *sę̆ə-* Hauptgeb., *sę̆-* SW., *sę̆-* FRK. u. äuß. O. SO.; -χ- FRK.; -əs, auch -īs; Pl. (auch mitunter Sg.) -e^n f.: Sense.

Sege^n se^n-worb *(-warb)* m. f.: Schaft der Sense.

Sē-has^e, flekt. -e^n m.: Übername der Anwohner des BOD.

Seich *saeχ* HalbMA. SW., *sǫ̆əχ* O.; *sǭ̆əχ* W. S. äuß. O.; *säχ* FRK. m.: **1.** Urin. *Jetzt 'raus aus ^{de}m S. und 's Bett in d^{ie} Sonn^e!* heraus! Synn. *Brunz(ig), (Brunz) Wasser.* Auch Jauche, Syn. *Gülle. S. führe^n.* – **2.** übtr. a. *Ja, e^{i}n^{en} alte^n S.!* ungültiges da! – b. leeres, dummes Geschwätz. langes *De^n helle^n S. schwätze^n* u. ä.

Seich-beutel m.: dummer Mensch, langweiliger Schwätzer. – Seich-bletz m.: **1.** Betteinlage gegen Pissen. – **2.** Bettpisser.

Seich-blum^e f.: Löwenzahn oder Kuhblume, Taraxacum officinale Web.

seichele^n, s. *Seich* schw.: nach *Seich 1* riechen.

seicheⁿ, s. *Seich* schw.: **1.** *Seich* machen. a. eig., urinieren. Der niedrigste Ausdruck dafür, wenn auch ohne Affekt gebraucht; Synn. *brunzen, bis(el)en*, feiner *das Wasser abschlagen*, auch *schiff(l)en*. – b. übtr. α. weinen, tadelnd. *Kerle, seich*ᵉ *ⁿet so!* – β. langweilig fortreden. – γ. *ᴰᵃs Blut ist ihm (d*ⁱᵉ *Backe*ⁿ*) 'ra*ᵇ *g*ᵉ*seicht* geflossen. – δ. stark regnen, bes. anhaltend, nicht stürmisch. – **2.** ein Feld *s.*, auch ohne Obj.: mit Jauche, *Gülle* beschütten.

Seicher m.; **Seicheri**ⁿ f.: **1.** wer ins Bett pißt. Daher spött. für unmündige, unreife Leute. Wer gleich weint. – **2.** *Seicheri*ⁿ Löwenzahn oder Kuhblume, Taraxacum officinale Web.

Seichete *soax-* f.: weibliches Geschlechtsteil.

Seich-faß n.: Jauchefaß. – S e i c h - g u m p e r m.: Jauchepumpe. – S e i c h - h a f (e ⁿ) m.: Nachttopf. – S e i c h - k a c h e l f.: **1.** = *-hafen*. – **2.** Schelte: *alte, wüste S.* – s e i c h - n a ß Adj.: durch und durch naß, nur tadelnd. Opp. *furztrocken.* – s e i c h - w a r m Adj.: lauwarm; nur tadelnd, wo etwas kalt sein sollte: *Des Bier ist s.* u. ä.

s e i e n s. *seihen.*

seif(e)leⁿ, -pf- schw.: nach Seife riechen oder schmecken.

Seifeⁿ**-blater**, -pf-, -b l a s ᵉ f.: Seifenblase. – S e i f e ⁿ - s i e d e r m.: übtr. vertrotelter Mensch. *Mir geht ein S. auf* ich begreife.

Seifer m.: Geifer, heraustretender Speichel.

seifig, -pf- Adj.: seifenartig; bes. aber voll Seife: *Meine Händ*ᵉ *sind ganz s.* u. ä.

Seih-bletz m.: Lappen zum Seihen.

Seihe f.: **1.** *sǝiǝ* = Seiher, z. B. für Milch; Brause der Gießkanne. – **2.** *Seie*ⁿ Pl. Schloßen, kleiner Hagel Bᴏᴅ.

seiheⁿ *sǝiǝ* (Fʀᴋ. *saiǝ*, Rɪᴇs *saeǝ); Part. g*ᵉ*seiht*, auch noch *gsīǝ* (neben *gsīgǝ, gsǝit*) st. u. schw.: **1.** wie nhd., Flüssigkeit durchseihen. – **2.** *sǝiǝ* schloßen, hageln Oꜱᴄʜᴡ.

Seiher *sǝir* m.: **1.** wie nhd. Sieb, Seiher. – **2.** Mund, Gesicht. *Ich hau dich auf dein S. nauf.*

Seih-haf(eⁿ**)** m.: Topf, in den die frisch gemolkene Milch geseiht wird. – S e i h - t u c h n.; Demin. -t ü c h l e ⁱⁿ n.: = *-bletz*.

S e i l a n d s. *Z-.*

seileⁿ schw.: **1.** ein Seil machen. – **2.** mit dem Seil bearbeiten. – a. prügeln. – b. Holzstämme am Seil den Berg hinablassen Sww.; genauer *hinab-*.

seil-hopfeⁿ, -h o p s e ⁿ; Part. *seilg*ᵉ*hopft (-st)* schw.: Seilhüpfen, das bekannte Spiel bes. der Mädchen, über ein rotierendes Seil springen. – s e i l - j u c k e ⁿ, Part. *seilg*ᵉ*juckt* schw.: = *-hopfen.*

Seil-stump(eⁿ**)** m.: ein Stück Seil.

sein: Hilfsverb. A. Wichtigste F o r m e n. **1.** Inf. *sǣē*, Fʀᴋ. *sāī.* – **2.** 1. Sg. Ind. Präs. *bę̄ bī̆* betont, unbetont *bę̆ bę̆ bī̆;* mit nachf. Vokal *bin-i*ᶜʰ, *bain-i*ᶜʰ. – **3.** 2. Sg. Ind. Präs. *bĭšt;* im N. (Fʀᴋ.)

bĭš, was schwäb. nur = *bist's.* – **4.** 3. Sg. Ind. Präs. *ĭšt;* im N. *ĭš*, was schwäb. nur = *ist's.* – **5.** 1. Pl. Ind. Präs. *sę̄nd* im Hauptgeb.; innerhalb dess. *sǎnd, sēǝnd;* ferner das konjunktiv. „seien": *sǝię̆, sǝinę̆ (sāēnę̆), sǎn;* auch *sǎnǝ.* – **6.** 2. 3. Sg. Ind. Präs. *sę̄nd, sĭnd, sǎnd, sēǝnd, sǎn, sĭn* wie 5; *sę̆mǝr* usw. „sind wir". – **7.** Konj. Präs. *sǝi*, Fʀᴋ. sai, Rɪᴇs *sae; sǝię̆št (-ĭšt)*, Pl. *sǝię̆, -ǝt, -ę̆*, dafür auch *sǝinę̆(št)* usw. – **8.** Imp. Sg. *sǝi*, Fʀᴋ. sai, Rɪᴇs *sae; bĭš* SW. S., auch noch Bᴀɪʀꜱᴄʜᴡ. – **9.** Prät. Konj. (Kondit.) *wę̄r wę̄rę̆št (-ĭšt) wę̄r*, Pl. *wę̄rę̆ (-ǝt) wę̄rǝt wę̄rę̆ (-ǝt).* – **10.** Part. Präs. SW. „gesein" *(ksāē; ksę̆ ksī̆;* weiter ö. *ksī̆ ksīŋ).* Im größeren nö. Gebietsteil „gewesen"; und zwar: *gwę̄ǝ, gwę̆ǝ*, nördlicher *gwę̄* im Hauptgeb.; *gwę̆st* N., auch vielf. in Bᴀɪʀꜱᴄʜᴡ., öfters mit *gwę̄(ǝ)* u. *gwę̄sǝ* gemischt. – B. Ge - b r a u c h. Nur wichtigste Besonderheiten. **1.** Verbum finitum. *Was nicht ist, kann werden. Der X. mei*ⁿ*t, er sei's* etwas Rechtes, der Mann der Situation. *Des wär*ᵉ*!* Verwunderung. *ᴱs ist nix (damit); Des ist nix. Wem ist er?* gehört er; *Des ist mir* u. ä. *So ist's; ᴱs wird so sei*ⁿ u. ä. *Mir ist's wohl* u. ä. *Es ist mir* scheint mir, ich bin gesinnt. *Es ist mir no*ᶜʰ *nax* ich bleibe dabei. *Es ist an mir* die Reihe ist a. m. *Auf etwas (aus) sein* erpicht. *Darnach ᵉs ist* je nachdem. *Von etwas sein* von Stoff oder Herkunft. *Es ist mir vor gewesen* ich habe es geahnt. – *Fort, 'naus sein; Er ist heim (gegangen)* u. ä. – **2.** Infin. *Des ('s) ka*ⁿⁿ *sei*ⁿ; auch parenth. *K. s.* vielleicht. *Et - was s. lassen* gehen l., unterlassen.

Seiritzleⁱⁿ n.: Kellerhals oder Seidelbast, Daphne mezereum L. – S. *Zeiland.*

s e l s. *selb.*

sela *sę̄lā* ⌃ Interj.: *S.! Amen, s.!* fertig, aus ist's. – Anm.: Hebr. *sela*, das bekannte Schlußzeichen der Poesie.

selb *-ę̆(ǝ)* Pron.: selb(st). **1.** wie nhd. selbst. a. Bezeichnung der Identität. – Im SO. unflektiert s e l ᵇ *sę̆(ǝ)l;* nw. davon nur s e l b e r *sę̆(ǝ)lbǝr*, was aber auch im SO. vorkommt. *Sel(ber) g*ᵉ*ta*ⁿ, *s. ha*ⁿ. *S. esse*ⁿ *macht fett. Von ihm s.* von selbst; *Die Tür gaht von ihm s. zu.* – „Selbst" ist der MA. ganz fremd. – b. mit Ord.-Zahlen: zu so vielen, als die Zahl angibt. – Bes. häufig *s. ander* zu zweien, mit einem zweiten zusammen. – Ebenso mit höheren Ord.-Zahlen. *S. dritt* usw. – **2.** demonstrativ: jener, dieser. Stets ohne *-b: sę̆(ǝ)l, sę̆(ǝ)lǝr* usw. Und zwar mit oder ohne Artikel: *der sel*ᵇᵉ *Ma*ⁿⁿ, *sel*ᵇ*er Ma*ⁿⁿ. a. direkt auf etwas hinzeigend. *Gib ᵈᵃs sel*ᵇᵉ *Messer her.* Im Sg. Nom. ohne Flex.: *sel*ᵇ *Berg, sel*ᵇ *Stadt;* Pl. *sel*ᵇᵉ. – b. zu folgendem Rel.: derjenige. *ᴰᵃs sel*ᵇᵉ *Glas, wo auf'm Tisch staht* u. ä. – c. am häufigsten zurückbezogen auf etwas Genanntes. *Ei*ⁿ*s nach'm ander*ⁿ, *wie vor altem, hat der s. g*ᵉ*sait.* – *Sel*ᵇ*mal* damals; dafür auch *sę̆mǭl; sę̆(ǝ)lǝmǭl;*

$sel^{be}smal.$ Sel^be^n Weg auf solche Art. Sel^btswe-$ge^n,$ $sel^btw.$: deswegen. – Häufig subst. Ntr. $s\breve{e}(\partial)l = das\ selbe,$ das, jenes. $S.\ därf\ net\ sei^n;\ S.$ $ist\ net\ wahr;\ S.\ ist\ aus\ und\ vorbei;\ S.\ ist\ anders$ u. ä. $S.\ sag^e\ i^{ch}\ das\ will\ ich\ meinen!\ S.\ wär^e!$ erstaunt: das wäre. $Ha\ s.!$ ebenso. $Wege^n\ sel^bem$ deshalb; bes. aber limitierend: $Es\ ist\ schon\ ^3/_4;$ Antw. $Ha,\ w.\ s.\ komm^e\ i^{ch}\ no^{ch}\ lang\ recht.$
selbander s. $selb\ 1\ b.$
Selb-end^e; Pl. gleich, n.: das wirkliche, nicht durch Abschneiden entstandene Ende eines Stücks Tuch. – Selb-end^e-schuh m.: warmer, aus S-en geflochtener Schuh.
selber s. $selb\ 1.$
selb-g^{e}wachsen^n Adj.: 1. von selbst gewachsen, entstanden. – 2. was einem selber, nicht einem andern, gewachsen ist. $Sel^bg^ewa^{ch}se^nes\ Obs^t$ u. ä.
selbig Adj.: = $selb\ 2$: s-$^es\ Mal,$ s-$e^n\ Tag$ u. ä. Bes. auch $selbig^es\ mal$ damals.
selbs s. $selb\ 1$; Komposs. s. $selb$-.
sel^{b}t $s\breve{e}lt;$ $s\breve{e}t$ Adv.: 1. örtlich: dort. Von der DON. n. Ohne Zusatz: $S.\ leit's$ oder mit Zusatz: $s.\ dobe^n,$ $s.\ dübe^n,\ s.\ 'num,\ s.\ 'na^n,\ s.\ 'nei^n$ usw. Sel^bt $dübe^n,\ dobe^n,\ dumme^n.$ – 2. zeitlich: damals. Vo^n $selt\ a^n.\ Vo^n\ sett\ a^n.$ – 3. seltswegen s. $selb\ 2\ c.$
Seld $s\breve{e}ld,$ Pl. -e^n f.: Anwesen eines $Seldners,$ s. d.
Seldner $s\breve{e}ldn\partial r;$ -$l\partial r$ m.: Kleinbauer. – Scharfer Gegensatz zw. $S.$ und Bauer.
Sel^e, Pl. Sele^n f.; Demin. Selle^{in} n.: 1. Seele. a. allgem. menschl., bes. im Gegensatz zum Leib. Ein gutes Essen $hält\ Leib\ und\ S.\ zusammen.\ Ei^n$ $Herz\ und\ ei^{ne}\ S.\ sei^n$ von herzl. Freundschaft. – b. spezif. theol. $Die\ S.\ dem\ Teufel\ verschreiben$ u. ä. $Die\ arm^e\ S.\ hat\ Ruhe.\ Aller\ Selen\ 2.\ Nov.$ – c. auf b beruht von Haus aus die Sitte, bei seiner $S.$ zu beteuern. $Mei^{ne}\ S.!$ Beteuerung, Ruf des Erstaunens udgl. – 2. $S.,$ bes. auch Demin. Sel-le^{in}: ovales, flaches, an beiden Enden zugespitztes Brot. In OSCHW. mit Salz und Kümmel bestreut, auch wohl aus schwarzem Mehl, nördlicher Weißmehl, mit Zucker drauf. Früher (kath.) Patengeschenk an Kinder an Allerseelen, damit sie für die armen Seelen beten sollen. – 3. am BOD. Name für den Felchen, Coregonus Wartmanni, im 1. Lebensjahr.
Sele^n-wärmer m.: wärmendes Umschlagtuch.
selig -$\breve{e}$-; -$\breve{i}g,$ -$\breve{i}\chi,$ FRK. -$\breve{i},$ RIES -$\breve{e}\eta$ Adj.: 1. glücklich. $Wer\ satt\ ist,\ ist\ s.$ – 2. theologisch. $S.\ sterben,\ s$-er $Tod.$ – 3. verstorben. Zusatz bei Nennung Verstorbener, regelm. nachgestellt. Unflektiert: $mei^n\ Vater\ s.$ – 4. betrunken.
sell s. $selb.$
selle, sellich s. $söllich.$
seltsam Adj.: 1. selten. $E^{in}\ seltsamer\ B^esuch.\ Du$ $machst\ di^{ch}\ s.\ (s\breve{e}\partial lts\breve{a}m)\ kommst$ selten. – 2. selten und deshalb auffallend, ungewöhnlich. – 3. wie nhd., sonderbar.
sem- s. sim-.

semig $s\breve{e}$- Adj.: dickflüssig.
semol s. $selb.$
Sempel s. $Simpel.$
Semre s. $Simri.$
Send s. $Sünde.$
sengele^n, -nk- $s\breve{e}\eta g\partial l\partial$ schw.: 1. $Es\ sengelet;\ Die$ $Stube,\ der\ Ofen\ sengelet$ entwickelt vor großer Hitze einen Brandgeruch. – 2. brennen, von Nesseln.
senge^n (z-) schw.: 1. wie nhd. – 2. brennen, stechen, von Nesseln, Ameisen udgl.
sengerle(ch)t, g^{e}s- -η- Adj.: säuerlich.
sengerle^n schw.: 1. intr., säuerlich schmecken. – 2. trans. g^{e}s. mit Essig ein wenig ansäuern.
Seng-(n)essel f.: Brennessel. Auch $Zengessel.$
Senkel $s\breve{e}\eta gl,$ S. -$\breve{e}$- m.: Senkblei, wie es bes. Bauarbeiter brauchen. $Einen\ in\ den\ S.\ stellen$ zurechtweisen.
Senn-alp f.: Alp für die Milchwirtschaft. ALLG.
Senn-berg m.: = $Sennalp.$
ser $s\breve{e}r;$ $s\breve{e}\partial r;$ saer Adj.: 1. wund, von der Haut durch Aufreiben, Schweiß udgl., bes. bei Kindern $S.$ SO. – 2. abgetragen, verwaschen; gew. $blöd.$ – 3. vom Temperament: empfindlich, reizbar, übelgelaunt. Bes. ALLG. u. ö. – Anm.: Mhd. $sêr$ Schmerz.
serbe^n -$\breve{e}(\partial)$-, serble^n, sergle^n schw.: kränkeln, auszehren, von Menschen, Tieren, auch Pflanzen. Sw. der Linie Balingen, Laupheim, Füssen. – Serbling m.: Kümmerling, im Gebiet des Verbs.
Sere f.: Wundheit.
serglen s. $serben.$
Sermo^n $\smile$ m.: Schelte für langweilige (Moral-)Rede: $Mach^e\ kein^{en}\ so\ S.\ drom\ 'rom.$
settig s. $sott$-.
Setz-holz n.: kleines, zugespitztes Holz zum Machen von Löchern für die $Setzlinge.$
Setzling -$\breve{e}$- m.: was zum Wachstum (ein)gesetzt wird. a. junge Pflanze, spez. Kohl. – b. junger Fisch.
Setz-schnur f.: lange Schnur zwischen 2 -hölzern gespannt, zum Abstecken des Raums für die $Setzlinge.$
Setz-war^e f.: = Pl. $Setzlinge.$
Seur^e, Pl. Seure^n f.; häufig Demin. Seurle^{in} n.: Pustel, Ausschlag; bes. auch im Gesicht.
si- s. a. $sü$-.
Sichel-henke -$h\breve{e}\eta g\breve{e}$, s. OSCHW. -$h\breve{e}\eta k\breve{e}$, W. -$h\breve{e}g\partial$, BAAR $h\breve{a}\breve{e}g\breve{e}$, Pl. -henkene^n; -henket(e), Pl. -ete^n f.: (Haus)Fest mit Schmaus nach Beendigung der Getreideernte. Wenn überhaupt, nur noch bei größern Bauern.
sichel-krumm Adj.: krumm wie eine Sichel; sehr krumm, wohl immer tadelnd; auch sichle^n-.
sichle^n schw.: mit der Sichel schneiden.
Sidel $s\breve{i}dl;$ $s\breve{i}dl;$ Sigel ALLG. TIR., auch RIES; Zidel neben S- OSCHW.; Pl. Sidle^n f.; Demin.

Sidele[in] n.: ein Sitzgerät. Meist eine Art Truhe, zugleich Bank, zur Aufbewahrung von Vorräten: *Milch-, Mehl-, Futter-, Schnitz-,* für Teile der Aussteuer.

Sidere s. *Südere.*

Siech s. *siech* 2.

siech *sīǝχ* Adj. Subst.: 1. Adj.: krank. Bes. in älterer Sprache, wo *krank* noch = schwach. – 2. Subst.: Siech m.: allgemein gehaltene, zieml. starke Schelte für Männer, auch für leblose Dinge, meist ärgerlich gesprochen, seltener von einem durchtriebenen Kerl. Gern verstärkt: *elender, schlechter, kein[nüt]zer, käler, verfluchter, verreckter, besonderer, besessener, betrübter, blutiger, wüster, wehtageter, dummer, fauler, belliger, wütiger, abgeschlagener, roter, glatzgrindiger, blinder, schilliger, wullener; Feld-, Huren-, Malefiz-S.*

siede[n], Part. g[e]sotte[n] *-ǫ̈-; -ǭ-* st.: 1. trans.: eine Flüssigkeit oder durch sie eine Speise zum Kochen bringen. Hieher ist Syn. *kochen,* doch wird, wo es auf die Technik als solche ankommt, stets *s.* gebraucht. Fleisch, Kraut, Kartoffeln udgl. *s.* – 2. intr. a. kochen, von Flüssigkeiten; mit haben. Wasser *siedet, kommt zum (in's) S.* (Hiefür nie *kochen;* der phys. Vorgang kann etwa mit *wallen* noch genauer bez. werden.) – b. mit sein: rennen. *Die sin[d] aber g[e]sotte[n]!* FRK.

Siedet(e), Pl. -ete[n] f.: Quantum, das auf einmal (zu 1 Essen) gesotten wird. *Eine S.* Kartoffeln.

Sied-fleisch n.: Fleisch zum Sieden.

Siedig s. *siedig* 2.

siedig *-īg, -ĕg, -ī(χ), -ę̆ŋ* Adj. Adv.: siedend. 1. eig. – 2. sehr heiß; phys. u. übtr. *S-er Schweiß* Schweiß vor Angst, Aufregung; auch ohne *Schw.: der S. Der s.* (Schw.) *geht mir aus. Das treibt einen den s-en (Schw.) aus.* – Zornig, aufgebracht. – *S-s Donnerwetter* als Fluch.

siedig-heiß Adj.: sehr heiß. *Heut[e] ist's s. h.,* auch *s-kalt. Es fällt mir s. h. ein* plötzlich, mit Erschrekken.

Sigel *sīgl,* SW. *-ī-,* FRK. *-χ-;* Pl. gleich, m. n.: 1. Siegel, wie nhd. *-i-,* man vom Siegelstock und vom Abdruck. – 2. Kotfleck im Hemd; genauer *Hemd-.*

Sigel s. a. *Sidel.*

silbere *-ẽ;* flekt. *silber[n]e(r),* aber *silber[ne]s* Adj.: silbern; neben *-ig.*

silberig *-īg, -ĕg, -īχ, -ī, -ę̆ŋ* Adj.: silberfarbig, aber auch = *silberen.*

Silber-papier n.: teils Zierpapier mit Silberfarbe, teils Stanniol.

simmren s. *sömmeren.*

Simpach s. *Simpel* 2.

simpel *sę̆mbl,* N. S. *-ī-* Adj.; Simpel m.: 1. Adj.: einfach. Nicht pop. – 2. Subst., unflektiert, m.: Geistesschwacher. Abgeschwächt als Schimpfwort: *du S.!* Euphem. abgeschwächt, bes. als Anrede: Simpach *-ăχ* ⌃.

Simpelei f.: Einfall, Dummheit. – simpelig *sę̆mbǝlīχ* Adj.: einfältig.

Simpel-franz[e], Pl. -e[n]: von der eine Zeitlang herrschenden weibl. Mode, die Stirnhaare kurz geschnitten in's Gesicht herein zu ziehen; auch *Simpels-.*

Simpel-maier m.: Schelte, = *Simpel* 2.

Simri *sę̆m(ǝ)rę̆,* N. S. *sī-* n.: Altes Hohlmaß für feste Ware: Früchte, Kartoffeln u. ä. In WT. bis 1871 = 0,443066 Hektoliter.

simrig *sę̆mǝrīχ* Adj.: 1 Simri enthaltend. *S-er Kratt[en].*

Simri-kratte[n], -kreb[e] m.: 1 Simri enthaltender Korb.

Sims[e] *sę̆ms,* N. S. *-ī-;* flekt., gew. auch Nom., S-e[n] m.: Gesims, bes. innere und äußere Fensterbank; aber auch über Türen und Fenstern zum Aufstellen von Büchern, Milchtöpfen, Bürsten udgl.

Simse[n]**-britt** n.: Brett vor dem Fenster, für die Topfpflanzen.

Simse[n]**-krebsler** m.: Kunstmost, saurer Most, Wein.

Singet, Singete *sīŋǝd(ę̆, -ǝ)* f.: das *Hutzelbrot,* der *Birenzelten,* auf Weihnachten gebacken und bis zum 6. Jan. den Gästen vorgesetzt OSCHW. ALLG.

sinniere[n] *ʋ⌣⌣* schw.: intr. mit haben: nachdenken.

Sippschaft f.: Verwandtschaft. – Nur noch konkret und verächtl.: schlechte Gesellschaft. *E[ine] saubere S.; Die S. kennt ma[n]; Die ganz[e] S.*

sirflen s. *sürflen.*

Siringe s. *Z-.*

Sitz *sīts; -ī-* NO. m.: 1. Sitzgelegenheit. – 2. Wohnsitz. – 3. Sitzung. Nur noch in der Wendung *[a]uf ein[en] S.* auf 1 Mal.

sitze[n] st.: sitzen. A. Form. 1. Präs. sitze[n] *sītsǝ* im ganzen W., setze[n] *(-ĕ-,* s. Mittelland *-ę̆ǝ-* u. ä.) im O. – 2. Part. g[e]sesse[n] *(-ę̆-* s. Mittell. *-ę̆ǝ-* u. ä.) im ganzen W., oft auch im O.; g[e]setze[n] im O., bes. NO. st. – B. Gebrauch. 1. intr., nur mit sein. a. Bez. des Zustands, wie nhd. Im rein phys. Sinn wird meist *hocken* vorgezogen. *Wer gut (wohl) sitzt, soll nicht rücken* o. ä. – Eine Ohrfeige, Beleidigung o. ä. *sitzt* ist kräftig, dauerhaft. – b. nhd. sich setzen, wie allgem. südd. Aufforderung: *Sitzet au[ch]! Warum sitzet ihr net? Drauf 'nauf s.* dr. beharren. *I[ch] ka[nn] ihm [n]et für's Maul 'na[n] s.* bin für seine Reden nicht verantwortlich. *Darneben, zwischen 2 Stühle (nieder) s.* falsch berechnen. – 2. trans. mit haben etwa in Verbb. wie: *ein Loch in die Hosen s.* o. ä.

Sitzer m.: 1. Stuhl (Rotwelsch). – 2. Demin. -le[in] n.: Kinderstühlchen, gegen Herausfallen schützend; zugleich als Nachtstuhl.

Sitz-fleisch n.: = *-leder* 2.

Sitz-leder n.: 1. Leder zum Draufsitzen. – 2. *ein gutes S. haben* lang aushalten, z. B. im Wirtshaus. Noch allgemeiner: *kein S. haben* keine Ausdauer odgl.

so sǭ, Frk. sǫu, unbetont sǫ Adv. Partikel Interj.: so. Im ganzen wie nhd.; mit einigen besonderen Gebrauchsweisen: **1.** Adverb. a. mit der vollen Bed. „auf diese Art". *Man kann so und so sagen. Er heißt so u. so* u.ä. Betontes *so* gern verstärkt *əsǭ* ◡ʹ. *Soso sǫ̈sǭ* ◡ʹ: nur mäßig; *Wie geht's?* Antw.: *Soso.* Gerne verstärkt: *soso, lala* ◡ʹ◡͡◠. *Es ist scho^n so. Es ist mir no^ch 'mal so ich bleibe dabei. (Nur) so tun.* – Bes. häufig: nur *so, wie etwas ist. Es tut's au^ch so.* – b. als eine Art Attribut zu andern Wörtern, qualitativ oder quantitativ bestimmend. *So groß, so dumm* usw. usw. *Ich bin so frei* ◡ʹ nehme mir die Freiheit. *Sei so gut und . . .* ◡ʹ. *So viel* ◡ʹ oder ◠͡◡ *sǭfl. I^ch wünsch^e au^ch so viel* „gleichfalls". *So 'rum* ◠ auf diese Art. *So was* ◠͡◡, *so etwas* ◠͡◡. *No^ch so,* deutlicher *No^ch 'mal so:* zweimal. – *So ein* solch. *So ist des e^in Kerle.* Ohne Subst. *so einer. So, meine^nt Sie, i^ch sei so eine? und wenn i^ch so eine wär^e, was zahle^nt S^ie? Des sind so Sache^n!* – Eigentüml. ist ein tonloses *so* = „etwa", „nur", „eben". *Ih bleib so a Stündle doo.* – **2.** Partikel. a. verbindend oder disjunktiv. *So gut als, so gut wie. Wie du mir, so ich dir.* – b. Nebensatz einleitend. *So bald* wie nhd. *So oft* wie nhd. *So lang* desgl. – **3.** Interjektion. a. einen Abschluß bezeichnend. *So!* nach Vollendung einer Arbeit; auch mit Vorwurf: *So, da hast du's.* Häufig Demin., bes. wenn freundl. gebraucht: *Sole^in!* Bes. aber s o d e l e^in. – b. Frage, bes. verwundert, auch oben herunter; dann gern *sö?* Auch wiederholt: *So, so?*.

soche^n sǫ̈xə, im südl. Teil auch s o c k e^n -g- schw.: kränkeln. – Anm.: Ablaut zu *siech.*

Socher, S o c k e r m.: kränklicher, auszehrender Mensch, bes. *Der S. überlebt den Pocher.*

sochere^n schw.: = *sochen.* Eine Kerze *socheret* brennt nicht recht.

Sock^e, flekt. (m. auch Nom.) -e^n m. f.: **1.** Winterhausschuh, bes. *Selbendschuh.* – **2.** wie nhd., kurzer Strumpf. – **3.** Weibsbild.

socke^n schw.: **1.** mit *Socken* versehen. – **2.** schnell laufen.

s o c k e n s. a. *sochen.*

S o c k e n - s c h w o f s. *Schwof.*

Sod m.: Brennen des Magens, Sodbrennen.

s o d e l e s. *so 3 a.*

S o e c h s. *Seich.*

Sofa m.: das Sofa.

s o g e n s. *sagen.*

so-getan Adj.: so beschaffen, solch. – Nur ö. vom Neckar, sonst dafür *so ein.* F o r m e n: s o t t *sǫ̈t* N., bes. Frk., s ö t t *sę̈t* Allg.; mehr s o t t i g n. der Alb, s ö t t i g Don. u. s., im N. selten. *E^in sotter, sottiger (Mensch* o.a.). Bes. verächtlich. *No^ch e^in^en sotte^n.*

S o i c h s. *Seich.*

Soldätle^in n.: **1.** kleiner Soldat. – **2.** *Soldätle^in*s *(tun, spielen)* das Soldatenspiel treiben, von Kindern oder tadelnd von Regierungen.

Soler -ǭ-, S. -ǫ̈- m.: Söller, Oberstock Allg. BairSchw. Tir. Spezieller: Flur, Gang im Oberstock.

söllich, s o l (i) c h u.ä. Pron. Adj. Adv.: **1.** P r o n o m e n: solch. Halbmundartl. *sol(i)ch* wie nhd.; pop. *sott,* s. *sogetan,* oder *so ein.* – **2.** A d j . A d v.: *sę̈lę̆* ◠, S. -ĭ̆. a. meist für sich unselbständig: sehr, bedeutend. Bes. Adv.: *s. schön, gut, groß, viel* u.s.w. Verstärkt *so s.* Vor Adj. geleg. mit flektiert: *E^in sölliger braver Ma^nn.* Adj.: *E^in s-s Unglück, e^ine s-e Freud^e* o.ä. Bes. mit Neg.: *net (so) s.* nicht besonders. – b. für sich allein stehend: arg, traurig, wehtuend. *Es ist mir s. Mit dir ist's s., e^ine s-e Sach^e.*

solo sǭlǭ: in die Umgangsspr. mehrfach eingedrungen. *Ich will nur s. gehen* unbegleitet. *Sie singt s.* Bes. im Kartenspiel: *s. spielen, einen S. machen, ansagen:* beim Tarock, wenn einer für sich gegen die andern spielt.

s o m- s. a. *sam-, saum-, sum-.*

sommere^n schw.: intr. *Es sommer(e)t* ist, wird Sommer. *Winter(e)t's net, so sommer(e)t's net.*

sömmere^n sīmrə schw.: Vieh *s.* auf der Sommerweide haben, den Sommer über füttern Allg.

Sommer-esch m.: mit Sommerfrucht bestandenes Feld.

Sommer-hald^e f.: nach Süden geneigter Abhang. Auch Flurname.

Sommer-johanne m.: Tag Joh. des Täufers, 24. Juni.

Sommer-vogel m.: **1.** *S.,* auch Demin. -vögele^in n.: Schmetterling. Demin.: Glühwurm. – **2.** Pl.: Sommersprossen.

Söner m.: Schwiegersohn. – S. *Tochtermann.*

Söneri^n -ę̆, s. -ĭ̆; Pl. - e r^in n e^n -ərnə f.: Frau des Sohns, Schwiegertochter.

Sonne^n-blum^e f.: **1.** wie nhd., Helianthus annuus L. – **2.** Wiesen-Bocksbart, Tragopogon pratensis L., dessen Blüten nur bei Sonnenschein geöffnet sind.

Sonne^n-welt f.: Welt unter der Sonne. In der Wendung *Er ist von (auf) der liebe^n S. nix* nichts wert.

Sonne^n-wirbel m.: Name von Pflanzen, bes. zu Salat verwendeten; oft Demin. -le^in n. a. Echter Feld- oder Ackersalat, Valerianella locusta (L.) Laterr. Dazu *Sonne^n-wirbele^in*s-*salat,* -*same^n.* Syn. *Rapunzel.* – b. Löwenzahn oder Kuhblume, Taraxacum officinale Web. – c. Salat-Zichorie (Chicorée), Cichorium intybus L. ssp. sativum (DC) Janch. – d. Wiesen-Bocksbart, Tragopogon pratensis L. – e. Wermut, Artemisia absinthium L.

Sonntag(s)-arbeit f.: eine nicht recht gelungene Arbeit.

Sonntag(s)-geld n.: Taschengeld.

Sonntag(s)-hals m.: Luftröhre. *Es ist mir etwas in den S. gekommen; doch mehr scherzh.*, sonst *letzer, unrechter Hals.*

Sonntag(s)-häß -hęs n.: Sonntagsanzug.

Sonntags-schul^c f.: Kindergottesdienst.

Sons-frau f.: Frau des Sohns.

sonst s. *sust.*

Soppe^n m.: Gras der Alpwiesen, Juli–Aug. geheut ALLG. – Anm.: Viele ONN. auch in andern Geg.

soppe^n schw.: einen Ton erzeugen, wie wenn man im Morast watet OSCHW.

sott, sotte^n = sollte, sollten.

sott, sottig usw. s. *sogetan.*

sotzge^n schw.: **1.** ein schwaches Geräusch machen, besonders ein quietschendes, wie beim Betreten nassen Bodens. Gehen in nassen Schuhen ALLG. – **2.** auch zotzgen, wehtun, von hohlem Zahn.

Spächel -ę̆- m.: klein gespaltenes Holz, Holzscheitchen. – Anm.: Pl. *Spächele^n* s. als Demin. unter *Spachen;* viell. ist *Spächel* daraus nur zurückgebildet oder gefolgert.

Spache^n *špäχə* m.: **1.** Reisig, Holzspan, Scheit, Prügel. – Häufiger im Demin. Spächele^in *špę̆χələ* n.: klein gespaltenes Holz, Holzscheitchen, zum Anzünden oder Einheizen. S. a. *Spächel. Sp. machen.* – **2.** übtr. *Spache^n* Stück von einem Ganzen. *Große Sp. 'ra^b schneide^n große Stücke Brot.*

spächle^n -ę̆- schw.: Holz *sp.* zerkleinern.

Spächt(e)le^in *špę̆χtələ* n.: gespaltenes Prügelholz. *Spächtle^in s (tun, spielen)* das bekannte Knabenspiel mit einem Prügel, der von einem in den zähen Boden geschleudert wird und den die andern mit ihren Prügeln herauszuwerfen suchen, auch *Spächterle^in s tu^n, Spächtes tu^n, spächten.*

spächte^n schw.: erspähen, auskundschaften. S. auch *Spächt(e)l^ein.*

spachtle^n schw.: essen, mit großem Appetit.

Spagat *špägāt ◡́; špāgə* O. ALLG.; Plur. gleich, m.: Bindfaden. – S. *Schnur.*

Spagen s. *Spagat.*

Späl-, späl- s. *Spel-, spel-.*

Spang^c, Plur. -e^n f.: **1.** wie nhd. – **2.** Spanne, soweit man mit ausgespannter Hand reicht; speziell das Längenmaß, nach dem das Leder gekauft wurde. *E^ine Sp. Leder.*

spannig Adj.: was durch seine Enge spannt. *Ein sp es Kleid, sp-e Hosen.*

Spaor, spaor s. *Spor, spor.*

Spara-fantel ◡◡́◡ m.: närrischer, exzentrischer, halbverrückter, verschrobener Geselle, Schwadroneur (der einen *Sparren* zu viel hat). – Formen: *spǎrəfǎndl* (auch *špǎrä-*), *-dǫlę̆* (Demin.), *-fǎndę̆; špǎrfǎndl, špǎrəfǎ̃gl; špǎrfǎ̃gl, špǎrfǫ̃gǫlę̆.*

Sparr(e^n), flekt. -e^n m.: **1.** Balken; spez. von den

im First zusammenlaufenden des Dachs, *Dach-.* – **2.** übtr. *Der hat 'n Sp-e^n (im Kopf)* ist nicht recht gescheit, leicht verrückt; auch *Der hat 'n Sp. z^u viel; 'n Sp. z^u wenig; 'n Sp. z^u vil oder z^u wenig.*

späßig -ę̆- Adj. Adv.: kurzweilig. Wunderlich, sonderbar, von Personen. – Häufiger *ge-.*

spat *špǭt*, O. -ao-, BAAR -au-, FRK. -ǭ-; auch spät; Komp. -ä- (-ę̆-, -ae-, -ai-) Adj. Adv.: spät. *Wie sp. ist's?* wie viel Uhr?

spate^n -ä- schw.: mit dem Spaten bearbeiten.

Spätling m.: **1.** Herbst. – **2.** was im *Sp.* entsteht. Im Spätjahr geborenes Stück Vieh. Spät reifende Obstarten.

Spatz^c -ä-, flekt. -e^n m.; Demin. Spätzle^in -ę̆- n.: **1.** Sperling, Passer domesticus. – **2.** übtr. *Sp-en,* noch häufiger *Spätzle^in* Mehlspeise, aus dem *Spätzle^in steig* länglich geschnitten und in Wasser, auch Milch *(Milchsp.)* aufgekocht. *Geröstete (gebräglete) Sp.; saure Sp.* in saurer Sauce. – **3.** pers.: a. als Scheltwort. – b. als Kosewort kleinen Kindern gegenüber.

Spatze^n-brett, Demin. -brittle^in n.: Brett, auf dem der *-teig* zu *Sp-en 2* zerschnitten wird; auch Spätzle^in s-. – Spatze^n-brüe, auch Spätzle^in s- f.: Wasser, in dem die *Sp-en 2* gekocht worden sind. Syn. *-wasser.*

Spatze^n-dreck m., -le^in n.: Exkrement des Sperlings; für etwas verächtl. Geringes.

Spatze^n-mage^n m.: kleiner Magen dessen, der sehr wenig ißt.

Spatze^n-messer (auch Spätzle^in s-) n.: Messer, mit dem die *Spatzen 2* aus dem *-teig* (vom *-brett* herunter in das *-wasser) g^e scherret,* eingelegt werden. – Spatze^n-scherre f., -scherrer-le^in n.: blechener Kratzer, als *-messer* verwendet. – Spatze^n-schüssel, auch Spätzle^in s- f.: Schüssel, in der *-teig* gemacht wird. – Spatze^n-teig, auch Spätzle^in s- m.: Teig, aus dem die *Spatzen 2* gemacht werden.

Spätzleins- s. *Spatzen-.*

spazen s. *speuzen.*

Spazig s. *Speuzig.*

speaglen s. *speglen.*

speckig Adj.: wie nhd. Aber besonders vom Brot: zäh, nicht richtig vergoren und gebacken; vom Boden: feucht und zäh.

Speck-wargel f., Demin. -le^in n.: fleischige Rundung eines dicken Kinderarms, -fußes.

spediere^n ◡◡◡ schw.: weiter befördern. S. mit Komposs. *fort-, hinaus-* usw.

spegle^n *špẹglə* schw.: nach der Obst- und Weinernte von Gallustag (16. Okt.) an hängengebliebenes Obst (Äpfel, Birnen, Zwetschgen) oder Trauben (auch Rüben) einernten; mit und ohne Obj. w. Mittelland u. SW. Südöstl. davon *gallen;* andere Synn.: *afterberg(l)en, afteren, gallatten, gallelen, druberglen, kluberglen, meislen, nachobsen, nachsüchlen, nachstupflen, (herab-, zusammen-)stupflen.* – Weitere Formen: *špɛax-lə; špǫəxlə; špɛ̄əxtlə.* – Anm.: von lat. *speculari* = spähen, sich umsehen nach.

Spei *špəi; špəib; špīb; špui; špūb* m.: Gespieenes, Auswurf, Speichel.

Spei-batze[n] m.: ausgeworfener Speichel.

Speicher *-əi-,* S. *-i-* m.: **1.** Kornspeicher, wie nhd. – **2.** Pfründerwohnung. Besonders Demin. *Speicherle*[in] kleine Wohnung des Ausdingbauers OSCHW.

Speidel *-əi-,* S. *-ī-,* RIES *-ae-* m.: **1.** Keil, beim Spalten großer Klötze verwendet, oder zum Festmachen (etwa des Beilstiels im Eisen); dafür auch S p e i g e l. – **2.** Stück Brot (meist in Keilform). – **3.** keilförmig geschnittenes Stück Leinwand, großes Stück Fleisch. – Syn. *Keidel.*

speidle[n] schw.: mit kleinem Keil befestigen.

speie[n] st. schw.: speien. A. F o r m e n. **1.** Inf. *špəiə* UNTERL., südlich die Hauptform; *špaiə* RIES; *špəibə* Hauptform SW.; *špəiwə; špībə; špīə; špūbə,* dissim. *štūbə; špuibə; špuiə; špəigə.* – **2.** Part. a) starke Formen. *kšpīə* Hauptgebiet; *kšpībə; kšpība; kšpīwə; kšpīwə; kšpuiə; kšpūbə, kštūbə; kšpīgə; kšpǫgə.* – b) schw. Formen. *kšpəibt; kšpəibt; kšpīt; kšpībt; kšpīgt; kšpuit; kšpuibt; kšpūbt, kštūbt; kšpuigt.* – B. G e b r a u c h. **1.** ausspeien, ausspucken. *Jetzt (Da) muß ma*[n] *in d*[ie] *Händ*[e] *sp.* Kraft anwenden, die Sache frisch anpacken. – **2.** (sich) erbrechen. Syn. *übergeben, brechen;* derber *kotzen, gerben;* scherzh. *Bröckelein lachen. Aussehe*[n] *wie g*[e]*spiee*[n]. – **3.** ein zu stark geheizter Ofen *speit.*

Speiet(e), *-ez* f.: Speichel.

S p e i g e l s. *Speidel.*

speiig Adj.: zum Erbrechen geneigt. *Sp-'s Kind, gedeihig*[e]*s Kind.*

Spei-kästle[in] n.: Spucknapf.

Speis *-əi-; -ai-* FRK., *-ae-* RIES, *-ī-* S.; Plur. *-e*[n] f. m.: **1.** f. Nahrung. – **2.** f. Speiskammer. – **3.** m. Mörtel, bes. noch nicht verwendeter.

speise[n], Part. g[e]spise[n] *-ī-* S. SW. st. schw.: **1.** nähren. – **2.** eine Mahlzeit zu sich nehmen. *Hä*[be]*nt ihr scho*[n] *z*[u] *Mittag g*[e]*spise*[n]*?* Oschw. – **3.** zur hl. Kommunion gehen, das Abendmahl besuchen, kathol.

Speis-pfann[e] f.: Gefäß, in dem der Maurer den Kalk löscht, *Speis 3* anmacht.

Speiße[n] *-əi-,* S. *-ī-;* Plur. ebenso, m. (f. ALLG.): Splitter, in das Fleisch, bes. den Finger eingedrungener Holzsplitter. *I*[ch] *hab*[e] *mir 'n Sp. in Finger g*[e]*stoße*[n]. – S. Spleißen, Spreißen.

Spektakel *špḗdägl* ◡◠◡ n. m.: großer Lärm. *Mach kein*[en] *so Sp.!*

Spelt(e[n]) m. f.; Demin. S p e l t l e[in] n.: gespaltenes Holz, Holzscheit.

Spelter *-ɛ̄-* m.: **1.** sachlich. a. abgespaltenes Holzstück, größeres Holzscheit. – b. Splitter, kleiner

Holzsplitter, den man sich etwa in den Finger stößt. – c. starkes Hackbeil der Metzger. – **2.** persönl. a. Mann, der spaltet. – b. elendes, mageres Kind.

spelt(e)re[n] *špęldrə, -dərə* schw.: **1.** Holz spalten. – **2.** durchprügeln.

Spelz *-ę̄-* m. f.: **1.** (m.) Dinkel, Triticum spelta. – **2.** (f.) Hülse der Kornfrüchte.

spendabel ◡◠◡ Adj.: freigebig.

spendiere[n] ◡◠◡ schw.: schenken, freigebig sein.

Spendier-hose[n] ◡◠◡ Pl.: wer in freigebiger Laune ist, *hat die Sp. an.*

spensle[n] *špiəntslə* schw.: mit verliebten Blicken sich heimlich betrachten, sich solche Blicke zuwerfen SO.

Spenzer *špę̄n(t)sər* m.: **1.** Kittel, leinene Jacke. – **2.** eitler Mensch. – Anm.: Aus der Schriftspr., vom engl. Lord Spencer.

Sperber-baum S p e r b e l- m.: Speierling, Sorbus domestica L.

Sperr-angel f.: übtr.: weit aufgerissenes Auge. *Tu deine Sp-e*[n] *auf!* – s p e r r - a n g e l e[n] schw.: die Augen weit öffnen. – s p e r r a n g e l - w e i t ◠◡◠ Adv.: weit offen. Die Türe, Fenster, Augen *sp. aufmachen, aufreißen;* sie *stehen sp. offen.*

Sperranzie[n] ◡◠(◡)◡ Plur.: *Sp.* m a c h e n Umstände, Schwierigkeiten machen, sich sträuben.

Sperr-knecht m.: Mehlspeise, Art Nudeln (aus Mehl und Wasser, aus Kartoffeln und Mehl), in Stangen- oder Wurstform, in der Kachel mit Milch und Schmalz (Butter) gebacken. Synn. *Bruck-hölzer, -nudlen, Flegelstecken, Langnudlen* O.

sperr-wage[n]**weit** Adj. Adv.: sehr weit offen. Eine Türe *steht sp. offen.* Verstärkung von *wagenweit.*

speuze[n] *špätsə, -ę̄-, -āi-, -ui-* schw.: ausspucken, ausspeien.

Speuzig *špaetsīχ; špāts-* m.: Speichel.

speuzle[n] *-ui-* schw.: (aus)spucken OSCHW.

Spezel *špę̄tsl* (S p e z e) m.: guter, intimer Freund.

S p i b, s p i b e n s. *Spei, speien.*

Spickel m.: Gegenstand in Keilform. Ein *Sp.* Fleisch, Käse, Wurst, Seife. Keilförmiges Stück Tuch oder Leinwand, solcher Einsatz in Kleidern, Hemden, Strümpfen. Syn. *Zwickel.* – Im Gelände: Ein *Sp.* Land.

spicke[n] schw.: **1.** eigentl., wie nhd. Einen Braten, Aal usw. *sp.,* mit Speck durchziehen. – **2.** reichlich ausstatten mit Speck. Einen Kuchen mit Mandeln *sp.* Seinen Geldbeutel *sp.;* der Beutel ist *g*[e]*spickt voll.* – **3.** stechen, stupfen. Von dieser Bedeutung ausgehend: a. hartgesottene, bes. Oster-Eier mit den Spitzen aufeinander stoßen. – b. Spiel.) gespitzte Stöcke kreuzweise in den Boden werfen; dass. mit Messern, die man in die Erde *spickt.* S. a. spechtlen. – **4.** abschreiben, absehen, durch einen Blick in die

Arbeit des Nachbars sich aneignen. S. a. *ab-; Spickzettel.*

Spick-zettel m.: Zettel mit Notizen zum Abschreiben oder Ablesen, *spicken 4.*

Spil-ratz m. (-ratt^e f.): leidenschaftlicher Spieler.

Spinat, Wilder Sp. m.: Guter Heinrich, Chenopodium bonus-henricus L. – Synn. *Schmotzenheiner, Schmälz(e)leinskraut.*

Spinat-wachtel f.: Schelte für Frauen: dumme Gans.

Spinn-blum^e, Spindel- f.: Spindle^in n.: Herbstzeitlose, Colchicum autumnale L.

Spinn(e^n)-web^e -w*ĕ*b W.; -wett^e -w*ĕ*t SO.; Plur. -e^n f.: **1.** Gewebe der Spinne. – **2.** Spinne.

Spitz -*ĭ*- m.: Spitze. **1.** spitziges Ende eines Gegenstandes. *Es steht auf Sp. und Knopf, etwas auf Sp. und Kn. ankommen lassen* u. ä. aufs Äußerste. Speziell das spitze Ende des Eies. *Sp. und Arsch* Kinderspiel mit Ostereiern. – **2.** spitziger Gegenstand, z. B. männliches Glied; bes. auch Demin. *Sp le^in* bei Knaben. – **3.** übtr. a. leichter Rausch. – b. pers.: Schelte: *Du Sp.; geiler Sp.* wollüstiger Mensch. – c. Hund; vgl. *Spitzer.*

Spitz-bu^be, flekt. -bube^n m.: **1.** Schurke, Dieb, Gauner. *Der lauft wie e^in Sp. Die kleine^n Sp.e^n hängt (fangt) ma^n, und die große^n läßt ma^n laufe^n.* – **2.** schwächer: Schelm, Schalk, wie nhd. *Du bist e^in Sp., wo di^ch d^ie Haut a^nregt. Du Sp.!* auch gern zu kleinen Kindern gesagt. – **3.** wer einen Penis hat, scherzh.: *Du bist e^in Bursch^e, vorne^n e^in Sp. und hinte^n e^in Scheißbu^be!* – Spitzbuberei f.: wie nhd.

spitze^n schw.: **1.** spitzig machen. a. durch Wegschneiden. – b. mit einer Spitze versehen. – Den Mund *sp.* – **2.** übtr. a. trans. schärfen. α) mit sachl. Objekt. *Etwas auf einen sp.* münzen. – β) mit persönl. Objekt. *Einen sp.* reizen, in Eifer und Streit bringen, *sich auf etwas sp.* sich darauf Hoffnungen machen. – b. intr. *auf etwas sp.* gespannt sein, warten. *Spitz nu'!* schau, wie es zugeht.

Spitz(e^n)-wegeri^ch (-weber(ich), -feder(ich), m.: Spitzwegerich, Plantago lanceolata L.

Spitzer m.: **1.** kleiner Hund mit spitzer Schnauze, langen Haaren, buschigem Schweif; gern im Demin. *Sp-le^in.* Auch *Spitzerhund.* – **2.** Räuschchen.

Spitzgras n.: Pflanzenname. a. Kriechende Quecke, Elymus repens (L.) Gould. – b. Filder-Zwenke, Brachypodium pinnatum (L.) P.B., die von den Schafen nur ungern gefressen wird. – c. Acker-Hornkraut, Cerastium arvense L. – Übtr. *Des (Der, Die) ist mir wie Sp.* höchst zuwider.

spitzig *špĭtsīg, -ĕg, -ĭχ, -ĭ* Adj.: **1.** eigentl., wie nhd. – **2.** übtr. a. vom menschlichen Körper. Mager, bes. im Gesicht. *Der sieht sp. aus.* – Anders: ein Mädchen *ist sp.* von angenehmer äußerer Er-

scheinung, sauberer und sorgfältiger Kleidung. – *Sp-e Ohre^n* scharfe, die auch Geheimes erlauschen. – b. ein Gegenstand steht *sp.* da, wenn er in Gefahr ist herunterzufallen. – c. geistig. Spitzfindig, klug. *Sp-e Reden, Antworten* scharfe. So auch *eine sp-e Feder führen* scharf schreiben.

Spitz-kopf m.: **1.** spitzer Kopf, ungewöhnliche Kopfform. – **2.** Schimpfwort für einen besonders Klugen oder Frechen; s. *Spitz 3 b.*

Spleiße^n *šplaisə* m.: Splitter, in das Fleisch eingedrungener kleiner Holzspan. Alb-Donau-Raum. Südl. davon *Speißen,* nördlich *Spreißel,* westlich *Spreißen.*

splendid ⌣⸍ Adj. Adv.: freigebig.

Spont s. *Spunt(en).*

Spor -, -ao- m.: Schimmel. Bes. an Kleidern, Büchern, Holz.

spor -*ǭ-*, -ao- Adj. Adv.: **1.** verschimmelt, vermodert. S. a. *sporig.* – **2.** ausgetrocknet, spröde, vom Boden.

spör *špaer, -ĕ̄-* Adj. Adv.: spröde, krankhaft trocken.

spore^n -*ǭ-*, -*ǫ́ə-* schw.: schimmeln, (ver)faulen. S. a. *ver-.*

Spor(e^n)-flecke^n m.: Schimmelflecken, durch *Spor* verursacht.

sporig -*ǭ-* SW. NW., -*ǭ́ə-* O., -ao- Mittelland und W. Adj.: schimmelig, mit Schimmelsporen überzogen, bes. von Leder, Holz, Kleidern, Büchern.

sporze^n *špǫrtsə, -ǫ́ə-;* spörze^n -*ĕ̄-, -ĕ́ə-* schw.: **1.** mit den Füßen stoßen (neben sporzge^n); im Ringkampf mit den Füßen zuschlagen. Mit dem Fuß anstemmen, stemmen. Sich weigern. Stolz einherschreiten. – **2.** stützen, befestigen. – Spörzer -*ĕ́ə-* m.: Stoß mit dem Fuß.

spot s. *spat.*

Sprach^e -*ǭ-;* O. -ao-, BAAR -au-. FRK. -*ǭ-*, ALLG. *šprǭ(x);* Plur. -e^n f.: **1.** wie nhd. – **2.** Rede. *Der will nef 'raus mit der Spr.* sich nicht offen erklären. – **3.** Ansprache.

sprache^n – s. *Sprache* – schw.: eine *Sprache 3* halten, sich unterreden, verhandeln.

sprächig Adj.: = *ge-,* leutselig.

Spraetle s. *Sprätlein.*

Sprandel^n spothmütiger, übertriebener Mensch. Demin. *-le^in* Geck, hochmütiger.

spranze^n schw.: affektiert, stolz einhergehen. Sich spreizen. Sich hochmütig gebärden. Schwänzeln. *Daher spr.* – Spranzeri^n f.: affektiertes Mädchen ALLG.

spraßle^n schw.: = *spratzlen* FRK.

Sprätle^in -*ĕ̄-, -ae-, -ai-;* Sprätele^in *šprɛ́tələ̄* n.: ganz kleine Menge (von Salz, Pfeffer, Mehl, Sand), soviel als man mit 3 (2) Fingern halten kann. *E^in (Kei^n) Spr. Salz.* – Anm.: zu mhd. *spræjen* spritzen, in alter MA. *spräen* bespritzen.

spratzle[n] schw.: sprühen, knistern, vom Feuer. Brotzeln, knistern, von heißem Schmalz, das in die Suppe geschüttet wird. – spratzlig, -et Adj.: **1.** sprühend. – **2.** *spratzlig* zottig, steif, von den Haaren.

spreche[n] st.: **1.** wie nhd. – **2.** großsprechen, prahlen; geziert, unnatürlich, affektiert sprechen; Schriftsprache sprechen: *der spricht.*

Spreckel m.: Flecken, v. a. Demin. *Spr-le*[in] Flekken auf der Haut.

speck(e)l(e)t Adj.: gefleckt, mit Flecken, Pünktchen gezeichnet (z. B. von Hennen).

spreckle[n] schw.: punktieren, gefleckt machen.

Spreidel *-ǝi-*, S. *-ĭ-;* Plur. -le[n] m. (f. ALLG.): klein gespaltenes Brennholz, Anzündholz.

spreidle[n] *ǝi*, S. *-ĭ-* schw.: Brennholz zu *Spreideln,* gespaltenem Prügelholz verarbeiten, klein zerspalten ALLG.

Spreiß[e] *-ǝi-*, S. *-ĭ-;* flekt. (auch Nom.) -e[n] m.: **1.** Splitter. – Bes. kleiner in das Fleisch eingedrungener Holzsplitter w. sw. Mittelland. Südl. davon *Spreißen,* nördlich *Spreißel, Spleißen.* – **2.** (-ai-) Strebebalken.

Spreißel *-ǝi-* FRK. *-ai-; Spreißer* m.: kleiner Holzsplitter.

spreiße[n] *-ǝi-*, FRK. *-ai-*, RIES *-ae-* schw.: **1.** splittern. – **2.** einen *Spreißen* ausziehen. – **3.** stützen, unterstützen, sprießen. – **4.** refl. *sich spr.* sich sträuben, sich wehren mit aller Kraft.

Spreite f.: **1.** Ort, Grasboden, wo Flachs, Hanf zum Trocknen ausgebreitet wird. – **2.** ausgebreitete Schwade. – **3.** das Ausbreiten.

spreite[n] *-ǫe-* O., *-ǭǝ-* W. S., *-ae-* NW. SO., *-ā-* FRK. schw.: aus(einander)breiten. Bes. mit bestimmten Subst.: *Mist spr.* – Refl. *sich spr.* sich ausbreiten.

spreize[n] *-ǫe-* schw.: refl. *sich spr.* sich ausbreiten, großtun. – Spreizer m.: hoffärtiger Mensch.

Spreng-, spreng- s. *Spring-, spring-.*

Sprenz[e] f.: Gießkanne.

sprenze[n] *šprę̄ntsǝ*, S. *-ę̄-; šprę̄tsǝ;* sprenzge[n] schw.: leicht mit Wasser (be)sprengen, (be-) spritzen, (be)gießen. Blumen, den Stubenboden, die staubige Gasse, Tuch *spr.;* bes. auch vom Spritzen mit der Hand. Von leichtem Regen. *E*[s] *hat nu' e*[in] *bißle*[in] *g*[e]*sprenzt.*

Sprenzer m., Demin. -le[n] n.: **1.** einmaliges oder kurzes *sprenzen.* Kurzer, leichter Regen; *Es tut bloß so 'n Spr.* – **2.** Gießkanne, Sieb, Seihstück an der Gießkanne.

Sprenzkant[e] f.; Demin. -käntle[n] n.: Gießkanne.

Spretze s. *Spritze.*

spretzen s. spritzen.

Spretzer s. *Spritzer.*

Spreu, -er, -el m.: Spreu(er). A. Hauptformen: Spreu: *šprui.* – Spreuer: *šprui(ǝ)r; šprǝi(ǝ)r; špraiǝr* FRK.; *šprīr; šprūbǝr.* – Spreuel: *šprui-(ǝ)l.* – B. Gebrauch: wie nhd., Hülse des Korns.

Spreuer-sack m.; Demin. -säckle[in] n.: Mit Spreu gefüllter Sack, früher in Betten statt der Matratze.

Sprieß *-īǝ-* m.: Stütze, Stützbalken.

sprieße[n] schw.: mit *Sprießen* abstützen.

springe[n] *-ĕ̆-*, N. S. *-ĭ-;* Part. g[e]sprunge[n] *-ŏ̆-*, N. S. *-ŭ-* st.: **1.** wie nhd., hüpfen, springen. *Des ist g*[e]*hopft* (S. *g*[e]*hupft, g*[e]*hopst*) *wie g*[e]*sprunge*[n] gleichgültig, das eine so gut wie das andere. – Mit sachl. Subj. Ein Stein o. ä. *springt* einem ins Gesicht. – **2.** wie nhd. „laufen". *Der springt wie net g*[e]*scheit, – wie e*[in] *Bot*[e]*, – wie e*[in] *Wiesele*[in]*. Der springt net (nimme*[r]*) weit (darmit)* bringt es nicht weit. – *Spr. müssen* Diarrhoe haben. *I*[ch] *hab die ganz*[e] *Nacht spr. müsse*[n]*.* – **3.** zerspringen, aufspringen; bersten. *Es ist ihm (ihr) e*[in] *Reif g*[e]*sprunge*[n]*.*

Springer m.; Demin. -le[n] n.: **1.** pers. a. Tänzer. – b. wer eilig läuft. – **2.** sachl. a. Gabelbein, bügelförmiger Knochen beim Schlüsselbein des Federviehs. – b. Kalkstein mit flachmuscheligem Bruch aus Muschelkalk, schwarzem und weißem Jura. – c. Demin. *Spr-le*[in] süßes Weihnachts-Backwerk mit plastischen Bildern; geformt aus Spr-le[ins]-mehl, -teig mit dem Springerle[in]s-model. Syn. *Zuckerdocke.*

Springerei f.: widerwärtiges, bes. oftmaliges *Springen: Die Spr. han i*[ch] *jetzt satt* u. ä.

Sprissel s. *Sprüssel.*

Spritz[e] *-ĭ-;* Spritze[m] *-ǝm;* Spretz[e] *-ĕ̆-*, Stritz[e] *-ĭ-;* Plur. -e[n] f., Demin. -le[in] n.: **1.** Werkzeug zum Spritzen, Feuerspritze. – **2.** Ausflug, Exkursion. *Eine Spr. machen.* – **3.** stolzierendes, eitles, auch liederliches Mädchen.

spritze[n] *-ĭ-;* spretze[n] *-ĕ̆-;* stritze[n] *-ĭ-;* schritze[n]; strutze[n] *-ŭ-* schw.: **1.** trans., wie nhd. spritzen. – **2.** intr. a. herausspritzen. Ein Brunnenrohr, Deichel *spritzt.* – b. bummeln, einen kleinen Spaziergang machen.

Spritze[n]**-bachenes** n.: Küchleinteig durch eine Spritze in schwimmendes Fett getrieben und gebacken.

Spritze[n]**-haus** n.: Raum für die Feuerspritzen. – Spritze[n]-schupfe m.: Schuppen für Feuerspritzen.

Spritzer (Spretzer *-ĕ̆-*); Stritzer m., Demin. -le[n] n.: **1.** einmaliges, kurzes Spritzen. Tropfen, Schmutzfleck. Kurzer, kleiner Regen. *E*[in] *Sp-le*[in] *Milch, Wasser, Wein* (usw.) ganz kleine Menge. – *Spr-le*[in] Räuschchen. – **2.** Gießkanne. – **3.** *Spritzer* Wichtigtuer, Geck. – **4.** *Stritzer-(le*[in]*)* junger übermütiger, unerfahrener Mensch, junger Lecker, Fant.

Spritzete f.: Spritze.

sproi- s. a. sprei-.

Sproß, Pl. -e[n] m.: **1.** Leitersprosse. – **2.** junger

Sprossel, Sprössel, Pl. -le[n] m.: Leitersprosse. – Vgl. *Sproß, Sprüssel.*

Spruch -ŭ-; -ū- NO.; Plur. S p r ü c h ^{e} (-ĭ-) m.: wie nhd. a. in feste Form gebrachter Ausspruch. – b. Richterspruch; Schieds-, Rechtspruch. – c. *Sprüch^e mache^n* kecke, nicht erwiesene Behauptungen aufstellen. *Der ka^{nn} nix als Sprüch^e mache^n. Sprüch^e klopfe^n* gewagte, witzige. *Faule Spr. machen* nicht stichhaltige; Ausflüchte suchen.

Spruch-beutel m.: = *Sprüchmacher*.

Spruch-buch, Demin. -büchle^{in} n.: (Schul-)Buch mit Bibelsprüchen, zu Memorierzwecken zusammengestellt.

Sprüch-klopfer m.: = -*macher*.

Sprüch-macher m.: wer gerne *Sprüche* macht, gewagte (auch witzige) Behauptungen aufstellt.

Sprudel m.: Mineralwasser.

Sprudlete -ū- f.: Wasserfall.

S p r u i s. *Spreu*.

S p r u i e r s. *Spreuer*.

Sprüssel -ĭ- m.: Leitersprosse.

Spruz -ŭ-, S t r u z ALLG. m.: 1. einzelner Spritzer. – 2. Einbildung, Hochmut. – 3. eingebildeter, auch jähzorniger Mensch.

S p u b , S p u i s. *Spei*.

s p u i (b) e n s. *speien*.

s p u i z e n s. *speuzen*.

s p u i z l e n s. *speuzlen*.

Spül-brent^e -brɛ̈ndə, -brɛ̈əndə; -brɛ̈ək f.: = -*kübel*.

Spul^e *špüəl*, Pl. -e^n f.; Demin. S p u l l e^{in} n.: Spule des Textilarbeiters. Bes. in der Redewendung: *^{E}s lauft ihm e^{ine} Sp. leer (d^{ie} Sp-e^n laufe^n ihm l.)* es fehlt ihm etwas; er läßt merken, daß er ein Anliegen hat. *Wer weiß, was dem für e^{ine} Sp. leer lauft* was er im Schild führt.

spüle^n -īə- schw.: das Geschirr auswaschen.

Spül-gelt^e (-ĕ-) f.: = -*kübel*.

Spül-kübel m.: (mit warmem Wasser gefüllter) Kübel zum Spülen des Geschirrs. – S p ü l - l u m - p (e^n) m.: Lumpen zum Spülen des Geschirrs.

Spunt(e^n), flekt. -e^n m.: 1. *Spunt(e^n)* der Zapfen in der obersten Daube am Faß. – Übtr.: eine abführende Speise *schlägt (haut) de^n Sp. 'naus.* – 2. *Spunt* junger, unreifer Mann; meist *junger Sp.*

spure^n schw.: sich fügen, gehorchen.

spüre^n *špīrə*, s. -ĭ- schw.: spüren, körperlich empfinden, fühlen. Übtr. *I^{ch} spür's glei^{ch}, wenn mi^{ch} e^{in} Ochs^e tritt* brauche keine ausführl. Erklärung.

Spurz *špürts* m.: Speichel.

spurze^n -ür- schw.: spucken, ausspeien.

sputze^n -ū- schw.: (aus)spucken. – s p u t z g e^n schw.: Speichel auswerfen. – s p u t z l e^n schw.: spucken, speien.

st *št*, feiner *st* Interj.: wie anderswo Aufforderung zur Stille, neben *bs(t)*.

stäbe^n -ĕ- schw.: stolz einhergehen. Bes. *daher-, herum-*. S. a. *stäblen*.

stäble^n -ĕ- schw.: mit kleinen Schritten gehen.

stachäze^n ◡╱◡ -ĕ- schw.: *einen st.* auf-, anreizen.

Staches *štäxəs* m.: 1. Eustachius; dafür auch *Stachel, Stache, Stäches.* – 2. dummer Mensch.

Stachet^e ◡╱ *štäxĕt*, Pl. -e^n f.: Stakete, Zaunpfahl.

S t a k e t e s. *Stachete*.

stackse^n -ä-; s t a c k s l e^n ; s t a t z g e^n , s t a t z e^n schw.: stottern, überh. mit Mühe, stoßweise reden. *Bis du des 'raus statzgest, wird e^{i}n alt^{e}s Weib wieder jung.* – S t a c k s e r m.: Stotterer, Stammler.

Stadel *štädl*, S. -ä-; Pl. S t ä d e l -ę- m.; Demin. S t ä d e l l e^{in} -ę- ╱◡◡ n.: Vorratsgebäude. – Genauere Bezeichnungen, wie *Bau-, Frucht-, Heu-, Holz-, Korn-, Salz-, Wasen-, Wein-, Ziegel-St.* Das Simpl. *St.* nur noch in der auch alt häufigsten Bed. Scheuer, und zwar im (S)O., dem *Scheuer* fehlt.

S t a d t usw. s. *Statt* usw.

S t a e r s. *Stör*.

s t a e r e n s. *stören*.

S t a f f e l s. *Stapfel*.

Stak^e *štǫk*, flekt. (auch Nom.) S t a k e^n m.: 1. Stumpf abgehauenen Holzes FRK. – 2. ungeschickter Buchstabe FRK.; *Was sind des für Hake^n und Stake^n.* – 3. langer, aufgeschossener Mensch. – S t a k e l e r m.: dass. S. a. *Gestageler.* – s t a k e t -ǫ̈ə- Adj.: langgliedrig, hager FRK. – s t a k i g , s t a k s i g Adj.: dass.

stallele^n schw.: nach dem Stall riechen.

stalle^n schw.: 1. urinieren, vom Pferd. – 2. Kot abgeben, vom Pferd. – 3. die Stallarbeiten verrichten ALLG.

Stall-has^e m.: Kaninchen.

stalliere^n ◡╱◡ schw.: 1. schimpfen, poltern, losziehen, polternd aufbegehren. – 2. einen unter heftigen Schmähreden zur ernsten Arbeit antreiben, drängen.

stalpe^n -ä- schw.: 1. intr.: geschäftig, mühsam einherschreiten. – 2. intr. und trans.: mit den Füßen stoßen, ausschlagen, stauchen, von Mensch und Tier.

stämme^n schw.: zerkleinern, vom Holz.

Stampes -əs m.: kleiner, dicker Mensch.

Stampf m.: 1. Stempel. – Nur noch übtr. *Des hat ihm de^n St. no^{ch} g^{e}geb^{en}* den Treff, Rest gegeben. *Du hast ihm de^n St. g^{e}geb^{en}* dem Faß den Boden ausgeschlagen. – 2. dicke, breiartige Speise.

Stämpfel -ĕ-, s. -ĕ-; *štĕpf-* m.: 1. Stempel. – 2. Werkzeug, mit dem etwas eingestampft wird; v. a. *Kraut-.* – 3. Flüssigkeitsmaß, bes. für Branntwein, halber Schoppen, Achtelmaß ALLG. – 4. kleiner dicker Mann.

Stampfer m.: 1. wer die Arbeit des Stampfens besorgt. – 2. der stempelartige Gegenstand, mit dem gestampft wird. – 3. dicke Speise, dicke Suppe, Kartoffelmus.

stämpfle^n -ĕ-, s. -ĕ-; *štĕpflə* schw.: 1. stempeln. – 2. trippeln, mit kurzen Schritten einhergehen OSCHWL. – 3. durch Stampfen zerkleinern.

399

Standare *-āře̯ (-ī)* f.: *St. machen* Umstände m., z. B. große Aufwartung.

Stande *štănd(ə);* Pl. -eⁿ f.: offener Bottich. Genauer *Kraut-, Korn-, Maisch-, Wasser-* u. a. *Etwas aus der St.*, *aus'm Ständle^in* etwas Saures. **standen** = Inf. v. stehen.

Ständer m.: **1.** wie nhd.: Gestell, z. B. *Bücher-.* – **2.** Waschgefäß Hohenl. – **3.** untere Extremität des Vogels. – **4.** Demin. *Ständerle^in* n.: musik. Ständchen. – **5.** Erektierter Penis.

Ständerling m.: Plauderei im Beisammenstehen. *Einen St. machen (halten).* – ständerling(s) Adv.: im Stehen.

Ständle^in n.: musikalische Ehrung.

ständling, -lingen, -lings Adv.: **1.** im Stehen. – Gew. st-gen. – **2.** *st-ge^n* rasch, plötzlich. Vgl. *stantepede.*

Stang^e, Pl. -eⁿ f.; Demin. Stängle^in n.: etwa wie nhd. **1.** längeres Stück Holz, auch Metall, zu versch. Zwecken. – **2.** aufgeschossener junger Baum, Buche odgl.; vgl. *-holz-.* – **3.** Geweihstange des Hirschs. – **4.** *(lange) St.* aufgeschossener Mensch.

Stängel m.: **1.** Wiesen-Kerbel, Anthriscus sylvestris (L.) Hoffm. – **2.** Wiesen-Bärenklau, Heracleum spondylium L.

stantepede ˋ◡ ◡ Adv.: *-bẹ̄dě̯:* **1.** stehenden Fußes, sofort. – **2.** unbedingt Allg.

stao = Inf. v. stehen.

Staoß s. *Stoß.*

Stapf^e, flekt. -eⁿ m. f.: **1.** Fußstapfe, Spur. – **2.** Stufe einer Treppe. Jetzt mehr *Staffel (Stapfel).*

Stapfel *štăpfl,* Staffel *štăfl;* Pl. Stä(p)ffel -ě̯- (auch Sing.), Sta(p)ffleⁿ, m. f.; Demin. Stä(p)ffelle^in ◟◡◡ -ě̯- n.: **1.** = *Stapfe 1,* Fußspur. – **2.** = *Stapfe 2,* Stufe. a. eig., Stufe einer Treppe. – Auch von ganzen Treppen, aber nur von Freitreppen, bes. steinernen. Vor allem führt ein(e) *St.* zur Haustüre. Die Treppe im Innern heißt als Ganzes nur *St(i)ege,* wohl aber heißt *Staffel* die steinerne Kellertreppe. – b. übtr. Unebenheit als Fehler. Spez. von ungleichem Schnitt der Kopfhaare: *St-n machen, stehen lassen.*

stapfe^n schw.: einherstampfen, polternd gehen.

stärch s. *stärrig.*

Stare^n-klotz m.: Starenhaus Oschw.

stark *štărk* SW. NO.; sonst *štărk;* Kompar. stärker -ě̯- Adj.: stark. **1.** von Menschen (oder Tieren). a. kräftig. – b. gesund, leistungsfähig. – c. dick, wohlbeleibt. – d. reich Frk. – e. grob, unbescheiden SW. Baar. Vgl. *Das ist st.* – **2.** von anderem. a. starkwirkend, von Speise und Trank. – b. kräftig, mächtig. Werkzeug, Verschluß, Kette, Knoten, Schnur, Seil u. ä. sind *st.* – c. dass. seelisch. *Etwas st. und fest glauben.* – d. hart, schwer, mühsam. – e. *ein st-s Stück, st-e Zumutung; Das ist st.!*

---

stärr Adj.: starr, steif, = *-ig.*

stärrig *ště̯rĭg* S., *ště̯rĭχ ště̯rχ* N., *ště̯rě̯ŋ* Ries Adj.: starr, steif. Auch *(ge)stärr(ig).* Verstärkt *bocks-, scheit-.* **1.** phys. a. *st.* vor Kälte, Müdigkeit odgl. Eine Leiche wird *st. Der Glaub^e macht selig und ^daˢ Sterbe^n st.* o. ä. Von anderem. *Der Boden ist st. St-e* Wäsche. – b. mager. – **2.** geistig. Eigensinnig, ungewandt, hartherzig udgl. *Der hat 'n st-e^n Grind.*

starze^n *štā(r)tsə* schw.: **1.** strotzen. – **2.** stolzieren, hoffärtig sein. *Im Dorf^ um st.*

Stat *štāt;* Pl. Stät^e -ě̯- m.: Staat. **1.** Zustand (bes. einer Person). – **2.** Pracht, stattliche Erscheinung; bes. in Kleidern, aber auch anders. *Im St. sein* in Gala. *Da kann man (keinen) St. mit machen.*

stät *ště̯t; ště̯t* w. u. n. Frk. Adj. Adv.: stet(s). **1.** beständig. – *stäter Kauf* definitiver, ohne Reufrist, opp. *guter.* Gew. verb. *st. und fest: auf (für) st. und f. kaufen.* – **2.** gemächlich, langsam. Oft *g^estät, St. tun. Nu' st.!*

Stats- *štāts-:* subst. u. adj. Komposs. zu *Stat.* Zu *Stat 2:* Prachts-, -bursch m.: gern spöttisch. – -dock^e f.: Prachtpuppe. – -kerle(s) m.: Prachtkerl.

Statt f.: Statt, Stadt.

Statt-bas(e^n) f.: Person, bes. weibliche, die überall herumkommt und klatscht. S. a. *-fegerin.* – Statt-bese^n m.: übtr.: Klatschbase, die immer zu schwatzen hat. – Statt-brill^e f.: einem, der nichts sieht, *muß ma^n d^ie St. hole^n (aufsetze^n).* – Statt-fegeri^n f.: = *-besen, -bas(e).* – Statt-pfleger m.: städt. Finanz- u. Verwaltungsbeamter. – Statt-raffel f.: schwatzhaftes Weib und ihr Mundstück.

statz(g)en s. *stacksen.*

stau = Inf. von stehen.

staube^n, stäube^n (stiebe^n) st. schw.: **1.** Staub machen. – **2.** schwach regnen. – **3.** von rascher Bewegung, stieben. *Bei dem staubt's* geht's rasch. *Stäub^e di^ch!* flieh. – **4.** *^Es stuibt, ka^nn stuibe^n* schief gehen.

Stauber, Stäuber m.: **1.** *Stäuber* kurzer, kräftiger Regen – oder Schneeschauer. – **2.** Sta^uber(er) plötzliches Auffliegen von Staub Tir. – **3.** *Stäuber* Räuschchen. – S. a. *Stieber.*

stauche^n *-əu-; -au-* Frk., *-ao-* Ries schw.: **1.** derb stoßen. Bes. einem einen Rippenstoß, auch Fußtritt geben, zur Ermunterung oder Reizung: *Warum stauchst du mi^ch?* – **2.** zu langes Eisen, einen Reif *st.:* kürzer schmieden. – **3.** zu kaltes Getränk *st.:* kurz in warmes Wasser tauchen. – **4.** stehlen. – Anm.: aus dem Rotwelsch.

Staucher m.: Vorderärmel, Pulswärmer.

Staude^n-ber^e f.: Berg-Johannisbeere, Ribes alpinum L.

staun = Inf. v. stehen.

steche^n *-ě̯-,* südlicher *-ě̯ə-* Part. g^estoche^n *-ǒ̯-* st.:

1. wie nhd. Die Nadel *sticht.* – **2.** sticheln, mit Worten; *auf einen st.* anzüglich anspielen. – **3.** im Wettkampf obsiegen; wetteifern. a. beim Schießen. – b. beim Kartenspiel mit einem Trumpf, einer höheren Karte eine niedere überbieten. – c. übertreffen, in irgend einer Tugend. *Auf einander st.* – **4.** in eine Farbe *st.* spielen.

Stech-nägelein n.: **1.** Bart-Nelke, Dianthus barbatus L. – **2.** *Blaues St.* Stolzer Heinrich oder Natterkopf, Echium vulgare L. ALB.

Steck(en**)** *-ĕ̆-;* s. *-ĕ̆ə-, -jă̆-, -ə-;* flekt. *-e*n m., Demin. S t e c k (e n) l e in n.: Stab, Stock. – Spazierstock; Stütze. *Dreck am St.* haben kein reines Gewissen haben. *Wenn du net g*e*nug hast, na*ch *steck*e *'n St. (e*in *Steckle*in*)* dazu zum Ungenügsamen: es bleibt dabei, du bekommst nichts weiter. – Stock zum Prügeln. – Dreschflegel. – Übtr. *Dürre St.,* auch nur *St., St-le*in dünne Beine. *Der hat 'n hä'te*n *St.* Penis. – Negat. *Kein St.* gar nichts. *Der hat kein*en *St.; auch k. St. Geld.* Bes. *k. St. sehen* nichts sehen.

Steck-glufe f.: Stecknadel.

Stefan *štĕ̆făn* ‿; Kurzformen S t e f e (s) *štĕ̆fĕ̆* MITTELLAND BAIRSCHW.; *-ĕ̆ə; -ə-;* *-əs* BAIRSCHW.; Demin. -le in m. (n.): **1.** Stephan; kath. häufig. – Name des Heiligen. – **2.** dummer Geselle, einfältiger, unbeholfener Mensch.

Stefan**s-reite**n n.: die Sitte, daß am *-tag* die Knechte und jungen Menschen, die sog. S t e f a n s - r e i t e r (auch S t e f a n l e i n s - r e i t e r), in die Nachbarschaft ausritten. – S t e f a n s - t a g m.: Tag des Heiligen, 26. Dez. Am *St.* hatten sich die Leibeigenen bei ihrer Herrschaft zu stellen. Daher wohl die Sitte des *-reitens.* Er war der Wandertag der Bauernknechte; desgl. Wandertag der Dienstboten.

Steft, S t e f z (g) *-ĕ̆-, -ĕ̆ə-;* flekt. *-e* n m.: Stift. Stift von Metall (Holz, Bein), vorne gespitzt, bes. als kleiner Nagel, Drahtstift. Formen: *Stefzge(e*n*); Stefz(e*n*); Steft.* – Speziell: Durchziehnadel, größere stumpfe Nadel mit größerem Öhr, bes als Packnadel, Pfriem. – Stumpfe Metallspitze an längeren Gegenständen. – Große Stecknadel. – Bleistift.

S t e f z (g) s. *Steft.*

stefz(g)en *štĕ̆(ə)ftsgə* schw.: mit dem *Stefz,* der vorn mit Eisenspitze versehenen Stange, sich auf dem Schlitten (auch auf dem Kahn) durch Stochern vorwärts bewegen. Übtr.: stolzieren.

Steg *-ĕ̆-, -ĕ̆ə-; -χ* N.; Pl. S t e g e m.; Demin. S t e g l e in n.: **1.** wie nhd., leichte Brücke bes. zum Fußgehen. – **2.** ins Wasser hinein gebautes Gerüst. – **3.** = *Stigel,* s. d. – **4.** verbindendes Stück.

Stege *-ĕ̆-, -ĕ̆ə-;* Plur. *-(en)e*n f.; Demin. S t e g l e in n.: Treppe, Stiege, NO. und SW.; s. *Stiege.*

Stegen**-g**e**länder** n.: Treppengeländer.

Steig *-əi-;* S. *-ĭ-,* FRK. *-ai-,* RIES *-ae-;* Pl. S t e i g e m.: Fußweg.

Steige I W. *-ọ̆ə-,* O. *-ọ̆e-,* SO. *-ae-,* NW. *-āe-,* FRK. *-ā-;* Pl. S t e i g e n f.: wie nhd.: ansteigende Fahrstraße.

Steige II *-əi-,* Pl. *-e* n f.; Demin. -le in n.: **1.** kleiner Stall, Verschlag, für Hühner, Enten, Gänse, auch Schweine, Hasen, Hunde. Bes. *Hennen-, Gans-, Hunds-, Sau-.* – **2.** nur Demin. S t e i g l e in *-əi-, -ae-,* Kistchen zum Verkauf von Gemüse, auch Obst; urspr. Anzahl von 20 Stück.

s t e i n = Inf. von stehen.

stein**-b**e**häb**e Adj. Adv.: ganz *b.,* fest, dichtgedrängt.

stein**bei**n**-g**e**frore**n Adj. Adv.: hart gefroren.

steinen *-ĕ̆,* S. *-ĭ* Adj.: aus Stein bestehend.

Steinis, Pl. gleich, m.: **1.** Marbel. – **2.** Schnapsgläschen.

Stein**-rigel** m.: steinige Stelle im Feld, bes. Steinwall, meist von Kalkgeröll.

Steiper *-əi-* m.: Stütze. Bes. für Bäume.

steiperen schw.: **1.** trans., stützen, einen Baum, ein Haus o. a. Auch den Kopf, Ellenbogen o. ä. *st.* Auch *an-, auf-, ver-.* – **2.** refl. *sich st.* sich stemmen; phys. und übtr.: sich weigern. – **3.** intr., wohl mit sein: *daher st.* schnell einhergehen.

steirisch *-əi-* Adj.: stolz, hochfahrend. Aufgeregt, reizbar, übellaunig. Kräftig, anhaltend, rasch: *st. singen, fahren.*

Stellasch(e) *štĕ̆lăš(ĕ̆)* ‿‿(‿); Pl. *-e* n f.: Gestell, Gerüst. Bes. tadelnd: herumstehende, hindernde Gegenstände. – Anm.: Nach frz. *-age.*

Stell-brett n.: Brett zum Stauen des Wassers, an der *-falle.*

Stell-falle f.: Falle zum Aufstauen des Wassers.

Stel-ratz (- r a t t e) m.: wer gern stiehlt.

Stelz(e) *-ĕ̆, -ĕ̆ə-;* flekt. *-e* n f.: **1.** wie nhd. Bes. bei Fastnachtsfiguren und im Kinderspiel. *St-en laufen.* – **2.** der schmal auslaufende Teil eines Ackers, einer Wiese von der Stelle an, wo das Grundstück von der regelmäßigen Gestalt des Rechtecks abweicht.

S t e m p e r s. *Stumper.*

s t e n = Inf. von stehen.

S t e n k e r s. *Stinker.*

Stenz m.: **1.** Stock. – **2.** Pl. *Stenz*e Schläge. – **3.** Zuhälter, Poussierer, Angeber.

stenzen schw.: **1.** stauchen, hart aufstellen. *Stenz*e *den Sack, daß man mehr hineintun kann.* – **2.** schlagen, prügeln. – **3.** stehlen; aber mehr humor. von kleinen Entwendungen, bes. Obst vom Baum u. ä. – **4.** scharwenzeln.

Stern-hagel in Kompos.: S t - r a u s c h m.: großer R. – s t - v o l l Adj.: ganz betrunken.

Stern-tag m.: Erscheinungsfest, 6. Januar. Auch *Sternle*in*s-.* In Pfullingen werden Sterne aus Butterteig gebacken.

s t e t (s) s. *stät.*

Steußler, S t e u z (l) e r m.: Aufseher im Felde. Auch *Feld-.*

stibitzeⁿ ᴗ⁄ᴗ schw.: stehlen, listig wegnehmen; auch *weg-*. Aber nur in scherzh.-harmlosem Ton.

Stich *štīχ; štīχ* NO.; *štī* Oschw. Allg.; Plur. S t i c h ᵉ *-ĭ-* m.: **1.** wie nhd. *Mit einem zᵘ St. kommen* fertig werden. *Des hat mir 'n St. ᵍᵉgebeⁿ*, auch psychisch. – **2.** negat. *keinen St. sehen* gar nichts. – **3.** beim Kartenspiel, wie nhd. – **4.** krankhafter Zustand. a. der Mensch *hat einen St.* einen kleinen Rausch; ist närrisch. – b. Bier, Wein, Most, Milch, eine Suppe, auch etwa Gemüse *hat 'n St.* beginnt sauer zu werden. – **5.** steile Stelle Weges, kurze Steigung des Weges.

stichleⁿ schw.: mit anzüglichen Worten einen reizen, necken (im S. und NW. nicht bezeugt). – S t i c h l e r m.: **1.** wer immer durch anzügliche Reden andere reizt. – **2.** a. Metzger. – Anm.: Aus dem Rotwelsch. – b. *St (-iⁿ)* Schneider (Näherin). – **3.** betrunkener Zustand.

Stickel m.: **1.** Pfahl, Pfosten, der in den Boden gerammt wird, als Stütze für junge Bäume u. ä. – **2.** grober, ungehobelter, dummer Geselle.

stiebeⁿ Inf. *-īə-; -ui-;* Part. *gᵉstobeⁿ* st.: ähnlich wie nhd. **1.** stäuben. – **2.** von raschen Bewegungen. a. laufen. – b. *aⁿ's Gitz st.* "an's Fleisch kommen", d. h. Geschlechtsverkehr machen.

Stieber *-īə-* m.: **1.** kurzer (schwacher) Regen. – **2.** Angetrunkenheit. S. a. *Stiebes.*

Stiebes *-ĭ(ə)-; -əs,* S. *-īs* m.: Angetrunkenheit.

Stief-mütterleⁱⁿ n.: Viola-Arten, bes. Garten-St., Viola wittrockiana Gams, und Acker-St. (Akkerveigele), Viola arvensis Murr.

Stiegᵉ *-īə-,* flekt. *-e*ⁿ f., Demin. S t i e g l e ⁱⁿ n.: Treppe; im Mittelgebiet; im NO. u. SW. *Stege.*

s t i e r e n s. *stüren.*

Stifel-hund m.: Stiefelzieher.

stifereⁿ *-ĭ-* schw.: herumstochern Oschw. Allg.

stifleⁿ schw.: **1.** schnell gehen Oschw. Auch *daher, davon st.* Bes. *(daher) gestifelt kommen* mit großen, eiligen Schritten. – **2.** Part. *gestiflet* mit Stiefeln versehen.

stifteⁿ *-ĭ-* schw.: **1.** *Einem etwas st.* schenken, vermachen. – **2.** *stiften gehen* verschwinden, abhauen.

Stifz m.: kleiner eiserner Nagel, = *Stefz.*

Stigel *-ĭ-;* Frk. *-χ-* m. f.; Demin. *-le*ⁱⁿ n.: **1.** (m.; auch S t i g e l e *-ə* f.) Stelle zum leichteren Übersteigen eines Zauns (einer Hecke), als leicht gemauerte Stufe oder niedere Zaunstelle. Auch: niedere Absperrung eines aufs Feld, in Wiesen führenden Fußwegs, um Befahren zu verhindern. – **2.** (m.) kleine Steige, aufsteigende schmale Gasse zwischen Häusern. Demin. *St-le*ⁱⁿ kleiner schmaler Weg. – **3.** f. Stütze, Stützgerüste für Schlingpflanzen (bes. Erbsen) Allg.

stigel-fitzeⁿ schw.: aufreizen. – s t i g e l - f i t z i g Adj. Adv.: verschlagen, durchtrieben; ungeduldig.

Stinker m., S t i n k e r iⁿ f., S t i n k e t e f.: **1.** Stinkender Gänsefuß, Chenopodium vulvaria L. – Syn. *Fotzenkraut.* – **2.** Heil-Ziest, Stachys officinalis (L.) Trev.

stink-fadᵉ Adj.: äußerst fade.

s t i r e n s. *stüren.*

stobeⁿ**-loche**ⁿ *štộbəlộχə* schw.: stark schneien bei heftigem Wind: *Heutᵉ stobeⁿlochet's, daß dⁱᵉ Baureⁿ bei deⁿ Löcherⁿ 'nausscheißeⁿ müsseⁿt.*

stock-bᵉ**soffe**ⁿ Adj.: ganz berauscht.

Stock-brett (- b r i t t) n.: Brett f. d. Topfpflanzen.

stockeleⁿ schw.: **1.** stolpern, straucheln Oschw. – **2.** in der Rede stammeln.

stockeⁿ (s t ö c k e ⁿ) schw.: **1.** Baumstumpen, -wurzeln, Stöcke herausgraben, den Waldgrund ausroden, urbar machen. – **2.** Blumenstöcke pflanzen. – **3.** mit dem Spazierstock hantieren. – **4.** still stehen, stecken bleiben, wie nhd.

stock-finster Adj.: ganz finster.

stock-haf(eⁿ**)** m.: Blumentopf.

stock-hagelvoll Adj. Adv.: = *-besoffen.*

stockig, *-ö-* Adj.: **1.** eigensinnig. – **2.** *ein stöckiger Sack* zu voller.

stöckleⁿ *-ě-* schw.: **1.** auf dem Absatz des Schuhs gehen; mit hohen, dünnen Schuhabsätzen gehen. – **2.** *Häuptlein* bilden, von Salat.

stock-nüchter(n) Adj.: ganz nüchtern.

Stock-scherbᵉ m.: Blumentopf.

Stoffel *štộfl* m.; Demin. *-le*ⁱⁿ mit und ohne Umlaut n.: **1.** Kurzform von Christoph. – **2.** als Schimpfwort: Tölpel, unbeholfener, unhöflicher dummer Mensch. *Des ist e*ⁱⁿ *rechter St.*

stoffleⁿ schw.: tölpisch einhertappen. Unhöflich, unbeholfen sich benehmen.

Stolleⁿ *-ộ-* m.: **1.** spitziger Ansatz am Hufeisen. Schnee-, Erdklumpen, der sich an die Stiefel, an die Pferdehufe anheftet. – **2.** Stollen im Bergwerk. – **3.** Gebäck: langer, flacher Hefekuchen mit Rosinen, Mandeln und Zitronat.

Stolperer m.: **1.** pers., wer stolpert. – **2.** einmaliges Stolpern. *Einen St. tun.*

stolz Adj.: **1.** wie nhd.; doch stets tadelnd: hochfahrend. *Der ist so st. wie der Gockeler auf der Miste.* – **2.** stattlich.

s t o m - s. a. *stum-.*

S t o m p e n s. *Stumpen.*

Stopf-ei, auch S t o p p - e i n.: Holzei zum Stopfen der Strümpfe.

stopfeⁿ schw.: **1.** wie nhd., gedrängt voll machen. *Ein Loch st.* Strümpfe *st.* die Löcher ausflicken. Einem das Maul *st.* Eine Pfeife *st.* Von Speisen: sehr sättigen. – **2.** schlecht und mühsam einhergehen; bes. mit *daher.*

Stopfer m.: **1.** stopfender, zu dick geratener Mehlbrei. – **2.** Pfropf, Stöpsel. – **3.** Demin. *-le*ⁱⁿ kurzer dicker Mensch.

Stopfete f.: Tabak für einmaliges Füllen der Pfeife (o. ähnl.).

Stopf-garn n.: Garn zum *stopfen* der Strümpfe.

stopfig Adj. Adv.: stopfend, von Speisen.

Stopf-wollᵉ f.: Wolle zum *stopfen* der Strümpfe.

Stopsel -ǒ- m.: Pfropf, Stöpsel.

Stör *štēr* S., -ae- Oschw., -ēə- O. f.: **1.** *auf die St. gehen, auf der St. schaffen, sein, nähen* u. ä.: im Kundenhaus um Lohn arbeiten, von Schneidern, Näherinnen, Schustern u. a. – **2.** übtr. *Auf der St. sein* (usw. wie oben) nicht zu Haus.

Storcheⁿ**-schnabel** m.: Storchschnabel-Arten, Geranicum L.

storeⁿ -ǫə- Allg., -ǭ- nördlicher, schw.: **1.** = *stüren*, in etwas herumstochern, stöbern: in den Zähnen, im Wasser usw. Allg. – **2.** nachsinnen.

störeⁿ -ē̦- S. NW. HalbMA., -ē̦- Frk., -ae- Mittelland, -ē̦ə- O., schw.: stören. Speziell: a. scheuchen, auf-, fortjagen. Das Vieh an die Tränke *st.*, Hühner, Gänse, o. ä. *st.*, Mucken *st.* u. ä. – b. stöbern. Den fertigen Kohlenhaufen *st.* überund auseinanderwerfen. – c. beunruhigen, zur Zahlung mahnen.

Storrᵉ *štǫr* N., *štǫ̈(ə)r* Mitte u. S.; flekt. (auch Nom.) -eⁿ m.: **1.** Stumpf, Strunk eines Baums; krummer, alter Baum udgl. – **2.** übtr. Alter, schadhafter Zahn. Alter Kerl.

störrisch -ē̦- Adj.: widerwärtig, unnachgiebig.

Storzᵉ -ǫə-, N. -ǫ̈r-; flekt. (auch Nom.) -eⁿ m.: Strunk, stehengebliebener Stengel von Kohl udgl.

Storzel -ǫ̈r- N., -ǫ̈ə- S.; Pl. S t o r z l eⁿ f.; Demin. S t o r z e l e iⁿ ᴖ n.: **1.** = *Storze*: im Boden gelassener Strunk von Kraut, Kartoffeln, Mais, Hanf u. a.; Stoppel. – **2.** altes Pferd oder Weib.

Stoß *štōs* NW. S., -ǭ- w. Frk., -ǭə- O., -ao- W., -au- -ǫu- Baar; Plur. S t ö ß ᵉ -ē̦-, -ē̦-, -ē̦ə-, -ae-, -ai- m.; Demin. S t ö ß l e iⁿ n.: **1.** wie nhd. Einem *einen St. geben, versetzen.* – **2.** großer (zusammengestoßener) Haufe: Holzhaufe. – **3.** am Kleid. a. Tuchunterlage am Kleidersaum. – b. *Stößle*ⁱⁿ Daumenhandschuh, bei dem die Finger unbedeckt bleiben, bes. zum Schutz der Handwurzel, Pulswärmer.

Stößer -ae- m.: **1.** Habicht. – **2.** Instrument zum (Zer)stoßen, bes. im Mörser. – **3.** Pulswärmer. Synn. *Stößlein, Stößel, Schlupfer, Staucher, Strupfer* u. a.

stößig -ē̦-; Mittelland -ae-, O. -ē̦ə-, w. Frk. -ē̦-; s t o ß i g Adj.: wer gern stößt. V. a. vom Hornvieh. – Übtr.: widerspenstig, störrisch, händelsüchtig. *St. werden* in Wortwechsel geraten, Händel bekommen, uneins werden.

Stoß-karreⁿ m.: Karren, den man vor sich herschiebt.

Stoß-maus f.: Maulwurf.

Stoß-vogel m.: Habicht.

Stotzᵉ -ǫ̈-, flekt. (auch Nom.) -eⁿ m.; Demin. S t ö t z l e iⁿ -ē̦- n.: **1.** Klotz, Pflock, Pfahl. – **2.** Nameⁿ von Gefäßen. a. Milchgefäß Allg. – b.

Trinkglas mit massivem Fuß Oschw. Allg. – **3.** starke untere Extremität. a. des Menschen. Eine kräftige, bes. weibl., Person *hat eⁱⁿ gutᵉs Paar St-e*ⁿ o. ä.; *magere Stötzle*ⁱⁿ udgl. – b. am Schlachtvieh: Hinterkeule. – **4.** von Personen: untersetzte Person.

stotzig Adj.: **1.** fleischig, stämmig. – **2.** hochmütig. – **3.** steil.

strabelig -ā̆- Adj. Adv.: **1.** zappelig, bes. von Kindern. – **2.** ungeordnet. Ein Kleid ist *str.* unordentlich, zerzaust. Ungekämmtes Haar, unordentlich umherliegendes Reisig, Stroh ist *str.*

strableⁿ -ā̆-; -ă- schw.: mit Händen und Füßen strampeln, bes. von kleinen daliegenden Kindern, etwa wenn sie zornig sind; außer Oschw. (dort *strebeln*, s. d.).

Stracke f.: Liegerstatt.

strackeⁿ schw.: lang gestreckt, faul daliegen, von Personen, Tieren und Sachen (haupts. aus dem O. bezeugt), aber meist mit einem derben oder verächtl. Nebenton. *Da strackest! Der stracket wie verreckt da* Oschw.

Strae s. *Streu*.

Stral -ǭ̆-; O. -ao-, Baar -au-; Pl. -eⁿ m.: Blitz. Auch *Donner-, Wetter-*. *Wer schafft an Peter und Paul* (29. Juni), *den trifft (schlägt) der Str.* Als Ausruf, Fluch: *Beim Str.! Gottᵉs, Botz Str.! Schla*ᵍᵉ *mi*ᶜʰ *der Str.!*

Sträl -ē̦-; Plur. S t r ä l ᵉ m.: **1.** Kamm, Haarkamm, und zwar der engzahnige S. – **2.** gezähntes Werkzeug, Rechen, mit dem die Heidelbeeren von den Stauden abgestreift werden.

straleⁿ schw.: **1.** -ao- umherschwärmen Oschw. – **2.** -ă- urinieren, vom Pferd.

sträleⁿ -ē̦- schw.: **1.** kämmen, mit dem *Sträl 1.* – **2.** das Laub mit einem Rechen zusammenrechen. – **3.** übtr. einen scharf zurechtweisen, übervorteilen, übertölpeln, betrügen.

stralig -ǭ̆- usw., s. *Stral* Adj. Adv.: unartig, verflucht, böse Hohenl. Bes. mit Schimpfwörtern: *str-er Lausbu*ᵇᵉ, *Siech, Düppel, Stoffel, Rindvieh, Hund* usw. – *Kotz str.!* Ausruf der Verwunderung, des Unwillens.

strampfeⁿ schw.: mit den Füßen stampfen, stark stoßen (bes. von zornigen Kindern). – S t r a m p f e r m., Demin. -le iⁿ n.: Fuß des kleinen Kinds.

strampfleⁿ -ă̆m- schw.: mit den Füßen strampeln, stoßen (bes. von zornigen kleinen Kindern).

Sträne *štrě̦nə, štrē̦ən, štriənə;* Plur. -eⁿ m. f.: **1.** um den Haspel gewundenes Garn, Faden. – **2.** f. Locke, Haarsträhne. – **3.** f. dem tierischen Körper durch die Peitsche beigebrachte Strieme.

stranzeⁿ -ă̆- schw.: müßig umherschlendern, stolzieren, sich flott zeigen, groß tun SO. – S t r a n z e l, S t r a n z e r m.; -iⁿ f.: wer müßig umherschlendert, dem andern Geschlecht nachläuft, hochmütiger Mensch.

Strao = Stroh.

Straol s. *Stral.*

straolen s. *stralen.*

straolig s. *stralig.*

Strapazᵉ *štrăbāts* ◡ˊ; Pl. -eⁿ f.: **1.** wie nhd., Anstrengung, Last, beschwerliche Sache. – **2.** Person, die immer mit Kleinigkeiten geschäftig tut. – strapaziereⁿ HalbMA.; pop. straplaziereⁿ, strapliziereⁿ *štrăblīts-* ◡◡ˊ◡ schw.: durch starken Gebrauch mitnehmen. So von Menschen, Vieh, Gegenständen (bes. Kleidern). – Anm.: Aus dem Ital.

Straps, Strapser m., Demin. Strapserleⁱⁿ n.: wie nhd. Strumpfhalter.

Straßeⁿ-**kän(d)el**, -kandelm.: Rinne (für Wasser u. ä.) an der Seite der Straße.

stratzeⁿ -ă-, O. -ā- schw.: strotzen. Ein mit Kot überzogenes Kleid *stratzt vor Dreck.* Auch gern *daher-, ein(h)er-, herum-, vorbei-. Der ist 'reiⁿ gᵉstratzt, wie wenn er der König wärᵉ.* – Stratzer m., -iⁿ (Plur. -ⁱⁿneⁿ) f.: hoffärtiger, stolzer Mensch. – stratzig Adj.: stolz, hoffärtig, von Haltung, Gang, Kleidung.

Straube I s. *Schraufe.*

Straubᵉ II -ᵊu-, S. -ū- f., meist Demin. Sträubleⁱⁿ -ᵊi-, S. -ī- n.: Spritzkuchen, Spritzgebackenes, aus dünnem Teig durch einen Trichter getriebenes und bandartig in Schmalz behandeltes Backwerk.

Straubetᵉ -ᵊu-, S. -ū-, Plur. -eⁿ f.: = *Straube* II OSCHW.; dafür auch Straubeze -ᵊts(ᵊ) Mittelland; Straublete -ū- SW.; Straubleze; Sträubezleⁱⁿ; Straucheze.

Straucheze s. *Straubete.*

strauchleⁿ -ᵊu- schw.: **1.** wie nhd. – **2.** unsicher, zweifelhaft sein. Das Wetter *str-t* ist unsicher. – An einer Sache zweifeln, sie bezweifeln. *Iᶜʰ habᵉ immer gᵉstrauchlet, ob's auᶜʰ wahr sei.*

strauf- s. *straub-.*

Strauß I -ᵊu-; S. -ū-, FRK. -au-, RIES -ao-; Plur. Sträußᵉ -ᵊi-, -ī-, -ai-, -ae- m.; Demin. Sträußleⁱⁿ -ī- n.: **1.** einzelne Blume, bes. Zierpflanze im Garten. – Plur. *Sträußᵉ* der Blumenstrauß. Speziell: Geschenke für die Hochzeitsgäste; sie können in allerlei Sachen bestehen; das einzelne Geschenk (jeder Art) heißt auch *(Braut-, Hochzeits-)Str.* – Sing. *Str.* = nhd. „Strauß" ist städtisch allgem., jedenfalls auch in manchen Gegenden auf dem Land. – **2.** Kampf, Zwist.

strebleⁿ -ę̌ᵊ- schw.: mit Händen und Füßen strampeln, bes. von kleinen Kindern, = *strablen* OSCHW. ALLG.

Streich m.: Streich. **1.** Schlag mit Stock, Rute o. ä. *Str. kriegen, geben* Prügel, Hiebe. – *All (Ällᵉ) Str.* jeden Augenblick. – Mit Negation: *Keinᵉⁿ Str. (mehr) schaffen, tun* gar nichts, nicht das geringste. – *Mit einem, etwas zu Str. kommen* fertig werden. *Der kommt zᵘ Str.* bewältigt seine

Aufgabe. – **2.** Blitzstrahl. Bes. *kalter Str.* Blitz, der einschlägt, ohne zu zünden. *Des kommt mir wie eⁱⁿ k. Str.* äußerst unerwartet. – **3.** überraschende, (meist) törichte Handlung. *Einen (dummen) Str. machen.*

streicheⁿ -ᵊi-; S. -ī-, FRK. -ai-, RIES -ae-; Part. gᵉstricheⁿ -ī- st.: **1.** trans. a. wie nhd. *Einem das Mulleⁱⁿ str.* schmeicheln. *Einem etwas in's Maul str.* suggerieren. – b. refl. *sich str.* fortgehen, sich flüchten; bes. heimlich fortgehen. *Streich diᶜʰ!* – **2.** intr. mit haben: umherstreifen. – Der Wind *streicht* durch ein Loch, über Felder usw. *Einen (Wind, Furz) str. lassen.*

Streif(eⁿ); Streipf(eⁿ); flekt. -eⁿ m.: **1.** wie nhd. *Ein Str. Tuch* o. ä. – **2.** Pflanzenname. a. *Str-en* Rumex crispus L. RIES. – b. *Str-leⁱⁿ* Ackerwinde, Convolvulus arvensis L.

streifleⁿ schw.: mit Streifen versehen, meist im Part. *gestreifelt.*

streipf- s. *streif-.*

Streit-hammel m.: streitsüchtiger Mensch. – Streit-haⁿ m.: dass.

streng *štrę̌ŋ,* s. OSCHW. -ę̌- Adj. Adv.: im allgem. wie nhd. *Str-e Herren (Regenten) regieren nicht lang.* Bes. Gebrauchsweisen: *Der hat's str.* hart. – Stark, gewaltig. *Des Gᵉschäft geht str.* stark, anstrengend. *Da geht's str. her* anstrengend. *Str. arbeiten, schaffen* fleißig. – Schnell. *Str. fahren, laufen, marschieren.* – Herb, sauer, vom Geschmack.

Streu *štrae* (S. -ę̌i) Hauptgebiet; SO. -oi, -öi; O. -ę̌, FRK. -ā; Streue *štraeě̌, štraebe* (S. -ę̌i) SW. S. f.: Streu, bes. im Viehstall.

Strich *štrį̌χ,* NO. -ī-; štrī ALLG. m.; Demin. Strichleⁱⁿ n.: **1.** zum trans. *streichen.* a. wie nhd., der mit einem Instrument gezogene Strich. – b. Zitze am Euter der Kuh und Ziege. – **2.** zum intr. *streichen 2:* das Herumstreichen, Bewegung in einer Richtung. Bes. vom Landstreicher: *auf den Str. gehen, auf dem Str. sein. Er ist auf dem Strich* bettelt. *Auf den Str. gehen* einem (den) Mädchen nachgehen. Auch Mädchen *gehen auf den Str.* Jemanden *auf den Str. haben* ihm genau aufpassen, auflauern.

Strick -ī-; -ī- NO.; Pl. Strickᵉ -ī- m.; Demin. -leⁱⁿ -ī- n.: **1.** wie nhd. dünnes Seil. – **2.** Schelm, Schlingel. Auch *Galgen-.*

Stricket(e) f. (auch *-et* n.): **1.** Arbeit zum Stricken, Strickzeug. – **2.** Strickschule, -stunde. *In dⁱᵉ Str. geheⁿ.*

strielen s. *strülen.*

Strigel, Pl. gleich, m.: **1.** wie nhd. Striegel. – **2.** schmaler Streifen, z. B. beim Mähen. – **3.** Dem. Strigeleⁱⁿ n.: wegen der mit Widerhaken versehenen Früchte, die sich anhaften: a. Acker-Hahnenfuß, Ranunculus arvensis L. – b. Haftdolde, Caucalis platycarpos L.

strigleⁿ -ī-, S. -ī-, FRK. -χ- schw.: **1.** mit dem Striegel putzen, vom Pferd, auch kämmen, herausputzen, vom Menschen. – **2.** übtr. *einen str.* bemeistern, bewältigen OSCHW.

strittig *-ĭ-* Adj.: **1.** von Sachen: bestritten. – **2.** von Personen: streitsüchtig.

S t r i t z e I s. *Spritze.*

Stritz[e] II *-ĭ-; štrītsĕ* m.: Lausbube.

s t r i t ż e n s. *spritzen.* S t r i t z e r s. *Spritzer.*

strobelig *-ǭ-* (FRK. *-w-*); s t r o b l i g; s t r u b e l i g Adj. Adv.: **1.** struppig, mit krausem, wirrem, zerzaustem Haar. – **2.** unrein, ungeputzt, sich sträubend, widerspenstig.

Strobel-kopf (S t r u b e l -) m.: **1.** ungekämmtes, wirres Haar. – **2.** Mensch (bes. Junge) mit solchem Haar.

stroble[n] schw.: struppig sein, str. machen. S. a. *gestroblet (-u-); ver-.*

s t r o d l i g s. *strudlig.*

stro-dumm Adj. Adv.: sehr dumm.

S t r o l s. *Stral.*

strom[e]**lig** Adj. Adv.: **1.** gestreift, buntfarbig. – **2.** zerknittert, verkrüppelt.

strome[n] *-ǭ-* schw.: umherstreifen (als Landstreicher).

Stromer *-ǭ-* m.: **1.** gefleckter Ochse. – **2.** gestreifter Apfel. – **3.** Landstreicher, Gauner.

Stro-sack m.: Strohsack. – Häufig in Ausrufen: *O du heiliger, gerechter Str.!*

stro-trucke[n] Adj.: ganz trocken.

s t r u b - s. *strob-.*

Strudel *-ū-*, S. *-ŭ-* m.: **1.** wie nhd., Wasserwirbel. – Übtr.: Durcheinander, Aufregung, Tumult. Auch: Lärm, Gezänke. – **2.** bes. im Plur. *-e*[n] gefüllte Nudeln, abgesottene Flädlein.

strudlig (s t r o d l i g *-ǭ-*) Adj.: strudelnd, siedend. Etwas *mit str-em Wasser anbrühen. Str. heiß*[e]*s Wasser.*

strüle[n] *štrīələ* schw.: herumstreifen, sich zwecklos herumtreiben; bes. in Verbb. *herum-, umher-, zusammen-, aus-, durch-.* Mit tadelndem Nebensinn: herumstreichen in der Absicht, sich auf Kosten anderer Genüsse zu verschaffen. – S t r ü l e r *-ĭə-* m.; - e r i[n] f.: wer zwecklos herumschlendert. – S t r ü l e t (z) e *-ĭə-* f.: das Herumschlendern. – Wer den Mädchen nachläuft, ist *auf der Strüleze.* – s t r ü l i g *-ĭə-* Adj. Adv.: herumschlendernd. Schleckig, wählerisch im Essen. Bes. vom Vieh auf der Weide OSCHW.

Strumpfel *štrǫpfl,* flekt. *-(e)le*[n] f.: Runzel.

s t r u m p f e n s. *schr-.*

st(r)umpfet(ig) Adj. Adv.: nur in Strümpfen, ohne Schuhe FRK.

st(r)ümpfig Adj. Adv.: nur in Strümpfen, ohne Schuhe. Vgl. *strumpfet(ig), strümpflingen.*

strümpflinge[n] Adv.: nur mit Strümpfen bekleidet.

St(r)umpf-rink[e] *-rĕŋgə; štåpfrāēkə;* flekt. - e[n] m.: Strumpfband. S. *Rinke.*

strupfe[n] *-ŭ-* schw.: **1.** streifen. – **2.** die Glätte verlie-

ren, sich in Runzeln, Falten enger zusammenziehen.

Strupfer m.: **1.** Pulswärmer, Handwärmer, Halbhandschuh. Syn. *Stößer, Geäder-stützlein, -händschuh, Schlupfer, Staucher.* – **2.** Waschbürste zum Aufwaschen des Stubenbodens, Schrubberbürste.

Strützel m., Demin. *-le*[in] n. Plur.: **1.** *Stritzel* eine Art Nudeln; ein (Oster-) Gebäck. – **2.** übtr., von der länglichen Form. *E*[in] Str. Teig, Butter, Tabak.

s t r u t z e n s. *spritzen.*

S t r u z s. *Spruz.*

Stub[e] *-ū-*, S. N. *-ŭ-;* FRK. *-w-;* flekt. - e[n], Plur. meist - e n e[n] f.; Demin. S t ü b l e[in] *-ĭ- (-ĭ-)* n.: Stube. Bestimmter: **1.** (heizbare) Wohnstube, im Wohn- und Wirtshaus. – **2.** Demin. *Stüble*[in]. a. Nebenstube. Übtr. *Dem fehlt's (Der ist net recht o. ä.) im obere*[n] *St.* an Verstand. – b. Wohnstube der im *Ausding* lebenden Großeltern OSCHW. ALLG. – **3.** Arrestlokal. – **4.** Versammlungslokal. – *z*[u] *St-e*[n] *gau*[n]*, komme*[n] bei Tag, nachmittags zum Nähen und Stricken in einem bestimmten Haus zusammenkommen wie früher in der Lichtstube.

stube[n] I schw.: gemütlich zusammensitzen.

s t u b e n II s. *speien.*

Stube[n]**-biegel** m.: Winkel in der Stube, wo Kehricht usw. provisorisch liegt. – S t u b e[n] - b ü f f e t n.: Wohnzimmerschrank.

Stube[n]**-kammer** f.: Schlafkammer neben der Wohnstube. – S t u b e[n] - k a s t e[n] m.: Art Büffet in der Bauernstube, neben der Tür. – S t u b e[n] - k a u d e r e r m.: Stubenhocker.

Stube[n]**-täfer** n.: Zimmerdecke von Holz OSCHW.

stubes *štūbəs,* s. *-īs* Adv.: *rubes (und) st.* ganz und gar.

Stubet(e) *štūbət(ə),* S. *-ŭ-* f.: früher Besuch in der Lichtstube; heute nur noch von Besuchen am Nachmittag, aber auch am Abend. *Z*[u] *St. gau*[n] auf Besuch gehen.

Stuck; Plur. ebenso, auch S t ü c k e r, n.; Demin. S t ü c k l e[in] n.: Stück. **1.** Stück eines Ganzen. *E*[in] *Stuck Brot* usw. Mit nachgestellten Zahlen: *(e*[in]*) Stuck(er) 3* (usw.): etwa 3. – Speziell: *St-le*[in] gedörrte Birnen(schnitze). – **2.** zusammenhängendes Ganze. Dabei ist der Zusammenhang mit 1 meist noch deutlich. *E*[s] *gibt e*[in] *St., ei*[n] *St.* die Sache geht voran. *(Bei) dem gibt's e*[in] *St.* er kommt vorwärts. *Ein St.(le*[in]*) Vieh* wie nhd. – Speziell. a. ein Stück Land. – b. Geldstück. – c. einzelnes Unternehmen, das nicht in größerem Zusammenhang steht; bes. von unschönen Handlungen. Wagestück, (verwegener) Streich. *E*[in] *St.(le*[in]*) mache*[n]*, liefere*[n]*, tu*[n]. – **3.** pers. *Stuck* stämmiges Weib. *St-le*[in] Nichtsnutz, Taugenichts.

stucke[n] schw.: **1.** über etwas nachdenklich werden.

- **2.** sich mit jemand besprechen, schwatzen, streiten Sww.

Studenteⁿ-nägeleⁱⁿ n.: **1.** Bart-Nelke, Dianthus barbatus L. – **2.** Karthäuser-Nelke, Dianthus carthusianorum L. Syn. *Wetternägelein*.

Studenteⁿ-rösleⁱⁿ n.: Herzblatt, Parnassia palustris L.

stufeⁿ *-ŭə-* schw.: Stufen, Löcher für Kartoffeln usw. graben.

s t u i b e n s. u. *stauben* u. *stieben*.

Stul *štūəl,* Plur. S t ü l^e *-īə-* m.; Demin. S t ü l l eⁱⁿ n.: **1.** Stuhl, wie nhd. – **2.** speziell Demin. *Stülleⁱⁿ.* Fußschemel. – **3.** Exkremente des Menschen.

Stump^e *-ǫ̆m-;* flekt. (auch Nom.) -eⁿ m.; Demin. S t ü m p l eⁱⁿ, n.: Stumpf. **1.** Rumpfstück eines verkürzten Körpers. *Rump(es) und Stump(es)* s. *rump. Das Haar vom St. abschneiden* ganz kurz, gar nichts stehen lassen. – Zahnstumpf. *I^{ch} muß mir 'n St-eⁿ zieheⁿ lasseⁿ.* – Bes. beim Holz. Baumstrunk. *St-eⁿ grabeⁿ* schwere Arbeit tun. – Von anderem: Zigarrenstumpen, Kerzenstumpf. – **2.** als Raummaß. a. nicht ganz voller Sack (Korn, Mehl, Kartoffeln, Äpfel), halber Sack voll. – b. Rest einer Flüssigkeit, bes. Wein, Bier, im Glase, meist Demin. – **3.** kurzer dicker Mensch.

Stumper *-ǫ̆m-,* S t ü m p e r *-ĕm-* m.; Demin. S t ü m - p e r l eⁱⁿ n.: kleiner dicker Mensch, kleiner, im Wachstum zurückgebliebener Mensch.

stumpet Adj.: wie *stumpf*.

stumpf-locheⁿ schw.: Nachlese halten auf Bäumen oder (Kartoffel-) Äckern.

stümpleⁿ *štĕmplə; štǣp-* schw.: **1.** stümpern, d. h. etwas unzünftig, nicht meistermäßig arbeiten. – **2.** einen *Stumpen 2 a* Korn ohne Wissen der Eltern verkaufen; hinter dem Rücken der Eltern oder des Mannes heimlich Frucht verkaufen.

Stund^e *štǫ̆nd,* N. S. *-ŭ-;* Pl. - eⁿ f.; Demin. S t ü n d - l eⁱⁿ *-ĕ̆-,* N. S. *-ī-* n.: wie nhd., von der Zeit- und Wegstunde. – Besondere Verwendung: Erbauungsstunde der Pietisten. *St. halten; in die St. gehen, laufen.*

Stundeⁿ-bruder m.: Pietist. So auch -f r a u , -m ä d - l eⁱⁿ, -m aⁿⁿ. – S t u n d eⁿ-b ü c h l eⁱⁿ n.: besonderes Gesangbuch der *-leute* (darin die *- l i e - der) .* – S t u n d eⁿ-h a l t e r m.: Veranstalter relig. Privaterbauungsstunden. – S t u n d eⁿ-l ä u - f e r m.; - e r iⁿ f.: wer solche besucht; spött. – S t u n d eⁿ-l e u t^e Pl.: dass.

Stupfel *-ŭ-,* Plur. S t u p f l eⁿ f.: **1.** Stoppel des Getreides. – **2.** übtr. a. frisch ansetzende Federn der jungen Vögel; desgl. der gerupften Vögel. – b. kurze, unrasierte Barthaare. Auch: nicht schön geschnittene Haare.

Stupfel-acker, S t u p f l eⁿ- m.: Stoppelacker.

stupfeleⁿ schw.: leicht *stupfen*. Den barfuß Gehenden *st.* die Steine.

stupfeⁿ *-ŭ-* schw.: **1.** stechen, mit stumpfer Spitze (Fingern, Armen; auch mit Nadeln) stoßen. *Der stupft mit der Stang^e im Nebel 'rum. Er hat in eⁱⁿ Wefzgeⁿnest g^estupft.* – **2.** Samenkörner in die Erde stecken, mit dem Finger oder einem bes. Werkzeug. Von allerlei Samen gebraucht. – **3.** übtr.: einen mit Worten bearbeiten, zu etwas veranlassen, reizen. *Den muß maⁿ immer st.* er hat keine eigene Initiative.

Stupfer m.: wer (was) *stupft*, v. a. kurzer Stoß.

stupfig, stupflig Adj. Adv.: was *stupft*, sticht. Etwas Stacheliges ist *st.*

stupfleⁿ schw.: nach der offiziellen Ernte noch Nachlese halten auf dem Feld (bes. nach Kartoffeln), auf Obstbäumen oder im Weinberg N.

stupflich Adj.: **1.** rauh bebartet, unrasiert. – **2.** blatternarbig.

stupf-locheⁿ schw.: auf dem Getreide- und Kartoffelfeld, beim Obst Nachlese halten. S. *stupflen.*

stürchleⁿ *štīrχlə; -ĕr-* FRK. schw.: = *stüren*, in, an etwas herumstochern UNTERL.

stüreⁿ *-ī-* schw.: intr., mit haben: stochern, stöbern, herumwühlen; z. B. im Kutterfaß, in den Zähnen, in einer Flüssigkeit; gern mit dem tadelnden Begriff des Unordentlichen, Verwirrenden, auch Unberufenen. Ohne und mit adv. Zusatz: intr. *'rum-, umme(r)-,* trans. *auf-, aus-, durch(einander)-, ver-. Wenn man im Dreck stürt, so stinkt's.*

Stürer m.: wer *stürt*, stöbert; wohl immer tadelnd.

sturmeⁿ, s t u r m eⁿ *-i-* schw.: **1.** vom Sturmwind. – **2.** *-ŭ-* aufstülpen, die Ärmel, Hosen; bes. mit *'nauf, hintere.*

Stür-um ⌐ m.: zerstückelter Eierkuchen, n. der DON.

Sturz *štū(r)ts* Hauptgeb., *štŭrts* NW. S. u. Halb-MA., *štŭrts* und *štǫ̆rts* FRK.; Pl. S t ü r z eⁿ *-ī- -ĭ-, -ĕ̆-,* m.; Demin. S t ü r z l eⁱⁿ n.: **1.** abstrakt, das *stürzen.* a. rechtlich-ökonomisch wie nhd., Kassensturz, übh. Revision des Bestands. – b. *einen rechten St. durchmachen* schwer erkranken. – **2.** konkret, etwas zum *stürzen* oder etwas *gestürztes.* a. kalter Pudding, der aus dem Model heraus umgestürzt wird. – b. architekt.: am Fensterrahmen der obere Teil.

stürzeⁿ *štī(r)tsə* Hauptgeb., *-īr-* S. NW.; *-ĕr-* FRK.; s t u r z eⁿ *štŭ(r)tsə* im SW. schw.: **1.** das Unterste zu oberst kehren. a. das Feld *st.:* nach der Ernte der Winterfrucht ein erstes Mal umpflügen. – b. von andern Objj.: anlehnen, schief stellen, z. B. einen Hafen, eine Schüssel. Überh. ein Gefäß odgl. auf den Kopf stellen *Strümpfe st.* das obere zum untern Teil machen. – c. einen Vorrat, eine Kasse *st.* auf den Bestand prüfen. – **2.** intr. mit sein, wie nhd. hinfallen.

Sturzeⁿ-bockel m.: Purzelbaum O.

Stuß *-ŭ-,* Plur. S t ü s s^e m.: Verdruß, Zank, leichter Streit. *Einen St. haben, kriegen.*

stutz- s. a. *stotz-, sturz-*.

Stutz m.: **1.** Schlag, Stoß. – **2.** Stumpf o. ä. a. stehengebliebener Rest. – b. Demin. *Stützle^{in} -ĭ-* n.: Pulswärmer, Handschuh ohne Finger.

suchte^n schw.: an einer Sucht, an chronischen Krankheiten leiden ALLG.

Sucke *sŭgə,* flekt. -e^n f.: **1.** Mutterschwein. – **2.** unflätige Weibsperson.

Suckel, Pl. Suckle^n f. (m.); Demin. Suckelle^{in} ⁀⌣⌣ n.: **1.** Schwein. – **2.** *S.,* bes. *-le^{in}* junges Lamm. – **3.** übtr. von Personen. a. unreinliche (bes. Weibs-)Person. – b. Kind, das der Mutter immer nachläuft. Auch *Ammen-, Mammen-*. – **4.** übtr. von Sachen. a. Tintenklecks. – b. Schlotzer, Saugbeutel der kleinen Kinder.

suck(e)le^n schw.: **1.** fortwährend saugen; aus der Saugflasche saugen lassen, aufziehen FRK. – **2.** unreinlich sein, handeln; sich mit Wasser besudeln, Flüssigkeit verschütten. – **3.** sich anschmiegen, anschmeicheln. – **4.** an den Fingern schlotzen, von Kindern.

Suckeler m.: wer immer den andern nachläuft, bes. von Kindern.

suckelig Adj. Adv.: unreinlich.

Sucker m.: Lämmchen, das noch saugt; das mutterlos im Haus mit Saugflasche aufgezogen wird.

Sud *sūd; -ŭ-;* Plur. Süd^e *-ĭ-* m.: **1.** Sud, einmaliges Sieden, Kochen. – **2.** Abfall von den Getreideähren beim Dreschen FRK. – **3.** übtr. Aufregung. *De^n S. hau^n* schlechter Laune, verstimmt sein.

Sudel-arbeit f.: unangenehme Arbeit.

Sudelei ⌣⌣⁄ f.: nachlässig, hastig geschriebene Arbeit.

Sudel-wetter n.: ganz schlechtes Wetter, mit anhaltendem (Schnee und) Regen.

Südere *sīdərě* f., Siderich ALLG.: Rückstand beim Butterauslassen, als Fastenspeise genossen SO. – Das Gallertartige von eingesottenem oder gebratenem Fleisch. Syn. *Sulz*.

sudle^n *-ū-,* suttle^n *-ū-* schw.: **1.** *-ū-* (S. *-ŭ-*) häßlich, eilig und nachlässig schreiben. – **2.** eilig und schlecht arbeiten. – **3.** *-ŭ-* viel im, mit Wasser arbeiten, mit Wasser aufwaschen, putzen FRK. – **4.** *-ū-* anhaltend leicht regnen. Durcheinander regnen und schneien.

Sudler m., -erin f.: wer schlecht, hastig und undeutlich schreibt. Überh. hastiger, unpünktlicher Arbeiter.

Suf^aror-stifel ⌢⌣⌣ *sŭfrŏr-* m. Plur.: Wadenstiefel, Stiefel mit sehr langen Rohren. – Anm.: „Suworow-", nach dem russ. Feldherrn (1729–1800).

Suff m.: **1.** Saufen; Trinkgelage. *Zum S. gaun. Im Suff* in betrunkenem Zustand. – **2.** Schluck, kalter, hastiger Trunk, in erhitztem Zustand eingenommen.

Süffel m.: Säufer; mehr scherzh.

süffle^n schw.: genüßlich trinken. – Süffler m.: Säufer dieser Art. Vgl. *Süffel*.

sui = sie.

Sulz f.: **1.** Salzwasser. – **2.** Salzlecke für Vieh, Wild. – **3.** breiartig geschmolzener Schnee, Mischung von Morast, Schnee, Kot u. dergl. – **4.** Pl. *-e^n* Sülze.

sulzig Adj. Adv.: gallertartig; schlammig, morastig.

sumbere^n *sŏmb-* schw.: langsam arbeiten OSCHW.

sumpfele^n schw.: **1.** Jauche, Gülle ausführen, ausgießen. – **2.** nach Sumpf(wasser) schmecken, riechen, von Fischen (bes. Karpfen).

sumse^n schw.: summen, sausen. *Des sumst mir in de^n Ohre^n.*

sumsle^n schw.: summen. *In mei^{ne}m Kopf tut's s. wie in 'me^n Ameise^nhaufe^n* ALLG.

Sünd *sěnd,* N. S. *-ĭ-; sě̆n* W.; Plur. *-e^n,* ohne *-d-* NW., auch -ene^n f.: Sünde. *Des ist e^{ine} S. und e^{ine} Schand^e; ist S. und Schad^e* ist sehr bedauerlich. *I^{ch} tät mir (Du so^{ll}test dir) S-e^n fürchte^n* große Bedenken haben, das zu tun.

sünde^n schw.: sündigen.

sündlich Adj. Adv.: sündig, sündhaft. Mod. fast ausschließlich als Adv.: sehr, heillos; bes. von Unangenehmem *s. teuer;* aber auch allgem. verstärkend *s. lieb*.

sunst s. *sust.*

Supf m.; Demin. Süpfle^{in} n.: Schluck (Wasser usw.).

supfe^n schw.: nippen, schlürfen.

Süpferle^{in} n.: kleines Schlückchen einer Flüssigkeit.

süpfle^n schw.: nippen, schlürfen. Supfle^n ein wenig trinken.

Supp^e *-ŭ-;* Plur. -e^n, auch -ene^n f.; Demin. Süpple^{in} *-ĭ-* n.: **1.** Suppe. Auch vielfach = Mahlzeit, Essen. *Zur S. gehen, kommen.* – **2.** arger Unrat, Kot auf der Straße. Morast, Sumpflache. Nebel.

Suppe^n-grü^{ne}s n.: Kräuter (wie Schnittlauch, Peterling) als Suppenwürze.

Suppe^n-trieler m.: wer die Suppe noch nicht anständig essen kann. *Kinderschüler, S.* Spottvers.

süpple^n schw.: gern und oft Suppe essen.

sürfle^n *-ĭ-,* FRK. *-ě̆-;* surfle^n *-ŭ-* schw.: **1.** eine Flüssigkeit schlürfend, schmatzend zu sich nehmen. *Die s-et und schmatzget.* – **2.** intr. heraussickern, tropfenweise herausfließen FRK.

Sürmel *-ĭ-* m.: **1.** Gedankenlosigkeit. – **2.** leichter Rausch. – **3.** gedankenloser Mensch.

sürm(e)le^n schw.: träumerisch, gedankenlos herumwandeln, -sitzen. Bes. in Komposs. *herum-, umeinander-.* – Sürmler m.: Träumer. – sürmelig Adj.: gedankenlos.

surre^n *-ŭ-* schw.: **1.** schwirren, sausen, summen, vom Ton rasch fliegender Körper (Steine, Vögel, Käfer u. ä.). – **2.** vom Menschen: lebhaft (durcheinander) plaudern, brummend zanken, schelten. *Die s-et de^n ganze^n Tag.* – **3.** Sausen im Ohr. Prickelnd schmerzen; bes. nach einem Schlag (auf Kopf, Hand, Hinterteil usw.).

Susanna f.: **1.** der weibl. Name. a. als Taufname. Formen: Susann^e *sūsän* ⌢; Zusann^e *tsū-*. Koseformen: Zusel(le^{in}); Sanne(le^{in}); Zusett^e. – b. Name der Heiligen; ihr Tag, 11. August. – **2.** *Zusel* verächtl. Bezeichnung für jedes unordentliche, schlampige Frauenzimmer, struppige, zerzauste Weibsperson.

Suser s. *Sauser* (Anm.).

Süßling m.: **1.** ein Süßapfel. – **2.** Wiesenbocksbart, Tragopogon pratensis L. Synn. *Süßelein, Süßblume, Süßerling, Habermark, Guckigauch, Josefsblume, kleiner Morgenstern, Gauchbrot, Mätte, Milchner.*

sus(t) *sŭšt; sūšt, sŭš; sŭs;* sunst *sǫnšt; sǫ̈št; sōǟšt* Adv.: **1.** = *so (1 a)*, direkt hinweisend, nur etwa stärker als *so.*, wie nhd. *Ja s.!* freilich. – **2.** sonst. *S. nix me^{hr}! S. no^{ch} etwas!* schroffe Abweisung einer Zumutung, Bitte. *S. nix me^{hr} a^{l}s e^{in} Loch in Kopf!* dass. – Auch temporal: früher, im Unterschied zum jetzigen Verhalten: *S. hat man auch der Mutter gefolgt!* u. ä.

Sutrai m.: Untergeschoß, Kellervorrraum. – Anm.: Frz. *souterrain.*

Sutte *sŭdę̆* f.: **1.** Lache, Pfütze, Sumpf; auch Verschüttetes, z. B. Kaffee in der Untertasse. – **2.** Gülle, Jauche; auch *Mist-* FRK.

Suttel f.: **1.** Pfütze, Morast, sumpfige Stelle. – **2.** äußerlich und innerlich unsauberes Weibsbild ALLG.

Suttenkrug s. *Sutterkrug.*

Sutter m.: Gefäß, in welches der Most von der Kelter rinnt.

suttere^n *-ü-* schw.: **1.** aus einem enghalsigen Gefäß stoßweise, in kleinen Tropfen herausfließen (mit eigentümlich gurgelndem Tone); bes. Kompos. *heraus-.* – Sieden, aufwallen, brodeln, schwach sieden, köcheln. – Sickern, vom Wasser. – Leicht, sanft regnen, gemächlich herunter regnen. – **2.** halblaut vor sich hin schimpfen, in sich hinein brummen, murren OSCHW.

Sutterer m.: stiller Zänker, Schimpfer.

Sutter-haf(e^n) m.: = *Sutterer.*

sutterig Adj. Adv.: sumpfig, feucht, naß.

Sutter-krug (Sutte^n-) m.; Demin. *-krügle^{in}* n.: langer, enghalsiger irdener Krug, in dem der Most zur Feldarbeit mitgenommen wurde, Sauerwasserkrug.

sutterle^n, *-ü-* schw.: Demin. zu *sutteren.* **1.** su leicht regnen. – **2.** *sü- (sĭ-)* sickern.

Sutter-wetter n.: schlechtes, feuchtes Wetter, = *Sudel-.*

suttlen s. *sudlen.*

Sutzel f., Demin. *-elle^{in}* ⌢ n.: **1.** Schwein (-chen), bes. in der Kinderspr. ALLG. – **2.** Demin. *-le^{in}* Liebkosungswort für Kinder ALLG. – S. *sutzlen.*

sutzle^n schw.: saugen, zullen, Flüssigkeit verschütten ALLG. – S. *suck(e)len.*

T

Siehe D

U

u *ū:* Interj. des Staunens, der Angst, der Frostempfindung (dann in gedehntes *w* übergehend).

übel *ībl; ī-* S. auch NW.; *-w-* (W.) NW. N. Adj. Adv.: übel. **1.** in der allgem. und vollen Bed. schlecht, böse. *Einem ü. wollen. Wenn man einem ü. will, find't man der Axt leicht einen Stiel.* Bes. aber *ü. nehmen,* dafür mehr *für ü. n. Nichts f. ü.!* – In andern Fällen mehr obj.: schlimm, nachteilig. *Es geht ü.* – Spezif. Verwendungen: *Übel Zeit* Mühsal, Anstrengung. – *Ü.* als Zusatz zu rühmenden, überh. positiven Ausdrücken = ungenügend, nicht recht. *Ü. auf sein* nicht wohl sein. *Ü. (hin)ausschlagen* schlimm enden. *Ü. höre^n* schwerhörig sein; vgl. *übelhörig.* Ebenso *ü. sehen* kurzsichtig sein. *Ü. trauen* mißtrauen. – Als Zusatz zu Ausdrücken, die etwas Unangenehmes bezeichnen, verstärkend: arg. – **2.** spez. von Übelkeit, Brechreiz, Schwindel, Ohnmacht. *Es wird mir ü.,* dafür auch *weh. Es wird mir (einem) (ganz) ü.* beim Anhören dummen Geredes. – **3.** neg.: *nicht ü.* lobend, ermunternd, wie nhd. Oft iron.: *Des wär^e net ü.!* auch noch gar.

übelgehörig s. *übelhörig.*

Übel-hauser m.: Verschwender. – **übel-hausig** Adj.: verschwenderisch haushaltend, übel wirtschaftend..

übel-hörig, *-g^{e}hörig* Adj.: schwerhörig, taub.

übel-leidig *-əi-* Adj.: unliebenswürdig, unliebsam.

übel-seh(en)ig Adj.: schlecht aussehend. Dass. ist übelsichtig.

übel-zeitig *-əi-,* S. *-ī-* Adj.: unermüdlich fleißig. *Er hat's ü.* viel verdrießliche Arbeit. Mühsam, beschwerlich, von Sachen: Wetter, Äcker, Arbeit. Elend, schwach.

übe^n I *ī̄bə (-w-)* Adv.: auf dieser Seite.

übe^n II *īəbə;* äuß. NW. *ī-;* W. NW. N. im Inlaut *-w-* schw.: wie nhd., üben.

über-bache^n st.: nur leicht backen.

Über-bei^n ⌢ n.: Sehnenscheidenanschwellung.

über-bocke^n schw.: überburzeln. Trans.: einen langen Stein, ein Holz ü. überkanten.

übere *-ę̄,* s. *-ī;* übe; iche Adv.: hinüber.

über-eck, *-ecks* ∪∪′ Adv.: diagonal, quer hinüber; bildlich: schief, verwirrt, durcheinander.

Über-eich *-əiχ* n.: die über den Rand überströmende Flüssigkeit. Dreingabe beim Kauf von Flüssigkeiten über das der Preisberechnung zu Grund gelegte Maß, bes. beim Weinkauf.

über-ei^n *-āē* Adv.: **1.** querfeldein. *Ü. gehen, laufen* über Äcker und Wiesen, nicht auf dem Weg. – **2.** *ü. werden, sein* von Sinnen, spez. im Fieber.

über-ein II, *-eins* Adv.: übereinstimmend, gleichgesinnt.

Über-fall ⌢ m.: **1.** wie nhd. – **2.** das auf das Nachbargut fallende Obst.

Über-fart f.: ⌢ wie nhd., über ein Gewässer. Auch das Fahren über ein Grundstück.

über-frage^n ∪∪′∪ schw.: zu viel fragen. *Da bin i^{ch} überfragt* das kann ich nicht beantworten.

über-gäge^n *-ę̄-* schw.: das Übergewicht bekommen.

über-gar, *-gär* Adj.: ein Essen *ist ü.* zu lang auf dem Feuer gestanden.

über-gäukle^n schw.: *übergäuklet sein* auf 101 kommen, ohne es anzusagen, s. *Gäukel.*

über-gebe^n st.: **1.** trans. wie nhd., v. a. ohne Obj. vom Bauern, der sein Hauswesen dem Sohn übergibt und in den *Ausding* tritt. *Er hat übergeb^{en}; he geit ^{n}it über* S. – **2.** refl. *sich ü.* sich erbrechen.

über-gehe^n st.: A. intr., mit sein; Betonung ′∪(∪). **1.** hinübergehen, lokal. *Wenn der Hafe^n voll ist, gaht er über.* – **2.** sauer werden, von Bier, Wein odgl. – B. ∪∪′(∪) trans. wie nhd., über etwas, über einen achtlos weggehen.

über-g^{e}scheid Adj.: überklug. Subst. *e^{in} Ü-le^{in}* (m. n.) iron. ein ganz Kluger.

über-gestern, -gerst Adv.: vorgestern.

Über-g^e^wicht n.: Verlust des Gleichgewichts. *Das Ü. kriegen, haben.*

Über-hang ◞◞◟ m.: was von einem Obstbaum auf das Nachbargut hinüber hängt.

über-haupt(s) ◡◡◞ -hŏpt S. u. NO.; -hāpt FRK.; -hŏps ALLG. Adv.: **1.** unter allen Umständen, ganz und gar, wie nhd. – **2.** im allgemeinen, in Bausch und Bogen. *Ü. verkaufen, geben* im Ramsch. Bes. *ü. nehmen* obenhin, ungenau. **überheinisch** s. *überheunisch.*

über-heunisch -āē-, FRK. -āī- Adj.: Tadel für Menschen oder Reden. Überspannt, halbverrückt, unbesonnen, plump, tappig.

über-hirnig Adj.: überspannt, unbesonnen. – **über-hirnisch** Adj.: dass. – **über-hirnt**; -hir^n^et -hīrət O. Adj.: dass.

über-hudle^n^ ◡◡◞◟ schw.: allzu flüchtig machen. – **über-huie^n^** ◡◡◞◟ schw.: dass.

über-hupfe^n^ ◡◡◞◟ schw.: überspringen, auslassen.

üb(e)rig Adj. (Adv., s. 1): **1.** übrig geblieben, bes. *ü. bleiben. Wer nicht kommt zu rechter Zeit, der muß essen, was ü. bleibt.* – **2.** überflüssig. a. übermäßig. *Nichts ü-s haben* nicht recht sein. *Du hast nicht ü.* höchste Zeit. *Ein ü-s tun* mehr als man schuldig wäre. *Ü-s g^e^nug* mehr als genug. – b. entbehrlich. *So ü. als e^in^ Kropf, 's 5t^e^ Rad am Wage^n^. Des ist ü.* Ausschlagen von Angebotenem.

über-kandidelt Adv.: übertrieben, überspannt.

über-komme^n^ st.: erhalten, erben, bekommen. *Der Acker ist mir von meiner Muater überkomme^n^.*

über-lade^n^ ◡◡◞◟ st.: **1.** wie nhd., zu schwer beladen, einen Wagen, Karren. – **2.** übtr. a. zu viel essen oder trinken. *Er hat ü.* ist betrunken; schwächer *hat g^e^lade^n^.* – b. Part. *überlade^n^* ohne Besinnung, im Delirium.

über-längt Adj.: **1.** länglich. Dafür eher *langlecht.* – **2.** überbeschäftigt. *Ü. wie der Dames, wie der Mäcke.*

über-lasse^n^ ◞◟◡ (-lau^n^ ◞◟) st.: **1.** übrig lassen. Bes. Part. *überg^e^lau^n^: ü-e Knöpfle^in^; Über-g^e^lau^n^e^s* Speiseüberreste. – **2.** wie nhd., anheimstellen.

über-laufe^n^ st.: **1.** intr., mit sein, trennbar, ◞◟◡: wie nhd., überfließen. Wasser, Milch, aber auch der Hafen, Brunnen usw. *lauft über.* – **2.** trans., untrennbar ◡◡◞◟: a. refl., *sich ü.* mit Laufen sich überanstrengen. – b. *Es überlauft mich* schaudert mich. – c. Part. *Der Himmel ist ü.* überzogen. – d. *einen ü.* ihn durch oftmaligen Besuch belästigen.

über-lebe^n^ ◡◡◞◟ schw.: **1.** trans., länger als einer leben. – **2.** refl., *sich ü.* zu viel essen oder trinken.

Überling -lễŋ m.: Überbleibsel, bes. Speiserest.

über-mache^n^ ◡◡◞◟ schw.: **1.** *etwas ü.* übertreiben,

zu stark betreiben. *Übermachet's net, ü-t nix* Anrede an fleißige Arbeiter. *I^ch^ hab's übermacht* mich überanstrengt. – Part. Prät. *übermacht,* S. -et: übertrieben, übermäßig. Adj. Bes. *Des ist (doch au^ch^) ü-t!* – Adv. *Ü-t viel. Ü-et schön.* – **2.** wie nhd., *einem etwas ü.* übergeben.

über-nachte^n^ ◡◡◞◟ schw.: **1.** intr., mit haben: wie nhd., irgendwo über Nacht sein. – **2.** trans.: Gäste ü., beherbergen.

über-nächtig ◞◞◟◡ Adj.: **1.** *ü. werde^n^* = übernachten 1. *I^ch^ bin ü. ^ge^bliebe^n^* bei Nacht nicht heim gekommen. *Er ist noch ü.* noch vom Abend her betrunken. *Ü. aussehen* überwacht, katzenjämmerlich. – **2.** was viell. nur noch über Nacht bestehen oder auch ü. N. vergehen kann; vergänglich, sterblich. *Der Mensch ist ü.* kann jederzeit sterben; Geld, Herrengunst u. ä. *ist ü.*

Über-nam^e^ I m.: Spott-, Spitzname.

Über-nam^e^ II f.: Übernahme eines Gutes udgl.

über-neme^n^ ◡◡◞◟ st.: **1.** wie nhd., z. B. einen Akkord ü. – **2.** überfordern, übervorteilen. – **3.** überwältigen: *Der Schlaf hat mi^ch^ übernomme^n^.* – **4.** refl., *sich ü.* sich überanstrengen o. ä. Auch zu viel trinken.

über-nistere^n^ schw.: närrisch werden. Gew. Part. *ü-nisteret* überspannt, überstudiert.

über-pappe^n^ ◡◡◞◟ schw.: überkleben.

über-richte^n^ ◡◡◞◟ schw.: **1.** trans., übertreiben, überspannen und dadurch verderben. – **2.** Part. *überricht^e^t.* a. Adj. Übertrieben, überspannt. Von Menschen: aufgeregt, hitzig, geradezu wirr im Kopf, geisteskrank. – Von Dingen: Ein Rebstock ist ü., wenn nicht gehörig abgezwickt wurde. – b. Adv. Übermäßig, maßlos OSCHW. ALLG.

über-ruck, über-rucks Adv.: auf dem Rücken.

über-schaffe^n^ ◡◡◞◟ schw.: refl. *sich ü.* überarbeiten. *Überschaffet euch net!* Zuruf an Arbeitende.

übersche s. *übersich.*

Über-schlag ◞◞◟ m.: **1.** was über etwas her geschlagen wird. Umschlag, Kragen. – **2.** ungefährer Plan, Anschlag. *Einen Ü. machen* S. über die Kosten.

über-schlage^n^ st.: **1.** drüber hin schlagen, phys. – **2.** schätzen, anschlagen. – **3.** umschlagen, umwenden. *^E^s hat de^n^ Karre^n^ ü.* umgestürzt. *E^in^ Blatt ü.* beim Umwenden; von da aus abstr.: übergehen, vernachlässigen, wie nhd. – **4.** einen Weideplatz ü. zu viel Schafe drauf treiben. – **5.** Part. lau, weder warm noch kalt, von Flüssigkeiten oder Luft.

über-schnappe^n^ schw.: ◞◟◡◟, trennbar: ein Stuhl odgl. *schnappt über, ist übergeschnappt* umgekippt. Übtr.: *Der schnappt no^ch^ (e^in^mal) über* wird verrückt. Part.: *übergeschnappt* verrückt.

über-schüttle^n^ schw.: leicht schütteln.

über-si^ch^ ◞◞◟◡ -ərsễ (-ī) S., sonst -ərsễ (-ī), im Südteil auch -*əšę̆ (-ĭ)* Adv.: nach oben, aufwärts. (Das Refl. als solches ist vergessen; *ü.* steht auch bei Subj. der 1. u. 2. Pers., und wo refl. Bed. klar hervortreten soll, tritt sofort lautl. Trennung ein: *Guck übersche,* aber *Er la^θt äll^es über si^{ch} gauⁿ).* Bes. mit Verben: *ü. guckeⁿ, lupfeⁿ* u. ä. – Opp. *abersich,* bes. aber *unter(sich). Untersi^{ch} übersi^{ch}* das Oberste zuunterst, drunter und drüber; bald in voller Form, bald kürzer: *(z^u)unterschübersche, (z^u)untersübersche.*

über-ständig ⌐◡◡◡ Adj.: noch übrig; mit dem Begriff des Veralteten, Entwerteten. Speisen, die ungenießbar geworden sind, Bäume, die geschlagen werden sollten, auch überlebte Menschen sind *ü.*

über-studiereⁿ schw.: **1.** *sich ü.* sich durch Studieren zu Grund richten. – **2.** Part. *ü-iert* überweise, närrisch.

über-stülpeⁿ *-ĭ-* schw.: umstülpen, z. B. zu lange Ärmel.

über-stürzeⁿ schw.: über den Kopf umstürzen; z. B. *ein Faß ü.*

über-stürzig Adj.: durch zu große Höhe umzustürzen drohend; von sehr großen, magern Menschen oder hoch aufgeschichteten Dingen.

über-supfeⁿ ◡◡⌐◡ schw.: ein ganz volles Geschirr *ü.* das Oberste vorsichtig wegsupfen. Ebenso übersupfleⁿ, -süpfleⁿ; übersufleⁿ. – über-sürfleⁿ schw.: *sürflend* wegsupfen.

über-treteⁿ ◡◡⌐◡ st.: **1.** *den Fuß ü.* verstauchen. – **2.** eine Vorschrift *ü.* wie nhd.

Über-trib m.: das Recht, Vieh über eine Grenze zu treiben.

Über-tuch n.: Tuch über etwas her.

über-tuⁿ st.: **1.** Kartoffeln, Wasser usw. *ü.* (⌐◡) auf das Feuer stellen. – **2.** *(etwas) ü.* ◡⌐ übertreiben, prahlen.

über-windlingeⁿ *(-ling; -lig* TIR.) Adv.: **1.** *ü.* nähen so nähen, daß der Rand des Stoffs umwunden, umschlungen wird. – **2.** mit Selbst-Überwindung, Widerwillen, bes. vom Essen. – **3.** das Untere nach oben TIR.

über-zaleⁿ ◡◡◡ schw.: zu hoch bezahlen. *Des ist überzahlt* u. ä.

Über-ziech^e *-īəχ* f.: Bett-Überzug.

Über-zieher m.: Überrock.

über-zopfleⁿ ◡◡⌐◡ schw.: Johannis-, Stachelbeeren udgl. *ü.:* die vor der Lese schon reifen Beeren weglesen.

über-zwerch ⌐◡◡ *-tswę̆rχ* N. NW.; *-tswę̆rg; -tswę̆ər,* öfters *-s: -zwergs, -zwers, -zwerts, -zwersch* Adv. Adj. Subst.: **1.** quer herüber. *Das Kind liegt ü. im Leib* in der Querlage. – Subst. *'s Überzwerch^e* Brustbein bei Ochse und Kuh, Rippenstück vom Rindvieh; es liegt zwischen der hohen und abgedeckten Rippe, dem Bauchlappen und Lappen. – **2.** bildlich, wie nhd. quer, schief: ungeschickt, unpassend. *Das kommt mir*

ü. quer. *Es geht ü.* ebenso. *Alles ü. nehmen.* – **3.** als Charaktereigenschaft, adj.: verkehrt, verdreht, ungeschickt; auch insbes. störrisch, unzufrieden, mürrisch. *Einen ü-en Kopf haben.*

uf- s. *auf-.*

Ufemerge s. *Avemaria.*

Uffart s. *Auffart.*

uffe s. *aufe.*

uhu Interj.: Ausruf des Schauders, Schreckens.

ui: Interj. der Verwunderung, des Schreckens, auch der gespannten Erwartung, gern mit langgedehntem Konson. *j* statt des *i,* stets mit kurzem *u.* Verdoppelt *ui ui!* Namentlich im Gebrauch mit nachf. Entstellungen des Namens *Jesus: ui Je, -Jess* u. ä. Diese Interjj. mit *ui* sind ganz vorwiegend von Weibern gebraucht.

ui, uich = euch.

Ulrich *ūəlrĭχ;* Kurzformen: U r e c h *-ūə-;* U r e *ūərę̆ (-ə);* U r l e *ūərlę̆;* U l e *ūəlę̆* m.: **1.** männl. Taufname, nach dem hl. U., Bischof und Patron von Augsburg. Sein Tag, (S.) U l r i c h s t a g, ist der 4. Juli. U. ist der Patron gegen Mäuse. – **2.** *Ure* unbeholfener, überzwercher Mensch.

um *ŏm,* N. S. *ŭm* Adv. Präp.: um ganzen wie nhd. Einige besondere Verwendungen: **1.** A d v e r b. Als Präd.: *Es ist um (viel um, weit um)* ein Umweg. *Gut und krumm ist nichts um. Um und um,* kürzer *umədum(ə):* ringsum, allenthalben. *Maⁿ schwätz^e darvoⁿ um und um.* Auch *dumədum* da und dort. – **2.** P r ä p o s i t i o n , mit Akk. a. lokal. *Um den Weg sein,* bleiben, in der Nähe, bereit. – b. modal, kausal, temporal. *Um eⁱⁿ neu^es* aufs neue. *Die um 8 Jahr* die 8 Jahr Alten. *Um's (um eⁱⁿ) Haar, Härleⁱⁿ* beinahe. *Um's Kenneⁿ, Denkeⁿ, Merkeⁿ* ebenso. *Um etwas kommen* es verlieren, (um geschehen). Wie bald ist's *um eⁱn^{en} Menscheⁿ.* Net um die nicht deshalb. *Um's Leben, um's Verrecken* u. ä. *Um den 1. Jan. ('rum)* u. ä. Bes. mit Stundenangaben. Hier aber im Sinn genauer Angabe: *Um zehne, um halb eins.* Runde Angabe mit *um eⁱⁿ X,* auch *so um eⁱⁿ X.*

um-ackereⁿ ⌐◡ (-äckereⁿ, -zackereⁿ) schw.: umpflügen, den Acker oder einen andern Teil des Geländes.

um-ätzeⁿ ⌐◡ schw.: *einen u.* ihm der Reihe nach unentgeltlich die Kost reichen.

um-betteⁿ ⌐◡ schw.: *einem u.* sein Bett in eine andere Bettstelle bringen.

um-bockeⁿ ⌐◡ schw.: **1.** trans.: anders schichten. Bes. Torf *u.* – **2.** intr. mit sein: umfallen.

um-bringeⁿ ⌐◡ schw.: wie nhd., töten. Dafür das meist übliche Wort. Ein großes Vermögen, ein haltbares Zeug odgl. *ist nicht zum U.* verbrauchen, zerstören.

um-buckeⁿ ⌐◡ schw.: ein Stück Zeug, Papier udgl. *u.:* einen *Buck,* Knickung drein machen; z. B. *den Saum u.*

um-burzle[n] ⌢‿ schw.: umfallen, doch mehr komisch.

um-decke[n] ⌢‿ schw.: *(das Dach) u.* die Ziegel, Platten o. ä. wegnehmen; das Dach neu decken.

um-dree[n] ⌢‿ schw.: umdrehen. S. a. *-keren.* **1.** trans. wie nhd. *Einem den Kragen u.,* vom Geflügel hergenommen; bes. als Drohung. – **2.** intr., mit sein: = *umkeren.*

um-einand(er) ‿‿⌐(‿) Adv.: hin und her, umher, bes. von ungeordneter Bewegung. Bes. mit Verben: *u. fackle*[n] mit dem Licht unvorsichtig umher zünden. *U. dausle*[n] *-ǝu-* planlos umherschlendern. *U. g*[e]*heie*[n] hier- und dorthin werfen. *U. gehen* von einem zum andern g. *U. gau*[n] *lau*[n] von einem zum andern geben. *U. grattle*[n] umher schleichen. *U. gunkele*[n] hin und her pendeln. *U. hasple*[n] unachtsam umherfahren. *U. jäuche*[n] umher jagen. *U. jockle*[n] immer unterwegs sein. *U. kaible*[n] mühsam umhergehen. *U. keßle*[n] umherziehen. *U. schlenkle*[n] umher schlendern. *U. schnäukle*[n] ohne Appetit an den Speisen herum kosten. *U. stehen* herumstehen. *U. sürmle*[n] umher taumeln. *U. zottle*[n] herumvagieren.

um-fare[n] st.: **1.** ⌢‿ trennbar: umherfahren, im Fahren einen Umweg machen. – **2.** ‿⌐‿ untrennb.: trans., um etwas herum fahren; eine gemalte Figur odgl. mit Bleistift oder Tinte u. o. ä. – **3.** trennbar, ⌢‿: beim Fahren umstürzen, umlegen.

um-fliege[n] st.: trennbar, ⌢‿: umfallen, umstürzen.

um-gäge[n] *-ę̄-* schw.: **1.** trans.: umstürzen, ein Gefäß odgl. – **2.** intr. mit sein: umstürzen.

um-g[e]**heie**[n] ⌢‿ schw.: **1.** intr., mit sein: umfallen. – **2.** trans., umwerfen, auch umstoßen. Insbes. a. *ein Fuhrwerk u.,* auch *mit dem F. u.* oder *u.* ohne Zusatz. – b. abortieren. – c. Bankrott machen.

um-gieße[n] ⌢‿ st.: aufs neue gießen, z. B. eine Glocke.

um-gucke[n] schw.: sich umsehen. – RW.: *Da wirst dich umgucken* wundern.

um-hagle[n] schw.: umfallen, derb.

um-hurgle[n] ⌢‿ trennbar, schw.: umfallen.

um-impte[n] *-ēmptǝ* ⌢‿, trennbar, schw.: einen Baum *u.* pfropfen. *Ein umg*[e]*impf*[t]*ter Baum.*

Um-ker- *-ę̄-, -ę̄-, -ae-, -ę̄ǝ-* f.: das *umkeren 2.* Bettelmanns *U.* große Armut, schlechte Haushaltung.

um-kere[n] ⌢‿ schw.: **1.** trans., = *umdrehen 1.* Heu *u.* wenden. *Die Hosen u.* die Notdurft verrichten, bes. im Freien. – Refl., *sich u. Sich noch im Grab, unter'm Boden u.* – **2.** intr. mit haben: den Rückweg antreten. – **3.** Part. *umg*[e]*kehrt.* a. zu 1. *Sein, werden wie ein u-er Handschuh (Sack).* Dann wie nhd., konträr. *Es ist nicht so, es ist (grad) u. u. ä. Umg*[e]*kehrt!* im Gegenteil, scharfe Opposition; s. b. – b. Spiel mit 1 und 2: *Umg*[e]*kehrt ist au*[ch] *g*[e]*fahre*[n] (Zusatz: *nur (aber) net grad aus)* das Gegenteil ist richtig.

um-kugle[n] ⌢‿ schw.: mit rollender Bewegung umfallen.

um-lasse[n] ⌢‿ st.: **1.** refl. *sich u.* sich um etwas bemühen. Unartig, wild, ausgelassen sein, von Kindern. Bes. mit Zusatz: *wie 3 Mäus*[e]. *Er la*[ß]*t si*[ch] *um, wie wenn er Wefzge*[n] *im Füdle hätt*[e]. – **2.** *Es la*[ß]*t um* wird schlechtes Wetter TIR.

um-laufe[n] ⌢‿ st.: **1.** herum, umher laufen. – *Was laufst um? Was willst?* – **2.** im Gehen einen unfreiwilligen Umweg machen. *I*[ch] *bi*[n] *weit umg*[e]*loffe*[n].

um-mache[n] schw.: ⌢‿, trennbar. a. in der Arbeit abwechseln SW. – b. umarbeiten. *Mahde*[n] *u.* umwenden, auflockern. *Frucht u.* mähen.

umme *ǫ̈mę̆, -ǝ;* S. *ŭ-* Adv.: hinum. **1.** für sich stehend: hinüber. *Grad u., sel*[b]*t u., um's Eck u.* *u. ä. Er ist u.* fort. *Es wird (ist) mir (ganz) u.* weh, schwach. Stärker: *Mit dem geht's* (o. ä.) *umme* stirbt bald. – **2.** adv. Zusatz zum Verb. *U. binde*[n] st.: ein Kalb *u.* nach dem Entwöhnen nicht verkaufen, sondern großziehen. *D*[as] *Maul u. b.* Hunger leiden. *U. gehen* st.: 1) hinüber gehen. *Gang besser u.;* 2) sterben. *U. gucke*[n] schw.: sich umsehen. *U. gurre*[n] schw.: sich leichtfertig umhertreiben, von Mädchen. *U. lege*[n] schw.: umdrehen. *U. laufe*[n] st.: hinum, herum laufen. *U. leine*[n] schw.: hinlehnen; weglegen, abtun. *U. rucke*[n] schw.: hinum rücken. *U. weifle*[n] schw.: kraftlos umher schwanken.

ummer *ǫ̈mǝr,* N. S. *ŭ-; ĩmǝr* FRK. Adv.: **1.** für sich stehend: herum, umher; gewöhnlicher *'rum. Auf'm Feld u.* – **2.** als adv. Zusatz zum Verb. In den verschiedensten Verbindungen, z. B.: *u. geistere*[n] schw.: umher schleichen. *U. g*[e]*ruste*[n] *-ŭ-* schw.: ohne Obj., *Gerust,* Gerümpel, aufräumen. *U. gucke*[n] schw.: umblicken. *U. komme*[n] st.: 1) herum kommen. – 2) genesen; bes. subst. *Inf. im U. k. sei*[n]. *U. leine*[n] schw.: faulenzen. *U. leire*[n] schw.: etwa dass. *U. lu*[n]*tsche*[n] schw.: herumlungern. *U. schaffe*[n] schw.: dies und das, aber nichts Rechtes arbeiten. *U. schleife*[n] schw.: umherschleppen. *U. schneckle*[n] schw.: (schmeichelnd) herumschleichen, bes. von Kindern. *U. soche*[n] schw.: kränkeln. *U. stänkere*[n] schw.: faulenzen, aufmüpfig sein. *U. stehen* st.: umher stehen. *U. stoffle*[n] schw.: geräuschvoll umhergehen. *U. strüle*[n] *-īǝ-* schw.: sich unordentlich umhertreiben. *U. trage*[n] st.: herumtragen.

ummesust s. *umsust.*

um-modle[n] ⌢‿ schw.: verändern. *Des Haus ist ganz umg*[e]*modlet wor*[d]*e*[n].

um-orgle[n] ⌢‿ schw.: ganz und gar verändern; mit meist tadelndem Nebenton. *Er ist wie umg*[e]*orglet.*

Um-rank *-răŋk,* W. *-răk* m.: Biegung eines Wegs. *Die Straße,* auch *der Fluß, macht einen U.*

um-raume[n] ⌢‿ schw.: umräumen, neu, anders einräumen. – S. *raumen.*

um-reiße^n ⌃◡ -əi- st.: **1.** niederreißen. – **2.** ernsthaft oder scherzhaft raufen, so auch von Liebenden. – **3.** einen Neubruch u. erstmals pflügen.

um-rudle^n ⌃◡ -rūə- schw.: herumrühren.

um-rüre^n ⌃◡ schw.: Flüssigkeit, Teig u. wie nhd. Part. Umg^{e}rürt^{e}s n.: **1.** zerschnittener Eierkuchen, *Eierhaber.* Dafür auch Umrürete f. – **2.** Rede, die mit vielerlei wenig sagt.

um-säble^n ⌃◡ schw.: umhauen. *Kraut u.*

um-säge^n ⌃◡ schw.: einen Baum odgl. durch Sägen fällen.

um-sattle^n ⌃◡ schw.: **1.** eig. – **2.** übtr. Seine Meinung ändern. Bes. aber: den Beruf, das Studium wechseln. *Er hat umg^{e}sattelt.*

Um-schau f.; um-schaue^n ⌃◡ schw.: nach Arbeit suchen.

um-schaufle^n ⌃◡ schw.: mit der Schaufel umwenden.

um-scheibe^n -əi- st.: umdrehen. Insbes. *den Wagen u.,* mit und ohne Obj. Übtr.: Sich anders besinnen, einlenken.

um-schieße^n ⌃◡, trennbar st.: **1.** trans., ein Ziel durch einen Schuß umlegen, umstürzen. – **2.** das in den Backofen *eingeschossene* Brot, das ungleich *angebacken* ist, in seiner Lage ändern.

um-schinde^n ⌃◡ st.: unruhig sein, herumrutschen, springen, sich im Bett wälzen. Lärmen, kindisch tun. Im Scherz kämpfen. Unartig an den Kleidern herumzerren. Synn. *barren, feigen, gop-(l)en.*

um-schlage^n st.: ⌃◡, trennbar. **1.** trans. physisch: umwenden, umkehren. Heu oder Frucht u. mit Holzgabel oder Rechen. Ein Tuch odgl. u. wie nhd. – **2.** intr. a. umfallen. *Er ist umg^{e}schlage^n.* – b. sich umwenden; bildl.: anders werden. Der Wind, das Wetter *schlägt um.* Bier, Wein odgl. *schlägt um* wird ungenießbar.

um-schlägig Adj.: veränderlich, von Wetter, Krankheit o. a.

um-schmeiße^n ⌃◡ st.: **1.** zu Boden werfen. Spez. vom Wagen; *Wer nicht umschmeißt, lernt nicht aufrichten.* – **2.** übtr., ohne Obj. a. niederkommen, bes. zu früh. – b. bankrott werden.

um-schore^n ⌃◡ schw.: mit der *Schore* umgraben.

um-schucke^n ⌃◡ schw.: durch einen Stoß umwerfen.

um-schuckle^n ⌃◡ schw.: müßig herumlaufen.

um-schußle^n ⌃◡ schw.: **1.** trans., durch *schuß(e-)len,* hastiges Benehmen etwas umwerfen. – **2.** intr., sich *schusselig,* hastig benehmen. *U. wie e^{ine} Brem^e.*

um-springe^n ⌃◡ st.: **1.** herum springen. – **2.** so oder so, bes. übel, *mit einem u.* ihn behandeln.

um-stehe^n st.: ⌃◡, trennbar. Zugrunde gehen. Bes. von Wein, Bier, Essig, Kraut.

um-stelle^n ⌃◡ schw.: anders hinstellen.

um-sust (-sonst); *umməsust* Adv.: wie nhd., vergeblich und unentgeltlich. *U. ist der Tod (und*

der kost^{e}t 's Lebe^n). Nicht ohne Ursache. *U. hat dui keine so rote Bäckle^{in}.*

um-torkle^n ⌃◡ schw.: **1.** umher torkeln. – **2.** torkelnd umfallen.

um-treibe^n ⌃◡ st.: **1.** trans. a. phys., herum treiben, betreiben. *Mit de^n dumme^n Leut^{en} treibt ma^n d^{ie} Welt um.* – b. quälen, schikanieren. Eine Sache *treibt mich um* läßt mir keine Ruhe. – c. ein Geschäft, Kapital o. ä. *u.:* lebhaft betreiben, wie nhd. – **2.** intr., mit haben: laut und unordentlich sich benehmen, bes. von Kindern, Schülern.

Um-trib m.: **1.** zu *umtreiben 1 b.* – **2.** zu *u. 1 c.* **2:** Geschäftigkeit, bewegtes Treiben. *Einen großen U. haben; Dort ist immer ein U. Der muß immer einen U. haben.* – um-tribig Adj.: betriebsam, von Menschen.

um-tu^n ⌃ st.: **1.** anders machen. – **2.** refl., *sich u.* (um etwas) geschäftig sein.

um-wende^n ⌃◡ schw.: umwenden. Z.B. *Heu u.,* mit st. Part. *umg^{e}wunde^n;* eine Reihe umgewendeten Heus heißt Umwendetle^{in} n., auch Umwendete f.

umzackeren s. *umackeren.*

u^n**-** $\check{\bar{\text{o}}}$-, N. $\check{u}$-, S. $\check{\bar{u}}$- u-, nö. v. Bod. $\check{u}\eta$-; $\bar{a}\bar{o}$- W.; vor Vokal meist mit Hiatus, seltener mit Herstellung des -n-: das negative Präfix. Neben der rein neg. Bedeutung in manchen Fällen tadelnde, pejorative, z.B. *Unhaus, Unweg;* daneben steigernde: *Unhaus* großes, prächtiges H., *Unweg* guter W., *unschnell* sehr schnell u. ä. In selbständiger Stellung, wo man keine Kompos. mehr empfindet: *I^{ch} hau^n müesse^n u^n springe^n* sehr schnell laufen.

u^n**-abg^{e}schleckt** Adj.: ohne abzuschlecken.

un-angenem $\check{\text{o}}\check{a}\text{g}\eta\check{\text{e}}\text{m}$ ⌃⌃ Adj.: wie nhd. Soll Kriterium schwäbischer Nasale sein, ist aber Halb-MA.

un-artig -ā-, un-ärtig -ę̄- Adj.: **1.** was keine Art hat. – **2.** von Menschen, moralisch. $\bar{a}\bar{o}\eta\bar{e}rt\check{e}\chi$, *-aerdę̆χ,* häufiger *-naedę̆χ* widerwärtig, unausstehlich; bes. flegelhaft, nam. von Kindern. Da und dort auch *unnötig 2* verdrängt.

unb- s. a. *ungeb-.*

U^n**-band** m.: unbändiger Bursche ALLG.

u^n**-bärig** -ę̄- Adj.: ungebärdig, schwer zu behandeln; von Menschen, Tieren, Böden, Holz, Stein usw. Ungeschickt, unbeholfen; ungehobelt, störrisch.

u^n**-b^{e}häb**^{e} Adj.: undicht. Von Menschen: wer nichts festhalten kann, z.B. Kot, Urin. Bes. aber, wer nicht schweigen kann.

u^n**-b^{e}raffelt** Adj. Adv.: wovon man nicht spricht. Bes. aber müssen magische Handlungen, z.B. sympathetische Kuren, u. geschehen: weder der Ausübende noch ein anderer darf dabei reden.

u^n**-b^{e}rupft** Adj.: ungerupft, ungetadelt; schadlos. *Ich bin u. davon gekommen.*

413

uⁿ-beschrieⁿ st.: **1.** *einen u. lassen* nichts Übles von ihm sagen. – **2.** unberufen; spez. wie *unberaffelt*, bei magischen Handlungen. Daher interjektionell: *u.!,* wenn das eigene Befinden odgl. gerühmt wird. *Heut ist mir's wieder wohl, u.!*

uⁿ-beseheⁿ Adv.: ohne erst nachzusehen. Eine Ware *u.* kaufen u. ä.

Uⁿ-bill f.: Unding, Ungeheuerlichkeit, Unrecht.

uⁿ-bös Adj.: **1.** sehr b., zornig. – **2.** Adv. negat. *net u.* nicht schlecht, bös, gehörig. *Der schreit ⁿet u.* und- s. a. *unged-, unget-, unt-.*

Uⁿ-daus *-dəus; -dŭs;* Pl. -däusᵉ *-dəis* (S. *-i-*) m.: Streich, schlechter, sei es aus Absicht sei es aus Ungeschick SW. S. *Der (läßt niemand 'n U. tuⁿ; er) tut älle Uⁿdäusᵉ selber.* Persönl.: Mensch, der nicht gehorcht ALLG.

Uⁿ-deiⁿleⁱⁿ n.: arges *Deiⁿleⁱⁿ,* schwächliches Mädchen.

Uⁿ-ding n.: Unmöglichkeit.

uⁿ-drüß o. ä. Adj.: überdrüssig, verdrießlich. Meist in der Form *uⁿdrütz.*

uⁿ-ebeⁿ *-ēbə* Adj.: **1.** phys., wie nhd. – **2.** übtr., unpassend, ungeschickt.

uneglen s. *aneglen.*

uⁿ-fanzig Adj.: ungezogen; jähzornig; langweilig; ekelhaft.

Uⁿ-flat *-ō̱-, āō̱-, ŭ-; -flǭt,* O. *-flaot,* FRK. *-flǭət;* Pl. (zu 3) Uⁿfläter m.: **1.** Unsauberkeit, spez. Körperausscheidung. – **2.** übtr. von irgend etwas Verächtlichem, wie *Dreck,* aber stärker verwerfend und nicht, wie *Dr.,* auch bloß verkleinernd. – **3.** Schelte für einen unsaubern, lümmelhaften Menschen.

uⁿ-flätig *-ē̱-,* w. FRK. *-ē̱-,* sö. FRK. *-ē̱ə-,* Adj.: wie nhd., unsauber, unmanierlich, grob u. ä. *U. hinsitzen, u. reden* u. a.

Uⁿ-form, zumeist Uⁿ-furm *-fŭr(ə)m;* Pl. -fürmᵉ *-ĭ-* m.: Unart, Untugend, schlechtes Betragen, bes. angewöhntes; auch einer, der solche hat. Das Wort fehlt dem (N)W. *Unfürme haben, treiben, machen.*

Uⁿ-furᵉ *-fūər* f.: übles Benehmen, Unfug.

Unfurm, -fürm(e) s. *Unform.*

uⁿ-gäbᵉ *-gēb* Adj.: was sich nicht geben will; widerspenstig, von Mensch und Tier, unartig, unbändig; nicht zu bewältigen von leblosen Dingen, vom Boden, Fleisch. – Uⁿ-gäbe *-ē̆* f.: das *u.*-sein. *Er macht Uⁿgäbeⁿ* Schwierigkeiten.

uⁿ-gattig *-ă̆-;* -gattelich; -gättlich *-ĕ̆-* Adj.: nicht *g.,* sich nicht fügend, nicht passend. Von der Form oder Brauchbarkeit von Körpern und Gegenständen: ein Paket ist *u.* zum Packen odgl., bis zur Unart von Menschen; also etwa wie *ungäbe.*

uⁿ-ᵍᵉbacheⁿ Adj.: ungebacken, ungeschlacht, roh; auch uⁿᵍᵉbackt. Als Adv. auch steigernd: *u. schöⁿ* überaus schön.

uⁿ-ᵍᵉboret Adj.: grob, flegelhaft OSCHW.

uⁿ-ᵍᵉeicht *āōgəiχt;* uⁿ-gᵉicheⁿ *-ĭ-* Adj.: sozusagen nicht amtlich geeicht; wer sehr viel trinken kann.

uⁿ-ᵍᵉesseⁿ Adv.: ohne zu essen. *U. in's Bett gehen.*

uⁿ-ᵍᵉfanz(e)t Adj.: unartig, lümmelhaft. – S. *unfanzig.*

uⁿ-ᵍᵉfirmt Adj.: noch nicht gefirmt; kath. allgem.

uⁿ-ᵍᵉformet, gew. *-furm(e)t* Adj.: **1.** wörtlich: formlos, plump. – **2.** übtr.: roh, unartig S. Auch *uⁿgᵉfürmt,* an *uⁿgᵉfirmt,* s. o., angelehnt.

ungefurmet s. *ungeformet.*

uⁿ-ᵍᵉheißeⁿ Adj.: unaufgefordert.

uⁿ-ᵍᵉheit *-khəit* Adj. Adv.: **1.** *einen u. lassen* ungeschoren. – **2.** in positiver Bed. a. Adj. Unsinnig, widerspenstig, streitig, unartig. Kräftig, korpulent, rüstig, bes. von Kindern. Groß, viel: *u-er Lärm.* – b. Adv.: stark, sehr. *Es regnet u.*

uⁿ-ᵍᵉhobelt, s. -gᵉhoblet Adj.: eig. und übtr.: grob, ungeschliffen.

ungeⁱchen s. *ungeeicht.*

uⁿ-ᵍᵉmacht, südl. -et Adj.: **1.** nicht gemacht, nicht zubereitet. *Man soll keinen Narren (Ochsen) eine u-e Arbeit sehen lassen. Das Bett ist u.* noch so, wie einer drin gelegen ist. – **2.** ungeschliffen, plump, unartig.

uⁿ-ᵍᵉopferet Adv.: ohne (Kirchen)Opfer.

uⁿ-ᵍᵉputzt Adj.: **1.** wörtl., ungereinigt. *U-e Nase, Schuhe* u. ä. – **2.** Schelte. *U-er Löffel, u-er Saukopf* u. ä.

uⁿ-ᵍᵉrad Adj.: **1.** von Zahlen: durch 2 nicht teilbar. – **2.** der kleine Rest über oder unter einer runderen Zahl. *6 Mark und u.* über 6 M. – **3.** was nicht sauber aufgeht, nicht in der Ordnung ist. *Etwas u-es tun* Unrechtes.

uⁿ-ᵍᵉrateⁿ *-ō̱-* Adj.: mißraten.

uⁿ-ᵍᵉrechet Adj.: noch nicht mit dem Rechen bearbeitet. *Auf'm U-eⁿ äreⁿ* stehlen.

uⁿ-ᵍᵉrüig *āō̱-, ō̱-grĭəbĭg* Adj.: unruhig.

uⁿ-ᵍᵉrupft Adj.: wie nhd. *U. davon kommen; einen u. lassen.*

uⁿ-ᵍᵉsalzeⁿ Adj.: wie nhd.; RAA. *Lieber uⁿgᵉschmalzeⁿ als u. Es frißt keiⁿ Bauer (Schwabᵉ) nix u., er gᵉheit's eh in Dreck,* wenn einem ein (Butter-)Brot auf den Boden fällt.

uⁿ-ᵍᵉschafft Adj. Adv.: ohne zu arbeiten.

uⁿ-ᵍᵉscheid Adj.: nicht klug. *Eⁱⁿ u-s Gᵉschwätz, eⁱⁿ u-er Mensch. Alt und u. ist ein Hauptmangel.* Gew. stärker: nicht bei Trost, verrückt: *u. sein, wie u. tun.*

uⁿ-ᵍᵉscheniert Adj.: **1.** pass., unbelästigt. *Ich bⁱⁿ u. ᵍᵉbliebeⁿ.* – **2.** akt., ohne sich zu *schenieren,* keck, dreist.

uⁿ-ᵍᵉschickt *āōgšĭt; -kt* Adj.: von Menschen und Dingen. Subjektiv: nicht wohl brauchbar. *Ei, wie u. bist du!* Wenig handlich, von einem Werkzeug odgl. Objektiv: unangenehm, unbequem. *Eₛ ist u., u. herᵍᵉgangeⁿ. Du kommst Eine Person ist u. im Wege.*

u^n-g^{e}schlacht Adj.: unfein, rauh. Von Dingen und Menschen. Rauhhaarig, vom Rindvieh. Von Holz: uneben, knorrig.

u^n-g^{e}schlappet; -g^{e}schlattet Adj.: = ungeschlacht.

u^n-g^{e}schmack(t) Adj.: nach nichts oder übel schmecken. Unangenehm, widerwärtig, bes. v. Menschen.

u^n-g^{e}schmirt Adj. Adv.: ohne Schmiere. *Das geht (nicht) u. u.ä.*

u^n-g^{e}schwätzt Adv.: ohne weiter zu reden.

u^n-g^{e}spitzt Adv.: *einen u. in Boden 'nein schlagen* Drohung.

u^n-g^{e}strält Adj.: ungekämmt.

u^n-g^{e}streift Adv.: ohne anzustreifen, ohne zu berühren.

u^n-^{ge}ta^n *āōdāō, ǭ-* Adj.: **1.** widerwärtig, grob, unartig, von Menschen und Dingen; auch vom Wetter. – **2.** nicht getan.

u^n-^{ge}trunke^n Adv.: ohne getrunken zu haben.

U^n-gewisse -ẹ̆ f.: Ungewißheit.

u^n-^{ge}zalt Adj.: ohne zu zahlen.

ungriebig s. *ungerüig.*

u^n-gut Adj.: nicht gut; aber stets moralisch oder auch ästhetisch ablehnend. Von Menschen: schwer zu behandeln, mürrisch udgl. *U-s Fleisch* übelschmeckendes. Bes. in präp. Wendungen, und zwar in negat. oder subj. Satz. *Nichts für u.!;* spez. beim Abschied, wenn es Meinungsverschiedenheiten gegeben hat.

u^n-häbig Adj.: schwer zu haben, zu behandeln.

u^n-keck Adj.: schüchtern.

u^n-kolbet Adj.: von rohem Benehmen NO.

u^n-kommod -ọ̄d ⏑ Adj.: unbequem.

U^n-lärm m.: großer Lärm.

u^n-leidig -ǝi- Adj.: pass., unleidlich, von Dingen und Menschen; schlecht gelaunt.

u^n-litte^{n}lich -lǐdǝ- Adj.: unleidlich, unerträglich, bes. von Menschen: unausstehlich, mürrisch. – u^n-littig -ī- Adj.: dass. ^{E}*s ist mir so u.* z.B. bei großer Hitze. Gew. aber von Personen, die allem gegenüber empfindlich, mürrisch sind.

u^n-lustig Adj.: Unlust erregend; bes. von schlechtem Wetter.

u^n-mächtig Adv.: verstärktes mächtig: sehr, überaus. *U. groß, u. stark.*

U^n-ma^{nn} m.: **1.** großer, starker Mann. – **2.** Unmensch, böser, aber auch nur ungefälliger udgl.

u^n-mär -mẹr Adj.: verachtet; schwächer: gleichgültig, zuwider, unwert.

u^n-mögig Adj.: unliebenswürdig.

u^n-möglich, -müglich -ī- Adj. Adv.: **1.** wie nhd. – **2.** Adv., bloß steigernd: *u^{n}mügli^{ch} gut, schö^n, viel, teuer, wolfeil* u.a.

U^n-muß -ūǝ- m. f.: **1.** Unmuß(e) sachlich: Beschäftigung, Arbeit, spez. von schwerer, dringlicher Arbeit. *Voll U., lauter U. sein.* – **2.** m. unruhiger Mensch, bes. oft für Kinder.

u^n-müßig -üe- Adj.: stark beschäftigt. *I^{ch} hab's u. Sind ihr u.?* o.ä., Gruß an Arbeitende. Noch mehr aber tritt der Begriff der Unruhe, öfters tadelnd, hervor, Kindern und Erwachsenen gegenüber.

U^n-mut -ūǝ- m.: etwa wie nhd., doch allgemeiner: Kummer. *Heut^e bin ich voll U.* mißgestimmt. – un-mutig Adj.: bekümmert.

U^n-nam^e m.: Spott-, Spitzname. – u^n-name^n schw.: *einen u.* ihm einen U. geben.

unnen s. *unten.*

U^n-not ǭ-, āō-; -ǭ-, -ǭ-, -āō-, -ǭǝ- f.: **1.** große Not. – **2.** wie nhd., Unnötiges, Überflüssiges, immer tadelnd. Insbes.: a. *U.;* Demin. *U^{n}nötle^{in}* āōnaedlẹ̆ n.: umtriebiges Weib. Vgl. *Unnotelein.* – b. zumeist präd.: unnötig. *Des wär^e e^{ine} U., so 'me^n Lumpe^n au^{ch} no^{ch} Geld ge^{ben}.*

U^n-notele^n āōnaodǝlẹ̆ ⏜⏑‿ n.; U^n-noteler m.: wer es immer eilig hat, Wichtigtuer. – u^n-note^n āōnaodǝ schw.: sich umtriebig, betriebsam benehmen.

u^n-nötig -ẹ̄- S., -ẹ̆- NW., -ae- W., -ẹ̆ǝ- O. Adj.: **1.** wie nhd. *So u. wie ein Kropf.* – **2.** aufdringlich mit -ae- unartig. – Vgl. *unartig 2.*

u^n-prästierlich -brẹ̆- ⏜⏑ Adj.: unerträglich, von Dingen und noch mehr von Menschen.

U^n-rue ǭ-, ŭ- usw.; -rūǝ f.: Unruhe. **1.** abstr., etwa wie nhd. *Der Kranke hat so e^{ine} U. in ihm.* – **2.** Perpendikel, überh. Regulator des Uhrwerks. – **3.** unruhiger Mensch: *Du U.!* – **4.** Bärlappgewächse, Lycopodiaceae.

u^n-rüig, auch u^n-g^{e}rüig Adj.: unruhig; nervös, aufgeregt.

unscheniert s. *ungesch-.*

U^n-schick, Pl. ebenso, m.: Ungeschicklichkeit, unpassender Streich. *Einen U. tun. Der läßt niemand einen U. tun (machen),* er tut alle selber.

Unschlitt n.: Talg. Lautform erste Silbe: ǭš-, s. ǔš- im größten Teil des Gebiets, außer NO. SO. – **2.** zweite Silbe: -lǐt, -lǐχ, -lẹ̆χ Hauptgeb. gew., -lǐk.

U^{n}sel āōsl m.: Aufregung, Verwirrung, die zu einer ruhigen Handlungsweise unfähig macht. Die Ursache kann Zorn, Angst odgl. sein, oder auch Freude oder Erwartung. Wesentl. ist dem Worte nur der Begriff der psych. Erregung und halben Unzurechnungsfähigkeit, das „Außersichseins". Bes. häufig im *Au^{n}sel. I^{ch} hau^n mei^n Sacktuch im A. vergesse^n. I. A. bin i^{ch} mei^n fort^{e}loffe^n. Heut ist er ganz i. A.*

u^n-selig Adj.: **1.** wie nhd., unglücklich. – **2.** mit verschobenem Akzent ⏜⏑⏑: ū-, ǭ-sǝlẹg verzweifelnd; kränklich; *er ist u.* gebärdet sich wie ein Kranker, *schafft u.* arbeitet ganz unsinnig. Zumeist aber mit Diphthong āōsǝlẹg, -ig, -iχ, mitunter auch āōsǝrẹg heftig aufgeregt, nicht mehr Herr seiner selbst. Ursache und Art der Erregung kann sehr verschieden sein: Freude, Erwartung, Ärger, Angst, Verliebtheit. Auch von körperl. Stimmungen: schwindlig, bis zur Ohnmacht übel. Von aufgeregten Kindern, unartig, unbändig. *Es ist mir a., wird mir a. Da könnte man ganz a.* werden außer sich kommen. – Zwei besondere Anwendungen. a. gewisse Tage im Jahre heißen *a.* von den in sie fallenden aufgeregten Lustbarkeiten. α. *der a. Montag,* auch *Zunftmontag,* in Reutlingen der Montag nach dem Ulrichstag (4. Juli). – β. *der a. Donnerstag,* auch *der g'lumpige D.* u. ä., in kathol. Gegenden der D. vor Fastnacht. – b. *aunselige Milch* solche, welche anfängt sauer zu werden, aber noch dünnflüssig ist.

unser Pron.: **1.** Gen. Pl. des Pers.Pron., übl. nur in den Komposs. *-einer, -lei, -wegen, -willen. Er hat si*^{ch} *u*^{n}*serer a*^{n}*g*^{e}*nomme*^{n}. – **2.** Poss.Pron.: *Der Unser* der Hausherr. Ein Kind sagt zu Fremden nicht *mein* (Bruder) *Jakob,* sondern *unser J. Oaner von de*^{n} *Au*^{n}*sere*^{n} ein Unterländer. – Stehende Verbindungen: *Unser Herrgott* Gott, Christus. So auch Komposs. Unserherrgotts-tag Fronleichnam. *Unser*^{e} *(liebe) Frau* Jungfrau Maria, kath. – unser-einer Pron.: von Angehörigen verschiedener Geschlechter *u-ei*^{n}*s.* – unser-lei Pron. *Leut*^{e} *wie u.* Leute unserer Art.

u^n**sle**^{n} *āōslə* schw.: im *Au*^{n}*sel,* aufgeregt, verwirrt sein. S. Unsel, unselig.

U^n**-stern** (-stere^n O.) m.: Unglück O. *Zum U. kommt auch noch das* u. ä.

Untädelein s. *Untätlein.*

U^n**-tag** *āōdāg* m.: *du U.!* Taugenichts, ungezogener Mensch; gwm. an *diesem,* verworfenen Tag geboren. – u^n-taget *āō-* Adj.: nichtsnutzig.

U^n**-tät(e)le**^{in} n.: eig. Demin. von Untat. Im Gebrauch nur für einen kleinsten Makel, phys. oder übtr., in negat. Zushg. Ein Apfel, ein Pferd u. a. *hat kein U. an ihm.*

unte $\o{}$*ndə,* N. S. *ŭ-;* im W. ohne *-t-:* $\o{}$*nə,* N. S. *ün(n)ə* im allgem. wie nhd.

untere *-ę̆* Adv.: hinunter. Einen *u.* ziehen verleumden, Ungünstiges von ihm sagen. *Der hat dem u. g*^{e}*schwätzt* zu Gefallen geredet.

Unter-gang, Pl. -gänge m.: **1.** wie nhd., Verderben. – **2.** amtliche Begehung und Besichtigung einer Liegenschaft, Markung udgl. – **3.** Unterführung. – Unter-gänger m.: Mitglied der Kommission für den *Untergang 2.*

Unter-haspel (-ä-), Pl. -häspel m.: das Hinausgleiten des Fadens über eine Stange des Haspels. Bildlich: Schwierigkeit, Verwirrung; Unpäßlichkeit.

Unter-land n.: niedriger gelegene Gegend, opp. *Ober-.* Meist aber das altwürttembergische *U.,* bes. von Plochingen abwärts; insbes. als Weinland: *Schlehen im Oberland, Trauben im U.* in dem Lied *Drunten im U., da ist's halt fei*^{n}.

Unter-mark n.; -mark(e) f.: Grenze, Grenzzeichen.

Untern m.: Zwischenmahlzeit, Zeit derselben; zumeist nachmittags, seltener vormittags. Die syntakt. Verbindung ist mannigfach. *Unter* m. 3–4 Uhr. *Unte essen* 9 Uhr-Brot. *Unter* Brot und Most um 3 Uhr. – *Unting* ALLG. – *Sunting: S. essen* OSCHW. – *Ge*^{n} *Unter essen* außer der gew. Zeit. – Zumeist aber *z*^{u} *Untern* NW. – *Zunting.* – zuntere^n *-ərə; -ərn* FRK.; schw.: = *zunter essen.* – Unter(n)-brot n.: Vesperessen. – Unter(n)-esse^n n.: dass.

Unter-rain m.: Grenzrain.

untersche s. *untersich.*

unter-schlächtig Adj.: *u-e Mühle, u-s Rad,* wo das Wasser unten auf die Schaufeln drückt, opp. *ober-.*

unter-schlage^n st.: **1.** phys., hinunterschlagen. *Einen Wagen, ein Rad u.* ◡◡◡ auf schiefer Ebene einen Stein odgl. unter das Rad legen. – **2.** wie nhd., verheimlichen, veruntreuen.

Unter-schlauf *-ao-,* S. *-əu-, -ǫu-,* O. *-ǭ-,* FRK. *-ā-;* -schlauft m.; Demin. -schläufle^{in} *-ae-, -əi-, -ęi-, -ę̆-, -ā-* n.: Unterschlupf, Obdach. Sowohl bescheidener Ausdruck für die schützende Wohnung: *Ma*^{n} *muß doch e*^{i}*n*^{en} *U. hau*^{n}; als für das einem Flüchtling, überh. einem, der das Licht zu scheuen hat, gewährte Obdach: *Der geit deiner ledige*^{n} *War*^{e} *U.* gibt den Kindern Unterschlupf.

unter-si^{ch} *-ərsę̆ (-ĭ)* S., sonst *-əršę̆ (-ĭ)* Adv.: nach unten, abwärts. Bes. mit Verben, z. B. *U. wachse*^{n} langsam wachsen, auch: bucklig werden, herunterkommen, gern mit Zus. – *wie e*^{in} *Kuhschwanz.* Bes. auch *unters übersi*^{ch}. *Z*^{u} *untersübersi*^{ch}. *Einen z*^{u} *untersi*^{ch} *übersi*^{ch} *'naus werfe*^{n}. *Sich den Kopf z*^{u} *unterübersi*^{ch} *mache*^{n} bei aufgender Arbeit ganz verwirrt werden.

unter-steipere^n *-əi-* schw.: unterstützen, Bauwerke z. B.

unter-tunke^n schw.: untertauchen, trans.

Unter-ziech^e f.: Überzug des Liegbetts.

U^n**-tier** m.: **1.** roher, plumper Mensch. – **2.** wie nhd., wildes Tier, Ungeheuer.

u^n**-übel** Adj.: negat. *net u.* = *net übel.* Ein Gegenstand, ein Mensch *ist net u.* ist lobenswert, tauglich.

u^n**-verdanks** Adv.: unversehens.

u^n**-wert** Adj.: wertlos. Mod.: verachtet, unwillkommen. *I*^{ch} *will net u. sein* nicht zur Last fallen. *Wenn man alt ist, ist man eben u.*

U^n**-werte** *-ę̆,* s. *-ĭ* f.: wie nhd. Unwert, aber nur in RAA., wo es gerne wie eine Lokalbez. auftritt. *Auf der U. ('rum) laufe*^{n}.

U^n**-wetter** n.: übles Wetter, auch wie nhd. Gewitter.

u^n**-zeitig** Adj.: was nicht an der Zeit ist. **1.** unreif. Auch von Tieren und Menschen. – **2.** zur unpassenden Zeit geschehend.

Uⁿ**-zifer** *ǫ̆-, āō-; -tsīfər,* S. *-ĭ-;* ohne Pl., n.: Unge-
ziefer; Syn. *Geschmeiß.* **1.** wie nhd. von schädli-
chen oder lästigen Insekten udgl., Flöhen, Wan-
zen, Bremsen, Heuschrecken, Spinnen, Rau-
pen, Kohlweißlingen usw. – **2.** von andern tieri-
schen o. a. Schädlingen. *U. in der Fru^{ch}t, auf'm
Feld* Mäuse und Frösche. – **3.** Schelte für Men-
schen und menschliche Einrichtungen. ^{Da}s
größt^e U. ist d^{ie} Polizei.

Ur-an m.: Urgroßvater; Ur-ane f.: Urgroßmut-
ter. Lautformen: *A(e)n(e), Dräne, Näne, Nän-
leⁱⁿ* usw. m., *Ane* f.

Ur-aseⁿ ⌢∪ Pl., Ur-asete ⌢∪∪ f., *ū-, ǭ-, əu-,
ŭrǭəs, ū-, āū-, ōū-, -ǫ-, -ao-, -āō-; dūrǭsə, dūr-
ǭsətə:* Überreste. Insbes. beim Essen; teils un-
genießbare Teile wie Kartoffelschalen, die beim
Zurichten vor dem Essen beseitigt werden, teils
solche, die beim Essen übrig bleiben oder vom
Tisch fallen oder verschüttet werden. Auch Ab-
fälle vom Futter der Tiere, das, was sie, im
Futter wühlend, herauswerfen: *die Sau macht
U.* verstreut ihr Futter. Dann überh. Überbleib-
sel, Abfall, Ausschuß.

ur-äss^e *ūrẹs* Adj.: wer an etwas Ekel, Überdruß
hat. *I^{ch} biⁿ ganz u. (draⁿ 'naⁿ)* von einer Speise,
aber auch von Menschen.

Urbanus ∪⌐∪: der Heilige vom 25. Mai; dann Tauf-
name (wohl nur kath.). Besonders Patron des
Weinbaus. Insbes. soll der 25. Mai ohne Regen
sein; *U. ohne Regen bringt viel Weinsegen* o. ä.

Ur-bar, Ur-bor n. f.: Ertrag, Zins aus zinspflich-
tigem Gut; Verzeichnis der zinspfl. Güter einer
Herrschaft, Sal-, Lagerbuch.

Ur-bau m.: Schutt.

Urbet(en) s. *Orbeten* u. s. *Urhab.*

Ure(ch) s. *Ulrich.*

Ur-fetz *(-ẹ-)* m.: = *-lump.*

Ur-guck(n)an(e) m. (f.): Ururgroßvater, Urur-
großmutter. Syn. *Ururan(e).*

Ur-hab m. (n., s.u.): Sauerteig, Hefe. Formen:
ūrhāb ⌐‵, -hälm; urəbət; urbət (n.); *urb* (n.).

urigleⁿ schw.: Nebenform zu *hurniglen* (s. d.).

Ur-lump m.: großer *Lump.*

urniglen s. *hurniglen.*

Ur-schlächt(eⁿ**),** Dur- Plur.: Pocken, Menschen-
pocken, Blatternkrankheit; aber auch die einge-
impften Schutzpocken, Impfpusteln, sowie die
sog. Kindsblattern, Wasserpocken. Formen:
dūršlẹ̆χtə, dūšlẹ̆χt, duršlẹ̆t, -šlẹət; uršlẹ̆χtə. –
Anm.: Mhd. *urslaht, -sleht;* also gewm. ein
„Zerschlagen-sein". D- urspr. Artikel.

Ursula, Urschel f.: Ursula. **1.** weiblicher Tauf-
name. Formen: Ursel *ŭrsəl,* auch *ŭrsŭlā ⌐∪;*
Urschel meist *ŭršəl, ǫ̆ršəl* Frk.; *ūšəl; ŭšlə;
ŭršlə; ŭršě, ŭšĭ;* Demin. Urs(ch)eleⁱⁿ n. –
Auch als Scheltwort: ungeschickte, dumme
Weibsperson. – *Die (alte) Urschel* speziell weib-
licher Berggeist, verwunschene Frau auf dem *U-
berg* bei Pfullingen. – **2.** Name der Heiligen. Ihr
Tag der 21. Okt. *U. räumt 's Kraut ^{he}reiⁿ, sonst
schneit's dreiⁿ. U. und Gall* (16. Okt.) *treibet d^{ie}
Studenteⁿ in Stall.*

us s. *aus.*

user s. *außer.*

usse s. *auße.*

ussen s. *außen.*

Utschel m.: Fohlen, junges Pferd.

utzeⁿ *ūtsə* schw.: foppen, zum Besten haben, spöt-
telnd necken; mehr fränk. als schwäb.

V

Siehe F

W

w a s. *was.*

wableⁿ -*ă*- schw.: sich bewegen (z. B. von kleinen Tieren im Wasser). S. a. *quapplen.*

W a c h h o l d e r s. *Weck-.*

wächseⁿ I *węsə* schw.: **1.** mit Wachs bestreichen (z. B. den Faden). – **2.** durchprügeln.

wächseⁿ II *węksę̆*, im SW. *węsę̆;* w ä c h s i g *węksig* Adj. Adv.: wächsern, von Wachs.

wachs-gel^b *wāsgęǝl* Adj. Adv.: bleich, gelb wie Wachs, bes. von kranker Hautfarbe.

wächsig I *węsig* Adj.: **1.** im w-eⁿ Mond bei zunehmendem Mond. – **2.** dem Wachstum gedeihlich.

w ä c h s i g II s. *wächsen* II.

Wachs-wetter n.: dem Wachstum günstiges Wetter.

Wachtel -*ă-; -ă-,* Plur. -leⁿ f., Demin. W ä c h t e l e^{i n} *wę*- n.: **1.** wie nhd. Wachtel. *So schlageⁿt d^{ie} W-leⁿ im Baierland* sagt man, wenn jemand rülpst. – **2.** *Wächteleⁱⁿ* kleines lebhaftes Kind; als Kosewort Oschw. – **3.** Ohrfeige; vgl. *Watschel.*

Wack^e, meist Plur. -eⁿ m.: harter viereckiger Kalkstein; grobes Kalkgerölle; grober Kies.

Wackel m.: **1.** *kleiner W.* kleiner Kerl, der noch nicht recht gehen kann, auch Demin. *W-leⁱⁿ* unsicher gehendes Kind. – **2.** Rausch. *Der hat 'n rechteⁿ W.!*

Wackeleⁱⁿ *wăkǝl-* n.: **1.** junge Ente. Übtr. *Den W. schreien* sich erbrechen. – **2.** junges Huhn, Küchlein Frk. – **3.** kleines Kind. – **4.** m. schlechter Fußgänger.

wacker -*ă-* Adj. Adv.: **1.** wach. – **2.** frisch, rüstig, munter stark, kräftig, von Krankheit wieder genesen. Noch positiver: tüchtig, brauchbar, brav. *Ein w-er Mann* tüchtiger, untadeliger. – Bes. als Adv.: *Lauf^e w.!* schnell. *W. trinken* ziemlich, zu viel; *w. weh* ziemlich weh; *'s sind w. Leut^e dag^eweseⁿ* ziemlich viele Frk. *Der hat w. Geld* ziemlich viel. – **3.** angenehm, nett, lieblich Frk. *W-es Wetter.* – **4.** Subst. a. *Wacker* m., Demin. -*leⁱⁿ* n. junger, kleiner Hund. – b. *W-leⁱⁿ* (n.) schlimme, ausgelassene Person.

wäckerli^{ch} *wę̆-* Adj. Adv.: **1.** Adj. brav, artig. – **2.** Adv. tüchtig.

Wackes *wăgǝs* m.: **1.** *kleiner W.* kleiner Kerl. Schimpfwort: *Des ist eⁱⁿ rechter W.* – **2.** Spottname der Elsässer.

wackleⁿ, w a c k e l eⁿ schw.: **1.** wanken, nicht fest stehen, von Gegenständen (mit haben). *Da w-t 's ganz^e Haus. 's Kinnbeiⁿ w-t ihm* er weint. – Vom Menschen: wanken, unsicher gehen, taumeln (mit haben und sein); watscheln wie die Enten. – **2.** (mit haben) an etwas rütteln.

wacklet Adj. Adv.: wackelig Frk.

Wadel -*ă-,* SW. -*ă-,* Plur. W ä d e l -*ę̆-* m., Demin. W ä d e l e^{i n} -*ę̆*- n.; nordöstl. W e d e l -*ę̆-* m., Demin. -le^{i n} n.: **1.** Wedel, von Federn, Reisig o. ä. – **2.** Schwanz am tierischen Körper. – **3.** übtr. a. männliche Rute (beim Tier). Penis des Mannes. – b. alle nicht weiße Wäsche (Socken, farbige Hemden usw.). – c. beim Mähen stehen gebliebener schmaler Streifen Feldes.

Wadel-bir f.: langgestreckte Birnsorte.

Wäd(e)leⁱⁿ**s-kraut** n.: Männlicher Wurmfarn, Dryopteris filix-mas L.

Wadeⁿ m.: die Wade.

w a d e n s. *warten.*

Wadeⁿ**-spanner** m.: Wadenkrampf.

wadleⁿ -*ă-,* w ä d l eⁿ -*ę̆-* schw.: **1.** wedeln, mit Fächer, Wedel, Schwanz u. ä. *Die Wäsche w-t im Wind.* – **2.** übtr. a. schmeicheln, schweifwedeln. – b. stolz einherschwänzeln.

w a e s. *we.*

w a e l e n s. *winelen.*

w a e s c h e n s. *wünschen.*

W a e t a g s. *Wetag.*

W a e t r i e b e l s. *Wetribel.*

Waffel -*ă-,* flekt. -leⁿ f., Demin. W ä f f e l e^{i n} n.: **1.** wie nhd., ein Backwerk. Der aus 5 Teilen bestehende Waffelkuchen heißt meist *Waffelring.* – **2.** unschöner, großer Mund; Maul. *D^{ie} W. halteⁿ, aufreißeⁿ.* – **3.** pers. Schwätzer, wer gern lieblos urteilt. *Des ist e^{ine} alte W.*

Wagᵉ *wǭg*, O. *-ao-*, Baar *-au-*, Frk. *-ǭ-*, *-ǭ-*; Plur. -eⁿ f., Demin. Wägleⁱⁿ *-ę̄-* n.: Waage. **1.** wie nhd., das Gerät zum Wiegen. – **2.** öffentliche Waage; *Stadtwage* o. ä. – **3.** = *Wagscheit*, Querholz an der Wagendeichsel. – **4.** das Sternbild. Im Zeichen der *W.* werden Bohnen gesteckt.

Wägele *wę̄gǝlę̆* m.: unschlüssiger Mensch, der zu lang überlegt und zu keinem Entschluß kommt. S. a. *Wägeler, wägelig.*

wägeleⁿ *wę̄-* schw.: im Entschluß schwanken, allzulange überlegen.

Wägeler *wę̄-* m.: = *Wägele.*

wägelig *wę̄-* Adj. Adv.: allzu bedächtig, unentschlossen, wer zu lang erwägt und daher zu keinem Entschluß kommt. S. a. *Wägele(r).*

wägeⁿ *-ę̄-* NW. N. O., *-ę̄ǝ-* Mittelland, SW. *-ę̆ǝ-*, *-ję-*; *-χ-* Frk.; Präs. Sing. Ind. *wīg(š)(t)*, Imper. *wīg;* darnach auch Inf. *wīgǝ;* Part. gᵉwogeⁿ; gᵉwegeⁿ; auch gᵉwägt st. schw.: **1.** wiegen, auf sein Gewicht prüfen. – **2.** übtr. prüfend abwägen, erwägen. – **3.** ein Gewicht haben.

Wageⁿ**-blah**ᵉ *-blā* f.: Wagendecke aus Leinwand.

Wageⁿ**-britt** (-brett) n.: Brett, das im Leiterwagen den Fußboden bildet.

Wageneisen s. *Wagense.*

Wageⁿ**-leiter** *-oe-* f.: Leiter, Seitenteil des Leiterwagens.

Wagen-pech n.: Karrensalbe.

Wageⁿ**-salb**ᵉ f.: Wagenschmiere.

Wageⁿ**-schmier**ᵉ f.: wie nhd.; vgl. *-salbe, -pech.*

Wageⁿ**-schnättere** f.: der nach rückwärts über die Leiterbäume hinausragende Teil des Wagens, oft noch als Sitz dienend.

Wageⁿ**-schopf** m., -schupfᵉ f.: Anbau, Schuppen zum Unterstellen der Fuhrwerke.

Wageⁿ**se(r)** *wāgǝsǝr; wę̆gǝsǝr; wę̆gǝsę̆; wāgǝs; wę̆gǝs, -ę̆s; wę̆gīs; wę̆gǝisę̆ (-ǝ)* m.: Pflugschar, das am Boden laufende, den Boden aufwühlende gespitzte Eisen.

Wageⁿ**-seil** n.: Seil, mit dem die Wagenladung (bes. Streu, Garben, Heu) auf den Leiterwagen gespannt wird.

wageⁿ**-weit** Adj. Adv.: weit geöffnet, offenstehend. *Du laßt dⁱᵉ Tür wieder w. offeⁿ! Der sperrt 's Maul w. auf.*

wäger *-ę̄-* (O. *-ę̆-*) Adj.: Kompar. wäger. a. besser, vorteilhafter. *Er ließ es w. bleiben* lieber, besser. *Maⁿ tut w. des als . . .* lieber. – b. sonst nur noch als Beteuerungspartikel: wahrhaftig, wahrlich. *Des ist w. wahr! Der ist w. groß! Des ist w. so!* Bes. *ja w.!* allerdings, ja freilich!, *neiⁿ w.!* keineswegs, durchaus nicht. S. a. *wägerlich, wärlich.*

wägerliᶜʰ *wę̄gǝrlę̆* Adv.: wahrhaftig, fürwahr, wahrlich, allerdings, als Beteuerungspartikel, bes. gern in *ja w.!, neiⁿ w.!*

Wag-nagel m.: eiserner Nagel am hintern Teil der Deichsel, wo das *Wagscheit* eingehängt wird.

wagnereⁿ *wāŋǝrǝ, wę̆gnǝrǝ* schw.: das Wagnerhandwerk betreiben.

Wag-raiⁿ *wǭgrōā* ⌃ m.: Berghalde, die oben steinig, nur am untern Teil bebaut werden kann.

Wag-scheißer m.: **1.** -zünglein. – **2.** beim Schaukelspiel der Kinder der, welcher auf dem Drehpunkt des Schaukelbalkens (-bretts) steht und durch sein eigenes Körpergewicht die Schaukel in Bewegung setzt. Daher übtr. Mensch, der nach rechts und links ausgleichen möchte, sich für keine Partei bestimmt entscheiden kann.

Wag-scheit, meist Demin. -leⁱⁿ n.: Holz hinten an der Deichsel, an dem die Stränge der Zugtiere befestigt sind.

wäh *wę̄; wę̆χ* Allg. Tir. Adj. Adv.: schön, zierlich, schmuck. Iron.: *Ihr sind w-e Kameradeⁿ!* Oschw. Hieher wohl: *ja w.!* wahrhaftig. Sonst: schön gekleidet, schmuck, aufgeputzt, sauber; dann: auf diese schöne Kleidung eingebildet, hoffärtig, eitel Baar, Oschw. Bod. Bairschw. Allg. Tir. *W. tun* Aufwand machen, sich als Vornehmer gebärden, groß tun Oschw. – Wähe *wę̆ę̆; Allg. wę̆χę̆* f.: Schönheit, Stolz. – wäheⁿ *wę̆ǝ* schw.: vornehm, stolz, reich tun.

Wäheⁿ *wę̆ǝ; wę̆χǝ* Allg. m., Wäheⁿs *wę̆(ǝ)s* n.: dünner Brotkuchen, nach dem Brotbacken aus dem übrigen Mehl, dem in der Backmulde zusammengescharrten Teigrest gebacken.

wai- s. *we-.*

waischen s. *wünschen.*

Waitag s. *Wetag.*

Waitriebel s. *Wetribel.*

Walbe, Walm(eⁿ) *-ǎ-* (auch Balm) m.: Walm, Abschrägung des Giebels am Dach.

Walburg f.: Walpurga, weibl. Rufname. Formen: *Walburg, Walber, Wauburg; Burg(e) (-el).* – Bes. Name der Heiligen. Ihr Namenstag der 1. Mai. Termin zum Eintritt in den Dienst, die Lehre.

wald-echt *-ę̆χt* Adj.: wer sich in Wald und Feld auskennt, ist *w.*

Wald-knoblauch, -knobel, -knoblich, -knofel m.: Bären-Lauch, Allium ursinum L.

Wald-manneᵉ Pl.: Wald-Bingelkraut, Mercurialis perennis L.

Wald-meister m.: **1.** Aufseher über die städtischen Waldungen. – **2.** Pflanzenname. a. *W.(leⁱⁿ)* Galium odoratum (L.) Scop. – b. *falsche W-leⁱⁿ* Hügel-Meister, Asperula cynanchica L.

Wald-schützᵉ m.: Gemeindebeamter für den Forstschutz.

Wale *wǎlę̆* m.: **1.** dicker Mensch, tölpischer, dummer Mensch. S. a. *Balle.* – **2.** Name von Dachshunden. – Wälle *wę̆lǝ* f.: Schimpfname für Weiber.

waleⁿ *-ǎ-* schw.: wälzen, rollen, trans., intr. (mit sein) und refl. *Etwas auf die Seite w.* Gᵉwalete *Küchleⁱⁿ* eine Mehlspeise. Die Kinder spielen

Fäßle^in w., indem sie einen Bergabhang sich herunterkollern lassen. Bes. auch *purzlen und w.* Kinder w. auf dem Boden, der Wiese.

Walete *-ā-* f.: **1.** Unordnung, die durch *walen* entsteht. – **2.** hoch aufsteigende Rauchwolken.

walg(e)le^n schw.: wälzen, rollen. – S. a. *warg-.*

Wal-holz n.: kleine hölzerne Walze, mit der man den Nudelteig breit und dünn wälzt, = *Well-1.*

walke^n *-ă-;* FRK. *-lχ-* schw.: **1.** Tuch mit der Walkmaschine reinigen. – **2.** übtr. *einen w.* durchprügeln. Häufiger *durch-.*

walkere^n schw.: durchkneten. Übtr. prügeln, durchhauen.

walle^n I *-ā-* schw.: wallfahrten.

walle^n II *-ā-*, Part. g^e walle^n (mit sein) st.: aufwallen, brodeln von siedenden Flüssigkeiten.

wall-farte^n schw.: eine Wallfahrt machen.

wälsch *wę̄lš* Adj. Adv.: wie nhd. welsch; im O. bes. „italienisch", im W. „französisch". *W. sprechen* unverständlich. – Von Tieren: *W-er Kauter:* Truthahn. Übtr.: *Des ist e^in rechter w-e^r (wę̄lšə) Kauter* den man nicht recht versteht; s. a. *kauder-.* – Häufiger von Früchten und Pflanzen: *W-e Er^bse^n* Stachelbeeren. *W-e Träuble^in* Johannisbeeren. *W-e Nuß,* auch *Wälschnuß* Walnuß. S. a. *Wälschkorn.*

wälsche^n *-ĕ-* schw.: in welscher, fremder Sprache sich ausdrücken; undeutlich, nicht verständlich sprechen. – Daher: lallen, von Kindern, die sprechen zu lernen beginnen. – Wälscher m.: Mensch, der undeutlich spricht. Wälscheri^n f.: Mädchen, das anfängt zu sprechen.

Wälsch-kauder *-khəud-* m.: wer undeutlich spricht. Dazu Verb wälschkaudere^n eb. S. a. *kauderwälsch.*

Wälsch-korn n.: Mais, Zea mays L., als Körnerfrucht.

walte^n schw.: wie nhd.; verfügen über etwas; etwas mit Sorgfalt pflegen, üben. Bes. mit Gott. *I^ch laß de^n liebe^n G. w., er hat scho^n länger hausg^e halte^n.* *Walt^e 's G.* in Grüßen und RAA.

Walz^e, flekt. -e^n f.: **1.** wie nhd. Speziell Dreschwalze. – **2.** Wanderschaft des Handwerksburschen. – Anm.: Aus dem Rotwelsch.

walze^n schw.: **1.** intr. a. sich wälzend drehen, rollen. – b. wandern, auf der Wanderschaft sein, von Handwerksburschen o. ä. – **2.** trans. mit der Walze behandeln.

wälze^n schw.: trans. wie nhd. – Dafür eher *warglen, walen* u. a.

Wammes(t) *wăməs, -əšt;* Plur. -er; Demin. -le^in n.: kurzes Oberkleid, Jacke der Männer (auch Weiber).

wammse^n *wă-* schw.: ausklopfen, durchprügeln, durchhauen. Häufiger *ab-, durch-, ver-* usw.

wammsle^n schw.: jammern, wehklagen O.

Wamp^e, flekt. -e^n f., Wamm^e, flekt. -e^n ALLG. TIR. f., Demin. Wämple^in n.: **1.** Bauch, dik-

ker, herabhängender Bauch, bes. beim Tier, aber auch beim Menschen. – **2.** pers.: dickleibiges faules Weib RIES.

wampel Adj. Adv.: schwindelig, bange, (magen)schwach, nur prädik.: *'s ist (wird) mir w.* Andere Formen: *wämpel; wampelig; wämpelig.* – wämpele^n schw.: *es w-et mir vor de^n Auge^n* schwindelt mir.

wampe^n schw.: durchprügeln.

wampet, wampig Adj. Adv.: dickbauchig; unförmlich dick.

wan *wă* Adj. Adv.: leer, inhaltslos. *Der Wei^n läuft a^n fange^n wa^n im Faß* geht auf die Neige. Nichtig, eitel.

Wändel, Plur. Wändle^n f., Demin. -le^in n.: Wanze.

Wann^e *-ā-*, flekt. -e^n f., Demin. Wännle^in n.: **1.** Getreideschwinge, aus Weiden enggeflochtener Korb zum Reinigen des Getreides durch Schwingen. – **2.** Andere Körbe, z. B. Korb für Mehl, beim Bäcker, Müller. – **3.** ein altes Maß (urspr. für Mehl), bes. für Heu.

wanne^n I schw.: **1.** mit der *Wanne 1* reinigen (von Staub, Spreuern u. a.). – **2.** den Brotteig w. kneten und in die *Wannschüssel* tun.

wanne^n II Adv.: von woher. Nur SO.: *W. ko^mm^st du her scho^n so früh* ALLG. – Opp. *dannen.*

Wann-krättle^in n.: strohgeflochtenes Körbchen zum Formen des Teigs.

Wann-schüssel f.: Schüssel des Bäckers zum Formen des Teigs.

Wanst *wănšt;* Plur. Wänst^e m., Demin. Wänstle^in n.: Bauch, bes. beim Rindvieh. Eingeweide des tierischen Leibs; Magen des Rinds. – Dann allgemeiner: dicker Bauch, Wanst, wie nhd., auch von Menschen. *'n W. 'rumschleppe^n.*

want s. *wollen II.*

Wanze^n-ber^e f.: Schwarze Johannisbeere, Ribes nigrum L. Syn. *-träubelein, Katzendreckeler.*

Warb s. *Worb.*

Warbel m., Demin. -le^in n.: Steinkügelchen, mit denen die Kinder, bes. Knaben spielen; = *Marbel.*

warben s. *worben.*

War^e *wār*, Plur. -e^n f.: **1.** Ware, wie nhd. – **2.** speziell: *d^ie W.* das Vieh. – **3.** die Kinder, die Jugend, aber nur mit scherzh.-verächtlichem Ton. *Der wird mit der W. net fertig. Des ist e^ine W.!* sind ungezogene Kinder. Mit Adj.: *Die klei^ne W.* die kleinen Kinder. *Die jung^e W.* junge, halberwachsene Leute; *die ledig^e W.* ledige Burschen und Mädchen.

wäre^n *-ə̄ə-* schw.: dauern, währen. Besonders in den Wendungen: *im w-de^n Laufe^n, im w-de^n Rege^n* u. ä.

Warfel (Klucker) s. *Marbel, Warbel.*

Wargel *-ā-* (FRK. *-χəl*), seltener (bes. FRK.) Wärgel *-ĕ-*, Plur. -le^n f. (m.), Demin. Wärgelle^in (auch *War-*) n.: **1.** runder, walzenförmiger kleiner Körper jeder Art. Z.B. walzenförmiges Stück Holz; runder Baumstumpen; runder kurzer Holzblock; zusammen gewälzter Haufen (Bund) Stroh, Heu; zusammengerollter Schnee; gerollte Mehlspeise; kleine Walzen von Teig, Brotkrumen u.ä.; dass. von Erde, von feucht abgelösten Schmutz-, Hautteilchen des menschlichen Körpers (auch *Dreck-*). *Wargele^{in}* Ei, Kinderspr.; Spätzlein (die Mehlspeise) ULM. – **2.** pers.: korpulente fleischige Weibsperson; seltener: dicker, unbeholfener Mensch. – **3.** Demin. *Wärgelle^{in}* kleines Kind.

wargel-dick Adj. Adv.: sehr dick; hochschwanger.

Wargel-holz, Wärgel- n.: Wellholz, kleine hölzerne Walze, mit welcher die Nudeln gewellt, der Teig breit gedrückt wird.

Wargel-nudel, Wärgel-, Plur. -nudle^n f.: mit der Hand gerollte Nudel. Synn. s. *Schupfnudel.*

wargle^n (seltener wargele^n) *-ä-;* *-oa-* ALLG.; wärgle^n *-ę̆-;* *-ę̆-* RIES; FRK. *-χlə* schw.: herumwälzen, rollend bewegen; intr. und trans. Urspr. intr. *wa-,* trans. *wä-;* auch *-ä-* von größeren, *-ę̆-* von mittleren (*hurglen* von kleinen) Objekten. **1.** intr.: ein gerollter Körper *w-t* auf dem Boden, den Berg hinab. Die Kinder *w.* auf dem Boden, im Gras usw. Wasser *warglet* siedet, ist in wallender Bewegung. *De^n Karre^n w. la^{sse}n* der Sache ihren Lauf lassen. Bes. in Komposs. *herab-, hinab-, herum-* usw. – **2.** trans.: aufrollen, herumwälzen. Schnee, Heu, Stroh, Kot usw. *warglen* aufrollen. Man *w-t* ein Kind bei Liebkosungen. Etwas *z^usämme^n w.* unordentlich, hudelig hineinschieben. Teig *w.* kneten. Speziell *Obst, Äpfel wärglen* zerdrücken, mahlen, durch Hin- und Herwälzen eines großen runden Steins, zur Mostgewinnung. – Refl. *sich wärglen* sich wälzen. *Sich w. vor Lachen* fast bersten. *I^ch könnt^e mi^ch w.!*

Warglete f.: Rolle, Zusammengerolltes, z.B. Stroh, Gras, Heu.

war^he^itli^ch *wǫrətlę̆* Adv.: als Interj. *w.!* Ausruf der Verwunderung, „warum nicht gar!"

wärlich, wärlich *wę̆rlę̆* (südl. und östl. vielfach *wę̆rlę̆*) Adj. Adv.: wahrhaftig! wahrlich!, Beteuerungsformel. Bes. *ja w.!, nei^n w.!,* Beteuerung fast mit Eidesstärke; jedenfalls stärker als *wäger,* neben dem es überall vorkommt. *I^ch bi^n w. ^net schuld! Des ist w. wahr!*

warm *wār(ə)m* SW. OSCHW. RIES ALLG; FRK. *wǭ-;* sonst *wärm* Adj. Adv.: warm, wie nhd. Verstärkt *bad-, kuh-, mül-, ofen-, seich-.* Besonderer Gebrauch: *Einem w. machen* ihn ins Gedränge bringen. Übtr. *jemand w. halten* sich gewogen halten. *Der weißt, wo 's warm 'rausgeht* wo etwas zu holen ist. *Etwas W-es* eine warme Speise. *Etwas W-^es ^uf d^ie Nacht* übtr. eine Hure. *W. sein* beim Suchspiel: in der Nähe

des versteckten Objekts sein. *W. werden* desgl.; auch: sich hinreißen lassen, voll Leben werden. *Ein W-er sein* einer, dem nicht zu trauen ist. *Des ist e^{in} W-er* ein Homosexueller.

Warmel (Klucker) s. *Marbel, Warbel.*

warmlecht Adj. Adv.: etwas warm, lau.

wärmle^n schw.: Wärme verbreiten, vom Ofen.

warne^n *-ä-;* *-ä-* schw.: **1.** merken. *Z^uletzt hat aber der Blind^e 'n Betrug g^ewarnet* ALLG. TIR. – **2.** belehren, mahnen.

wär-schaffe^n *wę̆r-* Adj. Adv.: tadellos gearbeitet, so daß man dafür gut stehen kann, dauerhaft OSCHW.

Wart^e f.: **1.** Pflege. – **2.** Erwartung. *Du hast doch gar kei^ne Warte!* keine Geduld.

Wart-e^{in}-Weille^{in} n.: unnütze Kinderfragen beantwortet man *E^{in} (silber^nes) Nixle^{in} i^n 'me^n (und e^{in}) Büchsle^{in} und e^{in} goldig^es W.*

warte^n *wărdə* N.; Hauptgeb. *wā(r)də* schw.: **1.** Acht geben auf. *Ma^n hat ihm ^n it gut g^ewartet* schlecht beaufsichtigt. Bes. im Imper. *wart!* (Sing. und Plur.). *W.! i^ch komm dir (gau^n)!* Drohungsformel. *W., i^ch will dir! W., i^ch will dir komme^n! W., i^ch will dir (net) folge^n!* Dann mehr: pflegen. – **2.** warten, wie nhd.

war-um *wǫrôm* ⌣⌣; *mǫ-* Adv.: **1.** wie nhd. *W. hast's ^geglaubt!* du hättest es ja nicht glauben müssen. – **2.** ⌣ um was herum?, worum?; gern getrennt *wo . . . 'rum.* Scherzh. im Wortspiel mit 1: *W. ha^be^nt d^ie Mannsbilder Bärt^e? –* Antw.: *Um's Maul 'rum.*

Warze^n-kraut n.: Name von Pflanzen, die als Heilmittel gegen Warzen verwendet werden. **1.** Schöllkraut, Chelidonium maius L. UNTERL. – **2.** Scharfer Mauerpfeffer, Sedum acre L. MITTL.ALB. Synn. *Fett-, Mauerpfeffer, Mergler, Würstlein, Katzenträublein.* – **3.** Purpur-Fetthenne, Sedum telephium L. MITTL.ALB. – **4.** Wolfsmilch-Arten, Euphorbia L. – **5.** Rainkohl, Lapsana communis L. S. Syn. *Blättleinskraut.*

warzig Adj. Adv.: mit Warzen behaftet.

was *wās,* FRK. *wǫs, -ǫ̆-* Pron.: wie nhd. Besonderes: Im Nom. und Akk. gern gekürzt *wă. Wa(s) ist?* wie steht es? Vielfach ist *wā(s)* die gewöhnliche, *wäs* die unwillige Frage. Auf die vorlaute Frage *was?* antwortet man: *D^ie Katz^e ist dei^ne Bas^e. Was geist, was hast* möglichst schnell, ohne alle Umstände. Eine familiär zärtliche Frageform ist *wasele? (wāsəlę̆). Wa(s) na^ch?* was tut das? das schadet nichts. *Was no^ch (me^hr)!* sonst noch etwas? noch nicht genug. *Ha wa(s)!* Ausdruck der Verwunderung, des Unwillens. *Ha w. denn!* freilich.

Was-bode^n *wās-* m.: **1.** Grasboden, Rasen. – **2.** Stücke von Ackerland, die einige Jahre als Wiesen liegen bleiben, worauf sie umgepflügt ebenso lang als Acker genutzt werden Sww.; dafür auch *Grasäcker.*

Wasch-brente f.: Waschzuber.

Wäsch^e *-ĕ-;* Wasch f.; Demin. Wäschle^{in} *-ĕ-* n.:
1. Tätigkeit (auch Zeit) des Waschens, Reinigens der *W*. 2. – **2.** die zu waschenden oder frisch gewaschenen Wäschestücke. *Weiße saubere, schwarze (dreckige) schmutzige W*. Etwas *in d^{ie} W. tu^n*. – **3.** bildlich, in RAA, z.B. *In dere^n W. möcht^e i^{ch} meine Händ^e net wäsche^n!* – **4.** übtr. *Wasch* lang andauerndes, dummes Geschwätz.

wäsche^n *-ĕ-*, Part. g^ewäsche^n (g^ewäscht) st. (schw.): **1.** waschen, wie nhd. – **2.** tüchtig mit Scheltworten zurechtweisen, durchprügeln. – **3.** schwatzen.

Wäscher *-ĕ-* m.: **1.** wer berufsmäßig wäscht. – **2.** Schwätzer, bes. *W-i^n*. – Komp.: Wäschergosch^e f.: geschwätziges, loses Mundwerk.

Wäsch-gelt^e f.: Waschzuber.

Wäsch-gluf^e f.: = *-klämmerlein* SO.

Wasch-gosch^e f.: Plappermaul.

Wäsch-hänge (-henke; auch Wasch-) f.: Wäschetrockenplatz.

Wäsch-hudel m.: Waschtuch.

Wäsch-klämmerle^{in} n.: kleines gespaltenes Hölzchen, mit dem die *Wäsche 2* am *-seil* festgeklemmt wird. – Wäsch-klupp^e f.: = *-klämmerlein* BAIRSCHW.

Wäsch-korb m.: Korb für die *Wäsche 2*. – Wäschkrätte^n m.: dass.

Wäsch-kübel m.: kleiner *-zuber*; im *-kübel* wäscht man Strümpfe, farbige Wäsche, wofür der *-zuber* zu groß wäre.

Wasch-lavor *-lắfŏr* ⁀ n.: = *-schüssel*.

Wäsch-lump(e^n**)** m.: Lumpen, Tuchlappen zum (Auf)waschen; Waschhandschuh.

Wäsch-schüssel f.: Waschbecken.

Wäsch-seil n.: Seil, an dem die Wäsche aufgehängt wird.

Wäsch-weib n.: **1.** Waschfrau. – **2.** Schwätzer(in).

Wäsch-zai^{ne} f.: Waschkorb.

Wäsch-zuber m.: großes hölzernes Gefäß mit 2 Handgriffen für das Waschen der *Wäsche 2*.

Was^e *wās* f.: Blumenvase.

wäsel *wĕsəl*, wäser *wĕsər*, wiser *wī-*, wäsig *wĕ-* Adj. Adv.: pelzig, schwammig, ungenießbar, von Rettichen und Rüben SW. S.

Wase^n *wāsə* (auch *wās)*, FRK. *wǫs(ə);* Plur. Wase^n, auch Wäse^n *-ĕ-* (FRK. *-ĕ-*) m.; Demin. Wäsele^{in} *wĕ-*: **1.** Erdscholle mit Grasnarbe; viereckiges ausgestochenes Rasenstück. – **2.** ausgestochenes Torfstück. Dazu Plur. *Wäse^n*. Daneben (auch Plur.) Watze^n *-ă-*. – **3.** Rasen, Wiese. – **4.** Schindanger. – **5.** übtr. a. sachl. α) *einen beim W. schütteln, packen* am Haarschopf. – β) *Der hat freie^n W.* ihm steht kein Hindernis im Weg. – b. pers. starkes Schimpfwort: *Du Was!* Aas, ganz abgeschlagener Mensch.

Wase^n**-nägele**^{in} n.: Heideröschen, Daphne cneor-

um L. – Syn. *Egertennägelein, Himmelfartsblümlein, Reckhölderlein.*

wäser s. *wäsel.*

wasig Adj. Adv.: dicht mit Graswurzeln durchzogen, vom Boden.

wäsig s. *wäsel.*

Wasser-bir, Plur. *-e^n* f.: eine weniger edle Birnenart. *Schweizer W.*

Wasser-blater *(-blǫ-)* f.: **1.** Wasserblase. – **2.** Harnblase.

wässere^n schw.: **1.** trans. wie nhd. Bes. die Wiesen *w*. Eine Speise *w*. Wasser daran schütten. Das Vieh *w*. zu saufen geben. – **2.** intr. a. harnen, Urin ablassen. Ins Bett *w*. nässen. – b. der Mund, das Maul *w-t einem nach etwas*, vor Verlangen, bes. nach einer Speise.

Wasser-fall, Plur. *-fäll^e* m.: wie nhd. Bes.: *der hohe W.* Spitzname für ein großes Weib, auch *dui hat an h. W.* ist groß gewachsen.

Wasser-gall^e f.: Regenbogen, Nebenregenbogen, deutet auf unbeständiges Wetter. Wolkenartige, Sturm oder Regen anzeigende farbige Erscheinung am Horizont.

Wasser-gelt^e *(-ĕ-)* f.: *Gelte* für Wasser.

Wasser-lägel f.: Wasserfäßchen OSCHW. BAIR SCHW.

Wasser-ribele^{in}**kopf** m.: großer, Wasser-Kopf. Gern als Schimpfwort: *Der hat'n, ist e^{in} (rechter) W.*

Wasser-schapf^e f.: Gerät zum Wasserschöpfen. *Der macht e^{in} Maul 'na^n wie e^{ine} verdrehte W.*

Wasser-stand^e f.: Gefäß, Kufe für Wasser.

Wasser-stei^n m.: **1.** Gesteinsart; Basalttuff. Kalkansatz in Wassergefäßen. – **2.** steinerne Ablaufrinne für Abwasser. Speziell Rinnstein in der Küche. – **3.** Grenzmarke im Fluß.

Wasser-weck^e, flekt. *-e^n* m.: mit Wasser (nicht mit Milch) angemachter Wecken.

Wasser-wis^e f.: **1.** sehr nasse Wiese. – **2.** Wiese, die gewässert wird.

Watel *-ǫ-; -au-* m.: warmer Dampf, Wärme im Zimmer; Dampf-, Rauchwolke; dicker Qualm, bes. von unangenehmen Gerüchen.

wate^n *-ā-*, S. *-ă-*, FRK. *-ǫ-, -ǫ-*, Part. g^ewate^n, mit sein st.: **1.** waten, wie nhd. – **2.** übtr.: schwerfällig gehen, trippelnd einherkommen (als ob man im Wasser ginge).

watle^n I (watele^n) *-ǫ-;* wätle^n *-ĕ-* schw.: **1.** flimmern, wallen, qualmen, von der bei großer Hitze gesehenen Luft; Formen: *wǫdlə; wǫdələ; wĕdlə, wĕdlə; wĕdələ* ALLG. Das Feuer schüren, *daß* es *w-t.* – **2.** das Feuer qualmt loht. Flattern, zittern, schwanken. – **3.** unbesonnen, unüberlegt handeln, übereilt arbeiten ALLG.

watle^n II *-ă-* schw.: daherwatscheln, schwankend gehen wie eine Ente. S. a. *quattlen*. – Zu *waten*, s. d.

Watsch^e, flekt. *-e^n* f.: Ohrfeige, Maulschelle. –

Watschel, Plur. -le^n f.: **1.** Ohrfeige, Maul-schelle, auch Ohr. *Eine W. fangen.* – **2.** dickes Weib. *Watscherle^{in}* liebes kleines Kind. – **3.** gut gemästetes Schwein.

watsch(e)le^n schw.: wie nhd., vom Gang der Ente. Übtr. vom Menschen: wankend gehen; schwer-fällig, wie die Enten wackelnd gehen.

Watz *-ä-* m.: Schärfe; geschliffene, geschärfte Schneide. *Des Messer hat de^n rechte^n W.* ist gut geschärft.

Watzen s. *Wasen* 2.

we *wae* Hauptgebiet, *wē̜ə* O. u. SO., *wē̜* S. NW., Interj. Adv.: wehe, wie nhd. Bes. Gebrauch: Adverbiell in Verb. mit Verben. *W. sein.* Bes. *wind und we* höchst unbehaglich, sterbens-übel. – *W. tun* der übliche Ausdruck für nhd. schmerzen. – *W. werden, 's wird mir w.* übel (stärker *wind u. w.*). – Substant. We (Laute wie oben), Plur. -e^n (-ene^n -ənə) n., Demin. -le^{in} n.: Weh, Schmerz; Wunde. *Der hat älle W-ene^n* will alle Krankheiten haben. – Speziell: Epide-mie. *'s gaht e^{in} W. um^{h}er* herrscht eine Ep. – Demin. *Wele^{in} waelē̜* jede (kleine) Wunde bzw. Schmerzensursache; bes. bei Kindern.

weamslen s. u. *wimmlen* II.

webere^n *waebərə; wē̜i-* schw.: jammern, wehkla-gen SW.

Weberich s. *Wegerich.*

Wechalter s. *Weckolter.*

wechsle^n *wē̜kslə* N., *wē̜əslə* SW.; wichsle^n *wī̆kslə* O. SO., *wī̆slə* MITTELLAND schw.: wechseln, wie nhd. Spez. einhandeln, mit Geld; Geld wech-seln. Übtr.: *Da (Mit dem, Dem) ka^{nn}st net w.* dem buist du nicht gewachsen, nimmst es nicht mit ihm auf. *Der ka^{nn} mir no^{ch} lang net w.; Mit dir ka^{nn} i^{ch} au^{ch} no^{ch} w.* u. ä. Auch: *Die hä^{be}nt e^{i}nander g^{e}we^{ch}slet* sich geprügelt.

Weck^e *wĕk*, flekt. -e^n m., Demin. Weckle^{in} n.: **1.** Keil, bes. eiserner, der zum Spalten in das Holz eingetrieben wird. Synn. *Keidel, Scheide, Scheidbisse, -wecke, Speidel.* – **2.** Brötchen aus Weißmehl, nach oben leicht zugespitzt, in der Mitte tief gespalten, Semmel. Unterschieden *Milch-, Wasser-, Selen-, Spitz-.* – Weck^e^{n}s (*wĕkəs*) Koll. = *Wecken.*

Weckolter m.: Wachholder, Juniperus communis L. Wichtigste Formen: *wĕkholtər ⌃⌣; wē̜ə̄k-holtər* (neben *wax-*); *wăkholtər; wēχholtər; wăxholtər ⌣⌃⌣; wēχəlt(ə)r.* Synn. *-bere; Reck-holder, Krammet(-bere, -staude), Räuchholz.*

Weckolter-ber^e f.: Wachholderbeere; vielfach auch Name der Staude. Formen: *wĕkholdərbē̜r; wəakh-; wēχholdərbē̜r; wăxholdərbē̜r; wĕkəl-dərbē̜r; wēχəldərbē̜r; wĕkəldəbērə, -dūbē̜rə, -dūbaerə; wē(ə)kəldūrəbaerə; wē(ə)kəldīrəbē̜r; wēkəlbē̜rə; wēəklbē̜rə, -baerə.* – Komp.: *wəakəldūrəbaerə brēnts* n.: Wachholderbeer-schnaps.

Wedel s. *Wadel.*

weder *-ĕ̆-* Pron. Partikel: **1.** disjunkt. Partikel. a. *w. – oder* entweder (ob) – oder. Elliptisch in dro-hender Rede: *w. oder gahst jetzt! W. oder der Stecke^n kommt!* – b. weder, wie nhd. – c. als, nach Kompar. und Negation. *Der ka^{nn} nix w. d^{ie} Leut^e ärgere^n; I^{ch} bin größer w. du.* Auch ver-stärkt: *Des weiß i^{ch} besser w. denn daß du!*

Wedich s. *Werktag.*

Wefel *-ə̄ə-*, Plur. Wefle^n n. f.: **1.** n. Einschlag beim Gewebe. – **2.** f. Honigwabe im Bienen-stock SW. O. OSCHW. BAIRSCHW. ALLG. TIR.

Wefz(g)^e *wē(ə)ftsk(ə)* nördl. der DON.; Weps(e) *wē(ə)ps(ə)* OSCHW. ALLG. f.: **1.** Wespe. Ein Ruheloser *hat W-e^n im Arsch.* – **2.** übtr.: kleines, stets unruhiges Kind; recht lebhafte Weibs-person.

wef(g)ze^n *wē-* schw.: *'rum w.* ruhelos von einem Ort zum andern laufen, bes. von Kindern.

Wefz(g)e^n-nest n.: **1.** wie nhd. Wespennest. – **2.** Weißbrot, innen mit Zwetschgen, Honig u. ä. ausgefüllt. Hohes Küchlein (von Dampfnudel-art), mit Weinbeeren ausgefüllt. -Wefz(g)e^n-stich m.: Wespenstich.

wefzig Adj. Adv.: **1.** stechend bös, von Weibern. – **2.** *wē̜əpsik* munter; *wĕftsik* lebhaft.

Weg *wēk* NW. N. O. SO., *-ēə-* Mittelland, *-ēə-* SW. m., Demin. -le^{in} n.: wie nhd. **1.** Weg. Bes.: *Um den W. sein, bleiben* bei der Hand, in der Nähe. *Den breiten W. der Breite nach, den langen W. der Länge nach. De^n l. W. 'na^{n}falle^n. Kreuzweis und de^n l. W. durch und durch. De^n g^{e}streckte^n W. längelang. De^n lange^n (de^n) g^{e}streckte^n W.* – **2.** Art und Weise; Hinsicht. – Bes. in Verb. mit Pronom. all s. *allweg.* – ein s. *einenweg. Auf ein^{en} W. hast du Recht* in einer Beziehung, *eine^n-weg* trotzdem. – den W. auf solche Weise, so, (bes. OSCHW. ALLG.). *Also den W. macht ma^n des.* des: deswegen; auf jeden Fall, ohnedies. *Der braucht au^{ch} no^{ch} z^u saufe^n, er ist d. W. nix.* – dise^n W. auf andere Weise (opp. *den W.*). *Es ist ganz d. W. ^{ge}gange^n* verkehrt, auf unerwartete Weise ALLG. – kein. *Kein^{en} W.* keineswegs. – Selb. *So, sel^{b}e^n W.?* ist es so gemeint, zu verste-hen? – vil. *Vil W.* vielerlei Weise ALLG. – welch. *wēlwē̜əg* (S. *wēlə-*) auf jede Art, jeden-falls, ohnehin, dennoch, gleichwohl, trotzdem. *'s wird w. spät, bis i^{ch} heimkomm^e. 's ist w. arg, daß du^{ni}t folge^n ka^{nn}st. Du bist w. recht einfältig. Des ist w. nix.* Auch verstärkte Bejahung: *Gehst du in d^{ie} Stadt?* – Antw.: *W. ja, freilich.* – Mit Adjj.: *De^n rechte^n W.* recht arg. *Jetzt schneit's de^n r. W.* stark, heftig. *Die Rechnung ist e^{in}mal d. r. W. g^{e}salze^n* gehörig.

weg *wēk* und *əwēk*, Mittell. *-ēə-* Adv.: weg, fort. *Weit e^{n}weg ist gut vor 'm Schuß.* – In Verb. mit bestimmten Verben, z. B.: *von etwas (ganz) (e^n)weg sei^n* hingerissen, begeistert.

weg-bringe^n st.: entfernen, auf die Seite schaffen. Eine Krankheit *w.* Er hat lang gebraucht, bis er *den Husten weggebracht hat* u. ä.

Weg-brunzer m.: **1.** Geschwürchen am Auge = *-seicher 1.* – **2.**Löwenzahn oder Kuhblume, Taraxacum officinale Web.

weg-bugsiere^n schw.: mit Kniffen wegschaffen, wegstoßen.

wege^n I *-ęǝ-, węgs* ALLG. Präpos.: wie nhd. Mit Dat. *W. ihm; w. sel*^{b}*em.* Bei Pronom. auch Gen.: *w. desse*^{n} (neben *dem*); bes. mit Pers. Pron.: *w. meiner* meintwegen; ebenso *w. deiner, seiner, ü*^{n}*ser, euer* (neben *w. mir, dir* usw.). Adverbiell: *'s könne*^{n} *w.* 100 Morge^n sei^n ungefähr. – *Vo*^{n} *w.!* Ausruf der Verwunderung.

wege^n II schw.: Wege, Bahn machen BAAR OSCHW.

Weger m.: = *Wegerich,* s. d.

Wegerich, Weger MITTL.ALB, Weberich m.: wie nhd., Plantago (major, media, lanceolata).

weg-g^e**heie**^{n} schw.: wegwerfen.

weg-grüble^n, -gruble^n schw.: durch *grübeln* entfernen.

weg-gucke^n schw.: **1.** intr. auf die Seite sehen. – **2.** trans.: Ein Neugieriger *guckt ein*^{en} *schier weg.*

weg-handle^n schw.: abhandeln, von einer Summe weg.

weg-haue^n st. (schw.): abhauen, abschneiden.

Wegholder s. *Weck-.*

weg-jage^n, -jäuche^n, -läuche^n schw.: wegjagen, verscheuchen.

weg-jucke^n schw.: weghüpfen.

weg-kriege^n schw.: beseitigen.

weg-laufe^n st.: wie nhd. Besonders: trans. *Einem das Haus (fast) w.* ihn überlaufen, immer wieder bei ihm vorsprechen in aufdringlicher Weise.

weg-linze^n schw.: wegsehen. – Anm.: Aus dem Rotwelsch.

weg-luge^n *-luǝ-* schw.: wegschauen (im S.).

Weg-luge(r) f.: Wegwarte, Cichorium intybus L. – Syn.: *Wegmannen.*

Weg-manne^n Pl.: Wegwarte, Cichorium intybus L. – Syn.: *Wegluge(r).*

weg-mause^n schw.: auf unerlaubte Weise wegnehmen, entfernen.

wegne^n *wēǝgnǝ* schw.: einen Weg bahnen.

weg-packe^n schw.: refl. *sich w.* sich schleunigst entfernen. *Pack di*^{ch} *weg!*

weg-putze^n schw.: durch Scheuern (u. ä.) entfernen. *Den Dreck w.* Auch beim Kegelspiel einen *Kegel w.* umwerfen. Bes. einen Gegner *w.* erledigen, wegschießen. *Den hat's weg*^{ge}*putzt* hinweggerafft.

weg-rucke^n schw.: bei Seite rücken. Übtr. *Er ist wegg*^{e}*ruckt* verrückt geworden.

weg-schaffe^n schw.: beseitigen. Durch emsige Arbeit fertig bringen. *Heut hab*^{e} *i*^{ch} *etwas wegg*^{e}*schafft!*

weg-schere^n st. schw.: refl. *sich w.* sich entfernen. *Scher di*^{ch} *weg!*

weg-scherre^n schw.: durch *scherren,* Reiben entfernen.

weg-schlafe^n st.: *dem Teufel ein Ohr w.* lange und tief schlafen.

weg-schlage^n st.: **1.** eigentl. *Wenn ma*^{n} *dere*^{n} *d*^{ie} *Gosch*^{e} *wegschlüg*^{e}*, na*^{ch} *tät*^{e} *sie mit dem Arsch no*^{ch} *päppere*^{n}. – **2.** profitieren, als Anteil bekommen, durch Überbieten abgewinnen.

weg-schlättere^n schw.: wegschleudern.

weg-schlenk(er)e^n schw.: wegschleudern.

weg-schlenze^n schw.: wegwerfen.

weg-schmeiße^n *-ǝi-* schw.: energisch wegwerfen.

weg-schnab^u**liere**^{n} schw.: heimlich wegnehmen.

Wegschte s. *Zwetschge.*

weg-schucke^n schw.: wegstoßen.

weg-schwätze^n schw.: ein großer Schwätzer *schwätzt dem Teufel (ei*^{ne}*m) e*^{n} *Ohr weg.*

Weg-seicher *-sǫe-* m., Demin. *-le*^{in} n.: **1.** Eiterbläschen am Auge, Gerstenkorn. Syn. *-scheißer, -brunzer, Gerste(nkorn), Erbse, Hagelstein, Haber, Kife, Perle, Dorrenweg, Werre, Wochendüppel.* – **2.** Pflanzennamen. a. Löwenzahn oder Kuhblume, Taraxacum officinale Web. – b. Herbst-Löwenzahn, Leontodon autumnalis L. – c. Wegwarte, Cichorium intybus L.

Weg-senf m.: Weg-Rauke, Sisymbrium officinale (L.) Scop.

weg-singe^n st.: *Der singt dem Teufel ein Ohr weg* so viel und schlecht.

weg-stelle^n schw.: **1.** auf die Seite stellen. – **2.** sich um eine andere Stelle bewerben.

weg-stibitze^n schw.: entwenden, heimlich wegnehmen.

Weg-treter m.: Vogel-Knöterich, Polygonum aviculare L.

weg-wärgle^n schw.: wegwälzen.

Wei *wǝi,* Plur. -e^n; Weier I m.: Weihe, der Raubvogel Milvus; bes. Gabelweihe, Milvus Ictinus.

Weib *-ǝi-,* S. *-ī-,* FRK. *-ai-,* RIES *-ae-;* NO. u. O. auch *wai;* Plur. -er (FRK. *-wǝr*); Demin. *-le*^{in} n.: **1.** wie nhd. a. ganz allgemein: Frau. – b. verheiratete Frau, Gemahlin. Dafür in Schwaben der allgem. Ausdruck. – c. übtr. von weibischen Männern; bes. *Der ist e*^{in} *alt*^{e}*s W.* ein Schwätzer. – **2.** Demin. *W-le*^{in} weibliches Tier, weibl. Pflanze.

weibele^n *-ǝi-* schw.: bei einer Frau, die schon nach kurzer Ehe stark an Schönheit einbüßt, *w-t's* überlaut. Vgl. *weiberen.*

weibe^n *-ǝi-* usw. schw.: zum Weib machen, ein Weib nehmen, heiraten (intr.).

Weiber-arbe[i]**t** f.: Arbeit, die (im bäurischen Betrieb) den Weibern obliegt (wie spülen, waschen, Flachs behandeln, Gartenarbeit, Hühnerzucht, bes. Hennen greifen). Der Bauer tut keine *W.*

weibere[n] *waebrə* schw.: wie ein *Weib,* nicht mehr mädchenhaft aussehen Ries.

Weiber-füdle n.: Hinterteil des Weibes. *Wenn der Flachs net 9mal e*[in] *W. sieht* d.h. gejätet wird, gerät er nicht.

Weiber-g[e]**schwätz** n.: Klatsch; dafür auch -g[e]schrei.

Weiber-g[e]**süff** *-gsīf* n.: schwacher Wein, süßer Most usw.

Weiber-gewäsch[e] n.: = -geschwätz.

Weiber-greine[n] n.: das Weinen der Weiber.

Weiber-habicht m.: Mädchenjäger.

Weiber-kraut n.: **1.** die Gewürzpflanze Gewöhnlicher Beifuß, Artemisia vulgaris L. – **2.** Echtes Johanniskraut, Hypericum perforatum L.

Weiber-leut[e] Plur.: = *Weibs-.*

Weiber-sach[e] f.: Sache der Weiber. *Des ist W.!* (aber: *Männerarbe*[i]*t!*).

Weiber-schrecke f.: Glockenzeichen um 11 Uhr vormittags, das die Frauen vom Feld nach Hause trieb zum Kochen Oschw.

Weiber-seit[e] f.: die Seite in der Kirche, wo die Weiber sitzen.

Weiber-sterbe[n] n.: Sterben des (Ehe-)Weibs. *W., kei*[n] *Verderbe*[n], *Gaul (Pferd, Roß) verrecke*[n] *des ist (bringt, macht; großer) Schrecke*[n].

Weiber-suckeler m.: Weibernarr.

Weiber-zär[e] f.: Weiberträne.

Weibet(e) f.: Brautschau, Werbung. Bes. *auf der W. sein, auf die W. gehen.* Syn. *Menschete.*

Weibs-bild *-əi-,* Plur. *-er* n.: weibliche Person, ohne abwertenden Nebensinn. – Gelegentlich auch abwertend.

Weibs-leut[e] Plur.: Weiber.

Weiche, Plur. *-en*[e] f.: **1.** Weichheit, das Weichsein. – **2.** speziell. a. der weiche Teil des Brotes, ohne die Kruste. – b. Gefäß zum Weichmachen der Felle, Gerberspr. – **3.** der weiche Teil des Rumpfes, Lenden.

weiche[n] I *-əi-,* S. *-i-,* Frk. *-ai-,* Ries *-ae-* st.: wie nhd. nachgeben.

weiche[n] II *-ə-* schw.: **1.** trans. weich machen; er-, aufweichen. – **2.** intr., weich werden.

Weide[n]**-korb** m.: aus Weiden geflochtener Korb. Ebenso -kratte[n] m., -kreb[e] m. usw.

Weide[n]**-stotze** m.: Weidenstrunk.

Weide[n]**-vögele**[in] n.: Marienkäfer. Synn. *Herrgottskäfer, Muckenstul, Heilandsvögelein.*

weidli[ch] *wǫę-* O., *-ǫa-* W. SW. S., *-āe-* NW., *-ae-* SO., *-ā-* (meist *wālę̆*) Frk. Adj. Adv.: von Personen: hurtig, flink, geschwind. Heute nur noch in dieser Bedeutung. *W. laufen, springen, machen, gehen, kommen* usw. *Der (g*[e]*)sieht net gut*

(wohl) und hört net gut (wohl) und ka[nn] *net w. laufe*[n] ist zu nichts zu brauchen.

Weie[n]**-vogel** m.: Gabelweihe, Milvus Ictinus Oschw.

Weier I s. *Wei.*

Weier II *-əi-* m., Demin. *-le*[in] n.: Weiher, Teich, der durch eine *Falle,* einen *Strämpfel* abgelassen werden kann.

Weifalter m., bes. häufig Demin. -fälterle[in] n.: Schmetterling, von allen Arten.

weifle[n] *-əi-,* S. *-ī-* schw.: wanken, schwanken, taumeln, unsicheren Schrittes gehen, bes. von Berauschten. Ein Betrunkener *weiflet 'rum, 'rüber und 'nüber, um einand*[er]. Schwindelig, ohnmächtig werden. – Von Bienen: *um e*[i]*nand*[er] *w.* herumfliegen. – Anm.: Mhd. *wîfen* winden, schwingen.

weiflig *-əi-* Adj. Adv.: schwindelig, taumelnd.

Weih-busch Allg., Plur. -büsch[e] m., häufiger -buschel f., Demin. -büschele[in] n.: Büschel, Strauß von versch. Kräutern und farbigen Blumen (darunter darf die Königskerze nicht fehlen) an Mariä Himmelfahrt (15. Aug.), der *Kräuterweihe,* in der Kirche geweiht werden, kath.

Weih-wadel, -wedel m.: **1.** Aspergillum, Wedel, mit dem der kath. Geistliche das Weihwasser spendet. – **2.** Pflanzenname. Wald-Geißbart, Aruncus dioicus (Walt)Fernald.

weil *-əi-* Konj.: **1.** zeitlich: so lange, während. *W. i*[ch] *da bi*[n]. *W. i*[ch] *no*[ch] *klei*[n] *g*[e]*wese*[n] *bi*[n] Tir. – Als. *Weil er sei*[n] *Vermöge*[n] *g*[e]*kriegt hat, ist es scho*[n] *50 Jahr*[e] *alt g*[e]*wese*[n]. – **2.** kausal, wie nhd. – Ellipt.: a. eine Aussage wird bekräftigt durch *W. 's wahr ist!* – b. eine Antwort wird verweigert durch *weil* die Frage abschneidendes betontes *weil.*

Weil[e] *-əi-,* S. *-ī̆-,* NW. *-āi-,* Frk. *-ai-,* Ries *-ae-* f., Demin. -le[in] n.: Zeit(dauer). *D*[ie] *W. wird mir lang. Ist's scho*[n] *die W.?* schon so spät. *(Nicht) Der W. haben* (keine) *Zeit haben. Gut Ding braucht lang W.* (will l. *W. haben*) *Nehmet der W.!* laßt euch Zeit, seid nicht allzu fleißig! Gruß an Arbeitende Oschw. Allg. Auch *Lasse*[n]*t (La*[sse]*nt) eu*[ch] *der W.!* dass. *Mittler W.* unterdessen Mittelland Oschw. Allg. *Bei der W.* bisweilen. *Für e*[in] *W-le*[in] eine Zeitlang. *In 'me*[n] *W-le*[in] in einiger Zeit. *Über e*[ine] *W.* in kurzem. *Ist's um die W.?* steht es so? – Demin. *W-le*[in] kleine Weile, kurzer Zeitraum. *E*[in] *(klei*[ne]*s) W-le*[in]. *Bleib doch e*[in] *W., In 'me*[n] *W., Für e*[in] *W. Den hat ma*[n] *e*[in] *W-le*[in] *[a]ufg*[e]*hebt* eine Zeitlang eingesperrt. *Ma*[n] *lebt e*[in] *W-le*[in], *na*[ch] *stirbt ma*[n]. *Des (Der Spaß; E*[in] *Ding; Alles* usw.) *ist nu' e*[in] *W-le*[in] *schö*[n].

weinele[n] schw.: nach Wein riechen.

weine[n] *-āē-* HalbMA., *-ōē-, -ōə-* schw.: weinen, wie nhd.; in der HalbMA. das üblichste Wort; häufiger Synn. *greinen, heunen, schreien, bre-*

gen, bräugen, briegen, bellen, heulen, plärren, brellen, zännen u. a.

Wei^n-gart(e^n) *wę̄ŋə(r)t,* Plur. -gärt(e^n) m., Demin. -gärtle^{in} n.: Weinberg; dafür das pop. Wort.

Wein-gärt(n)er *wę̄ŋə(r)tər* m.: Weingärtner.

Wei^n-g^{e}färt(le^{in}) n.: Beigeschmack des Weins. Syn. *Boden-.*

Wei^n-za^n m.: pers.: wer gern Wein trinkt. *Des ist e^{in} W.*

Weisch *-əi-,* RIES *-ae-,* ALLG. *-ī-* n.: Stoppeln, Stoppelfeld O. OSCHW. ALLG. BAIRSCHW. RIES und dazwischen. *Jetzt geht der Wind scho^n (wieder) über's W.!* es ist spät im Jahr. *Der gaht vom W. ^{a}uf de^n Bra^{ch}* verschlimmert sich. Das Vieh *in's W. treiben. In's W. halten* auf dem Stoppelfeld hüten. Übtr.: *ins W. fallen* ohnmächtig werden.

Weisch-acker m.: Stoppelacker.

weische^n *-ae-* schw.: die Getreidestoppeln unter die Erde pflügen. Syn. *stürzen.*

Weisch-feld n.: Stoppelfeld O. – Weisch-ge-rechtigkeit f.: Befugnis, auf dem Stoppelfeld zu weiden. – Weisch-haber m.: Haber, der auf dem umgeackerten Stoppelfeld ausgebaut wird. – Weisch-klē m.: Klee, der, mit dem Getreide gesät, nach der Ernte in den Stoppeln aufgeht. – Weisch-rüb^e, Plur. -e^n f.: Futterrübe, die ins Stoppelfeld gesät (gepflanzt) wird.

Weis^e I *-əi-* f.: **1.** Art und Weise. – RW. *aus der W.* außerordentlich. *Nicht aus der W.* nicht unrecht. – **2.** Melodie eines Liedes.

Weise II *wəisę̄* f.: Geschenk, das man der Wöchnerin bringt. S. *Weiset.*

weise^n I *-əi-,* S. *-ī-,* FRK. *-ai-,* RIES *-ae-* st. schw. (Part. auch g^{e}wise^n): trans. **1.** zeigen. Einem *die Tür w. Einem den Weg w.* Bes. *Des geht (hat) sein^{en} g^{e}weiste^n Weg* vorgezeichneten, geht, wie es gehen soll. Refl. *sich w.* sich erweisen, ausweisen. *Das wird sich w.* – **2.** mit Angabe einer Richtung: an einen *w.,* verweisen; hinweisen; wie nhd. *Wer lang fraget, wird weit g^{e}wise^n.*

weise^n II *-əi-* schw.: eine Schenkung machen. Bes.: einer Wöchnerin bei Besuchen Geschenke bringen (meist zum Essen, wie Zucker, Backwerk, Brot, auch Kaffee, Wein o. ä.; bes. von Verwandten und Paten). – Anm.: Mhd. *wîsen,* ahd. *wîsôn* = sehen nach, sich annehmen, besuchen, auf-, heimsuchen; bei festlicher Besuchsgelegenheit ein Geschenk bringen.

weise^n III *-əi-* (Part. g^{e}wise^n) st.: tadeln, verweisen. *'s erst^{e}mal sage^n, 's andermal w., 's dritt^{e}mal schlage^n.*

Weiset, Plur. -e^n m. f. n.: Geschenk. a. (von Verwandten) an die Wöchnerin, meist in Eßwaren bestehend. Besuch und Beschenkung der Wöchnerin. Bes. *Auf de^n (In d^{ie}, Auf d^{ie}) W. gehe^n* sie besuchen und beschenken. *In d^{ie} Weisnet gehe^n* dass. – b. Brautgeschenk S.

weisnen s. *weisen I* 1. und *weisen* II.

weiß *-əi-,* S. *-ī-,* FRK. *-ai-,* RIES *-ae-* Adj. Adv.: weiß, wie nhd. **1.** eigentl. Opp. *schwarz.* Bes.: *In weißem;* auch *im w-em; im wəisməts, in w-əts;* im *wəisərt* hemdärmelig (früher Hemd mit Puffärmeln, in schmuckem Mieder ohne Kittel getragen). *In w-em* (usw.) *sein, gehen, tanzen.* – Vielfach bei Pflanzennamen. – Subst. *'s Weiß^e vom Ei* Eiweiß; Syn. *Eierklar.* – *Das W. im Aug^e* Hornhaut. – **2.** hell, von andern Farben. a. gebleicht, von der Leinwand; opp. *rauh, roh.* – b. von Speisen. α) *weiße Soße,* opp. *braune S.* *W-es Mehlle^{in},* opp. *braunes, gebranntes.* – *W-e Preßwurst.* – *W-es Brot,* auch *Weißbrot* (⌃) von *w-em Mehl,* Weizenmehl. – β) von Pflanzen. *W-e Kirschen* helle, gelbe; auch *w-e Herzkirsch^e* rote (opp. *schwarze).* *W-e Träuble^{in}* gelbe Johannisbeere, Ribes; opp. *rote, schwarze.* – Die farblosen Blätter der Gemüsepflanzen sind *w.* – Bes. *w-er Wein,* wie nhd. – c. bleich, von krankhafter Hautfarbe des Menschen. *W. vor Schreck* o. ä. Verstärkt *käs-, kreide-.*

weiße^n *-le^n, -ne^n, -ge^n* schw.: weiß machen.

weißlecht *-lę̆χt;* -lechtig *-lę̄tig* Adj. Adv.: weißlich.

weißlen s. *weißen.*

Weißmet s. *weiß* 1.

Weiß-näe^n schw.: Nähen am Leib-, Bett-, Tischwäsche. *In's W. (In d^{ie} Weißnähet^e) gehen.* Dazu Weißnäeri^n f.

weißnen s. *weißen.*

Weiß-zeug n.: Leib-, Tisch-, Bettwäsche. Dazu *W.-kaste^n.*

Weist^e (Weischt^e) *-əi-;* Weisch(le^n), Plur. -e^n f.: Dornige Hauhechel, Ononis spinosa L.

weit *-əi-* Adj. Adv.: wie nhd. **1.** breit, ausgedehnt; opp. *eng.* – **2.** fern, entfernt; opp. *nahe.* – **3.** Bes. Gebrauch des Kompar. *w-er* mehr. *Der hat w.* weder i^{ch} (^{ge}kriegt). *Da verdient ma^n w. Heuer geit's w. Äpfel als Bire^n. Da brauchst no^{ch} w. Geld, Grun^{d}bire^n dazu.*

Weite *(-əi-)* (Weitne) f.: **1.** Breite(nausdehnung). – **2.** Längenausdehnung, Entfernung. *Den kenn^e i^{ch} ^{a}uf d^{ie} W.* von ferne. Alte Leute sehen gut *in d^{ie} W.* – **3.** weiter, freier Raum. – Übtr. Ausdehnung, Umfang.

weit-läuf *(-laef)* Adj.: weitläufig. **1.** eig. weit ausgreifend, ausgedehnt. *W. verwandt* entfernt verwandt. – **2.** übtr. umständlich.

Weit-leis n.: weites (Wagen-) Geleise. Ein Wagen, dessen Räder weit auseinander stehen, *geht im W.;* ein solcher heißt Weitleiswage^n. Übtr. Mensch, der mit gespreizten Beinen geht, bes. ein Betrunkener, *geht im W.* – Dazu weit-leisig Adj., bes. von Gang und Haltung.

Weize^n-grüsch, -grust f.: Weizenkleie.

wel s. *welch.*

welch *wę̄l, wę̆l,* flekt. -er, -e, (-e)s, Plur. -e

Pron: **1.** Pron. interr. *Wel^(ch)er hat's g^esait?* fragt nach einem aus zweien oder mehreren. *Wel^(ch)e Zeit ist's?* wie viel Uhr. Ohne Subst. *der (die, 's) wel^(che)* (Dat. Sing. auch *də wēləm, də(r) wēlərə;* Plur. *die wēlē)* wer? – **2.** Pron. relat. *wel^(ch)e^n Weg* auf jede Art, jedenfalls. Als reines Relat. nur im SO.: *E^(in) B^(a)ur, wel^(ch)e^r ^nit ackret, und e^(ine) Henn^e, die (w) ^nit gackert, bl^(e)ibt ^nit lang ^(a)uf e^(ine)m Hof* ALLG.

we-leide^n schw.: wehklagen, jammern. – **we-lei-dig** *(wae-* usw., s. *we)* Adj. Adv.: empfindlich gegen den geringsten Schmerz, weichlich. Dafür auch **-littig; -leidisch.** Subst. **We-lei-digkeit** f.

welen s. *winelen.*

weleweg s. *Weg* 2. u. *welch* 2.

Well^e *-ę̄-, -ęə-* flekt. -e^n f.: **1.** Woge, wie nhd. – **2.** Walze, Rolle. – Speziell: a. runder Prügel. – b. Zylinder zum Wellen, Walzen des Kuchenteigs, = *Wellholz.* – c. Reisigbündel, als Büschel zusammengebundenes Prügelholz.

welle^n I *-ē-* schw.: **1.** mit dem Wellholz bearbeiten, den Teig damit in dünne breite Fladen zerdrükken. – **2.** walzen: an einer Welle, Walze aufwinden.

welle^n II *-ē̜-* schw.: **1.** wälzen, rollen. – **2.** bis nahe zum Siedepunkt erhitzen, durch Dampf erwärmen ALLG. Milch *w.;* meist *ver-.*

wellen III s. *wollen* II.

Welle^n-beig^e f.: Beige aus Reisigwellen. *Schulde^n wie W-e^n* BAIRSCHW.

Well(e^n)-nagel, Plur. **-nägel** m.: Nagel am *Wisbaum,* durch dessen Drehung das *-seil* gespannt wird. – **Welle^n-seil** f.: Seil, durch das der *Wisbaum* auf dem beladenen Heuwagen mit den *Leiterbäumen* fest verbunden wird.

Weller m.: Hackmesser. Gekrümmtes Schneidinstrument zum Abhauen des dünnen Brennholzes. Syn. s. *Hape.*

Well-fleisch n.: Kesselfleisch, Siedfleisch. – Vgl. *wellen* II 2.

Well-holz n.: **1.** kleine hölzerne Walze zum Auswalzen des Nudelteigs. – **2.** = *-nagel* am Heuwagen. Flaches glattes Holz mit 2 Ösen zum Durchziehen des Stricks, mit dem der *Wisbaum* straff gespannt wird. – **3.** Reisigholz.

welsch usw. s. *wälsch* usw.

Welt *-ē̜-* NW. *-ē-* O. FRK., S. *-ęə-, -jə-, -ə-* f.: **1.** Menschheit, die Leute und ihr Treiben. *Wer da fällt, über den läuft alle W. D^(ie) W. will betroge^n, b^(e)schisse^n sei^n. Mit de^n dumme^n Leut^en treibt ma^n d^(ie) W. um.* – **2.** mehr lokal: Erde. *Auf die W. kommen geboren werden. Auf der W. sein. Ma^n meint, der sei heut^e d^(en) erste^n Tag auf der W. Der ist z^u gut für die W. Des ist d^(ie) W. no^(ch) lang net:* das ist keine große Gabe. *Da ist d^(ie) W. mit Bretter^n vernaglet* hinter dem Mond. – **3.** Erdboden. *Auf d^(ie) W. 'na^n falle^n.*

Welts-: als Verstärkung vor Subst. und Adj. (Adv.) vielfach, in nur steigerndem, vergrößerndem Sinn; noch stärker, vielfach mit tadelndem Sinn, *Allerwelts-;* solche Bildungen können, wie *erden-, grund-, boden-* u. ä. täglich neu entstehen. So sind bezeugt und seien hier aufgeführt: **Welts**aff(e^n) m.: großer Rausch; **-baum** m.: großer Baum; **-brand** m.: großer Rausch; **-bröckel** m.: großer Brocken; **-düppel** m.: große Gans; **-ga^ns** f.: große Gans; **-gaul** m.; **-g^escheidle^(in)** m.: Alleswisser; **-gosch^e** f.: großes Mundwerk; **-grind** m.: = *-kopf;* **-hur^e** f.; **-hut** m.; **-kamel** n.; **-kerl(es)** m.: großer Kerl; rechter Bursche; **-knall** m.; **-kopf** m.; **-lümmel** m.: großer, starker Kerl u. a.

wemmlen, wemslen s. *wimmlen* II.

wen- s. a. *win-.*

Wendelin(us) *wĕndəlē̜ ⌐⌐, -nəs,* meist gekürzt **Wendel** *wĕndəl* m.: männl. Vorname; kath. – Name des Heiligen (sein Tag der 20. Okt.). Er ist der Patron des Hornviehs und der Schafe. *An W. soll 's Vieh vo^n der Weid^e* in Stall.

wende^n *wĕndə; wĕnə* NW. schw.: wenden. **1.** trans. a. umwenden, umkehren. Ein Kleid *w. Da hilft kei^n Drehe^n und W.* Der Bauer *w-et* das geschnittene Getreide, *(verstreute)* Heu, die Mahden mit dem Rechen; desgl. den Acker mit dem Pflug. – b. mit Angabe der Richtung: abkehren. – c. ver-, an-wenden. – **2.** refl. wie nhd. *'s Blatt (Blättle^n) hat si^(ch) g^ewend^t, ka^(nn) si^(ch) w.* – **3.** intr. sich wenden. Der Fuhrmann *wendet* mit seinem Fuhrwerk, der Bauer mit dem Pflug.

wendisch s. *windisch.*

weng s. *wenig.*

Wengert s. *Weingart.*

Wengerter s. *Weingärtner.*

wenig *wĕnix̌ (-īk),* S. *-ē̜-;* Kompar. **weniger, -gst** (auch *wēŋər, wēŋkst)* Adj. Adv.: **1.** gering, schwach. *Des mei^(ne) w-ste Sorg^e.* – **2.** wenig. – Subst. *e^(in) w.* wie nhd. Form: meist *ə wĕŋ. E^(in) klei^n w.* sehr wenig. Dazu Demin. *e^(in) wen^(i)gele^(in) (wĕŋlē)* sehr wenig. *E^(in) klei^(ne)s w-le^(in).*

wenn: wie nhd. wann und wenn.

wensch s. *windisch.*

wenschen s. *wünschen.*

went s. *wollen* II.

wenzig s. *winzig.*

Wepse s. *Wefzge.*

Wer *wĕr (-ē̜-, -ęə-)* f. n.: **1.** Verteidigung; konkret: Befestigungswerk. – *Wĕr* jeder Schutzbau. – **2.** Waffe; eigentl. W. und Waffe(n). – **3.** *wĕr* n. Stauwehr, Schutzbau zur Stauung des Wassers.

Werd *-ē-* m., Demin. **-le^(in)** n.: von Wasser bespültes Landstück; Wiese (o. ä.) am Flußufer. – Anm.: Mhd. *wert,* zu *wer* Schutzbau.

werfle^n *-ē̜-* schw.: **1.** Getreide mit der Wurfschaufel reinigen. – **2.** würfeln.

werglen s. *warglen*.

werkle[n] schw.: sich betätigen, ständig etwas arbeiten.

Werk-tag *wĕ̜(ə)rd-; wẹ̈̃əd-; wĕd-; wẹ̜əkd-; wę(ə)rfd-; wẹ̈̃əft-; wẹ̜əχd-; Mertig; -dĭk, -ĕk, -iχ, -ĕ̜, -ĕ̜, -ĭ, -ēŋ, -ak;* HalbMA. *wĕ̜r(k)dāg* m.: wie nhd.

Werktag-hals m.: Speiseröhre.

Werktag(-s)-häß *-hĕ̜s* n.: Werktagskleid(er).

Werlein s. *Werre.*

Werre *wĕ̜r(ə),* Plur. -e[n] f.: **1.** Barriere, Sperre, Schlagbaum, Schranke an der Einfahrt in ein Feldstück, einem verbotenen Weg. – Hölzernes längliches Lattentor; Umzäunung eines Grundstücks. – **2.** *W. (wẹ̜ər, wĕ̜r),* meist Demin. *Werrle*[in] n. kleines Eitergeschwür am Auge O. OSCHW. ALLG. BAIRSCHW. – **3.** Maulwurfsgrille, Gryllotalpa vulgaris.

Wersi(n)g m.: Wirsing, Brassica oleracea L. var. capitata.

wert *-ĕ̜-, -ẹ̈̃ə-* Adj.: **1.** wie nhd., einer Sache wert. Bes. gebraucht: *Ei*[ne] *Ehr*[e] *ist die ander*[e] *w.* Eine Leistung o. ä. *ist aller Ehre*[n] *w.* (aber nicht vollkommen). *Des ist (*[n]*et) der Red*[e] *w.* erwähnenswert. *Des wär*[e] *der Red*[e] *no*[ch] *'mal w.* wäre schön, wenn es in Erfüllung ginge. Etwas *ist (net) der Mü*[he] *w.,* auch entstellt *dərmĕ̜wẹ̜ərt, dərmĭwẹ̜ərt* ꞷ˅, sogar *dərwẹ̜ərt.* – **2.** absol.: geschätzt, willkommen. *Ein willkommner Besuch ist w.*

Wert m.: wie nhd. Bes.: *Des hat kein*[en] *W.* nützt nichts; es steckt nichts dahinter, ist unbedeutend, ist einerlei. *(Des) Wird 'n W. hau*[n]*!* wozu auch!

weschen s. *wünschen.*

wesel s. *wäsel.*

Wese[n] *-ẹ̜ə-* n., Demin. -le[in] n.: **1.** Eigenschaft(en), Zustand, Verhältnis(se). *Des ist e*[in] *bös*[es] *W.* üble Zustände, böse Sache. *ᴰem W. na*[ch] dem Anschein nach (eig. dem offenbaren Zustand, der Sachlage nach). – **2.** Tun und Treiben. *I*[ch] *bi*[n] *schau*[n] *längscht mit de*[a]*m We*[a]*sa umganga* mit dem Vorhaben, habe das betrieben. – Speziell: Unwesen. *Ein W. haben* unruhiges, lärmendes Treiben. *Was hä*[be]*nt ihr für e*[in] *W.!* *'s braucht kei*[n] *so W.* so viel Aufhebens. – **3.** Anwesen, Haus und Hof. *Der hat e*[in] *stolz*[e]*s, e*[in] *alt*[e]*s usw. W.* – **4.** *e*[in] *W. Leut*[e]*, Geld* sehr viele; *Vo*[n] *dem hat's e*[in] *ganz*[e]*s W.* – **5.** einzelnes Individuum. *E*[in] *schö*[ne]*s W.* schönes Weib.

we-siedig *waesiədiχ* ꞵ˅ꞷ Adj. Adv.: **1.** obj. ärgerlich, verflucht. *Des ist e*[ine] *w-e G*[e]*schicht*[e]*.* – **2.** subj.: gescheit, durchtrieben. *E*[in] *w-*[e]*s Männle*[in]*.*

weslen s. *wechslen.*

Wespe(nnest) s. *Wefze(nnest).*

wet, wetesch(t) s. *wollen* II.

We-tag *wae-,* s. *we,* Plur. -täg[e] m.: **1.** Krankheitszustand. a. starker körperlicher Schmerz, großes Leiden. *Der hat ('*[n] *fürchtige*[n]*, grausig, viel)*

W. (nur -tag, nie *-täg*[e]*!). I*[ch] *hau*[n] *'n W. in der Seite*[n]*, im Fuß.* – b. meist ganz abgeschwächt: *W. haben* sich nicht wohl befinden; Unangenehmes erfahren haben, Angst vor etwas haben. *W. machen* herumjammern wegen nichts. – c. als Ausruf: *o W.! O letz W.!* Ausruf des Unwillens, auch *Kotz W.! W.!* als (starker) Fluch. – **2.** persönl.: früher: Mensch, der die fallende Sucht hat. Heute bes. als sehr starkes Scheltwort: verächtlicher Kerl, Aas, schlechter bösartiger Mensch, Mensch, der zu nichts zu gebrauchen ist. *Der (Du) W.!* – we-taget *-tāgət* Adj. Adv.: nur noch übtr.: widerwärtig; verflucht, verteufelt, in Scheltworten wie *Du w-er Siech, Kog, Kerl, w-es Luder. Des ist ja w.* ärgerlich, erstaunlich. Adverbiell: *'s ist w. kalt* bitter kalt. *Der ist w. wüst, grob.*

We-tribel *wae-* m.: geplagter, zu allerhand Dienstleistungen mißbrauchter Mensch. – Trübseliger, über alles sich bekümmernder Mensch. Auch = *Wetag* 2.

Wetsch(g)e s. *Zwetschge.*

Wett(e) I *-ĕ̜-* schw.: -(e n)e[n] f.: Wette, wie nhd.

Wette II *wĕ̜tĕ̜,* Plur. -ene[n] f.: Wasserlache, Tümpel. Unreinliches, stehendes Wasser, Pfütze. Bes.: Pferdeschwemme, Dorfweiher; meist kleiner als die *Hülbe.* – Verschüttetes Wasser, etwa auf dem Zimmerboden. – Anm.: Zu *waten.*

wette I *-ĕ̜-* schw.: durch Pfand sichern, wie nhd., eine Wette machen. Dafür auch wettne[n].

wette II *-ĕ̜-* schw.: Pferde *w.* in die Schwemme reiten, treiben; auch wettne[n]. – Zu *Wette* II.

Wetter *-ĕ̜-* NW. N., *-ẹ̜ə-* Mittelland, *-ẹ̈̃ə-* SW. n.: **1.** Wetter, Witterung, wie nhd. – **2.** Gewitter, Unwetter. *Des geht wie's W.* so schnell. *I*[ch] *bi*[n]*, schla*[ge] *mi*[ch] *'s W., froh, daß . . .! Jetzt soll glei*[ch] *'s W. drei*[n] *schlage*[n] *(fahre*[n]*)!*

wettere[n] schw.: **1.** heftig gewittern. Bes. auch von Schnee-, Hagelwetter. – **2.** starken Lärm, Gepolter verursachen, rumpeln, durch Stoß, Schlag, Klopfen, starken Fall o. ä. *Was w-et denn so?* – **3.** toben, fluchen, heftig schelten. *Der w-et de*[n] *ganze*[n] *Tag in Haus 'rum.*

Wetter-hex[e] f.: **1.** Hexe, die das *Wetter* macht. – **2.** hurtige, lebhafte, fahrige Weibsperson.

wetterig Adj. Adv.: **1.** gewitterig. – **2.** polternd, Lärm machend. – **3.** *net w.* nicht freigebig, nicht gerne bereit.

Wetter-kerz[e] f.: Großblütige Königskerze, Verbascum densiflorum Bert., und Kleinblütige Königskerze, Verbascum thapsus L.

Wetter-laich *(-lǫeχ* O., *-ǫa-* W. SW. S., *-āe-* NW., *-ae-* SO., *-ā-* FRK.) m.: Blitz. – Anm.: Zu *laichen* 4, auch *laichen.*

wetter-laich(n)e[n] schw.: wetterleuchten (ohne hörbaren folgenden Donner). – Übtr.: bei Zuckungen der Gesichtsmuskeln *w-et* das Gesicht.

wetter-läunisch *-läeniš*, S. *-lĭn-;* neben -launisch Adj. Adv.: wetterwendisch, bes. übtr. vom Menschen: launisch, unbeständig, verdrießlich. Bes. auch vom Pferd, Katze, Hund.

wetterlich Adj. Adv.: imponierend, gewaltig, stark. *Ein w. Mann.*

Wetter-loch n.: Gegend, aus der das gute, schlechte Wetter kommt.

wetter-mäßig Adj. Adv.: stark, gewaltig. *'s hat 'n w-e^n Knall ^ge ta^n.*

Wetter-mess^e f.: Messe, die zur Fernhaltung von Unwettern gelesen wird OSCHW. ALLG.

Wetter-nägele^in n.: **1.** Karthäuser-Nelke, Dianthus carthusianorum L. Syn. *Studentennägelein.* – **2.** Heide-Nelke, Dianthus detoides L.

wetters-: häufige Verstärkung, wie *donners-, blitz-* usw. So wetters-g^escheit, -g^eschwind, -kerl(e), -nett, -vil.

wetter-schlächtig Adj.: **1.** verhagelt, vom Hagel beschädigt. *W-e Früchte.* – **2.** verflucht (stark), wie *donner-.*

Wetter-schoche^n m., bes. Demin. -schöchle^in n.: kleiner Haufen Heu, Öhmd, abends bei unsicherer Witterung aufgeschichtet.

wetter-wendisch Adj. Adv.: wie nhd. Vom Menschen: unbeständig, launisch; vgl. *-läunisch.*

wettnen s. *wetten* I, *wetten* II.

Wetz *-ĕ-* m.: Schärfe (des Messers, der Sense o. ä.).

wetze^n *-ĕ-* schw.: **1.** wie nhd., schärfen. *'s Messer ist g^ewetzt* ich bin bereit. – **2.** beim Gehen die Füße aneinander reiben und dadurch die Hosen, Stiefel usw. beschmutzen bzw. verderben. – **3.** rennen, Fußball spielen; dafür auch *^ei n^en Wetz mache^n.*

Wetz-stei^n m.: wie nhd. *Der ka^nn schwimme^n wie e^in W.*

weu(n)slen s. *winslen.*

We-wele^in *wĕwĕlĕ* ‿‿ n.: körperlicher Schmerz, schmerzhafte (verwundete) Stelle am Körper, in der Kinderspr. Auch Wiwile^in *wĭwĭlĕ;* Wiwi.

Wibele^in *wĭbəl-,* FRK. *-w-* n.: kleines Zuckerbackwerk, Art Biskuit. – Anm.: Zum FamN. *Wibel,* nach dem ersten Fabrikanten.

Wichse *(-ks(ĕ)* f.: **1.** *wĭks(ĕ)* wie nhd. Dazu Komposs. wie Wichse-bürst^e f., -g^erust m. Utensilien zum Stiefelwichsen, -schachtel f. – **2.** übtr. *wĭks.* a. Prachtskleidung, Gala. Hiefür meist Wichs m.: *Im W. sein.* – b. *die ganz^e W.* alles insgesamt. – c. Plur. *W.* (ohne Artikel) Schläge, Prügel. *W. kriegen; Einem W. geben.*

wichse^n *wĭksə (-kš-)* schw.: **1.** mit Wachs überziehen. – **2.** mit Wichse glänzend reiben. – **3.** übtr. a. *einen w.* durchprügeln. – b. onanieren. – c. *etwas w.* im Wirtshaus zum besten geben, für die andern bezahlen. S. *wächsen.*

Wichser *-ĭks-* m.: **1.** Wachskugel zum Steifen des Fadens. – **2.** Onanist.

Wichsete f.: Prügel.

wichslen s. *wechslen.*

Wicke f.: Wicken-Arten, Vicia L. Bes.: *Vogel-W.* Futtererbse, Pisum sativum L. ssp. arvense (L.) A. et Gr., *Wise^n-W.* oder *Wilde W.* Zaunwicke, Vicia sepium L.

wickle^n schw.: **1.** aufwickeln, aufwinden, wie nhd. – Übtr.: *schief g^ewicklet* stark im Irrtum. – **2.** an einer unbedeutenden Sache, die eine kleine Meinungsverschiedenheit erzeugte, so lang fortmachen, bis es zu Händeln kommt. Aufwiegeln, zum Streit aufreizen, Streit anfangen. *Er hat g^ewicklet, bis es Händel ^gegebe^n hat.* – **3.** wirre, unklare Reden führen. – **4.** *einen w.* durchprügeln, schlagen. – **5.** tüchtig, gierig, viel, drauf los essen.

Wid^e *wĭt,* flekt. -e^n f., Demin. Widle^in n.: **1.** Rute, Gerte von der Weide, gern als Band zum Korbflechten, Binden von Garben, Reisig u. ä. verwendet. – **2.** Weiden-Arten, Salix L.

Wider-borst, -burst, Plur. -e^n m.: **1.** vorn über der Stirne des Menschen oder am Wirbel aufwärts stehende, sich sträubende Haare. – **2.** übtr. widerspenstiger Mensch; solches Kind. *Sei kei^n so W.!* – Dazu w.-borstig Adj.: widerhaarig, widerspenstig, von Haaren und Menschen.

widere^n schw.: sich weigern.

Wider-gang, Plur. Widergänge m.: Krankheitsname in verschiedener Form und Bedeutung, v. a. gebraucht Plur.: Muskelschmerzen in Knien und Schenkeln nach angestrengtem Gehen, Muskelkater. Drüsenschwellung.

Wider-ker f. m.: **1.** f. Rückkehr. – **2.** m. rechtwinkliger Anbau an die Längsfront eines Hauses, spez. Treppenaufgang.

Wieg^e *wiəg,* FRK. *-xə,* flekt. -e^n f., Demin. -le^in n.: **1.** Kinderwiege, -bettlade, wie nhd. – **2.** Fleischwiegmesser, zum Zerkleinern des Fleisches.

Wiege^n-gaul m.: Schaukelpferd.

wif *wĭf* Adj. Adv.: lebhaft, von aufgeweckten Sinnen; tüchtig, brauchbar; klug, verständig, gescheit; schlau, pfiffig. – Anm.: frz. *vive.*

Wifheit *(-ĭ-)* f.: Lebhaftigkeit, Tüchtigkeit.

wifle^n *-ĭ-* schw.: ein zerrissenes Gewebe (Strümpfe o. ä.) fein vernähen, in Nachahmung des Gewebes.

Wiflete f.: Flickarbeit.

Wifling *wĭ-* m.: grobes Gewebe, Zeug aus leinenem Zettel und wollenem Einschlag, meist schwarz oder blau gefärbt, früher vom Bauern selbst gewoben, für bäurische Hosen und bes. Weiberröcke verwendet.

wildele^n schw.: **1.** nach Wildbret riechen. – **2.** nach dem Waldboden schmecken, von Pilzen. – **3.** wild sein, lärmen, toben, im Spiel, bes. von

Kindern. – **4.** auf verbotene Jagd gehen, = *wilderen.*

wildereⁿ schw.: unbefugt jagen.

w i l e n s. *winelen.*

wimmleⁿ I schw.: **1.** Trauben lesen, Weinlese halten Baar, Oschw. Bod. Syn. *herbsten.* – **2.** Obst brechen, von den Bäumen herabtun SW.

wimmleⁿ II schw.: wimmeln. Formen: *wĕmlə.* – *wiəmlə* Tir. – *wŭmslə* S. (nördlicher *wŏmslə*). *Auf 'm Märkt w-et älles; 's w-let vor lauter Fisch*ᵉ, *Frösch*ᵉ. Auch das geschäftige Arbeiten der Biene und Ameise heißt *w.;* übtr. eine fleißige, flinke Magd *w-let.* Auch: kribbeln, krabbeln Allg.; *'s w-let etwas an mir 'rum.* – *wēəmslə.* Ein Ameisenhaufen *w-t.*

Wimmlet m.: (Zeit der) Weinlese, Traubenlese.

Wimmlete *wĕml-* f.: wimmelnder Haufen.

w i m s l e n s. *winslen* u. s. *wimmlen* II.

windisch *wĕnd(ĭ)š,* Frk. *-ĭ-* Adj.: **1.** verdreht. Vom Holz: von der Sonne, Trockenheit aus der Form gebracht, gekrümmt, verbogen, verzogen. Ein Brett, eine Tischplatte ist *w.,* verzogen, wirft sich. Ein Turm, eine Mauer steht *w.* – **2.** übtr. launisch, von übler Laune.

wind-schief Adj.: vom Wind aus der Richtung gedreht, von Bäumen. Holz, dessen Fasern sich um die eigene Achse drehen, ist *w.;* ein Brett zieht sich durch Hitze *w.* Dann: ganz schief.

Winds-gäheⁿ *-gäiə;* W i n d s - gᵉ w ä t n., *-wat* n.: vom Wind zusammengewehte Schneemasse.

W i n d s w ä (h) e t, *-wat* s. *-gähe.*

wiⁿ**(e)le**ⁿ schw.: wiehern, vom Pferd; speziell das sehnsüchtige, traurige (bes. der Stute nach dem Füllen). Synn. *heinklen, kirren, weien, wimmeren, rüchelen, winslen, heulen, greinen.* Formen: *wāēlə; wĕlə; wīələ.*

Winker m.: **1.** Wink. – **2.** einer, der winkt. – **3.** Stirnlocke der Mädchen; auch *Buben-, Herren-.*

winkleⁿ schw.: einen (rechten) Winkel machen, konstruieren.

w i n n l e n s. *wimmlen* I.

wins(l)eⁿ *wāēslə, wəislə, wīslə, wĕnslə; wuislə; wŭslə; wāēsə; wĕsə;* wiⁿzleⁿ *wāētslə;* wimsleⁿ *wĕmslə* schw.: winseln, wimmern.

Winter-beulᵉ, Plur. -eⁿ f.: Frostbeule.

wintereⁿ schw.: **1.** trans., überwintern, durch den Winter bringen- füttern. – **2.** intr. unpers.: *es w-et* wird Winter, kalt, geht dem Winter zu. *'s w-et scho*ⁿ *recht.*

Winter-halde f.: nach Norden geneigter Abhang.

winterig Adj.: winterlich. Der Garten *liegt w.* auf der Nordseite.

Winter-johanni m.: Tag des Evangelisten Johannes, 27. Dez.

Winter-loch n.: kalte Gegend.

winzig *wĕnts-;* w u n z i g *wŏn-* Adj.: winzig. *E*ⁿ *w-*ᵉ*s Bißle*ⁿ.

w i n z l e n s. *winslen.*

Wirbel *-ĭ-; -ŭ-;* Frk. *wĕrwəl* m.: **1.** Wirbel des Wassers. – **2.** Kurbel. Querbalken, an dem der Kessel über dem Feuer hängt Tir. *(wierml).* An der Sense das Querholz in der Mitte des Stiels für die rechte Hand. – **3.** Knochenwirbel, Gelenkknopf. Häufiger: Kopfwirbel, Stelle, wo die Haare kreisförmig auseinander gehen; Scheitel des Kopfes. – **4.** Baumgipfel, Wipfel. – **5.** *W-le*ⁱⁿ Rind mit Drehkrankheit. – Übtr. *Wirbel* verwirrter Mensch. – **6.** Trommelwirbel, wie nhd. *W. schlagen.*

wirbig Adj.: unbesonnen, verworren, närrisch, wirr O. SO.

wirbleⁿ schw.: wie nhd., von versch. drehenden Bewegungen. – Übtr. *Dem wirblet's er ist verwirrt.*

wirblig (w i r b e l i g) Adj.: wirr. *Mir ist's ganz w.* schwindelig. Zerstreut; nicht recht bei Verstand, wahnsinnig.

Wir(e)leⁱⁿ *wī-* n.: junges Gänschen.

wirkeⁿ *-ĭ-* schw.: (ver)arbeiten. Bes.: Teig, einen Laib *w.* kneten, zum Laib formen.

wirklich Adj. Adv.: **1.** tatsächlich, wie nhd. – **2.** gegenwärtig (von der Zeit), jetzig. Adv. jetzt, augenblicklich. *I han wirklich arg viel G'schäft* zur Zeit viel Arbeit.

wirs(ch), Komp. w i r s e r, Superl. w i r s t Adj.: **1.** Kompar. schlimmer, übler, schlechter. *Heut ist mir no*ᶜʰ *wirser als gester*ⁿ Oschw. – **2.** Superl. *am wirseste*ⁿ am schlimmsten Oschw. – **3.** Posit. *wirs(ch)* übel, schlimm; *Es ist ihm ganz w. Mir ist wirsch* übel, bange, wehe. – W i r s (c h) e, Plur. -eⁿeⁿ f.: Übelkeit, Gefühl der Schwäche. Plur. *Wirschene*ⁿ törichtes Zeug.

W i r s i n g s. *Wersing.*

wirteⁿ schw.: bewirten, als Gastwirt tätig sein; eine Wirtschaft betreiben.

wirtleⁿ schw.: das Wirtsgewerbe betreiben.

wis-a-wi *wīsăwĭ* ⌣⌣ **1.** Adv.: gegenüber. – **2.** Subst. Gegenüber. *Mei*ⁿ *W.* – Anm.: Frz. *vis-à-vis.*

Wis-baum *wīs-* (S. *wĭs-*); *-bŏm* m.: starke Stange, Balken, der über den vollen mit Heu (oder Garben) beladenen Wagen (mit der *Baumkette,* dem *Wellen-, Spann-, Heuseil* an die *Leiterbäume*) festgespannt war.

Wisch *-ĭ-* m., Demin. *-le*ⁱⁿ n.: **1.** kleiner Bund von Stroh, Heu (o. ä.). Kleiner Strohbüschel, als Warnungszeichen an verbotenen Wegen und Weiden. – **2.** Staubbesen, einseitiger Besen, zum Ausfegen des Backofens. – **3.** übtr. kleine Person. Vgl. *Fetze, Hudel.*

wischeⁿ *-ĭ-* schw.: **1.** trans. a. eig., kehren, mit dem Kehrwisch auskehren; spez. mit nassen Lumpen. *D*ⁱᵉ *Stub*ᵉ *w. Den Löffel w.* das Essen beschließen. – b. übtr. *einem (eine) w.* Schläge, Ohrfeigen geben; einen Verweis geben. – **2.** intr. rasch sich irgendwohin bewegen, schnell hinweg eilen.

Wischer m.: **1.** Instrument, mit dem man wischt. – **2.** Verweis (Frk. nicht bezeugt). *Einen W. kriegen, einem e. W. geben.*

Wisᵉ *-ī-*, S. *-ĭ-;* flekt. *-e*ⁿ f., Demin. *-le*ⁱⁿ n.: Wiese. Im Allg. *Feld, Acker, Heuet,* während *W.* speziell = nasser, saurer Grasplatz. Übtr.: Etwas sehr Willkommenes *ist mir e*ⁱⁿ *g*ᵉ*mäht*ᵉ*s W-le*ⁱⁿ.

Wisel f., Demin. *-le*ⁱⁿ n.: **1.** Wiesel, Putorius vulgaris. Nur Demin. *W-le*ⁱⁿ. – **2.** Demin. *-le*ⁱⁿ Zuchtstier.

wiseleⁱⁿ**(s)-wol** *wīsələ̆s-, wūsələ̆s-* Adj.: sehr wohl, behaglich.

Wiseⁿ**-seicher** m.: Löwenzahn oder Kuhblume, Taraxacum officinale Web.

wiser s. *wäsel.*

Wis-etter m.: Zaun um eine Wiese, zum Schutz gegen das Vieh S.

wislen s. *wechslen.*

Wispel *-ī-* m.: **1.** Wipfel eines Baums. – **2.** übtr. *einem den W. verhauen* den Kopf.

wispereⁿ schw.: lispeln.

wispleⁿ *-ī-* schw.: zischeln, pfeifen; flüstern.

wist *wĭšt* Interj. Adv.: „links" als Fuhrmannsruf an das Zugvieh SW. Don. Oschw. Allg.; nördl. davon *hüst.*

wit s. *wollen* II.

Wit-frau *wĭt-; wĭpfr-,* Plur. *-e*ⁿ f.: Witwe.

Witling *wĭt-;* auch *wĭp-* m.: Witwer.

Wit-maⁿⁿ m.: Witwer.

witsch *-ī-* Adv.: flugs, geschwinde, im Nu, husch. *Wie der W. ist er mir 'naus* (ᵍᵉ*komme*ⁿ) o. ä. sehr schnell.

witscheⁿ schw.: schnell hinweg eilen; schnell entkommen, entschlüpfen. *'s ist mir aus der Hand g*ᵉ*witscht; Er ist nu*ʳ *g*ᵉ*schwind davo*ⁿ, *in d*ⁱᵉ *Stub*ᵉ *'nei*ⁿ (o. ä.) *g*ᵉ*witscht.* So bes. Komposs. *aus-, hinaus-, durch-* usw.

wittereⁿ schw.: **1.** *es w-t* das Wetter ist . . . . *Wie's um Bartholomä*ⁱ (24. Aug.) *w-et, so de*ⁿ *ganze*ⁿ *Herbst.* – **2.** spüren, merken.

wittisch *wī-* Adj.: verdrießlich, übelgelaunt, unwillig, unwirsch, widerwärtig, mürrisch.

wo Fragewort, Relativ, Adv.: A. Formen. Anlaut: *m-* im Mittelland. Sonst durchweg *w-.* Vokal: *wǭ* HalbMA.; *-ǭ* Hauptgebiet; im S. *-ǫu, -au;* im O. *-ao (-au);* im N. *wū,* östl. *wǭə.* – B. Gebrauch. **1.** Interrog. a. wo? wie nhd. in direkter und indir. Frage. *A(ch) wo! Ja wo!* keineswegs; *I wo!* – b. mit Advv. des Orts, trennbar und untrennbar verbunden. *Wo ane?* wohin? *Wo gahst (willst) a.?* oder *Wo a. gahst?* – *Wo her? Wo kommst her?* oder *Wo her k.? Dem will i*ᶜʰ *sage*ⁿ, *wo er her will!* ihm will ich meine Meinung gründlich sagen. *Ah woher! Woher denn (au*ᶜʰ)*!* keineswegs! – *Wo hin?* wie nhd. *Wo gehst hi*ⁿ*?* oder *Wohi*ⁿ *g.?;* häufiger *Wo* ʰⁱ*na*ⁿ*? Wo* ʰⁱ*na*ⁿ *gehst?* oder *Wo g. 'na*ⁿ*?* – *Wo hinaus?* – Andere wie *wo herüber, herum, hin-*

über, hinum usw. sind jederzeit ebenso, getrennt und ungetrennt, möglich. – **2.** Konj. a. wenn, zeitl. oder konditionell. – b. als, da. *Wo er das g*ᵉ*sait hat, bin i*ᶜʰ *verschrocke*ⁿ. Vor vokal. anlautendem Pron. wird meist ein *-n-* eingeschoben: *wo-n-er, wo-n-i*ᶜʰ usw. – c. rel. da, wo. *Wo es ist* überall. Auch geradezu = obgleich. *I*ᶜʰ *soll mit dem* ᵍᵉ*gange*ⁿ *sei*ⁿ, *wo i*ᶜʰ ⁱ*hn doch gar net kenn*ᵉ. – **3.** Relativ-Partikel. Als Nom. u. Akk. zugleich Rel. Pron.: *Der Ma*ⁿⁿ, *wo Käs feil hat. Des ist e*ⁱⁿᵉ *G*ᵉ*schicht*ᵉ, *wo mir fast 's Herz abbricht.* Auch verstärkt *Der Ma*ⁿⁿ, *der wo . . .* Die Bezeichnung des Dat. (auch Akk.) wird auf das regierende Subst. zurückverlegt: *De(ne)re*ⁿ *Frau, wo des Haus g*ᵉ*hört, (die) hat's verkauft.* Ebenso mit Präposs. bei Personen: *Von dem Ma*ⁿⁿ, *wo i*ᶜʰ *des* ᵍᵉ*kauft hau*ⁿ, *der hat nix me*ʰʳ *so;* aber auch *Der M., wo i*ᶜʰ *des* ᵍᵉ*kauft hau*ⁿ usw. Bei Sachen folgt die Präpos. mit *da(r)-* im Rel.-satz: *Des Haus, wo i*ᶜʰ *drin wohn*ᵉ.

Wocheⁿ**-düppel** m.: Ohrendrüsenentzündung, Parotitis epidemica, Mumps.

Woeche s. *Weiche.*

woecheⁿ s. *weichen* II.

woedle s. *weidlich.*

Wog s. *Wage.*

wol Adv.: wohl. **1.** in voller Bedeutung, wie nhd. Laut *wǭl,* Frk. *wǭul;* gesteigert *woler,* meist *wöler we̱-,* wolst, wöl(e)st. a. vom subj. Wohlbefinden. *Mir ist's w.* – *Bei einem w. dran sein* lieb Kind sein, *sich w. dran machen* sich einschmeicheln. – b. wie es gut ist. *Er hauset (ist so) zwische*ⁿ *w. und übel. Dopplet g*ᵉ*näht hebt w.* – c. verstärkend (dabei trägt *w.* stets den Satzton): α) ausgiebig, ziemlich, ordentlich. *W. viel* ziemlich viel. *Du bist w. dumm (, daß du des tust)! Des ist w. e*ⁱⁿ *Rindvih (Dackel* o. ä.*)!* – β) mit vollem Recht, wie es erwünscht ist. *Der ist w. fort! Der lachet mir w.!* ich mache mir nichts daraus. *Der ist w. hi*ⁿ*!* um seinen Tod ist's nicht schade. – **2.** in (z. T. bis zur Partikel) abgeschwächtem Sinn; Laut meist *wǭl.* a. zur Bekräftigung, Beteurung α) der Zusage: *ja w.* (*ja wǭle̱*); auch nachgesetzt: *Du bist e*ⁱⁿ *bös*ᵉ*s Kind, j. w.* – β) der Absage: *nei*ⁿ *w.,* ⁿ*it!* gewiß nicht; *ā wǭl!* nein! Gott bewahre!, woher denn!, starke Verneinung; *ā wǖl!* dass.; *hɔ wǭl dǭ!* das kann doch nicht sein!, *hɔ̱ wǭl dǭ!* iron. etwa „das fehlte noch!" *Jǭ wǭl dǭ!* Ausdruck großer Verwunderung, ablehnende Antwort auf eine Zumutung, auch *jǭ wǭlę̱ dǭ.* – b. als Aufforderung *wol-an, -auf, -her, -hin.* – c. als Verstärkung: *w. redli*ᶜʰ ganz richtig, *w.* ᵍᵉ*gebe*ⁿ freilich, allerdings. – d. konzessiv (oder adversativ). Auf die Frage: Bringt man einen Wagen da hinauf? lautet die Antw.: *Mit 2 Rosse*ⁿ *w. (wǭl)* allerdings (aber nicht mit 1). – e. Ausdruck der Wahrscheinlichkeit. *'s wird w. so sei*ⁿ wie nhd. *schätz*ᵉ

431

w., auch als energische Bestätigung; auch *glaub^e's w.*

wol-dienig Adj.: hilfsbereit, speichelleckerisch.

Woldwerf s. *Maulwurf.*

wole s. *weidlich.*

wole^n *-ǭ-* schw.: wohl wollen, zugetan sein, begünstigen.

wol-feil *wǫ̆lfǫel*, meist *wǫ̆lf(ə)l;* Kompar. Superl. *wölf^eiler, -st wę̆-* Adj.: wohlfeil, billig; dafür seit alters das eig. mundartl. Wort.

Wolfs-ber^e f.: **1.** Tollkirsche, Atropa belladonna L. S. – **2.** Einbeere, Paris quadrifolia L.

Wolfs-seil n.: Gewöhnliche Waldrebe, Clematis vitalba L.

Wolfs-za^n m.: **1.** Zahn eines Wolfs. – **2.** Überzahn, der aus der Zahnreihe herauswächst. – **3.** a. Löwenzahn oder Kuhblume, Taraxacum officinale Web. – b. Rauher Löwenzahn, Leontodon hispidus L.

wolke^n schw.: **1.** *'s w-et* hat Wolken. *'s w-et si^ch* der Himmel überzieht sich mit Wolken. – **2.** übtr. *'s w-et* bildet bei ungenauem Nähen kleine Falten; stärker *'s runzlet.*

Wolke^n-schieber m.: **1.** früher: hoher Dreispitzhut der Bauern. – **2.** mod.: Damenhut, scherzh.

wolle^n I (wulle^n, wülle^n, wüllig, wullig) Adj.: **1.** aus Wolle. Übtr. in Pflanzennamen. – **2.** was sich wie Wolle anfühlt. a. ein ausgewachsener, überreifer Rettich ist *wüllę̆.* Eine Wurzel, die den Saft verloren hat, ist *wülę̆.* – b. abgestorbene, unempfindliche Finger (Hand, andere Glieder) sind *wülę̆.* Syn. *eingeschlafen, pelzig.* – **3.** von Menschen: *wülę̆* phlegmatisch, wer nicht viel Leben zeigt, gefühllos erscheint, träg und schläfrig. *E^in wullener* hartschlägiger, der alle Mahnungen in den Wind schlägt; trockener; langsamer, auch heimtückischer; übelgelaunter, schlecht aufgelegter; unverbesserlicher; wortkarger Mensch. S. a. *Wulewatsch.*

wolle^n II Verbum: wollen. a. F o r m. **1.** Inf. *wę̆lə; wǫ̆lə.* – **2.** Präs. Ind. 1. 3. Sing. *wil;* 2. Sing. *wĭt; wĭlš(t).* – **3.** Präs. Ind. Plur. *wę̆nt* (S. *-ę̆-*) Hauptgebiet, nach N.; innerhalb dieses Gebiets: *wę̆ənt (wēānt);* 1. Pl. *wę̆lę̆,* 2. 3. *wēānt; wānt;* kontrahiert *wē(ə)mər* wollen wir. – **4.** Konj. Präs. *wę̆l, -(ə)š,* Pl. *-ət (-ę̆).* – **5.** Konj. Prät. *wę̆t, -əš(t);* Pl. *-ət (-ę̆);* neben *wǫ̆t.* – **6.** Part. Prät. *wę̆lə* Hauptgebiet und S.; im nördl. Teil *gwę̆lt;* im NO. *gwę̆t.* – B. G e b r a u c h. **1.** wie nhd., mit pers. und sachl. Subj. a. mit (oder ohne) Akk.-Obj. Bes. Gebrauch: *(Wart,) i^ch will dir!* Drohung, bes. an Kindern. *Des will i^ch meine^n!* allerdings. *Des will net gehe^n, passe^n* usw. – b. mit Richtungsbezeichnung (eig. elliptisch, mit ausgefallenem Verbum der Bewegung). *Er will auf de^n Acker, zum Nachbar in d^ie Stadt* usw. *Wö^lle^nt ihr au^ch* (sc. hinaus o. ä.)? Gruß auf dem Weg. *Wö^lle^nt ihr auße?* Gruß auf dem Weg. *Wo will des auße?*

hinaus. – *Er will durch* entwischen; ebenso *fort, heim, heraus, herein (hin-)* usw., *hintere, mit.* – *Des will mir net in' Kopf, Sinn* (auch *'nunter)* kann ich nicht begreifen, verstehen. – **2.** verlangen, brauchen, nötig haben. Ein Kind will *eine Pflege;* Knaben *w.* Prügel o. ä. Bes. mit Inf. Pass.: *Des will ^geta^n sei^n, g^elernt sei^n.* – **3.** behaupten. *Der will krank sei^n; will des g^ehört, g^esehe^n habe^n* usw. *Wenn's übel geht, will's niema^nd ^geta^n hau^n.* – **4.** einem *w.* wohl wollen, günstig gesinnt sein. Meist unpers.: *es will mir* das Glück ist mir günstig; *mir hat's wollen* ich habe Glück gehabt. *Mir will's nie!* – **5.** *wollte* würde, zur Bildung des Kondit. *Wenn Wasser Wei^n wär^e, wie wö^llte^nt d^ie Weiber Windle^n wäsche^n* u. ä.

Wolle^n-blum^e f.: Königskerzen – Arten, Verbascum L. Bes. Großblütige Königskerze, Verbascum densiflorum Bert., und Kleinblütige Königskerze, Verbascum thapsus L. – Vgl. *Wetterkerze.*

Wollen-poppel m., Demin. -pöppele^in n.: Wollknäuel.

wol-tape^n *wǫ̆ldǭbə* schw.: *einem w.* schmeicheln, zu Gefallen reden. Andere Formen: -taple^n *-ǭ-, -*täple^n *-ę̆-.* Dazu Subst. Wol-taper-*dǫ-, -*täpler-*ę̆-, -*täpele^in *-ę̆-* m.: Schmeichler. – S. zu *tapen.*

Wol-tu(n)er m.: **1.** Wohltäter. – **2.** *wǫ̆ldǭ̆ər* Wohldiener, Schmeichler.

wol-wädle^n *-wę̆-* schw.: schmeicheln, zu Gefallen reden. – Wol-wädler^n m.: Schmeichler.

Wolwerf s. *Maulwurf.*

Wolz-mag^e, Plur. -mäge^n m.: alle Mohn-Arten, Papaver L.

womslen s. *wimmlen* II.

Wonder usw. s. *Wunder* usw.

Wo^ne (Wöne), Plur. -e^n f.: **1.** eingeschlagenes Loch im Eis der zugefrorenen *Hülbe* ALB. – **2.** jede Vertiefung OSCHW.

wöne^n schw.: gewöhnen. *Des Öchsle^in muß ma^n jetzt w.* Auch von Kindern: *Wön^e jetzt 's Büble^in zum laufe^n.*

wonzig s. *winzig.*

Worb, Wurb *-ŭ-* (Plur. -ü-, *-ĭ*-); Warb *-ă̆-* m. n.: **1.** Sensenstiel. – **2.** Rechen, der beim Habermähen oben an die Sense angesteckt wurde. – **3.** abgemähte Wiese, Mahd; Plur. *Warbe^n* Schwaden.

Worbel (Klucker) s. *Marbel.*

worbe^n *-ǭ-,* S. *-oa-,* SW. *-a-* schw.: das abgemähte Gras schüttelnd auseinander breiten zum Dörren; das geschieht teils mit dem Sensenstiel, s. *Worb,* teils mit der Heugabel. Synn. *spreiten, schüttlen, zäschen, ummachen, verzetteln, verstreuen, verwarben, verriederen.*

Worb-gabel f.: Heugabel zum *worben.*

worche^n *-ǭ-* schw.: fleißig arbeiten S.

Worf s. *Wurf;* **worflen** s. *werflen.*

worge[n] -ǫr-, -ǫ̈r-; -ǫər- OSCHW. ALLG. TIR.; -(i)χ- FRK. schw.: **1.** intr. a. mühsam schlucken, nur unter Gefühlen des Erstickens, Würgens Speisen verschlingen. – b. übtr. *an etwas w., zu w. haben* zu schlucken haben, es schwer verwinden. *Der hat au^{ch} g^enug z^z sorge^n und z^u w.* viel durchzumachen. – Ein Werk mit höchster Mühseligkeit verrichten; *er worgt an seiner Lektion.* Mühsam, schwerfällig, streng arbeiten. – **2.** trans. würgen. *'s worgt mi^{ch} im Hals; D^{ie} Nudle^n w. mi^{ch}.* Häufiger in Komposs.: Eine Speise *abe w.*

wörge[n] wě- schw.: würgen.

worgle[n], wörgle[n] wěr- schw.: würgen. Eine Speise *'na^b worgle^n,* eine unpünktliche Arbeit *z^usamme^n worgle^n.*

worgse[n] -ǭ- schw.: würgen; wegen eines Fremdkörpers im Hals fast ersticken; nur schwer die Speisen verschlingen können. Dafür auch worgsle[n]. – Übtr. sich mit einer Arbeit schwer plagen. – S. a. *gorgsen, Geworgse.*

worom s. *warum.*

worte[n] schw.: Worte wechseln. *I^{ch} will net lang mit dir w.*

Wort-fuchser m.: wer einem auf jedes Wort aufpaßt, einen durch übelwollende kleinliche Kritik jedes Worts quält.

wörtle[n] (neben wortle[n]) schw.: Wortwechsel haben, mit Worten hadern, streiten; rechthaberische, zum Streit reizende Worte fallen lassen.

Wud, Demin. Wudle^{in} n.: **1.** Lockruf und Bezeichnung der Gans. a. Lockruf: *wŭd (wüd).* – b. Name der Gans. – **2.** *wŭdlě* Lockruf für die Ente. – **3.** übtr. *wŭd* dumme Weibsperson.

wudle[n] wŭə- schw.: sich regen und bewegen, wimmeln.

wule[n] -ūə- (neben wüle[n] -īə-) schw.: **1.** wühlen. *Im Feld w.* auf dem F. arbeiten. *Im Dreck w. (wie e^{ine} Sau). Im Geld w. (können)* reich sein. – **2.** ohne Unterlaß übermäßig arbeiten (um möglichst viel zu erwerben).

Wuler -ūə- m., -i^n f.: wer rastlos und gierig arbeitet.

Wüler -īə- m.: Maulwurf FRK.

wulerisch Adj.: übermäßig arbeitsam und sparsam.

Wulete wuə- f.: Unsauberkeit, Morast.

Wulewatsch m.: Tolpatsch.

wulig wŭə- Adj.: übermäßig arbeitsam.

wullen, wüllen s. *wollen* I; wullig, wüllig s. *wollen* I.

Wul-werfer wŭl- m.: Maulwurf.

wumslen s. *wimmeln* II.

Wunder z-ŏn-, N. S. -ŭ- n.: **1.** Verwunderung. *Es nimmt mich W.* es wundert mich, ich bin neugierig. *Kei^n W.!* das ist nicht verwunderlich! – **2.** obj., wie nhd. Bes.: *Der meint W. was (er könn^e). Der ka^{nn} (därf) vo^n W. sage^n* daß er so davon kam.

Wunder-fitz m.: **1.** Neugierde, Vorwitz. *Den sticht der W.* – **2.** pers.: neugieriger, naseweiser Mensch.

wunder-fitzig Adj.: **1.** neugierig, naseweis. – **2.** wunderlich.

wunder-gern Adj.: neugierig, naseweis, südöstl. von (z. T. neben) *-fitzig.*

wunder-selte[n] (Adj.) Adv.: sehr selten.

Wund-kraut n.: Gewöhnliche Goldrute, Solidago virgaurea L.

wünsche[n] Hauptgebiet *wāěšə,* SW. SO. *wīšə,* NO. *wěšə,* N. S. *wěnšə, wǐnšə* st. schw. (Part. g^ewunsche^n, verbr., neben g^ewünscht ALLG.): wie nhd. Auf einen Glückwunsch (zu Neujahr o. ä.) wird geantwortet: *I^{ch} dank^e (dir), (i^{ch}) wünsch^e (dir) au^{ch} so viel. Einem alles Unglück (den Teufel) auf den Hals (Rücken, Leib) w. Einem die Zeit w.* ihn grüßen; denn man grüßt meist: *(I^{ch}) wünsch^e gute^n Morge^n* usw.

wunzig s. *winzig.*

wuppe[n] schw.: stoßen, von der Bewegung des Wagens beim Fahren.

Wur wūər, Plur. ebenso, n.: Damm am (im) Wasser (Bach, Weiher, See usw.), zum Abhalten oder Ableiten des Wassers. Syn. *Wer.* – Anm.: Mhd. *wour, wüere.*

Wurameise s. *Ameise.*

Wurb s. *Worb.*

Wuremeise s. *Ameise.*

wure[n] wūərə schw.: stark rauschen, vom Wasser (wie man es am *Wur* hört).

Wurf -ŭ-, Plur. Würf^e m.: **1.** wie nhd., das Werfen. Bildlich: *Einem in den W. kommen. Wenn mir der in (de^n) W. kommt, na^{ch} –!* wenn ich den geschickt erwische FRK. – **2.** das Geworfene, a. im Würfelspiel. – b. Bewurf einer Mauer. – c. Junge, die das Tier auf einmal wirft. *E^{in} W. Säule^{in}* usw. *Des ist e^{in} W.!* ist sehr viel. – **3.** Geschlechtsteile der Stute.

würge[n] -ĭ-; wǰěr- ALLG.; wurge[n] -ŭ- schw.: würgen, wie nhd. Bes. am Hals würgend drücken, raufen, ringen. Den, der Geburtstag (kath. Namenstag) hat, *würgte* man während des Gratulierens; die Mutter *würgte* sogar das soeben erwachende Geburtstagskind morgens. – Birnen mit viel Gerbsäure *w.* einen im Hals (und Magen).

Würgete f.: **1.** Geschenk, das man einem zum Geburts- oder (kath.) Namenstag überreichte, vielfach, bes. bei Kindern, unter *würgen* des Gefeierten. – **2.** Demin. *Würgetle^{in}* Entzündung am Augenlid.

Wurm wūr(ə)m, NW. -ǫ-, im NO. *wŭrm,* im O. *wūrə,* dazwischen *wŭr;* Plur. Würm^e -ĭ-, neben -er; Wure^n wūrə (zum Sing. *wŭr)* m., Demin. Würmle^{in} n.: Wurm. **1.** wie nhd.; bes. Regenwurm. – **2.** Wurm im tierischen Körper. a. W. in den Eingeweiden. – b. Entzündung, Geschwür am Finger. – c. in andern Körperteilen. – Ein Hochmütiger *hat Würmer im Kopf. Der hat 'n W.* ist launisch, widerwärtig. *Einem die W-er aus der Nase ziehen* ihn ausforschen. – d. beim Pferd: Räudewurm. – **3.** von andern kleinen Weichtieren. a. Raupe. – W. in Obst, Haselnuß u. ä., Made. – b. *weiße Würm*ᵉ Engerlinge. – c. Holzwurm. – d. *schwarzer, roter W.* Wegschnecke, Arion (ater, rufus). – **4.** übtr. a. das böse Gewissen, Sorgen sind *ein nagender W.* – b. kleine, unbeachtete Kreatur. Ein Säugling ist *e*ⁱⁿ *(arm*ᵉ*s, elend*ᵉ*s) Würmle*ⁱⁿ.

wurm-äßig *-ę̄s- (-ais-)* Adj.: von Würmern angefressen, wurmstichig, bes. vom Obst W. SW. – Übtr.: gebrechlich, kränklich; energielos, charakterschwach, erbärmlich. *Du w-er Kerl!*

Wurm-beißeⁿ n.: Grimmen, beim Rindvieh N.

Wurm-doktor m.: Kurpfuscher (der bes. den Bandwurm entfernt).

wurmeißig s. *-äßig.*

wurmeⁿ schw.: **1.** unpers. *es w-t mir* treibt mich unablässig um, geht mir im Kopf herum, ich grüble ärgerlich darüber nach. Dafür (z. T. daneben) wurmse ⁿ. – **2.** persönl. wie ein Wurm herumkriechen. – **3.** Würmer in der Erde suchen.

Wurm-kraut n.: **1.** Rainfarn, Tanacetum vulgare L. – **2.** Sumpfspierstaude, Spiraea ulmaria L.

wurmsen s. *wurmen.*

Wurst *wŭršt,* SW. *wŭšt;* FRK. *wŭ̄ə̄ršt wǫ̆ršt,* Plur. W ü r s t ᵉ *-ĭ̄-, -ĭ̄ə-, -ę̆-* f.; Demin. W ü r s t l e ⁱⁿ n.: **1.** wie nhd., eigentlich. *Schwarze, rote, weiße W.; Brat-, Preß-, Schützen-, Saiten-, Blut-, Blunzen-, Grieben-* usw. – **2.** übtr. von allerlei Körpern in Wurstform. Exkremente können so heißen; ein genesenes Kind *hat wieder W-le*ⁱⁿ *g*ᵉ*macht.* Wulstförmige Geschwulst, Beule am Körper, etwa von Schlägen herrührend. Künstliche Wulste, z. B. am Mieder, heißen *W.* – **3.** *'s ist mir W.* gleichgültig, einerlei. – **4.** von Pflanzen. *Würstle*ⁱⁿ*:* (männlicher) Blütenstand von Haselnuß, Erle, Pappel.

Wurst-brüᵉ f.: Brühe, in der man die Würste siedet. *Des ist so klar wie W.* sonnenklar, selbstverständlich.

wursteⁿ schw.: **1.** Würste machen. – **2.** übtr. mit den Händen vollauf beschäftigt sein; plump, stümperhaft arbeiten. Nach Belieben schalten und walten *(w. und machen). In etwas herum w.* wühlen; *älles z*ᵘ*sämme*ⁿ *'nei*ⁿ *w.* ohne Wahl alles zus. werfen; *etwas durcheinander w.* grob, ohne Ordnung damit verfahren.

Wurst-kirᶜʰ**we**ⁱʰᵉ f.: Metzelsuppe SW. Synn. *-mal, -suppe, Metzel(Metzger-)suppe, Metzgete.*

wurstleⁿ schw.: **1.** Würste machen. – **2.** unordentlich hantieren. *In etwas 'rum w.; etwas durcheinander, zusammen w., fort w.* u. ä. vielerlei betreiben.

Wurst-rädleⁱⁿ n.: Wurstscheibe.

Wurst-rugel f.: Wurstscheibe.

W u r z s. *Wurzel.*

wurz-ab *wŭtsăb, -ā* Adv.: ganz ab, vollständig weg SO.

Wurz(el) *wŭrtsəl,* nördl. *-ŭ-,* FRK. *-ǫ̆-,* Plur. *-lə;* W u r z *wŭts* (S. *wŭrts),* Plur. *-ə* f., Demin. W ü r z(el)le ⁱⁿ *-ĭ̆-* n.: **1.** Wurzel. – **2.** Kraut, bes. Würzkraut. – **3.** *Wu'z* kleines Geschöpf, kurzgewachsener Mensch OSCHW. Dazu Demin. *Wu*ʳ*z(e)le*ⁱⁿ von kleinen Kindern. Auch *Boden-.*

Wurzel-bürstᵉ f.: sehr grobborstige Bürste.

Wurz-garteⁿ m., Demin. – g ä r t l e ⁱⁿ n.: Kraut-, Gemüsegarten; Gewürzgarten O.

wurzleⁿ schw.: **1.** Wurzel schlagen; eingewurzelt sein. – **2.** zwischen den Fingern reiben; *wŭtslə* zw. d. F. zerbröckeln, hin und herbewegen BAIRSCHW. – w ü r z l e ⁿ schw.: Wurzeln ausziehen.

wus Interj.: *wŭs, w., w.!* Lockruf für Gänse. – Wus f.: Gans; Kindersprache.

Wusel f., -le ⁱⁿ n.: **1.** *wūsəl* meist *-lę̆* Gans, in der Kindersprache, auch Wuserle ⁱⁿ *wū-.* – **2.** von andern Tieren: *-lę̆* kleine Ente. Kleines behendes Tier; was zappelt. – **3.** *-lę̆* von Personen: kleines Kind; lebhaftes, flinkes Kind.

wuseleinswol s. *wiseleins-.*

wuselig *-ŭ-; -ŭ̄-* N. S. Adj.: **1.** klein und lebhaft, munter, flink, beweglich, aber nur von kleinen Tieren oder Personen. – Dann bes. auch: rührig in der Arbeit, lebhaft tätig, aber immer mit dem Nebenbegriff des Unsteten, nicht Großzügigen, bei mangelndem Überblick. – **2.** wimmelnd. – **3.** launig, aufgeräumt. *W. wohl* sehr wohl, so wohl, daß man sich gern regt. – **4.** schaudrig.

Wusel-warᵉ f.: kleine Kinder.

wusleⁿ (seltener w u s e l e ⁿ) *wū-,* N. S. *wŭ-* schw.: **1.** sich lebhaft, rasch bewegen, sich rühren, Leben zeigen, von (bes. kleinen) Tieren und Menschen. a. von kleinen Tieren, bes. Amphibien, Würmern, Insekten, Käfern. – b. von kleinen Kindern, bes. solchen, die noch auf dem Boden herumkriechen. Mit kurzen Schritten (eilig) gehen. – c. Kinder *w.* geraten wohl in körperlichem Wachstum. – **2.** wimmeln. *Da w-t's vo*ⁿ *Ameise*ⁿ*, vo*ⁿ *Leut*ᵉⁿ. *G*ᵉ*wuslet voll* übervoll. – **3.** schmerzhaft zucken. – **4.** *wŭsələ* sehr klein schreiben. – **5.** *wūsələ* einschmeicheln.

Wust *wū̄əšt* m.: **1.** wie nhd., Schmutz, Unrat; häßliche, ekelerregende Gegenstände. Syn. *Dreck.* – Unordnung, Durcheinander. – **2.** große ungeordnete Masse gleichartiger Dinge; große Menge, sehr viel. – **3.** pers.: unordentliche, unreinliche Person.

wüst I *wīəšt* Adj.: **1.** wüst, leer, unbebaut, öde. – **2.** häßlich, garstig, von Dingen und Personen. a. physisch. *W. wie (W-er als) d*ⁱᵉ *Nacht. Recht u.*

ist au^{ch} schö^n. – Sich an etwas *w. machen* be-
schmutzen. – *W-^es B^esteck* häßliches Weib; *w-er
Blitz* häßlicher Mensch. – b. moralisch. α) roh,
unordentlich, grob, unschön, unfreundlich im
Benehmen. *E^in w-er Brüllochs, Dinger, G^esell^e,
Kerle, e^{ine} w-e Sau* usw. *E^in w-^es Maul habe^n* roh
heraus schwatzen. *Des ist w. vo^n dir.* Bes. *w. tun*
sich schreierisch, polternd, lärmend gebärden.
Einem w. tun ihn gehörig ausschelten, zanken. –
β) geizig. *Nach etwas. tun* gierig darnach sein
Frk. *Des Kind tut so w. nach mir* hat mich so
gern. – γ) Adv. sehr, stark, aber noch immer
kaum anders als tadelnd. *Der ist w. im Druck* in
Not. *Der wird si^{ch} w. brenne^n (verrechne^n, täu-
sche^n* usw.), *w. a^ngehe^n. W. 'nausschlage^n* üble
Folgen haben. *W. reich* ungeheuer reich. *Da
hast w. recht!*

w ü s t II (Fuhrmannsruf) s. *wist.*

wuste^n *-ūə-* schw.: **1.** unordentlich, nicht sparsam
mit etwas (in Menge Vorhandenem) umgehen.
Den so^ll^t^e ma^n net länger w. lau^n schalten und
walten lassen. Nicht sparen, vergeuden.
Schnell, unordentlich, unpünktlich arbeiten. –
S. a. *wursten.* **2.** eine Wunde *w-et* eitert.

wüste^n *-īə-* schw.: **1.** *einem w.* ihn necken SW. – **2.**
unpers. *es w-et* tut weh.

wustig *wuəšt-* Adj.: geizig.

wustle^n *wūəštlə* schw.: ein Gewirr verursachen,
alles wirr durcheinander bringen. *Im Sach w.*
unsauber arbeiten. – S. a. *wurstlen.*

wüte^n *wiə-;* w u t e ^n *-uə-* schw.: wie nhd. **1.** eig., von
der Krankheit. – **2.** abgeschwächt: toben, lär-
men, sich wütend benehmen (populärer *e^{ine} Wut
hau^n, wütig sei^n).* Wenn der *w-et,* ist er kei^n
Mensch me^{hr}. Wüten, streiten Ries. – *Das w-de
Heer* Totenheer in der Luft. S. *Mutesher.*

Wüterich m.: **1.** wie nhd. – **2.** Name verschiedener
Doldengewächse, Apiaceae, auch W.-stän-
gel. a. Wiesen-Kerbel, Anthriscus sylvestris
(L.) Hoffm. – b. Wasserschierling, Cicuta virosa
L. – c. Gefleckter Schierling, Conium macula-
tum L.

W u t e s (h e r) s. *Mutesher.*

wütig *-iə-* Adj.: **1.** tollwütig, von der Krankheit.
Des ist zum w. werde^n! Der lauft wie w. – **2.**
abgeschwächt: a. sehr zornig. *Das w. Heer* die
wilde Jagd, Totenheer. S. a. *Mutesher.* – b. är-
gerlich. *Des ist e^{in}mal e^{ine} w-e G^eschicht^e!* – c.
Adv. der Steigerung: sehr; von unangenehmen
Dingen: *er ist w. falsch worde^n; Den hä^{be}nt sie w.
g^eschlage^n; Da muß ma^n sich w. in Acht nehme^n,*
wie von angenehmen: *Er hat sich w. g^efreut; w.
gut, schön, reich, groß, schnell* usw. *W. schaffen*
hastig, aber nicht erfolglos arbeiten.

Wuts-zorn m.: gewaltiger Zorn.

W u z (-) s. a. *Wurz (-).*

Z

zable[n] *-ă-*, FRK. *-ăw-* schw.: wie nhd. zappeln; mit Händen und Füßen sich bewegen; sich lebhaft gebärden. – *Einen z. lassen* sich selbst und seiner Not überlassen. – Nervös fleißig arbeiten.

Zabler m.: **1.** Zappler. – Auch: mühsam und erfolglos Arbeitender. – **2.** sachl.: a. Bewegung, Handlung des Zappelns. *Er hat no*[ch] *'n Z.* [ge]*tan (, na*[ch] *ist er hi*[n]*g*[e]*we*[s]*e*[n]*).* – b. Uhr mit Pendel vor dem Zifferblatt.

zablig (auch **zappelig**) Adj.: wie nhd. Auch: nervös, hastig. *Sei net so z.! E*[in] *z-*[e]*s Weible*[in] fleißiges, rühriges.

Zach(e[n]**)** m.: **1.** Lampendocht; dafür das übliche Wort im NO.; im SW *Dacht,* westlich *Wieche.* Formen: Zake[n] *tsǭgǝ;* Zacht *tsǭχt.* – **2.** übtr. *tsǭχ(ǝ)* magerer, langer Mensch; *tsǭχ* kleingliederiger, weichlicher Mensch; *tsǫk* habsüchtiger, geiziger Mensch, Dummkopf.

Zacht s. *Zachen.*

zackere[n] schw.: weit verbr. Nebenform von akkern.

Zadel *-ǭ-, -ao-* m.: Mangel OSCHW. Bes. Mangel an Speisen, kleine Portionen. *De*[n] *Z. hau*[n] wenig Nahrung haben ALLG. – Anm.: Mhd. *zâdel* Hungerleiden.

Zae s. *Zehen.*

zae(r)scht(e) s. *zuersten.*

Zaes s. *Zins.*

Zaestich s. *Zinstag.*

zaf-zarge[n] schw.: am Hungertuch nagen; vor Leid und Gram ein sieches Leben hinschleppen; auf eine ungünstige Nachricht mit Angst und Hoffnung warten.

zäh-bästig *-běšt-* Adj.: zäh, von Menschen; ausdauernd, wer nicht weich gegen sich selbst ist. Vom Holz (auch Subst. *-bast* m.). Was schwer zu bewältigen ist. – Anm.: Zu *baschgen,* s. d.

Zäher *tsę̄(ǝ)r, tsę̆χǝr* TIR., Plur. ebenso, auch *-e*[n] m. f.: **1.** Träne. *Die helle*[n] *Z. vergieße*[n]. – **2.** Demin. *-le*[in] Tröpfchen. – Anm.: Das Wort wird meist im Plur. gebraucht.

Zais s. *Zins.*

Zak(e[n]**)** *tsǭk(ǝ)* m.: **1.** Haken, Zacke. Übtr. Haken, krummer Strich: *Der macht Z.* – **2.** abgebrochener Ast, Knorren eines Baums. – **3.** persönl.: roher, gemeiner Mensch OSCHW.

Zaken s. *Zachen.*

zaket Adj.: mit Zacken versehen.

Zal *tsāl,* N. *-ǭ-, -ǭ-,* Plur. *-e*[n] f., Demin. Zälle[in] *-ę̄-* n.: **1.** wie nhd. Zahl – **2.** Asyl beim Fangenspiel. Synn. *Botte, Härre, Horre, Hüle, Lere, Zil.*

zalgen s. zu *Zolch.*

zalken, Zälker s. zu *Zolch.*

Zal-tag m.: Zahltag. Der Samstag ist *der Z.;* aber auch: man *richtet* auf den Samstagabend *den Z.* die Abrechnung zur Auszahlung, man *kriegt d. Z.* die Summe.

zamen, zämen s. *zusämmen.*

zamplen s. *zemplen.*

zamse[n] *tsåmsǝ* schw.: **1.** bezähmen; zahm machen, auch zämse[n] ALLG. – **2.** herbeilocken, anlokken S.

zamserle[n] schw.: = *zamsen.*

Za[n]**-bäckle**[in] n.: von Zahngeschwüren gerötete, geschwollene Wange.

Zä[n]**-blecker** *-blę̆-* m.: wer immer die Zähne *bleckt,* zeigt, hervorstehende Zähne hat.

zane[n] *-ă-; -ă-, -ǭ-* NW., *-ōū-* FRK. schw.: **1.** intr.: Zähne bekommen; bes. von kleinen Kindern. – **2.** trans., mit Zähnen versehen. Eine Egge *z..*

Zang[e], flekt. (auch Nom.) *-e*[n], Plur. *-ene*[n] f., Demin. Zängle[in] n.: **1.** wie nhd. – **2.** übtr. *e*[ine] *alte Z.* böses altes Weib.

zanger *tsă̄ŋ-* Adj.: säuerlich, scharf, räß.

zänke[n] *tsę̆kǝ,* südl. *-ę̆-* schw.: **1.** necken, zum Streit reizen. *Kinder z.* gern miteinander. – **2.** *tsę̆-* herbeilocken, an sich ziehen.

zä[n]**kle**[n] *tsę̆k-* schw.: herbeilocken, an sich ziehen, = *zänken 2.*

Za[n]**-luck**[e], *-luck(e)t(e), -lutte -ǝ, -lurke -ǝ* ALLG., flekt. *-e*[n] f.: Zahnlücke. Dazu Adj.: za[n]lucket. *E*[in] *z-*[e]*s Weib(le*[in]*);* ein solches heißt auch Za[n]lucke[n]*-weible*[in].

Zänne *tsę̆nǝ,* südl. *-ę̆-;* Zanne *-ă-* f.: verzerrter Mund, weinerlich verzogenes Gesicht, Grimasse SW. OSCHW. BAIRSCHW. *E*[ine] *Z. mache*[n] Grimassen schneiden, das Gesicht verziehen.

zänne[n] *-ę̆-,* südl. *-ę̆-;* zanne[n] *-ă-* schw.: das Gesicht in unschöner, widerlicher oder weinerlicher Weise verziehen, südl. der DON. Genauere Bestimmungen: **1.** die Zähne blecken, fletschen; das Gesicht verzerren, Grimassen, Fratzen schneiden; spotten, verhöhnen; ein verdrießliches Gesicht machen. – **2.** heulen, in widerlicher, ungezogener Weise ärgerlich weinen, bes. von unartigen Kindern OSCHW. BAIRSCHW. ALLG.

zännig Adj.: **1.** bissig; reizbar, verbissen. – **2.** weinerlich, leicht zum Weinen geneigt. *E^{ine} z-e Braut, e^{ine} lachige Frau.*

Za^n-reff *-ĕ-, -ęə-;* Zä^n- *tsĕ-* n.: **1.** Gebiß, Zahnreihe. Meist tadelnd: großer Zahnkiefer; Zahnreihe stark hervortretender Zähne. – **2.** übtr. Person, die hervorstehende Zähne hat; zahnlose Person. *E^{in} alt^es Z.* altes schwatzhaftes Weib, als Schimpfwort.

Za^n-schlosser m.: scherzhaft für Zahnarzt.

Za^n-werk n.: die Zähne, das Gebiß.

Zapfe^n (neben Zapf) *-ă-;* Plur. -e^n m., Demin. Zäpfle^{in} *-ĕ-* n.: **1.** nach unten verjüngter Stöpsel, Holz(Metall-)pfropf. Bes. beim Faß. – **2.** Saugbeutel (aus Mehl, Zucker und Anis) der kleinen Kinder. – **3.** *Zäpfle^{in}* uvula am Gaumen. Einem Verzagten *ist 's Zäpfle^{in} 'na^b ('nunter) g^efalle^n.* – **4.** Tannzapfen. – **5.** ganz junger Sproß der Rebe. – **6.** *Zapf* (seltener *-e^n*) Säufer, Trunkenbold. – **7.** Rausch.

zapfe^n, zäpfe^n *-ĕ-* schw.: Wein ausschenken HOHENL.

zapfe^n-duster, zappe^n-d. Adj.: stockfinster.

zapfe^n-räß Adj.: säuerlich, vom Geschmack des in Gärung übergegangenen Weins oder Mosts.

zappenduster s. *zapfenduster.*

zapplen s. *zablen.*

Zarg^e (Sarg^e); *tsārəx* RIES; flekt. (auch Nom.) -e^n f.: **1.** Seiteneinfassung (meist um einen runden Körper). – Speziell: a. Rand, Reif des Siebs. – b. Holzeinfassung, Behälter des Mühlsteins. – c. Türrahmen. – d. Bettschlauch, der Überzug, Leinwandsack für die Federn; in der Form *Sarg^e* FRK. – **2.** Einschnitt innen im hölzernen Geschirr zur Einfügung des Bodens BAIRSCHW.; dass. speziell an den Faßdauben.

zärtle^n schw.: schmeicheln, liebkosen, herbeilocken.

zäsche^n schw.: die Heu- und Öhmdmahden zerstreuen zum Dörren SW. Synn. *worben, spreiten, verriederen, umlegen.*

Zasem, Plur. -e^n f.: **1.** Faser an Pflanzen (bes. Faden der Bohne), Fleisch, in Geweben. Formen: *tsāsəm; tsǫsəm;* Zäsem *tsęsəm;* Demin. (z. T. allein üblich) Zäsemle^{in} n. *tsę-. 's hängt (nu^r no^{ch}) a^n 'me^n Z-le^{in}* Fädchen. – Auch: kleines Blättchen von Gräsern, Keimspitzen. – **2.** pers.: dürrer, hagerer Mensch. – Andere Form: Zäserle^{in} *tsę-* n.: **1.** Faser. *'s hängt nu^r no^{ch} an 'me^n Z-le^{in}* an einem Fädchen. – **2.** kleines Träubchen FRK. Syn. *Zetter 1.*

zaseme^n *tsā-, tsǫ-,* zäseme^n *tsę-* schw.: ausfasern, ausfransen.

zasemig *-ā-, -ǫ-* Adj.: faserig. Bes. von zähem Fleisch.

Zäserlein s. u. *Zasem.*

Zätter s. *Zetter.*

Zatz, flekt. -e^n f.: Hündin; läufige Hündin.

Zatzel(ig) s. *Zotze.*

zäune^n *-āĕ-* schw.: **1.** einen Zaun machen, umzäunen. – **2.** flechten, mit Reisig zu einem Zaun verflechten.

zäunlen s. *zeisln.*

Zau^n-lucke f.: Lücke, Loch im Zaun.

Zau^n-schlupfer m., Demin. -le^{in} n.: **1.** Zaunkönig, Troglodytes parvulus S. – **2.** Goldhähnchen, Regulus. Auch Zau^nschlupfmeisle^{in} *(tsā-).*

zäunslen s. *zeisln.*

Zaupel *-ǫu-,* FRK. *-au-* f.: **1.** Hündin HOHENL. – **2.** Schaf, das jährlich 2mal Junge wirft. – **3.** *tsāǭbəl* (f.) grobes, widerspenstiges Weibsbild. S. a. *Zumpel.*

ze s. *zu.*

Zebedäus m.: **1.** der (seltene) männl. Vorname. – **2.** *tsębədęəs* männliches Glied.

Zech^e I *-ĕ-, -ęə-,* Plur. -e^n f.: **1.** Vereinigung zu gemeinsamem Zweck und auf gemeinsame Kosten. Das Hochzeitsmahl im Wirtshaus (das die Gäste selbst bezahlen müssen; seltener werden die Kosten umgelegt oder sind die Gäste zechfrei) hieß Z. – **2.** Wirtsrechnung, wie nhd.; zunächst die auf den einzelnen umgelegte allgemeine, dann die des einzelnen. – **3.** bergmännisch, wie nhd.

Zeche II s. *Zecke.*

zech-frei Adj.: von der *Zeche 2* befreit.

Zech-hochzeit f.: Hochzeitsfeier im Wirtshaus, bei der der Gast meist seine Zeche selbst bezahlte oder das Nötige als Geschenk mitbrachte.

Zeck^e, Plur. -e^n m.: **1.** Zecke, die zu den Spinnentieren (Arachnida) gehörende Milbe Ixodes ricinus L. Form meist Z. *tsęk;* Zeche *tsęxə, tsęəxə;* Genus meist f., auch m.; Zweck^e *tswęk* m., *tswękə* f. Synn. s. *Läuber.* – **2.** m. übtr. überlästiger Mensch, der sich in lästiger Weise an einen drängt, Schmarotzer.

zecke^n *tsę-* schw.: necken; reizen, ärgern NO.

Zecker m.: geflochtener Armkorb, Anhängetasche; aus Stroh oder Bast geflochtene Handtasche mit 2 Ösen zum Halten SO.

zefere^n *-ę-* schw.: **1.** zanken. – **2.** zerren.

Zeh(e^n) *tsae* Hauptgebiet, S. SW. NW. *tsęə,* N. O. *tsęə* m. u. f.: **1.** wie nhd. Zehe: der, die, das zehnte. *Des tut ei^{ne}m wohl bis in gr. Z. ('na^b).* – **2.** übtr. Stück der Knoblauchswurzel; auch Stück von einem Stern (Gebäck).

zeh^nt *tsę(ə)t, tsęxət;* daneben vielfach zeh^ntest, Zahlwort: wie nhd., Ord.-Zahl. **1.** wie nhd.: der, die, das zehnte. *Der z-(est)^e net* kaum einer, fast keiner. – **2.** spez. Subst. Zehnte m.: der Zehnte, die Abgabe. – **3.** übtr. vom zehntpflichtigen Boden; heute: Markung. *Um, über de^n Z. gehe^n, im Z. bleibe^n.*

Zeibere s. *Zeit-*.
Zeibollen s. *Zeie*.
Zeiche[n] *tsǫŗɛχə* O., *-ǭə-* W. S., *-ăe-* NW., *-ae-* SO., *-ā-* FRK., Plur. ebenso; Demin. -le[in] (*tsęǫk-*BAAR) n.: Zeichen. **1.** abstr., wie nhd. Merkmal, Anzeichen. *E*[in] *Z.* (von sich) *gebe*[n] Lebenszeichen. – **2.** Abzeichen. a. verabredetes Zeichen, Erkennungszeichen. – b. Kontrollzeichen. – c. Handwerkszeichen. *Der ist sei*[n]*es Z-s e*[in] *Schuster.* – d. Krankheitszeichen. – **3.** konkret. a. das Kreuz über dem Chorbogen der Kirche. – b. *Z-le*[in] Denkmünze, Medaille. – c. *Z-le*[in] Buchzeichen.
zeichlen s. *zöchlen*.
zeichne[n] schw.: **1.** mit einem unterscheidenden Zeichen versehen. Wäsche, Waren *z.* wie nhd. Speziell ist *gezeichnet*, wer von Natur irgend einen auffallenden körperlichen Fehler hat. – **2.** unterzeichnen, unterschreiben, wie nhd. – **3.** technisch, zeichnen, wie nhd. – **4.** Wunderzeichen tun. *Nähe Heilige z.* [n]*it* ALLG. *Die weite Heilige z-t gut.*
Zeidel m.: Seidelbast, Daphne mezereum L. Kompos. Z e i d e l b a s t BAIRSCHW. S. *Zeiland*.
Zei[e] *tsəi* (*-öi* ALLG.), Plur. - e[n] f., Demin. Z e i l e[in] n.: Schloße, Graupel, kleines Hagelkorn OSCHW. ALLG. Kompos. Z e i - b o l l e[n] m.: Hagelkorn. – Dazu Verbum: z e i e[n] schw.: leicht hageln, graupeln. – z e i e l e[n] *-ai-* schw.: schwach und gefroren schneien, graupeln. – Syn. *Kitzenbone.*
zeihe[n] *-əi-*, S. *-ī-*, RIES *-ae-;* Part. [ge]z i h e[n] *tsīə,* [ge]z i g e[n]*tsīgə;* [ge]z o g e[n]*tsǫ̈gə;* auchschw. [ge]z e i h t st. (schw.): zeihen, beschuldigen, bezichtigen. *Ma*[n] *z-t i*[hn] *viel; Ma*[n] *z-t's ihn.*
Zeil *-əi-* m. n.: **1.** Hecke. – **2.** Ackerrain TIR.
Zeiland *-əi-* f.; Demin. -le[in] n.: Kellerhals oder Echter Seidelbast. Daphne mezereum L. In vielen Lautformen, z. B.: *Zeiland; Ziland (tsī-); tsəilətə; Seilande*[n]*; Z e i l e*[n]*z e*[n] *-lĕtsə; Z e i r i z - l e*[in].
Zeilenzen s. *Zeiland*.
Zeilet[e] *-əi-*, Plur. - e[n] f.: Reihe. Bes. Reihe von Pflanzen, Bäumen, Kartoffeln, Setzlingen u. ä.
Zeiletlein s. *Zeiland*.
zeimslen s. *zeislen*.
Zeine *-ōēn(ə)*, *-ōə-*, Z[e]i r n e *-i(ə)rn-* f., Demin. Z e i n l e[in] n.: großer aus Weide geflochtener Korb, ohne Deckel, wohl immer mit 2 Handhaben, bes. zum Tragen von Holz, Wäsche, Torf (OSCHW.), auch Kartoffeln, Obst usw. In 2 ziemlich geschlossenen Gebieten im NW. und im S. Synn. im NO. *Krebe, Krätze*, im Mittelgebiet *Schide, Kratten, Krätten*.
z e i n l e n s. *zeislen*.
z e i n s e l i g s. *zinzelig*.
z e i n s l e n s. *zeislen*.
Z e i r i z l e i n s. *Zeiland*.

Zeirne s. *Zeine*.
zeise[n] *-ǫe-; -ǫə- (-ǫa-)* W. SO. schw.: auseinander ziehen, zerrupfen. Bes. *Wolle z., Haare z.*
Zeisle[in] *tsəislę̆ (-ai-* FRK.), *tsāēslę̆, tsīslĭ* n.: **1.** der Vogel Zeisig, Erlenzeisig, Fringilla Spinus (u. a. Arten). – **2.** übtr. einfältiges Geschöpf. Verfeinertes, verzärteltes, empfindliches, zierliches Mädchen.
zeisle[n], z e i[n]s l e[n] schw.: locken, herbei-, hereinlocken, verlocken. Formen: *tsəislə; tsəisələ; tsāēslə* die verbreitetste Form; *tsǫeslə;* z e i m s l e[n] *tsōēmslə; tsēəmslə;* mit Ausfall des *-s-:* z e i[n]l e[n] *tsāēlə* OSCHW.
Zeit *-əi-; -ī-* SW., im S. O. *-ī-;* FRK. *-ai-*, RIES *-ae-*, Plur. - e[n] f.: Zeit. **1.** (richtiger) Zeitpunkt. *Jetzt ist's (Du hast) Z. zum Gehe*[n]. – Mit Präposs. *'s ist an der Z., daß des g*[e]*schieht. Bei Z. (-e*[n]*)* rechtzeitig, früh. *Vor der Z.* zu früh. – **2.** die Z. in ihrem Verlauf; Zeitraum. *Die ganz*[e] *Z.* immer, ohne Aufhören; aber auch: jeden Augenblick. – *Sei*[ne] *(gute, schöne) Z. tot schlagen* unnütz vertrödeln. – *Z. haben* (vielfach *der Z. h.*), keine (*net der*) *Z. haben, übrig(e) Z. h.* Mit der *Z.* im Lauf der Z. *Unter (In) der Z.* während der Zwischenzeit. – **3.** Zeitumstände, Zeitläufe. *Ma*[n] *muß d*[ie] *Z. nehme*[n]*, wie sie kommt. Ma*[n] *muß si*[ch] *in d*[ie] *Z. (und Umständ*[e]*) schicke*[n]. – **4.** spez. von bestimmten Zeiten. a. Jahreszeit. *Der schafft vo*[n] *Z. zu Z.* immer, so wie es die Jahreszeit mit sich bringt. – b. Tageszeit. *Wel*[ch]*e Z.* ist's? wie viel Uhr ist es?; auch *Wie Z. ist's? Einem die Z. bieta*[n] ihn grüßen. – c. Menstruation. Eine Frau hat ihre *Z.* Synn. *Mond-, Monat-; Geblüt, Geschichte, Rose, Sache, Zeug* u. a.
Zeit-ber[e] f.: **1.** *tsəit-*, häufiger *tsəi-* Rote und Schwarze Johannisbeere, Ribes rubrum L. und R. nigrum L. S. SO. Synn. *Johannis-, Hans-, Sau-, Wein-; Träublein, Weinsträubezlein, Ribitzelein, Hansträublein, Hansengackelein* u. a. – **2.** Z e i t e[n] *tsəitə-* Stachelbeere, Ribes uva-crispa L.
zeite[n]*-weis*[e] Adv.: von Zeit zu Zeit, dann und wann.
zeitig Adj.: **1.** reif; hiefür das eig. populäre Wort. a. von Früchten. *Wann d*[ie] *Bir z. ist, na*[ch] *fällt sie.* – b. von andern Sachen. Eine Sache *z. werde*[n] *lau*[n] abwarten, reifen lassen. – c. von Tieren: ausgewachsen; reif zur Verwendung. – d. von Menschen. α) ausgewachsen; gereift. Einen *z. werde*[n] *lasse*[n] warten, bis er zur Einsicht kommt, gescheit wird. – β) übtr. reif zur Strafe. *Der wird au*[ch] *no*[ch] *z.* wird noch erwischt FRK. – **2.** rechtzeitig; auch frühzeitig. *Er ist z. dra*[n].
zeitige[n] schw.: reifen.
zeitlich (*-liχ, -lĕ*) Adj.: **1.** frühzeitig. – **2.** irdisch, weltlich. – Z e i t l i c h k e i t f.: diesseitiges Leben. *In dere*[n] *Z.* im Diesseits.
Zelg[e] *-ę-, -ęə-; -(i)χ* FRK., Plur. - e[n]; m. f.: **1.** (meist

m.) Hauptast am Baum. – **2.** früher: (meist f.) Drittel der Ackerflur, des *Esch*, in der Dreifelderwirtschaft der Fruchtfolge unterworfen. – **3.** bestelltes Feld; Bestellung des Feldes ALLG. – Anm.: Auch mhd. geschieden *zelch, -ge, zilge* m. Zweig, *zelge* f. Teil des Ackerbodens.

zell *tsęl* Adv.: in den Abzählreimen: *Enzerle, zenserle, zitzerle, z., aichele, baichele, knęll.* – Anm.: Man kann an Herkunft aus dem östlichen *dᵃs selᵇᵉ* denken; doch ist daneben das sinnlose *zä* verbreitet.

Zellerich *tsęlərix;* neben Z e l l e r; Z e l l e r e r; Z e l l e r n e ⁿ *-nə;* Z e l l e r l e ⁱⁿ n.: Echte Sellerie, Apium graveolens L.

Zeltᵉ *-ęə- (-ə-),* O. *-ę-,* Plur. (meist auch Sing.) -eⁿ m., Demin. Z e l t l e ⁱⁿ n.: flacher, dünner Kuchen. – Genauer: Hefenteig, in blecherner Pfanne gebacken, bes. für Feiertage RIES. Laib aus dem Teigrest beim Brotbacken. Meist aber Birnbrot, Brot mit eingebackenen Birn- (Äpfel-)Schnitzen OSCHW. ALLG.

Zelteⁿ**-brot** n.: Laibchen aus dem Teigrest beim Brotbacken. Syn. *Scherrlaib.*

Zelteⁿ**s** *-əs* n.: weißes Brot, in das Schnitze von gedörrten Äpfeln, Birnen (seltener solche Zwetschgen) eingebacken sind.

z e m (m) e s. *zusämmen.*

z e m p e r s. *zümper.*

z e m p f e r l e s. *zümpferlich.*

zempleⁿ *tsęəmplə, -iəmplə, tsęmplə, tsämplə; tsęəplə* schw.: **1.** scherzend zanken, einen halb neckischen halb ernsten Wortwechsel führen; streiten, hadern. – **2.** still weinen, seufzen. – **3.** nachlässig an etwas arbeiten. – **4.** zappeln. – Z e m p l e r m.: streitsüchtiger Mensch; Haderer, Streiter. – Z e m p l e r e i f.: Streiterei.

z e n d e n s. *zünden.*

z e n d l e n s. *zündlen.*

z e n g e n s. *sengen.*

z e n g e r l e t s. *sengerlecht* u. s. *zanger.*

Z e n g (n) e s s e l s. *Seng(n)essel.*

Z e n k (e n) s. *Zinke.*

z e n k e n s. *sengen.*

z e n n e n s. *zännen* und *zinnen.*

zeⁿ**zle**ⁿ *tsęətslə* schw.: verzärteln.

zeppleⁿ *-ęə-* schw.: mäßig streiten; zanken, hadern, streiten; unwichtige Händel haben.

zer-brösleⁿ s. *zümpbröcke.*

zereⁿ *tsęrə* schw.: **1.** die Kräfte verbrauchen. Die Eifersucht *z-t an einem.* Eine *z-de Krankheit haben* schwindsüchtig sein. – **2.** für Essen und Trinken Aufwand machen. *Z-et nuʳ!* laßt nur was drauf gehen (im Wirtshaus)! Ein Dicker *kaⁿⁿ vom (eigeneⁿ) Speck z.*

zerfeⁿ *tsęr-* schw.: **1.** streiten, zanken, Wortwechsel führen. – **2.** necken, reizen FRK.

Zerfer *-ę-* m.: Zänker, streitsüchtiger Mensch. – Z e r f e r e i f.: Streiterei.

zerfig *-ę-* Adj.: zänkisch, streitsüchtig.

zerfleⁿ *-ę-* schw.: zanken, streiten, = *zerfen 1.*

zergeⁿ schw.: streiten BAIRSCHW.

zerig Adj.: **1.** an der Auszehrung leidend, hektisch. – **2.** was (einem) die Kräfte verzehrt.

zerrig Adj.: widerwärtig; schlechter Laune.

Zertat *tsęrdāt ◡* n.: das *zertieren* (s. d.).

zertiereⁿ *tsęr-; tsęt-, tsępt-* schw.: heftig Worte wechseln, miteinander rechthaberisch streiten. – Z e r t i e r e r m.: wer *z-t.* – Anm.: lat.-ital. *certare.*

Zettel(es)-wirtschaft f.: schlampig geführtes Geschäft, unordentlicher Haushalt.

Zettel-suppᵉ *-ę-,* flekt. (auch Nom.) -eⁿ f.: Suppe von Mehl, das in das siedende Wasser gestreut wird. Suppe aus *Ribelen;* Einlaufsuppe. Synn. s. *Ribeleins-.*

zetteⁿ *-ę-* schw.: **1.** das in Mahden liegende grüne Gras zum Dörren auseinander streuen. – **2.** streuen; zerstreuen, zerstreut fallen lassen.

Zetter *-ę-* m., meist Demin. -leⁱⁿ n.: **1.** Zweiglein einer Traube, woran die Beeren sich auseinander stehen. Häufig von der Rispe der Johannisbeere, Rubes rubrum. – **2.** kleiner, verstreut losgelöster Teil. Ein darmkrankes Kind läßt bei Durchfall immer wieder *ʼn Z. falleⁿ.* – Zu *zetten.*

zetterig *-ę-* Adj.: einen *Zetter* bildend, von Trauben u. ä.

zettleⁿ *-ę-* schw.: **1.** herumstreuen, zerstreuen, streuen. *Gras z.* auf der Wiese. *Mist z.* – **2.** bildlich: anzetteln, (Streit) verursachen. *Was hast wieder ᵍᵉzettlet?* – **3.** lange hin und her schwanken, unschlüssig sein.

Zeug *tsǫik* NW., äuß. SW., TIR., *tsuik* Hauptgebiet; SO.; FRK. *tsaik,* RIES *tsaek* neben *-ui-;* Plur. ebenso; m. n.; Demin. -leⁱⁿ n.: **1.** technische Ausrüstung. a. Geräte, Handwerkszeug (meist n.). *Der lauft was Z. hält* so stark als möglich. *Beim Z. bleiben* bei der Sache bl.; *Du fährst ʼnei ins Z. wie der Büttel in dⁱᵉ•Häuser.* – b. Ausrüstungs-, Ausstattungs-Gegenstände. – **2.** Stoff, bes. als Kleiderstoff verarbeiteter, früher m. Jetzt nicht mehr so eng: Kleiderstoff; Gespinst; Weißzeug. – Demin. *Z-leⁱⁿ* gestreifter oder karierter baumwollener (mit Leinwand untermischter) Stoff für Schürzen, leichte Kleider u. ä. Dazu Komposs. *Z-leⁱⁿs-kleid, -schurz.* – **3.** noch weiter verallgemeinert, wie Sache; stets Neutr. ebenso immer in mundartl. Form (*-ui-* usw.). a. Hab und Gut, Vermögen. *Z., viel (wenig) Z., gᵉnug Z. haben* OSCHW. ALLG. TIR. – b. abwertend: vielfach in der Form *Z-s. Eⁱⁿ dummᵉˢ, schlechtᵉˢ, liedrigᵉˢ, verbeiⁿtᵉˢ Z.;* verstärkt *Lumpeⁿ-, Sau-, Teufels-, Drecks-* u. a. – c. sexuell. α) Schamteile; bes. weibliche. *Sie hat ʼs Z. sehᵉⁿ lauⁿ* im Wortspiel mit *Z. = Weißzeug.* – β) Menstruation. – **4.** übtr. RW.: *Ausʼm Z. (-ui-) kommeⁿ, seiⁿ* von Sinnen, von Besinnung sein O. Oschw. Allg. – *Dem Z. na^{ch} (wird's schö^n Wetter, ist der Handel verlore^n o. ä.) dem Anschein nach.

Zibeb^e, flekt. -e^n *tsībēb(ə)* ⌣ʼ; Zwib- *tswībēb(ə)* f.: **1.** große Kochrosine. – **2.** übtr. dumme, fade Frau; alte Jungfer. – Anm.: Lat. *zibibum* dürre Weinbere.

Zibel s. *Zwibel.*

ziblen s. *zwiblen.*

Zichor^i e *tsīχōrĕ* ⌣ʼ⌣; *tsīg-* f.: Zichorie, Cichorium intybus L. ssp. sativum (DC) Janch. – Häufiger Salat-Zichorie (Chicorée), der aus der Wurzel bereitete Kaffeersatz.

Zidel s. *Sidel.*

Ziech^e *tsīəχ*, Plur. -e^n f., Demin. -le^{in} n. auch Zilche f.: sackartiger Überzug. – Meist speziell: Überzug für die Bettdecke und (meist *Z-le^{in}*) Kopfkissen.

zife^n schw.: **1.** nicht gedeihen, dahinsiechen Frk., Hohenl. – **2.** streiten.

Zifer *-ī-*, S. *-ĭ-* n., Demin. -le^{in} n.: **1.** Federvieh, Hausgeflügel, bes. Hühner, Gänse und Enten. – **2.** Kleinvieh, kleinere Haustiere wie Ziegen, Schafe. – **3.** übtr. von Menschen: lästige Gesellschaft, Sippschaft; so in Komposs. *Lumpen-, Frauen-, Weibs-, Herren-.*

zifere^n, ziferle^n schw.: **1.** (im Zorn) an etwas herumzupfen, -zwicken. – **2.** während der Arbeit etwas anderes treiben.

Zifer-war^e f.: das Geflügel des Hauses; Hühner, Enten, Gänse (ohne Tauben, die dann *Vögel* heißen).

Zigel s. *Zügel.*

Ziger *-ī-;* Plur. auch -e^n m.: **1.** Zieger. Genauere Angaben: aus der abgerahmten geronnenen Milch sich ausscheidende Masse, Käsestoff Allg. Grüner Käse, Kräuterkäse. – **2.** eingetrocknete Augenbutter SW. Syn. *(Augen-)Matzen.* – **3.** *Z-le^{in}* Mundfäule der Kinder Allg. Syn. *Kurfes, Durchfäule, Gemilbe.*

Ziger-käs m.: Käs aus geronnener Milch Oschw.

Zigeuner-holz n.: Bocksdorn, Lycium barbarum L.

Zigeuner-kraut n.: Pflanzenname. a. Bilsenkraut, Hyoscyamus niger L. – b. Stechapfel, Datura stramonium L.

Zigorie s. *Zich-.*

Zilche s. *Zieche.*

Zimer *tsē̆-* m.: **1.** Rückenstück beim Wild, bes. bei Hirsch und Reh (auch bei Hasen). Beim Ochsen dafür *Schlachtbraten.* – **2.** gedörrte Rute des Ochsen, zur Züchtigung verwendet, Farrenschwanz.

Zimmer-säg^e f.: große Säge zum Absägen von Bäumen, Balken u. ä.

zimp(f)er(lich) usw. s. *zump-.*

Zingslein s. *Zeislein;* zingslen s. *zeislen.*

Zink^e, meist -e^n *tsĕŋk(ə)*, N. S. *-ī-* m., Demin.

Zinkele^{in} n.: **1.** Zinke, wie nhd., Zacke, hervorstehende Spitze. – **2.** an Pflanzen: Ranke, Ästchen. – Knoblauchsamenstück. – **3.** am menschl. Körper: große, hervorstehende, spitzige Nase. *Der hat 'n (Aller-)Weltszinke^n.*

zinne^n *tsĕnĕ* Adj.: von Zinn, zinnern.

Zins *tsāēs;* SO. *tsīs;* N. O. SO. *tsīns (-ē-);* Plur. ebenso, auch -e^n m.: Zins. Auch = Wohnungsmiete, genauer *Haus-.*

Zi(n)s-tag m.: Dienstag SW. S. Formen: *tsāēšt-; tsīšt-; tsīŋšt-; tsīnšt-; tsī-; tsəi-, tsae-, -tīχ, -tīk, -tăk.* – Anm.: Nördl. dann *Dinstag* (an der Grenze Doppelformen *tsāēšt-* X *dāēšt-*), östlich *Aftermontag.* Benannt von dem Kriegsgott *Zîo,* nach dem lat. *dies Martis.* Mhd. *zîstac, zinstac.*

zi^nzelig *tsāēsəlĕχ* Adj.: weichlich. – Anm.: Zu mhd. *zinzeleht* niedlich.

zinzle^n schw.: sich langsam, bedächtig, verlegen benehmen, zaudern. – Anm.: *Zenserle* im Abzählreim s. *zell.*

Ziper *tsībər,* flekt. -(ə)rə; Ziparte *tsībā(r)də* (meist ⌃⌣) f.; Demin. -le^{in} *tsībərlĕ; tsībĕrdlĕ* n.: Prunelle, Prunus insititia; kleine, runde, gelbliche Pflaume, etwas größer als die Kirsche, herb zu genießen; wilde Mirabelle.

Zipfel *-ī-* m., Demin. -le^{in} n.: **1.** wie nhd., zugespitztes Endteil am Tuch, Sack usw. Die Bettdecke hat *4 Z. Der 5. Z. im Bett macht alles wieder wett* stiftet ehelichen Frieden. – **2.** *Z-le^{in}* männliches Glied. – **3.** übtr. unbeholfener, einfältiger, dummer Mensch (meist als ganz leichter Tadel).

Zipfel-frider m.: = *-hannes.*

Zipfel-hannes m.: ungeschlachter, dummer Kerl.

Zipfel-kapp^e f.: meist gestrickte (auch gewobene) spitz zulaufende, oben mit Troddel versehene Kappe.

zipfle^n schw.: **1.** Kirschen *z.* so (zum Zweck des Brennens) pflücken, daß die Stiele am Baum bleiben; opp. *stilen.* – **2.** im Heuet an den Wiesen *z.* kleine Stücke wegmähen. An den Speisen (Fleisch u. ä.) *z.* Stücke wegreißen. – **3.** kärglich zumessen, in kleinen Portionen nehmen. – **4.** intr. und refl. *(sich) z.* einen Zipfel bilden. Ein Rock *z-t,* wenn er ungleich lang ist.

zippere^n schw.: **1.** peinigen. Durchprügeln, verschlagen. In die Enge treiben, quälen, ängstigen, foltern. – **2.** *tsībr(l)ə* zimpferlich an etwas herummachen. Mit kurzen Schritten emsig hin und hergehen.

Zipperle^{in} n.: Gicht. Schwächer: Wen es friert, daß er zittert, der *hat 's Z.*

Ziring^e *tsīrĕŋk* ⌣ʼ; Zirang^e *-āŋk,* flekt. -e^n f.: Gewöhnlicher Flieder, Syringa vulgaris L., der bekannte Zierstrauch.

zirle^n schw.: **1.** fein, zart singen, von Vögeln. – **2.** tändeln. – **3.** einem etwas verblümt zu verstehen geben Allg.

Zirne s. *Zeine.*

zisleⁿ *tsī-* schw.: heimlich und wichtigtuend einander ins Ohr reden. Vgl. *düslen, düsemen.*

Zitroneⁿ**-falter** m.: der Schmetterling Gonopteryx rhamni.

Zitter m.: Pflanzenname. a. Demin.: *-le*ⁱⁿ Zittergras, Briza media L. – b. *Z-le*ⁱⁿ Kriechendes Gipskraut, Gypsophila repens L., in Gärten gezogen BAIRSCHW.

Zitter-aspᵉ f.: Aspe, Espe, Zitterpappel, Populus tremula L. ALB.

Zitterer m.: **1.** furchtsamer Mensch OSCHW. – **2.** krankhaftes Zittern in den Gliedern. *De*ⁿ *Z. hau*ⁿ. *De*ⁿ *Z. kriege*ⁿ. – **3.** Zitronenfalter.

Zitter-füdle *tsīdərfüdlə* ʹᴗᴗ m.: feiger Kerl. Dazu zitter-füdlig Adj.: zaghaft, erschrocken.

Zitz *-ĭ-; -ī-* m.: Druckkattun. – zitze ⁿ (zitzig) Adj.: aus Zitz; geblümt. *Z-er Schurz* (auch Zitze ⁿ schurz).

Zitzᵉ, flekt. -e ⁿ f.: Brustwarze, bes. weibliche. Häufiger *Dutte.*

zitzigä(k) Interj.: Nachahmung des Meisenschlags. – Subst. Zitzigä(k) m.: Kohlmeise, Parus major.

zja *tsjä* Interj.: Ausdruck zögernder, bedenklicher Zustimmung, gern von Achselzucken begleitet.

zo- s. a. *zu-.*

Zobel m.: **1.** wie nhd. a. das Tier. – b. häufiger der Pelz. – **2.** unreinlicher Mensch; um Höflichkeit und Reinlichkeit unbekümmerter Knabe. Meist nur als Demin. *Z-le*ⁱⁿ (n.) gebraucht: verzogenes Kind, wilder, ungezogener, ausgelassener Knabe; munterer leichtsinniger Mensch; mutwilliger junger Bursche. *Des ist e*ⁱⁿ *recht*ᵉ*s Z-le*ⁱⁿ O.

zobleⁿ *-ŏ-,* FRK. *-ŏw-* schw.: an den Haaren reißen, raufen, zausen, am Schopf packen und schütteln.

Zoch(t) s. *Zack(en).*

zöchleⁿ *-ae-, -ei-* schw.: herbeilocken, an sich zu ziehen suchen, lockend auf seine Seite ziehen; Form: *tsẹχlə, tsẹχlə, -ae-, -ẹi-.*

zockeⁿ *-ŏ-* schw.: **1.** stoßweise, ruckweise ziehen, zerren. – **2.** spez. eine Art zu fischen. – **3.** stechend, stoßweise schmerzen, in Gliedern, bes. in Geschwüren, bevor sie reif sind, in Brandwunden. Synn. *zotzgen, glucksen, flotzgen.* – Auch: reißen, in den Gliedern OSCHW.

Zocker m.: **1.** pers., wer *zockt.* – **2.** sachl. a. einmalige Zuckbewegung ALLG.; Riß, Ruck. – b. zukkender, stechender Schmerz. *'s tut nu*ʳ *so Z. in mei*ⁿᵉ*m Finger.*

zocklen s. *zoglen.*

zoe- s. a. *zei-.*

Zoene s. *Zeine.*

zoesen s. *zeisen.*

zoeslen s. *zeislen.*

Zogarten s. *Heimgarten.*

zogleⁿ *-ŏ-* schw.: zappeln. In Komposs. *da(r)her-,*

ʰᵉ*rum-, um-z.* daher, umher schlendern. *Jetz*ᵗ *zoglet er so langsam darher.*

Zolch, Zolk, flekt. -e ⁿ; Zolker m.: **1.** *tsǫlk* herabhängender Nasenschleim FRK. – **2.** *-k* Schnauze an einem Geschirr. – **3.** Zolker keilförmige Apfelsorte. – **4.** pers. *Zolk* grober, ungeschlachter Mensch, Lümmel. – zolke ⁿ schw.: grob reden und handeln.

Zolk(er) s. *Zolch.*

Zopf *-ŏ-;* östl. *-ǫ-,* FRK. *-ǫu-;* Plur. Zöpf ᵉ *-ę̆-, -ę̄(i)-* m., Demin. Zöpfle ⁱⁿ n.: **1.** wie nhd. – **2.** zopfartig geflochtenes Gebäck (Weißbrot). – **3.** herabhängender Nasenschleim. – **4.** *'s hat 'n Z.* die Arbeit ist geschickt angegriffen, gedeiht. – **5.** *alter Z.* veralteter, unzeitgemäßer Brauch. – **6.** Rausch. *'n Z. hau*ⁿ, *heimschleife*ⁿ.

Zopf-band n.: wie nhd.; häufiger -bändel. Syn. *Har-.*

zopfeⁿ *-ŏ-* (zöpfe ⁿ *-ę̆-,* zupfe ⁿ *-ŭ-*) schw.: **1.** die Haare zu Zöpfen flechten. Syn. *flechten; strälen; zöpflen.* – **2.** am Zopf reißen, zerren. Wie nhd. zupfen, mit *-o-* und *-ŭ-.* Einen am Kleid, an Haaren zupfen. – **3.** durch Abreißen, Abbrechen pflücken, von Blumen, Beeren, Hopfenblüten. S. a. *zopflen.*

zopfleⁿ schw.: abpflücken (ohne viel Kraftaufwand), bes. von Blüten, Hopfen, Beerenfrüchten.

zöpfleⁿ *-ę̆-* schw.: flechten.

Zopf-maschᵉ f.: Masche, Schleife am *-bändel.*

Zorn *-n* W., und zwar *tsǫrn, -ŏ-* N., südlicher *tsǫ(r)n, tsŏn, tsŏān;* Zore ⁿ *-o(ə)rə;* Plur. Zörn ᵉ m., Demin. Zörnle ⁱⁿ n.: Zorn.

zörnen s. *zürnen.*

Zorn-nickel m., Demin. -le ⁱⁿ n.: zum Jähzorn geneigter, schnell aufbrausender Mensch, bes. von solchen Kindern.

Zot(t)e(ⁿ**)** f. (m., s. unten): **1.** Büschel TIR. (*Zotte*ⁿ, m.). Langes Tierhaar. Haarbüschel. – **2.** ungehörige, unflätige Reden, Scherze; Possen. *Zot*ᵉ, *Zote*ⁿ*reiße*ⁿ wie nhd., bekannt, aber (wie das Verb. *zote*ⁿ) nicht eig. mundartlich; dafür *wüst 'raus schwätze*ⁿ, *an der Sauglock*ᵉ *ziehe*ⁿ u. ä.

zotte(ch)t, zottig (zöttig *-ę̆i-*) Adj.: zottig, langhaarig.

Zottel I *-ŏ-* f. m.: **1.** *Z.,* Plur. *Zottle*ⁿ f.: Franse. Verwirrtes Haar. Verwickelter Faden. – **2.** Quaste, Troddel, am Hut, Kleid, Fahne usw., meist *Zottel (-ŏ-),* Plur. *Zottle*ⁿ f.; auch m. – **3.** persönl. a. mask.: *Zottel (-ŏ-)* planloser Mensch. Bes. Zottle *(-ŏ-,* stets m.) linkischer, aber gutmütiger Mensch. – b. fem. *Zottel* Weib mit zerzausten Haaren. – c. Demin. *Zottele*ⁱⁿ n.: bemitleidenswertes kleines Kind.

Zottel II *-ŏ-* f., Demin. -le ⁱⁿ n.: Trinknapf, Schüsselchen, meist ganz rund, auch ohne Henkel, irden oder aus Porzellan, bes. als Kaffeeschüsselchen, -tasse (auch *Kaffe-*) SW. OSCHW. ALLG.

Zottel-bär m.: zottiger Bär. Meist übtr.: Mensch, der im Äußeren nachlässig ist. Mensch mit unordentlichem Haarputz; plumper, schwerfälliger Mensch.

Zottel-bock m.: Mensch (bes. Weibsperson, Mädchen) mit zerzausten, wirren, ungekämmten Haaren.

Zottel-kapp^e f.: Kappe mit Quasten.

Zottel-nägele^{in} n.: Kuckucks-Lichtnelke, Lychnis floscuculi L.

Zotter -*ŏ*-, Plur. -e^n m.: **1.** Dolde; Zweig, an dem mehrere Früchte (Kirschen, Birnen, Hopfen) nebeneinander hängen. – **2.** herabhängender Fettwanst. – z o t t e r e t Adj.: dicht besetzt. Ein Baum ist *z. voll mit Äpfel*^{n}. Vgl. *zottlig 2.*

zottle^n -*ŏ*- schw.: **1.** zausen. – **2.** daherschlendern, langsam, planlos, nachlässig einhergehen, trollen. Bes. mit Adv. *ane, daher, fort, herum, ummer, hintendrein* usw. *z.*

Zottler m.: **1.** Mensch mit zerrissenen, zerlumpten Kleidern. – **2.** Mensch, der einher *zottlet,* schlendert.

zottlig, z o t t l e c h t Adj.: **1.** fransig, ausgefranst. – *Zottlig* langhaarig, zottig, von Menschen und bes. Hunden. Bei Mädchen: *zottlig* mit wirren ungekämmten Haaren. Daher: nachlässig, ungeordnet. – **2.** *zottlet voll* dicht behangen. – **3.** *-ig* vom Brot: zu stark aufgeweicht (z. B. in der Milch eingebrockt). – **4.** *zur zottlige*^{n} *Not* (*brauch*^{e} *i*^{ch} *des*) als dringlichstes Bedürfnis.

Zotze^n -*ŏ*- m.: Quaste. – Z o t z l e^n Plur.: weghängende Fasern, Fetzen (*-ä-*). Dazu z a t z l i g faserig, zerlumpt; z a t z l e^n faserig weghängen.

zotzge^n -*ŏ*- schw.: **1.** heftig ziehen; hin und her zerren, bes. am Haar; stoßweise an etwas ziehen, z. B. am Seil, einer Glocke. – **2.** zucken, einen stechenden, zuckenden Schmerz verursachen. Vgl. *flotzgen, glotzgen, zutzgen.*

z r i k , z r u k s. *zuruck.*

zu Adv. Präp.: zu. A. A d v. **1.** in der Form *tsūə.* a. hinzu, dazu, eine Richtung bezeichnend, örtlich und zeitlich. *Ab und z.* bisweilen. – Bes. mit Zielbezeichnung: *Pfullinge*^{n} *zu* in der Richtung auf Pf. Sonst bei Advv. *tsūəs: heim zus, da* (*'num, 'nüber* usw.) *zus.* – Allein stehend: *zu!* drauf los! *Nu*^{r} *zu! Äll*^{e}*s zu! In (An) ei*^{ine}*m zu* fortwährend. – b. geschlossen. *Tür zu! Fenster zu! Maul auf und Auge*^{n} *zu!* sagt man zu dem, dem man etwas in den Mund schiebt, was er nicht sehen soll. – Aus der prädik. Verwendung von *tsūə* (*Die Tür ist, wird, bleibt zu*) entstand das attrib. Adj. *zue*^{n} *tsūə: e*^{ine} *zuene Truch*^{e}*,* (*halb*) *zuene Tür, e*^{in} *zue*^{ne}*s* (*tsūəs*) *Messer.* – c. von den vielen trennbaren Komposs. mit (betontem) *zu* folgt unten nur eine Auswahl, die beträchtlich erweitert werden könnte. nach den 2 in der MA. fruchtbarsten Bedd.: etwas drauf zu, immer zu tun, und: etwas durch eine Tätigkeit verschließen. – **2.** verstärkend vor Adj. und Adv.; wie nhd., aber mundartl. nur in der gekürzten Form *ts. Komm mir net z*^{u} *nah*^{e}*! Der ist 'm Teufel z*^{u} *schlecht.* – B. P r ä p o s. mit Dat. Form: meist gekürzt *ts* (vor *s-, š-* auch nur *t-:* *tsēŋət* zu singen; *tšpǫt* zu spät). Vor dem Pron. in der vollen Form *zu: tsuə* (vor unbetontem Pron. pers. oft mit eingeschobenem *n: tsūənəm* zu ihm, *tsūənər(ə)* zu ihr; *tsūənəs* zu uns, *tsūəni̭χ* zu euch, *tsūənənə* zu ihnen), gekürzt *tsǫ, tsəi*; mit dem Artikel zus.gezogen: *tsōm* zu dem, *tsūr* zur. – Gebrauch. **1.** zur Bez. der Richtung, auf die Frage wohin? a. örtlich. *Z*^{u} *Märkt gehe*^{n} auf den Markt. *Z*^{u} *Acker gehe*^{n}. *Der därf* ^{n}*it zu selb*^{b}*em 'na*^{n} kann sich nicht mit ihm vergleichen. *Zu einem helfen,* auf seiner Seite, Partei. – b. Ziel, Zweck und Bestimmung ausdrückend. (*Halbe*)^n *krank* (*buckelig, kropfig* usw.) *lache*^{n}. *Der ist z*^{u} *faul zum schaffe*^{n}. Verbb. wie *Z*^{u} *recht lege*^{n}, *komme*^{n}, *setze*^{n} usw. – c. Fälle von freierer Übertragung. Bes. von Verwandtschaft. *Er ist Freund, Bruder, Vater* usw. *zu mir.* – d. noch dazu hin, neben, meist *zu . . .* ^{hi}*na*^{n}. – e. vor Inf. und Gerund. α) vor subst. Inf. mit Artikel: *das ist leicht zum lerne*^{n}; *Schö*^{n} *Wetter zum säe*^{n}; *Des ist zum lache*^{n}, *zum heule*^{n}; auch: *alles fangt a*^{n} *zum pfeife*^{n}. β) vor Gerund., mit *z*^{e}. *Was hast z*^{u} *tu*^{n}(*d*)? *Brauchst di*^{ch} *net z*^{u} *schäme*^{n}(*d*)! *Schämst di*^{ch} *net so z*^{u} *schreie*^{n}(*d*)? *So a*^{n}*z*^{u}*neme*^{n}(*d*) sozusagen. – **2.** zur Bezeichnung der Ruhelage, auf die Frage wo? a. eigentlich, örtlich. – Bei Ortsnamen: *z*^{u} *Pfullingen, z*^{u} *Ulm.* – Bei anderen Ortsbezeichnungen: *Z*^{u} *Märkt. Z*^{u} *Kopfnet. Z*^{u} *Fußnet. Da möcht*^{e} *ma*^{n} *zu de*^{n} *Wänd*^{en} *'naus.* – b. bei Personen: meist nhd. bei. *Z*^{u} *selb ander* (*z*^{u}*bander*(*t*), *mit z*^{u}*bander; z*^{u}*abander*) *z. selb.* – *Zu zweit, dritt* usw. – c. übtr. *z*^{u} *Mut sei*^{n} u. ä., wie nhd. – d. vor Superl., wie nhd. *zum erste*^{n}, *zweite*^{n} usw.; *z*^{u} *öberst, unterst, hinterst* (*dumme*^{n}) usw. – **3.** zeitlich, auf die Frage wann? *Z*^{u} *Morge*^{n}(*s*), *z*^{u} *Mittag, morge*^{n} *z*^{u} *Abe*^{n}*d*(*s*) morgen Abend. *Nächt z*^{u} *Abe*^{n}*d* gestern Abend. Ebenso von Jahreszeiten: *z*^{u} *Herbst, z*^{u} *Winter, z*^{u} *Weihnachte*^{n}, *Pfingste*^{n}. *Z*^{u} *Woche*^{n} im Lauf der (Arbeits-)Woche; nächste Woche. *Z*^{u} *Jahr* übers Jahr, nächstes J.

z u a c k e r e n s. *(z)ackeren.*

zu-bache^n *tsūə-* ⏜⏑ st.: **1.** zukleben; bes. von Augen. – **2.** weiter backen.

Z u b e b e s. *Zibebe.*

zu-beige^n *-əi-* schw.: durch *beigen* versperren.

Zuber *tsūb-; -w-* FRK., Plur. Z ü b e r *-ī-* m., Demin. Z ü b e r l e^{in} n.: hölzerne (jetzt auch blechene), oben offene, ovale Wanne mit 2 Handgriffen. Spez. *Bad-, Wasch-* usw.

zu-b^e**schließe**^{n} st.: zuschließen.

zu-bringe^n schw.: (st.): **1.** heranbringen. – **2.** *es z.* zutrinken, auf des andern Gesundheit trinken.

3. eine Zeit *z.,* wie nhd. – **4.** schließen können. *Bringst d^{ie} Tür zu?*
Züche(r)t s. *Züchtet.*

Zuchtel f.: unzüchtiges Weib, Hure.

Züch(t)et f. (n.): was von derselben Brut, demselben Wurf stammt; so *tsïχət* vom Federvieh, von Hasen, Schweinen, *tsïχərt* von Schweinen, Hasen, von Hühnern, Gänsen, Enten, Rebhühnern. – Freier: *tsïχət* Kinderschar; *tsïχtət* Gesellschaft, Bande, z. B. *e^{ine} schöne Z.*

zucke^n schw.: **1.** trans., weg-, entreißen, zerren. – **2.** intr., im allgem. wie nhd. a. von stoßweiser Bewegung. – b. nachgeben: *Der zuckt net.*

Zucker I m., Demin. -le^{in} n.: sachl. a. rasche zuckende Bewegung, Zuckung; *'n Z. tu^n.* Ein Sterbender *tut kei^n Z-le^{in} meh^r.* – b. übtr. beim Handel *kei^n Z-le^{in} tu^n* sehr karg, geizig sein.

Zucker II m., Demin. -le^{in} n.: **1.** wie nhd. Zucker. – Auch = Bonbon, Zuckerwerk. Nur Demin. *Z-le^{in} (Zückerle^{in}). Z-le^{in} schlotze^n.* – **2.** *Z-le^{in}* Name einer bes. süßen Weinsorte.

Zucker-batenk^e f.: Schlüsselblume.

Zucker-beck m.: Feinbäcker, Konditor.

Zucker-bir f.: Birnsorte, Pirus pompejana L.

Zucker-brocke^n, -bröckel m., Demin. -bröckele^{in} n.: kleinste Zuckerteilchen.

Zucker-brosel m., Demin. -brösele^{in} n.: Zuckerstaub.

Zucker-dockele^{in}, Pl. -döckelich n.: Weihnachtsbackwerk mit plastischen Bildern, meist entspr. dem schwäb. *Springerlein,* auch Art Marzipan FRK.

Zucker-kandel m.: Kandiszucker.

Zucker-mäule^{in} n.: kleiner Nascher, als Kosewort.

Zucker-schef^e, Plur. -e^n f.: junge, noch grüne Schoten der Gartenerbse, Pisum sativum L. ssp. sativum.

Zucker-springerle^{in} n.: Zuckerbackwerk am Christbaum.

Zu-decke f.: Oberbett.

zu-der-händig Adj.: eig. der Hand zu liegend, s. *gegen-;* opp. *von-.* **1.** vom Gespann. Vom links gehenden Zugtier, Sattelpferd; auch vom rechts gehenden. – **2.** übtr. zutraulich; verträglich.

zu-dole^n -*dō̜-* schw.: einen Graben überwölben.

Zu-e^inander-kind n.: Kind(er) von Geschwisterkindern.

zuen s. zu A. 1. b.

z^u-erst(e^n) *tsē̜ršt(ə), tsẹršt(ə), tsẹ̄ə(r)št(ə), tsae(r)št(ə)* Adv.: zuerst.

Zu-fang m.: Vorteig, beim Backen, die aus Milch, Hefe und Mehl zuerst angelassene kleinere Teigmasse in der Mitte des Mehltrogs, die zuerst angären muß.

zu-fare^n st.: drauf los, weiter fahren. *Fahr zu! Nu' zug^e fahre^n, 's ist scho^n g^eschmiert!*

Zug *tsūk,* FRK. -χ, Plur. Züg^e *-ī-* m., Demin. Zügle^{in} n.: Zug. A. zum trans. ziehen. **1.** das Zie-

hen. a. ganz allgem., vom Menschen. *Der tut kein^{en} Z.* bemüht sich nicht. – Spez. vom Trinken. *Etwas in ei^{ne}m Z. austrinke^n.* Ein Trinker *hat de^n (sein^{en}) beste^n Z. im Hals.* Er hat 'n gute^n Z. kann rasch trinken. – b. vom Zugvieh. *Wo 's Vorroß nix ist (nit zieht), ist der ganz^e Z. nix.* – **2.** das Gezogene. – B. zum intr. ziehen. **1.** beim (Brett- u. ä.) Spiel einen *Z. mache^n.* – **2.** Luftzug, wie nhd.

Zu-gab^e -*gō̜b* f.: wie nhd. Bes. die Dreingabe (an Knochen), die der Metzger über das Gewicht gibt; Syn. *-busse, -geberlein, -wage.* – Übtr. ungute Eigenschaft, Gewohnheit, die man bei Mitmenschen mit in Kauf nehmen muß. *Des ist e^{ine} arge Z.*

zu-gebe^n st.: **1.** beigeben, zu anderm hinzugeben. – **2.** gestatten, einräumen. – **3.** Rechnung tragen, zu gut halten. *Des muß ma^n seiner Dummheit z.*

zu-g^eheie^n schw.: durch Werfen verschließen. *E^in Loch z.* – Auch: immerzu, drauf los werfen.

zu-gehe^n st.: **1.** a. eig. drauf los, weiter gehen. *Gang zu!* vorwärts! – b. zur hl. Kommunion gehen, bes. zum erstenmal kommunizieren. – **2.** vor sich gehen. Mit unbest. Subj., wie nhd. *Da gaht's zu wie im Krieg. Des müßt^e mit 'm Teufel z.!* – **3.** sich schließen. *Die Tür geht von selber zu.*

Zu-g^ehör f.: Zubehör, bes. an Kleidern, Wäsche usw.

Zügel *tsïgl,* S. *-ï-; -ïχl* FRK. m.: **1.** wie nhd., am Pferdegeschirr. – **2.** Spunten am Faßboden. Demin. *Z-le^{in}* Zäpfchen, mittels dessen man aus einem noch nicht angestochenen Faß Getränke herausläßt. – **3.** Nachzucht, Nachwuchs, Junge von Tieren OSCHW. ALLG. Scherzh.-spöttisch übtr. vom Menschen. *Die hat 'n schöne^n Z.* häßliche Kinder. *Der ist von 'me^n andre^n Z.* gehört nicht in die Familie.

Zu-g^emächt n.: Zaun, Gehege.

zugig, zügig Adj.: **1.** was gut zieht. Ein Pferd, einen Ochsen *für zügig verkaufe^n* d. h., daß er gut zieht OSCHW. – Vom Gelände: leicht ansteigend, so daß die Zugtiere stärker ziehen müssen ALLG. – **2.** dehnbar, elastisch. – **3.** ein Ort, wo ein Luftzug herrscht, ist *zugig.*

zügle^n -*ï-,* S. *-ï-* schw.: aufzüchten, großziehen. Junge aufziehen; so vom Geflügel, von Tauben.

zu-glotze^n schw.: in lästiger, unverschämter Weise zuschauen.

zu-glufe^n schw.: mit *Glufen,* Stecknadeln zuheften.

zu-greife^n st.: **1.** zulangen, fest anpacken. *Greif zu!* Aufforderung, sich bei Tisch zu bedienen. – **2.** helfend zugreifen, unterstützen.

zu-gucke^n schw.: zuschauen.

zu-hänge^n schw.: durch vorgehängte Tücher u. ä. verdecken.

zu-haue^n st. (schw.): **1.** wie nhd. Ein schlechter

Erzieher *ka^{nn} nix als z.* – **2.** einen Balken o. ä. *z.* zurecht hauen. – **3.** Eine Türe *z.* zuschlagen.

zu-hebe^n st.: haltend verschließen.

zu-her Adv.: herzu. *Z. (tsūər) komme^n* herkommen. Etwas *zu^here (tsūərĕ) trage^n* herbeitragen. *I^{ch} will dere^n Ho^{ch}zeit zu^here helfe^n* bei den Vorbereitungen dazu helfen O.

zu-hi^n Adv.: hinzu. Noch im SO.: *z. (tsūəꭓə) bringe^n* herbei-, herzubringen; *z. gau^n* näher herangehen, herbeigehen; *z. reche^n* näher zusammenrechen; *z. treibe^n* hin(zu)treiben; *z. tu^n* herzu-, herbeischaffen, zusammentun; Heu, Holz *z. tu^n* auf einen engeren Raum schaffen, um es allmählich auf einen Haufen zu bringen.

Zuig s. *Zeug.*

zu-kaufe^n schw.: hinzukaufen, aneignen.

zu-kläpfe^n *-glĕ̢-* schw.: mit lautem *Klapf* zuschlagen. Eine Türe *z.*

zu-kleibe^n schw.: zukleben.

zu-klemme^n schw.: klemmend verschließen.

zu-kriege^n schw.: **1.** hinzu bekommen. *I^{ch} han etwas zu^{ge}kriegt:* „drein" bekommen, als Übermaß. Häufiger *drein kriegen.* – **2.** verschließen können. *Hast's endlich zu^{ge}kriegt?*

zu-lade^n st.: aufladen. Übtr.: *Der hat wacker zu^{ge}lade^n* ist betrunken.

zu-lange^n schw.: zugreifen.

zu-lasse^n st.: **1.** verschlossen lassen. – **2.** hinzu lassen, den Zugang gestatten; wie nhd. – **3.** gestatten, zugeben, wie nhd.

zu-laufe^n st.: **1.** hinzueilen. – **2.** drauf los, weiter gehen. – **3.** durch zufließendes Wasser (usw.) sich füllen. Eine Dole *ist zug^elaufe^n.* – **4.** ein Hund *ist zug^elaufe^n.*

zu-lege^n schw.: **1.** hinzulegen, (hin)zufügen. Zum Feuer *Holz z.*; ohne Obj.: *z.* Geld zuschießen. – **2.** zusammenlegen, schließen. Ein Buch, Heft *z.* – **3.** absol.: zunehmen; größer, stärker werden.

zu-leine^n schw.: eine Türe *z.* nur durch Anlehnen verschließen.

Zull^e, Plur. -e^n f.: **1.** = *Zuller* 2. – **2.** unreinliche, unordentliche Weibsperson.

zulle^n schw.: an etwas saugen, schlotzen, bes. von kleinen Kindern. Auch: ohne Zähne essen.

Zuller m.: **1.** wer *zullt.* – **2.** Saugbeutel der kleinen Kinder.

zu-los(n)e^n schw.: zuhören, zuhorchen.

zu-luge^n *-luəgə* schw.: zuschauen, zu einer Sache sehen.

zu-mache^n schw.: **1.** schließen. RW.: *'s macht zu,* Regenwolken ziehen auf. – **2.** weiter, immer fort machen. *Mach doch zu!* fahre fort.

z^u**-mal** *tsmǫ̈l* Adv.: **1.** auf einmal, gleichzeitig. *'s will älles z. zur Tür 'rei^n.* – **2.** plötzlich, sofort. *Des ka^{nn} z. e^{in}mal komme^n* plötzlich eintreffen. – **3.** besonders.

zu-maure^n schw.: **1.** durch Mauerwerk verschließen. – **2.** weiter, drauf los mauern.

z^u**meist** Adv.: meistens.

zu-micke^n *-i-* (-mucke^n) schw.: die Bremse, *Mikke,* am Wagen anziehen, zudrehen und den Wagen damit hemmen. Opp. *auf-.*

Zumpel *tsǫmpəl* f., Demin. *Zumpele^{in}* n.: Bäurin; schlappige, unordentliche Frauensperson, mit zerzausten Haaren, als Schimpfwort *(tsūmbəl).*

zümper *tsēm-* Adj.: heikel, gar zu empfindsam (zumper *-ŏm-*). Zimperlich, geziert, prüde. Übelnehmerisch, leicht erzürnt. – zümpere^n, zümpele^n schw.: sich affektiert, zärtlich, kläglich benehmen. – zümperlich *tsēm-* geziert schüchtern; übertrieben ängstlich.

zumpfer *tsǫm-* (zümpfer *tsĕ̢-*) Adj.: **1.** tadelnd: zimperlich, geziert, allzu schüchtern und spröde sich zurückhaltend, prüde, bes. beim Essen oder in Gesellschaft. Verschämt jungfräulich. *Tu doch net so z.!* – **2.** lobend: bescheiden, still; zierlich, angenehm.

zumpfere^n schw.: sich zieren, sich zurückhalten.

zümpferli^{ch} *tsēm(p)fərlĕ̢,* S. -i- Adj.: zimperlich, gar zu bescheiden und empfindlich, wie nhd.

zumucken s. *zumicken.*

Zu-name(^n) m.: **1.** Geschlechts-, Familienname. Syn. *Geschlechts-, Nach-;* opp. *Tauf-, Vor-.* – **2.** Beiname. – Häufiger Synn. wie *Spitz-, Auf-, Nach-, Un-, Über-* u. a.

Zundel *-ŏn-* m.: Feuerschwamm, der präparierte Löcherpilz Polyporus fomentarius.

zundel-dürr Adj.: trocken wie ein Feuerschwamm.

zünde^n *tsēndə,* S. N. -i- st.: **1.** anzünden. Vom Blitz: *er hat g^ezunde^n.* – **2.** leuchten. – **3.** übtr. a. *einem z.* ihm mit Prügeln zum Haus hinausjagen, verprügeln, züchtigen. Ebenso einem *'na^n-, 'naus-, 'na^b-, 'nei^n-z.* – b. *'s z-et* hat starke Wirkung, bes. durch Schlag, scharfen Verweis. *Des hat g^ezunde^n!*

Zunder m.: = *Zundel,* Feuerschwamm.

Zünd-hölzle^{in} n.: Streichhölzchen.

zündle^n *-ĕ-* (-ī-) schw.: mit Licht und Feuer unvorsichtig, leichtfertig umgehen, damit spielen.

zündsle^n schw.: unvorsichtig mit Licht und Feuer umgehen, damit spielen, *tsīn(t)slə* OSCHW. ALLG.: *tsĩslə* SW. Auch *'rum, ume^nand^{er} z.* Mit dem Licht leuchten.

zu-nestle^n *-ĕ-* schw.: die Nestel an einem Kleidungsstück schließen.

zünftig Adj.: **1.** eig., einer Zunft angehörig. Freier: *Des ist kei^{ne} z-e Arbe^it* eine gute, meisterhafte Arbeit. Noch freier: *z. saufe^n* tüchtig. – **2.** *'s ist z.* herkömmlich, üblich, anständig. *'s ist ^nit z., daß ma^n so mit ei^{ne}m umgeht.*

Zunk(e^n) *tsŏŋk(ə),* S. *-ŭ-* m.: -e^n Zacke, an einem Werkzeug, einer Gabel TIR.; am Geweih; Felsnadel am Bergabsturz TIR. *Zunk* Zahn, Ast, Zacke; das Zurückgebliebene eines abgebrochenen Zahnes, Astes; *-e^n* spitziges sichtbares Stück eines im Boden verwachsenen Baum-

astes; abgerissenes Stück eines dürren Baum-
astes.

zu-pappeⁿ schw.: zukleben.

zupfeⁿ *-ŭ-* schw.: = *zopfen,* s. d.

züpfle n s. *zipflen.*

zu-p(f)ropfeⁿ schw.: mit einem Pfropf verschlie-
ßen. Flaschen *z.*

zu-pitschiereⁿ schw.: zusiegeln. Freier: verschlie-
ßen, zuschließen (z. B. ein Loch).

zu-putzeⁿ schw.: schön zurichten. Spez.: den durch
spätere Arbeiten beschädigten Verputz im Neu-
bau nochmals überholen.

zᵘ**-recht** Adv.: zurecht, wie nhd., in mancherlei
festen Verbindungen, z. B.: Mit einer Sache *z.
komme*ⁿ fertig werden. Eine Sache (in Gedan-
ken) *sich z. lege*ⁿ gründlich überlegen. Ein Mö-
bel *z. rucke*ⁿ richtig stellen. Einen Stoff *z.
schneide*ⁿ. Einem *den Kopf z. setze*ⁿ.

zᵘ**-ring(s)** Adv.: *z'rings 'rum* rings herum.

zurle n s. *zirlen.*

Zürne s. *Zeine.*

zürneⁿ (zorne ⁿ) *tsĭ(ə)rnə; tsīr-; tsïənə; tsę̆rnə,
tsēərnə, tsēənə; tsôānə, -ǫr-* schw.: übel neh-
men, verübeln SW. OSCHW. *Des tu iᶜʰ dir z.! Z-
et nix!* nichts für ungut.

zᵘ**-ruck** *tsrŭk,* fränk. neben *tsrĭk* Adv.: rückwärts.
Wie nhd. zurück; Syn. *hintersich.* Einige bes.
Verbalverbindungen: *Z. sein* hinten sein, eig.
und übtr., im Rückstand sein. *Z. fahre*ⁿ. *'S
Gᵉschäft, Vermöge*ⁿ *geht z.* geht schlechter. *Z.
haufe*ⁿ *(hüfe*ⁿ) mit dem Zugvieh, Wagen rück-
wärts gehen. *Z. komme*ⁿ, eig. und übtr.: im
Geschäft, Vermögen *z.* sich verschlechtern. *Z.
lasse*ⁿ zurück lassen. *Z. laufe*ⁿ zurückgehen. Et-
was *z. lege*ⁿ ersparen. *Z. leine*ⁿ z. lehnen. *Z.
luge*ⁿ z. schauen. *Z. schlage*ⁿ. *Z. stelle*ⁿ. *Z. wer-
fe*ⁿ. *Z. ziehe*ⁿ.

zu-ruckeⁿ schw.: hinzu-, herzurücken. Auch: zu-
sammenrücken.

zᵘ**-sämme**ⁿ *tsę̆mə,* S. *-ĕ̆-,* S. O. *tsēmət;* im N. u. NO.
zᵘ-samm(e ⁿ) *tsăm(ə)* Adv.: wie nhd. zusam-
men. *Alles z.* Bei Addition: *Des ist (macht, gibt)
z. 60. Die könne*ⁿ*'s (verstehe*ⁿ*'s) gut z.* mit einan-
der. Von Verwandtschaft (u. ä.): *Wir sind Vette-
re*ⁿ *z.* – In festeren Verbindungen: *Z. 'na*ⁿ, *äll*ᵉ*s
z. 'na*ⁿ z. hin, miteinander. – Bes. mit Verben
und Subst. Mit Hilfsverben: *Z. können, wollen,
müssen* usw., = z. kommen wollen usw. Von der
fast unerschöpflichen Menge verbaler Kompos.
sind die meisten unter dem Verb selbst zu
suchen; hier folgt nur eine Auswahl. – zusäm-
me ⁿ-bache ⁿ st.: übtr., zus. kleben. *Die 2 sind
wie z.* unzertrennlich. – z.-bästle ⁿ *-ĕ̆-* schw.:
durch *b.* zustand bringen (so gut es gehen will).
– z.-beige ⁿ schw.: aufschichten. *Z. b. wie d*ⁱᵉ
Häring. – z.-bettle ⁿ schw.: durch Betteln zus.
bekommen. *Geld z. b.* – z.-biege ⁿ st.: mit den
Enden gegeneinander biegen. – z.-breche ⁿ

st.: **1.** trans. entzwei brechen. – **2.** intr., wie nhd.
– z.-brenne ⁿ schw.: intr., gänzlich verbren-
nen. *Der ganz*ᵉ *Stall brennt z.* – z.-dift(e)le ⁿ
schw.: ausklügelnd, pedantisch zus. halten. –
z.-dratle ⁿ *-drǫ-* schw.: zus. drehen. – z.-dril-
le ⁿ schw.: dass. – z.-fare ⁿ st.: zus. fahren. **1.**
intr. a. die Milch *fährt z.* gerinnt. – b. von Perso-
nen: stark erschrecken. – **2.** trans. einen Acker,
ein Zugtier, ein Fahrzeug *z. f.* durch Fahren
zugrunde richten. – z.-fliege ⁿ st.: wie nhd.
Bes.: in sich zus. fallen. Ein schlechter Bau *ist z.
gᵉfloge*ⁿ eingestürzt. – z.-fürbe ⁿ schw.: zus.
kehren. – z.-füre ⁿ schw.: **1.** zu einander füh-
ren. – **2.** durch Fahren abnützen. *Dⁱᵉ Straß*ᵉ *z.* –
3. wie nhd. überfahren. – z.-gebe ⁿ st.: Verlob-
te *z. g.* kirchlich einsegnen, verheiraten. – z.-
gᵉheie ⁿ schw.: trans. durch Werfen zugrunde
richten; intr. zus. brechen. – z.-gehe ⁿ st.: **1.**
mit einander gehen. Speziell 2 ledige Liebende
g. z. unterhalten heimlich oder offen eine Lieb-
schaft; auch: leben in wilder Ehe. – **2.** ein-
schrumpfen. *Des gaht nah*ᵉ *z.* läßt sich in wenig
Raum zus. drängen, eig. und übtr. – **3.** der
Rahm *gaht z.,* wenn er beim Ausrühren im But-
terfaß anfängt, zu Butter zu werden. – z.-
gᵉnorkle ⁿ (-gᵉnorkse ⁿ, -gᵉnürkle ⁿ) schw.:
unordentlich zus. ordnen, drehen, binden, knit-
tern. – z.-gᵉstehe ⁿ st.: sauer werden, von der
Milch. *Dⁱᵉ Milch ist z. gᵉstande*ⁿ. – z.-glufe ⁿ
schw.: mit *Glufen,* Stecknadeln zus. heften. –
z.-halte ⁿ st.: **1.** trans. a. fest verbinden. *Esse*ⁿ
*und Trinke*ⁿ *hält Leib und Seele z.* Auch: 2 Ge-
genstände *z. h.* zum Vergleich (o. ä.) neben ein-
ander halten. – b. bei einander behalten, nicht
veräußern. – **2.** intr. stehen, für einander
eintreten. – z.-haue ⁿ st.: in Stücke hauen. –
z.-hebe ⁿ st.: = -halten, s. d. **1.** trans. *Sei*ⁿ *Zeug
(Sach*ᵉ) *z.* sparsam sein. – **2.** intr. *Des hebt z. wie
der katholisch*ᵉ *(lutherisch*ᵉ) *Glaube*ⁿ. – z.-hei-
le ⁿ schw.: zuheilen. – z.-helfe ⁿ st.: gemeinsam
etwas tun. – z.-hocke ⁿ schw.: **1.** zus. kauern.
Auch eine Masse kann *z. h.* – **2.** zusammensit-
zen. – z.-hotte ⁿ schw.: zus. leben, -halten,
gemeinschaftlich arbeiten, gemeinsame Sache
machen. – z.-hottere ⁿ schw.: zus. kauern. –
z.-hutzle ⁿ schw.: zus. schrumpfen, abmagern.
Des Weib ist z. gᵉhutzlet. – z.-klaube ⁿ *-əu-*
schw.: **1.** zus. lesen, -raffen. – **2.** refl. *sich z. kl.*
sich erholen, aufraffen; genesen. – z.-kleibe ⁿ I
schw.: zus. kleben. – z.-kleibe ⁿ II *-əi-* st.: zus.
klemmen, zus. pressen. – z.-klemme ⁿ schw.:
dass. – z.-knacke ⁿ schw.: **1.** trans., wie nhd.;
Nüsse z. kn. – **2.** intr. in den Kräften plötzlich
nachgeben, zus. brechen, nichts mehr leisten
können. – z.-komme ⁿ st.: wie nhd. *Heut*ᵉ
kommt wieder älles z.! es ist kein Fertigwerden.
*So jung komme*ⁿ*t wir nimme*ʳ *z.!* (daher wird
weiter gefestet). *So kommt ma*ⁿ *halt z.!* Kondo-

lenzgruß bei Beerdigungen. – z.-kratze^n schw.: zus. scharren, raffen. – z.-kupple^n schw.: zus. fügen, binden. – z.-lasse^n st.: zus. kommen lassen. 2 Leute z. l. heiraten lassen. *Es z. l.:* beim Zutrinken sagt der eine: *Wö^{lle}nt wir's z. l.?* Antw.: *I^{ch} will's ausstau^n!;* auch: *Wir wö^{lle}n's z. l.* beim Glas Duzfreundschaft schließen. – z.-laufe^n st.: **1.** mit einander gehen. 2 Flüsse *l. z.* münden in einander. – **2.** von der Milch: gerinnen. – z.-läute^n st. schw.: mit allen Glocken läuten. Bes. kirchlich, das letzte Läuten unmittelbar vor dem Gottesdienst (vorher *'s erst^e, ander^e l.;* daher Syn. *'s dritt^e l.*). – Auch trans., die Leute *z. l.* durch Glockenzeichen versammeln. – z.-lege^n schw.: wie nhd. Kleider, Wäsche *z. l.* in Falten legen. Auch ohne Obj.: *z. l.* für einen bestimmten Zweck Gelder sammeln. Güter *z. l.* Parzellen (wieder) vereinigen. – z.-lese^n st.: sammeln. – z.-mache^n schw.: zus. richten, in Ordnung bringen. *Bis der all sei^{ne} Sach^e z. g^{e}macht hat!* Das Gras, Heu *z. m.* – z.-neme^n st.: zus. nehmen. Bes. refl. *sich z. n.* sich konzentrieren, Selbstzucht üben. – z.-nudle^n schw.: zus. drücken, zus. rollen. Ein Blatt *Papier z. n.* – z.-passe^n schw.: sich in einander fügen, für einander eignen. *Die p. gut z.* verstehen sich. – z.-pätsche^n schw.: die Frucht ist *z. g^{e}pätscht* vom Regen und Wind zus. gedrückt. – z.-pferche^n schw.: wie in einen Pferch zus. drücken, zus. drängen. – z.-purzle^n schw.: über einander purzeln, stürzen. – z.-putze^n schw.: **1.** zus. kehren. Dazu Subst. Z^{u}samm^{en}-putzet f.: Kehricht auf dem Stubenboden. – **2.** *einen z. p.* den Garaus machen; einen Verweis geben. – z.-rapse^n schw.: zus. stehlen. *Vor dem ist nix sicher, er rapst alles z.* – z.-raple^n schw.: zus. raffen, zus. scharren. – z.-raume^n -rŏ- schw.: aufräumen. Die Kleider *z. r.* – z.-rech(l)e^n schw.: mit dem Rechen sammeln. – z.-reiße^n -əi- st.: durch Reißen zerstören. Eine Mauer z. Refl. wie nhd. – z.-reite^n -əi- st.: **1.** intr. mit einander reiten, wie nhd. – **2.** trans. a. reitend zus. führen. – b. durch übermäßiges Reiten zugrunde richten. Ein Pferd, einen Acker *z. r.* – z.-richte^n schw.: zum Gebrauch zusammen ordnen, richten. *Sei-ne Sache^n z. r.* – z.-rutsche^n schw.: **1.** intr. zus. rücken. *Man rutscht z.,* um auch andern noch Platz zu machen. – **2.** trans., durch *rutschen* verderben. Die Hosen *z. r.* – z.-schaffe^n schw.: **1.** intr., mit einander schaffen. – **2.** trans., in einander verarbeiten. Den Teig *z. sch.* – **3.** durch übermäßiges *schaffen,* Arbeiten entkräftet werden. – z.-scharre^n, -scherre^n schw.: wie nhd. Das letzte Kind, das etwa nicht mehr so kräftig ist wie seine Geschwister waren, heißt *Z.-scherrezle^{in}.* – z.-schicke^n schw.: refl. *sich z. sch.* sich zus. fügen. *Des schickt sich*

so ganz g^{e}schickt z. – z.-schieße^n st.: **1.** trans. a. durch Schießen zerstören; wie nhd. – b. Geld *z. sch.* gemeinsam zus. bringen. – **2.** intr., mit sein, zus. fahren, schnell auf einander rennen. Übtr. etwa von übermäßigem Wachstum: in einem Gemüsebeet *ist alles z. g^{e}schosse^n.* – z.-schifte^n schw.: etwas Zerbrochenes *z.* wieder zus. bringen, zus. leimen. – z.-schinde^n st.: **1.** durch allzu starken Gebrauch abnützen, von Pers., Tieren und Sachen. – **2.** zus. kratzen. – z.-schlupfe^n schw.: verbotenerweise, heimlich zus. schlüpfen. – z.-schlurge^n schw.: Schuhwerk *z. schl.* durch *schlurgen,* nachlässiges Gehen, zugrunde richten. – z.-schmeiße^n st.: zus. werfen, durch Werfen zugrunde richten. – z.-schnurre^n (FRK. -schnorre^n) schw.: zus. schrumpfen. – z.-schustere^n schw.: **1.** zus. flicken, nicht Zus.-passendes in unbefriedigender Weise zus. bringen. – **2.** durch Überanstrengung zugrunde richten. Ein Pferd *z. sch.* – z.-sitze^n st.: **1.** intr. a. wie nhd., zu einander sitzen. – b. im Teig (o. ä.) *sitzt z.* fällt in sich zusammen. – **2.** durch Draufsitzen zerstören, zerdrücken. Eine Blume, ein Kissen *z. s.* – z.-spanne^n schw.: mit einander anspannen. Auch von (bes. ungleichartigen) Menschen. – z.-stauchen schw.: einen *z-stauche^n* stark zurechtweisen, tadeln. (Part. *g^{e}staucht* neben *g^{e}stoche^n*). – z.-strupfe^n schw.: zus. schrumpfen. – z.-stupfe^n schw.: zusammenstoppeln. *Des ist e^{in} z. g^{e}stupft^{e}s Zeug.* – z.-stupfle^n schw.: = *-stupfen,* mühsam Teile zu einem Ganzen vereinigen. Auch: nach der (Obst-, Wein-) Ernte in den Obst-, Weingärten zus. suchen, was noch hängen blieb. Synn. s. *afterberg(l)en, gallen, stänglen.* – z.-tätsche^n-ĕ- schw.: in sich zus. fallen; mit einem Schlag zus. fallen; zus. sinken; zus. brechen (vor Schwäche, Schrek-ken); einfallen, an Kräften abnehmen; zus. schrumpfen. – z.-tu^n st.: zus. machen, vereinigen. *Z. t.* das trockene, zerstreute Heu mit der Heugabel in Längshaufen zus. bringen. Refl. sich vereinigen. – z.-wargle^n, -wärgle^n schw.: zus., unter einander wälzen, rollen; unordentlich zusammen rollen, unordentlich hineinschieben. – z.-werfe^n st.: **1.** wie nhd. Vgl. *-schmeißen* u. ä. – **2.** durch Werfen zerstören. *Älles z. w.* – z.-wettere^n schw.: laut lärmend zus. schlagen. Ein Betrunkener, Zorniger *w-et älles z.* – z.-worgle^n schw.: pfuschen. Eine unordentliche Arbeit *z. w.* – z.-wurstle^n schw.: unordentlich zus. packen, durcheinander mischen. – z.-wuste^n -ūə- schw.: unordentliche Massenarbeit verrichten. *Der wustet älles z.* – z.-ziehe^n st.: wie nhd. **1.** trans. Einen Sack *z. z.* zus. schnüren. – **2.** refl.: ein Gewölk, Gewitter *zieht sich z.* – **3.** unverheiratet zusammen leben. – z.-zwirble^n schw.: zus. drehen.

zu-schanze[n] schw.: **1.** einem etwas z. heimlich, auf nicht ganz korrektem Weg zuwenden. – **2.** drauf los, immerzu schanzen.

zu-schaufle[n] -ou- schw.: mit der Schaufel zufüllen.

zu-scherre[n] schw. st.: **1.** zuscharren. – **2.** weiter, immerzu *scherren*.

zu-schmeiße[n] st.: **1.** zuwerfen, durch Zuschlagen verschließen. – **2.** drauf los, immer zu werfen.

zu-schnappe[n] schw.: zuklappen, plötzlich zufahren. *'s Messer ist zug[e]schnappt* mit hörbarem Ruck zugeklappt. *Dem ist 's Füdle (der Arsch) zug[e]schnappt* er ist gestorben.

zu-schoppe[n] schw.: **1.** zuschieben, zuwenden. *Der will ihm älles z.* – **2.** zustopfen, verstopfen.

zu-schupfe[n] schw.: **1.** einem heimlich etwas zuwenden. – **2.** zustoßen, durch Stoßen verschließen. – **3.** zuwerfen, zuschieben. *Schupf mir 's Seil zu, i[ch] ka[nn] 's net verlange[n].*

zu-schustere[n] schw.: einem etwas z. Minderwertiges (abgetragene Kleider u. ä.) zuwenden.

Zusel s. *Susanna.*

zu-setze[n] schw.: zusetzen. **1.** trans., hinzu setzen. a. Speisen, Kraut, Fleisch z. aufs Feuer. *Sich z.* sich durch reichlichere Kost kräftigen. – b. daran setzen, rücken. – **2.** absol. einem z. ihn bedrängen. Bes. mit Worten, Ratschlägen bedrängen; auch von Sachen: die Krankheit, der anstrengende Marsch *hat ihm zug[e]setzt* mitgenommen, stark angegriffen.

zusle[n] *tsū-* schw.: langsam gehen. – Zu *Zusel.*

zu-spaziere[n] schw.: zugehen, herzutreten. *Spazier nu[r] zu!* bitte, geh du voran.

zu-speidle[n] schw.: eine Öffnung durch einen *Speidel*, Keil verschließen.

Zu-speis[e] f.: Zugabe zum Essen, Zugemüse.

zu-spitze[n] schw.: **1.** wie nhd. – **2.** übtr. auf ein(ige) Glas Bier noch ein Glas Wein trinken; ebenso auf einen gewöhnlichen Wein noch einen feineren genießen. Man trinkt dies *zum z.*

zu-streue[n] schw.: **1.** weiter streuen. – **2.** durch Aufgestreutes zudecken. *Das Glatteis, eine Schleifbahn z.*

zu-täppisch *tsuədẹbiš* ^∪ Adj.: zudringlich; einschmeichelnd, anschmiegend; zutraulich, anhänglich. *Z. wie e[in] Kind.*

zu-traue[n] schw.: *einem etwas z.* ihn dessen für fähig halten. *Dem trau[e] i[ch] älles zu!* – Subst. **Zu-traue**[n] f.: Vertrauen. *I[ch] hau 's Z. zu ihm.*

zu-trete[n] st.: **1.** immer zu, drauflostreten. – **2.** durch Treten verschließen. Ein (Maus- o.ä.) Loch im Boden z.

zu-trinke[n] st.: drauflos trinken. *Trink nu[r] zu!* – Dann wie nhd., als Trinksitte.

Zuttel -ŭ-, Plur. Zuttle[n] f.: unreinliche, unordentliche Weibsperson.

zuttle[n] schw.: *ane z.* langsam vorwärts gehen, fortschlendern FRK. Schwäb. *zottln*, s. d.

Zuttleri[n], Pl. -ne[n] f.: = *Zuttel.*

zu-tu[n] schw.: **1.** hinzufügen. – **2.** schließen. *Die Augen z.* schließen, auch = sterben.

Zutzel f.: Schwein. – zutzle[n] schw.: **1.** schnullen. – **2.** schmatzend etwas Gutes essen.

zutzge[n] schw.: zucken. – Vgl. *zotzgen.*

z[u]**-vörderst** Adv.: ganz vorne. *Der ist immer z. dra[n].*

Zu-wag[e] -wọ̄k f.: was der Metzger an Fleisch, Knochen beigibt, um das Gewicht vollständig zu machen. – zu-wäge[n] f.: hinzuwägen, zum vollen Gewicht, als Mehrgewicht.

z[u]**-weg(e**[n]**)** Adv.: **1.** *z[u]weg (-wẹg) sei[n]* wohlauf sein. – **2.** *z. bringe[n]* beschaffen, zustande, fertig bringen, meist *z[u]weg; z[u]wege[n].* – **3.** *z[u]weg mache[n]* fertig machen, zum Gebrauch rüsten. – **4.** *z[u]wegnehme[n]* hart mitnehmen.

z[u]**-wegest** Präp.: wegen.

zu-wettere[n] schw.: wetternd, laut zuschlagen. Eine Türe z.

z[u]**-wider** Adv. Adj.: **1.** Adv. entgegen(gesetzt), von Pers. und Sachen. *Der (Des) ist mir in der Seel[e] z.* äußerst widerwärtig, stößt mich ab. – **2.** Adj. (attrib.): abstoßend, widerwärtig. *E[in] z-[e]s* (auch *z[u]widrig[e]s) Ma[nn]sbild, e[in] z-er Kerl.*

zwable[n] *tswāb-*; zwablse[n] *tswābs-* schw.: zappeln. Sich regen, fleißig arbeiten. S. *za-.* – S. a. *zwatzlen.*

zwacke[n] schw.: **1.** pressen, klemmen. – **2.** mit schnellem Griff heimlich nehmen, entwenden; nur in humorist. Sinn, wie *stibitzen, (g)rapsen. Der (zwickt und) zwackt, wo er ka[nn]. Dem ist net z[u] traue[n], er zwackt gern.*

Zwackel m.: kleiner Kerl.

Zwacker m.: **1.** einmaliges *zwacken. 'n Zw. tu[n].* – **2.** geiziger Mensch; gewalttätiger, unehrlicher Mensch.

zwage[n] -ā-, S. -ǟ- st.: **1.** waschen, bes. den Kopf, die Kopfhaare mit Wasser oder Lauge, etwa zur Säuberung von Ungeziefer SW. OSCHW. ALLG. Gründlich waschen. – **2.** übtr. einem hart zusetzen mit Tadel oder Schlägen OSCHW. *Di[ch], Dir will i[ch] zw.!*

zwalge[n] schw.: **1.** unbeholfen, schwerfällig einher gehen, sich so herschleppen. Auch Kompos. *daher-, herum-. Wo zw-est du wieder her? Der zw-et de[n] ganze[n] Tag im Ort ('rum).* – **2.** oberflächliche, ungeordnete Arbeit verrichten. Sich unbeholfen benehmen. Unordentlich in etwas (z.B. im Teig) herumstüren. Ein Tuch zw. unordentlich zusammendrücken (neben *zusammen-*). – Zwalger m.: wer *zwalgend 1* einhergeht. Ungeschickter, unbeholfener Mensch. Dafür auch Zwalge (-ě̆). – Zwalg, Zwalgerei f.: Pfuscharbeit, bes. des Bäckers. – zwalgig Adj.: unbeholfen, ungeschickt.

Zwargel m.: kleiner, dicker Mensch.

zwarzlen s. *zwatzlen.*

zwatzelig Adj.: zappelnd vor Ungeduld; äußerst

zwatzlen

unruhig, ungeduldig. *Der ist ganz zw.; Dem ist zw. z^u Mut.*

zwatzerlen s. *zwitzerlen 2.*

zwatzle^n *-ä-,* O. SO. *-ā-* schw.: mit den Füßen zappeln; so zappelnd sich wehren, um sich frei zu machen; sich zappelnd abmühen. Begierig nach etwas zappeln. Geschäftig sein, ohne weit zu kommen.

Zweck *-ǫ-* m.: **1.** hölzerner oder eiserner Pflock, Stift, bes. der hölzerne oder eiserne Nagel, mit dem der Schuster die Sohle vorläufig befestigt. – **2.** Zweck, wie nhd.

Zwecke s. *Zecke 1.*

zwecke^n schw.: eine Sohle *zw.* (auch *auf-*) vorläufig (bis die Holznägel eingeschlagen sind) mit dem *Zweck 1* befestigen.

Zweder m.: Pullover. – Anm.: engl. *sweater* (*to sweat* = schwitzen).

Zwegs(ch)te s. *Zwetschge.*

Zwehl^e *tswēl,* Plur. *-e*^{n} f.: **1.** langes, schmales Tuch, meist Handtuch, als Simplex aussterbend. Genauer *Hand-.* – **2.** übtr.: ein längliches, schmales Zimmer ist *e^{ine} Zw. Er wohnt in 're^n Zw.* – Anm.: Mhd. *twehele, zw-,* zu *zwagen.*

zwei: zwei, Zahlwort. Form. Mask. zwe^n, im O. *tswē͡ə,* W. *tswē;* im SW. *tswāī, tswē͂* um den Bod.; *tswī* Allg. – Fem. *tswūə* (Frk. auch *tswū*) Hauptgebiet; S. *tswǭ.* – Neutr. *tswǭ͡ə* in der größeren Osthälfte des Hauptgebietes; westlich *tswǭ͡ə, tswǭ͡ə,* NW. *tswāē,* Frk. *tswā.*

zweie^n schw.: 2 werden; 2mal sich ereignen; in der RA. *Was si^{ch} zweiet, das dreiet si^{ch} (au^{ch}).*

zweier-lei *-lǫe:* **1.** wie nhd. – **2.** unbehaglich, flau: *Mir ist's (wird's) zw.*

Zweifel-scheißer m.: unentschlossener Mensch.

zwei(g)e^n *-ǫi-; tswǝiǝ* schw.: ein Edelreis aufpfropfen, einen Baum veredeln. Synn. *propfen, impfen (impten), pelzen.*

zwengen s. *zwingen.*

Zwer *-ē̜-* m., **Zwere** *-ē̜-* f., meist nur *-le*^{in} n.: **1.** dünn angerührter Brei, Teig aus Milch(rahm), Eiern, Mehl; gebranntes Mehl in Schmalz geröstet; geröstetes Mehl an Gemüse, bes. Sauerkraut, auch an Suppen gegossen und mit diesen gekocht. *E^{in} Zw-le^{in} ans Kraut mache^n.* Synn. *Mel, Teiglein, Einbrennet.* – **2.** breidicker, klebriger Kot. – S. *zweren.*

zwer^{ch} *tswę(ə)r; tswę̜ərχ* Adj.: quer.

Zwer^{ch}**-sack** m., Demin. *-säckle*^{in} n.: Quersack, Sack, den man über die Schulter trägt, so daß die Last sich auf Rücken und Brust verteilt.

zwere^n *-ē̜-, -ǫə-* schw.: einen Teig, *Zwer(lein)* anrühren, in das Gemüse, die Suppe rühren. – Anm.: Mhd. *twern* herumdrehen, quirlen, durcheinander rühren.

zwerge^n *-ē̜-* schw.: mit gewaltiger Anstrengung arbeiten. Etwas ungeschickt auseinanderreißen, mit Gewalt irgendwo hineinzwängen. Mit He-

belgewalt auseinandertreiben. Auch Komposs.: *ab-, auf-, heraus- hinein-.* – Mit pers. Obj.: einen unter Anstrengungen zwingen, nötigen. *Sich zu etwas zw.* sich nur dem Zwang folgend dazu hergeben. Einen überwinden, meistern. – Anm.: Mhd. *twergen, zwergen:* drücken, kneten.

Zwetschg^e, flekt. (auch Nom.) *-e*^{n} f., *-er* m.: Zwetschge. A. Form: meist Zwetschg^e *tswę̜tš(ə);* auch *tswę̜tš;* Zweschg^e *tswę̜šg(ə);* Zwegscht^e *tswę̜kšt(ə);* Zwegschge *tswę̜kšgə;* mask. Sing. Zwetschger *tswę̜tšgər;* Zwegschter *tswę̜kštər.* Mit anderem Anlaut: Quetsch^e *kwę̜tš(ə);* Wetsch(g)^e *wę̜tšgə;* Wegschte *wę̜kšt(ə).* – B. Gebrauch. **1.** wie nhd., *Prunus domestica,* von Pflaume stets unterschieden. *Dürre Zw-e^n* gedörrte Zw.; *Schnitz^e und Zw-e^n* Dörrobst; Fastenspeise. *Ja, Schnitz^e und Zw-e^n!* warum nicht gar! – **2.** weibliches Geschlechtsteil. – **3.** Hure; verächtlich auch: Weibsbild.

Zwetschge^n**-darre** f.: **1.** *Darre* für Zwetschgen (auch *-dörre*). – **2.** übtr. Mansarde, oberster Dachboden, hinterster (oberster) Platz im Theater.

Zwetschge^n**-gäu** n.: Gegend, die an Zwetschgen fruchtbar ist.

Zwetschge^n**-geist** m.: gebrannter Zwetschgenwasser; vgl. *-wasser.*

Zwetschge^n**-g**^{e}**sälz** n.: *Gesälze* aus eingekochten Zwetschgen.

Zwetschge^n**-mus** n.: = *Zwetschgengesälz.*

Zwetschge^n**-narr** m.: kranke, steinlose, mißgewachsene, grünbleibende Zwetschge.

Zwetschge^n**-schmarre**^{n} m.: gekochte frische Zwetschgen.

Zwetschge^n**-tatsche** m.: beim Bäcker gebackener, mit Zwetschgen gefüllter Kuchen.

Zwetschge^n**-totsch** (*-dǫtš*) m.: Zwetschgenkuchen.

Zwetschge^n**-wasser** n.: Zwetschgenbranntwein.

Zwetschge^n**-weible**^{in} n.: aus gedörrten Zwetschgen gebildete Spielfigur in Form eines Weibleins.

Zwibebe s. *Zibebe.*

Zwibel, Zibel, Zwifel, Plur. *-e*^{n} m., Demin. *-le*^{in} n.: **1.** wie nhd., Zwiebel. – **2.** *Zwiebel* große, nicht sehr feine Taschenuhr.

Z(w)ibel(e^n**)-bert**^{e} f.: = *-kuchen.*

Zwibel-brettle^{in} n.: Brettchen, auf dem man die Zwiebeln in der Küche schneidet.

Z(w)ibel-kuche^n m.: wie nhd. Vgl. *-berte, -platz.*

Zwibel-lälle f.: Zwiebellauch. Kuchen vom Zwiebellauch; Syn. *Lälleskuchen.*

Z(w)ibel-land, Demin. *-ländle*^{in} n.: mit Zwiebeln bebautes Land.

Z(w)ibel-platz m.: *Platz,* flacher Kuchen mit Zw. belegt.

Z(w)ibel-ror, Demin. *-rörle*^{in} n.: Blattwerk der Zwiebel.

448

Z(w)ibel-schälfe f.: Haut der Zwiebel.

zwibleⁿ *tswīb-; -īw-* FRK.; *-īfl-* ALLG. OSCHW.; zible ⁿ *-ī-* schw.: plagen, quälen, peinigen. Eine Mücke, Floh udgl. *zw. einen.* Züchtigen; zurechtweisen, mit Gewalt zwingen ALLG. Bemeistern, bewältigen OSCHW. Meist stärker: durchprügeln, schlagen.

Zwick m.: **1.** Treibschnur vorne an der Peitsche SW. ALLG. – **2.** das Zwicken, Kneifen. – **3.** an Pflanzen: *Zw-le*ⁱⁿ abgeschnittener Ableger. – An der Rebe: Die *Zw-len* oder Gabeln von Reben; Rebenschoß. – Rosmarinzweig. – **4.** Zwitter TIR. Unfruchtbare Kuh, Ziege oder Schaf.

Zwickel m.: **1.** keilförmiger Einsatz in Kleidern, Wäsche, Strümpfen usw.; solcher Teil eines Akkers. *Einen am Zw. nehmen* am Wickel, Schopf. – **2.** wunderlicher Mensch HOHENL.; dummer, einfältiger Mensch.

zwickeⁿ schw.: **1.** wie mit einem *Zweck 1* befestigen. – **2.** mit dem *Zwick 1.* der Treibschnur hauen. – **3.** zwicken, wie nhd. a. eigentl., klemmen, kneipen. – b. die Reben *zw.* beschneiden. – c. abzwickend etwas wegnehmen. Bes. vom Bäcker: er *zwickt* am Teig. *Der zwickt und zwackt, wo er ka*ⁿⁿ. Etwas mit List nehmen; stehlen, betrügen.

Zwicker m.: **1.** wer *zwickt.* – **2.** Nasenkneifer.

Zwifel(-) s. *Zwibel(-).*

Zwilch *-ī-; -ę̄χ, -īχ, -əϰ, tswīlk(ə); tswīl* OSCHW. m.: **1.** wie nhd., Leinengewebe mit doppeltem Faden. – **2.** mit *zw., zw.!* wird der Ruf des Spatzen gedeutet.

zwilcheⁿ I Adj.: aus Zwilch. Subst. Zwil ᶜʰᵉⁿᵉr *tswīlr,* Zwilchet ᵉ BAIRSCHW.: Zwilch. Übtr. von Menschen: *e*ⁱⁿ *zw-ener Mensch* rauher, grober Mensch.

zwilcheⁿ II schw.: **1.** den Rock ausklopfen. – **2.** *Zwilch 2* (s. d.) schreien.

Zwilch-händschuh m.: Handschuh aus Zwilch.

Zwilch-kittel m.: Jacke aus Zwilch.

zwi-mädig Adj.: was 2mal im Jahr gemäht werden kann; opp. *ein-, drei-.*

zwingeⁿ *tswę̄ŋə,* N. S. *-ī-,* Part. ᵍᵉzwunge ⁿ st.: **1.** wie nhd. *E*ⁱⁿᵉ ᵍᵉ*zwungene Sach*ᵉ. *'s Liebe*ⁿ *und Singe*ⁿ *laßt sich nie zw.* – **2.** meistern, Herr werden über. Syn. *baschgen.* Ein Knabe *zw-t* den andern im Ringkampf. *Den zwing*ᵉ *i*ᶜʰ *mit 'm kleine*ⁿ *Finger!* Eine Arbeit *zw. Morge*ᵉ *zw. wir 's Korn* werden mit dem Dreschen fertig. Bes. von Speisen: *I*ᶜʰ *zwing*ᵉ *des Kraut nimme*ʳ. *Er hat e*ⁱⁿᵉ *ganze Schüssel (voll)* ᵍᵉ*zwunge*ⁿ; *Der zwingt no*ᶜʰ *e*ⁱⁿ *Glas!*

Zwirbel *-ī-,* FRK. *-ę̆-* m.: Wirbel. **1.** kreisförmige Bewegung. Übtr. Schwindel. – **2.** Kopfwirbel, Stelle, wo die Haare kreisförmig auseinander gehen (neben *Zwirmel*). Auch: kleines zus. gedrehtes Haarnest auf einem Kinderkopf. – **3.**

persönl. *Zw.(-le*ⁱⁿ*)* unnützes Kind, das unüberlegt handelt; unklarer Kopf.

zwirb(e)leⁿ schw.: **1.** trans., wirbelnd herumtreiben. Zusammen drehen, z. B. ein aufgelöstes Fadenende. – **2.** intr., sich rasch, taumelnd im Kreise herumdrehen. Bes. in Komposs. *herum-, hinan-.*

Zwirb(e)ler m.: **1.** Wirrkopf. – **2.** sachl.: Räuschchen. *Der hat 'n Zw.* ist leicht angetrunken.

zwirb(e)lig (neben zwirmlich) Adj.: schwindelig, wirr.

Zwirgel m.: krüppelartiger Schwächling. Ein *überzwercher Zw.* ganz verdrehter Geselle.

zwirgeⁿ schw.: **1.** drücken, klemmen. – **2.** abhäuten, ausnehmen, von erlegtem Wild.

zwirgleⁿ schw.: **1.** Fäden in Verwirrung bringen. – **2.** taumelnd gehen, die Beine beim Gehen quer bringen ALLG. Nicht gut gehen können, wie ein Betrunkener taumeln. Planlos umhergehen, unnötige Gänge tun OSCHW. – Zwirgler m.: **1.** Mensch, dessen Charakter unsicher ist wie der Gang eines Betrunkenen ALLG. Idiot, dummer Kerl, der nicht weiß, was er will. – **2.** betrunkener Zustand.

Zwirmel s. *Zwirbel 2.*

zwirmlich s. *zwirb(e)lig.*

zwirneⁿ *-ī-* schw.: **1.** Garn zum Zwirn drehen. – **2.** schnurren, von der Katze.

zwischeⁿ(t) *tswīšə, -ət, tswīšbə* ALLG. TIR. Präpos.: zwischen. *Zw. dene*ⁿ *2 dreh*ᵉ *i*ᶜʰ *d*ⁱᵉ *Hand net um.* Etwas *zw. de*ⁿ *Zäh*ⁿᵉⁿ *habe*ⁿ *esse*ⁿ. *Zw. de*ⁿ *Jahre*ⁿ von Weihnachten bis Dreikönig (6. Jan.). *Zw. Licht* in der Abenddämmerung, dafür auch *Zw. Licht und g*ᵉ*sih-nix-me*ʰʳ.

zwischeⁿ**-dur**ᶜʰ Adv.: dazwischen hindurch. zeitlich. Syn. *mittle*ⁿ *durch.*

zwischeⁿ**-**ʰⁱ**nei**ⁿ (zwische ⁿ t-) Adv.: dazwischen hinein.

Zwischeⁿ**-licht,** Zwische ⁿ t- n.: Dämmerung.

Zwisel *-ī-* m. f.: **1.** Zwillingspaar, bes. von Früchten (Äpfeln, Zwetschgen, Nüssen, Beeren), die zusammengewachsen sind (m.). – **2.** doppelstämmiger Baum, dessen Stämme aus einer Wurzel wachsen oder gleich über dem Boden sich trennen (m.). Astgabelung (f.). – Auch Z w u s e l *-ū-* f.: aus einer Wurzel hervorgewachsener Doppelstamm.

Zwisel-äpfel m.: Zwillingsäpfel, zusammengewachsene(r) A(e)pfel.

zwisleⁿ *-ī-* schw.: sich gabelförmig teilen, abzweigen ALLG.

zwislet *-ī-* (-lig) Adj.: doppelt, zwiefältig, von zusammengewachsenen Früchten (Zwetschgen, Äpfel usw.); von einem gegabelten Baumstamm.

zwitschereⁿ schw.: **1.** wie nhd., bes. von Schwalben, auch von Sperlingen. – **2.** glänzen, flimmern; Flimmern der erhitzten Luft über Fel-

dern, Wegen usw. – **3.** zwinkern mit den Augen.
zwitscherle[n] schw.: **1.** funkeln, schimmern, vor den Augen flimmern. – **2.** blinzeln.
zwitzere[n] schw.: **1.** zwitschern, von Vögeln. – **2.** funkeln, flimmern, glitzern. *'s zw-t mir vor de*[n] *Auge*[n]. – **3.** blinzeln, zwinkern, vom Auge.
zwitzerle[n] schw.: **1.** zwitschern, von Staren. – **2.** flimmern, zitternd funkeln. *'s zw-et ihm vor de*[n] *Auge*[n]*;* ein Planet *zw-et.* – Etwas versch. in Verb. mit *zwa-: 's zwitzerlet zwatzerlet* bewegt

sich schnell hin und her. – **3.** blinzeln, zwinkern, mit den Augen.
zwitzgerle[n] schw.: flimmern, funkeln, von Sternen.
Zwitzi-zwatz m.: Zwitter SW.
zwölf *tswĕlf:* zwölf, Zahlwort. *Die 12 (hl.) Nächte* vom Christfest bis 6. Jan.; auch *12 hl. Täg*[e]. Syn. *Rauch-, Losnächte; Los-, Monats-täge.* – *Zwöl-fe (-ĕ, -ə)* 12 Uhr.
Z w u s e l s. *Zwisel 2.*

Teil 2
deutsch – schwäbisch

A

Aas n. (altes Tier): Kog 1.
– (faules Fleisch): Luder 1.
– (Schimpfwort für Tiere, Menschen): Kaib 1.
– (abgeschlagener Mensch; Schimpfwort): Was, s. Wasen 5.b.
abarbeiten schw. (aufarbeiten, durch Arbeit beiseite schaffen): aufschaffen
– (mühsam abarbeiten): abhunden
abästen schw. (mit dem *Schnäuer*): schnäuen
abbetteln schw.: abhaben
Abbildung f.: Bild 1., Bildsaul, Bildstock; *ein Bild ohne Gnade* eine schöne, aber dumme Person.
abblättern schw.: abblätschen, abblatten; blätschen 1.
abbrechen st. (auseinandernehmen): abschlagen 1.a.
– (mit Knall abbrechen): abknällen
– (pflücken von allerlei Früchten): brocken 1. *ma brocket erst, wenn's reif ist;* brechen, brocklen 1., zopfen
abbröckeln schw. (verwittern): gereren, geriselen
abdrehen schw.: abzwergen
Abdruck m. (des Ringes vom Nachttopf am Hinterteil): Scheißhafenring *der hat ja noch den Scheißhafenring am Arsch* ist noch viel zu jung.
Abend m. (vom Mittagessen bis zum Sonnenuntergang): Abend
Abendbesuche machen schw.: lichtlen
Abendbrot essen st.: kollatzen
Abenddämmerung f.: Gesih-nichts-mehr; nur in der Wendung: *zwischen Licht und Tag und Gsih-nichts-meh.*
Abendessen n.: Nachtessen
Abendgebet n.: Abendsegen
abendliche Zusammenkunft f. (in der Spinnstube): Lichtkarz
abendlicher Besuch m. (in der Spinnstube): Lichtgang
Abendmahl besuchen schw. (zur hl. Kommunion gehen): speisen 3.
Abendmahlsfeier f. (Feier des heiligen Abendmahls): Nachtmal
Abendruhe f. (nach dem Tagwerk, Arbeitsruhe im Rentenalter): Feierabend 2. *Feierabend machen* Tagesarbeit beenden; *es wird mit ihm bald Feierabend sein* er wird bald sterben; *wer spät aufsteht, hat spät Feierabend. Bei einem Toten hat der Arsch ('s Füdle) Feierabend.*
abends Adv.: abneds
aber Konj.: oder 2. *ich nicht oder(aber) du; entweder ich oder(aber) du. Oder* und *aber* werden im Fränkischen nicht unterschieden.
abernten schw. (eine Arbeit fertig machen): wegmachen
abfahren st. (wegfahren): fortfaren
Abfall m.: Abraumete
– (Kehricht): Bezig, Bützig 2., Bützget(e), Bütz, Kutter
– (bei der Flachs- und Hanfverarbeitung): Kauder 1.
– (beim Schnitzeln): Abgeschnipf
– (Rest): Gefräß 4.
– (vom Getreide, beim Holzmachen, vom Reisig; Kurzfutter): Geschöttach
– (von den Getreideähren beim Dreschen): Dud 2.
– (von Torf, Reisig, Holzspänen; Kehricht): Gemüder
Abfälle Pl. (von Kraut, Rüben, Kartoffeln): Bützig 2., Bützget(e), Bütz
Abfalleimer m.: Kuttereimer
abfallen st. (stückchenweise abfallen): abbröcklen
abfertigen schw. (befriedigen, bedienen): ferken 4. *die Kellnerin muß viele Gäste ferken.*
– (mit Hohn abweisen): heimgeigen, heimleuchten, heimschicken 2., heimzünden
– (zum Schweigen bringen): abgeschweigen
– (zum Versand): abferken
abfließen st. (durch eine Rinne fließen): käneren 1., känerlen
Abgabe f. (Getreide-, Geldabgabe; Zinsen): Gült, Gülte
Abgang m. (am Frucht-, Weinvorrat): Schweine 2.
– (beim Butteraussieden): Blotter 2.
abgehärtet Part.: abgerauhet, s. abrauhen
abgemagert Part. (kraftlos, entnervt): ausgemerglet, s. ausmerglen
abgemüht Part.: verlitten, s. verleiden I 2.
abgeneigt Adj. (ungünstig, widerspenstig, störrisch, widerwärtig, unfügsam): vonderhändig 2.

Abgeschabtes n.: Schabet, Schabete, Schabez; G(e)schabsel

abgeschlafft Part. (saft- und kraftlos): lendenlam

abgeschlagen Adj. (listig): abgefaumt, s. abfaumen; abgefürt, s. abfüren 4.

abgestanden Adj. (schal, von Getränken): lam 2.c.

– (schimmelig, verdorben): gammelig, gämmelig

abgetragen Part. (verwaschen): ser 2., gew. *blöd*

abgewetzt Part. (abgewetzter Kragen): abgeschabet, s. abschaben

abgewinnen st. (einem etwas abgewinnen): abstoßen 4.

– (einem im Spiel viel abgewinnen): verklabasteren 4., verklabusteren

– (jemanden um sein Geld bringen): ausbeutlen

abgewöhnen schw. (sich abgewöhnen): vergewonen *er vergewont einen ganz* entwöhnt sich ganz von einem.

abgezehrt Part. (abgelebt, ausgetrocknet): ausgedochtet, s. ausdochten

abgleiten st.: abglitschen

abgrenzen schw. (Grenzsteine setzen): marken

abhacken schw. (Reisig abhacken oder klein hacken): becken 1.

abhandeln schw.: abdingen

– (abschwatzen): abfuggeren

– (herunterhandeln): abfeilschen, weghandlen

Abhang m. (nach Norden geneigt; auch Flurname): Winterhalde

– (nach Süden geneigt; auch Flurname): Sommerhalde

– (schmaler, zumeist grasiger Abhang längs einer Straße): Rain 1.

abhärmen schw. (mit Mitleid, Erbarmen erfüllen): verelenden

– (sich abhärmen): abkümmeren

abhauen st.schw. (die Äste abhauen): abasten, anasten, ästen

abhäuten schw. (ausnehmen, von erlegtem Wild): zwirgen 2.

abhetzen schw. (sich abhetzen): abhudlen

abhobeln schw. (Unebenheiten abhobeln, abrunden): abstoßen 1.a.

abjagen schw. (mit List abjagen): abjäuchen, ablaichen

abkämmen schw.: absträlen

abkanzeln schw.: abmaulen

– (die Meinung sagen): herräpplen

– (jemanden abkanzeln): putzen 3.a., abputzen, herabputzen

– (prügeln): trücknen, trucknen *heul mer nu net z'viel! I will di trückla, wenn du's brauchst.*

abkehren schw.: abfürben

abkommen st. (vom Gesprächsthema durch andere Gespräche abkommen): verschwätzen 3.

abkratzen schw. (abschaben): schaben 1.a., scherren 1.b.

abkühlen schw. (Heißes in kalter Flüssigkeit abkühlen): abschrecken, verschrecken

– (sich abkühlen, kühl werden): verkulen *d'Füß zum Bett naus henke und verkule lau. Es hat sich verkulet* es ist kühler geworden.

abküssen schw.: verknutschen

– (abschmatzen): abschmutzen

– (tüchtig küssen): verkussen

ablassen st. (einen Weiher ablassen): auslassen 6.

ablaufen st.: sich verlaufen B.3.; auslaufen 2.c. *eine Uhr ist ausgelaufen* abgelaufen.

Ablaufrinne f. (Rinnstein in der Küche): Wasserstein 2.

ablecken schw.: abschlecken *des kannst du dir an den Fingern abschlecken* selbst denken, vgl. abfingern, abklavieren

ableeren schw. (leer machen): abläuberen

Ableger m. (abgeschnittener Pflanzenableger): Zwick 3.

Ablehnung f. (stärkste Ablehnung): Scheißdreck

ablesen st. (alle Früchte, Beeren ablesen; alles aufzehren): abmausen 1.

ablisten schw. (abspicken): abluchsen, abschweißen

ablösen schw. (schieferartig sich ablösen): abschiferen

– (von Fruchtschalen und -hülsen): näufen, läuferen

ablutschen schw.: abschlotzen

abmagern schw.: abschwarten 2.; *vom Leib abfallen*, s. Leib 1.

abmahnen schw. (in die Zucht nehmen; den Meister zeigen): orglen 5.

abmessen st. (in *Klaftern* abmessen): klafteren

abmühen schw. (sich abmühen): gorgsen 4. *an etwas herumgorgsen*; sich vergrattlen 2., vergrapplen; verleiden I 2.; abdacklen, abzapplen *i hau mi abzapple müssa, daß i fertig worda bin*; sich schinden 3.b.; nörglen 1.

– (sich wie ein Esel abplagen): vereslen

abnagen schw.: abkifen

abnehmen st. (an Körpergewicht abnehmen): abspecken 2.

– (dem Zugtier das Geschirr abnehmen; von der Arbeit ablösen; Kleider ausziehen): ausgeschirren

– (den Hut abnehmen; darauf verwenden, z.B. Geld für etwas, für jemanden verwenden): rucken 1.

– (mit List viel Geld abnehmen, entfernen): schrepfen 2.

– (nachlassen): abspinnen 2.

– (Rinde von Bäumen abnehmen): abschwarten 2.

abnötigen schw.: abnöten, abzwergen

abnützen schw.: ableiren 2.; strapazieren, populärer: straplazieren, straplizieren; verlaufen C.1.

– (durch Arbeit abnützen, durch Gebrauch abnützen): abschaffen 2.

– (durch Schleifen abnützen): ausschleifen 1., verschleifen I

– (durch Schnullen, Lutschen abnützen): abschnullen, ablutschen

– (durch Waschen abnützen, tüchtig waschen): verwäschen

– (Schuhe, Hufe abnützen, abtreten): abschlarfen, abschlargen, ablotschen

– (zerreiben): verschleißen I

Abort m.: Häusle, s. Haus 3.b.; Lokus; Abee, Abtritt, Scheißhaus

abortieren schw. (falsch austragen): vertragen 4.; vertwerfen, s. verwerfen 3., umgeheien 2.b.

abpassen schw.: ablauren

abpflücken schw. (Früchte abpflücken): abbrocken, abbrockln, abropfen, abrupfen, abzopfen, abzupfen

abplagen schw.: ableiden

abquälen schw. (sich abquälen): vergrotzgen

abraten st.: ausreden I 2.

abreiben st. (abwetzen von Kleidern): abfitschen, abfitschlen

– (den Hosenboden abreiben): abfutschlen

– (den Zimmerboden abreiben): aufreiben 2.

– (mit dem Handtuch abreiben, waschen, reinigen): ribelen

abreißen st. (Blumen beim Pflücken abreißen): abkopfen

– (durch einen Ruck abreißen): abschnerren

– (Federn ausreißen): schleißen I a. *Federen schleißen.*

– (niederreißen): einreißen 1. *es ist besser, wenn a Bub a Mauer ei'reißt, als wenn er sie einleinet.*

abrüffeln schw. (schelten, verspotten durch Nachäffung): ausmachen 3.

– (zur Rede stellen): *einen koram(s) nehmen.*

absägen schw. (einem Baum die Äste absägen, um ihn zu pfropfen): abwerfen

abschaben schw. (abnützen): verripsen

abschaffen schw. (aufheben, abgewöhnen): abtun 2. *einem etwas abtun* abgewöhnen.

abschäumen schw. (abschöpfen): abfaumen; abschweimen

abscheren schw.: abschepperen 1.

Abscheu m. (Ekel): Graus, Grausen

abscheuern schw.: verfitschlen

Abschied geben st.: Letze geben *einem die Letze geben,* s. Letze 4.

Abschiedsessen n. (Abschiedstrunk): Schidwecke; Schierwecken, bes. *Reutlinger Schidwecken;* Abletze, Abletzete

– **einnehmen** st.: abletzen

Abschiedsgeschenk n. (übtr.: übler Ausgang, Schaden, Nachteil): Letze 2., Letz, Letzte

Abschiedsschmaus m.: Letze 3., Letz, Letzte

Abschiedswecken m. (früher der letzte, mit Essen gefeierte Lichtkarz des Winters): Scheidwecke, Schidwecke

abschlagen st. (abschneiden): weghauen

– (verweigern): versagen 2.

abschließen st. (einen Dienstvertrag abschließen): sich verdingen

– (einen Handel abschließen): verschlagen 7.

– (unsichtbar machen durch Davorhängen eines Vorhangs): verhängen 1.a.

– (Weinlese abschließen): abherbsten

abschneiden st. (abkürzen): abstutzen

– (abschlagen, abhauen): kippen 4.

– (die Spitze abschneiden): abkappen 3.

– (z. B. das Haar abschneiden): abhauen 2.

Abschnitt m. (Absatz eines Textes): Gesatz 2.b., Gesetz

abschöpfen schw. (den Rahm abschöpfen): abnemen I.1., abpfeifen, abramen

abschreiben st. (flüchtig abschreiben): absudlen

– (unerlaubt abschreiben): abspicken

Abschürfung f. (der Haut): Fell 2.

abschüssig Adj.: abhäldig, abhängig, abläg

– **sein** unr.: hälden 2.

abschwatzen schw.: abschwätzen, abspannen

abseits Adv. (vom Weg): abweg, abwegs

absichtlich Adv.: gern 2., geren, gere, *net gern* unabsichtlich, nicht vorsätzlich

absitzen st. (Strafe absitzen): abbrummen

Absonderlichkeit f.: Aberlank

abspeisen schw. (mit Worten abspeisen, auf gute Weise loswerden): abtädigen

abspenstig Adj.: aberwendig

absperren schw. (den Weg absperren mit einem Band): fürspannen, s. vorspannen 3.

– (durch Bauen absperren, a.) zum Schutz, b.) den Berg, die Aussicht): verbauen 2.

– (durch Schranken absperren): verschränken 1., verschranken

– (verschließen, zumachen): vermachen 1.

– (versperren): verschlagen *die Welt ist nirgends mit Brettern verschlagen.*

Absperrung f. (eines Fußweges, der über Wiesen führt): Stigel 1.

abspülen schw. (durch Regen abspülen): abflößen, abregnen

abstecken schw. (ein Ziel abstecken): abstoßen 6.

– (einen Bauplatz abstecken, markieren): ausstecken 2.

abstehend Part. (dem in der Mauser sich befindenden Vogel liegen die Federn nicht straff an; Kleidungsstücke, die nicht eng anliegen): pfauderig, pfaudig

Abstellraum m. (Verschlag): Kaf 2.

Absterben n. (von Gewebezellen; Krankheitsname): Brand 4.a., vgl. *feuriger, heißer, warmer Brand.*

absterben st. (verdorren von Pflanzen): eingehen 5.

abstoßend Adj. (widerwärtig): zuwider 2., *ein zuwiders (zuwidriges) Mannsbild, ein zuwider Kerl.*

abstützen schw. (mit *Sprießen*): sprießen

Abteilung f.(militärische Abteilung): Kor II 1.

– (senkrecht abgegrenzte Abteilung eines Gebäudes): Bund 2., Ker

abtragen st. (wegschaffen der Maulwurfshaufen): häublen II, auwerderen

abtrennen schw. (abdrehen): abdratlen, abdrillen, ableiren 1.

– (abreißen): abfaren

abtrocknen schw.: abtrucknen, abträcklen, abträcknen

abtropfen schw.: abträuflen

abwarten schw. (bis zu Ende abwarten): verwarten 1. *besser etwas verwartet als vereilt.*

– (erwarten): verpassen 1.

– (unentschlossen, zögernd abwarten, zaudern): facklen 4.

abwärts Adv.: ab, abe, aber, 'nab, 'rab

– (nach unten): untersich, untersche; bes. mit Verben: *untersich wachsen* langsam wachsen; bucklig werden; herunterkommen. Bei Brechdurchfall geht es *untersich und übersich* drunter und drüber.

abwechseln schw.: abwichsln

– (in der Arbeit abwechseln): ummachen a.

abweisen st.: abfaren, fünferlen

– (abschlagen): verschlagen 5.

– (heftig abweisen): abbellen

– (unfreundlich abweisen): ausferken 2.

abwerben schw.: abstechen b., abspannen

abwerfen st. (Blätter abwerfen, der Bäume im Herbst): sich lauben 2.

abwickeln schw. (vom Knäuel Faden abwikkeln): abpopplen

abwischen schw. (abkehren, säubern): abhudlen

– (abreiben): abfummlen

Abwischtuch n. (Tuchlappen zur Reinigung des Backofens): Hudelwisch 1.

abzählen schw. (das Abzählen der Mitspielenden bei Kinderspielen): anzälen

– (mit den Fingern abzählen): abfingern

abzahlen schw.: abfüren 3.

Abzehrung f. (Muskelschwund): Schweine 1.

abziehen st. (abrechnen): abgehen 4. *von Schätzen und Schleifen geht ab.*

– (den Hut, die Mütze): decklen 1.

– (die Haut abziehen): häutlen 1.

abzielen schw. (auf etwas abzielen, sicher damit rechnen): abheben 2.

– (festlegen, planen, anordnen): anlegen 2.

Abzugsgraben m. (bedeckter Abzugsgraben, Abzugsrohr): Dole 1.

abzweigen schw. (sich gabelförmig teilen): zwislen

abzwicken schw.: abklemmen, abkrimmen, abpfetzen

ach was Interj.: awa!

Achsennagel m. (Lünse): Lon(e), Lond(e), Loner

achten schw. (im Gedächtnis behalten, einprägen): merken 1.a. *ich will mir's merken* einprägen. *Wohl g'merkt* !

– (in Ansehen halten): ästimieren

achtgeben st. (beaufsichtigen; pflegen): warten 1.

achtlos Adj. (gedankenlos): im Dicht, s. Dicht *im tauben Dicht.*

Ächzen n. : Graunzete

ächzen schw. (seufzen, winseln): gilfzen

– (stöhnen, jammern): blechsen, blechzen; achzen; krächzen; mauzen 2.

Acker m. (herrschaftlicher Acker): Herrenacker

– (quer gelegener Acker, auf dem man mit dem Pflug umkehren darf): Gewändeacker, Gwänacker, Anwand

Ackerbohne f.: Ackerbone, Saubone, Säubone

Ackergauchheil m.: Katzenäuglein, s. Katzenauge 4.c., Augentrost, Kopfwehkraut

Ackerglockenblume f.: Mausor 2.d.

Ackergrenze f. (an der der Pflug gewendet wird): Gewand II a.

Ackerhahnenfuß m. (Getreideunkraut): Furdigel, Hurdigel, Bubenlaus, Gleis, Kleibe b., Sackkleibe, Sacklaus, Furdluge, Hurdluge, Hanenfuß, Strigelein, s. Strigel 3.a.

Ackerhornkraut n.: Schlosse, s. Schloße 2., Spitzgras c.

Ackerhundskamille f.: Gänsstock, Korngöckelein

Ackerland n. (das in der Mitte noch ungepflügt ist): Rain 2.a.

– (das zum erstenmal mit dem Pflug umgebrochen wurde; urbar gemachtes Land): Neubruch

Ackermaß n. (Ackerstreifen von der Breite eines Saatwurfs): Satel 1.

Ackerminze f.: Altweiberschmecke, Altweiberschmecket(e), Altweiberstrauß, Krautschmeckete, Krausnekarze, Wilde Pfefferminze

Ackermohn m. (Klatschmohn): Pfaffenlatte

Ackerstellen Pl. (steinige Ackerstellen): Gläsenen, s. gläsen 2.b.

ackern schw. (pflügen): ären, aren, zackeren

Ackerrain m.: Abwand, s. Anwand; Zeil 2.

Ackerrettich m.: Hederi(ch) 1.

Ackersalat m. (Feldsalat, Echter Feldsalat): Rapunzel 1.

Ackerschachtelhalm m.: Kantenkraut, Kannenkraut (früher verwendet zum Putzen des Zinngeschirrs); Schachtel 3.a.

Ackerschöterich m.: Hederich 3.

Ackersenf m.: Hederi(ch) 2., Klaffe 1.d.

Ackersteinsame m.: Kornbeißer 3.

Ackerstiefmütterchen n.: Saublümlein, s. Saublume 2., Tag-und Nacht-Blümlein 1., Tag-und Nacht-Veigelein

Ackerstreifen m. (der aus Ungeschick nicht gepflügt wurde): Rain 2.b.
– (in der Breite von zwei Ackerfurchen): Hurst 2., Hürst

Ackerstück n. (keilförmiges Stück Land): Ger 2.a.
– (Wiesenstück): Stelz(e) 2.

Ackerwachtelweizen m: Ackerweizen; Klaffe 1.b.

Ackerwinde f.: Streiflein, s. Streif(en) 2.b.

Adamsapfel m.: Gurgelzäpflein

Adern Pl. (alle Adern, d. h. Adern, Sehnen, Nerven, Därme): Geäder 1.

aderreich Adj. (reich an Adern): geaderig

adieu Adv. (auf Wiedersehen): ade *sonst hat ma g'sagt: b'hüt Gott, jetzt ade.*

Adlernase f. (gekrümmte Nase): Hape 2.

Affäre f. (Prozeß, Handel, Torheit): Geschichte 1.

After m. (der Gans, des Huhns): Schnättere 4.

Ägidius m.: Ägide, Gide, Gilg *ist Ägide* (1.September) *ein heller Tag, ich dir schönen Herbst ansag.* Ein wichtiger Lostag, dessen Witterung für spätere Tage bedeutsam ist.

Agnes f. (Kurzform von Agnes): Nes 1.

Ahle f. (Pfriem): Ale; Pfrieme I, Pfriend, Aufstecher

ahnen schw. (wittern; erraten): geneisen 1.

ähnlich werden unr. (einem Vorfahren ähnlich werden): nachschlagen 2.

ahnungslos Adj. (naiv, weltfremd): blaugeäugt

Ähre f. (bes. des Wegerichs): Gärblein 2.; Fes(en)

Ähren lesen st.: äheren *auf'm Ungerechten ähren* stehlen.

Ährige Rapunzel f. (Kugelrapunzel; Arten der Gattung Teufelskralle): Rapunzel 2.

Akelei f. (Gemeine Akelei): Agelei, Glockenstock

Aktendeckel m. (Buchdeckel): Pappendeckel

Albbewohner m.: Alber, Älbler

albern schw. (sich dumm benehmen; Dummheiten machen): jockeln

albernes Mädchen n. (jammernde Frau): Neslein, s. Nes 2.

Alkoholgehalt m.: Geist 2.e.

alkoholhaltig Adj.: geistig 3.

allein Adj.Adv.Konj. (aber, jedoch, indessen): alleinig
– (einzig, einsam): alleinig
– (ganz allein): mutterallein, muttersallein; mutterseel(en)allein
– (nur, ausschließlich, schon): alleinig
– (unbegleitet): solo

allerdings Adv. (gewiß; auch als Bejahung: ja): freilich; allemal 3.

allerlei unbest. Gattungsz.: allerhand

Allesverdauer m. (Fresser, säuischer Mensch): Saumagen 2., Säumagen

allgemein Adj.: gemein 3.a.

allmählich Adj. (nach und nach): nach II 3., nah

Allmendstück n. (Stück Land, das früher bei der Verheiratung jedem Bürger von der Gemeinde zur Bebauung gegeben wurde): Hackteil

Almhirt m. (auf einer *Galtalpe*): Galtner

Alp f. (für Milchwirtschaft): Sennalp, Sennberg

Alp m. (koboldhaftes, gespenstisches Wesen; zottiger Waldgeist): Schratt, Demin.: Schrätt(e)lein, Rettelein, Schreckelein, Schrecks(e)lein

Alpenampfer m. (Stumpfblättriger Ampfer): Scheißblätsche; Schmalzblätsche

Alpwiesengras n.: Soppen

als Konj. (da): wo 2.b.
– (nach Kompar. und Negation): weder c. *der ka nix weder d'Leut ärgere. I bin größer weder du; auch verstärkt des weiß i besser weder denn daß du.*

als ob Konj. (wie, wann): ob II 1.

alsbald Adv. (beinahe, gleich auf der Stelle): okkerst
– (bereits, soeben, sogleich): gereit 2.a.
– (schnell; soeben, sogleich): gerad B.1.

alt sein unr. (besonders von Frauen): *abgängig sein*
– **werden** unr. (übtr.): *aus den Nähten gehen*, s. Nat 2.; *abgängig werden*

Altane f. (vor dem Haus mit einer Treppe): Beistall 2.
– (um einen Turm): Kranz 2.c., Turmkranz, Ofenkranz

altbacken Adj.: altbachen

alteingesessen Adj.: eingefleischt

Alter n. (von 40 Jahren und mehr): Schwabenalter; Älte

altern schw.: ältelen, alteren

altersschwach Adj. (auf dem Hund sein): *auf dem Lotter sein*, s. Lotter 2.

Altes n. (Wertloses, z. B. Mähre; alter Mensch): Scherbe 3., Scherfe

ältlich Adj.: altlecht
Aluminiumfolie f. (Zierpapier mit Silberfarbe): Silberpapier
Amarelle f. (kleine rote Sauerkirsche): Amelein
Amboß m. (auf dem gedengelt wird): Dangel 2.
Ambrosius m. (Kurzform von Ambrosius): Brose 1.
Ameise f.: Klammeise
Ameisenhaufen m.: Ameisenbürzel, Klemmerhaufen
Ampfer m.: Grindwurz, Grindwurzel
amputieren schw. (einen Arm, ein Bein amputieren): abstoßen 1.b.
Amsel f.: Merlein
amtieren schw.: amten
Amtsdiener m.: Büttel
anbacken st.schw.: anbachen
Anbau m. (Anbau an ein Haus): Anstoß a.
– (an die Längsfront eines Hauses; Treppenaufgang): Widerker 2.
– (Anbauten an ein altes Haus): Behenk 2.
– (Schuppen zum Unterstellen der Fuhrwerke): Wagenschopf
anbieten st.: bieten 2.; offerieren 1.
– (um jeden Preis anbieten): nachschmeißen
– (vorsetzen): aufwarten 2.
anblicken schw.: angucken, anlugen, anschauen, ansehen 1.
– (einen anblicken): anbesehen
– (mit starren Augen anblicken): anglotzen, anstieren
anbraten schw.: brätelen 1., bräglen
anbrechen st. (anbrauchen): angreifen 2.
anbrennen st. (beim Kochen): verbrennen II 2.b.
anbringen unr. (Bretterwand anbringen): verwanden, verwandeln
– (Grenzzeichen anbringen): verlachen
– (Markierungen anbringen; mit Grenzzeichen versehen): lachen II, lachnen
andauern schw.: anhalten 2.a.
– (für einige Zeit ausreichen): anheben 3. *er hebt a* macht fort im Reden, Arbeiten, Trinken.
– (verlaufen; ohne Unterbrechung geschehen): fortgehen 2.
andererseits Adv.: d(a)rinnen
ändern schw. (Lage ändern des *eingeschossenen* Brotes im Backofen): umschießen 2.
– (Meinung ändern): umsatteln 2.
aneinanderreiben st. (die Kleider; an der Wand reiben, mit dem Bogen auf der Geige reiben): fitschlen, fitschen
anekeln schw. (Widerwillen empfinden): kälen
anfahren st. (einen anfahren): anpfurren
– (mit groben Worten anfahren): abschnauzen, anschnauzen

anfangen st.: anheben 4.
– (mit dem Geben anfangen beim Kartenspiel): angeben 1.
anfangs Adv.: *in der Erste,* s. Erste
anfassen schw. (angreifen): anlangen 1.
– (berühren): angreifen 1.
– (plump anfassen): antapen, antappen 1.
anfeuchten schw. (Wäsche anfeuchten und zusammenwickeln, um sie besser bügeln zu können): einschlagen A.4.
anfordern schw. (zur Zahlung mahnen): anheischen
anfrieren st. (vom prickelnden Schmerz der Finger, Zehen; bei starker Kälte, bes. beim raschen Übergang zur Zimmerwärme): aneglen, hurniglen
Anführungszeichen Pl.: Gänsefüßlein, s. Gansfuß 3.
angeben st.: flausen 1.
Angebot n. (Preis): Bot 2., vgl. Unbot, Schandbot
angefault Part. (von Früchten): faulig
angeführt sein unr.: *eingeschloffen sein,* s. einschliefen 2.
– (jemanden in eine ausweglose Lage bringen): *pitschiert sein,* s. pitschieren
angehen st. (betreffen): anbelangen
angehörig Adj. (einer Gemeinschaft angehörig, sie betreffend): gemein 2.
Angelegenheit f.: Sache 3., Sach
– (unangenehme Angelegenheit, peinlicher Vorfall): Affäre
angenehm Adj. (behaglich, gemächlich): gemütlich 2.
– (bequem): gemutsam
– (gefällig): anständig
– (in der äußeren Erscheinung, von sauberer, sorgfältiger Kleidung): spitzig
– (liebenswürdig): häbig 6.
– (nett, lieblich): wacker 3.
– (schön, bequem): geschmack 2., geschmackt, Kompar.: *gschmäcker,* opp.: ungeschmack, s. abgeschmackt
angetrunken Adj: beramig 3., anbrennt 1, s. anbrennen II, beduselt, s. beduslen 2., ramig 2., räß 2.b.
– **sein** unr. (einen Rausch haben): *eine Latte haben,* s. Latte 3.
Angetrunkenheit f.: Säure I 2.
Angetrunkensein n.: Stieber 2., Stiebes
angreifen st. (anfangen, anpacken): angehen 2.a. *wie gang i des denn an, daß niemand mir später was nachsagen kann?*
– (erschöpfen): mitnemen 2.b.
– (Kapital angreifen): *oben herab brauchen (leben),* s. oben 2.b.
– (strapazieren): hernemen 2.
angrenzen schw.: anliegen 1., anrainen

Angst f.: Ängste *Ängste haben wie ein Hosen-scheißer; es wird mir immer ängster*; More, Mores(t) 2., Muffe, Schiß

Angsthase m. (feiger Mensch): Zitterfüdle, Bettscheißer 1., Bettseicher, Hosenscheißer; Schnatterer 2.a., Schnätterer

ängstigen schw. (sich ängstigen): ängsten

Angstschweiß m. (Aufregung): *siediger Schweiß;* auch nur *der Siedige,* s. siedig 2.

angstvoll Adj. (zitternd): datterig

anhalten st. (zum Stehen bringen): anheben 1. *er hebt vor'm Adler an.*

anhaltend Adj. (länger anhaltend): anhebig

Anhang m. (Gefolge): Geschleif(e) I 2.

anhängen st. schw.: anhenken; *ein Maul anhenken* Grobheiten sagen; verleumden

– (einem Hund einen Bengel anhängen, um sein freies Laufen zu verhindern): benglen 1., bengelen

Anhänger m.: Anhenker 1.

anhauen unr. (etwas mit einem spitzigen Instrument anhauen): picken 1.

Anhäufung f. (von anderen Dingen): Schoche 2., z.B. *einen Schochen scheißen, pferchen;* bes. aber *einen Schochen (hinaus)lachen.*

anheimeln schw. (anmuten): heim(e)len 2.

anheischig machen schw. (sich anheischig machen; sich verpflichten): sich vermessen 2.a.

anhin Adv. (vor sich hin): ane

anhören schw.: verhören 1.

anjammern schw.: anmaunzen

anjochen schw. (das Rindvieh anjochen): anweten 1.

Anklang finden st.(aufgenommen werden): ankommen 1.

ankleben schw. (hängen bleiben durch Ankleben): anpappen

– (mit Leim ankleben): anleimen

– (von angebrannten Speisen): anpichen

ankleiden schw. (anziehen): einschläufen, einschliefen 1.

– (rüsten): rüsten 1.

– (sich ankleiden): angeschirren; anhäsen; anschirren; antun 1.

anklopfen schw.: (anstoßen): anpumpen 1.

– Benennung eines Volksbrauches, s. anklopfen 2.

anknüpfen schw. (ein Liebesverhältnis anknüpfen): anbändlen, anbandlen

ankommen st. (auf etwas ankommen): gelten 3.

– (eintreffen): anlangen 2.

– (übel ankommen; in Verlegenheit, in Not kommen): *in die Scheißgaß kommen;* angehen 1.c., anfaren 1.b.

ankündigen schw. (bekanntgeben): ansagen; speziell: *Trauer ansagen; s'Leid ansagen; Leiche ansagen.*

ankurbeln schw. (mit einem *Tribel* in Gang bringen): triblen

Anlage f. (runde Anlage, rundes Beet, runder Platz im Garten): Rundell

anlegen schw. (die *Trense* anlegen; anhalten): trensen I

– (einem Zugtier das Geschirr, die Zäumung anlegen): anschirren

– (Geschirr anlegen): angeschirren; eingeschirren

anlehnen schw. (etwas anlehnen): anleinen

– (sich anlehnen; faulenzen): leinen I 2.

– (sich kosend umhalsen): sich hinschneck(e)len

anliegen st.(schlecht anliegen): blateren 2.

anlocken schw. (für eine Sache zu gewinnen suchen): einzetteln

anlügen st. (betrügen): verkolen 2.

– (meist scherzh.): anpopplen

anmachen schw. (mit Hefel, Sauerteig anmachen): anheflen 1.

anmeckern schw. (jemanden anmeckern, dumm anreden): angoschen

anmerken schw.: ansehen 2. *ma sieht's em Strumpf a, wenn der Fuß ab ist.*

annähernd Adv. (ungefähr): beilich, beiling, weilich

annehmbar Adj. (brauchbar, gut): gäbe, vgl. *gang und gäbe* üblich

annehmen st. (Vernunft annehmen): *gescheid sein; sei doch gscheid! sei gscheid!* auch Ausdruck der Verwunderung. *I hau guckt wie net gscheid.*

anordnen schw. (bestellen, befehlen): anschaffen 2.

– (stiften): schaffen 1.c.

Anpasser m.: Duchslein

Anpflanzung f. (im Wald; Schonung): Kultur

anpissen schw.: anbrunzen, anseichen *den sott ma links anseichen,* anbrunzen.

anrechnen schw. (zugute halten): zugeben 3.

Anrede f. (höfliche Anrede auch ohne Verwandtschaft): Base 2.

– (ohne verwandtschaftlichen Bezug): Vetter 3. Der Städter nannte den Bauer: *Vetter. Grüß dich Gott Vetter.* Spöttischer Gebrauch: *netter, schöner, sauberer, rarer Vetter. Nasser Vetter* Trinker.

– (vertrauliche Anrede unter solchen, die gar nicht miteinander verwandt sind): Schwager 2.

anreden schw. (einen dumm anreden): anschwätzen 2.

– (indirekt anreden): geistweise 1.a. anreden; *geistweise schwätzen*

– (mit Ihr anreden): iren, opp.: d(a)uzen (mit Du anreden)

– (mit Sie, mit Du, mit Er anreden): per Sie, Du, Er
– (mürrisch, unfreundlich anreden): anmaulen
– (titulieren): schelten 2.
anrichten schw. (Übles anrichten; jemanden, sich selbst in eine peinliche Lage bringen): einbrockeln 2.a.
anrühren schw. (berühren): anregen
– (Gips, Mörtel, Salat anrühren): anmachen 3.c.
– (Mehl an die Speisen rühren): anzweren
anrufen st. (laut anrufen): beschreien 2.
ansässig Adj. (einheimisch, wohnhaft): haushäblich
ansäuern schw. (mit Essig): sengerlen 2.
anschaffen schw. (verschaffen, dingen): eintun 1.
anschalten schw. (einschalten; Lampe, Radio einschalten): anmachen 1.b.
anschauen schw. (betrachten): anlugen; angukken *ein angucka wie a Kuh a neu's Scheuretor.*
Anschein m.: Schein
– **haben** unr.: scheinen 4. *du bist, scheint's, auch dem sein Freund.*
Anschieben n. (beim Kegeln das Anschieben): Anschub
anschimpfen schw.: anbäffen, anbaffen
Anschlag m. (Schätzung): Tax
– (ungefähre Kostenberechnung): Überschlag 2.
anschlagen st. (dick werden): anlegen 1.b., anschlagen
– (mit der Glocke unregelmäßig anschlagen): bemplen, s. bemperen II 3.
anschmiegen schw.: schnucklen
– (sich anschmiegen, auch anschmeicheln): suck(e)len 3.
anschnauzen schw. (hart anfahren): schnorzen
anschneiden st. (den Brotlaib anschneiden): anweten 2.
Anschnitt m. (beim Brotlaib): Anwänderlein, s. Anwander 4.; Anstoß b.; Knarfelein, s. Knarfel 3., häufiger: Knäuslein, s Knaus; Knäuzlein, s. Knauz
anschreiben st. (eine Schuld notieren): aufschreiben a.
anschreien st. (unverschämt anschreien): anblecken, anbollen
anschwärzen schw. (verleumden): *schwarz machen*, s. schwarz 8.
anschwellen st. (Aufblähen des Viehs durch Grünfutter): auflaufen 1.a.
– (aufschwellen): schwellen I
– (zuschwellen): verschwellen I
anschwemmen schw. (Sand und Kies an- oder wegschwemmen): grießen
ansehen st. (nachsehen, besichtigen): besehen
ansetzen schw. (rücken): zusetzen 1. b.

– (näher ansehen): beaugapfeln
Ansingen n. (des neuen Jahres in der Silvesternacht): Neujarsingen
anspannen schw. (vorspannen): ansetzen 1.
ansprechen st. (jemanden plump ansprechen, um von ihm etwas zu erbitten): anhauen 2.
anständig Adj. (ironisch): sauber 3.
anstandshalber Adv.: schandenhalber, schanderhalber, s. Schande 1.
anstarren st. (neugierig schauen, gaffen): blarren, blärren
anstechen st. (ausschenken): auszäpfen
– (ein Faß anstechen): anzäpfen 1.
ansteigend Part. (schräg ansteigend): abläg, abhäldig, abhängig
– (sanft ansteigend): läg, abläg, opp.: gäh
– (vom Gelände, so daß die Zugtiere stärker ziehen müssen): zugig 1., zügig
anstellen schw. (in den Dienst nehmen): einstellen 2.
– (Unfug, heillose Verwirrung anstellen): anrichten b.
Anstellung f. (einer Straße, eines Weges): Stich 5.
Anstieg m. (einer Straße, eines Weges): Stich 5.
anstiften schw. (einen Streit anstiften): angatten, angattieren
Anstiftung f. (Umtrieb, Werk): Täding
anstoßen st. (durch einen kurzen Stoß): schukken 1.
– (durch einen Ruck in Bewegung setzen): anschucken
– (im Dunkeln den Kopf anstoßen; übel ankommen): anlaufen 2.
– (zu Ehren trinken): versaufen 2.b.
anstrengen schw. (sich Mühe geben, sich nicht lumpen lassen): einlegen *sie hat sich fürchtig ei'glait kommt herausgeputzt daher.*
anstrengend Adj.: streng *des Geschäft geht streng. Da geht's streng her.*
Anstrengung f. (Last): Strapaze 1.
– (Mühe, Not): Arbeit 1.
– (starke Anstrengung): Schlauch 3.
Anteil m. (Portion): Baten, s.Bäte
– (Teil): Part 1.
Antichrist m.: Allerärgste 1., Ällerärgste
antreiben st. (das Vieh antreiben; einen Hund hetzen): hutschen I
antreten st. (Rückweg antreten): umkeren 2.
antrinken st. (sich einen kleinen Rausch antrinken): düslen, s. duslen 2.
antun unr. (Übles antun): auswischen 2.a.
anwachsen st. (zunehmen, sich anhäufen): auflaufen 1.b.
anwärmen schw. (kalte Flüssigkeiten, Speisen, kaltes Zimmer leicht anwärmen): verschrekken II 2., abschrecken, schrecken, verschlagen, überschlagen

– (zu kalte Getränke anwärmen): verschlagen 8., überschlagen

anweisen st.: anhalten 1.b.

anwenden unr. (Gewalt anwenden): gewaltieren

– (Kraft anwenden; die Sache frisch anpakken): *in die Hände speien,* s. speien

Anwesen n. (eines Kleinbauern, Seldners): Selde

– (Haus und Hof): Wesen 3.

– (überschuldetes Anwesen): Racker

anwidern schw. (reuen): gräuen

Anwohner m. (des Bodensees): Sehase

anzeigen schw. (mitteilen): berichten 1.

anzetteln schw. (Händel anzetteln): anfädlen; zettlen 2.

anziehen st. (Bremse anziehen): zumicken, -mucken; opp.: aufmicken, -mucken, die Bremse lösen.

– (ein Kleid anziehen): anschläufen, anschlaufen, anschliefen, einschliefen; anlegen 1.

– (Socken anziehen, besorgen): socken 1.

Anzug m. (der dem 1–2jährigen Patenkind geschenkt wird): Dotenhäß

– (ganzer Anzug): Kleiderhäß

anzüglich Adj. (bissig, bösartig): griffig 2.b.

anzünden schw. (Feuer, eine Kerze; vom Blitz): zünden 1.

– (Feuer, Licht anzünden): anmachen 1.b.

Anzünden n. (das Verbrennen einer Sache; Feuersbrunst): Brand 2. *auf Mord und Brand* mit großem Eifer. *Ein alter Brand riecht allet noch.*

Anzünder m. (aus Papier): Fidibus

Anzündholz n. (klein gespaltenes Brennholz): Spreidel

Aperngrund m.: Äbere

Apfel m.: Äpfel (Sing. und Pl. gleichlautend) *wenn der Äpfel zeitig*(reif) *ist, fällt er 'rab.*

– (fauler Apfel): Jästäpfel

– (wilder Apfel, vom unveredelten Apfelbaum): Holzäpfel

Apfelbaum m.: Affalter 1., Affolter

Apfelgebäck n.: Äpfelkrapfen; Kuz, Kauz, s. Kunze 2.d.

Apfelgebackenes n.: Äpfelkunz

Apfelhorde f. (Lattengestell zum Lagern von Äpfeln): Äpfelhurde

Apfelmus n. (Apfelbrei): Äpfelmus *gerührt sein wie Äpfelmus. Aussehe wie e g'spiees Äpfelmus* bleich, übel aussehen.

Apfelsaft m. (vergorener Apfelsaft): Äpfelmost

Apfelschale f.: Äpfelhaute; Äpfelschelfe

Apfelsorte f.: Parmäne, Goldparmäne

– (keilförmige Apfelsorte: Zolker, s. Zolch 3.

– (Luike): Luikenäpfel, Luik

– (zum Mosten bes. geeignet): Mostäpfel

Appetit m. (guten Appetit! Gruß, bes. zwischen

Arbeitskollegen, in der Mittagszeit): Mahlzeit!

Aprilnarr m. (der sich in den April schicken läßt): Aprillennarr, s. Märzengans

Arbeit f.: Mache, Machete; *in der Mache(Machet) in Arbeit; in die Mache geben* zur Reparatur.

– (die, im bäuerliche Betrieb, den Frauen obliegt): Weiberarbeit

– (die im voraus geleistet wurde): Fürhüpfel

– (harte Arbeit): Saugeschäft

– (kleine, zimperliche Arbeit): Geglüfel

– (leichte Arbeit, die schnell getan werden kann): Hexenwerk

– (Machart): Gemäch(t) 1.a.

– (regelmäßig wiederkehrende Arbeit; Verrichtung): Ker I 3.

– (schlampige Arbeit): Sonntag(s)arbeit

– (schlechte Arbeit): Lumpenwerk 1.

– (schwere Arbeit): Geschäft

– (unnütze Arbeit): Klimbimberlesgeschäft 2.

arbeiten schw. (Hauptbedeutung; *arbeiten* ist nicht üblich, dagegen als Abstr. zu *schaffen,* sowohl als *Geschäft* als auch als *Arbeit*): schaffen 2., s. die bes. Gebrauchsarten.

– (angestrengt arbeiten): schmäglen; zwergen 1.; malochen; gruppen 3., schroppen 1.

– (aus dem Rohen arbeiten, nicht ganz fertig machen): berauhwerken

– (außerhalb der Wohnung, im Haus des Kunden arbeiten): ausschaffen 2.

– (besonders schmutzige Arbeit tun): pudlen I 1.b.

– (eilig arbeiten, um noch fertig zu werden): verzapplen 2.

– (einfache Arbeit verrichten): botzlen

– (erfolglos arbeiten): krebsen 2.

– (faul arbeiten): briegen 2.

– (fleißig arbeiten): worchen

– (fortwährend arbeiten): wulen 2., wülen; dacklen

– (geschäftig sein): hantieren 2.

– (hart arbeiten; sich schinden): rackeren

– (im Haus arbeiten): hausen e. *was hausest? was arbeitest du?* als Gruß

– (im Kundenhaus um Lohn; von Schneidern, Näherinnen, Schustern u. a.): *auf die Stör gehen: auf der Stör schaffen, sein, nähen u.ä.,* s. Stör 1.

– (langsam arbeiten): knorzen 3.; sumberen; leiren 2.c.; ane-, daher-, herum-, ver-, ummerleiren

– (langsam arbeiten): faulenzen: dratlen 2.; trödlen, trümmlen 2., trummlen

– (langsam arbeiten oder sprechen; herumdrücken): drucksen

– (langsam arbeiten; nicht vorwärtskommen): trieftlen

461

– (langsam arbeiten, ohne Erfolg arbeiten): norken
– (langsam arbeiten; schläfrig, lahm arbeiten): geleiren 1.; lämpelen; laulen; salben 4.; triflen 2.
– (leicht arbeiten): schäfflen
– (mühsam arbeiten, streng arbeiten): worgsen 1.b.
– (nachlässig an etwas arbeiten): zemplen 3.
– (nachlässig arbeiten; geziert tun): dättelen
– (oberflächlich arbeiten; sich unbeholfen benehmen; ein Tuch zusammendrücken): zwalgen 2.
– (roh arbeiten; im Groben fertig machen): rauhwerken
– schaffen *'s Schaffa ist en Arbet; auf einem Handwerk schaffen* es betreiben. Ein Fauler *ist gern, wo's scho gschafft ist (und no it gesse).*
– (schwer arbeiten): schuften
– (früher: Frondienste leisten): scharwerken
– (stümperhaft arbeiten; unordentlich herumhantieren): wursten 2., wurstlen
– (träge arbeiten): trensen II 2.b.
– (tüchtig arbeiten): ruderen 2., rudlen
– (übereilt arbeiten): schudlen
– (übermäßig arbeiten): trawallen 1.
– (übermäßig, unordentlich arbeiten): nulen 2.b.
– (unkonzentriert arbeiten; während der Arbeit etwas anderes treiben): ziferen 2., ziferlen
– (unordentlich arbeiten): sauen 1.c.
– (unpünktlich arbeiten): hudlen 1.
– (Unwichtiges arbeiten): grigelen
– (was einem Spaß macht): werklen
– (zimperlich arbeiten; unruhig hin- und hergehen): zipperen 2.
Arbeiten n. (erfolgloses Arbeiten): Gefrett
– (langsames Arbeiten): Getrödel
– (lästiges, zu tadelndes Arbeiten): G(e)schaffe
Arbeiter m.: Schäffer, Schaffer 2., Schaffner, Schäffner
– (langsamer Arbeiter): Trottler; Norker
– (nachlässiger Arbeiter, ohne Sorgfalt arbeitend): Hudler 1.
– (rastloser Arbeiter): Wuler
arbeitsam Adj. (arbeitswütig): wulig
– (fleißig): schaffig
– (rührig, fleißig, geschäftig): geschäff(e)nig
Arbeitskleidung f.: Schaffhäs
arbeitslos Adj. (fertig mit dem Tagwerk; vakant; unbenutzt): fei(e)rig
arbeitsscheu Adj.: gammelig, gämmelig; mürb1., mürm, mürb, mur, *ein mürber Kerl* arbeitsscheuer Kerl; *mürb machen, werden* nachgiebig.
Arbeitstag m.: Schafftag, Werktag
arbeitswütig Adj. (und sparsam): wulerisch
Arbeitszeit f.: Schaffzeit

arg Adj.: besengt 4.
– (bös, fürchterlich): bigottleg, bigottlet, s. bigott 2.a.
– (heillos; meist bloß steigernd): marzialisch, *einen marzialischen Rausch*
– (fürchterlich, sehr): heillos 2.c.
– (heftig; bei Verben, die etwas Tadelnswertes, Derbes enthalten): lästerlich schelten, schlagen, saufen o.ä., s. lästerlich 2.
– (traurig, wehtuend): söllich 2.b., sol(i)ch, sele
– (verstärkend): übel 1.
Ärger m. (Streit): Hurnigel 3.
ärgerlich Adj.: wütig 2.b.; hurenmäßig 2.
– (mißlich, schade): geheiig II
– (verflucht): wesiedig 1.
– (verstärkend für alles Mögliche): saumäßig
ärgern schw. (erzürnen): gräuen; anstecken 3.
– (mit Grimm erfüllen): grimmen 4.a.
– (quälen): verkrummen 2.
– (sich ärgern): sich schaben, s. schaben 2. *des schabt mich* ärgert mich.
– (sich ärgern, sich langweilen): sich mopsen 3.
– (verdrießen): bitzlen I 2.b.; geheien B.3. *des sind kei Leut, die wo nix gheit.*
arm Adj. (dürftig): notig 3.; nötig 3.
– (elend, wehrlos): blutt A.3.
– (schwach; schlecht, miserabel): elend 2. *fremd ist elend; elend g'lebt ist net g'storbe.*
Arm m. (einen Arm voll): Arfel 1., Arpfel
Ärmel m. (gebauschter Ärmel): Puffärmel, die entsprechende Hose heißt *Pumphose*
Armenhaus n.: Bettelhaus
Armkorb m.: Armkrätten, Armkrätze, Armkrebe
– (aus Stroh, Bast geflochtene Handtasche): Zecker
– (meist aus Weiden geflochten): Kratten 1., Kratte, Krätten *der verspreitet sich (bläht sich auf, gäucht sich) wie drei Eier im Krättlein* von lächerlichem Stolz.
– (mit Deckel): Lidkratten
armselig Adj. (elend, gebrechlich): armutselig
Armut f.: Bettelmanns Einker
– (finanzielle Not): Not 3. *die Not gibt Händel, ist eine Haderkatz. Wo die Not zur Tür'reinkommt, fliegt d'Lieb zum Fenster'naus. Hause in der Zeit, so hast du in der Not.*
– (Knickerei): Armutei
Aronsblume f.: Aron
Aronstab m.: Pfaffenkindlein
Arrest m.: Kitt II 2., Kittlein, Kittchen
Art f.: Gattung *des hat kei Art und kei Gattung* taugt nichts.
– (Gattung, spez. vom Vieh: Rasse): Schlag 7.
– (Sorte, Schlag; Format): Kaliber 2.
Art und Weise f.: Weise I 1. *aus der Weis* außerordentlich; *nicht aus der Weis* nicht unrecht.
Artgenossen Pl.: Gelichter

artig Adj. (brav, gut geartet von Personen): gattig, gattlich, gattelich, gättlich, s. ungattig

Arznei f.: Einneme

Arzneiglas n. (Arzneiflasche): Gutter

Arzneischlüsselblume f. (große Schlüsselblume): Schlüsselblume 1., Batenke; Laternlein, s. Laterne 3.

Arzt m.: Doktor *der Bart macht niemand zum Dokter. Es fällt kein Dokter vom Himmel. Wenn einer d'Beiner bricht, lacht der Dokter.*

Asche f.: Äsche I

Aschenbecher m.: Sauhund 3.

aschgrau Adj.: äschengrau

As n. (in der deutschen Karte): Sau 5.; Herzen-, Lauben-, Schellen-, Eichelensau

Ast m.: Ast, Nast
– (Zweig, Ranke): Schluchte

Astgabelung f.: Zwiesel(f.) 2.

Asthma n.: Bläschgete, s. bläschgen 2.

Asthmatiker m.: Blechzger, s. blechsen

asthmatisch Adj. (besonders vom Pferd): dämpfig 2.
– (schwer atmend): keichig

astig Adj. (übtr. rauh, klobig): astig, nastig

Asyl n. (beim Fangspiel): Horre, Botte, Härre, Härret, Hüle, Lere, Zal; Horre, Zil

Asylplatz m. (Stelle, wo früher ein Asyl war; jetzt nur noch Flurname): Freiplatz

Atem m. (schwerer Atem): Gebläschge, s. bläschgen

Atemzug m.: Schnaufer, *keinen Schnaufer tun* nichts sagen; *Schnaufet*
– (letzter Atemzug eines Sterbenden): Totenhürchel

atmen schw. (leise sprechen, vorsichtig handeln): schnaufen
– (an jemanden hin atmen): anschnaufen
– (beschwerlich atmen): pfausen 2.
– (mühsam und hörbar atmen): trensen II, treinsten
– (schleimraselnd atmen, bei Schnupfen): schnuderen 3., schnoderen
– (schwer atmen): pflatschgen; bläschgen 1.; pflänsteren; aufziehen 1.c., gereuschen, keisteren, luften 2.b.

Atmen n.: Schnauf
– (schweres Atmen): Getrense

Atmosphäre f. (schlechte Atmosphäre): Sauluft

ätzen schw. (beizen): fretzen 2.
– (eine Säure ätzt die Haut): auffressen 2.

atzen schw. (füttern, weiden): äsen

aufarbeiten schw.: wegschaffen

aufbacken schw. (nochmals backen): aufbähen

aufbauen schw. (ein Gerüst, Zelt, einen Pferch aufbauen): aufschlagen 1.b.

aufbegehren schw. (sich widersetzen): aufmukken

aufbekommen st. (Hausaufgaben aufbekommen): aufhaben 2., aufkriegen

aufbessern schw. (den Wein; das Einkommen): schmälzen 3.

aufbewahren schw.: aufbehalten 1.; aufgehalten; gehalten; hinterlegen 1.; bergen 2., vgl. afterbergen
– (geerntete Feldfrüchte aufbewahren): aufheben 2.

Aufbewahrungsraum m. (für gespaltenes Holz): Holzstall

aufblähen schw.: auftreiben 2.
– (sich aufblähen, großtun): aufpfausen

aufblasen st.: aufpfeisen
– (auftreiben): bläen 1.a.

aufbrauchen schw. (durch Nähen aufbrauchen): vernäen 2.
– (durch Salben aufbrauchen): versalben 2.
– (durch Schießen aufbrauchen): verschießen A.2.
– (durch Trinken sein Geld aufbrauchen): versaufen 2.a. *alles versoffe vor meim End, macht e richtigs Testament.*
– (für das Studieren aufbrauchen): verstudieren *der hat seinem Vater schon manches Äkkerlein verstudiert.*
– (für den Haushalt): verwirtschaften
– (verbrauchen): verbraten
– (verschwenden): vertun 2.
– (verschwenderisch haushalten): vertotschen 2.b., vertötschlen

aufbrausen schw. (schelten): kolderen 5., pfuzgen 2., pfuchzen 3., pfurren 3., aufpfusen

aufbrausender Mensch m.: Hurra, s. hurra 2.b.; Sauser 1.

aufbügeln schw.: aufböglen

aufdrehen schw. (durch Drehen lösen, öffnen): aufdrillen, auftrümmlen, aufdratlen

aufdringlich Adj. (mit unnötigem Tun; widerwärtig, störend): unnötig 2.

auferlegen schw. (als Strafe auferlegen): aufbrummen
– (aufbürden): auflegen 2.

aufessen st.: veressen
– (schmatzend aufessen; laut jemand abküssen): verschmatzen, verschmatzgen, verschmatzlen
– (Zuckersachen, Nüsse, Obst u.a.): läuferen 2., läufen, läufeln, läufern, läufzeln

auffahrend Part. (gereizt): pfurrig

auffallend Adj. (ungewöhnlich): seltsam 2.

auffangen st. (Flüssigkeiten in ein Gefäß auffangen): auffassen

auffliegen st. (mit Geräusch auffliegen): aufpfluderen

Aufforderung f. (zum Stillschweigen): bs! bst! bscht!

Aufführung f. (jede Art theatralischer Aufführung, auch Opernaufführung): Komödie 1., Komöde

aufgeben st. (eine Sache nicht weiter verfolgen): aufstecken 2.

aufgeblasen Part. (aufgedunsen): pfausig 1.
– (wülstig): pflänsterig

aufgebracht Part. (böse): bös II
– (verwirrt): gälsterig

aufgedunsen Adj.: aufgedossen; aufgepfisen, s. aufpfeisen; blästig, s. blastig; pfisig
– (aufgelaufen): aufgewollen
– (aufgeschwollen): verpfisen, s. verpfeisen

aufgegangen Part. (beim Backen ist der Teig aufgegangen): geschossen 3.

aufgehen st. (von Pflanzensamen): rinnen 4.

aufgenommen werden unr.: ankommen 1.a.

aufgeputzt Part. (fein gekleidet): gewichst; aufgewichst, s. aufwichsen 2.

aufgeregt Part.: höpfelig
– (außer sich, unsinnig vor Zorn, Freude, Staunen o. ä.): närrisch
– (hitzig, leidenschaftlich, heftig): jästig 2., jastig
– (hitzig, reizbar, leicht scheuend): schifrig 2.
– (hitzig; wirr, geisteskrank): überrichtet 2.a.
– (verwirrt, fassungslos; närrisch): scheu 2., scheuch
– **sein** unr. (etwas verrückt sein): rapplen 2.; unslen

Aufgeregtheit f.: Gejäste

aufgeweicht Part. (von Brot, das in der Milch eingeweicht wurde): zottlig 3., zottlecht

aufhacken schw. (Eis aufhacken): aufbecklen
– (mit dem Pickel aufhacken): aufpicklen

aufhängen schw.: aufhenken
– (anders oder falsch aufhängen): verhängen 1.b.

Aufhängen n. (des Dreschflegels; Feier der Beendigung des Dreschens): Flegelhenke(t)

Aufhänger m. (an Kleidungs- und Wäschestücken): Anhenker 2.; Henker 2.
– (an der Wand befestigtes Brett mit Kleiderhaken): Rigel 4.

aufhauen unr. (Eis aufhauen): picklen 1.
– (Eis aufhauen für den Eiskeller): eisen II 1.

aufhäufen schw.: häuflen
– (zu Schochen aufhäufen): aufschochen

aufheben schw. (wegheben): verheben 2.; lupfen

aufhellen schw. (sich aufhellen, sich öffnen): auftun 2.a. *der Himmel tut sich wieder auf* es hellt sich auf.

aufhorchen schw.: aufdosnen
– (aufpassen): auflosen, auflosnen
– (lauschen): dosen 2., doslen

aufhören schw.: abstehen 1.
– (aufhören Kot zu entleeren): ausscheißen
– (gut sein lassen): gelten 4.

– (zu existieren): eingehen 5.
– (zu schauen): ausgucken

aufjagen schw.: aufjäuchen

aufknüpfen schw. (die Nestel aufknüpfen, einen Knoten an einer Schnur lösen): aufnestlen

aufkommen st. (mühsam aufkommen): aufgrattlen
– (wieder aufkommen vom Krankenlager): aufen

aufkündigen schw.: künden; abkünden
– (absagen): aufsagen 2.

aufladen st.: aufpacken 1.
– (eine Last aufladen): laden I 1. *der hat schief (krumm, auf'd Seit, ungleich, schön, schwer) gelade* ist betrunken.
– (hinzuladen): zuladen
– (mit der Gabel aufladen): aufgablen 1.; gablen I 1.a. *wer im Heuet net gablet, in der Ernt net zapplet und im Herbst net früh aufsteht, der wird sehen wie's ihm im Winter geht.*

auflauern schw.: lauren; *auf dem Strich haben*, s. Strich 2.; aufpassen 2.; auspäßlen

Auflauf m. (aus Milch, Wecken und Eiern): Ofenschlupfer 2.

auflecken schw.: aufschlecken
– (schlürfen, saufen wie Katze und Hund): lappen

auflegen schw. (dem Pferd das Geschirr auflegen): aufgeschirren

aufleimen schw.: aufpappen

auflesen st. (mit den Fingern einzeln auf-, zusammenlesen): klauben 1., Kartoffeln klauben, Steine klauben
– (vom Boden auflesen): aufklauben

aufmachen schw. (durch Klemmen aufmachen): aufklemmen *der könnt mit'm Füdle a Nuß aufklemme.*

Aufmachung f. (Art der Kleidung): Aufzug 2.

aufmarschieren schw. (sich an seinen Bestimmungsort begeben): aufziehen B.

aufmerken schw.: aufpassen 1.

aufmerksam Adj.: gemerkig

Aufmerksamkeit f.: Acht 1. *in der Acht* unversehens; Gehör 2., Gehorch; Obacht

Aufnucken n.: Muck, s. muck; Mucker, Muckser

aufmuntern schw.: aufschäuchen 2.

aufpassen schw.: merken 1.b., aufmerken
– (auflauern): päßlen, pässlen
– (aufmerken): aufloschoren
– (lauern): vigilieren

aufpfropfen schw. (einen Baum veredeln): zwei(g)en; propfen, impfen, impten, pelzen

aufplustern schw.: aufpflusteren

aufpumpen schw.: pumpen 2.

aufquellen st.: vergewellen

aufraffen schw.: aufrapplen

aufräumen schw. (abräumen): abraumen; aufraumen 1.
– (Gerümpel aufräumen): *ummer gerusten*, s. ummer 2.
Aufrechter Merk m. (Pflanze): Brunnenpeterlein
Aufregung f. (Manie): Schuß 3.
– (schlechte Laune, Verstimmung): Sud 3.
– (Verwirrung): Unsel
– (Zorn): Brast 2.c.
aufreißen st. (Augen aufreißen; weit öffnen): sperrangelen
– (den Boden aufreißen; locker machen): scharen
– (schlitzen): schleißen I
aufreizen schw. (in Bewegung setzen): aufstupfen 2.; kirren 2.; stigelfitzen
aufrichten schw. (in die Höhe bringen, oben festmachen, befestigen): aufmachen 2.
aufrichtig Adj. (bieder): gerad A.3.
Aufrichtigkeit f. (Offenheit; gerade Linie, Richtung): Geräde, Gerade
aufrollen schw. (herumwälzen; kneten): warglen 2., wargelen
aufsässig Adj.: leutscherig
aufscharren schw. (eine Wunde durch Kratzen öffnen, die Erde durch Scharren freilegen): aufschärren
aufschauen schw. (aufmerken): auflugen
aufscheuchen schw. (aufjagen, jemanden in Unruhe versetzen): aufschäuchen
aufschichten schw. (das Heu, die Garben auf den Scheunenboden bringen): aufbarnen, barnen
– (der Holzbretter mit hölzernen Abstandhaltern): hölzlen
– (Holz aufschichten): beigen 1.
– (zu Haufen legen): fälchen
Aufschichtung f. (flach aufgeschichtete Lage von Heu, Getreide, Holz udgl.): Belage 1.
Aufschlag m. (Borte, Saum am Rock, an der Hose): Klapf 3.
aufschlagen st. (den Boden, das Eis, das Knie aufschlagen): aufhauen
– (die Augen zum Himmel aufschlagen): himm(e)len 2.
aufschlitzen schw. (zerreißen): verschlitzen
aufschlürfen schw. (durch Supfen, Schlürfen beseitigen): aufsupfen
aufschneiden st. (lügen; einen Schwank erzählen): *einen Rauch machen*, s. Rauch 2.
Aufschneiderei f.: Gispelei
aufschrauben schw. (durch Schrauben öffnen): aufschraufen
aufschrecken st. (ängstigen): schrecken 1.
aufschürfen schw. (einen Körperteil durch Fallen aufschürfen): auffallen

Aufschüttung f. (durch Anschwemmung oder menschliche Tätigkeit): Schütte
– (Wall): Beschütte 2.
aufschwätzen schw. (einem etwas aufschwätzen): anschwätzen 1.
aufschwellen st.: aufgeschwellen
– (eitern): schwären
aufsehen st. (übtr. sich verwundern): aufgucken
Aufsehen n. (unnötige Umstände): Komödie 2., Komöde
Aufseher m. (im Felde): Steußler, Steuz(l)er; Feldsteußler
– (über die Waldungen): Waldmeister 1.
aufsetzen schw. (den Hut aufsetzen): auftun 3.
aufsitzen st. (auf den Wagen eines anderen aufsitzen): aufhocken
aufspielen schw. (zum Tanz aufspielen): aufmachen 4.
aufspringen st. (rasch emporfahren): aufpfitzen
aufstechen st. (stupfend aufstechen): aufstupfen 1.
aufstehen st.: aufkommen 1.a.
– (vom Boden aufstehen, sich mühsam aufraffen): aufkrabblen 1.
aufstellen schw.: postieren
aufstoßen st.: aufkoppen
– (aus dem Magen): glucksen 2., glucksgen, glocksen, glutz(g)en
– (aus dem Magen; schwer atmen, schluchzen): hicken 3., hichzen
– (den Schluckauf haben): heschen
– (rülpsen): aufglucksen
– (von Säuglingen und Kindern): *Bäuerlein machen*, s. Bauer 3.
Aufstoßen n. (aus dem Magen): Gluckser, Häkker, Gäcks(g)er, Kopper
– (Rülps): Hesch, Hicker, Schnackler
– (trockener Husten): Kopper
Aufstoßer m. (Schlucker): Gäcks(g)er, Häcker, Gluckser
aufstrampeln schw.: aufstrampf(l)en
aufstülpen schw. (die Ärmel, die Hosen): stürmen, s. sturmen 2.
aufsuchen schw. (jemanden besuchen): hingehen 2.
– (Personen, Orte der Reihe nach aufsuchen): abklappern, abkläppern
auftauen schw.: aufgefrieren; aufgeschlaffen; aufziehen 1.c.
auftragen st. (Kleider, Schuhe so lange tragen, bis sie nicht mehr brauchbar sind): vertragen 2.
auftreiben st. (finden): aufgablen 2.; aufbringen 3.a.
Auftreibung f. (Geschwulst; Luftblase): Blast 5.
auftrennen schw.: vertrennen
auftreten st. (schwer, plump auftreten): trampen 1., tramplen

Auftreten n. (plumpes Auftreten): Getramp(el)
Auftrieb m. (des Viehs auf die Weide): Trib 1.
auftrocknen : auftrücknen
auftrumpfen schw. (die Wahrheit sagen): auforglen
auftürmen schw.: aufhaufen, aufhäuflen
aufwallen schw. (aufsprühen): pfupferen 1., pfupfen, pfupferlen
– (brodeln): wallen II
Aufwallung f. (Erregung): Hitze 2.
aufwärmen schw. (übtr. eine Sache, die längst vergessen ist, wieder aufbringen): aufgewärmen
aufwärts Adv.: bergauf, bergeine
– (hinauf): aufe
– (nach oben): übersich, übersche, opp.: abersich, bes. untersich; untersich übersich das Oberste zuunterst; drunter und drüber
aufwaschen st.: aufwäschen
– (die Küche aufwaschen): auflüchen
– (putzen mit Wasser): sudlen 3.
aufwenden unr. (für den Bau verwenden; sein Geld durch Bauen verlieren): verbauen 1.
– (für Essen und Trinken Aufwand machen): zeren 2.
aufwickeln schw. (auf die Haspel aufwickeln): hasplen 1., haspen, häspen
– (aufwinden): wicklen 1.
aufwiegeln schw. (zum Streit aufreizen, Streit anfangen): wicklen 2.
aufwinden st. (an einer Welle, Walze aufwinden): wellen I 2.
aufwühlen schw.: aufnulen; aufwulen
aufzählen schw. (den Leuten ihre Fehler an Fastnacht aufzählen): aufsagen 1.c.
Aufzeichnung f.: Beschrib
aufziehen st. (ein kleines Kind mühsam aufziehen): aufbächlen, aufpäpplen
– (eine Uhr aufziehen): auftreiben 1.
– (großziehen; züchten): züglen
– (großziehen; erziehen): ziehen 2. *es zieht kei Krappe kein Distelfink. Wie ma's Kind zieht, so hat ma's. Es wird kei Vielfraß gebore, aber einer zoge.*
Aufzug m. (Winde): Glotter, bestehend aus *Glotterseil* und *Glotterrädle*
Aufzugsrolle f. (in der Scheune): Ralle; Schwibel 2.
Auge n.: Gucker I 2.a.
– (aufgerissenes Auge): Sperrangel
– (Augenpaar): Gucke I 2.
– (glitzerndes Auge): Glitzäuglein
– (scherzh.): Glotzer 1.
– (tränendes Auge): Triefauge, Trielauge
Augen Pl. (scherzh.): Glotzpöppel
Augenblick m.: Pfitz, Pfutz
– Rung; nur in den Verbindungen: *einen Rung*

einmal; *alle (älle) Rung; all Rung mal* alle Augenblicke.
– (alle Augenblicke; stets verächtlich): älle Hundsritt
– (in einem Augenblick): *im Hui*, s.hui 3.a., *alle Hui* alle Augenblicke.
– (übtr.): Hennepfitz, *äll Hennepfitz* alle Augenblicke, *Hennentritt*
augenblicklich Adj. (gegenwärtig, jetzt; zur Zeit): wirklich 2.
Augenbutter f.: Ziger 2., (Augen-)Matzen
Augengeschwürchen n.: Wegbrunzer 1., Wegseicher
Augenkrankheit f.: Augenwe; Blärr 1.
Augenlicht n.: Schein c.
Augenlid n.: Augendeckel; Lid 1.
Augenschleim m. (übtr.): Kathareinlen, s. Katarine 3.b.
– (vertrockneter Augenschleim): Matzen 1., *Matzenauge* ein von Eiterkrusten umgebenes Auge.
Augentrost- Arten Pl.: Milchdieb; Emdfresser, Heinzele, Neinzele
Augenwimperhaar n.: Augenhärlein
August m. (der Monat August): Augst 1.
Aurikel f.: Aurikellein
aus sein unr. (alle sein): *gar sein*, s. gar A.2.
ausbedingen st. (bei Verträgen): mantenieren 3.
– (reservieren, vorbehalten): ausdingen
ausbeinen schw.: abbeinen
ausbeuten schw.: abspecken 1.
– (hintergehen): einfäd(e)len 2.b., einfäd(e)men
ausbrechen st. (der Nebentriebe): aberzainen
– (an den Hopfen-, Tomaten-, Bohnenranken die *Geizen*, Nebentriebe ausbrechen): ausgeizen
– (sich durch einen Sturz die Zähne ausbrechen, verlieren): ausfallen 2.
ausbreiten schw.: ausspreiten *du spreitest dich aus, wie drei Eier in einem Krättle.*
– (das abgemähte Gras schüttelnd auseinanderbreiten zum Dörren; das geschah teils mit dem Sensenstiel *Worb*, teils mit der Heugabel): worben, spreiten, schüttlen, zäschen, ummachen, verzettlen, verstreuen, verwarben, verriedeten
– (sich ausbreiten; großtun): spreizen, verspreiten, sich verspreiten
Ausbreiten n.: Spreite 3.
ausbrennen st. (ein Faß): schweblen 2., schweflen
ausbrüten schw.: ausbruten
ausbuchten schw. (eine Weinbergmauer ausbuchten): kälberen II 4.
Ausbuchtung f. (Röhre zum Ausgießen an einer Kanne, Krug, Tasse u.ä.): Schnabel 4.
ausbügeln schw.: ausböglen

Ausdauer f. (bei einer sitzenden Tätigkeit): Sitzleder 2. *ein gutes Sitzleder haben* z. B. im Wirtshaus. *Kein Sitzleder haben* keine Ausdauer; Sitzfleisch

Ausdauernde Sandrapunzel f.: Bergnägelein, Blaues Nägelein

Ausdehnung f. (Umfang; weiter, freier Raum): Weite 3., Weitne

Ausdruck m. (der Schadenfreude): *Gitzengäbelein machen*

– (der Verwunderung): ui!

– (des Ekels; besonders bei schlechtem Geruch): pu!

– (des Schauders, Schreckens): uhu! ui!

– (verächtlicher Ausdruck für etwas Unbedeutendes, Wertloses): Dreck 3.

ausdünnen schw. (einen Wald lichten): lichten 2.

auseinanderlegen schw. (spez. das Gras): gespreiten

auseinanderbreiten schw. (Gras zum Dörren): verheuben; spreiten

auseinanderfallen st.: verpfludern; verberen 2.

auseinanderklauben schw. (auslesen): verklauben

auseinandermachen schw. (teilen): vermistgablen 2.

auseinanderreißen st. (die Hose, die Naht ist auseinandergerissen): aufreißen

– (zwingen, nötigen; meistern, überwinden): zwergen

auseinanderschütteln schw. (die Mahden): vertun 4.

auseinanderstreuen schw. (das in Mahden liegende grüne Gras zum Dörren auseinanderstreuen): zetten 1.; verwarben, verworben

auseinanderwerfen st.: vergeheien 2.

auseinanderziehen st. (mit dem Rechen Laub, Sand auseinanderziehen): verrechen, verrechnen, verrechlen

ausfasern schw.: auszäsemen

– (am Rande ausfasern): ausfatzen 1.

– (ausfransen): zasemen, zäsemen

ausfertigen schw. (übtr.): ferken 2.

Ausflug m.: Tur

– (besonders in Gesellschaft): Partie, s. Partei 2.c.

– (Exkursion): Spritze 2., Spritzem, Spretze, Stritze

ausforschen schw. (ausfragen): ausförschlen

– (aushorchen): ausloschoren

– *die Würmer aus der Nase ziehen*, s. Wurm 2.c.

ausfragen schw. (listig und kleinlich ausfragen): ausfräglen

ausfransen schw. (zerschleißen): ausfotzen 1.; fatzen 3.

ausführen schw. (Dünger ausführen): kudrekkelen 1., küdreckelen

– (Gülle ausführen, ausgießen): sumpfelen 1.

– (fertig machen, zu Ende bringen): verrichten 2.

ausfüllen schw. (mit Holzspänen): verspänen

ausgackern schw.: ausgacksen

Ausgang m. (am Ausgang des Märzes, des Dorfes): ausgangs, s. Ausgang

ausgeben st. (förderlich sein, genügen): batten, beschießen, klecken *wenn's eine reinschärret und 's andere 'naus, na battet's nex.*

– (für den Doktor Geld ausgeben): verdokteren

– (Geld ausgeben): verkramen

– (sein Geld für Essen, *Vesper* ausgeben): vervesperen

– (sich für etwas ausgeben): austun 4.

ausgebildet Part. (professionell): gelernt

Ausgedinge n.: Ausding, Leibding; Pfründe, Pfrunde

Ausgedingehaus n.: Ausdinghäuslein, Ausdingstüblein, Pfrunderhaus Totbeständlerhaus

ausgefasert Part. (ausgerissen): gefatzt

ausgehen st.: fortgehen 3.

Ausgehfrau f.: Lauffrau

Ausgehmädchen n. (Mädchen für Ausgänge): Laufmädlein

ausgelassen Adj. (geil, lustig): gämpisch, gampisch, gämmelig

– (lustig): gätterig 2.

– (lustig; schamlos): rollig 2.

– (mannstolles Mädchen): ausreiisch, ausreisch, ausreischig

– **sein** unr. (mutwillig lärmen; unartig sein): rollen 5.

Ausgelassenheit f. (Jubel, Freude, Lustbarkeit): Gammel I, Gämmel

ausgeleiert sein unr. (eine Maschine ist ausgeleiert): *ausgelaufen sein,* s. auslaufen 2.c.

ausgeruht Part. (erholt): geruet, s. geruen; gerüig 2., griebig

Ausgeschüttetes n. (Schmutz, verschüttete Flüssigkeit): Läpperte

ausgetrocknet Part. (hart, spröde, vom Boden, vom Brot, von den Händen): scherb; spor 2.

– (vom Boden, Fleisch): hal

– (vom Brot, spröde): bracket 1., s. bracken II

ausgewichen Interj. (aus dem Weg!): ausweg!

ausgezeichnet Adj. (vorzüglich): fürnem, vornehm

ausgiebig Adj.: battig

– (bes. vom Regen): beschießlich

ausgleichen st. (beilegen, besänftigen): berichten 2.

– (die gegenseitigen Forderungen ausgleichen): burzlen 2.

– (eine Mißbildung des Körpers mit dem Heranwachsen ausgleichen): sich verwachsen 3.

ausgleiten st: ausglitschen; ausrutschen; ausschleifen 2.; auspfitzen; auswitschen
- (ausglitschen): verschlipfen
- (mit den Füßen ausgleiten): ausschlupfen 2.
- (rutschen): schlipfen, schlipfern
- (schnell und unsicher hin- und herfahren): hurren 2.

ausgraben st. (eine Grube ausgraben): gruben I

Ausguck m. (Loch zum Hinausschauen): Gucke I 3.

Ausgußstein (in der Küche): Ferker 2.

Ausgußteil n. (an einem Gefäß): Schnaupe 1.

aushalten st.: verkraften *er kann viel verkraften* hält viel aus.
- (viel aushalten; von gesunder, zäher Natur sein): *eine gute Kuttel haben,* s. Kuttel I
- (vollbringen): vermachen 3.

Aushangkasten m. (für öffentliche Bekanntmachungen am Rathaus): Kästlein; *in's Kästle kommen, (gehenkt werde); im Kästle sein.*

Ausharren n.: Harre

aushauen unr. (licht machen): lichteren
- (durchforsten): schneiten

aushelfen st.: vorspannen 2.

Aushilfsgespann n. (aushilfsweise Vorspannen von mehr Zugtieren): Vorspann

ausholen schw. (weit ausholen): anfangen 2.

ausholzen schw.: abholzen

aushorchen schw. (auskundschaften; auf den Busch klopfen): loschoren
- (ausspionieren): auslausteren

aushülsen schw. (von Erbsen): trätschen 2., dratschen

ausjäten schw. (Gras, Unkraut ausjäten): grasen, gräsen, grasnen; ausäten

auskämmen schw. (von Flachs und Hanf): rifflen 1.

auskehren schw. (die Stube auskehren): abfürben, ausfürben, auskehren; ausfegen, auswischen; keren II, fegen, fürben

auskleiden schw.: ausschläufen; ausschliefen 2.

ausklopfen schw. (den Rock ausklopfen): zwilchen II 1.

ausklügeln schw.: ausdiftelen; dift(e)len; ausdokteren

auskommen st. (sich vertragen, zurechtkommen): geschirren 2.

auslachen schw. (necken): ausgäblen, ausgäksen
- (zum Narren haben): ausfoppen, ausföpplen

auslegen schw. (falsch auslegen; entstellen): verdreen 2.b.
- (seinen Kram auslegen; alles sagen, was man weiß): auskramen

ausleiern schw.: auslaufen 2.c., ausleiren; auslotteren

auslesen st. (das Beste herausnehmen): verlesen 1.

- (mit den Fingern): ausklauben
- (Prügelholz auslesen): reitlen 2.
- (selektieren, das Gute vom Schlechten sondern): bracken I

ausnahmslos Adj.: *sammt und sonders* 1.a.

ausnützen schw. (jemanden über die Maßen ausnützen): ausschinden

ausplaudern schw.: ausschwätzen 2.; schnäppäppern; verplappern, verpläppern; verrätschen; versalbaderen 2.
- (ausschwatzen): vergrätschen 1.
- (schwatzen): trätschen 1., dratschen

ausplündern schw. (übervorteilen): rupfen II 2.c.

ausposaunen schw.: auspauken, auspäuken

auspressen schw. (den Saft daraus entfernen; eine eiternde Wunde auspressen): ausdrucken
- (durch Winden, Drehen auspressen): auswinden

ausräumen schw. (auch reinigen): ausraumen
- (etwas ausräumen): ausbälgen 2.

ausrechnen schw. (ersehen): abklavieren

Ausrede f.: Ficke 3.

ausreden schw. (zu Ende reden): ausschwätzen 1.

ausreichen schw.: herlangen 2.
- (genügen): klecken 2.b. *es kleckt net* reicht nicht aus.

ausreißen st. (Kielfedern ausreißen): flügeln 1.

ausrenken schw.: auskuglen

ausrichten schw. (zu Stande bringen): richten 4.

Ausruf m.: Allmächtiger Gott! Grüß Gott! Heiden! Heidenein! verstärkt: *kotz Heide'nein!*
- Heidensabel! *Kotz Heidesabel!* Heidenwelt!
- (beim Springen, Hüpfen): hopp!
- (der Enttäuschung): *O du lieber Schieber!* s. Schieber 1.
- (der Entschuldigung; unhöflich): hopsa! hoppla!
- (der Freude): ju! juhe! juhu!
- (der Schadenfreude): gägs! ätsch! s.a. gätsch ! gägäks! gitzegä! gägs! (g)ätsch!
- (der Überraschung): hops! hopsa, hopsasa!
- (der Überraschung, der Entschuldigung, des Versehens): hoppla!hoppela!
- (des Anhaltens, Aufpassens, wenn jemand stolpert, einen Fehler macht): hoi!1.oho! hoppla!
- (des Antreibens; vorwärts!): hoi! 2.
- (des Erstaunens und des Bedauerns): hautsch! *mei Sel!* meine Seele, s. Sele 1.c.
- (des Jubels): heisa! heisasa!
- (des Schauderns): hu! 1.
- (des Staunens, Schreckens, der Entrüstung): ha! II
- (des Unwillens): em!
- (des Unwillens; auch Fluch): Wetag 1.c.

– (in Verbindung mit Himmel): *Gott im Himmel! Himmel nei! Um's Himmels Gotts Wille! Himmel Stuttgart! Himmel Donnerwetter! Himmel Herrgott Sakrament!*

ausrufen st. (ausschellen): ausbieten; rufen 1., rüfen

ausruhen schw.: ausgeruhen, ausgruben, ausgrugen; gruben II
– (um Atem zu holen): verschnaufen, ausschnaufen

Ausruhplatz m.: Geruplatz

ausrupfen schw. (Federn ausrupfen): berupfen 1.

ausrüsten schw.: ausstaffieren; versehen A 2.b.

Ausrüstung f. (Rüstung): Gerust 1.

ausrutschen schw.: verschleiferen
– (gleiten, schlittern): rutschen 2., glitschen

Ausrutschen n. (rasches, kurzes Gleiten): Rutscher 3.

Aussaat f. (des Getreides und die Zeit der Aussaat): Sat 1.

aussägen schw. (einem Baum Äste aussägen): ausnasten

aussaugen schw. (auslutschen): verzullen
– (einen aussaugen): ausmelken

ausschälen schw. (Nüsse, Bohnenkerne): läuferen 1., läufen, läufeln, läufern, läufzeln

ausscharren schw.: ausschärren

ausschauen schw.: ausgucken; auslugen

ausschellen schw. (ausrufen): ausbieten 1.; balluren, s. Balure

ausschelten st.: dauzen 2.; herlaufen 2.lassen; herschelten; nudeln 2.b.; verschimpfen; verzanken, verschelten, verschimpfen
– (abfertigen, zurechtweisen): abkappen 1., abmausen 3., absäckeln

ausschenken schw. (Getränke im Lokal verkaufen): schenken 1.a.
– (Wein ausschenken, auch Bier zapfen): verzapfen 2.; zapfen

ausschimpfen schw.: abschepperen 2.; stauchen

Ausschlag m. (am Mund): Griebe 2.
– (Krankheit mit Ausschlag): Frisel 1.
– (mit Borkenbildung): Grind 1.

ausschlagen st. (vom Vieh): schlättern 2., schlattern

ausschlagend Part. (vom Pferd, vom Menschen): schlagig

ausschlitzen schw.: ausschleißen, ausschlenzen

ausschlüpfen schw.: ausschliefen 2.a., ausschlupfen 1.

ausschlürfen schw. (ein Ei ausschlürfen): aussupfen 1.

ausschmelzen schw.: auslassen 5.

Ausschuß m. (Gesindel): Brackware, Brackenware

ausschütten schw. (ausleeren): verschütten 1. *das Wasser verschütten* Anstoß erregen. *Der*

will auf zwei Seite Wasser trage und nirgends verschütte.

ausschwatzen schw.: auspapplen, auspappelen, auspäpperen; ausrätschen; blätschen 4.; verrätschen; ausbaladeren; ausbalatschen
– (ausplaudern): gerätschen
– (ein Geheimnis ausschwatzen): auspatschen 2.
– (verleumden): verkläpperen 3.
– (verraten): verschnäpfen, verschnäppen

ausschwefeln schw. (ein Faß): einbrennen 1.

aussehen st. (fahl aussehen, die Gesichtsfarbe verlieren): abstehen 4.
– (übel aussehen): *einen Schein geben,* s. Schein d.
– (wie eine Frau; nicht mehr mädchenhaft): weiberen

aussehend Part. (haarartig aussehend): harig 2.a., härig

außen Adv. (hier außen): haußen

außer Präp.Konj. (ungerechnet, ohne): on(e) 2., *oneinsletzt* zweitletzt, vorletzt
– **Haus sein** unr.: aushäusig sein; *auf der Stör sein,* s. Stör 2.
– **sich kommen** st.: *ganz desperat werden,* s. desperat
– **sich sein** unr. (sich nicht mehr kennen vor...): *sich nimmer kennen vor Freude, Hochmut, Wut,* s. kennen 3.; ochsnen 2.

außergewöhnlich Adj. (wunderlich, mürrisch, launisch): absonderlich 1.

äußerlich Adj. (körperlich): auswendig 2.a.

außerordentlich Adj. (sehr): bäumig
– (wohl euphem. für *sau-*): sackmäßig

aussieben schw. (Getreide mit dem Sieb reinigen): ausreden II

ausspähen schw. (aus einem herauslocken): auslickeren

ausspannen schw. (abjochen): absetzen 1.b.

ausspielen schw.: austun 3.

ausspionieren schw.: fräglen, ausfräglen

ausspotten schw. (foppen, verhöhnen): hutzlen 2.; ausfotzen 2., ausfötzlen; gägäksen; Interj.: *gägäks! gägs!*

aussprechen st. (falsch aussprechen, sich versprechen): sich vernennen
– (sich aussprechen; durch Schimpfen sich erleichtern): ausschleimen
– (sich sehr derb aussprechen): ausscheißen
– (zu Ende sagen): versagen 1.

ausspucken schw. (ausspeien): speien 1.; ausspeien
– (Schleim vom Rachen und der Nase geräuschvoll in den Mund ziehen und ausspukken): rotzen

ausstatten schw. (reichlich ausstatten): spicken 2.

ausstechen st. (Rasen ausstechen): gäwitzen, s. geifitzen 3.

ausstehen st. (durchleben): durchmachen

Aussteuer f. (der Braut): Brautfuder

ausstopfen schw. (den Balg eines Tieres ausstopfen): ausbälgen 1.

ausstoßen st. (die Nachgeburt, *Richte, Drichte, Verricht* ausstoßen): verrichten

aussuchen schw. (auskundschaften): fugeln
– (auslesen, durchsuchen): vergelausteren, vergeläusteren
– (auslesen, verlesen; durchhecheln): verküsteren
– (bes. Speisen aussuchen; langsam essen): kläublen 1.
– (durchmustern): verlausteren

austeilen schw. (beim Kartenspiel austeilen): abgeben 1.b.; vergeben 2.a., 3.b.

austoben schw.: vertoben *die Jugend muß vertobet hau.*

austreten st.: austappen, auswaten
– (Schuhe austreten): auslatschen

austrinken st.: ausdudeln; aussaufen

austrocknen schw.: austrücknen
– (versiegen, versickern): verseihen, Part. versigen

austüfteln schw.: ausvirgeln; virgeln

ausüben schw. (Geschlechtsverkehr ausüben): ficken, hervögeln; mausen I 3.; bujäglen, s. bojäglen 3.
– (Sattlerhandwerk): sattlen 2.
– (Schlosserhandwerk): schloss(e)ren
– (Wagnerhandwerk): wagneren

auswählen schw. (einen bevorzugt behandeln): ausbesonderen

auswalzen schw. (Teig mit dem Wellholz in eine dünne Form bringen): aufwellen, auswellen, wellen

auswärtig Adj.: auswendig 1.a.

auswärts Adv. (draußen): auswendig 1.b.

auswaschen st.: ausflößen

Ausweg m. (List; Intrige): Rank 2.b.

ausweichen st. (einen Bogen machen; lenken; wenden, umkehren): ränken 1., ränklen 1.

auswellen schw. (Teig auskneten): auswarglen

auswerfen st. (Schleim auswerfen beim Husten): koderen, kolderen 3., kuderen

auswischen schw. (wegwischen): verwischen 2.

Auswuchs m.: Knorz 1.
– (bei Pflanzen; Knollen an Kraut, Rüben; Warze, Knorren am Baum; Wurzelausläufer am Baum): Kropf 3.
– (knorrige Erhebung): Knaus; *Knäusle* Anschnittstelle des Brotlaibs
– (Knoten, Buckel am Holz, Baum): Knorr 2.

Auswurf m. (Speichel): Spei, Speibatzen

Auszählvers m.: *enze(r)le, zenze(r)le, zitzerle, zä, aichele, baiche(r)le, knell.*

auszehren schw.: ausserflen, aussergen

ausziehen st. (die Kleider ausziehen, sich ausziehen): austun 1.
– (vor dem Zubettgehen ausziehen): abschläufen, abtun 3., ausschläufen
– (Wurzel ausziehen): würzlen

Auto n. (altes Auto, altes Fahrrad, alte Nähmaschine): Göpel 2.
– (ironisch): *Heiligs Blechle*, s. heilig A. und Blech 5.

Avemaria-Läuten n.: Avemerge, Avemerget, Betläuten

B

Bach m. (der nur nach Regenzeiten Wasser führt): Hungerbach
– (und Quelle): Braunsel
Bachbunge f.: Bachburgel 1., Gansesper 1.
Bachnelkenwurz f.: Heilandsbrot; Himmelsbrot 1.
Bachstelzenhinterteil n.: Bachstelzenarsch *du hast kei Ruh und bist immer in Bewegung, wie a Bachstelzearsch.*
Backblech n. (Kuchenblech): Bachblech; Blech 2.
backen unr.: bachen 1. *wenn d'Weiber wäschet und bachet, na hent se de Teufel im Leib. Vorgegessenes Brot bachen* mit Schulden hausen.
– (einen *Tatsch* II 2. backen): tatschen II
– (falsch backen) : verbacken 2.
– (fertig backen): ausbacken
– (in spielender Weise backen): bächelen
– (Kuchen backen): kuchen I
– (Küchlein backen; übtr.: es einem angenehm machen; gern ironisch verwendet): küchlen. *Dir wird ma's küchle!*
– (leicht backen): überbacken
– (rösten, dörren): flämmen, pflämmen
– (weiter backen): zubacken 2.
Bäcker m.: Beck *die Becke sind Zwicker und die Wirt sind Knicker. Älle Becke zupfet d'Wecke.*
– (der das Brot in den Backofen schiebt *einschießt*): Schießer 1
– (der in der Küche des Kunden für diesen bäckt): Kuche(n)beck
– (der *Mutscheln* macht): Mutschelbeck
Bäckerschüssel f. (zum Formen des Teigs): Wannschüssel
Bäckersfrau f.: Beckin
Backhaus n.: Bachhaus, Bachhäusle, Bachkuche, Bachofen
Backkörbchen n.: Laibkrättlein
Backlohn m.: Bacherlon
Backpfanne f. (zum Backen der Flädlein): Flädlespfann
Backschaufel f. (Holzschaufel für die Brotlaibe): Bachschaufel
Backstein m. (zum Bau von Kaminen): Klucker 2., Klücker
Backtrog m.: Bachmulde; Mulde I 1.
Backwerk n. (Gebäck): Gebachenes, Gebackenes, s. bachen 2.

– (am Nikolaustag gebacken): Hanselmann
– (hohles, süß gefülltes Backwerk): Nonnenfurz 1.
– (in die Höhe gehendes Backwerk): Pfitzauf 2.
– (in Form eines gewundenen Kranzes): Kranz 2.d., Hefenkranz, Kopfkranz; Kranzbrot
– (in Form eines Nikolausmännchens): Klasenzelte
– (in Ringform; auch Bretzel): Ring 3.
– (in'Türkenbundform'): Gogelhopf(en), weitere Aussprachevarianten, s. Gogelhopf(en)
– (nicht aufgegangenes Backwerk): Totsch 2.
– (rundes Backwerk mit Schokoladeguß; Negerkuß): Morenkopf 4.
– (sitzengebliebenes Backwerk): Tatsch II 2., Tatsche
– (süßes Backwerk): Leckerlein
Backwerkmodel m.: Bachmodel
Backzeit f.: Bachet 1.
baden schw. (Deminutivbildung zu baden): bäderlen *bäderle und d'Arsch-bäckle et wäsche* die Hauptsache vergessen.
– (fertig baden): ausbaden 1.
bahnen schw. (einen Weg bahnen): wegnen; banen
Bahnschlitten m. (dreieckiger Schlitten): Banschlitten *einen Banschlitten machen* keilförmiger Flug der Vögel.
Baldachin m.: Himmel 2.c., Traghimmel, Kanzeldecke
Baldrian m. (soll auf Katzen berauschend wirken): Katzenkraut; Katzenwurzel
Balken m.: Trämel 1.
– (dickes, starkes Brett): Fleck II
– (einer Hauswand): Rigel 2.b.
– (Latte): Ram(en)schenkel
– (spez. von den Balken, die im Dachfirst zusammenlaufen): Sparr(en) 1., Dachsparr(en)
– (waagrechter Balken; auf dem Längsbalken sitzt das Dach auf): Pfette, Pfettem
– (zum Schließen des Scheunentors): Scheurenarm, Scheuerbengel
Balkon m. (am oberen Stock des Bauernhauses): Laube 2.c.; Altane
Balsamkraut n. (Eberraute; Echte Pfefferminze): Schmecke 1.b.
balzen schw. (werben um das Weibchen): falzen II

Band n. (gewobenes Band zum Befestigen; Schnur): Bändel *da kostet der Bändel meh als d'Wurst. Sack am Bändel!* Fluch aus 'Sakrament'. *Einen am Bändel haben* Gewalt über ihn haben. *Einen am Bändel herumführen* zum Besten haben.

bange Adj.: bang *ehrlich währt am längsten und den Schelmen wird's am bängsten.*

Bangigkeit f. (Atemnot): Enge 2.

– (Beklemmung): Bänge, Bangenen

Bank f.: Bank 1. *durch den Bank* durchaus, ohne Ausnahme. *Der ka mi auf den Bank 'nauflupfe, ra kann i selber* grobe Abweisung. *Wenn einer auf'm Boden geboren ist, gehört er nicht auf den Bank. Oba streitet se und unter de Bänk drunter lieget se wieder z'sämme.*

– (hinter dem Ofen; für Nichtskönner): Katzenbank; Lotterbank

bannen schw. (beschwören): schwören 2.

bar Adj. (hellglänzend; nackt): blank

Barbara f. (Kurzform für Barbara): Bäll 1.; Babette

Bärenklau m.: Bärentape

Bärenlauch m.: Waldknoblauch, -knobel, -knoblich, -knofel

Bärenraupe f. (Raupe des Nesselspinners): Hausanbrenner 2.

Bärenschotte f. (Süße Bärenschotte): Aderenkraut, Schärtel

Bärlappgewächse Pl. (bes. Tannenbärlapp): Hexengürtel, -kraut

Bärlappmehl n.: Hexenmel

Barmherzigkeit f. (Gnade): Barmission

barren schw.: burlen 2.

Barriere f. (Sperre, Schlagbaum, Schranke; Lattentor; Umzäunung): Werre 1.

barsch Adj. (grob, kurz angebunden): batzig

– (unfreundlich im Reden): schnauzig

– (von rohem Benehmen): unkolbet

Barsch m. (Fisch): Sauigel 2.; Bersching, Bärschisch, Bersich, Bärster; Rauhegel, Rauhigel 2.

Barthaare Pl. (unter der Oberlippe): Mucke I 2.c.

– (unrasierte Barthaare; nicht schön geschnittene Haare): Stupflen, s. Stupfel

Bartholomäus m. (Kurzform): Bartel, Bartle, Batte, Bärtle *wissen (einem zeigen), wo Bartel den Most holt.*

Bartnelke f.: Stechnägelein; Studentennägelein 1.

basteln schw.: bästlen 1.

Basteln n. (Heimwerken): Gebästel

Bastler m.: Boßler

Bauch m.: Hudel 3., Hüdel; Säckel 2.a.

– (bes. beim Rindvieh): Wanst

– (dicker Bauch): Kuz, s. Kunze 2.b.

– (dicker, herabhängender Bauch): Wampe 1.

– (großer Bauch): Gelte 2.

– (Leib): Ranzen 2.

Bauchgrimmen n. (Kolik): Nabeldrillete 1.

bäuchlings Adv.: bäuchlingen

bauchstoßend Adj. (durch das keuchende Atmen des Viehs oder der Pferde bewegen sich die Seiten des Bauches stoßend): bauchstößig 1., bauchschlächtig

Bauchweh n.: Ranzenwe

– (aus Angst): Muffensausen

Bauchwind m. (lauter Bauchwind): Furz *ein feiger Arsch läßt keinen lauten Furz. Einen Furz auf ein Brett naglen* etwas Unmögliches tun. *Unruhig herumfahren (herumspringen) wie der Furz in der Latern. All Furz lang* alle Augenblicke.

bauen schw. (ein Haus mit *Riegelwänden* bauen): riglen 2.

– (in der Brache bauen): brachen 3.

– (Luftschlösser bauen): hochlichten

Bauer m.: Bauersmann

– (der mit Ochsen fährt): Ochsenbauer, opp.: einerseits *Roßbauer*, andrerseits *Kübauer*

– (der nur ein oder zwei Rosse hat): Karrenbauer 1.

– (kleiner Bauer, der mit Kühen fährt): Kübauer, opp.: Ochsen- , Roßbauer

Bauern Pl. (des Unterlandes): Gelbfüßler 2.b.

Bauerngut n. (kleines Gut; ertragsfähige Landfläche): Hube I

Bauernhofbesitzer m.: Höfer

Bauernkleidung f.: Baurenhäs

Bauernkopf m. (spöttisch): Baurengrind

Bauernlümmel m.: Baurentralle

Bauernschoppenkrug m. (großes Bierglas): Lisel 2., Lis

baugeeignet Adj. (ein Land, auf dem sich leicht bauen läßt): bäunig

Baum m. (aufgeschossen; junge Buche u.ä.): Stange 2., vgl. Stangenholz

– (den man beim Abholzen stehen läßt): Bannraitel

– (doppelstämmig): Zwiesel (m.) 2., Zwusel (f.)

– (knorriger Baum): Gestorre, vgl. Storren

– (verkrüppelter Baum; verkrüppeltes Tier; verwachsener Mensch): Knauter

Bäumchen n. (oder auch Zweig als Festdekoration): Maien, s. Mai 4.

baumeln schw. (baumeln lassen; am Gängelband führen): kengelen, gengelen

– (bammeln): bampelen

Baumgruppe f.: Schopf I 2.

Baumknorren m. (abgebrochener Ast): Zak(en) 2.

Baummesser n. (mit einem Haken versehen): Gertler, Gertner, Girtner; Gertel, Gerter

Baumpfahl m.: Baumstotze

Baumpiper m.: Gereutlerche

Baumstamm m. (ungespaltener Baumstamm): Block 1. *auf einen groben Block g'hört ein diker Speigel;* vgl. Spaltblock
Baumstrunk m. (Baumstumpf): Grat 4.; Holzstump(en)
Baumwiese f.: Baumgarten, Bangert
Baumwipfel m.: Wispel 1.
Baumwollflanell m. (auf der linken Seite aufgerauhter Flanell): Barchent
Bäurin f. (schlampige Frau): Zumpel; Bauernmensch, Baurentrampel
bauschen schw. (flattern): bloderen1.
beabsichtigen schw. (wollen): meinen 1.a.
beachten schw. (wahrnehmen): achten 1. *wer mi veracht't, i au nit acht'. D'Liebe macht, daß ma d'Schöheit it acht't.*
Beamter m. (verächtliche Bezeichnung für den Beamten): Feder(en)fuchser
beanstanden schw.: abermachen
Beanstandung f. (das Meckern der Ziege, des Menschen): G(e)mecker, G(e)meckel
Beauftragter m. (Aufseher, Verwalter): Schaffer 1., Schäffer; Schaffner, Schäffner
beben schw.: bisen III
bechern schw. (zechen): humpen
Bedachung f. (Turmdach; Aufsatz): Helm I 2.
bedauern schw. (beunruhigen, quälen, reuen): ficken 3., geheien
– (leid tun): daulen, dauren *mein Geld daulet mich* es schmerzt mich, daß ich es hergegeben habe.
bedauernswert Adj.: daulig
bedauernswerter Mensch m. (Trinker): Schlukker 1., *armer Schlucker*
bedecken schw. (die Glut mit Asche bedecken): trechen 1.
– (die Reben im Winter niederziehen und bedecken): trechen 1.
– (mit Betten bedecken): butschelen
– (mit Gewitterwolken bedecken): blasten
– (mit Rotz bedecken): verrotzlen
– (Wurzeln bedecken; Pflanzen, Bäume umwickeln): einschlagen A.6.
bedeckt Adj. (stark bewölkt): überlaufen, Part. 2.c.
bedenklich Adj. (gefährlich): bös I B.1.
bedeutend Adj. (viel): *es ist klotzig; der tut klotzig* vornehm, reich, s. klotzig 3.
bedeutender Mensch m.: Licht 5.
bedienen schw. (Gäste bedienen, zu Diensten sein, gehorchen): aufwarten 1.
bedrängen schw. (anstrengen, mitnehmen): zusetzen 2.
– (einem bedrängen): anliegen 3.a.
bedrücken schw. (bedrängen): drucken 2. *'s Recht lat se wohl drucke, aber net unterdrucke. Der weiß, wo ihn der Schuh druckt. An etwas*

rumdrucken langsam arbeiten, bzw. sprechen.
– (einem am Herzen liegen): aufliegen 1.
Bedrückung f. (Belastung; Schulden-, Zinslast): Last 3.
beeilen schw. (schnell gehen): besen
– (sich beeilen): hurren 1.; sich schicken I 2.a.
– (sich beeilen, voran machen): füremachen
beenden schw. (einen Streit beenden): abhauen 3.; ausstreiten
– (eine Rede beenden): beschließen 2.
– (entscheiden): ausmachen 2.c.
– (Fütterung beenden): abfuttern
– (Tanz beenden): austanzen
beerdigen schw. (begraben): vergraben 1. *ma vergrabt kein, bis er gstorbe ist. Die Fastnacht vergraben am Aschermittwoch.*
Beerdigung f. (Leichenbegängnis, -feier): Leiche 2., Leicht
Beerdigungsglocke f.: Totenglocke
Beerendolde f. (des Holunders): Holdernest
Beet n. (Beet im Garten oder Acker; Terrasse im Weinberg): Bett 2.
befallen st. (von einer Krankheit befallen sein): anwenden 1.
befehden schw. (sich befehden, Kriege führen): kriegen 1.b.
Befehl m. (so wird's gemacht!): *des geschieht* ! s. geschehen
befestigen schw. (anbringen): anmachen 1.; hinmachen
– (anfügen, um zu verlängern): anschiften
– (durch Holzstücke Spreißen befestigen): verspreißen
– (durch Zapfen verbinden): verzapfen 1.
– (eine Sohle vorläufig befestigen): zwecken
– (mit der Glufe): glufen
– (mit einem Zweck): zwicken 1.
– (mit einer Schraube): anschrauben
– (mit einer Stecknadel): anglufen
– (mit kleinem Keil): speidlen
– (mit Pfählen einfassen): verpfälen
befestigt Part. (von Ortschaften): fest A. 2.
Befestigungsholz n. (der Deichsel): Ränkscheit
Befestigungsvorrichtung f. (Halt): Hab I 1., Habe
befördern schw. (etwas oder jemanden mit List an seinen Ort bringen): bugsieren 1.
– (mit einem Karren befördern, auf dem Karren führen): karren 2.
– (weiter befördern): spedieren
befreien schw. (vom Schnee befreien): ausaberen *d'Sonn aberet d'Wiese aus.*
– (von Gefangenschaft und Strafe): lösen 2.
befreit Part. (von den Kosten der Zeche): zechfrei
befriedigen schw. (ein Bedürfnis befriedigen): büßen *d'Gluste büße.*

befriedigt Part. (äußerst froh): gottfro
begabt Adj. (klug): gescheit *'s schwätzt koiner gscheider als er ist. Die Esel meinen und die Gscheide wissen. Den Gescheiden machen sich klug stellen. Die Herren sind erst gscheid, wenn sie vom Rathaus kommen. Ma wählt nie de Gscheidste zum Schultes. Du bist der Gscheideste, wenn de andere dümmer sind. D'Henne sind gscheider als d'Eier. Mei Kuh furzet gscheider, als du schwätzt. Einer gscheide Katz vertrinnt au e Maus. Des tust gscheider net! Des läßt gscheider bleibe!*
Begabung f. (Merks): Gemerke 2.
begatten schw. (brünstig sein; gebären): faslen I 1.
– (begatten): nauen 2., nauben
– (begatten, liebkosen): fislen 5.
– (begatten von Vögeln): flügeln 2.
begegnen schw.: vergegnen, verkommen
– (widerfahren): aufstoßen 2.; passieren 2.c.
begehren schw. (gierig sein): giren I; geren
– (Einlaß begehren, am Fenster des Mädchens): fenster(e)n, fensterlen
Begehung f. (amtliche Besichtigung einer Markung): Untergang 2.
begierig Adj.: reizig
– (auf etwas begierig sein): difig 2.b.
– (gelüstig): gelüstenig, gelustig, gelüstig
Begine f.: Begeine
beginnen st. (anfangen): angehen 1.
– (anheben): anlassen
– (den Anfang machen): anfangen 1. *wie ma's a'fangt, so treibt ma's. Wer viel anfangt, endet wenig. Wer it afangt, ka it aufhöre. Klein fangt ma a, groß hört ma auf. Wo der Geldbeutel a'fangt, hört d'Freundschaft auf. Der Erst, wenn ma hinta'fangt der Letzte.*
– (seinen Anfang nehmen): losgehen 3.
– (Streit beginnen): anbinden
begleiten schw. (die Braut zum Altar begleiten): schlampen 5.
Begleiter Pl. (des Brautpaares): Brautfürer
Begleiterin f. (Arbeitsgenossin): Gespänin
begnadigen schw.: gnaden. Häufige Drohung: *na gnad dir Gott!*
begraben st.: hinabschoppen, s. schoppen 1.a.
begreifen st.: kapieren
begrüßen schw. (mit kräftigem Handschlag): kläpfen 2.
begünstigen schw. (wohl wollen, zugetan sein): wollen
behaart Part.: harig 1., härig
behacken schw. (zweites Behacken der Reben): brachen 2.
behaglich Adj. (gemütlich): heimlich 1.b., vgl. heimelig
– (sehr wohl): pudelwol, pudeleswol; wiselein(s)wol

behalten st. (festhalten): beheben A.
Behälter m. (für den Wetzstein): Kumpf 1., Futterfaß; Wetzfaß, Steinfaß, Steinfutter, Wetzkumpf
behandeln schw. (einen Körperteil mit Wärme behandeln): bähen 3.
– (mit der Walze): walzen 2.
– (einen übel behandeln): umspringen 2.
Behang m.: Behenk
behangen Adj.(dicht behangen): zotteret, zottlig 2.
beharren schw.: drauf 'nauf sitze, s. sitzen 1.b.
beharrlich Adj. (erpicht sein): versessen, s. versitzen 2.
behaupten schw.: wollen 3.
beheben st. (ein Hindernis, ein Übel beheben): abhelfen
beherbergen schw.: *Gäste übernachten*, s. übernachten 2.
behost Adj. (mit Hosen bekleidet): hoset
bei Gott Interj.: bigott! s. die sehr verschiedenen Formen
beichten schw.: abladen 2.
Beigabe f. (des Metzgers an Fleisch, Knochen; Dreingabe): Zuwage
beigeben st. (zu anderem hinzugeben): zugeben 1.
Beigeschmack m.: Gefärt 5., häufig im Demin. *Bodengefärtlein*
– (des Weins): Weingefärt(lein), Bodengefärt(lein)
– (von Speisen und Getränken; verdorbener Geruch): Geschmäcklein
beilegen schw. (einen Streit beilegen): abmachen 6.b.
Bein n. (untere Extremität von Mensch und Tier): Fuß 2. *i hau mir schier d'Füß aus em Arsch gloffe. Die Füß aus em Arsch!* vorwärts! *Gang, nimm d'Füß unter de Arm (über d'Achsel)! Des könnt Füß kriege gestohlen werden. Die Füße noch unters Vaters Tisch st(r)ecken. Mit dem rechten, linken, letzten Fuß zum Bett heraussteigen. Um einen haarigen Fuß (Stück Vieh) soll man nicht greinen(heulen, schreien, weinen).*
– (krummes Bein; krummer Fuß): Scheger 2.
beinahe Adv.: bald voll, s. bald 1.c.; bereits, allbereits; fast, schier; verstärkt: fast gar, schier gar, s. gar B. 1.
– (nahezu): nach I 2., nah
– *um's Haar, um ein Haar (Härle)*, s. um 2.b.
Beine Pl.: G(e)läufe 3., Gelaufe *die hat ein schönes Geläuf* sie hat schöne Beine.
– (bes. bei Frauen): Stotzen 3.a.
– (dünne Beine): Stecken, dürre Stecken, s. Steck(en); Werrenschenkel
– (krumme Beine, verächtlich für Beine überhaupt): Hächsen, Hachsen

beinern Adj.: beinen I
Beisammensitzen n. (geselliges Beisammensein mit Essen und Trinken): Hocket, Hockete, Hocketse, Dorfhockete, Straßenhockete
beischaffen schw. (Geld beischaffen): *Geld schießen, schieß ihm!* gib ihm Vorschuß, s. schießen 1.a.
beischlafen st.: abhäberen 2.; baummeislen; sägen 3.; vernaglen 3., vernäglen; *Gutschen fahren*, s. Gutsche 2.
Beischläfer m.: Vogler 2., Vögler, Hauptvögler, Erzvögler
beißen st. (das Beißen der Ameisen): anseichen 2.
– (etwas Hartes beißen): knopplen
– (nagen; an etwas herumnagen, herumbeißen): knopperen
Beistellmöbel n. (Beistellherd): Beistoß
bekannt Adj.: beschrieen, s. beschreien 1.
– **geben** st.: verlesen 2., vertlesen *einem die Leviten, das Kapitel vertlesen* die Meinung gründlich sagen, ihn ausschelten.
– **werden** unr. (entdeckt werden, herauskommen): aufkommen 2.b.
beklagen schw.: sich beheben B., geheben
– (sich beklagen, winseln; unzufrieden sein): klamsen
bekleiden schw. (den Toten mit seinem Leichenhemd bekleiden): einnäen 2.
bekleidet Part.(mit Strümpfen): st(r)umpfet(ig)
Beklemmung f. (Sorge, Verlegenheit): Brast 2.b.
bekommen st. (Brechreiz bekommen; Schwindel, Ohnmacht bekommen): *übel werden; es wird mir übel*, s. übel 2.
– (durch Heben einen Bruch bekommen): *sich einen Bruch lupfen*, s. lupfen 3.
– (ein Kind unehelich bekommen): auflesen 2.
– (erleiden, erhalten): kriegen 2.a.
– (Prügel, Streiche bekommen): *Streiche kriegen, geben,* s. Streich
– (Stimmbruch bekommen): schränken 2.
– (Übergewicht bekommen): übergägen
– (Zähne bekommen, bes. von kleinen Kindern): zanen 1.
– (Zweifel bekommen; Ahnung, Verlangen bekommen): doltEren
bekräftigen schw. (energisch bekräftigen): *Trumpf draufsetzen*, s. Trumpf 2.b.
bekümmert Adj.: unmutig
– (besorgt): gerustig 2.
– (besorgt, angefochten): gefochten, s. fechten 4.
belästigen schw.: molestieren
– (durch häufigen Besuch belästigen): einen überlaufen 2.d.
– (hinderlich sein): schenieren 1.
Belästigung f. (Unannehmlichkeit): Plage 2. *ein*

jeder Mensch hat sei Plage, und wenn er keine hat, na mächt er sich eine. Ein jeder Tag hat seine Plage, ein jeder Morgen seine Sorgen.
belehren schw. (mahnen): warnen 2.
beleibt Adj. (wohl genährt): leibig
beleidigen schw.: kränken 2.
beleidigt sein unr. (aus nichtigem Anlaß): *eingeschnappt sein*, s. einschnappen
Beleidigter m.: Pfauser 2.
Belemnit m. (ausgestorbener Kopffüßer): Hexenfinger
bellen schw.: gatzen, s. gatzgen 3.
– (vom Hund): gauzen 1.; klaffen, kläffen
– (zanken): bauzen
Bellen n. (einmaliges Bellen): Boller
bellend Adj.: kauzig II; kläffig, klaffig
Belohnung f. (für das Zustandebringen einer Heirat; früher meist in einem Paar Stiefel bestehend): Kuppelpelz
belügen st. (hinters Licht führen): anmachen 2.a. *es läßt sich niemand gern anmachen, als der Salat.*
– (prellen): anlaufen 2.
bemalen schw. (übermalen): vermalen
– (zeichnen, malen): anmalen
bemerken schw. (wahrnehmen): versehen A. 1.
bemühen schw. (sich bemühen): sich umlassen 1.
– (sich um Gunst bemühen): hofieren
Bemühung f. (übertriebenes Bemühen): Gefretterei
benachteiligen schw.: abdackeln 2.
– (durch heimliche Verabredung benachteiligen): abkarten, abkartlen
benehmen st. (bubenhaft benehmen): bubeln, bübeln, bubeln, buben
– (flegelhaft benehmen; faul herumlaufen): lümmeln
– (laut und unordentlich sich benehmen): umtreiben 2.
– (läppisch benehmen): läpplen 2.
– (nach Art der feinen Herren sich benehmen): herrelen
– (sich affektiert, zärtlich, kläglich benehmen): zümperen, zümpelen
– (sich flegelhaft benehmen; matt herunterhängen): lackelen
– (sich hastig benehmen): umschußlen 2.
– (sich rüpelhaft benehmen; lautstark schreien): proleten
– (sich übermütig benehmen): auflassen 2.
Benehmen n. (Lebensart, Geschmack): Lank 1.a.
– (übereiltes Benehmen): Schusselei
– (vernünftiges Benehmen; vernünftige Lebensart): Räson 2.
benennen st. (mit Namen nennen): namsen, benamsen, genamsen

Bengel m. (Prügel, Knebel zum Spannen eines Stricks): Reitel 1.
beobachten schw.: mantenieren 5.
bequem Adj. (behäbig; behaglich): pomadig
– (leicht zu handhaben): handlich 1.
– (passend): geraum 3., geräum; kommlich, kömmlich, kommen(t)lich; kommod 1.
bereden schw. (verhandeln): verkuttlen
bereichern schw. (sich bereichern): besacken 2.
bereift Adj. (Rauhreif): düftig 2., duftig
– **sein**: duften
bereinigen schw. (planieren): eben machen
bereit Adj. (gerüstet): parat
bereitmachen schw. (den Tisch decken): aufbereiten
bereit sein unr. (in der Nähe sein): *um den Weg sein, bleiben*, s. um 2.a.
bereitstellen schw. (zurecht machen): anrichten a.
Berg m. (abschüssiger Berg, mit Holz bewachsen): Holzleite
Berg- Wohlverleih m.: Ochsenauge 3.c., Fallkraut
bergab Adv.: bergabe
Bergahorn m.: Weißbaum
Bergfeuer n. (am Abend des Funkensonntags, dem 1. Sonntag nach Fastnacht): Funkenfeuer, Himmelsfeuer, Kanzfeuer, Männleinfeuer, Scheibenfeuer, Zündelfeuer
Bergfink m.: Schnevogel 2.
Berggrat m.: Schneide 2.
Berghalde f.: Wagrain
bergig Adj.: berget, bergecht, bergechtig
Bergjohannisbeere f.: Staudenbere
Bergkopf m.: Grind, vgl. Hornisgrinde
Bergkuppe f. (Berggipfel): Kapf
Bergrücken m.: Rucke 2., Rucken
Bergschlucht f.: Tobel
Bergweide f. (Alpe für Jungvieh): Galtalpe
Berg-Wohlverleih m. (Korbblütler): Fallkraut
berichten schw. (ausführlich langweilige oder widrige Dinge berichten): auspatschen 1., austappen
Bernerwagen m.: Scharabank
bersten st. (platzen): verschnellen
beruhigen schw. (durch einschmeichelnde Worte): hätschen 2.
– (stillen, den Mund stopfen, zum Schweigen bringen): geschweigen II; schweigen II
beruhigt Adj. (zur Ruhe gebracht): gehätschig
berühren schw. (antasten): tupfen 2., tüpfen
– (unanständig berühren; rasche Bewegung mit den Fingern machen): fingerlen
berupfen schw. (von Gänsen und Enten): beräufen 1.
besäen schw. (einen Acker besäen): anblümen 1.

beschädigen schw. (durch Fallen beschädigen, zu Fall kommen): verfallen 2., 4.
– (durch Stecken, *Stupfen* beschädigen): verstupfen
– (Straßen, Wege durch Befahren stark beschädigen): ausfaren B.
– (vom Obst): verbozgen
beschaffen schw. (zustande-, fertigbringen): zuweg bringen, s. zuweg(en)2.
Beschaffenheit f. (Situation; Stand der Dinge): Gelegenheit 2.
beschäftigt Adj. (stark beschäftigt, überbeschäftigt): unmüßig
beschäftigt sein unr. (auf dem Markt): markten 1.
– (in der Küche beschäftigt sein): kuchlen
Beschäftigung f. (Arbeit; von schwerer Arbeit): Unmuß 1.
bescheiden Adj. (still; zierlich, angenehm): zumpfer 2.
beschenken schw. (am 6. Dezember, Nikolaustag, die Kinder beschenken): klasen
Bescherung f. (übtr.: alte Geschichte): Kram 2.
beschimpfen schw.: verschimpfen 1., verschimpfieren
– (die Meinung sagen): karten 2.b.
– (durchprügeln): wäschen 2.
– (grob zurechtweisen): anscheißen 2.
– (verhöhnen): verhonegeln
– (verleugnen): verschandieren
– (Wörter falsch aussprechen, entstellen): verunnamen
beschlafen st. (eine Frau beschlafen): hernemen 3.; verlochen 2.; naglen 2.
Beschläge Pl.: Beschlächt 1., Beschlacht
beschlagen Adj. (wie mit Nägeln): genaglet
Beschlagen n. (der Pferde): Hufschlag 2.
beschmieren schw. (beschmutzen): verschmir(b)en 1.
– (bestreichen, besudeln): anschmiren 1.
– (mit Salbe beschmieren, verschmieren, beschmutzen): versalben 1.
beschmiert Adj. (mit Wagenschmiere): karrensalbet
beschmutzen schw.: schmudlen; klittern, klätteren
– (das Kleid mit Dreck beschmutzen): klatteren
– (die Kleider beschmutzen): verdrecklen 1.
– (durch Exkremente beschmutzen): vermachen 2.
– (durch Harnen, Brunzen beschmutzen): verbrunzen *die Hosen, das Bett verbrunzen*.
– (durch Sabbern, *Trielen* beschmutzen): vertrielen
– (durch *Sudlen* beschmutzen): versudlen
– (mit Kot beschmutzen): bescheißen 1.
– (verderben; durch das Aneinanderreiben der

Füße beim Gehen werden Hosen und Stiefel beschmutzt): wetzen 2.
- (verunreinigen): verschmotz(l)en
beschmutzt Adj.: dreckig, drecket
- (mit Kuhdreck beschmutzt): kudrecket, -ig
- (mit Tinte): tintig
beschneiden st. (die Reben beschneiden): zwikken 3.b.
beschönigen schw.: verklabasteren 6., verklabusteren
beschottern schw. (einen Weg mit Kies, Sand beschottern): kisen 1.; beschütten 3.
beschränkt Adj. (etwas dumm): dummlecht
- (verschränkt, verdreht): geschränkt, s. schränken 3.
beschuldigen schw. (bezichtigen): zeihen
Beschwerde f.: Klage 2.
beschwerlich Adj. (anstrengend, hart): handig 1.
Beschwerlichkeit f. (Umstände, Ungelegenheit): Moleste
beseitigen schw.: wegkriegen, wegschaffen
- (austilgen): austun 6.
- (Mist beseitigen): misten 2.a. *den Stall* auch *die Stube misten.*
Besen m. (zum Auskehren des Backofens): Flederwisch 2., Pflederwisch; Floder, Floderwisch
Besenginster m. (Heidekraut; die zum Besenbinden dienenden Pflanzen): Besenkraut, Besenreis, Besenheide
- (Pfriemenginster): Pfrieme II
Besenreisig n.: Besenreis, Besemreis *wenn Gott will, schlägt's Besenreis aus.*
besichtigen schw. (schauen, zuschauen): geschauen
besinnen st. (sich besinnen; schweben): geiren 2.
Besitz m. (fahrendes Gut): Habe II 1.
Besonderheit f. (spezifische Art eines Individuums oder einer Schicht): Geschmäcklein, Schulmeistersgschmäckle, Pietistengschmäckle
besonders Adv.: zumal 3.
- (gesondert, getrennt, für sich allein, eigenartig, wunderlich, sonderbar): besonder 2.
- (insbesondere, namentlich): aparte 2.
- (vorzugsweise): absonderlich 2.
besorgen schw.: verschaffen 1
- (fertig machen): gerechten 2.
- (Kleinigkeiten besorgen; kleine Arbeiten verrichten): merzlen 2.
besprechen st. (behexen): verreden 1.b.
besprengen schw. (bespritzen, begießen): sprenzen; gesprenzen
Bespritzen n. (Befeuchten): Gesprenze
besser Adj.Adv. (eher, lieber): ringer, s. ring 1.b.
- (lieber, vorteilhafter; Kompar.): wäger a.

Besserwisser m.: Gerechter, Klugscheißer, Obergescheitlein
beständig Adj. (dauernd; stark, tüchtig): fest A. 4.
- (endgültig): stät 1.
bestechen st.: salben 3., populärer: schmiren. Weit verbreitet die R.A.: *schmiren und salben hilft allenthalben* mit dem Zusatz *hilft's net bei de Herre, so hilft's doch bei de Kärre.* Variation: *hilft's net bei de Mädle, hilft's doch bei de Rädle.*
- schmiren 2.a., schmirben, schmirmen; abschmiren
bestechlich Adj.: schmotzig 2.
bestehend Part. (aus Lehm): leimen
besteigen st. (kopulieren): ranzen 4.
bestellen schw. (anordnen): anferken
- (das Feld bestellen): felden 1.
- (das Haberfeld zur Aussaat bestellen): häberen 1., haberen
- (Grüße bestellen, übermitteln): ausrichten 1.
- (Speise und Trank im Wirtshaus bestellen): anfrümmen 1.
Bestie f.: Beste II
bestimmt Adj. (sicher, auch ohne vertragliche Regelung): ausgemacht, s. ausmachen 2.b.
bestrafen schw.: ansehen 5.
bestreichen st. (mit Harz bestreichen): härzen 1.
- (mit Wachs bestreichen; z.B. den Faden): wächsen I 1.
bestreuen schw. (mit Asche bestreuen): äscheren
- (mit Gipsmehl, Kalkstaub zur Düngung der Äcker und Wiesen): ipsen 2.
bestritten Adj. (von Sachen): strittig 1.
Besuch m. (früher in der Lichtstube, heute nur noch von Besuchen am Nachmittag, aber auch am Abend): Stubet(e)
- (in einem Hause, um sich zu unterhalten): Dorfgang
- (kurzer Besuch, Stippvisite): Pfitzvisite, Pfefferbesuch
- (Unterhaltung): Heierles, Heierlos
besuchen schw. (die Geliebte besuchen): laichnen, laichen I 1.
- (unnütze, häufige Besuche machen): visitlen
- (Wirtshausbesuche machen): einkeren
Besucher m. (der Erbauungsstunden): Stundenläufer
besudeln schw. (durch vieles Spucken besudeln): verspucken *den Boden verspucken*
beteuern schw. (ein Gelübde tun): sich verreden 2.a.
Beteuerungsformel f.: *Weiß Gott! Bei Gott! Bi Gott!*
betrachten schw. (beachten): ansehen 4.
- (verliebt betrachten, sich heimlich Blicke zuwerfen): spenslen

Betrachter m. (neugieriger Betrachter): Gukker I 1.

beträchtlich Adj. (ausgedehnt, länger): geraum 2., geräum

betragen st. (sich läppisch betragen): hätteln 5.

betreffen st.: angehen 2.c. *wen's angeht, erfährt's zuletzt.*

betreiben st. (ein Geschäft ohne Eifer betreiben): tremplen 2.

– (ein Gewerbe betreiben): hantieren 1.

– (Glashandwerk betreiben): glasen 2.

– (herumtreiben): umtreiben 1.a., 1.c.

– (Küferei betreiben): küferen

– (Landwirtschaft betreiben): bauren

betriebsam Adj. (geschäftig): umtribig

betrinken st. (sich betrinken): ansaufen; zuladen

betrogen werden st. (angeführt werden): antappen 2.

betrüben schw.: verbarmen 2.

Betrug m.: Beschiß 2.; Schmu 1. *Schmu machen* betrügerisch gewinnen

– (List): Alafanz 1.

betrügen schw.: moglen; bescheißen 2.b.; beschummeln; einseifen 2.a.;

– abdecken, anbumsen 1.

– (beim Spiel betrügen): murklen 3.

– (demütigen): tunken 2.

– (Schaden zufügen; hinters Licht führen): verwischen 3., vertwischen

– (übervorteilen): balachen; gäuchen 2., gäuken

– (übervorteilen, anlügen): anschmiren 2. *wer sich mit Honig anschmerbt, den fresset d'Fluiga.*

– (übervorteilen; zurechtweisen): strälen 3.

Betrüger m.: Bescheißer, s. bescheißen 3., Leutbescheißer

Betrügerei f.: Bescheißerei, s. bescheißen 3.

betrügerisch Adj. (verschmitzt, schelmisch): beschissen, s. bescheißen 3.b.

betrunken Adj.: besoffen, s. saufen 3.; gesarft 2.; rauschig; schicker; selig 4.

– (stark betrunken): kanonenvoll

– (völlig betrunken): stockbesoffen, stockhagelvoll

– **sein** unr.: *aufgeladen haben,* s. aufladen 3.; aufhaben 3.; *selbander sein,* s. selb 1.b.

Betrunkener m.: Rauschkugel

Betrunkenheit f.: Hops 2.

Betschwester f. (nur verächtlich gebraucht): Betnoppel, Betnockel, Betmockel *eine Betnoppel und eine Stiefmutter sind's Teufels Unterfutter.*

Bett n. (Möbelstück zum Schlafen oder Ausruhen): Bett 1. *das Bett an fünf Zipfeln nehmen* überklug handeln. *Lieber nichts und gleich ins Bett, als etwas und nicht genug.* Wahl-

spruch eines Faulen: *wenn's Bett mitginge stünde ein Langschläfer gern auf. Mit de Henne ins Bett, mit 'm Gockeler auf. Wo's der Brauch ist, legt man d'Kuh ins Bett.*

– (abgezogenes Bett; Bettzeug ohne Überzug): *geschundenes Bett,* s. schinden

– (schlechtes Bett): Rutsch 2.

– (übtr.): Nest 3.a., *ins Nest schlupfen;* Gusche; Puff 3.

– **machen** schw.: betten *wie man bettet, so liegt man.*

Betteinlage f. (gegen Bettnässen): Seichbletz 1.

Bettel m.: Eischete, Heischete

Bettelei f.: Gebettel *Gebittel und Gebettel*

betteln schw. (an sich nehmen, stehlen): mopsen 2.

– (kritteln, nörgeln): nefen 2.

– (tadeln, umständlich reden): bräglen 2.

– (überreden, rechthaben; zanken, streiten): nättlen

– (um Almosen bitten): bettlen 1., fechten *mir häbet nix, als was mir bettlet und stehlet;* klingelputzen, schnor(r)en 5., schnurren 4.

Betteln n. (Betteln als Erwerbszweig): Bettel 1.

– (lästig empfundenes Betteln, daher abwertend; auch inständiges Bitten, Betteln): Bettelei, Bettlerei, Bettlete

bettelnd Part. (zudringlich bettelnd): bettelhäftig

bettelndes Kind n. (bettelnder Mensch): Bettelsack 2.

Bettelvolk n.: Bettelware

Bettgenosse m.: Bettgewärmer, Betthase

Bettgestell n.: Bettlade, Bettstatt *wenn der nur d'Hos an d'Bettlad hängt, na kriegt sei Weib scho e Kind.*

bettlägerig Adj.: bettligerig

Bettler m.: Bettelmann *wenn der Bettelmann auf's Roß kommt, reitet er ärger als der Edelmann.*

– (armselige Person; schwächliches Mädchen): Nef, Nefer

Bettler Pl.: Bettelleute *Grafen und Edelleute machet viel Bettler.*

Bettnässer m.: Bettbrunzer 1., Bettseicher 1.; Seichbletz 2.

– (auch nur einer, der uriniert): Brunzer 1.

– (spöttisch auch für unmündige, unreife Leute): Seicher 1.

Bettrost m.: Rost II 3., Rosch

Bettüberzug m. (aus Baumwollflanell): Bettbarchent; Häupfelzieche; Überzieche

Bettücher Pl.: Betthäß 1.

Beugung f. (des Rückens, Rückenbiegung): Buck 1.a.

Beule f.: Bolle I 4.

– (bes. am Kopf): Nülle II

– (geschwollene Drüse, Geschwür im Hals): Hurge
– (Geschwulst): Burren 1.a., Beuzel; Knüpfel 4.
beunruhigen schw. (rumoren, aufregen, herausplatzen): pfupferen 2. *wann se au et grad Händel mitanander ghet hent, 's hat's doch ällaweil zwischen dene pfupferet.*
– (zur Zahlung mahnen): stören 3.
beurteilen schw. (einschätzen): ansehen 3.
Beutel m.: Säckel 1., heute dafür *Beutel,* vgl. Geldbeutel
bevor Konj. (eher, ehe): vor C.
bevorzugen schw. (hochschätzen): mantenieren 4.
bewältgen schw.: forschieren
– (fertig werden): vertun 1.
– (meistern): meisteren; striglen 2.
– (verarbeiten, fertig werden): däuen 4. *'s hat so viel Geld kostet, daß mir no dran z'däubet händ.*
bewegen schw. (den Flaschenzug *Lotter 3.a.* bewegen): lotteren I 2.b.
– (heftige Bewegungen machen): fechten 2.b.
– (hin- und herbewegen, schwanken, wackeln, springen): günzen; gauklen I
– (kreisförmig bewegen): trümmlen 3., trummlen, trumslen
– (mit Geräusch sich rasch bewegen): pfurren 2. *zieh den Zapfen und laß 's pfurren* das Bier odgl. hinausbrausen.
– (mühsam bewegen): verknappen
– (rasch und geräuschvoll bewegen): pfuchzen 2.
– (rasche Bewegungen machen): fislen 6.; fisperen
– (regen): verregen
– (ruckartig bewegen): zucken 2.a.
– (schnell in der Luft etwas hin und her bewegen; herumfahren): fuchtlen
– (schwappend bewegen): schwapp(e)len d.
– (sich bewegen, z. B. von kleinen Tieren im Wasser): wablen, s.a. quapplen
– (sich gering bewegen): sich vermuck(s)ieren
– (sich hin- und herbewegen): fländeren 1.a.; gauken I 1.
– (sich lebhaft, rasch bewegen; sich rühren): wuslen 1.
– (sich rasch und flüchtig bewegen; schlampig arbeiten): schnurren 2.
– (sich rasch, ungeodnet bewegen): hasplen 2., haspen, häspen
– (sich unruhig hin- und herbewegen): geifitzen 1.; quapplen, wablen, vgl. quattlen; borzen 1.
– (unruhig bewegen, wegen Stuhl-, Harndrang): notelen 2.
– (von der Stelle bewegen; rühren): regen 1.
– (vorwärts bewegen): vorfaren 2.

beweglich Adj. (fleißig, strebsam): rürig
Bewegung f.: Mucks, s. mucks
– (kreisförmige Bewegung, vom Pfau, Truthahn usw., von Kindern): Rad 3.
– (nickende Bewegung): Gnapper 2.
– (rasche Bewegung; schneller Lauf, so daß man nicht mehr halten kann): Schuß 2.
– (stoßweise rückende Bewegung): Ruck, Rukker
– (zuckende Bewegung): Gezwatzel
bewerben st. (sich um eine andere Stelle bewerben): wegstellen 2.
bewirten schw.: gastieren; wirten, wirtlen
bewohnen schw.: verwonen 1.
Bewohner Pl. (Gesamtheit der Bewohner eines Ortes): *das ganze Ort lacht darüber,* s. Ort n. 3.b.
Bewurf m. (auf eine Mauer, eine Wand): Wurf 2.b.
bewußtlos Adj. (im Delirium): überladen, Part.2.b.
– **sein** unr. (spez. im Fieber): *überein werden, sein,* s. überein I 2.
bezahlen schw.: blechen I; Geld schwitzen 1.b., Geld schwitzen müssen; kutteren 3.; schiferen 2.; verzalen
– *den Riemen ziehen,* s. Rieme 1.
– (durch Arbeit bezahlen): abverdienen
– (eine kleine Summe bezahlen): lätteren 2.
– (eine Schuld bezahlen, entlohnen): abrichten
bezähmen schw. (zahm machen): zamsen 1., zämsen, zamserlen
bezeichnen schw. (hervorheben): markieren 1.
Bezeichner m. (von Gegenständen durch Einritzen von Zeichen): Reißer 1
bezeugen schw. (Beileid bezeugen): abklagen
bezwingen st. (be-, überwältigen): verbaschgen
– (meistern): verherren; vermeisteren
Bibernell- Rose f.: Felsenröslein
biegen st.: bucken 2.
biegsam machen schw. (eine Weidenrute durch Drehen biegen): knütten; länken
Biegung f. (bes. einer Straße): Rank 1.
– (eines Weges, einer Straße, eines Flusses): Umrank
Biene f.: Herrgottsvogel 2.; Imme f. 2.
Bienenkönigin f.: Weisel
Bienenkorb m.: Binker(t); Immenbinker(t)
Bienennarr m.: Immendatte
Bienenschwarm m. (Bienenstock): Imme m. 1. *man meint, er hätte einen Immen im Füdle* so unruhig ist er.
Bienenwabe f.: Wefel 2.
Bier n. (unentgeltlich ausgeschenkt): Freibier
Bierglas n. (Seidel Bier): Bierkächelein, s. Kachel 3.
bieten st. (einem Trotz bieten): pochen 2.a.

bilden schw. (Blasen bilden): blateren 1.
- (Haupt bilden, von Kraut und Salat): häuptlen
- (Falten bilden; stärker: runzeln): wolken 2.
- (Kopf bilden, vom Kopfsalat): stöcklen 2.
- (Zipfel bilden): zipflen 4.

Bilderbuch n.: Gemälleinbuch; Holgenbuch, Helgenbuch, s. heilig A.3.

billig Adj. (wohlfeil): wolfeil; Komp. *wölfeiler*, Superl. *wölfeilst*

Bilsenkraut n.: Zigeunerkraut a.

Birnbaum m.: Birenbaum

Birnblüte f.: Birenblust

Birne f.: Bir 1. *du bist au koa frühe Bir* spät dran; *wenn Bir zeitig ist, fällt sie von selber* eine Untat wird von selbst zur Strafe reif. *Mr sieht au' era Hutzel noh a', was emal a schöne Birn gwea isch.*
- (gedörrte Birne, unzerschnitten): Hutzel

Birnenbrot n. (Weihnachtsgebäck mit gedörrten Birnen): Birenzelte

Birnenbrühe f.: Birenbrüe
- (Wasser der gesottenen gedörrten Birnen): Hutzelbrüe

Birnenmarmelade f.: Birengesälz

Birnenmost m.: Birenmost

Birnenschnitz m. (in Schnitzen gedörrte Birne): Birenschnitz *kotz Krautsalat und Birenschnitz!*

Birnensorte f.: Geißhirtle, Stuttgarter Geißhirtle
- (langgestreckte Birnensorte): Wadelbir
- (zum Mosten bes. geeignet): Mostbir
- Zuckerbir

bißchen indekl. Indefinitpron. (wenig): Bißlein B. *nichts haben ist eine ruhige Sache, aber ein klein Bißle tut gut. E Bißle, was schad'ts* einmal ist keinmal. *E Bißle weiter als vorig* ausweichende Antwort auf die Frage nach der Uhrzeit.

Bißchen n.: Jota

Bissen m. (Mundvoll): Mumpfel 3.

bissig Adj.: kratzig 1
- (brutal): beißig; genäfig 1.
- (reizbar, verbissen): zännig 1.

Bitte f. (Wunsch): Anligen

bitten st.: anligen 3.a.
- (jemanden inständig bitten): bettlen 2.
- (sich bewerben): anstehen 2.
- (um Erlaubnis bitten): anhalten 2.b. *ich möchte für mein Hermännle anhalten* bitten, ihn vom Unterricht zu befreien.
- (um Gnade und Barmherzigkeit bitten): barmissieren

bitter Adj. (leicht bitter, etwas bitter): bitterlecht
- (scharf gesalzen): herb 1.

Bitterkeit f. (bitterer Geschmack): Bittere

Bitterliche Kreuzblume f.: Himmelfartsblümlein 2.; Kenlein 3.

Bittersüßer Nachtschatten m.: Mausholz

Bittgang m. (durch die Felder an Christi Himmelfahrt): Eschgang, Flurgang

blähen schw. (bauschen, anschwellen machen): verschwellen II

Blähen n. (Blasen; entweichende Luft): Blast 1.

Blähung f. (Aufgedunsenheit; Furz): Blast 2.

Blase f. (Harnblase): Blater 1.

blasen st.: pfurben
- (auf dem Horn blasen): pupen 1., puperen, s. Pupe
- (auf einer Weidenpfeife blasen): huperen 1.
- (durch die Lippen, vom Pferd; durch den Rüssel, vom Schwein): schnuderen 2.
- (heiße Speisen blasen): blasen 1.a. *wer ins Feuer blast, dem fliegen die Funken ins Auge.*
- (Instrument blasen): blasen 1.b. *auf 'm letzten Loch blasen* zu Ende gehen.

Blasen n.: Blas, Blast *mit einem Blas hat er älle Lichter ausblasen.*

Blaser m. (einer, der die Backen aufbläst): Pfauser 1.

Blasinstrument n. (Mundharmonika): Blase 1., Blasete

blaß Adj. (bleich wie Käse): käsig 2.
- (bleich, kränklich): grünecket; schliech
- (sehr weiß): käsweiß, käsbleich

blasses Mädchen n.: Schnäuklein, s. Schnäuke

blaßgelb Adj.: elb, elbig

Blatt n. (großes Kohl-oder Rübenblatt): Blätsche 1. *der Mann ist das Haupt, das Weib bloß die Blätsche.*

Blätter Pl. (des Mittleren Wegerichs): Hasenor 3.a.
- (von Wiesenknöterich und Großem Wegerich): Lämmerzunge
- (von Huflattich): Butterblätter

blatternarbig Adj. (unebenes Gesicht durch Hautausschlag): raupelig 1.
- stupflich 2.

Blattwerk n. (an Kartoffeln, Rüben o.ä.): Kräutich

blau Adj. (blau im Gesicht vor Kälte oder bei Erstickungsanfällen): pfannenblau
- (ganz blau): kni(r)schblau
- (ganz blau, bes. von der menschlichen Haut, als Folge von Frieren, Quetschung u.ä.): kitz(en)blau

blauäugig Adj. (mit blauen Augen): blaugeauget

Blauer Eisenhut m. (Gescheckter Eisenhut): Schäse 2.a.; Gitzlein, s. Kitze 3.a.
- **Holunder** m. (Syringa): Holderbaum

bläulich Adj.: blaulecht, bläulecht

Blaustern m. (blüht zum Josefstag, 19. März): Josefsblume 2.; Märzenblümlein

Blazer m. (Frauenjacke): Schäpper 4.c.
blechern Adj.: blechen II
Blechlampe f. (für Hausarbeiten): Hausampel
blecken schw. (Zähne blecken, fletschen; Grimassen schneiden; spotten, verhöhnen): zännen 1., zannen
bleiben st. (sitzen bleiben; ein Mädchen bleibt sitzen, heiratet nicht): hocken bleiben
– (hocken bleiben, versitzen): verhocken, verhucken
– (hangen bleiben; stecken bleiben): behangen
– (liegen bleiben): verligen 1.a.
– (zu Hause bleiben und die häuslichen Geschäfte verrichten): hausieren 2.b.
bleich Adj.: grüngelb
– (gelb wie Wachs): wachsgelb
– (ungesunde Gesichtsfarbe): grün 6.
– (von krankhafter Hautfarbe des Menschen): weiß 2.c.; *weiß vor Schreck*; verstärkt: *käsweiß, kreideweiß.*
bleiern Adj.: bleien
Bleistift m.: Blei 2.c. *ich schreib mit Blei und weiß mit Kreiden, jeder Mensch lebt in Kreuz und Leiden* (Hausinschrift).
– (Zimmermannsbleistift): Reißblei
blicken schw. (mit einem Auge oder mit halbgeschlossenen Augen blicken): glinsln
– (verstohlen blicken): gückelen, gückerlen, gücklen, guckelen
Blick m. (starrer Blick): Glotzer 2., *den Glotzer haben* gedankenlos in die Weite starren; Gukker I 3., Hochglast 3.
blindlings Adv.: blinzling(en), blinzerlings
blinzeln schw. (lebäugeln): blinzlen
– (verliebt anschauen): feinäugln, finäugln
– (zwinkern): zwitscherlen 2., zwitzeren 3., zwitzerlen 3., zwitscheren 3.
Blitz m.: Stral; Donner-, Wetterstral; Wetterlaich. Als Ausruf, Fluch: *beim Stral! Gotts, botz Stral! schlag mi der Stral!*
– (Blitz des Gewitters): Blitz 1.*wer hoch steht, wird leicht vom Blitz getroffen;* Blitzer, Blitzger, Stral
blitzen schw.: scheinen 2., scheinleichen, vgl. wetterleichen
– (wetterleuchten): verkülen 2.b.
Blitzstrahl m.: Streich 2. *kalter Streich* Blitz, der einschlägt, ohne zu zünden.
blockieren schw. (voll machen): belagern
blödsinnig Adj. (dumm): talpet, talpisch, s. Talpe
– (simpelhaft): drallig
Blödsinniger m.: Dackel II 1.; Steigerung: Halbdackel
blond Adj. (vom Haar): gel(b), neben *weiß* das populäre Wort
bloß Adv. (nur): eitel 2.
– (nur, nichts als): lauter 2. *des ist lauter Dreck.*

blühen schw. (gedeihen): grunen
blühend Adj.: blüig
Blume f. (bes. Zierpflanzen im Garten): Strauß I 1.
– (Blumenstrauß): Maien, s. Mai 3.
Blumen Pl. (die Sommersprossen verursachen, wenn man daran riecht): Rosmucken 2.
Blumenbrett n.: Schmeckbrett, -britt; Schmekken-, Schmacken-, Schmacketen-, Schmakkesbrett
Blumenkohl m.: Karfiol
Blumenkranz m. (Laubkranz): Schappel 1.
Blumenstrauß m.: Sträuße, s. Strauß I 1.
Blumentopf m.: Stockhaf(en), Stockscherbe
Blüte f.: Blu, Blü
– (Blütezeit): Blust
– (der Haselnußstaude): Huber 3.
– (des Wiesenklees): Mutschelein, s. Mutschel II 4.
Blüten Pl. (des Mittleren Wegerichs): Himmelsbrot 2.
Blütenkätzchen n. (des Haselstrauches): Haberlein, s. Haber 2.; Märzenkätzlein, Märzenhammelein
– (Kleeblüte): Kotze 2.a.
– (Zweig der Salweide mit den Blütenkätzchen): Palmkatze, Palmminkelein
Blütenknospe f.: Knopf 1.
– (Tragknospe der Obstbäume): Bärknopf, Bärenknopf
Blütenstand m. (des Haselstrauchs): Haselkätzlein
– (männlicher Blütenstand von Haselnuß, Erle, Pappel): Würstlein, s. Wurst
Blütenstaude f. (des Holunders): Holderhattel 1.
Blütezeit f.: Blüet
Blutader f. (bes. Arterie): Ader 1. *an dem ist keine gute, böse, falsche Ader.*
bluten schw.: schweißen 1.a.
Bluterguß m.: Geronnenblutbater
Blutgeschwür n. (zwischen den Fingern): Grattler 2.
Bluthartriegel m.: Beinholz 2.; Teufelsbere 2.
blutig Adj. (blutend): schweißig
blutleer Adj.: herzler 1.
Blutstorchschnabel m.: Immenhäuslein
Blutwurst f.: Blunze *du bist eine g'schickte Wurst, di sollt ma Blunze heiße* ironisches Lob der Geschicklichkeit.
– Blut-Speckwurst: Schwarzwurst, s. schwarz 5.
Blutwurz f.: Blutwurzel 1.; Tormentill
Bockmist m. (Unsinn): Schafscheiß
Bocksbeutel m.: Bocksäckel 2.
Bocksdorn m.: Zigeunerholz
Boden ..., **boden**...: verstärkendes Präfix bei Adjj. und Subst., jedoch meist mit abwertender Bedeutung.

Boden m. (des Obergeschosses, Dachraumes, Speichers): Boden 2.b. *Mai kühl, Juli naß, füllen Boden und Faß.*
– (sandiger Boden): Kisboden
– (unfruchtbarer Boden): Heißgräte
Bodenbohnen Pl. (mit runden Kernen): Hurgelen, s. Hurgel 1.d.
Bodenfläche f. (mit dem Pflug bearbeitete, für den Anbau von Nutzpflanzen bestimmte Bodenfläche): Acker, vgl. Feld, Land, *mit einem nahen Acker und einer weiten Schwieger kommt man am besten aus. Der Teufel scheißt nur auf die dungte Äcker* wer da hat, dem wird gegeben. *Bücherschmecker hont schlechte Äcker.*
Bodensatz m. (von Kaffee, Bier usw.): Satz 2.
Bodensee m.: Se
Bodenseefelchen n.: Adelfelchen, Adelfisch, Adelsperle, Gangfisch, Hemerling, Sand-, Weiß-, Miesaderfelchen, Sandgangfisch, Weißgangfisch
Bodenteppich m. (schmaler, langer Bodenteppich): Läufer 5.
– (Wandteppich): Teppich 2.; vgl. Teppich 1. (Woll-, Zudecke)
Bodenvertiefung f. (Vertiefung eines Geländes): Kessel 2.
Bohnenkerne Pl. (als Fastenspeise): Saure Gäul, s. Gaul 2.b.
Bohnenstange f.: Bonensteck(en) *dui isch so dirr, daß se sich henter'm Bonensteck omziage ka;* Kicherenstecken
Bohner m.: Blocker
bohnern schw.: blocken
bohren schw. (herumsuchen, wühlen): näbern, nabern; vgl. grüblen, grublen
– (in der Nase bohren): nasengrublen
Bohren n. (fortwährendes Bohren): Gegrubel (z. B.in der Nase)
Bohrer m.: Näber 1.
Bonbon n.: Bombo, Bombolein
– (Zuckerwerk): Zucker II
Bonifatius m. (Kurzformen): Bone, Faze, Fäzi, Fazel
Bordell : Puff 5.; Hurenhaus
borgen schw.: pumpen 1.
Borgen n.: *auf Pump,* s. Pump
Borte f. (an Kleidern): Gallone
Borste f. (grobe Borste): Kratzborste
böse Adj. (krank, verkrüppelt): herb 2.c.
– (*es ist nicht bös gemeint,* spez. beim Abschied, wenn es Meinungsverschiedenheiten gegeben hat): *nichts für ungut!*
– (sehr böse): bitterbös
– (sittenlos): los 2.
– (zornig, ärgerlich): falsch 2.; schellig 2.
– **Frau** f.: Giftnudel; Ragall(ie); Zange 2., Beißzange

– **werden** unr.: erbosen
boshaft Adj.: kreuzig 1.
– (neidisch): arg I.1.
– (unartig): bosig
Bosheit f. (Pick): Nüpp 2.
Bottich m. (Kufe, in die das Kraut zum Sauerwerden eingemacht wird): Krautstande
– (offener Bottich, Holzgefäß): Stande
Bovist m. (Pilz): Baunskugel; Geistkappe
Brachfeld n.: Brache 3.
brachliegende Flur f.: Brachflur, vgl. die übrigen Fluren: Winterflur, Sommerflur
brachliegender Acker m. (auch die Zeit, während derer ein Acker brachliegt): Brache 2. *bei dem liegt alles brach.*
– **Teil** m. (der im 3.Jahr brachliegende Teil der Feldmark): Brachesch, Brachfeld, Brachzelge *du bist verschrocke wie d'Pfullinger Saua, die send vom Brachesch in d'Fruchtesch g'rennt.*
Brachmonat m. (im Monat Juni wurde das Brachfeld gepflügt): Brachet 2.
Brandblase f.: Brandblater
brandeln schw. (nach Brand riechen): brünstelen, brändelen 1., bränselen, bränzelen; sengelen 1.
Brandfleck m.: Brandmase
brandfleckig Adj.: brandmasig, s. Brandmase
Brandpilz m. (am Getreide): Rost I 2., Rust, Brand, Flug, Tau, Ziegeltau
Branntwein m. (aus Kirschen): Kirsch(en)wasser, Kirsch(en)geist, Kirschschnaps
bräteln schw.: bratlen, brätlen
Bratkachel f. (wirkliche Kachel, aber auch Raum am oder im Ofen zum Warmstellen): Brat(ens)kachel *stell's Kraut in Bratkachel!*
Bratpfanne f.: Kasserole 1.
Bratschüssel f.: Bratenskar
Brauch m. (am Stefanstag, 26. Dezember): Stefansreiten; vgl. Stefansreiter
– (in der Nacht zum 1.Mai): *Maien stecken,* s. Mai 4
– (veralteter, unzeitgemäßer Brauch): Zopf 5.
brauen schw. (Bier mit Hopfen brauen): hopfen II *gehopftes Bier*
braun Adj. (mißfarben braun): mockeleinsbraun
– (von häßlich brauner Farbe): munkelein(s)braun
bräunen schw. (braun werden): abbräunen
– (sich bräunen, der Sonne aussetzen): braten 2.
Braunkehlchen n.: Krautvögelein, Krautvogel 2.
bräunlich Adj.: braunlecht; schmaunkelenbraun
Braut f. (vom ersten Besuch der Werbung bis zur Hochzeit): Hochzeiterin

Brautführer m.: Gespil A.1., (Bräutel-)Geselle, Ehrengeselle, Ehrenknecht; Züchtmeister; Hochzeitbube

Brautgeschenk n.: Weiset b.

Bräutigam m. (Gemahl, Freund; Braut, Gemahlin, Freundin): Gespons
- (Liebhaber, Geliebter, Schatz): Heirat 2.
- (vom ersten Besuch der Werbung bis zur Hochzeit): Hochzeiter

Brautjungfer f.: Gespil B.2.; Hochzeitmagd

Brautmutter f.: Hochzeitmutter

Brautpaar n.: Brautleute

Brautschau f. (Werbung): Weibet(e), Menschete; Besehet(e); Anbesehete, s. anbesehen

brav Adj. (artig): wäckerlich 1.
- (tüchtig, kräftig, rasch): tapfer

Bravheit f.: Bräve *Bräve geht über d'Schöne.*

brechen st. (mit lautem Schall): fatzen 4.
- (von Saiten): abfatzen
- (zerbrechen): verbrechen 1. *der Ma verbricht's Schüssele, 's Weib's Häfele.*

Brei m. (aus Milch und Mehl): Kindleinsbrei
- (dicker Brei): Sauigel 3.; Gestopfer, Gestopfe, vgl. Gestampf
- (Teig aus Milch, Eiern, Mehl; geröstetes Mehl): Zwer 1., Mel, Teiglein, Einbrennet
- (Teig, zerdrückte Masse von Beeren, zusammengenetete Speise): Knoz 1.

breiartig Adj. (schwerflüssig): klätterig

Breiesser : Breigosch 2.

breiig Adj.: matschig
- (von Kartoffeln, Mehlspeisen): musig
- (flüssig): pflütterig 1., pflutterig
- (weich): pfutterlind, pfutterweich, s. pfutterig

breit Adj.: breit, krotenbreit *einen breitschlagen* durch unaufhörliches Zureden gewinnnen; *einen krotenbreit schlagen* durchprügeln; *breit schwätzen* schwäbisch reden; *den breiten Weg* der Breite nach, *den langen Weg* der Länge nach.
- (ausgedehnt): weit 1., opp.: eng
- (breit und flach wie Kuchen): bertenbreit
- (dick am Ende, am Arsch): gearschet
- (ganz breit, nur abschätzig): krotenbreit
- (plump): tatschig 2., tätschig
- (wenig breit): breitlecht

Breitblättriger Rohrkolben m. (Schmalblättriger Rohrkolben): Küferknospe

Breitblättriges Laserkraut n.: Hirschwurz b., -wurzel

Breite f. (Breitenausdehnung): Weite 1., Weitne

Breitgedrücktes n. (etwas Breitgedrücktes): Totsch I.

Breitgefallenes n. (etwas Breitgefallenes, z. B. ein gefallenes Ei): Tatsch II 1., Tatsche

breitmäulig Adj.: breitmaulet

breitspurig Adj. (vom Gang): lotschig 2.
- (von Gang und Haltung): weitleisig

breiweich Adj. (weichlich, krank, feige): pappet *er steht da wie ein pappeter Jesus* ungelenk, ängstlich.

Bremsbacke f. (aus Holz, die an das Rad angedrückt wird): Mickebacken

Bremse f. (Hemmklotz hinten am Wagen): Mikke, Mickel, Mickete; Mecke, Mickenie, Mekkenie, Mickeneiing, Mucke

bremsen schw.: micken, mucken; verdeutlicht: zumicken, zumucken; opp.: aufmucken

Bremskette f.: Mickekette
- (am Holzschlitten): Scherre 2., Scharre

Bremsprügel m. (der den linken und rechten Teil der *Micke* verbindet): Mickeprügel

brennen st.: feuren
- (absengen; heiß scheinen): sengen 1.
- (Kohlen brennen): kolen I 1
- (stechen von Brennesseln, Ameisen): sengen 2.; sengelen 2.

brennend Adj. (übtr. hitzig, jähzornig): brennig

Brennessel f.: Nessel, Essel; Eiternessel, Züngessel; Seng(n)essel, Zengessel

Brett n.: Brett, Britt *da ist die Welt mit Britter verschlagen; der mag keine härte Britter bohren* sich nicht anstrengen; *man kann keinen Furz auf ein Britt naglen;* ein rauhes Britt will einen starken Leim; *eine Frau mit flacher Brust hat e Britt mit 2 Nägel; Britter schneiden* schnarchen.
- (auf dem der *Spätzlesteig* zu *Spätzle* geschabt wird): Spatzenbrett, -brittlein; vgl. auch *Spatzenbrüe, Spätzlesbrüe* Wasser, in dem die *Spatzen 2* gekocht werden; Syn.Spatzenwasser
- (Balken; dickes Brett): Dile
- (Bohle): Lad(en) 2.
- (das im Leiterwagen den Boden bildet): Wagenbritt, -brett
- (für die Topfpflanzen): Stockbrett, Stockbritt
- (hängendes Brett; im Keller hängend): Hange, Hängel, Brothange
- (mit Öse): Faulenzer 3.c.
- (vom Hinterofen an die Wand): Lotter 3.b.
- (vor dem Fenster, für die Topfpflanzen): Simsenbritt
- (vor dem Küchenfenster, in der Küche): Hafenbrett, Hafenbritt, Schüsselbrett, Schüsselbritt
- (zum Festschlagen des Mists): Mistpritsche
- (zum Stauen des Wassers): Stellbrett
- (zur Einfassung, Abgrenzung): Schalte 2., Scholte

Bretter Pl. (die zwei äußersten Bretter des zersägten Baumstammes): Schwarte 2., Schwärtling; Schwaden

Bretterverschluß m. (für einen Wasserlauf; das Brett wird senkrecht aus- und eingeführt): Stellfalle, mit Fallenstock

Bretterzaun m. (Gartenzaun, Bretterwand): Dile

Brettspiel n. (Mühle): Müleziehets(e), vgl. Fickmüle

Brezel f.: Bretze

bringen unr. (durcheinander bringen; durch Strampeln in Unordnung bringen): verstrablen, verstrampfen, verstrampfIen; vernesten
- (durcheinander bringen; unsauber arbeiten): wustlen, s. wurstlen
- (in Verlegenheit bringen; in Not kommen): *einen in die Scheißkrot führen,* s. Scheißkrot 2.
- (zum Schweigen bringen): decklen 2.a.
- (zur Sprache bringen): *auf's Tapet bringen, auf's Tapet kommen,* s. Tapet

bröckchenweise Adv. (Stück für Stück): bröckelesweis, s. Bröckel

Bröckelerbse f. (Erbse, die grün gepflückt, gebröckelt wird): Brockelerbse, Brockelein

bröckelig Adj. (bröcklig): brocklich, brosamig, broselig, bröselig
- geririg
- (weich): pfutterig

bröckeln schw. (Brot in Brocken brechen): brocken 2. *was du brockst, mußt essa;* brocklen 2.

Brocken m. (abgebrochenes Stück): Bröckel, Brockel, Brickel, Bröckelein *ein Bröckele* ein bißchen.
- (großer Brocken): Heigelbrocken
- (großes Stück Holz, Fleisch, Brot o.a.): Mokkel 1., Mock I 1.
- (Stück vom Brot, Speck, Käse): Muckel, Mückel

brodeln schw. (sprudeln, aufwallen, sieden): brudlen 1., brodlen; pfutteren 1.
- (von siedendem Wasser): pflutteren 1.

Brombeere f.: Brennbere; Hirschbollen

Broschüre f. (erbauliche, frömmelnde Broschüre): Traktätlein

Brot n. (aus Dinkelmehl): Kernenbrot
- (besseres Brot mit Apfelschnitzen): Äpfelzeltes
- (halbweißes Brot): Scheckenlaib, gemacht aus Scheckenlaibmehl
- (in einer Blechkapsel gebacken): Kapselbrot, vgl. Kapsellaib
- (längliches Brot; an beiden Enden zugespitzt): Kipf 1.
- (mißratenes Brot, von dem sich beim Backen die Rinde löste): geschupftes Brot, s. geschupft 2.
- (mit dem Gewicht von einem Pfund): Pfünder, Pfenderlein
- (mürbes Brot; d.h. mit Butter gebacken; mürber Kuchen): Mürbes, s. mürb
- (süßes, braunes Brot auf dem Jahrmarkt): Magenbrot

- (vom Bäcker gebackenes Brot): Beckenbrot

Brotablage f.: Brothange *dem ist d'Brothang weit 'nauf g'hängt;* Brothängel

Brotbacken n.: Bacherei

Brotbröckelchen Pl. (geröstet, gern in Suppe und in Salatsoße verwendet): Kracherlein, s. Kracher 3.

Brötchen n. (aus schwarzem Mehl gebacken mit Salz und Kümmel bestreut; in anderen Gegenden aus Weißmehl mit Zucker darauf. Früher Patengeschenk für Kinder an Allerseelen, damit sie für die armen Seelen beten): Sele 2.

Brotkrume f.: Brosame 1., Brosel

Brotkuchen m. (dünner Brotkuchen, aus dem Teigrest gebacken): Wähen

Brotlaib m.: Laib *trau der Liebe net zu wohl und schneid net z'viel vom Laib. Laible, du mußt Ribele heiße, Ribele, du mußt gfresse sei* sagt der Hungrige.
- (der Teil des Brotlaibs, der beim Einschießen an einen anderen gestoßen wurde und daher keine Rinde bekommen hat): Anschuß

Brotrinde f. (Brotkruste, Brotkante): Ranft 1., Ränfte

Brotschnitte f. (zum Eintunken in den Kaffee): Tunkel

Brotstück n.: Brocken 1.
- (das über den ganzen Laib geschnitten ist): Kringelstück
- (großes Brotstück): Runke; Ranken 3.
- (meist in Keilform): Speidel 2.

Bruch m.: Leibschad(en)

Bruchstück n. (von Ton, Glas u.ä.): Scherbe 1., Scherfe

Brücke f.: Brucke, *ein Freund im Rucken sind 3 starke Brucken.*
- (schmale Brücke über einen Bach): Steg 1.

bruddeln schw. (halblaut vor sich hinschimpfen): brudlen 2.d.

Bruddler m. (Schimpfer): Brudelhafen, Brudelhans, Brudelmus, Brudelsuppe, Brudler 3.; Brummer 2.; Mauler, Brudelsack

Brühe f.: Brüe, *a Rühle gaht über a Brühle* Ruhe ist mehr wert als Essen. *Wenn d'Brüh verschüttet ist, ka ma se nimme aufhebe.*
- (in der man die Würste siedet): Wurstbrüe
- (in der man Fleisch und Wurst kocht): Kesselbrüe
- (schmutzige Brühe): Geschluder
- (von gekochten *Schnitzen*): Schnitzbrüe

brüllen schw. (heulen; laut weinen aus Schmerz oder Zorn): reren II
- (vom Brüllen des Rindviehs, vom Heulen des Hundes, vom lauten Weinen der Kinder): brellen

brummen schw.: hummelen
- (Brüllen des Stiers, Knurren des Hundes,

Rollen des Donners; unverständlich murren): brummlen
- (knurren): murren
- (mit sich selber reden, unzufrieden knurren; zanken): mutteren, muttlen, brudlen
- (schnarren): ralen
- (wie eine Hornisse): hurnaußen
- (zanken): burren 1.

Brummen n. (Gurgeln, Brodeln): G(e)suttere
Brummer m. (mürrischer Mensch): Mutterer
brummig Adj. (verdrießlich): murrig; muttlig
Brummkreisel m.: Habergeiß 4., Habergitze
Brunnen m. (aus dem die Kinder kommen sollen): Kindleinsbrunnen
- (der nur infolge anhaltenden Regens fließt und dann meist als Vorbote von Mißwuchs und Teuerung angesehen wurde): Hungerbrunnen, Teuerbrunnen

brünstig Adj.: reisig 2.; reißig 1.
- (bes. von der Hündin): läufig 3.
- (vom Schwein): runsig
- (von der Stute): rossig
- (von Katzen und Frauen): rallig
- (von Katzen; auch von Menschen): rammlig 2.

brünstig sein unr.: bocken 1. *wenn's der Geiß z'wohl ist, na bocket se.*
- ochsnen 1., stieren, rinderen, spilen
- rammlen 1.a.
- (geil sein): reien 2.
- (vom Schwein): reißen 2.c.; rumsen; brimmen
- (von der Kuh; auch vom Sprung selbst): rinderen II 1.
- (von der Stute): rossen, roßlen 1.

Brunstzeit f.: Rammlet(e)
Brust f.: Herz
Brustbein n.: Schneller 2.b.
- (bei Ochse und Kuh; Rippenstück vom Rind): Überzwerch

Brustdrüse f. (vom Kalb): Milcher 2.
Brüste Pl. (der Frau; Busen): Herzer
brüsten (sich brüsten; groß dünken): munen 2.
Brustlatz m.: Goller 3., Golter, Göller, Koller
Brustwarze f. (bes. weibliche Brustwarze): Zitze, häufiger: Dutte 1.
Bruthenne f.: Brutel, Brutere, Bruterin, Brüterin
Brutkorb m. (für die Hühner): Hünerkorb, Hünerkratt(en)
Brutzeln n.: Gebrotzel
Bube m. (als Scheltwort): Lausbu, Rotzbu, Spitzbu, s. Bube 6.
Buch n. (dickes Buch; großes Gemälde, umfangreiches Bühnenstück, aufwendiger Film, alles von geringem künstlerischen Wert): Schunk(en) 2., Schwarte
- (in Schweinsleder gebunden): Schwarte 1.

Buchdrucker m. (auch unbeholfener Mensch): Drucker 3., Druckser
Buchecker f.: Buchel, Büchelein
buchen Adj. (aus Buchenholz): buchen, büchen
Buchfink m.: Jäk 2.
Buchsbaum m.: Sefe, Sefer
Buchstabe m. (unleserlicher Buchstabe): Stake 2.
bücken schw. (beugen): bucken 1.
- (sich bücken): ducken *ma muß sich ducken und schmucken* schmiegen. *Mit Bucka und Ducka kommt ma durch älle Lucka. I bi arm und muß mi ällzeit ducka.*

Buckliger m. (Mensch, der gekrümmt geht): Schuck(e)ler 2., Schuckelein
Bude f. (des Händlers): Butike 1.
Bügelbrett n.: Bögelbritt
Bügeleisen n.: Bögeleisen
bügeln schw. (Wäsche bügeln): böglen 1.
Bühne f. (oberste Bühne im Giebel): Trech
Bühnenladen m. (in einem Giebel): Gibelladen
Bühnenvorraum m.: Trippel 3.b.
Bullenhalter m.: Farrenhalter, Farrenwärter
bummeln schw. (einen kleinen Spaziergang machen): spritzen 2.b., spretzen, stritzen, schritzen, strutzen
Bund m. (Bündel; Strohbund): Schaub a.
- (Schlußsaum an Kleidern, wo diese geschlossen werden): Breis, Hemedbreis, Hosenbreis, Schurzbreis
- (von Stroh, Heu; Strohbüschel): Wisch 1.

Bündel n.: Bund 3.; Pack 1.a.
- (von gesponnenem und gehaspeltem Garn, Wolle, Seide): Rick 1.
- **schnüren** schw. (den Dienst wechseln): bündlen, bündelen, vgl. Bündeleinstag

Bundstiefel Pl. (wie sie Bauern trugen): Baurenbossen
bunt Adj. (grell von Farben, stets tadelnd): gackelig 1., gäckelig
- (hell von Farben): keck 1.c.

buntfarbig Adj.: gackeleinisch 1.
Bürgermeister m. (Oberbürgermeister): Schultheiß, meist: Schultes
Bursche m. (ein sauberer Bursche; nur ironisch gebraucht): Patriot
- (kluger Bursche): Käpsele, s. Kapsel 5.

Bürste f. (grobborstig): Wurzelbürste
- (Schrubber; Rauhhobel): Schropper

Bürzel m. (Stumpfschwanz): Burzer 1.
Busch m.: Busch, Bosch, Buschel; Dosche, Dusche
- (Strauch): Hecke 2., Heck

Buschbohne f. (übtr. dickes Kind): Beckenrusel; Bodenhocker 1.
Büschel n.: Schopf I 3.
- (Haare, Heu, Gras): Schübel
- (Hand voll, Arm voll): Lock 2.

– (Strauß von Kräutern und Blumen– darunter darf die Königskerze nicht fehlen-, der an Mariä Himmelfahrt, 15. August, bei der *Kräuterweihe* in der Kirche geweiht wird): Weihbusch, -büschel
– (von Gras, Stroh, Reisig): Buschel
buschig Adj.: doschet, doschig
Buschwindröschen n.: Aprillen (-blume); Geißblume; Guckuksblume 1.; Märzenblümle; Märzenkachel; Schlüsselblume 5.; Weiße Schmalzblume 5.
Busen m. (großer Busen): Kiste 4.
– (weibliche Brust, Brüste): Herzer, s. Herz 2.a.

Bussard m. (Tagraubvogel): Schura
Bütte f. (auf dem Rücken getragenes Gefäß bei der Weinernte): Butten, Butte, Bütte
Butter f.: Anke II 1.
– **machen** schw.: gutt(e)ren 4.
Butterfaß n.: Plotzfaß
Butterkügelchen Pl. (die beim Rühren der Butter entstehen): G(e)risel 2.
Buttermilch f. (auch spöttisch von trübem Wein oder Most): Plotzmilch; Rürmilch
Butterstoßen n.: Plotzet(e) 1.
Butzen m. (in der Nase): Bäkel, Mäckeler

C

Chicoree m. (Salat-Zichorie): Sonnenwirbel c.

Chintz m. (buntbedrucktes Gewebe): Zitz

Christi Himmelfahrt f.: Auffart

christliches Gotteshaus n.: Kirche, Kilche. *Der lauft mit der Kirch um's Dorf. Es beten net alle, die in d'Kirch gehe. Einem in die Kirch gehen einem Pfarrer, einem zur Trauung gehen. Je näher bei der Kirch, je später'nei. Je näher bei der Kirch, je näher bei der Höll. Nah bei der Kirch, weit vom Himmel. Der flieht d'Kirch, wie der Teufel 's Kreuz. Wo unser Herrgott e Kirch hat, baut der Teufel e Wirtshaus nebe na. Der geht am liebste in d i e Kirch, wo ma mit de Schoppegläser zusamme läutet.*

– **Symbol** n. (Kruzifix): Kreuz *mit dem Kreuz gehen* an einer Prozession teilnehmen. *Der Ehstand ist e Prozession, wo allet's Kreuz voran geht.*

Christoph m. (Christopherus; Tauf- und Heiligenname; sein Tag, 24. Juni; Schutzpatron der Reisenden und Autofahrer): Kristof(fel); Kurzform: Stoffel 1.

Christophskraut n.: Hexenkraut 1.; Schwarz–Anna– Kraut

Christus m.: Herrgott 2. *der ist dummer als unseres Herrgotts Gaul, und des ist e Esel gwese. Der ist so keck, daß er den Herrgott vom Kreuz 'rab stiehlt.*

Christuskind n. (auch die Geschenke des Christuskindes): Kristkindlein 1.

Cousin m. (auch Neffe; überhaupt die männlichen Seitenverwandten): Vetter 2. *ein Nachbar an der Wand ist besser als ein Vetter über Land. Vetterles machen* Nepotismus treiben.

D

da Adv. (auf jener Stelle): dadannen, dadannenda
- (da und dort): *um und um, dumedum*, s. um 1.
Dach n. (einseitiges Dach): Schlapper 2.c., Schlappdach
Dachboden m. (Bühne des Bauernhauses): Laube 2.d.
- (oberster Teil der Scheune): Gerech
- (Speicher): Büne b.
Dachfenster n. (Dachtürmchen, Dachgaube): Guckenhürlein, Guckenhörlein, Guckhütlein, Guckhänlein; Guckere; Büneladen, Dachladen
Dachgeschoß n. (Oberstock): Juhe 2.a.
Dachkammer f.: Bünekammer
Dachraum m. (Bühne, Heuboden, Zimmerdecke): Dile *wo ma's Glück hat, kälbret d'Holzschlegel uf der Dile.*
Dachreiter m. (Aussichtstürmchen): Dachhürlein, Guckenhürlein
- Juhe 2.b.
Dachrinne f.: Dachkener
- Trauf 1. *vom Regen in die Traufe kommen.*
Dachsparre f. (vom First herablaufend): Rafen
Dachstube f.: Gaden 2., Gadem
dahin Adv. (hinzu): da(r)zu
dahinschwinden st. (vergehen; eingehen; verdunsten): schwinden 1.
dahinsiechen schw.: ausdochten
damals Adv.: selmal, selemal, semal, selsmal; selbiges mal, s. sel 2.c.
- *von selt an, von sett an,* s. selbt 2.
damit Konj. (weil): um daß
Damm m. (am, im Wasser , zum Ableiten des Wassers): Wur
- (im oder am Wasser): Schlacht 2.a.
dämmerig Adj.: äber, aber
dämmern schw.: düspelen
- (Abend werden): abelen
dämmernd Part. (halbdunkel): düspelet
Dämmerung f.: Dusel 1.c.; Zwischenlicht
- (Dunkelheit): Duster *zwischen Duster und Demer.*
- (morgens und abends): Demer, Demere
- (undeutliche Beleuchtung, flüchtiger Anblick): Hochglast 2. *im Hoglast sehen* flüchtig, undeutlich, im Umriß; Hochlicht 2.
Dämon m. (unreiner Geist): Geist 2.b.

Dampf m. (Nebel): Duft 1.
danke (Höflichkeitsformel aus »ich danke«): *vergelt's Gott!* s. vergelten *vom Vergelt's Gott ka ma it lebe.*
daran Adv.: dan
daraufsetzen schw. (auf ein Glas Bier noch ein Glas Wein daraufsetzen): zuspitzen 2.
darben schw. (kärglich leben): schmalmausen
darbieten st. (reichen): bieten 1. *der kann ihm 's Wasser nicht bieten* ist ihm an Können und Verstand nicht gewachsen.
Darm m. (Gedärm): Kuttelsack, Kuttlensack, Kuttelwerk, Kuttlenwerk
Darre f. (Hanf-, Obst-, Malzdarre): Dörre 1., Dorre
darstellen schw. (figurieren): abgeben 3.
- reißen 1.c., *Schnaken, Possen reißen.*
dasitzen unr. (gedankenlos dasitzen, einhergehen): losen I 2.
- (träge, trübsinnig dasitzen): dahocken
Dauer f. (eines Vaterunsers): Vaterunserlänge
dauerhaft Adj. (ganz; stark; schön; unverschämt, grob): massiv
- (sättigend): häbig 5.
- (tadellos gearbeitet): wärschaffen
dauern schw. (lange dauern; auf Erledigung warten): anstehen 3.
- (währen): wären
davonmachen schw. (sich davonmachen): pakken 1.b.
davonschleichen st. (schlendern): dinsen 2.
dazwischenreden schw.: genörklen 4.
Decke f. (des Kirchenschiffs): Himmel 2.a.
- (einer Bettlade, des Himmelbetts): Himmel 2.b.
- (gesteppte, gefütterte Bettdecke): Golter
- (Wolldecke, Zudecke): Teppich 1.
Deckel m. (Decke, Deckel auf verschiedenen Dingen): Kappe 2.b.
- (der Mütze): Kappendach, *eim's Kappendach verschlage* ihm durchprügeln.
- (des Sautrogs): Sauladen 1.
- (z. B. einer Flasche, eines Korbes): Lid 2.
decken schw. (begatten): beschälen, belegen
Deckreisig n. (Reisig zum Abdecken der Pflanzen gegen den Winterfrost): Deckreis(ach)
Defekt m. (geistiger Defekt): Dachschaden

defloriert Part. (zumindest abpoussiert): abgeschleckt, s. abschlecken 2.

Degen m. (mit stumpfer, breiter Klinge): Fuchtel 1.

dehnbar Adj. (elastisch): zugig 2., zügig

dehnen schw.: verstrecken 2.

– (die Glieder dehnen): runsen 3., runslen

Deichsel f.: Deichsel (m.), Geichsel *über'n Deichsel 'nauschlagen* über die Stränge; *der scheißt über den Deichsel* macht tolle Streiche; *da ist der Wagen länger als der Deichsel* die Frau größer als der Mann.

delikat Adj. (kutzlig, schwierig; verderblich): heikel *mit dem ist heikel umgehen.*

demütig Adj. (meist jedoch tadelnd, heuchlerisch): annamärgelich

demütigen schw. (jemanden demütigen, seinen Hochmut, Eigensinn nehmen): *Pfipfis nehmen,* s. Pfipfis 2.a.

dengeln schw.: dänglen, danglen *gut dänglet, ist halbe g'mäht (g'wetzt).*

denunzieren schw.: pichen 4.

deponieren schw.: (etwas in die Sparkasse legen): einlegen 5.

der Pron. (die, das): wo 3.

derart Adv.: derartig

derb Adj. (sehr stark, sehr groß): erdenmäßig, erdenschlächtig

derber Mensch m.: Hape 3.

derjenige Pron. (dasjenige): sel 2.b., sele

derselbe Pron.: der nämliche; stärker: allernämlich, allernämlichst; Syn. gleich

– (dieselbe, dasselbe): sel 2.c., sele; selbig

desgleichen Adv.: ditto

deshalb Adv.: wegen selem

– (darüber): d(a)rob 2., d(a)rober 2.; darab 2.

– **nicht deshalb** Adv.: net um des, s. um 2.b.

Destillat n. (erstes Destillat): Vorlauf 1., Vorlaß 1.

– (stärkstes Destillat): Vorlauf 2., Vorlaß 2.

deswegen Adv. (deshalb): selbstwegen, selbtwegen, selbwegen, setwegen, selbt 3., s. sel 2.c.; derwegen

deutlich Adj. (eingängig, klar): hell 3.a. *ist dir des jetzt hell?* hellicht 2.

Deutscher Enzian m.: Hausanbrenner 3.b.

diagonal Adj. (quer hinüber): übereck, überecks

dicht Adj. (fest anliegend): gehäbe 1., behäbe

– (fest gedrängt): satt 2.b.

– **nicht dicht** Adj. (nicht kompakt, nicht fest): gätterig 1.

dick Adj. (dick wie ein Arm): armsdick

– (fest): pfatschig, s. pfatschen

– (fest geworden): gestanden 2.; gestock(e)t

– (hochschwanger): wargeldick

– (plump): mollig 2.

– (sehr dick): faustdick *faustdick hinter den Ohren haben.*

– (wohlbeleibt): stark 1.c.

dickbauchig Adj. (unförmig dick): wampet, wampig

– (mit einer Wampe versehen): gewampet

dicke Frau f.: Bumpel 1., Pfluntsch(e) 1., Futschel 2., Hurgel 2., Kiste 3., Pflumpfe, Pflumpfel, Rugelein 2., Rügelein, Schnaufkugel 2., Schumpel, Schumpelärin, Wampe 2., Watsche 2., Watschel

dicker Knabe m.: Hosenbumper

– **Mensch** m.: Blunze 2.a.; Brose 2.; Knuppel 2., Knoppel; Mopper

– (mit watschelndem Gang): Quattle

– (tölpischer, dummer Mensch): Wale 1., s.a. Balle

– (unbeholfen): Bantle

dickes Kind n.: Bolle I 5.b.

dickflüssig Adj.: semig

– (von einem festen Stoff, der zerfließt, z. B. Butter, Käse): läufig 2., laufig

Dickkopf m. (dicker Kopf): Mollenkopf 2., Molle-, Molleskopf

– (Schelte): Mostkopf, Mostribel; häufiger: Dummkopf, Simpel; Hummeler 3., Hummeler(s)grind, -kopf; Möckleinskopf; Ribel 4., Mostribel, Ribeleskopf, Ribelesgrind; Regenmolle 4.

dickköpfig Adj.: klotzkopfet

dickleibig Adj. (unbeholfen): bumpelig

dicklich Adj. (zur Fülle neigend): dicklecht

Dickwanst m.: Schmerlaib 2., -bauch, -wampe

Dieb m. (den man nicht erwischt): Habich(t) 2.c.

diebischer Mensch m. (Schelte): Ratz 3.

Diener m.: Ehalte *wenn die Ehalte reitet und fahret, müsset ihre Herre bald laufe.*

Dienstag m.: Aftermontag, Zinstag

Dienstantritt m. (Eintritt in einen neuen Lebensabschnitt): Einstand

Dienstherr m. (Vorgesetzter, Machthaber): Herr 5. *der hat sein Herre gfunde. Der ist unterm Tisch Herr. Wie der Herr, so's Gscherr* (Geschirr).

Dienstmädchen n. (dienende Magd): Magd 2. *es gaht älles sein Gang, hat der Müller gsait, wo er ist Magd glege.*

dieser Pron.: dener, dene, denes

diesjährig Adj. (von diesem Jahr stammend): heurig, opp.: ferndig

– (in diesen Tagen, heute): heuer

diesseits Adv.: hannen opp.: dannen II

– hüben, opp.: düben, *hüben und düben* diesseits und jenseits

– (auf dieser Seite): dahenen; üben I, *übenedrübe* dies- und jenseits

– (hüben): henen I, henet, hern(en), henz(en), henzet

Diesseits n. (diesseitiges Leben): Zeitlichkeit

differieren schw.: gäb(e)len 4.

Ding n. (abgenütztes Ding; auch alte Kuh, altes Weib): Schachtel 5.

– (Eigentum, Habseligkeit; Besitz, Reichtum): Sache 5., Sach

Dinkel m.: Spelz 1.

– (in enthülstem Zustand): Kern 1.b.

– (Triticum Spelta): Fes(en) 2.

Distel f. (die im Getreide wächst): Haberdistel

doch Partikel, Konj. Adv. (gern): aber, s. aber I 1.

Docht m. (der Kerze oder Lampe): Dacht 1.

Dohle f. (Vogel): Dahe 1., Dache, Dale, Däle, Dulle 1., Dullak

Dolde f. (Zweig mit Früchten): Zotter 1.

Doldengewächs n. (Bärenklau, Wiesenkerbel): Morchenstengel, Märren-, Mörchenstengel

Dolomitboden m. (diluvialer Lehm): Malm(en), Malben

Dompfaff m. (Singvogel): Gimpel 1., Golle, Golm

Donner m. (entfernter Donner): Buderer

Donnerschlag m.: Kläpfer 1.

Donnerstag m. (vor Fastnacht; der eigentliche Fastnachtsbeginn): schmotziger Donnerstag, s. schmotzig 1.c., auch: schmalziger Donnerstag; unseliger Donnerstag, gelumpiger Donnerstag, s. unselig 2.a.; Gumpendonnerstag, gumpige 2.-, gumpete-, gumpelige-, gümpelige Donnerstag

– **Drei Donnerstagabende** (vor Weihnachten, wo Kinder vor die Häuser zogen und *Säck, Säck!* rufend Geschenke erbettelten): Säckleinsnacht, Säckleinstag, s.a. Klöpflensnacht

Doppelbett n.: zweischläferiges Bett

Doppelfenster n.: Vorfenster, Fürfenster

Doppelfurche f. (indem man einmal hin- und einmal herfährt): Ker I 1.

Doppelkinn n. (Fetthals, herabhängende Halshaut beim Rindvieh): Kele, Kelger, Kerger

doppelt Adj.: dopplet *dopplet g'näht hebt besser. Nimm's dopplet, wenn's dir einfach zu lang ist.*

– (zwiefältig, von zusammengewachsenen Früchten; von einem gegabelten Baumstamm): zwislet, zwislig

Dorf n. (in dem sich ein Pfarramt befindet): Pfarrdorf

Dorfteich m. (zum Tränken des Viehs; heute Wasserteich zum Feuerlöschen): Hülbe, Hüle I , Wette

Dorfzaun m. (Bann des Dorfes): Dorfetter

– (Grenze zwischen Dorf und Feldflur): Etter 2.

Dornige Hauhechel f.: Geweischwurz(el); Weiste, Weischte, Weischlen

dörren schw. (mürb machen ohne Feuer): rösten 2., röschen

Dörrobst n. (Fastenspeise): Schnitze und Zwetschen

– (ungeschnittenes Dörrobst; bes. gedörrte Birnen): Hutzel 1., Hurzel; die zerschnittene Birne heißt *Schnitz, Birenschnitz.*

Dörrvorrichtung f.: Darre

dort Adv.: dert, selbt 1.

– (daran): dannen II 1. *am Stiefel ist kei Nagel me danne.*

– (drüben, jenseits): dummen

– **drüben** Adv. (dort hinüber): enen

Dost m.: Altweiberschmeckete, Krautschmeckete, Kienle, Schmeckete

Dotter m. (von zu hart gesottenen Eiern): *schwarzer Teufel,* s. schwarz 2.

drängen schw. (antreiben zur Arbeit): stallieren 2.

Drängen n.: Getrubilier; Presserei, s. pressieren

– (Hetzen): Notlerei

Drängler m. (Schelte für eine Person, die keine Geduld hat): Notscheiß, Notscheißer

– (Treiber, drängende Person; jähzorniges Kind): Notel

drauflosarbeiten schw. (immerzu tätig sein): zuschanzen 2.

drauflosfahren st. (weiterfahren): zufaren

drauflosgehen st. (weitergehen): zugehen 1.a., *gang zu!* vorwärts! zulaufen 2.

drauflostreten st. (immerzu treten): zutreten 1.

drauflostrinken st.: zutrinken

draufloswerfen st. (immerzu werfen): zuschmeißen 2.

draußen Adv.: daußen

Drechselbank f.: Drebank

Drechsler m.: Dreer

Dreck m. (festhängender Dreck, Geschmier): Bachet 5.

– (Straßenkot; schmutziger Weg; klebrige Speisen): Kleibet(e) 2.

Dreckfink m.: Dreckbotzel, Dreckbutzel

dreckiger Mensch m. (Schimpfwort): Bolle II 1.; Unflat 3.

drehen schw. (sich drehen, sich wenden): ranken 1.a.

– (schneckenförmig drehen): schneck(e)len 2.

– (umdrehen, hin- und herbewegen): drillen 1.

– (und die entgegengesetzte Richtung einschlagen): wenden 3.

– (verdrehen): ranken 2.

– (den Wagen auf der Stelle drehen): reihen 1., *in die Reihe fahren*

– (Weiden drehen, um sie biegsam, geschmei-

dig zu machen): klänken I 1., bottichen, knütten
- (wenden): scheiben 2.
Drehkrankheit f. (der Schafe und Ziegen): Düppel 1., Duppel
Drehkreuz n. (für die Fußgänger, an den Weidezäunen): Drille 1., Driller 2.
Drehung f. (Umdrehung): Dratel 2.
drei werden unr.: dreien; in der R.A.: *was sich zweiet, dreiet (drujet) sich.*
Dreieck n.: Dreiangel 1.
Dreikönigstag m. (Epiphanias, Groß– oder Hochneujahr): der oberste Tag, der Oberste, der Öberste (eigentlich der letzte *oberste* Tag der 12 Tage, *Zwölfnächte,* die sich landschaftlich verschieden innerhalb des Thomastages bis Dreikönigstag erstrecken), s. ober A.3.b.
Dreingabe f. (beim Kauf von Wein): Überreich
- (z.B. an Knochen, die der Metzger über das Gewicht gibt): Zugabe, Zubusse, Zugeberlein, Zuwage
Dreispitzhut m. (der Bauern): Wolkenschieber 1.
Dreißigjähriger Krieg m. (spez. die 2. Hälfte des Krieges): Schwedenkrieg
dreistöckig Adj.: dreistöcket, dreistocket
Dreschen n. (die Jahreszeit des Dreschens): Dreschet; Gedresche
Dreschflegel m.: Flegel 1., Pflegel
dressieren schw. (herrichten, zur Ordnung weisen; ausschelten): mustern 3.
dringen st. (unaufhörlich in jemanden dringen): bresten 2., breschgen
dringend Adj. (eilig): pressant
Drittel n. (der Ackerflur, *Esch;* in der Dreifelderwirtschaft der Fruchtfolge unterworfen): Zelge 2.
droben Adv.: doben *der hat etwas dobe* zu viel *getrunken; du hast d'Lädle dobe wie d'Pfullinger* bist aufgebracht.
dröhnen schw. (dumpf dröhnen): bummeren
drohen schw.: dräuen *wer zu viel dräut, straft zu wenig. Vom Dräuen werden die Kinder keck und die Henna fett.*
- (mit der Faust drohen): fausten 2.
Drohung f. (an solche, die sich nicht bücken mögen): *einem den Kreuznagel abschlagen* das Kreuz (unterer Teil des Rückens) entzweischlagen, s. Kreuznagel
drüben Adv. (jenseits): düben *düben in der Ewigkeit.*
drücken schw.: drucken 1. *der druckt 'rei wie der kalt Winter* von einem Aufdringlichen; *an etwas 'rumdrucka* z.B. an einer Wunde.
- (klemmen): zwirgen 1.
- (liebkosend drücken): vernudlen 1.
Drücken n. (physisches und psychisches Drücken): Druck 3.

Druck m.: Drucker 1.
Druckvorrichtung f.: Drucker 2.
drunten Adv.: dunten, untendunten
Duckmäuser m. (heimtückischer Mensch): Mucker 1., Muckser; Duckmauser, Dockelmauser, Ducksler *Duckelmäuser sind schlimme Häuser.*
Düftler m. (Wichtigtuer): Nöteler
dumm Adj.: dumm, domm *der ist weit nei domm. Der ist domm und weißt's net. Du hast a Gnad bei Gott: du bist domm und weißt's net und wenn ma dir's sagt, na glaubst's net. Scho so alt und no so domm. Der ist domm, der wird g'wiß recht alt. Je dömmer der Bauer je größer d'Kartoffel. Domm gebora, bleibt domm. Domm gebora und nix drzu g'lernt und au des wieder verlernt. Die Dümmsten sind die Schlimmsten. Wer recht dumm ist, hat gut brav sein. Dümmer als dumm. Er ist so dumm als St. Neff uf der Bruck, selbem hant d'Spatza in's Haar g'baut, in's Füdla g'nistet. Wenn's dumm sei weh tät, müßt der de ganze Tag schreia. Dumm und faul gibt auch 'nen Gaul. Die Dumme sind no lang net ausg'storba sost wärest du nimme da.*
- düppig 1., s. duppig
- (geistig behindert): nicht recht gebachen, s. bachen 3.a.
- (sehr dumm): blitzdumm, blitzhageldumm, kudumm, strohdumm, rigeldumm
- (sehr dumm von Personen und Sachen): saudumm
- (seltsam): klobet
- **machen** schw. (dumm darstellen): verdummen 1.
- **nicht dumm** Adj.: *net verrissen,* s. verreißen 2.
dumme Frau f. (alte Jungfer): Zibebe 2., Zwibebe
- (Schelte): Spinatwachtel; Urschel, s. Ursula 1; Babel; Gans 3.; Schnegans 2.; Wud 3.
dummer Junge m.: Gelbscheißerlein
- **Kerl** m. (alter Kerl): Galluri; Grasdackel , Glore, Schlottel, Zipfelfrieder, Zipfelhannes
- (Schelte): Saubolle(n) 2.
- **Mensch** m. (auch guter Mensch): Huder II 2.
- (Esel, Rindvieh): Narr 1.c. *wenn ma vom Narre schwätzt, kommt er. Man muß keinem Narren die ungemachte Arbeit sehen lassen. Des hätt mir köllne e Narr sage, na hättest du köllne gscheid bleibe wenn einer dumm schwätzt. Den Narren an einem gefressen haben* eine unbegreifliche Vorliebe dafür haben. *Wer sich verläßt auf's Erben, bleibt ein Narr bis in's Sterben. Hoffen und harren, macht manchen zum Narren. Narren bauen Häuser, gscheide Leute kaufen sie. Am Lachen und Blarren, erkennt man den Narren.*

Wenn die Narren auf den Markt gehen, lösen die Krämer Geld.
– (langweiliger Schwätzer): Seichbeutel
dummes Mädchen n. (magere Frau; kleines, zierliches Mädchen): Hättel 4.c., Hattel
Dummheit f. (Einfalt): Simpelei; Viherei, Vicherei
Dummkopf m.: Bachelein, s. Bachus 2.b.; Bachel, s. Bachus 3., Balla, Balle, Bampe, Bampel 1., Basche, s. Bastian und Sebastian; Bläse, s. Blasius 2.; Blastkopf, Dackel, Drallare, Drischlag, Düppel 2., Duppel, Duppeler, Erdendüppel, Galimathias 1., Galimatthäus, Galimatthe, Galle 2., Gänzig, Gänzling, Gottesvih, Hannenbampelein, Heudackel, Heuochs, Heustöffel 2., Herrgottsrindvi(c)h, Heuliecher 2., Hiesel I 2., Hirndüppel, Kalb 3., Kamuff(el), Luchel 2., Mausdätte, Patschkopf, Poppel II, Rindvih, Rindviech, Rimphih, Saudackel, Saudüppel, Schafsäckel, Schaf(s)kopf 2.a., Schnackel, Staches 2., Stachel, Stache, Stäches, Vih 1., Vich, Veh, Zwikkel
– (der nur zum Hüten der Schafe, Ziegen taugt): Hutsimpel
– (Tölpel, Tor): Esel *der hat eine besondere Gnad von Gott, er ist en Esel und weiß es net. Ein Esel schilt(schimpft) den andren Langohr. D'Esel meinets und die G'scheite wissets.*
dumpf Adj. (schwül von der Luft): tantschig
Dung m. (Mist auf Wiesen): Abrech 1., Abrechete
düngen schw.: dungen, dummen *was stinkt, des düngt; auf d'Miste dungen etwas ganz Überflüssiges tun; der Teufel scheißt bloß uf dungte Äcker.*
– (den Weinberg düngen): beschütten 2.
– (ein Land düngen): pferchen 1.
– (mit Jauche beschütten): beschütten 1.
– (mit Jauche düngen): seichen 2.
– (mit zu Asche verbrannter Moorerde, Wurzeln, Gestrüpp udgl.): motten
– misten 1.
Dünger m. (fester Dünger, Mist): Dung, Dumm
– (flüssiger Dünger): Gülle, Lache, Mistlache, Beschütte 1.
– (in der Hauptsache Stalldünger; das Wort ist beliebter als *Dung*): Mist 1.
Düngerhaufen m. (Misthaufen, Miste): Dunglege, Dunggrube
Düngerstroh n. (von dem im Frühjahr die Wiesen *geraumt* werden): Raumstro
Düngezeit f.: Dunget
Dunglege f.: Miste, Pl.: Mistenen; Miststatt, Mistlege, Misthaufen. *Er ist no nie über sei Miste nauskomme. Des ist net auf deiner Miste gwachse der Gedanke kommt nicht von dir. Hätt i di auf meiner Miste dir will ich den Mei-*ster zeigen. *Wo d'Liebe hifällt, da bleibt sie liege, und wenn sie uf e Miste fällt. Wenn's will, kälberet der Holzschlägel auf der Miste. Auf d'Miste dünge* einem Reichen geben. *Stolz wie der Gockel auf der Miste. Er ist der Gokkeler auf alle Mistene.*
dunkel Adj. (trüb, düster): finster, verstärkt: stockfinster, kuhfinster. *Es kommt finster es naht ein Gewitter. Am Arsch ist's finster, aber net windstill.*
– (trüb, neblig vom Wetter): duselig 2.
– (unfreundlich vom Wetter): dus 3.
dunkelgrau Adj.: gritzegrau
dünken schw.: dunken, däuchen
dünn Adj. (fast flüssig): kuläpperig, küläpperig
– (lückenhaft vom Haar, der Saat): schitter
– (schlank; fein, schmächtig): ran I, ranig; *lang und ran,* opp.: *kurz und dick*
dünnflüssig Adj. (bes. von Speisen; zu dünn): läpperig *eine läpperige Suppe; ein läpperiges Geschwätz* inhaltsloses, fades Gerede; *es ist mir läpperig* schwach im Magen.
Dunstbeschlag m. (am Fenster): Fensterschwitzete
dunstig Adj.: düftig 1., duftig
– (warm; trüb, neblig): geheig I
durch Adv.Präp.: durchhinein, durnei *der ist durnei g'scheit.*
– (durch und durch): durchein, durcheine
durchaus Adv. (mit Gewalt, trotz allen Widerstrebens): partu
durchbringen st. (sein Vermögen durch üppiges Leben durchbringen, verschwenden): aufhausen, aushausen
durcheinander Adv. (in Unordnung): durcheinand(er) 1.
– (verkehrt): bunt, überecks, s. bunt
Durcheinander n.: Kuttelmuttel, Kuddelmuddel
– (Aufregung, Tumult): Strudel 1.
– (ekelhaftes Durcheinander): Gerustsauerei
– (polterndes Durcheinander): Holder(di)polter(di)
– (unordentliches Durcheinander): Mischmasch
– (verwachsene Masse von Pflanzenwurzeln): Kauder 3.
– (Verwirrung): G(e)nule
– (von Speisen): Geschmalge 2.
– (von Waren oder Menschen): Hucke 2.
durchfahren st. (eine Kurve vollständig durchfahren): ausfaren B.
Durchfall m.: Abweichen, s. abweichen, Dünnschiß, schnelle Katharine, Kätter; Dünnpfiff, Scheißbarsi, Durchmarsch 2., Karré 2., Kirbe, Kirchweih 3.d., Leibwe, Lochkätter, Scheiße, Scheißete, Scheißere; Schnättere 3., Schwätzkätter 2., Galoppschiß, Klätt(e)rete

– (Diarrhöe bei der Kuh): die Kühläpperige
– **haben** unr.: klättern
durchfüttern schw. (einen unentgeltlich verköstigen): umätzen
durchgehen st. (noch unbeanstandet durchgehen, durchschlüpfen): hingehen
– (sich aus dem Staub machen): durchbrennen 2.
– **lassen** st: passieren 2.b.
durchhauen unr. (schlagen scherzh.): verbatteren
durchhöhlen schw.: durchhülen
durchklopfen schw. (durchprügeln): verklopfen 1.
durchkneten schw.: verkneten; walkeren
durchkommen st. (in der Prüfung, vor Gericht): schlupfen 2.b.
Durchlaß m. (für die Katzen, ein viereckiges Loch in der Türe): Katzenlauf 2.
durchlaufen st.: auslaufen 1.b.
durchlöchert Part.: verlöchert, s. verlöcheren
durchnäßt Part. (völlig durchnäßt): pfitschepfatsche-naß; geläufiger *pitsche-patsche naß*; pflatsch-naß, pflätschnaß, patschnaß; platschnaß *wenn's lang regnet, wird älles platschnaß* wenn man etwas lange treibt, bleiben die Folgen nicht aus.
durchprügeln schw.: abbläuen, abflohen, abkappen 2., abliederen, abschwanzen, abschwarten 1., abwichsen 1., abzwiblen, auskümmeln, s. Kümmich 2., austäferen 2., durchbägeren, durchblättlen, durchbleuen, durchdreschen, durchhauen 2., durchklopfen, durchwamsen, durchwichsen, einhenken 2.a., einzünden 2. *dem hat ma nit schlecht ei'zündet;* flüglen 3., gerben 3., herschlagen, herwalken, huperen 2., karbatschen, klabasteren 3., klabusteren, klawatschen, lederen II 3., nussen 2., töfflen, trischaken, verbauschen, verbausten, verbleuen, verbosen, verbursten 1., verbürsten, vergerben *einem die Haut, das Leder recht vergerben;* verhauen 2., verlausen 2., vernussen, verpritschen, verschlagen 3. *die verschlag i gau recht! Einem den Leib, Ranzen, Buckel, Arsch, Hintern, das Füdle, Leder, den Kopf, den Grind verschlagen;* versolen 1., vertäferen 3., vertaflen, vertätschen 1., vertöfflen 1., vertrischaken, verzwieb(e)len, verwalken, verwichsen, durchwichsen, wächsen I 2., walken 2., walkeren, wichsen 3.a.
– spelt(e)ren 2.
– (ausklopfen): wammsen, wampen
– (den Kopf verschlagen): kappen 3.

– (die Meinung sagen): liechen 2.
– (durchwalken): verklabasteren 1., verklabusteren; verkläpfen 2.
– (einen durchprügeln): böglen 2.a.
– (hereinlegen): verheilen 2.b.
– (schlagen): wicklen 4.
Durchschlupf m. (Schlupfloch): Schlupf 1.
Durchschnitt m. (mittlere Linie): Mittel 2.
durchschwitzen schw.: verschwitzen 1.a.
durchsehen st. (genau durchsehen): fis(e)len 3.
durchsetzen schw. (etwas durchsetzen): durchdrucken 2.
durchstöbern schw. (mit der Nase durchstöbern, ausspionieren): ausnasen; durchstieren
durchsuchen schw. (auch auswählen, auslesen): aussuchen
– (durchstöbern): ausgutzgen; kusperen
– (einem die Tasche durchsuchen): aussacken
– (genau durchsuchen): ausfiselen; auskusteren
– (mustern): durchkusteren *wenn du im Ehestand den Himmel suchst, na mußt du d'Mädla recht durchkustera.*
durchtrieben Adj. (verschlagen; ungeduldig): stigelfitzig
durchtriebene Person f. (insbes. weiblichen Geschlechts; schlaue Person): Luder 2.
durchtriebener Kerl m. (tadelnd oder lobend): Malefizkerl(e)
durchwalken schw.: nudlen 2.b.
– (packen): froschen 2.
– (plagen): hoblen 2.
durchwandern schw. (ziellos durchwandern): durchstrielen
durchweg Adv.: durchdenweg; dureweg
durchwühlen schw. (wühlen): vernulen, durchnulen
dürr Adj. (kraftlos, ausgemergelt): ausgesupft, s. aussupfen 2.
– (vom Alter eingeschrumpft): ausgehutzelt, s. aushutzlen
– (von Personen): hättelig 1.
– (wie ein Brett): brettsdürr
– (wie eine Brezel): bretzendürr
– **werden** unr.: dorren; dürren *dürret's au?* das Heu, als Gruß beim Heuen; aushutzlen
dürrer Mensch m. (wie ein Skelett): Beinhäuslein, s. Beinhaus 2.; Dorse 2.; Zasem 2., Zäsem
düster Adj. (dunkel, unfreundlich vom Wetter): dusem 2.
– (finster): duster
duzen schw.: dauzen 1.

E

eben Adj.: ebig
- (genau): gerad B. 2.
- (waagrecht, bes. im Gelände): topfeben
ebenso Adv. (gerade): eben B. 2.; *ebensomäre,* ebensowohl, ebensogut
Eber m.: Beer I; Saubhengst, (Säu-)Beiß, Häkel
- (kastrierter Eber): Barg
Eberesche f.: Adelsbere
Echte Kamille f.: Kamille
- Nelkenwurz f.: Nägeleinswurz(el)
- Sellerie f.: Zellerich, Zeller; Zellerer, Zellernen, Zellerlein
Echter Augentrost m.: Augentrost, Katzenäuglein, Kopfwehkraut
- Feldsalat m. (oder Ackersalat): Sonnenwirbel a., oft Demin. Sonnenwirbelein; dazu: Sonnenwirbelessalat, -samen, Syn.: Rapunzel
- Löwenschwanz m.: Herzgespann 2.
- Seidelbast m. (Kellerhals): Zeiland, Ziland, Zeileze, Zeirizle
Echtes Johanniskraut n.: Hexenkraut 5., Fieberkraut; Johannisblume 1., Blut-, Frauen-, Fieber-, Hexenkraut; Weiberkraut 2.
- Labkraut n.: Kunklen, Künkelein, Kunkelsnägelein, s. Kunkel 3.b.
- Lungenkraut n.: Schlüsselblume 4.
Ecke f. (Kante): Eck 1. *der guckt (mit beide Auge) um's Eck 'num schielt; um ein Eck gehen* einen kleinen Spaziergang zur Erholung machen; *neue Bese kehret gut, aber die alte wisset Eckle gut.*
eckig Adj.: ecket
Eckturm m. (an der Stadtmauer): Eckturn
Eckzahn m. (oberer Eckzahn des Menschen): Augzan
Efeu m.: Ebheu; Schappeleinskraut
Eggeleisten m. (Längsleisten der Egge, in der die Zähne sitzen): Ripp 2.
eggen schw. (einen Acker tüchtig eggen): orglen 4.
Ehe f.: E *wenn die Liebe vor der Eh zu heiß brennt, gibt's in der Eh gern Donnerwetter. Die erste Eh ist e' Eh, die zweite ist e' Weh und die dritte ist gar nix me.*
ehe Konj. (früher; eher, lieber, besser; lieber als; mehr. besser als): e
Ehebett n.: Ebett
Ehefrau f. (des männlichen Paten): Dotenbas

ehemals Adv.: allig 2.b., ällig
Ehemann m.: Mann 2. *wer warte ka, kriegt au 'n Ma.*
- (der Patin): Dotenmann
- (der weiblichen Patin): Dotenvetter
- (einfältiger Ehemann): Edackel
Ehepaar n.: Epar
ehern Adj. (erzen): eren I
Ehestand m.: Estand *der Estand ist ein Wehstand. Der Estand ist e Hennegatter, wer drauße ist, will drin sei, und wer drin ist, möcht wieder drauße sei. Es heißt im Estand it alleweil: Mulle, Mulle, 's heißt au: Katz, Katz (Kutz, Kutz). Du wärst au leichter in ein Haufe Kuhdreck tappet, als in Estand.*
ehrbar Adj. (anständig; standesgemäß): reputierlich
Ehre f. (Herrlichkeit; Würde, Hoheit): Ere, Er *einmal zur Ehre Gottes gesungen ist zweimal gebetet. Zeit hat Ehr man muß zur rechten Zeit nach Hause gehen. Besser arm mit Ehren als reich mit Schaden, mit Schande. Dein Wort in Ehren, aber das kann ich nicht glauben. Schand' und Ehren halber etwas tun. Das Gut verlore, nix verlore, das Herz verlore, halb verlore, die Ehr verlore, alls verlore. Wo keine Schande(Scham)ist, ist auch keine Ehre. Einem die Ehre antun den Gefallen erweisen, einen besuchen. Einem die letzte Ehre antun ihn zu Grabe geleiten. Das ist mir keine Ehre* ist mir unangenehm. *Viel Ehr macht gern den Beutel leer. Mit der Gabel ist's e Ehr* (anständig) *mit'm Löffel kriegt ma mehr.*
Ehrenpreis -Arten Pl.: Katzenäuglein, s. Katzenauge 4.a.
ehrlich Adj. (redlich): fadenredlich
ehrlicher Mensch m.: ehrliche Haut, s. Haut 3.
ehrsüchtig Adj. (kleinlich): erengrätig, erenkäsig
Ehrung f. (musikalische Ehrung): Ständlein, Ständerlein, s. Ständer 4.
Ei n. (in der Kindersprache): Gagelein 1.
eichen schw. (amtlich messen, visieren): eichen 1., eichten, eichnen, eichtnen; Part.: geeicht; geichen
Eichhorn n.: Eicher, Eichhahn, Eichhürn, Eichgehörn, Eichkirmlein
Eidechse f.: Regenmolle 2.

Eierhaber m. (Mehlspeise): Huiherum
Eierkuchen m. (in kleine Stücke geschnitten): Gemockeltes, Eierhaber; Schollenbrei, Schollenmockel; G(e)schärrtes, Eierhaber, Scharre(te), Kratzete; Geschmorkel; Scherret(e) 2.; Umgerürtes 1., Umrürete, s. umrüren; Stürum; Gerüre 2., Gerürtes 1., Griez
eierlegend Adj. (übtr. ängstlich, verschüchtert): legig
eiern schw. (eines Rades, das nicht fest in der Achse läuft):schwenken 2.
Eierpicken n. (alter Osterbrauch): Eierhötzlen, Eierhücken, Eierklöcklen, Eierspicken, Eierruglen, Eierschürglen
Eierwerfen n. (alter Osterbrauch): Eierschukken, Eierschupfen
Eifer m. (Fleiß): Fleiß, *mit Fleiß* mit Absicht; *dr Fischer ist mit Fleiß faul* ist absichtlich faul. *Der Fleiß bringt Brot, die Faulheit Not.*
Eifersucht f.: Fudneid
eifersüchtig Adj. (aufgeregt, verwirrt, ratlos, rappelig, scheu): schalu; fudneidig
– **sein** unr.: eifern
eifrig Adj. (eilig): nötig 2.
– (hurtig; ordentlich, fleißig): handlich 2.
– (schnell, eilig): genot 1.
– (schnell, fleißig): handig 1.
– (sparsam; geizig): genärig 1.
eigen Adj. (von Gütern und Gegenständen): eigen 1. *eigener Herd ist goldeswert. Eigenes Lob stinkt, fremdes Lob klingt. Des ist e armer Teufel, er hat kei eigene Höll von einem Heimatlosen. Der stiehlt seinem eigenen Pferd den Hafer vor Neid. Mit einem fremde Gaul und ere eigene Geisel ist gut fahre. Die eigene Haut liegt jedem am nächsten. Wer losnet an der Wand, der hört sei eigene Schand. Der hat sein eigene Kopf. Wer über sei Weib schimpft, schimpft das eigene Gesicht.*
eigenartig Adj. (sonderbar, komisch, wunderlich): gespäßig 2.; besonder 1.
Eigenbrötelei f. (Eigenbrötlerei): Eigenbrötlete
Eigenheit f. (Besonderheit in Kleidung, Sitte und Brauch): Ger 2.d.
Eigenschaft f. (Zustand, Verhältnis): Wesen 1.
eigensinnig Adj.: muckig; stockig 1., stöckig
– (einfältig, profitlich, abergläubisch): apperlausig
– (unflexibel, hartherzig): stärr 2., stärrig
– (verstockt, widerspenstig): difig 2.a.
eigensinniger Mensch m.: Krauter
Eigentum n. (Besitz): Grund 1.b.
– (väterliches Eigentum): Vatergut
eigentümlich Adj. (sonderbar, wunderlich): apartig
Eile f.: Hurre 1.
– (Eifer): Gähe 1., Gähde

eilen schw.: huien 1.
– (eilig, dringend sein; drängen): pressieren 1., 2.
– (hasten, jagen; beschleunigen): gähen, gächen
– (schnell gehen): schieben 5.
Eilender m.: Pfitzer; Springer 1.b.
Eilfertigkeit f. (hastiges Treiben): Gejäge 2.
eilig Adj. (dringlich): notig 2.
– (umtriebig, drängelnd): notelig
– **haben** unr. (wichtig tun): notelen 1.
ein bißchen Adv. (ein wenig): Kleinselein 2.
einander Pron. (einer dem, den andern; sich, uns, euch gegenseitig; wechselseitig): einander, enander, enand
einäugig Adj.: einäug, einauget, einäuget
Einbeere f.: Teufelsbere 1.; Wolfsbere 2.
einbestellen schw. (auf einer Behörde erscheinen müssen): vorreiten 1.b.
Einbildung f. (Hochmut): Spruz 2., Struz
einbinden st. (den Säugling ins Wickelkissen einbinden): pfätscheln, s. Pfätschen
Einbrennsuppe f.: *brennte Suppe*
einbringen st. (die Ernte einbringen): einfüren 1. *was d'Frau im Schurz austrägt, ka d'r Ma mit'm Waga nit einfüra;* einheimsen
einbüßen schw. (Schönheit einbüßen, bes. bei Frauen): wiebeln
eindringen st.: einwachsen
eindrücken schw. (zusammendrücken): eintätschen
einebnen schw. (auffüllen): vereb(e)nen 1.
eineinhalb Bruchz.: anderhalb, anderthalb, anderthalben
einerseits Adv.: d(r)außen
einfach Adj.: simpel (nicht pop.)
einfädeln schw. (einfädeln von unerlaubten, schädlichen Handlungen): anzetteln 2.
einfältig Adj. (dumm): klotzig 4.b.
einfältiger Mensch m.: Dilledapp; Dingerich; Gäckel, Gackelare; Gimpel 2.; Golle I 2., Gollen; Hallewatsch; Jockel (Kurzform von Jakob); Zipfel 3.
– (dummer Geselle): Stefan 2.
– (eig. Hühnervater): Hennedätte
– (nur fähig, Tiere zu hüten): Hutsimpel
einfältiges Geschöpf n. (zierliches Mädchen): Zeislein 2.
Einfaltspinsel m.: Baurenlatte, Baurenlatsche; Hilare, Lare, s. Hilarius 2.
einfassen schw. (mit einer Umfassung versehen): fassen 2.
Einfassung f. (am Hemdärmel): Leimatle, s. Leinwat 2.
– (eines Brunnens, einer Grube): Geschäl
einfetten schw.: einschmotzen, einschmiren
einflüstern schw. (einsagen): einblislen
Einfriedung f. (für Schafe): Pferch 1. *ebbes an-*

ders ist im Pferch, ebbes anders im Stall unverheiratet ist anders als verheiratet.

einfrieren st.: eingefrieren

einführen schw. (in Umlauf setzen): aufbringen 3.b.

einfüllen schw. (Getreide, Mehl in einen Sack einfüllen): einfassen 2.

eingeben schw. (Arznei eingeben, auch beim Vieh): eingeben 1.; zu unterscheiden von *einegeben* (Vieh füttern)

eingebildet Adj.: eitel 4., fürnehm, hoch droben, hochmütig, stolz, wäh

eingehen st. (der Wäsche beim Kochen): schnurren 3.

eingeschüchtert Part. (verwirrt; kleinmütig): verwetteret, s. verwetteren 3.

eingestehen st. (einen Fehler eingestehen): aufsagen 1.b.

Eingeweide n. (der Schlachttiere, soweit eßbar): Eingeschlächt

– (der Tiere; Magen des Rindes): Wanst

– (Gedärm; bes. Kaldaunen): Kuttel I

– (Gekröse): Gereusche; Krös 1., Gekrös

– (Lunge und Leber): Gelünge, Geliber

Eingießen n. (oder Verschütten von Flüssigkeiten): G(e)lätter

einhaken schw. (Arm in Arm gehen): einhenken 1.

einhängen schw. (die Tür, den Fensterladen einhängen): einhenken 1.

Einheimischer m.: Hiesiger

einheimsen schw. (Früchte, Ernte einheimsen): einbringen 1.; eintun 2.; einziehen 2.

einheizen schw.: einhitzen, s. einheizen *Georgii* (23. April) *hin, Georgii her, und wenn es selbst Jakobi* (25. Juli) *wär; wenn's kalt ist, heizt ma ei, wenn's warm ist, lat ma's sei.*

– (Feuer machen): einfeuren; einbrennen 3.;

einher Adv.: einer 2.

Einherschlürfen n.: Gelotsche, vgl. Gelatsche

einhertappen schw. (mit den Füßen poltern; herumlaufen): bocklen 1.b. *wo bocklest den ganzen Tag umher ?*

einhüllen schw. (fest einhüllen, einwickeln): mummlen 3.

– (warm einhüllen): einmachen 1.; einmumm(e)len

einkellern schw. (von Vorräten): einlegen 3.

einklemmen schw. (zerdrücken): verklemmen 1.

einkochen schw. (durch Dampf einkochen): eindämpfen 1.

– (einsieden): einbächelen

– (zu stark einkochen, einschmoren): verbrotzlen

Einkorn n. (Weizenart mit kurzen, dicken Ähren und langen Grannen): Einkorn, Einkirn

Einkunft f. (Abgabe): Gefälle 2.b.

einladen st.: laden II 1. einen zu einem Fest *laden. Ma ka de Teufel leicht in's Haus lade, aber schwer wieder 'naus bringen.*

einladend Adj. (zum Küssen einladend): kussig 2., küssig

Einladung f. (zur Konfirmationsfeier): Dotenbrief

einlegen schw. (Wäsche in Lauge legen, um sie zu waschen, zu bleichen): bauchen

einlenken schw. (im Reden, im Gespräch): ränken 2.

– (sich anders besinnen): umscheiben

einmähdig Adj. (Wiesen, die nur für einen einmaligen Schnitt im Jahr geeignet sind): einmädig

einmauern schw.: vermauren 1.

einmischen schw. (sich vorlaut einmischen, dreinreden): genäfen 2.

einmütig Adj. (übereinstimmend): einhellig

einnicken schw.: genauren, gnauren; tunken 3.

– (aus Schläfrigkeit einnicken): nauten

– (einschlafen): eintrümslen

– (einschlummern): einnocken, einnücken

– (sitzend ein wenig einschlafen): einknicken , verknicken

Einnicken n. (Schläfchen im Sitzen): Genauter

Einöde f. (Verlassenheit; Einsamkeit): Einschichte, Einzechte

einpauken schw. (mit Mühe lernen): einochsen

einquartieren schw. (Wohnung nehmen): loschieren

einrahmen schw. (täfeln): eintäferen

– (umranden): einfassen 1.

einrammen schw. (einschlagen): heien I

einräumen schw.: einraumen

einreiben st. (mit Schnee einreiben): einseifen 3.

einreichen schw. (ein Bittgesuch einreichen): einkommen; eingeben 2.

einreißen st. (durch Wühlen einreißen): einwulen 1.

einrunzeln schw. (einschrumpfen): einschmutteren

einsacken schw. (in den Sack tun): sacken; besacken 1.

einsagen schw. (in der Schule einsagen): einblasen

Einsatz m. (keilförmiger Einsatz; in Kleidern, Wäsche; Ackerteil): Zwickel 1. *einen am Zwickel nehmen* am Wickel, am Schopf.

einsammeln schw. (Heu, Korn einsammeln): einheimen 1.

einsäumend Part.: überwindlingen 1., -ling; -lig *überwindlingen nähen,* daß der Rand des Stoffes eingesäumt wird.

einschalten schw. (Rundfunkgerät einschalten): anmachen

einschenken schw. (mit dem Schöpflöffel einschenken): einschöpfen *der hat ei'gschöpft* ist betrunken.

einschieben st. (einstopfen): einschoppen
– (hineinschieben): schieben 6.a.

einschirren schw.: geschirren 1.

einschlafen st.: eindurmen, eindurmlen; verduslen 2.; vernoren
– (allmählich einschlafen; eine Sache schläft allmählich ein; ist ergebnislos): *etwas geht auf eine Lame aus,* s. Lame.
– (am Wirtstisch einschlafen): kolderen 2.
– (im Sitzen ein wenig einschlafen): vergenikken, vergenicksen

einschläfern schw.: einschläfen; verschläfen, vertschläfen

Einschlag m. (beim Gewebe): Wefel 1.
– (in Waldgebieten): Schlag 5., Hau, Gehau

einschlagen st. (einrammen): katzen *einen Pfahl katzen.*
– (in die Hand des anderen einschlagen, zur Bekräftigung eines Versprechens): einschlagen B.2.
– (vom Blitz): einschlagen B.1. *wo's in der Frühe donnrt, schlägt's am Mittag ein* von der Ehe. *So lang's net blitzt, schlägt's net ei;* einzünden 1. *der Blitz (es) hat eizunde.*

einschleppen schw.: einschleifen

einschließen st.: einbeschließen; einriglen

einschlummern schw.: eindosen, einduslen, verdosen; verdosnen; verdutzen 2.; vergenoren

einschmeicheln schw.: wuseln, s. wuslen 5.

einschmieren schw. (fett machen; schmutzig machen): schmotzlen I 2., schmotzelen, schmötzelen I
– (mit Fett einschmieren): fetten

Einschnappen n. (der Knie, Folge von Schrecken, Ermüdung, Krankheit): Knieschnapper 2., Knieschnackler

einschneiden st. (Kraut, Rüben einschneiden): einhobeln

Einschnitt m. (auf der Innenseite im hölzernen Geschirr zur Einfügung des Bodens; spez. an den Faßdauben): Zarge 2., Sarge

einschnüren schw. (das Mieder schnüren; die Schnürsenkel einziehen): einbreisen

einschränken schw. (beschränken; absondern): einziehen 3.
– (sich einschränken, wenig Raum beanspruchen): geschmucken, schmucken

einschrumpfen schw.: einschmatteren, vgl. einschmutteren; einschnotteren, einschnurren; schmorren
– (eintrocknen): einschmorgelen, einschmorren
– (vor Trockenheit oder Alter einschrumpfen): einhutz(e)len
– (zusammenschrumpfen): schmutteren, schmotteren, schmorren

einschulen schw.: einlernen

einsehen st. (klar werden): tagen 1.b. *es taget ihm aheba* ein Licht geht ihm auf.

Einsenkung f. (flache Mulde): Teich 2.
– (flache Vertiefung): Mulde I 2., Wanne

einsickern schw.: einsecknen, einsehnen

einspannen schw. (Zugtiere an Wagen oder Pflug einspannen): einsetzen 2.

einsperren schw. (ins Gefängnis bringen): einlochen; einkastlen

einst Adv.: früher *so hat ma's früher g'macht;* allemal 2.
– (vor alter Zeit): dazumal
– (vor Zeiten): olim, *seit(vor) Olims Zeit(en)* seit, vor langer Zeit.
– (früher, ehemals, zu einer gewissen Zeit): einmal 2.

einstecken schw. (die Taschen füllen): einsakken

einstellen schw. (das Vieh bei einem anderen einstellen): verstellen 4.
– (ein Kalb zum Füttern in den Stall eines anderen geben): anstellen 2.

einstürzen schw.: eingeheien 2.; einkippen
– (rutschen): einrutschen
– (zusammenstürzen): einfliegen

einstweilen Adv. (bis dahin): darbis

Eintagsfliege f. (die im August erscheint): Augst 3.

eintauchen schw.: eintunken

eintreiben st. (beim Holzspalten den Keil an ungünstiger Stelle eintreiben): kälberen II 5.

Eintreiber m. (von Steuerrückständen): Presser

eintreten st. (einstampfen): einträpplen
– (für einen eintreten): vertreten 2.

eintrocknen schw.: einrücknen

einüben schw. (auch schlagen, züchtigen): drillen 2.b.

einwärts Adv. (nach innen): hereinwärts, reiwärts; hereinzu, reizu

einwerfen st.: einschmeißen, eingeheien

einwickeln schw. (ein Kind einwickeln): einfätschen, einpfätschen
– (einpacken): einschlagen A.6.

einwühlen schw. (sich einwühlen): einwulen 2.

einzäunen schw.: hagen
– (mit einem Bretterzaun): verdilen

Einzäunung f.: Einzäune

Einzelbett n.: einschläferiges Bett

Einzelgänger m.: Einspänner 2.

einzeln Adj. (isoliert): einzecht, einzechtig *das Haus steht einzecht vor dem Dorf.*
– (vereinzelt): einschicht, einschichtig, einschiftig

einziehen st. (das Kreuz einziehen): anziehen 1. *das Kreuz anziehen* bescheiden, unterwürfig werden.

einzig Adj.: gottig, gotzig

497

– (und allein): gotteseinzig

einzuckern schw.: einmachen

Eisbahn f.: Schleife 2., Schleifet I, Schleiferete

Eisbildung f. (auf dem Bodensee): Gefrörne

Eisen n. (zum Auskratzen der Backmulde): Scherreisen

Eisenband n. (an der Türe): Band 2.

Eisenbahnzug m. (letzter Eisenbahnzug, übtr.): Lumpensammler 2.

Eisenhaken m. (am Fensterladen, an der Türe; Eisenstift in Hakenform): Klob(en) 1.

Eisenhut m. (Pflanze): Gutsche 5.

Eisenkatze f. (zum Einrammen großer Pfähle): Heie

Eisenreif m. (um die Nabe): Nabenring

Eisenteil n. (der die Pflugschar mit dem *Grendel* verbindet): Saul 3.

eisern Adj.: eisen I *zwischen Schwieger* (Schwiegermutter) *und Schwier* (Schwiegertochter) *macht ma e eisene Tür. Gewohnheit ist e eisenes Hemd und wird schwerlich oder gar net verrisse. Drei eisene Kinder und e holzener Vater* die Mistgabel.

Eisheilige Pl.: Wetterheilige, Eismänner, gestrenge Herren. Die 3 Eisheiligen sind: Pankratius, Servatius, Bonifatius (12.–14. Mai) *sie hän Händschuh ang'habt.*

Eisloch n. (eingeschlagenes Loch im Eis): Wone 1., Wöne

Eisscholle f. (Unebenheit): Grotzen 3.

Eisweiher m.: (zur Eisgewinnung angelegter Weiher): Eissee

eitel Adj.: fitzig

– (zornig, aufgebracht): fratzig, frätzig, fratzet

Eiter m. (in der Wunde): Materie 2., Matere

Eiterbeule f.: Eiterburren

Eiterbläschen n. (am Auge): Wegseicher 1., Wegscheißer, Wegbrunzer; Gerste, Gerstenkorn, Erbse, Hagelstein, Haber, Kife, Perle, Werre

Eitergeschwür n. (am Auge): Werr, s. Werre 2., Werrle

– (am Zahnfleisch): Eitersäcklein

eitern schw.: geschwären; wusten 2.

– (Eiter treiben von Wunden): materien, matere

Eiterpfropf m.: Eiterbutze

eitrig Adj.: materig, schlierig

Ekel m. (Mißtrauen, Widerwillen): Aber, s. aber I 3, Abergu, Aberwillen *wär nicht das Aber, hätt jedes Roß sein Haber; wenn das Wenn und Aber nicht wär, so wär Kuhdreck Butter.*

– (widerwertiger Geschmack): Degu

– (Widerwillen): Daule 4.; Maßleid

– **haben** unr. (Überdruß empfinden): urässen

ekelhaft Adj. (Ekel erregend): kirr 1.

ekelig Adj.: gehebelig

– (heikel, bes. im Essen; leicht zum Ekel geneigt): kutzenrein

– (heikel, von Personen): käl 2. *käl sein* Ekel empfinden; *der ist käl dra'na* es ekelt ihn.

ekeln schw.: gehebelen, gehefelen, geheferen

– (anekeln): gräulen

– (zum Erbrechen reizen): lupfen 1.b.

elend Adj.: hunzig

– kreuzliederig, kreuzerbärmlich

– (bedauernswert): barmherzig 2.

– (jämmerlich): erbärmlich, erbärmiglich, verhärm(st)lich; jammerig 1.

– (kraftlos, schwächlich): marterdällig

– (elend schlecht): sauschlecht

Elf-Uhr-Läuten n. (am Vormittag): Weiberschrecke

Elsbeere f. (Echte Elsbeere): Adlerbere; Sauerbir(n)lein

Elster f.: Ägerst; Galster II; Hetze 1.; Kägersch 1.; Nagelhetze, Nagelhexe; Schätterhetze 1., -hexe

Eltern Pl.: Eltren *böse Eltren machen fromme Kinder. Wenn die Kinder heiraten, werden die Eltern fremd.*

empfehlen st. (sich empfehlen): antragen 2., sich antragen

empfinden st. (Schmerzen empfinden): reißen 2.b.

– (Grauen empfinden, Schauder empfinden): grauseln 1., gräuselen

empfindlich Adj. (kleinlich gegenüber Rang, Titel und Etikette): erenkäsig

– (reizbar, übelgelaunt): ser 3.

– (verzärtelt): pflütterig

– (wehleidig): pfinzelich, s. pfinzen

– (weichlich): weleidig, -littig, -leidisch

empfindlicher Mensch m.: Holg, s. heilig A.3.

Empore f. (in der Kirche): Borkirche

emporfahren st. (rasch emporfahren): aufwitschen

emporheben st.: aufheben 1. *wer d'Händ z'stark aufhebt* (zum heuchlerischen Beten), *vor dem därf ma den Sack zuheba.*

emporkommen st. (reich werden): aufkommen 1.c.

emporragen st. (hervorstehen): borzen 2.

emporschnellen schw. (schnell entweichen): pfitzen 1.

emporspringen st.: aufjucken

emsig Adj. (mit Arbeit überbürdet): genötig 1.

Ende f. (Beschluß; zu guter Letzt): Letze 1., Letz, Letzte

– (das Ende einer Sache; am Rande des finanziellen Ruins): Anwand 3.

– (das stumpfe Ende gewisser Gegenstände: Ei, Nadelöhr, unterstes Teil eines Stammes, der den Ähren entgegengesetzte Teil der Garbe): Arsch 2.

– (des Wagenbrettes, als Sitz dienend): Wagenschnättere
– (eines Tuchstückes; das wirkliche Ende und nicht durch's Abschneiden entstandene Ende; d. h. ‚das Ende selbst'): Selbende
– (Rand, Äußerstes; spez. Ecke eines Hauses, Feldes, Ende einer Stange, eines Stricks. Ufer eines Gewässers, Rand eines Tisches, eines Landstücks. Grenzfurche): Ort 2.
– (stumpfes Ende der Eier): Hol 2.
– (z. B. eines Festzuges): Schwanz 5.
endgültig Adj. (unwiederbringlich): mausaus
Endivie f.: Andivie
endlich Adv. (allmählich): anfangen 3. *der Tag wird anfanga länger* allmählich.
– (allmählich, häufig): anheben 4.c.
Endpfosten m. (am Gartenzaun): Letzsaul
Endstück n. (eines Fadens, einer Schnur): Trumm 1.
Energie f. (Mut): Schneide 3., *Schneid haben, keinen Schneid haben.*
eng Adj. (dicht, knapp, genau; übtr. sparsam, geizig): behäbe, behebig 1., gehäbe
– (knapp; selten, teuer): klemm *da geht's klemm her, hat seler Fuchs gsagt, und hat Schnake gfange.*
– (knapp; sparsam; geizig): genau 2., gnau, gnäu
– (was durch seine Enge spannt): spannig
engbrüstig Adj. (schwachbusig): herzler 2.
– (schwerfällig; übel gelaunt): blastig
– (zum Husten neigend): gehürchlig
Enge f. (Gedränge): Klemme
Engerling m. (Larve des Maikäfers): Molle 2., Enger(ling), Mollenwurm; Brachquatt, Brachwattle; Grollenwurm; Regenmolle 3.; Schafkopf 3.; weißer Wurm, s. Wurm 3.b.
Enkel m. (von Geschwistern): Dritt(en)kind, Geschwisterkindskind
– Kindskind
entasten schw. (gefällte Bäume entasten): asten, nasten
entbehren schw. (ermangeln): vermanglen
– (unterlassen): verberen 1., vermanglen
entbehrlich Adj. (überflüssig): üb(e)rig 2.b.
entblättern schw.: verblätteren 1.
entblößt Adj. (nackt, kahl): bloß, blutt *blutt und bloß; wenn's donnert über den bloßen Wald, so wird's noch vier Wochen kalt.*
Entchen n.: Biberlein I 3., Bibelein
entdecken schw. (ausfindig machen eines geheim gehaltenen Vorhabens; anlocken): lickeren
Ente f.: Geit 1.; Schlicker, Schlicklein
– (junge Ente): Luckel 1.b., Luckele
– (junge Ente; Kosewort für Kinder): Wackelein 1.; Entenwackelein, Entenwackerlein
– (zappelnde Tiere): Wusel 2.

Enterich m.: Antrech, Enteler; Anteler, Antrech *der fünferlet wie ein blessierter Enteler von einem , der krumm ackert;* Trech
entfallen st. (aus dem Gedächtnis verschwinden): ausfallen 1.a.
entfernen schw. (auf die Seite schaffen): wegbringen
– (den Staub entfernen): abstäuben 1., abstauben
– (die im Keller lagernden Kartoffeln bekommen im Frühjahr Triebe; das Entfernen dieser Triebe): kilen 2., abkilen
– (durch Reiben): wegscherren
– (eine Person entfernen): abstoßen 3.
– (Knochen aus dem Fleisch eines Schlachttieres entfernen): ausbeinen
– (loslösen): wegmachen
– (Ruß entfernen, eig. rußig machen): rußen, rußlen, rußnen
– (Schmutz entfernen; erledigen, wegschießen; wegraffen; umwerfen beim Kegelspiel): wegputzen
– (sich entfernen): sich wegpacken, sich wegscheren; sich fortscheren, vgl. die Aufforderung: *Schert Euch fort!;* sich fortmachen 1.
– (Staub entfernen; Staub absondern): stauben 1., stäuben, stieben
– (wegschaffen): abschaffen 1.
entflohen schw.: abflohen
entgegen Adv.: vergegen, vertgegen *einem vergege gehen, kommen.*
entgegengesetzt Adj. (gegenteilig, im Gegenteil): umgekehrt, s. umkeren 3.a.
Entgegnung f. (bissige Widerrede): Gebäffe
enthaltend Part. (Graswurzeln enthaltend; mit Graswurzeln durchzogen): wasig
– (Gräten enthaltend; übtr. dürr): grätig 1.
enthäuten schw. (schälen): schinden 1.
entheben st. (des Amtes entheben, einen Bittenden abweisen): abgeschirren
enthülsen schw.: schifen
– (Bohnen, Nüsse enthülsen): ausmachen 1.
– (Dinkel enthülsen): gerben 2.
enthüpfen schw. (entgehen): verhopfen, verthoppen, verhüpfen
entkernen schw. (Bohnenkerne aus den Hülsen heraustun): blätschen 2.
entkommen st. (aus den Augen verlieren): verthommen 3.
– (schnell hinwegeilen; entschlüpfen): witschen
entkräften schw. (berauben): aussupfen 2.
– (einen Menschen oder ein Tier durch Überanstrengung entkräften): ausmergeln
entladen st.: abladen 1. *vor der Scheuer abladen* mit etwas zu früh daran sein, etwas zur falschen Zeit tun.
entlauben schw.: auslauben

499

entlaufen st. (entgehen): vertlaufen *der Straf ka ma vertlaufe, aber em Gewisse it.*

entlehnen schw.: vertlehnen *d'Gäul und d'Weiber sott ma net vertlehne;* vertleihen

entlocken schw. (abspenstig machen): ablickeren

entlohnen schw.: verlonen 1.

entrichten schw. (bezahlen): richten 6.

entrinnen st.: vertrinnen *nur hinte fest, daß vorne nix vertrinnt* sagt man scherzh. beim Niesen.

entschlüpfen schw. (entgehen): vertwischen

entschuldigen schw.: verexkusieren

entspringen st. (davonlaufen): verspringen 2.

entstanden Part. (vor Jahrmillionen): gewachsen 2. *gwachsener Boden,* opp.: Humus

entstehen st. (sich erheben): aufstehen 2.

entstellen schw. (täuschen): verstellen 3.

entweder Konj. (nur in der Verbindung: entweder ... oder): weder a., *weder ... oder,* elliptisch in drohender Rede *weder oder gahst jetzt!*

entweichen st.: verpfitzen 2.

entwenden schw. (heimlich wegnehmen): wegstibizen; zwacken 2., stibitzen, graspen, raspen; schäuflen 2.a., schauflen

entwirren schw. (ordnen): auseinanderklamüseren

entwischen schw. (schnell und leise gehen): wischen 2.; fortwischen; pfutschen; vertwischen, vertwitschen

entwöhnen schw.: vertwönen 1.

– (von der Milch entwöhnen): abstoßen 2.

entziehen st. (dem Boden Kraft entziehen): ausmerglen

– (sich einer Arbeit entziehen): drucken 3.

Entzündung f. (am Augenlid): Würgetlein, s. Würgete 2.

– (zwischen Daumen und Zeigefinger): Grattel 2.

entzwei Adj. (abgeschlagen): ab *er hat das Kreuz ab* das Kreuz gebrochen.

Epidemie f.: *'s gaht e We umer* herrscht eine Epidemie.

erachten schw. (meinen): achten

erbarmen schw.: verbarmen 1., verbeelenden

Erbarmen n.: Verbärmst

erbärmlich Adj. (ganz erbärmlich): gotteserbärmlich, gottserbärmlich, gottesjämmerlich

– (jämmerlich): verbärmlich; verstärkt: gottsverbärmlich

– (nicht nur tadelnd): miserabel, -ablig, verstärkt: erden-, grund-, hundsmiserabel

Erbauungsbuch n. (kathol. Erbauungsbuch): Goffine

Erbauungsstunde f. (Versammlung der altpietistischen Gemeinschaft): Betstunde

erben schw. (anstecken): *er hat die roten Flekken von seinem Schulkameraden geerbt.*

– (erhalten, bekommen): überkommen

erblich Adj.: erbig; erblich (nur von ansteckenden Krankheiten)

Erblindung f. (bei der das Auge schwarz bleibt): Schwarzer Star, s. schwarz 4.

erbrechen st.: ankotzen 1., anspeien

– (sich erbrechen): orglen 3.; kotzen 1., speien, gerben, brechen, übergeben, *Bröcklein lachen; dem Ulrich rufen. Kotzen wie ein Riegel. Ein Bleicher siet aus wie e kotzte Milch. Des(der) siet aus, wie gekotzt; den Kragen strecken* sich erbrechen.

– (sich gründlich erbrechen; mit dem Erbrechen fertig sein; sich alles von der Seele reden): auskotzen

erbrechend Part. (zum Erbrechen geneigt): speiig

Erbrochenes n.: Kotze, Kotzete

Erbse f.: Erbs, Erbis, Erbes, Erwes; Esch, Es *Veronika hat Erbse g'esse, sie hat's net recht verbisse, sie rumplet über d'Schenkel na; pfui Teufel, des heißt g'schisse. Damals habe ich noch Erbsen geigt* war noch nicht geboren. *Im Sommer Schnee schäuflen und im Winter Erbsen beigen ist eine leichte Arbeit.*

– Äsche II

Erbsenacker m.: Schefenacker

Erbteil m. (von der Mutter): Muttergut

Erdbeben n.: Erdbidem, Erdbedem, Erdbisem

Erdbeere f.: Bodenbeere; Erbeer, Erber; Brästling

Erdbeet n. (der Länge nach aufgehäufte Erde eines Beetes): Loreie 2.

Erdboden m. (als Fläche, auf der man steht): Boden 1.a., Grund, Grund und Boden, Grundsboden, Erdboden *wem das Glück nicht wohl will, der bricht den Fuß auf ebenem Boden. Arme Leute heiraten auf den Boden wie die Lerchen. Sitz auf d'Boda, na fällst it 'ra. Ich schlag di ung'spitzt in Boden nei.*

– (als Grund eines Gewässers): Boden 1.e. *der geht au net ins Wasser, außer er seh den Boden.*

– (als Ruheplatz der Toten): Boden 1.d. *du bringst mich noch unter den Boden. Der soll noch unterm Boden verrecken. Der siet aus, wie wenn er unterm Boden vorkäm.*

– (als Stoff, Humus): Boden 1.c.

– (als Teil der Landschaft): Boden 1.b.

– Grundboden *sich in Grundserdboden hinein schämen*

– Welt 3.

Erde f.: Erd, Jard, Äd; für Erde häufig: Grund, Boden. *Der Mensch hat nie g'nug, bis ma ihm e Schaufel Erd in's Füdle wirft, bis ma e Schaufel Erd auf ihn wirft. Des Erd trage*

bleibt einem gewiß sagt der Weingärtner in Gedanken ans Sterben.
- (im Gegensatz zum Himmel): Erdreich 1.
- (vermengt mit Asche): Mott, Mutt
- Welt 2.

Erden ... , **erden** ...: verstärkendes Präfix bei Adjj. und Subst., jedoch mit abwertender Bedeutung.

erdenken st. (aussinnen): verdenken 2. *der hat's Pulver au nit verdenkt* erfunden.

Erdgeschoß n.: Parterr

erdgeschössig Adj.: parterr

Erdklumpen m. (der die Wurzeln einer Pflanze umgibt): Käs 2.a.
- (Schneeklumpen, der sich an die Stiefel, Pferdehufe anheftet): Stollen 1.

Erdrauch m. (Pflanzengattung): Beckenmädlein; Butterbrötlen

Erdreich n. (Humus): Grund 1.c.

Erdrutsch m. (häufig am Nordrand der Alb): Rutsch(e); Schlipf

Erdscholle f. (Erdklumpen): Knorre 3.
- (mit Grasnarbe; ausgetrocknetes Rasenstück): Wasen 1., Was

ereifern schw. (sich ereifern): sich vereifern

erfahren st. (etwas erfahren, gelegentlich gewahr werden): aufpicken c.
- (mitbekommen, zufällig hören): aufschnappen 1.
- **sein** unr.: daheim 3.sein

erfinden st. (etwas erfinden und zum Gerücht machen): aufbringen 3.b.

erfolglos sein unr. (wegen Ängstlichkeit): verdattern 2.

erfrieren st. (fast erfrieren, vor Kälte): verschnattern
- verfrieren *ein verfrorener Mensch den es immer friert. Um Pankraz* (12. Mai) *und Servaz* (13. Mai) *Neumond im Stier, so fürchte, daß Obst und Wein verfrier. Der ist schon im Herbst verfrore.*

erfüllen schw. (mit Gestank erfüllen): verstinken 1.
- (mit Rauch erfüllen): verrauchen 2.

ergattern schw. (gewinnen): verkofern

ergötzen schw. (sich ergötzen, verlustieren, sich tummeln): vermaien 1.

ergrauen schw. (grau werden): vergrauen

ergreifen st. (fassen): packen 2.
- (ausstreckend etwas ergreifen): langen 2.b.

Ergreifung f. (eines Straftäters): Fang 1.b.

erhaben Adj. (nach Art eines Herrn sich benehmend): herrisch, opp.: bäurisch

erhalten schw. (am Leben erhalten; unterhalten): verhalten 3.
- (in gutem Zustand erhalten): behalten 2.

erhaschen schw. (erschnappen; eine Arbeit unpünktlich verrichten): verschnappen

- (fangen, einholen; in die Gewalt bringen, erreichen): kriegen

erheben st. (sich vom Boden, Stuhl, Krankenlager erheben): aufstehen 1.b. *Fallen ist kei Kunst, aber's Aufstehen. Mancher fällt und kann nicht mehr aufstehen. Wer mit Hunden 'naliegt, stoht mit Flöhen auf. Stand auf und fall anderst 'na!*

erhitzen schw.: hitzigen, hitzgen; verhitzen, verhitzigen
- (durch Dampf erwärmen): wellen II 2.; meist verwellen

erhöhen schw. (den Preis erhöhen, heraufsetzen): aufschlagen 2.

Erhöhung f. (auf einer Fläche; kleines Hautgeschwür): Hoppel 1., Hoppe 2.
- (auf glatter Fläche): Hopper 4.
- (beim Pferd zwischen Hals und Rückgrat): Rist
- (felsige Stelle auf Wiesen und Äckern): Burren 3.a.
- (flache Erhöhung auf Feldern und Wegen): Bauder 2.
- (im Gelände): Buck 2., Buckel 4.
- (rundliche Erhöhung): Burz 3., Bürzel 1., Burzel
- (Unebenheit): Buckel 4. *Buckel auf, Buckel ab* bergauf, bergab; Huppel 3., Hüppel, Hoppel 1.

erholen schw. (sich erholen): grablen 6., s. graplen; sich verholen

Erholungspause f.: Lupf 2. *e jeds Schläfle tut e Lüpfle, e jeds Lüpfle tut e Schüpfle* gibt einen Anstoß, eine Motivation.

erhören schw.: verhören 2.

erinnern schw. (an Vergessenes sich wieder erinnern): aufrudeln
- (sich erinnern; sich denken können): verdenken 1.

Erinnerungsvermögen n. (Gedächtnis): Gemerke 3.

erjagen schw. (ausfindig machen): auftreiben 3.

erkalten schw. (kalt werden): verkalten *machs Maul zu, daß der Mage nit verkaltet!*

erkälten schw. (sich erkälten): verkülen 2.a.; sich verkälten

erkennen st. (identifizieren, unterscheiden): kennen 2.
- verkennen *ums Verkennen* kaum wahrnehmbar.

erkranken schw. (krank werden): verkranken; *einen rechten Sturz durchmachen*, s. Sturz 1.b.

erkrankt Part. (Menschen, Tiere, Pflanzen erkranken an *Brand* 4.a. und 4.b.): brandig

erlahmen schw. (müde werden): verlamen 1. *wenn's an Martini* (11. November) *schneit, verlamt der Winter.*

erlangen schw. (erreichen, langen können): verlangen 2.

erleben schw.: verleben

erledigen schw. (in aller Eile, auch heimlich, verstohlen erledigen): verstelen

erleiden st. (aushalten): verleiden I 1.

– (tragen, ertragen, aushalten, dulden, zulassen): leiden 2.

Erlengebüsch n.: Erlach

erlogen Part.: verlogen b. *was it verloge ist, ist no lang it wahr.*

erlöschen schw.: verlöschen *Herrengunst und Nägeleswein kann über Nacht verloschen sein.*

erlösen (Geld erlösen, aus einem Verkauf erzielen): lösen 3.

ermattet Part. (erschlafft; faul, träge): lack 2.

Ermüdung f. (Nachgiebigkeit): Mürbe

Ernte f. (Ernte von Bucheln und Eicheln): Äker, Äckerich, Ecker, Eckern, Gäckerich, Geeckern

– (hauptsächlich Getreideernte): Ernte, Schneiden, Schnitt, Augst. *Wer im Heuet nicht gablet und in der Ernt nicht zablet und im Herbst nicht früh aufsteht, der schaue wie's ihm im Winter geht.*

ernten schw. (Getreide ernten): augsten 1., einaugsten; fasen 4.

– (Hafer ernten): häberen 2., haberen

– (Nüsse ernten): nussen 1.

– (Obst ernten, brechen): wimmlen I 2., obs(t)en 2.

– (Obst nachernten nach dem Gallustag, 16. Oktober): gallen, afterberg(l)en, kluberglen, meiselen, nachobs(t)en, nachstupflen, rauben, speglen, kilbigen

eröffnen schw. (aufbringen): auftun 1.b.

– (vorladen): ankünden, ankündigen

erpicht sein unr.: verpicht sein, s. verpichen 2.b.

erraten st. (treffen, genau hinbringen): verraten 2.

erregbar Adj. (leicht erregbar; aus der Fassung sein): *oben dusse (oben daussen)*, s. oben 2.b.

erregen schw. (Aufsehen erregen): pfladeren 4.

– (Lust erregen, z. B. zu einer Speise): angelusten

erregt Adj. (verwirrt): papelarisch

– **sein** unr. (außer sich sein): *aus dem Häusle sein*, s. Haus 3.c.

Erregtheit f. (geschlechtliche Erregtheit bei Mensch und Tier): Brunst 2.a.

erreichen schw. (durch Rennen erreichen): verrennen 2.

– (zu Stande bringen): ausrichten 1.

erschaffen st.: schaffen 1.a.; verschaffen 2.

erscheinen st. (schön erscheinen, nur aus der Ferne): fernelen, ferndelen

Erscheinungsfest n. (6. Januar; auch Dreikönigstag): Sterntag; Sternleinstag; Großneu-

jar, großes Neujar; Dreikönig(e), Zwölfter Tag, oberster Tag, der Oberste, Öberst (letzter Tag der 12 Tage)

erschießen st.: verschießen A.1. *der ist's Pulver zum Verschieße net wert!*

erschlagen st.: verschlagen 2. *es ist eins, ob ein's Wetter verschlägt oder ob ein d'Eule vertretet Unglück ist Unglück.*

erschöpfen schw. (Zugtiere durch ständiges Antreiben erschöpfen): abtreiben

erschöpft Adj. (leer, unfruchtbar): galz 2., gält

– (müde, schlaff): matsch

erschrecken schw. st. (beleidigen): verzepperen, verzipperen, erzipperen

– (erstarren): verglar(r)en

– (in Schrecken geraten, einen Schrecken bekommen): verschrecken I *bi so verschrocke, daß i kei Blut gebe hätt, wenn ma mi g'stoche hätt. Mußt net so verschrocke sei!* schüchtern, ängstlich; verschrecken II 1. *der ka nix als d'Leut verschrecke.*

erspähen schw. (auskundschaften): spächten; vgl. *Spächtleins tun, spielen.*

ersparen schw. (aufsparen): versparen, verspären *verspartes Vermögen ist besser als geerbtes. Die Kranke versparet nichts als d'Schuh. Was ma verheiratet, ist scho versparet. Wenn de dem etwas saist, kast den Ausscheller verspare. Ein Kind versparen unehelich gebären.*

– (durch gutes Hausen): verhausen 1.

erst Partikel (um die Wirklichkeit einer Tatsache hervorzuheben): brav 2.c. *jetzt kriegst brav das Geld nicht!*

erstarren schw.: verstoren

erstechen st.: verstechen 1.

erster Mai m. (Tag im Mai): Maientag, Maitag

erster Sonntag nach Fastnacht f. (Invocavit): Funken(sonn)tag, weißer Sonntag, Facklensonntag, Scheibensonntag, Küchleinssonntag

ersticken schw.: versticken 1. *es ist no nie e Sau im Dreck verstickt. Der ist im Hanf verstickt gehängt worden.*

– verworgen 1., sich verworgen, verworglen *an der Wahrheit verworget kei Mensch.*

– (Brennendes, Glühendes durch Darauftreten ersticken, in eine Pfütze treten): austreten B.

– **machen** schw. (zum Ersticken bringen): verstecken 1., versticken 2.; *versteckt sein* den Schnupfen, eine versteckte Nase haben.

erstrecken schw. (sich erstrecken; sich ausstreckend nach etwas greifen): langen 1.c.

ertappen schw.: abdecken 5.

Erteilung f. (der Sterbesakramente): Versehgang

Ertrag m.: (bildlich): Frucht 3.

– (einer Heuernte): Heuet 2.

– (Reingewinn): Nutz, Nutze

– (Zins aus zinspflichtigem Gut): Urbar

ertragen st.: vertragen 3.
- (aushalten): gedulden
- (aushalten, ausstehen): verputzen 3.
- (eine Person ertragen): verschmecken 2.
erträglich Adj. (leidlich): passabel
- (leidlich annehmbar): leidenlich
ertränken schw.: versäufen *die frühe Katze ver-säuft ma gern. Dich hätt ma solle im erste Bad (Badwasser) versäufen;* vertränken
ertrinken st.: vertrinken *Gott läßt ein wohl sin-ke, aber net vertrinke.*
- (ersaufen): versaufen 1. *der versauft, eh ihm's Wasser ins Maul lauft* ist gleich verzagt. *Wer hänge soll, versauft net.*
erübrigen schw.: verübrigen
erwachen schw.: verwachen, vertwachen
erwachsen Adj. (ausgewachsen): gewachsen 1. *er ist gewachsen gstorbe* als Erwachsener.
- (bewährt): gestanden 1.
erwägen st. (prüfend abwägen): wägen 2.
erwärmen schw.: verwärmen, vertwärmen
- (Holz am Feuer erwärmen): bähen 2.
- (kalte Flüssigkeit leicht erwärmen): ab-schrecken, verschrecken
- (kaltes Getränk kurz in warmes Wasser tau-chen): stauchen 3.
erwarten schw.: verwarten 2. *von Würfel und Karten laßt sich nit viel verwarten.*
Erwartung f. (Geduld): Warte 2.
erweisen st. (sich erweisen; ausweisen): sich weisen I 1.
erwerben st. (durch Handel, Tausch erwerben): einhandlen
- (durch Heirat erwerben): verweiben, erwei-ben
Erwiderung f. (des Dankes: bitteschön!): *gern geschehen!* s. geschehen
erwischen schw. (ertappen): vertappen 1.
- (ertappen; einfangen, einholen, bekommen): verwischen 1., vertwischen
erworben Part. (durch Heirat): angeheir(at)et
erwünschen schw. (wünschen): verwünschen 2.
erwürgen schw.: verworgen 2.; verwürgen
Erz ... , erz...: verstärkendes Präfix von häufi-ger tadelnden, aber auch lobenden Substanti-ven und Adjektiven, vgl. Erzlugenbeutel, Erzfaulenzer, Erzhalunke, Erzdiftler, Erz-lümmel, Erzlump, Erzsau; erzdumm, erzgrob
erzählen schw.: verzälen 1.
Erzählung f. (Geschwätz): Verzal; Geschichte 2.
Erzhure f.: Hauptschnalle
erziehen st. (falsch erziehen; verwöhnen): ver-ziehen 4. *es ist kei Fraß (Vielfraß) geboren, aber einer verzoge.*
Erziehung f. (Unterricht): Lere I 1. *wo's am Ver-stand fehlt, ist alle Lehr umsonst,* vgl. Kinder-, Christenlehr

erzogen Part. (gebildet): gelert *i bin gut gelert habe eine gute Ausbildung.*
erzürnen schw.: verzürnen
- (reizen, necken): trätzen, foppen, rätzen, trätzlen *die große Hund darf ma nit trätzla.*
erzwingen st.: verzwingen *Lieben und Singen läßt sich net verzwinge.*
- nöten 2.; verzwergen 2.
- (gewalttätig durchsetzen): vergewaltieren
- (übertreiben): forsieren *man darf nichts for-siera.*
erzwungen Adj.: genöt(et), genöt(et) *sein* bean-sprucht sein, in Not sein.
Esel m. (das Tier): Esel *wer sich zum Esel macht, dem will jeder seine Säcke auflade. So lange der Esel trägt, ist er em Müller lieb. Wenn's auf's Schaffe a'käm, wär der Esel rei-cher als der Müller. Wenn's dem Esel z'wohl ist, geht er tanze. Den Sack schlägt man und den Esel meint man. Wo der Esel walet* (sich wälzt, sich wärgelt*), laßt er d'Haar liege* auf unordentliche Menschen übertragen. *Wer dem Esel den Kopf wascht, verliert die Seife. Einen vom Pferd (Roß, Gaul) auf den Esel setzen; vom Pferd auf den Esel komme* her-unterkommen. *Wer recht fleißig ist und net faul, kommt vom Esel auf den Gaul. Was uf den Esel g'münzt ist, kommt uf de Gaul. Man soll das Pferd und den Esel nicht zusam-menspannen. Der ist dümmer als unser Herr-gotts Gaul, und des ist e Esel g'wese.*
Esparsette f. (Futterkraut): Espe
Espe f.: Aspe, Papierholz, Zitteraspe
Eß- und Küchengeschirr n.: Geschirr 3., vgl. Trinkgschirr
eßbar Adj. (schmackhaft): ässig 1., essig, es-sen(d)ig, esserig
essen st.: essen, jassen, jessen *selber esse macht fett, und selber denke gscheid. Wie einer ißt, so schafft er. Du bist gern, wo scho gschaffet ist, aber no it gesse. Wer lang ißt, lebt lang. Licht-meß* (2. Februar) *bei Tag eß. Viel trinke ist mir au lieber als wenig esse.*
- (die Zwischenmahlzeit einnehmen): vespe-ren 6.
- (eine Mahlzeit zu sich nehmen): speisen 2.
- (fett essen): schmotzeln I 1.b., schmotzelen, schmötzelen I
- (gierig essen): verknasten; bautschen; schlie-ren 2.; wicklen 5.
- (gierig essen, mit der Zunge hörbar essen): schlampen 3.
- (gierig essen, viel trinken): pantschen 2.
- (kurz vor der Mahlzeit; außer der Zeit): schmerg(e)len 3., schmerblen
- (langsam essen; lange kauen): mözlen
- (langsam essen und trinken; auch behaglich kneipen): träglen

503

– (mit großem Appetit): schmauchen 2.; spachtlen; achlen; bauken
– (mit vollem Mund): bampfen 1., mampfen; einbampfen; man(t)schen 1.
– (mit vollen Backen; Speisen vermengen; unreinlich kochen): schmalgen 1.
– (ohne Appetit): kleinmünz(l)en; keinzlen; mäckelen 5.; nuslen
– (rasch und viel): klabasteren 4., klabusteren
– (schlampig essen): gäcken
– (tüchtig essen): einhauen, schuben 1.
– (viel essen mit der Tischgabel; aufladen): gablen I 2.
– (wenig essen, übtr.): nulen 2.a.
– (zu Ende, leer essen): ausessen
Essen m.: Gefräß 2.
– (bes. schlechtes Essen): Geässe *für's Häß und für's Gäß* diene ohne Entlöhnung arbeiten.
– (gutes Essen): Herrenessen
– (schlechtes Essen): Saufressen 2., Saufraß
– (und Trinken; das einem Gast vorgesetzte Essen und Trinken): Aufwartung
– (verschüttetes Essen): Trielete
essend Part.: ässig 2., essig
Essensportion f. (was auf einmal gegessen werden kann): Essete
Essenszugabe f. (Zugemüse): Zuspeise
Esser m.: Bauker, s. bauken
Essig m.: Essich *böse Weiber haben den besten Essig. Der hat sich gebessert wie Fischers Most, und der ist zu Essich geworde. Der macht e G'sicht, wie wenn er Essich g'soffe hätt.*

Eßkorb m.: Vesperkorb
Eßwarenhandlung f.: Freßladen
etwa Adv.Part. (doch, wohl): echt
etwas Adv.Pron.: ebbes, s. etwas 1.
– nammes, s. neisw-3.
– (ein wenig, ein bißchen): Bröselein, Broselein, s. Brosame *mach a Brösele s' Fenster auf!*
Eustachius m.: Staches 1., Stachel, Stache, Stäches
Euter n.: Gemelke 1., Gemilke; Geeuter
– (der Kuh): Kueuter 1.
– (des Schweines; Zitze): G(e)säuge
exakt Adj.: glatt A.2.b. *die Rechnung ging glatt auf.*
Exkremente Pl. (bes. auch von Insekten): Schiß 1., s. Muckenschiß
– (der Katze; wertlose Kleinigkeit): Katzendreck 1.
– (der Kühe): Fladen 2., Kuhfladen
– (der Maus): Mausbollen, Mausdreck, Mäusdreck
– (der Ziege): Geißbollen, Geißkegelein, Geißbonen, s. Kitzebonelen
– (des Rindviehs): Kudreck, Küdreck, Kuflad(en), Kubatzen, -deisch, -dorsche, -dreck, -pappel, -pflatter, -kat, -klatter, -lappen, -lappsen, -schlappe(te), -tatsch
– (feste Exkremente von Tieren): Kegel 2., Hundskegel, Katzenkegel
– (in derber Sprache): Scheißdreck; Scheißkegel; Schlapper 2.b.

F

Fach n. (im Kachelofen, zum Warmhalten von Speisen): Rörlein 1.
Fachwerk n. (eines Gebäudes): Fach *unter Dach und Fach sein, bringen.*
Fachwerkwand f.: Rigelwand, s. Rigel 2.b.
Fackel f. (Strohfackel): Faude 1.
fad Adj. (abgeschmackt, ärmlich): öde 2.b.
– (geschmacklos von Speisen): tonlos
– (ohne Frische, todmüde): katzenlack
– (ohne Geschmack): abgeschmackt
– (ungesalzen von Speisen): öde 2.a.
Faden m.: Fad(en), Fadem *böse Weiber spinnet die beste Fäde. Ist e Fädele no so fei g'sponne, es kommt doch mal an d'Sonne. Da beißt kei Maus kein Fade ab* ist unabänderlich, vollkommen sicher, dabei bleibts. *Je länger der Tag, je kürzer der Fade* weil das Spinnen bei Licht geschah.
– (feiner Faserstoff): Feinselein
Fadenende n. (zusammengedrehtes Fadenende): Dratel 1.a.
Fadenknäuel m. (Garnknäuel; Abfall des Wergs; Wirrwarr der Haare): Klotz 3.; Klotzete
fadenscheinig Adj.: abgefitscht, s. abfitschen
fähig Adj. (keck, imstande, etwas zu tun): kapabel
fahl Adj. (krankhaft ins Gelbliche übergehend): gel(b), auch Farbe des Neides; vor Neid *gel werde. Es ist mir grün und gelb aufgegangen* Ausdruck des Abscheus, Ärgers, Zorns, Schreckens. *Einem wird es grün und gelb vor den Augen* wird es übel.
Fahne f.: Fane m.1. *der ist wie der Fan auf 'm Dach* so wetterwendisch.
Fahnenträger m.: Fanenfläuger
fahren st. (kutschieren): hauderen
– (mit einem Gefährt, Karren fahren): karren 1.; kärrelen
– (mit nur einem Zugpferd fahren): einspännig fahren
– (Nachen fahren): schelchen
– (rasch fahren): *fahren wie ein Henker 1.*
– (Schlitten fahren, indem man sich bäuchlings auf den Schlitten legt): bauchelen
– (schnell fahren; reiten): krätzen I 2.
– (um Lohn fahren, mit einem Fuhrwerk): kärchlen

Fahren n. (über ein Grundstück): Überfart
Fahrgelegenheit f. (Fuhrwerk): Fure I 1.a.
Fahrgeleise n. (im Wald von Holzwagen): Holzleis
Fahrkarte f.: Billet(lein)
Fahrlässigkeit f. (Nachlässigkeit; Unüberlegtheit): Schautelei
Fährmann m. (Schiffsmann): Ferge
Fahrrad n. (altes Fahrrad): Hämoridenschaukel, Göpel
Fahrstraße f. (ansteigende, steile Straße): Steige I
Fahrweg m.: Gaulweg, Roßweg
Fahrzeug n. (keuchendes Fahrzeug, Auto, Lokomotive): Schnefzgerlein, s. schnepfen
Faktotum n. (Mädchen für alles): Geherda
Fall m. (dumpfer Fall): Pflumpfer
– (mit einem entsprechenden dumpfen Ton): Pflumpf, s. pflumpfen 2.
Falle f. (zum Stauen des Wassers): Stellfalle
fällen schw. (im Wald Bäume fällen, Holz holen): holzen I 1.
fallen st.: geheien A., abe-, ane-, herab-, hinab-, hin(an)- gheie *dem ist d'Freud in Dreck gheit; einem Weib aufs Hemd gheien* sie beschlafen.
– (auffallen, hinfallen, durchfallen): haglen 2.
– (herunterfallen): bocken 2.c.
– (kopfüber nach vorn fallen): burzlen 1.
– (mit dumpfem Ton auf den Boden, ins Wasser fallen): pflumpfen 1., plumpen, plumpsen
– (mit Geräusch fallen): tatschen I 4., tätschen
– (plumpsen): plotzen 2.
– (zu Boden fallen): hinfallen 1., hingeheien, hinhaglen, hinschlagen
fallend Part.: fallig
falls Konj. (so bald als): bald 2.
Falltor n. (im Ortsetter): Falltor, Falter (heute noch in Flurnamen)
falsch Adj. (ganz falsch): krotenfalsch
Falsches Waldmeisterlein n. (Pflanzenname; Hügelmeister): Waldmeister 2.b.
fälschen schw. (vom Wein): schmiren 6., schmirben, schmirmen
Falte f. (an einem Kleid): Falze, s. Falz I
– (in der Haut, im Kleid, Papier u. a.): Runzel; Rumpfel, Schnurre, Strupfel
– (nach beiden Seiten umgelegte Falte): Quatschfalte

Falten Pl. (unschöne Falten am Gewand): Hutte 2.

faltig Adj. (von Kleidern): pfurpfig , s. pfurpfen

Falz m. (am äußeren Ende der Faßdauben): Gargel

Familie f. (Abstammung): Geschlecht 1.

– (verlotterte Familie): Hudelgeschlecht

Familienmitglieder Pl. (oder Menschen, die eng zusammenhalten): Bachet 3.

fangen st. (gefangennehmen, ergreifen, einholen, überlisten, beschenken; eine Krankheit, Schläge etc. bekommen): fahen, fachen, fangen *mitgefange mitgehange.*

– (Frösche fangen): froschen 1.

– (Krebse fangen): krebsen 1.

– (Läuse fangen): lausen 1.

– (Mäuse fangen): mausen I 1.

– (Vögel fangen, jagen): voglen 1., vöglen

Fangspiel n. (bei dem die zu Fangenden rasch zusammenkauern): Huttens, Huttes, Hutterles; Hockenfangerles

Farbe f. (blaue Farbe): Bläue

– (schreiende, aufmerksam machende Farbe und Sache): Blärre 3.

– (der Spielkarten): Karro 2., Schellen

färben schw. (die Wäsche bläulich färben): bläuen

– (gelb machen): gilben

Färberkamille f.: Beckenringelein

farbig Adj.: gefarb(e)t

Farrenschwanz m. (gedörrte Rute des Stiers): Zimer 2.

Färse f. (Kuh, die zum ersten Mal trächtig ist; Kuhkalb im zweiten Jahr): Kalbel, Kalbin

Faser f. (an Pflanzen, bes. Faden der Bohnen; Fleischfaser, Gewebefaser): Zasem 1., Zäsem; populärer: Zäsemlein

– (Franse): Fatze 1.; Fase; Fisel 1.; Fiser

Fäserchen n. (Fädchen): Zäserlein 1., *'s hängt nur no an'me Zäserle* an einem Fädchen.

– (kleine Faser der Pflanzenwurzel): Zetter; vgl. Rispe

faserig Adj.: fatzig

– (bes. von zähem Fleisch): zasemig

– (flaumig, haarig): fiselig 1., fiserig

– (unrein, von schlecht gereinigtem Flachs oder Hanf): schleißig II

– (zerlumpt): zatzlig

fasern schw.: fislen 1.

– (faserig weghängen): zatzlen

Fasern Pl. (Fetzen): Zotzlen

Fasnachtsmaske f. (im Gefolge des *Gole*): Gelbsucht 2.

Faßbodenbretter Pl.: Ger 2.c.

Faßdaube f.: Dauge; Faßdauge

fassen schw. (am Kragen fassen): *einen am Grips packen,* s. Grips 1.

– (zu fassen suchen; beißen; sterben): schnap-

pen 1. *nach dem Bettzipfel schnappen* gähnen.

Faßreifen m. (Faßring): Reif I 1.

fasten schw. (wenig essen): kasteien

Fasten Pl. (die vier großen jährlichen Fasten, Mittwoch vor Reminiscere, vor Trinitatis, nach Kreuzerhöhung, 14. September, und nach Lucia, 13. Dezember): Quatember, Temper-, Fron-, Goldfasten. Verdrängt durch die Quartale: Lichtmeß, Georgii, Jacobi, Martini, und später durch die Termine: 1. Januar, 1. April, 1. Juli, 1. Oktober; in Bauernregeln noch erhalten.

Fastenzeit f.: Faste

Fastnacht f.: Fasnet, Fasnacht, Fasenacht, Fasenz, Faset

Fastnachtsbrauch m. (bei dem die Männer, die im verflossenen Jahr geheiratet haben, auf Stangen reitend getragen werden): bräutlen

Fastnachtsdienstag m.: Fastnachtaftermontag, Fastnachtzi(n)stag

Fastnachtsfigur f.: Aland

– (dessen Kleid aus *Bletzen* 1. zusammengesetzt ist): Bletzler

Fastnachtsgestalt f.: Hemdklunker

Fastnachtsmaske f. (als Hahn verkleidet): Guler, Gule 2.a.

– (der Stadt Horb): Hudler 2.

Fastnachtsnarr m. (Schalksnarr, Hofnarr): Narr 1.b. *du bist emal e schöner Narr!*

Fastnachtsumzug m. (der Rottweiler Narren): Narrensprung

faul Adj. (angeblich müde): faulmüd

– (schlendernd): schlankelig

– (so faul wie Mist): mistfaul

– (träge, unlustig zur Arbeit; falsch, unlauter): faul, fäuler, fäulst *faule Fische stinken, so gut wie Lügen hinken. Fäuler als Gänsmist. Faule Sau* Schimpfwort. *Der ist z'faul zum Schnaufe, zum Essen, zum Scheiße. Dumm, groß und faul gibt au en Gaul. Faule Leute überladen gern. Faule Leute tragen (schaffen) sich gern zu Tod. Die Faulen haben immer Feiertag. Morgen, morgen nur nicht heute, sprechen alle faulen Leute. Der Faule regt sich erst am Abend. Z'Abend wird der Faule fleißig. Wenn's goht an's End, na reget die Faule d'Händ. Fleißige Mütter ziehen faule Töchter. Der ist mit Fleiß faul* absichtlich faul .

– **sein** unr. (schwer atmen, weil übermäßig gegessen): blästeren

– **werden** unr. (durch Liegen faul werden, erliegen): verligen 1.b. *Morgenregen ist bald verlegen – außer 's regnet den ganzen Tag* hält nicht an.

faule Frau f.: Faud, Faudel; Faulanne; Gammel II; Lonz, s. Lonz(e) 5.; Luntsche; Lutsch; Gautsche I 2.

faulen schw. (stinkend faulen): verstinken 2. *verstunken und verlogen.*

faulenzen schw.: *Heierles halten*
– *umeinander tändeln,* s. tändeln
– *ummer leinen,* s. ummer 2.
– (gut leben; lang im Wirtshaus sitzen): schlampen 4.

Faulenzen n.: Gelenze

Faulenzer m.: *faule Haut,* s. Haut 3.; Lällenpäppel; Brieger 2., s. briegen
– (großer Faulenzer): Erzfaulenzer
– (Mensch mit schleppendem Gang): Gunkeler

fauler Mensch m.: fauler Kleib 2.; Klunker 5.; Leiner
– (Säufer, Verschwender): Lonze, s. Lonz(e) 3.
– (ungeschickter Mensch): Lortsch 2.

Fäulnis f.: Fäule *der stinkt (riecht) vor Fäule.*

Fausthandschuh m.: Fäustling

Federbett n.: Bettschlauch; Plümo

Federgras n.: Felsenfane

Federkiel m.: Kengel 1.

federleicht Adj.: pfluderleicht

Federn Pl.: Gefider 1.
– (der jungen Vögel, der gerupften Vögel): Stupflen, s. Stupfel 2.a.

fegen schw. (kehren, reinigen): fürben *mit de stärrige Bese ist's it gut fürbe;* furben, fürmen

fehlen schw.: manglen 1., mankieren
– (einen Fehler, Mißgriff machen aus Versehen): fäck(e)len
– (nicht genügen): leiben I 3.

Fehler m.: Bockler 2 b. *geand Acht, daß koiner koin Bockler macht.*
– Fäcklein
– (Makel, Schaden am Körper): Tadel 1. *er ist ohne Fel und Tadel.*
– (Mangel): Fel I *ohne Fel fehlerlos; fel gehen, fel laufen* in die Irre gehen, den falschen Weg einschlagen; *fel gehen* nicht treffen, daneben gehen; sich irren, sich täuschen.
– (Mangel, Schaden): Manko
– (Tadel): Sau 4.; *eine Sau machen* krumm pflügen
– (Versehen): Schnitz 2.b., Schnitzer
– **machen** schw. (einen Bock schießen): bocken 4.
– (unehelich gebären): bocklen 2.
– (Verstoß machen): schwederen

fehlerhaft Adj. (mangelhaft): mank
– **machen** schw.: verblätterlen

Fehlgang m. (vergeblicher Gang): Metzger(s)gang

fehlgreifen st. (auch mit Worten): verhauen 4.a.
– (sich irren): sich vertun 5.

Feierabendglocke f.: Vesperglocke

feiern schw. (ein Fest feiern): festen

Feiern n. (von Festen): Gefest

Feiertag m. (abgeschaffter Feiertag): Bauernfeiertag 1.
– (drittrangiger Feiertag): Hagelfeiertag 2.

Feigling m. (ängstlicher Mensch): Angsthase; Hosenscheißer

Feigwurz f. (Scharbockskraut): Glitzerlein

feilschen schw. (markten): ranzen 3.

fein Adj. (gelinde, glatt): geschlacht 1., opp.: rauh, färrisch, ungeschlacht
– (unleserlich): fiselig 2.
– (vornehm): hof(e)lich 1.b., höf(e)lich
– (zart; fein gestoßen, gemahlen): rein I 1.

Feinschmecker m.: Breimaul 2.; Kleinmünzler

Felchen m. (Lachsfisch, im 1. Lebensjahr): Sele 3.

Feld n. (bestelltes Feld; Stück Ackerland): Zelge 3.
– (freies Feld): Feld 1. *über Feld gehen* in eine andere Ortschaft. *Übers Feld poussiert, ist Hunger glitta.*
– (mit Sommerfrucht): Sommeresch

Feldahorn m.: Maßholder

Feldflur f.: Feld 2. *auf's Feld gehen; auf'm Feld sein, schaffen.*

Feldfrucht f. (Getreide, Dinkel): Frucht 2. *an der Frucht kennt man die Saat. Wächst die Frucht im Januar, kommt gewiß ein böses Jahr. Gibt's im Januar viel Regen, bringts den Früchten keinen Segen. Märzenschnee tut Frucht und Weinstock weh.*

Feldhüter m.: Feldschütz, Flurschütz, Hüter, Baumwart, Bammert, Feldsteußler, Feldstützler; Huter; Schütze 2.

Feldminze f.: Krautschmeckete 1.

Feldsalat m.: Ackersalat, Nüßleinsalat, Rapunzel, Schafmäulessalat, Sonnenwirbele

Feldsperling m.: Ringelspatz 1., Feldspatz

Felge f. (Handlung und Zeit des Felgens; Brachland nach dem Umpflügen): Falge 1., Falget

felgen schw. (den Boden auflockern, umpflügen, zum 2. Mal umbrechen): aberfalgen , falgen, falgnen, felgen

Fell n. (Haut von Tieren, urspr. auch von Menschen): Fell 1. *der muß sein Fell selber auf den Markt tragen. Das Fell über die Ohren ziehen.*
– (von kleinen Tieren): Balg 1. *seinen Balg selber zum Kürschner tragen. Wasch mir den Balg nass und mir'n it naß.*

Fels m. (Klippe; schiefriges Felsenstück): Schrofe

Fenster n.: Gucker I 2.b.
– (Fensteröffnung): Bai 2.

Fenstergesimse n.: Fensterbai, Fenstersims(en); Bai 1. (innerer Fenstersims)

Fensterkreuz n. (Fenster): Kreuzstock

Fensterladen m.: Lad(en) 1. *dem regnet's Glück zum Laden nei.*

fensterln schw. (durchs Fenster ins Zimmer eines Mädchens einsteigen): leiteren, leiterlen
Fensterrahmen m. (für die Läden): Ladengestell
Ferkel n.: Fackelein, Fäckelein, Fäcklein, s. Fakkel II; Heuz(el) 1.
fern Adj. (entfernt): weit 2., opp.: nahe; *weit und breit*, ringsum. *Es ist nix schöner als eine weite Schwieger und nahe Äcker. Wer weit kommt, fragt. Komm weiter her!* näher. *Der ist weit'nei dumm* sehr dumm. *Er ist weit dusse* sehr heruntergekommen. *Der hat's net weit bracht* war erfolglos.
fernbleiben st. (Schule absichtlich versäumen): schwänzen 2.
Fernglas n. (Opernglas; Vergrößerungsglas): Gucker I 2.c.
fernhalten st. (sich fernhalten): *vom Leib bleiben*, s. Leib 2. *bleib mir drei Schritte vom Leib!*
Fernsehapparat m.: Glotze, Glotzete
Ferse f. (am menschlichen Fuß oder auch am Strumpf): Ferse, Fersem, Fersel, Fersche(l), Fersing, Fersich, Ball. Von einem unangenehmen, gefährlichen Menschen *sieht man lieber die Fersen als die Zehen.*
fertig Adj.Interj. (abgespannt, erschöpft): gerech, gre
– (aus ist's!): sela! basta!
– (bereit): gereit 1.
– (gerüstet): gerichtet, s. richten 1.
– (schlüssig): berätig
– (zum Ausgehen; hergerichtet): gerüstet, s. rüsten 2., Syn. *gerichtet* schön gekleidet.
fertig machen schw.: ferken 1.; ausferken 1.
– (mit Nähen fertig machen): ausnähen 1.
– (mit Worten): satteln 3.b.
– (zum Gebrauch rüsten): *zuweg machen*, s. zuweg(en)3.
– **sein** unr. (mit einem fertig sein, nichts mehr mit ihm zu tun haben wollen): aufhaben 4.
– **werden** unr. (zu Ende kommen mit etwas): verkommen 4.
fesseln schw. (anbinden): hamen
fest Adj. (dichtgedrängt): steinhäbe
– (hart, bes. vom Fleisch): kibig 1., keif, opp.: kätschig, schlenzerig
– (von Dingen, derb): keck 1.a.
– (von Menschen, Fleisch, Obst): kirnhaft, kirnig, opp.: kätschig, schlätterig
Fest n. (nach Beendigung der Getreideernte): Sichelhenke
Festessen n. (am Tag der Hausschlachtung): Metzelsuppe, Metzgersuppe, Schlachtete
– (an Kirchweih, bei der viel gegessen wird): Kirbeessen, Kirweessen
– (nach der Heuernte): Heuetkatze, Heukatze

festhaken schw. (einhaken): einhäklen *schöne Mädle und alte Röck häkle sich gern ein.*
festhalten st.: anhalten 1.a.
– (am Ort festhalten): behalten 1.
– (beim Fallen): verwischen 4.
festkleben schw.: hinbachen 1.
Festkleid n. (an Kirchweih): Kirbehäs, Kirwehäs
Festkleidung f.: Gala, Wichs, s. Wichse 2.a.
festnageln schw.: hinnageln
feststehen st. (gut, übel angesehen sein): bestehen A.2.
Festtag m. (wo man *Gala* trägt): Galatag
fett Adj. (plump, träge): pflatschig
– (reich, fruchtbar): feiß, feist *große Brocke geben feiste Vögel. E neidige Sau wird it feist. Er ist nicht feist, er ist nur geschwollen.*
– (rund, spez. von Kindern): nudelig
– (üppig): mast 1.
Fett n.: Fette
– (Schmiere, Schmutz): Schmotz 1.a.
– (unausgelassenes tierisches Fett): Schmer, opp.: Schmalz, ausgelassenes Fett
fett werden unr.: gröbern
Fettbüchse f.: Schmotzbüchse
Fettgebäck n. (Küchleinsteig durch eine Spritze in flüssiges Fett getrieben und gebacken): Spritzenbachenes
fettig Adj. (beschmiert, schmutzig, durch Fett): schmotzig 1.b.
– (gut geschmälzt, fett zubereitet): schmotzig 1.a.
– **sein** unr. (fettig werden; nach Fett riechen oder schmecken): schmotzlen I 1.a., schmotzelen, schmötzelen 1.
Fettigkeit f. (Fett): Feiste
Fettrolle f. (in Laibform): Schmerlaib 1.
Fettwanst m.: Schmerbauch 1.; Zotter 2.
Fetzen m.: Schlarre 2., Schlärre
– (Leder, Fleisch, Brot): Schlärfe 2.
– (Lumpen; auch liederlicher Mensch): Haderlump(en) 1.
– (Stück): Flarre 1., Flärre
– (vom Kleid, Fetthaut; Bauchlappen des Schweins): Lämpe 1.
feucht Adj. (bes. vom Heu und Stroh): lumpf 1.
– (ein wenig feucht): feuchtlecht
– (lehmig; vom Boden): speckig
– (modrig): difig 1.
– (und weich): mulzig, molzig
Feuchtigkeit f. (feuchte Stelle): Feuchte
Feuer n. (starkes Feuer): Höllenfeuer 2.
Feueranzünder m.: Feueranmachete
Feuerbock m. (im Ofen oder Herd): Rost II 1., Rosch
feuerrot Adj. (scharlachrot): ritzrot
Feuerruf m. (Interj.): feurio!

Feuersalamander m.: Regenmolle 1., -mulle, -morle, -model

Feuersbrunst f.: Brunst 1. *Brunst läuten* Feuerglocke läuten.

Feuerschwamm m. (der präparierte Löcherpilz): Zundel, Zunder

Feuerspritzenhaus n.: Spritzenhaus

Feuerstätte f. (auf dem Herd): Trech(e)

Feuerteufel m. (Sprühteufel): Pfitzauf 1.

Feuerzange f.: Feuerklamme, vgl. Feuerhaken

Feuerzeug n. (Gerät, das vielleicht funktioniert): Pedäderlein

Fichtenholz n. (bes. vom Wurzelstock): Kien 1., Kienholz

Fichtenzapfen m.: Fichtku, s. Fichte; Kienlein, s. Kien 2., Kiele; Mockel f., Pl.: *Mocklen*; *Tann(en)zapfen* Weißtannenzapfen, s. Mokkel 3.; Hudelen, s. Hudel 6.

Fickmühle f. (Zwickmühle): Ficke 1.; Fickete 2.

Fieber n. (kaltes Fieber): Frörer

Fieberhitze f.: Gagelhitze, vgl. Gähhitze

fiebrig Adj.: kolderig 1.

Filderzwenke f.: Spitzgras b.

filtern schw. (reinigen): durchseien

finden st. (Anklang finden; aufgenommen werden): ankommen 1.

Finger m.: Griffling
– (abwertend): Griffel 2.

Fingergelenk n.: Knötlein, s. Knote 2.b.

Fingerknöchel m.: Knäuplein, s. Knaupe 1.c.

Fingerring m.: Reif I 5., Reifle

Fingerspitze f.: Fingergipfelein; Käpplein, s. Kappe 2.e.

Fingerwurm m. (Entzündung am Fingernagel): Gefloß, s. Geflösse 4., Nagelgefloß, Floßgalle

Finne f. (kleines Eitergeschwür, Ausschlag, besonders im Gesicht): Hoppe 2.

finster Adj. (ganz finster): stockfinster, kuhnacht
– (im Finstern): finsterlings

Finsternis f. (Dunkelheit): Finstere, vgl. Schwärze
– (Gewitterhimmel): Schwärze

Firmament n.: Himmel 1.a. *es ist dafür gsorgt, daß d'Bäum net in de Himmel wachse. Es ist no nie kei Glernter vom Himmel gfalle. Der flucht, daß d'Stern vom Himmel falle.*

firmen schw. (das Sakrament der Firmung spenden): firmlen

Firmpate m. (Firmpatin, Firmpatenkind): Firmgotte, Firmgötte, Firmgöttlein; Firmdote, Firmdöte, Firmdötlein

Fisch m. (junger Fisch, der zum weiteren Wachsen in einen Setzteich gebracht wird): Setzling b.

Fischangel f.: Angel 2. *wer d'Angel z'früh zieht, fängt wenig Fisch. Der fischt mit der goldenen Angel* bildlich von einem Reichen.

fischen schw. (spez. Art zu fischen): zocken 2.

Fischernetz n. (sackförmig): Hamen II

Fischerspieß m.: Ger 1.

Fischerstechen n. (auf der Donau bei Ulm am Montag nach Lorenz, 10. August): Fischerstechen

Fischnetz n. (feinmaschiges Netz): Feinsen

Fitzen n.: Gefitze

flach Adj. (gleichmäßig flach): eben 1.a. *man kann nicht alles eben machen.*

Fläche f. (große Fläche eines Ackerfeldes): Blärre 2.

Flächenmaß n. (eigentlich so viel ein Paar Rinder an einem Tag umpflügen kann): Jauch, Juch
– (für Äcker, Wiesen, seltener für Wald): Jauchert, Jäuchert
– (für Liegenschaften): Morgen 4.

Flachs bearbeiten schw.: schwingen 2.
– **brechen** st.: rammeln 2.

Flachs-, Hanfgesponnenes n.: Gespunst

flackern schw. (auflodern, flammen): fackeln 1.
– (von der Flamme): pfluderen 4.
– (zwinkern, blinzeln): funzeln

flammend Adj.: feurig 1.

Flanke f. (Lappen; Weichteil des Widbrets): Flämme

Flasche f. (aus Metall, geleg. aus Holz oder Leder): Fläsch, Butelle, Gutter, Lägel, Schlegel, Kanne
– (dickbauchige, enghalsige Flasche, Krug): Gutter
– (dickbauchige Flasche, zum Ansetzen von Essig, Likör usw.): Kolben 2.a.

Flaschenzug m. (Rolle und Seil): Lotter 3.a., Lotterer I 2.

flatterhaft Adj. (fahrlässig, zerstreut): schautelich
– (leicht, locker): pfluderig
– (rasch, unbesonnen): fuchtelig
– (unbeständig, übereilt): schwapp(e)lig 1.
– (unstet, wankelmütig): fackelig, fappelig
– **sein** unr. (nicht bei der Sache bleiben): fappeln, fappelen

flatterhafter Mensch m.: Schautel 1., Sch(a)uteler

flatterhaftes Mädchen n.: Flander 4., Fländer, Fländerlein

flattern schw.: flanderen; flod(e)ren 2., flad(e)ren, flud(e)ren; pfluttern 2.
– (fliegen): flauderen, fläugelen
– (mit den Flügeln schlagen): pfluderen 1.
– (von Federn, flackern vom Licht): fläugeren 2., pfläugeren *mit 'm Nastuch fläugeren* winken.

Flattern n. (Plätschern): Gepfluder

Flaum m. (Bartflaum): Mullen c., s. Mulle 2.; Pflaum

Flaumfeder f.: Mulle d., s. Mulle 2.
flaumig Adj.: pflaumig
Flechte f. (Büschel): Schlick
– (der Haut; trockenes Ekzem): Dorre 2.a.
flechten schw. (verknäueln, verknoten): ge-
nürklen 1.
– (die Haare zu Zöpfen flechten): zopfen 1.,
zöpfen, zupfen; flechten, strälen, zöpflen
– (mit Reisig zu einem Zaun verflechten): zäu-
nen 2.
Flechtwerk n.: Flechte 1., Pflechte; Geflecht 1.
Fleck m.: Tatsch I 3., Tätsch; Spreckel
– (am Rock): Pflatsch 2.
– (aufgesetzter Fleck, am Schuh): Riester 2.,
Liester
– (Auswuchs, Wertloses): Butze 1.
– (eingesetzter Fleck): Riester 3.a., Bletz
– (Läufer auf dem Boden): Fatze 2.
– (verunreinigte Stelle): Platte 2.
– (weißer Fleck auf der Stirn): Blasse 2., Blässe
1.
Flecken Pl. (weiße Flecken an Fingernägeln):
Nagelblust
fleckig Adj.: flecket
– (beschmutzt, z.B. ein Kleid): masig
– (bunt): schecket 1., scheckig
– (kahl): plattig
– (verbeult vom Obst): maset; vermasget, s.
vermasen
– (voll Narben): gemaseret, gemaset
Flegel m. (geiziger Mensch): Humpe
– (leichtsinniger Mensch): Bachelein, s. Bachus
2.c.
flegelhafter Mensch m.: Bengel 2.
Fleisch n. (gesottenes Fleisch, frisch aus dem
Kessel): Kesselfleisch
– (zum Sieden): Siedfleisch
Fleischbank f. (für minderwertiges Fleisch;
Landmetzger): Freibank, vgl. Freibankmetz-
ger, Freimetzger
Fleischbrühe f. (mit Nudeln): Nudelsuppe
Fleischer m.: Metzger
Fleischerladen m. (Fleischergeschäft): Metzge-
rei 1.
Fleischerzeugnis n. (dem Leberkäse ähnlich):
Fleischkäse
fleischig Adj.: brätig
– (stämmig): stotzig 1.
– (z.B. vom Arm): gemog(e)let
Fleischsehnen Pl. (ungenießbares Fleisch):
Harwachs
Fleischstück n. (beim Schlachtvieh am Hinter-
teil): Ecklein, s. Eck 2.
– (großes Fleischstück): Fleischbrocken
– (vom Oberschenkel am Rind): Schoß II 3.,
mürbe Schoß
Fleischstückchen n. (am Kinndeckel der Forel-
le): Bäckchen, s. Backen 2.a.

Fleischwiegmesser n. (zum Zerkleinern des
Fleisches): Wiege 2.
fleißig Adj.: häuslich 3., häuselich, hauselich,
hauslich
– streng, *streng schaffen.*
– **sein** unr.: auslaufen lassen, s. auslaufen 2.b.
flennen schw. (heulen): rotzen, rotzlen; pflen-
nen, pflannen, flennen, flannen
fletschen schw. (sehen lassen): verblecken
Flickarbeit f.: Flicket 1.; Geflicke; Wiflete
flicken schw.: bletzen I 1.; büzen, s. büßen 1.a.;
verbletzen
– (Aufnähen eines Stoffstückes, *Fleckens;* Aus-
bessern der Schuhe, der Absätze): flecken 1.
einen Schuh flecken, riesteren.
– (durch Daraufsetzen eines Fleckes): rieste-
ren
– (Pfannen flicken; das Handwerk des Kessel-
flickers betreiben): keßlen 1.
Flickleder n. (zum Flicken der Schuhe): Flicket
2.; Bletzleder
Flickwerk n.: Bletzwerk
Fliege f. (nichtstechende Fliege; die stechenden
Fliegen heißen *Schnaken*): Mucke I 1.a. *die
Mucken geigen* fliegen in Schwärmen auf und
ab; s. auch die Bilder und Vergleiche bei Muk-
ke I 1.b.
fliegend Adj.: fliegig *ma meint, da sei e Kuh flie-
gig worde* etwas ganz Wunderbares; vgl. Kuh-
fliegete
Fliegendreck m.: Muckendreck, Muckenschiß
Fliegenklappe f.: Muckenpatscher, s. patschen
A.5.
Fliegenragwurz f.: Mückle, s. Mucke I 2.d.; Sam-
metweiblein
fließen st.: seichen 1.b.
– (langsames Fließen von Flüssigkeiten): rin-
nen 2., laufen
– (schnell fließen; stark strömen): reißen 4.b.
Fließen n. (des Wassers): Runs 1., Runs(e)
fließend Adj. (ein Brunnen, ein Ohr fließt): läu-
fig 2., laufig
flimmern schw. (funkeln, von Sternen): zwitz-
gerlen
– (glänzen; zitternd funkeln): zwitscheren 2.,
zwitzerlen 2.
– (wallen, qualmen, von der Luft in großer Hit-
ze): watlen I 1., watelen, wätlen, wotlen, wo-
delen, wedlen
flink Adj. (geschäftig): fänzig 2.
– (gewandt): ferkig
flinker Mensch m.: Tapferlein
flinkes Kind n.: Habich(t) 2.b.
flirten schw. (mit den Augen flirten): äuglen 2.
– (geschlechtlich reizen; willig machen, umgar-
nen): anmachen
Flitterkram m.: Fländer 2., Fländerlein
Flitterwochen Pl.: Kußmonat, Küßmonat

Flocken Pl. (Federchen): Schleißen, s. Schleiße I 2.

flockig Adj. (voll von Bettfedern): schleißig I

Floh m.: Floch, Floh f. *Filzläus und Wanze, Häßläus und Flöh, wer die vier Ding hat, juckt gwiß in d'Höh. Eine Floh knellen* mit dem Nagel zerdrücken. *Ist dir eine Floh übers Näbele kroche?* eine Laus über die Leber. *Einander drucke, daß Flöh auchze(ächzen). Wenn d'Weiber im Teig sind, hänt d'Flöh Hochzeit. Lieber eine Floh im Kraut als gar kein Fleisch. Eine Wanne voll Flöh ist leichter hüte, als eine Fel, die heirate will. Der ist so gscheit, er sieht's Gras wachse und hört d'Flöh huste.*

Florian m. (Schutzpatron gegen Feuersgefahr): Flor, Flori, Flore

Flößen n.: Geflöß, s. Geflösse 1.

flott Adj. (selbstbewußt): patent

Fluch m.: Blitz 2.; Hurensakrament; Sakrament 2., s. die Formen, Komposs. und euphem. Veränderungen beim Stichwort *Sakrament*
- (Ausruf; verfluchter Kerl): Malefiz
- (in Verbindung mit Hölle): Höllensakrament; Kotz, Hotz, Höllenschinder, -sasa; Höllensakermost, -sack, -sapperment, -schlaffermost
- (leichter Fluch): Heidenblitz! Heidengukkuk! *du Heideblitz!* verfluchter Kerl (auch bewundernde Anrede). Heidenwetter!
- (starker Fluch): Heidensakrament, auch persönl. *du Heidesakrament!* Heidesack, Heilandsakrament, Heilandsack, Himmelsakrament, Himmelsack, euphem.: Himmelsaite; Herrgottsdonner, -donnerwetter, -sakrament, -sack
- (Verwünschung, aber auch Erstaunen und häufig als Vergleich verwendet): Donnerwetter 2.

fluchen schw.: menten; sakramenten, sakramentieren; schwören 3.
- (polternd schelten): sackeren
- (Zoten reißen): knällen 2.a.

Fluchen n.: G(e)fluche

flügge Adj. (vom Vogel): gefider
- (zum Fliegen fähig): flück, fluck

flugs Adv. (geschwinde, im Nu; sehr schnell): witsch

Flugzeug n.: Flieger

Flurhüter m. (Feldschütz, Baumwart): Bammert; Kornschütz; Flurer, Flurhai, Flurschutz, Feldschütz, Feldsteußler, Bannwart, Bammert, Huter

Fluß m. (Bach): Aach, Ach

Flußfisch m. (Seefisch): Hasel II

Flüssigkeit f. (die über den Rand strömt): Überreich

- (Flüssigkeit, welche zum Gären aufgestellt wird): Ansatz 1.
- (kleine Flüssigkeitsmenge): Schuß 2.
- (verschüttete Flüssigkeit, Lache): Floß 1., Floz

Flüssigkeitsmaß n. (1/2 Liter): Schoppen 1.
- (bes. für Branntwein; halber Schoppen, Achtelmaß): Stämpfel 3.
- (Trockenmaß, Längenmaß): Viertel 2., Vierntel

flüstern schw.: bisemen, bismelen, bisen IV, bischen, bisperen, bisten, düsemen; flisperen
- (heimlich einander ins Ohr reden): zislen, düslen, düsemen
- (leise ins Ohr reden): blislen *die bliselt, daß man's hört von Pfullingen nach Reutlingen,* ironisch.
- (rufen): bisten
- (tuscheln): düsemen, düslen 1.

Flüstern n.: Gedüsel, Gedüsem

Flut f. (Fließen): Fluß 2.

Flutender Hahnenfuß m.: Fischkraut

Fohlen n. (junges Pferd): Meu(t)sch(el); Utschel

foppen schw.: mich(e)len; motzen 3.
- (einen zum besten haben): käsperlen; fotz(e)len, fötz(e)len; utzen; bojäglen 2.
- (quälen): vexieren

Forche f.: Fichte 2.

Forchenholz n. (aus Forchenholz, zur Forche gehörig): forchen, förchen, forchelig, fore, före, forelig

Forchenzapfen m.: Forchengackel

fordern schw. (Schuld fordern): brummen 2. a.
- (verlangen, mahnen): eischen, heischen, aneischen, anheischen

Form f.: Fasson

formen schw. (zum Ball formen, sich zusammenpressen): ballen 2.

formlos Adj. (plump): ungeformet 1., ungefurm(e)t

fort Adv.: hin A.1., hi
- (er hat sich aus dem Staub gemacht): per
- (von hier weg): fort, furt, fut; (an)weg, *(a)weg;* die Vögel fliegen *weg* von dem Baum, aber *fort* im Herbst in andere Gegenden.
- (weg): ab *er ist jetzt allem ab* hat keine Sorgen mehr. Hau ab! verschwinde! *einem etwas ab sein* es ihm abschlagen.

fortfahren st. (weitermachen): fortmachen 2., s. die adverbialen Verstärkungen. *Der Gscheid geit nach und der Narr macht fort. Fortmache wie's Regenwetter.*

fortgeben st. (hergeben, eine Tochter verheiraten): ausgeben 1.a.

fortgehen st.: abstieben; *die Platte putzen,* s. Platte; sich trollen 3.
- sich mucksen 1.b., muzen, muzgen

– (bes. heimlich fortgehen; sich flüchten): sich streichen 1.b.
– (rasch sich entfernen): sich schieben 5.
fortjagen schw.: fortjäuchen, fortlaichen; schamperen; schassen
– (vertreiben; quälen, plagen): geisteren 2.
fortlaufen st. (durchgehen): auslaufen 1.a.; verlaufen
fortmachen schw. (sich fortmachen): *die Platte putzen* 3.b.
fortnehmen st. (stehlen): mitnemen 1.
fortraffen schw.: mitnemen 2.a.
fortschaffen schw.: fortdividieren
fortschicken schw. (sich vom Halse schaffen): abschäublen
fortschleichen st.: fortdausen
fortschlendern schw.: fortdratlen
Fortschritt m. (kleiner aber deutlicher Fortschritt): Rucker, Ruckerlein; *einen Rucker, ein Ruckerlein tun.*
fortspringen st. (davon eilen): lossauen
fortstoßen st. (wegjagen, vertreiben): verstoßen 1.
fortwehen schw.: hinwehen 1.
Fragepartikel m. (was hast du gesagt? was meinst du?): ha? I
Fragerei f.: G(e)frage
Franse f. (verwirrtes Haar; verwickelter Faden): Zottel I 1.
fransig Adj. (ausgefranst; langhaarig; nachlässig, ungeordnet): zottlig 1., zottlecht
Frau f. (alte schmutzige Frau): Ampel 2.
– (alte Frau; Schelte): Runkunkel, Rumpumpel, Schell 6., Gurre I 2., Kachel 6.a., Riester 3.b., Schappel 4.
– (ängstliche Frau; schwächliche Frau): Deinlein
– (arbeitsame Frau): Schaffweib; Schäfferin
– (bedauernswerte Frau): Bärmel, s. Barbara 2.b.
– (dicke, unbeholfene Frau): Bampel 2., Bompel
– (die entschlossen wirkt): Burrassel
– (die häufig lacht): Kitter 2., Kitteranne, Kitterbäll
– (die hinter dem Rücken ihres Mannes Haushaltsgegenstände verkauft): Fuggerin
– (die im Dorf immer unterwegs ist): Fleckenbase, Fleckenbäs
– (die im Hauszins wohnt): Hausfrau 2.
– (die viel redet und lacht): Schätterhetze 2., -hexe
– (fahrige Frau, halbverrückte Frau): Scheuche 1.; Fuchtel 3.
– (fette Frau): Schmutter 3.
– (Frauensperson): Mensch n. 2.a., Pl.: Menscher; *gestandenes Mensch* alte Jungfer. *Des ist e Mensch!* starkes Weib.

– (freche Frau, alte Frau, scherzh.): Rutschel, s. Rutsch 1.
– (gutmütige Frau; auch dicke und plumpe Frau): Trutschel, Trotschel
– (herausgeputzte Frau): Docke b. *wie's Döckle aus'm Laden.*
– (junge Frau, die sexuell reizvoll ist und mit der Männer gerne schlafen): Betthäslein, s. Betthase
– (kläffende Frau): Bäffzge
– (kleine Frau): Murmelein 2.
– (korpulente Frau; dicker, unbeholfener Mann): Wargel 2., Wärgel
– (kräftige, starke Frau): Bärenmensch, Bärenweibsbild, Motschel, s. Mutsch(el) II 5.
– (lange Frau, Schimpfwort): Daudel
– (leichtfertige Frau, Schelte): Schlaufe 3.; Läutsche 2.; Fasande
– (liederliche Frau, Hure): Mensch 2.b. *des sind keine Mädle, des sind Menscher.*
– (minderwertige Frau): Gutsche 4.
– (mit lauter krächzender Stimme): Rätsche I 2.
– (mit wackeligem Gang): Gäutscherin
– (nach Gen. 2, 2ff): Ripp 3.
– (redselige Frau): Büchse 7., vgl. Schnätterbüchse *die alte Weiber und Enten schnattern über d'See, und wenn sie wöllent vertrinken, strecket sie die Büchsen in d'Höh.*
– (rothaarig): Rotwadel 2., -wedel
– (schnippisch): Grickse 2.
– (Soldatensprache): Socke 3.
– (übergroße Frau, großes Mädchen): Gaukel II
– (unordentlich gekleidete Frau): Baunschel
– (verkommene Frau): Lotsch(e) 3., s. auch *Lotsch, Luntsche*
– (weinende Frau): Heulkätter
– (widerliche Frau): Truchtel, Appel
– (wie nhd.; ganz allgemein): Weib 1.a. *wenn e Haus geht bis an Rhei, so ghört mer einzigs(gotzigs) Weib'nei. Wo der Teufel net hin mag, schickt er e alts Weib. Je me dui Zäh verliert, desto bissiger wird sie.*
Frauen Pl.: Weibsleute, Weiberleute
Frauensache f.: Weibersache; aber: Männerarbeit
Frauenschuh m. (Pflanze): Pfaffenschuh; Herrgottsschühlein 2.
Frauensperson f. (altkluge Frau): Anna Maria 2.
Frauentracht f. (Männertracht): Schaupe I 1.
frei Adj. (nicht angebunden, z.B. ein Stück Vieh): ledig 1., verstärkt: freiledig
– (unverheiratet, unehelich): ledig 2. *er ist ledig geboren* unehelich.
– (von Krankheit; ordentlich): sauber 1.b.

– (von Schmutz oder Verfälschung; unver-
fälscht): rein I 2., sauber
freigebig Adj. (bereit): wetterig 3.; gäbig; splen-
did; spendabel; vorderhändig 2., opp.: hinder-
händig, geizig
freilich Adv. (nun eben): halt
Freistatt f. (bei Fang- und Versteckspielen):
Botte, Hüle, Lere, Zal
– **sichern** schw. (sich einen freien Platz si-
chern): botten
Freitreppe f. (die zur Kirche führt): Kirchen-
staffel
– (steinerne Freitreppe, die zur Haustüre führt;
steinerne Kellertreppe): Stapfe 2.; jetzt mehr
Staffel 2.a., Stapfel, Stä(p)ffel
– (Stufe, die in das Haus führt): Trippel 2.
fremd Adj. (heimatlos, verbannt): elend 1.
Fremde f. (Verbannung, Einöde): Elend
fremdeln schw.: fremdelen, fremden
Fresser m. (wüster Fresser; schlechtes Essen):
Saufraß
Fresserei f.: Gefräß 1.
– (Schweinerei): Mantscherei
Freude f. (laute Freude, Spaß, Possen): Gaude
1. *miteinander eine Gaude haben.*
– (Vergnügen, Lust): Luse, Lusem, Lude, Lose
Freudenäußerung f.: *Gott sei's getrommelt und
gepfiffen,* s. trommeln 2.a.
Freudenschrei m. (Schrei, Lied): Joler 2.;
Juchz(g)er
Freund m.(intimer Freund): Spezel, Speze
Freundin f.: Gespil B.1.
freundlich Adj. (entgegenkommend): glimpfig
1.
– (leutselig; herablassend): gemein 3.c.
Friedhof m.: Gott(e)sacker, Gottesgarten;
Kirchhof, Totenacker, Totengarten, Freithof
frieren st. (vor Frost zittern): hutschelen
Frieren n. (schmerzhaftes Frieren in den Finger-
spitzen): neglen, gekürzt aus *hurniglen*
frisch Adj. 2.a., opp.: dürr; grünes Holz –
dürres Holz; grünes Gras – *Heu, Emd*
– (offen, frei heraus, rundweg): fransch(e)man
– (rasch; gesund, stark; heftig, barsch, grob):
rösch 2.
– (rüstig, munter, stark, kräftig): wacker 2.
Frist f. (Fristung einer Schuld, Verzögerung):
Beit
fröhlich Adj. (mutwillig, übermütig): geil 1.
fromm Adj. (im religiösen Sinn, wie nhd.):
fromm 2.; gerne verächtlich gebraucht:
Frömmler, die Frommen Pietisten.
frömmelnd Adj. (heuchlerisch): betig *ein beti-
gen Mann soll man fliehen, wo man kann. Ei-
nem betigen Mann und einen bissigen Hund
muß man aus dem Wege gehen.*
Fronleichnam m.: Unserherrgottstag, s. unser
2.; Herrgottstag

Frosch m. (Kröte): Hoppezer 1.
Frost m. (Hagel; Mißgewächs): Gefröre, Ge-
fröst 1.
Frostbeule f.: Winterbeule
frostig Adj. (frierend) schnatterig 1.
– (fröstelnd): schauderig; gern verbunden:
schauderig und mauderig niedergeschlagen,
betrübt.
– (kalt, naßkalt): kirr 2.
Frucht f. (der Laternenjudenkirsche): Latern-
lein, s. Laterne 4.
– (der Roten Heckenkirsche): Hundsbere
– (des Ackerhahnenfußes): Sackkleibe; Sack-
laus, Bubenlaus, Furdigel, Furdluge, Kleibe,
Gleis, Strigelein, Hundluge
– (des Bluthartriegels): Tintenbere
– (des Gewöhnlichen Pfaffenkäppchens): Mut-
schel III 2., Gockeler(skern), Pfaffenhütlein
– (rundliche Pflanzenfrucht, auch Kartoffel):
Bolle I 3.
– (von Bäumen oder Pflanzen; auch übtr.):
Frucht 1. *man kennt den Baum an seiner
Frucht, den Buben (und die Kinder) an der
Zucht.*
Früchtchen n. (Geschöpf): Kräutlein *des ist e
saubers Kräutle. Die ziehet au e schöns Kräut-
le an dem Bube. Des ist e frühes Kräutle!*
Früchte Pl. (der Schlinge): Katzendreck 2.
– (kugelförmige Früchte; Obst, Beeren; Kin-
dersprache): Poppel I 3.
– (und Blüten der Salweide): Kätz(e)lein, Kut-
zelein, Mullein, Palmkatze, -minkelein, -mul-
lein
Früchtebrot n. (bes. zu Weihnachten, in das
Schnitze eingebacken sind): Schnitzbrot
– (Brot mit eingebackenen gedörrten Birnen):
Hutzelbrot, Hutzlenbrot, Hutzelzelte, Hut-
zellaib; Birnenbrot; Schnitzbrot; Birenbrot
der frißt au's Birebrot am Werktag ist ein Ver-
schwender; Birenweck, Birenzelte, Singet,
Singete
Fruchtkapsel f. (der Herbstzeitlose): Kumockel
3., Kümockel; Mutschel II 3.; Hexenfurz 2.;
Kueuter 2.a., Kühlein
Fruchtstand m. (an Pflanzen): Kolben 2.b.
früh Adj.: bald 3.
– (früh am Tag , bald): frü 1., früer, früner, frü-
hest, *früh auf, spät nieder, bringt verlorne Gü-
ter wieder. Früh ins Bett und früh wieder auf,
macht gesund und reich im Kauf. Früher Re-
gen und alter Weiber Tanzen währt net lang.*
– (früh im Jahr und in der Lebenszeit): frü 2.
*Früher Vogelsang macht den Winter lang. Zu
früh säe ist selten gut, zu spät säe tut gar net
gut.*
Frühe f. (sehr früh am Tag): Herrgottsfrüe
früher Adv.: allemal 2.

Frühjahrssturm m. (mit Regen und Graupeln): Rauhigel, s. Rauhigel 3.
Frühling m.: Längs, Lenz
Frühlingsenzian m.: Franzosennägelein, blaue Kutte, Hausanbrenner; Himmelschlüssel, Hosenjuckerle; Roßnägelein, s. Roßnagel 3.d.; Schusternägele
Frühlingsfingerhut m.: Kleines Schmalzblümlein, s. Schmalzblume 6., Schmalzkachel
Frühlingsplatterbse f.: Herrgottsschühlein 3.
Frühstück n.: Morgenessen
frühzeitig Adj.: zeitlich 1.
frustrieren schw. (seelisch fertig machen): beutlen 3.
Fuchsie f. (Zierpflanze): Klunker 3.
Füchsin f.: Föhin
Fuchspelz m.: Fuchs 4.
Fuchtelei f.: G(e)fuchtel
Fuge f. (an Steinen, Brettern): Falz I 1.
Fuhre f. (kleine Fuhre Heu, Stroh, Holz odgl.): Schlötterlein, s. Schlotter 1.
führen schw. (am Halfter halten): halfteren
– (falsch führen; in die Irre führen): verfüren 2. *da ist der Karre scho verfürt* die Sache schon verdorben.
– (Haushalt führen; im Haushalt leben): hausen a. *wo gnug ist, ist gut hause.*
– (Luderleben führen): luderen 2.
Führen n. (von Mist; Wagen mit Mist): Mistfure
Führerschein m. (Ausweis): Pappendeckel
Fuhrknecht m.: Farknecht, vgl. Mahlknecht
Fuhrmann m.: Bauer 2.
– **sein** unr. (mit dem Fuhrwerk fahren): furwerken
Fuhrmannsbetrieb m.: Furwesen
Fuhrwerk n. (auch Motorrad, das *schättert*, Lärm macht): Schätterkarren
– (mit nur einem Pferd): Einspänner 1.
– (Wagen, Kutsche): Gefärt 1.
– (zweirädriges Fuhrwerk mit einem Pferd): Hoppaße, s. Hoppaß 2.
fuhrwerken schw.: karrenwerken
Fülle f. (Überfülle): Völle 1.
Füllen n. (Fohlen, junges Pferd): Heu(t)scher 1., -el; Heuzer; Buitscher, Butsch, Buscher; Husselein 2., Hutsch; Mutsch I, Mutsche, Mutschel; Motsch, Motsche, Motschel, Motschele, Mutschele
füllen schw. (durch fließendes Wasser sich füllen): zulaufen 3.
Füllung f. (von Braten, Würsten u. a.): Fülle 2.
Fundament n. (Grundlage): Grund 1.d.
Fundgrube f. (Goldgrube): Finde
Funke m. (in der Asche glimmender Funke): Glunte
funkeln schw. (schimmern; flimmern): zwitscherlen 1., zwitzeren 2.
Funkeln n. (z. B. der Sterne): Gezwitzer

funktionieren schw. (vollbringen): schnack(e)len 2., in der R.A. *es hat geschnackelt!*
furchen schw. (Rinnen in das Erdreich ziehen): reißlen
Furchenkletterer m. (Spottname der Weingärtner): Furchenkrebsler, Furchenrutscher
Furcht f. (respektvolle Scheu haben): Appell, *Appell haben.*
furchtbar Adj. (arg, abscheulich; bes. zur Verstärkung): ludermäßig
– (fürchterlich; schrecklich; arg, schlimm): fürchtig 2.
– (steigernd für etwas Unangenehmes): horrend
fürchten schw.: bausen II; grausen
– (ängstlich, unwohl sein, Böses ahnen): pfingstelen
furchtsam Adj. (feig): fürchtig, *fürchtig machen* Furcht einjagen.
– (verschämt, schüchtern): blaug 2.
furchtsamer Mensch m. (schwacher, charakterloser Mensch): Blödelein, s. blöd 2.; Zitterer 1.
Fürst m. (hohe Person): Herr 2. *des ist der Herr von Habenix und Kuhdreck ist sei Wappe* Spottvers auf einen scheinbaren(eingebildeten)Armen.
Furunkel Pl. (am Hals): Hurnaußennest 2.
fürwitzig Adj. (vorlaut): nasenweis
Fürwitziger m. (Vorlauter): Nasenweis
Furz m.: Blaser 2.b.; Schiß 2.
– (der nasse Furz): Scheiß II 1. *äll Scheiß* alle Augenblicke.
– (oder Kot): Scheiß I 1.
furzen schw.: blasen 1.f.; pupen 2., s. Pupe
– farzen *was durch's Scheiße herkommt, goht durch's Farze hi* wie gewonnen, so zerronnen. *Da könnt ma d'helle Träne farze.*
– einen schleichen(streichen) lassen, s. schleichen.
– einen Wind streichen lassen, s. streichen 2.
Furzer m.: Furzkasten 1.
Fuß m. (umfaßt auch das Bein bis zur Hüfte): Fuß, vgl. Bein; Trittling 1.
– (geschwollener Fuß): Schlägel 7.
Fußball spielen schw. (regelwidrig): holzen I 3.
Fußballspielen n. (regelloses Fußballspielen): Gekicke
Fußboden m.: Boden 2.a., Stubenboden
– (Unterboden aus Zement, Dachboden, Dachraum): Estrich
Füße Pl. (der Raubvögel): Fänge, s. Fang 2.
füßeln schw. (mit den Füßen unter dem Tisch Berührung suchen): fußlen 2., füßlen, fußelen
Fußende n. (des Bettes): Fußnet
Fußgänger m. (wackeliger Fußgänger): Wackelein 4.
Fußgelenksadern Pl.: Geäder 2.c.

514

Fußrücken m. (Spann, Rist): Reihen; Hochreihen, Horeihe

Fußschemel m.: Stüllein, s. Stul 2.

Fußspur f. (Spur): Stapfe 1., Stapfel, Staffel, Stäpfel

– (von Menschen und Tieren): Tatze 3.a., Tatzet(e)

Fußstapfe f. (Gang): Tapper *i tu mein alte Tapper gau;* Trappe 1.

Fußweg m. (Gebirgspfad): Steig

Futter n. (Fütterung): Atz

Futtererbse f.: Vogelwicke

Futteresparsette f.: Hasenmaul 3.

füttern schw. (dem Vieh das Futter in die Raufe geben): einegeben, einetun

– (ein Kleid mit Futter versehen): futteren 2.

– (ein Kleidungsstück füttern, wattieren): ausnähen 2.

– (hauptsächlich vom Vieh): futteren 1., füttteren

– (Heu in die Futterraufe füllen): aufstecken 1.b. *steck der Katz das Heu auf!* tu, was du willst, nur geh!

– (mit Hafer füttern): häberen 3., haberen

– (zu essen geben): schieben 6.b.

Futterraufe f.: Heuraufe; Raufe, Raufen *man muß ihm die Raufe höher henken* den Brotkorb, (Vermischung mit *Traufe*).

Futterrübe f. (Runkelrübe): Angerse; Runkel, Runkelrübe

Futterzugabe f. (Viehfutter, Häckerling): Miete I 3., s. Brüts, Gesod

G

Gabe f. (Mitgift): Gift f.1.

Gabel f. (große Gabel): Furke
- (zum Aufladen von Heu, Garben): Ladgabel
- (zum Umwenden und Aufschütteln von Heu, Stroh, Mist): Schüttgabel
- (zweizinkige Gabel): Gutzengabel, *Gutzengäbele machen* zum Spott zwei Finger gabelförmig gegen einen ausstrecken, auch Gebärde des Rübenschabens.

Gabelbein n. (bügelförmiger Knochen beim Schlüsselbein der Vögel): Springer

Gabeldeichsel f. (zwischen deren zwei Armen das Pferd eingespannt wird): Lann(en), Lander, Lanne; Gabel 2.a.

gabeln schw. (mit der Furke arbeiten): furken

Gabelweihe f.: Gabler 2.; Hennenweier; Weienvogel

gackern schw.: gack(e)len II 1., gacken, gackeren; gäckeren, gacksen, gachzen, gatzgen 1., gatzen, gätzgen, gätzen
- (schreien von Gänsen): gacken II 1.

Gaffer m. (fauler Mensch): Ölgötze, *dasitzen, dastehen wie ein Ölgötze* wie ein Klotz.
- (Glotzer; naseweiser Mensch): Maulaffe

Gallert n. (von gesottenem oder gebratenem Fleisch): Süderen, Sülze

gallertartig Adj. (schlammig, morastig): sulzig

gallig Adj. (zornig, gereizt): gällig, gällisch

Gallus m. (Name des Heiligen; sein Tag, 16. Oktober): Gallus 1., Galle; (St.)Galle; (St.)Gallentag

Galopp m.: Karrè 3.

galoppieren schw. (springen): karass(l)en; galoppen, galabren

Gang m. (schleppender Gang; Geschwätz): Gelatsche
- (zur Kirche; bes. Gang zur kirchlichen Trauung): Kirchgang

gängeln schw.: benglen 2., bengelen

Gans f. (das Tier): Gans *an de Gäns und Weibsleute ist alls recht, bis uf de Schnabel. Martins Gans hat sie bisse* sie ist schwanger. *Er schnappt darnach (ist drauf'nei) wie eine Gans nach em Apfelbutzen.*
- Wud 1.b.
- (in der Kindersprache): Gagag 1.; Gus II, Gusel; Wus; Wusel 1., Wuserlein
- (junge Gans): Husselein 1.

- (scherzh.): Gigag

Gänschen f. (frischgeschlüpftes Gänschen): Grünlein 2., Grunlein; Biberlein I 2., Bibelein; Wir(e)lein

Gänseblümchen n.: Gänseblümlein, s. Gansblume 1., Gansringelein, Göckelein, Buntblume, Monaterlein; Münzelein; Maßliebchen; Margaretel, Margritte; frühere Bezeichnungen, s. Margareta 4.; Maunzle, s. Maunze 3.b., Maunzerle, s. Maunzer 4.; Monatlein, s. Monat 2., Monatblümlein (durch alle Monate blühend).

Gänsedistel- Arten Pl.: Milchdistel; Egert(en)distel 2.; Mausdistel

Gänsefingerkraut n.: Ganskraut, Gäskraut, Gäserich

Gänsefuß m. (Pflanzengattung; bes. der Gute Heinrich): Gansesper 2., Gansfuß 2., Docke, Heiner, Molde, Mulde(nkraut), Schmälzeleskraut, Schmotzenheiner, Wilder Spinat, Storchenschnabel

Gänsehaut f. (durch Kälte, Schauder, Schreck entstehend): Gänse, s. Gans 2.; Hennenhaut

Gänseklein n. (Kopf, Füße): Gschnatter, Gschnätter; Gansgereusch, Gäsgreusch

Gänsemalve f. (Kleine Malve; Frucht davon): Schmerlaiblein, s. Schmerlaib 3.; Käspappel

Gänserich m.: Gäckeler 4.; Ganseler, Ganser, Gansert, Gans(n)er, Gansger(t), Gänser, Gäser, Gänsger(t), Gänzger(t); Guser 1.; Gänzing 1., Gänzling

Gansflügel m. (zum Abwischen): Flederwisch 1., Floderwisch, Pflederwisch

Ganskachel f.: Ganskar

Gansmist m.: Gansdreck

ganz Adj.: murz; nur in Verbindungen: *murz ab* ganz ab; *murz aus* ganz aus; *murz hin* ganz kaputt).
- (gar): glatt B.4. *mei Sach ist glatt nunz.*
- (gesamt): all, äll
- (steigernde, hervorhebende Funktion): gar B.2. *gar arg* sehr schlimm, ganz schlimm.
- **ab** Adv. (vollständig weg): wurzab; garab
- **aus** Adv.: garaus, butschaus
- **eben** Adj.: bolzeben, bolzgerade
- **gerade** Adj. (von senkrechter Haltung, aber auch von waagrechter Richtung): kerzenge-

rad *er steht kerzegrad da. Der Weg geht kerze-grad;* vgl. bolz-, faden-, schnur-, stotzengrad
– **herum** Adv. (überall): durchummer
– **hinab** Adv.: durchabe; durchhinab, durnab
– **hinauf** Adv.: durchauf, durchaufe; durchhinauf, durnauf
– **hindurch** Adv.: durchhinaus, durnaus
– **klein** Adj. (winzig klein): kleinwinzig, -wunzig, -munzig; verstärkt: kleinwunderwinzig
– **nackt** Adj.: fuselnacket, verstärkt: fusel-faselnackig, fasel- fatzen-fadennacket
– **neu** Adj.: nigelnagelneu
– **nüchtern** Adj.: hundsnüchtern, katzennüchtern
– **oben** Adv.: zu oberst, zu öberst, zu obergest, s. ober B.2.
– **still** Adj.: mucksmäusleinsstill, mucksmäuslesstill
– **übel** Adj.: bodenletz
– **und gar** Adv.: rasibus, rasabus; stubes; stubes und rubes
– **verkehrt** Adj. (verwirrt): hintersichgäbisch, hintersigäbsch
– **verrückt** Adj.: hirnverrückt
– **voll** Adj.: hautvoll
gänzlich Adj. (vollständig): voll B.1.
– **leer** Adj.: hautlotterleer
gar nichts Adv.: *nicht das Schwarze unter'm Nagel,* s. schwarz 7.
Garaus m.: Garaus, s. garaus 2. *einem den Garaus machen* scherzh. umbringen, töten.
Garbenstrauß m. (für das Zimmer, für den Erntedankaltar): Gärblein 1.
garen schw.(Kartoffeln garen; Wasser auf das Feuer stellen): übertun 1.
gären st.schw. (in Fäulnis übergehen): jären I; jästen 1., jasten
– (prickeln vom Most): reißen 2.d.
– (Zwetschen oder Kirschen in einem Faß gären lassen): einschlagen A. 5.
gären lassen st. (eine Flüssigkeit zum Gären hinstellen): ansetzen 2.
gärig Adj. (gärend): irrig; jästig 1., jastig
Garn n. (Faden um den Haspel gewunden): Sträne 1.
– (zum Stopfen der Strümpfe): Stopfgarn, vgl. Stopfwolle
Garnknäuel m.n. (auf einer Spindel): Knüpfel 2.; Knüttel
– (Fadenknäuel): Hexengarn
garstig Adj. (roh): harig 2.c., härig
garstiger Mensch m. (unanständiger, schmutziger, unordentlicher Mensch): Lude 2., verstärkt: Bier-, Sau-, Sauf-, Schnapslude
Gartenbeet n.: Rabatte
– (mit Bohnen bepflanzt): Bonenbletz, Bonenland

Gartenbohne f.: Fasole, Fisole, Fasele, Fisele, Fasan; Kicher
– (eine Variante der Gartenbohne): Adlerbone, Jungfern-, Schnakenbone
– (mehr als Zierpflanze): Feuerbone
Gartenerdbeere f. (übtr.:große, rote Nase): Brästling
Gartenfuchsschwanz m. (Pflanze): Hanenkamm 2.
Gartengewächse Pl. (verkrüppeltes Kraut; Blätter von Kraut und Rüben): Geschutter 1., Geschütter
Gartenlaube f. (Gartenhaus): Laube 3.
Gartenmesser n.: Hippe, Hape, Häpe
Gartennelke f. (Pflanze): Nägelein(s)stock
Gartenresede f.: Resedlein
Gartenringelblume f.: Hochfart 2.a.; Ringelein, s. Ringel 2.b.
Gartenstiefmütterchen n.: Penselein, Tag-und-Nacht-Veigelein; Tag-und Nacht-Blümlein 2.
Gärung f.: Ire; Jäst 1.
Gasse f. (schmale Gassen in Städten): Gang 4.b.
– (schmaler, ansteigender Weg): Stigel 2.
Gassenjunge m.: Gassenbube, Gassenjodel
Gassenkind n. (Kind, das gerne auf der Straße herumläuft): Gassenvogel, Gassenvögelein
Gasthaus n.: Baizerei, s. Bais
Gastwirt m.: Hospes 1.
Gatte m. (der Schwester): Schwestermann
Gaugler m. (Schwindler): Gaukelhans
Gaukeleien Pl. (Possen): Gaukel I
gaukeln schw. (Possen reißen): gauklen I 1.
Gaul m. (alter Gaul): Rolle I 2.
Gaumenzäpfchen n.: Zapfen 3.
Gauner m. (großer Betrüger): Urfetz, Urlump; Erzhalunke; Jauner
Gaunername m. (des 1803 hingerichteten Joh. Bückler): Schinderhannes
Gaunersprache f.: Rotwälsch
Geb's Gott! (Wunsch, Zweifel, Verwunderung, Interjektion): Gott gebe! zahlreiche Ausprachevarianten, s. geben 2.
Gebäck n. (Doppelwecken): Schildbrot, Schild
– (in der ursprünglichen Bedeutung: auf einmal Gebackenes): Bäch, Bachet
– (in Form einer Bärentatze): Bärentatze
– (in Form einer Ochsenzunge): Ochsenzunge 2.
– (in Form einer Spirale): Schneckennudel
– (langer, flacher Hefekuchen mit Rosinen, Mandeln): Stollen, Weihnachtsstollen
– (mürbes Gebäck, in Form zweier Schenkel): Bubenschenkel
– (süßes Gebäck mit Stechmodel aus Teig gestochen): Ausstecherlein
– (zopfartig geflochtenes Weißbrotgebäck): Zopf 2.
– (zum Nikolaustag): Klasen, s. Klas 2.c.

Gebackenes n. (Geknetetes): Tantsch
gebären st. (Junge werfen, von Tieren): jungen 2.
– (ledig gebären): ein Kind schwitzen 1.b., *eines schwitzen*
Gebäude n.: Gehäus 1.
geben st. (Auftrag geben): ankünden
– (einem etwas zum Trinken, auch zum Essen geben): aufwichsen 1.a.
– (Gehör geben): ho geben, s. ho 3.
– (Honig geben): honigen
– (leihweise geben): entlehnen
– (Schimpfnamen geben): vernamen 1., vernamsen, verunnamen
– (Unwetter geben): wittern 1., hurniglen 1., horniglen
Gebetbuch n. (Name eines alten, weit verbreiteten kath. Gebetsbuchs): Himmelschlüssel 2.
gebieten st. (entbieten): bieten 3.
– (verfügen über etwas): walten
– (Einhalt gebieten): *den Grind scheren,* s. scheren 1.
Gebildbrot n. (in Form eines Nikolausmännchens): Klasenmann 2.
– (in Form eines Weibleins): Klasenweib 2.
Gebiß n. (künstliches Gebiß): Klavier 3.; Reff, s. Raffel 2.
– (vorstehendes Gebiß): Reff 2.a.; Zanreff, Raffel 2.a., *halt dei Reff!* Mund.
– (Zähne): Zanwerk
– (Zahnreihe; meist tadelnd: großer Zahnkiefer; stark hervortretende Zähne): Zanreff 1.
geblümt Adj.: blumet
– (aus buntbedrucktem Gewebe bestehend): zitzen, zitzig
Geblüt n.: Geblüt 1., Geblut, Blut
Gebot f. (Befehl): Bot 1.
Gebratenes n.: Bratens
gebrauchen schw. (verwenden, mit etwas arbeiten): anwenden 2.
Gebrechen n. (körperlicher Mangel): Brest(en) 2., Breschger 2.; *Bresten und Molesten* Gebrechen und Beschwerden.
gebrechlich Adj. (kränklich; energielos; erbärmlich): wurmäßig, wurmeißig
– (schadhaft): bresthaft
gebrechlicher Mann m.: Schnackeler, Schnackler, Schnakenhuster
gebückt Adj. (bucklig): ducks
Geburtstagsgeschenk n. (Konfirmationsgeschenk): Fangete
Gebüsche Pl. (mitten im freien Feld): Hasengarten 1.
Geck m. (eingebildeter Mensch): Stratzer; Fitzer 1., Fitzger; Spenzer 2.; Sprandel; Spreizer; Galaff, Gollaff; Spritzer 3.; Hospes 2., Huspes, Hispel; Küllhase 2., Gillhase; Laffe

gedankenleer Adj.: hirnleer
gedankenlos Adj.: sürmelig
– (gleichgültig, unaufmerksam): munlos
gedankenloser Mensch m.: Sürmel 3.
Gedankenlosigkeit f.: Sürmel 1.
Gedärm n. (der Tiere): Geschlünge
gedeihen st.: deihen; fasen 1., faslen I 2.
– (gelingen): trüen *des Kind trüet aber. Der Same soll euch trüen, 's Unkraut soll verfrieren.*
– (glücken): geraten 2.
Gedeihen n.: G(e)rate 1.
gedeihlich Adj.: deilich
– geratig, opp.: ungeratig
– (dem Wachstum gedeihlich): wächsig I 2.
– (nützlich, fruchtbar): trühaft
gedenken st. (sich erinnern): *seit Manns Denka* Menschengedenken; *'s ist mei längsts Denka* meine frühste Erinnerung.
gediegen Adj. (trocken vom Holz; geräuchert vom Fleisch; ledern von Äpfeln, von Hosen): digen, dige
Gedränge n.: Drängte; Druckerei 2., Drucket(e) 1., Gedruck
geduldig sein unr. (sich gedulden): leiden 3.
gefährlich Adj. (einem oder einer Sache nachstellend): gefär
– (unbehaglich): mulmig 2.
gefallen st.: liebelen 2.; *es liebelt mir* es gefällt mir.
Gefängnis n. (Arrest): Dauches 1., Daukes, Dukes; Dofes
– (Gefängnisturm; Ortsarrest): Turn 2., Häuslein *der mit seine Kure, kommt no in die Ture* von Pfuschern.
Gefäß n.: Topf 3. *kleine Töpfe (Häfele) laufen schnell über.*
– (aus Ton und Metall): Geschirr 2.
– (für Weihrauchkörner): Schifflein, s. Schiff 3., Scheff
– (Futter-, Wassernapf; Kleinigkeit): Ventause 2.
– (in das der Most von der Kelter rinnt): Sutter
– (in dem der Maurer den *Speis* anmacht, den Kalk löscht): Speispfanne
– (kleines, rundliches Gefäß): Pommer 3.
– (meist tragbares Gefäß für Flüssigkeiten): Lägel 1., Lägele
– (mit langem Stiel zum Schöpfen der Jauche): Lachenschapfe, Güllen-, Seichschapfe
– (vertieftes, tellerähnliches Gefäß; große, tiefe Schüssel): Gumpe 2., Salat -Schwenk -Spülgumpen
– (zum Weichmachen der Felle): Weiche 2.b.
gefiedert Adj.: federig; gefideret 1.
gefleckt Adj.: gefleck(l)et, geschecket
– (gesprenkelt, punktiert): tupfet, tupfig, tüpflet

– (mit Flecken, Pünktchen gezeichnet): spreck(e)l(e)t

Gefleckter Schierling m.: Wüterich 2.c.

Geflügel n. (die Gesamtheit des Federviehs): Gefider 2., Hausgefider; Geschmeiß 3.

Geflügeldiphtherie f. (Pips): Pfipfis 1.

Geflüster n. (Wispern): Gewispel; Geblisel, s. blislen

Gefranster Enzian m.: Hausanbrenner 3.c.

gefräßig Adj. (nicht heikel, viel essend): gefräße, gefräßig 1.

gefrieren st. (durch und durch , vollständig gefrieren): ausgefrieren

gefroren Part. (hart gefroren): steinbein-gefroren

– (leicht gefroren, vom Boden): bracket 2., s. bracken II

gefurcht Adj.: gereißlet

Gegend f. (Himmelsrichtung; Bereich): Klima 2.

– (hiesige Gegend): Hierum

– (in der Hutzeln gegessen werden): Hutzelgäu

– (kalte Gegend): Winterloch, vgl. Winterhalde

– (Lage): Gelegenheit 1.

– (oder Ortschaft, wo es viel regnet): Regenloch

– (schlechte Gegend): Holzäpfelgäu

– (unwegsame Gegend): Räuhe 2.b.

– (wenn sie als Teil einer großen Gegend gesehen wird): Partie, s. Partei 2.a.

– (wo es viele Kirschen gibt): Kirschengäu

Gegenschwiegermutter f. (Schwiegermutter des eigenen Kindes): Gegenschwiger

Gegenschwiegervater m. (Schwiegervater des eigenen Kindes): Gegenschwäher

Gegenstand m. (eines Rechtsstreites): Sache 2., Sach

– (in Keilform): Spickel, Zwickel

– (konkreter Gegenstand): Ding 2.

– (rollender Gegenstand zum Spielen): Rugelein 1., Rügelein; Klucker

– (wackelnder Gegenstand): Gnappete

Gegenstände Pl. (in Wurstform, z.B. Exkremente, Geschwulst, Beule am Körper usw.): Wurst 2.

– (wertlose Gegenstände, unnütze Sachen): Plunder 2.

gegenüber Adv.Präp.: gradnüber, gradnum, s. gerad B.6.; wisawi 1.

– (von etwas; in der Richtung auf etwas): gegen 1.a.

Gegenüber n.: Wisawi 2.

gegenwärtig Adj. (jetzig): wirklich 2.

– (soeben): alleweile 2.

gegerbt Part. (gut gegerbt): satt 2.a.

Gehalt m. (Diensteinkommen): Salär

geheim Adj.: heimlich 2., häling(en)

– (heimlich): geheim 2. *die geheime Lieb ist die best Lieb.*

Geheimnis n. (Geheimnistuerei): Häling

Geheimniskrämer m.: Maukler 1.

gehen st. (der allgemeine Ausdruck für die Gangart des Gehens (Schritt); die des nhd.'Laufens'(Trab) heißt im Schwäbischen *springen*): laufen 1.b. *in der Jugend soll ma en Stecke schneide, daß ma im Alter dra laufe ka. Laufet au gmach!* langsam. *Der lauft wie auf Eier, Nadle.* Wer zu allen Arbeiten geschickt ist, *lauft in alle Gschirr. Der lauft, ob er Bohnestecke im Füdle hätt.* Zu einer laufen ein Liebesverhältnis zu ihr unterhalten. *Tapfer gloffe, ist halbe gsprunge.*

– (auf dem Absatz gehen; mit hohen Schuhabsätzen gehen): stöckeln 1.

– (auf den Schuhen sein): schuhen 2., schuchen

– (das Fortgehen, der Ortswechsel): gehen I 1. *er hat's Maul gewischt und ist gange* ohne Dank. *Gang, sitz!* Mach, daß du sitzst! An einen gehen* ihn tätlich angreifen. *An eine gehen* sie unzüchtig angreifen. *Der gaht in älle Gschirr* der ist allen Sätteln gerecht. *In des Mesners Garten gehen* sterben. *Mit einem, mit einer gehen* ihn, sie als Geliebte(n) haben. *Mit dem Kind gehen* schwanger sein. *Es geht wie mit der Leich* so langsam. *Der geht mit dem Laub* stirbt bald. *Gang's, wie's wöll!* Resignation.

– (eilig davon gehen): aufpacken 2.

– (faul gehen, ohne den Fuß zu heben): schlorben, schlorgen, schlurgen 1., schlottelen, schlunken, schlurben, schlurfen 1.

– (fehl gehen; sich verirren): verwaten 2.

– (gebrechlich gehen): lotterlen

– (geschäftig gehen; mühsam einherschreiten): stalpen 1.

– (hastig gehen): schuss(e)len

– (im Wasser oder im Kot gehen): pflatschen

– (langsam gehen; daherschleichen; langsam arbeiten): schneck(e)len 1., hinschneck(e)len, zuslen

– (langsam gehen, gedankenlos gehen): *ane schieben,* s. schieben 5.

– (lahm gehen): schlack(e)len

– (leicht gehen; ohne Zwang gehen): schliefen 2.a.

– malochen 4.

– (mit den Hüften wackelnd gehen): schwänzlen 2.

– (mit gespreizten Beinen gehen): gritten, grattlen

– (mit kleinen Schritten gehen): stäblen

– (müde gehen): schlappen 1.b.

– (mühsam gehen; unsicher gehen): gracklen, stapfen, stopfen 2.

– (ohne die Füße zu heben): schlarben 2.; rutschlen 2., schürflen 2.

– (rückwärts gehen; das Zugvieh rückwärts treiben): haufen II 1., hufen

– (schief gehen; die Schuhe krumm treten): schegen 1., erschegen, daherschegen

– (schief gehen, übtr., hapern): lurpen 2., lurpsen; stieben s. stauben 4.

– (mit schiefgestellten Beinen gehen): gelätschen 3.

– (schlecht gehen; schwächlich, unsicher, stolpernd gehen): kaiblen, grittig gehen

– (schleppend gehen; hinkend einhergehen): humplen, häschen 1., schlarfen, schlenken 3.

– (schlürfend gehen; Schwappen von Wasser im Schuh): l-tschen, s.a. lortschen, luntschen

– (schnell gehen, eilig laufen): socken 2., steiberen 3., stillen 1.; *hui und pfui gehen; das geht hui und pfui.*

– (schnell gehen und verschwinden): flitschen *da flitscht er zu g'schwind um's Eck 'num.*

– (schwankend gehen; umhertappen): duppelen, dupplen *rum düpplen*

– (schwerfällig einhergehen): tratschen

– (schwerfällig gehen): trawallen 2.

– (mit gespreizten Beinen gehen): grattlen 1.

– (trippelnd gehen, als ob man im Wasser ginge): waten 2.

– (unbeholfen, tolpernd gehen): latschen 1.

– (wackelnd, stolpernd einhergehen): tremplen 1.

– (schwungvoll vorwärts gehen): *einen Schlanz haben,* s. Schlanz 2.

– (stoßweise gehen; unsicher gehen): schuck(e)len 1

– (träge gehen: herlatschen, lampelen 2., lamplen

– (unsicher gehen): nottlen 2.b.

– (vorwärts gehen): hotten 2.

– (wandern): diplen

– (weitbeinig gehen, mit gespreizten Beinen): gratschen, grätschen

– (zum Gottesdienst gehen): kirchen 2.

Gehen n. (die Art zu gehen; der eingeschlagene Weg): Gang 1 *man muß dem Wasser den Gang lassen, und wenn's den Weg 'nauf lauft.*

– (langsames Gehen; Daherschleichen): G(e)schneckel

– (Laufen): G(e)läufe 2., G(e)laufe

– (rasches Gehen: G(e)schieße 2.

– (schwankendes Gehen): Getorkel

– (schwerfälliges Gehen): Getrantsche 1.

– (unnötiges Gehen, Laufen; unnötiges Hin- und Hergehen): G(e)läufe 1., G(e)laufe

gehend Part.: gangg 1.

– (krumm gehend, schief gehend): schegig

– (rasch gehend): gänge b., gang

Gehender m. (gekrümmt Gehender): Hotterer, Hutterer

– (langsam Gehender): Lotscher 1.

Geheul n.: Gebläke; Heulete, Heulerei

– (Geschrei): Geplärre 1.

– (Lärm): Gebrelle

– (Weinen): Geflann, Geflenn, Gepflenn

Gehirn n.: Hirn 1. *i schlag dir's Hirn zum Arsch naus. Du hast e Hirn wie e Spatz. Der hat im kleine Finger me Verstand als der sell im ganze Hirn. Der ist aufs Hirn gefalle. Der hat kei Hirn im Kopf. O Herr, schmeiß's Hirn ra!*

Gehör n.: Gelos

gehorchen schw.: folgen; parieren

– (sich fügen): spuren

gehören schw.: gehören 2. *der Acker ghört mei. Büble, wem g'hörst? wessen Kind bist du?*

gehörig (stark): orden(t)lich 2.a.

gehörlos Adj.: taub 1.

Gehörn n. (des Viehs, der Hirsche, Rehe, Böcke): Gehürn

gehörnt Adj.: gehornet; hornet

Gehweg m. (Bürgersteig): Trottwar

Geige f.: Fidel *wer die Wahrheit geigt, dem schlägt man die Fidel an den Kopf.*

– (alte Geige, alte Orgel; alte Frau; hinterer Teil am Wagen): Schätter, Schättere

geigen schw.: geigen 1., fidlen; *gut gstimmt ist halb geigt. Wer gern tanzt, dem ist leicht geige. Wer die Wahrheit geiget, dem verschlägt ma d'Geig. Einem heimgeigen* ihn abfertigen. *Trübsal blase und Elend geige. Hehl geige* schmeicheln, heucheln.

Geigenbogen m.: Fisel 2.

geil Adj.: fudschellig; rennig

– (von Männern): bauchstößig 2.

geile Frau f.: Fäutsche 2.; Randel 2.

geiler Mann m.: Jucker 1.b.

Geißbock m. (streitbarer Geißbock): Dutschbock, Dutzbock

Geißelschnur f.: Fitze 2.a.

Geißfuß m. (Giersch): Hirschstapfe(te), Hirschtritt; Gänsgras, -kraut, -schärtelein, Geißtritt, Schärtel, Witscherlewetsch

geistern schw.: geisten, geistweise gehen, geisteren 1.

Geisternacht f. (Nacht vom 23. auf 24. Juni; galt als Geisternacht): Johannisnacht

Geistesschwacher m. (abgeschwächt als Schimpfwort): Simpel, Simpach(euphem. Abschwächung); Simpelmaier

geistweise Adv.: auf Beit, s. Beit A.

geizen schw. (knausern): rackeren; genorken 2., genörklen 3.

Geizhals m. (der sein Geld zusammenhalten will): Klammhak(en) 2.; Zwacker 2.; Knicker 2.; Ruch 1.a.; Racker; Entenklemmer; Hornabsäger; Furzklemmer; Kagenhacker; Klemmer 3., vgl. Klammhaken; Klupper 3.; Pfennigfuchser, Brosampicker, Erbsenzähler, Kümmichspalter, Lausbalgschinder, Fuchser, Pfennigspalter; Ranft 2.; Schabe I

geizig Adj. (eigensinnig, händelsüchtig, bösartig): kniffig, kniffet
- genäfig 2.; genorkig 2.; grob 2.e.; hinterhändig; kauzig I 2.; knäpperet; neidig 2.a.; wustig
- (genau): kratzig 2.
- (karg, genau; sparsam): gehäbe 2.a., behäbe; behebig 1.
- (knauserig): klammhaket; knickerig, knickig, knicket, knickisch, knuserig
- (neidisch): nissig

geizig sein unr. (karg sein): knicken
- (wenig geben): vergaben

Gejammer n. (Geheul): G(e)maunz

Gekläffe n. (Maulen): Gebelfer

gekleidet Adj. (leicht gekleidet): luftig 2., lüftig

geknickt Adj. (gebrochen): hotterig

gekocht Part. (zu lang gekocht): übergar, übergär

gekörnt Part. (mit Unebenheiten besetzt): geraupet

Gekröse n. (Kalbsgekröse): Kranz 2.a.

gekrümmt Adj.: krumm, opp.: gerad; *krumm wie Sauseich. Jung bieg den Baum, sonst wird er krumm. Ein krummes Holz gibt auch ein grades Feuer. Krumme Haare* Locken, scherzhaft. *Krumme Finger, eine krumme Hand machen* stehlen. *Ein krummes Maul machen* schmollen. *Die Krumme lat ma hinke. Einen krumm und lahm schlagen.*
- (vom Finger): grap(p)elig 1.

Gelächter n.: G(e)lache; Kitter 1.; Lache III
- (großes Gelächter): Gerall
- (verhaltenes Gelächter): Gepfitter, Gepflitter

Gelage n. (Schlemmerei): Schlamp 4.

Geländer n. (Treppeneinfassung): Geräms 2.

gelangen schw. (hinkommen): geraten 1.

Gelaß n. (Kellerraum): Gemäch(t) 2.

geläufig Adj.: läufig 4.

gelaunt Adj. (übel gelaunt): gräulich II

Geläute n.: Gebimmel
- (freitags um 11 Uhr; Todesstunde Jesu): Schidung
- (zum Feierabend): Abendläuten, Betläuten, Avemergen

gelb Adj.: gel(b)
- **werden** unr.: gelben

Gelber Eisenhut m.: Kappenstock

Korallenpilz m.: Katzentape 2.b.

gelblich Adj.: gelblecht

Geld n. (Münze): Batzen I *besser ein geschwinder Heller als ein gemacher Batzen.*
- Kis 4.a.; Mos II; Schifer 3.
- (scherzh.): Moneten

Geldgürtel m. (Geldvorrat in der Kasse der Hausfrau; gefüllte Schatulle): Katze

Geldrolle f.: Gucke II 2.

Geldschuld f.: Piche 3.

Geldschulden Pl. (kleine, häufig durch Trinken verursachte Geldschulden): Läpperschulden, Trempel-, Klätter-, Klitterschulden

Geldstück n.: Batzelein, s. Batzen I; Stuck 2.b.

geleckt Adj. (fein, geputzt): geschlecket, geschleckt

Gelegenheit f. (günstige Gelegenheit, Chance, Erwerbsquelle, Hilfe): Ficke 2.

gelehrig Adj. (gut lernend): gelersam

Geleier n. (langsame Person): Geleire

Geleise n. (die Spur, die durch das Fahren auf einem Weg entstanden ist): Farleis, Fargleis, *i trau dir über kei Farleis 'nüber.*
- (Radspur): Leis

Gelenk n. (am Hinterfuß von Pferd und Rind): Hächse, Hachse
- (am menschlichen und tierischen Körper): Gleich 1. *der hat kei Gloich* ist ein Ungelenker.

gelenkig Adj. (geschmeidig, behende, beweglich): geleichig, geleichenig; gelenk

Geliebte f.: Gespil B.3.; Holde II; Metze 1.c.
- (aber auch dumme, dicke Frau): Dundel
- (Geliebter): Anhang a., Holderstock 2.; Schatz
- (Mädchen): Schickse
- (Schatz): Gespuse, Gespusel, vgl. Gespons
- (zukünftige Braut): Mensch 2.c., vielfach ohne unlauteren Nebensinn; aber meist verächtlich: *ein Mensch haben.*

gelinde Adj. (vom Wetter): lösch *es ist ein lösches Wetter* es taut auf, die Kälte hat nachgelassen.

gelingen st.: felden 5.
- (erreichen): klecken 2.c.
- (glücken, vonstatten gehen): lingen *wenn du willst, daß es dir ling, guck selber zu deim Ding.*

geloben schw.: verreden 1.a.

Gelüste n. (Verlangen, Appetit auf etwas): Gelust, Gelusten

gelüsten schw.: gelangen 3. *der hat ein Gelangen nach Obst* Verlangen.
- (neugierig machen): nefen 3.
- (neugierig sein): bitzlen I 2.a.

gemacht Adj. (aus Dinkel): kernen I
- (aus Dinkelmehl):kirnig 2., kernen I
- (aus Roggen): ruggen, rüggen; opp.: weiß
- (aus Rüben): rübig 2.; ein gleichlautendes, jedoch völlig verschiedenes *rübig, s. ruig* ruhig
- (aus Werg): kauderen I (käuderen)
- (nicht gemacht; unfertig): ungemacht 1.

gemächlich Adj. (langsam): stät 2.
- (langsam und ruhig): gemach 1.

– **tun** unr.: gangelen
Gemahlin f. (verheiratete Frau; der allgemeine Ausdruck): Weib 1.b. *eine lustige(lachende, lächerige, freudige) Braut, ein trauriges(heuniges, zänniges) Weib. Schöne Mädle gent wüste Weiber;* Frau
gemahnen schw. (an die Heimat erinnern): anheimeln
Gemälde n. (Bild): Gemäle
gemartert Part. (elend): märterlich
gemäß Präp. (zufolge von): nach II B. 3., nah
gemein Adj. (niederträchtig): gering 5., gring, ring
Gemeindebeamter m. (für den Forstschutz): Waldschütze
Gemeindeflur f.: Allmende, Gemeindebletz
– (auch die einzelnen Felder): Esch, vgl. Winter-, Sommer-, Brachesch (Korn-, Haber-, Brachesch); Zelge *der dürft über der aug'säte Esch fahre, wenn er ginge* einer, den man gerne abziehen ließe. *Der ist vom Esch in d'Brach gange* hat abgewirtschaftet.
Gemeinderat m.: Herren, s. Herr 4. *die Herre sind erst gscheid, wann sie vom Rathaus kommet. Strenge Herre regieret net lang,* auch übtr.: vom Wetter. *Schmiere und Salbe hilft allethalbe, hilft's net bei de Herre, hilft's doch bei de Kärre.*
Gemeindewaldstück n. (in welchem markierte Bäume geschlagen werden und als Brennholz erworben werden): Holzschlag, Holzteil, Blag(Belage)
Gemeindezuchtstier m.: Dorfhummel, Flekkenhummel, Dorfhag(en), -hägel
Gemeiner Kerbel m. (Wiesenbärenklau, Giersch, Pastinak u. a. Pflanzen): Schertel, Schertling
gemeiner Mensch m. (Schimpfname): Drecksack
gemeines Weibsbild n.: Saumensch
Gemeinheit f. (schlechter Streich): Lumpenstück 2.
gemeinhin Adv. (gewöhnlich): gemein(ig)lich
gemeinsam Adj.: gemein 1. *etwas mit einem gemein haben; gemeine Sache mit einem machen.*
Gemeinschaft haben unr.: *einen Käs miteinander haben,* s. Käs 2.b., Familienkäs
Gemetzel n. (Metzelei): Metzgerei 2., Metzgete
Gemisch n.: Gemasch
Gemischtes n. (bes. gemischtes Getreide, z.B. Roggen und Dinkel): Mischling
Gemüsegarten m.: Schorgarten
Gemüsesuppe f.: Rumpeleinssuppe
Gemüt n. (Seele): Geist 1.a. *der Geist ruhe lau* eine Sache auf sich beruhen lassen.
gemütlich Adj. (wohlig): gestubet
genau Adj. Adv.: nett 3.

– (gründlich): gena(c)h 2.
– (pedantisch, erfinderisch): diftelig, diftelisch
– (pünktlich): *auf den Tupfen,* s. Tupfe
geneigt Adj. (eine schiefe Ebene bildend): haldig, häldig
– (gefällig): gemütlich 1.
– (zum Kichern geneigt): kitterig
Generation f. (Grad, Glied): Geschlecht 2.
genesen st.: abreißen 3.
– *ummer kommen 2.,* s. ummer 2.
– (von einer Krankheit genesen): aufkrabblen 2.
Genick n. (Nacken): Genack, Gnack, Genakkel, Naue, Anke
genieren schw.: geschenieren, schenieren
genießen st.: verlustieren
Genitalien Pl.: Geschichte 3.b.; Geschirr 5.
Genosse m. (Freund, Kollege): Kamerad 1.
genug Adv. (viel): genug, gnug; verstärkt: haufengnug, bodengnug, übergnug, mehr als gnug. *Wo gnug ist, ist gut hausen. Wenig und gut, ist au gnug. Gnug ist besser als zuviel. Viel hat nie gnug. Einen hauen, bis er gnug hat. Der Mensch kriegt nie gnug, bis ma ihm e Schaufel Erd ins Füdle wirft. Du bist dumm gnug, daß du das tust. Da solltest du gscheid gnug sei!*
– (mehr als genug): gerad gnug, s. gerad B.3.
genügen schw. (ausgeben; helfen): klieben 2. *der Vater hat's gsagt, und des kliebt!*
– (förderlich sein): beschießen, ausgeben, batten, klecken, langen
– (zu etwas hinreichen): langen 2.a.
genügsam Adj. (nicht wählerisch im Essen; mit jeder Speise zufrieden): rauhfräß, -fräßig, -gefräßig
genußreich Adj. (nützlich): genießlich, gnießli *die Ehr ist e Gschwär, des me verdrießli als gnießli.*
geohrfeigt werden unr.: *ein paar gschmirt kriegen,* s. schmiren
Georg m. (Heiligen – und Taufname): Georg, Girges, Girg, Geörgel, Görgel, Jörg, Jörgel, Jirg, Irg, Schorsch, Schorschel. Kalendertag (23. April); *Georgii; Jörgetag. Jörg und Fidele* (Fidelis, 24. April) *vertreibet ›s letzt Schneele. Sind an Georg die Reben noch blutt und blind, so soll sich freuen Mann, Weib und Kind. Georg und des Lamperts Reich* (Lampert, 17. September) *macht Tag und Nacht einander gleich. Jörg und Marx* (Markus, 25. April) *bringen oft noch viel Args* Kälterückschläge. *Wie's um Georgii ist, so ists um Jakobi* (Jakob, 1. Mai). *Georg löscht's Licht aus, Michael* (Michael, 29. September) *zündet's wieder an.*
Gepäck n.: Bagasche 1.
Geplapper n.: Gepappel; Gepäpper, Gepapper
Geplätscher n.: Gepflader, Gepflatsche 1.

Gepolter n. (Poltern): G(e)rümpel 1., G(e)rumpel; Gebockel, s. bocklen

Geprassel n.: Gepratzel

Gepurzel n. (Übereinanderfallen): Geburzel

gerade Adj.Adv.: eben 1.b. *wer keinen Laib Brot eben anschneiden kann, kann auch nicht eben tanzen.*

– (direkt): gerades, grads, gräds

– (just): justament

– (sehr gerade): fadengerade 1., kerzengerade, schnurgerade

geradewegs Adv. (direkt, kurzweg): rekta

geradezu Adv. (ganz und gar): glatt B.5. *er ist glatt e Narr worde.*

– (ohne Umschweife): gerad B.4.

geradlinig Adj.: gerad A.2., verstärkt: bolz-(en)grad, fadengrad, kerzengrad, schnurgrad, sterzengrad

Geranie f. (Pelargonie): Geranium, Pl. gleich

Gerät n. (hakenförmiges Gerät, zum Herausziehen von Heu): Liecher 2.

– (zum Feststampfen von Erde o.ä.): Stampfer 2.

– (zum Tragen): Trage

geraten st. (reichlich Früchte geben): einschlagen B.3. *der Acker hat eing'schlaga. Heuer hat mir's eing'schlaga* habe ich Glück gehabt.

– (so oder so geraten, beschaffen sein): ausfallen 1.b.

geräuchert Part.: gerauchet, geräucht; geselcht

geräumig Adj.: geraum 1., geräum

Geräusch n. (dumpfes Geräusch; Donner u. a.): Rumpler 1., Rumplete *es tut en Rumpler bei ihm* er falliert, kommt in's Gefängnis.

gerben schw. (zu Leder machen): lederen II 2.

Gerberlohe f.: Lo, Lor

– (Stücke gepreßter Gerberlohe): Lokäs 1.; *Lokäshoch* kleines Kind

Gerede n.: Pflätsche 2.; Schmu 2., Geschrei 2.

– (dummes, nutzloses Gerede): Pafel 2.; Papp 3.

– (Gerücht; Sagen): Gesäge I, Gsag *ein domm Gsäg findet ein Weg.*

– (langweiliges Gerede): Sermon

– (lumpiges Gerede): Lumpengeschwatz, Lumpengeschwätz

– (übles Gerede): Gepflatsche 3.

– (verworrenes Gerede): Blemes 3.

Gericht n. (eine Mischung von Sauerkraut und Knöpfle, d. h. Spätzle): Gansnest

Gerichtsverhandlung f. (komische Gerichtsverhandlung, die um Fastnacht abgehalten wird): Narrengericht

gering Adj. (geringwertig): mind 2.

– (klein; dünn): schwach 1.

– (schwach): wenig 1.

– (von Dingen; klein; geringwertig): ring 2.a.

geringfügig Adj. (minderwertig): gering 3., gring, ring

– (unbedeutend, ohne Ansehen): liederlich 1. *i bi liederlich zufriede* mit Geringem zufrieden.

geringschätzen schw.: abschätzen

geringschätzig Adj.: abschätzig

Geringstes n. (das Schlechteste): Hefel 2.a.

geringwertig Adj. (schlecht, liederlich von Personen und Sachen): liederig 1. *zu gut ist liederig;* verstärkt: *hunds-, gottesliederig*

gerinnen st. (von der Milch): rinnen 4.; im Part.: *geronnen* neben *gerennt;* schlottern

– **machen** schw.: rennen 1.

Gerippe n. (menschliches Gerippe; personifizierter Tod): Totenmann 1.

gern Adv. (bereitwillig): gern 1., geren, gere; Komp. gerner, Superl. gernest; *was ma gern hört, des glaubt ma leicht, was ma verachtet, des hätt ma gern. Was ma gern tut, ist leicht getan(halbe tan). Nix gerät, was net gern geht.*

– **tun** unr. (nicht zuwider sein): nicht darauf ankommen, es ankommen 1. b.

Gerste f. (Gerstenfeld): Gerste 1., Geste *den Haber vor der Gerste schneiden* die jüngere Tochter verheiraten, während noch ältere ledig sind.

Gerstengranne f.: Gräte

Gerstenkorn n. (Ausschlag am Auge): Gerste 3., Wegseicher; Augenwerrlein; Bettseicher 3.

Gerstenspreu f.: Gerstenspelzen

Gerstensuppe f. (Gerstenbrei): Gerste 2.; Ribelein(s)suppe, Brüsel-, Zettelsuppe, geriebene Gerste

Gerte f. (Rute): Fitzer 2.a.

– Fuchtel 2. *einen unter der Fuchtel haben, unter die Fuchtel nehmen.*

Geruch m. (fettiger Geruch; fettiges Aussehen; Hantieren mit Fett): G(e)schmotzel, G(e)schmotz

– (Geschmack des nicht ganz frischen Fleisches, Wildbrets): Hogu, Gu

Gerumpel n. (Dröhnen): Gebumper

Gerümpel f. (wertloses Zeug, unbrauchbare Gegenstände): Gerust 2., Gerustete; Rumpel; vgl. Rumpler, Rumplete; Grempel I

Gerümpelkammer f.: Gerustkammer

gerüstet Adj. (beritten; kriegerisch, streitbar): reisig

– (vorbereitet): gesattlet 2.; gesattelt, s. sattlen 3.c.

Gesamtbesitz m. (der Gesamtbesitz an Gütern, Haus und Hof): Anwesen

Gesamtheit f. (aller Frauen): Weibervolk

– (aller Männer): Mannsvolk

– (der auf dem Kegelbrett stehenden Kegel): Kegelris

– (der Jungen, die ein Muttertier auf einmal wirft): Wurf 2.c.

– (der Kegel): Kranz 2.e.

Gesang m. (kirchlicher Gesang): Kirie, *die sind mit'nander um de Altar rum'gange, eh der Pfaff's Kirie eleison gsunge hat* war vor der Hochzeit schwanger.

Gesäß n.: Arsch 1. *en Arsch hau wie e bairische Wäscheri* sehr groß. *Du därfst dein Arsch wohl au e bißle nore tu* dich bemühen. *Laßet Mode Mode sei, der Arsch g'hört in die Hose nei. I schlag dir's Hirn zum Arsch 'naus. Jetzt hat dr Arsch Feierabend* gestorben.

– Füdle 2., etwas weniger derb als Arsch *einem ins Fidle schlupfen* Kriecherei. *Morgenstund hat Gold im Mund und Blei im Fidle. Des* (ein Fauler) *ist e Kerle wie St. Neff, dem hant d'Spatze in's Fidle baut. Der hat e G'schwätz, ma sott ihm d'Zung beim Fidle nausziehe. I ka it scheiße und's Fidle zuhebe* zwei unverträgliche Dinge tun. *Dem ist's Fidle zugschnappt* gestorben. *Du bist füreiliger als der Pfullinger Schulmeister, der hat's Fidle vor'm Scheiße putzt. Einem das Fidle lecken. Fidle lupfen* aufstehen.

– (der Frau): Gätter 3. *sie hat e dünns Geäder* (Handgelenk) *und e fests Gätter.*

– (der Hose): Hosenarsch

– (Hintern in der Sprache): Popo, Popes

– (Hinterteil): Kerfe 2., Kerbe

– (übtr.): Kasserole 2.; Pfanne 4.

Gesäßbacken Pl.: Füdle(s)backen

Gesäßspalte f.: Graben 4., Arschkerbe

Geschacher n.: Gefugger

Geschäft n. (ertragloses Geschäft, wenig einträgliche Arbeit): Kläpperleinsgeschäft

geschäftig Adj. (besorgt um Dinge, die einen nichts angehen): gefideret 2.

– **sein** unr.: sich umtun 2.

Geschäftigkeit f. (Treiben): Umtrib

– (Umständlichkeit, Lärm, Aufsehen): Geschiß 2.

geschätzt Adj. (willkommen): wert 2.

geschehen Part. (vollendet): geschehenig, gschenig

geschehen st.: geschehen *gscheh ist gscheh, Maidle was greinst! Des geschieht dir recht!*

– (sich ereignen, passieren): fürkommen 2., vorkommen

– (verlaufen; vor sich gehen): zugehen 2.

gescheit Adj. (durchtrieben): wesiedig 2.

Geschenk n. (auf dem Markt gekauft): Kramet 2., Kramets, Kramete, Reispräsent

– (bei Hochzeiten, Taufen): Schenk(e), Schenke 2.; Geschank,

– (das der Hochzeitsgast der Braut gibt): Hochzeitschenke, -schenket

– (das man am Geburtstag überreichte, vielfach unter *Würgen* des Gefeierten): Würgete 1.

– (das man der Wöchnerin brachte): Weise II, Weiset a.; Kindbettschenke

Geschenke Pl. (des Nikolaus): Klasen, s. Klas 2.b.

– (die man in den Klöpflensnächten erhielt): Klopfet 2.

– (für die Hochzeitsgäste): Sträuße, s. Strauß I 1.; Hochzeitstrauß

Geschenkebringer Pl. (vorweihnachtlicher Geschenkebringer): Nußmärte, Pelzmärte, Santeklas (gehen zurück auf Martin 11.11. und Nikolaus 6.12.)

Geschenkladen m.: Klimbimberlesgeschäft 1.

Geschenktisch m.: Gabentisch, Gabtisch

Geschichte f. (wüste Geschichte): Sauhandel 2.

Geschick n. (Gewandtheit): Fors, Forsch, Forscht *er hat e große Forscht im Rechnen, Zeichnen u. a.*

Geschicklichkeit f.: Geschick

geschickt Adj. (brauchbar): anstellig

– (erfinderisch; tüftelig, heikel): glüflig

– (passend, angenehm von Sachen): gattig, gattlich, gattelich, gättlich, s. ungattig

Geschirr n. (flaches, in der Regel hölzernes, oben offenes Geschirr): Brente, Brenke

– (in das der Wein abgelassen wird): Ablaßbrenke

Geschirrmarkt m.: Hafenmarkt

Geschirrschrank m. (in der Bauernstube): Stubenkasten

Geschlachtetes n. (Teil des Geschlachteten): Metzgete 1.

geschlechtlich verkehren schw.: jucken 3.

– mopsen 1.; nottlen 1.a.

– (onanieren): orglen 6.

Geschlechtsteil n. (der Kuh, der Stute): Täsche 2.; Wurf 3.

– (weiblicher Haustiere): Pritsche 4.

Geschlechtsteile Pl. (beider Geschlechter): Geschlamp 2.; Natur 2.b.; Dinger, s. Ding 2.a.; Anstalt 2., Angestalt

– (Schoß): Gemäch(t) 3.

Geschlechtsverkehr m.: Puff 4.

Geschling n. (Herz, Lunge, Leber von Schlachttieren): Geläre

Geschmack m. (Geruch): Geschmack, Pl. Geschmäck(er) *Rüben nach Weihnachten, Äpfel nach Ostern und Mädle nach 30 Jahren haben den besten Geschmack verloren;* Gu 1., Gü

– (gewisser Weine, von der Bodenart herrührend): Bodengefärt

– (Neigung): Gusto

Geschmacksache f.: Gustosache

Geschmier n.: Gemotze

– (dummes Geschwätz): G(e)salbe

– (übtr. Bestechung): G(e)schmir(b)e

– (Verunreinigung, Unreinlichkeit): Gebutzel, Gebotzel

Geschnatter n. (Geschwätz): Gedatte

geschniegelt Part. (geputzt, zierlich, sauber): geschnecklet 2.

Geschrei n.: Bretzenmarkt 2.; Schreiete
– (der Gans, Ente; Durcheinandersprechen): Geschnatter 1.a., Geschnätter
– (Geheul): Gebrall, Gebräug, s. bräugen

Geschwätz n.: Gebalader; Gefasel; Gepatsche
– (albernes Geschwätz): Getrantsche 2.
– (dummes Geschwätz): G(e)salbader; Geschmalge 1., Geschmarr; Lällenpäpp; Lettengeschwätz; Schmarre 2.b.; Wasch, s. Wäsche 4., Getrantsche 2.
– (dummes Geschwätz; wertlose Kleinigkeit): Lokäs 2., Geträtsche, Krampf 2., Lettengeschwätz, Most 2., Seich 2.b.
– (Geplauder): Däres
– (Geschrei): G(e)mansche 1.
– (Gezeter): Palaber, Palaver
– (Klatsch): Schwätzerei
– (langweiliges Einerlei): Leirenbändel 3.; Salbaderei
– (loses Geschwätz): Klatsch 2.
– (nichtssagende Erzählung): Verzal
– (spez. überflüssige Ehrenbezeugung): Gefänze
– (umständliches, langweiliges Geschwätz): Gebrägel
– (unnötiges Geschwätz): Patschete, Patscherei; *Bettelmanns Geschwätz*, s. Bettelmann; Geseires; Pappelei
– (Unsinn): Galimathias 2., Galimatthäus, Galimatthe

geschwätzig Adj. (was gern, schnell läuft): läufig 1., laufig
– (zänkisch): maulig

geschwätzige Frau f. (altes Weiblein): Marget, Margetle, s. Margareta 3.

Geschwulst f.: Bäckel; Pack 1.b.; Pflatsch 3.
– (am Fuß des Tieres): Mauche 1., Mauke
– (am Pferd; Knollen am Gestein; hervorsickernde Quelle, Wettergalle, helle Stelle im Gewölk): Galle, Gallen
– (Beule, Überbein): Beuzel, Knupfel, Kauzel, Beule
– (Hautausschlag): Knopf 3., Beuzel, Burren, Knüpfel, Knaupen
– (kleine Eiterbeule): Knäuzel 1.

Geschwür n. (Abszeß, Eiterbeule): G(e)schwär
– (Augenbutter, Eiter): Schlier 2.
– (Entzündung am Finger und an anderen Körperteilen): Wurm 2.b.c.
– (kleine Wunde, Narbe): Pfuche, Pfuchse, Pfuchze, Bläterlein
– (unter der Haut; Furunkel, Karbunkel): Ei-

ße, Aisen, Eißen *des freut ein wie ein Eißen am Füdle.*

Geselle m. (Kamerad): Kunde 2.
– (Kamerad, Arbeitsgenosse, Begleiter): Gespan

Gesellschaft f.: Partei 1., Partie
– (gemischte Gesellschaft): Kreti; bes. in der Verbindung: *Kreti und Pleti*
– (lästige Gesellschaft, unangenehme Sippschaft): Zifer 3.
– (liederliche Gesellschaft): Hurenpack
– (vornehme Gesellschaft): Hotwole

Gesetz n.: Gesatz 1., Gsatz, Gsätz

Gesicht n. (Sehvermögen, Gesichtssinn; Angesicht, Miene, Gesichtsausdruck; Erscheinungsbild): Gesicht *einem kei Gsicht und kei Ghör geben. Ein Kind ist seinem Vater (seiner Mutter) aus dem Gesicht herausgeschnitten. E Gsichtle wie e Helgle* Heiligenbild. *E Gsicht ohne Bart ist wie e Supp ohne Salz. E Gsicht wie e Füdle* so rund, vgl. *Arschbackengesicht. Etwas im Gsicht haben* betrunken sein. *Der hat'n Rausch im Gsicht wie e Haus. Ein Gsicht mache* böse, verdrießlich sein. *E Gsicht mache wie drei Tag Regewetter. Einem etwas in's Gsicht 'nei sage* direkt sagen. *Das hintere Gsicht* Rücken, Hintern. *Jedes Ding hat zwei Gsichter. Jetzt hat die Sach en anders Gsicht. Eine unfertige, unordentliche Sache hat no kei Gsicht.*
– (birnenförmiges Gesicht): Birengesicht
– (ein schönes Gesicht): Bälglein, s. Balg 4.
– (nur spöttisch): Visasche
– (Schimpfwort): Gosche 2.
– (spöttisch): Larve 2.
– (unfreundliches, verdrießliches Gesicht): Gefriß 2., Gefräß 3.
– (verzerrtes Gesicht, vom Gaffen verzerrt): Blärre 1., Blarre
– (voller Krusten): Rufengesicht
– (weinerliches Gesicht; spöttisch für die Unterlippe hängen lassen): Schapf 2. Schapfen; Pfännlein

Gesichtsfleck m. (Ausschlag): Hungermal

Gesichtsmaske f.: Larve 1.

gesiebt Part.: gereden, Part. zu *reden*

Gesiebtes n.: Redet(e)

Gesims n. (bes. innere und äußere Fensterbank): Sims
– (in der Kammer): Kammerbai

Gesindel n. (fahrendes Gesindel; Vagabunden; charakterlose Leute): Keßlersbursch(t), Keßlerleute, Keßlerspack, Keßler(s)ware
– (schlechte Gesellschaft): Geschmeiß 4.; Bagasche, Lumpenpack, Pack, Packware

Gespann n. (Pferd und Wagen): Geschirr 4.
– (von Zugtieren, Ochsen oder Pferden): Mene, Zug 1.b.

Gespenst n.: Mummel 2.
- (Geist eines Verstorbenen): Geist 2.c. *es geht ein Geist es spukt.*
- (Ungetüm; bösartige Frau): Galster I
Gespräch n. (im Gespräch sein): *auf der Hurre 2. sein,* Schwätzete.
gesprächig Adj. (maulfertig): geschnäpper
- (zutraulich): heimgärtig
gespreizt Adj. (mit gespreizten Beinen gehen): grättlingen
gesprenkelt Adj.: geriselet, geriselig 2.
- (buntfarbig, gefleckt, scheckig): gespreckelt, gesprecklet
Gestank m. (widerlicher Gestank): Abergu, Abgu
gestatten schw. (einräumen): zugeben 2.
gestehen st. (bekennen): bestehen B.3.
Gestell n.: Ständer 1., Bücherständer
- (auf das die Totenbahre kommt): Schragen 2.
- (des Metzgers zum Aufhängen der Ware): Rech(en) 4.
- (Gerüst): Stellasch(e)
- (hängendes Brettergestell zur Aufbewahrung des Obstes im Keller): Hurde
- (herumstehendes Möbelstück): Gestellasch(e)
- (meist hölzernes Gestell für die Pfanne): Pfannenknecht
- (wackliges Gestell, Möbelstück): Geifitz 3., Geifitzete
- (zum Transportieren): Schleife 1., Schleipfe
gestern Adv.: gester(n), ge(r)ste(r)t, ge(r)st, ge(r)st(r)ig
- (gestern Nacht): nächtig
- **abend** Adv. (vorige Nacht): heint
gestiefelt Adj.: gestiflet, s. stiflen 2.
gestikulieren schw.: vesperen 5.
Gestöhne n. (Gekeuche): Gebläster
gestorben Part.: ausgeschnauft, s. ausschnaufen; ausgeschissen, s. ausscheißen
Gestotter n.: Gegackse
Gesträuch n. (Dickicht): Hurst 1., Hürst
gestreift Adj. (buntfarbig): stromelig 1.
- (getigert): gestraumet, gesträumet, gestraumlet, gesträumlet
Gesudel n.: Gefusel
- (Schlamperei): Sudelei
gesund Adj.: gesund, gsund, früher noch opp.: tot; *in einem Tag gsund und tot. Schaffe, daß es ein friert, und esse, daß ma schwitzt, na bleibt ma gsund. Gsund ist über reich sein. Der Gesunde weiß nicht, wie reich er ist. Ein gesunder Mensch ohne Geld ist halb krank. Wenn ma nu gsund ist und kei Hund ist. Des muß e Gsunder sei wo so viel Krankete vertrage ka von einem Hypochonder. Der Kranke hat nur einen Wunsch, der Gsunde viele. B'hüt di Gott und bleib gsund! Brauchet's gsund!*

der Kaufmann zum Käufer. *Es geht nichts über einen gsunden Leib.* Man wünscht einem *ein gsunde Leib, ein langs Leben und den Himmel.* Neujahrswunsch: *I wünsch dir den gsunden Leib, den heiligen Geist und den Frieden!*
- knusper, musper
- (genesen; fähig zum Heiraten): flück
- (leistungsfähig): stark 1.b.
- (munter): frisch 2.
gesund werden unr. (genesen): aufkommen 1.b.
- (wieder gesund werden, dick werden): aufnen, ufnen
Gesundheit f. (dialektale Verwendung als Wunsch): *Gesundheit!* beim Niesen; früher beim Zutrinken, heute mehr *prosit! zum Wohl!*
- (robuste Gesundheit): Roßnatur
Getäfer n. (Bretterverschalung einer Wand): Täfer
Getränk n. (schlechtes, minderwertiges Getränk): Plämpel; Geplämpel; Gesüff 2., Gesöff
Getreide n. (für alle Getreidearten): Korn 2.a.; im Alltag jedoch eher: Frucht, Treid, Getreide; üblich ist jedoch im Süden: Dinkel; im Norden: Roggen
- Halmfrucht, vgl. Hackfrucht, Hülsenfrucht
Getreideabfall m. (Holzabfall): Gemeisch
Getreideacker m.: Fruchtacker
Getreideähre f. (Dinkelähre): Kife
Getreideernte f. (die Zeit der Getreideernte): Augst 2., Augstet; Fruchternte
Getreidehäuflein n. (die dann zu Garben zusammengetragen werden): Focken
Getreideportion f. (die man zum Mahlen in die Mühle bringt): Malet(e)
Getreidesaat f. (soeben aufgegangene Getreidesaat): Anblum 1.
Getreideschwinge f. (Korb als Sieb verwendet; zum Reinigen des Getreides durch Schwingen): Wanne 1.
Getreidespeicher m.: Fruchtbarn, vgl. Emdbarn, Heubarn
Getreidestoppel f.: Stupfel 1.
Getrippel n. (eiliges Gehen): G(e)fußel
Getue n. (endloses Getue): Nabeldrillete 2.
Getümmel n. (Gedränge): Hurra, s. hurra 2.a. *etwas im Hurra tun* in Eile.
Getuschel n. (Gestotter): Geduder
gewachsen Part. (schnell in die Höhe gewachsen): geschossen 2.
- (von selbst gewachsen, entstanden; was einem selber, nicht einem andern gewachsen ist): selbgewachsen
Gewalt f. (Macht, Befugnis): Gewalt m., aber immer mehr f.; *es ist nur gut, daß ein Gaul und ein Bauernschultheiß nicht weiß, wieviel er*

Gewalt hat. Gwalt geht vor Recht. Eine Hand voll Gwalt ist besser als eine Hand voll Recht. Hat d'Sonn ein Gwalt, ist der Ofen kalt. Einen Gwalt hau zornig sein.

gewaltig Adj.: mächtig 1.b.
– (furchtbar, außerordentlich als Steigerungswort): kriminalisch
gewaltige Frau f.: Gewaltsmensch
gewaltiger Mensch m.: Gewaltskerle(s)
gewalttätiger Mensch m.: Gewaltigel, Gewalttat 2.
gewandt Adj. (erfahren, kundig): geschickt 1.b.
– (gescheit): geschulet
– (hurtig, flink): geschmitzt
Gewann n.: Gewand II b.
Gewebefehler m. (dicker Streifen im Gewebe): Dacht 2., Dächtlein
Gewehr n. (verächtlich): Schießprügel
Geweih n. (nur vom Rehbock): Gewicht II
Geweihstange f.: Stange 3.
gewesen Partizip von sein: gewesen, gewest; gesein, gsei; *der gewesene Pfarrer* der frühere Pfarrer.
Gewicht n. (kleines Gewicht unter dem Lot): Quint(e); nur noch Demin. *Quintlein* gebraucht. *Kein Quintlein Verstand (Hirn)* haben.
– (zu einer Waage): G(e)löte
– **haben** unr.: wägen 3.
Gewichtsatz m.: Einsatz 2.a.
Gewimmel n.: Gewumsel, Gewummel
Gewinkel n. (winkeliger Bau, Anlage): Gebiegel
Gewinn m.: Gewinnst, Profit, *selten Gewinnst ohne Betrug. Wer heirigt* (heiratet) *auf Gwinn und Erbe, der wird bald verderbe. Frisch gwagt ist halb gwonne und weidli gloffe ist halb gsprunge. Fang* 1.c.
– Kippe, Kipps, Kippich; bes. die Verbindungen *Kippe halten, Kippe machen, Kippe führen* gemeinsame Sache machen und dann den Gewinn teilen.
– (Nutzen, Überlegenheit): Vorteil 2., Vortel, Vörtel; *Vorteil spielen* den eigenen Nutzen berücksichtigen. Ein Eigennütziger *tut nichts ohne Vorteil, scheißt nicht ohne einen Vorteil.*
– (unerwarteter Gewinn): Rewes, Rebbes, Rebbach, Refach, Reibach, Reifes
gewinnen st. (durch Prozessieren): errechnen
– (einen mit vielen Reden gewinnen): einseifen 2.b.
gewiß Adj. Adv. (bestimmt): heilig B.2. *ich will's ihm heilig geben;* bes. **heiligfroh** (heilfroh) sehr froh; *ich wäre heilig froh, wenn ich nur mein Geld wieder hätte.*
– (sicher, zuverlässig, wahrscheinlich): gwiß, gwieß *Gott ist e langer Leiher, aber e gwießer Zähler. Des ist gwieß wahr. Nix gwieß weiß ma*

net. Des ist so gwieß als der Tod. So gwieß als ich da stehe. Des ist gwieß net wahr wahrscheinlich. *Er soll ja gwieß heirate* ‚gewiß‘ im Sinne von ‚man sagt‘.
Gewissen n. (böses Gewissen; Sorgen, übtr.): *nagender Wurm,* s. 4.a.
– (schlechtes Gewissen haben): *Dreck am Stekken haben,* s. haben
Gewitter n. (übles Wetter): Unwetter; Wetter 2.; Donnerwetter 1., Wetter *ma hat älleweil ebbes zum Fürchta, im Sommer kommet d'Donnerwetter und im Winter d'Sante Klase.*
gewittern schw. (auch von Schnee-, Hagelwetter): wetteren 1.
Gewitterwolken Pl.: Blast 4.
gewittrig Adj.: wetterig 1.
gewöhnen schw.: wönen
– (einen an etwas gewöhnen): angewönen, s. angewonen
– (erziehen): gewönen *wie ma d'Weiber gwöhnt, so hat ma se.*
– (sich aneinander gewöhnen): annehmen 1.b.
– (sich daran gewöhnen): angewonen
– (sich gewöhnen, gewohnt sein): gewonen *gewohn's, so kommt's dich nicht hart an.*
Gewohnheiten Pl. (Manieren): Mödelein
gewöhnlich Adj. (normal, üblich): gemein 4.a.
– **Goldrute** f.: Wunderkraut
– **Nachtkerze** f.: Gelbe Rapunzel, s. Rapunzel 3.
– **Nachtviole** f.: Mutterveigele
– **Pestwurz** f.: Bachblätsche
– **Waldrebe** f.: Trenne, Tranne, Liene, Renne, Bergrebe, Hotteseil, Wolfsseil
– **Wegwarte** f.: Gerstnägelein
– **Wucherblume** f.: Margrit(le), s. Margareta 4.; Ringelein, s. Ringel 2.c.; Ochsenauge 3.b
Gewöhnlicher Beifuß m. (Gewürzpflanze): Weiberkraut 1.
– **Dost** m.: Großes Kenlein, s. Kenlein 2.
– **Flieder** m.: Ziringe, Zirange
– **Hornklee** m.: Herrgottsschühlein 1.; Pantöffelchen, s. Pantoffel
– **Odermennig** m.: Lungenkraut 2.
– **Wundklee** m.: Katzenpfote 2.b.; Katzentape 2.a.
Gewöhnliches Greiskraut n.: Goldkraut
– **Katzenpfötchen** n.: Mausor 2.b.; Himmelfartsblümlein 1., Hundsblümlein; Hundstäplein, s. Hundstape 2.; Katzentäplein, Katzenäuglein; Katzenschwanz 2.b.; Mausöhrlein, Donnerstagsblümlein
– **Leinkraut** n.: Hexenkraut 6.; Hummel II 3.c.; Löwenmaul 1.
– **Sonnenröschen** n.: Goldröslein
Gewölke n.: Gewülke
Gewühl n. (Gewimmel, Gedränge): G(e)nudel,

Gerudel *an Markttagen ist ein Gnudel auf der Straße. Jetzt nu'naus aus dem Gnudel!*

Gewürznelke f.: Geeßnägelein 1.; Nägelein 1., (Ge)würznägelein, Nägeleingewürz

Gezänk n.: Gezefer, Gezerfe; Gehäder, Gehader; Gebäffel, Gebäffer

– (böses Gerede): Maulete

geziert Adj. (gekünstelt): fänzig 1.

Gicht f. (Zittern vor Kälte; Gebrechen, Wehwehchen): Zipperlein

Giebel m. (Gipfel): Gupf(en) 1., Gupfe

Giebelaufsatz m. (Querhaus im Dachstock): Awanko

Giebelseite f. (des Hauses): Gerseite

Giersch m.: Geißfuß 3.a.

Gießkanne f.: Spritzer 2., Spretzer, Stritzer

– (Sieb, Seihstück an der Gießkanne): Sprenzer 2., Sprenze, Sprenzkante

Gipfel m. (eines Berges, Hauses, Baumes): Girbel

– (First eines Hauses): Gigel

gipfeln schw.: gipflen

Gips m. (Tünche): Ips

gipsen schw. (verputzen, tünchen): ipsen 1.

Gipser m. (Tüncher): Ipser

Girlande f. (in der Architektur): Gehenk 1., Gehäng(t)

girren schw.: gauren 2., gäuren; gurren 1.

– (Lockton und Tanz des Taubers): ruckausen 1., rucksen, ruken; gurren

– (von der Taube): kurren 3.

Girren n. (Gurren): Gegurre

Gitter n.: Gätter 2.a.

– (spez. vergitterter Hühnerstall; Vogelkäfig): Gätter 1.

Gittereinfassung f.: Geräms 1.

Gittersieb n.: Kisgatter

Gittertüre f. (an Zäunen): Gätter 2.b.

– (Lattentor, Gittertor): Gatter 1.

Glanz m. (glänzende Erscheinung; kostbares Gewand): Schein d.

– (Schimmer, Schein): Glast; Glanst

glänzen schw. (leuchten, schön gekleidet sein): scheinen 3.

– (strahlen): glasten

glänzend Adj.: glitzig 1.

glanzlos Adj. (trüb): eingeschlagen, s. einschlagen C.3.

glasartig Adj. (von Kartoffeln): gläsen 2.a.

Glasbläser m.: Blaser 1.c.

gläsern Adj. (aus Glas gemacht): gläsen 1.

Glasfläschchen n. (zum Ausschenken): Budel 1.

Glasflasche f.: Butelle

– (oder Steinkrug für Bier, Wein, Schnaps): Schlägel 5.

Glaskugel f. (Steinkugel, Lehmkugel mit der Kinder spielen): Klucker 1., Klücker, Ballet-

lein, Däxkügelein, Märbel, Schneller, Schusser, Steinis

glatt Adj.: häl 1. *es ist häl* hat Glatteis. *Ma muß schleife, wenn's häl ist.*

– (gerade): eben 2.

– (schlüpfrig): schlipferig 1., schlupferig

– (vom Teig): schlichtig

– **machen** schw.: glätten

– (eben machen): böglen 2.c.; *gant (gehet) zum Pfullinger Schultes, der ka älles bögla!*

– (eben machen; planieren; bes. Streitsachen schlichten): schlichten

glätten schw. (Wäsche glätten): mangen

Glatze f.: Tatsch I 4., Tätsch

glauben schw. (wähnen, behaupten): meinen 2. *Narre meine, gscheide Leut wisse's gwiß. Meine ist e Dreck, gwiß wisse gilt.Meine und gwiß wisse ist zweierlei. Was meinst denn du?* was fällt dir ein? *des ist einer, i mein nur!* ich will nichts gesagt haben.

Glaubensbekenntnis n.: Kredo, vgl. die R.A: *in etwas hineinkommen wie Pilatus ins Credo* oder *an einen denken wie Pilatus im Credo* unfreiwillig, ungerne.

gleich Adj. Adv. Präp. Partikel (sogleich, beinahe, nur, bloß, eben, gerade, ungefähr, etwa; etwas viel, ziemlich): lei

– (völlig übereinstimmend): tupfengleich

gleichgültig Adj.: egal 2., eins, gleich; tutegal, tutmem, tutmemschos

– (das eine so gut wie das andere): *ghupft (ghopst) wie gsprunge*, s. springen

– (einerlei): *es ist mir Wurst*, s. Wurst 3.

– (faul): manlätschig; vgl. manlaunsig

– (hüben wie drüben; so oder so): *'s ist hene wie dene.*

– (vollkommen gleichgültig): scheißegal

gleichgültiger Mensch m. (Scheltwort): Lotthose 2.

gleichmäßig Adj.: egal 1.

Gleichnis n.: Vergleich 2.

gleichzeitig Adj. (auf einmal): zumal 1.; *der nimmt's Bett an fünf Zipfel zmal* ist nie zufrieden. Ein Neugieriger, Schielender *guckt in siebe Häfe zmal.*

– (nebenher, unterdessen): *vornen zu*, s. vornen 3.

Gleitbahn f.: Rutschban, Rutsche, Rise

gleiten st. (rutschen): glitschen

– (rutschen, Eis laufen): schleifen I 1.

Glied n. (Gelenk eines Floßes, übtr. Menschengruppe): Gestör

– (Ring einer Kette): Geleich 2.

gliederlahm Adj. (an Gicht leidend): gichtig

glimmen schw.st.: glosten

– (ohne Flamme glimmen): motten 2.

glitschen schw. (auf dem Eis glitschen): ketschen 2.

- (rutschen): hutschen II 2.
- (zerfahren): verpflitschen
glitzern schw. (glänzen, funkeln): glitzen, glitzgen, glitzlen, glitzeren
Glocke f. (an der Kleidung, in kugeliger Form; spez. am *Narrenhäs*): Schelle 1.
- (an Pferdeschlitten u. a.): Schelle 1.d.
- (für Schafe, Ziegen, Kühe u. a.): Schelle 1.b. *der Katz die Schelle anhenken* undankbare Arbeit tun; das Kind beim Namen nennen; *einem eine Schelle anhenken* ihn in's Gerede bringen.
- (Tisch-, Hausglocke; zum Ausrufen, *Ausschellen*): Schelle 1.a. Sprechprobe: *Schellet et a selere Schell, sel Schell schellt et; schellet selt a selere Schell, sel Schell selt schellt.*
Glockenblume f.: Fingerhütlein b.; Glocke 2.; Schelle 4.a.
Glockenläuten n. (das Glockenläuten morgens und abends): Betläuten, Betglocke *nach d'r Betglock g'höret d'Kinder und Brautleit heim.*
Glockenschwengel m. (Klingel, Klöppel): Kunkel 2.b., Gunkel; Klöckel 1., Klückel; Klunker 2.; Schlägel 4
- (langer Mensch): Gankeler
Glotzauge n. (stark hervortretendes Auge und die Person, die ein Glotzauge hat): Bollauge
glotzäugig Adj.: bollaugig, bolläugig, s. Bollauge
glotzen schw. (starr blicken, sehen): glotzen; glässen
Glotzer m.: Glässer
Glück n. (großes Glück): Sauglück
- (unverdientes Glück): Dusel 3.; Sau 6.; Narrenglück
glucken schw.: glucksen 1., glucksgen, glocksen, glutz(g)en
Gluckhenne f.: Glucke
glücklich Adj.: selig 1. *wer mit der Sonne schleicht, wird selig und reich.*
glucksen schw.: gutt(e)ren 1.; soppen
- (kollern, vom Magen): gütterlen 2.
Glühbirne f.: Bir 2.
glühend Part.: glüig
- **machen** schw.: glüen 1.
Glühwürmchen n.: Sommervögelein, s. Sommervogel 1.
Glutschieber m. (zum Schüren oder zum Herausziehen der Glut oder der Asche im Ofen): Krucke 2., Krücke
gnädig Adj. (Gott oder ein Schutzpatron ist gnädig): gnädig 1., gnäding, gnädiglich
Goldammer f.: Emmeritz, Emmerling; Gelbemmeritz, Gelbitz, Gelbfink, Gelbfritz, Gelbvogel; Hemmerling; Schnegitze; Schnevogel 1.
Golddistel f.: Herrgottsnägelein 2.
Goldhähnchen n.: Zaunschlupfer 2., Zaunschlupfmeislein

Goldlack m. (und andere Blumen, die an das Veilchen erinnern): gelbe Veigel 2.; Gelbveigelein
Goldlaufkäfer m.: Feuersteler, Feuervogel, Goldschmid
gönnen schw. (erlauben, gewähren): vergonnen 1., vergonden *der Neidig vergonnt dem andre de helle Tag it.*
- (gewähren): gonnen, gonden, gönnen
Gosse f. (Rinne an der Straße): Kandel
Gott m. (Christus): Herr 1. besonders in Ausrufen und Flüchen, s. Herr; *unser Herrgott,* s. unser 2.
- (der christliche oder auch der jüdische Gott): Gott *Gott ist e langer Säumer, aber e gwisser Zahler. Wem Gott e Amt gibt, dem gibt er au Verstand. Gibt Gott's Häsle, gibt er au 's Gräsle. Wem Gott wohl will, dem ka niemand übel. Wer warte ka, kriegt au en Ma, wer Gott vertraut, wird au e Braut. Tue das Deine, so tut Gott das Seine. Gott und die Schulden bleiben ewig. Das ist Gott versucht* von einer frevelhaften Handlung. *Klags Gott und der Wand, so wird's niemand bekannt. Der ist mit Gott und der Welt verzürnt. Der ist mit Gott und der Welt verwandt. Der ist so wüst, daß er Gott verzürnt.* Ein Dummer *hat e Gnad bei Gott. Gott's Blitz!* Fluch; häufiger: *Kotz, potz Blitz! In Gotts Namen! ist net gflucht. Jetzt müsset mir halt in Gottes Name gau gau* allmählich gehen. *Herrgottssakrament!* Fluch. *Gotts Strahl!* Fluch. *Der ist dümmer als Gotts Wille ist. Um Gottes Willen!* eigentlich: Gott zu lieb, aus Barmherzigkeit. *Gott bewahr!* entschiedene Abweisung. *Rote Haar, Gott bewahr. Danket Gott, daß ihr einen Engel im Himmel hant* Kondolenzformel beim Tod eines Kindes.
- der Obere; *der Obere weiß am besten, warum er es so macht;* s. ober 2.b.; Schöpfer 1.
Gottesdienst m.: Kirche 2., Kilche *du kommst, wenn d'Kirch aus ist* zu spät.
- **halten** st: kirchen 1.
Götzenbild n. (spöttisch von Heiligenbildern): Ölgötze
Grab n.: Grabloch, Grabenloch
Graben m. (Rinne; z. B. Rinne, Gräbchen zwischen den Ehebetten): Graben 1.
graben st. (bohren mit den Fingern): grübeln 1., grublen
- (im Garten graben): buttlen 2.
- (Löcher graben, für Kartoffeln): stufen
Grabscher m. (Mann, der an Mädchen herumtastet): Grapler
Gran ..., gran ...: verstärkendes Präfix, vgl. Erz -
Granaten ..., granaten ...: verstärkendes Präfix; ähnlich wie bomben-, z. B. *Granatenvich* Erz-

dummkopf, *granatevoll* völlig alkoholisiert; *granatemäßig* sehr stark, ungeheuer.

Granne f. (der Ähre): Grat 3.

Gras n. (auch alles, was auf der Wiese wächst): Gras, Gräs; *da drüber ist scho lang Gras gwachse. Der sieht im Frühjahr kei Gras mehr wachse* erlebt es nicht mehr.*Ein Klugscheißer hört(sieht)'s Gras wachse. Ins Gras beißen müssen* sterben.

– (das feine, kurze Gras, die Basis der Wiese): Bodengras

– (drittes Gras (nach dem Öhmden wachsendes Gras): Herbstgras

– (mit starken Wurzeln; Unkraut): Raigras

Grasboden m. (Rasen): Wasboden

– (wo Flachs, Hanf zum Trocknen ausgebreitet wird): Spreite 1.

grasen schw. (mit der Sichel grasen): schaben 1.c.

Grasflecken m.: Grasfleck, Grasmase

Grashalde f. (Graslehne, von der das Heu herabgeholt wird): Heuet 3.

Grashalm m. (langer Grashalm): Schmel(ch)e 1., opp.: das kürzere *Bodengras*

Grashügel m. (kleiner Hügel, Erdhaufen): Hoppe 1.

Grasreihen Pl. (Heu-, Öhmdreihen): Gesprit, Rieder

Grassamen Pl. (die auf dem Heuboden liegen und vor Beginn des Frühlings ausgesät werden): Heublumen, s. Heublume 1.

Grasschnitt m. (zweiter Grasschnitt): Grummet, Emd

gräßlich Adj. (schrecklich, arg, sehr): grausig, gräusig

Grassternmiere f.: Äderich, Äderichkraut

Grasstreifen m. (der beim Mähen übrig blieb): Wadel 3.c.

Graswuchs m.: Anblum 2.

Grätsche f. (Raum zwischen den Oberschenkeln): Gritte 1., Grattel, Häusle, Höfle, Etter

– (Stellung mit gespreizten Beinen): Grattel 1.

grau werden unr.: grauen I

Grauen n. (Schauder, Ekel): Gräusel 1.

grauenhaft Adj. (schrecklich): gräuselig

grauenvoll Adj. (Schrecken erregend): grausam; dann auch steigernd: *grausam viel* (sehr viel); *grausam kalt, grausam schön*, vgl.: arg, grausig

gräulich Adj.: graulecht

Graupeln Pl. (kleine Hagelkörner): Kitz(en)bonen 2.

graupeln schw.: säubollen; sauen 1.a.; sauiglen 1.

– (hageln): kitz(en)bone(le)n, kitzelen II 2., kitzenbon(el)en, s. die vielen Formen

– (Schneegestöber): figlen 2.

Graupelwetter n.: Riselwetter

greifen st. (kratzen, kitzeln): grublen 2.

– (tasten, tappen): grapen 1., graplen 1., grapplen

– (um sich greifen, zur üblen Angewohnheit werden): einreißen 2.

Grenzbaum m. (Baum, der mit einem Einschnitt versehen ist zur Markierung der Grenze): Lachbaum

Grenze f. (Grenzzeichen): Untermark, Untermarke

– (zwischen Wohnort und Feldflur): Ortsetter

Grenzfurche f. (zwischen zwei Gütern): Markgräblein

Grenzmarke f. (am Fluß): Wasserstein 3.

Grenzrain m.: Unterrain

Grenzstein m.: Bannstein; Lach(en)stein

– (kleinerer Grenzstein zwischen den Hauptsteinen): Läufer 4.c.

Grenzzaun m. (der Ortschaft): Etterzaun

Grenzzeichen n. (Einschnitt, Markierung im Holz oder Stein): Lache II

greulich Adj. (furchtbar, grausig): gräulich I

– (wüst, anekelnd): gräulet

Griebenkuchen m.: Griebenberte

Griff m. (am Ruder): Schwibel 1.b.

– (in der Mitte des Sensenstiels): Schwibel 1.a.

griffig machen schw.: griffen

Grille f.: Gricske 1., Gricksel

grillen schw.: gricksen

Grillen n.: Gegrille

Grimasse f. (verzogenes Gesicht): Fratze 1.; Faxe 1.

Grimassen Pl. (Faxen, Gestikulationen): Gesten, Gestes, Gestezen

Grimmen n. (beim Rindvieh): Wurmbeißen

grimmig Adj. (martialisch): marzialisch

grindig Adj. (schorfig): rufig

grob Adj.: grobschlecht; klotzig 4.a.

– (barsch): rauhbauschig, -bauzig

– (flegelhaft): ungeboret

– (plump): klobig

– (sehr grob): saugrob

– (unbescheiden): stark 1.e.

– (unfreundlich; übtr.): raupelig 2.

– (ungeschliffen): ungehobelt

grobe Frau f. (verächtlich gemeint): Dinge; Zaupel 3., Zumpel

Grobheit f.: Gröbe 3., Gröbne *Grobheit und Stolz wachset auf eim Holz.*

Grobian m.: Baurenklobe; Stickel 2.; Dinger 2., Dingeler; Gage 2.; Rampas II; Rauhbausch; Pemsel 3.; Pemsel 3.; Baler, s. Bale 2.

– (altes, böses Pferd): Sauklobe

– (starker Mensch; Dummkopf): Nülle I

grobschollig Adj.: gemocklet

groß Adj.: keck 1.b.

– (bedeutend; zu *Last* 2.): lästig 1.

– (stark, viel; arg): grandig 1.

– (viel): ungeheit 2.a.
– **tun** unr.: blasen 1.d.; renommieren
Großbauer m.: Herrenbauer
Großblütige Königskerze f. (Kleinblütige Königskerze): Hirschstengel, Wetterkerze, Wollenblume, Wetterkerze, Himmelbrand, Himmelkerze, Frauenkerze
Große Fetthenne f. (Purpurfetthenne): Henne 4.c.
große Frau f. (starke Frau): Trumsel 2., Trümsel
Große Sterndolde f.: Meisterwurz, Meisterle
– **Sternmiere** f.: Milchschüsselein
– **Waldameise** f.: Klamme 3.; Klämmer, s. Klammer 2.; Klemmer 1., Bärenameise, Klemmeler, Klemmerling 1., Klammhaken
großer Mann m.: Unmann 1.
– **Mensch** m. (plumpe Person): Karrengaul 2., Trumm 3.
– (unbeholfener, einfältiger Mensch): Kleisp; Kleisper, s. Kleispe 3.
Großer Wegerich m. (Mittlerer Wegerich): Saurüssel 3.b., Schafzunge 1.
größer werden unr. (stärker werden): hinwachsen, hinanwachsen
Großes Löwenmaul n. (Gartenlöwenmaul): Löwenmaul 2.
großes Mädchen n. (dicke, große Frau): Gummel
Großmutter f.: Ane, Großelein, Großlein, Näne 2.
großtuerisch Adj. (prahlerisch, vorlaut): krautig 2., *sich krautig machen* sich breit machen.
Großvater m.: Ale, Äle, An, Äna, Äne, Herrlein 2., Herrle, Näne 1.
großziehen st. (Menschen, Tiere, Pflanzen großziehen): aufziehen 2.a.
Grübchen n. (am menschlichen Körper): Grüblein, s. Grube 2.b.
grübeln schw. (nachsinnen): grüblen 4.
grün werden unr. (Wiesen werden grün): anschieben 1.b.
Grund ..., **grund**...: verstärkendes Präfix bei Adjj. und Subst., jedoch meist mit abwertender Bedeutung.
Grund m. (Boden): Erde 2.
– (vernünftiger Grund): Räson 1.
grundböse Adj.: bodenbös
Grundfläche f. (eines hohlen Körpers): Boden 3. *das ist ein Faß ohne Boden; er hat keinen Boden* ist unersättlich.
gründlich Adj. (pünktlich): genau 1., gnau, gnäu
gründlicher Mensch m.: Genaule
Grundnachbar m. (mit Haus oder Land): Nebenlieger, Anstößer
Gründonnerstag m.: grüner Donnerstag (vielleicht nach dem Brauch, an diesem Tag frisches Gemüse zu essen), s. grün 4.
Grundriß m.: Grund 3.

Grundstück n. (auf dem Hopfen angebaut wird): Hopfengarten, -weingart
– (gerodetes und abgezäuntes Grundstück): Beifang, Bifang, vgl. Beund
– (kleines Grundstück): Gütlein, Gütle
– (ländliches Grundstück, stets eingezäunt): Beunde *eine Beunde voll Hasen ist leichter halten als eine Fel, die heirate will. In Mesmers Beunde kommen* sterben.
grünen schw. (grün werden, wachsen): grunen
Grünfutter n. (Suppengrün): Grünes, Grüs, s. grün 1.
grünlich Adj.: grünlecht
grunzen schw.: graunzen 1., gräunzen, gräuntschen, graunzgen, grauns(g)en; grucksen, s. gruchzen 2.; reußen 2.
– (vom Schwein): runsen 1., runslen
Grunzen n. (Jammern): Graunzer 2.
Grunzer m. (Jammerer): Graunzer 1.
gruseln schw. (Kindersprache): grauselen 2., gräuselen
grüßen schw.: *einem die Zeit geben*, s. geben 3.; grüzen
Grüßen n. (vieles, lästiges Grüßen): Gegrüße
Grußformel f. (auch hier?): *auch hiesig ?* ist man hier!
– (der Vorbeigehenden gegenüber den Arbeitenden): fleißig? *seid ihr fleißig?* Antwort: *Ja, ein bißchen, ein wenig. Sind net zu fleißig!* Antwort: *Nein; 's wird net zu arg werde. Seid ihr fleißig g'wese* fragte man die von der Kirche Heimkehrenden. Antwort: *Ah, i mein wohl; 's wird emal aufkomme* sich herausstellen.
Grütze f. (Graupen): Grieß 2., Grieße, Grießer
Guckerei f.: Gegucke
Gülle f. (Jauche): Sutte 2., Mistsutte, Lache I 2., Beschütte 1.
Güllenfaß n.: Lachenfaß
Gundelrebe f.: Hederich 4.
gurgeln schw. (kollern): golgeren, gorglen 2., gorgsen 3., gorgslen
Gurke f.: Guckummer, Kümmerlich, Kümmerling
gut Adj.: gut, auch guter, gutest; güter, gütest; *lieber wenig aber gut, als viel und schlecht. Ein Mensch, der viel verträgt, hat e gute Kuttel. Mei Feld ist güter als das deine. Was man oft tut, lernt man gut. Wer gut schmiert, fährt gut, und wer gut lebt, stirbt gut. Schlecht g'fahre ist besser als gut g'loffe. Gut griffe ist besser als übel g'sehe.* Verstärkung des Begriffs: *Vor gut einer Stunde; vor einer guten Stunde; bei guter Zeit* früher. *Guten Tag!* Gruß den ganzen Tag über; gekürzt: *Tag!* daneben: *Grüß Gott!* jedenfalls im Unterland weit häufiger. *Guten Abend* vom Mittagessen an. Gruß an die zu Mittag Essenden: *Mahlzeit.* Früher: *Guten*

Abend! Gut Nacht! Abschiedsgruß von der Abendglocke an. *Jetzt gut Nacht!* weg damit! Beim Abschied: *Kommet gut heim, schlafet wol* (nie *gut*). *Es ist nicht gut mähen, wo's Steine hat. Einem Hungrigen ist gut koche. Des ist gut wisse* bekräftigende Erwiderung. *Du hast gut schwätze* aber ...; *das geht gut* ist, geht leicht. Abschließend: *Gut genug! Kurz und gut! Des Ding ist gut* so ist's nun. Gleichgültigkeit ausdrückend: *schon gut! Du bist mir 5 Mark gut* schuldest mir. *Es ist mir wieder gut* ich fühle mich wieder wohl. *Gschneller Tod, guter Tod. Wer's gut hat, möchte's no besser hau. Es ist gut warm, gut kühl* sehr warm, sehr kühl. Eine Speise *ist kalt gut* schmeckt auch kalt gut. Übtr.: *Es ist halt gut* es braucht keine weiteren Umstände, genügt so. *Der mag gere etwas Guts und des net so wenig. Du meinst's zu gut mit mir* hast mir zuviel eingeschenkt, zum Essen vorgelegt. *I sag dir's in Gutem* in guter Meinung, freundlich. *So gut sein* die Güte haben. *Sei so gut und mach e bißle Platz. Sei so gut!* lebhafter Widerspruch. *Der N.N. ist g'storbe; ah, sei so gut!* nicht möglich! *Ma solt mit niemand so gut werde, daß ma ihm 's Kraut aus'm Hintere ißt, sost geit es Stinkereie. Die Zwei sind nimmer gut miteinander. Des ist kei Guter* böser Mensch. *Gut sei ist recht, gar zu gut sei ist schlecht. Mit Gutsei büßt ma d'Sach ei. Gut sei ist fromm, gar zu gut ist dumm. Gut sei ist brüderli, gar zu gut ist liederli.*

– (angenehm, passend): brav 1.b. *mein brävstes Häs* mein schönstes Kleid
– (komplikationslos): glatt A.3.b. *es ist glatt gegangen,* opp.: rauh

Gutenachtgruß m.: *schlaf wohl! schlafet wohl!* gern verstärkt: *schlaf wohl und gsund,* auch nur *schlaf gsund!* s. schlafen

Guter Heinrich m.: Schmälz(e)leinskraut, Schmotzenheiner, Wilder Spinat

Güterbeschreibungen Pl. (Verzeichnis der Rechte und Einkünfte vom Grund und Boden einer Herrschaft, der Gemeinde): Lagerbuch, Lägerbuch

Gutsnachbar m.: Anwander 3.

H

Haar n. (gelocktes Haar; Schamhaar der Frau): Krull(en)
- (starres Haar): Sauborst 2.a., Säuborst
Haarbüschel n.: Pemsel 2.
- (Haarschopf): Schopf I 1.
- (Tierhaar): Zot(t)e(n) 1.
haaren schw.: abhären
haarig Adj. (aus Haar bestehend): hären I, haren
Haarkamm m.: Kampel 1.
- (feiner, enger Haarkamm): Sträl
- (grober Haarkamm): Gerichter
Haarknoten m. (auf dem Kopf): Dutte 4.
Haarlocke f.: Kampel 1.
- (bei Mädchen): Herrenwinker, Bubenfanger
- (Haarbüschel): Lock 1.
Haarnest n. (aufgesteckter Zopf): Burz 4.
Haarschnitt m. (kapselförmiger Haarschnitt): Käpsele, s. Kapsel 6.
Haarschopf m.: *einen beim Wasen schütteln, packen* beim Haarschopf, s. Wasen 5.a.
Haarspange f.: Klämmlein, s. Klamme 2.; Kampel 2.
Haartracht f. (geflochtene Zöpfe kreisförmig angeordnet): Nest 5.
Haarwirbel m. (sich sträubende Haare): Widerborst 1., -burst
Haarwuchs m. (ungekämmtes Haar; Schamhaar): Nau(en) 2., Nauw(en), Naub; Auwen, Aub
haben unr.: haben, s. die dialektalen Besonderheiten. *Man henkt keinen, vor man ihn hat. Zuerst haben, dann erst heben. Den hat's net dumm* er ist schwer betrunken. Jemand *ist gut haben* leicht zu behandeln. *Wenn de net still bist, kannst noch eine hau* eine Ohrfeige. *Nichts haben ist eine ruhige Sache. Die hänt, die gent gwöhnli it gern. Es ist net, daß wir's net häbe* bei unnötigen Ausgaben. *Wer net will, hat ghät(gehäbt)* Antwort an einen, der erklärt, nichts zu wollen. Zusatz: *und wer ghät hat, braucht nix meh. Gant mer oder hant mer?* gehen wir oder trinken wir noch einen? *Besser i häb's als i hätt's. Besser hau als erst kriege. Der Habich*(habe ich) *ist besser als der Hättich*(hätte ich). *Er hat der Zeit, der Weil* keine Zeit haben. *Du hast noch eine Stunde auf Pfullingen* brauchst. *Selb tan, selb*

hau man muß die Folgen seiner Handlungen tragen; mit Zusatz: *hättest's bleibe lau. Das Keck hau* den Mut haben. *Er hat etwas* ist zornig verstimmt. *Was hast?* was fehlt dir? *Wie haben wir's?* wie wollen wir es halten? *Einen gern haben, lieb haben* lieben; verschieden von: *Das hätte ich gern* möchte ich gerne haben. *Gern sehen ist jedermann erlaubt, aber nicht gern haben. Einen für etwas haben* dafür halten. *Einen für Narren haben* zum Narren halten. *In d e r Wäsch möchte i kei Hemd habe. Was hast denn du mit der Ursel?* eine Streitigkeit haben. *Der Hermann hat's mit der Ursel* ein Verhältnis haben. *Sie hant's mit ihm* treiben Spott mit ihm.
- (Schlaf haben, von Müdigkeit befallen sein): schläferen
- (zur Hand haben): dahaben
- (zu tun haben, rechtlich, geschäftlich): schaffen 1.e.
habgierig Adj. (unersättlich, gefräßig): ruchet, ruchig
- **sein** unr.: geizen I
Habicht m. (Sperber, Bussard, Weihe; überhaupt: Tagraubvögel): Habich(t)
- (Sperber): Hünervogel, Hürvogel, Hervogel 1., Häbich, Habs, Hack; Stößer 1., Stoßvogel; Taubenstößer
habsüchtig Adj.: häbig 2.
Hackbeil n. (der Metzger): Spelter 1.c.
Hacke f.: Haue, Hackhaue
- (schwere Hacke): Pickel *er ist der Pickel in lindem Boden* überflüssig.
- (zum Felgen): Falghaue
- (zum Roden): Reuthaue
- (zweizinkige Hacke): Hackhak(en), Hackhaue, Karst
hacken schw.: rauhfalgen, -felgen
- (mit dem Schnabel nach etwas hacken): pikken 2. *da pick!* sagte der Mann zum Gockeler, als er ihm den Kopf abgehauen hatte. *Wart, der Ganser pickt dich!* Warnung an poussierende Mädchen.
Hacken n.: Hacket 1.
- (erstes Hacken des Weinbergs): Rauhfalge
Hackenstiel m.: Karsthelm
Häckerling m.: Häcksel
Hackfleisch n.: Gehäcke 1.

Hackmesser n.: Becksler
- (zum Abhauen von Ästen und Reisig): Aster I., Naster
- (zum Abschlagen des dünnen Brennholzes): Weller, Hape

Häcksel m.n. (Häckerling): Gehäck 2., Kurzfutter, Brüts
- (von Heu und Stroh): Gerürtes 2., Griez

Hader m. (Lärm): Hatz 3.
- (Neckerei): Genäfe

hadern schw.: bumsen 1.; käferen 1.
- (zanken): bägeren 2.

Hafen m. (zur Warmwasserbereitung): Höllhafen, s. Hölle 2.
- (alter Hafen): Kutterhafen

Hafer m.: Haber 1. *der Haber ist ein Lump, er hat gern naß. Seinen Haber versäen, eh man auf den Acker kommt. Den Haber vor dem Korn schneiden* die jüngere Tochter vor der älteren verheiraten. *Wer zu gut lebt steht zu gut im Haber. Die Gäul, die den Haber verdienen, kriegen ihn nicht.*

Haferdistel f.: Habergeiß 3.

Hafersaat f. (Frühlingssaat und deren Zeit): Häberet, Haberet

Haferspeise f.: Habermark 1.

Haferstoppeln Pl.: Haberweisch, Haberstupflen

Haftdolde f.: Kleibe c.; Strigelein, s. Strigel 3.b.; Tigelein

Haftel m./n. (zum Einhängen der Haken an Kleidern): Rigel 4.

Haftelmacher m.: Haftenmacher, Häftlesmacher

Hag m. (Umzäunung): Hege

Hagebutte f. (Frucht der Heckenrose): Häge, Hagenbutze, Hagenbulle, Hägelbutte, Hägebutzet

Hagel m.: Kis 2.; Schloße 1.
- (Hagelkorn, Graupelkorn): Kisel 2.
- (Hagelwetter): Hagel, Schauer, Schloße, Stein. *Hagel fällt selten ohne Sturm. Der Hagel macht kei Teurung, aber arme Leut.*

Hagelkorn n.: Kiselstein 2., Zeie; Zeibollen

hageln schw.: haglen 1.; schauren, kitzebonelen; kisen 2.; *ist das Unwetter sehr stark, so ist's e Wetter, daß's Krotta haglet.* Partizip: *gehaglet,* s. Beispiele beim Stichwort *haglen.*
- (graupeln): kislen; zeielen
- (schloßen): seihen 2.

Hagelschlag m.: Kiselschlag

hagere Frau f.: Geiß 3.b.; Reff 2.b.; Flederwisch 4.; Hachel I

Hagestolz m.: Geschleckhaf(en) 2., Schleckhafen

Häher m. (Eichelhäher): Nußjäk 1.; Jäk; Hetze 2.

Hahn m. (Haushahn): Gockel(er) 1., Gök-

kel(er), Göcker, Guckeler, Gückeler, Gükkel, Gücker, Gockelhahn, Herbock(Hühnerbock), Burzgockeler. *Was e Gockel werde will, muß beizeite krähe. Den Kragen, Hals strecken wie ein Gockeler. Jeder Gockeler ist uf seiner Miste Herr. I bin Gockeler auf meiner Miste* frage nichts nach anderen. *Der ist Gockeler auf allen Mistene. An einander 'nauf fahre wie Gockeler im Zorn.*
- (welscher Hahn; übtr. aufbrausender Mensch): Bibgöckel, Bibgockeler

Hainbuche f.: Hagenbuche

Hainsternmiere f.: Äderich, Äderichkraut

Häkelarbeit f.: G(e)häkel 1.; Häkelei 1., Häklet(e)

Haken m. (an Kleidern und Geräten; Verschluß): Schließe 1.
- (in der Handschrift und deshalb schwer lesbar; Kleckse): Krapfen 1., Krapf
- (Klammer, mit der Balken, Langholz u.ä. zusammengehalten wird): Klammhak(en) 1.
- (Zacke): Zak(en) 1.

halb bewußtlos Adj.: taub 2. *im taube Dicht* in Gedanken.
- **gebacken** Adj. (halbgekocht): matzig

Halbedelstein m.: Katzenauge 3.

Halbnarr m. (kopfloser Mensch): Schaute, Schote

Hälfte f.: Halbteil, Haltel

hallen schw. (schallen): helderen
- (widerhallen): hallen; hillen, hilleren

Hals m. (des Menschen; mit scherzhaftem, derbem Nebenton): Kragen 1.a. *der hat en Krage wie e Reigel. Den Kragen strecken* sich erbrechen; sterben; vorlaut sein. *Einen am Kragen nehmen, packen* an der Gurgel. *I dreh dir de Krage rum, daß du hintersich nausguckst. Der sauft sich de Krage (Gurgel) ab. Den Kragen leeren* seinem Groll Luft machen. *Ma guckt dir net in Mage, aber an de Krage* kleide dich gut, iß lieber schlecht.
- (des Geflügels): Kragen 1.b.

Halsanhängsel Pl. (der Ziegen): Kunzen, s. Kunze 2.c.

Halsband n. (aus Perlen): Perlenmuster

Halsdrüse f. (des Kalbs): Brüslein 2.; Knauter 2.

Halsgeschirr n.: Kummet

Halskette f. (Halsband): Goller 1., Golter, Göller, Koller; Pater 2., Nuster

Halskrankheiten Pl. (Angina, Diphtherie): Bräune 2.

Halskrause f. (an Hemd oder Kleid): Krös 2., Gekrös

Halssamtband n. (bei der weibl. Tracht; ebenso Samtgürtel): Sammetlein, s. Sammet

Halstuch n. (Schal): Goller 1., Golter, Göller, Koller

halt Interj. (beim Fuhrwerk): ho! 2., sonst: ö! oha! brr!

halten st. (festhalten): heben. *Ma muß ihn hebe, wenn ma ihn hat. Nur vorher fange, na erst hebe. Die Herre hebet all enander* lassen einander *nicht fallen. In der Not hebt ma sich ama Strohhalm. Ein Gestank, daß man sich dran heben könnte.*
– (Ansprache halten; sich unterreden, verhandeln): sprachen
– (das abzuwickelnde Garn einem anderen halten): anheben 2. *heb mir's an, daß ich's abwinden (*abwickeln*) kann.*
– (Wort halten): *bastant bleiben, s.* bastant 2.

haltlos Adj. (unzuverlässig, achtlos von Personen und Sachen): liederlich 2. *gut ist brüderlich, zu gut ist liederlich.*

Halunke m. (starkes Schimpfwort): Melak, s. Melak

Hammer m. (aus Holz mit breiter Fläche): Holzschlegel. *Wem's will, dem kälberet der Holzschlegel auf der Bühne* von unverdientem Glück. *Was vor Jörgetag* (23. April) *wachst, soll ma mit dem Holzschlegel wieder neischlage. Dir muß ma mit em Holzschlegel winke* derb, unangenehm deutlich machen.
– (großer Hammer): Schlägel 1.

hämmern schw. (klopfen; zwecklos beschäftigt sein): bemperlen, s. bemperen

Hand f.: Hand, Händ *in dere Wäsch möchte i meine Händ net wäsche. Ei Hand wäscht die ander. Wenn ma dem d'Hand gibt, will er de ganz Arm. Leere Händ könnet einander am wärmste drucke. Was ma net in der Hand hat, kann ma net hebe. Viel Händ machet bald e End. Nimm d'Geduld in beid Händ. Da muß ma in d'Händ speie* Kraft anwenden. *Wege dem kehr i d'Hand net um* das ist mir gleichgültig. *Im Handumdrehen, Handumkehren* im Nu. *Mit leeren Händen kommen. Des leit auf der Hand* ist selbstverständlich. *Besser sieben Kinder an der Hand, als eis an der Wand. Unrecht kommt selten in die dritte Hand.*
– (abgemagerte Hand; alter Baum; kleiner, diker Mann): Schnor(r)e 2.
– (große, plumpe Hand): Pflatsche I
– (hohle Hand voll): Gaufe 1., Gauf, Gauflet(e), Gaufnet, Gaufet(e), Gäufet(e); Gaufert, Gauchert, Gäupfe; vgl. *gäufet* beide Hände voll.
– (menschliche Hand): Pflate
– (oder die Finger des Menschen): Tape 2.
– (zum Gruß gebotene Hand): Patschhand

Hand geben st. (Handschlag beim Abschluß eines Handels): patschen A.1.b., klepfen
– (zum Zeichen eines rechtskräftigen Handels): einpatschen, einpätschen

Handbesen m.: Kerwisch, vgl. Kutterschaufel und Kerwisch

Händchen n.: Pätschlein, Patschelein

Hände Pl. (große, starke Hände): Bärenpratzen

Handel m. (mit Kleinigkeiten): Grempel II

Händel Pl. (Streitereien): *Mäuse miteinander haben, s.* Maus I 6.b.

handeln schw.: hucken
– (indem man von Haus zu Haus zieht): hausieren 1.
– (männlich handeln; Manns genug sein): mannen 2.
– (schelmisch handeln): schelmelen 2.
– (über etwas verfügen): schalten 2., vgl. *schalten und walten* nach eigenem Belieben verfahren.
– (unbesonnen handeln, übereilt arbeiten): watlen I 3., watelen, wätlen, wotlen
– (verhandeln): kitschen

Handeln n. (übereiltes Handeln, unbesonnenes Reden): Gehappel, Fappelei

händelsüchtig Adj. (zänkisch; aufgebracht, übel gelaunt): neidig 2.b.
– (zornig, eigensinnig): krautig 2.

händelsüchtiger Mensch m.: Krätzkatze, Kippler

Handgelenksadern Pl.: Geäder 2.a.

Handgriff m. (am Messer, einer Waffe): Heft 1. *das Heft in die Hand nehmen, in der Hand haben*, nicht aus der Hand geben.
– (Henkel): Hebete, Hebets
– (zum Drehen eines Rades): Tribel 1., Kurbel

Handhabe f. (Griff, Henkel eines Kruges): Handhebe, Handhebet, Handhebete
– (Henkel eines Gefäßes oder Korbes): Or 2., Ör 2.; Hab I 3., Habe

handhaben unr. (einen Rechen, Sense; eine Arbeit bewältigen, bezwingen): mantenieren 1.

Handkarren m. (zweirädriger Handkarren, der von Menschen gezogen wird): Leutschinder

Handlanger m. (Ausläufer): Bosselbube

handlich Adj. (gut greifend): griffig 1.a.

Handlung f. (des Säens; die Zeit des Säens): Säet; Sat; *im, vor'm, nach'm Säet.*

Handpferd n. (das rechts am Wagen gehende Pferd): Sattelgaul, vgl. Sattelgaul, Bettgaul

Handsäge f. (mit straffem Blatt ohne Spannung): Fuchsschwanz 2.

Handschlag m. (Handschlag eines Kindes): Patschelein, Pätschlein

Handschuh m.: Händschuh 1. *des gschieht meim Vater grad recht, daß i d'Händ verfrore hau, warum hat er mir keine Hänsche mache lau? Wer wilde Katze fange will, muß eiserne Händschuh hau. Der ist wie en umkehrter Händschuh* ganz verändert.

Handtuch n. (Badetuch): Zwehle 1.; Handlump(en); Handzwehle, Händzwehl

Handvoll f. (Menge, die man mit einer Hand fassen kann): Handvoll, Hampfel
Handwagen m.: Handkarren
Handwerksbursche m. (Landstreicher): Fechtbruder
Handwerksmeister m. (Schlosser-, Schreinermeister usw.): Meister. *Meister, d'Arbet ist fertig, soll i sie glei flicke? fragt der Lehrling. Es ist no kei Meister vom Himmel gfalle. Wer an de Weg (an d'Straß) baut, hat viele Meister.*
Handwerkszeug n. (Geschirr der Zugtiere): Zeug 1.
Hanf m.: Fimmel 1.
Hanf-, Flachskamm m.: Hechel 1.
Hängelampe f.: Ampel 1.
– (Stehlampe mit Erdöl): Lampe II, opp.: Ampel. Zwischenform: Lampel
hängen st. schw.: hangen 1. *aneinander hangen* immer zusammen sein; auch: immer Streit haben.
– (aufhängen): henken
– (herabhängen): dahangen 1.
– (schlaff hängen): hinlott(e)len
Hans m. (Koseform): Hansel 1. *'s gibt me Hänsle als Hanse. Ist's Hänsle unbiegsam, so bleibt der Hans starrig. Hänsle im Keller* das Kind im Mutterleib. *'S Hänsle mit eim spiele* ihn verspotten.
hänseln schw.: hieslen
Hanswurst m.: Bajaß
hantieren schw. (mit dem Spazierstock): stokken 3., stöcken
– (mit einem Hebel): gewichten
Hantieren n. (mit dem Messer): G(e)säbel
hapern schw.: lortschen 2.
– (fehlen, nicht klappen, um etwas schlecht bestellt sein): happeren
– (nicht mehr gehen, sich verschlimmern): humpelen 2.
Harnblase f.: Blase 3.; Wasserblater 2.
harnen schw. (urinieren, nässen): wässeren 2.a.
hart Adj. (ein wenig hart): hartlecht
– (kompakt): fest A. 1.
– (schwer, mühsam): stark 2.d.
– (sehr hart): bockelhärt
– (sehr hart, robust, ausdauernd): beinhärt
– streng, *der hat's streng; strenger Winter.*
– **werden** unr.: verharten, verhärten
hartholzig Adj. (zäh; pelzig vom Rettich): mäser
hartschlägig Adj. (heimtückisch; übel gelaunt; wortkarg): wollen I 3., wullen, wüllen, wüllig, wullig
Hartsein n. (Festigkeit, Widerstand): Härte 1.
Harz n. (von Kirschen-, Zwetschen-, Tannenbäumen): Bilharz
harzig Adj. (klebrig): pichig
Haselnuß f. (frühreife Haselnuß): Augstnuß

Haselnußgebäck n.: Nußkranz, Haselnußring
Haselstrauch m.: Hasel I, Haselbosch, Haselstaud
Haselwurz f.: Haselblatt, Hasenpfeffer; Schneckenblätter 3.
Hasenfutter n.: Schächtelein, s. Schachtel 4.
Hasenscharte f.: Hasenmaul 2.a.
Hasenschnauze f.: Hasenmaul 1., meist: –mäulle
Haß m. (Groll): Pik
häßlich Adj. (böse, abscheulich, unartig): meschant
– (garstig von Dingen und Personen): wüst I 2.a.
– (sehr häßlich): blitzwüst
– (unnütz, verlumpt): schiech, vgl. *schiecher Kerle* Schelte
– (Widerwillen erregend): abgeschmackt
– **tun** unr.: butzlen, sauen
Hast f. (Eile): G(e)schucke
– (Eile, Verlegenheit): Gesprang 2.
hastig Adj. (fahrig): schuss(e)lig
– (schnell, eilig): aterig
Haubensteißfuß m.: Ruch 2.b.
Hauch m.: Kaucher 2., Keicher
hauchen schw. (in die Hände hauchen bei Kälte): kauchen 1., keichen
hauen unr. (mit dem Absatz auf den Boden hauen; Eis aufhauen): becklen, aufbecklen
– (mit dem Säbel hauen): sablen
– (schneiden; spalten, zerkleinern; grob mahlen): schroten
Häufchen n. (kleine, mit dem Rechen gemachte Getreidehäufchen, die dann zu Garben gebunden werden): Hock(en) 2., Höcklein
häufeln schw.: schöchlen, schöcklen
Haufen m.: Hauf(en) *ein Haufe Äpfel, Heu usw. Alles auf ein Haufe werfe. Mit Gwalt lupft ma e Geiß über den Haufe. Einen über den Haufen schwätze* ihn mundtot machen. *Z'Haufe hagle* zusammenstürzen. *Einen Haufen machen, drücken* Stuhlgang haben. *Der Teufel scheißt nur auf den großen Haufen. Der sitzt da, wie e Haufe Elend.* Ausdruck für eine große Menge: *Ein Haufen Geld, Bäum, Mensche.* Ein Vielsprecher *schwätzt en Haufe Dreck. I hab en Haufe Zeit; haufegnug Zeit. Wenn's Häufle no so klei ist, hat's e Ungeratenes drunter. Unter'me Haufe ist immer e Räudigs.*
– (großer, runder Haufen Heu oder Öhmd): Schoche 1.
– (kleiner Haufen): Schlotterlein, s. Schlotter 1.
– (kleiner Haufen; geringe Quantität von Dreck, Heu, Holz u. a.): Klätterlein
– (Menge): Hurde 4.
– (von Erde, Schnee, Kies): Hotter 1.
– (wimmelnder Haufen): Wimmlete

– (zusammengestoßener Haufen, Holzhaufen): Stoß 2.

häufen schw.: schochen, schocken

– (sich häufen): haufen I 2., häufen

haufenweise Adv. (arg): knollet 2.

– (in Menge dicht zusammengedrängt): knuppletvoll

Haufenwölkchen Pl. (bei gutem Wetter): Schur 3.

häufig Adj. (jeden Augenblick): *all (älle) Streich*, s. Streich 1.

– (oft): gern 3.

Haumesser n.: Schnaupe 2.

– (für Reisig): Reishape

Haupt n. (Kopf): Kabes 2.

Haupthaar n. (dichtes, welliges Haar): Pelz 2.

Hauptlügner m.: Erzlugenbeutel

Hauptlump m.: Vivatslump, Vivatsfetze, Haderlump

Hauptmaske f. (an Fasnacht mit einem Goliathskopf in Riedlingen): Gole

Hauptvergnügen n.: Hauptgaude

Haus n. (Gebäude): Haus 1. *wer kein Verdruß hat, darf nur e Haus baue. E halbs Haus ist e halbe Höll. Narren bauen Häuser, gscheide Leut kaufen sie. Die alte Häuser drucken die Stein*(Dachziegel), *die neue die Hypothek. Dem Haus sot ma die hitzig Krankheit einjäuche* es anzünden. *Jetzt will i um e Haus weiter* meinen Weg fortsetzen. *E rechter Giebel ziert's Haus* scherzhaft von einer großen Nase. *Zwei Weiber in eim Haus ist e Graus. Wenn e Haus geht bis zum Rhein, so ghört nur ein Weib nei. Vor jedem Haus liegt e Stein;* meist mit Zusatz:*ist er net groß, so ist er klein* jeder hat sein Kreuz. *In einem jeden Haus ist ein Kreuz und wenn keins ist, na tut mr eins nei. Das Haus verliert nix. Die Hüser sterbet it, aber d'Lüt. Der ist vor'm letzte Haus abgstiege, hat vor'm letzte Haus abglade* sich in der Wahl seiner Frau vergriffen. *Wenn's Weib ist z'Haus ist, ist der Ma Meister. Bleib mir zu Haus mit dem ich will nichts davon wissen. E Haus kriegt jeder emal, aber mit vier Bretter und em Hämpfele Hobelspän.*

– Kitt II 1., Kittlein; s. Kitt 2.

– (altes Haus oder Gerät, das aus den Fugen geht): Lotterfalle, Lottelfalle

– (auf der Jungviehweide): Galthaus

– (kleines Haus): Butike 2.

– (in der Richtung nach Hause): heimzu

– (nach Hause): heim, ham *wer weit geht, hat weit heim; du bist weit her, na hast au et weit heim* von einem wertlosen Menschen

– (nach Hause gehen): heimgehen 1.

– (nach Hause schicken): heimschicken 1.

– (nach Hause schleppen): heimschleifen

– (sich nach Hause machen): heimstreichen

– (übtr.): Nest 3.b. *die erste (Frau) macht das Nest, die zweite sitzt hinein*

– (zu Hause sein): daheim sein 1. *daheim ist's am besten. Tu nur, wie daheim!* Zuspruch an den zu bewirtenden Gast.

Hausanbau m.: Beistall 1., Beistel

Hausbau m. (Handlung, besonders die Mühe des Hausbaus): Bauerei

Hausbesitzer m. (als auch der Mieter, der im Hauszins wohnt): Hausherr

Häuschen n. (in dem die Selbstmörder und Obdachlosen aufgebahrt wurden): Totenhäuslein

Hausflur m. (oberer Hausflur): Büne, Laube

– (Platz zwischen der Haustüre und den Wohnräumen, bzw. der Treppe im Bauernhaus): Laube 2.a., Ern, Ernd, Erm, Tenne

– (unterer Hausflur): Hausern, Hausgang, Hauslaube, Haustenne

Hausfrau f.: Hausere 2.

Hausgang m.: Flur 2., Ern, Laube

– (Laubengang): Gang 4.a. *der Bauer hatte nur einen Gang (Hausgang und Weg), und der ging zur Magd.*

– (oberer Hausgang): Trippel 3.a.

Hausgeflügel f. (Federvieh: Hühner, Gänse, Enten, ohne Tauben, die *Vögel* heißen): Zifer 1., Ziferware

Haushahn m.: Gule 1, Guler

Haushalt m. (unordentlicher Haushalt; schlampig geführtes Geschäft; großes Durcheinander an Notizen auf nicht geodneten Zetteln): Zettel(es)wirtschaft

haushalten st. (alleine haushalten; einen eigenen Haushalt führen): eigenbrötlen, eigenbröseln

Haushälter m. (sparsamer Mensch): Hauser

Haushälterin f. (des katholischen Pfarrers): Hauserin

haushalterisch Adj. (sparsam): häuslich 2., häuselich, hauselich, hauslich; hausig

Hausherr m. (Hausbesitzer, Mieter): Hausmann 1.

Hausherrin f.: Hausfrau 1.

Hausierer m. (mit kleinen Waren): Granitzer

häuslich Adj.: häuslich 1., häuselich , hauselich, hauslich

Häuslichkeit f. (Wirtschaftlichkeit): Hausere 1.

Hausrat m. (unbrauchbarer Hausrat für den Grobmüll): Gerümpel 2.

Hausschaf n. (zu schwach um in der Herde zu sein): Haushuber 1.

Hausschlachtung f. (Probe von einer Hausschlachtung, die man schickt): Schlachtet(e), Metzgete

Hausschuh m. (weiter, warmer Filzhausschuh): Tapper 2., Täpper, Wintertapper, Tappschuh, *jeder Tapper find't sein Schlapper* gleich und gleich gesellt sich gern.

Hausschuhe Pl. (Pantoffeln): Botschen

Hausschwalbe f.: Gespeierlein 1., Gspeierlein

Hausteil m. (ein Stockwerk wird in Kar eingeteilt): Kar I 3.; ein Haus, ein Stock ist *dreivierkärig,* wenn es drei, vier *Kar* hat.

Haustreppe f.: Hausstiege

Hauswirte Pl. (Hauseigentümer): Hausleute 1.

Haut f. (am tierischen und menschlichen Körper): Haut 1. *eine zarte, weiche geschlachte Haut,* opp.: *rauhe, raupelige, sere* (wunde) *Haut. E dicke Haut ist bös gerbe.* Ein Fauler *liegt sich noch die Haut auf.* Ein Magerer *trägt sei Haut am Stecke. In dem seiner Haut möchte i net stecke. Der ist nix nutz wo ihn d'Haut anregt. Dem ist au d'Haut z'kurz* einer, der immer den Mund offen hat. *Der zieht einem fast Haut rab* plagt einen durch Aufdringlichkeit. *Einem die Haut gerben* ihn durchprügeln. *Aus der Haut fahren* vor Ärger oder Ungeduld. *An dem ist nur noch Haut und Knoche* von einem sehr Mageren. *Der kann sich nit fleischlich versündige, er ist nix als Haut und Bein. Ein Tier mit Haut und Haar verscharren. Mit Haut und Haar* gänzlich. *Er ist an Haut und Haar nix nutz.*

– (behaarte menschliche Kopfhaut; Speckhaut beim Schwein): Schwarte 1.

– (der Milch): Milchhaut

– (Überzug verschiedener Gegenstände): Balg 2.

Hautabschürfung f.: Blärr 2.

Hautausschlag m. (im Gesicht): Gefräß 5.a.

– (Krätze): Kratz 2., Krätz

Hautbläschen n. (Geschwür, Ausschlag): Hiesel II

Hautblase f.: Blater 2.

Hautfetzen m. (Fleischfetzen): Schlampen 2.

Hautfleck m.: Risel 3.; Spreckelein

Hautgeschwulst f. (Ausschlag): Knaupe 1.b.

Hautgeschwür n. (Beule): Huppel 1., Hüppel, Hoppe(l)

häutig Adj. (mit einer Haut versehen): hautig

Hautkrankheit f.: Flechte 2., Pflechte; Friesel, s. Risel 3.; Geflecht 2.

Hautwunde f. (flaches Stück Land): Flatsche, Flätsche

– (große Fläche): Flitsche II

Hebamme f.: Base 5., Dote

– (scherzh.): Krebserin; Feurioweib

Hebammendienst leisten schw.: krebsen 3.

Hebelstange f.: Hebträmel

heben st. (aufheben): auflupfen

– (emporheben): lupfen 1.

– (in die Höhe heben): verlupfen 1. *das kann ich nicht verlupfen, kaum verlupfen. Was ma it verlupfe ka, muß ma liege lau.*

Hechel f. (kammartiges Gerät mit Metallzähnen, etwa zum Abstreifen von Heidelbeeren): Raffel 1., Riffel, Reff

hecheln schw. (Wolle hecheln): schlumpen 2.

Hecke f. (Umzäunung aus Büschen und Sträuchern): Hecke 1., Heck, Hag; *wo d'Heck nieder ist, steigt ma num. In der wüstesten Heck ist oft 's schönste (Vogel)Nest. Die Felder hant Auge und d'Hecke Ohre. Wenn ma in die Hekke schaffet, wird ma gstoche. Ma sucht kein hinter der Heck, wenn ma net scho selber darhinter gsteckt ist. Dich hat ma hinter de Hecke verlore* wurdest dort geboren. *Ein uneheliches Kind ist hinter der Heck aufglese.*

– Zeil 1.

Heckenrose f.: Hundsrose

Heckenschere f.: Hagschere 1.

Hefe f.: Hefe, Hefen, Hepf *auf der Hef sein* am Ende sein, zur Neige gehen. *Es ist uf d'Hef* demnächst zu Ende.

Hefebackwerk n.: Hefenkranz, Hefenring

Hefeteigkuchen m.: Hocker 2.c.

heften schw. (Faden schlagen): reihen 2.*der Ärmel ist erst gerihen.*

heftig Adj. (zornig, hochmütig): *oben hinaus*

hegen schw. (pflegen, schützen): heien II a., bannen

Heide m. (Nichtchrist): Heide I 1. *Das Kind wurde innerhalb der drei ersten Tage getauft, weil man nicht so lang einen Heiden im Haus haben will. Fluchen wie ein Heide.*

Heidelbeere f.: Heidel 1.

Heiden ..., **heiden** ... (verstärkendes Präfix): Heidenrespekt, Heidenarbeit, Heidengeschäft

Heidenelke f.: Roßnägelein, s. Roßnagel 3.b.; Wetternägelein 2.

Heidenröschen n.: Egertennägelein, Heidenröslein, Himmelfartsblümlein 3., Reckhölderlein, s. Reckholder 2.; Wasennägelein,

heikel Adj. (gar zu empfindsam): zumper, s. zümper

– (schwierig, von Sachen): kützelig 2., kutzelig

– (wählerisch im Essen, schleckig; anspruchsvoll): kobässe 1., kobläß

– (wählerisch, schleckig): kälässe

heil werden unr.: verheilen 1.

Heiland m. (Eigenname für Jesus): Heiland, aber stets mit Artikel, der Heiland, unser Heiland, der liebe Heiland (besonders zu Kindern). *Den Heiland traget sie* (Frömmler) *im Arm'rum, und der Teufel hocket auf'm Buckel.*

– Kruzifix; Ausruf: *O du lieber Heiland! Lieber Heiland! Potz Heiland!*

heilen schw.: büßen, s. büßen 1.b.; *den Gluste büße* ein Bedürfnis befriedigen

– (eig. und übtr. das übliche Wort): kurieren

Heiliges Abendmahl n.: Nachtmal

Heiligenbild n. (Kultbild; aber auch nichtsakrales Bild): Holg, Helge, Holgle, Helgle, s. heilig A. 3.

Heiliger m. (angeblicher Heiliger; sprichw. für einen dummen, ungeschickten, faulen Menschen): Neff, Sankt Neff *du bist e Kerle wie d'Sankt Neff, dem hant d'Spatze in's Füdle baut; wie d'Sankt Neff, wo d'Finger im Arsch abbroche hat; wie d'Sankt Neff, der ist seiner Mutter hinter'm Ofen verfroren.*

Heiliger Geist m.: Geist 2.a. (dargestellt als eine Taube)

Heilziest m. (Pflanze): Brödeler; Katzenwedel 2.b., Katzenwadel; Stinker 2.

heimbegleiten schw. (Besuch heimbegleiten): ausfolgen

heimelig Adj.: behaglich

heimgehen st. (sterben): heim(e)len 1.b.

heimisch Adj. (zahm, vertraut): geheim 1.

heimisch machen schw. (sich heimisch machen): einheimen 2.

heimjagen schw.: heimjäuchen, heimlaichen

– (mit Schlägen heimjagen; derb abfertigen): heimzünden

heimkommen st.: eintun 4.

heimleuchten schw.: heimzünden 1.

heimlich Adj. (geheim, im Stillen, geheimnisvoll): hälig, hälingen, hälingelen

– **tun** unr.: mauklen 1.

Heimlichkeit f. (Liebelei): Dächtelmächtel 2.

heimschleichen st. (sich heimschleichen): heimteichen

heimtreiben st. (das Vieh heimtreiben): eintun 3.

heimtückisch Adj. (verschlagen): duckelmausig, duckelmäusig; duckselig; hinterleit, s. hinterlegen; hinterlettig 2.

Heimweh n. (Sehnsucht nach etwas Verlorenem): Jammer 2.

– **haben** unr.: heim(e)len 1.a.

Heirat f. (eines Mannes durch die Frau): Mannete, vgl. Weibete, Menschete. *Auf die Mannete gehen* nach einem Ehemann Ausschau halten.

heiraten schw.: heiren, heirigen; *wenn einer reich heirate will, muß er de große Mistene nach. Wer globt sei will, der muß sterbe, und wer gscholte sei will, muß heire. Wer heiratet, tut wohl, wer ledig bleibt, tut besser. Wer aus Liebe heiratet, hat gute Nächt, aber schlechte Täg. Wenn ma heirate tut, sait ma Mulle und nachher Katz.*

– (einen Mann heiraten): mannen 1., opp.: weiben

– (ein Weib nehmen): weiben

Heiratsabmachung f. (Ehevertrag; Verlobung): Heirat 1.

heiser Adj.: rä(ch) 3.

Heiserkeit f.: Heisere

heiß Adj.: hitzig 1.

– (dürr, schwül): gehei, s. Gehei II

– (sehr heiß): siedig 2.; siedigheiß *es fällt mir siedigheiß ein* plötzlich mit Erschrecken.

– **machen** schw.: hitzen 1.

– (einen durch alkoholische Getränke heiß machen; durchprügeln; tüchtig ausschelten): einbrennen 4.

– **sein** unr.: hitzen 2.

Heißhunger m.: Gähhunger; Hundshunger

heiter Adj. (fröhlich): rusam 2.

– (lebhaft, lustig): nefig 2.

helfen st. (behilflich sein beim Aufstehen, beim Aufnehmen einer Traglast): aufhelfen

– (behilflich sein): anfrümmen 2.

– (einem anderen helfen, eine Traglast abzustellen): abhelfen

– (adverbialer Gebrauch des Infinitivs): helfen 3., wie: anfangen, anheben, gehen. *Trag mir helfen* hilf mir tragen. *Hilf mir au helfen spülen.*

hell Adj.: tag

– (klar; licht, durchsichtig): hellicht 1.

– (von anderen Farben; z. B. gebleichte Stoffe; helle Speisen): weiß 2.

– **machen** schw.: hellen 1.

– **werden** unr.: sich hellen 2., sich aufhellen

Helligkeit f. (Licht): Helle, Hellne

Hemd n. (Leibchen; Kragen): Schmise

Hemdbesatz m.: Hemdbreis(lein)

Hemdenmann m. (Kind, das nur ein Hemdchen anhat): Hemdfanz, -fläuger, -gore, -hans, -hätteler, -klunker, -läuter, -lenz, -lore, -lotter, -pflätterer, –pflenzer, -schütz, -schwanker, -sigel, -spicker, -spinke, -zuttel

hemdig Adj. (nur mit einem Hemd bekleidet): hemdelig, hemblig; hemdsärmelig

Hemdzipfel m.: Hemdkälblein

Hemmschuh m. (Radschuh mit scharfen Zähnen, bes. für Glatteis): Krätzer 1.

her Adv. (hierher; links): har, hare, häre

– (von dort drüben her): enendurche, endure

herab Adv.Präp.: aber II

– (abwärts): abersche, awersche, untersche, s. aber II 2

herabfallen st. (auf den Boden rollen): poppe(r)len, popplen 3.

– (halbbreif herabfallen; von Obst): rammlen 1.c.

– (herabrieseln): reren I 2.

– (vom Obst): brocklen 3.; reißen, s. reisen

– (von Schmutzteilchen von einer Decke): kutteren 1.

herabhängen st. (baumelnd herabhängen): klunkelen 1., klunklen, klunken 1., klunkeren 1.
- (schlaff herabhängen): schlacken, lampelen 1., lamplen, lampen 1., schlampen 1.
- **lassen** st. (Arme, Glieder schlaff herabhängen): klunkeren 2.

herabrieseln schw.: geriseln

herabsetzen schw. (nicht in Ehren halten; verderben, vergeuden): vertuneren, vertunerlen
- (tadeln; für nichtig erklären; für untauglich erklären, verkleinern): vernichten, vernichts(el)en, vernoez(g)en, vernuitsen, vernunts(g)en
- (verunglimpfen): abschmiren

herabsinken st. (Netzen vom Nebel): reißen, s. reisen

herabtriefen schw.: träufen *wenn's auf de Baure regnet, trauft's au auf de Knecht.*

herabziehen st.: aberziehen

heranbringen st.: zubringen 1.

heraneilen schw.: hersausen

heranlocken schw. (mit List, schmeichelnd zu sich heranlocken): herzeislen 1., herzeisemlen, –zamsen, -zamserlen, -zeichlen

herannehmen st. (hart herannehmen; ermüden, plagen; anstrengen): schlauchen 2. *einen schlauchen, daß ihm der Säckel tropft. Des hat mi gschlaucht* seelisch mitgenommen.

herauf Adv.: aufer

heraus Adv.: außer II

herausfinden st. (entdecken; verkosten, verschmecken): verlickeren, verlicknen

herausfließen st. (stoßweise herausfließen aus einem enghalsigen Gefäß): sutteren 1.

herausfüttern schw.: herfuttern

herausgeben st.: returgeben, returkriegen

heraushängen st. (etwas heraushängen lassen; aus den Angeln heben): aushenken

Heraushängen n. (der Zunge): G(e)lälle 1.

herausnehmen st. (Früchte aus der Hülse *Läufel* herausnehmen): ausläuflen

herausplaudern schw.: schnuderen 4.

herausputzen schw. (sich herausputzen): herdocklen

herausreden schw. (dumm, unüberlegt reden): außerschwätzen
- (sich herausreden, eine Ausrede gebrauchen): ausreden I 3.

herausreißen schw.: reißen 1.d.

herausrücken schw. (Geld herausgeben): schucken 2.

herausrupfen schw. (den Gänsen die Schwanzfedern): kilen 1.

heraussagen schw. (seine Meinung sagen): losziehen

herausschälen schw. (die Körner von den Äh-

ren mit den Zähnen herausschälen und dann essen): auskifen, kifen

herausschlagen st. (durch Schinden erwerben; zusammenkratzen): schinden
- (Samen aus den Tannenzapfen): klänken II 2., ausklänken
- (Vorteil herausschlagen; seinen Nutzen machen): *sein Schäflein scheren,* s. scheren 2.

heraussickern schw. (tropfenweise herausfließen): sürflen 2.

herausspritzen schw.: spritzen 2.a., spretzen, stritzen, schritzen, strutzen

herausstrecken schw. (Zunge aus dem Mund strecken): pfladeren 3.

heraustun unr. (Bohnen, Erbsen aus den *Schefen* Hülsen heraustun): ausschifen

herausziehen st. (den Faden aus dem Nadelöhr herausziehen): ausfädlen
- (die *Raitel,* Prügel aus dem *Wellenholz,* Reisigholz herausziehen): ausraitlen
- (einen *Spreißen* herausziehen): spreißen 2.
- (herausreißen; abpflücken, ausreißen): rupfen II 1.a.
- (rupfen, bes. Hanf, Flachs, Rüben, Heu): liechen 1.

herb Adj. (sauer vom Geschmack): streng

herbeilaufen st. (einem in den Weg kommen): anlaufen 1.a.

herbeilocken schw.: zöchlen
- (anlocken): zamsen 2., zämsen, zamserlen
- (an sich ziehen): zänken 2., zänklen

herbeirufen st.: rufen 2., rüfen

herbeischaffen schw. (und wegschaffen): ferken 3.

herbeitragen st. (das geschnittene Getreide zum Garbenbinden herbeitragen): antragen 1.

herbekommen st.: herkriegen

Herbst m. (Jahreszeit): Herbst 2., Spätling, Spätjahr *im Herbst hockt hinter jeder Heck e Rege. Gibt's im Herbst viel Schlehe, so därfst du di uf de Winter freue.*
- (in dem es viel Kraut gibt): Krautherbst; bes. gebraucht als Altersbezeichnung: *er hat ein paar Krautherbste mehr auf'em Buckel* ist etwas älter.

herbsten schw. (allmählich Herbst werden): herbstelen, herbstlen; augstelen, ägstelen, äugsteren

Herbstlöwenzahn m.: Wegseicher 2.b.

Herbstzeitlose f.: Kunklen, s. Kunkel 3.a., Gunkel; Kuschlucke; Spinnblume, Spindelblume, Spindlein
- (Frucht der Herbstzeitlose): Ku 3.a., meist Demin.: Külein; Mockel f. 4., s. die zahlreichen Synn. bei *Ku 3.a.*
- (im Frühjahr, wenn sie Früchte trägt): Küschlutte

hereilen schw. (schnell hereilen): herschießen
- (unbemerkt): herwi(t)schen
herein Adv.: eine, einer
- (nach innen in der Richtung auf den Reden-
den): herein, rein, hereinwärts
hereinfahren st.: einfaren
hereinfallen st. (auf jemanden hereinfallen):
aufsitzen 2.b.
hereinholen schw. (verlorene Zeiten hereinho-
len): einbringen 2.
hereinziehen st.: einziehen 1.
hergeben st. (leihweise hergeben): leh(e)nen 1.
herhalten st.: herheben
herkömmlich Adj. (üblich, anständig): zünftig
2.
Herkules m. (besonders als Ausruf): *Herkules
nochmal! Potz, Kotz, Herkules!* euphem. für
Kotz Herrgott! auch weiter entstellt: *Kotz
Herkulanum!*
Herr m. (vornehmer Herr, opp.: kleine, einfa-
che Leute): Herr 7. *mit große Herre ist net gut
Kirsche esse, sie werfet eim d'Stein ins Gsicht.
Große Herre hänt e weits Gwisse. Große Her-
re beißet einander net. Wenn der Bettelmann
auf de Gaul kommt, reitet er ärger als der
größt Herr.*
herreichen schw.: herlangen 1.
Herrgott m.: Herrgott 1.; besonders in Ausrufen
und Flüchen, s. *Herrgott. Unser Herrgott ist e
langer Borger, aber e gwisser Zahler. Einer,
der sich um wenig kümmert, laßt unseren
Herrgott ein gute Ma sei. Unser Herrgott hat
wunderliche(viel, allerlei, allerhand) Kostgän-
ger. Ein Faulenzer stiehlt unserm Herrgott den
Tag ab.*
herrichten schw.: hinrichten 2., hinanrichten
- (durch Flicken herrichten): herflicken
- (durch Schleifen herrichten): herschleifen II
- (ein Nachtlager herrichten): anrichten b.
herrschen schw. (pflegen, üben): walten
hersagen schw. (auswendig Gelerntes hersa-
gen): aufsagen 1.a., hersagen
- (stockend hersagen): gumpen 5.
herschaffen schw. (beschaffen): hertun
herschenken schw.: hinschenken
herschleppen schw.: herschleifen I
- (etwas hinter sich herschleppen; nachlässig
daherkommen): schlampen 2.
herstammeln schw. (herstottern): herstacksen,
herstatzgen
herstellen schw. (Glas herstellen): glasen 1.
- (Nudeln herstellen): nudlen 1.
- (Obstmost herstellen): mosten 1., mostlen
- (Schnaps herstellen): schnapsen
- (Würste herstellen): wursten 1., wurstlen 1.
herüber Adv. (von dort drüben hierher): her-
über, rüber, rib, ri; herum; durcher
herum Adv. (als adv. Zusatz zum Verb): ummer

2. *ummer geisteren* umherschleichen; s. weite-
re Beispiele bei *ummer* 2.
- (örtlich): herum 1., rum, rumwärts, *hie rum* in
hiesiger Gegend.
- (umher): ummer 1., populärer:'*rum*
- (zeitlich; zirka, ungefähr, gegen): herum 2.a.
herum - Präf. (mit bestimmten Verben): herum
–, s. die Komposs. bei *herum-*
herumbalgen schw.: sich reißen 3.c.
Herumbasteln n.: Gebossel
herumbetteln schw. (in den Säckleinsnächten):
säcklen
herumdrehen schw. (falsch herumdrehen): ver-
dreen 1.
- (sich rasch, taumelnd im Kreise herumdre-
hen): zwirb(e)len 1.
Herumdrücken n.: Gedrucks
herumessen st. (antasten und ausprobieren):
bitzlen II *er bitzelt so am Essen 'rum.*
Herumfahren n. (Herumrennen): G(e)fare
herumgehen st. (großtun, prahlen): flankieren
herumgreifen st.: grapslen 1.
herumkauen schw. (herumbeißen an einer Spei-
se): knözlen, knozlen
herumkneten schw.: dallen 3., dallmären, dal-
men
herumkommen st.: *ummer kommen 1.*, s. um-
mer 2.
herumkriechen st.: grapen 2., graplen 3., grapp-
len; grapslen 2.
- (auf allen Vieren): maunlen 1.
- (wie ein Wurm): wurmen 2.
herumlaufen st. (im Feld herumstreunen): fel-
den 3.
- (müßig herumlaufen): umschuckeln
- (planlos herumlaufen): düpplen, s. duppeln
- (umherlaufen): umlaufen 1.*was laufst um?
was willst?*
Herumlaufen n. (unnötiges, vieles Herumlau-
fen): Gesprang 1.
herumliegen st. (faul, unanständig herumlie-
gen, sich aufstützen): luntschen
herumlungern schw. (müßig herumlungern):
gänmaulen, *Gänaffen feil haben.*
- (träg arbeiten, faulenzen): klunkelen 2., klun-
klen, klunken 2.; schlüfflen; umme leiren,
umme luntschen, s. umme 2; schlawacken
herummachen schw. (erfolglos an einer Arbeit
herummachen): rupfen II 2.d.
- (langsam arbeiten; spielend rupfen, kauen,
reiben): knifern
herumplätschern schw. (im Wasser herumplät-
schern): pfladern 1.
Herumraten n.: G(e)rate 2.
herumrühren schw.: gerudlen; umrudlen; verrü-
ren
- (durch Herumrühren den Bodensatz wieder
in die Höhe wirbeln): aufrudlen

- (in Flüssigkeit, Brei, Schlamm): motzen 1.
- (Mist auf der Wiese verrechen und zerkleinern): rudlen

Herumrühren n. (Herumwühlen): G(e)rudel, G(e)nudel

herumschlendernd Part.: strülig

herumschwingen st.: schwenken 1.a.

herumspringen st.: umspringen 1.

Herumstehen n. (Umherstehen vieler Gegenstände; Auflauf vieler Menschen): Gestandare

herumstöbern schw. (aufräumen; in Unordnung bringen): gerusten, gerusteren; gerustlen 1.

herumstochern schw. (besonders im Wasser oder Schmutz): gerodlen, läpperen, grottlen, rudlen; stiferen; stürchlen, stüren

herumstreichen st. (herumziehen): vagieren; schmulen 3.

- (sich herumtreiben): strülen, vgl. Strüler, Strület(z)e, *auf der Strületze sein* den Mädchen nachlaufen.

Herumstreichen n. (vom Landstreicher, von der Prostituierten): Strich 2.

herumstreunen schw. (müßig herumschlendern, spazierengehen): schwanzen .

Herumstreuner m. (Bummler): Schwanzer

herumstrolchen schw. (umherlaufen): fegen 2.c.

Herumstrolchen n.: Gefege

herumsuchen schw. (und dabei Unordnung hinterlassen): nesten 3.

herumtasten schw. (übtr. nörgeln): tüpflen 2.

- (wegkratzen): gruppen 1.

herumtreiben st. (sich herumtreiben): schwitsieren; ran(t)schen

herumwälzen schw.: verwalen, verrammlen

- (rollend bewegen): warglen 1., wargelen, hurglen

herumwandeln schw. (träumerisch; gedankenlos herumsitzen): sürm(e)len

herumwühlen schw. (im Schlamm): schnuderen 1., schnoderen

herunterfallen st. (in Mengen herunterfallen, z. B. das Obst): dratz(e)len; gerutzlen

herunterkommen st. (arm werden, in Fetzen gehen): verlumpen 1.

- (verlumpen): verheillos(ig)en 2.
- **lassen** st. (eine Wohnung): verwonen 3.

herunterschlagen st. (die Nüsse): pritschen 2. *Weiber und Nußbäume müsset 'pritschet sei.*

hervorblicken schw. (sichtbar werden): blecken I 1.

hervorbringen st. (ergeben): geben 4. *der Luft geit sich der Wind läßt nach. Wenn man eim Acker nix geit, geit er eim au nix.*

hervordrängen schw.: füredrucken

hervorragend Adj. (sympathisch): geil

hervorwölben schw. (sich hervorwölben): bausen I 1.

hervorwollen schw.: fürewollen

Herz n. (des Hirsches): Fleck I 2.b.

Herzblatt n. (Pflanzenname): Studenteröslein

Herzklopfen n.: Herzklocker

Herzkrampf m. (Brustkrampf): Herzgespann 1.

herzlieb Adj.: herztausig

herzu Adv.: zuher

Hetze f. (Hetzjagd): Hatz 1.

hetzen schw.: huschen 2.

- (den Hund auf jemanden jagen): ansetzen 5.

Hetzerei f.: Hetzete

Heu n.: Abrech 2., Abrechete

- (das sich im Heustadel in der Heuscheune befindet): Heustock 2.
- (Öhmd, dürrer Klee als Futter): Dürrfutter
- (umgewendetes Heu, eine Reihe umgewendetes Heu): Umwendetlein, Umwendete

Heu- und Fruchtstock m.: Barn 2., Barnet, Emdbarn, Fruchtbarn, Heubarn

Heuboden m. (der Raum der Scheune, wo das Heu liegt): Heubane, Heubarn, Heubüne 1.

Heubund m. (Bund Erbsenstroh): Schaub b.

Heuernte f. (Zeit der Heuernte): Heuet 1.

Heugabel f. (Mistgabel): Gabel 1.b.; Worbgabel

Heuhaken m. (zum Herausziehen des Heus aus dem Heustock): Heuliecher 1.

Heuhäufchen n.: Hotterlein, Hötterle, s. Hotter 2.

Heuhaufen m.: Heuschoche

- (Öhmdhaufen, abends bei unsicherer Witterung aufgeschichtet): Wetterschochen, Birling, Wetterhaufen
- (Stroh-, Getreidehaufen): Schober
- (Strohhaufen; Holzgestell): Feime, s. Heinze

Heulage f. (in Lagen ausgespreitetes Heu, das zu Schochen gehäuft wird): Heuet 4.

heulen schw. (vor Schmerz oder Zorn): rallen 2.b.

Heulen n. (Weinen): G(e)heul, Geheune

Heuler m.: Beller II; Brieger 1., s. briegen; Flärrer II

- (Lärmer): Bräuger, s. bräugen

Heureihe f.: Loreie 1.

Heuschrecke f.: Heuhöpfer, -hopfer, -hupfer; Heujucker; Heuschrickel, -schlickel, -schretel, Heuschnickel, -schnickeler, -schnirkler; Heuschucker, Heujucker; Heustöffel; Hoppezeren 2.

- (kleine Heuschrecke): Jucker 3.

heute abend Adv. (kommende Nacht): hein(e)t; heinacht, hinacht

- (bezogen auf heute nacht): hein(e)tig. *Heintig war es sehr kalt.*

Hexe f. (spöttisch): Kaminschlupferin; Bäslein, s. Base 4.a.

Hexerei f.: Lumpenwerk 2.

Hieb m.: Hib 1., Hui 3.b.; Schlag 1.a. *Schläge geben, austeilen, kriegen,* s. Schlag 1.b.; Schlag 1.a., Hauer
– (Streich): Hau 1.
hier Adv.: dahannen
– (in dieser Gegend): hieherum, hierum
– (in dieser Ortschaft wohnend): hiesig, dahiesig
– (örtlich; in dieser Ortschaft, Stadt): hie 1. *auf hie kommen* hierher, in diesen Ort kommen
– (zeitlich; jetzt): hie 2. *hie und da* dann und wann; *zwischen hie und Weihnachten* zwischen jetzt und Weihnachten.
hier oben Adv.: hoben, opp.: hunten
hier unten Adv.: hunten, opp.: dunten; *hunten sein* erschöpft sein.
Hilarius m. (Name des Heiligen; sein Tag, 13. Januar): Hilarius 1., Hilare, Glere
Hilfe f.: Behulf
Hilfeleistung f. (aushilfsweises Vorspannen von mehr Zugtieren): Vorspann *Fried' und Einigkeit ist ein guter Vorspann,* vgl. Aushilfsgespann.
Hilferuf m. (Wehruf; eig.: Ruf der lauten Mordklage): mordio! vgl. feurio!
Hilfsarbeiter m.: Handlanger
hilfsbereit Adj. (unterwürfig): woldienig
Hilfsmittel n. (unerlaubtes Hilfsmittel, Kommentar, Übersetzung): Faulenzer 2.a., Schlauch
Himbeere f.: Hängelein, Hangele; Himbere, Himber, Imber, Humber, Himbele, Humbele, Hummele; Hindel, Hindele, Hinkele, Hingele; Holbeutel, vgl. Stechbeutel
Himmelfahrt f. (Christi und der Tag): Himmelfart 1., Auffart, Auffart(feier)tag, Himmelfartsfest, Himmelfartstag *an Himmelfahrt Regen, kommt für das Heu ungelegen.*
Himmelfahrtsblümlein n.: Auffart(s)blümlein
Himmelfahrtsfest n.: Auffart(s)feiertag, Auffart(s)tag
hin Adv. (nach einem Ort zu; dorthin): hin B.
hin und her Adv. (drunter und drüber): rockes
hin- und herziehen st. (Wäsche im Wasser hin- und herziehen): fläudern 1.
hinab – (Präfix mit bestimmten Verben): hinab –, s. die Komposs. bei *hinab-*
hinab Adv. (abwärts): abe
hinan – (Präfix mit bestimmten Verben): hinan –, s. die Komposs. bei *hinan-*
hinauf – (Präfix mit bestimmten Verben): hinauf-, s. die Komposs. bei *hinauf-*
hinaufziehen st. (Garben vom Wagen in die Scheune hinaufziehen): glottern
hinaus – (Präfix mit bestimmten Verben): hinaus –, s. die Komposs. bei *hinaus-*
hinaus Adv.: auße *wer nie auße kommt, kommt*

nie ein wer nicht in die Fremde geht, wird die Heimat nie kennen lernen.
hinausfahren st. (ausgehen): ausfaren A.
hinausführen st. (den Mist auf das Feld hinausfahren): ausfüren
hinausgehen st.: außegehen
hinausgehend Part. (der kleine Rest über einer runderen Zahl): ungerad 2. *sechs Mark und ungerad* über 6 Mark.
hinaushängen schw. (Hemd hinaushängen; vorn und hinten zur Hose): lämmeren 1.; kälberen II
hinausjagen schw. (zum Haus hinausjagen): vesperen 4.
hinausschaffen schw.: ausschaffen 1.
hinausstecken schw.: ausstecken 1.
hinaustun unr. (auf den Friedhof bringen): außetun
hinbringen st. (geschickt hinbringen): hindeichseln, hindreen
Hindernis n. (Umstand, besondere Bewandtnis): Nise, Nisi
– (übtr.): Rigel 1.
hindurch Adv.: durche (dure)
hindurchkriechen st.: durchkrebslen; durchschlupfen
hindurchschlüpfen schw.: durchschliefen
hinein -(Präfix mit bestimmten Verben): hinein –, s. die Komposs. bei *hinein-*
hinein Adv. (nach innen in der Richtung weg von Redenden): hinein, eine
hineingehen st.: eingehen 1. *es goht ein und aus wie in einem Immenhaus.*
hineinnähen schw. (festnähen, zunähen): einnähen 1.
hineinpressen schw. (hineinzwängen): pfropfen
hineinschieben st. (schieben, stopfen): schoppen 1.a.
hineinschlagen st. (schlagend in etwas hineintreiben): einschlagen A.1.
hineintreten st. (in eine Pfütze hineintreten, daß es spritzt): auspatschen 1.
hineintun unr. (einfüllen): fassen 1. *Hiebe und Schläge fassen* bekommen
hineinwärts Adv.: hineinzu, neizus
Hineinweg m. (der Weg hinein): *auf'm Neiweg, im Neiweg, im'nei.*
hinfallen st.: hingeheien 1.; hinhaglen
– (hinschleudern): hinwetteren, hinanwetteren
hinfällig Adj. (unpäßlich, unwohl): marode
hingegen Konj. (hinwiederum): herentgegen
hinken schw.: genauten 2.; gnappen 2., gnoppen, gnupfen; hoppen
– (auf einem Fuß hüpfen , im Spiel): hoppassen
– (ein wenig hinken): humpelen 1.b.
– (knappen): hopfen I 2., hoppen 2.
hinkend Part.: gnappig 2.; gnupfig

Hinkender m.: Gnippeteknapp, Gnupfer; Gnapper 1.b.; Hoppaß 3.a., Hoppasser

hinlegen schw.: (sich hinlegen): abligen 1., hinligen
- (sich faul hinlegen, sich unanständig hinsetzen): pfluntschen, s. Pfluntsch(e)
- (Karten offen hinlegen): auflegen 1.

hinlehnen schw. (weglegen, abtun): *umme leinen*, s. umme 2.

hinliegen st. (faul hinsitzen): hinflacken
- (faul hinliegen): hinstracken

hinlocken schw.: hinzeisln

hinpissen schw.: hinbrunzen

hinreichen schw. (reichend anbieten): hinstrekken

hinrücken schw. (herrücken, zusammenrükken): zurucken

hinscheißen st.: anscheißen 1.

hinschielen schw.: lenzen 2.

hinschlagen st.: hinfeuren, s. feuren 2.

Hinsicht f. (Art und Weise): Weg 2.; bes. in Verbindung mit den Pron.: *all,* s. *allweg* immer, jedenfalls; *ein,* s. *einenweg* trotzdem, nichtsdestoweniger; *den Weg* auf solche Weise, so; *diesen Weg* auf andere Weise (opp.: *den Weg*); *kein,* s. *kein Weg* keineswegs. *Selb,* s. *so selbe Weg?* ist es so gemeint? *Vil,* s. *vil Weg* auf vielerlei Weise; *welch* (welchen Weg*), weleweg* auf jede Art, jedenfalls, ohnehin, dennoch, gleichwohl, trotzdem. *Den rechten Weg* recht arg. *Jetzt schneit's de rechte Weg* stark, heftig.

hinsiechen schw. (krank sein): kranken, kranknen

hinsitzen unr. (faul hinsitzen; sich hinsetzen): hinluntschen

hinstarren schw.: vergucken 2.

hinten Adv.: hinten, s. die festen Verbindungen mit Adv.
- (nach hinten, hinter dem Rücken): hinterwärts

hinter Präp. (örtlich und zeitlich): nach II B.1., nah

Hinterbacke f. (Gesäßhälfte): Arschbacken, Backen 2.b.

Hinterbein n. (am Schlachtvieh): Hamen I 1.

hintergehen st. (anführen): einschläufen 2. *der ist mit dere au ei'gschloffa* unglücklich verheiratet.
- (betrügen): anführen 2.

Hinterkeule f. (beim Schlachtvieh): Stotze 3.b.
- (von Schlachttieren; Geflügelkeule, Wildkeule): Schlägel 6., Stotze

Hinterleder n. (des Schuhes): Afterleder

hinterlistig Adj. (verschlagen): hinterfötzisch

Hintern m. (Gesäß): Hintere, derber: Arsch, Füdle. *Ein Unruhiger hat Wefze im Hintere. Einem den Hinteren verschlagen, versohlen, vollschlagen. Der hat den Hafering no am*

Hintere ist noch sehr jung. *Der hat en Zorn (Ärger), er könnt e Nuß mit em Hintere aufbeiße (aufklemme). Es wär ihm zum Hintere 'naus gpfitzt, wann er es nicht gesagt hätte. Ma meint, der Hintere sot eim schwätze da sollte man reden. Einem in den Hintern kriechen. Ein Pfiffiger sieht's der Kuh am Hintere a, was der Butter in Paris gilt.*
- (mit Anklang an Schießgewehr): Büchse 5. *mit der hinteren Büchse ist noch keiner erlegt worden, aber mit der vorderen viele 100.*

Hinterteil n. (der Frau): Weiberfüdle
- (des Leiterwagens; hinterste Sitzbank im Omnibus): Schnättere 5., Schnätterete 1.
- (des Menschen): Gesäß 2., feiner Ausdruck für Arsch, Füdle
- (Hintern): Podex
- (z.B. der Garbe, des Nadelöhrs usw.): Füdle 3.

Hinträumen n. (schläfriges Wesen): Gedusel

hintun unr. (vor etwas hinstellen): vortun 1., fürtun

hinüber Adv.: hinüber, nüber, nübert, nüb; übere, hinum, hinüberwärts, hinüber zu opp.: herüber
- übere, übe; iche, *sie ist übere* schwanger.
- (herüber): durche (dure)
- (hinum; als adv. Zusatz zum Verb): umme 2. *umme binden* ein Kalb nach dem Entwöhnen nicht verkaufen, sondern großziehen; s. weitere Beispiele bei *umme* 2.
- (hinum; fort): umme 1.

hinübergehen st.: *umme gehen 1.,* s. umme 2.

hinum Präp. (um eine Ecke, über ein Hindernis; hinüber): hinum, num, nom; hinüber, umme opp.: herum; beachte: *hinum* in Verbindung mit Verben, *um's 'num gucke* in einem Augenblick, eh man sich's versieht.

hinunter Adv.: untere; *einen untere ziehen* verleumden; *untere schwätzen* zu Gefallen reden.

hinunterschlucken schw.: verschlucken 1. *Pillen mußt verschlucke, nicht im Maul verdrucke.'S Maul hat (ist) nur e kleine Lucke, doch ka 's Hof und Gut verschlucke.*

hinwegsehen st.: weggucken 2.

hinweisen st. (verweisen): weisen I 2.

hinwerfen st.: hingeheien 2. *ma muß einen net glei hingheien* wegwerfen.

hinziehen st. (hinhalten, aufschieben): verziehen 1.

hinzu Adv.: zuhin

hinzubekommen st. (dreinbekommen): zukriegen 1.

hinzueilen schw.: zulaufen 1.

hinzufügen schw.: zutun 1
- (zum vollen Gewicht, als Mehrgewicht): zuwägen

hinzukaufen schw. (aneignen): zukaufen
hinzulegen schw. (hinzufügen): zulegen 1.
hinzuschlagen st. (Geld, sein Vermögen hinzuschlagen): einbrocken 2.b., einbrocklen
Hirsch m.: Hirsch 1., Hirs; *Mang* (Magnus, 6. September) *bringt den Hirsch in Gang.*
– (junger Hirsch): Gabeler 2.
Hirschhaarstrang m. (Pflanzenname): Hirschwurz a., -wurzel
Hirschkäfer m.: Hornschröter 1., Hornschlaider, -schlauder; Klemmer 2., Klemmerling 2., Klammvogel
Hirschkuh f.: Hinde, Hindin
Hirschzunge f. (Farn): Hirschzunge 1.
Hirtentäschel n. (Pflanze): Bätzelein 2.; Hirtensäckel; Säckeldieb, Säckelschelm
Hirtentäschelkraut n.: Täsch(el)kraut
Hitze f. (Aufregung, Zorn; Eifer, Eile, Hast): Jäst 2.
– (durch Überhitzung des Ofens entstandene Hitze): Gähhitze, Gagelhitze
– (große Hitze): Beckenhitze, Baurenhitze; Sauhitze; Heiße; Bollenhitze
– (Trockenheit): Geheie, Geheine, s. Gehei II
Hitzeferien f.: Hitzvakanz
hitzig Adj. (rasch, unbesonnen): farig; auffarig
Hitzkopf m.: Geschurlein
hobeln schw. (Kraut hobeln; Brot schneiden für die Suppe): einschneiden 2.
– (Rettiche einhobeln): einfutschen
hoch Adj. (hell von Tönen): glitzig 2.
hochbinden st.: aufbinden 1.
hochfahrend Adj. (stets tadelnd): stolz 1.
hochgewachsen Adj. (und mager): langgestakelet, langschnäderig
hochheben st. (anheben, aufstehen): lupfen 1.a. *einem die Zunge lupfen* zum Reden bringen.
Hochheben n. (das Anheben mit einem Ruck): Lupf 1.
Hochmut m.: (geräuschvolles Auftreten): Brast 1.
– (Stolz): Geist 1.b. *man wird den Geist ausklopfen* demütigen; Grattel, Hoffart
hochmütig Adj.: grandig 2.; stotzig 2.
– (eingebildet): gratt(e)lig 2.
– (eitel, vornehm): ho(ch)tragen, hochtragend, hochtragig; hochtrappend
– (übertrieben): hochgeschissen
hochrot Adj. (übtr.: fruchtbar, gut gedüngt; jähzornig): feurig 2.
Hochruf m.: vivat! (er, sie, es lebe!); Vivat
Hochschätzung f. (Respekt): Acht 2.
höchst Adj.: oberst, öberst; *der ist der Öberst, Anführer;* s. ober A. 3.b.
hochstecken schw. (z.B. das Kleid anheben): aufschwänzen, aufstecken 1.a.
Hochwasser n. (Überschwemmung, Platzregen): Güsse

Hochzeitsfeier f. (im Wirtshaus, bei der der Gast seine Zeche selbst bezahlte oder die Kosten durch ein Geschenk ausglich): Zechhochzeit; opp.: Freihochzeit (bei der die Gäste frei gehalten werden).
Hochzeitsgewand n.: Hochzeithäß
Hochzeitsmahl n. (im Wirtshaus): Zeche I 2.
Hochzeitsmutter f.: Schlamperin 2.
Hochzeitsstrauß m.: Hochzeitmaien
Hochzeitsvater m. (als Begleiter in der Kirche): Schlamper 2., Schlamperer 2.
hocken schw. (sitzen): hocken 1., hucken
Hocker m. (Mensch, der zu lang an einem Ort bleibt): Kleber 1.
Höcker m.: Anbau; Burren 1.b.; Hochrücken 2.; Knauter 1.
– (bei Menschen und Tieren): Buckel 1.
– (gewölbter Rücken am Menschen; schlechte Haltung): Schnitzbuckel
höckerig Adj. (mit einem Buckel behaftet; uneben): buckelig, bucklig, bucklet; *sich buckelig schaffen.*
Hoden Pl.: Schelle 2.
– (von Tieren): Behenk 1.f.
Hodensack m.: Bonensack 1.
Hof m. (um den Mond): Ring 7.
Hoffart f. (Pracht): Hochfart
hoffärtig Adj. (mit und ohne Tadel: hochmütig; prächtig): hochfärtig, hoffärtig
hoffen schw. (vorhersehend hoffen oder fürchten): versehen B.1.
Hofgrundstück n.: Hofbeund(e)
höfisch Adj. (hofgemäß): hof(e)lich 1.a., höf(e)lich
höflich Adj.: hof(e)lich 2.a., höf(e)lich *grob und redlich ist besser als falsch und höflich.*
– (heuchlerisch, liebenswürdig): glatt A.3.a.
Hofplatz m. (Hof zwischen zwei Häusern): Hofreite, Hofreitung
Hoftor n.: Hofgatter
hohl Adj. (holes Kreuz): eingeschlagen, s. einschlagen C.2.
Höhle f.: Hol 1.; Hüle II 1.
höhlen schw. (aushöhlen): hülen
Hohler Lerchensporn m.: Henne 4.a.; Hexenscheiß 1.
Hohlmaß n.: Imi
– (altes Hohlmaß für feste Ware: Kartoffeln, Früchte u.ä.): Simri, vgl. *simrig* ein Simri enthaltend; *simriger Kratten.*
– (altes Hohlmaß, Trockenmaß, spez. für Getreide): Scheffel
– (bes. für Getreide): Malter
– (für Beeren): Schoppen 2.
– (für Obst): Obstsimri
Hohlmeißel m.: Holbeutel, vgl. Stechbeutel
Hohlraum m. (im Ofenaufsatz, zum Warmhalten von Speisen): Ofenrörlein, s. Ofenror 2.

Hohlweg m.: Hüle II 2.

Hohlzahn m. (Pflanzengattung): Bränd(e)lein 1.

Hokuspokus m. (Firlefanz): Gribesgrabes

Holderküchlein n. (mit Teig überzogene und gebackene Blütendolde des Holunders): Holderstraubel, Holdertötschle, Holderdosten, -hattel, -platz, -sträublein

holen schw. (Atem holen; nach Luft schnappen): gibsen
– (Laub holen, im Wald zur Streu): lauben 1.

Hölle f.: (Fegfeuer): Rollhafen 1., Rollenhafen
– (Ort des Teufels, der Verdammten): Hölle 1. Ein ganz Armer *hat net emal sei eigene Höll. Wenn die Dummheit ('s Dummsei) Sünd wär, kämet viel in d'Höll. Nah bei der Kirch, nah bei der Höll. Der macht d'Höll heißer als sie ist* übertreibt. *Der tät de Himmel verdiene, und sie geit ihm d'Höll. Net verzagt, und wenn dir d'Höll am Arsch'nauf brennt. E halbes Haus ist e halbe Höll. Wem d'Heirat übel grät, hat sei Lebe lang d'Höll im Haus. Zwei Hölle aufeinander folgen selten* wem es auf Erden schlimm geht, der hat es im Jenseits besser.

höllisch Adj. (stark, bedeutend): höllenmäßig, *höllenmäßig heiß* sehr heiß.

holprig Adj. (rauh uneben): huppig, hoppelig; hopperig

Holunderbeerbranntwein m.: Holdergeist

Holunderblüte f.: Holderblust

Holunderbusch m.: Holderstock 1.

Holunderstrauch m.: Holderbusch , -bosch

Holz n. (abgemessenes Holz; *klafterweise*): Klafterholz
– (der Hainbuche): hagenbuchen 1., hagenbüchen, hagenbüchig; *zu dir sott ma en hagenbuchenen Stecken nehme.*
– (gespaltenes Holz, für den Backofen): Scheit, Holzscheit
– (gespaltenes Prügelholz): Spächt(e)lein
– (in Scheitern): Scheiterholz

Holzabfall m. (Unrat): Genist 1., Gnist, Gnisch, Gnis, Gnister; Kutter

Holzbalken m. (an denen die Stränge der Zugtiere befestigt sind): Wagscheit

Holzbank f. (transportabel): Schranne 1., Schrande (die feste oder steinerne Schranne heißt *Bank*). *Der steigt vom Tisch bis auf d'Schrann,* ironisch: kommt vom Pferd auf den Esel.

Holzbirne f.: Holzbir, Hulzbir

Holzblock m.: Hackblock, Hackklotz, Hackstock, Hackstotzen

Holzboden m. (aus schmalen und kurzen Holzstücken bestehender Boden): Riemenboden

Holzei n. (zum Stopfen der Strümpfe): Stopfei

hölzern Adj. (holzartig): hülzen 1., hülzig; holzig, holzet

Holzfäller m. (auch Holzspälter): Holzmacher, -mächer
– (Schnitter; Prügelmeister): Hauer, Häuer

Holzgestell n. (um Hopfenstangen umzulegen): Hopfenbock
– (zum Sägen): Holzbock 1., Sägbock

Holzhändler m. (weil er aus dem Holz Nutzen zieht): Holzwurm 2.

Holzhieb m. (ausgehauene Waldstrecke): Gehau

holzig Adj. (gefühllos): pelzig
– (schwammig, kraftlos): pelzen II 2.a.
– **werden** unr.: verholzen

Holzkanne f. (mit Deckel): Rätsche II, Räze; Wasserrätsche; Bütsche, Stütze

Holzklotz m.: Holzblock, Spaltblock; Trumm 2.

Holzlatte f.: Latte 1. *durch die Latten gehen* durchgehen, sich aus dem Staub machen; *einen auf der Latte haben* ein wachsames Auge haben, einen nicht leiden mögen.

Holzmaterial n. (gefälltes Holz, Bauholz, Brennholz): Holz 3. *Holz sägen* übtr. schnarchen; das gespaltene Holz wird am Haus, an der Hauswand aufgeschichtet: *die hat Holz vor'm Haus, an der Wand* volle Brüste; *e krumms Holz gibt au e grads Feuer; jedes Holz hat sein Wurm; der geht ins tannene Holz* muß sterben.

Holzmesser n. (zum Abhauen der Äste): Holzhape, -häpe

Holzplatten Pl. (die der Quere, nicht der Länge nach vom Stamm gesägt sind): Hirnholz

Holzportion f. (zum einmaligen Kochen oder Heizen): Feurete

Holzprügel m. (der die in Klaftern abgemessene Holzbeige zusammenhält): Klafterstekken, Klafterstotzen

Holzreifen m. (oder Metallreifen als Kinderspielzeug): Reif I 2., gewöhnlich nur *reiflen.*

Holzrutsche f.: Ris 2.

Holzscheibe f. (als Kinderspielzeug): Hurgel 1.b.

Holzscheit n. (gespaltenes Holz): Spelt(en), Spelter 1.a.; Müsel 1.

Holzscheitchen n. (als Anzündholz): Spächel, Spächelein

Holzschlag m.: Belage 2.

Holzschlegel m.: Klüpfel

Holzschnittfläche f. (wo die Holzfasern quer durchschnitten sind): Hirn 3., Hirnholz

Holzschuppen m.: Holzschopf

Holzsieb n. (des Weingärtners): Raspel 2.

Holzsorte f.: Holz 2. *es muß am Holz sei* man muß die Veranlagung haben.

Holzspalter m.: Spelter 2.a.

Holzspan m. (zum Anzünden): Schleiße II

Holzsplitter m. (Spreißel, in der Hand, im Fuß): Kleispe 1.; Schifer 1.b.

Holzstoß m. (aufgeschichteter Holzstoß): Holzbeige, Holzbeiget, vgl. Scheiterbeige *wenn die Drei König* (6. Januar) *im Schnee'rei reitet, na muß ma nach de Holzbeige gucke.*

Holzstück n. (klein gespalten): Holzspachen, -spächele

- (kurzes Stück Holz): Trämel 2., Prügel, Bengel

- (brennendes Holzstück): Brand 1., jedoch nur noch in der RA gebräuchlich *ein jeder hat einen Brand im Arsch, brennt er net, dann glostet er* jeder hat seinen offenen oder heimlichen Fehler.

Holzverschlag m. (für Schweine, Hühner): Krebe 2.b.

Holzwurm m.: Klopfer 2.

Homosexueller m.: Warmer, s. warm

Honigkuchen m.: Lebkuch(en), Lebzelte

Honigwabe f. (im Bienenstock): Wefel 2.

Hopfengegend (Gegend, wo viel Hopfen angebaut wird): Hopfengäu

Hopfenpflücker m.: Hopfenbrocker, -zopfler

hoppeln schw. (unregelmäßig springend sich fortbewegen): hopplen

hörbar Adj. (was und wo man gut hört): gehörig 1.

hören schw.: gehören 1. *i ghör et gut.*

- (lauschen; nachdenken): laren

horch Interj. (merk auf!): hoß!

horchen schw. (aufpassen): hossen.1.

- (lauschen, heimlich zuhören): losen I 1., losnen I, s. lüsnen

- (schauen, hinschielen): lenzen 2.

Horcher m. (Aufpasser): Luser; Loser 1., Losner; Lausterer

Horn n. (Rohr; Blasrohr): Hupe 1.a.

Hörner Pl. (des Rindviehs): Gabel 2.b.

hörnern Adj. (hornen): hürnen I

Hornisse f.: Gäulswefze; Hurnauße 1.; Hurnigel 6.

Hornissennest n.: Hurnaußennest 1.

Hornkäfer m. (männlicher Hirschkäfer): Schröter

Hornknopf m. (Hosenknopf zum Spiel): Rams 2.

Höschen n. (der Biene): Schlägel 8.

Hose f. (die bis auf die Knöchel reicht): Lotthose 1., opp.: Kniehose

- (weite Hose): Klupperhose, Lottelhose

Hosen Pl. (die mit einem Türlein versehen sind): Türleinshosen, Latzhosen

Hosenbein n.: Hosenärmel; Hosenschenkel

Hosenboden m. (aus Stoff oder Leder): Gesäßbletz, Arschbletz

Hosenbund m.: Hosenbreis

Hosenladen m. (Hosenlatz, Hosenschlitz): Hosenfalle, -schlag, –schlappe, –türlein; Taubenschlag 2.

Hosentasche f.: Hosendätlein, s. Dat; Hosensack

hüben Adv. (hier hüben): hummen, opp.:dummen, *hummen und d(r)ummen* hüben und drüben, ist gleich, so oder so.

hübsch Adj. (angenehm, zierlich): nett 1.

- (schmuck, pünktlich, beachtlich): sauber 2.a.

- (und fein): saubermanzig, -mänzig

Hudelei f.: G(e)schlappe

hudeln schw.: pantschen 2.

- (aber auch: tüchtig arbeiten): *den Ferker drei lau,* s. Ferker 3.

- (unsinnig eilen): hublen

Hudeln n. (Schweinerei): G(e)saue

Huflattich m.: Hasentatze; Hubelein, Hufelein, Roßhube, s. Hube II; Hufelein; Märzenblümlein 2.; Schlipfblümlein; Schneckenblätter 2.

Hufnagel m.: Roßnagel 1.

Hüfte f.: Huf(t) 1.

Hüftschwinger m. (der beim Gehen mit den Hüften schwingt): Huf(t)enschucker

Hügel m.: Bühl

- (auch kleines, nicht sehr fruchtbares Grundstück): Burren 3.b.

- (Bergkuppe): Nock 1.

- (kleine Bodenerhebung): Birgelein, Bergelein

Hügelmeister m. (Pflanze): Maukle

Hugo m. (männlicher Vorname): *Hugoles mit einem tun* einen veräppeln.

Huhn n.: Henne 1.

- Luckel 1.a., häufiger dasDemin.: *Luckele,* s.a. Bibe(r)le

- (das fleißig Eier legt; weibliche Gans): Legerin

- (gackerndes Huhn, das aber nicht legt; Frau, die nicht mehr gebärt): Gackserin

- (Hühnchen): Hun 1., Demin. Hünlein, Häle, Luckelein, Pullein, Bibe(r)lein, Wiwelein. *Wo kei Weih fliegt, ist gut Hühner ziehe. Der muß 'm Pfarrer bald d'Hühner hüte* bald sterben. *Der läuft 'rum, wie e verscheuchts Häle(Hühnle). Mit den Hühnern aufsitzen* früh zu Bett gehen. *Der wird net gscheid, bis d'Hühner füre scharret* vorwärts scharren.

- (in der Kindersprache): Gagelein 2.; Gagag 2.

- (ohne Schwanz): Burz 2., Bürzel 3., Burzel, Burzhenne

Hühnchen n.: Biberlein I 1., Bibelein

Hühner Pl. (Gänse): Geflügel, Zifer

Hühnerauge n. (Elsternauge): Ägerstenauge; Hetzenauge, Kägerschenauge

Hühnerfalke m. (Hühnerweihe, Sperber): Hennenhack, Hennesperber, Hennenvogel

Hühnerhabicht m.: Hünerhaps, Hünerhack, Hennenhack, Hünerweih, Hünleins-, Hennenwei(er)

Hühnerkäfig n.: Hennengatter

Hühnerkot m.: Hennendreck, Hennenscheiß

Hühnerraum m. (vergittert): Hennengätter, -gatter

Hülle f. (umschließende Haut; Hülle einer Frucht): Balg 2.b.

Hülse f.: (der Kornfrüchte): Spelz 2.

– (der Walnuß): Läufel II 1., Läufelt, Lafe, Näufel

– (des Flachses, des Hanfes): Kleispen, s. Kleispe 2.

– (grüne Hülse; von Bohnen und Erbsen): Kefet

Hülsenfrucht f. (soweit ihre Frucht unreif mit der Schote gegessen wird): Schefe 2.

Hummel f.: Brummel, Brummhummeler, Brummler 1.; Hummeler, Humseler, Mummeler, Ummeler

Hummelragwurz f.: Hummel II 3.a.; Sammetmännlein; Totenköpflein

Humor m.: Rumor 2.

Hund m. (abwertend): Hagenseicher

– (bissiger Hund, auch bissiger Mensch): Bullenbeißer

– (der immer bellt): Kläffer, Klaffer; Bäffer 1.a., Bäffzger

– (junger Hund): Wackelein, s. wacker 4.a.

– (kleiner Hund): Spitzer 1., Spitzerhund

– (ohne reinen Stammbaum): Scherenschleifer 2.b.

– (zur Saujagd): Sauhund 1.

– (Dachshund) m.: Dackel I; Schliefer 1.

Hundehütte f.: Hundssteige

Hundekläffen n.: Bäffer 2., Bäfferei

Hundeliebhaber m. (spöttisch): Hundsdatte

Hundeohren Pl. (hängende Hundeohren): Behenk 1.d.

Hundepfote f.: Hundstape 1.

Hunderasse f.: Bulldogge 2.; Schnauzer 2., Spitzer u. a.

Hundetrab m. (gemächliche Eile): Hundstrapp

Hündin f. (läufige Hündin): Zatz; Fäutsche 1.; Hudel 5.; Läutsche 1., Zaupel 1.

Hundstage Pl.: Zeit der heißesten Tage; nach dem Hundsstern benannt, s. Hundstag

Hundsveilchen n. (nicht duftende Veilchenarten): Hundsveigelein; Roßveigelein

Hundszecke f.: Läuber, Läubeler, Läuberling, Läuberz(w)ecke

Hunger m.: Koldampf

Hungerleider m.: Kagensieder

Hungerleiderei f.: Bettelmanns Hochzeit, s. Bettelmann

hungern schw. (Hunger leiden): schnarrmaulen, schlarrmaulen; schnurrmaulen

– (sich grämen, sich ängstigen): zafzargen

hungrig Adj. (öd im Magen): magenschwach

Hupe f.: Schnätterete 2.

– (aus Weiden; Trompetchen): Plärre

Hupen n.: Gehuppe

hupen schw. (hupfen): bupfen; gnappen 3.

– (aufspringen): hopfen I 1., hoppen 1., hopsen, jucken

– (plump hüpfen): hopflen

– (springen): hicken 1.; hopsen 1., hopfen 1., hoppen 1.

– (springen, laufen): jucken 1., hopfen

– (springen; auf einem Fuß hüpfen): hoppen 1., hopfen I 1.

– (verlangen): gügelen

hüpfend Part. (hinkend): hoppig

Hüpfer m.: Gumper 1., Gumperle (munteres Kind); Jucker 1.a.

Hure f.: Fud 2.; Hurenbüchse, Hurenmensch; Schickse, Schicksel; Zuchtel

– (gemeine Hure): Fotzenhure

– (öffentliche Hure, Straßenprostituierte): Straßenhure, Gassenmensch; Nachtmensch 1.

– (Schelte): Schnalle 4.; Metze 1.d.

– (Weibsbild): Zwetschge 3.

huren schw.: abflohen; krebsen 4.

Huren ..., huren ...: Präfix, mit steigernder, auch tadelnder Wirkung; vgl. Erz-, Mord-, Sau-, usw.

Hurer m. (Schelte): Säckelwetzer; Guse 1.; Guser 2.; Krebser 2.; Hurenbube, Hurenkerl

hurtig Adj. (flink, geschwind): weidlich

hüsteln schw. (krankhaft husten): hürchsen, s. hürchlen

– (trocken husten): becken 1.

husten schw.: gauzen 3.; kippen 2.

– (heulen, schreien): gälsteren 2.

– (röcheln): hürchslen, s. hürchlen

– (trocken husten): koppen I

Husten m.: Gehuste; Gorgser 3.

– (Bellen): Gegauze

– (Katarrh): Kolderer 2.b.

– (trockener Husten): Becker 1.

Hustenauswurf m.: Schlampen 3., Koder, Hürchsler

Hustenreiz m.: *Ribele im Hals*, s. Ribel 2.

Hut m.: Schapo

– (breitrandiger Hut): Schlapper 2.d.

Hütejunge m. (für Schweine): Saubube 1.

hüten schw. (das Vieh, das Haus, die Kinder hüten): gaumen, gäuren

Hutmacher m.: Huter I

Hutteil m. (oberer Hutteil): Kipfe 2.

Hutzel f. (mit Auswuchs; dummer Mensch): Blastkopf

Hypochonder m. (eingebildeter Kranker): Grillenfanger, Grillenfänger

I

Idee f. (ungeheuerliche Idee): Roßidee
Idiot m. (Mensch, der nicht weiß, was er will): Zwirgler 1.
Idol n. (Gegenstand der Begeisterung): Schwarm 2.
Ignatius m. (Kurzform des Taufnamens): Naze 1.
immer Adv.: allweg a., allet
– (allezeit): alleweile 1.
– (fortwährend): tuschur
– (jeden Augenblick; oft): *die ganze Zeit,* s. Zeit 2.
– (jedesmal): allemal 1., allig 2.a., ällig
– **wieder** Adv. (alle Augenblicke): alle Ritt, älle Ritt; alle Rick(s); alle Rung, s. Ritt; *alle (älle) Rücke (Ruck), älle Ruck und älle Tritt;* all-rücks, s. Ruck
immerfort Adv.Partikel (immer wieder, stets tadelnd): ällfart, allfart, s. Fart 1.d.; äll Ritt
– (ohne Aufhören): *in einer Tur fort,* s. Tur
imponierend Adj. (gewaltig, stark): wetterlich
impotent Adj.: ausgevöglet
imstande Adv.: mächtig 1.a.
Infektionskrankheit f. (bei Haustieren): Rotz 2.
inländisch Adj.: hieländisch
innen Adv. (hier innen): hinne, hinnen, opp.: dinnen; haußen, daußen
Innerste n. (einer Pflanze): Herz 4., Baumherz, Salatherz usw.
Insekten Pl. (ungenaue Bezeichnung für Insekten, Ungeziefer, wie Läuse, Flöhe): Vögel 2. *des Kind hat Vögele* Läuse oder Flöhe.

insgeheim Adv. (still, leise): hälingen, hälings
insgesamt Adv. (alles zusammen): *die ganze Wichse,* s. Wichse 2.b.
– (bes. vom Handel *en gros*): sammen(t), sammt 1.a., opp.: einzeln
– (ungefähr, alles in allem): *in Bausch und Bogen,* s. Bausch 2.
inspirieren schw.: eingeben 3.
Instrument n. (zum Flachs schwingen): Schwinge 1.
intim Adj. (vertraut, nah): grob 1.b., *die gröbste Freundschaft* intimste Freundschaft.
intrigieren schw. (Ränke machen): ranken 1.b.
inzwischen Adv. (einstweilen): allermittelst; darmittelst, darbis, derweil
irden Adj. (tönern): erden, nerden, irden
irdisch Adj. (weltlich): zeitlich 2. *das Zeitliche segnen* sterben; *sei net so zeitlich, du lebst ja net ewig!*
irgendein Pron. (mancher): etlich
irgendwo Adv.: eime, eimez, neime, eneimez, weismez
– namme, s. neisw-1.
– (irgendwann, irgendwie): etwa, etwann, etwenn, etwie
irgendwohin Adv.: etwar; namme hinan, namme na, namme ane, s. neisw-1.
irreführen schw. (täuschen; zum Narren haben): narren 2.
Ischias m.n.: Huf(t)we

J

ja Partikel: Gebrauchsformen, s. unter *ja*
Jacke f. (für den Sommer): Schlutte 2.
– (Rock, Männerrock): Kittel 1. *des ist ein Titel ohne Kittel* bloßes Ehrenamt; *ein guter Kittel ist besser als ein leerer Titel; auf der Alb ist's immer ein Kittel kälter als in Pfullingen* ein paar Grade kälter.
– (Wams): Schopen, Tschopen, Schoper
Jagd f.: Gejäge 1.
Jagdliebhaber : Jägdler, Jächtler
jagen schw. (fortjagen, verscheuchen, treiben, aufjagen): jäuchen, läuchen
– (aus Liebhaberei): jäglen, jächtlen
jäh Adj. (schnell, plötzlich, unvermutet): gäh 1., gähendig
Jahr n.: (ein Jahr alt): järig 1.
– (ein Jahr her; vor einem Jahr): järig 2.
– (im Jahre): anno
– (in dem es guten und viel Obstmost gibt): Mostjar
– (in dem mehr Buben als Mädchen geboren wurden): Bubenjar
jähren st.schw. (sich jähren): jären II
Jahresring m. (weite Jahresringe im Holz durch schnelles Wachstum): grobringig; Syn. weitringig, opp.: feinringig
Jahreszeit f.: Zeit 4.a., *St. Veit* (15. Juni) *wendet die Zeit.*
Jahrmarkt m.: Messe 2.
Jahrmarktsgeschenk n.: Marktkram, -kramet(e), -kramets, -kramstet
Jähzorn m.: Gähzorn; Wutszorn
jähzornig Adj. (hitzig): gähschützig 1.; hirschig; gähzornig
jähzorniger Mensch m.: Gräuganser; Hirsch 2.; Hitzenblitz, Hitzkopf
– (auch eingebildeter Mensch): Spruz 3., Struz
– (bes. jähzorniges Kind): Zornnickel
Jakob m. (der Ältere; Jakobustag, 25. Juli; Jakob der Jüngere; 1. Mai, zusammen mit dem des heiligen Philippus): Jakob 1.; Kurzformen: Jack, Jäck, Jocks, Jackel, Jockel, Jäckel, Gäckel, Kob, Köbes, Kobel, Köber
Jakobsgreiskraut n.: gelbe Ringele, s. Ringel 2.e.
Jammerbase f.: Graunzkachel; Maunze 2., Maunzkachel
Jammerer m. (wehleidiger Mensch): Pfienzer, s. pfienzen, Maunzer; Gilfer 1.; Grauber

jämmerlich Adj.: jammermäßig; auch als Intens.: *jammermäßig kalt* sehr kalt.
jammern schw. (hadern): *einer machen*, s. einer 2.
– (klagen): gruchzen 1., grucksen; krämplen
– (murren, unzufrieden sein): manken; graunzen 2., gräunzen; gräuntschen; graunzgen, grauns(g)en
– (sich beklagen): geheben; klagen 1.a. *das Klagen füllet kein Magen; wer noch klagt, dem ist noch zu helfen; wer lang klagt, lebt lang; klagt's Gott und'm Schatten an der Wand, na wird's niemand bekannt.*
– (unterdrückt weinen): maunzen 2., maunzgen
– (wehklagen): reusen 1.; wammslen; weberen; knorzen 2.; knarzen 2.; pfienzen; trensen II 2.a.
jammernd Part. (klagend): maunzerig, maunzig; mankig, s.a. mienkig
Jasmin m.: Scheißhafen 2.a.
jäten schw.: äten
Jauche f. (Abfluß vom Stall): Beschütte 1.; Mistlache; Mistbrü(e); Seich, Gülle, Lache
Jauchefaß n.: Blotterfaß, s. blotteren, Güllenfaß; Seichfaß; Lachenfaß
Jauchegrube f.: Lachenloch, Güllenloch
jauchen schw. (Mistjauche führen): blotteren; brülen; pudlen II; zumpfelen, beschütten 1.
Jauchepumpe f.: Mistlachengumper, Lachengumper; Seichgumper
Jaucheschöpfer m.: Mistlachenschapf, Lachenschapf; Güllenschapf
jedenfalls Adv.: allweg b.
jeder Pron. (jeder von beiden, jeder von vielen; jeder Beliebige): ietwed(er), jedwed(er)
jeglicher Pron. (jeder): ieglich
Jelängerjelieber n. (Pflanze): Jelängerjelieber b.
jemand Pron.: etwer; nammer, s. neisw- 2.
jener Pron.: ener
– (dieses): sel 2.a., seler
jenseits Adv. Präp.: denen, dener, denet, dern(en)
– ob I 1.b.
– (auf der anderen Seite): dannen II 2. *hannen und dannen* hüben und drüben.
Jesus m. (in Ausrufen vielfach euphem. ent-

stellt): Jeses! Je!; O Jegesle!, O Jegele! O Je-
mer!, O Jemine! Ähnlich wie: Hergotts-, Got-
tes- wird Jesus- auch als Intensiv verwendet:
Jesuslump großer Lump, *jesusmäßig* sehr
stark, *Jesusrausch* starker Rausch.

jetzig Adj.: alleweilig

jetzt Adv.Part.: nun I 1., nu
- Not 4., *eine Not* eben jetzt, augenblicklich.
- ietz 2., *jetz sei nur gscheid! jetz ist's recht!*
- (allmählich, demnächst, nachgerade): gehen
  II 2.(adverbial gebrauchter Infinitiv, wie an-
  fangen, anheben)
- (augenblicklich): wirklich 2.
- (teils Aufforderung, teils Konstatierung des
  Zustandes): ietzt 1., ietzet; jetze(t)le, s. ietz 1.

Johannes m. (der Täufer Johannes, 24. Juni; der
Evangelist Johannes, 27. Dezember): *Som-
merjohanni*, Sommersonnenwende (längster
Tag, kürzeste Nacht); *Winterjohanni*, Winter-
sonnenwende (kürzeste Nacht, längster Tag)

Johannisbeere f. (rote und schwarze Johannis-
beere): Ribitzel(ein); Hans(en)träublein,
Träublein 2.; wälsche Träublein

Johannisbeerstrauch m.: Träubleinshecke

Johanniskraut n. (Echtes Johanniskraut): Fie-
berkraut

Johannistag m. (Tag Johannes des Täufers,
24. Juni; gleichzeitig Sommersonnenwende):
Sommerjohanne; Johanni

Johanniswürmchen n. (Glühwürmchen): Jo-
hannisvöglein; Herrgottsvögele, s. Herrgotts-
vogel 3.b.

Josef m.: (Name des Heiligen; Josefstag,
19. März. Früher häufiger männlicher Tauf-
name; Kurzformen): Sepp, Sepper, Seppel;
Joser, Josele; Bef, Beppe, Bepper; Joff; Jodel.
Häufiger Ausruf: *Jesus, Maria und Josef!*

jucken schw. (vom Auge, der Nase, dem Mund,
der Hand): beißen I 2.

Jucken n. (Ausschlag): Beiß I

Jugendherberge f.: Juhe c.

jung Adj. (sehr jung): blutjung
- **werden** unr. (wieder aufleben): jungen 1.

Jungbrunnen m.: Altweibermühle, Pelzmühle

Junge m. (aufgeschossen; schnell und groß ge-
wachsen): Reitel 3.
- (einfältig, geschwätzig): Gäckeler 1.
- (Knabe): Bube 2. *wenn die Bube net markig
  send, na send se net g'sund; rotziger Bu gibt
  g'scheiten Ma.*
- (rauflustig): Rammler 2.
- (unerfahren): Stritzer, s. Spritzer 4.
- (ungestüm): Füllen 2.

jungen schw. (Junge zur Welt bringen, werfen):
kitzelein II 1., kitzen II

jungenhaft Adj.: bubig

Jungenschule f. (Knabenschule): Bubenschule

Junges n. (vom Reh): Kitze 2., Kitzle, Gitze,
Gitzle

Jungfrau f. (Mädchen; braves, tüchtiges Mäd-
chen): Magd 1. *du bist scho e rechte Magd!*
recht geschickt, schon eine rechte Hilfe.

Jungfrau Maria f.: Unsere (liebe) Frau, s. unser
2.

Junggeselle m. (der im Elternhaus bleibt):
Haushuber 2.
- (der sein eigenes Brot backt; Hagestolz, alte
  Jungfer, Sonderling): Eigenbrötler, –lerin

Jungpflanze f. (die zum weiteren Wachsen an
einen anderen Standort versetzt wird): Setz-
ling a.; vgl. Setzware

Jungvieh n. (meist 1 Jahr alt): Schumpe, Schom-
pe; Kuschumpe; Bosche, Böschlein

Jungviehhirt m.: Galthirt

Juni m. (scherzh.): Heuseicher

Junkerlilie f.: Gelbwurz 3.

Jutegewebe n. (in Leinwandbindung): Rupfen,
Rupf; Rupfensack, Rupfentuch

K

Kadaver m.: Aas 1.

Käfer m. (mit langen Fühlhörnern): Holzbock 3.

Kaffee m. (auch schlechter Kaffee): Brüe 2.

Kaffeekanne f. (Kaffeetopf): Kaffehafen

Kaffeemühle f.: Kafferätsche

Kaffeetrinkerin f.: Kaffeampel, Kaffebäbel, Kaffebumpel

Kaffee-Ersatz m. (der aus der Wurzel der Wegwarte bereitete Kaffee-Ersatz): Zichorie

Käfig m. (Vogelfalle): Schlag 6.b.

– (vergittertes Käfig): Gatter 3.

Kahlkopf m. (Glatze): Blasse 3.

kahlköpfig Adj.: glatzet

Kahn m. (kleines Schiff): Kan I

Kalb n. (Junges der Kuh): Kalb 1. *wer als Kalb in d'Fremde gaht, kommt als Kuh heim; die (alte) Kuh vergißt, daß sie e Kälble gwese ist; der hat d'Kuh mitsamt 'm Kälble kauft* eine Schwangere geheiratet; *bei de Reiche kälbren die Misthaufe, bei de Notige verrecket d'Kälber.*

– (Saugkalb): Husel 1.; Buder; Heu(t)sch(er) 2.

– (unentwöhntes Kalb): Milchkalb, opp.: Heukalb

kalben schw. (ein Kalb werfen): kälbern II 1.

Kaldaunen Pl.: Kuttelflecken, Kuttlenflecken

Kalk m.: Kalch

Kalkstein m. (grobes Kalkgerölle; grober Kies; großer Kieselstein): Wacke

– (harter Kalkstein): Katzenkopf 2.b.

kalt Adj.: hautschelig

– (grimmig kalt): grisgrämig 2., gritzgrämig, gritzgramig

– (kühl): kaltlecht

– (sehr kalt): siedigkalt, s. siedigheiß

– **sein** unr. (bes. das Herumfliegen kleiner Flokken bei strenger Kälte): grisgram(m)en, gritzgrammen

– **werden** unr.: kältelen, kälteren

– (es geht dem Winter zu): winteren 2.

Kälte f. (Frost): Gefriere 1.

– (große Kälte): Saukälte, vgl. saukalt

kälter werden unr. (vom Wiedereintritt eines leichten Frostes): anziehen 2.c.

Kamel n.: Trampeltier 1.

Kamerad m. (Liebhaber): Gespil A.2.

Kamm m. (enger Kamm): Lauskamm, Lausstäl

– (enger Haarkamm): Sträl 1.

– (scherzh.): Lausrechen

– (weiter Haarkamm): Gerichter

– (zum Ernten von Heidelbeeren, Hanf, Flachs): Reff 1.c.

kämmen schw.: haren I 1.a.; kamplen; strälen 1.

– (mit dem *Gerichter* die Haare kämmen): gerichten

– (mit einem Scheitel kämmen): scheitlen II

Kammertür f.: Gadentür

Kammsäge f.: Rumpler 2.

Kampf m. (Zwist): Strauß I 2.

kämpfen schw.: fechten 1.

Kampfer m.: Gamfer

Kanal m. (Dole, Pfütze): Pfudel *'s ist kei Pfudel, wo i nit scho durchg'wate bin* ich habe mich durch alle möglichen Widerwärtigkeiten durcharbeiten müssen.

Kanäle machen schw.: dolen

Kandiszucker m.: Zuckerkandel

Kaninchen m.: Lapein 1.; Küllhase 1., Gillhase; Stallhase

Kanne f. (Metallgefäß mit Ausguß): Kante; spezieller: Gieß-, Milch-, Zinn-, Weinkante

Kanone f. (kleine Kanone für Signalschüsse und zu Festen): Böller 1.

Kanonengestell n.: Lafette 1.

Kapaun m. (verschnittener Hahn): Koppe

Kapelle f.: Kappelle, Kappel *der ist hell in der Kappell* schlau, klug.

Kappe f. (abgetragene Kappe, Haube, breite Mütze): Blätsche 2., Blätschhaube, Blätschkappe

– (mit Quasten): Zottelkappe

kaputt Adj. (hin): futsch

Karner m.: Beinhaus 1.

Karoline f.: weiblicher Taufname, Kurzformen: Karline, Lina; auch als Schimpfwort verwendet: blöde Karlene, Arschkarlene

Karpfenfisch m.: Alant I

Karren m. (dessen Kasten nach hinten umzukippen ist): Schnappkarren, Leutschinder

– (einrädriger Karren zum Schieben): Schiebkarren, Schubkarren, Stoßkarren, Schaltkarren

– (zweirädrig, zum Transportieren von vollen Säcken und schweren Gegenständen über kurze Entfernungen): Sackkarren

Karsamstag m. (Tag vor Ostern): Osterabend
Kartenspiel f.: Gäukel, Gäukelspil, vgl. Gäukelkarten; Rams 1.
Karten spielen schw.: karten 1., kartlen 1.; sauiglen 2.; tappen 2.
Karthäusernelke f.: Pflugrädlein, Roßnägelein, Studentennägelein, Wetternägelein 1.
Kartoffel f.: Äbbir, Bodenäpfel, Bodenbir, Ebir, Erdapfel, Erdäpfel, Erdbir, Grombir, Grundbir, Herdäpfel, Schnaufkugel; Furzbombe. *Die Erdäpfel sind am beste, wenn ma se der Sau gibt und nachher d'Sau ißt. Je dümmer der Bauer, je größer d'Erdäpfel.*
Kartoffelabfälle Pl.: Geschnif
Kartoffelbrei m. (verkochte Kartoffelschnitze): Schmunk 2.
Kartoffelkloß m. (Fastenspeise): Erdäpfelknopf
Kartoffelmus n. (dicke Suppe, dicke Speise): Stampfer 3.
Kartoffelschnaps m. (schlechter Brantwein): Fusel I
Karussell n.: Drille 5., Driller 5.
Käse m. (als Bezeichnung geringer Höhe und für Geringwertiges): *drei Käse hoch* sehr klein; *der schwätzt der helle Käs* dummes Zeug, s. Käs 1.
– (aus geronnener Milch): Zigerkäs
Käse machen schw.: käsen 1.
käseähnlich Adj. (z.B. Milch im Übergangsstadium; Backwaren, die nicht ganz durchgebakken sind; weiches Obst usw.): käsig 1.
Käselaibchen n.: Käsballen; Kitzlein, s. Kitze 4.
Kaspar m. (männlicher Vorname; legendärer Name einer der 3 Könige aus dem Morgenland): Kaspar, Kasper, Käsper; Demin.: Kasperle, Käsperle, (meist m.), Hanswurstfigur im *Käsperlestheater; Kaspar aus dem Mohrenland (schwarzer Kaspar); Kaspar, Melchior, Balthasar, die drei Könige, s.* Sternsinger
Kassensturz m. (Revision des Betsandes): Sturz 1.a.
Kastanie f. (Baum und Frucht): Kastane, Kastaniel, Kästen, Kiste, Kästel, Käst(l)e 2.
kasteien schw.: abhäberen 1.
Kasten m. (für Schwitzbäder): Schwitzkasten; *in den Schwitzkasten nehmen* Einzwängung des Kopfes des Gegners unter den Arm.
kastrieren schw.: balachen; koppen II 1.; mönchen, verschneiden, verkluppen; verheilen 2.a.; ausschneiden, auswerfen
– (bes. von Pferden): verbalachen
– (durch Einklemmen der Hoden mit der Kluppe): kluppen 2., klupperen 2.
Kastrierer m.: Klupper 1.
kastrierter Schafbock m.: Hammel 1., Herme
kastriertes männliches Schwein n.: Barg, Bätz

– **weibliches Schwein** n.: Nonne
– **männliches Tier** n. (kastrierter Hengst, Wallach, Kapaun, kastr. Eber): Mönch 2., Mönchroß
Kater m. (brummiger Mensch): Rale, Raler; Rall 1., Ralle, Raller, Rälle, Räller, Rälling 1.; Bale, Baler, Katzenbale; Malle 1., Rolle I 1., Roller
katholischer Geistlicher m.: Schwarzer; Herr 6., häufig Demin.: Herrle, Heierle. *Mit der Bettelbube und mit der Heierle wird d'Höll pflästert.*
Katharina f. (Name der Heiligen, ihr Tag, 25. November, ist Winteranfang): Katareine, Katrei *Katrei laßt de Winter 'rei, ist's it gwiß, bringt ihn der Andreas* (30. November); *ist er it da, bringt ihn der Sant Niklas* (6. Dezember), *will er nit komme, bringt ihn der Thomas* (21. Dezember); *Katrei tut d'Imme 'nei, Gertraud* (15. März) *stellt d'Imme naus;* am 25. November (Katharina) beginnt die stille Adventszeit: *Katrei stellt die Tänze ei,* s. Katarine 2.
– (weiblicher Taufname): Formen: Katrine, Kätter, Käte, Katel; Demin. Kätterle, Treile; vgl. Heulkätter, Lachkätter, s. Katarine 1.
Katholik m. (spöttisch von Protestanten gebraucht): Kreuzkopf
Kätzchen n.: Bälein, s. Bale 1.
– (Blütenstand von Bäumen): Münke 2., Minkel
Kätzchenblüte f. (bestimmter Stauden): Maienkätzlein 2.
Katze f.: (das Tier): Katze, Bull, Mull(ein), Mutze(l). *Wenn die Katze im Februar in die Sonne liegt, muß sie im März wieder hinter den Ofen. Ma sait net älleweil Mulle, ma sait au Kutz* man redet auch ernst, grob. *Aussehen wie's Kätzle am Bauch* so bleich. *Des gaht so schnell wie's Katze mache. Etwas 'rumschleppe (-schleife) wie d'Katz ihre Junge. Eine Katz im Sack kaufen* einen Handel abschließen, ohne die Ware genau zu besehen; (auch Begründung des sexuellen Verkehrs vor der Hochzeit). *Jetzt ist der Katz gstreut* ist die Sache erledigt. *Des ist für d'Katz* zum Wegwerfen; wertlos, zwecklos, umsonst. *Um etwas herumgehen wie die Katz um den heißen Brei. Die Katz läßt vom Mause net. Art läßt nicht von Art, sonst ließe die Katz vom Mause. In Handschuh fangt d'Katz keine Mäus. Die leben, hausen miteinander wie Katz und Maus* schlecht. *Der beste Katz entwischt au emal e Maus* auch dem Klügsten kann etwas fehlschlagen. *Wenn d'Katz fort ist, tanzet d'Mäus. Häle Katze krätzen gern. Des sind die rechte Katze, die vorne lecke und hinte kratze. Der ist falsch wie e Katz. Und wenn's Katze hagelt (und Spießstecke schneit)!* unter allen Um-

ständen. *Bis du kommst, ist d'Katz de Bach nab* die Gelegenheit verpaßt. *Eine häle Katz, Hälkatz, Schmeichelkatze* Schmeichler, falsche Person.
– Maunze 1., Maunzer 1., Maunzerle; Mull 1., Mulle, Mülle; Bull, Bale, Malle, Mutz(e), Mütze, Münne, Munzelein, Muselein, Müse
– (die im Mai geworfen wurde): Maienkätzlein 1.
– (Kindersprache): Kutz(en)mullein 1., Katzemulle; Münke 1., Minkel; Münne, Münz; Munzel; Münzel; Musel 1.; Mutz II, Mutze, Mütze, Mutzel
– (läufige Katze): Randel 1.
– (Schmeichelwort): Buse 1., Busel
– (spöttisch): Dachhase, Dachhas
– (weibliche Katze): Kätzin; Kutze I 1.
– (wilde, männliche Katze): Kater, Kuter 1.
Katzenjammer m.: Jammer 3.
Katzenmännchen n. (Kanninchenmännchen): Rammler 1.
Katzenschwanz m.: Katzenwedel 1., Katzenwadel
Katzentatze f.: Katzentape 1.
kauen schw.: däuen 3.; käuen
– (an Stricken, Holz o.ä., vom Vieh): lullen 2.
– (beißen): larpen, lärp(s)en
– (essen ohne Zähne oder mit übervollem Mund): mantschlen 1.; mauen; maunken 2.; mummlen 1.; mumpfen, mupfelen, mumpfelen, mümpflen
– (langsam beißen): mäuchen; dallen 2.
– (langsam kauen): fummlen 2.
– (nagen): keifen 1., kifen 1.
kauern schw. (hockend sitzen oder sich so setzen): hotteren I, hutteren, hutterlen
kauernd Part. (mit angezogenen Beinen kauern, so daß die Beine mit dem Rumpf einen Schoß bilden): schößlingen
kaufen schw. (einkaufen): kramen, krameren 1., krämeren
käuflich Adj. (verkäuflich): feil
Kaufpreis m. (spez. der jeweils übliche): Schlag 8.
Kaulkopf m. (Fischart): Groppe, Gruppe
Kaulquappe f.: Mollenkopf 1., Molle-, Molleskopf; Roßnagel 2.
kaum Adv.: bärig 1; blutt B.
– (knapp): gehäbe 2.b., behäbe; kleber 2.
– (mit Mühe): binötig 2.
– (soeben, mit knapper Not): bloß 2
Kautabak m. (Priem): Schick II, Tschick
keck Adj. (dreist): ungescheniert 2.
– (entschlossen): resolut
– (frech): frisch 3.
– (vorwitzig, nach Art der Mäuse): mausig 1.
Kegel m. (Zapfen): Kengel 3.
Kegelbahn f.: Graben 3.; Ris 3.

kegeln schw.: Kegel schießen, s. schießen 1.b.
Kehle f. (Speiseröhre): Gurgel *ein Säufer sauft sich no d'Gurgel ab; jagt älles (Haus und Hof) durch d'Gurgel na; dem muß ma d'Gurgel schmiere* zu trinken geben.
Kehlkopf m. (der von außen sichtbare Teil des Kehlkopfs): Adamsäpfel, Adamsbutzen
kehren schw. (mit dem Besen kehren): besemen
– (mit dem Kehrwisch auskehren; spez. mit nassem Lumpen): wischen 1.a.
Kehricht m. (Unrat jeder Art: Staub, zerbröckelte Erde u.ä.): Kutter 1., Feget(e) 1., Fürbete, Gemülle, Gülle 3.
kehrichtartig Adj.: gemüllig
Kehreimer m.: Kutterfaß; Genistfäßlein, Kuttereimer
Kehrichthaufen m.: Kutterhaufen
Kehrichtschaufel f.: Kutterschaufel, gern verbunden mit *Kutterschaufel und Kehrwisch.*
Kehrichtwinkel m. (Stelle, wo Kehricht gesammelt wird): Kutterbiegel, Kuttereck; Gerustbiegel, Dreckbiegel
Kehrwisch m. (Gansflügel als Kehrwisch): Feder(en)wisch, Flederwisch
keifen schw.: bäffen 2., bäfferen, bäffzgen, bätzgen
– (zanken, sich sorgen): kifen 2., kiflen 2.
keifende Frau f.: Raffelscheit
Keil m.: Keidel 1.
– (beim Spalten großer Klötze verwendet): Speidel 1.
– (der zum Spalten in das Holz eingetrieben wird): Wecke 1., Keidel, Scheide, Scheidbisse, Scheidweck, Speidel
– (zum Festmachen etwa des Beilstiels im Eisen): Speigel, s. Speidel 1.
Keilholz n. (das zwischen Faß und Faßlager gesteckt wird): Schließe 2.
keimen schw. (Keime treiben): keiden
Keller m.: Ker, Kern
Kellerassel f.: wilde Sau, Keller-, Mauer-, Steinesel; Mauche; Mersäulein; Tunkesel
Kellerfenster n.: Kellerlicht
Kelter f.: Torkel; Trotte
Kelterkübel m. (in welchem man das Obst, die Beeren gären läßt): Büttem, s. Bütte 2.
keltern schw.: torklen II
kennzeichnen schw. (markieren): zeichnen 1., *gezeichnet sein* einen auffallend körperlichen Schaden haben.
Kerbe f. (Einschnitt): Kerfe 1., Kerbe
Kerbholz n. (Holzstab, auf dem durch Kerben Warenlieferungen, Arbeitsleistungen, Zahlungsverpflichtungen vermerkt wurden): Kerfholz, Kerbholz; Kerfe 3., Kerbe
Kerl m. (auch Schimpfwort): Wackes 1.
– (Bursche; Nichtsnutz): Fanz 2., Alafanz
– (Bursche, Geselle): Bursch 1. *i bin a Bursch,*

den s'Leba freut, der's Sonntagshäß am Wer-
tag trait. Des ist a Bursch uf de Hafa, wenn er
doba ist, kann er nimmer 'ra. Kamerad 2.
– (großer Kerl): Heidenkerle(s) (mit Verwun-
derung, auch Unwillen gesagt)
– (kleiner Kerl; im Wachstum zurückgebliebe-
ner Mensch): Krampe I; dazu die Koseform:
Krampes; Zwackel, Zwargel; Bemper
– (meist ironisch und verächtlich verwendet):
Kerl 1. *du bist e Kerl auf de Hafe und nimmer*
zurück unbrauchbar.
– (widerlicher Kerl; wenig geschätzter
Mensch): Scheißer 1.
Kerngehäuse n. (beim Obst): Kernhaus, Gacke
1., Äpfelbutzen *anguckt hat sie uns, wie d'Gas*
en Äpfelbutza, Ägenbitz; Butze, Butzig 1.,
Bützget(e), Bütz
– (des Apfels): Butze 1.a. *Butz und Stiel* alles;
vom Butz bis zum Stiel vollständig; *die Herra*
häbet de Nutza und mir den Butza.
kernig Adj. (fest, derb; kräftig, fest von Spei-
sen): kirnig 1.
– (stark, fest): kernfest
Kernobst n.: Grübsich, Gröbsich
Kerze f.: Schandelle
Kerzenlicht n. (Unschlittkerze): Gollicht
Kesselfleisch n. (Siedfleisch): Wellfleisch
Kette f. (große Kette): Kettem, Kettel, Ketting
Kettenendglied n. (das in einen Haken einge-
hängt wird): Lätsch I 2., Latz 2.
keuchen schw. (beschwerlich, laut atmen): bei-
sten; kauchen 1., keichen; schlägbauchen,
schlagbauchen
Keupermergel m. (Kies): Kis 1., Leberkis
Kibitz m.: Geifitz 1.a., Geiwitz, Gawitz, Kiwitz,
Kibitz
Kicherer m.: Pfitterer 1.
kichern schw.: pfittern 1.
– (halblaut lachen): kutteren II; kitteren
Kichern n.: Kitterer 2.
Kies m. (kleine Steine): Risel 2.
– (mit Sand vermischt): Grien, Grieß 1., Grie-
ße, Grießer
Kiesel m. (kleiner, durch Strömungen im Was-
ser abgeschliffener, quarzreicher Stein): Ki-
sel 1. Kiselbatzen, Kiselstein
kiesig Adj. (sandig): kisig
Kiessieb n.: Gatter 4.
Kilian m. (Name des fränkischen Heiligen, sein
Tag, der 8. Juli): Kilian, Kili, Kil
Kind n. (das der Mutter immer nachläuft): Suk-
kel 3.b., auch Ammen-, Mammensuckel
– (bemitleidenswert): Zottelein, s. Zottel I 3.c.
– (das noch nicht recht gehen kann): Wackel 1.,
Wackelein 3.; Törkel, Törkelein
– (das schreit): Schreikind, *Schreikind Gedeih-*
kind
– (das viel und laut weint): Bellhafen

– (der Schwester): Schwesterkind
– (der Tochter): Tochterkind
– (dickes Kind, dicker Mensch): Bachelein, s.
Bachus 2.a.
– (drolliges Kind, närrischer Mensch): Husel 2.
– (fettes Kind; dicke Person): Dampfnudel 2.
– (jüngstes Kind): Kegel 3.b., Nestkegel, vgl.
die Verbindung *Kind und Kegel.*
– (mit ungewöhnlicher Kopfform): Moren-
köpfle, s. Morenkopf 1.
– (rundlich; Kosewort): Mockel 5.c.
– (unehelich): Heckenkind, Heckenkitze
– (von Geschwisterkindern): Zueinanderkind
Kinder Pl. (der Geschwister – Kinder): Ge-
schwistrigkindskinder, Drittenkinder, Zuein-
anderkinder
– (die Jugend, ledige Burschen und Mädchen;
scherzh.): Ware 3.
– (im Fastnachtsumzug): Narrensamen
– (kleine Kinder): Wuselware, Fusware, vgl.
Fuse I
– (kleine unerzogene Kinder): Lausware
– (Nachkommenschaft): Jugend 2.
– (nacktes Kind): Näcketbällein, Nacketbause-
lein, Näckebutz, Nacketbutze, Nacketbutzel,
-butze(r)lein; Nacketfrosch, -fröschlein, Nak-
ketguselein; Nackethase
– (von Geschwistern:Vetter oder Base): Ge-
schwister(ig)-Kinder
Kinderbadewanne f.: Badschäfflein
Kinderei f.: G(e)lälle 2.
Kinderfahrzeug n. (das durch Vor- und Rück-
wärtsbewegen einer Deichsel angetrieben
wird): Holländer 2.
Kinderfuß m.: Strampferlein, Bampfe(r)lein
Kindergarten m.: Kinderschule, Demin.: Kin-
derschülle
Kindergartenkind n.: Kinderschüler
Kindergottesdienst m. (am Sonntag): Sonntags-
schule
Kinderhändchen n.: Patschelein 2.
Kinderlätzchen n.: Schlapper, Schlawerlein, s.
Schlapper 2.e.
kinderleicht Adj.: hopfig 1., hupfig
Kinderpfeife f. (aus Weidenrinde): Happe,
Häppe, Häpper; Huper, Hupe 1.b., Hupete 1.
Kinderpuppe f.: Babelein, s. Barbara 2.b.
Kinderroller m.: Radelrutsch
Kinderschar f. (Gesellschaft, Bande): Züch(t)et
Kinderschaukel f.: Gäutschete
Kinderschlitten m. (kurzer Schlitten ohne Leh-
ne): Füdle(s)kratzer, Füdle(s)schlitten; Ro-
del II, Roller
Kinderschreck m.: Schwarzer Mann, s. schwarz
2.
Kinderspiel n. (auf die Oberschenkel schlagen):
Schenkelpatschen; Lupus; *Ringe, ringe Rei-*
hen (Ringel, Ringle), s. Ring 8.b.

Kinderspielzeug n.: Pfluderlein, Kläpperlein 3.a.; Geschirrlein, s. Geschirr 2.; Rollein 1., Röllein

Kinderstühlchen n.: Sitzerlein, s. Sitzer 2.

Kindertrompete f.: Pupe

Kinderwiege f.: Heite

kindisch Adj. (läppisch): fuselig 3., hättelig 2.; schäckelig

– **sein** unr.: motzen 2.

Kinn n. (Doppelkinn): Kunze 2.a., Kuz, Künz, Küz, Kaunze, Kauz, Koinze, Koiz

– (und Mund): Gosche 2.

kippen schw. (loslassen): schnappen 2.

Kirchengemeinde f.: Kirche 3., Kilche

Kirchensprengel m.: Kirchspil, Kispel, Gispel

Kirchgänger m. (der nur an hohen Festtagen zur Kirche geht): Karfreitagskrist

Kirchgänger Pl.: Kirchenleute

Kirchhof m.: Heimgarten 2.

Kirchweih f. (jährlich gefeiertes Fest mit Jahrmarkt und anderen Vergnügungen; zur Erinnerung an die Einweihung der Kirche. Häufig zusammengelegt mit dem Erntedankfest): Kirbe, Kerwe, Kirwe, Kirwei, Kirewei; Kilbe. Es wird unterschieden die *Allerweltskirchweih*, auch *Saukirbe*, *Freßkirbe*, eine allen württembergischen Orten gemeinsame *Kirchweih* im Oktober (Erntedankfest), opp.: Sonderkirchweihen: *Bauren – Käppeleins-, Kappellkirbe*

– (allgemeine Kirchweih, am 3. Oktobersonntag): Saukirchweih 1., Saukirbe; (Sau)Allerwelts-, Freßkirbe

Kirchweihfest n. (bäuerliches Kirchweihfest): Baurenkirbe 1. *es geht zu, wie auf einer Baurenkirbe so laut.*

Kirchweihkuchen m.: Kirbebert, Kirwebert

Kirchweihmusikant m. (Kirchweihmusikstück): Kirbedudler, Kirwedudler

Kirsche f.: Kriese, Kirschber, Kriesber. *Mit de große Herre ist net gut Kirsche esse, sie werfet eim d'Stein (Stiel) in's Gsicht. Gang i weit 'naus, kann i weit heim, iß i viel Kirsche, scheiß i viel Stein. Peter und Paul (29. Juni) schlaget einander d'Kirsche ums Maul (gheiet einander die Kirsche in's Maul).*

– (mit bunter Haut): Schecke 3.; man unterscheidet gelbe, rote, braune Schecken; Marien-, Porzellanschecken

Kirschenkorb m.: Kirschenkrätten, Kirschenzeine

Kirschernte f. (Zeit der Kirschernte): Kirschet

Kirschkuchen m.: Kirsch(en)tatsche, Kriesentatsche; Kirschentotsch, Kriesentotsch

Kissen n.: Pfulbe, Häupfel

Kissenüberzug m.: Kissenzieche

Kistenaufsatz m. (zum Befördern von Kies und Sand): Kistruche

Kittel m. (Jacke): Schäpper 4.a.; Spenzer 1.

Kitzel m. (Gelüste): Kützel

kitzelig Adj. (empfindlich, leicht reizbar): kützelig 1., kutzelig

kitzeln schw.: gillen; knublen 1.; kruselen; kütz(e)len 1., kutz(e)len

– (fortdauernd kitzeln): verkutzlen

– (leise berühren): graplen 2., grapplen

kläffen schw. (schelten, maulen): belferen, bäffen 1., bäfferen, bäffzgen, bätzgen *mei Weib bäfzget de ganze Tag, bäfzget in ei Loch nei.*

klaffen schw. (spalten; sich leicht spalten lassen; Risse bekommen): klieben 1.; gaffen 2.

Klafter m.n. (Längen- und Raummaß); Längenmaß: ungefähr die Länge, die ein Erwachsener mit ausgebreiteten Armen greifen kann; Raummaß für Holz: Höhe und Breite von der Länge eines Klafters: Klafter

Klage f. (Jammer, Lamento): Lametei 3.

klagen schw.: (beklagen; trauern, in Trauer sein): klagen 2., klagnen

– (jammern): gereusen; grauben; krämpen

– (launisch, einsilbig sein): mucken I 2.b.

– (sich beklagen): klagen 3. *wer sich klagt, dem ist noch zu helfen.*

– (unzufrieden sein): näken

klagende Frau f. (weinendes Kind): Mienke

klagesüchtig Adj. (engherzig): klamsig

Klageweib n. (bei der Beerdigung): Heulerin

Klammer f. (Holzklammer zum Festhalten der aufgehängten Wäsche): Klammer 1., Klämmerle, Wäschklammer

– (Zange, Zwinge): Klamme 2.

Klang m. (Schall, Widerhall): Hall

Klappbett n. (Gestell mit schrägen, gekreuzten Beinen): Schragen 1.

Klappe f. (an einer Kleidertasche): Batte

Klapper f. (in der Karwoche als Ersatz für die Glocken): Därre

– (Instrument zum Klappern): Kläpper 1.

klappern schw. (klirren): kläpperen 1.

– (schnattern): päpperen 1.

klappernd Adj.: kläpperig

klar Adj. (von Helligkeit erfüllt): hell 2.

– (völlig klar, selbstverständlich): arschklar

Klatsch m. (verlogenes Gerede): Patsch; Tratsch; Weibergeschwätz; -geschrei; Weibergewäsche

Klatschbase f.: Fleckenbesen, Fleckenraffel, Fleckenrätsche, Fleckenschelle; Kaffebase; Stattbas(en), Stattfegerin, Stattbesen, Stattraffel, vgl. Stattbrille; einem, der nichts sieht, *muß ma d'Stattbrill aufsetze.*

klatschen schw.: patschen, pätschen, klepfen, tatschen I 1., tätschen

– (zutappen; stark regnen): pflatschen I, pflätschen

Klatschen n. (Geschwätz): Getatsche

Klatschmaul n. (Schwätzerin): Schlappergosche; Rätschmaul, Rätschweib

Klatschmohn m.: Herrlein 3., Herrle; Kläpperlein 3.b.; Tätschenblume; Schnalle 2.a., Schnallenstock

Klatschrose f. (Wilder Mohn): Ackerdockele, Ackerschnalle, Fackel, Facklenbosch, Fräulein, Gockeler, Gulle, Katzenmagen, Kornblume, Schnalle, Schnallenstock, Tätschele

Klebeetikett n.: Päpperlein

kleben schw.: pappen; pichen 2.
– (mühsam vorwärts gehen): harzen 2.
– (sich zusammenballen): bachen B.
– (verkleben): kleiben II

Kleben n. (klebriges Zeug): Gepappe

klebend Part.: kleb(e)rig 1.

klebrig Adj.: pappig, päppig
– (schmutzig, vom Acker- und Straßenschmutz nach Regen): kleibig
– (vom Brot): knatschig, knätschig

Klebstoff m. (Stärkemehl): Kleber 2.

Kleckerer m. (bei Tisch): Suppentrieler

kleckern schw.: klättern, trielen, verläppern, s.a. klittern, (verge)lättern; klätterlen, *Eier klättern* in die Pfanne schlagen.

Klecks m.: Dolk(en) 1.

Kleckserei f.: Gekleckse, Gesau

Kleid n. (minderwertig, womöglich durchsichtig): Fane m.2. *die ruckt au alles an ihre Fane na.*

Kleiderlaus f.: Häßlaus 1. *aufeinander sitze (hocke) wie d'Häßläus* sehr eng.

Kleidernagel m.: Häßnagel

Kleiderschrank m.: Häßkast(en)

Kleidertruhe f.: Häßtruche

Kleidung f.: Häß, spezieller: Fest-, Feiertags-, Sonntags-, Werktags- Häs. *Für's Häs und für's G'fräß diene* ohne Lohn, gegen Kost und Kleidung. *Man kann nirgends mehr erspare als am Häß und am G'fräß. Häß und Wänd verdecke viel Elend. Wer alls aus'm Häß henkt, ist e Tor. Ein Abgemagerter fällt aus'm Häß.*
– (altmodische Kleidung, auch altmodische Einrichtung): Bauernfeiertag 2., Baurenkirbe 2.
– (Anzug): Eingeschläuf, Eingeschlief, Einschlauf; Gehäß, Häß; Kluft
– (bauschige, dicke Kleidung): Gebumpel
– (bes. des Soldaten): Montur; *Kartoffeln in der Montur* in der Schale.
– (Kleid): Gewand I
– (nachlässige Kleidung): Geschlamp 3.

Kleie f. (Abfall von Mehl, Futtermehl): Grüsch, Grust

klein Adj. (im Gegensatz zu groß): klein 1., vgl. die Formen und die bes. Verwendungen
– (Körpergröße, schwach; von niederem Stand; geistig unbedeutend; moralisch niedrig): ring 2.b.
– (Menge, Umfang, Anzahl): gering 2., gring, ring
– (winzig): bärig 3.b.
– (zart, unleserlich von der Schrift): fuselig 1.

Kleinbauer m.: Kläffler; Seldner; scharfer Gegensatz zwischen Seldner und Bauer.

Kleine Brennessel f.: Habernessel

kleine Menschen Pl. (kleine Tiere, kleine Sachen): Butzelware, s. Butzel

Kleine Traubenhyazinthe f.: Bläulein, Blauhemdlein, Baurenbüblein, Glockenhäublein, Gott(e)sackerkrüglein, Guckuksblume 2., Kaminfeger 2.b., Kälblein, Knäblein, Kesselein, Kohlröslein, Kohlstötzlein, Krüglein, Maienklunker, Mausöhrlein, Pfaffenröslein, Schaf(s)scheucherlein, Schmerbäuchlein, Schmalzhafen

Kleiner Klappertopf m.: Kläpper 2.
– **Mensch** m. (dicker Mensch, dickes Kind): Mock I 1.d., Mockel 5.a.; Stampes, Stämpfel 4.; Pommer 2.; Bürzel 4., Burzel, Burzer 4.; Bamper; Kegel 3.a.; Wurz, Wuz, s. Wurz(el) 3., auch *Bodenwurz;* Kratten 2., Kratte, Krätten

Kleiner Sauerampfer m.: Sauerampfer 2., s. Form und Genus

Kleiner Wiesenkropf m.: Bibernelle

Kleines Habichtskraut n. (geöhrtes Habichtskraut): Mausor 2.a.; Katzenpfote 2.c.; Katzentape 2.a.

kleines Kind n. (Kosewort): Kleinselein 1., Scheißerlein, s. Scheißer 1.; Gagelein 3.; Meiselein, s. Meise 3.; Wärgelein, s. Wargel 3.; Watscherlein, s. Watsche

Kleines Knabenkraut n.: Herrgottsblume

kleines Mädchen (gewandtes, aufgewecktes, aber auch freches Mädchen): Krote 1., Kröte
– (Kosewort): Dinglein, Dingelein

Kleingebäck n. (aus Butterteig in S-Form, bes. an Weihnachten gebacken): S, meist Demin. S-lein, S-le
– (für Weihnachten): Brötlein, Gutslein, Ausstecherlein

Kleingeld n. (gemünztes Geld): Münze 2.

Kleinigkeit f.: Bagatell
– Hennedreck, Hennescheiß *des ist e Hennedreck, – scheiß* nichts.
– (kleine Gabe; wenig): Klapf 5. *des ist nur ein Klapf* eine Kleinigkeit.
– (kleine Menge, leichte Aufgabe): Klacks, *ein Kläckslein* ein bißchen.
– (lächerliche Angelegenheit, Nichtigkeit): Muckendreck, Muckenschiß
– (lächerliche Sache): Heckenberleinsgeschichte
– (minderwertiges Zeug): Bettel 2.

– (Tüpfelchen): Virgelein, s. Virgel
– (Wertloses): Schiß 3., Scheiß I 2.
Kleinigkeitskrämer m.: Hünerdreckreder, Herdreckreder; Strapaze 2.; Glufenmichel; Näker
Kleinkrämerei f.: Klimbimberles
kleinlaut Adj. (still, zart, unterwürfig): däsig, dasig
kleinlich Adj. (fad, übelnehmend): ärmlich
– (genau): quintelig
– (unverträglich, bissig): nissig
Kleinvieh n. (kleinere Haustiere wie Ziegen, Schafe): Zifer 2.; Gälthabe; Schmalvieh
Kleister m.: Kleb; Papp 2.
Klemens m. (Rufname; Name des Heiligen; sein Tag, der 23. November, ist der alte Winteranfang): Klement, Menz. *St. Klemens (23. November) uns den Winter bringt, St. Petri Stuhl (22. Februar) dem Frühling winkt, den Sommer bringt uns St. Urban (25. Mai), der Herbst fangt um Bartholomäi (24. August) an.*
klemmen schw. (zwicken): kluppen 1.
Klemmzange f. (Wäscheklammer): Kluppe *in der Kluppe sein* in mißlicher Lage sein.
Klempner m. (Spengler, Blechschmied): Flaschner
Klette f.: Glufenstock
– (auch deren Blütenstand): Kleiber 3.
– (große Klette): Igel 2.
Klettenlabkraut n.: Kleber 4.a., Klebet; Kleibe a.
Kletterer m.: Klimmer; Krebsler
klettern schw.: graplen 5., grapplen; grapslen 3., vgl. krebsln; gritten; härzen 2.; hätzen; kreisen, Part. gekrisen
– (auch mühsam klettern): krebsln 2.
– (hinaufklettern an Bäumen u.ä.): kleberen, klebsen
– (steigen): klimmen; krachsln
– (steigen, wie eine Ziege): geißen 2., geißlen, geißeln
Klettern n.: Gekrebsel
Klinge f.: Lummel II, s. Lamel
Klingelbeutel m.: Bere I 2., Berlein
klingeln schw. (die Schelle ziehen): schellen 2.
– (mit *Rollen* II c.): rollen 3.
Klistier n. (Einlauf, Spülung): Kristier
klistieren schw. (ein Klistier geben): kristieren
Klöpfelnacht f.: Klöpflesnacht, s. Klöpflensnacht
klopfen schw.: klopfen wie nhd., jedoch mit einigen besonderen Bedeutungen: *Mist klopfen* zerstreuen. *Ein Faß klopfen* anstechen. *Bei der Treibjagd klopfen* auf die Büsche schlagen, um das Wild aufzuscheuchen. Daher: *auf (hinter) den Busch klopfen* etwas herauszulocken versuchen, ausforschen. *Fleisch*

klopfen durch Klopfen mürbe machen. *Einen klopfen* durchprügeln. *Einem auf die Finger klopfen* ihn leicht strafen. *Sprüche klopfen* gewagte, witzige Behauptungen aufstellen.
– pupperen
– (pochen): bumpen
– (poltern): bocklen 1.a. *wenn man mit der eine Riegelwand hineinschlagen tät', so tät' er fragen, wo es bocklet.*
– (rasch hintereinander klopfen, ängstlich schlagen): popperen 1. *s'Herz hat em aber doch a bißle bobberet,* popplen 1.
– (schlagen): buderen 1.
– (bes. mit den Fingern; zerkleinern, den Dung auf den Wiesen): klocken
Klopfer m. (an der Haustüre): Kläpfer 2.; Klokker
Klopferei f. (häufiges Klopfen): Geklopfe
Klöppel m. (der Glocke; Schwengel): Schwenkel; Klengel 1.
– (Holzspule für Klöppelarbeiten): Klöckel 3., Klückel
Klos m. (aus Semmel, Grießmehl, Ei mit Milch im Schmalz gebacken): Schwedenknöpflein
Klosett n. (im Bauernhaus, am Ende eines Flurs): Läublein, Abtritt, Scheißhaus, s. Laube 2.e.
Kloß m.: Nock 2.
– (Speise; fränkische Bezeichnung): Kloß, im Schwäbischen: Knopf (Knöpfle); bair. Knödel
Klotz m. (Block; feste unförmige Masse): Klotz 1., Holz-, Säge-, Hackklotz, Bleiklotz, vgl. die Schnellsprechübung: *glei bei Blaubeure leit e Klötzle Blei. Auf en grobe Klotz ghört e grober Keil.*
– (großes Stück von gespaltenem Holz): Kloß 1.
– (mit dem die Faßreifen angetrieben werden): Tribel 2.
– (Pflock, Pfahl): Stotze 1.
klug Adj. (munter, gescheit): hell 3.b. *der hat e helle Gucke; der ist au no lang net der Hellste.*
– (spitzfindig): spitzig 1.c.
kluger Mensch m. (durchtriebener Mensch): Klewerlein, Cleverle; Fäßlein
Klugheit f.: Gescheide
Klugscheißer m.: Gescheidlein, Gescheidle, Steigerungsformen: Allerweltsscheidle, Erzgescheidle, Hauptgescheidle; Übergescheidlein, s. übergescheid
Klumpen m.: Knoll(en) 1.
– (größerer unförmiger Klumpen): Batzen II
– (Haufen): Kluppert, Kluppere, Klüppet, Kloppet
– **bildend** Part.: klotzig 1.
klümperig Adj. (voller Klumpen): knollet 1.

Knabe m. (der die ersten Hosen anhat): Hosen-ballare, Hosenbampes 1.

Knabenkraut n. (Pflanzengattung): Herrenblume

Knabenpenis m.: Bubenspitz; auch Mehlspeise

Knackwurst f. (geräucherte Wurst): Schübling (in einen Darm geschobene Wurstfüllung)
- (seit dem Stuttgarter Schützenfest 1875): Schützenwurst

Knall m.: Krach 1.
- (eines Donners, einer Kanone, einer Peitsche; vom Schnalzen mit den Fingern): Schnall 1.
- (Geräusch): Dutsch 2.
- (Schlag; Knallkörper): Knäller 1.

Knallbüchse f. (von gehöhltem Holunderholz): Kläpfete 1.

knallen schw.: puffen 1.
- (fuchteln mit der Geißel): geißlen I 2.
- (klopfen, krachen; spez.: Brauch in den Klöpflensnächten): klöpflen, knöpflen
- (krachen): klapfen, kläpfen 1. *einem kläpfen* Schläge geben.
- (laut schallen): dutschen 3., dütschen
- (mit der Peitsche knallen): patschen A.4., klepfen
- (schießen): knällen 1.
- (schlagen mit der Treibschnur): zwicken 2.; schnellen 1., kläpfen

Knallen n. (Krachen): Knäller 2.

Knaller m. (wer häufig knallt): Schneller 1.

Knallerei f. (häufiges Knallen): Geknalle; Gekläpfe

knapp Adj. (dürftig): harig 2.b., härig
- (kaum hinreichend): beschnotten, beschnutten

Knarren n. (Stöhnen): Gegrauze

knarren schw.: gurren 2.; knurzen, knarzen 1., knorzen, knürzen, knuzen
- (ächzen; knirschen): graunzen 3., gräunzen, gräuntschen, graunzgen, grauns(g)en, garren
- (seufzen, klagen): gau(n)s(g)en, gauren 1., gäuren, garren
- (von alten Türen, Gebäuden, Ästen): gauken I 2.
- (von der Tür, der Schuhsohle, vom hartgefrorenen Schnee): garren, garzen
- (von Türen, Wagen): kurren 1.
- (von ungeölten Türen u.ä.): knarzen 1., knaunzen 1.

knarrend Part. (knirschend): graunzig

knarzen schw. (das beim Zerbeißen von Knorpeln entstehende Geräusch): kröspeln

Knäuel m.n. (aus Faden, Garn, Wolle, Schnur): Knauel, Kneuel; Poppel I 1.
- (Brocken): Klumpe
- (dicht gedrängter Haufen): Knupplete
- (Ansammlung z. B. von Bienen): Knüpfel 3.

knausern schw. (knickerig, sparsam sein): knausen
- (zusammenkratzen): schaben 2. *schniden und schaben* zusammenkratzen.

knebeln schw. (drosseln): reitlen 1.

Knecht m. (Diener): Knecht 1. *Wie der Herr, so der Knecht. Je blinder der Herr, je heller der Knecht. Besser ein kleiner Herr, als ei großer Knecht. Willst du's im Haus haben recht, so mußt du selber sein der Knecht. Das ist Wetter für meinen Knecht, schafft er nichts, so friert's ihn recht.*

Knecht Ruprecht m.: Pelzmärte 1., Pelzmichel, Sante Klaus, Graule, Butzengraule

kneifen st. (klemmen, zwicken): grimmen 1.

Kneifzange f.: Beißzange

kneten schw.: tantschen
- (den Brotteig kneten und in die *Wannschüssel* tun): wannen I 2.
- (im Teig): dolken
- (ungeschickt behandeln): verdalken 3.
- (zerdrücken): knatschen, knätschen

Kneten n.: Gedalke, Dalkerei

Knick m. (kantige, auch rundliche Vertiefung): Buck 1.b., Dalle, Düle

knicken schw. (einwärts knicken): einbucken

Knicker m. (Geizhals, Quälgeist): Fuchser

knickerig Adj.: griffig 2.a.; kalmäusig, kalmausig; ranftig
- (geizig): schäbig 3.
- (genau im Handel): handig 2.

knickeriger Mensch m. (auch zänkische, scharfzüngige Person): Beißzange; Knauser
- (der auf Kosten anderer lebt): Hungermucke

Knie n.: Knub, Knui, s. die zahlreichen Formen; *etwas über's Knie brechen* übereilen.

Kniehose f.: Pumphose

Kniekehle f.: Gangader, Geäder, Kniebiege; Kniesbiege, Knie(s)beuge

Kniekehleadern Pl.: Geäder 2.b.

knien schw.: knielen, knuben, knublen, knuiblen, knuilen

kniend Part. (auf den Knien): knielingen, vgl. fuß-, häupt-, kopflingen
- (mit eingeknickten Knien; in halbsitzender Lage): hotterlingen

Kniescheibe f.: Knieschüsselein

Knirps m. (kleiner Kerl): Schräteler, s. Schratt; Knopf 6.a.; Butzenwacker; Butzenmäckerler; Butte

knirschen schw. (knarren): grutzen, grutzgen
- (mit den Zähnen): knarfen, knarflen, knärfen, knorflen; knurfen

knistern schw. (rascheln): nusteren 2., nosteren
- (von dürrem Gras und reifem Getreide; krachen): knasteren, knastlen

knittern schw. (knäueln): genorklen, genörklen

Knoblauch m.: Knoblauch, Knobel, Knofel

Knöchel m. (am Fuß): Knorre 1.a.; Knote 2.a.
– (am Handgelenk): Knorre 1.b.
Knochen m. (des menschlichen und tierischen Körpers): Bein 1. *der kann sich nicht fleischlich versündigen, der ist nur noch Haut und Bein.*
– (Fischgräte): Gräte, s. Grat 2.b.
knochenlos Adj.: beinlos
Knochensplitter m.: Schifer 1.c.
knochig Adj.: beinig
Knödel m. (Klößchen): Knöpflein, s. Knopf 4., zum Teil auch Spätzlein; *Knöpflessuppe* Klößchensuppe
Knollenblatterbse f. (Ackerunkraut): Erdnuß, Erdber, Erkel, Erbsenwisch, Vogelheu, Wikke
Knollenmilch f. (wird den Kücken gefüttert): Hünleinskäse, Luckeleinskäse
knollig Adj. (von Gewächsen): kropfet 2., kröpfet, kropfig
Knopf m. (durchlöcherter Knopf): Driller 4.
Knopfkraut n.: Franzosenkraut
Knöpfleinsschwabe m. (Name einer der sieben Schwaben): Knöpflesschwab
Knorpel m.: Knarfel 1., Knarfete; Knorfel
– (am menschlichen und tierischen Körper): Kröspel, Kruspel
knorpelig Adj.: knarfelig
Knorren n.: (am Brotlaib): Kauz, s. Kunze 2.e.
– (stehengebliebenes Aststück am Baum): Knaupe 1.a.
knorrig Adj.: knorkig, knorret
– (knotig): knaupet, knaupig
– (uneben): burret, burrig
knospig Adj. (mit Knospen versehen): knopfet 1., knopfig
Knötchen n. (auf der Haut, im Gesicht): Pöppelein, Poppel I 2. *er hat's G'sicht voller Pöppele.*
knoten schw. (einen Knoten bilden): knopfen
Knoten m.: Knüpfel 1.
– (schwer entwirrbarer Knoten): Knopf 5. *einen Knopf machen* an das Taschentuch – a.) um es nicht zu vergessen – b.) es endgültig zum Abschluß zu bringen.
knotig Adj. (mit Knoten versehen): knopfet 2., knopfig *i wünsch dir Glück mit'nem knopfete Strick.*
Knotige Braunwurz f.: Hexenkraut 8.
knüpfen schw.: knöpfen
knurren schw. (brummen; klagen): knaunzen 2.
– (vom Hund): marren
– (vom Hund, Katze, auch vom Magen): kurren 2.
Knurren n. (häufiges Knurren): Gekurre
knusprig Adj. (von Gebackenem und Gebratenem): rösch 1.a.
Kobold m. (der Geld machen kann): Geldscheißer

– (Vogelscheuche, Vermummter, Pelzmärte): Butzenmäckerler 2.
kochen schw. (auf's Feuer setzen): zusetzen 1.a.
– (eine Flüssigkeit oder durch sie eine Speise zum Kochen bringen): sieden 1. *Fleisch, Kraut, Kartoffeln sieden;* Eier *härt, weich oder lind sieden; lind gesotte ist gut beiße.*
– (fein kochen; langsam, sorgfältig kochen): köchlen 1.
– (schwach kochen): köchlen 2., aneköchlen
– (zum Kochen bringen): verwellen, vertwellen
Kochen n. (von Leckerbissen): Geköchel
Kocherei f. (abwertend; dauerndes Kochenmüssen): Gekoche
Kochgeschirr n. (zum Austragen von Speisen): Einsatz 2.b.
Kochmenge f. (so viel, als man auf einmal kocht, eine Portion): Kochete
Kochreste Pl. (am Kochgeschirr): Raumet(e) 2.
Kochrosine f.: Zibebe 1., Zwiebe
ködern schw. (reizen, locken): beizen 1.
Kohl m.: Köl, Kölkraut, Wirsing, Kabes(kraut), Kraut
Kohlblatt n.: Kabesblatt
Kohldistel f.: Schachtelkraut, s. Schachtel 3.e.
Köhler m.: Koler, Köler
Kohlmeise f.: Pfitzigäg, vgl. Zitzigä(g)
Kohlrübe f.: Kolrabe II
Kohlweißling m.: Krautscheißer 1., Krautvogel 1.
koitieren schw. (eine Frau beschlafen): ficken 2.; froschen 4.; bumsen 2.; vögeln
Koliken haben unr.: grimmen 3.
kollern schw. (in den Därmen): kurrlen
Komisssionsmitglied n. (für die amtliche Begehung): Untergänger
kommen st.: kommen; im ganzen wie im nhd. Bes. Gebrauch s. *kommen; komm i heut et, komm i morge* von einem Langsamen; *er kommt!* (insbes. der Lehrer) Warnruf; *wer zuerst kommt, mahlt zuerst; wer et kommt zu rechter Zeit, der muß esse, was übrig bleibt; der soll mir kommen! I will dir kommen!* Drohung; *kommt Zeit, kommt Rat; es kommt selten etwas Besseres nach* bei Beamten, Pfarrern odgl.; *es kommt ihm, wie dem alten Weib das Tanzen* so langsam; *an den Rechten, Letzten kommt mir wieder mit der Gschicht! Zu etwas kommen* vermögend werden; *du kommst mir grad recht* gelegen, ernst oder ironisch; *es kommt immer schöner* ernst und ironisch; *ma muß's nehme, wie es kommt.*
– (in Eile daherkommen): angestochen, s. anstechen 3.
– (vorwärts kommen; weiterkommen): fortkommen 2., vgl. das Fortkommen
– (zum Ziel kommen; auskommen, beikommen): landen 2.

kommunizieren schw. (zur hl. Kommunion gehen): zugehen 1.b.

Konditor m. (Feinbäcker): Zuckerbeck

Kondom n.: Pariser 2.

Konkubine f.: Bäslein, s. Base 4.b.

Kochen n. (von Leckerbissen): Geköchel

Können n. (Kunstfertigkeit): Kunst 1. *Gunst geht über Kunst;* geistige Arbeit *ist eine brotlose Kunst; des ist e(kei) Kunst* ist (nicht) schwierig *tadeln ist keine Kunst.*

können unr.: vermögen 1., vermügen
- (aufbringen können; im Vermögen haben): vermögen 2. *der ist so arm, er vermag 's Wasser ('s Salz) an d'Supp net. Der ist so arm, daß er's Bettle nit vermag.*

Konrad m. (*der arme Konrad, der arme Kunz*): Name des Remstäler Bauernaufstands 1514; s. Konrad 3.
- (Heiligenname, sein Tag, 26. November): Konrad 2.
- (Taufname): Konrad 1., Konrädel, Kornard, Konder, Konde, Konne, Kadel; Kus; Kunze 1.; Radel, Dradel, Rädle, Rätsch

Konrade f.: Roßnägelein, s. Roßnagel 3.c.

konservieren schw. (imprägnieren): beizen 2.
- (Lebensmittel konservieren): einmachen 2.

konstruieren schw. (einen rechten Winkel machen): winklen

Kopf m.: Kopf; Grind 2. Zahlreiche Redensarten: *Der hat en Kopf wie e Simri, wie e Wiesele* großer, kleiner Kopf. *J han mir d'Auge schier aus'm Kopf 'rausguckt. Schwätz mir nur kei Loch in de Kopf! Des reut mi, so viel i Haar auf'm Kopf hab. I setz(steck) dir den Kopf zwischen die Ohren* Drohung, bes. an Kinder. *Der Bub wachst seim Vater über den Kopf 'naus* glaubt mehr zu verstehen. *Dem wachst die Sach über den Kopf 'naus* er kann sie nicht mehr meistern. *Über Kopf und Hals schaffen, laufen* eifrigst, eiligst. *Der will mit'm Kopf durch d'Wand* Unmögliches leisten. Ein Gescheiter, Pfiffiger *ist net auf d'Kopf gfalle. Lieber ohne Hut als ohne Kopf. Du tätest de Kopf vergesse, wenn er net agwachse wär. Des ist net in seim Kopf gwachse* der Gedanke stammt nicht von ihm. *Was man nicht im Kopf hat, muß ma in de Füß habe. Der schwätzt 'raus wie e Mann ohne Kopf* sinnlos. *I weiß net, wo mir der Kopf steht. Es wächst einem kei andrer Kopf, aber ein andrer Sinn. Ein Betrunkener hat einen schweren Kopf. Der hat ein Sparre zu viel im Kopf. Einem den Kopf wäschen* ordentlich zurechtweisen. *Der Hochmut trägt den Kopf höher als daß er ist. Dem ist des in Kopf gstiege. Der hat sein eigene Kopf* eigensinnig.
- Müsel 2.; Dez
- (abwertend): Deckel 3.; Grind 2.

- (harter Kopf, dicker Kopf): Möckel, Möckes, vgl. Mockas, Mock-, Möckleskopf
- (mit Grind überzogen): Rufenkopf
- (mit wirren Haaren; Dickkopf, Hartschädel): Klotz(en)kopf
- (Schülersprache): Mockas
- (übtr.): Wispel 2.
- (von hoher spitzer Form): Spitzkopf 1.
- (unklarer Kopf): Zwirbel 3.

Kopfband n. (Kopftuch): Hirnband

Kopfbedeckung f. (besonders für Kinder): Bausch 1.b.
- (der Braut): Tschappel
- (Hut, verächtlich): Deckel 2.

Kopfbinde f. (Kopfputz der Frauen): Gebände 1., Geband

Kopfende n. (des Bettes): Hauptnet(e), Kopfnet, opp.: Fußnet

Kopfhaar n. (langes oder buschiges Haar): Schäpper 2.

Kopfkissen n.: Häupfel; Kopfnet 2.
- (das auf den Kopf gelegt wird, um Lasten darauf zu tragen): Bausch 1.a. *i scheiß dir auf den Kopf, na brauchst kein Bausch.*

Kopfkrankheit f. (des Pferdes): Kilder 1., Koller, Kolderer 2.a.

Kopflausei n. (Larve der Kopflaus): Niß, Nuß

Kopfsalat m.: Häuptle(s)salat, gestöckelter Salat

Kopftuch n.: Bund 4.

kopfüber Adv.: häuptlingen, häuptlings, köpflingen, opp.: fußlingen

Kopfwirbel m. (Scheitel): Girbel; Zwirbel 2.

Korb m. (aus Stroh geflochtener Korb für den Brotteig): Schaubkratten, Schaubkrätten; Laibkörblein
- (aus Weiden geflochtener runder Korb mit zwei Griffen): Schide; Zeine; Kratten; Krätten; Krebe, Krätze
- (der 1 *Simri* enthält): Simrikratten, Simrikrebe
- (der auf dem Kopf getragen wird): Kopfkrätten
- (für die zu flickende Wäsche): Flickkorb

Korbblütlergattung f. (Weidenalant, Wiesenalant): Alant II

Korbmacher m. (Korbflechter; Spottname für charakter- und willenlose Menschen): Krattenmacher 1., Krättenmacher

Korbweide f. (zum Binden von Garben, Anbinden von Reben): Band 1.

Kordel f. (am Säbel): Behenk 1.c.

Koriander m. (Gewürz- und Heilpflanze): Koliander

Korinthe f. (Rosine): Mucke I 2.b.

Korkenzieher m.: Pfropf(en)zieher

Korn n. (am Gewehr): Mucke I 2.a.
- (oder Körner zur Aussaat): Sam(en) 1.

– (von Samen, vor Sand): Korn 1.

Kornblume f.: Ackernägele; Kornbeißer 1., Kornnägelein 2.

Körnchen n. (Bröselchen, Hautbläschen): Biberlein II, Bibelein

Körnchen Pl. (Graupeln): G(e)risel 1.

Kornelkirsche f.: Dirlitze, Herlitze

Kornhaus n. (Getreidemarkt und das Lokal dafür): Schranne 2., Schrande

körnig machen schw.: kirnen II, körnen, kürnen

Kornrade f.: Klaffe 1.c., Kornbeißer 2., Kornnägelein

Kornspeicher m. (im obersten Boden): Schütte 2.; Speicher 1.

Kornstoppel f.: Kornstupfel, Kornweisch

Körper m. (Festigkeit, Dicke): Leib 2.a.

– (walzenförmig; Stück Holz, Baumstumpen, Holzblock, zusammengerollter Schnee, gerollte Mehlspeise, Brotkrumen, Ei usw.): Wargel 1., Wärgel

koscher Adj. (rein): koscher, kauscher, opp.: trefer

kosen schw. (drücken; durch Drücken in Unordnung bringen): vermallen

Kosewort n. (der Liebenden und bes. für Kinder): Spatze 3., Spätzlein

– (für die Katze): Katzenmullein 1., -mülle

– (für Kinder, auch für Geliebte, Geliebter): Schneck m., Schnecklein

Kosmas und Damian m. (ihr Tag, 27. September): Schutzpatrone der Apotheker

kostbar Adj. (schön, vortrefflich; auch ironisch): rar 2.

Kostbarkeit f.: Schatz 1.b.

kosten schw. (eine Speise, ein Getränk prüfen, erproben): versuchen

– (genießen): verschmecken 1.

– (Mühe kosten): haren I 2.b.

– (wert sein): gelten 2. *du giltst nix, wo d'Leut teuer sind; was gilt's? was wetten wir? gilt's e Maß? ich zahl en Schoppe* scherzhafter Wettvorschlag.

Kostprobe f.: Versucher, Versucherlein

kostspielig Adj.: teuer 1. *die Welt (das Leben) ist schön, aber um die Hälfte zu teuer.*

Kot m. (Ausscheidung): Bamp 2.

– (besonders nach Tauwetter): Pflader

– (breiiger, klebriger Kot): Zwer 2.

– (dünnflüssiger Kot): Schlättere

– (menschlicher Kot): Mist 2.

– (Mist, Exkremente): Dreck 1.a. *dem sei Dreck stinkt besser wie der ander' Leut ihrer; wer de Dreck im Hemd trägt, der stinkt über d'Straß; da hilft kei Bete, da muß Dreck (Mist) 'na.*

– (nasser Kot; verschüttete Flüssigkeit): Klätter

koten schw. (beschmutzen, Durchfall haben): pflätteren

– (geräuschvoll koten): puperen 2., s. Pupe

– (vom Pferd): stallen 2.

– (Kot ausscheiden, sich entleeren): scheißen; schmeißen 3.

Kotfleck m. (im Hemd): Sigel 2., Hemdsigel

Kothaufen m. (menschlicher Kot): Scheiß 1., Scheiße, Scheißdreck; Krammet(s)vogel 2.

Kotklumpen m. (am Hinterteil des Viehs; Straßenkot): Klatter

– (von Schafen und Pferden): Bolle I 1.a., Böllelein, Schafboll, Roßboll

Kotmasse f.: Knozete

kotzen schw. (Durchfall haben): reigelen, reilen

krabbeln schw.: ameiselen 2.; grübeln 3.

– (von Insekten, Käfern; sich bewegen von Würmern): wuslen 1.

Krachen n. (unangenehmes Krachen): Gekrache

krachend Part.: krachig

Kraft f.: Schmalz 2., daher: *ohne Salz und Schmalz;* Knieschmalz; Kopfschmalz

– (der Arme): Armschmalz

kräftig Adj. (anhaltend, rasch): steirisch

– (im Geschmack): rezent

– (korpulent, rüstig): ungeheit 2.a.

– (von Menschen oder Tieren): stark 1.a.

kräftigen schw. (sich durch reichliche Kost kräftigen): sich zusetzen, s. zusetzen 1.a.

kraftlos Adj. (anfällig): schwach 2.

– (schlaff, faul bei der Arbeit): lumpelig

– (steif, wund): bärhämmig, bärhämmisch, bärhämm, bärhäng

Kragen m.: Schlawittich, Schlafittich; nur in der Verbindung *einen am Schlawittich packen, nehmen, haben* am Kragen.

Krageneinsatz m. (der eine Bluse vortäuscht): Bescheißerlein, s. bescheißen 3.

Krähe f. (Bezeichnung aller schwarzen Krähenarten): Kräe II

Krähen n.: Gekräe

Krähenart f.: Ruch 2.a.

Kralle f. (am Heuaufzug): Heukatze 3.

Kram m. (wertloses Zeug): Krempel, s. Gerümpel

Krämerladen m.: Kramlad(en); Kram 1.; Hucke 1.

Krampen m.: Krampe II, Krämpe

Krampf m. (Spasmus): Krampf 1.

Krämpfe Pl. (der Kinder, Kinderkrankheit): Gichter, s. Gicht 2.

– (kranker Kinder): Geschrei 3.

krampfen schw.: gichteren

krampfhaft Adj.: gichterisch

– (mühsamer Gang): bärenkläuig

krampfig Adj. (krampfartig): krämpfig

Kramware f. (Kaufmannsware, Plunder): Kram 2.; Kramet 1., Kramets, Kramete

krank Adj.: (selten noch: schwach): krank. *Der Kranke hat nur einen Wunsch, der Gesunde viele. Der ist im gleichen Spital krank von gleichen Fehlern. Es ist unnötig, daß es de kranke Leut wohl ist, sonst wollt älls krank sei; sonst läget die Gsunde in's Bett. Wenn ma den hört, ist er de ganze Tag krank. Sich (halb) z krank lache. Der ist krank in seim Kopf ist dumm. Du bist krank wie e Huhn, magst esse und nix tun. Der lauft rum, wie e kranke Henn. Krankendienst geht über Gottesdienst. E Kranket (Krankheit) ist oft besser als die best Predigt. Wenn Dummheit e Kranket wär, na müßt der 's meiste an de Doktor zahle.*

– (schwach, hinfällig): siech 1.

kränkeln schw.: sochen, socken; socheren; kränklen; hinlen

– (auf Pferde bezogen): kolderen 1.

– (auszehren): serben, serblen, serglen

– (dahinsiechen): humpelen 1.a.

kränkelnd Part. (nicht gedeihend von Getreide, Vieh u.a.): hinterlettig 1., hinterlittig, -letzig, -litzig

kränkelnde Person f.: Grünlein 1., Grunlein; Hocker 1.b., Hucker; Kog 2.

Krankheit f. (der Schweine): Gefräß 5.b.

– (die beklommen macht): Dampf 2.a.

– (schwere Krankheit): Kränke

Krankheitserreger m. (Virus): Gift m.2.

kränklich Adj. (abgemagert, altersschwach; gleichgültig, nachlässig): lotterig

– (elend): ellig

– (niedergeschlagen nach Krankheit oder Unfall): mausig 2.

– (niedergeschlagen, traurig, betrübt; düster, trüb): mauderig, maudig

– (unpäßlich): malade, malader, maladerig

– (unwohl): hümpelig

– (verdrießlich): kauzig I 1., s. kauderig

– (verzweifelt; unsinnig arbeitend; heftig aufgeregt): unselig 2.

kränklich sein unr. (mürrisch sein): kauderen II; heibelen; pfluttern 4.

kränkliche Frau f.: Henne 3.

kränklicher Mensch m.: Socher, Socker

krankmachen schw. (an einem zerren): rupfen II 2.a.

Kränkung f. (Streit, Verdruß): Geheiet(e)

Krätze f. (Räude): Räppe, Räppel; Schäbe

kratzen schw.: figlen 1., ficken 1.; rasplen 4.; schäpp(e)len 1.

– (bes. mit den Fingernägeln, einer Bürste o.ä.; oberflächlich reiben, schaben): kratzen; *ein Verlegener kratzt sich hinter den Ohren; Kratz mir den Buckel* derbe Abweisung; *der*

kratzt sich schier de Arsch weg aus Reue; *im Hintere kratzt ist au net gfeieret; wenn einer e steiniges Äckerle hat und hat en stumpfe Pflug und hat e räudiges Weib daheim, na hat er zu kratze gnug; den Mist kratzen* im Frühling auf den Wiesen verrechen; Synn. *klocken, klopfen. Des sind die rechte Katze, die vorne lecket und hinte kratzet.*

– (auf dem Kopf): nicklen 2.

– (die juckende Haut, hinter den Ohren): scherren 1.d.

– (im entzündeten Hals): krätzen I 3.

– (sich die Schuppen vom Kopf kratzen): sich schupelen, s. schupelen

Kratzen n. (Gegritzel): Gekratze

– (häufiges Kratzen, Reiben): G(e)ficke

Kratzerei f.: Fickete 1., Gefick

krätzig Adj. (räudig): räppig 1., räppelig

Krätzkrankheit f.: Krätze II

Kratzwunde f.: Kratz 1., Krätz

– (Ritzung): Kritz

kraus Adj. (gekräuselt): kräuslet, krauselt, kruselet

– (gelockt vom Haar): grollharig, gerollet, vgl. Rollenhar

– (runzlig, gerollt): geriselig 3.

Krauser Ampfer m. (stumpfblättriger Ampfer): Gaulsstrick; Roßstrick; Menkenstengel; Streifen 2.a.

Kraushaar n.: Rollenhar

kraushaarig Adj.: rollharig

Krauskopf m.: Rollenkopf

Kraut n.: Kraut; Weiß-, Sauer-, Filder-, Rot-, Bairischkraut; *in's Kraut gehen* Gras holen; *in's Kraut schießen* in die Blätter statt in die Blüten; *an St. Ursula* (21. Oktober) *muß's Kraut heim, sonst schneit Simon und Judä* (28. Oktober) *drein; es ist no(mehr)Kraut im Hafe* noch mehr Vorrat da; übtr.: ist noch nicht alles gesagt; *laß mi meine Küchle in deim Schmalz bache, na därfst dei Fleisch in meim Kraut siede* sagt der Eigennützige.

– (bes. Würzkraut): Wurz(el) 2.

– (dürres Kraut der Ackerbohne): Bonenstro

– (stark riechendes Kraut; Minzenarten): Schmecket(e) 2.

krautartig Adj. (mit Kraut bewachsen): krautig 1.

Krautbeet n.: Krautland, bes. Krautländle

Krautblatt n. (Kohlblatt): Krautblätsche 1.

Krautblätter Pl. (abgekocht, mit Fleisch gefüllt und aufgewickelt gebacken): Krautwickel

Kräuter Pl. (als Suppenwürze): Suppengrünes

Kräuterbüschel n.: Krautbosch(en)

Kräuterkäse m. (mit Butter angemacht): Laussalbe 2.; Zieger

Kräuterweihe f. (kirchliche Weihung von Kräutern an Mariä Himmelfahrt, 15. August):

Kräuterweihe, Kräuterweihung, Mariä Kräuterweihe

Krautgarten m. (Gemüsegarten; Gewürzgarten): Wurzgarten; Kabesgarten

Krautkopf m.: Kabeskopf; Krauthaupt
- (ein Stück Kopfsalat): Häuptlein

Krautkuchen m.: Krautberte

Krautsetzling m. (Kohlsetzling): Kabes 1.; Keid; Kraut(s)keid

Krautstrunk m.: Krautdorse, Krautdorsche, Krautkagen, Krautkägen

Krebsfänger m.: Krebser 1.

Kreis m. (Ring): Kringel

Kreisbewegung f. (drehende Bewegung): Ringel, *im Ringel'rum.*

kreischen schw. (einen hohen, hellen Ton hervorbringen): grillen

kreischend Adj.: grillig

Kreischer m.: Griller 1.

Kreischton m.: Griller 2.

Kreisel m.: Drille 3.; Tänzer 2., Topf; Topf 1.

Kresse f. (Gartenkresse): Kress(e), Kressig

kreuz ... (drückt in Verbindungen mit Adjj. eine Verstärkung aus, ursprünglich positive Verstärkung): kreuzärmlich, kreuzgut; weitere Beispiele unter *Kreuz-*

Kreuz n. (Kreuz Christi): Kreuz *er ist wie der Heiland am Kreuz* ganz abgemagert. Nach dem heiligen Kreuz sind zwei Feiertage benannt: Kreuzfindung, Kreuzauffindung (3. Mai) und Kreuzerhöhung (14. September).
- (als Fluch): *Potzkreuz! Kreuz älle Welt! Kreuz Donnerwetter! Kreuz Millionen (-Donnerwetter! Heideguckuk!) Kreuz Sakrament! Sakra! Sappermost!*

Kreuzerhöhung f. (14. September): Heiligkreuztag 2.

Kreuzfindung f. (3. Mai): Heiligkreuztag 1.

kreuzweise Adv.: kreuzweise, kreuzenweise; bes. *kreuzweis und überzwerch; kreuzweis und den langen Weg* nach allen Richtungen.

kriechen st.: kreisen, Part. gekrisen; einem Ärgerlichen *ist etwas (eine Laus) über's Leberle (Näbele; über den Weg) gekrisen. All meine Äcker und all meine Wiese sind mir durch's Gürgele abekrise.*
- (auf allen Vieren kriechen): graunlen; krebslen 1.
- (schlüpfen): huselen
- (sich mühsam fortbewegen): gruzlen
- (von kleinen Kindern; eilig gehen von Erwachsenen): wuslen 1.b.

Kriechende Quecke f. (Flechtstraußgras): Schnürgras; Spitzgras a.
- **Rose** f.: Schlangenröslein, Schlingrose

Kriechender Günzel m.: Hummel II 3.b.
- **Klee** m. (weißer Klee): Hummelerkle

Kriechendes Gipskraut n.: Zitterlein, s. Zitter b.

Kriecher m.: Hintenhineinschlupfer, Hinteneischlupfer

kriecherisch Adj. (freundlich): scheißfreundlich

Krippe f. (Freßtrog): Barn 1.

Kritikaster m. (Nörgler): Mäckeler 3.

kritisieren schw. (lästern): hechlen 2.; durchhecheln; verhechlen

Kritisieren n. (heimlich; schlecht über jemanden reden): Gehechel

kritzeln schw. (undeutlich, mit kratzendem Werkzeug schreiben): kritzlen 1., kripslen, krickslen

Kropf m.: Anbau; Schelle 3.

kropfig Adj. (einen Kropf habend): kropfet 1., kröpfet, kropfig

Kröte f.: Krote 1.; Pfaude
- (große, wie aufgeblasen dasitzende Kröte): Pfauskrote

Krücke f.: Krucke 1., Krücke

Krug m. (großer Krug): Bastle, Bartel, s. Bastian und Bartholomäus; *wissen (einem zeigen), wo Bartel den Most holt* (nach einer Notiz von 1872 verloren die Augsburger Wirte ihr Schankrecht, wenn sie an Bartholomäus, 24. August, noch keinen Most hatten).
- (steinerner Krug): Gutterkrug, Kutterkrug, Sutterkrug
- (Wasser-, Bierkrug mit weiter Öffnung): Krause, Krausel, Krusel

Krume f. (trockene Krume): Matzen 2.

krumm Adj. (etwas krumm): krummlecht
- (schief): scheg
- (wie eine Sichel; immer tadelnd): sichelkrumm, sichlenkrumm
- **werden** unr. (hinkend werden): verkrummen 1.

krummbeinig Adj. (wackelig gehend): gratt(e)lig 1.

krummbeiniger Mensch m.: Hagschere 2.; Krummschieger

Krummschwert n.: Sabel 1., Säbel, *Heiden-Sabel!* als Ausruf

Krümmung f.: Ranken 1.

Kruste f. (Anschnitt, Knorren am Brot): Kruste, Krüstle
- (die aus der Pfanne gescharrte Kruste): Pfännleinschärret(e)
- (über einer Geschwulst): Kappe 2.d., Eiße

Kübel m. (Bottich): Kufe
- (für das Schweinefutter): Saukübel
- (für Exkremente): Scheißkübel
- (zum Geschirr spülen): Spülkübel, Spülbrente, Spülgelte
- (zum Transport des Tresters): Trebelstande

Kubikmeter m.: Festmeter

Küche f.: Kuche, Kuchel; *zwei Weiber passet et*

in ei Kuche. Du bist so übrig als der Hund in der Kuche. In ander Leut Kuche ist gut koche. E fette Kuche gibt 'n leere Geldbeutel.
Kuchen m.: Kuchen 1., Kuch, Küchlein; Berte (SW.), Platz (O.), Dünnet. *In einer großen Not ist der Kuchen so gut wie Brot.*
– (aus Zwiebelröhren): Schluttenkuchen
– (der auf einem Blech gebackene Kuchen): Blechkuchen
– (der in Schmalz gebackene Kuchen): Pfannzelt
– (dünner, flacher Kuchen mit Obst, Käse, Zwiebeln, Speck u.ä. belegt): Dünnet, Dünnets, Dünnle, Dünnes, Dünne
– (dünner Kuchen mit Schmalz, Zwiebeln, Kümmel): Flammberte, Flammkuchen
– Hasenörlein, s. Hasenor 2.
– (flacher Kuchen aus Brotteig, belegt mit Zwiebeln, Kraut, Äpfeln usw.): Berte, Pflaumberte, Kirbeberte, Zwiebelberte
– (flacher Kuchen aus Brotteig): Platz II *ma muß mache, daß ma de Platz in Ofen bringt* die Arbeit zur rechten Zeit tun; Plätz, Platzete
– (flacher, dünner Kuchen aus Hefeteig): Zelte
– (kleiner Kuchen; aus Hefeteig): Hefenküchlein
– (mit Zwetschen gefüllt): Zwetschgentatsche
– (Mus, Auflauf als Obst): Schmarre 1.
– (Pfannkuchen; Fleischkräpflein; Osterfladen): Fladen 1., Flädlein; *Flädlessuppe,* die in lange Streifen zerschnittenen Flädlein werden in der Fleischbrühe gesotten.
– (Weißbrot): Fochenze, Fochezle
Kuchenfüllung f.: Pflät; Pflatter 2., Pflätter, Pflätterer
Küchengabel f. (die zum Backen dient): Bachgabel
Küchenschelle f.: Hasenblume, Heuschlaufe, Haber-, Osterblume, Osterglocke; Himmelschlüssel 3.e., Hosenglocke, Kuchenschelle, Kuhschelle, Kühschelle, Schafblume, Schlaufe, Trolle
Küchenschrank m. (Küchenschrankaufsatz): Kopfhaus, Kopfkasten; Kuche(n)kasten
Küchlein n. (aus Hefeteig; Fastnachtsküchlein): Schaupe I 2., Schaubezen
– (schmalzgebackene kleinere Küchlein): Äpfel-, Grieß-, Kraft-, Holder-, Fastnacht-, Öl-, Salve-, Schmalzküchlein, s. Kuchen 2.
– (das zuletzt geschlüpfte Küchlein oder Gänslein einer Brut): Adenwusele
– (junges Huhn): Wackelein 2.
Kuckuck m.: Guckuk 1., Gucker III, Guck, s. auch 1., Gugelgauch; Gauch; *schreit der Gukkuk im leeren Wald, so muß er rascher schweigen bald.*
– (euphem. für Teufel): Guckuk 2., Gucker III

2. dr Guckuk soll dich hole. Ei, so schlag der Guckuk drei! Scher dich zum Guckuk!
Kuckuckslichtnelke f.: Herrgottsnägelein 1.; Zottelnägelein
Kufe f. (Faß): Bottich
– (Stande, Gelte): Schaff
Küfer m.: Küfner, Binder, Faßbinder, Kübler, Büttner, Schäffler. *Mei Schatz ist e Küfer, e Küfer muß's sei, er schlägt mir de Spunte zum rechte Loch'nei.*
Kugel f. (aus Glas, aus Stein): Hurgel 1.a.
– (kugelige Krönung eines Gebäudes): Knopf 2.a.
Kuh f.: Ku; ein Pfiffiger *sieht's der Kuh am Hintere a, was der Butter in Paris gilt. Der schwätzt me, als e Kuh wedelt(schwanzelt). Es kommt allemal wieder a Kuh mit 'me dreckkere Schwanz ein Gerede löst das andere ab. Da ist' dunkel, finster, Nacht wie in 're Kuh. Bei Nacht sind älle Küh schwarz. E Kuh weißt, wenn se gnug hat. Erst a Ställe, dann e Kühle. Alte Küh schlecket au no gern Salz von mannstollen, alten Frauen. Eine Kuh im Haus treibt alle Armut aus. Die streiten um d'Kuh, und der Advokat milkt sie derweil. Um's (ei) Aug ist d'Kuh blind es fehlt eine Kleinigkeit. Des muß ma ei einander rechne, hat der Bauer gsait, wo ihm in einer Nacht Weib und Kuh verreckt ist. Mei Kuh furzet gscheider, als du schwätzest. Was weißt eine Kuh, wann's Sonntag ist, ma gibt ihr ja kei weißes Hemd. Wo's der Brauch ist, legt ma d'Kuh ins Bett.*
– (als Schimpfwort, wie andere Tiernamen für dumme Weibsgeschickte, bes. weibliche Leute): *du alte Kuh! alte Kuh, gang Pfullinge zu!*
– (die zum Zug gebrauchte Kuh): Farku
– (in der Kindersprache): Mu, Mule
– (Kalb): Kumockel 1., Kümockel
– (ohne Horn; Geiß ohne Horn): Muttel 1.
Kühbauer m. (spöttisch): Hornschröter 2.
Kuhglocke f.: Kuhschelle 1.
– (übtr.): Katzenkopf 2.a.
Kuhhirte m.: Küherder
Kuhkot m.: Kükat, Küdreck; *wo d'Liebe hifällt, da bleibt sie liege, und wenn se in Kükat fällt.*
kühl Adj.: kül 1.
– (mäßig kalt): frisch 4.
– **machen** schw. (abkühlen): verkülen 1.
Kühlein n. (Kälblein): Motschelein, Mutschelein, s. Mutsch(el) II 2.
kuhwarm Adj.: külau
Kümmel m. (die Pflanze und ihr als Gewürz verwendeter Samen): Kümmich 1. *der frißt Mausdreck für Kümmich; da ist Mausdreck unter'm Kümmich die Sache ist nicht echt.*
Kümmelbrot n.: Kümmichbrot

Kümmelkuchen m.: Kümmichplatz, Kümmichbrot

Kummer m. (schlechte Laune): Unmut

Kümmerling m.: Serbling

kümmern schw. (sich um etwas kümmern): sich an etwas keren, s. keren I 2.; sich scheren 4.

Kundenmühle f. (Mühle, die das Getreide der Kunden um Lohn mahlt): Kundenmüle

kundig Adj. (in Wald und Feld): waldecht

Kunigunde f. (Taufname und Heiligenname; ihr Tag, der 3. März): Kunigunde 2. *Kunigund macht warm von unten;* vom 3. März, an Kunigund, erwärmt sich die Erde.

Kunstbleiche f.: Schnellbleich 1., opp.: Rasenbleiche

Kunstgriff m. (günstige Situation): Vorteil 3., Vortel, Vörtel; *ein jedes Handwerk hat sein Vörtele.*

Kunstmost m. (saurer Most, Wein): Simsenkrebsler

kunterbunt Adj. (seltsam): schecket 2., scheckig

Kupfervitriol n. (Gift): Grünäuglein

kupieren schw. (verkürzen): schwänzen 1.

Kurbel f. (Drehgriff): Drille 4.

– (Querbalken, an dem der Kessel über dem Feuer hängt): Wirbel 2.

Kurpfuscher m. (der bes. den Bandwurm entfernt): Wurmdoktor

kurz Adj. (gedrungen, dick von Personen): gestotzt, gestotzlet, gestumpet

– (klein, meist spöttisch): butzig

kurzer Mensch m. (dicker Mensch): Stumpe 3., Stumper, Stümper

Kurzfutter n. (Häckerling; Stroh, Getreideabfälle in warmem Wasser angemacht): Gesod, Gsüd, Brüts

kürzlich Adv. (neulich): neu 3., *neu gemacht* vor kurzem gemacht(repariert); *neu verheiratet* kurz verheiratet.

kurzweilig Adj. (wunderlich, sonderbar): späßig; häufiger: gespäßig

kuschen schw. (sich ducken; nachgeben, den Mund halten): guschen

Kusine f.: Base 1., Geschwisterkind *wenn's eim gut goht, na hat ma lauter Vetter und Base, wenn's einem übel goht, springet se darvo wie d'Hase. Was? d'Katz ist dei Bas, der Rälling ist dei Vetter.*

Kuß m.: Schmatzer 2.; Schmutz II 2.; Schmutzer 2.

– (Berührung der Wangen): Nailein

– (Kindersprache): Mutz I

– (lauter Kuß): Schmatz

küssen schw.: kussen, küssen; *nach Kussen und Lecken kommen Prügel und Stecken. Wenn du so groß wärest als dumm, so könntest den Mond kusse. Ein Magerer ka e Geiß zwischen de Hörner kusse. Du kannst mi hinte kusse(vorne ist mir's selber gättlich).*

– bussen, bußlen; schmutzen 2.

– (heftig und lange küssen): knutschen 2.

– (unerlaubtes Küssen): abschmulen

Küssen n. (ständiges Küssen der Verliebten): G(e)schlecke

küssend Part. (gern küssend, tadelnd): kussig 1., küssig

Küsserei f. (dauerndes Küssen): Gekusse

Kußmaul n.: Schmatzer 1.

Kutsche f.: Gutsche 1.; Schäse 1.

L

Lache f. (Pfütze, Sumpf; auch Verschüttetes, z. B. Kaffee in der Untertasse): Sutte 1.
– (verschüttete Flüssigkeit): Pflätsch 1., Pflätsche, Pflätschete, Pflachet *wo kei Pflätsch ist, ist au kei G'süff* als Entschuldigung der Nässe auf dem Wirtstisch.
lächeln schw.: schmutzen 1.
– (schmunzeln): schmotzen II
– (schmunzeln; sich einschmeicheln): schmotzlen II, schmötz(e)len II
– (spotten): schmollen 1.
Lächeln n.: Schmutzer 1., Schmutzerlein
lachen schw.: lachen I. *Der lacht der Spur nach ohne zu wissen warum. Wer zletzt lacht, lacht am besten. Der hat's Lachen und's Weine (briege, heune, belle, zänne) in eim Säckle. Es weint selten einer, wo net e andrer lacht. E lachende Braut geit e weinends (heunigs) Weib. Am vielen Lachen kennt ma de Narre. Könne vor lache und heule vor Zorn* es geht nicht. *Einen Schochen lachen* stark lachen. *Der lacht auf de linke Stockzähn (wie d' Maikäfer)* heimlich. *Da möchte ma sich scheps lache. Des ist zum tot lache. Bröckele lachen* sich erbrechen.
– (geiles Lachen der Mädchen): rallen 2.c.
– (unterdrückt lachen): pflitteren 1., pfitteren, pfnutteren, pfutteren
Lachen n. (einmaliges Lachen): Lächetlein
– (heftiges Lachen): Läche 2.
– (kurzes Lachen): Lacher 2.
– (plötzliches Lachen): Pfitterer 2.
– (unangenehmes, törichtes Lachen): Gekitter, Gekicher
lachend Part. (gern und viel lachen): lachig *e lachige Braut, e heunigs Weib, e zäunigs Weib.*
lachende Frau f.: Schätteralle, Schätteräre, Schätterbäll; Schätterhaf(en);
Lacher m. (der über jede Kleinigkeit lacht): Läche 1.; Lacher 1.; Kitterer 1., Kittermichel
lächerlich Adj. (komisch, sonderbar): lächerig 1.
lächerlicher Mensch m. (läppische Frau): Gaude 2., Gaudel
Lade f. (Behälter, Schublade, Truhe): Lade 1. *die sieht aus wie aus'm Lädle* so geputzt.
Ladefläche f. (eines Lastkraftwagens mit beweglichen Seitenwänden): Pritsche

Laden m. (der nach unten aufgeht): Schlappe 2.
– (Geschäft): Handlung 2., Kaufladen
Lader m. (zur Beerdigung): Leichenbitter, Leichenbeter
Ladung f. (Traglast von Heu, Klee): Schlätter 1.
Lage f. (Schicht): Leget
– (von kurzem Stroh, Haber, Gerste u. a.): Schütten, s. Schütte 3.
Lager n. (Ständer, Verschlag): Gant(n)er
lagern schw.: lageren, läg(e)ren
Lagerstätte f. (Nachtquartier, Unterkunft): Geliger
lahm Adj. (ganz gelähmt vor Müdigkeit): krotenlahm, krotenmüde
– (sehr lahm, ermattet, abgeschlagen, faul): kreuzlahm, verstärkt: kreuzlendenlahm, kreuzerdenlahm, kreuzkrotenlahm
Lähmung f. (Lahmheit): Läme 1.
Laib m. (kleiner Laib, der aus dem zusammengescharrten Teig gebacken ist): Scherrlaib; Zeltenbrot
Lakritze f.: Bärendreck, Bärentatze
lallen schw.: latschen 2.
– (schwatzen): dallen 1.
– (stammeln): kolderen 4.
– (unverständlich sprechen): dudlen 2., duderen
– (vom ersten Lallen des Kindes): ruckausen 2.b., rucksen, ruken
Lallen n. (das unverständliche, unnütze Sprechen): Dudelei
Lamelle f. (dünner Streifen): Flander 1., Fländer
Lamm n. (junges Lamm): Suckelein, s. Suckel 2.; Bätze(r)lein, s. Bätzer
Lämmchen n. (das noch saugt; das mutterlos im Haus mit Saugflasche aufgezogen wird): Sukker
– (Kindersprache): Mähammelein
Lampe f. (stinkende Lampe): Funsel
Lampendocht m.: Zach(en), Zaken, Zacht; Dacht, Wieche
Lampert(us) m. (Ruf- und Heiligenname; sein Tag, 17. September): Lampert, Bert, *Gregorii* (12. März) *und des Lamperts Reich macht Tag und Nacht einander gleich* Tag- und Nachtgleiche.

Land n. (Land am oder im Wasser; Insel, Halbinsel, Uferland): Au
- (Gegend): Gäu, vgl. Oberes Gäu, Strohgäu, Zabergäu, Heckengäu, Schlehengäu
- (neugerodetes Land): Neugereute, Neugreut
- (unbebautes Land): Öde 1., Ödland, Ödung
- (für Kraut- und Kohlsetzlinge): Keidland
- (mit Zwiebeln bebaut): Z(w)ibelland
Landmann m. (Landwirt): Bauer 1. *wenn der Bauer auf den Gaul kommt, so reitet er ärger als der Edelmann; je dümmer der Bauer, je größer die Kartoffeln.*
Landstraße f. (Chaussee): Schosse
Landstreicher m. (Gauner): Stromer 3.; Scheurenburzler 1.; Scherenschleifer; Läufer 2., Laufer; Feger 2.; Flankierer
Landstück n.: Stuck 2.a.
- (kleines Stück Landes): Bletz 2.; Gütlein
- (zum Anpflanzen von Gartengewächsen): Gewand II c.; Gütlein
Landstückchen n. (auf dem geöhmdet wird): Emdbletz
Landungsplatz m.: Schifflände, Schefflände
lang Adj.: lang, s. die besondere Sprachverwendung räumlich und zeitlich
- **werden** unr. (länger werden): langen 1.a.
- (zeitliche Dimension): belangen 1., belangeren *laß dich net belangen* laß dir die Zeit nicht lange werden.
langbeinig Adj. (schlank, hoch, lang gewachsen): gestagelet
lange Adj. (sehr lange): langmächtig
Längenausdehnung f. (Entfernung): Weite 2., Weitne
langer Mensch m. (linkischer Mensch): Schlangenfanger, Schlankel, Schlankankeler, Schlank(e)ler; Kunkel 4., Gunke; Gagel, Gageler; langes Scheißhaus 2.; Latte 2.; Riesenlatte; Schnakeler
langgliedrig Adj. (hager): staket, stakig, staksig
langhaarig Adj.: langhaaret
langhalsig Adj.: langhalset
länglich Adj.: langlecht, länglecht, langlächtig, überlängst 1.
langohrig Adj.: langoret
langsam Adj. (gemächlich): allsgemach, allgemach *jetzt b'hüet ui Gott, laufet allsgemach!* Abschiedsgruß; gestät, gstat, stät
- (lahm): laulig
- (schlaff, welk): lam(e)lig, lomelig
- (träg, nachlässig): leirig; drat(e)lig; lam 1., lendenlam
- (unmerklich; sachte, glatt; ungehindert): schleunig 2.
- (nichts überstürzen!): gemach 2.!gestät! verstärkt: allesgemach! allsgmach!
langsamer Mensch m.: Langwid 2.; Leimarsch
langsames Mädchen n.: Daulein

Längsbalken m. (auf dem das Dach ruht): Dachpfette
- (des Pfluges): Grindel, Grendel
Langschläfer m. (der an Pfingsten am längsten schläft): Pfingsthammel, Pfingstlümmel 3.; Neuneschläfer
Längsstangen Pl. (der Leiter, bes. am Leiterwagen): Leiterbaum 1.
Längsstreifen m. (als Grenze eines Ackers): Rain 1.
Langweiler m.: Brägler, s. bräglen; Dratler; Dreckler; Schneck(e)ler, Schneckenbatterer; Trieftler, Triefler, Trieler 4., Trifler 2.
Langweilerei f. (langsames Vorankommen): Gedratel, Dratelei, Dratlerei, Gedreckel, s. drecklen 1.; Dratelei; Leirerei
langweilig Adj.: lam 1.d.
- (trocken): lederen I, lederig
- (ungenießbar): ödlochet
langweilige Person f.: Funzel; Leimsieder
Lappen m. (Fetzen, Klumpen): Schlappe 1.
- (Fetzen, Stück Tuch zum Ausbessern der Löcher): Fleck I 1. *besser ein wüster Fleck als ein schönes Loch; besser ein Fleck am Hintere als ein Loch im Strumpf; den Flecken neben das Loch setzen* etwas ungeschickt angehen. *Der hat's Herz, den Kopf, das Maul am rechten Fleck. Nicht vom Fleck kommen* nicht vorwärts kommen.
- (kleineres Stück Stoff, Leder u.ä., Stück Haut am tierischen Körper): Lapsen
läppisch Adj. (ausgelassen; unüberlegt): happelig
läppischer Mensch m.: Dalle II
Lärm m.: Gefretze 2.; Krampol; Tummel 2.
- (Aufheben, Aufsehen): Lebtag 3., Lebetag; *Lebtag haben, machen, verführen, anschlagen, anstellen* viel Lärm um nichts.
- (Aufruhr): Krawall
- (Durcheinander): Hundsfure, Hundskomödie
- (Gezänke): Strudel 1.
- (großer Lärm): Unlärm; Spektakel; Heidenspektakel; Höllenspektakel
- (Mutwille; Gelächter): G(e)roll, Gerall
- (Spaß): Fure I 2., Gescher, Lebtag, Verzal, vgl. Gugelfur, Unfur
- (Unfug): Rumpelmette 2.
- (Unruhe): Gotteslebtag
- (wüster Lärm): Saulärm
- (wüstes Geschrei; lärmende Streiterei): Krakel
- (Zank): Randal
Lärm machen schw.: randalieren
lärmen schw.: tummeln 2.
- (ausgelassen sein): haselieren 2.b.
- (lärmend sprechen): goleisteren
- (lärmend zu Werke gehen): hantieren 3.

– (laut lachen): schallaren
– (schnell und unordentlich sprechen): rapplen 1.
– (schreien): gelfen, gelferen; krakelen; rakelen
– (schreien, zanken; Umstände machen): *einen Markt haben*, s. Markt 1.
– (sich erhitzen, sich ereifern; hastig tun, rennen, jagen): gäuchen 1.f., gäuken
– (toben): hausen f.; wildelen 3.
Lärmen n.: G(e)lärme
lärmender Mensch m.: Rolle I 4.
lärmig Adj. (lärmend;polternd,gellend):gehellig
Larve f. (des Maikäfers): Quatte
lassen st.: lassen, s. die Formen und den bes. Gebrauch
– (eine Blähung streichen lassen): auslassen 4.
– (fallen lassen): reren I 1.
– (gehen lassen): gehen II 1. *du därft kein Schnaufer gau lau* kein Wörtchen davon sagen. *Einen gehen lassen* in Ruhe lassen.
– (hängen lassen; Blätter und Blumen hängen lassen, von Pflanzen): trauren
– (hängen lassen; gleichgültig behandeln): *lopperen lassen*, s. lopperen 1.
– (hängen lassen; vernachlässigen): *lotteren lassen*, s. lotteren I 1.a.
– (hinausgehen lassen; das Vieh auf die Weide lassen): auslassen 1.
– (liegen lassen; Getreide auf dem Feld liegen und dürr werden lassen): felden
– (sitzen lassen; z. B. ein Mädchen nicht heiraten): hocken lassen
– (sitzen lassen; im Stich lassen): abstehen 2.
Last f. (eines Schiffes): Gefärt 2., Segner
Laster n. (Schimpfwort für beide Geschlechter): Laster 2., *altes, langes, wüstes Laster.*
Lasterleben n.: Luderleben
lästig werden unr. (erdrücken): aufsitzen 2.a.
Lastkraftwagen m. (mit Pritsche): Pritschenwagen
Lastwagenplane f.: Blahe 1.
Laterne f. (scherzhaft): Latusel, Latuter
Latte f. (große Latte; übtr. großer, magerer Mensch): Lattenstück
– (Stangenzaun): Lander 2.
Lattengestell n. (an der Sense zum Getreidemähen): Reff 1.b., Fläuger, Habergeschirr, Haberrechen, Haberreff
– (zum Ausruhen): Grattler 3.
Lätzchen n. (für Kinder): Schäpper 3., Trieler; Geiferbletz, Geiferlappen, Geiferläppchen, Trielbletz
lau Adj. (abgestanden, fad, kraftlos): lack 1.
– (beim Reden und Handeln): lacks
– (ein wenig lau): katzenlau, katzenläuig
– (gelind): geläu; *gläub Wetter* Tauwetter; *des kalte Wetter wird g'läber* gelinder.

– (lauwarm): laulecht, laulich, läulich
– (nicht mehr warm): kuläpperig 2.
– (weder warm noch kalt, von Flüssigkeiten oder der Luft): überschlagen, Part. 5.
Laub n. (Laubstreu): Laubach, Lauberich
Lauer f. (Hut f.): Kiwif, *auf dem Kiwif sein* auf der Hut, der Lauer sein; scharf beobachten.
– Paß; *auf der Paß sein* auf der Lauer.
lauern schw.: luren 1.; abpassen
– (horchen, lauschen): lausteren
– (horchen, lauschen; nachdenken): laderen
– (im Versteck auf jemanden lauern): anstehen 1.
laufen st.: springen 2., *springen müssen* Durchfall haben.
– stieben 2.a.
– (aufgeregt hin- und herlaufen): popperen 2.
– (eilig laufen): pfefferen 7.; plättlen 2.; fegen 2.b.; lederen II 5.; fersen
– (Eis laufen): schliferen, schleifen I 1., schleiferen
– (rasch laufen, umherspringen): boschen
– (ruhelos laufen, von einem Ort zum andern): wefz(g)en
– (schnell laufen): rasen 2.
– (scherzh.): reiflen
– (springen, jagen): galabren
– (von Dingen, wie nhd.): laufen 2., *laufen lassen* pissen. Das Geschäft, die Arbeit *läuft* geht gut voran. *Es lauft* es geht. *Des lauft in's Geld* ist sehr teuer. *Die Zeit lauft.*
– (von Mensch und Tier): rinnen 1.
– (von Menschen und Tieren mit der Bedeutung der Eile): laufen 1.a. *laufst net, so gilt's net* so schnell wie irgend möglich. *Der lauft, wie wenn er gstohle hätt, wie bsesse, wie wütig, wie net gscheid, wie verrückt, wie anbrennt, wie e Has usw.*
Lauge f. (Beize): Beize b.
Laune f.: Gelaune
– (absonderliche Gedanken): Mucke I 3.
– (üble Laune): Dutsch 3.
Launen Pl. (üble Einbildungen): Grillen 3., vgl. Mucke, Schnake
launig Adj. (aufgeräumt; wohlfühlend): wuselig 3.
launisch Adj. (mürrisch): gammelig, gämmelig; aberlaunig; gelaunisch; windisch 2.
Lausbube m.: Stritze II
Lauscher m. (Aufpasser, Spion): Loschorer
Lausekerl m. (Schimpfwort): Lausbube, Lauser, Lauskerl(e), Lausknüttel, Lauskrotte
laut Adj. (stark, rauh von der Stimme): grob 2.b.
– (von anderen Sinneseindrücken; stark): laut 2. *es riecht, schmeckt laut* stark.
Laut m. (krachender Laut): Kracher 1.
läuten schw.: läuten, aber nur vom öffentlichen Läuten mit großen Glocken, Kirchenglok-

ken; bes. vom Läuten zum Gottesdienst. *In die, aus der Kirche läuten.* Es wird meist 3mal zur Kirche geläutet: *'s Erste, 's Ander, 's Dritte läuten; Zsämme läuten* alle Glocken läuten. *Zur Leich läuten, einer Leich läuten* zu einer Beerdigung.
- (Hausglocke, Glocke des Büttels): schellen
- (mit einer kleinen Glocke läuten): klänken II 1.
- (zu einer Beerdigung läuten): tötelen 2.
Läuten n. (der Sterbeglocke bei einem Todesfall): Schidung
- (um einen Todesfall anzuzeigen; Passionsläuten): Schidläuten
Läutwerk n. (Schellen): Geschell
lauwarm Adj.: warmlecht
- (nur tadelnd, wo etwas kalt sein sollte): seichwarm
leben schw. (am Leben sein, lebendig sein): leben; *zu viel zum Sterben und zu wenig zum Leben* von einer elenden Existenz. *Ma lebt nur einmal auf der Welt. Alles will lang leben und doch nicht alt werden. Wer von der Hoffnung lebt, stirbt am Fasten* (vor Hunger). *Wie man lebt, so stirbt man. Lebe sott ma, daß ma könnt all Tag sterbe, und hause, als wurd ma ewig lebe. Ma muß lebe, wie ma ka, und it, wie ma mag. Lustig gelebt und selig gestorben, heißt dem Teufel die Rechnung verdorben. Nichts haben sie ein ruhiges Leben.*
- (flott leben): *hellauf leben*
Leben n. (abwertend): Gelebe
- (liederliches Leben): Schindluderleben
- (sorgenfreies Leben): Herrenleben
lebendig Adj.: lebig 1.a.
Lebensmittelhändler m.: Merzler
Lebenszeit f. (das ganze Leben lang, solange ich lebe): Lebtag 1.; Lebetag *das lernst du dein Lebtag nicht* nie, niemals, s. die adv. Verwendungen
Leber f. (Lunge, Eingeweide der Schlachttiere; Geronnenes, wie Leber aussehend): Geliber, Gehenk, Geläre, Gelunge, Kröse
Leberknödel m.: Gereuschknöpflein, vgl. Kuttelfleck; Leberknopf, Leberspatz, Leberspätzlein
Leberkrankheit f. (der Schafe): Keinnütze
lebhaft Adj.: lebig 1.b. *der wird am Abend lebig wie d'Maikäfer.*
- (beweglich, aufgeregt, gereizt): anwuselig
- (gewandt; elegant, wohlgewachsen; schick): vigilant
- (munter): grap(p)elig 2.; käferig
- (tüchtig, brauchbar; klug, verständig, gescheit; schlau, pfiffig): wif
- (klein, munter, flink, beweglich; aber auch nur von kleinen Tieren und Personen): wuselig 1.

lebhaft sein unr. (feurig sein): *Rasse haben,* s. Rasse 1.
lebhafte Frau f. (fahrige, hurtige Frau): Wetterhexe 2.
lebhafter Mensch m.: Wefz(g)e 2.
lebhaftes Kind n.: Wusel 3., Wuselein
- (Kosewort): Wächtelein, s. Wachtel 2.
- (leicht erregbarer Mensch): Hupfauf
Lebhaftigkeit f. (Tüchtigkeit): Wifheit
- **lecht, -lechtig** Suffix: Adjektive mit diesen Suffixen drücken die Eigenschaften in einem geringeren Grade aus: *blau-, grün-, dick-, langlecht* etwas blau usw.
lechzen schw. (die Zunge vor Hitze, Durst, Erregung heraushängen lassen): lechen 2., lechlen, lechnen, lecheren
leck Adj. (infolge Austrocknens: rissig; ausgedörrt vor Durst): lech, leck, verlechet
- **sein** unr. (ausgetrocknet, rissig sein): lechen 1., lechlen, lechnen, lecheren, lechzen; häufiger: verlechen
lecken schw.: lecken *nach Küssen und Lecken kommen Prügel und Stecken. Alte Kühe lecken auch noch gern Salz.* Immer mehr wird jedoch *schlecken* gebraucht. Dagegen stets *im (am) Arsch lecken. Leck mi am Arsch, na siehts mei Füdle, mein Säckel. Kreuzweis im Arsch lecken.* Auch ohne beleidigende Absicht: *jetzt leck mi nur am Arsch, wo kommst denn du her?*
- (im, am Arsch lecken): prisen 2. *pris mich!*
lecker Adj. (heikel): schnäuklig
Leckerei f. (Leckerbissen, Annehmlichkeit): Schleck, Schlecker 2.a., Schleckerei; Schleckhaf(en), Schleckware 1.
Leckermaul n.: Schlecker 1., Schleckgosch, Schleckmaus; Schnäuker, Schnäukler
- (das im Hause nach Leckereien sucht): Fis(e)ler 2.
Leder n. (zum Draufsitzen): Sitzleder 1.
lederbesetzt Adj.: geledert
Lederhose f.: Furzkasten 2.
Lederkappe f.: Botschkappe; Patschkappe
ledern Adj. (aus Leder gemacht; lederartig, zäh): lederen I, lederig, lideren
ledig Adj.: ein 14 Jähriger ist *furzledig,* ein 15 Jähriger ist *bonenledig,* ein 16 Jähriger ist *hundsledig;* zwischen 14 Jahren und 17 Jahren ist man *gansledig.*
- (und schon alt): altledig
lediger Mann m. Bube 4. *des ist no a Bu* obwohl er 50 Jahre alt ist.
leer Adj.: ler, verstärkt: fatzen-, lotter-, lottel-, lutt-, bluttler; vgl. die besonderen Verwendungen
- aber, äber
- (fertig, aus): pappai, pappala, pappaus
- (inhaltslos; nichtig, eitel): wan

– (magenschwach): eitel 1.
– (nichtig; verlassen): öde 1.
– (vollkommen leer): lotterler, lotteller
– (vollständig leer): fatzenler
leer machen schw.: leren II
– **werden** unr.: auslaufen 2.a.
leeren schw. (den Beutel, *Säckel* leeren, den Vorrat aufbrauchen): versäcklen 1.
– (den Weihnachtsbaum leeren): abplündern
legen schw. (an eine bestimmte Stelle legen, stellen, bringen): hintun
Lehm m. (lehmiger Boden, wertvoller als *Letten*): Leime, Leim, Lei, Leimen *da ist Dreck unter'm Leimen* ist nicht reell.
– (Leim): Kleib 1.
– (Mergel): Schlier 1.
Lehmboden m. (fruchtbarer, lehmiger Boden): Malmboden, Malmen-, Malboden; Leimboden; Lichs(e), Lichsboden
lehmig Adj. (schmierig, kotig): lichsig
– (tonig): letten, lettig, lietig; leimig; malmig
Lehmklumpen m.: Leimbatzen, Leimbollen
Lehne f.: Leine
lehnen schw.: leinen I 1., an-, umleinen
Lehranstalt f. (spöttisch für schnell und oberflächlich zum Ziel führende Lehranstalt): Schnellbleich 2.
lehren schw.: leren I 1.; lernen 2
– (einen oder einem etwas lehren): anlernen
Lehrer m. (spöttisch): Trämelblaser
Lehrjunge m. (Lehrmädchen): Lerner
Lehrling m.: Bube 3., Lerbu *wenn der Baur umgheit, muß der Bu die Schuld hau.*
Leib m. (Körper, Mutterleib): Leib 1. (alte Bedeutung von *Leib* ist *Leben*, z. B. *leibeigen* mit dem Leben zugehörig)
– (des Herrn): Fronleichnam 1.
Leibrente f. (auf Lebenszeit ausbedungene Rente): Leibding, Leibgeding(et), Ausding
Leibschmerzen Pl.: Bauchwe *viel wissa macht Kopfweh und alls wissa Bauchweh* Grimmen.
– **haben** unr. (in Not sein): *das Grimmen haben*, s. grimmen 4.b.
Leibwäsche f. (Tisch-, Bettwäsche): Weißzeug
Leichenschmaus m.: Totenmal
Leichenwagen m.: Totenkarren
Leichnam m.: Leiche 1., Leicht
leicht Adj.: gern 3. *im Winter han i gern kalte Füß.*
– (an Gewicht): gering 1.a., gring, ring
– (an Hopfen, vom Bier): hopfenleicht 2.
– (dünn, armselig gekleidet): blutt A.2.
– (um's Herz): ring 1.a.
– (ungezwungen, locker): lescher
– (von Gewicht; leichtbeweglich): ring 1.a.
– (zu tun): ring 1.b.
Leichtsinn m.: ringer Sinn, s. ring 1.a.
leichtsinnig Adj.: luftig 3.

Leid n. (Kränkung, Heimweh, Sehnsucht): And
– (schwere Bürde; Trübsal): Kreuz *es ist ein Kreuz auf dieser Welt, was man kauft, kost älles Geld. Es ist e Kreuz und en Elend und e Last. Es ist kei Häusle ohne sei Kreuzle. Die selber gemachten Kreuze sind die größten.*
leid sein unr. (satt haben): vertleiden 1., vertleidnen, vertleidelen *dem ist älles vertleidet, 's Lebe und 's Sterbe.*
leiden st. (an einer Sucht): suchten
Leidenschaft f. (auch Zorn): Brunst 2.b. *in der Brunst 'rausschwätza* im Zorn.
leidenschaftlich Adj. (erregt): hitzig 2.
– (zornig; heißblütig): heißgrätig 2.
leidlich Adj. (annehmbar, erträglich): littenlich, littlich
Leidtragende Pl. (bei Leichenbegängnissen): Klagleute
leiern schw. (gleichmäßige Töne hervorbringen): ludlen 2., dudlen
leihen st. (sich Geld von jemandem leien): anpumpen 2.
Leim m. (Klebstoff): Leim *e rauhs Brittle will en starke Leim; aus dem Leim gehen* eig. und übtr.
Leindotter m.: (Pflanzenname) Schelle 4.c.
leinenartig Adj.: zwilchen I, *ein zwilchener Mensch* rauher, grober Mensch.
Leinengewebe n.: (mit doppeltem Faden): Zwilch 1., Zwilchener, Zwilchete
– (für Hosen und Röcke): Wifling
Leinenhandschuh m.: Zwilchhandschuh
Leinenjacke f.: Zwilchkittel
Leintuch n. (Bettuch): Leinlach(en); Bettuch
Leinwand f.: Leinwat 1.
– (grobe Leinwand): Drilch
Leinwandsack m. (für die Bettfedern): Sarg, s. Zarge 1.d.
Leinwandstück n. (in Keilform geschnitten; ebenso großes Stück Fleisch): Speidel 3., Keidel
leise Adj.: leis 1., leislich
leisten schw. (einer Sache gewachsen sein): prästieren
Leistenbruch m.: Gemächtbruch
leiten schw. (Wasser durch *Teuchel* leiten): teuchlen
– (verantwortlich führen): fürstehen
– **Leiter** f. (große Leiter in der Scheune): Scheurenleiter
Leitersprosse f.: Sproß 1., Sprossel, Sprössel, vgl. Sprüssel
Leiterwagen m. (mit offenem Kasten, Geländer und Bank): Bernerwägelein *er kommt bald nieder mit einem Bernerwägele, 's Deichsele guckt schon vornen 'raus* scherzhaft von einem Dicken.
Lektüre f.: G(e)lese 2.

Lenden Pl. (weicher Teil des Rumpfes): Weiche 3.

Lendenstück n. (Lendenstückbraten): Lummel I

lenken schw. (leiten): deichslen

Leonhard m. (männlicher Taufname und Heiliger, sein Tag, 6. November; Patron der Gefangenen, daher mit Kette dargestellt): Leonhard, Lenhard, Lenard, Lerd

lernen schw.: leren I 2.; lernen 1.
– (angestrengt arbeiten): schanzen 2.
– (eifrig lernen; stark arbeiten): ochsen, büffeln, schuften

Lernen n. (übermäßiges Lernen): G(e)lerne

Lese f. (Weinlese): Leset

lesen st. (falsch lesen): verlesen 3.
– (Trauben lesen, Weinlese halten): wimmeln I 1., herbsten

Lesen n. (abwertend): G(e)lese 1.

Leseratte f.: Lesratze

Letten m. (Tonboden, vom *Leimen* durch geringeren Wert, schwerere Bearbeitung unterschieden): Letten

letzt ... Adj. (verächtlich; letzter Gewinn; letzte Garbe; letzter Schnitter, letzter Schlag beim Dreschen): Sau 3., Gersten-, Kornsau

leuchten schw.: zünden 2.
– (heller machen): lichten 1.

Leute Pl. (Angestellte. Angehörige, nächste Verwandte, bes. Eltern): Leute, s. Leut 1. *wie d'Leut, so d'Zeit. Wie's Wetter ist, so sind d'Leut veränderlich. Ma muß d'Leut nehme, wie sie sind, net wie sie sei solltet. Ma muß d'Leut net wegwerfe, nur hileine; es kommt e Zeit, ma ka s'wieder brauche. Wenn ma d'Leut kenne lerne will, muß ma e Gütle damit teile. Auf'm Märkt lernt ma d'Leut besser kenne, als in der Kirch. Ma sieht nur an d'Leut na, nit in se nei. Es ist net alles wahr, was d'Leut saget. Berg und Tal kommt net zusämme, aber d'Leut. Die Leut reden miteinander, und d'Ochse stoßet einander. Die Fremde macht Leut, hat sell Mädle gsait, und ist mit einem Schubkarre voll Kinder heimkomme. D'Häs macht Leut. Aus de Kinder werdet Leut. Ma ka's net älle Leut recht mache. Mit andre Leut Sache ist gut hause. Bei de arme Leut muß ma's Koche lerne und bei de reiche 's Spare. Faule Leut überladen gern. Morgen, morgen, nur nicht heute, sprechen alle faulen Leute. Es geht nix über die gescheide Leut, als d'Haut. Der weißt no net emal, daß es zweierlei Leut gibt* zweierlei Geschlechter. *Zu de Leut komme und bei de Leut sei, ist zweierlei. Vo de reiche Leut ka ma's Spare lerne, vo de arme 's Schenke.*
– (einflußreiche Intellektuelle): Großkopfete
– (verheiratete Leute): Hausleute 3.

– (vornehme Leute; Standespersonen): Herrenleute

Leuteschinder m.: Leutplager

leutselig Adj.: sprächig, gesprächig

Libelle f. (Wasserjungfer): Bachschneider; Gumpehüter, Wettehüter

Licht n. (das von oben kommt): Hochglast 1.
– (in der Kirche, das beim Abendmahl brennt): Kirchenlicht 1.
– (Lampe, die nicht hell brennt): Funz
– (trübes Licht, langweiliger Mensch): Tranfunzel

Lichtmeß f. (Mariä Lichtmeß, kirchlicher Festtag, 2. Februar, an dem die Lichter, Kerzen geweiht werden): Lichtmeß *Lichtmeß bei Tag eß, 's Spinne vergeß.* Sonnenschein an Lichtmeß verkündet einen langen Nachwinter; daher: *wenn's an Lichtmeß stürmt und schneit, ist der Frühling nimmer weit. Lichtmeß im Klee, Ostern im Schnee.*

Lichtnelke f.: Bachnägelein

Lichtweite f. (im Lichten): Licht 2.

lieb tun unr.: liebelen 1.

liebäuglen schw.: guckäuglen

Liebchen n. (liebes Kind; Kosewort): Liebelein

Liebe f. (Liebschaft): Liebe *Lust und Liebe zu einem Ding, macht alle Müh und Arbeit ring. Wo kei Lieb ist, ist kei Freud. Trau der Lieb net zu wohl und schneid net zu viel vom Laib. Unglück im Spiel, Glück in der Liebe. Die Liebe macht die Hütte zum Palast. Wer aus Liebe heiratet, hat gute Nächt, aber schlechte Täg. Wenn der Hunger zur Tür'rei guckt, guckt d'Lieb zum Fenster naus. Des macht der Lieb no lang kei Kind hat nichts zu sagen. Wenn d'Lieb vor der Eh zu heiß brennt, gibt's in der Eh gern Donnerwetter. Wo d'Lieb na fällt, bleibt sie liege, und wenn sie auf'n Misthaufe fällt. Die Liebe und das Singen läßt sich nicht verzwingen. Das Küssen und das Lieben laßt sich nicht verschieben.*

liebeln schw. (eine Liebschaft unterhalten): karessieren

lieben schw.: leiden können, s. leiden 2.a. *ein Mädchen leiden können* lieben.

liebenswürdig Adj. (angenehm): mögig, mügig
– (umgänglich): nett 1.

Liebesverhältnis n. (auch der Geliebte, die Geliebte): Pussasch
– (Liebkosung): Mögetse

Liebhaber m. (von Tieren wie z.B. Hunden, Katzen etc.): Datte, s. Ätte, Hunds-, Katzendatte

Liebhaberei f.: Kirbe, Kirchweih 3.a.

liebkosen schw.: adeien, s. adei; hätschlen
– (verächtlich gemeint): abschlecken

Liebkosen n. (Berühren): Getätschel

Liebkosung f.: G(e)schmuse 2.

Liebkosungswort n.: Herz 3., Herzele, Herzle
- (für Kinder): Sutzelein, s. Sutzel 2.
- (für Kinder, Mädchen, Frauen): Maus I 3.b., Mäusle, Mausele

Liebling m. (Kosewort): Herzkäfer, Schatz, Schätzle

Lieblingsgericht n.: Leibgericht, Leibspeis, Leibessen; vgl. weitere Komposs. mit Leib-, Lieblings-

Liebschaft f.: Bekanntschaft
- (Geliebte): Verhältnis 2.
- (Liebesverhältnis): Karesse 1.
- (Liebesverhältnis mit Frauen): Menschete, *auf die Menschete gehen* den Frauen nachlaufen, um eine Liebschaft zu bekommen.

Liebstöckel n.: Maggikraut

Lied n. (weltliches, liederliches Lied; Schnaderhüpfel): Schelmenlied

liederlich Adj. (durch und durch liederlich): grundliederlich, grundsliederlich, auch erdenliederlich
- (sehr schlecht): erdenlieder(l)ich, erdenlätz, erdenmind

liederliche Frau f. (Schimpfwort): Fotze 2.; Flitsche I; Lumpendocke, Lumpendöckle scherzh. zu Mädchen; Lumpenkätter, Lumpenmensch; Musch 1.; Schleife 2., Schleipfe; Schuckel 2

liederlicher Mensch m.: Haderlump(en) 2.

liederliches Mädchen n.: Mutschel II 5.

Liederlichkeit f.: G(e)lumpe 2.

Lieferant m. (Unterhändler, Geschäftsführer): Ferker 1.

liefern schw. (überliefern): liferen, *der ist gelifert* ist verloren (ruiniert).

Liege f. (mit Kopflehne): Schäslo

liegen st.: lenzen 1.
- (auf dem Faulbett liegen, leicht schlummern): lonzen
- (ausgestreckt, faul daliegen): stracken; flakken
- (sich legen): ligen, *falle ist kei Schand, aber liege bleibe.*
- (krank liegen): hocken 3.
- (sich wund liegen): aufligen 2.

liegend Part.: läglings; opp.: ständlings, rittlings
- (vom Korn, das durch den Regen auf den Boden gelegt wurde): ligig, liglingsn

Liegestatt f. (hartes, nur aus Brettern bestehendes Bett): Pritsche 1.
- (Lagerstätte): Stracke

Limburger Käse m.: Bachsteinkäse, Bachensteinkäse

Lindenblüte f.: Lindenblust, Lindenblu

Linie f. (gerade Linie): Richte 1.

link Adj. (falsch, verkehrt; anrüchig, fragwürdig): gelink

linkisch Adj. (unbeholfen): ungeschickt

linkischer Mensch m.: Howalle, Trawalle; Zottle, s. Zottel I 3.a.

links Interj.Adv.: gelinks
- (Fuhrmannsruf an das Zugvieh): hüst! wist!
- (was entgegen der Hand ist): gegenderhändig, zuderhändig
- **gehen** st.: hüsten
- **gehend** Part. (vom linksgehenden Zugtier, Sattelpferd): zuderhändig 1., opp.: vonderhändig

links her(um) Adv.: hüstumher, histomer

Lippe f. (bes. für Tierlippe die allgemeine Bezeichnung): Lefze, Lefzge; Gosche, Luppel; *was dir eimal über d'Lefzgen gange, kast deiner Lebtag nimmer fange.*
- (große Lippe, breiter, herabhängender Mund): Blätsche 3.; Luppel, Lüppel
- (hervorstehende, herunterhängende Lippe): Lalle II 3.

Lippen Pl. (aufgesprungene Lippen): Schrundenmaul

lispeln schw.: wisperen
- (rufen): bischen, bisemen, bismelen, bisperen, bisen IV, bisten

List f. (Kniff): Schlich I

Liste f. (amtliches Verzeichnis): Rodel I 1.

listig Adj. (abgefeimt, verschlagen): verriben, s. verriben 3. *er ist verrieben wie's Tier unterm Schwanz.*
- (durchtrieben): besengt 2.
- (falsch, spöttisch): alafänzig
- (verschmitzt): abgeschlagen, s. abschlagen 1.b.

listiger Mensch m.: Fuchs 3.b.

Litze f. (Schnur, Faden): Paßpol

loben schw. (schmeichelhaft loben; zum Narren haben, verspotten): lupfen 2.
- (übermäßig loben): *über den Schellenkönig loben,* s. Schellenkönig

lobenswert Adj. (tauglich): net unübel, net übel

Lobhudelei f. (ständiges Liebkosen): Schmuserei

Lobhudler m.: Schmuser 2.b.

Loch n. (im Boden): Grüblein, s. Grube 2.a.
- (im Eisen der Hacke, durch das der Stiel hindurchgeht): Karsthaus, Hauenhaus
- (Schlupfloch, Höhle; Gefängnis; Körperteile: Fall- oder Schlagwunde): Loch, s. die besonderen Verwendungen unter dem Stichwort *Loch*

Locke f. (Haarsträhne): Sträne 2.

locken schw. (mit List locken): einzeis(l)en *du bist a Lumpamensch, sust tätest mein Buba net so einzoasa*
- (verlocken): zeisln, zeinsln, zeimsln, zeilen

Locken Pl.: Rollen, s. Rolle II b.

Lockenkopf m.: Rolle I 3.

locker Adj.: lucks, *unten lucks, oben drucks* Grundsatz beim Pfeifenstopfen.
- (schlaff): lopper, lotter; lopperig, lotterig
- (unfest, lahm, phlegmatisch): lottelig, lotter(ig)
- (von Sachen): luck I 1., lock, lucks 2., locks, *luck geben, luck lassen* nachgeben, nachlassen.
- (weich von Brot oder Erde): losch
- (weich, wegen Materialermüdung): lam 2.b.
- (zerbröckelnd): gererig

locker sein unr. (lose sein): lopperen 1., lotteren 2.
lockern schw. (durch Drehen lockern, z. B. eine Schraube): aufdrehen
- (leicht aufhacken): häckeln 1.

lockig Adj. (gelockt): gelocket; rollig 1.
Lockruf m. (der Ente): wudle! s. Wud 2.; schlick! geit! 2.
- (der Gans): wud! 1.a.; wus! gire- gire! gus!
- (für die Hühner): bibi! 1.gack-gack! glu! 1.gluck! für die Kücken bibi! luck! luck! II
- (für Kälber): kus!
- (für Schafe): häll, Huder häll, häll!
- (für Schweine): hutz! 1.

Lockspeise f.: Beize a., Beiß
lodern schw. (flattern, zittern, schwanken): watlen I 2., watelen, wätlen, wotlen
lohnen schw. (sich lohnen): austragen 2.
Lokalzeitung f. (spöttisch): Käsblatt, Käsblättle
Lorenz m. (männlicher Taufname und Heiligenname, sein Tag, 10. August): Lorenz, Laurenz, Laurentius. Kurzformen: Laure, Lore, Lenz, Lonz(e)

los Adj.Adv. (nur im Sinne von nicht festgebunden): lus 1. ein Hund ist *los* weg von der Kette; dagegen ist eine Krawatte, Schnur *locker, luck(s), lopper, lotter* geknüpft; *was ist denn los?* bei einem Menschenauflauf.
losbinden st. (etwas Gebundenes aufmachen): aufbinden 3.
löschen schw. (das Feuer, das Licht löschen): ausmachen 2.d.
- (mit einem Wedel Feuer löschen): auswedlen

losen schw. (das Los ziehen; speziell in den 12 Nächten vom Christfest bis Dreikönig): losen II, s. losen; löslen; losnen II
lösen schw. (der Schuß löst sich): losgehen 1.
loslassen st.: ablassen; auslassen 2.
losmachen schw.: lösen 1.
Losnacht f. (in der gelost wird, solche sind bes. die Nächte vor Andreas (30. November), Thomas (21. Dezember), Christfest (25. Dezember), Neujahr): Löselsnacht
Lostag m. (Tag, an dem die Witterung für die Zukunft vorgesagt wird; bes. die 12 Tage vom Christfest bis 6. Januar, welche das Wetter der 12 Monate des neuen Jahres vorhersagen): Lostag, vgl. Losnacht, losen II

loswerden unr. (ein Übel loswerden): onewerden
Lotterbube m. (Schurke): Lotter 1., Lötter
Lotteriespieler m.: Lotterer II
Löwenzahn m. (Kuhblume): Bettseicher, Bettscheißer, Bettbrunzer, Gageleinsbosch, Galgenbosch, Gansblume 3., Honigblume, Hummelsbusch, Huppetenstengel, Kettenblume, Kettenrörlein, Körlkraut, Krotenblume, Licht(lein), Milchdistel, Milchstock, Milchling, Milchboschen, Milchbusch, Milcher, Milcherling, Milchkraut, Milchsteck, Ochsenblume, Ölsäckel 2., Pfaffenrörlein, Schmalzblume, Saublume 1., Seichblume, Seicherin, Sonnenwirbel b., Wegbrunzer 2., Wegseicher(in), Wisenseicher, Wolfszan 3.a.
Lücke f. (jeder Art: Zaunlücke, Sattel zwischen 2 Berggipfeln, Zahnlücke): Lucke, Luck-(e)t(e)
Lückenbüßer m.: Gutgenug
Ludwig m. (Kurzform): Lutz 1., Lude 1., *Lutzen* (25. August) *macht den Tag stutzen.*
Luft f. (frische Luft; Luftraum, Atmosphäre): Luft m.f. 2. *der vergonnt dem net den gsunde Luft; vom(von der) Luft ka ma net lebe.*
Luftblase f. (in einer Flüssigkeit): Blater 3.
lüften schw.: luften 2.a.
- (Kleider und Kopf lüften lassen): auswedlen

luftig Adj. (gut gebackenes Brot): geweflet
Luftröhre f. (scherz.): Sonntag(s)hals; letzter, unrechter Hals
Luftschicht f. (im Ei): Himmel 2.d., Muttergottesgrüblein
Luftstrom m. (erhitzter oder stinkender Luftstrom): Schwall 2.
Lüge f.: Luge; *eine helle Luge* durchsichtige, offenbare Lüge; *der hat bälder e Luge, als e Maus e Loch; beim Weiben und Mannen trägt ma die Lugene in de Wanne; e fette Luge macht e magers Testament;* Lugete; Kol II
- (starke Lüge): Jammersluge

lügen st. (im Scherz): buderen 4.; kolen II
Lügenmund m.: Lug(en)maul, Lugegosche
Lügner m.: Lugenbasche; Lugenbeutel, Lüger
lügnerisch Adj.: verlogen a. *vor den verstohlenen Leut ka ma sich hüte, aber vor de verlogene ni.*
Lukas m. (der Evangelist; an seinem Tag, 18. Oktober, begann das Studienjahr): Lukas 2.; Kurzform: Lutz 2.
Lümmel m. (grober Mensch): Zolk, s. Zolch 4.
- (großer Lümmel): Erzlümmel
- (Tölpel): Lackel

lümmelhaft Adj. (ungezogen, ungebildet; kindisch, ausgelassen): lallig; gelümmelt
Lump m.: Schlimp, Schlamp, *Schlimp und Schlamp findet einander im ganze Land.*
- (betrügerisch handelnder Mensch): Lump 2.;

mehr scherzh.: Lumpaze; *wer mehr gibt als er hat, ist e Lump.*
- (großer Lump): Erdenlump, Erdenfetz, Erdenblitz, Erdensau
- (Säufer; langer Mensch): Reigel 3., Reil, Reiger, Reier, s.a. Reitel
- (Schelte gegen Mensch und Tier): Schelmenwasen 2.
- (Taugenichts; liederliche Frau): Schamp
- (Vagabund): Pfannenflicker, Pfannenbletzer, Kesselflicker, Kessler, s. Pfannenflicker
- (Verschwender, Säufer): Fetze 3.
- (versoffener Mensch): Lampe I, Lämpe 2.

lumpen schw. (anfangen, ein unsolides Leben zu führen): lump(e)len 1., lumpen 1.b.
- (müßiggehen): schlumpen 1.

Lumpen m. (Fetzen): Lotsch(e) 1.
- (Lappen; zerrissenes Kleid; schlechtes Kleidungsstück): Fetze 1.b.
- (Tuchfetzen): Hader II, vgl. die RA.: *jeder Huder findt sein Hader.*
- (Tuchlumpen zum Abwischen, Waschen, Putzen): Hudel 1., Hüdel

Lumpengesindel n.: Lumpenpack, Lumpengesinde(l), Lumpenkor, Lumpenware, Lumpenzifer; Packelware; Hudelmannsgesinde; Rattenkor; Bagasche 2.; Hudeleinspack, Hudelespack

Lumpensammler m. (als Schimpfwort): Lumpenmann 2.; Hudelmann; Lumpenmann 1.

lumpig Adj.: lumpenmäßig
- (elend; abgeschabt von Kleidern und ihren Trägern): schäbig 2.
- (geringfügig, wertlos): lausig 2.
- (verlumpt; liederlich, schlecht): gelumpet

Lunge f. (Leber, Herz der Tiere): Gehäng, s. Gehenk 3.

Lungenkraut n.: Gule 3.b.; Schlotzer 2.

Lust f. (Begierde): Gufel
- **haben** unr.: hinmögen; *wo der Teufel nit hin mag, schickt er eine alte Frau.*

lüstern Adj. (sexuell lüstern): geil 3.
- (verlangend): gelängisch, gelüstenig
- gäffig; kirr 3.

lustig Adj.: hops 3.
- (sehr lustig): krackfidel; saufidel
- (spaßhaft, übermütig, geil): gämmelich, gämmelig
- (spaßhaft; sonderbar, übelnehmerisch): närrisch
- (vergnügt): fidel; verstärkt: kreuzfidel, saufidel

lustige Person f.: Nudel 2.b.

lustlos Adj. (bes. bei schlechtem Wetter): unlustig.

lutschen schw.: schlotzen; nollen, nullen

Luzie f. (Heiligenname, 13. Dezember): Luzie 1.
- (Rufname): Luzie 1., Luzei, Lutzel

M

mä Interj. (Geschrei des Schafes): mä machen; *des ist net mu und net mä* nicht Fleisch und nicht Fisch, unentschieden; *des ist halb mu und halb mä* neigt nach zwei Seiten.

machen schw.: machen, s. auch typische Verwendungen 1.
– malochen 1.
– (Aufwand machen; sich als Vornehmer gebärden; großtun): *wäh tun*, s. wäh
– (ausfindig machen): vergratschen 2., vergrätschen 2.
– (bange machen): kränken 1.b.
– (Bankrott, Konkurs machen): umgeheien 2.c.; umschmeißen 2.b.; verganten 2., vergantnen
– (beim Kegelspiel den Anfang machen): anschieben 1.a.
– (blind machen): verblenden 1., verblinden
– (Bocksprünge machen): bocken 2.d.
– (einfältiges Gesicht machen): gelätschen 2.
– (enger machen; ein Kleid enger machen): einnäen 3.
– (Erdarbeiten machen; Schanzen aufwerfen): schanzen 1.
– (falsch machen; durch Dummheit, Ungeschick): vergogelen, vergackelen; verbozgen 1.
– (Falten machen, in Falten legen): fältlen
– (feine Handarbeit verrichten): glüflen
– (Feuer machen; schüren): anschüren; feuren 1.
– (gemeinsame Sache machen; mittun): hotten 3.
– (Glückspiel machen): scholderen 1.
– (Heu machen; Erdreihen machen): loreien
– (Höcklein machen, s. Hocken 2., Getreidehäufchen): höcklen
– (Käse machen): käsen 1.
– (Kleinholz machen; Reisig aufbereiten): büsch(e)len
– (Kopfstand machen; Rad schlagen): gauklen I 3.
– (Kränze machen; zieren; sich bekränzen): kranzen 1.
– (lächerlich machen): verhamballen
– (länger machen; sich sputen): längen *im Heuet muß ma sich längen lau, 's könnt regne* sich sputen.

– (langsam machen): trichlen
– (anders machen): umtun 1.
– (Männchen machen; ein Tier stellt sich auf die Hinterfüße): *Male, Mändle machen*, s. Mann 4.
– (mißmutig machen): vergrämen
– (müde machen): abmatten
– (mundtot machen): Trumpf 2.b. *Trumpf ausspielen.*
– (revolutionäre Umtriebe machen): revolutzen; ebenso Adj.: revolutzisch
– (richtig machen; ins Reine bringen): ausrichten 1.
– (Runzeln, Falten machen): runzlen, runzelen
– (rußig machen): beramen
– (Schleife machen): lätschen 2.
– (Schuhe machen): schuhen 1., schuchen
– (Seile machen): seilen 1.
– (Seitensprünge machen, neben hinausgehen; krumme Wege gehen): schegen 2.
– (Sprünge machen; laufen): satzen, sätzen, satzeren
– (Stiche machen, im Kartenspiel): matschen 1.
– (Streiche machen): bosgen
– (Testament machen; ohne Anlaß): testamentlen
– (Unkosten machen): verkösten 2.
– (Versuche machen): pröblen
– (viele Worte machen, ohne etwas zu sagen): *gickes-gackes machen*, s. gigagen
– (Wege, Bahn machen): wegen II
– (weiter machen; ein Kleid verlängern, weiter machen): auslassen 7.
– (Witze machen): dalmen
– (zunichte machen; verhindern): verpäpperen 2.

Machwerk n. (Arbeit): Gespunst
– (Gemachte): Gemäch(t) 1.b.
mäck Interj. (Schrei der Ziege, des Bocks): mäck!
Mädchen n. (Mädchen war jede unverheiratete Frau; im Verhältnis zu den Eltern, jede auch noch so alte Tochter): Mädlein, Mädle; ein Dummer *weiß net, ob er e Mädle oder e Bub ist; e saubers Mädle* hübsches, feines Mädchen; *e anders Städtle, e anders Maidle; wenn emal d'Maidle dur d'Haar brunzet, na hänt sie kei Ruh me; Gott im Herze, e Maidle im Arm,*

das erst macht selig, das zweite macht warm;
schöne Maidle gent wüste Weiber; de schöne
Maidle und schöne Gäul sieht ma nach.
- (Tochter): Fel II
- (affektiertes Mädchen): Spranzerin
- (angeberisches Mädchen; Schimpfwort):
  Teigaffe
- (das gern in Bubengesellschaft ist): Bubenfi-
  seler, Bubenfitzeler, Bubenfugeler, Buben-
  schmecker
- (herausgeputztes Mädchen): Putzdocke
- (junges Mädchen): Heu(t)sch(er)le 3.
- (Jungfrau): Metze 1.a.
- (kleines, dickes Mädchen): Pfauskrote
- (kokettes Mädchen): Reizerin
- (Kosewort): Musel 3.
- (mit zerzausten Haaren): Zottelbock
- (vom Land): Landpomeranze
Mädchenjäger m.: Weiberhabicht
Mädchenliebhaber m.: Mädleinsfiseler, -fitze-
ler, -pfitzeler, -pfiser, -fus(e)ler, -fugeler, -bu-
be, -freund, -gucker, -läufer, -schmecker,
-suckel(er)
Mädchennarr m. (Hurenkerl): Fuse II, Pfuse,
Buse
Maden Pl. (und Eier von Insekten im Fleisch):
Geschmeiß 1.
Magd f. (Bauernmagd): Metze 1.b.
- (Dienstmädchen): Mädlein, Mädle
Magdalena f. (Vorname): Magdalena, Lene;
gern als komische Figur, wie Bärbele, Kätter-
le. Schimpfwort: Madel
Magen m. (selten): Herz 2.b.
- (kleiner Magen; dessen, der sehr wenig ißt):
  Spatzenmagen
Magenbrennen n. (Sodbrennen): Sod
magenschwach Adj. (öde, schwindlig):
schwapp(e)lig 2.; dacht(en)los, tonlos, öd
Magenwind m.: Scheiß II 2.
mager Adj.: stärr 1.b., stärrig
- (bes. vom Gesicht): spitzig 1.a.; dürroret
- (etwas mager): magerlecht
- (hager): schnäger, schnägerig
- (kraftlos): geschnätteret, gschnätterig,
  gschnätterlet
- (kraftlos, unterernährt): geschnäker, gschnä-
  ker, gschnäkeret, gschnäkerlet, gschnäkelt;
  gschnakeret, gschnaket; gschnaikelet
- (schmächtig): schnätterig
- (sehr mager): brandmager, klepperdürr
- (und blaß aussehen): geschnaze(l)t
magere Frau f.: Krätzlein, s. Grotzen 2.; Nußjäk
2.; Grille 2.; Hättel 4.a., Hattel
magerer Mensch m. (der Schneider wurde we-
gen seines geringen Körpergewichts für
schwächlich gehalten): Schneider 2.;
Zach(en); Beinergestell; Dürron; Häbich, s.
Habich(t) 2.a.; Hättel 4.d., Hattel

mageres Kind n.: Schnägerlein; Spelter 2.b.
- **Mädchen** n.: Geiß 3.a. *so dürr sein wie eine*
  Geiß.
Magerkeit f.: Mägere
Magnus m. (Heiliger, sein Tag, 6. September;
populär: da er vor Mäusen und Ungeziefer
schützt): Magnus 2., Mang
mähen schw. (Frucht mähen): ummachen b.
- (kleine Stücke wegmähen; an Speisen Stücke
  wegreißen): zipfeln 2.
- (kurzes Gras mähen, so daß Boden mitgeht):
  schächten 4.
- (ungeschickt, schlecht mähen): froschen 3.
Mähen n. (des Grases): Heumad; Mad 3.
Mäher m.: Mäder 1.
Mäherlohn m.: Mäderlon
Mahl n. (Mahlzeit, Hochzeitsmahl): Mal 3.
Mahlen n. (besonders das Kauen von Obst):
G(e)male I, Gemampfe, Gemansche 2.
Mahlgang m. (Koppgang, Gerbgang): Gang 3.
Mahlstein m. (der bewegliche obere Mahlstein
in der Mühle): Läufer 4.a.
Mahlzeit f. (abends eingenommen): Abend-
brot, Abendessen
- (anläßlich einer Hausschlachtung): Ge-
  schlachtet, Metzelsuppe, Wurstkirchweih
- (besonders das Mittagessen oder Abendes-
  sen): Essen 2. *der ist mir ein g'fundenes Essen;*
  nach dem Essen sollst du stehn oder 1000
  Schritt weit gehen; vor dem Essen bin i faul,
  nach dem Essen häng i's Maul.
- (Essen, Suppe): Suppe 1.
- (nachts, als letzte Mahlzeit eingenommen):
  Nachtessen
- (speziell Gruß während der Mittagspause):
  Malzeit!
- **halten** st.: malzeiten
Mähne f. (des Pferdes): Grat 2.c.; Kanz 1.
mahnen schw. (zur Zahlung auffordern): geei-
schen
Mahner m. (Forderer, Steuereintreiber): Ei-
scher, Heischer, Presser
Mähre f. (altes Pferd): Karrengaul 1.; Gurre I 1.,
verstärkt: Schindgurr, Schindmärr
Mai m. (der Monat): Mai 3. *viel Gewitter im*
Mai, schreit der Bauer Juhei; der Mai läßt(tut)
au no en Schrei es gibt noch Frost; *Abendtau*
und kühl im Mai bringt viel Obst und gutes
Heu; Mai kühl, Juni naß, füllt Scheuer und
Faß.
Maiglöckchen n.: Aprillenglöcklein; Mailein,
Maizle, Mailetzle, s. Mai 2., Maienblümlein 1.
Mainacht f. (Nacht vor dem 1. Mai (*Maitag*); in
ihr werden die *Maien gesteckt*): Maiennacht
Mais m. (als Körnerfrucht): Wälschkorn
Maische f.: Mäusch
Majoran m.: Krautschmeckete 2.; Kuttelkraut

Makel m. (nur für einen sehr kleinen Makel gebraucht): Untät(e)lein
- (schadhafte Stelle; Schaden, Verletzung): Macke, Mackes
- (Tadel): Blech 3.; Schlätter 2.

makeln schw. (den Unterhändler machen): geschmusen, s. schmusen

Mal n.: (blaues Mal; blutunterlaufener Fleck): Blaumal
- (der Hinterbliebenen): Leichenschmaus, vgl. Leichentrunk
- (Muttermal; Beule, Wunde, Narbe): Mase 2.

Malen n. (Zeichnen): G(e)male II, Gesudel

Malgang m. (Koppgang, Gerbgang):Gang 3.

Malve f.: Pappel II

Malzüberrest m. (vom Biersieden): Trebel 1., Treber

man Pron.: man; Gebrauch wie nhd; bes. Verwendungen s. unter *man*

manchmal Adv. (dann und wann): iemal

Mangel m.: Brest(en) 1.
- (bes. an Speisen): Zadel

Mann m.: Mannsbild, opp.: Frauen -, Weibsbild; vielfach leicht ärgerlich
- (alter Mann): Kracher 2.
- (charakterloser Mann): Hünergreifer
- (der an Frauen herumtappt): Tapper 1.
- (der nur Töchter zeugt; spöttisch): Büchsenmacher
- (der Tochter): Tochtermann
- (einer Hure): Hurenmann
- (junger Mann; Liebhaber eines Mädchens): Kerl 2.
- (junger Mann; lobend und schmeichelnd zu einem tüchtigen Jungen gesagt): Knecht 2., Bursch 2.
- (Koseform zu Mann, kleiner Kerl, Bursche): Mandes, Mandesle

Männer Pl.: Mannsleute, opp.: Weibsleute

Männerjacke f. (auch für Frauen): Wammes(t)

Männerschelte f. (auch für leblose Dinge, die Ärger verursachen): Siech, s. siech 2., s. die Verstärkungen

männliche Geschlechtsteile Pl.: Gehenk, Gehäng(t); Klunker 4.
- **Person** f. (erwachsene Person): Mann 1. *eme nackete Ma ka ma nit gut in Sack lange. Es ist a Kunst (e Kleinigkeit) eme nackete Ma in Sack lange. Wer schweige ka, ist e Ma. Zu eme rechte Ma ghört e rechte Nas. Der hat sein Ma gfunde seinen Meister. Ma und Weib ist ei Leib, aber net ei Gurgel (ei Mage). Der Ma ghört 'naus und Frau ins Haus. Ein unhäusliches Weib kann mehr im Schurz forttrage, als der Ma mit dem Wage 'rei führt. Weibersterbe, Taler erbe, lat kein brave Ma verderbe, aber Küh und Gäul verrecke, 's sel bringt Schrecke. Wenn unser Herrgott 'n Narre will, lat er 'me*

alte Ma 's Weib sterbe. Demin. Formen: *Mendle,* als Anrede schmeichelnd und zurechtweisend; *Manle, Male* nur schmeichelnd. Koseformen: *Mandele, Mandesle, Mandes, Mandle, Mendle* kleiner Kerl, Bursche, sowohl von Erwachsenen wie von Knaben und Kindern.
- **Pflanze** f.: Männlein 3.b.
- **Taube** f.: Kaut, Kauter 1., Käuter

männlicher Fisch m. (spez. Hering; auch der weiche Samen des männlichen Fisches): Milcher 3., Milchner 3.
- **Hase** m.: Rälling 2., Rammler

Männlicher Wurmfarn m.: Rehkraut; Wäd(e)leinskraut

männliches Geschlechtsteil n. (Kindersprache): Lämmlein, s. Lamm 5.
- **Glied** n. (Penis): Rieme 3.; Näber 2.
- **Tier** n.: Männlein 3.a.

mannstoll Adj.: ausläufig; bubennärrisch, bubensüchtig; fudwütig

mannstolle Frau f. (tanzsüchtige Frau): Fegin

mannstolles Mädchen n.: Guse 2.

Mansarde f. (oberster Dachboden; oberster Platz im Theater): Zwetschgendarre

Märchen n. (unwahre Geschichte): Märlein

Margareta f. (Heiligenname; ihr Tag, 13. Juli): Margareta 1.
- (weiblicher Taufname): Margareta 2., Margarete, Margret, Margrit

Margerite f. (Gewöhnliche Wucherblume): Gansblume 2., Gänsblume, Maßliebchen

Maria f. (Heiligenname, Mutter Jesu): Maria 1., geläufiger: (unsere liebe) Frau, Mutter- Gottes; Himmelsfrau, -kaiserin, -königin. Lautform, s. Maria. Der Jungfrau Maria geweihte Tage: Mariä Lichtmeß (2. Februar), Mariä Heimsuchung (2. Juli), Mariä Himmelfahrt (15. August), Mariä Geburt (8. September), Mariä Opferung (21. November), Mariä Empfängnis (8. Dezember)
- (weiblicher Taufname, kath. und evang.): Maria 2.

Mariä Heimsuchung f. (2. Juli): Tröpfleinstag

Mariä Himmelfahrt f. (15. August): Himmelfart 2., Mariä Kräuterweihe, Frauentag. *Mariä Himmelfahrt Sonnenschein, bringt gern viel und guten Wein.*
- **dreißig Tage nach Mariä Himmelfahrt** (15. August – 10. September): Frauendreißigest. Erster und letzter Tag heißen: Frauendreißigstanfang, -ende

Mariengarn n. (Sommerfäden): Frauengarn, Altweibersommer, Satelen

Marienkäfer m.: Frauenkäferlein, Frauenkülein, Frauenschühlein; Heilandsvögelein, Herrenvögelein, Herrgottskäfer, liebs Herr-

gottle, s. Herrgott 3., Maienkülein, Marienvö-
gelein, Muckenstul, Weidenvögelein

Mark n. (der Hagebutte; Hagebuttenmarmela-
de): Hägenmark
– (und die Rippe am Krautkopf): Knarfel 2.

markieren schw. (das Bezeichnen der zu fällen-
den Waldbäume): anplättlen

Markierung f. (an Bäumen, die gefällt werden):
Lache II

Markstein m. (Grenze): Mark(e) f. 2.

Marksteinkontrolleur m.: Felduntergänger

Markt m. (am Gallustag, 16. Oktober): Gallen-
markt
– (an Palmsonntag): Bretzenmarkt 1.

Marktansiedlung f. (Ortschaft mit Marktrech-
ten): Markt 2.b.

Marktkorb m.: Marktkratten, -krätten

Marktplatz m.: Markt 2.a.

Marktstand m. (ärmlicher Wohnraum): Bude

Markung f. (vom zehntpflichtigen Boden): *um,
über den Zehnten gehen; im Zehnten bleiben,*
s. zehnt 3.

Marmelade f.: Gesälze, Gsälz, Sälze

Marmeladebrot n.: Gesälzbrot

Marmeladetopf m.: Gesälzhaf(en)

Marmor m. (Alabaster; Steinkügelchen): Mar-
bel 1., Marfel, Warbel, Warfel; Klucker

marschieren schw. (drauflosmarschieren): los-
schieben, loszittern

martern schw. (quälen, töten, z. B. junge Vögel):
schnellgalgen, schnarzengalgen

Martin m. (Vorname und Heiligenname; wich-
tig bes. als Name des hl. Martinus von Tours,
dessen Tag (11. November) Martinstag, häu-
figer Martini, einer der wichtigsten Tage des
Jahres war): Martin, s. die Komposs. mit Mar-
tini- Martins-, unter *Martin*

Märtyrer m.: Marterer

Märzenbecher m.: Märzenglöcklein, Märzen-
blume; Schnetröpflein 2.

Masche f. (Schleife an einem Band; Strick):
Lätsch I 1., Latz 1.

Maschine f. (zur Papierherstellung): Holländer
3.

Masern Pl.: Rote Flecken, s. Fleck I 4.

Maskenfigur f.: Häßlaus 2.

maskieren schw. (sich maskieren, mit einer
Maske verkleiden): maskeren

Maß n. (altes Maß, urspr. für Mehl, bes. für
Heu): Wanne 3.
– (Maßzahl, Meßinstrument): Meß 1.

Masse f.: (breiartige Masse): Geschmier,
Matsch *einen Matsch machen*
– (breiige Masse, weicher Mist, halbgeschmol-
zener Schnee): Pflutter, Pflütter

massenhaft Adj. (sehr viel): massig 1.

Massenware f. (Artikel, der reißend verkauft
wird): Reißer

Maßliebchen n.: Heublume 2.

Matsch m. (nasser Kot): Quatsch 1.

matschig Adj. (klumpig): ballig, bällig

matt Adj. (nicht frisch): lack
– (von Hunger und Durst erschöpft): hellig

Matthäus m. (Rufname und Evangelistenname;
sein Tag, 21. September): Mattäus; Kurzfor-
men: Deis, Tes, Heus, Hes. *Da (jetzt, bei dem)
ist's Mattäi am letzten (Kapitel)* ist's, geht's zu
Ende.

Matthias m. (Kurzform des Namens): Hiesel I 1.

Mattigkeit f.: Elende *i ka kaum laufe vor Elen-
de.*

Maul m.: Läsch 1.; Mumpfel 2., Mompfel
– (böses Maul): Saugosche
– (breites Maul; herabhängende Lippen): Luf-
fel, Luppel; Flärre 2.
– (großes Maul; alte Hexe): Schlaraffel
– (herabhängendes Maul): Schlappe 4.
– (stets derb und grob verwendet): Gosche 1.
*wenn der nur Dreck in der Gosch hätt; wenn
ma dere d'Gosch wegschlüg, na tät sie mit dem
Arsch no päppere; wenn die emal gstorbe ist,
muß ma dere Gosch extra totschlage.*
– (verzogener Mund; Grimasse): Muffel 1.
– (von Menschen und Tieren): Schnuffel
– (von Tieren): Maul 1. *einem geschenkten
Gaul sieht man nicht in's Maul; man soll em
Ochse beim Heue 's Maul et verbinde; so lang
der Hund 's Maul offe hat, beißt er nit.*

Maulaffe m. (urspr. Kienspanhalter in Kopf-
form): Gänaffe *Maulaffen (Gänaffen) feil ha-
ben* müßig herumlungern.

Mäulchen n. (Kosewort Kindern und Mädchen
gegenüber): Göschlein

maulen st. (beredt und rechthaberisch sein): be-
rechten

Maulhänger m.: Muffer; Mufferle, Kläffer

Maulwurf m.: Aubertel, Auwerder, Auwerfer,
Aufwerfer, Aufwerfel, Auswerfel, Auswirfel,
Bodwerf, Bodewerfel, Hauder, Hauwertel,
Scher, Schermaus, Schor I, Stoßmaus, Mau-
werfer, Mauwerder; Moldwerf, Modwerf,
Modwerfer, Modworfer, Mowerfer, Wold-
werf, Wolwerf, Wolwerfer, Wüler, Wulwer-
fer, s. die Etymologie

Maulwurfsfänger m.: Scherfanger

Maulwurfsgrille f.: Werre

Maulwurfshaufen m. (überwachsener Maul-
wurfshaufen): Häubel II, Auwerderhaufen

Maurer m. (scherzhaft): Hafner, Ziegelmacher:
Kleiber 1.

Maurerlehm m.: Kleibet(e) 1.

Maus f.: Maus I 1. *der sieht aus (es friert ihn, er ist
naß) wie e blutte Maus; da möchte i e Mäusle
sei* um heimlich zuzuhören; *die send so arm,
daß d'Mäus mit verheulte Auge Bühnestieg
runter kommet; der ist so notig, daß ihm*

d'Mäus mit verheunete Auge in der Schublad 'rumspringet; wenn's der Maus wohl ist, schmeckt 's Mehl bitter; daß di 's Mäusle beißt komische Verwünschung; *da beißt kei Maus kein Fade ab* das bleibt unabänderlich; *des ist de Mäus pfiffe* leichte, aber nutzlose Arbeit.

Mauser f. (Federwechsel der Vögel): Maus II

mausern schw. (sich mausern, die Federn wechseln): mausen II 1., mausgen, mauzgen, mauseren, vermaunzgen

meckern schw. (von Ziegen): hättelen 1.; mäkkelen 1., mäckeren

Medaille f. (geweihte Medaille): Agnusdei, Dele

– (um den Hals getragen): Delein

Meerrettich m.: Kren

Mehl n. (gebranntes Mehl zur Suppe): Einbrennet

– (geschrotet, nicht gemahlen): Grießmel

– (feines Mehl; weißes Mehl): Schönmel

Mehlbeere f.: Melbirne

Mehlbrei m. (dummes Geschwätz): Melpapp; Papp 1.

Mehlkorb m. (beim Bäcker, Müller): Wanne 2.

Mehlnudeln Pl. (dicke in Schmalz gebackene Nudeln): Baunzen

Mehlschublade f.: Meldat

Mehlspeise f. (Art Nudeln in Stangen – oder Wurstform, in der Kachel gebacken): Sperrknecht, Bruckhölzer, Brucknudlen, Flegelstecken, Langnudler

– (aus dem Spätzlesteig länglich geschnitten, geschabt und in Wasser, auch in Milch, *Milchspätzle* aufgekocht): Spatzen, häufiger Spätzlein, s. Spatze 2., *geröstete (gebrägelte) Spätzle; saure Spätzle.*

– (Backwerk): Krapfen 2., Krapf

– (gedämpfte Mehlspeise): Dampfnudel 1.

– (teigige Mehlspeise, halbgebackenes Backwerk): Dalk 1., Dalkete

Mehlsuppe f. (die in siedendes Wasser gestreut wird): Zettelsuppe, Ribelein(s)suppe; Brüsselsuppe, geriebene Gerste

Mehltau m.: Beschiß 1.

Mehltruhe f.: Meltrog

mehr Adv.Pron.Zahlw. (bes. Gebrauch des Kompar. *weiter*): weiter, s. weit 3.

– **nicht mehr** Adv. (zeitlich): nimme(r) 1., nummer *des ist nimme(r) schön* zu arg; *nimme(r) recht sein* verrückt sein.

meinen schw. (dafür halten; denken): schätzen 2. *schätz wohl* ich denke wohl, selbstverständlich

meiner Treu Interj.: meine Sechs, meiner Sechs; gewiß euphem. für *meiner Seel,* s. sechs

Meisenschlag m. (Nachahmung des Gesangs der Meisen): zitzigä(k)

meistens Adv. (im allgemeinen, in Bausch und

Bogen): überhaupt(s) 2., *überhaupts verkaufen, geben* verramschen; bes. *überhaupts nehmen* obenhin, ungenau nehmen.

– zumeist *des ist in der Lieb doch gwiss net neu, daß 1 und 1 zumeist gebent 3*

meisterhaft Adj. (tüchtig): zünftig 1.

meistern schw. (bezwingen, bewältigen): baschgen 1.; zwingen 2., herren

melancholisch Adj.: hintersinnig

Melchior m. (männlicher Rufname; Name einer der 3 Könige aus dem Morgenland): Melchior, Melcher, Melches, Melker, Melke, Melch, Mel, vgl. Kaspar, Balthasar

melken st. (zu Ende melken): ausmelken

Melken n. (tadelnd): Gemelke

Menge f.: Bäte

– (bestimmte Menge; die ganze zum Verkauf angebotene Menge): Quantum

– (die man auf einmal in den Mund schiebt, bes. mit dem Löffel, der Gabel): Schub a., Schübel

– (große Menge): Not 6. *der Baum hat e Not Äpfel; Last* 2. *eine Last Äpfel, Stroh, Kinder.*

– (Haufen, Bündel): Knuppel 1., Knoppel

– (hereinbrechende Menge): Schwall 3.

– (kleine Menge): Spritzer 1., Spretzer, Stritzer

– (nur von lebenden Wesen): Habe II 2.

– (Quantum, das für ein Essen gesotten wird): Siedet 2.

– (unbestimmte Menge): Rasse 2. *eine Rasse Vögel.*

– (ungeordnete Masse gleichartiger Dinge; sehr viel): Wust 2.

– (ungezogener Kinder): Hudel(ein)sware 2.

– (Unmenge): Massion

mengen schw. (Speisen untereinander mengen; schlecht kochen): man(t)schen

Mengenmaß n. (für Flüssigkeiten): Eimer 2.

Mensch m.: Mensch 1. *wie der Mensch, so sei Sach. Was der Mensch wert ist, des widerfährt ihm. Der Mensch hat kei Plag als die, wo er ihm selber macht. Der Mensch kriegt erst im Grab e Ruh. Des ist der beste Mensch, wenn er schlaft. Der Mensch ka e Sau sei, aber e Sau kei Mensch. So ist der Mensch gebore, den Kopf zwische de Ohre* man muß ihn nehmen, wie er ist.

– (achselzuckender Mensch): Schucker 2.

– (ängstlicher Mensch): Noteler

– (arbeitender Mensch): Fretter 2.

– (aufgeregter Mensch): Haspel 2.; Narrenkaspar; Rappler

– (aufgeschossener Mensch): Stake 3., Stakeler, Gestakeler; Stange 4., *lange Stange*

– (der alles im Taumel macht): Trümmler

– (der beim Gehen in die Knie sinkt): Knieschnapper 1., Knieschnackler

– (der energielos ist; bei dem die Hose nicht

straff sitzt): Füdleshenker; Laulein, Lale; Lötfeile; Schlappschwanz
- (der einem im Licht steht): Hochlicht 3.
- (der eitel ist): Fratz
- (der gespreizt geht; der schlecht geht): Grattler 1.
- (der im Umgang mit der Außenwelt liebenswürdig ist, daheim aber unverträglich): Gassenengel, Hausteufel
- (der in alle Mistlachen tritt): Lachenpatscher
- (der nicht hören will): Dosor
- (der reizt und stichelt): Stichler 1.
- (der rutscht): Rutscher 1.
- (der schlecht gekleidet ist): Schlorge 2.
- (der schleppend geht): Schlenker 2., Schlurger 1.
- (der sich gerne in der Küche aufhält): Kuchenmichel
- (der unbeholfen geht; ungeschickter Mensch): Schuckel 1., Schuckeler 1.
- (der unsicher, schwankend geht): Gaukler 2.
- (der vom Husten geplagt wird): Kolderer 1.b.
- (der zwickt): Zwicker 1
- (fahriger Mensch): Geschoß 5.; Schuß 4., Schussel, Schuss(e)ler; Schwappel, Schwapp(e)ler
- (feiger Mensch): Futsche II, Fitsche, Fütsche; Lettfeige; Lecksfüdle (auch Name einer steinernen Figur an der Stiftskirche in Ellwangen und an der Comburg)
- (fetter Mensch; versoffener Mensch): Plotzkosel
- (geplagter, trübseliger Mensch): Wetribel
- (himmellanger Mensch): Gestageler
- (kläffender Mensch): Bäffer 1.b., Bäffzger
- (kleingewachsener Mensch): Rapunzel 5., Rapunzeler; Knorz 2.
- (langweiliger, langsamer Mensch): Bähmulle
- (leichtfertiger Mensch): Blemes 2.; Fuchtelhans; Hopsa 2.b.
- (mit breitem Gesicht): Katzenbale 2., s. Bale
- (mit seltsamen Gewohnheiten): Kauz 2.
- (mit ungekämmten Haaren): Klotzbock
- (mit zerlumpten Kleidern): Zottler 1.
- (pfiffiger Mensch): Rörlein 2.
- (rauher Mensch): Rauhigel 1.
- (roher Mensch): Klob(en) 2.c., verstärkt: Sauklob; Saukopf 2., Untier 1., Zak(en) 3.
- (rothaariger Mensch): Fuchs 3.a.; Rötelein 2.
- (ruheloser Mensch; bes. oft für Kinder gebraucht): Unmuß 2.
- (sauertöpfischer Mensch): Sauerhebel 2., Sauerampfer 4.
- (säuischer Mensch): Saubutzel
- (scheuer Mensch): G(e)scheuche 3.
- (schwarzer oder brauner Mensch): Mor I 1.
- (schwerfälliger Mensch): Knatle, s. Quattle, Trampler

- (tauber Mensch): Tollor, Tollore
- (tugendloser Mensch): Lank 2.
- (übergenauer Mensch; einer, der noch den Hühnermist siebt): Hennendreckreder
- (überpünktlicher Mensch): Gäckeler 3., Fiselein
- (ungehorsamer Mensch): Undaus
- (unkonzentrierter Mensch): Katzenkopf 3.
- (ungestümer Mensch): Rauschebausch, -bausche
- (unredlicher, ungehobelter, leichtsinniger Mensch): Schlüffel
- (unverstandener Mensch): Matschare
- (verschmitzter Mensch): Feinäugle
- (vertrotteltel Mensch): Seifensieder *mir geht ein Seifensieder auf* ich begreife.
- (wankelmütiger Mensch, den alles wieder reut): Gereule, Geraule, Gruile
- (wankender Mensch): Gnapper 1.a.
- (widerborstiger Mensch): Sauborst 2.b., Säuborst
- (widerspenstiger Mensch): Widerborst 2., -burst
- (wißbegieriger Mensch, der alles durchstöbert): Kusterer

Menschenkot m.: Lonz, Lonzendreck, s. Lonz(e) 4.

menschenmöglich Adj.: kristenmöglich

Menschheit f. (die Leute und ihr Treiben): Welt 1.

Menstruation f.: Geblüt 2.; *Geblütsveränderung* Aufhören der Menstruation; Geschichte 3.b.; Zeit 4.c. eine Frau *hat ihre Zeit;* Synn. Mondzeit, Monatszeit; Geblüt, Geschichte, Rose, Sache, Zeug.

Meringe f. (Schaumgebäck aus Eischnee und Zucker): Merinke

merken schw.: warnen 1.
- (ahnen, riechen): schmecken 2.a.
- (auf die Spur kommen): verschmäckelen 2., verschmäckerlen
- (wittern, riechen): neusen 2.

Merkmal n. (Anzeichen; Lebenszeichen): Zeichen 1.

merkwürdig Adj. (eigenartig, lustig): glatt A.3.c. *des ist e glatter Kerl!*

Mesner m.: Kirchendiener

Messe f. (die zur Fernhaltung von Unwettern gelesen wird): Wettermesse

messen st. (falsch messen): sich vermessen 2.b.

Messen n. (langwieriges Messen): Messerei

Messer n.: Messer, Jasser, Jesser
- (krummes Messer zum Spitzen der Pfähle): Pfalhape *das ist mit der Pfalhape g'macht* roh gearbeitet.
- (krummes Schustermesser): Kneip, Kneipe
- (mit dem die *Spatzen 2.* vom *Spatzenbrett* herunter in das *Spatzenwasser gescherret, ge-*

schabt, eingelegt werden): Spatzenmesser, vgl. auch Spatzenscherre, Spatzenschabe, Spatzenschüssel, Spatzenteig.
– (schlechtes, unscharfes Messer): Froschgik(s)er, Froschmetzger, Krottenschinder, Krappengikser, Krottenstecher; Sabel 2.
Messerklinge f.: Klinge 2., Lummel
– (stumpfe Messerklinge): Lamel 1., Lomel
Messerrücken m. (stumpfe Seite eines Messers): Rucke 2., Rucken
Meßgerät n. (zur Bestimmung des inneren und äußeren Durchmessers an Werkstücken): Kaliber 1.
Metallgefäß n. (zum Wärmen des Wassers im Herd oder Ofen): Schiff 2., Scheff
Metallkamm m. (zum Abstreifen der Heidelbeeren): Riffel 1.b.
– (zum Säubern des Flachses oder Hanfs von den Samenkapseln): Riffel 1.a.
Metzelsuppe f.: Wurstkirchweih, Wurstmal, Wurstsuppe, Metzgete
metzgen schw. (ohne es gelernt zu haben): schächten 2.
– (schlecht metzgen): napplen
Metzger m.: Stichler 2.a.
Metzgerbeil n.: Barte
Metzgergeschäft n. (Metzgerladen, Metzgerei): Metzel, Metzge
miauen schw. (von Katzen): maunzen 1., maunzgen, mienken 2., maulen II 1.
Michael m. (als Gattungsname): Michel 3., die bes. Verwendungen s. *Michel*
– (Name des Erzengels; sein Tag, 29. September; Michaelstag, Michaelis): Michel 1.
Michel m.: gutmütiger, beschränkter Mensch; weitere Verwendungen s. *Michel*
Mieder n. (Brustlatz): Dutte 3.
– (zum Schnüren): Schnürleib, Schnurleib; Schnürmüder, Schnurmüder
Miene f. (Gesichtsausdruck): Gucke I 1.
mieten schw. (pachten): bestehen B.2.
Mieter m. (mit Beziehung auf den vermieteten Teil eines Hauses): Partie, s. Partei 2.e.
Mieterin f.: Hausweib 2.
Mietleute Pl. (Mitbewohner): Hausleute 2.
Mietswohnung f.: Loschi
Milch f. (erste Milch einer Kuh nach dem Kalben): Briester, Briest; Pfaffe 2., Pfaffenmilch, (Küh-)Priester; Biest
– (gemolkene Milch nach dem Kalben): neubärische, neumelke Milch
– (geronnene Milch): Knoll(en) 2., Knollenmilch
– (tierische oder menschliche Milch): Milch 1., *gstandene, gstock(e)te, dicke Milch* festgeronnene Milch.
– **gebend** Adj.: melk
Milchflasche f. (für Säuglinge): Schoppen 4.

Milchgefäß n.: Stotze 2.a.
Milchgerinnungsmittel n.: Renne I, Lab
milchig Adj.: milchet
Milchkanne f. (große Milchkanne): Bütsche, Stütze; Milchkante, Milchkäntle
Milchmenge f. (die man auf einmal milkt): Melkete 2.
Milchschüssel f.: Milchkar, Milchkärle, Milchscherb(en).
Milchtopf m.: Milchhaf(en)
Milchwecken m. (mit Milch gebackene Semmel): Milchbrot, opp.: Wasserweck
mild Adj. (lau vom Wetter): glusam 1., gluisam
Milde f. (Weichheit): Linde II
Milzfarn m.: Hirschzunge 2.
Minderwertiges n. (Unbrauchbares, das man nicht mit seiner eigentlichen Bezeichnung benennt): Zeug 3.b., vielfach in der Form: *Zeugs,* verstärkt: Lumpen-, Sau-, Teufels-, Dreckzeugs
mindestens Adv. (bei Zahlen): gern 4., geren, gere
Mineralwasser n.: Käsperleinssekt, Käsperleswasser; Sprudel
mischen schw.: melieren
– (bes. von Spielkarten): mischlen; munklen 4.
– (durcheinanderschütteln): verheiglen
Mischgetränk n. (aus Wein und Mineralwasser): Morrle, vgl. *Schorrle- Morrle*
Mischung f. (Angemachtes): Gemäch(t) 1.c.
missen schw. (entbehren, verzichten): geraten 3.
mißglücken schw.: schlänzen 2.
mißgönnen schw.: vergonnen 2., vergonden
mißhandeln schw.: malträtieren
mißlich Adj. (bedenklich): schlipferig 2.b., schlupferig
mißraten Adj.: ungeraten
mißraten st. (mißlingen): vergeraten 1. *heut vergratet mir älles.*
mißtrauisch Adj. (abgeschreckt, gewarnt; gewitzigt): vergrämt
mißwirtschaften schw. (im Hauswesen schwer tun): krauteren 2.
Mißwuchs m. (Mißbildung von Pflanzen und Früchten): Narr 2.
Mistel f.: Affalter 2., Affolter
misten schw. (Stallarbeiten verrichten): stallen 3.
Misthaken m. (mehrzackiger Misthaken; Gartengerät um die Erde aufzulockern): Kränel, Kräl, Kral
– (zweizinkiger Haken zum Mistabladen): Misthak(en)
Mistjauche f.: Dole 2., Gülle 1., (Mist-)Lache, Seich; Lache I 2., Pudel
Misttragbahre f.: Mistbär(en) 1.

Mitbringsel n. (vom Jahrmarkt): Meßkram, Meßkramet

miteinander Adv. (zusammen): mitsammen

- (zu dritt miteinander): selbdritt, s. selb 1.c., *Anna selbdritt* Darstellung Annas, der Mutter Marias, mit dieser und dem Jesuskind als Dreiergruppe
- (zu zweit miteinander): selbander, s. selb 1.b.; selband, selbandert, zubander

Mitgift f. (eines Mannes in die Ehe): Mannsbeibringen

Mitleid n.: Daule 1.

mitleiden st. (zum Mitleid bewegen): erbarmen, verbarmen

mitnehmen st. (hart mitnehmen): zuwegnehmen, s. zuweg(en)4.

mitreden schw. (bei einem Handel als Dritter mitreden): schmusen 2.

Mittagszeit f.: Mittag 1. *Mittagmachen* das Mittagessen mit der folgenden Ruhepause halten; *Mittagläuten* um 11 Uhr zum Essen läuten.

Mitte f.: Mittel 1.

mitten Adv.: mittlen, *mittlen drinn* mittendrin; *mittlen zu* unterdessen, dazwischen hinein

mittler Adj. (in der Mitte liegend; einen Mittelwert darstellend): mittel, flekt. mittler, vgl. die Ausdrücke unter *mittel*

Mittlerer Wegerich m.: Krattenmacher 2., Krättenmacher; Sauor

mittlerweile Adv.: derweil 1., derweilst

Mittwoch m.: Michte, Mitten, Mittich

- (vor Ostern und Pfingsten): Hagelfeiertag 1.

Mobilien Pl. (fahrende Habe): Farnuß, Farniß

Mode f.: Mode 1., Pl. Modene, *lant ihr Mode Mode sei, 's Fidle g'hört in d'Hose 'nei.*

moderig Adj. (faul riechend oder schmeckend): feiselig; muffig; dämmelig, s. Dämmel

Mofa n. (scherzh.): Pfuztäpperlein

Mohn m.: Mage

Mohn-Arten Pl. (alle Mohnarten): Wolzmage

Mohrrübe f.: Gelbe Rüben, Gelrübe

Molke f. (Quark; Kräuterkäse): Ziger 1.

Molkerei f.: Molke 2.

Monatsblutung f.: Kirbe, Kirchweih 3.c.; Sache 3., Sach; Geschichte, Zeug, Zeit

Mönch m. . Mönch 1. *wenn der Teufel krank ist, so will er ein Mönch werden; ist er wieder gesund, so bleibt er, was er war.*

- Gewölbter Dachziegel, der mit der Wölbung nach oben in die Mitte auf zwei rinnenförmig nach unten gewölbte Ziegel gelegt wird. *Nonnen*

Mond m. (Himmelskörper): Mond, *er geht mit dem Mond* ist launisch, auch halbverrückt; s. bes. die verschiedenen Lautformen

Moor n. (Hochmoor im Allgäu): Mos I 2.

Moorbeere f.: Mosbere 2., Rauschbere

moorig Adj. (von Wiesen): riedig

Moos n.: Gemies, Genies

- (auch Lebermoos, Flechten): Mos I 1.; Mörsig; Mies 1.

moosig Adj.: gemiesig; miesig

Mop m. (Staubwischer): Hudler 4.; Pflaumer

Morast m. (Jauche): Blocher 4., Gülle

- (Unsauberkeit): Wulete

Morchel f. (auch von anderen eßbaren Pilzen): Morche 2.

morden schw. (meist jedoch schinden, quälen; herumsäbeln): morderen

mörderisch Adj. (heftig, arg): mordialisch

Mords ..., mords ... Präfix (in Komposs. mit steigernder Wirkung): *Mordskerle* großer, gewandter, pfiffiger Kerl; *Mordsloch* großes Loch; *Mordsmensch* starkes Weib; *Mords(rind)vih* ganz dummer Kerl; *mordsmäßig* gewaltig; *Mordsschraule* abgefeimter Mensch.

Morgen m. (früher Vormittag bis zum Mittagessen): Morgen 1., *morgen morge ist au e Tag(an dem no nix gschafft ist). Morgen, morgen, nur nicht heute, sprechen alle faulen Leute. So leben wir alle Tage und morgen haben wir nichts. Heute komm i erst morge heim.*

morgen früh Adv. (morgen am Morgen): mornemorge, mornmorge, morlemorle; mornemorn, mornmorn, moremore, manemorn; s. Morgen 3.

Moritz m. (männlicher Vorname): Moritz 2., Mauritz, Kurzform: Ritz, Titze

- (Mauritius; Heiliger; sein Tag, der Moritztag, 27. September): Moritz 1.

morsch Adj. (bes. von Holz und Obst): mursch, mäusch

- (verfallen, schlecht aussehen): mulbrig
- **werden** unr. (vom Holz): vermulmen

Mörser m. (Gefäß, in dem man etwas zerstößt): Mörsel 1.a., Stößer 2.

Mörtel m. (bes. der noch nicht verwendete Mörtel): Speis 3.

Most m. (süßer Most, schwacher Wein): Weibergesüff

Mostbehälter m.: Mostgelte

Mostbirne f. (minderwertige Birne): Kütte(m) 2., Quitt, Knausbir

mosten schw. (zu Most machen): vermosten

Motte f. (Milbe): Schabe II 1.

Möwe f.: Geifitz 1.c.

müde Adj. (abgeschlagen): lam 1., kreuz-, bug-, lendenlam

Müdigkeit f.: Müde, Müdne

Muff m. (Pelzhandschuh, Pulswärmer, Schlüpfer): Schlupfer 1.; Schliefer 2.a.

muffeln schw. (muffig riechen, schmecken; vom Fleisch): blägelen

Mühe f.: Schur 2.

- (Anstrengung: Ungeschicklichkeit): Verlitt

– (große, widerwärtige Mühe): Brast 2.a.
mühelos Adj.: gering 1.b., gring, ring
– (ganz einfach): kinderleicht
Mühle f. (die auf eigene Rechnung mahlt und die Mehl verkauft): Kunstmüle opp.: Kundenmüle (Kunstmühle, weil technisch besser als die Kundenmühle)
– (zum Grobmahlen): Schrotmüle
– (zum Mahlen): Müle; unterschieden 1.) nach Ware, die hergestellt wird: Mahl-, Gerb-, Kern-, Schrot-, Rändel-, Loh-, Öl-, Walk-, Papier-, Pulver-, Ips-, Märbel-, Schleif-, Säg-, Wetzsteinmüle usw. Mehlmahlende Mühlen werden 2.)unterschieden nach dem Antrieb: Wassermüle, oberschlächtige, unterschlächtige Müle, Windmüle. 3.) nach Ort, Eigentümer, vgl. ONN.; 4.) nach dem wirtschaftlichen Faktor: Kundenmüle, Kunstmüle. *Wer nicht staubig werden will, bleibe aus der Müle. Die Müle gaht de ganze Tag* du kannst den ganzen Tag essen. *Des ist Wasser auf mei Müle* mein Vorteil, Unterstützung für meine Ansicht.
Mühlespiel n. (mit 9 Steinen): Neunemal
mühsam Adj. (beschwerlich, kümmerlich, kaum): mülich 1.
– (beschwerlich; elend, schwach; sehr fleißig): übelzeitig
– (schwer; kaum): herb 2.b., hart, opp.: ring, sanft
Mulde f. (Backtrog, Futtertrog, Brunnentrog): Trog 2. *er gaht vom Tisch, wie d'Sau vom Trog. Wenn d'Sau g'fresse hat, na scheißt sie in Trog.*
– (Bodenvertiefung, Wanne): Kar I 2.
– (Geländevertiefung): Dälle, s. Dalle I
Müller m. (Spottname): Kleienbeißer
Müllfuhrmann m. (Müllkutscher): Karrenbauer 2.
mummeln schw. (kauen, essen mit zahnlosem Mund): muff(e)len I
Mumps m. (dicke Backen): Malle 3.
Mund m. (als Organ der Nahrungsaufnahme): Maul 2.b. *viel Mäuler machet bald e leere Schüssel. Einem das Maul wässrig machen* ihm Lust machen. *'S Maul nebe 'num binde* entsagen. *Ein Mäulle voll* ein bißchen.
– (als Sprechorgan): Maul 2.c. *mit dem Maul ka der älles (aber sonst ka er nix). Der hat immer's größte Maul* ist ein Großmaul. *'S Maul in die Tasche stecke* schweigen. *'S Maul auftun* reden. *Der lügt, so oft er's Maul auftut. Grad tu i 's Maul zu* eben habe ich davon gesprochen. *'S Maul hat ma zum Rede, zum Esse tät's en Schnabel. Für was hat ma 's Maul, wenn net zum Schwätze? Schwätz net so dumm über's Maul ra. Der kommt in aller Leute Mäuler 'rum* kommt ins Gerede. *Einer, der immer schlagfertig ist, hat 's Maul am*

(auf'm) rechte Fleck. Einem übers Maul fahre ihm widersprechen. *Einem das Maul stopfe* zum Schweigen bringen. *Dem muß ma emal 's Maul no extra tot schlage, wenn er emal stirbt. Der laßt's Maul spaziere gau* redet viel Unnötiges. *Du hast mir 's Wort aus'm Maul 'raus gnomme* ich wollte soeben dasselbe sagen. *I hab's ihm ins Maul 'nei gstriche* ihm genau angegeben.
– (vom Menschen): Maul 2.a. *der staht 'na und hat d'Zung im Maul* arbeitet nichts.*Vom Höresage und Wiedersage wird mancher auf's Maul gschlage. S'Maul aufreiße (aufsperre)* gähnen. *Der reißt's Maul auf wie e Scheuretor. Der bringt vor Vergnüge 's Maul nimme z'samme(zu). Der tät eim no auf's Maul scheiße, wenn ma sich's gfalle ließt.*
– (bes. bei mürrischer Stimmung): Larve 3.
– (breiter, herabhängender Mund): Pfluntsch(e) 2.
– (garstiges Maul; herabhängende Mundwinkel): Schlupe, Schnupe
– (Gesicht): Gefräß 3.
– (Gesicht, spöttisch): Seiher 2.
– (Gosche): Schnaupe 3.
– (großer, breiter Mund, Schnabel): Pflätsche 3., vgl. Blätsche 3.; Waffel 2.
– (häßlicher Mund): Schlarre 1., Schlärre
– (herabhängender Mund, große Lippe): Blätschenmaul; Lätschmaul
– (ironisch): Freßlade; Saurüssel 2.
– (Lippe): Luppe, Luppel
– (Maul): Lafette 2.; Schnättere 1; Schwarte 3.; Flätsche, Fletsche; Lappe, Lappel, Läppel
– (mit Ausschlag; auch Schelte): Rufengosch, Rufenmaul
– (roter Mund): Kirschenmaul
– (scherzh. oder grob): Schnabel 2. *einen vorlauten Schnabel haben.*
– (spöttisch): Lade 2.a.; Lälle 2.; Schnauze 1.
– (verdrießliche Miene. Von den Schamlippen übertragen auf die Lippen des Mundes): Fotze
– (verzerrter Mund; weinerlich verzogenes Gesicht, Grimasse): Zänne
– (verzogener Mund, verdrießliches Gesicht): Schnüfel, Schnübel
– (wüster Mund; herabhängende Unterlippe): Schlarbe 2., Läutsche 3.
– (zum Weinen verzogener großer Mund): Trutsche, Blätsche, Brutsche, Gosche, Waffel
munden schw. (gut schmecken): schmecken 1.b.
– (das Essen schmeckt nach mehr es schmeckt so gut, daß man mehr davon essen möchte.
– (gut schmecken; riechen): geschmecken; *gschmeckt's ?* Zuruf an Essende.
Mundfäule f. (bes. der Kinder): Zigerlein, s. Ziger 3., Kurfes, Durchfäule, Gemilbe.

Mundharmonika f.: Goschenhobel
Mundwerk f. (böses Mundwerk): Schnalle 3.a.
– (großes Mundwerk; auch eine Frau, die viel, auch bettelnd spricht): Bettelrätsche
– (lautes Mundwerk; krächzende Stimme): Rätsche I 2.
– (loses Mundwerk): Wäschergosche, Waschgosche; Pappelmaul, Pappelgosch
– (rasches, auch böses Mundwerk): Raffel 2.a., Riffel, Reff
munkeln schw. (leise reden; etwas Heimliches, Verbotenes tun): mucklen
munter Adj. (flink): alert
– (frisch, wohlauf): busper, musper
– (lebhaft): wefzig 2.
– (lebhaft; bes. nach Krankheit): mucker
– **sein** unr. (lustig sein): hellauf sein
Münze f. (kleine Münze): Geschnipf 2., Gschnipfich; Rappe 3.; Kutter 2.
– (kleine Münze, urspr. mit einem Kreuz geprägt): Kreuzer, vgl. Batzen, Groschen, Pfennig, Heller. Kreuzer in RAA. beliebt, die z. T. noch fortleben, auch dadurch, daß *Kreuzer* immer mehr durch *Pfennig* ersetzt wird. *Wer nicht auf den Kreuzer sieht, kommt zu keinem Gulden.*
– (kleine Münzen): Kuttergeld
mürbe Adj. (spez. von Backwerk: mit Butter gebacken): mürb 1., mürm; murb, mur
– (von (Äpfeln): mar; Birnen sind mehr *teig*
– **sein** unr. (mürbe werden lassen): maren I
– **werden lassen** st. (z.B. das Obst): mauden I
Murmel f. (aus Stein oder Glas): Schusser 2., Marbel, Klucker, Steiniß; Schneller 2.c.
murmeln schw. (brummen, undeutlich sprechen): mummlen 2.
Murmeln n. (mühsames Kauen; leises, undeutliches Reden): Gemummel, Gemümmel
Murmeltier n.: Murmelein 1.
murren schw.: brudlen; märrlen; maulen II 2.; schnor(r)en 2.
– (bellen, knurren): muffen I, mupfen
– (einen trotzigen Mund machen): brutschen
– (im Stillen grollen): munklen 2.
– (zanken): brotzlen 3., brutzlen
– (trotzen, widerspenstig sein): difen
Murren n. (Murmeln): Gemürmel, Gemürbel, Gemurmel
– (Schimpfen): G(e)maule; Gebrudel; Gepfutter
mürrisch Adj.: brummig, brummlig; marrig
– (mißgelaunt, grämlich): kurrig
– (schwer zu behandeln): ungut
– (traurig, kleinlich): kalmäuserisch
– (übel aufgelegt): grandig 3.

– (unwohl): mauserig
– (unzufrieden, nörgelnd): krittelig, krittelich, krittlig
– (verdrießlich): fanzig, faunzig
– (verdrossen, ungesellig): öde 2.b.
– (vor sich hinschimpfend): brud(e)lig. brud(e)lich
– (wortkarg): mauderig, pfauderig
– (wunderlich): näkig
mürrisch sein unr. (nörgelnd sein; empfindlich sein): krittlen
mürrischer Mensch m.: Grätigel; Mäuchel 1., Maude; Näk
Musik f. (leiernde Musik): Gedudel 1.
musizieren schw. (schlecht musizieren): dudeln 1.
Muskatnuß f.: Musketnuß, Muskertnuß, Muskernuß
Muskelkater m. (Drüsenschwellung): Widergang
Muße f. (freie Zeit): Luse, Lusem, Lude, Lose
müßig gehen st. (schlendern, nachlässig arbeiten): lotteren I 1.b.
– **herumgehen** st. (herumstrolchen; herumwursteln): keßlen 2.
Müßiggänger m. (Herumlungernder): Latschare; Stranzel, Stranzer; Schuckeler 1.; Tagdieb
Muster n. (Hohlform für Gebäck): Model
– (Vorbild, Modell, Model, Schablone): Lere I 3.
mustern schw. (durchsuchen, untersuchen): kusteren; musteren 1.
Mut m. (Entschlossenheit, Beherztheit): Kurasch(e), Gurasche, Gorasche, Krasche
– (Kraft, Ausdauer): Rösche
mutig Adj. (furchtlos): kuraschiert
mutlos Adj. (verzagt): vertleid(n)et, s. vertleiden 3.
Mutscheltag m.: in Reutlingen am Donnerstag nach dem 6. Januar, s. Mutschel III 1.
Mutter f.: Amme *der Apfel fällt net weit vom Stamm, d'Tochter ist wie d'Amm; so hats mei Ätte und mei Amme g'macht, so mach ich's au.*
– (Kindersprache): Namme
Mutterbrust f. (Saugbeutel): Nollein, Nullein, Nüllein
Mutterschwein n. (trächtige Sau): Mock II 1.; Dausch; Kosel 1., Sucke(l), Los, Mor
Muttersöhnchen n.: Ammenkindlein, -söhnlein, -suckel, -suckler, Mammenkindlein, Mammenfüllen, Mammensuckel
mutwillig Adj. (ausgelassen): randig
Mütze f.: Hatzel 2.; Kappe 1; Schlappe 5.
– (weiche Mütze): Tatschkappe, Tätschkappe
Mützenschild m. (Hutkrempe): Schlatt 1.

N

Nabenfett n.: Karrensalbe, Wagenpech, Wagenschmiere, Wagensalbe
nach Adv.Präp.: nach II B. 2., nah
– (Bewegung auf etwas zu): gegen 1.b.
– (nachher; örtlich): nach II 1., nah; nacher 1.
nach hinten Adv. (hinter dem Rücken): hinterwärts
nachäffen schw. (durchhecheln, bespötteln): abkonterfeien 2.
Nachahmen n. (eines Albbewohners): albelen, vgl. bubelen, menschelen
Nachbarschaftsstraße f.: Vizinalstraße
Nachbildung f. (auch Vorbild): Ebenbild
nachdenken st.: hirnen, sinnieren
– (grübeln, sich besinnen): sich verkopfen
– (schimpfen): räsonnieren
– (sinnen): nunen, s. nonen 2.
Nachdenken n. (das Denken): Dicht, vgl. *im tauben Dicht,* s. Dicht
nachdenklich Adj. (sinnierend): grübelig
– **werden** unr.: stucken 1.
nacheilen schw. (hinterdrein springen): nachsauen
Nachen m.: Schelch
Nachen m. (der gestoßen wird): Schucker 1.c.
nachernten schw. (nach der Obst– Wein– Kartoffelernte; vom Gallustag, 16. Oktober, an noch vorhandene Feldfrüchte einernten): afterbergen, afterberglen, afteren, afterrechen, afterrechlen, druberglen, drüberglen, gallen, gallaten, kluberglen, meislen, nachobsen, nachstupflen, nachsüchlen, speglen, stänglen, stumpflochen, stupflen. stupflochen
Nachfeier f. (der Hochzeit): Nachhochzeit
nachfolgen schw. (zottelnd nachfolgen): nachzottlen
nachforschen schw. (gründlich nachsuchen): nachstüren; förschlen
nachgeben st.: zucken 2.b.
– (fortgehen; nichts erreichen, nichts ausrichten): einpacken 2.
– (sich demütigen): ducken
– (zurücknehmen, sich zurückziehen): haufen II 2., hufen
Nachgeburt f. (beim Vieh): Säubere 2.; Richte 2.; Verricht; Fege, Feget(e) 2.
Nachgeburt bringen st.: vereb(e)nen 2.; richten 3.

Nachgerechtes n. (das hinter dem aufgeladenen Heuwagen Zusammengerechte): Nachrechete, s. nachrechen
Nachgeschmack m. (beim Wein): Schwanz 5.
nachher Adv. (alsdann, so; zeitlich): nach II 2., nah, nache 2. *ein Tag zwee nache* zwei Tage später.
Nachkömmling m. (jüngstes Kind; auch übtr. auf Tiere): Na(ch)weiselein, Nachmeiselein, -waselein, -wuselein, -wiselein; Nestkegel
nachlassen st. (schonen): leiben II
nachlässig Adj. (faul, lümmelhaft): geschlackelet, schlackelig
– (unordentlich, bes. von der Kleidung): schlappig, schlapperig, schläpperig
– **sein** unr. (herumziehen, der Liederlichkeit nachgehen): schlamperen
nachlässiger Mensch m. (unsaubere Frau): Schlamp 5.; Lotte, Lotter(er), Lottel, Lottele; Schlauder, Schlauderer
Nachlässigkeit f. (Unordnung, Durcheinander): Schlamperei, Schlapperei
nachlaufen st. (Frauen nachlaufen; eine Geliebte haben): menscheren
Nachläufer m.: Suckeler
nachlegen schw. (nachschüren, Holz auf das Feuer legen): auflegen 1.
nachmaulen schw.: lätschen 3., brudlen
– (murren, undeutlich reden): pfutteren 2.a.
– (nachbellen): nachäffen, nachbrüllen
Nachmittag m. (Dämmerung): Abend *'s ist no nit all Tag Abend g'sei* als Vertröstung oder als Drohung gemeint.
Nachmittagsgottesdienst m.: Vesper f. 1.
Nachrede f. (Gerücht, Beschuldigung): Klapf 4.
– (üble, falsche Rede): Afterrede
– (üble, heimliche Nachrede, Klage): G(e)schnaube 2.
nachreden schw. (übel nachreden): schandmaulen
– (Übles nachreden): *einem einen Klätter anhenken.*
nachsagen schw. (einem etwas tadelnd nachsagen): anhaben 2. *man kann ihm nix anhaben* er gibt sich keine Blöße.
nachschlagen st. (in der Art einem nachschlagen): macharten, nacherdenken, geschlechten
nachschleppen schw.: nachschleifen

nachsinnen st. (brüten): munen 1., storen 2.
Nachsinner m. (Studierer; Dickkopf, eigensinniger Mensch): Mune 1.
nachspüren schw.: graplen 4., grapplen, läusterlen
Nacht f. (in der die ledigen Burschen ihren Mutwillen treiben): Freinacht 1., besonders am Thomastag, Scheibentag, Maitag, Johannistag, Michaelistag
– (in ihrer ganzen Dauer): Durchnacht
– (Nächte lang): nächtweise
– (ohne Polizeistunde im Wirtshaus): Freinacht
– (sie beginnt auf dem Land mit dem Abendläuten): Nacht, s. die bes. sprachlichen Verwendungen bei *Nacht.*
– (stockfinstere Nacht): Kunacht; wohl immer prädikativ: *stockfinster und kuanacht ischt's gwea.*
– (vom 24./25. Dezember): Kristnacht, Heilige Nacht
– **werden** unr.: nachtelen, nachten
Nachteil m. (im Nachteil sein; den Kürzeren ziehen, zurückstehen müssen): hinterhaben *der Mindere hat hinterghabt* der Schwächere bleibt immer im Nachteil, im Unrecht.
Nachtessen n. (bei einer Hochzeit): Abendmal
Nachtgottesdienst m. (in der Karwoche, wo statt der Glocken die Rätschen gebraucht wurden oder mit Stäben auf das Gestühl geschlagen wurde): Rumpelmette 1.
Nachthaube f.: Schlafhaube 1.
Nachthemd n. (farbiges Nachthemd): Bettkittel, Betthäß 2.
nachtragend Adj.: nachträglich 2.
Nachtschwärmer m.: Nachtrabe 1., Nachtkrappe; Nachtmensch 2.
Nachttau m.: Abendfeuchte
Nachttopf m.: Kachel 2., Brunzkachel, Seichkachel, Bamphafen, Nachthafen, Nachtgeschirr, Potschamber, Rollhäfelein, Scheißhafen, Seichhafen
Nachtweide f.: Aucht
nachwerfen st.: nachschmeißen
Nachwuchs m. (des Dorfes an Vieh, aber auch an Menschen): Dorffasel; Zügel
Nacken m.: Anke I *er ziegt d'Anka nei, wie a g'klopfter Has* gebärdet sich ängstlich; *sei Ank ist so g'stärnig, wie sei Kopf.*
– (des Pferdes): Kanz 2., Genaue
– (Genick): Nau(en) 1., Nauw(en), Naub; Auwen, Aub
nackt Adj. (kahl): blutt A. 1.
– (völlig nackt): faselnacket, fasennacket, fasnacket, fasennacket, fasernacket; fasenhautnacket, fatzennacket, fudnacket, fuselnacket, hautfasennacket; nacket, nackig; näkket, -ig, -etig; hautnacket, -näcket, -nackig, -näckig

Nadelkissen n.: Glufenkissen, Glufenkissele
Nagel m.: Zweck 1.
– (kleiner eiserner Nagel): Stifz, Stefz
– (aus Draht gemacht): Dratstift
– (am *Wisbaum,* durch dessen Drehung das *Wellenseil* gespannt wird): Well(en)nagel
nageln schw.: naglen 1.
– (falsch nageln): vernaglen 2., vernäglen
nagen schw. (hörbar herumnagen): knusperen
– (kauen, knabbern): kifen 1., kiferen, kiflen 1.
– (oberflächlich kauen, beißen): kipplen 1., kifen 1.
nahe Adj. Präp.: gena(c)h 1. *wer gnah in d'Kirch hat, hat weit in den Himmel.*
– gneb, s. genau 3.
– (räumlich und zeitlich): nach I 1., nah
Nähe f.: Genäche, Gnäe; Näche
nahekommen st.: *auf den Leib rücken,* s. Leib 2.
nähen schw. (außerhalb der Wohnung nähen): ausnähen 3.
– (eine Naht nähen): naten
– (schlecht nähen, daß Falten entstehen): pfurpfen
Nähen n. (der Leib-, Bett-, Tischwäsche): Weißnäen
– (Genähte): G(e)näe, Näet
nähen lassen st. (beim Schneider): schneid(e)ren 2.
Näherin f. (schlechte Näherin): Pfurpferin, s. pfurpfen
Nähkissen n.: Bausch 1.d., Näbausch
Nähkorb m.: Näkrättlein
nähren schw.: speisen 1.
nahrhaft Adj.: genärig 2.
Nahrung f. (für Mensch und Tier): Futterasch(e)
Nähstunde f. (was man gerade näht): Näet(e)
Name m. (bestimmter Sträucher, z.B. Rosen): Dorn 2.
– (des Knechts): Johann, *einem den Johann machen* den Knecht machen.
– (für Farne): Fane 3.
– (von Dachshunden): Wale 2.
– (von Kühen): Fleck I 5., Bläß
Namenloser m. (Verachteter): Garniemand(s)
Napfkuchen m.: Gogelhopf, Gugelhopf
Narbe f. (Striemen, bes. vom Peitschenhieb; Runzel): Schmutter 1.
– (Wunde): Schnatter 1., Schnätter; Schramme
narbig Adj. (voll von Narben): schrammet
narr Interj. (interjekt. Anrede, als Satzeinleitung erklärend, belehrend): narr! Narr! *des war e Gugelfur.*
Narr m. (ie nhd., doch weit häufiger; urspr. Geisteskranker, Geistesschwacher): Narr 1.a. *er ist e Narr worde; sie ist e Narr worde* (nicht Närrin!); *da könnt ma e Narr werde* verrückt werden.

– (dummer Kerl): Heidenstral; Gauch 2.
– (überspannter Mensch): Fante, Fantel, Fanz
 2., Sparrenfantel, Faselhans, Faselnarr, Fasler
narren schw.: schäuflen 2.b., schauflen
Narr sein unr. (den Fastnachtsnarren machen;
 sich maskieren): narren 1.
Narrenkleidung f.: Narrenhäß
Narrheit f. (im Sinn von Possen, Scherzen): Nar-
 retei
– (Verrücktheit): Schifer 2., Sparren
– (Wut): Närrische, Närrsche
närrisch Adj. (kindisch, einfältig, läppisch): gak-
 kelig 2., gäckelig, gäckelisch
– (verrückt): *oben durch*, s. oben 2.b.
närrisch sein unr. (einen Rausch haben): *Stich
 haben,* s. Stich 4.a.
– **tun** unr.: dallmären
– (Tanz und Umzug zur Fasnachtszeit): golreien
– **werden** unr.: übernisteren
närrischer Mensch m. (der einen *Sparren* zu viel
 hat): Sparafantel, Hannenwackel 1., Narren-
 bartlein, s. Bartholomäus; Hispel, Hispelnarr,
 Humpel
– (merkwürdig angezogener Mensch): G(e)-
 scheuche 3.
naschen schw. (heimlich naschen; hintergehen,
 betrügen, stehlen): mocklen
– (schleckig im Essen sein): neusen 1.
Nascher m. (Kosewort): Zuckermäulein
naschhafte Frau f.: Schnäuke
Nase f.: Riecher, Riechkolb(en)
– (aus der Schleim läuft): Rotznase
– (breite, dicke Nase): Pflatschnase, Tätschna-
 se, Kumpf
– (rote Nase): Rötel 2.
– (scherzh.): Kamin 2.; Zinken, s. Zinke 3.
– (übtr.): Kolben 2.c.; Kumpf 2., Brestling
– (unförmige, dicke Nase): Blunze 2.b.; Brestl-
 ing
– (Witterung): Schmecke 3.
näseln schw. (durch die Nase reden): nängeren,
 knängeren 1., pflenslen
– (durch die Nase schnauben, mit Nasenge-
 räusch atmen): pfnisen, pfnusen
Nasenschleim m.: Rotz *Rotz und Wasser heulen
 (heunen, briegen, schreien, zännen, bellen
 o.a.) heftig weinen; einem den Rotz an Bak-
 ken schmieren* schmeicheln.
– (aus der Nase herabhängend): Klengel 2.,
 Rotzglocke, Rotzkengel, Rotzklengel, Licht
 4., Kengel 6., Zolk, s. Zolch 1.; Zopf 3.
– (vertrockneter Nasdenschleim): Nasenbutze,
 Butze 1.c. *der tät mir den Butza aus der Nas
 rausnehme, so geizig ist er;* Butzenmäckeler
 1., Kaminfeger 2.a.
Nasenspitze f.: Nasengibelein, Nasengipfelein,
 Nasenzipfelein

naseweis Adj. (fürwitzig; unreif): grün 5., aber-
 fänzig, geilfitzig, stigelfitzig, wunderfitzig
naseweise Person f.: Gäcksnase; Lecker, Lek-
 kersbube 2., Fugelein
naß Adj.: naß, verstärkt: patsch-, seich-, wäsch-,
 pudel-, tropf-, bach-, tropfbachnaß; *naß bis
 auf die Haut. Morgenrot gibt ein nasses
 Abendbrot. Es friert mich wie ein nasser
 Hund. Er sauft alles, was naß ist. Naß futteren
 trinken. Er hat gern naß* trinkt gern.
naß werden unr.: nassen
Nässe f. (durch verschüttetes Wasser verur-
 sacht): Gepflatsche 2.
– (Lache): Geflätsche *wo kei Geflätsch ist, ist
 au kei Gsüff.*
– (Morast, naßkaltes Wetter): Pflütter, Pflut-
 ter, Pflüttere
nässen schw. (den Boden durch Wasser nässen;
 verwässern): verpflätschen 2.
naßkalt Adj.: pflütterig 2.
Naßwerden n. (durch den netzenden Nebel):
 Nebelreis(s)en, -rei(s)e(te), Nebelris(e)len
natürlich Adv.Adj. (kannst dir denken!): *Gott
 versprich!*
Nebel m.: Suppe 2.
– (auf den Bergen): Nebelkappe 2.
nebelig Adj.: geneblet, geniblet
Nebelkappe f. (eines Berges): Kappe 2.a.
Nebelkrähe f.: Grauer Rappe 1.
neben Adv.Präp.: neben, nebe, nebet, neber; s.
 Beispiele unter *neben*
Nebenarbeit f.: Bosselarbeit
Nebenfrau f. (Konkubine): Kebs(er)in, Kebs-
 weib
Nebengebäude n. (kleiner Bau): Bäulein
Nebengeschmack m. (Eigenheit, Untugend):
 Lank 1.b.
Nebenkammer f.: Gaden a., Gadem
– (im Wohnhaus, bes. zum Schlafen): Kammer,
 opp.: Stube (Wohnzimmer)
Nebensächliches n. (Geringes; Exkrement des
 Sperlings): Spatzendreck
Nebenstube f.: Stüblein, s. Stube 2.a.
Nebentrieb m. (bei Hopfen, Mais, Tabak):
 Abergabel, Aberzain, Aberzan, Aberzange,
 Aberzweig
– (Ranke, wilder Trieb): Geize II, vgl. ausgeizen
necken schw.: wüsten 1.
– (foppen): fretten
– (foppen, auslachen): fänz(e)len
– (foppen; blödeln): kasperen 2.
– (hänseln, händeln): häcklen 2.
– (plagen): pochen 2.b.
– (reizen): zänken 1., zerfen 2, zecken
– (scherzend zanken; streiten, hadern): zemp-
 len 1.
– (sticheln; plagen): nüppen 1.
– (verspotten, herausfordern): aufziehen 2.b.

Neckerei f. (Späße, Grillen, Possen): Fänze, s. Fanz 1.

neckisch Adj. (mutwillig, spaßhaft): keinnütz(ig) 2.b.

necksüchtig Adj. (händelsüchtig, neidisch): nüppig

nehmen st. (Kurve nehmen, übtr.): *Ranken kriegen,* s. Ranken 2.

– (leihweise nehmen): entleihen

– (Prise nehmen): prisen 1.

– (Rücksicht nehmen; verwöhnen, verzärteln): vertheben 2.

– (übel nehmen): verdenken 3.

– (zur Hand nehmen): hernemen 1.

Neid m. (Zorn): Hecker II

neidisch Adj.: schel 1.b., schelb, schelch, schelk

– **sein** unr.: nicklen 4.

neidischer Mensch m.: Neidhammel 1., Neidkrag(en)

Neige f.: Gäge II

neigen schw.: halden 2., hälden 1., gägen

– (ein Gefäß neigen, um daraus zu trinken): gägen 1.

– (sich (ver)neigen): geneigen

– (sich neigen; schief stehen): hangen 2.

nein Partikel, Interj. (eigentl.: nicht eins): nein I, haa, numme. Verstärkungen: *O nei! Aber nei!* Verwunderung und Tadel. *Ha nei!* zweifelnde Verneinung.

Nepomuk m. (Brückenheiliger; sein Tag, 16. Mai): Muck, Mucke, (Kurzformen), vgl. das Gedicht von Sebastian Blau ‚Heiliger St. Nepomuk‘.

Nepotismus m.: Vetterleswirtschaft, Vetterleswesen, Vetterleschaft, Vetterlesgschicht, s. Vetterleinsgericht

Nerv n. (nervus ulnaris im Ellenbogen): *Mäusle ist ’reingefahren* wenn man den Ellenbogen angeschlagen hat, s. Maus I 4.

nervenaufreibend Adj. (auf die Nerven gehend): fitzelig

nervös Adj.: fickerig

nervös sein unr.: Nerven haben, s. Nerve 2. *etwas sitzt mir auf den Nerven* es irritiert mich; käferen 2.

Nest n.: Genist 1., Gnist, Gnisch, Gnis, Gnister

– (von Vögeln): Nest 1., Nerst, Erst, Est *e jeder Vogel findt sein Nest; einem in’s Nest sitzen (hocken)* seine Geliebte wegnehmen.

– (von anderen Tieren): Nest 2., Nerst, Erst, Est *Hasennest, Osterhasennest*

Nesthäkchen n.: Nesthocker, Nestkegel, -kegelle; Nestbärtlein, -krüppel, -pfluder, -quack, -scheißer; Nestpflutt, -pflutter, -pflutterer; Nestquatt, -quättlein

nett Adj. (niedlich, zierlich, hübsch; was ordentlich zusammengemacht ist): kuppelig

Netz n. (Netz zum Fischfang): Bere I 1.

neu Adj.: neu, verstärkt: feuer-, funkel-, span-, nagelneu. *Mit alten Kleidern muß man neue verhalten. Oben nui und unten pfui. Neue Stiefel drucket gern. Neue Besen fürben wohl.*

– (ungebraucht): frisch 1.

Neues n. (Neuer, z. B. Wein): neu 2.a. *einen Schoppen Neuen! etwas Neues. Nichts Neues? Er wird scho sehe, was ’s Neues gibt* üble Prophezeiung, Drohung. *Es geschieht nichts Neues unter der Sonne. Mit dem Alte ka ma’s Neu verhalte.*

neugebacken Adj. (vom Brot): neubachen 1., opp.: altbachen

Neugier f. (vorlautes, naseweises Wesen): Fürwitz, Vorwitz, Wunderfitz 1.

neugierig Adj. (naseweis): wunderfitzig 1., wundergern, begirig, neufitzig, neusig 2.

neugieriger Mensch m.: Häfeleinsglotzer, Häfelesgucker, Wunderfitz 2.

neulich Adv. (kurz vergangen): verwichen; letzthin

nicht Partikel: nicht, net; nit; net, et; nit, it; eda, ida; Besonderheiten des Gebrauches s. unter *nicht*

nicht wahr Interj.: gelt, gel, get, gelt! gell! get! s. gelten 5. (unpers. Konj. Präsens: es möge gelten)

nichtig Adj. (eitel; leer, inhaltslos): wan

Nichtigkeit f. (Dreck): Schafscheiß

nichts Pron.: nichts. Formen: *nents, nint, nit; nounts, neits, noits, nuib, niab, nuats, niks, neks.* RAA. *Aus nichts wird nichts. Mir nichts dir nichts* nur so ohne weiteres, tadelnd von vorschneller Handlung. *Es ist nichts hinter ihm* ohne Substanz. *Nichts haben ist eine ruhige* (ein ruhiges Leben), aber langweilig (aber e Bißle tut gut). Wo der Ma nichts da ist’s Weib Herr. Du bist weniger als nichts. Du bist der Nex und bleibst der Nex. Der helle Nichts Schelte. Unnütze Kinderfragen beantwortet man: *Ein Nixle in einem Büchsle.*

– (nicht das mindeste): *kein kreuzigs Dingle,* s. kreuzig 2.

nichts da Interj.: ja, en alte Seich, s. Seich 2.a.

nichts tun unr. (die Arbeit liegen lassen): fei(e)ren 2.

Nichtsnutz m. (Taugenichts): Stucklein 3.; Garnichts

nichtsnutzig Adj. (schlecht, verdorben, bösartig): keinnütz(ig) 2.a., s. die weiteren Formen unter *keinnützig*; keinz, knütz; untaget; nichtsig

nichtsnutziger Mensch m.: *taube Nuß,* s. Nuß

Nichtsnutzigkeit f.: Nichtsigkeit

Nichtstuer m. (langsamer Mensch): Feirer, Faulenzer 1., Lämperer

nicken schw.: dutzen 2., dützen

– (beim Einschlafen nicken): dutschen 2., dütschen
– (leicht schlummern): genucken
– (mit dem Kopf nicken): genicklen
– (winken; einnicken): genaupen 1., genauten 1.

niederbrennen st. (vom Feuer): abgehen 3.

niedergehen st. (eines Schneegestöbers): gähwinden

niederkauern schw. (auf den Waden sitzen): hammlen

niederkommen st. (bes. zu früh niederkommen): umschmeißen 2.a.

niederliegen st. (sich niederlegen; liegen bleiben, erliegen): erligen, verligen

niedermetzeln schw. (zerstören): metzgen 2.

niederreißen st.: umreißen 1.

niederschreiben st. (schriftlich festhalten): aufschreiben s'Aufschreibe gilt für's Merke; lieber zweimal aufschreibe, als einmal vergesse.

niederträchtig Adj.: hundsgemein

Niederung f. (sumpfige Niederung): Bruch, Brül

niederwerfen st. (beim Mähen niederwerfen; umbringen): vermäen 1.

niedlich Adj. (schön): dockelnett

niemals Adv.: Nimmerleinstag, s. nimme(r) 2.

niemand Pron. (keiner): niemand, s. die Formen und die Verwendungen bei niemand

Nierenstück n.: Lend(en)braten

niesen st.: pflützgen, pfnitzgen; geniesen
– (Kindersprache): hatschi machen
– (zischen, schluchzen): pfuchzen 1.

Nikolaus m. (Name des Heiligen; sein Tag, der 6. Dezember): Klas 2.a., Bzz. Klas, Santiklas, entstellt: Schandenklaus, Schandenklas; der schandlich Klas; Santeler Klas, Nacht-, Rumpelklas, Niklaus, Pelzrickel, Pelzmärte, Pelzmärtin, Schweizer
– (männlicher Vorname; Kurzformen): Niklas, -aus; Nickel, Nicke; Klaus
– (verkleideter Nikolaus): Klasenmann 1.

nimm Interj.Imper. (komm, nimm!): se!

Nimmerleinstag m.: Bempemperlestag, Emmerlingstag

nirgends Adv. (an keinem Ort, an keiner Stelle): nienen, niergends, s. die Formen unter nirgends

nisten schw.: nesten 1.

Nistplatz m. (wo die Tauben im Schlag brüten): Hurde 2.

nörgelig Adj. (weinerlich): nefig 1.; gackelig 4., gäckelig

Nörgler m. (Pedant): Tüpfler, Mienker

Norm f. (Maß, Aufgabe, Pensum): Gesatz 2.a., Gsatz, Gsätz

Not f.: Elend hinter Häs und Wänd steckt viel Elend; der hockt da wie e Häufle Elend.

– (Gefahr, Schmach): Schofel
– (große Not): Unnot 1.
– (in Not kommen): an den Riem gehen, s. Rieme 1.
– (Verlegenheit; unangenehme Lage): Schlamassel, Schlamasse
– (Zwang; Drängen): Genöte

Notglied n. (Ersatzglied, bei einer Kette): Notgeleich, Schergeleich, Schertloich

notieren schw. (der Polizist notiert den Verkehrssünder): aufschreiben b.

nötigen schw. (treiben, drängen): nöten 1.

Notiz f. (Eintrag): Aufschrib

Nottaufe f.: Gähtauf, Gähtäufe

notwendig Adj. (gern ironisch): nötig 1.

Notwendigkeit f. (Müssen): Muß, Not 1. es tut Not es eilt.

nüchtern Adj. (ganz nüchtern): stocknüchter(n), katzennüchtern, katzennüchtern

Nudel f. (breite Nudeln ohne Füllung): Schneiderbletz
– (von Hand gerollt): Wargelnudel, s.a. Schupfnudel
– (gerollte Nudel in Fingergröße): Schupfnudel, geschupfte Nudel, Schupftoppennudel, Schupfwärgel; Toppen-, Gruppennudel; Bauch-, Ranzenstecher; Bubenspitzlein

Nudelbrett n. (Brett, auf dem die Nudeln gemacht werden): Nudlenbritt, Nudelbritt

Nudeln Pl. (mit Kraut; beliebte Speise): Krautnudeln
– (gefüllte Nudeln; abgesottene Flädlein): Strudelein 2.; Maulschelle 2., Maultäsche 2.
– (längliche Nudeln in Schmalz gebacken): Bocksäckelein, s. Bocksäckel 3.
– (Nudeln mit der Hand gemacht): Bauchstecher, Bauchstopper, Bauchstupferlein, Schupfnudeln, Schupfwörgel

Nudeln machen schw.: nudlen 1.

Nudelteig m. (ausgewellter Nudelteig): Nudlenbletz

nun Adv.Partikel Konj.: nun I 2., nu

nur Adv.Partikel: allig 1., ällig; bloß 1. das Dorf ist bloß dort nicht weiter entfernt; nur, nun, nummen
– (nicht mehr als): eben B. 4.a.

Nußhäher m. (Eichelhäher): Häher, Jäk 1., Kägersch 2.

Nußschale f.: Näufe, Naife, Nußschälfe

nützen schw.: helfen 2. schmiere und salbe hilft allethalbe. Hilfs nix, so schadet's nix. Da hilft kei Bete nix, da muß Mist 'na.

Nutzholz n. (das im Unterschied zum Brennholz handwerklich genutzt wird): Nutzholz, opp.: Brennholz

nützlich Adj. (brauchbar): nutz, nütz

Nutznießung f.: Genieß, Miete I 2.

O

oben Adv. (alleinstehend): oben 1., opp.: unten, *oben hui, unten pfui.*
– (mit Zusatz): oben 2., Gebrauch und Verwendung s. unter *oben*
Oberbett n.: Zudecke
Oberfläche f. (der Erde; Boden eines Gewässers): Grund 1.a.
oberflächlich Adj.: oben dahin, s. oben 2.b.
oberhalb Adv. Präp. (darüber): d(a)ob 1., d(a)rober 1.
Oberleintuch n.: Oberleinlachen
Oberlippenbart m. (scherzh.): Rotzbremse
Oberschenkel m. (vorderer Oberschenkel bei Tieren): Bug 1.
oberschlächtig Adj. (von oben her angetriebenes Wasserrad): oberschlächtig, vgl. mittel-, rücken-, unterschlächtig
obgleich Konj. (da, wo): wo 2.c.
Obst n.: Obs(t); unterschieden wird: Kernobst, Steinobst
– (das von einem Obstbaum auf das Nachbargrundstück hinüberhängt): Überhaus
– (welches auf das Nachbargut fällt): Überfall 2.
Obstabfälle Pl. (Gemüseabfälle): Geschnipf 1., Gschnipfich
Obstfleck m. (auf einem Tuch): Obstmase
Obstkiste f. (Gemüsekiste): Steiglein, s. Steige II 2.
Obstmost m.: Most 1.b., *süßer Most* neuer Most, vor der Gärung; *räßer Most* während der Gärung; unterschieden in *Apfelmost, Birenmost,* spezieller *Luiken–, Bratbirenmost.*
Obstpresse f.: Moste, Mostet; Mosttrotte
Obstschnaps m.: Obstler
Obstvorrat m. (geheimer Obstvorrat der Kinder): Mocklet
– (heimlicher Vorrat, auch von anderen Nahrungsmitteln): Marennest, Maukennest
Ochse m. (gefleckter Ochse): Stromer 1.
– (junger Stier): Molle 1.
– (kastrierter Stier; Wallach, kastrierter Hengst): Klupper 2.
– (mit abwärts gekrümmten Hörnern): Schlapper 2.a.
– (verschnittener Ochse): Milcher 1.
Ochsenname m. (Name auch für schwarze Hunde, Spitzer): Mor I 2.b.; Knoll(en) 3.a.
Ochsenziemer m. (Schlagstock): Farrenriemen,

Farrenschwanz, Farrenzagel, Hagenschwanz, Hagenzagel
oder Konj.: oder 1. *komm'rauf oder 's geit Hieb!* bes. auch ellipt.: *komm 'rauf, oder!*
Odermennig m. (Gewöhnlicher Odermennig): Agermonde, Hagemonde
Ödland n.: Ägert, Egerte
Ofenbänkchen n.: Ofenschrännlein
Ofenfarbe f. (schwarzer Farbstoff für den Ofen): Ofenschwärze
Ofenplatte f. (auf der der Ofen steht): Ofenstein 1.
Ofentopf m. (Topf, der mit der Schürgabel in den Feuerkasten des Ofens hineingeschoben wird): Rutscher 5., Rutschhafen, Rutschkachel
Ofentüre f.: Ofenschälter
offen Adj.: offen 1.a., opp.: zu, zugetan, zuta; ein Geschwür ist *offen; offene Haut, offenes Gesicht, offener Schaden* wund; *offener Leib,* opp.: Verstopfung.
– (so weit geöffnet, wie überhaupt möglich): sperrangelweit, sperrwagenweit offen
offenbaren schw. (anvertrauen): offerieren 2.
öffentlich Adj. (offenkundig, offenbar): offen 1.b.
öffnen schw.: aufmachen 1., auftun *mach's Maul auf und's Loch zu!*
– (aufmachen): auftun 1.a.
– (durch Drücken öffnen): aufdrucken
– (mit Mühe öffnen): aufbringen
– (sich öffnen von einer Wunde; nicht passen): klaffen 2.
– (vor Schreck, Staunen die Augen weit öffnen): aufreißen 1. *reiß doch dein Maul nicht so weit auf*!
oft Adv. (gewohnheitsmäßig; leicht): gern 3., geren, gere
– (öfters absoluter Komp.): oft, öfter; mundartlich immer ohne *-s, des kommt öfter vor.*
– (vielfach): oftmals
oftmals Adv. (alle Augenblicke): allbot
oha Interj. (Entschuldigung, z.B. für ungeschickte Berührung): oha! öha!
– (Ruf an die Zugtiere zum Anhalten): oha! öha! *wenn's it will, staht's it still, und wenn man alleweil oha schreit.*
– (Zeichen des Einwandes, Irrtums): oha! öha!

i gib dir's, aber oha! nein, doch nicht! *oha!* da bist du ganz im Irrtum.

Öhmd n.: Aberemd (zweites Öhmd, dritter jährlicher Schnitt des Wiesengrases im Herbst), Aberfutter, Abergras, Afteremd, Afterfutter, Emd, Omed

– (zweiter Schnitt des Grases): Emd, Omed *Bartholomäi* (24. August) *legt Emd auf's Heu; ma mächt's Emd net vor em Heu* verheiratet die jüngere Tochter nicht vor der älteren.

öhmden schw.: emden *wer um Bartholomäi net emden mag, der soll emden, wenn er ka.*

Öhmdernte f. (Zeit der Öhmdernte): Emdet

Öhmdscheune f.: Emdbarn

ohne Präp.: on(e) 1. *Hans on Fleiß, wird it weis!*

Ohnmacht f.: Schwäche

ohnmächtig werden unr. (schwach werden): schwinden 2. *es schwindet mir* wird mir schwach, ohnmächtig.

– (schwarz vor den Augen werden): *schwarze Mannle sehen,* s. Mann 5.

Ohr n. (menschliches und tierisches Ohr): Or 1. *dem Tag ein Or weg schwätzen; sich auf's Or legen* zu Bett gehen; *ein fürwitziger Bursche ist no net trucke hinter de Ohre; einem Unreinlichen könnte man Rettiche, gelbe Rüben, Rübsamen in die Ohren säen; bis über die Ohren verliebt sein; über's Ohr hauen* betrügen; *Ohren und Maul aufsperren* aufpassen; *an ein Ohr fassen* merken.

– (des Wildes; von Menschen derb, scherzh.): Loser 2.

– (hängendes Ohr; auch Schelte): Schlappor

– (inneres Ohr): Gehörstock

Ohrendrüsenentzündung f.: Wochendüppel

Ohrensausen n.: Sauser 2.

Ohrenschmuck m. (auch Uhrenkette): Behenk 1.a.

Ohrfeige f. (leichter Schlag): Schlappe 7.; Watsche 1., Watschel; Dachtel, Dusel, Humm(s)e, Husche; Backendusel, Bakenschelle, Täsche, Flausche, Husche, Kopftäsche, Maultäsche; Orenwatschel, s. Orwatschel 2.

ohrfeigen schw. (eine Ohrfeige verpassen): latschen 3.; duslen 3., düslen; abdachtlen, abduslen; huschen 1., schmiren, verdachtlen, verduslen 1., vertäschen, vertätschen

Ohrhänger m. (Ohrstecker): Orenbehenk, Orenklunker, Orenklenker, -klenkel(er)

Ohrring m.: Buton

Ohrwurm m.: Orenbitzeler, Orenfitzeler, Orenfuseler, Orengrubler; Orenhöler, Orenholderer, Orenhülser, Orenklemmer, Orenmitzel, -mitzeler, -mirzeler, -minseler, -nitzler; Morenmitzel, Mauritzel; Orenpfitzeler, Orenritzeler; Orenwedel, -wiseler, -witzeler, -witzler, -wizeler, -wixeler, -wixel, -wixler, -wusler; Orenzwicker; Gabeleinsbube

okulieren schw. (Obstbäume okulieren): äuglen 1.

Ölfleck m.: Ölmase

Öllampe f.: Schmotzampel 1.

Omelett n. (in der Pfanne zerstückelter Eierkuchen): Durcheinand(er) 2.b.; Eierhaber, Eier-in-Schmalz, (Eier-)Gemockeltes, Gemorgel, Geschmorgel, (Eier-, Pfannen-)Kratzete, Rürum, Stürum, Umgerührtes

onanieren schw.: abwichsen 2., wichsen 3.b.

Onanist m.: Wichser 2.

Onkel m. (mütterlicherseits und väterlicherseits): Vetter 1.

ordentlich Adj.Adv. (anständig): erbarlich

– (was der Ordnung gemäß ist): ordinär 1., s. ordinari 1.

ordinär Adj. (von niederem Rang, geringem Wert, gewöhnlich): gemein 4.b.

ordnen schw. (anordnen, anstiften): gatten, angatten

Ordnung f. (in Ordnung bringen; iron. zurichten, ausschelten): herrichten

Orgeln n. (abwertend): Georgel

Ort m. (Dorf): Kaf 1.

– (Dorf, aber nur für kleinere Orte): Höft

– (Dorf, Weiler): Fleck I 2.d.

– (gebannter Ort; z.B. Wiesen, Fischwasser, Gehölze können der allgemeinen Nutznießung entzogen sein): Gehei I, vgl. Bannwald

– (geschützter Ort für Fische und Krebse): Hab I 2., Habe

– (schmutziger Ort; dreckiger Platz): Lumpennest

– (Stelle): Statt; *ab Stätt* hinweg; *es gaht it ab Stätt* nicht vom Fleck, vgl. Komposs. Feuerstatt, Bettstatt, Werkstatt; *anstatt mir, statt mir* an Stelle von.

Ortschaft f. (übtr.): Nest 3.c., stärker: Ratten-, Saunest

Ortsname (fingierter Ortsname; auf die unnötigen Fragen woher, wohin? heißt die Antwort): Trippstrill *von, auf Trippstrill, wo ma di net will, wo ma die krumme Arschlöcher bohrt. Di sollt ma i n e Kuh 'nei nähe und uf Trippstrill schicke* zu einem sehr dummen Menschen.

Öse f. (Spange, Haken): Hafte, Schlauft; *Haken und Haften;* der *Haft* heißt auch *Weible,* der *Haken (Rigel)* auch *Männle.*

Osterei n. (Kindersprache): Ostergackelein

Osterferien f. (Schulferien über Ostern): Ostervakanz

Osterfest n.: Hasentag

Ostergebäck n. (Art Nudeln): Strützel 1.

Osterhasennest n.: Hasengarten 2.

Otto m. (Heiligenname; sein Tag, 18. November): Otto 1. *wenn's an Hugo* (17. November) *und Otto gfriert, so erfrieren die Weinberge.*

– (männlicher Taufname): Otto 2., Ottl, Ottole, Ottle

P

Paarungszeit f. (des Auerhahns, Birkhahns, der Schnepfe; auch die Jagd dieser Vögel): Falz II, Balz, Pfalz

Pacht f.: Pfacht

pachten schw. (ein Grundstück pachten): pfachten *teuer pfachten ist besser als wohlfeil kaufen* Äcker und Wiesen pachten ist besser als Frucht oder Futter kaufen.

Pächter m. (Mieter): Beständer, Beständner

pachtweise Adv. (mietweise): bestandsweise

Pack m. (Bündel, Traglast): Plunder 1. *kein Wunder, frißt die Kuh en Plunder und 's Kälble nur ein Ärfele.*

Pack n. (Bande, Gesindel): Kor II 2., stärker: Lumpen-, Ratten-, Saukor

packen schw. (am Genick packen, an den Haaren raufen; zerzausen): vernauen
– (am Haar packen, zausen, zwicken): rupfen II 1.c.

Packnadel f. (Pfriem): Steft, Stefz, Stefzg

Palmesel m. (Spottwort): Palmesel 2., vgl. Pfingstlümmel

Palmsonntag m.: Palmtag, Palmentag

Palmzweig m.: Palm(en) 2., Weihsang

Pantoffel m.: Rutscher 2., Schlapper 2.e., Schlappschuh, Schlärfer
– (abgetretene Schuhe): Schlarfe 2., Schlärfe
– (alter Hausschuh): Lotsch(e) 2., Lotscher 2.
– (alter Schuh): Schlorbe 1., Schlorber 2., Schlorge 1., Schlurge, Schlurfe, Schlurger 2.
– (leichter Schuh): Schlappschuh
– (offener Schuh): Schlappe 6.

Päonie f.: Pfingstrose, Gichtrose

Papierfetzen m. (kleines Schriftstück): Freßzettel

Papiertüte f.: Gucke II 1., Guck, Gupf(en) 2., Gupfe

Parfüm n.: Schmecket(e) 3.

Parkanlage f. (auch ebener Platz in Städten): Planie

Partie f. (Partei): Part 2.
– (Tour im Spiel): Bot 3.

passen schw. (genau passen): *angegossen sitzen,* s. angießen
– (recht sein): fügen 3.
– (sich fügen): sich schicken I 2.b.
– (zusammenstimmen; gelingen, glattgehen, glücken): klappen

passend Part. (tauglich, bequem): geschickt

passieren schw. (erträglich sein): angehen 1.b.

Pate m. (männlicher Pate): Hosendote, opp.: Rockdote

Patenbrief m.: Gottenbrief, Dotenbrief

Patin f.: Rockdote

Patronatsherr m. (einer kirchlichen Pfründe): Kirchenpatron 2.

Pausbacken Pl. (dicke Wangen, die auch durch Aufblasen zustande kommen): Pfausbacken, Pfeiserlein

pausbäckig Adj.: pfausbacket, pfausbackig

Pechfleck m. (Schmutzkruste): Piche 1.

Pechnelke f. (Gewöhnliche Pechnelke): Pechnägelein

Pedant m. (jmd., den man nicht ganz für voll, nicht ganz ernst nimmt): Nasengrubler 2.; Katzendreckeler 1.; Virgel, Virgeler 2.

pedantisch Adj. (kleinlich): virgelig
– (pünktlich; spitzfindig, streitsüchtig): tüpflig, tüpfelig
– (übertrieben pünktlich): katzendreckelig

peinigen schw. (durchprügeln, quälen, ängstigen, foltern): zipperen 1.

Peitsche f. (Rute): Karbatsche 1.

Peitschenhieb m.: Fitzer 2.b.

Peitschenknallen n.: Geißlerei, Gegeißel
– (der Hexen in der Fastnacht): Hexenschnället

Peitschenschlag m. (leichter Schlag mit der Peitsche, Gerte): Fitz(e) 1., Fitzer 2.

Peitschenstock m.: Peitschenstecken 1., Geißelstecken, Peitschenstil

Pelz m.: Mullein, s. Mull 2.a.; Muselein, s. Musel 2.a.

pelzig Adj. (aus Pelz gemacht): pelzen II 1.
– (schwammig, ungenießbar, von Rettichen und Rüben): wäsel, wäser, wiser, wäsig; pelzen II 2.a.
– (sich taub anfühlend, z.B. eingeschlafene Finger, erfrorene Glieder, verschlagene Zähne): pelzen II 2.b.; wullen
– (was sich wie Pelz anfühlt): pelzen II 2.; wullen

Pelzstück n.: Bull 2.

Penis m.: Adamsrute, Biber II, Dinger 1., Gänslein, s. Gans 4., Gucker III 3., Guckigauch

1.d., Gus I, Pemsel 2., Pommerlein, s. Pommer 4., Sabel 4., Steck(en), Zebedäus 2., Zink
- Zipfel 2. *der fünfte Zipfel im Bett macht alles wieder wett* stiftet ehelichen Frieden.
- (bei Kindern): Schnäpperlein, s. Schnäpper 1.b.
- (bei Menschen und Tieren): Wadel 3.a.
- (erigierter Penis): Ständer 5., Stange
- (Hodensack): Säckel 2.b.
- (Kindersprache): Brunzerlein, s. Brunzer 2.
- (männliches Glied): Schwanz 2., Spitz 2.; bei Knaben: Spitzlein
- (speziell die getrocknete Rute des Zuchtstiers, Hagenschwanz, zum Züchtigen gebraucht): Fisel 4., Ochsenfisel
Perle f. (des Kranzes, der Kette): Pater 3., Päterlein
Perpendikel m. (Regulator des Uhrwerks): Unrue 2., Schlenker 1.
Person f. (Individuum): Leut 2. *ein nettes, kleines Leutle* kleine Person.
- (aushäusige Person): Läufel I 1., Ran(t)sch
- (dicke Person): Malle 2., verstärkt: Dick-, Gewalts-, Mordsmalle; Maschine 2.; Nudel 2.a.; Pflauntsche; Knoll(en) 3.b.
- (die beim Hopfenzopfen die sexuellsten Witze erzählt): Hopfensau
- (die im Mittelpunkt eines Festes steht): Festochs
- (die unsicher geht): Tapper 1.
- (kleine Person): Bodenhocker 2., Händschuh 2., Wisch 3., vgl. Fetze, Hudel
- (maskierte Person): Masker
- (nur als Schelte): Bild 2.
- (schmächtige Person; kraftlose Frau): Schnepfe 2.
- (schreiende Person): Geller 1.
- (ungesittete Person): Hummel II 2.
- (wenige Menschen; schmächtige Person): Handvoll, Hampfel
- (zahnlose Person; Person, die hervorstehende Zähne hat): Zanreff 2.
Perücke f.: Hatzel 1.
Peter und Paul Tag m. (29. Juni; auch Markttag): Kirschenpeter
Petersilie f.: Peterling *er ist der Peterling auf allen Suppen* muß überall dabei sein.
Pfaffenhütchen n. (Gewöhnliches Pfaffenhütchen): Pfaffenkäpplein, Käpsele, s. Kapsel 4.a.
Pfahl m. (Pfosten, als Stütze für junge Bäume): Stickel 1.
- (zum Festhalten der Holzbeige): Beigstotze
Pfanne f. (in der Schmalz erhitzt wird): Schmalzpfännlein 1.
Pfannenflicker m.: Pfannenbletzer, Kessler
Pfannkuchen m.: Pfannenkuchen, Dotsch, Eierdotsch, Flädlein, Omelette

- (zerkleinerter Pfannkuchen): Kratzete, Kratzet, Schmarren, Eierhaber, s. die vielen Synn.
Pfarrer m.: Pfarrherr *d'r Pfarrer hat gut predigen 'Sterben ist mein Gewinn', er kriegt von jeder Leichenpredigt Geld; der Pfarrer sait Dominus vobiscum und gucket nach de' Mädle 'num.*
Pfarrersfrau f. (die Frau eines protestantischen Pfarrers): Pfarrerin, Pfarrin, Herr Pfarrerin
Pfarrfamilie : Pfarrersleute
Pfarrkirche f. (Kirche, die zu einem Pfarrer, nicht zu einem Bischof, Stift, Kloster gehört; Parochialkirche): Pfarrkirche; Pfarr(e) 2.
Pfeffertag m. (der Tag der unschuldigen Kindlein, am 28. Dezember; an ihm war das *Pfeffern* üblich): s. pfeffern 6.
Pfeife f. (Musikinstrument): Pfeifete
- (Tabakspfeife): Klob(en) 2.a.
pfeifen st. (einen pfeifenden Ton hervorbringen): pfisen
- (leise vor sich hin pfeifen): pfeiflen
- (mit einem Instrument pfeifen): pipen
Pfeifendeckel m. (Deckel einer Tabakspfeife): Pfeifendeckel; besonders die Abweisung: *(Ja) Pfeifendeckel!*
Pfeifenputzer m. (Gerät zum Ausputzen des Pfeifenrohrs): Pfeifenraumer, Pfeifenstürer, Pfeifenstutterer
Pferch m. (Lattenpferch für die Schafe): Hurde 3.
Pferd n.: Gaul 1 *da bringet mi keine zehn Gäul weg (hin u.ä.). Wenn der Gaul zu gut im Futter steht, schlägt er' naus. Groß und faul gibt au en Gaul, klein und dick geit au e Stück. Der sucht den Gaul und reitet uf ihm* sieht den Wald vor Bäumen nicht. *Wer am Laufe gebore ist, kommt uf kein Gaul. Den Gaul am Schwanz aufzäumen. Der g'schirret de Gaul hinten a. Wenn der Bettelmann (Knecht, Bauer) auf de Gaul kommt, reitet er ärger (stärker) als der größt Herr (Edelmann) – reitet er ihn z'Tod. Weiber sterbe, net Verderbe, Gäul verrecke, großer Schrecke. Weiber sterbe, Taler erbe, lat kein brave Ma verderbe, aber Küh und Gäul verrecke, sel bringt Schrecke. D' Gäul und Weiber soll ma net vertlehne. Wenn i scho kei Bauer it bi, hawi mir au kei Gaul it hi, bricht mir au kei Ochs kei Horn, scheißt mir au kei Katz ins Korn* Trost des Armen.
- Roß I, Pl.: Roß, auch: Rösser
- (altes Pferd; alte Frau): Storzel 2.
- (altes Pferd, auch Schelte für Frauen): Krukke 4., Krücke, Gurre, Märe, Schindmäre, Häuter, Klob(en) 2.b.
- (aufgeregtes Pferd): Schusser 1.
- (das den Koller hat): Kolderer 1.a., Schautel 2.
- (dürres, altes Pferd): Klepper

- (junges Pferd): Folen, Füllen
- (Kindersprache): Hotto, Hottü; Hottel
- (rotes Pferd): Fuchs 2. *ein Fuchs und ein Rapp springet miteinander im Trapp.*
- (schwarzes Pferd): Rappe 2., vgl. *auf Schusters (Schuhmachers) Rappen reiten* zu Fuß gehen.
- (steifes Pferd): Sägbock 2.
- (von heller Farbe): Falche 1.

Pferdedecke f.: Blahe 2.

Pferdeexkrement n.: Roßbolle *verliebt sein, wie der Maikäfer in die Roßbollen.*

Pferdekrankheit f.: Gelbsucht 3.

Pferdemähne f.: Kranz 2.b.

Pferdeschwemme f. (Dorfweiher; verschüttetes Wasser auf dem Zimmerboden): Wette II

Pferdespiel n. (der Kinder; die einen werden als Pferde eingeschirrt, die anderen sind Fahrleute): *Gäullein spielen*

Pferdezaum m.: Trense

Pfingstnelke f.: Bubennägelein 1., Felsennägelein

Pfingstochse m. (übermäßig und geschmacklos herausgeputzter Mensch): Pfingstlümmel 3.

Pfingstrose f.: Gichtrose, Gichterrose, Totschrose, Gichtwurz, Kolrose 1.

pflanzen schw. (Blumenstöcke pflanzen): stokken 2., stöcken

Pflanzen Pl. (die auf der Heide wachsen): Heide II 1., z. B. Heidekraut, Steinklee, Heidle (junge Tanne)

Pflanzentrieb m. (bes. beim Rebstock): Schoß I, s. Schößling

Pflanzholz n.: Setzholz

pflastern schw.: pflästeren

Pflaume f. (große Pflaume): Schlücker
- (kleine Art blauer, runder Pflaume): Krieche, Hengst, Haberschlehe, Kornschlehe
- (kleine, schwarze Pflaume): Schlucke
- (kleine Pflaume): Scheißerlein, s. Scheiße 2.; Mocke, s. Mock I 1.c.

Pflaumenart f. (grüne, runde Pflaumen): Reneklode

Pflege f. (Aufwartung): Lug 2.
- (Verpflegung, Wartung, Krankenpflege): Pflage, Warte 1.

pflegen schw. (jemanden wie ein kleines Kind pflegen): pfleglen

Pflock m. (Balken, durch den der Abzug eines Teichs geschlossen wird): Schlägel 2.
- (mit dem das Garbenband zu einer Schleife geschlossen wird): Bindnagel
- (Pfahl, beim Wasserablaß eines Weihers als Zapfen zur Regulierung des Ablaufs): Strämpfel, Fallenstock

pflücken schw. (ablesen): abberen
- (durch Abreißen, Abbrechen pflücken): zopfen 3., zöpfen, zupfen, zopflen

- (Kirschen pflücken): kirschen, kriesen
- (Obst pflücken): berlen
- (ohne Stiele Kirschen pflücken): zipflen 1., opp.: stilen

pflügen schw. (ackern): ackeren, äckeren, ären *gut g'ackert, ist halb dungt; der best' Bauer akkert 'mal krumme Furcha.*
- (einen Neubruch erstmals pflügen): umreißen 3.
- (nach der Brache die Felder pflügen): brachen 1.

Pfluggabel f.: Kengel 2.

Pflugmesser n. (das die Erde senkrecht durchschneidet): Sech, Pflugsech, Vorsech

Pflugschar f.: Schar, Scharboden, Scharblatt, Pflugeisen, Pflugblatt, Blättlein, Wagense(r)

Pflugschaufel f.: Pflugschore, s. Schore 2.

Pflugsterz m.: Geize I

Pfosten m. (an dem die Zaunlatten befestigt sind): Hagsaul

Pfote f. (der Katze, des Hundes): Tape 1. *Täple geba; Mulle schleckt's Täple.*

pfropfen schw. (einen Baum): umimten, pelzen I 1.

Pfuscharbeit f. (bes. des Bäckers): Zwalg, Zwalgerei
- (unangenehme Arbeit): Sudelarbeit

pfuschen schw. (allzu flüchtig machen): überhudlen, überhuien; sudlen 2.; schluderen 1., schlutteren; genorken 1., genorklen 2., murksen 2.

Pfuscher m. (Geizhals): Genorker
- (im Handwerk): Murkser
- (Stümper): Grupper 1.
- (unordentlicher Sprecher): Schluderer
- (unzuverlässiger Mensch): Bubaner

Pfütze f. (Morast, sumpfige Stelle): Suttel 1., Drecklach, Gülle 2., Lache I 1.

phlegmatisch Adj. (träg, schläfrig): wollen I 3., wullen, wülle, wüllig, wullig

Pickel m. (entzündete Hautpore): Pfuzger 2.
- (Furunkel; Eiterbläschen): Kotze 3.
- (zum Roden): Reutpickel

picken schw. (Picken der Eier als Osterspiel der Kinder): guffen, gupfen, Eier picken, hötzlen, hücken, kippen, klöcklen, spiken, spitzen
- (herumnagen, herumschlecken, wenig essen): kippen 1., kipperen 1.

pickieren schw.: verstupfen

Pietist m.: Stundenbruder, vgl. Stundenfrau, Stundenmädlein, Stundenleute

Pille f.: Bolle I 2.

Pilz m. (mit Milchsaft): Milchling 2.

Pilzbrand m. (am Getreide): Brand 4.b., Ruß

Pinsel m. (Malerpinsel): Pemsel 1.

pissen schw.: bisen II, brunzen, buselen, busen; *leicht austreten,* s. austreten A.1.; schiffen, seichen, *Wasser abschlagen*

– (besonders von Kindern): biselen, brunzen, seichen, rollen 2., *ein Rollein (Röllein) machen*, s. Rollein 2.; Syn. *Wässerlein machen*

Pissen n. (übtr. langes Reden): G(e)seiche

Plage f. (Mühe, Schererei): Geschere, Geschererei

plagen schw. (durch harte Arbeit und Schikane): schurig¹en, schurniglen, scheren 4., schinden, kuranzen

– (quälen, herumjagen): pudlen I 2.

– (schikanieren; schlecht behandeln): hunzen

– (schlagen; zur Eile drängen): huien 2.

– (sich abmühen): abscheren, grotzgen

– (sich plagen, sich mühen): nieten II

– (tadeln): schikanieren, schakenieren

– (unnütz aufregen): schagrinieren

– (verächtlich behandeln): hudlen 2.

Plagerei f. (Quälerei): Fretterei

Planwagen m. (mit einer Plane überspannter Wagen): Blahenwagen

Plapperer m. (Mensch, der viel plappert): Klapper, Kläpper

Plappermaul n.: Klappergosche, Schnäppäpper, Patschgosch

plappern schw.: päpperen 2., schnor(r)en 4.

plärren schw. (blöken): blutzgen II

– (laut weinen, schreien, schlecht singen): plärren *'s plärret bald wieder eine andere Kuh* kommt bald etwas, wovon man redet.

platschen schw. (im Wasser platschen): flad(e)ren 3., flod(e)ren, flud(e)ren

plätschern schw.: pfluderen 2.

– (im Wasser, beim Baden; Wäsche im Wasser hin-und herziehen): schwaderen 1., schwatteren

– (von einer Flüssigkeit): rollen 2.

Platschregen m. (Platzregen): Pflatschet 1., Pflatschregen

Platte f. (aus gebranntem Ton): Kachel 4.

Platz m. (freier Platz vor dem Bauernhaus): Schlacht 2.b., Hausschlacht

– (in der Hölle): Glufenbett

– (Ort, Stelle): Fleck I 2.a.

– (um das Haus herum): Anwand 2.

– (um die Kirche herum; früher meist zugleich auch Friedhof): Kirchhof

– (unsauberer Platz; schmutziges Dorf): Drecknest

– (wo etwas hingelegt wird; Schicht): Lege

Platzregen m.: Guß 1., Patschregen

Plauderei f. (im Beisammenstehen): Ständerling

plaudern schw. (laut plaudern): gäckelen 2.

– (lebhaft durcheinanderplaudern; brummend zanken; schelten): surren 2.

– (wie Basen miteinander tun): basen, baselen *Schätzele, Engele, laß me a wengele – Schätzle wasele? nur mit dir basele.*

– (schwatzen): bloderen 2., tatschen I 3., tätschen

– (unverständlich, einfältig reden): man(t)-schen 3.

Plauderstündchen n.: Schwätzete

plötzlich Adj. (schnell): gähling

– (sofort): zumal 2. *zmal kommt ein Wetter und verjaucht d'Leut.*

plump Adj. (dick, unbeholfen): nolpet

– (grob, läppisch): latschig

– (schwerfällig): gemollet

– (tappig): überheunisch

– (knotig, dick, schmutzig, unbeholfen, grob): bollig

plumpe Frau f.: Bolle I 5.a., Matsche, Mockel 5.b., Trampeltier 2.

– (auch unreinliche Frau): Trampel; verstärkt: Baurentrampel

plumper Mensch m. (Dickkopf; Schimpfwort): Molle 4., Klotz 2.

plündern schw.: malochen 2.

Pocken Pl. (Schutzpocken, Impfpusteln; Wasserpocken): Urschlächt(en), Durschlächt(en)

Podium n.: Trippel 4.

Polizist m.: Polizei 2.

– (auf dem Land eingesetzt; veraltet): Landjäger 1.

– (Ordnungshüter): Schütze 2.

Polster m. (unter dem Kummet der Pferde): Leib 2.c.

Polterer m. (närrisch aufbrausender Mensch): Kolderer 1.c., Bockler 1.

poltern schw.: bocken 2.b., gerumplen, rampostlen

– (auch vom entfernten Donner): buderen 2.

– (rumpeln): wetteren 2.

– (schreien, wettern): krambolen

– (vom Donner, vom Rollen eines Fasses; kollern im Bauch): rumplen *'s leere Faß rumplet am ärgsten; da rumplet's älleweil* gibt Händel.

Poltern n. (donnerartiges Poltern): Rumpel 1.

– (Wettern): G(e)wetter

polterig Adj. (poltrig, polternd, lärmend): wetterig 2.

Ponyfransen Pl. (scherzh.): Simpelfranzen, Simpelsfranzen

Popanz m. (Schreckgestalt für Kinder): Bokkenraule, Butzenraule

Portion f. (kleine Portion in länglicher Form, z. B. von Teig, Butter usw.): Strützel 2.

– (kleine Portionen machen; kärglich zumessen): zipfeln 3.

porträtieren schw.: abkonterfeien 1., abmachen 3., abmalen, abreißen 2.

Porzellanei n. (das im Hühnernest liegt und zum Eierlegen anregen soll): Bilgei, Nestei

Possen Pl. (Scherze, Narrheiten): Faxen 2., Fäxen, Fäxe; Karmelein, Kärmele
– (schlechte Witze): Karessen, s. Karesse 2.
Possen reißen st. (Grimassen machen): faxenen
Possenreißer m.: Gackel I
poussieren schw.: rallen 2.a.; *auf Karesse gehen*, s. Karesse 1.; karessieren
Pracht f. (stattliche Erscheinung): Stat 2.
Präfixe Pl. (verstärkende Präfixe): boden-, erden-, grund-, bollen-, s. boden-; vgl. Hagels-, Blitz-, Donners-, Kapital-, Haupt-, Luders-, Erz-, usw., z. B. *Kapitallüge* große Lüge, *Hauptschnalle* Erzhure, *Luderskerl* durchtriebener Kerl, *Ludersmensch* verfluchte Frau, *Luderswar* schlechte Ware (auch als Liebkosung für Kinder).
prahlen schw. (aufgeblasen sein): bosen 2.a.
– (aufschneiden): schwadronieren
– (groß tun): prachten, prachtieren, prächtlen, broglen
– (großsprechen; geziert sprechen; dialektfrei sprechen): sprechen 2.
Prahler m. (Großtuer): Eisenbeiß, Eisenbeißer, Eisenfresser
Prahlerei f. (Lüge): Aufschnitt 2. *der macht Aufschnitte, daß andre d'Auge überlaufet;* Geplärre 2.
prahlerisch Adj.: eisenbeißig
Prahlhans m.: Prachter, s. prachten, Prachtier, Prachthans, Maulaufreißer
prasseln schw. (krachen, knistern): brasten, brastlen, braschlen, bräschlen, brästelen
– (vom Feuer): haderen 2.
– (vom Feuer, siedendem Schmalz; Regen, Hagel; vom Niederfall des Obstes, wenn der Baum geschüttelt wird): bratzlen
Predigt f. (im eigentlichen Sinn und im übertragenen: lange, unnütze Rede): Predig *eine Krankheit ist oft besser als die beste Predig; kurze Predig, lange Bratwürst.*
Preiselbeere f.: Mosbere 1.
pressen schw. (klemmen): zwacken 1.
prickeln schw.: bitzlen I 1., picklen 2.
– (der Finger vor Kälte): hurniglen 2., hurneglen, horniglen, durniglen, durneglen, urniglen
Prickeln n. (in den Fingern vor Kälte): Hurnagel, s. Hurnigel 2.
pricklig Adj. (prickelig, prickelnd): bitz(e)let, bitzelig
Priester m.: Pfaffe 1. *Pfaffen und Schulmeister häben große Taschen.*
Prise f.: Pris *jeder Pris geit 'n Gedanke.*
Pritsche f. (Ofenbank): Gautsche I 1.
probieren schw. (visitieren): musteren 2.
Profit m. (guter Handel, Schick): Daus 2.; Schmotz 1.b. *einen Schmotz machen.*

profitieren schw. (durch Überbieten abgewinnen): wegschlagen 2.
Prozeß m.: Sache 1., Sach
Prozeßhansel m. (Besserwisser, Pedant): Gerechtmacher, Gerechtsmacher, Gerechtscheißer
prüfen schw.: eichen 2., eichten, eichnen, eichtnen
– (die Nase hineinstecken): beschnarchlen 1.
– (einen Vorrat, eine Kasse auf den Bestand prüfen): stürzen 1.c.
Prügel m. (dicker Holzstab): Bengel 1., Tremel *wer Vögel fangen will, darf nicht mit Bengeln dreinwerfen.*
– (runder Prügel): Welle 2.a.
– (Schlegel): Knüpfel 5.
Prügel Pl.: Wichsete
Prügelholz n. (Reisigholz zum Brennen): Reitel 2., opp.: Scheiterholz; Reitelholz
prügeln schw.: abschmiren, aufladen 2., häberen 4., haberen, salben 5., seilen 2.a.
– holzen I 2.
– (einen prügeln): aufwichsen 1.b.
– (mit der Geißel): abgeißlen
– (mit der Karbatsche prügeln): abkarbatschen
– (plagen; verwirren): verhurniglen
– (schlagen): abdecken, abdecklen
– (tüchtig prügeln, durchprügeln): herbleuen, herdreschen, herhauen, herkoramsen, hernussen, vernussen, herprügeln
Prunelle f. (wilde Mirabelle): Ziper, Ziparte
prunken schw. (sich groß machen): auftun 2.b. *die tut sich auf, wie drei Mäus im Butter.*
Pudding m. (kalter Pudding, der aus dem Model heraus umgestürzt wird): Sturz 2.a.
pudelnaß Adj. (sehr naß): hundsnaß
Pullover m.: Zweder
Pulswärmer m. (weil Handschuh ohne Finger): Stützlein, s. Stutz 2.b., Geäderhändschühlein, Geäderstutzen, Stäßer, Stößer, Stoß 3.b., Stößer 3.b., Stößlein, Stößel; Schlupfer, Staucher, Strupfer u. a.
pulverig Adj. (trocken): rerig
Pumpbrunnen m.: Gumpbrunnen
Pumpe f.: Gumpe 3.
pumpen schw. (Wasser pumpen): golgen 1., golben, gumpen 4.
Pumphose f. (weite Hose): Schlotterhose
Punkt m. (auf dem i): I-tüpf(e)lein
– (kleiner Punkt): Tüpflein, Tüpfelein, *I-Tüpfele*
– (Schmutzfleck, Farbfleck): Tupfe
punktieren schw.: tupfen 1., tüpfen, tüpflen 1.
– (gefleckt machen): specklen
pünktlich Adj. (gewissenhaft, ordnungsliebend): akkurat, fuselig 2.
pünktlicher Mensch m.: Fugel
Puppe f.: Babelein, Musch 2.

Puppenstube f.: Dockenstube

Purpurfetthenne f. (Heilmittel gegen Warzen): Warzenkraut 3.

Purpurknabenkraut n.: Hummelerblume 2.

Purzelbaum m. (Rolle über den Kopf): Burzelbaum, Burzengägel, Scheurenburzel, Sturzenbockel

Purzelbaum machen schw.: burzengäg(e)len, s. Burzengägel; kurrenpurzlen, scheurenburzlen

Pustel f. (Ausschlag): Seure, häufig Demin. Seurle

– (Eiterbläschen): Pfotze

– (Geschwulst, Beule): Bitzel 2.

– (Hitzebläschen, Ausschlag): Hitzbläterlein

putzen schw. (das Getreide mit der Putzmühle putzen): bläen 2.

– (mit dem Striegel putzen): abstriglen, striglen 1.

– (mit der Bürste putzen): bürsten 1.

Putzen n. (übertriebenes Putzen und Reiben): Gefummel

Putzlumpen m. (der für fetthaltige Dinge verwendet wird): Schmotzlapp(en)

Putzmühle f. (für Getreide): Bläe

putzsüchtig Adj.: putzig, vgl. Putznärrin

Q

quabblig Adj. (vollfleischig; schwabbelig etwa von bewegter Fettmasse): quappelig

quadratisch Adj. (quer, hinderlich, ungeschlacht, plump): vierecket, viereckig, viergeecket

quaken schw. (der Frösche): ruckausen 3., rucksen, ruken, gagen II

Qual f. (Strapaze): Schinderei

quälen schw.: plagen *den plaget d'Dummheit arg* er ist mit Dummheit gestraft; *der Verstand plaget ihn net arg* er hat wenig Verstand.
– (durch fortwährendes Drängen und Bitten quälen): bägeren 1.
– (plagen): tribulieren
– (plagen, ärgern): fuchsen I
– (schikanieren): bugsieren 2., umtreiben 1.b.
– (schlecht behandeln): gälsteren 1.
– (sich abmühen): gerackeren
– (Wegschnellen des Kopfes von Insekten; Hochschnellen von kleinen Tieren; töten; würgen; erhängen): schna(r)zengalgen, -gallen, -garren; schna(r)zgalgen, -gallen; schnä(r)zengalgen, -gallen; schnä(r)zgalgen, -garglen, -gärglen; schnauz(i)gallen; schnitzgalgnen

Quäler m.: Fretter 1.

quälerisch Adj. (quälend): bägerig

Quälgeist m. (Dränger): Breschger 1.
– (unartiges Kind): Bäg
– (zudringlicher Mensch): Plaggeist, Schergeist, Schirgeist

Quark m. (Milchkäse): Luckeleinskäs; Toppen(käs), Kudlen(käs), Schottenkäs, Klumpen, Storchenfutter, Biberleinkäs, Knollenkäs

Quaste f.: Zotzen
– (an Mützen, Fahnen): Klöckel 2., Klückel
– (Halskette, Ohrhänger u.ä.): Klunker 1., Halsklunker, Ohrenklunker
– (Troddel an Hut, Kleid, Fahne): Zottel I 2.

Quatemperfasten Pl. (Fasten an den Quatempertagen: Mittwoch, Freitag und Sonnabend nach Pfingsten, nach dem dritten September-, dritten Advents-, und ersten Fastensonntag): Fronfaste(n)

Quecke f. (Unkraut): Kecke 1., Brachwurzel, Schnur, Schnürgras, Schnürkraut, Spitzgras, Raingras, Flechtgras

Quelltrichter m.: Topf 2., vgl. Blautopf

quengelig Adj. (quälend): scherig, schirig

quer Adv.Adj.: zwerch
– (überkreuz; in der Querlage): überzwerch 1.

Querbalken m. (an einer Stellfalle): Deiz 1., Deizet
– (einer Hauswand mit Fachwerk): Rigel 2.b., *gerigelt, geriglet* mit Querbalken (*Rigeln*) versehenes Fachwerk.

querfeldein Adv.: überein I 1.

Querholz n. (an der Sense in der Mitte des Stiels): Krucke 3., Krücke
– (an der Wagendeichsel): Wage 3., Wagscheit

Querleiste f. (am Ende des Deichsels, verbindet die beiden *Hahelärme* und reibt sich beim *Reihen* an der *Langwid*): Reihscheit, Reibscheit, Ribscheit, Ränkscheit

Quersack m. (Sack, den man quer über die Schulter trägt): Zwerchsack

Querstab m. (der *Heinzen* für das Heu): Schwinge 4.

Querstange f. (eiserne Querstange): Rigel 3.

quetschen schw.: knitschen

quietschen schw. (gehen in nassen Schuhen): sotzgen 1.
– (schnalzen): knozen, knozgen

quirlen schw.: kläpperen, s. verkläpperen

quitt Adj. (Ausgleich eines Anspruchs; wenn keiner dem anderen etwas vorzuwerfen hat): quitt, wett, *quitt sein,* auch *quitt werden, wir sind quitt; ich bin quitt mit dir.*
– (quitt sein): huium

Quitte f.: Kütte(m) 1., Quitt

quittengelb Adj. (bes. vom Gesicht): küttengelb

Quittenmarmelade f.: Küttengesälz

Quittenpaste f. (Geleefrucht aus Quittenmus): Küttenspeck

R

Rabe m. (Kolkrabe: Kilkrappe, Kilrapp, Rappe 1., Krappe
rabenschwarz Adj.: Crappenschwarz
Rachenkatarrh m.: rauher Hals, s. rauh 1.a.
Rad n. (am Flaschenzug): Lotterrädlein
Radabstand m. (an einer Wagenachse): Geleis 3.
Radieschen n.: Monatrettich (schon ein Monat nach der Saat marktfähig)
radikal Adj. (ganz und gar): *rump und stumpf*; verschiedene Formen: *rumps und stumps; rumpes und stumps; mit rumpes und stumpes; rumpf und stumpf; rumpfes und stumpfes; rumpete stumpe; rutz und butz.*
– (mit Stumpf und Stiel; alles miteinander): rubes, *rubes und stubs.*
Radspur f. (weite Radspur): Weitleis; ein Betrunkener geht *im Weitleis.*
raffen schw. (stehlen, scherzh.): rapsen; grapsen
Rahm m.: Plotz
– (der Milch, übtr. das Beste an etwas): Blotter 1.
– (der von der Milch entfernte Rahm): Abnemete
– (Schimmel): Kittel 2.
– (trübe Brühe): Plotz 2.
– (Quantum Rahm, das man auf einmal zu Butter rührt): Rüret(e)
Rahmen m. (für das Sägblatt in der Sägmühle): Gatter 5.
rahmig Adj.: blotterig
Rainfarn m.: Guckehans, Rainfane, -farn, Wurmkraut 1.
Rainkohl m. (Heilmittel gegen Warzen): Warzenkraut 5., Blättleinkraut
Rainweide f.: Teufelsbere 3.
Rammblock m. (Fallbock, zum Einrammen, Eintreiben starker Pfähle): Katze
rammeln schw. (von Hasen): mucken I 2.c.
Rand m. (Reif des Siebes): Zarge 1.a., Sarge
– (Waldrand, Waldmantel): Trauf 2., vgl. Albtrauf
rändern schw. (den Rand an den Kuchen machen): ränftlen
Ranke f. (Ästchen; Knoblauchsamenstück): Zinke 2.
– (Zweig, Ast): Schluch 2

ranken schw. (der Hopfen rankt sich um die Stange): schlenken 2.
ranzig Adj.: rächelig, rä(ch) 4.
– (nach Fett riechend): schmergelig, schmerbelig
Raps m.: Reps
Rapunzelglockenblume f.: Rapunzel 4.
rar Adj. (selten): teuer 2. *Maurerschweiß ist teuer.*
rasch Adj.Interj.: mach firsche!
– schleunig 1.
– (gewandt): fix, hurrleburrle 1.
– (leicht): geschliffen
– (plötzlich): ständlingen 2., vgl. stantepede
rascheln schw. (knistern): knüsteren, knusteren
– (rauschen): krasplen
Rasen m. (Wiese): Wasen 3., Was
rasieren schw. (spöttisch): schaben 1.b.
raspeln schw. (scharren): krusplen
Rasse f. (von Tieren und Menschen; Stamm, Geschlecht, Schlag): Rasse 1.
Rasseln n. (laut schallendes Lachen): G(e)schätter
Rätsche f. (in der Karwoche verwendet): Karfreitag(s)rätsche
Ratte f. (auch Iltis, Marder): Ratz 1., Ratzel; Ratzmaus, Rattmaus
rauchen schw.: riechen 1. (vor dem 17. Jahrh. für *rauchen* nur *riechen*); *wo's riecht, da brennt's.*
– schmauchen 1.
– (scherzh. Zigarren rauchen): lullen 3.
– (scherzh. Tabak rauchen): motten 1.b.
– (Tabak, Zigarren, Zigaretten rauchen): qualmen
Rauchfang m. (der Küche; Kaminsturz): Schoß II 4.
Rauchfleisch n.: Dürrfleisch
– (scherzh.): Kaminkäs
Rauchnächte Pl. (zwischen Weihnachten und Dreikönigstag): Rauchnächte, s. Rauchnacht
Rauchschwalbe f.: Gabelschwälblein
Räude f. (Ausschlag): Raude
räudig Adj. (von Hunden, Füchsen, Katzen): schäbig 1.
– (von Räude befallen): krätzig 2.
Raufbold m. (grober Mensch): Raudi, Harer
raufen schw. (an den Haaren nehmen): versauharen, geharen

– (ernsthaft oder scherzhaft): umreißen 2., heiglen, barren, feigen, gopen
– (ringen, boxen): rabauschen
– (sich in den Haaren liegen): haren I 2.a.
– (wälzen): balgen 2.
– (würgen, zausen, verschütteln): vernudlen 2. *recht vernudlet, ist halbe g'schlage.*
Rauferei f.: Genauperei
rauh Adj. (ausgetrocknet; spez. von Brot, Akker, Gaumen, Hals): riech 1.
– (ein wenig rauh): rauhlecht
– (schlimm): grob 2.a.
– (uneben von der Oberfläche): raupelig 1., geroppet
– (uneben; rauhhaarig): rauh 1.a., rauch
Rauheit f. (Grobheit): Räuhe 1.; Gröbe 1., Gröbne
Raum m.: (enger Raum): Enge 1.
– (oberster Raum der Scheune, des Hauses): Katzenlauf 1.
– (winkeliger Raum): G(e)winkel
– (vergitteter Raum): Geräms 3.
– (zwischen den gegrätschten Oberschenkeln): Etter 3.; Grattel, Gritten, Häuslein, Höflein
– (zwischen Kachelofen und Wand, in alten Häusern; im Kachelofen war häufig ein Hafen eingemauert zum Wärmen von Wasser): Hölle 2.
räumen schw. (auf-, abräumen; leeren; hinauswerfen; säubern, putzen; ausessen): raumen
Raummaß n. (für Holz; entspricht, Klafter. Klafter ist etwa die Länge, die ein Erwachsener mit ausgebreiteten Armen greifen kann): Schoppen 3.
– (nicht ganz voller Sack; halber Sack voll): Stumpe 2.a.
Raupe f.: Raupe 3., aber populärer ist: (Gras-)Wurm, Ratze, Rupe
– (Made): Wurm 3.a.
– (oder Puppe des Maikäfers): Enger, Engerich; Engerling
Rausch m.: Ballen, Bläß, Blaser 2.a., Bolle I 6., Brand, Dampf, Düppel 3., Duppel, Dusel, Fane 4. *einen Fanen haben wie ein Haus. Wenn der Ma ein Fane heimbringt, hat er scho e großmächtiges Kreuz daheim;* Feger 3., Fieber, Hannenwackel 2., Hannes, Hansel 3., Hib 2.a. *einen Hib haben* angetrunken sein; Hospes 3., Husel 3., Maus I 6.a. *eine Maus haben* Rausch; *ein Mäusle haben* kleinen Rausch; Nebel 3., Ruß 3. *einen Ruß im Gesicht haben;* Sabel 3., Schucker 1.b., Spitzer, Trümmel 2., Trummel, Wackel 2., Zapfen 7., Zopf 6., Böller 3.
– (Betrunkenheit): Henker 3.
– (großer Rausch): Saurausch, Sternhagelrausch

– (infolge übermäßigen Genusses von Most): Mostballen, Mostdullon
– (kleiner Rausch): Hexe 3., Pemsel 4., Schikker, Blemes 1., Dullon, Fusel 1.a., Janko, Spitz 3.a., Sürmel 2., Schwips, Dampes, Dampf 2.b., Pommer 5.
– (leicht angetrunken): Zwirb(e)ler 2., Spitzer 2., Spritzer 1., Spretzer, Stritzer, häufig Demin., Stäuber 3., Stieber, Täumelein
– (so lang er noch beredt macht): Schwätzer 2.
– (starke Betrunkenheit): Brand 5., Bläß, s. Blässe 5., Kanonenbrand, Kanonenrausch, Sarras 2.
– (übtr.): Kiste 2.
– (verwirrter Gemütszustand): Dratel 4.
rauschen schw. (mit Federn rauschen): flod(e)ren 4.
– (vom Wasser; wie man es am *Wur* hört): wuren
Rauschen n.: Rausch 1.
räuspern schw.: gorglen 1., gorgslen, kirpslen, s. hürchlen
– (geräuschvoll räuspern): kräglen 2.
– (hüsteln): kurren 4.
– (rülpsen; Laute beim Erbrechen): gorzgen
Rebenholz n. (altes Holz; der Hauptstamm der Reben): Bein 3.
Rebenschoß m.: Zwick 3.
– (einjähriger Rebenschoß): Heuerling 3.
Rebenspalier n. (am Haus): Kammerz, Kammert
Rebensproß m.: Zapfen 5.
Rebmesser n. (gekrümmtes Messer): Hape 1., Häpe
rechen schw. (mit dem Rechen arbeiten): rechen, rechlen, rechnen, rechern
Rechen m. (der beim Hafermähen oben an die Sense angesteckt wurde): Worb 2., Wurb, Warb
– (großer Rechen): Hansel 4.
– (mit dem die Heidelbeeren von den Stauden abgestreift werden): Sträl 2.
Rechenstiel m.: Rechenstange
Rechenzinken m.: Rechenzan
rechnen schw.: rechlen, recheln, rechern
Recht n. (das Vieh über eine Grenze zu treiben): Übertrib
rechte Seite f.: grüne Seite, s. grün 3.
rechtfertigen schw. (sich rechtfertigen; Vorteil von etwas haben): genießen
rechts Adv. Interj. (Fuhrmannsruf an das Zugvieh): hott!
– (vom Gespann; links vom Sattelgaul): vonderhändig 1., vorderhändig 1.
– **gehen** st. (fahren): hotten 1.
– **her(um)** Adv.: hottumher, hottomer
rechtzeitig Adj. (auch frühzeitig): zeitig 2.
Rede f.: Sprache 2.

- (leere Reden und Ausflüchte): Lämenen, s. Läme 2.
- (nichtssagende Rede): Umgerürtes 2., s. umrüren
- (ungeschickte Rede): Reißer 2.b.

redefaul Adj.: maulfaul

Redefertigkeit f.: Schwade

redegewandt Adj. (beredt, redselig, gesprächig): gespräch, gsprächig

reden schw. (sprechen; sagen): reden I; schwätzen; *für was hat ma s'Maul, wenn ma it rede will. Viel rede bringt Ungunst. Wenig rede hat no nie kein greit. Wer viel redt, lügt viel. Es braucht kein Reden* ist richtig. *Geistweise reden* nicht recht wissen, wie man einen anderen anreden soll. *Einem hart reden* Vorwürfe machen. *Rede wenig, rede wahr (zehre wenig, zahle bar). Auf Beit reden* wenn man nicht weiß, soll man Du oder Sie sagen; s. auch *geistweise in's Blaue hineinreden. Trink, was klar ist, red', was wahr ist.*
- (beständig reden): orglen 2.
- (dumm reden): fabulieren
- (dummes Zeug reden): käsen 2.
- (durch die Gurgel reden): gurg(e)len 2.
- (einen dumm anreden): anbräglen
- (grob reden und handeln): zolken
- (hastig reden): verschnapplen
- (heimlich reden; ein Geheimnis flüsternd mitteilen): munklen 1.
- (heimlich reden; betrügerisch handeln): musch(e)len, mutschelen, mutschen
- (immer dasselbe reden): leiren 2.b.
- (langweilig reden): seichen 1.b.
- (Mischmasch reden): mantschlen 2.
- (rasch, überstürzend reden): schnapplen
- (schnell reden; viel reden): räblen, räpplen 2.
- (unflätig reden): zoten, populärer: *wüst 'raus schwätze, an der Sauglock ziehe.*
- (unnütz reden): schmalgen 2.
- (unschicklich reden): luderen 3.
- (unüberlegt reden, drauflosreden): herreden
- (unwahr reden): schmiren 5., schmirben, schmirmen
- (viel und schnell reden): räpplen 2.
- (viel und töricht reden): quatschen
- (vorlaut reden): pipperen
- (vorlaut, unnötig reden): berafflen 2., beräfflen
- (wirr reden): wicklen 3.

Reden n. (schnelles Reden; unverständliches Reden): Gehaspel
- (unverständliches Reden): G(e)wälsche
- (vorlautes, grobes Reden): G(e)raffel

Redeschwall m. (Wortschwall): Floß 4., Gefloz, s. Geflösse 3.

Regel f. (Norm; Handlungsweise): Genamse

regelmäßig Adj. (der Ordnung gemäß): orden(t)lich 1.

Regen m.: Stieber 1.
- (kleiner Regen): Spritzer 1., Spretzer, Stritzer
- (kurzer, starker Regen): Pratzler, s. bratzlen
- (leichter Regen): Gesprenzer, Sprenzer 1.
- (Schneeschauer): Stauber 1.
- (scherzh.): Nassauer 1.

regen schw. (sich rühren): sich verrüren 2., verregen

Regenbogen m. (Sturm und Regen anzeigende farbige Erscheinung am Horizont): Wassergalle

Regenguß m. (Schlag ins Wasser, klatschender Fall): Pflatsch 1., Pflätsch, Pflatscher, Pflotsch; vgl. Bauchpflätsch (mißlungener Startsprung ins Wasser)

Regenmolch m.: Molle 3.

Regenpfütze f.: Regenlache

Regenplane f.: Regenblahe

Regenschauer m. (kurzer Regenschauer): Regenstieber
- (mit Schnee vermischt): Räuhenen, s. Räuhe 2.a.
- (starker, kurzer Regen): Schüttler 2., Schütter

Regenschütter m.: G(e)schütt

Regentag m. (scherzh. gemeint): Baurenfeiertag 3.

Regenwind m. (Westwind): Sauwind

regieren schw. (am meisten gelten): *Trumpf sein*, s. Trumpf 2.a.

regnen schw.: patschen A.6.
- (wie nhd.): regnen, s. die verschiedenen Lautformen; Stufenleiter: *niblen, tröpflen, rislen, sprenzen, regnen, pflatschen, schütten*
- (abwechselnd regnen und schneien): sudlen 4., pfluttern 5.
- (auf das Dach regnen): dachlen 1.
- (fein regnen): fis(e)len 4.
- (leicht regnen): sutteren 1., sutterlen 1.
- (nebelartig regnen): neblen, niblen, Nebel reißen, sauelen 2.
- (Nieselregen): abermachen, abertäuen
- (schwach regnen): stauben 2., stäuben, stieben
- (stark regnen, nicht stürmisch, aber anhaltend): seichen 1.b.
- (stark regnen): küblen 1., schütten, schüttlen 2.
- (Staubregen): nasselen 2., naßlen

regnerisch Adj.: schluttig 2.

Reh n.: Geiß 2., Rehgeiß
- (das nicht mehr trächtig wird): Galtgeiß
- (junges Reh): Hättel 3., Hattel

Rehkeule f.: Rehschlägel

reiben st. (blank reiben): fummlen 1.

- (fegen): ripplen 1.
- (hin– und herbewegen): rifflen; verbreiteter: ripsen 1., s.a. ripplen 1.
- (jucken, kratzen): ficken 1., ficklen 1., jucken 2.
- (Kraut, Rettiche hobeln): futschen, fitschen
- (mit einem Ledertuch reiben; mit Leder versehen): lederen II 1.
- (mit Wichse glänzend reiben): wichsen 2.
- (Wäsche, kalte Hände reiben; entrinden): räpplen 1.
- (wetzen): nefen 1.
- (wund reiben): aufreiben 1.; aufficken
- (wund reiben durch Waschen): aufwäschen
- (zerreiben): verreiben 1.
- (zwischen den Fingern reiben, zerbröckeln): wurzlen 2.

reich Adj.: stark 1.d.
- (übtr.): mast 2.

reich sein unr.: *es haben*, s. haben
- (im Fett schwimmen): schmotzen I 1.

reichen schw. (ausreichen, genügen): langen 1.b.
- (hinreichen, genügen): gelangen 2.

reichlich Adj. (reichlich voll): geklotzelet voll

reif Adj.: reif; jedoch ist *zeitig* populärer
- (von Früchten): zeitig 1.a. *was zeitig ist zu bald, wird faul und selten alt.*
- (von Geschwüren): zeitig 1.b., Furunkel u.ä. sind *zeitig*
- (von Menschen; ausgewachsen, gereift; geschlechtsreif; reif zur Strafe): zeitig 1.d.
- (von Tieren; ausgewachsen; reif zur Verwendung): zeitig 1.c.

Reif m. (am Faß oder Kübel): Band 3.
- (Rauhreif): Duft 2. *viel Duft, viel Frucht* Getreide; *um Weihnachten viel Duft, um Jakobi* (25. Juli) *viel Frucht.*

reifen schw.: zeitigen

Reif geben st.: reifen I

reif werden unr.: reifen II, zeitigen

Reifenzange f. (des Küfers): Reitzange

Reihe f. (abgemähten Grases): Hust, Hurst 3.
- (bes. Reihe von Pflanzen, Bäumen, Kartoffeln, *Setzlingen*): Zeilete
- (gemähten Grases): Schwaden
- (lange Reihe Heu oder Öhmd): Rieder, Belage, Loreie, Reiß
- (Reihe Menschen; Reihenfolge; Zeile, Linie im Buch oder Heft): Reie 2., Reien *im Reie laufe, stau.*
- (von Kresse u.ä.): Reiß, Reißle

Reihen Pl. (gemähten Grases): Maden, s. Mad 2.

reihen schw. (auf-, ein-, anreihen; eine Reihe bilden): reilen
- (Blätter, Blumen, Perlen auf eine Schnur reihen): anfassen

Reihenfolge f. (Turnus): Ker I 2.

reihenweise Adv.: reienweise, Demin. *reieleweis*

Reiher m. (Fischreiher): Reigel 1., Reil, Reiger, Reier; *speien, kotzen saufen wie ein Reigel.*

rein Adj. (durchsichtig, von Flüssigkeiten): lauter 1.
- (pur, ungefälscht): hell 4. *in der hellen Wut, Verzweiflung; der helle Unsinn.*

Reinheit f.: Reine

reinigen schw. (den Backofen reinigen, auskehren): flod(e)ren 1.
- (die Wäsche durch Kneten): walken 1.
- (durch Schwenken): schwenken 1.b.
- (Getreide reinigen; mit der Wurfschaufel): weflen 1.
- (mit der Getreideschwinge *Wanne 1.* von Staub, Spreu u.a.): wannen 1.
- (mit Wasser spülend reinigen): ablüchen, auslüchen, lüchen *da wird g'soifet, bürstet, g'licht, g'sotta und brav g'lauget.*
- (säubern): abputzen 1., putzen 1. *immer putzen bringt kein Nutzen; putz 's Füdle net, bevor d 'g'schissa hast.*
- (schön machen; aufhellen): verputzen 2.

Reinigung f. (oberflächliche Reinigung): Katzenwäsche

reinlich Adj. (frei von Schmutz, von Wolken): sauber 1.a.
- (ganz sauber und rein wie eine Katze): katzenrein
- (nett, aufgeräumt): aufgeputzet, s. aufputzen 1.

Reis n. (Reisig): Reisach

Reisig n.: Kräe I, Kräle
- (als Bündel zusammengebundenes Prügelholz): Welle 2.c., Holzwelle
- (Holzspan, Scheit, Prügel): Spachen 1., häufiger im Demin. *Spächelein*
- (Reisigbündel): Borzen, Börzlein, Börzelein, Börzel, Bürzel

Reisighaufen m. (ungeordneter Reisighaufen): Geschutter 2., Geschütter

Reisigholz n.: Wellholz 3.

Reisigmeser n.: Schnäuer, Bander, Schnäker, Schneiter

reißen st. (Possen reißen; Grimassen machen): faxen, faxenen
- (schlitzen, bes. der Länge nach): schlänzen 1.
- (schlitzen; bes. von Kleiderstoffen): schränzen
- (ziehen): ficklen 2.

Reißen n.: Geriß *willst du jetzt scho 's Griß?* eine Rolle spielen, dich umwerben lassen; *nach em Griß, kommt's Gschiß.*

reißend Adj. (reißender Absatz einer Ware): reißig 2.

reiten st. (wankend reiten; gehen): hottlen

Reiterprozession f.: Blutritt; vgl. Blutfreitag

Reiz m. (auf der Zunge; lüsterne Begierde): Bitzel 1.

reizbar Adj. (hitzig, aufbrausend): Pfitzauf 3.
- (übel aufgelegt, streitsüchtig): krittisch, s. krittelig

reizen schw.: gäb(e)len 3.
- (auf-, anreizen): stachäzen
- (durch Reden reizen): anstechen 2.a., anzäpfen
- (einen zu etwas veranlassen): stupfen 3.
- (gelüsten): jucken 4.
- (locken): anmachen 2.b.
- (necken): stichlen
- (necken, beunruhigen): kütz(e)len 2., kutz(e)len
- (plagen): vernoppen 2.
- (schimpfen, schelten): reizen 1., reißen II
- (sexuell reizen, onanieren): fummlen 4.
- (zum Lachen reizen): lächeren
- (zum Zorn reizen): puffen 3., rätzen, aufbringen 2.b.

Remigius m. (Taufname; Heiligenname, 1. Oktober): Remigius; Kurzformen: Remigi, Remig, Remes, Mige

rennen st.: sieden 2.b.
- (Fußball spielen): wetzen 3.; auch *einen Wetz machen.*
- (laufen): sauen 1.b.
- (sich rasch, unwillkürlich bewegen): schießen 2.a.

Rennen n.: G(e)renne

Rentner m. (im Ausding lebender Bauer): Pfründer *Pfründer sind gut hüten; wenn man einen verliert, darf man ihn nicht suchen.*

Respekt m. (Angst, Furcht): Kurre

Rest m. (einer Flüssigkeit, bes. Wein, Bier im Glase): Stumpe 2.b., meist Demin. *Stümplein*
- (eines Brotlaibes; das Ende des Brotlaibes): Ribel 1., Ribelein; Knärfelein, s. Knarfel 4.
- (stehengebliebener Rest): Stutz 2.a.
- (Überbleibsel): Hefel 2.b. *ein Hefel Holz*
- (vom Aussieden der Butter): Schmutter 2.

Restchen n. (Rest im Faß, im Glas, im Vorrat): Neig(e)lein, s. Neige

Rettichhobel m. (Gemüsehobel): Fitsche I, Futsche I

reuen schw.: gereuen greuen, greien, gruien, gruiben, gruben III, griben, greiben, kränken 1.a. *besser mit Greun verkaufen als mit Greue behalten; das nachher Greue hat vor der Hölle feil; Freuen und Freien darf niemals greuen.*
- (bedauern): reuen; geheien

Rheumatismus m.: Floß 2., Fluß 3., Revmatismus, Revematis, Rematis. Raismadais

richtig Adj.: im wesentl. *recht;* im allgem. ist *recht* populärer, *richtig* aber auch im allgemein üblich; *richtig machen* in Ordnung bringen; *er ist net richtig im Kopf, im Gerech* spinnt.

- (geeignet, passend; auch spöttisch und ironisch verwendet; angenehm, willkommen): recht, s. die spez. Verwendungsbeispiele bei *recht*
- **machen** schw. (ins Reine bringen): ausrichten 1.

Richtigkeit f. (geschickte Art, gute Gelegenheit): Schick I, opp.: Unschick; *er hat Schick hat Geschick, alles gelingt ihm.*

riechen st. (angebrannt riechen, angebrannt schmecken): rauchelen, räuchelen
- (einen Geruch von sich geben): riechen 2.a., populärer: schmecken, schmacken
- (einen Geruch wahrnehmen): riechen 2.b., populärer: schmecken, schmacken
- (mit dem Geruch wahrnehmen): schmecken 2.a. *dahinne schmeckt's net nach Veigele.*
- (faul riechen, faul schmecken): feislen, feiselen, meuchlen, muffen, dämmelen, faulelen; mürschelen
- (nach Aas o.ä. riechen, schmecken): schelmelen 1., aselen
- (nach Ameisen): ameiselen 1.
- (nach Apotheker): apotekerlen
- (nach Braten): brätelen 2.
- (nach Butter): butterlen
- (nach dem Pferdestall, nach Pferden): rosselen
- (nach dem Stall): stallelen
- (nach einem Bauern; bäuerliche Sitten haben): bäurelen
- (nach einem Bock): bockelen
- (nach einer Ziege): geißen 1., geißlen, geißelen, vgl. bockelen
- (nach Erde): erdelen
- (nach Feuer, Rauch): flämmelen
- (nach Fett; übel riechen): feißelen
- (nach Fett, nach Schweiß): schmerg(e)len 1., schmerblen
- (nach Fisch): fisch(e)len
- (nach Fisch, Tran): tranelen
- (nach frischem Grün; auch übel riechen, stinken, unreif riechen): grunelen
- (nach Fürzen): scheißelen
- (nach Gras): graselen
- (nach Holz): holzelen
- (nach Käse): käslen
- (nach Kot, Scheiße): scheißdreckelen
- (nach Kraut): krautelen
- (nach Kuhdreck): kudreckelen 2., küdreckelen
- (nach Kühen): kulen
- (nach Mehl): melbelen
- (nach Menschen, stinken nach Menschen): mensch(e)len
- (nach Moder): dämmeln, dammeln, s. Dämmel
- (nach Moos, Moder): möselen

– (nach Nässe): nasseln 1., näßlen
– (nach Öl): ölelen
– (nach Pech): pechelen
– (nach Pferde): pferdelen
– (nach Rauch riechen, nach Rauch schmek-ken): rauchelen, räuchelen
– (nach Schimmel): schimmelen
– (nach Schmalz): schmalzelen
– (nach Schnaps): schnapselen
– (nach Schwefel): schweblen 1., schweflen
– (nach Schweiß): schweißelen, schwitzelen
– (nach Seife): seif(e)len
– (nach Sumpfwasser, nach Fischen, bes. Karp-fen): sumpfelen 2.
– (nach Urin, Seich): seichelen
– (nach verdorbenem Fleisch): bäkelen
– (nach Wein): weinelen
– (nach Wildbret): wildelen 1.
– (neu riechen; noch neu schmecken): neuelen
– (scharf riechen, scharf schmecken): räßelen
– (schlecht riechen; bes. nach Fäulnis, Moder): mäuk(e)len 1.
– (übel riechen; moderig, faulig riechen): muff(e)len II, muffen II
– (übel riechen; nicht recht zugehen; herum-stupfen in Speisen): schmau(n)selen
– (verbrannt riechen; angebrannt riechen): bränselen, bränzelen
– (schnüffeln): schnufflen 1.
riechend Part. (nach Brand): brändelig, brände-lecht
– (nach Fäulnis, Moder riechend): mäuchelig
– (nach Rauch schmeckend): räuchelig
– (nach Urin): biselich
Riecherei f. (Schmeckerei): G(e)schmecke
Ried n.: Moor
Riegel m. (Querholz, Quereisen zum Ver-schluß; Hindernis): Rigel 1.
Riemen m. (mit Glocken, *Schellen* behangen): Schellenriemen
Riemen– und Sattelzeug n. (Zaumzeug): Ge-schirr 4. *ins Geschirr neifahre* vorschnell, übereilt handeln.
rieseln schw.: rus(e)len II
– (in dünnem Strahl fließen): rörlen
– (vom feinen Regen): ris(e)len 1., in der Mitte zwischen *niblen, tröpflen* und *sprenzen*.
Rieseln n.: Risel 1., Demin. *Riselein* Hagelgrau-pen
Riesenrausch m.: Riesenlatte
Riesenschachtelhalm m.: Katzenwadel, Kat-zenschwanz
riffeln schw.: hechlen 1.
Rind n. (junges Rind): Raupe 1., Räupling
– (Kalb): Mollein, s. Molle 1.
– (mit Drehkrankheit): Wirbelein, s. Wirbel 5.
Rinde f. (vom Baum, Brot, Käse): Rinde, Rine, Rindeme, Rinede

rinderig Adj. (brünstig): ochsnig
Rindvieh n.: Vih 1., Vich, Veh; Vihware
– (Gesamtheit von Rindern, Bestand von Rin-dern): Rindvih
– (Kuh): Motsche, Mutschel, s. Mutsch(el) II 2.
– (unschön von Hörnern, Farbe und Glanz): Schlack 2.
– (von heller Farbe): Falche 2.
Rindviehbestand m. (bewegliches Vermögen des Bauern): Habschaft
Ring m. (Hafte): Kring
ringeln schw.: kringlen
ringen st.: baschgen 2.
– (mit gegeneinander gedrückten geballten Fäusten ringen): knöchlen
rings Adv.: krings
– (im Kreis): scheibenweise 1., scheibs
ringsum Adv. (allenthalben): *um und um*, kür-zer *umedum(e)*, s. um 1.
– (ringsumher, ringsherum): zuring(s), *z'rings'-rum*
– (rundum, ringsherum): *im Ring'rum*, s. Ring 9.
ringsumher Adv. (ringsherum): allsumme, all-summer
Rinne f. (Dachrinne): Käner; Kerner, Kirner, Kiefer
– (Einschnitt): Runs(e), s. Runs 3.; Krinne
– (für Wasser u.ä. an der Seite der Straße): Straßenkän(d)el, -kandel
– (im Boden; Radgeleise und Grenzfurche): Reiß, Reißel
– (Kerbe, Einschnitt auf dem Grenzstein): Krinne
rinnen st.: lopperen 2.
– schweißen 1.b.
Rippe f. (am menschlichen und tierischen Kör-per): Ripp 1., vgl. die Fachausdrücke der Flei-scher
Rispe f. (der Johannisbeere; Traubenzweiglein mit Beeren): Zetter 1.
– (Hülse; Spreu): Helbe
Rispen Pl. (des Hafers): Hattlen 5.a.
rispig Adj. (rispenförmig): zetterig
Riß m (in der Kleidung in Form eines Drei-ecks): Dreiangel 2.
– (Schlitz): Riß 1. *Risse tun* schnell wegarbei-ten.
– (Schlitz in einem Stoff u.ä.): Schlanz 1., Schlänzer 1., Lucke, Fart
– (Schlitz; in Kleiderstoffen; Felsspalte): Schranz 1.; *einen Schranz zu viel haben* nicht recht gescheit, leicht verrückt sein, s. Schranz 2., vgl. Sparren
rittlings Adv. (im Reitsitz): rittlingen, rittlings; grittling(en), grittlings
ritzen schw.: kritzlen 1., kripslen, krickslen
– (einen Riß in etwas machen): reißen 1.a.

- (kratzen, verwunden): krätzen I 1.
Ritzwunde f. (in der Haut von Nägeln, Dornen, Krallen; leichte Entzündung im Hals): Krätzer 2.
- (Schramme in der Haut; Kratzer auf Holz): Krätz
röcheln schw. (röchelnd, schnarchend atmen; stöhnen): hürchlen, hürchs(l)en
- (schnarchen): rü(ch)elen 2., hürchlen
Röcheln n. (geräuschvolles Atmen): G(e)-hürch(s)el, Hürchel, Hürch(s)ler 1.
Rock m. (Kittel): Frack
- (von leichtem Stoff): Fläuger 1., Pfläuger
Rodelschlitten m. (kleiner Schlitten): Rutscher 4.
roden schw. (in Ackerland verwandeln): schleißen I b.
- (urbar machen; einen Acker tief umgraben; Wurzelstöcke ausgraben): reuten
Rodung f. (Neubruch): Reute
roh Adj. (unartig): ungeformet 2., ungefürmt
- (unordentlich, grob, unfreundlich im Benehmen): wüst I 2.b.
Rohrammer f.: Mosspatz, Ringel-, Rorspatz, *schelten wie ein Rorspatz*, vgl. *Mosspatz*
Rohrpfeifengras n.: Ranschaub
Rohrstiefel m.: Kanonenstifel, s. Kanone 2., Sufarorstifel, Sufrorstifel
Rolladen m.: Schalusie
Rolle f.: Rusel
- (an einem Aufzug): Scheibe 2.a.
- (zum Walzen des Kuchenteigs): Welle 2.b., Wellholz 1.
- (Zusammengerolltes): Warglete
rollen schw.: rollen 1.; im allgem. nicht populär, dafür *kuglen, walen* u. a.
- rug(e)len, hurglen, rus(e)len I
- (eine Kugel herumwälzen): kuglen 1.
- (kugeln, hinkollern): huselen
- (mit einem rollenden Gegenstand spielen): gerugeln
- (rollend sich wälzen): hurglen 1.; gehurglen, geruseln, walzen 1.a., hötzlen, trollen 1.
Rollen n. (Wälzen): Gewargel
rollen lassen st. (rutschen lassen): hotschen 2.
Römische Kamille f.: Jungf(e)renkraut
Rosenknospe f.: Rosenknopf
Rosenkohl m.: Pöppeleinskohl
Rosenkohlröschen n.: Kolrose 3.
Rosenkranz m. (der Katholiken): Betnuster, s. Nuster, Paternoster 2., Pater 1. *lieber den Pater herleihe als ein Roß;* Nuster, Betpate
rosenrot Adj. (rötlich): rös(e)lecht
Rosinen Pl. (im Gebäck): Fliegen 2.
Rosmarinzweig m.: Zwick 3.
Roßameise f. (große Waldameise): Bärenameise, Klemmer
roßhaarig Adj.: roßhären

Roßkur f.: Gäulskur
Roßminze f.: Roßschmeckete 1.
Roßschwemme f. (kleiner Teich): Flotsche
Rost m. (am Metall, bes. Eisen): Rost I 1., Rust *einem den Rost'rabtun ('runtertun)* gehörig die Meinung sagen.
rösten schw.: abbräglen
- (am Feuer): rösten 1., röschen, s. die Formen mit dem Part. *geröstet*
- (eine Speise, Brotschnitten leicht braun rösten): bähen 1.
- (Fleisch, Gemüse, Mehl in kochender Butter rösten): abschwitzen
- (Mehl zur Suppe in Fett rösten): einbrennen 2.
- (Nudeln und Spatzen rösten): braten 1.b.
Rostfleck m.: Rostmase
Rostpilzwucherung f.: Hexenbesen
rot Adj.: rot, s. die Lautungen
- (über und über rot): kuterrot
Röte f. (am Himmel): Röte 2., Rötne, Röting
Rote Heckenkirsche f.: Teufelsbere 4., Beinholz 1.
- **Johannisbeere** f. (Schwarze Johannisbeere): Zeitbere 1.; Johannis-, Hans-, Sau-, Weinbere; Träublein, Weinsträubezlein, Ribitzelein; Hansträublein, Hansengackelein
Rötelstift m. (bräunlich roter Farbstoff aus einem Gemisch von Roteisenstein und Ton oder Kreide): Rötel 1.; Gerötel
Roter Gänsefuß m.: Halber Gaul, s. Gaul 2.a.
- **Holunder** m. (Traubenholunder): Holder 2., Wilder Holunder, Hirschholunder
Rotfrüchtige Zaunrübe f.: Hagenrüblein
rothaarig Adj. (sehr blond): malefizblond
rothaarige Frau f.: Rotwadel 2., Rotwedel
rothaariger Mensch m.: Fuchs 3.a., Rötelein 2.
Rotkehlchen n.: Rotbrüstlein
Rotkiefer f.: Forche, For, Forl, För
Rotkohl m.: Blaukraut
rötlich Adj.: rotlecht, rötle(ch)t
Rotschwanz m. (Vogelart): Rotwadel 1., Rotwedel, Gespeierlein 2., Gspeierlein, Rötelein 1.
Rottweiler Fasnachtsmaske f.: Federenhan(ne)
- Schandle, s. schandlich 3.b.
rotwangig Adj.: rotbacket, -backig
rotwelsch Adj. (Gaunersprache): rotwälsch; unverständlich, s. *rotwälschen* unverständlich reden; *wälsch sprechen* unverständlich sprechen; vgl. die Stichwörter wälsch, wälschen, kauderwälsch
Rotz m.: Schlanz 3., Schlänzer 3.
Rotzbengel m. (Rotzgöre): Rotznase
rotzeln schw. (beim Atmen): schnufflen 2.
Rotzklumpen m.: Rotzbäkel
rotznäsig Adj.: rotzig

Rübe f. (rote Rübe): Randich
Rüben Pl. (zerhackte Rüben; als Viehfutter): Gehacktes, s. Gehäcke 3., Gemahlenes, Gestoßenes
Ruck m. (Riß; Zuckbewegung): Zocker 2.a.
– (Schnalzen, Knallen): Schneller 2.a., Schnärrer
Rücken m.: Rucke 1. Ruckete, Rucken; populärer: Buckel
– (besonders des Menschen): Buckel 3. *der frißt, wie wenn sei Buckel offen wär; wenn nur d'Buckel auch Bauch wär!* daß man noch mehr essen könnte; einem den Bukel *verschlagen, verhauen, vollschlagen*; du kriegst den Buckel voll Schläge; *den Heiland traget sie* (Frömmler) *im Arm 'rum, und der Teufel hocket auf'm Buckel; steig (gang, spring, krebsle, du kannst) mir den Buckel 'nauf* starke Abweisung, leck mich!
– (Teil des Rückens im Bereich des Kreuzbeines): Kreuz *der ist so lahm, daß man meint, 's Kreuz sei ihm ab; dir schlag i 's Kreuz no ab!* Drohung; *das Kreuz anziehen* tüchtig arbeiten müssen.
rücken schw. (beiseite rücken): wegrucken, *er ist weggeruckt* verrückt geworden.
– (unruhig hin-und herrücken): ruckausen 2.c., rucksen, rucken
Rückenkorb m.: Buckelkrätze
– (an Achselbändern getragen): Krätze I, Krätzge
– (bes. der Weingärtner): Hutte 1.
– (Rückenkasten): Köze
Rückenstück n. (am Schlachtvieh): Karbonade
– (bei Hirsch, Reh und Hase): Zimer 1.
– (besonders vom Schwein): Hochrücken 1.
Rückentragkorb m. (aus Weiden geflochten): Reff 1.a.
Rückhalt m. (Zuflucht, Hilfe; Chance): Fickmüle 2.
Rückkehr f.: Widerker 1.
rücklings Adv. (auf dem Rücken): überruck, überrucks
Rückstand m. (beim Butterauslassen; Fastenspeise): Süderen
– (beim Schmalzaussieden): Schmalzraumete, Schmutz, s. Schmotz 2., Schmalzaussiedete
– (der ausgepreßten Weintrauben und des Obstes): Trester 1.
– (im Sieb): Abredete, Ausredete, s. ausreden II
– (unangenehmer Rückstand): Ruf 3., Ruft; *Rufen wegputzen* Rückstände aufräumen, Übelstände beseitigen; spez. auch von Schulden.
Rückstrahler m.: Katzenauge 5.
rückwärts Adv. Interj. (mit dem Arsch voran, verkehrt): ärschling, ärschlingen, ärschlings

– (nach hinten zu): hintere, hendre, opp.: füre; beachte *hintere* in Verbindung mit Verben
– (zurück): hintersich, hintersche, opp.: fürsich; beachte *hintersich* in Verbindung mit Verben
– (zurück!): hauf!
Rückweg m.: Umker *Bettelmanns Umker* große Armut, schlechte Haushaltung
Rüde m. (Spürhund): Brack, Bräcklein
Ruf m. (an die Viehherde zur Heimkehr): ho! 1.
– (des Spatzen): zwilch, zwilch! s. Zwilch 2.
– (guter oder schlechter Ruf): Renomme
– (mit dem der Fuhrmann die Tiere antreibt): hü!
rufen st.: rufen, rüfen; populärer: schreien
– schreien 1.b. *einen zum Essen schreien.*
– (einen lauten Ruf von sich geben, um sich des anderen zu versichern): hupen 1.
– (mit der *Därre* zur Kirche rufen): därren II
– (laut rufen, sausen, toben, vom Wind): hauen II
– (zurufen, herbeirufen): hären III, haren II
Rüffel m. (Verweis): Riffel 2.
rüffeln schw. (rügen): rifflen 2., gerätzlen
rügen schw. (ausschimpfen): abtrumpfen
Ruhe f. (das Ausruhen): Rue 1., Rub
Ruhebank f.: Gerubank
Ruhebett n. (in derStube): Lotterbett, Pritsche, Gautsche
ruhen schw. (ausruhen): geruen, gruben II, gerunen
ruhig Adj.: rusam 1., nur in der Wendung: *i wünsch e (ge) rusame Nacht.*
– (gleichgültig): kül 2., meist: kul, *nur kul* nur langsam; *des laßt mich kul* regt mich nicht auf.
– (still): gerüig, griebig
– (still, unbewegt, lautlos, leise, untätig, zufrieden, genügsam): ruig, rüig, riebig, griebig; rülich
– (vorsichtig): orden(t)lich 2.b. *trag's fei ordentlich!*
rühmen schw.: rümen 1. *i kann's (net) rühme* Antwort auf die Frage, wie es einem gehe; populärer jedoch: *loben.*
– (sich rühmen): berümen 2.
rühren schw. (an-, verrühren): rasplen 2.
– (die Suppe verrühren; Eier im Teig verrühren): verkluppern, kluppern
– (einen Brei verrühren; *Zwer* anrühren, in die Suppe rühren): zweren
– (sich rühren): mucken I 2.a., mucksen 2., muzen, muzgen, sich ripplen 2.
– (sich rühren; einen Laut geben; eine Bewegung machen): sich mucken I 1.; muckieren, sich mucksen 1.a., sich muzen, sich muzgen
– (sich rühren; sich Mühe geben; sich beeilen): regen 2.
Rühren n.: Gerüre 1.
rührig Adj. (emsig, geschäftig): gerürig, griebig

– (lebhaft tätig, aber unstet und ohne Überblick): wuselig 1.

ruinieren schw. (verderben): verheien 2.

rülpsen schw.: grölzen, küpplen, koppen

– (aufstoßen): hürchsen, s. hürchlen, koppen I

– (aufstoßen, aufschluchzen): hecken

Rülpsen n. (Aufstoßen): Schlucker 2., Schluckser

Rülpser m. (Aufstoßer; Schluchzer): Hecker I, Hicker, Gäcks(g)er, Gluckser, Gorgser 2.

– (wer rülpst): Gorgser 1., Kopper 1.

rund Adj.: kugelet, kügelet

– (kugelrund): hurgelig 1.

rundbackig Adj. (rotbackig): trotschelig, s. Trutschel

rundlich Adj.: rundlecht

– (gedrungen): gemocket

Rundung f. (eines Kinderärmchens, -füßchens): Speckwargel

Runge f. (bei landwirtschaflichen Fahrzeugen seitlich an einer Ladefläche befestigte Stange, die als Halterung für Seitenwände oder als Stütze für längeres Ladegut dient): Kipfe 1.

Runkelrübe f.: Ran(t)sche, Saurübe, Angerse

– (Zutat zum Kaffee): Kafferübe

Runzel f.: Strumpfel

– (Falte in der Haut oder im Tuch): Rumpfel

– (Furche, Einschnitt): Gerumpfel, Gerunzel

runzelig Adj.: gerumpfelig, gerumpflet, gerunzelig, gerunzlet; rumpfelig

runzelige Frau f.: Hutzel 2., Hurzel *mr sieht au einer Hutzel no a', was emal a schöne Birn gewe ist.*

runzeln schw.: rümpfen 1., rumpflen, strupfen 2.

Rüpel m.: Prolet, Saurüpel

Rupfer m. (von Hanf, Flachs, Rüben, der Heu aus Heuhaufen herauszieht): Liecher 1.

Ruprechtskraut n. (Storchschnabelarten): Kopfwestinker, Kopfweblume

Ruß m.: Beram

rußig Adj. (mit Ruß beschwärzt): beramig 1.

– **machen** schw.: beramen

rußiger Freitag m.: Beramfreitag, beramiger Freitag, s. beramig 4.

Rüssel m. (des Elefanten): Schnirkel 2.

rüsten schw. (sich rüsten): gerustlen 2.

rüstig Adj. (gut zu Fuß): gänge a., gang, gängig 2.

Rute f. (am Rebstock unter dem Boden): Kunkel a., Gunkel

– (Weidengerte, zum Binden von Garben, Reisig): Wide 1.

Rutsche f. (für Holz): Rise

rutschen schw. (auf dem Boden rutschen): hotschen 1.

– (hobeln): futschen

Rutschen n. (Gleitbahn): Rutschet(e)

Rutscher m.: Hotscher

rutschig Adj. (glitschig): glatt A.1. *heut ist's glatt hat Glatteis.*

rütteln schw.: gnapplen, lotteren I 2.a., nottlen, rottlen, rücklen

– (an etwas rütteln): wacklen 2., wackelen

– (erschüttern, verschütteln): verhotzen

– (gründlich schütteln): verschottlen

– (hin und her werfen): buttlen 1.

– (hin- und herbewegen): gnappen 4., nottlen, rücklen

– (rütteln, kauen, naschen; spielen): nokk(e)len

– (schütteln): nottlen 1.a.

– (verrütteln): verrottlen

– (zerren): genürklen 2.

Rütteln n.: G(e)nottel, Gerückel, Geschottel

S

Saatfeld n.: Sat 2.
Saatgetreide n.: Säfrucht
Saatschule f.: Pflanzschule
Saatzeit f. (z. B. an Pankras, 12. Mai, ist ein *Rübensatel*): Satel 3.
Sabberlätzchen n.: Trielbletz, Trieler 3., Trielfleck, Trielladen, Triellappen, Triellatz, Trielschurz, Trieltuch
sabbern schw. (kleckern): trielen 1., vertrenzen, s. vertrensen 4.
Sabbern n. (umständliches Reden oder Arbeiten): Getriele
Säbel m. (schwerer Säbel): Sarras 1.
Sache f. (das Tun, das Handeln): Ding 1., Geschichte 3.
– (liederliche Sache; Leben und Treiben eines Lumpen): Lumperei
– (schlechte Sache): Scheißerei 1.
– (schwierige Sache): harter Brocken, s. Brokken 2.
– (sehr spaßige Sache): Heidenspaß
– (wertlose Sache; dummes Geschwätz): Käsdreck
– (widerwärtige Sache): Kogete
Sachen Pl. (Geschichten): Dinger, s. Ding 2.c.
Sachen und Personen Pl. (die man augenblicklich nicht benennen kann oder auch nicht benennen will): Ding 2.e., Dings, Dingsda
sacht Adj. (behutsam, langsam): hof(e)lich 2.b., höf(e)lich
Sachverhalt m. (besonderer Fall; Schwierigkeit): Kasus
Sack m.: (des Lumpensammlers; und Sack für die Lumpen): Lumpensack 1.
– (großer oder kleiner Sack; Maßangabe): Sack 1. *ein Sack Mehl, Kartoffel, Äpfel* Maß; *en ganze Sack voll* sehr viel; *wenn der Sack voll ist, bindt ma ihn zu; man darf den Sack zuknüpfen* es ist genug; *Worte füllen den Sack nicht; so grob wie ein Sack,* s. a. *sackgrob; schwätz mir kei Loch in Sack.*
– (mit Spreu gefüllt, früher in Betten statt der Matratze): Spreuersack
– (zum Umhängen, Hirten-, Jagd-, Reisetasche): Anser, *im en Anser ahenke* eine üble Nachrede anhängen
Sackhüpfen n. (Kinderspiel, bei dem die Kinder bis zur Hüfte oder Brust in einem Sack stek-

kend um die Wette hüpfen): Sackhopfen, Sacklaufen, Sackhopferles
säen schw. (zu Ende säen): versäen 1.
Saft m.: Gesaft, Gsaf
Säge f. (große Säge zum Absägen von Bäumen, Balken u.ä.): Zimmersäge
Sägebock m. (Holzgestell, auf das längere Holzstücke zum Zersägen gelegt werden): Sägbock 1.; Gritte 2.
Sägen n. (lästiges, schlechtes Sägen): Gesäge II, vgl. G(e)säbel
Sägmühle f.: Säge II
sagen schw.: sagen; in der Hauptsache wie nhd., s. bes. die Lautformen und die Besonderheiten im Gebrauch. *Denken darf man alles, aber nicht alles sagen. Sag's oder kriegst 'n Kropf. Denken ist besser als sagen. Um's Denke ka ma ein nit henke, aber um's Sage ka ma eim's Maul recht verschlage.*
– (Meinung sagen, unmißverständlich und deutlich): *Fraktur reden, schwätzen;* fürefegen
– (reden): schmusen 1.
– (unbedacht sagen): verblättern 3.
– (verblümt, indirekt sagen): zirlen 3.
– (Ungeschicktes sagen; etwas Ungeschicktes tun): *einen Dolk machen*
Sakristei f.: Gerüstkammer
Salatpflanzen Pl. (Salatkräuter): Salat 2., *Andivesalat; Lattich* (ohne Kopfbildung), *Kopfsalat, Häuptleinssalat* (kopfbildend)
Salatschüssel f.: Salatgumpe
Salatsieb n. (Sieb, durch das man das Wasser vom gewaschenen Salat fließen läßt): Salatbecken, Salatseiher
Salböl n. (für Taufe und Firmung): Krisam
Salomon(s)siegel m.: Falsches oder Wildes Maieblümle, s. Maienblümlein 2.a.
Salon m. (bei den Bauern, wo die Glasschränke stehen): Oberstube
Salweide f.: Sale
salzen schw. (versalzen): pfeffern 2.
Salzfaß n. (auf dem Tisch): Salzbüchse, Schlekker 2.
Salzgefäß n.: Salzlade, Salzlägel
salzig Adj. (herb): sauer 1.b.
Salzlecke f. (für Vieh, Wild): Sulz 2.
Salzwasser n.: Sulz 1.

Samen m. (des männlichen Fisches): Milch 3.
– (der Herbstzeitlose): Kuschlotzer.
Samenerguß m. (Orgasmus): Natur 2.c.
Samengehäuse n. (der Forche): Hattel 5.c.
Samenkapsel f. (der Herbstzeitlose): Fackel I 2.c., Kuschelle 2.
– (des Mohns): Ölfatze
Samenkätzchen n. (der Haselstaude und Salweide): Bälein 2., s. Bale 3.
Samenstand m. (des Löwenzahns): Laterne 2.c.
Samenträger m. (Pflanzen, die zur Samengewinnung verwendet werden): Häuptling, Samenstock
Samenzapfen f. (der Fichte): Fackel I 2.b., Mokkel, Tannenfackelein, Tannenmockel, Tannenmotschel. *Viel Fackle auf de Tanne, viel Rogge in der Wanne.*
sammeln schw. (Beeren sammeln): beren, berlen
– (Harz sammeln; klettern): harzen 1.
Samt m.: Sammet
samt Präp.Adv. (zusammen mit; nebst): sammen(t), sammt; *sant dem* samt dem; *sant mir* samt mir.
Sandboden m. (Gegend mit Sandboden): Sand 2.
sandig Adj. (feinkörnig): geriselig 1.
– (körnig): grießig
sanft Adj. (lenkbar): tugendsam
– (vorsichtig): leis 2.b.
– (zahm, bes. von Pferden): fromm
Sänger m. (schlechter Sänger; schlechter Leierspieler): Leirer 1.
– (Schreier): Joler 1.
Sankt Adj. (vor Heiligennamen; öfters neben *heilig;* dann immer zwischen *heilig* und dem Namen): heiliger Sankt Florian, s. Sankt 2.; lautlich gern entstellt: gew. *Sant,* auch *Zant, Zad, Zatter,* u.ä., bei *Klas* auch *Schandeklas*
Sarg m.: Hobel 2.
Sargträger m.: Leichenträger
Sattelpferd n. (das links gehende Pferd, auf dem früher der Lenker ritt): Sattelgaul, Sattelroß, opp.: Handgaul
sättigen schw.: genügeln
Sau ..., **Säu** ..., **sau** ...: Komposs. mit Sau-, Säu-, sau- werden positiv und negativ verstärkt 2.
sauber Adj. (ironisch): nett 2.
– (reinlich): proper
– (sehr sauber; unschuldig): katzenrein
Sauberkeit f.: Säubere 1.
säubern schw. (aufräumen): misten 2.b.
– (Boden, Tisch, auch den Schmutz säubern): aufputzen 1.
– (durch Wischen säubern): abwischen, auswischen 1.
sauer Adj.: sauer 1.a.; verstärkt: *essich-, strutsauer; saure Brühe* beliebte Speise

– (sehr sauer): banzersauer, krensauer
– (aber nicht festgestanden, von Milch): ramselig
sauer machen schw.: säuren, *gesäuertes Brot*
– versauren 2.
– **sein** unr. (sauer werden): sauren
– **werden** unr.: versauren 1.
– (beginnen sauer zu werden; vom Bier, Wein, Most, Milch etc.): Stich haben, s. Stich 4.a.
– (von Bier und Wein): übergehen 2.
Sauerampfer m.: Saurüssel 3.a.
Sauerkirsche f.: Amelbere
säuerlich Adj.: sengerle(ch)t
– (scharf): zanger
– (vom Geschmack des in Gärung übergegangenen Weins oder Mosts): zapfenräß
– (von Wein und Speisen): rezent
– **sein** unr. (säuerlich werden): säur(e)len, saurelen
Sauermilch f.: Blottermilch, Schlotter 2., Schlottermilch, Knollenmilch
säuern schw. (den Brotteig mit Hefel säuern): heflen
Sauerteig m. (Hefe): Urhab, Hefel 1.
Sauerwasser n.: Säuerling 3.
saufen st: pichen 3.
– (und spielen): rinderen II 2.
Saufen n.: G(e)saufe
Säufer m. (scherzh.): Süffel , Süffler
– (Trunkenbold): Zapf 6., Saufaus
Säuferin f.: Bull 4.
Saufgelage n.: Sauferei
saugen schw. (am Muttertier): saufen 1.a.
– (an der Mutterbrust): düllen
– (aus der Flasche trinken lassen; aufziehen): suck(e)len 1.
– (herumkauen, ohne zu beißen): nollen, nullen
– (kauen): schnullen, schnollen
– (schlotzen): lullen 1.
– (schlotzen, etwa am Daumen): lutschen II
– (schlotzen; ohne Zähne essen): zullen
– (zullen; Flüssigkeit verschütten): sutzlen, suck(e)len
Säugling m. (der gedeiht): Deikind, *Speikinder sind Deikinder.*
– (kleine, unbeachtete Kreatur): Würmlein, s. Wurm 4.b.
Saugwarze f. (des Schweins; Kugelknöpfe): Saudutte
– (Zitze; Brustwarze, Mutterbrust): Lülle, s. Lulle 1., Dülle 1.
Säule f. (von Holz, Stein, Metall): Saul 1.
Saumagen m. (beliebtes Essen: mit gehacktem Fleisch, *Brät,* auch Weißbrot, Gewürze oder mit Blut und Speckwürfeln gefüllt): Saumagen 1., Säumagen

säumen schw. (mit einem Saum versehen): saumen I

saumselig Adj. (recht langsam arbeitend): lampelig 2.

sausen schw. (im Ohr; prickelnd schmerzen, bes. nach einem Schlag auf Kopf, Hand, Hinterteil): surren 3.

Sausen n. (Brummen): Gepfurre

schaben schw. (Äpfel, Rüben zu Brei schaben): rätschen 3.

Schaben n. (zu vieles Schaben): G(e)schabe

Schabernack m. (Posse): Tort

schachern schw.: schmulen 1.
- (herumstreiten; mit sich reden lassen): markten 2.
- (im Geheimen verhandeln, verschachern): mausch(e)len
- (Tauschhandel treiben; heimlich verkaufen): fuggeren

Schachern n.: Gemärkten, Märkten, G(e)schacher

Schachtel f. (in welcher die Malfarben aufbewahrt werden; daher auch: bunt gekleidete Person): Farbenschachtel
- (Schmuckkästchen): Schatulle

Schachtelhalm m.: Rattenschwanz 1., Ratzenschwanz, Tannenwedel 2. b.

Schädel m.: Hirnkasten, Hirnschale

schaden schw. (bei Schwangeren, der Leibesfrucht schaden): versehen B 4.

Schaden m. (Übel am Körper): Schade
- (Verlust, Einbuße): Schlappe 7.

schadhaft Adj.: mackig
- (verdorben, defekt): kaput, kaputig

schädigen schw. (bestrafen): einhenken 2.b.

Schädigung f. (Nachteil): Schade

Schädlinge Pl. (in der Frucht, auf dem Feld, wie Mäuse und Frösche): Unzifer

schadlos Adj. (ungerupft, ungetadelt): unberupft

Schaf n.: Bätzer, Huder II 1., Mähuber 1.
- (das jährlich zwei Mal Junge wirft): Zaupel 2.
- (im Haus großgezogenes Schaf; Lamm): Huber 1.
- (männliches Schaf): Bätz I 2.
- (unfruchtbares Schaf): Gältschaf
- (Ziege, Kindersprache): Mutsch(el) II 4., Bätzelein 1.

Schäfchen n. (Kindersprache): Hudelein, Bälein 1.

Schäfchenwolken Pl.: Regenblust

Schäferstecken m. (mit löffelartigem Eisen): Schippe 2.

Schäferwagen m.: Pferchkarren

Schafgarbe f.: Schwarze Kecke, s. Kecke 2.

Schafhalter m.: Schafskopf 2.b.

Schafkot m.: Schafbolle

Schafott n. (von der runden Form benannt; so in Stuttgart und in Reutlingen): Käs

Schafpferch m. (über Nacht aufgeschlagener Schafpferch und die dabei gewonnene Düngung): Nachtpferch

Schafschur f.: Schor II, Schur 1.

Schafspelz m.: Huberpelz

Schafstall m.: Huberstall

schäften schw. (mit einem Schaft versehen; zuspitzen; zusammensetzen; verlängern): schiften

schäkern schw. (tändeln, spielen): gurren 4., gosen, schäckelen

Schale f. (des Eies, der Schnecke): Gackel II
- (grüne Schale der Walnuß): Läufel II 1., Läufelt, Lafe, Näufel
- (Hülle an Pflanzen, Lebensmitteln): Obst-, Milch-, Kartoffel-, Wursthaute, s. Haut 2. Pl. Hautenen
- (Rinde von Pflanzen und Früchten, aber nicht die harte, welche *Schale* heißt): Schälfe, Schälfet, Schälzeme, Schälzich, s. die verschiedenen Pluralformen
- (von Früchten, aber nur die harten Schalen, z.B. von Nüssen; bei Äpfeln, Kartoffeln u.a. *Schälfe*, Haut): Schale; *wer den Kern will, muß zuerst die Schale brechen.*

Schäleisen n. (zum Entfernen der Rinde): Räppeleisen, Räppler

schälen schw. (Linsen aus den Schelfen herausmachen): hülsen

Schall m. (Knall, Krach): Klapf 1.

schallen schw. (tönen): schellen 1.

Schalloch n. (am Kirchturm): Bauloch, Bailoch

Scham f. (Schamgegend, Geschlechtsteil): Schande 2
- (Vagina): Bunze, Buse 2., Busel, Amsel 3.

schamhaft Adj.: schämig 2., schämlich

schamlos Adj.: ausgeschämt

Schamteile Pl. (weibliche Schamteile; Menstruation): Zeug 3.c.

Schandbube m. (Schelte): Schandkerle; Schandle, s. schandlich 3.a.

Schande f. (große Schande): Erdenschande

schänden schw. (in Schande bringen): verschänden

schändlich Adj.: schimpflich 2.
- (auch bloß verstärkend; wofür gern *schanden-*): schandemäßig, schandenmäßig
- (lasterhaft): lästerlich 1.
- (schmachvoll): schandlich 1., schändlich, *der schandliche Klas* Entstellung von *Sankt (Ni)klas*; s.a. *Schandenklas* und *Klas*

Schandmaul n.: Lastergosche, Lastermaul

Schankwirtschaft f. (Theke): Schenke 1.

Schanzarbeiter m. (der schwere Erdarbeiten tätigte): Schanzer 1.

Schar f. (Flug, Brut Hühner, bes. Rebhühner, Tauchenten): Kütte, Kück
– (kleiner Kinder): Huselware
scharf Adj.: scharpf, scharf; Syn. öfters *räß*, s. die bes. Verwendungen
– (auf der Zunge, versalzen): räß 1.a., bes. *räßer Käs,* verstärkt: heringräß; opp.: leis.
– (bitter): handig 4.
– (heftig, z. B. vom Tadel): raß
– (hoch, anspruchsvoll): gesalzen 2.b.
– (schneidend): krätzig 1.
– (vom Wind, von schneidendem Werkzeug): räß 1.b.
– (z. B. eine scharfe Ermahnung): gesarft 3.
Schärfe f.: Räße, Schärpfe, Schärfne
– (der Sense oder der Sichel): Dangel 1. *mei Seges hat kein Dangel mehr* ist nicht mehr scharf.
– (des Messers, der Sense): Wetz
– (geschliffene, geschärfte Schneide): Watz
schärfen schw.: schärpfen; häufiger *scharpf machen*
– wetzen 1.
– (bes. auf dem Schleifstein): schleifen I 2. *geschliffenes Maul* große Redefertigkeit
– (münzen; reizen; hoffen): spitzen 2.a.
Scharfer Hahnenfuß m.: Schmalzblume 1., Schmalzpfännlein 2.
– **Mauerpfeffer** m. (Heilmittel gegen Warzen): Warzenkraut 2., Fettpfeffer, Mergler, Würstlein, Katzenträublein
Scharnier n. (an Geräten): Geleich 3.
– (Türband an einem Laden): Ladengeleich
scharren schw. (kratzen): scherren 1.a.
Scharren n. (Kratzen): G(e)scharre, G(e)schärre
scharwenzeln schw.: stenzen 4.
Schattenblume f.: Maienblümlein 2 c, Maienglöckchen, Maienröslein
Schatz m. (Geliebte, Geliebter): Flamme
schätzen schw. (anschlagen): überschlagen 2.
– (falsch schätzen): verschätzen
– (zutrauen, erwarten): schätzen 1., einschätzen
Schauder m. (Grauen): Graus, Grausen, Schauderer
schaudern schw.: grauen II, gruseln
– (sich schaudern): sich überlaufen 2.b.
schaudrig Adj.: wuselig 4.
schauen schw. (durch Spalten, Ritzen schauen): kläcklen
– (nachsehen, achtgeben): lugen *em gschenkte Gaul luget ma i ins Maul; der luget in 9 Häfe zmal* er schielt.
Schaufel f.: Schippe 1.
– (das Werkzeug zum Werfen von Erde u. a.): Schaufel 1., opp.: Spaten, Schore, vgl. Sand-, Stoßschaufel, *einen auf die Schaufel nehmen*

aufziehen, derb auslachen; *etwas auf der Schaufel haben* auf dem Kerbholz; Strafe, Verweis zu gewärtigen haben.
– (mit der man das Brot in den Backofen schiebt): Schießer 2., Einschießschaufel
Schäufelchen n. (zum Auskratzen der Backmulde): Scherre 1., Scharre
schaufeln schw.: schäuflen 1., schauflen
Schaufeln n.: G(e)schaufel
Schaukel f.: Gautsche II, Gautschete, Hosche
schaukeln schw.: gigamp(f)en, gampen, lanken, lankelen, reizen 2., reißen II
– (schwanken): gagen I, gauklen, gagelen, gägen
– (wiegen): heiten, hoschen, schocken 1.b., gatschen, gäutschen
Schaukeln n. (durch Stöße verursacht; Schwanken): G(e)schockel, s. Geschuckel, Gegampe(l)
Schaukelpferd n.: Hossengaul, Wiegengaul
Schaukelspiel n. (der Kinder): Wagscheißer 2.
Schaum m.: Faum, Feim *Träume sind Fäume*
– (auf dem Bierglas): Borte 2.b. *der Wirt macht zu große Borten.*
– (beim Bier): Blotter 3.
schäumen schw.: faumen, feimen, schaumen, schweimen
– (von kohlensäurehaltigen Getränken): mussieren
– (vor Wut und Zorn): laichen I 3.
schaumig Adj.: faumig
Schecke m. (Tier mit gemustertem Fell): Schekke
scheckig Adj. (närrisch): geschecket
scheel Adj. (vom schiefen Blick, der Mißgunst, Mißtrauen, Geringschätzung ausdrückt): scheel 1.a., schelb, schelch, schelk
Scheibe f. (runde Scheibe; Wurst-, Kartoffelrädchen): Rad 2., Rädlein
Scheibenschlagen n. (am *Funkensonntag,* der erste Sonntag nach Fastnacht; auch *Scheiben(sonn)tag* bezeichnet): Scheibe 2.b.
Scheide f. (Vagina): Büchse 6., Bumpel 2. Pfanne 5., Schlitz 3., Seichete, Schefe 3.(auch Bezeichnung für lüsterne Mädchen), Pelz 3., Rutscherlein, s. Rutscher 6., Schnalle 3.b., Bull 3.
scheinen st. (erscheinen): fürkommen 1., vorkommen
scheinheilig Adj. (frömmelnd): bigottisch, s. bigott 2.b.
Scheiß ..., scheiß ... Präfix (als Schelte): verflucht, dumm, verächtlich. Scheiß-, scheißvor einem Subst., Adj. oder Eigennamen jederzeit möglich: *Scheiß-Mayer, scheißbillig* drückt in Bildungen mit Adjektiven eine Verstärkung aus
Scheiße f.: Kaktus

scheißen st.: bäckelen, bemperen I, bemperlen, kacken, pfefferen 3., pferchen 2.
– scheißen (wie nhd.); Gebrauch aber weniger anstößig; *gut bisse, ist halb gschisse; der Teufel scheißt immer auf de große Haufe(dahi, wo's scho dungt ist)* wer da hat, dem wird gegeben; einer auf seinen Vorteil Bedachter *scheißt it ohne Vorteil; schwätz oder scheiß Buchstabe, daß ma's lese ka;* wer abends viel genossen hat, *scheißt nimme nüchtern in's Bett; i scheiß dir auf d'Nas, (na hast e Brill); über de Prügel scheiße* aus Mangel einer Toilette.
– verpfefferen 3.
– (in die Hose scheißen; den Hosenboden täfern): täferen 2.b.
Scheitholz n. (aufgeschichtetes Scheitholz): Scheiterbeige, Holzbeige *Schulden wie Scheiterbeigen* sehr viel Schulden.
Schelle f. (runde Schelle wie am Pferdegeschirr): Rolle II c.
Schellenmartin m. (Schreckfigur vor Weihnachten): Schellenmärte, vgl. Pelzmärte
Schellennarr m. (Fasnachtsmaske): Geschellennarr
– (mit Glocken, *Schellen* behängter Narr; so an Fastnacht u. a. in Rottweil): Schellennarr
Schelm m. (hinterlistiger Mensch): Lauer I
– (Schalk; wie nhd.): Spitzbube 2.
– (Schlingel): Strick 2., Galgenstrick
– (Spötter, Duckmäuser): Alafanz 2.
Schelmenlied n.: Lumpenliedlein
Schenke f. (Wirtshaus, Herberge): Taferne, Taberne
Schenkel m. (Oberschenkel; meist für das ganze Bein): Schenkel; vgl. *Fuß,* bedeutet auch das Bein, d. h. vom Fuß bis zur Hüfte
schenken schw.: geben 2. *wenn Gott ein Amt gibt, dem gibt er auch den Verstand; alle Tage, die Gott gibt; wer lang fragt, gibt nicht gern.*
– (ein Geschenk machen): schenken 2. *lieber (besser) ein Darm im Leib verrenkt, als em Wirt 'n Kreuzer gschenkt* Aufforderung, alles aufzuessen.
– (eine Schenkung machen; bes. der Wöchnerin Geschenke bringen): weisen
– (freigebig sein): spendieren
– (Neujahrsgeschenke austragen; zur Hochzeit schenken): gaben I
– (vermachen): stiften 1.
Schenken n. (der Hochzeitsgeschenke, der Weihnachtsgeschenke): Gabet
scheppern schw. (klappern, klirren, krächzen): schättern, schäppern
Scheppern n.: Schätterete 1.
scheppernd Part. (krächzend): schätterig
Scherenschleifer m. (Handwerker, der Scheren und Messer o.ä. schleift): Scherenschleifer 1.; auch Schimpfwort

Schererei f. (Schinderei; mühsame Arbeit): Geschur
Scherze Pl. (unflätige Reden, Possen): Zot(t)e(n) 2.
scherzhaft Adj.: schimpflich 1. *nichts Schimpfliches* kein Spielzeug.
– (spaßhaft, zu Späßen geneigt): gespäßig 1.
scheu Adj. (schüchtern): scheu 1., scheuch, scheuig; schiech 1.
– (verwirrt, aufgeregt): vergälstert, gescheuchig
scheuchen schw.: gescheuchen
– (auf-, fortjagen): stören 1.
Scheuchen n. (Drängerei; Umständlichkeiten): G(e)scheuche 1.
Scheuchruf m.: hu! 2.
scheu machen schw.: verscheuchen 1.
– **werden** unr.: verscheuen, vertscheuen
scheuen schw. (sich scheuen, sich fürchten): sich schämen 2. *der schämt sich, bei Nacht aus dem Haus zu gehen.*
scheuern schw. (durch Reiben reinigen): fegen 1.
– (hin und her reiben; sich reinigen): ripsen 1., sich ripsen
Scheune f.: Scheuer, Scheuren; Stadel; Tenne; *die Baure sollet große Scheure und klei Stube habe; vor der Scheuer abladen* etwas vor dem Ziel verderben.
Scheunendach n. (das bis zur Erde reicht): Schlappdach
Scheunenleiter f. (aus *Obersten* und *Gerech* hinaufführend bis zum *Glotterrädlein*): Leiter(en)baum 2.
Scheunenteil m. (oberer Scheunenteil): Oberling, Oberten, Orbet(en), Obertrom, Oberdrein, Oberboden, Oberbüne, Oberbür, Balken, Gebälk, Barn, Plaue, Spreite, Gawert
– (oberster Scheunenteil, wo sich der Flaschenzug befindet): Lottergerech
Schicht f. (Lage): Gelege
schichten schw. (Holz zu einem Stoß, *Beige* schichten): aufbeigen
schicken schw. (sich schicken): sich gehören, s. gehören 3. *es gehört sich nicht* es ist nicht üblich.
schieben st. (Brot in den Backofen schieben): schießen 1.c.
– (Kegel schieben): scheiben 1.
– (nach vorn schieben, abschließen, verschließen): vorschieben *schieb den Riegel vor!* schließ ab!
– (von organischen Prozessen): *Zähne schieben, Hörner schieben, Bäume schieben im Frühjahr* treiben, s. schieben 2.
– (vorwärts schieben; einen Wagen): schoppen 2., schalten 1., stoßen, s. schieben
– (wälzen): ranzen 2.

Schiebfenster n. (Schiebdeckel; Schublade; Sensenstiel): Schieber 2.

schief Adj.: beseits
- lägs *du mußt dei Leiter lägser stelle.*
- (krumm, bucklig; verkehrt; nicht gut): schepps
- (krumm, verzogen): schel 2.a., schelb, schelch, schelk
- (ungeschickt, unpassend): überzwerch 2.
- (verwirrt, durcheinander): übereck, überecks
Schiefertafel f. (in der Schule): Tafel 1.
Schiefgeher m.: Scheger 1.
schiefgewickelt Adj.: verdreht, s. verdreen 2.a.
Schiefmund m.: Hupe 3.
Schielauge m.: Bäauge, Schelauge
schieläugig Adj. (schielend): schillig, schillenbocket
schielen schw.: glaunen, mäuk(e)len 3., munklen 3., schillen 1., schilchen
- (frech schauen, anschauen): schächen
- (liebäugeln): schalmäunkelen, schalmaikelen, scharminkeln
Schielender m. (Schelte): Schillenbock, Schiller 1., Schilcher
schienen schw.: schindlen 2.
Schienengeleise n.: Geleis 2.
schießen st.: pfefferen 4.
- (in die Rispen schießen, vom Hafer): hattelen 6.
- (ins Kraut schießen): verschießen B.1.
- (zu üppig werden von Gewächsen, die ins Kraut schießen, aber keine Früchte tragen): vergeilen
Schießen n. (unaufhörliches Schießen): G(e)-schieße 1.
Schießgewehr n.: Büchse 4., Schießet(e)
Schiff n. (aus Brettern für den Warentransport von Ulm nach Wien; dort dann als Bretterholz verkauft): Ulmer Schachtel, s. Schachtel 2.
schikanieren schw. (plagen, quälen): kujonnieren
Schilfrohr n.: Ipserror (früher zu Gipsmatten verarbeitet, die Träger des Putzes waren)
schillern schw.: schillen 2., schilchen
Schillerwein m. (rötlich schillernder Württemberger Wein aus blauen und grünen Trauben): Schiller 2.
Schimmel m. (auf Flüssigkeiten, nam. auf Wein, Obstmost, Essig): Kam, Kan, Ka; Dämmel
- (bes. an Kleidern, Büchern, Holz): Spor
- (Modergeruch): Mäuchel 2.
schimmelfarbig Adj.: geschimmlet 2.
Schimmelflecken m.: Spor(en)flecken
schimmelig Adj.: geschimmlet 1., mulstrig
schimmeln schw.: kamen
- (modern; nach Fäulnis riechen): mäuch(e)-len, mürschelen, mufflen, feislen, kamen

- (Schimmel ansetzen): schimmlen, schimblen, schimberen
- (schimmelig werden): ankanen
- (verfaulen, faulen): sporen
schimmern schw. (flimmern): fländeren 1.b.
schimmlig Adj.: kamig, s. die Übertragungen
- (angelaufen): mürschelig
schimpfen schw.: abkusteren *einem schandlich tun,* s. schandlich 2.; felden 4., knängeren 2., reusen 4., rußen 2., rußlen, rußnen, verschelten
- (ausschelten, Vorwürfe machen): abkamblen
- (beschimpfen, verleumden): schänden 2.
- (bissig schimpfen): genäfen 1.
- (brummen, murren): sutteren 2.
- (einen einen *Säckel* heißen): versäcklen 2.
- (einen Verweis geben, die Meinung sagen; auf den Kopf schlagen): lausen
- (grob, barsch reden): schnauzen
- (häufig schimpfen): kräuteren 3., krauteren
- (hinterher schimpfen): nachrafflen
- (hintenherum schimpfen; schmollen): motzen 4.
- (jemanden einen Lump schelten): lumpen 2.
- (mit heftigen Worten tadeln; betiteln): schimpfen 2., schelten
- (poltern; aufbegehren): stallieren 1.
- (schelten): goschen 2.
- (schelten; im Streit schlagen): verbalgen
- (schimpfen): verheißen
- (schimpfen, zanken): maulen II 2.
- (schlagen): abgeben 2. *sei still, sonst gibt's 'was ab, kriegst 'was ab.*
- (tadeln): abbrafflen
- (unfreundlich behandeln): abferken
- (verschimpfen): verdonneren, vertöfflen 2.
- (wütend werden): aufdrehen
- (zurechtweisen): abriblen, abrifflen, rifflen
- (zurechtweisen): abputzen 2., kapiteln
Schimpfer m. (Nachdenker): Räsonnierer
Schimpfwort n.: Arschloch 2., Blitz 2.b., Habergeiß 5., Hausanbrenner 1., Hirnvih, Hornvih, Hornochs, Hosenseicher, Katzenschwanz 3., Kipf 2., Krautscheißer 2., Mistbär(en) 2., Mistvih, Säckel, Saublater 2., Saukaib, Saukog
- (für böse oder liederliche Menschen): Schinderhannes
- (für den Bauern): Saubauer
- (für eine Frau mit krummen Beinen): Gabel 3.
- (für eine liederliche Frau): Peitsche 2.
- (für einen besonders Klugen oder Frechen): Spitzkopf 2.
- (für einen Buben): Saubube 2.
- (für einen dummen Menschen): Lalle I, Saullalle, Suppenlalle

– (für einen groben, ungehobelten Menschen): Bauer 3., vgl. Saubauer
– (für einen energielosen, dummen Mann): Pappsäckel
– (für einen Polizisten): Bolle II 2.
– (für einen unhöflichen Menschen): Bäkel
– (für einen unreinlichen, groben Menschen): Baier 3.
– (für faule Frauen, dumme Menschen): Blater 5.
– (für Frauen): Dulle 2., Bäll 2., Blätsche 4., Seichkachel 2., Fotze 2., Schindmäre 2., Vettel, Bachel, s. Bachus 4., As 2., Kaib, Luder
– (für Frauen): Hexenware
– (für Frauen): Muttel 2.
– (für Frauen): Wälle
– (für Frauen und Kinder): Muster 2.
– (für Frauen und Männer): Hammel 2.
– (für Frauen, Männer und Sachen): Schindas, Schindluder 1.
– (für Frauen und Männer, auch für Tiere und Sachen): Schinderwase 2.
– (für Gemeinderäte): Gemeindsdüppel
– (für jemanden, der falsch redet): Balure
– (für junge Frauen): Scheißkrote 1.
– (für junge Männer): Scheißkerle
– (für Kinder; auch Kosewort): Balg 3.; Arschkrote, vgl. Hanfkrote, Lauskrote
– (für Kinder): Hach, Pl. Hachen
– (für Kinder und junge Leute): Rotzaffe
– (für Männer): Bocksäckel 1.
– (für Männer): Lötsäckel; verstärktes Säckel
– (für Männer oder Jungen): Säckel 2.c., *gemeiner, grober, vernähter Säckel;* Lumpensäckel, Sausäckel, Schafsäckel usw.
– (für Männer): Schwanz 3., Spitz 3.b., Fotzengreifer, Fotzengrübler, Fotzenlecker, Fotzenschlecker, Fotzenwetzer
– (für Menschen und Institutionen): Unzifer 3.
– (für Personen mit dunkler Hautfarbe): Krappe 2.
– (für Protestanten): Hornmannen 2., Hörnlesmannen
– (für Tier und Mensch): Kog 3., verstärkt: Malefizkog; Lumpenstück 3.
– (für Tiere:altes Pferd, Rindvieh) Kaib 2.a.
– (fürTiere, auch für Frauen): Lumpentier
– (harmloses Schimpfwort): Sauribelein
– (in Verbindung mit Galgen-): Galgenfrider, Galgenhure, Galgenluder
– (schlimmer als Dackel): Halbdackel
– (starke Schelte): Rotzbube
– (starkes Scheltwort; verächtlicher Kerl): Wetag 2.
– (starkes Schimpfwort): Arsch 3.
– (starkes Schimpfwort für einen Mann): Lumpensack 2., Lumpensäckel, Heusiech

Schindanger m.: Schelmenwasen 1., Schinderwase 1., Wasen 4., Was
Schindel f. (große Schindel): Lander 1.
schinden st.schw.: abdecken
Schinder m. (schlechter Metzger): Nappler, Abdecker
Schinderei f. (Mühe, Plage): Schererei
– (mühselige Arbeit): Geschinde
Schindmähre f. (altes, verbrauchtes Pferd): Schindmäre 1.
Schinken m. (Hinterbacken des geschlachteten Schweins): Hamerstotzen
– (vom Schwein): Schunk(en) 1.
schlachten schw.: metzgen 1., metzlen
– (nach jüdischem Ritual): schächten 1.
– (Geflügel schlachten): abnemen I.1.d., abtun
Schlachtschaf (zum Schlachten ausgesondertes Schaf): Brackschaf
Schlaf m. (kurzer Schlaf, Nickerchen): Nicker, Nickerle
Schläfchen n.: Doserlein, s. Doser 2.a., Genopperlein
schlafen st.: heialen
– (Kindersprache): schläf(e)len
– (lange und tief schlafen): wegschlafen
– (mit einer Frau schlafen): abmausen 4.
– (schlummern, schnarchen): naffzen 1.
schlaff Adj.: lampelig 1.
– (kraftlos, weich): lummelig, lummerig, s.a. lamelig; *lummelig* sind besonders halbwelke Pflanzen, ein Werkzeug mit schlechten Federn.
– (müde, energielos): schlackelig
– (welk von Pflanzen): lam 2.a.
– **sein** unr.: lump(e)len 2.
– **werden** unr. (kraftlos, welk werden; nachlässig, träge sein): lummeln, lummelen
Schlafgemach n.: Gaden 5., Gadem
– (neben der Wohnstube): Stubenkammer
Schlafläuse haben unr. (auf Grund großer Müdigkeit ein Jucken auf der Kopfhaut verspüren): *den beißen (drücken) die Schlafläuse; er hat die Schlafläuse* ist voll Schlafs.
Schlafmohn m. (sowohl Samen als auch Pflanze): Magsamen, Ölmag(en)
schläfrig Adj. (schlapp, träge): lonzig, lonzet
– (träumend, nachdenklich): dosig 1., dösig, dosoret
schläfriger Mensch : Doser 1., Lulle 2.
Schlag m.: Bämp 1., Hack I; *äll Häck* alle Augenblicke.
– (an den Kopf; Ohrfeige): Humme, Hummel II 4.
– (auf den Mund): Maulschelle 1., Maultäsche 1.
– (auf die Hand): Fatze 3., Tatze
– (der Vögel: bes. der Wachtelschlag): Schlag 9.b.

- (dröhnender Schlag; Fall): Bumper, Bumperer
- (Hieb, übtr.): Kümmich 2. *schwarzer Kümmich* tüchtige Schläge.
- (klatschender Schlag): Patsch , s. patsch 2., Tatsch II 1., Tätsch
- (mit der flachen Hand): Klatsch 1., Täsche 5.
- (mit Stock, Rute): Streich 1.
- (sanfter Schlag): Batterer, Schlappe 7. (Ohrfeige)
- (Stoß): Becker 2., Stutz 1., Tuck 1., Bauder 1.
- (Streich): Schmutz II 1.

Schlaganfall m.: Schlag 3., genauer: Hirnschlag, Herzschlag

Schlagaxt f. (Holzschlegel): Mörsel 2., Mörser

Schläge Pl.: Rampas I, Risse, Riß 3., Rumpespumpes, Stenzen, s. Stenz 2., Bampes, Batter, Bumps

- (auf das Gesäß): Hosenbampes 2.
- (Hiebe): Holz 5., Klopfet 1., Fänge, s. Fang 1.d. *Fänge kriegen* Hiebe bekommen.
- (Prügel): Wichsen, s. Wichse 2.c., Bachet 4. zu bachen 3.b.,
- (Prügel, Hiebe; Makel, Fehler): Mackes

Schläge bekommen st. (Negatives hinnehmen müssen): einhandlen

- **geben** st. (einen ohrfeigen): wischen 1.b.

schlagen st.: abtöffeln, beigen 2.a., gripsen 2., kneipen 2., knublen 2., knullen, s. knüllen, schmeißen 2., schwingen 1., verpfefferen 4., verpfitzen 1.

- (abklopfen): abbausen, bosen *gut gebost ist halb gedroschen.*
- (an den Kopf): dachen
- (auf den Hintern schlagen): pfefferen 5.
- (auf den Tisch): patschen A.1.c., klepfen
- (durchprügeln): pelzen I 2., verfitzen, nieten I 2., pritschen 3.
- (eine Ohrfeige geben): bachen 3.b., hinbachen 2.
- (entzwei schlagen): durchhauen 1. *sich redlich, ehrlich durchhauen* auf redliche Weise sein Leben fristen.
- (klopfen): bleuen *einen bleuen wie einen Nußsack, wie einen Stockfisch; wenn ma sei Weib it bluit, ist grad, wie wenn's Kraut it suit; die Weiber werdet durchs Nudle oder durch Bluie brauchbar.*
- (kräftig schlagen, drücken): pantschen 2.
- (leicht schlagen mit der Peitsche, Gerte): pfitzen 3., fitzen, fitzlen, fetzen
- (mit Armen und Beinen um sich schlagen): schläglen 2.
- (mit den Knöcheln, der geballten Faust an den Kopf schlagen): lausnaupen
- (mit der Faust schlagen): fausten 1.
- (mit der flachen Hand schlagen): batteren
- (mit der Geißel): geißlen I 1.

- (mit der Pritsche 3.): pritschen 1.
- (mit einem schneidenden Instrument einen Hieb führen): hauen I 1. *der haut gern über d'Schnur* übervorteilen; *des ist net ghaue und net gstoche* unklar, verschwommen in Wort und Tat.
- (mit Flügeln schlagen): flederen
- (prügeln): bauschen 1., bojäglen 1., stenzen 2., täferen 2.c.
- (stoßen): naupen 1.
- (züchtigen): dachlen 2., dachtlen, gelteren
- (Öl schlagen oder schlagen lassen): ölen 1.
- (Wurzel schlagen; eingewurzelt sein): wurzlen 1.

Schlagen n. (fortwährendes, lästiges Schlagen): G(e)schlage

schlagfertig Adj. (geistesgegenwärtig): beschossen

Schlagstock m.: Hagenschwanz

Schlagwerkzeug n. (aus Holz zum Festschlagen des Mistes, des Sandes): Pritsche 3.

Schlamm m. (Kot, Tauwetter): Geschlitter, Geschluder, Pflutter

schlammig Adj. (speckig vom Boden): teget

Schlampe f. (Frau mit zerzaustem Haar): Zottel, s. Zottel I 3.b.

schlampen schw. (schlottern): schluttlen

Schlamper m. (tappiger Mensch): Hurgler, Zottelbär

Schlamperei f.: Gehudel

Schlamperin f.: Hädel vgl. die RAA.: *der Hudel findt die Hädel; jeder Schlapper findt sein Tapper.*

schlampig Adj. (nicht sorgfältig angezogen): flotschig

schlampige Frau f.: Pfaudel, Zusel, s. Susanna 2.; Kuttel II, Suttel 2.

schlampiger Mensch m. (der mit der Arbeit schnell fertig ist): Hurrasa, Hurrassel, Schlawacke 2.

Schlange f. (Otter und Natter): Ater

Schlangenknöterich m.: Schafzunge 2.

schlappen schw. (eine Flüssigkeit geräuschvoll aufnehmen): schlappen 1.a., schlapperen 1.a.

Schlappohr n.: Schlattor

Schlappschuh m.: Schlamper 3.

Schlappschwanz m. (energieloser Mensch): Säckelhinabhenker, Säckelnahenker

schlau Adj.: geschlichen 1. *einem geschlichen kommen* gerade recht kommen(auch ironisch verwendet).

schlauchen schw. (schikanieren): malauchen

Schlauer m.: Hauptgescheidlein, Neuntöter 2., Schlaulein, Hauptschlaulein

schlecht Adj. (blaß aussehend): grünsichtig; übelseh(en)ig, übelsichtig

- (böse, übel; minderwertig; schlimm): schlecht 2.c. *lieber arm und recht, als reich und*

schlecht; er ist schlechter als schlecht; schlecht, wo ihn die Haut anregt.
- (böse, verflucht): heillos 2.a.
- (böse; schlimm, nachteilig): übel 1.
- (in allen denkbaren Bedeutungsnuancen): schofel
- (schlimm): mau; verstärkt: saumau
- (übel): kuläpperig 2., kumind, kuschlecht
- (über die Maßen schlecht): erdenschlecht, bodenschlecht
- (unangenehm, entleidet): mis
- (unbrauchbar, gering, schadhaft, schwach, falsch, untauglich, krank): bös I A. *viel rutsche geit böse Hose oft wechseln bringt keinen Vorteil, besonders vom Umziehen; Untreue und böses Geld, findet man in aller Welt; wer niemand traut, steckt selber in 're böse Haut.*
- (verdorben von Speisen): kobässe 2., kobläß
- (von der Leere, dem Übelsein im Magen): öde 2.a.
- (nicht schlecht, nicht übel): nicht one 3. *der Wein ist nicht one.*

schlechte Frau f.: Rütsche, s. Rutsch 1.
schlechterdings Adv. (geradezu, ohne weiteres): glatt B.2. *glattweg, des ist glattweg verloge.*
Schlecker m. (schleckhafter Junge): Leckersbube 1., Kipper 1., Geschleckhaf(en) 1., Schleckhafen
schleckig Adj.: schnäukerig, schnäuket, schnäukig
- (heikel): neusig 1.
- (naschhaft): geschlecket, geschleckt, geschleckig
- (wählerisch im Essen): strülig

schleckig sein unr. (beim Essen): schnäuken, schnäuklen
schleckige Kinder Pl.: Schleckware 2.
Schlegel m. (zum Einstampfen des Krauts): Krautstämpfel, Krautstößel
schlegeln schw. (mit dem Schlegel schlagen, klopfen, stampfen): schläglen 1.
Schlehe f.: Hag(en)dorn 3.
Schlehenblüte f.: Schlehenblust 3.
schleichen st. (leise, gebückt gehen): duch(e)len 1.
- (still, heimlich schleichen): teichen

Schleicher m. (Kriecher): Druckser
Schleichweg m.: Schlich I
Schleifbahn f. (auf dem Eis): Ris 1.
Schleife f. (an einem Band; Schnur, mit der man Kleidungsstücke enger macht): Rick 2.
- (Masche am Zopfband): Zopfmasche
- (Schlinge; Masche beim Stricken): Schlaufe 1.
- (von breitem Band): Masche 2.

schleifen schw. (auf dem Eis): hälen, schleiferen, schliferen

- (schleppen): schleifen II, schleipfen

Schleifen n. (fortgesetztes und widerwärtiges Schleifen): G(e)schleife II
Schleifmühle f.: Schleife 1.
Schleifstein m.: Läufer 4.b.
Schleim m. (Auswurf beim Husten): Koder
- (auf der Brust): Keister

schleimig Adj. (auf der Brust): koderig
Schleimrasseln n. (beim Atmen): G(e)rotzel
Schlenderer m. (unordentlich einherschlendernder Mensch): Schlarbe 3., Lotterer I 1.
schlendern schw.: da(r)her-, herumzoglen
- schlank(e)len
- (faulenzen): schlänzen 4.
- (müßiggehen; spez. von Dienstboten, die die Herrschaft wechselten an Lichtmeß oder Martini und daher nichts arbeiteten): schlenklen
- (schlenkern): schlänzen 3.
- (sich langsam fortbewegen): zuttlen, zottlen
- (stolzieren; groß tun): stranzen
- (trollen): zottlen 2.

schlendernd Part. (vom Gang): gackelig 3., gäkkelig; strülig
schlendernder Mensch m.: Zottler 2., Schlänzer 2.
Schleppe f. (am Kleid): Schwanz 4.
- (langer Damenrock): Schlamp 1., Schlampe 1.

schleppen schw. (mühsam tragen): gehöcklen
- (schwer tragen): dinsen 1.
- (schwerfällig tragen, ziehen): ketschen 1.
- (sich dahinschleppen): zwalgen 1.

Schleppen n.: G(e)schleif(e) I 1.
schleudern schw.: fländeren 2.a.
- (schütteln; verschütten; koten vom Vieh): schlätteren 1., schlatteren
- (sich schnellend bewegen): schnellen 2.
- (werfen): schlenken 1., schlenkeren 1.

schlicht Adj. (einfach): schlecht 2.b.
schlichten schw. (einen Streit beilegen): richten 5.
Schlick m. (Schlamm): Schlich II, Schlicht
Schließe f. (am Gürtel): Schnalle 1.a.
schließen st.: einschnappen 1.
- zumachen 1. *'s macht zu* Regenwolken ziehen auf.
- zutun 2. *die Augen zutun* sterben.
- (den Riegel zumachen): riglen 1., doch meist: ver-, zuriglen
- (sich schließen): zugehen 3.

schließen können st.: zubringen 4.
schließlich Adv. (am Ende): amend
schlimm Adj. (nachteilig, gefährlich, schwierig, übel): bös I B. *des ist a böse Sach; wenn ma au nix Bös's denkt, kommst du daher; etwas Böses treiben* masturbieren; *etwas Böses machen*

im Stall wenn man über das Vieh den Segen sprechen läßt; *er ist bös verhaua worden.*
- (übel, unangenehm): arg I.2.
- (verfehlt; unzuverlässig; gefährlich): letz 3.
- **stehen** st. (schlimm gehen): happelen 2.
- **werden** unr.: schlechten *es schlechtet afange arg bei ihm.*

Schlimmes n. (etwas Schlimmes, Schweres): Brand 6. *das ist ein Brand* anstrengende Arbeit, drückende Last

schlimme Person f.: Wackerlein, s. wacker 4.b.

Schlimmste m.f.n.: Allerärgste 2., Ällerärgste

Schlingbaum m.: Holderhattelen, -hättelen, s. Holderhattel 2.

Schlinge f. (Netz zum Fangen der Vögel): Gericht A.1.

Schlingel m.: Schlenkel
- (Bösewicht): Kujon
- (großer Schlingel): Erdenschlingel

Schlitten m. (mit hornartig aufwärts gebogenen Kufen; zur Holzabfuhr): Hornschlitten, Hornaffe, Horner
- (zur Beförderung von Holz): Holzbock 2.

Schlitten fahren st. (indem man sich bäuchlings auf den Schlitten legt): bauchelen

Schlitzblättriger Storchschnabel m.: Geschoßkraut 1.

schlitzen schw. (zerreißen): schleißen II, schleizen

schlitzorig Adj. (schlau, hinterlistig): schlitzöret

Schloß n. (an der Perlenkette): Nusterschloß

Schloße f. (Graupel, kleines Hagelkorn): Zeie, Kitzenbone

Schloßen Pl. (kleiner Hagel): Seihen, s. Seihe 2.

Schlot m. (Kamin): Schlat

schlotterig Adj. (herabhängend): klunkerig
- (wackelig): lotterig
- (schlotternd): schlätterig, schlatterig

schlottern schw. (unsicher gehen): schlotteren, *herumschlottern* müßig gehen.
- (von zu weiten Schuhen): schlapperen 2.

schlotzen schw. (an den Fingern saugen): suck(e)len 4.

Schlucht f. (Felsenge): Klamme 1.
- (Kluft): Klufze, Klufzge
- (Tal-, Waldschlucht): Klinge 1.

schluchzen schw.: schluchsen
- (bes. Kinder beim Weinen): schnepfen, schnefsgen, schnefzen, schnefzgen
- (schimpfen, keifen): gilferen

Schluck m.: Supf
- (einen guten Zug haben): Zug 1.a.
- (kalter, hastiger Trunk): Suff 2.

Schluckauf m.: Gäcksger, s. gatzgen 4., Glutzger, Gluckser, Häscher, Hecker I, Hesche

Schlückchen n.: Süpferlein

schlucken schw. (falsch schlucken, etwas in die Luftröhre bekommen): sich verschlucken

- (hinunterschlucken): schlucken 1. *leer schlukken* Hunger haben.
- (mühsam schlucken): worgen 1.a.
- (verschlucken): schlinden

Schlucken n. (unnötiges, lästiges Schlucken): G(e)schlucke

Schlummer m. (kurzer Schlaf): Nockerlein, Nickerlein, Nuckerlein, Noner

schlummern schw.: schnor(r)en 3.; genafzen
- (einschlafen): nonen 1.
- (halb schlafen): genoren
- (leicht schlummern, schläfrig sein): dosen 1., doslen, duslen 1., trumslen 2., trümslen, noren

schlüpfen schw. (an-, aus-, überziehen): schlupfen 1.
- (aus dem Ei schlüpfen): schliefen 2.b., schlupfen
- (sich verstecken): schliefen 1., schmucklen 1.

Schlüpfen n. (Enge): G(e)schlupfe

schlüpfrig Adj.: glitschig, schleiferig
- (glatt): pfutschig, s. pfutschen
- (schmierig, gallertartig, schleimig): schlonzig

Schlupfwinkel m. (Unterschlupf; Zufluchtsort): Schlupf 2., Schlupfbiegel

schlürfen schw.: schlarben, schlupen; schlurfen 3.
- (eine Flüssigkeit schlürfend zu sich nehmen): sürflen 1., surflen
- (nippen): supfen, süpflen
- (trinken): saufen 2.
- (watscheln): lortschen 1.

Schlürfen n.: G(e)schlurfe, G(e)supfe

schlürfend Part. (watschelnd): lortschig

schlurfen schw. (gehen ohne den Fuß zu heben): schlargen, s.a. schlarben, schlarfen, schlorben, schlorfen; schlurben, schlürfen
- (mit den Beinen schlurfen): lurken 2., schlurken, lutschen I

Schlurfer m.: Schlorber 1.

Schlüsselblume f.: Batenke, Bagenke, Malenke, Matenke, Herrgottsbatenke, Himmelschlüssel 3.a., Zuckerbatenke

Schmalheit f.: Schmäle

Schmalseite f. (die zum Wenden des Pfluges benutzt wird): Anwand 1., Anwander 1.

schmalwangig Adj. (eingefallen): schmalbakket, -ig

Schmalz n. (ausgelassenes tierisches Fett; Butterschmalz): Schmalz 1. *laß mi meine Küchle (Schnitte) in deim Schmalz bache (koche), na därfst du dein Speck (dein Fleisch) in meim Kraut siede (koche); e Hochzeit ohne Tanz, ist wie e Supp ohne Schmalz; Schmalz'na tun* schmeicheln.
- (Butter, Fett, Schmiere): Schmunk 1.

Schmalz machen schw.: schmälzen 1.

Schmalzbackwerk n. (kleines, in Schmalz gebackenes, aufgeblähtes Backwerk): Pfauserlein, s. Pfauser 3., Pfeiserlein

schmalzen unr.: schmalzen, schmalzgen, schmälzen 2.

Schmalzküchlein n.: Ölsäckel 1.

Schmalztopf m.: Schmalzhaf(en) 1.

schmarotzen schw. (auf Kosten anderer leben): schmarotzen, schmarotzlen, schmalotzen, gurmsen 2.

Schmarotzer m. (Landstreicher): Schmaunkeler, Schmerschneider 2., Zeck m., s. Zecke 2., Schmerenschmotzlein

schmatzen schw.: zutzlen 2.
- (beim Essen; beim Küssen): schmatzen 1., schmatzgen, schmatzlen, schmacksen
- (hörbar essen): geschmatzgen
- (langsam, appetitlos und schmatzend an etwas essen): käuzlen
- (vom Wasser in den Schuhen; beim Treten auf sumpfigem Boden): schmatzen 2., schmatzgen, schmatzlen, schmacksen

Schmatzen n.: G(e)schmatzge

schmausen schw. (zechen): schlampampen

schmecken schw. (aufgewärmt schmecken): gewärmelen
- (einen bestimmten Geschmack haben): schmecken 1.b.
- (nach mehr schmecken): merelen
- (nach Salz): salzelen
- (nach Schwein): sauelen 1.
- (nach Waldboden und Pilzen): wildelen 2.
- (nach Schimmel): kamelen, kämelen
- (ranzig schmecken): rächelen
- (säuerlich schmecken): sengerlen 1.
- **lassen** st. (Essen und Trinken, sich schmecken lassen): mosten 2.

schmeckend Part. (schlecht schmeckend): riech 2.
- (übel schmeckend, vom Fleisch): ungut

Schmeicheleien Pl.: Flattusen

Schmeichelkatze f.: Hälkatze

schmeicheln schw.: düttlen, *einem das Mulle streicheln,* s. Mull 1., flattieren, fuchsschwänzen, kalmäuslen, pflenzlen 1., schmerg(e)len 2., schmerblen, schmeren, schmiren 2.b., schmirben, schmirmen, wadlen 2.a., wädlen
- (heuchlerisch schmeicheln): hälgeigen
- (kriechen): scharwenzeln, schärwenzeln
- (liebkosen, tätscheln, zart behandeln): tätschlen *er tätschelt sein Weib sein ganzen Tag.*
- (liebkosen; herbeilocken): zärtlen
- (schön tun): bucklen
- (sich angenehm machen): flausen 2.
- (streicheln, liebkosen): schmusen 3.
- (um etwas zu erbetteln): schmaulen
- (widerlich schmeicheln): schwänzlen 1.
- (zärtlich tun): künzlen

- (zu Gefallen reden): woltapen, -taplen, -täplen; wolwädlen

Schmeichelwort n. (für einen freundlichen Jungen): Geschmackeler, dagegen: *Geschmäckeler* ist einer, dem man nichts recht machen kann.
- (für Kinder und Frauen): Hammelein, s. Hammel 3.c.

Schmeichler m. (Schöntuer): Künzler, Fuchsschwänzer, Hälkatz, Schmeichelkatz, Orenkitz(e)ler, Schönmelschwätzer, Woltaper, -täpler, Woltu(n)er 2., Wolwädler

schmeichlerisch Adj. (heuchlerisch): häl 2. *häle Katz* falsche Person; *häl ist käl* ekelhaft.

schmeißen st.: bletzen I 2.

Schmeißen n. (tadelnd): G(e)schmeiße

Schmeißfliege f. (Bremse): Breme *Lorenz nimmt d'Bremen bei de Schwänz* am 10. August ist ihre Zeit um.
- (schmeißen schw. bedeutet: Kot ausscheiden, sich entleeren; man hielt ihre Eier für ihren Kot): Schmeißmucke, Geschmeißmucke

Schmerbauch m.: Bonensack 2.

Schmerz m. (Geschwulst am Arm durch Überanstrengung): Narr 3.
- (klagender Schmerz; widerlicher Ton): Maunzer 3.
- (Leiden): Wetag 1.a.
- (schmerzhafte, wunde Stelle am Körper, in der Kindersprache): Wewelein, Wiwilein, Wiwi
- (Wunde): Sere
- (zuckender, pochender, stechender Schmerz): Zocker 2.b.

schmerzen schw.: ziehen 4., eine Tracht Prügel, ein Schlag, eine Tatze *zieht (zuit); reißen 2.b.
- (stechendes, stoßweises Schmerzen, z.B. in Brandwunden; Reißen in den Gliedern): zokken 3., zotzgen, glucksen, flotzgen
- (Zahnweh haben): zotzgen, s. sotzgen 2.,
- (pochendes Schmerzen eiternder Wunden): flotzgen, flocksen, flöcksen, flutzgen, plotzgen; zotzgen, glotzgen

Schmerzen haben unr. (Leiden haben): bresten 1., breschgen
- **machen** schw.: weh tun, s. Schmerz

Schmetterling m.: Baufalter, Falter, Flättersch, Sommervogel, Sommervögelein, Weifalter, häufig Demin. Weifälterlein
- (auf Wolfsmilch): Milchner 2.
- (Epinephele): Ochsenauge 4.
- (Kohlweißling, Heckenweißling): Müller 2.

Schmiede f. (Werkstatt des Schmieds): Schmitte

schmieden schw. (kürzer schmieden): stauchen 2.

schmiegen schw. (sich zusammenziehen, krümmen): schmucken 1.

Schmiere f.: Schmirete, Schmirbete

– (Wagenschmiere): Salbe 2., Karrensalbe

Schmiere(rei) f.: Salbete

schmieren schw. (bestechen): geschmiren, s. schmir(b)en

– (einfetten): salben 2.

– (einfetten, ölen, bestreichen): schmiren 1., schmirben, schmirmen

– (im Kartenspiel): schmiren 3., schmirben, schmirmen

Schmierer m. (schmutziger Mensch): Schmotzlapp(en) 2.

Schmiererei f. (Schmutz, Sauerei): Motzete, Motzet

Schmierfett n. (Salbe): Schmire I

Schmierfink m.: Schmotzfink

schmierig Adj. (aufdringlich, widerlich; gemein): kleb(e)rig

– (mit Fett, *Schmer* beschmutzt): schmerig

– (zähflüssig, unfest): schlänzerig

schmollen schw. (böse sein): trutzen *mit einem, miteinander trutzen.*

– (trutzen, verdrießlich sein): bocklen 3.

Schmollen n. (Lächeln): G(e)schmolle

Schmollwinkel m.: Pfauswinkel

Schmuck m. (herumhängender Schmuck): Geklunker

schmücken schw.: aufputzen 2., aufmutzen, putzen 2., herausputzen, schmucken

Schmuckstück n. (das an einer Kette getragen wird): Anhenker 1.

schmuggeln schw.: schmucklen 2.

schmusen schw.: bäbelen 2.

Schmutz m.: Ram II

– (am Körper): Dreck 1.b. *die Herra stecket den Dreck in'n Sack, und d'Baura werfet ihn fort* die einen benutzen ein Taschentuch, die anderen keines; *de geizige Leut is herb wäscha, die reut sogar der Dreck.*

– (ekelhafter, widerlicher Schmutz): Unflat 2.

– (feuchter Schmutz auf der Straße, bes. bei Schneeschmelze): Mulzete

– (Häufchen Schmutz): Klitter, s. Klätter

– (Kot, versumpftes Wasser): Pfloder

– (Unrat; ekelerregende Gegenstände): Wust 1., Dreck

Schmutzfink m.: Dreckmichel, Schmirfink

Schmutzfleck m.: Spritzer 1., Spretzer, Stritzer

– (bes. an Kleidern; Macke, Makel, Mangel): Mase 1.

– (beschmutztes Kleid): Riester 3.a.

– (der vom Anfassen herrührt): Tapper 3.

schmutzig Adj.: beschissen, s. bescheißen 3.a.

– ramig 1., rußig 2., schwarz 7.

– (klebrig): verpicht, s. verpichen 2.a.

schmutzig machen schw.: vertappen 2.

– **werden** unr.: bollen II 2.

schmutzige Frau f.: Appel; von Apollonia

– Kosel 2., Schlumpe, Schlampe, Schmalzkätter 1.

– (leichtfertige, verkommene Frau): Lo(r)tsch 3.

Schmutzklumpen m. (der am Fell, am Kleid hängen bleibt): Bolle I 1.b., Dreckboll *oben Rollen* (Locken), *unten Bollen.*

Schmutzsaum m. (Dreckspritzer am Kleid, an den Hosen): Klapf 2.

Schnabel m. (einer Kanne): Schnauze 2., gern Schnäuzlein

Schnalle f. (Spange, Strumpfband): Rinke

schnalzen schw. (mit den Fingern): knällen 2.a.

schnapp Interj.: in der Verbindung *schnipp, schnapp, schnurr,* vgl. das Kartenspiel *Schnipp- Schnapp,* s. schnappen 3.

Schnappen n. (Biß, Zuschnappen; Falle; Atemholen): Schnapper, *den letzten Schnapper tun* sterben.

Schnaps m. (der aus *Trester* gebrannte Schnaps): Trester 2.

Schnaps herstellen schw.: schnapsen

– **trinken** st. (heimlich und häufig): schnäpslen

Schnapsfläschchen n.: Schnapsbudel, aus dem der Schnaps getrunken wird, dagegen *Schnapsbutelle* Schnapsflache, aus der eingeschenkt wird.

Schnapsgläschen n.: Moritzle, s. Moritz 3., Steinis 2.

Schnapstrinker m.: (Schnapsbruder, Schnapsdrossel): Schnapser

schnarchen schw.: rußlen, s. rußen 3., sägen 2., schnarchlen, schnarflen, runsen 2., runslen

– (hart und schwer atmen): reußen 1.

– (stark schnarchen): reußen 1.

Schnarre f. (Kinderspielzeug; zum Verscheuchen der Vögel; statt der Glocken von Gründonnerstag bis Karsamstag): Rätsche I 1., s.a. Karfreitagsrätsche

schnarren schw. (mit der Rätsche): rätschen 1.

Schnarren n. (Ausschwatzen): G(e)rätsche

schnauben schw. (schwer atmen): pfnausen

Schnaufen n. (lästiges, heftiges Schnaufen): G(e)schnaufe 1.

Schnaufer m. (Schwindsüchtiger): Kaucher 1., Keicher

Schnauze f. (an einem Geschirr): Zolk, s. Zolch 2.

– (Maul, Rüssel; spöttisch auch Mund): Schnor(r)e 1., Schnurre, Schnorze, Schnude

schnäuzen schw. (geräuschvoll): rotzen

schneckenförmig Adj.: geschnecklet 1.

Schneckenhaus n. (Axthaus, Beilhaus, Hackenhaus): Haus 2.(bildlich und übertragen)

Schnee m. (breiig geschmolzener Schnee; Mischung von Morast, Schnee und Kot): Sulz 3.

Schnee- und Regenwetter n.: Geschlütter, s. Geschluder

Schneeflocken Pl. (große Schneeflocken): Bettelleute, s. Bettelmann 2., Bettelbube 2.

schneefrei Adj.: äber, aber

Schneegestöber n. (leichte Gewitter mit Schnee, Graupeln): Aprillenbutz, Schneiete

Schneeglöckchen n.: Aprillenstern, Märzenblume, Märzenglöcklein, Schneetröpflein, Stern

Schneekruste f.: Rufe 2., Ruft

Schneeschmelze f. (Zeit der Schneeschmelze): Äbere

Schneesturm m. (Schneegestöber): Gahwätel, Gahwatel

Schneewehe f. (Schneeverwehung): Windsgähen, Windsgewät, Windsgewat, Gähwinde

Schneide f. (der Axt): Ber II

schneiden st. (abschneiden): hauen I 2. *des Messer haut* ist scharf; *ugschliffe haut it* unerfahren macht nicht klug; koppen II 2.
– (das Getreide schneiden und einheimsen): einschneiden 1.
– (einen Acker reihenweise schneiden, auch hacken): janen
– (falsch schneiden): verschneiden 3.
– (Gras am Rain schneiden): raingrasen
– (Gras schneiden mit der Sichel): sichlen, schäpp(e)len 2.
– (Gras schneiden, sammeln, holen): grasen, gräsen, grasnen
– (Haare schneiden): scheren 1.
– (hauen): pfetzen 3.
– (mühsam mit einem stumpfen Messer): fidlen 2., sablen
– (Scheiben schneiden; ausschneiden, vorzeichnen mit einem Rädchen): rädlen
– (stutzen): kappen 2.

Schneider m.: Stichler 2.b.

Schneidezahn m.: Schaufel 3.

schneien schw. (ein wenig schneien): schneklen, schnezelen, fetzelen
– (große Schneeflocken schneien): fetzen, lumpen 1.a.
– (stark schneien bei heftigem Wind): stobenlochen

Schneien n. (starkes, anhaltendes Schneien): G(e)schneie

Schneise f. (Waldweg, Waldgrenze): Schneite

schnell Adj.: tapfer; raps, streng
– (bes. als Adv. schnell laufen): streng, *streng fahren, -laufen, -marschieren;* wacker
– (hitzig): raß
– (tüchtig, gewandt, schlank, hochgewachsen): gerad A.1., grad

schnell sein unr. (voreilig sein): hui sein, s. hui 2.

Schnellsprecher m. (auch einer, der undeutlich spricht): Duderer

Schnepfe f.: Gelbfüßler 1.

schnippeln schw. (herumschnitzeln): schnipflen 1.

Schnipsel m.: Schnipfel

Schnitz m. (kleineres, geschnittenes Stück gedörrten Obstes): Schnitz 1., genauer: Biren-, Äpfel-, Rettich-, Rübenschnitz

Schnitzbrot n.: Zeltens

Schnitzbrotlaib m.: Schnitzlaib

schnitzeln schw. (in viele kleine Schnitze zerschneiden): zerschneiden

schnitzen schw. (jedoch abwertend): schnitzlen
– (kleine Schnitzarbeiten machen): bitzlen II

Schnitzwiebel f.: Schnattere, s. Schnatter 2.

Schnörkel m. (Verzierung, bes. überflüssige Verzierung): Schnirkel 1.

schnörkeln st. (Windungen machen): schnirklen

Schnörkelwerk n.: Geschnirkel

schnullen schw.: zutzlen 1.

Schnuller m. (früher Saugbeutel, Sauger): Budel 2., Duller, Dülle 2., Dütze, Dützel, Dützer, Dutzel, Lulle 1., Luller 2., Mummel 3., Nollein, Noller 2., Nülle, Nuller, Nutzel, Saugmännlein, Schlotz, Schlotzer, Schnullein, Schnülle, Schnoller, Schnülle, Suckel 4.b., Zapfen 2., Zulle 1., Zuller 2., Zulpen

schnupfen schw. (stoßweise durch die Nase einatmen, um herauslaufenden Nasenschleim wieder nach oben zu ziehen): schnupfen, opp.: schnaufen, ruhiges Ein- und Ausatmen

Schnupfen m. (Nasenkatarrh): Schnuppen, Schnuppe, Schnuppet, Schnufert, Schnopf, Geschnäufe 1., Pfnüsel, Rotzler 2., Schneuzete, Schnud(e)r(e)t(e), Schnuder, Geschnuder, Gschnuder, Gschnüder, Gschnoder, Gschnudert; Geschnäufe 1., Geschnüffe
– (wiederholtes, lästiges Schnupfen): G(e)-schnupfe

Schnupftuch n. (Taschentuch): Schneuztuch

Schnur f. (Bindfaden): Spagat
– (gespannt zwischen zwei Setzhölzer, zum Abstecken des Raums für die *Setzlinge*): Setzschnur
– (starke Schnur): Rebschnur, s. die Etymologie
– (von Perlen, Glaskugeln): Nuster, Nüster, spez. Perlen-, Korallen-, Granaten-, Ringleinnuster, silbernes Nuster
– (Weide, daran z.B. Zwiebeln gereiht werden): Reif I 6.

Schnurrbart m.: Schnauzer 1.

schnurren schw. (von der Katze): schnor(r)en 1., zwirnen 2.

schnüren schw. (das Bündel schnüren; den Dienst wechseln): bündlen, bündelen, vgl. Bündelmag

Schnürsenkel m.: Schuhbändel, Schuhnestel

Schnürstiefel m.: Bossen, Winterbossen

Scholle f.: Schülpe 1. *Schülpen klopfen* zerkleinern.

- (Erdscholle): Schnolle
- (Klumpen Erde): Scholle *einen Schollen lachen* laut, heftig lachen.
schollig Adj. (vom Boden): schülpig
Schöllkraut n. (Heilmittel gegen Warzen): Warzenkraut 1., Gelbwurz 2.
schon Adv.Part. (zur Genüge): schon 2.a.; steigert, hebt die Tatsächlichkeit hervor; ohne Gegensatz, vgl. die Beispiele
schön Adj. (angenehm; hübsch): fein 2.
- (freundlich, vom Wetter): geschmack 2.
- (munter, lustig, hübsch, nett): geschickt 1.a.
- (prächtig, köstlich): proper
- (schön angezogen, sauber gekleidet): aufgeraumet, s. aufraumen 3a.
- (zierlich, schmuck; hoffärtig): wäh
Schöne f.: die Hübsche
Schönheit f.: Schöne
- (Stolz): Wähe
Schopf m. (Haarschopf): Schaupe II
Schöpfgefäß n.: Schöpfhäfelein
- (für den Handgebrauch): Handschaff
- (mit Stiel): Schapf 1., Schapfen, genauer: Wasser-, Milch-, Bier-, Lachen-, Güllen-, Mistschapf
Schöpflöffel m.: Schöpfer 2., Schapfe
- (Rührlöffel): Kelle 1.
Schorf m. (auf einer heilenden Wunde, auch auf einem Ausschlag): Rufe 1., Ruft
Schornstein m.: Kamin 1., Schlot *ein Weib ohne Ma ist wie ein Haus ohne Kamin.*
Schößling m. (einer Pflanze): Trib 5.
Schote f. (der Hülsenfrüchte): Schefe 1.
- (der noch grünen Gartenerbse): Zuckerschefe
schottern schw.: einwerfen 1.
Schramme f. (Narbe, Wunde): Schmarre 3.
Schrank m. (jeder Art): Kast(en); genauer: Kleiderkasten, Kuchekasten
- (Kleiderschrank, Geldschrank, Kasse; Sarg): Trog 1., Truche
Schranke f. (vorn und hinten am Leiterwagen, kleines Gitter): Gatter 2.
schränken schw. (die Zähne eines Sägeblatts abwechselnd rechts und links abbiegen): schränken 1.c.
Schranne f. (zum Auslegen der Waren, Fleischbank): Bank 4.
Schraube f.: Schraufe f., Schraufen m., Straube f.
schrauben schw.: schraufen
Schraubenmutter f. (innen mit einem Gewinde versehener zylindrischer Metallhohlkörper): Schraufenmutter
Schraubenschlüssel m.: Schraufenschlüssel
Schraubenzieher m.: Schraufenzieher
Schreckgestalt f. (in Begleitung des Nikolaus): Berch 2., Bercht

- (Vermummter, Popanz): Butze 3., Fastnachtbutze
schreckhaft Adj. (wer leicht erschrickt): verschrocken, s. verschrecken I
schreckhafter Mensch m.: Gäge I
Schrei m.: Geller 2., Plärrer 2.
- (lauter Schrei): Brall
- (schriller Schrei): Gilfer 2.
schreiben st.: grifflen
- (fein und unleserlich schreiben): fiselen 2., *gefiselet* gekritzelt; fus(e)len I
- (klein schreiben): wuslen 4.
- (kritisch schreiben): *mit spitziger Feder schreiben*, s. spitzig 1.c.
Schreiben n. (vieles Schreiben): Geschreibsel, Geschribsel
Schreiber m. (der fein, aber unleserlich schreibt): Fis(e)ler 1.
- (hastiger Schreiber, Pfuscher): Sudler
schreien st. (aus Schmerz, Angst odgl.): schreien 1.c.
- (aus vollem Halse schreien): kragen, kräglen 1.
- (brüllen): bregen
- (der brünstigen Katzen): ralen, rallen 1.
- (heulen): gellen 2.
- (heulen, brüllen): bräugen
- (heulen, furzen): bläken
- (im Zorn): gackeren 3., gäckeren
- (jauchzend singen): jolen
- (krakeelen): gehellen
- (kreischen, schrill schreien): kirren 1.
- (laut reden): gauzen 2.
- (laut schreien): brallen, brällen
- (schimpfen): ragallien, ragallen
- (übtr. auf Töne, Schnee, Holz, Türe, Farbe): schreien 2.
- (von einer Gans): gigagen
- (vor Freude, Übermut): juchz(g)en
- (wie der Spatz, *Zwilch* 2.): zwilchen II 2.
Schreien n.: Hupete 2.
- (brünstiges Schreien der Katzen): Rallete
schreiend Adj.: gellig, schreiig *schreiige Farbe* grelle Farbe.
Schreier m.: Geheller, Kirrer 1., Plärrer 1., Plärrochs
- (Großhans): Beller I
- (Heuler): Bröger, s. bregen
- (Schimpfname): Dahe 2., Dache
- (wüster Schreier): Krakeler
Schreierei f. (häufiges Schreien): Gejole
schreiig Adj. (zum Schreien geneigt): geschreiig
Schreikind n.: Plärrhafen, Plärrhagen, Plärratze
Schrift f. (Handschrift): Geschrib
- (häßliche Schrift; schlechtes Arbeiten; fortwährendes Regnen): G(e)sudel
- (unschöne Schrift): Gehakel
schrillen schw.: gigsen 2.

Schritt m. (kleiner Schritt): Hennentäpperlein

schröpfen schw. (Blut absaugen): schrepfen 1.

Schröpfkopf m. (Saugglocke aus Gummi, Glas): Ventause 1.

schroten schw. (Gerste schroten): rollen 4.

schrubben schw. (kräftig abreiben): schroppen 2.

Schrulle f. (kleine Verschrobenheit): Fimmel 2.

schrumpfen schw.: schnurflen, strupfen, s. strupfen 2.

– (kleiner werden, ein Kleid wird kleiner): eingehen 4.

Schrunde f. (Riß in der Haut): Schrunde

Schubfach n. (herausziehbares Schubfach): Schublade, Schub c.

Schubkarren m. (einrädriger Karren zum Schieben): Schubkarch, Schaltkarch, Schaltkarren, Bäre 2., Bollenkarren, Radbäre, Stoßkarren

– (einrädriger Schubkarren ohne Bretterkasten): Bärenkarren

Schublade f. (Fach an einem Möbel): Dat *daher komma wie aus'me Dätle (Schächtele)* geschniegelt; *a Nixle ima Büchsle und a Dätle oba druf* Antwort auf unnütze Kinderfrage.

– (im Tisch): Tischlade, Tischkasten *Armut ist a Haderkatz, sie frißt mit aus der Tischlade; der hat a b'häbe Tischlade* ist geizig; *er ist seiner Lebtag net von seins Vaters Tischlad wegkomma.*

Schubladenschrank m.: Kommod

schüchtern Adj.: unkeck

– (verstört, wirr, närrisch): verscheucht, s. verscheuchen 1.

Schuft m. (Schlingel): Kaib 2.b. verstärkt: Donnerskaib, Erzkaib, Saukaib

Schuh m. (für den menschlichen Fuß): Schuh *die geht in's Kloster, aber in dasselbe, wo zweierlei Schuh unter der Bettlad staunt; wer seine Schuh kann selber flicken, darf sie nicht zum Schuster schicken; ein Kranker verspart nix als d'Schuh; er will keine vertretene Schuh anziehe* keines anderen Nachfolger in der Liebe werden; *man muß die alten Schuh nicht wegwerfen, eh man neue hat; die Schuh an einem abputzen* ihn ganz verächtlich behandeln; *die Welt steckt nicht in ein Paar Schuh; in keinen guten Schuhen stecken (stehen)* übel dran sein; *in den seinen Schuhen möchte ich nicht stecken (stehen); der Schuh druckt einen es beengt, behindert ihn etwas. Einem etwas in die Schuhe schieben* fälschlich zur Last legen. *Er bindt d'Schuh mit Wide* ist ganz arm oder geizig; *der hat au wieder ein Paar Schuh stau lau* ist gestorben.

– (alter Schuh): Schlarbe 1.

– (bequemer Schuh): Schliefer 2.b.

– (Stiefel): Trittling 2.

Schuhe Pl. (aus Holz oder mit Holzsohlen): Holzkläpfer, -klöpfer

– (wollene Schuhe): Bletzsocken

Schuhlöffel m.: Anzieher

Schuhmacher m. (Spottname): Pecheler

Schulanfänger m.: ABC-Schütz *ABC-Schütz get in d'Schul und ka nix.*

Schulbank f. (Kirchenbank): Bank 2.

Schulbuch n. (mit Bibelsprüchen und Kirchenliedern, zum Memorieren zusammengestellt): Spruchbuch

Schulden Pl.: Klätterposten *Klätterschulden, Klätterlesschulden* zerstreute Schuldposten

– (Trink-, Spielschulden): Pommer 6.

Schuldner m. (oder Gläubiger): Beiter

Schüler m.: Schulerbube

– (ehrgeiziger Schüler): Schanzer 2.

Schülerin f.: Schulermädlein

Schulferien f.: Vakanz

Schulkamerad m. (wer mit einem die Schulklasse besucht hat): Schuler, Schulerin

Schulkinderfest n. (noch jetzt in Ravensburg): Rutenfest

Schulter f.: Achsel *einen über die Achsel ansehen* verächtlich ansehen; *über die Achsel 'nüber* im Gegenteil.

Schulterblatt n.: Huff, s. Huf(t) 3.

– (des Schweines): Schäufelein, s. Schaufel 4.

Schund m. (nutzlose Ware, wertloses Zeug): Pafel 1. *er hat no mehr so alte Pafel im Haus.*

Schupfnudeln Pl. (mit der Hand bereitete, an den Enden zugespitzte Nudeln): Bubenspitz; Baurenspitz

Schuppen m. (für das Heu): Heuschopf, Heuschuppen

– (Nebengebäude; Wetterdach): Schopf II, Schupfe

Schuppen Pl. (auf dem Kopf): Schülpen, s. Schülpe 2.

schuppig Adj.: schupe(ch)t

– (schuppenartig gezeichnet): geschupet

schürfen schw. (Oberfläche des Bodens aufritzen): schürflen 1.

– (oberflächlich verletzen): verschürpfen, verschurfen

Schurke m.: Höllenfetze

– (Dieb; Gauner): Spitzbube 1.

Schurz m. (Weiberschurz): Fürfleck

Schurzende n.: Schurzzipfel

Schürzenjäger m.: Fis(e)ler 3., Mädlesfiseler, Fleckenhummel, Dorfhummel, Dorfhagen, Dorfochs, Dorfstier

Schüssel f.: Kar I 1.

– (Topf aus Steingut): Kachel 1.

Schüsselbrett n.: Schüßlenbrett, -britt

Schuster m. (Spottname): Buchte, Schuhbuchte

Schutt m.: Urbau

– (Stroh, das vom Düngen her im Frühjahr auf der Wiese liegt): Raumet(e)

Schüttelfrost m.: Gefriere 2., Gefrierne, Gefröst, Gefrüst, Schnatterer 3.a., *Schnätterer haben.*

schütteln schw. (bes. an den Haaren): nottlen 1.b.

– (bewegen; im Trab reiten, laufen; schlendern): hotzlen

– (leicht schütteln): überschüttlen

– (prügeln): beutlen 1.

– (rütteln): schottlen

Schütteln n. (einmaliges Schütteln): Schüttler 1.

Schutz m. (Sicherheit): Schanze I 1.

schützen schw. (mit einem Graben umgeben zum Schutz, zur Verteidigung): vergraben 2.

Schutzherr m. (der Kirche; Kirchenheiliger): Kirchenpatron 1.

Schutzwald m. (in dem kein Holz geschlagen werden darf): Bannwald

schwäbeln schw. (mit schwäbischem Akzent sprechen): schwäb(e)len

schwach Adj. (elend, hilflos): heillos 1.a.

– (gebrechlich): gering 4., gring, ring

– (nachsichtig; unzuverlässig): luck I 2., lock

– (träge, energielos, öde im Magen): tonlos, tonlosig

– (übel, elend von Kranken): liederig 2. *Guttätigkeit ist ein Stück von der Liederigkeit (Liederlichkeit).*

– (zart, gebrechlich, dünn): blöd 1.a.

schwache Person f. (kleine Frau): Knärfelein, s. Knarfel 5., Dättel, Dattel

Schwäche f. (Erschöpfung): Tonlöse, s. tonlos

– (große Schwäche): Blöde 2. *wenn er noch ein paar Blödenen bekommt, so stirbt er.*

– (menschliche Schwächen haben und zeigen): mensch(e)len

schwächlich Adj. (ängstlich): dättelig

– (mager, schmächtig): leibarm

schwächliches Mädchen n.: Undeilein

Schwächling m.: Schwachmaier, Schwachmatikus

– (Krüppel): Tropfe 2., Zwirger

– (Kümmerling): Dürftelein

– (Schelte): Schmerschneider 1.

– (schmächtiges Kind, schmächtige Frau): Dacht 3., Dächtlein, Dächtelein

– (ungeschickter, vergeßlicher Mensch): Schweder

Schwade f. (ausgebreitete Schwade): Spreite 2.

Schwaden Pl. (abgemähtes, in einer Reihe liegendes Gras, Getreide): Warben, s. Worb 3.

Schwägerin f.: Geschwei 1.

Schwalbe f. (Rauchschwalbe): Geschwälblein

Schwamm m. (der auf Mistbeeten wächst): Hexenschirm

schwammig Adj. (ohne Festigkeit): mumpf

– (weich): lumpf 2.

– (z. B. von Kartoffeln): mulmig 1.

schwanger Adj.: gesattelt 3., gesattelt, s. sattlen 3.c., häbig 4., hops 4.

– schwanger; wenig üblich, dafür: *in der Hoffnung, in anderen Umständen;* gröber: dick, hops

– **sein** unr.: fürebringen 2.

– **werden** unr. (unehelich schwanger werden): fürkommen 3.

schwängern schw.: anbinden, anblümen 2., anheflen 2., anschmiren 2.

– (außerehelich schwanger werden): anhenken 2.

schwanken schw.: kippen 3.

– (das Gleichgewicht verlieren; sich auf die Seite neigen): gägen 2.

– (hin und her schwanken): gunk(e)len 2.

– (langsam und schlecht gehen, arbeiten): lottlen, s.a. lotteren, nottlen

– (schaukeln; hin- und herbewegen): gampen, gamplen, gamperen, gampfen, gompfen

– (schwankend einherkommen): antorklen

– (unschlüssig sein): zettlen 3.

– (wackeln; schaukeln): gauklen I 2.

– (zittern): hotzen 1.

Schwanken n. (Schaukeln, durch Stöße verursacht; planloses Herumlaufen): G(e)schukkel, G(e)schwanke

schwankend Adj. (altersschwach): nottlig

– (nicht feststehend): gaukelig, gautsch, gampig, gägig

Schwanz m. (am tierischen Körper): Wadel 2.

– (des Schweines): Sauwadel, -wedel

schwänzeln schw. (stolzieren): wadlen 2.b., wädlen

Schwappeln n. (Hin- und Herschwanken, besonders von Flüssigkeiten): G(e)schwappel

schwappen schw. (schwanken): schwattlen, lotschlen

schwarz Adj. (tiefschwarz): kolschwarz, kolrabenschwarz, kolkrabenschwarz

Schwarze Johannisbeere f.: Schwarze Träublein, s. schwarz 5., Katzendreckeler 2., Wanzenbere, -träubelein, Katzendreckeler

Schwarzer Holunder m.: Holder 1., Flieder

schwatzen schw. (viel, laut, keifend schwatzen): rafflen 2.

Schwatzbase f.: Schnätterbäse, Schnätterbüchse, Schnätterhexe, Tratschkachel

schwätzen schw.: gackeren 2., gäckeren, läfferen 2., papperen, päpperen, papplen, pappelen, schwaderen 2., schwatteren, wäschen 3., baladeren, balantschen, balatschen

– (böswillig schwätzen; schimpfen): lällen 2.

– (dumm, inhaltslos schwätzen): salbaderen

– (dummes Zeug schwätzen, lügen): faslen II, faselen

– (erzählen; nörgeln): moseren
– (gern und viel schwätzen): baflen
– (klatschen): göschlen
– (nutzlos und viel schwätzen): daladeren, baladeren, dalderen
– (plappern): kläpperen 1.
– (sich mit jemandem besprechen; streiten): stucken 2.
– (streitsüchtig schwätzen, plappern): klaffen 1.
– (und lachen): rolzen
– (unnötig, laut schwätzen): patschen B.

Schwätzer m.: Gäckerer, Gagag 3., Päpperer, Pappler, Patscher 4., Schnabel 3., Schnäpper 2., Schnäpperbüchse, Schnatterer 1., Schnätterer, Schwapp(e)ler 2., Wäscher
– (langweiliger, öder Schwätzer): Salbader
– (Lügner): Bloderer, s. bloderen
– (Plauderer): Schmuser 1.
– (Plaudertasche): Schwätzbäse, -base
– (Schimpfwort): Lällenkönig, Lällenmann, Lällenpeter
– (Schmeichler): Schmalger
– (übtr. von weibischen Männern): Weib 1.c.
– (Verleumder): Kläffer 1., Klaffer
– (wer gern lieblos urteilt): Waffel 3.

Schwätzerin f.: Bäbel, s. Barbara 2.b., Frau Base, s. Base 3., Gackerin, Pappel I, Patsche, Patschel, Patscherin
– (immer klagende Person; altes Weibchen): Märg, Meigel, Meigele, s. Maria 3.
– (mundfertige Person): Schwätzkätter 1., Wäschweib 2.
– (zänkische Frau): Raffel 2.b., Riffel, Reff

schwatzhaft Adj.: patschig, schnatterig 2.

schwatzhafte Frau f. (Scheltwort): Täsche 3., Zanreff 2., Dorfbesen, Drostel 2., Droste, Droschel, Gosche 3., Schnätter 2.

schweben schw. (auf- und abschweben von geisterhaften Lichtern): geiren 1.

Schwefel m.: Schwebel

Schwefelholz n.: Schwebelholz 1., Schwebellein

schweflig Adj. (brenzlig): bränselicht, s. bränselen, bränzelig, bränzelich, s. bränzelen

Schweifstück n. (des Ochsen): Hüftlein, s. Huft 2.

schweigen st. (stillschweigend dulden): schlukken 2.

Schwein n.: Batzel, Botzel, Butzel, Bautschel, Botschel, Fackel II, Fautschel, Husselein 3., Hutschel, Hutzel 4., Hurzel, Mutschel II 3., Suckel 1., Zutzel
– (das Tier): Sau 1. *Schwein* sagt nur der Gebildete; *jede Sau soll bei ihrem Trog bleibe; es wird kei Fraß (Fresser) gebore, aber e Sau erzoge; wenn d'Sau gfresse hat, wirft (gheit) sie de Kübel um (scheißt sie in Trog)* von einem Undankbaren; *wer sich unter die Kleien*

(Grisch) mischt, den fressen die Säu; der fäulste Sau ghört der größte Dreck; wenn's der Sau wohl ist, wälzt sie sich im Dreck; i bin der Sau net vom Arsch gfalle gegen eine Behandlung von oben herab; bei großem Ärger *möcht ma auf der Sau reite ('naus-, davon-, fortreite); des ka kei Sau lese* kein Mensch; *es springt glei wieder en andere Sau durch's Dorf* eine Neuigkeit (Skandal) verdrängt rasch die andere, mit dem Zusatz: *und hat no'n drecketere Schwanz; haben wir schon Säue miteinander gehütet?* fragt man einen, wenn er einen duzen will; *die Bodenbirnen sind erst gut, wenn sie die Sauen gefressen haben; vom Tisch gehen wie die Sau vom Trog; das steht ihm an wie der Sau eine Brille.*
– (auch Schimpfwort für eine unreinliche Person): Botzel, Butzel, vgl. Botschel
– (Eber): Baier 2.
– (Ferkel): Farch, Färchlein; Suckelein, Säulein
– (gut gemästetes Schwein): Watsche 3.
– (junges Schwein): Autschelein; Säulein; genauer: zuerst *Milchfärchlein, Saugfärchlein, Saugsäulein, Läufel, Läufer, Läufling*
– (halbgewachsenes Schwein): Läufer 3.
– (kastriertes, männliches Schwein): Bätz I 1.
– (Kindersprache): Hutz, s. hutz 2., Sutzel 1.
– (Milchschwein): Futschel 1.
– (übtr. auf Menschen): Sau 2., verstärkt: Drecksau, Baiersau; *der hängt d'Sau raus* gebärdet sich säuisch.
– (übtr. Kind, das sich beschmutzt): Botschel, Botzel, Butzel
– (verschnittenes Schwein unter einem Jahr): Läufel I 2.

Schweinefilet n.: Lummelein, s. Lummel I

Schweinefleisch n.: Schweines

Schweinefutter n.: Saufressen 1.

Schweinehund m. (starke Schelte): Sauhund 2., Saukerle, Saumichel

Schweinerei f. (große Schweinerei; auch Fluch): Blutsauerei

schweinern Adj.: schweinen I

Schweinestall m.: Saustall, Sausteg, Sausteige, Säustall, Säusteg, Säusteige

Schweineurin m. (bildlich für eine Schlangen-, Zickzacklinie): Sauseich, Säubrunz

Schweinigel m. (vom Menschen): Sauigel 4.a.

Schweinsblase f.: Saublater 1.

Schweinsborste f.: Sauborst 1., Säuborst

Schweinskopf m.: Saukopf 1.

Schweinsmist m.: Saubolle(n) 1., Saudreck, Säudreck

Schweinsrüssel m.: Saurüssel 1.

Schweiß m.: Schwitz

schweißelen schw.: rämselen

schwellen st. (weit hinausstehen): bauschen 2.

Schwengel m. (Glockenklöppel): Kengel 5.

schwenken schw. (das Licht hin- und her-schwenken, herumzünden): facklen 2.

schwer Adj. (fest vom Boden): beistig
- (mühselig): sauer 2.a.

Schwerarbeiter m.: Grupper 2.

schweratmig Adj.: schnaufig

schwerhörig Adj. (taub): übelhörig
- (taub, zerstreut): tolloret, dickorig, tosorig, s. Tollor, Tollore

schwerlich Adv. (kaum): schlecht *i ka jetzt schlecht weggange.*

schwermütig werden unr. (durch Grübeln): sich hinterdenken 2., hintersinnen

Schwertlilie f.: Ilge a., Lilie

Schwiegermutter f.: Geschwei 2., Schwiger; immer mehr *Schwiegermutter*

Schwiegersohn m.: Söner, Tochtermann

Schwiegertochter f.: Geschwei 3., Sönerin, Sonsfrau

Schwiegervater m.: Geschwäher, Schwäher

schwierig Adj.: bös I B.2.
- (ungeschickt, gefährlich): heib, vgl. heibelen

Schwierigkeit f. (Anstand): Leiden 2.
- (Ärger, Hindernis): Anstand 1.
- (Verwirrung, Unpäßlichkeit): Unterhaspel, -häspel; (eigentlich das Hinausgleiten des Fadens über eine Haspelstange)

schwimmen st. (in der Art der Hunde): pudlen I 1.a., hundlen

Schwindel m. (Taumel, Betäubung): Trümmel 1., Trummel, Trumsel 1., Trümsel
- (Taumel; Schlummer, Schlaftrunkenheit; leichter Rausch): Durmel

Schwindelgefühl n. (Benommenheit): Dusel 1. b.

Schwindelkopf m. (unbesonnener Mensch): Hurrleburrle, s. hurrleburrle 2.

schwindeln schw. (betrügen): muckmacklen
- (es schwindelt mir): wämpelen
- (prahlen): schweflen, s. schweblen 3.
- (schwach werden): schwapp(e)len e.

schwinden st. (abnehmen; auszehren): schweinen II

schwindlig Adj.: trümm(e)lig, trumm(e)lig, trumselig, durmelig *trümmelig darf's em Zimmerma nit were;* trüms(e)lig.
- (bange, magenschwach; nur prädikativ): wampel; andere Formen: wämpel, wampelig, wämpelig
- (benommen; dumm, tölpelhaft): düppelig, düpplig, duppelig
- (betäubt): duselig 1.
- (betäubt; berauscht): durm(e)lig, dürm(e)lig, durmelet, durmselig, durmslig
- (nicht ganz geheuer; magenschwach): schwummerig
- (ohnmächtig): unselig 2.

- (ohnmächtig; trüb vom Wetter): damisch 1. *damisch wie a Muck, wo Gift g'fressa hat.*
- (taumelnd): weiflig, taumelig
- (wirr): zwirb(e)lig, zwirmlich

schwindlig werden unr. (ohnmächtig werden): weiflen

schwindsüchtig Adj. (hektisch): zerig 1.
- sein unr.: abzeren

Schwindsucht haben unr.: auszeren

schwingen st. (ein Kind unter den Armen greifen und schwingen): ginkelen
- (flatternd bewegen): fläugen, pfläugen, fläugeren 1.
- (schwenken; anfachen): schweien
- (spez.: nicht im Takt läuten): gankelen
- (wie nhd.): schwingen 3., kaum populär; dafür eher *schwenken*

schwirren schw. (Auf- und Abfliegen der Mücken und Schnaken): geigen 2.a. *wenn abends die Schnaken geigen, gibt es am folgenden Tag schönes Wetter; wenn im Hornung die Mücken geigen, müssen sie im März schweigen.*
- (sausen, summen): surren 1.

schwitzen schw. (aus allen Poren schwitzen): käneren 2.

Schwitzen n. (lästiges Schwitzen): G(e)schwitze

schwitzend Part.: schwitzig

Schwörtag m. (Tag, da die neue Obrigkeit der Bürgerschaft schwört und umgekehrt; z. B. in Eßlingen, Schwäbisch Gmünd, Schwäbisch Hall; in Ulm, auch *Schwörmontag* genannt, vgl. Schwörhaus): Schwörtag

schwül Adj. (drückend vom Wetter): düppig 2., s. duppig
- (drückend von der Luft): dämpfig 1.

schwunglos Adj. (ungeschickt, täppisch): dalket 2., dalkig

Sebastian m. (Ruf-, und Heiligenname, 20. Januar; Sebastian ist der Schützenpatron), Kurzformen: Bastian, Baste, Basche, Bastel, Bäste, Bartel (kein besonders vornehmer Vorname)

See m. (nur von einem Landsee, das Meer heißt nur *Meer;* aber auch von dem kleinsten stehenden Gewässer, da *Teich* nur Vertiefung bedeutet): Se, Sai

Seele f. (bes. im Gegensatz zu Leib): Sele 1.a.
- (spezif. theologisch): Sele 1.b. *die arme Sel hat Ruh,* vgl. Allerseelen, 2. November

segnen schw.: gesegnen; meist mit dem Wunsche: *gesegne Gott! segne Gott!*

sehen st. (aussehen, ansehen, hinsehen): gukken, lugen, schauen, guckenlugen *einem geschenkten Gaul, guckt man nicht ins Maul;* ein Neugieriger möchte vor allem 's Deckele lupfe und in's Häfele gucke; ein Schielender *guckt in sieben Häfen zumal; guckt in d'Schweiz.*

sehen lassen st. (was nach der Sitte bedeckt sein sollte): blecken I 2. *jetzt kast dei Zahnreff blecken* zufrieden sein; *warum bleckst deine Zäh so 'raus ?* Antwort: *weil i's ka, mach du's au so!*

Sehkraft f.: Augenlicht

Sehne f.: Ader

– (beim Menschen und beim Schlachttier; Muskel): Nerve 1.

– (die ungenießbaren Sehnen am Fleisch): Altwachs

sehnen schw. (sich sehnen, sich gelüsten): genäfen 2.

Sehnenscheidenanschwellung f.: Überbein

Sehnsucht f.: And, Belange

sehnsuchtsvoll Adj.: jammerig 2.

sehr Adv.: arg II.2., fanenmäßig, fetzenmäßig, lausig 3., vaterländisch, elend *elend groß* sehr groß , *elend schön* sehr schön.

– (Adv. der Steigerung von unangenehmen und angenehmen Dingen): wütig

– (steigernd): unmöglich 2., -müglich *unmüglich gut, schön, viel, teuer*

– (furchtbar): bittlos 2. *heut ist's bittlos drecket.*

– (heillos; allgemein verstärkend): sündlich, *sündlich teuer* sehr teuer, *sündlich lieb* sehr lieb.

– (im Sinne einer negativen Steigerung): barbarisch

– (Intensivbildung): herrgottisch, gottesmillionisch

– (nicht schlecht): *net unbös,* s. unbös 2.

– (nur Steigerungsadverb): damisch 2.

– (sehr stark, in hohem Maße): grob 1.c. *jetzt könnet ihr de Weg nimme grob fehle;* mächtig 2.

– (stark, tüchtig): fest B.2.c., söllich 2.a., sol(i)ch, sele

– (stark, aber immer tadelnd): wüst, s. wüst I 2.b.

– (stark, schön u. a.): grausenig, grausentig

– (stark; steigernd): ungeheit 2.b., hurenmäßig *hurenmäßig dumm,* aber auch *hurenmäßig schön.*

– (tüchtig; verstärkender Vorsatz): närrisch, unmächtig; hundsmäßig, *hundsmäßig kalt;* saumäßig, *saumäßig kalt;* hunds-, *hundskalt;* sau-, *saukalt.*

– (viel; ironisch verwendet): Bißlein B.

sehr arm Adj.: hundsnotig

– **dick** Adj.: hageldick

– **dumm** Adj.: hageldumm, halbgebacken 2., halbbache, net recht bache, hundsdumm, saudumm, strohdumm, sackdumm

– **elend** Adj.: hundselend

– **gescheit** Adj.: grundgescheid

– **grob** Adj. (flegelhaft): sackgrob

– **groß** Adj. (sehr stark): gott(e)sallmächtig, Steigerung von allmächtig; großmächtig

– **gut** Adj.: bodengut

– **hart** Adj.: hornnart

– **heiß** Adj.: höllenheiß

– **kalt** Adj.: fürchtig kalt, hundskalt

– **lang** Adj. (sehr groß): himmellang; ellenlang *wächst die Ehre spannenlang, wächst die Dummheit ellenlang.*

– **leicht** Adj.: hopfenleicht 1.

– **mager** Adj.: hundsdürr; hundsmager

– **müde** Adj.: hundsmüde, verstärkt: hundsrakker(s)müde

– **schlecht** Adj.: hundsmiserabel, hundsliederig, -liederlich, hundserdenschlecht

– **schnell** Adj. (sehr schneller Absatz einer Ware): reißend

– **schön** Adj.: fürchtig schön

– **stark** Adj.: gottesmillionisch; kanonenmäßig; luderalisch *einen luderalisch verhauen;* luderisch, luderig

– (sehr stark, viel): rasig 2.

– **übel** Adj.: hundsübel

– **voll** Adj.: geräßletvoll

– **weit** Adj.: wagenweit

Seidelbast m. (Kellerhals): Seiritzlein, Zeiland, Luzeilein, s. Luzie 2., Zeiletlein, Zeidel, Zeidelbast

seifenartig Adj. (voll Seife): seifig

Seifenblase f.: Seifenblater

Seiher m. (Sieb, z.B. für Milch; Brause der Gießkanne): Seihe 1.

Seihtuch n.: Seihbletz

Seil n. (am Flaschenzug): Lotterseil

– (dünnes Seil; Strick, wie nhd.): Strick 1.

– (durch das der *Wisbaum* auf den beladenen Heuwagen mit den *Leiterbäumen* fest verbunden wird): Wellenseil

– (mit dem die Wagenladung auf den Leiterwagen gespannt wird): Wagenseil

– (zum Garbenbinden): Garbenbinder

seilhüpfen schw.: seilhopfen, seilhopsen; seiljucken

Seilstück n.: Seilstump(en)

Seilwinde f. (Garnwinde): Haspel 1.a., Scheurenhaspel, Gerechhaspel

Seite f. (auf der die Frauen saßen, im Kirchenschiff): Weiberseite

– (mütterliche Seite; Art): Kuseite *der schlägt auf die Kuhseit* schlägt der Mutter nach.

– (überbautes Gebiet): Flanke

Seiteneinfassung f.: Zarge, Sarge

Seitengasse f.: Abgasse

Seitenstück n. (der Bettlade): Schalte 2., Bettschalte

Seitenteil n. (des Leiterwagens): Wagenleiter

– (an Instrumenten und Möbeln): Backen 2.e.

627

selb ... Pron.: sammen(t), sammt; *sant dreien, santdritt, selbdritt*, zu dreien, zu dritt; *Anna selbdritt* Darstellung Annas, der Mutter Marias, mit dieser und dem Jesuskind als Dreiergruppe.

selbst Pron.Adv.: selb 1.a., selber *wenn du wit, daß dir's gling, so guck selber nach dem Ding; nimm di selber bei der Nas.*

– (von selbst): perse

selbstverständlich Adj.Adv. (gewißlich wahr): fadengerade 2., fadenklar

selig Adj. (theologisch): selig 2. *wer glaubt wird selig und wer stirbt wird stärrig.*

selten Adj.: rar 1., *sich rar machen* selten kommen.

– (gesucht, wertvoll): fäsig

– (rar): seltsam 1.

– (sehr selten): wunderselten

seltsam Adj. (eigentümlich): eigen 3.

Semmel f.: Salzwecke, im Unterschied zu *Laugenwecke,* auch opp.: *Butterwecke*

– (Brötchen; semmelartiges Weißbrot, das viel Kümmel enthält): Kümmicher

– (mürbe Semmel; Milchbrot): Mutschel III 1., Mutsche, Mutschelle, Mutschalle, Montschalle

senden st.: schicken I 1.

Senkblei n.: Blei 2.a., *die Sach ist im Blei* in Ordnung; *ich bin wirklich* (gegenwärtig) *im Blei* gut aufgelegt; Senkel

Senke f. (trichterförmige Einsenkung im Boden): Erdfall

Sensation f. (Aufsehen erregendes Ereignis): Kufliegt, -fliegete, -fliegetez

Sense f.: Segense, Seges

– (mit einem Korb, Rechen versehen): Habergeschirr

– (mit einem Tuch oder Gitter zum Mähen von Gras, Getreide usw.): Hudel 2., Hüdel

Sensenschaft m.: Segensenworb

Sensenstiel m.: Worb 1., Würb, Warb

servieren schw. (auftischen): auftragen

setzen schw. (gefangen setzen): *handfest machen,* s. handfest 2.

– (sich setzen): abhocken; sich hocken 2., *hock di! setz dich!* sitzen

Setzling m. (Steckling von Kraut, Salat, Rüben): Pflanze *net jede Pflanze g'ratet in jedem Boden.*

seufzen schw. (ächzen, weinen): gürmsen

seufzender Mensch m.: Gäuzger

Seufzer m.: Bläschger, s. bläschgen 2.; Blast 3.; Pfurrer

– (Gestöhne): Achzer 1.

– (Schluchzer, Gejaule): Kirrer 2.

– (Schnaufer; bes. letzter Schnaufer): Schnepfer, Schnefzger

– (schwerer Atemzug): Trenser 2.

sexuell verkehren schw. (an's Fleisch kommen): *an's Gitz stieben,* s. stieben 2.

Sichelblättriges Hasenohr n.: Hasenor 3.b.

sicher Adj.Adv. (ganz gewiß): grundhaft, grundhäftig

sickern schw.: sutteren 1., sütterlen 2.

Sieb n.: Reder

– (sehr grobmaschiges Sieb): Reiter(e), s. die Komposs.

sieben schw. (durch ein Sieb schütten, absieben): abreden II

– (durch ein Sieb treiben): durchreden

– (durchsieben): reden II 1.; reitern

– (eine Brühe durch einen Seiher sieben): passieren 1.b.

– (Sand, Kies, Erde durch ein großes Sieb, *Gatter* werfen): gattern, vgl. reden

siechen schw. (dahinsiechen, nicht gedeihen): zifen 1.

sieden st.schw.: brotzlen 1., brutzlen

– (aufwallen, brodeln; köcheln): sutteren 1.

– (zu stark sieden): versieden 1., 2.

siedend Part.: siedig 1. *ma ka älles mache, als kein siedige Eiszapfe und kei gläserne Zwilchkittel. Brudle wie e siediger Grundbirehafe.*

Sieder m.: Brudler 1.

Siedkessel m.: Kessel 1.

siegeln schw.: pitschieren 1.

Siegelstock m. (Petschaft): Pitschier

sieh Imper. (gib Acht!): lug!

Signal geben st. (mit der Autohupe usw.): hupen 2.

Signalhorn n. (vom Auto, Motorrad usw.): Hupe 2.

Silberdistel f.: Blase 2., Egert(en)distel 1., Frauendistel

silbern Adj. (silberfarbig): silberen, silberig

Silberpappel f.: Weißpappel

Silvester m.n.: Altjahrsabend, s. alt

Simpel m.: Dralle, Drallewatsch, Drallewatsche, Drallewatschel, Drallepatsch

simulieren schw. (darstellen, nachmachen, foppen): markieren 2.

Singdrossel f.: Drostel 1., Droste, Droschel

singen st.: vesperen 1.

– (Psalmen singen; plaudern, unverständliches Zeug reden): vesperen 2.

– (schlecht singen): leiren 2.a.

– (viel singen, auch schlecht singen): wegsingen *dem Teufel ein Ohr wegsingen.*

– (von Vögeln): zirlen 1.

– (zu einem Fest, Geburtstag, Neujahr): ansingen 2.

Singen n. (schlechtes Singen): G(e)singe

sinken st. (eine Ware sinkt im Preis): abschlagen 2.b.

– (tiefer sinken; eine Vertiefung bilden): nachsacken

Sinn m. (im Sinn haben; einen im Auge haben, auf jemanden abgesehen haben): meinen 1.b. *den Sack schlägt man und den Esel meint man; jetzt bin i gmeint, hat der Spatz gsait, wie ihn d'Katz d'Bodestieg 'nauf trage hat.*

Sinnesänderung f. (Laune, plötzlicher Einfall): Anwandlung

Sippe f.: Bagasche 3.

Sirius m. (Stern): Hundsstern

Sitte f. (Anstand): Mores

Sitzbrett n. (für den Holzfuhrmann): Faulenzer 2.b.

sitzen unr.: sitzen 1.a., populärer: hocken. *Der sucht de Gaul und sitzt auf ihm. Da sitzen* nicht weiter wissen. *Da sitzen wie's Kind beim Dreck. Gut gesesse ist halb gegesse. Auf dem Trockenen sitzen* nichts mehr haben. *Er sitzt* ist im Gefängnis. *Sitzen bleiben* wie nhd., spez. keinen Mann bekommen.

Sitzenbleiber m. (im Wirtshaus): Hockenbleiber, Hocker 1.a., Hucker

Sitzkissen n.: Puff 2.

Sitzkreis m. (bei einer Versammlung): Ring 8.

Sitzung f.: Sitz 3.; nur noch in der Wendung *uf ein Sitz* auf ein Mal.

Skelett n.: Beinerkarle

skizzieren schw. (zeichnerisch entwerfen): reißen 1.b.

Slowake m. (überh. fremd Aussehender): Schlawacke 1.

so Adv. Interj.Partikel (im ganzen wie nhd.): so, s. die bes. Gebrauchsweisen

– (direkt hinweisend, nur etwas stärker als *so*; wie nhd.): sus(t) 1., sunst *ja sust!* freilich

– (einen Abschluß bezeichnend; nach Vollendung einer Arbeit): sodele, s. so

Sockel m. (Unterbau eines Denkmals, Büste): Postament

Socken Pl. (wollene Socken, Selbendschuhe): Bärensocken

soeben Adv.: vornen zu 2.

– (erst jetzt): erst B.

– (gerade jetzt, gerade vorhin): eben B. 1.

– (vor wenigen Augenblicken): vorhin; vorig 2., vörig 2.

Sofa n.: Kanape

sofort Adv. (auf der Stelle): abstatt, abstätt 2.

– (rasch): tutswit

– (schon im nächsten Augenblick): *alle Rick, alle Ritt*

– (sehr schnell): *im Schnall* im Nu; *älle Schnall* jeden Augenblick.

– (stehenden Fußes): stantepede 1.

sogar Adv. (zu allem hin noch): zu teuerst, s. teuer 4.

Sohn m.: Bube 1. *Bu sei still, der Vater will seinen Namen schreibe.*

solch Pron.: söllich 1., sol(i)ch; populärer: sott,

sogetan, so ein, s. die Verwendungen als Pron., Adj., Adv.

– (so geartet, so beschaffen; so groß, so stark; so): so getan, so ein; Formen *sott, sött, sottig, söttig*

Söller m. (Dachboden, Oberstock; spezieller: Flur, Gang im Oberstock): Soler

Sommer werden unr. (Sommer sein): sommeren

Sommerblutströpfchen n.: Henne 4.b., Teufelsauge

Sommerbohnenkraut n. (Winterbohnenkraut): Josefsstöcklein

Sommerdinkel m.: Emer, Emerkorn, Emerkern

Sommerfäden Pl. (im Sommerfeld): Satlen, Saten, s. Satel 4.

Sommersprosse f. (Leberfleck auf der Haut): Rosmucke, Riseme, Tupfer, Sonnenfleck, Sommervogel, wenn groß: Kupflätter; Gerosmucke, Riselein, s. Risel 4., Tupfe

Sommersprossen Pl. (im Gesicht, an Armen und Händen): Hirse 2.; G(e)risel, Risemen, Rosmucken; Kupflätter 2., -pflatter; Küpflatter, Kupflättterling; Kuplatte, Tupfen; Sommervögelein, s. Sommervogel 2.

sommersprossig Adj. (mit Sommersprossen versehen): rosmucket, -muckig; riselig, risemig

Sommerteufelsauge n.: Ackerrösle

sonderbar Adj. (wunderlich): binötig 1.; seltsam 3.

Sonderling m. (Duckmäuser, Kopfhänger): Kalmäuser

Sonderling sein unr.: eigenbrötlen, eigenbröselen

Sonnabend m.: Samstag (ist die einzige Benennung im Schwäbischen)

Sonntag m. (Invocavit): Scheibensonntag

Sonntagsanzug m.: Sonntag(s)häß

Sonnwendfeuer n. (am 24.Juni abends auf den Höhen angezündetes Freudenfeuer, mit allerlei Bräuchen verbunden): Johannisfeuer

sonst Adv. (früher): sus(t) 2., sunst

Sophie f. (Spitzname der heiligen Sophie, Namenstag, 15.Mai, um diese Zeit regnet es häufig ins Heu): Heuseicherin

sorgen schw. (unnötig sorgen): graublen

Sorgen n. (unnützes Sorgen): G(e)sorge

sorgenfrei sein unr. (aufhören zu sorgen): aussorgen *Alterle, jetzt hast ausg'sorget,* weil gestorben oder im Lotto gewonnen.

sortieren schw.: gattigen

Soße f. (Fleischbrühe, Seifenlauge): Brüe 1.

Spalt m. (Ritze in Brettern und Fenstern): Klub

– (Ritze in Brettern, Türen, Böden): Klack, Klacks, Kläck

– (Ritze): Klimse, vgl. *Klimsengucker* Feigling,

der nur durch Tür- und Ladenspälte hinaus-
schaut; Klumse
spalten schw.: scheiten, scheiteren; verspalten,
verspälteren
– (Brennholz klein spalten): scheitlen I, vgl.
Scheitlein, Holzscheitlein
– (Holz spalten): spelt(e)ren 1.; spächlen; stäm-
men
– (Holz klein zerspalten): spreidlen, kläuben,
vermachen 4.
– (reißen): klecken 1.
– (schlitzen): glösen
– (sich spalten): klecken 2.a.
– (zersprengen): verklieben
Spanferkel n.: Saugfärchlein, Saugsäulein
Spanischer Flieder m.: Geeßnägelein 2.
– **Holunder** m. (Gewöhnlicher Flieder): Hol-
der 4., Siringe, Ziringe, Blauer Holunder
spanisches Rohr n. (Rohrstock, Peddigrohr):
Merror
Spann m. (Fußrücken): Rist
Spanne f. (soweit man mit ausgespannter Hand
reicht; speziell das Längenmaß, nach dem das
Leder gekauft wurde): Spange 2.
Spannholz n. (am Heuwagen): Wellholz 2.
Spannseil n. (am Heuwagen): Heuseil
sparen schw.: hausieren 2.c.
– (ängstlich hausen): häuslen 3., häuselen
Sparen n. (lästiges, andauerndes Sparen):
G(e)spare
Sparren- Balkenwerk n. (das absperrt): Gesperr
1.b.
sparsam Adj. (kärglich): gena(c)h 3.
– (wirtschaftlich): hausig
sparsame Leute Pl. (scherzh.): Hausleute 4.
sparsamer Mensch m.: Hausmann 2.
Spaß m. (dummer Spaß, albernes Zeug): Firle-
fanz, Firlefanzerei
– (lustiger Scherz): Jucks
– (Posse, Witz; Anekdote): Schnitz 2.a.
– (Scherz): Gespaß *e Gspaß ist nur e Weile schö.
Ohne Gspaß, im Ernst!* ernsthaft gemeint;
Kur 2.
Späße Pl. (kindische Späße von Erwachsenen):
Alafanzereien, Kuren 2.
– (Scherze, lärmende Possen, närrisches Trei-
ben): Gugelfur, Gogelfur, Kugelfur
– **machen** schw. (Scherze treiben): *Kuren ma-
chen, treiben*, s. Kur 2., luren
spaßhafte Frau f. (in derselben Bedeutung wie
Dingeler): Dingelärin
spaßhafter Mann m. (großer, grober, einfältiger
Mann): Dingeler
Spaßmacher m. (Aufschneider): Rißmacher,
Faxenmacher, Gäckeler 2.
spät Adj.: spat, auch: spät; *wie spät ist's?* welche
Uhrzeit haben wir?
Spaten m.: Schore 1., Schorschaufel, Schor-

schippe, vgl. Scharschaufel
– (zum Roden): Reutschore
später Adj.Adv. (danach): nachträglich 1.
spazieren gehen st.: sich verlaufen B.2.
Specht m.: Baumpicker
Spechtmeise f.: Kleiber 2.
Speckstückchen Pl. (Rückstand von ausgelasse-
nem Speck): Grieben, s. Griebe
Speichel m.: Schaum, Gespei(sel), Triel(er),
Speiet(e), Speuzig, Spurz
– (aus dem Mund fließender Geifer): Schmel-
(ch)e 3.
– (Auswurf; Gespieenes): Gespei, Gespeizel,
Spei, Geifer
– (Geifer): Seifer, Triel 2.
– (Schleim): Kolder 2., Koller
speicheln schw.: läfferen 1.
Speierling m. (Pflanzenname): Sperberbaum
Speise f. (als Mahlzeit zubereitet): Gericht A.2.
– (breiartige Speise): Stampf 2.
– (der Innereien, bes. vom Rind; Kaldaunen):
Kuttlen, Kutteln
– (eingedickte Speise): Gestampf
– (Essen): Gefriß, Gefräß 2.
– (kräftige Speise): Magenpflaster
– (schlechte Speise): Schmarre 2a.
– (überbackene Speise mit Käse und Schin-
ken): Auflauf 1., Kuchenmichel, Ofenschlup-
fer
– (zerkaute Speise): Kifete
– (zerquetschte Speise): Kätschete
Speisekammer f.: Speis 2., Gaden 4., Gadem
speisen schw. (tüchtig speisen): taflen 1.
Speiserest m. (in der Pfanne): Schupet, Aus-
schärrete, s. ausscharren
Spelzenspitzen Pl. (von Gräsern und Getreide):
Grannen
spendieren schw. (im Wirtshaus andere freihal-
ten): wichsen 3.c.
Sperling m.: Gesparn, Gespärn, Gesparnt;
Spatz 1.
Sperma n. (Spuren nach dem Samenerguß):
kalter Bauer, s. Bauer 3.
sperren schw. (sich sperren): *sich grandig ma-
chen*
Sperrvorrichtung f.: Gesperr 1.c.
Spezialgriff m. (beim Ringen): Schwitzkasten
Spiegelei n.: Ochsenauge 2.
Spiel n. (mit Prügelholz, *Stecken*): Spächtleins
tun (spielen), spächten, s. Spächt(e)lein
spielen schw.: dolkelen
– (balgen; tändeln, necken; schmeicheln): fei-
gen, feiglen *was jung ist, feigt gern.*
– (der Kinder; leichte Arbeit verrichten): ge-
schimpflen, schimpflen
– (Fußball spielen; regelwidrig): holzen I 3.
– (im und mit Sand): sandlen, sandelen, kutte-
ren 2.

– (Kaufmann spielen): krämeren, s. krameren 2.
– (kindisch spielen, barren, lärmen): kälberen II 2.
– (Leier spielen): leiren 1.
– (Lotterie spielen): lotteren II
– (mit dem Ball spielen): ballen 1.
– (mit dem Kreisel): tänzeren
– (mit dem Mühlespiel): neunemalen, neuntenmalen
– (mit dem Penis): schnäpperlen 2.
– (mit Dreck): drecklen 1., teigelen
– (mit einer Puppe): dockelen 1., docklen, döcklen, bäbelen 1.
– (mit Glas und Steinkugeln): kluckeren, klukkerlen, marblen
– (mit Holzklötzchen): klötzlen
– (mit Kindern; sich freundlich mit jemandem abgeben): gäuchen 1.e., gäuken
– (mit Sand, scharren von Hühnern): kutterlen
– (mit Wasser läppern, plätschern): götzlen
– (scherzh.): schimpfen 1., schimpfelen, schimpflen
– (schäkern): burren 2., barren
– (sich balgen): gopen, gampen; goplen, gopelen; barren; feigen
– (tändeln): gefänterlen
– (von Kindern): häuslen 1., häuselen; schäffelen, schäfferlen
– (von Kindern und mit Kindern): geschäfferlen
– (wie Kinder; läppisch tun): lallen 2.
– (wie junge Hunde): barren, burren, feigen, marren, rammlen
– (Würfel spielen): knöchlen 1.

Spielgenosse m.: Kamerädlein *mit einem Kamerädles tun* leutselig mit Niedergestellten, vertraut mit Höhergestellten umgehen.

Spielkarte f.: Schellenkönig
– (die Farbe Pique in der franz. Spielkarte; in der deutschen entspr. Laub): Schippen, s. Schippe 2., vgl. Schipp(en)-As, -Bube usw.

Spielnarr m.: Spilratz, Spilratte
Spielpuppe f. (Marionette): Docke a.
Spielrädchen n. (Spielkugel): Gerugelen
Spielraum m. (freie Hände haben): *Lude haben,* s. Lude II; Luse(m)
Spielverlierer m.: Sauigel 4.b.
Spielzeug n.: Gefänterleinszeug, s. gefänterlen; Schimpflenssach
Spinne f.: Spinn(en)webe 2., - wette
Spinner m. (überspannter, närrischer Mensch): Gispel 2.
Spinngewebe n.: Spinn(en)webe 1., - wette
Spinnrocken m.: Kunkel 1., Gunkel, Rocken I
Spinnstube f. (Ort der abendlichen Zusammenkunft im Winter; auch Zusammenkunft selbst): Kunkelstube, Lichtstube, Lichtkarz.

Lichtmeß (2. Februar), *die Kunkel aus der Stuben! Lichtmeß, die Kunkel vergeß, bei Tag eß!*

Spinnwebfäden Pl. (die es besonders im Herbst gibt): Herbstfaden, Altweibersommer, Frauengarn, Säfaden, Satel
Spitzbube m.: Galgenstrick, Galgenvogel
Spitze f. (Bergspitze, Dachfirst; Rain, Anhöhe): Grat 1.
– (der Schusterahle): Ort 1.
– (des Eies; genauer: die stumpfere Spitze): Guff
– (spitziges Ende eines Gegenstandes; spez. das spitze Ende des Eies): Spitz
Spitzerhund m.: Pommer 1.
Spitzwegerich m.: Spitz(en)wegerich, -weber(ich), -feder(ich)
Spleen m. (Schrulle, Marotte, Überspanntheit): Hib 2.b., Schlag, Stich, Sparren; Dachschaden; *neben der Kappe sein* einen Spleen haben.
Splitter m.: Schlarfe 1.
– (den man sich unter die Haut oder Nagel stößt): Schleiße I 1., Kleispe, Spreiße
– (in das Fleisch eingedrungener kleiner Holzspan): Spreiße 1., Spleißen, Speißen, Spelter 1.b., Spreißel, Spreißen, Spreißer
splittern schw.: schiferen 1., spreißen 1.
Sportmütze f. (übtr.): Krautblätsche 2.
spötteln schw. (bespötteln): föpplen
spotten schw. (auslachen, foppen): gägsen
– (sticheln): fatzlen, s. fotzlen
– (verspotten): fatzen 1., fätzen
Spottname m.: (der Elsässer): Wackes 2.
– (für einen dummen Menschen): Basche, s. Bastian 2.a.
– (der Schwaben): Gelbfüßler 2.a. Eine schwäbische Stadt mußte eine große Anzahl Eier zum kaiserlichen Hoflager bringen; nach langer Beratung wurde entschieden, die Eier auf einen Wagen zu laden und dort zu zertreten, um sie unterzubringen. Bei der Arbeit gab es gelbe Füße; daher auch *Gelbfüaßlerschwoab,* einer der sieben Schwaben.
– (Spitzname): Übername I, Unname
Spottnamen geben st.: unnamen
Sprachspiel n. (mit *munden* und *stinken): uns Schwabe schmeckt d'Wurst ('s Fleisch) bloß, wenn se (es) net schmeckt; wenn se (es) schmeckt, schmeckt se (es) uns net.*
sprechen st. (reden): schwätzen; (weder der Begriff der Unterredung noch der der Geschwätzigkeit liegt in dem Verb); s. die Beispiele für den Gebrauch des Verbs beim Stichwort *schwätzen.*
– (einer fremden Sprache; rasch, undeutlich): parlieren

– (im Gaumen, statt mit der Zungenspitze): reißen 2.e.
– (lallend sprechen): lurken 1., lurpen 1., lurpsen
– (laut sprechen; juchzen, brüllen): schreien 1.a. *eine junge (lustige, ledige) Haut, schreit überlaut* vor Lebenslust. *Schreien wie ein Dachmarder, ein Esel, ein Jochgeier, ein Kornschütz. Schreien, daß die Scheibe verspringet.*
– (leise sprechen; horchen, verstohlen hervorschauen; heimlich nachsehen): leis(e)len
– (mit meckernder Stimme): mäckelen 2.
– (schnell sprechen; hastig, undeutlich sprechen): schluderen 2.
– (vorlaut schwatzen, verschwätzen): schlapperen 3.
– (schwätzen): maulen I 1.
– (undeutlich sprechen): muntschen, muttlen, parlen, schwapp(e)len c., breimaulen, s. Breimaul 1., brudlen 2.c., lallen 1., maunken 1., nuschlen, wälschkauderen
– (undeutlich, schnell, überstürzt sprechen): duderen
– (undeutlich sprechen um die Wahrheit zu verbergen): murklen 2.
– (unnütz viel sprechen; heimlich mit einem reden): diberen
– (unordentlich sprechen): gurmsen 1., schlurgen 2.
– (unverständlich sprechen; murren, schimpfen, maulen): kurren 5., mummen, rotwälschen, schwuderen
– (unverständlich, schnell sprechen): kuteren, kauteren, s. kauderwälsch; wälsch sprechen, s. wälsch
– (viel sprechen): gacken II 3. schnäpperlen 1., wegschwätzen *dem Teufel ein Ohr wegschwätze.*
– (viel und laut sprechen): rätschen 2.
– (vorlaut sprechen; viel sprechen): goschen 1.
Sprechen n. (leises, heimliches Sprechen): Gediber, s. diberen
– (undeutliches Sprechen): G(e)lurke
sprechen lernen schw. (in welscher, fremder Sprache sprechen; nicht verständlich sprechen; daher lallen): wälschen
Sprecher m. (mit nasser Aussprache): Pfluderer
– (undeutlicher Sprecher): Wälscher, Wälschkauder
– (Mensch mit breiter, undeutlicher Aussprache): Breigosche 1., Breimaul
Sprechversuche machen schw. (der Kleinkinder): rätschen 2.
– (unartikulierte Laute hervorbringen): kräglen 3.
spreizen schw. (die Füße, Hände, Finger spreizen): grattlen 2.

– (sich spreizen, sich viel einbilden; großtun, sich brüsten): gäuchen 1.c., gäuken
Spreizen n. (der Beine): Gabel 2.e.
– (der Finger): Gabel 2.d.
Sprengel m. (Gemeinde eines Pfarrers): Pfarr(e) 1., Pfarrei, Pfarrerei
sprengen schw. (mit Wasser voll sprengen, sprengend Wasser verteilen): versprenzen
Spreu f. (Abfall beim Dreschen): Kefach
– (Hülse des Korns): Gespreuer, Gspreuet, Gspreuel, Spreu, Spreuer, Spreuel
sprießen st.: ausschliefen 2.b.
springen st.: bärren, därren, bisen *was tust heut*? *Schnecke schlaga, daß sie net bärret*; dachlen 3., dächlen; galätteren
– (schnell springen von Hasen): fatzen 2.
– (stark springen): kuraßlen
– (hüpfen, tanzen; geil sein): gumpen 1., gompen, vgl. gumpiger Donnerstag
Springen n. (oftmaliges Springen): Springerei
springend Adj. (hüpfend): gumpig 1.
Springerei f. (häufiges Springen): Gejucke
Springinsfeld m.: Hoppaß 3.b.
Spritze f.: Sprizete
spritzen schw.: spritzen 1., spretzen, stritzen, schritzen, strutzen
Spritzer m.: Spruz 1., Struz
Spritzkuchen m. (Spritzgebackenes, aus dünnem Teig durch einen Trichter getrieben): Straube II, Straubete, Straubeze, Straublete, Straubleze, Straucheze
Spritzwerkzeug n. (Feuerspritze): Spritze 1., Spritzem, Spretze, Stritze
spröde Adj. (krankhaft trocken): spör
Sprosse f. (am Leiterwagen): Kengel 4.; Schwinge 2.
Sproßende n. (einer Pflanze; Wipfel eines Baumes; Blütenstand): Dolder, Dold *am Dolder hanget meist 's best Obst.*
Sprücheklopfer m.: Spruchbeutel, s. Spruch c.; Sprüchmacher
sprudeln schw.: horglen, s. hurglen 2.
– (nasse Aussprache haben; schnell, undeutlich sprechen): pfluderen 3.
sprühen schw. (knistern vom Feuer): spraßlen, spratzlen
sprühend Part.: spratzlig 1., spratzlet
Sprung m.: Hopper 2., Hüpfel
– (bes. weiter Sprung): Satz 3.
– (hüpfender Sprung): Hopser 1., Hopper 2.
– (in die Höhe): Hopf, Hupf, Hops 1., Juck *im Juck* sofort, Jucker 4.
– (in die Höhe, über ein Hindernis): Hopfer 1.
– (kleiner Sprung): Hoppaß
– (leichter Sprung; Kleinigkeit): Hopsa 2.a.
– (über einen Graben): Hoppsatz
Sprungfedermatratze f.: Bettrost
spucken schw.: spurzen, sputzlen

– (ausspucken): speuzen, speuzlen, sputzen, sputzgen

Spucken n.: Gekotze

Spucknapf m.: Speikästlein

spuken schw. (als Geist wandeln): *geistweise* 1.b. *gehen*, umgehen

– (übel gehen): lämmeren 2.

Spülbürste f.: Ribelein, s. Ribel 3.

Spule f. (Rolle, auf die man etwas aufwickelt): Spule. R.A. *es lauft ihm a Spul leer* es fehlt ihm etwas; er hat ein Anliegen.

Spültisch m. (Steintrog zum Wasserablauf in der Küche): Gußstein, Wasserstein, Schüttstein

Spültuch n.: Spüllumpen, Spüllappen

Spund m. (am Faßboden): Zügel 2.

– (Zapfen, Pfropfen): Gespunten

Spur f. (Fährte): Gespor, Gespur

– (Weg): Trappe 3.

– (Zeichen, Beule, Prellung): Mal 1.b.

spüren schw. (bemerken): anmerken

– (merken): witteren 2.

Staats ... Präfix (subst. Komposs. zu Staat): *Statsbursch, Statsdocke, Statskerle* Prachtsbursche, -puppe, -kerl

Stab m. (Stock, Spazierstock; Stütze): Steck(en)

stabil Adj. (kräftig, mächtig): stark 2.b.

Stachel m. (der Biene; alles Spitzige): Dorn 4.

– (der Bienen u. a. Insekten): Angel 1.

Stachelbeere f.: Kotze 2.b., Nonnenfurz 2., Schnalle 2.b., Zeitenbeere, s. Zeitbere

– Lausbere (so genannt, weil sie um den Ladislaustag, 27. Juni, reif wird)

Stachelbeeren Pl.: wälsche Erbsen

Stadtteil m. (Quartier einer Stadt): Viertel 3., Vierntel

Staffelweg m. (zwischen den Reben): Furche 2., vgl. Furchenkrebsler, Furchenrutscher

Stallfenster n. (hoch angebracht über der Türe): Hochlicht 1.

Stallfliege f.: Mucke I 1.a.

Stammast m. (Hauptast am Baum; Baumzweig; Zweiglein am Weinstock): Zelge 1.

stammeln schw.: stockelen 2.

– (vor Schreck; plappern): datteren 2.

stammelnd Part.: lurkig

stammend Part. (vom Kalb): kälberen II

– (vom Rind): rinderen I

– (vom Zicklein): kitzen I

stämmig Adj. (von kräftigem Wuchs): postiert, pfostig

– (von starkem Knochenbau): grobbeinig

stämmige Frau f.: Stuck 3.

Stammler m.: Lurker, Lurper

stampfen schw. (polternd gehen): stapfen

– (schwer auftreten): trappen 2.

– (stoßen): strampfen, strampflen

Stampfwerkzeug n.: Stämpfel 2., Krautstämpfel

standhalten st.: bestehen B.1.

Ständchen bringen st. (jemandem ein Ständchen mit Gesang bringen): ansingen 1.

Stange f. (die das vordere mit dem hinteren Wagengestell verbindet): Langwid

– (die über den vollen mit Heu oder Garben beladenen Wagen festgespannt wurde): Wisbaum, Heubaum

– (lange Stange mit Haken zum Schütteln der Obstbäume): Birenhak(en)

– (zum Vorwärtsstoßen eines Nachens): Schalte 1.

Stangengerüst n. (um den Ofen, zum Trocknen von Kleidern udgl.): Ofengeräme, Ofenstänglein

Stangengestell n. (vorne und hinten am Heuwagen angebracht): Heugatter

stangenlang Adj.: gestacklet

Stapel m.: (aus Holz, Wäsche, Kleidern, Büchern u. a.): Beige, Holzbeige *dui hat a große Holzbeig vor 'em Haus* großen Busen; Scheiterbeige, Beigele.

– (aus Reisigbüscheln): Wellenbeige

Starenhaus n. (Starenkasten): Starenklotz

stark Adj.: bastant 1., handfest 1., harsch, streng *streng feure* stark einheizen; *er ist streng gewachsen.*

– (bedeutend): feindlich 2.

– (gewaltig): wettermäßig

– (in hohem Grad): heidenmäßig

– (kräftig): grob 1.a., *grobes Stück Vih* starkknochiges Rind

– (kräftig, gedrungen, standhaft, ehrenhaft): fest A. 3.

– (sehr): tüchtig 2. *einen tüchtig verhauen* sehr schlagen

– (so stark wie ein Bär): bärenmäßig, bärenstark

starke Person f. (dicke Frau): Kast(en)

starker Mann m.: Herme 2., Bärenkerl

starkwirkend Adj. (von Speise und Trank): stark 2.a.

starr Adj. (steif, vor Kälte, Müdigkeit): stärr 1.a., stärrig; verstärkt: bockstärrig, scheitstärrig. Eine Leiche wird *stärrig; der Glaub macht selig und's Sterbe stärrig; stärrige Wäsche.*

starren schw.: versehen B.3., vergaffen, vergukken

– (gedankenlos wohin sehen und nichts anderes bemerken): vergaffen

Startsprung m. (mißglückter Startsprung ins Wasser): Bauchpflätsch(er)

stattlich Adj.: stolz 1.

Staubbesen m. (Besen zum Ausfegen des Backofens): Wisch 2.

stäuben schw.: stieben 1.

staubig werden unr.: verstauben

Staubpilz m. (blutstillend): Hexenfurz 1.

Staubwischer m. (Bodenwischer): Wischer 1.
Staubwolke f.: Stauber 2.
stauchen schw. (hart aufstellen): stenzen 1.
stauen schw. (den Bach stauen; aufschwellen von Holz): schwellen II
Stauwehr n. (Schutzbau zur Stauung des Wassers): Wer 3.
Stechapfel m.: Zigeunerkraut b.
stechen st. (abstechen): gigen, gigsen 1.
– (leicht stechen): stupflen, den barfuß Gehenden *stupfelen* die Steine.
– (stupfen): spicken 3.
– (von Bienen und Insekten): ängen, anglen 1.; besengen
stechend Adj. (stachelig): stupfig, stupflig
– (stechend bös, von Frauen): wefzig 1.
stecken schw. (Samenkörner in die Erde stecken): stupfen 2.
stecken bleiben st. (hangen): verhängen 1.c.
– (still stehen; wie nhd.): stocken 4., stöcken
Steckenpferd n. (Schaukelpferd): Hottogaul, Hottogäule, Hottorößle
Stecknadel f. (große Stecknadel; Bleistift): Steft, Stefg, Stefzg
– (Sicherheitsnadel): Glufe, Steckglufe
Stecknadelk(n)opf m.: Glufenkopf, Glufenknopf
Steckzwiebel f. (kleine Steckzwiebel): Rumpelein; Rumpelzwibel
Steg m. (kleiner Pfad, Treppe): Katzensteg, -steige, -stiege
stehen unr. (stehen bleiben): bestehen
– (schief stehen; schief liegen): haldelen, halden 1.
– (schlimm stehen; schlimm gehen): happelen 2.
stehend Part. (im Stehen): ständerling(s), ständling, -lingen, -lings
stehlen st: habsen; ripsen 2., schniffen, schnipfen, stauchen
– (betrügen): zwicken 3.c.
– (eßbare Gegenstände stehlen): ganfen, gam(p)fen
– (Feldgewächse entfernen): feldelen
– (heimlich wegnehmen): mausen I 2., krappschen
– (listig wegnehmen): stenzen 3., stibitzen, abzwacken
– (mitlaufen lassen): gripsen 1.
– (scherzh.; rasch wegnehmen): grapsen
– (unterschlagen): mitlaufen lassen
– (wegnehmen, entfernen): wegmausen
Stehler m.: Stelratz, -ratte
steif Adj. (bes. vom Pferd): rä(ch) 1.
– (starr, ungelenkig, unbiegsam): gestärr, gestärrig, stärrig
– (unbeholfen): hülzen 2., hülzig
– (wenn ein Schwein wegen steifer und ge-

schwollener Hinterbeine nur noch rutschen kann): bärhämmig, bärenkläuig
steifbeinig Adj.: bockbeinig, bockbeinisch
Steife f.: Räche
steigen st. (langsam steigen, mühsam klettern): grattlen 1.
steigern schw. (eine Ware im Preis steigern, hoch verkaufen oder kaufen): sattlen 3.a.
steil Adj.: stotzig 3.
– (abfallend): rösch 3.
– (abschüssig): gäh 2., gähschützig 2.
Steilabfall m. (der Schwäbischen Alb): Albtrauf
Stein m.: Kis 4.b.
– (rundlicher Stein, den man auf den Ofen legt und zum Wärmen in die Hand nimmt): Ofenstein 2.
Steinbeere f.: Glasbere
steinern Adj.: steinen
Steingutkrug m. (mit engem Hals): Gocken
steinhart Adj.: pickelfest, pickelhärt, steinpikkelhärt
steinig Adj. (mager, unfruchtbar): heißgrätig 1.
Steinklee m.: Himmelschlüssel 3.f.
Steinkugel f. (kleine Steinkugel zum Spielen): Ballat, Ballett, Balliet, Marbel, Steiniß, Warbel
Steinmergel m.: Griebe 3.
Steinsame m. (Ackersteinsame): Geißfuß 3.b.
Steinwall m. (steinige Stelle im Feld, meist von Kalkgeröll): Steinrigel
Steiß m. (des Geflügels): Burz 1., Bürzel 2., Burzel
Stelldichein n.: Randewu
Stelle f. (am Ärmel, die glänzt vom Abwischen der Nase): Rotzspiegel
– (dünne, fadenscheinige Stelle): Blöde 1.
– (freie, den Boden oder Felsen zeigende Stelle): Platte 1.
– (für einen Kohlenmeiler): Kolplatte, Kolplatz
– (haarlose Stelle auf dem Kopf): Platte 3. *eine leere Platte auf 'm Kopf; den sind die Platten g'schossen, g'rutscht die Haare ausgegangen.*
– (harte Stelle): Härte 2.
– (klebrige Stelle, bes. im Haus): Pichete, Pichetze
– (nasse Stelle auf dem Boden): Naßgalle
– (nasse Stelle im Feld): Nassete
– (Punkt; spez. Toilette): Ort 3.a.
– (Raum, Gelegenheit, Möglichkeit): Statt
– (schadhafte Stelle an weichen Körpern): Malle 4., Macke, Molle
– (tiefe Stelle, unter einem Wasserfall): Gießgumpen
– (unsaubere Stelle; Tintenfleck, Obstfleck): Fleck I 3., Masen, Mäler *wer überall schwarz ist, bei dem sieht man keine Flecken.*

– (unwegsame Stelle, durch eingestürzte, gefällte Bäume verursacht): Gefälle 1.b.
stellen schw. (auf die Seite stellen): wegstellen 1.
– (falsch stellen, falsch richten; verwirren, aus der Fassung bringen): verrichten 1.
– (lauter stellen, durch Drehen lauter stellen): aufdrehen
– (närrisch stellen, sich närrisch stellen): gäuchen 1.a., gäuken
– (schief stellen; anlehnen; auf den Kopf stellen): stürzen 1.b.
stellenweise Adv. (da und dort, dann und wann): plattenweise
– (zuweilen): bletzweis
Stellfalle f. (Ablauf des Wassers): Gefälle 1.a.
– (Schleuse): Ablaß
Stellmacher m.: Wagner
Stemm-, Brecheisen n.: Hebeisen
stemmen schw. (durch Stemmen festmachen): ansteiperen, aufsteiperen
– (sich stemmen, sich weigern): sich steiperen 2.
Stempel m.: Stampf 1., nur noch übtr. *des hat ihm de Stampf no gegebe* den Rest gegeben, Stämpfel 1.
stempeln schw.: stämpfeln 1.
Stengel m. (der Zwiebel mit Blütenknopf): Lalle II 1.
– (Strunk von Kohl oder Salat): Dorse 1., Kag(en), Storzel
Stephan m. (Heiligenname, sein Tag, 26. Dezember, häufiger Vorname): Stefan 1., Kurzformen: Stefe, Stefes
Stephanstag m. (26. Dezember): Wandertag der Dienstboten und Bauernknechte
sterben st.: abfaren, abgehen, abhasen, abkratzen, abpfluderen, abschnappen, absegeln
– (absterben): hinen II
– (bald sterben): himm(e)len 1.
– (dahinsiechen): aufbägeren
– *das Zeitliche segnen*, s. zeitlich 2.
– (den Geist aufgeben): aufgeisten
– (ohne Erben sterben): absterben *der stirbt ledig ab wie ein Goaßbock.*
– (roher, auch scherzhafter Ausdruck für sterben): aufamslen, veramslen, marixlen 1., maraxlen, morixlen, mordexlen; maurixlen, mauritzlen, aufkippen
– *umme gehen 2.*, s. umme 2.
– (verächtlich von Menschen): verrecken 2., verricken, krepieren *richtig kuriert und doch verreckt. Wenn der in d'Donau neijuckt, na verrecket älle Fisch.*
– (verenden von Tieren): eingehen 5.
– (zu Grunde gehen): abgehen 3., aufschnappen 2.
Sterben n. (der Ehefrau): Weibersterben

Sternmiere f. (Große Sternmiere): Äderich, Äderichkraut
Sternsinger Pl. (am Dreikönigstag verkleiden sich Kinder und ziehen mit einem Stern singend umher, um Geld zu sammeln): Sternsinger; verkleidet als *Kaspar, Melchior und Balthasar* werden Spenden für karitative Zwecke gesammelt.
stibitzen schw. (scherzh.): schleifen I 3.
sticheln schw.: stechen 2.
Sticheln n. (Spötteln): G(e)stichel
stieben st. schw. (fliehen, rasch weggehen): stauben 3., stäuben, stieben
Stiefelzieher m.: Stifelhund, Stifelknecht
Stiefmütterchen n. (wildwachsendes Stiefmütterchen): Ackerveigele, Stiefmütterle, Tagundnacht-blümle, -veigele
Stiege f. (sehr steile Stiege): Hünerleiter, Hennenleiter
Stiel m. (einer Axt, eines Beils usw.): Helm II, Hauenhelm
Stier m. (gelber Stier; weiß gescheckt): Gelbscheck
stieren schw. (hinsehen): gaffen 1.
– (starren; vergucken): verglotzen 1.
Stierkopf m. (breiter, dicker Kopf): Hagelkopf, Hägeleskopf, Hammelkopf
Stift m. (aus Metall, Holz; Drahtstift, Nagel): Steft, Stefz, Stefzg
Stiftung f. (eines nutzbaren Gutes für die Kirche): Widem, Wittum
still Adj.Interj. (Aufforderung zur Stille): st! bst!
– (beschämt, eingeschüchtert): dusman 1.
– (friedlich): aber, äber
– (sanft, windstill): dus 1.
– (traurig, wortkarg): dusem 1.
– (von Wetter und Wind; mild): lisch
Stimmlage f. (tiefe Stimmlage): Gröbe 1.b., Gröbne
stinken st.: *Geschmäcklein haben*, läuchen II
– (von üblem Geruch und Geschmack): schmecken 1.a. und 1.b.; *aus'm Maul schmecken* Mundgeruch haben. *Das Fleisch schmeckt schon, schmeckt ein wenig.*
– (nach Aas): luderen 1.
– (nach *Fusel* I): fus(e)len II
– (schlecht riechen): menkelen
– (übel riechen): mäckelen 3.
– (vollständig erfüllt mit Gestank): ausstinken
– (wie die Ziege): hättelen 2.
stinkig Adj. (stinkend, faulig): schmeckig
Stinkende Nieswurz f.: Hexenkraut 4., Laus-, Stink-, Teufels-, Zigeunerkraut, Koppel a., Otterenkraut
Stinkender Gänsefuß m.: Stinker 1., Fotzenkraut
Stirne f.: Blasse 1.

– Hirn 2.

Stirnlocke f. (bei Mädchen): Bubenfanger, Winker 3.; auch Buben-, Herrenwinker

Stöberer m.: Gerustler

stöbern schw. (herumstochern): storen 1., stüren

– (in etwas herumsuchen): nusteren 1., nüsteren; gerustlen 1.

– (über- und auseinanderwerfen): stören 2.

stochern schw. (mit dem Stocherkahn fahren; mit dem *Stefz* Stange, sich vorwärts bewegen): stefz(g)en

– (stöbern, herumwühlen; durch Stochern ans Tageslicht bringen): aufstieren

Stock m.: Stenz 1.

– (oberster Stock in der Scheune ohne Bretterboden): Rech(en) 5., Gerech, Reff

stockfinster Adj.: zapfenduster, zappenduster

– (sehr dunkel): kudunkel, kufinster, kunacht

Stockknopf m.: Huppel 2., Hüppel

Stockschlag m. (auf die flache Hand): Tatze 2.

Stockwerk n.: Geschoß 4.

– (oberes Stockwerk): Oberstock, oberer Stock

– (oberes Stockwerk der Heuscheune): Heustock 1.

Stoff m. (Kleiderstoff; Tuch, Gewebe; Weißzeug): Zeug 2.

– (Materie): Materie 1., Matere

stöhnen schw.: knäutschen

– (ächzen): naffzen 2.

– (schimpfen): bägen

– (seufzen, schwer atmen): knäusten

– (von Gebärenden): kreisten

Stöhner m. (Kater): Achzer 2.

Stolperer m. (krummer Mensch): Hopper 1., Bockler 2.a., Kaibler 2.

stolpern schw.: bocklen 1.c., holperen

– hopperen; das Messer *hoppert* über den Schleifstein.

– (fallen; kindisch handeln): happelen 1.

– (straucheln): stockelen 1.

Stolpern n.: Kaibler 1., Stolperer 2.

stolz Adj. (hochfahrend; aufgeregt, reizbar, übellaunig): steirisch

– (hochmütig, eitel, keck, mannhaft): manzig

– (hoffärtig, von Haltung, Gang, Kleidung): stratzig

Stolz m. (Hochmut, Selbstgefühl): Karakter; Grattel 3.; Manz

Stolzer Heinrich m.: Natterblume

stolzieren schw.: geigen 2.b., manzen, stefz(g)en

– (hoffärtig sein): starzen 2.

– (sich spreizen; sich hochmütig gebärden; schwänzeln): spranzen

– (stolz einhergehen): stäben

stolzierender Mensch m. (Hitzkopf, Streitkopf): Gockel(er) 2.; weitere Syn. bei *Hahn*

stolzierendes Mädchen n.: Spritze 3., Spritzem, Spretze, Stritze

stopfen schw. (ausbessern; stümperhaft nähen): nopperen

– (die Pfeife): einfüllen

stopfend Part. (von Speisen): stopfig

Stoppel f.: Storzel 1.

Stoppelacker m.: Stupfelacker, Stupflenacker, Weischacker, Weischfeld

Stoppelfeld n. (Stoppeln): Geweisch 1., Weisch

ins Weisch fallen ohnmächtig werden.

Stöpsel m. (einer Flasche): Pfropf, Pfropfer

– (Pfropf): Stopsel

– (Pfropf; bes. beim Faß): Zapfen 1.

Storch m.: Aiber, Auber

stören schw. (im Wege sein): hinderen

– (verstören): verstöberen

störrisch Adj. (eigensinnig): bockig, böckig, bockisch, böckisch

– (mürrisch, unzufrieden): überzwerch 3.

störrischer Mensch m. (der nichts spricht): Holzbock 5.

störrisches Kind n.: Nüpp 1., Puff 1., Schuck, Schucker 1.a., Schupf, Schupfer; Schups, Stupfer

– (mit der Stirne): Dutsch 1.

– (mit dem Fuß): Spörzer

– (Schlag): Puffer, Treff

– (Wurf): Schlenker 3.

stoßen schw.: bosen 1., pflumpfen 2.

– (an die Schulbank): bopfen

– (anstoßen): schocken 1.a., populärer: schukken

– (ausschlagen, stauchen von Mensch und Tier): stalpen 2.

– (die Köpfe gegeneinander stoßen): dutz(en)bocken, s. Dutzbock 2., dutzen 1., dützen

– (durch einen Stoß befördern, beseitigen): schupfen 1.

– (durch Schaukeln und Schucken verschütten): schuck(e)len 2.

– (Eier stoßen; Ostereier mit den Spitzen aufeinanderstoßen): spicken 3.a.

– (heftig stoßen): stauchen 1.

– (kurz stoßen, stupfen): noppen

– (leicht mit den Hörnern stoßen): gäb(e)len 2.

– (leicht schlagen): pfetzen 2.

– (mit dem Kopf an etwas stoßen): anbumsen 2.

– (mit dem Kopf stoßen): bocken 2.a., dutzbokken

– (mit den Füßen stoßen, entgegenstemmen): sporzen 1., spörzen, sporzgen

– (schieben von Ziegen, Schafen): knüllen

– (schlagen): bauderen, dutschen 1., dütschen, geheien B.1., genaupen 2., plotzen 1., puffen 2.

– (von der Bewegung des Fuhrwerks beim Fahren): wuppen

– (vor den Kopf stoßen): verdutzen 1.a., *verdutzt* verblüfft

Stoßen n. (unangenehmes, beständiges Stoßen): Schuckete

stößig Adj. (vom Hornvieh; wie nhd.): stößig, stoßig

stoßweise Adv.: schuckerweise, schuckweise

Stotterer m. (Stammler): Stackser, Gackeler, Gackser

stottern schw. (stammeln): gatzgen 2., gatzen, gätzgen, gätzen; stacksen, stackslen, statzgen, statzen, gacken II 2. gacksen 2., gachzen; gorgsen 2.

– (mit der Sprache nicht herausrücken; Umschweife machen; schwätzen): gack(e)len II 2., gacken, gackeren

Stottern n.: G(e)statzge

Strafe f. (Heimsuchung): Plage 1.

strafen schw.: herzamsen, s. herzeisln 2.

– (mit Worten strafen, einen Verweis geben): abkanzeln, abkapiteln

Strafgefängnis n. (Arrest): Käfig 2.

strampeln schw. (mit Händen und Füßen): strablen, streblen

Straße f. (in Dorf oder Stadt): Gasse; die Kinder wollen auf der Straße sein, *auf die Gaß gehen*, vgl. Gassenbube, Gassenvogel; *Hausteufel, Gassenengel* innerhalb des Hauses ein Teufel, auf der Straße ein Engel.

Straßenbesen m.: Gassenbesen

Straßenpflasterer m.: Pflästerer

sträuben schw. (sich sträuben): borzen 3., *Sperranzien machen*

– (sich sträuben, sich wehren): sich spreißen 4.

Sträucher Pl. (die Stacheln haben: Brombeeren, Schlehen): Dorn 3.

Strauß m.: Schmecke 1.

– (mit dem jeder Hochzeitsgast geschmückt wird): Hochzeitsrauß 1.

– (wohlriechender Strauß): Schmecket(e) 1.

Strebe f. (zur Verbindung des Gebälks): Bug 2.

Strebebalken m.: Spreiße 2.

strecken schw. (sich sehr weit strecken): sich verstrecken 3.

Streich m. (dummer Streich): Doser 2.b.

– (dummer Streich, unsinniges Treiben): Säkkelei

– (mutwilliger, böser Streich): Tuck 2.

– (scherzhafter oder böswilliger Streich): Posse

– (schlechter Streich, aus Absicht oder Ungeschicklichkeit): Undaus

– (übler Streich): Dauches 2., Daukes, Dukes

Streichbrett n. (am Pflug, das den Boden umlegt): Riester, Molt-, Wul-, Wend-, Streich-, Riesterbrett

streichen st. (zwischen den Steinen beim Mauern Mörtel streichen): aufziehen

streichen lassen st. (eine Blähung streichen lassen): auslassen 4.

Streichholz n.: Schwebelholz 2., Schwebelein, Zündhölzlein

streifen schw.: strupfen 1.

Streifen m. (langer, schmaler Streifen Landes): Rieme 2.

– (schmaler Streifen, z. B. beim Mähen): Strigel 2.

– (wie nhd.): Streif(en) 1., Streipf(en)

Streit m. (Händel): Krach 2.

– (kleiner, auch lärmender Streit): G(e)häkel 2.

– (Rauferei): Händel *Händel und Streit sind's Teufels Freud.*

– (Zank): Hader I

streiten st.: gitzengäbeln, händlen, katzbalgen, kriegen 1.a., räck(e)len, verrechten *man tut mehr verrechten als errechten; zifen 2.

– (prozessieren): gerechten 1., amten, rechten

– (rechthaberisch sein): wörtlen

– (sich hartnäckig streiten): sich verstreiten

– (zanken): nauben, s. nauen 2.

– (zanken, hadern): zepplen, zerfen 1., zerflen, zergen, zertieren

Streiter m. (streitsüchtiger Mensch; Haderer): Zempler

Streiterei f.: Zemplerei, Zerferei

– (andauernde Streiterei): Händelei

– (Auseinandersetzung, kleine Streiterei): Häkelei 2.

Streitigkeiten Pl. (Händel): Häubel I, Attak, Attakt

– **haben** unr.: *etwas mit einem haben*, s. haben

streitlos Adj.: schidlich; gewöhnlich in der Verbindung *fridlich und schidlich* ohne Streit.

Streitsucht f.: Händelsucht

streitsüchtig Adj.: händelhäftig, händelsüchtig

– (aufbrausend, widerwärtig): kipplig

– (von Personen): strittig 2.

streitsüchtiger Mensch m.: Streithammel, Streithan

Streue f.: (Arm voll Stroh als Streue): Schütt 3.

– (bes. im Viehstall): Streu, Streue

streuen schw. (mit Streuen fortfahren): zustreuen 1.

– (zerstreuen): zetten 2., zettlen 1.

streunen schw.: scholderen 2.

– (müßig umherziehen): land(e)ren

Strick m. (der einen Batzen kostet): Batzenstrick

– (zum Aufhängen): Henkete

Strickarbeit f. (Stricken): G(e)strick, Stricket, Strickete

Strickschule f. (Strickstunde): Stricket(e) 2.

Strickzeug n.: Stricket(e) 1.

Striegelbürste f.: Kardätsche 2.

striegeln schw. (Pferde, Vieh): kardätschen 2.

Striemen m. (Peitschenstriemen): Sträne 3.

Strömung f. (leichte Strömung des Seewassers, leichte Luftströmung): Rus, s. Runz 1.

Strohband n. (um Reisig zusammenzubinden): Drätel 1.b.

Strohhut m. (junger Frauen): Bubenwinker, vgl. Bubenfanger

Strohwisch m. (auf einem Ackerbeet, zum Zeichen, daß es angesät werden soll): Satel 2.

strotzen schw.: starzen 1., stratzen

strudelnd Part. (siedend): strudlig, strodlig

Strumpf m. (herabhängender Strumpf): Laterne 2.b.

Strumpfband n.: St(r)umpfrinke

Strumpfhalter m.: Straps, Strapser

Strunk m. (Krautstrunk, Salatstrunk): Kag(en)
- (stehengebliebener Stengel von Kohl, Kartoffeln, Mais udgl.): Storze, Storzel 1.

struppig Adj. (astig, ungeschlacht): gagig
- (mit krausem, wirrem, zerzaustem Haar): strobelig 1., stroblig, strubelig, gestroblet, verstrobelt, geruppig 2., räubisch 2., raubisch
- **sein** unr. (struppig machen): stroblen, vgl. gestroblet, gestrublet; verstroblet, verstublet

struppige Frau f. (aufgeregte Frau): Hurnauße 2., Hurasell

Stubenfliege f. (Schmeißfliege, nicht Stallfliege, die heißt *Mucke*): Fliege 1., Flieglein. *St. Vit (15. Juni) bringt die Fliege (Mucken) mit. Eine tote Fliege (Mucke) kann's beste Mus verderbe. Der tut wie'd Fliege (Muck) im Krug mutwillig, zügellos. Der ka kei Flieg (Muck) totschlage. Mir ist's grad, wie wenn mir e Flieg (Muck) in Mage g'schisse hätt. Wer sich mit Honig anschmirbt, den fresset d'Fliege (Mukke).*

Stubenhocker m.: Stubenkauderer; *versessener Mensch*, s. versitzen 1.

Stubenkehricht m.: Kerete

Stubenwinkel m. (Stubenecke): Stubenbiegel

Stück n.: (abgebrochenes Stück): Brocken, Bröckel, Mockel
- (als Einheit; der Zusammenhang mit dem Teilstück ist meist noch deutlich): *ein Stuck geben die Sache geht voran. Ein Stuck Vih*, s. Stuck 2.
- (des Knoblauchs, eines Sterngebäcks): Zeh(en) 2.
- (eines Ganzen; Teilstück): Stuck 1., Pl.: *Stukker, ein Stuck Brot;* mit nachgestellten Zahlen: *Stucker 3* (usw.) etwa 3.
- (Fleck): Bletz 1., Flickbletz *den Bletz nebe's Loch setze* die Sache verkehrt angehen.
- (großes Stück, z. B. von Brot): Heigel 2., Mock I 1.a.
- (Käs, Brot, Fleisch usw.): Hump(en) 2.
- (kleines abgebissenes Stück): Bißlein A.

- (ungeformtes Stück von Papier, Leder, Fleisch udgl.): Fetze 2.
- (von einem Ganzen): Spachen 2.
- (walzenförmiges Stück; bes. von einem Baumstamm): Rugel

Stück Brot n.: Knäuzel 2., vgl. Knauz; Schlägel 9.
- (das rund um den Laib abgeschnitten wurde): Ranken 3.
- (großes Stück Brot): Keidel 2., Ranken

- **Faden** n. (soviel man auf einmal zum Nähen nimmt): Fädling, Nätling
- **Rindvieh** n. (bes. Kuh oder Kalb): Mockel f., Mockele, s. Mockel 2.

Studentenblume f.: Hochfart 2.b., Hochfartscheißer

Stufe f. (vor der Haustüre): Haustritt
- (zum leichteren Übersteigen eines Zaunes): Stigel 1.
- (zum Übersteigen eines Zaunes oder niederer Zaunstelle): Steg 3., Stigel 1.

stufenartig Adj. (staffelartig): gestäffelet

Stuhl m.: Sitzer 1.
- (ohne Lehne): Hocker 2.a.

Stuhlgang m. (kleiner Kinder): Druckerlein
- **Stuhlgang haben** unr.: bampen, scheißen
- schwer austreten, s. austreten A.1.
- (in der Kindersprache): gacken I, vgl. gaga, gäckälen, kack(er)en, gäcken
- **Stuhlgang machen** schw.: drucken *muß 'n Haufe drucke.*

Stümper m. (Pfuscher): Hümp(e)ler 1.

stümpern schw. (dilettantisch arbeiten): stümplen 1.

Stumpf m.: Stutz 2.
- (eines abgehauenen Holzes): Stake 1.
- (Strunk des Baumes; krummer, alter Baum): Storre 1.
- (Zahnstumpf; Baumstrunk): Stumpe 1.

stumpf Adj.: kumpf, kumpfet, kumpfig, stumpet
- **werden** unr. (der Zähne): verschlagen 6.

Stumpfnase f. (Nase ohne ausgeprägte Spitze): Kumpfnase, -näse

Stunde f. (neunte Stunde; nona hora; Hore des Stundengebets um 15 Uhr): None

stupsen schw. (leicht stoßen, stechen): stupfen 1.

stürmen schw. (naßkalt regnen): sauen 1.a.
- (vom Sturmwind): sturmen 1., stürmen

stürzen schw. (eine Kiste über die Kante stürzen): bocken 5.
- (fallen): beutlen 2.
- (sich in Unkosten stürzen): verunköst(ig)en

Stute f.: Motsche, s. Mutsch(el) II 1.
- (bissige Stute; übtr. zänkische, alte Frau): Bißgurre

Stützbalken m.: Sprieß

Stütze f. (bes. für Bäume): Steiper

– (Stützgerüst für Schlingpflanzen): Stigel 3.

stützen schw. (befestigen): sporzen 2., spörzen

– (einen Baum, ein Haus): steiperen 1.

– (unterstützen): versteiperen

– (unterstützen; sprießen): spreißen 3.

Stützholz n. (für die Leitern am Leiterwagen): Leuchse, Leuchsel

suchen schw.: fasen 3.

– (Arbeit suchen): umschauen, *Umschau halten*

– (bei schlechtem Sehvermögen etwas suchen): mauklen 2.

– (Vorteil suchen; Wasser auf seine Mühle lenken): richten 7.

– (Würmer suchen): wurmen 3.

Suchen n. (langes, ängstliches Suchen): G(e)suche

Sudelei f. (Schmeichelei, Einfetten usw.; tadelnd in versch. Bedd. des Verbs *schmiren* möglich): Schmirerei

sudeln schw. (flüchtig und nachlässig schreiben; an Wände malen, ein Schriftstück ohne Sorgfalt verfassen): schmiren 4., schmirben, schmirmen

– (schmieren, nachlässig schreiben): sudlen 1.

Süden m. (Himmelsrichtung): Mittag 2. *wenn der Wind vom Mittag kommt, gibt's Regen.*

suggerieren schw.: streichen 1.a. *einem etwas in's Maul streichen.*

Sühnekreuz n. (häufigste Bezeichnung der verbreiteten steinernen Sühnekreuze): Schwedenkreuz

Sülze f.: Sulz 4.

summen schw. (sausen): sumsen, sumslen

– (surren z. B. vor Schmerz): humsen

– (trällern): hürnen II

– (murmeln): nonen 3.

Summen n.: Gehumse

Sumpfdotterblume f.: Bachkätter, Bachmadel, Kublume 1., Schmalzblume 2.

Sumpfgänsekraut n.: Rodelkraut, großer, roter Rodel, s. Rodel I 3.

Sumpfgras n. (schmales, langes Gras): Schlatt 2.

sumpfig Adj. (feucht, naß): sutterig

Sumpfquendel m.: Bachburgel 2.

Sumpfschafgarbe f.: Bertram

Sumpfspierstaude f.: Wurmkraut 2.

Sumpfvergißmeinnicht n.: Mausor 2.e.

sündig Adj. (sündhaft): sündlich

sündigen schw.: sünden

Suppe f. (Brei aus Weißbrot): Bettelmann 3.

– (mit Einlauf): Einlaufsuppe

Suppe essen st. (gern und oft Suppe essen): süpplen

Suppenreste Pl.: Kis 3.

Surren n. (Sausen, Summen): G(e)surre

Susanna f. (Heiligenname; ihr Tag, 11. August): Susanna 1.b.

– (weiblicher Taufname): Susanna 1.a., Formen: Susann, Zusam, Koseformen: Zusel(le), Sanne(le), Zuset

süß Adj. (sehr süß): päppsüß

Süßapfel m.: Süßling

Süßigkeiten Pl. (die Kinder vor dem Zubettgehen bekommen): Betthopferlein, Bettmümpfelein, Bettmümpfezlein

Syringenblüte f.: Fläderwisch 3.

T

Tabak m. (für einmaliges Füllen der Pfeife): Stopfete
Tabak kauen schw.: schicken II
Tabakspfeife f.: Lalle II 2.
Tadel m. (Kritik): Hechel 2., vgl. durchhechlen, schlechtmachen
tadellos Adj.: unbeschrien 1.
tadeln schw.: schnellen 3.b.
– (anfahren): beschnallen, beschnarchlen 2.
– (bloßstellen): berupfen 2.
– (einen Verweis geben): auswischen 2.b.
– (geringschätzen, verleumden): verschmäckelen 1., verschmäckerlen
– (hänseln): rupfen II 2.b., vgl. *ungerupft* ohne Tadel
– (kritisieren): mäckelen 4.
– (scharf tadeln, in barschem Ton zurechtweisen): anranzen, anraunsen
– (schlagen): zwagen 2.
– (sich äußern; etwas kundtun): oberen
– (verweisen): vesperen 3., weisen III
– (zanken, zürnen): schmälen
– (zur Rede stellen): berafflen 1., beräfflen
Tadler m. (Winsler): Klamser
Tafelgeschirr n. (Silbergeschirr; Tafelaufsatz): Kredenz
tafeln schw. (länger tafeln): taflen 2.
Tag m.: (an dem man im Wald dürres Holz sammeln durfte): Holztag
– (den es nicht gibt): Bempemperlestag, Emmerlingstag, Guckeleinstag
– (der Entlassung aus dem Dienstverhältnis): Bündelestag
– (des Evangelisten Johannes, 27. Dezember): Winterjohanni
– (des folgenden Tages): anderigs, andregs, anderichs; am anderichs
– (des Täufers Johannes, 24. Juni): Sommerjohanni
– (folgender Tag): Morgen 3., morgen
– (ohne Arbeit und ohne kirchliche Feier; arbeitsfreier Nichtfeiertag): Gammeltag
– (vor vorgestern): vorvorgestern
Tage Pl. (vor dem Wechsel der Dienstboten, wo diese nichts arbeiteten): Schlenkeltäge, s. Schlenkeltag
Tageszeit f.: Zeit 4.b. *wel Zeit ist's?* wieviel Uhr

ist es? *Der merkt, wel Zeit es ist* wieviel es geschlagen hat.
Taglichtnelke f.: Blutnägelein, Himmelschlüssel 3.d., Kopfwenägelein, Schlüsselblume 3., Bubennägelein 2.
Tag werden unr.: tagen 1.
Talg m.: Unschlitt
Talgrund m.: Grund 2.
tändeln schw.: fus(e)len I 2., zirlen 2.
– (gedankenlos arbeiten): geschäfferlen
– (herumbasteln): dockelen 2., docklen, döcklen
– (kichern, schmeicheln): hättelen 4.
– (Kindereien treiben): kind(e)len, vgl. bub(e)len
– (kosen): lafflen, schmulen 2.
– (mit etwas spielen, herumfingern): tändelen, tändlen, tänderlen
– (ohne Ernst arbeiten, spielen): biberlen, bibelen
– (schäkern): barren
– (schäkern; Bekanntschaft machen zum Zwecke des Beischlafens): aufreißen c.
– (spielen): fänterlen, gefänterlen, gäckelen 1.
Tanne f. (kleine Tanne): Butze 2.
– (zur Bezeichnung einer Waldgrenze abgestutzte Tanne): Lachtanne
tannen Adj. (aus Tannenholz): tännen *ins tännene Haus gehen* sterben.
Tannenholz n. (Tannenreis): Tännenes, Tännernes
Tannenreisig n.: Grotzen 1.
Tannenzapfen m.: Gackel II, vgl. Forchengakkel, Gockeler, Mockel; Motschel II 6., Mortschel, Mortschele, Muitschele; Tannmockel; Zapfen 4.; Heu(zel)en 2.; Huber 4.; Ku 3.b.; Kumockel 2., Kümockel
– (Fichtenzapfen): Maunkelein, s. Mockel
– (Forchenzapfen): Hutzel 6., Hurzel, Sau 8.
– **lesen** st.: sauen 2.
Tannenzweig m.: Tannenwadel, Pl. Tannenwädel, Tannenwedel
Tante f.: Base 2.
Tanz m. (ländlicher Tanz im 2/4 Takt): Hopper 3.
– (Reigen): Reie 1., Reien
– (schneller Tanz): Hopser 2., Hopper 3.

tanzen schw.: reien 1., *ein Reilein machen*, s. Reie 1.
– (abwertend): schwofen
– (lustig tanzen): flederen
– (sich rasch umherbewegen): fegen 2.a.
Tanzen n. (abwertend): Getanze
Tänzer m.: Springer 1.a.
tänzerisch Adj. (zum Tanzen aufgelegt): tänzerig, tanzerig, tänzelig
Tanzvergnügen n. (abwertend): Schwof, Sokkenschwof, Sockenhopf
tappen schw.: tapen 1.
– (stampfen): talpen, s. Talpe
– (unsicher tastend sich vorwärts bewegen): täplen
tappiger Mensch m. (alte Frau; Schelte): Schlorbe 3., Dächtelmächtel 1.
täppischer Kerl m. (Spottname): Naze 2., Dalk 2., Quadratlatsche
Tarnkappe f.: Nebelkappe 1., Geister besitzen *Nebelkappen.*
Tasche f. (an der Hand getragene Tasche): Täsche 1. *einem nackten Mann in die Täsch (Sack) langen (scheißen), ist eine Kunst. S'Maul in die Täschen stecken* aus Angst, Vorsicht schweigen.
– (spez. in der Kleidung): Sack 2. *Herre stecket de Dreck in Sack und die Baure werfet ihn fort* vom Putzen der Nase.
Taschendieb m.: Sacklanger
Taschengeld n.: Sonntag(s)geld
Taschenmesser n.: Sackmesser
Taschentuch n. (Einstecktuch): Fazenet, beachte die verschiedenen Formen. Nas-, Sack-, Schnupftuch, Schnutterlumpen, Rotzlappen, Fetze 1.a., Rotzfanen, -tuch
Taschenuhr f.: Sackuhr, Zwibel 2.
tasten schw. (liebkosend tasten): tapen, täplen
– (unsicher tasten): tapen 2.
Tätigkeit f.: Arbeit 2. *wenn d'Arbet allein reich mache tät, wär der Esel reicher als der Müller. Meister, d'Arbet ist fertig, solle se gleich flikka?* Der ging au am liebsten dr Arbet zur Leich.
– (des Waschens; auch Zeit des Waschens): Wäsche 1., Wasch
– (des Essens): Essen 1. *der ist z'faul zum Essen. Wie einer ißt, so schafft er. Du bist gern, wo scho gschaffet ist, aber no it g'esse. Des sind die rechte Leut, die's beim Schaffe friert und die beim Esse schwitzet. Wer lang ißt, lebt lang. Essen und Trinken hält (hebt) Leib und Seel z'samme. Ma muß essen und vergessen.*
– (im Brachfeld, pflügen): Brache 1. *wer heiratet in der Brach, dem geht's sein Leben lang nach;* Brachet 1.
Tatsache f. (Umstand; Kern der Sache; Schwierigkeit): Sache 4., Sach

tatsächlich Adj. Adv.: wirklich 1.
– (in der Tat!): gottversprich!
Tatze f. (Pfote; spöttisch von großen Händen): Bratze *er hat Bratzen wie ein Bär,* Pfate, Pflate, Tape.
Tau m. (gefrorener Tau): Reif II, Reifen
taub Adj. (übelhörig): dosig 2., dösig
– (wirr von großem Lärm und Geschwätz): billör, billörig
Taubenkopf m. (Pflanze): Käpsele, s. Kapsel 4.b.
Taubenkropf m. (Pflanze): Kläpfer 3., Kläpfete 2.a., Kläpperlein 3.c., Schneller 3.a., Schnellblume, Hasenor 3.c.
Taubenliebhaber m.: Taubenäne, Taubendatte
Täuberich m. (Verliebter): Ruckauser
tauchen schw. (eintunken): dutschen 4., dütschen, tunken 1. *er ist so naß, wie e tunkte Maus.*
Taufhandlung f.: Tauf 1., Täufe, Taufe, Täufete *bei Taufen und Hochzeiten muß der Geldbeutel leiden.*
Taufpate m.: G(e)vatter, G(e)vätter *wenn ma ein zum Feind habe will, muß ma ihn nur zum Gevatter gwinne* Verwandtschaft erzeugt Feindschaft. *Zu Gvatter stehe, ist e Ehr, aber's macht de Beutel leer. Da ist der Teufel z'Gvatter gstande* wo es schlimm zugeht.
– (männlicher Taufpate): Dot, Döte *wenn's Kind tauft ist, will älles Dot sei;* Pfetterich
– (Patenkind): Gott, Götte, Gotte
Taufpatin f.: Dote, Dotlein, Dötlein
Taufwasser n.: Tauf 2.
Taugenichts m.: Gutedel 2.; Gottesfetze, Gotteslump; verstärkt: Gottesjesuslump
– (Kind, junger Mensch, den man für ungeraten hält): Früchtle, s. Frucht 4.
– (Lump; leichtfertige Frau): Hudel 4., Hüdel
– (ungezogener Mensch; d.h. am üblen, verworfenen Tag geboren): Untag
tauglich Adj. (brauchbar): tüchtig 1.
Taumel m.: Dos, vgl. Dicht; *im tauben Dicht* achtlos, gedankenlos.
– (Rausch, Schwindel): Tummel 1.
taumeln schw.: torklen I, turklen, torkelen, tummeln 1.
– (planlos umhergehen): zwirglen 2.
– (Schwindel haben): trümmlen 1., trummlen, trumslen 1., trümslen
– (wanken): durmlen
– (watscheln): wacklen 1., wackelen
tauschen schw. (handeln): märktlen
– (Tauschgeschäfte, Kaufgeschäfte treiben): händlen 2.
täuschen schw. (sich täuschen): mullen; verscheiben; Part.: verschiben *du bist verschiben* falsch orientiert.
Tausendgüldenkraut n.: Geschoßkraut 2.

Tausendkünstler m. (Bastler): Bästler, Mäche
Tauwetter n. (mal Regen, mal Schnee): Pflütte-
re; Geschlüder, s. Geschluder
Tee m. (aus den Samenkörnern der Heckenro-
se): Kernleinste, Kernleste, Kerneleste
– (aus Mohnsamen, wirkt betäubend): Kläp-
perleinste
Teichbecken n.: Bassein
Teichrosen Pl. (bes. Gelbe Teichrosen): Mum-
mel 4.
Teig m. (aus Mehl und Ei): Brüslein 1., Ribelein
– (geriebener Teig; kleine Teigstückchen): Ri-
bel 2.
– (zusammengescharrter Teig): Scherrteig,
Scherrete
teigig Adj. (schmierig; zäh, fest; fad schmek-
kend): lerk, lerkig, lerket, lork
– (speckig): totschig 1.
Teigkörbchen n. (strohgeflochtenes Körbchen
zum Formen des Teiges): Wannkrättlein
Teigrest m. (in der Mulde; Musrest in der Pfan-
ne): Scherre 3., Scharre; Scherret(e) 1.,
Scharret(e)
Teigware f. (bandförmig): Nudel 1., Suppennu-
del
Teigwaren Pl. (mit Käse überbacken): Kässpat-
zen, Kässpätzle
Teil m. (den jemand vor andern voraus be-
kommt): Vorteil 1., Vortel, Vörtel
– (der Sensenklinge): Hamen I 2.
– (z. B. an Kleidern): Einsatz
teilnehmen st. (an der Mahlzeit anderer): mit-
halten
telefonieren schw. (anrufen): anläuten
Teller m. (auf dem die Katze ihr Fressen be-
kommt): Katzenteller
Tenne f. (Fußboden der Scheune; Scheune):
Tenne 1.
Teppichklopfer m.: Klopfer 1.a., Patscher 1.
Terrasse f. (im Weinberg): Graben 2.
teuer Adj.: geschmalzen 2.b., vgl. gesalzen
– (sehr teuer): pfärrig, pfarrig
Teuerung f. (hoher Preis): Teure, Teurung, *Ha-
gelschlag macht keine Teure, aber arme Leute.
Ein trockener Jahrgang bringt keine Teure,
aber ein nasser.*
Teufel m.: der Schwarze, s. schwarz 2., Geißfüß-
ler, Geißheimer, Höllenmann 1., Hornmann
1., Mäckeler 2.
– (verhüllende Entstellung für Teufel): Daus 3.
*ei der Daus! Was der Daus! Ausruf des Er-
staunens, der Verwunderung.*
– Teufel, Duifl, Deiff, Deibl. *Zu Hause ein Teu-
fel, auf der Gasse ein Engel. Wenn ma de Teu-
fel zum Vetter hat, ist gut in d'Höll komme
durch Nepotismus ist leicht voranzukom-
men. Wenn der Teufel Hunger hat, na frißt er
au Mucke. Am beste wär's, wenn der Teufel

*keine Hörner hätt wenn das Böse keine so
große Gewalt hätte. Der ist schwärzer als der
Teufel. Der weiße Teufel ist der schlimmste.
Was der Teufel schilt (verachtet), das hätt er
gern wie der Fuchs die Trauben. Wenn man
den Teufel an die Wand (über die Tür) malt, so
kommt er. Das Kartenspiel ist's Teufels Gebet-
buch. Fluchen läutet dem Teufel zur Meß. Der
Teufel hängt kei Glöckle ans Bierglas (Wein-
glas) hält einen nicht von der Unmäßigkeit
zurück. Wo's Wasser trüb ist, fischt der Teufel
am liebste. Der ist druf versesse, wie der Teufel
uf e Seel. Wenn den mal dr Teufel hole tät, da
wär der Schade au net groß. Der ist em Teufel
zu schlecht, sonst hätt er ihn scho lang gholt.
Da hat der Teufel sei Hand mit im Spiel. Wo
Geld ist, da ist der Teufel, wo kei Geld ist, ist er
glei zweimal. Im Bettelsack steckt der Teufel.
Der Argwohn ißt mit dem Teufel aus einer
Schüssel. Tanz und Gelag ist des Teufels Feier-
tag. Händel und Streit sind des Teufels Freud.
Der Teufel scheißt nur auf die dungte Äcker.
Lustig glebt und selig gstorbe, heißt em Teufel
d'Rechnung verdorbe. Der schwätzt dem Teu-
fel e Ohr weg. Wenn di nur de Teufel hole tät!
Des ist e armer Teufel, er hat kei eigene Höll*
von einem Heimatlosen. *I frag de Teufel dar-
nach!* als Negation.
teufelhaft Adj. (verteufelt, boshaft): teufelhäf-
tig
Teufelskerl m.: Höllenmann 2., Sakramenter,
Himmel-, Herrgottsakramenter
Thymian m.: Kenlein 1., Quendel; Unserer
Frau Bettstroh, Altweiberkraut, Altweiber-
schmeckete
Tiefkühltruhe f. (Tiefkühlschrank): Gefriere 3.,
Gefrierne
tiefschwarz Adj.: berschwarz, rappenschwarz,
rabenschwarz
Tier n. (das ein Jahr alt ist): Järling
– (halbjähriges Tier): Halbjärling
– (junges Tier): Kutz I 3.
– (mit einem weißen Fleck auf der Stirn): Bläs-
se 2.
– (schwerfälliges, unförmiges Tier): Pfatzenku-
gel
– (unfruchtbares Tier; weibliches Tier, meist
Schwein, auch Kuh): Nonne 2.
– (unterentwickeltes Tier; auch Mensch): Ge-
norke
– (von diesem Jahr; z. B. Füllen, Rind, Lamm,
Fisch): Heuerling 1.
Tierfährte f.: Gefärt 4.b.
Tiername m. (des Esels, des Eichhörnchens, des
Raben): Hansel 2.
Tintengefäß n.: Tintenfaß, Tintenhafen, Tinten-
häfelein

Tintenklecks m.: Dalken 2., Suckel 4.a., Tintensau, Tintensuckel, Sau 7.
- (Schmutzfleck; Kuhfladen): Pflatter 1., Pflätter, Pflätterer
Tisch m. (kleiner Tisch, der abseits steht): Katzentisch, Kinder müssen zur Strafe *am Katzentisch essen.*
- (zum Speisen in Wirtschaften): Tafel 2. *die große Tafel in der Hochzeitsstube.*
Tischdecke f. (farbige Tischdecke): Tischteppich
Tischgabel f. (Küchengabel): Gabel 1.a.
Tischler m. (Möbeltischler): Schreiner
tischlern schw.: schrein(e)ren
toben schw.: töberen, toberen
- (lärmen, sich wütend benehmen; streiten): wüten 2., wuten; populärer: *e Wut hau, wütig sei.*
- (schelten, wüten): haselieren 2.a.
Tod m. (das Sterben): Tod *der Tod ist allen gwiß. Des ist so gwiß als d'r Tod. Dem Tod ist no keiner vertronne. Der Tod macht alls gleich, arm und reich. Umsonst ist der Tod – und der kostet's Leba. Iß, spiel, sauf, mit dem Tod hört alles auf. Viel Hunde sind des Hasen Tod. Dem eine sei Tod, ist 'm andere sei Brot. Der Tod ist der beste Friedensstifter. Der sieht so übel aus, daß der Tod vor ihm erschrickt.*
- (bildlich): Himmelfart 3. *der hat e Himmelfart, wie eine Platt vom Dach.*
- (in Gestalt des Sensenmanns): Beinerkarle, Knochenmann, Mäder 2.
- (Zustand des Todes, Empfindungen des Abgestorbenseins): Töte *'s ist a ganze Töte an mir* wenn man fröstelt, gar nicht warm werden kann.
Toilette f.: Abtritt *länger auf dem Abtritt sein als mancher Bauer auf dem Hof.*
- (gröbster Ausdruck dafür): Scheißhaus 1.
- (Klosett): Heimlich, s. heimlich 2.
- (Klosett, scherzh.): Tron
toll Adj. (rasend, empörend): hirnwütig
tollen schw. (mutwillig sein): randlen, wildelen
- (sich balgen, sich herumwälzen bes. im Bett): rammlen 1.b.
Tollkirsche f.: Wolfsbere 1.
Tollwut haben unr.: wüten 1., wuten
tollwütig Adj. (von der Krankheit): wütig 1.
Tolpatsch m.: Wulewatsch
Tölpel m.: Baurenlackel, Dallewatsch, Drallewatsch, Talpe, Hamballe, Huber 2., Lakai, Lapein 2., Lappen 2., Nolp, Trawalle, Lachentrapper
- (grober Mensch): Hannake, Hannakel
- (Lümmel): Saulackel, Saulalle
- (unachtsame Frau): Hampel
- (unhöflicher Mensch): Stoffel 2.
Ton m. (Lehm): Tegel 1.

tönen schw. (schallen): hiech(n)en 1., iechen
- (stark tönen, einen tiefen Ton hervorbringen): pfurren 1.
Tongefäß n. (Tiegel): Tegel 2.
Tongeschirr n. (Blumentopf; Nachttopf; Milchtopf): Scherbe 2., Scherfe; spez. Blumen-, Stockscherb; Nacht-, Seichscherb; Milchscherb
Tonkrug m. (in dem der Most zur Feldarbeit mitgenommen wurde): Sutter-, Suttenkrug
Tonmergel m. (im mittleren Keuper): Leberkis
Tonplatte f. (Tonfliesen, Dachziegel): Platte 4.b., Dachplatte *kei Platte auf 'm Dach g'hört ihm.*
Topf m. (Salben-, Koch-, Milch-, Nachttopf): Haf(en) I *wenn ein Haf uf de andre stoßt, so brechet beid* von zwei Zornigen im Alter. *Wenn's Häfele schön gwest ist, sieht ma's de Scherbe no a* sieht man noch, daß es ein schönes Mädchen war. *'S Häfele verschütten* Gunst verscherzen. *Wenn der Haf verbroche ist, wird er nimme ganz. Einen alten Hafe ka ma net neu mache. Wenn der Hafe voll ist, läuft er über. Kleine Häfele laufet gern über. Einem das Häfele aufdecken* ihn überlisten. *St. Veit im Häfele,* s. Stichwort Veit. *Im kleinste Häfele ist der beste Salb. Die sind in eim Häfele kocht worde* sind gleicher Gesinnung; *'s ist no me Kraut im Häfele* es ist noch Vorrat da, auch übtr. es ist noch nicht alles gesagt worden. *Unten im Häfele ist's Best. Die meint au, sie häb Milch im Hafe, und's scheint nur der Mond drei. Scheiß- Brunz- Seichhafen* Nachttopf. *Du bist e Kerle uf de Hafe* zu nichts brauchbar, mit dem Zusatz: *aber'nauf setze muß ma di. Wer uf den Hafe gebore ist, kommt net uf's Kantenbritt.*
- (in den die frisch gemolkene Milch geseiht wird): Seihaf(en)
- (worin *Schnitze* gekocht werden): Schnitzhaf(en), Schnitzkärlein
Töpfer m.: Hafner, Häfner
Töpferwaren Pl. (Arbeits- und Werkzeug des Töpfers): Häfnergeschirr
Torf m. (Torfstück): Turben
- (weicher Torf): Kutz II 1.
Torfstück n. (ausgetrocknetes Torfstück): Wasen 2., Was
Tornister m. (Sack, Tasche): Ranzen 1., spez. Schulranzen, Jäger-, Boten-, Geldranzen
tot Adj.: kaput, einen Menschen, ein Tier *kaput machen, hin machen* tot machen.
- (verloren): hinen I
- (zerbrochen, verdorben, kaputt): hinig
tot sein unr. (gestorben sein): hinsein
töten schw.: decklen 2.b., hinmachen 1.
- (das übliche Wort; verbrauchen, zerstören): umbringen

– (durch einen Schlag auf den Kopf; verprügeln): dachtlen, abdachtlen
– (heimlich töten): abdacklen, abdecken, abdecklen
– (kleine Schlachttiere töten): abtun 1.
– (mit Gewalt töten): abmachen 4.
– (scherzh.): murksen 1., abmurksen, abmopsen, anmurkslen
– (sich töten): *sich etwas antun* 3.c.
– (zerstören; ebenfalls scherzh. oder spöttisch): marixlen 2., maraxlen, morixlen, mordexlen; maurixlen, mauritzlen
Totenamt n. (am Abend vor der Beerdigung gehalten): Vigil(ie)
Totenbahre f.: Bare *er ist der Nagel gewesen zu seiner Bar. Weinst du nicht an d'r Bar, so weinst du übers Jahr.*
Totengräber m.: Totenmann 2.
Totenheer n. (vgl. die Anmerkung zu *Mutesher*): *das wütende (wütige) Heer,* s. Wüten 2., Mutesher, Wutesher
Totenhemd n.: Leichenhemd
totschlagen st. (Fliegen totschlagen): patschen A.5.
traben schw. (im Trab gehen): trappen 1.
Tracht f. (soviel man auf einmal tragen kann): Gang 2.b.
trächtig Adj.: tragig 1., trägig; ein Kind, das noch getragen werden muß, ist ein *tragiges Kind,* s. tragig 2.
– nicht trächtig: gältrich
– **werden** unr. (empfangen, beim Vieh): aufnemen 2.
Tragbahre f.: Bäre 1.
träge Adj.: schlack
– (gleichgültig): saumselig
– (halb lebendig): halblebelich
– (leblos): totschig 2.
– (matt, energielos; flegelhaft): lackelhaft, lakkelig
– **Frau** f.: Lametei 2.
– **sein** unr. (die Glieder kraftlos hängen lassen): lankelen
träger Mensch m.: Lama, Lamarsch, Lamech, Lamel 2., Lampel I, Leirenbändel 2., Leirer 2., Schlack 1., Schlackel
Tragefaß n. (auf dem Rücken zu tragender *Butten*): Tragbutten
tragen st. (auf dem Rücken oder den Schultern tragen): hocklen, ranzen 1., hutzlen 3.
– (auf dem Rücken tragen, schleppen): hotzen 2.
– (auf dem Rücken, den Schultern tragen, Huckepack tragen): gauken II, gauklen II
– (durch Fassen unter den Armen): hängelen
– (ein Kind auf dem Rücken tragen): krätzenbuckelen

– (ein Kleidungsstück tragen): anhaben 1. *bei denen hat auch 's Weib d'Hosen an.*
– (einen Hut tragen): aufhaben 1.
– (Huckepack tragen): buckelranzen, buckelkrätzen, bucklen, buckelfäckelen
– (Kinder oder Waren auf dem Rücken tragen): krätzen 2.
– (Trauer tragen): schwarz gehen, s. schwarz 6.
– (unter die Arme fassen und in die Höhe heben): fländeren 2.b.
Traggestell n.: Tragreff
Traglast f.: Traget, Tragete
– (Ziehlast; was auf einmal geschleppt werden kann): Schleifet(e) II
Traktor m.: Bulldog 1., Schlepper
Träne f.: Zäher 1.
tränken schw.: saufen lassen, s. saufen 1.b.
– (Pferde tränken): wetten II, wettnen
– (säugen, stillen): schenken 1.b.
Transportfaß n. (längliches Weintresterfaß): Leitfaß
transportieren schw. (mit einem Floß transportieren): flößen 2., flözen
träppeln schw.: genopplen 2.
trappen schw. (mit kurzen und hörbaren Schritten gehen): träpplen 1.
Träubchen n.: Zäserlein 2., Zetter 1.
– (der Johannisbeere): Hattel 5.b.
Trauben Pl. (der Amerikaner-Rebe): Katzenseicherlein
Traubenart f. (mit schwarzem Kopf): Morenkopf 3.
Traubenkrankheit f.: Müller 3.a.
Traubensorte f. (schlechte Traubensorte): Hudler 3.
trauen schw. (heiraten; geschlechtlich verkehren): kopulieren
Trauer f. (um einen Toten): Klage 1. *in der Klage sein* in Trauer sein; *in der Klage laufen* hinter dem Sarg gehen; *einem die Klage ansagen* den Todesfall anzeigen; *die Klage* Leidtragende; *die Klage* Leichenzug; *Klagzeit* Zeit der offiziellen Trauer, mindestens 1 Jahr.
– **tragen** st.: schwarz gehen, s. schwarz 6.
trauern schw. (vom Tragen der Trauerkleidung): trauren 1.
Trauernder m. (wer Trauerkleidung trägt): Kläger 1., Klager
Trauerzeit f.: Klagzeit, Trauret
Traum m.: Sanfel 1. *im Safel* achtlos, im Traum
träumen schw.: träumen, traumen
– (die Zeit durch Träumen verbringen): versirmlen
– (im Sanfel sein): sanflen
Träumer m. (dummer Mensch): Sanfel 2., Sürmler
traurig Adj. (ärgerlich): besengt 3.
– (niedergeschlagen; tappig): duppig 1., düppig

– (voll Leids; sehr): leidig

Treffpunkt m. (der jungen Leute): Latscharesplatz, Milchhäusle, Milchsammelstelle

treiben st. (antreiben, herumtreiben): drillen 2.a.

– (auf das Äußerste treiben): *auf Spiel und Knopf treiben,* s. Knopf 2.c.

– (die Reifen um das Faß treiben): antreiben 1.

– (Handel treiben): grempen

– (Mutwillen treiben): rutschlen 1.

– (Possen treiben): burlen 1.

– (Reifen treiben, mit den Reifen spielen): reiflen

– (Soldatenspiel treiben; von Kindern oder tadelnd von Regierungen): *Soldätles (tun, spielen),* s. Soldätlein 2.

– (Unzucht treiben): buderen 3., losgehen 2.

Treiben n. (aufgeregtes Treiben; Gejammer): Getäe, Getue

– (bei der Treibjagd): Trib 3.

– (Jagen; Hetzerei, Gehetze, Eile): Hatz 2.

– (tolles Treiben; Streitereien; Durcheinander; Affaire): Kirbe, Kirchweih 2.

– (wüstes Treiben): Saukirchweih 2., Saukirbe

Treibruf m. (für Gänse): hude!

Treibschnur f. (vorne an der Peitsche): Zwick 1.

Treppe f. (die zum Dachboden führt): Bünestiege

– (innerhalb des Hauses; Holztreppe): Stiege, Stege

Treppenabsatz m. (Podest): Trippel 1.

Treppengeländer n.: Stegengeländer

Treppenstufe f.: Stapfe 2.; jetzt mehr Staffel, Stapfel, Stä(p)fel; Trappe 2., Träppel, Trippel

Trespe f. (Gras mit vielblütigen, in Rispen wachsenden Ährchen): Trefz(g)e *einen ins Trefze schlagen* auf's Maul schlagen.

Trester m.: Trebel 2., Treber

– (als Futter): Läure 2.

Tresterwein m. (Nachwein; frischer Obstmost): Läure 1.

treten st.: trampen 2., träpplen 2.

– (breit treten): vertrantschen

– (krumm treten; die Absätze): verlotschen, verschiegen

– (vom Hahn): hopsen 2.

– (Wasser treten): patschen A.2.

Treten n. (schnelles Treten): Getreppel

treuherzig Adj. (redlich, ehrlich, lieb): treulich *sei treulich und verschwiega, und was it dein ist, des laß liega.*

Trichter m.: Trächter, Trachter *wenn etwas durch 18 Trächter lauft, kommt nimme viel zum letzte 'raus* vom Gemeinderat.

Trieb m. (falscher Trieb am Weinstock, am Hopfen): Abergabel, Aberzan, Aberzange, Aberzweig

– (junger Trieb): Schößling

– (Sprosse bei Pflanzen): Geschoß 3., Schluchten

Triebkraft f. (Dung, Hefe): Trib 4.

Triebwerk n. (in Maschinen): Rad 1.b.

– (vom Pferd bewegtes Triebwerk): Göpel 1.

triefend Part. (von Fett): beramig 2.

trinken st.: hälden 1., kneipen 3., läglen

– (Alkohol aus der Flasche): *gluck gluck machen*

– (angetrunken sein): *angestochen sein,* s. anstechen 3.

– (aus dem Sutterkrug): gutt(e)ren 2.

– (ein wenig trinken): supflen

– (genüßlich trinken): süfflen

– (gern trinken): luckelen, näßlen, s. nasselen 3.

– (gewohnheitsmäßig trinken): dudlen 3.

– (in den Wirtshäusern trinken, der Kundschaft wegen): lederen II 4.

– (kübelweise trinken): küblen 2.

– (Schnaps trinken; heimlich und häufig): schnäpslen

– (sich in.Tode trinken): absaufen *er hat sich die Gurgel abgesoffen.*

– (stark trinken): ludlen 1., dudlen, lupfen 1.c., bürsten 3., verklemmen 2., blasen 1.e., bosen 2.b.

– (viel Alkohol trinken): einheizen

– (vom erwachsenen Tier): saufen 1.b.

– (vom Menschen; bes. zu viel Alkohol trinken; jedoch verächtlich gebraucht: mehr ein tierisches Trinken): saufen 3. *nach'm Saufe kommt der Durst. Da liegst, warum hast so gsoffe!* auch zu leblosen Dingen.

– (von kleinen Kindern): ninnen, ninnelen

– (Wein trinken, beim *Schöpplein* sitzen): schöpplen

– (wie ein Hund): schlarben 1.

– (zechen): die Gurgel schwenken, s. schwenken 1.b.

Trinken n. (anhaltendes Trinken): Gedudel 2., G(e)süffel, Gesüff 1.

Trinker m. (scherzh.): Nassauer 2.

– (Stotterer): Dudler, Gäger

– (Trinkerin): Lägel 2.

Trinkgefäß n. (großer Krug): Hump(en) 1.

Trinkgelage n. (Saufen): Suff 1. *im Suff* im betrunkenen Zustand.

Trinkglas n. (kleines, enges Trinkglas): Nasenklemmer 1.

– (mit massivem Fuß): Stotze 2.b.

Trinknapf m. (Kaffeetasse): Zottel II

trippeln schw.: stämpfen 2., täppelen, täpperlen

– (mit kleinen Schritten gehen): fußlen 1., füßlen, fußelen

Tritt m. (verächtlicher Tritt, wie man ihm dem Hund gibt): Hundstritt

trocken Adj.: trucken 1. *heut ist's trucke laufe der Weg ist trocken. Was Gott naß machet, ka*

er au wieder trucke mache. *Truckener März, nasser April, kühler Mai füllt Scheuer und Keller und bringt viel Heu. Bei einem truckne Jahrgang (Jahr, Sommer)verdirbt kei Bauer, aber e'n nasser macht arme Leut.*
- (übertragen: teils mit Anlehnung an die ursprüngliche Bedeutung, teils sehr frei): trukken 2. *die vesperet 's ganze Jahr trucke, die könnet scho zu etwas komme* von kargen Reichen. *Ein fürwitziger Bursche ist no nit mal trucke hinter de Ohra. Sei Sach im Truckena haba* unter Dach und Fach. *Er sitzt uf dem Truckena* hat sein Vermögen verloren. *Der ist truckener als's Käfers Füdle* sehr geizig.
- (ausgedörrt von Heu, Öhmd, Getreide): rösch 1.b., opp.: lumpf
- (ganz trocken): furztrucken, nußtrocken, strotrucken
- (wie ein Feuerschwamm): zundeldürr
- **machen** schw.: trücknen, trucknen 2.
- **werden** unr.: vertrücknen

Trockengestell n. (für Heu, Klee usw.): Heinze, Heuheinze, Kleeheinze

Trockenheit f.: Dürre *wo's täglich tropfelt, ist kei Dürre z'fürchte;* Trück(e)ne

trocknen schw. (trocken werden): trücknen, trucknen 1.
- (zum Trocknen auf die Heinzen legen): heinzen

Trödler m.: Grempler
- (Schelte für einen Schläfrigen, Langsamen): Schlafhaube 2.

Trollblume f.: Bachbumpel, Bachrolle, Butterballen, Guckenblume, Kappel, Käppele, Rolle, Schloßrolle, Kappelein, Käppelein, Koppel b., Koppenblume, Schmalzblume 3.

Trommel f.: Tromme

trommeln schw.: bemperen II 1.

Trommelsucht f. (vom Klee aufgedunsenes Tier): Völle 2.

Trompete f.: Päppere

Tröpfchen n.: Zäherlein, s. Zäher 2.

tröpfeln schw.: gütterlen 1., trieflen

Tropfen m.: Spritzer 1., Spretzer, Stritzer
- (Tropfen flüssiger Arznei): Tropfe 1. *so viel Tropfe im Januar, so viel Eiszapfen im Mai. Viel Tropfen höhlen den Stein. Hoffmannstropfen* das bekannte Hausmittel. *Viel Tropfen ge'ent au'n Bach.*

tropfenweise Adj. (in kleinen Mengen Speichel aus dem Mund verlieren): trielig

tropfnaß Adj. (triefend naß): tropflücht

trösten schw.: verberichten, vertrösten

trotteln schw. (nach Art der Ziege): hattelen 3.

trotz Präp. (zum Trotz): zum Torten, s. Tort

trotzdem Adv.Konj.: gerad B.5.
- (nichtsdestoweniger): einenweg, welchenweg

trotzen schw.: *ein Mümpflein machen,* s. Mumpfel 2., mocksen, trutzen, pochen
- (beleidigt tun): pfausen 3.
- (gekränkt schweigen): schmollen 2.
- (sich gekränkt fühlen): mauden II
- (stolz sein): pochen 1.
- (störrisch sein): bocken 3.

trotzig Adj.: räppig 2., räppelig
- (eigensinnig; zäh): hartleibig 2.
- (finster): mockset, mocksig

Trotzkopf m.: Bockskopf, Mockkopf

trotzköpfig Adj.: mockköpfig

Trotzmund m.: Brutsche

trüb Adj. (dunkel vom Wetter): dusman 2., dusig
- (von der Farbe eines Stoffes, Getränkes): dus 2.

Trudenfuß m. (Stern von 5 oder 8 Spitzen, gegen Hexen udgl.; schlechte Handschrift): Krotenfuß

Trugbild n. (Blendwerk des Teufels): Gespenst

Truhe f. (auch auf einem Wagen): Truche 1.
- (oder Korb auf einem Wagen, bzw. der Wagen selbst; Truchenwagen): Benne
- (zugleich Bank, zur Aufbewahrung von Vorräten): Sidel, Zidel

Trunk m. (der erste Trunk aus dem vollen Bierglas): Anstich

Trunkenheit f.: Rausch 2., Synn. zahllos: Bläß, Brand, Dampf, Dusel, Fieber, Hannes, Nebel, Sarras, Spitzer, Zopf usw. *Der hat meh Räusch als Tag im Jahr. Im Rausch sait ma d'Wahret.*

trunksüchtig Adj.: versoffen, s. versaufen 3.

Truthahn m. (Truthenne): Gurre II
- (übtr. auffahrender, jähzorniger Mensch): Biber I, Bibgöckel *sei doch kei so Biber!*
- (welscher Hahn): Kauter 2., Kuter 2.

Truthenne f.: Bibhenne

trutzen schw. (schmollen): bläen 1.b., mocken

Tuch n. (der Klageweiber): Heultuch
- (grobes Tuch, z.B. für Säcke): Sacktuch 1.
- (großes Tuch aus Leinwand, Kunststoff, Plastik): Blahe *der Dinge soll man nicht ausleihen: Regenschirm, Blahe und 's Weib.*
- (zum Heimtragen von Gras und Laub): Grastuch

tuchen Adj. (aus Tuch bestehend): tuchen, tüchen

Tuchfetzen m. (Stoffetzen; herunterhängendes Stück): Schlampen 2.

Tuchlappen m. (zum Aufwaschen; Waschhandschuh): Wäschlump(en)

tüchtig Adj. (adverbial verwendet): wäckerlich 2.
- (bieder): rechtschaffen 1.
- (brauchbar): brav 1.a. *wenn die brave Weiber wäschet, wird's Wetter gut. Der ist brav, wenn*

er schlaft; wacker 2., fromm 1.
- (geübt, vollendet): ferm
- (hurtig, schnell): gutig, gut(d)ing, gutlig, gutling
- (passend, gut; beträchtlich): gehörig 2.
- (steigernd gebraucht): rechtschaffen 2.

Tuchunterlage f. (am Kleidersaum): Stoß 3.a.

Tüftler m.: Dift(e)ler, Furzler
- (mit besonders übertriebener Sorgfalt und Genauigkeit arbeitender Mensch): Erzdiftler

tummeln schw. (sich tummeln, sich beeilen): tummlen 3.

Tümpel m. (Pfütze): Se

Tun n.: Handlung 1.
- (langsames Tun): Gezettel

Tun und Treiben n. (Vorhaben; Unwesen): Wesen 2.

tünchen schw. (ein Haus mit Mörtel bewerfen): verblenden 2.

Tunichtgut m. (unzuverlässiger Mensch): Scheurenburzler 2.

tunken schw. (eintauchen): brocken 3.

Türangel f.: Angel 3. *zwischen Tür und Angel sein* in der Klemme sein. *Wer d'Finger zwischen Tür und Angel hat, der klemmt sich gern.*

Türe f. (eines Autos, einer Kutsche): Schlag 6.a.

Türklinke f.: Schnalle 1.b., Türschnalle, Schnäpper 1.c.

Tür- und Fensterbeschläge Pl.: Behenk 1.b.

Turm m. (einer Stadtmauer, einer Kirche): Turn 1. *er ist wie d'Fahn auf'm Turn. Je höher der Turn, desto schöner 's Geläut. Er lauft mit dem Turn um'd Kirch.*

Turmhahn m.: Wetterhan

Türrahmen m.: Zarge 1.c., Sarge

Tüte f.: Gucke II, Gucker II

U

übel Adj. (elend, schwach von Kranken): lie-
derlich 3. *der ist liederlich* schwindsüchtig.
- (mißlich; schlecht, widerwärtig verkehrt):
  hinderlich
- (schlimm, schlecht; bange, weh): wirs(ch),
  Komp. *wirser,* Superl. *wirst*
Übelkeit f. (Schwächegefühl): Wirs(ch)e
übelnehmen st.: geneisen 2.
über Präp. Adv. Adj.: ob I 4., ober c., ober A.1.,
öber, opp.: unter, nider
- (bei, um gegen): ob I 2.
- (oberhalb): ob I 1.a.
überall Adv.: allenthalben, durchane, durchum-
me
überanstrengen schw. (quälen; bitten, fragen
mahnen): schinden 3.a.
- (bes. vom Vieh): schächten 3.
- (mit Laufen sich überanstrengen): sich über-
  laufen 2.a.
- (sich überanstrengen, zu viel trinken): sich
  übernemen 4.
- (zu schwere Lasten heben): verheben 3., ver-
  lupfen
überarbeiten schw. (sich überarbeiten): über-
schaffen, sich verschaffen 4.
- (aufarbeiten, durch Arbeit beiseite schaffen):
  aufschaffen
überbeschäftigt Adj.: überlängst 2.
Überbleibsel n. (bes. von Speiseresten): Über-
ling, Geleibete, Gehäckstelein, s. Gehäcke 4.,
Leibete, s. leiben I
überdenken st.: hinterdenken 1.
überdrüssig Adj. (verdrießlich): undrüß, un-
drütz
- **sein** unr.: *weit hoben sein,* s. hoben
- **werden** unr.: *oben heraus kommen,* s. oben
  2.b.
übereifrig sein unr. (hastig sein, aufgeregt ar-
beiten): jästen 2., jasten
übereilen schw. (schlecht machen): verhudlen
1., verhasplen 2., verhoien, s. verhuien 3.a.,
verjästen, verschußlen
übereilig Adj. (ungeschickt): huschelig
übereilt Adj. (im Nu, im Hui): rappete-
kapp(ete)
- (unbesonnen, närrisch): geschossen 1.
- (unpünktlich arbeitend oder gearbeitet): hu-
  delig

Übereilung f.: Schautel 3.
- (unpünktliche Arbeit): Hudelei
übereinkommen st. (heimlich übereinkom-
men): abmachen 6.a.
übereinstimmend Part. (gleichgesinnt): überein
II, übereins
überessen st. (sich überessen): verhauen 4.b.
- (und zu viel trinken): überladen 2.a., sich
  überleben 2.
überfahren st.: verkarren; *verkarrt werden* über-
fahren werden. *Eine verkarrte Sache* verfah-
rene Angelegenheit.
- (verderben): verfüren 3., verfurwerken
überfließen st.: überlaufen 1.
überfordern schw. (übervorteilen): übernemen
2. *übernomme ist net (nix) gwonne.*
überfressen Part. (aufgebläht): verblät, geblät,
s. bläen 1.c.
überfrieren st. (eine Eisdecke bilden): schrefen
übergeben st.: übermachen 2.
- (das Hauswesen übergeben): vergeben 2.b.
- (spez. vom Bauern, der sein Hauswesen dem
  Sohn übergibt und in den *Ausding* tritt):
  übergeben
übergehen st. (vernachlässigen; wie nhd.): über-
schlagen 3.
übergenug Adv. (mehr als genug): bodengenug
übergießen st. (mit Wasser übergießen und da-
durch reinigen; Wäsche spülen): flößen 1.,
flözen
übergipsen schw.: veripsen
überhaupt Adv. (ganz und gar; unter allen Um-
ständen): überhaupt(s) 1.
überhitzen schw. (des Ofens): gahhitzlen, spei-
en 3.
überhören schw.: verhören 3.
überkanten schw.: überbocken
überkleben schw.: überpappen
überklug Adj.: übergescheid
überkommen st. (befallen, berühren): ankom-
men 2.
überlaufen st.: herauslaufen, s. auslaufen 2.a.
- übergehen 1. *wenn der Hafe voll ist, gaht er
  über. Die Augen gehen mir über.*
überlegen schw.: denken 1. *was ich denk und tu,
trau ich andern zu. Schweigen und denken,
kann niemand kränken. Denka därf ma alls,
aber it alls saga. Für's Denka därf ma ein nit*

henka, aber für's Saga's Maul verschlaga. Was man nüchtern denkt, sagt man im Rausch.
– hinterlegen 2.
überlisten schw.: hinterlisten
übermäßig Adj. (allzu sehr): bunt
– (maßlos): überrichtet 2.b.
– (überflüssig): üb(e)rig 2.a.
– (übertrieben): übermacht, übermachet, s. übermachen 1.
übernachten schw. (die ganze Nacht im Wirtshaus sitzen): durchnächtlen
übernächtigt Adj. (durch allzulanges Wachsein angegriffen und müde wirkend): übernächtig; *er ist noch übernächtig* noch vom Abend her betrunken.
übernehmen st. (durch zu starkes Heben einer schweren Last einen Bruch davontragen, einen Schaden nehmen): sich verlupfen 2.
– (leihweise übernehmen; entlehnen): leh(e)nen 2., vertlehnen, entlehnen
überpurzeln schw. (ausgleiten): gutzengäckelen
überreden schw.: perschwadieren
überreif Adj. (vom Getreide, dessen Ähren sich biegen): krummreif
– (weich): teig 1., teiget, teigig
Überrest m. (der beim Auslassen der Butter in der Pfanne bleibt): Anke II 2.
Überreste Pl. (Überbleibsel, Abfall, Ausschuß): Urasen
Überrock m.: Überzieher
übersät Adj. (dicht gedrängt): burz(e)letvoll, s. burzlen
überschlagen Adj. (von einem Zimmer, vom Wasser, Getränke): glusam 1., gluisam
– (sich überschlagen, Purzelbäume schlagen): gescheur(en)burzlen
überschnappen schw. (verrückt werden): hinüberschnappen
Überschuh m. (Gummischuh): Galosche
Überschwemmung f.: Guß 2.
übersehen st. (falsch sehen): versehen A.3.
– (sich irren; sich vergessen; etwas Verkehrtes tun): sich vermunen 2.
– (übergehen; versäumen; verspäten): vermunlosen
Übersetzungshilfe f. (in der Schule): Schlauch 3.
überspannt Adj. (ekelhaft): gesarft 1.
– (halbverrückt, unbesonnen): überheunisch, überhirnig, überhirnisch, überhirnt, überhirnet
– (närrisch, halbverrückt): geschuft 1.
– (überstudiert): übernisteret
überspringen st. (auslassen): überhupfen
überstreichen st. (Backwerk mit einem Zuckerguß): eisen II 2., bestreichen
überstürzen schw.: vergaloppieren
Überstürzung f. (voreiliger Mensch): Schudel

überteten st. (das Wasser ist über die Ufer getreten): austreten A.2.
übertreffen st.: stechen 3.c.
übertreiben st. (aufschneiden): täferen 2.d.
– (prahlen): übertun 2.
– (zu stark betreiben): übermachen 1.
übertrieben Adj. (überspannt): überkandidelt, überrichtet 2.
übervoll Adj.: brotzeltvoll, bratzletvoll, gebratzlet(voll), geburzletvoll, gehutzlet, gerogletvoll, groppetvoll, geruppletvoll, geschlappetvoll, geschlatteltvoll, geschlatteretvoll, geschwapplet, gschwappletvoll, gerutsche(l)tvoll, gerutzletvoll, gesteckt voll
– (besonders vom Magen): getrommlet voll, s. trommeln 2.b.
– (bis an den Rand gefüllt): geschwipplet, gschwippletvoll
– (gedrückt voll): gestopft voll
– (gehäuft voll): geschochet, geschochet voll
– (zu voller Sack): stöckiger Sack, s. stockig 2., stöckig
übervorteilen schw.: abfassen, abschöpfen 2., beräufen 2., schnalzen 2., schnellen 3.b., verkluppen
– (ausbeuten): blutzgen I
– (betrügen): beluchsen
– (hintergehen): ausschmiren
– (überrumpeln): verdutzen 1.b.
überwachsen st.: verwachsen 1.
überwältigen schw.: übernemen 3.
– (bezwingen): bannen
überweise Adj. (närrisch): überstudiert, s. überstudieren 2.
überwintern schw. (durch den Winter füttern): winteren 1.
überwölben schw. (einen Graben überwölben): zudolen
Überzahn m. (der aus der Zahnreihe herauswächst): Wolfszan 2.
überziehen st. (sich mit einer Haut überziehen): häutlen 1.
– (mit Wachs überziehen): wichsen 1.
Überzug m. (des Bettes): Unterzieche
– (eines Kissens): Pfulbenzieche
– (für Bettdecke und Kopfkissen): Zieche, Zilche
üblich Adj. (geläufig, gangbar): gänge c., gang *gang und gäb*, vgl. gangbar, gängelich, ganghaft, gängig
übrig Adj. (übrig geblieben, bes. übrig bleiben): üb(e)rig 1.
– **bleiben** st. (übrig sein, von Mahlzeiten): leiben I 2.
– **lassen** st.: geleiben *ihr dürfet nix geleibe, die Schüssel muß leer werde*; überlassen 1.
– (nur von Speisen): leiben I 1.
übrigens Adv. (nebenbei bemerkt): apropo 1.

Uhr f. (alte Uhr, alte Geige): Schmalzkätter
- (mit Pendel vor dem Zifferblatt): Zabler 2.b.
Ukelei m. (Bodenseefisch): Agöne, Gräßling, Langbleck, Laugele, Launig, Schneider, Silberbleck, Silberfisch, Silberling
Ulrich m. (hl. Ulrich, Bischof und Patron von Augsburg. Sein Tag (St.) Ulrichstag, 4. Juli; Ulrich ist der Patron gegen Mäuse): Ulrich 1.
- (männlicher Vorname): Ulrich 1., Kurzformen: Urech, Ure, Urle, Ule, Uli
um Adv., Präp., Konj. (im ganzen wie nhd.): um, s. einige besondere Verwendungen
umarbeiten schw.: ummachen b.
umarmen schw. (in leidenschaftlicher Liebe): verdallemallen
- (umhalsen): hälsen, halsen
Umarmung f. (der Verliebten): G(e)schlupfe
umbringen schw.: abdachsln, abdachtlen
umdrehen schw. (auf den Kopf stellen): überstürzen
- (den Wagen umdrehen): umscheiben
- (sich umdrehen): umgucken
umfallen st.: umschlagen 2.a.
- (auf komische Weise): umburzlen
- (derb): umhaglen, umhurglen
- (intr. mit sein): umgeheien 1.
- (mit rollender Bewegung): umkuglen
- (torkelnd umfallen): umtorklen 2.
- (umstürzen): umfliegen
Umfassung f. (Gestell): Gehäuse 2., Urengehäus
Umfriedung f. (Hecke, Zaun): Hag, vgl. Garten-, Latten-, Schräg-, Spälten-, Stangenhag; auch Bretterhag. *Wo der Hag am niedersten ist, gaht ma'naus. Es stehen zu viel hinterm Hag* sagt man, wenn jemand da ist, der nicht alles hören soll.
umgänglich Adj. (freundlich, zugänglich): geschlacht 2.
Umgehacktes n.: Hacket 2.
umgehen st.: (als Geist umgehen): laufen 1.c.
- (mit Pferden; Handel treiben mit Pferden, reiten, riechen nach Pferden): roßlen 2.
- (übel mit einem umgehen): hussen
umgekehrt Adj. (das Untere nach oben): überwindlingen 3., -ling, -lig
- (ganz verkehrt; das Hinterste zu vorderst gekehrt): hintersichfürsich, hintersifürsi
- (verkehrt, dumm, blöd): äbich
umgraben st. (mit dem Spaten bearbeiten): spaten, schoren, umschoren
umgrenzen schw. (mit Marksteinen): vermarken
umhauen unr.: umsäblen
umher Adv. (hin und her, bes. von ungeordneter Bewegung): umeinand(er); bes. mit Verben: *umeinand fackeln* mit dem Licht unvorsichtig umherzünden; *umeinand danslen*

planlos umherschlendern; *umeinand grattln* umherschleichen; s. weitere Beispiele bei *umeinand(er)*.
umherfahren st. (einen Umweg fahren; fahrend umrunden): umfaren 1.
umherrennen st. (vom Vieh, das von Insekten geplagt wird): därren 1; bisen I *die Schnecka uf d'Schwänz schlaga, daß se net bisa.*
umherschleichen st. (gebückt gehen): duckslen, dückslen
Umherschlendern n.: Schwanze, Schwanzete
umherschwanken schw.: *umme weiflen*, s. umme 2.
umherschwärmen schw.: stralen 1.
umherschweifen schw. (von Menschen und Hunden): schwapp(e)len a.
umhersitzen st. (träge umhersitzen, liegen): dahangen 2.
umherstreifen schw.: streichen 2.
umhertorkeln schw.: umtorklen 1.
umherwälzen schw. (im Bett umherwälzen; in's Bett liegen; das Bett verwühlen): nesten 2.
umkehren schw. (umdrehen): verkeren 1.
umkippen schw. (verrückt werden): überschnappen
umknicken schw. (Papier, den Saum u.ä.): umbucken
umkommen st. (vor Durst): verdursten
umpflügen schw.: umackeren, -äckeren, -zackeren
- (den Boden auflockern): falgen, falgnen, felgen
- (Getreidestoppeln umpflügen): weischen
- (nach der Ernte der Winterfrucht ein erstes Mal umpflügen): stürzen 1.a.
umschichten schw.: umbocken
Umschlag m. (Einschlag): Falz I 2.
- (Kragen): Überschlag 1.
umschlagen st. (falten): einschlagen A.7.
- (umwenden; umstürzen): überschlagen 3.
Umschlagtuch n. (zum Wärmen): Selenwärmer
Umschweif m. (Langweiligkeit): Dratel 3.
Umschweife machen schw.: geränklen 2.
umsehen st. (sich umsehen): *umme gucken*, s. umme 2.
umsetzen schw. (in Geld umsetzen): verkipperen
umsonst Adv. (vergeblich, unentgeltlich; grundlos): umsust, ummesust
Umstand m. (Ausflucht): Flause
- (große Aufwartung): Standare *Standare machen.*
- (Hindernis, Schwierigkeit): Apropo 2.
Umstände Pl.: Finessen
- (Ausflüchte, Zierereien): Fisimatenten, Fisimatenken, Fisimagenken, Fizemanterlein, Fislematantes
- (Schwierigkeiten): Sperranzien

– **machen** schw. (Ausreden finden; ausweichen): ränklen 2.

– (Wirbel machen): *Häckmäck machen.*

– *Gesperranzenen machen.*

umständlich Adj.: weitläuf 2.

– (übelnehmerisch): gäbelig

– **sein** unr. (auch umständlich reden): trielen 2.b.

umstülpen schw. (z. B. zu lange Ärmel): überstülpen, aufschlagen 1.a.

umstürzen schw. (beim Fahren; umlegen; fahrend anstoßen und zu Boden werfen): umfaren 2.

– (ein Gefäß): umgägen 1.

– (intr. mit sein): umgägen 2.

umstürzend Part. (durch zu große Höhe umzustürzen drohend; von großen Menschen oder hochaufgeschichteten Dingen): überstürzig

umtriebig sein unr. (sich betriebsam benehmen): unnoten

umtriebige Frau f.: Unnötlein, s. Unnot 2.a., Unnotelein

– **Kinder** Pl.: Hudelware

Umtrunk m. (kleine Feier zum Dienstantritt): Einstand

Umweg m.: *es ist um (viel um, weit um),* s. um 1.

– **machen** schw.: umlaufen 2.

umwenden unr. (umkehren): wenden 1.a. *da hilft kein Drehen und kein Wenden;* umschlagen 1.

– (Heu umwenden, auflockern): ummachen b., warben

– (sich umwenden; sich ändern; anders werden; ungenießbar werden): umschlagen 2.

– (wegwenden): verwenden 1.

umwerben st. (jemanden umwerben): pussieren

umwerfen st.: einstoßen

– (durch einen Stoß umwerfen): umschucken

– (durch hastiges Benehmen etwas umwerfen): umschußlen 1.

– (ein Fuhrwerk, auch mit dem Fuhrwerk): umgeheien 2.a., umschmeißen 1.

– (einen Holzstapel umwerfen): eingeheien 1.

– (pflügen; auseinanderbreiten): verwerfen 2.

– (zusammenwerfen): einwerfen 2., eingeheien, einschmeißen

umzäunen schw.: einmachen 1.

– (einen Zaun machen): zäunen 1.

umziehen st. (verreisen): ziehen 3. *wer oft zieht, verrutscht d'Hose. Dreimal zoge ist soviel als einmal abbrennt.*

unabsichtlich Adj.: net gern, s. gern 2.

unachtsam Adj. (nachlässig): schlauderig, schluderig

– (übelhörig): dickorig, dickoret, dickörig, dicköret

unangenehm Adj. (ärgerlich): scherig, schirig

– (aufdringlich): lästig 2.

– (unbequem; ungelegen): ungeschickt

– (widerwärtig; nach nichts oder übel schmecken): ungeschmack(t)

– (wie nhd.; soll Kriterium schwäbischer Nasale sein, ist aber Halbmundart): unangenehm

Unangenehmes n. (Angst): Wetag 1.b., *Wetag machen* herumjammern wegen nichts.

unansehlich Adj. (verkümmert): gruppig

Unart f. (Untugend; schlechtes Betragen): Unform, Unfurm

unartig Adj. (böse, bes. von Kindern): unselig 2.

– (lümmelhaft): ungefanz(e)t, unfanzig; unnötig 2.

– (verflucht, böse): stralig, bes. mit Schimpfwörtern: straliger Lausbube, Siech, Düppel, Stoffel, Rindvih, Hund usw.

unartiges Kind n. (tadelnd, als Ausdruck des Unmuts): Gofe

– **Mädchen** n.: Lausmädlein

unaufgefordert Adj.: ungeheißen

unaufhörlich Adj. (in einem fort): abstatt, abstätt 3.

unaufmerksam Adj.: geistlos 2.

unausgebacken Adj. (teigig, schmierig von Brot, Birnen vom Boden): dalket 1., dalkig

– (vom Brot): mumpfig

unbändig Adj. (wild): kalabrisch

unbändiger Bursche m.: Unband

unbedacht Adj. (läppisch, ausgelassen): gehappelig, gehapplet

– **sagen** schw.: verblättern 3.

unbedingt Adj.Adv.: stantepede 2.

– (mit aller Gewalt, energisch, frech): parforsch

unbefruchtet Adj. (unbrauchbar, verdorben, faul): lauter 3.

unbehaglich Adj. (flau): zweierlei 2.

unbeholfen Adj.: gagisch; taperig, s. tapig; grap(p)elig 3., groppelig

– (dick): pflumpfig

– (läppisch): lobet

– (ungeschickt): zwalgig

unbeholfener Mensch m.: Pflatsche II, Block 2., Pelzmärte 2., Pflümpfel, Tape 3., Ure, Zwalger, Zwalge

unbelästigt Adj.: ungescheniert 1.

unbequem Adj.: unkommod

unberufen Adj. (schweigsam bei magischen Handlungen): unberaffelt, unbeschrien 2.

unberührt Adj. (ohne zu berühren, ohne anzustreifen): ungestreift

unbesonnen Adj. (verworren, närrisch): wirbig

– **handeln** schw. (übereilt arbeiten): watlen I 3., watelen, wätlen, wotlen

unbeständig Adj. (launisch): wetterwendisch, wetterläunisch

– **sein** unr. (ungünstig sein): verheien 3., vertheien

unbeweglich Adj. (ganz steif): bockstärr *der ist bockstärr wie der Nänle selig;* bocksteif *die Wäsche ist bocksteif gefroren.*

unbezahlt Adj.: ungezalt

unbrauchbar Adj. (verdorben, ruiniert): kapores

undicht Adj. (inkontinent; auch wer nicht schweigen kann): unbehäbe
– (rinnend): rinnig

undicht sein unr. (durchsickern): rinnen 3.

Unding n. (Ungeheuerlichkeit, Unrecht): Unbill

uneben Adj. (holprig): bockelig, bockelich
– (rauh): geruppig 1., holperig

Unebenheit f. (als Fehler; spez. vom ungleichen Haarschnitt): Stapfel 2.b., Staffel, Stä(p)ffel
– (Knoten, Auswuchs): Burren 2.
– (Schanze aus Schnee): Hotzer

unempfindlich Adj. (gegen Kitzeln): abgekitzlet
– (gegen Schläge): hartschlägig
– (phlegmatisch; einem Farren ähnlich): färrisch

unentgeltlich Adj. (gratis): kostnichtser, kostnitser

unentschieden sein unr. (vom Wetter): losen I 3.

unernst Adj. (zum Lachen geneigt): lächerig 2.

unerschütterlich Adj. (unerschütterlicher Glaube): stark 2.c.

unerträglich Adj. (untragbar; unausstehlich, mürrisch): unlittenlich, unlittig
– (von Dingen und noch mehr von Menschen): unprästierlich

Unfall haben unr. (einen schweren Unfall haben): büsch(e)len

unfein Adj. (rauh; uneben, knorrig, vom Holz): ungeschlacht, ungeschlappet, ungeschlattet

unfein Adj. (unedel, billig, gewöhnlich): ordinär 2., s. ordinari 2.

unflätig Adj. (gegen den Anstand verstoßend): säuisch
– (widerwärtig, unsittlich): käl 1.b.

unflätige Frau f.: Sucke 2.

unförmig Adj. (fett): pfluntschig, s. Pfluntsch(e)

unfreundlich Adj. (mürrisch): sauer 2.b.
– (scharf; rauh, kratzig, hitzig): räß 2.a.
– (trotzig): mocket, mockig, mockisch; mockset
– (ungut): muff(e)lig

unfreundliche Frau f.: Mull 3.

unfruchtbar Adj. (nicht trächtig, von Haustieren): galt 1., gält
– (von einer Kuh): mens

Unfug m. (übles Benehmen): Unfure
– **treiben** st.: bublen, bubelen

ungebacken Adj. (ungeschlacht, roh): ungebachen, ungebackt *ungebachen schön* sehr schön.

ungebärdig Adj. (schwer zu behandeln, von Menschen, Tieren, Böden, Holz): unbärig

ungeduldig Adj. (immer drängelnd): notscheißig
– (neugierig, vorwitzig, kokett): geifitzig
– (ungestüm; naseweis): pfitzig
– (unruhig; zappelnd vor Ungeduld): zwatzelig
– (zanksüchtig): bittlos 1

ungeeicht Adj. (nicht amtlich geeicht; übtr. wer sehr viel trinken kann): ungeeicht

Ungeheuer n. (wildes Tier): Untier 2.

ungeheuerlich Adj.: pfingstelig, s. pfingstelen

ungekämmt Adj.: ungestrält

ungekämmte Frau f.: Harassel, Hareule, Harhexe, Harigel
– **Haare** Pl.: Klotzete

ungekämmtes Haar n.: Strobelkopf 1., Strubelkopf

ungelenk Adj. (ein auf hohen Füßen stehendes Gerät): gagelig

ungeordnet Adj. (unordentlich, zerzaust): strabelig 2.
– (unreinlich, bes. in der Kleidung): schluttig 1.

ungeprüft Adj.: unbesehen

ungeräuchert Adj.: grün 2.b.

ungerecht Adj. (noch nicht mit dem Rechen bearbeitet): ungereche, *auf dem Ungerechten ären* stehlen

ungereinigt Adj.: ungeputzt

ungesalzen Adj.: schle, schlelos; schlai, schlaib
– (fad, öde): leis 2.a., leislich

Ungeschicklichkeit f. (dummer Streich): Dalken 3., Unschick

ungeschickt Adj.: tapig
– (täppisch): schuckelig, tappig, tappet *i hau halt so en tappeta Humor, tappetes G'müt* entschuldigt sich einer, der gerne Frauen anfaßt.
– (unbeholfen; ungehobelt, störrisch): unbärig

ungeschickter Mensch m. (der die Füße nicht heben mag): Latsche, Lotsche

ungeschicktes Mädchen n. (auch einfacher Mann): Dälle II

ungeschliffen Adj. (plump, unartig): ungemacht 2.

ungeschliffener Mensch m. (Schelte, speziell für die Weingärtner): Raupe 3.

ungestüm Adj. (fahrig, lärmend, patzig, oberflächlich): rauschebauschig

Ungewißheit f.: Ungewisse

Ungeziefer n. (das das Vieh plagt): Geschmeiß 2., Unzifer 1.
– (in Kleidern, an Bäumen): Geschnipf 3., Gschnipfich
– (übtr. Gesindel): Gezifer

ungezogen Adj. (jähzornig; ekelhaft; langweilig): unfanzig

Unglück n.: Saupech, Unstern

– (kleines Unglück, Unfall; Widerwärtigkeiten): Malör

unglücklich Adj.: unselig 1.

ungut Adj. (launisch, widerwärtig): herb 2.d.

unhandlich Adj. (schwer zu haben, zu behandeln): unhäbig

unheimlich Adj. (verschlossen, scheinheilig): verdruckt

unhöflich sein unr. (tölpelhaft sich benehmen): stofflen

unklar Adj. (unverständlich): kauderwälsch

unkonzentriert sein unr.: schwapp(e)len b.

Unkraut n.: Ät, Geät, Gras 4. *in den Wegen wachst viel Gras;* Schmel(ch)e 2.

– (das im Stoppelfeld wächst): Geweisch 2., Weisch

– (voller Unkraut sein): verunkrauten

Unkraut jäten schw.: krauten, grasen, kräuteren 1., krauteren

Unkrautsamen m. (im Getreide): Sämich

– (Abfall beim Putzen und Sieben des Getreides): Gesäme, Gesämde, Gesämich

unleidlich Adj. (übel gelaunt): unleidig

unliebenswürdig Adj. (unliebsam): übelleidig, unmögig

Unlust erregend Part. (bes. von schlechtem Wetter): unlustig

Unmensch m. (böser, aber auch nur ungefälliger Mensch): Unmann 2.

Unmöglichkeit f.: Unding

unnachgiebig Adj. (beharrlich; derb, plump): handig 3.

Unnötiges n. (Überflüssiges): Unnot 2.

unnütz Adj. (vergeblich, leer): eitel 3.

unordentlich Adj.: gerustig 1.

– (heruntergekommen): verlotteret

– (in der Kleidung): geschlampet

– (nachlässig): schlampet

– (wüst): schlappet

unordentliche Frau f.: Latsch, Schlamperin 1., Schlutte 3., Schluttel, Gerustel, Grusel, Wust 3.

– (Hexe): Schrättel, s. Schratt

– (Schelte): Schlarre 3., Schlärre

unordentlicher Mann m.: Schlamper 1., Schlamperer 1., Schlapper 1.

Unordnung f. (Durcheinander): Miste 2.a., Nuse, Wust 1.

– (nach der Arbeit, Tätigkeit): Richte 2.

– (unaufgeräumter Haushalt): Sauladen 2., Saustall

unpassend Adj. (sich nicht fügend; unartig): ungattig, -gattelich, -gättlich

– (ungeschickt): uneben 2.

– (zur unpassenden Zeit geschehend): unzeitig 2.

unpäßlich Adj. (unwohl, ohne Appetit): kalässe

Unpäßlichkeit f. (Erkrankung): Kauder 4.

unpraktisch Adj. (unbrauchbar): ungeschickt

unrasiert Adj.: stupflich 1.

Unrat m. (Straßenkot, Morast, Sumpflache): Suppe 2.

unreif Adj.: unzeitig 1.

– (verächtlich): neubachen 2.

– (vom Obst): fatzengrün, grün 5.

– (weich): kätsch, s. kätschig

unreifer Mensch m.: Spunt 2., meist *junger Spunt,* Hopfer 2., Grünling 2., Grünschnabel

unrein Adj. (ungeputzt): strobelig 2., stroblig, strubelig

Unreines n. (alles Unreine, Schmutz, nasse Erde): Dreck 2., *Dreck ist dei Vetter* du bist ein Lump. *Da steckt der Karra im Dreck.* Einen Nichtsnutz *hat der Teufel im Dreck verloren.*

unreinlich Adj.: suckelig

– **sein** unr. (sich mit Wasser besudeln; Flüssigkeit verschütten): suck(e)len

unreinliche Frau f.: Dreckampel, Schmotzampel 2., Schmotzappel, Schmotzbäll, Zulle 2., Zuttel, Zuttlerin, Rutsch 1., Butzel 2., Botzel, Botschel, Suckel 3.a.

unreinlicher Mensch m. (Schimpfname): Drecksau, Drecksuckel, Piche 2.

– (unhöflicher Mensch): Zobel 2.

unreinliches Mädchen n.: Hutzel 5., Hurzel

– **Weibsbild** f.: Miste 2.b.

Unreinlichkeit f. (Unordnung; Orgie, Zote): Sauerei

Unreinlichkeiten Pl. (in den Ecken des Mundes, der Augen, zwischen den Zehen): Käs 2.c.

unrichtig Adj. (falsch, nicht passend): letz 2.

– (verkehrt, fehlerhaft, gefälscht): falsch 1.

Unruhe f. (Aufruhr): Rumor 1.

– (Tumult, Lärm): Gesteim

Unruhestifter m.: Krawaller

unruhig Adj.: geistig 2., vgl. geisten; ungerüig

– (geräuschvoll): rammlig 2.

– (kopfwackelnd, Grimassen schneidend): schnackelig

– (nervös, aufgeregt): rappelig, unrüig, ungerüig

– (turbulent): rumorisch

– **sein** unr.: rumoren

– (herumrutschen, sich im Bett wälzen, im Scherz kämpfen): umschinden, barren, feigen, gop(l)en

unruhiger Mensch m. (der immer herumfakkelt): Fack(e)ler, Unrue 3.

unruhiges Kind n.: Hudelwisch 2.

– (gefallsüchtiges Mädchen; naseweise Frau): Geifitz 2.

unsauber Adj.: schlipferig 2.a., schlupferig

– (unmanierlich, grob): unflätig

– (was nicht sauber aufgeht; unordentlich): ungerad 3. *etwas Ungerades tun* Unrechtes.

unsaubere Frau f.: Hutsch, Hutschel

unsauberer Mensch m. (Schimpfwort, aber auch lobend: geschickter, gewandter Mensch): Lose I 2.

Unsauberkeit f. (spez. Körperausscheidung): Unflat 1.

Unschicklichkeit f. (Schaden, Fehler, kleiner Unfall): Gäukelein

unser Pron.: unser 2.; *der Unser* der Hausherr.

– (Genitiv des Personalpron. *wir*; üblich nur in den Komposs.): *unser einer* jemand wie ich, wie wir; *unserwegen, unsertwegen*, aus Gründen, die uns betreffen; von uns aus; *unser(t)willen* um unsertwillen, mit Rücksicht auf uns, uns zuliebe; *unserlei, Leute wie unserlei* Leute unsrer Art., s. unser

unsicher Adj. (taumelnd, schwach auf den Füßen): horgelig 2., s. hurgelig 2.

– **sein** unr. (nicht wissen, wo man dran ist): *net gick und net gack wisse*, s. gack

Unsinn m. (unsinniges Geschwätz): Zeug 3.b. *der schwätzt dummes Zeug raus.*

– **reden** schw. (daherschwatzen): verzapfen 2.

unsinnig Adj. (widerspenstig, streitig, unartig): ungeheit 2.a.

unstet Adj. (flatterhaft, eilfertig): boschig

unstete Frau f.: Fegbletz, Fegeisen, Fegwisch

untätig sein unr.: verligen 2.b.

untauglich Adj. (schlecht, verdorben, faul): keinnütz(ig) 1., keiz, knütz, keitzig, knützig, keintzelig

unten Adv.: darab 1.

– (von oben bis unten): durchab

Unterbieten n.: Abstreich *zairsta probiert mer da Abstroach.*

Unterbrechung f. (ohne Unterbrechung; schnell nacheinander): *Schlag auf Schlag*, s. Schlag 1.b.

unterdessen Adv. (einstweilen, inzwischen): anzig

unterdrücken schw. (durch Zusammenbeißen der Zähne einen Schmerz unterdrücken): verbeißen 2.b., *net verbeiße und verputze* nicht verwinden. *Verbeiße will ich es, aber it schlucke.*

– (verheimlichen, unterschlagen): verdrucken 2.

Unterführung f. (Tunnel): Tunell, Untergang 3.

Untergeschoß n. (Kellervorraum): Sutrai

unterhaken schw.(einhaken): henkelen, einhenken, hängelen

unterhalten st. (sich unterhalten): diskurrieren

Unterhaltung f.: Ansprach 1., Schwatz

Unterhändler m. (beim Viehkauf): Schmuser 2.a.

– (Kornhändler): Kipper 2., Kipperer

– (Schöntuer): Geschmuser, Schmuser

Unterhemd n. (Rumpfteil der Kleidung): Leiblein, s. Leib 2.b.

unterlaufen st. (Versehen unterlaufen): sich reißen 3.b.

unterlegen schw. (auf schiefer Ebene einen Stein odg. unter das Rad legen): unterschlagen 1.

unterliegen st. (den Kürzeren ziehen): *gelätsch werden*

Unterlippe f. (herabhängende Unterlippe): Schlorbe 2., Triel 1., Lätsch I

Untermiete f.: Aftermiete

Unternehmen Pl. (Arbeiten): Geschäfter

unterordnen schw. (einordnen): fügen 2.

Unterredung f. (heimliche Unterredung, unnötiges Gerede): G(e)schmuse 1.

unterschlächtig Adj. (von unten her angetriebenes Wasserrad; wie nhd.): unterschlächtig, opp.: oberschlächtig

Unterschlupf m. (Obdach): Unterschlauf, -schlauft

untersetzt Adj. (starkgliedrig): pfostig

untersetzte Person f.: Stotze 4.

unterstützen schw. (Bauwerke z.B.): untersteiperen

– (helfend zugreifen): zugreifen 2.

Untersuchen n. (unangenehmes Untersuchen): Gekuster

untertauchen schw.: untertunken

unterwegs Adv. (auf der Reise sein): reisig 1.

– **sein** unr. (unruhig unterwegs sein): fegnesten

unterwürfig Adj. (störrisch, widerspenstig): katzenbuckelig

unterzeichnen schw. (unterschreiben): zeichnen 2.

unverbesserlich Adj. (unerbittlich): härtgesotten 2.

unverheiratet Adj.: einspännig

unvermischt Adj. (rein, nichts als, ausschließlich): pur

unvermittelt Adj. (sehr rasch): *im Schnapp; auf ein Schnapp*, s. Schnapp

unvernünftig Adj.: hirnlos

unverrichtet Adj.: ungetan 2.

unverschämt Adj. (tadelnd wie nhd.): frech 2.

unversehens Adv.: unverdanks

unversehrt Adj. (an den Gliedern): glidganz

unverständlich Adj.: kauderwälsch

unverzüglich Adj. (geschwind, schnell): holops

Unwert m.: Unwerte, nur in der R.A. *auf der Unwerte ('rum)laufen.*

Unwetter n. (mit Wind, Schnee, Regen, Graupel): Hurnigel 1., Hornigel, Hurnagel, Durnigel, Raunigel; Hurniglete

– **geben** st.: wittern 1.; hurniglen 1., horniglen

Unwillen m. (Zorn, Schmerz): Daule 3.

unwohl Adj.: ramselig

– (verstört, kränklich; niedergeschlagen, traurig, verdrießlich): kauderig 2.

– (schwach, empfindlich): blöd 1.b.

unzivilisiert Adj.: grob 2.c.
unzufrieden sein unr. (kleinlich kritisieren): nörglen 2.
Unzurechnungsfähigkeit f. (Geistesbeschränktheit): Meise
unzuverlässig Adj. (bes. von Pferden; bösartig, störrisch): massig 2.
– (übtr.): *er ist halb leinen halb schweinen*, s. leinen II 2. *halb leinen halb schweinen* ein sonderbares Gemisch.
unzuverlässiger Mensch m. (Schurke): Schufte
– (unkultivierter Mensch): Schlawener, Schlawiner
üppig Adj. (übermäßig hervorsprießend): geil 2.
Urban m. (der Heilige; sein Tag, 25. Mai. Patron des Weinbaus. Sein Tag soll ohne Regen sein): Urbanus
urbar machen schw. (den Waldgrund ausroden): stocken 1., stöcken
Urgroßmutter f.: Urane
Urgroßvater m.: Uran

Urin m.: Brunz, Brunz(ig), Seich, Wasser
– (Jauche, Kot): Brüe 3.
– (Kindersprache): Bibi, s. bibi 3.
urinieren schw.: abschlagen 1.a. *das Wasser abschlagen, du woast, ih ka 'nex aschla als 's Wasser;* brunzen *wenn mal die Mädle durch d'Haar brunzet, na hant sie kei Ruh meh;* bisen II, biselen, wässeren, schiffen, seichen, pissen, Rolle machen
– (anpissen): anschiffen, anbrunzen, anseichen
– (vom Pferd): stallen 1., stralen 2.
Urinieren n.: Brunzet
Ursache f.: Grund *ich habe meine Gründe.*
Ursula f. (Heiligenname; ihr Tag, der 21. Oktober): Ursula 2.
– (weiblicher Taufname): Ursula 1., Formen: Ursel, Urschel, Urs(ch)elein, *die (alte) Urschel,* spez. weiblicher Berggeist, verwunschene Frau auf dem *Ursulaberg* bei Pfullingen
Ururgroßmutter f.: Urgucknane, Ururane
Ururgroßvater m.: Urguckan, Ururan

V

Vagabund m. (Zigeuner, Pfannenflicker): Schuck(e)ler 1.

Valentin m.: am Valentinstag (14. Februar) werden den geliebten Menschen Blumen geschenkt.

Vater m.: Ätte 1. *der hat's gemacht wie der Ätt selig, der hat d'Bock zum Stall 'naus gemistet;* Datte

väterlicherseits Adv.: vaterhalb

Vaterunser n.: Paternoster 1.

Veilchen n.: Veigel 1., Veigelein, Vei(e)lein, Veiölein, Vi(n)ölein *dahinn schmeckt's net nach Veigele. Des ist grad, wie wenn e'Ochs e Veigele frißt* so wenig.

verabreden schw. (abkarten): karten 2.
- (erwägen, anordnen): ausmachen 2.b. *abgeredet vor der Zeit, bringt nachher keinen Streit.*
- (vereinbaren): abreden I
- (vertragsmäßig festlegen. in Dienst nehmen): dingen *der Lenz hat mich g'dinget* Frühjahrsmüdigkeit; *was hilft genau gedingt, wenn man das Geld nicht bringt.*

verachtenswert Adj. (verachtet; gleichgültig, zuwider, unwert): unmär

Verachtung f.: Geschiß 1. *früher's Griß, jetzt 's Gschiß.*

veraltet Adj. (übrig geblieben): überständig, überstände

veränderlich Adj. (vom Wetter, Krankheit): umschlägig

verändern schw.: ummodlen
- (ab- umändern; umbauen): veranderweisen
- (anders hinstellen): umstellen
- (Aussehen verändern, positiv und negativ): mausgen, s. mausen II 2.
- (verkehren, verwandeln): verwenden 3., verkeren 2.
- (völlig verändern; tadelnd): umorglen

verändert sein unr.: *wie ein umkerter Handschuh sein,* s. umkeren 3.a.

veranlassen schw.: aufbringen 2.a.

Veranstalter m. (religiöser Erbauungsstunden): Stundenhalter

Veranstaltung f. (eine unnötige, umständliche Angelenheit): Anstalt 1.

veräppeln schw.: *Hugoles mit einem tun,* s. Hugo

verarbeiten schw. (bearbeiten): verschaffen 3.

- (bes. einen Teig kneten, zum Laib formen): wirken

verargen schw. (übel auslegen, übel aufnehmen): verkeren 3.

verausgaben schw. (sich verausgaben): sich vergeben 2.d.

veräußern schw. (billig veräußern): verschäpperen, verscherblen

verbacken unr. (zum Backen verbrauchen): verbacken 1.

verbauen schw. (zumauern): verbeigen

verbergen st. (verstecken): verschoppen 1., bergen 1.
- (wegschaffen): verschlagen 4.

Verbeugung f. (Diener machen): Buckerlein

verbeulen schw. (verbiegen): verbucken 1.

verbinden st.: kopplen, küpplen

Verbindungsstück n.: Steg 4.
- (aus Holz, das am Faßboden die Querstücke verbindet): Rigel 2.a.

verbluten schw. (übtr.: verarmen, sein Geld verlieren): verbluten, verblüten

verbohren schw. (sich verbohren; auf etwas verharren): sich verbeißen 3.

verbrauchen schw. (alles für die Kleidung, *Staat* verbrauchen): verstätlen
- (als Futter, zum Füttern verbrauchen): verfutteren 1.
- (die Kräfte verbrauchen): zeren 1.
- (durch Fressen verbrauchen): verfressen 2. *glücklich ist, wer verfrißt, was net zum Versaufen ist. Ma weiß net, sind's verfressene Saufnarre oder versoffene Freßnarre.*
- (durch Schmieren verbrauchen): verschmir(b)en 2.
- (etwa nach und nach verbrauchen): schnipflen 2.
- (Garn, Wolle zum Stricken verbrauchen): verstricken 2.
- (unnötig verbrauchen): verdrecklen 4.

verbreiten schw. (Wärme verbreiten; vom Ofen): wärmlen

verbrennen st. (Gras am Rain verbrennen): rainlen
- (Weihrauch verbrennen; bei Beerdigungen und Seelenmessen): rauchen 4., räucheren
- (Wurzeln, Gras auf wildem Ackerland verbrennen): kolen I 2.

– (zu Kohle ohne Flamme verbrennen): verkolen 1.

verbücken schw. (sich verbücken): verbucken 2., *sich verbucka* ein Kompliment machen.

verbüßen schw. (Freiheitsstrafe verbüßen): brummen 2.

verdächtig sein unr. (nicht in Ordnung sein): brändelen 2.

verdauen schw.: däuen 1.; verbeischgen

Verdauung f. (das Wiederkäuen): Däue

verdecken schw. (durch vorgehängte Tücher u.ä.): zuhängen

verderben st.: verdreckln 3., verwetteren 1.

– (Backwerk verderben, durch Hinzufügen von zu viel Butter, Eiern u.ä.): verdalken 1.

– (durch Fahren): verfaren B.

– (den Teig verderben): verdalken 2.

– (den Teig verbacken): vertotschen 2.a.

– (durch Alter): abstehen 3., *du abgestandener Siech* kraftloser Schwächling.

– (durch Beißen, Schlotzen): vernullen

– (durch Braten): verbraten

– (durch Huren, *Vögeln*): vervöglen

– (durch Kreuzung; zum Bastard werden; aus der Art schlagen): verbaschgeren 1., verbasteren

– (durch Liegen): verligen 2.a.

– (durch Reiten): verreiten 2.

– (durch Rutschen): verrutschen 1., verrutschlen

– (durch Unachtsamkeit ein Unglück herbeiführen): verliederen 1., verliederlen, verliederlichen, verliedrigen

– (übertreiben, überspannen): überrichten 1.

– (verpfuschen): vergeheien 1., vermurksen

– (zerbrechen): verhuien 1.

– (zertreten durch Herumspringen, Herumwälzen): verrammlen 1., verwalen

Verderben n.: Untergang 1. *Weibersterben kein Verderben, Gaulverrecken großer Schrecken. Weibersterbe, Taler erbe, laßt kein brave Ma verderben; aber Küh und Gäul verrecke, sel bringt Schrecke.*

verdorben Part. (durch Finnen verdorbenes Fleisch): pfinnig

verdrehen schw. (in Unordnung bringen): verwurstlen

– (verwirren): verzwergen 1., verzwerglen

verdreht Adj. (dumm): närrisch

– (gekrümmt, verbogen, verzogen): windisch 1.

verdrießen st. (Sorge machen): kränken 1.

verdrießlich Adj. (barsch): schnorzig, schnörzig

– (klagend, winselnd): maunzelich

– (niedergeschlagen): hauderig

– (übel gelaunt, unwillig, widerwärtig): wittisch

– (widerwärtig, mürrisch): mülich 2.

Verdrießlichkeit f. (Zank): Geheierei

verdrücken schw. (verrunzeln): verdallmausen

Verdruß m. (Zank, Streit): Stuß

verdummen schw. (verderben): verdilledappen, verdilldäppen

verdünnen schw. (eine Suppe verdünnen): verläppern 2.

verdutzt Adj. (gestört, aufgeregt): verrichtet, vertrichtet

veredeln schw. (Bäume veredeln): pfropfen 2., s. Pfropf, impfen 1., im(p)ten, pelzen I

vereinbaren schw. (ausgleichen, vergleichen): vertragen 5.

vereinzelt Adj. (einzeln): verzeinselt, s. verzeislen 2., verzettelt, s. verzettlen

vereiteln schw. (durch heimliche Umtriebe): hinterlaufen

vereitern schw.: verschwären

verenden schw.: verrecken 1., verricken, krepieren *d'Vögel, die so bald singet, verrecket bald.*

vererben schw.: abgeben 1.a.

– (in die Art schlagen): ärtelen

Verfahren n. (Aufführung, Benehmen; Lärm, Unruhe): Gefärt 6.

verfehlen schw. (unrichtig, *letz* machen): verletzen

– (verderben, einen dummen Streich machen): verbocken

verfertigen schw.: fabrizieren

Verfertiger m. (von Hecheln): Hechelnmacher

verfinstern schw. (sich verfinstern): sich verdusteren, sich verdüsteren

verflucht Adj.: wetterschlächtig 2.

– (meist nur derbe Verstärkung): sack(e)risch, auch *sackerdiisch*

– (überaus, als starkes Intensiv): sakramentalisch, sackerisch, mentisch

– (verdammt): donnerschlächtig

– (widerwärtig): verreckt, s. verrecken 3.

verfluchter Kerl m. (Schimpfwort): Herrgott(s)blitz, Herrgottslump, Heilandsakrament

verführen schw. (ein Mädchen verführen): anfüren 2.

verfüttern schw. (abweiden lassen): fretzen 1.

– (einen Stoff als Futter in Kleidern verwenden): verfutteren 2.

Verfütterung f. (das Abweiden): Gefretze 1.

vergaffen schw. (sich vergaffen; versäumen): sich vernafen, vernäfen

vergaloppieren schw. (sich vergaloppieren): vermistgablen 1.

vergangen Part. (vernichtet, zerstört, tot): hin A.2., hi

vergänglich Adj. (sterblich): übernächtig 2.

vergeben st. (sich vergaffen): sich versalbaderen 3.

vergehen st. (fast vergehen, Besinnung verlieren, sterben): vergageren, vergägeren

– (kaputt gehen): hingehen 1.b.

– (verduften): verrauchen 1.

– (verzweifeln vor Ungeduld und Kummer): veruns(e)len, verpopperen, verzwatzlen
– (vor Angst): verangsten
– (vor Ungeduld): verpopperen, verzapplen 1., verpfupferen
vergelten st. (heimzahlen): eintränken
vergessen st.: verschwitzen 1.b.
– (Gelerntes vergessen): verlernen
– (übersehen, verloren haben): vermunen 1.
vergeuden schw.: burlanden, verjublen, verjubilieren, verlättern 2., vergelättern, verläpperen, verplämperen 2., verplämperlen
– (auf dumme Weise vergeuden): verdummen 2.
– (durch schlechtes Hausen): verhausen 2., aufhausen, aushausen
– (durchbringen): verklopfen 2.
– (Geld oder Zeit vergeuden): verläpperen 3., vertänderlen, vertanderlen, vertändlen, vertremplen 2.
– (unnötig verbrauchen; verderben): verurasen, verauren, verasen
– (unordentlich arbeiten): wusten 1.
– (verbrauchen): vertupfen
– (verschwenden): verklabasteren 3., verklabusteren, verluderen, verlumpen
vergießen st. (tropfenweise vergießen): vertröpfen
vergiften schw. (falsch, unrecht geben): vergeben 3.a.
vergittern schw. (mit Draht zumachen): verdraten
verglimmen schw.: verglosten
verglühen schw.: ausgluten
Vergnügen n. (Unterhaltung): Pläsir
vergnüglich Adj.: pläsierlich
vergnügt Adj. (heiter): aufgeraumet, s. aufraumen 3.b.
vergraben st.: verlochen 1., verlocheren
verhaften schw. (ergreifen, abfangen): abfassen
verhagelt Adj. (vom Hagel beschädigt): wetterschlächtig 1.
verhalten st. (sich geschickt oder dumm verhalten): sich anstellen 4.
– (sich ruhig verhalten): dusemen 2., duslen
Verhalten n. (bübisches Verhalten, Handeln): Büberei, Buberei
– (unruhiges Verhalten; von Kindern): Geborze
verhandeln schw. (abmachen): tädingen, tädigen, s. Täding
– (mit Vorteil tauschen): verfuggeren
– (über etwas, jemanden sprechen): verkarten, verkartlen
Verhandlung f. (Streit über Schweine): Sauhandel 1.
verhärten schw. (verkrusten): bracken II

verhaspeln schw. (wider Willen aussagen; sich versprechen): verreden 2.b.
verhätscheln schw. (daß man blöd dabei wird): verblödelen
Verhau n. (aus zerhacktem Gestrüpp und Geäst): Verhack
verheilen schw. (verhärten): verbeizen
verheimlichen schw.: verhälingen
– (etwas heimlich tun): ducklen
– (heimlich tun; undeutlich sprechen): murken
– (verhehlen, verstecken): vermunklen 1., vermünklen, vermauklen, vermocklen, vermucklen
verheiratet sein unr.: verhauset sein, s. verhausen 4.
Verheiratung f. (sich gut oder schlecht verheiraten): Partie, s. Partei 2.d.
verheizen schw.: verfeuren
verhetzen schw.: aufhutschen
verhexen schw. (einen verhexen): antun 3.b.
verhindern schw. (stören, genieren, drausbringen): irren 1.
verhöhnen schw. (durch Herausstrecken der Zunge verhöhnen): auslällen
– (einen durch Nachäffung seiner Worte, Sprechweise, Gebärden verhöhnen): ausbäffen
verholzen schw. (ausreifen): beinen II
verhudeln schw. (etwas hastig machen): schlappen 1.c.
verhungern schw. (dursten): verkamen 2.
verhurt Adj.: abgevögelt
verirren schw. (irre gehen): vertwirren
– (sich aus Hast verirren): sich verschießen B.4.
verjagen schw. (vertreiben): verscheuchen 2., verlaichen
verkaufen schw. (auf listige Art verkaufen): verkitschen 2.
– (eine Ware vollständig verkaufen): aufraumen 2.
– (heimlich verkaufen): verdreinsgen, s. vertrensen 3.
– (heimlich verkaufen, bes. *Stumpen* mit Frucht): stümpen 2.
– (jemanden für dumm verkaufen): verdupplen
– (Lebensmittel verkaufen, mit Viktualien handeln): merzlen 1.
– (losschlagen): abstoßen 5., *zu was hat ma die Mädla, als daß ma sie abstoßt* verheiratet.
Verkaufsladen m.: Lad(en) 3., *sich an den Laden legen* fleißig sein. *Des ist so gwiß wie der Weck auf'm Laden* so sicher, so zuverlässig.
Verkaufsplatz m. (eines Händlers auf dem Markt): Marktstand
Verkaufsstand m. (Gestell auf dem Krämermarkt): Schragen 3.

verkauft Part. (nicht mehr zu haben): verstellt, s. verstellen 5.

Verkehr m. (Umtrieb; Studentenkommers): Kommerz

verkehren schw. (Bekanntschaft suchen, um geschlechtlich miteinander zu verkehren): aufreißen 1.c.

verkehrt Adj.: hintersichfür, hinterfürschge, hinterstfür; hinterfür 1.
- (linkisch): gäb, vgl. gäbisch
- (schief): gescheps, schepps
- (umgekehrt): geletz, opp.: gerecht; hinterfür 1., hinterfüre
- (unrichtig; ungeschickt, linkisch, dumm): gäbisch, gäbsch, letz, *er hat die Kappe gäbsch auf.*
- (von der Rückseite, verkehrten Seite einer Sache): letz 1.

verkehrt tun unr. (verkehrte Arbeit machen, fehlen, sich irren, täuschen): letzen

verkleben schw. (beschmutzen; übtr.betrügen): verkleiben
- (mit Pech verkleben): verpichen 1.

verkleiden schw. (mit Lehm, *Schlier* verkleiden): verschlieren
- (oder ausfüllen mit Lehm, *Schlier*, z. B. ein Dach, eine Wand, eine Decke): schlieren 1.
- (sich als Nikolaus verkleiden): klasen
- (sich verkleiden, um den Kindern Angst zu machen): berchen

verkleinern schw. (durch Wegschneiden kleiner machen): beschnipfeln

verkleistern schw.: verpappen, verpäppen

verklingen st.: versurren *Elleboge anstoße ist bald versurret.*

verklotzen schw. (Fäden verwirren): zwirglen 1.

verklumpen schw.: nudlen 2.a.

verköstigen schw. (speisen): kostieren, verkösten 1.

verkrampfen schw. (der Kinnbacken durch falsches Aufbeißen): verbeißen 1.

verkrüppelt Part. (mißbildet): verwachsen, s. verwachsen 2.
- (verwachsen): verhockt, verhuckt, *eine Verhockte* sitzengebliebenes, unverheiratetes Mädchen. *Verhuckte Gerste* auf dem Boden liegende Gerste.
- (verwachsen, im Wuchs zurückgeblieben): kropfet 2., kröpfet, kropfig

verkümmern schw. (verkrüppeln; im Wachstum zurückbleiben): verbutten, butten, s. Butte

verlangen schw. (brauchen, nötig haben): wollen 2.
- (gierig verlangen): geilen
- (nach einer Speise): *der Mund wässert einem nach etwas;* s. wässeren 2.b.
- (Sehnsucht haben): belangen 2., belangeren

verlassen st. (den Raum verlassen, um seine Notdurft zu verrichten): austreten
- (morgens das Bett verlassen): aufstehen 1.a. *früh aufstehen und spät heiraten hat noch keinen gereut. Wer spät aufsteht, hat spät Feierabend; wer lang liege bleibt, hält's Bett lang warm. Wer früh aufsteht, der ißt sich arm.*

verlaust Part. (mit Läusen behaftet): lausig

verlegen schw. (wegräumen und dadurch verlegen): verraumen

Verlegenheit f. (Not, mißliche Lage): Patsche, Pätsche, Bredull

verleiten schw. (zu etwas Üblem verleiten): anweisen

verletzen schw.: beletzen, reißen 1.d., verschlätteren 2., verbällen
- (die eheliche Treue verletzen): ausnähen 4.
- (sich verletzen): sich reißen 3.a.

verletzt Part.: beletzt

Verletzung f. (des Obstes durch Fallen): Fallmase

verleumden schw.: anhenken 2., berichten 3., beschreien 1., vertäferen 4.
- (herabsetzen): ausrichten 2., ausmachen, verliederen 2., verliederlen, verliederlichen, verliedrigen
- (verdächtigen): klabasteren 1., klabusteren
- (verpetzen): verschwätzen 2., verklabasteren 2., verklabusteren, verkläpfen

Verleumder m.: Orenblaser, -bläser

verleumderisch Adj.: bösmaulig

Verleumdung f. (Geflüster): Orenblaserei

verlieben schw.: vergucken 3.
- (sich heftig verlieben): sich verschießen B.3. *die sind ganz verschossen ineinander;* sich vergaffen, sich verplämperen 3.
- (verloben, häufig scherzhaft): verbandlen

verliebt Adj.: anbrennt 3., s. anbrennen II
- **sein** unr. (eingenommen sein): verbachen 3.b.
- **tun** unr.: ruckausen 2.a., rucksen, rucken

verlieren st.: *um etwas kommen,* s. um 2.b.
- (an Farbe, Intensität verlieren): verschießen B.2.
- (Atem verlieren, nicht aushalten vor Hitze und Schwüle): verborsten, verbeisten
- (beim Spiel verlieren): verschließen 2.
- (das Haar verlieren): sich haren, sich hären II
- (durch Forttragen verlieren, verlegen, fortschleppen): verschleifen II, verschleipfen, *das Kind hat den Schlüssel verschleift* verlegt. *Eine Bäurin kann im Schurz mehr hinten hinausschleifen als der Mann mit vier Rossen zum Tor hereinführen.*
- (durch Spekulation verlieren): verspekulieren
- (einen Gegenstand verlieren; auch Gunst, Ansehen, Kredit verlieren): einbüßen, *mit Gutsein büßt ma d'Sach ein.*

– (Farbe verlieren, ausbleichen): schießen 2.b.
– (Federn verlieren, vom Deckbett): schleißen I c.
– (Haare verlieren): verhären
– (herumwerfen): verschlaudern
– (im Spiel besonders stark verlieren): *Schneider werden,* s. Schneider 2., s. schneid(e)ren 3.
– (im Spiel oder Handel verlieren): vergewinnen
– (Kind verlieren): abgehen 2. *daß dir nur das Jung nicht abgeht!*
– (sich verlieren): sich verlamen 2.
– (tropfenweise verlieren): verzotteren
– (verschwenden, zugrunde richten): verschlampen
verloben schw.: verhängen 2., *i glaub au, daß er schau verhängt ist* gebunden, verlobt ist.
– (sich verloben): sich versprechen 2.
Verlobung f.: Verspruch
– **haben** unr.: Hochzeittag haben, s. Hochzeittag 2.
verlogen Adj. (gänzlich verlogen): grundverlogen
verloren Adj. (niedergeschlagen, müde): kaput, kaputig
verloren sein unr. (übel daran sein): *gebürstet, geputzt, gestrählt sein,* s. bürsten 2.
Vermählungsfest n.: Hochzeit, *wir hant no it mit enand Hochzeig ghät* wir sind noch nicht so weit, daß ich mir Grobheiten bieten lassen müßte. *Vor der Hochzeit sait ma immer liebs Kind, und nache gaht 'n anderer Wind. Vor der Hochzeit tanzen* von unehelicher oder vorehelicher Schwangerschaft.
vermehren schw. (häufen): haufen I 1., häufen
vermischen schw. (vermengen): vermantschen
vermissen schw. (entbehren): manglen 2.
– (entraten, entbehren): vergeraten 2.
– (mangeln): abgehen 5., *'s sel ging mir ab!* das fehlte mir noch!
vermitteln schw. (Ruhe gebieten): abweren, *i laß mir abwere* bin nicht sehr erpicht darauf.
vermodern schw. (vom Holz ersticken): verbaumen, verbäumen, verbaumeren, versticken
Vermögen n. (Hab und Gut): Zeug 3.a., Sache 5.b., Sach
vermögen st. (imstande sein): verkönnen *i hau g'zoge, so arg i hau verkönne.*
vermummen schw. (maskieren): verbutzen, verkappen, verkäppen
vermummte Person f. (die an Pfingsten herumgeführt wird): Pfingstbutz, Pfingstlümmel, Pfingsthagen, Pfingstdreck, Pfingstfriderlein
vermummte Schreckgestalt f. (weibliche Schreckgestalt): Klasenweib 1.
vernachlässigen schw.: verheillos(ig)en 1., verwarlosen

vernähen schw. (ein zerrissenes Gewebe): wiflen
– (durch Nachahmung des Gewebes): verwiflen, wiflen
vernarrt Adj. (ganz eingenommen): narret, närret *er ist ganz narret mit dem Mädle* verliebt.
vernaschen schw.: verschlecken
verneigen schw. (sich verneigen; ein Kompliment machen): genaugen
vernichten schw. (durch Feuer vernichten): verbrennen II 1.
verpachten schw.: verpfachten
verpacken schw. (zusammenpacken): packen 1.c.
verpflichten schw. (durch einen Vertrag binden): verdingen
verpflichtet Part.: schuldig 1., schüldig, *was bin i schuldig?* ich bitte um die Rechnung.
verpfuschen schw. (verderben): verhunzen
verplaudern schw.: verpatschen 2.a.
– (sich verplaudern): vergäcksen
verprassen schw. (verschwenden): verkitschen 1., verbanketieren, verbankenieren, verpatschen, verpetschen 1.b
verprügeln schw. (züchtigen): zünden 3.a., nicklen 3., vermöblen
verpuppen schw. (sich verpuppen, absondern): decklen 3.
Verputz m. (Tünche): Bestich
verputzen schw. (einen Anstrich geben; verkleben, vertuschen, verdecken): klabasteren 2., klabusteren, bestechen 2.
verquer Adj. (verkehrt, ungeschickt): überzwerch 3.
verraten st.: verpfeifen
– (sich verraten): sich verschnappen 1.
verräumen schw. (in Unordnung bringen): vergerusten
verrenken schw. (den Fuß durch einen Sprung verenken): verjucken 1.
– (verstauchen, verdrehen): vergraplen, vergratschen, vergrattlen
– (verzerren): verstrecken 1.
verrichten schw. (an einer bestimmten Stelle die Notdurft verrichten): hinmachen, hinscheißen; *die Hosen umkeren,* s. umkehren; bäbälen, s. bäbä; häuslen 2., häuselen; päpperen 3.
– (fertig, *gerech* machen): gerechen
– (Gartenarbeit verrichten, den Garten bestellen): gärtlen
– (kleine Arbeiten umständlich verrichten, pfuschen): gruppen 2.
– (Schmutzarbeit verrichten): mauzen 1.
verrücken schw.: verrucken
verrückt Adj.: übergeschnappt
– (geistig behindert): geschuckt
– (irrsinnig; dumm): meschucke, meschuckes, mischucke, maschucke, maschucker

– (närrisch, wunderlich, launisch): aberwitzig
– (nicht bei Trost; nicht klug): ungescheid, nicht gescheid
– (wütend, zornig, mutig): besessen
– (zornig, böse, närrisch): narret, närret
– (verrückt sein, nicht recht gescheit sein): *einen Sparren (im Kopf) haben; einen Sparren zu viel, zu wenig haben,* s. Sparr(en) 2.

verrückt werden unr.: überstudieren 1.

verrühren schw. (von Eiern, Milch): verkläpperen 1.

verrunzeln schw. (zerknittern): verkrumpeln, vermurglen

versagen schw. (scheitern): fallieren

Versager m. (Feigling, Schwächling; Schelte): Scherenschleifer 2.a.

Versammlungslokal n.: Stube 4., *z'Stube gau, komme* nachmittags zum Nähen und Stricken in einem bestimmten Haus zusammenkommen, wie früher in der Lichtstube.

versauen schw.: verbutzln

versaufen st. (vergeuden): verbursten 2., verbürsten

versäumen schw.: versaumen
– (vergessen): verschwederen
– (verscherzen): vertremplen 1.
– (vertrödeln): vertrensen 2., vertreinsten, vertreinsgen, vertrenslen
– (den rechten Zeitpunkt versäumen): verpassen 2.
– (zögern, zu spät kommen): saumen II, säumen

verschachern schw.: vermausch(e)len

verschaffen schw.: schaffen 1.b.

verschalen schw.: einschalen
– (eine Wand, ein Zimmer mit Brettern verschalen): täferen 1.

verschämt Adj. (schamhaft; scheu, schüchtern, verlegen): schämig 1.

verscharren schw.: verscherren
– (zuscharren): zuscherren 1.

verscheißen st.: verpferchen

verscherbeln schw.: verkümmeln

verscheuchen schw. (wegjagen): wegjäuchen, wegläuchen

verscheucht Part. (verwirrt, halbnärrisch): schel 2.b., schelb, schelch, schelk

verschieben st. (auf den nächsten Tag verschieben, zuvor darüber schlafen): beschlafen
– (durch Rutschen verschieben): verrutschen 2., verrutschlen

verschieden Adj. (zweierlei): anderlei

verschimmeln schw. (verfaulen): verkamen 1., versporen

verschimmelt Part. (vermodert): spor 1., sporig

verschimpfen schw. (verleumden): vergelausteren, vergeläusteren
– (zornig schimpfen): versaubeutlen

Verschlag m. (in dem Tauben gehalten werden): Schlag 6.b., Taubenschlag
– (kleiner Stall für Hühner, Enten, Gänse; auch Schweine, Hasen, Hunde): Steige II 1.

verschlagen st. (den Mund, den Kopf verschlagen): verdreschen
– (falsch blättern): verblättern 2.
– (prügeln): verpatschen, verpätschen 1.a.
– (und verteilen von Mist im Frühjahr): kütz(e)len 3., kutz(e)len, klopfen, kratzen

verschleimen schw. (undurchlässig werden): verschleißen II

verschleimt Part. (asthmatisch): keisterig

verschleißen st. (durch beständiges Daraufliegen verschleißen): durchligen

verschleppen schw. (verschleudern, verlegen): verkecklen

verschleudern schw.: verschlenkeren, verschlenken
– (das Geld für nutzlose Kleinigkeiten verschleudern): verbuppapper(l)en
– (durch Spielen verschleudern): verfänte(r)(le)n

verschließen st. (durch Mauerwerk): zumauern 1.
– (durch Treten): zutreten 2.
– (durch Werfen; immerzu, drauflos werfen): zugeheien
– (eine Flasche): pfropfen 1., s. Pfropf
– (eine Öffnung durch einen Keil): zuspeidlen
– (eine Türe nur durch Anlehnen): zuleinen
– (haltend verschließen): zuheben
– (klemmend verschließen): zuklemmen
– (mit einem Keil, *Speidel*): verspeidlen, verspeiglen
– (mit einem Pfropfen): zup(f)ropfen
– (mit Stecknadeln zustecken): verglufen
– (mit dem Zapfen, *Spunten*): verspunten
– (versperren, zuhalten): verhalten 1., zuheben
– (zuschließen): beschließen 1.

verschließen können unr.: zukriegen 2.

verschlimmern schw. (sich veschlimmern): hümperlen, hümpelen 2.

verschlingen st. (kreuzweise übereinanderlegen): verschränken 2., verschranken

verschlossen Adj. (heimtückisch, boshaft): eingedämpft, s. eindämpfen 5.

verschlossen lassen st.: zulassen 1.

verschlucken schw. (erbrechen): gorgsen 1., gorgslen
– (sich verschlucken): sich verkirnen

verschlüpfen schw. (sich verbergen): verschliefen

verschmähen schw. (zurückweisen): verwerfen 5.

verschnaufen schw.: verbeisten
– vertrensen 1., vertreinsten, vertreinsgen

verschneiden st. (zum Kapaun machen): kappen 1.

verschönern schw. (den Verputz überholen): zuputzen

verschränken schw. (der Gänseflügel): schränken 1.b.

– (die Beine): schränken 1.a.

verschreiben st. (verordnen): aufschreiben

verschütten schw.: verplämpern 1.

– (ausschütten): verläpperen 1., ver(ge)lätteren, vergelätterlen, verleren

– (eine Flüssigkeit, bes. Wasser verschütten; mit Wasser spielen, plätschern; unordentlich trinken): läppern, lappern, läpplen 1.

– (Flüssigkeiten in kleineren Mengen verschütten): lättern 1.

– (Flüssigkeiten verschütten; plätschern, klatschen): lätschen

– (verlieren): verschlättern 1.

– (verschütteln): golgen 2., golben

– (Wasser verschütten): gelätschen 1., verschwattlen

– (Wasser verschütten; Farben verschmieren): motzen 1.

Verschütten n. (von Wasser): Geläpper

verschwätzen schw. (die Zeit mit Schwatzen vertun; ausplaudern): verpapp(e)len, verpäppern 1., verpatschen, verschwätzen 1.

verschweigen st.: g(e)schweigen I, nur in der Form *gschweige* vielmehr, viel weniger, vollends.

– verheben 1., verhoien, s. verhuien 3.b.

– (vorenthalten): verhalten 2.

verschwenden schw.: verbausen, verjucken 2.

– (Geld verschwenden): aufbausen

– (Geld verschwenden im Wirtshaus): sauen 1.d.

– (verjubeln, vertrödeln): verhoppassen, verhoppaßlen

– (verprassen): verputzen 1.

Verschwender m.: Bauser, s. bausen I, Übelhauser

verschwenderisch Adj. (übel wirtschaftend): übelhausig

– (unwirtschaftlich): aushausig, aushausisch, aufhauslich

– (üppig lebend): bausig, s. bausen I 2.

verschwenderischer Mensch m.: Hutte 3.

Verschwendung f.: Bauserei, s. bausen I

verschwinden st.: abhauen 4.

– (abhauen): *stiften gehen*, s. stiften 2.

– (das Weggehen des Schnees): äberen 1.

– (sich aus dem Staube machen): sich wegmachen

– (sich scheren, trollen): sich scherren 2.

– (unbemerkt verschwinden): verduften

versehen st. (mit einem Falz): falzen I 1., fälzen

– (mit Streifen): streiflen

– (mit Zähnen): zanen 2., *eine Egge zanen*.

– (sich versehen): sich vergucken 1. *sich an etwas vergucken* durch einen aufregenden Anblick der Leibesfrucht schaden.

versehen Part. (mit Latten): latten

versengen schw. (durch die Sonne): verbrennen II 2.c.

versetzbar Adj. (z.B. von Bäumen, die noch versetzt werden können): gräbig

versickern schw.: sechnen, secknen

versiegeln schw. (verschließen, zuschließen): zupitschieren, verpitschieren, pitschieren

versiegen schw. (vertrocknen): versechnen, versecknen

versoffen Adj. (vom Schnaptrinker): verschnapst

versorgen schw. (sich versorgen, vorsehen): versehen B.2.

verspeisen schw.: schnabulieren

versperren schw.: verstellen 2.

– (den Weg versperren): verlaufen C.2., verrammlen

– (durch *Beigen*): zubeigen

– (durch einen Verhau): verhauen 3.

– (durch Rennen): verrennen 1.

Versperrung f.: Gesperr 1.a.

verspielen schw. (durch Unachtsamkeit; übersehen): vergickelen, vergigäckerlen, vergäckelen

– (verlieren): verkläpperen 2.

verspotten schw. (betrügen, zum Besten haben): äffen

– (jemanden durch Grimassen schneiden verspotten): auszäunen

versprechen st.: verhasplen 3.

– (jemandem eine spätere Ehe): verloben *er verlobte seine Tochter mit dem Sohn seines Freundes. Etwas nicht verloben können* nicht genug loben können.

– (sich versprechen; einen falschen Ausdruck gebrauchen): sich vernamen 2., sich vernamsen, sich vernämen

versprühen schw. (spritzend verteilen, ausspritzen): verspritzen 1.

verspüren schw. (Brechreiz verspüren): kotzelen

Verstand m. (Auffassungsgabe): Grips 2., Licht 3.

verständlich werden unr. (gern gehört werden): eingehen 3.

verstauchen schw. (den Fuß verstauchen): übertreten

– (Hand oder Fuß verstauchen oder verletzen): verbällen

Versteck n. (heimliches Versteck für Nahrungsmittel): Maukennest

verstecken schw.: verschlupfen

– (verschieben): mauken

Verstecken spielen schw.: *Schlupferleins tun,* s. schlupfen 2.a.

– *Schoppens spielen(tun),* s. schoppen 1.a.

Verstecker m. (Mensch, der gerne seine Sachen versteckt): Maukler 2.

Versteckspiel n. (und Fangspiel): *Katz und Maus,* s. Maus I 3.a.

Versteckspiel machen schw.: *Versteckes tun, Versteckerles tun,* s. verstecken

verstehen st. (sich verstehen; mit einem gut zurechtkommen): furwerken, geschirren

versteigern schw.: verganten 1., vergantnen

– (öffentlich versteigern): ganten

– (speziell vom Holzverkauf): lizitieren

Versteigerung f.: Aufstreich, Auktion

verstellen schw. (sich verstellen, simulieren): gäuchen 1.b., gäuken

verstopfen schw. (zustopfen): verschoppen 2.

verstopft Part. (an Verstopfung leidend): hartleibig 1.

verstorben Part. (bei Nennung Verstorbener, regelmäßig nachgestellt und unflektiert): selig 3. *meines Vaters selig Bücher.*

verstreichen st. (mit Pech verstreichen): pichen 1., auspichen

verstreuen schw. (auseinanderstreuen): versäen 2., breiten, vertragen, verzetteln, verstreuen

versuchen schw.: probieren *probiere geht über's Studiere; probier's nomal!*

Versuche machen schw. (kleine Versuche mit etwas machen): pröblen

vertäfeln schw. (einen Raum vollständig täfeln): austäferen 1.

– vertäferen 1.

Verteidigung f. (Befestigungswerk): Wer 1.

verteuern schw. (übeteuern, versalzen): verpfefferen 2.

vertieft Part.: einschlägig 1.

– (wellig): eingeschlagen, s. einschlagen C.1.

Vertiefung f.: Gesenke, Wone 2., Wöne

– (des Bodens): Täsche 4., Tatsch I 2., Tätsch

– (durch Druck erzeugt; Grübchen in den Wangen): Tatze 3.b.

– (durch Eindruck): Dalle I

– (im fließenden Gewässer): Schwall 1.

– (im Gelände, Einsenkung): Einschlag 2., Teich 1.

– (kleine Vertiefung in harten und weichen Stoffen): Dule, Dulse

– (kleine Wasserleitung im Feld; Vertiefungen in Bausteinen, durch Wetzen schneidender Werkzeuge entstanden): Rille

– (zu beiden Seiten der Lenden bei Vieh und Pferd): Hungergrube

Vertrag m.: Verding

vertreiben st. (eine Krankheit durch Liegen vertreiben): abliegen 2.

vertrinken st. (durch Trinken vergeuden): ver-gurgeln, verbudlen *der verbudlet und verdudelt älles;* verdudlen

vertrocknen schw.: abdorren

– (austrocknen; leck werden; verdursten): verlechen, verlechnen, verlecheren, verlechlen, verlechz(g)en, *i bi so verlechet, daß i 's Schwätze nimme vermag. I mein, i müß verlechne vor lauter Durst und Hitz.*

– (einsickern, einkochen, köckeln): versuttern

vertrödeln schw.: verleiren

– (verkommen): verlottern

vertun unr.: verdätteln 1.

verübeln schw. (übel nehmen): zürnen, zornen, *zürnet nix!* nichts für ungut! bes. als Abschiedsformel *bhüt Gott, zürnet nix!* Antwort *nei, nei, ihr au it!*

verunglimpfen schw. (lästern, reizen): schimpfieren, verschimpfieren

verunreinigen schw.: verhausen 3., verklabasteren 5., verklabusteren, versuckeln

– (beflecken): vermasen, vermasigen

– (beschmutzen): verkoslen, verkotzen

– (beschmutzen, verderben): versauen, versauiglen

– (durch Kleckse): verklecksen

– (durch Pissen): verschiffen, verbrunzen, verseichen, *das Kind hat's Bett net schlecht verseicht. Die Hosen verseichen. Ein verseichtes Gewissen* ganz schlechtes Gewissen.

– (durch Scheißen): verscheißen, vertäferen 2.

verunstalten schw. (durch Flicken): verflicken

veruntreuen schw. (unterschlagen): hinterschlagen

verunzieren schw.: verschandlen

verursachen schw. (Gewirr verursachen; durcheinanderbringen): wustlen, s. wurstlen

– (Kummer verursachen, nachgrübeln): wurmen 1., wurmsen

– (Lärm, Menschenansammlung verursachen): krawallen

verwahrlosen schw. (absinken): verkommen 2.

verwahrlost Part. (schmutzig, nachlässig): gammelig, gämmelig

verwahrloste Frau f.: Schlampe 3., Schlampel

verwalten schw. (ausüben): versehen A. 2.a.

Verwaltungsbezirk m. (heute Kreis, Landkreis): Oberamt

verwandt Adj.: gefreund(et)

– (leiblich nahe verwandt): eigen 2., *die ganz Eigenen* die nächsten Verwandten. *Ein für eigen hau* wie ein Familienmitglied behandeln.

Verwandter m. (sowohl Blutsverwandter als auch Verschwägerter): Freund 2.

Verwandtschaft f.: Anhang b., Freundschaft 2.

– (nur noch verächtlich gebraucht; schlechte Gesellschaft): Sippschaft

verwegen Adj. (keck, frisch): frech 1.

verweichlichen schw. (herausputzen): aufdock-
len
- (verwöhnen): verdättelen 2.
- (verzärteln): verpflenzlen
verweigern schw. (eine Bitte verweigern): ab-
schlagen 2.a.
verweinen schw.: verheinen, verplärren
Verweis m. (Tadel, Rüffel): Wischer 2.
verweisen st. (aus dem Saal, aus der Schule ver-
weisen): abbieten, ausbieten
verwenden unr. (anwenden): wenden 1.c.
verwesen schw. (nach Verwesung riechen): tö-
telen 1.
verwickeln schw. (Faden oder Garn verwik-
keln): verklotzgen, verglotzen
- (verwirren; Faden, Haare durcheinander-
bringen): verglotzen 2.
verwinkelt Adj. (eng): biegelig
verwirren schw.: knuferen
- (drillen): verzwirblen
- (durcheinanderbringen): verhasplen 1.
- (durcheinanderwerfen, vermischen): verhu-
deren, verhudlen 2.
- (einschüchtern): verwetteren 3.
- (erschrecken; verhexen): vergälsteren, ver-
galsteren
- (in Unordnung bringen): verkranglen
- (verdrehen): verdratlen
- (zu weit herumdrehen): verdrillen
verwirrt Part.: hintersichfür, hinterfürschge,
hinterstfür
- (halb bewußtlos; irrsinnig, bes. im Fieber): tö-
big, töbet
- (im Kopf): hirnwirbelig
- (närrisch): hinterfür 2., hinterfüre, *sei nur du
still, du machst mi ganz henterfir* wahnsinnig.
- (verdreht): verdratlet
- (verwettert, fassungslos): vertan, s. vertun 3.
- (zerzaust vom Haar): klotzig 2.
verwirrter Mensch m.: Wirbel 5.
Verwirrung f.: Haspel 1.b.
- (unnötige Umstände): Gesperr 2.
- (Wirrwarr): Krangel, Krängel
verwöhnen schw. (verzärteln): vertwönen 2.
- (verziehen): verzeislen 1., verzenzlen
verwöhnt Adj. (im Essen): schleckerig
verworren Adj.: verkranglet
- (hastig): haspelig
verwunden schw.: blessieren
- (aufhacken, am Boden streifen): schlürpfen,
s. schlurfen 2.
- (schwer verwunden; zu schlucken haben; viel
durchmachen): worgen 1.b.
verwundern schw. (sich staunend verwundern;
sein Erstaunen ausdrücken): jammeren 3.,
jämmern, reusen 3.
Verwunderung f. (Staunen): Jammer 4., Wun-
der 1.

Verwundung f.: Blessur
- (durch Schnabelhieb eines Huhns): Pick, *ich
wünsch dir Glück und ein Maß Wein auf den
Pick* Redensart zum Aderlassen.
verwünschen schw. (verfluchen): vermaledeien
Verwünschung f.: *Gang zum Henker!*1.
verwursten schw. (zu Wurst verarbeiten): ver-
wurst(l)en
verwüsten schw.: versalbaderen 1.
Verwüstung f. (im Ährenfeld, wenn sich jemand
hineinlegt, sich wälzt): Wa(l)e
verzärteln schw.: verhänslen, vertätschlen,
zenzlen
- (schonend behandeln): heien II b.
- (verhätscheln): verbächlen
- (verweichlichen): pflenzlen 2.
verzehren schw.: abmachen 5., einwickeln 2.
- (aufessen): versolen 2.
- (durch Lutschen, *Schlotzen*): verschlotzen
verzehrend Part. (Kräfte verzehrend): zerig 2.
Verzeichnis n. (der zinspflichtigen Güter einer
Herrschaft): Urbar, Urbor
verzeihen st.: vergeben 1.
verzetteln schw. (bes. Geld; verschütteln): ver-
pämperlen, verplämpern
verziehen st. (den Mund verziehen): verbeißen
2.c.
- (den Mund zum Weinen verziehen): blät-
schen 3.
- (Gesicht verziehen): zännen, zannen
verzieren schw. (mit Blumen, Maien verzieren):
vermaien 2.
Verzierung f. (geschmacklose Verzierung an
Bauwerken): Gäckelein
- (Zeichnung auf Papier, Stoff): Muster 1.a.
verzogen Part.: (schief verzogen; verdreht):
windschief
- (verzärtelt): verhuiet, s. verhuien 2.
verzweifeln schw. (vergehen, aus der Haut fah-
ren): verzwatzlen, verzwarzlen, verzwatze-
len, verzwatzerlen, verzwatzglen, ver-
zwatschglen, verzwapslen
- (Zeichen der Ungeduld geben): scherren 1.e.
Vieh n. (das gefleckt ist, ebenso geflecktes
Pferd; auch Name solcher Tiere): Schecke 1.
- (das im Spätjahr geboren wurde; spätreifen-
de Obstarten): Spätling 2.
Viehherde f. (die getrieben wird): Trib 2.
Viehbestand m. (eines Bauern): Habe II 3.
Viehfutter n. (angebrühtes Viehfutter): Anbrü-
ets, s. anbrühen
Viehhalsstrick m.: Gebände 2., Hälsling
Viehweide f. (Platz, der zur Viehweide dient):
Espan (meist Ortsname)
viel Adv. Pron. Zahlw.: multum
- (beständig): genötig 2.
- (steigernd verwendet): brav 2.b. *heuer hat's*

brav Gerste gebe. Die Breile sind gut, wenn ma brav Zucker und Butter dra tut.

Vielblütige Weißwurz f.: Blutwurzel 2., Maienblümlein 2.b.

Vielfraß m. (Nimmersatt, dicker Mensch): Knoz 2., Ruch 1.b., Freßsack, Freßwampen, Freßwanst

Vielheit f. (Menge): Vile

vielleicht Adv.Partikel: *kann sein,* s. sein 2.

vielmals Adv.: bätemal, s. Bäte

Vielredner m.: Kardätsche 3.

Viereck n.: Karré 1.

Vierfeiertag m.: eines der vier großen Kirchenfeste (Weihnachten, Ostern, Pfingsten, Mariä Himmelfahrt oder Allerheiligen), Vierfest

Viertel n. (eines Maßes): Vierling (1/4 Pfund) *wenn einer nur 'n Vierling* (Verstand) *hat, ka ma kei Pfund von ihm verlange. Drei Vierling ist kein Pfund.*

Viertelgläschen n. (welches man zum Mosttrinken benützt): Mostglas

Vierteljahr n.: Quartal, vgl. Quartalgeld, Quartalsäufer, Quartallump

Vierteljahrstag m. (die alten Quartaltage): Vierteljars(feier)tag (Lichtmeß, 2. Februar; Georgii, 23. April oder Walpurgis, 1. Mai; Jakobi, 25. Juli; Martini, 11. November)

vierte Teil m.: Viertel 1., Vierntel

vierzehn (Kardinalzahl): vierzeh, vierzehne; spez.Verbindungen, z.B. *vierzehn Nothelfer*

violett Adj.: veigel(eins)blau, vei(g)elbraun

Vogel m. (der populäre Gebrauch schränkt das Wort auf wilde Sing- und Raubvögel und die im Käfig gehaltenen Vögel ein): Vogel 1. *junge Vögel hant weiche Schnäbel. Dem schönste Vogel falle d'Federe aus. Man muß d'Vögel rupfe, wenn se Federe hant. Den Vogel kennt ma am G'sang. Ein alter Vogel verhält sechs junge Vögel, aber sechs junge Vögel kein alte. Wenn dr Vogel hoch fliegt, fällt er weit herab. Vögel pfeifen hören* von etwas schon gehört. *Die Vögel, die am Morge so früh singe, verrekket bald. Ein jeder Vogel find sei Nest. Es ist ein schlechter Vogel, der's eigene Nest verscheißt.*

– (gespenstischer Vogel, mit dem man die Kinder abends schreckte): Nachtrabe 1., Nachtkrappe

– (ohne Schwanz): Burzer 3.

Vogelbeine Pl. (untere Extremität des Vogels): Ständer 3.

Vogelfänger m.: Vogler 1., Vögler

Vogelknöterich m.: Wegtreter

Vogelkrankheit f.: Dörre 2.b.

Vogelmiere f. (Pflanze): Hünerdarm

Vogelname m. (z.B. von gefangenen Raben, Papageien): Jakob 2.

Vogelscheuche f. (auch unscheinbare, schmut-

zig aussehende Frau): Ackerbutz, Scheuche 2., G(e)scheuche 2.

voll Adj. (ganz voll): abgestrichen, s. abstreichen

– (über und über voll): bitzelt voll

– (von Adern): geaderig

– (von Wurzeln): bläwasig

– (von Essen und Trinken): dudletvoll, s. dudlen

– (zum Überlaufen voll): schwapp(e)lig voll

vollbesetzt Adj. (bis auf den letzten Platz): (ge)p(f)ropft voll

vollbetrunken Adj.: sternhagelvoll, -blau

vollgestopft Adj.: gebampfet voll, s. bampfen 2.

vollenden schw. (fertig machen): ausmachen 2.a.

vollends Adv. (völlig, beinahe): voll B.2.a.b., vollets, vollet, volld, vollts, volltscht, vollest, vollster, volltsig, vollig *dui ist schau lang verstunka und glei vollig verfault.*

vollführen schw.: verfüren 4. *die verfürt 's reinste Luderleben.*

völlig Adj.: patsch 1. *'s ist patsch aus!* völlig zu Ende.

– (ganz und gar): glatt B.3. *er hat sei Vermöge glatt und sauber verputzt.*

– (rein, gewiß; unbedingt): sauber 1.c., *im Kopf, unter'm Hut nicht sauber* betrunken oder geisteskrank.

vollkommen Adj. (ganz und gar): radikal, entstellt: rattenkal, ratzenkal

– (genau, deutlich): gereit 2.b.

vollnehmen st. (den Mund beim Essen vollnehmen, schwer atmen): baunstgen

vollständig Adj.: gar A.1., gar B.1. *ganz und gar* – ratzenbutzen

vollstopfen schw. (mästen): schoppen 1.b.

vor allem Pron.Zahlw. (fürs erste): vornen weg 2.

Vorabend m.: Feierabend 1.

– (des Nikolaustages): Klas(en)abend

voran Adv. (voraus, vorbei, vorher, vorhin): vor A.2.

voranbringen st.: fürebringen 1.

voranstehend Adj. (vorn befindlich): vorder 1., Superl. vorderst, vörderest

Vorarbeiter m. (Anführer; Aufseher): Kapo

voraus Adv. (im voraus, schon vorher): gegenfür; fürhinein, fürnei, vornei

vorausahnen schw.: schwanen

Vorauserbe n.: Voraus

vorausfahren st.: vorfaren 1.

vorausreiten st.: vorreiten 1.a.

vorbringen st. (ein Anliegen weinend vorbringen): fürbringen 1.d.

– (zur Sprache bringen; erinnern an die Zahlung): mantenieren 2.

Vorderärmel m. (Pulswärmer): Staucher

Vorderbeine Pl. (der Pferde): Vorderhand, opp.: Hinterhand

Vorderfuß m. (des Menschen): Fürfuß, Vorfuß

voreilig Adj.: füreilig

– (naseweis): bonfitzig

voreiliger Mensch m.: Schudeler, Schudel

Vorfahren Pl. (Ururgroßeltern): Guckan, Gukkane, Guckäne, Gucknäne, Guckänle

vorgackern schw.: vorgatzgen

vorgegessen Part.: vorgessen, fürgessen, *vorgessen (vorgefressen)Brot* für etwas, was schon genossen ist, ehe es abverdient ist; z. B. Schulden, vorausbezahlte Arbeit ist *vorgesse (vorgfresse)Brot.*

Vorgesetzter m.: Ober A. 2.a., *die Oberen* Obrigkeit, vgl. Frau Oberin in Klöstern und Schwesternhäusern

vorgestern Adv.: übergestern, übergerst

vorhalten st. (Sünden und Dummheiten des letzten Jahres vorhalten, Fasnachtsbrauch): ansagen, aufsagen

– (Vorhaltungen machen; vorwerfen): vorreiben, vorrupfen, vorropfen, fürropfen, hin-(an)reiben

– (zum Vorwurf machen): aufheben 5.

vorhanden Adj. (gegenwärtig): verthalben *in der Haushaltung ist nix verthalbe als Armut und Sorge.*

Vorhänge Pl. (hinter den Fenstern, den Durchblick verhindernd): Neidhämmelein, s. Neidhammel 2.

Vorhängeschloß n.: Malschloß, Mar-, Mark-, Markt-, Mart-, Marder-, Mader-, Made(n)-, Matschloß

vorher Adv. (zuvor, früher): vor A.1.

vorhergehend Adj.: vorig 1., vörig 1.

– (früher): vorder 2., vord(e)rig

vorjährig Adj. (vom vorigen Jahr stammend): fand, fend, ferd, fern, fernd, fernderig, ferndig, opp.: heurig

vorlaut Adj.: vorderfötzisch

– (frech; gereizt, aufgebracht): kibig 2.

vorlaute Frau f.: Schampel

vorlauter Bursche m. (Schelte): Rotzer, Rotzaffe, Rotzler 1., Rotzlöffel

vormachen schw.: vorbleien, vorbleilen, fürbleien

Vormittag m. (des folgenden Tages): Morgen 2., morgen

vorn Adv.: vornen, opp.: hinten

– (ganz vorn): zuvörderst

– (vorn hinaus): fürhinaus, fürnaus, vornaus

– (vorn hindurch): vornen dure, durche

– (vorne dran): vorne dannen, opp.: hinten dummen

– (vorne hin): vorne na, hinan

vornehm Adj.: nobel, fürnem, *du bist aber nobel!* schön gekleidet.

– (allzu vornehm; geleckt): abgeschleckt, s. abschlecken 1.

– (nobel, stolz): herrenmäßig

– (spöttisch): hochgeschoren

– **tun** unr. (stolz sein; jähzornig sein): *doben sein,* s. doben

– (vornehm, stolz, reich tun): wähen

Vorplatz m. (im oder am Haus; Verkaufshalle): Laube 1.

Vorrat m. (heimlich angesammelter Vorrat von Früchten; Ort, wo dieser versteckt wird): Mauke, Mauke(r)t(e), Mauklet(e), Mauche(r)t(e), Mauchlet, Mauzete

Vorratsgebäude n.: Stadel, Scheuer

Vorratskammer f.: Gaden 3., Gadem

Vorsatz m. (Anlauf zum Guten): Ansatz 2.

Vorschuß m. (Vorauszahlung): Schuß 5.

Vorsprung m. (schnabelförmiger Vorsprung): Schnäpp, Schnäpper 1.a.

vorstellen schw. (sich etwas vorstellen): denken 2., *des kast di denka, wie da vorjährige Schnee, und der ist weiß g'wesa* das ist selbstverständlich.

Vorteig m. (beim Backen): Zufang

Vorteil m.: Vortel, Vörtel

vortragen st. (singend vortragen): hersingen

Vortritt m. (das Recht, zuerst zu wählen; vom Kartenspiel; auch übtr.): Vorhand

vorüber Adv. (vorbei): herum 2.b.

vorübergehen st. (an einem Ort vorübergehen): passieren 1.a.

vorvorjährig Adj. (vor zwei Jahren): vorfernd

vorwärts Adv.Interj.: allo! awante!

– nacher 2., nore, s. die Beispiele unter *nacher* 2.

– (hurtig; ermunternder Zuruf): hai! firsche!

– (nach vorn): füre, fürer opp.: hintere; fürewärts

– (vor sich hin): fürsich

Vorzug haben unr. (den Vorzug geben): *ein Prä haben, geben,* s. Prä *die Herren haben halt immer das Prä.*

vorzüglich Adj. (dem Rang nach, vorangehend): vorder 3.

Votivbild n. (Heiligenbild, Devotionsbild, Gedenktafel für ein Unglück): Bildstock, *dastehen wie ein Bildstock* regungslos, dumm, verblüfft; *was für eine Ähnlichkeit ist zwischen einem alten Bildstock und einem abgedankten Schultes? Antwort: man weiß nicht, soll man den Hut vor ihnen abnehmen oder nicht?*

W

Waagscheit n.: Schwinglein, s. Schwinge 3.

wach Adj.: wacker 1.

Wache f.: Schmire II, vgl. *Schmire stehen* bei einer unerlaubten Handlung aufpassen und warnen.

Wachholder m.: Wechalter, Weckolter, Reckholder, Krammet, Krammetbere, -staude, Räuchholz

Wachholderbeere f.: Weckolterbere, Reckholderbere (vielfach auch Name der Staude)

Wacholderdrossel f.: Krammet(s)vogel 1.

wachsen st. (eine Pflanze wächst im Frühjahr): antreiben 3.

- (kräftig wachsen von Feldfrüchten): bestokken
- (schlecht wachsen): verwachsen 2.
- (von Kindern): wuslen 1.c.

wächsern Adj. (von Wachs): wächsen II, wächsig

Wachskugel f. (zum Steifen des Fadens): Wichser 1.

Wachsschnur f. (zylindrisch aufgerollte Wachsschnur): Rodel I 2., Wachsrodel

Wachstum n.: Gewächs 1.a.

Wachstumswetter n.: Wachswetter

Wachtelkönig m. (Ralle): Habergeiß 1.

wackelig Adj.: wacklet

- (instabil): spitzig 1.b.
- (übtr.wankelmütig): gnappig1.
- (unsicher gehend): gracklig

wackeln schw.: grotteln, knackeln, gackeln

- (Kopf und Nacken hin- und herbewegen): nicklen 1.
- (labil stehen): nottlen 2.a., vgl. lottlen
- (locker sein): lotteren I 1.a.
- (mit dem Kopf, wie Alte oder Kranke): reusen 2.
- (nicken; locker sein): nappen
- (nicht fest sitzen von Türen, Schuhen): klavieren
- (schlottern): schnack(e)len 1.
- (von Möbeln): geifitzen 2.
- (vor Dicksein): gelotschelen

Wadenkrampf m.: Wadenspanner

Waffe f. (eigentlich Wehr und Waffen): Wer 2.

Wagen m.: (wie nhd.): Wagen, *da ist der Wagen au vor'm Deichsel* das Weib Meister. Wenn jemand im Winter die Türe oder das Fenster offen läßt, *so kommt e ganzer Wage voll Kälte'rei.*

- (Fuhrmannswesen): Furwerk
- (auf dessen Gestell eine Truhe montiert ist): Truche 2., Truchenkarren, Truchenwagen
- (der ohne Leitern, dafür mit einem Bretterkasten ausgestattet ist): Kastenwagen, Truchen-, Bretter-, Kanzwagen
- (mit Seitenleitern): Leiter(en)wagen, *die Weiber können mehr im Schurz forttragen, als was der Ma uf'm Leiterwage heimführe ka.*
- (mit weiter Radspur): Weitleiswagen
- (schlechter Wagen, alte Chaise): Karbatsche 2.
- (zweirädriger Wagen): Karch, Karren

Wagendecke f.: Wagenblahe

Wagenkorb m.: Krebe 2.a.

Wagenladung f.: Fart 1.c., Färtlein, Fuder, Fure I 1.b., Karret(e)

Wagennagel m. (eiserner Nagel zur Befestigung des *Wagenscheits* an der Deichsel): Wagnagel

Wagenpferd n. (links gehendes Pferd): Leitgaul

Wagenplane f.: Karrenblahe

Wagenschmiere f.: Karchsalbe, Karrensalbe

Wagenschuppen m.: Remise

Wagenspur f.: Geleis 1., vgl. die entsprechenden Übertragungen

- (Radspur): Gefärt 4.a.

Wagenteil n. (hinterer Wagenteil): Schätterete 2.

Wagenteile Pl. (Radzahn, Querhölzer am Wagscheit, Wagenetter, Ringe am Wagscheit): Klaffe 2.

Wagestück n. (verwegener Streich): Stuck 2.c. *ein Stuckle mache, liefere, tun.*

Wahl f. (Wahlstimme; veraltet): Kur 1.

wählerisch Adj. (heikel im Essen): kurässe; heikel 1., kaläß, kobäß, schleckig, schnaikig; *der Hunger ist heikel*; rä(ch)5., kiesig, schlecket, schleckig

Wahnsinn m.: Aberwitz *der gat in d'Aberwitz; der ist der hell Wunderfitz.*

wahnsinnig Adj.: bumsig, s. bumsen

während Konj. Präp.: (bei, zeitlich): ob I 3.

- (so lange): weil 1.

wahrhaftig Adj. Adv. (Beteuerungspartikel): warlich! wärlich! bes. *ja wärlich! nei wärlich!*

Beteuerung fast mit Eidesstärke; jedenfalls stärker als *wäger*.

– (Beteuerungspartikel): wäger! b., bes. *ja wäger!* allerdings, ja freilich! *nei wäger!* keineswegs, durchaus nicht; s. wägerlich, wärlich

– (Beteuerungspartikel: nicht doch! was du nicht sagst!): *meiner Treu! mei Seel!* daraus entstellt: *mei sechs! du meine Güte! mei, laß mich gehe! mei, was sägst net!* s. mein

– (Beteuerungspartikel): ja wäh!

wahrnehmen st. (den Sinn einer Sache): merken 2., *merkst de Butze? witterst Unrat? um's Merke bin ich größer als du* kaum merkbar.

– (eine Gelegenheit wahrnehmen): *Rank kriegen*, s. Rank 2.a.

Wahrnehmung f.: Merks, s. merken 3. *einen Merks haben; einen guten, feinen, schnellen, schlechten, keinen Merks haben; den richtigen Merks haben; Merks genug haben* leicht, schwer usf. etwas merken.

Waidmesser n.: Knicker 1.

Wald m. (Gehölz): Holz 1. *wie ma ins Holz 'nei schreit, hiecht's wieder 'raus.*

– (in dem es Wildschweine gibt): Sauenwald

– (Weide): Hart (nur noch Orts- und Flurname)

Waldabteil n. (das zum Sammeln von Reisig zugeteilt wird): Reisschlag

Waldbaum m. (junger Waldbaum, bes. Laubholz): Reitel 2.

Waldbingelkraut n.: Waldmannen

Waldgeißbart m.: Weihwadel 2.

Waldhainsimse f.: Fländerlein 3.b.

waldig Adj. (bewaldet): hülzig, holzig, holzet

Waldmast f. (Bucheckern und Eicheln): Geäkker(ich), Äckerich, Kes, Mast

Waldmaus f.: Jucker 4.

Waldmeisterlein n. (Pflanzenname): Waldmeister 2.a.

Waldrand m.: Ranft 1.

Waldrebe f.: Liene, Lieneze, Lerne; Bergrebe, Renne, Trenne, Hotte-, Huren-, Wolfsseil

Waldrodung f. (Platz, wo der Wald gerodet wurde): Gereute 1.

Waldsauerklee m.: Hasenkle, Sauerampfer 3., s. Form und Genus

Waldteil n. (gerodeter Waldteil): Reutschlag

Waldweg m. (auf dem Holz transportssiert wird): Holzweg 1.

Waldwicke f.: *Fräulein in den Gitzlein*, s. Kitze 3.b.

Wallach m.: Balache

wallen schw. (kochen, von Flüssigkeiten): sieden 2.a. *Wasser siedet, kommt zum (in's) Sieden.*

wallfahren schw.: wallen I, wallfarten

Walm m. (Abschrägung des Dachgiebels): Walbe, Walm(en), Balm

Walnuß f.: Wälschnuß, Baumnuß

Walpurga f. (weibl. Rufname und Heiligenname; ihr Namenstag, 1. Mai): Walburg; Formen: Walber, Wauburg, Burg, Burge, Burgel

Walze f. (Spule): Rolle II a.

wälzen schw. (rollen): schupfen 2., *geschupfte Nudeln*; walen, walg(e)len, s. warglen; wellen II 1.

– (sich wälzen, unruhig liegen): bocklen 1.d.

– (sich wälzen, rollen): kuglen 2.

Walzholz n. (mit dem man den Nudelteig breit und dünn wälzt): Walholz, Wellholz, Wargelholz

Wams n. (Jacke): Juppe, Joppe, Mutze, Janker, Kamisol

Wandbrett n. (Gesims über der Tür): Deiz 2., Deizlein, Deizelein, Deizet

– (zum Aufstellen von Sachen): Schanze I 2., s. Schanzenbrett

wandern schw. (auf der Wanderschaft sein von Handwerksburschen): walzen

Wanderschaft f. (des Handwerksburschen): Walze 2.

Wandertag m. (der Dienstboten): Schlenkertag

Wandschrank m. (kleiner Wandschrank): Känsterlein

Wandverschalung f. (bes. unter den Fenstern): Lamperi

Wange f. (Kinnbacke): Backen 1.

– (geschwollene Wange; von Zahnweh herrührend): Zanbäcklein

wanken schw.: gumpen 2., gompen, hotten 4.

– (nicht fest stehen): wacklen 1., wackelen

– (schwanken, taumeln; bes. von Betrunkenen): weiflen

– (wackeln, locker sein): gnappen 1.

wann Adv., Konj.: wenn *wenn i dir's sag!* Formel der Versicherung. *Wenn's halt et will, staht's et still (und wenn ma älleweil schreit: oha). Wenn des Wörtle wenn net wär, na wär mei Vater Millionär. Wenn Wasser Wei wär, wie wölltet die Weiber Windle wäsche?*

Wanne f. (mit zwei Handgriffen): Zuber, vgl. Eimer (ahd. Einbar=Einträger), Zuber (ahd. Zwiebar=Zweiträger)

Wanze f.: Wändel

Ware f. (liederliche Ware): Herrgottsglump

– (schlechte Ware): Hudel(ein)sware 1.

– (spez. Viehware): Ware 1., 2.

– (vergängliche, zerbrechliche Ware): Puppapperlein

Warenhandlung f. (kaufmännischer Betrieb; Laden): Geschäft

Warenprobe f. (als Probe dienendes Stück): Muster 1.b.

warm Adj.: (wie nhd.): warm; verstärkt: bad-, brüh-, kuh-, mül-, ofen-, seichwarm, vgl. den besonderen Gebrauch mit *warm*, häufig auch

mehr umgangssprachlich: *warm homosexu-ell*; *warm sein* soeben erhalten, gerade veröf-fentlicht; *warm abbrechen* anzünden; *warm halten* Speisen und Beziehungen; *es einem warm machen* hart zusetzen; *warm sitzen* sor-genfrei leben; *warm werden* sich eingewöh-nen; *mit einem warm werden* sich anfreunden usw.
- (ganz warm): brühwarm, *etwas brühwarm er-zählen* eine Neuigkeit sofort weitererzählen.
- (lauwarm, wie Badewasser): badwarm, brüh-warm, seichwarm
- **machen** schw. (oder kalt machen; kaltes Was-ser lau oder heißes Wasser lau machen): schrecken 2., hierfür noch mehr *abschrecken, verschrecken*
- **werden** unr.: verwarmen, vertwarmen
Wärme f. (im Zimmer; Dampf-, Rauchwolke; Qualm): Watel
wärmen schw. (erwärmen): gewärmen, sich ge-wärmen
Wärmflasche f.: Bettfläsche
Warte f. (Aussichtsplatz): Lug 1., Luget
warten schw. (auf etwas gespannt sein): spitzen 2.b.
- (auflauern, ein Spiel vorüberlassen): passen 1., *wenn du auf die Schuh passest, na mußt no lang barfuß geha* einer, der auf sein Erbe war-tet.
- (mit der Bezahlung): beiten 2.
Warten n.: Gepasse
Warze f. (Hühnerauge): Leichdorn
was Pron. (wie nhd., s. folgende Besonderheit): was, wa; im Nom. und Akk. gern gekürzt *wa; wa(s) ist?* wie steht es? Vielfach ist *wa* die ge-wöhnliche, *was* die unwillige Frage. *Ha wa!* Ausdruck der Verwunderung. *Ha was!* Aus-druck des Unwillens. *Ha wa(s) denn!* freilich.
Waschbecken n.: Lavor, Waschlavor, Wäsch-schüssel
Waschbottich m. (großes hölzernes Gefäß mit zwei Handgriffen): Waschzuber
Waschbürste f. (Schrubberbürste): Strupfer 2.
Wäsche f. (bunte Wäsche, Socken, farbige Hemden usw.): Wadel 3.b.
- (Leibwäsche): Geräte 2.
- (zum Flicken beiseite gelegte Wäsche): Flick-wäsche
- **anfeuchten** schw. (und zusammenwickeln, um sie besser bügeln zu können): einschlagen A.4.
- **einlegen** schw. (Wäsche in Lauge legen, um sie zu waschen, zu bleichen): bauchen
- **glätten** schw.: mangen
Wäscheklammer f.: Wäschglufe, Wäschkluppe
Wäscheklammersack m.: Klämmerleinssack, vgl. Klämmerlesschurz, Klammerlestasche
Wäscheleine f.: Gerätseil, Häßseil, Waschseil

waschen st.: wäschen 1. *heulen, daß man die Hände unter einem wäschen kann; des hat sich gwäsche* ist vorzüglich ausgefallen; putzen; lüchen
- (bes. den Kopf): zwagen 1.
- (die Hände, das Gesicht waschen): abmusln, musln
- (Wäsche im Wasser hin- und herziehen): schwaden, pfladeren, abpfladeren, abpfläde-ren
Wäschetrockenplatz m.: Wäschhänge, -henke; Waschhenke
Waschfrau f.: Wäschweib 1.
Waschgefäß n.: Ständer 2.
Waschkorb m.: Wäschzaine
Waschschüssel f.: Waschlavor
Waschtuch n.: Waschhudel
Waschzuber m.: Waschbrente, Wäschgelte
Wasser n. (fließendes Wasser): lebiges Wasser, s. lebig 2.
- (verschüttetes Wasser; Nässe auf dem Boden; nasser Schnee auf dem Boden; geschmolze-ner Schnee): Gelätsche
Wasserablauf m. (in der Küche): Guß 4.
Wasserablauföffnung f.: Gußloch
Wasserassel f. (Keller-, Mauerassel): Schabe II 2., Geize III
Wasseraufschlag m.: Patscher 2.; Bauchplätsch (verunglückter Startsprung)
Wasserausgußstein m. (in der Küche): Schütt-stein, Wasserstein, Ablauf
Wasserbirne f. (weniger edle Birnenart): Was-serbir, Mostbir
Wasserblase f.: Schelle 5.; Wasserblater 1.
Wasserbottich m. (Wasserkübel): Wasserstande
Wasserdampf m.: Dampf 1.
Wasserdost m.: Kunigundenkraut, s. Kunigunde 3.
Wasserfall m. (Strudel): Gießel, Sprudlete
Wasserfäßchen n.: Wasserlägel
Wassergefäß n. (aus Holz oder Metall, versehen mit Handgriffen): Gelte 1. *wenn's der Ma im Butte'reiträgt und d'Frau in der Gelt'naus, na gaht's halt aus.*
- (zum Schöpfen von Wasser): Wassergelte, Wasserschapfe,
Wassergeist m.: Hakenmann
Wasserhuhn n.: Bläßlein, s. Blässe 4.
wässerig Adj. (mit Wasser bespritzt): motzig 1.
Wasserkröte f.: Gucker III 4.
Wasserlache f. (Tümpel; Pfütze): Wette II
Wasserleitungsrohr n. (im Boden mit Hilfe ei-nes ausgehöhlten Tannenstammes): Teuchel *wenn's nicht will, so taget's nicht, und wenn man den Tag zu den Teucheln herein leitet.*
Wasserlibelle f.: Hülbenhüter, Wettehüter
wässern schw. (Wiesen wässern; eine Speise wässern, das Vieh saufen lassen): wässeren 1.

669

Wasserpumpe f.: Gumper 2.

Wasserrinne f. (Bachbett, Graben, Kanal): Runs 2., Runs(e); Wasserruns

Wasserschierling m.: Wüterich 2.b.

Wasserschwertlilie f.: Ackerwurz

Wasserstelle f. (gestautes Bachwasser): Gumpe 1., Gumper 3.

Wassertröpfchen n. (an der Nase; herabhängender Nasenschleim): Laterne 2.a.

Wasserwirbel m.: Driller 1.

Waten n. (lästiges Waten): G(e)wate 1.

watscheln schw.: quattlen
- (hinterdreinwatscheln): nachquattlen
- (langsam und schwerfällig gehen): quatten, quattlen
- (schwankend gehen wie eine Ente): watlen II; quaken, quanken, quaklen

watschlig Adj. (watschelig, watschelnd): quankig, quakig

Watspuren Pl. (in der Wiese): G(e)wate 2.

Weberknecht m. (langfüßige Spinne): Habergeiß 2.

Weberschiffchen n.: Schiff 4., Scheff

Webfehler m.: Webernest, s. Nest 6.

Wechselfieber n. (kaltes Fieber, Erkältung): Gefrörer, Gefröst 2., Gefrüst

wechseln schw.: (Beruf, Studium wechseln): umsatteln 2.
- (Worte wechseln): worten

wecken schw. (Begeisterung wecken; Wirkung haben): zünden 3.b.

Wecken m. (Brot zum Eintunken): Tunke, Tunket(e), Tünkete
- (der auf einem Blech gebackene Wecken): Blechweck

Wedel m. (mit dem der kath. Geistliche das Weihwasser spendet): Weihwadel
- (von Federn, Reisig): Wadel 1.

wedeln schw. (mit dem Schwanz): schwanzen 1.a., schwänzlen 1.
- (mit Fächer, Wedel, Schwanz): wadlen 1., wädlen

weg Adv. Konj. (fort): weg, *von etwas weg sein* hingerissen, begeistert sein.
- (fort; von dannen gehen): dannen I
- (minus; Bezeichnung für die Subtraktion): weg; 5 weg 3 ist 2
- (von der Stelle weg): abstatt, abstätt 1.

Weg m. (wie nhd.): Weg; bes. Gebrauch: *um den Weg sein, bleiben* bei der Hand, in der Nähe sein. *Den breiten Weg* der Breite nach; *den langen Weg* der Länge nach; *den gestreckten Weg* längelang.
- (Bahn): Gefärt 3.
- (kurzer Weg, geringe Entfernung): Katzensprung
- (nur für kleine Wagen tauglich): Karr(en)weg

- (von Hecken oder Zäunen eingefaßter Weg; Hohlweg): Gasse 2, Gäßlein

wegbrechen st. (die überflüssigen Schosse des Weinstocks wegnehmen): verbrechen 2.

wegbringen st.: fortschaffen 1.

wegen Präp.: zuwegest
- (wie nhd.): wegen I; mit Dativ: *wegen ihm; wegen selbem;* bei Pron. auch Genitiv: *wegen dessen, wegen meiner* meinetwegen. Adverbial: *'s könne wegen 100 Morgen sei* ungefähr. *Von wegen!* Ausruf der Verwunderung.

Wegerich m.: Wegerich, Weger, Weberich

Wegericharten Pl.: Mähuber 2.

wegführen schw.: verführen 1.
- (verschwinden, auseinanderrupfen): verziehen 2., sich verziehen

weggeben st. (als Pfand weggeben): versetzen 2.
- (hergeben): geben 1.

weggehen st.: hingehen 1.a., sich verlaufen B.1.
- (abfahren lassen): abkratzen *kratz ab! geh weg!*
- (sich entfernen): fortgehen 1., (an)weggehen, *wer weit fortgeht, hat weit heim.*
- (vergnügt weggehen): abzwitschern
- (von Farbe, sich lösen): abgehen 1.

weghüpfen schw.: wegjucken

wegkommen st.: fortkommen 1.
- (schlimm wegkommen; schlechten Erfolg haben): anrennen 1., angehen I c., anlaufen 2., übel ankommen 1.a.

wegkratzen schw.: weggrübeln, weggrublen
- (mit den Fingernägeln etwas wegkratzen): knuben, grublen

weglaufen st.: fortlaufen
- weglaufen, bes. *einem das Haus fast weglaufen* immer wieder bei ihm vorsprechen in aufdringlicher Weise.
- (davongehen, Reißaus nehmen): ausreißen 2.

weglegen schw. (ablegen): hinlegen 1.

weglesen st. (mit den Fingern wegnehmen): abklauben
- (vor der Lese die bereits reifen Beeren weglesen): überzopfeln

wegnehmen st. (durch List wegnehmen): abstäuben 2., abstauben
- (entwenden): abführen 1.
- (heimlich wegnehmen): gelaustern; wegschnabulieren
- (im Spiel alles wegnehmen): abmausen 2.
- (Rahm wegnehmen, Erde wegnehmen): abheben 1.

Wegrauke f. (Pflanze): Wegsenf

wegräumen schw. (speziell die erste Arbeit im Weinberg): vertraumen

wegreißen st.: abzerren
- (entreißen, zerren): zucken 1.
- (zerreißen): abreißen 1.

wegreiten st.: verreiten 1.

wegrücken schw. (Platz machen): rucken 2.

wegschaffen schw. (Stämme wegschaffen): hulzen

wegschauen schw.: weglugen

wegschenken schw.: herschenken

wegschleudern schw.: wegschlätteren, wegschlenk(er)en

wegschlürfen schw. (eine Flüssigkeit wegschlürfen): absupfen

Wegschnecke f.: Wurm 3.d., *schwarzer, roter Wurm.*

wegsehen st. (den Blick abwenden): weggucken 1., weglinzen

wegsetzen schw.: versetzen 1.

wegstellen schw. (an einen falschen Platz stellen): verstellen 1.

wegstoßen st. (wegschaffen): wegbugsieren, wegschucken

wegsupfen schw. (das Oberste eines übervollen Behältnisses vorsichtig wegsupfen): übersupfen, übersupflen, übersüpflen; übersuflen; übersürflen

wegtragen st.: vertragen 1.

wegtreiben st. (verjagen): abtreiben 1.

wegtun unr.(beseitigen, verderben): vertun 3.

wegwälzen schw.: wegwärglen

Wegwarte f.: Federich, Wegluge(r), Wegmannen, Wegseicher 2.c., Zichorie

wegweisen st: hinweisen 1.

– (einem gebieten fortzugehen): ausbieten 2. *d'Stieg nabg'schmissa ist wie ausgebota.*

wegwerfen st.: fortgeheien, (an)weggeheien *aweggheie;* hinwerfen 1.

– wegschlenzen, wegschmeißen

– (hinwerfen): hinschlenkeren

Weh n. (Leid, Schmerz, Wunde): We, Pl. Weenen; s. we

wehe Interj.: we! bes. Gebrauch in Verbindung mit Verben: *we sein,* bes. *wind und weh* sterbensübel; *we tun* schmerzen; *we werden* übel werden.

wehe tun unr.: wüsten 2.

wehen schw. (ein Wind geht): luften 1.

wehklagen schw.: weleiden, jammern 1., jämmeren

wehleidig Adj.: behebig 2.

– (von zarter Gesundheit): pflenzlich

wehleidiger Mensch m.: Bibilein 2.

wehren schw. (sich wehren, sich auflehnen): *Male, Mändle machen,* s. Mann 4.

Weib n. (altes Weib): Fisel 3., Fusel II, Murkel 1., Murksel

– (dummes Weib): Ganskätter

Weibchen n. (eines Vogels): Henne 2.

Weibernarr m. (Schmeichler): Fuseler, Mädlesfuseler, Felenfuseler, Weiberfuseler

– (Schürzenjäger): Fotzenschwanz, Weibersukkeler

Weiberschurz m.: Schoß II 2.

Weiberträne f.: Weiberzäre

Weibervolk n. (sehr abwertend): Fotzenware

weibliche Brüste Pl.: Gehenk, Gehäng(t), Behenk 1.g.; Herzer

– (übtr.): Kätterlein, s. Katarine 3.a.

– **Kopfbedeckung** f. (bei Hochzeiten von der Braut und den Brautjungfern getragen): Schappel 2.

– **Person** f.: Weibsbild, Mulle, s. Mulle 3.

weibliches Geschlechtsorgan n. (Scham): Meise 2., Fotze 1., Fud 1., s. Füdle, Fuse I, Hutzel 3., Hurzel, Pfuse I, Kachel 5., Katz, vgl. Bull, Buse, Kirbe. Kirchweih 3.b., Klavier 2., Lade 2.c., Mock II 2., Mulle e., s. Mulle 2., Munz 2., vorderer Leib, s. Leib 1.; Zwetschge 2.

weibliche Schamhaare Pl.: Mulle b., dazu *'s Mulle streiche,* s. Mull 2.; Nest 4.

– **Taube** f.: Käutin

weiblicher Hund m. (dumme Person): Lätsch II, Läsch 2.

weibliches Reh n.: Rehgeiß

– **Tier** n. (weibliche Pflanze): Weiblein, s. Weib 2.

weich Adj. (behaglich, angenehm, warm): mollig

– (biegsam): glimpfig 2.

– (faul, kraftlos; nicht ganz durchgebacken): lätsch, lätschet, lätschig

– (klebrig, breiig, schwammig): kätschig

– (klebrig, kotig): batzig

– (kraftlos): teig 3., teiget, teigig; lum, lumm (lind): lind

– (locker, fein, vom Erdboden): mol

– (schlaff; locker, luftig, porös): lummer

– (schleimig, zäh; schwach, kraftlos, mager): schlänzig

– (sehr weich): pfätsig, s. pfatschen

– (sehr weich, zerdrückt): krotenweich

– (von halbgebackenem Teig): tatschig 1., tätschig

– (von zergehendem Schnee; von faulem Holz): molz

– (wie Butter): butterlind

– **machen** schw. (er-, aufweichen): weichen II 1.

– **werden** unr.: verweichnen, weichen II 2.

Weiche n. (im Brot): Musel 4., Mumpfel 1., Mompfel

weiches Brot n. (ohne die Kruste): Weiche 2.a., Mumpfer

Weichheit f. (Weichsein): Weiche 1.

weichlich Adj.: zinzelig

weichlicher Mensch m.: Biberlein I 4., Bibelein, Hünlein, s. Hun 2.

Weichling m.: Ofenhocker, Stubenhocker, Ofenschlupfer 1.

Weichteil n. (im Bauch): Öde 2., Flämme

Weide f.: Gras 3. *das Vih ins Gras treiben. Gibt Gott e Häsle, so gibt er au e Gräsle.*
– (grüne Weide, grünes Futter): Grüne, s. grün 1.
Weidebefugnis f. (auf dem Stoppelfeld): Weischgerechtigkeit
weiden schw. (das Vieh weiden): grasen, gräsen, grasnen
– (Vieh weiden; auf der Sommerweide haben): sömmern
Weidenarten Pl.: Wide 2.
Weidenbaum m.: Felbe, Felber, Felbenbaum
Weidenblättriges Ochsenauge n.: Johann(i)sblume 2., Mägdleinblume, Maßliebchen, -süßelein, Marienkraut, Goldblume, Ringelein
Weidenblüte f. (Kätzchen): Musel 2.b., Kätzchen, Kutzelein, Katzenmullein 2., Katzenmülle, Kutz(en)mullein 2.
Weidendamm m.: Beschlächt 2., Beschlacht
Weidenkorb m.: Weidenkratten, Weidenkrebe
– (ohne Deckel mit zwei Handhaben): Zeine, Zirne; Krebe, Krätze, Schide, Kratten, Krätten
– (zum Tragen, bes. auf dem Rücken): Krebe 1., Kreble
Weidenpfeife f. (Maipfeife): Hupe 1.b.
Weidenstrunk m.: Weidenstotzen
Weideplatz m.: Auchtert, Trift
weigern schw. (sich weigern): wideren
– (sich weigern, stolz einherschreiten): sporzen 1., spörzen, sporzgen
Weihe f. (Raubvogel; bes. Gabelweihe): Wei, Weier I
Weiher m. (Teich; der durch eine *Falle,* einen *Strämpfel* abgelassen werden kann): Weier II
Weihnachtsbaum m.: Kristbaum
Weihnachtsfest n. (25. Dezember): Kristtag, Heiliger Tag, Weihnacht
Weihnachtsgebäck n. (das auch den *Sternsingern* verabreicht wurde; in der Regel *Hutzelbrot*): Singet, Singete
– (in Menschenform): Dampelteibube
– (mit plastischen Bildern): Springerlein, s. Springer 2.c., vgl. Springerleinsmehl, -teig, -model
– (Zuckerbackwerk, Konfekt, Süßigkeiten): Gutlein, Gutle, Gutele, Gutsle, Gutsele, Albertlein, s. Albert
weil Konj. (wie nhd.): weil; eine Aussage wird bekräftigt durch *weil's wahr ist!* s. weil 2.a. Eine Antwort wird verweigert durch ein die Frage abschneidendes betontes *weil,* s. weil 2.b.
Wein m. (ausgezeichneter Wein): Herrenwein
– (der durch Pressen gewonnen wird): Druck 1.; opp.: Vorlaß.
– (der erst am Gallustag, 16. Oktober, gelesen werden kann): Gallenwein

– (gärender Wein, Most): Sauser 3.; üblicher: Suser
– (herrschaftlicher Wein): Herrenwein 1.
– (im ersten Jahr, bzw. bis zum Ablassen): Most 1.a.
– (saurer Wein): Krätzer 3.
– (säuerlicher Wein): Säuerling 2.
– (schlechter Wein; Krätzer): Rachenputzer
Weinberg m. (dafür das populäre Wort): Weingart(en)
– (in dem die Stöcke und Wurzeln ausgerodet wurden): Gereute 2.
weinen schw. (in der Halbmundart das gebräuchlichste Wort): weinen; populärer: greinen, heunen, schreien, bregen, bräugen, briegen, bellen, flärren, heulen, plärren, pflärren, brellen, rallen, zännen; blasen 1.c., pflützen, raunzen u. a.
– (anhaltend weinen, mürrisch sein): pflatschen II
– (ärgerlich weinen): zännen 2., zannen
– (den Mund zum Weinen verziehen): *ein Pfännlein machen,* s. Pfanne 2.
– (klagen; seufzen; mürrisch, verdrießlich sein): mienken 1.
– (kläglich weinen): pfitzen 2.
– (laut weinen): bellen II, böllen, briegen 1., heinen, zännen, bellen, schreien 1.d., trielen 2.a.
– (lautes und stilles Weinen): heulen, greinen, pflennen, briegen, heunen. *Der hat gheult, daß ma d'Händ hätt könne unter ihm wäsche, daß sich hätt e Stein verbarme möge. Heul nur, du seichst na also minder. Ma sott sterbe, solang se no um ein heulet.*
– (leicht weinen): pflitteren 2.
– (sanft weinen, leise klagen): greinen 1.
– (still weinen; seufzen): zemplen 2.
– (tadelnd): seichen 1.b.
– (von Katzen, Kindern): maunlen 2.
Weinen n. (der Frauen): Weibergreinen
weinend Adj. (unentschlossen): mienkig
Weiner m. (Brüller): Breller, Brellochs, Brellhägen
weinerlich Adj.: briegelich, s. briegen; heulerig, heulerisch, heulig, heunig
– (empfindlich): pfienzig
– (leicht zum Weinen geneigt): zännig 2., plärrig
– (mürrisch): krämpig
weinerliche Frau f.: Brieg, s. briegen
weinerlicher Mensch m.: Maunzer 2.
Weingärtner m.: Häcker 1., Weingärt(n)er
– (Tübinger Weingärtner): Gage 1., Wingerter
Weinlese f.: Herbst 1.
– (Traubenlese): Wimmlet
– **halten** st.: herbsten 1.

Weinrose f. (duftende Weinrose): Frauendorn, Frauenlaub
– (bes. deren Hagenbutten): Schmeckerlein
Weintraube f. (kleine Weintraube): Träublein 1. *einer Traube und einer Geiß ist's nie zu heiß.*
Weintrinker m.: Weinzan
– (der ein Viertele Wein schlotzt): Vierteleinsschlotzer
weismachen schw.: aufbinden 2.
weiß machen schw.: weißen, weißlen, weißnen, weißgen
Weißbrot n.: Murre
– (in Form eines Pariser Brotes): Pariser 1., Pariserlein
– (in Kapselform gebackenes längliches Weißbrot): Käpselein, s. Kapsel 3.
– (kleines, längeres Weißbrot): Schiff 6.
– (mit Zwetschgen und Honig gefüllt): Wefz(g)ennest 2.
– (mürbes Weißbrot): Hefenkuchen
Weißdorn m.: Bubenhägelein, Hag(en)dorn 1.
Weiße Hainsimse f.: Marbelein, s. Marbel 2.
– **Lichtnelke** f.: Kläpfete 2.b.
– **Lilie** f. (oder Madonnenlilie): Ilge b., Lilie, Josefsilge (Symbol des heiligen Josefs)
Weiße Taubnessel f. (Gefleckte Taubnessel, Rote Taubnessel): Schäslein, s. Schäse 2.b.
Weißes Labkraut n.: Weiße Kunklen, Wiesenkünkelein, s. Kunkel 3.c.
weißlich Adj.: weißlecht, -lechtig
Weißmehlbrötchen n. (nach oben zugespitzt, in der Mitte tief eingespalten): Wecke 2., unterschieden: Milch-, Wasser-, Seelen-, Spitzweck. Der Wecken liegt stets auf dem Ladentisch des Bäckers; daher: *des ist so gwiß, wie der Weck auf'm Lade* so sicher, zuverlässig, kann nicht fehlen.
weißnen schw. (weiß tünchen): verweißnen
weit Adj. (faltig von Kleidern): bloderig
– (schlotternd, von einem Kleidungsstück): kuttet, kuttig
weiterarbeiten schw.: fortschaffen 2.
weitermachen schw. (immer fort machen): zumachen 2. *mach doch zu!* fahre fort!
weitermauern schw. (drauflosmauern): zumauren 2.
weiterscharren schw. (immerzu scharren): zuscherren 2.
weitläufig Adj.: weitläuf 1.
Weizenbrötchen n. (mit Wasser, nicht mit Milch angerührt): Wasserweck
Weizenkleie m.: Weizengrüsch, -grust
welch Pron. (welche, welcher): welch 1., *wele Zeit ist's?* welche Uhrzeit? welch 2., *weleweg* jedenfalls, auf welche Art.
welk Adj. (müde): abgeschlacket
– (schlaff): schwelk
welken schw.: schwelken

welsch Adj. (im O. italienisch, im W. französisch): wälsch
Welt f. (ganze Welt): Heilandswelt, Herrgottswelt, *auf der Heilandswelt, Herrgottswelt* auf der ganzen Welt.
Welts ..., welts ... (verstärkende Präfixe vor Subst. und Adj., sowohl in positiver wie auch in negativer Bedeutung): Welts-, welts-; vgl. auch Allerwelts-, erdenwelts-, grund-, boden-, u.ä.
Wendehals m. (Vogel): Leirenbändel 1.
Wendekreis m. (eines Wagens beim Umwenden): Kar II
Wendelin m. (männl. Vorname und Heiligenname; sein Tag, 20. Oktober): Wendelin(us), meist gekürzt *Wendel.* St. Wendelinus ist der Patron des Hornviehs und der Schafe.
wenden unr. (Heu wenden; oberflächlich wenden; Feldarbeit lässig betreiben): gäb(e)len 1., vgl. gablen 1.
– (sich wenden): sich wenden 2.
– (umdrehen): verstürzen, umkehren 1., *Heu umkehren,* keren I 1.
Wendevorrichtung f. (am Leiterwagen): Reihen
wenig Pron.Adv.Zahlw.: mind 1.
– (bißchen): Bröselein, Broselein, s. Brosame, *ein Brösele Mehl, Tabak*
– (selten, klein): lützel *mit viel halt ma Haus, mit lützel kommt ma aus. Lieber lützel und zfriede, als viel und gstritte. Lützel und recht ist besser als viel und schlecht.*
– (nicht wenig; sehr): nicht schlecht, s. schlecht 2.b. *den haun i net schlecht verhaue.*
wenn Konj. (zeitlich oder konditional): wo 2.a.
werfen st.: geheien B.2. *gib acht, i ghei di* werfe dich zu Boden; *es ist g'heit wie g'worfe* einerlei; malochen 3.; fläuderen 2.
– (junge Zicklein zur Welt bringen): kitzen II
– (Junge werfen, von der Muttersau): färchlen
– (Katzen zur Welt bringen; brünstig sein): kätzlen
– (Lämmer werfen, Schäfchen zur Welt bringen): lammen
– (Steine flach über das Wasser werfen): fläugen, pfläugen, pfläugeren 1., hitzerlen, flängeren
– (Stöcke werfen; durch einen Blick in die Arbeit des Nachbarn sich etwas aneignen): spikken 4., abspicken, vgl. Spickzettel
– (treiben): gutt(e)ren 3.
– (unordentlich durcheinander werfen): rafflen 1.
– (zu Boden werfen; umkippen vom Wagen): umschmeißen 1., schmeißen 1., populärer: geheien
Werg n. (Bündel Werg): Kauder 2.
werkeln schw. (basteln): boßlen, mächlen, bästlen

Werktag m. (wie nhd.): Werktag, s. die Lautvarianten

Werktagskleid n.: Werktag(s)häß

Werkzeug n. (Gerät): Geschirr 1., vgl. Bindgschirr, Habergschirr

– (in der Form einer Ziegenklaue): Geiß 4., Geißfuß 2.

– (zum Felgen): Falge 2., Falget

– (zum Markieren der Baumstämme): Reißer 2.a.

Wermut m.: Sonnenwirbel e.

wert Adj. (wie nhd.): wert 1., s. den bes. Gebrauch

– (lieb): teuer 3.

Wert m. (wie nhd.): Wert, *des hat kein Wert* nützt nichts; ist unbedeutend; *des wird'n Wert hau!* wozu auch!

– (Qualität, Zustand, Art): Acht 3. *Leut von meiner Acht* von meinem Schlag.

Wertbetrag m. (geringer Wertbetrag): Nasenwasser

wertlos Adj. (verachtet, unwillkommen, zur Last fallend): unwert

– (vgl. blinde Nuß): taub 3., *Moos und Laub macht Äcker und Wiesen taub. Die Suppe ist taub* es fehlt ihr Salz und Schmalz.

Werturteil n. (Geschmack): Gu 2., Gü

Wesen n. (aufbrausendes, hitziges Wesen): Jästerei

– (bäurisches Wesen): Baurenkirbe 3.

– (gespenstisches Wesen, das zur Weihnachtszeit in Beziehung steht): Berch 1., Bercht

– (herrisches Wesen): Herrenwesen

– (liederliches, lockeres, leichtfertiges Wesen): G(e)lotter

Wespe f.: Wefz(g)e 1.

Wespennest n.: Wefz(g)ennest 1.

Weste f. (des Bauern): Brusttuch, *ein sauberes Brusttuch haben* gutes Gewissen.

Westwind m. (Südwind, Föhn): Oberluft opp.: Unterluft

wetteifern schw. (beim Schießen, Kartenspiel): stechen 3.

Wetter n. (gutes Wetter): Heitere

– (schlechtes Wetter mit anhaltendem Regen): Herrgottswetter, Sauwetter, Sudelwetter, Sutterwetter

– (schönes Wetter): Herrenwetter 1.

– (übles Wetter): Aberwetter

– (schlechtes Wetter werden) : umlassen 2.

Wetterleuchten n. (Blitz): Augster, Äugster, Äugsterer; Blitzlaichen

wetterleuchten schw. (blitzen ohne Donner): augstelen, äugstelen, äugsteren, augsten 2., geistelen, hitzleichnen, laichen I 4., laichnen 2. (mhd. *leichen* hüpfen), wetterlaich(n)en.

Wetterloch n. (Gegend, aus der das gute Wetter kommt): Heiterloch

wetters … Präfix (häufige Verstärkung): wetters-, wie *donners-, blitz-,* usw. so *wettersgscheit, wettersgschwind; Wetterskerle.*

wetterwendisch Adj. (launisch, unbeständig, verdrießlich): wetterläunisch

Wettlauf m. (im Sack): Sacklaufet

Wetzsteinbehälter m.: Futterfaß, Kumpf

Wichtigtuer m. (einer, der es immer eilig hat): Unnoteler

Wickelband n. (für den Säugling): Pfätschen, Pfätschet, Pfätschel

Wickelkind n. (Säugling): Pfätschenkind, Fätschenkind, s. Pfätschen

Wickelkissen n. (Tragkissen): Pfätschenkissen, s. Pfätschen

wickeln schw. (Garn, Wolle, Faden zu einem Knäuel wickeln): aufwickeln

Wickeltisch m.: Fätschentisch, s. Pfätschen

widerhallen schw.: verthed(e)len, verhallen, verhillen

– (laut, grell schallen): gellen 1.

widerspenstig Adj. (sich sträubend): strobelig 2., stroblig, strublig

– (störrisch, händelsüchtig): stößig, stoßig

– (unartig, unbändig): ungäbe

– (verdrießlich): motzig 2.

– (von Haaren und Menschen): widerborstig

Widerspenstigkeit f. (Unartigkeit): Ungäbe, *er macht Ungäbenen* Schwierigkeiten.

widersprechen st.: fechten 2.

– (sich widersetzen): muckieren

Widerstand m. (Widerstand leisten, Stand halten): Bastant halten, s. bastant 3.

widerwärtig Adj.: öde 2., Steigerung: wüst; recht käl; drecköd

– (grob, unartig): ungetan 1.

– (mürrisch, griesgrämig): graunzig, gräuig, gräig, grebig, zerrig, grätig 2.

– (störend): unnötig 2., vgl. unartig 2.

– (unangenehm): herb 2.a.

– (unausstehlich; flegelhaft): unartig 2., unärtig; vgl. unnötig *2.*

– (unnachgiebig): störrisch

– (unzufrieden): grammelich, grämmelich

– (verflucht, verteufelt): wetaget

– (von rauher Außenseite): kratzborstig

widerwärtiger Mensch m. (schweigsamer, finsterer Mensch): Mock I 2., Mockel 5.a., Hurnigel 4., Schmarre 2.c.

widerwillig Adj. (bes. beim Essen): überwindlingen 2., -ling; -lig

Wiedehopf m.: Kiwitz, s. Geifitz 1.b.

wiederkäuen schw.: däuen 2.

Wiederkäuer m.: Däuer

wiegen schw. (sich wiegen, gaukeln, wanken; schaukeln): gagelen, hossen 2., hutschen II 1.

wiegen st. (sein Gewicht prüfen): wägen 1.

Wiegenpferd n.: Hoschengaul

wiehern schw. (vom Pferd oder Esel): rü(ch)elen 1.
- (vom Pferd; bes. das sehnsüchtige Wiehern der Stute nach dem Füllen): win(e)len; heinklen, kirren, weinen, wimmeren, rüchelen, winslen, heulen, greinen

Wiese f. (wie nhd.): Wise; Im Alemannischen stets *Matte*. Im Allgäu jedoch *Feld, Acker, Heuet,* während *Wise* spez. ein nasser, saurer Grasplatz bedeutet.
- (am Flußufer; Wasser bespültes Landstück): Werd
- (abgemähte Wiese; Mahd): Worb 3., Wurb, Warb
- (auf der auch Waldbäume stehen): Holzmad, Holzwise
- (die dem Farrenhalter von der Gemeinde überlassen wurde): Hummelwise
- (einmähdige Wiese): Mad 1.
- (gewässerte Wiese): Wasserwise 2.
- (nasse Wiese): Wasserwise 1.
- (sumpfige Wiesen; Wasserwiesen): Brül

Wiesel n.: Wisel 1.

Wiesenaugentrost m.: Heidel 2.

Wiesenbärenklau m.: Gaulkümmich, Roßkümmich, Kreuzerlein, Stängel, Schärtel, Bärentape, Bärentatze, Schachtel 3.b.

Wiesenbocksbart m.: Guckigauch 2., Gauchbrot, Haberguck, Guckuksblume, Habermark, Habermauch(en), Süßblume, Josefsblume, Morgenstern, Kueuter 2.b., Milcher 4.a., Milchner 1., Sommerblume 2., Sonnenwirbel d., Süßling 2., Süßlein, Süßerling, Habermark, Kleiner Morgenstern, Mätte,

Wiesenflockenblume f.: Balkenschlegel

Wiesenkerbel m.: Gageleingras, Schachtel 3.c, Stängel 1., Wüterich 2.a.

Wiesenknöterich m.: Schaf(s)blättlein

Wiesenorchideen Pl.: Himmelschlüssel 3.g.

Wiesenplatterbse f.: Pantöffelchen, s. Pantoffel 3.

Wiesensalbei m.: Bränd(e)lein 2.

Wiesensauerampfer m.: Sauerampfer 1., Sauerhefel 1., Säuerling 1., Sauerschälfeze

Wiesenschafgarbe f.: Garbenkraut

Wiesenschaumkraut n.: Himmelschlüssel 3.c., Hünerverreckete, Schlüsselbume 2.

Wiesenwitwenblume f.: Hummelerblume 1.

Wies- und Weidland n.: Anger

wild Adj. (aufgeregt von Tieren): schellig 1.
- (lebhaft): ausgelassen, s. auslassen 8.
- (losgelassen): ablaun, aglaun, s. ablassen 2.
- (unfreundlich, karg; von der Natur, der Landschaft): rauh 2.c., vgl. die rauhe Alb=Schwäbische Alb
- **sein** unr. (unartig, ausgelassen sein): sich umlassen 1.

Wilde Aster f.: Aster II.3.

- **Malve** f.: Roßpappel
- **Möhre** f.: Mor(ch)e, Vogelnest 2.
- **Stachelbeere** f.: Heckenbere

Wilder m. (ausgelassener Junge): Randler

Wilder Lattich m. (Kompaßlattich): Wilder Salat
- **Mohn** m.: Gule 3.a.

wildern schw. (auf verbotene Jagd gehen): wildelen 4., wilderen

Wildes Heer n. (Totenheer): Mutesher, Wutesher, Motlesher; Mutes; wildes, wütiges Heer; Gondesheer, wilde Gejäg, fahrender Schüler, s. Anmerkung unter *Mutesher*
- **Stiefmütterchen** n.: Jelängerielieber a., Jelängerjelieber

Wildfang m.: Rande

Wildrose f.: Hag(en)dorn 2.

Wilhelm m. (Kurz-, Koseform): Helm III

willig Adj.: aufgelegt, s. auflegen 3.

wimmeln schw.: wuslen 2., *gewuslet voll* übervoll
- (kribbeln, krabbeln): wimmlen II
- (sich regen und bewegen): wudlen

wimmelnd Part.: wuselig 2.

wimmern schw. (in hohem Ton; keifen, weinen): gilfen, gilfzen

Wind m. (bewegte Luft): Luft m. 1. *du schwätzst, wie der Luft gaht. Der hebt sei Sach zsämme, wie der Luft's Mehl*; Blaser 2.c.
- (unangenehmer Wind): Sauluft

Windbeutel m. (leichtsinniger Mensch): Luft m. 3., vgl. Luftibus

Winde f. (Aufzug auf den Dachboden): Driller 3.

winden st. (drehen): klänken I 2.
- (sich um etwas winden; es umwickeln): sich geränklen 1.
- (stark winden): rammlen 1.d.

Windenknöterich m.: Holwinde

windig Adj. (voll frischer Luft): luftig 1., lüftig

Windrädchen n.: Drille 2., Fläugerlein

windstill Adj. (lau): aber 6., äber

Wink m.: Winker 1.

Winkel m. (enger, eingeschlossener Raum): Biegel
- (hinter dem Ofen): Ofenbiegel
- (in der Kammer): Kammerbiegel
- (kleiner separater Raum in der Küche für Brennholz): Holzbiegel

winkelrecht Adj. (auf gleicher Ebene liegend): bündig

winseln schw. (wimmern): wins(l)en, wimslen, winzlen

Winseln n. (Wimmern): Gegilfe

Winter werden unr. (Winter sein): winteren

Winteraster f.: Aster II.2.

Winterbirne f.: Pastorenbirne

Winterfeld n.: Kornesch

Winterhausschuh m.: Socke 1., Selbendschuh
winterlich Adj. (auf der Nordseite gelegen): winterig
winzig Adj. (wie nhd.): wunzig, munzig, munzelig, winzig
– (winzig klein): buderwinzig
– (winzige Menge von Salz, Pfeffer, Mehl, Sand; so viel als man mit 3 Fingern fassen kann): Sprätlein, Sprätelein
– (winziger räumlicher Abstand; etwas verschwindend Kleines): Muckensäckelein
Wipfel m. (Baumgipfel): Wirbel 4., Gispel 1.
Wirbel m. (Schwindel): Zwirbel 1.
Wirbeldost m.: Roßschmeckete 2.
wirbeln schw. (vom Wasser): gumpen 3., gompen
wirklich Adv.Adj.: defakto
wirr Adj. (kopflos): anbrennt 2., s. anbrennen II
– (schwindlig; zerstreut; wahnsinnig): wirblig, wirbelig
Wirrkopf m.: Zwirb(e)ler 1.
Wirrwarr m.: Gehenk 4., Knufrete
– (Durcheinander, Unordnung): Ise, Durcheinand(er) 2.a.
– (unleserliche Schrift): Gefisel
– (von Knoten an einem Seil, Faden u.ä.): Knopfete
Wirsing m.: Wersi(n)g
Wirt m.: Baizer, s. Bais
wirtschaften schw. (gut wirtschaften, sparen): hausen c. *bei de Reiche lernt man 's Hause (bei de Arme 's Koche). Hauset nu recht, die Junge werdet's na scho emal verklopfe. Lebe sot ma, daß ma könnt all Tag sterbe, und hause, als würd ma ewig lebe.*
– (schlecht wirtschaften): amten
– (übel wirtschaften): aufhausen, aushausen, verhausen, s. hausen d. *wer hauset aufs Erbe (und Sterbe) wird bald verderbe.*
Wirtshaus n.: Bais
Wirtshausbesuch machen schw.: einkeren *wenn wir einander noch einmal treffen, kehren wir ein. Steig mir de Buckel 'nauf und kehr unterwegs ei leck mich.*
Wirtshausnamen m.: Schwanen f., s. Schwan 2., Morenkopf 2., Grüner Baum, Wilder Mann, Adler, Krone usw.
Wischlappen m. (wertloser Fetzen): Hudellump(en), Huder I
Wissen n.: Kunst 2. *Kunst ist e guter Zehrpfennig, ma trägt net schwer dra.*
Witterung f. (rauhe Witterung): Räuhe 2.a.
Witwe f.: Witfrau
Witwer m.: Witling, Witmann
Witze Pl. (Aufschneidereien): Risse, s. Riß 4., *Risse machen*
– **machen** schw.: dalmen
Woche f. (vor Ostern): Karwoche

Wochenbett n.: Kindbett, Kindelbett
Wöchnerin f.: Kindbetterin
woher Adv. (von woher): wannen II, opp.: dannen
wohl Adv.Part. (wie nhd.): wol 1., wöler, wolst (wölst)
– (als Bekräftigung, Aufforderung, Verstärkung, Einräumung, Vermutung): wol 2.; fein B.
wohlwollen unr. (günstig gesinnt sein): wollen 4.
wohlanständig Adj. (nobel): honett
wohlauf sein unr.: zuweg sein, s. zuweg(en) 1.
wohlbeleibt Adj.: griffig 1.b.
wohlfeil Adj.: gena(c)h 4., *etwas gnächer geben* um einen billigeren Preis.
Wohlgefühl f. (hoher Grad des Wohlgefühls): Beste I,
wohlhabend Adj. (reich): häbig 1.
wohlschmeckend Adj. (wohlriechend): geschmack 1., geschmackt, Kompar.: gschmäkker
Wohltäter m.: Woltu(n)er 1.
wohnen schw.: hausieren 2.a., hausen
wohnhaft Adj. (gebürtig sein): daheim 2. sein
Wohnort m. (Ortschaft): Ort m., Ort n. 3.b.
Wohnsitz m. (der *Gagen*; untere Stadt in Tübingen): Gagerei
Wohnstube f. (der im *Ausding* lebenden Großeltern): Stüblein, s. Stube 2.b.
Wohnung f. (des Ausdingbauern): Speicherlein, s. Speicher 2.
– (Herberge): Losament, Loschement
– (wüste Wohnung; übtr.: unzüchtige Frau): Sauloch
Wohnungsmiete f. (Zins): Hauszins, Zins
Wölbung f. (des Hutes): Hutgupfen
Wolfsmilch f. (milchsaftführende Pflanzengattung): Teufelsmilch
Wolfsmilcharten Pl. (Heilmittel gegen Warzen): Warzenkraut 4.
Wolken Pl. (weiße Wolken): Lämmer, Schäflein, s. Lamm 3.
Wolken haben unr. (sich mit Wolken überziehen): wolken
wolkig Adj.: gewülkig
Wolldecke f.: Betteppich
– (Umhang aus Wollstoff): Kotze 1.
Wolle f. (vom Schaf gewonnene Wolle): Schäpper 1.
wollen Adj. (aus Wolle): wollen I 1., wullen, wüllen, wüllig, wullig
wollen unr. (wie nhd.): wollen 1., s. die bes. Gebrauchsformen
Wollgras n.: Mulle b., s. Mull 2.
wollig Adj. (wie Wolle sich anfühlend, z.B. abgestorbener, unempfindlicher Finger, Hand, andere Glieder oder überreife Rettiche):

wollen I 2.b., wullen, wüllen, wüllig, wullig;
Syn. eingeschlafen, pelzig

wollige Blüten Pl. (oder Früchte): Mulle b., s.
Mull 2.

Wolliger Schneeball m.: Schlinge, Schwilke

Wollkamm m.: Kardätsche 1.

Wollknäuel n.: Hurgel 1.c., Wollenpoppel

Wollmütze f.: Pudelkappe

Wortklauber m. (Pedant): Wortfuchser

wortlos Adj.: ungeschwätzt

Wortschwall m. (unnötige Umstände): Krangel,
Krängel

worum Adv. (um welchen Gegenstand herum;
um welche Sache, Angelegenheit): warum 2.

Wucherer m.: Fuggerer

wuchern schw. (auf Profit einkaufen): kipperen
2.

Wucherung f. (am Körper, Tumor): Gewächs
2.b.

Wuchs m. (Figur): Postur
– (Gestalt): Gewächs 1.b.

wühlen schw.: nulen 1.
– (arbeiten): wulen 1., wülen
– (durcheinanderwühlen): verwülen
– (Erde aufwerfen): schieben 3.
– (etwas durcheinander bringen): fummln 3.
– (im Kot wühlen): gackalen 2.

Wühlen n.: G(e)wule

Wühler m. (übereifriger Arbeiter): Nule, Nuler,
Stürer

Wulst m. (auf den Hüften aufliegender Wulst;
zur Tracht gehörend): Bausch

wund Adj.: fratt, frisch 5., rä(ch) 2.
– (durch Aufreiben, Schweiß): ser 1.

Wunde f.: Flätze
– (Einschnitt in Holz, Fleisch): Schnatte
– (herabhängender Hautteil): Flarre 2., Flärre,
Flärrer I
– (jede kleine Wunde, bzw. Schmerzursache;
bes. bei Kindern): Welein; *was hast für e Wai-
le? was tut dir weh?*
– (kleine Wunde, Schorf auf einer Wunde):
Bletz 3.
– (kleine Wunde, schmerzhafte Stelle, Kinder-
sprache): Bibilein 1.
– (schmerzende Stelle): Och, Ochelein

wunderlich Adj.: nonnenfitzig, wunderfitzig 2.
– (halbnärrisch): schautig
– (launisch, eigentümlich, sonderbar): artlich,
du hast en artlichen Zwilch am Kittel bist ein
sonderbarer Mensch.
– (unentschlossen, wetterwendisch): aberlän-
kisch

wunderliche Frau f.: Schmärrin

wunderlicher Mensch m.: Kächelein, s. Kachel
6.b.

wundern schw. (sich wundern): umgucken *da
wirst dich umgucke.*

– (Verwunderung ausdrückende Interjektion):
meiner Lebtag! potz Lebtag! s. Lebtag 2., Le-
betag

Wunderzeichen tun unr.: zeichnen 4.

wundlaufen st. (sich die Füße wundlaufen): auf-
laufen 2.

wundliegen st. (sich wundliegen): durchligen

wünschen schw.: verwünschen können, s. ver-
wünschen 3.
– (wie nhd.): wünschen, *einem die Zeit wün-
schen* grüßen.

Wurf m. (mit zwei oder drei Würfeln): Pasch 2.

Würfel m.: Pasch 3.

Würfel spielen schw.: knöchlen 1.

würfeln schw.: paschen, werflen 2.

Würfelspiel n. (mit drei Würfeln): Pasch 1.

würgen schw.: worgen, wörgen, worglen, wörg-
len, worgsen, worgslen
– (an der Gurgel packen): gurg(e)len 3.
– (bes. am Hals würgend drücken, raufen, rin-
gen): wurgen
– (zusammendrücken): knauzen

Würgen n. (Schlucken): G(e)worgse

Würger m. (Vogel): Neuntöter 1.

Wurmfarn m. (Gemeiner Wurmfarn): Adern-
kraut, Rehkraut, Wäldleskraut

Wurmlattich m.: Gelbe Ochsenzunge 3.b.

wurmstichig Adj. (bes. vom Obst): wurmäßig,
wurmeißig, verwurmet

Wurst f. (wie nhd.): Wurst, eigentlich: schwarze,
rote, weiße Wurst; Brat-, Preß-, Schützen-,
Saiten-, Blut-, Blunzen-, Griebenwurst
– (aus Schinkenteilen): Schinkenwurst, vgl.
Preßwurst
– (kleine, flach gepreßte, stark geräucherte
Wurst): Landjäger 2., Peitschenstecken

Wurstfleisch n. (Wurstfülle): Brät

Wurstscheibe f.: Wursträdlein, Wurstrugel

Wurstsorte f. (in großen Laiben): Leberkäs

Wurzel f. (des Türkenbunds): Gelbwurz 1.,
Gold(ader)wurz

Wurzelausschlag m. (Wurzeltrieb): Fächser

Wurzelblätter Pl. (von Distelarten): Maunzen,
s. Maunze 3.a.

Wurzelstock m. (eines Obstbaumes): Geizel

Wurzelstrunk m. (schön geädertes Holz): Ma-
ser

Wurzeltrieb m. (des Hopfens): Hopfenfächser

würzen schw. (mit Pfeffer): pfefferen 1.
– (zu stark): verpfefferen 1.

Wuseln n.: G(e)wusel

wüst Adj. (abscheulich, häßlich, garstig, wid-
rig): käl 1.a.
– (leer, unbebaut, öde): wüst I 1.

Wut f. (Aufregung): Rasch
– (große Wut): Bollenwut

Wutanfall m.: Rappel

wüten schw.: rasen 1.

677

– (erzürnt sein): giften
– (in Wut geraten): *Bocksgichter kriegen*, s. Bocksgicht
wütend Adj.: besengt 1., rasig 1.

– (sehr wütend): fuchsteufelswild
– (verrückt, aufgebracht): kolderig 2.
– (zornig): küwütig

Z

Zacke f. (an einem Werkzeug; abgebrochener Zahn; Stück eines Baumastes): Zunk(en)

zackig Adj. (mit Zacken versehen): zacket

zaghaft Adj. (bestürzt): verdattert

– (erschrocken): zitterfüdlig

– **sein** unr. (bestürzt sein): verdatteren 1.

zäh Adj. (abgehärtet; hartherzig, starrsinnig, derb): hagenbuchen 2., hagenbüchen, hagenbüchig

– (ausdauernd): zähbästig

– (vom Brot: nicht richtig vergoren und gebakken): speckig

– (vom Boden: feucht): speckig

zählen schw. (falsch zählen): verzälen 2., sich verzälen

zahm Adj. (bescheiden, unterwürfig): degenmäßig

– (zutraulich): heimlich 1.a.

Zahn m.: Hackerle, s. Häcker 2.

– (alter, schadhafter Zahn; alter Kerl): Storre 2.

– (eines Wolfes): Wolfszan 1.

– (Kindersprache): Lälle 3.

Zahnarzt m. (scherzh.): Zanschlosser, Goschenflicker

Zähne Pl.: Hackerlich, s. Häcker 2.

– (auch Zahnprothese): Beißerlein

– (bes. sichtbar hervorstehende Zähne): Rech(en) 3.

Zähneblecker m. (Zähnefletscher; auch wer hervorstehende Zähne hat): Zänblecker

Zahnfleisch n. (besonders bei zahnenden Kindern): Bill, Zahnbill

Zahnlücke f.: Zanlucke, -luck(e)t(e), -lutte, -lurke; dazu *zanlucket, Zanluckeweible*

Zahnschmerz m. (Kopfschmerz, Ohrenschmerz): Zahnweh (Kopfweh, Ohrenweh), s. Schmerz

Zahnweh n. (Schmerzen nach dem Zahnziehen): Luckenwe

Zank m. (Vorwurf): Geschnäufe 2., Geschnaufe 2.

zanken schw.: greinen 2., haglen 3., humpelen 1.c., zeferen 1., keifen 2., kifen 2.

– (ausschelten): *einem wüst tun*, s. wüst I 2.b.

– (herunterputzen): abmachen 2., herabmachen

– (schelten): balgen 1., haderen 1.

– (schlagen): abstriglen

– (streiten): kartlen 2., käsperen, s. kasperen 1.

– (tadeln, brutteln): gurren 3., kipplen 2., kifen 2.

Zanken n.: Gemarre

Zänker m. (Schimpfer): Sutterer, Sutterhaf(en)

– (streitsüchtiger Mensch): Zerfer

zänkisch Adj. (keifig): bäffig

– (streitsüchtig): zerfig

zänkische Frau f.: Hadermetze, Haderkatze

– (interesselose Person): Muffel 2.

Zapfen m. (der Forche und Fichte): Hoppel 2.

– (in der obersten Daube am Faß): Spunt(en), vgl. *den Spunten'naus haue (schlage)* von einer abführenden Speise.

zappelig Adj. (bes. von Kindern): strabelig 1.

– (nervös, hastig): zablig

zappeln schw.: zemplen 4., zoglen

– (nervös, fleißig arbeiten): zablen

– (sich regen, fleißig arbeiten): zwablen, zwabslen

– (zappelnd sich wehren, sich abmühen): zwatzlen

Zappeln n.: Gezappel, Zabler 2.a.

– (mit den Füßen): G(e)strabel

Zappler m. (mühsam und erfolglos Arbeitender): Zabler 1.

– (Schwätzer): Fappel, Fappler

zart Adj. (empfindlich): blaug 1.

– (fein, zierlich): klein 2.

– (schwach): fiselig 3.

– (schwächlich; kränklich): kleber 1., kleb(e)rig 2.

– (wohlgenährt): glatt A.1., *der hat e glatts Bälgle* Haut; *so glatt wie ein geschältes Ei.*

zarter Mensch m. (verweichlichter, zimperlicher Mensch): Kristkindelein 2.

zartgegliedert Adj.: klein(ge)glidlet, – glidet, opp.: groß(ge)glidlet, – glidet

zarthaarig Adj. (wie ein Katzenfell): buselig

Zauberer m. (Taschenspieler): Gaukler 1.

Zauderer m. (Zögerer, wankelmütiger Mensch): Trumsler, Trümsler, Wägele, Wägeler

zaudern schw. (im Entschluß schwanken): wägelen

– (sich langsam, bedächtig, verlegen benehmen): zinzlen

– (zögern): säumsren

zäumen schw.: einzäumen, *er zäumt den Gaul am Arsch (am Schwanz) ein* greift es verkehrt an.

Zaun m. (Gehege): Zugemächt

– (um eine Wiese, zum Schutz gegen das Vieh): Wisetter

– (Umzäunung): Etter 1.

Zaungrasmücke f.: Müllerlein, s. Müller 4.

Zaunkönig m.: Schlupferlein, s. Schlupfer 2., Zaunschlupfer 1.

Zaunlücke f. (Zaunloch): Zaunlucke

Zaunpfahl m.: Stachete, Stakete

Zaunwicke f.: Wiesenwicke, Wilde Wicke

Zaunwinde f.: Scheißhäfelein, s. Scheißhafen 2.b.

zausen schw.: zottlen 1.

– (an den Haaren reißen, raufen; am Schopf packen und schütteln): zoblen

– (Haare zausen, sich raufen): verharen *Mannsleut und Weibsleut hänt anander verhoort, bissa und krätzt.*

Zebedäus m. (männlicher Vorname): Zebedäus 1.; auch Bezeichnung für Penis.

zechen schw.: kneipen 4.

Zecke f. (die zu den Spinntieren gehörende Milbe): Holzbock 4., Zeche, Zwecke, Läuber

Zehe f.: Zeh(en) 1.

Zehen Pl. (übelriechende Zehen; auch grobe Bezeichnung für Füße): Käszeh(en)

Zehnpfennigstück n.: Nickel 3.

Zeichen n. (Grenzzeichen, Grenze): Mark n.1.

– (Merkmal, Kennzeichen): Gemerke 1.

– (von Landstreichern): Zinken

zeichnen schw. (ein Stück Holz anmalen): anrötlen

Zeichnung f. (Skizze): Riß 2.

– (quadratische Zeichnung, von Kleiderstoffen): Karro 1.

zeigen schw.: hinweisen 2.

– weisen I 1., *des geht (hat) sein geweiste Weg* vorgezeichneten, d.h. es geht, wie es gehen soll.

– (offenbaren): äberen 2.

– (sich verschämt, gehemmt zeigen; nicht so keck sein): schenieren 2.

Zeisig m. (Erlenzeisig): Zeislein 1.

Zeit f. (der Klöpfelnächte): Klopfe

– (für eine unbestimmte Zeit in der Vergangenheit): *anno daz'mal,* s. anno

– (für eine unbestimmte Zeit in der Zukunft): *anno Tubak,* s. anno

– **haben** unr.: *der Weile haben,* s. derweil 2.

Zeitdauer f.: Weile, vgl. den bes. Gebrauch bei *Weile*

Zeitpunkt m. (richtiger Zeitpunkt): Zeit 1. *'s ist Zeit, Gras drüber wachse z'lasse;* verstärkt:

hohe Zeit, höchste Zeit. *Kommt Zeit, kommt Rat.*

Zeitraum m. (die Zeit in ihrem Verlauf): Zeit 2. *d'Zeit heilt älls. Zeit ist Geld. Lasset euch der Zeit! Die ganze Zeit* immer, ohne Aufhören; aber auch: jeden Augenblick, oft; *der Zeit haben, net der Zeit haben* (keine) Zeit haben; *mit der Zeit* im Laufe der Zeit; *unter der Zeit* während der Zwischenzeit.

Zeitstunde f. (Wegstunde): Stunde, *Stund halten* altpietistische Versammlung leiten; *in die Stund gehen, laufen* die Versammlung besuchen.

Zeitumstände Pl. (Zeitläufe): Zeit 3., *'s ist kei Zeit, sie kommt wieder* alles wiederholt sich. *Jetzt sind nimmer die alte Zeiten. Ach du Zeit! Liebe Zeit!* Ausrufe des Erstaunens, Entsetzens, der Entrüstung.

Zeitung f. (lokales Tagblatt): Blatt, Blättlein, Tagblatt

Zeitvertreib m. (Langeweile): Paßletan

– (zum Zeitvertreib): purpaßletan

zeitweise Adv. (von Zeit zu Zeit, hin und wieder): zeitenweise

Zentimeter m.: Santimeter

zerbeißen st.: verbeißen 2.a. *ma ka nit älls verdaue, was ma verbeiße muß.*

– (harte Gegenstände hörbar zerbeißen): verknarflen

– (zerkauen): genopplen 1.

zerbrechen st. (verderben; versäumen): vergäkkelen, vergackelen, vergäckerlen

– (zerschlagen): verheien 1.

zerbrechlich Adj. (wenig dauerhaft): buppapperig

zerbröckeln schw.: zerbröslen

– (Brosamen machen): brosamen, brosen, bröselen, bröslen, broslen

– (in kleine Stücke zerreiben): verbros(e)len 1.

– (zerstückeln und in Stücke gehen): verbrock(e)len

zerbröckelt Adj. (was dem *Kutter 1.* gleicht): kutterig

Zerbröckeltes n. (Brosamen): Gebrockel

zerdrücken schw.: matschen 2.

– (breit drücken): verluntschen

– (durch Sitzen zerdrücken): versitzen

– (ein Tier mit dem Fingernagel zerdrücken; durchprügeln): knällen 2.b.

– (eine weiche, breiige Masse zerdrücken): knutschen 1.

– (zusammendrücken): verdrucken 1.

zerfallen st. (einstürzen, zugrunde gehen): verfallen 1.

– (in ganz kleine Teile zerfallen): verbros(e)len 2.

zerfasern schw.: fasen 2., verzotzgen

zerfetzen schw.: verfetzen, verfetzgen

– (zerfransen): verrampfen

zerfressen st.: verfressen 1.

zerhacken schw.: verhacken, verhäcklen

zerhauen schw. (Fleisch zerhauen, um es zu verkaufen): vermetzgen, vermetzlen

– (zerschneiden): verhauen 1.

zerkauen schw.: vermampfen

zerkleinern schw. (durch Stampfen): stämpflen 3.

– (mit der Raspel zerkleinern): rasplen 3.

– (Schollen zerkleinern): schülpen

zerknittern schw.: vergenorklen, vermunklen 2., vermünklen

– (verrunzeln): vernudlen 3.

zerknittert Part. (verkrüppelt): stromelig 2.

zerkratzen schw.: verkratzen, verkrätzen

zerlassen st. (Butter, Schmalz zerlassen): verlassen 2.

zerlegen schw. (ein Auto, Uhrwerk auseinandernehmen): ausbeinen

zerlumpt Adj. (verwahrlost): lotschig 1.

zernagen schw.: vernagen

zerplatzen schw.: verpflätschen 1.

zerquetschen schw.: schnellen 3.a.

– (prügeln): verknallen 2.

– (zusammendrücken; verunreinigen): verknozen, verknotschen

zerreiben st. (auf dem Reibeisen zerreiben): geigen 2.d.

zerreißen st.: reißen 4.a.

– verreißen 1., *da ist der Rechen au scho verrisse* wenn jemand nicht mehr alle Zähne hat. *Das Maul verreiße* vorlaut sein.

– (zerteilen): verschlenzen, *Lorenz hat's Wetter verschlenzt* mit dem 10. August hören die Gewitter auf.

zerren schw.: zeferen 2.

– (ringen, raufen): reißen 2.a.

– (stoßweise, ruckweise ziehen): zocken 1.

zerrissen Adj. (verlumpt): lumpe(ch)t, lumpig

zerrupfen schw.: verropfen, verzopfen, verzupfen

– (auseinander ziehen): zeisen

zersägen schw.: versägen

zerschellen schw. (fallen): verfaren A.

zerschinden unr. (quälen, abplagen, abarbeiten): verschinden, abschinden, verrackeren, verkreuzigen

zerschlagen st.: verschlagen 1.

– (Erdschollen zerschlagen; auf dem Acker): schnollen I

zerschmettern schw.: verwetteren 2.

zerschneiden st.: verschneiden 1., *einem die Kappe verschneiden* die Meinung, die Wahrheit sagen, einem übel mitspielen.

– (die Fäden einer Naht zerschneiden, Gestricktes oder Gehäkeltes aufziehen): auftrennen

– (grob zerschneiden, in große Stücke schneiden): versäblen

– (zu kleinen Schnipseln zerschneiden): verschnipflen, verschnitzlen

zerspalten schw.: verklotzen 1.

zerspringen st.: verspringen 1. *da möchte ma verspringe vor Lachen.*

– (aufspringen; bersten): springen 3.

– (vor Freude zerspringen): verhopfen 1., verhupfen

– (zerknallen): verknallen 1., verknellen

zerstampfen schw.: verstampfen

zerstechen st.: verstechen 2.

zerstören schw. (durch Dagegenrennen zerstören, öffnen): einrennen *mit einem Dummen könnte man Riegelwände einrennen.*

– (durch Hüpfen): verhopfen 2., verhupfen

– (durch Schlagen): abschlagen 1.b., einschlagen A.2. *der ist so dumm, ma könnt Riegelwänd mit ihm einschlaga.*

– (umbringen, töten): hinmachen 1.

– (verschandeln; verunreinigen, vergeuden): versaubeutlen

zerstoßen st. (zerstreuen): verstoßen 2.

zerstreuen schw.: verzotteln 1.

– (das gemähte Gras umwenden): vertwenden, s. verwenden 2.

– (die Mahden zerstreuen): gablen I 1.b., spreiten, umlegen, verriederen, verstreuen, verzetten, verzetterlen, verzettlen, verwarben, warben, worben, zäschen

– (Mist zerstreuen und zerkleinern): scherren 1.c.

zerteilen schw. (austeilen): verteilen 1.

zertreten st: verwaten 1., vertappen 3., vertrampen, vertramplen, vertrappen, verträpplen, vertreten 1.

– (zersitzen, verrammeln): verhotschen

zertrümmern schw.: verschmeißen

zerzausen schw.: verbaschgeren 2., verklotzen 2., verstroblen, verstrublen, verzoblen

– (durchprügeln): verhäublen

– (faserig werden): verfotzlen

– (Haare, Kleider zerzausen): verbostlen, verwuslen

– (verwirren): verzaunraunk(l)en, verzaunraunsen, verzausen, verzottlen 2.

– (Wolle zerzausen): kardätschen 1.

– (zerraufen, verwirren): verhoderlocken

zerzaust Part. (durcheinander, verwirrt herabhängend; struppig): kauderig 1.

zerzupfen schw. (ein Gewebe zerzupfen): ausfatzen 1.

Zeug n. (dummes Zeug, Torheit): Quatsch 2., vgl. *Quatsch mit Soße;* Gschnipf 4., Gschnipfich

– (Kram): Kitt I

– (törichtes Zeug): Wirschenen, Pl. von *Wirs(ch)e*
– (unförmiges Zeug): Murkelein, Murkselein, s. Murkel 2.
– (wertloses, lumpiges, liederliches Zeug): G(e)lumpe 1.
– (wertloses Zeug; dumme, leere Rede): Blech 4.
– (wertloses Zeug, Kleinigkeit, Haufen, Durcheinander): Quark, populär: Plunder, Gerust
– (wertloses Zeug, schlechte Ware): Lumpengerust, Lumpenzeug(s). Geschmeiß 5., Mist 3.
zeugen schw. (außereheliche Kinder zeugen): *'s Blech g'wärme,* s. Blech; bästlen 2.
Zichorie f. (Kaffeezusatz): Mode 2.
Zicklein n. (Junges der Ziege): Kitze, Kitzle, Gitze, Gitzle
Ziege f.: Geiß 1., ein Magerer (bes. im Gesicht) *könnt e Geiß zwische de Hörner küsse. Mit Gwalt ka ma e Geiß hinte num lupfe, wenn der Schwanz net raus gaht. Die alte Geiße schlekke au no gern Salz. Ein Armer ka kei Geiße bocke lasse. Hat einer e Geiß, so ist er ärmer als er weiß, und wo er hat zwu, wär's besser, er hätt e Kuh. Jetzt ist der Geiß gstreut* ist gesorgt; Geißhättel, Hättel 1., Hattel
– (dürre Ziege): Heckengeiß, s. Eidechse 3.
– (Ziegenbock): Mäcke
Ziegen Pl. (Gesamtheit der Ziegen): Geißenzifer
Ziegenbock m. (Schafbock): Herme 1., Hermel, Mäckeler 1.
Ziegenfuß m.: Geißfuß 1.(auch Handwerkszeug für Zimmermann, Bildhauer, Zahnarzt)
Ziegenhirt m.: Geiß(en)hirt 1.
ziehen st.: ziehen 1. *ma schlägt uf de Gaul, wo zuit. Der zuit an'm schwere Joch hat ein hartes Los. Sie zieht hüst und er hott. Den Langen ziehen, den Kürzeren ziehen* den Vorteil, den Nachteil haben. *Einen durch den Hechel ziehen* verlästern, scharf kritisieren. *Der kann ziehen* kräftig trinken, saufen.
– (an den eingehakten Fingern ziehen): häkeln 2.
– (an den Haaren ziehen): nauen 1., schuben 2.
– (an den Haaren ziehen; rütteln, züchtigen): häubeln I
– (eine Feile ziehen, d.h. sie faßt): angreifen 2.b.
– (ruckartig ziehen): schnärren
– (träge ziehen, von Pferden; bummeln, schlendern): lampen 2.
– (ungleichmäßiges Ziehen der Pferde): geigen 2.c.
– (zerren): zotzgen 1.
Ziel n. (beim Schießen): Meß 2.

ziemlich Adj. Adv.: (genügend): erbar, *erbar viel* ziemlich viel.
– (ziemlich gut): gutlecht
– (ziemlich mager): mägerlich
– (ziemlich viel): wacker 2.
zieren schw. (sich zieren, sich zurückhalten): zumpferen
– (sich zieren, spröde sein): gäuchen 1.d., gäuken
Zierkette f.: Kette, Kettem, Kettel, Ketting
zierlich Adj. (nett, artig): geschmuckelet, dokkelig
– (sauber): *aus dem Büchslein,* s. Büchse 1., *aus dem Schächtelein.*
zierliches Mädchen n.: Hättel 4.b., Hattel
Zimmer n. (großer, heizbarer Raum in Schlössern): Dürnitz, Türnitz
– (längliches, schmales Zimmer): Zwehle 2.
Zimmerdecke f.: Büne a., Plafo
– (von Holz): Stubentäfer
Zimmerecke f. (in der das Kruzifix hängt): Herrgottsbiegel, Herrgottseck
– (wo der Eßtisch, der Christbaum, das Kruzifix sich befindet): Schmutz II
zimperlich Adj. (geziert, prüde; übelnehmerisch, leicht erzürnt): zümper, zumpfer 1., zümpferlich
zimperliche Frau f.: Helgle, s. heilig A.3.
Zinke f. (Zacke, hervorstehende Spitze): Zinke 1.
zinnern Adj. (zinnen, aus Zinn): zinnen
Zipfelmütze f. (Wollmütze, die in einen herunterhängenden Zipfel ausläuft): Zipfelkappe
zirpen: pipsen
– (von jungen Vögeln): meislen 1.
zischen schw.: bräunsen, s. Braunsel; pfeisen, pfuchzen
– (aus- und einatmen, Speichel ausspritzen, niesen): pfuzgen 1.
– (blasen von Tieren): pfausen 1.
– (das Zischen beim Braten von Fleisch und Obst): pfitteren 2., pfuttern
– (weinen, schluchzen, schmollen, maulen): pfusen
Zischen n.: Gepfuze
Zischer m.: Pfuser, Pfuser
Zischlaut m. (kleine Explosion): Pfuzger 1.
zitieren schw. (einen Autor, eine Stelle zitieren): anziehen 2.b.
Zitronenfalter m.: Zitterer 3.
Zittergras n.: Fländerlein 3.a., Herzlein, s. Herz 6., Kläpperlein 3.d., Zitterlein, s. Zitter a.
zittern schw.: hotteren II, popplen 2.
– (der heißen Luft): lodlen, ludlen
– (frieren): bibbern
– (mit den Zähnen klappern vor Kälte, auch vor Angst): schnattern
– (sich stoßweise bewegen): schocken 2.

– (vor Frost oder Angst): datteren 1.
– (vor Frost zittern): hautschelen
Zittern n. (der Hände): Datterich
– (in den Gliedern): Zitterer 2.
– (vor Kälte): Geschnatter 1.b., Geschnätter
Zitterpappel f. (Espe): Zitteraspe
Zitze f.: Dutte 2.
– (am Euter der Kuh und Ziege): Strich 1.b.
Zobel m. (das Tier, häufiger sein Fell): Zobel 1.
Zögerer m. (säumiger Arbeiter): Säumsrer
zögerlich Adj. (unentschlossen): wägelig
zögern schw. (lange an etwas herummachen): verdreckeln 2., herumdreckeln
– (langsam arbeiten): dreckeln 2., saumsen, dratlen 2.
zögernd Adj. (unentschlossen; langsam im Reden und Handeln): manlaunsig
Zoll m.: Maut
Zopf m. (aufgewickelter Zopf): Burzer 2.
Zöpfe Pl. (abstehende Zöpfe): Rattenschwanz 2., Ratzenschwanz
Zorn m.: Narretei, Zoren
– (Ärger): Gräusel 2.
– (Unwille, Groll, Haß, Neid; Übermut, Stolz): Gift m.2.
zornig Adj.: wütig 2.a.
– (aufgebracht): siedig *der Siedige ist mir aufgefahren. Des ist e Siedige* Mannstolle. *Siediges Donnerwetter* Fluch.
– (aufgeregt; in höchster Wut): rabiat, räubisch 1., raubisch, hopfig 1., hupfig
– (böse): narrig, närrig, unbös 1.
– (übellaunig): pfausig 2.
Zornigel m.: Gule 2.b.
zorniger Mensch m.: Fratzer
– (zorniges Kind): Nickel 2., dazu Komposs. Gift –, Streit-, Zorn-, Schrannickel
Zote f.: Gutsche 3.
Zoten reißen st.: sauen 1.e.
Zottelmensch m. (Schimpfwort): Kutz II 2.
zottig Adj. (langhaarig): zotte(ch)t, zottig, zöttig
– (steif von den Haaren): spratzlig 2., spratzlet
Zottiger Klappertopf m. (Ackerunkraut): Klaffe 1.a., Schelle 4.b.
zu Adv., Präp., Konj.: zu, *Pfullingen zu* in der Richtung auf Pfullingen; sonst *zus*, z. B. *heim zus* nach Hause. Alleinstehend *zu!* drauf los; *in eim zu* fortwährend. *Tür zu! Fenster zu!* dieser elliptische Gebrauch drückt als Aufforderung aus, daß etwas geschlossen werden soll oder bleiben soll. Zum Gebrauch von *zu* als Präp., vgl. die entsprechenden Ausführungen bei *zu* B. 1.-3. Anzumerken ist noch, daß *zu* als Konj. im erweiterten Infinitiv mundartlich häufig mit *zum* gebildet wird: *Hilf mir bitte, das Gepäck zum tragen.*
zuarbeiten schw.: handlangen

Zubehör n. (bes. an Kleidern, Wäsche usw.): Zugehör
zubereiten schw. (fertig machen): aufmachen 3.
– (Gerichte zubereiten): britzlen 2., brutzlen
zubinden st.: zunestlen
Zucht f. (was von derselben Brut, demselben Wurf, aus derselben Zucht stammt): Züch(t)et
Zuchteber m.: Beiße
Zuchthengst m.: Beschäler, s. beschälen
züchtigen schw.: abhäbern 3.
– (durchprügeln): schwanzen 2.
– (einem die Meinung sagen; abrichten): richten 2.
– (tüchtig zusetzen, zu Gericht sitzen): *einen in der Mache (Machet) haben*
Züchtigung f. (durch Schläge auf das Gesäß): Hosenspanner, -spannet(e), Hosenspannes, -ets
Zuchtrute f. (Penis des Stiers): Ochsenfisel
Zuchtstier m. (Bulle): Farre, Faselochs, Hag(en) *die betige Leut und die stechige Häge soll man fliehen. Der hat en Kopf (Grind) wie e Häge;*
Hägel, Heigel, Heime, Hummel, Hummeler 2., Hummelochse, Mune 2., Ochs, Wiselein, s. Wisel 2., Wucherochs
– (Rind, Kindersprache): Mummel 1.
zucken schw.: zutzgen, zotzgen
– (einen stechenden Schmerz verursachen): zotzgen 2., vgl. flotzgen, glotzen, zutzgen
– (schmerzhaft zucken): wuslen 3.
– (schmerzend zucken; pochen, zerren): glucksen 3., glucksgen, glocksen, glutz(g)en, flotzgen, zotzgen
Zuckerbackwerk n. (kleines Biskuit): Wibelein
Zuckerbirne f. (runde Birne): Katzenkopf 2.c.
Zuckerbohne f.: Schefe 2.b., Zuckerbone
Zuckererbse f.: Schefe 2.a., Zuckerschefe
Zuckerschaumbackwerk n.: Schäumlein, s. Schaum 2.
Zuckerstaub m.: Zuckerbrosel
Zuckerstück n.: Zuckerbrocken, -bröckel
Zuckung f. (rasche zuckende Bewegung): Zucker I
Zudecke f.: Blahe 3.
zudecken schw. (durch Streugut Glatteis abdecken): zustreuen 2.
zudringlich Adj. (einschmeichelnd, anschmiegend): zutäppisch
zudringliche Person f.: Pflantsche
zuerst Adv.: vornen zu 1.
zuerst tun unr. (zuvor tun): vortun 2., fürtun *vorgetan und nachgedacht hat schon manchen in groß Leid gebracht.*
Zufall m. (Glück): Gefälle 2.a.
zufallen st. (anheimfallen): verfallen 4.

zuflüstern schw. (heimlich zuflüstern, vorsagen): einsagen, einblasen

zufrieden Adj. (ruhig): häbig 3.
– (ungeschoren): ungeheit 1.

Zufriedenheit f.: Genügen, *ma muß au e Genüge hau* zufrieden sein.

zufriedenstellend Adj. (brav, sittsam): orden(t)lich 2.b.

zufügen schw. (durch Zauberei Übles zufügen): verreiben 2.
– (Schande zufügen; verunstalten): schänden 1. *schneid i mei Nas'ra, schänd i mei Gsicht.*

Zugefrieren n. (des Bodensees): Segefröre, Segefrörne, Segfrörne (zuletzt 1963)

zugehen st. (weiter gehen; herzutreten): zuspazieren

Zügel m.: Leitseil, *der hat's Leitseil in der Hand* die Sache in seiner Gewalt. *Mr soll's Leitseil net aus dr Hand gebe, solang mr no uf em Wage sitzt.*

Zugereister m. (Ortsfremder): Reingeschmeckter

zugig Adj. (der Zugluft ausgesetzt): zugig 3., zügig

zugkräftig Adj. (gut ziehender Ochse): zugig 1., zügig

zugreifen st.: zulangen
– (plump zugreifen; ungeschickt auftreten, unsicher tastend nach etwas greifen): tappen 1. *drum'rum tappa, wie d'Katz um de heißa Brei.*

zugrunde gehen st. (bes. von Wein, Bier, Essig, Kraut): umstehen

Zuhälter m. (Poussierer; Angeber): Stenz 3., Schnallentreiber

zuheften schw. (mit Stecknadeln): zuglufen

zuhören schw. (aufmerksam zuhören): ablosen
– (naseweis zuhören oder zusehen): aufnasen
– (zuhorchen): zulos(n)en

zuklappen schw. (plötzlich zufahren): zuschnappen, *dem ist's Füdle (der Arsch) zugschnappt* er ist gestorben.

zukleben schw.: zukleiben, zupappen
– (bes. von Augen): zubachen 1.

zulangen st. (fest anpacken): zugreifen 1., *greif zu!* Aufforderung, sich bei Tisch zu bedienen.

zulassen st. (zur Paarung zulassen): annehmen 1.b.

zulässig Adj. (erträglich): passierlich

zumauern schw.: vermauren 2. *es ist gleich, ob ma's vermauret* oder *verstreicht,* (wenn nur 's Loch zu ist).

zunähen schw.: vernäen 1., vernoppen 1.

zündeln schw. (mit Licht und Feuer unvorsichtig, leichtfertig umgehen, damit spielen): zündlen, zündslen

Zündhütchen n.: Käpselein, s. Kapsel 2.

zunehmen st. (an Umfang und Gewicht zunehmen): leiben III
– (größer, stärker, dicker werden): zulegen 3.

zunehmend Adv. (vom Mond): wächsig I 1.

Zuneigung f. (Gewogenheit): Holdschaft, *in die Holdschaft gehen* zur Geliebten gehen.

Zunge f. (heraushängende Zunge, bes. vom Hund): Lälle 1.
– (scharfe Zunge; vorlautes Mundwerk): Schwertgosche, Schwertmaul

Zünglein n. (an der Waage): Wagscheißer 1.

zupfen schw. (am Zopf reißen; zerren): zopfen 2., zöpfen, zupfen
– (reißen an den Haaren): haren I 1.b.
– (zwicken, im Zorn): ziferen 1., ziferlen

zurecht ... (Präfix): nur in Zusammensetzungen mit Verben, vgl. die festen Verbindungen: *zurechtkommen* fertig werden; eine Sache (in Gedanken) *sich zurechtlegen* gründlich überlegen; ein Möbelstück *zurechttrucken* richtig stellen; einen Stoff *zurechtschneiden*; einem den Kopf *zurechtsetzen* usw.

zurechtkommen st.: *mit etwas zu Schlag kommen,* s. Schlag 1.b.
– *zu fechten kommen* 2.c.
– (ohne Hilfe fertig werden): sich behelfen, *o Ewile, b'hilf di vollends* Rat der Ehefrau an den sterbenden Mann, der noch vor seinem Tod seinen kostbarsten Wein trinken wollte.

zurechtmachen schw. (reinigen, bessern): gerechtlen

zurechtweisen st.: abdackeln, anfaren 2.
– *einen in den Senkel stellen,* s. Senkel
– (bestrafen): gesetzen

zureichend Adj. (zur Not zureichend): bärig 2 a.

zurichten schw. (einen Balken zurichten): zuhauen 2.

zurück Adv.: retur
– (rückwärts): zurück; hintersich, vgl. die bes. Verbalverbindungen mit *zurück.*

zurückgeben st. (vergelten): heimgeben

Zurückgeben n. (eines Vorwurfs, einer Beleidigung): Returschäse, Returkutsche

zurückgeblieben Adj. (nicht ausgewachsen): genistig, verbuttet, genorkig 1.

zurückhalten st. (abhalten, festhalten, verhindern, unterdrücken, verschweigen): verheben 1., verheben 1., *Augen und Mund verheben* zuhalten, verschließen
– (Karte zurückhalten; im Kartenspiel): schinden 4.

zurückhaltend Adj.: hinterhaltig
– (stillen Charakters sein): glusam 2., gluisam

zurücksetzen schw. (nicht mehr gelten lassen): *einen hintere reden,* s. reden II

zurückzahlen schw. (entschädigen): gelten 1., nur noch erhalten in *gelt's Gott!* vergelt's Gott!

zurückziehen st. (sich zurückziehen, isoliert leben): einspinnen, eindecklen

zurüsten schw. (herrichten): richten 1.

zusammen Adv.: zusämmen, zusamm(en), vgl. die verbalen Komposs., die unter dem Stichwort *zusämmen* aufgeführt sind.

– (mit): mitsammt, s. mitsammen 1.

zusammenarbeiten schw. (gemeinsame Geschäfte machen): gemaren, gemarben, gemären, maren II

zusammendrehen schw. (den Faden zusammendrehen): triflen 1.

zusammendrücken schw.: vertätschen 2.

Zusammendrücken n. (der auf einer Bank Sitzenden, so daß alle sehr eng sitzen): Käsdrukken, Käsdruckete, Käsdrucketse, Käsete

zusammenfallen st. (in sich zusammenfallen): einpurzlen

zusammenfügen schw. (eine Heirat vermitteln): kupplen

– (Metall zusammenfügen; anstählen): schweißen 2.

– (mit Leim zusammenfügen): verleimen 1.

– (Steinplatten, Bretter): fügen 1.

zusammengehen st. (von ledigen Burschen und Mädchen): laichen I 1., laichnen

Zusammengerechtes n.: Rechete, vgl. Nachrechete

zusammengerunzelt Adj. (zerknittert): krumpelig

zusammengeschrumpft Adj. (runzelig, faltig): geschrumpfelet, geschrumpft, gestrupft

zusammengeschrumpfter Mann m.: Hutzelmann

zusammenkauern schw.: pflutteren 3.

zusammenkleben schw. (bes. von den Augenlidern): verbacken 3.a., verpichen, zubachen

zusammenknittern schw.: krümpelen, trollen 2.

zusammenkommen st. (am Feierabend): *in den Heierles gehen, kommen; im Heierles sein, sitzen*; heierlesen

– (im Wirtshaus gesellig zusammenkommen): kranzen 2.

Zusammenkunft f.: Kaffeekranz, Pfarrkranz

– (abendliche Zusammenkünfte in einem Privathaus): Vorsitz, Fürsitz, Vorsetz

– (in der Spinnstube): Karz, Karzer, Kunkelstube, Kunkelstubet

– (zum Zweck der Unterhaltung): Heimgarten 1., Heierles

zusammenleben schw. (ehelich zusammenleben): hausen b., *mit de Tote (Gstorbene) ka ma net hause,* also muß man wieder heiraten. *Hausest du schon? Bist du schon verheiratet ?*

zusammenlegen schw.: falzen I 2., fälzen

– (Kleider, Papier u.a. zusammendrücken): verpudlen

– (schließen): zulegen 2.

– (unordentlich zusammenlegen, zusammenrollen): murklen 1.

zusammennähen schw.: bestechen 1.

zusammenraffen schw.: rasplen 1.

zusammenrechen schw. (das Laub): strälen 2.

zusammenrollen schw. (ungeordnet zusammenballen): bollen II 1.

zusammenschieben st. (Glut aus dem Backofen ziehen; Dreck oder Schnee zusammenschieben): krucken

zusammenschnüren schw. (zuschnüren): verstricken 1.

zusammenschrumpfen schw. (eintrocknen): verhutzlen, hutzlen 1.

zusammensitzen st. (gemütlich zusammensitzen): stuben I

Zusammensitzen n.: Gehocke

Zusammenspannen n. (zweier Pferde): Gemare

zusammenstimmen schw.: passen 2.

– (glücken, geraten): hiech(n)en 2., iechen

zusammenstoßen st. (der Ostereier; ein Kinderspiel): hicken 2.

– (Köpfe, Eier zusammenstoßen): bäpfen

zusammenstürzen schw.: einhaglen

zusammenwerfen st. (zerbrechen): verwerfen 1.

zuschauen schw.: zugucken

– (in lästiger, unverschämter Weise): zuglotzen

– (zu einer Sache sehen): zulugen

zuschieben st. (zuwenden): zuschoppen 1.

zuschlagen st. (den Deckel des Bierkruges zuschlagen, die Türe zuschlagen): patschen A.3., klepfen

– (eine Tür wetternd zuschlagen): zukläpfen, zuwetteren

– (eine Tür zuschlagen): zuhauen 3.

– (körperlich züchtigen): durchhauen, hauen I 3., verhauen, zuhauen 1. *einen hauen, daß ihm d'Schwarte krachet.*

zuschließen st.: zubeschließen

zuschütten schw. (mit Hilfe einer Schaufel): zuschauflen

– (verdecken): verschütten 2.

zusetzen schw. (heftig zusetzen; zu schaffen machen): einheizen

Zuspruch m. (Ermunterung): *nicht übel!* s. übel 3., oft ironisch: *des wär net übel!* auch noch gar.

Zustand m. (betrunkener Zustand): Stichler 3.; Zwirgler 2.

– (einer Person): Stat 1.

– (ruhiger, ungestörter Zustand, äußerlich und innerlich): Rue 2., Rub

zustellen schw. (hinaustragen): austragen 1. *was d'Frau im Schurz austrägt, ka d'r Mann mit'm Waga net einführa.*

zustopfen schw. (verstopfen): zuschoppen 2.

zustoßen st. (durch Stoßen verschließen): zuschupfen 2.

zuteilen schw. (eine Arbeit zuteilen): vergeben 2.c.

Zutrauen n. (Augenmerk): Fiduz

zutraulich Adj. (anhänglich): zutäppisch
- (sich anschmiegend von Mädchen und Katzen): geschmaugelet, geschmauglet, geschmaugelig
- (verträglich): zuderhändig 2.

zutrinken st.: zubringen 2.

zuverlässig Adj.: bastant 2.

Zuverlässigkeit f.: Verlaß

zuversichtlich Adj. (furchtlos, rasch zugreifend; waghalsig, frech): keck 2., *ich bin so keck, will so keck sein* ich greife zu; feiner: *ich bin so frei. Groß und faul gibt au 'n Gaul, klein und keck stößt dem Größten d'Nas in Dreck. So keck wie eine Fliege, wie eine Mücke, eine Roßfliege. Du bist so keck wie e Fliege, und die scheißt 'm Kaiser auf d'Nas.*

zuvorkommen st. (übervorteilen): *Rank ablaufen*, s. Rank 2.a.

zuwege Adv.: zuweg(en), in der Verbindung *zuweg sein* wohlauf sein, *zuweg bringen* beschaffen, zustande, fertig bringen; *zuweg machen* fertig machen, zum Gebrauch rüsten; *zuweg nehmen* hart mitnehmen.

zuweilen Adv. (je und je): iebot

zuwenden schw. (heimlich, auf nicht ganz korrektem Weg einem etwas zukommen lassen): zuschanzen 1.
- (heimlich zuwenden): zuschupfen 1., zuschustern
- (Minderwertiges, z.B. abgetragene Kleider zuwenden): zuschustern

zuwerfen st. (durch Zuschlagen verschließen): zuschmeißen 1.
- (verschütten, bewerfen): verwerfen 4.
- (zuschieben): zuschupfen 3.

zuwider Adv.Präp. (entgegengesetzt): zuwider 1., *der treibt älles mir zuwider* mir zu leid.

zuwider sein unr.: ankotzen 2.
- *wie Spitzgras sein*

zuwiderhandeln schw. (zum Leid handeln): leidwerken

Zwacken n. (einmaliges Zwacken): Zwacker 1.

Zwangslage f. (Bedrängnis; Gefahr): Not 2., *in den letzten Nöten sein* sterben. *Not kennt kein Gebot.*

Zwangsversteigerung f. (Konkurs): Gant

zwei Kardinalz.: zwei; geschlechtsgebunden vielfach noch *zwen Mannen; zwu Kühe; zwo Jahre.*

zwei werden unr. (zweimal sich ereignen; sich zueinandergesellen): zweien; *was sich zweiet, das dreiet sich (au);* vgl. drei werden

Zweifamilienhaus n.: Zuselbanderhaus

Zweifel m.: Daule 2.

Zweifel bekommen st. (Ahnung, Verlangen bekommen): doltern

zweifelhaft sein unr. (unsicher sein, vom Wetter): strauchlen 2.

zweifeln schw. (eine Sache bezweifeln): strauchlen 2.

Zweifler m. (unentschlossener Mensch): Zweifelscheißer

Zweig m. (Ast, Ranke): Schluchte
- (junger Zweig): Sproß 2.

zweimähdig Adj. (eine Wiese, die zweimal im Jahr gemäht werden kann): zwimädig, opp.: einmädig, dreimädig

zweit Ordinalz.: ander 1.

Zweite m. (jeder Zweite): allander

Zwergbohne f. (die auf dem Boden bleibt, nicht rankt): Buschbone, Hocker 2.b., Hotterbone

Zwergholunder m. (Holunderkraut): Attich, Holder 3., Schindholunder, Stinkholunder

Zwetsche f.: Zwetschge 1., Zwetschg, Zwetsch, Zwegscht, Zwegschge, Zwegschger, Zwegschter; Quetsch, Wetsch(g), Wegschte
- (grünbleibende Zwetsche, kranke, steinlose, mißgebildete Zwetsche): Zwetschgennarr
- (gekochte Zwetschen): Zwetschgenschmarren

Zwetschenbranntwein m.: Zwetschgenwasser

Zwetschendörre f. (Vorrichtung zum Dörren der Zwetschen): Zwetschgendarre 1.

Zwetschenkuchen m.: Zwetschgendünnes, Zwetschgentotsch

Zwetschenmarmelade f.: Zwetschgengesälz, Zwetschgenmus

Zwetschenschnaps m.: Zwetschgengeist

Zwetschenweiblein n. (aus gedörrten Zwetschen gebildete Figur): Zwetschgenweiblein

zwicken schw. (klemmen): kneipen 1.
- (klemmen mit den Fingern, der Zange): kleiben I, kliben
- (kneifen): klauben 2., kläublen 2., klemmen, *i hau 's Klemme* das Zwicken, Grimmen im Leib, s. auch *grimmen, das Grimmen haben* Leibschmerzen haben; pfetzen 1.

Zwicken n. (Kneifen): Zwick 2.

Zwickel m. (am Kleidungsstück): Ger 2.b.

Zwicker m. (Brille ohne Bügel): Nasenklemmer 2.

Zwickmühle f.: Fickmühle 1.

Zwiebel f.: Zwibel 1., Zibel, Zwifel

Zwiebelblattwerk n.: Z(w)ibelror

Zwiebelhaut f.: Z(w)ibelschälfe

Zwiebelkuchen m.: Z(w)ibelberte, -platz

Zwiebellauch m. (Kuchen vom Zwiebellauch): Zwibellällen

Zwiebelröhrchen n.: Nelle

Zwiebelröhre f.: Schlutte 1., s. Schluttenkuchen

Zwilchkittel m. (alter Kittel, Frack): Schäk(en)

Zwillingsäpfel Pl. (zusammengewachsene Äpfel): Zwiseläpfel

Zwillingspaar n. (bes. von Früchten, die zusammengewachsen sind): Zwisel (m.) 1.

zwingen st. (durch Bitten zwingen): nötelen
– (nötigen; meistern; überwinden): zwergen

zwinkern schw. (unmerklich zuwinken): nüppen 2.

zwirbeln schw. (drehen, wirbeln): zwirb(e)len 1.

zwirnen schw. (drillen, drehen): dratlen 1.
– (fest drehen): drallen

zwischen Präp. Adv.: zwischen(t); *zwischen dene Zwei dreh i d'Hand net um. Etwas zwischen den Zähnen haben* essen. *Zwischen den Jahren* von Weihnachten bis Dreikönig. *Zwischen Licht* in der Dämmerung; dafür auch *zwischen Licht und gsih nix me. Der hauset zwischen wohl und übel. I setz dir de Kopf zwischen d'Ohre* Drohung.

zwischendurch Adv. (von Zeit zu Zeit, in der Zwischenzeit; vereinzelt hier und da): zwischendurch; mittlendurch; zwischenhinein, zwischenei, zwischetnei

Zwischenmahlzeit f. (abends): Vesperbrot
– (am Nachmittag; auch das 2. Frühstück): Vesper n.

– (und die Zeit derselben; zumeist nachmittags, seltener vormittags): Untern, s. die mannigfachen syntaktischen Verbindungen: *Unter* m. Zwischenmahlzeit zwischen 3 und 4 Uhr. *Unte essen, Unting, Sunting* 9 Uhr Vesper. *Gen Unter essen* außerhalb der gewöhnlichen Zeit vespern. *Unter(n)brot, Unter(n)essen* vespern.
– (Vesper): Kollazion
– (vormittags 9 Uhr): Neunebrot

Zwistigkeit f. (Zänkerei): Häubelei

zwitschern schw. (bes. von Schwalben): zwitscheren 1., zwitzeren 1., zwitzerlen
– (von Vögeln): gigitzen

Zwitter m.: Zwitzizwatz
– (unfruchtbare Kuh, Ziege oder Schaf): Zwick 4.

zwölf Kardinalz. (wie nhd.): zwölf *die zwölf (heiligen) Nächte* vom Christfest bis 6. Januar; auch *zwölf heilige Täg.* Syn.: Rauch-, Losnächte; Los-, Monatstäg. *Zwölfe* 12 Uhr.

Zylinder m. (zusammenklappbarer Zylinder): Schapoklak

Zylinderhut m. (steifer Hut): Gocks, Böller 2.